中華人民共和國國務院批准的重大文化出版工程

國家文化發展規劃綱要的重點出版工程項目

新聞出版總署列爲「十一五」國家重大工程出版規劃之首

國家出版基金重點支持項目

中華大典

理化典

山東出版傳媒股份有限公司
山東教育出版社

圖書在版編目（CIP）數據

中華大典.理化典.物理學分典：全四册 /《中華大典》工作委員會,《中華大典》編纂委員會. —濟南：山東教育出版社，2018
ISBN 978-7-5701-0157-3

Ⅰ.①中… Ⅱ.①中… ②中… Ⅲ.①百科全書—中國 ②物理學史—中國 Ⅳ.①Z227②04-092

中國版本圖書館CIP數據核字（2018）第041348號

中華大典·理化典·物理學分典

編　　纂：《中華大典》工作委員會
　　　　　《中華大典》編纂委員會
主管單位：山東出版傳媒股份有限公司
出版發行：山東教育出版社
　　　　　地址：濟南市緯一路321號　郵編：250001
　　　　　電話：（0531）82092664　網址：www.sjs.com.cn
排　　版：南京展望文化發展有限公司
印　　刷：山東臨沂新華印刷物流集團有限責任公司
版　　次：2018年5月第1版
印　　次：2018年5月第1次印刷
開　　本：787毫米×1092毫米　1/16
印　　張：196
字　　數：6240千
印　　數：1—1000

定價：1800.00圓（全四册）

《中華大典》工作委員會

主　任：柳斌傑
　　　　金人慶

副主任：李　彦　于永湛　鄔書林　張少春　李衛紅
　　　　周和平　陳金泉　李静海

委　員：張小影　伍　傑　朱新均　吴尚之　孫　明
　　　　王家新　徐維凡　劉小琴　毛群安　遲　計
　　　　曹清堯　彭常新　王志勇　潘教峰　姜文明
　　　　王　正　石立英　安平秋　陳祖武　詹福瑞
　　　　戴龍基　宋焕起　孫　顒　陳　昕　魏同賢
　　　　王建輝　朱建綱　高紀言　莫世行　段志洪
　　　　李　維　何學惠　甄樹聲　馮俊科　譚　躍
　　　　羅小衛　王兆成

《中華大典》辦公室

主任：于永湛

副主任：伍傑

姜學中

編審：趙含坤

崔望雲

馮寶志

宋志英

谷笑鵬

封面裝幀設計：章耀達

《中華大典》編纂委員會

總主編：任繼愈

副主編：席澤宗　程千帆　戴　逸　吴文俊　柯　俊
傅熹年

編　委：卞孝萱　任繼愈　李明富　余瀛鰲　林仲湘
郁賢皓　馬繼興　袁世碩　席澤宗　陳美東
黄永年　章培恒　張永言　張晉藩　葛劍雄
董治安　程千帆　傅世垣　曾棗莊　龐　樸
趙振鐸　劉家和　潘吉星　錢伯城　戴　逸
楊寄林　穆祥桐　吴文俊　金正耀　戴念祖
柯　俊　金維諾　白化文　汪子春　周少川
孫培青　朱祖延　傅熹年　李　申　郭書春
熊月之　柴劍虹　吴子勇　寧　可　江曉原
鄭國光　吴征鎰　尹偉倫　魏明孔

《中華大典》前言

《中華大典》是運用我國歷代漢文古籍編纂的一部大型工具書。其目的是爲學術界及願意瞭解中國古代珍貴文化典籍的人士提供準確詳實、便於檢索的漢文古籍分類資料。

中國是世界文明古國之一，幾千年來纂寫和聚集的文化典籍浩如烟海。我國歷代都有編纂類書的優良傳統，具有代表性的《永樂大典》等大多已佚失，現存《古今圖書集成》編就距今也已數百年。爲了適應今天和以後研究和檢索的需要，一九八八年海内外三百多位專家學者和各古籍出版社同仁倡議，在已有類書的基礎上，用現代科學方法編纂一部新的類書《中華大典》。

國務院在關於編纂《中華大典》問題的批覆中指出，編纂《中華大典》「是我國建國以來最大的一項文化出版工程」。本書所收漢文古籍上起先秦，下迄清末，約三萬種，達七億多字，分爲二十四個典，近百個分典，内容廣博，規模宏大，前所未有。

《中華大典》的編纂工作堅持科學態度和百花齊放、百家争鳴方針。儘量採用古精校精刻本，優先採用我國建國後文獻學和考古學的優秀成果。對傳統文化中重要的不同學派的資料，兼收并蓄。運用現代圖書分類的方法，對收集到的資料，精選、精編，力求便於檢索、準確可信。

這項工作從開始起就受到中共中央、國務院和有關部門的重視和支持。國家主席江澤民、國務院總理李鵬分别爲《中華大典》題詞。江澤民的題詞是「同心同德群策群力認真編好中華大典爲建設有中國特色的社會主義服務」。李鵬的題詞是「繼承和弘揚民族優秀傳統文化」。全國政協主席李瑞環、國務委員李鐵映也作了重要指示，要求抓緊辦理。一九九〇年五月，國務院批准《中華大典》爲國家重點古籍整理項目。一九九二年九月，正式成立了《中華大典》工作委員會和《中華大典》編纂委員會，召開了《中華大典》工作、編纂會議。自此，《中華大典》的編纂工作由試點轉入正式啓動，逐步鋪開。

編纂《中華大典》學術性很强，工作量很大，工程十分艱巨，全賴廣大專家學者和全國各有關高等院校、科研院所、圖書館、出版單位的鼎力支持與積極參與。大家本着弘揚中華民族優秀文化的心願，發揚奉獻精神，克服各種困難，團結協作，給這部巨大類書的出版提供了根本保證。在此謹表示誠摯的謝意。

對本書的批評與建議，我們將十分歡迎。

《中華大典》編纂委員會

一九九七年四月

二〇〇六年十一月修訂

《中華大典》編纂通則

一、性質：《中華大典》（以下簡稱《大典》）是對漢文古籍（含已翻譯成漢文的少數民族古籍）進行全面的、系統的、科學的分類整理和彙編總結的新型類書，是在繼承歷代類書優良傳統、考慮漢文古籍固有特點的基礎上，借鑒和參照近代編纂百科全書的經驗和方法編纂而成。編纂《大典》的目的，是爲學術界及願意瞭解中國古代珍貴文化典籍的人士提供各種分門別類的、準確詳細的古代漢文專題資料。

二、規模和體例：《大典》所收古籍的時限，上自先秦，下迄辛亥革命。全書共收各類漢文古籍三萬餘種，七億多字。全書體例，着重汲取清代《古今圖書集成》所採用的經目和緯目相交織這一統一框架結構的模式，同時參照現代科學的學科、目録分類方法，並根據各類學科內容的實際情況，一般將每一大類學科輯爲一典，也有將幾個相關學科共輯爲一典的。對各典名稱，均以現代學科命名，對於所收入的各種古籍資料，亦儘可能納入現代科學分類體系之中。

三、經目：大典共分二十四個典，即哲學典、宗教典、政治典、軍事典、經濟典、法律典、教育典、語言文字典、文學典、藝術典、歷史典、地理典、民俗典、數學典、物理化學典、天文典、地學典、生物學典、醫藥衛生典、農業典、林業典、工業典、交通運輸典、文獻目録典。典以下以分典、總部、部、分部分級，分部之下的標目根據各學科特點由各典自行擬定。

四、緯目：共設置九項緯目，用以包容各級經目的具體內容：

（一）題解：對有關學科的名稱、概念、含義、特點等作總體介紹的資料。

（二）論説：有關理論部分的資料。

（三）綜述：有關學科或事物的系統性資料，凡有關學科或事物的性狀、制度、範疇、特點及學科地位、發展情況等具體內容均編入此緯目中。

（四）傳記：有關人物的傳記資料。

（五）紀事： 有關學科或事物的具體活動或事例的資料。

（六）著録： 重要人物或文獻的有關著作資料，如專集介紹、序跋、藏書題記，以及有關著作的成書經過、版本源流等。

（七）藝文： 有關屬於文學欣賞性的散文或韵文。

（八）雜録： 凡未收入以上各緯目，而又有較高參考價值的資料，均入雜録。

（九）圖表： 根據有關經目的内容需要，圖與表附於相關專題之下，或集中彙總於某級經目之後。

《大典》以内容分類安排各級緯目，各級緯目的正文，一般以原書爲單位，按時代順序排列。每一條資料前標明出處，包括書名或作者名、篇名或卷次，以利讀者核對原書。

五、書目： 每分典後附有該分典所收書之書目，書目包括書名、作者、時（年）代、版本等内容。時代以成書時代爲準，成書時代不詳者，以作者主要活動時代爲準，並遵從歷史習慣。

六、版本：《大典》在選用版本時儘量採用古人的精校精刻本，亦採用學術界通用的近、現代整理圈點本及現代學者校點整理本。

七、校點： 爲儘可能保存古籍原貌，《大典》衹對底本中明顯的脱、訛、衍、倒進行勘正。古本中的避諱字一般不作改動，衹對缺筆字補足筆劃。後人刻書時避當朝人諱而改動的字，據古本改回。《大典》採用新式標點法。

一九九六年八月

二〇〇六年十一月修訂

《中華大典·理化典》編纂委員會

主　編：金正耀

副主編：（以姓氏筆畫爲序）

李志超　胡化凱

編　委：（以姓氏筆畫爲序）

石雲里　史玉民　付邦紅　吕凌峰　李志超

金正耀　胡化凱　柯資能　陳　彪　張志輝

榮志毅

《中華大典·理化典》項目領導小組

項目負責人： 劉東傑　陸　炎

項目聯絡人： 陸　炎　韓義華

項目組成員：（按姓氏拼音爲序）

白漢坤　范增民　韓義華　劉　純

劉進軍　陸　炎　孟旭虹　齊　飛

任軍芳　石　静　吴江楠　張　弘

《中華大典·理化典》序

金正耀

搞清楚中國傳統科學技術遺産的家底，特别是物理學、化學方面的情况，是《中華大典·理化典》編纂工作的初衷。跟農、醫、天、算相比，理化方面古籍材料比較分散，系統的文獻整理也就無從談起。實事求是地説，《理化典》的編纂工作，基礎相對比較薄弱，任務的確要艱巨一些。最初接下這一任務時，《中華大典》總主編任繼愈先生特意强調了《理化典》編纂工作的重要意義，要求我們克服困難努力完成。現業師離世有年，已經無法聽到其批評意見了。

《理化典》共分《物理學分典》《化學分典》《中西會通分典》三個分典。

《物理學分典》按照力、熱、聲、光、電磁現代物理學體系分設五個總部，採擷文獻資料予以編録。上世紀八十年代初，我在中國科學技術大學學習中國古代科學技術史，錢臨照先生親自爲我們首批科學技術史專業的研究生授課，我的另一位業師李志超先生講授古代物理學史和古代文獻方面的課程。錢先生研究《墨經》中的物理學知識，撰有《墨經中力學光學諸條》等影響廣泛的學術論文。李先生研治《夢溪筆談》有年，思想活躍，是同學們樂於請教的導師。物理學史的研究，在中國科學技術大學一直受到重視。現《物理學分典》由我的同事，長期致力於物理學史研究的胡化凱教授領銜，可説是不二人選。

《化學分典》設民生日用工藝化學、金屬化學、軍事化學、金丹化學四個總部，著重考慮的是中國古籍資料中化學知識存在的本來樣態。

《中西會通分典》則設譯介傳播、物理會通、化學會通、西技應用四個總部，架構設計和資料選擇重在反映明清兩代西方科學東漸歷史進程中的碰撞和受容。

我負責的這兩個分典，從經緯目框架結構到材料編排，編纂過程中幾經改易，最終形成今天這個結果。

二〇〇六年春，我從中國社會科學院調中國科學技術大學工作，《理化典》的編纂工作大約同時啟動。十一年來，中國科學技術大學科技史與科技考古系很多同事先後參與這項工作，中科大科技考古實驗室我的很多研究生也爲這項任務的完成做出了貢獻。山東教育出版社十餘年來恪盡職守予以敦促督導，對《理化典》的出版從無懈怠。没有他們的辛勤付出，這項任務是不可能完成的。

二〇一七年夏於中科大聞欣苑

《中華大典·理化典》總目

中華大典·理化典

物理學分典

《中華大典·理化典·物理學分典》編纂委員會

主　編：胡化凱

編纂人員：（按姓氏筆劃爲序）

丁兆君　李曉兵　周　禮　季　霆

胡化凱　翁攀峰　陳崇斌　張碧健

張陽陽　張貝貝　董　榮

《中華大典·理化典·物理學分典》編纂説明

在中國古代，物理學尚未形成獨立的知識體系，更無專門的從業人員。雖然戰國末期即出現了「物理」一詞，但它泛指萬物之理，而不是現代分科意義上的物理概念。中國古代至少有三本以物理命名的書，即晉代楊泉的《物理論》、明代王宣的《物理所》以及明末清初方以智的《物理小識》，這三者所討論的内容都非常廣泛，遠遠超出了物理學的認識範圍。在古人看來，「聖人官天地，府萬物，推曆律，定制度，興禮樂，以前民用，化至咸若，皆物理也」。《物理小識》卷一。因此，古人所説的物理，指各種事物的道理，包含的内容極其廣泛，不是一個知識門類或學科概念。

衆所周知，近現代物理學是在歐洲文化傳統中建立起來的，但在西方物理學知識傳入中國之前，中國古人在長期的生活實踐和認識活動中也對物理現象進行了大量的觀察和探索，積累了豐富的經驗知識，並有一些重要的發明和發現。這些認識成果，在一定程度上解決了先民們所面臨的一些物理學問題，反映了他們的智慧及其對這類現象的探索情況。

由於中國古人所説的物理與現代科學所説的物理内涵不同，古人甚至並未意識到物理學是一門專門的學問，所積累的一些屬於物理學的知識散存於各種典籍中，因此，當我們考查古人對物理現象的認識歷史及其取得的成就時，只能按照現代科學所界定的學科内容進行總結，即從大量古代文獻中摘取屬於物理學的内容。

按照物理學科的知識分類，本分典下設力學、熱學、光學、電磁學和聲學五個總部，每個總部下設若干部及分部，有些分部下又設了更具體的經目；每個經目下，根據内容不同及物理知識的特點，設論説、測量、計算、實驗、形制、綜述、紀事、雜録、藝文等緯目，力求盡可能準確地反映所收文獻的内容特點。

力學總部收録有關時間與空間、力與勢、運動、材料力學、流體力學、物質比重以及力學機械等内容的文獻；熱學總部收録有關火與取火方法、加熱與保温、冷熱現象與理論以及熱應用技術等内容的文獻；聲學總部收録有關聲音的産生與傳播、聲音共鳴現象、樂器發聲、三分損益法及密率新法等内容的文獻，前二者屬於基礎聲學，後三者屬於音律聲學；光學總部收録有關熱光、冷光、成影、月相變化、反射鏡及其成像、「透光鏡」、透鏡成像、小孔成像、顔色與視覺、色散現象以及大氣光學現象等内容的文獻；電磁學總部收録有關電現象、磁現象、指南針的發明與應用、地磁偏角的發現與測量等内容的文獻。在實踐活動中總結理論，形成理論後進一步指導實踐，是中國古代各種科學認識活動的基本方式，物理學也不例外。中國古人發明、運用了大量的物理技術，這些技術既藴涵了豐富的物理知識，也反映了古人解決實際問題的技巧，屬於實踐性物理知識或者是物理知識的運用。爲了反映這方面的成就，本分典適當收録了一些相關文獻，因而設置了力學機械、熱應用技術、樂器發聲、指南針的發明與應用等部。物理學包含的内容相當廣泛，本分典所收録的只是古代文獻中内容比較突出者，絶非古代物理知識的全部。

中國古代的醫學、農學、天文學及算學都形成了系統的知識體系，成爲專門的學問，有大量的專著流傳於世。物理學則不然，並未引起古人足夠的重視。中國古代除了有一些音律學的專門文獻外，其他的物理内容基本上都是以隻言片語的形式散存於各種典籍中，十分零散。要盡可能全面地收集這些内容，就必須普查、閲讀數量龐大的古代文獻。本分典引用的書目達一千六百六十餘種之多，其原因即在於此。

古代的物理學知識可以分爲實用性或實踐性專門知識和一般性知識兩類，前者除了各種實用技術之外，还有諸如時空測量、取火方法、音律相生及指南針性能等實用知識，後者如關於物體的運動、熱的性質、聲音的形成、光形影像關係、顔色構成、電磁吸引、磁針偏轉等現象的認識。從物理學内容在古代文獻中分佈的情況看，除了少量實用性知識有相對集中的文字表達外，絶大多數表述物理學知識的字句都是夾雜於非物理性内容的表述中；多數情況是古人在論述其他事物過程中涉及到了屬於物理學的内容，或者是借用物理學的内容爲論據以論述其他道理，專門討論物理現象的文獻不是太多。讀者只有瞭解古人是在什麼語境下論述物理學相關内容的，才能正確理解古人的本意，不至於産生誤解，這一點至關重要。正是基於這種考慮，我們在摘取相關文獻時，於表述物理内容的語句前後適當保留了一些表述其他内容的文字，以使文意完整，反映語境全貌。

中國古代的物理認識活動是在傳統文化影響下進行的，如古人經常運用陰陽理論、五行學説、元氣觀念、同類感應思想等解釋一些物理現象，滿足求知的欲望，因而所形成的理論帶有一定程度的傳統文化影響的印記。另外，由於實踐活動的需要以及研究興趣的影響，古代不同的人群對於不同的物理現象各有特殊的關注，因而從不同的方面對物理學認識做出了各自特有的貢獻，如：醫家在對磁石藥性鑒别過程中强化了對其吸鐵性能的認識；風水師在堪輿活動中强化了對磁針指向性的認識；道士在特殊的修煉活動中發展了對反射鏡組合成像的認識；星氣占卜活動促進了對大氣光學現象的認識；道士對長生的追求及醫家的醫療實踐活動促進了對一些天然晶體色散現象的認識；算學家運用純粹的數學方法求解了大量機械運動問題；長期軍事活動的需要，促使古人總結出了弓弩三點一線的瞄準方法；一代代學者對十二律「旋相爲宫」的不懈追求，導致了十二平均律的發現；道士在煉丹活動中創造了一系列適合自己需要的加熱方法，並導致了黑火藥的發明，而火藥的運用促進了熱兵器技術的發展。這些都反映了中國古代物理認識活動的特點。爲了適當反映這些特點，我們在摘取表述相關物理内容的文獻時，適當保留了一些這方面的信息。

此外，不少物理内容在先秦文獻中既有所表述，在之後的歷代文獻中也有相應的表述。爲了反映古人對同一種物理現象在不同時期認識的發展、變化情况，根據「源收流選」的原則，我們在收録早期文獻的基礎上，也適當選收了之後不同時期的一些有代表性的文獻。

目前，物理學史界對於古代文獻中有些内容的理解尚有争議，最典型者如關於王充《論衡·是應篇》中一段文字表述的是否爲磁性勺狀指向器，即存在認識分歧。現在流行的《論衡》是明嘉靖通津草堂本遞傳下來的版本，其中一段相關的文字爲：「司南之杓，投之於地，其柢指南。」而南京博物院藏宋乾道三年洪適刻本殘卷及日本宫内廳藏宋光宗刻本殘卷中，這段文字均爲：「司南之酌，投之於地，其柢指南。」元代至元刻本《論衡》中的這段文字與宋代殘卷本相同。另外，早於宋代殘卷本的《太平御覽》兩次引用了《論衡》中這段文字，其中一作「勺」，一作「杓」。杓、酌、勺，涵義既有相同之处，也有所差别，因而引起學界激烈的争論。此外，對於古代文獻中「司南」一詞的涵義，物理學史界也有頗多争議。孰是孰非，尚難以定論。爲了全面、客觀地反映古代文獻保留的信息，而又照顧到現代學術界的不同理解，我們在電磁學總部中設立了司南分部，並增加了反映不同《論衡》版本相關内容情况的文獻條目。

中國科學院自然科學史研究所戴念祖先生主編的《中國物理學史大系》，是多位學者長期研究工作的結晶，爲本分典的文獻收集提供了不少幫助，特此表示感謝！

胡化凱

二〇一六年六月三十日

《中華大典·理化典·物理學分典》編纂體例説明

本分典體例參照《中華大典》統一要求，根據物理學科的性質及文獻情況，做了適當調整。現説明如下：

一、緯目。除了依照《中華大典》的編纂要求，設立論説、綜述、記事、藝文、圖表等緯目外，本分典又增設了測量、計算、實驗、形制等緯目。

二、文獻年代。本分典收入文獻的時間範圍，上自先秦，下訖晚清。凡能夠反映古代物理認識情況的文獻，皆摘其要者盡量收入。

三、文獻作者署名。古代有大量後人對前人相關學説的注釋文獻，本分典收録這些文獻時，在每條文獻開頭的書名前，一次性標出著者、注者、疏者的姓名，而在文獻正文中不再出現這些名字，只在注文或疏文之前標以「注」或「疏」。

四、析出文獻的出處。「藝文」緯目下收入的文獻多取自後人編輯的詩文集，爲便於讀者瞭解這些文獻的出處，本分典在每條文獻的正文前注明了其出自的詩文集之名。

五、文獻排序。本分典以緯目爲單元，基本上依據文獻形成的時間先後進行排序，但有些文獻難以確定其準確年代，尤其是一些縱跨幾個朝代的注疏性文獻，單純依據其原文或後人的注疏内容確定年代都不太合適，因此所做的排序不具有嚴格的時間先後意義，只是大致的安排。

六、標點。依據《中華大典》「盡量使用逗號、句號；盡量少用分號、頓號、引號、問號等」的要求，本分典只在少數地方使用了分號、頓號、引號及問號。

《中華大典·理化典·物理學分典》簡目

一

力學總部

時空部

時間分部

論説

計算與測量

綜述

紀事

藝文

空間分部

論説

計算與測量

綜述

紀事

藝文

力與勢部

力分部

論説

計算

紀事

藝文

重心與平衡分部

論説

紀事

藝文

運動部

物體運動分部

論説

計算

藝文

天體運動分部

論説

潮汐運動分部

論説

綜述

藝文

材料力學部

材料結構與强度分部

論説

材料彈性分部

論説

紀事

流體力學部

液體浮力分部

論説

紀事

流體運動分部

論説

計算

紀事

物質比重部

論説

計算

紀事

力學機械部

農業機械分部

耕作機械

論説

形制

藝文

灌溉機械

論説

形制

藝文

糧食加工機械

論説

形制

藝文

紡織機械分部

繅絲機械

論説

形制

軍事機械分部

弓
論説

形制

紀事

弩
論説

力學總部

時空部

時間分部

論説

鄭玄注　陸德明音義　賈公彦疏《周禮注疏》卷三〇《夏官司馬》　挈壺氏，掌挈壺以令軍井，挈轡以令舍，挈畚以令糧。注：鄭司農云：「挈壺以令軍井，謂爲軍穿井，井成，挈壺縣其上，令軍中士衆皆望見，知此下有井。壺所以盛飲，故以壺表井。挈轡以令舍，亦縣轡于所當舍止之處，使軍望見，知當舍止于此。轡所以駕舍，故以轡表舍。挈畚以令糧，亦縣畚于所當稟假之處，令軍望見，知當稟假于此下也。畚所以盛糧之器，故以畚表稟。軍中人多，車騎雜會讙囂，號令不能相聞，故各以其物爲表，省煩趨疾，于事便也。」音義：畚，音本。爲，于僞反，下爲沃同。縣，音懸，下皆同。令，力呈反。盛，音成，下同。稟，彼錦反，劉力鴆反。讙，呼端反。囂，五高反，一音許驕反。省，所景反。便，婢面反。疏：釋曰：皆云挈者，謂結之於竿首，挈挈然，故云挈也。先鄭注具，不復疏之也。凡軍事，縣壺以序聚㮟；凡喪，縣壺以代哭者。皆以水火守之，分以日夜。注：鄭司農云：「縣壺以爲漏，以序聚㮟，以次更聚擊㮟備守也。」玄謂擊㮟，兩木相敲，行夜時也。代亦更也。《禮》：「未大斂，代哭」。以水守壺者，爲沃漏也。以火守壺者，夜則火視刻數也。分以日夜者，異晝夜漏也。漏之箭，晝夜共百刻，冬夏之間有長短焉。大史立成灋，有四十八箭。音義：㮟，音託。更，音庚，下同。敲，苦交反，又苦教反。行，下孟反。共，如字。疏：注釋曰：先鄭云懸壺以爲漏者，謂懸壺於上，以水沃之，水漏下入器中，以没刻爲准灋。云以序聚㮟，以次更聚擊㮟備守也者，先鄭意持更人擊㮟。玄謂擊㮟，兩木相敲，行夜時也者，謂行夜者擊之。按：《修閭氏》「掌比國中宿互㮟者」，先鄭云：「㮟，謂行夜擊㮟。」《野廬氏》云：「若有賓客，則令守涂地之人聚㮟之。」司農云：「聚㮟之，聚擊㮟以宿衛之也。」彼二注，後鄭皆從先鄭，及至此注不從先鄭者，以《野廬氏》無行夜者，宿人自擊，故後鄭從之。此文與《修閭氏》同有行夜者，故此不從先鄭。宿者自擊之，是以《宫正》云「夕擊㮟而比之」。注云：「行夜以比直宿者。」先鄭云：「㮟，戒守者所擊也。」是亦爲行夜者所擊也。云代亦更也，《禮》未大斂，代哭者，未殯已前，無問尊卑，皆哭不絶聲；大斂之後，乃更代而哭，亦使哭不絶聲。大夫以官士親疏代哭。人君尊，又以壺爲漏，分更相代。云分以日夜，異晝夜漏也者，若冬至則晝短夜長，夏至則晝長夜短，二分則晝夜等。晝夜長短不同，須分之，故云異晝夜漏也。云漏之箭，晝夜共百刻，冬夏之間有長短焉者，馬氏云：「漏凡百刻，春秋分，晝夜各五十刻。冬至，晝則四十刻，夜則六十刻。夏至，晝六十刻，夜四十刻。」鄭注《堯典》云：「日中者，日見之漏，與不見者齊。日長者，日見之漏五十五刻，於四時最長也。夜中者，日不見之漏，與見者齊。日短者，日見之漏四十五刻，於四時最短。」此與馬義異。以其馬云春秋分晝夜五十刻，據日見之漏。若兼日未見，日没後五刻，晝五十五刻，夜四十五刻。若夏至晝六十刻，通日未見，日没後五刻，則晝六十五刻，夜三十五刻。云大史立成灋，有四十八箭者，此據漢法而言，則以器盛四十八箭，箭各百刻，以壺盛水，懸於箭上，節而下之水，水淹一刻則爲一刻。四十八箭者，蓋取倍二十四氣也。及冬則以火爨鼎水而沸之，而沃之。注：鄭司農云：「冬水凍，漏不下，故以火炊水，沸以沃之，謂沃漏也。」音義：爨，七端反。疏：注釋曰：沃如沃尸盥之沃，謂沸水稍熱，澆沃壺中使下也。

何晏集解　陸德明音義　邢昺疏《論語注疏》卷九《子罕》　子在川上曰：逝者如斯夫，不舍晝夜。注：包曰：「逝，往也。言凡往也者，如川之流。」音義：夫，音符，下章有矣夫並同。舍，音捨。疏：正義曰：此章記孔子感歎時事既往，不可追復也。逝，往也。夫子因在川水之上，見川水之流迅速，且不可追復，故感之而興歎。言凡時事往者如此川之流，夫不以晝夜而有舍止也。

《墨子》卷一〇《經上第四十》　久，彌異時也。(守)[宇]，彌異所也。【略】始，當時也。

又《經下第四十一》　宇或徙，説在長宇久。【略】行(循)[修]以久，説在先後。

又《經説上第四十二》　久，古今(且)[旦]莫。宇，東西家南北。【略】始，時或有久，或無久，始當無久。

又《經説下第四十三》　長：宇徙而有處宇。宇南北在(且)[旦]，有在莫，宇徙久。【略】行者，先敷近，後敷遠。行者，必先近而後遠。遠近，脩也；先後，久也。民行脩必以久也。【略】久，有窮無窮。

郭象注　成玄英疏《南華真經注疏》卷八《庚桑楚》　出无本，欻然自生，非有本。入无竅，欻然自死，非有根。疏：出，生也。入，死也。從無出有，有无根原，自有還无，无乃无竅穴也。有實而无乎處，有長而无乎本剽。疏：剽，末也，亦原也，本亦作摽字，今隨字讀之。言從无出有，實有此身，推索因由，意无處所。自古至今，甚爲長遠，尋求今古，竟无本末。有所出而无竅者有實。言出者，自有實耳。其所出，无根竅以出之。疏：有所出而无竅穴者，以凡觀之，謂其有實，其實不有也。有實而无乎處者，宇也。宇者，有四方上下，而四方上下未有窮處。疏：宇者，四方上下也。方物之生，謂其有實。尋責宇中，竟無來處。宇既非矣，處豈有邪。有長而无本剽者，宙也。宙者，有古今之長，而古今之長无極。疏：宙者，往古來今也。時節賒長謂之今古，推求代叙，竟无本末。宙既无矣，本豈有邪。有乎生，有乎死；有乎出，有乎入。入出而无見其形，死生出入，皆欻然自爾，无所由，故无所見其形。疏：出入，由生死也。謂其出入生死，故有出入之名，推窮性理，竟无出入處所之形而可見也。是謂天門。天門者，萬物之都名也。謂之天門，猶云衆妙之門也。疏：天者，自然之謂也。自然者，以无所由爲義，言萬有皆無所從，莫測所以，自然爲造物之門户也。天門者，无有也，萬物出乎无有。死生出入，皆欻然自爾，未有爲之者也。然有聚散隱顯，故有出入之名。徒有名耳，竟無出入，門其安在乎？故以無爲門。以无爲門，則无門也。疏：夫天然之理，造化之門，徒有其名，竟無其實，而一切萬物從此門生。故郭注云：「以无爲門。」以无爲門，則无門矣。有不能以有爲有，夫有之未生，以何爲生乎？故必自有耳，豈有之所能有乎？疏：有既有矣，焉能有有？有之未生，誰生其有？推求斯有，竟无有也。必出乎无有，此所以明有之不能爲有，而自有耳。非謂无能爲有也。若無能爲有，何謂無乎。疏：夫已生未生，二俱无有。此有之出乎无有，非謂此无能生有。無若生有，何謂无乎？而无有一无有，一无有則遂無矣。无者遂无，則有自欻生明矣。疏：不問百非四句，一切皆无，故謂一无有。聖人藏乎是。任其自生，而不生生。疏：玄德聖人，冥真契理，藏神隱智，其在兹乎。古之人，其知有所至矣。疏：玄古聖人，得道之士，知與境合，故稱爲至。惡乎至？疏：問至所由，有何爲至？有以爲未始有物者，至矣，盡矣，弗可以加矣。疏：此顯至之體狀也。知既造極，觀中皆空，故能用諸有法，未曾有一物者也。可謂精微至極，窮理盡性，虚妙之甚，不復可加矣。其次以爲有物矣，疏：其次以下，未達真空，而諸萬境，用爲有物也。將以生爲喪也，喪其散而之乎聚也。以死爲反也，還融液也。疏：喪，失也。流俗之人，以生爲得，以死爲喪。今欲反於迷情，故以生爲喪，以其无也。以死爲反，反於空寂。雖未盡於至妙，猶齊於死生。是以分已。雖欲均之，然已分也。疏：雖齊死生，猶見死生之異，故從非有而起分别也。其次曰始无有，既而有生，生俄而死，以无有爲首，以生爲體，以死爲尻。孰知有无死生之一守者，吾與之爲友。疏：其次以下，心知稍闇，而始本無有，從无有生，俄頃之間，此生彼滅。故用无爲其頭，以生爲其形體，以死爲其尻。誰能知有无生死之不二，而以此脩守者，莊生狎而友朋。斯人猶難得也。【略】

《文子》卷上《道原》 所謂後者調其數而合其時。時之變則間不容息，先之則太過，後之則不及。日迴月周，時不與人遊，故聖人不貴尺之璧，而貴寸之陰，時難得而易失。故聖人隨時而舉事，因資而立功，守清道拘雌節，因循而應變，常後而不先，柔弱以静，安徐以定，功大靡堅，不能與争也。

又　卷下《自然》 老子曰：樸至大者無形狀，道至大者無度量，故天圓不中規，地方不中矩。往古來今謂之宙，四方上下謂之宇。道在其中，而莫知其所。

屍佼撰　汪繼培輯《屍子》卷下 天地四方曰宇，往古來今曰宙。《世説·排調篇》注，《莊子·齊物論》釋文。首句，任本作「上下四方」，《升庵外集》一作「上下四旁」。按《文子·自然篇》「老子曰：往古來今謂之宙，四方上下謂之宇。」《淮南子·齊俗訓》同。《莊子·庚桑楚篇》釋文引《三蒼》亦云「四方上下爲宇，往古來今曰宙」。上下四方之訓，皆本《文子》。

陸佃注《鶡冠子》卷上《環流》 有一而有氣，一者，元氣之始。有氣而有意，意者，沖氣所生。有意而有圖，可以象矣。有圖而有名，可以言矣。有名而有形，有形而有事，有事而有約，八者具矣而渾淪未離，所謂混沌者也。約決而時生，時生或作時立。決之爲言判也。時立而物生。混沌開矣，於是四時行焉，百物生焉。故氣相加而爲時，約相加而爲期，期相加而爲功，功相加而爲得失，得失相加而爲吉凶，萬物相加而爲勝敗。莫不發於氣，氣所以發之。通於道，道所以通之。約於事，知道而已則蕩。正於時，知事而已則差。離於名，離或作雜。成於法者也。法之在此者謂之近，其出化彼謂之遠。近而一本無而字。至，故謂之神。明之在道者爲神，神之在器者爲明。遠而反，故謂之明。《老子》所謂「逝曰遠，遠曰反」。明者在此，其光照或作昭。彼，其事形此，其功成彼。《豳詩》曰「執轡如組」，蓋言此矣。夫爲組者，總紕於此，成文於彼。言其動於近，行於遠也。孔子曰：「爲此詩者其知政乎，執此法以御民，豈有不化哉。《干旄》之忠告至矣。」從此化彼者，法也。生法者，我也。非我則無法。成法者，彼也。非彼則無所用法。生法者，日在而不厭者也。精神之運，隨日以新。生成在己謂之聖人。彼我元同，盛德之至。惟聖人究道之情，唯道之法，非真混沌，孰能如此。公政以明。斗柄東指，天下皆春；斗柄南指，天下皆夏；斗柄西指，天下皆秋；斗柄北指，天下皆冬。斗柄運於上，事立於下。斗柄指一方，四塞俱或作皆。成。此道之用法也。

劉安撰　高誘注《淮南子》卷一《原道訓》 時之反側，間不容息，言時反側之間，不容氣息，促之甚也。先之則大過，後之則不逮。夫日回而月周，時不與人游，故聖人不貴尺之璧，而重寸之陰，時難得而易失也。禹之趨時也，履遺而弗取，冠挂而弗顧，非争其先也，而争其得時也。是故聖人守清道而抱雌節，清，和浄也。雌，柔弱也。因循應變，常後而不先。柔弱以静，舒安以定，舒，詳也。攻大礦磨。堅，莫能與之爭。礲，礎也。攻大礲堅，諭難也。

又　卷三《天文訓》　日出于暘谷，浴于咸池，拂于扶桑，是謂晨明。拂猶過，一(日)[曰]至。登于扶桑，爰始將行，是謂朏明。朏明，將明也。至于曲阿，是謂旦明。平旦也。至于曾泉，是謂蚤食。至于桑野，是謂晏食。至于衡陽，是謂隅中。至于昆吾，是謂正中。昆吾丘在南方。至于鳥次，是謂小還。鳥次，西南方之山名也。鳥所宿止。至于悲谷，是謂餔時。悲谷，西南方之大壑。言其深峻，臨其上令人悲思，故曰悲谷。至于女紀，是謂大還。女紀，西北陰地。至于淵虞，是謂高春。淵虞，地名。高春，時加戌，民碓春時也。至于連爛。石，是謂下春。連石，西北山名。言將欲冥，下象悉春，故曰下春。至于悲泉，爰止其女，爰息其馬，是謂縣車。至于虞淵，是謂黄昏。至于蒙谷，是謂定昏。蒙谷，北方之山名。日入于虞淵之汜，凡。曙於蒙谷之浦。曙，明也。浦，涯也。行九州七舍，有五億萬七千三百九里，自暘谷至虞淵，凡十六所，爲九州七舍也。禹以爲朝、晝、昏、夜。夏日至則陰乘陽，是以萬物就而死；冬日至則陽乘陰，是以萬物仰而生。晝者陽之分，夜者陰之分，是以陽氣勝則日脩脩，長也。而夜短，陰氣勝則日短而夜脩。

又　卷一一《齊俗訓》　樸至大者無形狀，道至眇者無度量，故天之圓也不得規，地之方也不得矩。往古來今謂之宙，四方上下謂之宇。道在其間而莫知其所，故其見不遠者不可與語大，其智不閎者不可與論至。

又　卷一六《説山訓》　拘囹圄者，以日爲修。當死市者，以日爲短。日之脩短有度也，有所在而短，有所在而脩也，則中不平也。中，心也。故以不平爲平者，其平不平也。

趙爽注　甄鸞重述　李淳風釋《周髀算經》卷下之三

日主晝，月主夜，晝夜爲一日。日、月俱起建星。

建六星在斗上也。日月起建星，謂十一月朔旦冬至日也。爲歷術者，度(者)[起]牽牛前五度，則建星其近也。月度疾，日度遲。

度，日、月所行之度也。

揚雄撰　范望注《太玄經》卷七《玄攡》　仰以觀乎象，俯以視乎情。仰觀俯視，天之形象，地之情性，皆可知也。察性知命，原始見終。言當詳察太玄性命天地人之道，終始可見也。三儀同科，厚薄相劘。三儀，謂天地人也。科，法也。厚薄，謂陰陽也。陰濁故厚，陽清故薄。陰陽相劘以生萬物，天人同法而養制也。圜則杌棿，方則嗇𠫤。圜謂天也，天動故杌棿。方謂地也，《易》曰「坤爲𠫤嗇，主收藏」，此之謂也。噓則流體，唫則凝形。噓謂呼也。唫猶噏也。呼謂之陽，唫謂之陰。春陽之氣流潤萬物之形體，冬陰則凝滯而成形也。是故闔天謂之宇，闢宇謂之宙。闔天地晝夜之稱謂之謂宇，如屋宇之所覆也。闢謂開天地晝夜之稱爾。宙猶暢也，宇之開闢，明暢於天下也。日月往來，一寒一暑。日月往來於天，以寒暑成歲也。律則成物，歷則編時。律謂六律也。陽爲律，陰爲呂。物以陽成，故曰成物也。歷謂治歷明時，編次歲事也。

王充《論衡》卷一一《説日篇》　儒者或曰：日月有九道，故曰日行有近遠，晝夜有長短也。夫復五月之時，晝十一分，夜五分。六月，晝十分，夜六分。從六月往至十一月，月減一分。此則日行，月從一分道也；歲，日行天十六道也。豈徒九道？

許慎撰　徐鉉增釋《説文》卷一一上　漏　以銅受水，刻節，晝夜百刻。从水，屚聲，盧后切。

何晏集解　皇侃義疏《論語集解義疏》卷五《子罕》　子在川上曰：逝者如斯夫，不舍晝夜。註：鄭玄曰：「逝，往也。言凡往者如川之流也。」疏：子在至晝夜。逝，往去之辭也。孔子在川水之上，見川流迅邁，未嘗停止，故歎人年往去亦復如此。向我非今我，故云逝者如斯夫者也。斯，此也。夫，語助也。日月不居，有如流水，故云不舍晝夜也。江熙云：「言人非南山，立德立功，俛仰時過。臨流興懷，能不慨然。聖人以百姓心爲心也。」孫綽云：「川流不舍，年逝不停，時已晏矣，而道猶不興，所以憂歎也。」

虞世南撰　陳禹謨補注《北堂書鈔》卷一三〇《儀飾部一》　漏刻

建日官，李尤《漏刻銘》云：「昔在先王，配天垂則，仰鼇七曜，俯順坤德。乃建日官，俾立漏刻，昏明既序，景曜不忒。唐命羲和，敬授人時，懸象著明，帝以崇熙。季末不虔，德衰于茲，挈壺失節，刺流在詩。」補。制妙器。孫紀《漏刻銘》曰：「乃制妙器，挈壺是詮，累筒三階，積水成淵。淵滿則盈，乘虚赴下。靈虬吐注，陰虫承瀉。」案：筒，竹策也。補。挈壺司刻，仙叟秉矢。王褒《洛都賦》云：「挈壺司刻，漏樽瀉流。仙叟秉矢，隨水沉浮。指日命分，應則唱籌。」孔壺爲漏，浮箭爲刻。《後漢書・律歷志》云：「孔壺爲漏，浮箭爲刻。下漏數刻，以考中星，昏明生焉。補。仰鼇，李尤銘，見上。爰暨。崔駰《刻漏銘》「爰暨四極」云云。昏明晝夜，參以晷景。桓子《新論》云：「余爲郎，典漏刻，燥濕寒温異度，故有昏明晝夜參以晷景。」昏明既序，景曜不忒。李尤《漏刻銘》，見上。累筒三階，孫紀銘，見上。晝夜百刻。《説文》云：「漏，以銅盛水，刻節，晝夜百刻。」冬晝四十一刻，春夜五十四刻。《漢書舊儀》云：「冬至晝四十一刻，後九日加一刻，至立春晝四十六刻，夜五十四刻。」夜漏鼓鳴，晝漏鐘鳴。《漢雜事》云：「鼓以動衆，夜漏鼓鳴則起。晝漏壺乾，鐘鳴則息。」

挈金壺以南羅，藏幽水而北戢。陸機《漏刻賦》云：「既窮神以盡化，又設漏以考時爾。乃挈金壺以南羅，藏幽水而北戢。擬洪殺于編鍾，順卑高而爲級。激懸泉以遠射，跨飛途而遥集。」補。靈虬吐注，陰虫承瀉。孫紀《漏刻銘》，見上。指日命分，應則唱籌。《洛都賦》，見上。激縣泉以遠射，跨飛途而遥集。陸機《漏刻賦》，見上。挈刁斗，傳五夜。《漢舊儀》云：「宫門之外，衛士擊刁斗以傳五夜。皇城之内，衛士周廬擊木柝，護呼備火水。」案：五夜：甲、乙、丙、丁、戊也。補。董賢傳漏，《漢書》曰：「董賢隨太子官爲郎，傳漏殿下，爲人美麗自喜。哀帝望見，悦其儀貌，拜爲黄門郎。」孫權立表。《吴録》云：吴範善占候，知風氣。關某將降，孫權問範，範曰：「期明日中。」權立表下漏以待之，及中不至，權問其故，範曰：「未正中。」頃之有風動帷，範曰：「某至矣。」外稱萬歲，傳言得某矣。補。

徐堅《初學記》卷二五《器用部》 漏刻第一

叙事。梁《漏刻經》云：「漏刻之作，蓋肇於軒轅之日，宣乎夏商之代。」《周官》曰：「挈壺氏，以水火守之，分以日夜。及冬則以火爨鼎水而沸之，而沃之。」鄭玄注曰：「冬水凍，故以火炊水，沸以沃之，謂沃漏也。」梁《漏刻經》云：「至冬至，晝漏四十五刻。冬至之後日長，九日加一刻，以至夏至晝漏六十五刻。夏至之後日短，九日減一刻。或秦之遺法，漢代施用。」邯鄲《五經析疑》曰：「漢制，又以先冬至三日晝，冬至後三日，晝漏四十五刻，夜五十五刻。先夏至三日晝，夏至後三日，晝漏六十五刻，夜三十五刻。」元嘉《起居注》曰：「以日出入定晝夜。冬至晝四十刻，夏至夜亦宜四十刻。夏至晝六十刻，冬至夜亦宜六十刻。春秋分，晝夜各五十刻。今減夜限，日出前，日入後，昏明際，各二刻半以益晝。夏至晝六十五刻，冬至晝四十五刻，二分晝五十五刻而已。」張衡《漏水轉渾天儀制》曰：「以銅爲器，再疊差置，實以清水，下各開孔，以玉虬吐漏水入兩壺。右爲夜，左爲晝。」殷夔《漏刻法》曰：「爲器三重，圓皆徑尺，差立於水輿踟蹰之上。爲金龍，口吐水轉，注入踟蹰經緯之中。蓋上鑄金爲司辰，具衣冠，以兩手執箭。」李蘭《漏刻法》曰：「以銅爲渴烏，以引器中水，於銀龍口中吐之。」

事對。權器，衡渠。李蘭《漏刻法》曰：「以器貯水，以銅爲渴烏，狀如鈎曲，以引器中水，於銀龍口中吐入權器。漏水一升，秤重一斤，時經一刻。」殷夔《漏刻法》曰：「漏水皆於器下爲金龍口吐出，轉注入踟蹰經緯之中，流於衡渠之下。」

流珠，把箭。李蘭《漏刻法》曰：「以玉壺、玉管、流珠馬上奔馳行漏。流珠者，水銀之别名。」張衡《漏水轉渾天儀制》曰：「以左手把箭，右手指刻，以别天時早晚。」

司辰，典刻。殷夔《漏刻法》曰：「自午至子亦五十刻，壺口上有蓋，其中水浮，載箭出於蓋，蓋上鑄金人爲司辰。」桓譚《新論》曰：「余爲郎，典刻漏，燥濕寒温旋轉異度，故有昏明晝夜參以晷景。」

銅史，金徒。《晉起居注》曰：「孝武太元十二年，有司奏：儲宫初建，未有漏刻，參詳永安宫銅漏刻，置漏刻史。」張衡《漏水轉渾天儀制》曰：「鑄金銅仙人居左壺，爲金胥徒居右壺。」

星史，金胥。《天文要集》曰：「女史一星在柱下西北。女史轉漏動静，金胥見金徒注中。」

三鼓，一鐘。衛宏《漢舊儀》曰：「立夏立秋晝六十二刻，夏至晝六十五刻。夜漏不盡五刻，擊五鼓。夜漏不盡三刻，擊三鼓。」酈善長《水經注》曰：「洛陽金墉城東門曰含春門，北有退門。城上西面列觀，五十步睥睨，居屋置一鐘，以和漏鼓也。」

九日，五夜。司馬彪《續漢書》曰：「霍融上言，漏刻率九日增減一等，不與天相應，不如夏曆合晷景。刻漏四十八箭，以晷景爲刻，少所違失。」衛宏《漢舊儀》曰：「五夜：甲夜，乙夜，丙夜，丁夜，戊夜。」【略】

刻賦。佩流嘆於馳年，纓華思於奔月。結蘭苕於望楚，弄參差以歌越。無凝肌於延帶，監彫容於皃鬓。景有墜而易昏，憂无方而難歇。歷玉階而升陾，訪金壺之盈闕。觀騰波之吞瀉，視警箭之登没。箭既没而後登，波長瀉而弗歸。注沉穴而海漏，射懸途而電飛。墐户牖而知天，掩雲霧而測暉。創百齡於纖隱，指千里于空微。

銘。後漢李尤《漏刻銘》：「昔在先聖，配天垂則；仰釐七曜，俯順坤德。乃建日官，俾立漏刻；昏明既序，景曜不忒。唐命羲和，敬授人時；懸象著明，帝以崇熙。季末不虔，德哀于兹；挈壺失節，流刺在詩。」

白居易原本　孔傳續撰《白孔六帖》卷三一《刻漏》【略】金丸。拂菻中門中有金巨稱一，作金人立，其端置十二丸，率時改一丸落。蓮花漏。唐李肇《國史補》：越僧靈澈得蓮花漏，乃取銅葉製器，狀如蓮花，置盆水之上，底孔漏之，水半之則沉，每晝夜十二沉。爲行道之節，雖冬夏短長，雲陰月黑無差。

許洞《虎鈐經》卷七《漏法》　木匱一枚，八角，高二尺四寸，闊二尺三寸。雜色，裝畫。金銅鐶紉及盖水匱三片，共闊二尺四寸，厚一寸五分，布黑漆。貯水生銅钁一口，闊一尺九寸，深一尺五寸，重七十斤。金銅引水龍一條，長二尺六寸，前脚踏虚雲朵一枚，重二十斤。龍腹中熟銅飲水渴烏一條，内空長四尺八寸，圍一寸五分。力士柱二枚，各長六尺，圍一尺二寸五分，并脚下卷荷坐水雕獅子四箇，裝褫畫。力士柱頭鍍金寶珠二枚，及鐵澁一枚，一作扱。闊二寸五分，長三尺六寸。金銅釘鉸水秤一，梁身長五尺六寸，徑一寸五分。金銅鐶連鏁，長一尺四寸。金銅象鎚一枚，連鏁九寸，共重七斤半。一作平。準竿一條，長六尺。竿身八楞，圍八寸五分。向本上雕一隻脚踏蓮花坐向下卷雲座。金銅鐶紐及曲尺金銅工正一枚，長一尺五寸。熟銅鍍金壺一枚，面闊一尺一寸，深七尺。金銅連鏁三條，各長二尺二寸，及連金銅小盖一枚，闊三寸五分，共重一十四斤四兩。金銅銅背一枚，重十八銖。大皷一面，闊一尺一寸，深七寸。蟠龍遶腔彩畫鉦一面，厚四分。銅水斗一枚，平準竿一條，皆以約漏刻也。

洪芻《香譜》卷下《香之事》

百刻香

近世尚奇者作香篆，其文準十二辰，分一百刻，凡然一晝夜乃已。

又 香篆

鏤木以爲之，以範香塵爲篆文，然於飲席或佛像前，往往有至二三尺徑者。

儲泳《祛疑説》 刻漏説

自古刻漏必曰壺大幾何，受水幾何，又有水重水輕之别，渴烏之嘴吐水如髮，惟恐不細。向製此器，以備火候之用，出水入水爲製不同。大抵一塵入水，渴烏旋塞，未嘗有三日不間斷者。中夜以思，忽得其説，但使渴烏之水大如中針，則小小塵垢隨水而下，不復可塞，不過倍受水之壺而已。製器一成，不復間斷，深思其故，始得其説，因著之以傳好事者。

王昭禹《周禮詳解》卷二六

挈壺氏，掌挈壺以令軍井，挈轡以令舍，挈畚以令糧。凡軍事，縣壺以序聚欜。凡喪，縣壺以代哭者。皆以水火守之，分以日夜。及冬則以火爨鼎水而沸之，而沃之。令，力呈反。畚，音本。縣與懸同。欜，音託。

日月運而爲晝夜，積而成歲時。日月之行有冬有夏，而晝夜之晷有短有長。先王由是分十有二時于一晝一夜之間，以漏箭準十二時而爲百刻。寅、申、巳、亥、子、午、卯、酉之八時，每時各占八刻，則合而爲六十四刻。辰、戌、丑、未之四時，每時各占九刻，則合而爲三十六刻。以百刻定長短而分晝夜，于是立挈壺氏之職。以壺盛水，而爲漏水以正十二時之刻，早暮之期于此正矣。後世挈壺氏不能掌其職，不能晨夜不夙則莫，此詩人所以刺也。掌挈壺以令軍井，挈轡以令舍，挈畚以令糧者，軍，衆之所聚，其聲讙囂，其勢相遠，聲音不足以相識，號令不足以相喻，於此有術焉。非人人而告之也，非物物而令之也，立表於此，彼將目擊而意會焉。鄭氏所謂省煩趨疾，使事者是也。壺以盛水，故以令軍井，使知所飲也。轡以駕車，故以令舍，使知所說也。畚以盛糧，故以令糧，使知所食也。凡此三者，皆各以其物繫于竿首而表之，使衆望而從之矣。凡軍事，縣壺以序聚欜者，《易》曰「重門擊柝，以待暴客。」軍之所處，其事尤宜致嚴，故聚欜警夜。事惟聚欜，故縣壺以盛水，分刻漏也。以序聚欜，則其擊欜非一人，故序其先後，分具人以直行夜是也。及冬則以火爨鼎水而沸之，而沃之者，以重陰用事，水凝而漏不下，故以火爨鼎水，使陽氣盛而水爲沸湯，而用之以沃漏。如是則凍釋而水下，無失于漏刻以分時矣。

葉庭珪《海録碎事》卷二《天部下・刻漏門》 渴烏

李蘭《刻漏法》云：以銅爲渴烏，以引器中水，以銀龍口中吐之。蕭貫《曉寒歌》云：渴烏涓涓不相續。

王逵《蠡海集・曆數類》 百刻之説，衆議紛紛，莫有定論。惟一説頗優，以爲每刻得六十分，百刻共得六千分，散於十二時，該五百分，如此則一時占八刻零二十分。將八刻截作初、正各四刻，却將二十分零數分作初初、正初微刻各一十分也。又趙緣督一説，將十二時各分八刻，計刻九十六刻，爲大刻。却將餘四刻每刻分作六十分，四刻作二百四十分。每一時中又得二十分，爲小刻。如此則一時之中得八大刻。復有二十分小刻，截作初初、正初各得一十分，爲微刻也。其他或以子午二時各得十刻者，或以子午卯酉各得九刻者，或以夜子時得四刻者，皆非也。然夜子時之説只是在半夜之前，故稱夜子正如冬至爲起歷之端，而居中氣其前，亦係十一月也，是以夜子正在亥時之後。故只有初刻而無正刻。子時却只有正刻，而無初刻。其意可見也。

陸九淵《象山集》卷二二《雜著・雜説》 四方上下曰宇，往古來今曰宙。宇宙便是吾心，吾心即是宇宙。千萬世之前有聖人出焉，同此心，同此理也。千萬世之後有聖人出焉，同此心，同此理也。東南西北海有聖人出焉，同此心，同此理也。

林希逸《莊子口義》卷七《庚桑楚》

出無本，入無竅，有實而無乎處。

出，生也。萬物之所由始也，未嘗無本而不可知，故曰無本。入，死也。萬物之所由終也，雖知其所終而不見其所入之處，故曰無竅。實理雖有而無方所之可求，故曰無乎處。

有長而無乎本剽。有所出而無竅者有實。有實而無乎處者，宇也。有長而無本剽者，宙也。有乎生，有乎死，有乎出，有乎入。入出而無見其形，是謂天門。

自此以下解上三句也。理在今古，千萬年如是，故曰有長。然而不見其始終，故曰無乎本剽。本，始也；剽，末也，終也。老子曰：「虛而不屈，動而愈出。」雖出者不窮而不可屈，其竅虛也。虛乃所以爲實，故曰有所出而無竅者有實。出入一也，此解入字，却曰所出，可見其意。宇，四方上下也。道無定所，四方上下皆是也，故曰宇。即鳶飛于天，魚躍于淵，言其上下察也。古往今來曰宙。道之往來，千萬年而常如是者，即宙也。生，出也。死，入也。生死出入，皆有所自而無形可見，此造化之妙也。天門即造化也，自然也，因言出入，故下門字。

天門者，無有也。萬物出乎無有。有不能以有爲有，必出乎無有，而無有一無有，聖人藏乎是。

有不生於有，而生於無，故曰有不能以有爲有，必出於無有。而此無有者又一無有也，故曰無有一無有。《齊物》曰「有無也者，有未始有無也者」，即是此意。藏者，退藏於密也。聖人之心藏於無有，故曰藏乎是。

古之人，其知有所至矣。惡乎至，有以爲未始有物者，至矣，盡矣，弗可以加矣。其次以爲有物矣，將以生爲喪也，以死爲反也，是以分已。其次曰始無有，既而有生，生俄而死，以無有爲首，以生爲體，以死爲尻。孰知有無死生之一守者，吾與之爲友。是三者雖異，公族也。昭景也，著戴也；甲氏也，著封也，非一也。

無，物之始，死生終始，無分其次，則有死生之名矣。喪，旅寓也。《齊物》言「弱喪而不知歸」，以生爲喪，即寓形宇内之意。以死爲反，言歸真也。以生爲寄，以死爲樂，纔有生死之分，便是有物，故曰是以分已。上焉者無物，太極之初也；次焉者有物，陰陽既分也；又其次者曰有生，有生則有我矣。雖知有我，猶以死生有無爲一，是知其分而又知其不分者也。三者雖有次第，而皆未離，於道譬如公族分而爲三，姓則同也。【略】

黎靖德編《朱子語類》卷二《理氣下·天地下》 子升問：人言北朝曆與中國曆差一日是否？曰：只如子正四刻方屬今日，子初自屬昨日。今人纔交子時便唤做今日，如此亦便差一日。

曆數微眇，如今下漏，一般漏管稍澁則必後天，稍潤則必先天。未子而子，未午而午。

又 卷九四《周子之書·太極圖》 因曰：這箇太極是箇大底物事，四方上下曰宇，古往今來曰宙。无一箇物似宇樣大，四方去無極，上下去無極，是多少大。無一箇物似宙樣長遠，亘古亘今，往來不窮。

馬端臨《文獻通考》卷一一七《王禮考十二》 乘輿車旗鹵簿

行漏，隋大業行漏車也，制同鐘鼓樓而大，設刻漏如桶，衡首垂銅鉢，末有鉢，象漆櫃貯水。渴烏注水入鉢中，長竿四，輿士六十人。

許明道《還丹秘訣養赤子神方》

刻漏

刻漏者，乃修真之要妙。若不識刻漏，則時晷不正，則神室中或隆冬酷暑，盛夏嚴霜致，四季不調，五律錯綜，造化乖戾，丹亦難造。且刻漏者，一日有一百刻，以一百統於十二時，每時得八刻，十二時共得九十六刻。其中四刻，乃陰陽否泰之機，發生萬彙之要也。如知刻漏，引鼻氣驗之，陽左通，陰右通。十二時互換，更易，只分得九十六刻，其四刻乃庚甲壬丙之要機也。

又 時晷

時晷者，乃修真之至要也。若不識時晷，造化難明，丹亦難造。其時晷者，自子至巳六辰，乃進陽火之時也。自午至亥六辰，乃退陰符之候也。子丑寅爲春，卯辰巳爲夏，午未申爲秋，酉戌亥爲冬。其中分子午爲進退之門，卯酉爲出入之户，寅申爲造伏之兆。如是六辰圓合，應周天火數，實煉士之要機也。

王應麟《小學紺珠》卷一《律曆類》 百度

百刻也。《樂記》「百度得歲而有常」注。《正義》：「晝夜百刻」。十二時，每時八刻二十分，每刻六十分。《周禮總義》。孔壺爲漏，浮箭爲刻。四十八箭。二十四氣各有晝夜。古今刻漏之法有二：曰浮漏，曰稱漏。

陳敬《陳氏香譜》卷二

五更印刻

上印最長，自小雪後大雪、冬至、小寒後單用。其次有甲、乙、丙、丁四印，並兩刻用。

中印最平，自驚蟄後至春分後單用，秋分同。其前後有戊、己印，各一並單用。

末印最短，自芒種前及夏至、小暑後單用。其前有庚、辛、壬、癸印，並兩刻用。

又　百刻篆圖

百刻香，若以常香則無準。今用野蘇、松毬二味相和，令勻，貯於新陶器内旋用。野蘇，即荏葉也。中秋前採，曝乾爲末，每料十兩。松毬，即枯松花也。秋末揀其自墜者，曝乾，剉去心，爲末，每用八兩。

趙友欽撰　王禕刊訂《重修革象新書》卷下　測經度法

古法，夜驗中星，知黄道各宿度數，乃參之於渾儀，而赤道分經之度於渾儀上以黄道推之。去赤道，分兩極之數南北不殊，其十二次之度必均黄道，則半偏南而半偏北。各次宿度有多少，而又日躔歲差，理宜先測赤道以分天體，乃以赤道推變黄道之度，然其間渾儀有不能盡測者。

今別立一法以測之。先求地中，准舊制，置刻漏壺箭，而每箭分一百四十六晝半。按：每箭分一百四十六晝半，與後百箭總一萬四千六百五十晝二句，均有舛誤。當云每箭分一百四十六晝又十分晝之一，總一萬四千六百一十晝，方與渾行三百六十五度餘四之一，其運一度則箭之浮沈爲四十晝相符。晝夜之間，易水五十次，箭之浮沈亦各五十，於是一日不云百刻，乃云百箭矣。天體一日繞地一周，運行三百六十五度，餘四之一。其運一度，則箭之浮沈爲四十晝。百箭，總一萬四千六百五十晝，乃一周之數也。此壺漏不常用，止以測經星之度數。別立四木爲架，架上平列二板，其厚五寸許。二板之間留一直罅，其濶不及半寸，正指子午中向。星昏見時當罅底尺餘，仰視俟各宿距星來當罅間，即令守壺者視箭晝之數秉筆以記。箭晝間以五色，乃便於夜視也。然必置四壺立兩架，同時參驗，庶無差忒。且須測半周天度，俟半年後更測之也。

滑壽《難經本義》卷上

人一呼脈行三寸，一吸脈行三寸，呼吸定息脈行六寸。人一日一夜凡一萬三千五百息，脈行五十度，周於身，漏水下百刻。榮衛行陽二十五度，行陰亦二十五度，爲一周也，故五十度復會於手太陰。寸口者，五藏六府之所終始，故法取於寸口也。

承上文言，人謂平人，不病而息數勻者也。呼者氣之出，陽也；吸者氣之入，陰也。《内經・平人氣象論》云：「人一呼脈再動，一吸脈再動，呼吸定息脈五動，閏以太息，命曰平人。」故平人一呼脈行三寸，一吸脈行三寸，呼吸定息脈行六寸。以呼吸之數言之，一日一夜凡足萬三千五百息；以脈行之數言之，則五十度周於身。而榮衛之行於陽者二十五度，行於陰者亦二十五度，出入陰陽，參交互注，無少間斷。五十度畢，適當漏下百刻，爲一晬時。又明日之平旦矣，迺復會於手太陰，此寸口所以爲五藏六府之所終始，而法有取於是焉。蓋以榮衛始於中焦，注手太陰陽明，陽明注足陽明太陰，太陰注手少陰太陽，太陽注足太陽少陰，少陰注手心，主少陽，少陽注足少陽厥陰，計呼吸二百七十息，脈行一十六丈二尺，漏下二刻，爲一周身，於是復還注手太陰，積而盈之。人一呼一吸爲一息，每刻一百三十五息。每時八刻，計一千八十息。十二時九十六刻，計一萬二千九百六十息。刻之餘分得五百四十息，合一萬三千五百息也。一息脈行六寸，每二刻二百七十息脈行一十六丈二尺。每時八刻，脈行六十四丈八尺，榮衛四周於身。十二時計九十六刻，脈行七百七十七丈六尺，爲四十八周身。刻之餘分行二周身，得三十二丈四尺。總之爲五十度周身，脈得八百一十丈也。此呼吸之息，脈行之數，周身之度，合晝夜百刻之詳也。行陽行陰，謂行晝行夜也。

脱脱等《宋史》卷四八《志第一・天文一》　儀象

《浮漏議》曰：播水之壺三，而受水之壺一。曰求壺、廢壺，方中皆圓尺有八寸，尺有四寸五分以深，其食二斛，爲積分四百六十六萬六千四百六十。曰復壺，如求壺之度，中離以爲二，元一斛介八斗，而中有達。曰建壺，方尺植三尺有五寸，其食斛有半。求壺之水，復壺之所求也。壺盈則水馳，壺虚則水凝。復壺之脇爲枝渠，以爲水節。求壺進水暴，則流怒以摇，複以壺，又折以爲介。複爲枝渠，達其濫溢。枝渠之委，所謂廢壺也，以受廢水。三壺皆所以播水，爲水制也。自複壺之介，以玉權釃于建壺，建壺所以受水爲刻者也。建壺一易箭，則發上室以瀉之。求、複、建壺之泄，皆欲迫下，水所趣也。玉權下水之槩寸矯而上之，然後發，則水撓而不躁也。複壺之達半求壺之注，玉權半複壺之達。枝渠博皆分，高如其博，平方如砥，以爲水槩。壺皆爲之羃，無使穢游，則水道不慧。求壺之羃龍紐，以其出水不窮也。複壺士紐，士所以生法者，複壺制法之器也。廢壺鯢紐，止水之瀋，鯢所伏也。銅史令刻，執漏政也。冬設熅燎，以澤凝也。注水以龍噣直頸附于壺體，直則易浚，附于壺體則難敗。複壺玉爲之喙，銜于龍噣，謂之權，所以權其盈虚也。建壺之執窒旅塗而彌之以重帛，窒則不吐也。管之善利者，水所溲也，非玉則不能堅良以久。權之所出，高則源輕，源輕則其委不悍而溲物不利。箭不效於璣衡，則易權、洗箭而改晝，覆以璣衡，謂之常不弊之術。今之下漏者，始嘗甚密，久復先大者管沕也。管沕而器皆弊者，無權也。弊而不可復壽者，術固也。察日之晷以璣衡，而制箭以日之晷跡，一刻之度，以賦餘刻，刻有不均者，建壺有眚也。贅者磨之，創者補之，百刻一度，其壺乃善。晝夜已復，而箭有餘才者，權鄙也。晝夜未復，而壺吐者，權沃也。如是，則調其權，此制器之法也。

下漏必用甘泉，惡其迮之爲壺眚也。必用一源，泉之冽者，權之而重，重則敏於行，而爲箭之情慓。泉之鹵者，權之而輕，輕則椎於行，而爲箭之情駑。一井不可他汲，數汲則泉濁。陳水不可再注，再注則行利。此下漏之法也。

箭一如建壺之長，廣寸有五分，三分去二以爲之厚，其陽爲百刻，爲十二辰。博牘二十有一，如箭之長，廣五分，去半以爲之(後)〔厚〕。陽爲五更，爲二十有五籌，陰刻消長之衰。三分箭之廣，其中刻契以容牘。夜算差一刻，則因箭而易牘。鐐匏，箭舟也。其虚五升，重一鎰有半。鍛而赤柔者，金之美者也，然後漬而不墨，墨者其久必蝕。銀之有銅則墨，銅之有錫則屑，特銅久潤則腹敗而飲，皆工之所不材也。

又　卷七四《志第二十七·律曆七》　明天曆

消息數：因漏刻立名，義通晷景。麟德歷差曰屈伸率。天晝夜者，《易》進退之象也。冬至一陽爻生而晷道漸升，夜漏益減，象君子之道長，故曰息。夏至一陰爻生而晷道漸降，夜漏益增，象君子之道消，故曰消。表景與陽爲衝，從晦者也，故與夜漏長短。今以屈伸象太陰之行，而刻差曰消息數。黄道去極，日行有南北，故晷漏有長短。然景差徐疾不同者，句股使之然也。景直晷中則差遲，與句股數齊則差急，隨北極高下，所遇不同。其黄道去極度數與日景、漏刻、昏晚中星反覆相求，消息用率，步日景而稽黄道，因黄道而生漏刻，而正中星，四術旋相爲中，以合九服之變，約而易知，簡而易從。

又　卷七六《志第二十九·律曆九》　皇祐漏刻

自黄帝觀漏水，制器取則，三代因以命官，則挈壺氏其職也。後之作者，或下漏，或浮漏，或輪漏，或權衡，制作不一。宋舊有刻漏及以水爲權衡，置文德殿之東廡。景祐三年，再加考定，而水有遲疾，用有司之請，增平水壺一、渴烏二、晝夜箭二十一。然常以四時日出傳卯正一刻，又每時正已傳一刻，至八刻已傳次時，即二時初末相侵殆半。皇祐初，詔舒易簡、于淵、周琮更造其法，用平水重壺均調水勢，使無遲疾。分百刻於晝夜，冬至晝漏四十刻，夜漏六十刻。夏至晝漏六十刻，夜漏四十刻。春秋二分，晝夜各五十刻。日未出前二刻半爲曉，日没後二刻半爲昏，減夜五刻以益晝漏，謂之昏旦漏刻。皆隨氣增損焉。冬至夏至之間，晝夜長短凡差二十刻，每差一刻，别爲一箭，冬至互起其首，凡有四十一箭。晝有朝、有禺、有中、有晡、有夕，夜有甲、乙、丙、丁、戊，昏旦有星中，每箭各異其數。凡黄道升降，差二度四十分，則隨歷增減改箭。每時初行一刻至四刻六分之一爲時正，終八刻六分之二則交次時。今列二十四氣晝夜日出入辰刻、昏曉中星，以備參合。

冬至	晝四十刻	分空		日出卯正五刻	分空	昏中星壁初度
	夜六十刻	分空		日入申正三刻	二十分	曉中星角初度
小寒	晝四十刻	一十九分	三日後晝四十一刻	日出卯正四刻	五十分	昏中星奎六度
	夜五十九刻	四十一分		日入申正三刻	三十分	曉中星亢二度
大寒	晝四十一刻	十九分	二日後晝四十二刻	日出卯正四刻	二十分	昏中星婁八度
	夜五十八刻	四十一分	十一日後晝四十三刻	日入申正四刻	分空	曉中星氐七度
立春	晝四十二刻	五十四分	三日後晝四十四刻	日出卯正三刻	二十二分〔二〕	昏中星昴初度
	夜五十七刻	六分	十一日後晝四十五刻	日入申正四刻	四十八分	曉中星房四度
雨水	晝四十四刻	五十八分	昏中星畢八度	日出卯正二刻	三十分	昏中星畢八度
	夜五十五刻	五十分〔三〕	曉中星尾五度	日入申正五刻	五十分	曉中星尾五度
驚蟄	晝四十七刻	二十四分	五日後晝四十九刻	日出卯正一刻	十七分	昏中星參九度
	夜五十二刻	三十六分	十一日後晝五十刻	日入申正七刻	三分	曉中星尾十六度
春分	晝五十刻	分空	三日後晝五十一刻 九日後晝五十二刻 十五日後晝五十三刻	日出卯正初刻	分空	昏中星井十九度
	夜五十刻	分空		日入酉正初刻	分空	曉中星箕九度
清明	晝五十二刻	三十五分	六日後晝五十四刻	日出寅正七刻	三分	昏中星柳三度
	夜四十七刻	二十五分	十二日後晝五十五刻	日入酉正一刻	十七分	曉中星斗八度
穀雨	晝五十五刻	三分	四日後晝五十六刻	日出寅正五刻	五十分	昏中星張一度
	夜四十四刻	五十七分	十一日後晝五十七刻	日入酉正二刻	二十分〔四〕	曉中星斗一十九度
立夏	晝五十七刻	五分	四日後晝五十八刻	日出寅正四刻	四十八分	昏中星翼二度
	夜四十二刻	五十五分	十四日後晝五十九刻	日入酉正三刻	三十二分	曉中星牛四度
小滿	晝五十八刻	四十分	十四日後晝六十刻	日出寅正四刻	分空	昏中星軫二度
	夜四十一刻	二十分		日入酉正四刻	二十分	曉中星女九度
芒種	晝五十九刻	四十分		日出寅正三刻	三十分	昏中星角二度
	夜四十刻	二十分		日入酉正四刻	五十分	曉中星危初度
夏至	晝六十刻	分空		日出寅正三刻	二十分	昏中星亢六度
	夜四十刻	分空		日入酉正五刻	分空	曉中星危十四度

續表

節氣	晝夜刻	分	日後晝刻	日出入	分	中星
小暑	晝五十九刻	四十分		日出寅正三刻	三十分	昏中星氐十二度
	夜四十刻	二十分		日入酉正四刻	五十分	曉中星室十二度
大暑	晝五十八刻	四十分	四日後晝五十八刻	日出寅正四刻	分空	昏中星尾初度
	夜四十一刻	二十分	十一日後晝五十七刻	日入酉正四刻	二十分	曉中星奎五度
立秋	晝五十七刻	五分	八日後晝五十六刻	日出寅正四刻	四十分(五)	昏中星尾十二度
	夜四十二刻	五十五分	十五日後晝五十五刻	日入酉正三刻	三十六分(六)	曉中星婁七度
處暑	晝五十五刻	三分	七日後晝五十四刻	日出寅正五刻	五十分	昏中星箕六度
	夜四十四刻	五十七分	十三日後晝五十三刻	日入酉正二刻	三十分	曉中星昴初度
白露	晝五十二刻	三十五分	五日後晝五十二刻	日出寅正七刻	三分	昏中星斗五度
	夜四十七刻	二十五分	十一日後晝五十一刻	日入酉正一刻	十七分	曉中星畢九度
秋分	晝五十刻	分空	初日後晝五十刻 七日後晝四十九刻 十三日後晝四十八刻	日出卯正初刻	分空	昏中星斗六度
	夜五十刻	分空		日入酉正初刻	分空	曉中星井一度
寒露	晝四十七刻	二十四分	四日後晝四十七刻	日出卯正一刻	十七分	昏中星牛初度
	夜五十二刻	三十六分	十日後晝四十六刻	日入申正七刻	三分	曉中星井二十一度
霜降	晝四十四刻	五十八分	初日後晝四十五刻 八日後晝四十四刻 十四日後晝四十三刻	日出卯正二刻	三十分	昏中星女三度
	夜五十五刻	二分		日入申正五刻	五十分	曉中星柳五度
立冬	晝四十二刻	五十四分	八日後晝四十二刻	日出卯正三刻	三十二分	昏中星虛三度
	夜五十七刻	六分		日入申正四刻	四十八分	曉中星張一度
小雪	晝四十一刻	十九分	三日後晝四十一刻	日出卯正四刻	二十分	昏中星危五度
	夜五十八刻	四十八分(七)	十五日後晝四十刻	日入申正四刻	分空	曉中星翼二度
大雪	晝四十刻	十九分		日出卯正四刻	五十分	昏中星室一度
	夜五十九刻	四十一分		日入申正三刻	三十分	曉中星軫一度

又 西域儀象

蘇尼額都爾博多，漢言晝夜時刻之器也。其制以銅，如圓鏡而可掛，面刻十二辰位、晝夜時刻，上加銅條綴其中，可以圓轉。銅條兩端，各屈其首爲二竅以對望，晝則視日影，夜則窺星辰，以定時刻，以測休咎。背嵌鏡片，三面刻其圖凡七，以辨東西南北日影長短之不同、星辰向背之有異，故各異其圖，以盡天地之變焉。

又 卷五二《志第四・曆一》 晝夜刻

日出爲晝，日入爲夜，晝夜一周，共爲百刻。以十二辰分之，每辰得八刻三分刻之一。無間南北，所在皆同。晝短則夜長，夜短則晝長，此自然之理也。春秋二分，日當赤道出入，晝夜正等，各五十刻。自春分以及夏至，日入赤道內，去極浸近，夜短而晝長。自秋分以及冬至，日出赤道外，去極浸遠，晝短而夜長。以地中揆之，長不過六十刻，短不過四十刻。地中以南，夏至去日出入之所爲遠，其長有不及六十刻者。冬至去日出入之所爲近，其短有不止四十刻者。地中以北，夏至去日出入之所爲近，其長有不止六十刻者。冬至去日出入之所爲遠，其短有不及四十刻者。今京師冬至日出辰初二刻，日入申正二刻，故晝刻三十八，夜刻六十二；夏至日出寅正二刻，日入戌初二刻，故晝刻六十二，夜刻三十八。蓋地有南北，極有高下，日入有早晏，所以有不同耳。今《授時歷》晝夜刻一，以京師爲正，其各所實測北極高下，具見《天文志》。

又宋濂《文憲集》卷一五《五輪沙漏銘》 沙漏之制，貯細沙於池而注於斗。凡運五輪焉，其初輪軸長二尺有三寸，圍寸有五分。衡奠之軸端有輪，輪圍尺有二寸八分。上環十六斗，斗廣八分，深如之。軸杪傅六齒，沙傾斗運，其齒鈎二輪旋之。二輪之軸長尺，圍如初從奠之輪之圍，尺有五寸。輪齒三十六，軸杪亦傅六齒，鈎三輪旋之。三輪之圍軸若此，與二輪同。其如初軸杪亦傅六齒，鈎四輪旋之。四輪如三輪，唯奠與二輪同，輪杪亦傅六齒，鈎中輪旋之。中輪如四輪。餘輪側旋，中輪獨平旋，軸崇尺有六寸，其杪不設齒，挺然上出，貫於測景盤。盤列十二時，分刻盈百。斲木爲日形，承以雲麗於軸中。五輪犬牙，相入次第，運益遲。中輪日行盤一周，雲脚至處，則知爲何時何刻也。餘輪各有楹，附度中輪則否。輪與沙池皆藏几腹。盤露几面，旁刻黄衣童子二，一擊鼓，一鳴鉦，亦運衍沙使之。沙之進退，則日一視焉。此其大略也。初灤陽水善冰，雖爨鼎沃湯，不能爲漏。新安詹君希元，乃抽其精思，以沙代之。漏成，人以爲古未嘗聞。較之郭守敬七寶燈漏，鐘鼓應時而自鳴者，殆將無媿乎。浦陽鄭君冰與

宋濂等《元史》卷四八《志第一・天文一》

大明殿燈漏

燈漏之制，高丈有七尺，架以金爲之。其曲梁之上中設雲珠，左日右月。雲珠之下，復懸一珠。梁之兩端，飾以龍首，張吻轉目，可以審平水之緩急。中梁之上，有戲珠龍二，隨珠俛仰，又可察準水之均調。凡此皆非徒設也。燈毬雜以金寶爲之，內分四層，上環布四神，旋當日月參辰之所在，左轉日一週。次爲龍虎鳥龜之象，各居其方，依刻跳躍，鐃鳴以應於內。又次週分百刻，上列十二神，各報時牌，至其時，四門通報。又一人當門內，常以手指其刻數。下四隅，鐘鼓鉦鐃各一人，一刻鳴鐘，二刻皷，三鉦，四鐃，初正皆如是。其機發隱於櫃中，以水激之。

希元游京師，因知其詳，歸而製之，請余銘。銘曰：

挈壺建漏測以水，用沙易之自詹始。水澤腹堅沙弗止，一日一周與天似。鄭君繼之制益美，請惜分陰視斯晷。

王禕《王忠文集》卷一四《擬元列傳二首》　又嘗造七寶燈漏，每大明會置殿中，其中鐘鼓皆應時自鳴。又造櫃香漏及屏風香漏、行漏，以備郊廟行幸所用。又起靈臺水運渾天漏，大小機輪二十有五，皆刻木爲衝牙，轉相撥擊。上爲渾象，點畫周天星度，日月二環斜絡其上。象則如天左旋，環則各依行度退而右轉。又欲依張平子爲地動儀及候氣密室，皆究極其妙，而未就也。

陸深《儼山外集》卷一五《續停驂録上》　漏水之製，以銅作四櫃。一夜天池，二日人池，三平壺，四方分壺。自上而下，一層低一層。以次注水入海，浮箭刻分而上，每刻計水二斤八兩。二箭當一氣，每氣率差二分半。四十八箭，周二十四氣。其漏箭以百刻分十二時，每時八刻二十分。每刻六十分，初初、正初各十分，故每時共五百分。十二時，總計六千分。歲統二百一十六萬分，悉刻之於箭。以今尺度箭之刻分，尺之一分準刻之十分。初初、正初如尺之一分；初一、正一如尺之六分。此其大畧也。議者謂冬寒水澁，不能如法流行。近有以鐵丸圜轉代流水者，亦一法也。又元朝立簡儀，爲圓室一間，平置地盤二十四位於其下，屋背中間作圓竅以漏日光。可以不出户而知天運。此與日晷之用正同，才可施之晴晝爾。此外别有鐙漏、沙漏，色目人又有玲瓏儀，皆巧製也。

徐光啓《新法算書》卷一《緣起一》　臣等竊照定時之法，當議者五事：一曰壺漏，二曰指南針，三曰表臬，四曰儀，五曰晷。其一，壺漏等器，規制甚多，今所用者水漏也。然水有新舊滑澁，則遲疾異。漏管有時而塞，有時而磷，則緩急異。定漏之初，必于午正初刻，此刻一誤，無所不誤。雖調品如法，終無益也。故壺漏者，特以濟晨昏陰雨晷儀表臬所不及，而非定時之本。所謂本者，必準於天行，則用表、用儀、用晷，晝測日，夜測星是已。其二，指南針者，今術人恒用以定南北，凡辨方正位，皆取則焉。然所得子午，非真子午。向來言陰陽者多云泊于丙午之間，今以法考之，實各處不同。在京師則偏東五度四十分。若憑以造晷，則冬至午正先天一刻四十四分有奇，夏至午正先天五十一分有奇。然此偏東之度，必造針用磁，悉皆合法，其數如此。若今術人所用短針、雙針、磁石同居之針，雜亂無法，所差度分或多或少，無定數也。今觀象臺有赤道日晷一座及正方案，臣等以法考之，其正方案偏東二度，日晷先天半刻，計在當時亦用羅經與表臬參定，故差數爲少。若專用羅經者，恐所差刻分多少亦無定數，而大抵皆失於先天。據此以候交食時刻，即其失不盡在推步也。今但用表臬或儀器以求子午真線，或依偏針加減，别造正線羅經以與舊晷較勘，差數立見矣。三曰表臬者，即《周禮》匠人置槷之法，識日出入之景，參諸日中之景，以正方位。今法置小表於地平，午正前後累測日景，以求相等之兩長景即爲東西，因得中間最短之景即爲真子午。其術更爲簡便也。四曰儀者，本臺原有立運儀，用以測驗七政高度。臣等即用以較定子午，於午前累測日高度分，至於長極而消，則因最高之度即得最短之景，此午正時南北真線也。五曰晷者，造成平面晷體，依前儀器、表臬、南針三法參互考合，務得子午卯酉真線，因以法分布時刻，加入節氣諸線，即成平面日晷。若今時所用圓石欹晷，是爲赤道晷。亦用所得子午線較定此二晷者，皆可得天正時刻，所謂晝測日也。若測星之晷，亦即《周禮》夜考極星之法。然周時北極一星正與真北極同壤，今時久密移，此星去極三度有奇。《周官》舊法不復可用，故用重盤星晷，上盤書時刻，下盤書節氣，展轉相加，依近極二星。用時指垂權測知天正時刻，所謂夜測星也。總五事而論之，壺漏用物用其分數，南針用物用其性情，然皆非天不因，非人不成，惟表、惟儀、惟晷悉本天行，私智謬巧無容其間，故可爲候時造歷之準式也。

又　卷二《緣起二》　其一曰加時，早晚定時之術，相傳有壺漏，爲古法。近有輪鐘，爲簡法。然而調品皆繇人力，遷就可憑人意，故不如求端於日星。晝則用日，夜則任用一星，皆以儀器測取經緯度數，推算得之，是爲本法。其驗之，則測日有平晷新法，測星有立晷新法，皆礱石範銅，鑱畫數度節氣時刻，一一分明。以之較論交食，皆於本晷之上某時某刻先期注定，至時徵驗，是合是離，灼然易見。此定時法也。

又　卷一七《渾天儀説卷二》　求夜時刻

太陽依左行分晝夜，故此獨爲時刻之原。乃欲以星曜定時者，必先求其赤道上經度距太陽若干，隨以相應之距弧加于午正，變爲時，即所當測之時刻。法依極安球，令本躔度及時盤午正相對，後用象限等器測星出地高度，并識其方位，東或西。依之安高弧轉球，以星對高弧于前所測度，視子午圈所切時刻，即本時刻。或不測星高度，先以本躔度合時盤午正。止將本儀取正南北，視至天中之星，或出没之星亦可。即于球上移居子午圈，而圈下所指時刻，是其時刻。假如太陽躔降婁初度，即將本度正合盤上午正，設角宿南星至天中，乃移球上本星居子午圈下，得時爲丑初初刻〇六分。凡星及各節氣躔度俱準此。若依赤道度求時，如前法，以本躔度及時盤午正居子午圈，並識圈下同居之赤道度，轉球以星所測得度正對高弧，復識其居子午圈之赤道度，將前後相距之赤道弧化爲時，乃星居午正之時刻，必加于午正時，得所求時刻。如前角宿南星至天之中，得赤道同居爲一百九十六度，從春分起算順數，因躔度在降婁初度，故止用星赤度化時。查表應十三小時〇四分，加于午正爲丑初初刻〇四分。日躔不正在春分後，得度減去前度不足，借全周減之。

邢雲路《古今律曆考》卷四七《曆法十二》 刻漏

歷家測晷，準諸漏刻，而晷漏則隨地勢南北、辰極高下爲異。元人都燕，其《授時曆》七曜出没之早晚四時，晝夜之永短，皆準大都爲筭。今我朝之順天府即元大都也。今欽天監所用推步歷術，皆元大都測驗之法也。國初都金陵，故《大統歷》日出入之時刻及晝夜之消長，自南京測驗，改從南京晷漏。夏至晝、冬至夜，皆五十九刻。冬至晝、夏至夜，皆四十一刻。若元大都授時晷漏，則夏至晝、冬至夜皆六十二刻，冬至晝、夏至夜，皆三十八刻。較之南京，相差三刻有奇。以此推步七政，何以相符。今欽天監推日月五星，歷率諸術，悉因元大都所測舊法，而乃獨用金陵晷漏，則余不知其可也。且元統改歷之時，從南監觀象臺測驗日晷，則於日晷改之，其於七政諸法，率悉仍其舊，兩相牴牾，又何惑乎。後之人以北術步南漏，貿貿焉莫知所適從也，則昏迷於天象，統實俑之耳。

又 卷六三《曆議四》 晝夜刻

日晝夜百刻，以十二辰分之，每辰得八刻三分刻之一。無間南北，所在皆同。春秋二分，日當赤道出入之中，晝夜各五十刻。自春分以及夏至，日入赤道內，去極近，夜短而晝長。自秋分以及冬至，日出赤道外，去極遠，晝短而夜長。以地中揆之，長不過六十刻，短不過四十刻。地中以南，夏至去日出入之所爲遠，其長有不及六十刻者。冬至去日出入之所爲近，其短有不止四十刻者。地中以北，夏至去日出入之所爲近，其長有不止六十刻者。冬至去日出入之所爲遠，其短有不及四十刻者。《授時》大都偏北，冬至日出辰初二刻，日入申正二刻，故晝刻三十八，夜刻六十二。夏至日出寅正二刻，日入戌初二刻，故晝刻六十二，夜刻三十八。蓋地有南北，極有高下，日出入有早晏，所以九服皆不同耳。漏刻之法，挈壺氏掌之。其法以百刻分於晝夜，置箭壺內，刻以爲節，而浮之水，水漏而刻下，以紀晝夜昏明之數。日未出二刻半，天先明爲晨分。日已入二刻半，天方暗爲昏分。晝有朝、有禺、有中、有晡、有夕，夜有甲、乙、丙、丁、戊，昏旦有星中。每箭各有其數，所以分時代守，各隨其時而易其箭刻乃定焉。若子半之交，則前四刻三分刻之一屬前日，後四刻三分刻之一屬當日。舊每時以初刻三分刻之一爲初初刻，而初一、初二、初三、初四之四整刻繼之。以正刻三分刻之一爲正初刻，而正一、正二、正三、正四之整刻繼之。至《授時》則百刻總分爲九十六刻，凡八刻爲一時，而初初、正初雖有其名，乃在空界有無間，亦覺簡便。

徐應秋《玉芝堂談薈》卷二八 記里鼓

又開元有燈漏、沙漏。此則不知何人所造，制見何書。因記里鼓併諸巧器拈出，苟欲爲者可考焉。七修。又五輪沙漏，北方水善冰，壺漏不下，新安詹希元以沙代水，人以爲古未有也。有五輪以機運之，四輪皆側旋，中輪平旋。《博物志》補。

方以智《物理小識》卷二《占候類》 藏智于物

去者已去，來者未來，今又逝也。貪執何爲，達人樂此，而荒狂又竊之，故必明六合五破之宇處處皆然，乃知物之則，即天之則，即心之則也。《管子》曰宙合，謂宙合宇也。灼然宙輪于宇，則宇中有宙，宙中有宇，春夏秋冬之旋輪，即列于五方之旁羅盤。而析幾類應，孰能逃哉。

薛鳳祚《曆學會通》正集卷六 定時

定時必准于天行，當用晷晝測日，夜測星。晷者，造成平面晷體，依前儀器、表臬、南針三法參合攷訂，務得子午卯酉真線，因以法分布時刻，加以節氣諸線，即成平面日晷。若今時所用圓石欹晷，是爲赤道晷，亦用所得子午線較定，此二晷者皆可得。天正時刻，所謂晝測日也。若測星之晷，亦即《周禮》夜攷極星之法，然周時北極一星正與真北極同壤，今時久密移，此星去極三度有奇，《周官》舊法不復可用，故用重盤星晷。上盤書時刻，下盤書節氣，展轉相加，依近極二星，用時指垂權測知天正時刻，所謂夜測星也。

壺漏等器，規制甚多，今所用者水漏也。然水有新舊滑濇，則遲疾異。漏管有時而塞，有時而磷，則緩急異，故壺漏特以濟辰昏、陰雨，晷儀、表臬所不及，而非定時之本。

張廷玉等《明史》卷二五《志第一・天文一》 晷者，礱石爲平面，界節氣十三線內，冬夏二至各一線，其餘日行相等之節氣，皆兩節氣同一線也。平面之周列時刻線，以各節氣太陽出入爲限。又依京師北極出地度，範爲三角銅表置其中，表體之全影指時刻，表中之鋭影指節氣，此日晷之大晷也。星晷者，治銅爲柱，上安重盤。內盤鐫周天度數，列十二宮以分節氣。外盤鐫列時刻，中橫刻一縫，用以窺星。法將外盤子正初刻移對內盤節氣，乃轉移銅盤，北望帝星與句陳大星，使兩星同見縫中，即視盤面鋭表所指，爲正時刻。此星晷之大略也。

姚之駰《元明事類鈔》卷三〇《器用門》 沙漏

宋濂集沙漏之製，貯細沙於池，而注於斗，凡運五輪焉。上貫于測景盤，盤列十二時分刻盈百。初㶟陽水善冰，不能爲漏，新安詹君希元乃以沙代之。

計算與測量

司馬彪撰 劉昭補并注《後漢書》卷一三《志第三・律曆下》 求後食朔及日，皆加大餘二十七，小餘六百一十五。其月餘分不滿二十者，又加大餘二十九，小餘四百九十九。其食小餘者，當以漏刻課之，夜漏未盡，以算上爲日。

一術，以歲數去上元，餘以爲積月，以百一十二乘之，滿月數去之，餘滿食法得一，則天正後食也。

推諸加時，以十二乘小餘，先減如法之半，得一時，其餘乃以法除之，所得算之數從夜半子起。算盡之外，則所加時也。

推諸上水漏刻：以百乘其小餘，滿其法得一刻；不滿法什之，滿法得一分。積刻先減所入節氣夜漏之半，其餘爲晝上水之數。過晝漏去之，餘爲夜上水數。其刻不滿夜漏半者，乃減之，餘爲昨夜未(晝)[盡]，其弦望其日。

【略】

黃道去極，日景之生，據儀、表也。漏刻之生，以去極遠近差乘節氣之差。如遠近而差一刻，以相增損。昏明之生，以天度乘晝漏，夜漏減三百而一，爲定度。以減天度，餘爲明；加定度一爲昏。其餘四之，如法爲少。不盡，三之，如法爲强，餘半法以上以成强。强三爲少，少四爲度，其强二爲少弱也。又以日度餘爲少强，而各加焉。

二十四氣

冬至，《月令章句》曰：冬至之爲極有三意焉，晝漏極短，去極極遠，晷景極長。極者，至而還之辭也。日所在，斗二十度百一十分，八分退二。黃道去極百一十五度，晷景丈三尺。晝漏刻四十五，夜漏刻五十五。昏中星奎六弱。旦中星亢二少强退一。《月令章句》曰：中星當中而不中，日行遲也。未當中而中，日行疾也。

小寒，日所在女二度七分進二。黃道去極百一十三强。晷景丈二尺三寸。晝漏刻四十五八分，夜漏刻五十四二分。昏中星婁六半强退一。旦中星氐七少弱退二。

大寒，日所在虛五度十四分進二。黃道去極百一十一大弱。晷景丈一尺。晝漏刻四十六八分，夜漏刻五十三二分。昏中星胃十一半强退一。旦中星心半退三。

立春，日所在危七度，二十一分進二。黃道去極百六少弱。晷景九尺六寸。晝漏刻四十八六分，夜漏刻五十一四分。昏中星畢五少强退三。旦中星尾七半弱退三。

雨水，日所在室八度二十八分退三。黃道去極百一强。晷景七尺九寸五分。晝漏刻五十八分，夜漏刻四十九二分。昏中星參六半弱退四。旦中星箕六大弱退三。

驚蟄，日所在壁八度三分進一。黃道去極九十五强。晷景六尺五寸。晝漏刻五十三三分，夜漏刻四十六七分。昏中星井十七少弱退三。旦中星斗少退二。

春分，日所在奎十四度十分。黃道去極八十九少强。晷景五尺二寸五分。晝漏刻五十五八分，夜漏刻四十四二分。昏中星鬼四，旦中星斗十一强退二。

清明，日所在胃一度十七分退二。黃道去極八十三少弱。晷景四尺一寸五分。晝漏刻五十八三分，夜漏刻四十一七分。昏中星星四大進。旦中星斗二十一半退二。

穀雨，日所在昴二度二十四分退二。黃道去極七十七大强。晷景三尺二寸。晝漏刻六十五分，夜漏刻三十九五分。昏中星張十七進二。旦中星斗六半。

立夏，日所在畢八度三十一分退三。黃道去極七十三少弱。晷景二尺五寸二分。晝漏刻六十二四分，夜漏刻三十七六分。昏中星翼十七大進二。旦中星女十少弱一。

小滿，日所在參四度六分退四。黃道去極六十九大弱。晷景尺九寸八分。晝漏刻六十三九分，夜漏刻三十六一分。昏中星角六弱。旦中星危大弱進二。

芒種，日所在井十度十三分退三。黃道去極六十七少弱。晷景尺六寸八分。晝漏刻六十四九分，夜漏刻三十五一分。昏中星亢五大退一。旦中星危十四强進二。

夏至，《月令章句》曰：夏至之爲極有三意焉：晝漏極長，去極極近，晷景極短。日所在井二十五度二十分退三。黃道去極六十七强。晷景尺五寸。晝漏刻六十五，夜漏刻三十五。昏中星氐十二少弱退二。旦中星室十二少弱退三。

小暑，日所在柳三度二十七分。黄道去極六十七大强。晷景尺七寸。晝漏刻六十四七分，夜漏刻三十五三分。昏中星尾一大强退三。旦中星奎二大强。

大暑，日所在星四度三分進二。黄道去極七十，晷景二尺。晝漏刻六十二八分，夜漏刻三十六二分。昏中星尾十五半弱退三。旦中星婁三大退一。

立秋，日所在張十二度九分進一。黄道去極七十三半强。晷景二尺五寸五分。晝漏刻六十二三分，夜漏刻三十七七分。昏中星箕九大强退三。旦中星胃九大强退二。

處暑，日所在翼九度十六分退二。黄道去極七十八半强。晷景三尺三寸三分。晝漏刻六十二分，夜漏刻三十九八分。昏中星斗十少退。旦中星畢三大退三。

白露，日所在軫六度二十三分退一。黄道去極八十四少强。晷景四尺三寸五分。晝漏刻五十七八分，夜漏刻四十二二分。昏中星斗二十一强退一。旦中星參五半弱退四。

秋分，日所在角四度三十分。黄道去極九十半强。晷景五尺五寸。晝漏刻五十五二分，夜漏刻四十四八分。昏中星牛五少。旦中星井十六少强退二。

寒露，日所在亢八度五分退三。黄道去極九十六少强。晷景六尺八寸五分。晝漏刻五十二六分，夜漏刻四十七四分。昏中星女七大進一。旦中星鬼三少强。

霜降，日所在氐十四度十三分退二。黄道去極百二少强。晷景八尺四寸。晝漏刻五十三分，夜漏刻四十九七分。昏中星虚六大進一。旦中星星三大强進一。

立冬，日所在房四度十九分退三。黄道去極百七少强。晷景八尺四寸二分。晝漏刻四十八二分，夜漏刻五十一八分。昏中星危八强進二。旦中星張十五大强進一。

小雪，日所在箕一度二十六分退三。黄道去極百一十一弱。晷景丈一尺四寸。晝漏刻四十六七分，夜漏刻五十三三分。昏中星室一半强進二。旦中星翼十五大强進二。

大雪，日所在斗六度一分退三。黄道去極百一十三大强。晷景丈二尺五寸六分。晝漏刻四十五五分，夜漏刻五十四五分。昏中星壁半强進一。旦中星軫十五少强進一。

沈約《宋書》卷一三《志第三・律曆下》 元嘉二十年，承天奏上尚書：今既改用《元嘉曆》，漏刻與先不同，宜應改革。按《景初曆》春分日長，秋分日短，相承所用漏刻，冬至後晝漏率長於冬至前，且長短增減，進退無漸，非唯先法不精，亦各傳寫謬誤。今二至二分，各據其正，則至之前後，無復差異。更增損舊刻，參以晷影，删定爲經，改用二十五箭。請臺勑漏郎將考驗施用。從之。【略】

沖之曰：按《後漢書》及《乾象説》《四分歷法》雖分章設部，創自元和，而晷儀衆數定於嘉平三年。《四分志》，立冬中影長一丈，立春中影九尺六寸。尋冬至南極，日晷最長，二氣去至，日數既同，則中影應等，而前長後短，頓差四寸，此歷景冬至後天之驗也。二氣中影，日差九分半弱，進退均調，略無盈縮，以率計之，二氣各退二日十二刻，則晷影之數，立冬更短，立春更長，竝差二寸，二氣中影俱長九尺八寸矣，即立冬、立春之正日也。以此推之，歷置冬至，後天亦二日十二刻也。嘉平三年，時歷丁丑冬至，加時正在日中。以二日十二刻減之，天定以乙亥冬至，加時在夜半後三十八刻。又臣測景歷紀，躬辨分寸，銅表堅剛，暴潤不動，光晷明潔，纖毫憭然。據大明五年十月十日，影一丈七寸七分半；十一月二十五日，一丈八寸一分太；二十六日，一丈七寸五分彊。折取其中，則中天冬至，應在十一月三日。求其蚤晚，令後二日影相減，則一日差率也。倍之爲法，前二日減，以百刻乘之爲實，以法除實，得冬至加時在夜半後三十一刻，在《元嘉歷》後一日，天數之正也。量減竟年，則數減均同，異歲相課，則遠近應率。臣因此驗，考正章法。今以臣歷推之，刻如前，竊謂至密，永爲定式。

魏徵等《隋書》卷一九《志第十四・天文上》

渾天儀

至桓帝延熹七年，太史令張衡，更以銅製，以四分爲一度，周天一丈四尺六寸一分。亦於密室中，以漏水轉之。令司之者閉户而唱之，以告靈臺之觀天者，璇璣所加，某星始見，某星已中，某星今沒，皆如合符。

又

漏刻

昔黄帝創觀漏水，制器取則，以分晝夜，其後因以命官，《周禮》挈壺氏則其職也。其法總以百刻，分于晝夜。冬至晝漏四十刻，夜漏六十刻。夏至晝漏六十刻，夜漏四十刻。春秋二分，晝夜各五十刻。日未出前二刻半而明，既没後二刻半乃昏。減夜五刻，以益晝漏，謂之昏旦。漏刻皆隨氣增損。冬夏二至之間，晝夜長短，凡差二十刻。每差一刻爲一箭。冬至互起其首，凡有四十一箭。晝有朝，有禺，有中，有晡，有夕。夜有甲、乙、丙、丁、戊。昏旦有星中。每箭各有其數，皆所以分時代守，更其作役。

漢興，張蒼因循古制，猶多疏闊。及孝武考定星歷，下漏以追天度，亦未能盡其理。劉向《鴻範傳》記武帝時所用法云：「冬夏二至之間，一百八十餘日，晝夜差二十刻。」大率二至之後，九日而增損一刻焉。至哀帝時，又改用晝夜一百二十刻，尋亦寢廢。至王莽竊位，又遵行之。光武之初，亦以百刻九日加減法，編於《甲令》，爲《常符漏品》。至和帝永元十四年，霍融上言：「官歷率九日增減一刻，不與天相應。或時差至二刻半，不如夏歷漏刻，隨日南北爲長短。」乃詔用夏歷漏刻。依日行黄道去極，每差二度四分，爲增減一刻。凡用四十八箭。終於魏晉，相傳不改。

宋何承天，以月蝕所在，當日之衡，考驗日宿，知移舊六度。冬至之日，其影極長，測量晷度，知冬至移舊四日。前代諸漏，春分晝長，秋分晝短，差過半刻。皆由氣日不正，所以而然。遂議造漏法。春秋二分，昏旦晝夜漏各五十五刻。齊及梁初，因循不改。至天監六年，武帝以晝夜百刻分配十二辰，辰得八刻，仍有餘分。乃以晝夜爲九十六刻，一辰有全刻八焉。至大同十年，又改用一百八刻。依《尚書考靈曜》晝夜三十六頃之數，因而三之。冬至晝漏四十八刻，夜漏六十刻。夏至晝漏七十刻，夜漏三十八刻。春秋二分，晝漏六十刻，夜漏四十八刻。昏旦之數，各三刻。先令祖暅爲《漏經》，皆依渾天黄道日行去極遠近，爲用箭日率。陳文帝天嘉中，亦命舍人朱史造漏，依古百刻爲法。周、齊因循魏漏。晉、宋、梁大同，並以百刻分于晝夜。

隋初，用周朝尹公正、馬顯所造《漏經》。至開皇十四年，鄜州司馬袁充上晷影漏刻。充以短影平儀，均十二辰，立表，隨日影所指辰刻，以驗漏水之節。十二辰刻，互有多少，時正前後，刻亦不同。其二至二分，用箭辰刻之法，今列之云。

冬至：日出辰正，入申正，晝四十刻，夜六十刻。子、丑、亥各二刻，寅、戌各六刻，卯、酉各十三刻，辰、申各十四刻，巳、未各十刻，午八刻。

右十四日改箭。

春秋二分：日出卯正，入酉正，晝五十刻，夜五十刻。子四刻，丑、亥七刻，寅、戌九刻，卯、酉十四刻，辰、申九刻，巳、未七刻，午四刻。

右五日改箭。

夏至：日出寅正，入戌正，晝六十刻，夜四十刻。子八刻，丑、亥十刻，寅、戌十四刻，卯、酉十三刻，辰、申六刻，巳、未二刻，午二刻。

右一十九日加減一刻，改箭。

袁充素不曉渾天黄道去極之數，苟役私智，變改舊章。其於施用，未爲精密。

開皇十七年，張胄玄用後魏渾天鐵儀，測知春秋二分，日出卯酉之北，不正當中。與何承天所測頗同，皆日出卯三刻五十五分，入酉四刻二十五分。晝漏五十刻一十分，夜漏四十九刻四十分，晝夜差六十分刻之四十。仁壽四年，劉焯上《皇極歷》，有日行遲疾，推二十四氣，皆有盈縮定日。春秋分定日，去冬至各八十八日有奇，去夏至各九十三日有奇。二分定日，晝夜各五十刻。又依渾天黄道驗知冬至夜漏五十九刻一百分刻之八十六，晝漏四十刻一十四分；夏至晝漏五十九刻八十六分，夜漏四十刻一十四分。冬夏二至之間，晝夜差一十九刻一百分刻之七十二。胄玄及焯漏刻，並不施用。然其法制，皆著在歷術，推驗加時，最爲詳審。

大業初，耿詢作古欹器，以漏水注之，獻于煬帝。帝善之，因令與宇文愷，依後魏道士李蘭所修道家上法稱漏，製造稱水漏器，以充行從。又作候景分箭上水方器，置於東都乾陽殿前，鼓下司辰。又作馬上漏刻，以從行辨時刻。揆日晷，下漏刻，此二者，測天地，正儀象之本也。晷漏沿革，今古大殊，故列其差以補前闕。

劉昫等《舊唐書》卷三五《志第十五·天文上》 又詔一行與梁令瓚及諸術士更造渾天儀，鑄銅爲圓天之象，上具列宿赤道及用天度數。注水激輪，令其自轉，一日一夜，天轉一周。又別置二輪絡在天外，綴以日月，令得運行。每天西轉一帀，日東行一度，月行十三度十九分度之七，凡二十九轉有餘而日月會，三百六十五轉而日行帀。仍置木櫃以爲地平，令儀半在地下，晦明朔望，遲速有準。又立二木人於地平之上，前置鐘鼓以候辰刻，每一刻自然擊鼓，每辰則自然撞鐘。皆於櫃中各施輪軸，鉤鍵交錯，關鏁相持。既與天道合同，當時共稱其妙。鑄成，命之曰水運渾天俯視圖。置於武成殿前以示百寮。無幾而銅鐵漸澁，不能自轉，遂收置於集賢院，不行復用。

許洞《虎鈐經》卷七《傳箭》 每時有八刻二十分，一刻六十分，一日十二時，合一百刻。冬至前三日改第一箭，晝四十刻，日出辰時一刻。夜六十刻，日入申時八刻。每更一十二刻，每點二刻二十四分。後三日改第二箭，晝四十一刻，日出辰時半刻。夜五十九刻，日入酉時半刻。每更一十一刻四十八分，每點二刻二十二分。小寒初日改第三箭，晝四十二刻，日出卯時八刻。夜五十八刻，日入酉時一刻。每更一十一刻三十六分，每點二刻一十八一作九。分。後九日改四箭，晝四十三刻，日出卯時七刻半。夜五十七刻，日入酉時一刻半。每更一十一刻二十四分，每點二刻一十六分。大寒後三日改第五箭，晝四十四刻，日出卯時七刻。夜五十六刻，日入酉時二刻。每更一十一刻一十二分，每點二刻一十四分。立春前三日改第六箭，晝四十五刻，日出卯時六刻半。夜五十五刻，日出酉時二刻半。每更一十一刻，每點二刻一十二分。後六日改第七箭，晝四十六刻，日出卯時六刻。夜五十四刻，日入酉時三刻。每更一十刻四十八分，每點二刻九分。雨水初日改第八箭，晝四十七刻，日出卯時五刻半。夜五十三刻，日入酉時三刻半。每更一十刻三十六分，每點二刻七分。後第九日改第九箭，晝四十八刻，日出卯時五刻。夜五十二刻，日入酉時四刻。每更一十刻二十四分，每點二刻四分。驚蟄後三日改第十箭，晝四十九刻，日出卯時四刻半。夜五十一刻，日入酉時四刻半。每更一十刻十分，每點二刻二分。春分前三日改第十一箭，晝五十刻，日出卯時四刻。夜五十刻，日入酉時五刻。每更一十刻，每點二刻。後六日改第十二箭，晝五十一刻，日出卯時三刻半。夜四十九刻，日入酉時五刻半。每更九刻四十八分，每點一刻五十七分。清明初日改第十三箭，晝五十二刻，日出卯時三刻。夜四十八刻，日入酉時六刻。每更九刻三十六分，每點一刻五十五分。後九日改第十四箭，晝五十三刻，日出卯時二刻半。夜四十七刻，日入酉時六刻半。每更九刻二十四分，每點一刻五十二分。穀雨後三日改第十五箭，晝五十四刻，日出卯時二刻。夜四十六刻，日入酉時七刻。每更九刻一十二分，每點一刻五十分。立夏前三日改第十六箭，晝五十五刻，日出卯時一刻半。夜四十五刻，日入酉時七刻半。每更九刻，每點一刻四十八分。後六日改十七箭，晝五十六刻，日出卯時一刻。夜四十四刻，日入酉時八刻。每更八刻四十八分，每點一刻四十五分。小滿初日改第十八箭，晝五十七刻，日出寅時半刻。夜四十三刻，日入戌時半刻。每更八刻三十六分，每點一刻四十二分。後九日改第十九箭，晝五十八刻，日出寅時八刻。夜四十二刻，日入戌時一刻。每更八刻二十四分，每點一刻四十分。芒種後三日改第二十箭，晝五十九刻，日出寅時七刻半。夜四十一刻，日入戌時一刻半。每更八刻一十二分，每點一刻三十分。夏至前三日改第一箭，晝六十刻，日出寅時七刻。夜四十刻，日入戌時二刻。每更八刻，每點一刻三十六分。後六日改第二箭，晝五十九刻，日出寅時七刻半。夜四十一刻，日入戌時一刻半。每更八刻一十二分，每點一刻三十八分。小暑初日改第三箭，晝五十八刻，日出寅時八刻。夜四十二刻，日入戌時一刻。每更八刻二十四分，每點一刻四十分。後九日改第四箭，晝五十七刻，日出卯時半刻。夜四十三刻，日入戌時半刻。每更八刻三十六分，每點一刻四十三分。大暑後三日改第五箭，晝五十六刻，日出卯時一刻。夜四十四刻，日入酉時八刻。每更八刻四十八分，每點一刻四十五分。立秋前三日改第六箭，晝五十五刻，日出卯時一刻半。夜四十五刻，日入酉時七刻半。每更九刻，每點一刻四十八分。後六日改第七箭，晝五十四刻，日出卯時七刻。夜四十六刻，每更九刻一十二分，每點一刻五十分。處暑初日改第八箭，晝五十三刻，日出卯時二刻半。夜四十七刻，日入酉時六刻半。每更九刻二十四分，每點一刻五十二分。後三日改第九箭，晝五十二刻，日出卯時三刻。夜四十八刻，日入酉時六刻。每更九刻三十六分，每點一刻五十五分。白露後三日改第十箭，晝五十一刻，日出卯時三刻半。夜四十九刻，日入酉時五刻半。每更九刻四十八分，每點一刻五十七分。秋分前三日改第十一箭，晝五十刻，日出卯時四刻。夜五十刻，日入酉時五刻。每更十刻，每點二刻。後六日改第十二箭，晝四十九刻，日出卯時四刻半。夜五十一刻，日入酉時四刻半。每更十刻十二分，每點二刻二分。寒露初日改第十三箭，晝四十八刻，日出卯時五刻。夜五十二刻，日入酉時四刻。每更一十刻二十四分，每點二刻四分。後九日改第十四箭，晝四十七刻，日出卯時五刻半。夜五十三刻，日入酉時三刻半。每更一十刻三十六分，每點二刻七分。霜降後三日改第十五箭，晝四十六刻，日出卯時六刻。夜五十四刻，日入酉時三刻。每更一十刻四十八分，每點二刻九分。立冬前三日改第十六箭，晝四十五刻，日出卯時六刻半。夜五十五刻，日入酉時二刻半。每更一十一刻，每點二刻一十二分。後六日改第十七箭，晝四十四刻，日出卯時七刻。夜五十六刻，日入酉時二刻。每更一十一刻一十二分，每點二刻一十四分。小雪初日改第十八箭，晝四十三刻，日出卯時七刻半。夜五十七刻，日入酉時一刻半。每更一十一刻二十四分，每點二刻一十六分。後九日改第十九箭，晝四十二刻，日出卯時八刻。夜五十八刻，日入酉時一刻。每更一十一刻三十六分，每點二刻一十八分。大雪三日改第二十箭，晝四十一刻，日出辰時半刻。夜五十九刻，日入酉時半刻。每更一十一刻四十八分，每點二刻二十一分。

歐陽修等《新唐書》卷二八上《志第十八上・曆四上》 二至各於其地下水漏以定當處晝夜刻數。乃相減，爲冬夏至差刻。半之，以加減二至晝夜刻數，爲定春秋分初日晝夜刻數。乃置每氣消息定數，以當處差刻數乘之，如二至去極差度四十七分，八十而一，所得依分前後加減初日晝夜漏刻，各得餘定氣初日晝夜漏刻。

又　卷三〇下《志第二十下・曆六下》　晷漏

各計其日中入二至加時已來日數及餘。如初限已下，爲後；已上，以減二至限，餘爲前，副之。各以乘數乘之，用減初、末差。所得再乘其副，滿百萬爲尺，不滿爲寸，爲分。夏至後，則退一等。皆命曰晷差。冬至前後，以減冬至中晷；夏至前後，以加夏至中晷。爲每日陽城中晷，與次日相減，後多曰息，後少曰消。以冬夏至午前、後約分乘之，萬而一，午前息減、消加，午後息加、消減中晷，爲定數也。凡冬至初日，有減無加；夏至初日，有加無減。

又計二至加時已來至其日昏後夜半日數及餘。冬至後爲息，夏至後爲消。如一象已下，爲初；已上，反減二至限，餘爲末。令自相乘，進二位，以消息法除爲分，副之。與五百分先相減，後相乘，千八百而一，以加副，爲消息數。以象積乘之，百約爲分，再退爲度。春分後，以加六十七度四十分；秋分後，以減百一十五度二十分，即各其日黃道去極。與一象相減，則赤道內外也。以消息數，春分後加千七百五十二，秋分後以減二千七百四十八，即各其日晷漏母也。以減五千，爲晨昏距子分。

置晷漏母，千四百六十一乘，而再半之。百約，爲距午度。以減半周天，餘爲距中度。百三十五乘晷漏母，百約爲分，得晨初餘數。凡晷漏，百爲刻。不滿，以象積乘之，百約爲分，得夜半定漏。

九服中晷，各於其地立表候之。在陽城北，冬至前候晷景與陽城冬至同者，爲差日之始；在陽城南，夏至前候晷景與陽城夏至同者，爲差日之始。自差日之始，至二至日，爲距差日數也。在至前者，計距前已來日數；至後者，計入至後已來日數。反減距差日，餘爲距後日準。求初、末限晷差，各冬至前後以加，夏至前後以減冬夏至陽城中晷，得其地其日中晷。若不足減，減去夏至陽城中晷，即其日南倒中晷也。自餘之日，各計冬夏至後所求日數。減去距冬夏至差日，餘準初、末限入之。又九服所在，各於其地置水漏，以定二至夜刻，爲漏率。以漏率乘每日晷漏母，各以陽城二至晷漏母除之，得其地每日晷漏母。

歐陽修《新五代史》卷五八《司天考第一》　九服刻漏

經法通軌中而半之，用自相乘，如其地戴中數而一；以乘二百六十三，經法除之，爲漏法。通軌中於上，置赤道內外數於下，以下減上，餘用乘之；盈漏法，爲漏分。赤道內以減、赤道外以加一千六百二十，爲其地晨分。減統法，爲昏分。置晨昏分，各如岳臺術入之，即得其地日出入辰刻、五夜辰刻、昏曉中星也。

曾公亮　丁度《武經總要》前集卷六《制度三》　漏刻

凡軍中雖置水漏，則用更牌。一晝夜一百刻，以竹爲一百牌，長三尺，濶一寸，題云某月更牌。以探更人每更徐疾行二里傳一牌，一日夜計行二百里，則傳一百牌，常取月中氣爲正。

雨水，正月中夜傳牌四十九四分，一更傳牌九，餘一里一百七十三步三尺三寸。春分，二月中夜傳牌五十，一更傳牌一十。穀雨，三月中夜傳牌三十七六分，一更傳牌七，餘一里一十四步二分。小滿，四月中夜傳牌三十六三分，一更傳牌七，餘一百七十步四尺八分。夏至，五月中夜傳牌三十五一分，一更傳牌七。大暑，六月中夜傳牌三十六三分，一更傳牌七，餘一百七十五步一尺二寸。處暑，七月中夜傳牌三十六二分，一更傳牌七，餘一百七十五步一尺二寸。秋分，八月中夜傳牌四十四五分，一更傳牌八，餘一里二百八十四步一尺二寸。霜降，九月中夜傳牌四十九五分，一更傳牌八，餘一里一百八十步五尺六寸。小雪，十月中夜傳牌五十三三分，一更傳牌一十，餘一里一百一十五步一尺二寸。冬至，十一月中夜傳牌五十五，一更傳牌一十一。大寒，十二月中夜傳牌五十三三分，一更傳一十，餘一里一百二十五步一尺二寸。

又法曰：行軍於外，日出日没時，撾鼓吹角爲嚴警。凡鼓三百六十五槌爲一通，角一十二變爲一疊。鼓音止，角音動。凡鼓三通，角三疊，晝夜足矣。又近代馬上法，以數珠記時。先約一晝夜爲準，餘日倣之，與刻漏無差。

蘇頌《新儀象法要》卷上　進儀象狀

唐開元中，詔浮屠一行與率府兵曹梁令瓚及諸術士更造鑄銅渾儀。爲之圓天之象，具列宿及周天度數，注水激輪，令其自轉，一日一夜天轉一周。又別置二輪，絡在天外，綴以日、月，令得運行。每天西轉一匝，日正東行一度，月行十三度有奇。凡二十九轉而日月會，三百六十五轉而日行匝。仍置木櫃以爲地平，令儀半在地上。又立二木偶人於地平，之前置鐘鼓，使木人自然撞擊，以候辰刻。命之曰水運渾天俯視圖。既成，置武成殿前，以示百僚。

梁朝渾象以木爲之，其圓如丸，徧體布二十八宿、三家星，謂巫咸、石申、甘德三家星，圖以青、黃、赤三色別之。黃赤道及天河等。別爲橫規環，以繞其外，上下半之，以象地。

張思訓渾儀爲樓數層，高丈餘，中有輪、軸、關、柱，激水以運輪。又有直神摇鈴、扣鐘、擊鼓，每一晝夜周而復始。又有十二神，各直一時，時至則自執牌循環而出報，隨刻數以定晝夜之長短。至冬水凝，運行遲澀，則以水銀代之，故無差舛。又有日月星象，皆取仰觀。案舊法，日月行度皆人所運；新制成於自然，尤爲精妙。然則，據上所述，張衡所謂靈臺之璇璣者，兼渾儀、候儀之法也。置密室中者，渾象也。故葛洪云：張平子、陸公紀之徒，張衡，字平子。陸績，字公紀。咸以爲，推步七曜之運，以度歷象昏明之證候，校以三八之氣，考以刻漏之分，占晷景之往來，求形驗於事情，莫密於渾象也。開元水運俯視圖亦渾象也。思訓準開元之法，而上以蓋爲紫宫，旁爲周大度，而正東西轉，出其新意也。

今則兼採諸家之説，備存儀象之器，共置一臺中。臺有二隔，渾儀置於上，渾象置於下，樞機輪軸隱於中，鐘鼓時刻司辰運於輪上，木閣五層蔽於前，司辰擊鼓、摇鈴、執牌出没于閣内。以水激輪，輪轉而儀象皆動，此兼用諸家之法也。【略】

又制刻漏四副：一曰浮箭漏，二曰稱漏，皆與今太史及朝堂所用略同；三曰沈箭漏，四曰不息漏，并採用術人所製法式，置於別室，使挈壺專掌，遂時刻與儀象互相參考，以合天星行度爲正。所以，驗器數與天運不差，則寒暑氣候自正也。

又 卷下

水運儀象臺

右水運儀象臺。其制爲臺四方而再重，上狹下廣，高下相地之宜。四面以巨枋木爲柱，柱間各設廣栿，周以板壁，下布地栿，上布板面，内設天梯。再休隔上開南、北向各一門；隔下開二門，各南向雙扉。別本云：再休隔上開南向一門，東西向各一門；隔下開二門，各南向雙扉。

渾儀置上隔。即臺面也。儀有三重：曰六合儀，曰三辰儀，曰四游儀。其上以脱摘板屋覆之。六合儀有陽經雙規，爲天規，縱置之；陰緯單規，爲地渾，横置之。三辰儀南施天運環。天運環係新刱。

渾象連木地櫃置臺中隔。渾象亦有天經雙規，縱置木地櫃中，半出地上，半隱地下。有地渾單規，置地櫃面。爲櫃之子口。渾象等，今倣《隋書·志》新刱。

臺内仰設晝夜機輪八重，貫以機輪軸。第一重曰天輪，在天束上與渾象赤道牙相接；第二重曰晝時鐘鼓輪；第三重曰時刻鐘鼓輪；第四重曰時初正司辰輪；第五重曰報刻司辰輪；第六重曰夜漏金鉦輪；鉦，今號曰錚錚是也。第七重曰夜漏更籌司辰輪；最下第八重曰夜漏箭輪。外以五層半座木閣蔽之，層皆有門，以見木人出入。第一層，左摇鈴，右扣鐘，中擊鼓；第二層，報時初及時正；第三層，報刻；第四層，擊夜漏金鉦；第五層，報夜漏更籌。又於八輪之北側設樞輪。其輪以七十二輻爲三十六洪，束以三輞，夾持受水三十六壺。轂中横貫鐵樞軸一，南北出。軸南爲地轂，運撥地輪，天柱中動機輪，動渾象，上動渾儀。別本云：又於八輪之北側設樞輪，以九十六輻四十八洪，束以三輞，夾扶受水四十八壺。轂中横鐵樞軸一，南北出。軸南中以天梯下轂，以運天梯，上動渾儀；末以地轂，運撥牙機輪，上動渾象。又樞輪左設天池、平水壺。平水壺受天池水注入受水壺，以激樞輪。受水壺水落入退水壺，由壺下北竅引水入昇水下壺，以昇水下輪運水入昇水上壺。上壺内昇水上輪及河車同轉，上下輪運水入天河，天河復流入天池，周而復始。

一云：三辰儀南施天運環。渾象連木地櫃置臺中隔。渾象云云半隱地下；上有池渾雙規，置地櫃面；體外亦施天運。倣《隋志》新刱。臺内仰設晝夜機輪。

又 運動儀象制度

右運動儀象制度。先設樞輪一、機輪八，以天柱四植於臺内。樞梁二，東西横安于天柱前後，以載樞軸。天梁二，安於天柱樞梁上，以掛天關。左、右天極二，南北置之，南寄臺前東西柱，北貫天柱東西天梁之下、樞梁之上。機輪軸

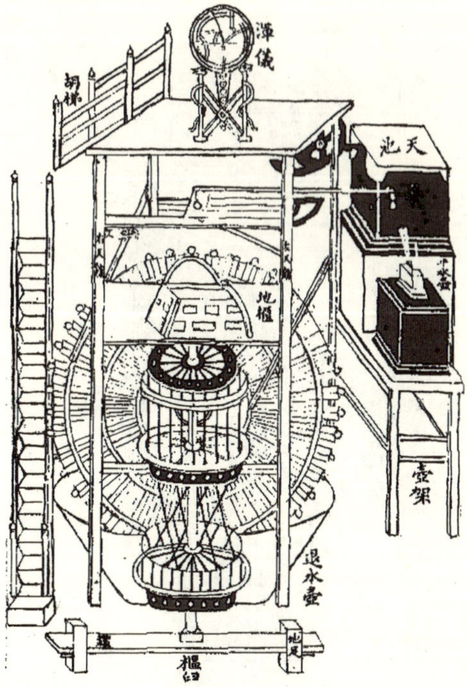

一，立置臺中。天束一，以橫木二合爲一。天束橫置之，兩末安於東、西天極中，天輪之下、撥牙機之上，中爲竅，以束機輪軸。機輪軸下爲地極，橫置之，兩末安東、西兩地足中。地極之正中安鐵樞臼一，以承機軸之纂，纂亦以鐵爲之。天池在天柱之左，平水壺在天池之南，兩壺各以木架載之。平水壺面接天池水竅，其底與樞輪受水壺面相次。退水壺在樞輪之下。上、下昇水軸壺并河車兩軸，並寄樞梁、天梁下橫桄之中。其晝夜八機輪同貫機輪軸，撥牙軸所以轉七輪。樞輪三十六，三十六，一云四十八。雙輪共貫一轂。受水壺三十六，在樞輪外輞間，所以受水運樞輪也。天衡一，置樞輪上。天關一，置衡腦。天權一，置衡尾。天條一，在衡之前。天衡關舌一，以天條綴之，所以激發天衡關也。樞衡一，在天衡關舌上，衡腦爲格叉，格，音閣。以抵受水壺；以樞權掛其末，所以節受水壺之陞降也。左、右天鎖二，分置東、西天柱間梁上，所以持正樞輪也。

又　木閣

右木閣五層，在機輪前。第一層：時初，木人左摇鈴；刻至，中擊鼓；時正，右扣鐘。第二層：木人出報時初又時正。第三層：木人出報十二時中百刻。第四層：夜漏擊金鉦。第五層：分布木人出報夜漏箭。

又　晝夜機輪

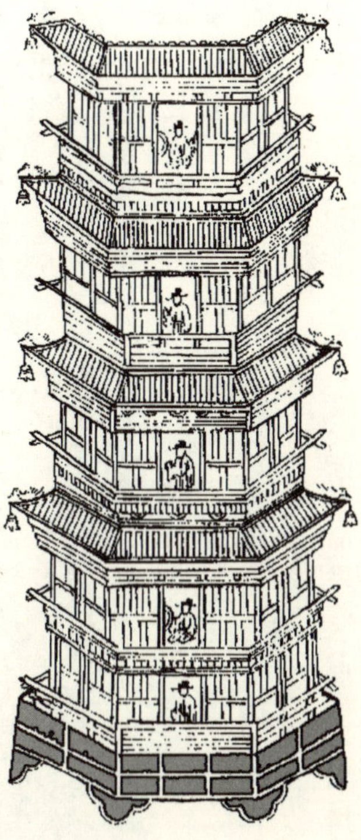
木閣

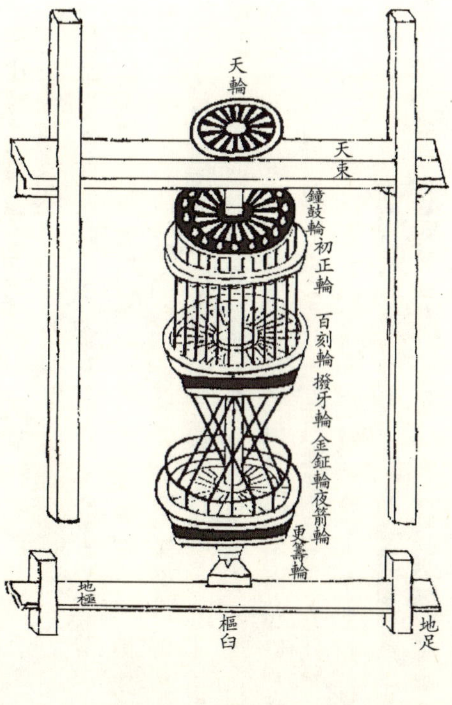

晝夜機輪

右晝夜機輪八重。第一重曰天輪，以撥渾象之赤道牙。第二重曰撥牙機輪，上安牙距，隨天柱中輪轉動，以運上下七輪。第三重曰時刻鐘鼓輪，上安時初、正百刻撥牙，以擊鐘、鼓、鈴。第四重曰時初正司辰輪，上安時初十二司辰、時正十二司辰。第五重曰報刻司辰輪，上安百刻司辰。第六重曰夜漏金鉦輪，上安撥牙，以擊夜漏金鉦。第七重曰夜漏更籌司辰輪，上安日出入、昏曉、待旦、更籌司辰。第八重曰夜漏箭輪，以載金鉦夜漏箭。以上八重並貫於軸，上以天束束之，下以鐵樞(曰)[臼]承之，外以前木閣五層以蔽之。赤道牙，一本云：天運輪。

又 機輪軸

機輪軸一，上貫於天束竅中，下納於地極上樞臼中，以安晝夜八機輪。

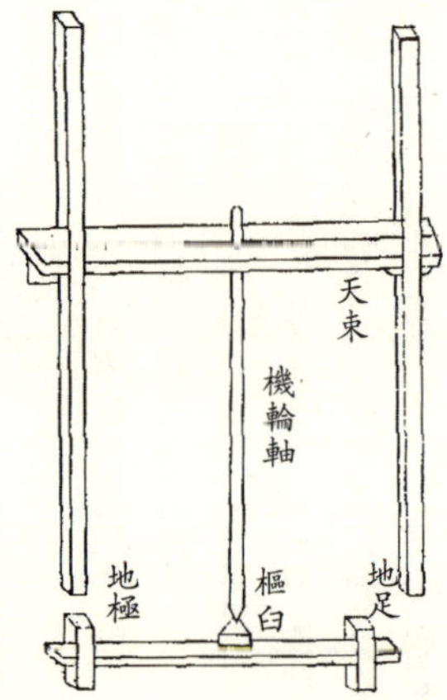

機輪軸

又 天輪

右天輪，直徑三尺八寸，上安六百牙距，其轂貫於鐵軸。在天束上與渾象天運輪相接於輪之南輞，上銜天軸，所以運天運輪。天運輪斜對南極之中，如側蓋之勢，以天軸撥其牙距，以運渾象。故下機輪軸上貫天機輪動，則天輪西轉；天輪西轉，則天軸東向，及使天運輪與渾象同時西旋。

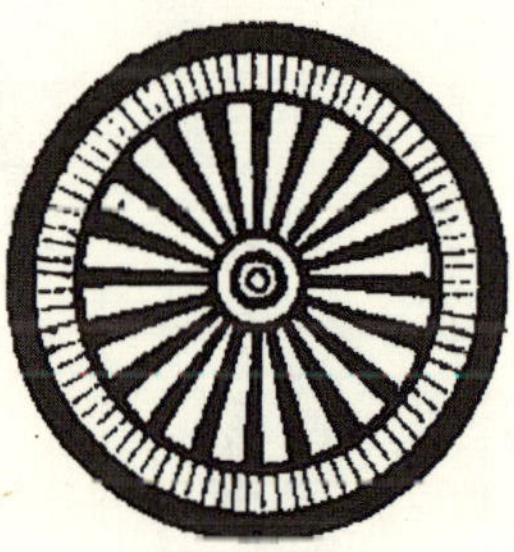

天輪

又 撥牙機輪

右撥牙機輪，隨天柱中輪轉動，在晝時鐘鼓輪上。直徑六尺七寸，輪下施六百牙距，以待中輪動作。每中輪動機輪六牙距爲一刻，五十牙距爲一時。其六百牙爲十二時者，元豐法也。

一本云：撥牙機輪與後樞輪相對，在第三層閣內，與報刻司辰輪相疊。直徑六尺七寸，下施六百牙距，以待樞輪動作。每樞輪動機輪六牙距。

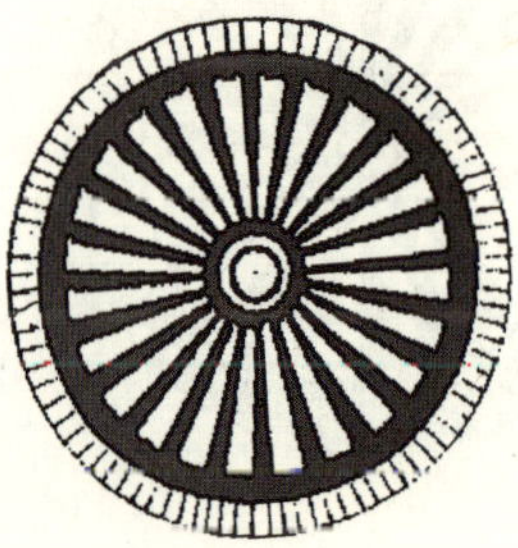

撥牙機輪

又 木閣第一層

右木閣第一層，開三門。每時初，即服緋司辰於左門內摇鈴；刻至，即服綠司晨中門內擊鼓；時正，即服紫司辰右門內扣鐘。

木閣第一層

又 晝時鐘鼓輪

右晝時鐘鼓輪，在木閣第一層內。徑六尺七寸，上應百刻、十二時。每時初、正及每刻與機輪六百牙距相應。輪上置撥牙，刻至，則中擊鼓；時初，則左摇鈴；時正，則右扣鐘。

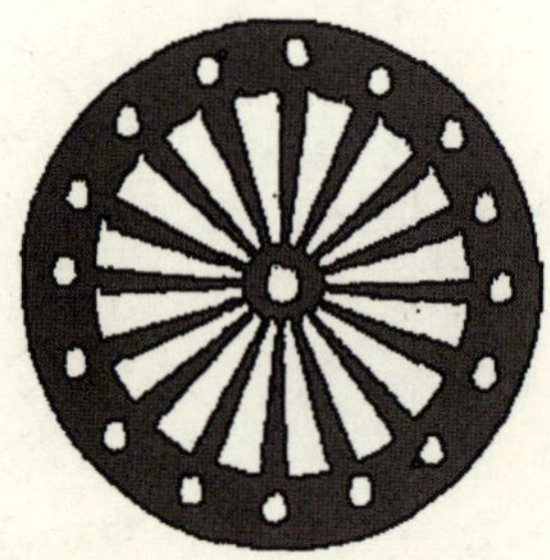

晝時鐘鼓輪

又 木閣第二層

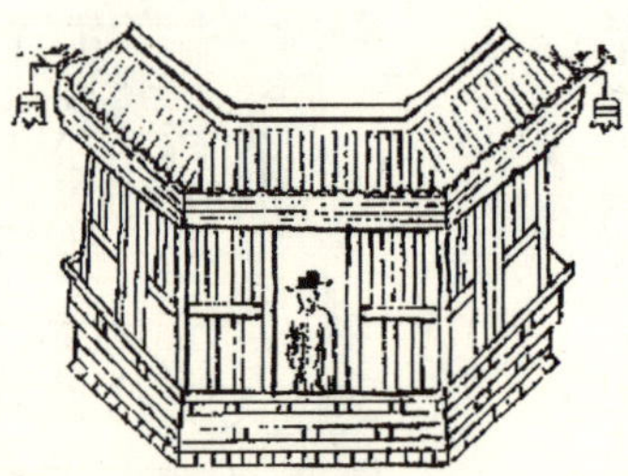

木閣第二層

右木閣第二層，正中開一門。每機輪轉，則晝夜時初正司辰輪動。時初，則服緋司辰執牌出報；時正，則服紫司辰執牌出報。

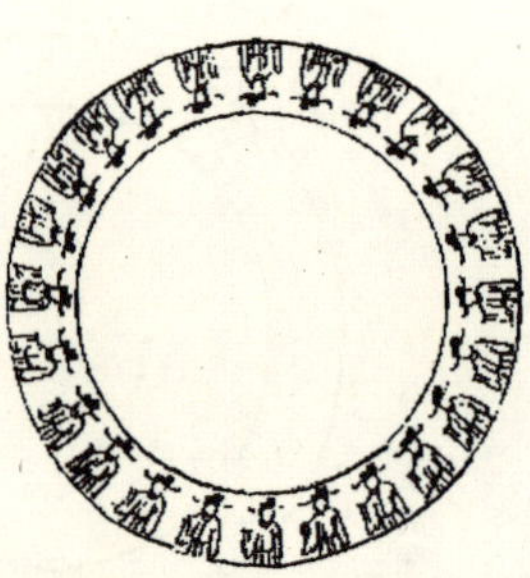

晝夜時初正輪

又　晝夜時初正司辰輪

右晝夜時初正司辰輪，在木閣第二層內，直徑七尺三寸。上置二十四司辰，十二人報時初，十二人報時正。每至時正、時初，其司辰各執牌出見於中門之內。

又　木閣第三層

報刻

木閣第三層

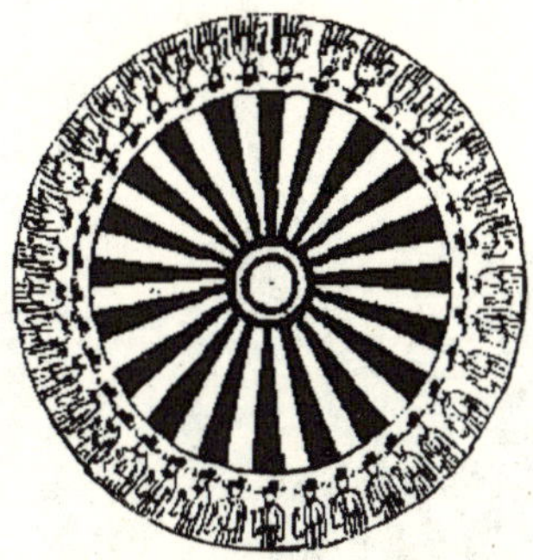

報刻司辰輪

右木閣第三層，亦正中開一門。每機輪轉，則報刻司辰輪動。刻至，則服緑司辰執牌出報。

又　報刻司辰輪

右報刻司辰輪，在木閣第三層內。直徑七尺二寸。上布十二時之百刻，分布報刻司辰。除時初外，以刻言之，其司辰九十六人，以應正衙鐘鼓樓報刻之節。每刻，則司辰各執牌出見。

又　木閣第四、五層

右木閣第四、第五層，正中開一門。每日入、昏、五更、待旦、曉、日出，木人皆擊金鉦，以應第五層司辰。第五層司辰出報夜漏等。日入後二刻半爲昏，昏爲初更。每更有五籌，更盡爲待旦十刻。待旦十刻後曉，曉後二刻半爲日出。其日入，服緋司辰出報。昏二刻半，服緑司辰出報。更有五籌：初一籌，服緋司辰出報；更初餘四籌，服緑司辰各出報。凡五更，總司辰二十有五。待旦十刻，服緑司辰各出報。曉二刻半，服緑司辰出報。日出，服緋司辰出報。司辰各執牌出見於中門之外。

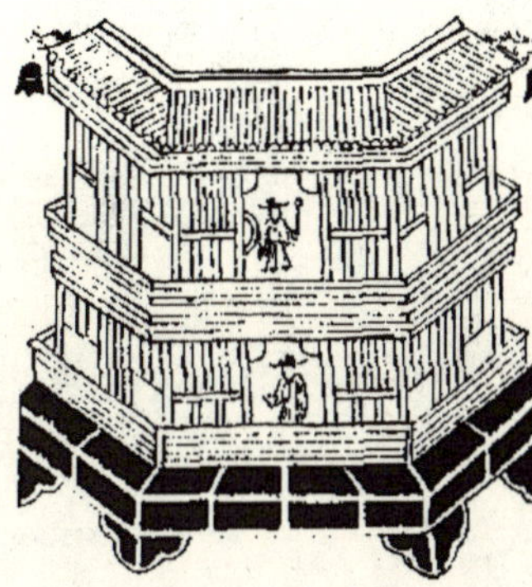

木閣第四、五層

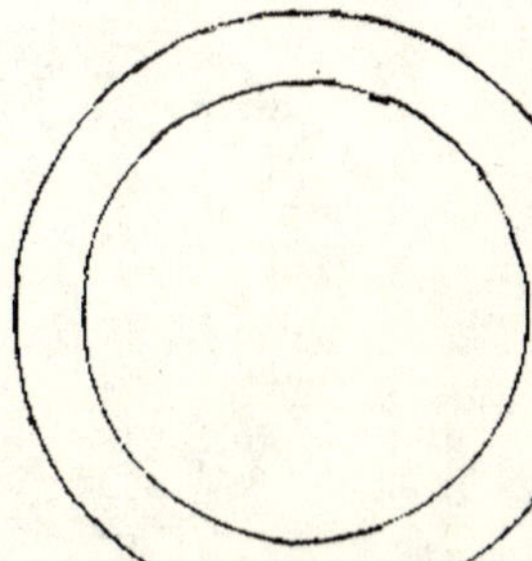

夜漏金鉦輪

又　夜漏金鉦輪

右夜漏金鉦輪，在第四層木閣內。直徑六尺七寸。上設夜漏更籌箭，每籌施一撥牙，每更籌至日出、日入，皆擊金鉦。

又　夜漏司辰輪

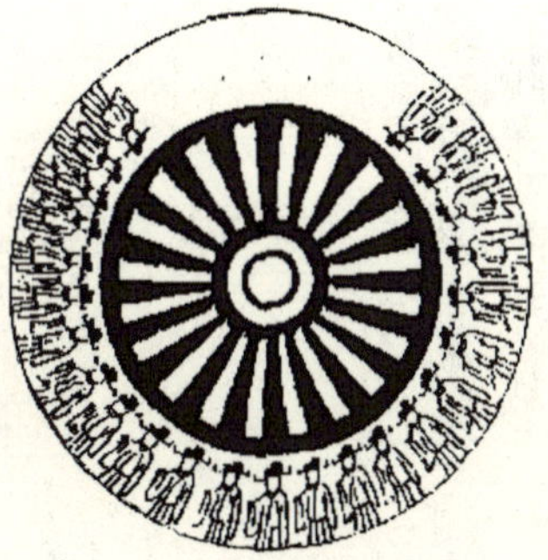

夜漏司辰輪

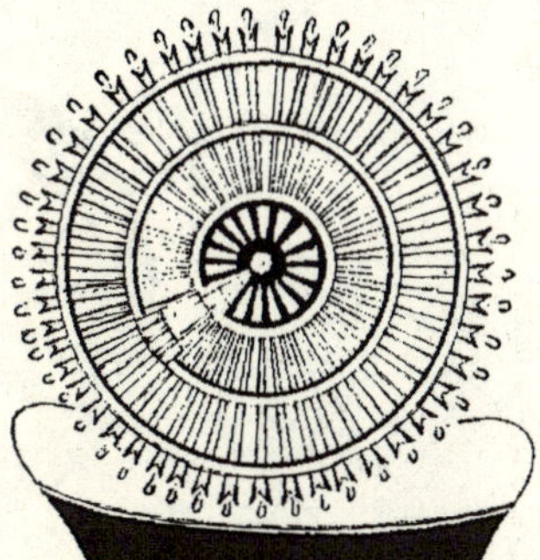

樞輪

退水壺

右夜漏司辰輪，在木閣第五層內。直徑八尺，與夜漏箭輪相疊。每至日出入、昏曉及待旦刻并更籌，各有司辰牌出報于中門之內。箭輪徑六尺七寸，其輪與司辰輪相疊。凡冬夏，夜有長短，不可以一法測之，故一歲設六十一箭。箭亦有長短，故隨節氣更換，則四時之晝夜各無差舛。

又 樞輪　退水壺

右樞輪一，退水壺一。樞輪直徑一丈一尺，以七十二輻七十二，一本云：九十六。雙植於一轂，爲三十六三十六，一本云：四十八。洪，束以三輞。每洪夾持受水壺一，總三十六壺。每壺長一尺，闊五寸，深四寸。於壺側置鐵撥牙，以撥天衡關舌。樞輪轂中貫以鐵樞軸，南北出，南以運儀象。退水壺長一丈一尺四寸，闊一尺九寸，東高三尺二寸，西高二尺五寸五分，中高一尺五寸五分，置樞輪下，以接退水。每受水一壺過，水落入退水壺。北下爲竅，水由下竅北流入昇水下壺。

又 鐵樞軸　天柱　天轂

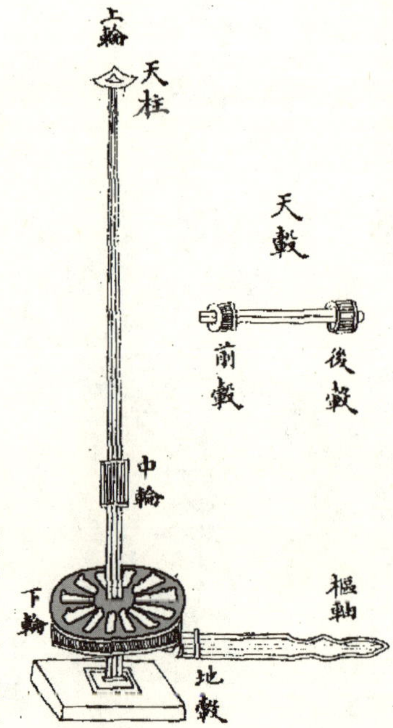

鐵樞軸　天柱　天轂

右鐵樞軸一，長五尺九寸，方一寸八分，貫樞輪轂中，南北出；於轂前後相隨去，樞梁闊狹鑢爲兩圓項，於樞梁上爲鐵仰月承之，使運轉。安南地轂，以撥天柱下輪，運轉天柱。一本云：前後相去隨。

右天柱，長丈九尺五寸，其法以木爲之，上弗鰲雲。上爲天柱上輪，以動天轂；中爲天柱中輪，以動機輪；下爲天柱下輪，以待樞輪地轂動作。

右天轂二，置於渾儀天經中，以仰月承之。後天轂以待天柱上輪動作。前天轂與天運環相銜，與後轂貫于一軸。後轂動，則前轂動；前轂動，則天運環動。

一本無天柱、天轂，有天梯、天托。

一本云：仰月承之，使運轉。軸南安地轂，以撥機輪牙距；次安梯下轂，以撥天梯。

又 天池　平水壺

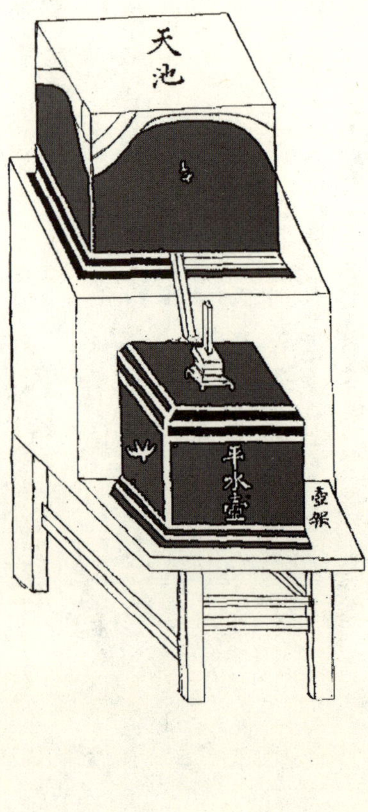

天池　平水壺

右天池壺一、平水壺一。平水壺上有準水箭。自河車發水入天河，以注天池壺。天池壺受水有多少，緊慢不均，故以平水壺節之，即注樞輪受水壺，晝夜停勻，時刻自正。

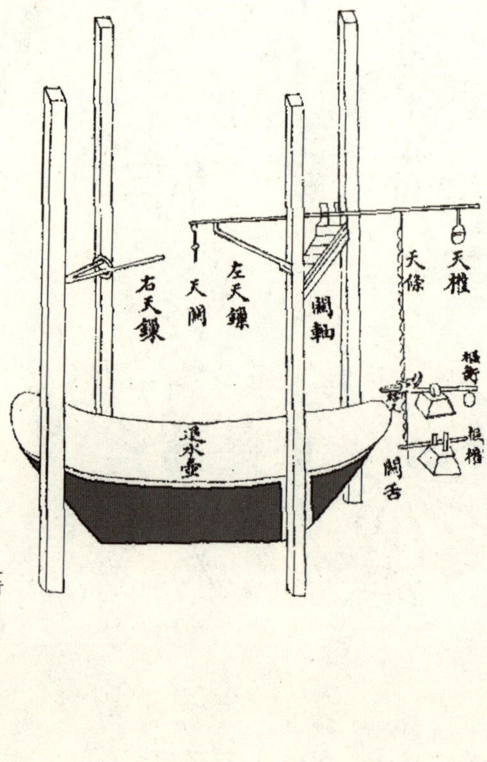

天衡

又 天衡

右天衡一，在樞軸之上，中爲鐵關軸；於東天柱間橫桄上爲駝峰，植兩鐵頰，以貫其軸，常使轉動。天權一，掛於天衡尾。天關一，掛於腦。天條一，即鐵鶴膝也。綴於權裏右垂。長短隨樞輪高下。天衡關舌一，末爲鐵關軸，寄安於平水壺架南北桄上，常使轉動；首綴於天條，舌動則關起。左右天鏁各一，末皆爲關軸，寄安左、右天柱橫桄上，東西相對，以拒樞輪之輻。樞衡、樞權各一，在天衡關舌上，正中爲關軸，於平水壺南北橫桄上爲兩頰，以貫其軸，常使運動；首爲格叉，西距樞輪受水壺；權隨於衡東，隨水壺虛實低昂。

又 昇水上 下輪

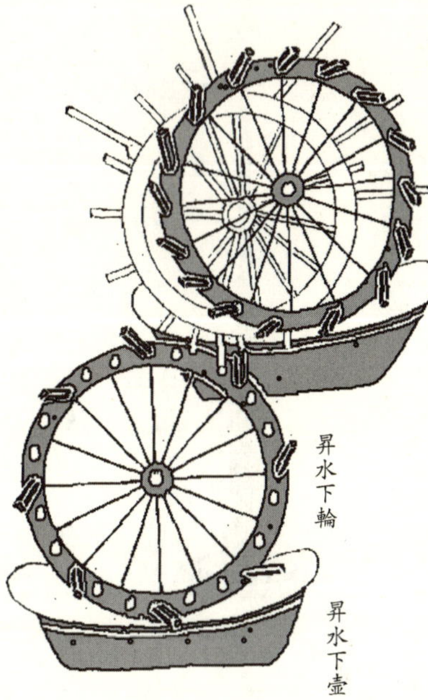

右昇水上、下輪各一，直徑各五尺六寸。上輪與河車同貫一軸，軸末南寄天梁下橫桄上正中，北寄臺腹木閣橫桄上，爲杈手柱載之。木閣高七尺一寸，長七尺三寸，闊二尺五寸，上布板面。板面南下立木柱二，北寄臺桄上，使人在其上運河車。下輪軸末南置樞梁下橫桄正中，北亦爲杈手柱載之，柱寄於臺後地面板上。昇水上、下壺各一。上壺長七尺四寸，闊九寸五分，兩頭高二尺三寸，中一尺五寸。下壺長七尺二寸，闊一尺六寸，高二尺一寸。並在二輪下，以承輪。天河在昇水上輪之上，以受上輪水。下壺南爲水竅，與退水壺竅相通。河車轉，則昇水上、下輪俱轉。河車與上輪俱東向，即下輪逆行西向。昇水下輪發昇水下壺水右上，入昇水上壺；昇水上輪發昇水上壺水左入天河，注入天池。

又 河車　天河

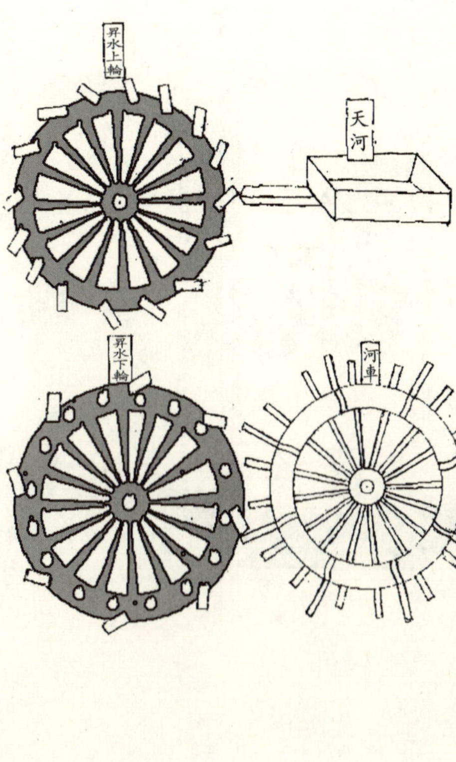

河車　天河

右河車一、天河一。河車直徑四尺八寸。天河長三尺八寸，闊七寸，高六寸，東爲水竅，與天池面相接。河車外出十六撥牙，以撥昇水下輪十六距對撥牙；北安手把八，以運河車。二輪輞外斜安戽斗二十四：上輪十六，下輪八。河車轉，則上、下輪俱帶戽斗運水入天河，天河注水入天池。【略】

又 渾儀圭表

(右)渾儀圭表一。舊法渾儀、圭表各爲一器，故渾儀不能測晷景之長短，土圭亦不能驗七政之行度。今以二器合爲一法，其制於渾儀下安圭，座面與水趺中心相結，各爲水溝通流，以定平準。圭長一丈三尺，爲日行晷之南北。於圭面分尺寸，兩旁列二十四氣。自圭面上與陰緯環面及直距、望筒之半爲表之高。表高八尺，故自陰緯環面及望筒之半至鰲雲之下，亦高八尺。常於午正以望筒指日，令景透筒竅至圭面，以竅心之景指圭面之尺寸爲準。

渾儀圭表

望筒所以上考時刻、五星留逆徐疾、日道昇降、黄道去極遠近；圭面所以下候二十四氣晷景之長短。二法相參，則氣候與上象相合，考正歷數，免有差舛。別本。

又 渾象天運輪

（右）渾象天運輪一。渾象體正圓如毬，徑四尺五寸六分半，上布周天三百六十五度有畸，中外官星，其名二百四十六，其數一千二百八十一。紫微垣在渾象北上規，星其名三十七，其數一百八十三，星數一千四百六十四。東西繞以黄赤二道，二十八舍相距於四方，日、月、五星所行。中貫以樞軸，南北置之。軸末貫以天運輪，下與天軸及天轉牙距相銜，候天輪動作，則天運輪與渾象俱轉。其天度、星舍等及黄赤道、日月五星所行，周旋渾象，各有名數、距度。別本。

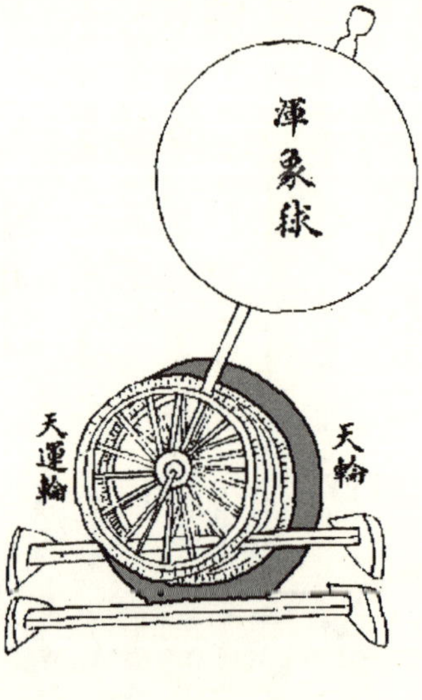

渾象天運輪

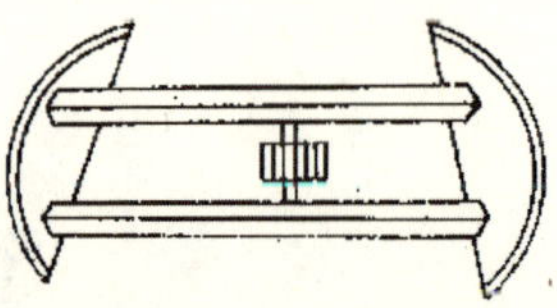
鐵天軸

又 鐵天軸

右［下］鐵天軸一，置於渾象木地櫃底，軸兩頭安於臺中隔櫃上東西横桄卜，在天輪、天運輪中與兩輪撥牙相銜。其天輪西向，則天軸東旋；天軸東旋，則天運輪西旋；天運輪西旋，則渾象隨輪而轉，象天西旋。別本。

又 天梯

右天梯，長一丈九尺五寸。其法以鐵栝聯周匝，上以鼇雲中天梯上轂掛之，下貫樞軸中天梯下轂。每運一括，則動天運環一距，以轉三辰儀隨天運動。別本。

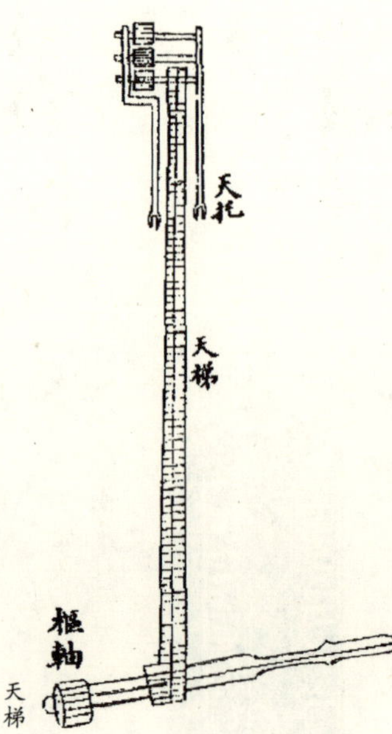

天梯

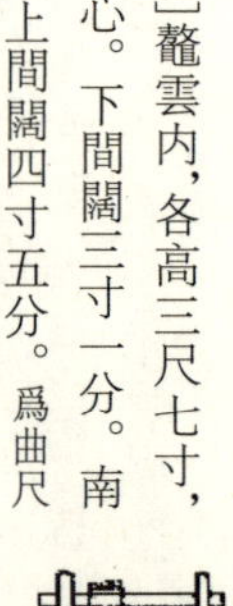
天托

又 天托

（右）天托二。［置］鼇雲内，各高三尺七寸，下爲雙叉，［植］水趺之心。下間闊三寸一分。南托上四分之一爲曲尺，上間闊四寸五分。爲曲尺故也。雙夾天梯。於曲尺間對開三竅，置三軸以貫四轂：上曰上天轂，上與渾儀天運環相距；次由中天轂，與上天轂相距；下曰下天轂，與中天轂相距；下之次曰天梯上轂，在下天轂之北，共貫一軸，以掛天梯。別本。

楊甲撰　毛邦翰補《六經圖》卷三　齊國風挈壺氏圖

《齊國風·東方未明》，刺無節也。朝廷興居無節，號令不時，挈壺氏不能掌其職焉。按：《周禮》夏官之屬，挈壺氏，掌漏刻者也。鄭氏曰：漏之箭，晝夜共百刻。冬夏之間有長短焉。太史立成法有四十八箭，其制莫考，今因舊圖，取唐之吕才。今之燕肅所制列之于圖。

唐制有四匱：一夜天池，二日天池，三平壺，四萬分壺。又有水海。以水海浮箭，以四匱注水。始自夜天池，以入于日天池，自日天池以入于平壺，以次相注，入于水海。浮箭而上，每以箭浮爲刻分也。

今制有二匱，二渴烏，一石壺，四十八箭，竹注筒一，銅節水小筒一，減水盎一，退水盆一。

匱二，漆木爲之，深一尺二寸，徑三尺二寸五分。壺以石爲之，深二尺一寸五分，徑一尺三寸二分，内圍四尺一寸。

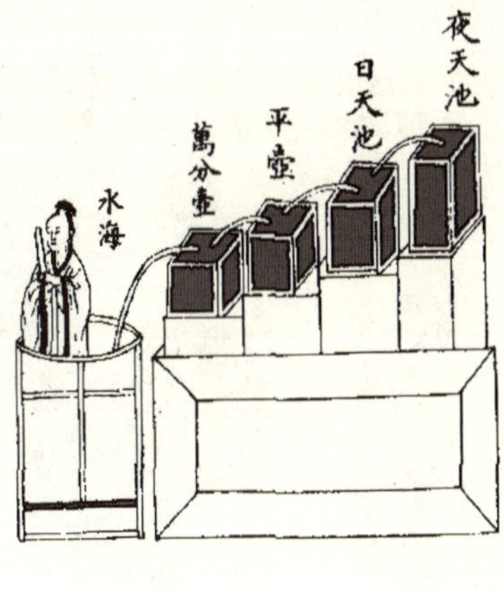

唐制呂才定

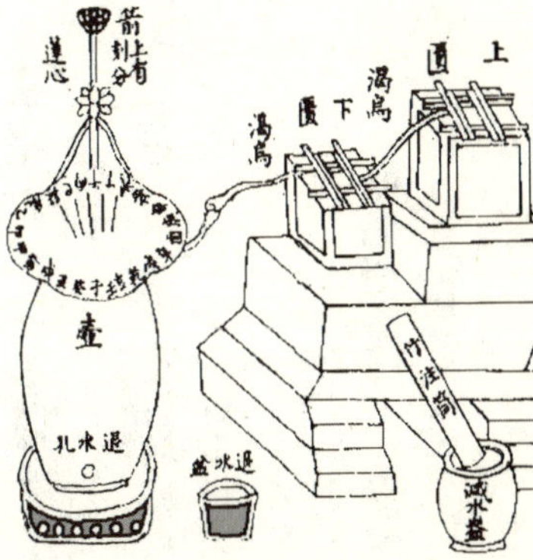

今制燕肅定

渴烏二，銅爲之。上者長三尺二寸，受水口徑三分，出水口一分半；下者長二尺八寸，受水口徑二分，出水口一分。

箭以漆桐爲之，長四尺，徑六分，重四兩有半，刻蓮花爲首飾。上一尺六寸刻節候，中一尺五寸分二十五刻，每刻六分，下九分安在蓮心。

減水盎，竹注筒、銅節水小筒三物，設在下匱之旁，以平水勢。退水盆設于壺竅之下，以受退水。

稱漏水法：

晝夜計十二時，每時八刻二十分，每刻六十分，計水二斤八兩。箭四十八，二箭當一氣。歲統二百一十六萬分，悉刻于箭上。銅烏引水而下注，蓮心浮箭以上登。至于晝夜之別，分至之候，冬夏長短，昏曉隱見，與《周官》水臬晷影無差。

朱熹《朱子全書》卷五〇《理氣二》　天度

子升問：人言金人歷與中國歷差一日，是否？曰：只如子正四刻方屬今日，子初自屬昨日。今人纔交了子時，便喚做今日，如此亦便差一日。歷數微眇，如今下漏一般。漏管稍澀，則必後天；稍濶，則必先天。未子而子，未午而午。

薛季宣《浪語集》卷三〇　輥彈漏刻序

輥彈漏刻始於唐僧文話，行於中軍，其制度在《十國紀年》，簡略不可稽，據走官東鄂始於戍將得之。其制，爲二尺屏風，縱橫正等，以七尺五寸之竹通中交解而四截之，斜倚屏中，隱其機括，蓋以銅華菡萏，承以芙蕖。爲銅彈十有二銖者十珠，投其一於菡萏，歷箭道四折而下，墮芙蕖中，其聲鏗焉。以次發其九彈，屏上列牌爲識。凡二十牌，盡十彈而轉一牌，牌盡而復，則書其數於紙。一刻爲一牌，十二牌，六十復，而晝夜均十二分之，每一時而牌五復，盡八刻三分之一，總十二時而百刻之數盡。五夜更漏，去旦暮漏五刻。夏至夜短極，每鼓牌四復，餘一牌有六彈，籌閱牌十六，餘三彈而差強。夜漏漸長，每增一刻，則籌加五彈而弱，累增一彈。每鼓爲二牌餘四彈。冬至晝短極，每鼓牌六復，餘九牌有六彈，籌閱牌二十有五，餘九彈而差強。此其要略也。《紀年》鼓百二十發爲一刻，與今屏漏正同。其言輥竹三丈二尺而發一鼓，其長已甚。將《紀年》承舊史之誤，抑文話所造，於今有平易徑急之殊哉。要之，徑急者其發多，平易者其行緩。舊法增今二十四尺十五寸，而皆百有二十發。前史之誤可以無疑。在《易》乾象有之：「天行健，君子以自强不息。」後之釋者，以爲勉强之强，而不知天道之自然。夫天道之自然，日行三百六十五度四分度之一。人得候其晷，以測天常之爲道也，至矣。今之爲晷漏者，其法有四：一曰銅壺，曰香篆，曰圭表，曰輥彈。銅壺一家復有數器，爲器雖異，所以占天一也。在銅壺，則有苔冰、遲疾之誤。在香篆，則有麤細、燥濕之殊。在圭表，則有雨暘、蚤暮之差戾。均所不免。人能莅之唯謹，而器無爽忒之事者惟輥彈爲然。輥彈以二尺之屏、一丸之彈，仰占天道，而造次所持行之，一人見之於用自强不息，與天爲徒。君子終日乾乾，斯其意矣。走奇其物小而可重也，將廣其傳於世，故爲序之云。

孫逢吉《準齋心製几漏圖式》　器用上下兩壺　盖架　濾水節　浮艷　籌箭一套　景輪　髮透子　圖式

昔挈壺氏之制漏壺也有四，其一曰天池，其二曰平水，三曰受水，四曰減水。規模宏大，惟可施之官府。若夫燕居則煩矣。近時雖有異製，多是不準。盖推測不得其法故也。只知百刻平分，殊不究水之昇降，方其滿則速，淺則遲，差舛由此。逢吉以心法創兹小壺，因水之淺滿昇降推測，上契天運，昏曉相符，晝參日景，夜應中星，畧無頃刻之差。

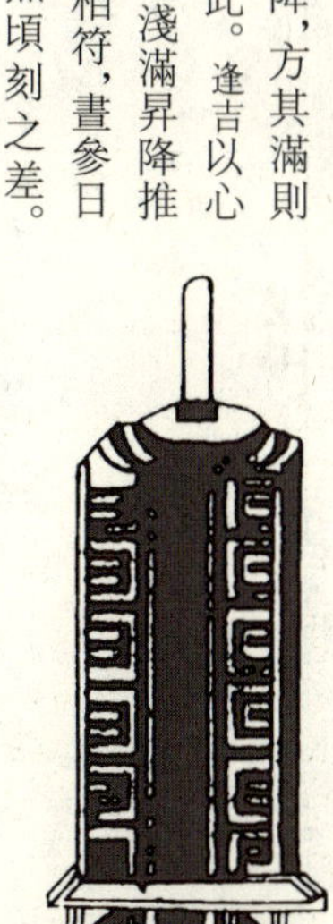

尤且水之去來不露，內可施之堂奧，外可帶之舟車。至於夙夜在公，優游燕處，皆可置之坐隅。備知時刻之正，最便宜。

士大夫出入起居之用，豈云小補哉！箭分兩面，自卯至酉爲晝，自酉至卯爲夜。下卯酉之餘刻，以備晝夜長短之候。裝水之法，遇早以濾水篩搭於壺口，以新水和舊水濾入壺中，但取接此時刻晝。際晚亦如之。或遇日出，更以景輪圭格印證，其端的無分毫爽。器不洗擢，則挨壒不除。水不篩濾，則塵垢成積。或有滯澁，當以猪鬃透之。此荆公《明州刻漏銘》所謂匪器則弊人存政舉者也。凡晝夜百刻，節序短長，日出爲晝，日入爲夜。發更皆在日入二刻半後，攢點皆在日出二刻半前。分界定數，二十有五箭。如冬至後自第一箭順數用之，夏至後自二十五箭逆數用之，却依日曆參照節候。今序分晝夜更點昏曉之度，圖述于後。惟此小壺準的隨水校定，功在一竅蕪孔。竅微細，僅通絲髮。惟要澄濾水清，署無塵滓，不滯水道爲佳。上壺水滿則疾，流注如線。水至半壺漸遲，將滴至下。水淺其滴尤慢。蓋水有重輕，流有遲疾，不可視之常流。或有垢滯，只可用猪鬃穿透，切不可用竹木與針動及竅眼。纔署有分毫侵損，便成廢器，切宜慎之。如遇收拾，須管拭抹乾凈，常以猪鬃穿透，庶毋蹇塞之弊也。事宜畢備用贊。

第一箭　自冬至用至小寒後四日。

晝三十八刻　夜六十二刻

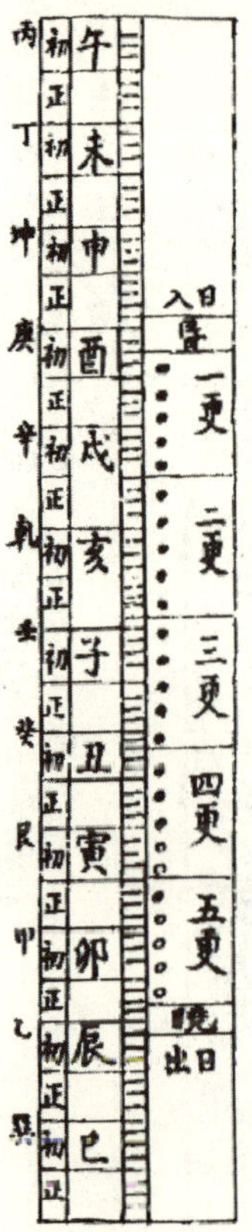

第二箭　自小寒後五日用至大寒前一日，自大雪前四日用至冬至前一日。

晝三十九刻　夜六十一刻

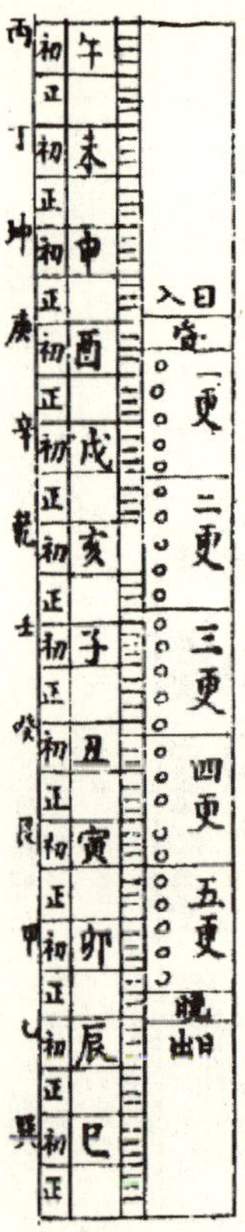

第三箭　自大寒日用至大寒後五日，自小雪後一日用至大雪前五日。

晝四十刻　夜六十刻

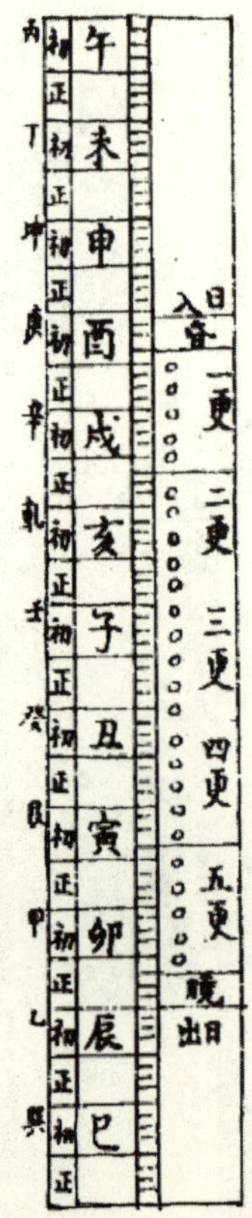

第四箭　自大寒後六日用至立春前三日，自小雪前七日用至小雪日。

晝四十一刻　夜五十九刻

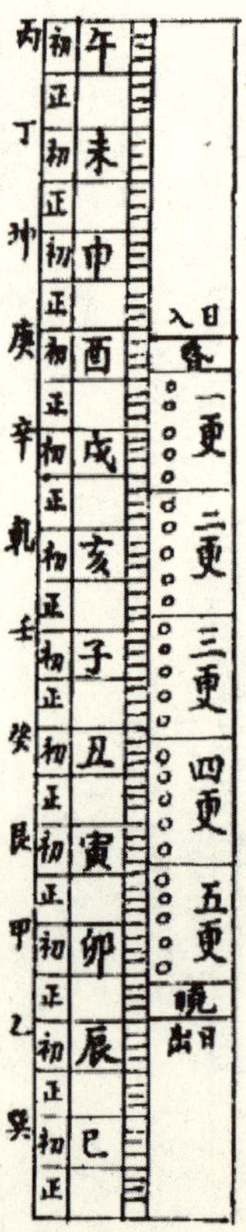

第五箭　自立春前二日用至立春後三日，自立冬後二日用至立冬後七日。

晝四十二刻　夜五十八刻

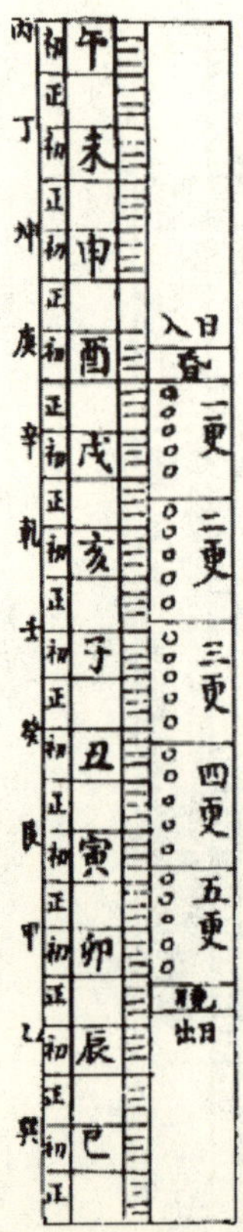

第六箭　自立春後四日用至雨水前六日，自立冬前四日用至立冬後一日。

晝四十三刻　夜五十七刻

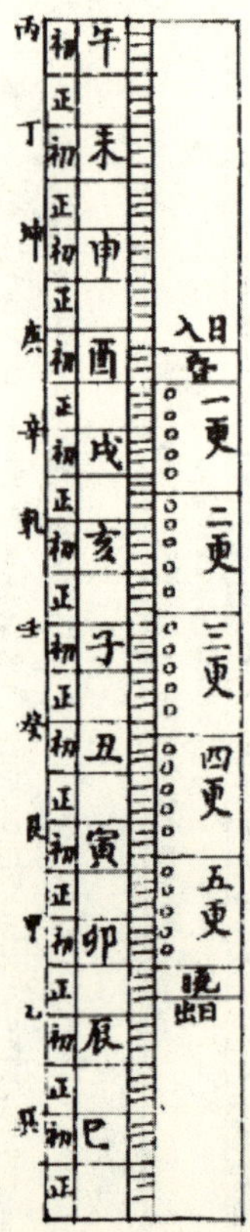

第七箭　自雨水前五日用至雨水前一日，自霜降後三日用至立冬前五日。
晝四十四刻　夜五十六刻

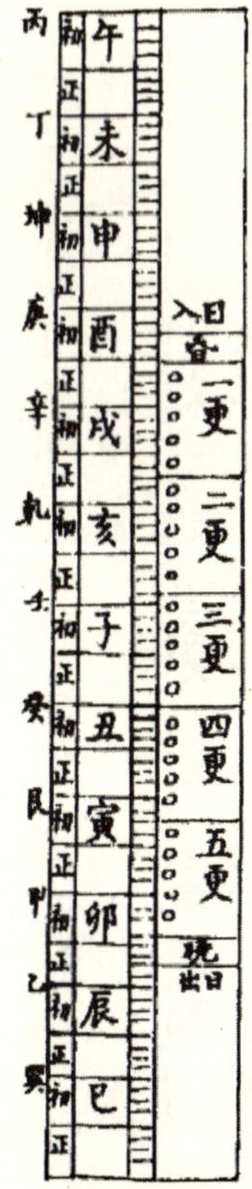

第八箭　自雨水日用至雨水後五日，自霜降前一日用至霜降後四日。
晝四十五刻　夜五十五刻

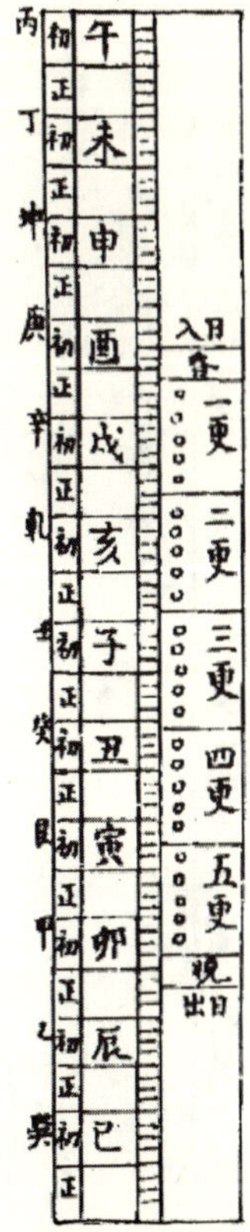

第九箭　自雨水後六日用至驚蟄前五日，自霜降前六日用至霜降前二日。
晝四十六刻　夜五十四刻

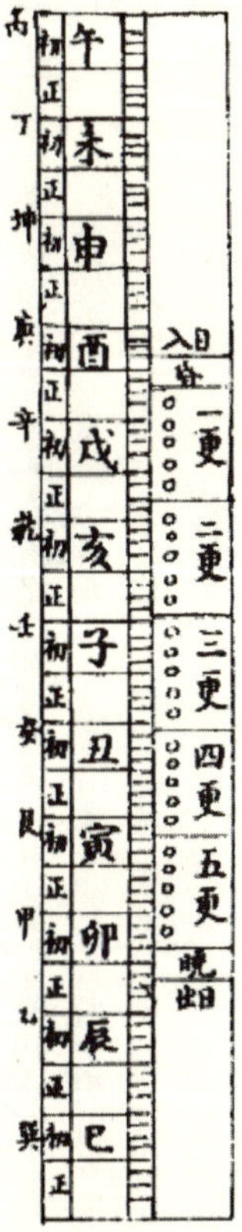

第十箭　自驚蟄前四日用至驚蟄後一日，自寒露後三日用至霜降前七日。
晝四十七刻　夜五十三刻

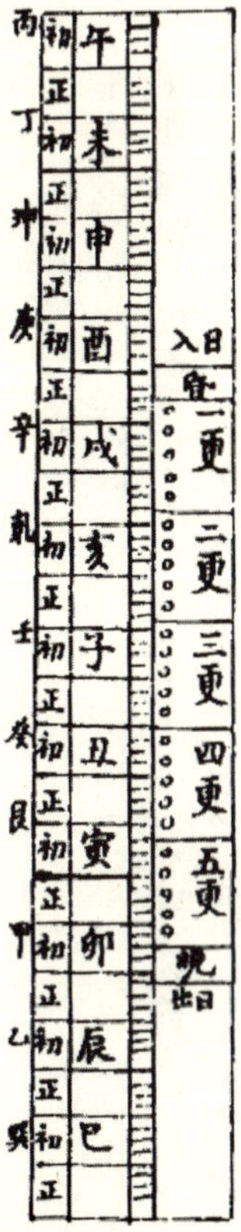

第十一箭　自驚蟄後二日用至驚蟄後六日，自寒露前二日用至寒露後二日。
晝四十八刻　夜五十二刻

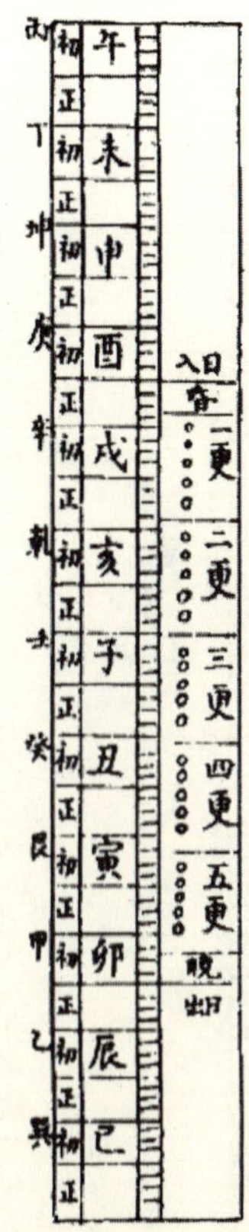

第十二箭　自驚蟄後七日用至春分前四日，自寒露前八日用至寒露前三日。
晝四十九刻　夜五十一刻

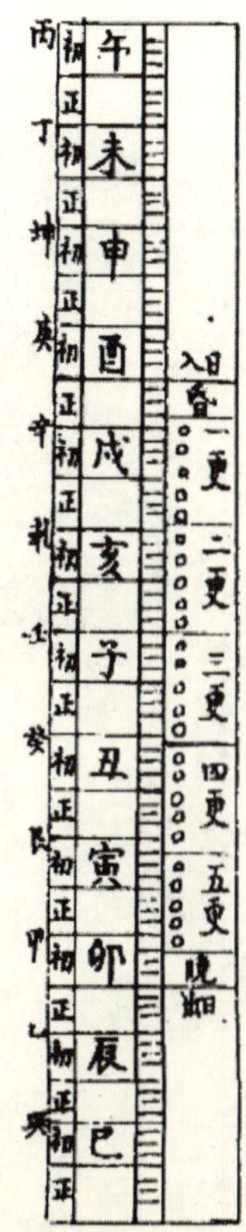

第十三箭　自春分前三日用至春分後一日，自秋分後三日用至秋分後七日。
晝五十刻　夜五十刻

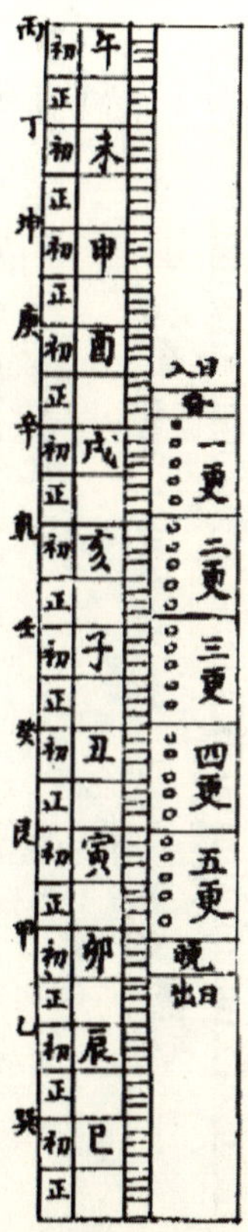

第十四箭　自春分後二日用至春分後七日，自秋分前三日用至秋分後二日。
晝五十一刻　夜四十九刻

第十五箭　自清明前七日用至清明前二日，自秋分前八日用至秋分前四日。

晝五十二刻　夜四十八刻

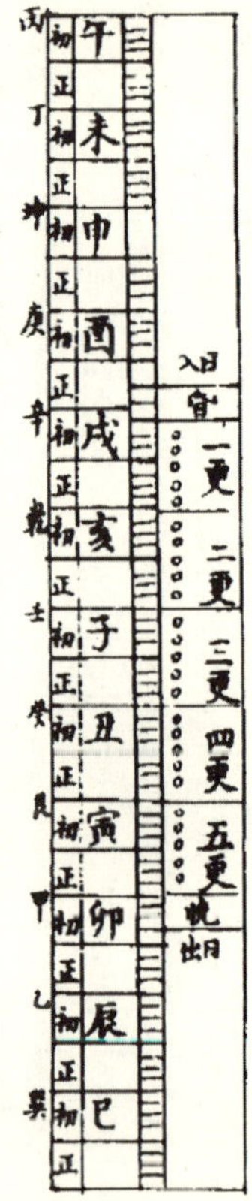

第十六箭　自清明前一日用至清明後三日，自白露後一日用至白露後六日。

晝五十三刻　夜四十七刻

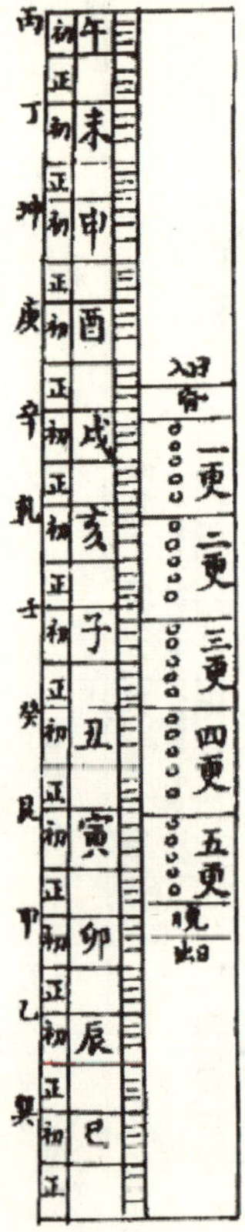

第十七箭　自清明後四日用至穀雨前六日，自白露前五日用至白露日。

晝五十四刻　夜四十六刻

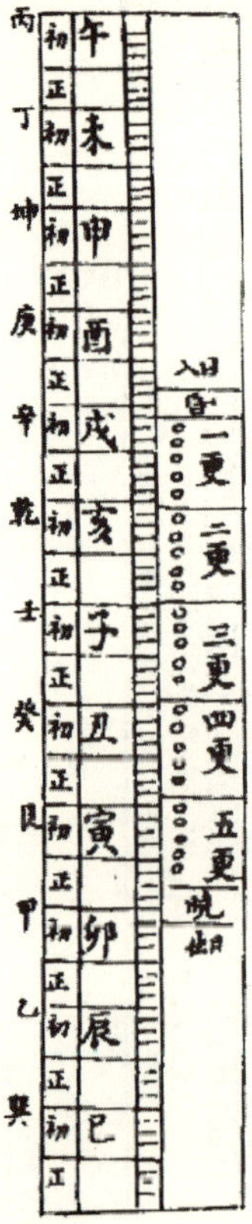

第十八箭　自穀雨前五日用至穀雨日，自處暑後五日用至白露前六日。

晝五十五刻　夜四十五刻

第十九箭　自穀雨後一日用至穀雨後六日，自處暑前一日用至處暑後四日。

晝五十六刻　夜四十四刻

第二十箭　自穀雨後七日用至立夏前三日，自處暑前七日用至處暑前二日。

晝五十七刻　夜四十三刻

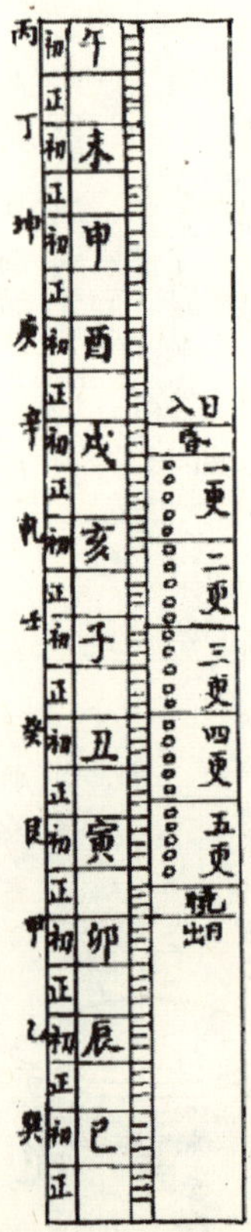

第二十一箭　自立夏前二日用至立夏後四日，自立秋後二日用至處暑前八日。

晝五十八刻　夜四十二刻

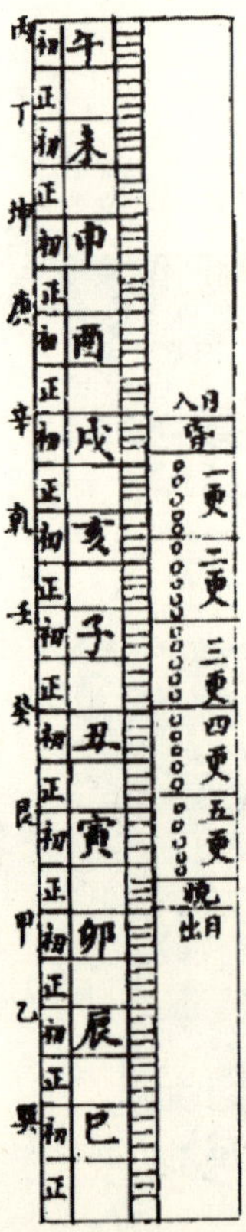

第二十二箭　自立夏後五日用至小滿前四日，自立秋前五日用至立秋後一日。

晝五十九刻　夜四十一刻

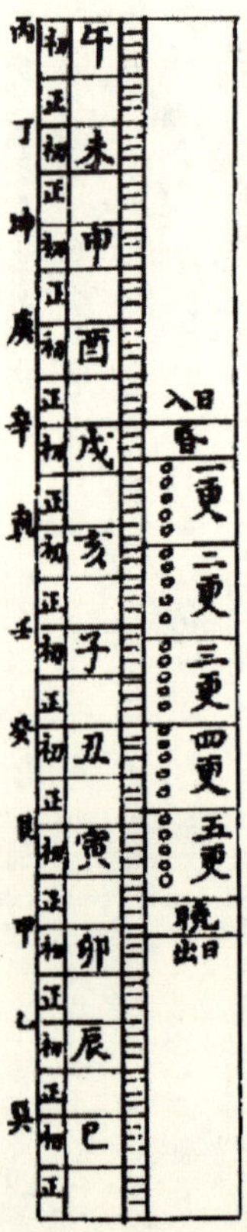

第二十三箭　自小滿前三日用至小滿後七日，自大暑後三日用至立秋前六日。

晝六十刻　夜四十刻

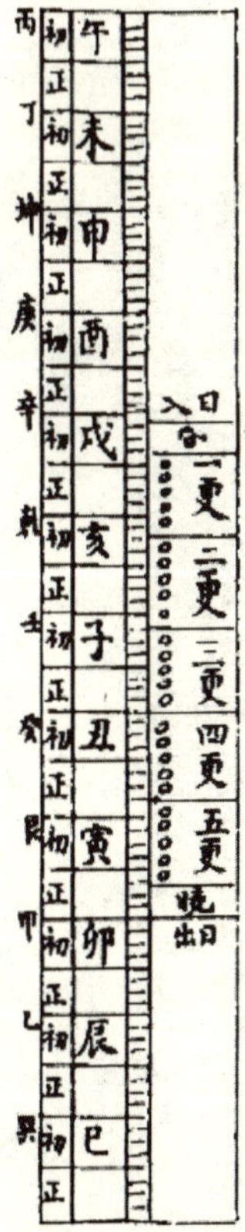

第二十四箭　自芒種前七日用至夏至前一日，自小暑後七日用至大暑後二日。

晝六十一刻　夜三十九刻

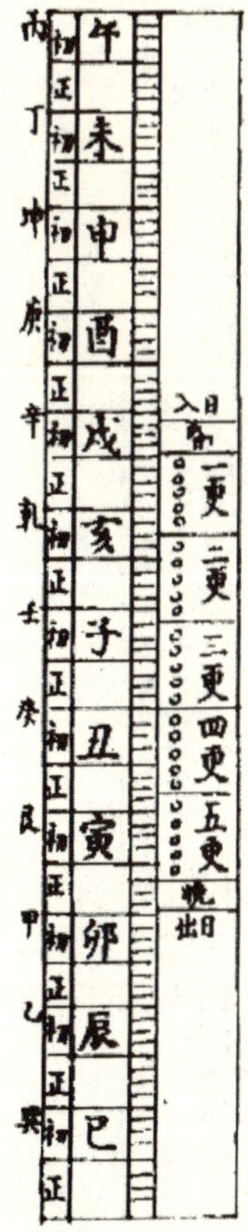

第二十五箭　自夏至日用至小暑後六日。

晝六十二刻　夜三十八刻

顔頤仲撰　魏國鈞校正《銅壺漏箭制度》　夫更漏，箭壺高三尺，徑一尺，重四鈞，其内別爲銅浮蓮以泛。箭闊七寸，高三寸，重叁拾兩。壺面盤，徑一尺三寸，重十八斤。捧箭仙人，重八斤。床，二十五兩。前雀、右虎，各二斤。左龍，二斤二兩。後龜，一斤七兩。皆銅爲之。仙人坐盤中，鐶以四手，捧小盤，箭穿其中，隨水之積以生時刻。箭長三尺六寸，徑四分，面各爲二十五刻。晝夜四易而百刻同。每時出盤心即朱雀吐朱，繫下銅盤，以警守者。盤連莖重四十三兩。壺之前有盆，深一尺，徑二尺五寸，重二百斤，以貯乾坤艮巽四時易箭之退水。壺下有臺，高七寸，面徑一尺三寸，重三鈞，以承壺，使鼇首吐水而登於盆。箭總二十五枝，每氣用上下二箭，二至各用一箭而始終之，總太史四十八箭之法也。鼇負荷，承下斛。渴烏之水注壺中。渴烏長一尺八寸，水竅容一中芥子。斛方一尺五寸，深一尺二寸，重七鈞，傍臨脣一寸作螭首，爲減水之穴，承以小斗。斗長廣皆一尺，重一百斤。使斛水常平而均，渴烏之水勢下。櫃長二尺，深廣如下斛，重二百八十斤。櫃、斛、斗、盆座，皆冶鐵爲之。櫃斛之下爲暗爐，置火以休漏。布羃櫃上以濾水，新舊相半，否則小差遲速。龍眠李伯詩序。

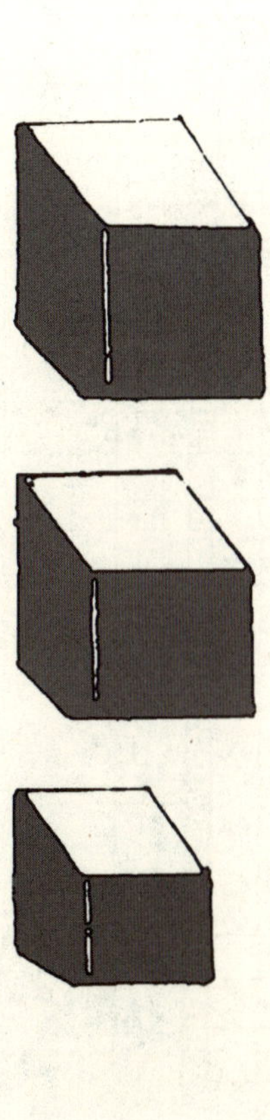

櫃長二尺，深廣如下斛，重二百八十斤。櫃斛之下爲暗爐，冬置火。

斛方一尺五寸，深一尺二寸，重七鈞，傍臨脣一寸作螭首，爲減水之穴，使斛水常平而均，用木爲蓋。

小㪷長廣皆一尺，重一百斤。櫃、斛、㪷、盆座皆冶鐵爲之。

盆深一尺，徑二尺五寸，重二百斤，以貯乾坤艮巽易箭之退水。

下渴烏長一尺八寸，水竅容一中芥子。上渴烏比下竅稍大而長，加二寸。

銅荷各重二斤，中有穴如錢眼。大蔕虛長一尺五寸，面闊一尺。

箭長三尺六寸，方徑四分，面各爲二十五刻。晝夜四易而百刻同。每時出於盤心總二十五枝，每氣用上下二箭，二至各用一箭而始終之，總太史四十八箭之法也。

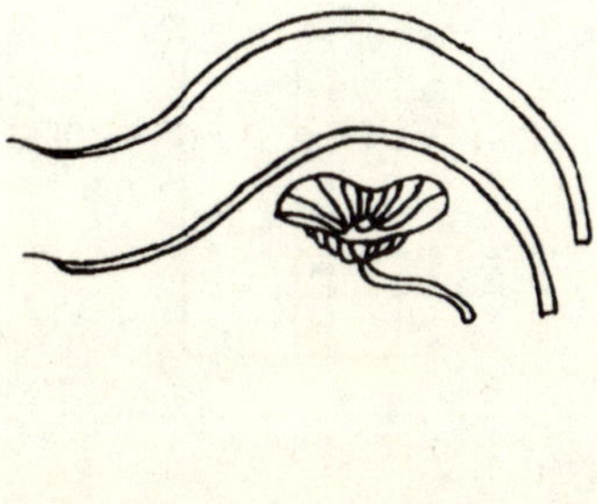

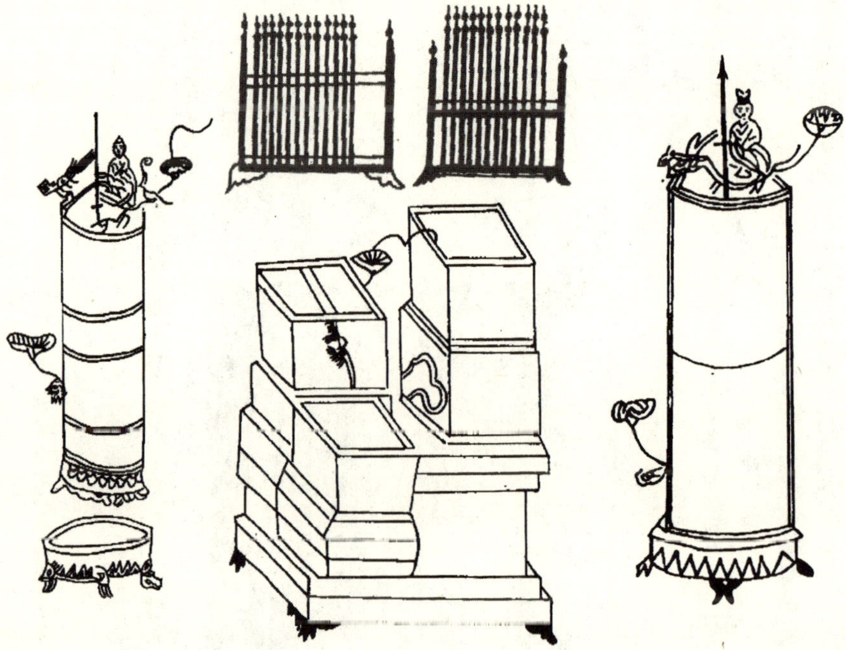

壺高三尺，徑一尺，重四均，其内別有銅浮蓮空中以泛。箭闊七寸，重叁拾兩。壺面盤，徑一尺三寸，重十八斤。捧箭仙人，重八斤。床，二十五兩。前雀、右虎，各二斤。左龍，二斤二兩。後龜，一斤七兩。皆銅爲之。仙人坐盤中，鐶以四神，手捧小盤，箭穿其中，隨水之積以生時刻。

佚名《全真坐鉢捷法》 嘗觀古人皆按宣洞陽城晷漏，且自今年冬至起筭，來年冬至日止。所謂周天之正數，一日一夜，通計一百刻，每八刻二十分爲一時，惟寅申巳亥有九刻，皆以子午定其晝夜。今者所在壺漏異常，不遵古法，務在機巧，各肆瞽術工匠一時胷臆之見，制度既無軌則，時刻宜乎差誤，有過與不及之失。今輒撰成滴漏循環之法，積年而成，不勞人力，不費工財，妙用玄微，至簡且棲，雖出萬里之外，篋笥皆可附行於几案之隅。所謂天運璇璣，盡在日中矣。切見好事君子，或用表標，或用煙篆，然香燥則易爇，香潤則爐緩；天晴日表可驗，陰晦又不可(孝)[考]。三者但非悠久之法。但依此造，似乎簡易，而精通玄微，妙中之妙也。

造盂之法

其法以銅盂二隻，一隻大，一隻小。大者貯水，初無定制，但寬大過於小者足矣。如無，以磁盂代之。小者重五兩，高三寸四分，面底並闊四寸七分，上下四直。造之恐度量差殊，當以太平錢五十文，准其輕重。造畢，於盂底微鑽一竅，如針眼大，浮於水盆上，令水顛倒自穴外逆通，上入小盂中，用籌探之，水至子則子時，至午則午，至更則一更矣。他皆倣此。

又 下漏之法

每日天曉日將出時，將一小盂浮於大盂水面上，至日入時自然水滿，小盂沈於水底爲度。却取出小盂，去其水，再浮於水面上，至來日天曉，仍舊沈於水底。昏曉二時，俱以水滿爲度，定其晝夜。其日停水之時，切須澄濾極凈，毋使塵滓隘其水穴，庶幾水無緩迫之矣。

又 造籌之法

用薄木竹片皆可，爲籤篦樣，隨尺寸高下書寫時刻，用探水定驗時辰更點，尤是簡捷。凡籌三十四分，均布十二段，每段該二分五釐。惟寅申、巳亥上分外加添四分，謂維偏添之數也。閏餘成歲，折蹉之數也。今皆捷取一路，以浮魚指點處是也。凡一年十二月，止用太平錢二十文，隨月加減，鎮壓小盂。

又 加減之法

十一月節，晝用二十文太平錢勻鋪小盂底，夜用空盂。十二月節，晝用太平錢十九文，夜用一文。自十二月節爲始，晝減一文，夜添一文，七日一次加減。正月節，晝用十一文，夜用九文。二月節，晝用十文，夜用十文。三月節，晝用九文，夜用十一文。三月節爲始，每七日一次，晝減一文，夜增一文。四月節，晝用一文，夜用十九文。五月節，晝用空盂，夜用二十文。六月節，晝用一文，夜用十九文。自六月節爲始，每七日一次，晝增一文，夜減一文。七月節，晝用九文，夜用一十一文。八月節，晝夜各用十文。九月節，晝用十一文，夜用九文。自九月節爲始，每七日一次，晝添一文，夜減一文。十月節，晝用十一文，夜用九文。

王禎《農書》卷一九《農器圖譜十四·利用門》 田漏

田漏，田家測景水器也。凡寒暑昏曉，已驗於星；若占候時刻，惟漏可知。古今刻漏有二：曰稱漏，曰浮漏。夫稱漏以權衡作之，殆不如浮漏之簡要。

田漏

今田漏槩取其制，置箭壺內，刻以爲節，既壺水下注，則水起箭浮，時刻漸露。自巳初下漏而測景焉，至申初爲三辰，得二十五刻；倍爲六辰，得五十刻。畫之於箭，視其下，尚可增十餘刻也。乃於卯酉之時，上水以試之，今日午至來日午，而漏與景合，且數日皆然，則箭可用矣。如或有差，當隨所差而損益之，改畫時刻，又試如初，必待其合也。農家置此以揆時計工，不可闕者。

大凡農作須待時氣，時氣既至，耕種耘耔，事在晷刻，苟或違之，時不再來。所謂寸陰可競，分陰當惜，此田漏之所以作也。兹刊爲圖譜，以示準式。梅聖俞詩云：「占星昏曉中，寒暑已不疑；田家更置漏，寸晷亦欲知。汗與水俱滴，身隨陰屢移。誰當哀此勞，往往奪其時。」

陳敬《陳氏香譜》卷二

五香夜刻

穴壺爲漏，浮木爲箭，自有熊氏以來尚矣，三代兩漢，迄今遵用，雖制有工拙，而無以易此。國初，得唐朝水秤，作用精巧，與杜牧宣潤秤漏頗相符合。其後燕肅龍圖守梓州，作蓮花漏上進。近又吴僧瑞新創杭湖等州秤漏，例皆疎略。慶曆戊子年初，預班朝十二月起居，退宣許百官於朝堂觀新秤漏，因得詳觀而默識焉。始知古今之制，都未精究。蓋少第二平水奩，致漏滴之有遲速也。亘古之闕，繇我朝講求而大備邪。嘗率愚短竊效成法，施於婺睦二州鼓角樓。熙寧癸丑歲大旱，夏秋泉冬涸，南井泉枯竭，民用艱險，時待次梅谿始作百刻香印，以準昏曉，又增置五夜香刻如左。

又 百刻香印

百刻香印，以堅木爲之，山梨爲上，樟楠次之。其原一寸二分，外經一尺一寸，中心經一寸無餘，用有文處分十二界，迴曲其文，横路二十一里，路皆潤一分半，鋺其上，深亦如之。每刻長一寸四分，凡一百刻，通長二百四十寸。每時率二尺，計二百四十寸，凡八刻三分刻之一。其中近狹處六暈，相屬亥子也，丑寅也，卯辰也，巳午也，未申也，酉戌也。陰盡以至陽也，戌之末則入亥。以上六長暈各外相連，陽時六皆順行，自小以入大也，微至著也。其向外長六暈亦相屬子丑也，寅卯也，辰巳也，午未也，申酉也，戌亥也。陽終以入陰也，亥之末則至子。以上六狹處，各内相連，陰時六皆逆行，從大以入小，陰主減也。並無斷際，猶環之無端也。每起火各以其時，大抵起午正，第三路近中是。或起日出，視歷日日出卯初、卯正幾刻，故不定斷際起火處也。

脱脱等《宋史》卷七〇《志第二十三·律曆三》 漏刻，《周禮》挈壺氏主挈壺水以爲漏，以水火守之，分以日夜，所以視漏刻之盈縮，辨昏旦之短長。自秦漢至五代，典其事者，雖立法不同，而皆本於《周禮》。惟後漢、隋、五代著于史志，其法甚詳，而歷載既久，傳用漸差。國朝復挈壺之職，專司辰刻，署置於文德殿門内之東偏，設鼓樓、鐘樓於殿庭之左右。其制有銅壺、水稱、渴烏、漏箭、時牌、契之屬。壺以貯水，烏以引注，稱以平其漏，箭以識其刻，牌以告時於晝，牌有七，自卯至酉用之，制以牙，刻字填金。契以發鼓於夜，契有二：一曰放鼓，二曰止鼓。制以木，刻字於上。常以卯正後一刻爲禁門開鑰之節，盈八刻後以爲辰時。每時皆然，以至於酉。每一時，直官進牌奏時正，雞人引唱，擊鼓一十五聲，惟午正擊鼓一百五十聲。至昏夜雞唱，放鼓契出，發鼓、擊鐘一百聲，然後下漏。每夜分爲五更，更分爲五點，更以擊鼓爲節，點以擊鐘爲節。每更初皆雞唱，轉點即移水稱，以至五更二點，止鼓契出，凡放鼓契出，禁門外擊鼓，然後衙鼓作；止鼓契出亦然，而更鼓止焉。五點擊鐘一百聲。雞唱、擊鼓，是謂攢點，至八刻後爲卯時正。四時皆用此法。禁鐘又别有更點在長春殿門之外，玉清昭應宫、景靈宫、會靈觀、祥源觀及宗廟陵寢，亦皆置焉，而更以鼓爲節，點以鉦爲節。大中祥符三年，春官正韓顯符上銅渾儀法要，其中有二十四氣晝夜進退、日出没刻數立成之法，合於宋朝曆象，今取其氣節之初，載之于左。

二十四氣	日出	日没	晝刻	夜刻
冬至	卯四刻一百四十四半	申三刻五十一半	四十刻五	五十九刻一百四十二
小寒	卯四刻一百一十九半	申三刻七十六半	四十刻五十五	五十九刻九十一
大寒	卯四刻三十四半	申四刻十四半	四十　刻七十八	五十八刻六十九
立春	卯三刻五十六半	申四刻一百三十九半	四十二刻三十四	五十六刻一百一十三
雨水	卯二刻五十八半	申五刻一百三十七半	四十五刻三十	五十四刻一百一十七
驚蟄	卯一刻四十半	申七刻八半	四十七刻六十六	五十二刻八十一
春分	卯初空	酉初空	五十刻空	五十刻空
清明	寅七刻八〔一一〕	酉一刻四十半	五十二刻八十一	四十七刻六十六
穀雨	寅五刻一百二十七半	酉二刻六十八半	五十四刻一百三十七	四十五刻十
立夏	寅四刻一百四十九半〔一二〕	酉三刻七十六半	五十七刻六	四十二刻一百四十一
小滿	寅三刻一百四十六半	酉四刻四十九半	五十八刻九十九	四十一刻四十八
芒種	寅三刻七十一半	酉四刻一百二十四半	五十九刻一百二	四十刻四十五
夏至	寅三刻五十一半	酉四刻一百四十四半	五十九刻一百四十二	四十刻五
小暑	寅三刻七十一半	酉四刻一百二十四半	五十九刻一百二	四十刻四十五
大暑	寅三刻一百四十六半	酉四刻四十九半	五十八刻九十九	四十一刻四十八
立秋	寅四刻一百一十九半	酉三刻七十六半	五十七刻六	四十二刻一百四十一
處暑	寅五刻一百二十七半	酉二刻六十八半	五十四刻一百三十七	四十五刻十
白露	寅七刻八半	酉一刻四十半	五十二刻八十一	四十七刻六十六
秋分	卯初空	酉初空	五十刻空	五十刻空
寒露	卯一刻四十半	申七刻八半	四十七刻六十六	五十二刻八十一
霜降	卯二刻五十八半	申五刻一百三十七半	四十五刻三十	五十四刻一百一十七
立冬	卯三刻五十六半	申四刻六十九半〔一三〕	四十三刻三十四	五十六刻一百一十三
小雪	卯四刻三十四半	申四刻十四半	四十一刻七十八	五十八刻六十九
大雪	卯四刻一百十九半	申三刻七十六半	四十刻五十五	五十九刻九十二

殿前報時雞唱，唐朝舊有詞，朱梁以來，因而廢棄，止唱和音。景德四年，司天監請復用舊詞，遂詔兩制詳定，付之習唱。每大禮、御殿、登樓、入閤、内宴、晝改時、夜改更則用之，常時改刻改點則不用。

五更五點後發鼓曰：

朝光發，萬户開，羣臣謁。平旦寅，朝辨色，泰時昕。日出卯，瑞露晞，祥光繞。食時辰，登六樂，薦八珍。禺中巳，少陽時，大繩紀。日南午，天下明，萬物覩。日昳未，飛夕陽，清晚氣。晡時申，聽朝暇，湛凝神。入日酉，羣動息，嚴扃守。

初夜發鼓曰：

日欲暮，魚鑰下，龍韜布。甲夜己，設鈎陳，備蘭錡。乙夜庚，杓位易，太階平。丙夜辛，清鶴唳，夢良臣。丁夜壬，丹禁静，漏更深。戊夜癸，曉奏聞，求衣始。

又　卷七二《志第二十五·律曆五》　求九服所在晝夜漏刻：冬夏至各於所在下水漏，以定其處二至夜刻數，相減爲冬夏至差刻。乃置陽城其日消息定數，以其處二至差刻乘之，如陽城二至差刻二十而一，所得，爲其地其日消息定數。乃倍消息定數，進一位，滿刻法約之爲刻，不滿爲分，乃加減其處二至夜刻，秋分後、春分前，減冬至夜刻；春分後、秋分前，加夏至夜刻。爲其地其日夜刻；用減一百刻，餘爲晝刻。求日出入辰刻及距中度五更中星，皆依陽城法。

又　卷七五《志第二十八·律曆八》　求九服所在晝夜漏刻：冬、夏二至，各於所在下水漏，以定其地二至夜刻，乃相減，餘爲冬夏至差刻。置岳臺其日消息定數，以其地二至差刻乘之，如岳臺二至差刻二十而一，所得，爲其地其日消息定數。乃倍消息定數，滿刻法約之爲刻，不滿爲分，乃加減其地二至夜刻，秋分後、春分前，減冬至夜刻；春分後、秋分前，加夏至夜刻。爲其地其日夜刻；用減一百刻，餘爲晝刻。其日出入辰刻及距中度五更中星，竝依前術求之。

又　卷七七《志第三十·律曆十》　求九服所在晝夜漏刻：各于所在下水漏，以定二至夜刻，乃相減，餘爲二至差刻。乃置岳臺其日消息定數，以其處二至差刻乘之，如岳臺二至差刻二十除之，所得，爲其地其日消息定數。乃倍消息定數，進位，滿刻法約之爲刻，不滿爲分，以加減其處二至夜刻，春分後秋分前，以加夏至夜刻；秋分後春分前，以減冬至夜刻。爲其地其日夜刻；以減百刻，餘爲晝刻。求日出入差刻及五更中星，並依岳臺法求之。

又　卷七九《志第三十二・律曆十二》　求九服所在晝夜漏刻：各於所在下水漏，以定其處冬、夏二至夜刻，但得一至可矣，不必須要冬夏二至。乃與五十刻相減，餘爲至差刻。置所求日黄道去赤道内外度及分，以至差刻乘之，進一位，如二百三十九而一爲刻，不盡，以刻法乘之，復八而一爲分，内減外加五十刻，即所求日夜刻；減百刻，餘爲晝刻。其日日出入辰刻及更點差刻，每更點辰刻，並依岳臺術求之。

佚名《居家必用事類全集》戊集　刻漏捷法

嘗觀天文，皆按宣洞陽城晷漏，且自今年冬至起，筭至來年冬至日止，所謂周天之正數也。一日一夜通計一百刻，每八刻二十分爲一時，惟寅申巳亥有九刻，皆以子午定其晝夜。今者所在壺漏異常，不遵古法，務在機巧，各肆瞽術，工匠一時臆之見。制度既無軌則，時刻宜乎差誤，有過與不及之失。今輒撰成滴漏循環之法，積年而成，不勞人力，不費工財，妙通玄微，至簡且捷，雖出五里之外，篋笥皆可附行於几案之隅。所謂天運璇璣，盡在(目)[日]中矣。切見好事君子，或用表標，或用煙篆，然香燥則易爇，香潤則燼緩。天晴日表可驗，陰晦又不可考。二者俱非悠久之法。但依此造，似乎簡易，而精通玄微，妙中之妙也。

造盂法

其法以銅盂二隻，大一小一。大者貯水，初無定制，但寬大過於小者足矣。如無，以磁盂代之。小者重五兩，高三寸四分，面底並闊四寸七分，上下四直。造之恐度量差殊，當以太平錢五十文，準其輕重。造畢，於盂底微鑚一竅，如針眼大，浮於水盆上，令水顛倒自穴外逆通上入小盂中，用籌探之，水至子則子時，至午則午時，至一更則一更矣。他皆倣此。

下漏法

每日天曉，日將出時，將小盂浮於大盆水面上，至日入時自然水滿，小盂沉於水底爲度。却取出小盂，去其水，再浮水面上，至來日天曉，仍舊沉於水底。昏曉二時，俱以水滿爲度，定其晝夜。其日停水之時，切須濾出極浄，毋使塵滓隘其水穴，庶幾永無緩迫之失。

造籌法

用薄木竹片皆可爲，如篾篦樣，隨尺寸高下書寫時刻，用探水定驗時辰更點，尤是簡捷。凡籌三十四分，均布十二段，每段該二分五釐。惟寅、申、巳、亥上分外加添四分，謂維偏添之數也。閏餘成歲，折瑳之數也。今皆捷取小盂内分刻爲驗，甚徑更捷。小盂分刻處相對，先刻取二路，以浮魚指點處是也。凡一年十二月，止用太平錢二十文，隨月加減，鎮壓小盂。

加減法

十一月節，晝用二十文太平錢，勻鋪小盂底，夜用空盂。十二月節，晝用太平錢十九文，夜用一文。自十二月節爲始，晝減一文，夜添一文，七日一次加減。正月節，晝用十一文，夜用九文。二月節，晝用十文，夜用十文。三月節，晝用九文，夜用十一文。自三月節爲始，每七日一次，晝減一文，夜增一文。四月節，晝用一文，夜十九文。五月節，晝用空盂，夜二十文。六月節，晝用一文，夜十九文。自六月節爲始，每七日一次，晝增一文，夜減一文。七月節，晝九文，夜十一文。八月節，晝夜各十文。九月節，晝用十一文，夜用九文。自九月節爲始，每七日一次，晝添一文，夜減一文。十月節，晝用十一文，夜用九文。【略】

約十二時

半夜子，雞鳴丑，平旦寅，日出卯，食時辰，禺中巳，日中午，日昳未，晡時申，日入酉，黄昏戌，眠定亥。

宋濂等《元史》卷四八《志第一・天文一》　四海測驗

南海，北極出地一十五度，夏至景在表南，長一尺一寸六分，晝五十四刻，夜四十六刻。

衡嶽，北極出地二十五度，夏至日在表端，無景，晝五十六刻，夜四十四刻。

嶽臺，北極出地三十五度，夏至晷景長一尺四寸八分，晝六十刻，夜四十刻。

和林，北極出地四十五度，夏至晷景長三尺二寸四分，晝六十四刻，夜三十六刻。

鐵勒，北極出地五十五度，夏至晷景長五尺一分，晝七十刻，夜三十刻。

北海，北極出地六十五度，夏至晷景長六尺七寸八分，晝八十二刻，夜一十八刻。

大都，北極出地四十度太強，夏至晷景長一丈二尺三寸六分，晝六十二刻，夜三十八刻。

上都，北極出地四十三度少。

北京，北極出地四十二度強。

益都，北極出地三十七度少。

登州，北極出地三十八度少。
高麗，北極出地三十八度少。
西京，北極出地四十度少。
太原，北極出地三十八度少。
安西府，北極出地三十四度半强。
興元，北極出地三十三度半强。
成都，北極出地三十一度半强。
西涼州，北極出地四十度强。
東平，北極出地三十五度太。
大名，北極出地三十六度。
南京，北極出地三十四度太强。
河南府陽城，北極出地三十四度太弱。
揚州，北極出地三十三度。
鄂州，北極出地三十一度半。
吉州，北極出地二十六度半。
雷州，北極出地二十度太。
瓊州，北極出地一十九度太。

鄭若曾《江南經略》卷八上《雜著》　海程論

問：「海中行舟，以望山爲準。使黑夜無星可辨，及當晝而霧障也，不迷失道乎？」曰：「指南車與信香之類乎？」曰：「否，亦存乎針、舵、更三者而已矣。」蓋海舟緊要之人有三：火掌視針，長年運舵，香公計時。三者缺其一不可也。必須三人專心致志，協力而行。其舵牙常與針相對，隨針而轉，如風不順，則以舵向上風推，使方不飄逐。故《針經》有南風猛而針向寅卯方行者，乃是調戧之法，非令人横行也。更也者，一日一夜定爲十更，以焚香幾枝爲度。船在大洋，風潮有順逆，行使有遲速。水程難辨，以木片於船首投海中，令人從船首速行至尾，視木片至何處，以驗風之大小，以定此風此潮如何，方爲一更。必須木片與人行不差，而後所謂一更者方准。若人行至船尾矣，而木片方至船腰，則香雖焚至某處，尚是半更。或流過船腰，則斷其爲大半更。或舟行如飛，其風或逆，亦用此法驗船退程多寡，而後復進。故行幾更，船至某山地界，皆可以坐而知。但是術也，得其傳者或寡矣。閩廣通番之人，不恡重值訪而雇募之，豈惟昏霧爲無患哉。其於所過懸山，孰爲可泊？孰爲不可泊？孰爲有蛟龍潭，不可以發銃砲而戰？孰爲可戰？孰爲風信將作？孰爲潮勢急緩？嘗水辨味，可知舟至某處，有無暗礁伏沙？舟人雇之安穩而行。今之將官，提水兵孟浪出洋，覬無覆没之患？何怪乎其不敢遠涉窮追而極討也。噫！

周述學《神道大編曆宗通議》卷一七《闕几》

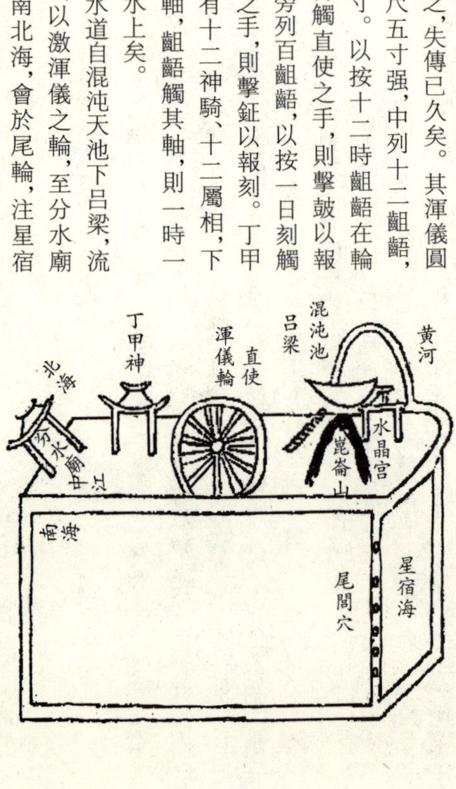

水晶漏

右水晶漏，元制甚巧，我太祖毀之，失傳已久矣。其渾儀圓圍二尺五寸强，中列十二龃龉，長八寸。以按十二時龃龉在輪上，轉觸直使之手，則擊皷以報時。旁列百龃龉，以按一日刻觸直符之手，則擊鉦以報刻。丁甲廟中有十二神騎、十二屬相，下共一軸，龃龉觸其軸，則一時一神立水上矣。

水道自混沌天池下吕梁，流中江，以激渾儀之輪，至分水廟拆入南北海，會於尾輪，注星宿海。黄河逆流，瀉入混沌天池，而循環不窮矣。

又　卷一八《詹希元沙漏法式》

五輪沙漏銘

沙漏之制，貯沙於池而注於斗。凡運五輪焉，其初輪，軸長一尺有三寸，圍寸有五分。衡奠之軸端有輪，輪圍尺有二寸八分，上環十六斗，斗廣八分，深如之。軸秒傳六齒，沙傾斗運，其齒鈎二輪旋之。二輪之軸，長尺，圍如初從奠之輪之圍尺有五寸，輪齒三十六。軸秒亦傳六齒，鈎三輪旋之。三輪之圍軸若齒與二輪同，奠如初，輪秒亦傳六齒，鈎四輪旋之。四輪如三輪，唯奠與二輪同。軸秒亦傳六齒，鈎中輪旋之。中輪如四輪。餘輪側旋，中輪獨平旋。軸崇尺有六寸，其秒不設齒，挺然上出，貫於測影盤。盤刻十二時分，刻盈百。斲木爲日形，承以雲麓，於軸中五輪犬牙相入次第，運益遲。中輪日行盤一周，雲脚至處，則知其爲何時何刻也。餘輪各有極，附度中輪則否，輪於沙池藏於几腹，盤露几面。旁列黃衣童子二，一擊鐘，一鳴鉦，亦運衍沙使之。沙之進退，則旦視焉。此其大畧也。初，灤陽水善冰，雖爨鼎沃湯，不能爲漏。新安詹君希元，乃抽其精思，以沙代之，漏成人以爲未嘗聞。較之郭守敬七寶燈漏鐘皷應時而自鳴者，殆將無愧乎。浦陽鄭君永與希元游京師，因知其詳，歸而制之。請餘銘，銘曰：

挈壺建漏測以水，用沙易之自詹始。水澤腹堅沙弗止，一日一周與天似。鄭君繼之制益美，請惜分陰視斯晷。

又　用沙漏凡例

沙傾斗運，用以合天。若一輪擬之，則其勢迫而動速，維微竅約沙以緩之，與天道恒過千有餘轉，故不得不重其輪，以遲其進。至五加而後脗合，詹君體驗可爲悉矣。第北塞，風沙不經水汰，取而用之，阻塞十常八九。爲硝礧不圓活，一經窄碍，則互相依倚，堆積不行。沉漏竅止可納芥，望其中度，不亦艱哉。今予竊取作者之意，推而演之，初輪六運則二輪始轉一周。以六類，因中輪日一周，則初輪必一千二百九十六匝矣。序云次第運益遲，其意可見。然輪之轉次若是其多，而所用漏竅如此之小，今欲沙之常流，則莫先擴竅，欲擴其竅，非增輪不可也。今斟酌緩急，加以十二齒之小輪，測驗經月，晝夜無間，始得辰刻所在，絕無先天後天之謬。大率初輪行二千五百九十二轉，則日之百刻始周，周而復始，循環用之，則千歲之晷刻一揆矣。

沙用極細者，去其土(姤)[垢]，每次輪回亦要篩净，若小有不潔，則漏不協晷矣。

日周用沙七斗，今櫃中止容六斗有奇，須每卯酉時添視一次，庶幾不致乏絕。

漏沙有竅，竅在銅葉間，可以開闔。若欲行漏，則全入之；欲止，則入其半。倘阻塞，出而復入，垢物隨沙自下矣。

欲出輪修視，先其更點漏之針，提其鐵軸，則中輪隨起二三寸，然後取去兩頭木釘，連架捧出。恐傷輪齒，務須仔細，視畢則如法入之。

更點樓中若有塵垢，則丸下易於阻積，常次拂拭潔净。倘丸下停滯，即當以手探模，投丸試之，其路自通。倘欲出樓於外，須將中輪、更點輪各取其丁，出其鐵軸，然後可取更樓，視畢，如法入之。

銅人杖末指處，即其時刻。其人可以四面周旋。裝樓時先測定日晷辰刻，以定銅人。既定則不可移易，隨其所指而考驗之，自與天運脗合矣。

每日酉時安置更點樓中丸子，將兩班筒子竪立，照更點粧畢，以次安於柱上，務要照直，不可斜拗。然後以線繫住打更筒子，須要與樓上時刻相對爲准。

冬夏夜有修短，各置更籌十一根，隨節氣更番，南北亦可通用。

又　制沙漏法

凡沙漏之制，原用五輪，輪設三十六齒。每如式置之，恒病其沙竅太小，而易於阻塞。試之並無一日不阻者。予多方測驗，取其適中之制，開列於後，以俟同志者之訂證焉。

舊制五輪，第一輪十六斗，餘四輪皆三十六齒。木輪圓圍一尺五寸，徑四寸七分六厘。一輪六轉，二輪一周。一輪三十六轉，三輪一周。一輪二百一十六轉，四輪一周。一輪一千二百九十六轉，五輪一周。木輪每齒俱隔四分一厘六毫無異。

前件沙竅太小，頻頻阻塞不堪。

制用四大輪，輪用四十齒。第一輪如前，餘三輪圓圍一尺六寸八分，徑五寸三分三厘。一輪六轉，六六二輪一周。一輪四十四轉，四三輪一周。二百九十六轉，四輪一周。一輪一千九百七十三轉，五輪一周。

制用四大輪，輪用四十二齒。第一輪如前，餘三輪圍一尺七寸六分四厘，徑五寸六分。一輪七轉，二輪一周。一輪四十九轉，三輪一周。一輪三百四十三轉，四輪一周。一輪二千四百〇一轉，五輪一周。

制用五小輪，輪用二十八齒。第一輪如前，餘四輪圍一尺一寸二分，徑三寸五分半。一輪四轉，六六。二輪一周。一輪二十一轉，七七。三輪一周。一輪一百〇一轉，六四輪一周。一輪四百七十四轉，一五輪一周。一輪二千二百一十二轉，六輪一周。

前第二制，似得中制，可用。

前第三制，不患沙阻，但恐沙太多，亦可用也。

前第四制，正得中制，可用。

造輪雖有制，而沙竅無定準。欲其寬窄中度最難，而遂時更改亦不易。難從口中急數數，數得一百六十餘而斗輪一周，始得中制可試，亦當隨人口之緩急也。

漏厨高三尺六寸，方濶一尺七寸，離地二寸五分，設四框，框上一尺又設四框，框再上八寸又四框。對面一尺五寸五分，下框閣抽替下，中框置隔校上。中框閣沙斗，厨面上制時亭一座。欲置盛沙斗，須先置一大框於上，中框偏中以閣之，欲其流沙下於十六斗也。厨中置一竹筒，以通輪軸下巾框之上、上中框之下，適中處置兩閣輪框，以閣五輪之架。

又　混儀更漏

非儀不可以揆天，非機不可以法運，非物理渾融無以握其微而御乎顯也。別健廣漠，窮之無極，人固難乎其爲天之體象矣。然虛靈所容，大無外而小無內，爲者是豈天之所能越範圍而超然者乎。故嘗建儀咫尺，傍觀而玩味之，未始天地不爲吾心之一物耳。無兢惟人豈虛語哉。玄文不敢廣肆，姑録其制器之槩，以求正焉。厥儀上圓下方，圓而動者法天，方而静者法地。以地涵天，人由傍視，是用反形形之也。天體立圓，徑九寸，一名渾天毬。上列中外官星、黄赤二道，宿次廣狹，北極上規常見不隱。內置極管，徑二分，長一寸，以受擎天柱。南極下規常隱(見不)[不見]。當極開竅，圓徑二分。擎天柱長尺有三寸，圓徑二分。入南極竅直抵北極管中，務使寬窄適宜，以便天體轉運。柱本入於地儀南竅中，準出地三十六度，斜倚之勢，奠之惟固。地儀高九寸有奇，方徑尺有二寸，上有面而下有底，奠於水海之上。面開空圍二尺八寸有奇，中函天體之半，內柱二，南北置之，以奠機軸。面刻二十四而區爲百刻，上建量天尺。南北亘之辰，刻半環東西跨之。有所謂持盤陰陽旗、水則籤、指南針者，皆有所司，以鎮面之四隅。復有四圖，若山河兩戒，日月交會，怪雲變氣，中星更點者，俱附於廉之四正，以備考驗也。地儀左有門而右有厨，進水則附斗於門，嚴更則通索於軸。水海一名水櫃高二尺有半，方如地儀，注以水，離底寸餘。置龍首啣玉爲漏，水從玉竅出，竅可納芥。浮子圓徑七寸，高三寸，中空而浮，隨水高下可久用而不變者也。上有紐，係索轉軸，大抵水滿則漏速而時叚長，水减則漏遲而時叚短。時周十二而餘水五六寸者爲善，否則漏下澁弱，時刻不易明矣。百刻既周，添水循環用之。添水有斗，斗有縵，以除水垢。水苟不净，則漏竅易塞而諸動皆息，是故進水不可以不慎也。海之注水不滿二寸爲彀，水則籤測水盈虛，以彀爲則。每裝水，必視籤出銅人手以爲進止。機軸奠於地儀中，腹運天體，首轉時盤，頸約更點之疾徐，尾均漏行之遲速。運天者，腹必二轉而一周天仍過一度，擬其健也。轉時者，首必二轉而周十二時，要其協也。鳴更則視厨中時刻以定金錢，依節氣以置籌柱。南北殊制，修短自符矣。尾均漏行，先用浮子載尺，考晷畫時，計其首尾長短及統長之數，以求平行差分，即得遂時濶狹，以所用銅索識之，均分軸尾爲六。考索制道，浮子(擊)[繫]之，勢必隨水而下，軸必隨索而旋。是故水有遲速，軸尾齊之。儀有大小，軸腹範之。而百凡運動，庶幾並行而不悖，殊途而同歸矣。若夫日月星辰之運，山河分野之占，凌犯交食之淺深，陰陽升降之分別，怪雲變氣之所以吉凶，至於指南之定向，辰刻之周旋。於其夜而寢也，則有金鼓爲之自鳴聲。鼓之謂更聲，金之謂點聲，無不咸得要會，脗合自然。此蓋朝形少聲備聞見，所以敬昊天而宜世用也。是器也，以銅爲之，其質朴而其理該，其體輕而其用廣，可以置之居室，可以隨之宦遊，以至行軍畧地，登高臨深，無往而不適其用也。

安壺以龍口向南，畧高置五六寸，漏下可以用器接水。次以銅索繫住浮子，連蓋奠於壺上，以午爲南，推取去渾天毬。次安更點厨於壺右，隨壺高下，厨東有竅，竅與蓋竅相對，然後以銅管自蓋竅貫入厨竅，用銅釘横貫之，不使摇動。次用軸頸繩由銅管貫過及厨西竅，係住銅墜子。壺内軸轉，則銅墜下行，更點自鳴矣。次將軸轉起浮子，以銅鈎貫住。次將擎天柱貫入毬内暗管中，連毬雙手裝上蓋口内，隨將右手由門入插擎天柱，務摇牢固。天毬旋轉，庶無側碍之患。次裝量天尺，卯東酉西。次以紅紙剪爲日形，廣一度，照曆粘於黄道宿度間，日更一度。次將水斗裝於蓋門，進水量，用水一石，視盖上水則籤漸起。若止字出銅人手上，次上轉時盤辰刻，務與陰陽生手指相值爲準。隨將楮軸銅鈎取脱，視二處時則不差可是，否則正之。以索緊爲度，即放龍口水，太陽與時刻自然運行，與天脗合。

已上迺初裝之法，似若繁瑣。每日則不然，裝之甚易。假如昨日巳時下漏，至次日巳時一刻，已周晝夜。須將接時小漏盂另水浮之，即塞壺浮口，照前裝水已畢，視小盂内所過刻數加之，此盖恐陰雨而設。若晴明，則兼視日影，自相符合矣。

又　渾儀内安座物件

混天毬一個，壺身一座，龍首玉嘴俱全。壺盖一座，四傍圖説四片。大浮子一箇，盖上銅人四座，水則籤一件，下有小浮子。時盤一件，陰陽消長旗二面，并桿。時刻半環一條，量天尺一根，指南針一件，盖內轉軸一件，併鐵梁。銅索二條，銅鈎一件，銅引條并轉子時桿一付，水斗一箇併銷籠銅筐，接時盂一箇。

又 制更籌時刻立成

恒氣	積度每氣水□之度 更點寔用刻分	夜刻日出入之刻 起更時刻	星見刻除去昏刻 止更時刻	每點刻 半夜更點刻	更點不用刻分
冬至	初度 四十七刻七四六三	六十一刻八四〇八 酉正一刻	五十六刻七四〇八 卯初三刻	二刻二七三六 二三八七三一	九刻〇九四五
小寒 大雪	十五度九四 四十七刻九三	六十一刻三五六四 正一	五十六刻三五六四 初二	二刻二三四二 二三六六九六	九刻〇一七二
大寒 小雪	三十一度七七 四十六刻一四九六	五十九刻九四〇〇 正一	五十四刻九四〇〇 初二	二刻一九七六 二三〇七四八	八刻七九〇四
立春 立冬	四十七度四六 四十四刻二九七	五十七刻七二八二 正二	五十二刻七二八二 初一	二刻一〇九六 二三一四五八	八刻四三六五
雨水 霜降	六十三度〇三 四十二刻〇七〇六	五十五刻〇八四〇 正三	五十刻〇八四〇 初初	二刻〇〇三三 二一〇三五三	八刻〇一三四
驚蟄 寒露	七十八度四四 三十九刻三七二〇	五十二刻三〇〇〇 戌初初刻	四十七刻三〇〇〇 寅正三刻	一刻八九二〇 一九八六六〇	七刻五六八〇
春分 秋分	九十三度七一 三十八刻一四七八	五十刻四一四〇 初一	四十五刻四一四〇 正二	一刻八一六五 一九〇七三九	七刻二六六二
清明 白露	七十八度四七 三十五刻八六八七	四十七刻七〇〇八 初二	四十二刻七〇〇八 正一	一刻七〇八〇 一七九三四三	六刻八三二一
穀雨 處暑	六十二度九六 三十三刻五二四四	四十四刻九一六〇 初四	三十九刻九一六〇 正初	一刻五九六六 一六七六四七	六刻三八六六
立夏 立秋	四十七度四〇 三十一刻四六八三	四十二刻三七一八 正初	三十七刻二七一八 初三	一刻四五〇八 一五七三四一	五刻八〇三五
小滿 大暑	三十一度七一 二十九刻四五〇四	四十刻〇六〇〇 正一	三十五刻〇六〇〇 初二	一刻四〇二四 一四七二五二	五刻六〇九六
芒種 小暑	一十五度九一 二十八刻二六〇二	三十八刻六四三六 正二	三十三刻六四三六 初一	一刻三四五〇 一四一一〇三	五刻三八三〇
夏至	初度 二十七刻八五三〇	三十八刻一五九二 正二	三十三刻一五九二 初一	一刻三二六三 一四九二六五	五刻三〇八一

又 漏旁更點制

更厨四，柱高二尺八寸，横濶一尺一寸五分，縱濶一尺一寸五分。自地面量上六寸，置横框一道，內舖底板。再上五寸爲中下框一道，再上一尺四寸爲中上框一道，再上三寸即頂框也。前開門二扇於中段兩框之間，頂盖一扇，皆可開闔。其餘各裝以板。更樓一座，兩頭皆板直立，高二尺一寸，濶八寸五分。樓內自上量下一寸八分即是更籌之處。兩邊舖板，晝時中分五道，中一道置籌，餘四道置溜槽。兩道二層外，兩道四層，皆陡二寸。再下二寸即鑼鼓，鼓厚二寸，圓徑五寸。鑼差小則可用。下即底板，四周高，中間下，如斗狀。陡亦二寸，中有口，欲其彈下速而有歸也。再下即盛彈抽替，抽替設於樓下厨底之上，中下框之下也。

第二第四層溜槽，各有橋閔，輪軸擊鼓者，中槽置之。兩路總於一閔鳴點者，中層置曲道二，彼此自用。下層始用橋閔。橋閔者，抑其疾而使之徐，徐則更點分明。其機莫甚於此，巧莫妙於此也。惟在精微活動。籌上有柱，身長一寸六分，根長三分。更籌長如樓面，從奠之。

更點有筒，筒長二寸六分爲更筒，筒長一寸七分爲點筒，相配成副，共二十有一。置於樓面，高於時刻一寸三分。更筒尾開竅，貫鐵條，分列於兩旁。更筒首有針，用時卧加柱上，內盛鉛子，時至筒下，更點自鳴矣。

夜有修短，故更籌一十一根，照依時序用之。南北地方既殊，日之出入亦異，須照北極出地高下另置更籌，説載別稿。

厨頂東框中開一竅，圓徑五分，務與壺竅相對，可貫銅筒以通繩索，索有墜子及金錢小圈。漏下則軸轉，軸轉則繩鬆而墜下，墜下則小圈推錢以行，發筒鳴更矣。

夜裝更點，視厨中時刻，照壺上刻數定其金錢與小圈。各筒照更點裝鉛子，架於柱上，畢則以盖之，則更點自鳴，時刻不爽。更籌十一根，依節氣換用。其溜槽中日久恐塵積，則子下滯澁，時宜拂之，亦不可致損，閔節壞則更點不均，或因而阻塞。

竊考自古更點起止皆有定制，以每日初昏星見至曉星隱相距刻數，均作二十五點。更點二點，人物未静，制故不鳴。至一更三點始鳴鐘，禁夜起更。至五更三點，人物皆動，曙色將開，故更止鳴鐘弛禁。今各處更點相沿，日久早晏不同，皆無定制，惟京師至今無差。至如晝夜修短，在在亦異，皆隨北極出地高下以爲增減。如南海北極出地一十五度，夏至夜刻四十六；衡岳北極出地二十五度，夏至夜刻四十四；岳臺北極出地三十五度，夏至夜刻四十；和林北極出地四十五度，夏至夜刻三十六；鐵勒北極出地五十五度，夏至夜刻三十；北海北極出地六十五度，夏至夜刻一十八。今考北直隸及雲湖，北極出地四十度，夏至夜刻三十八；山東、河南居南北之中，皆爲中土，夏至夜刻四十一。以此置籌，兼具南北，每付一十一根，皆有字號，須分別用之。

又　更厨每座事件

更厨上頂面一扇可開闔，抽替一格，銅管一件，銅墜子一箇，更點筒二十一根，厨内更樓一座，銅柱二十一根，溜漕大小十一根，銅梁一根，金錢一箇，鑼鼓各一面，鉛子一百九十九，更籌二副，每副十一根，鐵匙一件。

又　更制沙漏説

沙漏之制，國初，新安詹君希元始創之。蓋爲冰澌窒竅，漏莫能行，乃以砂代。砂行太疾，未協天運，於斗輪之外復加四輪，輪有齒，皆三十六，犬牙相入，遞轉益遲，思誠巧矣。但櫃端設日影雲脚，以指時盤，諸儀未備。且病其竅之太窄，而砂之易於堙也。乃更制之，輪益以六，其五輪悉三十齒，乃微裕其竅，渾行始與晷協。復設臺於厨頂，而斜卧渾儀於其上，以法日月星辰之運。二道出入之由經星天漢之浮沉相躔度分之發斂，内走執牌之人，以報時刻。立陰陽二幟，以明晝夜。分建右左樓閣，以司時宜。旁繪四圖以俟氣觀文。經緯並行而不悖，升降異道而同歸。至如交食之淺深，凌犯之輕重，怪雲變氣之殊形，昏明消長之定式，山河兩戒之分野，亦皆悉具。又效古更更枕之制，乃另設一櫃，而右奠之竅，旁以通機，於是列管駕柱，以貯更點之丸。輪轉機行，以時金鼓之振，中由圓閦聲斯匀發而朗鳴。按氣易籌，修短咸若。此蓋出於自然者，裝法具左。

砂漏六輪之行，機同而勢異，要在末輪法天一日一周，而首輪必二千一百二十五轉，然後數始協，是皆五六相因，不容毫髮棼亂者也。

紀數以首輪爲主。首輪(立)[五]匝而後第二輪一週，首輪二十五匝而後第三輪一週，首輪一百二十五匝而後第四輪一週，首輪六百二十五匝而後第五輪一週，首輪三千一百二十五匝而後第五輪一週。中輪行一齒，則首輪週一百有四，而日晷一刻有三分刻之一矣。

裝漏先奠底櫃，務求乾潔明爽處所安之。次奠二厨於櫃上，中置管，通繩以備鳴更之用。奠六輪架於砂厨腹中，自速而遲，以法天運。

置二輪楹於沙厨之上，使可引用於左右。植中軸於輪楹之中竅下，遠於中層，貫大小二輪。

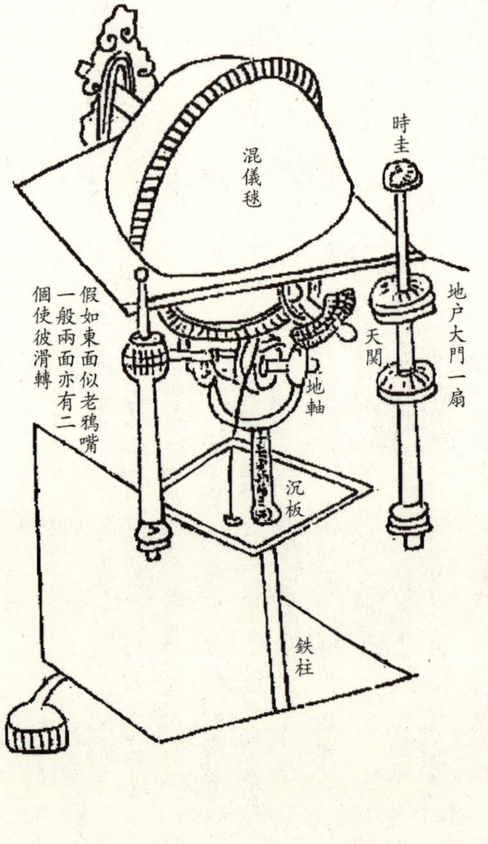

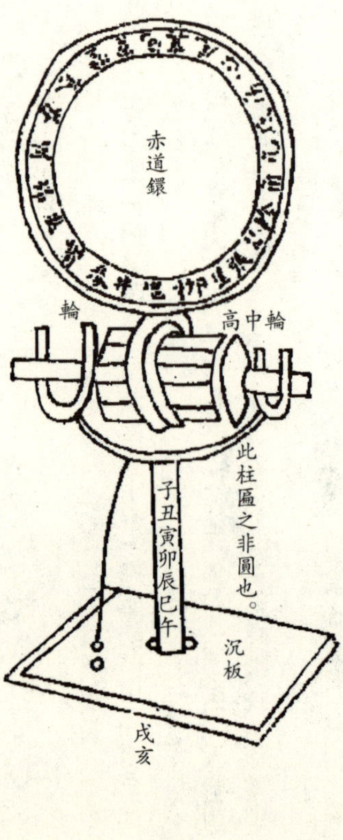

地軸之圖

沉板比之渾毬秤重二斤，用木爲之，沿以銅邊使彼隨水下沉。運動諸輪，如輕再加一斤。

赤道鐶厚一分半，面鑿以碎渠，與地軸高輪上下渠相對，使彼運動。如光，則滑而不轉也。

左圖以中星時刻更點者將以備用，於霄中用黃道日度加於午正，即面南仰視天之二十八宿，以驗辰刻更點，使無差忒。

右圖以兩戒山河者，將以載州域分星天漢兩戒，釋華夷，察祆祥，可以預知治亂。

輪，以手執第五輪而正其中輪，若時刻已正，即復上第四輪。倘日久有塵阻，照法更正之。

已上皆沙厨中之事。

自古以星之隱見爲晝夜之限，而修短之差，咸距於二至爲極，消長二十八刻，此中土制也。所以更籌必須依氣制造，今具十有一條，照號循用之，要在符合天道而已。

更點之鳴，非彼此相因，不克爲用，是故中通一線，係於沙漏之中。大輪用其半周，每日晡時，照刻定機，幾類銅錢。依筒着子，各卧置於柱端，機至筒傾而子下，先皷而後金，自然聲振矣。

每裝更點時刻，各槽恐有塵垢，則子滯不行矣。一子不行，則衆子俱積。要必時時拂拭，或投子試驗，畢即鼻盖扃門，不可使閑雜人擅動也。

又　更點圓関志

圓関之制以木爲之，四條同法，所以節丸連下，使更點分明也。每條長尺有四寸，廣一寸二分，厚寸有五分。中鑿渠，廣四分，有底者長四寸，深四分。底盡處從下刻空三分，深一寸，將及底處留一分，以爲門階。空渠長八寸，廣如前。渠近門堦左右各開金門，以管轄圓関。往後二分，深八分之處，置小横梁，以節機板之下行。空渠中置機板一條，長七寸八分，厚五厘，板首二分入於門階之下，迤次則綴圓闔。圓関左右齊入金門，必使闔闢無碍。機板適中之處爲竅，以受横軸，軸之兩端入空渠兩旁竅中，須深八分，過與不及皆不中。機板(重後)[後重]前輕，較之相差二分半爲率，要使圓闔常開，丸過則闔。開闔皆由機板之低昂。圓関廣六分，高八分，體輕質薄爲美。中開関門，比丸體稍寬，圓徑二分八厘。闔下另開二小竅，以線綴関於板，使可隨之上下。鉛丸重一錢，務要極圓，否則疾徐失次。圓闔每條列成一付，首離尾合，異受同施，共用二付者，金皷各道也。奠之須首昂尾垂，相懸十之一，太高則勢急，或至排闔而連行；太卑則遲緩，或至逗遛而不進，故奠之尤宜仔細者也。

輪中高輪寬五分，俱鑿小渠，與赤道相磨，運轉小渠者，即鉅齒樣也。

前圖以日月交食，將以明日由黃道，月由陰陽曆之白道。及兩道相交，出入之處正交，日羅睺中交曰計都。凡日月交食，星文臨犯，皆不待細推而預可知其休咎。

後圖以怪雲變氣者，凡人事作於下，必天變見於上。天或明示吉凶，用告禍福，而臣工祆祥罔辨，則燮理無方矣。故特繪象以分，註其淑慝，庶幾爲修政圖治之一助云。

用砂甚難，必須謹潔。天下除寳沙不論外，其餘大槩相類，惟水沙頗優，而風沙次之。用時必先炒過紅色爲度，方可絶其濕潤生物之性，且楞角既消，塵垢亦盡，其體自然乾潔鬆滑，方無阻滯之虞。每次輪迴，頻須篩净。若用久，砂必漸潤，潤則再炒，莫使一毫遊絲飛垢相干，否則易塞而百機謬矣。此爲第一緊要務也。今厨中容沙五斗餘，止彀七時之用，每日昏旦須裝砂一次，不可使竭。

凡時之遲速，一出於漏竅之大小。今連月測驗無差，已成一定之器，不宜再加增損。若有物阻滯，沙不下行，即當取出銅竅視之，去其所阻，而即復裝上。

凡裝時須照日晷辰刻，若厨内時刻未定，暫起第四軸末抵於輪架中梁，百凡運用之機，悉從此出矣。

以二線交綰於厨面之三小輪，令可齊運。

奠時盤於中軸之首下五寸許。

奠觀儀臺於厨面，必使臺罩時盤，而竅管機軸正時，門中止露一人手持時牌，加刻而迭出不窮。

奠擎天盤於中軸之端，視與時盤方位相合，必使陰陽二旗朝夕起伏不爽，方爲的也。

奠渾天儀北高南下，北有柱而南有竅，以受樞軸，俾儀隨盤口而協天左旋。儀中之太陽，須照黃道立成内宿度按日易度粘之。

左奠恒氣閣跨於小輪之上，置二十四氣於閣中，以稽月令。置二十四時於閣下，以便民用。

右奠月將宫亦跨小輪之上，樓間置十二次舍，以質歲功。樓下置修短霄分，以察更點。

厨之四傍各具圖說。

又　論馬上日晷法

有客問予曰：「日之有時，何謂也？」予應之曰：「立時所以紀日之行也。」曰：「天行健，三辰隨天一周，獨紀日行何也？」曰：「一元之氣，宗於日，東升則明，西入則晦。明則萬物動而作事理，晦則萬物息而作事否。事有緩急，時有早晏，順之者成，違之者傾。是故天道莫尊乎日，而聖王必賓其出以餞其昧於其行也。設十二時以識其所臨，猶一歲之有十二月以紀其周天也。」曰：「時則然矣，而日以晷考其有説乎？」曰：「地居天中，方位有常，於是乎制百刻規板分屬十二辰位，中立以表，斜准赤道以測之，日晷由此而作也。」曰：「有所謂馬上影符者，何也？」曰：「日晷必辨方正位，然後可以用之。若夫行軍舉事，所在方向未明，時奚從而取信？智者慮之，故復有是器焉。較之日晷，殆更簡便而微妙者歟。」曰：「簡便微妙，可得聞乎？」曰：「難言也。雖然，敢不舉其要者言之。大景符體無定式，但取其便於懷袖之藏，馬上之用耳。其形内空而外方，卬日有竅，考時有符，符用周天四分之一，其勢斜倚而返照。每因就器區畫時刻不齊，故惟符罕見於世。予精思有年，體認亦悉，頗得所以。因變圓爲方，用方入圓，而後時刻與天脗合。其法先隨景符長短畫爲方圖，方必中短，四處重之，以函天度。上下皆畫九十一度。今以京師爲例，北極出地四十度，從左至右五十度半，正當赤道之中，上下各識之。以上方爲夏至，其午影中極於赤道右二十四度，即自左至右之七十四度半也。以下方爲冬至，其午影中極於赤道左二十四度，即左至右之二十六度半也。二至午影中極相對，畫爲一線，其勢斜倚，二十四氣午影皆取正於斯焉。方圖兩旁均畫四十八度，赤道居其中，爲諸氣之距。自此而上，數之度之九十三分，爲春、秋二分之畫也；六度八十分，清明、白露之畫也；一十二度四十二分，谷雨、處暑之畫也；一十七度三十三分，立夏、立秋之畫也；二十一度一分半，小滿、大暑之畫也；二十三度一十九分，芒種、小暑之畫也；二十四度，夏至之畫也。是皆從旁赤道上數者也，畫永之時也。自距而下五度一分，驚蟄、寒露之畫也；一十度八十八分，雨水、霜降之畫也；一十六度二十六分，立春、立冬之畫也；二十度四十七分，大寒、小雪之畫也；二十三度五分，小寒、大雪之畫也；二十四度，冬至之畫也。是皆從旁赤道下數者也，□短之時也。氣位既定，更當考協於上下天度之赤道左右分數，用前逐氣之度上下相對引證，各視午影中極無差，斯爲得矣。然後以時辰冬至午極於二十六度半，初末交於二十四度半，而已末則代謝於一十二度。自立冬起至立春九十日，日皆出辰入申，由此以見冬日之短也。夏至午極於七十四度半，初末交於七十度，而已末則代謝於五十度，更又分辰申於二十七度，區卯酉於四度。自立夏前三日起至立秋後三日，日皆出寅入戌，由此以見夏(畫)[晝]之長也。上下各以其類引而界之，自然得其時刻修短之漸，此變圓爲方之妙。方圖立成，依序謄符，以置之晷腹，迎陽推測，則不惟按節可以知時，雖逐日驗刻，不爽毫厘，而千歲之日至亦不能逃範圍矣，此因方入圓之秘也。然地有南北之偏，當以北極高下爲准。極度不忒，則赤道自明而諸法可施。但時之交際，惟以渾儀隨地驗其逐時出地，爲之增損耳，質之定晷尤便。是論也，尚冀精知天道者詳現而訂証之，豈敢自謂萬世之宗哉！」

戚繼光《紀效新書》卷七　凡更籌，遇日晦夜暗，行軍宿野，必須定更則時，以知早晚緩急之備。先以一日有百刻，分一十二時，每一時有八刻二十分。每一刻六十分，共五百分爲一時。依二十四氣節爲十二籌，以日出入爲則，每籌長二尺四寸，上書各得本節日出入時刻，分晝夜長短之數。或不用籌，計珠二串，一串用小珠七百四十箇，爲數緊慢，行數七百四十餘步，或數珠七百四十餘箇，程限該二里二十七步餘爲一刻。行數七千四百七十餘箇，程限二十里二百七十餘步，爲十刻。晝夜該七萬四千七百餘步，程限二百零八里有餘，是爲百刻。每一時八刻二十分，該行六千二百二十五步，數珠即六千二百二十五箇，爲一時。十二時約程限與百刻同。凡定更籌，書方名長短不同，依十二時候節氣，各以長短刻數隨時分派，朝以日出，夜以日入爲始。時定而更漏，均大同小異，可爲警備矣。且如安營一面一百八十八步，四面共七百五十二步，行遍若傳籌五十次，共餘五百餘步，日將出矣。如冬至夜極長，夏至夜極短，二十四氣皆有異同，餘各倣此。

王圻　王思義《三才圖會·器用》卷一二《古器類》　高九寸有半，深七寸有半，徑五寸八分，容五升。有蓋，銘二十有一字。按此器制度，其蓋有長方孔，而壺底之上有旅箭，乃漏壺也。視其銘文，則漢器也。

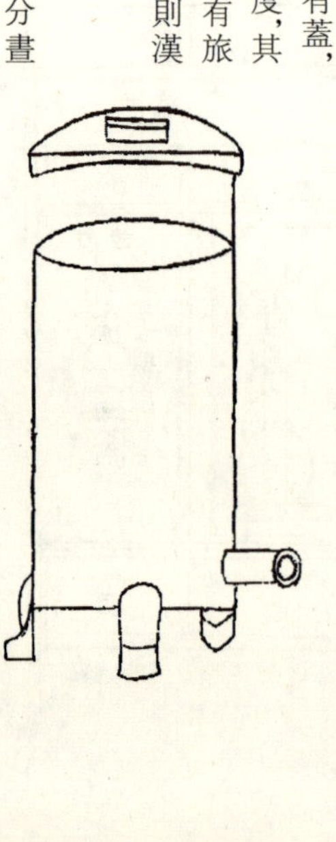

丞相府漏壺

又　刻漏制度

黄帝創漏水制器，以分晝夜。成周挈壺氏以百刻分晝夜，冬至晝漏四十刻，夜六十刻；夏至晝漏六十刻，夜四十刻；春秋二分晝夜各五十刻。漢哀帝改爲百二十刻，梁武帝大同十年又改用一百八十刻，或增或減，類皆踈謬。至唐晝夜百刻，一遵古制，而其法有四匱，一夜天池，二日天池，三平壺，四萬分壺。又有水海，水中浮箭。四匱注水，始自夜天池，以入于日天池，自日天池以入于平壺，以次相沿，入于水海，浮箭而上，以爲刻分。宋朝所用之制，亦如於唐，而其法以晝夜百刻分十二時，每時有八刻二十分，每刻六十分，計水二斤八兩，箭四十八，二箭當一氣。歲統二百一十六萬分，悉刻于箭上。銅烏別水而下注，蓮心浮箭以上登。其二十四氣，大凡每氣差二分半。冬至日極短，春分日均平。冬至後行盈，夏至後行縮，乃陰陽升降之期也。

章潢《圖書編》卷二六　量天景尺圖

量天景尺式：長四尺八寸，寬一寸，厚四分，面劃以時刻，分以刻數，首有二穴以定南北二極之天表。上穴深一分半，下穴深一分。兩旁墻刻天表寸數，以草量截，安穴內對日影正中墨爲表頭，盡處是其時也。皆刻以節氣，用表分寸而爲準驗之規。

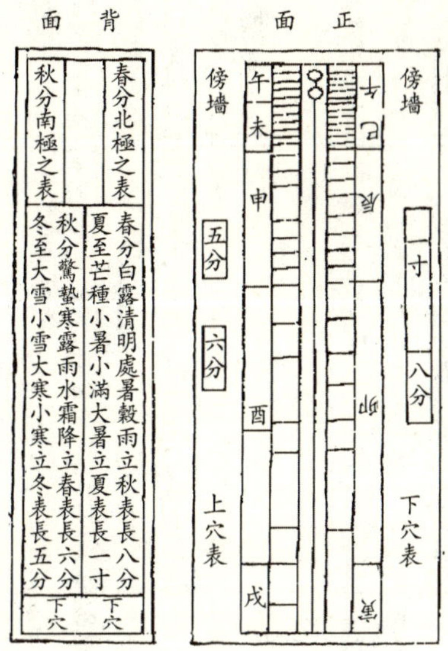

量天景尺圖

王徵《諸器圖說》

輪壺圖說

以(文)[支]木爲櫝。櫝之製，上下兩層。上層高四寸，下層高二尺三寸。上層爲活蓋，中藏更漏。兩槽及各筒用盛鉛彈，俱有機。其盖前面掩上二寸內，藏十二時辰小牌；下二寸明露，容小木人於中，可自前行。應時撥動其牌，垂時以示人也。木人之行，則機係於下層櫝中總輪之架。總輪之架安櫝下層中央空處。外有門二扇，可開可闔。櫝寬長二尺六寸，側則各一尺二寸。其中央安輪架，空處寬可一尺。兩旁各八寸，一安鐘，一安鼓。門各從側面開閉。下層兩端，留二寸作足。以三寸作抽匣三個，即依中間一尺，兩旁各八寸爲之。其輪架之製，先爲兩鐵柱，以次遞安其輪。輪皆以精鐵爲之。首鋸齒小輪爲丁，次丙輪，次乙輪，次甲輪。甲之齒六十，乙齒四十八，丙齒三十六。乃乙、丙、丁三輪之軸之齒則均用六數，不多也。甲軸獨無齒，然有索，直上貫於木人之足，而以鉛重垂而下墜，所爲轉木人之總樞也。甲動催乙，乙催丙，丙催丁。而丁之所催者，則另有十字分左分右之撥齒。盖諸輪遞催，轉行甚速。而撥齒於中，一似左推右阻，故使之遲遲其行者，此微機也。輪壺之妙全在於此。此難悉以筆楮，亦未可盡圖繪。至兩旁鼓、鐘安置之法，與夫更漏遞自傳報之法，皆有機爲連絡，亦俱未便圖說。總之，此壺作用全在於輪。輪則轉動木人，木人因而自行，擊鼓報時。又能帶動諸機，時至，則擂鼓撞鐘。又能按更按點，一一自報分明。不似昔人所爲懸羊餓馬，不甚清楚也。此於明時惜陰二義，或者不無少補。比之璇璣、刻漏、銅壺之製，似亦易作。嚮曾製一具在都中，見者多人，當亦諒其匪妄也。

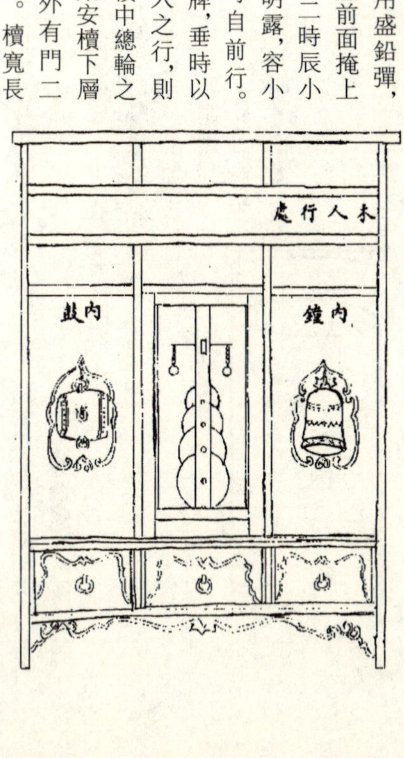

輪壺圖

銘

泰圓轂轉，块軋無垠。兩輪遞運，萬象更新。睠彼晝夜，終古相因。流光難追，往哲競辰。嗟予小子，歲月空淪。爰製斯器，寸陰是珍。義取叶壺，名被以輪。韞櫝而藏，靜遠囂塵。應時傳響，發若有神。斡旋元化，密衍絲綸。屋漏有天，日月爲隣。可襄七政，可利四民。可資整旅，可藉怡真。能大能小，觸類引伸。晦明風雨，天路永遵。考鐘伐鼓，晷漏畢陳。聞聲動念，警我因循。銘之座右，蚤夜惟寅。

范景文《戰守全書》卷七　更籌

戚繼光曰：武經總要，凡行軍宿野，遇日晦夜暗，必須定更傳籌知蚤晚。先以一日有百刻，分一十二時，每一時有八刻二十(四)分，每一刻六十分，共五百分爲一時。依二十四氣節，爲十二籌，以日出入爲則，每籌長二尺四寸。上書各得本節日出入時刻，分晝夜長短之數。或不用籌，取珠一串，一串用小珠七百四十箇爲數，緊慢行數七百四十餘步，或數珠七百四十餘箇，程限該二里二十七步餘，爲一刻。行數七千四百七十餘步，程限二十里二百七十餘步，爲十刻。晝夜該七萬四千七百餘步，程限二百零八里有餘，是爲百刻。每一時八刻二十(四)分，該行六千二百二十五步，數珠即六千二百二十五箇，爲一時。十二時約程限分派，朝以日出，夜以日入爲始。時定而更漏，均人同小異，可爲警備矣。日如與百刻同。凡定更籌，晝夜各長短不同，依十二時候節氣，各以長短刻數，隨時安營一面一百八十八步，四面共七百五十二步，行遍若傳籌五十次，共餘五百餘步，日將出矣。如冬至夜極長，夏至夜極短，二十四氣皆有異同，餘倣此。

定更籌之法：一日一夜，計時百刻，人徐行二百里。每夜自初昏至黎明計五十刻，如以春分秋分晝夜兩停爲準，每刻行二里，共行一百里。如夏至前後夜極短，四十一刻行八十里盈。冬至前後夜極長，五十九刻行一百二十里縮。其餘四時，照節序長短，增減計算。假如九十步安一直更，往回一百八十步發一籌更，每里發二籌。春秋二至計二百籌，冬至二百四十籌，夏至一百六十籌，籌盡天明，其夜天曉即以此定之。行兵以令箭代籌。

又法曰：行軍於外，日出日没時，撾鼓吹角爲嚴警。凡鼓三百三十三搥爲一通，角一十二變爲一疊。鼓音止，角音動。凡鼓三通，角三疊，晝夜足矣。又近代馬上法，以數珠記時，先約一晝夜爲準，餘日倣之，與刻漏無差。

又　更鼓自鳴

用木板作屏廂一副，内安金鼓，以刻香爲驗，若焚到一更，則打一更，次第而行，萬無一失。

又　暗更

《李靖兵法》：野營賊壘相近，不鳴更鼓，多是暗坐五更。若要知更數，須是於營裏外，周圍數里，傳箭爲準。如今夜更至曉，傳得五十轉，則每更得十轉，以此爲約。今置簿記定何年月日夜，營圍里數，看四時晝夜長短，臨期增減爲約。如賊相近，故要鳴更號，則不然也，計在臨期變通。

方以智《通雅》卷一一《天文類》　曆測

燈漏、沙漏，皆因漏刻而名也。歷家大抵以漏刻極長于六十，極短于四十。嘗聞前輩言，惟《正統己巳官歷》晝刻三十九，夜刻六十一，以爲陰過，故有土木之變。元《授時歷》則長極于六十二刻，短極于三十八刻，以爲驗于燕地，稍偏北故。然外國有蒸羊胛未熟而天明者，則短又不止于三十八刻而已。燈漏今不傳其製，沙漏今多有之。以瓶貯沙，漏下定刻，皆本于水漏以水浮箭也。遠公弟子于匡山作芙蓉漏，浮水上，便于轉水。吴處厚曰：龍圖燕公肅任梓橦青社，作蓮花漏刻，倣匡山也。漏水之製，以銅作四櫃，一夜天池，二日(人)[天]池，三平壺，四方分壺。自上而下，一層低一層，以次注水入海，浮箭刻分而上，每刻計水二斤八兩。二箭當一氣，每氣率差二分半。四十八箭周二十四氣。其漏箭以百刻分十二時，每時八刻二十分，每刻六十分，初初、正初各十分，故每時共五百分，十二時總計六千分。歲統二百十六萬分，悉刻之于箭。以今尺度箭之刻分，尺之一分準刻之十分，初初、正初如尺之一分，初一、正一如尺之六分，此其大略也。議者謂冬寒水澁，不能如法流行，近有以鐵丸圜轉代流水者。如今自鳴鐘，亦一法也。又元朝立簡儀，爲圓室一間，平置地盤二十四位于其下，屋背中間作圓竅以漏日光，可以不出户而知天運。此與日晷之用正同，才可施之晴晝耳。出外别有燈漏、沙漏，色目人有玲瓏儀，皆巧製也。

梅瑴成等《數理精藴》下編卷一《首部一》　因乘

設如有驗時儀墜子，來一秒，往一秒，今十五分，問共得來往幾秒。

一五
六〇
〇〇
九〇
九〇〇

法以十五分爲實，列於上；以每分六十秒爲法，列於下。乃以法之〇遍乘實之一五，仍皆得〇，故各紀〇於本位下。又以法之六遍乘實之一五，其所得之單位數，即對本法位下書之。六乘五得三十，將三十進前一位，作三點誌之，本位紀〇。次以六乘一，仍得六，併所進之三爲九，故書九於本位下。定位以實之末位是單位，法之末位是秒。今求秒數，故得數末位之〇即是秒之單位，其前一位爲十，又前一位爲百，因知共數爲九百秒也。

又　**下編卷三《線部一》**　轉比例

設如驗時儀墜子，其繩長四尺四寸八分一釐二毫八絲，四刻内來往共三千次。今造一墜，欲使來一秒往一秒，問繩長若干。

一率　今一千二百九十六萬次
二率　原四尺四寸八分一釐二毫八絲
三率　原九百萬次
四率　今三尺一寸一分二釐

法以四刻化三千六百秒爲今墜子往來次數，自乘，得一千二百九十六萬次爲一率，原墜繩長四尺四寸八分一釐二毫八絲爲二率，以原墜往來三千次自乘，得九百萬次爲三率。二三率相乘，一率除之，得四率三尺一寸一分二釐，即今所求墜繩之長也。夫以四刻化秒者，蓋以所求之墜子欲其來一秒往一秒也，故秒數即次數。四刻所化之秒，即今墜子在四刻内往來之次數也。其比例以次數自乘者，因墜子往來之際已成平面形，故以往來之方數相比爲面比面，而原墜與今墜之長數相比爲線比線，務使其類相當而後可以相比也。是以今墜往來次數自乘與原墜往來次數自乘之比，即同於原墜長數與今墜長數之比也。然原墜於四刻内往來之次數少而墜却長，今墜於四刻内往來之次數多而墜却短，故以今墜之往來次數與原墜之往來次數爲比，即同於原墜之長與今墜之長爲比，所以爲轉比例也。

又　下編卷九《線部七》　借衰互徵

設如漏壺一具，上有渴烏注水，凡十二時而滿。下有一孔通天池洩水，凡十八時而盡。若上注下洩，問幾時可得水滿。

一率　六分
二率　一時
三率　二百一十六分
四率　三十六時

法以十二時與十八時相乘，得二百一十六時，即借二百一十六分爲壺水衰數。又以十二時與十八時相減，餘六時，即借六分爲一時水滿分數。乃以六分爲一率，一時爲二率，二百一十六分爲三率，得四率三十六，即是水滿一壺之時也。此法以十二時乘十八時者，即借一壺水作二百一十六分算也。十二時滿二百一十六分，則一時滿十八分。十八時盡二百一十六分，則一時洩十二分。一時滿十八分而洩十二分，則壺中所存止得六分，故以十二減十八餘六分，爲一時所滿之水也。滿水六分既得一時，則壺中滿二百一十六分而得三十六時矣。

設如漏壺一座，注水於内，下有三孔，大孔流水二時而盡，中孔流水三時而盡，小孔流水六時而盡，若三孔齊開，問水幾時可盡。

法以大孔之二時乘中孔之三時，得六時；又以小孔之六時乘之，得三十六時，即借三十六分爲壺水總衰數。以大孔二時除之，得十八分；以中孔三時除之，得十二分；以小孔六時除之，得六分。併三數得三十六爲一率，一時爲二率，借衰三十六爲三率，得四率一時，即一時水可盡也。此法蓋以三色之數連乘爲共分。其大孔二時流盡，則一時流十八分；中孔三時流盡，則一時流十二分；小孔六時流盡，則一時流六分。故併三數而爲一時所流者有三十六分，今壺水止有三十六分，故一時可以流盡也。

一率　三十六分
二率　一時
三率　三十六分
四率　一時

又　下編卷四〇《末部十》　比例規解

作地平日晷法以北極出地四十度爲準。

法先作南北東西線相交於甲，各成直角。次作甲乙丙晷表。取甲角五十度爲赤道高，丙角四十度爲北極高，而乙角爲直角。次取晷表之甲乙度截南北線於丁爲半徑，作圜。用比例尺分圜線比，得十五度、三十度、四十五度、六十度、七十五度之各分，分圜界作識。乃自丁圜心引出各界作線至東西線上，即得午正前後各初正時刻。或以甲乙爲半徑，用比例尺正切線比，得十五度、三十度、四十五度、六十度、七十五度之各切線，自甲左右作識於東西線上，亦即午正前後各初正時刻。甲爲午正，距甲十五度前爲午初，後爲未初。距甲三十度前爲巳正，後爲未正。距甲四十五度前爲巳初，後爲申初。距甲六十度前爲辰正，後爲申正。距甲七十五度前爲辰初，後爲酉初也。乃以晷表之丙爲晷心，至各點作線，即時刻線也。卯正、酉正各距午正前後九十度，故自丙晷心與東西線平行作線，即卯正、酉正線。卯正以前，酉

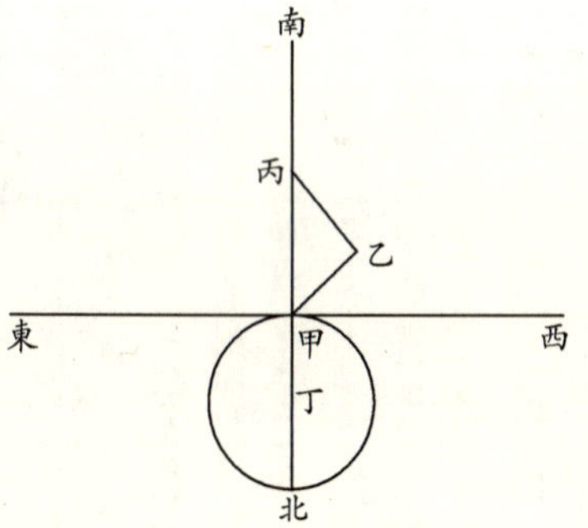

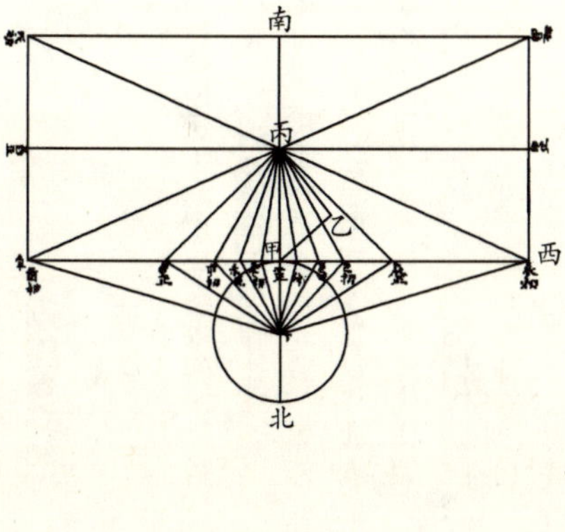

正以後，則日轉在北，影轉在南，故與辰初酉初反對作線，即卯初戌初線也。次按刻細分，則自午正甲點每加三度四十五分而得一刻，蓋十五度當四刻，而三度四十五分則當一刻也。此法蓋因北極爲天之樞，赤道爲天之帶，太陽雖由黄道而行，時刻皆以赤道而定，故以晷表之甲乙指赤道，丙乙指北極，而東西線即爲赤道線，丙乙即爲過極經圈，甲乙即爲半徑。午正太陽在正南，則影在正北，若偏東偏西若干度，則其切線即其影之長，故以甲乙爲半徑作圜而分圜界者，即所以求切線。至於用比例尺正切線者，正以切線分時刻也。

又　地平日晷作節氣線法

法以甲乙丙晷表之甲角，與丙乙平行作戊己線，而以甲乙爲半徑，用比例尺正切線比，得二十三度三十分、二十二度四十分、二十度十二分、十六度二十三分、十一度三十分、五度五十五分之各切線，自甲左右作識於戊己線上，即得各節氣日影界。春秋分爲赤道，冬至距赤道南，夏至距赤道北各二十三度三十分；小寒、大雪距赤道南，芒種、小暑距赤道北各二十二度四十分；大寒、小雪距赤道南，小滿、大暑距赤道北各二十度十二分；立春、立冬距赤道南，立夏、立秋距赤道北各十六度二十三分；雨水、霜降距赤道南，穀雨、處暑距赤道北各十一度三十分；驚蟄、寒露距赤道南，清明、白露距赤道北各五度五十五度。或以二十三度三十分之正切線甲戊爲半徑作圜，將甲乙線引長，平分爲四象限，用比例尺分圓線比，得十五度、三十度、四十五度、六十度、七十五度之各圜界，又以乙戊爲半徑作戊己弧，而依所分甲戊小圜界各與甲乙平行作線，截戊己弧界；又自乙至戊己各弧界作線，截戊甲己線，亦即得各節氣日影界。甲爲春秋分，距甲十五度，左爲驚蟄、寒露，右爲清明、白露；距甲三十度，左爲雨水、霜降，右爲穀雨、處暑；距甲四十五度，左爲立春、立冬，右爲立夏、立秋；距甲六十度，左爲大寒、小雪，右爲小滿、大暑；距甲七十五度，左爲小寒、大雪，右爲芒種、小暑。乃自乙至各點作線，與午正時刻線相交，其相交之點即午正各節氣日影界也。若求未初節氣線，則先以丙乙爲半徑作圜，又依甲乙度截午正線於庚，而以未初線與赤道相交之辛點至庚相距之度截圜界於壬，作壬辛線，乃與壬辛取直角作癸子十字線。以壬辛爲半徑，如前法比得二十三度三十分等距緯之各切線，於辛左右作識於癸子線。乃

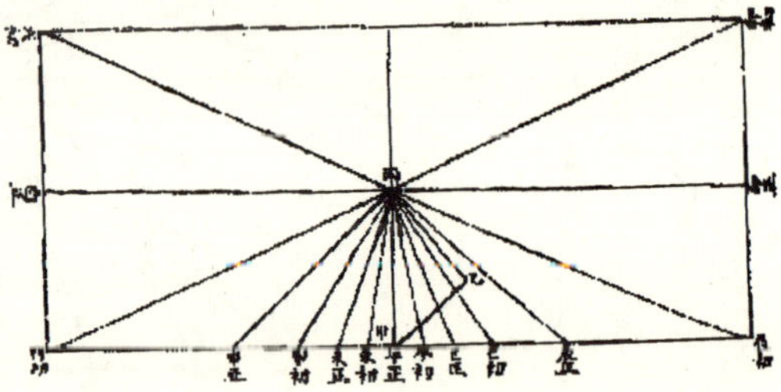

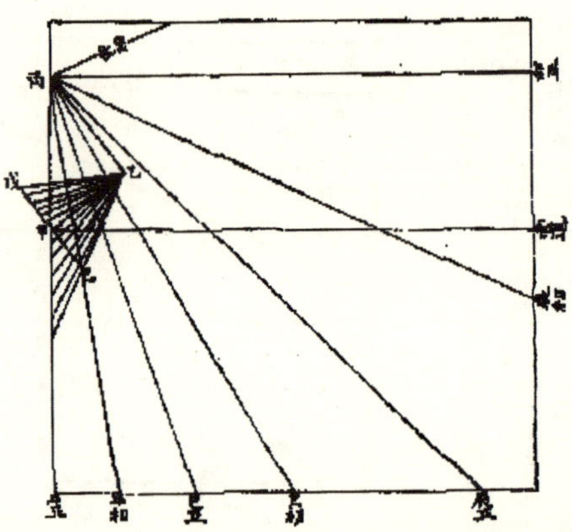

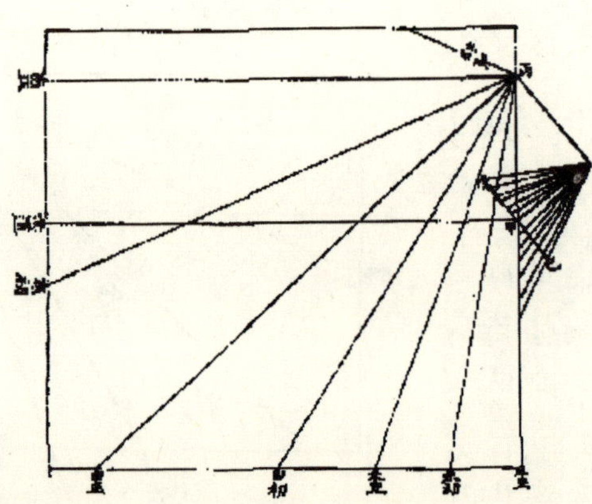

自壬至各點作線與未初時刻線相交，其相交之點即未初各節氣日影界也。倣此類推，則得各時刻之各節氣日影界。或用捷法，另取一紙，畫甲乙丙表式，將乙

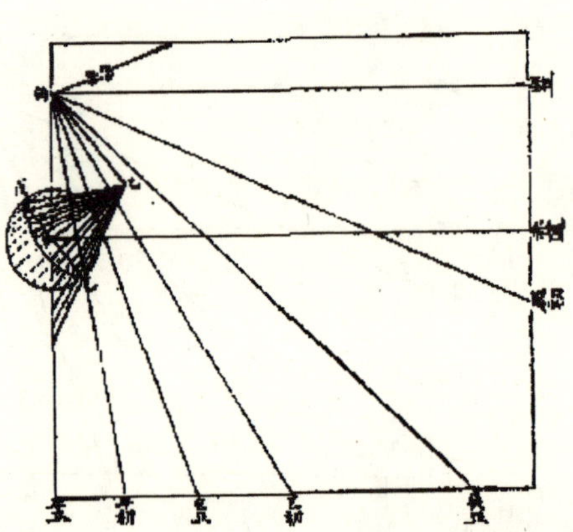

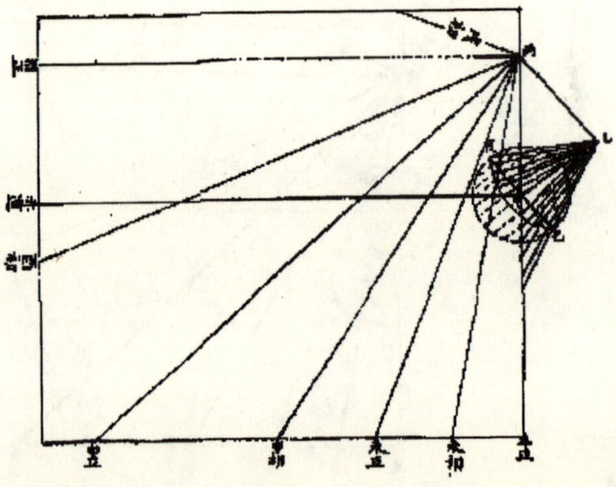

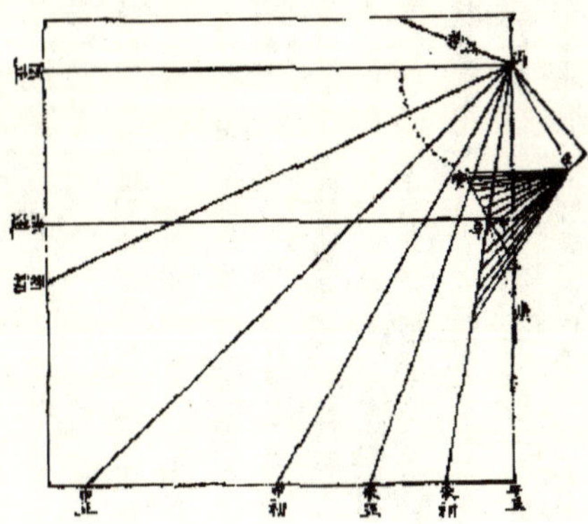
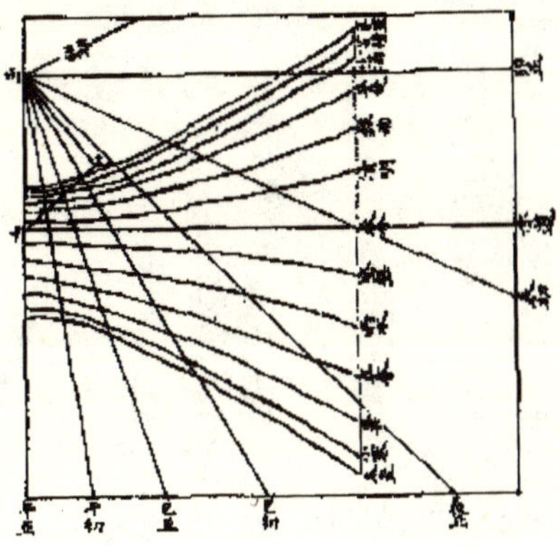
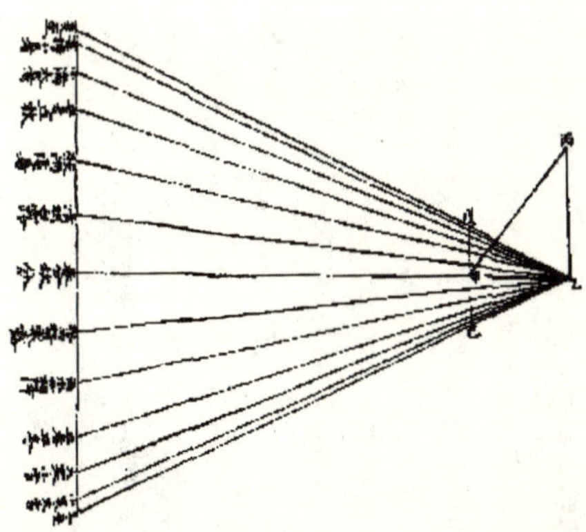
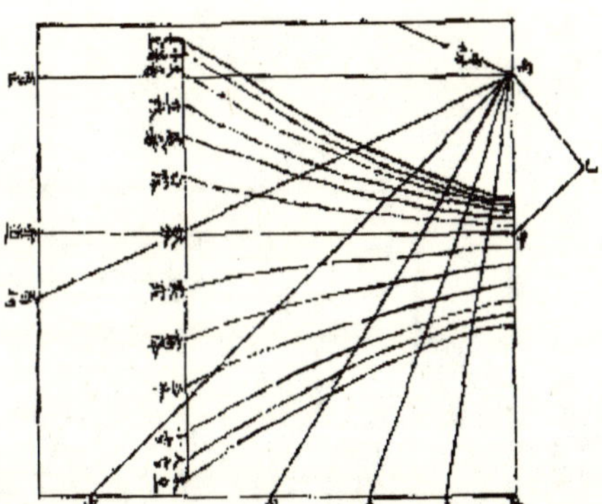

甲、乙戊、乙己類各節氣線俱畫長些，如求未初節氣線，則以丙合於晷心丙，而以甲乙春秋分線合於未初時刻線與赤道相交之辛點，乃於各節氣線與未初時刻線相交之處，俱作點識之，即得未初各節氣之日影界，餘倣此。乃將各時刻線與節氣線相交之點作線聯之，即成節氣線也。蓋春秋分日行赤道，而晷表之甲乙指赤道，故赤道線即爲春秋分線。春秋分時，日在赤道，則午正日影在甲。春分以後、秋分以前，日在赤道北，夏至而極北，則影在南。春分以前、秋分以後，日在赤道南，冬至而極南，則影在北。故以甲乙爲半徑，而取各距度之切線爲各節氣之影界，且切線與半徑成直角，故先與甲乙取直角，作十字線，而後得其切線也。

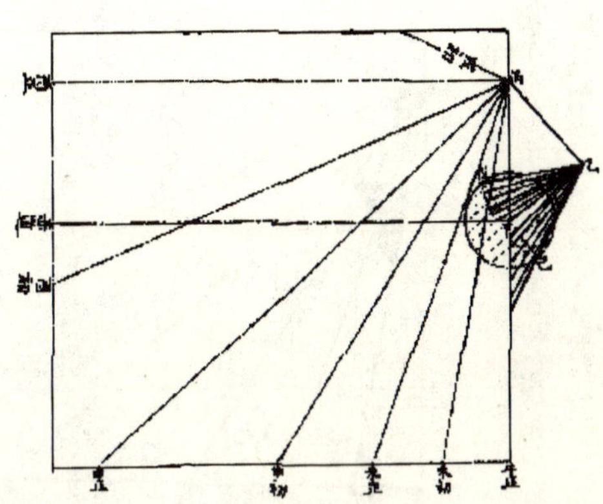
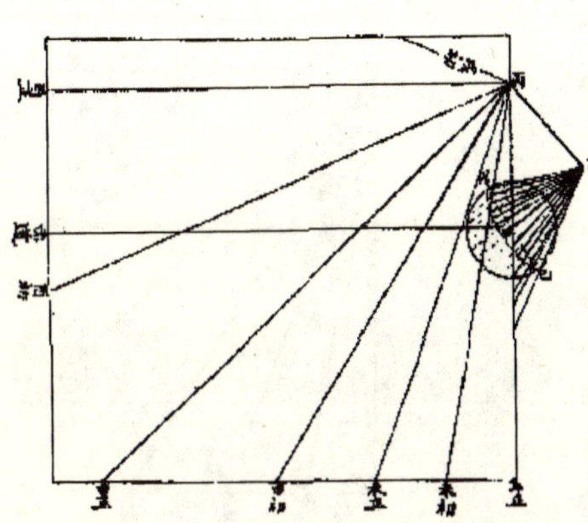
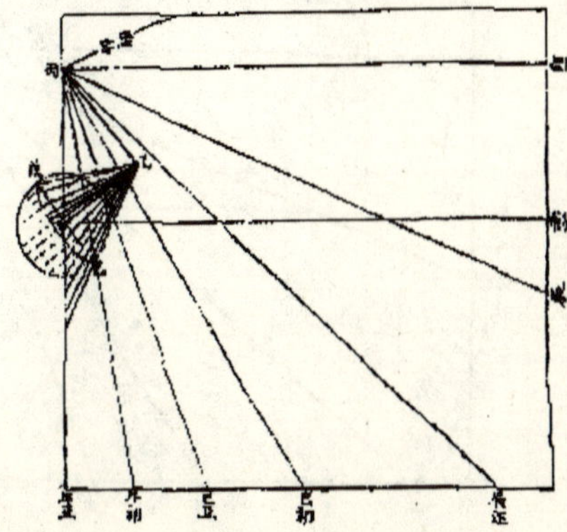
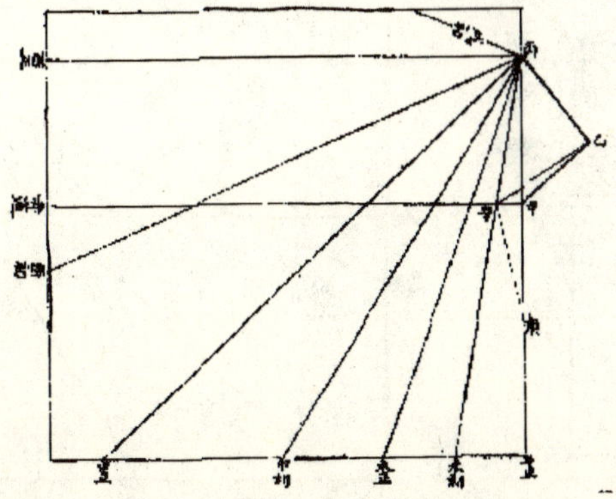

又 向南壁上畫立面日晷法以北極出地四十度爲準

法先作直線及東西橫線相交於甲，各成直角。次作甲乙丙晷表。取甲角四十度，丙角五十度，而乙爲直角。乃依地平日晷作時刻線法求之，即得各時刻線。蓋晷表之甲丙指天頂，甲乙指赤道，故丙甲乙角定爲四十度，則乙甲丁外角爲五十度，即赤道之高度也。丙乙指南極，丙戊指地平，故甲丙乙角定爲五十度，則乙丙戊外角爲四十度，乃南極入地之度，即北極出地之度也。甲乙既指赤道，丙乙既指南極，則丙乙即爲過極經圈，甲乙即爲半徑，午正太陽在正南，則影在正北。若偏東偏西若干度，則其切線即其影之長，皆與地平日晷之法同。至於作節氣線之法，亦與地平日晷同。但赤道線以上爲春分前、秋分後至冬至之節氣線。赤道線以下爲春分後、秋分前至夏至之節氣線。

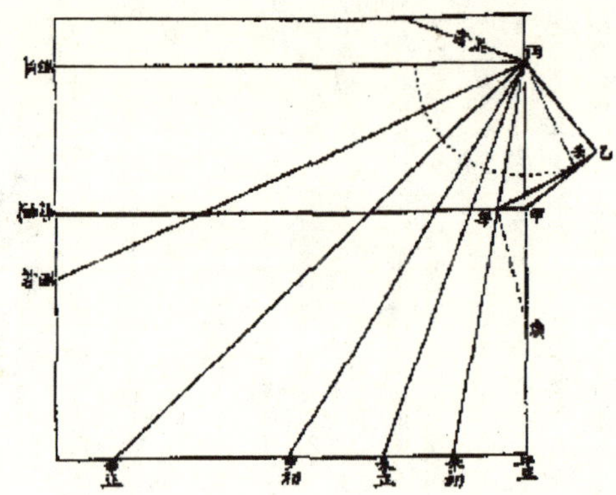

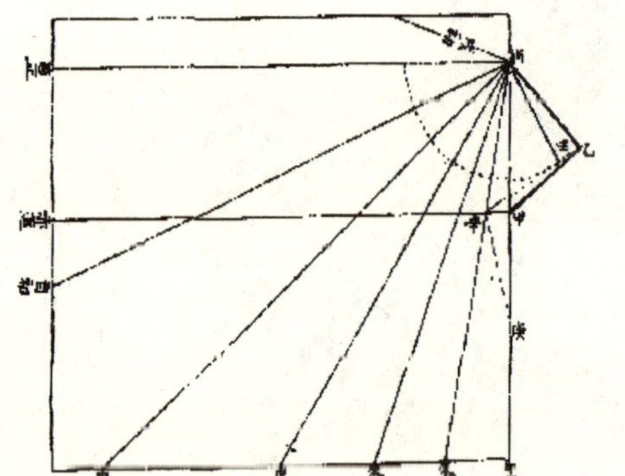

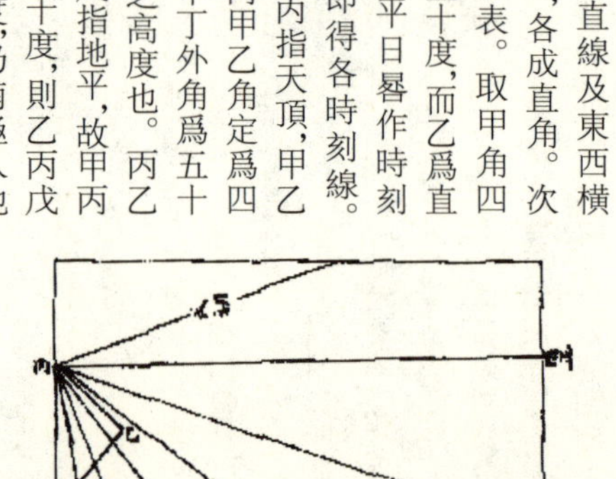

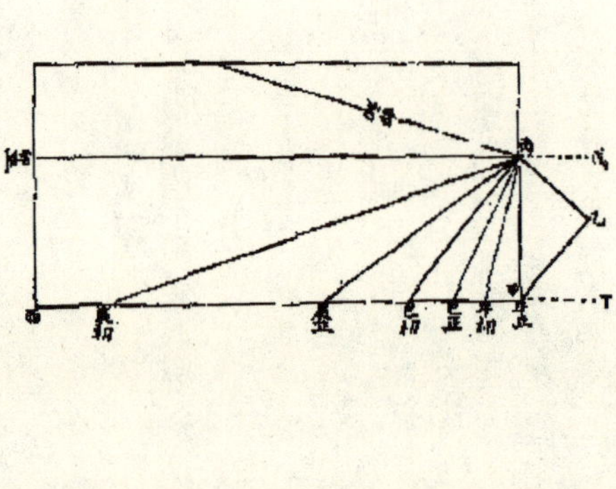

甲乙本直立之線，與之取直角，則戊端應在晷面下，己端應在空中出晷面上，而其距午正線之遠近與平面斜線之度同，蓋平與立之理一也。其以冬夏至之影界爲半徑作圜，用分圜線求之者，蓋半徑與冬夏至距緯正弦之比，同於各節氣距二分度之正弦與各節氣距緯正弦之比，故以甲戌爲半徑作圜爲一率；又以乙戌爲半徑作戌己弧，則甲戌切線即變爲冬夏至距緯之正弦爲二率；而用分圓線所分各圜界，即得各節氣距二分度之正弦爲三率；其自圜界作線截戌己弧，即得各節氣距緯之正弦爲四率。既得各節氣之距緯度，又自乙至各弧界作線截戌甲己線，則戌甲己線仍爲各節氣距緯之切線，故用正弦即如用切線也。然雖得各節氣之影界，而猶不在午正線之上，故自乙至各節氣點作線交於午正線，乃自乙表端照至各節氣點所必經之處，故爲午正節氣日影界也。至於未初春秋分時，則日影至辛乙。辛爲影線，成乙甲辛勾股形。甲乙爲股，甲乙表直立，故爲股。甲辛爲勾，乙辛爲弦，故以甲乙度截午正線於庚，而取庚辛之度即與乙辛影線之度等。又乙辛線與丙乙爲直角，成丙乙辛立勾股形，丙乙爲勾，乙辛影線爲股，丙辛時刻線爲弦，蓋丙乙爲過極經圈，乙辛爲赤道影線經圈，與赤道無在而非直角，故乙辛與影線亦無在而非直角也。故以丙乙爲半徑作圜，而取庚辛度截圜界於壬，成丙壬辛平勾股形，即與丙乙辛立勾股形相等。丙壬與丙乙等，壬辛與乙辛等，丙辛仍爲弦線，故成相等勾股形。爰以壬辛影線爲半徑，與壬辛作直角，取各節氣之切線爲各節氣日影界，皆與午正取節氣線之法同。至其捷法，乃以已成之勾股，已分之切線轉移用之，尤爲便捷也。

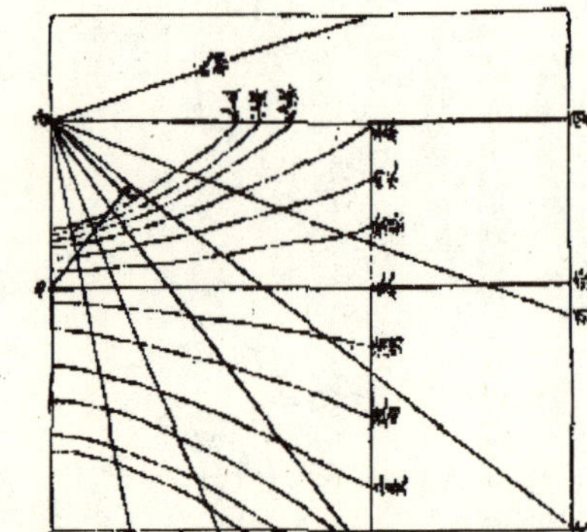

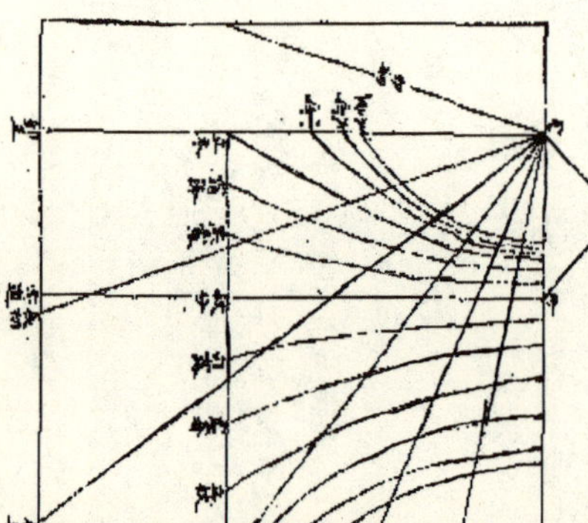

節氣線。蓋春分以後、秋分以前，日行赤道北，夏至而極北，其度高，故其影在下也。秋分以後、春分以前，日行赤道南，冬至而極南，其度卑，故其影在上也。

又 向東壁上畫立面日晷法以北極出地四十度爲準

法先安甲乙直表與壁面成直角，甲乙表不拘尺寸。次作甲丙垂線及甲丁橫線，各成直角。次以甲爲心，作甲丙丁象限弧，用比例尺分圓線比，得赤道高五十度之弧爲丁戊。自甲至戊作甲戊赤道線，乃以甲乙表長爲半徑，用比例尺正切線比，得十五度、三十度、四十五度、六十度、七十五度之各切線於赤道線上，作識。按識作十字線，即成時刻線也。甲點爲卯正，距甲十五度，前爲卯初，後爲辰初。距甲三十度爲辰正，距甲四十五度爲巳初，距甲六十度爲巳正，距甲七十五度爲午初。蓋時刻生於赤道，春秋分時卯正日出正東，與表對射，故無影。若向南若干度，則其切線即其影之長。至於午正，則距卯正九十度，切線與割線平行，故無切線。而日影即與壁面平行，故亦無影也。若於向西壁上畫晷，則以午初爲未初，巳正爲未正，巳初爲申初，辰正爲申正，辰初爲酉初，卯正爲酉正，卯初爲戌初，餘俱與向東壁上畫晷法同。

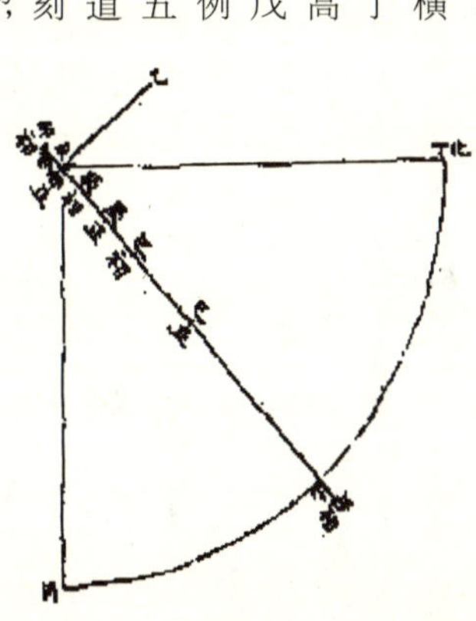

又 向東壁上立面日晷畫節氣線法

法以乙表端至卯初點相距之度爲半徑，用比例尺正切線比，得二十三度三十分、二十二度四十分、二十度十二分、十六度二十三分、十一度三十分、五度五十五分之各切線，於卯初線左右作識，即得各節氣日影界。春秋分爲赤道，冬至距赤道南，夏至距赤道北各二十三度三十分；小寒、大雪距赤道南，芒種、小暑距赤道北各二十二度四十分；大寒、小雪距赤道南，小滿、大暑距赤道北各二十度十二分；立春、立冬距赤道南，立夏、立秋距赤道北各十六度二十三分；雨水、霜降距赤道南，穀雨、處暑距赤道北各十一度三十分；驚蟄、寒露距赤道南，清明、白露距赤道北各五度五十五分。又以乙表端至卯正點相距之度即甲乙表長。爲半徑，比得各節氣距緯度之切線，於卯正線左右作識，即爲卯正各節氣日影界。凡各時刻節氣，俱以乙表端至各時刻點相距之度爲半徑，比得各節氣距緯度之切線，於各時刻線左右作識，即得各時刻各節氣之日影界。將各點作線聯之，即成節氣線也。蓋春秋分時日在赤道，故其影界即在赤道線之上，其自表端至各時刻點相距之度，即春秋分各時刻之影線也。若春分以後、秋分以前，日在赤道北，夏至而極北，則影在南。春分以前、秋分以後，日在赤道南，冬至而極南，則影在北。故以表端至各時刻點相距之度爲半徑，而取各節氣距緯度之切線即爲各時刻各節氣之日影界，聯之即成節氣線也。向西壁法同。

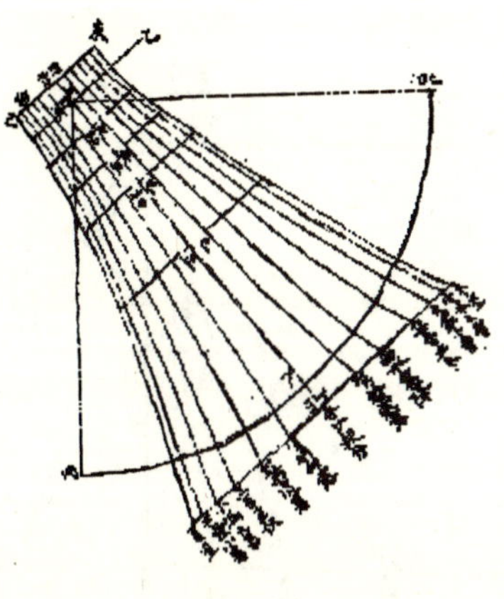

陳元龍《格致鏡原》卷一《乾象類・天》 刻漏

《羣書考索》：歲三百有六旬有六日，而日之長短參差不齊，於是先王刻箭沃漏以揆之，故《隋志》曰：黄帝創觀漏水，制器取則，以分晝夜。則漏刻之制，蓋始於黄帝。其後因以命官，《周禮》挈壺氏則其職也。羅頎《物原》：軒轅始造刻漏，周公始分更點。隋《天文志》：刻漏者，測天地，正儀象之本也。《後漢書・律歷志》：孔壺爲漏，浮箭爲刻，下漏數刻，以考中星，昏明生焉。《説文》：漏，以銅盛水，刻節晝夜百刻。《正義》：置箭壺內，刻以爲節，而浮之水上。令水漏而刻下，以記晝夜昏明之數也。《周禮》：挈壺氏。凡軍事，懸壺以序聚㮶。以水火守之，分以日夜。及冬，則以火爨鼎水而沸之，而沃之。鄭玄注：水以均晷刻之多少，火以燭其漏刻之遷易。又以水守壺者，爲沃漏也。以火守壺者，夜視刻數也。分以日夜者，以晝夜漏也。又冬水凍，漏不下，故以火爨水沸以沃之。《隋志》：《周禮》挈壺氏，其法總以百刻分於晝夜，冬至晝漏四十刻，夜漏六十刻；夏至晝漏六十刻，夜漏四十刻；春秋二分，晝夜各五十刻。凡有四十八箭，晝有朝、有禺、有中、有晡、有夕，夜有甲、乙、丙、丁、戊，昏旦有星中。每箭各有其數，所以分時代守。《羣書考索》：漢興，因循古制，武帝所用之法，二至之後九日而增損一刻。司馬彪《續漢書》：和帝時，霍融上言，漏刻率九日增減一等，不與天相應，不如夏歷合晷景，刻漏四十八箭，晷景爲刻，少所違失。張衡《漏水轉渾天儀制》：以銅爲器，再疊差置，實以清水，下各開孔，以玉虬吐漏水入兩壺，右爲夜，左爲晝。鑄金銅仙人居左壺，爲金胥徒居右壺。殷夔《漏刻法》：爲器三重，圓皆徑尺，差立于方輿跼蹰之上，爲金龍，口吐水轉，注入跼蹰經緯之中，流於衡渠之下。壺上有蓋，蓋上鑄金人爲司辰，具衣冠，以兩手執箭。

後魏李蘭《漏刻法》：以器貯水，以銅爲渴烏，狀如鈎曲，以引器中水，於銀龍口中吐入權器，漏水一升，稱重一觔，時經一刻。以玉壺玉管流珠，馬上奔馳行漏。流珠者，水銀之別名。李肇《國史補》：越僧僧徹得蓮花漏于廬山傳之。江西觀察使魏丹初惠遠以山中不知更漏，乃取銅葉製器，狀如蓮花，置盆水上，底孔漏水，半之則沉。每晝夜十二沉，爲行道之節。雖冬夏短長，雲陰月黑，無所差也。《隋書》：隋煬帝令宇文愷造馬上刻漏以從行。又耿詢作馬上刻漏，世稱其妙。《羣書考索》：孔穎達謂，浮箭壺内以出刻爲準。賈公彦謂，漏水壺内以設刻爲度。或浮或沉，此其説之異也。古今刻漏之法，有浮漏，有稱漏，或浮或稱，此其制之異也。漢夏賀良則有百二十刻之説。宋何承天則有春秋二分晝夜各五十刻之説。梁武帝大同之所改用者，則又有百八十刻之説。至於陳隋，則仍用百刻之制。此又其效之不同者也。《便覽》：唐時，漏刻晝夜百刻，一遵古制，但以鐘鼓爲節。凡孔壺爲漏，浮箭爲刻，更以擊鐘爲節點，以擊鼓爲節。而其法立有四匱，一曰夜天池，二曰日天池，三曰平壺，四曰萬分壺。又有水海、浮箭。四匱注水始自夜天池，以入于日天池，自日天池入于平壺，至於萬分壺，及水海浮箭而上，以爲刻分。《宋會要》：國朝司天之屬有挈壺正，掌司辰刻，置文德殿門内之東，偏設鼓鐘樓於殿庭左右。漏刻之法有水秤，以木爲衡，衡上刻疏之曰天河，其廣長容水箭。箭有四，木爲之，長三尺有五寸，著時刻更點，納於天河中，晝夜更用之。天聖八年，龍圖閣待制燕肅上蓮花漏法，其制琢石爲四分之壺，剡木爲四分之箭，以測十二辰。二十四氣，四隅，十干，洎百刻分布晝夜，成四十八箭。其箭一氣一易，二十四氣各有晝夜，故四十八箭，歲統二百十六萬分，悉刻箭上。又爲水匱，置銅渴烏，引水下注銅荷中，插石壺旁。銅荷承水，自荷茄中溜瀉入壺，壺上當中爲金蓮花覆之，華心有竅，容箭下插。箭首與蓮心平，渴烏漏下水入壺一分，浮箭上湧一分。至於登刻盈時皆如之。《羣書考索》：蘇頌在元祐時上《儀象法要》，又置刻漏四幅，一曰浮箭漏，二曰稱漏，三曰沉箭漏，四曰不息漏。使挈壺專掌時刻，與儀象互相參考，以合天星行度爲正，所以驗天數與天運爲不差，則寒暑之氣候自正也。陶宗儀《元氏掖庭記》：元順帝自製宮漏，高六七尺，廣半之，造木爲匱，藏壺其中，運水上下。匱上設三聖殿，匱腰立玉女，捧時刻籌，時至輒浮水而上。左右二金甲神，一縣鐘，一縣鉦，夜則神人自能按更而擊，無分毫差。鳴鐘鉦時，獅鳳在側，皆自翔舞。匱之東西有日月宮，飛仙六人立宮前，遇子午時自能耦進度仙橋，達三聖殿，復退立如前。《朝鮮外集》：欽敬閣在康寧殿西，鑄銅爲山，高七尺許，置閣中，内設巧機，用玉漏水激之，使自輪轉，五雲繞日，朝夕出没。又設司辰武士、玉女及十二神之像，每時至，武士擊鐘，玉女奉時牌而出，十二神各於方所輒自起立。時盡，則玉女還入，神亦還伏。其運如神，莫測其妙。山之四面陳豳風四時之景，以爲候象授時、敬天勤民之所。

《唐書》：拂菻國樓中懸一大金秤，以金丸十二枚屬於衡端，以候日之十二時。又爲一金人立于側，每至一時，其丸輒落，鏗然發聲，引唱以紀日時，毫釐不差。《洪邁夷堅志》：唐宗朝有十二玉碁子，上有十二時字，用盆貯水，置於水中，逐時浮出，不差晷刻。《唐詩紀事》：段成式嘗於私第鑿池，得片鐵，命尺周量之，笑而不言，寘之密室，時窺之，則有金書二字，報十二時也。《高僧傳》：釋慧要尤長巧思，山中無刻漏，乃於泉水中立十二葉芙蓉，因流波轉以定十二時，晷景無差。謝肇淛《五雜俎》：西僧利瑪竇製自鳴鐘，中設機關，每遇一時輒鳴，經歲無頃刻差訛也。

允祿等《清朝禮器圖式》卷三《儀器》

御製三辰簡平地平合璧儀

謹按：三辰簡平地平合璧儀爲聖祖仁皇帝御製，鑄白金如匱，形正方，徑七寸九分，上下啓之，凡六重。第一重爲三辰公晷，外盤列十二時初正、二十四節，

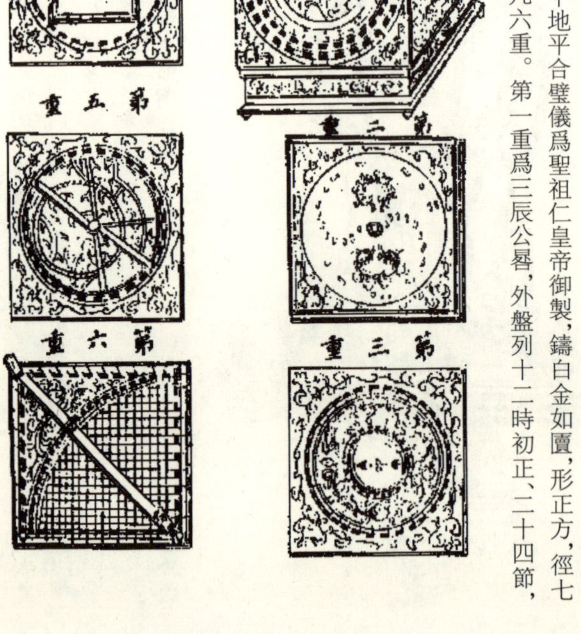

内遊盤列十二時初正，三十日及恒星皆注星名等次。第二重爲日行時刻度分，下列度數，上以遊盤冪之，測時旋轉，使當其空處。第三重爲指南針盤，上帶遊表，環以地平方向。第四重爲地平儀，外列九十度，中施指南針，上帶遊表，内畫矩度。第五重爲簡平儀地盤，外爲赤道，列十二時初正；中心爲北極；内橢圓心爲天頂，圓線爲經圈，徑線爲緯圈，天盤小圓爲黄道，列十二宫，上帶遊表。第六重爲象限儀，弧線爲圓度，弧内外方線爲矩度，以合諸儀之用，各如其法。地平儀面鐫大清康熙癸酉清和月御製。

又 御製地平半圓日晷儀

謹按：地平半圓日晷儀爲聖祖仁皇帝御製，鑄銅爲之，凡二重。地平盤，長四寸三分，闊三寸五分，中施指南針，外畫時刻線，正北當午正，正西卯正，正東酉正。後直立方盤，上加半圓，通徑中爲中心，兩旁各爲半徑。半徑上穿孔，地平中心線入之，視線影以知時刻。半圓中心施遊表，表兩端立耳，穿中線，對太陽驗遊表與通徑距度，以準太陽高弧。

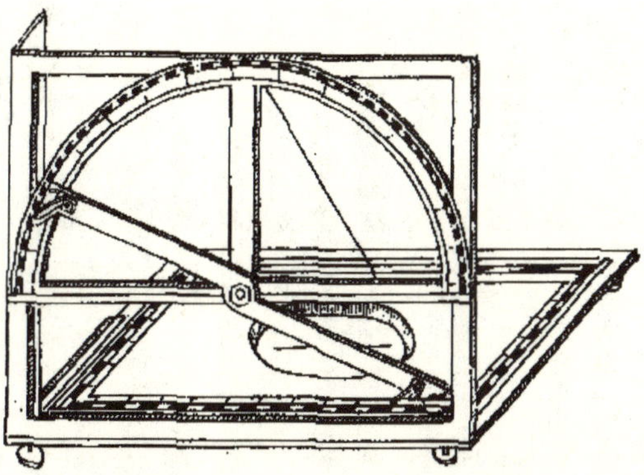

又 御製星晷儀

謹按：星晷儀爲聖祖仁皇帝御製，鑄銅爲之，凡二重，有柄。地盤徑四寸二分，列十二時初正。天盤徑三寸三分，列二十四節氣，上帶直表兩端書帝星勾陳，以中心墜線當孔中，轉天盤直表，兩端當兩星，使相參直，視節氣，對時分，以知時刻。下盤外列夜刻，内横爲節氣線，縱爲更線，按節氣以定每更時刻。儀面圜鐫康熙五十三年製，柄鐫康熙御製。

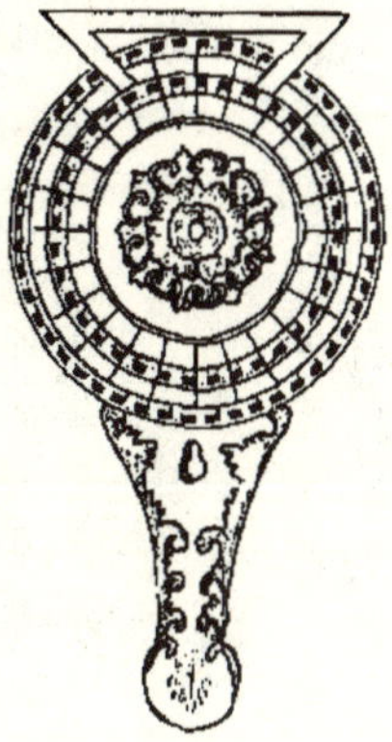

上盤

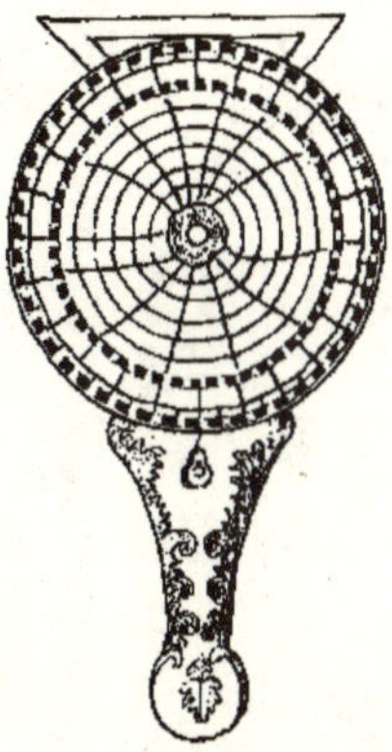

下盤

又 三辰儀

謹按：《宋史》唐李淳風作三辰儀，有外圍二樞，黄赤白道單環皆旋轉於六合儀之内。本朝製三辰儀，鑄銅爲之，通高二尺一寸，凡二重四圈。正立爲子午圈，列周天度數，上應天頂，下應地心，兩軸爲南北極。與子午圈十字交而常定不動者爲天常赤道圈，列晝夜時刻。天常圈内層爲遊旋赤道圈，列十二宫。以南北極爲樞而東西旋轉者爲過極遊圈。座心表末與天頂地心相對，後施指南針，前施墜線，表四足施螺旋，以中腰表耳測赤道經度，以對南北極直距中窺

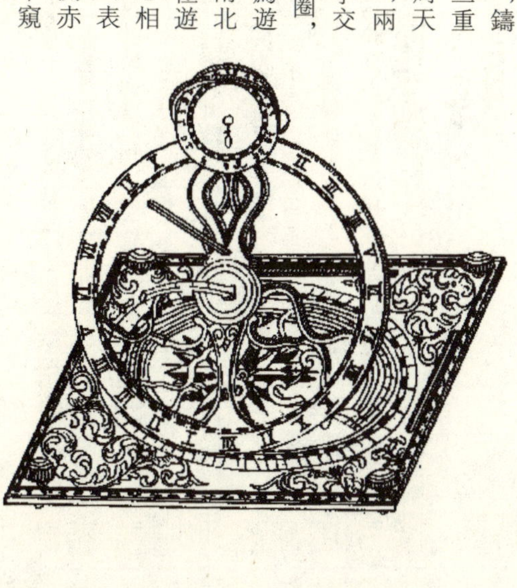

衡測赤道緯度，以遊表加遊旋赤道上測時刻。

又 地平赤道公晷儀

謹按：本朝製地平赤道公晷儀，鑄銅爲之，徑七寸八分。地平盤分内外，外方盤施露管二，螺柱四。内圓盤列地平三百六十度，施指南針，中帶銅弧，弧上九十度。赤道環在圓盤北，銅弧入之以定各處北極高度。環面施大遊表，表近上加立表，中有直線。環上端小圓盤内有小遊表及半環，環上穿小孔。以大遊表對日景，從小孔透立表中線視大遊表下端所指，知時刻；小遊表所指，知分數。

又 地平經緯赤道公晷儀

謹按：本朝製地平經緯赤道公晷儀，鑄銅爲之，通高一尺，地平盤分内外，外盤畫子午線、三角植螺柱，内盤列地平三百六十度，施指南針，縱横置露管。盤上正立爲赤道經圈，上環中線爲天頂，斜倚爲赤道，中施直表，列節氣宮度，表中縫加遊表，上穿孔，使透日光。經圈上平赤道施兩表耳測日影，内盤九十度線與外盤子午線準，以赤道經圈按度對天頂，以遊表小孔對節氣日數，視日影所臨，知時刻。以赤道經圈對日，上下轉之，日影從上表耳孔透下表耳之兩點，視赤道距天頂度與九十度相減，知太陽距地平高度。視内盤距子午線度，知太陽距午正東西偏度。以外盤分數線與度數線對，知時刻。

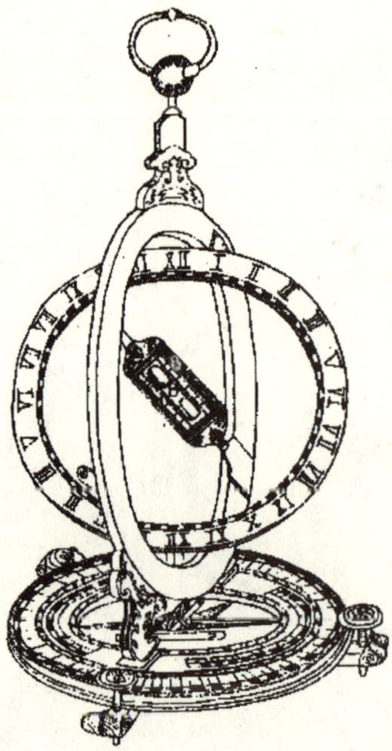

又 八角立表赤道公晷儀

謹按：本朝製八角立表赤道公晷儀，鑄銅爲之，地平盤長二寸二分，濶一寸八分，前施指南針，後爲赤道盤。横軸上下之盤，周畫時刻線，正北當午正，西南起寅正，東南止戌正。盤上施日影表以指北極，右帶高弧表，角與弧皆高六十度，驗影以知時刻。

又 方赤道地平公晷儀

謹按：本朝製方赤道地平公晷儀，鑄銅爲之，地平四寸二分，中施指南針，後爲赤道盤，外方内圓，兩面畫時刻線，正北當午正，西南起卯初，東南止酉初。盤底有機，上下之地平右施螺旋表，環列度數，以表指之。赤道盤中施直表，指南北極，春分後向北，秋分後向南，驗表影以知時刻。

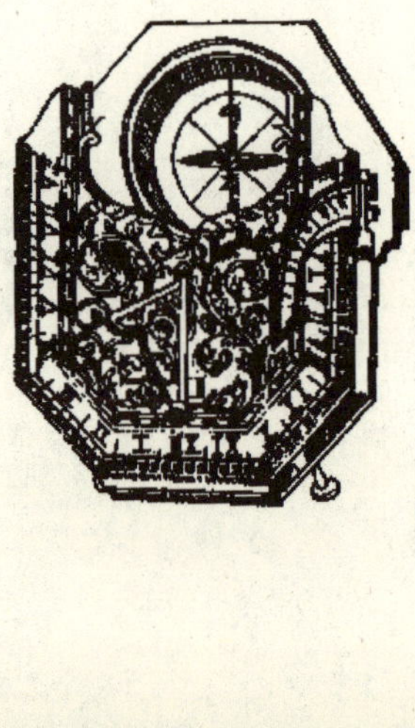

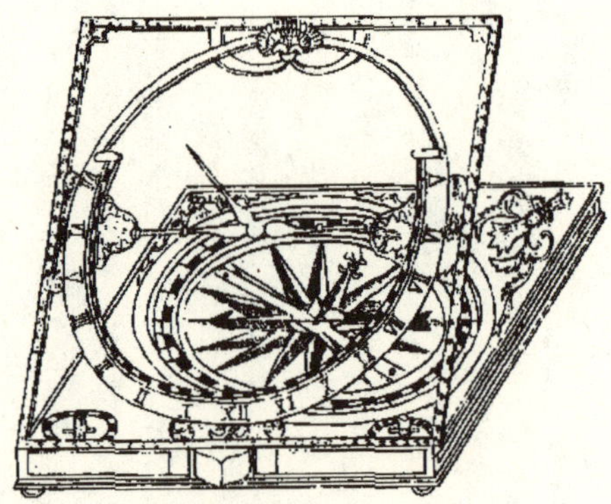

又 遊動地平公晷儀

謹按：本朝製遊動地平公晷儀，鑄銅爲之，圓座徑二寸一分，高一寸八分，内遊環三層，繫日晷地平盤于三層環内，中施指南針，周圍時刻線三層，依北極高三十度、四十度、五十度，北有弧表，畫線亦如之。自地平中心出斜線，對弧表線以指北極，視線影以知時刻，爲舟行測驗之器。

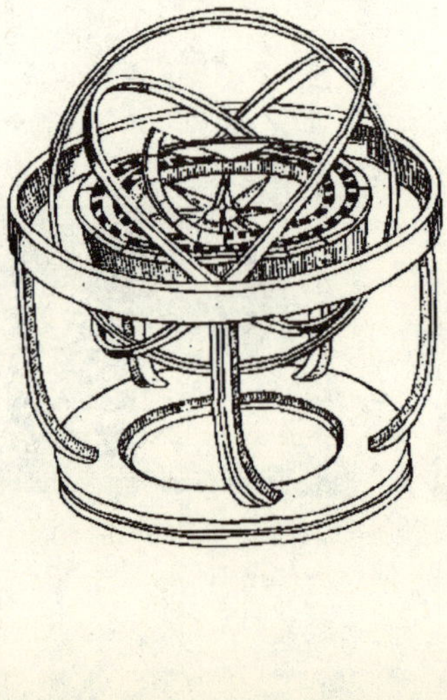

又　提環赤道公晷儀

謹按：本朝製提環赤道公晷儀，鑄銅爲之，外環爲子午圈，徑七寸二分，内環爲赤道，上環爲天頂。赤道北九十度爲北極，其對爲南極，中施直表，列節氣宫度及距緯度，表中縫施遊表，上穿孔以透日光。以上環對子午圈度數，以遊表孔對節氣日數，手提上環旋直表，使影入赤道内，視所臨以知時刻。

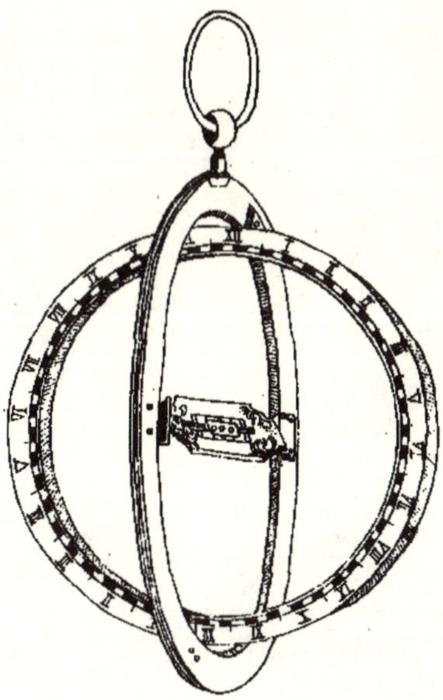

又　赤道地平合璧日晷儀

謹按：本朝製赤道地平合璧日晷儀，鑄銅爲之，長一尺三寸，濶八寸六分，前爲地平盤，列二十四節氣，圓盤加直表其上，按節氣進退以就日行黄道度。外橢圓形，列時刻，西起卯正，東盡酉正。後爲赤道盤，内列時刻，西起寅初，東盡亥初。外列周天度，中施斜表，表下施墜線，以指北極高度。承以半圓，以輪齒低昂之兩盤相合定南北，視表影以知時刻。

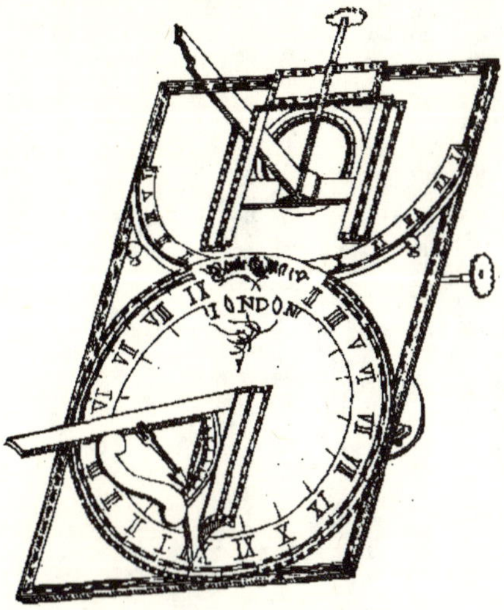

又　定南針指時刻日晷儀

謹按：本朝製定南針指時刻日晷儀，鑄銅爲之，地平盤長一尺三寸五分，濶一尺一寸一分，中爲指南針，外畫時刻線七重。第一重爲二分，第七重爲二至，以次順逆數之，線各分十二時初正。兩端立表，耳中線對日，兩耳影相對，驗指南針所指，以知時刻。

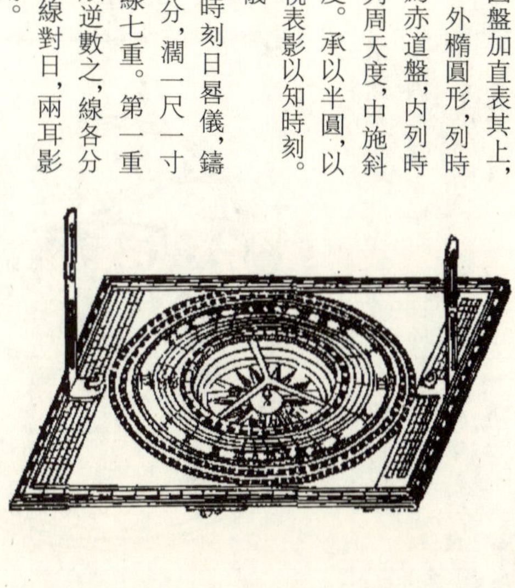

又　日月晷儀

謹按：本朝製日月晷儀，象牙爲之，凡二重。下爲日晷地平，長二寸，濶一寸四分，中施指南針，外畫時刻線，啓其上直立之，以地平中心線綰小孔内，視線影以知時刻。上爲月晷赤道盤，上列三十日，從正北起，中心置時刻遊盤，列十二時午正初刻，上出表末以指日數，中施遊表，表端立環，對月表末指時。以上重左銅鉤按下重側面，北極高度指定立環内，不見月光，視表末以知時刻。

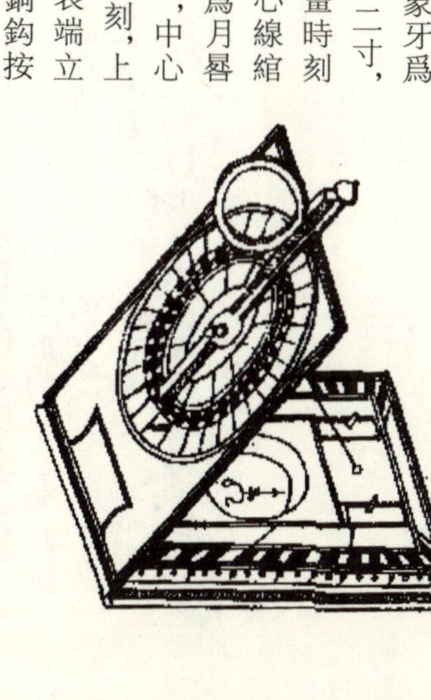

又　圓盤日月星晷儀

謹按：本朝製圓盤日月星晷儀，鑄銅爲之，圓盤徑四寸一分，下有柄，上爲日晷，兩立耳相距二寸四分，各穿孔以透日光，兩旁直線爲時刻線之起止，中爲半圓，其半爲北極。畫節氣線十九道，當北極爲二分線間，二線爲一中氣，往來數之，左盡夏至，右盡冬至。一線占一旬，自北極上横分六十度爲北極高度，下分十二時，右起丑末初，左盡子午正。中施遊表，以表末對北極高度及節氣線。

表末施墜線，穿小珠，對太陽所躔宮度，使兩耳孔日光正對，驗珠影以知時刻。

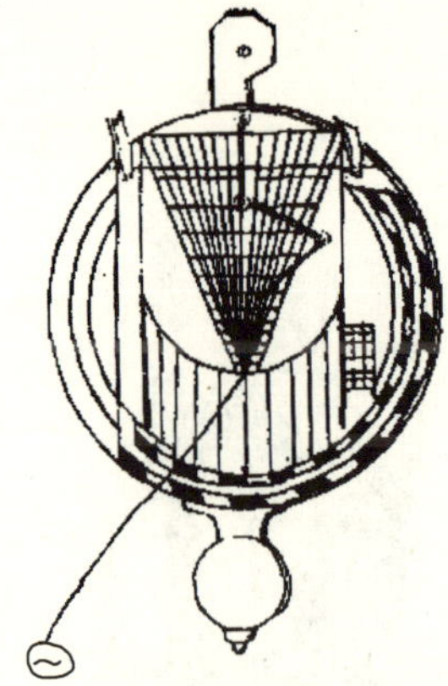

日晷

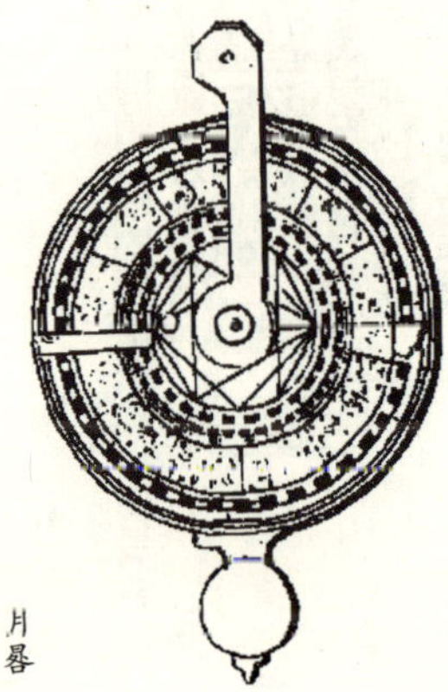

月晷
星晷

背爲月晷、星晷，外分三百六十六日，內分十二宮。中心第一重圓盤，徑一寸二分，外分十二時初正，午正出直表以指太陽；內分三十日，自直表起朔。第二重圓盤，徑一寸七分，周穿圓孔，中出直表，表所指之日數圓孔下驗晦朔弦望。自第一重對太陽宮度表起午正數之，至第二重指日數表所指，以知時刻。第三重施直表出圓盤外，表心及末皆穿圓孔，以表心孔窺勾陳大星，以表末孔窺天樞天璇，使相參直，亦如月晷數法，以知時刻。

又 方月晷儀

謹按：本朝製方月晷儀，鑄銅爲之，徑五寸五分，上下二盤。下盤外重列十二時，次內初正各四刻，次內刻各十五分。上盤外重列三百六十度，內二重列三十日，空度起朔，爲日月同度。朔後月距日漸遠，至九十度爲上弦，倍之爲望，三倍之爲下弦，周復爲朔。爲一月與日一會，朔弦望相距各七日半。中心施遊表，以遊表中線對上盤日數若干度，轉上盤朔上表末，使表對月立環內無影，視表末所指，以知時刻。儀面鐫乾隆甲子年製。

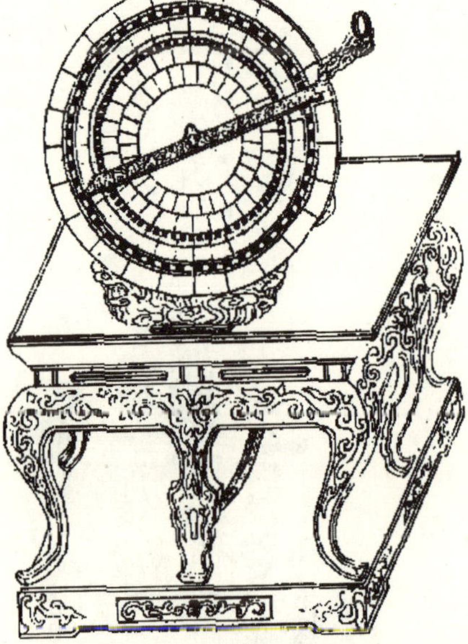

又 看朔望入交儀

謹按：本朝製看朔望入交儀，鑄銅爲橫尺，兩端木座如几形，橫一尺八寸，縱七寸八分，凡三重。下爲黃道，中爲白道，各十五度三十分。上爲時刻表，左右直距，以白道距黃道南北緯度爲準，正中爲黃道位。日食以日體、月食以地影加黃道上，月體加白道上，皆按度分，以其相掩知入交爲日月食，以相掩之分知食之淺深，以時刻表中心對白道表端，施直表對月行距日度，視所指，知食之時刻。

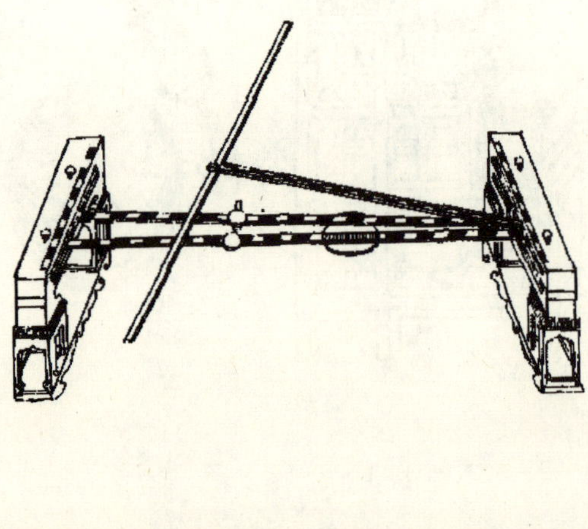

又 六合驗時儀

謹按：本朝製六合驗時儀，鑄銅爲兩球。下球徑六分有奇，重二十四銖。上球減十之二。貫以鋼鋌，長四寸六分有奇。近上三之一爲兩軸，橫梁承之。前後亦爲橫梁，前梁下鍵以銅葉，一往一還爲一秒，七秒爲五里。候凡發聲時，撥之使動，驗秒數以知聲之遠近。

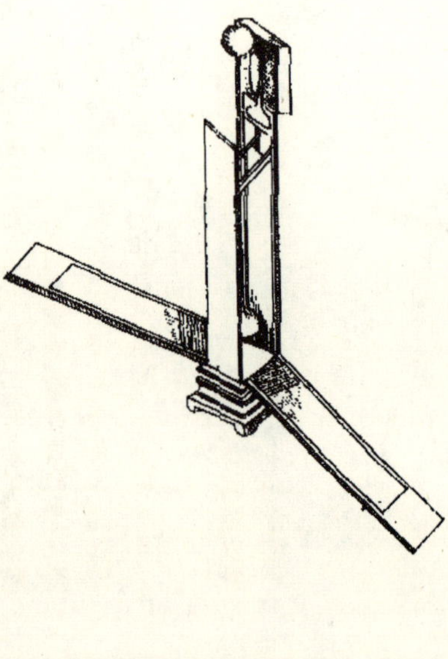

又 壺漏

謹按：《周禮·夏官·

挈壺氏》注：主挈壺水以爲漏。《後漢書・志》：孔壺爲漏，浮箭爲刻。《隋書・志》：黄帝創觀漏水，制器取則，以分晝夜。《宋史》有求壺、複壺、廢壺、建壺及平水壺之制。本朝製壺漏，播水壺三，形方。上曰日天壺，即宋之求壺，面闊一尺九寸，底濶一尺三寸，高一尺七寸，水欲常滿。次曰夜天壺，即宋之複壺。又次曰平水壺，高闊遞減一寸。層累而下，承以朱座，有亭覆之，亭座通高一丈八尺四寸。分水壺一，形方，即宋之廢壺，高濶如平水壺。在平水壺下少後，受水壺一，形圓，曰萬水壺，即宋之建壺，徑一尺四寸，高三尺一寸，在座前地平上。壺皆有蓋，播水三壺，前近下皆爲龍口，玉滴以次漏於受水壺。平水壺後近上穿孔，洩于分水壺，以均水平漏。受水壺上爲銅人，抱箭長三尺一寸，鐫兩晝夜時刻，上起午正，下盡午初。壺中安箭舟如銅鼓形，水長舟浮，則箭上出。水盈箭盡，則洩之于池。壺面俱鐫大清乾隆年製。平水壺面鐫御製銘，後欵識乾隆歲在乙丑孟夏之月。

又　自鳴鐘

謹按：本朝製自鳴鐘，鑄金爲之，中承以柱，下爲方匱，面設表盤，均十二分，上起子午正右旋，一日再周。以短針指時，長針指刻。起丑未初鐘一鳴，盡子午正十二鳴。其初正自一鳴至四鳴，各四刻。匱内藏鋼輪三重，中爲大輪四，

軸上間小輪三，聯之以旋時刻針。左爲大輪三，軸上間小輪二，聯之旁大輪一綰擊具，以擊鐘知時。右亦如之，以擊鐘知刻。三重皆施墜線，擊具皆有銅片，爲作止之限。表盤徑二尺一寸五分，冪以玻璃。匱木質，髹漆，繪金花文，四隅皆有柱，中爲周闌，髹以金，縱距四尺七寸，横五尺七寸五分，通高一丈六尺六寸。

又　時辰表

謹按：本朝製時辰表，鑄金爲之，形圓，盤徑一寸五分二釐，均分時刻以針指之，内施輪齒皆如自鳴鐘之法。具體而微，盛以金合，當盤面處空之。合徑一寸五分二釐，通厚八分，周飾雜寶。金索三行，三就間鏤花文。

允祹《大清會典》卷八六《欽天監》　漏壺

謹按：《隋志》云：黄帝創觀漏水，制器取則，以分晝夜，其後因以命官，《周禮》挈壺氏則其職也。《宋志》有求壺、複壺、廢壺、建壺及平水壺之制。本朝因前明舊制播水壺三，形方，承以木架。上名日天壺，即宋之求壺，水欲常滿，上濶一尺九寸，下濶

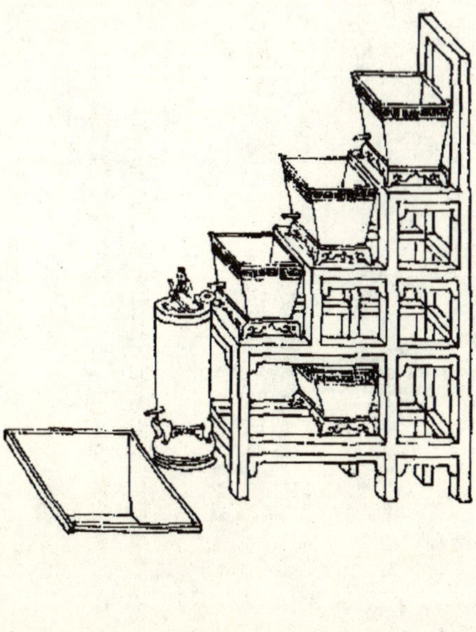

一尺三寸，高一尺七寸。次名夜天壺，即宋之複壺。次名平水壺，高濶皆遞減寸。分水壺一如平水壺之度，置於平水壺後稍下，即宋之廢壺。受水壺一，形圓，徑一尺四寸，高三尺一寸，置於架前地平上，名萬水壺，即宋之建壺。播水二壺前面近下皆有龍口，以次漏於萬水壺。平水壺後面近上開孔，洩於分水壺，以平其水而均其漏。萬水壺盖安銅人，抱時刻漏箭，下安箭舟，浮於水面。水長則箭上出，周日水盈箭盡，則啟其下口洩之於地，而時刻復起午正。壺安室内，各設水盖，龍口小管以玉爲之。

阮元《揅經室集》三集卷五　自鳴鐘説

自鳴鐘來自西洋，其制出于古之刻漏。《小學紺珠》載薛季宣云：晷漏有四，曰銅壺，曰香篆，曰圭表，曰輥彈。元謂輥彈即自鳴鐘之制，宋以前本有之，失其傳耳。西洋之制器也，其精者曰重學。重學者，以重輕爲學術，凡奇器皆出乎此。而其佐重學以爲用者，曰輪，曰螺。是以自鳴鐘之理，則重學也。其用則輪也，螺也。古刻壺盛水，因漏滴水，水乃漸減，遂以爲輪之轉運，是水由重而漸減爲輕也。自鳴鐘以鐵爲卷，置銅鼓之中，捩之使屈其力，力由屈求伸，亦由重而漸減爲輕也。鐘凡二鼓，一鼓以記時，一鼓以擊鐘。記時之箭外纏綆以奪弟二塔輪之力。塔輪者，形如卧塔，所以受綆也。塔輪奪弟三中心輪之力。記時之鍼管乎中輪，中心輪奪弟四直輪之力，直輪奪弟五齒輪之力。若齒輪無物以節之，使齒聲其數以漸退，則各輪之力不勝鼓中鐵卷之力，砉然立解，其綆頃刻已盡，而其卷亦驟伸矣，故有懸鎚往來摇動，藉以節之，與齒輪之齒相應。齒輪漸退，則四三二輪亦遞退，綆漸解而卷漸伸也。擊鐘之箭外纏綆以奪弟二塔輪之力，塔輪奪弟三擊輪之力。擊輪者，外管擊齒，内樹杙以動鐘鎚。弟三擊輪奪弟四鳥頭輪之力，弟四鳥頭輪奪弟五小輪之力，弟五小輪奪弟六風輪之力。若無風輪，使其力少重而滯于轉，則其擊鐘也甚速無節矣。擊鐘之鼓，其機亦管乎時輪，時至則擊齒卸而鼓中鐵卷之力伸矣。伸少者擊少，伸多者擊多。擊畢則齒礙而關，其力以待後時。或以二鉛錘代鐵卷之力，則無兩鼓。其爲重學也益明，兩鼓各輪皆合于二銅版，其合也皆螺釘之力，其轉也皆輪之力。究其塔輪與鐵卷，亦皆螺旋也。綜其理，皆由重以減輕，故曰重學也。此制乃古刻漏之遺，非西洋所能刱也。

徐朝俊《日晷圖法》

製器九則

一曰規。凡作圓線及量度之用，闔闢須極緊。一頭釘牢，一頭用螺鑽可拆換。凡一規備三頭，一用鋼尖量度，一用小溝藏墨作實線，一用輪頭藏墨作虚線。

一曰矩，一曰尺。矩以或鋼或堅木爲之，用以驗勾股之準。尺以鋼片爲之，用以作直線。作法，用鋼片一條，從甲眼出線，鎈去其半，復依式將銅另作一尺，較原尺畧狹二三分，與原尺釘合爲一。如箋舖所用紗帽頭界畫，若以銅規頭畫直線，則將紗帽頭壓著紙上用之。蓋規頭藏墨，必使尺之下而懸空，則墨不污紙。

式規

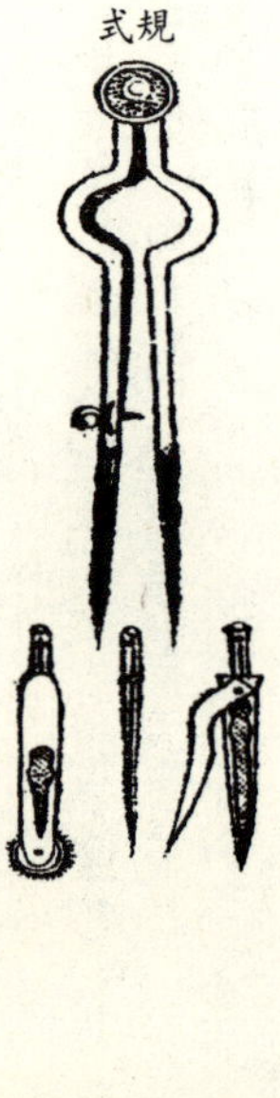

式矩

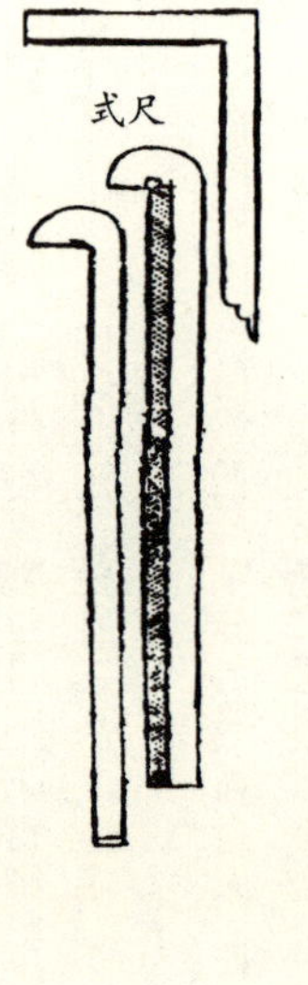

一曰度板。畫於銅板之上，須極勻平分九十分，爲造晷截度之母。板愈大則愈適用。用法，如有甲乙丙圈分，欲截北極度分，即以甲乙爲度，取度板截之，則自丁至丙，即京師出地四十度。自丁至乙，即京師出地餘度也。若置庚辛兩耳，使透日光，并置甲己垂線，可隨地量出地度分。

一曰節氣板。夏至左爲芒種、小暑、小滿、大暑、立夏、立秋、穀雨、處暑、清明、白露各節線。正中甲乙線，即春秋分節線。又左爲驚蟄、寒露、雨水、霜降、立春、立冬、大寒、小雪、小寒、大雪、冬至各節線。

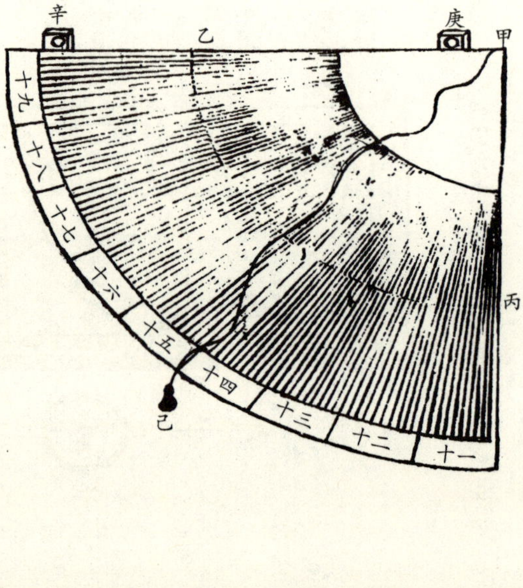

度板式用法

畫節氣線法。任作甲乙線爲赤道線，以甲爲心，任作丙乙丁圈分，交赤道于乙。次從乙對丙于度板上量二十三度半，截出丙界，即從甲對丙畫一斜線，即夏至線。將赤道線對摺，即得丁線爲冬至線。次從丙丁作線，交赤道于戊爲心，依丙界作己丙庚半圈。次從己向丙，庚向丙，各于圈上平分六分作識，依識與赤道俱作平行虛線，對摺得赤道下疎密六線。交丙乙丁圈處俱作識，依識對甲心各作斜線，而節氣線定矣。次以甲爲心，視丙乙丁圈疎密界線，逐一引長，移之銅板上，用利錐畫準，其板亦愈大愈適用。

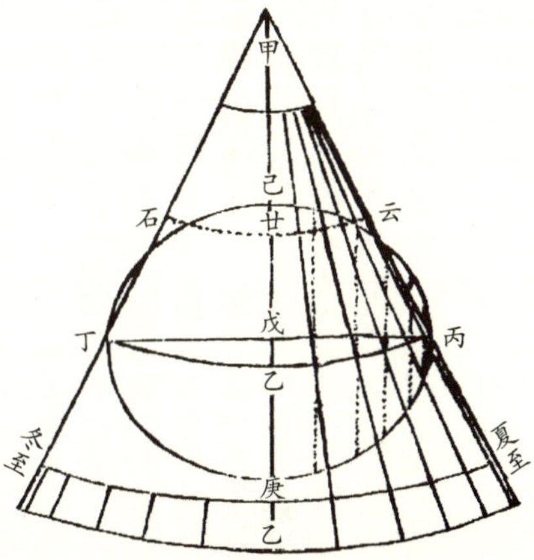

節氣板式

節氣板用法。如有辛壬艮土圈，欲分平行節氣，則以勺與圈分爲度，于母式上截云甘石虛圈，次穿勺心作艮土線爲赤道線，而以甘與云線上各識移之赤道上，甘與石線上各識移之赤道下，而以云與云以下相望作平行線，即平行節線。如欲作斜線，則以勺爲心，自云至石相望各作斜線，即斜行節線，而本圈之節線定矣。

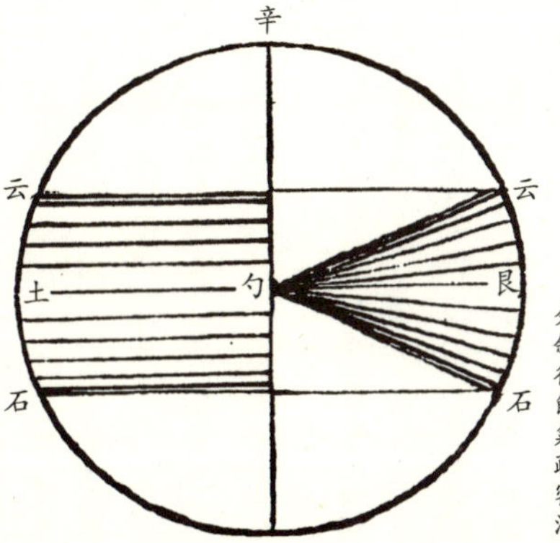

分斜行節氣疎密法　分平行節氣疎密法

一曰定偏尺。凡作晷用晷，必先測其面之偏東、偏西、偏俯、偏仰，若作偏晷，更爲緊要。法用甲乙丙丁厚板，于板面作子午垂線，次作寅卯平行線，交于辰。以辰爲心作戊己庚辛圈，剞深作羅經，其口高分許，以便套針圈于其外。仍以辰爲心，復作壬癸半圈，分一百八十分。更用銅版作指度之表，其法先作云竹全圈，引出中線，銼一尖頭，其圈半虛半實，後面剞深分許，套羅經口外，寬緊須恰好，留半虛處下窺針向，而以半實之邊切指南之針。用法，如欲測墻壁偏向，則以甲丙之邊平貼墻壁，而視羅經內指南針所指，而旋云竹之邊與指南針相切直。次視針尖所指，如恰對子午線，則知南北無偏；恰對壬癸線，則知東西無偏。如偏向甲邊，即知面之偏西若干度。偏向丙邊，即知面之偏東若干度。如欲測墻壁俯仰，則于辰孔繫一細線，線端用權垂下，以丙丁邊側切墻壁之面，視線恰對午線，則知直竪無偏。若偏向甲邊，即知俯若干度。偏在丙邊，即知仰若干度。如欲測地平，則置或桌或櫈，而以甲丙之邊竪貼平面，四面測之，如權線恰垂子午，則適平；若偏丁邊，則知丁邊低；偏乙邊，即知乙邊低也。

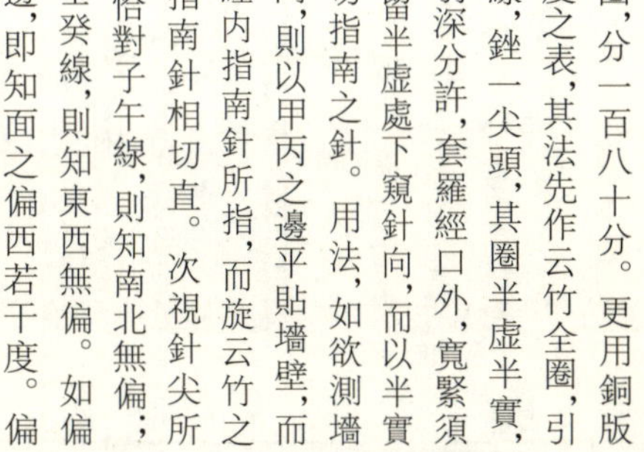

一曰定平尺。前尺既可測平，而此則即定平面于尺面。置日晷於其上以測時，使表影無欹偏之患。作法，用甲乙丙丁銅板一方，或堅木亦可，三角釘銅足，每足各用螺鑽以著地。邊立一柱須極直，當以勾股尺四面量準釘牢，剞空其半，頂上正中釘一小釘，懸一權線，下剞圓孔以容權。用時，視垂線恰直即平，否則將足上螺鑽或上或下旋轉，視垂線一直即止。其所以必用三足者，非此不能定平也。

一曰平分尺，一曰分釐尺。作法，用甲乙丙丁銅板一方，平分勻格，板愈大愈妙，格愈多愈便。如有戊己長一線，命分十九分，則以戊界對丙角線界，而以己界移對第十九界，依斜線作識于戊己線上，即十九分也。如欲分釐，則依平分一分之度，作一直線如庚辛，次從甲對辛作一斜線，則一線之右即一釐，左即九釐。二線上斜線，右即二釐，左即八釐。三線上右即三釐，左即七釐。四線上右即四釐，左即六釐。五線上，左右皆五釐也。

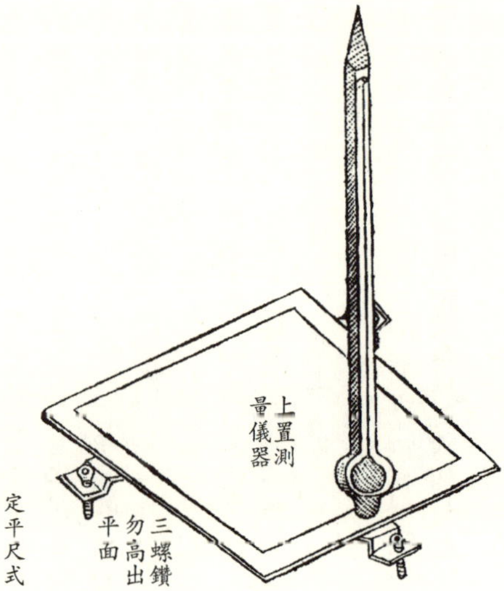

定平尺式

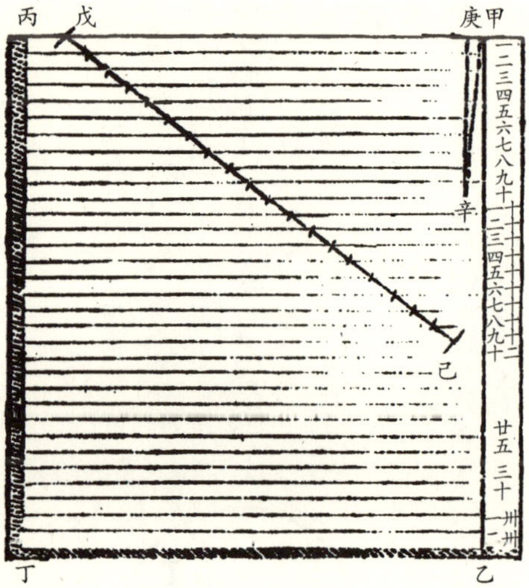

又　總法五則

一曰平分線捷法。如有戊巳長一線，命分十九分，則從戊任意展規，右行得辛，從巳左行得庚，任作戊庚、巳辛相等兩斜線，即於兩斜線上用規任意勻分十九分，次從1即漢字一字。與19即漢字十九二字。相對作線，交于戊巳線上作識，此即十九分中一分也。下十八識放此爲之，則戊巳之線恰得所命之十九分矣。

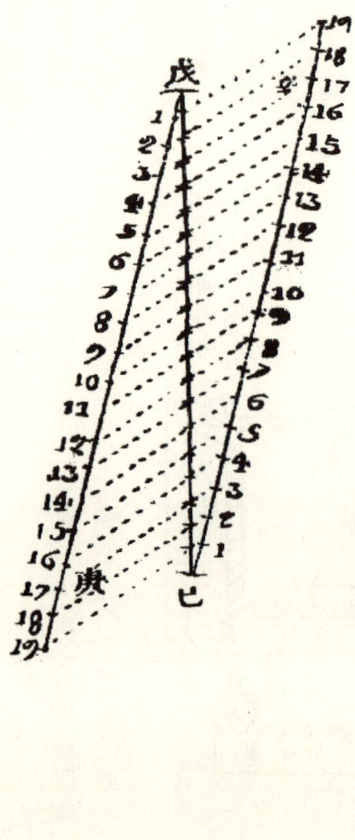

一曰平分圈度法。如有甲乙丙丁全圈，命分九十六刻，則取全圈四分之一，如丁如乙，用規先作三平分，全圈上便得十二時。又每分爲兩平分，得二十四節氣。又每分爲兩平分，得四十八分。又每分爲兩平分，則全圈共得九十六刻矣。又如命分三百六十度，則于一象限三平分中，先每分作五平分，又每分作三平分，又每分作兩平分，則全圈即得三百六十度矣。若一切奇零之分，另有比例規分法，畧涉精深，兹且未及。

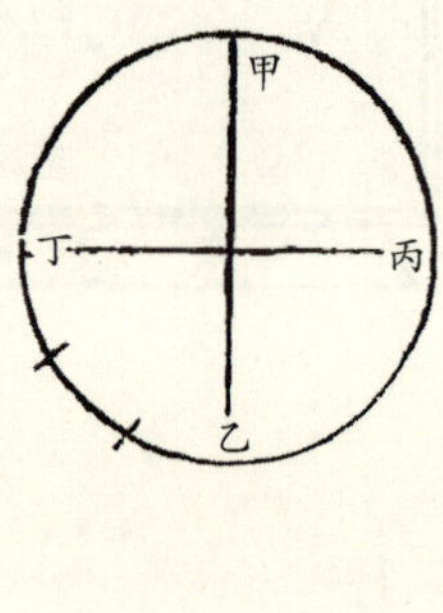

一曰作垂線法。如有甲乙平行線，欲作一垂線，使四面並準勾股之度。其畫在紙上可對摺而得，如在銅木面上，法當以甲以乙爲心，展規上作丙丙，下作丁丁四識，次從上下識所交之處，相對畫線，則丙丁即甲乙之垂線也。

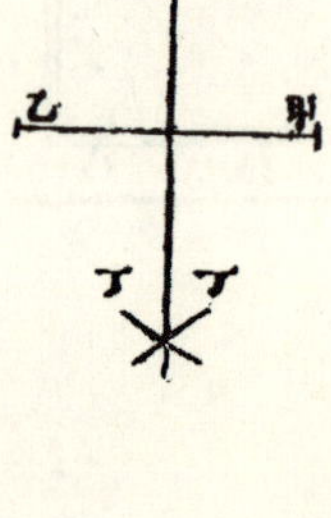

一曰作引長線法。如有甲乙一線，欲引而長

之，則從甲乙線上先作丙丁垂線，依上法。左右要相等。展規以丙以丁爲心，向乙作戊巳兩識。次從交處，向乙作線至庚，則引長矣。如更欲引長，則於乙庚線上再作垂線如前法，雖引至尋丈，可不患其曲也。

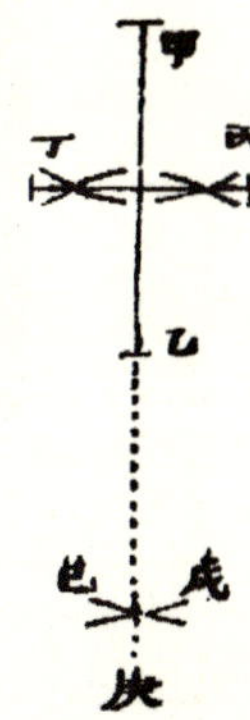

一曰三點求心法。如有欹斜甲乙丙三點，欲得其心，使悉貫全圈之上。法以甲爲心，展規上作丁識，下作戊識。次以丙爲心，上作巳識，下作庚識。即于上下兩交相對作一直線。次以乙爲心，上作辛識，下作壬識。又以丙爲心，上作癸識，下作子識。亦子上下兩交相對作一直線，與前直線交于午，午即三點之心也。

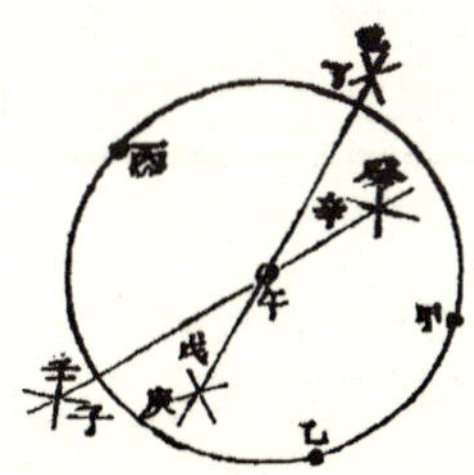

又　面南地平晷

一曰面南地平晷，是晷作于平面，向南以測時，迺平晷之母式也。法作甲乙線爲天頂線，次作丙丁平行線爲表位線，兩線交于戊，即置表之位。任取戊己度爲表之長，凡定表長短，須視晷之大小，總以晷之一度爲率。若太長，則太陽出入前後幾刻，表景在晷外，不能指節氣時刻。即以己爲心，向左任作虛線圈，交丙丁線於庚。從庚下行，移度板上出地度所至之界爲壬。從庚上行，移度板出地餘度所至之界爲辛。己辛交于艮，爲衆線刻之心。己壬交于土，依甲乙線作平行線爲赤道線，以土己爲度，從土下行得竹。以土艮爲度，從竹上行得牙。亦依甲乙線作平行線，參作垂線法。爲牙弓線。次以竹爲心，任作云元象限圈，分二十四分。分法見前。從竹心相望象限各作虛線，每交赤道線及牙弓線，並作識。從艮向赤道線所識作斜線，而辰正後時刻線定矣。次以土己爲度，從艮右行得仁，與甲乙線直行作仁勺線。將牙向弓逐一所識之度移之仁勺線上。移法，另摺一紙，先移牙弓線所識于紙上，次以紙上牙邊切於卯酉線，向下作十二識，復向上作八識，其下十二識必與赤道線第十二識相值，不然即知有不准處也。從艮向仁勺線上諸識作斜線，而辰正前時刻線皆定矣。次以甲乙線對摺，用針釘眼，依眼各作斜線如右，而午正後時刻線亦定矣。

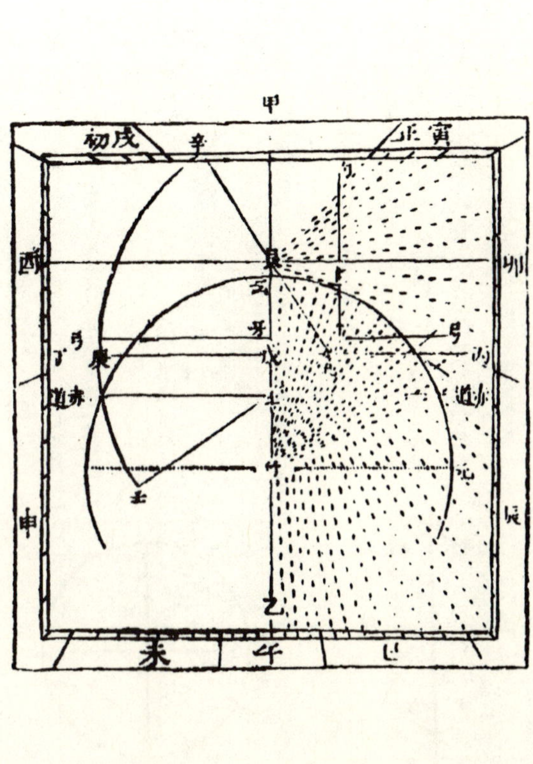

又　羅經地平晷

一曰羅經平晷，此即徽地所製牽線取影晷也。平晷之法，是式最良，但劃線必依前法，牽線不膠一定始准。法用平板作子午卯酉線，兩線交于艮，而以第一圖母式表位表長時線，並移於此。前圖本松城三十度北極出地。其戊己表高，祇用松城，他省不能准時也。如求隨地可用，當於晷北另作一世缶柱，柱端作軸，對子午線入于平板，令可開闔。自世至缶，並刻度線。定度線之法，將度板側切于子午線左，以線頭釘入艮點，一頭牽切度板上各度之線，作識于世缶之柱而刻之。用晷時，如在某地應某度，即繫線于度柱之某度而測時。此作晷用晷之人所宜必知者也。

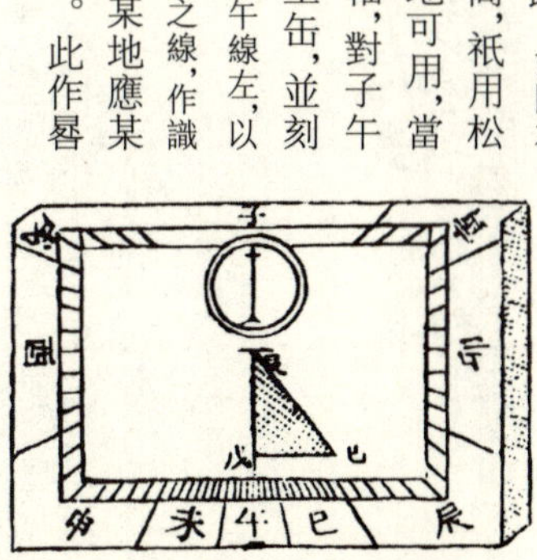

又　平晷加節氣線法

一平晷加節氣線法。先作甲乙横線爲極線，次作丙丁垂線爲赤道線，將前節板疎密線移赤道左右，次以母式巳至艮爲度，從丙左行得艮。復以母式巳至土爲度，從丙下行得巳，即以艮巳相望作斜線，即午正時線也。次從艮作垂線，即卯酉正時線也。又從艮下行，任取一點爲心，從心與甲乙線平行作竹云線，以竹爲界，作竹壬癸圈，於卯酉線右上下兩象限，各平分六分，相對作虚線，視與竹云線交處作識，向艮逐一作斜線，而衆時線並加于節線上矣。次另用紙條，以艮爲界，切于午正線上，視所交節板之線逐一作識，以艮對母式艮心，移紙條之識于午正線上，而午正之各節線定矣。又另用一紙條，亦以艮爲界，切于午未初線上，亦視所交節板之線，逐一作識，以艮對母式艮心，移紙條之識于午未初線上，而午未初之節線定矣。以下若巳未正、巳申初、辰申正、辰酉初、卯酉正各線，並放午正午未初兩線，一一移之，而時線上並得節氣線焉。

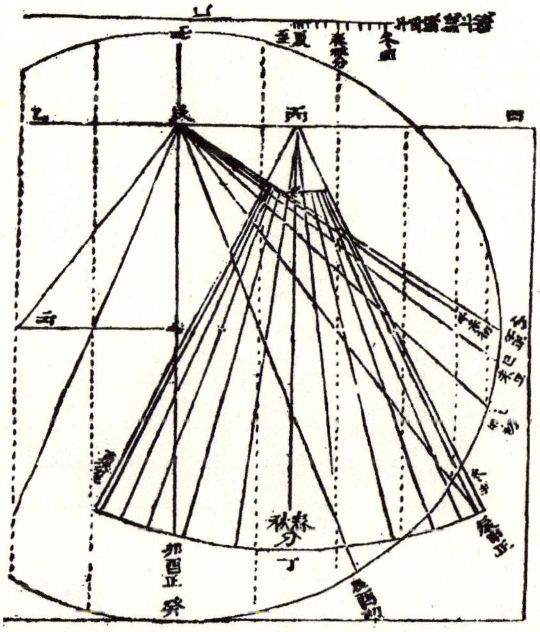

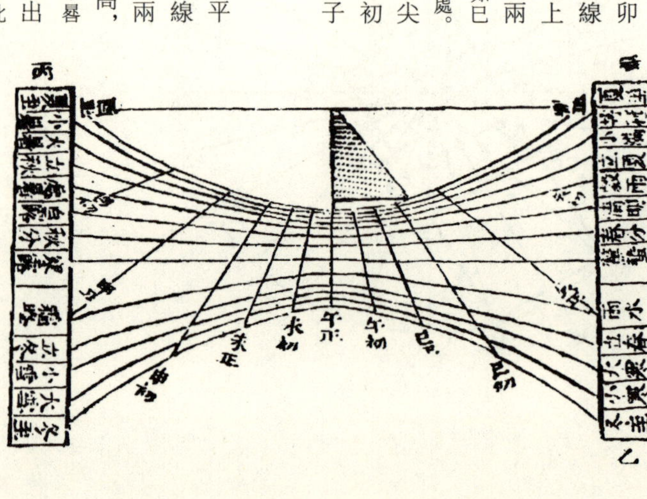

又　加節氣平晷法

一曰加節氣平晷法，用甲乙丙丁，或牙或銅或木面，作平行卯酉線，以母式艮爲心，移衆時刻線于其上，復依上加節氣法逐線上作識，依識聯作虚線，引至左右兩邊，邊書節氣，置表于戊，表亦如巳度高，本三十度出地，不得移用他處。以測時。用法以晷向南，將表尖影切指本日某節上，即得某時初正。此晷可不用羅經而得天元子午向，其指南較羅經更准。

又　面南天頂晷

一曰面南天頂晷，與前作平晷母式小異大同。法作甲乙線爲天頂線，次作丙丁平行線，兩線交于戊爲表位，戊巳爲表高，從巳向左作圈交于庚。上與平晷作法晷同。次從庚上行量北極出地度至辛，下行量餘度至土，此與作平晷法相反。巳辛交艮爲時心。巳壬交土，作平行赤道線。以土巳爲度，從土下行得竹。以土艮爲度，從竹上行得牙，作牙弓線。次以竹爲心任作云元象限圈，平分二十四分，切識赤道，并識牙弓。與夫以土巳度，從艮得仁，作仁勺線，以定辰正以前諸時刻。法並與平晷母式相同，惟此晷在夏至節日出入時，南面無影，應更作北儀以濟其窮。法割丙丁線以上半晷，倒用其時線，反刻于晷背，而移表位于卯酉線上，若加節線，則南竪晷之近表位者爲冬至，北竪晷之近表位者爲夏至。其表位亦各不同。案，竪儀之影，不能指地平以上，故必移表而倒用之。

又　加節氣天頂晷法

一曰加節氣天頂晷法。左圖衹畫半晷以見例，其左半亦可對摺釘眼，照右畫全。凡

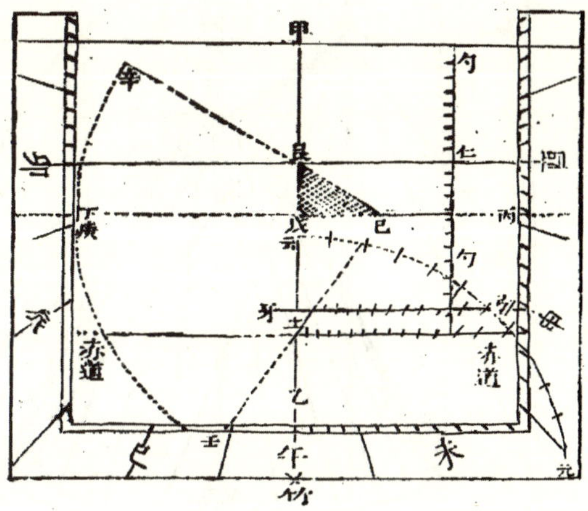

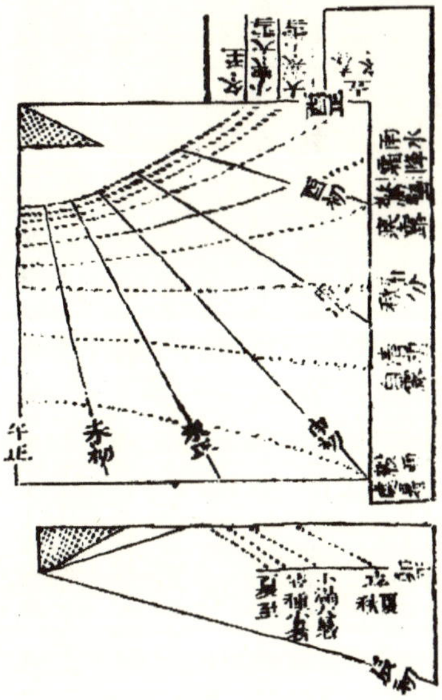

平竪之晷，畫于一定地面，及正面墻壁者，必已准定子午，可不用羅經，非是則必用羅經定向。若不用羅經，必加節綫，其作法與平晷同。惟竪晷之北儀，則近表位者爲冬至綫。較面南平儀，近表位者爲夏至綫，乃相反耳。〇案晷有加節氣法，使針尖指節，即得時刻，而并得天元子元之向。其製固佳，但晷體必得一二尺大者，始堪適用。若晷體不大，則于時線中欲作刻綫，則太狹而不明，且作節氣曲綫，至卯酉正上又太斜而難準，故不若用羅經以定向者爲妙。

案：竪晷加節遇日行春分後秋分前，針影每出晷外，難以指節氣時刻，余故不多作，右特繪半式以見例。恕堂識。

又　面東西晷

一曰面東西晷，此作于正東西墻壁，上下毫無俯仰之面。祇須作一面，如欲作面東晷，則面西者即可翻轉用之。先作甲乙垂綫爲天頂綫，次作丙丁横綫爲地平綫，兩綫交於戊爲表位，即以戊爲心，從地平綫向上任作辛壬一象限，用度板量本地北極出地作識圖本松城三十度畫。如巳，即作戊巳綫爲赤道綫。次從戊作赤道之甘云垂綫爲卯酉綫，次視晷體大小，以十分之一爲表長，即以表長爲度，從戊于卯酉綫上右得甘，左得云，即從甘云俱作虚綫，與赤道平行，如甘石，如云元。次以戊爲心，任作甲乙丙丁全圈，平分二十四分，晷大可分九十六刻。從心對圈識各作虚綫，視與甘石云元兩綫交處，平望俱作直綫，與卯酉綫平行，即時刻綫也。驗法，自酉正線至亥初線，必與表長之度相等，差即不准。次立表于戊，以視日影，即知

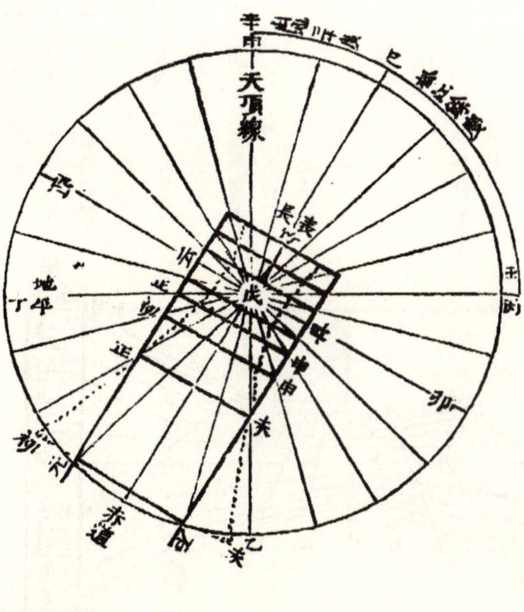

時刻。若作面東晷，以酉正爲卯正，酉初爲卯初，餘時刻類推。

又　面西晷加節氣法

一面西晷加節氣法。作甲丙横線爲極線，次作戊巳垂線爲赤道線，于赤道左右用節氣板畫出節氣疎密，次以表長戊竹爲度，從戊下行得竹，作第一横線即前式之卯酉線也。次將前圖表位之戊爲心，展規量甘石線上酉初線交識之度，移於此圖竹線之下，爲第二横線。仍以戊爲心，總以戊爲心。展規再量甘石線上申正線交識之度，移於此式爲第三横線。以下四五六横線，並放此量其潤狹移之，而每時線之節氣已並加矣。加法當量前式戊與甘石線上時刻各交識，由狹漸潤，一一識于甲乙丙丁兩線上，次依左右之識相望作線，使交于戊巳赤道線上，則疎密易准。

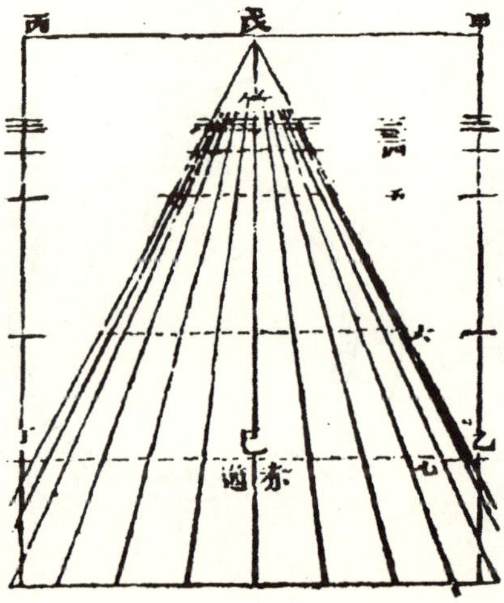

又　面西加節氣晷式

一面西加節氣晷式，前第一圖既用甘石線云元線識同。定出每時線相距疎密，又用戊與各時識相距潤狹，移于前二圖節板之上，并得各時線上節氣疎密之度矣。次將時線節線合畫一圖，而晷之全式以成。法將前第一圖各時線及赤道線並用鉛絲畫出，然後另用紙條量識前第二圖第一線上疎密節線，移于此圖酉正鉛線上，再用一紙條量識二線上疎密節線，移于此圖酉初鉛線上，以下皆各用紙條量識三線、四線、五線、六線之節線，並移于此圖申正、申初、未正、未初各鉛線上，戌初戌正上節線可即從酉初酉正印出。依識逐一用墨聯作曲線，其各時鉛線並依節線潤狹用硃畫之，下書二十四節氣，右邊一線爲夏正線，次左芒種、小暑合一線，又左小滿、大暑，又左立夏、立秋，又左穀雨、處暑，又左清明、白露，中間赤道線上爲春秋分，又中之左爲驚蟄、寒露，又左雨水、霜降，又左立春、立冬，又左大寒、小雪，又左小寒、大雪，又左邊線爲冬至。若晷體大者，當依次書于各節線下，茲因圖隘，故不備録用。法依本晷天頂線，用線垂准，畫于牆壁正西之面。如欲畫面東晷，祇須即此反用。于戊位立針，針如前圖戊竹之長，視針影所指，不惟知時，并可知節。此外尚有偏晷數種，並以法馭天，隨牆壁之俯仰欹斜，皆可畫晷，恐非初入門者所易曉，容俟續刊。

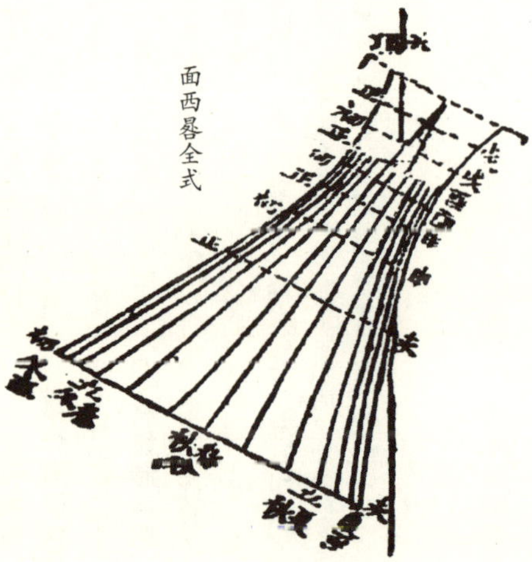

面西晷全式

又　葵心晷

一曰葵心晷，法用厚黄楊板爲之。作此晷，須先視板之厚薄，以定晷之大小。凡板厚之度，即爲時圈半徑之度。如圈大板薄，則圈内不能容二十四節氣之度，屆冬夏兩至，針影必指出晷外，未由定時，故寧晷厚。左右各剞半圈，平分十二分，晷體大者，每分中可更畫四細線以指刻。左測午正前各時，右測午正後各時。中立細表，當與半圈之邊適齊。其上仰圈内，祇刻午正前後八刻。恐左右午正之影不明，故又作此。餘依前圈分定節法，畫節氣疎密線于內，共十三線，茲因幅狹，祇畫冬夏至及春秋

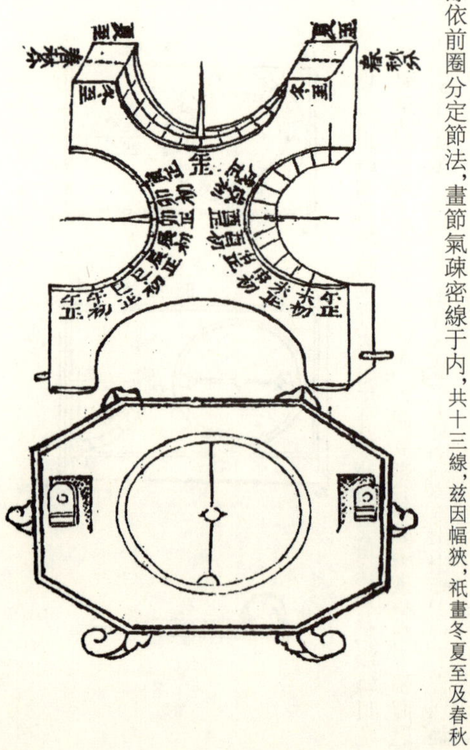

分三線。中亦立表以測節。下作地平盤以承晷，作羅經以指南。承晷用兩軸，使晷體可偃。晷之南角于地平盤上相對刳圓筍以容之。用法，將晷體南偃，使度板垂線恰垂本處出地之度，度板即畫于晷體上角之側。次使仰圈内針影恰指本日某節之線，其左右兩針自指時刻。如下用羅經，則以羅經定向，將晷體南偃，亦視垂度恰對，則或左或右，針自指時，而仰圈中之節氣亦合焉。要之，此晷不用羅經，可藉節線以得南向。若用羅經，又可因測時而并得現在日躔某節。此余彙懸晷、空晷、仰晷、四向晷、輪晷諸法，參伍而變通之，補其缺略，薙其紛繁，如懸晷，每于午正及春秋分日，針眼不能指時。空晷雖春秋分有影，而午正不明。仰晷則夏至前後，不能測卯正前、酉正後時刻，於制嫌疎。若四向晷，則時刻複見。輪晷則圭角太多，每易斷缺。而爲當世所利用。

又　懸晷

一曰懸晷，此晷雖春秋分及午正無影，而攜帶甚便，故特刊其法。法用精銅爲之，内盤爲節氣度數圈，節板活函表眼可移動，兩端軸入度圈可旋轉，度圈又軸入時盤可開闔，并作活鍵以銜之。時盤面鐫時字，圈内邊鐫刻數。用法，將度圈取起，須極直如十字形。移表孔以對節，歸孔影于時盤内邊，即得時刻，而并得子午之向。

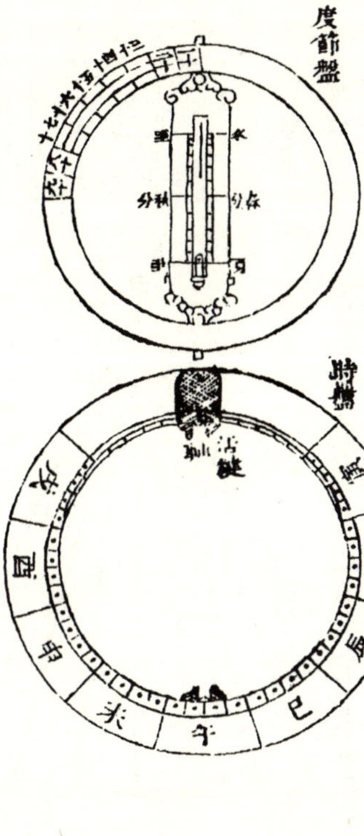

又　赤道公晷

一曰赤道公晷，前平竪東西晷法，皆以我器馭天，此與葵心晷、懸晷皆以我器就天也。法以戊己庚辛板爲時面，而以庚辛爲開闔之軸，若釘度板于時面，必同軸釘定。以壬爲心，畫時圈及衆時刻線，立針壬孔以測時。舊法如是，微嫌日色或遇糢糊，則針細而影澹。且在秋分以後，晷面無影，勢必另畫時刻于晷面之後。余故每用影尺居多，法用甘艮銅片一條，上釘影圈，從中出線，自云至艮，銼去其半，作尖頭以指時。竹處釘一銅銷，使入壬孔，略緊毋寬。即以圈内之日影遮滿以代針，則既無糢糊之患。且銅圈高出晷面，日行南陸，亦可就正面測時。次作甲乙丙丁地平板，以承晷面，其板須厚，或作一匣可藏影尺于内，更佳。板之南面設羅經測向，北釘度板，板上參差多鑽細孔，亦用小軸可開闔，必與地平板貼合，用則竪起，不用則放平。晷面時圈之下，刳一細縫以容度板，視時面與度板所刻度分，低昂恰準本地，即用細針銷定度板之眼，使承時面，凡測度，總以時面竪直爲起度，放平爲九十度。次旋影尺，使日影遮滿影圈内，視針尖所指便得時刻。案用度測時，或用度柱，或釘度板，總不若縫内容板之良。

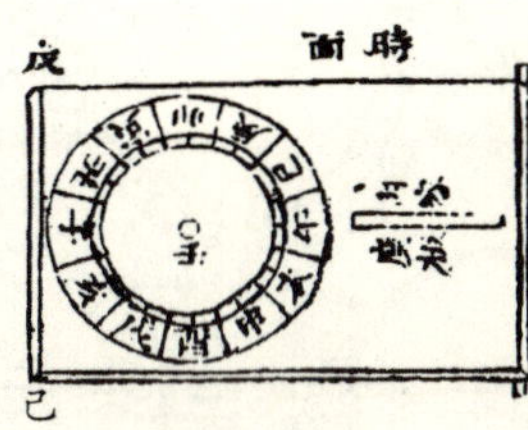

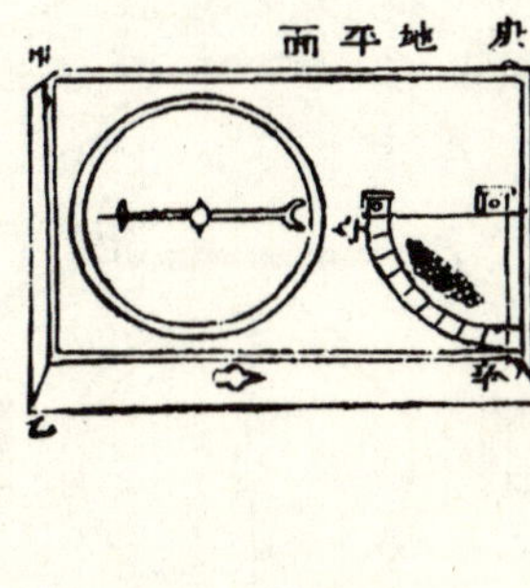

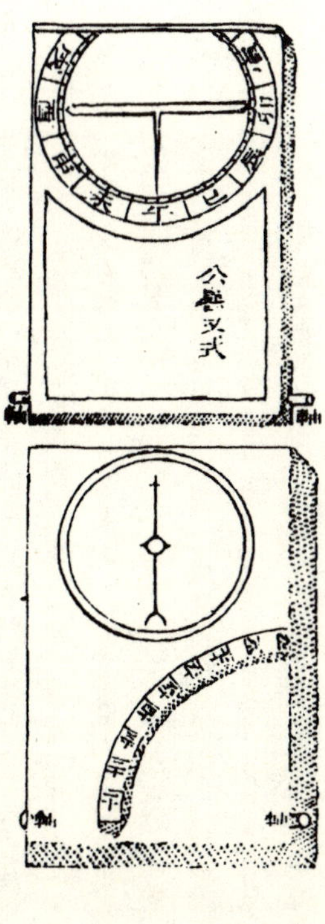

此兩圖皆赤道公晷，與前式作法用法大畧相同。上八角式爲余近年所新製，羅經大而指南針長，晷小而測時甚准。

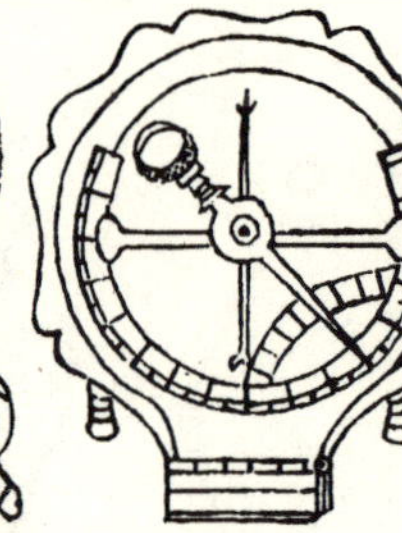

八角公晷

羅經天頂南北儀全式

又徐朝俊《星月測時》

中星表用法二則

一以星測夜時。假如遇立春節，於夜間見昴宿正中，則檢後册立春節，橫尋到昴宿以下一格，係酉正第一刻。如見天囷星正中，即知酉初二刻三分也。

一以日晷鐘表時刻求晝時中星。假如立春節内，在未正後，欲知此時適過午位者爲何星，則檢後册立春節，橫查未正一格卜，是壁宿，即知壁宿適中。壁爲天下圖書府，則爲讀書考古著作諸事均吉。既知壁宿適中，而旋渾儀或天圖，使以壁當午，并可因一星而得周天星象若何。

四十五大星圖

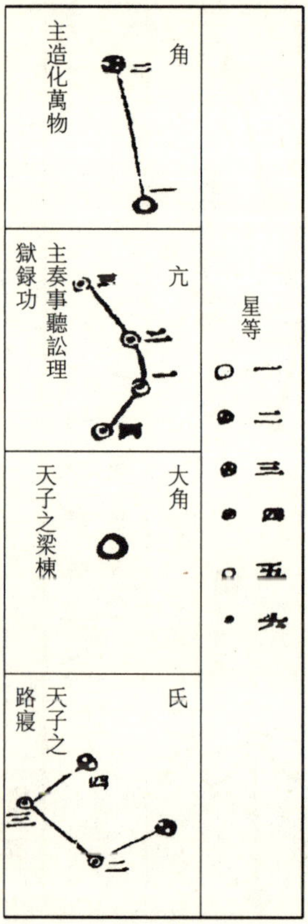

續表

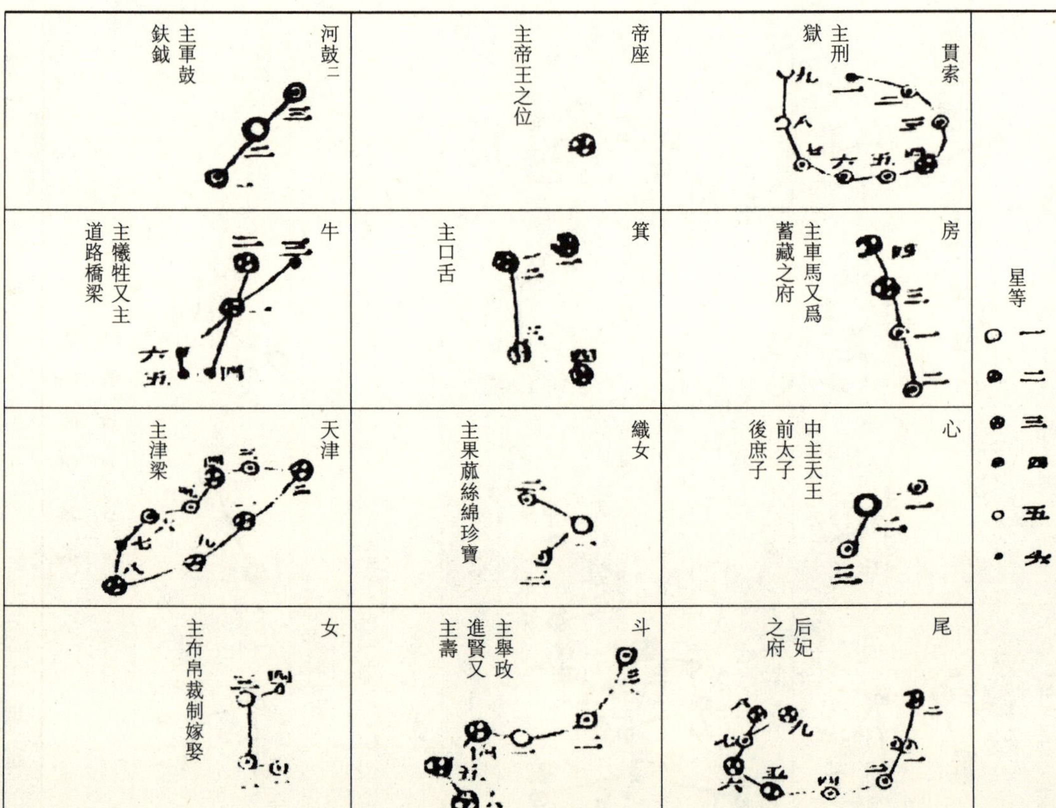

續表

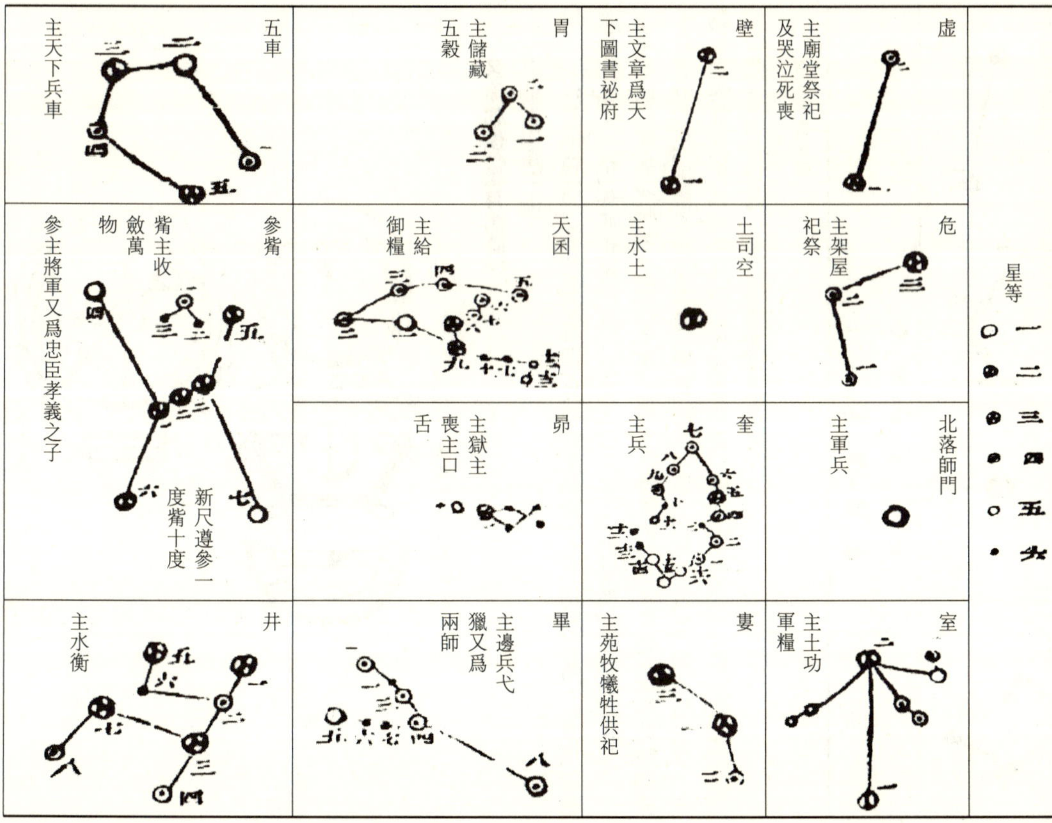

星等 一 二 三 四 五 六
虛 主廟堂祭祀及哭泣死喪
壁 主文章爲天下圖書祕府
胃 主儲藏五穀
五車 主天下兵車
危 主架屋祀祭
土司空 主水土
天囷 主給御糧
參觜 觜主收斂萬物 參主將軍又爲忠臣孝義之子
新尺遵參一度觜十度
北落師門 主軍兵
奎 主兵
昴 主獄主喪主口舌
室 主土功軍糧
婁 主苑牧犧牲供祀
畢 主邊兵弋獵又爲兩師
井 主水衡

續表

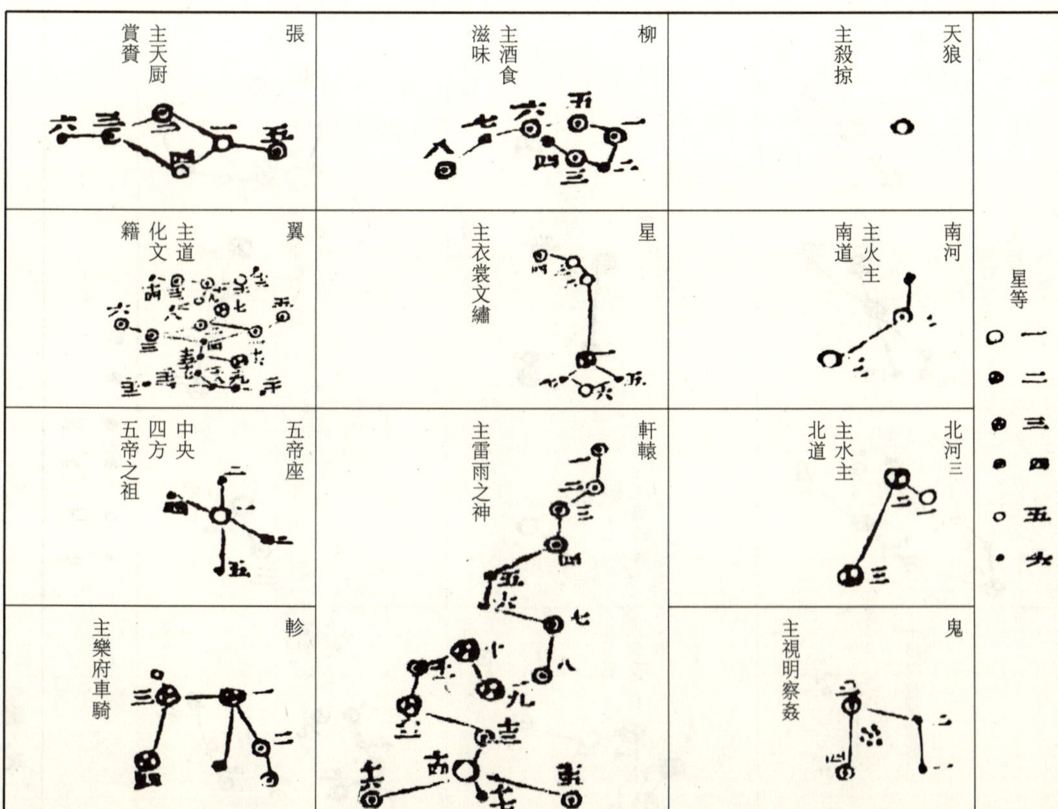

星等 一 二 三 四 五 六
天狼 主殺掠
柳 主酒食滋味
張 主天厨賞賚
南河 主火主南道
星 主衣裳文繡
翼 主道化文籍
北河三 主水主北道
軒轅 主雷雨之神
五帝座 中央四方五帝之祖
鬼 主視明察姦
軫 主樂府車騎

又《中星表前册》

右左行測某星正中，定某節各時初正刻分表 每半時四刻 每刻十五分

軫宿距角宿四刻二分		距時	距時	距時	距時	距時	距時	距時	距時	距時	距時	距
四十五大星序次	角	亢	角大		氐	索貫二	房	心	尾	座帝	箕	
相距時刻分數表		三刻二分	五分		二刻二分	三刻四分	一刻三分	一刻七分	一刻九分	二刻五分	三刻五分	二刻
	丑初初六分	丑初三八	丑初三十三	春分	丑正二一	寅初一四	寅初二七	寅初三十四	寅正一八	寅正三十三	卯初三三	
	子正初十一	子正三十三	丑初初三	清明	丑初二五	丑正一九	丑正二十二	寅初初四	寅初一十三	寅正初三	寅正三八	
	子初一刻	子正初二	子正初七	穀雨	子正二九	丑初一十三	丑初三一	丑正初八	丑正二二	寅初初七	寅初三十二	
	亥正一分	子初初三	子初初八	立夏	子初二十	子正一十四	子正三二	丑初初九	丑初二三	丑正初八	丑正三十三	
	亥初一	亥正初二	亥正初七	小滿	亥正二九	子初一十三	子初三一	子正初八	子正二二	丑初初七	丑初三十二	
	戌正初十一	戌正三十三	亥初初三	芒種	亥初二五	亥正一九	亥正二十二	子初初四	子初一十三	子正初三	子正三八	
	戌初初六	戌初三八	戌初三十二	夏至	戌正二一	亥初四	亥初二七	亥初二十四	亥正八	亥正二十三	了初二三	
	酉正初一	酉正三三	酉正三八	小暑	戌初一十	戌正初十四	戌正二二	戌正三九	亥初一三	亥初三八	亥正二十三	
	申正三十二	酉初一十四	酉初三四	大暑	酉正一六	戌初初十	戌初一十二	戌初三五	戌正初十四	戌正三四	亥初二九	
	申初三十一	申正二十三	申正三三	立秋	酉初一五	酉正初九	酉正一十二	酉正三四	戌初初十三	戌初三三	戌正二八	
	未正三十二	申初二十四	申初三四	處暑	申正一六	酉初初十	酉初一十三	酉初三五	酉正初十四	酉正三四	戌初二九	
	未正初一	未正三二	未正三八	白露	申初一十	申正初十四	申正二三	申正三九	酉初一三	酉初三八	酉正二十三	

續表

時	距時	距時	距時	距時	距時		距時	距時	距時	距時	距時	距時	距
織女	斗	河鼓二	牛	天津		女	虛	危	北落師門	室	壁	土司空	
一分	四分	四刻十分	一刻十三分	九分		一刻三分	二刻十四分	二刻五分	三刻四分	十分	四刻八分	二刻一分	十一
卯正一四	卯正一八	辰初二三	辰正初一	辰正初十	春分	辰正一十三	巳初初十二	巳初三二	巳正二六	巳正三一	午初三九	午正一十	
卯初一九	卯初一十三	卯正二八	辰初初六	辰初一	清明	辰初二三	辰正一二	辰正三七	巳初二十二	巳初三六	巳正三十四	午初二一	
寅正一十三	寅正二二	卯初二十二	卯正初十	卯正一四	穀雨	卯正二七	辰初一六	辰初三十一	辰正三	辰正三十	巳正初三	巳正二四	
寅初一十四	寅初二三	寅正二十三	卯初初十一	卯初一五	立夏	卯初二八	卯正一七	卯正三十二	辰初三一	辰初三十一	巳初初四	巳初二五	
丑正一十三	丑正二二	寅初二十二	寅正初十	寅正一四	小滿	寅正二七	卯初一六	卯初三十一	卯正三	卯正三十	辰正初三	辰正二四	
丑初一九	丑初一十三	丑正二八	寅初初六	寅初一	芒種	寅初二三	寅正一二	寅正三七	卯初二十一	卯初三六	卯正三十四	辰初二一	
子正一四	子正一八	丑初二三	丑正初一	丑正初十	夏至	丑正一十三	寅初初十二	寅初三二	寅正二六	寅正三一	卯初三九	卯正一十	
子初初十四	子初一三	子正一十三	子正三十一	丑初初五	小暑	丑初一八	丑正初七	丑正二十二	寅初二一	寅初二十一	寅正三四	卯初一五	
亥正初十	亥正初十四	子初一九	子初三七	子正初二	大暑	子正一四	丑初初三	丑初二八	丑正一十二	丑正二七	寅初三	寅正一一	
亥初初九	亥初初十三	亥正一八	亥正三六	亥正四	立秋	子初一三	子正初二	子正二七	丑初一十一	丑初二六	丑正二十四	寅初一	
戌正初十	戌正初十四	亥初一九	亥初三七	亥正初一	處暑	亥正一四	子初初三	子初二八	子正一十二	子正二七	丑初三	丑正一一	
戌初初十四	戌初一三	戌正一十三	戌正三十一	亥初初五	白露	亥初一八	亥正初七	亥正二十二	子初二一	子初二十一	子正三四	丑初一五	

續表

距	距時	距時	距時	距時	距時	距時	距時	距時	距時	距時	距時	距時	時
井	參四	觜	參	參七	五車二	畢	昴		天囷	胃	婁	奎	
一刻	一刻十一分	一刻五分	二分	一刻五分	四分	二刻十二分	一刻十二分	二刻十二分	一刻六分	三刻三分	三刻十三分	分	
酉初四	酉初二四	酉初初十四	酉初初十二	申正三七	申正三三	申正初六	春分	申初一十	未正二十三	未正一七	未初二四	午正二六	
酉初初五	申正二九	申正一四	申正一二	申初三十二	申初三八	申初初十二	清明	未正二	未初三三	未初一十二	午正二九	午初二十一	
申正初九	申初二十三	申初一八	申初一六	申初初一	未正三十二	未正一	穀雨	未初二四	午正三七	午正二一	午初二十三	巳正三	
申初初十	未正二十四	未正一九	未正一七	未正初二	未初三十三	未初一一	立夏	午正二五	午初三八	午初二二	巳正二十四	巳初三一	
未初初九	未初二十三	未初一八	未初一六	未初初一	午正三十二	午正一	小滿	午初二四	巳正三七	巳正二一	巳初二十三	辰正三	
未初初五	午正二九	午正一四	午正一二	午初三十二	午初三八	午初初十二	芒種	巳正二	巳初三三	巳初一十二	辰正二九	辰初二十一	
午正初一	午初二四	午初初十四	午初初十二	巳正三七	巳正三三	巳正初六	夏至	巳初一十	辰正二十三	辰正一七	辰初二四	卯正二六	
巳正三十	巳正一十四	巳正初九	巳正初七	巳初三二	巳初二十三	巳初初一	小暑	辰正一五	辰初二八	辰初一二	卯正一十四	卯初二一	
巳初三六	巳初一十	巳初初五	巳初初三	辰正三十三	辰正二九	辰初三十二	大暑	辰初一一	卯正二四	卯正初十三	卯初一十	寅正一十二	
辰正三五	辰正一九	辰正初四	辰正初二	辰初二十二	辰初二八	卯正三十一	立秋	卯正一	卯初二三	卯初初十二	寅正一九	寅初一十一	
辰初三六	辰初一十	辰初初五	辰初初三	卯正二十三	卯正二九	卯初三十二	處暑	卯初一一	寅正二四	寅正初十三	寅初一十	丑正一十二	
卯正三十	卯正一十四	卯正初九	卯正初七	卯初三二	卯初二十三	卯初初一	白露	寅正一五	寅初二八	寅初一二	丑正一十四	丑初二一	

續表

周天	距時	距時	距時	距時	距時	距時	距時	距時	距時	距時	距時	時
軫		五帝座	翼	軒轅十四	張	星	柳	鬼	北河三	南河三	天狼	
九十六刻	二刻四分	三刻三分	三刻八分	一刻一分	一刻八分	三刻五分	九分	三刻四分	三分	三刻五分	十四分	
子正初四	子初二	亥正二十二	亥初三四	亥初二三	亥初初十	春分	戌正一五	戌正初十一	戌初一七	戌初一四	酉正一十四	
子初初九	亥正二五	亥初三二	戌正三九	戌正二八	戌正一	清明	戌初一十	戌初一一	酉正一十二	酉正一九	酉初二四	
亥正初十三	亥初二九	戌正三六	戌初三十三	戌初二十二	戌初一四	穀雨	酉正一十四	酉正一五	酉初二一	酉初一十三	申正二八	
亥初初十四	戌正二十	戌初三七	酉正三十四	酉正二十三	酉正一五	立夏	酉初二	酉初一六	申正二三	申正一十四	申初二九	
戌正初十三	戌初二九	酉正三六	酉初三十三	酉初二十二	酉初一三	小滿	申正一十四	申正一五	申初二一	申初一十三	未正二八	
戌初初九	酉正二三	酉初三二	申正三九	申正二八	申正一	芒種	申初一十	申初一一	未正一十二	未正一九	未初二四	
酉正初四	酉初二	申正二十二	申初三四	申初二三	申初初十	夏至	未正一五	未正初十一	未初一七	未初一四	午正一十四	
申正三十四	申正一十	申初二七	未正二十四	未正一十三	未正初五	小暑	未初一	未初初六	午正一二	午正初十四	午初一九	
申初三十	申初一六	未正二三	未初二十	未初一九	未初初一	大暑	午正初十一	午正初二	午初初十三	午初初十	巳正一五	
未正三九	未正一五	未初二二	午正二九	午正一八	午初四	立秋	午初初十	午初初一	巳正初十二	巳正初九	巳初一四	
未初三十	未初一六	午正二三	午初二十	午初一九	午初初一	處暑	巳正初十一	巳正初二	巳初初十三	巳初初十	辰正一五	
午正三十四	午正二一	午初二七	巳正二十四	巳正一十三	巳正初五	白露	巳初一	巳初初六	辰正二二	辰正初十四	辰初一九	

又《中星表後册》

軫宿距角宿四刻二分	距時	距時	距時	距時	距時	距時	距時	距時	距時	距時	距
四十五大星序次	角	亢	大角	氐		貫索一	房	心	尾	帝座	箕
相距時刻分數表		三刻二分	五分	二刻二分		三刻四分	一刻三分	一刻七分	一刻九分	二刻五分	三刻五分 二刻
	未初初六	未初三八	未初三十三	秋分	未正二一	申初一四	申初二七	申初三十四	申正一八	申正三十三	酉初三三
	午正初十一	午正三十三	未初初三	寒露	未初二五	未正一九	未正二十二	申初初四	申初一十三	申正初三	申正三八
	午初一刻	午正初二	午正初七	霜降	午正二九	未初一十三	未初三一	未正初八	未正二二	申初初七	申初三十二
	巳正一二分	午初初三	午初初八	立冬	午初二十	午正一十四	午正三二	未初初九	未初二三	未正初八	未正三十三
	巳初	巳正初二	巳正初七	小雪	巳正二九	午初一十三	午初三一	午正初八	午正二三	未初初七	未初三十二
	辰正初十一	辰正三十三	巳初初三	大雪	巳初二五	巳正一九	巳正二十二	午初初四	午初一十三	午正初三	午正三八
	辰初初六	辰初三八	辰初三十三	冬至	辰正二一	巳初一四	巳初二七	巳初三十四	巳正一八	巳正三十三	午初三三
	卯正初一	卯正三三	卯正三八	小寒	辰初一十	辰正初十四	辰正二二	辰正三九	巳初一三	巳初三八	巳正二十三
	寅正三十二	卯初二十四	卯初三四	大寒	卯正一六	辰初初十	辰初一十三	辰初三五	辰正初十四	辰正三四	巳初二九
	寅初三十一	寅正□□	寅正三三	立春	卯初一五	卯正初九	卯正一十二	卯正三四	辰初初十三	辰初三三	辰正二八
	丑正三十二	寅初二十四	寅初三四	雨水	寅正一六	卯初初十	卯初一十三	卯初三五	卯正初十四	卯正三四	辰初二九
	丑正初一	丑正三三	丑正三八	驚蟄	寅初一十	寅正初十四	寅正二二	寅正三九	卯初一三	卯初三八	卯正二十三

右左行測某星正中定某節各時初正刻分表

每半時四刻　每刻十五分

續表

時	距時	距時	距時	距時	距時	距時	距時	距時	距時	距時	距時	距時 距
織女	斗	河鼓二	牛	天津一	女		虛	危	北落師門	室	壁	土司空
一分	四分	四刻十分	一刻十三分	九分	一刻三分		二刻十四分	二刻五分	三刻四分	十分	四刻八分	二刻一分 十一
酉正一四	酉正一八	戌初二三	戌正初一	戌正初十	秋分	戌正一十三	亥初初十二	亥初三二	亥正二六	亥正三一	子初三九	子正一十
酉初一九	酉初一十三	酉正二八	戌初初六	戌初一	寒露	戌初二三	戌正一二	戌正三七	亥初二十一	亥初三六	亥正三十四	子初一一
申正一十三	申正二二	酉初二十二	酉正初十	酉正一四	霜降	酉正二七	戌初一六	戌初三十一	戌正三	戌正三十	亥正初三	亥正二四
申初一十四	申初二三	申正二十三	酉初初十一	酉初一五	立冬	酉初二八	酉正一七	酉正三十二	戌初三一	戌初三十一	亥初初四	亥初二五
未正一十三	未正二二	申初二十二	申正初十	申正一四	小雪	申正二七	酉初一六	酉初三十一	酉正三	酉正三十	戌正初三	戌正二四
未初一九	未初一十三	未正二八	申初初六	申初一	大雪	申初二三	申正一二	申正三七	酉初二十一	酉初三六	酉正三十四	戌初一一
午正一四	午正一八	未初二三	未正初一	未正初十	冬至	未正一十三	申初初十二	申初三二	申正二六	申正三一	酉初三九	酉正一十
午初初十四	午初一三	午正一十三	午正三十一	未初初五	小寒	未初一八	未正初七	未正二十二	申初二一	申初二十一	申正三四	酉初一五
巳正初十	巳正初十四	午初一九	午初三七	午正初一	大寒	午正一四	未初初三	未初二八	未正一十二	未正二七	申初三	申正一一
巳初初九	巳初初十三	巳正一八	巳正三六	巳正四	立春	午初一三	午正初二	午正二七	未初一十一	未初二六	未正二十四	申初一
辰正初十	辰正初十四	巳初一九	巳初三七	巳正初一	雨水	巳正一四	午初初三	午初二八	午正一十二	午正二七	未初三	未正一
辰初初十四	辰初一三	辰正一十三	辰正三十一	巳初初五	驚蟄	巳初一八	巳正初七	巳正二十二	午初二一	午初二十一	午正三四	未初一五

續表

時	距時	距時	距時	距時	距時	距時	距時	距時	距時	距時	距時	距
奎	婁	胃	天囷一	昴	畢	五車二	参七	参	觜	参四	井	
分	三刻十三分	三刻三分	一刻六分	二刻十二分	一刻十二分	四分	一刻五分	二分	一刻五分	一刻十一分	一刻	
子正二六	丑初二四	丑正一七	丑正二十三	寅初一十	秋分	寅正初六	寅正三三	寅正三七	卯初初十二	卯初初十四	卯初二四	卯初四
子初二十一	子正二九	丑初一十二	丑初三三	丑正一一	寒露	寅初初十一	寅初三八	寅初三十二	寅正一二	寅正一四	寅正二九	卯初初五
亥正三	子初二十三	子正二一	子正三七	丑初二四	霜降	丑正一	丑正三十二	寅初初一	寅初一六	寅初一八	寅初二十三	寅正初九
亥初三一	亥正二十四	子初二二	子初三八	子正二五	立冬	丑初一一	丑初三十三	丑正初二	丑正一七	丑正一九	丑正二十四	寅初初十
戌正三	亥初二十三	亥正二一	亥正三七	子初二四	小雪	子正一	子正三十二	丑初初一	丑初一六	丑初一八	丑初二十三	丑初初九
戌初二十一	戌正二九	亥初一十二	亥初三三	亥正一一	大雪	子初初十一	子初三八	子初三十二	子正一二	子正一四	子正二九	丑初初五
酉正二六	戌初二四	戌正一七	戌正二十三	亥初一十	冬至	亥正初六	亥正三三	亥正三□	子初初十二	子初初十四	子初二四	子正初
酉初二一	酉正一十四	戌初一二	戌初二八	戌正一五	小寒	亥初初一	亥初二十□	亥初三二	亥正初七	亥正初九	亥正□□	亥正三十
申正一十二	酉初一十	酉正初十三	酉正二四	戌初一一	大寒	戌初三十二	戌正二九	戌正二十三	亥初初三	亥初初五	亥初一十	□□三六
申初一十一	申正一九	酉初初十二	酉初二三	酉正一	立春	酉正三十一	戌初二八	戌初二十二	戌正初二	戌正初四	戌正一九	戌正三五
未正一十二	申初一十□	□□□□	□□二□	酉初一一	雨水	酉初三十二	酉正二九	酉正二十三	戌初初三	戌初初五	戌初一十	戌初三六
未初二一	未正一十四	申初□□	□□□□	□□一五	驚蟄	酉初初一	酉初二十三	酉初三二	酉正初七	酉正初九	酉正一十四	酉正三十

續表

時	距時	距時	距時	距時	距時	距時	距時	距時	距時	距時	距時
天狼	南河三	北河三	鬼	柳	星	張	軒轅十四	翼	五帝座	軫	
十四分	三刻五分	三分	三刻四分	九分	三刻五分	一刻八分	一刻一分	三刻八分	三刻三分	二刻四分	分刻
卯正一十四	辰初一四	辰初一七	辰正初十一	辰正一五	秋分	巳初初十	巳初二三	巳初三四	巳正二十二	午初一一	午正初四
卯初二四	卯正一九	卯正一十二	辰初一一	辰初一十	寒露	辰正一	辰正二八	辰正三九	巳初三二	巳正二五	午初初九
寅正二八	卯初一十三	卯初二一	卯正一五	卯正一十四	霜降	辰初一四	辰初二十二	辰初三十三	辰正三六	巳初二九	巳正初十三
寅初二九	寅正一十四	寅正二二	卯初一六	卯初二一	立冬	卯正一五	卯正二十三	卯正三十四	辰初三七	辰正二十	巳初初十四
丑正二八	寅初一十三	寅初二一	寅正一五	寅正一十四	小雪	卯初一三	卯初二十二	卯初三十三	卯正三六	辰初二九	辰正初十三
丑初二四	丑正一九	丑正一十二	寅初一一	寅初一十	大雪	寅正一	寅正二八	寅正三九	卯初三二	卯正二五	辰初初九
子正一十四	丑初一四	丑初一七	丑正初十一	丑正一五	冬至	寅初初十	寅初二三	寅初三四	寅正二十二	卯初一一	卯正初四
子初一九	子正初十四	子正一二	丑初初六	丑初一	小寒	丑正初五	丑正一十三	丑正二十四	寅初二七	寅正一十	寅正三十四
亥正一五	子初初十□	子初初十三	子正初二	子正初十一	大寒	丑初初一	丑初一九	丑初二十	丑正二三	寅初一六	寅初三十
亥初一四	亥正初九	亥正初十二	子初初一	子初初十	立春	子初四	子正一八	子正二九	丑初二二	丑正一五	丑正三九
戌正一五	亥初初十	亥初初十三	亥正初二	亥正初十一	雨水	子初初一	子初一九	子初二十	子正二三	丑初一六	丑初三十
戌初一九	戌正初十四	戌正一二	亥初初六	亥初一	驚蟄	亥正初五	亥正一十三	亥正二十四	子初二七	子正一十	子正三十四

【略】余爲湯君作千古計，覃思久久，迺因表而作中星儀，并備列其圖法如左。

又 中星儀作法

用三盤，盤心筦以活軸，最下一盤盤周刻三百六十度及二十四節氣，爲歲差盤。每歲向東移過五十一秒，以就歲差。中一盤以心爲赤極，刻四十五大星位置于其面，爲星盤。同歲差盤對天象以旋轉。星盤上作時刻銅盤，須下重上輕，以垂子午軸之前後，兩端懸以絲繩爲中線。時盤之上施一垂線爲測線。

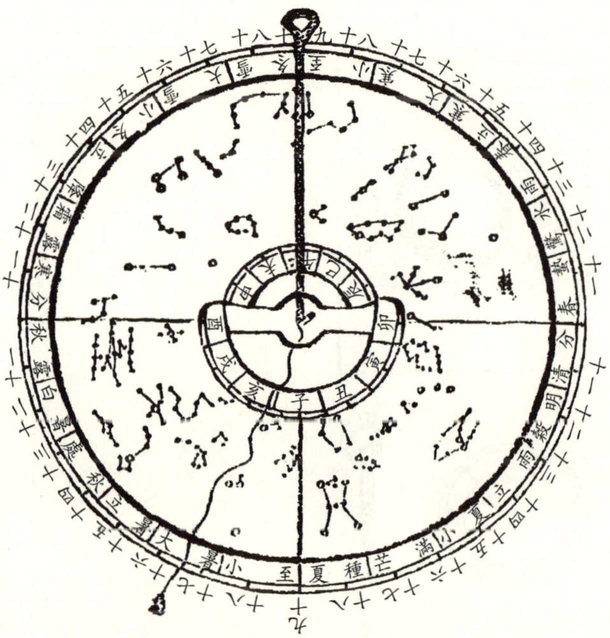

中星儀圖

又 用儀之法

如夜間測時，則視天上某星正中，即旋星盤切此星于中線下，次引垂線切於本日某節第幾候，視時盤上垂線所切之處，便知現在時刻。又如日間欲知某星在中，則將日晷所得時刻，以垂線切對時盤，次旋星盤，查本日某節第幾候，同切于垂線之下，視中線所切之星，便知現在某星適中，并可見某星方出，某星方入，籍以測天。其用更久而無弊。

丙辰歲春夏間，偶檢泰西湯若望恒星出沒表，與列星較對，舛錯甚多。此非作者之譌，傳寫之悮也。夫書關數學，無文義可通，是魯是魚，難以意會。學習每執書以求象，往往相印而不能符。俊用將周天三百六十五度四分度之一，歸除晝夜十二時，行一千四百四十分。又撮四十五大星彼此距度，如于歸出距時幾刻幾分，先定準的，然後逐刻逐分算明較録，并將某宿某星距時分刻，標出簡端，俾言天者欲定中星，隨時可改，非妄作也。區區之忱，惟欲使異日鈔胥，即有謬譌，其差可立見耳。如謂據爲定本，以訂前人之譌，則俊何敢。

又 測夜時晷二種

一曰星晷，即勾陳晷。法用或銅或牙或堅木，先作甲乙丙面，以戊爲心，作垂線。次作節氣圈三線，内盤微狹，平分七十二候。于頂上中線右一候，左二候，即從候線劃出外盤爲大暑節，其餘每三候作一線，爲二十四節線，刻節字于其中。大暑之右爲立秋，次處暑，次白露，次秋分，逐節順行至小暑。次作時面，與後月晷留尖及細銷合戊眼相同。時面之上作垂針。用法，以右甲角切勾陳大星，以乙左角切帝星，視垂針所指，即得時刻。此法昉于唐時，但恒星既隨黃道東移，則此二星亦不能一定。故作是晷者，先當測定二星現在真

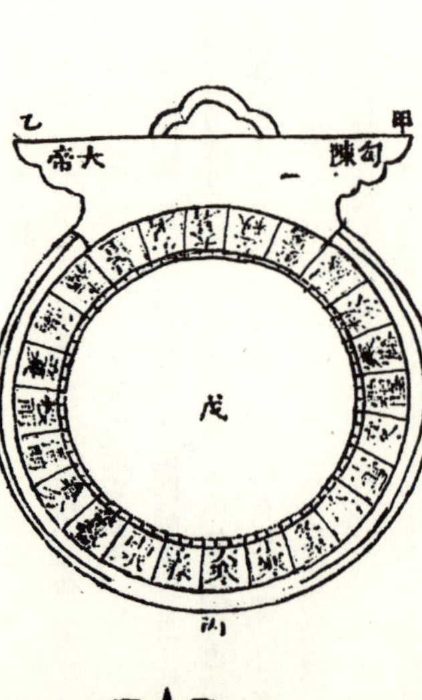

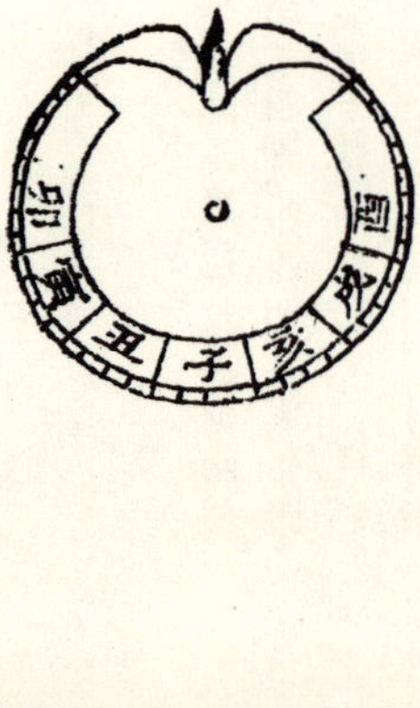

度，其法當俟二星正南北時，求其在子午規上是何官度，然後以節線就之，則星度准而測時自准。

一曰月晷，即太陰晷。其作法，除時面外，與赤道公晷大晷相同。作時面法，先於晷面以戊爲心作日盤，平分三十分。盤内剜深，仍準戊心作仁牙庚辛圈，上下相對，作仁牙二小圈，牙象晦，仁象望。以黑白二色迤邐斜填，使襯見於時面古孔之内。次作時面，於午正線上剜留一尖，撥以指日。尖下另開一孔如古，與下面仁牙二圈大小相等，四邊平分十二時刻。次用細銷合下戊心銷定，銷上用螺鑽套上影尺，以螺板蓋緊。用法，將晷向南，先撥時盤之尖，恰對本日，便可旋影尺以測時。但每月月望，時刻各有參差，未可强一定之日。測月躔高弧無定之時，故時面另剜古孔，當撥時盤對日之際，須視時面孔内之色，與天上太陰相較如一，則測時始准。假如太陰恰在十五日望，則尖對十五孔内之月光自圓。若或在十四、十六望，則十五日月不全圓，其時盤之尖又不可正對十五日線也。

此法爲用月晷者不講久矣。

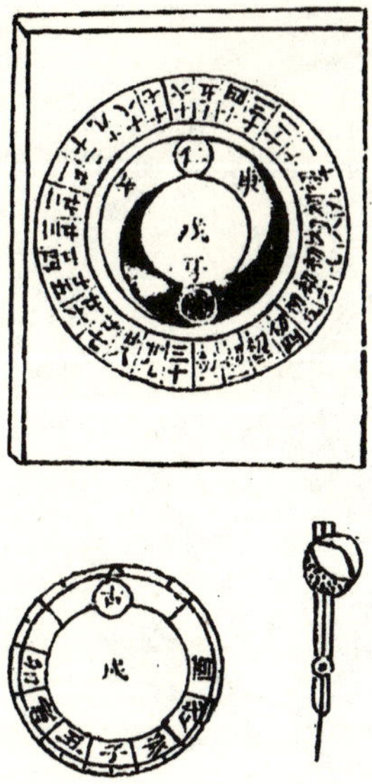

又徐朝俊《自鳴鐘表圖説・自序》 太陽隨天左旋一晝夜而分十二時，時析八刻，刻析六十分，分析六十秒，蓋天道之交節憑焉，地氣之飛葭應焉，人事之趨吉避凶繫焉。是時之爲義大矣，即測時器之爲用亦重矣。余既述日晷諸法以測晝時，復述星月儀表諸法以測夜時，而于陰雨晦冥之時，尚未之及，因輯是編所以辨子亥，定支干，非以供陳設玩好也。考上古祇有銅壺，自元明以來，而鐘表漸行中土。獨惜搢紳士大夫之有是器者，恒以機滯易停爲憾。余自幼喜作自鳴鐘表，舉業餘暇輒借此以自娱。近者精力漸頽，爰舉平日所知，能受徒而悉告之，并舉一切機關，轉捩利弊，揭其要而圖以明之，俾用鐘表者，如醫人遇疾，洞見臟腑，知其受病在何處，去病宜何方，保其無病宜何法。【略】

又　鐘表名目

一曰掛鐘，下用絲繩垂鉛錘以轉捩，難敝，易修，爲家居適用之器。

一曰擺鐘，内用鋼賜，案頭可隨處置放。

一曰問鐘，隨時可問時刻，一撥即發鐘聲若干響，屢問不爽。凡鐘較準時刻記數，如丑未初一響，丑未正二響，寅申初三響，寅申正四響，卯酉初五響，卯酉正六響，辰戌初七響，辰戌正八響，巳亥初九響，巳亥正十響，午未初十一響，午未正十二響。于交時自打鐘則然，若用手撥動鬧機，鐘便多增一響，與時針所指不對。問鐘不然，故并便昏夜夢餘之用。

一曰鬧鐘，如遇朝祭大典，在某時刻應起身冠帶，則將鬧針裝對某時，屆期便大發鐘聲，唤醒酣夢。

一曰報刻鐘，每刻雙椎打鐘，一刻兩響，二刻四響，三刻六響，四刻則單椎打出針指某時之數。

一曰樂鐘，其種有二。一種每交子時先打小鐘，其小鐘，自小至大，或五或九，多寡不定，各有工尺。小鐘打畢，大鐘打針指某時之數。一種是報刻鬧鐘，每交一刻，小鐘各鬧一轉，二刻兩轉，三刻三轉，四刻四轉，鬧畢刻數，大鐘打針指某時之數。此亦問鐘也，暗中不惟問時，并可問刻。

一曰表，機軸如鐘，收大爲小，有單針、兩針、三針、四針之别。單針指時，指刻，兩針并指分，三針并指秒，四針并指日。又有打鐘表一種，單針走時，擺無游絲，鐘亦案時一響至十二響。一種與問鐘同。又有問表，祇走時刻，交時並不打鐘，如欲知現在某時刻，不必看時針所指，祇須將柄推進，放手即單椎打出針指某時記數，并雙椎打出某刻記數。隨推隨報，故名推報。

又　鐘表事件名目并圖

一曰量天尺，一曰走時輪。量天尺，俗謂之擺。有掛擺、擔擺、梳擺、圓擺、管擺、蟹螯擺之别。走時輪，有火輪、側輪、三輪、二輪、大輪各事件。火輪有圈尖齒、工字齒、平尖齒之别。凡圈尖齒火輪配掛擺，擔擺、梳擺、圓擺，其齒必從單。工字齒火輪配管擺，平尖齒火輪配蟹螯擺。大輪有二種，凡掛鐘大輪，合以釘輪，旋牢釘輪之上。如兩套各一錘者，則走時釘輪中亦藏挺簧倒閘，與打鐘大輪同。凡擺鐘大輪，另有旋螺輪，俗名塔輪，内藏挺簧倒閘。螺痕繫鍊或絃，下聯腸殼。

量天尺式

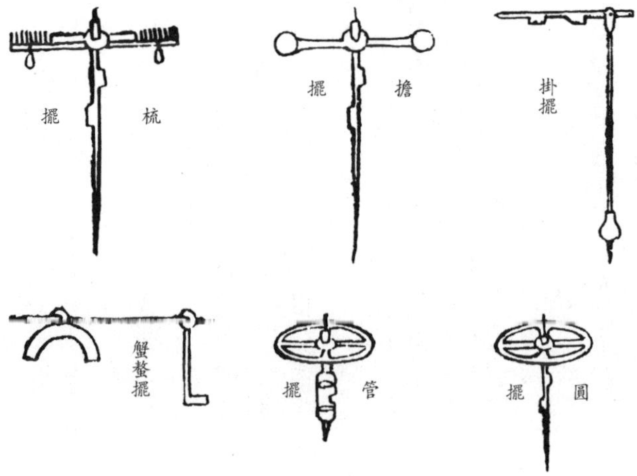

走時輪式

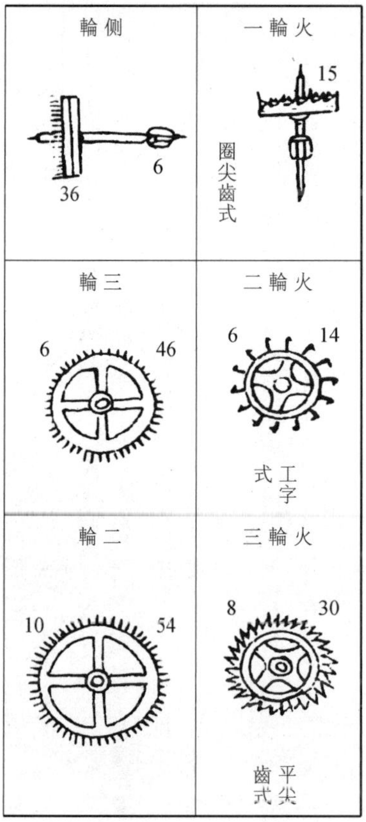

續表

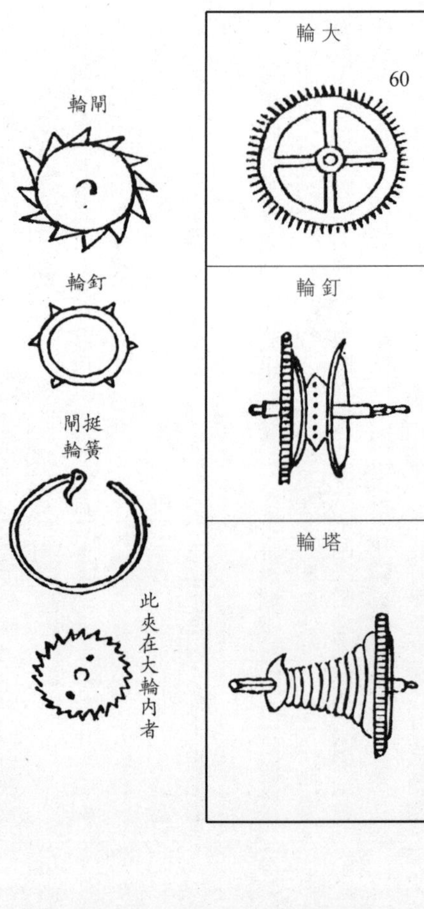

一曰出刻輪，出時輪，接時刻輪。凡刻輪有從二輪軸上出者，有另立一柱出者。時輪有一晝夜一轉，一晝夜兩轉者。接時刻輪有從大輪軸上出者，有另作橋蓋，因接刻以接時者。

一曰打鐘輪，有風輪、候時輪、內缺輪、大輪各事件。凡掛鐘在大輪出軸，軸套小輪，上接記數輪，帶轉外缺輪，以定記數。凡擺鐘、可問之鐘，有齒閘、割閘、撥閘，記數合十二尖齒輪各事件。報刻鐘，另有四刻記數輪。樂鐘有釘管輪，俗名刺毛輪、外缺輪各事件。問表有推報輪、問時問刻輪各事件。【圖略】

一曰機，有起閘機、候時機、起內缺機、起外缺機。報刻鐘有讓椎機，樂鐘有壓大鐘機，椎下有跳機，有挺簧、尖齒跳簧。報刻鐘有布橋跳，樂鐘有排椎排簧，此外有墊輪軟簧、墊輪硬簧、煞輪盤各事件。

大針指內盤，一晝夜二轉。小針指外盤，半時一轉。

又 輪齒

鐘表輪軸之齒，本無一定，惟輪齒密而軸齒疎，則同一發條，同一絲繩，上足則走時便久，而其間配搭呼應之處又一齒不可差。余作鐘，往往任意，先作走時一套，上足發條，任其走動，審大輪一轉，太陽走幾刻幾時，即配出時刻輪應在何軸，應齒若干，互爲呼應。其法甚活，但非入手者所能。兹特配定幾法如左。

走時輪軸，如大輪作九十六齒，二輪可配八十四齒，軸八齒。上配側輪七十二齒，軸六齒。爪輪二十七齒，軸六齒。如此齒數，可從二輪用長軸出刻，配刻輪四十齒，接刻輪四十，止作起鬧釘一。刻輪一轉四刻，則接刻輪亦一轉，打鐘一次。軸六齒，接出時輪七十二齒，則接刻輪十二轉，出時輪一轉。又如大輪作六十齒，可配二輪五十四齒，軸八齒，接三輪四十八齒，因齒少，故多此一輪。上接側輪三十六齒，爪輪十五齒。如此齒數亦當從二輪出刻，可配刻輪十六齒，接刻輪三十二齒。輪邊作二釘，每一轉打鐘兩次。軸八齒，接出時輪四十八齒。其餘軸皆作六齒，晝夜時針二轉。

右二法皆從二輪出刻。又有時刻從大輪出者，如大輪作六十齒，可配二輪五十四齒，側輪四十八齒，爪輪十三齒，軸皆六齒。大輪用長軸，配接時刻輪軸，輪作三十六齒，接出刻輪十八齒。作一釘起鬧軸，接出時輪四十八齒，則大輪帶接時刻輪一轉，出刻輪走兩轉，一時出時輪走八齒。又如大輪五十四齒，配二輪五十四齒，側輪四十二齒，爪輪十九齒，可於大輪軸套小輪四齒，接出時輪六十四齒，則一晝夜單針走一轉，而無刻針。又如大輪六十齒，二輪五十四齒，軸十齒；三輪四十六齒，軸六齒；側輪三十六齒，爪輪十五齒，軸六齒，可從大輪出軸作十五齒，接出時輪九十六齒，則一晝夜單針亦走一轉，而無刻針。余作天文表，刻太陽形模，旋轉以當針，指各節氣太陽出入在何時刻，每用此法。

打鐘輪軸，如大輪八十四齒，可配二輪六十四齒，軸八齒，勻作八釘，上接撥鬧輪五十六齒，軸八齒；次接候時輪五十二齒，一釘，軸七齒，上接風輪軸七齒，則二輪一轉，打鐘八記。候時輪一轉，二輪走八齒。又如大輪二輪皆作五十四齒，軸八齒，用九釘打鐘，當配撥鬧輪四十八齒，候時輪四十二齒，風輪軸六齒。

右乃擺鐘作法。如掛鐘，則大輪或作七十二齒，周圍即作十二釘以打鐘。上接内缺輪六十齒，候時輪六十齒，即接風輪，軸皆六齒，則大輪一轉，内缺輪必十二轉，鐘打一下，候時輪必一轉。又從大輪，用長軸出軸輪六齒，上接外缺輪之夾輪三十九齒，則大輪一轉，夾輪走六齒，與缺輪恰好呼應，打鐘十二下。

鬧鐘輪如大輪六十齒，可配打鐘輪四十二齒，軸作八齒，前後相間各作七釘以打鐘，上配接輪三十六齒，軸六齒，風軸六齒。

樂鐘輪，翻水輪，皆不拘齒數，端在臨時配搭呼應恰好，且鐘有翻水及從側輪接出秒針，最易停擺。所謂作無益以害有益者，此類是歟。茲特畧存其法，若欲就鐘表得真時，所重不在是也。凡樂鐘輪齒呼應之處，在内外兩缺輪及打鐘釘管輪，其要在起鬧時内缺輪機出缺，使外缺輪起缺，候時輪釘壓住，及時到機落則鬧小鐘。外缺輪依釘管輪走，邊作一釘，起大鐘鬧。其候時機即聯内缺輪機，小鐘未及打畢，則一頭壓住大鐘風輪，及小鐘一畢，外缺輪機落，則大鐘所壓風輪之機起而大鐘發聲，或報刻則另作四刻記數輪，同問鐘十二記數輪作。

又 作法

作輪軸要極圓，近用線床規矩最准。作齒之法，分得勻，銼得準，打磨得光，無他法矣。輪軸覅合要准，要緊□頭，軸眼貴細，不貴粗；配軸喫齒貴深，不貴淺。

作火輪。凡擺之兩耳者則九齒，多至三十一齒、三十三齒皆可，其齒尖須極銛利。

作塔輪法。凡鐘表必用塔輪者，由發條初上足時，其力緊，漸卸漸鬆，故作此以齊發條之力。塔輪之上，另作一閘；塔輪軸下，另作一活機，以止應開轉數。

出時輪管須作活鍵，以便較時撥針，否或針上作套管，緊套時輪管上。

作擺鐘及表内大輪，皆於輪面剜深一盤，藏挺簧及倒鬧，尖齒鬧輪于内。

作大輪軸，上接時刻輪及二輪上刻輪，皆用硬簧墊起銷緊。

作掛鐘外缺輪法。先勻分七十八分，隨定一分，起一記鐘。次數二分銼一缺，使兩記鐘落缺。再數三分銼一缺，遞至四分至十二分，各銼一缺，則鐘聲自由少而至多，是爲缺輪。次另作一輪與缺輪較小，下接大輪軸上小輪，即依缺輪上七十八分，以兩分爲一齒，則與大輪上六齒之軸自相呼應。

作問鐘内記數輪法。先作圓輪，中用套管，自管至邊勻分十二分，作十二圈線。又周圍勻分十二分，從中心並作直線，依線逐分銼進。其靠邊一分即打一記鐘之處。迤邐而轉，漸進一分，即增一記。至靠管至狹一分，即打十二記之處也。銼准其缺，即合釘于十二尖齒輪上。立柱夾板，下用挺簧套于柱上，用活墊銷定。

作齒鬧法。上作齒面，下作跳機，其弧形尖齒上接撥鬧下跳機，斜接記數缺輪。更于夾板角邊立柱，裝一割鬧，而尖齒便可配矣。配齒之法，任齒鬧下挺簧挺住，先撥記數輪第一記處，令與跳機搭住，即依割鬧所割之處作識，次撥記數輪第十二記處，令跳機搭住，亦依割鬧所割之處畫作識，從兩識相距勻分十二分，銼成尖齒，于十二分左右各多作一二齒。配准撥鬧，使打畢恰好搭住鬧根，則刻輪撥轉一尖齒，於記數輪必狹一分，齒鬧便多放一齒，而鐘便多增一記矣。如作報刻鐘，可於跳機上另作一跳機，搭在四刻記數輪上，以打刻鐘。又有另作鈎閘，分出三刻記數。又有即從十二記數輪上，逐分中各銼報刻缺者，隨意變通，法異而理一。

作游絲法。用細鋼絲，以利刀兩面刮削，圈作小盤，微火逼成燕子青色，擇其軟硬恰好者配用。

作發條法。用鋼打薄如鋸條，銼勻刮光，剪齊捲好，燒紅蘸火，復融鉛以退其性，裝入腸殼以配用。

作發條軸法。一頭銼方，套一小輪，下用螺軸爲收放。或如擺鐘法，於夾板外套一千斤閘爲收放。更有好洋發條，不用塔輪，即從發條硬開者，則于發條軸邊另立一釘，套一閘輪，而于發條軸上套一撥閘，配准應開若干轉，先將閘輪裝對若干齒，則開一轉撥過一齒，開到應住手時，則撥閘搭住閘輪而自止矣。

又　停擺之病

因發條軟。凡鐘表未及走畢，或停擺經年，則發條逼緊既久，放開則軟而無力。法將發條取出腸殼，從外盤倒捲進去，抹去油膩，重裝殼内。

斷發條，接有兩法，一用鈕扣，一用釘釘。凡用釘釘者，務退火一二分，銼渾接頭，釘要極平，則放開方無關碍。

陂齒，或銅質不精，或脱擺卸壞。修法，當以薄鉗鉗正，如或鉗斷，寧換一齒。接法，於斷齒下銼陰陽筍，勸緊兩面，毛牢銼光，以小銲抹之。如鐵軸斷齒，可于斷處銼一細槽，勸入一齒，用黄銅紮銲做光。

因軸曲。凡洋鐘有火之鋼，能斷而不能曲。其曲者，必鋼之無火者也，不妨用椎直之。

因軸眼寬。修法，須視其寬處，用圓鏨鏨之，表祇須用細鏨，就眼四邊，釘八九細眼便緊。

因擺不開。其所以不開之故，或爪輪齒頽，則當銼令極尖；或喫齒淺，須將爪輪軸旋起；或擺軸鋒頽，須銼出鋒口如刀，并將承軸之槽，用薄銼開細，則擺開而難停。

因偏擺。欲驗偏擺，如平放則停，欹放則走，是偏擺也。須視或左或右，何處墊起肯走，即將擺梗向墊處彎過便是。

因鈎閘。此惟問鐘有此病。欲驗鈎閘，如長針走在左面，撥記數輪時忽然停擺，以手撥針，能退而不能進，是鈎閘也。法當將長針退下，上足打鐘發條，打過鐘，則針亦能進，而擺自不停。

因不起機。凡掛鐘或停在打鐘前，則機或喫緊内缺輪，欲起而不能起。可將落缺之機，微抹香油，使起機滑而輕即走。

因螺鑽鬆。視有鬆者，旋緊即走。

因塵膩。鐘表久不修理，塵膩粘滯，亦易停擺。可拆開細細擦浄，於軸眼内略上香油即走。

游絲或碍擺盤，或碍夾板，皆能停擺。須修平游絲，使不碍即走。

表大輪三角閘釘活動不平，或大輪下銷軸釘長出，致碍出時輪不走。

三針表，針碍針停擺。須裝好使不碍，便走。

表偏擺。驗法，俟其停時，看定蟹爪輪，將擺向外微撥，看爪輪動否。如不動，再向内微撥。如向外撥而爪輪動者，須將游絲畧收。向内撥而爪輪動者，須將游絲畧放。

表夾板脱去銷釘，亦能停擺。

鄒伯奇《鄒徵君存稿》

説自鳴鐘

自鳴鐘之術起於候時墜子，其法詳《靈臺儀象志》。蓋以銅爲墜子，以線懸於無風處，牽而摇擺之，數其一刻得若干往來，則每一往來爲若干秒，可得而算也。其往來爲時久暫，以線長短爲率。然其比例，則以時之自乘與線長爲比例。如有兩墜子各數得若干往來，而一爲時百秒，其自乘一萬；一爲時二百秒，其自乘四萬，是爲一與四之比，其線長亦必一與四之比也。自鳴鐘之擺即取法於墜子，以擺之長短爲遲速之節制。又作諸輪催迫，使無墜子停擺之慮。然擺之長短，不在銅條之度，而在重心之高下。重心高者短也，重心下者長也。於擺畧加小鉛，或纏以銅線，則遲速異，非因重故，重心移也。諸輪之動力在鉛墜，或用鋼條，力有輕重，亦能變其遲速，催迫有緩急也。故鉛墜鋼條之力趣於與擺力相應，其消息在輪軸之廣狹，輪齒之疎密，此皆較自鳴鐘者所當共曉也。然較自鳴鐘不可徒以日晷。自鳴鐘報時，天周平行之數也。日晷加時，則有太陽均數黄赤升度兩種時差，以此時差加減，然後與天周相應。時差總有至一刻者，若但以日晷爲據，而訖自鳴鐘之失行，是以終日較量而遲速迄無定準也。今將所步周歲逐日時差總録於後。

或問：有自鳴鐘，欲加一針，令其一歲一周，與太陽行度相應，其法若何？答曰：作五輪相加，第一輪牙八十三，與時針輪軸六廉相輗，其輪軸七廉；第二輪牙亦八十三，與第一輪輪軸相輗，其輪軸十五廉；第三輪八十八牙，與第二輪軸廉相輗，其軸無廉；別爲一大輪，與第三輪同軸，其牙一百三十七爲第四輪；與第四輪相並者爲第五輪，牙一百〇四，與第四輪牙相輗，此輪一歲方轉一周。出其軸端安針於軸，針鋒所指成一渾圓之迹，是爲日行輪。又畫一圈，圓心距軸四度，平分十二宫，每宫注明節氣，宫三十度。以現在最卑，在　宫　度當日行輪最卑處，遇交節氣時刻，將此針移至本節氣度上，然後任其自行，則針鋒所指與太陽行度相合。別作一圈，平分三百六十五日二十三刻四分，與歲周相應。以初日加在本年元旦子正初刻太陽所在度分，隨視鍼鋒所指距元旦若干日，順數之，即知本日爲某月某日。

或問：一歲一周，此歷家太陽右旋也。若人目所見，只見天左旋，日月亦隨之而左旋而稍遲，欲作一輪以顯迹象若何？答曰：當作一輪爲日行輪，日轉一周，別有機輪令其自轉。其牙九十，出其軸端加針於外，爲日行針。又作一輪爲天行輪，牙七十五，其軸通心如車轂，貫日行輪之軸中，亦出轂端。又作一圈，固以十字架，中開一孔，安轂端外周平分一十二次及二十八宿度分，爲黄道圈。天行日行二輪旁安二輪，同固一軸中，其一輪牙七十三，與日行輪牙相輗；一輪牙六十一，與天行輪牙相輗。遇交節時刻，將日行針指本節氣度分，自後任其自行，視針所指，即知本日太陽在黄道某宫度分。視何宿度行到至高，即知現時某宿度中星到天頂。此法按之天行驗之，目測皆無所失。至於酌定輪牙之處，立意微妙，別有説。

答友人問漏箭簡法

昨談及漏箭，承問別有簡捷之法否？伯奇按鄧玉函《諸器圖説》有水日晷一圖，止用一甕漏水，又墜繩於輪，用針指時刻，可不拘午正，放水頗爲簡捷。但其法在甕底漏水，水深則抵力大而漏水急，水淺則抵力少而漏水遲。又甕底泥壓所聚，常能淤塞水管，故古法多爲壺，所以平水力，又以澄水滓也。今變通其法，用虹吸出水。虹吸即與繩連，與水深淺爲上下，吸力常等。又不吸泥滓，免淤塞之患。其久暫大小之數，則視作器爲消息耳。爲圖如左。

此器甚易造，因有各種消息，易得校準故也。余嘗以玻璃管爲虹吸，口如針芒，低於水面二分，一晝夜漏水斤餘。但管口太小時，有凝於微泥。欲其無凝，

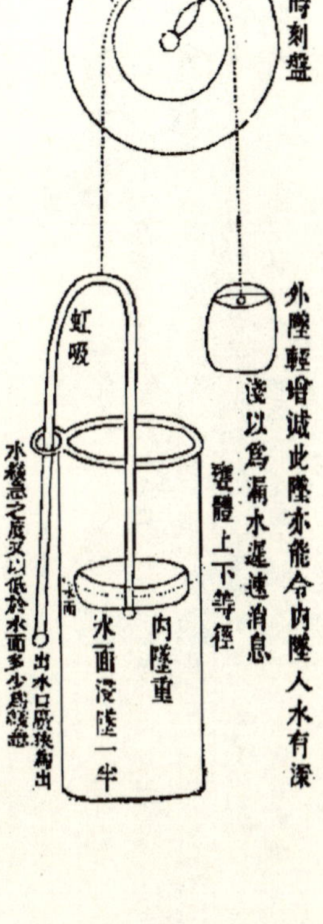

仍須大其管，多其水乃佳。甕口徑不可甚大，大則虹吸屈曲；潤又不可太深，深則虹吸須長。若虹吸口大而甕貯水少，當別爲大甕，亦要上下等。貯水旁通之其可也。水低則墜下而輪順轉，添水則墜升而輪倒逆轉，須移針校合現時刻。如欲墜升而針不逆轉，添設掣機輪，亦得如此，則不校針亦差不遠。若不爲輪墜，但作舟浮甕水面。舟中插虹吸，即以虹吸爲時辰尺，亦無不可。但必須午正添水，定尺與古法同，不能隨意活動耳。又所以不作舟者，舟須重大乃能載虹吸直立。且以木爲之，則日久有浮沈之變。以銅爲之，則太薄易偏。添水又恐濺水入，不若繩墜之無弊也。

劉衡《尺算日晷新義》卷下《作日晷六法》

第一法　斜立向正南之日晷

此晷作于平面，用時支之，使向南斜立。其斜度視各方北極高下之度，隨處可以通用。

先定時刻

法曰：作横線如坎離。次于坎離横線中任定一點爲表位，如兑。兑作小孔，以植表也。次任取長數，長約晷體九之一，務直毋曲，細長如鍼，鋭其兩端。爲表如咸恒，咸——————恒。

表植于表位兑，其一端入兑之孔，務直毋稍偏倚。而表長如咸兑。次以咸兑表度置尺，十二限處爲底定尺，勿令移動。而取尺第一限至二十二限之各底，以次移于坎離線兑點之左右。右左。自兑起，以次蟬聯而至于坎、離。各作點識之，每一點爲一刻，即得午前午後各

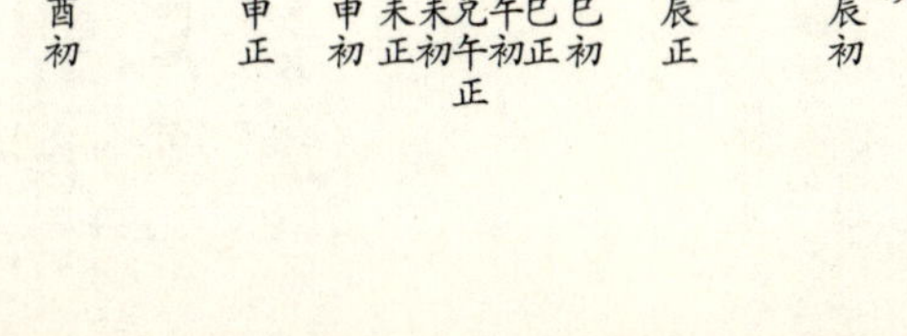

刻如圖。

兑	右左第一點午初三正初刻	右左第二點午初二正一刻
	右左第三點午初一正二刻	右左第四點午初初正三刻
	右左第五點巳正三未初初刻	右左第六點巳正二未初一刻
	右左第七點巳正一未初二刻	右左第八點巳正初未初三刻
	右左第九點巳初三未正初刻	右左第十點巳初二未正一刻
	右左第十一點巳初一未正二刻	右左第十二點巳初初未正三刻
	右左第十三點辰正三申初初刻	右左第十四點辰正二申初一刻
	右左第十五點辰正一申初二刻	右左第十六點辰正初申初三刻
	右左第十七點辰初三申正初刻	右左第十八點辰初二申正一刻
	右左第十九點辰初一申正二刻	右左第二十點辰初初申正三刻
	右左第二十一點卯正三申初初刻	右左第二十二點卯正二申初一刻

若晷體窄小，則近午難容密點，法並取二限爲一點，則每點爲二刻。或併取四限爲一點，則每點爲半時。然自巳、未正而右左爲限漸寬，仍析取每限爲是。

問：其義云何？曰：坎離線即赤道也，每年春秋分兩日，太陽正躔赤道，日影終日行此線上，表端咸點所指之某限，即是日某時某刻也。兑即赤道之心，故二分日正午則咸兑表直立，正對太陽中心一點而無表影也。又曰：太陽射之弦割線影也，而其影度之見于平面，則切線也。十二限者，切線之四十五度也，半徑也。尺上各限，即切線各度也。以表度置尺十二限爲底，是以表度者半徑也。以表度當半徑而取其切線，以定時刻，此恒理也。

問：以某度爲底者，何也？曰：此定尺之法也。以規兩鋭張翕之量定某長短之度，如咸兑表度之類。乃定規，勿令兩規張翕。乃張尺以規度施于兩尺之某限。如十二限之類。將兩尺張翕之以就規度，既得規度則定尺。勿令兩尺張翕。此以尺就規度，令兩尺某限相距之度如兩規相距之度也。規定而尺定于規也。

問：取某限爲底何也？曰：此取兩尺各限之度之法也。兩尺既定矣，乃以規兩鋭張翕之量定兩尺間某限相距之度，如第一限至二十二限之類。既得尺度則定規。勿令兩規張翕，以便移其度入晷線也。此以規就尺度，令兩規相距之度如兩尺某限相距之度也。尺定而規定於尺也。

次定二至日太陽各時刻距赤道緯度

法曰：以咸兑表度置尺十二限處爲底定尺，而取兩尺間六限下第二分之底，移於晷線兑心之南與其北，南、北而各截之，南如兑井，北如兑夬，乃于井夬作直線聯之，與坎離線十字正交于兑心如下圖。

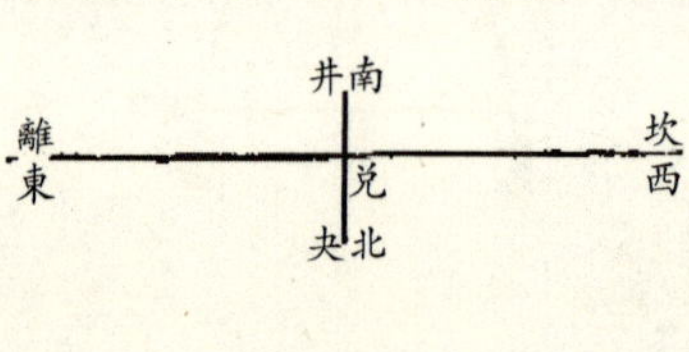

問：井夬之義？曰：井即夏至日正午日影所到也，夬即冬至日正午日影所到也。

問：何以知其然也？曰：每日自東而西者，太陽之經度也。一年之中，太陽半年在赤道南，半年在赤道北，其自北而南，自南而北者，太陽之緯度也。緯度極北爲夏至，距赤道二十三度半。緯度極南爲冬至，距赤道亦二十三度半。南北兩緯相距四十七度，故冬至日太陽在赤道南二十三度半，爲太陽緯度之極南。自此以後，太陽以次漸移而北，迨北行二十三度半而到赤道上，是日爲春分。既過春分，太陽漸離赤道而北，又北行二十三度半，而到緯度之極北，是日爲夏至。夏至日太陽在赤道北二十三度半，爲太陽緯度之極北。自此以後，太陽以次漸移而南，迨南行二十三度半而到赤道上，是日爲秋分。既過秋分，太陽漸離赤道而南，又南行二十三度半而到緯度之極南，是日爲冬至。此太陽終歲行度之不易者也。右法以表長當半徑，半徑，圓徑之半也，即下圖圓心至各弧界之度。以十二限當四十五度之切線，亦即半徑也。其六限下第二分，即二十三度半之切線，故其度爲冬夏至日影所到也。

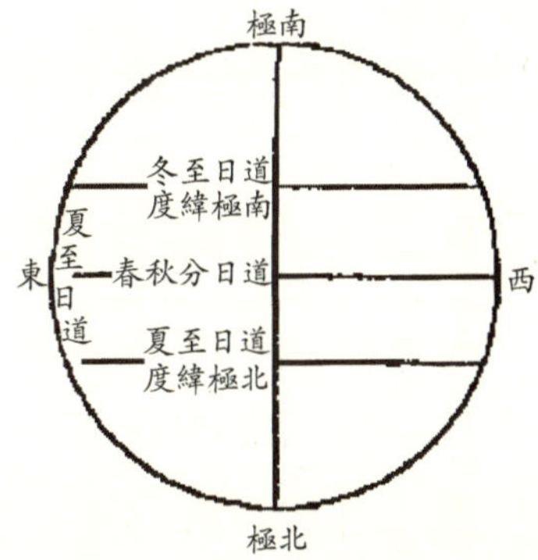

又曰：日南行而影則見于北，日北行而影則見于南。日晷者，取影之器也，故晷面井位南，而其日影所到非南緯冬至，乃北緯夏至也；央位北，而其日影所到非北緯夏至，乃南緯冬至也。圖則畫日道所躔，晷則畫日影所到，故其南北相反也。

次以咸兑表長當句，而以兑心至右午初點當股，兑心至左未初點亦同。乃以表端咸至右午初點之弦度咸至左未初之弦度亦同。置尺十二限爲底定尺，而取尺六限下第二分之底移于晷面午初點處，于其點之上下截之亦移于未初點處，亦于其上下截之，各如截井央法，亦各作直線聯之，而皆與井央線平行，即二至日午初未初日影所到也。次仍以咸兑表長當句，而以兑心至右巳、左未正點當股，乃以表端咸至右巳、左未正點之弦度置尺十二限爲底定尺，其取底移于晷面巳、未正點處，上下截之，作線聯之，悉如前法，即二至日巳、未正日影所到也。

次仍用咸兑句，而以兑心至右巳、左申初點當股，乃以咸至右巳、左申初點之弦度置尺十二限爲底定尺，其取底移于晷面巳、申初點處，上下截之，作線聯之，悉如前法，即二至日巳、申初日影所到也。自是右、左而辰、申正，而卯、酉正，皆用咸兑句，而以兑心至各時刻點當股，以表端咸至各時刻點處之弦度爲十二限之底，其取底截點作線，悉同前井央法，惟右左自巳未正，而右左影度漸長，點線漸寬，若能以細分之各刻與咸兑表長爲句股，而各取其弦度爲底，以求緯度，則可得二至日各刻之日影所到也，如圖。幅短借作直圖，須横觀之。

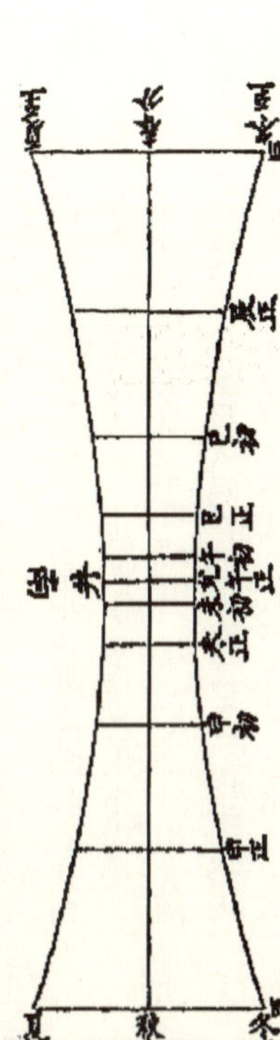

問：二至日正午以外不用表度，而用各弦度爲底，有説乎？曰：天體渾圓，日晷則寫渾于平者也，故必有影差，何也？太陽惟二分日正躔赤道腰圍之一線，故晷面赤道線直必中繩，而是日日影所到亦終日不出此線。餘節氣，太陽出入于南北緯度，故晷面之影不行直線，近午則短，而東西則漸弛也。非用割線，則不能求其影差。各弦度者，割線也。右法表長恒爲句，即半徑也。兑心至左右各時刻點爲股，即大圈外之切線也。表端咸至各時刻點爲弦，即大圈外之割線。兑井、兑央線以半徑表度當半徑，十二限即四十五度，亦半徑也。而求二十三度半之度。其餘各線則以割線各影弦度。當半徑，而求二十三度半之度，故能遞求遞潤而得其影差也。

次定各節氣

法曰：以兑井之度用兑央亦同。置尺十二限處爲底定尺，而取其第二限即七度半之切線。之底，自兑心起向南兑井線加之，作點識之；亦自兑心起向北兑央線加之，作點識之，北點即驚蟄、寒露日正午日影所到，南點即清明、白露日正午日影所到也。次即原定尺取第四限即十五度之切線。之底，自兑心起南北向兑井央線上加之，作點識之，北南點即雨水、霜降、穀雨、處暑日正午日影所到也。次即原定尺取第六限即二十二度半之切線。之底，自兑心起南北向兑井央線上加之，作點識之，北南點即立春夏、立冬秋日正午日影所到也。次即原定尺取第八限即三十度之切線。之底，自兑心起南北向兑井央線上加之，作點識之，北南點即小雪、大寒、小滿、大暑日正午日影所到也。次取原定尺取第十限即三十七度半之切線。之底，自兑心起南北向兑井央線上加之，作點識之，北南點即大雪、小寒、芒種、小暑日正午日影所到也。

右所定節氣二十，皆本日正午日影所到也。合之兑心爲春分、秋分，井爲夏至，夬爲冬至，則正午二十四節氣全矣。

井夬正午線之左之右各時刻線，其定節氣之法，皆以本線之半或用赤道南半線，或用赤道北半線。之度置尺十二限處爲底定尺，而遞取其第二限、四限、六限、八限、十限各底，以次皆自本線之心起向南、亦向北加之，作點識之，悉同上兑井夬線求各節氣法。

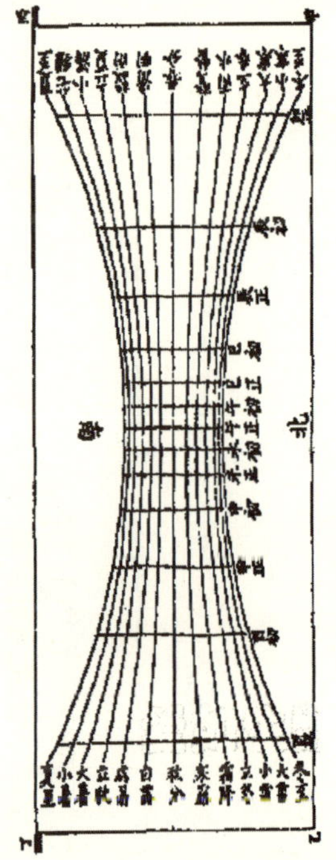

正午左右各時刻線均定節氣訖，乃于各線點識處各作横線聯之，次于各横線兩端盡處將各節氣以次書之如右圖。幅短借作直圖，須横觀之。

士琳案：此段原稿在圖前，今移于圖後，故于圖上增一右字。

晷體横寬，北甲乙，南丙丁，西丙甲，東丁乙，廣狹長短無定度，取足畫線書字而已。丙丁盡處各餘少許，爲横軸以入晷牀兩弧心氐小孔也。

問：尺十二限，即切線之四十五度也。今分之爲六節氣，何也？曰：太陽一日行一度，十五日行十五度，爲一節氣。若六節氣，則滿九十度矣。日晷尺與切線同理，切線無九十度，平行無度，終古不能與割線相遇，故不立等。不得已而用其半，故以十二限之四十五度代九十度，而所取各限亦俱用其半也。第二限七度半以代十五度，爲一節氣。第四限十五度以代三十度，爲二節氣。第六限二十二度半以代四十五度，爲三節氣。第八限三十度以代六十度，爲四節氣。第十限三十七度半以代七十五度，爲五節氣。而十二限四十五度代九十度，爲六節氣。用半實用全法窮，而巧法生矣。

問：晷面各時刻線自赤道至二至皆二十三度半也，何以又分爲九十度也？曰：太陽黄道周天三百六十度分爲四分，每分九十度，謂之象限一。象限又分爲六分，每分十五度爲一節氣。太陽自冬至至春分，春分至夏至，夏至至秋分，秋分至冬至，每一象限各行九十度，各有六節氣，此太陽行黄道之經度也。而其行赤道之緯度，則非九十度也，則仍不出二十三度半也，何也？九十度者，黄道自東而西之度；而二十三度半者，黄道與赤道相距南北之度也。

問：以九十度六節氣加于晷面南北緯線，何以不挨次蟬聯，而必逐次皆自兑心起度也？曰：天體渾圓，而非平圓，故太陽所躔緯度可以平算而不可以平視平測。自春分至清明，自秋分至寒露，日行黄道經度十五度，而其緯度則非十五度，乃六度十九分也。自立夏至小滿，自立冬至小雪，日行黄道經度亦十五度，而其緯度乃四度也。自芒種至夏至，自大雪至冬至，日行黄道經度亦十五度，而其緯度則一度弱也。蓋太陽近二分日，其差多；近二至日，其差少。故所取各限之底，必自兑心起度而累加之也。

晷牀

用薄片作象限弧，二必等弧，半徑度與晷體丙丁度等，亦同丁乙。弧平分九十度，度皆從弧心氐斜出直線聯之，皆作孔洞之。孔當各度兩界線之中，與弧線平行密排如齒，如圖。

次用平版，廣狹長短視晷體差豐，亦横置之，以兩弧斗氐就版氐南斗北植立，版之兩端兩弧東西正對，勿稍欹側，其一以膠或釘固之，其一安晷後乃固之，版近北安指南車一具如角。幅短改作直圖，須横觀之。

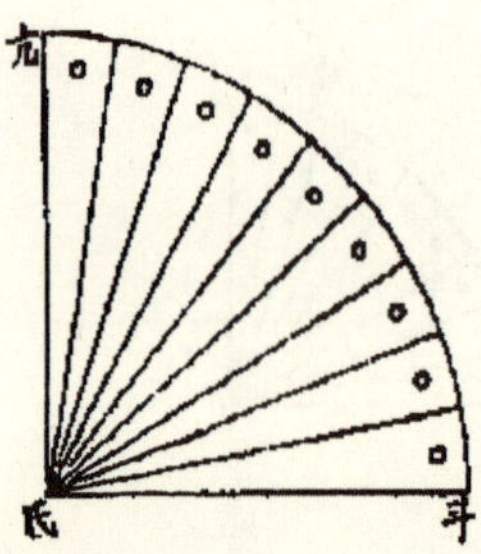

士琳案：弧版與晷牀平行，故原圖易作鈍角。

次于兩弧心氐盡處各横穿圓孔一，東西正對如右圖，乃以晷體丙丁盡處兩横軸入之，令晷體低昂任意如轆轤然。

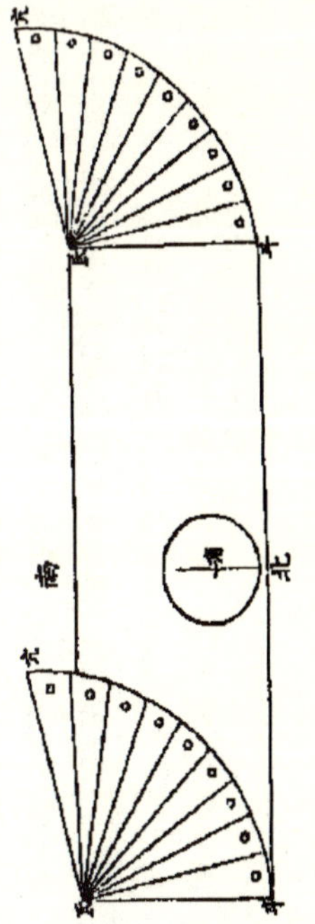

用法

定指南針，查本方北極出地平高若干度，各省北極高度見下第四法北極攷。次將晷體甲乙昂起，乃數晷牀旁植兩弧之度，自北之斗處數起至本方北極高度，以長物爲支條入本度之孔，而橫貫于彼弧本度之孔以支晷。令晷體爲支條所橫格斜立向南，則晷體斜度如本方北極高度，而表端咸正指本方赤道矣。

若晷體稍厚，則支條斷不可施于本度之孔，必于其下一二度之孔斟酌用之，須令晷厚體平分處與本度兩界線之中心一點相準，否則晷體厚則晷面高于本度，差毫釐失千里矣。

第二法　斜立向正東之日晷

此晷亦作于平面，用時視本方赤道之高下，斟酌斜支，隨處可以通用。

法曰：作直線即赤道也。如乾坤，以乾爲表位，乾作小孔，以植表也。

次任取長數爲表，植之于表位乾之孔，務直勿使偏倚。而表長如咸乾。

次以咸乾表度置尺十二限，爲底定尺，而取尺第一限至二十二限之各底，移于乾坤線上。自乾點起，以次蟬聯順下而各作點識之。第一點乾即卯正初刻也，次卯正一刻，次卯正二刻，次卯正三刻。自是而下，四點爲辰初之四刻，次四點爲辰正之四刻，次四點爲巳初之四刻，次四點爲巳正之四刻，又次爲午初。此春秋分日各時刻日影所到也。若晷小，近卯處難容密線，則併取二限爲一點，或併取四限爲一點。

次定二至日各時刻太陽距赤道緯度，次定各節氣，悉同前第一法。但彼分左右，此則自上而下耳。

晷體長方，剡其下坤端，綴小圓釘如軸，以入晷牀弧心氏小孔也。

晷牀

用薄片作象限弧，一弧平分九十度，度皆從弧心氏斜出直線聯之，皆作小孔洞之，孔當兩界線之中，與弧線平行，密排如齒，如後圖。

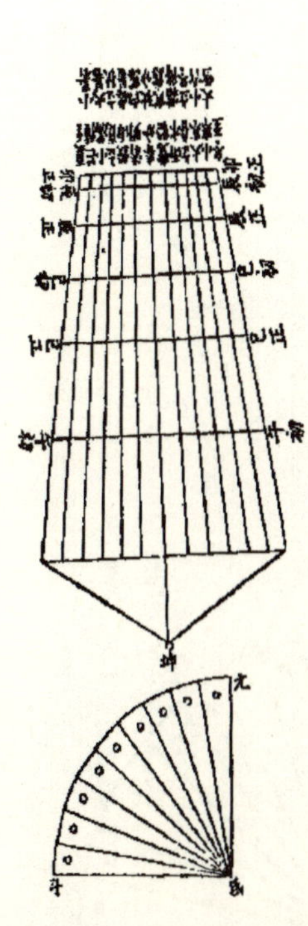

弧兩面作線必等。

士琳案：原稿晷牀文一段本在圖後，故末云如右圖，今因所空之行太狹，難容晷圖地位，故移圖在文後，而改右圖爲後圖。

次用平版，長與弧氏斗等，廣視長稍殺或等，乃以弧氏斗就版斗南氏北植立，版中央以膠或釘固之，勿令攲側。弧之東或西安指南車一具，乃于弧心氏作小圓孔洞之，以晷體坤端小圓軸入之如轆轤然。

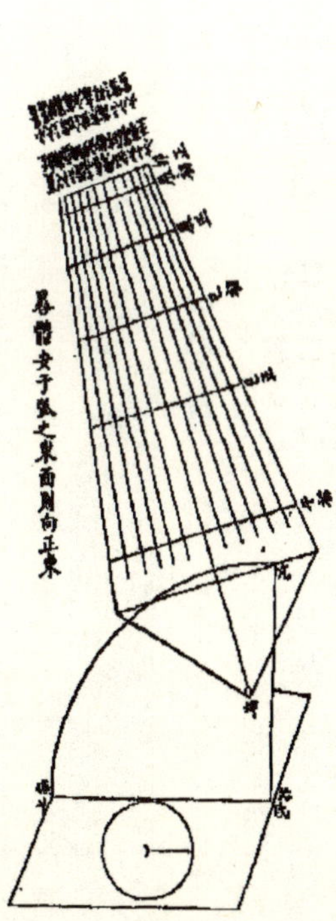

用法

定指南針，查本方赤道高若干度，赤道高度同北極餘度，見第四法北極攷。乃數晷牀弧度，自南之斗數起至本方赤道高度，將晷體上下斜轉之，令晷體乾坤線恰當本度兩界線之中，乃於乾坤線上作小孔洞之，令與本度之孔準對，以樞貫之，則乾坤線如本方赤道而成正東日晷矣。

第三法　斜立向正西之日晷

說同前。此晷作法同第二法，但面向正西，故其時刻次序皆逆行。自下而上，第一點乾即酉初三刻交正也，次酉初二刻，次酉初一刻，次酉初初刻。自是而下，爲申正，爲申初，爲未正，爲未初，爲午末。又其節氣，惟中一線春分秋分同第二法，餘俱與第二法相反。如彼爲冬至，此爲夏至。彼爲芒種、小暑，此爲大雪、小寒之類。至晷牀用法，俱同第二法，但彼向正東，故晷體安于弧之東面；此向正西，故晷體安于弧之西面耳。圖同第二法。

第四法　平卧向正北之日晷

此晷視本方北極之高下，定表之長短與表位，及晷心之遠近。惟本方鄰近南北二百五十里，東西四百里以内可用，餘不能通用。

法曰：作直線如乾坤，乾南坤北。

次于乾坤直線中任定一點爲表位，如艮。艮作小孔，以植表也。

次作表，或銅或銕，務直毋曲，細長如針，鋭其兩端。任長一寸或數寸，植立于表位艮，其一端入艮之孔，務直毋稍偏倚。表長如咸艮。

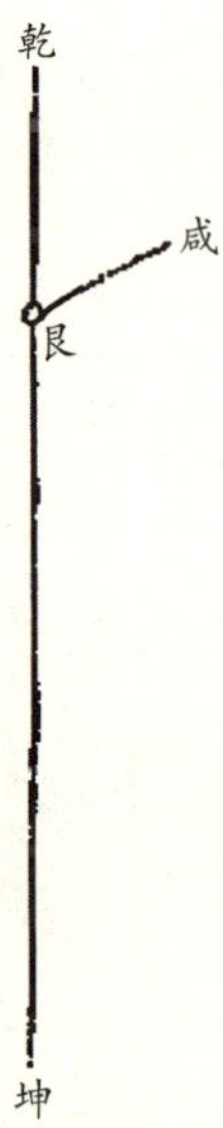

次以咸艮表度置尺十二限處，爲底定尺，而取兩尺間本方北極出地高度如浙江北極高三十度，在尺第四限之類。若其度爲尺各限所不備者，則于相近之限上下斟酌取之。之底，移于乾坤線，自表位艮向北截之，作識于艮北如兑，爲艮兑。

次即原定尺取本方北極高度之餘度如浙江北極餘度六十度，在尺第十二限之類。若其度爲尺各限所不具者，則于相近之限上下斟酌取之。之底，亦移于乾坤線，自表位艮向南截之，作識于艮南如巽，即晷心也。爲艮巽。

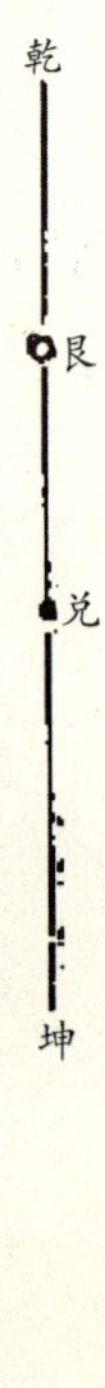

問：北極高度餘度云何？曰：高度者，北極出地平之度也。餘度者，北極距天頂之度也。餘者對正之稱。周天大圜三百六十度，四平分之，每分九十度，即地平至天頂之度也。故北極出地平一度，其餘度必八十九度。北極出地平二度，其餘度必八十八度。正盈一度，則餘必絀一度。正絀一度，則餘必盈一度。正餘相爲盈絀，并之必滿九十度。故即正可以知餘，即餘可以知正也。

次于兑點左右引長之作横線，如坎離，與乾坤直線十字正交于兑，如圖。

士琳案：圖漏坎離字，今補。

問：坎離云何？曰：即赤道也，即春秋分日日影所到也。

次以表長咸艮當句，以艮兑當股，而取其弦度咸兑，置尺十二限爲底定尺，而取其自第一限至二十二限之各底，次第移于坎離横線兑點之左右，右左，自兑起蟬聯而至于坎離而各識之，乃自晷心巽向各識處斜出直線聯之，即得午前午後各時刻如右圖。兑左右各時刻，詳見第一法。

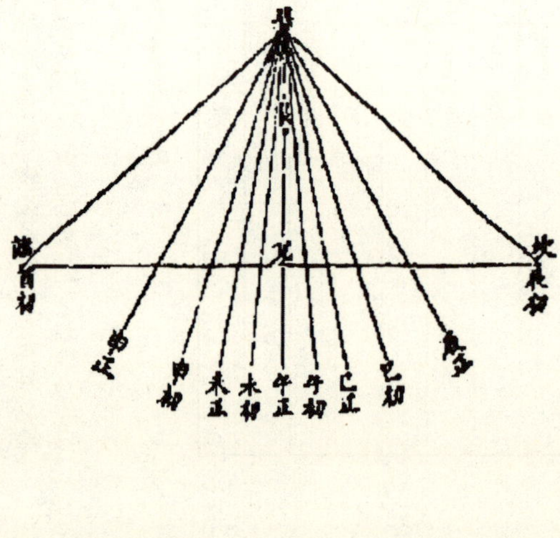

問：咸艮表？曰：半徑也。

問：艮兑？曰：北極高度之正切線也。問：艮巽？曰：北極高度之餘切線也。何以知其然也？曰：試以咸爲心，艮爲界，作卯辰丑艮大圈，次引長咸艮線至于卯，又作截腰橫線于卯辰線，十字正交于圖心，如丑辰。又于卯丑弧、圜形似弓背之弧，故曰弧。艮辰弧之間斜作直線過心，如申未。次于卯辰弧、艮丑弧之間亦斜作直線，與申未線十字正交于圖心，如巳丁。夫大圜周天三百六十度也，卯艮直線、丑辰橫線十字正交，將大圈平分爲四分，各得九十度。卯辰弧、艮辰弧、卯丑弧、艮丑

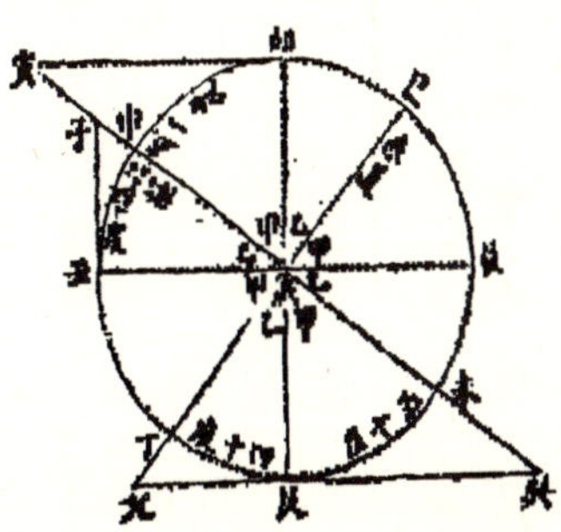

弧，皆九十度也。丑辰爲地平，卯爲天頂，咸爲地心，巳丁爲赤道，申未爲北極，申丑則北極出地平之高度，申卯則北極高度之餘度也。巳辰赤道出地平之度，巳卯則赤道距天頂之度也。赤道與北極相去必九十度相爲高低，此高則彼低，此低則彼高，故北極出地平一度，則赤道出地平必八十九度。若如京師北極出地平四十度，則京師赤道出地平必五十度，故圜中四甲度皆等，四乙度亦皆等，此天道之不易者也。咸丑也，咸辰也，咸卯也，咸艮也，咸申、咸巳、咸未、咸丁也，各得大圜徑之半，故曰半徑。凡自圜心出線至弧界，皆爲半徑，即皆句也。若無圜內之正弦爲句股，則半徑又爲弦。其出圜外而與切線相遇者，曰割線，割線有二。與正切相遇者曰正割，與餘切相遇者曰餘割。正割也，餘割也，皆弦也。圜外截圜之線，其直與卯艮線平行，橫與丑辰線平行，而相遇于割線者曰切線。切線亦有二，一曰正切，一曰餘切。二線互爲正餘，此爲正則彼爲餘，彼爲正則此爲餘。割線亦然。正切也，餘切也，皆股也。圜內弦線亦爲股。句股爲正方角，無論巨細，但同弦，則反正順逆，其形必兩兩相等，故可以互求，此筭理之不易者也。如右圖，咸艮表上指天頂，下至地心即咸卯也，亦即咸丑也。艮爲表位，咸艮兌句股形與咸丑子形等，故艮兌正切與北極高度之正切子丑必等，而咸兌正割與北極高度之正割咸子亦無不等也。巽爲晷心，咸艮巽句股形與咸卯寅形等，故艮巽餘切與北極高度之餘切卯寅必等，而咸巽餘割與北極高度之餘割卯寅亦無不等也。然則晷用艮兌，實用子丑也。晷用咸兌，實用咸子也。晷用艮巽，實用卯寅也。玩圖自明。

又論曰：赤道高低隨各方北極之高低爲轉移，故北極度高則赤道低，低則艮兌之距遠，艮巽之距近，而咸艮表宜短。若北極度低則赤道高，高則艮兌之距近，艮巽之距遠，而咸艮表宜長。故表之長短，表位及晷心之遠近，必準乎北極之高下，然後赤道有定位，而春秋分兩日日躔、赤道表端之割線乃終日指坎離赤道線上矣。

各省北極出地度、赤道高度攷北極餘度與赤道高度同。

北極出地度	赤道高度
京師，四十度	五十度
盛京，四十二度	四十八度
山西，三十八度	五十二度
山東，三十七度	五十三度
陝西，三十六度	五十四度
河南，三十五度	五十五度
江南，三十二度	五十八度
湖北，三十一度	五十九度
浙江，三十度	六十度
江西，二十九度	六十一度
四川，二十九度《天問略》作廿九度半	六十一度
福建，二十六度	六十四度
廣西，二十五度	六十五度
貴州，二十四度《天問略》作廿四度半	六十六度
廣東，二十三度《天問略》作廿三度半	六十七度
雲南，二十二度《天問略》作廿四度	六十八度

第五法　立面向正南之日晷

並同第四法，但所定艮兌之距，于本方北極餘度之底取之；所定艮巽之度，于本方北極高度之底取之。蓋以北極高度定晷心，以北極餘度定表位爲稍異耳。又其時刻逆旋與第四法相反也。

第六法　斜立向正北對北極之日晷

此晷亦作于平面，用時支之，使向北斜立。其斜度視各方赤道高下之度，隨處可以通用。

法曰：此晷不煩用尺，但取方版爲晷體，北如甲乙，南丙丁，西丙甲，東丁乙。其甲乙盡處餘少許，爲兩横軸。晷體上下二面務極平正，以版中心一點爲晷心，作大圜于方内。平分圜周爲九十六限，其向北正中一線即正午也。午右左四限爲午初、午正之四刻，次右左四限爲巳正、未初之四刻，次右左四限爲巳初、未正之四刻，次辰正、申初四刻，次辰初、申正四刻，次卯正、酉初四刻，次卯初、酉正四刻。將各時刻挨次書于圜外版上，其戌、亥、子、丑、寅五時，日入地平，影不能到，毋庸排寫。乃于晷心作小孔洞之，務直毋曲。直貫于下面中心之一點。下面亦以孔爲心作大圜，亦平分爲九十六限，其向北正中一線亦正午也，而其左右各時刻則皆與上面相反，而逆旋如圖。

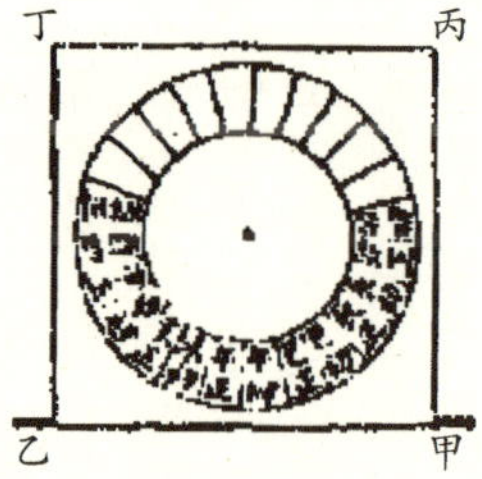

上面之圖

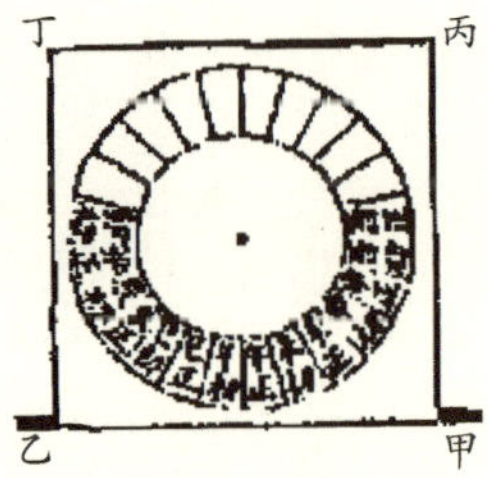

下面之圖

乃作表，表長短無定度，鋭其兩端，以晷心小孔爲表位。乃植表，表穴孔而出于彼面，令上下二面各得表之半。

晷牀

用薄片作象限弧，二必等弧，半徑與晷體丙甲丁乙同。等，其作線作孔俱如第一法。兩弧心氐盡處亦各横穿小圜孔，俱如前法。次用平版視晷體差大，以兩弧氐斗就版斗南氐北植立，版兩端兩弧東西正對，毋稍欹側。其一以膠或釘固之，其一安晷後乃固之。版近南安指南針如角。

乃以晷體甲乙兩横軸入兩弧心氐之小圜孔，若轆轤然，令晷體低昂適意。

用法

定指南針，將晷體丙丁昂起，次查本方赤道高若干度，赤道高度攷見上。乃數晷牀旁植兩弧之度自南斗數起。至本方赤道高度，以長物爲支條，入本度之孔，而横貫于彼弧之孔以支晷。令晷體爲支條所横格斜立向北，則晷體斜度如本方赤道高度，而晷上面之表指北極，下面之表指南極也。故自春分以後，太陽行北緯，則影見于上面，而下面無影。秋分以後，太陽行南緯，則影見于下面，而上面無影。若春秋分兩日，太陽正躔赤道，則上下二面皆無影矣。

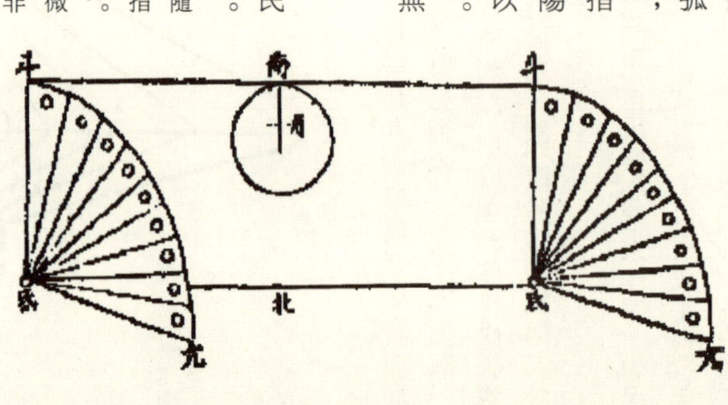

張作楠《翠微山房數學·揣籥小録》序

觀象授時首重儀器，而度景知時，以前民用，日晷其一也。顧指南鍼所指，非子午真線。謹按：《歷象考成》云：指南針有所偏向，其所偏向又隨地不同，不可爲準。又按：僧一行嘗以針較北極，針指虚危之間，極在虚六度初，針實偏於極右二度九十五分。北極偏右，則知南極偏左矣。又沈存中《筆談》亦稱，微偏東，不全南。又徐文定《歷議》云：指南鍼所得子午非真。今以法考之，實各處不同。在京師則偏東五度四十分，若憑以造晷，則冬至正午先天一刻四十四分有奇。又梅勿菴《揆日紀要》云：取正午之影須在正南，然天上正南非羅針所指之正南也，須於羅針正午之西稍偏取之。或云丙午之間縫針與臬影合，非也。又云：針所指在在不同，金陵則偏東三度。又楊光先有《針路論》，又陸朗夫《切問齋集》有《指南針辨》。惟《數理精蘊》載作立面、平面日晷諸法，測驗精確，超絶前人。近時多有仿製者，然俱按京師極高四十度爲之。南北高度既異，東西偏度又各不同，不按里差爲準，是猶膠柱而調瑟矣。若平面晷雖按里差起算，第一方一晷，亦不能率土皆通也。己卯秋，婺源齊梅麓彦槐以新製面東西日晷並所衍北極高度表見贈，按極度低昂可隨處測驗，歎爲先得我心。今春與全椒江雲樵臨泰探其立法之根，即其法而變通之，易斜規爲平圓，從晷腰出弧線以準北極，鐫之牙版，承以銅座，底置螺柱，以取地平。並因齊表增入經度及各州縣度分，衍成北極經緯度分全表。其製晷畫晷及用晷之法，各爲圖説附於表後，輒成小帙，命之曰《揣籥小録》，俾用者可查節氣以知南北，亦可因時刻以知節氣。質之梅麓未知有當否。丹邨張作楠識，時嘉慶庚辰夏至前二日。

又　作平面日晷法

任立一表，不拘尺寸。如乙庚。先於紙上作一橫線，如甲丙。即於線中定一點爲表位，如庚。乃以所立表長數如庚乙。作一直線於表位，成兩正方角。以表長爲半徑，一〇〇〇〇〇表高則爲一尺，短則爲一寸。查本方北極高度之正切線，依表長於分釐尺式見後。取其數，如極高三十二度，正切六二四八七，表長一尺，則正切即六寸二分四釐八毫七絲。於表位北作點，如甲即赤道線界，亦即二分線界。又取極高度之餘切線，照前取其數，三十二度，餘切一六〇〇三三，即一尺六寸〇〇三毫三絲。於表位南作點。如丙即晷心。乃自表端乙至晷心丙作斜線。乙丙即兩極軸線，丙指南極，乙指北極。又於表端乙至赤道點甲作斜線，乙甲即北極出地正割線，乙甲爲正割，乙丙即爲餘割。成乙庚甲乙庚丙大小同式兩直角。三角形表位既定，則晷面時刻節氣皆由此推矣。原法用比例尺，以表長爲切線四十五度之底定尺，而取極高度之底爲正切；以表長爲極高度之底，而取四十五度之底爲餘切。依前法作點亦得。法見《數理精蘊·比例規》。

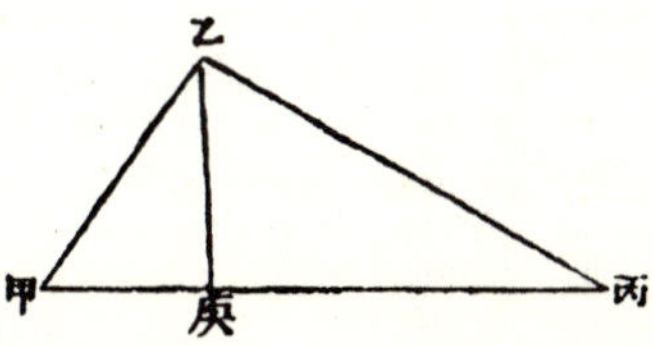

繪圖以寸

如無比例尺及八線表，亦可以圖量之。法以表長爲半徑作圜，以十字線分四象限，如乙己戊爲四象限之一。將圜心乙合於後九十度象限弧心甲，以本方極高度取其度分作點，自圜心作一徑線割出圜周。如乙丙。次於圜周戊、己二點，與戊乙、己乙兩輻線平行，切外周各作一線，俱截至割線止，如丁丙。正切，戊丁。餘切，己丙。正割，乙丁。餘割，乙丙。各取其數，於紙上作點，與前式同。此法不須檢表，不用分釐尺，更簡妙。

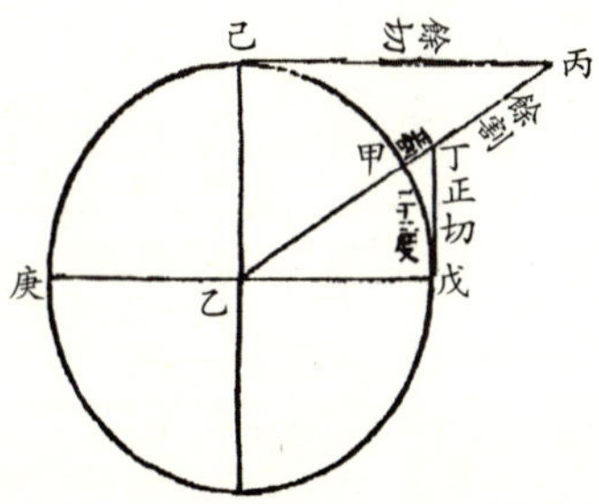

表位既定，乃以甲丙線引長爲子午直線，於甲點上作平行線，與子午線十字相交於甲，乃取甲乙度即正割線。截子午線於丁，爲半徑作圜，用後分時刻象限度分於圜界作識，自丁心引出各界至東西線上，即赤道線二分日影所到。即得午正前後各時刻。或以甲乙爲半徑，用後時刻尺比得各時刻切線，自甲左右作識於赤道線上，亦是。又或以甲乙爲半徑，一尺或一寸。用分釐尺取得各時刻度分切線數，表見後。於甲左右作識，皆自晷心丙至各點引長作線，即時刻線。甲爲午正，距甲十五度前爲午初，後爲未初。三十度前爲巳正，後爲未正。四十五度前爲巳初，後爲申初。六十度前爲辰正，後爲申正。七十五度前爲辰初，後爲酉初。卯正、酉正各距午正九十度，故自晷心丙與東西線平行作線，卯正前酉正後，日轉在北，則景轉在南，故與辰初酉初反對作線，即卯初、戌初線。若按刻細分，俱見後表。又捷法，另取一紙，依後分時刻尺之象限弧各畫長線至邊，欲取時刻點，則以甲乙度作戊庚線與甲丙平行，乃以甲乙線合於子午線，戊庚線合於二分線，取各時刻線與二分線相交之點作識，即得各時刻。圖式如左。

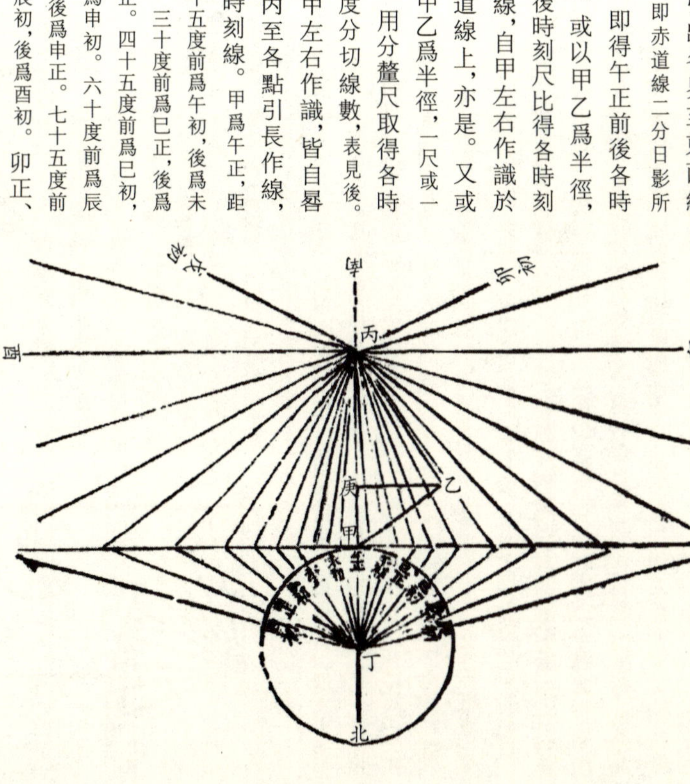

作時刻尺法。於前象限弧乙丁線上取各時刻點，自尺樞心至末作識。如尺短，則用庚戊線上點，以遇五時二刻爲度。如己戊。如作日晷，並以所設半徑置弟三時爲底定尺，三時爲切線，四十五度即半徑。而取各底移於赤道線上，即得各時刻。

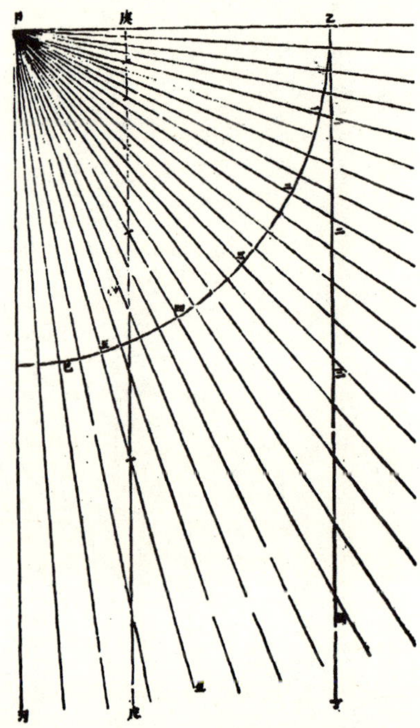

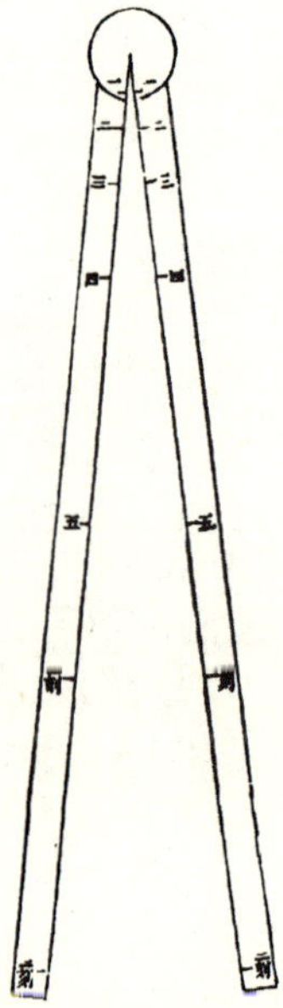

尺式

又　平面日晷作節氣線法

法以晷表之甲點與丙乙平行作戊己線，即以甲乙爲半徑，用分釐尺按各節氣距緯切線，表見後。自甲左右作識於戊己線上，乃自乙至各點作線與午正時刻線相交點，即得午正各節氣日影界。或用比例尺比得各距緯亦可。

又法，以二十三度二十九分之正切線如甲戊。爲半徑作圜，將甲乙線引長，平分四象限，用比例尺分圜線比，得十五度至七十五度之各圜界。又以乙戊爲半徑，作戊己弧，依所分甲戊小圜界各與甲乙平行作線，截戊己弧界。

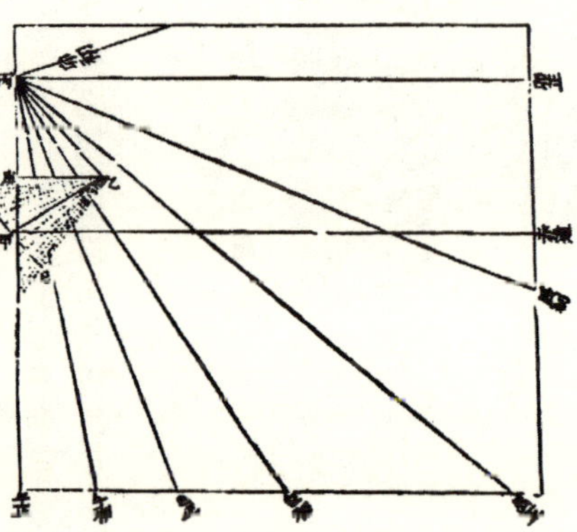

尺式

又自乙至戊己各弧線作線，截戊甲己線，亦得各節氣日影界。此法較繁，難以取準，姑存其法。

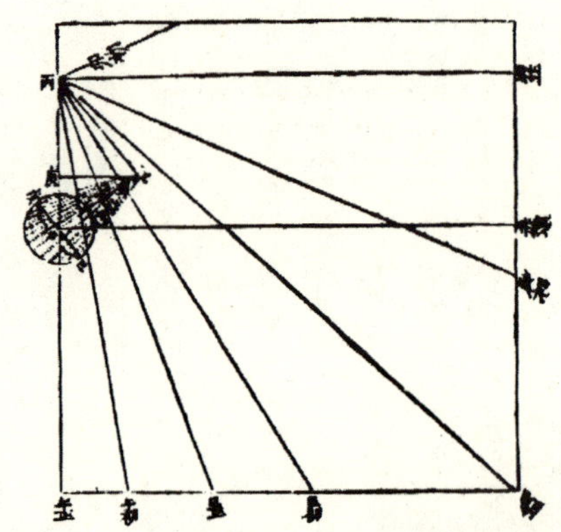

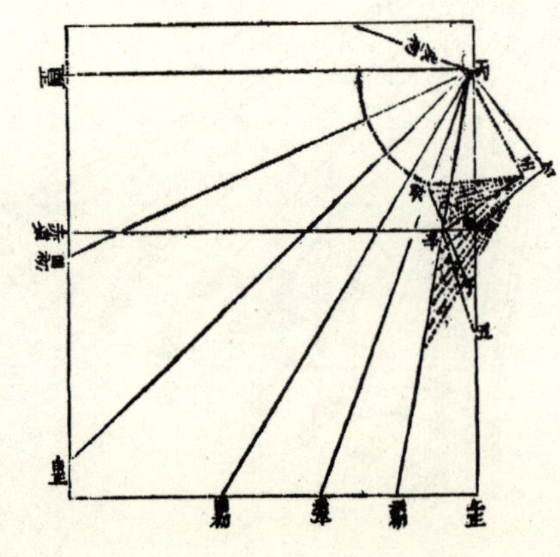

若求未初節氣線，則先以丙乙爲半徑作圜，又依甲乙度截午正線於丑，而以未初線與赤道相交之點如辛至丑相距之度截圜界於壬，作壬辛線，乃與壬辛取直角作癸子十字線。以壬辛爲半徑，如前法比得各距緯切線，於辛左右作識於癸子線，乃自壬至各點作線，與未初時刻線相交點，即未初各節氣日影界。倣此類推，即得各時刻節氣界。

又捷法，另取一紙，先畫甲乙丙表式，於甲點與丙乙平行作戊己線，即以甲乙爲半徑，用分釐尺按各節氣距緯切線取其數，自甲左右作識於戊己線上，以乙爲心，引長作線過各點至壬癸線。愈長愈妙。如欲求午正節氣，則以丙合於晷心丙，釘之以鍼，而以甲乙春秋分線合於午正線赤道相交之點甲，

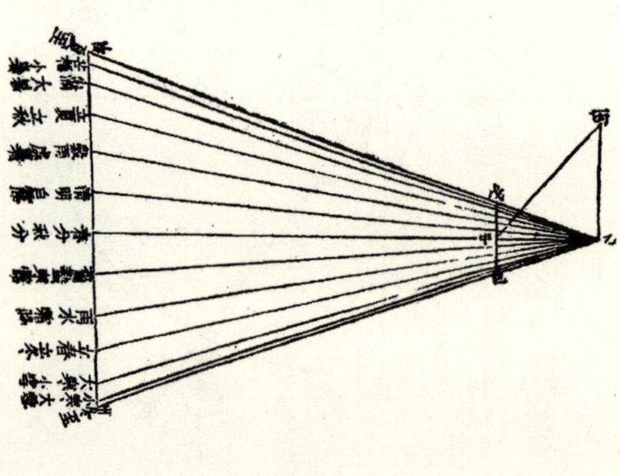

乃於各節氣線與午正線相交之處俱作點識之，即午正各節氣日影界。若求未初節氣，即以春秋分線移於未初時刻線與赤道相交點，亦如午正作點識之，即得各節氣日影界。推之未正後、午正前皆倣此。既得各點，作線聯之，即成節氣線也。此以已成之勾股、已分之切線轉移用之，更密合，亦最便捷。

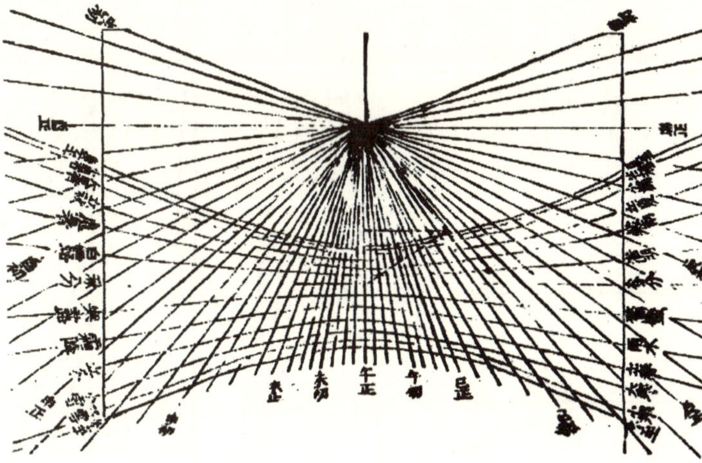

又 作向南立面日晷法

法與平面同，但以北極高度餘切爲甲庚表位，正切爲庚丙晷心。書時刻皆逆旋，與平面反節氣亦逆旋相反耳。赤道線以上爲二分至冬至線，赤道線以下爲二分至夏至線。北極度低，夏至影太長，不便製器，姑存其法以備參驗。

又 作面東西立面日晷法

法先安甲乙直表與晷面成直角，不拘尺寸。次作甲丙垂線及甲丁橫線成直角，次以甲爲心，作甲丙丁象限弧，自丙起數至本方北極出地度止，自甲心作斜直線，如甲戊即赤道線。乃以甲乙爲半徑，依前作平面日晷時刻線各法，得各時刻之各切線，於赤道線上作識，按識作十字橫線，即成各時刻線。甲點爲卯正，前爲卯初，後爲辰初，辰正，巳初，巳正，午初。午正則距卯正九十度，切線與割線平行，日影與晷面平行，故無影。二分時，卯正日出正東，與表對射，亦無影。若作面西日晷，則以午初爲未初，巳正爲未正，巳初爲申初，辰正爲申正，辰初爲酉初，卯正爲酉正，卯初爲戌初，餘俱與面東日晷法同。

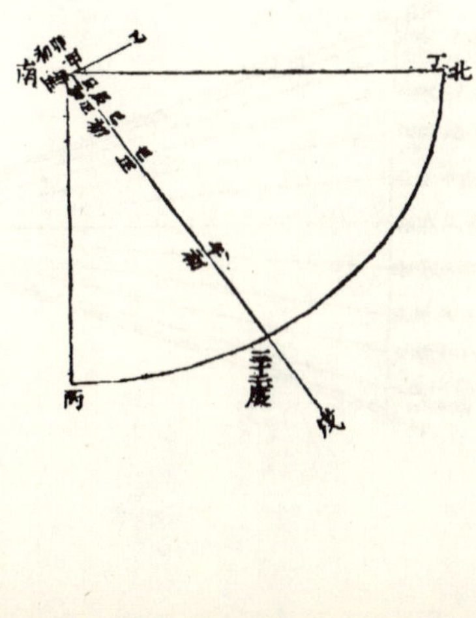

又 面東西日晷作節氣線法

法以表長爲半徑，甲乙。用分釐尺，或用比例尺。按各節氣距緯正切線於卯正橫線上左右作識，即卯正各節氣日影界。又以乙表端至辰初點相距之度爲半徑，即各時刻割線。依前取各距緯切線，於辰初橫線上左右作識，卯初同。即辰初各節氣日影界。各時刻節氣，俱以乙表端至各時刻相距爲半徑，一名各時刻影弦。取各數作識，將各識作線聯

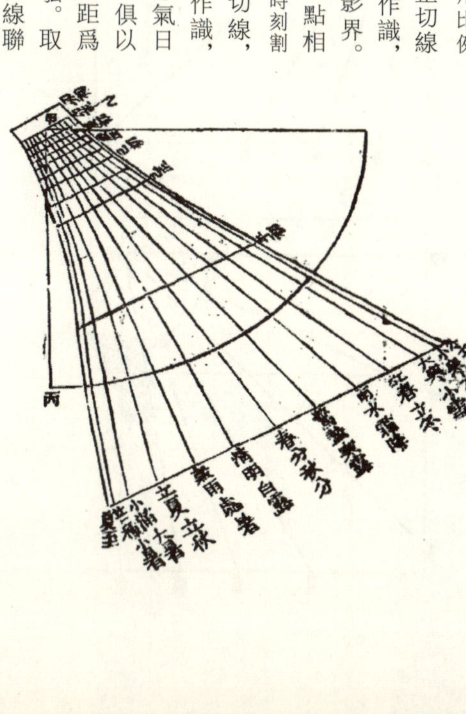

之，即成節氣線。面西日晷法亦同，但節氣逆旋，須反書耳。

又 斜晷圖說

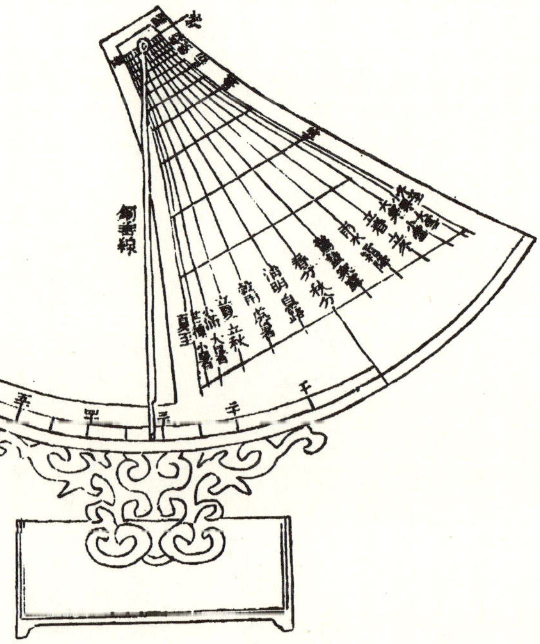

每小時分四刻，惟東面午初二刻後，西面午正二刻前，表影太長，晷不能列。但未至午正，影仍在東。過午正，影即在西。兩面俱無影，則真午正矣，晷頂常指赤道故也。二分日，卯酉正亦無影。

此齊梅麓所新製也，其法遵御製《數理精蘊》作横表面東西日晷法。依表式，立表於二分線及卯酉正線十字交點處，卯酉正線至巳申初線，兩線相距爲表長，表式準此。横平中矩，勿令長短欹側，乃掛銅垂線於表位，上指天頂，下指地心。將晷進退推移，令垂線剡末切各方北極出地度分平置日中取準，即去垂線。恐礙表影。午前視東面，午後視西面，使表末影切各節氣線，則兩表端所指即正東西，晷頂所指即正南北，再視横線影所切處，即得真正時刻。

又 圓晷圖說用法與斜晷同。

此予與江雲樵變通梅麓之法爲之者。按：作諸日晷，必以里差爲準，故一方一晷，不能率土皆通。緣平面晷以極高度切割線爲影弦，難以通行故也。惟面東西立晷，以赤道線加極高度線始可推移，梅麓悟得此理，製斜面活晷，按極度低昂可隨處測驗，法誠善矣。顧列極度不能不旁出小弧，又晷座不靈，難取地平。雲樵乃復易斜面爲平圓，其作法用法雖仍同斜面，然即晷腰出弧線以準北極高度，不須另綴駢枝。且隨極度高下，晷面雖斜，圓體自正，承以銅座，底用螺旋以取平面。用螺旋以取正，前後左右俱可轉移，可謂精益求精矣。爰臚作晷諸法於前，並附此圖於後，俾人人可仿製焉。

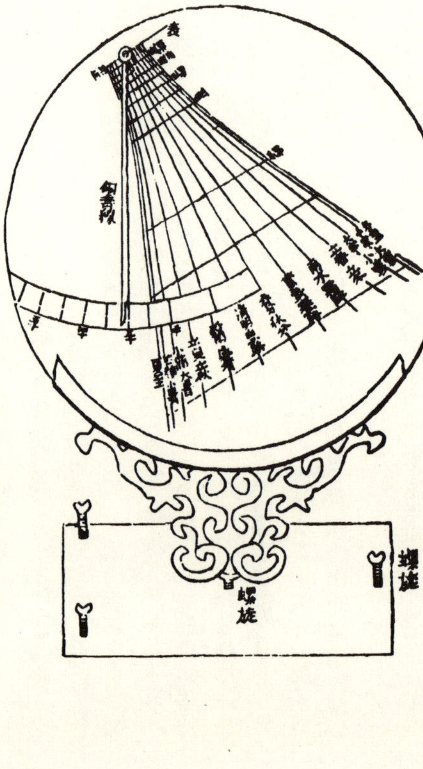

十五度以前，五十五度以後，窮南極北，人跡罕到，故不復分。

綜述

陳祥道《禮書》卷三五 壺箭

《周禮》挈壺氏，下士六人，掌挈壺以令軍井。凡軍事，縣壺以序聚㰆。凡喪，縣壺以代哭者。皆以水火守之，分以日夜。以火守壺者，夜則視刻數也。分以日夜者，異晝夜刻也。漏之箭，晝夜共百刻，冬夏之間有長短焉。太史立成法有四十八箭。挈壺，謂結之於竿首，挈挈然也。及冬，以火爨鼎水而沸之，而沃之。《正義》曰：鄭謂太史立成法有四十八箭者，此據漢法而言，則以器盛四十八箭，箭各百刻，以壺盛水，懸於箭上，節而下之，水淹一刻。四十八箭者，取倍二十四氣也。雞人，大祭祀，夜嘑旦以嘂百官。夜夜漏未盡，雞鳴時也。呼旦以警起百官，使夙興。凡國事爲期，則告之時。《齊詩·東方未明》，刺無節也。朝廷興居無節，號令不時，挈壺氏不能掌其職也。《正義》曰：置箭壺內，刻以爲節，而浮之水上，令水漏而刻下，以記晝夜昏明之數也。梁《漏刻經》云：漏刻之作，蓋肇於皇帝之日，宣乎夏商之代。《渾天儀制》曰：以銅爲器，再疊差置，實以清水，下各開孔，以玉虬吐漏，水入兩壺，右爲夜，左爲晝。殷夔《漏刻法》曰：爲器三重，圓皆徑尺，差立於方輿之上，爲金龍，口吐水轉注之。其鑄金爲司辰，具衣冠，以兩手執箭。李蘭《刻漏法》曰：以銅爲渴烏，以引器中水，以銀龍口中吐之。

　周天之星二十有八，而星之辰有十二，辰之度三十有奇，十二辰之度三百六十五有奇。星辰循天而左旋，日月五星遡天而右轉。日陽也，舒而遲，故朞而周。月陰也，蹙以速，故一月而周。日月會於辰，則爲月十有二。會則爲歲，歲三百有六旬有六日。而日有長短，參差不齊，先王於是刻箭沃漏以揆之，此挈壺氏所以設也。蓋日之行也，斗建寅則出乙而漸北，斗建午則出艮而漸南。漸北則春既分，而晝加長；漸南則秋既分，而晝加短。長短不過百刻而已，故晝長六十刻，夜短四十刻；晝短四十刻，夜長六十刻。然天之晝夜，以日之出入爲分；人之晝夜，以天之昏明爲節。明常先於日出，昏常後於日入，則日出之前二刻半爲明，日入之後二刻半爲昏。損夜五刻以裨於晝，故夏至晝六十五刻，夜三十五刻；冬至晝四十五刻，夜五十五刻；二分之晝五十五刻，夜四十五刻。自春分以至夏至，晝所增者九刻有半；自夏至以至秋分，所減者亦然。自秋分至於冬至，晝所減者十刻有半；自冬至以至春分，所加者亦然。挈壺之法，蓋爲箭四十八以候二十四氣，大率七日大半而易一箭。孔穎達謂，浮箭壺內，以出刻爲准。賈公彦謂，漏水壺內，以没刻爲度。蓋各述其所聞而已，雖浮没不同，大槩一也。《渾儀制》曰：鑄金銅人爲胥徒，居壺之左右，以左手握箭，右手指刻，以別早晚，則出刻之説與此合歟。《挈壺氏》曰：凡軍事，懸壺以序聚欜。凡喪，縣壺以代哭者。皆以水火守之，分以晝夜。及冬，則以火爨鼎水而沸之，而沃之，則以火爨鼎，使之不凝。以火守壺，使之不差。施之於軍事，所以嚴警守。施之於喪事，所以嚴凶哀。以至朝廷朝夕之禮，亦常以是爲節焉。然《春官·雞人》，凡國事，爲期則告之時；而齊詩特罪挈壺氏者，蓋天子備官，挈壺掌漏，雞人告之諸侯，則掌漏告時，一於挈壺氏而已。

張君房《雲笈七籤》卷一〇七《華陽隱居先生本起録》　又作渾天象，高三尺許，地居中央，天轉而地不動。二十八宿度數，七曜行道，昏明中星，見伏早晚，以機轉之，悉與天相會。云此修道所須，非但史官家用。又欲因流水作自然漏刻，使十二時輪轉循環，不須守視，而患山澗水易生苔垢，參差不定，是故未立。

蘇軾《東坡全集》卷九六《徐州蓮花漏銘》　故龍圖閣直學士、禮部侍郎燕公肅，以創物之智聞於天下，作蓮花漏，世服其精。凡公所臨必爲之，今州郡往往而在，雖有巧者，莫敢損益。而徐州獨用瞽人衛朴所造，廢法而任意，有壺而無箭，自以無目而廢天下之視，使守者伺其滿則決之而更注，人莫不笑之。國子博士傅君楊公之外曾孫，得其法爲詳，其通守是邦也，實始改作而請銘於軾。銘曰：

　人之所信者手足耳目也，目識多寡，手知重輕，然人未有以手量而目計者，必付之於度量與權衡，豈不自信而信物？蓋以爲無意無我，然後得萬物之情，故天地之寒暑，日月之晦明，昆侖旁薄於三十八萬七千里之外，而不能逃於三尺之箭、五斗之缾，雖疾雷霾風、雨雪晝晦，而遲速有度，不加虧嬴。使凡爲吏者，如缾之受水，不過其量；如水之浮箭，不失其平；如箭之升降也，視時之上下，降不爲辱，升不爲榮，則民將靡然心服，而寄我以死生矣。

王應麟《漢制攷》卷二　挈壺氏，分以日夜，注異晝夜漏也。漏之箭，晝夜共百刻，冬夏之間有長短焉。太史立成法有四十八箭。疏：馬氏云：漏凡百刻，春秋分晝夜各五十刻，冬至晝則四十刻，夜則六十刻；夏至晝六十刻，夜四十刻。鄭注《堯典》云：日中者，日見之漏與不見者齊。日長者，日見之漏五十五刻，於四時最長也。夜中者，日不見之漏與見者齊。日短者，日見之漏四十五刻，於四時最短。此與馬義異。以其馬云，春秋分，晝夜五十刻。據日見之漏，若兼日未見日没後五刻，晝五十五刻，夜四十五刻。若夏至晝六十刻，通日未見日没後五刻，則晝六十五刻，夜三十五刻。一年通閏有三百六十五日四分日之一，四時之間九日有餘，較一刻爲率云。太史立成法有四十八箭者，此據漢法而言，則以器盛四十八箭，箭各百刻，以壺盛水，懸於箭上，節而下之水，水淹一刻，則爲一刻。四十八箭者，蓋取倍二十四氣也。《書》正義：漢初，率九日增減一刻，和帝時霍融始請改之。鄭注《書緯·考靈曜》仍云九日增減，猶未覺誤也。

《續漢曆志》：永元十四年詔曰：今官漏以計率分，昏明九日增減一刻，違失其實。太史待詔霍融上言不與天相應，令下晷景漏刻四十八箭，立成式。官府當用者，計吏到班，予四十八箭。

又王應麟《六經天文編》卷下《詩·挈壺漏刻》　朱氏曰：《夏官》挈壺氏，下士六人。挈，縣挈之名。壺，盛水器。蓋置壺浮箭，以爲晝夜之節也。易氏曰：挈壺之制不可攷，以唐制推之，水海浮箭四匱，注水始自夜天池，以入于日天池，自日天池以入于平壺，以次相注，入于水海，浮箭而上，以浮箭爲刻分。晝夜計十二時，每時八刻二十分，每刻六十分。箭四十八，二箭當一氣，歲統二百一十九萬一千五百分，悉刻於箭上。銅烏引水而下注，浮箭而上登。至於晝夜之别，分至之候，冬夏長短，昏曉隱見，與《周官》晷影無差。王氏曰：日月之行有冬有夏，而晝夜之晷有短有長，先王由是分十有二時於一晝一夜之間。以漏箭準十二時而爲百刻，寅、申、巳、亥、子、午、卯、酉之八時，每時各占八刻，則合而爲六十四刻。辰、戌、丑、未之四時，每時各占九刻，則合而爲三十六刻。以百刻定長短而分晝夜，於是立挈壺氏之職。以壺盛水，而爲漏水以正十二時之刻，早暮之期於此正矣。後世挈壺氏不能掌其職，不能辰夜不夙，則莫此詩人所以刺也。陳氏曰：挈壺之法，蓋爲箭四十八，以候二十四氣。大率七日大半而易一箭。孔穎達謂，浮箭壺內，以出刻爲准。賈公彦謂，漏水壺內，以没刻爲度。蓋各述其所聞而已。雖浮没不同，大槩一也。《正義》曰：挈壺者，懸繫之名。刻謂置箭壺內，刻以爲節，而浮之水上，令水漏而刻下，以記晝夜昏明之度數也。案：《乾象歷》及諸歷法與今太史所候皆云：冬至則晝四十五，夜五十五；夏至則晝六十五，夜三十五；春秋分則晝五十五半，夜四十四半。從春分至於夏至，晝漸長，增九刻半；從夏至至於秋分所減亦如之。從秋分至於冬至，晝漸短，減十刻半；從冬至至於春分所加亦如之。又於每氣之間加減刻數有多有少，其事在於歷術。以其算數有多有少，不可通而爲率，故太史之官立爲法定，作四十八箭，以一年有二十四氣，每一氣之間又分爲二，通率七日强半而易一箭，故周年而用箭四十八也。歷言晝夜者，以昏明爲限。馬融、王肅注《尚書》，以爲日永則晝漏六十刻，夜漏四十刻；日短則晝漏四十刻，夜漏六十刻；日中宵中，則晝夜各五十刻者，以《尚書》有日出日入之語，遂以日見爲限。《尚書緯》謂刻爲商，鄭作《士昏禮目録》云：日入三商爲昏。舉全數以言耳。其實，日見之前，日入之後，距昏明各有二刻半。減晝五刻以裨夜，故於歷法皆多校五刻也。鄭於《堯典》注云：日中宵中者，日見之漏與不見者齊也。日永者，日見之漏五十五刻，日不見之漏四十五刻。又與馬王不同者。鄭言日中宵中者，其漏齊則可矣，其言日永日短之數，則與歷甚錯。馬融言晝漏六十，夜漏四十，減晝以裨夜矣。鄭意謂其未減，又減晝五刻以增之，是鄭之妄説耳。漏刻之數見在史官，古今歷者莫不符合，鄭獨有此異，不可强爲之辭。《史記》正義曰：馬融以昏明爲限，鄭玄以日出入爲限，故有五刻之差。

周琰《重鑄漏刻銘》陳夢雷編《古今圖書集成·曆法典》卷九九　漏壺之製原於上古，聖人掌之，有司所以敬天時，重人事，其所關也大矣。温郡漏壺敝於火，闕之有年。天順丁丑，予來守兹郡，欲重鑄之。顧以漸次舉百廢，未及之。歲辛巳乃圖成其事，郡之文武縉紳士咸樂於贊襄。壺既成，俾挈壺氏掌其職而不失，君子小人以之興居有節。所謂術不違天，政不失時者，是郡有之，宜銘以誌不忘。銘曰：

挈壺有職，司彼天時。壺既敝矣，職何攸司。振頽舉廢，厥職在誰。我吏兹土，寧不圖斯。稽古而製，曰模曰規。於以合天，毫髮無差。君子莅政，弗亟弗遲。民樂厥生，興息有期。作銘紀勝，載歌雍熙。

顧炎武《日知録》卷三〇　百刻

一日十二時，計刻則以百刻爲日。今歷家每時有十刻，則一百二十刻矣。何以謂之百刻乎？曰：歷家有大刻，有小刻。初一、初二、初三、初四、正一、正二、正三、正四謂之大刻，合一日計之得九十六刻。其不盡者，置一初初於初一之上，置一正初於正一之上，謂之小刻。每刻止當大刻六分之一，合一日計之爲初初者十二，爲正初者十二，又得四大刻，合前爲百刻。

宋王逵《蠡海集》言百刻之説，每刻分爲六十分，百刻共得六(十)[千]分，散於十二時，每時得五百分。如此則一時占八刻零二十分，將八刻截作初正各四刻，却將二十分零數分作初初、正初微刻，各一十分也。《困學紀聞》所載易氏之説亦同。

《周禮・挈壺氏》註：漏箭晝夜共百刻。刻字始見《漢書・宣帝紀》：五鳳三年詔曰：神光竝見，燭耀齋宮十有餘刻。又曰：鸞鳳集長樂宮東闕樹上，飛下止地留十餘刻。《禮記・樂記》：百度得數而有常。註：百度，百刻也。《靈樞經》：漏水下百刻以分晝夜。《説文》：漏，以銅受水，刻節晝夜百節。《隋書・天文志》：昔黄帝創觀漏水，制品取則，以分晝夜，其後因以命官，《周禮》挈壺氏則其職也。其法總以百刻分於晝夜。梁天監六年，武帝以晝夜百刻分配十二辰，得八刻，仍有餘分，乃以晝夜爲九十六刻，一辰有全刻八焉。漢哀新莽以百二十刻爲日，梁武以九十六刻爲日。是知每辰得八刻，仍有餘分者，古法也。《五代史・馬重績傳》：重績言：「漏刻之法，以中星考晝夜爲一百刻，八刻六十分刻之二十爲一時，時以四刻十分爲正，此自古所用也。今失其傳，以午正爲時始，下侵未四刻十分而爲午，由是晝夜昏曉皆失其正，請依古改正。」從之。《五代會要》：晉天福三年，司天監奏《漏刻經》云：晝夜一百刻，分爲十二時，每時有八刻三分之一。六十分爲一刻，一時有八刻二十分。《玉海》：每時初行一刻，至四刻六分之一爲時正，終八刻三分之一則交八次時。《國史志》：每時八刻二十分，每刻一擊鼓，八鼓後進時牌，餘二十分爲雞唱。唱絶，擊一十五鼓爲時正。

嵇璜、劉墉等《續通志》卷一〇二《天文略》 刻漏

昔黄帝創觀漏水，制器取則，以分晝夜，其後因以命官，《周禮》挈壺氏則其職也。其法總以百刻分於晝夜，冬至晝漏四十刻，夜漏六十刻。夏至晝漏六十刻，夜漏四十刻。春秋二分，晝夜各五十刻。日未出前二刻半而明，既没後二刻半乃昏，減夜五刻以益晝漏，謂之昏旦。漏刻皆隨氣增損，冬夏二至之間，晝夜長短，凡差二十刻。每差一刻爲一箭，冬至互起其首，凡有四十一箭。晝有朝、有禺、有中、有晡、有夕，夜有甲、乙、丙、丁、戊，按：《周官》司寤氏掌夜時。鄭注：夜時謂夜晚，早若今甲乙至戊。賈公彦疏云：甲乙則早時，戌亥則晚時，非也。鄭自以甲乙丙丁戊五分夜爲定，或訛戊爲戌，賈疏遂承其訛，而言戌亥耳。《顔氏家訓》云：漢魏以來，謂爲甲夜、乙夜、丙夜、丁夜、戊夜，亦云一更、二更、三更、四更、五更，是其証也。昏旦有星中，每箭各有其數，皆所以分時代守，更其作役。

漢興，張蒼因循古制，猶多疎闊。及孝武考定星術，下漏以追天度，亦未能盡其理。劉向《洪範傳》記武帝時所用法云：冬夏二至之間一百八十餘日，晝夜差二十刻，大率二至之後九日而增損一刻焉。至哀帝時，又改用晝夜一百二十刻，尋亦寢廢。至王莽竊位，又遵行之。光武之初，亦以百刻、九日加減法編於甲令，爲常符漏品。至和帝永元十四年，霍融上言，官術率九日增減一刻，不與天相應，或時差至二刻半，不如夏術漏刻隨日南北爲長短。乃詔用夏術漏刻，依日行黄道去極每差二度四分爲增減一刻，凡用四十八箭。終於魏晉，相傳不改。

宋何承天以月蝕所在當日之衡考驗日宿，知移舊六度。冬至之日，其影極長，測量晷度，知冬至移舊四日。前代諸漏，春分晝長，秋分晝短，差過半刻，皆由氣日不正所以而然。遂議造漏法，春秋二分，昏旦晝夜漏各五十五刻。齊及梁初，因循不改。至天監六年，武帝以晝夜百刻分配十二辰，辰得八刻，仍有餘分，乃以晝夜爲九十六刻，一辰有全刻八焉。至大同十年，又改用一百八刻，依《尚書考靈曜》晝夜三十六頃之數，按：《周髀算經》趙君卿注引《考靈曜》曰：分周天爲三十六頭，頭有十度九十六分度之十四。長日分於寅，行二十四頭，入於戌，行十二頭。短日分於辰，行十二頭，入於申，行二十四頭。此之謂也。又考李籍《周髀音義》全録趙注，亦作三十六頭，《隋志》云三十六頃，未詳孰是。因而三之，冬至晝漏四十八刻，夜漏六十刻。夏至晝漏七十刻，夜漏三十八刻。春秋二分，晝漏六十刻，夜漏四十八刻，昏旦之數各三刻。先令祖暅之爲漏經，皆依渾天黄道日行去極遠近爲用箭日率。陳文帝天嘉中，亦命舍人朱史造漏，依古百刻爲法。周齊因循魏漏，晉宋梁大同，並於百刻分於晝夜。

隋初用周朝尹公正馬顯所造漏經，至開皇十四年，鄜州司馬袁充上晷影漏刻。充以短影平儀均布十二辰，立表隨日影所指辰刻以驗漏水之節，十二辰刻互有多少，時正前後刻亦不同。袁充素不曉渾天黄道去極之數，苟役私智，變改舊章，其於施用，未爲精密。開皇十七年，張胄元用後魏渾天鐵儀測知，春秋二分日出卯酉之北，不正當中，與何承天所測頗同，皆日出卯三刻五十五分，入酉四刻二十五分，晝漏五十刻一十分，夜漏四十九刻四十分，晝夜差六十分刻之四十。仁壽四年，劉焯上皇極術，有日行遲疾，推二十四氣皆有盈縮定日。春秋分定日去冬至各八十八日有奇，去夏至各九十三日有奇，二分定日晝夜各五十刻。又依渾天黄道驗知冬至夜漏五十九刻一百分刻之八十六，晝漏四十刻一十四

分；夏至晝漏五十九刻八十六分，夜漏四十刻一十四分；冬夏二至之間，晝夜差一十九刻一百分刻之七十二。胄元及焯漏刻並不施用，然其法制皆著在算術，推驗加時最爲詳審。大業初，耿詢作古欹器，以漏水注之，獻於煬帝，帝善之，因令與宇文愷依後魏道士李蘭所修道家上法稱漏，制造稱水漏器，以充行從。又作候影分箭上水方器，置於東都乾陽殿前，鼓下司辰。又作馬上漏刻，以從行辨時刻。

唐《大衍術・晷漏中星畧例》曰：日行有南北，晷漏有長短，然二十四氣晷差徐疾不同者，句股使然也。直規中則差遲，與句股數齊則差疾，按：一行此論即升度時差之法，其所謂規中，即過二極二至經圈也。蓋黄道與赤道斜交二分以後，黄道如弦，赤道如股，故黄道一度，赤道一度不足。赤道之度既少，則時刻加矣。二至以腰圍大圜之度當赤道距等小圈之度，故黄道一度，赤道一度有餘。赤道之度既多，則時刻減矣。 隨辰極高下所遇不同，如黄道刻漏。此乃數之淺者，近代且猶未曉。今推黄道去極與晷景漏刻昏距中星四術，反覆相求，消息率旋相爲中，以合九服之實。其步軌漏術，又統千五百二十象，積四百八十辰八刻百六十分，昏明二刻二百四十分，各置其氣消息衰依定氣所有日，每以陟降率陟減降加，其分滿百從衰，各得每日消息定衰，其距二分前後各一氣之外陟降不等，皆以三日爲限。各置初日陟降率依限次損益之爲每日率，乃遞以陟減降加。氣初消息衰各得定衰，其陟降率消息衰具詳。本術南方戴日之下正中無晷，自戴日之北一度乃初數，自此起差每度增之爲每度差，因累其差以遞加。初數滿百爲分，分十爲寸，各爲每度晷差。又累其晷差，得戴日之北每度晷數。又各置其氣去極度，以極去戴日度減之，得戴日之北度數。各以消息定衰得每日晷差及每日中晷常數，又加減之得每日中晷定數。置消息定衰，滿象積爲刻，不滿爲分，各遞以息減消加。其氣初夜半漏得每日夜半漏定數，其全刻以九千一百二十乘之，十九乘刻分從之，如三百而一爲晨初餘數，各倍夜半漏爲夜刻，以減百刻，餘爲晝刻。減晝五刻以加夜，即晝爲見刻，夜爲没刻，半没刻加半辰起子初算，外得日出辰刻，以見刻加而命之得日入。

宋初，復挈壺之職專司辰刻，署於文德殿門内之東，偏設鐘樓鼓樓於殿庭之左右。其制有銅壺、水稱、渴烏、漏箭、時牌、契之屬，壺以貯水，烏以引注，稱以平其漏，箭以職其刻，牌以告時於晝，牌有七，自卯至酉用之，制以牙，刻字填金。契以發鼓於夜。契有二，一曰放鼓，二曰止鼓。制以木，刻字於上。常以卯正後 刻爲禁門開鑰之節，盈八刻後以爲辰時。每時皆然，以至於酉。每一時直宫進牌奏時正，雞人引唱，擊鼓一十五聲。惟午正擊鼓一百五十聲。至昏夜，雞唱，放鼓契出，發鼓擊鐘一百聲，然後下漏。每夜分爲五更，更分爲五點。更以擊鼓爲節，點以擊鐘爲節。每更初皆雞唱轉點，即移水稱，以至五更二點止鼓契出。凡放鼓契出，禁門外擊鼓，然後衙鼓作。止鼓契出亦然，而更鼓止焉。 五點擊鐘一百聲，雞唱擊鼓，是謂攢點。至八刻後爲卯時正。四時皆用此法。大中祥符三年，春官正韓顯符上《銅渾儀法要》，其中有二十四氣晝夜進退日出没刻數立成之法。熙寧七年，沈括上《浮漏議》曰：播水之壺三而受水之壺一，曰求壺、廢壺，按：廢壺，《玉海》作度壺。據後文云，枝渠之委，所謂廢壺也，以受廢水，則《玉海》作度爲誤。 方中皆圓尺有八寸，尺有四寸五分以深，其食二斛，爲積分四百六十六萬六千四百六十。曰複壺如求壺之度，中離以爲二元，一斛介八斗，按：元字下疑有訛誤。 而中有達。曰建壺方尺，植三尺有五寸，其食斛有半。求壺之水，複壺之所求也。壺盈則水馳，壺虚則水凝。複壺之脇爲枝渠，以爲水節。求壺進水暴則流怒以揺，複以壺又折以爲介，複爲枝渠，達其濫溢。枝渠之委，所謂廢壺也，以受廢水。三壺皆所以播水，爲水制也。自複壺之介，以玉權釃於建壺，建壺所以受水爲刻者也。建壺一易箭，則發上室以瀉之。求複建壺之泄，皆欲迫下水所趣也。玉權下水之槩寸矯而上之，然後發則水撓而不躁也。複壺之達半，求壺之注玉權，半複壺之達枝渠，博皆分，高如其博，平方如砥，以爲水槩。壺皆爲之羃，無使穢遊，則水道不慧。求壺之羃龍紐，以其出水不窮也。複壺士紐，士所以生法者，複壺制法之器也。廢壺鯢紐，止水之瀦鯢所伏也。銅史令刻，執漏政也。冬設熅燎，以澤凝也。注水以龍噣，直頸附於壺體，直則易浚，附於壺體則難敗。複壺玉爲之喙，銜於龍噣謂之權，所以權其盈虚也。建壺之執窒旒塗，而彌之以重帛，窒則不吐也。管之善利者，水所溲也，非玉則不能堅良以久。權之所出高則源輕，源輕則其委不悍，而溲物不利，箭不效於璣衡，則易權洗箭而改晝，覆以璣衡，謂之常不弊之術。今之下漏者，始嘗甚密久復，先大者管泐也。管泐而器皆弊者，無權也。弊而不可復壽者，術固也。察日之晷，以璣衡而制箭，以日之晷跡一刻之度以賦餘刻。刻有不均者，建壺有眚也。贅者磨之，創者補之，百刻一度，其壺乃善。晝夜已復而箭有餘才者，權鄙也。晝夜未復而壺吐者，權沃也。如是則調其權，此制器之法也。下漏必用甘泉，惡其垽之爲壺眚也。必用一源泉之冽者，權之而重，重則敏於行，而爲箭之情慓。泉之鹵者權之而輕，輕則椎於行，而爲箭之情觱。一井不可他汲，數汲則泉濁。陳水不可再注，再注則行利，此下漏之法也。箭如建壺之長，廣寸有五分，三分去二以爲之厚，其陽爲百刻，爲十二辰。博牘二十有一，如箭之長，廣五分，去半以爲之厚，陽爲五更。爲二十有五籌，陰刻消長之衰。三分箭之廣，其中刻契以容牘。夜算差一刻則因箭而易牘。鐐匏，箭舟也，其虚五升，重一鎰有半。鍛而赤柔者，金之美者也，然後漬而不墨，墨者其久必蝕。銀之有銅則墨，銅之有錫則屑，特銅久灂則腹敗而飲，皆工之所不材也。淳熙十四年，國學進士會稽石萬言，淳熙術立元非是，氣朔多差，不與天合。南渡以來，渾儀草創，不合制度，無圭表以測日景長短，無機漏以定交食加時。設欲考正其差，而太史局官尚如去年測驗太陰虧食，自一更一點還光一分之後，或一點還光二分，或一點還光三分以上，或一點還光三分以下，使更點乍疾乍徐，隨影走弄，以肆欺蔽。然其差謬非獨此耳。冬至日行極南，黃道出赤道二十四度，晝極短，故四十刻；夜極長，故六十刻。夏至日行極北，黃道入赤道二十四度，晝極長，故六十刻；夜極短，故四十刻。春秋二分，黃赤二道平而晝夜等，故各五十刻。此地中古今不易之法。至王普重定刻漏，又有南北分野，冬夏晝夜長短三刻之差。今淳熙術皆不然，冬至晝四十刻極短，夜六十刻極長，乃在大雪前二日所差一氣以上。自冬至之後，晝當漸長，夜當漸短，今過小寒晝猶四十刻，夜猶六十刻，所差七日有餘。夏至晝六十刻極長，夜四十刻極短，乃在芒種前一日所差亦一氣以上。自夏至之後，晝當漸短，夜當漸長，今過小暑晝猶六十刻，夜猶四十刻，所差亦七日有餘。及晝夜各五十刻，又不在春分秋分之下。至於日之出入，人視之以爲晝夜，其長短有漸，不可得而急與遲也。今日之出入增減一刻，近或五日，遠或三四十日，而一急一遲，與日行常度無一合者。請考正淳熙法之差，俾之上不違於天時，下不乖於人事。送秘書省禮部詳之。

明崇禎二年，禮部侍郎徐光啓兼理算法，請造象限大儀六，紀限大儀三，平懸渾儀三，交食儀一，列宿經緯天球一，萬國經緯地球一，平面日晷三，轉盤星晷三，候時鐘三，望遠鏡三，報允已。又言定時之法，當議者五事：一曰壺漏，二曰指南鍼，三曰表臬，四曰儀，五曰晷。漏壺水有新舊滑濇，則遲疾異。漏管有時塞時磷，則緩急異。正漏之初必於正午初刻，此刻一誤，靡所不誤，故壺漏特以濟晨昏陰晦，儀晷表臬所不及，而非定時之本。指南鍼，術人用以定南北，辨方正位，咸取則焉。然鍼非指正子午，曩云多偏丙午之間，以法考之，各地不同。在京師則偏東五度四十分。若憑以造晷，冬至午正先天一刻四十四分有奇，夏至午正先天五十一分有奇。若表臬者，即《考工》匠人置槷之法，識日出入之影，參諸日中之影，以正方位。今法置小表於地平，午正前後累測日影，以求相等之兩長影爲東西，因得中間最短之影爲正子午，其術甚簡。儀者，本臺故有，立運儀測驗七政高度。臣用以較定子午，於午前屢測太陽高度，因最高之度即得最短之影，是爲南北正線。既定子午卯酉之正線，因以法分布時刻，加入節氣諸線，即成平面日晷。又今所用員石欹晷，是爲赤道晷，亦用所得正子午線較定此二晷，皆可得天之正時刻，所爲晝測日也。若測星之晷，實《周禮》夜考極星之法。古時北極星正當不動之處，今時久漸移，已去不動處三度有奇，舊法不可復用，故用重盤星晷，上書時刻，下書節氣，仰測近極二星，即得時刻，所謂夜測星也。七年，督修算法右參政李天經言，輔臣光啓言定時之法，古有壺漏，近有輪鐘，二者皆由人力遷就，不如求端於日星，以天合天，乃爲本法，特請製日晷、星晷、望遠鏡三器。臣奉命接管，敢先言其略，日晷者，礱石爲平面，界節氣十三線內，冬夏二至各一線，其餘日行相等之節氣，皆兩節氣同一線也。平面之周列時刻線，以各節氣太陽出入爲限，又依京師北極出地度範爲三角銅表，置其中，表體之全影指時刻，表中之鋭影指節氣，此日晷之大畧也。星晷者，治銅爲柱，上安重盤，內盤鐫周天度數，列十二宮以分節氣；外盤鐫列時刻，中横刻一縫，用以窺星。法將外盤子正初刻移對內盤節氣，乃轉移銅盤，北望帝星與勾陳大星，使兩星同見縫中，即視盤面鋭表所指爲正時刻，此星晷之大畧也。若夫望遠鏡亦名窺筩，其製虚管層疊相套，使可伸縮，兩端俱用玻璃，隨所視物之遠近以爲長短，不但可以窺天象，且能攝數里外物如在目前。至於日晷、星晷皆用，措置得宜，必須築臺以便安放。天經又請造沙漏。明初詹希元以水漏至嚴寒水凍，輒不能行，故以沙代水，然沙行太疾，未協天運，乃於斗輪之外復加四輪，輪皆三十六齒。厥後周述學病其竅太小而沙易堙，乃更制爲六輪，其五輪悉三十齒，而微裕其竅，運行始與晷協。天經所請殆其遺意歟。《新法算書》：太陽在地平上，人目可得而覩，謂之晝。太陽漸隱地平之下，人目無見，則謂之夜。是晝夜者，全由人居以分。隨方，極出地若干。隨時，太陽躔某宮。其晝夜刻分皆可依法推算焉。然而法算與目見恒異，蓋太陽體大，算法皆以體心出地爲晝始，而人目以一見日輪即爲晝始。又日出没升降度有斜正不同，又地平各曜出没之界受清蒙氣有變，凡此皆非人目能辨，故術家立有視差法也。一晝一夜平分爲十二時，共刻九十有六，此恒率也。其晝夜永短遞遷之故，則不但日行南陸北陸不同而已，亦由北極出地高卑互異而永短因焉。如赤道正過天頂之地，兩極合於地平平行，其晝夜亦均停，絶無永短。又極在天頂，赤道與地平平行，其下晝夜亦無長短之較，但太陽百八十日恒見，百八十日恒隱耳。此外諸方各有永短，顧其一歲之中晝夜均停者四日，握算者引而伸之，據四日之一日逐漸加減，因得九十日之晝夜長短，隨可以推終歲之數也。晨昏者，分晝分夜之二界也。太陽將出未出數刻之前，其光東發，星光漸爲所奪，是名爲晨。太陽已入，廻光返照，亦經數刻始逌然滅盡，是名爲昏。其久暫分數，亦因冬夏而分短長。新法以日在地下十八度内爲晨昏之限，但太陽行此十八度，又各方各宫不等，因有五刻、七刻、十刻之别，若論極高七十二度以上之地，則夏月晨昏相切，雖至内夜，無甚黯黑也。

臣等謹按：晝夜永短，以日出入之早晚而分。而早晚之故有二，一由於日行之内外，一由於人居之南北。蓋日行黄道與赤道斜交，春秋分日行正當交點，與地平交於卯酉，地平上下之度相等，故晝夜適均。春分以後，日行赤道内，至夏至而極，其距等圈與地平交於寅戌，地平上下之度上多下少，故晝長夜短。秋分以後，日行赤道外，至冬至而極，其距等圈與地平交於辰申，地平上下之度上少下多，故晝短夜長。二分前後，距交不遠，黄道勢斜則緯行疾，故數日而差一刻。二至前後，黄道勢平則緯行遲，故半月而差一刻。此由日行之内外而生者。至於人居有南北，則北極出地有高下，於是見日之出入早晚隨地不同。中國在赤道北，北極出地上，南極入地下，故夏晝長，冬晝短。所居之地愈北，北極愈高，則永短之差愈多。至於北極之下，則赤道當地平，夏則有晝而無夜，冬則有夜而無晝，蓋以半年爲晝，半年爲夜矣。所居之地愈南，北極漸低，則永短之差漸少。至於赤道之下，則北極當地平，而晝夜常均，並無永短。蓋一歲爲四時者，各二矣。赤道以南與北相反，此由人居之南北而生者也。攷之古術，《周髀算經》曰：冬至晝極短，日出辰而入申，陽照三不覆九，東西相當正南方。夏至，晝極長，日出寅而入戌，陽照九不覆三，東西相當正北方。日出左而入右，南北行，故冬至從坎，陽在子，日出巽而入坤，見日光少，故曰寒。夏至從離，陰在午，日出艮而入乾，見日光多，故曰暑。《大衍術》曰：二十四氣晷差徐疾不同，由句股使然也。直規中則差遲，與句股數齊則差疾，皆言日行之内外也。《周髀算經》言七衡曰：北極之下不生萬物，北極左右夏有不釋之冰。中衡左右，冬有不死之草，五穀一歲再熟。凡北極之左右，物有朝生暮穫。趙君卿云：北極之下從春分至秋分爲晝，從秋分至春分爲夜。此即以地緯度分寒暖五帶，晝夜永短各處不同之法。又唐宋志所載各家步晷漏之陽城術，其陟降加減之衰，亦皆言人居之南北也。

臣等又按：孔穎達《尚書正義》馬融云：古制刻漏，晝夜百刻，晝長六十刻，夜短四十刻；晝短四十刻，夜長六十刻。融之此言，據日出見爲説。天之晝夜以日出入爲分，人之晝夜以昏明爲限，日未出前二刻半爲明，日入後二刻半爲昏。損夜五刻以裨於晝，則晝多於夜復校五刻。古今算術所候皆云，夏至之晝六十五刻，夜三十五刻；冬至之晝四十五刻，夜五十五刻；春分秋分之晝五十五刻，夜四十五刻。此其不易之法也。然今太史細候之法，則校常法半刻也。從春分至於夏至，晝漸長，增九刻半；夏至至於秋分，所減亦如之。又於每氣之間增減刻數有多有少，不可通而爲率。漢初未能審知，率九日增減一刻。和帝時，待詔霍融始請改之。鄭注《書緯・考靈曜》仍云九日增減一刻，猶尚未覺誤也。鄭注此云，日長者，日見之漏五十五刻；日短者，日見之漏四十五刻。與算不同，故王肅難云：知日見之漏減晝漏五刻，不意馬融爲傳已減之矣。因馬融所減而又減之，故日長爲五十五刻。因以冬至反之取其夏至夜刻，以爲冬至晝短，此其所以誤耳。此所云昏明之限，即朦影限也。太陽未出之前，已入之後，距地平一十八度，皆有光，故以十八度爲朦影限，然其時刻則隨時隨地不同。其隨時不同者，天度使然也。差十八度，此大圈之度也。赤道亦爲大圈，其度濶。自赤道而南北皆距等圈，其度狹。近二分者，以濶度當濶度，故刻分少。近二至者，以狹度當濶度，故刻分多也。隨地不同者，地南則赤道距天頂近，太陽正升正降，其度徑。地北距天頂遠，太陽斜升斜降，其度紆。故愈北則朦影之刻分愈多，愈南則朦影之刻分愈少也。若北極出地四十八度半以上，則夏至之夜半猶有光，愈北則愈不夜矣。南至赤道下，則二分之刻分極少，而二至之刻分相等，赤道以南反是。

臣等又按：古今漏法之刻分多寡不一，皆可以便於算也。術家有大刻，有小刻，初一、初二、初三、初四、正一、正二、正三、正四謂之大刻，合一日計之得九十六刻。其不盡者置一初初於初一之上，置一正初於正一之上，謂之小刻。每刻正當大刻六分之一，合一日計之，爲初初者十二，爲正初者十二，又得四大刻，合前爲百刻。宋王逵《蠡海集》言，百刻之説，每刻爲六十分，百刻共得六千分，散於十二時，每時得五百分，如此則一時占八刻零二十分。將八刻截作初正各四刻，却將二十分零數分作初初、正初徽刻各一十分也。《周禮·挈壺氏》注：漏箭晝夜共百刻。《禮記·樂記》：百度得數而有常。注：百度，百刻也。《靈樞經》：漏水下百刻以分晝夜。《說文》：漏，以銅受水，刻節晝夜百刻。《五代史·馬重績傳》：重績言，漏刻之法，以中星考晝夜爲一百刻，八刻六十分刻之二十爲一時，時以四刻十分爲正，此自古所用也。今失其傳，以午正爲時始，下侵未四刻十分而爲午。由是晝夜昏曉皆失其正，請依古改正。從之。《玉海》：每時初行一刻，至四刻六分之一爲時正，終八刻六分之一則交入次時。蓋古制法，晝夜共百刻，每刻六分之爲六小刻，每小刻又十分之，故晝夜六千刻，每刻六十分也。其散於十二辰，每一辰四大刻二小刻，共得五百分。漢建平中，改百刻爲百二十刻。若不改分，則五十分爲一刻，十刻爲一辰也。梁天監中，改用整刻九十六。若不改分，則每刻得六十二分有半。二法皆不若古用八大刻二小刻之密。回回晝夜刻法亦用整刻九十六，分每一辰八整刻，而以四刻爲一小時，猶夫古法之有初初、初一、初二、初三、初四、正初、正一、正二、正三、正四也。每小時六十分，猶夫古法每刻六十分之意而變用之也。其法度有初度，有一度，蓋亦猶夫古法有初初、初一、正初、正一也。周天用三百六十度，亦猶晝夜三十六頃之說也。

王仁俊《格致古微》卷一 《周禮》

挈壺氏，懸壺以水火守之，分以日夜。鄭注：漏箭其百刻。案：此漏用整刻之始。《觀象授時》曰：古刻法，晝夜共百刻，每刻六分之爲六小刻，每小刻又十分之，故晝夜六千刻，每刻六十分也。其散於十二辰，每一辰四大刻二小刻，共得五百分。漢建平中，改百刻爲百二十刻，若不改分，則五十分爲一刻，十刻爲一辰也。梁天監中，改用整刻九十六，若不改分，則每刻得六十二分有半。二法皆不若古用八大刻四小刻之密。回回晝夜刻法亦用整刻九十六，每一辰八整刻，而以四刻爲一小時，猶夫古法之有初初、初一、初二、初三、初四、正初、正一、正二、正三、正四也。每小時六十分，猶夫古法每刻六十分之意而變用之也。其度法有初度，有一度，亦猶古法有初初、初一、正初、正一也。周天用三百六十度，亦猶晝夜三十六頃之說也。今歐邏巴刻法悉同回回。俊案：《明史·天文志》西洋之説，命日爲九十六刻，使每時得八刻，無奇零，以之布算之器甚便。又案：此即自鳴鐘式所自出也。《說文》：漏，以銅盛水，刻節晝夜，刻百。《小學紺珠》薛季宣云：晷漏有四：銅壺、香篆、圭表、輥彈。西洋自鳴鐘，制出刻漏。《疇人傳》云：輥彈即自鳴鐘，宋以前有之。俊案：明馮時可《蓬窗續録》曰：利瑪竇出自鳴鐘，僅如小香盒，精金爲之，一日十二時，凡十二次鳴，亦異物也。王士禎《池北偶談》云：香山墺有定時臺，巨鐘覆其下，立飛仙臺，偶爲擊撞，形亦以機轉之。俞先生樾《茶香室三鈔》曰：据《續録》，此中國有自鳴鐘之始，然云一日十二鳴，則與今製異。据《偶談》，時發響起子末一聲，至午初十二聲復起。午末一聲，至子初十二聲前，揭圓槩畫十二辰，俟某時鐘動，則蟾蜍移籌指某位，即今自鳴鐘。然子初十二聲，午初十二聲，則與今製尚有異也。

紀事

孔安國撰　陸德明音義　孔穎達疏《尚書注疏》卷一《虞書·堯典》　乃命羲、和欽若昊天，歷象日月星辰，敬授人時。傳：重、黎之後羲氏、和氏，世掌天地四時之官，故堯命之，使敬順昊天。昊天，言元氣廣大。星，四方中星。辰，日月所會。歷象其分節，敬記天時，以授人也。此舉其目，下別序之。音義：羲、和，馬云：「羲氏掌天官，和氏掌地官，四子掌四時。」昊，胡老反。重，直龍反，少昊之後。黎，高陽之後。日月所會，謂日月交會於十二次也。寅曰析木，卯曰大火，辰曰壽星，巳曰鶉尾，午曰鶉火，未曰鶉首，申曰實沈，酉曰大梁，戌曰降婁，亥曰娵訾，子曰玄枵，丑曰星紀。分命羲仲宅嵎夷曰暘谷。傳：宅，居也。東表之地稱嵎夷。暘，明也。日出於谷而天下明，故稱暘谷。暘谷、嵎夷，一也。羲仲，居治東方之官。寅賓出日，平秩東作。傳：寅，敬。賓，導。秩，序也。歲起於東而始就耕，謂之東作。東方之官敬導出日，平均次序東作之事，以務農也。日中星鳥，以殷仲春。傳：日中，謂春分之日。鳥，南方朱鳥七宿。殷，正也。春分之昬，鳥星畢見，以正仲春之氣節。轉以推季、孟，則可知。厥民析，鳥獸孳尾。傳：冬寒無事，竝入室處。春事既起，丁壯就功。厥，其也。言其民老壯分析。乳化曰孳，交接曰尾。音義：嵎，音隅。馬云：「嵎，海嵎也。夷，萊夷也。」《尚書考靈曜》及《史記》作禺銕。暘，音陽。谷，工木反，又音欲，下同。馬云：「暘谷，海嵎夷之地名。」日出於谷，本或作日出於陽谷，陽衍字。寅，徐以真反，又音夷，下同。賓，如字，徐音殯，馬云：「從也。」出，尺遂反，又如字，注同。平，如字。馬作苹，普庚反，云：「使也。」下皆放此。秩，如字。中，貞仲反，又如字。殷，於勤反，馬、鄭云：「中也。」宿，音秀，下同。見，賢遍反，下同。析，星歷反。孳，音字。乳，儒付反。《說文》云：「人及鳥生子曰乳，獸曰產。」申命羲叔宅南交，傳：申，重也。南交，言夏與春交。舉一隅以見之。此居治南方之官。平秩南訛，敬致。傳：訛，化也。掌夏之官，平敘南方化育之事，敬行其教，以致其功。四時同之，亦舉一隅。日永星火，以正仲夏。傳：永，長也，謂夏至之日。火，蒼龍之中星。舉中，則七星見可知。以正仲夏之氣節，季、孟亦可知。厥民因，鳥獸希革。傳：因，謂老弱因就在田之丁壯，以助農也。夏時鳥獸毛羽希少改易。革，改也。音義：重，直用反。訛，五木反。分命和仲宅西曰昧谷，傳：昧，冥也。日入於谷而天下冥，故曰昧谷。昧谷曰西，則嵎夷東可知。此居治西方之官，掌秋天之政也。寅餞納日，平秩西成。傳：餞，送也。日出言導，日入言送，因事之宜。秋，西方，萬物成，平序其政，助成物。宵中星虛，以殷仲秋。傳：宵，夜也。春言日，秋言夜，互相備。虛，玄武之中星，亦言七星皆以秋分日見，以正三秋。厥民夷，鳥獸毛毨。傳：夷，平也。老壯在田，與夏平也。毨，理也。毛更生整理。音義：昧，武內反。冥，莫定反。餞，賤衍反，馬云：「滅也，滅猶没也。」毨，先典反。《説文》云：「仲秋鳥獸毛盛，可選取以爲器用也。」申命和叔宅朔方曰幽都，平在朔易。傳：北稱朔，亦稱方，言一方則三方見矣。北稱幽，則南稱明，從可知也。都，謂所聚也。易，謂歲改易於北方。平均在察其政，以順天帝。上總言羲、和敬順昊天，此分别仲、叔各有所掌。日短星昴，以正仲冬。傳：日短，冬至之日。昴，白虎之中星，亦以七星竝見，以正冬之三節。厥民隩，鳥獸氄毛。傳：隩，室也。民改歲入此室處，以辟風寒。鳥獸皆生耎毳細毛以自温焉。音義：别，彼列反，下同。隩，於六反，馬云：「煖也。」氄，如勇反。徐又而充反，又如充反，馬云：「温柔貌。」辟，音避。耎，如兖反，本或作濡，音儒。毳，尺鋭反。帝曰：「咨，汝羲暨和。朞三百有六旬有六日，以閏月定四時成歲。傳：咨，嗟。暨，與也。匝四時曰朞。一歲十二月，月三十日，正三百六十日。除小月六爲六日，是爲一歲有餘十二日。未盈三歲，足得一月，則置閏焉，以定四時之氣節，成一歲之歷象。允釐百工，庶績咸熙。」傳：允，信。釐，治。工，官。績，功。咸，皆。熙，廣也。言定四時成歲歷，以告時授事，則能信治百官，衆功皆廣，歎其善。音義：暨，其器反。朞，居其反，下同。旬，似遵反。匝，子合反。釐，力之反。熙，許其反，興也。疏：正義曰：上言能明俊德，又述能明之事。堯之聖德美政，如上所陳。但聖不必獨理，必須賢輔。堯以須臣之故，乃命有俊明之人羲氏、和氏敬順昊天之命，歷此法象。其日之甲乙，月之大小，昏明遞中之星，日月所會之辰，定其所行之數，以爲一歲之歷。乃依此歷，敬授下人。以天時之早晚，其總爲一歲之歷，其分有四時之異。既舉總目，更别序之。堯於羲、和之内，乃分别命其羲氏而字仲者，令居治東方嵎夷之地也。日所出處名曰暘明之谷，於此處所主之職，使羲仲主治之。既主東方之事，而日出於東方，令此羲仲恭敬導引將出之日，平均次序東方耕作之事，使彼下民務勤種植。於日晝夜中分，刻漏正等，天星朱鳥南方七宿合昏畢見，以此天時之候，調正仲春之氣節。此時農事已起，不居室内，其時之民宜分析適野，老弱居室，丁壯就功。於時鳥獸皆孕胎卵，孳尾匹合。又就所分羲氏之内，重命其羲氏而字叔者，使之居治南方之職。又於天分南方與東交，立夏以至立秋時之事皆主之。均平次序南方化育之事，敬行其教，以致其功。於日正長，晝漏最多，天星大火、東方七宿合昏畢見，以此天時之候，調正仲夏之氣節。於時苗稼已殖，農事尤煩。其時之民，老弱因共丁壯就在田野。於時鳥獸羽毛希少，變改寒時。又分命和氏而字仲者，居治西方日所入處，名曰昧冥之谷。於此處所主之職，使和仲主治之。既主西方之事，而日入在於西方，令此和仲恭敬從送既入之日，平均次序西方成物之事，使彼下民務勤收斂。於晝夜中分，漏刻正等，天星之虛、北方七宿合昏畢見，以此天時之候，調正仲秋之氣節。於時禾苗秀實，農事未閑，其時之民，與夏齊平，盡在田野。於時鳥獸毛羽更生，已稍整治。又重命和氏而字叔者，令居治北方名曰幽都之地。於此處所主之職，使和叔主治之，平均視察北方歲改之事。於日正短，晝漏最少，天星之昴、西方七宿合昏畢見，以此天時之候，調正仲冬之氣節。於時禾稼已入，農事閑暇。其時之人，皆處深隩之室。鳥獸皆生耎毳細毛，以自温煖。此是羲、和敬天授人之實事也。

班固撰　顔師古注《漢書》卷一一《哀帝紀》　待詔夏賀良等言赤精子之讖，應劭曰：諸以材技徵召，未有正官，故曰待詔。夏，姓也。賀良，名也。高祖感赤龍而生，自謂赤帝之精，良等因是作此讖文。漢家歷運中衰，當再受命，宜改元易號。詔曰：「漢興二百載，歷數開元。皇天降非材之佑，應劭曰：哀帝自言不才，天降之佑。漢國再獲受命之符，朕之不德，曷敢不通。夫基事之元命，必與天下自新，師古曰：基，始也。元，大也。始爲大事之命，謂改制度也。又曰：更受天之大命。其大赦天下。以建平二年爲太初元年。號曰陳聖劉太平皇帝。李斐曰：陳，道也，言得神道聖者劉也。如淳曰：陳，舜後。王莽，陳之後，謬語以明莽當篡立而不知。韋昭曰：敷陳聖劉之德也。師古曰：如韋二説是也。○宋祁曰：予按，《王莽傳》以讖文解釋，當作太初元將元年，後人不曉四字爲號，輒削去元將二字，非是，後得唐本，元將字果存。漏刻以百二十爲度。」師古曰：舊漏晝夜共百刻，今增其二十，此本齊人甘忠可所造。今賀良等重言，遂施行之。事見《李尋傳》。七月，以渭城西北原上永陵亭部爲初陵。勿徙郡國民，使得自安。八月，詔曰：「待詔夏賀良等建言改元易號，增益漏刻，可以永安國家。朕過聽賀良等言，師古曰：過，誤也。冀爲海内獲福，卒亡嘉應。皆違經背古，不合時宜。六月甲子制書，非赦令也，皆蠲除之。如淳曰：悔前赦令不蒙其福，故收令還之。臣瓚曰：改元易號，大赦天下，以求延祚而不蒙福，哀帝悔之，故更下制書諸非赦罪事皆除之，謂改制易號令皆復故也。師古曰：如淳非也，瓚説是矣。非赦令也，猶言自非赦令耳。也，語終辭也，而讀者不曉，輒改也爲他字，失本文也。賀良等反道惑衆，下有司。」皆伏辜。

范曄撰　劉昭補并注《後漢書》卷九〇《律曆志第二・律曆中》　永元十四

年，待詔太史霍融上言：「官漏刻率九日增減一刻，不與天相應，或時差至二刻半，不如夏曆密。」詔書下太常，令史官與融以儀校天，課度遠近。太史令舒、承、梵等對：「案官所施漏法《令甲》第六《常符漏品》，孝宣皇帝三年十二月乙酉下，建武十年二月壬午詔書施行。漏刻以日長短爲數，率日南北二度四分而增減一刻。一氣俱十五日，日去極各有多少。今官漏率九日移一刻，不隨日進退。夏曆漏隨日南北爲長短，密近於官漏，分明可施行。」其年十一月甲寅，詔曰：「告司徒、司空：漏所以節時分，定昏明。昏明長短，起於日去極遠近，日道周，不可以計率分，當據儀度，下參晷景。今官漏以計率分昏明，九日增減一刻，違失其實，至爲疏數以耦法。太史待詔霍融上言，不與天相應。太常史官運儀下水，官漏失天者至三刻。以晷景爲刻，少所違失，密近有驗。今下晷景漏刻四十八箭，立成斧官府當用者，計吏到，班予四十八箭。」文多，故魁取二十四氣日所在，并黃道去極、晷景、漏刻、昏明中星刻于下。

沈約《宋書》卷二三《志第十三・天文一》 文帝元嘉十三年，詔太史令錢樂之更鑄渾儀，徑六尺八分少，周一丈八尺二寸六分少，地在天內，立黃赤二道，南北二極規二十八宿，北斗極星，五分爲一度，置日月五星於黃道之上，置立漏刻，以水轉儀，昏明中星與天相應。十七年，又作小渾天，徑二尺二寸，周六尺六寸，以分爲一度，安二十八宿中外宮，以白黑珠及黃三色爲三家星，日月五星悉居黃道。

房玄齡等《晉書》卷一一《志第一・儀象》 至順帝時，張衡又制渾象，具內外規、南北極、黃赤道，列二十四氣、二十八宿中外星官及日月五緯，以漏水轉之於殿上室內，星中出沒與天相應。因其關捩，又轉瑞輪蓂莢於堦下，隨月虛盈，依歷開落。

魏徵等《隋書》卷七八《列傳第四十三・耿詢》 久之，見其故人高智寶以玄象直太史，詢從之受天文算術。詢創意造渾天儀，不假人力，以水轉之，施於闇室中，使智寶外候天時，合如符契。世積知而奏之，高祖配詢爲官奴，給使太史局。

杜牧《樊川文集》卷七《池州造刻漏記》 百刻短長，取於日，不取於數，天下多是也。牧太和三年，佐沈吏部江西府。暇日，公與賓吏環城，見銅壺銀箭，律如古法。建中時，嗣曹王皐命處士王易簡爲之。公曰：「湖南府亦曹王命處士之所爲也。」後二年，公移鎮宣城，王處士尚存，因命工就京師授其術，創置於城府。某爲童時，王處士年七十，常來某家，精大演數與雜機巧，識地有泉，鑿必湧出。韓文公多與之遊。太和四年，某自宣城使于京師，處士年餘九十，精神不衰。某拜于牀下，言及刻漏，因圖授之。會昌五年歲次乙丑夏四月，始造于城南門樓。京兆杜某記。

李肇《唐國史補》卷中 越僧靈澈得蓮花漏於廬山，傳江西觀察使韋丹初惠遠以山中不知更漏，乃取銅葉製器，狀如蓮花，置盆水之上，底孔漏水，半之則沈，每晝夜十二沈。爲行道之節，雖冬夏短長、雲陰月黑，亦無差也。

張說《張燕公集》卷一四《進渾儀表》 臣某言，臣聞迎日授時莫先於歷象，先天成務必歸於制作。伏惟開元神武皇帝陛下，建中立極，緯武經文，至德難名，神功不測，於是定歷成歲，立象考天，紹唐堯欽若之尊，集作典，一作文。繼虞舜在璿之義。上皇能事於斯，備矣。臣書院先奉勅造游儀，以測七曜盈縮，去年六月造畢進奏。又承集作奉。恩旨，更立渾儀。臣等準勅，令左衛率府長史梁令瓚檢校創造，於是博考傳記，舊有張衡、陸績、王蕃、錢樂之等並造斯器，雖渾體有象而不能運行，事非經久，旋即一作亦。毀廢。臣今按據典故，鑄銅爲儀，圓以像天，使得俯察，上具列宿、赤道周天度數，注水激輪，令其自轉，集作運。一日一夜天轉一周。又別立二周於絡在天外，綴以日月，令得運行。每天轉一匝，日行一度，月行十三度十九分度之七。凡二十九轉有餘，而日月會。三百六十五轉而行匝。仍置水一作冰。櫃以爲地平，令儀半在地上，半在地下，晦明朔望，不差毫髮。又立二木人於地平之上，前置鐘鼓以候辰刻，每一刻則自然擊鼓，每一辰則自然撞鐘。皆於櫃中各施輪軸，鈎鍵相錯，關鎖相持，轉運雖同，而遲速各異。周而復始，循環不息，陰陽不能逃其數，分至集作度分。不能隱其時，究天地之回斡，集作斡運。極乾坤之變化。斯皆上稟聖謨，集作模。旁獲神助，臣等愚思非所能及。録付史館，宣示百寮，使知告成之功，迥越前古，無任勤懇之極。謹隨表奉進以聞，臣某誠惶誠懼。

孫逢吉《職官分紀》卷一七《挈壺正》 挈壺正司辰，掌知漏刻。孔壺爲漏，浮箭爲刻，以考中星昏明之候焉。箭有四十八，晝夜共百刻。冬夏之間有長短，冬至日南爲發，去極一百一十五度，晝漏四十刻，夜漏六十刻。夏至日北爲斂，去極六十七度，晝漏六十刻，夜漏四十刻。春秋二分發斂中，去極九十一度，晝夜各五十刻。秋分以後，減晝益夜，九日加一刻。春分以後，減夜益晝，九日減一刻。二至前後，則加減遲，用日多。二分之間，則加減速，用日少。凡候夜，漏以爲更點之節。每夜分爲五更，每更分爲五點，更以擊鼓爲節，點以擊鐘爲節。

國朝挈壺正掌知漏刻。司天之屬有挈壺正，掌司辰刻，置署文德殿門内之東。漏設鼓樓、鐘樓於殿廷左右。漏刻之法，有水秤以木爲衡，衡上刻疏文曰天河，其廣長容水箭。箭有四，木爲之，長三尺五寸，著時刻更點納于天河中，晝夜更周之。自卯至午易一箭，自午至酉易一箭，自酉至子易一箭，自子至卯易一箭。衡右端有銅鍰連鈎，爲銅覆荷形，荷下銅索三條，以係銅壺。又爲髹漆大奩，曰水櫝。中安銅盆曰水海。奩有蓋，上刻白兔一爲飾，曰水拍。銅盆隅有銅刻烏一，引水下注壺中。衡左端有大銅鐶，貫衡鍰下人銅索連銅權，權爲立象形。又有鐵竿高五尺，權于鐵連附中屈上端爲方錠形，曰鷄竿。每移改時刻，司辰者以衡尾納方鍰中，以組繩挽權上大銅鍰進退之。秤之所係以大木雙樞，有跗如鐘簴之制，晝五彩金龍爲飾，上有鐵胡門，大鐵鈎鍰以係之。其制度精巧，未知作者爲誰，蓋唐及五代用之久矣。漏刻，每遇添減辰刻，必移報門司，及皇城司與鏁門使臣，常以卯正後一刻爲禁門開鑰之節。每一時八刻二十分，每刻一擊鼓，八鼓後進時牌，牌有七，自卯至酉用之，制以象牙，刻金字明之。餘二十分爲鷄唱，唱絶擊一十五鼓爲時正。宅辰並同，唯午時擊八鼓後，鷄唱絶，擊百五十鼓，乃爲午時正。初夜放鼓雄契出禁門，契有二，雄曰啟鼓，雌曰止鼓，制以木，刻字丁上。乃擊衙鼓爲發更時，鷄唱絶，擊百鼓爲第一會鼕鼕；又鷄唱，擊百鼓爲第二會鼕鼕；鼕絶擊百鐘，又鷄唱。擊一鼓一鐘爲一更一點。每更點隨次增之，遇轉更必鷄唱。至五更三點，止鼓雌契出禁門，聲衙鼓合雌雄契入内藏之于鐘鼓樓。至五更五點，擊百鐘，後鷄唱，擊百鼓爲第一會鼕鼕，又鷄唱，擊百鼓爲第二會鼕鼕，乃攢點昧明，有待旦一刻。一作一十刻。旦明，下水定晝漏時刻，至八刻後爲卯時正。四時皆用此法，禁中又有更點在長春殿門之外。至于宗廟陵寢及玉清昭應、景靈宮、會靈觀、祥源觀皆置焉，更以鼓點以鉦。

元祐官品令挈壺正正九品。

劉昫等《舊唐書》卷一九八《列傳第一百四十八・拂菻》 自外至王室凡有大門三重，列異寶雕飾。第二門之樓中懸一大金秤，以金丸十二枚屬於衡端，以候日之十二時焉。爲一金人，其大如人，立於側，每至一時，其金丸輒落，鏗然發聲，引唱以紀時日，毫釐無失。

薛居正等《舊五代史》卷九六《列傳十一・馬重績》 重績又言：漏刻之法，以中星考晝夜爲一百刻，八刻六十分刻之二十爲一時，時以四刻十分爲正，此自古所用也。

又 卷一四〇《志二・曆志》 古之植圭於陽城者，以其近洛故也，蓋尚嫌其中，乃在洛之東偏。開元十二年，遣使天下候影，南距林邑國，北距横野軍，中得浚儀之岳臺，應南北弦，居地之中。皇家建國，定都於梁。今樹圭置箭，測岳臺晷漏，以爲中數。晷漏正，則日之所至，氣之所應得之矣。

李昉等《太平御覽》卷二《天部二・天部下》 桓譚《新論》曰：通人揚子雲因衆儒之説，以天爲蓋，常左旋，日月星辰隨而東西，乃圖畫形體行度，參以四時歷數，昏明晝夜，欲爲世人立紀律以垂法後嗣。余難之曰：春秋晝夜欲等，平旦日出於卯正東方，暮日入於酉正西方。今以天下人占視之，此乃人之卯酉，非天卯酉。天之卯酉當北斗極北。斗極，天樞。樞，天軸也。猶蓋有保斗矣，蓋雖轉，而保斗不移。天亦轉周匝，斗極常在，知爲天之中也。仰視之又在北，不正在人上，而春秋分時日出入乃在斗南，如蓋轉則北道近，南道遠，彼晝夜數何從等乎？子雲無以解也。後與子雲奏事坐白虎殿廊廡下，以寒故背日曝背，有頃，日光去背，不復曝焉，因以示子雲曰：天即蓋轉，而日西行，其光彩當照此廊下而稍東耳，無乃是反應渾天家法焉。子雲立壞其所作，則儒家以天爲左轉，非也。

夏竦《文莊集》卷二五《潁州蓮華漏銘》 夫迎日推策，帝鴻之憲天也。治歷明時，成湯之應人也。日月有發斂，晝夜行增減，非在璿不能測盈縮，非運儀不能定昏明，以是歷數起焉，漏刻生焉。晝參乎晷景，夜驗乎次舍，雖上天之運不能逃矣。舜史日永星火者，晝漏多也；日短星昴者，晝漏少也。《周官》有以火爨鼎之制，齊詩有折柳樊圃之譏，由是觀之，挈壺之設，其來尚矣。漢承周秦，圖籍最備，其令甲第六著常符漏品，二十四氣各爲二箭，刻日所在，并黄道去極，晷景刻數，昏明中星於其下，班之計吏自兹。厥後踵事增華，逮施於李蘭，始變古法，權器程水，以準時刻。唐之諸道，率循此制。至今器有存者而莫能施用，唯司天官漏迄今用之，參以中星，因時升降，而置箭之制世不復傳。上躬至聖之姿，極攸縱之美，稽古典學，勵精百度，討論希闊，講求禮術。天聖中，有今龍圖閣直學士給事中燕君肅始考七經載籍，作蓮華漏于梓潼來獻闕下。其制爲四分之壺，參差置水器于上，剡木爲四分之箭。箭四，觚面二十五刻，刻六十分，四面百刻，總六千分以效日。凡四十八箭，一氣一易。鑄金蓮承箭，銅烏引水下注，金蓮浮箭而上。有司唯謹視而易之，爲行漏之始。又依《周官》水地置臬之法，考二交之景，得午時四刻一十分爲五正，南北景中，以起漏焉。時予備職樞府，弗獲熟視。君未幾作藩青社，建兹漏於白樓，予出守汝陰，亟往代君，因得細睹，其制精妙參神。景祐中，君復厭承明求刺于潁，予亦内徙睢陽，封圻接畛，慶問時通，因請更爲潁漏，以廣其傳。君由是再考晷度，以梓潼在南，比古法晝增一刻，夜損一刻；青社稍北，晝增三刻，夜損三刻；潁處梓青之間，晝增二刻，夜損亦如之。仍作屋祕漏，得天愈密。予舊隸史局，粗親此學。以爲乾體左旋，七曜運舍，皆動物也。赤道横帶，黄道斜截，復有進退。夫物動而有進退者，勢久必差，故昔賢制術以天度，乘晝夜漏減三百而一爲定度，以減天度以爲明，加正度以爲昏，所以追晷景之實，防節氣之差。然三百歲斗歷改憲而異人出焉，今燕君其當之乎。夫六藝羣書，唯天文數術探賾索隱，鉤深致遠，最爲難明。若心所不達，雖通人前識，詎測其方，而世之俗儒或以爲非薦紳先生之所稱道，何其誤歟！仲尼作《春秋》，每於朔閏，發文以宣明歷數，此聖人之深意也。《書》不云乎敬授人時，《禮》不云乎百度得數而有常，後之觀者，幸無忽焉。其漏志一篇，亦刊諸左方，期於不朽云爾。銘曰：

極星建中，黄道營外。度有邇遐，時有明晦。聖人觀象，古史詒則。孔壺爲漏，浮箭爲刻。資始巧歷，稽合小餘。重黎是司，羲和是圖。秦氏遺法，漢京垂制。歷世彌文，舊規加麗。玉虯吐水，分灌兩壺。金龍轉注，下激衡渠。天道可觀，神化無跡。日運波澄，氣分箭易。原本脱四字。都邑屢遷，寂寥罔詔，世失其傳。猗嗟燕君，文學餘力，博貫舊章，肇新景式。象魏既登，潼川既營，建於青闈，作於潁庭。五夜持宵，三商定夕。杪忽無差，升降靡息。意侔造化，數窮天地。茫茫有生，孰參其知。於鑠聖宋，世祚無疆。刊此樂石，永憲萬方。

歐陽修等《新唐書》卷二七上《志第十七上・曆志》 大同九年，虞劆等議：姜岌、何承天俱以月蝕衝步日所在。承天雖移及三度，然其冬至亦上岌三日。承天在斗十三四度，而岌在斗十七度。其實非移。祖沖之謂爲實差，以推今冬至，日在斗九度，用求中星不合。自岌至今，將二百年，而冬至在斗十二度。然日之所在難知，驗以中星，則漏刻不定。漢世課昏明中星，爲法已淺。今候夜半中星，以求日衝，近於得密。而水有清濁，壺有增減，或積度所擁，故漏有遲疾。臣等頻夜候中星，而前後相差或至三度。大畧冬至遠不過斗十四度，近不出十度。

又 卷三一《志第二十一・天文志》 又詔一行與令瓚等更鑄渾天銅儀，圓天之象，具列宿赤道及周天度數。注水激輪，令其自轉，一晝夜而天運周。外絡二輪，綴以日月，令得運行。每天西旋一周，日東行一度，月行十三度十九分度之七，二十九轉有餘而日月會，三百六十五轉而日周天。以木櫃爲地平，令儀半在地下，晦明朔望遲速有準。立木人二於地平上：其一前置鼓以候刻，至一刻則自擊之；其一前置鍾以候辰，至一辰亦自撞之。皆於櫃中各施輪軸，鉤鍵關鏁，交錯相持。置於武成殿前，以示百官。無幾而銅鐵漸澀，不能自轉，遂藏於集賢院。

又 卷四七《志第三十七・百官志》 五官司歷二人，從八品上，掌歷法及測景分至表準。五官靈臺郎各一人，正七品下，掌候天文之變。五官挈壺正二人，正八品上。五官司辰八人，正九品上。漏刻博士六人，從九品下，掌知漏刻。凡孔壺爲漏，浮箭爲刻，以考中星昏明，更以擊鼓爲節，點以擊鐘爲節。武后長安二年，置挈壺正。乾元元年，與靈臺郎、保章正、司歷、司辰皆加五官之名。有漏刻生四十人，典鐘典鼓三百五十人。初有刻漏視品，刻漏典事，掌知刻漏，檢校刻漏，後皆省。

王安石《臨川文集》卷三八《明州新刻漏銘》 戊子王公始治于明，丁亥孟冬刻漏具成，追謂屬人，嗟汝予銘：

自古在昔，挈壺有職。匪器則弊，人亡政息。其政謂何，弗棘弗遲。君子小人，興息維時。東方未明，自公召之。彼寧不勤，得罪于時。厥荒懈廢，乃政之疵。嗚呼有州，謹哉維兹。兹惟其中，俾我後思。

沈括《夢溪筆談》卷七《象數一》 古今言刻漏者數十家，悉皆疎繆。歷家言晷漏者，自《顓帝歷》至今，見於世謂之大歷者凡二十五家，其步漏之術皆未合天度。(于)[余]占天候景，以至驗于儀象，考數下漏凡十餘年，方粗見真數，成書四卷，謂之《熙寧晷漏》，皆非襲蹈前人之跡。其間二事尤微，一者，下漏家常患冬月水澁，夏月水利，以爲水性如此，又疑冰澌所壅，萬方理之終不應法。予以理求之，冬至日行速，天運已期而日已過表，故百刻而有餘；夏至日行遲，天運未期而日已至表，故不及百刻。既得此數，然後覆求晷景、漏刻莫不泯合，此古人之所未知也。二者，日之盈縮，其消長以漸，無一日頓殊之理，歷法皆以一日之氣短長之中者播爲刻分，累損益氣初日(表)[衰]，每日消長常同，至交一氣則頓易刻(表)[衰]，故黄道有觚而不圓，縱有强爲數以步之者，亦非乘理用算，而多形數相詭。大凡物有定形，形有真數。方圓端斜，定形也；乘除相盪，無所附益，泯然冥會者，真數也。其術可以心得，不可以言喻。黄道環天正圓，圓之爲體，循之則其妥至均，不均不能中規衡；絶之則有舒有數，無舒數則不能成妥。以圓法相盪而得(表)[衰]，則(表)[衰]無不均；以妥法相盪而得差，則差有數疎。相因以求從，相消以求負，從負相入，會一術以御日行。以言其變，則杪刻之間消長未嘗同；以言其齊，則止用一(襄)[衰]，循環無端，終始如貫，不能議其隙。此圓法之微，古之言算者有所未知也。以日(表)[衰]生日積，乃生月(表)[衰]，終始相求，迭爲賓主，順循之以索日變，衡別之求去極之度，合散無跡，泯如運規，非深知造算之理者不能與其微也。其詳具(于)[余]奏議，藏在史官及予所著《熙寧晷漏》四卷之中。

曾敏行《獨醒雜志》卷二　豫章晷漏乃曾南仲所造。南仲自少年通天文之學，宣和初登進士第，授南昌縣尉，時龍圖孫公爲帥，深加愛重。南仲因請更定晷漏，帥大喜，命南仲召匠制之。遂範金爲壺，刻木爲箭，壺後置四盆一斛。其注水則爲銅蚪張口而吐之。箭之傍爲二木偶，左者晝司刻，夜司點，其前設鐵板，每一刻一點則擊板以告。右者晝司辰，夜司更，其前設銅鉦，每一辰一更則鳴鉦以告。又爲二木圜，其一用木薦之以測日景，其一用水轉之以法天運。制器甚精，爲法甚密，皆前所未有。南仲夜觀乾象，每預言其遷移躔次。嘗言有某星某夜當到某分，時窮冬盛寒，仰卧床上，徹其屋瓦以觀之，偶睡着霜下，遂爲寒氣所侵而死，其學惜無傳焉。獨晷漏之制，其子嘗聞其大概。今江鄉諸縣亦有能造之者，南仲名民瞻，廬陵睦陂人也。

南仲嘗謂，古人揆景之法，載之經傳雜説者不一，然止皆較景之短長，實與漏刻未嘗相應也。其在豫章爲晷景圖，以木爲規，四分爲廣而殺其一，狀如缺月，書辰刻於其旁，爲基以薦之，缺上而圓下，南高而北低，當規之中植(緘)[鍼]以爲表，表之兩端一指北極，一指南極。春分已後，視北極之表。秋分已後，視南極之表。所得晷景與刻漏相應。自負此圖以爲得古人所未至。予嘗以其制爲之，其最異者，二分之日，南北之表皆無影，獨其側有景，以其側應赤道。春分已後，日入赤道內。秋分已後，日出赤道外。二分日行赤道，故南北皆無影也。其制作窮賾如此。

顔頤仲撰　魏國鈞校正《銅壺漏箭制度》　附録

明州新造蓮華刻漏記　許兪判克昌

事有若緩而不切者，在閒暇之日智者或有所能。而多事之際，則雖智者不暇問也。惟其才有餘而識濟之，故能兼舉而無遺。紹興三十一年秋，金虜大舉入寇，震驚淮甸，聲言舟師自膠西航海以犯，浙江明州適當其衝。朝廷分衛卒，益以四州弓弩，調泉福水軍雜以鄉兵幾萬人爲三屯，扼烈港，守定海與東城，而以前左丞相吴興沈公總之。其年冬，虜首爲其下所弒，全師遁去。詔諸將經略青齊諸屯，相繼撤而北征，丞相引年得請以去。上仍以東藩爲重，思得雄俊之臣以繼之，乃起大常伯韓公仲通於外祠付以郡事。是時師旅之後軍事蕭然，倉庾之積尤可哀痛。客軍既去，州軍寡弱，亡命嘯集，乘間竊發。商賈稀少，公私俱困。識者憂之。公既視事，則檢柅吏姦，搜剔蠹漏，罷無事之食，損無名之費，財用充足，又有贏餘。寇擾海道不止，即遣使諭降之，使以其衆歸環師，一境晏安。公精明而勇決，嚴而不殘，號令簡信，人甚畏服。州以辦治，譙門舊有水稱，則晝夜漏之，長歲久刓弊，不可取信，而司鍾鼓者皆傭老無知之卒，增減水不以時，又無測景器，率以意斟酌，不與天相應。關垣啓閉，唱籌皷鼕，皆不合節。公慨然曰：「事若緩而不可忽者，此也。避秦之人，以花開落爲春秋。治世之人，可使以星出没爲晝夜乎。吾爲之牧，坐視其顛冥昏瞶，不知蚤莫，因恬而不加卹，且得無恧乎？是不可以郡務繁無暇、末節爲解，况此非末節。」乃訪知數者，得吴人祝岷，迹古制，冶銅爲蓮華漏，其上爲二天池，爲平覆壺，其旁爲減水壺，下爲萬分壺。注水相灌輸，分晝夜百刻爲二十有一箭，有合二分二至短長之候。其數則採於歷家，而其度則考以日中之景也。又惟古之爲漏者必有表，穰苴與莊賈期設表下漏，即其事也。蓋水增減不常，而司之者懃怠不可保，始或稍差，末必大謬。則又爲測景盤、浮針，以定南北之極，半規以正東西之景。使漏失而求之景，則雖千歲之日可坐致也。爲器之銅則取於没入之鹹，工治之費則取於公帑之餘。公之贍於計而雖一毫不以擾於民也。如此既命克昌銘之矣。又使爲之記，克昌竊惟先王制器尚象，以前民用，而無用之器不作也。四璉六瑚用於古之禮，而不必施於今之祭。蕢桴土鼓用於古之樂，而不必設於今之廷。如明堂九鼎有無，皆可以爲國者，君子不苟作也。若夫孔壺爲漏，浮箭爲刻，以合天度，以授人時，古有其法，萬世豈敢廢哉。克昌既美公之有識知，所謂若緩而不可忽者。又深服其才於多事之日，而有餘力於此，爲可書也。公頃帥金陵，逆知虜有動意，即密爲戰守備，未朞年積鏹幾百餘萬緡。及上親征至江上，而軍須以濟。其雄材遠略，朝野推之。謹并書於末，以告將來。

奉國樓銅壺事件：

夜天池，日天池，平壺，覆壺，百刻萬分壺，減水壺。

銘并序

紹興三十二年，太常伯韓公仲通來撫明州，惟晝夜漏之弗中，使興居亡節，酒更舊水稱爲蓮華萬分壺，以齊天度。合節度判官許克昌銘之。

官有常職，以時興息。小人食力，工在晷刻。挈壺之失，是爽天則。于何敢康，以引歲日。酒考璇璣，器水以測。智者創之，謹正朝夕。嗟牧之良，立民之極。

王應麟《玉海》卷四《天文・儀象》　元豐渾儀法要

自至道用韓顯符渾儀，其後司天官周琮于淵加黄道。熙寧中，舊器壞。沈括更造，以意增損，器成數年未能定，與浮漏景表不應。陳襄奏：舊渾儀壞不可用，而後所造新儀，考之又不合。願付歐陽發詳定。從之。發較三家，考古法先爲定儀，奏之。元豐五年正月二十三日，學士王安禮言，詳定渾儀官歐陽發言，至道皇祐之器皆差，今造渾儀浮漏木樣進呈。上召問曰：浮漏以玉筒下水者，當堅久也？對曰：玉不如銅，沈括嘗用玉，今下水比初加達矣。上以爲然，遂命鑄新儀漏表，集其説號《法要》。元祐中，蘇頌承詔，詳定渾天儀器象制度，爲《新儀象法要》一卷。

又　卷一一《律曆・漏刻》

周挈壺氏漏箭

夏官挈壺氏，下士六人，史二人，徒十有二人。注：挈壺水以爲漏。　掌挈壺以令軍井，挈轡以令舍，挈畚以令糧。軍中人多，車騎雜會讙囂，號令不能相聞，故各以物爲表，省煩趨疾，于事便也。凡軍事，縣壺以序聚欜，以水火守之，分以日夜。先鄭云：縣壺以爲漏，以序聚欜，以次更聚。擊欜備守也。玄謂以水守壺者，爲沃漏也。以火守壺者，夜則視刻數也。分以日夜者，異晝夜漏也。漏之箭晝夜共百刻，冬夏之間有長短焉。太史立成法有四十八箭，疏釋曰：懸壺於上，以水沃之，水漏下入器中，以没刻爲准法。太史立成法有四十八箭者，此據漢法而言，以器盛四十八箭，箭各百刻，以壺盛水，懸於箭上，節而下之，水(水)淹一刻，則爲一刻。四十八箭者，蓋取倍二十四氣也。及冬則以火爨鼎水而沸之，而沃之。謂沃漏也。秋官司寤氏掌夜時，甲乙至戊。以星分夜，若今時觀參辰知夜早晚。詔夜士夜禁。行夜徼候疏三光。《考靈曜》云：日入三刻爲昏，不盡三刻爲明。春官雞人，夜嘑旦以嘂百官。夜，夜漏。疏：漏未盡三刻已前仍爲夜，則呼旦也。嘂，古弔反。凡國事爲期，則告之時。《正義》：天子備官，挈壺掌漏刻之節，雞人告期。《齊詩》是諸侯兼官，故挈壺氏兼告期也。《詩・東方未明》，刺無節也。朝廷興居無節，號令不時，挈壺氏不能掌其職。注：古者有挈壺氏，以水火分日夜，以告時於朝。《箋》云：失漏刻之節，東方未明而以爲明。《庭燎》注：王有雞人之官，凡國事爲期，則告之以時。王不正其官，而問夜早晚。夜未渠央。《司馬穰苴傳》立表下漏。《唐曆志大衍日度議》：周曆立夏日在觜觿二度，於軌漏昏角一度中蒼龍畢見。陸佐公曰：自天觀象，昏旦之刻未分。治歷明時，盈縮之度無準。挈壺命氏遠哉。義用揆景測辰，儆宮戒井，守以水火，分玆日夜。《月令正義》，蔡邕以星見爲夜，日入後三刻，日出前三刻，皆屬晝。《周禮・鼓人》注：司馬法曰：昏鼓四通爲大鼜，夜半三通爲晨戒，旦明五通爲發响。《儀禮》注：日入三商爲昏。疏曰：是漏刻之名。馬氏云：日未出，日没後，皆云二刻半，前後共五刻。今云三商，據整數而言。

又　漢太初漏刻

《宋志漢武正儀》：審漏事在前史。《後禮儀志》：夜漏未盡七刻，鍾鳴受賀。《西域傳》杜欽曰：斥候士百餘人，五分夜，擊刀斗自守。注：夜有五更，分而持之。夏賀良言：增益漏刻，哀帝詔漏刻以百二十爲度。董賢爲郎，傳漏在殿下。奏時刻。漢舊儀有傳呼。《唐曆志日度議》曰：日之所在難知，驗以中星，則漏刻不定。漢世課昏明中星爲法已淺。今候夜半中星以求日衝，近於得密。而水有清濁，壺有增減，或積塵所擁，故漏有遲疾。《易乾鑿度》注：八卦生物，謂歲之八節。每一卦生三氣，各得十五日。今言晝六爻，則中分之。太史司漏刻者每氣兩箭，由是生焉。《隋志漏刻經》：梁有後漢待詔霍融、何承天、楊偉等撰三卷亡。《漢書》：青煒登平考景以晷，赤煒頌平考聲以律，白煒象平考量以銓，玄煒和平考星以漏。漏刻。

又　東漢晷漏

《選注衛宏漢舊儀》曰：晝夜漏起省中，用火中黄門持五夜。甲、乙、丙、丁、戊夜也。《唐曆議》：東漢晷漏定於永元十四年，四分法施行後十五歲也。《書正義》：漢初率九日增減一刻，霍融始請改之。鄭注《考靈曜》仍云九日增減一刻，尚未覺誤也。《周禮疏》：漢法以器盛四十八箭，箭各百刻，蓋取倍二十四氣也。《後漢歷志》：孔壺爲漏，浮箭爲刻，下漏數刻，以考中星，昏明生焉。漏刻之生，以去極遠近差乘節氣之差。

又　晉漏刻賦銘

《晉起居注》：有永安宫銅漏刻，太元十二年，儲宫初建置漏刻史。蕭子雲《東宫雜記》曰：梁天監六年造新漏，以臺舊漏給官，漏銘云：咸和七年，山陰令魏丕造，即會稽内史王舒所獻漏也。《水經注》：洛陽城門置一鐘，以和漏鼓。

《藉田賦》：挈壺掌升降之節。

又　梁漏刻銘

《通典》：天監六年，以舊漏乖舛，敕員外郎祖暅治之。漏刻成，太子中舍人陸倕爲文，官漏出自會稽。魏丕造。積水違方，導流乖則。六日無辨，五夜不分。爰命日官，草創新器。俯察旁羅，登臺升庫。則于地四，參以天一。言壺用金，血漏用水。建武遺蠹，咸和餘舛。金筒方員之制，飛流吐納之規。變律改經，一皆懲革。天監六年丁亥十月十六日壬寅漏成，可以校運算之睽合，辨分天之邪正，察四氣之盈虛，課六歷之疎密。金字銀書爲銘曰：

一暑一寒，有明有晦。神通無跡，天工罕代。乃置挈壺，是惟熙載。氣均衡石，晷正權概。擊刁舛次，聚木乖方。爰究爰度，時惟我皇。方壺外次，圓流內襲。洪殺殊等，高卑異級。靈虯承注，陰蟲吐噏。倏往忽來，鬼出神入。微若抽繭，逝如激電。耳不輟音，眼無留眄。銅史司刻，金徒抱箭。合昏槿也。暮卷，蓂莢晨生。尚辨天意，猶測地情。況我神造，通幽洞靈。配皇等極，爲世作程。

又　唐漏刻　武德漏刻　大唐漏刻經

《志歷算》：大唐刻漏經一卷。又見上。傅奕傳武德時，所改漏刻，皆詔奕云。《歷志開元大衍歷議五》曰：步軌漏術，有漏刻陟降率，冬至降七十八，大雪陟七十八，陟降不等，皆以三日爲限。《百官志》：祠部掌天文漏刻，司天臺，五官挈壺正二人，司辰八人，漏刻博士六人，掌知漏刻。凡孔壺爲漏，浮箭爲刻，以考中星昏明，更以擊鼓爲節，點以擊鐘爲節。長安二年，置挈壺正。乾元元年，與靈臺郎、保章正、司歷、司辰加五官之名。乾元三年，置春夏秋冬中五官正，掌司四時，有漏刻生四十八，典鐘鼓三百五十人，初有視品典事，後省。《六典·周禮》夏官挈壺，秋官司寤，春官雞人，凡三職。漢已後，太史掌之。隋置漏刻生三百六十人，箭有四十八，太子率更令掌漏刻，令博士教之掌漏典之漏童，司刻分時唱之。元和中，置百官待漏院。景龍二年十二月，太史令傅孝忠奏準，漏經南北陸並日校一分。《詩·東方未明》疏案《乾象歷》及諸歷法與今太史所候。

又　唐開元漏刻

《晉志大衍歷五》曰：步軌漏術陟降率，漏刻冬至降七十八二十七刻一百三十分，至大雪陟七十八二十七刻百三十五分，陟降不等，皆以三日爲限。各置初日陟降率，依限次損益之。二至各於其地下水漏以定當處晝夜刻數，乃相減爲冬夏至差刻，半之，以加減二至晝夜刻數，爲定春秋分初日晝夜刻數。乃置每氣消息先數。《會要》：金吾衛貞元三年閏四月八日敕，四月一日已後五更二點放鼓契，九月一日已後五更三點放鼓契，日出後二刻傳點，三刻進坐牌。劉鄴待漏院詩，有勘契之語。《含元殿賦》：節晷漏於鍾律，架危樓之笱簴。《儀衛志》有行漏轝，刻漏生四人，分左右。

又　景德漏院雞唱詞

景德四年九月辛巳，司天監言，殿前漏刻報時、雞唱。唐朝有詞，自朱梁以來廢棄，止唱和音，請別制新詞習唱。自今每大禮御殿登樓入閤內宴，晝改時，夜改更，則用之。常時改點，則不用。詔兩制詳定，晁迥等以爲合於《周官》雞人嘑旦之義，因詳正舊詞，付之習唱。其詞自朝光發至日入酉，凡二十七句。自日欲暮至戌夜癸，凡十八句。大抵言晝夜之節，如太階平，夢良臣，求衣始之語，則主乎規諫也。《周禮》：雞人下士一人。嘑旦，巾車鳴鈴以應之。

又　天聖蓮花漏　景祐水秤

天聖八年八月，龍圖閣待制燕肅上蓮花漏法。其制琢石爲四分之壺，剡木爲四分之箭，以測十二辰、二十四氣、四隅、十干，洎百刻分布晝夜。箭四面，面二十五刻，刻六十分。四面百刻，總六千分，以效日面千五百分，晝夜總六千分。凡四十八箭，一氣一易。二十四氣各有晝夜，故四十八箭。歲統二百十六萬分，悉刻箭上。鑄金蓮承箭，銅烏引水而下注，金蓮浮箭而上登，不假人力。其箭自然上下，司晨者謹視而易之。其行漏之始，又依《周官》水地置臬之法，考二交之景，得午時四刻十分爲午正，南北景中以起漏焉。其法置水於櫃，引以渴烏，導以銅荷，水自荷茄下注於壺，壺中爲金蓮花覆之，荷心有竅，容箭下插。方水之未注也，箭首適與花平，逮水既至，箭則隨起，視箭所底而時刻可以坐致矣。肅作于梓潼，來獻門下。九月，詔司天監王立等與挈壺正考定其法，於鐘鼓樓下立等，言黃道日躔進退盈縮度數不應，今《崇天歷》不可施用。罷之。景祐元年九月十一日，肅奉詔於資善堂，與司天少監楊惟德測驗，并合天道，而知制誥丁度等詳定以爲難久行。二年四月己未，詔學士章得象馮元與肅同議。九月乙未，詔司天監製百刻水秤，以測候晝夜。三年二月，丙辰復命得象等重定水秤刻漏。四月辛亥，得象言水行有遲疾，請增用平水壺一，渴烏二，晝夜箭二十一。於鐘鼓樓測量漏水。凡定奪三年而卒用蓮花漏焉。蓋壺以貯水，烏以引注，秤以平漏，漏以識刻。肅所至皆刻石以記其法，所臨州郡必爲之，雖巧者莫能損益。又爲《海潮論》二篇，造指南、記里鼓車。夏竦《潁州蓮華漏銘序》：舜史，日永星火，晝漏多也。日短星昴，晝漏少也。《周官》有以火爨鼎之制，《齊詩》有折柳樊圃之譏。漢令甲第六著常符漏品，施於李蘭始變古法，權器程水，以準時刻。唐之諸道率循此制，至今器存莫能施用。唯司天官漏迄今用之，參以中星，因時升降，而置箭之制世不復傳。景祐中，更爲潁漏，其漏志一篇，刊諸左方。再考晷度，以梓潼在南，比古法晝增一刻，夜損一刻。青社稍北，晝增三刻，夜損三刻。潁處梓青之間，晝增二刻，夜損亦如之。作室秘漏，得天愈密。銘曰：極星建中，黄道營外。度有邇遐，時有明晦。聖人觀象，女史詒則。孔壺爲漏，浮箭爲刻。資始巧歷，稽合小餘。重黎是司，羲和是圖。秦氏遺法，漢京垂制。歷世彌文，舊規加麗。玉虬吐水，分灌兩壺。金龍轉注，下激衡渠。天道可觀，神化無跡。日運波澄，氣分箭易。猗嗟燕君，文學餘力。博貫舊章，肇新景式。象魏既登，潼川既營。建于青闈，作于潁廷。五夜持宵，三商定夕。《儀禮注》：日入三商爲昏。《尚書緯》謂刻爲商。杪忽無差，升降靡息。意侔造化，數窮天地。茫茫有生，孰參其智。於鑠聖宋，世祚無疆。刊此樂石，永憲萬方。徐州用衛朴所造，有壺無箭。通守傅楊得肅之法，改作蓮花漏，蘇軾爲銘：「天地之寒暑，日月之晦明，昆侖旁薄於三十八萬七千里之外，而不能逃於三尺之箭，五斗之缾。如缾受水，不過其量。如水浮箭，不失其平。天有晝夜，人爲刻辰。昔在黄帝，制器以分。周設六官，挈壺令軍。惟漢暨晉，變律改經。臣肅思妙，創爲度程。壺以石琢，箭以木成。渴烏上引，荷茄仰承。水注壺口，箭湧蓮心。自子徂亥，茲焉取平。二十四氣或虧或盈，箭實倍之隨氣以更。辰有長短，刻因損增。惟箭無私，與水皆升。風雨不廢，如雞之鳴。銖兩莫差，如衡之稱。」銘。《中興書目》，蓮花漏法一卷。李肇《國史補》云：越僧靈澈取銅葉製器，爲蓮花漏，置盆水之上，底孔漏水，半之則沈。每晝夜十二沈，爲行道之節。

又 皇祐漏刻 文德殿漏刻

《國史志》：自黄帝觀漏水，制器取則，三代因以命官，則挈壺氏其職也。後之作者，或下漏，或浮漏，或浮刻，或輪漏，或權衡，制作不一。國朝司天之屬有挈壺正，掌司辰刻，置文德殿門內之東偏，設鼓樓鐘樓於殿廷左右。刻漏之法有水秤，以木爲衡，衡上刻疏之曰天河，《志》云以水爲權衡。其廣長容水箭。箭有四，木爲之，長三尺有五寸，著時刻更點納於天河中，晝夜更用之。衡右端有銅鍰連鉤，爲銅覆荷形，荷下銅索三條，以繫銅壺。又爲髹漆大奩，曰水櫃；中安銅盆，曰水海。銅盆隅有銅渴烏一，引水下注。壺中衡左端有大銅鍰貫衡，鍰下大銅索連銅權，爲立象形。又有鐵竿，高五丈，於鐵蓮跗中屈上端爲方鍰形，曰雞竿。每移改時刻，司辰者以衡尾納方鍰中，以組繩挽權上大銅鍰進退之。秤之所繫，以大木雙植，有跗如鐘簴之制，晝五采金龍爲飾，上有鐵胡門，大鐵鉤鍰以繫之。其制度精巧，不知作者爲誰。蓋唐五代用之久矣。漏刻每遇添減，必移報門司，及皇城門與鑰門，使臣常以卯正後一刻爲禁門開鑰之節。每時八刻二十分，每刻一擊鼓，八鼓後進時牌。牌有七，以象牙刻金字。餘二十分爲雞唱，唱絶擊一十五鼓爲時正。一本至景祐三年，再加考定，而水有遲疾，用有司之議，增平水壺一，渴壺二，箭二十一，然時刻相侵殆半。至皇祐初，詔舒易簡、于淵、周琮更造，用平水壺，重均調水勢，分百刻於晝夜。後晉馬重績言，漏刻之法，以中星考晝夜爲一百刻，八刻六十分刻之二十爲一時，時以四刻十分爲正，此自古所用也，請依古改正。

又 熙寧迎陽門觀浮漏 熙寧晷漏書 元豐浮漏

神宗即位之初，星辰不正。上令別造儀漏，改正歷書，久而未成。熙寧五年九月，提舉司天監沈括言，楚州人衛朴精於術學，乞令赴監參校得失。六年六月辛巳，上令朴創造浮漏。七年六月乙酉，括乞以新製浮漏於迎陽門進呈，上從之。丁亥上御門，召輔臣觀之，令於翰林天文院安置。初，括上《浮漏議》言：凡播水之壺三，受水之壺一，曰求壺、曰度壺、曰複壺、曰建壺。又言制器之法及下漏之法。《會要》：其年六月二十一日丁亥，崇政殿召輔臣觀。沈括云：歷家言晷漏者，自顓歷至今見于世者二十五家，謂之大歷，其步漏之術，皆未合天度。今考數下漏成書四卷，謂之《熙寧晷漏》。元豐五年正月，學士王安禮言，詳定渾儀官歐陽發言，至道皇祐之器皆差，今造渾儀浮漏木樣進呈。臣等看詳司天監浮漏疎謬，乞依新樣改造從之。沈括《筆談》云：更造渾儀，創爲玉壺浮漏銅表，皆置天文院。

又 紹興刻漏 刻漏圖

紹興二年六月十四日，詔西安進士陳元助製刻漏一座，送尚書省，補其子爲局生。乾道三年造歷，劉孝榮上二十四氣晝夜進退日出没刻立成之法。祥符三年，春官正韓顯符上二十四氣晝夜刻立成法，《會要》取其氣節之初裁之。《書目》：紹興初，太常博士王普撰《官歷刻漏圖》一卷并序，言百刻分十二辰，晝夜長短以岳臺爲定。九服之地，冬夏至晝夜刻數或與岳臺不同，則二十四氣前後，易箭之日亦皆少差。又有《後記》及《蓮華漏圖》。《行漏法》一卷，不知作者。以《周官》軍事垂壺，司馬穰苴立表下漏，此古行漏見于書者也。今此表漏測景之法，簡而易知，殆古之遺法。洪邁《新刻漏銘》有智者創爲一筩，方不能以尺，挹水中居竅，其顛以受箭，氣敘長短，刻于箭間，以昔之升爲今之降，水盡箭沈，一日終矣。又挹水如式，以伺夜漏。維天蒼蒼，維地直方。日星昭光，宰其陰陽。燠夷寒涼，隱顯迭相。孰爲測量，肆有智囊。緘機翕張，制乃短長。四周其皇，如韇服箱。水聲宫商，洩若綫芒。箭之揚揚，匪棘匪詳。由高而藏，有退不卬。大明煌煌，夜漏未央。江之天漿，視我作綱。挈壺保章，周制則亡。蓮華洸洸，於用或妨。勒銘以颺，與燕雁行。

《堯典正義》：古今曆術與太史所候皆云，夏至晝六十五刻，夜三十五刻；冬至晝四十五刻，夜五十五刻；春秋分晝五十五刻，夜四十五刻。此不易之法也。然今太史細候之法，則校常法半刻。從春分至夏至，晝漸長，增九刻半；夏至至秋分所減亦如之。秋分至冬至，晝漸短，減十刻半；冬至至春分增亦如之。又於每氣之間增減刻數有多有少，不可通而爲率。《南史》陳沈洙議漏刻今古不同。《漢書·律歷》：何承天、祖沖之父子《漏經》並自關鼓至下鼓，晡鼓至關鼓，皆十三刻，冬夏四時不異。其日有長短，分在中時前後。今用梁末改漏，下鼓之後分其短長，夏至之日各十七刻，冬至之日各十二刻。易氏《周禮説》云：挈壺之制，以唐制推之，水海浮箭四匱，注水始自夜天池，以入于日天池，自日天池以入于平壺，以次相注，入于水海，浮箭而上，以浮箭爲刻分。晝夜計十二時，每時八刻二十分，每刻六十分，箭四十八，二箭當一氣，歲統二百一十九萬一千五百分，悉刻於箭上。銅烏引水而下注，浮箭而上登，至於晝夜之別，分至之候，冬夏長短，昏曉隱見，與《周官》晷景無差。《太玄經》：植表施景，揄漏率刻。注：揄，寫也。寫水下漏，審刻知時。挈壺掌分數之令，太史陳立成之法，軍將以之垂，闕壺郎以之趨奏。弘度遺篇，承天垂旨。可使大禹日惜寸陰，可使宣王夜知向晨。自古在昔，挈壺有職。匪器則弊，人亡政息。其政謂何，弗棘弗遲。君子小人，興息維時。勿謂小器，雖廢何傷。齊侯見刺，顛倒衣裳。挈壺弛職，風人所譏。作器能銘，大夫之責。靈虯傳箭。凡黄道升降差二度四十分，則隨歷增減改箭。每時初行一刻至四刻六分之一爲時正，終八刻六分之一則交入次時。天道之妙，千歲可致，而基於一刻之弗差。治道之盛，庶績咸熙，而原於寸陰之無曠。旰夕監觀宜有成，則器若小而用實重者，惟漏爲然。

王惲《秋澗集》卷三六　平陽府新修星丸漏記

經漏之法蓋所以司天地之朝昏，儆官民之動息，郡邑皆置之，遵古制也。平陽府治舊有漏，設臺門上。自近代來名存器亡，具鐘鼓而已。視事初，思有以更張之，遂得遺法，所謂木漏星丸者也。其制爲夾屏，高幾尋，廣則半之，中布敔道七折，用棘作丸彈，如凡六十。數以循環，六千分晝夜百刻之度。又按中星制十一圖，定日月寒暑消長遲速之候。注丸爲分，積分取點，積點成刻，均平五更，定爲成式。至元十年春二月丁未，新漏告成，法簡而易知，理明而度應，信乎可恒用而不息者也。噫！君子之爲政，自一己而達之物，因物而取信于民。兹漏之設，苟不自信而勤于政，豈惟伊漏之愧，將何以化齊民哉。爰作箴以自警，其辭曰：

在昔上古，挈壺有職。堯水懷山，欽若星歷。繄爾經漏，亦政令所棘。不夙則暮，匪時動息。今也具成，官民攸則。彼寧不勤，政荒業隳。嗚呼有官，率先是思。

又　卷四二　星丸漏詩序

司録判官趙寓到任之明年，置星丸木漏於衛之汲門上，仍繪彩爲圖。攜之來謁，再拜請題辭於後。予以爲，政有緩而似亟，事有微而實著者，更漏是也。雖因象制器，特挈壺氏一士之職也，然天地朝昏我則司之，官民勤息我則警之。上而日月運行於三百六十度之中，外而二氣渾淪磅礴於三十七萬里之表，使不出於五尺之缾，百有餘丸之數，非格物善政者，其能之乎？予向官平陽，亦嘗創此，以考述測驗，知爲匪易。今司録小秩也首此爲務，舉行廢典，其儀物有足觀者，是欲勤政率先，因器警民者矣。

齊履謙《知太史院事郭公行狀》蘇天爵編《元文類》卷五〇　公於世祖朝進七寶燈漏，今大明殿每朝會張設之，其中鐘鼓皆應時自鳴。又嘗進木牛流馬，雖不盡得諸葛舊制，亦自機妙。成宗朝進櫃香漏，又作屏風香漏、行漏，以備郊廟從幸。大德二年，起靈臺水渾蓮渾天漏，大小機輪凡二十有五，皆以刻木爲衝牙，轉相撥擊。上爲渾象，點畫周天星度，日月二環斜絡其上。象則隨天左旋，日月二環各依行度退而右轉。公又嘗欲倣張平子爲地動儀及候氣密室，事雖未就，莫不究極指歸。此儀象制度之學，其不可及者也。初，公年十五六，得石本《蓮花漏圖》，已能盡究其理。及隨張忠宣公奉使大名，因大爲鼓鑄，即今靈臺所用銅壺；又得《尚書璇璣圖》，規竹篾爲儀，積土爲臺，以望二十八宿及諸大星。及夫見用，觀其規畫之簡便，測望之精切，功智不能私其議，羣衆無以參其功。王太史，剛克自用者也，每至公所，靚其匠制，未嘗不爲之心服。魯齋先生言論爲當代法，因語及公，以手加額曰：天祐我元，似此人，世豈易得。嗚呼，其可謂度越千古矣。

脱脱等《金史》卷二二《志第三·曆下》　渾象

初，張行簡爲禮部尚書，提點司天監，時嘗製蓮花星丸二漏以進。章宗命置蓮花漏于禁中，星丸漏遇車駕巡幸則用之。貞祐南渡，二漏皆遷於汴。汴亡，廢毁，無所稽其製矣。

脱脱等《宋史》卷四八《天文志第一·天文一·儀象》 太平興國四年正月，巴中人張思訓創作以獻。太宗召工造於禁中，踰年而成，詔置於文明殿東鼓樓下。其制：起樓高丈餘，機隱於内，規天矩地。下設地輪、地足；又爲横輪、側輪、斜輪、定身關、中關、小關、天柱；七直神，左摇鈴，右扣鐘，中擊鼓，以定刻數，每一晝夜，周而復始；又以木爲十二神，各直一時，至其時則自執辰牌，循環而出，隨刻數以定晝夜短長；上有天頂、天牙、天關、天指、天抱、天束、天條，布三百六十五度，爲日、月、五星、紫微宫、(别)[列]宿、斗建、黄赤道，以日行度定寒暑進退。開元遺法，運轉以水，至冬中凝凍遲澁，遂爲疎略，寒暑無準。今以水銀代之，則無差失。冬至之日，日在黄道表，去北極最遠，爲小寒，晝短夜長。夏至之日，日在赤道表，去北極最近，爲小暑，晝長夜短。春秋二分，日在兩交，春和秋凉，晝夜平分。寒暑進退，皆由於此。并著日月象，皆取仰視。按舊法，日月晝夜行度皆人所運行。新制成於自然，尤爲精妙。以思訓爲司天渾儀丞。

又 卷四六一《列傳第二百二十·方技上·王處訥》 至建隆二年，以《欽天歷》謬誤，詔處訥别造新歷。經三年而成，爲六卷，太祖自製序，命爲《應天歷》。處訥又以漏刻無準，重定水稱及候中星，分五鼓時刻。俄遷少府少監。太平興國初，改司農少卿，並判司天事。六年，又上新歷二十卷，拜司天監。歲餘卒，年六十八。子熙元。

宋濂等《元史》卷四三《本紀第四十三·順帝六》 又自製宫漏，約高六七尺，廣半之，造木爲匱，陰藏諸壺其中，運水上下。匱上設西方三聖殿，匱腰立玉女捧時刻籌，時至，輒浮水而上。左右列二金甲神，一懸鐘，一懸鉦，夜則神人自能按更而擊，無分毫差。當鐘鉦之鳴，獅鳳在側者皆翔舞。匱之西東有日月宫，飛僊六人立宫前。遇子午時，飛僊自能耦進度僊橋，達三聖殿，已而復退立如前。其精巧絶出，人謂前代所鮮有。

又 卷一七二《列傳第五十九·齊履謙》 至元十六年，初立太史局，改治新歷，履謙補星歷生。同輩皆司天臺官子，太史王恂問以算數，莫能對，履謙獨隨問隨答，恂大奇之。新歷既成，復預修《歷經》、《歷議》。二十九年，授星歷教授。都城刻漏，舊以木爲之，其形如碑，故名碑漏，内設曲筒，鑄銅爲丸，自碑首轉行而下，鳴鐃以爲節，其漏經久廢壞，晨昏失度。大德元年，中書俾履謙視之，因見刻漏旁有宋舊銅壺四，於是按圖考定蓮花、寶山等漏制，命工改作；又請重建鼓樓，增置更鼓并守漏卒，當時遵用之。

夏良勝《中庸衍義》卷一二《九經之義》 司天臺進元氏所製水晶宫漏，備極工巧，中設二木偶人，能按時自擊鉦鼓。聖祖覽之，謂待臣曰：「廢萬幾之務而用心於此，所謂作無益害有益也。使移此心以治天下，豈至滅亡。」立命碎之。

彭大翼《山堂肆考》卷一七六《器用》

摇鈴

《會要》：張思訓所作木儀，起爲樓臺之狀數層，高丈餘，以木人摇鈴、撞鐘、擊鼓，及十二辰自執時牌，循牌循環而出。其機轉之用，俱隱樓中。

又 殿前置器

隋煬帝令宇文愷造候影分箭上水分器，置於東都乾陽殿前。又令造馬上漏刻以從行。

高濂《遵生八牋》卷一四 敘古諸品寶玩

唐代宗朝有十二玉棋子，以按十二時字置水中，逐時浮出不爽。

徐應秋《玉芝堂談薈》卷二六

古今巧藝

宋張思訓斟酌張衡、梁令瓚渾儀之制爲樓閣二層，高丈餘，中有輪軸、關柱，激水以輪，以木偶人爲七真神，左撼鈴，右扣鐘，中擊鼓，以定刻數，每一晝夜周而復始。又作十二神，各直一時，至其時，即自執辰牌，循環而出。至冬水凝，則以水銀代之。元順帝自製宫漏，高六七尺，廣半之，造木爲匱，藏壺其中，運水上下。匱下設三聖殿，匱腰立玉女，捧時刻籌，時至輙浮水而上。左右二金甲神，一懸鐘，一懸鉦，夜則神人自能按更而擊，無分毫差。鳴鐘鉦時，獅鳳在側者皆自翔舞。匱之東西有日月宫，飛仙六人立宫前，遇子午時自能耦進度仙橋，達三聖殿後退立如前。

又 報時鐵

宇宙奇珤，有不可以常理測者。《南楚新聞》：段成式嘗於私宅鑿一池，於土下獲鐵一片，式命尺周而量之，乃埽静室懸鐵。其室之北壁已而泥户，但開一牖，時與人從牖中窺之，則有金書二字，以報十二時也。《集微五鹿》：充宗贈成弘子衍濟之珠，一名記時珠，投盤中滚滚不定，至一時盡略定。少選成子讀書，每以記時，不差一遍。范文正公家古鏡背具十二時，如博碁子，每至其時，則博碁中明如月。又市人蔣家有十二鐘，能應時自鳴。李惟山見一爐，幕上有十二孔，應時出香。唐内庫有一盤，色正黄，圍三尺，四周有物象。元和中偶用之，覺逐時物象變更。如辰時，花草間皆戲龍。巳時，則爲蛇轉。午則成馬矣。號十二時盤。唐文宗朝有十二玉碁子，以按十二時置水中，逐時浮出不爽。宣和間，蔡州有一士人，忽見小蠹魚，文章陸離，蜿蜒几格間，惟巳時則見，至午即隱。士人捕置鐵絲籃，逮午視之，則堅冷化爲石矣。其質巧妙天成，至巳則復蠕動，至午又復爲石，而屈伸盤結之狀日日不同。持至京師，中人梁師成曰：此神物造化所寄，禁中有玉鼠、玉兔，以其時見，則其類也。遂獻之。

徐乾學《資治通鑑後編》卷八五《宋紀八五》 乙巳詳定渾儀官歐陽發進新造渾儀浮漏，自至道用韓顯符渾儀。其後司天官周琮于淵加黄道，熙寧中舊器壞。沈括更造，以意增損，器成，數年未能定，與浮漏景表不應。陳襄奏：舊儀壞，不可用，而新儀考之又不合，願付歐陽發詳定從之。於是發校三家，考古法，先爲渾儀浮漏木樣以進。帝召問曰：浮漏，以玉筒下水者當堅久也？對曰：玉不如銅，沈括嘗用玉，今下水比初加達矣。帝以爲然，遂命鑄新儀漏表，集其説爲《元豐渾儀法要》。

鄭方坤《五代詩話》卷二《中朝・張喬》 唐張喬詩：「遠公窟下蓮花漏，猶向山中禮六時。」按：佛藏遠公弟子惠要患山中無刻漏，乃於水上製十二銅葉芙蓉，因波隨轉，分別旦夕，以爲行道之節，名蓮花漏。何兆詩「芙蓉十二池心漏，薝蔔三千灌頂香」是也。六時僧規以六時經行六時燕坐，經行六時曰：幽谷時寅也，高山時卯也，日照高山平地時辰也，可中時巳也，正中時午也，鹿苑時未也，至申則旦過而退。劉長卿詩亦云六時行徑空秋草。焦氏筆乘。

李光地《月令輯要》卷二四《時刻令》

天道

晝夜百刻

原《禮》：百度得數而有常。註：百度，百刻也，言日月晝夜不失正也。《漏刻經》：一日一夜通計一百刻，每八刻二十分爲一時。惟寅、申、巳、亥有九刻，皆以子午定其晝夜。《書》：日中星鳥。疏：古制，刻漏晝夜百刻，晝長六十刻，夜短四十刻；晝短四十刻，夜長六十刻；晝中五十刻，夜亦五十刻。《增工氏詩解》：日月之行有冬有夏，而晝夜之晷有長有短，先王由是分十有二時於　晝一夜之間，以漏箭準十二時而爲百刻，寅、申、巳、亥、子、午、卯、酉之八時，每時各占八刻，則合而爲六十四刻。辰、戌、丑、未之四時，每時各占九刻，則合而爲三十六刻。以百刻定長短而分晝夜，於是立挈壺氏之職，以壺盛水，而爲漏水以正十二時之刻，早暮之期於此正矣。後世挈壺氏不能掌其職，不能辰夜不夙則莫，此詩人所以刺也。《蠡海集》：百刻之説，衆議紛紛，莫有定論，惟一説類優，以爲每刻得六十分，百刻共得六千分，散于十二時，該五百分。如此則一時占八刻零二十分，將八刻截作初正各四刻，却將二十分零數分作初初、正初微刻各一十分也。又趙緣督一説，將十二時各分八刻，計刻九十六，刻爲大刻；却將餘四刻，每刻分作六十分，四刻作二百四十分，每一時中又得二十分爲小刻，如此則一時之中得八大刻，復有二十分小刻截作初初、正初，各得一十分爲微刻也。其他或以子午二時各得十刻者，或以子午卯酉各得九刻者，或以夜子時得四刻者，皆非也。然夜子時之説，只是在夜半之前，故稱夜子，正如冬至爲起歷之端而居中氣，其前亦係十一月也。是以夜子正在亥時之後，故只有初刻，而無正刻。子時却只有正刻，而無初刻，其意可見也。

十時

原《左傳》楚邱曰：日之數十，故有十時，亦當十位，自王已下其二爲公，其三爲卿。日上其中食日爲二，旦日爲三。註：日中當王，食時當公，平旦爲卿，雞鳴爲士，夜半爲皁，人定爲輿，黄昏爲隸，日入爲僚，晡時爲僕，日昳爲臺。禺中日出，闕不在第等。疏：從中而右旋配天也。日昳謂蹉跌而下也。隅謂東南隅也。過隅未中，故爲隅中也。晡時謂日西食時也。《日知録》《左傳》十時註以爲，十二時雖不立十二支之目，然其曰夜半者即今之所謂子也，雞鳴者丑也，平旦者寅也，日出者卯也，食時者辰也，隅中者巳也，日中者午也，日昳者未也，晡時者申也，日入者酉也，黄昏者戌也，人定者亥也。一日分爲十二始，見於此。

二十四氣漏刻

原《後漢書・律曆志》：冬至晝漏四十五刻，夜漏五十五刻。小寒晝漏四十五刻八分，夜漏五十四刻二分。大寒晝漏四十六刻八分，夜漏五十三刻二分。立春晝漏四十八刻六分，夜漏五十一刻四分。雨水晝漏五十刻八分，夜漏四十九刻二分。驚蟄晝漏五十三刻三分，夜漏四十六刻七分。春分晝漏五十五刻八分，夜漏四十四刻二分。清明晝漏五十八刻三分，夜漏四十一刻七分。穀雨晝漏六十刻五分，夜漏三十九刻五分。立夏晝漏六十二刻四分，夜漏三十七刻六分。小滿晝漏六十三刻九分，夜漏三十六刻一分。芒種晝漏六十四刻九分，夜漏三十五刻一分。夏至晝漏六十五刻，夜漏三十五刻。小暑晝漏六十四刻七分，夜漏三十五刻三分。大暑晝漏六十三刻八分，夜漏三十六刻二分。立秋晝漏六十二刻三分，夜漏三十七刻七分。處暑晝漏六十刻二分，夜漏三十九刻八分。白露晝漏五十七刻八分，夜漏四十二刻二分。秋分晝漏五十五刻二分，夜漏四十四刻八分。寒露晝漏五十二刻六分，夜漏四十七刻四分。霜降晝漏五十刻三分，夜漏四十九刻七分。立冬晝漏四十八刻二分，夜漏五十一刻八分。小雪晝漏四十六刻七分，夜漏五十三刻三分。大雪晝漏四十五刻五分，夜漏五十四刻五分。

定昏明

增《後漢書·律曆志》：黄道去極日景之生，據儀表也。漏刻之生，以去極遠近差乘節氣之差。如遠近而差一刻，以相增損。昏明之生，以天度乘晝漏、夜漏，減三百而一爲定度，以減天度，餘爲明，加定度一爲昏。其餘四之，如法爲少；不盡三之，如法爲强。餘半法以上以成强强，三爲少少，四爲度其强，二爲少弱也。又以日度餘爲少强而各加焉。

日入三商

增《儀禮·士昏禮》註：日入三商爲昏。疏：日入三商者，商謂商量，是漏刻之名，故三光靈曜，亦日入三刻爲昏，不盡爲明。案：馬氏云：日未出、日没後，皆云二刻半，前後共五刻。今云三商者，據整數而言，其實二刻半也。

日行異名

原《埤雅》：日光曰景，日影曰晷，日氣曰晛，日初出曰明，日昕曰晞，日午曰眗，在午曰亭午，在未曰昳，日晚曰旰，日將暮曰薄暮。

損夜益晝

增《晉書·天文志》：天之晝夜以日出没爲分，人之晝夜以昏明爲限，日未出二刻半而明，日入二刻半而昏，故損夜五刻以益晝，是以春秋分漏晝五十五刻。

晝夜同

增《晉書·天文志》：日晝行地上，夜行地下，俱百八十二度半彊，故日見之漏五十刻，不見之漏五十刻，謂之晝夜同。

漸臺

增《晉書·天文志》：織女三星在天紀東端，東足四星曰漸臺，臨水之臺也。主晷漏、律吕之事。

百二十刻

增《隋書·天文志》：劉向《鴻範傳》記武帝時所用法云：冬夏二至之間一百八十餘日，晝夜差二十刻，大率二至之後九日而增損一刻焉。至哀帝時，又改用晝夜一百二十刻，尋亦寢廢。韓愈記夢詩：挈攜陬維口瀾翻，百二十刻須臾間。

九十六刻

增《隋書·天文志》：天監六年，武帝以晝夜百刻分配十二辰，辰得八刻，仍有餘分，乃以晝夜爲九十六刻，一辰有全刻八焉。

一百八刻

增《隋書·天文志》：大同十年，又改用一百八刻，依《尚書考靈曜》晝夜三十六頃之數，因而三之，冬至晝漏四十八刻，夜漏六十刻。夏至晝漏七十刻，夜漏三十八刻。春秋二分，晝漏六十刻，夜漏四十八刻。昏旦之數各三刻。

太陽出入

增《漏刻經》：正月出乙入庚方，二八出兔入雞場，三七發甲入辛地，四六生寅入犬藏，五月生艮歸乾上，仲冬出巽入坤方。惟有十與十二月，出辰入申子細詳。《震澤長語》：炎夏，天道南行，日出于寅，入于戌，陽盛于陰也，日影隨短窮。冬，天道北行，日出于辰，入于申，陰盛于陽也，日影隨長。春秋，天道行于正中，日出于卯，入于酉，陰陽平也，日影隨停。

推月度

增《唐書·歷志》：凡推月度，以歷分乘夜半定，全漏如刻法。

四時漏

增《賓翟漏賦》：清清泠泠，日殷鳥星，送春漏于重扃。赫赫曈曈，時方祝融，傳夏漏于深宫。的的綿綿，明河爛然，耿秋漏于涼天。暗暗陰陰，濃氛欝沈，轉冬漏于寒林。

又

政典

晝多於夜五刻

增《書·堯典》疏：天之晝夜以日出入爲分，人之晝夜以昏明爲限，日未出前二刻半爲明，日入後二刻半爲昏，損夜五刻以裨於晝，則晝多於夜復校五刻。

古今歷術，與太史所候，皆云夏至之晝六十五刻，夜三十五刻；冬至之晝四十五刻，夜五十五刻；春分、秋分之晝五十五刻，夜四十五刻，此其不易之法也。

四十八箭

原《詩·東方未明》疏：漏刻之箭，晝夜共百刻，冬夏之間則有長短焉。太史立成法有四十八箭，按《乾象歷》及諸歷法與今太史所候皆云，冬至則晝四十五，夜五十五；夏至則晝六十五，夜三十五；春秋分，則晝五十五半，夜四十四半。從春分至於夏至，晝漸長，增九刻半；從夏至至於秋分，所減亦如之。從秋分至於冬至，晝漸短，減十刻半；從冬至至於春分，所加亦如之。又於每氣之間，加減刻數有多有少，其事在於歷術。以其算數有多有少，不可通而爲率，故太史之官立爲法定，作四十八箭。以一年有二十四氣，每一氣之間又分爲二，通率七日强半而易一箭，故周年而用箭四十八也。增《後漢書·律歷志》：永元十四年十一月甲寅，詔曰：告司徒司空，漏所以節時分，定昏明。昏明長短，起於日去極遠近。日道周，不可以計率分，當據儀度，下參晷景。今官漏以計率分，昏明九日增減一刻，違失其實，至爲疏，數以耦法。太史待詔霍融上言不與天相應。太常史官運儀下水，官漏失天者至三刻。以晷景爲刻，少所違失，密近有驗。今下晷景漏刻四十八箭，立成斧官府當用者，計吏到，班予四十八箭。文多，故魁取二十四氣日所在，并黃道去極，晷景、漏刻、昏明中星刻於下。

挈壺

增《周禮·夏官·挈壺氏》：挈壺氏掌挈壺，皆以水火守之，分以日夜。註：縣壺以爲漏。以水守壺者，爲沃漏也。以火守壺者，夜則火視刻數也。分以日夜者，異晝夜漏也。漏之箭，晝夜共百刻。原《隋書·天文志》：昔黃帝創觀漏水，制器取則，以分晝夜，其後因以命官。《周禮》挈壺氏總以百刻分於晝夜。漏刻皆隨氣增損，冬夏二至之間，晝夜長短凡差二十刻，每差一刻爲一箭。冬至互起其首，凡有四十一箭。晝有朝，有禺，有中，有晡，有夕。夜有甲、乙、丙、丁、戊。昏旦有星中。每箭各有其數，皆所以分時代守，更其作役。增《易氏詩解》：挈壺之制不可攷，以唐制推之，水海浮箭，四匱注水，始自夜天池，以入於日天池，自日天池以入於平壺，以次相注，入於水海，浮箭而上。以浮箭爲刻分，晝夜計十二時，每時八刻二十分，每刻六十分。箭四十八，八箭當一氣，歲統二百一十九萬一千五百分，悉刻於箭上。銅烏引水而下注，浮箭而上登。至於晝夜之別，分至之候，冬夏長短，昏曉隱見，與《周官》晷影無差。

以時啟閉

增《周禮·天官·閽人》：閽人掌守王宮之中門之禁，以時啟閉。註：時，漏盡。疏：漏盡者，謂若夏至晝則日見之漏六十刻，夜則四十刻；冬至晝則日見之漏四十刻，夜則六十刻。就時之間，大判九日校一刻。

又

新漏刻銘

增陸倕《新漏刻銘·序》：皇帝每旦晨興，屬傳漏之音，聽雞人之響，以爲星火謬中，金水違用，時乖啟閉，箭異錙銖。爰命日官，草創新器。天監六年，太歲丁亥朔十六日壬寅漏成，進御以考辰正晷，測表候陰，不謬圭撮，無乖黍累。又可以校運算之睽合，辨分天之邪正，察四氣之盈虛，課六歷之疎密，永世貽則，傳之無窮。赫矣煥乎，無得而稱也。

又

更鼓

增《唐書·百官志》：左右街使掌分察，六街徼巡。凡城門坊角有武候鋪，衛士彍騎分守。大城門百人，大鋪三十人。小城門二十人，小鋪五人。日暮，鼓八百聲而門閉。乙夜街使以騎卒循行叫謼，武官暗探。五更二點鼓自內發，諸街鼓承振，坊市門皆啟。鼓三千撾，辨色而止。

漏鼓

增《唐書·百官志》：宮門局掌宮門管籥。凡夜漏盡，擊漏鼓而開。夜漏上水一刻，擊漏鼓而閉。

漏刻博士

增《唐書·百官志》：司天臺五官挈壺正二人，五官司辰八人，漏刻博士六人，掌知漏刻。凡孔壺爲漏，浮箭爲刻，以考中星昏明，更以擊鼓爲節，點以擊鐘爲節。

又

行漏輿

增《宋史·輿服志》：行漏輿，隋大業行漏車也，制同鐘鼓樓而大，設刻漏如稱，衡首垂銅鉢，末有銅象，漆匱貯水，渴烏注水入鉢中。

時辰牌

增《楓牕小牘》：張思訓製上渾儀爲十二神，各值一時，至其時，即自執辰牌循環而出。燕史文華殿後曰刻漏房，銅壺滴漏在此。凡八刻水則交一時，直殿監宿抱時辰牌，赴乾清門裏換之。牌長尺餘，石青地，金字書曰某時。途遇者必側立讓行，坐者必起立，亦敬天時之義也。

大慶殿

增《夢華録》：冬至前三日，車駕宿大慶殿。殿庭有兩樓對峙，謂之鐘鼓樓，上有太史局生測驗漏刻，每時刻作雞唱，鳴鼓一下則一服，緑者執牙牌而奏之。每刻曰某時幾棒鼓，一時則曰某時正。

蓮花漏

增《玉海》：天聖八年，龍圖閣待制燕肅上蓮花漏法，其制琢石爲四分之壺，剡木爲四分之箭，以測十二辰、二十四氣、四隅、十干，洎百刻分布晝夜。凡四十八箭，一氣一易，歲統二百十六萬分，悉刻箭上。鑄金蓮承箭，銅烏引水而下注，金蓮浮箭而上登。不假人力，其箭自然上下，司晨者謹視而易之。其行漏之始，又依《周官》水地置臬之法，考二交之景，得午時四刻十分爲午正，南北景中以起漏焉。註：其法，置水於櫃，引以渴烏，導以銅荷，水自荷茄下注於壺，壺中爲金蓮花覆之，荷心有竅，容箭下插。方水之未注也，箭首適與花平，逮水既至，箭則隨起，視箭所底而時刻可以坐致矣。《金史·歷志》：初，張行簡爲禮部尚書，提點司天監，時嘗製蓮花、星丸二漏以進。章宗命置蓮花漏於禁中，星丸漏遇巡幸則用之。《蓮社高賢傳》：釋惠安患山中無刻漏，乃於水上立十二葉芙蓉，因波隨轉，分定晝夜，以爲行道之節，謂之蓮花漏。

水秤

增《玉海》：景祐二年九月乙未，詔司天監製百刻水秤，以測候晝夜。三年二月，命章得象等重定水秤刻漏。四月辛亥，得象言，水行有遲疾，請增用平水壺一，渴烏二，晝夜箭二十一。又刻漏之法有水秤，以木爲衡，衡上刻疏之曰天河，其廣長容水箭，箭有四，木爲之，長三尺有五寸，著時刻更點納於天河中，晝夜更用之。衡右端有銅鍰連鉤，爲銅覆荷形，荷下銅索三條，以繫銅壺。又爲髹漆大奩曰水櫃，中安銅盆曰水海，銅盆隅有銅渴烏一，引水下注壺中。衡左端有大銅鍰貫衡，鍰下大銅索連銅權爲立象形。又有鐵竿，高五丈，於鐵蓮跗中屈上端爲方鍰，形曰雞竿。每移改時刻，司辰者以衡尾納方鍰中，以組繩挽權上大銅鍰進退之。秤之所繫，以大木雙植，有跗如鍾簴之制，晝五采金龍爲飾，上有鐵胡門大鐵鉤，鍰以繫之。其制度精巧，不知作者爲誰。蓋唐五代用之久矣。

禁門開鑰

增《玉海》：漏刻每遇添減，必移報門司及皇城門與鎖門使臣，常以卯正後一刻爲禁門開鑰之節。每時八刻二十分，每刻一擊鼓，八鼓後進時牌。餘二十分爲雞唱，唱絶擊一十五鼓爲時正。

鐘鼓樓

增《玉海》：國朝司天之屬有挈壺正，掌司辰刻，置文德殿門内之東，偏設鼓樓、鐘樓於殿庭左右。

宫漏

增《續資治通鑑》：元順帝自制宫漏，高六七尺，廣半之，造木爲匱，藏壺其中，運水上下。匱上設三聖殿，匱腰立玉女捧時刻籌，時至輒浮水而上。左右二金甲神，一懸鐘，一懸鉦，夜則神人自能按更而擊，無分毫差。鳴鐘鉦時，獅鳳在側者皆自翔舞。匱之東西有日月宫，飛仙六人立宫前，遇子午時自能耦進度仙橋，達三聖殿，復退立如前。

定時鼓

增《續文獻通考》：凡遇正旦冬至及頒詔大禮，先期欽天監官奏設定時鼓於文樓。至期定時，漏刻博士一員報時，五官司辰一員立御道東雞唱，五官司辰一員擊鼓，漏刻博士一員登文樓候上陞殿，鳴鞭已畢，報時官捧時牌報卯時，雞唱官唱「日出卯，照萬方，光四表」畢，擊鼓五聲。

日中測景

增《春明夢餘録》：觀象臺下小室有量天尺，鑄銅人捧尺，北面室穴，其頂以候日中測景之長短。

又

民用

晝夜時刻器

增《元史·天文志》：蘇尼額都爾博多，漢言晝夜時刻之器。其制以銅，如圓鏡而可掛，面刻十二辰位晝夜時刻，上加銅條綴其中，可以圓轉。銅條兩端各屈其首，爲二竅以對望。晝則視日影，夜則窺星辰，以定時刻，以測休咎。背嵌鏡三面，刻其圖凡七，以辨東西南北、日影長短之不同，星辰向背之有異，故各異其圖，以盡天地之變焉。

又

加減太平錢法

增《漏刻經》：十一月節，晝用二十文太平錢匀鋪小盂底，夜用空盂。十二月節，晝用太平錢十九文，夜用一文。自十二月節爲始，晝減一文，夜添一文，七日一次加減。正月節，晝用十一文，夜用九文。二月節，晝用十文，夜用十文。三月節，晝用九文，夜用十一文。自三月節爲始，每七日一次，晝減一文，夜增一文。四月節，晝用一文，夜十九文。五月節，晝用空盂，夜二十文。六月節，晝用一文，夜十九文。自六月節爲始，每七日一次，晝增一文，夜減一文。七月節，晝九文，夜十一文。八月節，晝夜各十文。九月節，晝用十一文，夜用九文。白九月節爲始，每七日一次，晝添一文，夜減一文。十月節，晝用十一文，夜用九文。

造籌法

增《漏刻經》：用薄木竹片皆可，爲如籖篦樣，隨尺寸高下書寫時刻，用探水定驗時辰更點，尤是簡捷。凡籌三十四分，均布十二段，每段該二分五釐，惟寅申巳亥上分外加添四分，謂維偏添之數也。閏餘成歲，折瑳之數也。今皆捷取小盂內分刻爲驗，甚徑更捷。小盂分刻處相對，先刻取二路，以浮魚指點處是也。凡一年十二月，止用太平錢二十文，隨月加減，鎮壓小盂。

造盂法

增《漏刻經》：其法以銅盂二隻，大一小一，大者貯水，初無定制。小者重五兩，高三寸四分，面底並闊四寸七分，上下四直。造之恐度量差殊，當以太平錢五十文準其輕重。造畢，於盂底微鑽一竅，如鍼眼大，浮於水盆上，令水顛倒自穴外逆通，上入於盂中。用籌探之，水至子則子時，至午則午時，至一更則一更矣。他皆倣此。

下漏法

增《漏刻經》：每日天曉日將出時，將小盂浮於大盆水面上，至日入時自然水滿，小盂沈於水底爲度。却取出小盂，去其水，再浮水面上，至來日天曉，仍舊沈於水底。昏曉二時俱以水滿爲度，定其晝夜。其日停水之時，切須濾出極淨，毋使塵滓隘其水穴，庶幾無緩迫之失。

十二吉時方

增《肘後經》：子時宜東西南方，丑時宜西北方，寅時宜四方，卯時宜東南北方，辰時宜東西南方，巳時宜西南方，午時宜北方，未時宜南北方，申時宜東南方，酉時宜西南方，戌時宜東西北方，亥時宜四方，出行百事宜。

雜紀

候日蟲

增《洞冥記》：元封五年，勒畢國貢細鳥，以方尺之玉籠盛數百頭，形如大蠅，狀似鸚鵡，聲聞數里之間，如黄鵠之音也。國人常以此鳥候時，亦名曰候日蟲。

又

增減刻法

增《隋書·天文志》：光武之初，亦以百刻九日加減法編於《甲令》，爲常符漏品。至和帝永元十四年，霍融上言，官歷率九日增減一刻，不與天相應，或時差至二刻半，不如夏歷漏刻隨日南北爲長短。乃詔用夏歷漏刻，依日行黄道去極每差二度四分爲增減一刻。

袁充漏刻

增《隋書·天文志》：開皇十四年，鄜州司馬袁充上晷影漏刻。充以短影平儀均布十二辰，立表隨日影所指辰刻以驗漏水之節，十二辰刻互有多少，時正前後刻亦不同。其二至二分用箭辰刻之法，今列之云：冬至日出辰正，入申正，晝四十刻，夜六十刻，子、丑、亥各二刻，寅、戌各六刻，卯、酉各十三刻，辰、申各十四刻，巳、未各十刻，午八刻。右十四日改箭。春秋二分，日出卯正，入酉正，晝五十刻，夜五十刻，子四刻，丑、亥七刻，寅、戌九刻，卯、酉十四刻，辰、申九刻，巳、未七刻，午四刻。右五日改箭。夏至日出寅正，入戌正，晝六十刻，夜四十刻，子八刻，丑、亥十刻，寅、戌十四刻，卯、酉十三刻，辰、申六刻，巳、未二刻，午二刻。右一十九日加減一刻改箭。

馬上刻漏

原《隋書·耿洵傳》：作馬上刻漏，世稱其妙。

金丸候時

原《舊唐書》：拂菻國一名大秦，王室凡有大門三重，列異寶雕飾。第二門門樓中懸一大金秤，以金丸十二枚屬於衡端，以候日之十二時焉。爲一金人，其大如人，立於側，每至一時，其金丸輒落，鏗然有聲，引唱以紀日時，毫釐無失。

又

燈漏

增《元史·天文志》：燈漏之制，高丈有七尺，架以金爲之，其曲梁之上，中設雲珠，左日右月，雲珠之下復懸一珠。梁之兩端，飾以龍首，張吻轉目，可以審平水之緩急。中梁之上有戲珠龍二，隨珠俯仰，又可察準水之均調。燈毬雜以金寶爲之，内分四層，上環布四神，旋當日月參辰之所在，左轉日一週。次爲龍虎鳥龜之象，各居其方，依刻跳躍，鐃鳴以應於内。又次週分百刻，上列十二辰，各執時牌，至其時，四門通報。又一人當門内，常以手指其刻數。下四隅鐘、鼓、鉦、鐃各一人，一刻鳴鐘，二刻鼓，三鉦，四鐃，初正皆如是。其機發隱於櫃中，以水激之。

又

夜刻

增梁元帝詩：雞人憐夜刻，鳳女念吹簫。鮑溶詩：金飈爽晨華，玉壺增夜刻。

新刻

增王褒《漏刻銘》：器遵昔興，景移新刻。

舊刻

增薛道衡詩：金徒列舊刻，玉律動新灰。

晝刻

增杜甫晚出左掖詩：晝刻傳呼淺，春旗簇仗齊。羊士諤詩：雲披綵仗春風度，日暖香階晝刻移。

頃刻

增戴叔倫白苧詞：大家爲歡莫猶豫，頃刻銅龍報天曙。曹松夏雲詩：勢能成岳仞，頃刻長崔嵬。

短刻

增蔣防惜分陰賦：惜分陰於短刻，期碩學於縑緗。

三刻

增張藉詩：宫中玉漏下三刻，朱衣導騎丞相來。

五刻

增王建詩：五刻閤前卿相出，下簾聲在半天中。

七刻

增姚合寄令狐相公詩：拜表出時傳七刻，排班衙日有三公。

犯卯過申

增馬異詩：不須愁犯卯，且乞醉過申。

四刻

增杜牧詩：雪後新正半，春來四刻長。

四百刻

增杜牧詩：飲酒論文四百刻，水分雲隔二三年。

三十刻

增方干詩：日晷未移三十刻，風騷已及四千言。

添刻

增司馬光詩：暖日初添刻，東風乍襲衣。

吴長元《宸垣識略》卷五《内城一》 觀象臺在城東南隅堞堵上，元至元十六年建，中爲紫微殿，内有御書聯扁，臺上舊有元郭守敬所製渾天儀、簡儀、銅毬、量天尺諸器。本朝康熙十二年，以舊儀年久，多不可用，御製新儀凡六：曰天體儀、曰赤道儀、曰黄道儀、曰地平經儀、曰地平緯儀、曰紀限儀，陳于臺上，至今遵用。其舊儀移藏臺下。五十四年，又製地平經緯儀。乾隆九年，又製璣衡撫辰儀，並陳臺上。

占風竿，亦名順風旗，上有鐵箍二十八道，以象二十八宿之數也。

紫微殿東小室曰壺房，即浮漏堂，内有銅人一，銅壺五，首曰日天壺，次曰夜天壺，次曰平壺，次曰萬水壺，後曰分水壺。每逢日月交食前三日調壺，則置銅人于萬水壺上，面南抱箭。箭又名量天尺，長三尺一寸，鎸晝夜時刻，上起午正，下盡午初。壺中安箭舟如銅鼓形，水長舟浮，則箭上出；水盈箭盡，則洩之于池。箭上時刻與赤道相符。晝夜一周，再注水亦如之，則雖遇陰雨時刻亦無差矣。是銅人爲調壺所用，並不占日晷長短也。東廂五間爲測量所，又别有室三，楹爲晷影堂，南北平置銅圭于石臺，長一丈六尺二寸，濶二尺七寸，周以水渠，南端植銅表，高八尺，上設横梁，用影符以取中景。本朝加表二尺，上端施銅葉，中穿圓孔，徑二分。午正日景自圓孔透圭面，成橢形，南界爲日體上景，北界爲日體下景，中心爲中景。京師夏至景二尺九寸四分八釐，冬至景一丈九尺九寸四分，以次贏縮。北端設立圭，高二尺五寸，冬至景上立圭二尺七寸四釐，並無銅人北面抱箭也。《春明夢餘録》、《五雜俎》以爲，銅人捧箭北面室穴，其頂以侯日中測景之長短者，蓋以銅漏與日表兩事混而爲一耳。

英廉《日下舊聞考》卷三〇《宮室元一》 補司天監進元主所製水晶宮漏，備極機巧，中設二木偶人，能按時自擊鉦鼓。上覽之謂侍臣曰：廢萬幾之務而用心于此，所謂作無益害有益也。使移此心以治天下，何至滅亡。命左右碎之。明卓異記。

又 卷四六《城市》 內城東城二 【略】

皇上御書簡儀、仰儀及諸儀表，並元郭守敬所製，史載甚明。《春明夢餘録》以爲耶律楚材，誤矣。殿東小室曰壺房，即浮漏堂，內有銅人一，銅壺五，曰日天壺、夜天壺、平水壺、萬水壺、分水壺。日月交食前三日調壺，置銅人於萬水壺上，南面抱箭，箭又名量天尺，長三尺一寸，鐫晝夜時刻，上起午正，下盡午初。壺中安箭舟如銅鼓形，水長舟浮，則箭上出；水盈箭盡，則洩於池。箭上時刻與赤道符，晝夜一周，再注水亦如之。雖陰雨，時刻無差。是銅人爲調壺用，並不占日晷短長。東廂五間爲測量所，別有室三楹爲晷影堂，南北平置銅圭於石臺，長一丈六尺二寸，濶二尺七寸，周以水渠。南端置銅表，高八尺，上設橫梁，用影符以取中景。

又 卷五四《城市》 內城北城

增鼓樓在金臺坊，舊名齊政，上置銅刻漏，制極精妙，故老相傳以爲先宋故物。其制爲銅漏壺四：上曰天池，次曰平水，又次曰萬分，下曰收水。中安鐃神，設機械，時至則每刻擊鐃者八。以壺水滿爲度，涸則隨時增添。冬則用温水云。《圖經志書》。

臣等謹按：今鼓樓不用銅壺等物，惟以時辰香定更次。鼓則鑾儀衛派旗鼓手專司。香則欽天監所掌。漏壺室今猶存，銅刻漏無考。

張廷玉等《清朝文獻通考》卷二五八《象緯考三》 儀器

本朝因其制，惟銅表舊高八尺，今加二尺焉。

十一年四月，重製壺漏成，以銅爲播水壺，方形，承以木架上，曰日天壺，面寬一尺九寸，底寬一尺三寸，高一尺七寸，水欲常滿。次曰夜天壺，次曰平水壺，形制遞減一寸。在平水壺後稍下曰分水壺，形制如平水壺。又爲受水壺，圓形，置架前地平上。曰萬水壺，徑一尺四寸，高三尺一寸。壺皆有蓋。播水壺前面近下皆爲龍口，玉滴以次漏於受水壺。又平水壺後面近上穿孔，洩於分水壺，以均水平漏。受水壺上爲銅人抱箭，長三尺一寸，鐫兩晝夜時刻，上起午正，下盡午初。壺中安箭舟如銅鼓形，水長舟浮，則箭上出；水盈箭盡，則洩之於池。

《御製銘》曰：「粵昔重黎，分司地天。迎日揆景，舉分測辰。明時敬授，欽若昊乾。予承百王，省歲祈年。齊政協紀，命彼疇人。徼宮戒井，斟衡酌權。範金規木，製兹漏蓮。玉注金筩，水火燥寒。協其高卑，別以方圓。九十六刻，成一日焉。視彼陽晷，明晦無愆。較自鳴鐘，淫巧徒傳。攝提有紀，孟陬用平。於以考時，寢興慎旃。於以熙績，勤民禮賢。業業兢兢，俯察仰觀。器與道偕，是驗是虔。作銘垂戒，貽百曾元。」

臣等謹按：《宋史・天文志》沈括議浮漏之制，有求壺、廢壺，複壺以播水，建壺以受水，玉權以釃水，銅史以令刻。今之日天壺即求壺遺制，夜天壺即複壺遺制，平水壺、分水壺即廢壺遺制，萬水壺即建壺遺制。至於龍口、玉滴、銅人抱箭亦即玉權、銅史遺制。蓋其制自宋以來大畧相同，惟舊法每日十二時，分一百刻，今釐爲九十六刻，此則有異者也。

十五年八月，製萬壽天常儀，以銅爲之，通高一尺一寸，制與三辰儀同，座心穿孔，對天頂垂線，用與三辰儀表末同。中腰兩表耳，一實一虛，綰遊旋赤道。實者穿中縫，虛者留中線，用與三辰儀窺衡同。以遊表加遊旋赤道上，視遊表末所指，用與三辰儀表耳同。

張廷玉等《明史》卷二五《志第一・天文》 明年，天經又請造沙漏。明初，詹希元以水漏至嚴寒水凍，輒不能行，故以沙代水。然沙行太疾，未協天運，乃以斗輪之，外復加四輪，輪皆三十六齒。厥後，周述學病其竅太小而沙易堙，乃更制爲六輪，其五輪悉三十齒，而微裕其竅，運行始與晷協。天經所請，殆其遺意歟。

姚之駰《元明事類鈔》卷三〇《器用門》 鶩卵漏

《李日華集》：西人利瑪竇一沙漏，狀如鶩卵，寔沙其中，而顛倒滲泄之以候更數。

黄協塤《鋤經書舍零墨》卷三《香漏》 葉忠節公映榴少孤，家貧，太夫人親課之讀。嘗以綫香按定尺寸，繫錢於上，每夜讀，則以火爇香，承以銅盤，至繫錢處，則錢落盤中，鏘然有聲，以驗夜之早晚，謂之香漏。後卒賴以成大名。誰謂丸熊畫荻，古人得專美於前也。

金永森《西被考略》卷六《攷工製造》 陶宗儀《元氏掖庭記》：元順帝自製宮漏，高六七尺，廣半之，造木爲匱，藏壺其中，運水上下。匱上設三聖殿，匱腰立玉女捧時刻籌，時至輒浮水而上。左右二金甲神，一懸鐘，一懸鉦。夜則神人能自按更而擊，無分毫差。鳴鐘時，獅鳳在側，皆自翔舞。匱之東西有日月宮，飛仙六人立宮前，遇子午時，能自耦進度仙橋，達三聖殿，復立如前。

按：此即自鳴鐘之式也，互見《元史》。元太祖征地中海諸國，其製或得之西洋歟。攷自鳴鐘亦不自元始。《小學紺珠》云：晷漏有四：曰銅壺，曰香篆，曰圭表，曰輥彈。儀徵阮文達云：輥彈即自鳴鐘之製也，宋以前本有之，失其傳耳。

藝文

陸機《陸士衡文集》卷四《漏刻賦》 偉聖人之制器，妙萬物而爲基。形罔隆而弗包，理何遠而不之。寸管俯而陰陽效其誠，尺表仰而日月與之期。（元）［玄］鳥懸而八風以情應，玉衡立而天地不能欺。既窮神以盡化，又設漏以考時。爾乃挈金壺以南羅，藏幽水而北戢。擬洪殺於編鍾，順卑高而爲級激。懸泉以遠射，跨飛途而遥集。伏陰蟲以承波，吞恒流其如挹。是故來象神造，去猶鬼幻。因勢相引，乘靈自薦。口納胷吐，水無滯咽。形微獨蠒之緒，逝若垂天之電。偕四時以合最，指昬明乎無殿。籠八極於千分，度晝夜乎一箭。抱百刻以駿浮，仰胡人而利見。夫其立體也簡而效績也誠，其假物也粗而致用也精。積水不過一鍾，導流不過一筳，而用天者因其敏，分地者賴其乎微。聽者假其察貞，觀者借其明考。計歷之潛慮，測日月之幽情。信探賾之妙術，雖無神其若靈。

孫綽《刻漏銘》張溥輯《漢魏六朝百三家集》卷六一 二儀貞運，聖鑒通玄。數以器徵，理以象宣。乃制妙漏，挈壺是銓。近取諸物，遠贊自然。累筒三階，積水成淵。器滿則盈，乘虚赴下。靈虯吐注，陰蟲承瀉。昬明無隱其晷度，陰陽是效其屈伸。不下堂而天地理得，設一器而萬事同倫。

鮑照《鮑明遠集》卷二《觀漏賦》 客有觀於漏者退而歎曰：夫及遠者箭也，而定遠非箭之功。爲生者我也，而制生非我之情。故自箭而爲心不可憑者紘，因生以觀我不可恃者年，憑其不可恃，故以悲哉。況乎沉華密遠，輕波潛耗，而感神嬰慮者又自外而傷壽，以是思生生亦勤矣！乃爲賦云：

風流歎於馳年，纓華思於奔月。結蘭苕以望楚，弄參差以歌越。撫凝肌於遷滯，鑑雕容於鬓鬅。景有墜而易昬，憂無方而難歇。歷玫階而升隩，訪金壺之盈闕。觀騰波之吞寫，視驚箭之登没。箭既没而復登，波長瀉而弗歸。注沉穴而海漏，射懸塗而電飛。墐户牖而知天，掩雲霧而測暉。創百齡於纖隱，積千里於空微。彼峥峥而行溢，此冉冉而逾衰。撫寸心而未改，指分光而永違。昔傷矢之奔禽，聞虚弦之顛仆。徒嬰刃而知懼，豈潛機之能覺。惟生經之靃靡，亦悲長而懽促。恒證古而秉心，抱空意其如玉。波沉沉而東注，日滔滔而西屬。落繁馨於纖草，殞豐華於喬木。對異離而後歌，據窮蹊而方哭。雖接薪之更傳，寧絶明之還續。貫古今而并念，信寡易而多難。時不留乎激矢，生乃急於走丸。既河源之莫壅，又吹波而助瀾。神怵迴而多慮，心䡖轅而尠歡。望天涯而佇念，擢雄劍而長歎。嗟生民之永迷，躬與後而皆恤。死零落而無二，生差池之非一。理幽分於化前，算冥定於天秩。與艾骨而招病，猶刳腸而興疾。情殊用而俱盡，事離方而同失。聊弭志以高歌，順煙雨而沉逸。於是隨秋鴻而汎渚，逐春鷰而登梁。進賦詩而展念，退陳酒以排傷。物不可以兩大，時無得而雙昌。薰晚華而後落，槿早秀而前亡。姑屏憂以愉思，樂兹情於寸光。從江河之紆直，委天地之回方。漏盈兮漏虚，長無絶兮芬芳。

謝莊《宋明堂歌・歌黑帝》 歲月既，宴方馳。靈乘坎，德司規。玄雲合，晦鳥路。白雲繁，亘天涯。雷在地，時未光。飭國典，閉關梁。四節遍，萬物殿。福九域，祚八鄉。晨晷促，夕漏延。太陰極，微陽宣。鵲將巢，冰已解。氣濡水，風動泉。

陸倕《新漏刻銘》蕭統編　李善註《文選》卷五六 夫自天觀象，昬旦之刻未分。治歷明時，盈縮之度無准。善曰：《周易》曰：古者，庖犧氏之王天下也，仰則觀象於天，俯則觀法於地。《五經要義》曰：昬，闇也。旦，明也。日入後漏三刻爲昬，日出前漏三刻爲明。《易》曰：君子以治歷明時。《淮南子》曰：孟春始贏，孟秋始縮。高誘曰：贏，長也。縮，短也。翰曰：言觀象於天，未分明闇之節。理歷候時，不悉長短之度，此明須漏刻之義也。准，法也。挈壺命氏，遠哉義用。善曰：《周禮》曰：挈壺氏，下士六人。鄭玄曰：

壺，盛水器也。挈壺水以爲漏也。銑曰：《周禮》置挈壺氏掌漏刻，遠哉。歎此義之用遠也。揆景測辰，徼叫。宫戒井。守以水火，分茲日夜。善曰：揆景測辰，謂晝夜漏也。徼宫，謂徼巡其宫也。衛宏《漢舊儀》曰：晝漏盡，夜漏起，宫中衛宫城門擊刁斗，周廬擊木柝。《周禮》曰：挈壺氏，掌挈壺以令軍井。凡喪事，懸壺以哭。皆以水火守之，分以日夜。鄭司農曰：挈壺以令軍井，謂爲軍穿井，井成，挈壺懸其上，令軍中衆皆望見，知此下有井也。壺所以盛飲，故以壺表井也。向曰：揆，度景晷辰時也。徼，巡宫也。戒井，謂宫中穿井，成則挈壺氏以壺懸井上，以表井成也。以水守壺者，爲沃漏。以火守壺者，爲夜視刻數。分日夜者，爲晝夜異刻也。言以漏刻日晷，及時晝漏盡，夜漏起，則守衛者巡於宫中。而司歷亡官，疇人廢業。孟陬子侯殄滅，攝提無紀。善曰：《左氏傳》仲尼曰：今火猶西流，司歷過也。《漢書》曰：三代既没，五霸之末，史官忘記，疇人子弟分散。如淳曰：家業世世相傳爲疇。《漢書》曰：孟陬殄滅，攝提失方。音義曰：正月爲孟陬。歷紀廢絶，閏餘乖錯，不與正歲相值，謂之殄滅。攝提，星名，隨斗杓所指建十二月，若歷誤，春三月當指辰，而乃指巳，是爲失方。濟曰：司歷，主歷之官。從父學者爲疇人也。正月爲孟陬，太歲在寅，爲攝提殄滅無紀，言閏餘乖錯，不與正歲相值也。衛宏載傳呼之節較而未詳，霍融叙分至之差詳而不密。善曰：衛宏《漢舊儀》曰：夜漏起，宫中宫城門傳五伯官直符行，衛士周廬擊木柝，傳呼備火。司馬彪《續漢書》曰：太史令霍融上言，漏刻率九日增減一等，不與天相應，或時差至二刻半，不如夏歷密也。良曰：衛宏著，漢儀使夜漏起，宫衛傳呼以爲備也，較考詳審也。霍融，漢太史令，上言時日差失二刻半，不如夏歷密也。陸機之賦，虚握靈珠。孫綽之銘，空擅崐玉。善曰：曹子建《與楊德祖書》曰：人人自謂握靈蛇之珠，家家自謂抱荆山之玉。《新序》曰：珠産江漢，玉産崑山。翰曰：陸機作《漏刻賦》，孫綽作《漏刻銘》，靈珠、崐玉，喻文章美也。言此二人虚擅其文而無益也。弘度遺篇，承天垂旨。善曰：王隱《晉書》曰：李充，字弘度，集有《漏刻銘》。沈約《宋書》曰：宋太祖頗好歷數，太子率更令何承天私撰《新法》，元嘉二十年上表，詔付外詳之，有司奏承天歷術令施行。銑曰：李弘度、何承天二人，並爲漏刻之法旨意也。布在方册，五臣本作有布方册。無彰器用。善曰：《禮記》哀公問政，子曰：文武之道，布在方策。《左氏傳》臧僖伯曰：山林川澤之實，器用之資也。向曰：方册，史書也。言雖有法，竟未成器用也。譬彼春華，同夫海棗。善曰：春華言其文麗，海棗譬其無實。答賓戲曰：摛藻如春華。《晏子春秋》曰：齊景公謂晏子曰：東海之中有棗，華而不實何也？晏子曰：昔者秦穆公乘舟理天下，黄布裹蒸棗，至海而掾其布破。黄布故水赤，蒸棗故華不實。公曰：吾佯問子。對曰：嬰聞佯問者佯對也。濟曰：春華，言不實也，海棗同。善注：言何李法亦無實也。寧可以軌物字民，作範垂訓者乎。善曰：《左氏傳》曰：隱公將如棠觀魚，臧僖伯諫曰：君將納民於軌物者也。講事以度軌量，謂之軌。取材以章物采，謂之物。不軌不物，謂之亂政。《周書》成王曰：朕不知字民之道，敬

問伯父。郄正釋機曰：創制作範，匪時不立。《家語》南宫敬叔曰：孔子作《春秋》，垂訓後嗣。良曰：寧，安。軌，法也。言爲法無實，安可以字人垂教也。且今之官漏，出自會稽。善曰：蕭子雲《東宫雜記》曰：天監六年，上造新漏，以臺舊漏給官，《漏銘》曰：咸和七年，會稽山陰令魏丕造，即會稽内史王舒所獻漏也。翰曰：舊漏本山陰令魏丕所造，故云出自會稽。會稽，郡名。積水違方，導流乖則。善曰：陸機《漏刻賦》曰：積水不過一鍾，導流不過一筐也。銑曰：積聚導引也，言聚水引流皆違正法。六日無辨，五行不分。善曰：《淮南子》曰：冬至子午，夏至卯酉。冬至加三日，則夏至之日也。歲遷六日，終而復始。高誘曰：遷六日，今年以子冬至，後年以午冬至。衛宏《漢舊儀》曰：晝夜漏起，省中用火，中黄門持五夜：甲夜、乙夜、丙夜、丁夜、戊夜也。向曰：夏至加三日，冬至加三日，歲加六日，終而復始。《漢舊儀》中黄門持五夜之法，謂甲、乙、丙、丁、戊也。無辨、不分，謂失常也。歲躔閹於檢茂，月次姑洗。善曰：太歲在戊曰閹茂。《禮記》曰：季春之月，律中姑洗。濟注同。皇帝有天下之五載也，樂遷夏諺，禮變商俗。善曰：夏諺曰：吾王不游，吾何以休。《尚書》曰：商俗靡靡，利口惟賢。良同。善注：變，易也，言易齊政也。業類補天，功均柱地。善曰：《列子》曰：昔女媧氏練五色之石以補其闕，斷鼇之足以立四極，其後共工氏與顓頊争爲帝，怒而觸不周之山，折天柱，絶地維也。翰曰：言齊天地壞絶而梁武能補柱也。河海夷晏，風雲律吕。善曰：《禮斗威儀》曰：君乘土而王，其政太平，則河海夷晏。《十洲記》曰：天漢三年，西國王使獻靈膠四兩，吉光毛裘受以付庫，使者曰：常占東風入律十旬不休，青雲干吕連月不散。意者，閻浮有好道之君，我王故搜奇蘊而貢神香，乘毛車以濟弱水，于今十三年矣。銑曰：夷，平。晏，清也。言河海不波浪也。東風入律，青雲干吕，至道之應也。坐朝晏罷，每旦晨興。善曰：《吕氏春秋》曰：上稱三皇五帝之業，以諭其意。蚤朝晏罷，以告制兵者也。《尚書大傳》曰：帝猶反側，晨興辟四門，來仁賢。向曰：晏，晚。晨，早。興，起也。言天子勤政理也。屬傳漏之音，聽雞人之響。善曰：《集》云：雞人二字是沈約所改作也。濟曰：傳漏，唱漏也。《周禮》雞人掌祭祀，夜嘑旦，以嘂百官，使早起。屬，繫也，言若繫於此。以爲星火謬中，金水違用。善曰：《左氏傳》張趯曰：火中，寒暑乃退。鄭玄《毛詩箋》曰：火星中，寒暑退。陸機《漏刻賦》曰：寤蟾蜍之栖月，識金水之相緣。良曰：星火，心火也，中則乃退。壺用金，漏用水，以陰陽之象。謬，誤也，言違誤失常。時乖啟閉，箭異錙銖。善曰：《左氏傳》曰：凡分至啟閉，必書雲物爲備故也。鄭玄《禮記》注曰：八兩爲錙。《漢書》曰：二十四銖爲兩也。翰曰：啟閉，以箭漏水也。言舊漏壺箭失開閉長短之節。爰命日官，草創新器。善曰：《左氏傳》曰：天子有日官，諸侯有日御。《論語》曰：裨諶草創之。銑曰：天子有日官，草創始制也。新器，則新漏刻也。於是俯察旁羅，登臺升庫。善曰：《周易》曰：仰以觀於天文，俯以察於地理。《史記》曰：

黃帝順天地之紀，旁羅日月星辰。《左氏傳》曰：公既視朔，遂登觀臺以望而書禮也。又曰：宋衛陳鄭皆火，梓慎登大庭之庫以望之曰：宋衛陳鄭也。向曰：《易》云：俯則觀法於地，旁羅日月星辰。臺謂觀祲之臺也。梓慎登大庭之庫，庫亦臺屬。則于地四，參以天一。善曰：言壺用金而漏用水也。《漢書》曰：天以得一生水，地以得四生金也。濟曰：則，法也，故壺用金，漏用水，相參而用之也。建武遺蠹，咸和餘舛。善曰：司馬彪《續漢書》霍融曰：四分施於建武，咸和漏刻，即上魏不所作也。良曰：建武，光武年號。咸和，晉帝年號。蠹，朽爛也。舛，錯也。金筒方員五臣本作金箭方員。之制，飛流吐納之規。善曰：金則壺也而形方，筒則引水者而形圓。孫綽《漏刻銘》曰：乃制妙器，挈壺氏銓累筒二階，積水成川。陸機《漏刻銘》曰：口納胷吐，水無滯咽。翰曰：金謂壺，壺形方。箭引水，其形圓。飛，箭也。流，水也。吐，謂箭納於壺也。變律改經，一皆懲革。善曰：蔡邕《律歷志》曰：凡歷所革，以變律呂相生至六十也。銑曰：律，法。經，常。懲，定。革，改也。言變其常法，一皆定改。天監六年，太歲丁亥十月，丁亥朔十六日壬寅，漏成進御。以考辰正晷，測表候陰，善曰：陸機《集志議》曰：考正三辰，審其所司，是談天紀綱也。測表候陰，謂土圭也。《周禮》曰：土圭之法，測土深，正日影，以求地中。向曰：進御，謂進天子也。辰時晷日也，言可測時日，考表影，候陰氣也。不謬圭撮，無乖黍累。善曰：《漢書》曰：夫推歷生律，制器量多少者不失圭撮，權輕重者不失黍累。應劭曰：圭，自然之形，陰陽之始也。四圭曰撮，十黍一累，十累一銖。撮，麤括切。濟曰：謬，誤也。六粟曰圭，十抄曰撮，十黍曰累。言新漏刻無乖誤也。又可以校運算之睽合，辨分天之邪正。善曰：《漢書》曰：造漢太初歷，治歷者方士唐都、落下閎與焉，都分天部，而閎運算轉歷也。良曰：校，考。運，移。睽，離也。分天謂分其晝夜。言可考知移算之數，離合晝夜長短之數。察四氣之盈虛，課六歷之疎密。善曰：《爾雅》曰：春爲發生，夏爲長贏，秋爲收成，冬爲安寧，四氣和爲通正。《漢書》曰：《史記》有黃帝顓頊夏殷周及魯歷，漢興，張蒼用顓頊歷比於六歷，疎闊中最爲微近。又曰：淳于陵渠覆太初歷，晦朔弦望皆最密也。翰曰：四氣，四時之氣也。盈，滿。虛，損也。同善注。永世貽則，傳之無窮。赫矣煥乎，無德五臣本作得。而稱也。銑曰：貽，遺也。無得而稱，言成功非一。昔嘉量微物，盤盂小器，猶且昭德記功，載在銘典，善曰：《周禮》栗氏爲量其銘曰：嘉量既成，以觀四國，永啟厥後，茲器惟則。《七略》曰：盤盂書者，其傳言孔甲爲之。孔甲，黃帝之史也。書盤盂中爲誡法，或於鼎名曰銘。蔡邕《銘論》曰：德非此族，不在銘典。向曰：《周禮》栗氏爲量銘曰：嘉量既成，以觀四國。盤盂者，黃帝之史書盤盂以爲戒。昭，明也。言此小物猶明德紀功，以爲銘典於上也。况入神之制與造化合符，成物之能與坤元等契。善曰：孫綽子曰：藝妙者以入神。《淮南子》曰：大丈夫恬然無爲，與造化逍遥。高誘曰：造化，天地。《論語比考讖》曰：君子上達，與天合符。《周易》曰：乾知太始，坤作成物。又曰：至哉坤元，萬物資生。濟曰：入神之制，謂漏刻也。造化，謂陰陽也。符，同也。《易》曰：坤作成物。又曰：至哉坤元，萬生資生。等，齊。契，信也。勳倍楹席，事百巾机。善曰：蔡邕《銘論》曰：武王踐阼，咨于太師而作席机楹杖雜。《銘》又曰：黃帝有巾机之法，孔甲有盤盂之戒言也。良曰：勳，功也。楹，柱。机，案也。太公有楹席巾机之銘，言漏刻之功倍多楹席，事過巾机之百倍也。寧可使多謝曾水，有陋昆吾。善曰：郭象《莊子注》曰：不可多謝堯舜而推之爲兄也。蔡邕《銘論》曰：昔召公作誥，先王賜朕鼎出于武當曾水。吕尚作周太師而封于齊，其功銘于昆吾之野。《兩都賦序》曰：有陋，洛邑之義。翰曰：曾水，水名，漢得鼎於其中。昆吾，山名，夏啟鑄鼎之所，皆勒名於上。言安可使漏刻不及於彼乎。金字不傳，銀書未勒者哉。善曰：崔玄《山瀨鄉記》曰：老子母碑，老子把持仙籙玉簡金字編，以白銀紀善撥惡。劉人本《觀書賦》曰：玉牒石記，銀書金字，煥矣不窮，邈乎昭備。銑曰：金字銀書，謂碑銘之書也。乃詔小臣爲其銘曰：善曰：《集》曰：銘一字至尊，所改勑書辭曰，故當云銘。向曰：此銘字初爲辭，帝改爲銘也。

一暑一寒，有明有晦。神道無跡，天工罕代。善曰：《周易》曰：日月運行，一寒一暑。《莊子》曰：消息滿虛，一晦一明。日改月化也。《莊子》：老聃謂孔子曰：夫神生於道，其來無迹，其去無方。《尚書》曰：無曠庶官，天工人其代之。向曰：晦，闇也。神之與道，其來無跡。工，官。罕，希也。言神妙之道，天官希能代也。乃置挈壺，是惟熙載。氣均衡石，晷正權槩。善曰：《尚書》曰：有能奮庸，熙帝之載。《吕氏春秋》曰：仲春，日夜分，鈞衡石，角(升)[斗]桶，正權槩。高誘曰：角，平。(升)[斗]桶、權槩，皆令均等也。濟曰：熙，廣。載，事也。衡石，稱也。權槩，斗槩也。言置挈壺以廣事，使氣平晷正也。世道交喪，禮術銷亡。善曰：《莊子》曰：世喪道矣，道喪世矣，世與道交相喪也。《毛詩序》曰：衛宣公之時，禮義消亡。良曰：時道交錯喪亂，故禮教法術銷散亡滅也。遽遷水火，爭倒衣裳。善曰：《周禮》挈壺氏，掌挈壺以令軍井。凡喪事，懸壺以哭。皆以水火守之，分以日夜。鄭玄曰：以水守壺者，爲沃漏也。以火守壺者，夜視刻數也。《毛詩》曰：東方未明，顛倒衣裳。翰曰：遽，急也。《詩》曰：東方未明，顛倒衣裳。刺失明暗之時節也。擊刁舛次，聚木乖方。善曰：《漢書》曰：李廣行無部曲，不擊刁斗自衛。孟康曰：以銅作鐎，受一升，晝炊飤食，擊持行夜。《周禮·挈壺氏》曰：凡軍事，懸壺以序聚欜。鄭玄曰：謂擊欜，兩木相敲，行夜時也。銑曰：漢儀，書漏盡則擊刁斗自衛。聚木，謂打更木也。舛次、乖方，言失常也。爰究爰度，時惟我皇。善曰：《毛詩》曰：維彼四國，爰究爰度。向曰：言武帝於此窮究而度也。方壺外次，圓流內襲。濟曰：次，序。襲，重也。方壺，體也。圓箭，體也。洪殺殊等，高卑異級。善曰：陸機《漏刻賦》曰：擬洪殺於漏鍾，順卑高而爲級。良曰：洪，大。殺，小也。言漏刻之體，大小高卑各異次也。靈虬承注，陰蟲吐噏。

善曰：孫綽《漏刻銘》曰：靈虬吐注，陰蟲承瀉。翰曰：虬，龍也。陰蟲，謂蝦蟇也。言漏刻之體以龍承之，作蝦蟇銜承盞而吐嗡之。倏往忽來，鬼出神入。善曰：《呂氏春秋》曰：倏忽往來而莫知其方。《淮南子》曰：並應無窮，鬼出神入。銑曰：言微妙也。微若抽繭，逝如激電。善曰：陸機《漏刻賦》曰：形微獨繭之絲，逝若垂天之電。向曰：言水卜之微如繭之抽絲，機發之疾如激電也。耳不輟音，眼無留眄。銅史司刻，金徒抱箭。善曰：張衡《漏水轉渾天儀制》曰：蓋上又鑄金銅仙人，居左壺；爲胥徒，居右壺，皆以左手抱箭，右手指刻，以別天時早晚。濟曰：輟，止也。耳不止音，謂聽漏聲。眼不留眄，謂伺機法也。《渾儀制》曰：鑄金銅人爲胥徒，居壺之左右，以左手抱箭，右手指刻，以別天時之早晚也。履薄非兢，臨深罔戰。善曰：《毛詩》曰：戰戰兢兢，如臨深淵，如履薄冰。良曰：言掌壺人恐有差失，甚於履冰臨深也。授受靡愆，登降弗爽。善曰：衛宏《漢舊儀》曰：夜漏起，中黄門持五夜相傳授。《籍田賦》曰：挈壺掌升降之節。翰曰：言時之授受無愆也，則升降之節不差也。唯精唯一，可法可象。善曰：《尚書》曰：惟精惟一，允執厥中。《孝經》曰：作事可法。《左氏傳》北宫文子謂衛侯曰：有儀可象，謂之儀也。銑曰：言專精之人可爲之法象。月不知五臣本作遁。來，日無五臣本作不。藏往。分似符契，至猶影響。善曰：《周易》曰：月往則日來。杜預《左氏傳注》曰：分，春秋分也。至，冬夏至也。袁彦伯《三國名臣序贊》曰：若合符契。《尚書》曰：惠迪吉，從逆凶，惟影響。向曰：遁，隱也。言置漏刻知日月度數，故不能藏隱也。符契，喻信也。影響，言與時節相應，如影響隨於形聲。合昏暮卷，蓂莢晨生。善曰：周處《風土記》曰：合昏，槿也，葉晨舒而昏合。田俅子曰：堯爲天子，蓂莢生於庭，爲帝成歷也。濟曰：合昏，槿也，其葉夜合而明舒。蓂莢，瑞草也，每晨生一葉，至十五日後則日落一葉。尚辨天意，猶測地情。善曰：《詩》氾歷樞曰：靈臺參天意。《周易》曰：聖人觀其所感，而天地萬物之情可見矣。翰曰：言合昏、蓂莢猶能辨天地明暗之情。況我神造，通幽洞靈。善曰：陸機《漏刻賦》曰：來象神造，猶鬼之變。銑曰：洞通靈神也，神造謂漏刻也。配皇等極，爲世作程。善曰：《呂氏春秋》曰：後世以爲法程。高誘曰：程，度也。曹植《列女傳頌》曰：尚卑貴禮，永世作程。向曰：皇，天也。極，謂北極星也。言配皇天，齊極星之運，爲世之法也。極謂法也。

庾肩吾《奉和春夜應令》李昉等《文苑英華》卷一七九　春牖對芳洲，珠簾新上鈎。燒香知夜漏，刻燭驗更籌。天禽下北閣，織女入西樓。月皎疑非夜，林疎似更秋。水光懸蕩壁，山翠下添流。詎假西園讌，無勞飛蓋遊。

蕭繹《漏刻銘》梅文鼎《梁文紀》卷四　玉衡稱物，金壺博施。司南司火，木符兹義。帝曰欽哉，納隍斯譬。實惟簡在，窮神體智。宫槐晚合，月桂宵暉。清臺莫爽，嶰谷胥依。七分六日，五祀三微。事齊幽贊，乃會通幾。碧海有乾，絳川猶竭。飛流五色，涓涓靡絶。龍首傍注，仙衣俯裂。箭不停晷，聲無暫輟。用天之貞，分地之平。如弦斯直，如渭斯清。

王褒《漏刻銘》梅文鼎《後周文紀》卷三　竊以混元開闢，天迴地旋，歷象運行，暑來寒往，二分同道，烏靈正其昏夕兩至相遇，表圭測其長短。雖則晦朔先後失於公羊之説，次舍盈縮惑於丘明之傳，至乎出卯入酉，黄道青緑，季孟相推，啓閉從序，挈壺掌分數之，令太史陳立成之法，軍將以之懸井，壺郎以之趨奏，百王垂訓，千祀餘烈者焉。銘曰：

玄儀西運，逝水東流。甘川浴日，深壑藏舟。測兹秘象，是曰神謀。正震治歷，下武惟周。忽微以測，積空成數。圭表弗差，光陰斯赴。箭水無絶，靈虬長注。徑寸日輪，四分天度。器遵昔典，景移新刻。荆山既鑄，見吾且勒。以福眉壽，百王垂則。

王珪《華陽集》卷五《宫詞》　雞人報曉傳三唱，玉井金床轉轆轤。烟引御爐香遶殿，漏籤初刻上銅壺。

御案横金殿幄紅，扇開雲表露天容。太常奏備三千曲，樂府新調十二鐘。

宫女薰香進御衣，殿門開鎖請金匙。朝陽初上黄金屋，禁掖春深晝漏遲。

喬知之《和蘇員外寓直》彭定求等《全唐詩》卷八一　自昔重爲郎，伊人練國章。三旬登建禮，五夜直明光。墨草尚書奏，衣飄侍御香。開軒竹氣静，拂簟蕙風凉。曉漏離閶闔，鳴鐘出未央。從來宿臺上，天子貴文强。

崔液《正月十五夜》李昉等《文苑英華》卷一五七　玉漏銅壺且莫催，鐵關金鎖徹明開。誰家見月能閑坐，何處聞燈不看來。

閻朝隱《明月歌》郭茂倩《樂府詩集》卷六〇　梅花雪白柳葉黄，雲霧四起月蒼蒼，箭水泠泠漏刻長。揮玉指，拂羅裳，爲君一奏楚明光。

徐彦伯《同韋舍人元旦早朝》彭定求等《全唐詩》卷七六　夕轉清壺漏，晨驚長樂鐘。逶迤綸禁客，假寐守銅龍。予亦趨三殿，肩隨謁九重。繁珂接曙響，華劍比春容。相問韶光歇，彌憐芳意濃。願言乘日旰，攜手即雲峰。

宗楚客《晦日滻水侍宴應制》蒲積中《歲時雜詠》卷九　御輦出明光，乘舟泛羽觴。珠胎隨月減，玉漏與年長。寒盡梅猶白，風遲柳未黄。日斜旌旆轉，休氣滿林塘。

韋元旦《早朝》彭定求等《全唐詩》卷六九　震維芳月季，宸極衆星尊。珮玉朝三陛，鳴珂度一作過。九門。挈壺分早漏，伏檻耀初暾。北倚蒼龍闕，西臨紫鳳垣。詞庭草欲奏，一作雖視。温室樹無言。鱗翰空爲忝，長懷聖主恩。

王昌齡《長信秋詞三首》高棅《唐詩品彙》卷四七　金井梧桐秋葉黄，珠簾不捲夜來霜。熏籠玉枕無顔色，卧聽南宫清漏長。

劉長卿《劉隨州集》卷九《喜朱拾遺承恩拜命赴任上都》　詔書徵拜脱荷裳，身去東山閉草堂。閶闔九天通楚籍，華亭一鶴在朝行。滄洲離别風烟遠，青瑣幽深漏刻長。今日却迴垂釣處，海鷗相見已高翔。

儲光羲《儲光羲詩集》卷五《太學貽張筠》　壁池忝門子，俄頃變炎涼。緑竹深虚館，清流響洞房。園林在建業，新友去咸陽。中夜鼓鐘静，初秋漏刻長。浮雲開太室，華盖上明堂。空此遠相望，勞歌還自傷。

李白《李太白文集》卷二《烏棲曲》　姑蘇臺上烏棲時，吴王宫裏醉西施。吴歌楚舞歡未畢，青山欲銜半邊日。銀箭金壺一作金壺丁丁。漏水多，起看秋月墜江波。東方漸高奈樂何。一作爾何。

仇兆鰲《杜詩詳註》卷五《奉和賈至舍人早朝大明宫》　五夜漏聲催曉箭，九重平聲，一作天。春色醉仙桃。旌旆俗作旗，非。日暖龍蛇動，宫殿風微燕雀高。朝音潮。罷香煙攜滿袖，詩成珠玉在揮毫。欲知世掌絲綸美，池上于一作如。今有一作得。鳳毛。詩在四句分截，上詠早朝景，下和賈舍人。演義初聯早朝之候，次聯大明宫景，三聯言退朝。

又　卷六《晚出左掖》　晝刻傳呼淺，春旗簇仗齊。退朝音潮花底散，歸院柳邊迷。樓雪融城濕，宫雲去殿低。避人焚諫草，騎馬欲雞棲。

皇甫冉　皇甫曾《二皇甫集》卷四《冬夜集賦得寒漏》　清冬洛陽客，寒漏建章臺。出禁因風徹，縈窗共月來。偏將殘瀨雜，乍與遠鴻哀。遥夜重城警，流年滴水催。荒齋堪坐聽，况有故人杯。

顔舒《刻漏賦》李昉等編《文苑英華》卷二四　原夫陰陽遞運，日月分馳，星紀之輪還或爽，律吕之踈密難知。迨皇王之有作，命壺氏以緝規，爰置水於刻漏，載以火而守之，則晦明之期可凖，興寢之候無差。爾其高卑列級，洪殺順理，靈虬屹疑以俯開，陰蟲矯而仰止。上流注而不竭，下吞挹而無已，既泓澄而泉澮，亦驚激而波起，則良工之妙著焉，睿哲之心見矣。是用斟乾晷，測時變，視盈闕於金壺，觀騰波於銀箭，惟箭馳而壺減，固流續而波薦。筒列之數，與運而無乖；輝景之移，閉户而可見。懿其節正斯代，事沿往牒，信古往而今來，必用之而道叶。麗衣裳之顛倒，配皇極而調燮。不假軒閣之鳳凰，何用堯堦之蓂莢。别有希榮片玉，庇影環林，驅疾風之早厲，知寒漏之已侵。恐年華之不與，更悄悄而傷心。

周徹《尚書郎上直聞春漏》高棅《唐詩品彙》卷八一　建禮通華省，含香直紫宸。静聞銅史漏，暗識桂宫春。滴瀝疑將絶，清泠發更新。寒聲臨鳫沼，踈韻應雞人。迥入千門徹，行催五夜頻。高臺閒自聽，非是駐征輪。

張少博《尚書郎上直聞春漏》高棅《唐詩品彙》卷八一　建禮含香處，重城待漏辰。徐聲傳鳳闕，曉唱辨雞人。銀箭聽將盡，銅壺滴更新。催籌當五夜，移刻及三春。杳杳從天遠，泠泠出禁頻。直廬殘響曙，肅穆對鈎陳。

又張少博《雪夜觀象闕待漏》李昉等《文苑英華》卷一八四　殘雪初晴後，鳴珂奉闕庭。九門傳曉漏，五夜候晨扃。北斗横斜漢，東方落曙星。烟氛初動色，簪珮未分形。雪重猶垂白，山遥不辨青。雞人更唱處，偏入此時聽。

嚴巨川《太清宫聞滴漏》高棅《唐詩品彙》卷八一　玉漏移中禁，齊車入太清。漸知催辨色，復聽續餘聲。乍逐微風轉，時因雜佩輕。青樓人罷夢，紫陌騎將行。殘魄棲初盡，餘寒滴更生。慙非朝謁客，空有振衣情。

李益《宫怨》高棅《唐詩品彙》卷五一　露濕晴花春殿香，月明歌吹在昭陽。似將海水添宫漏，共滴長門一夜長。

趙嘏《宿僧舍》徐倬編《全唐詩録》卷八二　高僧夜滴芙蓉漏，遠客牕含楊柳風。何處相逢話心地，月明身在磬聲中。

方幹《玄英集》卷六《李户曹小妓天得善擊越器以成曲章》　越器敲來曲調成，腕頭匀滑自輕清。隨風摇曳有餘韻，則水淺深多泛聲。晝漏丁當相續滴，寒蟬悽愴一時鳴。莫教進上梨園去，衆樂無由更擅名。

又《陪李郎中夜宴》　間世仙郎夜宴時，丁丁寒漏滴聲稀。琵琶絃促千般語，鸚鵡杯深四散飛。偏請玉容歌白雪，高燒紅蠟照朱衣。人間盛事猶如此，争遣漁翁戀釣磯。

李商隱《李義山詩集》卷上《促漏》　促漏遥鐘動静聞，報章重疊杳難分。舞鸞鏡匣收殘黛，睡鴨香爐換夕熏。歸去定知還向月，夢來何處更爲雲。南塘漸暖蒲堪結，兩兩鴛鴦護水紋。

莫宣卿《百官乘月早朝聽殘漏》高棅《唐詩品彙》卷八一　建禮儼朝冠，重門耿夜闌。碧空蟾魄度，清禁漏聲殘。候曉車輿合，淩霜劍佩寒。星河猶皎皎，銀箭尚珊珊。杳靄祥光起，霏微瑞氣攢。忻逢聖明代，長願接鵷鸞。

竇鞏《漏賦》李昉等《文苑英華》卷二四　《易》曰：「天垂象，聖人則之。」故備以人事，法乎天時；定損益之道，察盈虚之期。嗟歲運兮倏忽，眷年容之逶遲。景苒苒而難駐，晷銖銖而在兹。盖以重金壺之器，建銅史之司；致用久而不易，循環因而可推。爾其漏之所作，漏之所託；至精至微，惟寂惟寞。水滴瀝而潛響，箭差池而靡錯。俯通軒禁，上應寥廓。亘千門兮運萬户，左彤階兮右丹閣。亂微唱於晨雞，雜幽聲於夜鶴。清清泠泠，日殷鳥星，送春漏於重扃；赫赫曈曈，時方祝融，傳夏漏於深宫。的的綿綿，明河爛然，耿秋漏於凉天；暗暗陰陰，濃氛鬱沉，轉冬漏於寒林。觀夫修短之意，見乎造化之心。信晷刻之道廣，知挈壺之用深。故能度量萬物，均分四序。既不忒於盈縮，亦無差於寒暑。順之則千載可通，逆之則寸陰是阻。應乎日月，合乎律吕。盖漏亡則時昧，漏存則政舉。寔邦國之是務，諒樞衡之所與。悲夫天轉氣流，人生悠悠；景有虧而有滿，時或沉而或浮；恥功名之未立，懼容華之先秋。所以懷寶獻玉，彈冠振褎；歌聖明而不已，肯休暇於林丘。

符子璋《漏賦》李昉等《文苑英華》卷二四 昔南正重司天，北正黎司地。迎日推策，舉分定至。將以綱紀歷象，察明躔次。筭氣候爲晝夜之刻，立渾儀驗晦明之異。故歲時環迴而有準，國家憲章以成事。唐虞承用以人興，夏商恭行而無墜。其後疇人失業，挈壺不舉。《詩》刺東方之未明，史書南風之乖序。測辰屢舛於杓建，揆景頗謬於寒暑。千官鮮視以權衡，萬姓孰寧其安處。何不謂漏之既定，而人自正；漏之既衰，而人自疑。故有國者不可以不明其事。今上都咸陽，理天下。道歸簡易，政被風雅。人皆得真，事則無假。至於掌漏，尤足稱也。其本則披甲子而求範，得黄鍾而下生。如因三以窮數，隔八以循行。課六歷之踈密，齊七曜之經營。俾攝提之有紀，寔孟陬之用成。其器則方圓列陛，高卑中度。制陰蟲以吐輸，設靈虬以水疑作盛注。銅史應其方，金箭刻其數。則於道如符契之合，精於微無黍累之誤。每至雞人起唱，鼉鼓相催。九重初曉，千門以開。國史奏事於平樂，羣官謁帝於金臺。不失其度，及時而迴。自邇及遠，識往知來。漏之爲義，實大矣哉。

符子叔《漏賦》李昉等《文苑英華》卷二四 仰察天文，俯觀地理，參律吕而權度，審衡平而潛擬。則閏餘之數乖歷，攝提之運無紀，空跡馬遷之能，竟絶邵平之美。時運紛其鼎革，禮術於焉中圮，樵夫恥王道之不談，天子愍挈壺之闕史。乃分建斯官，疇咨此職，將啓閉合叙以繩平，俾夙夜在公而端直。於是金徒抱箭，銅史司刻，尊疑作遵靈虬吐納之規，揆抽繭高卑之力。信是模範，可爲法則，體象陰陽，代爲作式。故雞人合唱，洪殺無差；鶴盖成陰，員流不息。夫其開闔之勢，財成之規，準度毫釐之末，錙銖圭撮之儀。則離婁失其精思，班匠亡其所爲，將運功於不測，當稱物以平施。乃若鑑持日夜，書備明晦，爰受授而是司，考事事而必載。雲物順其端序，寒暑成而不昧。雖未代於天工，亦無預於權槩。能收視返聽，周流六虚；策勤補拙，寅亮三餘。校擊刁之有則，均蘗木之不踈。是使察銅衡兮氣混混，純積水兮來徐徐。臨泉非誠危之懼，巢幕寧誠安之居。是使名動合道，彰國器於周書。則知漏之爲器，其大矣哉！聖人資之以端拱，日月順之以行藏，賢者不能減其分度，智者不能損其纖芒。存之則雙美，廢之則兩傷。是用齊天長兮地久，均國祚兮無疆。

王安石撰　李壁注《王荆公詩注》卷一五《田漏》

東坡《遠景樓記》：四月初吉，穀稚而草壯，耘者畢出，立表下漏，鳴鼓以致衆。擇其徒爲衆所畏信者二人，一人掌鼓，一人掌漏，進退作止，惟二人之聽。七月既望，穀艾而草衰，則仆鼓決漏，買羊豕酒醴以祀田祖。觀此詩，則田之有漏，江西蜀中皆然。

占星昏曉中，寒暑已不疑。田家更置漏，寸晷亦欲知。占星昏曉中，事見《月令》。汗與水俱滴，身隨陰屢移。誰當哀此勞，往往奪其時。唐李紳詩：「芸禾日當午，汗滴禾下土。誰知盤中餐，粒粒皆辛苦。」

洪適《盤洲文集》卷二五《蓮花漏銘》 仁宗皇帝御宇之八載，龍圖閣待制臣肅上蓮花漏法。琢石爲壺，刻木爲箭，以測十二辰、二十四氣、四隅、十干暨百刻分布晝夜，成四十八箭。爲壺以貯其水，有烏以注之，有秤以平之，有荷以承之，水至刻盈則箭與蓮心適平。司辰者拱而謹視，以揆景測辰。雖風雨晦明，靡有差忒。時司天官以其法雖符古漏，而日纏進退頗與黄道不合。至景祐元年，測驗無爽，始作而用之。夫日往月來，寒暑推移以之成歲，而考測盈縮，辨察昏旦，非假器物則無以仰窺神道，此挈壺氏之所以作也。而季世失官，詩人興刺，兹有國之先務。今肅以創物之智作爲新漏，世服其精，臣操筆在庭，不敢拑默，謹摭其事而銘之曰：

莫神於天，靈機淵奥。扶光動華，望舒登曜。晝夜推移，時積歲成。聖人揆測，挈壺迺興。季嗣不綱，法制淪亡。聚欜失次，擊戧乖常。於皇昌代，連珠合璧。疇人庀官，鳳氏司歷。聖主當陽，業業諏治。昧旦丕顯，夜分乃寐。有臣曰肅，創法來獻。琢石成壺，剡木爲箭。高卑殊級，洪殺次陳。靈烏挹注，芳荷吐吞。微若縈蠒，捷於激電。忽往倏來，鬼没神變。登刻盈時，水浮矢飛。司辰凝目，雞人告期。晷景長短，風雨晦明。罔逃揆度，靡失虧贏。制符造化，貽則垂憲。億萬斯年，鑄芳金篆。

胡祗遹《紫山大全集》卷七《題趙録判所造星丸漏》 萬古天行一轉丸，陶唐而下孰能官。苦心人遇文明運，數點飛星了控摶。

舉世皆從氣血行，誰將性德復天明。醉生夢死百年内，辜負乾坤賦最靈。

姚燧《漏刻鐘銘》蘇天爵《元文類》卷一七 靈臺設簴巍以尊，元間大吕非其昪。摯曠善鼓手自煩，宫商良諧等釜盆。請無以聲以功論，一日之中兩昕昏。一鳴一刻有度存，九圍一圍折柳樊。黔首時作時饔飧，日月如是相告敦。三辰聽命循軌垣，四序不忒迭寒暄。萬物生翕盈乾坤，何獨治歷逌此源。凝熙帝績高義軒，積世而運會而元。吉金之舌慎莫捫，輟響誰其代天言。

張之翰《西巖集》卷四《題趙録判星丸漏圖》 唐人鐵瀝藏集賢，越僧銅製費有年。孔壺爲漏箭爲刻，後世其孰知其然。趙君星丸本金丸，變十二數餘百千。我生雖不窮此法，意與徐池二州之漏相後先。既不能勒銘擬坡仙，又不能作賦追樊川。還君此圖三太息，世間何術無心傳，但患學者未至真忘筌。

空間分部

論説

鄭玄注　陸德明音義　賈公彦疏《周禮注疏》卷一《天官冢宰》 惟王建國，辨方正位。注：辨，别也。鄭司農云：「别四方，正君臣之位，君南面，臣北面之屬。」玄謂《考工》：「匠人建國，水地以縣，置槷以縣，視以景。爲規，識日出之景與日入之景。晝參諸日中之景，夜考之極星，以正朝夕。」是别四方。《召誥》曰：「越三日戊申，太保朝至于雒，卜宅，厥既得卜，則經營。越三日庚戌，太保乃以庶殷攻位於雒汭。越五日甲寅，位成。」正位，謂此定宫廟。音義：辨，本亦作辯，徐邈、劉昌宗皆方免反，别也。一音平勉反。别，彼列反，下同。縣，音玄，下同。槷，魚列反，下同。召，上詔反。誥，古報反。大，音泰。汭，人鋭反。疏：釋曰：謂建國之時。辨，别也。先須視日景，以别東、西、南、北四方，使有分别也。正位者，謂四方既有分別，又於中正宫室、朝廷之位，使得正也。注釋曰：辨，别也。此直訓不釋者，司農云别四方，義當矣，故康成訓之也。鄭司農者，鄭衆，字仲師。但《周禮》之内，鄭康成所存注者有三家：司農之外，又有杜子春、鄭大夫。鄭大夫者，鄭少贛。二鄭皆康成之先，故言官，不言名字。杜子春非己宗，故指其名也。司農云正君臣之位，君南面，臣北面之屬者，案：《易緯乾鑿度》云：「不易者，天在上，地在下，君南面，臣北面，父坐子伏。」司農據而言焉。玄謂者，大略一部之内，鄭玄若在司農諸家上注者，是玄注可知，悉不言玄謂。在諸家下注者，即稱玄謂，以别諸家。又在諸家前注者，是諸家不釋者也。又在諸家下注者，或增成諸家義，則此司農云别四方，於文不足，引《考工記》以證之是也。或有破諸家者，則此司農正位謂正君臣面位，引《召誥》爲宫室朝廷之位破之是也。《考工》匠人建國，水地以縣者，謂水平之法，在地置槷，以繩縣於槷上，然後從旁以水望縣，即知地之高下而平之也。又云置槷以縣者，既平得地，欲正其東西南北之時，先於中置一槷，恐槷下不正，先以縣正之，槷正，乃視以景。景謂於槷端自日出畫之，以至日入，既得景，爲規識之，故云爲規識日出之景與日入之景。規之交處，即東西正也。又於兩交之間中屈之指槷，又知南北正也。仍恐不審，晝參諸日中之景，夜考諸北極之星，以正朝夕，乃審矣。引《召誥》以下者，案：《召誥》：「惟太保先周公相宅。越若來三月，惟丙午朏，越三日戊申，太保朝至于洛汭，卜宅。」此言越三日戊申者，從三月丙午朏。朏，明生之名，月三日也，則越三日戊申，月五日，召公至洛汭也。

卷一〇《地官司徒》 以土圭之灋測土深，正日景，以求地中。日南則景短，多暑；日北則景長，多寒；日東則景夕，多風；日西則景朝，多陰。注：土圭，所以致四時日月之景也。測猶度也，不知廣深故曰測。故書求爲救。杜子春云：「當爲求。」鄭司農云：「測土深，謂南北東西之深也。日南謂立表處大南，近日也。日北謂立表處大北，遠日也。景夕謂日跌景乃中，立表之處大東，近日也。景朝謂日未中而景中，立表處大西，遠日也。」玄謂晝漏半而置土圭，表陰陽，審其南北。景短於土圭謂之日南，是地於日爲近南也。景長於土圭謂之日北，是地於日爲近北也。東於土圭謂之日東，是地於日爲近東也。西於土圭謂之日西，是地於日爲近西也。如是則寒暑陰風偏而不和，是未得其所求。凡日景於地，千里而差一寸。音義：深，尺鴆反。景，如字，本或作影，非，下及注同。度，待洛反，下同。近，附近之近，下同。遠，于萬反。跌，待結反。疏：釋曰：案《玉人職》云：「土圭尺有五寸。」周公攝政四年，欲求土中而營王城，故以土圭度日景之法。測，度也，度土之深。深，謂日景長短之深也。正日景者，夏日至，晝漏半，表北得尺五寸景，正與土圭等，即地中。故云正日景以求地中也。日南則景短多暑者，周公度日景之時，置五表。五表者，於潁川陽城置一表，爲中表。中表南千里，又置一表。中表北千里，又置一表。中表東千里，又置一表。中表西千里，又置一表。今言日南景短多暑者，據中表之南表而言，亦晝漏半，立八尺之表，表北得尺四寸景，不滿尺五寸，不與土圭等，是其日南，是地於日爲近南，景短多暑，不堪置都之事也。云日北者，據中表之北表而言，亦晝漏半，表北得尺六寸景，是地於日爲近北，是其景長多寒之事也。云日東則景夕多風者，據中表之東表而言，亦於晝漏半，中表景得正時，東表日已昳矣，是地於日爲近東，晝漏半已得夕景，故云景夕多風。云日西則景朝多陰者，據中表之西表而言，是地於日爲近西，亦於晝漏半，中表景得正時，西表日未中，仍得朝時之景，故云日西則景朝多陰。此經皆未得所求耳。解《洪範》之義，依《五行傳》風屬中央，雨屬東方。今西方云多陰，東方云多風者，土爲木妻，木爲金妻，從妻所好。故月離於箕，風揚沙；月離於畢，俾滂沱。故此東方多風，西方多陰。陰，即雨也。注釋曰：案《馮相氏》云：「冬夏致日，春秋致月。」皆以土圭度之。是以《冬官考工記》云：「土圭尺有五寸以致日。」故鄭云：「土圭，所以致四時日月之景也。」云測猶度，不知廣深，故曰測者，廣深喻遠近，以經云測土深，故鄭云廣深也。鄭司農云測土深，謂南北東西之深者，先鄭據經云日南、日北、日東、日西，皆以土圭測度之。先鄭又云日南謂立表處大南近日，云云。先鄭之意，日於地中而在南，故以南表爲近日，北表爲遠日。日出東方而西流，故以東表爲近日，西表爲遠日。云景夕謂日昳景乃中者，於晝漏半，東表日昳，中表景乃中。又云景朝謂日未中而景中者，亦於晝漏半，西表日未中，而中表景乃中也。玄謂晝漏半而置土圭，表陰陽，審其南北者，後鄭釋景長短之意。度景之法，冬至夏至，皆可爲之。皆據晝漏半者，以取日正午，乃得其端直也。云表陰陽者，東方西方是陰陽，故別云審其南北也。又云景短於土圭謂之日南，是地於日爲近南云云，後鄭之義，與先鄭不殊。更云是地於日爲近南已下者，先鄭云近日遠日，恐人以爲南方東方地高爲近日，北方西方地下爲遠日，有此地高下之嫌。故後鄭增成先鄭之義，云是地於日爲近北，於日爲近東，於日爲近西。取四方之表，皆去中表千里，而云是立表之處，其地於天下之日爲近南、爲近北、爲近東、爲近西也。云如是則寒暑陰風偏而不和，是未得其所求者，此言對下經地中是陰陽風雨和會，爲得所求也。云凡日景於地千里而差一寸者，案《三光考靈耀》云：「四遊升降於三萬里中。」下云：「日至之景尺有五寸，謂之地中。」則是半三萬里而萬五千里，與土圭等，是千里差一寸，筭法亦然。言此者，欲見經日南日北之等，皆去中表千里爲術，景長景短皆差一寸耳。知表皆高八尺，而以晝漏半者，以其《通卦驗》云「冬日至，樹八尺之表，日中視其晷」，是以知用八尺表，而以晝漏半度景也。日至之景尺有五寸，謂之地中，天地之所合也，四時之所交也，風雨之所會也，陰陽之所和也。然則百物阜安，乃建王國焉，制其畿方千里而封樹之。注：景尺有五寸者，南戴日下萬五千里，地與星辰四遊升降於三萬里之中，是以半之得地之中也。畿方千里，取象於日一寸爲正。樹，樹木溝上，所以表助阻固也。鄭司農云：「土圭之長尺有五寸，以夏至之日，立八尺之表，其景適與土圭等，謂之地中。今潁川陽城地爲然。」疏：釋曰：上經置五表，於四方四表，未得所求。今於中表，夏日至，亦晝漏半，立八尺之表，表北得景尺有五寸，景與土圭等，謂之地中。於此地中之所，天地之所合也者，天地不合，萬物不生。天地配合，萬物乃生。故《樂記》云：「天地訢合。」是也。四時之所交也者，即《尚書》所云「宅南交」。孔云：「言夏與春交」。舉一隅以見之，則秋與夏交，冬與秋交，春與冬交可知，故云四時所交也。風雨之所會也者，風雨所至，會合人心。謂若《禮器》云「饗帝於郊，風雨[節]，寒暑時」是也。陰陽之所和也者，謂若昭四年《左氏》申豐云：「冬無愆陽，夏無伏陰。」是其陰陽和也。然則百物阜安者，總結上句所合已下。然猶如是。阜，盛也。如是四事得所，則百物盛安也。乃建王國焉者，建，立也。於此盛安之處，乃立王之國城焉。制其畿方千里者，王畿千里，以象日月之大。中置國城，面各五百里，制畿界。而封樹之者，於畿疆之上，而作深溝。土在溝上，謂之爲封。封上樹木，以爲阻固，故云而封樹之。注釋曰：云景尺有五寸者，欲釋經景尺有五寸得地中之意。云南戴日下萬五千里者，景一寸差千里，故於地中尺五寸景，去南戴日下萬五千里。云地與星辰四遊升降於三萬里之中者，《考靈耀》文。言四遊升降者，春分之時，地與星辰復本位；至夏至之日，地與星辰東南游萬五千里，下降亦然；至秋分還復正；至冬至，地與星辰西北游亦萬五千里，上升亦然；至春分還復正。進退不過三萬里，故云地與星辰四遊升降於三萬里之中。是以半之得地之中也。云畿方千里，取象於日一寸爲正者，鄭注《王制》「象日月之大，亦取晷同」，此云取象於日一寸爲正，不言象日月之大者，略不言之矣。云一寸爲正者，即是景一寸地千里，與《王制》注「晷同」一也。案：《元命包》云：「日圓，望之廣尺，以應千里。」故鄭注《王制》云：「象日月之大也。」又案：《考靈耀》曰：「從上臨下八萬里，天以圓覆，地以方載。」《河圖·括地象》曰：「天不足西北，地不足東南。西北爲天門，東南爲地户。天門無上，地户無下。」又云：「極廣長，南北二億三萬三千五百里，東西二億三萬三千里。」又云：「天左動，起於牽牛。地右動，起於畢。」《廣雅》云：「天圜，南北三億三萬三千五百里七十五步，東西短減四步，周六億十萬七百里二十五步。從地至天，億一萬六千七百八十七里半。下度地之厚，與天高等。」《天度》云：「東方七宿，七十五度。南方七宿，百一十二度。西方七宿，八十度。北方七宿，九十八度四分度之一。四方，三百六十五度四分度之一。度，二千九百三十二里。二十八宿間相距，積百七萬九百一十三里。徑，三十五萬六千九百七十里。」【略】

又　卷四九《冬官考工記》　匠人建國，注：立王國若邦國者。疏：注釋曰：《周禮》單言國者，據王國；邦國連言，據諸侯。經既單言國，鄭兼言邦國者，以其下文有王及諸侯城制，明此以王國爲主，其中兼諸侯邦國可知。下文又有都城制，則此亦兼都城也。水地以縣。注：於四角立植，而縣以水，望其高下。高下既定，乃爲位而平地。疏：釋曰：此經說欲置國城，先當以水平地，欲高下四方皆平，乃始營造城郭也。注釋曰云於四角立植而縣者，植，即柱也。於造城之處，四角立四柱而縣，謂於柱四畔縣繩以正柱。柱正，然後去柱，遠以水平之法，遥望柱高下定，即知地之高下。然後平高就下，地乃平也，乃後行下以景正四方之事。置槷以縣，眡以景。注：故書槷或作弋，杜子春云：「槷當爲弋，讀爲杙。」玄謂槷，古文臬假借字。於所平之地中央，樹八尺之臬，以縣正之，眡之以其景，將以正四方也。《爾雅》曰：「在牆者謂之杙，在地者謂之臬。」音義：槷，魚列反，注臬同。弋，以職反，下杙同，劉杙音，予則反。疏：釋曰：此經說既得平地，乃於中營治也。云置槷者，槷亦謂柱也。云以縣者，欲取柱之景，先須柱正。欲取柱正，當以繩縣而垂之，於柱之四角四中，以八繩縣之，其繩皆附柱，則其柱正矣。然後眡柱之景，故云眡以景也。注釋曰：玄謂槷，古文臬假借字者，今之槷，從木，執聲之省者也。古之槷，爲臬法字，故《尚書·康誥》云「女陳時臬」，臬法字，亦得爲槷柱之字，故云假借字也。云於其所平之地中央，樹八尺之臬，以縣正之者，《天文志》云：「夏日至，立八尺之表」，《通卦驗》亦云「立八神，樹八尺之表」，故知樹八尺之臬，臬即表也。必八尺者，按《考靈曜》曰「從上向下八萬里，故以八尺爲法也」。彼云八神，此縣，一也。以於四角四中，故須八神，神即引也，向下引而縣之，故云神也。云眡之以其景，將以正四方也者，即下云爲規，識日出日入之景是也。引《爾雅》在牆者謂之杙，在地者謂之臬者，證此臬是在地樹之者也。爲規，識日出之景與日入之景。注：日出日入之景，其端則東西正也。又爲規以識之者，爲其難審也。自日出而畫其景端，以至日入，既則爲規，測景兩端之内規之，規之交，乃審也。度兩交之間，中屈之以指臬，則南北正。音義：爲，其于僞反。度，待落反。疏：注釋曰：云日出日入之景，其端則東西正也者，謂於前平地之中央立表訖，乃於日出之時，畫記景之端，於日入之時又畫記景，以繩測景之兩端，則東西正矣。云又爲規以識之者，爲其難審也者，謂此經爲規識日出與日入之景者，爲景兩端長短難審，故爲規，規景也。云自日出而畫其景端，以至日入者，還是景之兩端耳。云既則爲規，測景兩端之内規之，規之交，乃審也者，謂於中臬以繩規取景之兩端一帀，則景之遠近定，遠近定，則東西乃審。云度兩交之間，中屈之以指臬，則南北正者，兩交間，正謂兩景端之半，度景兩間，中屈之以指臬，則南北正。必中屈之者，於夏日至中漏半，於臬南向北所度之處，於東西景端亦相當，故須中屈之也。晝參諸日中之景，夜考之極星，以正朝夕。注：日中之景，最短者也。極星，謂北辰。音義：朝，如字。疏：釋曰：前經已正東西南北，恐其不審，猶更以此二者以正南北。言朝夕，即東西也。南北正，則東西亦正，故兼言東西也。注釋曰：日中景，最短者也者，《大司徒》云：「日至之景，尺有五寸。」以其在上臨下，故最短也。云極星，謂北辰者，當夜半考之。《爾雅》云：「北極謂之北辰。」辰，時也，天下取正焉，故謂之北辰。極，中也。以居天之中，故謂之北極也。

管仲撰　房玄齡注《管子》卷四《宙合》　夫天地一險一易，若鼓之有椁，宅耕反。擿丁歷反。擋丁用反。則擊。天地萬物之橐，宙合有橐天地。【略】

是以聖人明乎物之性者，必以其類來也。惡聲往明惡響來，猶積善餘慶，積惡餘殃。故君子繩繩乎慎其所先。天地，萬物之橐也，君子知善惡必報，繩繩戒慎，先天地以類善，天地萬物從而應之。則善在先，應在後，如橐之成物也，故曰天地萬物之橐。宙合有橐天地。宙合之道，教以先天地行善，故橐天地也。天地苴子餘反。萬物，故曰萬物之橐。苴裹萬物，在天地之中，故爲橐也。宙合之意，上通於天之上，下泉於地之下，外出於四海之外，合絡天地以爲一裹，宙合，廣積善以通天上，入地下，包絡天地爲一裹也。散之至于無間，不可名而山，宙合之裹故散，其終上能無偷觀，猶不可得其名，若山然也。是大之無外，小之無内，故曰有橐天地。其義不傳，苟非其人，道不虛行，故其義不可妄傳也。一典品之，不極一薄，然而典品無治也。典，常也。宙合之道，專一而能常行，則不有窮。若乃輕薄不能崇重，則此道或幾乎息矣。常品之人，不能重理也。多内則富，時出則當，而聖人之道，貴富以當。奚謂當？本乎無妄之治，運乎無方之事，應變不失之謂當。變無不至，無有應，當本錯，不敢忿，當，謂行賞以當功。當功所以錯而不用者，則以變不至也。故雖不用物，不敢忿怒也。故言而名之曰宙合。尋古遺言之立名，名曰宙合也。

莊周撰　郭象注《莊子》卷一〇《天下》　惠施多方，其書五車，其道舛駁，其言也不中。麻物之意，麻，古歷字。歷物之意，分別歷説之。曰：至大無外，謂之大一；至小無内，謂之小一。無外，不可一。無内，不可分。故謂之一也。天下所謂大小，皆非形所謂，一二非至名也。至形無形，至名無名。無厚，不可積也，其大千里。物言形爲有，形之外爲無。無形與有，相爲表裹，故形物之厚，盡於無厚。無厚與有同一體也。其有厚大者，其無厚亦大。高因廣立，有因無積，則其可積因不可積者，苟其可積，何但千里乎。天與地卑，山與澤平。卑，如字，又音婢。李云以地比天，則地卑於天。若宇宙之高，則天地皆卑。天地皆卑，則山與澤平矣。日方中方睨，物方生方死。睨，音詣，側視也，謂日方中而景已復昃，謂景方昃而光已復没，謂光方没而明已復升。凡中側之與升没，若轉樞循環，自相與爲前後。始終無別，則存亡死生與之何殊也。大同而與小同異，此之謂小同異；萬物畢同畢異，此之謂大同異。同體異分，故曰小同異。死生禍福、寒暑晝夜、動静變化，衆辯莫同，異之至也。衆異同於一物，同之至也，則萬物之同異一矣。若堅白無不合，無不離也；若火含陰，水含陽，火中之陰異於水，水中之陽異於火，然則水異於水，火異於水，至異異所同，至同同所異，故曰大同異。南方無窮而有窮。四方無窮也，四方無窮，故無四方上下皆不能處，其窮會有窮耳。一云知四方之無窮，是以無無窮。無窮也，形不盡形，色不盡色，形與色相盡也。知不窮知，物不窮物，知與物相盡也。獨言南方，舉一隅也。今日適越而昔來。智之適物，物之適智，形有所止，智有所行，智有所守，形有所從，故形智往來，相爲逆旅也。鑒影而鑒亦有影，兩鑒相鑒，則重影無窮。萬物入於一智，而智無間。萬物入於一物，而物無朕。天在心中則身在天外，心在天内則天在心外也。遠而思親者往也，病而思親者來也。智在物爲物，物在智爲智。司馬云彼日猶此日，則見此猶見彼也。彼猶此見，則吴與越人交相見矣。連環可解也。夫物盡於形，形盡之外則非物也。連環所貫，貫於無環，非貫於環也。若兩環不相貫，則雖連環故可解也。我知天之中央，燕之北、越之南是也。燕之去越有數，而南北之遠無窮，由無窮觀有數，則燕越之間未始有分也。天下無方，故所在爲中。循環無端，故所行爲始也。氾愛萬物，天地一體也。日月可觀而目不可見，愛出於身而所愛在物。天地爲首足，萬物爲五臟，故肝膽之別合於一人，一人之別合於一體也。惠施以此爲大，觀於天下而曉辨者，天下之辨者相與樂之。觀，古亂反。於天下所謂自以爲最也。樂，音洛。

莊周撰　成玄英疏《南華真經注疏》卷一〇《天下》　惠施多方，其書五車，其道舛駁，其言也不中。疏：舛，差殊也。駁，雜揉也。既多方術，書有五車，道理殊雜而不純，言辭雖辯而無當也。歷物之意，疏：心遊萬物，歷覽辯之。曰：至大无外，謂之大一；至小无内，謂之小一。疏：囊括無外，謂之大也。入於無間，謂之小也。雖復大小異名，理歸無二，故曰一也。无厚，不可積也，其大千里。疏：埋既精微，搏之不得。妙絕形色，何厚之有。故不可積而累之也。非但不有，亦乃不無，有無相生，故大千里也。天與地卑，山與澤平。疏：夫物情見者，則天高而地卑，山崇而澤下。今以道觀之，則山澤均平，天地一致矣。《齊物》云：莫大於秋豪而太山爲小，即其義也。日方中方睨，物方生方死。疏：睨，側視也。居西者呼爲中，處東者呼爲側，則無中側也。猶生死也，生者以死爲死，死者以生爲死。日既中側不殊，物亦死生無異也。大同而與小同異，此之謂小同異。疏：物情分別，見有同異，此小同異也。萬物畢同畢異，此之謂大同異。疏：死生交謝，寒暑遞遷，形性不同，體理無異，此大同異也。南方无窮而有窮。疏：知四方無窮，會有物也。形不盡形，色不盡色，形與色相盡也。知不窮知，物不窮物，窮與物相盡也。只爲無厚，故不可積也。獨言南方，舉一隅，三可知也。今日適越而昔來。疏：夫以今望昔，所以有今。以昔望今，所以有昔。而今自非今，何能有昔。昔自非昔，豈有今哉。既其無昔無今，故曰今日適越而昔來可也。連環可解也。疏：夫環之相貫，貫於空處，不貫於環也。是以兩環貫空，不相涉入，各自通轉，故可解者也。我知天下之中央，燕之北、越之南是也。疏：夫燕越二邦，相去迢遞，人情封執，各是其方。故燕北越南，可爲天中者也。氾愛萬物，天地一體也。疏：萬物與我爲一，故氾愛之；二儀與我並生，故同體也。惠施以此爲大，觀於天下而曉辯者，疏：惠施用斯道理，自以爲最，觀照天下，曉示辯人也。天下之辯者相與樂之。疏：愛好既同，情性相感，故域中辯士，樂而學之也。

韓非撰　何犿注《韓非子》卷二《有度》　夫人臣之侵其主也，如地形焉，即漸以往，如地形之見耕，漸就削減也。使人主失端，東西易面而不自知。既以漸來，故雖至於失端易面，而主尚不能自知。故先王立司南以端朝夕。司南，即指南車也，以喻國之正法。故明主使其羣臣不遊意於法之外，不爲惠於法之内，不令遊意法外，爲惠法内，皆所以防其侵也。動無非法。法，所以淩過遊外私也；既使羣臣動皆以法，其或淩過遊外即皆私也。嚴刑，所以遂令懲下也。所以嚴刑者，欲以遂令且懲下也。遂，通也。威不貸錯，制不共門。威當主錯，故不貸臣令錯。制當主裁，故不共臣同門。錯，置也。

劉安撰　高誘注《淮南子》卷四《墬形訓》　闔四海之内，東西二萬八千里，南北二萬六千里，子午爲經，卯酉爲緯，言經短緯長也。水道八千里，通谷其名川六百，陸徑三千里。陸徑，邪徑也。陸，地也。禹乃使太章步自東極至于西極，二億三萬三千五百里七十五步。使豎亥步自北極至于南極，二億三萬三千五百里七十五步。太章、豎亥，善行人，皆禹臣也。海内東西短，南北長，極内等也。凡鴻水淵藪自三百仞以上，二億三萬三千五百五十里有九淵。

戴德撰　盧辯注《大戴禮記》卷五《曾子天圓》

單居離問于曾子曰：「天圓而地方者，誠有之乎？」曾子曰：「離：而聞之云乎？」

而，猶汝也。汝聞則言之也。

單居離曰：「弟子不察，以此敢問也。」案：以此，各本作此以，今從《永樂大典》本。曾子曰：「天之所生上首，地之所生下首。」

人首圓足方，繫之天地。

上首之謂圓，下首之謂方。

因謂天地爲方圓也。《周髀》曰：「方屬地，圓屬天，天圓地方也。」《淮南子》曰：「天之圓不中規，地之方不中矩。」《白虎通》曰：「天，鎮也，其道曰圓。地，諦也，其道曰方。」一曰：圓謂水也。

如誠天圓而地方，則是四角之不揜也。且來，吾語汝。參嘗聞之夫子曰：天道曰圓，地道曰方。

道曰方圓耳，非形也。

方曰幽，而圓曰明。

方者陰義，而圓者陽理，故以明天地也。

明者，吐氣者也，是故外景。

景，古通以爲影字。外景者，陽道吐施也。

幽者，含氣者也，是故內景。

內景者，陰道含藏也。

王充《論衡》卷一一《説日篇》　或曰：「天高南方，下北方。日出高，故見；入下，故不見。天之居若倚蓋矣，故極在人之北，是其效也。極其天下之中，今在人北，其若倚蓋，明矣。」日明既以倚蓋喻，當若蓋之形也。極星在上之北，若蓋之葆矣；其下之南，有若蓋之莖者，正何所乎？夫取蓋倚於地，不能運；立而樹之，然後能轉。今天運轉，其北際不著地者，觸礙何以能行？由此言之，天不若倚蓋之狀。日之出入，不隨天高下，明矣。或曰：「天北際下地中，日隨天而入地，地密鄣隱，故人不見。然天地，夫婦也，合爲一體。天在地中，地與天合，天地并氣，故能生物。北方陰也，合體并氣，故居北方。」天運行於地中乎？不則，北方之地，低下而不平也？如審運行地中，鑿地一丈，轉見水源，天行地中，出入水中乎？如北方低下不平，是則九川北注，不得盈滿也。實者天不在地中，日亦不隨天隱，天平正與地無異。然而日出上、日入下者，隨天轉運，視天若覆盆之狀，故視日上下然，似若出入地中矣。然則日之出，近也；其入遠，不復見，故謂之入。運見於東方，近，故謂之出。何以驗之？繫明月之珠於車蓋之橑，轉而旋之，明月之珠旋邪？人望不過十里，天地合矣，遠非合也。今視日入，非入也，亦遠也。當日入西方之時，其下民亦將謂之日中。從日入之下，東望今之天下，或時亦天地合。如是，方天下在南方也。故日出於東方，入於北方之地；日出北方，入於南方，各於近者爲出，遠者爲入。實者不入，遠矣。臨大澤之濱，望四邊之際與天屬，其實不屬，遠若屬矣。日以遠爲入，澤以遠爲屬，其實一也。澤際有陸，人望而不見。陸在，察之若亡；日亦在，視之若入，皆遠之故也。太山之高，參天入雲，去之百里，不見埵塊。夫去百里不見太山，况日去人以萬里數乎？太山之驗，則既明矣。試使一人把大炬火夜行於道，平易無險，去人不一里，火光滅矣。非滅也，遠也。今日西轉不復見者，非入也。問曰：「天平正與地無異，今仰視天，觀日月之行，天高南方，下北方，何也？」曰：方今天下在東南之上，視天若高。日月道在人之南，今天下在日月道下，故觀日月之行，若高南下北也。何以驗之？即天高，南方之星亦當高，今視南方之星低下，天復低南方乎？夫視天之居近者則高，遠則下焉。極北方之民以爲高，南方爲下。極東極西，亦如此焉。皆以近者爲高，遠者爲下。從北塞下，近仰視斗極，且在人上。匈奴之北，地之邊陲，北上視天，天一有下字。復高北下南，日月之道亦在其上。立太山之上，太山高；去下十里，太山下。夫天之高下，猶人之察太山也。平正，四方中央，高下皆同。今望天之四邊若下者，非也，遠也。非徒下，若合矣。

張揖《廣雅》卷九《九天》　天圜闊南北二億三萬三千五百里七十五步，東西短減四步，周六億十萬七百里二十五步。從地至天一億一萬六千七百八十七里，下度地之厚與天高等。

黃憲《天文》陳夢雷編《古今圖書集成·乾象典》卷六　由此觀之，凡海外之荒國，其不名之禽、無稱之獸，惡可窮哉，是地無窮而物亦無窮也。曰：然則天地果有涯乎？曰：日月之出入者其涯也。日月之外則吾不知焉。曰：日月附於天乎？曰：天外也，日月內也。內則以日月爲涯，故躔度不易而四時成。外則以太虛爲涯，其涯也不覩日月之光，不測躔度之流，不察四時之成，是無日月也，無躔度也，無四時也，同歸於虛。虛則無涯，是以日月之外，聖人不能範圍之而作曆。日月之內，聖人不能損益之而成象，故曆者循其迹而作者也。曰：天之旋也，左耶？右耶？曰：清明不動之謂天，動也者，其日月星辰之運乎。是故言天之旋非也，規天而作曆猶非也，驗諸運焉云爾已矣。

鍾離權《修真十書》卷一四《鍾呂傳道集·論日月》　呂曰：東西出没以分晝夜，何也？鍾曰：混沌初分，玄黃定位，天地之狀其形如卵，六合於中其圓如毬。日月出没，運行於一天之上，一地之下，上下東西，周行如輪。凡日之東出而西未没爲晝，西没而東未出爲夜，是此日之出没以分晝夜也。

房玄齡等《晉書》卷一一《志第一》　儀象

術家以算求之，各有同異，故諸家歷法參差不齊。《洛書甄曜度》、《春秋考異郵》皆云：「周天一百七萬一千里，一度爲二千九百三十二里七十一步二尺七寸四分四百八十七分分之三百六十二。」陸績云：「天東西南北徑三十五萬七千里。」此言周三徑一也。考之徑一不啻周三率，周百四十二而徑四十五，則天徑三十二萬九千四百一里一百二十二步二尺二寸一分七十一分分之十。《周禮》：「日至之景尺有五寸，謂之地中。」鄭衆説：「土圭之長尺有五寸，以夏至之日立八尺之表，其景與土圭等，謂之地中，今潁川陽城地也。」鄭玄云：「凡日景於地，千里而差一寸。景尺有五寸者，南戴日下萬五千里也。」以此推之，日當去其下地八萬里矣。日邪射陽城，則天徑之半也。體員如彈丸，地處天之半，而陽城爲中，則日春秋冬夏，昏明晝夜，去陽城皆等，無盈縮矣。故知從日邪射陽城，爲天徑之半也。

以句股法言之，旁萬五千里，句也；立八極萬里，股也；從日邪射陽城，弦也。以句股求弦法入之，得八萬一千三百九十四里三十步五尺三寸六分，天徑之半而地上去天之數也。倍之，得十六萬二千七百八十八里六十一步四尺七寸二分，天徑之數也。以周率乘之，徑率約之，得五十一萬三千六百八十七里六十八步一尺八寸二分，周天之數也。減《甄曜度》、《考異郵》五十五萬七千三百一十二里有奇。一度凡千四百六里二十四步六寸四分十萬七千五百六十五分分之萬九千四十九，減舊度千五百二十五里二百五十六步三尺二寸二十一萬五千一百三十分分之十六萬七百三十。

分赤黄二道，相與交錯，其間相去二十四度。以南儀推之，二道俱三百六十五度有奇，是以知天體員如彈丸也。而陸績造渾象，其形如鳥卵，然則黄道應長於赤道矣。績云天東西南北徑三十五萬七千里，然則績亦以天形正員也，而渾象爲鳥卵，則爲自相違背。

又 卷二五《志第十五》 輿服

司南車，一名指南車，駕四馬，其下制如樓，三級，四角金龍銜羽葆。刻木爲仙人，衣羽衣，立車上，車雖回運而手常南指。大駕出行，爲先啓之乘。【略】

記里鼓車，駕四，形制如司南，其中有木人，執槌向鼓，行一里則打一槌。

魏徵等《隋書》卷一〇《志第五・禮儀五》 指南車，大駕出，爲先啓之乘。漢初，置俞兒騎，並爲先驅。左太冲曰：「俞騎騁路，指南司方。」後廢其騎而存其車。

記里車，駕牛。其中有木人執槌，車行一里，則打一槌。

又 《志第十四・天文上》 地中

《周禮・大司徒職》：「以土圭之法，測土深，正日景，以求地中。」此則渾天之正説，立儀象之大本。故云：「日南則景短多暑，日北則景長多寒，日東則景夕多風，日西則景朝多陰。日至之景，尺有五寸，謂之地中。天地之所合也，四時之所交也，風雨之所會也，陰陽之所和也。然則百物阜安，乃建王國焉。」又《考工記》：「匠人建國，水地以縣。置槷以縣，眂以景。爲規，識日出之景與日入之景。晝參諸日中之影，夜考之極星，以正朝夕。」案：土圭正影，經文闕略，先儒解説，又非明審。祖暅錯綜經注，以推地中。其法曰：「先驗昏旦，定刻漏，分辰次。乃立儀表於準平之地，名曰南表。漏刻上水，居日之中，更立一表於南表影末，名曰中表。夜依中表，以望北極樞，而立北表，令參相直。三表皆以縣準定，乃觀。三表直者，其立表之地，即當子午之正。三表曲者，地偏僻。每觀中表，以知所偏。中表在西，則立表處在地中之西，當更向東求地中。若中表在東，則立表處在地中之東也，當更向西求地中。取三表直者，爲地中之正。又以春秋二分之日，旦始出東方半體，乃立表於中表之東，名曰東表。令東表與日及中表參相直。是日之夕，日入西方半體，又立表於中表之西，名曰西表。亦從中表西望西表及日，參相直。乃觀三表直者，即地南北之中也。若中表差近南，則所測之地在卯酉之南。中表差在北，則所測之地在卯酉之北。進退南北，求三表直正東西者，則其地處中，居卯酉之正也。」

沈括《渾儀議》吕祖謙編《宋文鑑》卷一〇六 臣謂：以中國觀之，天常北倚可也。謂極星偏西則不然，所謂東西南北者，何從而得之？豈不以日之所出者爲東，而日之所入者爲西乎？

鄭居中等《政和五禮新儀》卷一一《序例・車輅》 皇帝車輅鹵簿內車輦附

指南車，赤質，頂有五彩，飾鏤仙人一，童子四。記里鼓車，赤質，重臺，彩畫，刻木擊鉦二人，銅鉦、畫鼓各一。

王昭禹《周禮詳解》卷三九

匠人建國，水地以縣。置槷以縣，眂以景。爲規，識日出之景與日入之景。晝參諸日中之景，夜考之極星，以正朝夕。

已斤爲匠，以「工欲善其事，必先利其器」也。先王建國，必辨方正位，然後可以體國經野，以爲民極。匠人置槷，眂景以正地中，必天地之所合，四時之所交，風雨之所會，陰陽之所和，于是乎建王國也。然其置臬必先水地以縣，使所植之臬必平而直，然後可以正日景也。水莫動則平，可用之而望高下之勢。繩垂之而墜，可用之而正曲直之形。蓋于四角立植，縣以繩而取其直，又以水而取其平，然後于所平之地置臬。《爾雅》曰：「在牆者謂之杙，在地者謂之臬。」所謂槷則臬也。于所平地之中央，立八尺之表，以縣正之，以眂日景，將以正四方也。方旦而日出，夕而日入之時，則又爲規以刻識其景。蓋以規識其出入之景，則東西可正，東西既正，則南北亦從而正矣。夫兩相差爲互，三相參爲參。爲規以識其出入之景，所謂兩也，于晝又從而正之以日中之景，是以三相參焉，故曰晝參諸日中之景。以參諸日中之景爲未足，夜又考之極星。以北辰所居者，天之中故也。晝參日景，所以正其朝也。夜考極星，所以正其夕也。以日景正其朝，則地之中得矣。以極星正其夕，則天之中得矣。《書》曰「自服于土中」，又曰「其自時配皇天」，則洛邑非特地之中，亦天之中矣。唯其宅天地之中，以中上，以中道配皇天，以中德紹上帝，民於君取中于是乎在矣。五官之首皆先之，以唯王建國而終之，以爲民極者殆謂是也。

易祓《周官總義》卷二九

匠人建國，水地以縣。置槷以縣，眂以景。爲規，識日出之景與日入之景。晝參諸日中之景，夜攷之極星，以正朝夕。

匠人建國，主王國而言也。大司徒之建國，以土圭之灋測土深，以正日景。日至之景尺有五寸，謂之地中。此則贊大司徒求地中而已。水地以縣，置槷以縣者，此二縣字有先後之序。先於造成之處以求平地，於四旁立四柱，以繩縣之，其繩附柱不偏，量其四旁適均，則其地平矣。方於中立八尺之表，表即槷也，復以繩縣之，其繩附柱不偏，而後眡表之景。又於四旁之地爲規圜之勢，畫以識之。日出於東，其景在西，則識其出景之端；日入於西，其景在東，則識其入景之端。景之兩端既定，中屈其所量之繩而兩者相合，則地中可驗。又慮其所規之不正也，復以出入之景與日中之景三者相參，故曰參。又慮其所參之或偏也，復以日中之景與極星之度兩者相考，且極星之度何與於日中之景。凡以驗日景之中而已，蓋夏至日在南陸，躔於東井，去極六十六度有奇，而其景尺有五寸。冬至日在北陸，躔於牽牛，去極一百一十六度有奇，而其景丈有三尺。春分日在西陸，躔於婁；秋分日在東陸，躔於角；去極九十一度有奇，而其景均焉。觀日躔去極之遠近以驗四時，攷四時日影之短長以求地中，則東西可正，故曰以正朝夕。朝夕，東西也。經所謂「行人之儀，不朝不夕」，記所謂「爲朝夕，必因日月」是已。東西既正，然後度日景兩交之間，屈其繩之半，以指槷而求合乎規圜之勢，則南北亦正矣。

林希逸《考工記解》卷下

匠人建國，

建國者，通王國、侯國言之也。

水地以縣。

注云四角立木，此說未明。經言水地，而注云立木，恐亦未當。蓋水地以縣，置槷以縣，兩句即一事也。先以水平地，猶恐未定，必以縣而後正也。何以爲縣，置槷以爲縣也。水地者，假如一所用一丈之地，先爲四方之溝，乃注水以試之。地有高下，則水之流行自有高下。鋤掘其地，用水以平之。水既平矣，猶未可也，又用縣槷以定之。

置槷以縣，

槷與臬字同，臬居門之中，此制用木一縱一橫，橫者在地，縱者向上，其縱者橫木之中，就此木之上懸繩以取正，即可定地高下也。水地以縣者，謂以水平地，而後爲置槷之懸也。

眡以景。

此以土圭視日景而定東西南北也。

爲規，識日出之景與日入之景。

規，法也，爲眡景之法，以記日出入之景，取東西之中也。識，音志，記也。

晝參諸日中之景，

日出入之影，用朝晚考之，日中則定也。

夜考之極星，以正朝夕。

極者，北極星也，其一至微，號曰含樞紐，正在天中極中也。而天形如倚蓋，則此星乃在天之最北，故曰北極。夜考極星相去遠近，則知南北之正也。以正朝夕者，南北既定，則可以朝夕參日出入之景而正東西也。

朱申《周禮句解》卷一二《冬官考工記下》 匠人建國，前經謂惟王建國，辨方正位者此也。水地以縣。先於四角立植，以繩垂之而墜，取其端直，然後置水於地而取其平也。縣，音玄。置槷以縣，槷謂立八尺之木以爲表也。水地而得其平，則可以量日景矣。故置槷於其中，復以繩垂之而墜，欲其表之端直也。槷，魚列反。眡以景。言所以置槷者，將以眡日景也。爲規，識日出之景與日入之景。此言眡日景之法以取東西也。立八尺之表於地之平處，日出東方則景在表之西，日入西方則景在表之東，乃於其景之兩端畫而記之，然後以繩貫於所立之表，如景之長，就地一匝爲一大規，則所識日出日入之景，可以定東西矣。東西既定，乃以自東至西之長而中屈之，以量南北，則南北亦可得而定矣。識，音志。晝參諸日中之景，經久猶恐南北之未正，又參諸日中之景焉。冬至日行南陸，景長一丈三尺。夏至日行北陸，景短一尺五寸。此日中之景也。夜考之極星，極星，中星也。初昏之時，見於正南之位。晝參夜考，則南北無不正矣。以正朝夕。以日中之景正其朝，則地之中得矣。以極星正其夕，則天之中得矣。

毛應龍《周官集傳》卷一五

匠人建國，水地以縣，置槷以縣，眡以景。

鄭鍔曰：置槷將以眡景，然必槷之正，則景可驗。欲其槷之正，則繩而正之。以繩正槷，槷已正，乃眡日影焉。所謂眡以景，則眡日至之景而驗以圭也。陳氏曰：水地以垂，所以取其地之平。置槷以垂，所以取其表之正。四圍之地平矣，然後中央之表可立焉。中央之表正矣，然後日出入之景可眡焉，故眡以景。

爲規，識日出之景與日入之景。

鄭鍔曰：眡以景，而又爲規以識之者，記之也。歐陽謙之曰：爲規識日出之景。規者，正圜之物也，所以象日之景也。朝而觀日出之景，爲日景之象以識之。夕而觀日入之景，又爲日景之象以識之。朝之景與夕之景相鄉如合璧，則東西正矣。

晝參諸日中之景，夜考之極星，以正朝夕。

朱氏《詩傳》曰：樹八尺之臬而度其日出之景，以定東西。又參日中之景以正南北。鄭鍔曰：三相參爲參。已識日出入之景，又以日中之景參之，故曰參。參以三相考也。日中之景，其夏至日景歟，其長則尺有五寸焉。應龍曰：此上言建國之始，已下言營國之始。

俞琰《書齋夜話》卷二 漢張衡曰：「八極之維位二億二萬二千三百里，南北則短減千里，東西則廣博千里，自地至天半於八極，則地之深亦如之。通而度之，則是渾已將覆，其數用重鉤股懸天之景薄地之義，皆移千里而差一寸得之。過此以往，未之或知也。」未之或知者，宇宙之謂也。張衡蓋以天之在上爲宇，地之在下爲宙。《尸子》則曰：「天地四方曰宇，往古來今曰宙。」《淮南子》亦曰：「上下四方曰宇，往古來今曰宙。」余以俯仰之間言之，地居天之中央，地之上皆天也，仰觀之則蒼蒼無極。地之下亦天也，俯察之則窈窈無窮。四表皆然，是之謂宇。以既往未來言之，則自昨[日]、前日、去年、前年、十年、百年、千年、千古萬年、萬萬古浩浩無極，自明日、後日、明年、後年、十年、百年、千年、千世萬年、萬萬世綿綿無窮，是之謂宙。夫人之生也寓形宇內，宇內之事可得而見之者，且不能盡曉，何況自天地開闢萬萬古以至如今，巧歷所不能算，又焉能究極其始哉。既不能究極其始，而欲窮竟其終，厥亦難矣。

周述學《神道大編曆宗通議》卷一七

論立表占景

立表於地中，高四丈，表首置一大圓器，表下四傍平地，廣塗以白而黑，畫方眼如基秤，每眼方一寸縱橫，正向子午卯酉。即其上推測四時日景、九道月景，以考其東西南北疾遲之差。或日月兩景相記，因以求月食分數并虧圓時刻起復。方位八方，偏地亦可如是測之然，但可推測日食。若月食，則推步日度相對，不可以兩景相犯而推也。

又 論地有偏向

地中有子午卯酉四向，四向既正，則輪盤二十四向皆正矣。然八方之地，各有偏向。春分前二日，秋分後二日，此兩日卯酉時，口在卯酉正位。設地偏南北，則卯酉表景不相直。北極爲子正之位，日中太陽爲正午之位。設地偏東西，則子午表景不相直，故於偏地而欲取正四向以分輪盤，則二十四向疎密不均，首尾不對矣。要當各立偏向，而先審定偏卯偏酉之方，置爲木架如測經度者，其上所列兩木直鋪指偏卯酉，以測望天脊之緯度。天脊緯度與北極最近。天脊兩旁東西之緯度當鋪內者，距天脊愈偏，則距北極愈遠。苟其鋪所指，得偏卯酉之真，則脊旁之度均偏矣。大抵偏卯偏酉者，或以正辰、正申爲對，或以正寅、正戌爲對；偏子偏午者，或以正丑、正巳爲對，或以正亥、正未爲對。而二十四向因可定也。此法乃憑天象以測地向。若世所用指南針，要亦可准試，即偏地用之，驗其所指者，正午歟，偏午歟。使偏地而指偏午，則二十四向皆隨偏午而定，而亦可因以測天。苟指正午，則偏地難指正向午，雖正午而子非正子，首尾不對。一向既差，餘向俱差矣。此不可不辨也。

熊明遇《格致草》 大象恒論

天覆地載，自位言也。天圓地方，自德言也。其實天地皆圓體，地在天中只一點，適天之至中處，如彈丸，然確然不動。天行一日一週，地球圍九萬里，徑三萬里，半徑一萬五千里，爲地面人所立處。天大三百六十五度，地不及百分度之一。從人所立處，際天左右上下各九十度，人目所見止半天。從地上虛空處看天，便見天體大于地如許，上半如是，下半亦如是，故見地之確然在中也。何以見地止九萬里也？以極星驗之，假如往北行二百五十里，極星便高一度；行二千五百里，極星便高十度。北京極星高四十度，若從北京再北行一萬二千五百里，極星便高九十度，在天頂正中。再北行，極星又從中漸低。無北極過南，南極過北之理，地圓故也。夫二千五百里差十度，則二萬五千里差一百度，筭至九萬里則三百六十度週而復始矣。此所以知地之爲九萬里也。夫北行二百五十里，極星便高一度。若東西行，就是將九萬里都行盡了，極星却不過東西一分者，則星大而地小故也。南北移者，人循地球經線上行，天頂不同。若東西，原只在地球一條緯線上行，所以任行九萬里而北極無偏東西之理。地球四面窪者爲海水，突者爲山，平者爲田地。人所住立，皆依圓體以天爲上，即人不及見之地，足趾相對，彼仍以天爲上，不是平行。人須大着眼，合山河海水夷夏做一彈丸看，則得其解矣。西域人泛海至大浪國，南極出地三十六度，則與北極出地三十六度地方足趾相對，即今之陝西也。瑪八作南極出地三十二度，則又與南京相對矣。如左圖大圓圈爲天，中一點爲地，然大圓圈四面皆視此一點爲下。施者如此其大，受者止此一點，妙矣哉。至小爲至大之樞也。或曰：地既虛空懸着，且質重濁，不虞其墜且倚乎？曰：天包着他，元氣晝夜運行，四面都是上，無可墜處。又在天之至中，亦無可倚處，分定故也。地既虞墜虞倚，則日月如此其大，且時時飛動，亦虞墜虞倚乎？譬如鳥飛魚躍，人竪畜横，各有定分，有定理，自然而然，不得不然者也。

鄭方坤《經稗》卷九《三禮·土圭地中》 土圭條，所謂地中及東西南北之偏，就九州以内言之耳。如今南方多熱，北方多寒，近海處多風，近山處多陰，故惟中州氣候爲得其正。而其日景，則夏至之日適與土圭齊，故取以爲準。是日景以中土而定，非土中因日景而得也。經云正日景以求地中，所謂求者，猶標識之義耳。解者穿鑿附會，要歸於臆説，不可行也。景短多暑，言景短時多暑也。景長多寒，言景長時多寒也。景夕多風，言景夕時多風也。景朝多陰，言景朝時多陰也。景短謂夏，景長謂冬，景夕謂午後，景朝謂午前。又按：自古天地道里日月晷景之説多矣。至於今日，西曆之家其説彌詳。蓋以爲地在天中，只一彈丸，四方上下去天之數皆均。其四表極處，非能與天相際也。所謂天圓地方者，言其動静之性耳。實則地亦圓體，如卵裏黄，上下周圍，與天度相應。其地氣寒暑，則以去日遠近爲差。赤道之下，正與日對，其地最熱，其景則四時常均，無冬夏短永。兩極之下，去日最遠，其地最寒，其景則短者極短，長者極長。正當兩極之處，以半年爲晝，半年爲夜。惟二極與赤道相去之間，當日南北軌之外，起二十三度至四十度許，其地不寒不熱，温和可居；其景則與冬夏進退，長短之極，皆無過十之七。此氣之平而數之中也。

天地圖

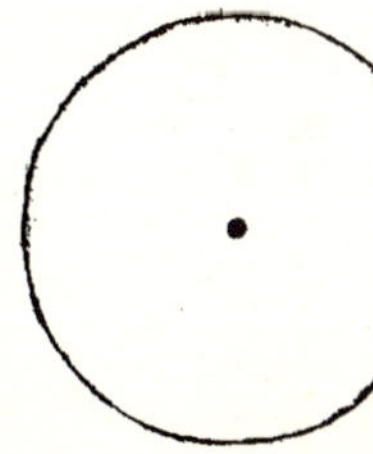

凡測量，地不襯度，故見其至小，天大眼可見也。

方苞《周官析疑·考工記析疑》卷四 匠人

置槷以縣，眡以景。

眡以景者，眡東西南北之方位，皆以此表之景也。

爲規，識日出之景與日入之景。

梅㲄成曰：此言爲規以識日出入之景，非先識景而後爲規也。其法應於國中治地極平，作圓規，中心置臬，日出時景在臬西，視景交規處識之。日入時景在臬東，視景交規處識之。末取兩交相距，中屈之以指臬，則臬爲正南，屈處爲正北。

江永《周禮疑義舉要》卷七《考工記》 水地以縣，注云於四角立植而縣，以水望其高下，不知若何而望。有謂四面注水於地，以審其高下，此於經文水地似協矣。又云於四角立四柱，以繩懸之，以審其邪正，不知何故又必立四柱也。今工人作室既成，有平水之法，各柱任意量定若干尺，畫墨四面，依墨用横線，線下以竹承水，縣直物於線進退量之。如柱平，則直物至水皆均。如不均，則知柱有高下而更定之。意古人四角立植而縣，以水望其高下，亦是用此法。

此謂測景之地須先平之，蓋地不平則景有差，故下注云於所平之地中央，樹八尺之臬，非謂通國城之地皆須平也。疏云欲置國城，先當以水平地，知地之高下，然後平高就下，誤矣。國城隨地勢皆可居民，何用平？

古人樹臬用八尺，何也？蓋測景之臬不可過短，過短則分寸太密而難分，過長則取景虚淡而難審，八尺與人齊，如是爲宜。八尺雖無正文，而土中之地夏至景尺有五寸，以知用八尺臬也。後世郭守敬測景用四丈之表，表上作横梁，下用銅皮鑽小竅，於小竅中取横梁之景，謂之景符。此後人之巧法，然四丈表亦不易作也。疏引《考靈曜》謂從上向下八萬里，故以八尺爲法，此漢人之妄説。天去地豈止八萬里哉！

爲規者，以樹槷之處爲心，而畫墨於地爲圓形，視朝景端之當規者識之，又視夕景端之當規者識之，作一横線，於規心亦作一横線與之平行，則東西之位正矣。折半作直線，則南北之位正矣。後世郭守敬作正方案，多爲之規，樹短表於案心，多爲之墨，亦倣此意而變通之。日景近二分時，朝夕有微差。當二至時，朝夕均，方位尤審。

又江永《河洛精藴》卷八《羅經原始》 《周禮》曰：「惟王建國，辨方正位。」《詩》曰：「揆之以日，作于楚室。」又曰：「既景迺岡，相其陰陽。」《攷工記》匠人營國，晝則置臬測日影，夜則兼攷極星。所以辨方正位者，如此而已。其無針盤之器可知。説者謂黄帝禽蚩尤時，天降(元)[玄]女，授以針法，此無稽之言也。成王時，越裳氏來朝，迷其歸路，周公作指南車以送之。蓋以機巧作之，非今之羅經也。大約此器必三代以後精物理者剏之。針何以一端恒指北，一端恒指南也？坎水者，金之子家。離火者，金之所畏，亦金之所喜，是以恒眷戀於南北。當其鍛鐵而抽之爲線，則指南之性已定於此。用輕浮物貫線而浮之水，必指南，此從革之性也。唯慈石能引之，産慈石之山必産鐵，同類而相招也。智者窮物理，因製爲指南之器，後來形家踵事而加精焉耳。

戴震《考工記圖》卷下

匠人建國，水地以縣。

注：於四角立植而縣，以水望其高下。高下既定，乃爲位而平地。疏云：謂於柱四畔縣繩以正柱，柱正，然後去柱遠，以水平之法遥望柱，高下定，即知地之高下。

補注：水地者，以器長數尺承水，引繩中水而及遠，則平者準矣。立植，以表所平之方縣繩正植，則度水面距地者準矣。若不用水，覆矩尺使中縣，引繩中矩尺及遠，簡瀍也。矩尺即今木工石工之曲尺。

置槷以縣，眡以景。

注：槷，古文臬，假借字。於所平之地中央，樹八尺之臬，以縣正之。眡之以其景，將以正四方也。《爾雅》曰：在牆者謂之杙，今《爾雅》作樴，謂之杙，在牆者謂之樴。在地者謂之臬。疏云：槷亦謂柱也。欲取杜之景，先須柱正。欲取柱正，當以繩縣而垂之，於柱之四角四中，以八繩縣之，其繩皆附柱，則其柱正矣，然後眡杆之景。

爲規，識日出之景與日入之景。晝參諸日中之景，夜考之極星，以正朝夕。

注：日出日入之景，其端則東西正也。又爲規以識之者，爲其難審也。自日出而畫其景端，以至日入，既則爲規，測景兩端之内規之，規之交乃審也。度兩交之間，中屈之以指臬，則南北正。日中之景，最短者也。極星，謂北辰。

補注：必平中水，然後爲規數重，樹槷於中，眡槷端景齊規者皆識之。乃衡界午前午後之景，則東西正。又中詘之以指槷，則南北正。今用指南針，有偏向，所偏隨地不同，不足取準。若考北極高下，則取近極大星，測其旋而上最高去地若干度，及旋而下最低去地若干度，兩數相減，得星環繞北極之徑，半之，以加於最低去地之度，是爲北極高度。今冬至前後，勾陳大星西時在北極之上，卯時在北極之下，可據之以測極。北極者，天樞也。先儒謂之不動處作記時，紐星正當不動處，故記以爲極星。梁祖暅測不動處距紐星一度有餘，今紐星又移。元郭守敬測離三度奇。北極在勾陳大星、紐星之間。

爲規識景。以水平地，方一二丈，規之。於中央立槷，或用小方案，令平中水，爲規其上，中央設表當槷。凡景端所至皆識之，此

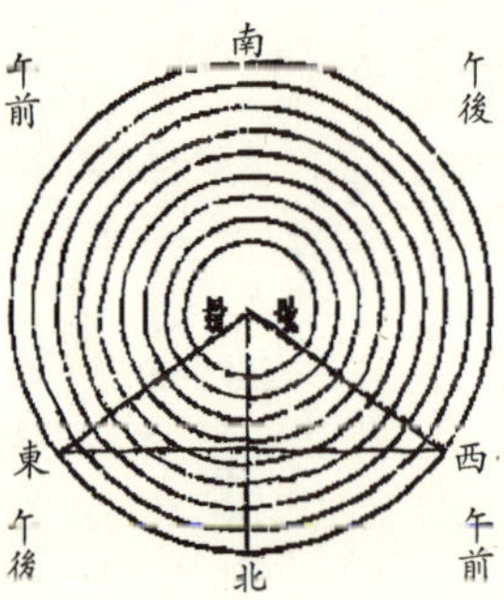

但據景端與外規齊者爲圖，内數重規亦然。所爲規識景。此圖【略】得之江先生。此但據夏至地中爲圖，規任作大小。如以表八尺爲半徑，必辰正三刻，申初初刻，景與規齊。其齊時，亦是正東正西也。若他方測景，時刻方位不同而法準此。最短時爲午正。

先爲規而後識景，《記》文也。先識景，徐徐作點，後乃連爲規，鄭説也。兩法圖皆具。

測北極高下，北極高下隨地不同。南行繩直二百五十里，而北極低一度；北行二百五十里，而北極高一度。冬至前後，日出辰入申，星旋天不啻半周，可得其最高最低之度，以考知北極。

晝夜永短，亦隨地不同。南至赤道下，冬夏至恒如春秋分，極與地平適合。北至極下，半年爲晝，半年爲夜，赤道與地平適合。

黄赤道。日行黄道三百六十五日，幾三時而一周，春秋分交於赤道，冬至在赤道南，夏至在赤道北。前圖外衡内衡，與此互明。

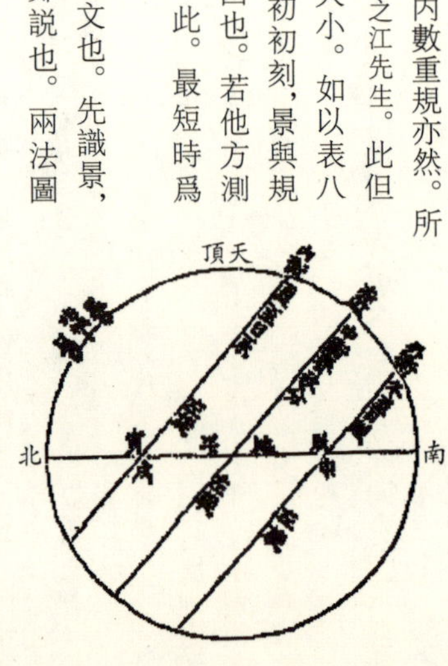

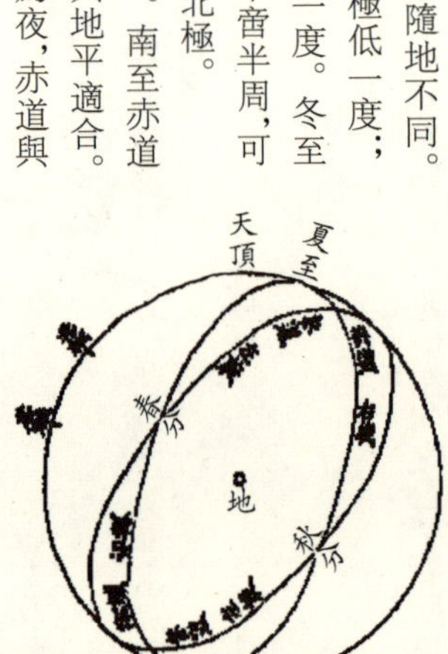

計算與測量

劉安撰　高誘注《淮南子》卷三《天文訓》

正朝一作月。夕：先樹一表東方，操一表却去前表十步，以參望日始出北廉。日直入，又樹一表於東方，因西方之表以參望日方入北廉，則定東方。兩表之中與西方之表，則東西之正也。日冬至，日出東南維，入西南維。至春秋分，日出東中，入西中。夏至，出東北維，入西北維。至則正南。欲知東西、南北廣袤謀。之數者，立四表以爲方一里

岠，巨。先春分若秋分十餘日，從岠北表參望日始出及旦，以候相應，相應則此與日直也。輒以南表參望之，以入前表數爲法，除舉廣，除立表袤，以知從此東西之數也。假使視日出，入前表中一寸，是寸得一里也。一里積萬八千寸，得從此東萬八千里。視日方入，入前表半寸，則半寸得一里。半寸而除一里積寸，得三萬六千里，除則從此西里數也。并之東西里數也，則極徑也。未春分而直，已秋分而不直，此處南也。未秋分而直，已春分而不直，此處北也。分至而直，此處南北中也。從中處，欲知中南也。未秋分而不直，此處南北中也。從中處欲知南北極遠近，從西南表參望日，日夏至始出與北表參，則是東與東北表等。正東萬八千里，則從中北亦萬八千里也。倍之，南北之里數也。其不從中之數也，以出入前表之數益損之。表入一寸，寸減日近一里，表出一寸，寸益遠一里。欲知天之高，樹表高一丈，正南北相去千里，同日度其陰，北表二尺，南表尺九寸，是南千里陰短寸。南二萬里則無(景)[陰]，是直日下也。陰二尺而得高一丈者，南一而高五也。則置從此南至日下里數，因而五之，爲十萬里，則天高也。若使景與表等，則高與遠等也。

趙爽注　甄鸞重述　李淳風釋《周髀算經》卷上之二

榮方復歸，思之數日不能得。復見陳子曰：「方思之已精熟矣，智有所不及，而神有所窮，知不能得，願終請説之。」

自知不敏，避席而請説之。

陳子曰：「復坐，吾語汝。」于是榮方復坐而請。陳子説之曰：夏至南萬六千里，案：經文之例，首位一萬但稱萬，一千但稱千，一百但稱百，一十但稱十，省去一字。次位以下不得省，注文則首位亦不省，此書中通例。冬至南十三萬五千里，日中立竿測影。

臣鸞曰：南戴日下，立八尺表，表影一千里而差一寸，是則天上一寸，地下一千里。今夏至影有一尺六寸，故知其一萬六千里。冬至影一丈三尺五寸，故知其一十三萬五千里。

此一者，天道之數。

言天道之數一，悉以如此。

周髀長八尺，夏至之日晷尺六寸。

晷，影也。此數望之從周城之南一千里也，而《周官》測景，尺有五寸，蓋出周城南一千里也。《記》云：「神州之土方五千里。」雖差一寸，不出畿地之分，先(四和)[王知]之實，故建王國。

髀者，股也。正晷者，句也。

以髀爲股，以影爲句，[句]股定，然後可以度日之高遠。正晷者，日中之時節也。

正南千里，句尺五寸。正北千里，句尺七寸。

候其影，使表相去二千里，影差二寸。將求日之高遠，故先見其表影之率。

日益表南，晷日益長。候句六尺。

候其影，使長六尺者，欲令句股相應，句三、股四、弦五；句六、股八、弦十。

即取竹，空徑寸，長八尺，捕影而視之，空正掩日。

以徑一寸之空視日之影，髀長則大，矩短則小，正滿八尺也。捕，索也。掩，猶覆也。

而日應空之孔。

掩若重規。更言八尺者，舉其定也。又日近則大，遠則小，以影六尺爲正。

由此觀之，率八十寸而得徑一寸。

以此爲日髀之率。

故以句爲首，以髀爲股。

首猶始也。股猶末也。句能制物之率，股能制句之正。欲以爲總見之數，立精理之本。明可以周萬事，智可以達無方。所謂智出于句，句出于矩也。

從髀至日下六萬里而髀無影，從此以上至日則八萬里。

臣鸞曰：求從髀至日下六萬里者，先置南表晷六尺，上十之爲六十寸，以兩表相去二千里乘，得一十二萬里爲實，以影差二寸爲法除之，得日底地去表六萬里。求從髀至日八萬里者，先置表高八尺，上十之爲八十寸，以兩表相去二千里乘之，得一十六萬里案：各本脱里字，今補正。爲實，以影差二寸爲法除之，得從表端上至日八萬里也。

若求邪至日者，以日下爲句，日高爲股。句、股各自乘，并而開方除之，得邪至日。從髀所旁至日所十萬里。

旁，此古邪字。求其數之術曰：以表南至日下六萬里爲句，以日高八萬里爲股，爲之求弦：句股各自乘，并而開方除之，即邪至日之所也。

臣鸞曰：求從髀邪至日所法，先置南至日底六萬里爲句，重張自乘，得三十六億爲句實；更置日高八萬里爲股，重張自乘，得六十四億爲股實；并句股實，得一百億爲弦實，開方除之，得從王城至日一十萬里。今有一十萬里，問徑幾何。曰：一千二百五十里八十寸，而得徑一寸，以一寸乘一十萬里爲實，八十寸爲法即得。

以率率之，八十里符徑一里，十萬里得徑千二百五十里。

法當以空徑爲句率，竹長爲股率，日去人爲大股，大股之句即日徑也。其術以句率乘大股，股率而一。此以八十里爲法，一十萬里爲實，實如法而一，即得日徑。

故曰：日晷徑千二百五十里。

臣鸞曰：求以率八十里得徑一里，一十萬里得徑一千二百五十里。法先置竹空徑一寸爲一千里，案：千各本訛作十，今改正。爲句，更置邪去日一十萬里爲股，以句一千里案：千各本亦訛作十，今改正。乘股一十萬里，得一億爲實。更置日去地八萬里爲法除實，得日晷徑一千二百五十里，故云日晷徑也。

臣淳風等謹按：夏至王城望日，立兩表相去二千里，表高八尺。影去前表一尺五寸，去後表一尺七寸。舊術以前後影差二寸爲法，以前影寸數乘表間爲實，實如法得萬五千里，爲日下去南表里。又以表高八十寸乘表間爲實，實如法得八萬里，爲表上去日里。仍以表寸爲日高，影寸爲日下。待日漸高，候日影六尺，用之爲句，以表爲股，爲之求弦，得十萬里爲邪表數目。取管圓孔徑一寸，長八尺，望日滿筒以爲率。長八十寸爲一，邪去日一十萬里，日徑即一千二百五十里。以理推之，法云天之處心高於外衡六萬里者，此乃語與術違。句六尺，股八尺，弦十尺，角隅正方自然之數。蓋依繩水之定，施之于表矩。然則天無別體，用日心爲高下。術既隨平而遷，(河)[高]下從何而出？語術相違，是爲大失。又按二表下地，依水平法定其高下。若此表地高則以爲句，以間爲弦。置其高數，其影乘之，其表除之，所得益股爲定間。若北表下者，亦置所下，以法乘、除，所得以減股爲定間。又以高、下之數，與間相約爲地高遠之率。求遠者，影乘定間，差法而一，所得加表，日之高也。求邪去地者，弦乘定間，差法而一，所得加弦，日邪去地也。此三等至皆以日爲正。求日下地高下者，置戴日之遠近，地高下率乘之，如間率而一，所得爲日下地高下。形勢隆殺與表間同，可依此率。若形勢不等，非代所知。率日徑求日大小者，徑率乘間，如法而一，得日徑。此徑當即得，不待影長六尺。凡度日者，先須定二矩水平者，影南北，立句齊高四尺，相去二丈。以二弦候牽于句上，并率二則擬爲候影。句上立表，弦下望日。前一則上畔，後一則下畔，引則就影，令與表日參直。二至前後三四日間，影不移處即是當以候表。並望人取一影亦可，日徑、影端、表頭爲則。然地有高下，表望不同，後六術乃窮其實。第一，後高前下術：高爲句，表間爲弦，後復影爲所求率，表爲所有率，案：「所有」各本訛作「有所」，今改正。以句爲所有數；所得益股爲定間。第二，後下術：以其所下爲句，表間爲弦，置其所下，以影乘表除，所得減股，餘爲定間。第三，邪下術：依其(此)[北]高之率高其句影，令與地勢隆殺相似，餘同平法。假令髀邪下而南，其邪亦同，不須別望；但弦短與句股不得相應，其南里數亦隨地勢，不得校平，平則促。若用此術，但得南望。若(此)[北]望者，即用句影南下之術，當(此面)[北高]之地。第四，邪上術：依其後下之率下其句影，此謂迴望北極以爲高遠者，望去取望亦同南望。此術弦長亦與句股不得相應，惟得北望，不得南望。若南望者，即用句影北高之術。第五，平術：不論高下，周髀度日用此平術，故東、西、南、北四望皆通，遠近一差，不須別術。第六術者，是外衡：其徑云四十七萬六千里，半之得二十三萬八千里者，是外衡去天心之處。心高于外衡六萬里爲率，南行二十三萬八千里，下校六萬里約之，得南行一百一十九里，下校三十里；一百一十九步，差下三十步，則三十[九]步太强，差十步。以此約準，則不合有平地；地既平而用術，尤乖理驗。且自古論晷影差變，每有不同。今略其梗槩，取其推步之要。《尚書攷靈曜》云：「日永景尺五寸，日短一十三尺。日正南千里而減一寸。」張衡《靈憲》云：「懸天之晷，薄地之儀，皆移千里而差一寸。」鄭(元)[玄]注《周禮》云：「凡日景于地，千里而差一寸。」王蕃、(美)[姜]岌因此爲說。按前諸説，差數並同，其言更出書，非直有此，以事攷量，恐非實矣。謹按：宋元嘉十九年，歲在壬午，遣使往交州度日影，夏至之日影在表南三寸二分。太康《地理志》：交趾去洛陽一萬一千里，陽城去洛陽一百八十里，交趾西，南望陽城、洛陽，在其東(南)[北]。較而言之，令陽城去交趾近于洛陽去交趾一百八十里，則交趾去陽城一萬八百二十里，而影差有八寸二分，是六百里而影差一寸也。況復人路迂迴，羊腸曲折，方于鳥道，所較彌多。（心）[以]事驗之，又未盈五百里而差一寸，明矣。千里之言，固非實也。何承天又（六）[云]：「詔以土圭測景，攷校二至，差三日有餘。從來積歲及交州所上，驗其增減，亦相符合。」此則影差之驗也。《周禮·大司徒》職曰：「夏至之景，尺有五寸。」馬融以爲洛陽，鄭（元）[玄]以爲陽城。《尚書攷靈曜》：「日永影一尺五寸，（鄭玄以爲陽城）日短十三尺。」《易緯·通卦驗》：「夏至景尺有四寸八分，冬至一丈三尺。」劉向《洪範傳》：「夏至景一尺五寸八分。」是時漢都長安，而向不言測影處所，若在長安，則非晷影之正也。夏（止）[至]影長一尺五寸八分，冬至影一丈三尺一寸四分。向又云：「春秋分長七尺三寸六分。」此則總是虛妄。《後漢·歷志》：「夏至影一尺五寸。」後漢洛陽冬至一丈三尺。自梁天監以前並同此數。魏景初，夏至影一尺五寸。魏初都（昌）[許]昌，與潁州相近。後都洛陽，又在地中之數。但《易緯》因漢歷舊影，似不別影之冬至一丈三尺。晉姜岌影一尺五寸。晉都建康在江表，驗影之數遥取陽城，冬至一丈三尺。宋大明祖沖之歷，夏至影一尺五寸。宋都秣陵，遥取影同前，冬至一丈三尺。後魏信都芳注《周髀四術》云：「按永平元年戊子，是梁天監之七年也，見洛陽測影，又見公孫崇集諸朝士共觀祕書影，同是夏至之日，以八尺之表測日中影，皆長一尺五寸八分。」雖無六寸，案：寸，各本訛作尺，今改正。近六寸。梁武帝大同十年，太史令虞劆以九尺表于江左建康測夏至日中影，長一尺三寸二分。以八尺表測之，影長一尺一寸七分强。冬至一丈三尺七分，八尺表影長一丈一尺六寸二分弱。隋開皇元年，冬至影長一丈二尺七寸二分。開皇二年，夏至影一尺四寸八分。冬至長安測，夏至洛陽測。及王邵《隋靈感志》，冬至一丈二尺七寸二分，長安測也。開皇四年，夏至一尺四寸八分，洛陽測也。冬至一丈二尺八寸八分，洛陽測也。大唐貞觀二年己丑五月二十三日癸亥夏至，中影一尺四寸六分，長安測也。十一月二十九日丙寅冬至，中影一丈二尺六寸三分，長安測也。按漢、魏及隋所記夏至中影，或長或短，齊其盈縮之中，則夏至之影尺（者）[有]五寸爲近定實矣。以《周官》推之，洛陽爲所交會，則冬至一丈二尺五寸亦爲近矣。按梁武帝都金陵，去洛陽南北大較千里。以尺表令其有九尺影，則大同十年江左八尺表，夏至影長一尺一寸七分。若是爲夏至八尺表千里而差一寸弱矣。此推驗即是夏至影差降升不同，南北遠近數亦有異。若以一等永定，恐皆乖理之實。案：此條字句多脱誤，不可通。

日高圖

黄甲與黄乙其實正等。以表高乘兩表相去爲黄甲之實，以影差爲黄乙之廣而一，所得則變得黄乙之袤，上與日齊。按圖當加表高，今言八萬里者，從表以上復加之。青丙與青己其實亦等。黄甲與青丙相連，黄乙與青己相連，其實亦等。案：青己當作青戊，黄甲與青丙以下亦訛舛衍複。皆以影差爲廣。

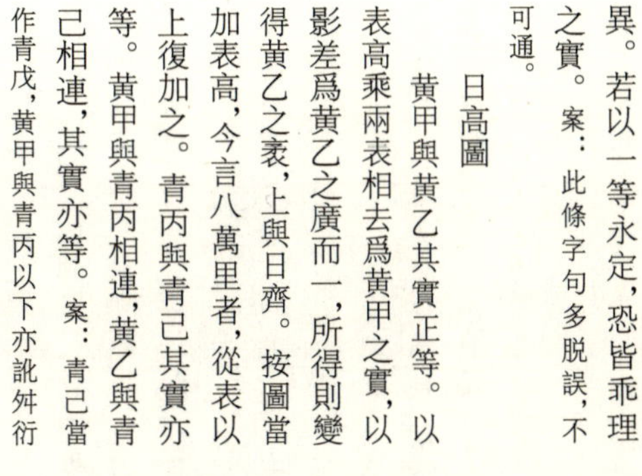

臣鸞曰：求日高法，先置表高八尺爲八萬里，爲袤，以兩表相去二千里爲廣，乘袤八萬里，得一億六千萬里爲黄甲之實，以影差二寸爲二千里，爲法除之，得黄乙之袤八萬里，即上與日齊。此言兩表相去名曰甲，日底地上至日名曰乙，上天名青丙，下地名青戊。據影六尺，王城上天南至日六萬里，王城内至日底地亦六萬里，是上下等數。日夏至南萬六千里者，立表八尺于王城，影一尺六寸，影寸千里，故王城去夏至日底地萬六千里也。

法曰：周髀長八尺，句之損益寸千里。

句謂影也。言懸天之影，薄地之儀，皆千里而差一寸。

故（極）[曰]極者，天廣袤也。

言極之遠近有定，則天廣長可知。

今立表高八尺以望極，其句丈三寸。由此觀之，則從周北十萬三千里而至極下。

謂冬至日加卯酉之時，若春秋分之夜半。極南兩旁與天中齊，故以爲周去天中之數。

榮方曰：周髀者何？陳子曰：古時天子治周，此數望之從周，故曰周髀。

古時天子謂周成王，時以治周，居王城，故曰昔先王之經邑，奄觀几隩，靡地不營。土圭測影，不縮不盈，當風雨之所交，然後可以建王城。此之謂也。

言周都河南，爲四方之中，故以爲望主也。

髀者，表也。

因其行事，故曰髀。由此捕望，故曰表。影爲句，故曰句股也。

日夏至南萬六千里，日冬至南十三萬五千里，日中無影。以此觀之，從南至夏至之日中十一萬九千里。

諸言極者，斥天之中。極去周一十萬三千里，亦謂極與天中齊時，更加南萬六千里是也。

北至其夜半，亦然。

日極在極半正等也。

凡徑二十三萬八千里，

并南北之數也。

此夏至日道之徑也，

其徑者，圓中之直者也。

其周七十萬四千里。

周，帀也。謂天戴日行，其數以三乘徑。

臣鸞曰：求夏至日道徑法，列夏至日去天中心一十一萬九千里，夏至夜半日亦去天中心一十一萬九千里，并之得夏至日道徑二十三萬八千里，三乘徑得周七十一萬四千里也。

從夏至之日中，至冬至之日中，十一萬九千里。

冬至日中去周一十三萬五千里，除夏至日中去周一萬六千里是也。

北至極下，亦然。則從極南至冬至之日中二十三萬八千里。從極北至其夜(北)[半]，亦然。凡徑四十七萬六千里，此冬至日道徑也，其周百四十二萬八千里。從春、秋分之日中(至)[北]至極下十七萬八千五百里。

春秋之日影七尺五寸五分，加望極之句一丈三寸。

臣鸞曰：求冬至日道徑法，列夏至去冬至日中一十一萬九千里，從夏至日道北徑亦一十一萬九千里，并之得冬至日中北極下二十三萬八千里。從極至夜半，亦二十三萬八千里，并之得冬至日道徑四十七萬六千里，以三乘徑，即冬至日道周一百四十二萬八千里。

從極下北至其夜半，亦然。凡徑三十五萬七千里，周百七萬一千里。故曰月之道常緣宿，日道亦與宿正。

內衡之(內)[南]，外衡之北，圓而成規，以爲黃道，二十八宿列焉。月之行也，案：月各本訛作日，攷下文言月蝕，則此指月出入黃道甚明，今改正。一出一入，或表或裏，五月二十三分月之二十而一蝕案：各本脱而字、蝕字，今攷《後漢書》云百三十五月，月二十三食，以二十三除百三十五，得五月餘二十，命爲二十三分月之二十。《後漢書》所謂相除，得五月二十三之二十而一食也。今《後漢書》五月訛作五百，與此各有訛舛，可以互訂，今改。道一交，謂之合朔交會及月蝕相去之數，故曰緣宿也。日行黃道以宿爲正，故曰宿正。于中衡之數與黃道等。

臣鸞曰：求春秋分日道法，列春秋分日中北至極下一十七萬八千五百里，從北極北至其夜半亦然，并之得春秋分日道徑三十五萬七千里，以三乘徑，即日道周一百七萬一千里。求黃道徑法：列從北極南至夏至日中一十一萬九千里，以從極北至冬至夜半二十三萬八千里并之，得黃道三十五萬七千里；從極南至冬至日中，案：各本脱中字，今補。北至夏至日夜半亦黃道徑也，以三乘徑，得周一百七萬一千里也。

南至夏至之日中，北至冬至之夜半，南至冬至之日中，北至夏至之夜半，亦徑三十五萬七千里，周百七萬一千里。

此皆黃道之數，與中衡等。

春分之日夜分以至秋分之日夜分，極下常有日光。

春秋分者晝夜等。春分至秋分日內近極，故日光照及也。

秋分之日夜分以至春分之日夜分，極下常無日光。

秋分至春分日外遠極，故日光照不及也。

故春、秋分之日夜分之時，日所照適至極，陰陽之分等也。冬至夏至者，日道發斂之所生也，至晝夜長短之所極。

發猶往也。斂猶還也。極，終也。

春秋分者，陰陽之脩，晝夜之象。

脩，長也，言陰陽長短之等。

晝者陽，夜者陰。

以明暗之差爲陰陽之象。

春分以至秋分，晝之象。

北極下見日光也。日永主物生，故象晝也。

秋分至春分，夜之象。

北極下不見日光也。日短主物死，故象夜也。

故春秋分之日中光之所照北極下，夜半日光之所照亦南至極，此日夜分之時也。故曰日照四旁各十六萬七千里。

至極者，謂璇璣之際爲陽絶陰彰。以日夜之時而日光有所不逮，故知日旁照一十六萬七千里，不及天中一萬一千五百里也。

人所望見，遠近宜如日光所照。

日近我一十六萬七千里之内日及我。我目見日，故爲日出。日遠我一十六萬七千里之外，日則不及我，我亦不見日，故爲日入。是爲日與目見于一十六萬七千里之中，故曰遠近宜如日光之所照也。

從周所望，見北過極，六萬四千里。

自此以下，諸言減者，皆置日光之所照，若人目之所見一十六萬七千里以除之，此除極至周一十萬三千里。

臣鸞曰：求從周所望見北過極六萬四千里法，列人目所極一十六萬七千里，以王城周去極一十萬三千里減之，餘六萬四千里，即人望過極之數也。

南過冬至之日三萬二千里。

除冬至日中去周一十三萬五千里。

臣鸞曰：求冬至日中三萬二千里法，列人目所極一十六萬七千里，以冬至日中去王城一十三萬五千里減之，餘即過冬至日中三萬二千里也。

夏至之日中光，南過冬至之日中光四萬八千里。

除冬至之日相去一十一萬九千里。

臣鸞曰：求夏至日中光南過冬至日中光四萬八千里法，列日高照一十六萬七千里，以冬夏至日中相去一十一萬九千里減之，餘即南過冬至之日中光四萬八千里。

南過人所望見萬六千里，

夏至日中去周一萬六千里。

臣鸞曰：求夏至日中光南過人所望見一萬六千里法，列王城去夏至日光(光)南過人所望見一萬六千里，加日光所及一十六萬七千里，得一十八萬三千里，以人目所極一十六萬七千里減之，餘即南過人目所望見一萬六千里也。

北過周十五萬一千里，

除周夏至之日中一萬六千里。

臣鸞曰：求夏至日中光北過周一十五萬一千里法，列日光所及一十六萬七千里，以王城去夏至日中一萬六千里減之，餘即北過周一十五萬一千里。

北過極四萬八千里。

除極去夏至之日一十一萬九千里。

臣鸞曰：求夏至日中光北過極四萬八千里法，列日光所及一十六萬七千里，以北極去夏至夜半一十一萬九千里減之，餘即北過極四萬八千里也。

冬至之夜半，日光南不至人所見七千里。

倍日光所照里數，以減冬至日道徑四十七萬六千里，又除冬至日中去周一十三萬五千里。

臣鸞曰：求冬至夜半日光南不至人目所見七千里法，列日光十六萬七千里，倍之，得三十三萬四千里，以減冬至日道徑四十七萬六千里，餘一十四萬二千里，復以冬至日中去周一十三萬五千里減之，餘即不至人目所見七千里。

不至極下七萬一千里。

從極至夜半除所照十六萬七千里。

臣鸞曰：求冬至日光不至極下七萬一千里法，列冬至夜半去極二十三萬八千里，以日光一十六萬七千里減之，餘即不至極下七萬一千里。

夏至之日中與夜半，日光九萬六千里過極相接。

倍日光所照，以夏至日道徑減之，餘即相接之數。

臣鸞曰：求夏至日中日光與夜半相接九萬六千里法，列倍日光所照一十六萬七千里，得徑三十三萬四千里，以夏至日道徑二十三萬八千里減之，案：道各本訛作過，今改正。餘即日光相接九萬六千里也。

冬至之日中與夜半，日光不相及十四萬二千里，不至極下七萬一千里。

倍日光所照，以減冬至日道徑，餘即不相及之數。半之，即各不至極下。

臣鸞曰：求冬至日光與夜半日不及十四萬二千里，不至極下七萬一千里法，列冬至日道徑四十七萬六千里，以倍日光所照三十三萬四千里減之，餘即日光不相及一十四萬二千里，半之即不至極下七萬一千也。

夏至之日正東西望，直周東西日下至周五萬九千五百九十八里半。

求之，術以夏至日道徑二十三萬八千里爲弦，倍極去周一十萬三千里，得二十萬六千里爲股，爲之求句。以股自乘，減弦自乘，其餘開方除之，得句一十一萬九千一百九十七里有奇，半之，各得周半數。

臣鸞曰：求夏至日正冬西去周法，列夏至日道徑二十三萬八千里爲弦，自相乘，得五百六十六億四千四百萬爲弦實，更置極去周一十萬三千里倍之，爲二十萬六千里爲股，重張自相乘，得四百二十四億三千六百萬爲股實，以減弦實，餘一百四十二億八百萬即句實，以開方除之，得正東西去周一十一萬九千一百九十七里二十三萬八千三百九十五分里之七萬五千一百九十一，半之，即周東西各五萬九千五百九十八里半。注曰：奇者，分也。若求分者，倍分母，得四十七萬六千七百九十，即一方得五萬九千五百九十八里半，四十七萬六千七百九十分里之七萬五千一百九十一，本經無所餘算之次，因而演之也。

冬至之日正東西方不見日。

正東西方，周之卯酉。日在一十六萬七千里之外，故不見日。

以算求之，日下至周二十一萬四千五百五十七里半。

求之，術以冬至日道徑四十七萬六千里爲弦，倍極之去周一十萬三千里，得二十萬六千里爲句，爲之求股。句自乘，減弦之自乘，其餘開方除之，得四十二萬九千一百一十五里有奇，半之各得東西數。

臣鸞曰：求冬至正東西方不見日法，列冬至日道徑四十七萬六千里爲弦，重張相乘，得二千二百六十五億七千六百萬爲弦實，更列極去周十萬三千里，倍之，得二十萬六千里爲句，重張相乘，得四百二十四億三千六百萬以減弦實，餘一千八百四十一億四千萬，案：四千各本訛作四十，今改正。即股實，開方除之，得周直東西四十二萬九千一百一十五里八十五萬八千二百三十一分里之三十一萬六千七百七十五，半之案：各本脱之字，今據前後文補。即周一方去日二十一萬四千五百五十七里半，亦倍分母得一百七十一萬六千四百六十二分里之三十一萬六千七百七十五。

凡此數者，日道之發斂。

凡此上周徑之數者，日道往還之所至，晝夜長短之所極。

冬至夏至，觀律之數，聽鐘之音。

觀律數之生，聽鐘音之變，知寒暑之極，明代序之化也。

冬至晝，夏至夜，

冬至晝夜日道徑半之，得夏至晝日道徑。法置冬至日道徑四十七萬六千里，半之，得夏至日中去夏至夜半二十三萬八千里，爲四極之里也。

差數[所]及，日光所還觀之，

以差數之所及，日光所還，以此觀之，則四極之窮也。

四極徑八十一萬里，

從極南至冬日(日)中二十三萬八千里，又日光所照一十六萬七千里，凡徑四十萬五千里，北至其夜半亦然。故日徑八十一萬里。八十一者，陽數之終，日之所極。

臣鸞曰：求四極徑八十一萬里法，列冬至日中去極二十三萬八千里，復加冬至日光所及十六萬七千里，得四十萬五千里，北至其夜半亦然，并南北，即是大徑八十一萬里。

周二百四十三萬里。

三乘徑即得周。

臣鸞曰：以三乘八十一萬里，得周二百四十三萬里，自此以外日所不及也。

從周至南日照處三十萬二千里，

半徑除周，去極一十萬三千里。

臣鸞曰：求周南三十萬二千里法，列半徑四十萬五千里，以王城去極十萬三千里減之，餘即周南至日照處三十萬二千里。

周北至日照處五十萬八千里，

半徑加周去極一十萬三千里。

臣鸞曰：求周去冬至夜半日北極照處五十萬八千里法，列半道徑四十萬五千里，加周夜半去極一十萬三千里，得冬至夜半北極照去周五十萬八千里。

東西各三十九萬一千六百八十三里半。

求之，術以徑八十一萬里爲弦，倍去周一十萬三千里，得二十萬六千里爲句，爲之求股，得七十八萬三千三百六十七里有奇，[半]之各得東西之數。

臣鸞曰：求東西各三十九萬一千六百八十三里半法，列徑八十一萬里，重張自乘，得六千五百六十一億爲弦實，更置倍周去北極二十萬六千里爲句，重張自乘，得四百二十四億三千六百萬以減弦實，餘六千一百三十六億六千四百萬即股實，以開方除之，得股七十八萬三千三百六十七里一百五十六萬六千七百三十五分里之一十四萬三千三百一十一，半之，即得去周三十九萬一千六百八十三里半。分母亦倍之，得三百一十三萬三千四百七十分里之一十四萬三千三百一十一也。

周在天中南十萬三千里，故東西短中徑二萬六千六百三十二里有奇。案：短各本訛作短法同，今攷此計王城東西短于中徑之數，據術改正。

求短中徑二萬六千六百三十二里有奇法，列八十一萬里，以周東西七十八萬三千三百六十七里有奇減之，餘即短中徑之數。

臣鸞曰：求短中徑二萬六千六百三十二里有奇法，列八十一萬里，以周東西七十八萬三千三百六十七里有奇減之，餘二萬六千六百三十三里，取一里破爲一百五十六萬六千七百三十五分，減一十四萬三千三百一十一，餘一百四十二萬三千四百二十四，即徑東西短二萬六千六百三十二里一百五十六萬六千七百三十五分之一百四十二萬三千四百二十五。

周北五十萬八千里。冬至日十三萬五千里。冬至日道徑四十七萬六千里。周百四十二萬八千里。日光四極當周東西各三十九萬一千六百八十三里有奇。此方圓之法。

徐岳撰　甄鸞注《數術記遺》

猶川人事迷其指歸，乃恨司方之手爽。

司方者，指南車也。《狐疑論》稱黄帝將見大隗于具茨之山，至襄城之野，川谷之山率多斜曲，川人曰：「積數之常，乃固以之，非指南車之爲爽。乃指謂闕。擢司方所指者，乃爲我等之西也。然則指車豈其謬也。」乃行數里，川人又曰：「司方所指我等之東也。」衆共論之爲疑笑，于時容成子怪而問之，川人以其狀白對。容成曰：「在此望之，具茨之山于汝住所復在何方？」川人又曰：「在我之東。」容成曰：「汝向言在西，今更在東，何言不常也？此非山川之移，川曲之斜，人心之惑耳？」川人乃請於斜曲之中定東西南北之術。容成曰：「當竪一木爲表，以索繫之表端，引索繞表畫地爲規，日初出影長，則出圓規之外，向中影漸短，入規之中，候西北隅，影初入規之處則記之；乃過中影漸長，出規之外，候東北隅，影初出規之處又記之。取二記之所，即正東西也。折半以指表，則正南北也。」川人志之以爲知方之術。

劉徽注　李淳風釋《九章算術》卷九　今有邑，方二百步，各中開門。出東門一十五步有木。問出南門幾何步而見木。答曰：六百六十六步太半步。

術曰：出東門步數爲法。

以句率爲法也。

半邑方自乘爲實，實如法得一。案：原本此句之下衍步字，及後人妄加，今刪正。

此以出門十五步爲句率，東門南至隅一百步爲股率，南門東至隅一百步爲見句步。欲以見句求股，以爲出南門［步］數。正合半邑方自乘者，股率當乘見句，此二者數同也。

今有邑，東西七里，南北九里，各中開門。出東門一十五里有木。問出南門幾何步而見木。答曰：三百一十五步。

術曰：東門南至隅（數步）［步數］，以乘南門東至隅步數爲實。以木去門步數爲法，實如法而一。

此以東門南至隅四里半爲句率，出東門一十五里爲股率，南門東至隅三里半爲見股。所問出南門即見股之句。爲術之意，與上同也。

今有（一）［邑］，方不知大小，各中開門。出北門三十步有木，出西門七百五十步見木。問邑方幾何。答曰：一里。

術曰：令兩出門步數相乘，因而四之，爲實。開方除之，即得邑方。

按：半邑方，令半方自乘，出門除之，即步。案：此注不分曉，應有訛誤。據前出東門術，半邑方自乘，出東門步數除之，即出南門步數，似似之以互相證明。今之出相乘，案：今之二字缺，當云今兩出門相乘。故爲半方邑自乘，居一隅之積分。因而四之，即得四隅之積分。故爲實，開方除，即邑方也。

今有邑，方不知大小，各（出）［中］開門。出北門二十步有木。出南門一十四步，折而西行一千七百七十五步見木。問邑方幾何。答曰：二百五十步。

術曰：（出以）［以出］北門步數乘西行步數，倍之，爲實。

此以折而西行爲股，自木至邑一十四步爲句，案：邑下脱南字，當云自木至邑南十四步爲句。以爲北門二十步爲率，（爲文）弦字當云爲南率。北門至西隅爲單望，半廣數。案：單望二字誤，當云爲弦率，即半廣數。故以出北門乘至南行股，以半率乘句之幂。案：此二句訛舛，當云故以出北門句率乘西行股，得半廣股率乘句之幂。然北門居半，以西行，故又倍之，合東，盡之也。案：此亦訛舛，當云然此幂居半，以西故又倍之，合半以東也。

并出南[北]門步數，爲從法。開方除之，即邑方。

此術之幂，東西南北邑，自木盡邑南四十步之幂。案：此三句訛舛，當云東西南北邑，南北自木盡邑南十四步。各南北步爲廣，邑方爲袤，故連兩廣爲(法從)[從法]，并案此八字訛舛，當云故連并兩廣爲從法。以爲隅外之幂也。

今有邑，方一十里，各中開門。甲乙俱從邑中央而出：乙東出，甲南出，出門不知步數，邪向東(門)[北]，磨邑，適與乙會。率：甲行五，乙行三。問甲、乙行各幾何。答曰：甲出南門八百步，邪東北行四(八)[千]八百八十七步半，及乙；乙東行四千三百一十二步半。

術曰：令五自乘，三亦自乘，并而半之，爲邪行率。邪行率減于五自乘者，餘爲南行率。(三)[以]三乘五爲乙東行率。

求三率之意與上甲乙同。

置邑方，半之，以南行率乘之，如東行率而一，即得出南門步數。

今半方，南門東隅五里。半邑者，謂爲小股也。求以爲出南門步數。案：此注有脱誤，當云邑半方，自南門至東隅五里以爲小股，求出南門步數爲小股之句，以東行爲股率，南行爲句率。故置邑方，半之，以南行句率乘之，如股率而一。

以增邑方半，即南行。

半邑者，謂從邑心中停也。

置南行步，求弦者，以邪行率乘之；求東者，以東行率乘之，各自爲實。實如法，而率得一。案：原本訛作「實如法，南行率，得一步。」據前甲乙術云「實如南行率而一，各得行數」，則此文法字步字乃後人妄增，今刪正。

此術與上甲乙同。

今有木去人不知遠近。立四表，相去各一丈，令左兩表與所望參相直。從後右表望之，入前右表三寸。問木去人幾何。答曰：三十三丈三尺三寸少半寸。

術曰：令一丈自乘[爲]實，(如法)三寸爲法，實如法而一。

此以入前右表三寸爲句率，右兩表相去一尺爲股率，左右兩表相去一丈爲見句，所問木去人者，見句之股。以右行案：此三字乃衍文，當刪。股率當乘見句，此二率俱一丈，故曰自乘之。以三寸爲(實)[法]，實如法得一。

今有山居木西，不知其高。山去木五十三里，木高九丈五尺。案：原本訛作九尺五寸，今改正。人立木東三里，望木末適與山峯斜平。人目高七尺。問山高幾何。答曰：一百六十四丈九尺六寸太半寸。

術曰：置木高，減人目高七尺，

此以木高減人目高七尺，餘有八丈八尺爲句率，去人目三里爲股率，山去木五十三里爲見股，以(木高爲見股)求句，加(人目)[木]之高，案：此二句訛舛，當云以句率乘見股，如股率而一，得句加木之高。故爲山高也。

餘，以乘五十三里爲實。以人去木三里爲(實)[法]，(法)[實]如法而一。所得，加木高，即山高。

此術句股之義。案：上節注文似應接此句之下，衍注端一此字。

今有井徑五尺，不知其深。立五尺木于井上，從木末望水岸，入徑四寸。問井深幾何。答曰：五丈七尺五寸。

術曰：置井徑五尺，以入徑四寸減之，餘，以乘立木五尺爲實。以入徑四寸爲法，(得一)[實如]法得一。案：此句之下原本衍寸字，乃後人妄加，今刪正。

此以入徑四寸爲句率，立木五尺爲股率，井徑四尺六寸爲見句。問井深者，見句之股也。

今有户不知高、廣，竿不知長短。横之不出四尺，從之不出二尺，邪之適出。問户高、廣、袤各幾何。答曰：廣六尺，高八尺，袤一丈。

術曰：從横不出相乘，倍而開方除之，所得，加從不出，即户廣；

此以户廣爲句，户高爲股，户袤爲弦。凡句之在股，案：此句有訛舛，當云凡并句股之幂，即爲弦幂。或矩于表，或方于裏。連之者舉表矩而端之。又(句)[从]句方裏令爲青矩之表，未滿黄方。滿此方則兩端之邪案：邪字誤，當作廉。重于隅中，各以股弦差爲廣，句弦并爲袤。案：并字誤，當作差。又據注文，舊有圖而缺，今補圖于後。故兩端差相乘，又倍之，則成黄方之幂。開方除之，得黄方之面。其外之幂知，亦以股弦差爲廣。故以股弦差加，則爲句也。

加横不出，即户高；兩不出加之，得户袤。

案：注意，以句弦差乘股弦差，倍之，爲兩廉，其幂與黄方相等，故開方除之，得黃方之面，加股弦差即句，加句弦差即股，加兩差即弦。原本缺圖，今補。

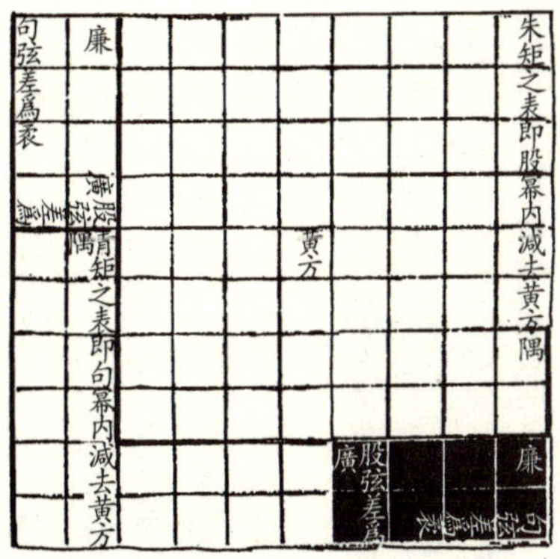

句弦差股弦差求句股弦之圖

劉徽撰　李淳風注《海島算經》　今有望海島，立兩表，齊高三丈，前後相去千步，令後表與前表參相直。從前表卻行一百二十三步，人目著地取望島峯，與表末參合。從後表卻行一百二十七步，人目著地取望島峯，亦與表末參合。問島高及去表各幾何。答曰：島高四里五十五步；去表一百二里一百五十步。

術曰：以表高乘表間爲實，相多爲法，除之。所得加表高，即得島高。

淳風等按：此術意宜云：島謂山之頂上，兩表謂立表木之端。直案：此句訛舛，據術意言，止兩表齊高三丈，相去千步者，謂立木爲表，兩表各高三丈，其地相去千步，必準之使平，則表端齊平，然後可測望也。又言令後表與前表參相直者，自海島至前表，自前表退至後表，三者令其參相當也，非木之端直。以人目于木末望島參平，人去表一百二十三步爲前表之始；後立表：末至人目于木末相望，去表一百二十七步。二表相(去)[減]爲相多，以爲法。案：此亦訛舛，據術意人去前表一百二十三步，以目著地，望表末，斜與島峯參合。又去後表一百二十七步，以目著地，望表末亦與島峯參合。非于木末望島也。前後去表相減，餘四步爲相多，非二表相去也。當由傳寫失真，後人妄加改竄，遂不可通。前後表相去千步爲表間，以表高乘之爲實。以法除之，加表高，即是島高積步，得一千二百五十五步。以里法三百步除之，得四里，餘五十五步。是島高之步數也。

求前表去島遠近者，以前表卻行乘表間爲實。相多爲法。除之，得島去表數。

淳風等按：此術意宜云，前去表乘表間，得一十二萬三千步。以相多四步爲法。除之，得三萬七百五十步。又以里法三百步除之，得一百二里一百五十步，是島去表里數。

今有望松生山上，不知高下。立兩表，齊高二丈，前後相去五十步，令後表與前表參相直。從前表卻行七步四尺，薄地遥望松末，與表端參合。又望松本，入表二尺八寸。復從後表卻行八步五尺，薄地遥望松末，亦與表端參合。問松高及山去表各幾何。答曰：松高一十二丈二尺八寸；山去表一里二十八步七分步之四。

術曰：以入表乘表間爲實。相多爲法，除之。加入表，即得松高。

淳風等按：此術意宜云：前後去表相減，餘七尺是相多，以爲法。表間步通之爲尺，以入表乘之，退位一等，以爲實。以法除之，更加入表，案：原本訛作加表高，據術意乃加入表二尺八寸，不得加表高二丈也，今改正。得一百二十二尺八寸，以爲松高。退位一等，得一十二丈二尺八寸也。

求表去山遠近者，置表間，以前表卻行乘之，爲實。相多爲法。除之，得山去表。

淳風等按：此術意宜云：表間以步尺法通之得三百尺。以前去表四十六尺案：四原本訛作二，今改正。乘之，爲實。以相多七尺爲法，實如法而一，得一千九百七十一尺七分尺之三。以里尺法除之，得一里。不盡，以步尺除之，得二十八步。不盡三，還以七因之，得數，內子三，得二十四。復置步尺法，以分母七乘六，得四十二，爲步法。俱半之，副置，平約等數。即是于山去前表一里二十八步七分步之四也。案：去前表，原本訛作去後表，據術以前表卻行乘表間，以相多除之，則得山去前表。若後表卻行乘表間，以相多除之，則得山去後表，今改正。

今有南望方邑，不知大小。立兩表，東西去六丈，齊人目，以索連之。令東表與邑東南隅及東北隅參相直。當東表之北卻行五步，遥望邑西北隅，入索東端二丈二尺六寸半。又卻北行去表一十三步二尺，遥望邑西北隅，適與西表相參合。問邑方及邑去表各幾何。答曰：邑方三里四十三步四分步之三；邑去表四里四十五步。

術曰：以入索乘後去表，以兩表相去除之。所得爲景(差)[長]。以前去表減之，不盡，以爲法。置後去表，以前去表減之，餘，以乘入索，爲實。實如法而一，得邑方。

淳風等按：此術，置入索乘後去表，得一千八百一十二尺。以兩表相去除之，得三丈二寸，爲景(差)[長]。以前去表減之，餘二寸，以爲法。前後相去表減之，餘，以乘入索，得一萬一千三百二十五寸，爲實。以法除之，得五千六百六十二尺，不盡二分尺之一。以里法除之，得三里；不盡尺，以步法除之，得四十三步；不盡四，以分母乘之，內子一，得九。以分母乘六得十二。以三約母得四，約子得三。即得邑方三里四十三步四分步之三也。

求去表遠近者，置後去表，以景(差)[長]減之，餘，以乘前去表，爲實。實如法而一，得邑去表。

淳風等按：此術，置後去表，以景(差)[長]尺數減之，餘尺以乘前去表，得一千四百九十四尺，爲實。以法除之，得七千四百七十尺，以(步)里法除之，得四里；不盡二百七十尺，以步法除之，得四十五步。即是邑去前表四里四十五步也。

今有望深谷，偃矩岸上，令句高六尺。從句端望谷底，入下股九尺一寸。又設重矩于上，其矩間相去三丈。更從句端望谷底，入上股八尺五寸。問谷深幾何。答曰：四十一丈九尺。

術曰：置矩間，以上股乘之，爲實。上、下股相減，餘爲法。除之，所得，以句高減之，即得谷深。

淳風等按：此術，置矩間，上股乘之，爲實。又置上下股尺寸，相減，餘六寸，以爲法。除實，得數，退位一等，以句高減之，餘四十一丈九尺，即是谷深。又一法：置矩間，以下股乘之，爲實。置上下股尺數，相減，餘六寸，以爲法。除之，得四百五十五尺。以句高并矩間，得三十六尺。減之，餘退位一等，即是谷深也。

今有登山望樓，樓在平地。偃矩山上，令句高六尺。從句端斜望樓足，入下股一丈二尺。又設重矩于上，令其間相去三丈。更從句端斜望樓足，入上股一丈一尺四寸。又立小表于入股之會，復從句端斜望樓岑端，入小表八寸。問樓高幾何。答曰：八丈。

術曰：上下股相減，餘爲法。置矩間，以下股乘之，如句高而一。所得，以入小表乘之，爲實。實如法而一，即是樓高。

淳風等按：此術，置下股，以上股相減，餘六寸以爲法。又置矩間，以下股乘之，得三萬六千寸。以句高六尺除之，得六百寸。以入小表乘之，得四千八百寸。以法除之，得八百寸。退位(一)[二]等，即是樓高八丈也。

今有東南望波口，立兩表，南北相去九丈，以索薄地連之。當北表之西卻行，去表六丈，薄地遥望波口南岸，入索北端四丈二寸。以望北岸，入前所望表裏一丈二尺。又卻後行，去表一十三丈五尺。案：卻後行，原本訛作卻行後，今改正。薄地遥望波口南岸，與南表參合。問波口廣幾何。答曰：一里二百步。

術曰：以後去表乘入索，如表相去而一。所得，以前去表減之，餘以爲法。復以前去表減後去表，餘以乘入所望表裏，爲實。實如法而一，得波口廣。

淳風等按：此術，置後去表，以乘入索四百二寸，得五十四萬二千七百寸。以兩表相去除之，得六百三寸。又以前去表六百寸減之，案：原本脱去字，今據正文補入。餘有三寸，爲法。又置前後卻行去表寸數，相減，餘以乘入望表裏一百二十寸，得九萬寸。以法除之，得三萬寸，爲實。以(步里)[里寸法]除之，得一里。餘以步法除之，得二百步，即是波口廣一里二百步也。

今有望清淵，淵下有白石。偃矩岸上，令句高三尺，斜望水岸，入下股四尺五寸。望白石，入下股二尺四寸。又設重矩于上，其間相去四尺。更從句端斜望水岸，入上股四尺。以望白石，入上股二尺二寸。問水深幾何。答曰：一丈二尺。

術曰：置望水上下股，相減，餘以乘望石上股，爲上率。又以望石上下股相減，餘以乘望水上股，爲下率。兩率相減，餘以乘矩間，爲實。以二差相乘爲法。實如法而一，得水深。

又術：列望水上下股及望石上下股，相減，餘并爲法。以望石下股減望水下股，餘以乘矩間，爲實。實如法而一，得水深。

淳風等按：此術，以望水上下股相減，餘五寸，以乘望石上股二十二寸，得一百一十寸，即是上率。又置望石上股，減望石下股，餘有二寸，以乘望水上股四十寸，得八十寸，即是下率。二率相減，餘有三十寸，以乘矩間四十寸，得一千二百寸，爲實。又以二差二、五相乘，得十，爲法。除實，退位二等，即是水深一丈二尺也。又術：置望水(上)[下]股，以望水(下)[上]股減之，餘有五寸。置望石下股，以望石上股減之，餘有二寸，并之，得七寸，以爲法。又以望石下股，以望水下股減之，餘有二十一寸，以乘矩間四十寸，得八百四十寸，以爲實。以七寸爲法除之，得一百二十寸，退之，得一丈二尺，即是水深也。

今有登山望津，津在山南。偃矩山上，令句高一丈二尺。從句端斜望津南岸，入下股二丈三尺一寸；又望津北岸，入前望股裏一丈八寸。更登高巖，北卻行二十二步，上登五十一步，偃矩山上。更從句端斜望津南岸，入上股二丈二尺。問津廣幾何。答曰：二里一百二步。

術曰：以句高乘下股，如上股而一。所得，以句高減之，餘爲法。置北行，以句高乘之，如上股而一。所得，以減上登。餘以乘入股裏爲實。實如法而一，即得津廣。

淳風等按：此術，置句高乘下股，得二百七十七尺二寸。以上股除之，得一丈二尺六寸。以句高一丈二尺案：此下原本衍「六寸以句高一丈二尺九」字。減之，餘有六寸，以爲法。又置北行步，展爲一百三十二尺，以句高乘之，得一千五百八十四尺。以上股除之，得七十二尺。又置上登五十一步，以每步六尺通之，得三百六尺。以前數減之，餘二百三十四尺。以乘入股裏尺數，得二千五百二十七尺二寸，爲實。實如法而一，得四千二百一十二尺。以步、里法除之，得二里，餘一百二步，即是津廣也。

今有登山臨邑，邑在山南。偃矩山上，令句高三尺五寸。令句端與邑東南隅及東北隅參相直。從句端遥望東北隅，入下股一丈二尺。又施横句于入股之會，從立句端望西北隅，入横句五尺。望東南隅，入下股一丈八尺。又設重矩于上，令矩間相去四丈。更從立句端望東南隅，入上股一丈七尺五寸。問邑廣長各幾何。答曰：南北長一里一百步；東西廣一里三十三步少半步。

術曰：以句高乘東南隅入下股，如上股而一。所得，減句高，餘爲法。以東北隅下股減東南隅下股，餘以乘矩間，爲實。實如法而一，得邑南北長也。求邑廣，以入横句乘矩間爲實。實如法而一，即得邑東西廣。

淳風等按：此術，以句高乘東南隅下股，得六千三百寸。又以東南隅上股一百七十五寸除之，得三十六寸。以句高減之，餘有一寸，以爲法。又置東北隅下股，以減東南隅下股，餘有六十寸。以乘矩間，得二萬四千寸，爲實。實如法而一，即不盈不縮。以寸里法除之，得一里；不盡，以寸步法除之，得一百步。即是邑南北長一里一百步也。求東西廣步者，置入横句之數，以乘矩間，得二萬寸，爲實。實如法而一，即得不盈不縮。以里法除之，得一里；餘以步法除之，得三十三步。不盡二十，與法俱退，半之，即是三分步之一也。

李筌《太白陰經》卷四《戰具類・水攻具篇》　經曰：以水攻者，强水因而成勢，爲源高於城，本大於末，可以遏而止，可以決而流，故晉水可以灌安邑，汾水可以浸平陽。先設水平，測其高下，可以漂城、灌軍，浸城、敗將也。水平槽長二尺四寸，兩頭、中間鑿(馬)[爲]三池。池横濶一寸八分，縱濶一寸，深一寸三分。池間相去一尺五寸，間有通水衢潤三分，深一寸三分。池各致浮木，(水)[木]潤狹微小於池。匡[厚]三分，上建立齒高八分，厚一分。槽下爲轉關脚，高下與眼等。以水注之，三池浮木齊起，眇目視之齊平，以爲天下準。或十步，或一里及至十數里，目力所及，置照板度竿，亦以白繩計其尺，則高下丈、尺、分、寸可知也。照板形如方扇，長四尺二寸，黑上二尺，白濶三尺，柄長一尺，方可握。度竿長二丈，刻作二百寸，二千分。每寸刻小分，其分隨向遠近高下。立竿以照板映之，眇目視之，三桴木齒及照板黑映齊平，則召主板人以度竿之尺寸爲高下，遞相往來，尺寸相乘，則水源高下可以忖度也。

杜佑《通典》卷一六〇《兵十三・水平及水戰具附》　木槽長二尺四寸，兩頭及中間鑿爲三池。池横闊一寸八分，縱闊一寸，深一寸三分。三池各置浮木，木闊狹微小於池。匡厚三分，上建立齒高八分，闊一寸七分，厚一分。槽下爲轉關脚，高下與眼等。以水注之，三池浮木齊起，眇目視之，三齒齊平，則爲天下準。或十步，或一里，乃至數十里，目力所及，置照版度竿，亦以白繩計其尺寸，則高下丈尺分寸可知，謂之水平。照版形如方扇，長四尺，下二尺黑，上二尺白，濶三尺，柄長一尺，大可握。度竿長二丈，刻作二百寸，二千分。每寸内小刻，其分隨向遠近高下。立竿以照版映之，眇目視三浮木齒及照缺，以度竿上尺寸爲高下，遞而往視，尺寸相乘，則山岡溝澗水源下高深淺可以分寸而度。

許洞《虎鈐經》卷七　測影第七十七

先定南北，使正樹八尺表竿爲勾，卧一丈四尺，腹中歷氣。日中視之，影之尺寸若與歷合則吉，不合則兇。冬至十一月中，律中黄鍾，管長九寸，徑三分，影長一丈三尺。小寒十二月節，影長一丈二尺四寸三分。大寒十二月中氣，律中大呂，管長八寸三分，影長一丈一尺二寸。立春正月節，影長九尺八寸。雨水正月中氣，律中太簇，管長八寸，影長八尺一寸七分。驚蟄二月節，影長六尺六寸七分。春分二月中氣，律中夾鍾，管長七寸四分，影長五尺三寸七分。清明三月節，影長四尺二寸五分。穀雨三月中氣，律中姑洗，管長七寸一分，影長三尺二寸六分。立夏四月節，影長二尺五寸三分。小滿四月中氣，律中仲呂，管長六寸五分，影長一尺九寸九分。芒種五月節，影長一尺六寸九分。夏至五月中氣，律中蕤賓，管長六寸二分，影長一尺五寸。小暑六月節，影長一尺六寸九分。大暑六月中氣，律中林鍾，管長五寸九分，影長一尺九寸二分。一作九。立秋七月節，影長二尺五寸三分。處暑七月中氣，律中夷則，管長五寸六分，影長五尺三寸七分。白露八月節，影長五尺七寸。秋分八月中氣，律中南呂，管長五寸三分，影長六尺二寸三分。寒露九月節，影長六尺一作八。六寸七分。霜降九月中氣，律中無射，管長四寸九分，影長八尺一寸七分。立冬十月節，影長八尺九寸。小雪十月中氣，律中應鍾，管長四寸七分，影長一丈二尺二寸。大雪十一月節，影長一丈二尺四寸三分。夫周天三百六十五度四分度之一，爲十二次，中外共同，亦至十二國王侯之所度。日一日行一度，月一日行十三度，月節遲疾，平行九道，故二十八日行三百六十度。餘日，逐日度合朔。一歲十二月，行十三周天與日同。夏至日在井，去極近。冬至日在斗，去極遠。日陽用事，則進北而影短。月陽用事，則退南而影長。測法，極遠近以影而知，以定南北也。

曾公亮　丁度《武經總要》前集卷一一《水攻》　夫水攻者，所以絶敵之道，沉敵之城，漂敵之廬舍，壞敵之積聚，百萬之衆可使爲魚。害之輕者，猶使緣木而居，懸釜而炊，故曰汾水可以灌平陽，濟水可以灌安邑，河水灌大梁，洧水灌穎川。韓信夾濰水決沙囊而斬龍。且曹公引沂泗注下邳而克吕布。皆控帶山埠，得地形之利也。若平陸引水，勢力費功，利害相半。智伯以水攻而亡，此又水攻者之宜戒也。今存其法焉，故兵法曰以水佐攻者彊。凡水，因地而成勢，謂源高於城，本高於末，則可以遏而止，可以決而流，或引而絶路，或堰以灌城，或注毒於上流，或決壅於半濟，其道非一，須先設水平，測度高下，始可用之也。

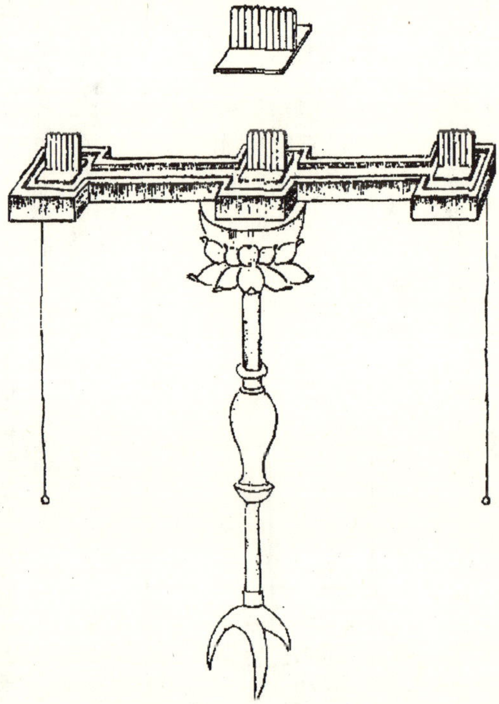

水平

水平者，木槽長二尺四寸，兩頭及中間鑿爲三池。池横闊一寸八分，縱闊一寸三分，深一寸二分。池間相去一尺五寸，間有通水渠，闊二分，深一寸三分。三池各置浮木，木闊狹微小於池。箱厚三分，上建立齒，高八分，闊一寸七分，厚一分。槽下轉爲關脚，高下與眼等。以水注之，三池浮木齊起，眇目視之，三齒齊平則爲天下準。或十步，或一里，乃至數十里，目力所及，置照版度竿，亦以白繩計其尺寸，則高下丈尺分寸可知，謂之水平。

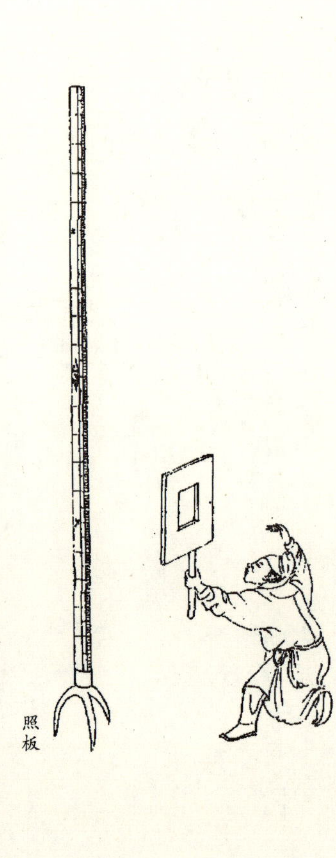

照板

照板形如方扇，長四尺，下二尺黑，上二尺白，闊三尺，柄長一尺，可握。度竿長二丈，刻作二百寸，二千分。每寸内小刻其分，隨其分向遠近高下。其竿以照板映之，眇目視三浮木齒及照板，以度竿上尺寸爲高下，遞而往視，尺寸相乘，山崗溝澗水之高下淺深皆可以分寸度之。

陳祥道《禮書》卷三六　匠人建國，水地以縣。立王國若邦國者，於四角立植而縣，以水望其高下，既定乃爲位而平地。置槷以縣，眡以景。於所平之地中央樹八尺之槷，以縣正之，眡其景，將以正四方也。爲規，識日出之景與日入之景。日出日入之景，其端則東西正也。又爲規以識之者，爲其難審也。自日出而畫其景端，以至日入既，則爲規測景，兩端之内規之交乃審也。度兩交之間，屈之以指臬，則南北正。晝參諸日中之景，夜考之極星，以正朝夕。日中之景，最短者也。極星，謂北極。

《正義》曰：於造城之處，四角立四柱，於柱四畔縣繩以正柱。柱正，然後去柱遠以水平之法，遥望柱高下，平高就下也。置槷以縣者，欲取柱之景，先須柱正，欲取柱正，當以繩縣而垂之，於柱之四角四中以八繩縣之，其繩皆附柱，則其柱正矣，然後眡以景。

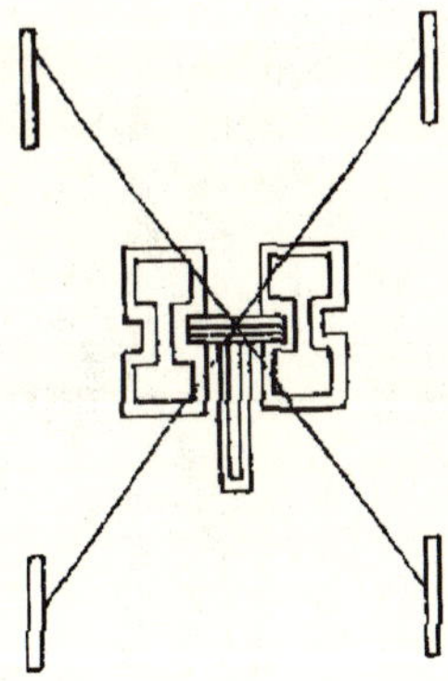

水平法

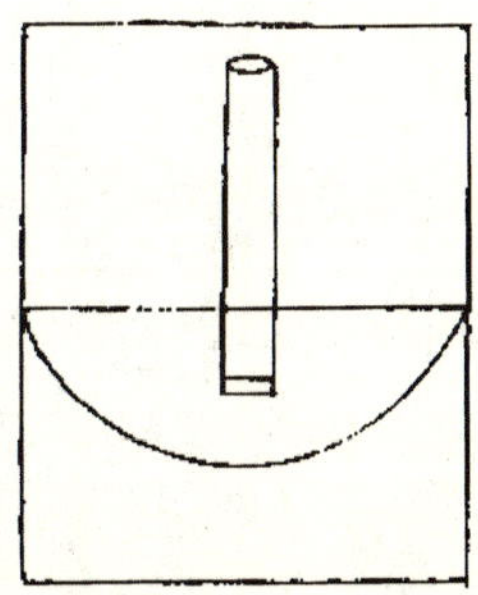

爲規識日法

水地以縣，則旁植四木而縣繩焉，以水望其高下，所以求地之平。置槷以縣，眡以景，則中植一槷而懸繩焉，眡其出入之景，將以求四方之正。眡其出入之景，可以正東西而已。又爲規以度兩交之間，以求其南北，則四方於是乎正。然猶以爲未也，又晝參諸日中之景，夜考諸極星，以正朝夕。四方與朝夕皆正，然後可以建國。

李誡《營造法式》卷二九《壕寨制度圖樣》

景表版等第一

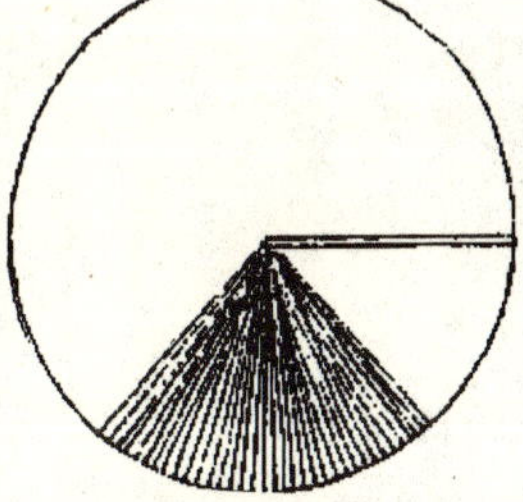

景表版

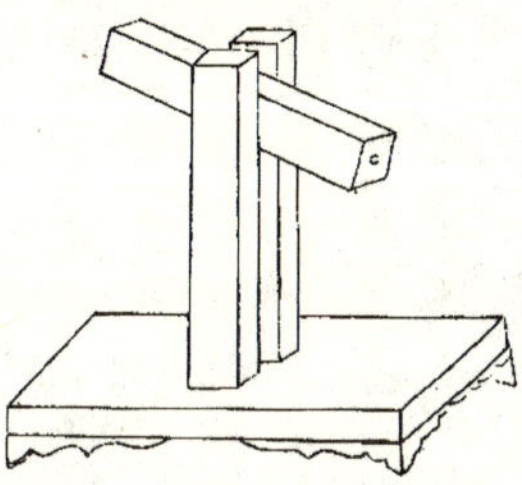

望筒

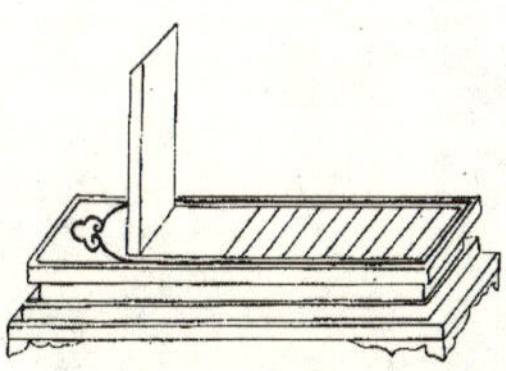

水池景表

水平真尺第二

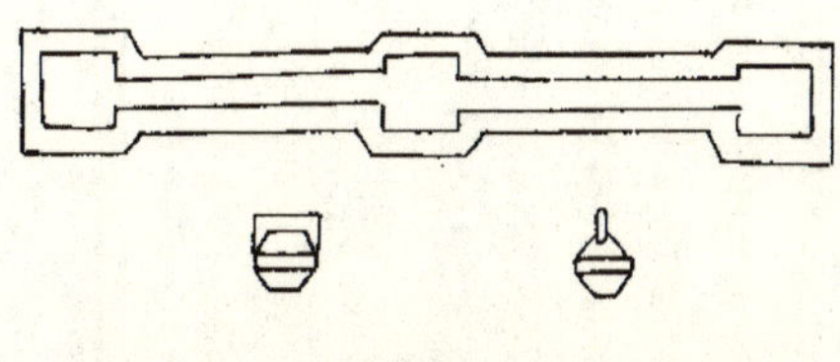

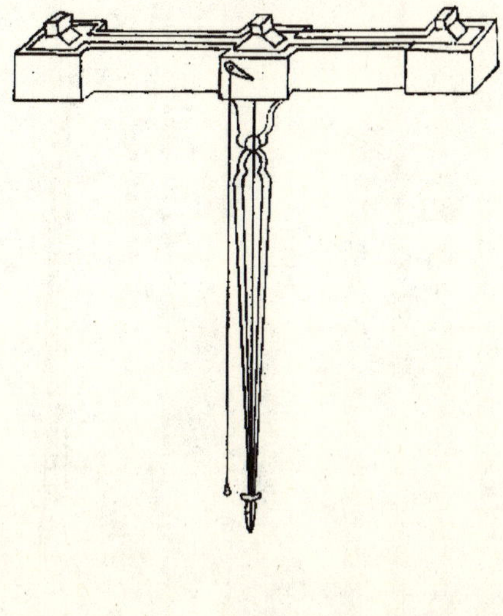

水平

又 補遺

取正

取正之制，先於基址中央，日内置圜版，徑一尺三寸六分，當心立表，高四寸，徑一分，晝表景之端，記日中最短之景，次施望筒於其上，望日星以正四方。

望筒長一尺八寸，方三寸，用版合造。兩罨頭開圜眼，徑五分。筒身當中兩壁用軸，安於兩立頰之内。其立頰自軸至地高三尺，廣三寸，厚二寸，晝望以筒指南，令日景透北。夜望以筒指北，於筒南望，令前後兩竅内正見北辰極星，然後各垂繩墜下，記望筒兩竅心於地，以爲南，則四方正。

若地勢偏衺，既以景表望筒取正四方，或有可疑處，則更以水池景表較之。其立表高八尺，廣八寸，厚四寸，上齊後斜向下三寸。安於池版之上。其池版長一丈三尺，中廣一尺，於一尺之内隨表之廣刻線兩道。一尺之外開水道環四周，廣深各八分。用水定平，令日景兩邊不出刻線，以池版所指及立表心爲南，則四方正。安置，令立表在南，池版在北，其景夏至順線長三尺，冬至長一丈三尺。其立表内向池版處，用曲尺較令方正。

定平

《周官·考工記》：匠人建國，水地以垂。鄭司農注云：於四角立植而垂，以水望其高下。高下既定，乃爲位而平地。

《莊子》：水静則平中準，大匠取法焉。

《管子》：夫準壞，險以爲平。

《尚書大傳》：非水無以準萬里之平。

《釋名》：水，準也，平準物也。

何晏《景福殿賦》：惟工匠之多端，固萬變之不窮，讎天地以開基，並列宿而作制。制無細而不協於規景，作無微而不違於水臬。《五臣注》云：水臬，水平也。

看詳今來，凡有興建，須先以水平望基，四角所立之柱，定地平面，然後可以安置柱石，正與經傳相合。今謹按《周禮·考工記》修立下條：

定平之制，既正四方，據其位置，於四角各立一表，當心安水平。其水平長二尺四寸，廣二寸五分，高二寸，下施立椿，長四尺，安鑲在內。上面横坐水平，兩頭各開池，方一寸七分，深一寸三分。或中心更開池者，方深同。身內開槽子，廣深各五分，令水通過。於兩頭池子內各用水浮子一枚，用三池者，水浮子或亦用三枚。方一寸五分，高一寸二分，刻上頭令側薄，其厚一分，浮於池內。望兩頭水浮子之首，遥對立表處，於表身内畫記，即知地之高下。若槽内如有不可用水處，即於椿子當心施墨線一道，上垂繩墜下，令繩對墨線心，則上槽自平，與用水同。其槽底與墨線，兩邊用曲尺較令方正。

凡定柱礎取平，須更用真尺較之。其真尺長一丈八尺，廣四寸，厚二寸五分。當心上立表，高四尺。廣厚同上。於立表當心自上至下，施墨線一道，垂繩墜下，令繩對墨線心，則其下地面自平。其真尺身上平處與立表上墨線，兩邊亦用曲尺較令方正。

楊甲撰　毛邦翰補《六經圖》卷三

公劉相陰陽圖

以土圭測土深，正日景，以求地中。日南則景短多暑，謂立表處太南，近日也。日東則景夕多風，謂日跌景乃中，立表處太東，近日也。日北則景長多寒，謂立表處太北，遠日也。日西則景朝多陰，謂日未中而景中，立表處太西，遠日也。

楚丘揆日景圖

營室謂之定，在東壁之西，《月令》十月之昏星也，於定星之昏，正四方星中之時。以此時而作楚丘之宫廟。又度以日影而營表其位，正其東西南北而作楚丘之宫室。

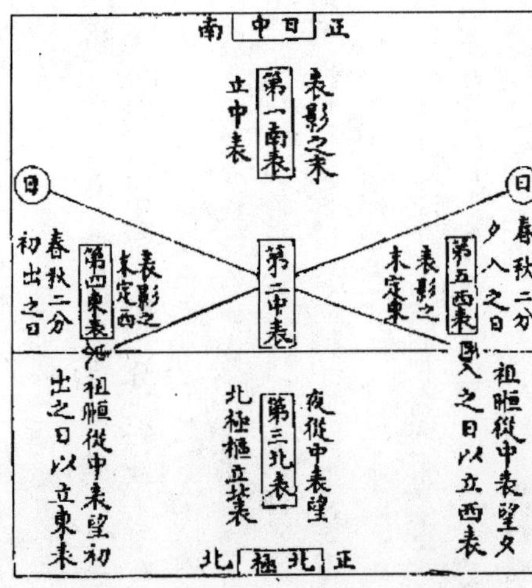

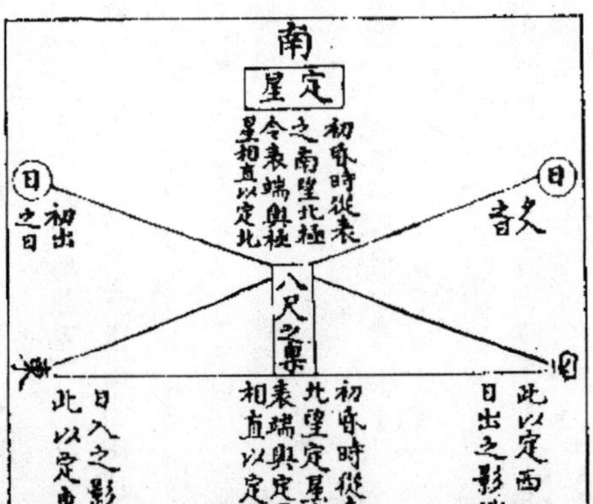

孫逢吉《職官分紀》卷一九《乘黄令》

指南車

【略】齊祖冲之又造之，歷梁、陳、隋無所變改，皇朝因之，駕四馬，正道先啓而行。匠一人，駕士十四人。國朝赤質，兩箱畫青龍白虎，四面畫花鳥，重臺，勾欄，鏤拱，四角垂香囊。上有仙人，車雖轉而手首常南指。一轅，鳳首，駕四馬。駕士舊十八人，雍熙四年乃增爲三十人，服綉孔雀。天聖五年，定王府記室參軍工部郎中直昭文館燕肅言，按指南車，天子出常爲先導，示服遠人而正四方也。自五代至於皇朝，但設其車，以備法駕，而不聞得其制者。臣今創意成之，其車獨轅，車箱外籠上有重構，立木仙人於上，引臂南指。用大小輪九隻，合齒百二十。脚輪二隻，高六尺，圍一丈八尺。附脚立於輪二隻，徑二尺四寸，圍七尺二寸，出齒各二十四，齒間相去二寸。轅端横木下立小輪二隻，徑三寸，鐵軸貫之。左小平輪一隻，徑一尺二寸，出齒十二。右小平輪徑一尺二寸，出齒十二。中心太平輪一隻，徑四尺八寸，圍一丈四尺四寸，出齒四十八，齒間相去三寸。中立貫心軸一條，高八尺，徑三寸，上載木仙人，其車行而木人南指。若折而東，擁轅右旋，附右脚子輪須轉十二齒，繫右小平輪二匝，觸中心太平輪右旋四分之一，轉十二齒。車東行，木人交而南指。若折而西，擁轅左旋，附左脚子輪隨轅須轉十二齒，車正西行，木人立而南指。若欲北行，或東，或西，轉亦如之。詔有司製造，仍付史館。

記里鼓車

崔豹《古今注》云：車上爲二層，皆有木人執木搥，行一里，下一層擊鼓。行十里，上一層擊鐲。亦名大章車，所以識道里也。國朝赤質，四面畫花鳥，重臺，勾欄，鏤拱。行一里，則上層木人擊鼓。行十里，則次層木人擊鐲。一轅，鳳首，駕四馬，駕士十八人，雍熙四年增爲三十人，服綉對鵝。天聖九年，内侍盧道隆言，創記里鼓車。其車獨轅，雙輪，箱上爲兩層，各安木人，手執木搥。脚輪各徑六尺，圍一丈八尺。脚輪一周而行地三步。古法六尺爲一步，三百步爲里。今法五尺爲步，三百六十步爲里。立輪一隻附於左脚，徑一尺三寸八分，圍四尺一寸四分，出齒十八，齒間相去二寸三分。下平輪一隻，徑四尺一寸四分，圍一丈二尺四寸二分，出齒五十四，齒間相去與附立輪同。立貫心軸一條，上安銅旋風輪一枚，出齒三，齒間相去一寸二分。中平輪一隻，徑四尺，圍一丈二尺，出齒百，齒間相去與旋風輪(第)[等]。次安小平輪一隻，徑三寸少半寸，圍一丈，出齒十，齒間相去一寸。上平輪一隻，徑三尺少半尺，圍一丈，出齒百，齒間相去與小平輪同。其中平輪轉一周，車行一里，下層木人擊鼓。上平輪轉一周，車行十里，上一層木人擊鐲。都用大小輪八隻，共二百八十五齒，遞相鈎鎖，木牙相制，周而復始。亦詔有司，依此製造。

岳珂《愧郯録》卷一三《指南記里鼓車》 國朝大駕之制指南車，一曰司南車，赤質，兩箱畫青龍白虎，四面畫花鳥，重臺，勾欄，鏤拱，四角垂香囊。上有仙人，車雖轉而手常南指。一轅，鳳首，駕四馬，駕士舊十八人，雍熙四年增爲三十人，服繡孔雀。記地鼓車，一名大章車，赤質，四面畫花鳥，重臺，勾欄，鏤拱。行一里則上層木人擊鼓，十里則次層木人擊鐲。一轅，鳳首，駕四馬，駕士舊十八人，雍熙四年增爲三十人，服繡對鵝。珂按：二車，指南則始於天聖五年十一月壬寅，定王府記室參軍工部郎中直昭文館燕肅創意，始上其制。其車用獨轅，車箱外籠上有重高宗廟諱。立木仙人於上，引臂南指。用大小輪九隻，合齒百二十。脚輪二隻，高六尺，圍一丈八尺。附脚立子輪二隻，徑二尺四寸，圍七尺二寸，出齒各二十四，齒間相去三寸。轅端横木下立小輪二隻，徑三寸，鐵軸貫之。左小平輪一隻，徑一尺二寸，出齒十二。右小平輪一隻，徑一尺二寸，出齒十二。中心大平輪一隻，徑四尺八寸，圍一丈四尺四寸，出齒四十八，齒間相去三寸。中立貫心軸一條，高八尺，徑三寸，上戴木仙人。其車行，木人南指。若折而東，推轅右旋，附右脚子輪順轉十二齒，擊右小平輪一匝，觸中心大平輪右旋四分之一，轉十二齒，車東行，木人交而南指。若折而西，推輪左旋，附左脚子輪隨輪順轉十二齒，擊左小平輪一匝，觸中心大平輪四分之一，轉十二齒，車正西行，木人交而南指。若欲(比)[北]行，或東西，轉亦如之。是時入内，内侍省内侍殿頭盧道隆亦上記里鼓之制。其車亦獨轅，雙輪，箱上爲兩層，各安木人，手執木槌。脚輪各徑六尺，圍一丈八尺，脚輪一周而行地三步。古法六尺爲步，三百步爲里。今法五尺爲步，三百六十步爲里。立輪一隻，附於左脚，徑一尺三寸三分，圍四尺一寸四分，出齒十八，齒間相去二寸三分。下平輪一隻，徑四尺一寸四分，圍一丈二尺四寸二分，出齒五十四，齒間相去與附立輪同。立貫心軸一條，上安銅旋風輪一枚，出齒三，齒間相去一寸二分。中立平輪一隻，徑四尺，圍一丈二尺，出齒百，齒間相去與旋風等。次安小平輪一隻，徑三寸少半寸，圍一尺，出齒十，齒間相去一寸。平輪一隻，徑三尺少半尺，圍一丈，出齒百，齒間相去與小平輪同。其中平輪轉一周，車行一里，下一層木人擊鼓。上平輪轉一周，車行十里，上層木人擊鐲。都用大小輪八隻，共二百八十五齒，遞相鉤鏁，犬牙相制，周而復始。詔皆以其法下有司製之。如是則皆有其制度藏之有司矣。

《祐陵稽古》：大觀元年，内侍吳德隆又獻二車之制。其指南車，身一丈一尺一寸五分，闊九尺五寸，深一丈九寸，車輪直徑五尺七寸，車轅一丈五寸，車箱上下爲兩層，中設屏風，上安仙人一，執杖。左右龜鶴各一，童子四，各執纓立四角，上設關棙。臥輪一十三，各徑一尺八寸五分，圍五尺五寸五分，出齒三十二，齒間相去一寸八分。中心輪軸，隨屏風貫下。下有輪一十三，中至大平輪，其輪徑三尺八寸，圍一丈一尺四寸，出齒一百，齒間相去一寸二分五釐。通上左右起落二小平輪，各有鐵墜子一，皆徑一尺一寸，圍三尺三寸，出齒一十七，齒間相去一寸九分。又左右附輪各一，徑一尺五寸五分，圍四尺六寸五分，出齒二十四，齒間相去二寸一分。左右疊輪各二，下輪各徑(三)[二]尺一寸，圍六尺三寸，出齒三十二，齒間相去二寸一分。上輪各徑一尺二寸，圍三尺六寸，出齒三十，齒間相去一寸一分。左右車脚上各立輪一，徑二尺二寸，圍六尺六寸，出齒三十二，齒間相去二寸二分五釐。左右後轅各小輪一，無齒，繫竹篾并索在左右軸上。遇右轉，使右轅小軸觸落右輪。若左轉，使左轅小輪觸落左輪。行，仙童交而指南。車成。記里鼓車，車箱上下爲兩層，上安木人二，身各手執木槌。輪軸共四，内左壁車脚上立輪一，安車箱内，徑二尺二寸五分，圍六尺七寸五分，二十齒，齒間相去三寸三分五釐。又平輪一，徑四尺六寸五分，圍一丈三尺九寸五分，出齒六十，齒間相去二寸四分。上大平輪一，通軸貫上，徑三尺八寸，圍一丈一尺，出齒一百，齒間相去一寸二分。立軸一，徑二寸二分，圍六寸六分，出齒三，齒間相去二寸二分。外大平輪軸上有鐵撥子二。又木横軸上關棙、撥子各一。其車脚轉一百遭，通輪軸轉周，木人各一，俱在手擊鉦、鼓。造二車成，其年宗祀始用之。然則又與燕肅、盧道隆之法不同。

《仁宗實録》載，肅之表曰：黄帝與蚩尤戰于涿鹿之野，蚩尤起大霧，將士不知所向，帝遂作指南車。又周成王時，越裳氏重譯來獻，使者或失道，周公賜軿車以指南。其後法俱亡，漢張衡、魏馬鈞繼作之，屬世亂離，其器不存。宋武帝平長安，嘗爲此車，而制不精。祖沖之亦復造之。後魏太武帝使郭善明造，彌年不就，又命扶風馬岳造，垂成而爲善明鴆死，其法遂絶。唐元和中，典作官金公立以其車及記里鼓上之，憲宗閱於麟德殿，以備法駕。歷五代，至國朝不聞得其制者。今創意成之，然則古今之爲此者亦艱矣。今二法具在，要當參取試造，而後見其孰精。顧中興以來，未皇禮文，猶在弗議，重可惜已。肅表不詳。沖之之所用，考之《南史》，宋武平關中，蓋嘗得姚興指南車，有外形而無機杼，每行使人於内轉之。昇明中，齊高帝輔政，使沖之追脩古法，乃改造銅機，圓轉不窮而司方如一，史謂馬鈞以來未之有也。詳稽前制，鼓之記里，容可以輪輻度數計。指南則内外泮然，不相爲謀。肅之所爲，或須人力。德隆以鐵爲墜，似復稍精，銅機以圓，恐但可施之平陸。黄序捄物，蓋用之軍旅，殆未必如此也。

沙克什《河防通議》卷上《制度第二・定平》　定平之制，既正四方，據其位置於四角各立一表，當心安置水平。其制長二尺四寸，廣二寸五分，高二寸，先施立椿在下，高四尺，安纂在内。椿上横坐水平，兩頭各開小池，方一寸七分，深一寸三分，注水於中，以取平。或中心又開池者，方深同。身内開槽子，廣深各五分，令水通過。於兩頭池子内各用水浮子一枚。用三池者，水浮亦用三枚。水浮子方一寸五分，高一寸二分，刻上頭令側薄，其厚一分。浮於池内，望兩頭水浮之首參直，遥對立表處，於表身畫記，即知地形高下。二本同。

趙友欽撰　王禕刊訂《重修革象新書》卷下

天地正中

物遠視則微，近視則大。當午之日如盤盂，出没之日如車輪，豈非午日爲遠耶？或疑午日熱爲近，殊不知日久照則熱，不可以遠近論也。至於星度高升則密，低垂則疎，則天頂遠而四傍近，固可知矣。且天體圓如彈丸，圓體中心，六合之的也。周圍上下相距正等，名曰天中。從天中直上至天頂，名嵩高。地平不當天半，地上天多，地下天少。從地平之中直上自有天中之所，或以爲地平正當天半者，蓋以周天三百六十五度餘四之一，仰視爲一半星宿周度可見，故以地中就爲天中。而今以地中直上自有天中之所者，以日月之近大而遠小，星度之高密而低疎知之也。然地平既在天半之下，而仰觀止見周度之半者，天遠似乎低，地平與之相妨，人目不可盡見也。古法以五表求地中，以今思之，惟用一表，其表與人齊高，當午日中，畫其短景於地，以爲指北準繩，置窺筒於表首隨準繩以窺北極，若見北極當筒心，則其處爲得東西之正；或窺見北極之東，則其地偏東；窺見北極之西，則其地偏西矣。既得東西之正，乃於二分之前十日内，就其處置壺漏，定十二時，以兩日午中短景求與時參合。於春分前二日，或秋分後二日，日正當赤道之際，於卯酉中刻視其表景，畫地以定東西準繩。若卯酉兩景相直而不偏，平衡成一字，則南北正中矣。兩景或曲而向南，則其地偏南；或曲而向北，則其地向北矣。此法蓋以午景與北極定東西之偏正，又以東西之景定南北之偏正，測驗之最精者也。

又 地域遠近

古者以陽城爲地中，然非四海之中，乃天頂之下以爲地中也。論四海之中，則崑崙爲天下地平最高處，東則萬水流東，西則萬水流西，南北亦然。其山距西海三萬餘里，距東海不及二萬里，則天下之地多在地中以西。地中之東，則皆海也。故四海之内不中於陽城，中於四海者，乃天竺以北，崑崙以西也。若天之所覆，通地與海而言中，則中於陽城矣。陽城仰觀北極出地三十六度，南極入地亦三十六度。北至朔方，則北極出地四五十度，南極入地亦然。南至錢唐，則出入之度三十一。又南至交廣，則出入之度二十而已。天地之遠近，非惟仰觀不同，而寒暑晝夜表景亦皆差别。舊歷晝永極於六十刻，晝短極於四十刻。今《授時歷》以驗於燕地稍偏北，故其永至六十二刻，短至三十八刻。蓋偏南則長短較少，偏北則所較漸多。夏日出寅入戌，其地近北。冬日出辰入申，其地近南。日近北，則夏晝長，而北方尤長；夏夜短，而北方尤短。日近南，則冬夜長，而北方尤長；冬晝短，而北方尤短。而南方之晝夜長短，則不較多也。古者立八尺之表，驗日景短長。地中夏至，午景在表北約一尺六寸。地中冬至，午景在表北約一丈三尺。南至交廣，北至鐵勒等處，驗之景各不同。然非特測之南北，亦驗之東西。帝堯分命羲、和之官，宅於四方是也。然表用八尺，似失之短。今至元辛巳用表四丈，允爲定法。是故表短則景短，差數難覺。表長則景長，差數易明。而一寸千里之差，終未足據。若土圭者，雖古有其制，然陽城地中已不無差，若即八方偏地驗之，實有不可准者。大抵偏東者，早景疾而晚景遲，午景先至。偏西者，早景遲而晚景疾，午景後期。偏北者，少其晝而景遲。偏南者，多其晝而景疾。蠻粤短景，指南而子午反復，則又舛訛甚矣。

又 地有偏向

地中有子午卯酉四向，四向既正，則輪盤二十四向皆正矣。然而八方之地，各有偏向，春分前二日後二日，此兩日卯酉時，日在卯酉正位。設地偏南北，則卯酉表景不相直。北極爲子正之位，日中太陽爲正午之位。設地偏東西，則子午表景不相直。故於偏地而欲取正四向以分輪盤，則二十四向疎密不均，首尾不對矣。要當各立偏向，而先審定偏卯、偏酉之方，置爲木架，如測經度者，其上所列兩木直鋒指偏卯酉，以測望天脊之緯度。天脊緯度與北極最近，天脊兩旁東西之緯度當鋒内者，距天脊愈偏，則距北極愈遠。苟其鋒所指得偏卯酉之真，則脊旁之度均偏矣。大抵偏卯、偏酉者，或以正辰、正申爲對，或以正寅、正戌爲對。偏子、偏午者，或以正丑、正巳爲對，或以正亥、正未爲對，而二十四向因可定也。然此法乃憑天象以測地向，若世所用指南針，要亦可准，試即偏地用之，驗其所指者正午歟？偏午歟？使偏地而指偏午，則二十四向皆隨偏午而定，而亦可因以測天。苟指正午，則偏地難指正向，午雖正午而子非正子。首尾不對，一向既差，餘向俱差矣。此不可不辨也。

又 勾股測天

勾股之法用以測天，然高深廣遠不易推步。姑以淺近言之。塔高十丈，於塔之正東立一木表，其高二丈。於表東席地而卧，西望塔頂，見塔頂雖高，止於表首相齊。於是自塔心量至表根，爲數五丈。又自表根量至測望之眼，爲數一丈二尺五寸。再立一表於前表之正東，其高亦二丈。從後表正東如前望之，見塔頂亦與後表之首相齊。兩表相遠爲數三丈。自後表之根東至測望之眼，爲數二丈。其兩表相遠三丈，名曰表間。前目距前表一丈二尺五寸，名曰前景。後目距後表二丈，名曰後景。前後兩景相多七尺五寸，名曰景差。謂之景者，假若塔頂燃燈，用以爲准也。夫移表三丈而景差七尺五寸，則其表每移一丈，差二尺五寸也。設移前表過西一丈，景必減一丈；再移過西四丈，景必減盡無餘，猶表直於戴日之下則無景也。是知塔心與前表相距五丈矣。乃以後表名爲小股，後景名爲小勾。勾者，矩之短曲也。股者，矩之長回也。矩即曲尺是也。以塔心距前表之五丈通表間之三丈，爲八丈。更加後景二丈，總十丈，爲大勾，則以塔頂之高數爲大股，必十丈矣。苟不用後表後景爲小勾股，而止用前表前景以求塔高，亦可。乃以前表二丈爲小股，前景一丈二尺五寸爲小勾，遂以前景一丈二尺五寸通前表距塔心五丈，總六丈二尺五寸爲大勾，而塔高之數爲大股。以小勾股爲大勾股之則例，則小勾每一丈爲小股一丈六尺，今大勾六丈二尺五寸，大股必十丈矣。此一表之法。蓋已知塔遠而止求塔高。若前兩表之法則初所不知，故先求塔遠，因憑其遠以求其高也。於是以塔頂喻日月之高，以燈景喻日月之景。星無景，則以目就地望之以爲準。日月星辰之爲高既以測知，而其所以不附天而自運亦可知也。然塔之爲物，高數不多，兩表相距三丈已可以爲則。若三辰之高，則必兩表相距數百里而後可，然路里迴遠，難取徑直，古法測景者，所以有千里一寸之差也。

脱脱等《宋史》卷四八《天文志第一·天文一》　儀象

《景表儀》曰：步景之法，惟定南北爲難。古法置槷爲規，識日出之景，與日入之景。晝參諸日中之景，夜考之極星。極星不當天中，而候景之法取晨夕景之最長者規之，兩表相去中折以參驗，最短之景爲日中。然測景之地，百里之間，地之高下東西不能無偏；其間又有邑屋山林之蔽，倘在人目之外，則與濁氛相雜，莫能知其所蔽；而濁氛又繫其日之明晦風雨，人間烟氣塵坌變作不常。臣在本局候景，入濁出濁之節，日日不同，此又不足以考見出没之實，則晨夕景之短長未能得其極數。

參考舊聞，別立新術。候景之表三，其崇八尺，博三寸三分，殺一以爲厚者。表圭首剡其南使偏鋭。其趺方厚各二尺，環趺刻渠，受水以爲準。以銅爲之。表四方志墨以爲中刻之，綴四繩，垂以銅丸，各當一方之墨。先約定四方，以三表南北相重，令趺相切，表別相去二尺，各使端直。四繩皆附墨，三表相去左右上下以度量之，令相重如一。自日初出，則量西景三表相去之度，又量三表之端景之所至，各別記之。至日欲入，候東景亦如之。長短同，相去之疎密又同，則以東西景端隨表景規之，半(所)[折]以求最短之景。五者皆合，則半折最短之景爲北，表南墨之下爲南，東西景端爲東西。五候一有不合，未足以爲正。既得四方，則惟設一表，方首，表下爲石席，以水平之，植表于席之南端。席廣三尺，長如(元)[九]服。冬至之景，自表趺刻以爲分，分積爲寸，寸積爲尺。爲密室以棲表，當極爲霤，以下午景使當表端。副表并趺崇四寸，趺博二寸，厚五分，方首，剡其南，以銅爲之。凡景表景薄不可辨，即以小表副之，則景墨而易度。

又　卷一四九《輿服志第一百二·輿服一》

指南車

指南車，一曰司南車。赤質，兩箱畫青龍白虎，四面畫花鳥，重臺，勾闌，鏤拱，四角垂香囊。上有仙人，車雖轉而手常南指。一轅，鳳首，駕四馬。駕士舊十八人，太宗雍熙四年增爲三十人。仁宗天聖五年，工部郎中燕肅始造指南車。肅上奏曰：黄帝與蚩尤戰於涿鹿之野，蚩尤起大霧，軍士不知所向，帝遂作指南車。周成王時，越裳氏重譯來獻，使者惑失道，周公賜軿車以指南。其後，法俱亡。漢張衡、魏馬鈞繼作之，屬世亂離，其器不存。宋武帝平長安，嘗爲此車，而制不精。祖沖之亦復造之。後魏太武帝使郭善明造，彌年不就，命扶風馬岳造，垂成而爲善明鴆死，其法遂絶。唐元和中，典作官金公立以其車及記里鼓上之，憲宗閲於麟德殿，以備法駕。歷五代至國朝，不聞得其制者，今創意成之。

其法：用獨轅車，車箱外籠上有重構，立木仙人於上，引臂南指。用大小輪九，合齒一百二十。足輪二，高六尺，圍一丈八尺。附足立子輪二，徑二尺四寸，圍七尺二寸，出齒各二十四，齒間相去三寸。轅端横木下立小輪二，其徑三寸，鐵軸貫之。左小平輪一，其徑一尺二寸，出齒十二。右小平輪一，其徑一尺二寸，出齒十二。中心大平輪一，其徑四尺八寸，圍一丈四尺四寸，出齒四十八，齒間相去三寸。中立貫心軸一，高八尺，徑三寸。上刻木爲仙人，其車行，木人指南。若折而東，推轅右旋，附右足子輪順轉十二齒，繫右小平輪一匝，觸中心大平輪左旋四分之一，轉十二齒，車東行，木人交而南指。若折而西，推轅左旋，附左足子輪隨輪順轉十二齒，繫左小平輪一匝，觸中心大平輪右轉四分之一，轉十二齒，車正西行，木人交而南指。若欲北行，或東，或西，轉亦如之。詔以其法下有司製之。

大觀元年，內侍省吴德仁又獻指南車、記里鼓車之制，二車成，其年宗祀大禮始用之。其指南車，身一丈一尺一寸五分，闊九尺五寸，深一丈九寸。車輪直徑五尺七寸，車轅一丈五寸。車箱上下爲兩層，中設屏風，上安仙人一，執杖，左右龜鶴各一，童子四，各執纓立四角，上設關楔。卧輪一十三，各徑一尺八寸五分，圍五尺五寸五分，出齒三十二，齒間相去一寸八分。中心輪軸隨屏風貫下，下有輪一十三，中至大平輪。其輪徑三尺八寸，圍一丈一尺四寸，出齒一百，齒間相去一寸二分五釐。通上左右起落二小平輪，各有鐵墜子一，皆徑一尺一寸，圍三尺三寸，出齒一十七，齒間相去一寸九分。又左右附輪各一，徑一尺五寸五分，圍四尺六寸五分，出齒二十四，齒間相去二寸一分。左右疊輪各二，下輪各徑二尺一寸，圍六尺三寸，出齒三十二，齒間相去二寸一分。上輪各徑一尺二寸，圍三尺六寸，出齒三十二，齒間相去一寸一分。左右車脚上各立輪一，徑二尺二寸，圍六尺六寸，出齒三十二，齒間相去二寸二分五釐。左右後轅各小輪一，無齒，繫竹簟并索在左右軸上，遇右轉，使右轅小輪觸落右輪；若左轉，使左轅小輪觸落左輪。行則仙童交而指南。車駕赤馬二，銅面，插羽，鞶纓，攀胸鈴拂，緋絹屜，錦包尾。

又　記里鼓車

記里鼓車，一名大章車。赤質，四面畫花鳥，重臺，勾闌，鏤拱。行一里，則上層木人擊鼓；十里，則次層木人擊鐲。一轅，鳳首，駕四馬。駕士舊十八人，太宗雍熙四年增爲三十人。仁宗天聖五年，内侍盧道隆上記里鼓車之制：獨轅，雙輪，箱上爲兩重，各刻木爲人，執木槌。足輪各徑六尺，圍一丈八尺。足輪一周，而行地三步。以古法六尺爲步，三百步爲里，用較今法五尺爲步，三百六十步爲里。立輪一，附於左足，徑一尺三寸八分，圍四尺一寸四分，出齒十八，齒間相去二寸三分。下平輪一，其徑四尺一寸四分，圍一丈二尺四寸二分，出齒五十四，齒間相去與附立輪同。立貫心軸一，其上設銅旋風輪一，出齒三，齒間相去一寸二分。中立平輪一，其徑四尺，圍一丈二尺，出齒百，齒間相去與旋風等。次安小平輪一，其徑三寸少半寸，圍一尺，出齒十，齒間相去一寸半。上平輪一，其徑三尺少半尺，圍一丈，出齒百，齒間相去與小平輪同。其中平輪轉一周，車行一里，下一層木人擊鼓。上平輪轉一周，車行十里，上一層木人擊鐲。凡用大小輪八，合二百八十五齒，遞相鉤鎖，犬牙相制，周而復始。詔以其法下有司製之。

大觀之制，車箱上下爲兩層，上安木人二，身各手執木槌。輪軸(其)[共]四。内左壁車脚上立輪一，安在車箱内，徑二尺二寸五分，圍六尺七寸五分，二十齒，齒間相去三寸三分五釐。又平輪一，徑四尺六寸五分，圍一丈三尺九寸五分，出齒六十，齒間相去二寸四分。上太平輪一，通軸貫上，徑三尺八寸，圍一丈一尺，出齒一百，齒間相去一寸二分。立軸一，徑二寸二分，圍六寸六分，出齒三，齒間相去二寸二分。外太平輪軸上有鐵撥子二。又木横軸上關捩、撥子各一。其車脚轉一百遭，通輪軸轉周，木人各(二)[一]擊鉦、鼓。

宋濂等《元史》卷四八《天文志第一·天文一》

正方案

正方案，方四尺，厚一寸。四周去邊五分爲水渠。先定中心，畫爲十字，外抵水渠。去心一寸，畫爲圓規，自外寸規之，凡十九規。外規内三分，畫爲重規，偏布周天度。中爲圓，徑二寸，高亦如之。中心洞底植臬，高一尺五寸，南至則減五寸，北至則倍之。

凡欲正四方，置案平地，注水于渠，眡平，乃植臬於中。自臬景西入外規，即識以墨影，少移輒識之，每規皆然，至東出外規而止。凡出入一規之交，皆度以線，屈其半以爲中，即所識與臬相當，且其景最短，則南北正矣。復偏閲每規之識，以審定南北。南北既正，則東西從而正。然二至前後，日軌東西行，南北差少，即外規出入之景以爲東西，允得其正。當二分前後，日軌東西行，南北差多，朝夕有不同者，外規出入之景或未可憑，必取近内規景爲定，仍校以累日則愈真。又測用之法，先測定所在北極出地度，即自案地平以上度，如其數下對南極入地度，以墨斜經中心界之，又横截中心斜界爲十字，即天腹赤道斜勢也。乃以案側立，懸繩取正。凡置儀象，皆以此爲準。

又　闚几

闚几之制，長六尺，廣二尺，高倍之。下爲趺，廣三寸，厚二寸，上闊廣四寸，厚如趺。以板爲面，厚及寸，四隅爲足，撑以斜木，務取正方。面中開明竅，長四尺，廣二寸。近竅兩旁一寸分畫爲尺，内三寸刻爲細分，下應圭面。几面上至梁心二十六尺，取以爲準。闚限各各長二尺四寸，廣二寸，脊厚五分，兩刃斜稱，取其於几面相符，著限兩端，厚廣各存二寸，銜入几閫。俟星月正中，從几下仰望，視表梁南北以爲識，折取分寸中數，用爲直景。又於遠方同日闚測取景數，以推星高下也。

何良臣《陣紀》卷二　技用

如布城軟壁，用於南方則野戰固有所恃，用於北鄙而虜馬亦爲之驚疑。或軍行失道，則以指南車、子午針定其南北。欲還本境，乃放老馬引道於前。軍圍八面，欲知其進退，當令城内八方鑿井，深二丈許，取新甕，以薄皮鞔口如鼓，使聰耳者於井中枕甕而聽，去城五百步悉知之矣。

又　**卷四**　水戰

洋海之戰，所慮風濤不時，又慮迷失向往，當以斗建爲正，加四時定之，知所進退矣。或昏晦之際，則以指南車、子午針分其南北，故處水上之占驗與諸占家稍異者，似宜記之。

李詡《戒菴老人漫筆》卷一　蘇州馬懷德捧星板一副，十二片烏木爲之，自小漸大。大者，長七寸餘。標爲一指，二指，以至十二指。俱有細刻若分寸。然又有象牙一塊，長二寸，四角皆缺，上有半指、半角、一角、三角等字，顛倒相向。蓋周髀筭尺也。

徐光啟等《新法算書》卷一《緣起一》　臣等竊照定時之法，當議者五事：一曰壺漏，二曰指南針，三曰表臬，四曰儀，五曰晷。

【略】其二指南針者，今術人恒用以定南北。凡辨方正位，皆取則焉。然所得子午，非真子午。向來言陰陽者，多云泊于丙午之間。今以法考之，實各處不同。在京師則偏東五度四十分。若憑以造晷，則冬至午正先天一刻四十四分有奇，夏至午正先天五十一分有奇，然此偏東之度，必造針用磁悉皆合法，其數如此。若今術人所用短針、雙針、磁石同居之針，雜亂無法，所差度分或多或少，無定數也。今觀象臺有赤道日晷一座及正方案，臣等以法考之，其正方案偏東二度，日晷先天半刻。計在當時，亦用羅經與表臬參定，故差數爲少。若專用羅經者，恐所差刻分多少亦無定數，而大抵皆失於先天。據此以候交食時刻，即其失不盡在推步也。今但用表臬或儀器以求子午真線，或依偏針加減別造正線，羅經以與舊晷較勘，差數立見矣。三曰表臬者，即《周禮》匠人置槷之法，識日出入之景，參諸日中之景，以正方位。今法置小表於地平，午正前後累測日景，以求相等之兩長景，即爲東西。因得中間最短之景，即爲真子午。其術更爲簡便也。四曰儀者，本臺原有立運儀，用以測驗七政高度，臣等即用以較定子午，於午前累測日高度分，至於長極而消，則因最高之度即得最短之景，此午正時南北真線也。五曰晷者，造成平面晷體，依前儀器、表臬、南針三法參互考合，務得子午卯酉真線，因以法分布時刻，加入節氣諸線，即成平面日晷。若今時所用圓石欹晷，是爲赤道晷，亦用所得子午線較定此二晷者，皆可得天正時刻，所謂晝測日也。

邢雲路《古今律曆考》卷六一《曆議二・曆議》　度里之差

《考靈耀》云：周天三百六十五度四分度之一，每度二千九百三十二里千四百六十一分里之三百四十八，圓周一百七萬一千里。以圍三徑一言之，直徑三十五萬七千里，此爲二十八宿周圍直徑之數。又二十八宿以外，上下東西各有萬五千里，是爲四游之極，謂之四表。據四表之内并星宿内，總有三十八萬七千里，天徑中央正半之處，則一十九萬三千五百里。地在於中，厚三萬里。春分之時，地正當中，自此地漸漸而下，至夏至地下游萬五千里，地之上畔與天中平。夏至之後，地漸漸向上，至秋分地正當天之中。自此地漸漸而上，至冬至上游萬五千里，地之下畔與天中平。自冬至後，地漸漸而下。地常升降於三萬里之中。日中立竿測景，以句股量之。夏至立八尺表，景一尺六寸。表景千里而差一寸，是則天上一寸，地下千里。是言本於《周髀》之文。髀者，股也。以表爲股，相傳本伏羲氏立法，自周公受之於大夫商高，周人志之，故曰《周髀》。考《周禮》：「日至之景尺有五寸，謂之地中。」鄭衆説：土圭之長尺有五寸，以夏至之日立八尺之表，其景與土圭等，謂之地中。今潁川，陽城地也。鄭玄云：凡日景於地，千里而差一寸。景尺有五寸者，南戴日下萬五千里也。以此推之，日當去其下地八萬里。日邪射陽城，則天徑之半也。以句股法言之，旁萬五千里，句也；立八極萬里，股也；從日邪射陽城，弦也。以句股求弦法入之，得八萬一千三百九十四里，天徑之半，而地上去天之數也。倍之，得十六萬二千七百八十八里，天徑之數也。以周率乘之，徑率約之，得五十一萬三千六百八十七里，周天之數也。案：宋元嘉十九年壬午，使使往交州測影，夏至之日，影出表南三寸二分。何承天遥取陽城夏至一尺五寸計，陽城去交州路當萬里，而影實差一尺八寸二分，是六百里而差一寸也。又梁大同中，二至所測，以八尺表率取之，夏至當一尺一寸七分。後魏信都芳注《周髀四術》稱：永平元年戊子，當梁天監之七年，見洛陽測景。又見公孫崇集諸朝士共觀秘書影，同是夏至日，其中影皆長一尺五寸八分。以此推之，金陵去洛南北略當千里，而影差四寸，則二百五十里而影差一寸也。唐開元間，命僧一行更造新歷，遣太史監南宫説等於河南北平地測日晷及極星，夏至日中立八尺之表，同時候之，陽城晷長一尺四寸八分弱，夜視北極出地高三十四度十分度之四。浚儀岳臺晷長一尺五寸微强，極高三十四度八分。南至朗州，晷長一尺七寸七分，極高二十九度半。北至蔚州，晷長二尺二寸九分，極高四十度。南北相距三千六百八十八里九十步，晷差一尺五寸三分，極差十度半。又南至交州，晷出表南三寸三分。八月海中南望老人星下衆星粲然，皆古所未見，大率去南極二十度以上皆見。夫三千六百餘里，晷差一尺五寸三分，是約二百四十里差一寸。以南北地里計，南戴日下去嵩高僅五千里，在天則爲十二度，以此較之，一度之廣四百餘里。鄭玄等所謂千里而差一寸，南戴日下萬五千里者，非也。又自漢至齊梁，先儒談天者皆謂紐星即不動處，惟祖暅之以儀測知，不動處猶去紐星一度有餘。自唐至宋，又測紐星去不動處三度有餘。南宋在臨安測紐星去極約有四度半。《元志》但從三度之説，蓋紐星去極尚未有定説也。唐開元間，測浚儀岳臺北極出地三十四度八分，《宋志》、《元志》皆云三十五度，或云三十五度弱，大都北極出地四十度太强。《唐志》云：北極去地，雖秒分微有盈縮，難以目校，大率三百五十餘里而差一度。極之遠近既異，則黄道軌景亦隨而變。《宋志》沈括議云，舊説謂今中國於地爲東南，當偏西北望極星，置極不當正北。又謂天常傾西北，極星不得居中。夫謂中國觀之，天常北倚可也，謂極星偏西則不然。所謂東西南北者，何從而得之？豈不以日之所出者爲東，日之所入者爲西乎？古人候天，自安南至浚儀纔六千里，而北極差十五度，稍北不已，庸詎知極星之不直人上也？今南北纔五百里，則北極輒差一度已上，而東西南北數千里間，日分之時候之，日未嘗不出於卯半而入於酉半，則又知天樞既中，則日之所出者定爲東，日之所入者定爲西。天樞則常爲北無疑矣。以衡窺之，日分之時，以渾儀抵極星以候日之出没，則常在卯酉之半少北，此殆放乎四海而同者，何從而知中國之爲東南也？彼徒見中國東南皆際海而爲是説也。彼北極之出地六千里之間，所差者已如是，又安知其茫昧幾千萬里之外耶。今直當據建邦之地，人目之所及者裁以爲法，不足爲法者宜置而勿議可也。趙友欽曰：地中有子午卯酉四向，四向既正，則輪盤二十四向皆正矣。然而八方之地，各有偏向，若世所用指南針，要亦可准。試即偏地用之，驗其所指者正午歟？偏午歟？使偏地而指偏午，則二十四向皆隨偏午而定，一向既差，則餘向俱差矣。曾三異《因話録》：地螺或用子午正針，或用子午丙壬間縫針，天地南北之正，當用子午；或謂今江南地偏，難用子午之正，故以丙壬參之。古者測日景於洛陽，以其天地之中，然外陽城之地少偏，則難以正用矣。至於《廣雅》則云：天周六百一十萬餘里，天去地一百一萬五千餘里。《淮南子》論天去地五億萬里，禹使大章豎亥步自東極至西極、南極至北極，各二億三萬餘里。又丘處機論北斗斡旋與星河在天，皆不入地，日亦不入地，若日入地，則與箕斗坼破，人强稱星日入地者非是。而楊升菴深信之。夫自昔之論星度、里差、方向、出入，各有不同如此。余據授時所測天度，以句股密率較之，得冬至日下去地二萬六千二百餘里，夏至日下去地五萬九千二百餘里，約千里差一度，約天徑十二萬餘里，天周三十七萬餘里。是其數也，縱授時所測或少有不同，不過里數中小差，於大約固不遠也。如求其真，則惟執句股之密率，再於南北二三千里以準繩一量之，即定矣。然總不出千里上下差一度，而諸論之異同，可勿疑也。若以測北辰，則惟取璣衡正其北面，即於紐星近處設管，以目力圓轉求之，晝夜一周，於圓轉中自得不動之處出地度若干。乃以正方案，各於九服所在，以景規之。凡出入一規之交，識以墨度，以線屈其半以爲中，即所識與臬相當，且其景最短，則日南定矣。極星正其北，日景正其南，將隨處各有子午卯酉之中，而七政之出入因之，指南針可勿用也。至如沈括所疑人至偏北，安知北極不直入人上？不知人縱偏北，北極直入人上，然渾天斜倚之體，自若日行之斜絡天腰，與極星去赤黄道之數自若不見。極南之夏至日，景轉而之南乎？景雖轉南，而其日之自東北出、西北没自若耳。此又不待辨而明者也。大約地形原不過數萬里，無數十萬里之説，即元時北海測景，夏至夜止二十刻，不見地形之有涯耶。人動稱西域去中國幾十萬里，然印度寶瓶等十二宫與中華大略相同，彼土人視正北亦在虚宿，其步歷月策止少四刻餘，交終止多十刻餘，以此見中西之遠不過萬餘里，在天不過差十餘度，非太懸絶也。其云若遠者，山川迂曲之故耳。聞宣德中有鄧老下西洋，回爲人言，歷數國至極遠處，仰視三光大小次第，一切與中國不異，是其證也。夫天體至圓，可以渾儀而測，以此知其半覆地上，半覆地下，不出句股之率。自得度里之周，乃實際而非象罔者，若《廣雅》、《淮南》所論天度，皆荒遠不經之談。而丘處機所論星日不入地，則尚不識天渾日度爲何狀，而淺言夢言者也。

熊明遇《格致草》 表圭

表臬即《周禮》匠人置槷之法，識日出入之景，參諸日中之景，以正方位。今法，置小表於地平，前後累測日景，以求相等之兩長景，即爲東西。因得中間最短景，即爲真子午。若今所用圓石欹晷，是爲赤道晷，亦即周時土圭遺意。然十二時界限平分，則卯辰申酉後天，巳午未先天，必將午界密縮，巳未稍紓，辰申又稍紓，卯酉大紓，而後時與天合。彼日出由大漸小，星度初出廣，中天漸狹，緣地上蒙氣厚薄映射，故有此等。

薛鳳祚《曆學會通》正集卷六 南北正向

測候諸法，必于午正初刻，距刻一誤，無所不誤。雖各法調品極當，終爲無益，故定子午真法爲最要。《周禮》匠人置槷之法，識日出入之景，參諸日中之景，以求相等之兩長景，即爲東西。因得中間最短之景，即爲子午，最爲簡便。

欽天監置立運儀，用以測七政高度。于午前累測日高度分，至于長極而消，因最高之度得最短之景，爲午正線。

今西法，時憲用地平經緯儀，取近北極一星，測其東西所至兩經度，中分之，即正北方。如勾陳一星，夏至子時在極東，冬至子時在極西。如勾陳第五星，冬至酉時在極西，卯時在極東。

新西法捷法，用紙，以規作多圈，擇日在午前後有景皆在圈線上者，即正子午。

指南針者，今術人用以定南北，凡辨方正位皆取準焉。然所得子午，非真子午。向來陰陽者多云泊于丙午之間，今以法攷之，實各處不同，在京師則偏東五度四十分。若憑以造晷，則冬至午正先天一刻四十四分有奇，夏至午正先天五十一分有奇。然必造針用磁，悉皆合法，其數如此。若今術人所用短針、雙針、磁石同居之針，雜亂無法，所差度分或多或少，無定數也。今觀象臺有赤道日晷一座及正方案，以法攷之，其正方案偏東二度，日晷先天半刻。計當時亦用羅鏡與表臬參定，故差數爲少。若專用羅鏡，恐所差多少亦無定數，而大抵皆失于先天。據此以候交食時刻，即其失不盡在推步也。今但用表臬儀器以求子午真線，或依偏針加減别造正線，羅鏡以與舊晷較勘，差數立見矣。

允禄等《清朝禮器圖式》卷三《儀器》

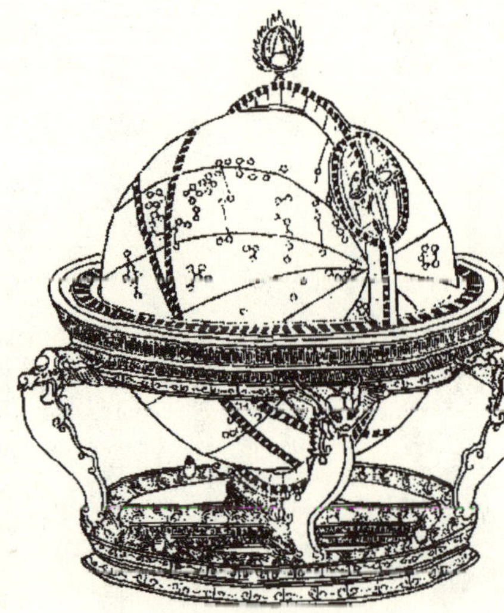

欽定天體儀

謹按：《春秋文曜鉤》：唐堯即位，羲、和立渾儀。《尚書·舜典》疏云：揚子《法言》：或問渾天，曰洛下閎營之。宣帝時，司農中丞耿壽昌始鑄銅爲之象，史官施用焉。後漢張衡作《靈憲》以説其狀。康熙十二年，聖祖仁皇帝命監臣製天體儀，即古渾象也。鑄銅爲球，以象天體，圍一丈八尺，兩端中心爲南北極，貫以鋼軸，面刻黄赤二道，平分十二宫，布列星漢。其外爲子午圈，週圍各浮天體球五分，兩面刻去極度數。東西兩極合成圓孔，以受天體之軸。其下爲地平圈，週與子午圈同，面濶八寸，環渠爲界，外刻四象限度及地平時刻方位。下施四足，承以圓座，高四尺七寸，設螺柱以取平。子午正對處向西少闕，以受子午圈，半入地平下，半出地平上。自天頂設高弧，帶地平遊表，以察諸曜地平經緯度。以時盤定於子午圈，設遊表於北極樞，令自轉以定日度，又能隨天體旋轉以指時。座下設機輪，使北極能高下。盖渾天之全象，而諸儀之用所統宗也。

欽定黄道經緯儀

謹按：舊渾天儀制有黄道緯圈，而無黄道經圈。康熙十二年，聖祖仁皇帝命監臣製黄道經緯儀，鑄銅爲之，凡三重四圈。其外正立爲子午圈，徑六尺一寸，規面厚一寸三分，側面寬二寸五分，兩面皆刻去極度數，以京師爲準。兩極側面各貫鋼軸，以半圓合而固之。次内爲過極至圈，外徑五尺五寸，規面寬二寸五分，側面厚一寸三分，兩面亦刻去極度數，貫於南北赤道極之兩軸，象天左旋。又從南北赤道極各距二十三度三十一分三十秒定黄道極，去極九十度，横置黄道緯圈，與過極圈交，徑及寬厚亦同，陷其中以相入，四面皆刻黄道經度，象七政右旋。又從黄道南北兩極貫黄道經圈，外徑五尺一寸四分，規面寬九分，側面厚二寸三分，四面皆刻黄道緯度，象黄道四遊。兩極施直軸，徑一寸。中半施横表，長三寸。於緯圈上加遊表對直軸，以測黄道經度。於經圈上設遊表對横表，以測黄道緯度。下爲半圓雲座，升龍二承之。

欽定赤道經緯儀

謹按：舊渾天儀制三重，外曰六合儀，次内曰三辰儀，内曰四遊儀，凡七圈。康熙十二年，聖祖仁皇帝命監臣製赤道經緯儀，鑄銅爲之，凡二重三圈。蓋會三辰於六合，而又省一地平圈也。其外正立爲子午圈，制與黄道經緯儀子午圈同。距兩極各九十度，横置赤道經圈與子午圈交，陷其中以相入。外徑五尺九寸，規面寬二寸五分，側面厚一寸三分。内規面及上側面鐫晝夜時刻，外規面及下側面鐫周天

度分。南極旁承以兩象限弧，又從南北兩極貫赤道緯圈，外徑五尺六寸，規側面寬厚與經圈同，四面刻赤道緯度。內爲通軸，設横表、遊表，俱與黄道經緯儀同。下爲半圓雲座，升龍承之。

欽定地平經儀

謹按：舊渾天儀制有地平圈，能測三辰當地平之經度，而不能測地平上之經度。康熙十二年，聖祖仁皇帝命監臣製地平經儀，鑄銅爲之，平置地平圈，徑六尺二寸，寬二寸四分，厚一寸二分，上面、側面皆刻四象限度。上面自南北起初度，側面自東西起初度。以立龍四承之。圈下立柱，其高相等，適當圈心。上出圓軸，圈上東西二龍柱結横梁，中穿孔爲天頂，與圈心對。施立軸長四尺四寸，上應天頂，下應地心。表末結十字，横表與圈相切，尺寸與圈徑同。立軸頂左右結二線斜貫横表，兩端成兩三角形。旋轉横表，令三線與所測參直，視表所指以測各曜之地平經度。

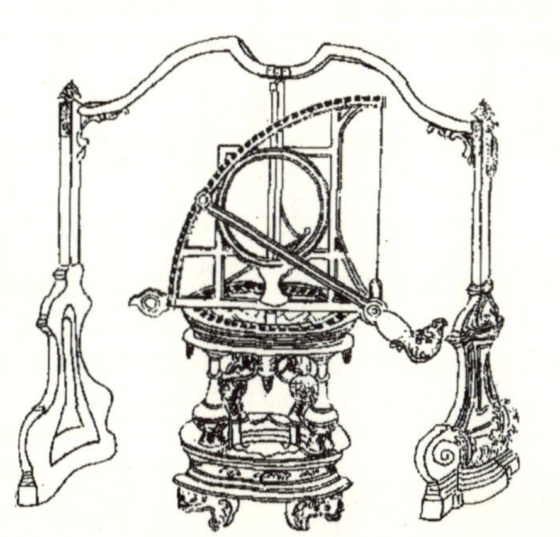

欽定象限儀

謹按：舊渾天儀制有地平圈，而無地平經圈。元郭守敬簡儀設立運圈，以測三辰出地之度，即地平經圈也。康熙十二年，聖祖仁皇帝命監臣製象限儀，爲全圓四分之一，亦名地平緯儀，鑄銅爲之。其制直角爲心，兩方皆爲半徑，各長六尺，寬二寸一分，厚一寸一分。圓爲弧，寬二寸六分，厚一寸一分，正面鎸九十度分，外規面鎸度數字。其數自上而下以紀地平高度，自下而上以紀距天頂度。聯以雲龍東西立柱，縱八尺八寸，上下梁横七尺八寸，飾以雲龍。梁中各穿圓孔以受立軸。軸與儀之立半徑平行，長九尺七寸，寬二寸一分，厚一寸七分，東西運之。直角施横軸，長二寸一分。軸本加遊表，寬二寸一分，厚二分有奇，長與半徑等。遊表末設立耳，以測地平緯度。

欽定紀限儀

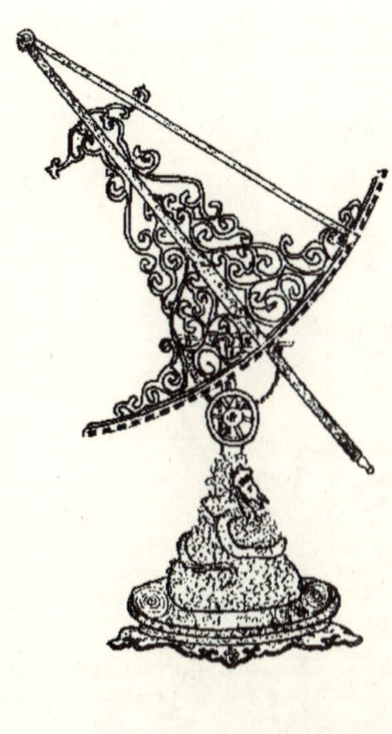

謹按：諸曜在天之度，赤道經緯以南北二極爲宗，黄道經緯以黄極爲宗，地平經緯以天頂爲宗，其兩曜斜距之度古無測器。康熙十二年，聖祖仁皇帝命監臣製紀限儀，亦名矩度儀，鑄銅爲之。其制一弧一幹，弧爲圓周六分之一，通六尺，面寬二寸五分，從中線起左右各列三十度。幹爲圓之半徑，長亦六尺，末有柄，以便運旋。上端爲圓心，設立柱，加遊表，長與幹同。遊表末設立耳，爲測一曜之用。弧背左右各設窺表，爲另測一曜之用。又於幹兩旁設立柱，相距應弧背之十度，以爲借測之用。儀面聯以流雲，背以樞低昂之，承以半圓，有齒。立軸旁加小輪，可使平測。其下立柱入於儀座以左右之，座高四尺，寬三尺，繞以立龍。

欽定地平經緯儀

謹按：地平經緯儀乃合地平象限二儀而爲一。康熙五十四年，聖祖仁皇帝命監臣製，鑄銅爲之。其制平置地平圈，徑五尺，寬七寸七分，周圍鎸四象限度。下設四柱，圓座承之。東西立柱高一丈一尺，上結曲梁，中爲立軸。下端貫以圈心螺柱，上端以梁中圓孔受之，中加象限儀，直角在下，半徑六尺，寬二寸七分，正面列九十度分，中聯方圓及弧矢形，背結於立軸以運之。直角施遊表，長八尺。本設横耳，末設横柱，以備仰窺。凡測諸曜，旋象限儀，以遊表低昂合之，令與諸曜参直，其横半徑所指即地平經度，遊表所指即地平緯度。

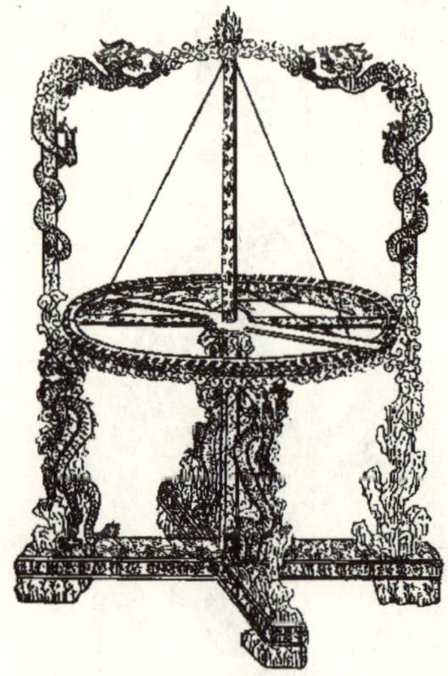

御製簡平儀

謹按：簡平儀爲聖祖仁皇帝御製，鑄銅爲之，徑一尺，凡上下二重，各分天地盤。地盤外列周歲十二月及餘分，内列日分，中心爲北極，東西弧界爲北地平。天盤外列朔策，内列赤道十二宫三百六十度，更内列二十四節氣，中爲赤道北恒星斜帶，爲春分後半周黄道度；下所列亦如之，爲南地平，爲赤道南恒星，爲秋分後半周黄道度。上盤向北視，故皆左旋，而月數節氣右旋。下盤向南視，故皆右旋，而月數節氣左旋。下盤連地平爲橢形盤。當天盤之半，横列節氣線十二道，縱列日出入五更攢點線八道。以上盤宫度對日分，求交節之日，知閏月。以遊表加太陽黄道經度，轉天盤與地平交，知日出入時刻。以太陽赤道經度對時刻，視午正，則知中星。以午正之星驗太陽赤道經度，知星中之候。以日加時視遊表所指，知月之方位。以表加節氣與日出入更線之交，知五更時刻。地盤近下横鐫康熙二十年御製。

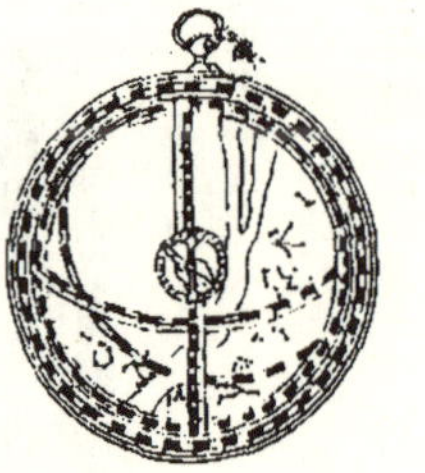

上盤

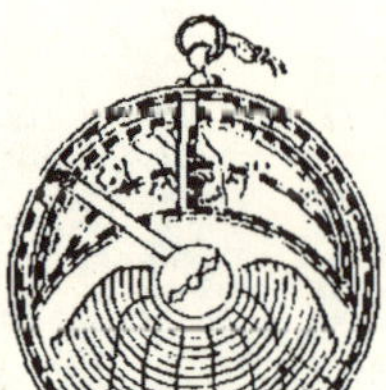

下盤

御製四遊表半圓儀

謹按：四遊表半圓儀爲聖祖仁皇帝御製測量之器，鑄銅爲之，通徑二尺四寸，線長二尺，作二千分。其半爲圓心，施立耳能旋。又施遊表二，各長一尺二寸，作一千二百分。表端各有立耳，半周外。一百八十度爲心角度，通徑線兩端各施遊表，表兩端各有立耳。面穿線，有比例弧以指分數。内圓線二界，每界十重，列邊角度。表中心各有小半圓，通徑七寸五分，以取邊角。半周一百八十度，其圓心又施小遊表各一，長四寸五分，取每度斜線之長作二十分，與斜線相交成二十格。自邊角中心取半圓爲心角度之半。左邊角度畫於圓線内界，右邊角度畫於外界。測量法，以兩遊表相距度爲所測之角量。算法，三角俱鋭者，以通徑二千分與所知一邊爲比例，以邊角度施所測之二角，使邊遊表相交成三角形，察其交處距角若干分，仍以所知比例。如一角鈍者，以半徑一千分爲比，一心角，一邊角，施之法如前。如兩邊夾一角者，以中兩遊表之度施之，各按二邊丈尺察兩遊表分數，以邊遊表之分數比量之。承以直柱，下岐三足半圓，中鐫康熙御製。

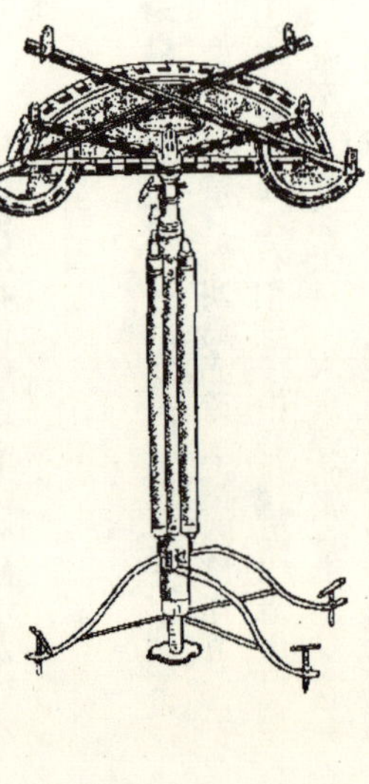

御製矩度象限儀

謹按：矩度象限儀爲聖祖仁皇帝御製，鑄銅爲之，半徑五寸四分，象限之周九十度，内畫方矩，縱横各九十分。兩半徑線末立耳，爲定表圓心。施遊表二相

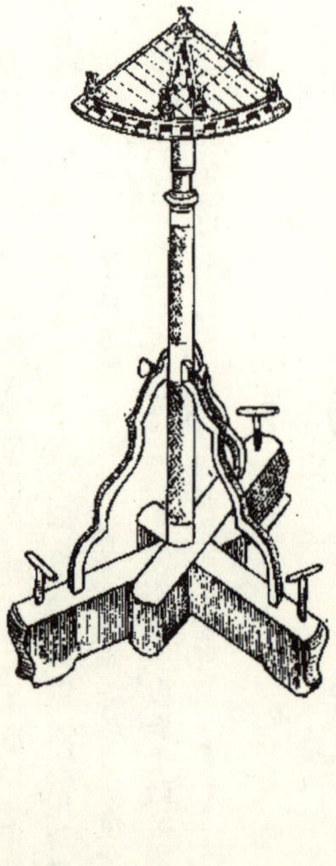

連，其末各有立耳。下帶弧一段，作六十分，當外周三十度，半以比例分秒。圓中亦有立耳，旋之與四立耳皆相對。遊表直邊與方矩之分等。四表間弧度數爲矩度比例之分。外有銅三角稜，施墜線以取平直。承以直柱三足，能升降，儀面鐫康熙御製。

御製方矩象限儀

謹按：方矩象限儀爲聖祖仁皇帝御製，鑄銅爲之，半徑八寸五分，象限之周九十度，圓線十重，以斜線相交成十格。象限外畫方矩線，斜直相交亦成十格。象限内亦畫方矩線。平半矩施立耳，爲定表。圓心施遊表，表兩端有立耳，中爲指南針。盤前施二墜線。測量法，以遊表直邊指度數，兩表相距度分爲所測之角。承以銅軸，攢木爲三足，能升降。儀面鐫康熙御製。

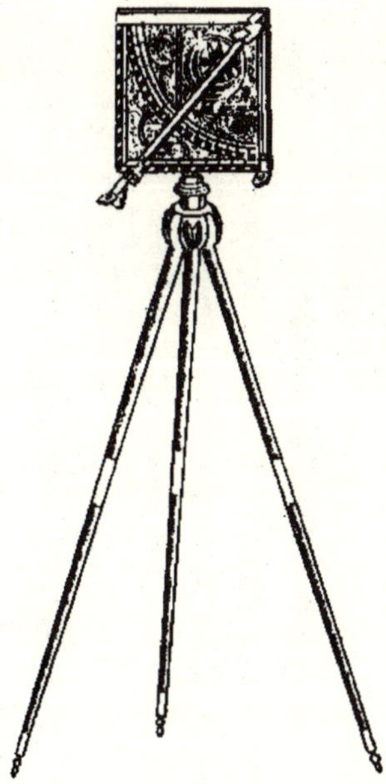

御製璣衡撫辰儀

謹按：《尚書・舜典》：在璿璣玉衡以齊七政。孔傳云：璣衡，王者正天文之器。《臯陶謨》：撫於五辰。孔傳云：撫順五行之時。乾隆九年，皇上御製璣衡撫辰儀，鑄銅爲之，徑六尺，其外即古六合儀，而不用地平圈。正立子午雙環爲天經，兩面鐫去極度

數，以雲座承之。北極出地度、天頂距度以京師爲準。距兩極九十度結赤道單環，爲天緯。兩面鐫晝夜時刻，兩龍柱挾之。次内即古之三辰儀，而不用黃道圈，兩極綰赤道經度雙環，兩面刻去極度數，中腰結遊旋赤道，兩面刻周天度分，以象七政運行。最内即古之四遊儀。通徑設直距，中心施窺衡，以測七政經緯。座施螺柱以取平，天頂施墜線以取正，較赤道經緯儀而加精焉。

渾天合七政儀

謹按：本朝製渾天合七政儀，鑄銅爲之，徑一尺二寸，高一尺三寸五分，凡三重。外二環平者爲地平圈，上列西洋書十二宫十二月。立者爲子午圈，子午圈上天頂垂銅葉，爲地平高弧，北小圈爲時刻盤。次内五環，兩軸爲南北極，貫二極爲二至經圈，腰帶赤道，斜帶黃道，黃赤道交處爲二分，相距最遠處爲二至。二極軸上小圈爲負黃極圈，其最内平面圓環爲黃道十二宫，中心爲日體，圓邊爲地球。對地球立表以指日行宫度。日與地各爲盤，地盤有月體，日盤有金水二星體。日外大盤有火、木、土三星體，皆以機旋之。月旋以地爲心，五星旋以日爲心。座面旁施指南針，以測太陽緯度及出入地平時刻方位。

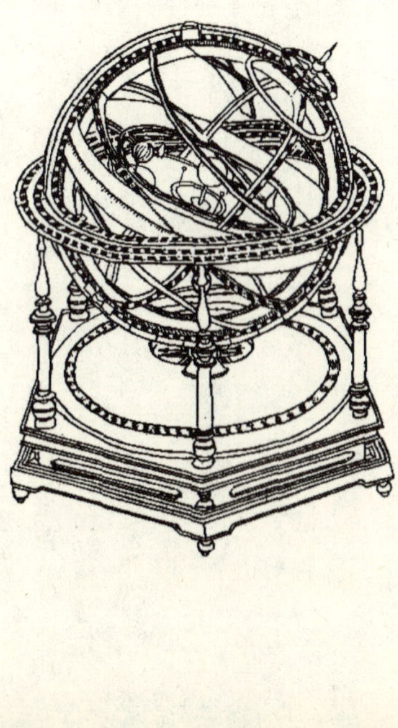

七政儀

謹按：本朝製七政儀，鑄銅爲之，徑一尺六寸五分，高二尺五寸，凡二重。外重平圈爲黃道，列周歲十二月周天十二宫。斜圈爲赤道，十字圈爲赤道子午卯酉經圈。内重爲七政盤，列十二宫與黃道左右相應。中心爲日體，最近日爲水星，次金星，次月與地，次火星，次木星，最遠土星。木星旁四小星，土星旁五小星。土星上圓環平之則星正圓，側之則星長圓。日體旁爲瓶，置燈以取日影。對日處映以玻璨盤，内皆有機輪。其旁以小盤之軸挈諸輪轉之。承以半圓十字，下歧三足，座心設指南針，十二宫上施遊表，表轉一周爲一日，視諸體之旋轉

以測七政晝夜隱見之象。

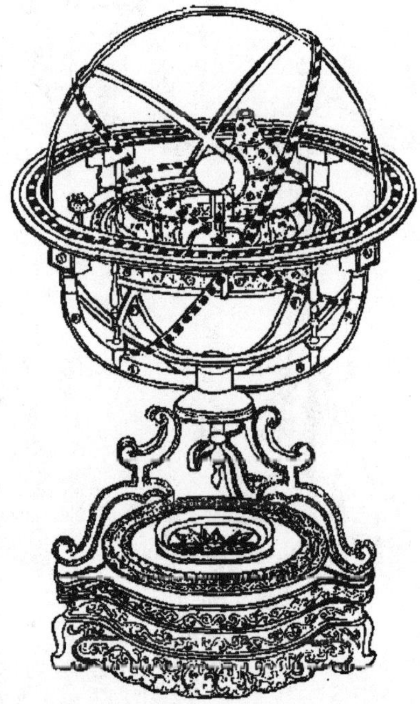

萬壽天常儀

謹按：本朝製萬壽天常儀，鑄銅爲之，通高一尺一寸，制與三辰儀同。座心穿孔，對天頂垂線，用與三辰儀表末同。中腰兩表耳一實一虛，綰遊旋赤道。實者穿中縫，虛者留中線，用與三辰儀窺衡同。以遊表加遊旋赤道上，視遊表末所指，用與三辰儀表耳同。

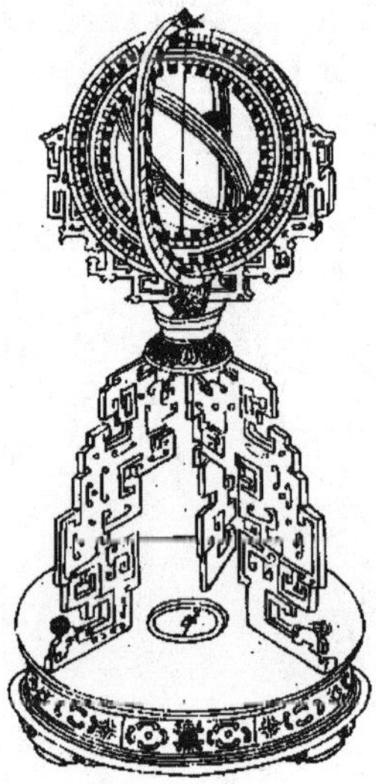

四定表全圓儀

謹按：本朝製四定表全圓儀，鑄銅爲之，通徑一尺，全周三百六十度，中施指南針，圓線十層，以斜線相交成十格，分四象限。通徑線兩端各施立耳，爲定表。中心設旋圓盤，其通徑線兩端施立耳，爲遊表。表兩端直邊對立耳中線，以指度數，以定表。遊表相距度分爲所測之角。平測，立測，惟所宜。

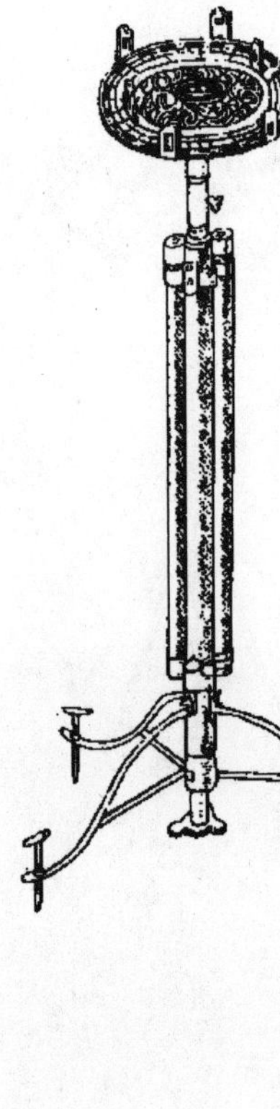

矩度全圓儀

謹按：本朝製矩度全圓儀，鑄銅爲之，通徑六寸，全周三百六十度分，半周通徑線兩端各施立耳爲定表。中心施遊表，表中線兩端加立耳，立耳中線與遊表中線對，上施指南針，前施墜線，表端鋭處指度數，以兩表相距度分爲所測之角。圓内下半周矩度縱横各六十分，爲勾股比例之用。平測，立測，惟所宜。

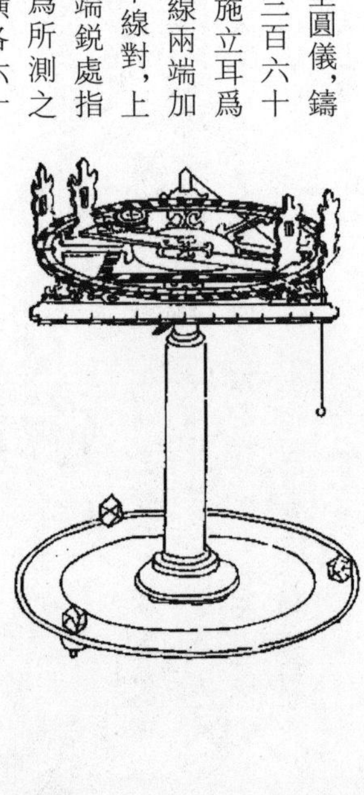

小花全圓儀

謹按：本朝製小花全圓儀，鑄銅爲之，通徑二寸，施定表、遊表、指南針與矩度全圓儀同。以中圓花隙鋭處對遊表立耳，指度數。平測，立測，惟所宜。

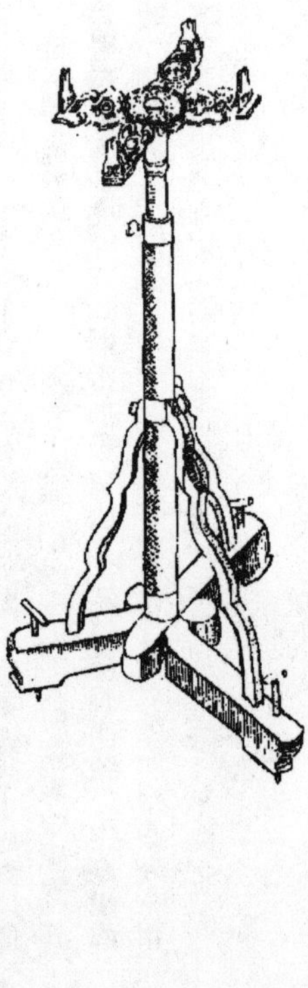

四遊千里鏡半圓儀

謹按：本朝製四遊千里鏡半圓儀，鑄銅爲之，通徑一尺三寸五分，半周一百八十度，外圓線三重，內層十二重，每度末斜線與圓線相交成十二格。通徑線兩端立耳爲定表。其半圓心施遊表，表兩端有立耳，表端中線以指外重度分，立耳方孔中線以指內重度分。立耳內施墜線，表心施指南針，圓盤外兩柱承千里鏡，以兩軸左右上下之，以遊表、定表相距度爲所測之角。座三足，能升降。平測，立測，惟所宜。

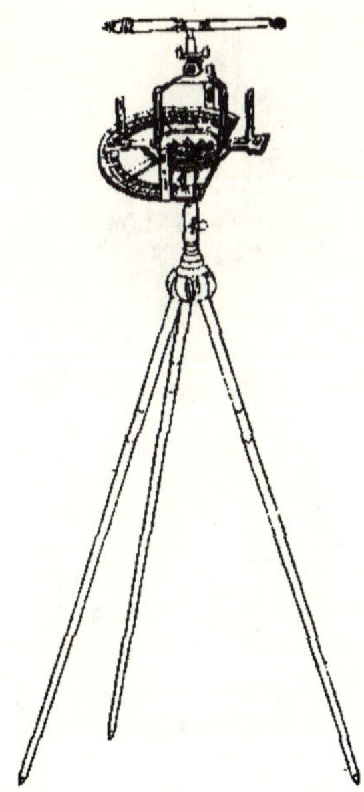

雙半圓儀

謹按：本朝製雙半圓儀，鑄銅爲之，平置直尺長一尺，內開空槽，束以銅如帶鋌，施輪軸使遊動。兩半圓通徑皆三寸，一加尺端，一縮槽內。半周一百八十度內畫半方矩，縱橫皆十二分，圓心各有立耳，又施遊表，長與直尺等，表端各有立耳。圓心立耳旋之與直尺對，則爲定表之用。與遊表立耳對，則爲遊表之用。後施墜線。測量法，以定表、遊表之距度爲所測之角量。算法，以所知一邊與直尺爲比例，兩半圓進退施之，按度分以定所測之二角，兩遊表相交成三角形。承以直柱三足，能升降。平測，立測，惟所宜。

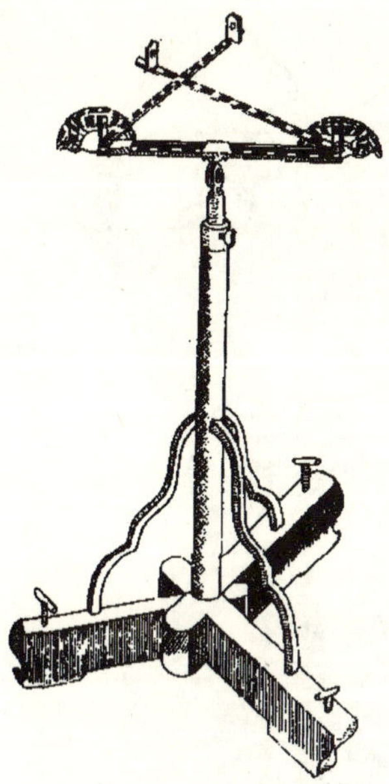

雙遊表半圓儀

謹按：本朝製雙遊表半圓儀，鑄銅爲之，通徑四寸八分，半周一百八十度，圓心施遊表二，其長皆爲一百五十分，其端各有立耳，開中線與遊表中線對。圓心亦有立耳，旋之與遊表中線參直。遊表上各帶摺表一，中心與遊表中線對，共縮一直表，長與二遊表共度等。一端當摺表中心，一端隨遊表開闔。中施指南針，後施墜線。測量法，以兩遊表相距度分爲所測之角量。算法，兩邊夾一角者，以所知之邊角按度分安定，成三角形。承以直柱三足，能升降。平測，立測，惟所宜。

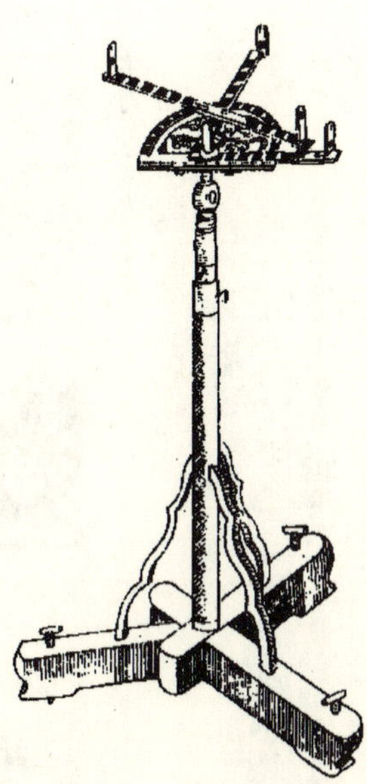

雙千里鏡象限儀

謹按：本朝製雙千里鏡象限儀，鑄銅爲之，半徑一尺四寸五分，象限之周九十度，圓線十重，以斜線相交成十格。平半徑，千里鏡爲定表。平中心，千里鏡爲遊表。下爲半圓，縱橫設兩輪低昂之。測量法，以兩表相距度分爲所測之角。承以直柱三足。平測，立測，惟所宜。

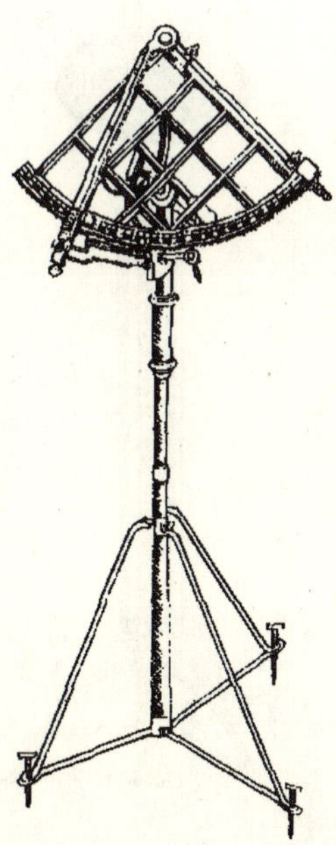

測太陽高度象限儀

謹按：本朝製測太陽高度象限儀，鑄銅爲之，半徑一尺二分，象限之周九十度，圓線十重，以斜線相交成十格。平半徑兩端各有立耳，上立耳中線穿小孔，下立耳中線爲空圈，内交十字。半徑旁施指南針。午正日光從小孔透十字心，與表耳參直。圓心施墜線于方銅管内以護風，由管末玻瓈中視墜線距日光線，知太陽距天頂之度。以時刻儀驗準，對太陽測之，知太陽隨時高度。易墜線爲遊表兩立耳，皆如定表法，與所測參直，以二表距度爲所測之角。承以直柱二足，能升降。平測，立測，惟所宜。

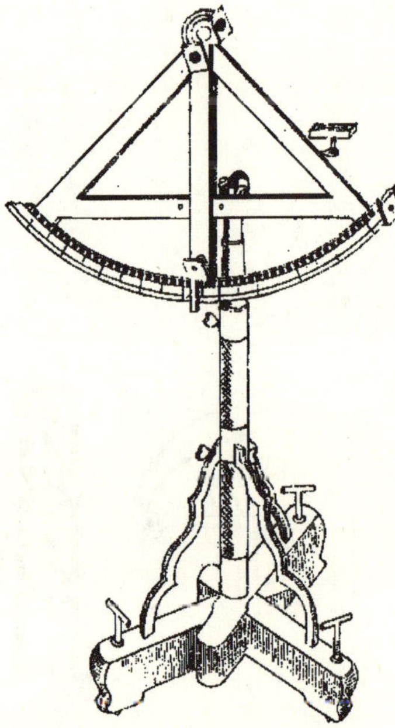

測高弧象限儀

謹按：本朝製測高弧象限儀，鑄銅爲之，半徑一尺七分，象限之周九十度，圓線十五層，以斜線相交成十五格。兩半徑線末各施立耳爲定表，中圓柱四面穿直孔，旋之使孔中線與立耳中線相對，以受日光。圓心施銅墜線，表穿長孔，有比例分以指分數。座中施指南針，以墜線距定表度爲太陽距天頂度。承以直柱，有輪，能升降。

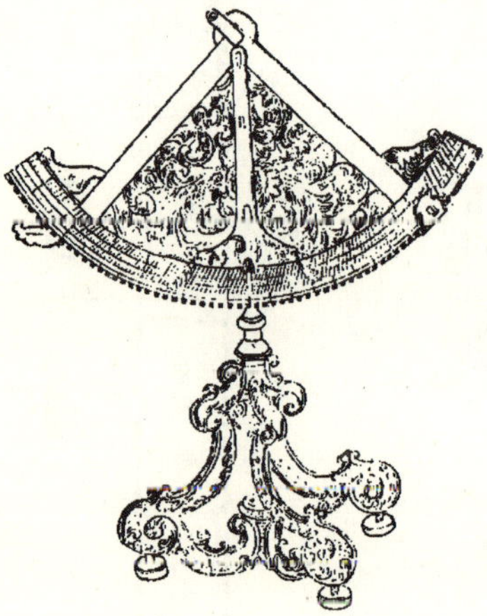

測礮象限儀。

謹按：本朝製測礮象限儀，鑄銅爲之，用兩象限，周皆九十度，中爲初度，左右各四十五度，圓心皆施墜線，當初度以取平。座上爲橫方柱，一加柱端，一倚柱旁。用時置礮上，以柱旁墜線所指合礮末所起之度。柱中空，左右各四十五度，中施遊表，穿小孔對礮末所起之度，于孔内視礮之星斗。

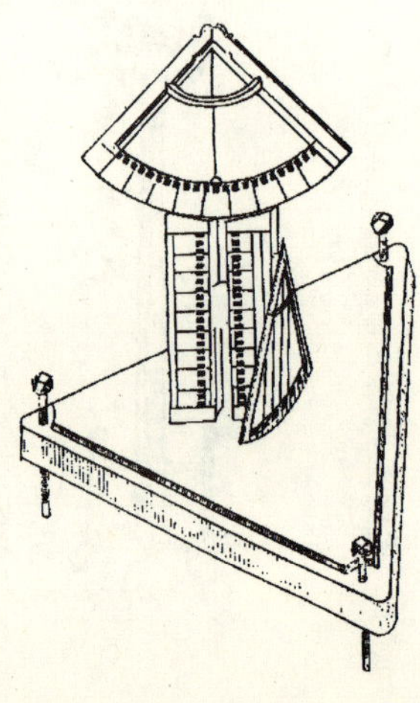

地平方位儀

謹按：本朝製地平方位儀，木質，螺鈿飾，徑二寸三分，中施指南針，周列十二辰，八方列八卦，内周施遊盤，盤面分十二宮，對立直表，其長兩相等。先定子午線，轉銅環令表與所測之處參直，距正午東西若干度爲地平偏度，以分界知其所屬方位。

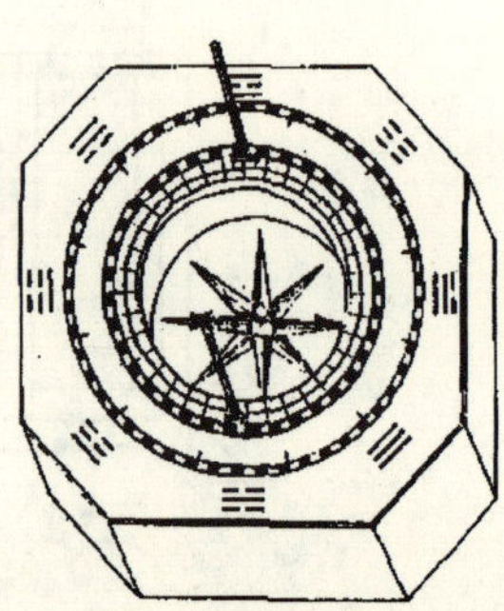

李世祿《修防瑣志・器具》卷一

裝成水平式

又 水平散形

［平池］長二尺四寸，厚二寸，廣二寸五分。鑿池深一寸五分，方廣二寸。平身少窄，開槽較水池少淺，以便通水較平面平準。

底開圓陰準深二分，安架盤圓準上，便於轉動對標桿。

用圓盤托住水平入準。

［浮子］以杉木爲之，用油塗，恐水浸透則重不浮。下座方廣一寸八九分，較水平四面少窄分餘，不致風吹傾斜。座上立安一板，連座高一寸四分，在上開一小孔。共用三個，輕重須一樣，庶無高低，方得準確。

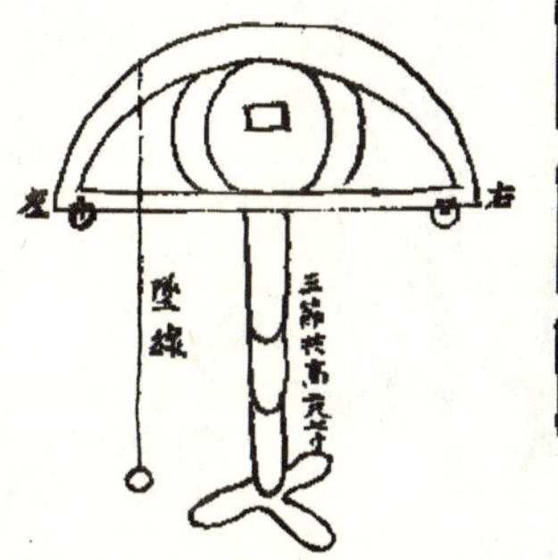

又 裝成半月旱平式

此平將上節架住入橫門，以便安半月平，平上圓月內安羅鏡，由准中看，對照方向，不差毫髮。

照看必由陰線照對陽線，又照對標子，若兩頭亦必如是，故准中陰陽線互相上下也。

又 旱平散形

［半月形］弦長一尺二寸一分零，厚六分，以堅細好木爲之，中開圓月，中心開通方眼，安橫閂。月旁較准上下打一墨線，吊線對正則平准。

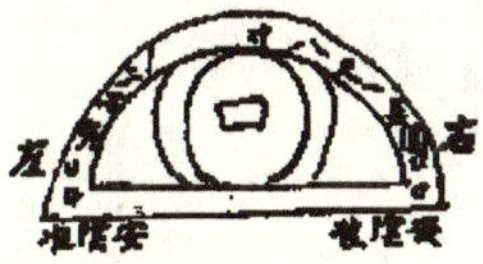

長二寸，寬一寸零分餘，木做亦可。

左铜准式　右铜准式

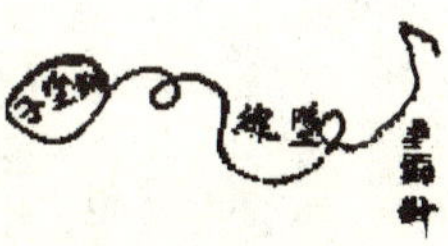

［橫門］方準圓身，便於轉動。方準緊安半月平中，尾安平柱眼中。

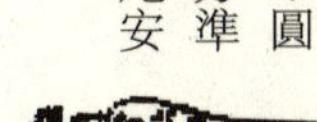

長九寸，上開通眼，放橫門。眼宜一面少小，下準宜圓長，便于轉動。

長九寸，內鑿空，上圓下方，兩頭用銅箍。

長九寸，方準下用三足，便於安放。三節做，易於攜帶。

又 架平式

架平做法。以堅木做方框，中安方柱，高三尺，長二尺，框木見方八分。三木各錐豆大透眼一個，以相對極平爲要。眼離地高二尺八寸。中柱二面各打墨線一道，下用方木爲脚，擺墊平正。將木脚做一小抽屜，收置垂線更妙。

安平法。絲線一根，長二尺六寸，一頭繫小銅墜如蚕豆大，一頭穿半截針，將針插於避風面針孔內，視垂線與架木墨線對正即平。

照法。將平安好，墜線於第一眼內望，透二三眼處爲平，與水平一樣。

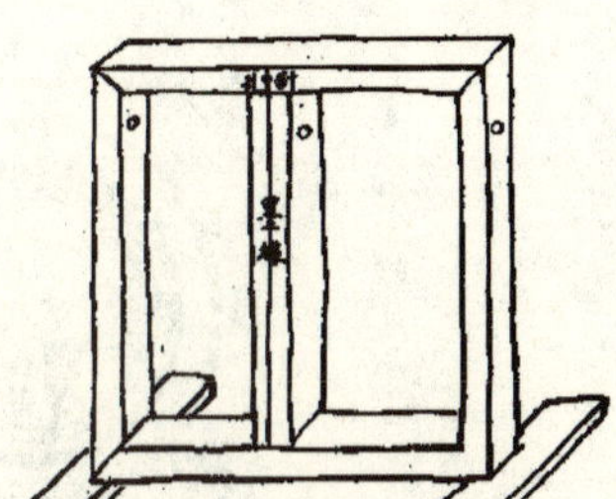

又 標桿式

標杆宜圓，頂置一小銅圈。用白紙畫准分寸裱點杆上，豎座中。座上橫木亦釘一圈，以籃布鑲白布心爲標杆，上下雙繫，風方不摇偏。以單繩縛穿上下圈內，或用羅或鼓，如高擊二聲，低擊一聲，司標旂者聽聲拉扯高低，以足尺寸。

又 丈桿五尺二式

以杉木爲之，取細直者。尺寸務畫的准。側邊每尺畫紅圈圈，內註數目。杆頭分上下，丈量時一目了然。然須如此式再做五尺杆一根，做法亦照此式。

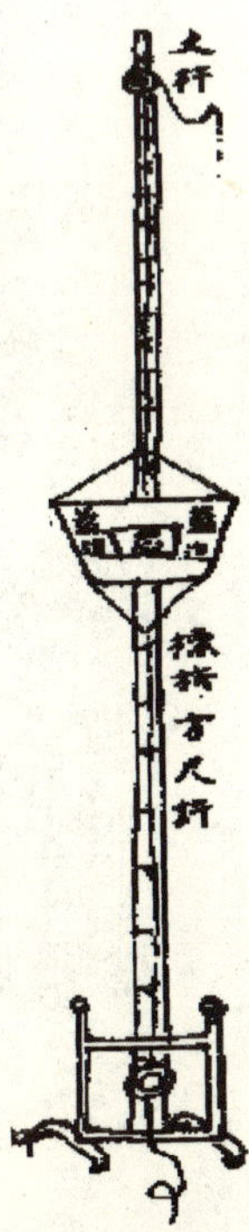

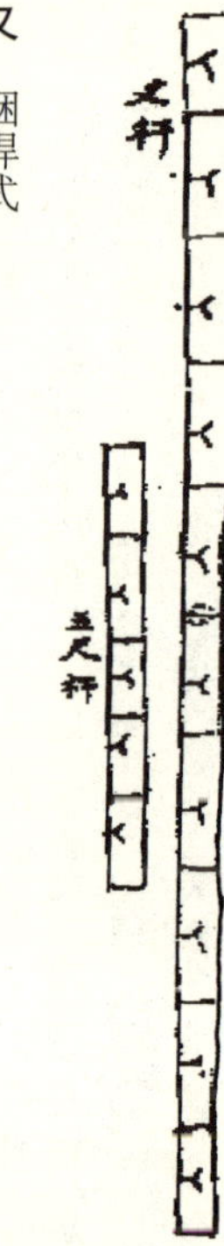

又　捆桿式

用半大竹爲之，分刻丈尺。每杆項釘小銅圈一個，又大銅圈一個，套杆中，寬大以竹根離數寸爲准，庶不脱落。用線蔴細纏繩長二十丈者，以藍布縷分出丈尺。將繩頭由大圈下穿上，又穿入杆頭小圈內，拉下繩頭，結大圈上。兩杆一樣穿法。用四人分杆豎堤兩邊，將繩扯起，照量頂底高寬，一目了然矣。

又　均高

丈量兩面堤工當用捆杆，如量一面堤工則用均高，繩用線蔴細纏，名曰小縴子。

杆長一丈五尺，以圓直杉木爲之。杆項釘小木鈴鐺，下用鋼圈套杆上，將繩一頭結圈上，一頭穿入木鈴內，扯下又穿入大圈內。用一人豎杆堤旁，將有結繩頭如扯旂法拉住，隨圈起落鬆緊之。一人立堤上縴繩頭，縴至杆上銅圈與高處平爲度。看杆上尺寸，自地至圈高數自見。量河收分，必用之具也。

又　總略卷二

水平圖式做法

凡估工程，地勢有高低不等，非用水平測量，難以一律相平。估計不能懸擬，土方多寡難分，而開河更不可少。以此較準上下口高底，可否流通，庶與工程有裨。不致糜費錢糧，參差失勢。列圖於後。

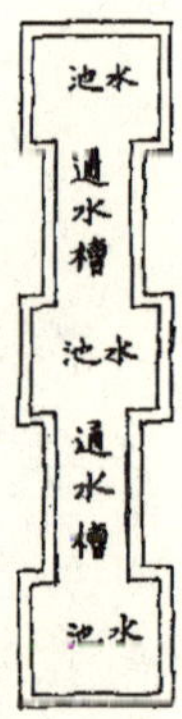

水平身。長二尺四寸，寬二寸四分，厚二寸。水池各横濶一寸八分，縱濶一寸三分，深一寸二分。通水槽濶三分，深一寸三分。邊框，厚三分。

水平蓋。樑高八分，中開豆大小眼。蓋厚三分，濶一寸二分，長一寸七分。

水平架。架高二尺四寸，下裝鐵脚，上用木盤。盤心小圓準一個，將水平中池後面陰準套上。

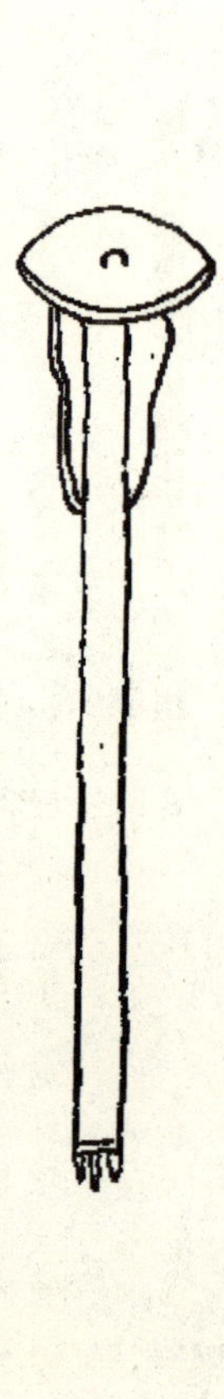

水平做法：用木板一塊，厚二寸，長二尺四寸，兩頭及中間鑿方槽三個，名曰三池。横濶一寸八分，縱濶一寸三分，深一寸二分。其內有通水水槽一道，濶三分，深一寸三分。三池上各置一盖，盖週圍畧小些微，能放入池內，名曰浮子。盖上用一横梁，高八分，錐一小眼，如菉豆大，濶一寸二分，長一寸七分。蓋厚三分。三眼穿對相齊爲平，名曰天下平。其水平架用木一根，長二尺四寸，下裝鉄脚，易於入土。上用木盤，盤中用圓笋一個，好安水平。水平背面正中處琢一圓窩，深二三分，安放盤笋上，要圓活爲妙。

水平用法：先將盤架插穩地上，次將水平擱於盤上，以壺盛水，慢慢傾入水平池中，以四面相平爲準。三池內各將浮子放於水面，外立度竿，長二丈，刻定尺寸。外用柴杆夾紅帋一條。令人拏立遠至十丈外，於浮子上孔內眇目視之，三眼與紅帋相射處，即定尺寸若干。挨次照去，便知高低矣。

又　水平算法

將水平照看，以第一平高若干爲主，次照第二平高低。如第一平高三尺，第二平高三尺一寸，則地勢低第一平處一寸。又以第二平較第三平，如第三平高三尺，則地勢高第二平一寸。如此逐平較去，高低記明。第幾平高若干，較前平爲低若干，遞算記明完畢，一總將高共算記若干丈尺，低共算記若干丈尺，此牽算一定之法則也。若以一平較一平，前後逐平除算，恐測量遠長，易於錯悞，則不準矣。

又　旱平圖式做法

測量高低，雖有水平，然携水不便，且冬月水凍，不能爲力。今又設旱平，數準而便。其旱平做法：用堅細好板一塊，作半月形，弦長一尺二寸一分零，圓背長一尺八寸二分零，厚六分。弦口下，於中心開通方眼，安横門。半月内，中心開圓月。又於圓月中心開通方眼，内安鑼鏡，以定方向。圓月旁，較準上下打一墨線，以便上插垂線半截針於上墨線孔内。半月兩頭，各陰準二個，如吕字式，以便安入銅准。准係銅的，或以木爲之，左右各一，長二寸，寬一寸，厚分餘。左准，上開二眼爲陽線，下開一眼爲陰線。右准，上開一眼爲陰線，下開二眼爲陽線。准下各有小方準二個，以便安入半月兩頭陰準内。横門之下，用平架高二尺七寸，分作三節，各長九寸。横門係圓身，將架木上，節上開陰圓準眼，下用陽準。平架中節内鑿空，上圓下方，兩頭用銅箍，下節上用方陽準。下用三鉄足，便於安放也。

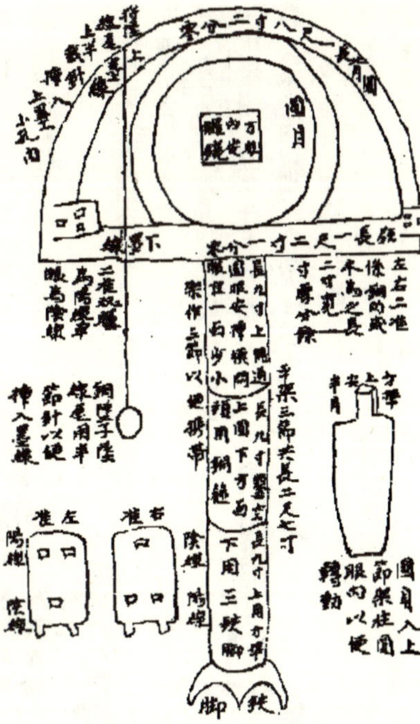

又　旱平照法

細心將旱平開起，兩頭銅准安平，掛起墨線少離平身分餘，與平中墨路對準。即平眇目，由銅准中陰線看照下准子中陽線，又將陽線對去，與標相平，便是的準。

又　看旱平標杆法

標用藍邊白心小方旗，掛桿上，從准子對照，要與旗上邊相平爲則。然完一平，先將平移立樹標處，再將標桿前移，至立標桿宜與平稍近，以看得明白爲主。若貪遠，則差之毫厘，失之千里。是以看標旗，必須二人更换，盖恐看久，目力太勞，不甚準耳。

又　架平圖式做法

以木做方框，中竪方柱，高三尺，長二尺，框木見方八分。三木各錐豆大透眼一個，以相對爲主，眼離地高二尺八寸。中木二面，各打墨線一道。下用方木爲脚，方得擺墊平正。用時於避風一面，以針插入墨線上，垂線與墨線對直爲平。照法：眇目於三眼之第一眼，視透第二、第三眼之直射處爲平，以標旗起落與平爲準，然後於標處按量高數。其量算各法，一如水平之法，而較水旱二平，更覺便利穩準。俞大宗製。

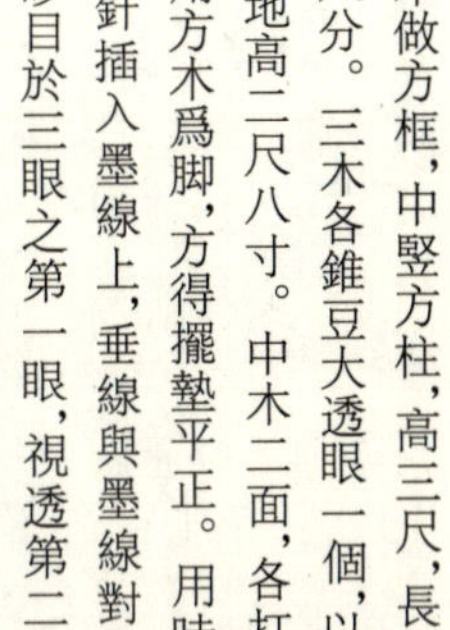

又　桿平法三則

一法：用直木二根，長四五尺不等，竪於堤河二邊，上架平準横木一根，用眼自正中平觀，以木平爲度，則堤面與水面高低立見。

一法：用直木一樣兩根，一立河邊，一立堤邊，如相去遠者，中間再立短木一根，用長細繩一條，牽極平，縛於兩邊立木上，墨塗記認，取直木量之。此二法俱憑目力爲定，恐難準確，用此約其大端則可。

一法：用大水盆一個，約徑二尺餘者，或水缸，或長木桶更妙，傾水於内，離口約淺三寸，盆邊兩頭，各鋪紅帋一塊於水上，如有油帋更佳，俾不爲水浸透。又用一樣長尺餘或數寸小誌二根，立於水面帋上，人手扶正，則小誌兩頂上一樣相平，以此爲則。用法將蔴線或細繩一條，長二丈，兩頭各縛立木上，仍用人執定，以便起落，將水盆放置蔴線下適中之所，傾水，鋪帋立誌，其線須拉緊，當中方平，與兩小誌稍頭相平，則準。按量兩頭立木縛線離地尺寸，則知高低矣。此乃小法，最遠者不過三四丈，匠工用之。若用於堤河，則嫌太繁，且移桶不便，仍用水旱平爲是。

錢塘《淮南天文訓補注》卷下《天文訓下》

正朝夕：先樹一表東方，操一表卻去前表十步，

補曰：此表在東方表西，所以正夕。

以參望日始出北廉。日直入，

補曰：日出東表北廉，則景入西表南廉。

又樹一表于東方，

補曰：東西爲廣，南北爲袤。

立四表以爲方一里距。

補曰：測平遠者，先求其率，用四表，所以求率也。測日初出，故爲平遠。入表數爲首率，東西一里爲次率，南北一里爲三率，去日里數爲四率。四表者，一爲艮，二爲乾，三爲巽，四爲坤也。《地形訓》云：禹乃使大章步自東極至于西極，二億三萬三千五百里七十五步；使竪亥步自北極至于南極，二億三萬三千五百里七十五步。明是正方，故四表亦方一里。

先春分若秋分十餘日，

補曰：二分日半出半入，時正當卯酉之中。先春分則近南，先秋分則近北。日周行十六所，爲度三百六十，是一所天行二十二度有半也。冬至五所，天行百一十二度五分，半之爲距午中之度，則日出于辰一十八度七十六分，入于申一十一度二十六分。夏至十一所，天行二百四十七度五分，半之爲距午中之度。則日出于寅二十六度二十六分，入于戌三度七十六分也。分至所較，皆三十三度七十五分。氣有六，以氣除度，得一氣差五度六百二十五分，即可知先春分秋分十餘日之日出入度矣。

從歫北表參望日始出及旦，以候相應，相應則此與日直也。

補曰：用歫此表，即用北廉同意。及旦者，所謂至于曲阿，是謂旦明，二分日出之所也。一氣有三候，氣差五度六百二十五分，則候差一度八百七十五分，故必以候相應。一候所差，尚宜以日出入分之，則不盈一度。日始出多近北，故二分之前，同用歫北表也。

輒以南表參望之，以入前表數爲法，

補曰：北表參望日直，則南表參望日常不直，從日至南北後二表即勾股也。其弦斜至日處，而截南前表于弦外，即是入前表之數，成一倒勾股也。而二勾股比例正等，故用以爲率。何以明之？試以大勾股倒轉，即小勾股必在其端，而比例正等矣。

除舉廣，除立表袤，以知從此東西之數也。

補曰：日入前表數爲小句，前後二表相去爲小股，南北後二表相去爲大句，北後表至日下爲大股。小句者，大句股之率也。除舉廣，謂以小句除小股，知有幾倍也。除立表袤，亦謂以小句除大句，知有幾倍也。知此，而以二句股爲比例，即知大股之長。蓋小句得小股幾分之一，則大句亦必得大股幾

補曰：此表在東方表東南，所以正朝。

因西方之表以參望，日方入北廉，則定東方。

補曰：日入西表北廉，則景入東南表南廉，定東方在東二表間也。所以日出入用表北廉者，日行十六所，登于扶桑爲朏明，寅甲間也；頓于連石爲下春，辛戌間也，此夏至之日出入皆近北方。即以二分論之，至于曲阿爲旦明。旦明，卯也。經于淵虞爲高春。高春，酉也。而出則自北而南，入則自南而北，半出以前，半入以後，仍在北方。張胄元用後魏渾天鐵儀測(如)[知]，春秋二分，日出入卯酉之北，不正當中，與何承天所測頗同，皆日出卯三刻五十五分，入酉四刻二十五分。盡具載《隋志》。此黄道斜行使然。古雖用蓋大，其實測固無異也。望日用北廉，則表常居中，而不能無偏于北。丁是平有南表，使景在表南，則表始近中耳。

兩表之中與西方之表，則東西之正也。

補曰：東表、西表近北，東南表近南，兩表之中，直西表之南，爲正東西。《周髀》云：「以日始出立表而識其晷，日入復識其晷，晷之兩端相直者，正東西也。中折之指表者，正南北也。」《攷工記》：「匠人建國，水地以縣。置槷以縣，視以景。爲規，識日出之景與日入之景。晝參諸日中之景，夜攷之極星，以正朝夕。」康成注：「日出日入之景，其端則正東西也。又爲規以識之者，爲其難審也。自日出而晝，其景端，以至日入既，則爲規，測景兩端之内規，規之交乃審也。度兩交之間，中屈之以指臬，則南北正。」與《淮南》法異而理同。

日冬至，日出東南維，入西南維。至春秋分，日出東中，入西中。夏至，出東北維，入西北維。至則正南。

補曰：《周髀》云：「冬至晝極短，日出辰而入申，陽照三不覆九，東西相當正南方。夏至晝極長，日出寅而入戌，陽照九不覆三，東西相當正北方。日出左而入右，南北行。故冬至在坎，陽在子，日出巽而入坤，見日光少，故曰寒。夏至在離，陰在午，日出艮而入乾，見日光多，故曰暑。」所説即《淮南》法也。辰爲巽初，申爲坤末，戌爲乾初，寅爲艮末。艮、巽、坤、乾，即四維也。在六十所，則冬至日出入當桑野之初，悲谷之末。夏至日出入當咸池之末，悲泉之初，即四維之分也。此古人特以大判爲言，故合之。馬融所説刻漏盈縮至較八刻百分刻之七十五也。

欲知東西，南北廣袤之數者，

分之一，故以此知從此東西之數也。

假如視日出，入前表中一寸，是寸得一里也。

補曰：《周髀算經》云：「周髀長八寸，句之損益寸千里。」注：「句謂景也。言懸天之景，薄地之儀，皆千里而差一寸。」案：《周髀》以髀爲股，以景爲句，日中立八尺之股，南北二千里，景差二寸，故寸有千里，故人以爲通率，以測東西。于小句股，則一里高遠與平遠之別，亦一表與四表之辨也。

一里積萬八千寸，得從此東萬八千里。

補曰：三百步爲里，六十寸爲步，寸乘步，得萬八千寸，此小股之長也。小句一寸，小股長萬八千寸，則大句一里，大股即長萬八千里。大股之于大句，若小股之于小句，而得從前表至日處之里數。以此知近世四率之法，古人已先有之。小句首率，小股次率，大句三率，求得大股爲四率。

視日方入，入前表半寸，則半寸得一里。

補曰：論算術，東入一寸，西亦當入一寸。《淮南》云半寸，則設術也。半寸爲里，則所得必倍，如倍半寸爲一寸，所得即同。

半寸而除一里積寸，得三萬六千里，

補曰：置一里積寸萬八千，以五爲法除之，即得此。則日遠于前一倍，乃爲虛數，故必除而後得實數也。

除則從此西里數也。

補曰：除，謂除前萬八千里，猶倍半寸爲一寸也。

并之東西里數也，

補曰：凡三萬六千里。

則極徑也。未春分而直，已秋分而不直，此處南也。未秋分而直，已春分而不直，此處北也。分至而直，此處南北中也。

補曰：此求地中也。直，謂表與日直。十六所以曲阿、淵虞爲二分，日所出入之處，此南北中也。未春分，日行其南，故處南則直。直在春分前，則直亦必在秋分後，雖已秋分，尚未直也。未秋分，日行其北，故處北則直。直在秋分前，則直亦必在春分後，雖已春分，尚未直也。惟二分氣至而直，方處南北之中，皆視日道之南北爲定也。

從中處，欲知中南也。

補曰：知中則知南矣。《周髀算經》云：「冬至日加酉之時，立八尺之表，以繩繫表顛，希望北極中大星，引繩致地而識之。又到(日)[旦]明日加卯之時，復引繩希望之，首及繩致地而識其端，相去二尺三寸，故東極二萬三千里。其兩端相去，正東西；中折之，以指表，正南北。」法雖不同，理無異也。

未秋分而不直，此處南北中也。

補曰：秋分直，故未秋分不直。言秋分，則春分可知。《隋志》曰：《周禮·大司徒職》：「以土圭之法，測土深，正日景，以求地中。」此則渾天之正說，立儀象之大本。故云：日南則景短多暑，日北則景長多寒，日東則景夕多風，日西則景朝多陰。日至之景，尺有五寸，謂之地中。天地之所合也，四時之所交也，風雨之所會也，陰陽之所和也。然則百物阜安，乃建王國焉。又《攷工記》：「匠人建國，水地以縣。置槷以縣，眡以景。爲規，識日出之景與日入之景。晝參諸日中之景，夜攷之極星，以正朝夕。」案：土圭正景，經文闕略，先儒解說，又非明審。祖暅錯綜經注，以推地中。其法曰：先驗昏旦，定刻漏，分辰次。乃立儀表于平準之地，名曰南表。漏刻上水，居日之中，更立表于南表景末，名曰中表。夜依中表以望北極樞，而立北表，令參相直。三表皆以縣準定，乃觀。三表直者，其立表之地，即當子午之正；三表曲者，地偏僻。每觀中表，以知所偏：中表在西，則立表偏在地中之西，當更向東求地中；若中表在東，則立表處在地中之東也，當更向西求地中。取三表直者，爲地中之正。又以春秋二分之日，旦始出東方半體，乃立表于中表之東，名曰東表。令東表與日及中表參相直。是日之夕，日入西方半體，又立表于中表之西，名曰西表。亦從中表西望西表及日，參相直。乃觀三表直者，即地南北之中也。若中表差近南，則所測之地在卯酉之南；中表差在北，則所測之地在卯酉之北。進退南北，求三表直正東西者，則其地處中，居卯酉之正也。所說求東西地中，《淮南》無之。其求南北地中，即與《淮南》同理。

從中處欲知南北極遠近，從西南表參望日，日夏至始出與北表參，則是東與東北表等也。

補曰：夏至日出東北維，故從西南表參望。東北、西南兩表與日參，如北前、北後兩表與日參無異，即可借春秋分表位爲夏至表位，借春秋分日入前表之數，爲夏至日入前表之數，故云東與東北表等也。

正東萬八千里，則從中北亦萬八千里也。倍之，南北之里數也。

補曰：倍之爲三萬六千里，與東西正等。

其不從中之數也，

補曰：此爲處南北者言之。

以出入前表之數益損之。表入一寸，寸減日近一里；表出一寸，寸益遠一里。

補曰：處南則表出，處北則表入。何者？處南者，未春分而直也。至分時而日北，故表出。處北者，未秋分而直也。至分時而日南，故表入。寸益損一里，則通率也。

欲知天之高，樹表高一丈，

補曰：天高不可知，測之以景。樹表所以求景也。此亦以句股比例而知，蓋同有大小兩句股也。

正南北相去千里，同日度其陰，

補曰：度日中景。

北表一尺，

補曰：一當爲二。

南北尺九寸，

補曰：北當爲表。

是南千里陰短寸。

補曰：表近日則陰短，表遠日則陰長。二表相去千里，故北表陰二尺，南表陰尺九寸，即爲寸差千里之通率。

南二萬里則無陰，是直日下也。

補曰：千里短寸，則萬里短尺。據北表陰二尺，故南二萬里則無陰。既得千里短寸之率，即棄南表不用，但用北表陰以推日下之數也。

陰二尺而得高一丈者，是南一而高五也。

補曰：置表高一丈，以陰二尺除之，得五，是南萬里而日高五萬里也。此爲高率。然日無高下，有高下者，地圓使然。故曰蓋天即渾天也。

則置從此至日下里數，因而五之，爲十萬里，則天高也。

補曰：二萬里爲實，高五爲法，乘之得十萬里，此天高之數。必知天高十萬里者，以表高一丈，中有百寸，寸得千里，百之而成十萬故也。然則表即大高之率，故以直日下無景爲天高。《周髀》云：「周髀長八尺，夏至之日晷一尺六寸。髀者，股也。正晷者，句也。正南千里，句一尺五寸；正北千里，句一尺七寸。日益表，南晷日益長，候句六尺。從髀至日下六萬里，而髀無影。從此以上至日則八萬里。」即其理也。六萬里者，設法詞，實測則不然，故曰日夏至南萬六千里，日中無影。

若使景與表等，即高與遠等也。

補曰：以千里差寸率之，則去日下十萬里，景與表等。即可從日遠以知天高，至此則句股適均矣。

【略】

正朝：日在甲樹一表東方，景到庚，又樹一表西方，從北廉望日，是西表在景北也。正夕：日在辛復樹一表東方，亦從北廉望日，即西表則在景南，而景至乙，此則二景交于西表之東，而爲正中也。故取東二表之中，以直西方之表，而得正東方。

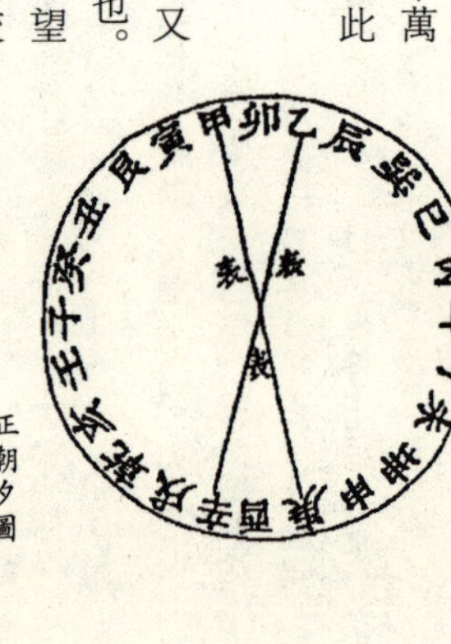

正朝夕圖

此即後世三角法之祖。

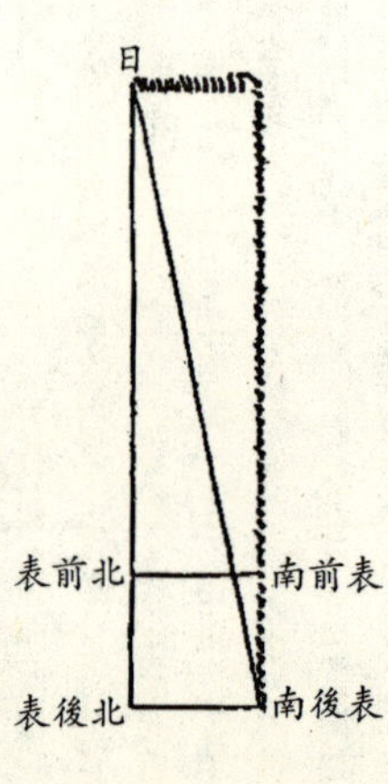

測日遠句股比例圖

從日至北後表爲股，至南後表爲弦，兩後表相距爲句。弦截南前表于外，得日入表之數。從南前表引虛線而東，從日引虛線而南，成長方形，依弦破之，爲倒順兩大句股也。南二表及弦間有小句股之倒者，以比大句股，其例正等。蓋倒順兩大句股積數無異，故小句股雖倒，可以比大句股之順者也。

以景二尺，除表高一丈，得南一高五爲率。比南至日下二萬里，知爲日高十萬里。二萬里之表，在日北成小句股，日下二萬里成大句股，比例正等，是故去日萬里則景一尺，去日二萬里則景二尺，直日下則無景。若去日十萬里，則景一丈，而與表等，日高常十萬里也。試以表端爲地平，即地下之景，必與去日里數正等，其理顯矣。

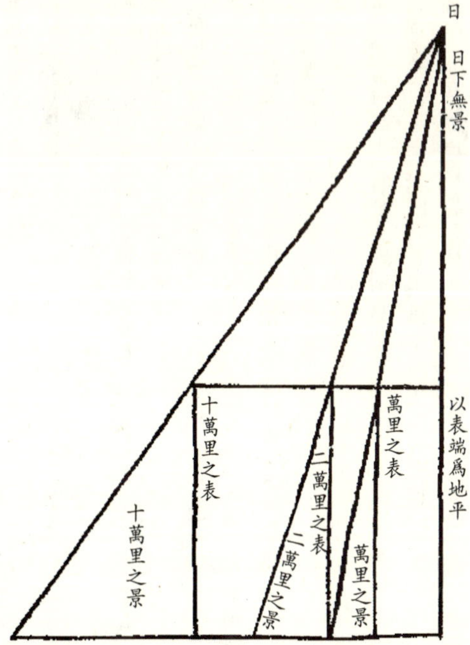

測日高句股比例圖

二分日當卯酉之中，故地中景與表直中垂一線是也。不處地中，景必有出入之數。處南則弦入表北而表出，處北則弦出表南而表入。出多則遠日，出少則近日，處南然也。入多則近日，入少則遠日，處北然也。蓋南用南後表，北用北後表，其前表則常用南耳。如改用北表，則處南者以入少爲遠日，入多爲近日；處北者以出少爲近日，出多爲遠日，法正相反。

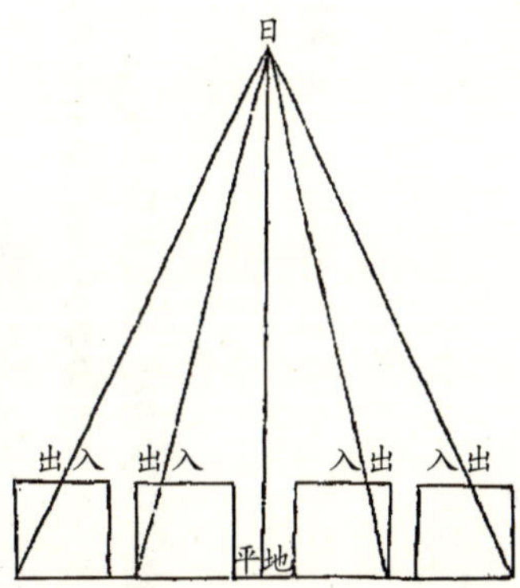

日景出入前表益損之圖

嵇璜　劉墉等《續通典》卷六二

《禮嘉》

指南車宋。

宋指南車，亦名司南車，赤質，兩箱，畫青龍白虎，四面畫花鳥，重臺，勾欄，鏤栱，四角垂香囊。上有仙人，車雖轉而手常南指。一轅，鳳首，駕四馬。駕士舊十八人，太宗雍熙四年增爲三十人。仁宗天聖五年，燕肅復創意造之，其法用獨轅車，車箱外籠上有重構，立木仙人於上，用大小輪九，合齒一百二十。足輪二，高六尺，圍一丈八尺。附足立子輪二，徑二尺四寸，圍七尺二寸，齒各二十四，齒間相去三寸。轅端橫木下立小輪二，其徑三寸，鐵軸貫之。左小平輪一，其徑一尺二寸，齒十二。右小平輪一，其徑一尺二寸，齒十二。中心大平輪一，其徑四尺八寸，圍一丈四尺四寸，齒四十八，齒間相去三寸。中立貫心軸一，其高八尺，徑三寸，上刻木爲仙人。其車行，木人南指。若折而東推，轅右旋，附右足子輪順轉十二齒，擊右小平輪一匝，觸中心大平輪左旋四分之一，轉十二齒，車東行，木人交而南指。若折而西推，轅左旋，附左足子輪隨輪順轉十二齒，擊左小平輪一匝，觸中心大平輪右轉四分之一，轉十二齒，車正西行，木人交而南指。若欲北行，或東，或西，轉亦如之。大觀元年，内侍省吴德仁又獻指南車之制，其制身一丈一尺一寸五分，闊九尺五寸，深一丈九寸，車輪直徑五尺七寸，車轅一丈五寸，車箱上下爲兩層，中設屏風，上安仙人一，執杖。左右龜鶴各一，童子四，各執纓立四角，上設關戾。卧輪一十三，各徑一尺八寸五分，圍五尺五寸五分，出齒三十二，齒間相去一寸八分。中心輪軸隨屏風貫下，下有輪一十三。中至大平輪，其輪徑三尺八寸，圍一丈一尺四寸，出齒一百，齒間相去一寸二分五釐。通上左右起落二小平輪，各有鐵墜子一，皆徑一尺一寸，圍三尺三寸，出齒一十七，齒間相去一寸九分。又左右附輪各一，徑一尺五寸五分，圍四尺六寸五分，出齒二十四，齒間相去二寸一分。左右疊輪各二：下輪各徑二尺一寸，圍六尺三寸，出齒三十二，齒間相去二寸一分；上輪各徑一尺二寸，圍三尺六寸，出齒三十二，齒間相去一寸一分。左右車脚上各立輪一，徑二尺二寸，圍六尺六寸，出齒三十二，齒間相去(一)[二]寸(二)[零]分五釐。左右後轅各小輪一，無齒，繫竹篾并索在左右軸上，遇右轉，使右轅小輪觸落右輪；若左轉，使左轅小輪觸落左輪。行則仙童交而指南。

又　記里鼓車宋。

宋制記里鼓車，一名大章車，赤質，四面畫花鳥，重臺，勾欄，鏤栱。行一里，則上層木人擊鼓。行十里，則次層木人擊鐲。一轅，鳳首，駕四馬。駕士舊十八人，太宗雍熙四年增爲三十人。仁宗天聖五年，内侍盧道隆上記里鼓車之制。其制獨轅，雙輪，箱上爲兩重，各刻木爲人，執木槌。足輪各徑六尺，圍丈八尺。足輪一周而行地三步，以古法六尺爲步，三百步爲里，用較今法五尺爲步，三百六十步爲里。立輪一附於左足，徑一尺三寸八分，圍四尺一寸四分，出齒十八，齒間相去二寸三分。下平輪一，其徑四尺一寸四分，圍一丈二尺四寸二分，出齒五十四，齒間相去與附立輪同。立貫心軸一，其上設銅旋風輪一，出齒三，齒間相去一寸二分。中立平輪一，其徑四尺，圍丈二尺，出齒百，齒間相去與旋風等。次設小平輪一，其徑三寸少半寸，圍一尺，出齒十，齒間相去一寸。上平輪一，其徑三尺少半(尺)[寸]，圍一丈，出齒百，齒間相去與小平輪同。其中平輪轉一周，車行一里，下一層木人擊鼓。上平輪轉一周，車行十里，上一層木人擊鐲。凡用大小輪八，合二百八十五齒，遞相鉤鏁，周而復始。詔以其法下有司製之。大觀元年，内侍省吴德仁獻記里鼓車之制，其法車箱上下爲兩層，上安木人二，各手執木槌。輪軸共四。內左壁車脚上立輪一，安車箱內，徑二尺二寸五分，圍六尺七寸五分，二十齒，齒間相去三寸三分五釐。又平輪一，徑四尺六寸五分，圍一丈三尺九寸五分，出齒六十，齒間相去二寸四分。上大平輪一，通軸貫上，徑三尺八寸，圍一丈二尺，出齒一百，齒間相去一寸二分。立軸上，徑二寸二分，圍六寸六分，出齒三，齒間相去二寸二分。外大平輪軸上有鐵撥子二，又木橫軸上關戾、撥子各一，其於車脚轉一百遭，通輪軸轉周，木人各一擊鉦、鼓。

張廷玉等《清朝文獻通考》卷二五八《象緯考二》 儀器

重製圭表。置銅圭於石臺，長一丈六尺二寸，寬二尺七寸，周以水渠。南端植銅表，高一丈，上端施銅葉，中穿圓孔，徑二分。午正日景自圓孔透圭面，成橢形，南界爲日體上景，北界爲日體下景，中心爲中景。

徐端《安瀾紀要》卷下

做水平法

用木板一塊，長二尺四寸，兩頭及中間鑿爲三槽，槽係方的，名曰三池，橫濶一寸八分，縱濶一寸三分，深一寸三分，其內有通水槽一道，濶二分，深一寸三分。三池上各置蓋，周圍略小些微，能放入池內，名曰浮子。蓋上用一橫樑，高八分，錐一小眼如菉豆大，濶長一寸七分，厚一分，蓋厚三分。三眼穿對相齊爲平，名天下平。

又 照法

外立度杆長一丈，刻定尺寸，外用柴竿夾紅紙一條，令人拿立遠五十丈外，眇目視之，三眼與紅紙相射處即定尺寸若干。挨次照去，便知高低矣。其水平架用木一根，長二尺五寸，下裹鐵脚，易於入土。上用木盤，水平底上琢一圓窩，深二三分，架子盤上用圓筍一個，好安定平穩。

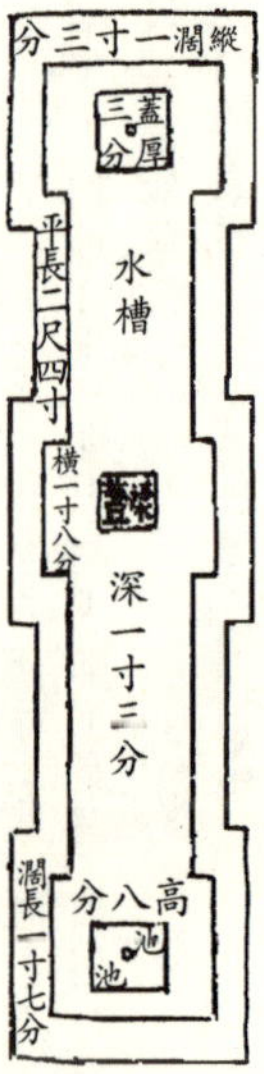

水平式

假如新河應挑口寬五丈，底寬二丈，深五尺，誌樁須長八尺，釘與土平，除完工挑出五尺，仍入

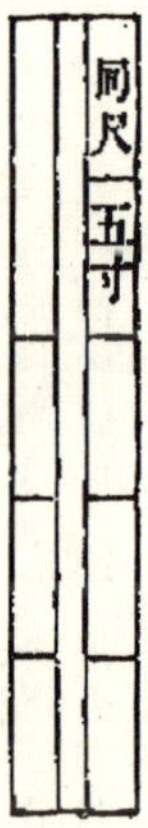

土三尺，以爲竪立根脚。再兩邊河口各釘口橛，又各越出二丈打定灰印，用篾繩從此岸灰印量至對岸灰印，連應挑河口共計篾長幾丈。或兩岸地勢窄狹，越出五尺、一丈均可。再用丈杆在樁頂上竪量空高若干，並東西口橛空高各若干。

麟慶《河工器具圖説》卷一《宣防器具》

夾杆、均高，一物二名。對以峙之，故曰夾。齊以一之，故曰均。長二三丈，刻劃尺寸，上釘鐵圈，中有腰圈。量堤時，將杆分列於南北兩坦，若堤高一丈，將腰圈拉至一丈之處，堤上兵夫踏住篾繩以視高矮。

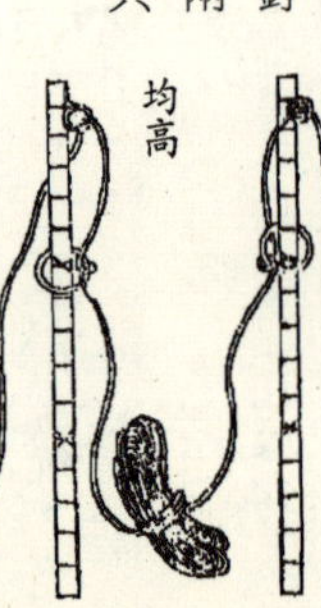

旱平

旱平以木製成三角式，或銅爲之，長闊不滿尺，上以二鈎備掛，中有活銅針。用時平掛於篾繩，視針之斜正，知地面之高低、河底之平窪。《傳疑録》：衡起於黃鐘之平，權與物鈞而爲衡，衡平而權鈞矣。衡，以準曲直也。旱平類是。地篾丈量堤之長短，每五尺用紅絨爲記，二人拉量，遠觀便知數目。雲篾稍細，用亦畧同。又有響篾，或籐或竹連以鐵圈，每節五尺，共二十節，計長十丈，較之麻篾、篾篾，質稍堅結，用則相同。

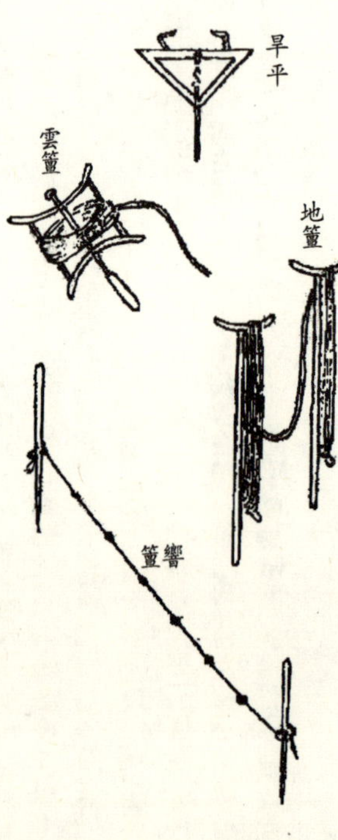

水平

水平之制，用堅木長二尺四五寸，或長四五尺，厚五寸，寬六寸，中間留長三寸，兩邊鑿槽，各寬八分，餘寬七分，以作外框，兩頭各留長三寸，

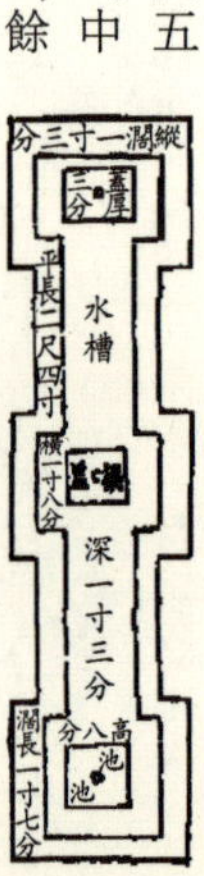

水平

亦鑿槽寬八分，通身槽深二寸，周圍一律相通。再於中央鑿池一方，寬長各二寸，深二寸。左右各添鑿一槽，其寬深與通身槽同，便於放水通連。槽內須放浮子一箇，浮子方長一寸五分，厚六分，面安小圓木柄一根，高出面五分。其兩頭亦各放浮子一箇，寬長均與中央同。惟兩頭之槽僅寬八分，未免浮寬槽窄，必得於兩頭適中之處開二方池，照中央寬深尺寸，名曰三池。用時置清水於槽內，三浮自起，驗浮柄頂平，則地亦平。如有高下，即不平矣。但用在五六丈之內尤準，若多貪丈尺，轉屬無益。

閻鎮珩《六典通考》卷一九二《工政考・歷代車制》

指南車

黃帝與蚩尤戰于涿鹿之野，蚩尤起大霧，軍士不知所向，帝遂作指南車。周成王時，越裳氏重譯來獻，使者惑失道，周公賜軿車以指南。其後法亡，後漢張衡復創造，漢末其器無存。魏明帝命馬鈞繼作之，晉亂又亡。石虎使解飛，姚興使令狐生又造。宋武帝平長安，得而修之，一名司南車。其制如鼓車，設木人于車上，舉手指南。車驟回轉，所指微差。齊高祖使祖沖之復造，其制甚精，百屈十廻，未嘗移變。梁復名司南車，大駕出，爲先啟之乘。魏太武帝使郭善明造，彌年不就。扶風馬岳造，垂成而爲善明鴆死，其法遂絕。唐備于大駕爲前行，駕士十四人。元和中，典作官金公立以其車及記里鼓上之，憲宗閱於麟德殿，以備法駕。歷五代至宋，莫得其制。天聖中，工部郎中燕肅始造指南車奏之，其法用獨輈車，車箱外籠上有重構，立木仙人於上，引臂南指。大小輪九，合齒一百二十。足輪二，高六尺，圍一丈八尺。附足立子輪二，徑二尺四寸，圍七尺二寸，出齒各二十四，齒間相去三寸。轅端橫木下立小輪二，其徑三寸，鐵軸貫之。左右小平輪各一，徑各一尺二寸，出齒各十二。中心大平輪一，徑四尺八寸，圍一丈四尺四寸，出齒四十八，齒間相去三寸。中立貫心軸一，高八尺，徑三寸，上刻木爲仙人。其車行，木人指南。若折而東推，轅(左)[右]旋，附右足子輪順轉十二齒，繫右小平輪一匝，觸中心大平輪左旋四分之一，轉十二齒，車東行，木人交而南指。若折而西推，轅左旋，附左足子輪隨輪順轉十二齒，繫左小平輪一匝，觸中心大平輪右轉四分之一，轉十二齒，車正西行，木人交而南指。若欲北行，或東或西，轉一如之。

大觀元年，內侍省吳德仁又獻指南車、記里鼓車之制。其年宗祀大禮始用之。指南車身一丈一尺一寸五分，闊九尺五寸，深一丈九寸。車輪直徑五尺七寸，車轅一丈五寸，車箱上下爲兩層，中設屏風，上安仙人一，執杖。左右龜鶴各一，童子四，各執纓立于四角，上設關戾。卧輪一十三，各徑一尺八寸五分，圍五尺五寸五分，出齒三十二，齒間相去一寸八分。中心輪軸隨屏風貫下，下有輪十三。中至大平輪，輪徑三尺八寸，圍一丈一尺四寸，出齒一百，齒間相去一寸二分五釐。通上左右起落二小平輪，各有鐵墜子一，皆徑一尺一寸，圍三尺三寸，出齒十七，齒間相去一寸九分。又左右附輪各一，徑一尺五寸五分，圍四尺六寸五分，出齒二十四，齒間相去二寸一分。左右疊輪各二，下輪各徑二尺一寸，圍六尺三寸，出齒三十二，齒間相去二寸一分。上輪各徑一尺二寸，圍三尺六寸，出齒三十二，齒間相去一寸一分。左右車腳上各立輪一，徑二尺二寸，圍六尺六寸，出齒三十二，齒間相去二寸二分五釐。左右後轅各小輪一，無齒，繫竹篾并索在左右軸上，遇右轉，使右轅小輪觸落右輪；若左轉，使左轅小輪觸落左輪。行則仙童交而指南。車駕赤馬二，銅面，插羽，鞶纓攀胸，鈴拂緋絹，屜錦包尾。

又　記里鼓車

東晉義熙十三年，劉裕滅後秦所獲，未詳其所由來，制如指南車，駕駟，中有木人執槌向鼓，行一里則打一槌。《古今注》云：一名大章車，所以識道里也。車上爲二層，皆有木人執槌。行一里，下一層擊鼓。行十里，上一層擊鐲。《尚方故事》有其作法，然未之詳。宋因之不易，大駕鹵簿，次指南車。後齊因宋制，飾如華蓋，子襟衣漆畫鼓機皆在內。梁因齊制，改駕以牛。唐復脩大駕鹵簿，次指南車。後宋天聖五年，內侍盧道隆上記里鼓車之制，獨輈，雙輪，箱上爲兩重，各刻木爲人，執木槌。足輪各徑六尺，圍一丈八尺。足輪一周而行地三步，以古法六尺爲步，三百步爲里。立輪一，附於左足，徑一尺三寸八分，圍四尺一寸四分，出齒十八，齒間相去二寸三分。下平輪一，徑四尺一寸四分，圍一丈二尺四寸二分，出齒五十四，齒間相去與附立輪同。立貫心軸一，上設銅旋風輪一，出齒三，齒相去一寸二分。中立平輪一，徑四尺，圍一丈二尺，出齒百，齒間相去與旋風等。次安小平輪一，徑三寸少半寸，圍一尺，出齒十，齒間相去一寸半。上平輪一，徑三尺少半(尺)[寸]，圍一丈，出齒百，齒間相去與小平輪同。其中平輪轉一周，車行一里，下一層木人擊鼓。上平輪轉一周，車行十里，上一層木人擊鐲。凡用大小輪八，合二百八十五齒，遞相鉤鍥，犬牙相制，周而復始。

大觀之制，車箱上下爲兩層，上安木人三，各手執木槌。輪軸其四，內左壁車腳上立輪一，安在車箱內，徑二尺二寸五分，圍六尺七寸五分，二十齒，齒相去三寸三分五釐。又平輪一，徑四尺六寸五分，圍一丈三尺九寸五分，出齒六十，齒間相去二寸四分。上大平輪一，通軸貫上，徑三尺八寸，圍一丈一尺，出齒一百，齒間相去一寸二分。立軸一，徑二寸二分，圍六寸六分，出齒三，齒間相去一寸二分。外大平輪軸上有鐵撥子二，又木横軸上關戾、撥子各一，車脚轉一百遭，通輪軸轉周，木人各二擊鉦、鼓。

綜述

崔豹《古今注》卷上　輿服第一

大駕指南車，起黄帝與蚩尤戰於涿鹿之野，蚩尤作大霧，兵士皆迷，於是作指南車，以示四方，遂擒蚩尤而即帝位，故後常建焉。舊説周公所作也。周公治致太平，越裳氏重譯來貢，白雉一，黑雉二，象牙一，使者迷其歸路。周公錫以文錦二疋，軿車五乘，皆爲司南之制，使越裳氏載之以南，緣扶南林邑海際，期年而至其國。使大夫宴將送至國而還，亦乘司南而背其所指，亦期年而還至。始制車轄轊皆以鐵，還至鐵亦銷盡。以屬巾車氏收而載之，常爲先導，示服遠人而正四方。車瀍具在《尚方故事》。漢末喪亂，其瀍中絶，馬先生紹而作焉。今指南車，馬先生之遺瀍也。馬鈞，曹魏時人。

大章車，所以識道里也，起於西京，亦曰記里車。車上爲二層，皆有木人。行一里，下層擊鼓。行十里，上層擊鐲。《尚方故事》有作車瀍。

瞿曇悉達《開元占經》卷一《天地名體》　天體渾宗

臣謹更以晷景，考周天里數，按《周禮·大司徒》之職云：土圭之法，測土深，正日景，以求地中。日南則景短多暑，日北則景長多寒，日東則景夕多風，日西則景朝多陰。日至之景，尺有五寸，謂之地中。鄭玄云：土圭之長尺有五寸，以夏至立八尺表，其景適與圭等，謂之地中，今潁川陽城地爲然。鄭玄云：凡日景於地，千里而差一寸。景尺有五寸者，南戴日下萬五千里也。誠以八尺之表，而有尺五寸景，是立八十而旁十五也。南萬五千里而當日下，則日當去其下地八萬里矣。從日斜射陽城，則天徑之半也。天體圓如彈丸，地處天之半，而陽城爲中，則日春、秋、冬、夏、昏、明、晝、夜去陽城皆無盈縮矣。故知從日斜射陽城，爲天徑之半也。以勾股法言之，旁萬五千里，則勾也。立八萬里，則股也。從日斜射陽城，則弦也。以勾股求弦法入之，得八萬一千三百九十四里三十步五尺三寸六分，天徑之半而地上去天之數也。倍之，得十六萬二千七百八十八里六十一步四尺七寸二分，天徑之數也。以周率乘之，徑率約之，得五十一萬三千六百八十七里六十八步一尺八寸二分，周天之數也。減甄曜度《考異郵》五十五萬七千三百一十二里有奇，一度凡一千四百六里百二十四步六寸四分十萬七千五百六十五分分之萬九千四十九，減舊度千五百二十五里二百五十六步三尺三寸二十一萬五千一百三十分分之十六萬七百三十分。夫末世之儒，多妄穿鑿，補增河洛，竊作讖緯，其言浮虚難悉。據用六官之職，周公所制勾股之術，目前定數晷景之度，事有明驗。以此推之，近爲詳矣。黄赤道相與交錯，其間相去二十四度，以兩遊儀準之，二道俱三百六十五度有奇，是以知天體固如彈丸。而陸績造渾象，其形如鳥卵，然則黄道應長于赤道矣。績云東西南北徑三十五萬七千里，然則績亦以天形正圓也，而渾象爲鳥卵，則爲自相違背。

李誡《營造法式》卷一《總釋上》　取正

《詩》「定之方中」，又「揆之以日」。定，營室也。方中，昏正四方也。揆，度也，度日出、日入以知東西，視定準極以正南北。

《周禮·天官》：「惟王建國，辨方正位。」

《考工記》：「置槷以垂，視以景。爲規，識日出之景與日入之景，夜考之極星，以正朝夕。」自日出而畫其景端，以至日入既則爲規，測景兩端之内規之，規之交乃審也。度兩交之間，中屈之以指槷，則南北正，日中之景最短者也。極星謂北辰。

王應麟《六經天文編》卷下《詩·定之方中》　李氏曰：《爾雅》曰：營室謂之定。《左傳》曰：凡土功，水昏正而栽。杜氏注云：謂今十月定星昏而中，於是植板築而興作。定之方中，作于楚宫。蓋定星昏中之時，於是而作宫也。揆之以日，作于楚室者，揆度其日之出入，以定其東西南北也。攷《周禮·匠人》云：「水地以縣。置槷以縣，視以景。爲規，識日出之景與日入之景。晝參諸日中之景，夜攷之極星，以正朝夕。」此所謂揆之以日也。毛氏云：「度日出日入以知東西，而視定北準極以正南北。」毛氏之意，則以謂定星之昏正四方，而中取則，視之以正其南，因準極以正其北，作爲楚邱之宫也。度之以日影，度日出之影與日入之影，以知東西，而作爲楚邱之室也。其説不然，按《詩》但言得土功之時制，不聞有東西南北之别也。不如王氏之説曰：方其庇徙而作宫，則占營室之中；及辨内外之位而作室，則揆之以日。占營室之中者，序所謂得其時。揆之以日景者，序所謂得其制。朱氏曰：定北方之宿，營室星也。此星昏而正中，夏正十月也。於是時可以營制宫室，故謂之營室。楚宫，楚邱之宫也。樹八尺之臬而度其日出入之景，以定東西。又參日中之景以正南北也。楚室猶楚宫。《正義》曰：《傳》言南視定，匠人云書參諸日中之景，不言以定星參之。《經傳》未有以定星正南北者，故箋以定爲記時。

嵇璜　劉墉等《續通志》卷九八《天文略二》　晷景短長

《周禮・大司徒》：「以土圭之灋測土深，正日景，以求地中。日南則景短，多暑。日北則景長，多寒。日東則景夕，多風。日西則景朝，多陰。日至之景尺有五寸，謂之地中，天地之所合也，四時之所交也，風雨之所會也，陰陽之所和也。然則百物阜安，乃建王國焉，制其畿方千里而封樹之。」土方氏掌土圭之灋，以致日景，以土地相宅而建國都鄙。《周髀算經》：日運行處極北，北方日中，南方夜半。日在極東，東方日中，西方夜半。日在極南，南方日中，北方夜半。日在極西，西方日中，東方夜半。凡此四方者，天地四極四和，晝夜易處，加四時相及。然其陰陽所終，冬至所極皆若一也。極下不生萬物。北極左右，夏有不釋之冰。中衡左右，冬有不死之草。夏長之類，此陽彰陰微，故萬物不死，五穀一歲再熟。凡北極之左右，物有朝生暮穫。

《後漢書・律歷志》：日道發南，去極彌遠，其景彌長。遠長乃極，冬乃至焉。日道斂北，去極彌近，其景彌短。短近乃極，夏乃至焉。二至之中，道齊景正，春秋分焉。黄道去極，日景之生，據儀表也。冬至晷景丈三尺，小寒丈二尺三寸，大寒丈一尺，立春九尺六寸，雨水七尺九寸五分，驚蟄六尺五寸，春分五尺二寸五分，清明四尺一寸五分，穀雨三尺二寸，立夏二尺五寸二分，小滿尺九寸八分，芒種尺六寸八分，夏至尺五寸，小暑尺七寸，大暑二尺，立秋二尺五寸五分，處暑三尺三寸三分，白露四尺三寸五分，秋分五尺五寸，寒露六尺八寸五分，霜降八尺四寸，立冬丈四寸二分，小雪丈一尺四寸，大雪丈二尺五寸六分。按：《後漢志》注：《易緯》所稱晷景長短，不與相應。今列之於後，至與不至，各有所候，以參廣異同。冬至晷長一丈三尺，當至不至，則旱多温病。未當至而至，則多病暴逆、心痛，應在夏至云云，是緯意，重在占驗，非測景之正。且其所云至與不至者，尤爲踈舛。以今術考之，日纏盈縮古今微差之，故一在黄赤大距度，一在最高行，然必歷年之久，始及一度，斷疑數年内忽至忽不至之理。測景之術至爲微眇，表短則分秒難明，表長則影虚而淡，又地半徑差之，加清蒙氣差之減，古人未有算術，是以晷景小有更變。占家不解，遂强爲當至不至，未當至而至之占耳。

《唐書・天文志》：宋元嘉中，南征林邑，五月立表望之，日在表北。交州景在表南三寸，林邑九寸一分。交州去洛水陸之路九千里，蓋山川回折使之然，以表考其弦當五千乎。開元十二年，測交州夏至在表南三寸三分。鐵勒回紇在薛延陀之北，去京師六千九百里，其北又有骨利幹居瀚海之北，北距大海，晝長而夜短，既夜天如曛不暝，夕胹羊髀纔熟而曙。太史監南宫説擇河南平地設水準、繩墨，植表而以引度之，自滑臺始，白馬夏至之晷尺五寸七分；又南百九十八里七十九步，得浚儀嶽臺晷尺五寸三分；又南百六十七里二百八十一步，得扶溝晷尺四寸四分；又南百六十里百一十步，至上蔡武津晷尺三寸六分半。大率五百二十六里二百七十步晷差二寸餘。今以句股校陽城中晷夏至尺四寸七分八釐，冬至丈二尺七寸一分半，定春秋分五尺四寸三分。滑臺冬至丈三尺，定春秋分五尺五寸六分。浚儀冬至丈二尺八寸五分，定春秋分五尺五寸。扶溝冬至丈二尺五寸五分，定春秋分五尺三寸七分。上蔡武津冬至丈二尺三寸八分，定春秋分五尺二寸八分。比歲武陵晷夏至七寸七分，冬至丈五寸三分，春秋分四尺二寸七分半，以圖測之，定氣四尺七分。蔚州横野軍夏至二尺二寸九分，冬至丈五尺八寸九分，春秋分六尺四寸四分半，以圖測之，定氣六尺六寸二分半。自陽城至武陵千八百二十六里七十六步，自陽城至横野軍千八百六十一里二百一十四步。又以圖校安南日在天頂北二度四分，冬至晷七尺九寸四分，定春秋分二尺九寸三分。夏至在表南三寸三分，其徑五千二十三里。至林邑日在天頂北六度六分彊，冬至晷六尺九寸，定春秋分二尺八寸五分。夏至在表南五寸七分，其徑六千一百一十二里。距陽城而北至鐵勒之地，則五月日在天頂南二十七度四分，北至晷四尺一寸三分，南至晷二丈九尺二寸六分，定春秋分晷九尺八寸七分。其没地纔十五餘度，夕没亥西，晨出丑東，校其里數已在回紇之北。又南距洛陽九千八百一十五里，則極長之晝，其夕常明，然則骨利幹猶在其南矣。凡晷差，冬夏不同，南北亦異。今更爲覆矩圖，南自丹穴，北暨幽都，每極移一度，輒累其差，可以稽日食之多少，定晝夜之長短，而天下之晷皆協其數矣。

《元史・天文志》：南海，夏至景在表南，長一尺一寸六分；晝五十四刻，夜四十六刻。衡嶽，夏至日在表端，無景；晝五十六刻，夜四十四刻。嶽臺，夏至晷景長一尺四寸八分，晝六十刻，夜四十刻。和林，夏至晷景長三尺二寸四分，晝六十四刻，夜三十六刻。鐵勒，夏至晷景長五尺一分，晝七十刻，夜三十刻。北海，夏至晷景長六尺七寸八分，晝八十二刻，夜一十八刻。大都，夏至晷景長二尺三寸六分，晝六十二刻，夜三十八刻。

臣等謹案：《周禮》土圭之灋與唐之覆矩圖，皆因地體渾圓準驗其南北東西里差。《堯典》命羲、和言，宅嵎夷，宅南交，宅西，宅朔方。宅本作度，即四方測景。朱子云：宅字古與度字通，見《周禮注》等書者非一，宅嵎夷之屬，皆謂度日景於此。此説與《周禮》測日南、日北、日東、日西合爲一義。人所居附於地，目先察遠，皆直至其處。地雖圓體，百里、數十里不足見其圜，而目之直注四望皆天，似地與天際而平，不知地在天中，人目四望所見之星辰，與仰觀所見之星辰竝距地絶遠。又不知因目直注四望如一，即以爲平，其平乃目於所見繩直而不少曲之，平非地面果平也。天爲大圓，以地爲大圓之中心。大圓自周至中心氣固而内行，皆爲自上而下，六合皆天，則六合皆上。地在中心，則中心爲下。以氣固而内行，故終古不墜。凡自上而墜於下者，隨大氣下行，遇地之實體乃止。如又下行至地之中心，必不得或過矣。天之至下不在地體之周，而在地徑之半。人立於地體外周，戴天皆上，履地皆下。《陰陽大論》黄帝問曰：地之爲下否乎？岐伯曰：地爲人之下，太虛之中者也。帝曰：馮乎？岐伯曰：大氣舉之也。《大戴禮記》單居離問於曾子曰：天圓而地方，誠有之乎？曾子曰：天之所生上首，地之所生下首，上首謂之圓，下首謂之方。參嘗聞之夫子曰：天道曰圓，地道曰方。盧辯注云：道曰方圓耳，非形也。梅文鼎云：以渾天之理徵之，地之正圓無疑也。所疑者地既渾圓，則人居地上，各以所居之方爲正，遥觀異地皆成斜立，其人立處皆當傾跌，而今不然，豈非首戴皆天，足履皆地，初無欹側，不憂環立歟？梅氏所謂不憂環立，推原其故，惟大氣舉之一言足以蔽之。各方之天頂則隨其人之環立而異，北極之下，以北極爲天頂，而赤道適準乎地平。南極之下，以南極爲天頂，而赤道亦適準乎地平。其處日過赤道而出於地上爲晝，環行漸高，至二十餘度則又漸下而入於地下爲夜。氣候常寒而無暑，故《周髀》言極下不生萬物，又言北極左右夏有不釋之冰，又言物有朝生暮穫。舉北以該南，南極左右亦如是也。赤道之下以赤道爲天頂，而南北極適準乎地平，氣候兩暑而無寒。中土春秋分，彼方皆氣炎正夏。中土冬夏至，彼方皆氣平如春秋分。日出没於地，雖漸南漸北，上下皆半周天，故無永短之異。《周髀》言中衡左右，冬有不死之草，又言五穀一歲再熟。中衡即赤道也。《唐書》稱：覆矩圖可以稽日食之多少，定晝夜之長矩。其察晷景也，兼論日在天頂若干度，及日出地上、日没地下若干度。《元史》夏至所測衡嶽則已無景，南海景在表南一尺六寸，北海景在表北六尺七寸八分，南自南海夏至晝五十四刻，至北海晝八十二刻；北自北海夏至夜十八刻，至南海夜四十六刻，晝夜永短相差二十八刻，惟地體渾圓，故人居其周，所戴之天頂隨南北東西而移，黄赤道之高下即隨其南北之遠近而殊。而日食分數，晝夜增損悉因之。夏日永而地愈北愈增，冬日短而地愈南愈損，此皆實測而得者也。東西加時，史志未詳載。設以地之圓周四分之，就人所居之方爲中，其正東、正西與中央相距四分圓周之一，中表景正日加午，東方必過午後而加酉爲景夕，西方必在午前而加卯爲景朝，自卯至午，自午至酉，皆四時也。故《周髀》言天地四極四和，晝夜異處，加四時相及。步算家測月入闇虛，天下盡同也。而東西各地相距視其遠近以察其時刻，則至不同。由是言之，《周禮》日南景短，日北景長，言乎南北里差，以是準之也。日東景夕，日西景朝，言乎東西里差以是準之也。

臣等又案：漢人相傳，日景於地千里而差一寸，其説疎舛。《隋書·天文志》劉焯云：《周官》夏至日景尺有五寸，張衡、鄭玄、王蕃、陸績先儒等皆以爲景千里差一寸，言南戴日下萬五千里，表景正同，天高乃異。考之算法，必爲不可。寸差千里，亦無典説。明爲意斷，事不可依。今交愛之州，表北無景，計無萬里，南過戴日，是千里一寸非其實差。

凌揚藻《蠡勺編》卷四〇　指南車，周公所作。《鬼谷子》云：「鄭人取玉，必載司南，爲其不惑也。」至於秦漢，其制無聞。張衡始復創造，漢末喪亂不存。魏高堂隆、秦朗皆云，記者虛説，無其器。明帝青龍中，令博士馬鈞更造之，晉亂復亡。石虎使解飛，姚興使令狐生又造焉。安帝義熙十三年，宋武帝平長安始得之，其制設木人于車上，手指南。然機數不精，猶須人力。宋順帝昇明末，命范陽祖沖之再造，其制精巧，百屈千回，未嘗移變。晉代又有指南舟，俱見《宋書·禮志》。

丁芮樸《風水袪惑》　指南針亦曰子午針，見《文山集·贈魏山人詩》。未詳所起。《毛詩·公劉》：「既景迺岡，相其陰陽。」毛云：「既景迺岡，考於日景，參之高岡。」鄭云：既廣其地之東西，又長其南北，既以日景定其經界。疏云：日景定其經界者，民居田畝，或南或東，皆須正其方面，故以日影定之。居山之脊，觀其陰陽則觀其山之南北也。大名則山南爲陽，山北爲陰。又定之方中，作于楚宫；揆之以日，作于楚室。毛云：定，營室也。方中，昏正四方。揆，度也，度日出日入以知東西。南視定北準極，以正南北。《周禮·地官》：大司徒以土圭之瀇測土深，正日景，以求地中。鄭注：土圭所以致四時日月之景也。測猶度也，不知廣深故曰測。測土深，謂南北東西之深也。又土方氏掌土圭之瀇，以致日景。《春官》典瑞，土圭以致四時日月，封國則以土地。又馮相氏冬夏致日，春秋致月。《考工記》玉人，土圭尺有五寸，以致日，以土地。匠人建國，水地以縣。置槷以縣，眂以景。爲規，識日出之景與日入之景。晝參之日中之景，夜考之極星，以正朝夕。鄭注：極星謂北辰。疏云：前經已正東西，南北恐其不審，猶更以此二者以正南北。言朝夕即東西也。南北正，則東西亦正，故兼言東西也。《晏子春秋》內篇雜下：古之立國者，南望南斗，北戴樞星。《困學紀聞》云：樞星即極星。是三代時見於經典者，惟有揆日瞻星以正東西南北之位，未聞有指南針。觀毛君、鄭君之注，則兩漢亦未有也。考《夢溪筆談》雜誌：「方家以磁石磨針鋒，則能指南，然常微偏東，不全南也。水浮多蕩搖，指爪及盌脣上皆可爲之，轉運尤速，但堅滑易墜，不若縷懸爲最善。其法取新纊中獨璽縷，以芥子許蠟綴於針腰，無風處懸之，則針常指南。其中有磨而指北者。予家指南北者皆有之。」《本草衍義》亦載有此說。又云：「以針橫貫燈心，浮水上，亦指南。」觀沈存中、寇宗奭之言，當時第知作指南針之法，而不言用於羅經，則其所未見又可知矣。乃今術士輒曰羅經創自黃帝，顯於周公，其言於古籍無徵，惟指南車或以爲作於周公，見《宋書·禮志》、《宋史·輿服志》、《古今注》等書。或又稱始自黃帝，見《宋史·黃帝內傳》、《古今注》等書。已屬後人附會之詞。史承其誤，且針與車自是兩器，各各不同。考《晉書·輿服志》，司南車一名指南車，駕四馬，其下制如樓三級，四角金龍銜羽葆，刻木爲仙人，衣羽衣，立車上，車雖回運而手常南指，大駕出行爲先啟之乘。其制法具在。又詳見《宋史·輿服志》，其謂指南車始於黃帝者，出《黃帝內傳》，是書《漢藝文志》、《隋經籍志》俱不載，後世僞託，不足爲証。考《漢書·地理志》，黃帝作舟車，以濟不通。《初學記》引譙周《古史考》黃帝作車。《後漢書·郡國志》注引《帝王世紀》黃帝始作舟車。案《周易繫辭下》：黃帝堯舜氏作，刳木爲舟，以濟不通；服牛乘馬，引重致遠。故後人皆歸之耳。班氏以後之說，皆取諸此。然第曰作舟車，非指南也。其謂周公所作者，《意林》引《物理論》指南車見《周官》，而《周官》無指南車之文。魏博士馬鈞第曰古有之，見《三國志·杜夔傳》注引傅元序及《事類賦》注引《魏書·馬鈞傳》。晉代又有指南舟，見《宋書·禮志》、《初學記》器物部引《晉宮閣記》有指南舟。皆不言其所創始，而術士謂指南針始自黃帝、周公，則更庸妄，不足究詰矣。

紀事

楊泉《物理論》馬總《意林》卷五　給事中與高堂隆、秦朗爭指南車。二子云：古無此車，記虛言耳。先生曰：爭虛空言，不如及試之效也。言於明帝，明帝詔使作之，車乃成。

陳壽撰　裴松之注《三國志·魏志》卷二九《杜夔》　時有扶風馬鈞巧思絕世。傅玄序之曰：「馬先生，天下之名巧也，少而游豫，不自知其爲巧也。當此之時，言不及巧，焉可以言知乎？爲博士居貧，乃思綾機之變，不言而世人知其巧矣。舊綾機五十綜者五十躡，六十綜者六十躡，先生患其喪功費日，乃皆易以十二躡。其奇文異變，因感而作者，猶自然之成形，陰陽之無窮，此輪扁之對不可以言言者，又焉可以言校也。先生爲給事中，與常侍高堂隆、驍騎將軍秦朗爭論於朝，言及指南車，二子謂古無指南車，記言之虛也。先生曰：「古有之，未之思耳，夫何遠之有！」二子哂之曰：「先生名鈞，字德衡，鈞者器之模，而衡者所以定物之輕重；輕重無準而莫不模哉。」先生曰：「虛爭空言，不如試之易效也。」於是二子遂以白明帝，詔先生作之，而指南車成。此一異也，又不可以言者也，從是天下服其巧矣。

陸翽《鄴中記》　石虎有指南車及司里車，又有舂車木人及作行碓于車上，車動則木人踏碓舂，行十里成米一斛。又有磨車，置石磨于車上，行十里輒磨麥一斛。凡此車皆以朱彩爲飾，惟用將軍一人，車行則衆並發，車止則止。中御史解飛，尚方人魏猛變所造。案：《說郛》引此條云：解飛者，石虎時工人，作旃檀車，左轂上置碓，右轂上置磨，每行十里磨麥一石，舂米一斛。其文與此小異。

沈約《宋書》卷一八《志第八·禮五》　指南車，其始周公所作，以送荒外遠使，地域平漫，迷於東西，造立此車，使常知南北。《鬼谷子》云：「鄭人取玉，必載司南，爲其不惑也。」至於秦漢，其制無聞。後漢張衡始復創造，漢末喪亂，其器不存。魏高堂隆、秦朗皆博聞之士，爭論於朝云：無指南車，記者虛說。明帝青龍中，令博士馬鈞更造之而車成，晉亂復亡。石虎使解飛，姚興使令狐生又造焉。安帝義熙十三年，宋武帝平長安始得此車。其制如鼓車，設木人於車上，舉手指南。車雖回轉，所指不移。大駕鹵簿，最先啟行。此車戎狄所制，機數不精，雖曰指南，多不審正，回曲步驟，猶須人功正之。范陽人祖沖之有巧思，常謂宜更構造。宋順帝升明末，齊王爲相，命造之焉。車成，使撫軍。丹陽尹王僧虔御史中丞劉休試之，其制甚精，百屈千回，未嘗移變。晉代又有指南舟。索虜拓跋燾使工人郭善明造指南車，彌年不就。扶風人馬岳又造，垂成，善明酖殺之。

記里車未詳所由來，亦高祖定三秦所獲。制如指南，其上有鼓，車行一里，木人輒擊一槌，大駕鹵簿，以次指南。

蕭子顯《南齊書》卷五二《列傳第三十三・文學》 祖沖之

初，宋武平關中，得姚興指南車，有外形而無機巧，每行使人於內轉之。昇明中，太祖輔政，使沖之追修古法，沖之改造，銅機圓轉不窮而司方如一。馬鈞以來未有也。時有北人索馭驎者亦云能造指南車，太祖使與沖之各造，使於樂遊苑對共校試，而頗有差僻，乃毀焚之。

張鷟《朝野僉載》卷六 則天如意中，海州進一匠造十二辰車，迴轅正南，則午門開，馬頭人出，四方迴轉，不爽毫釐。又作木火通鐵盞，盛火輾轉不翻。

杜佑《通典》卷六四《禮二十四》

指南車

黃帝與蚩尤戰於涿鹿之野，蚩尤作大霧，將士皆迷四方，黃帝於是作指南車以示方，故後常建焉。出崔豹《古今注》。周致太平，越裳氏重譯來獻，使者迷其歸路，周公爲司南之制，使載之南，周年至國，故常爲先導，示服遠人而正四方。車法具在《尚方故事》，其制未詳。後漢張衡始復創造，漢末喪亂，其器不存。魏明帝青龍中，令博士馬鈞紹而作焉，車上有木仙人，舉手常指南。車箱迴轉，所指微差。晉亂，復亡。東晉義熙十三年，劉裕平長安始得此車，復修之。一名司南車，駕駟，其下制如樓三級，四角金龍銜羽葆，刻木爲仙人，衣羽衣，立車上，車雖迴運而手恒指南，大駕出行，爲先啓之乘。此車戎狄所制，機數不精，迴曲頻驟，猶須人力正之。范陽人祖沖之有巧思，常謂宜更造。宋順帝昇明中，齊高帝爲相，命沖之造焉。車成，使撫軍。將軍丹陽尹王僧虔等試之，其制甚精，百屈千迴，未嘗移變。齊因宋制，加飾四周，箱上施屋，指南人衣裙襦天衣在箱中，上四角皆施龍子竿，懸雜色真孔雀毦，布皂複幔，駕牛皆銅鉸飾。梁復名司南車，大駕出，爲先啓之乘。後魏太武帝使工人郭善明造之，彌年不就。扶風人馬岳又造，垂成，善明鴆殺之。大唐修之，備於大駕，行則先導。

又 記里鼓車

東晉安帝義熙十三年，劉裕滅後秦所獲，未詳其所由來，制如指南車，駕駟，中有木人，執槌向鼓，行一里則打一槌。崔豹《古今注》云：一名大章車，所以識道里也。車上爲二層，皆有木人執槌。行一里，下一層擊鼓。行十里，上一層擊鐲。《尚方故事》有其作法，然未詳之。宋因之不易，大駕鹵簿，次指南車後。齊因宋制，飾加華蓋，子襟衣漆畫，鼓機皆在內也。梁因齊制，改駕以牛。大唐復脩，大駕鹵簿，次指南車後。

李昉等《太平御覽》卷七七五《車部四》 指南車

鹵簿令曰：指南車，駕四馬，正道匠一人，駕士十四人，皆平巾幘緋衫大口袴。

《洪範五行傳》曰：晉獻公雖與指南車，終不覺矣。齊桓公中才矣，而指南，而五失之則惑。管仲，桓公指南車也。

崔鴻《後趙録》曰：尚方令解飛機巧，言若神，妙思奇發，造指南車，就，賜爵關內侯。

歐陽修《太常因革禮》卷二二《總例二十二・輿服二》 指南車，一曰司南車，赤質，兩箱畫青龍白虎，四面花鳳，重臺，句欄，鏤栱，四角垂香囊。上有仙人，車雖轉而手常南指。一轅，鳳首，駕四馬。駕士舊十八人，雍熙四年增爲三十八人，服繡孔雀。天聖五年十一月六日，定王府記室參軍工部郎中直昭文館燕肅上言，案指南車，天子出常爲先導，示服遠人而正四方也。自五代至于國朝，但設其車以備法駕，而不聞得其制者，臣今創意成之。其車用獨轅，車箱外籠上有重構，立木仙人于上，引臂南指。用大小輪九隻，合齒百二十。腳輪兩隻，高六尺，圍一丈八尺。附腳立子輪二隻，徑二尺四寸，圍七尺二寸，出齒各二十四，齒間相去三寸。轅端橫木下立小輪二隻，徑三寸，鐵軸貫之。左小平輪一隻，徑一尺二寸，出齒十二。右小平輪一隻，徑一尺二寸，出齒十二。中心太平輪一隻，徑四尺八寸，圍一丈四尺四寸，出齒四十八，齒間相去三寸。中立貫心軸一條，高八尺，徑三寸，上載木仙人。其車行，木人南指。若折而東推，轅右旋，附右腳子輪順轉十二齒，擊右小平輪一匝，觸中心太平輪左旋四分之一，轉十二齒，車東行，木人交而南指。若折而西推，轅左旋，附左腳子輪隨輪順轉十二齒，擊左平輪一匝，觸中心太平輪右旋四分之一，轉十二齒，車行正西，木人交而指南。若欲北行，或東或西，轉亦如之。詔有司製造，仍付史館。

記里鼓車，一名大章車，赤質，四面畫花鳥，重臺，句欄，鏤栱。行一里，則上層木人擊鼓。十里，則次層木人擊鐲。一轅，鳳首，駕士舊十八人，雍熙四年增爲三十人，服繡對鸑。天聖五年十一月，內侍盧道隆上言記里鼓車，其車獨轅，雙輪，箱上爲兩層，各安木人，手執木槌。腳輪各徑六尺，圍一丈八尺。腳輪一周而行地三步，古法六尺爲步，三百步爲里。今法五尺爲步，三百六十步爲里。立輪一隻，附于左腳，徑一尺三寸八分，圍四尺一寸四分，出齒十八，齒間相去二寸三分。下平輪一隻，徑四尺一寸四分，圍一丈二尺四寸二分，出齒五十四，齒間相去與附立輪同。立貫心軸一條，上安銅旋風輪一枚，出齒三，齒間相去一寸二分。中立平輪一隻，徑四尺，圍一丈二尺，出齒百，齒間相去與旋風輪等。次安小平輪一隻，徑三寸少半寸，圍一丈，出齒十，齒間相去一寸。上平輪一隻，徑三尺少半(尺)[寸]，圍一丈，出齒百，齒間相去與小平輪同。其中平輪轉一周，車行一里，下一層木人擊鼓。上平輪轉一周，車行十里，上一層木人擊鐲。都用大小輪八隻，共二百八十五齒，遞相鉤鏁，犬牙相制，周而復始。亦詔有司依此製造。

又　卷二八《總例二十七・鹵簿上》　又云指南車，記里車，自五代至皇朝皆車中令人轉之。天聖五年，工部郎中直昭文館燕肅創意製造以獻，詔送太僕寺充用。每駕則二匠隨之推轉輪轄。又云記里車，所以識道里也。車上爲二重，皆有木人。行一里，下一層擊鼓。行十里，上一層擊鐘。晉中朝大駕鹵簿有之。皇朝有其車，每行必須人發機始能擊。是年，入内殿直盧道隆請改造，其制箱上爲兩層，各安木人，手執木槌，輪徑圍與指南車同。中平輪轉一周，車行一里，木人擊鼓。上平輪轉一周，車行十里，木人擊鐲。車行充鹵簿之用。

劉恕《資治通鑑外紀》卷一《包犧以來紀・黄帝》　蚩尤作亂，不用命，軒轅徵師與蚩尤戰于涿鹿之野。蚩尤爲大霧，軍士昏迷，軒轅作指南車以示四方，遂禽蚩尤，戮於中冀，名其地曰絶轡之野。

又　卷三《周紀一・成王》　六年，周公朝諸侯於明堂，制禮作樂，頒度量而天下大服。周公作樂曰：勺言能勺先祖之道也。交趾南有越裳氏重譯而獻白雉曰：道路悠遠，山川阻深，恐一使不通，故重三譯而來朝。周公曰：德澤不加，君子不饗其質；政令不施，君子不臣其人。譯曰：吾受命吾國黄耇曰：天之無烈風淫雨，海不揚波三年矣。意者，中國有聖人乎。盍往朝之？周公歸之於王，稱先王神致，薦於宗廟。使者迷其歸路，周公錫以輧車五乘，皆爲司南之制。越裳使者載之，由扶南、林邑、海際朞年而至其國。故指南車常爲先導，示服遠人而正四方。

陳師道《後山談叢》卷一　龍圖燕學士肅悟木理，造指南車不成，出見車馳門動而得其法。

王應麟《玉海》卷七九《車服・車輿》

唐指南車　記里鼓車　五牛旗輿

《儀衛志》：指南、記里鼓車皆四馬，有正道匠一人，駕士十四人，皆平巾幘緋衫。太卜令一人，居辟惡車服如佽飛，執弓箭。次相風轝，行漏轝，正道匠一人。五牛旗輿，五赤青居左，黄居中，白黑居右，皆八人執之，平巾幘衫從旗色。《會要》：元和十年十月，閲新作指南車、記里鼓車。《舊紀》：穆宗元和十五年十月辛巳，金公亮修成指南、記里鼓車於麟德殿。

又　天聖指南車　周司南輧車　歷代指南

《三朝志》：指南車，一曰司南車，赤質，兩箱畫青龍白虎，四面畫花鳥，重臺勾闌，鏤栱，四角垂香囊。上有仙人，車雖轉而手常南指。一轅，鳳首，駕四馬。駕士舊十八人，雍熙四年增爲三十人。《四朝志》：頂有五采飾樓，仙人一，童子四。天聖五年十一月壬寅，紀云壬寅復作指南車。直昭文館一云定王府記室。燕肅請造指南車，其表云：黄帝與蚩尤戰涿鹿，蚩尤起大霧，將士不知所向，帝遂作指南車。又周成王時，越裳氏重譯來獻，使者迷惑失道，周公賜輧車以指南，使大夫張寔送之，周年至國，還以屬巾車，王出常爲先導，示服遠人而正四方。其後器法俱亡。以上見《古今注》。漢張衡、魏馬鈞繼作，屬世亂離，其器無傳。宋武平長安，嘗爲此車，而製不精。順帝令祖冲之復造之。後魏太武帝使工人郭善明造，彌年不就。又命扶風馬岳造之，垂成而爲善明鴆死，其法遂絶。唐元和十五年十月辛巳，典作官金公立一作云亮立，云凡三見。此及《通鑑》作立，《唐會要》十年。以其車及記里鼓車上之，憲宗閲於麟德殿，以備法駕。歷五代至國朝不聞得其制者，今創意成之，其法用獨轅車，立木仙人於上，引臂南指，車雖轉而手常指南。又内侍盧道隆上所創記里鼓車，其車獨轅，雙輪，箱上爲兩重，上皆以其法。下有司製之。皇祐五年十月二十一日丙辰，御延和殿召輔臣觀指南車。大觀元年内侍吳德仁始獻指南車、記里鼓車之制。天子宗祀大禮用之，始廢天聖中燕肅、盧道隆所製。《晉志》：司南車，一名指南車，駕四馬，其下制如樓三級，四角金龍銜羽葆，刻木爲仙人，衣羽衣，立車上，車雖回運而手常指南。大駕出行，爲先啓之乘。《南齊志》：四周廂上施屋，畫輪駕牛。記里鼓車，駕四馬，形制如司南，其中有木人執槌向鼓，行一里而打一槌。《南齊志》：制如指南，上施華蓋，機皆在内。《宋志》：指南車，其始周公作，後漢張衡始復創造，漢末其器不存。義熙十三年，宋武帝平長安始得此車，其制如鼓車，設木人於車上，舉手指南，車雖回轉，所指不移。大駕鹵簿，最先啓行。此車機數不精，雖曰指南，多不審正，回曲步驟，猶須人功正之。范陽祖冲之有巧思，謂宜更造。《隋志》：指南車出爲先啟之乘，漢初置俞兒騎並爲前驅。《左太冲賦》曰：《吳都賦》。俞騎騁路，指南司方。後廢其騎而存其車。崔豹《古今注》、《通典》注：車法具在《尚方故事》，其制未詳。樂臺注《鬼谷子》曰：肅慎還周公作，或曰管仲作，又《黃帝內傳》。《唐志》：天子有屬車十乘，一曰指南，行幸陳于鹵簿則分前後，大朝會則分左右。詳見唐屬車十乘。《志林》：黃帝戰涿鹿，蚩尤作大霧，彌三日，將士昏迷，人皆惑。帝令風后法斗機，作指南車，以別四方。《通典》：《宋志》同。魏明帝青龍中，令博士馬鈞再造，車上有木仙人，手掌指南，車箱回轉，所指微差。晉亂復亡。石虎使解飛，姚興使令狐生又造。崔鴻《後趙録》曰：尚方令解飛機巧若神，妙思奇發，造指南車，賜關內侯。秦姚興使令狐生又造，宋武平關中得之。晉義熙十三年，劉裕平長安始得此車，於姚興外有形而無機杼，每行使人自轉之。義熙五年，屠廣固獲指南，使工人張綱補緝。宋順帝昇明末，齊高帝輔政，使祖冲之追修古法，冲之改造，銅機圓轉不窮，而司方如一。馬鈞以來未之有也。車成，使王僧虔、劉休試之，其制甚精，百屈千回，未嘗移變。齊因宋制，加飾四周，箱上施木，木字一作屋。指南人衣裙襦天衣在箱中，上四角皆施龍子干，懸雜色真孔雀旄，布皂複幔，駕牛皆銅鉸飾。《唐六典》亦云如前。《宣和鹵簿記》：唐初指南車有其名，而車破壞，將作大匠楊務廉性巧，奉勑改作，終不能。至開元中，衛普善造車，令直少府監。元和中，巧工金忠義作指南車、記里鼓，憲宗於麟德殿觀之。《述征記》云：去端門百餘步，道南得尚方北門中有指南車，上有木仙人持信幡，車雖東西，手常指南。唐元和中作指南與記里車，憲宗閱之麟德殿。五代至國朝皆車中令人運轉。

又 天聖記里鼓車　大章車

《三朝志》：記里鼓車，一名大章車，赤質，四面畫花鳥，重闌，鏤栱，一轅，鳳首，駕四馬，駕士舊十八人，雍熙四年增爲三十人。行一里，則上層木人擊鼓；十里，則次層木人擊鐲。天聖五年十一月，內侍盧道隆剏記里鼓車，其車獨轅，雙輪，箱上爲兩重，刻木人，手執木槌。輪一周而行地三步。其中平輪轉一周，車行一里，下一層木人擊鼓。上平輪轉一周，車行十里，上一層木人擊鐲。凡用大小輪八，合二百八十五齒，遞相鉤鎖，犬牙相制，周而復始。《四朝志》：銅鉦、畫鼓各一，大觀元年吳德仁獻具制。

《燕肅傳》：嘗造指南、記里鼓二車及欹器以獻，又上蓮花漏法。《黃帝內傳》曰：玄女爲帝制司南車當其前，記里鼓居其右。崔豹《古今注》曰：大章車，所以記道里，起於西京，亦曰記里車。車上爲二層，皆有木人。行一里，下層擊鼓。行十里，上層擊鐲。《尚方故事》有作車法，然則自黃帝造之，非兩漢所作也。漢甘泉鹵簿，晉中朝，大駕有之，並駕四，漢曰記道車。晉滅後秦獲之，形如指南車。《宋志》：記里車，未詳所由來，亦高祖定三秦所獲，制如指南。其上有鼓，車行一里，木人輒擊一槌。大駕鹵簿，以次指南。《文苑英華》：張彦振《指南車賦》：北斗在天，司南在地。肩關脉湊，衡樞星設。帝容順動，王途允泰。備屬車，引行旆。候薰風而進指，仰卿雲而垂蓋。援枹鼓於天街，動軥軏於霜仗。候之節步，先以啓行。節六鼓以鼉駭，首五路而鱗次。張衡應間曰：參輪可使自轉，木彫猶能獨飛。

馬端臨《文獻通考》卷一〇七《王禮考十二》　乘輿車旗鹵簿

指南車

黃帝與蚩尤戰於涿鹿之野，蚩尤作大霧，將士皆迷四方，黃帝於是作指南車以示方，故後常建焉。出崔豹《古今注》。周致太平，越裳氏重譯來獻，使者迷其歸路，周公爲司南之制，使載之南，周年至國，故常爲先導，示服遠人而正四方。車法具在《尚方故事》，其制未詳。後漢張衡始復創造，漢末喪亂，其制不存。魏明帝青龍中令博士馬鈞紹而作焉，車上有木仙人，舉手常指南。車箱廻轉，所指微差。晉亂復亡。東晉義熙十三年，劉裕平長安始得此車，復修之，一名司南車，駕駟。其下制如樓三級，四角金龍銜羽葆。刻木爲仙人，衣羽衣，立車上，車雖廻運而手恒指南。大駕出行，爲先啓之乘。此車戎狄所制，機數不精，廻曲頻驟，猶須人力正之。范陽人祖冲之有巧思，常謂宜更造。宋順帝昇明中，東齊高帝爲相，命冲之造焉。車成，使撫軍。將軍丹陽尹王僧虔等試之，其制甚精，百屈千迴，未嘗移變。齊因宋制，加飾四周，箱上施屋，指南人衣裙襦天衣在箱中。上四角皆施龍子午，懸雜色真孔雀旄，布皂覆幔，駕牛皆銅鈸飾。梁復名司南車，大駕出爲先啓之乘。後魏太武帝使工人郭善明造之，彌年不就。扶風人馬岳又造，垂成，善明酖殺之。唐修之，備於大駕，行則先導。宋一名司南車，赤質，兩箱，畫青龍白虎，四面畫花鳥，重臺，勾闌，鏤拱，四角垂香囊。上有仙人，車雖轉而手恒指南。一轅，鳳首，駕四馬，駕士三十人。天聖五年，燕肅復創意造之。其法用獨轅，車箱外籠上有重構，立木人，用大小輪九，合齒一百二十。足輪二，高六尺，圍一丈八尺。附足立子輪二，徑二尺四寸，圍七尺二寸，齒各二十四，齒間相去三寸。轅端橫木下立小輪二，其徑三寸，鐵軸貫之。左小平輪一，其徑一尺二寸，齒十二。右小平輪一，其徑一尺二寸，齒十二。中心大平輪一，其徑四尺八寸，圍一丈四尺四寸，齒四十八，齒間相去三寸。中立貫心軸一，其高八尺，徑二寸，上刻木爲人，其車行，木人南指。若折而東推，轅右旋，附右足子輪順轉十二齒，擊右小平輪一匝，觸中心大平輪左旋四分之一，轉十二齒，車東行，木人交而南指。若折而西推，轅左旋，附左足子輪隨輪順轉十二齒，擊左小平輪一匝，觸中心大平輪右轉四分之一，轉十二齒，車正西行，木人交而南指。若欲北行，或東或西轉亦如之。徽宗大觀元年，内侍省吴德仁又獻指南車之制。其制，身一丈一尺一寸五分，闊九尺五寸，深一丈九寸。車輪直徑五尺七寸，車轅一丈五寸。車箱上下爲兩層，中設屏風，上安木仙人一，執杖。左右龜鶴各一，童子四，各執纓立四角，上設關捩。卧輪一十三，各徑一尺八寸五分，圍五尺五寸五分，出齒三十二，齒間相去一寸八分。中心輪軸隨屏風貫下，下有輪一十三。中至大平輪，其輪徑三尺八寸，圍一丈一尺四寸，出齒一百，齒間相去一寸二分五釐。通上左右起落二小平輪，各有鐵墜子一，皆徑一尺一寸，圍三尺三寸，出齒一十七，齒間相去一寸九分。又左右附輪各一，徑一尺五寸五分，圍四尺六寸五分，出齒二十四，齒間相去二寸一分。左右疊輪各二：下輪各徑二尺一寸，圍六尺三寸，出齒三十二，齒間相去二寸一分；上輪各徑一尺二寸，圍三尺六寸，出齒三十二，齒間相去一寸一分。左右車脚上各立輪一，徑二尺二寸，圍六尺六寸，出齒三十二，齒間相去一寸二分五釐。左右後轅各小輪一，無齒，繫竹簟并索在左右軸，遇右轉，使右轅小輪觸落右輪；若左轉，使左轅小轅觸落左輪。行，仙童交而指南。車成。

又　記里鼓車

東晉安帝義熙十三年，劉裕滅後秦所獲，未詳其所由來。制如指南車，駕駟，中有木人執槌向鼓，行一里則打一槌。崔豹《古今注》云：亦名大章車，所以識道里也。車上爲二層，皆有木人執槌。行一里，下一層擊鼓。行十里，上一層擊鐲。《尚方故事》有其作法，然亦未詳之。宋因之不易，大駕鹵簿，次指南車後。齊因宋制，飾加華蓋，子襟衣漆畫鼓機皆在内也。梁因齊制，改駕以牛。唐復修大駕鹵簿，次指南車後。宋一名大章車，赤質，四面畫花鳥，重臺，勾闌，鏤拱。行一里，則上層木人擊鼓。十里，則次層木人擊鐲。一轅，鳳首，駕四馬，駕士三十人。天聖間，内侍盧道隆上記里鼓車之制。其制獨轅，雙輪，箱上爲兩重，各刻木爲人，執撾。足輪各徑六尺，圍丈八尺。足輪一周而行地三步。以古法六尺爲步，三百步爲里，用較今法五尺爲步，三百六十步爲里。立輪一，附於左足，徑一尺三寸八分，圍四尺一寸四分，出齒十八，齒間相去二寸三分半。平輪一，其徑四尺一寸四分，圍丈二尺四寸二分，出齒五十四，齒間相去與附立輪同。立貫心軸一，其上設銅旋風輪一，出齒三，齒間相去寸二分。中立平輪一，其徑四尺，圍丈二尺，出齒百，齒間相去與旋風等。次設小平輪一，其徑三寸少半寸，圍一尺，出齒十，齒間相去一寸。上平輪一，其徑三尺少半尺，圍一丈，出齒百，齒間相去與小平輪同。其中平輪轉一周，車行一里，下一層木人擊鼓。上平輪轉一周，車行十里，上一層木人擊鐲。凡用大小輪八，合二百八十五齒，遞相鉤鏁，周而復始。詔皆以其法下有司而製之。大觀元年，内侍省吴德仁獻記里鼓車之制。其法，車箱上下爲兩層，上安木人二，身各手執木槌。輪軸共四，内左壁車脚上立輪一，安車箱内，徑二尺二寸五分，圍六尺七寸五分，二十齒，齒間相去三寸三分五釐。又平輪一，徑四尺六寸五分，圍一丈三尺九寸五分，出齒六十，齒間相去二寸四分。上大平輪一，通軸貫上徑三尺八寸，圍一丈一尺，出齒一百，齒間相去一寸二分。立軸一，徑二寸二分，圍六寸六分，出齒三，齒間相去二寸二分。外大平輪軸上有鐵撥子二，又木横軸上關捩、撥子各一。其於車脚轉一百遭，通輪軸轉周。木人各一，擊鉦、鼓。

脱脱等《宋史》卷二九八《列傳第五十七・燕肅》　肅喜爲詩，其多至數千篇。性精巧，能畫，入妙品，圖山水罨布濃淡，意象微遠，尤善爲古木折竹。嘗造指南、記里鼓二車及欹器以獻，又上《蓮花漏法》。詔司天臺考於鐘鼓樓下，云不與《崇天歷》合。然肅所至，皆刻石以記其法，州郡用之以候昏曉，世推其精密。在明州，爲《海潮圖》，著《海潮論》二篇。子度，孫瑛。

郎瑛《七修類稿》卷二四《辯證類》　記里鼓

本朝嘗以記里皷出題，試士多有不知爲何物者，知者又不知始於何時何人創也。近《墨談》以楊鉄崖《記里皷賦》數言通用之辭，即以爲制度，又無時與人也。殊不知唐元和間，金忠義作。宋天聖間，内侍盧道隆又造之。制見《三朝志》。又有候風地動儀，漢張衡造。制見《本傳》。《水運渾儀俯視圖》亦衡造。蓮花漏水秤，天聖中燕肅造。已上三物制見《玉海・漏刻門》。指南車起於周公，人所共知，然漢張衡、後魏郭明善、燕肅俱嘗爲之。制見《後趙録》。又開元有燈漏、沙漏，此則不知何人所造，制見何書。因記里皷併諸巧器拈出，苟欲爲者可考焉。

彭大翼《山堂肆考》卷一八〇《器用・車》　以車記里

内傳黄帝遊幸天下，以車記里。又《晉輿服志》：記里鼓車，過江亡失制度，而謝安率意造焉。及獲京師舊輦，形制無差。唐元和中，金忠義嘗作此車。宋仁宗天聖五年，内侍盧道隆又造之。其制獨轅，雙輪，廂上有兩層，各安木人，平執木槌。車行一里，下一層木人擊鼓。上平輪轉一周，車行十里，上一層木人擊鐲。一名大章車。又元江西儒學提學楊鐵崖《記里鼓車賦》：虚輪暈軫，横轅倚輗，平廂層構，低高間施。木鐫象以正立，手潛奮以有携。列鼓鐲於上下，各扣擊以司時。

藝文

張彦振《指南車賦》李昉等編《文苑英華》卷一二一　緬窺皇始，傾聽巢風。時儀朴略，化跡冥蒙。結繩云謝，徽章漸通。乃服牛而乘馬，爰斲木而觀蓬。故聖人因象以制器，隨物而興功。北斗在天，察四時而行度。司南在地，表萬乘之光融。爾其法制奇詭，神妙無窮。見其指而皆知其向，覩其外而莫測其中。輪須藉於奚子，妙乃發於周公。觀夫作也，扃闢脉湊，衡樞星設，烟縈電轉，鬼聚神滅。離朱目亂，計然思絕。公輸服其心工，王爾慙其手拙。雖詞給而口敏，終難得而縷說。至疑而帝容順動，王途允泰。二月東巡，萬國南會。羽衛出而天動，笳鼓鳴而雷磕。司南於是備屬車，引行旆。候薰風而進指，仰卿雲而乘蓋。超搖光景之中，縹緲煙霞之外。同夫越鳥，常有意於南枝；異彼魯人，竟無情於殿寂。惟皇明之遠矚，驅八駿以遐舉。既訪道於襄城，亦尋仙於海渚。豈須老馬之智，寧藉小童之語。賴我司南，不迷其所。伊司南之用溥，逢國道之昌平。就日月於天路，聞簫韶於玉京。常使朝朝承北闕，何辭歲歲指南行。

又《大章車賦》 舜爲君兮禹爲相，七政齊兮八風暢。備禮容兮和樂章，同車書兮一度量。龍樓恭已，則無爲以垂衣；鸞蹕豫遊，或有時而端望。伊大章之攸作，冠輪一作轉。輿而爲上。其始也，委材質於資斧，授規模於梓匠。其終也，授桴鼓於天街，動輗疑。軏於霜伏。乃畫界疏疆，正位辨方，候之以節步，先之以啓行。象雷而鳴，曾不聞其霆轟；如蓬之轉，終不見其飄揚。遵彼坦途，違兹險阻，勿忘情而習靜，殊不知其處所。類智者之行藏，同至人之默語。歷代傳寶，鼓車逾好，有異人謀，宛同靈造，行不由徑，動能合道。向使貴賤混并，高卑不間，應無迷遠之疾，詎有窮途之患。則是大章爲器，國容之利，指方位於遥空，數田里於厚地。節六鼓以鼉駭，首五輅而鱗次。望塵不及，初非千里之遥；聽響争先，終欣一日而至。夫然則可以式序秩宗，發揮樂府，扶侍輦轂，隱翳十羽。以家形國，何一二之能談；自邇陟遐，雖萬億而可數。墨客胡爲？來攀桂枝。懸鼓待鳴，仰淳淳之風俗；尅車就駕，識穆穆之威儀。伊可大而可久，諒斯焉而取斯。

柳宗元《河東先生集》外集卷上《記里鼓賦》 异哉鼓之設也，恢制度于天邑。佐大禮于時行即行，賛盛容而立之斯立。觀其象，可以守威儀之三千；《禮記》：禮儀三百，威儀三千。節其音，可以表吉行之五十。《賈捐之傳》：鸞旗在前，屬車在後，吉行日五十里。配和鸞以入用，桓二年《左傳》：錫鈴和鸞，昭其聲也。註云：鈴在馬額，鸞在鑣，和在衡。竝司南而爲急。取車制如司南之義，詳見題註。若乃郊薦之儀既陳，封禪之禮攸執，經千里之分寸可候，度四方而禮容是集。施五擊於華山之野，知霧氣已籠；用百發乎南山之陽，《詩》：殷其雷，在南山之陽。識雷聲所及。先聖有作，後王式遵。啓玄機以求舊，運巧智而攸新。相彼良工，自殊昧道之士；眷兹木偶，應異迷途之人。齊步武而無佚，差遠近而有倫。遵大路，罔愆乎禮典；聽希聲，《老子》：大音希聲。克正于時巡。雖道有環回，地分險易，固善應而莫實，諒知幾而有爲。于僞切。載考載擊，所辨于長亭短亭；庾子山《江南賦》：十里五里，長亭短亭。匪疾匪徐，足分乎有智無智。《世説》：魏武帝過曹娥碑，碑背上題作「黄絹幼婦外孫齏臼」。楊脩便解，魏武行三十里方悟。魏武歎曰：我才不如卿。有智無智，較三十里。觀其妙矣，孰測其微細？觀其徼矣，《老子》：常無欲以觀其妙，常有欲以觀其徼。詎知其啓閉！音不衰而得度，響其鏜而有制。鏜，音湯。《詩》曰：擊鼓其鏜。于以翊龍御，于以引天旋。異銅渾之儀，亦可叙紫微之星次；殊玉漏之制，而能涉黄道之日躔。周物之智斯設，極深之幾是研。《易》曰：夫易，聖人所以極深而研幾也。鄙繁音之坎坎，坎坎，鼓聲。《詩》：坎其擊鼓，宛丘之下。陋促節之闐闐。妙出人謀，思由神假。時然後擊，賛賞典于今兹；動惟其常，契同文于古者。由是皇衢以正，帝道斯盛。恭出震以成威，膺御乾而啓聖。我后得以昭文物，展聲明，不倦于素，倦，音愆。可舉而行。宜乎騁墨妙，呈筆精，固敢先三雅而獻賦，庶將開萬國之頌聲。

佚名《空賦》李昉等編《文苑英華》卷二〇 觀夫物則有名而有竭，空則無竭而有名。以空自(命)[名]，何縮何盈？摶之不得，書之不明。二儀肇分，運寒暑則與時而應；百功勤務，鑿户牖則用之以貞。泰山岌而不以爲阻，鴻毛至而不以爲輕。恬澹者體之而爲性，澆浮者象之而爲情。情性之别，共禀殊呈。是知均乎空者既若兹，倍乎空者竟如彼。卷之潛方寸之内，舒之盈宇宙之裏。上皇得之而化淳，季葉失之而亂起。妙一以爲稱，總萬以歸理。詎華説之所精，非掞藻之能擬。及夫天朗氣高，地平風暢，颺飛鴻六翮之遠，彰彩雲五色之狀。若士九垓以冥期，藺子七劍以寥亮。背之而騁捷，遂之而攸向。同橐籥之罔窮，越視聽之餘量。况使皓鶴聞天，白駒出谷，囹圄鞠草，洞簫生曲歟？是時端拱聖皇，坐嘯英牧，塹勞求士，永介戬禄。事無事，爲無爲。衢常罇滿，路不拾遺。蓋有由而致之。

趙自勤《空賦》董誥等編《全唐文》卷四〇八 無德而稱者，則其稱不朽；無形而用者，則其用不窮。若乃質混沌，氣鴻濛，生天地之始，匝天地之中。不可知詰，其名曰空。夫空也者，迎之不見其首，隨之不見其後，聽之不聞，搏之不有。舒之則遠彌六合，攬之則不盈一手，體無涯以爲大，物有來而必受。徒意其湛爾無營，飄然至輕。向遥山而似畫，對澄浦而同清。大而觀之，則漭瀁兮類元胎之貌；審而察之，則眇漠兮凝至道之精。故老氏曰：有物混成，先天地生。寂兮寥兮，孰能爲其損益。不皦不昧，安可議其幽明。利萬物有含容之德，包二儀有覆載之名。草木資空以長茂，日月乘空以運行。霜鴈雲鵬，非空無以矯其翼；喬鸎幽鳥，非空無以習其聲。夫天之無言，不能去蒼蒼之象；風之無聲，不能闕蕭蕭之響。陰陽者氣，猶不免於推遷；躔次雖高，亦未離於測想。豈若窅兮冥兮，吾則不知其靈；浩兮蕩兮，吾則不知其廣。含大化以虛無，起神功而惚恍。善計者無所用其籌策，善觀者無以勞其俯仰。故能象帝之先，(元)[玄]之又(元)[玄]。以無有，入無間，引微明於纖隙，混餘碧於長天。隨時小大，應物周旋，處覆盆而俱暗，引測管而同圓。入枝間而帶影，通野外以含烟，或高深放曠，或委曲連綿。雖可名而可道，終默然而澹然。則有閑居至人，宴坐開士，黜聰明而反聽，閉户庭而隱几。既而諦想羣物，深觀至理，窮未來寂滅之端，探過去混元之始。見衆生生而不失，大化化而無已。知有爲盡於無形，化萬物歸於一指。然後色空皆泯，驗先覺於輪王；物我俱齊，得真筌於莊子。已矣哉！杳杳茫茫，地久天長，非色非相，不存不亡。故知大象無形，去文質而成體；至恒不變，混今古以爲常。然則無施不適，應用無方。作器以虛中爲貴，接賢以虛左爲良。亦有譚國大夫，嗟已空於杼軸；倡樓孤妾，怨難守於空牀。當今四海會同，羣方清晏，邦國有不空之歌，太史絶三空之諫。獨有文章游子，書劍沈淪，出門以虛舟遇物，入室以虛白全真。生也數奇，每有書空之歎；長而樂道，猶在屢空之貧。惜揚名之未達，恨干禄之無津。敢作課虛之頌，用投虛受之人。

郭遹《空賦》李昉等編《文苑英華》卷二〇 造化之工，稽夫有名之域，察以無象之中。彼去有而含體，乃因無而立空。極乾坤之包汗漫，何窅眇與沖融。且希夷難變，而槖籥罔窮。神禹莫知其至，離婁安覩其終。墜露有聲，杳然聞皓鶴之唳；太虛無礙，豈獨發醯雞之蒙。則七曜垂文，八紘作紀。應類示跡，變態無已。顥氣浹而流英，飛霞散而成綺。順晝夜以明晦，涵混元而古始。及夫長風清，驟雨霽。或暝魄初滿，或朝陽不翳。千里若鏡，合止水而澄鮮；四野無塵，分遠山之虧蔽。理通一貫，施極多族。忘取捨而惟静，任細大而皆足。溟漲會百川之宗，簫管達五音之目。墨客臨而責有，賦見平原；老氏酌以當無，道幾牝谷。户牖致有空之用，人神終害盈之黷。故至人得之於無心，公綽寘之於不欲。欽若聖君赫赫，良牧英英。巖穴静一作空。而賢舉，囹圄空而法平。湛虛明而玄鑒，在虛受而澄清。無談天之逸藻，慙叩寂以求聲。

張鳴鶴《空賦》李昉編《文苑英華》卷二〇 造化不測，長空浩然，生於未有，物莫能先。故其走目遐甸，幽不可見；流聽高冥，漸不可聆。既從天而共色，又鑒水而同形，若乃變化隨時，憑乎動止。韶容春遍，火雲夏起，流電奪目，殷雷激耳，立繞樹之千巖，廣長風之萬里。驚飈既臨，彩虹破陰，雨盡天遠，雲空澗深。百尺樓頭，見朝陽之赫奕；九重宫裏，聞衆鳥之喧林。何高秋之遼迥，至窮冬而不極；感在物之捐華，益窮人之歎息。惟長空之愛此，終生靈兮動植。歌和光以同塵，每因空以悟色。至人恬澹，既將玄之又玄。小智多非，豈斯文之果測。

楊維楨《鐵崖賦稿》卷下《記里鼓車賦》 考車之制，自堯有彤，舜有鸞，夏后有鈎，商有輅，至周大備而有五輅。所謂篆緑墨棧，則又有上下之等，而未有記里鼓車之名也。按漢晉《輿服志》，西京大章，即記里車之所起也。駕四，形指南，車中署木人。行一里，所下層箱擊鼓。十里，則上箱振鐲。唐宋時，有若魏蕭嵩、盧道降之流，增廣其制，而記里車之盛蔑以加矣。唐柳宗元既已賦里鼓，而余復補賦記里車云：

惟聖人之大巧，心模範夫化工，故創物之成車，因有感於飛蓬。少昊氏之駕牛，人皇氏之乘龍。陶唐氏之馬白，有虞氏之鸞彤。夏后制斿旒而尊卑分辨，殷湯施大輅而儉德昭融。至成周之大備，美車服之以庸。慨亡秦之不道，使古制之頓空。迨炎劉之六業，值天漢之年豐。始輿服之定制，祠甘泉之上宫。駕千乘與萬匹，車金根而烏相風。記里始見鹵簿致崇，奈新室之亂制，及東京而尚蒙。後周依周禮之是尚，楊隨酌漢制之相同。歷李唐之好古，遇英辟於太宗。於是舊儀修改，新巧益攻，獨轅突兀，雙輪運通，兩箱層於上下，植木人於西東，出累聖之異器，收匠氏之奇功。當其殘星耿耿，餘月朧朧，鳴虎柝于賁士，報雞籌于元功。劍佩迎春花之落，旌旗拂柳露之濃。望翠華之旖旎，響金環之玲瓏。萬馬秩秩，和鸞躍躍。潔塵清於黄道，瞻凌虛之絳虹。將軍陪乘而闐集，太僕執轡以正供。有指南之前往，繼辟惡之後衝。皮軒闟戟之盛制，豹尾九游之如葱。金戈玉戚之爍爍，黄麾華蓋之叢叢。此記里之車，所次在鹵，爲九九之中。行斯行而佑警蹕，立斯立而贊盛容。動一里而木槌礧礧，轉十里而木鼓鼕鼕。震無雲之雷霆，響不雨之靇霳。人櫟機而有發，木鐲擊以無窮。節其音，可以表告行五十之次；觀其象，可以執威儀三千之恭。始創典于魏徵，復修制於蕭嵩。制莫盛於有唐，賦兼奇於柳公。湮五代之泯滅，至趙宋之興隆。五改元於天聖，來盧相之道宏。亶製作之復舊，羌儀度之新重。名大章而兼用，此里鼓之始終也。迨乎皇元肇興，明良相逢。既周冕之是服，復殷輅之比踪。跨乎漢唐采之品式，會乎今日嚴簿之考工。聖天子方祀事于南郊，備法駕之扈從。孰不欣欣而相告，願見車馬羽毛與鼓鐘也。賦已遂作，頌曰：大章有車肇西京兮，歷晉唐宋里鼓名兮。皇元祖制智巧并兮，眷玆木偶聽希聲兮。道我大路有期程兮，佐我大禮時止行兮。愚臣作頌展聲名兮，光三雅以獻賦，又豈柳河西之擅文鳴也。

林弼《林登州集》卷五《答牛士良典簿》 海國秋風客鬢華，遠來共駕指南車。越裳方物供周室，趙尉提封入漢家。裘馬清狂成舊夢，斗牛空濶接仙槎。扁舟準擬同歸去，明月洲前蘆荻花。

劉溥《草窗集》卷上《指南軒爲僧克紹賦》 軒轅事涿鹿，蚩尤伏前旗。卿匪指南車，大霧迷六師。人心溺昏暗，萬善俱見遺。聖人念慮深，指歸有良峕。宵行昧畦徑，趣向失所之。烈炬時一明，遠道争來隨。高軒揭明義，微妙須自知。本性同一原，大道無二岐。北斗運摇光，五月恒在兹。天道正斯亨，萬物茂此時。南宗佛中襟，持此求余詩。

張元禎《贈蕭光甫二首》曹學佺編《石倉歷代詩選》卷三八八 蘭蕙生崇阿，含芳待春風。春風豈不妍，徒爲桃李容。老松卧深山，匠石未著日。亦有幽賞人，時縱松下躅。

日暮行次且，清影羞自顧。彭彭指南車，千里猶跬步。雞蟲自得失，鳧鶴何短長。大材終不棄，勉之金玉相。

湛若水《湛甘泉先生文集》卷二七續詩《偶正禪語之謬送行者》 迷時固師渡，悟了云自渡。此是何等語，千悞與萬悞。譬之行丫逕，冥行不問路。適越而北轅，毫釐千里謬。惟有指南車，聖神所默告。

羅洪先《念菴文集》卷二〇《欽之次良知韻意有所疑賡以解之七首》 指南車定發行時，步步還爲萬里基。不問涯途深着脚，古今誤盡幾男兒。

徐熥《幔亭集》卷五《擬送僧歸日本》 遥天迷去住，但看指南車。重譯同歸舶，陽侯護法書。颶風心自定，海怪呪堪除。此去無禪侶，應尋絶島居。

顧起元《雪堂隨筆》卷四《感懷絶句四首》 四三三四聽狙公，嗔喜隨人片語中。自有指南車可載，肯因方惑易西東。

力與勢部

力分部

論説

鄭玄注　陸德明音義　賈公彦疏《周禮注疏》卷三九《冬官考工記》　凡察車之道，必自載於地者始也，是故察車自輪始。注：先視輪也。自，從也。凡察車之道，欲其樸屬而微至。不樸屬，無以爲完久也。不微至，無以爲戚速也。注：樸屬，猶附著堅固貌也。齊人有名疾爲戚者。《春秋傳》曰：「蓋以操之爲已蹙矣。」速，疾也。書或作「數」。鄭司農云：「樸讀如子南僕之僕。微至，謂輪至地者少，言其圜甚，著地者微耳。著地者微則易轉，故不微至無以爲戚數。」音義：樸，普剥反，劉音僕，一音扶禄反。屬，章欲反，下及注同。戚，徐、劉將六反，李音促，注同。著，直略反，下同。操，七曹反。數，色角反，下同。易，以豉反。疏：注釋曰：此已下云造車有善惡高下大小之宜。云《春秋傳》者，按：《公羊傳》，莊公三十年冬，齊人伐山戎。傳曰：「此齊侯也。其稱人何？貶。曷爲貶？司馬子曰：蓋以操之爲已蹙矣。」注云：「操，迫也。已，甚也。蹙，痛也。」鄭氏以蹙爲疾，與何休别。先鄭云子南僕之僕，哀二年《左氏傳》云：「初，衛侯游于郊，子南僕。」引之者，取音同也。輪已崇，則人不能登也。輪已庳，則於馬終古登阤也。注：已，大也，甚也。崇，高也。齊人之言終古猶言常也。阤，阪也。輪庳則難引。音義：庳，音婢。阤，徐丈爾反，劉堂何反，李音他，《輈人》同。大，音泰，劉他餓反。阪，音反。疏：注釋曰：輪已崇，則過六尺六寸，軫即過四尺，大高，故人不能登也。輪已庳，則無六尺六寸，軫即無四尺，大下，則馬難引，常似上阪也。

又　卷四〇《冬官考工記》　今夫大車之轅摯，其登又難；既克其登，其覆車也必易。此無故，惟轅直且無橈也。注：大車，牛車也。摯，輖也。登，上阪也。克，能也。音義：夫，音符。摯，竹二反。覆，芳服反。易，以豉反，下注之易、喻易同。輖，音周，一音弔，或竹二反。上，時掌反，下登上也。疏：釋曰：攻木之工有七：輪人、輿人造四馬車，自上以來所陳者是也。車人造大車、柏車、羊車，是駕牛車，自在下《車人》。今於此説大車者，但輈人造輈，主爲四馬車轅，因説駕牛者亦須曲橈之意，是以下文云「是故輈欲頎典」已下，還説四馬之轅也，此一經説牛車轅不橈之意。注釋曰：知大車，牛車也者，《車人》大車、柏車皆牛車。又下文云縊其牛，故知牛車也。是故大車平地既節軒摯之任，及其登阤，不伏其轅，必縊其牛。此無故，唯轅直且無橈也。注：阤，阪也。故書伏作偪。杜子春云：「偪當作伏。」音義：縊，一臂反，劉一計反。偪，音逼。故登阤者，倍任者也，猶能以登；及其下阤也，不援其邸，必緧其牛後。此無故，唯轅直且無橈也。注：倍任，用力倍也。故書緧作鰌。鄭司農云「鰌讀爲緧」，關東謂紂爲緧。鰌，魚字。音義：援，音袁。邸，丁禮反。緧，音秋。鰌，音秋，與緧同。疏：注釋曰：云故書緧作鰌，先鄭云鰌讀爲緧，關東謂紂爲緧者，按：《方言》車紂自關而東，輯鄭汝潁而東謂之爲緻，或謂之爲曲綸，自關而西爲紂。云鰌，魚字者，破故書爲鰌也。字，猶名也。既鰌是魚名，明不從故書也。

則倦，故當有退時。終日馳騁，左不楗，注：杜子春云：「楗讀爲蹇。左面不便，馬苦蹇。輈調善，則馬不蹇也。」書楗或作券。玄謂券，今倦字也。輈和則久馳騁，載在左者不罷倦。尊者在左。音義：楗，杜音蹇，鄭音倦。便，婢面反。罷，音皮。疏：注釋曰：子春意，據軍將乘車之灋，將在中，故御者在左。楗爲蹇澁解之。四馬八轡，在御之手，而不在中央，在於左，故云左面不便，馬苦蹇。輈調善，則馬不蹇也。云書楗或作券。玄謂今倦字也者，以爲尋常在國乘車之灋，尊在左，御者中央，故取上文和安解之。言輈和而久馳騁，載在左者不罷倦。尊者在左者，《曲禮》云：「乘君之乘車，不敢曠左，左必式。」注云：「君存，惡空其位，是尊者在左也。」行數千里，馬不契需，注：鄭司農云：「契讀爲『爰契我龜』之契，需讀爲畏需之需。謂不傷蹄，不需道里。」音義：契，苦結反，注同。需，音須，又乃亂反，注同。疏：注釋曰：云先鄭云契讀爲爰契我龜之契者，《詩》之文也。需讀爲畏需之需，謂從《易》需卦之需。終歲御，衣衽不敝，注：衽謂裳也。音義：衽，而甚反，又而鴆反。疏：注釋曰：《禮記・深衣》「續衽鉤邊」者，據在旁屬帶處。至於《問喪》云「扱上衽」，及《曲禮》云「苞屨扱衽不入公門」，此皆據《深衣》十二幅，要間之裳皆是衽，故此注云衽謂裳也。此唯輈之和也。注：和則安，是以然也。謂進則與馬謀而下。疏：注釋曰：總結上「進則與馬謀」已下四經。四者皆由輈和。勸登馬力，注：登，上也。輈和勸馬用力。馬力既竭，輈猶能一取焉。注：馬止，輈尚能一前取道，喻易進。

《墨子》卷一〇《經上》 力，形之所以奮也。

又 《經下》 合與一，或復否，説在拒。

又 《經説上》 力：重之謂下，與重奮也。

又 《經説下》 舉之則輕，廢之則重，非有力也。

【略】衡木加重焉而不撓，極勝重也。右校交繩，無加焉而撓，極不勝重也。衡，加重於其一旁，必捶，權重相若也。相衡，則本短標長，兩加焉，重相若，則標必下，標得權也。挈有力也，引無力也。不必所挈之止於施也，繩制挈之也。若以錐刺之，挈長重者下，短輕者上。上者愈得，下下者愈亡。繩直，權重相若，則心矣。收，上者愈喪，下者愈得。上者權重盡，則遂挈。兩輪高，兩輪爲輲，車梯也。重其前，弦其前，載弦其前，載弦其軲，而縣重於其前。是梯挈且挈則行。凡重，上弗挈，下弗收，旁弗劫，則下直。杝，或害之也。汧梯者，不得汧直也。今也廢尺於平地，重不下，無跨也。若夫繩之引軲也，是猶白舟中引横也。倚、倍、拒、堅。䠷倚焉則不正。

申不害《申子》 智均不相使，力均不相勝。

舍之則仰。彼，人之所引，非引人也，故俯仰而不得罪於人。

莊周撰 郭象注《莊子》卷五《天運》 且子獨不見夫桔槔者乎？引之則俯，舍之則仰。

《文子》卷下《自然》 老子曰：知而好問者聖，勇而好問者勝。乘衆人之智者即無不任也，用衆人之力者即無不勝也。用衆人之力者，烏獲不足恃也。乘衆人之勢者，天下不足用也。無權不可爲之勢，而不循道理之數，雖神聖人不能以成功。故聖人舉事，未嘗不因其資而用之也。有一功者處一位，有一能者服一事。力勝其任，即舉者不重也。能勝其事，即爲者不難也。聖人兼而用之，故人無棄人，物無棄材。

又 《下德》 夫人君不出户以知天下者，因物以識物，因人以知人。故積力之所舉，即無不勝也。衆智之所爲，即無不成也。千人之衆無絶糧，萬人之羣無廢功。

荀况撰 楊倞注《荀子》卷一〇《議兵篇》 孫卿子曰：不然。臣所聞古之道，凡用兵攻戰之本在乎一民。弓矢不調，則羿不能以中微。六馬不和，則造父不能以致遠。士民不親附，則湯武不能以必勝也。故善附民者，是乃善用兵者也。故兵要在乎善附民而已。

又 卷二〇《宥坐篇》 今之世則不然，亂其教，繁其刑，其民迷惑而墮焉，則從而制之，是以刑彌繁而邪不勝。三尺之岸而虚車不能登也，百仞之山任負車登焉，何則？陵遲故也。岸，崖也。負，重也。任負車，任重之車也。遲，慢也。陵遲，言丘陵之勢漸慢也。王肅云：「陵遲，陂阤也。」數仞之牆而民不踰也，百仞之山而豎子馮而游焉，陵遲故也。今夫世之陵遲亦久矣，而能使民勿踰乎。《詩》曰：「周道如砥，其直如矢。君子所履，小人所視。眷焉顧之，潸然出涕。」豈不哀哉。《詩・小雅大東》之篇。言失其砥矢之道，所以陵遲，哀其法度墮壞也。

韓非撰 何犿注《韓非子》卷八《觀行》 天下有信數三：一曰智有所不能立，二曰力有所不能舉，三曰彊有所不能勝。故雖有堯之智而無衆人之助，大功不立；有烏獲之勁而不得人助，不能自舉；有賁育之彊而無法術，不得長生。故世有不可得，事有不可成。故烏獲輕千鈞而重其身，非其身重於千鈞也，勢不便也。離朱易百步而難眉睫，非百步近而眉睫遠也，道不可也。故明主不窮烏獲以其不能自舉，不困離朱以其不能自見。因可勢，求易道，故用力寡而功名立。

又《用人》 釋儀的而妄發，雖中而不巧；釋法制而妄怒，雖殺戮而姦人不恐。罪生甲，禍歸乙，伏怨乃結。故至治之國，有賞罰而無喜怒。

呂不韋撰 高誘注《呂氏春秋》卷一《孟春記》 重己

使烏獲疾引牛尾，尾絶力勯而牛不可行，逆也。烏獲，秦武王力士也，能舉千鈞。勯讀曰單。單，盡也。使五尺豎子引其棬，而牛恣所以之，順也。恣，從也。之，至也。世之人主貴人，人主，謂王者諸侯也。貴人，謂公卿大夫也。無賢不肖，莫不欲長生久視，視，活也。而日逆其生，欲之何益。王者貴人所行淫侈縱欲暴虐，反戾天常，不順生道，日所施行無不倒逆其生，雖欲長生，若烏獲多力，倒引牛尾，尾絶不能行，故曰欲之何益也。凡生長也，順之也，使生不順者欲也。欲，情欲也。

劉安撰 高誘注《淮南子》卷二《俶真訓》 今夫善射者有儀表之度，如工匠有規矩之數，此皆所得以至於妙。然而奚仲不能爲逄蒙，奚仲巧爲車，逄蒙善於射，言未能相兼也。造父不能爲伯樂者，造父善御馬，事周穆王。伯樂善相馬，事秦繆公。是曰諭於一曲，而不通于萬方之際也。

又 卷九《主術訓》 故智不足以治天下也。桀之力，制觡格。伸鉤，索鐵歙金；椎移大犧，水殺黿鼉，陸捕熊羆，觡，角。索，絞也。然湯革車三百乘，困之鳴條，擒之焦門。焦，或作巢。由此觀之，勇力不足以持天下矣。智不足以爲治，勇不足以爲强，則人材不足任明也。而君人者，不下廟堂之上而知四海之外者，因物以識物，因人以知人也。故積力之所舉則無不勝也，衆智之所爲則無不成也。埳坎。井之無黿鼉，隘也；園中之無脩木，小也。夫舉重鼎者，力少而不能勝也，及至其移徙之，不待其多力者。故千人之羣無絶梁，萬人之聚無廢功。

【略】

文王智而好問，故聖；武王勇而好問，故勝。勝殷也。夫乘衆人之智，則無不任也；用衆人之力，則無不勝也。千鈞之重，烏獲不能舉也。千鈞，三萬斤也。烏獲，秦武王之力士。武王試其力，使舉大鼎，服脱而不任。衆人相一，則百人有餘力矣。是故任一人之力者，則烏獲不足恃；乘衆人之制者，則天下不足有也。

【略】

夫載重而馬羸，雖造父不能以致遠；車輕馬良，雖中工可使追速。是故聖人舉事也，豈能拂道理之數，詭自然之性；拂，戾。詭，違也。以曲爲直，以屈爲伸哉。未嘗不因其資而用之也。是以積力之所舉，無不勝也。而衆智之所爲，無不成也。聾者可令嗺堆。筋，斤。而不可使有聞也；瘖者可使守圉，而不可使言也；形有所不周，而能有所不容也。是故有一形者處一位，有一能者服一事。力勝其任，則舉之者不重也。能稱其事，則爲之者不難也。毋小大脩短，各得其宜，則天下一齊，無以相過也。聖人兼而用之，故無棄才。【略】

故枝不得大於幹，末不得强於本，則輕重小大有以相制也。若五指之屬於臂，搏援攫捷，莫不如志，言以小屬於大也。是故得勢之利者，所持甚小，其存甚大；所守甚約，所制甚廣。是故十圍之木，持千鈞之屋；五寸之鍵，制開闔之門，豈其材之巨小足哉？所居要也。

又 卷一五《兵略訓》 故四馬不調，造父不能以致遠。弓矢不調，羿不能以必中。君臣乖心，則孫子不能以應敵。孫子名武，吴王闔閭之將軍也。

又 卷一六《説山訓》 越人學遠射，參天而發，適在五步之内，不易儀也。越人習水便舟，而不知射，射遠反直仰向天而發，矢勢盡而還，故近在五步之内。參猶望也。儀，射法。言不曉射，故不知易去參天之法也。世已變矣，而守其故，譬猶越人之射也。【略】

走不以手，縳手走不能疾；飛不以尾，屈尾飛不能遠。物之用者必待不用者。故所以見者，乃不見者也。使鼓鳴者，乃不鳴者也。不鳴乃無聲也。嘗一臠肉，知一鑊之味。有足曰鼎，無足曰鑊。懸羽與炭，而知燥濕之氣；燥故炭輕也，濕故炭重也。以小明大。見一葉落，而知歲之將暮；睹瓶中之冰，而知天下之寒，以近論遠。

王充《論衡》卷一三《效力篇》 夫曾子載於仁，而儒生載於學，所載不同，輕重均也。夫一石之重，一人挈之。十石以上，二人不能舉也。世多挈一石之任，寡有舉十石之力。儒生所載，非徒十石之重也。地力盛者，草木暢茂。一畝之收，當中田五畝之分。苗田，人知出穀多者地力盛，不知出文多者才知茂，失事理之實矣。【略】

世稱力者常褒烏獲，然則董仲舒、揚子雲，文之烏獲也。秦武王與孟説舉鼎不任，絶脉而死。【略】

故夫文力之人，助有力之將，乃能以力爲功。有力無助，以力爲禍。何以驗之？長巨之物，彊力之人乃能舉之；重任之車，彊力之牛乃能輓之。是任車上阪，彊牛引前，人力推後，乃能升踰。如牛羸人罷，任車退却，還墮坑谷，有破覆之敗矣。文儒懷先王之道，含百家之言，其難推引，非徒任車之重也。薦致之者，罷羸無力，遂却退竄於巖穴矣。河發崑崙，江起岷山，水力盛多，滂沛之流，浸下益盛，不得廣岸低地，不能通流入乎東海。如岸狹地仰，溝洫決洪，散在丘墟矣。大儒之知，有似於此。文章滂沛，不遭有力之將，援引薦舉，亦將棄遺於衡門之下，固安得升陟聖主之庭，論説政事之務乎？火之光也，不舉不明。有人於斯，其知如京，其德如山，力重不能自稱，須人乃舉，而莫之助，抱其盛高之力，竄於閭巷之深，何時得達？奡、育，古之多力者，身能負荷千鈞，手能決角伸鉤，使之自舉，不能離地。智能滿胷之人，宜在王闕，須三寸之舌，一尺之筆，然後自動，不能自進，進之又不能自安，須人能動，待人能安。道重知大，位地難適也。

小石附於山，山力能得持之；在沙丘之間，小石輕微，亦能自安。至於大石，沙土不覆，山不能持，處危峭之際，則必崩墜於坑谷之間矣。大智之重，遭小才之將，無左右沙土之助，雖在顯位，將不能持，則有大石崩墜之難也。或伐薪於山，輕小之木，合能束之。至於大木十圍以上，引之不能動，推之不能移，則委之於山林，收所束之小木而歸。由斯以論，知能之大者，其猶十圍以上木也，人力不能舉薦，其猶薪者不能推引大木也。孔子周流無所留止，非聖才不明，道大難行，人不能用也。故夫孔子，山中巨木之類也。【略】

是故塪重，一人之跡不能蹈也。磕大，一人之掌不能推也。賢臣有勁彊之優，愚主有不堪之劣，以此相求，禽魚相與遊也。干將之刃，人不推頓，苽瓠不能傷；篠簵之箭，機不能動發，魯縞不能穿。非無干將、篠簵之才也，無推頓、發動之主。苽瓠、魯縞不穿傷，焉望斬旗、穿革之功乎？故引弓之力，不能引彊弩。弩力五石，引以三石，筋絶骨折，不能舉也。故力不任彊引，則有變惡折脊之禍；知不能用賢，則有傷德毁名之敗。論事者不口才大道重，上不能用，而曰不肖不能自達。自達者帶絶不抗，自衒者賈賤不讎。

案諸爲人用之物，須人用之，功力乃立。鑿所以入木者，槌叩之也；鍤所以能撅地者，跖蹈之也。諸有鋒刃之器，所以能斷斬割削者，手能把持之也，力能推引之也。韓信去楚入漢，項羽不能安，高祖能持之也。能用其善，能安其身，則能量其力，能别其功矣。樊、酈有攻城野戰之功，高祖行封，先及蕭何，則比蕭何於獵人，同樊、酈於獵犬也。夫蕭何安坐，樊、酈馳走，封不及馳走而先安坐者，蕭何以知爲力，而樊、酈以力爲功也。蕭何所以能使樊、酈者，以入秦收斂文書也。衆將拾金，何獨掇書，坐知秦之形勢，是以能圖其利害。衆將馳走者，何驅之也。故叔孫通定儀，而高祖以尊；蕭何造律，而漢室以寧。案儀、律之功，重於野戰；斬首之力，不及尊主。故夫墾草殖穀，農夫之力也；勇猛攻戰，士卒之力也；構架斲削，工匠之力也；治書定簿，佐史之力也；論道議政，賢儒之力也。人生莫不有力，所以爲力者，或尊或卑。孔子能舉北門之關，不以力自章，知夫筋骨之力，不如仁義之力榮也。

又　卷一四《狀留篇》　故世人遲取進難也。針錐所穿，無不暢達。使針錐末方，穿物無一分之深矣。賢儒方節而行，無針錐之鋭，固安能自穿取暢達之功乎？且驥一日行千里者，無所服也；使服任車輿，駑馬同音。驥曾以引鹽車矣，垂頭落汗，行不能進，伯樂顧之，王良御之，空身輕馳，故有千里之名。【略】

大器晚成，寶貨難售者。不崇一朝輒成賈者，菜果之物也。是故湍瀨之流，沙石轉而大石不移。何者？大石重而沙石輕也。沙石轉積於大石之上，大石没而不見。賢儒俗吏，並在世俗，有似於此。【略】

夫手指之物器也，度力不能舉，則不敢動。賢儒之道，非徒物器之重也。是故金鐵在地，飄風不能動，毛芥在其間，飛揚千里。夫賢儒所懷，其猶水中大石，在地金鐵也。其進不若俗吏速者，長吏力劣不能用也。毛芥在鐵石間也，一口之氣，能吹毛芥，非必飄風。俗吏之易遷，猶毛芥之易吹也。故夫轉沙石者，湍瀨也；飛毛芥者，飄風也。活水洋風，毛芥不動。無道理之將，用心暴猥，察吏不詳，遭以好遷，妄授官爵，猛水之轉沙石，飄風之飛毛芥也。是故毛芥因異風而飛，沙石遭猛流而轉，俗吏遇悖將而遷。且圓物投之於地，東西南北，無之不可，策杖叩動，纔微輒停。方物集地，壹投而止，及其移徙，須人動舉。賢儒，世之方物也，其難轉移者，其動須人也。【略】

草木之生者濕，濕者重，死者枯。枯而輕者易舉，濕而重者難移也。然一有能字。元氣所在，在生不在枯。是故車行於陸，船行於溝，其滿而重者行遲，空而輕者行疾。先王之道，載在胸腹之内，其重不徒船車之任也。任重，其取進疾速，難矣。竊人之物，其得非不速疾也，然而非其有，得之非己之力也。

許慎撰　徐鉉增釋《説文》卷一三下《文三》　筋也，象人筋之形。治功曰力，能圉大災。凡力之屬皆从力。林直切。

又　《文四新附》　同力也，从三力。《山海經》曰：「惟號之山，其風若劦。」凡劦之屬皆从劦。胡頰切。

郭象注　成玄英疏《南華真經注疏》卷五《天運》　且子獨不見夫桔槔者乎？引之則俯，舍之則仰。彼，人之所引，非引人也，故俯仰而不得罪於人。疏：桔槔，挈水木也。人牽引之則俛下，捨放之則仰上。俛仰上下，引捨以人，委順無心，故無罪。

夫人能虛己，其義亦然也。

張弧《素履子》卷下《履平》　素履子曰：稱之用也，取之於衡。車之行也，通之於轍。衡平，則毫釐不差。轍通，則轅轂無滯。稱若失之於毫釐，則權衡不正。車若虧之於轅轂，則轍跡難通。欲稱之平，則慎之於毫釐。欲轍之通，宜治之於轅轂。毫釐不失，轅轂無虧，則謂天平地成。乃取《易》象「上天下澤，履。君子以辨上下，定民志」。履之時用，居安慮危，履平慮蹶。

李昉等《太平御覽》卷八二九《資産部九》　擣

《桓子新論》曰：宓儀之制杵臼，萬民以濟。及後人加功，因延力，借身重以踐碓，而利十倍。杵舂又復設機關，用驢贏牛馬及役水而舂，其力乃且百倍。

蘇頌《新儀象法要》卷下　儀象運水法

水運之制，始於下壺。先實水於昇水下壺，壺滿，則撥河車八距；河車動，則昇水上下輪俱動，昇水下輪以八戽斗運水入昇水上壺，昇水上輪以十六戽斗運水入天河。天河東流入天池，天池水南出渴烏，注入平水壺。由渴烏西注，入樞輪受水壺。受水壺之東與鐵樞衡格叉相對，格叉以距受水壺。壺虛，即爲格叉所格，所以能受水。水實，即格叉不能勝壺，故格叉落。格叉落，即壺側鐵撥擊開天衡關舌，掣動天條。天條動，則天衡起，發動天衡關。左天鏁開，即放樞輪一輻過。一輻（逼）[過]，即樞（軸）[輪]動。其樞輪所檢梏者二：一以運渾儀，二以動機輪。所謂運渾儀者：樞輪動，則地轂動。地轂動，則天柱下輪動，天柱下輪動，則天轂後輪動。天轂後輪動，則天轂前輪動。天轂前輪動，則天運環動。天運環動，則三辰儀隨天運轉。此樞輪所以運渾儀也。

所謂動機輪者：樞輪動，則地轂動。地轂動，則天柱下輪動。天柱下輪動，則天柱中輪動。天柱中輪動，則機輪動。則樞輪所以動機輪也。機輪所以檢梏者四：一以天輪運渾象，二以動鐘鼓輪，三以動時初正司辰輪，四以動報刻司辰輪。所謂以天輪運渾象者：機輪動，則天輪動，天輪動，則渾象隨天運轉。此天輪所以動渾象也。所謂動鐘鼓輪者：機輪動，則晝時鐘鼓輪相隨而動。其輪上有牙距，時初，則撥左木人所執搖鈴杵以搖鈴；時正，則撥右木人所執撞杵以扣鐘；刻至，則撥中人所執椎以擊鼓。三者並在木閣第一層左、右及中門内相應。此機輪所以動鐘鼓輪也。所謂動時初正司辰輪者：機輪動，則晝夜時初正司辰輪相隨而動。時至，則輪上木人執牌出木閣第二層門中以報初及正。此機輪所以動時初正司辰輪也。所謂動報刻司辰輪者：機輪動，則報刻司辰輪相隨而動。刻至，則輪上木人於木閣第三層門中出報。此機輪所以動報刻司辰輪也。已上樞輪一輻過，則左天鏁及天關開。左天鏁及天關開，則一受水落入退水壺。一壺落，則關鏁再拒次壺，則激輪右回，故以右天鏁拒之，使不能西也。每受水一壺過，水落入退水壺，由下竅北流入昇水下壺。再動河車運水入上水壺，周而復始。

王昭禹《周禮詳解》卷三五《冬官考工記》

凡察車之道，必自載於地者始也，是故察車自輪始。凡察車之道，欲其樸屬而微至。不樸屬，無以爲完久也。不微至，無以爲戚速也。輪已崇，則人不能登也。輪已庳，則於馬終古登阤也。樸，普剥反。屬，章欲反。戚，將六反，又音促。庳，音婢。阤，文爾反。

載物者莫先于車，運車者莫先于輪。昔之聖人觀轉篷而爲輪，輪行可載，然後爲車，則車之作輪，實爲之先焉。故察車之道有三：一曰載于地者始，二曰欲其樸屬，三曰欲其微至。車之材衆矣，而載于地者輪而已，故察車自輪始。輪之行，以完久爲固，以戚速爲利，故不樸屬則無以爲完久。樸屬，言其附著之堅也。不微至無以爲戚速，微至言其踐地之少也。夫三年爲車，無一尺之輪則莫能運轉，則車雖善載，非輪其能行乎？木直中繩，揉以爲輪，則其曲中規，則輪雖善運，非人其能爲乎？輪既爲之于人，苟不察其樸屬而微至，則說輹之虞，輪載之敗，不旋踵而至矣。轂以爲利轉，輻以爲直指，牙以爲固抱，輪人爲之則斬三材必以其時，三材既具，巧者和之，然後可以盡爲輪之善也。用車者必加于此，蓋得其要矣。不然則莊周《天道》何以獨取輪扁斲輪，記考工者何以獨首于輪人與？輪已崇，則過于六尺六寸，而軫過四尺，爲太高也，人斯病于難登。輪已庳，則不及于六尺六寸，而軫不及四尺，爲太下也，馬斯病于難引。故曰輪已崇則人不能登也，輪已庳則于馬終古登阤也。阤，阪也。終古，猶言常也。輪庳則馬高，馬高則其引輪也常若登阪，雖倍用力，馬疲而車不進之矣。

又　卷三六

凡揉輈，欲其孫而無弧深。今夫大車之轅摯，其登又難；既克其登，其覆車也必易。此無故，唯轅直且無橈也。是故大車平地既節軒摯之任，及其登阤，不伏其轅，必縊其牛。此無故，唯轅直且無橈也。孫，音遜。夫，音符。摯，輊同。覆，音福。易，去聲。阤，音矢。

凡輈之深，或四尺，或三尺有三寸，或四尺有四寸，必以火揉之，使其勢曲直然後可以爲深。雖欲其曲而深，然又不可過于曲，若弧深則過于曲矣。過于曲則易折，非經久之道也。故凡揉輈，欲其孫而無弧深。孫如公孫碩膚之孫，言審曲而順理也，苟逆理而不孫，非特難揉，亦易傷折矣。此揉輈所以先於孫歟。大車之轅摯者，大車，牛車也，摯言其至，謂其勢直而下至也。蓋輈雖不過於弧深，照亦不可失之于直，直則其勢下至，非特登上阪地爲難，其傾覆且易矣。此其故非他，以其揉之不曲而深，故曰唯轅直且無橈也。大車平地既節軒摯之任者，軒言其高而上干，摯言其俯而下至。既節軒摯之任，則高下適中，而無上干下至之患矣。六月之《詩》曰：「戎車既安，如輊如軒。」以其適軒輊之中，此戎車所以安也。夫大車于平地雖能節其軒輊之任，若其登阪阤之地，牛不退而偪伏其轅，則轅必重而縊繫其牛頸，此亦其轅直無橈之故也。

故登阤者，倍任者也，猶能以登；及其下阤也，不援其邸，必緧其牛後。此無故，唯轅直且無橈也。援，音袁。邸，丁禮反。緧，音秋，故書作鰌，與緧同。

凡登阤者，自下而上，其用力爲多，故謂之倍任。夫登阤雖倍任，然力之强者猶能以登，及其下阤，不援摩其車之邸，則車或進而緧絆牛之後，此亦以轅直而無橈之故也。由此觀之，則轅雖不可以過曲，亦不可以不曲，此輈之三度，所以其深皆有常數也。

是故輈欲頎典。輈深則折，淺則負。輈注則利準，利準則久，和則安。輈欲弧而無折，經而無絶。頎，苦很反。典，音殄。

頎如頎人其頎之頎，言其長也。典如六典之典，言其有常也。欲頎典，言欲其長而有常也。蓋輈之長丈有四尺四寸，過乎此則其長爲有餘而贅，不及乎此則其長爲不足而虧。有餘而贅，不足而虧，非法度之常也，故欲頎典而已。輈深則折，淺則負者，深則所謂弧深也。揉之太深而傷其力，故不進而易折。淺則所謂直而無橈也，揉之或淺則馬引之而難進，故倍任而如負。輈注則利準者，蓋輈所以駕馬，其引而進也。若水之注，然無凝滯之患者，以其行則利，而載則準故也。利準則無傾覆之敗，此所以能長久也。夫無深折淺負之病，而有注則利準之效，其登阤與其下阤也，不伏其轅，不緧其牛，此輈之和也。唯和則無折負，進若與馬謀，退若與人謀。在馬則無契需之病，在人則無左楗衽弊之患。人與馬皆適此車之馳驅，所以不危而安矣。荀卿曰：「馬駭輿則君子不安。」此輈不和之效也。輈欲弧而無折，經而無絶者，輈欲如弓之形而不可以太深，太深則折矣。木之直理爲經，輈欲順木理而爲之，不可以斷絶。逆理而不經，斯絶矣。

進則與馬謀，退則與人謀，終日馳騁，左不楗，行數千里，馬不契需，終歲御，衣衽不敝，此唯輈之和也。勸登馬力，馬力既竭，輈猶能一取焉。良輈環灂，自伏兔不至軓七寸，軓中有灂，謂之國輈。楗，音倦。契，苦結反。需，如字，一讀爲懦。灂，子肖反。

馬所以駕車，車之進則以馬行爲主，故進則與馬謀。人所以馭馬，車之退則以人馭爲主，故退則與人謀。謀者指事而圖之也。進與馬謀，則得之于此而應之于彼也。退與人謀，則得之于手而應之于心矣。種馬駕玉路，戎馬駕革路，齊馬駕金路，道馬駕象路，田馬駕木路。凡車之任重致遠者，皆馬之力也，故進則欲其與馬謀。大僕馭玉路，齊僕馭金路，道僕馭象路，田僕馭木路。凡車之疾徐進退，惟人之馭也，故退則欲其與人謀。《叔于田》之詩有言「兩驂如舞」，「兩驂如手」，以言馬之節適也。有言「兩服齊首」，以言馬之整序也。如是則輈之和而進與馬謀可知矣。《叔于田》之詩言「執轡如組」，以言其馭之巧。《駟鐵》之詩曰「六轡在手」，以言其馭之良也。如是則輈之和而退與人謀可知矣。終日馳騁而左不楗者，言輈之和則尊者在左，而無蹇倦之病也。行數千里而馬不契需者，合而相倚曰契，緩而不進曰需，言輈之和，則馬雖行數千里之遠而無契需之患也。終歲御，衣衽不敝，衽謂裳，車行而無揺動之勢，則馭者衣衽亦無傷敝之害也。凡此數者，自非輈之和，孰能致是哉。然則爲輈者，既有淺深之數與其高下之度，而又五棨以致文飾環灂以受霜露，故以之鳴和鸞而不失相應之節，以之逐水曲而不失周旋之儀。舞交衢則馭者以之良，過軍表則射者以之善，此亦惟輈之和也。輈和則馬之行也易，爲力莫不勇于進而無疲倦之患，故能勸登馬力也。馬力既竭，謂馬行而已止也。馬行已止而無所用力，輈猶能一進而取道，豈非輈之利而能然歟。

易祓《周官總義》卷二六《冬官考工記》

凡察車之道，必自載於地者始也，是故察車自輪始。凡察車之道，欲其樸屬而微至。不樸屬，無以爲完久也。不微至，無以爲戚速也。

古者觀轉蓬而爲輪，然後因物生智而爲車。車之有輪，所以利轉，故察之之道：一曰必自載於地者始，二曰欲其樸屬，三曰欲其微至。車之材衆矣，然載於地而衆力之所資焉者輪而已，故察車自輪始。其次則輪之用以完久爲固，軫之行以戚速爲利。樸屬者，言其附著於地則堅而不浮，所以爲完久也。微至者，言其踐行於地則微而不滯，所以爲戚速也。是三者皆察之以道，故曰察車之道。言道則超乎形數之表，蓋有非目力之所能給者矣。

輪已崇，則人不能登也。輪已庳，則於馬終古登阤也。

已，太也，甚也。崇，高也。庳，下也。終古，猶言常也。阤，阪也。古人制器，内窮天下之理，外盡天下之法，故大不踰尋丈，小不踰方寸。所謂輪崇六尺有六寸，天下之中制也。輪過於崇，則其軫亦過於四尺矣，故軫爲太高而人之力有所不能登。輪或已庳，則其軫亦不及四尺矣，故軫爲太下而馬之力有所不能引。人不能登，則其力怠。馬不能引，則常若登阪而倍用其力。此非車之善者也。

又　卷二七

凡揉舟，欲其孫而無弧深。今夫大車之轅摯，其登又難；既克其登，其覆車也必易。此無故，唯轅直且無橈也。是故大車平地既節軒摯之任，及其登阤，不伏其轅，必縊其牛。此無故，唯轅直且無橈也。故登阤者，倍任者也，猶能以登；及其下阤也，不援其邸，必緧其牛後。此無故，唯轅直且無橈也。

輈以火揉，所以致曲，亦不可太曲，弧深則太曲矣。下經言輈欲弧而無折，輈無惡於弧也。惟太深則折，故孫而無弧深。孫，言順理也。輈而順理，雖無弧深之患，亦不可有直且無橈之勢，於是記考工者以大車之轅證之。夫大車乃駕牛之車，初無與乎駕馬之輈，特因其揉輈而證以大車之法。今夫大車之轅摯下也，謂其勢直而下至也。下則難於登阤，雖能登阤，而阪險之地易以傾覆，此直而無橈故也。大車平地雖能節其軒摯之任，而使之高下相稱，若其登阤，則牛不退而伏其轅，轅必重而縊其牛，此亦直而無橈故也。登阤者，自下而上，用力爲多，故謂之倍任。然力之强者尚能登阤，及其下阤，不摩其車之邸，則車或進而緧牛之後，此亦直而無橈故也。此三者皆所以證揉輈之説。

是故輈欲頎典。

頎如碩人頎頎之頎，言其長也。典，常也，法也。輈貴乎曲直順理，故欲頎典。頎典則輈雖長而合乎法度之常矣。

輈深則折，淺則負。輈注則利準，利準則久，和則安。輈欲弧而無折，經而無絶。進則與馬謀，退則與人謀，終日馳騁，左不楗，行數千里，馬不契需，終歲御，衣袵不敝，此惟輈之和也。勸登馬力，馬力既竭，輈猶能一取焉。

輈深則折，謂揉之太深則傷其力，故馬倚之而易折。淺則負，謂揉之太淺則馬負之而反傷馬之力，此輈之病也。不深不淺，若水之注無所凝滯，故行則利而順，載則準而平。利準則愈久而愈堅，馬引之而和，人乘之而安，此輈之善也。其善與病如此，故諄複詳紀其揉輈之法，所謂輈欲弧而無折，經而無絶，則揉輈之法也。弧，曲也。太曲則易折，故欲弧而無折，上經言無弧深是已。經，直也。太直則易絶，故欲經而無絶，上經言孫是已。既孫而無弧深，則無不得其進退之宜。進非能謀於馬，而若與馬相謀。退非能謀於人，而若與人相謀。是以無情之物而與人及馬之有情者不期而自合，非和之至者不能也。輈既得其和矣，則其用無不順，其行無不利。是以終日馳騁而左不楗，言尊者在車之左而無罷倦之勢。行數千里而馬不契需，言馬與之相習而無相倚之病。終歲御衣袵不敝，言馬無動摇而不勞御者之力。是三者皆善，斯可以言輈之和矣。然不特和而已，輈之勢和而順則其進也必易，馬力未進，輈已有以勸其登，非果能勸也，其勢若有以使之也。馬行既止，則無所用其力，輈猶能一進而取道焉。非有意於一取也，其勢自不容已也。則雖記考工者之善於形容，其亦工之巧者如是哉。

王與之《周禮訂義》卷七〇《冬官考工記上》

凡察車之道，必自載于地者始也，是故察車自輪始。

鄭康成曰：先視輪也。自，從也。　王昭禹曰：載物者莫先于車，運車者莫先于輪。　趙氏曰：道謂道理，又謂法也。大凡察車，自有道理，自有要法。必自載于地者始，言須以輪爲先也。觀必自之辭，可見一定不可改易之意。《考工》又言曰：是故察車自輪始。夫載于地者便是指輪言也，又分明説破車自輪始，以見輪爲車之樞要，所以言之重複，表其諄諄緊切之意。　鄭氏鍔曰：車之所以運轉不窮，致遠不泥者，以有輪也。輪運乎車下而載于地上，苟輪不能運，雖有蓋軫徒爲虚器耳。則輪者車之本，車所資以運行也。《漢志》曰：古之聖人觀轉蓬始知爲輪。輪行可載，因物智生復爲之輿。輿輪相乘，流轉罔極，則車之行以輪爲先可知矣。審車而不先審其輪，是不知察之之道也，故又曰察車自輪始。

凡察車之道，欲其樸普剝反，又音僕。屬章欲反。而微至。不樸屬，無以爲完久也。不微至，無以爲戚速也。

易氏曰：車之材衆矣，然載于地而衆力之所資者輪而已，故察車自輪始。其次則輪之用以完久爲固，輪之行以戚速爲利，是三者皆察之之道，故曰察車之道。言道則超乎形數之表，有非目力之所能給矣。　鄭鍔曰：察車之道必觀乎輪，而觀輪之法又自有術。輪以三材合而爲之，故欲其樸屬。樸屬者，言其附著之堅固也。輪以圜轉急疾爲工，故欲其微至。微至者，言其至地者少也。附著不堅則敝壞甚易，欲其全且久不可得也。至地者多則留滯不行，欲其急蹙而速不可得也。戚，音促。趙氏曰：戚與速皆行容輪轉快疾之狀耳。

輪已崇，則人不能登也。輪已庳，音婢。則於馬終古登陁大爾反。也。

毛氏曰：輪樸屬而微至，固盡善矣，而高卜又不可以無節。　鄭康成曰：已，大也，甚也。崇，高也。齊人之言終古，猶言常也。陁，阪也。輪庳則難引。　易氏曰：古人制器，內窮天下之理，外盡天下之法，故大不踰尋丈，小不踰方寸。所謂輪崇六尺有六寸，天下之中制也。輪過于崇，則其軫亦過于四尺矣，故軫爲太高而人力有所不能登。輪或已庳，則其軫亦不及四尺矣，故軫爲太下而馬之力有所不能引。人不能登則其力怠，馬不能引則常若登阪而倍用其力，此非車之善者也。王昭禹曰：輪庳則馬高，馬高則引輪也常若登阪然，雖倍用力，馬疲而車不進矣。

又　卷七二

今夫大車之轅摯，其登又難，既克其登，其覆車也必易。此無故，唯轅直且無橈也。

毛氏曰：凡記所引皆駕馬之車，而此獨言大車者，駕牛之車也。駕馬之車以載人，駕牛之車以載物。載人之車輕，轅直未必覆。載物之車重，轅直則必覆，故舉大車以明之。鄭鍔曰：牛車之轅必欲橈，則駟馬之轅欲橈可知。

鄭康成曰：摯，輖也。登，上阪也。克，能也。　王昭禹曰：摯言其至，謂其勢直而下至也。蓋輈雖不可過於弧深，然亦不可失之於直。直則其勢下至，非特登上阪地爲難，其傾覆且易矣。此其故非他，以其揉之不曲而深，故曰唯轅直且無橈也。

鄭鍔曰：此言大車轅摯則然。

是故大車平地既節軒摯之任，及其登陁，不伏其轅，必縊一臂反，又于計反。其牛。此無故，唯轅直且無橈也。

鄭康成曰：陁，阪也。趙氏曰：伏，逼也。　王昭禹曰：軒言其高而上干，摯言其輊而下至，既節軒摯之任，則高下適中而無上干下至之患。《六月》之詩曰：「戎車既安，如輊如軒。」以其適軒輊之中，此戎車之所以安也。夫大車於平地雖節其軒摯之任，若其登阪陁之地，牛不退而偪伏其轅，則轅必重而縊繫其牛頸，此亦其轅直且無橈之故。　鄭鍔曰：此言車之登陁之時則然。

故登陁者，倍任者也，猶能以登；及其下陁也，不援其邸，必緧音秋。其牛後。此無故，唯轅直且無橈也。

鄭鍔曰：登陁者，上高峻之處。　鄭康成曰：倍任，用力倍也。　趙氏曰：邸却無可考，意者邸是伏兔後踵承軫處，如四圭有邸，與設皇邸之邸同。蓋邸是抵亢藏靠之物踵後承軫處，亦是附着藏靠處故也。緧，就也。　王昭禹曰：凡登陁者自下而上，其用力爲多，故謂之倍任。夫登陁雖倍任，然力之强者猶能以登，及其下陁，不援摩其車之邸，則車或進而緧就其牛之後。此亦以轅直而無橈故也。李嘉會曰：輈上山高，轅不及馬背，則車重而必縊，其牛如繩縊之。及其下陁，奔來太速，緧牛之後，摩車之邸，則馬亦不可行。由此觀之，則轅雖不可以過曲，亦不可以不曲。此輈之三度，所以其深皆有常數也。

鄭鍔曰：必三言轅直無橈者，一言轅之勢，一言登陁，一言下陁。轅不曲皆爲害也，惟其如是，故揉轅必欲深，而又欲無弧深，所以有四尺七寸、三尺三寸與夫四尺之度。李嘉會曰：大車，駕牛之車，初無與乎駕馬之輈，因其揉輈而證以大車之法。記考工者先説平地，次説上陁、下陁之法，蓋平地只有軒摯，軒則前高，摯則後重。至於上山下山之際，又有高低之異，欲其勢順而無艱難掣肘之患，必爲之不甚伸，亦不甚曲，故三者皆以轅直無橈結之。

是故輈欲頎音懇。典。音殄。

鄭鍔曰：上文言牛車之轅，於此又言駟車之轅。　鄭康成曰：頎典，堅刃貌。　陳用之曰：頎典謂其體之豐大，蓋輈惡其折，故欲頎典則壯矣。《詩》言「五楘梁輈」，義可知矣。鄭鍔曰：頎，長也。典，實也。其勢欲頎然而長其材，欲典實而不虛。　王昭禹曰：頎如碩人其頎之頎，言其長也。典如六典之典，言其有常也。欲頎典，言欲其長而有常也。蓋輈之長丈有四尺四寸，過乎此則其長爲有餘而贅，不及乎此則其長爲不足而虧，非法度之常。

輈深則折，淺則負。

鄭鍔曰：揉之深則太曲，太曲則傷其力，力傷則易折。揉之淺則微曲，微曲則其勢直於馬背之上，故馬常若負然，非所以爲善。

毛氏曰：負言馬背，縊言牛領，緧言牛後。牛車或行於險阻，故以登下爲言，而曰縊、曰緧。馬車或行於平地，故以平地爲言而曰負也。

輈注則利準，音水，又如字。利準則久，和則安。

鄭鍔曰：康成云形如注星。賈氏曰：謂輈之形勢似天上注星，車之利也。鄭司農曰：注則利水，謂轅脊上雨注令水去利。謂自上而下其勢急也。惟其勢如注，則車必利而無凝滯之患，車必準而無傾側之虞。利而速，準而平，則其敝壞也亦難，此車所以能久。不失之淺，可否相濟，適於調和，則乘之者亦無搖動之患。如之何而不安。李嘉會曰：如水之注則利於行，平一如準則可長久。馬引之而和，人乘之而安。

愚案：記論輈之平準在輈注，論輈之能久在平準，如《中庸》誠則形，形則著，文勢當如此，奚必以重言爲拘，必欲曲爲之説。

輈欲弧而無折，經而無絶。

陳用之曰：上云欲無弧深，此云欲弧而無折，蓋深則折，欲如弧弓之形而無太深以折，即所謂無弧深也。楊謹仲曰：鄭氏言揉輈太深則折。夫上言輈深則折，是輈太深故馬倚之則折也。淺則馬負之而已。今言弧而無折，豈彼之所謂折哉。此折乃磬折之折，言弧則宛而曲，無復有如磬之折者，故曰弧而無折。鄭鍔曰：欲其經而無絶者，孫即經耳。順其文理謂之孫，順理而直謂之經。揉輈者惟恐不能順其理耳。不順理則斷絶而不相屬矣。故欲其經而無斷絶之病。

鄭鍔曰：輈爲一車安危所係，故既言之又再言之，欲其孫，欲其頎典，欲其弧而無折，經而無絶，一篇之中屢致意焉，見爲輈之難也。

進則與馬謀，退則與人謀。

王昭禹曰：馬所以駕車，車之進則以馬行爲主，故進則與馬謀。人所以馭馬，車之退則以人馭爲主，故退則與人謀。謀者指事而圖之也。進與馬謀，則得之於此而應之於彼。退與人謀，則得之於手而應之於心。夫種馬駕玉路，戎馬駕革路，齊馬駕金路，道馬駕象路，田馬駕木路。凡車之任重致遠者，皆馬之力也，故進則欲其與馬謀。太僕馭玉路，齊僕馭金路，道僕馭象路，田僕馭田路。凡車之疾速進退，惟人之馭也，故退則欲其與人謀。《叔于田》詩言「兩驂如舞」「兩驂如手」，以言馬之節適也。言「兩服齊首」，以言馬之整序也。如是則輈之和而進與馬謀可知矣。《叔于田》詩言「執轡如組」，以言馭之巧也。《駟驖》詩曰「六轡在手」，以言其馭之良也。如是則輈之和而退與人謀可知矣。易氏曰：進若與馬相謀，退若與人相謀，是以無情之物而與人及馬之有情者不期自合，非和之至者不能也。

終日馳騁，左不楗，音蹇，又倦。

鄭康成曰：書楗或作券，券今倦字。趙氏曰：古者乘車之法，尊者在左，御者在中。《曲禮》曰：乘君之乘車不敢曠左，左必式。注云：君存惡空其位。是尊者在左之證。惟輈之和則終日馳騁，載在左者無罷倦之患。

行數千里，馬不契需。契，音挈。需，音須。

鄭司農曰：契讀爲爰契我龜之契。需，讀爲畏需之需，謂不傷蹄不需道里。鄭鍔曰：車有兩驂兩服，《詩》言「兩服齊首」，言其不前後也。「兩驂如舞」，言其不拘閡也。轅若不和則馬必拘閡而相契。契，倚而相合之義。轅若不和則馬必前後而相需。需，遲而相待之義。陳蘊之曰：契讀如死生契闊之契，需如《易》需卦之需，謂不勞苦而停滯也。

終歲御，衣衽不敝，此唯輈之和也。

鄭鍔曰：衣之下裳謂之衽，《禮記》云「扱衽深衣」，續衽皆謂裳之下也。御車者常苦於裳之易敝，以其近下而摩於車也。惟輈之和，則無動搖之勞，雖終歲御而衽亦不敝。

毛氏曰：終日馳騁，一日之事也。行數千里，一月之事也。終歲御，一歲之事也。一日之間馬未必病，所憂尊者在左之杌動爾。一月之間馬行久矣，所憂者契需而不前。馬至於一月之間，則馬病，固其理也。而御之衣衽亦有敝焉。衣以歲制故也。一日之間左可楗而不楗，一月之間馬可病而不病，一歲之間衣可敝而不敝，豈非輈之和而然歟。上曰和則安，所謂安者，非特君子安乘而已，馬與御者皆安焉。是之謂安。

王昭禹曰：自此數者，非輈之和孰能致是，然則爲輈者既有淺深之數與其高下之度，而又五棨以致文飾環瀠以受霜露，故以之鳴和鸞而不失相應之節，以之逐水曲而不失周旋之儀。舞交衢則馭者以之良，過軍表則射者以之善，此亦唯輈之和也。

勸登馬力，

鄭康成曰：登，上也。輈和勸馬用力。　易氏曰：馬力未進輈已有勸其登，非果能勸也，其勢若有以使之。　王昭禹曰：輈和則馬之行也易爲力，莫不勇於進而無疲倦之患。

馬力既竭，輈猶能一取焉。

易氏曰：馬行既止，則無所用其力，輈猶一進而取道焉。非有意於一取也，其勢自不容已。　趙氏曰：輈非有情之物，豈能勸得馬用力，而《考工》言之者蓋形容輈之和、行地之遠，其勢有如此者。

林希逸《考工記解》卷上

凡察車之道，必自載於地者始也，是故察車自輪始。

看此三句，便見古文法本意只是察車必自輪始，先發明一句，曰必自載於地者始也。又著是故二字，多少曲折精神，又發得意盡，又好讀。艾軒曰：凡物皆從一處看起，如看文章，看寫字，皆從何處看起。此車之制受重者輪，故察車之工拙，必自輪始也。

凡察車之道，欲其樸屬而微至。不樸屬，無以爲完久也。不微至，無以爲戚速也。

此句形容車輪極工。樸屬者，欲堅固而有所附屬，謂其附於車如人生一臂也。微至是着地處甚微眇也。着地處若大，使行不急。如何得疾速，戚即疾也。三行之内兩箇「凡察車之道」，他人則以爲冗也，此正古文好處，不可不仔細看。

輪已崇，則人不能登也。輪已庳，則於馬終古登阤也。

艾軒曰：此等句語真謂之古文，使韓退之見之安得不俯首閣筆。人長八尺，若輪太高則登不得，故只崇四尺。若太卑，則馬高而輪低，雖行平地，亦如登坡阤然。蓋輪低則負於馬如人負物，馬則勞矣。終古，猶終年也。此必古語，若無終古二字，則形容不出兩句。兩輪字，若以古文當省字，則下句輪字可省。蓋古文正要好讀，有可省者，有可省而不省者，要自具眼。

又

今夫大車之轅摯，其登又難，既克其登，其覆車也必易。此無故，唯轅直且無橈也。是故大車平地既節軒摯之任，及其登阤，不伏其轅，必縊其牛。此無故，唯轅直且無橈也。

轅即輈也，在牛車則名轅。此輈人論輈而言轅者，以乘車、田車之輈與大車之轅，其法皆同也。摯，下也。其勢直而不橈曲，下至於馬則難登阤。雖馬有力可以負而登，亦必易覆。故於平地之間，雖其任高下得節，而不可施之登阤。言平地高下易準節，登阤則難節也。軒，高也。摯，下也。今人用軒輊，字本於此。伏其轅者，牛伏其轅下爲所遏也。縊其牛者，轅直而牛不勝，如縊縛之也。皆其勢不孫曲使然也。

故登阤者，倍任者也，猶能以登；及其下阤也，不援其邸，必緧其牛後。此無故，唯轅直且無橈也。

登高而轅直，牛之負力倍於平地，言用力多也。此有力之牛猶可登也，及其勢趨下，則非援其車之邸，必緧絆其牛之後。二者皆能覆車也。邸，輿也，皆四方之名。援，手引之也。執，住之意也。緧者，鞧絡之類有此名也。

是故輈欲頎典。

前言轅，此言輈，明轅即輈也。頎典，注云堅刃之貌，此古語也，難以强通。大抵欲其孫順得勢而不直之意。

輈深則折，淺則負。

深，太彎也，太彎則易折。淺，太直也，太直則馬如負然。

輈注則利準，利準則久，和則安。

其勢注水則便利也。準，節也。深淺得節，則耐久也。和與衡軏諸木和合，則車不摇兀而安也。準或作水，司農以爲注則利水，利水則久。鄭玄不從，以利準二字不當重讀。此説似得之。蓋傳寫之誤，剩利準二字也。

輈欲弧而無折，經而無絶。進則與馬謀，退則與人謀，終日馳騁，左不楗，行數千里，馬不契需。

弧深則易折，弧不深則固。經，理也。順理則無斷絶之慮。進而從馬，退而從人，故曰與謀。左不楗者，尊者居左。車既安則尊者安，不拘束也。楗有拘束之意。契需，古語也，亦難强解。行千里而安，則馬亦不費力，其意大抵如此。若以契爲鍥薄之意，曰不傷蹄。需爲濡遲，曰不留滯。皆是牽强，如《莊子》之謑髁輐斷，如《詩》之靡盬鞅掌殿屎等字，亦如何强解得。古今語不同，豈可强索於數千載之後。如今鄉談隨方各有，使古人聞之亦豈易曉耶。

終歲御，衣衽不敝，此唯輈之和也。

御者費力，則衣袵必損弊。若皆順溜，則御者不費力矣。此數句皆形容輈之和而已。

勸登馬力，馬力既竭，輈猶能一取焉。

輈和則馬省力如助之也。勸，助也。一取者，一進也。馬力既竭，猶能一進，勢順易行也。

黎靖德編《朱子語類》卷一《理氣上·太極天地上》 天運不息，晝夜輥轉，故地搉在中間。使天有一息之停，則地須陷下。惟天運轉之急，故凝結得許多渣滓在中間。地者，氣之渣滓也。所以道輕清者爲天，重濁者爲地。

天以氣而依地之形，地以形而附天之氣。天包乎地，地特天中之一物爾。天以氣而運乎外，故地搉在中間，隤然不動。使天之運有一息停，則地須陷下。

天包乎地，天之氣又行乎地之中，故横渠云地對天不過。

毛應龍《周官集傳》卷一三《冬官考工記》

凡察車之道，必自載於地者始也，是故察車自輪始。凡察車之道，欲其樸屬而微至。不樸屬，無以爲完久也。不微至，無以爲戚速也。

鄭鍔曰：車之所以運轉不窮，致遠不泥者，以有輪也。輪運乎車下，載於地上，苟不能運，雖有蓋軫特虛器爾，則輪者車之本也。既有所本，則察車者可不知其所本耶。故曰察車之道必自載於地者始也。是故知察車之道必先察乎輪，誠以輪者車所資以運行故也。《漢志》曰：古之聖人觀轉蓬始知爲輪，輪行可載，因物智生，復爲之輿，輿輪相乘，周流罔極。則車之作以輪爲先可知矣。察車而不先於輪，是不知察之之道也。故又曰是故察車自輪始。

輪已崇，則人不能登也。輪已庳，則於馬終古登阤也。故兵車之輪六尺有六寸，田車之輪六尺有三寸，乘車之輪六尺有六寸。

鄭鍔曰：巾車掌王之五路，校人掌王馬。國之六馬，馬所以駕路也。馬有高下，故車輪亦有高下。馬之高者其輪高，馬之下者其輪卑。兵車駕戎馬，田車駕田馬，乘車則或駕種馬，或駕道馬，其與戎馬皆國馬之高八尺者也，故輪六尺六寸。田馬馬之高七尺者也，故輪六尺三寸。又曰兵車所以即戎，田車所以講武，而乘車者王於無事之時所乘者也。王者之於天下，先天下之憂而憂，後天下之樂而樂，使戎事之不戒，武備之不修，雖有乘車烏得而自樂耶。故記考工者必先兵車、田車，而乘車處其後者，使有天下之君知所先後也。

又

今夫大車之轅摯，其登又難；既克其登，其覆車也必易。此無故，唯轅直且無橈也。是故大車平地既節軒摯之任，及其登阤，不伏其轅，必縊其牛。此無故，唯轅直且無橈也。

朱氏曰：輊，車之覆而前也。軒，車之却而後也。應龍案：《詩·六月》云：「戎車既安，如輊如軒。」注：輊，摯也。鄭鍔曰：節其軒，則其勢不至於高而上干；節其摯，則其勢不至於輊而下至。

故登阤者，倍任者也，猶能以登；及其下阤也，不援其邸，必緧其牛後。此無故，唯轅直且無橈也。

林氏曰：援，引也，言引而傷車之邸。歐陽氏曰：按四圭有邸。鄭注邸，本也。車邸意者，指輪而言也。援其邸，其指輪之踐地者而言乎。

是故輈欲頎典。輈深則折，淺則負。輈注則利準，利準則久，和則安。

鄭氏曰：揉之大深則傷其力，馬倚之則折也。揉之淺則馬善負之。鄭鍔曰：揉之深則大曲而傷其力，力傷則易折。揉之淺則微曲而其勢直於馬背，故馬常若負之然。非所以爲善，故曰深則折，淺則負。注謂輈之揉者形如注星。準謂輈之在輿下者平如準。鄭鍔曰：形如注星，謂自上而下，其勢急也。惟其勢如注，則車必利而無凝滯。其平如準，則車必平而無傾側。利而速，平而準，則其弊也亦難，此車所以能久。不失之深，不失之淺，可否相濟，通於調和，則乘之者無動摇之患，如之何而不安哉。

輈欲弧而無折，經而無絕。

鄭鍔曰：上文云凡揉輈欲其孫而無弧深，此欲弧而無折者，蓋輈之勢，揉之太曲如弧則必折，不曲則能覆車，故欲其弧，但欲其弧而無必折之理耳。上文欲其孫，此又欲其經而無絕者，孫即經耳。順其文理謂之孫，理而直之謂之經。揉輈者惟恐不能順其理爾。不順理則斷絕而不相屬矣。故欲經而無斷絕之病。蓋輈爲一車安危所繫，故既言之又再言之，欲其頎典，欲其弧而無折，經而無絕。一篇之中屢致意焉，見爲輈之難也。

進則與馬謀，退則與人謀。

陳氏曰：輈所以駕馬，輈既善矣，則馬受服而不能自已，非人欲止之則有前而無却，故曰進則與馬謀，退則與人謀。鄭鍔曰：上云和則安，故言其安之利。馬之行也，以進爲主。人之御也，有進有退。馬惟欲進，其行有進而取道之勢，故若與馬謀焉。人或欲退，輈有順而可挙之勢，故若與人謀焉。謀謂與人馬之意不期而合，猶有相謀然也。

終日馳騁，左不楗，行數千里，馬不契需，終歲御，衣衽不敝，此唯輈之和也。

陳氏曰：陪乘者爲右，則尊者在左可知矣。　鄭鍔曰：車有兩驂兩服，《詩》云「兩服齊首」，言其不前後也。「兩驂如舞」，言其不拘閡也。輈若不和，則馬必拘閡而相契。契，倚而相合之義也。輈若不和，則馬必前後而相需。需，遲而相待之義也。唯輈之和，則雖千里，馬無契需之患，故曰馬不契需。又曰衣之下裳謂之衽，故《禮記》云「扱衽不入公門」，又云「深衣續衽」，皆謂裳之下也。御車者常苦於裳之易敝，以其近下而摩於車也。唯輈之和則無動摇之勢，故終歲御而衽亦不敝。

勸登馬力，馬力既竭，輈猶能一取焉。

鄭鍔曰：登，進也。輈之善也，馬不契需，愈遠而不知其遠矣，能勸馬使進而用力也。馬力已竭，輈猶有進而取道之勢。

戚繼光《紀效新書》卷一五《布城諸器圖説篇》　銃式

銃長三小尺，內口約容半觔鉛子，藥在粗腹，不可過鉛子，送至腹口方好。即如此平卧地下，隨其遠近加墊頭高，並不用木馬等類。此器之利者，亦以項長而鉛子合口故也。

又戚繼光《練兵雜紀》卷二《儲練通論》　原火器

夫北方之火器，惟有夾把鎗、快鎗、神鎗、佛郎機、碗口銃、大小將軍等項，種色尚多，就中夾把鎗之制，即快鎗也，但多一鐵把，以備急時充鐵棍之用耳。緣所製之人，洞曉此中病痛者既少，而又非任怨任真之心，不過捲成鐵筒而已。腹內未曾用鋼鑽鑽光，以致鉛子不得到底，出口不直。銃身單捲成器時，有炸損人手，不敢托架于前，却以雙手把持柄，後又用一手點火。試以藥力，既可炸損鐵銃，豈兩手之力所能挙禦。火未出而手先動，銃已歪斜，鉛子何由得準。又軍士不知放法，官給鉛子大小不一。子大而銃口小，則子入不深，出口便落。子小而銃腹大，火藥先鉛子而泄，則鉛子無力，何以致遠。夫欲鉛子出遠而有力，爲其銃身長，腹內光圓均直，鉛子與銃口腹相合，火氣不泄之故也。藥幾錢，則鉛子幾錢重。子重藥少，則無力。子輕藥多，則子燁。子去多中而准者，爲其火發而銃不動也。火發而銃不動者，爲其一手把于銃前，手在火藥之前，銃不動，則發必中。銃腹長，則子去必直。後手不點火而以指發機，則手嘗執銃，而臨發穩正。此鳥銃之所以爲利器也。此鳥銃之所以較中，雖弓矢弗如也。此鳥銃之所以洞重鎧而無堅可禦也。馬上步下，惟鳥銃爲利器。其車上守城，必用佛郎機。今之佛郎機，鑄造失法，甚有母銃口大，子銃口小，欲將鉛子如母銃之口，則小銃之力不能發。蓋機銃子母爲二，子銃口邊有隙，瀉火氣，火氣常弱也。如照子銃製子，則子小。母銃腹大，藥氣先出，子必滚落，即發去亦不遠不中。又子銃之口多與母銃口不合，藥發則火氣激回于後，不復俱送子向前。裝放之法，又每以土石實子銃，或用木馬而浮鉛子于面，以輕激重，必不能遠。求其善用，必將母銃口鑄與子銃口合，子銃須深銜于母銃之間。放法，將鉛子務與子銃口一半相合，用凹心鐵送入子銃腹內，不用木馬。此郎機之妙用也。碗口砲，腹小口大，項短藥少，子重發出無力，不堪用。如用之，必須腹長三尺以上，而鉛子合口，送至腹底，發出乃急且中也。

茅元儀《武备志》卷一一四《軍資乘·守五》

【略】此豈堡之罪哉，不全其勢之罪也。故次約堡勢，其目有四，一合力者，積衆弱以成强也。今夫百鈞之石，數十人挙之而不足，數人挙之而有餘，其石無加損，力有合不合也。故夫堡多而人寡者必併，併則力合，力合則變弱爲强矣。審之依避以質其險，察之澤壅以驗其脉，稽之規制以省其力，叅之風氣聚散流泉遠近以盡其便。每村相去不十里，每堡所容必數百千人。

又　卷一二一《軍資乘·火三》　火攻之法，以風爲勢，風猛則火烈，火熾則風生，風火相搏，斯能取勝。故爲將者，當知風候。以月行之度準之，月行於箕、在天十三度。軫、在天十七度。張、在天十七度。翼在天十九度。四星，則不出三日，必有大風，數日方止。仰觀星宿，光摇不定，亦不出三日，必有大風，日終而止。黑雲夜蔽斗口，風雨交作，雲自北方起者，風大。黑雲飛塞天河，大風數日。雲如猪形者，名曰天豕渡河。月暈而青色數圍，必風無雨。青主風，黑主雨。日没黑雲相接，來朝風作，風來十里，揚塵動葉。風來百里，吹沙飄瓦。風來千里，力能走石。風行萬里，力能拔木。知風之時而善用之，斯萬戰而萬勝矣。

孫元化《西法神機》卷上《銃臺圖説》　造臺之制，取高瞭，亦資遠擊。銃大則遠，臺高又遠。今人每疑在高不能取準者，未聞用銃之法也。請先約略言之。夫銃之行也，全用其直勢，亦半用其曲勢。曲勢過半，不能殺人矣。銃有四種遠銃,三種近銃。雖遠銃利攻,近銃利守,然可並濟也。銃頭低昂,合於天度,別有器量二種:一方方度二十四,一圓圓度九十。方器以量敵營之遠近,圓器以量銃頭之高低。平時,先以方器就所據之臺量來路高下幾何,遠近幾何,宜用何銃。每里即立一表,或樹或石。次以圓器就所用之銃試擊之,視銃頭高幾度者至何處,低幾度者至何處。臨時,視敵所至,即依所定度數擊之。有此器具,有此算法,故任所處而百變不窮,一成不誤,故敢任敢言也。銃法既明,乃論臺法。今人每疑銃能震臺者,未審用銃之理也。請再約略言之。夫銃氣出口,空氣相激,氣之動也最捷,故山谷皆答。其近而裂者,則能排牆,能撼石。然銃勢向前,火性從上,藥力四潰,有三理焉。即有排撼,其傍受之,未有其下其後受之者也。故牆在銃前,銃傍可震,今銃在臺上,必無震理。亦惟有格致,故敢任敢言也。夫守必以銃爲利,銃必以大爲神,而又可用於臺,且無害於臺,則奈何造臺者不爲用銃計乎。

王徵譯《奇器圖説》卷一 力藝,重學也。

力是氣力,力量,如人力、馬力、水力、風力之類。又用力、加力之謂,如用人力,用馬力,用水風之力之類。藝則用力之巧法、巧器,所以善用其力,輕省其力之總名也。重學者,學乃公稱,重則私號。蓋文學、理學、筭學之類,俱以學稱,故曰公。而此力藝之學,其取義本專屬重,故獨私號之曰重學云。

表性言

蓋此重學,其總司維一,曰運重。

凡學各有所司。如醫學所司者治人病疾;筭學所司者計數多寡。而此力藝之學,其所司不論土水木石等物,則總在運重而已。

其分所有二:一本所,在内,曰明悟;一借所,在外,曰圖籍。

人之神有三司:一明悟,二記含,三愛欲。凡學者,所取外物、外事皆從明悟而入,藏于記含之内。異日明悟,愛之而欲用之,直從記含中取之足矣。此學之本所,在内者也。至古人已成之器、之法,載在圖籍,則又吾學之借所也,故曰在外。

其造詣有三:一由師傳,一由式様,一由看多、想多、做多。

凡學皆須由此三者而成。而此力藝之學,賴此三者更亟。不得師傳,不會做;不有式様,亦不能憑空自做。兩者皆有矣,而眼看不熟,心想不細,手做不勤,終亦不能精此學。蓋大匠能與人規矩,不能使人巧。巧必從習熟而後得也,故曰習慣如自然。三者並重,而第三尤爲切近。何也?師傳易明,但師不克常在,則難。式様最便,然亦有式様而不能便惺然者。故自己看多、想多、做多尤切近也。

其作用有四:一爲物理,二爲權度,三爲運動,四爲致物。

理如木之有根本也。木有根本,則千枝萬實皆從此生。故人能窮物之理,則自能明物之性。一理通,而衆理可通;一法得,而萬法悉得矣。窮理原爲學者之急務,而於此力藝之學,尤爲當務之首。理既窮矣,假如兩理,不知誰重誰輕,則必權之度之。理因相比而可較然其自分也,故權度次之。夫理窮而權度亦既審矣,夫然後遇物之重者,舉人力所不能運、所不能動者,以此力藝學之法之器而運動之,無難也,故運動又次之。顧運動何爲?總欲致其物耳。假如人生有飢、有寒,則思致飲食、致衣服諸物。避風避雨,則思致城郭、致宫室諸物。防物害、防敵攻,則又思致干戈、致火器諸物。凡此諸物,非此力藝之學莫能致之。故以致物終之者,正以明此學大用之終竟耳。四用似有先後,而實皆相聯。假如欲致物,不得運動法,則不能致。欲運動,不得權度,則運動無法。而權度不根諸窮理,則將孰權孰度焉?故四者相須,總爲此學之大用。

其所傳授因起則有五:一、始祖遞傳;二、窘迫生心;三、觸物起見;四、偶悟而得;五、思極而通。

相授之原有一大人,名亞希默得,新造龍尾車、小螺絲轉等器,又能記萬器之所以然。今時巧人之最能明萬器所以然之理者,一名未多,一名西門。又有繪圖刻傳者,一名耕田,一名刺墨里。此皆力藝學中傳授之人也。其云窘迫生心者,如因飢寒所迫,則思作飲食、作衣服;因風雨所迫,則思作城郭、作宫室;因物害敵攻所迫,則思作干戈、作火器之類是也。觸物起見者,如觸於魚之摇尾水中,則因之作柁;觸于魚之以翅左右,則因之作櫓;觸於松鼠之伏板豎尾渡水,則因之作帆之類是也。偶悟而得者,如一國王以純金,命一匠作器;匠潛以銀雜之,王欲廉其弊,弗得也。亞希默得因浴而偶悟焉,謂金與銀分兩等,而體段大小不等;金重而小,銀重而大;以器入水,驗其所留之水,誰多誰寡,則金與銀辨矣,遂明其辨,而匠自服罪之類是也。思極而通者,人能常思常慮,則心機自然細密,明悟自然開發。所謂思之思之,又重思之,思之不得,鬼神將通之者是也。此數者,雖不由傳授,然有因而起,故統系傳授之下而另列之爲因起云。

論其料,曰理,曰法,縱千百其無盡。

料者，力藝學中之材料也。如一重物難起，或用人力，或用馬力，或用關楔，或用輪盤。一法不足，百法助之。其機種種不同，其材料不越理法兩端，隨人明悟，相度取用，可千變萬化而不窮也。

核其模，有體，有制，實次第而相承。

模即體制。蓋有材料，而不有體制作模，則必不能成一器。然體制雖或千百不同，而其實則各各次第相承而不紊。譬如白鳴鐘，大輪小輪，其中名目甚多，必一一次第相聯，而後可以自鳴也。一紊其序，則不成其用矣。

所正資而常不相離者，度數之學。

造物生物，有數、有度、有重，物物皆然。數即筭學，度乃測量學，重則此力藝之重學也。重有重之性理。以此重較彼重之多寡，則資筭學。以此重之形體較彼重之形體大小，則資測量學。故數學、度學正重學之所必須。蓋三學均從性理而生，如兄弟内親，不可相離者也。

所借資而間可相輔者，視學及律吕之學。

夫重學，本用在手足。而視學則目司之，律吕學則耳司之，似若不甚關切者。然離視學，則方、圓、平、直不可作；離律吕學，則輕重、疾徐、甘苦、高下之節不易協。況夫生風、生吹、自鳴等器，皆借之律吕。故兩學於重學雖非内親乎，而實益友，可相輔而不可少也。

此其取精也既厚，則其奏效也必弘。故能力甚大，其所裨益于人世者良多也。命曰重學，學者其可忽諸？夫此重學，既從度數諸學而來，其學可謂博而約矣。原非一蹴而成功，自可隨奏而輒效。只就起重一節言之。假如有重于此，數百千人方能起，或猶不能起。而精此學者，止用二三人即能起之。此其能力何如也？既省多力，又節大費，且平實而不致險危。其裨益于人世也又何如？故名以重學，雖專爲運重而立名，亦以見此學關繫至重。有志于經世務者，不宜輕視之耳。

或問：表性言一句耳，而解奚爲如此之多？曰：此學最奇，亦最深。不詳解，不能遽曉此中之妙、之法、之性理，故解已詳。而余復爲詳註之者，總期人人之易曉也。

表德言

前所表者，重學之内性耳，兹復表其外德。

是重學也，最確當而無差。

天下之學，或有全美，或有半美。不差者固多，差之者亦不少也。惟筭數、測量毫無差謬。而此力藝之學根于度數之學，悉從測量筭數而作，種種皆有理有法。故最確當而毫無差謬者，惟學此爲然。非如他學，此或以爲可，彼或以爲否；此或見以爲是，彼復駁以爲非者比。蓋人同具明悟，知其所以然，自不得不是之，非强也。間有差，亦非此學之差，器之材質或有差；不，則人之所作如法與不如法耳。

至易簡而可作。

蓋器之公者止有一，器之所以然亦止有一。且至爲明白，不依賴于多體。況其體相聯不多，如通一體，則他體可以相推。但一留心，自可通曉。不似他學，費盡心力，而猶或不易曉也。其理易明，其法有迹而易見，其器又悉有成式而可擬。故此學至易至簡，而人人可作。

然奇古可怪，聞者似多驚詫非常。

人多勝多，或人多而勝寡，不怪也。人寡能勝人多，則可怪。如以大力運大重，奚足怪？今用小小機器，輒能舉大重，使之升高，使之行遠，有不驚詫爲非常者鮮矣。然能通此學，知機器之所以然，則怪亦平常事也。試觀千鈞之弩，惟用一寸之機；萬斛之舟，祇憑一尋之柁，豈不可怪？而世因常用之，則亦視爲日用家常物耳。

而精妙難言，見之自當喜慰無量。

饑得餐，渴得漿，則自生喜慰。而此精妙之器，乃吾人明悟之美味也。同具明悟者，寧能不喜？況有大重于此，用大力多力不能起者，一旦用小力而大重自起，見之有不喜慰者乎？故器之精妙，筆舌難盡形容。但人一見器之精妙，未有不歡欣慰悦者(者)也。昔亞希默得，欲辨金與銀雜之故不得，偶因沐浴而悟得其故，則歡慰之極，至于忘其衣著。赤身報王，是一證也。

堪爲工作之督府。

凡工匠皆有二等，一在上，一在下。下者奉上之命，躬作諸務，有同僕役。上者指示方略，而不親操斧鑿者也。自有此學，總百工之在上者亦皆在下，而此學獨在其上。蓋百工之在上者，非此宗工，無所取法，無所禀承。其尊貴有五：一能授諸器于百工，二能顯諸器之用，三能明示諸器之所以然，四能於從來無器者自創新器，五能以成法輔助工作之所不及。故曰督府云。

可開利益之美源。

民生日用，飲食、衣服、宫室，種種利益，爲人世急需之物，無一不爲諸器所致。如耕田求食，必用代耕等器；如水乾田乾，水田必用恒升、龍尾、轆轤等器；如榨酒、榨油，必用螺絲轉等器；如織裁衣服，必用機、車、剪刀等器；如欲從遠方運取衣食諸貨物，必用舟車等器；如欲作宫室，所需金石土木諸物，必用起重引重等器。人世急需之物，何者不從此力藝之學而得？故即稱爲衆美之源可也。不寧惟是，即救大災，捍大患，如防水患，則運大石以築堤；防火災，則用吸筒以灑水；遇猛獸，則用弓弩刀鎗；遇大敵，則用佛郎大銃。就中以寡勝衆之妙，不能盡述。則夫通此學者，寧非濬開萬用之美源也哉？推而廣之，如鑿礦砂，采取金鐵，資貿易兵甲之費；製風琴，自奏音響，佐清廟明堂之盛；自鳴鐘自報時刻，濟日晷晴陰之窮。諸般奇器，不但裕民間日用之常經，抑可裨國家政治之大務，其利益無窮，學者當自識取之耳。

公用，則萬國攸同。

夫文物之邦，無器不用，固矣。乃窮荒絶徼，如緑頭國人在北極，出地七十多度之下，無城郭州縣，可謂至僻之地，至野之國矣，亦知用皮船取水族，用弓矢取鳥獸。然則器用之公，普大地無不同然，何其廣耶。

創垂，則千古不異。

自有天地以後，至洪水時，人民衆多。有一國王，是女主，名塞密剌密，造一大府，名巴必暖。其城周六萬步，高二十丈，廣厚五丈，周造城樓二百五十座，用役一百三十萬人，一年造完。彼時無器不有，無器不用。傳至于今，新新不已。豈不千古如常也哉？

立法之妙，合乎天然。

天下之物皆天然自生自成。而此器之法，乃因物理而生而成。所謂有物必有則者，此也。然法雖由於造作，而比于生成之物，則或有相似、有相帮、有相勝、有相笑者，非一端也。譬如天體晝夜自行運旋，而器之自轉磨、自行車、自鳴鐘等類，輒能一一與天相似。人之耳目手足，自視，自聽，自行，自持。而器之製成人像者，輒又手能自持自起，足能自行自止，目能自閉自張，一一與人相似。不謂巧擬化工矣乎？間有物力、人力不能及者，或以螺絲、龍尾、轆轤、輪盤，或用風、用水、用空，皆可使之助其不及，是爲相帮。所云參贊輔相殆亦此義歟！至于以小力起大重，運大重，轉大重，雖至重之物，悉足勝之無難。是天地間無有勝過此器者矣。且重之性原在下，而此器不特勝之，更能使重者自上而不覺。如龍尾取水，水止知其已下也，而不知其已上也，豈不可笑也哉？有此數端，故云立法之妙合乎天然。詎曰小道之可觀，實爲大學之急務。然此特撮其梗概，下文方細爲敷陳。

又

第三十二欸　圖缺。　重之類有二：曰乾，曰濕。

乾，如金、石、土、木之類，不流者是。溼，如水、油、酒、漿或銀水之類，但能流者是。

又　卷二

第一欸　凡匠人器皿原多。若人欲解此器皿之運重，其釘與繩等物俱可用也。但其本用則可助運重之便，非可助器用者也。故不解説釘繩等物之理。

力藝所用諸具，總名强運重之器。

此力藝學所用器具，總爲運重而設。重本在下，强之使上，故總而名之曰强運重之器也。

第二欸　器之用有三：一、用小力運大重；二、凡一切人所難用力者，用器爲便；三、用物力、水力、風力以代人力。

假如一重物，百人方可運動；而此器止以一人運之，故爲小力運大重也。又若海船之内底有小隙，日日溢水，人如不取，舟必沉矣。故必用氣管探下取之，則水從此管中取出，而取桶杓所不能取者，是器爲用實便也。其用物力、水力、風力以代人力，諸器中有明載者不贅。

輪圖

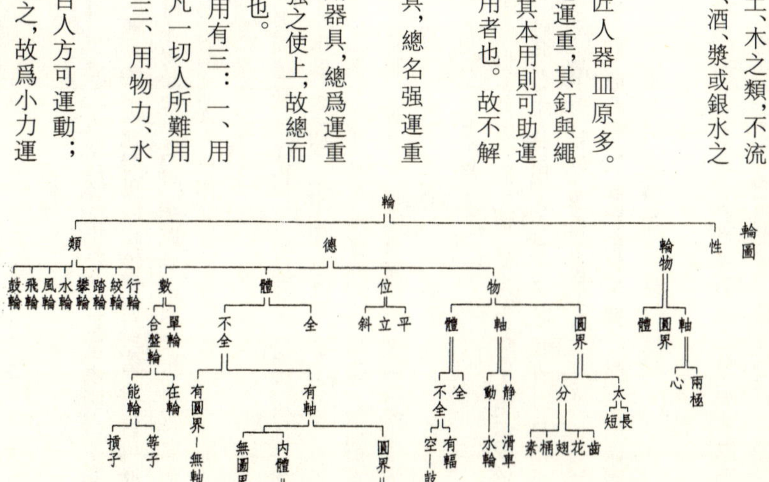

第三欸　器之質不一種，大都用木、用銅、用鐵居多。

木必用堅者，如榆、槐、桑、檀、馬栗等木，總之，要有筋絲、有橫力，不受變者爲佳。塗木時宜用核桃油，或芝蔴油，菜油、綿花油更妙，不可用脂油也。脂油性熱，易燒木，且易磨有聲耳。鐵要煉到鋼，則紅者爲佳，黃者性脆故耳。

第四欵　器之模不一式：一直線，一輥圓，一籐線。

器有形象。直線者，杆、槓、柱、梁之類是也。輥圓者，滑車、輥木、轆轤、車輪之類是也。藤線，則螺絲、龍尾等類。

第五欵　器之能力最大、最多，然自不能用。或止受人之力，以得所求；或必待人用之而後能力可顯。

假如等子類，受人金銀等物，乃可以權輕重。又如斧能劈木，斧自不能劈也，人用斧而後劈木之能力顯矣。每器之公者皆然。

第六欵　運重之器與所運之重各各相稱，有比例。

假如金銀，少者可用等子權度。多至千兩萬兩，則等子不足用矣，故必天平之大者，方可權度之耳。諸如此類，比例各各有等，難以盡述，能者、明者當自解之。

第七欵　器之能力最大者，其用時必多。

假如有石重萬斤，百人運之止可一刻。以一人用器運之，則爲時必待數刻而後可。【略】

又

第十九欵　此欵乃重學之根本也，諸法皆取用于此。

有兩係重是準等者，其大重與小重之比例，就爲等梁長節與短節之比例，又爲互相比例。

假如e大重八斤，與a小重二斤爲準等，其比例爲四倍。則橫梁長節從提繫到i爲四分，短節從提繫到i但有一分，其比例亦是四倍。所以兩比例等，其兩比例又是互相比例法。

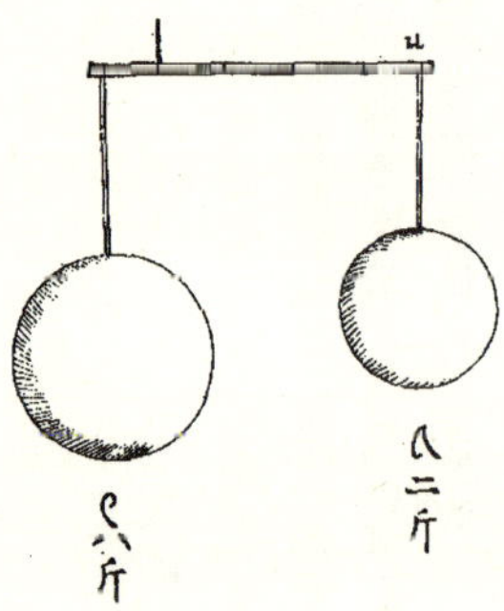

宋應星《天工開物》卷中《舟車第九》　漕舫

凡風篷之力，其末一葉敵其本三葉，調匀和暢，順風則絶頂張篷，行疾奔馬。若風力洊至，則以次減下，遇風鼓急不下，以鈎搭扯。狂甚則只帶一兩葉而已。凡風從橫來，名曰搶風。順水行舟則掛篷之玄遊走，或一搶向東，止寸平過，甚至却退數十丈。未及岸時，捩舵轉篷，一搶向西。借貸水力兼帶風力軋下，則頃刻十餘里。或湖水平而不流者，亦可緩軋。若上水舟，則一步不可行也。凡船性隨水，若草從風，故制舵障水，使不定向流，舵板一轉，一泓從之。

凡舵，尺寸與船腹切齊。若長一寸，則遇淺之時舡腹已過，其稍尼舵使膠住，設風狂力勁，則寸木爲難不可言。舵短一寸，則轉運力怯，回頭不捷。凡舵力所障水，相應及船頭而止。其腹底之下，儼若一泒急順流，故船頭不約而正，其機妙不可言。舵上所操柄，名曰關門棒，欲船北，則南向捩轉。欲船南，則北向捩轉。船身太長而風力横勁，舵力不甚應手，則急下一偏披水板，以抵其勢。凡舵用直木一根糧船用者圍三尺，長丈餘，爲身，上截衡受棒，下截界開衘口，納板其中如斧形，鐵釘固拴以障水。稍後隆起處，亦名曰舵樓。凡鐵錨所以沉水繫舟。一糧船計用五、六錨，最雄者曰看家錨，重五百斤内外，其餘頭用二枝，稍用二枝。凡中流遇逆風，不可去又不可泊，或業已近岸，其下有石非沙，亦不可泊，惟打錨深處，則下錨沉水底。其所繫緈，纏繞將軍柱上。錨爪一遇泥沙，扣底抓住。十分危急，則下看家錨。繫此錨者名曰本身，蓋重言之也。或同行前舟阻滯，恐我舟順勢急去，有撞傷之禍，則急下稍錨提住，使不迅速流行。風息開舟，則以雲車絞纜，提錨使上。

又　卷下《佳兵第十五》　火器

西洋砲

熟銅鑄就，圓形若銅鼓。引放時，半里之内人馬受驚死。平地爇引砲有關捩，前行過坎方止。點引之人反走墜入深坑内，砲聲在高頭，放者方不喪命。紅夷砲，鑄鐵爲之，身長丈許，用以守城。中藏鐵彈併火藥數斗，飛激二里，膺其鋒者爲虀粉。凡砲爇引内灼時，先往後坐千鈞力，其位須墻抵住，墻崩者其常。

又　鳥銃

凡鳥銃長約三尺，鐵管載藥，嵌盛木棍之中，以便手握。凡錘鳥銃，先以鐵挺一條，大如筯者爲冷骨，果紅鐵錘成。先爲三接，接口熾紅，竭力撞合。合後以四稜鋼錐如筯大者，透轉其中，使極光净，則發藥無阻滯。其本近身處，管亦大于末，所以容受火藥。每銃約載配消一錢二分，鉛鐵彈子二錢。發藥不用信引，嶺南制度，有用引者。孔口通内處露消分厘，捶熟苧麻點火。左手握銃對敵，右手發鐵機逼苧火于消上，則一發而去。鳥雀遇于三十步內者，羽肉皆粉碎，五十步外方有完形，若百步則銃力竭矣。鳥鎗行遠過二百步，制方彷彿鳥銃，而身長藥多，亦皆倍此也。

又宋應星《論氣·氣聲》 物之沖氣也，如其激水然。氣與水，同一易動之物。以石投水，水面迎石之位，一拳而止，而其文浪以次而開，至縱橫尋丈而猶未歇。其蕩氣也亦猶是焉，特微渺而不得聞耳。

方以智《物理小識》卷八《器用類》

起重法

以剛鐵作蠡絲旋，旋入叀鐵方基中，既成二物，牝牡相合。左旋則入，右旋則出。乃以承重物，先左旋則縮之，後右旋而伸之。其漸長處寔之以楔，如此屢加，則起矣。凡引重，用一轆轤，省力一倍。以筒筒圓木，入滑汁其中，以繩卷筒上，其力更省。宋治平中，河中府浮梁漲絶，鐵牛投河。募出之者僧懷丙，以二大舟寔土，爲木衡以鉤牛，乃除其土，舟浮牛出。轉運張燾以聞，賜之紫衣。暄曰：稱象者曾倣此法。

稱杆輪運

凡運重石，先立稱杆。以木作架，架立衡輪，下復以輪轉之，隨所置而審之，其省力多。今之樹牌坊、造橋皆如是也。智癸亥隨老父在都，見運皇極殿磉，高濶以丈，特築黄土於御道，以衆繩牽之。不用下輪者，内司利于糜費也。

南懷仁《新製靈臺儀象志》卷二 製儀之器與法

其次，則置圈于別架之上，務與地面相平。而照圈圓形，左右作楡木圈于弧內，安定刮刀約二十許，見三十六圖【略】。刮刀架以重石緊壓銅圈面上。用騾馬之力以轉動刮刀之輪，而圈之上下兩面務爲刮平，又騾馬週圍轉動，自行有大圈之路。以其大圈之半徑，與銅圈半徑之比例若干，則知騾馬用力于刮刀重壓之斤兩若干矣。又刮刀輪，必須預備磨刀輪法。見三十七圖【略】。其作法，其轉動之勢，并其所用力之比例，與刮刀輪之理無二。

揭暄《璇璣遺述》卷一 天地定盤

凡天地生物，雖微必應，如一滴水垂於空，亦必作圓形，以應天地。上下、東西、南北四旁，一微塵著於几，貼几者必屬下，向空者必屬上。既有上下，必有四旁。既有四旁，定有四隅。有四隅，則爲八卦，爲六十四，爲三百六，亦從是可推矣。所云滴水。

又 卷二 地圓

一徵於水。天下凡水皆圓，如空庭之洒，簷堦之濺，不附於物者無不自圓。几案之注，杯缶之盈，附於物者無不半圓。若蟢絲，草尾，荷葉，漆器懸注者，無不自聚，亦無不全圓。水附於地，地圓，水獨不中高乎？故水亦圓。地與海相連，併爲一球。《外紀》：海中水面隔數百里便如橋梁，航海者必登桅而望，乃見前之夷險。望他舟之來，初止見其桅端，近乃見其頭尾。又從遠海泊岸先見高山之頂，漸見山趾，如由水下而出，豈非水與地併爲一圓形乎。《北征録》：闊灣海子，今名玄冥地，遠望水中突起有若覆釜，白浪隱隱，滂沱四隤，天下之水皆平，此獨中高，水之異也？不知江河以及盆盎水，雖小，無不中高，但不察耳。余於舟見櫂楫鼓浪，飛沫成珠，在水面上滚良久乃没，是以水盪水亦自圓也。

又 卷三

政皆圓體

天圓則地圓，天地圓則無物不圓。況日月諸星麗於天，悉以氣合者，故其體皆似於珠。

星政原本乎氣，氣合者必圓，非徒形像，理有如是。族孫要識。

又

諸政激輪

問：諸政倒退，皆天帶轉，如槽進丸退矣，則止應自西而東，何以間亦從西？似別有小輪者。曰：天掣急，諸政體小，不能與之俱，故激而倒退。天掣甚急，間與俱西。俱西又不能，則必激躍而轉於空。轉於空而成小輪。夫珠之在槽，豈若鉗鏂大釘也。之定於物哉。挼盤旋動，槽中之物自不能凝立，然挼緩，則圓者必轉，即丸退也。直者必仆。挼急，則小者輕者不及移，必飛躍倒捲。如米在箕中，掣之則前，觸之則卻，簸之揚之則粃靡倒捲。浪頭白沫，水側回觴，無不反綴而成小圈，亦猶是也。天體圓，所激之輪必圓。天行大圈，所激之輪必行小圈，因激而成小圈，因圈而名小輪，豈真有小輪哉。在天諸象無有不行圈者，彼以爲各附一天，各天又附游輪者，惑矣。勢皆西行，皆東升西降，特輪小不逮於天，故有似於倒捲耳。戲惜千千者，即小陀螺。視其緩而鞭之，鞭急則躍起，躍起必倒捲，蓋鞭既往西，政自切東。第千千從上躍，繼復就下；諸政從下躍，繼復就上。在地仰視則有分，在天則無異矣。諸政就上爲切天，切其剛健處。故其上半輪自東而西躍起爲讓天，讓其剛健。故下半輪自西而東。上半輪爲遠地之輪弦，下半輪爲近地之輪弦，然天上急而下緩，上順而下逆，故自東而西之分多，自西而東之分少耳。

日月有浮沉、遲速，諸星有離合、順逆，無不由此一激而生。試以大竹圈切小竹圈於內，相挨而轉，大圈帶小圈而西，小圈自切大圈而東，而小圈之升降、順倒，讓天切天，上下輪弦，高分多，卑分少，無不畢見矣。乃知各種之動皆由一動，歲差之不定，此其一端也。

方以智曰：一激而生，逆機順理，同時本具，此所以無息也。向謂地周九萬理止矣，而車之輪不止此也。理到極處，忽然一笑。

又　諸輪動法

天有掣輪，又有激輪，日有攝輪，又有沖輪，總爲四輪。諸曜因之以行，其動各種不同皆由於此。然輪上下環轉，人從地面徑視直算，故每但得其跡而未究其所以然也。蓋掣輪者，天氣掣之而轉也。星政如溜丸，爲天所掣，在本道中隨勢滚轉，或上或下，莫有一定。然人止見其行有遲速，而不知其輪有高下，此均大圈而爲輪，諸曜之所共有也。激輪者，因天氣之掣，逆退滚進，激成一小輪也。蓋天氣上急下緩，上掣急，政體小則必稍讓而避於下，漸下漸緩，遂成下半之輪而爲下行。自西而東下行之勢已極，在本道位内已極其分。受天來氣必復返上急行，而爲上半輪自東而西。此亦諸曜所共有。但天氣上下皆左旋，自東而西之分多，此依合術言。不見其爲逆，衹覺其爲遲耳。不見其爲輪，衹覺其有上中下三行耳。西歷亦言有三行，但不知此均大圜而爲輪，又激成一小輪也。一爲攝輪，如金水則日攝之而轉也。磁之吸，珀之拾，自相施受，不能離也。日球受天之掣，旋轉不停，故其氣亦旋轉不停。二星受攝，隨其氣亦旋轉不停，遂爲遶日上下也。人在下，亦不覺其爲輪，衹見其爲遲留伏逆耳。近西氏從遠鏡中見金星有時晦，有時望，有時爲上下弦，始悟其或在日上，或在日下，雖已自繹其各天之説，非然，猶不知爲日所攝也。木土之旁有小星環轉，其攝類皆如是。列星中亦或有小星周轉者，但位高難見耳。一爲衝輪，日氣沖諸行而轉也。如火、木、土與日合伏之時，日正過其下，日氣盛則必遠避而爲上行；此爲正沖。日去稍遠，則漸脊於下而爲下行；行將對日，又爲日火所沖，則自下沖上此爲對沖。迎天，急氣挾與俱西而爲上半輪自東而西，算術以爲逆。日氣稍遠，行將復下，漸遠漸緩，遂爲下半輪，算術以爲順。然上半輪短，下半輪長，以常行者久，衝行者暫也。此依分術言。此輪，月、火、木、土皆有之。在火、木、土亦不覺其爲輪，衹見其有遲留伏逆。在列星亦不覺其爲輪，衹見其有離而復，復而離之微異耳。西氏見月食有淺深與自東入影之時，亦悟其有上半遠地之輪弦，下半近地之輪弦。測之徑十二度，稱爲游輪。游帶、小環、小帶，謂月有自行輪、自行次輪、又次輪，而不知爲日氣所沖，與諸星皆同也。星命家以星與日對謂爲星日相沖，不知余所言，乃日有火氣沖星，使之變易常行，非第相對已也。星雖有氣，豈能敵日，故相沖之際，日行如故，星則辟易矣。

諸曜諸星皆有本位、本行，爲受掣、受激、受攝、受沖，遂成各種異行。究各種異行，雖自上必復下，自下必復上，環轉無停，俱不能離其本所也。自上復下，自下復上，爲倒，爲順，俱係滚轉，而無一息平行可知矣。凡圓物行則必滚，不滚則不行。天氣西逝如水流滔滔，無有窮極，諸躍在天上或沈或浮，隨流滚徙，亦無有窮極也。四種之動，二由於天，二由於日，究之日沖月、日沖星，與日攝星、星攝星各成小輪，總由於天之一掣。天之動雖有數端，詳天行參。於以生諸曜四種之動，四種之動又生各種之動。所謂萬種之動皆由一動，而天之生生不已，地之静而有常，莫不因之。知此則平視，正視，分術，合術，測算，不測算，舉得之矣。合術言其動天俱西，分術言其逆天不及。

又　星政避日

問：諸政切天之高處則西行速，皆因激輪，然微而不覺，若火、木、土西行，一日一周而又過之，有至百餘日十餘度者，其亦激輪乎？曰：非也，日氣衝也。日以天爲主，星又以日爲主也。或曰：日者君象，諸星常行，或先之而導，或後之而從，及至對衝而逆，逆寔進也。不敢當君位也；近日而伏，不敢敵君體也。此皆以理喻耳。寔乃太陽之氣順噓而出，有旁及，有對沖。旁及者氣散而力微，對沖者正射而力猛。如山間熱氣，不甚於高峰而甚於凹内，不甚於旦晚而甚於停午，以凹氣聚而午爲正射也。君火之氣對沖，諸星安得不避舍乎。

又　金水遶日

問：金水二星與諸星不同，隨日而行，時在日前，時在日後，或云在日天之上，或云在日天之下，或謂有數輪，或分爲數動，《格致草》言與日共爲一輪，然乎？否乎？曰：與日共輪者，是也。但未合諸説而通之耳。金水附日而行，如針之指極，氣之從鼻，潮之隨月，其體雖分，其氣則相攝，實乃離中之陰、火中之膏也，故其所行輪抱日輪外。如霓暈而無形。

方苞《周官集注》卷一一

凡察車之道，必自載于地者始也，是故察車自輪始。

李耜卿曰：凡車材皆載于輪上，惟輪載于地。

凡察車之道，欲其樸屬而微至。不樸屬，無以爲完久也。不微至，無以爲戚速也。

樸屬，附著堅固貌。戚，疾也，齊人語也。微至，謂至地者少。輪圜甚，則著地者微而易轉。故不微至無以爲戚速。屬，附著無間也。凡功粗必待膠漆塗飾而後無間，方其爲樸而已，無間則固。可知行山之輪侔，則至地者不能少，蓋言其功之細緻也。功細緻則行戚速矣。

輪已崇，則人不能登也。輪已庳，則于馬終古登阤也。

已，太也，甚也。庳，卑也，齊人言。終古，猶言常。阤，阪也。輪卑則難引。

又

今夫大車之轅摯，其登又難；既克其登，其覆車也必易。此無故，惟轅直且無橈也。

大車，牛車也。摯亦當作直，以音近而誤也。登，上阪也。克，能也。既曰轅直，又曰且無橈者，直言其無穹而上者也。無橈言其無曲而下，以持衡者也。

是故大車平地既節軒摯之任，及其登阤，不伏其轅，必縊其牛。此無故，惟轅直且無橈也。

軒言其高而上干，摯言其輕而下至。既節軒摯之任者，所載前後適相稱，則高下適中也。阤，阪也。上經言大車不利于登，此言大車雖行平地時多，而亦有不能不登阤之時，故必使人抑制而伏其轅，如不伏其轅，則車後仰而牛之吭膺，間束絆者必若絞縊矣。

故登阤者，倍任者也，猶能以登；及其下阤也，不援其邸，必緧其牛後。此無故，惟轅直且無橈也。

倍任，謂視行平地所任如加倍也。此言下阤尤難，必手援輿底之向前者，以輕其任，然後無崩奔之患。若不援其底，則任重勢猛，其下若崩而緧其牛後矣。知舊説不可通者，倘人不可輔，則制必有宜而不當任其轅之直矣。

是故輈欲頎典。輈深則折，淺則負。輈注則利準，利準則久，和則安。

此以下仍言四馬車轅。頎典，堅刃貌。駟馬之轅率尺所一縛，頎典似謂此也。輈太深則易折，淺則若負于馬背而前引無力。惟形如注星則利。注，張星也。注水之管，中穹而兩端微下，輈之不淺不深似之，則馬之引之也利，而車行如準之平。久者言輈之難敝也。安者言車之無傾也。和即利準之謂。

輈欲弧而無折，經而無絶。

上言凡揉輈欲其孫而無弧深，此申明之言。其形亦近于弧，但不可太深而折。欲其孫，必循木之經而毋絶其理也。

進則與馬謀，退則與人謀。

謀謂與人馬之意相應也。車之進以馬行爲主，故曰與馬謀。車之退則人馭之而使然，故曰與人謀。

終日馳騁，左不楗。行數千里，馬不契需。終歲御，衣衽不敝。此唯輈之和也。

楗讀爲蹇。輈調善則馬不蹇，或曰書或作券，今倦字也。乘車，尊者居左。輈和則久馳騁而居左者不罷倦。契謂蹄不傷也。需謂行道濡滯也。衽謂裳也。輈和則乘者安于輿，馬安于駕，僕安于馭，故無是數者之病。鄭剛中曰：契者停而相合也。需者遲而相待也。輈若不和則馬必拘閡而相契，或前後而相需。

勸登馬力，馬力既竭，輈猶能一取焉。

登，進也。馬止，輈猶能一前取道，所謂勸登也。

戴震《考工記圖》卷上

凡察車之道，必自載於地者始也，是故察車自輪始。凡察車之道，欲其樸屬而微至。不樸屬，無以爲完久也。不微至，無以爲戚速也。樸，普剥反。屬，章欲反。戚，蹙同。

注：樸屬，猶附著，堅固貌也。齊人有名疾爲戚者。《春秋傳》曰：蓋以操之爲已蹙矣。鄭司農云：微至，謂輪至地者少。言其圜甚，著地者微爾。著地者微則易轉，故不微至無以爲戚數。

輪已崇，則人不能登也。輪已庳，則於馬終古登阤也。阤，丈爾反。

注：已，太也，甚也。齊人之言終古，猶言常也。阤，阪也。輪庳則難引。

又

凡揉輈，欲其孫而無弧深。今夫大車之轅摯，其登又難；既克其登，其覆車也必易。此無故，惟轅直且無橈也。是故大車平地既節軒摯之任，及其登阤，不伏其輈，必縊其牛。此無故，惟輈直且無橈也。故登阤者，倍任者也，猶能以登，及其下阤也，不援其邸，必緧其牛後。此無故，惟輈直且無橈也。是故輈欲頎典。孫音遜。緧音秋。頎，苦俍反。典，音殄。

注：孫，順理也。大車，牛車也。摯，輖也。鄭司農云：關東謂紂爲緧。

補注：小車謂之輈，大車謂之轅。人所乘欲其安，故小車暢轂梁輈。大車任載而已，故短轂直轅。此假大車之轅，以明揉輈使橈曲之故。鄭用牧曰，抑伏車轅，及逆援車箱之邸，謂登下必恃牽傍助之。頎典者，穹隆而堅强之貌，雖橈不傷其力也。

輈深則折，淺則負。輈注則利準，利準則久，和則安。輈欲弧而無折，經而無絶。

注：揉之太深，傷其力，馬倚之則折也。揉之淺，則馬善負之。經亦謂順理也。

補注：輈注，謂深淺適中也。輈之曲埶，隤然下注，則車行有利準之善。利，疾速也。準，猶定也，平也。

進則與馬謀，退則與人謀。終日馳騁，左不楗；行數千里，馬不契需；終歲御，衣衽不敝。此惟輈之和也。

注：輈和，則久馳騁，載在左者不罷券。尊者在左。

補注：契需猶蹷懦，《方言》謂畏偄曰契需。衽者，衣裳之旁削幅也。

勸登馬力，馬力既竭，輈猶能一取焉。

注：馬止，輈尚能一前取道，喻易進。

補注：登猶進也，加也。

麟慶《河工器具圖説》卷二《修濬器具》　水基板

水基板，一名水基跳。河底泥濘，無從着脚，用木配成板，或用大竹以谷草縛縷，排做如地平式，長一二丈，人立在上如履平地，得以挑挖。揚子《方言》：基，據也，在下物所依據也。人在泥中，板有所據，故曰水基。

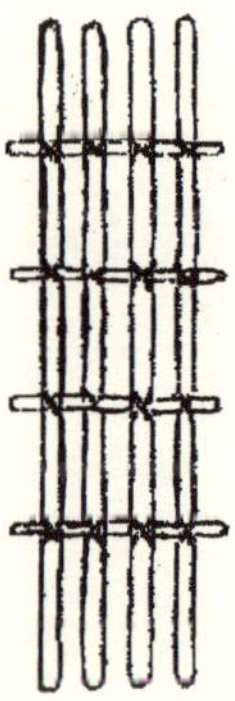

李世禄《修防瑣志·器具》卷一　水基板

河底泥濘，人難站立，用此板。人立其上則無滑陷之虞。或用木配成，或用大竹杆以稻草縛縷排做。

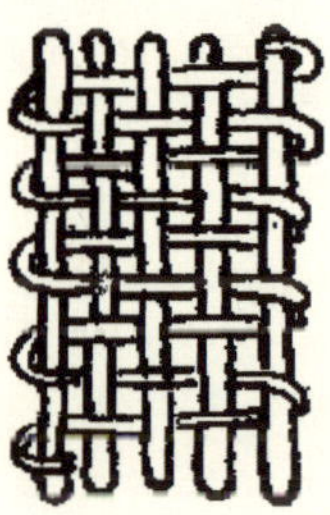

鄭復光《費隱與知録》

壺貴穿心　火尖得力

問：壺貴穿心，火氣直出反勝留邪？曰：凡物向前，力必在尖。火尖物也，熾必在尖。火有盛時，則尖有長時，未必適合。且壓住則火不暢，遂其力不顯。若穿心則尖有短長，皆在包中矣，故當略勝。

又　風日交角　過限力殺

問：風日交角，以隙之兩邊綫約行相合而成，故有定限。然穿過此交，仍出兩綫，何以其力遂殺？曰：凡風日出一綫，其力必欲直。遂今兩綫斜出，至其交處則合爲一。夫一綫止有一力，兩綫合一則有兩力。且所謂兩線者，錯舉上下爲言耳。而周圍層層則有無窮之線，皆聚此交，即有無窮之力合成一角，故其力極大。過此交後皆欲直行，則上綫敵下，左線敵右，即有餘力亦止各得一力而已，能勿殺乎？

又　一指掌舟　能使之離

糧艘並泊，手撼之重如山岳。若以一指點之，漸即移動，何故？曰：水惡異已，故船勢常動。此理可驗。蓋水勢平者，一河之水，其力常均。船浮水上，則壓水使下，故此處水欲其去此，彼處水亦欲其去彼，然勢均力齊，故不能動船，而常有欲動之意。今以一指掌之，雖指力無多，而此處之水多借一指力使船不來，船不來則四旁之水皆欲入船底，所壓者面取平，故驅船離去耳。若手撼之使驟去，惡能勝任哉。來船相觸，手推足踏，雖亦一夫，然須俟其自去，非徒特力也。

又　火氣上炎　衝成旋風

問：祭祀焚化時有旋風，俗稱神喜，殆以歆饗肸蠁之是否？曰：鬼神之事茫昧難知。夫火氣上炎，空中之氣雖有寒煗之殊，而其煗也較之于火則相去縣絶。火暖上衝，氣冷下壓，則火力彌熾，如錐之刺物，凡刺堅不入，必轉而入之。火之上衝亦應類是，故轉如螺旋而成風也。

又　能沈能浮　善運其動

問：人溺必沈，善水者何以能沈能浮？曰：水爲流體，故物入水非沈即浮，其理以水寸方定率重九錢三分。見《數理精蘊》。物重乎此者皆沈，金石重木之類。輕乎此者皆浮也，竹及輕木之類。故泥重于水，而水内有泥，澄之則沈，撓之則濁者。以泥雖重，而水動則泥爲水鼓盪而起。猶鳥重于氣，鼓翼則乘氣飛空也。

人重于水，故不動則沈，動則可浮。善水者手拍足蹈，故游行自如也。曰：急水巨浪，善水者或亦溺死，何故？曰：善水者無溺死，理非由力竭，則由浪擊昏瞶也。

又　挂帆用桅　江船斜立

問：江船桅斜向後迆，餘船正立，其故何也？曰：聞之舟子桅斜則下邊得力，便行偏風；桅正則上邊得力，宜行順風。河行風小，上邊得力則行速。江行風大，下邊得力則行安。又江闊可折搶，河不能也，斜桅亦無取焉。

又　翦紙浮鍼　不圓不靈

問：方家水羅用繡花鍼浮天池中，沈則取出，捼乾再投。試用盌水投衣鍼，則多沈少浮，體大較重也。因取梅紅廢柬翦如錢大小，輕投水上，使載鍼浮，亦可指南，然偶未翦圓即不靈，何故？曰：此重學也。圓則易轉，方則有角爲礙。指南鍼全藉鐵磨磁石之靈，其力幾何，以鍼之重加以紙之大，苟不極圓，安能轉動乎？有言針不須磁，自能指南者，唯繡花針能之。然亦甚緩，不及磨磁之靈動遠矣。

劉嶽雲《格物中法》卷二《水部》　海水

嶽雲謹案：西書言日既吸地，亦生潮汐。朔望潮大，日月吸力相合而增。二弦潮小，日月吸力相敵而減。是盧肇之説，未可盡非。

又案：潮汐之故，由於合地球之水正向月體，如子戀母，其勢直趨。環球之水勢若直趨，則變渾圓爲橢圓，當長徑爲潮滿，當短徑爲潮減。舊説謂受月之吸力是也。月行周天一次，則繞地之水隨之而轉，迭爲漲縮，正朔望時潮最大，而潮汐相距之時則最短。正二弦時潮最小，而潮汐相距之時則最長。各處海口，各依其地月過正午線後爲潮滿之候。過子午線後者，以吸力必由漸而增。如大寒大暑必在冬夏至後，亦以漸而增也。至於潮之高低、遲速，則又依其地之緯度，赤道下潮最大，南北潮小。而凡同緯度之圈，潮必同。惟北緯月近午潮大，近子潮小。南緯相反。與其地之山川口岸形勢，又風勢有順逆，洋海有深淺，天氣有寒熱，皆能改變。準此以觀諸論，可以定其是非矣。

又　卷三《火部》　火山

嘗閲陸游《老學庵筆記》云：南鄭見一軍校，火山軍人也，言火山之南鋤钁所及，烈焰應手涌出，故以火山名軍。後人疑宋之火山軍，爲今岢嵐州地但有火山之名，而無騰焰之事，遂謂其説爲妄，不知此特地氣有變易耳。今黑龍江及蒙古敖漢見有地中出火之處，去土面一二寸，炎光隨起，接以引火之物，輒傳焰而灼。土人耕種時，略芸反之，布種其上，不兩三月即收穫矣。蓋地氣極熱，發生最速故也。《幾暇格物編》。息壤墳起，亦地中火氣騰湧。《物理小識》。

嶽雲謹案：地心有極大熱力，鬱而不發，若有電氣感觸，稍稍發動，則一切物遇之輒融。所發之氣隨地中含生之質交互變化，同時變氣，因而漲力加大，以至爆發噴火，遂成火山。所噴之物熱性方熾，又煅地面含生之質交互變化，而成硫黄、石膏、明礬等種種新物。其或氣不發洩，但使新地涌出海面者有之。然久久亦必仍發爲火山，而新地或滅或不滅，或新地不滅而相近之舊地滅没。《物理小識》蓋僅得其大略，西人謂地中煤層與硫雜質礦因水滲和，化合發熱，以成火山。又謂地球收縮，地內成空而覆蓋之地陷落，因而摩觸發熱噴火。其説未衷一是，然前説似顯明與余説亦不背也。

陳忠倚《清經世文三編》卷七《算學揖華百篇》

杜法孟　杠桿

有杠桿長二十七尺，以人力百斤欲移動千二百五十斤之石，試推其倚所當在何處。

答曰：距石二尺內。

法：以力重相加爲一率，桿長爲二率，力爲三率，求得四率，得倚所。

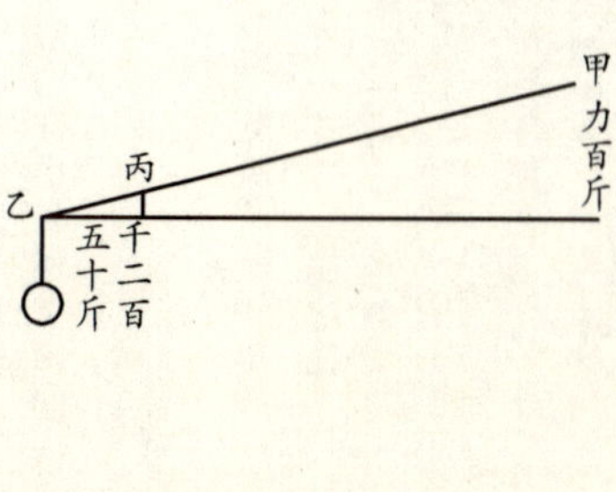

楊兆鋆　鐵錘

有鐵錘四，其重如三四五六之數，按次分懸於直桿，每錘相距一尺，試求定點。

如圖，甲乙丙句股面，取甲乙句三分之一于丁，甲丙股三分之一于戊，各作垂綫丁己、戊庚，交點心即句股面重心。切心點正交乙丙作綫辛壬，則辛點爲令弦率地平之點，而戊辛等甲丁戊心辛與本形同式，故句與戊心每三之一

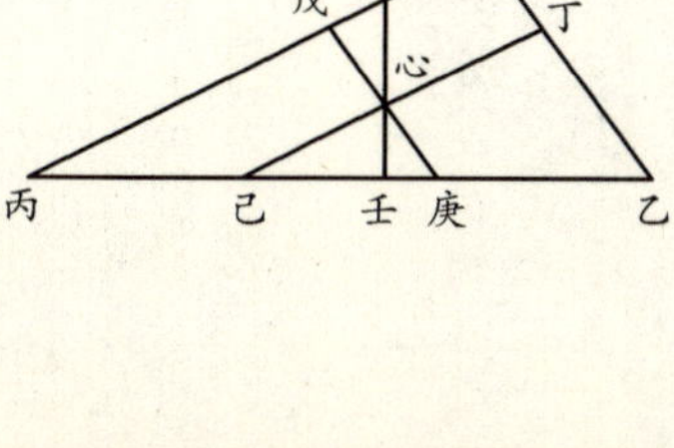

相乘，股除之，得戊辛，以加戊丙，得辛丙，大牙。減甲戊，得甲辛。小分。又法用心庚己形求之，有等式。

$\frac{三}{甲乙}=心庚\quad \frac{三}{甲丙}=心己\quad \frac{三}{乙丙}=己庚=己丙\quad \frac{乙丙}{日丙:心己}=$

$王己\quad 王己丄己丙=王丙=\frac{三乙丙}{甲丙丄丙}\quad 甲丙:乙丙::\frac{三乙丙}{甲丙丄乙丙}:辛丙$

求得辛丙即大分，減股得小分。

王仁俊《格致古微》卷二

《晉書》

《天文志》郗萌宣夜說，天了無形質，仰而望之，高遠無極，故蒼蒼然。譬之望遠，道黄山皆青，察千仞深谷而黑。青非正色，黑非有體。日月衆星浮生空虛中，行止須氣，是以七曜游住、順逆、伏見無常，進退不同，無所繫著。若綴附天體，不得爾也。案：《談天集證》曰：此與西法無一不合，行止須氣尤妙。申之曰：氣足以攝則行，西人所謂離心力也。氣足凝之則止，即所謂向心力也。《疇人傳》曰：不附天體，則七曜自存高下。可知西人言日月五星，各居一天，即不綴附天體說。俊案：許桂林嘗采宣夜遺文通以西法，著《宣西通》三卷，知西法之本宣夜者多矣。

《舊唐書》

日月衆星浮生虛空之中。案：即西人物黏吸於毬上說也。《天香樓偶得》曰：《晉志》此說已奇，西學言地如一圓毬，凡一切流峙動植之物皆黏吸於毬上，故海水繞毬而流，人物環毬而生。

凡二星相近，多爲之失行。三星以上，失度彌甚。天竺歷以九執之情皆有所好惡，遇其所好之星則趣之行疾，捨之行遲。案：《談天集證》曰：此亦互相攝動之理。

又　卷三

《素問》

帝曰：馮乎？岐伯曰：大氣舉之也。案：此地面有空氣說也。《談天集證》曰：凡物動則風生，静則風息。地之旋轉於本心者九十五刻奇而一周，則大氣之環繞乎地者亦九十五刻奇而一周。使地一刻不動，則一刻無大氣而地不能安於其所矣。惟地之動終古不息，故大氣之旋亦終古不息。而人物之附於地者，不見其動，而但見其静。異哉，其所憑依乃其所自爲也。阮元《曾子注釋》曰：置丸猪膀胱中，吹氣足，閉之，丸可居中。置丸水盎中，急旋其水，丸必居中。此地爲天大氣包舉之驗也。地上數百丈，風與氣即急勁，況直上千萬里哉。故人與水在地不傾落者，天氣包舉之。準平繩直，人水不知也。西洋謂地心本重，人物各就地心之重得附麗不脱之，說理仍未足。俊案：《天文圖說》一曰：地面有空氣包羅，氣之厚者約一百五十里至二百四十里之則。又二曰：宇內萬物各具吸引之理，故物受其吸，無論遲速，皆布相向後前之勢。據言，空氣包羅，即大氣舉之之說。

《墨子》

經說：均髮，均縣。輕重而髮絶，不均也。均，其絶也，莫絶。又一少於二而多於五，説在重。非半弗新。經上：倍爲二也。説云：倍二尺與尺，但去一。又云：同，重體合類。異，二體不合，不類。説云：合，同也。有以同，類同也。異，二必異，二也。不連屬，不體也。不同所，不合也。不有同，不類也。案：此重學也。《瀛海論》曰：即西人金錢雞毛之喻。《四國日記》曰：經説下篇，重學所出。俊謂：重學中以千絲作繩，繫船被風所斷，多一絲則不斷，有問風力幾何之題，與此相合。二説猶未盡。《魯問》曰：翟之爲車轄，須臾刻三寸之木，而任五十石之重。此亦重學也。若分别言之，則經説上：同，二名一實，重同也。此静重法。又力，重之謂下，與重奮也。經説下：挈有力也，引無力也。此動重法。《東塾讀書記》言之招負衡木，加重焉而不撓，極勝重也。古校交繩無加焉而撓，極不勝重也。衡，加重於其一旁必捶，權重相若。相衡，則本短標長，兩加焉，重相若，則標必下。此升重法。兩輪高兩輪，爲輲車梯也，重其前弦，其前縣重於其前繩引輲則行。此轉重法。均髮，均縣。輕重而髮絶，不均也。均，其絶也，莫絶。此吸重法。經下：一與二，廣與循，無欲惡之爲益損也。一少於二，而多於五，説在重。此定重法。説本董瑞椿今西法齊動力，輕重疾徐，而制器又能致小力使大重引動。如三十五噸之大礮，進重退高下，以及裝藥盛子，皆以汽機運之，而僅用觔許力者，即有力挈無力之説也。西人起重於高處，借斜木以爲梯，減力五倍，即縣重於其前是梯之説本此。【略】

經説：挈，有力引無力也。案：此力學也。《東塾讀書記》曰：疑即起重之法。俊謂：西法有重力、結力、愛力，其大恉從動重學分出，而論各體之動理，各力之根源，曰力學本此。

計算

劉徽注　李淳風釋《九章算術》卷八《方程》　以御錯糅正負

今有武馬一匹，中馬二匹，下馬三匹，皆載四十石，至阪皆不能上。武馬借中馬一匹，中馬借下馬一匹，下馬借武馬一匹，乃皆上。問：武、中、下馬一匹，各力引幾何？答曰：武馬一匹，力引二十二石七分石之六。中馬一匹，力引一十七石七分石之一。下馬一匹，力引五石七分石之五。

術曰：如方程，各置所借，以正負術入之。

韓延《夏侯陽算經》卷上　辯度量衡

權者所以稱物平施，知輕重，本起於黃鍾之重。一龠容千二百黍，重十二銖。二十四銖爲兩，十六兩爲斤，三十斤爲鈞，四鈞爲石，而五權謹矣。兩者，黃鍾之重二十四銖，象二十四氣。十六兩爲斤，象四時乘四方。三十斤爲鈞，象一月。四鈞爲石，象四時也。權與物均而生衡，謂重與物均，所稱適停時衡平也。衡運生規，規圓生矩，矩方生繩，繩直生準，立準以望繩，以水爲平也。是爲五則。規者所以規圓，器械令得其類也。矩者所以矩方，器械令不失其形也。規矩相須，陰陽位序，圓方乃成。準者所以揆平取正也。繩者上下端直，經緯四通也。準繩連體，權衡合德，百工繇焉以定法式。以上古法。

李誡《營造法式》卷一六《壕寨功限》

總雜功

諸於三十里外般運物一擔，往復一功。若一百二十步，以上紐計，每往復共一里，六十擔亦如之。牽拽舟車栰地里準此。諸功作般運物，若於六十步外往復者，謂七十步以下者。並衹用本作供作功，或無供作功者，每一百八十擔一功。或不及六十步者，每短一步加一擔。

諸於六十步內掘土般供者，每七十尺一功。如地堅硬，或砂礓相雜者，減二十尺。

又　築城

諸於三十步內供土築城，自地至高一丈，每一百五擔一功。自一丈以上至二丈，每一百擔。自二丈以上至三丈，每九十擔。自三丈以上至四丈，每七十五擔。自四丈以上至五丈，每五十五擔。同其地步及城高下不等，準此細計。

又　築牆

諸開掘牆基，每一百二十尺一功。若就土築牆，其功加倍。

諸用葽橛就土築牆，每五十尺一功。就土抽紝築屋下牆同露牆，六十尺亦準此。

又　穿井

諸穿井開掘，自下出土，每六十尺一功。若深五尺以上，每深一尺，每功減一尺，減至二十尺止。

又　般運功

諸舟船般載物，裝卸在內。依下項：

一去六十步外般物裝船，每一百五十擔。如麤重物一件及一百五十斤以上者，減半。

一去三十步外取掘土，兼般運裝船者，每一百擔。一去一十五步外者，加五十擔。

泝流拽船，每六十擔。

順流駕放，每一百五十擔。

右各一功。

諸車般載物裝卸拽車在內。依下項：

螭車載麤重物，重一千斤以上者，每五十斤。重五百斤以上者，每六十斤。

右各一功。

轒轀車載麤重物，重一千斤以下者，每八十斤一功。

驢拽車，每車裝物重八百五十斤爲一運。其重物一件重一百五十斤以上者，別破裝卸功。

獨輪小車子，扶駕二人。每車子裝物重二百斤。

諸河內繫栰駕放，牽拽般運竹木依下項：

慢水泝流，謂蔡河之類。牽拽每七十三尺。如水淺，每九十八尺。

順流駕放，謂汴河之類。每二百五十尺。綰繫在內，若細碎及三十件以上者，二百尺。

出漉，每一百六十尺。其重物一件，長三十尺以上，八十尺。

右各一功。

楊輝《楊輝算法・法算取用本末》卷下

足秤一百二十六斤。問爲省秤多少。

荅曰：一百五十七斤半。

足秤展省用一百二十五爲法，置斤數三折半，合問。

又曰：置百二十五加四，又九因，合問。

外加二五以代八歸。

又曰：倍足斤爲實，身內減六，合問。

又楊輝《日用算法》《諸家算法及序記》

今有物一百一十二斤，足稱。問爲省稱幾何。

答曰：一百四十斤。

解題。此問足斤展省用加爲法，題不帶零，兩驗其術。術曰：以斤數爲實，寔即身也。身外加二五。身外即是身後，從尾上加起，且如足稱一百，展省稱一百二十五斤，故占原數爲身，只身後加上二十五斤之數。草曰：斤數爲寔，置足稱一百一十二斤爲本身，斤上只定得斤。身外加二五，得一百四十斤。合問。其一術曰：以斤數爲身，於上定十斤，三度折半。斤數爲身，以斤定十者，是借十爲百。九三度折半，得十二斤半。草曰：以斤數爲身，置一百一十二斤於一斤上，定十斤，是借爲一千一百二十斤。三度折半，得一百四十斤。合問。

今有物三百一十三斤，足稱。問爲省稱幾何。

答曰：三百九十一斤四兩。

解題。此問全斤展出零兩，於前法稍異。術曰：斤數爲寔，題數爲身。身外自尾上起。加二五，是增上二十五斤。如斤外零分，用加六爲兩。錢照斗器，以十分爲率。今稱以一百六十爲斤，均爲十分，是以十六爲一分，故加六爲兩。今以零分爲兩，及零兩爲分，列成數在後。草曰：斤數爲寔，置足稱三百一十三斤爲身，斤上只定斤。身外加二五，自尾位加起，得三百九十一斤二分半。斤外零分加六爲兩。二分半上加六，得四兩，併上數，合問。

零分求兩定數：一分，足稱二十，省稱一兩六錢。二分，足稱四十，省稱三兩二錢。三分，足稱六十，省稱四兩八錢。四分，足稱八十，省稱六兩四錢。五分，足稱一百，省稱八兩。六分，足稱一百二十，省稱九兩六錢。七分，足稱一百四十，省稱十一兩二錢。八分，足稱一百六十，省稱十三兩八錢。九分，足稱一百八十，省稱十四兩四錢。十分，足稱二百，省稱百六十，皆一斤。兩還分，用四折半。

零兩求分定數：一兩，六釐二毫半。二兩，一分二釐半。三兩，一分八釐七毫半。四兩，二分半。五兩，三分一釐二毫半。六兩，三分七釐半。七兩，四分三釐七毫半。八兩，五分。九兩，五分六釐二毫半。十兩，六分三釐半。十一兩，六分八釐七毫半。十二兩，七分半。十三兩，八分一釐二毫半。十四兩，八分七釐半。十五兩，九分三釐七毫半。十六兩，十分。分還兩，用加二五。

今有物一百二十三斤五兩，足稱。問省稱幾何。

答曰：一百五十四斤二兩二錢半。

解題。此問斤中展出兩，其零脚又有兩，以驗歸併之術。術曰：各置斤兩數，斤兩不同，故用各置。身外加二五。如零斤外零分，用加六求兩。并如前解。草曰：各置斤數兩數，置一百二十三斤在上，五兩在下。身外加二五，一百二十三斤加爲一百五十三斤七分半，其五兩加爲六兩二錢半。斤外零分，加六求兩。七分半加六，爲十二兩，併所得一百五十四斤二兩二錢半。合前問。其一術曰：置斤數，以零兩用四度折半，四折半，即是分爲十六處。求分併之，求見分數可緩斤尾。用本法身外加二兩，斤外零分加六還兩。前術有解。草曰：置斤數一百二十三斤，以兩數四折半求分，五兩得三分一釐二毫半。併之，共得一百二十三斤三分一釐二毫半。身外加二五，斤上定斤，身後加二五，得一百五十四斤一分四釐六絲二毫半。斤外零分加六還兩。以一分四釐六絲二忽半分上定兩加六，得二兩二錢半，併一百五十四斤。合問。其一術曰：通斤數爲兩，以零兩併之，用身外加二五，此法只展得省兩。仍以十六兩爲法求原斤。蓋題中有斤，故求斤還原。草曰：通斤數爲兩，置一百二十三斤，以每斤十六兩，通爲一千九百六十八兩。以零兩併之，併零五兩，共得一千九百七十三兩。身外加二五，得二千四百六十六兩二錢五分。仍以十六兩爲法還斤。得一百五十四斤二兩二錢半。合問。

今有物一百四十斤，省稱。問爲足稱幾何。

答曰：一百一十二斤。

解題。此問驗全斤省稱歸足。術曰：以斤數爲實，用八因之。十斤上定斤十斤，省稱重一貫六百，其足稱八斤亦重一貫六百，凡十斤省稱即是八斤足稱，故用八因。草曰：以斤數爲寔，置一百四十斤，以八因之，得一百一十二斤。合問。

今有物三百九十一斤四兩，省稱。問足稱幾何。

答曰：三百一十三斤。

解題。此問驗帶兩者稱歸足。術曰：以斤數爲實，用八因之，十斤上定得一斤。遇零兩欲爲分者折半，一兩省稱是十文，其一斤足稱是二百，其一分即是二十，數用折半。零分欲還兩者倍之。一分是二十文，即是暗藏二兩，故倍之。草曰：以斤數爲寔，三百九十一斤，用八因之。十斤上定得一斤，因得三百一十二斤，餘八分四兩。零兩欲爲分者折半。四兩折半爲二分，共爲三百一十三斤。合問。

嚴恭《通原算法》《諸家算法及序記》 稱有二：官稱一斤，準足稱一十二兩八錢。足稱一斤，準官稱一斤四兩。【略】

今有官稱五百六十八斤。問準足稱若干。

答曰：四百五十四斤六兩四錢。

術曰：置官稱通準兩，即斤上加六，然後八因之，得足稱兩減六，准斤即得。

今有足稱四百五十四斤六兩四錢。問準官稱若干。

答曰：五百六十八斤。

術曰：置足稱通準兩，即從斤上加六，然後八除，或身外加二五，亦可得。官稱兩減六，準斤即得。

今有官稱一斤價錢五兩七錢六分。問准足稱價錢若干。

答曰：七兩二錢。

術曰：置價錢爲實，以八除之即得。

王文素《算學寶鑑》卷三《斤秤》

官秤十六兩，秤物三十斤，以私秤秤之，得二十四斤。問私秤幾何。

答曰：私秤二十兩。

法曰：置較物重三十斤，以官秤十六兩乘之，得四百八十兩爲寔，以私秤所秤二十四斤爲法，除之，得二十兩。合問。

行使秤十八兩，秤較物重八斤四兩，以大秤止秤六斤三兩。問大秤幾何兩數。

答曰：二十四兩。

法曰：以十六兩通八斤併零四兩，共一百三十二兩。又以使秤十八兩乘之，得二千三百七十六兩爲寔；另以十六兩通之，六斤併零三兩得九十九兩爲法，除寔，得秤二十四兩。合問。

原用二十四兩秤借油六斤三兩，因無原秤，令以十八兩秤還之。問該幾何。

答曰：八斤四兩。

法曰：以十六兩通六斤併零三兩，得九十九兩。以原秤二十四兩乘之，得二千三百七十六兩爲寔。另置今秤十八兩，以十六兩通得二百八十八兩爲法，除之，得八斤二分五厘，將斤下零分加六，得四兩。合問。

或曰不通兩，將零三兩化爲一分八厘七毫五系，續於六斤之下，以二十四兩乘之，以十八兩除之亦同。

原用十八兩秤借物三斤十二兩，因無原秤，今用二十兩秤還之。問該幾何。

答曰：三斤六兩。

法曰：以十六兩通三斤併零十二兩，得六十兩。以原秤十八兩秤乘之，得一千八十兩爲寔。另置今用二十兩，以十六兩通之，得三百二十兩爲法，除之，得三斤三分七厘五毫，將斤下零分加六，得六兩。合問。

原用十八兩秤借物一斤四兩七銖，今用二十兩還之。問該幾何。

答曰：一斤二兩六銖三絫。

法曰：通一斤作三百八十四銖，另以二十四通四兩，得九十六銖併之，加零七銖，共四百八十七銖。以原用秤十八兩乘之，得八千七百六十六銖爲寔。另置今用秤二十兩，以銖率三百八十四通之，得七千六百八十爲法，除之，先得一斤。餘加六，得一萬七千三百七十六，亦以法除之，得二兩。餘以二十四之，得四萬八千三百八十四，以法除之，得六銖三絫。合問。

劉天和《問水集・黃河》 工役之制

今定與算工之法，皆委屬督夫累試，及取土秤斤重，度遠近，而酌爲中制也。凡堤岸創築者，每方廣一丈，每夫每日就近取土者，高六寸取土，稍遠者高伍寸，最遠者高四寸，爲一工。北原行少省，以節夫力。凡幫隄，則先計舊隄高厚若干。今幫厚若干，增高若干，亦以前法折算計工。河道創開者，每方廣一丈，每夫每日開深壹尺爲一工。濬河泥水相半者，減十之五。全係水中撈取者，減十之七八。取土登岸，就築隄者，亦折半算工。北原行亦少省。然後通計工數，以定夫數。即所費大省，而尤便於稽考。弊亦大省，而歲有餘積。

程大位《算法統宗》卷四《粟布》

今有猪一口，因無大秤，以小秤稱之不及，原秤錘重一斤十兩，又加秤錘一斤四兩八錢，稱得六十七斤。問該公道正數。

答曰：實重一百二十斤九兩六錢。

法曰：置原秤錘二十六兩，又加錘二十兩八錢，共四十六兩八錢，以共稱猪六十七斤乘之，得三千一百三十五斤六兩，爲實。另以原秤錘二十六兩爲法，除之，得一二〇六，乃一百二十斤，實數六乃斤下虛數，用加六法加得九兩六錢，是也。

原秤稱物八斤二兩，因失去錘，今欲買錘配秤，不知輕重。另將別錘重二斤五兩秤之，原物只得六斤。問原錘重若干。

答曰：原錘重一斤一兩三錢。

法曰：置後錘稱物六斤，以加六法通之，得九十六兩，以後錘三十七兩乘之爲實，另以原物八斤一兩亦用加六通之，得一百二十兩，爲法除之，得一十七兩三錢。合問。

又　卷七《商功》

今有五縣輸粟二萬石，照人户多少、道理遠近，價值上下而均輸之。每車載二十五石，行道一里，與僦里鈔一錢。甲縣二萬零五百二十户，粟石價二兩。乙縣一萬二千三百一十二户，粟石價一兩，遠輸所二百里。丙縣七千一百八十二户，粟石價一兩二錢，遠輸所一百五十里。丁縣一萬三千三百三十八户，粟石價一兩七錢，遠輸所二百五十里。戊縣五千一百三十户，粟價兩三錢，遠輸所一百五十里。問各輸粟若干。

答曰：甲，七千二百四十六石三斗五升九合九勺。

乙，四千七百六十二石五斗七升三合三勺，該僦里鈔二十兩。僦，音就，賃也。

丙，二千七百七十七石五斗八升四合，該鈔一十五兩。

丁，三千四百三十八石九斗一升四合，該鈔二十五兩。

戊，六千八百七十九石五斗六升八合四勺，該鈔一十五兩。

解曰：甲縣乃自輸本縣，面無僦里。惟乙、丙、丁、戊四邑有之，各照里數遠近，以僦鈔一錢因之，各得僦里鈔也。

法曰：置甲縣户數爲實，以粟價二兩爲法除之，得十千零二。乙縣行道二百里，以每車載二十五百除之，得八錢，併粟價一兩，共二兩八錢，除户數，得六百八十四衰。丙縣行道一百五十里，以每載二十五石除之，得六錢，併粟價共一兩八錢，除户，得三百九十九衰。丁縣行道二百五十里，亦以二十五里除之，得一兩，併粟價共二兩七錢，除户，得四百九十四衰。戊縣行道一百五十里，亦以二十五石除之，得六錢，併粟價共一兩九錢，除户，得二百七十衰，就以五衰列置五縣，再併五衰，共二千八百七十三衰，爲法。另以賦粟二萬石，以乘五縣各衰爲實，以法除之。合問。

又　原僱車一輛，議行之二千里，載重一千二百斤與銀七兩五錢。今重一千五百斤，行二千三百里。問該銀若干。

答曰：一十二兩一錢八分七厘五毫。

法曰：置今重一千五百斤，以今行一千三百里乘之，得一千九百五十里。又以銀七兩三錢乘之，得二十四兩六錢二分五厘爲實，以原重一千二百斤乘原行一千里爲法，除之。合問。

今有貨重一千六百斤，先付車主銀六兩，照前議行道一千里，載重一千二百斤，價七兩五錢。問該行道若干。

答曰：六百里。

法曰：置今付車主銀六兩，以原行道一千里乘之，得六千里。又以原重一千二百斤乘之，得七千一百里爲實。另以今重一千六百斤，以原價十兩五錢乘之，一十二兩爲法除之。合問。

今有道一千七百里，車主已支去銀七兩六錢五分，照前議每一千里載重一千二百斤，價七兩五錢。問該載重若干。

答曰：七百二十斤。

法曰：置原重，以原行道乘之，仍得一千二百里。又以今去銀七兩(五)[六]錢五分乘之，得九兩一錢八分爲實。另置今行道以原與銀七兩五錢乘之，得一十二兩七錢五分爲法，除之，即得。

原有人担物一百五十斤，行道一百三十里，與脚銀二錢。今俱一百八十斤，行道九十里。問該銀若干。

答曰：一錢六分六厘一毫五絲。

法曰：置今重一百八十斤，乘今行道九十里，得三百六十二里。又以原脚銀二錢乘之，得三錢二分四厘爲實。另以原担重一百五十斤乘原行道二百三十里，得一百九十五斤爲法，除之，即得。

王徵譯《奇器圖説》卷二

天平解

第九款　天平之物有三：横梁一、指針一、重準一。【略】

又　第二十六款　有兩重係等梁兩端，求係紐之定位于準等。

a重六斤，在o一端。e重二斤，在u一端。等梁全體四分，要知係紐宜在何分。

法曰：a　e相加爲八，就用比例：

一　八爲兩重總數，

二　二爲e重之數，

三　四爲梁體全數，

四　一爲oi端數，紐宜o分之上。

第二十七欵　有等子重體，有其重，亦有其分，亦有一重係一端下，求係紐之定位于準等。

等子之重爲十二斤，全梁六分。係重a二十四斤，要知紐宜何分。

法曰：平分等梁爲兩分，自e至u是等子重心，則想u爲十二斤，加于a二十四斤，爲三十六斤。就用比例：

一　三十六斤爲兩重總數，

二　十二斤爲等梁重數，

三　三分爲iu之數，

四　一分爲io之分數，紐宜o分之上。

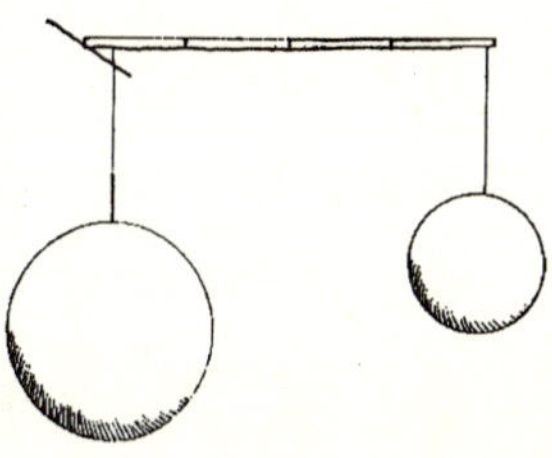

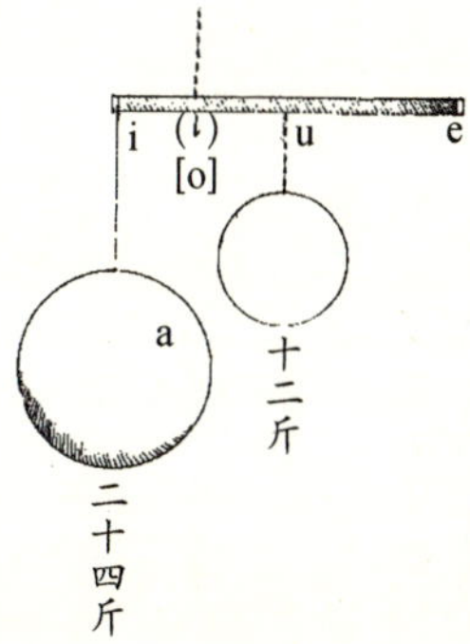

第二十八欵　有等子重體，有其重，有其分；亦有一重，但係一端少內。求係紐之定位于準等。

等梁重爲二十四斤，全分十八。係重之a爲十二斤，係于i分之下。要知紐宜何分。

法曰：得重心徑在u，想u下所繫二十四等重。u至i爲六分，在兩重之中。兩重相加爲三十六，就用比例：

一　三十六斤，總數，

二　十二斤，係重，

三　六分，兩重中梁，

四　二分，從i到ci，紐宜c分之上。

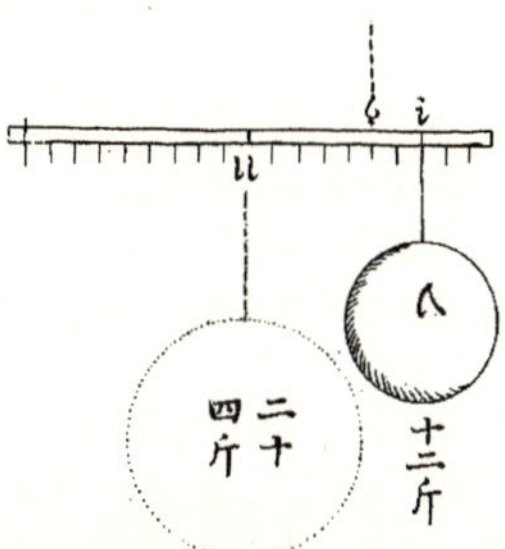

第二十九欵　有等子重，有其分，但兩係重在內不在兩端，求係紐之定位于準等。

等子重十二斤，其全分十八。a大重爲十八斤，e小重爲六斤。要知紐宜何分。

法曰：依法二十八欵，用比率：

一　十八爲梁之全分，

二　六爲e重數，

三　六爲i至t之分數，

四　二爲從[i]至(·i)[u]之分數。

每用比率：

一　三十六爲兩重總數，

二　十八爲u下之重數，

三　十個爲o至u之分數，

四　五個爲o至c之分數。

所以，i爲紐線，則兩重等體之重俱是準等。

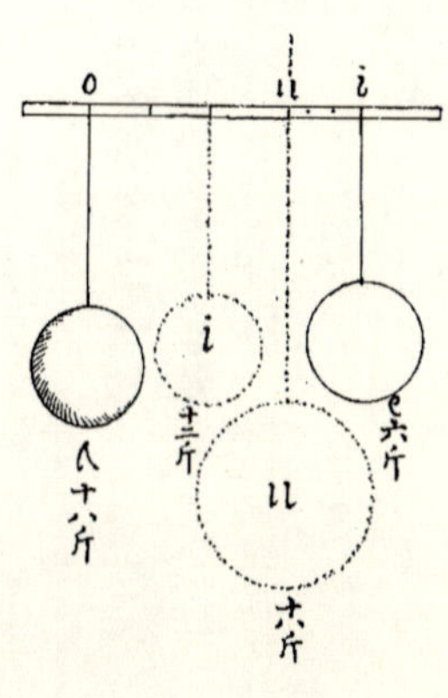

第三十欵　有兩重準等，有定係紐位，已得此重，求彼重。

a重爲八斤，等梁爲六分，係紐在二分之i，求e重若干。

法曰：用第十九欵比例：

一　四分，梁數長端，

二　二分，短端，

三　八斤，a重，

四　四斤，e重當爲四斤。

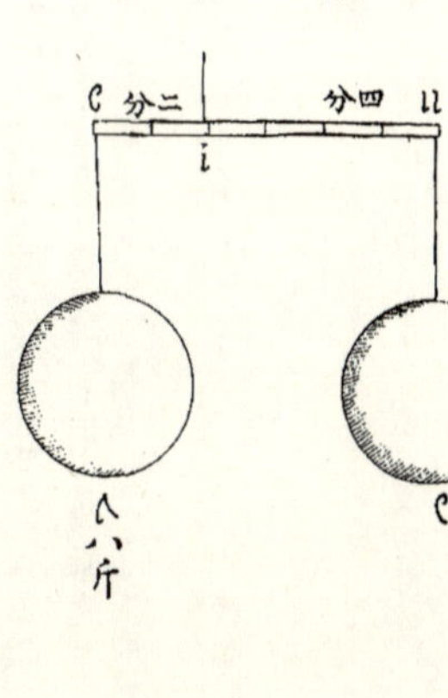

第三十一欵　有繫重，有等梁重，以準等求係紐之位。

假如等梁之重爲四十斤，其分有十，係重爲六十斤。求係紐之位在何分。

法曰：梁重心在o，從o到e爲五分，用比例法：

一　一百斤爲梁重，係重總數，

二　六十斤爲係重之數，

三　五分爲oe之分，

四　三分爲從o到u係紐之位分。

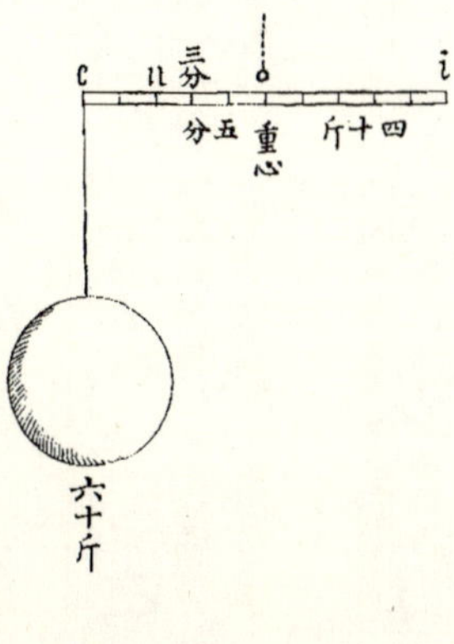

第三十二欵　有兩重準等，已有此端梁之長，求彼端梁之長。

假如a重九斤，e重三斤，係兩端之下，已得i至u二分之長，求u至o長之分數。

法曰：依第十九欵比例：

一　三斤爲小重，

二　九斤爲大重，

三　二分爲梁之小端，

四　六分爲梁大端之分數。

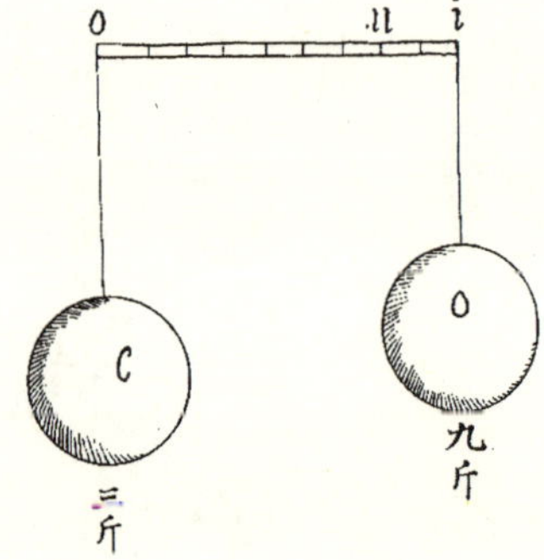

第三十三欵　有等梁重，不用權權物之重。

梁重有四十斤，分作十分。不知係重多少，但那移係紐至準等，得其定位。

假如從重到係位是二分，則大端爲八，相減爲六，就是差數。用三率法：

一　四分爲小端二倍，

二　六分爲大小端差數，

三　四十斤爲梁之重，

四　六十斤爲係重之重。

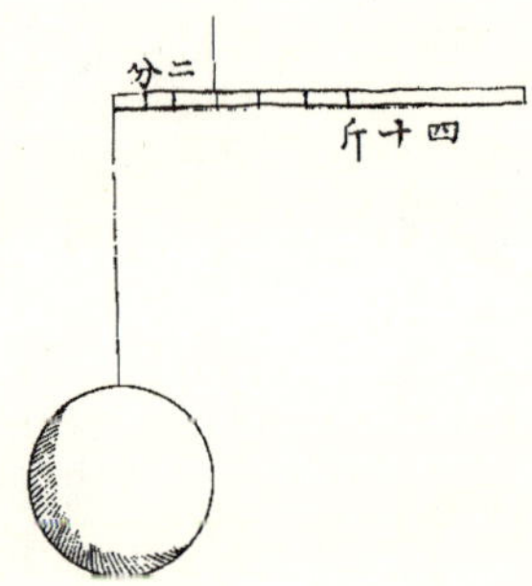

槓杆解

第三十四欵　槓杆有三名：一曰頭，一曰柄，一曰定所。外有依賴所，曰支磯。

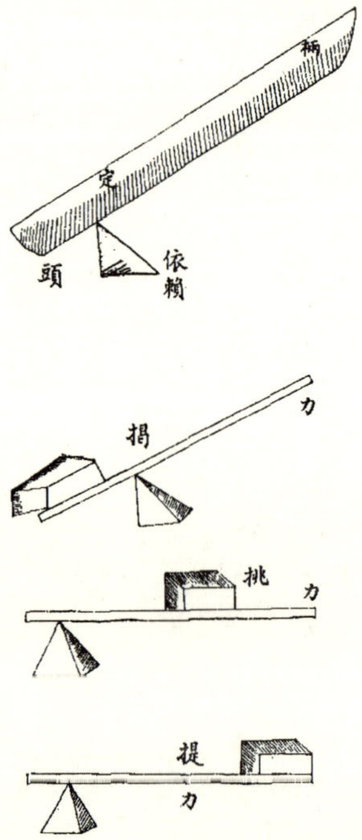

第三十五欵　槓杆之類有三，總以薦起其物者也。一，支磯在中，力在柄，重在頭，其名曰揭。二，支磯在頭，重在中，力亦在柄，其名曰挑。三，支磯在頭，力在中，重在柄，其名曰提。

第三十六欵　揭槓平在支磯之上，頭有重，柄有力。重與力之比例爲兩端長短互相之比例。

假如揭槓之長爲九分，支磯在u，短端三分，長端六分。a之重四十斤，e力必定二十斤。依第十九欵比例，a與e二倍，長端與短端亦二倍。

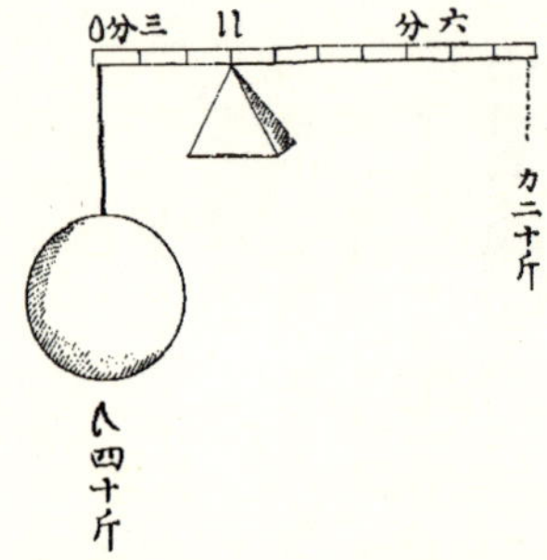

第三十七欵　挑槓平在支磯之上，頭在磯，重在中，力在柄之比例。從a重到支磯是槓之分與挑槓比例，就是力與重等。

假如i至o九分，u至o三分，是爲三分之一。所以重六十斤，力止二十斤也。蓋係重愈近于支磯，用力愈可少，故挑槓常常省力。

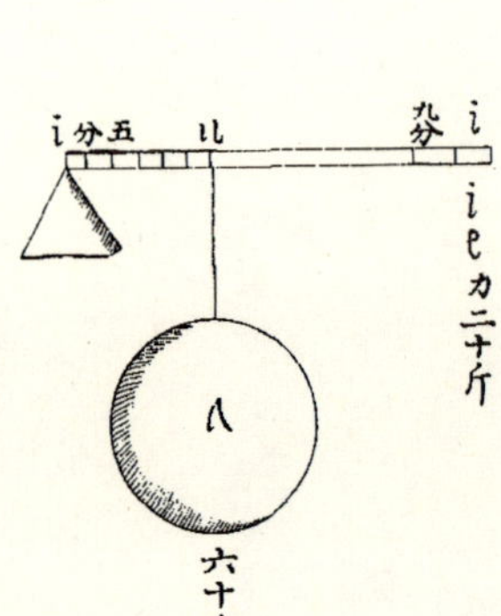

第三十八欵　有挑槓之分十尺，其本體重四百斤，上另有千斤之重，得槓之重徑、重之中徑，求挑力。

法曰：ou與oi比例要等四百與一千比例。

假如eo爲二尺，就用比例，十尺與二尺比例，爲一千四百斤兩重之于二百八十斤比例。

第三十九欵　提槓頭平在支磯，上柄有重、力在中之比例。

全槓ou與從支磯到力ei分數比例，等于力、重之比例。

假如ou爲十二分，ei爲四分，是三倍比例。力六十斤與重二十斤亦是三倍。係重力常要倍于重，故少用。

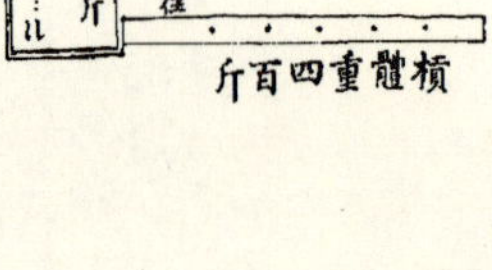

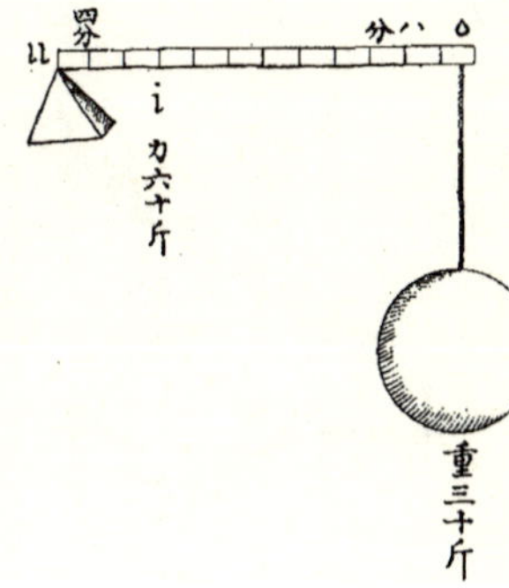

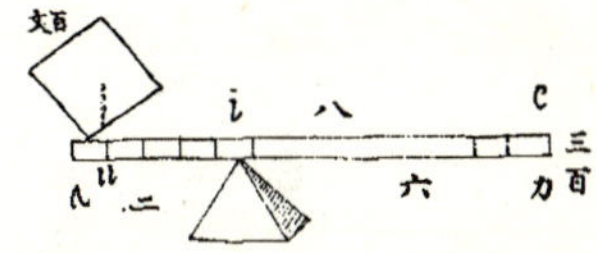

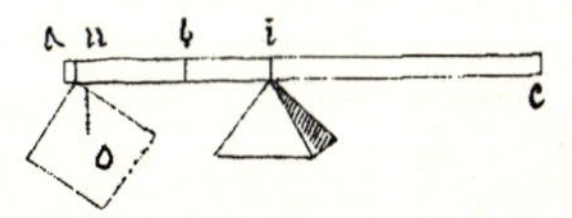

第四十欵　力用槓子挑重，其比率等與槓兩分。一分從支磯到點垂線，從心來到槓所；二分從支磯到力所。

假如ea爲槓子，i爲支磯。能力在e爲三百斤，ao重爲九百斤，所以比率是三分之一。今從o中心打垂線到槓上，到u點，就u到i長與i到e長比率亦是三分之一。若ui爲兩分，則ia爲六分，是三分之一明矣。

第二圖，ao重係槓下，與a、c二處只用uo垂線，則不用a、c兩點，其後萬法皆然。

第四十一欵　能力挑重，中心在地平槓上。起重愈高，則用能愈(大)[少]。若重愈低，則用能力愈多。

假如ea槓子在i上，地平的；其垂線爲oa。起重在上，則用能力在e。從垂線o點到u，其u到i短于a到i之長，故用四十欵之能力少也。

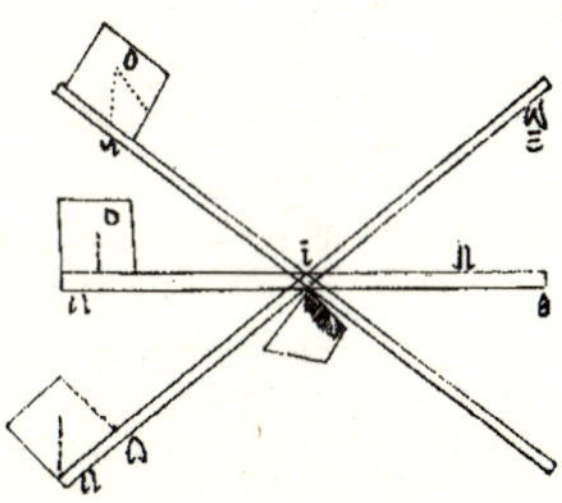

若重在地平之下，則從垂線爲o到f，i與ai長，所用前欵，力在于g故力多。

第四十二欵　揭槓在平，重心在上。重心起愈高，能力愈少。

如(上)圖，重心起高，垂線到a。視下平重，去支磯愈近，故用力愈少也。

第四十三欵　重心在揭槓頭內，槓杆或平或斜，其能力等。

如(上)圖，重心在平、在斜，去支磯皆等，故其能力亦相等也。

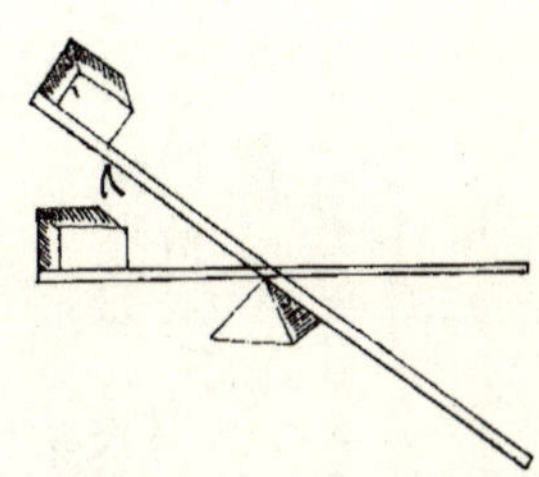

第四十四欵　有重係槓頭上，支磯在內，槓柄用力。從平向下相距之所，與槓頭係重向上相距之所比例等于槓杆兩端之比例。

假如上支磯前相距小端與支磯後相距大端爲三分之一，蓋小端與大端亦爲三分之一也。後挑槓亦然。

第四十五欵　有重，有槓杆，有力運重，求支磯所。

假如a重百斤，力十斤，槓杆二十二分，求支磯所在。用比例法：

一　一百十斤爲能力與重之數，

二　二十二分爲槓長之分數，

三　十斤爲能力之分數，

四　二分爲支磯之所。

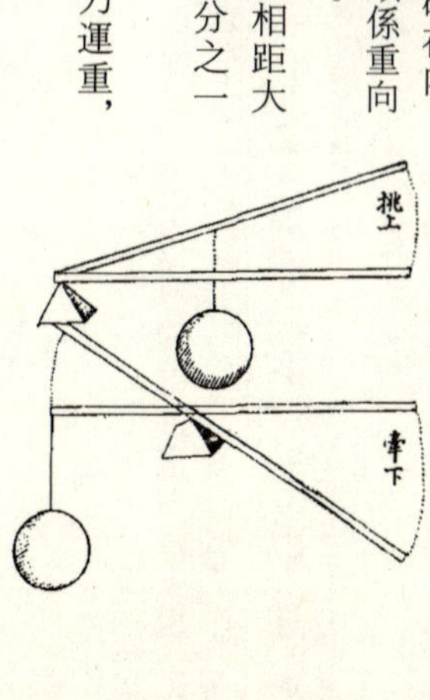

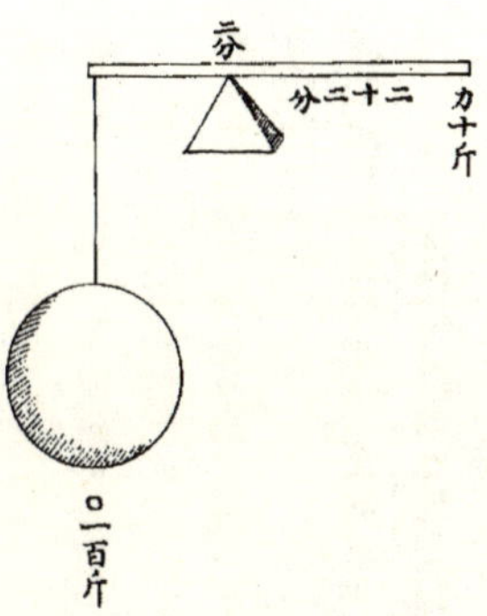

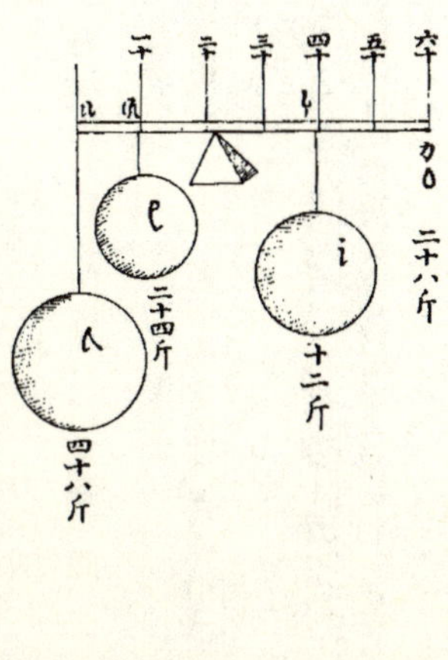

第四十六欵　有幾重，有支磯，有槓杆之長，求能力幾何？

假如有三重：a四十八斤在頭，e二十四斤在九分界，i十二斤在二十八分界。支磯在二十一分界。槓杆共長六十分。求能力宜用幾何。

法曰：ae中，槓爲九分，求兩重支磯，得小端三分爲u。自u至c，槓有三十五分，用比例，又得五分爲ch。第三次，支磯到力o爲三十九分，從支磯到ch爲十三分，比例等于三。重爲八十四斤與力爲二十八斤。

法即用上四十六欵之圖。先求準等。如ch爲八分，自ch至力爲五十二分也。用比例法：

一　一百十二斤爲a、e、i、o三重與力之數，

二　二十八斤爲能力之數，

三　五十二分爲槓長短之分，

四　十三分爲從ch重心到支磯所之分。

第四十八欵　有重物，有重體槓杆，有支磯所。求能力幾何。

假如ch重爲二千斤，其心爲i。槓杆兩端爲o、i，其體重四百斤，其重心在g。槓杆斜起在支磯e上，ae是其定所。重徑爲ik，kg爲六分，fc爲十二分。c用能力宜幾何。

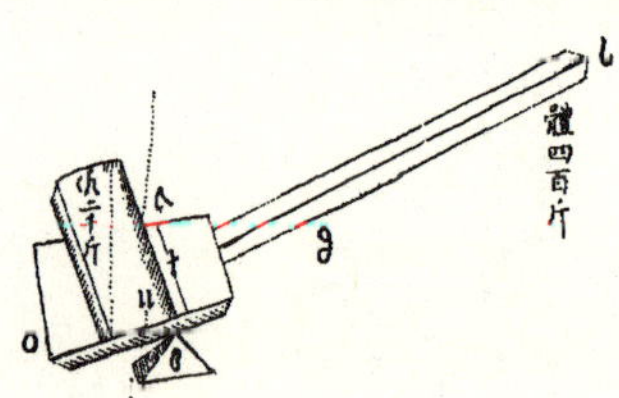

法曰：先求重物與槓體之重心。用比例法：

一　二千四百斤爲重與槓兩重之數，

二　四百斤爲槓重之數，

三　六分爲從k重心到g重心之數，

四　一分爲從k到u之分數。所以u爲五分。

再用比例法：

一　十二分爲力(房)[c]到支磯f之分數，

二　一分爲uf之分數，

三　二千四百斤爲兩重之全數，

四　二百斤爲能力之數。

變測法

問象牙一枝，因無大秤，用小秤稱之不及，其錘重一斤十兩，外加一錘重一斤四兩八錢，稱得六十七斤。依小秤算該幾斤。

法：併原加錘數爲首率，以稱得數爲次率，原錘數爲三率。

一　四十六兩八錢，

二　六十七斤，

三　二十六兩，

四　一百二十斤又五之三。用加六求之，即九兩六錢。

問原秤稱物重八斤二兩，失去原錘，欲另鑄錘配用，不知輕重。另借别錘，以較原稱之物只六斤，則原錘若干。

此須化斤爲兩，以加六通後稱數九十六兩，爲首率，以所借錘三十七兩爲次率，原稱較一百三十兩爲三率，得所求原錘數以斤法除之。按：别錘下脱「重三十七兩」五字。

一　九十六兩，

二　三十七兩，

三　一百三十兩，

四　二十七兩三錢又一十三分錢之三。以斤法除得一斤十一兩三錢二分七毫不盡。

又　重準測法

問雇役一千里運貨二百斤，給值四兩。今貨三百斤，運四千里，該值幾何。

此以一千里乘二百斤爲一率，以四兩爲二率，以三百乘四千爲三率。

併法

一　二十萬，

二　四兩，

三　一百二十萬，

四　一十四兩。

用重準法

一　二百斤，先測貨價。　一千里，次測里價。

二　四兩，　六兩。

三　三百斤，　　四千里，

四　六兩。　　二十四兩。

【略】

問撥夫一百名，築城二百丈，八箇月工完。今仍用夫一百名，給銀一百兩，欲築城二萬丈，幾月完工。

此以二百爲一率，以八爲二率，以二萬爲三率，不用銀數，以與夫數相同不算。

一　二百丈，

二　八月，

三　二萬丈，

四　八百月。

問用夫三百名，七箇月修過墩臺四十五座。今有夫一千七百八十名，亦七箇月可修墩臺若干座。

此與前法相同，除月不用。

一　三百名，

二　四十五座，

三　一千七百八十名，

四　二百六十七座。

又

問負米一石一斗二升行三十步，日五十次。今負米一石二斗行四十步，日可幾次。

此全用變準法，以三十步乘一石二斗二升爲首率，五十次爲二率，今負米一石二斗以乘四十步爲三率。

一　三百三十六，

二　五十次，

三　四百八十，

四　三十五次。

又　通編卷四

疊借互徵

問：金九錠，銀十一錠，其重適等。互換一錠，則金輕十三兩。金銀每錠重若干。

此因互換一錠而金輕十三兩，因知金銀之輕爲六兩五錢也。乃先借一十三兩爲金衰列右上，則銀該六兩五錢列右次，各以錠乘。金九錠得一百一十七兩，銀一十一錠得七十一兩五錢。金視銀盈四十五兩五錢列下，另借二十四兩爲金衰列左上，則銀該一十七兩五錢列左次，各以錠乘。金九錠得二百一十六兩，銀十一錠得一百九十二兩五錢。

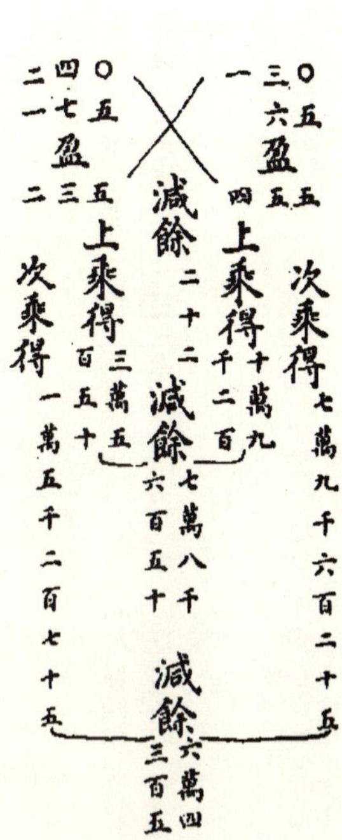

金視銀盈二十三兩五錢又列其下，兩盈相減，餘爲法。而以左上乘右下，右上乘左下，得數相減，餘爲金實。左次乘右下，右次乘左下，得數相減，餘爲銀實。俱以法除，得金一錠重三十五兩七錢五分，銀一錠重二十九兩二錢五分。而各以錠乘，金九錠共三百二十一兩七錢五分，銀十一錠亦三百二十一兩七錢五分，正等。

方中通《數度衍》卷二一《方程》　雜和較乘法

式二：牛一頭，馬二匹，驢三匹，皆載物七百斤，不能行。一牛借馬一匹，二馬借驢一匹，三驢借牛一頭，方行。三等力各若干？

曰：一牛力四百，一馬力三百，一驢力一百。

術：列定以右正牛一乘左行，各如故。以左借牛一乘右行，各如故。左右不用減，并左馬空，倣右馬乘得數立負一，乃除却牛段，以中正馬乘左行負得二，驢得六，下得一千四百。以左負一乘中行馬得二，驢得一，下得七百。中左馬同名，減盡。正借驢，異名并得七爲法。下物作同減，餘七百爲實。以法除得驢力一百斤。於中行七百内減中一驢力，餘六百爲中二馬力，每馬力三百斤。又於

右	中	左
正牛一	〇	借牛一
借馬一 一	正馬二 左二	〇 負一 中二
〇	借驢一 左	正驢三 中六
物七百	物七百 左七百	物七百 中一千四百

法曰：置物重一千零七十二兩爲實，以借用作錘之四十六兩八錢乘之，得五萬零一百六十九兩六錢，再以原錘二十六兩除之，得一千九百二十九兩六錢，即所求。

解曰：借用之錘重于原錘若干倍，則借用之錘所秤之物重亦重于原錘所秤之物重若干倍。以原錘除借用之錘，得一八，是借用之錘重於原錘十分之八也。則于借用錘所秤之一千零七十二兩以十分之八加之，必得一千九百二十九兩六錢，爲原錘所秤之重。法先乘後除者，亦異乘同除也。本卷五則。

二十七則　權重二法

設秤失其錘，止有原秤[稱]過輕重二物，重者重一千九百二十九兩六錢，輕者重四十六兩八錢。以輕者作錘秤重者，得一千零七十二兩，求原錘重。

法曰：置四十六兩八錢爲實，以一千零七十二兩乘之，得五萬零一百六十九兩六錢，以一千九百二十九兩六錢除之，得二十六兩，即所求。

解曰：一千九百二十九兩六錢之與一千零七十二兩，若四十六兩八錢之與原錘也，故以之乘除得原錘之重。

二十八則　權重三法

設秤失其錘，有輕重兩物不知斤兩。以輕者作錘秤重者，得五十二兩；以重者作錘秤輕者，得一十三兩。求原錘重。

法曰：置兩數相乘，得六百七十六兩，平方開之，得二十六兩，即所求。

解曰：兩數之中率即原錘之重，兩數相乘，平方開之，求中率之法也。二卷十六則。

又法：以等重二物，一作錘，一作物秤之所得之數，即原錘之重。

按：以上三法用之于平星提索同居一位之秤，雖有微差，尚可得近似之數。至于平星提索不同一位，相去愈遠，其差愈多，甚至與真數懸絶。留心此道者不可不知也。

梅文鼎《曆算全書》卷三六《筆算》

變測法

假如用秤稱物，物重，秤不能稱，外加一錘稱得八十四斤，本錘一斤五兩，加錘一斤三兩，問其物實重若干。

答曰：一百六十斤。

一　錘重二十一兩爲法，

右	中	左
借驢一	○	正驢三
正馬二 左六	借馬一	○負六
○	正牛一 左六	借牛一 右一 中一
物七百 左二千一百 減餘一千四百	物七百 左四千二百 減餘三千五百	物七百 右七百 中七百

右行七百內減右一馬力，餘四百即右一牛力。或用後圖求馬力，以右借驢一乘左行牛得一，下得七百。以左正驢三乘右行馬得六，下得二千一百。左右馬牛無減并下減，餘一千四百。除却驢段。又左馬空做右馬乘數立負六，以中借馬一乘左行牛得一，下得七百。以左負六乘中行牛得六，下得四千二百。中左正借牛，異名并得七爲法。下物作同減，餘三千五百。又以右下餘一千四百減之，餘二千一百爲實，以法除，得三百斤爲一馬力。

通曰：此以正借分同異，不分正負也。

又　卷二二《衡粟布之三》　權輕重法

較秤式　用秤稱物不及，其錘重一斤十兩，外加一錘重一斤四兩八錢，稱得六十七斤。依本秤算該斤幾何。

曰：一百二十斤〇九兩六錢。

術：以原錘通作二十六兩，法見後。加錘通作二十兩〇八錢，并得四十六兩八錢爲三率。以六十七斤爲次率，以原錘二十六兩爲首率。次三相乘，首除，得一二〇六一二者，一百二十斤也，六乃斤下虛數，用加六法得九兩六錢。

較錘式　原秤稱物重八斤二兩，失去原錘，欲另配錘，不知輕重。借錘重二斤五兩，稱原物只得六斤。原錘該重若干。

曰：一斤十一兩三錢零。

術：以六斤通作九十六兩爲三率，以借錘通作三十七兩爲次率，以原重通作一百三十兩爲首率。次三相乘，首除，得二十七兩三錢零，乃一斤十一兩三錢零也。

杜知耕《數學鑰》卷三上《粟布》

二十六則　權重一法

設秤原錘重二十六兩，遇重物不能勝。另取一物重四十六兩八錢作錘，秤之得一千零七十二兩，求物重真數。

二　加錘共四十兩，
三　稱重八十四斤，乘得三千三百六十斤，爲實，
四　實重一百六十斤，法除實得數。

法：以錘一斤五兩作二十一兩，加錘一斤三兩作十九兩，共重四十兩爲先有之一率，稱重八十四斤爲先有之又一率，相乘三三六〇爲實，以本錘重二十一兩爲今有之一率爲法，法除實，得實重一百六十斤，爲所求今有之又一率。合問。

假如秤失去錘，有所稱物重一百六十斤，今以他物代錘重四十兩，稱得重八十四斤，問錘重若干。

答曰：一斤五兩。

一　物重一百六十斤，
二　稱得重八十四斤，
三　他物代錘重四十兩，
四　錘重二十一兩。

梅瑴成等《數理精蘊》下編卷九《線部七》　疊借互徵

設如有石二塊，大小不等，俱不知重數。只有銅條一根，重十二兩，互换稱之，而得二石之各重幾何。

一率　五分
二率　六分
三率　二兩
四率　二兩四錢

法：先將銅條分作十二分，每分又作十分，用一繩繫於第五分之上，繫於五分者隨便取一數也。乃以五分加一倍，與十二分相較餘二分，折半得一分，與五分相加爲六分。乃以五分爲一率，六分爲二率，餘二分作二兩爲三率，因銅條重十二兩，分爲十二分，今二分故爲二兩也。得四率二兩四錢。此四率是先將銅條之五分處取均平之法。蓋提繫在五分上，必於五分之端加二兩四錢乃與七分相平也。

爰以銅條作秤杆，將大石掛在銅條一頭，離提繫五分，而以小石作錘稱之。今離提繫得六分始平，記之。如前圖。又將小石掛在銅條一頭，離提繫五分，而以大石作錘稱之，今離提繫得四分始平，亦記之。如後圖。

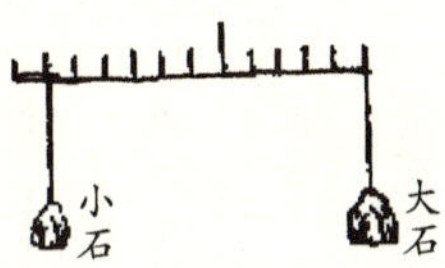

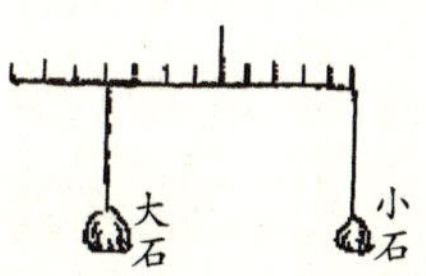

一率　六分
二率　五分
三率　二十四兩
四率　二十兩

乃先借二十六兩四錢爲大石衰數，與前所得二兩四錢相減，餘二十四兩。內減二兩四錢者，因銅條之五分一邊必加二兩四錢始平。今於借衰中減去者，所以補足均平之數，然後較物之輕重也。用六分爲一率，即小石在六分之數。五分爲二率，即大石在五分之數。二十四兩爲三率，即大石衰中減去二兩四錢所餘之數。得四率二十兩爲小石之衰數。此四率是以大石衰數求小石衰數。

一率　四分
二率　五分
三率　一十七兩六錢
四率　二十二兩

因以小石衰數二十兩與二兩四錢相減，餘十七兩六錢。此亦減去二兩四錢，因小石移在五分之一邊，補足均平之數也。用四分爲一率，即大石在四分之數。五分爲二率，即小石在五分之數。十七兩六錢爲三率，即小石衰中減去二兩四錢所餘之數。得四率二十二兩，此第二四率，又以小石衰數轉求大石衰數，試其合否也。與所借大石衰數二十六兩四錢相較，則少四兩四錢。

一率　六分
二率　五分
三率　三十兩
四率　二十五兩

再加三十二兩四錢爲大石衰數，與二兩四錢相減，餘三十兩。用六分爲一率，五分爲二率，三十兩爲三率，得四率二十五兩爲小石之衰數。

一率　四分
二率　五分
三率　二十二兩六錢
四率　二十八兩二錢五分

因以小石衰數二十五兩與二兩四錢相減，餘二十二兩六錢。用四分爲一率，五分爲二率，二十二兩六錢爲三率，得四率二十八兩二錢五分，與所借大石衰數三十二兩四錢相較，則少四兩一錢五分。

二六四〇
少
四四〇

三二四〇
二六四〇
〇六〇〇

四四〇
四一五
〇二五

三二四〇
少
四一五

一率　二錢五分
二率　六兩
三率　四兩四錢
四率　一百零五兩六錢

乃將前借數二十六兩四錢少四兩四錢書於右，後借數三十二兩四錢少四兩一錢五分書於左，用兩不足法算之。於是以兩少數相減，餘二錢五分爲一率。兩借數相減，餘六兩爲二率。前借數與大石衰數相較之，少四兩四錢爲三率。得四率一百零五兩六錢。加前借數二十六兩四錢，共一百三十二兩，即大石之重數。又於大石重數內減去二兩四錢，餘一百二十九兩六錢。

一率　六分
二率　五分
三率　一百二十九兩六錢
四率　一百零八兩

用六分爲一率，五分爲二率，即前以大石衰數求小石衰數之法，既有大石真數，故仍以前法求小石真數。一百二十九兩六錢爲三率，得四率一百零八兩爲小石之重數也。如以四分爲一率，五分爲二率，即前以小石求大石之重法。於小石重數一百零八兩內減去二兩四錢，餘一百零五兩六錢爲三率，得

一率　四分
二率　五分
三率　一百零五兩六錢
四率　一百三十二兩

四率一百三十二兩爲大石之重數，亦合前數也。

一率　五分
二率　六分
三率　二兩
四率　二兩四錢

此法蓋因銅條重十二兩，而分作十二分。設如作一甲乙線爲銅條，分作十二分，每分重一兩。提繫在丙處，甲丙與丙丁等，則其重亦必等。如以甲丁與甲乙相減則餘丁乙，即丙乙多於甲丙之二分也。既多二分，必重二兩。如以二兩重物掛於乙丁中間之戊處，則丙乙自重於甲内也。今欲以物趂之，使其兩平，則以甲丙五分爲一率，丙戊六分爲二率，二兩爲三率，得四率二兩四錢。是將二兩四錢之物加於甲處始得兩平。其以丙戊六分爲二率者何也？蓋丙丁與甲丙等，而重者止在丁乙一段，而戊爲丁乙之中，戊去丙遠，甲去丙近。惟近，故加重而後可以勝遠之輕。若於甲接長二分，則於二分之中施二兩之物，即稱平矣。故以二兩四錢加於甲處，始能趂平丁乙之二分也。此法數層加減，幾用比例，頗覺繁瑣。而用方程算之，微覺簡明，但係疊借。本法故兩收之。收入疊借者，所以存其理。而收入方程者，所以取其簡也。

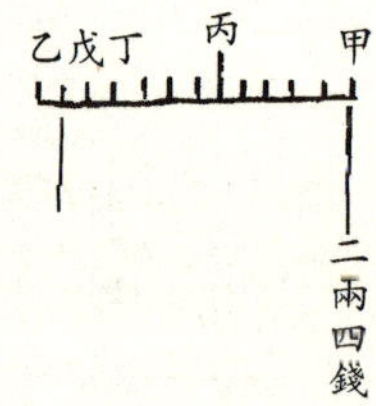

又　下編卷一〇《線部八》　方程附法

設如有石二塊，大小不等，不知重數，只有銅條一根，重十二兩，均分十二分，以繩繫於第五分之上，一頭五分，一頭七分。將大石掛於銅條一頭，離提繫五分，而以小石作砣稱之，離提繫得六分始平。又將小石掛在銅條一頭，離提繫五分，而以大石作砣稱之，離提繫得四分始平。問大小二石各重幾何。

法：先以五分加一倍與十二分相較，餘二分，折半得一分，與五分相加爲六分。乃以五分爲一率，六分爲二率，餘二分作二兩爲三率，得四率二兩四錢，即五分之端加二兩四錢始與七分相平也。

一率　五分
二率　六分
三率　二兩
四率　二兩四錢

爰將二兩四錢以大石離提繫五分因之，得十二兩，爲五大石比六小石所多之數。大石離提繫五分，小石離提繫六分而平，是大石重六分，小石重五分也。若五大石六小石，則各得三十分，其重始等。然五分之一端應加二兩四錢，是大石重六分尚多二兩四錢也。若五大石則多十二兩矣，故爲五大石比六小石多十二兩也。又將二兩四錢以小石離提繫五分因之，亦得十二兩，爲四大石比五小石所少之數。小石離提繫五分，大石離提繫四分，而平。是小石重四分，大石重五分也。若五小石、四大石，則各得二十分，其重始等。然五分之一端應加二兩四錢，是小石重四分尚多二兩四錢也。若五小石則多十二兩矣。故爲五小石比四大石多十二兩，因以大石爲首，故變爲四大石比五小石少十二兩也。因作較數方程法算之，以大石五爲正，小石六爲負，重多十二兩爲正，列於上。又大石四爲正，小石五爲負，重少十二兩爲負，列於下。乃以上大石五遍乘下大石四，小石五少十二兩，得大石二十，小石二十五少六十兩。又以下大石四遍乘上大石五，小石六多十二兩，得大石二十、小石二十四多四十八兩。兩下相較，則大石各二十，彼此減盡。小石兩層皆負，故相減，餘一重少六十兩與多四十八兩，相加得一百零八兩，即爲一小石之重數。以小石六因之，得六百四十八兩爲六小石之共重數，加五大石所多十二兩，得六百六十兩爲五大石之共重數。以五歸之，得一百三十二兩，即爲一大石之重數也。此本疊借互徵之法，而以方程算之稍爲簡易焉。

大	小	重
五正	六負	一二正
四正	五負	一二負
二〇正	二五負	六〇負
二〇正	二四負	四八正
〇〇	〇一	一〇八

又　下編卷三四《末部四》　借根方比例線類

設如有大小二石，不知重數，有銅條一根，重十二兩，均分十二分，以繩繫於第五分之上，一頭五分，一頭七分。將大石掛於銅條之端離提繫五分，而以小石作砣稱之，離提繫六分始平。又將小石掛於銅條之端離提繫五分，而以大石作砣稱之，離提繫四分始平。問二石各重若干。

法：先以五分加一倍，與十二分相減，餘二分，折半得一分，與五分相加爲六分。乃以五分爲一率，六分爲二率，餘二分之重二兩爲三率，求得四率二兩四錢，即五分之端加二兩四錢始與七分相平也。

一率　五分
二率　六分
三率　二兩
四率　二兩四錢

今大石離提繫五分，小石離提繫六分而平，是大石重六分，小石重五分，而大石多二兩四錢，則小石爲大石六分之五而少二兩也。銅條五分之端應加二兩四錢而平。今大石在五分之一頭，是大石多二兩四錢也。將二兩四錢以大石之六分除之，每分得四錢，是大石比小石每分多四錢。以小石五分計之，則大石比小石多二兩，故小石爲大石之六分之五而少二兩也。又小石離提繫五分，大石離提繫四分而平，是小石重四分，大石重五分，而小石多二兩四錢，則小石爲大石五分之四而多二兩四錢也。銅條五分之端應加二兩四錢而平。今小石在五分之一頭，是小石多二兩四錢也。將二兩四錢以小石之四分除之，每分得六錢，是小石比大石每分多六錢。以小石四分計之，則小石比大石多二兩四錢，故小石爲大石之五分之四而多二兩四錢也。乃借三十根，六分、五分相乘之數。爲大石之重數，以小石爲大石六分之五而少二兩計之，則小石之重爲二十五根少二兩。以小石爲大

大三〇根
小二五根—二〇—二四根 ⊥ 二四
二五根————二四根 ⊥ 四四
一根———————— 四四
三〇根——————— 一三二〇

石五分之四而多二兩四錢計之，則小石之重又爲二十四根多二兩四錢。此兩數爲相等，兩邊各加二兩，得二十五根，與二十四根多四兩四錢相等，兩邊再各減去二十四根，餘一根與四兩四錢相等。一根既與四兩四錢相等，則三十根必與一百三十二兩相等，即大石之重數。六歸之得二十二兩，五因之得一百一十兩，減去二兩，得一百零八兩即小石之重數。或以大石之重數五歸之，得二十六兩四錢，四因之得一百零五兩六錢，加二兩四錢亦得一百零八兩，爲小石之重數也。此疊借互徵法，用方程法算之亦可。

又 下編卷三七《末部七》 難題

設如有一大石不知其重，但知一小石重四兩，求大石重幾何。

法：用一木杆結繫於中，兩端令平，乃以大石掛於一端，以小石作砣稱之。如大石距提繫一寸，小石距提繫六寸得平，則以一寸爲一率，小石重四兩爲二率，六寸爲三率，求得四率二十四兩，即大石之重也。如圖甲乙爲大石距提繫一寸，甲丙爲小石距提繫六寸，丁爲大石，戊爲小石。戊小石之重即甲乙之分，丁大石之重即甲丙之分，故甲乙與戊小石之比，同於甲丙與丁大石之比也。

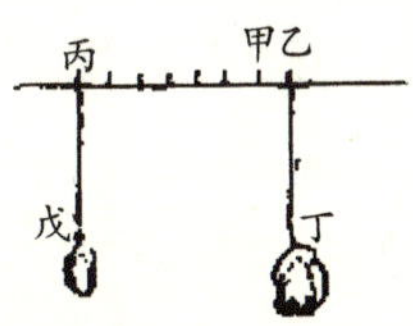

設如有銀大小二錠，共重十五兩，求大小錠各重幾何。

法：用一木杆結繫於中，兩端令平，乃以大錠小錠各掛一端。如大錠距提繫四寸，小錠距提繫六寸得平，則以四寸、六寸相加，得十寸爲一率，共重十五兩爲二率，大錠距提繫四寸爲三率，得四率六兩，即小錠之重。如以小錠距提繫六寸爲三率，則得四率九兩，即大錠之重也。如圖甲乙爲大錠距提繫四寸，甲丙爲小錠距提繫六寸，故以甲乙、甲丙共分與丁戊共重之比，同於甲乙與戊小錠之比，亦同於甲丙與丁大錠之比也。

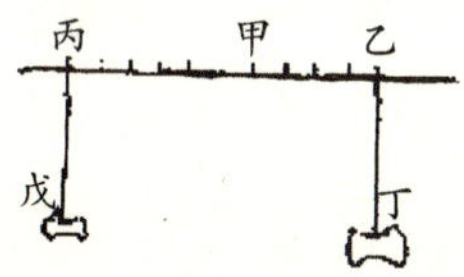

設如以戥稱銀，戥數不足，將砣上加四兩稱之，得二百兩，原砣重八兩。問銀實重幾何。

法：以原砣重八兩爲一率，又以原砣八兩與加四兩相併得十二兩爲二率，以今稱二百兩爲三率，得四率三百兩爲原銀之重數也。如圖，甲乙爲二百兩之分，丙爲砣重十二兩，試將甲乙戥衡引長至丁，甲丁爲三百兩之分，戊爲原砣重八兩。甲乙乘丙砣，即與甲丁乘戊砣之數等，故以戊砣與甲乙之比，同於丙砣與甲丁之比，爲轉比例四率也。

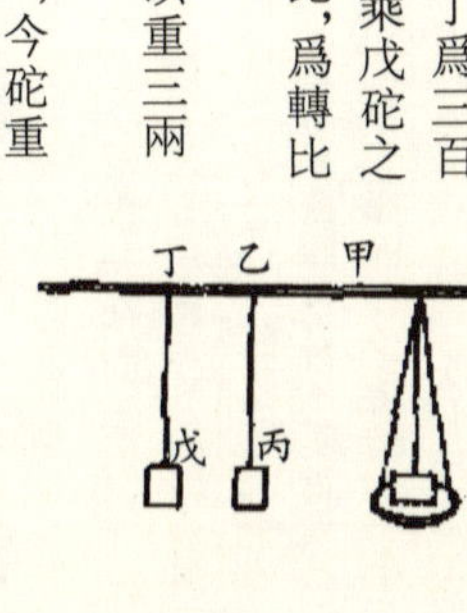

設如戥子失去墜砣，欲配一砣，不知輕重。以重三兩之物，用六錢之砣稱之，得四兩。問原砣重幾何。

法：以原重三兩爲一率，今稱得四兩爲二率，今砣重六錢爲三率，求得四率八錢，即原砣之重也。如圖，甲乙爲戥盤距提繫之分，丙爲物重。甲丁爲三兩之分，戊爲原砣。甲己爲四兩之分，庚爲今砣。以比例論之，甲乙與戊砣之比，同於甲丁與丙重之比。又甲乙與庚砣之比，同於甲己與丙重之比，是甲丁乘戊砣即與甲己乘庚砣之數等，故以甲丁與庚砣之比，即同於甲己與戊砣之比，爲轉比例四率也。

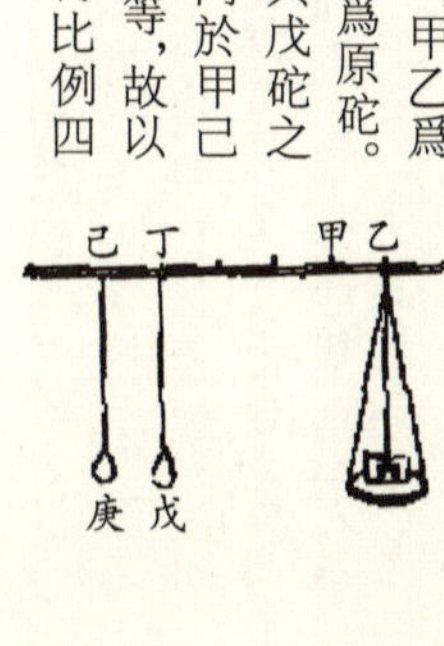

何夢瑤《算迪》卷二

借衰互徵

如有石二塊，不知重。有銅條一根，長十二寸，每寸重一兩，於第五寸丙處作提繫，互換稱之。先以大石掛於甲處，離丙五寸，而以小石作錘稱之，離丙六寸恰平。次以小石掛甲處，而以大石作錘稱之，離丙四寸恰平。問二石輕重。

曰：大石重一百三十二兩，小石重一百零八兩。

法：以甲丙五寸倍作甲丁十寸，與甲乙十二寸相減，餘丁乙二寸，折半得丁戊一寸，與丙丁五寸相加，得丙戊六寸。乃以甲丙五寸爲一率，丙戊六寸爲二率，丁乙二寸作二兩爲三率，求得四率二兩四錢爲取平之法。蓋提繫在丙，必於甲處加二兩四錢，始與丙乙七寸相平。何也？甲丙與丙丁等重，而丙丁則多丁乙二兩。無異有一稱杆，甲丙頭與丙乙尾等重，而掛重二兩之錘於戊處也。戊爲丁乙之中，故掛於此。稱杆頭尾等重，則物懸甲，錘懸丁，物與錘亦必同重二兩。若物輕於二兩，則錘必在丁之內。物重於二兩，則錘必在丁之外矣。而其物輕重分數，則以錘在丁處，距丙五寸爲法，除物二兩，得錘距丙一寸，物重四錢；距二寸，物重八錢；距三寸，物重一兩二錢；距四寸，物重一兩六錢；距五寸，在丁，物重二兩。距六寸在戊，則物重二兩四錢也。夫以丙丁五寸，分甲物二兩，猶之

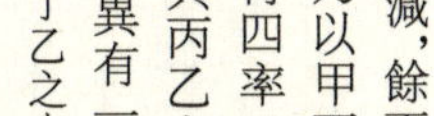

以甲丙五寸，分丁錘二兩也。而甲丙五寸分丁錘二兩，猶之甲丙五寸，分丁乙二兩也。以甲丙五寸爲一率，分二率之二兩，而以六寸爲三率乘之，得二兩四錢。因二率三率之位可互易，故以六寸爲二率，二兩爲三率也。於是先借二十六兩四錢爲大石衰數，內減取平之二兩四錢，以益甲丙少丙乙之數，餘二十四兩。用六分爲一率，五分爲二率，大石在甲，離丙五寸，如五分。小石在戊，離丙六寸，如六分。是小石權大石，大石得六分。大石權小石，小石得五分也。二十四兩爲三率，求得四率二十兩，爲小石衰數。大石六分得二十四，則小石五分得二十兩矣。蓋每分四兩也。又於小石衰數二十兩內，減取平之二兩四錢，餘十七兩六錢。用四分爲一率，五分爲二率，小石在甲，離丙五寸，大石在己，離丙四寸，是大石權小石，得四分。小石權大石，得五分也。十七兩六錢爲三率，求得四率二十二兩，此又以小石衰轉求大石衰，試其合否也。與所借大石衰數二十六兩四錢相減，則少四兩四錢，不合矣。蓋真數乃合也。

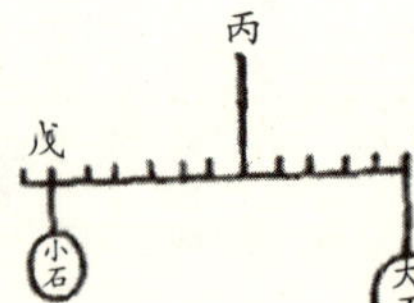

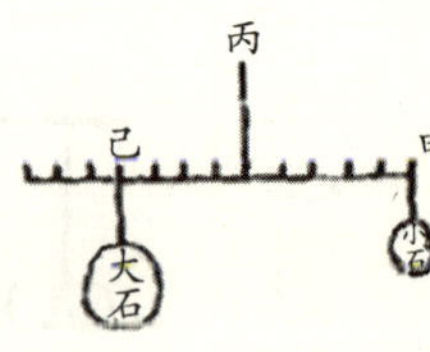

大石真數爲一百三十二兩，除減取平二兩四錢，餘一百二十九兩六錢。以六分分之，每分得二十二兩。以五因之，得小石真數一百零八兩。以小石真數一百零八兩，減取平之二兩四錢，餘一百零五兩六錢。以四分分之，每分得二十六兩四錢。以五因之，仍得大石真數一百三十二兩。所謂真數則合也。今止借二十六兩四錢，計少借一百零五兩六錢，故差四兩四錢。然則欲不差此四兩四錢，必須多借一百零五兩六錢，以足真數乃合也，書於右。再借三十二兩四錢爲大石衰數，減去取平之二兩四錢，餘三十兩。用六分爲一率，五分爲二率，三十兩爲三率，求得四率二十五兩，爲小石衰數。又以小石衰二十五兩減去取平之二兩四錢，餘二十二兩六錢。用四分爲一率，五分爲二率，二十二兩六錢爲三率，求得四率二十八兩二錢五分，與所借大石衰數三十二兩四錢相較，亦少四兩一錢五分，書於左。用兩不足法算之。

借二十六兩四錢，少四兩四錢。借三十二兩四錢，少四兩一錢五分。於是以兩少數相減，餘二錢五分，爲一率。兩借數相減，餘六兩爲二率。以少四兩四錢爲三率，求得四率一百零五兩六錢。少差二錢五分，由多借六兩，則欲不差此四兩四錢，必須多借一百零五兩六錢也。加借二十六兩四錢，共一百三十二兩，即大石重數。內減取平之二兩四錢，餘爲三率。六分爲首率，五分爲二率，求得小石重數一百零八兩。此條亦入方程。其法以大石五分乘取平之二兩四錢，得十二兩，爲五大石多於六小石之數。大石五分與小石六分平，則五大石與六小石平也。又以小石五分乘取平之二兩四錢，亦得十二兩，爲四大石少於五小石之數。依較數方程法算之。

附權衡法

如原稱錘重一斤失去，今以重二斤之錘稱物，得十二斤。問此物實重若干。

曰：二十四斤。

法：以原錘一斤爲一率，今錘二斤爲二率，物十二斤爲三率，求得四率二十四斤。

此轉比例也。如圖，以今錘二斤乘今重甲乙十二斤，得二十四斤，與以原錘一斤乘原重甲丙二十四斤同實，故以首實除之，得四率。

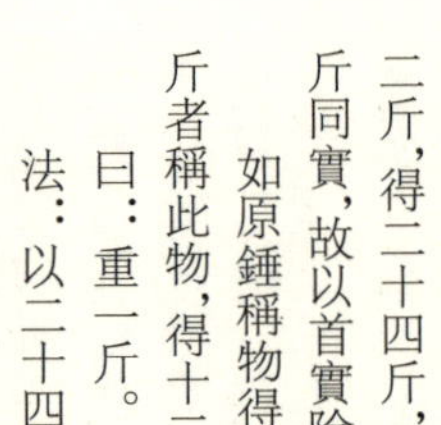

如原錘稱物得二十四斤，因失去錘，取別錘重二斤者稱此物，得十二斤。問原錘。

曰：重一斤。

法：以二十四斤爲一率，二斤爲二率，十二斤爲三率，求得四率一斤。

按：此惟稱頭與稱尾等重者乃然，如稱尾重於稱頭，則不準。試作甲乙二稱，其杆之長短分寸相同，尾皆重於頭二兩，錘皆一斤。有甲乙二物，各重十斤，以甲稱於十斤處懸錘，稱甲物。亦以乙稱懸錘於十斤處稱乙物，其皆恰平無疑也。若將乙物併掛甲稱鉤，將乙錘加甲錘，則稱甲乙二物，必得十斤一兩。何者以少乙稱尾二兩也？此不可不知。

又 卷五 難題

設如有一大石，不知其重，但知一小石重四兩，求大石重幾何。

法：用一木杆，結繫於中，兩端令平。乃以大石掛於一端，以小石作錘稱之。如大石距提繫一寸，小石距提繫六寸得平。則以一寸爲一率，小石重四兩爲二率，六寸爲三率，求得四率二十四兩，即大石之重也。如圖，甲乙爲大石距提繫一寸，甲丙爲小石距提繫六寸，丁爲大石，戊爲小石。戊小石之重，即甲乙之分。丁大石之重，即甲丙之分。故甲乙與戊小石之比，同於甲丙與丁大石之比也。

設如有銀，大小二錠，共重十五兩，求大小錠各重幾何。

法：用一木杆，結繫於中，兩端令平，乃以大錠、小錠各掛一端。如大錠距提繫四寸，小錠距提繫六寸，得平。則以四寸六寸相加，得十寸爲一率，共重十五兩爲二率，大錠距提繫四寸爲三率，得四率六兩，即小錠之重。如以小錠距提繫六寸爲三率，則得四率九兩，即大錠之重也。如圖，甲乙爲大錠，距提繫四寸。甲丙爲小錠，距提繫六寸。故以甲乙、甲丙共分與丁戊共重之比，同於甲乙與戊小錠之比，亦同於甲丙與丁大錠之比也。

如有稱，稱頭比稱尾輕四錢，錘重九兩，因失去錘，借一重十二兩之錘，稱物得四兩。問原錘稱物重若干。

曰：五兩二錢。

法：以原錘九兩作一率，今錘十二兩作二率，物重四兩爲三率，求得四率四兩八錢，加抵頭輕四錢，共得物重五兩二錢，合問。何則？試以九兩之錘，稱物得四兩，其平如水。設加錘三兩，爲三分加一。則當於物加一兩二錢，亦爲三分加一。何者？物雖四兩，而減抵補頭輕四錢，實重三兩六錢，三分之得一兩二錢也。乃仍其平。問何故減抵輕四錢？曰：因稱頭輕於稱尾四錢，得物之四錢乃與稱尾相平，則物雖重四兩，而以共四錢抵補頭輕爲取平之法，實餘三兩六錢爲與錘相敵之數也。三兩六錢敵九兩，爲三分敵三分。一兩二錢敵三兩，爲三分之一敵三分之一。若於稱鉤上搭補四錢，則稱物之重即爲實數，不用扣補頭輕矣。今錘加三兩，而物不加一兩二錢，故須壓少一兩二錢，當四兩之處乃得其平也。若頭尾等重之稱，不用加減。下條同。此加錘稱物之法。凡稱小不能稱重物者用之。

設如前稱稱物，重五兩二錢，後失去錘，不知錘重，今欲造回一錘。問應重若干。

曰：九兩。

法：以物五兩二錢減抵輕四錢，餘四兩八錢爲一率。以十二兩之錘稱此物得四兩，內減抵輕四錢，餘三兩六錢爲二率。今錘十二兩爲三率。求得四率九兩，即原錘之重。

又　卷六　借根方算法綫類。

設如有大小二石，不知重數。有銅條一根，重十二兩，均分十二分，以繩繫

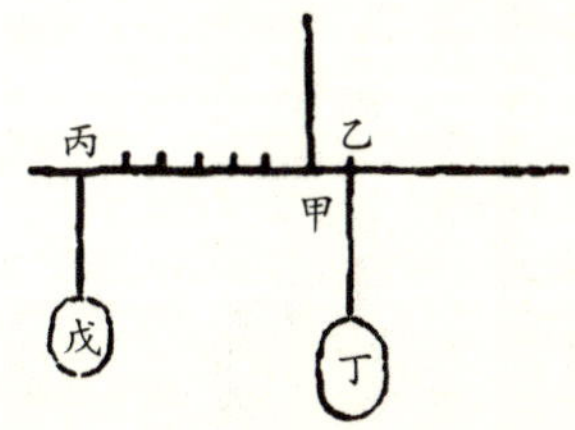

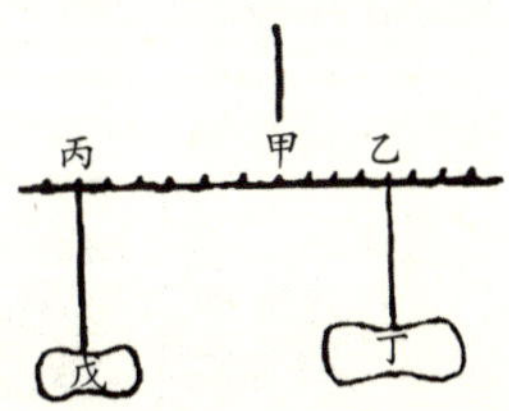

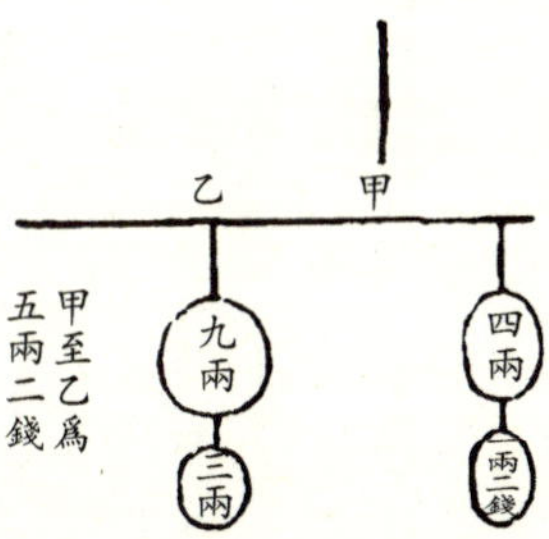

於弟五分之上，一頭五分，一頭七分。將大石掛於銅條之端，離提繫五分，而以小石作砝稱之，離提繫六分始平。又將小石掛於銅條之端，離提繫五分，而以大石作砝稱之，離提繫四分始平。問二石各重若干。

法先以五分加一倍，與十二分相減，餘二分，折半得一分，與五分相加，爲六分。乃以五分爲一率，六分爲二率，餘二分之重二兩爲三率，求得四率二兩四錢。即五分之端，加二兩四錢，始與七分相平也。今大石離提繫五分，小石離提繫六分而平，是大石重六分，小石重五分，而大石多二兩四錢，則小石爲大石六分之五而少二兩也。銅條五分之端，應加二兩四錢而平。今大石在五分之一頭，是大石多二兩四錢也。將二兩四錢以大石之六分除之，每分得四錢，是大石比小石每分多四錢。以小石五分計之，則大石比小石多二兩，故小石爲大石之六分五而小二兩也。又小石離提繫五分，大石離提繫四分而平，是小石重四分，大石重五分，而小石多二兩四錢，則小石爲大石五分之四，而多二兩四錢也。銅條五分之端，應加二兩四錢而平。今小石在五分之一頭，是小石多二兩四錢也。將二兩四錢以小石之四分除之，每分得六，是小石比大石每分多六錢。以小石四分計之，則小石比大石多二兩四錢。故小石爲大石之五分之四，而多二兩四錢也。乃借三十根六分五分相乘之數。爲大石之重數，以小石爲大石六分之五而少二兩計之，則小石之重爲二十五根少二兩。以小石爲大石五分之四而多二兩四錢計之，則小石之重又爲二十四根多二兩四錢。此兩數爲相等，兩邊各加二兩，得二十五根，與二十四根多四兩四錢相等，兩邊再各減去二十四根，餘一根與四兩四錢相等。一根既與四兩四錢相等，則三十根必與一百三十二兩相等，即大石之重數。六歸之，得二十二兩，五因之得一百一十兩，減去二兩，得一百零八兩，即小石之重數。或以大石之重數，五歸之，得二十六兩四錢。四因之，得一百零五兩六錢，加二兩四錢，亦得一百零八兩，爲小石之重數也。此疊借互徵法，用方程法算之亦可。

屠文漪《九章録要》卷一　乘除諸法

三率易位乘除法

又如有物一枚，以稱稱之，稱小不及，其錘重十兩，外加一錘重八兩，稱之得三十五斤，依小稱算該幾斤。

一率　原錘十兩

二率　今重三十五斤

三率　并兩錘十八兩

四率　六十三斤，爲實重數

又如原稱稱物重三十五斤，失原錘，欲別作錘配之，不知輕重。却借一錘重十兩，以較原稱之物，得六十三斤。問原錘重。

一率　原重三十五斤
二率　今錘十兩
三率　今重六十三斤
四率　十八兩，爲原錘重

此即前例一率、四率相乘，而以二率除，得三率也。

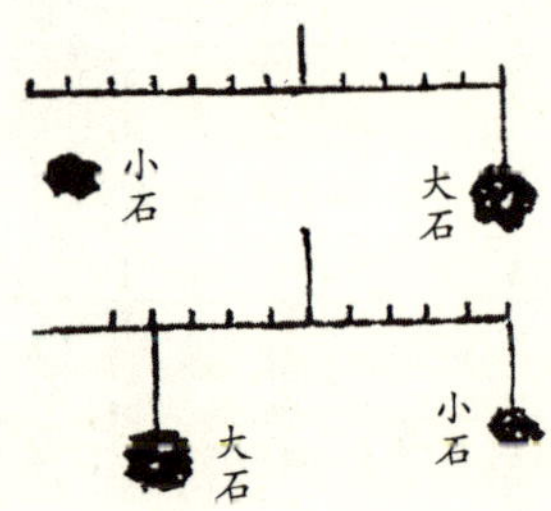

羅士琳《比例匯通》卷二　三色比例

設有石二塊，不知其重，但有銅條一根，重十二兩，均分十二分，以繩繫於第五分之上，一頭五分，一頭七分，將大石掛於銅條一頭，離提繫五分，而以小石作砣稱之，離提繫六分始平。又將小石掛在銅條一頭，離提繫五分，而以大石作砣稱之，離提繫得四分始平。問大小二石各重若干。

答曰：大石一百三十二兩，小石一百零八兩。

一率　小一分
二率　重一百零八兩
三率　小一分
四率　重一百零八兩

大五分二〇　小六分二四　多十二兩八四

減盡

大四分二〇　小五分二五　少十二兩六〇

八七
四六
一〇八

法以大石五分、小石六分多十二兩列於右，以大石四分、小石五分少十二兩列於左，先以大石五分遍乘大石四分，得二十，小石五分得二十五，少十二兩，得六十兩。次以大石四分遍乘大石五分，得二十，小石六分得二十四，多十二兩，得四十八兩。於是以右大石二十與左大石二十相減，恰既右小石二十四與左小石二十五相減，餘一分，爲一率。右多四十八兩與左少六十兩相加，得一百零八兩，因多少異號，故相加爲二率，小石一分爲三率，求得四率一百零八兩，即小石之重。用六因之，得小石六分之共重六百四十八兩，加十二兩，得六百六十兩，五歸之，即大石之重一百三十二兩也，合問。

解曰：此因多少不同和而比例之法也。蓋大石離提五分，以小石六分準之，多十二兩。小石離提五分，以大石四分準之，多十二兩。今右行所列者，固是大石五分，小石六分多十二兩矣。然左行所列者，乃大石四分，小石五分，則是變爲大石四分，以小石五分準之矣，自當爲少十二兩矣。重兩下，既多少異號，自相併而爲二率也。其理與二色比例同原，列較數方程章。

又　卷四　借根方御諸比例法下

設有石二塊，不知其重，但有銅條一根，重十二兩，均分爲十二分，以繩繫於第五分上，一頭五分，一頭七分。將大石掛於銅條一頭，離提繫五分，而以小石作砣稱之，離提繫六分始平。又將小石掛在銅條一頭，離提繫五分，而以大石作砣稱之，離提繫四分始平。問大小二石各重若干。

答曰：大石計重一百三十二兩，小石計重一百零八兩。

法：先以五分加一倍，與十二分相減，餘二分，折半得一分，與五分相加爲六分。乃以五分爲一率，六分爲二率，餘二分之重二兩爲三率，求得四率二兩四錢，即五分之端加二兩四錢，始與七分相平也。銅條五分之端應加二兩四錢而平，今大石在五分之一頭，是大石多二兩四錢。今大石離提繫五分，小石離提繫六分而平，是大石重六分，小石重五分，而大石多二兩四錢，則小石爲大石六分之五而少二兩也。以大石之六分計之，是大石比小石每分多四錢。以小石五分計之，則大石比小石共多二兩，故小石爲大石之六分之五而少二兩也。又小石離提繫五分，大石離提繫四分而平，是小石重四分，大石重五分，而小石多二兩四錢，則小石爲大石五分之四而多二兩四錢也。銅條五分之端，原加二兩四錢而平。今小石在五分之一端，是小石多二兩四錢也。將二兩與兩以小石之四分計之，是小石比大石每分多六錢。以小石比分計之，則小石比大石多二兩四錢，故小石爲大石五分之四而多二兩四錢也。乃借三十根之是五六相乘之數。爲大石之重數，以小石爲大石六分之五而少二兩，以之則小石之重爲二

一率　五分
二率　六分
三率　二兩
四率　二兩四錢

大三〇根
小二五根一二〇 = 二四根 ⊥ 二四
二五根 = 二四根 ⊥ 四四
一根 = 四四
三〇根 = 一三二〇

十五根少二兩。以小石爲大石五分之四而多二兩四錢計之，則小石之重又爲二十四根多二十四錢。此兩數爲相等，各加二兩，得二十五根，與二十四根多四兩四錢相等，各減二十四根，餘一根與四兩四錢相等。一根既與四兩四錢相等，則三十根必與一百三十二兩相等，即大石之重數。六歸之，得二十二兩。五因之，得一百十兩。減去二兩，餘一百零八兩，即小石之重數。如以大石之重數五歸之，得二十六兩四錢。又四因之，得一百零五兩六錢，加二兩四錢，亦得小石之重一百零八兩也。

解曰：此即前三色比例之第四法也。

紀事

莊周撰　郭象注《莊子》卷五《天地》　子貢南遊於楚，反於晉，過漢陰，見一丈人方將爲圃畦，鑿隧而入井，抱甕而出灌，搰搰然用力甚多而見功寡。子貢曰：「有械於此，一日浸百畦，用力甚寡而見功多。夫子不欲乎？」爲圃者卬而視之，曰：「奈何？」曰：「鑿木爲機，後重前輕，挈水若抽，數如泆湯，其名爲槔。」爲圃者忿然作色而笑曰：「吾聞之吾師，有機械者必有機事，有機事者必有機心。機心存於胷中，則純白不備。純白不備，則神生不定。神生不定者，道之所不載也。吾非不知，羞而不爲也。」夫用時之所用者乃純備也。斯人欲脩純備而抱一守古，失其旨也。槔本又作橋，或作皋，同音羔，桔槔也。吾師，謂老子也。子貢瞞然慙，俯而不對。

劉向《説苑》卷二〇　反質

衛有五丈夫，俱負缶而入井灌韭，終日一區。鄧析過，下車教之曰：「爲機，重其後，輕其前，命曰橋，終日溉韭，百區不倦。」五丈夫曰：「吾師言曰：有機知之巧，必有機知之敗。我非不知也，不欲爲也。子其往矣！我一心溉之，不知改已。」鄧析去，行數十里顔色不悦懌，自病。弟子曰：「是何人也？而恨我君。請爲君殺之。」鄧析曰：「釋之，是所謂真人者也。可令守國。」

趙煜《吴越春秋》卷五《勾踐陰謀外傳》　越王曰：願聞正射之道。音曰：臣聞正射之道，道衆而微。古之聖人射弩，未發而前名其所中。射，命中也。臣未能如古之聖人。請悉其要，夫射之道，身若戴板，頭若激卵，左蹉右足橫，句。左手若附枝，右手若抱兒。舉弩望敵，翕心咽煙，與氣俱發，得其和平，神定思去，去止分離，右手發機，左手不知，一身異教。豈況雄雌，此正射持弩之道也。願聞望敵儀表，投分平聲。飛矢之道。音曰：夫射之道，從分望敵，合以參連。《周禮五射》二曰：參連，前放一矢，後三矢連續而去也。弩有斗石，矢有輕重。石取一兩，其數乃平。遠近高下，求之銖分。道兮在斯，無有遺言。

范曄撰　李賢注《後漢書》卷八〇《孝明八王列傳第四十・陳敬王羨傳》　酺等奏愔職在匡正，而所爲不端，遷誣告其王，罔以不道，皆誅死。有詔赦寵不案。寵善弩射，十發十中，中皆同處。《華嶠書》曰：寵射，其秘法以天覆地載，參連爲奇。又有三微三小，三微爲經，三小爲緯，經緯相將，萬勝之方。然要在機牙。中平中，黄巾賊起，郡縣皆棄城走，寵有彊弩數千張，出軍都亭。置軍營於國之都亭也。國人素聞王善射，不敢反叛，故陳獨得完，百姓歸之者衆十餘萬人。

房玄齡等《晉書》卷三四《列傳第四・杜預》　周廟欹器，至漢東京猶在御坐，漢末喪亂，不復存，形制遂絶。預創意造成，奏上之，帝甚嘉歎焉。

又　卷五八《列傳第二十八・周訪》　帝以訪爲振武將軍，尋陽太守，加鼓吹曲，蓋復命訪與諸軍共征杜弢。弢作桔槔，打官軍船艦。訪作長岐棖以拒之，桔槔不得爲害。而賊從青草湖密抄官軍，又遣其將張彦陷豫章，焚燒城邑。

郭象注　成玄英疏《南華真經注疏》卷五《莊子外篇・天地》　子貢南遊於楚，反於晉，過漢陰，見一丈人方將爲圃畦，鑿隧而入井，抱甕而出灌，搰搰然用力甚多而見功寡。疏：水南曰陰，種蔬曰圃，埒中曰畦。隧，地道也。搰搰，用力貌也。丈人，長者之稱也。子貢南遊荆楚之地，塗經漢水之陰，遂與丈人更相汎答。其抑揚詞調，具在文中。莊子因託二賢以明稱混沌。子貢曰：「有械於此，一日浸百畦，用力甚寡而見功多。夫子不欲乎？」疏：械，機器也。子貢既見丈人力多而功少，是以教其機器，庶力少功多。輒進愚誠，未知欲否？爲圃者仰而視之，曰：「奈何？」疏：奈何，猶如何，謂其方法也。曰：「鑿木爲機，後重前輕，挈水若抽，數如泆湯，其名爲槔。」疏：機，關也。提挈其水，灌若抽引。欲論數疾，似泆湯之騰沸。前輕後重，即今之所用桔槔也。爲圃者忿然作色而笑曰：「吾聞之吾師，有機械者必有機事，有機事者必有機心。機心存於胷中，則純白不備。純白不備，則神生不定。神生不定者，道之所不載也。吾非不知，羞而不爲也。」夫用時之所用者，乃純備也。斯人欲修純備而抱一守古，失其旨也。疏：夫有機關之器者，必有機動之務。有機動之務者，必有機變之心。機變存乎胸府，則純粹素白不圓備矣。純粹素白不圓備，則精神騷境，生滅不定。不定者，至道不載也，是以羞而不爲。此未體真修，故抱一守白者也。子貢瞞然慙，俯而不對。疏：瞞，羞怍之貌也。既失所言，故不知何答也。

沈括《夢溪筆談》卷一九《器用》 予頃年在海州，人家穿地，得一弩機。其望山甚長，望山之側爲小短如尺之有分寸。原其意，以目注鏃端，以望山之度擬之，準其高下，正用算家勾股法也。《太甲》曰「往省括于度則釋」，疑此乃度也。漢陳王寵善弩射，十發十中，中皆同處。其法以天覆地載，參連爲奇，三微三小，三微爲經，三小爲緯，要在機牙。其言隱晦難曉，大意天覆地載，前後手勢耳。參連爲奇，謂以度視鏃，以鏃視的，參連如衡。此正是勾股度高深之術也。三經三緯，則設之於堋，以誌其高下、左右耳。予嘗設三經三緯，以鏃注之，發矢亦十得七八。設度于機，定加密矣。

褚伯秀《南華真經義海纂微》卷三八 天地

子貢南遊於楚，反於晉，過漢陰，見一丈人方將爲圃畦，鑿隧而入井，抱甕而出灌，搰搰然用力甚多而見功寡。子貢曰：有械於此，一日浸百畦，用力甚寡而見功多。夫子不欲乎？爲圃者仰而視之，曰：奈何？曰：鑿木爲機，後重前輕，挈水若抽，數如泆湯，其名爲槔。爲圃者忿然作色而笑曰：吾聞之吾師，有機械者必有機事。有機事者，必有機心。機心存於胸中，則純白不備；純白不備，則神生不定；神生不定者，道之所不載也。吾非不知，羞而不爲也。子貢瞞然慙，俯而不對。

【略】

疑獨註：搰搰然，用力貌。前輕，所以入水。後重，所以上水也。機者，動之妙處。械者，機見於器。事者，機見於爲。然皆起於心。機事，外也。機心，內也。凡有諸外本於內，心主中，貴虛，物不可雜，色不可染，故曰純白。若機動於中，則物得以雜，色得以染，故純白不備。

【略】

孔子極高明之道，子貢所不能知，故見假修至道而心惑之。聖人之於事也，無可無不可；於功也，無成無不成。或用力寡而見功多，或用力多而見功寡，未嘗滯於一隅。

劉獻廷《廣陽雜記》卷三 姜于發云：曾聞朱未孩言，火炮中彈子，必於沙中磨之極圓，出砲門後，空中之氣不能阻礙，其去必遠。搗坵蚓成漿，以箭括淬之，其鋒之銛利，過于磨錯。此二語余所未聞者，拜教多矣。

俞樾《春在堂隨筆》卷四 先大夫言：小車俗名二把手，遇順風有以布爲帆者。曩于山東道上見之，口占一絶云：「車行如駛不須推，陸海茫茫妙想開。偷得船家使風法，布帆三尺樹陰來。」及自通州坐船進京，船皆以驢曳縴，他處未有也。乃歎天下事無獨而必有其對，因復成一絶句云：「舟行忽與坐車同，妙法偏宜六閘中。邪許不勞喧兩岸，一繩驢背去悤悤。」

藝文

喬潭《破的賦並序》李昉等《文苑英華》卷一〇〇 君子修辭以干禄，禄或不至。居常以俟命，感而遂通。抑亦莊生不射，故爲破的賦以喻。其辭曰：

飛衛學射於逢蒙，希其術窮。搜董蒲白羽之箭，獲燕角緑沉之弓。悵望隴雲，徘徊朔風。以爲隼必獲於墉上，雀無全於彀中。或曰：人將觀德，子盍呈功？乃見於諸侯，諸侯閱之州序；獻於天子，臨乎澤宮。自上而一作兩。下，陳其比偶。歌騶虞，奏貍首，其或少筭，從而進酒。於是乎擇素士，張畫侯，韜朱膊，捍韋韝。既垂囊以弦弧，亦啓箙而抽鏃。內審其志，外專其目。釋思其平，去務其速。落殘月於象弭，飛明星於金菔。宜易易而獲禽，翻兢兢而失鵠。師哂之曰：殆矣王庭之賓，胡爲先利其器，而不反求其身。乃杜門三年，猶乎家人，聽之以氣，視之以神。秋毫如山，虱心如輪。高其小物，申以歲貢。從容君所，無復命中。不知矢之所加，弦之所控；不知一無此二字。引之而滿，縱之而送。以無心爲心，若夢不夢。斯疑焉而發遽，駭然而通洞。洞之者是爲中的，中之者細若毫芒。乃能匪左匪右，不留不揚，絶心乎後，一作絶乎心後，後疑作繫。牢落判散。亦何有四方？是時也，君子觀之，貴其得一；小人視之，多其中質。九賓之衆，毛豎骨驚。陰幽鬼神，股戰頤慄。固可使朝肅慎，面先零，變幽都，柔南溟。至遠無外，罔不來庭。夫以有形之器，猶能破的。況天機爲弧，大直爲矢，而不能破其夷狄。故事無矜功，理在冥跡。不射乃師之益，吾將爲益。

王契《桔槔賦》李昉等《文苑英華》卷一一〇　智者濟時以設功，强名之曰桔槔。何朴斲之太簡，俾力役兮不勞。作固兮爲我之身，臨深兮是我之理。若虞機張，如鳥斯企。山有木，因工見汲引之能。巽乎水，自我成潤物之美。不羸瓶而上出，何抱甕之勤止。執虚趨下，雖自屈於勞形；持滿因高，終見伸於知己。鄭圃之側，潘園之旁，溝塍綺錯，畎畒相望。帶嘉蔬兮映芳草，背古岸兮面垂楊。欲建標以取別，能舉直而自强。若垂竿兮匪釣，象爟火兮無光。不忘機以棄俗，乃習坎而爲常。隨用捨而俯仰，應淺深而短長。重泉之水兮不滯，九畹之蘭兮益芳。雖欲絶學以棄智，其若得存而失亡。歌曰：大道隱兮世人薄，無爲守拙空寂寞。老圃之道可行，何恥見機而作。

白居易《射中正鵠賦》陳元龍等《歷代賦彙》卷六五　聖人弦木爲弧，剡木爲矢。惟弧矢之用也，中正鵠而已矣。是謂武之經，禮之紀。故王者務以選諸侯，諸侯用而貢多士。將俾乎禮無秕稗，位有降殺。廣場闢而堵牆開，射夫同而鐘鼓戒。於以致國用，修歲貢。使技癢者出於羣，藝成者推於衆。在乎矢不虚發，弓不再控。射繹志也，信念兹而在兹；鵠小鳥焉，取難中而能中。乃設五正，張三侯。叶吉日於清晝，順殺氣於素秋。禮事展，樂容脩。既五善而斯備，將百中而是求。於是誠心内藴，壯容外奮。升降揖讓，合君子之令儀；進退周旋，仰先王之彝訓。故禮舉而義具，且無聲而有聞。及夫觀者坌入，射者挺立。矢既挾，弓既執。抗大侯，次決拾。指正則掌内必取，料鵠乃彀中所及。雕弧乍滿，當晝而明月彎彎；銀鏑忽飛，不夜而流星熠熠。其一發也，驍若徹札；其再中也，捷如貫笠。玉霜降而弓力調，金氣勁而弦聲急。愜羣心而踴躍，駭衆目而翕習。若然者，安知不能空彎而鴈落，虚引而猿泣者也。矧乃正其色，温如洒如；遊於藝，匪疾匪徐。妙能曲盡，勇而賈餘。豈不以志正形直，心莊體舒。不出正兮，信得禮之大者；無失鵠也，豈反身而求諸。斯蓋弓矢合規，容止有儀。必氣盈而神正，寧心讋而力疲。則知善射者，在乎合禮合樂，不必乎飲羽；在乎和容和志，不必乎主皮。夫如是，則射之禮，射之義，雖百代而可知。

賈餗《百步穿楊葉賦》陳元龍等《歷代賦彙》卷六五　有美一人兮，操其矢，獻其藝。發兹手敏，與彼心契。廣場爰設，砥平乎百步之中；衆目所瞻，星流乎片葉之際。恒規規而月滿，乍肅肅而風厲。是時也，固當審毫釐，分巨細。槁木斯立，自應往昔之無；貫珠而來，孰謂後難爲繼。豈非妙歸至習，道合惟精。積少之多而無失，以小觀大而有程。克中之時，喫詬不能以施力；造微之處，離婁不得以争明。不然，則一矢之短，寧期乎必至；一葉之微，若有乎餘地。諒有開而必先，故無往而不利，然後知射也。舍耳而任目，外形而專意。出乎一札，焉知來者之不如；中乃百全，勿慮前功之併棄。且夫稟絶倫之伎，當明試之前。爲衆所推，發不可不中；冀君所賞，情不可不專。由是舍矢而破，固葉是穿。翻光而白雪馳羽，振響而清風激弦。名加徹札，術異攻堅。非後來之居上，信直道而無偏。夫然，則習藝者不得暫閲，控弦者不可不發。弦不發則吾何以述，藝不脩則爾亦無必。安得窮五善之妙，出百夫之能。積時之功且棄，必獲之美徒稱。嗟夫！今之習射則多，選材斯衆。若穿楊葉者，曠千載而一中。

元稹《觀兵部馬射賦》陳元龍等《歷代賦彙》卷六五　大司馬以馳射而選才，衆君子皆注目而觀藝。至張侯之所，乃執弓而誓。誓曰：「今皇帝製羽舞以敷文德，擇材官而奮武衛。莫不以超乘者爲雄，中鵠者得祭。用先才捷，志亦和平。以多馬爲能，故以馬爲試；以得鹿爲美，故以鹿爲正。豈獨武人之利，實惟君子之争。」射者皆曰：「諾，雖五善之未習，庶一舉而有成。」爲是馬逸駸駸，士勇伾伾。蓄鋭氣，候歌詩。初聽《采蘋》之章，共調白羽；次逞穿楊之妙，忽縱青絲。旁瞻突過，咸懼發遲。曾驥足之展矣，翻猿臂而射之。揮弓電掣，激矢風追。方當耦象，決裂麗龜。耆爾摧班，示偏工於小者；安然飛鞚，固無憂於殆而。信候蹄而不爽，則舍拔之無遺。故司射舉旌以劾勝，曰：「爾能克備，我爵可期。賈餘勇者，宜乘破竹之勢；善量力者，當引負薪之辭。」由是靡不争先，莫爲我後。皆曰：「措杯於肘，十得其九，衆明試者，亦何嘗而不有；破的之術，萬不失一，凡獻藝者，豈自疑於無必。」衝冠髮怒，揚鞭氣逸。引滿雷砰，騰陵飆疾。皆窮百中之妙，盡由一孔而出。乃知來者之藝，蓋亦前人之匹。若此則蹲甲壯潘，揚觶觀孔。信一場之獨擅，終六轡之未總。豈比夫浮雲迴度，開月影而彎環；如雨横飛，挾星精而摇動。雖當至理，不忘庸功。天子垂衣，儼鵷行於北闕；夏官司馬，閲騎從於南宫。貢士之程，職司具舉。會款塞五方之俗，觀校將百夫之主。得雋爲雄，惟能是與。星即草奏，上獻拱辰之方；天驕解顔，喜見射鵰之侣。客獨顧之而笑曰：「此蓋有司之拔萃，固非吾君之右汝。我有筆陣與詞鋒，可以偃干戈而息戎旅。」司文者聞之而驚曰：「爾其自勵於爾躬，吾將獻爾於王所。」

何據《射楊葉百中賦》李昉等《文苑英華》卷一〇〇　於稽百氏，爰得六藝。射之制，伎之鋭，既取象於逢蒙，且規模於飛衛。寢石遇而洞啓，蹲甲徹而激藝。疑作勢。於是眄烊烊之葉，引觪觪之弓，撥長弰而累氣，慮輕葉之摇風。心與手兮冥合，神與術兮玄同。標的外準，精和内融。杯水凝而色粲粲，金鏑擬而光雄雄。亦既縱横，鳴弦激羽，馳虚走空。柳雖大，忘於所志之外；葉雖小，舍之必取其中。力不屈，道必通。牢籠五善之奥，摠括百中之工。時稱絶技，寔曰巧發。貴乎揖讓，賤乎矜伐。豈直忘歸貫星，繁弱御月，鴈迸落於雲霄，猿洞呌於岩樾而已哉！客有覩之而歎曰：「弧矢之利，器之惟新。而彼𧦬鵠爲美，曷若中葉可珍。」衆謂之葉，我視如輪。叅於靈妙，達於鬼神。飛後鏃而挺出，劃前括而相循。養叔之復一矢，顔高之持六鈞。庸麗一作儷。景而同塵，此射禮所以宜爾。射善所以温如，其發也不虚。慎於木，善厥初，用弓猶有勁，楊葉碎無餘。不見「於、動、不」三字官韻。

楊弘貞《貫七劄賦》陳元龍等《歷代賦彙》卷六五　善乎養由之爲弓也，挾穿楊之技，推貫金之誠，左烏號兮右青莖。睨七屬之甲，收百中之名。神馳手敏，體正心平。始則一以貫之，將疊雙不息；終則迭於徑也，俾合七而成。穎脱洞達，鱗差混并。旁穿而雀角非勁，深入而宝飛有聲。夫蹲蛟函，彀象弭。量步遠邇，迴眸徙倚。指鏘鏘之練，取中於兹；狀纍纍之珠，其端若彼。驀六以進，吾無間然；吞八之名，我異於是。是知弦木之用，貫草爲先。出一札而鋒鋩自利，踰百步而犀兕無全。虚其中螳螂之衛徒設，稽其數混沌之竅齊穿。豈徒激白羽，開月弦。俾晉侯之禽自失，漢將之石爾堅。且鞬橐既啟，美六材之定體；决拾將臨，矜一發於巧心。是誇妙捷，豈憚重深。疑疊翮之摧頽，猶驚飲羽；類縫裳之襞積，尚謂紉緘。夫弓以火而勁，其徹得火之正。故將笑函人之仁，掩矍相之盛。俾帶甲之士，知皮之不存；在引弓之人，則心莫能競。故稱矢無虚發，藝得專場。考窮深之宜，我將用直；探破堅之理，爾則乘剛。方今寰海鏡清，皇明朗徹。澤宫是選，貍首爲節。望正鵠以進旅，奉弧矢之成列。然後徹札之人，庶驗其工拙。

張友正《射己之鵠賦》陳元龍等《歷代賦彙》卷八五　習射之妙，惟精惟審。其審也，在無偏無頗；其精也，在不食不寢。是則動之不虚，由己求諸。三侯張而六鈞始彀，一鵠中而百發如初。月滿指掌，星飛庭除。已因鵠修，其德惟積。鵠爲己任，其射寧踈。志氣中秩，威儀外舒。正其身而有則有準，合其奏而匪疾匪徐。原夫彼鵠，父射爲父，子射爲子。並列其名，各承其美。假以成績，脩之在己。射不應而有善誰觀，藝不臻而有時奚俟。專功繹志，每歎於流年；時中成人，敢忘其寸晷。以此懷之，常憂殆而。日月既往，弧矢既持。心超超兮有歲，魂怳怳兮無時。非不慎乎規矩，逮恐失於毫釐。周旋可託，進退維兹。鏃破的兮流光散出，弦應手兮飛羽相追。實此鵠之是念，唯彼侯之敢思。立則唯心，成因在手。且一控而一發，亦何先而何後。舍意雖晚，和容已久。喜滿勢而暫維，媿直弦之屢受。若乃旌竿並舉，侯狀皆升。曉露中滴，晴光上凝。觀武於兹，可明七德之要。取才於彼，亦彰一藝之能。以其獨弄，旁觀者衆。豈比夫啼猿散繞，飛鴈雙中。儻射己鵠之可稱，冀鳴弦而再控。

陳廷章《水輪賦》李昉等《文苑英華》卷三三　水能利物，輪乃曲成，升降滿農夫之用，低迴隨匠氏之程。始崩騰以電散，俄宛轉以風生。雖破浪於川湄，善行無跡；既斡流於浪面，終夜有聲。觀夫斵木而爲，憑河而引，箭馳可得而滴瀝，輻輳必循乎規準。何先何後？互興而自契心期。不疾不徐，迭用而寧因手敏。信勞機於出没，惟與日而推移。殊轆轤以致功，就其深矣。鄙桔槔之煩力，使自趨之。轉轂諒由乎順動，盈科每悦於柔隨。遠望蹄涔，詎有朱殷之色；挹兹鱗起，終無塗附之期。作霖或自於斯干，流濕更彰乎就燥。回環潤乎嘉穀，洊至踰於行潦。鈎深致遠，沿洄而可使在山；積少之多，灌輸而各由其道。爾其揚清激濁，吐故納新。輾桃花之活活，摇杏葉之鱗鱗。一勺每勞於濡軌，三材必賴於工人。浴海上之朝光，升如日御；泛江中之夜影，重似月輪。常虚受以載沉，表能圓於獨運。低迴而涯岸非阻，委曲而農桑是訓。惠可周於地利，空霑負郭之田；材足任於天津，多寄臨川之郡。池陂無漉，畎澮既豬。用能務實，勢欲陵虚。磬折而下隨毖彼，持盈而上善依於。當浸稻之時，寧非沃壤；映生蒲之處，相類安車。異矣哉！俯此溝塍，潤於原隰。成形必仰乎膏雨，屈已且安乎卑濕。苟量遠大之功，庶無慙於甕汲。

陳藻《樂軒集》卷四《桔槔賦》　漁溪之民兮桔槔，一日不雨兮則勞。土既薄兮沙石多，水鑽鑽以下篩，井湊湊而湧高。十日不雨兮因廻數而損泉，巽之愈低，力其倍宣。晝雖給於西園，夕恐焦乎東田。

重心與平衡分部

論説

《管子》卷二三《揆度》　管子曰：善爲國者如金石之相舉，重鈞則金傾，故治權則勢重，治道則勢羸。今穀重於吾國，輕於天下，則諸侯之自泄，如原水之就下。故物重則至，輕則去。有以重至而輕處者。我動而錯之，天下即已於我矣。

《墨子》卷一〇《經下》　倚者不可正，説在剃。【略】推之必往，説在廢材。

又　《經説下》　誰并石、絫石耳，夾寢者，法也。方石去地尺，關石於其下，縣絲於其上，使適至方石，不下，柱也。膠絲去石，挈也。絲絶，引也。未變而名易，收也。

莊周撰　郭象注《莊子》卷九《寓言》　卮言日出，和以天倪。夫卮，滿則傾，空則仰，非持故也。況之於言，因物隨變，唯彼之從，故曰日出。日出，謂日新也。日新則盡其自然之分，自然之分盡則和也。卮，圓酒器也。卮器滿即傾，空則仰，隨物而變，非執一守故者也。施之於言，而隨人從變，已無常主者也。

《文子》卷上《守弱》　故三皇五帝有勸戒之器，命曰侑卮，其沖即正，其盈即覆。夫物盛則衰，日中則移，月滿則虧，樂終則悲。是故聰明廣智守以愚，多聞博辯守以儉，武力勇毅守以畏，富貴廣大守以狹，德施天下守以讓，此五者先王所以守天下也。服此道者不欲盈，夫唯不盈，是以弊不新成。

《慎子·君人》　措鈞石，使禹察之不能識也。懸於權衡，則氂髮識矣。【略】有權衡者，不可欺以輕重。有尺寸者，不可差以長短。有法度者，不可巧以詐僞。

又　《慎子逸文》　君臣之間猶權衡也。權左輕則右重，右重則左輕，輕重迭相橛，天地之理也。《御覽》八百三十。

荀況撰　楊倞註《荀子》卷一六《正名篇》　凡人之取也，所欲未嘗粹而來也；其去也，所惡未嘗粹而往也。故人無動而不可以不與權俱。粹，全也。凡人意有所取，其欲未嘗全來，意有所去，其惡未嘗全去，皆所不適意也。權者，秤之權，所以知輕重者也，能權變適時，故以喻道也。言人之欲惡常難適意，故其所舉動而不可不與道俱，不與道俱則惑於欲惡矣。故達道者不戚戚於貧賤，不汲汲於富貴，故能遺失得喪，欲惡不以介懷而欲自節矣。衡不正，則重懸於仰而人以爲輕，輕懸於俛而人以爲重，此人所以惑於輕重也。衡，秤之衡也。不正，謂偏舉也。衡若均舉之，則輕重等而平矣。若偏舉之，則重懸於俛而猶未平也，遂以此定輕重，是惑也。

吕不韋撰　高誘注《吕氏春秋》卷一七《審分覽·慎勢》　六曰：失之乎數，求之乎信，疑。失誠信之數，欲人信之，故疑。失之乎勢，求之乎國，危。失居上之勢，以恃有國，故危也。吞舟之魚，陸處則不勝螻蟻。螻蟻食也。權鈞則不能相使，勢等則不能相并，治亂齊則不能相正，故小大、輕重、少多、治亂不可不察，此察，知也。禍福之門也。

劉安撰　高誘注《淮南子》卷一六《説山訓》　月望，日奪其光，陰不可以乘陽也。月十五日與日相望，求西中繩，則月食，故奪月光也。差則虧，至晦則盡。日出星不見，不能與之争光也。星，陰也，不能奪日之光也。故末不可以强於本，指不可以大於臂，下輕上重，其覆必易。一淵不兩鮫。水定則清正，動則失平。故惟不動，則所以無不動也。江河所以能長百谷者，能下之也。夫惟能下之，是以能上之。上，大也。

班固撰　顔師古注《漢書》卷二一上《律曆志第一上》　衡權者，衡平也，權重也。衡所以任權而均物，平輕重也。

王充《論衡》卷一三《效力篇》　小石附於山，山力能得持之。在沙丘之間，小石輕微，亦能自安。至於大石，沙土不覆，山不能持，處危峭之際，則必崩墜於坑谷之間矣。大智之重，遭小才之將，無左右沙土之助，雖在顯位，將不能持，則有大石崩墜之難也。

又　卷一四《狀留篇》　且圓物投之於地，東西南北，無之不可，策杖叩動，纔微輒停。方物集地，壹投而止，及其移徙，須人動舉。賢儒，世之方物也，其難轉移者，其動須人也。鳥輕便於人，趨遠人不如鳥。然而天地之性人爲貴。

王徵譯《奇器圖説》卷一

第七欵　重之心。重繫于心，則不動。

假如有重于此，以線繫之。果在其心如a，則不偏不動。儻不在心，如e，則必偏且垂下矣。

第八款　每重各有其心。

假如有重於此，兩邊重相等，則重心必在其中無疑也。

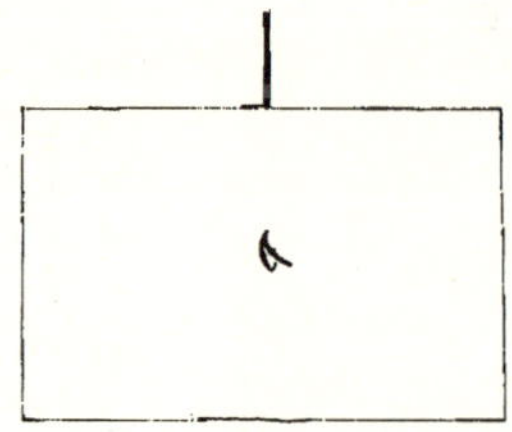

每重但有一重心。

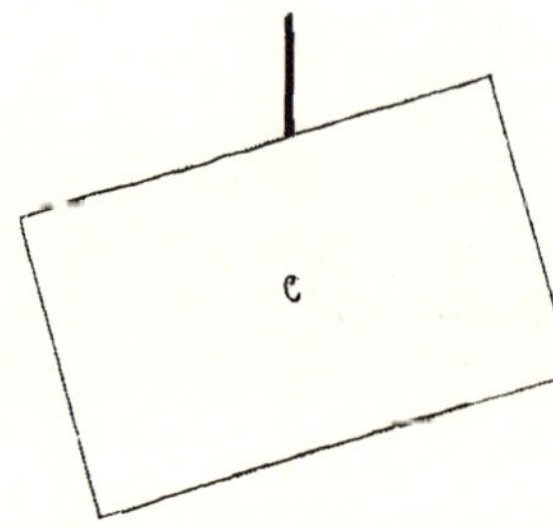

第九款　有直線過重心不出兩限者，爲重之徑。

假如a三角形，重之心在中點。直線從e至i過中心，則爲重之徑也。諸重皆然。如上立方圖，三徑皆從重心直過，故重之徑無窮盡也。

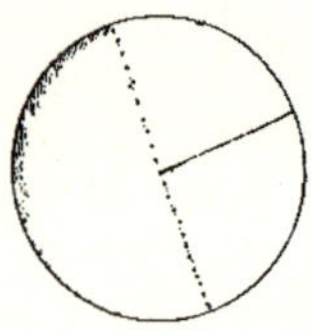

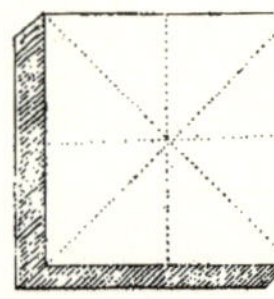

第十款　有重線過地心，交於地平，作兩直角者爲重之垂徑。

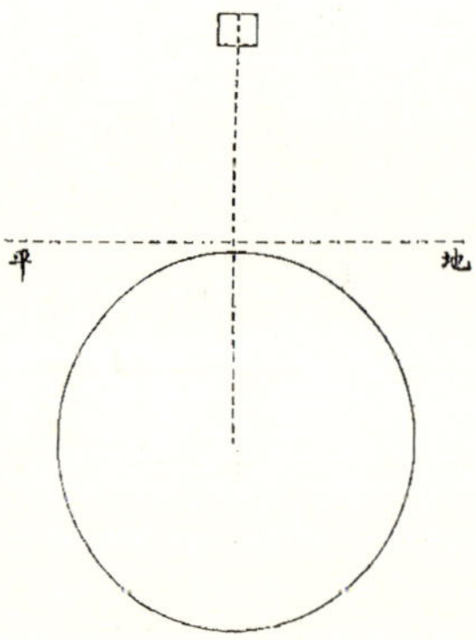

假如上圖，圓爲地球，中有地心，横有地平線。上有方重，其線過地心，交於地平線，作兩直角。故其立線爲重之垂徑也。

第十一款　有重體，不論正斜，皆有徑線。從徑線分破，其側面即爲重之徑面。

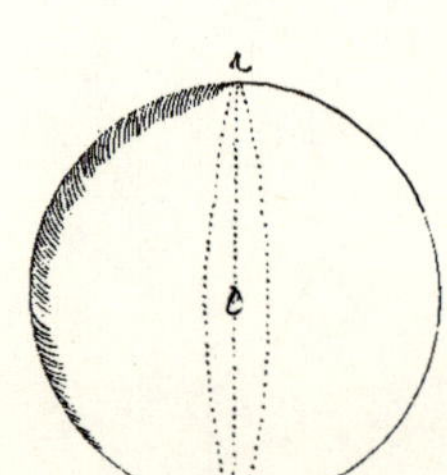

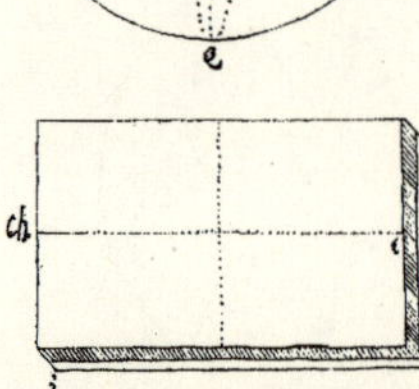

假如上圓圖，徑線ae。從徑線開之，即作兩半球。半球平面即重之徑面也。又如上方圖，iou爲外周徑線，分之則兩半方形。其分開之内兩平面，即重之徑面也。如從cch徑線開之，則兩側面即重之徑面也。因徑面常過重心，所以兩分相等。

第十二款　有三角形，從角至對線，於中作一直線，直線内有重之心。

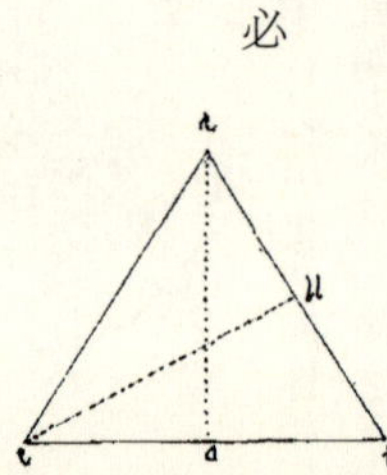

假如從a角至ei對線作一直線，於o分兩平分，必定ao之内有重心也。e至u亦然。

第十三款　有三角形，其重心與形心同所。

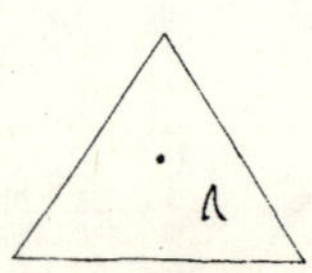

假如上三角形，a爲形心，亦爲重心。

第十四款　求三角形重心。

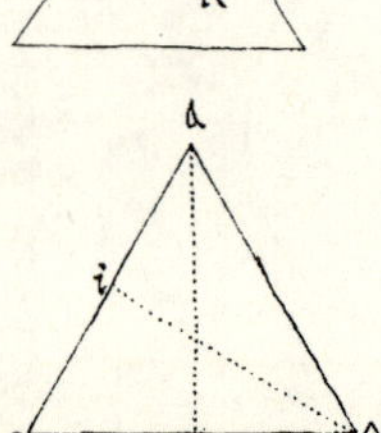

法曰：有三角形，各分兩分。起線各至角爲一直線，相遇十字交處便是重心。假如上a與e，中分有i，i至o爲一直線。次o與e，中分有u，u至a爲一直線。兩直線相遇十字於心，即得所求。

第十五款　有三角形，每直線從過角重心到對線，其分不等，爲二倍比例。

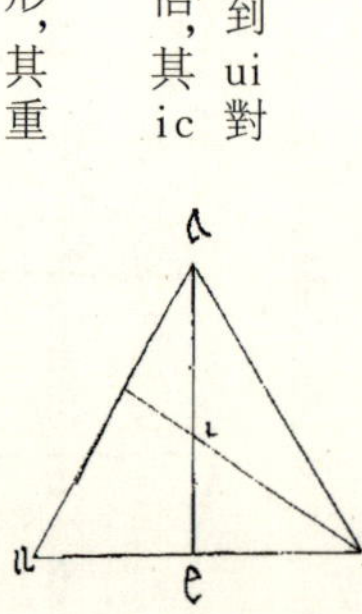

假如上圖，ae從角過心到ui對線爲兩分，ac線大於ce線二倍，其ic線亦二倍大於co線。

第十六款　有法四邊形，其重心分兩平分，爲徑。

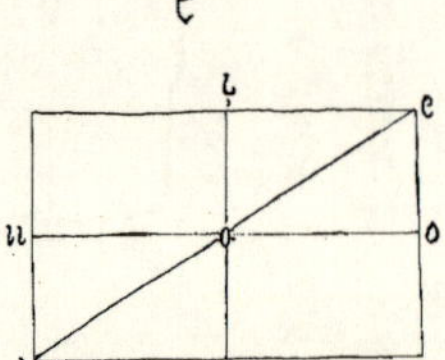

假如上圖，四邊有法長方形，其重心是a，其徑ei爲一線，ou、cch各一線。各

線每徑長短不同，俱兩平分。

第十七欵　有法多邊形，其重心形心同所。

假如上六角形，其角等，其邊亦等，是名有法多邊，其重心與形心總是一心。

第十八欵　平圓與雞子圓形，其重心形心亦同所。

圓界與多邊形相似，故其心皆同。其雞子形與平圓形亦相似，故其心亦同。

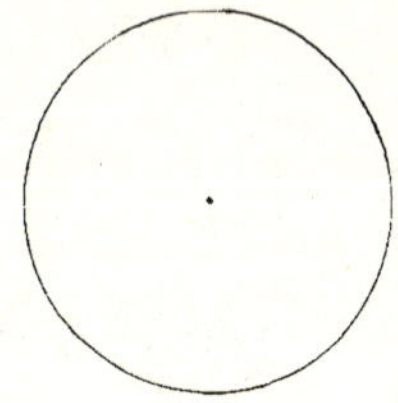

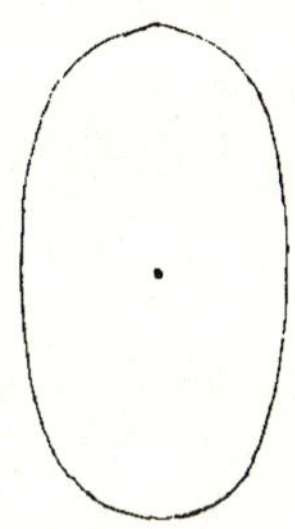

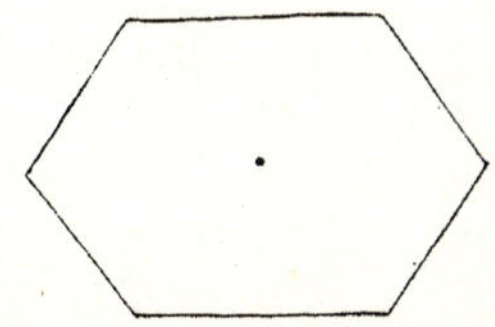

第十九欵　求直線平形之重心。

假如上無法四邊形，先分作兩三角形。從對角打兩垂線到分線上，a與e分，既成兩三角形。用前十四欵求三角形重心法，即得i、o兩心。i與o作直線。次用比例法。uc大垂線與chk小垂線比例，等於ip與po比例。p乃所求之重心也。

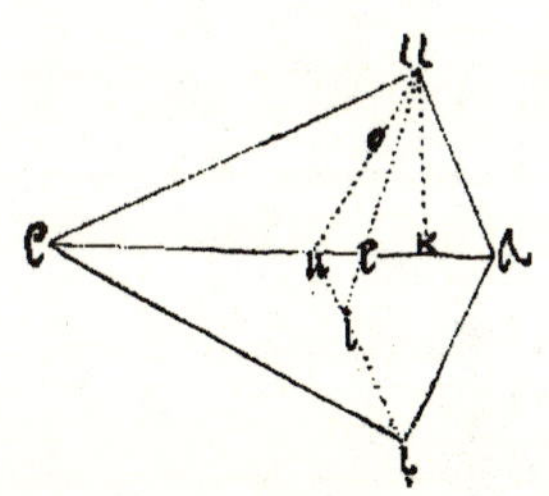

第二十欵　每多稜有法柱，其重心在內徑中。

假如上式方六稜柱，其重心在方徑內心。a(e)[至]i爲內徑，就是其(輪)[軸]。e之內心乃其重心也。

第二十一欵　每多稜有法體，其重心、形心俱同所。

假如上八稜有法柱，aei是其內軸，e即其重心、形心是也。

第二十二欵　有體，求其重心。

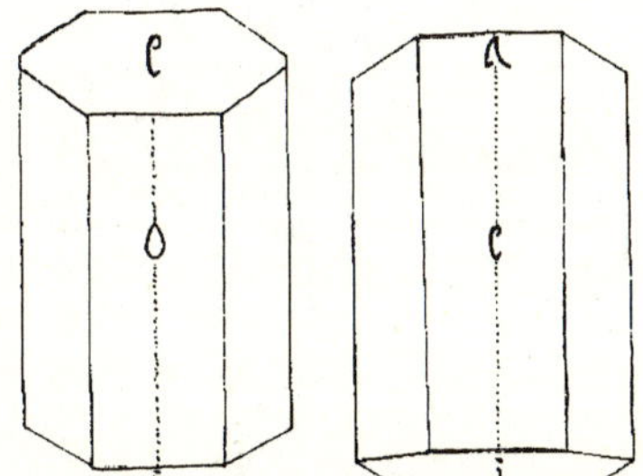

假如上無法之面，欲求重心。先於上作平線，繫a。次於e垂一直線緊靠一邊，又次于i亦作一垂線緊靠一邊。即從a上往下，以墨直點作線。e至o、i至u兩線，是徑之面。復轉繫體，再如eo、iu作兩線如前，就得第二徑之面。即向上端下端看兩線，十字交處，即得重之徑也。又將繫體橫轉，從c處繫於a上，求徑線至ch。亦向十字交處看之，則得k，是重心也。

第二十三欵　每重不在其所，則必下俯地心，作正垂線。

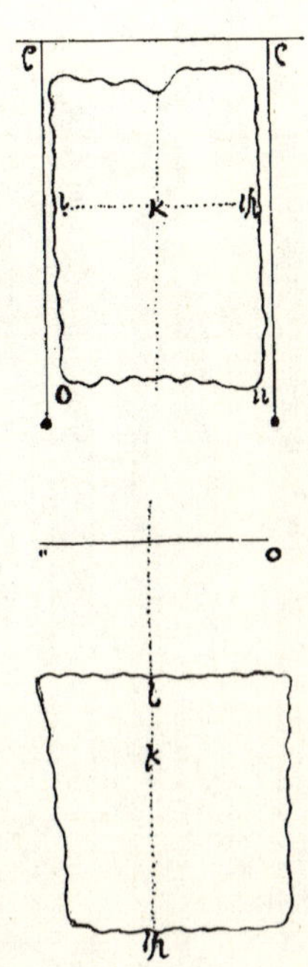

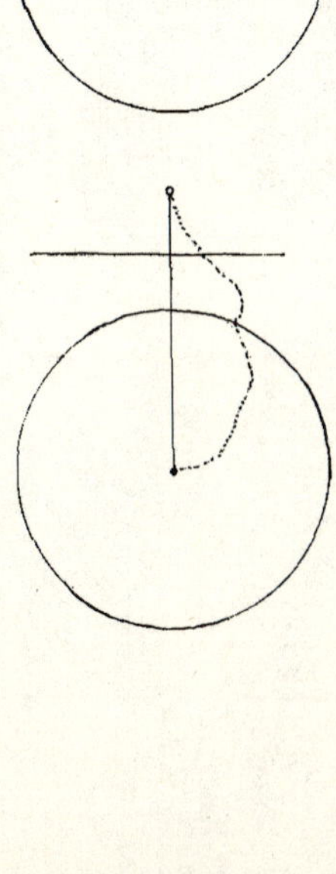

天下之物各有本所，物之性亦各喜得本所。每物不在其所，則必與性相反，且別物得以攻之。故各就本所乃各物之所喜向也。假如火本炎上，使之入水，則非本所，便就滅息。重之性下，水土其本所也。且物性直捷，重之垂下，不作迂曲。況天下之物性最巧，直線之途必短。迂曲之線，其途甚長。物喜短捷之便，故不肯拂性而迂曲也。

第二十四欵圖缺　每體重之更重，必在重之心。

假如重物長短、厚薄、方圓爲體不一，而每體必有更重者，爲重之心。譬人身之內有心，一家之内有長，爲一體中之主故也。

第二十五欵　重下墜，其心常在垂線。

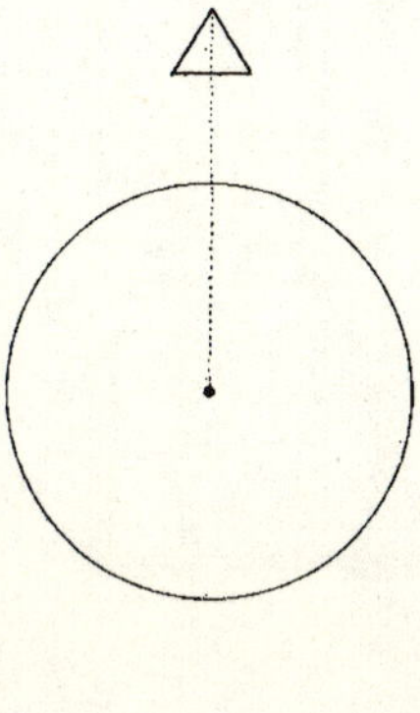

如上圖，三角形心墜下，必在直線。不然必左傾右倒，不能直下矣。所以重物在空，更重者雖在上，亦必先轉向下。

第二十六欵　有重繫空，或高或低，其重常等。

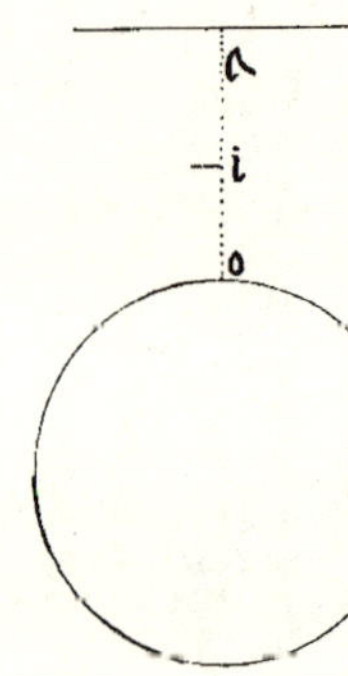

如上圖，或在a、在i、在o，其重之斤兩常等。

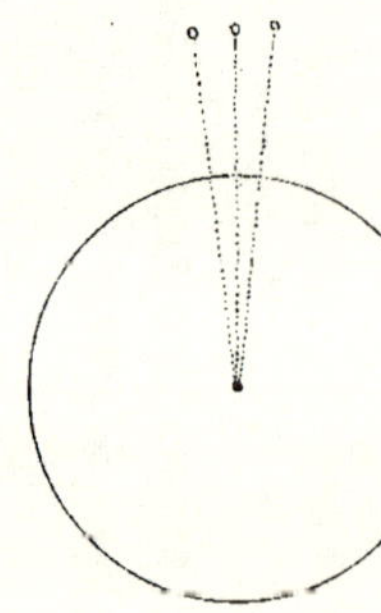

第二十七欵　每垂線相距似常相等。

每重垂線引長必到地心，所以每垂線之末必與地心相合。前第三欵之圖已明。此垂線非平行線也。但如後旁圖，長短四樣三角形，最近則兩直線之尖相合亦最大，最遠則兩直線之尖相合最小。而直線初分，祇覺其平行，不見其末之相合，故以爲相距似也。

第二十七欵下。　以上止明一重之理，今又以兩重相比言之。

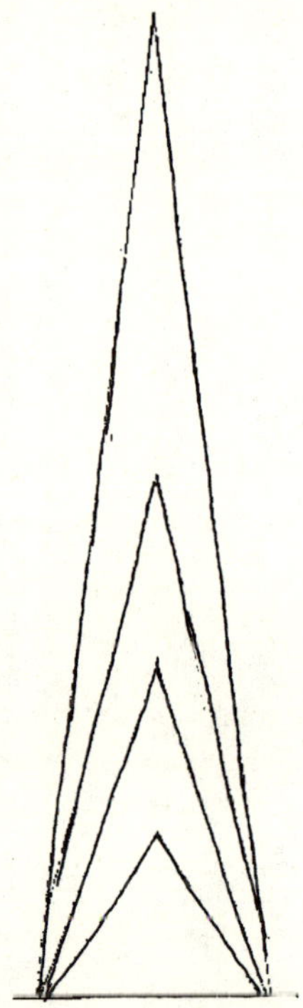

第二十八欵　每重徑面分兩平分。

兩平分者，既從重心之徑面分，自然兩重相等，爲兩平分也。

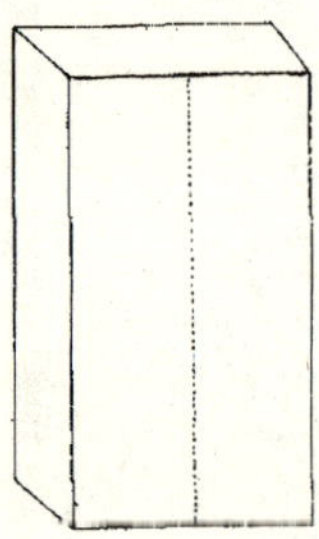

又　第三十三欵　每乾重，繫于直線。而想直線有兩德：一無重，一不破。想者，未有直線，而先有無形直線之想也。故無重，故不破。

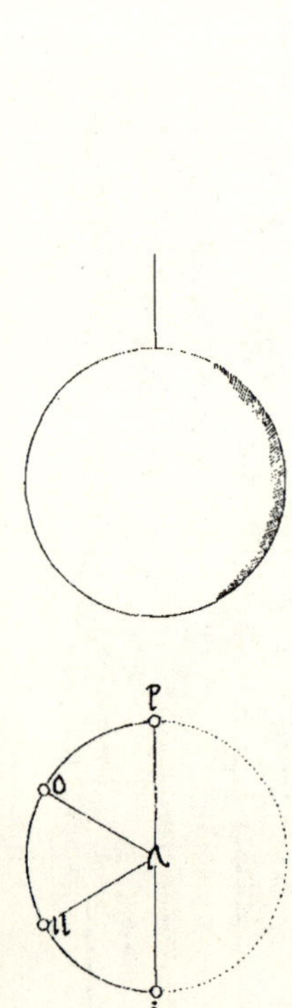

第三十四欵　有重插于直線，或在上，或在下，但在垂線中者不動。不，則必動而轉下。

假如上圖，a爲直線不動之一端，重在e，是正在垂線之上而居中者也，不動。重在i，是正在垂線之下而居中者也，不動。或o或u，則必動而轉下，作圓觚線。【略】

第五十六欵　球分本輕，浮于水，其底在上。球之軸必在垂線中。

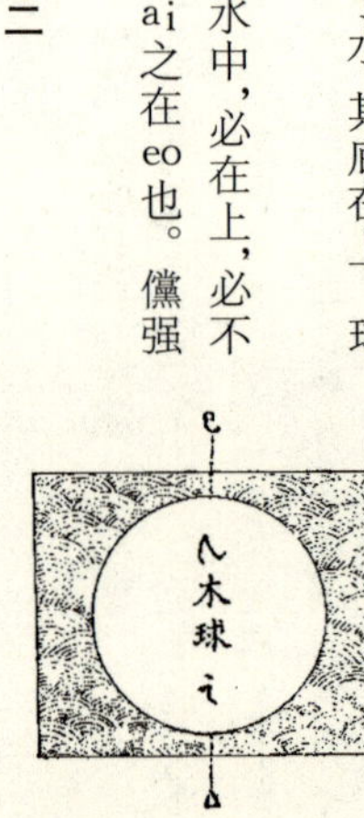

假如有木球如上，其平底在水中，必在上，必不偏倚；其軸ai必在垂線之中，如ai之在eo也。儻強斜之，彼必自反正矣。

南懷仁《新製靈臺儀象志》卷二

新儀之重心向地之中心

凡有重體之論，必以其重心爲主。所謂重心者，即重物内之一點，而其上下左右兩重彼此相等也。如二十六圖甲乙體内，丙點是也。但每重體，獨有一重心。儀器則有本形之中心，亦有本體之重心。凡儀器中心，必當天之中，即地之中心也。蓋凡推筭日月五星二十八宿等，在天所行之度分，必以天之中心爲主。從天之中心出線至天上各星，則定某星在本天大圈之某度分，乃從儀之小圈以測驗之而準其度分，必儀之小圈之度分與在天大圈之度分相應相合。然在天之大圈與儀之小圈之度分，上下既一一相應相合，則在天之大圈與儀之小圈所向之中心，必爲一無二矣。今人用儀之時，雖在於地面之上，而離地之中心，即天之中心，約一萬五千里。其從地面所測天上之度分，即如從地中心測驗之無二。蓋地半徑之差，與天之最高最遠無比，惟月天畧有可比之理，因有數分地半徑之差而生也。夫儀之重心，以地之中心亦爲定向。蓋凡重物之體，自上直下，必欲至地心而止者是也。試觀二十四圖，甲爲地球之中心，乙、丙、戊皆重物各體，皆直下向地心而方止。蓋重性就下，而地心乃其本所故耳。譬如磁石吸鉄，鉄性就石，不論石之在上、在下、在左、在右，而鉄必就之者，其性使然也。何况地之中心，六合内最下之所，物離其中心，不得爲下，必爲上也，此地道寧静而永不動之故也。蓋凡謂下者，必遠於天而就地心。凡謂上者，必就天而遠于地心。而地一圜球，懸于空際，居中無著，常得安然。而四方土物，皆降而就于地心之本所。東降欲就其心，而遇西就者不得不止。南降欲就其心，而遇北就者亦不得不止。凡物之欲就者皆然。故凡物相遇之際，皆能相衝相逆。故凝結於地之中心，即不相及者以欲就，故亦附麗不脱，致令大地懸居空際也。如二十五圖，丙爲地中心，甲乙兩分各爲之半球，甲東降就其心，乙西亦降就其心，兩半球又各有本體之重心，如丁，如戊，甲東降必欲令本體之重心丁，至丙中心然後止。乙西降必欲其本體之重心戊，至丙中心然後止。故兩半球相遇于丙中心，甲不令乙得東，乙不令甲得西，一衝一逆，勢力均平，遂兩不進，亦兩不能退而懸居空際，安然永奠矣。譬有一門于此，二人出入，在外者衝欲開之，在内者逆欲閉之，一衝一逆，爲力均平，門必不動。甲乙半球，其理同也。至四方八面一塵一土，莫不皆然。隤然下凝，職此之由也。

又　諸儀座架之法

座架者，所以托載重體而免致于傾仆者也。座架之式有二：一直，一斜，皆以垂線分别。垂線于座架爲直角者，即直座也；爲斜角者，即斜座也。凡座架以重徑線爲平穩之則。夫重徑者，徑過重心之垂線也，其週圍銖兩輕重相均，兹姑舉二題以見例。

第一題　凡物之重徑。在其直座架内，則其物必托載平穩而無傾仆也。

【略】

凡重徑在直座之外，則重物未有不傾仆者。

第二題　於重體或左右加減，或那移銖兩，則其重心必那而改移。重心一移，則重徑必隨之而移。猶人體及禽獸行動之勢，可明而推之于他類也。人體當竚立之時，全托於兩足，其兩足所立之地愈大而寬，則其身體愈穩矣。人體與獸體之所爲托載者，與儀之架座正同一理。故架座愈寬，則其所托之重物愈穩也。蓋物重徑如丙丁，在架座之中，四方離座邊愈遠，則重物愈難仆矣。夫人以至於獸，行動之時，其身體之重心左右那離不斷，則其重徑亦因之那移而不斷。假如提起右足之時，其身體必偏於左，而獨托於左足，故其重徑丙丁徑過左足。提起左足之時，其身體偏右，而獨托于右足。設使人竚立時，而提起右足，若不偏身於左，必不能立而仆矣。又如人坐之時，其胸與股，其股與足皆爲直角。又若人欲起而立，必身體之直角形變爲鋭角之形，即胸并手那移向前而足向後，自令本體之輕重均分於重徑丙丁之週圍。若不變通其力，使之輕重適均，則如三十圖之形，而人之身必不能立矣。又如人從地掀翻不拘何物，其兩足必分開，一前一後，自令重徑線丙丁徑過本體之中。如飛禽之上躍斜坡，張翼而前；下躍斜坡，歛翼而後。而重徑線丙丁，前後均平，分本體之輕重，乃不致于身仆爾。飛禽之頸長者，足必長也。當禽于空中飛翔之時，引頸而前若干，必伸足于後若干，而重徑丙丁正在本體之中。又如山坡所栽之樹，未嘗隨斜坡之形而斜長，蓋必依中徑垂線丙丁竪立而長，令其根、其幹、其枝全依之而立，以免夫傾仆焉。故山坡之斜線甲乙，比山底之平線丙乙雖長，其所容之樹木麥穗等必相等矣。夫物之生成者，依重徑線之理如此，故能保其本體以免於偏仆也。則凡造成之物必法之，而以重心重徑爲座架也固宜。

程瑶田《通藝録・考工創物小記》　磬鼓直懸六證記

磬折倨句之法，余謂一矩有半者，其體也，於中矩之外而又益之半矩以爲之折，蓋即《考工記》言倨句者。六事互證，以明之耳。鄭氏謂度兩矩以求其弦，既而以一矩有半觸其弦者，誤也。倨句之法定，乃考其懸孔，令不傷鼓體，亦不遠於鼓體處爲之。以斯知古人制器，固皆有一定之所以，與後人尋繹而得之也。二法既得，然後懸以試之，其鼓之直適中繩也，可無煩取證矣。然而古義之可引以爲證者，又何其多也。《曲禮》立則磬折垂佩，謂立而曲身如磬之折也。是磬鼓直懸之證一。《左氏内外傳》：室如懸磬，古人五架屋，從第四架下爲户牖以隔之，外爲堂，内爲室。室上之宇北出斜下，以交於北墉。墉直如磬鼓，宇斜如磬股也。是磬鼓直懸之證二。《文王世子》：公族有死罪，則磬於甸人。鄭氏注：懸縊殺之曰磬，謂

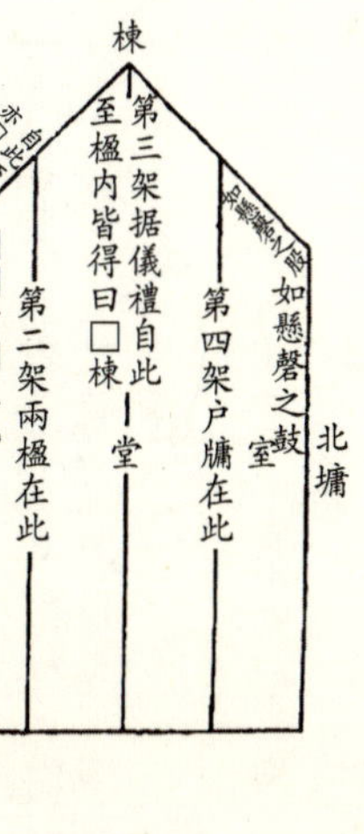

室如懸磬之圖

如磬之懸也。是磬鼓直懸之證三。《說文》云：臮，泉之側出者。側出之泉，其水初出則斜而横之，如磬之股。既乃折而直下，如磬之鼓。蓋謂其形象磬而因以諧其聲也。是磬鼓直懸之證四。

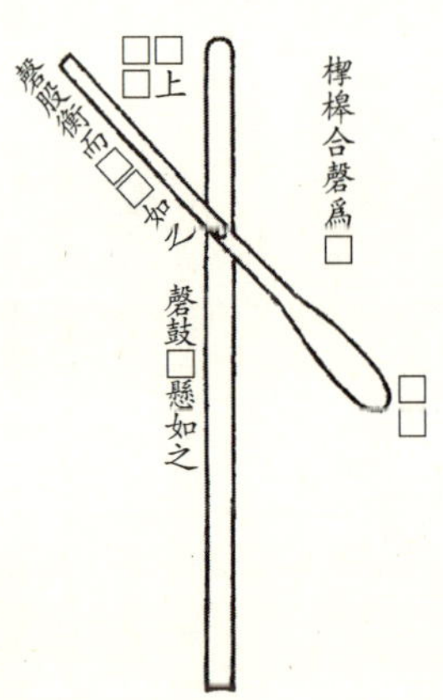

桔槔之圖

《說文》又云：磬，欬也。人欬必伸首稍昂焉，其喉頸閒折處，上如磬之股，下如其鼓，亦因象磬形而乃以諧其聲也。是磬鼓直懸之證五。《爾雅》：「大磬謂之馨。」郭氏注：馨形如犂錧。如犂錧者，謂如耒庛相貫處之折也。車人爲耒，其中地之庛。倨句，磬折是也。馨之爲言橋也。《曲禮》奉席如橋衡。橋謂井上桔槔，衡謂上低昂者。如橋衡，謂横奉之左昂右低也。鄭注云。土懷祖曰：桔槔合聲曰橋，故莊周書曰槔，劉向《說苑》曰橋。余案：莊周書云鑿木爲機，後重前輕，挈水若抽，其名爲槔。然則本名槔，以其挈水，故牽連呼之曰挈槔，疾讀挈槔則爲橋也。後重前輕，故其衡者常後低而前昂也。前昂如鳥之立，故又名禽。《易》井初六曰：舊井無禽。今磬之折鼓如桔槔之植者，股如其衡之昂然者，故謂之馨。是磬鼓直懸之證六。【略】夫磬折之法在《考工記》凡六事，而磬之鼓直懸之證見於經記者亦六事，合十二事而磬之倨句懸孔符於古制無遺義，亦無疑義矣。

弟子職曰：凡拼之道必由奥始，俯仰磬折。此磬鼓直懸之又一證也。俯仰，猶言倨句。

趙翼《陔餘叢考》卷三三　不倒翁

兒童嬉戲，有不倒翁。糊紙作醉漢狀，虚其中而實其底，雖按捺旋轉不倒也。《吴偉業集》中有詩，考之摭言則唐人已有此物，名酒胡子，乃勸酒具也。盧汪連舉不第，賦酒胡子長篇以寓意，序曰：「巡觴之胡聽人旋轉，所向者舉杯顔有意趣，然傾倒不定，緩急由人，不在酒胡也。乃爲之作歌。」按此則其形製與今所謂不倒翁者正相似，特其名不同耳。

鄭復光《費隱與知録》

佩玉數多　蹉跌鮮傷

問：漢玉可貴，固不待言，聞佩之者偶然失足，能使人不傷，而玉或代受其傷。所以爲寶，有信之乎？曰：然，有是言也。其確否，未可知。曾聞韓兄季卿言，蹉跌兩次，均未有傷。意以爲確。又記先舅氏吴南薌先生亦云，凡佩玉至半斤以上，則失足而人不傷。時未遑詢所出，如誠確也，其理則有可推者焉。凡物重必在心。人身要害莫過于心，而心居形體重心處，失足受傷，必心當其重。佩玉在腰，則重心不在心，而在心與腰之間。玉重則重心即在玉矣，故傾地之勢，其吃重在玉不在人，即人受傷亦不中其要害。此理也，言漢玉者增其聲價，或隨所佩而順言之耳。至玉受傷，自因觸地所致。玉重加以人重宜也，豈真能代人者哉。

又　獸厚于背　鳥腴其胸

問：鳥獸胸背厚薄何以相反？曰：天生萬物，各具一形，何能一一爲之詮説。然鳥獸胸背厚薄相反者，實有其故可得而言焉。夫獸以走爲能，鳥以飛爲務。凡物上輕下重，則置之而安；上重下輕，則移之而便。不見洋規矩乎，鋭其兩髀，豐其軸端，蓋取象人形，頭重脚輕矣。獸惟背厚，故脚輕，脚輕故其走也疾。鳥惟匈腴，故下重，下重故乘風也穩。不見夫風筝乎，放之不穩，則加繩爲尾，取其下垂之重也。

又　鶴鸛距高　梟雁尾肥

問：鵝鴨醜，項長而掌短，不能高飛。南懷仁謂鳥之飛者，項長則足長，伸足以稱其重心。其説是也。然項長足短，不能高飛，惟鶖鴨爲然。梟雁亦項長足短，與鵝鴨無異，而獨能高飛，則又何説？曰：項長足長，此一理也。家禽野禽，其性既殊，其能亦異，又是一理，何可概同。然重心當稱，理實至確，弗可易也。鶴鸛之類，項長距高。梟雁之儔，項長掌短，皆能高飛。而梟雁掌短爲便浮水，其能高飛亦非無説。蓋其尾厚大，異于鶴鸛，故稱其項耳。若不有長項，反無以稱其尾，不能飛矣。南懷仁寧不知此，或偶遺之耳。

劉嶽雲《格物中法》卷一《氣部・空氣》　空氣無象不圓

數年前，隨諸大夫之後議築海隄，海水中高而四垂。過洞庭四望湖水亦復如是，始悟地包於天，則其體圓，圓則山河藪澤亦隨之而圓。所謂中高而四垂者，地勢如斯水者，天地中之五行耳，有不爲一氣之所旋轉耶。向謂水勢平流者，特未嘗於數百里平闊處觀其大勢耳。許續曾《東還紀程》。

嶽雲謹案：凡動體無不圓者，若或不圓，則重心必倚于一邊，故天地皆圓，爲絶無疑義，萬億恒星亦無不圓也。

已上空氣無象不圓。

又 卷二《水部・水》 水之壓力

孔子觀於魯桓公之廟，有欹器焉。孔子問於守廟者曰：此爲何器？守廟者曰：此蓋爲宥坐之器。孔子曰：吾聞宥坐之器者，虚則欹，中則正，滿則覆。孔子顧謂弟子曰：注水焉。弟子挹水而注之，中而正，滿而覆，虚而欹。孔子喟然而嘆曰：吁！烏有滿而不覆者哉。《荀子・宥坐篇》、《韓詩外傳》、《淮南子・道應訓》。

嶽雲謹案：虚而欹者，其器口重腹輕，重心在上故也。中而正者，水在器中，重心移下故也。滿而覆者，水平器口，則重心又在上故也。以是知古人明重學矣。明以水試重心之理，必明流質重學矣。

孫詒讓《墨子間詁》卷一〇《經下》 倚者不可正，《説》云：「邪倚則不正。」又疑此論轉重法，則正或當爲止。《説》又云梯者不得流。流與止，文相對。説在剃。《説》云車梯，則剃當作梯，蓋聲之誤。【略】推之必往，推依《説》當作柱，往疑當作住。蓋謂凡物搘柱之，則住而不動。《説》云：「方石去地尺，關石於其下，縣絲於其上，使適至方石，不下，柱也。」住即不下之義。説在廢材。廢亦置也，謂置材於地。若《説》所云方石。《説》下又云廢石於平地，此義與彼同。

又 《經説下》 誰并石、絫石耳，此義難通。畢讀誰并句云并，并字異文，已上以車制言。張讀同鄒云，此一段轉重法也。案《集韻》十五青及《類篇》立部並以竮爲竮之或體，與此文義無會，畢説近是，而句讀則非。誰與唯通，言唯石與石相合，并重絫則邪倚而不正，以其無挈引之故也。若車梯前有挈引之力，則雖邪倚而引物升轉不患其不正而流也。此釋《經下》「倚者不可正，説在剃。」剃即梯之譌。車梯用以升重，非正車制也。畢説非。夾寝者，畢云：寝，寢字省文。詒讓案：《説文》宀部寢籀文省人作寑，此又省又作寝。《集韻》四十七寢云：寑，古作寝。法也。張云：當謂匠人作室，案石之法。案：張説未塙，法疑當爲柱。《説文》木部云：柱，楹也。通言之，柱楹同。析言之，堂上兩柱謂之楹，房室及牆序閒依壁而立者謂之柱。夾寢，即謂夾寢室也。方石去地尺，疑謂柱下質礎。張云：石高尺也。關石於其下，方石之下，別以石爲關。張云：又一石也。縣絲於其上，張云：絲，繩也。使適至方石，句。不下，句。柱也。《爾雅・釋言》云：楮，柱也。謂石出絲絲，故不下。膠絲去石，張云：膠，著也。去石，縣石而使去下方石也。挈也。謂上提挈其絲。張云：絲所以能縣石，是有挈之者。絲絶，句。引也。張云：從下引之即絶。詒讓案：此釋《經下》「推之必往，説在廢材。」推往即柱住之誤。未變而名易，句。收也。收，依《經下》當爲仮，仮反字同，言刀與糴輕重貴賤相反。張以此二句屬上節，誤。

王仁俊《格致古微》卷二 《晉書》

日月體乃半圓球，常以弧背向地。上絃以前，下絃以後，日光照其平面之全周，而及於邊際。絃望之間，日體平面下乃不能照之，此一綫圓光，所由隱見也。其向地有定，何也？曰：此由重心之偏也。凡渾圓體，圓心即重心，故利於轉。半圓體，則重心於邊際遠，於圓頂近，任置之，必以圓頂之一點向地。剖瓜渾圓者，驗之可矣，日猶是也。

金永森《西被攷略》卷五《攷工製造》

《世説新語》：凌雲臺樓觀極精巧，先稱平衆材輕重當宜，然後造構，乃無錙銖相負。揭臺雖高峻，恒隨風摇動，而終無崩殞。魏明帝登臺，懼其勢危，別以大材扶持之，樓即便頹壞。論者謂輕重力偏故也。

案：今西洋有輕重學，此其濫觴也。製風箏者，削篔安篾，以秤量輕重，毫釐不爽，然後上騰。否則顛墜，輕重力偏故也。

計算

徐光啟等《新法算書》卷九六《測量全義》卷一〇《儀器圖説》

新法測高儀 【略】

二式曰平面懸儀。作平圓面，頂有連環，隨所在懸之，自爲垂線。從心作横直線爲地平。周分三百六十度，儀小依幾何法三卷二十題。分一百八十，每分當二度。又六十分之。如前法，儀周作兩平行圈，以容度分。内弧之上，從頂左右各取二十二度半作圓孔，各加轉表一。或止用一表。轉表者，依

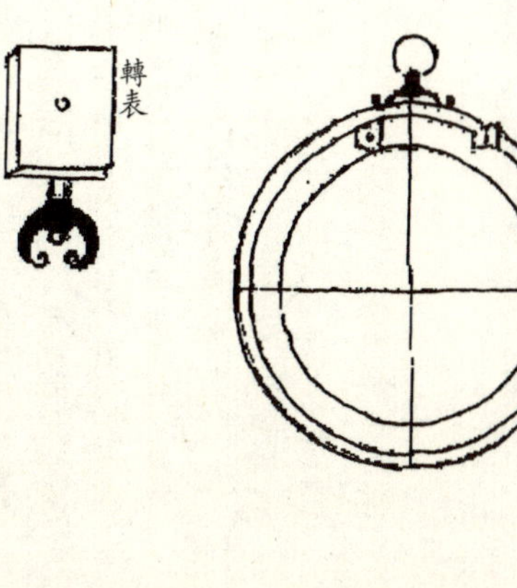

表之心線爲枘，以入于儀周之孔。其端外出，以螺旋止之。儀心爲樞，貫以窺衡。衡之首，依指線作度指以取度分。衡之末稍短，勿及于弧周之表。又須訂取其重心，令左右平。凡物皆有重心，以爲機軸則易轉。如衡之樞，兩端置等重之物訂之而平，則樞爲重心。説見造形法。衡首之指線交于內弧之一點，作孔，亦加轉表，與儀邊之轉表同居內弧一線之上也。儀邊表從心向上，每五度、十度刻識之，至九十度而止。若二表，則各向上交錯並識之。

梅文鼎《梅氏叢書輯要》卷九《度算釋例二·附求重心法》

乙甲癸子形，求重心。

先作甲乙線，分爲乙子甲、乙癸甲兩三角形。次用三角形求心術，求得乙子甲形之心在丙，乙癸甲形之心在丁，作丙丁線聯之。又作子癸線，分爲癸乙子、癸甲子兩三角形。求癸乙子形之心在庚，癸甲子形之心在辛，作庚辛線聯之。此二線相交于壬，則壬爲本形心，即重心也。試作乙己正角線至子癸線上，又作甲戊線至子癸線上，此兩線之比例即兩形大小之比例也。法爲癸乙子形與癸甲子形之比例，若乙己與甲戊也。

以此比例，于庚辛兩心距線上，求得壬點爲全形之重心。法爲乙己線與甲戊，若辛壬與庚壬。

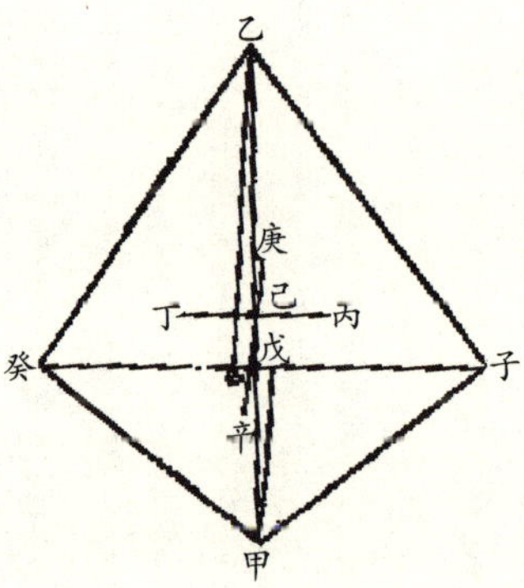

如圖子己與癸戊之比例，若丁壬與丙壬也，餘並同前圖。

一　子己與癸戊二線并，

二　子己，

三　丁丙，

四　丁壬。

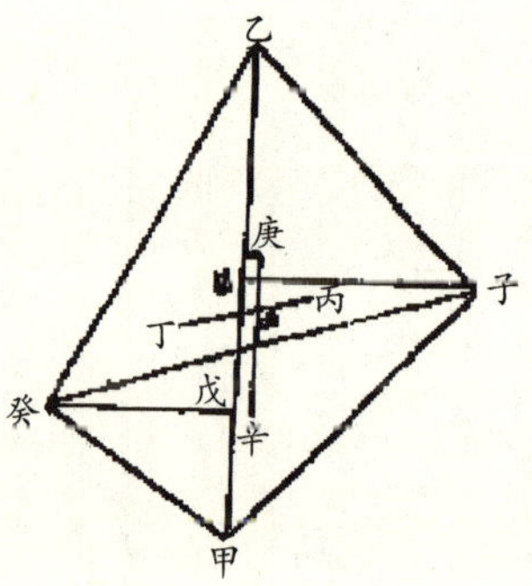

汪萊《衡齋遺書》卷四

考定磬氏倨句，令鼓旁線中縣而縣居線右解。

易疇氏謂於鼓上與鼓右之際設縣，近線不傷線，不使鼓有聲，病論久定矣。一日以居鼓稍右設縣，而鼓旁線所以中縣之，故相質試爲圖解之。如圖，壬丁爲鼓右邊線，欲使此線中縣。

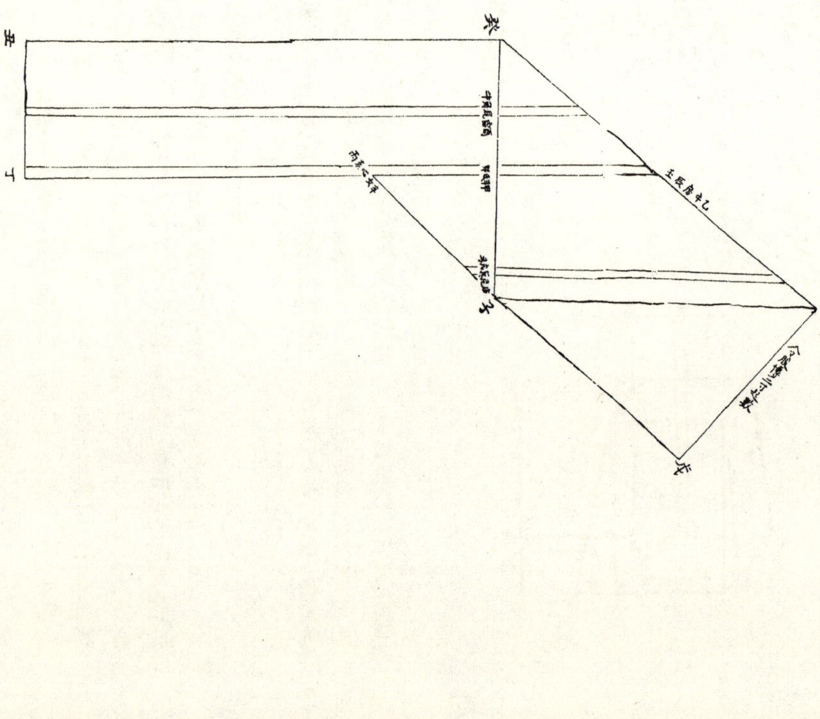

程氏瑶田曰：按圖，令股博三寸起數縣孔真度即衡樞真度，在〇右一分二釐有奇，當氐、斗二點間，左重心真度當尾、虛二點間，右重心真度當箕、危二點間。

設當壬丙、子癸二線交午之中如○處縣之，則子癸爲衡，○爲衡樞。令股博三寸起數，戊己壬丙面一十四寸零一四五有奇爲衡右重率，壬丁癸丑面二十寸爲衡左重率。右以○癸二寸，方求斜，得壬癸二寸八分二八四有奇，與己癸六寸相減，得己壬三寸一分七一五有奇。戊子與戊己同，子丙與己壬同，斜田求積法得數。左癸丑與○丁同，壬○與○癸同，斜田求積法得數。○五九分五一六有奇爲衡左重心距樞線，四分左重率之一爲帶縱平方積，壬丁線一十一寸爲長闊，和求得闊根，倍之得數。○未一寸六分五一六有奇爲衡右重心距樞線。二分右重率之一，戊己方求斜，得己子與壬丙線同四寸二分四二六四有奇，除之得數。權重之理，右重率爲一率，左重率爲二率，左重心距樞線爲三率，推得四率即爲右重心距樞線。今求其四率之數則一寸三分五八有奇，前數差多二分九三有奇，是右重心見遠，必墜而下以輸重於左。右墜而下，左必遜而斜，以受右之重。子癸之衡不得平，壬丁之線不得直矣。然此四率之差僅二分有奇，故稍右分許而子癸即平，壬丁即直也。按前法以復推，可得設縣之密數焉。

設在○右二分如甲處縣之，則甲爲衡樞，乙辛戊己面一十三寸一六五九七二有奇爲衡右重率，乙辛丙丁癸丑面二十寸零八四八五二八有奇爲衡左重率，以二分乘壬丙線，於初設重率減右加左得數。甲酉一寸一分零七九九八有奇爲左重心距樞線，四分左重率之一爲帶縱平方積，癸丑線九寸爲長闊，較求得闊根，倍之與甲癸二寸二分相減，餘得數。甲庚一寸五分五一六二有奇爲右重心距樞線。得數法同初設。重按權重之理，右重率爲一率，左重率爲二率，左重心距樞線爲三率，求得四率一寸七分五五有奇，以當右重心距樞線。前數差少二分零三四八有奇，是右重心見近，必昂而起，以借重於左。右昂而起，左必迤而承以補右之重，子癸之衡仍不平，壬丁之線仍不直，而與初設縣勢已相反，是失之過右也。至右二分而已過，是知右於○以取衡平縣直，其數不當至二分如甲也。

又設在○右一分如卯處縣之，則卯爲衡樞。戊己辰亥面一十三寸五九零二三五有奇爲衡右重率，辰亥丙丁丑癸面二十寸零四二四二六四有奇爲衡左重率，得數法如次設。卯角一寸零二九零六有奇爲左重心距樞線，得數法如次設。卯亢一寸六分零二九八有奇爲右重心距樞線。得數法如初設。復依四率求之，得一寸五分四六五有奇，當右重心距樞線，前數僅多五釐六四七有奇，不平不直之勢已殺，而與初設仍相類。是知右於○以取衡平縣直，其數固在一分之卯以外也。

又設在○右一分二釐如氐處縣之，則氐爲衡樞。戊己房心面一十三寸五零五三八三二有奇爲衡右重率，房心丙丁丑癸面二十寸零五零九一一六八有奇爲衡左重率，氐尾一寸零四四八三有奇爲左重心距樞線，氐箕一寸五分九一六有奇爲右重心距樞線。復以四率求之，得一寸五分八六有奇，當右重心距樞線，前數僅多五毫有奇。而猶有多，則右於○以取衡平縣直，其數猶在一分二釐以外也。

更設在○右一分三釐如斗處縣之，則斗爲衡樞。戊己牛女面一十三寸四六二九五七有奇爲衡右重率，牛女丙丁丑癸面二十寸零五五一五四三二有奇爲衡左重率，斗虚一寸零五二七三有奇爲衡左重心距樞線，斗危一寸五分八六六有奇爲衡右重心距樞線。依四率求之，得一寸六分零七有奇，當右重心距樞線，前數已少二釐零四有奇，定知衡平縣直取數當在○右一分二釐有奇也。

鄒伯奇《鄒徵君存稿》 求重心説

立體求重心法

凡立體各形等邊等面者，其容圓心即爲重心。如方臺、方亭、芻甍、芻童等面邊不等，則剖爲長方、長圓、立錐、塹堵各形求之。凡長方、長圓，上下等面，其重心距各面兩兩相等。立錐重心，則當垂線四分之一。塹堵重心，則當垂線三分之一。立錐者，三角錐，方錐，以至多邊錐、圓錐皆同。

如有石，上方三尺，下方四尺，高四尺八寸，求重心。

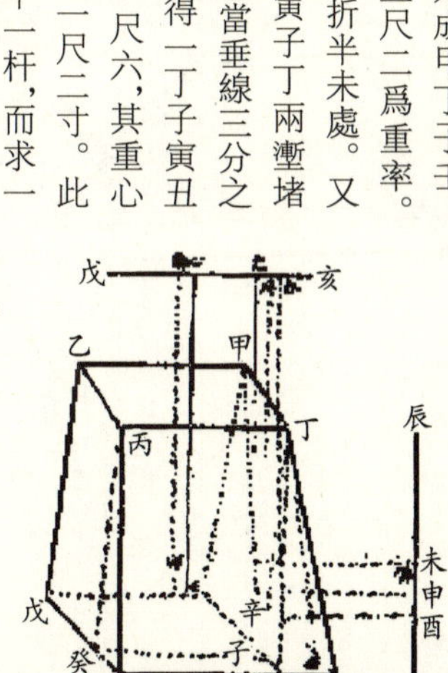

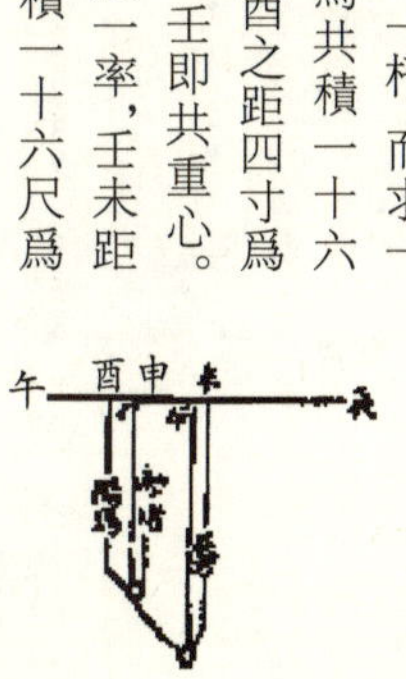

依上方邊各剖至底，則成甲丁子壬、癸戊丙乙長方形，積四十三尺二爲重率。設辰午爲垂線，其重心必在折半未處。又得甲壬辛丑子丁及丙癸巳寅子丁兩塹堵形，其積一十四尺四，其重心當垂線三分之一申處，距午一尺六寸。又得一丁子寅丑庚陽馬形，即斜立錐，其積一尺六，其重心當垂線四分之一酉處，距午一尺二寸。此如以三項異重之物掛於辰午一杆，而求一提繫以取平。先以塹堵陽馬共積一十六尺爲一率，陽馬積爲二率，申酉之距四寸爲三率，求得四率四分爲申壬，壬即共重心。又併三項共積五十九尺二爲一率，壬未距八寸四分爲二率，前二項共積一十六尺爲三率，求得四率二寸二分一釐三十七分釐之一，即未癸爲全體重心卯距垂線折半之度。又以長方及子癸巳寅丁丙塹堵形共積五十尺〇四，其重心在横線戌亥之角，距戌一尺五寸，即甲乙之半。甲丁丑子壬辛塹堵積七尺二，其重心當横線之亢，距亥六寸三分寸之二，即丑子三分之二。丁丑子寅庚陽馬形，其積　尺六，其重心當横線之氐，距亥六寸二分五釐，即丑子八分之五。乃以一塹堵、一陽馬共積八尺八爲一率，亢氐之距四分一釐三分釐之二爲二率，塹堵積爲三率，求得四率三分五釐四十四分分之一爲氐房，房即當二項共重心所在。又併全體積五十九尺二爲一率，前二項爲二率，亥戌横線四尺減亥氐氐房及角戌，餘一尺八寸三分四十四分分之四十三爲三率，求得四率一寸七分三釐一百四十八分釐之七十一，即角心，併角戌得全重心卯距乙丙巳戊直面一尺七寸七分三釐有餘。以未癸加辰未，得全重心卯距甲乙丙丁平面二尺六寸二分一釐餘。又捷法，以未癸加辰未，得二尺六寸二分一釐餘爲二率，上下方邊之較一尺爲三率，高四尺八寸爲一率，除之得四率。加上方邊三尺折半，得重心卯乙丙巳戊直面一尺七寸七分三釐餘。

又如有正方石一塊，方六寸，缺一角，求重心。

如圖，甲乙丙丁爲所缺虛角。甲丙、甲乙、甲丁各三寸，其積九寸，重心當卯，距丑七分五釐，即甲丁四分之一。又甲癸庚辛戊正方虛體，重心當辰，距丑三寸，即戊巳之半。乃以正方虛體二百一十六寸減缺角九寸，餘二百〇七寸爲一率，卯辰距二寸二分五釐爲二率，所缺虛角積爲三率，求得四率九分七釐三毫二百〇七分釐之八十九爲辰午，以減辰寅三寸，爲重心距各全面之數二寸〇二釐六毫餘。若以加辰丑爲重心距各缺面之數三寸九分七釐三毫餘。

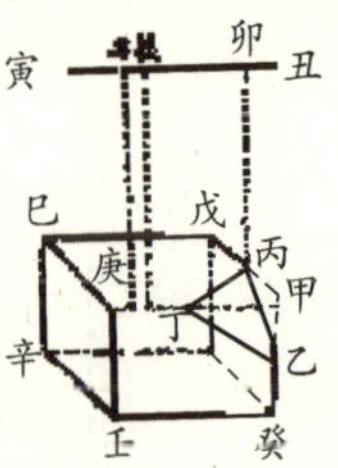

前問上下不等，方石變爲方錐，可倣此法。此外，凡有形加減皆倣此。

如有器物横柱參差及雕鏤玲瓏，難量體積者，則任以繩懸一處如辛，依丁辛繩直垂作虛線至丙。又以繩懸一處如庚，亦依甲庚作虛線至乙。兩線交於戊，即通體重心也。

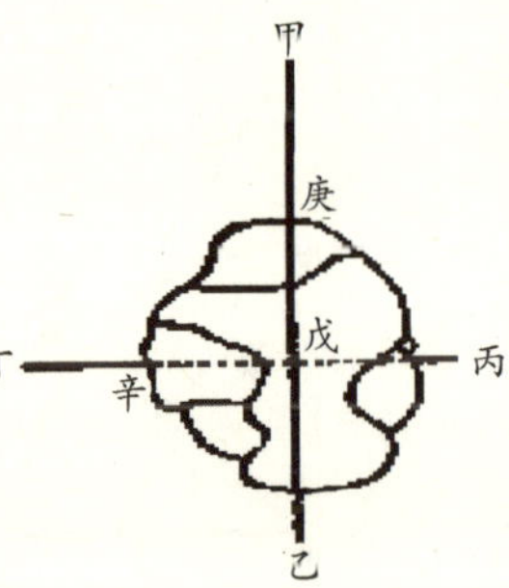

又　數體合成求重心通法

如有編木長短不等，共四根，徑皆六寸，求重心。

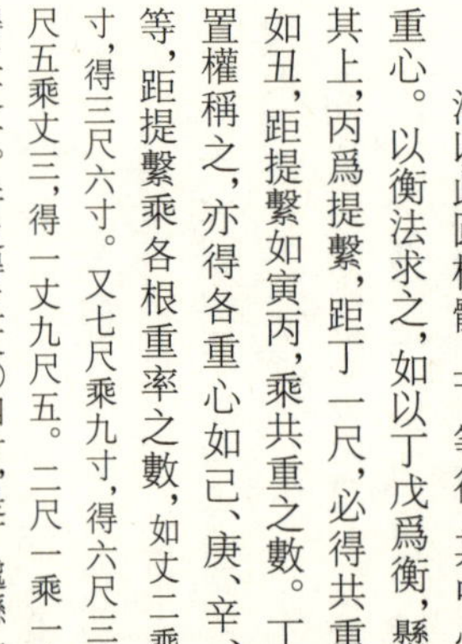

法以此圓柱體上下等徑，其中心即重心。以衡法求之，如以丁戊爲衡，懸於其上，丙爲提繫，距丁一尺，必得共重心如丑，距提繫如寅丙，乘共重之數。丁處置權稱之，亦得各重心如己、庚、辛、壬等，距提繫乘各根重率之數，如丈二乘三寸，得三尺六寸。又七尺乘九寸，得六尺三寸。尺五乘丈三，得一丈九尺五。二尺一乘一丈，得二丈一。併之得五丈〇四寸，是丁處懸一五丈〇四寸重之權，必能勝諸木之重，而衡可平。按：因徑同，故即以長爲重率，又每加六寸即重心距提繫。故以所併得五丈〇四寸爲權重，乘距提繫一尺，又以各根重率併得四丈二尺除之，得一尺二寸即共重心丑距甲乙邊也。若諸根齊頭者，則以甲癸邊直指子爲提繫，而以卯辰爲衡，以諸木懸一邊。又於卯距提繫一尺懸權稱之，必得共重心丑距提繫。如午子乘共重之數，亦得各重心距甲癸乘各重率之數。今既齊頭，則各重心距甲癸即半長之數，長又即爲重率，可省算，故以長自乘，折半而併之，得二百三十一尺，即爲外處權重率。一尺乘之，如故乃併各根重率四十二尺除之，得五尺五寸，即共重心丑距甲癸邊也。同午子。若不齊頭，亦當作甲癸虛線，而以距各重心乘重率如上法。

如各體形不等者如上，上下不等，方石是也。先求各重心及重率，乃倣此法算之。此法雖多不亂，又只一次除，故爲通法。

又　曲綫體求重心法

如有鐵線一根，曲如象限，半徑一尺，求其重心。

法以半徑自乘，象限長一尺五寸七分餘除之，得六寸三六六一九七六，如甲乙即乙丙。以方求斜率之，得九寸〇〇三一六三二，如甲丙。與半徑相減，餘丁丙即重心距曲線之度也，丙爲重心。此以象限細分爲千萬分而各取其離甲乙垂線之數，併而均之，又以半徑乘之，得數與象限曲長除半徑自乘冪正等，故更爲此簡法。

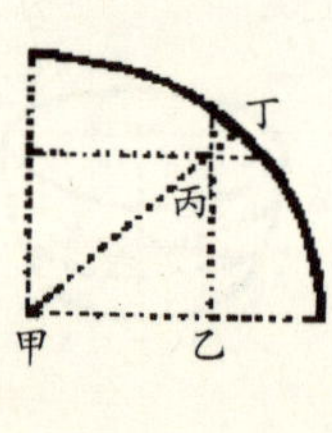

如平面象限，半徑一尺五寸，求其重心。

法以半徑三分去一，餘一尺，依上曲線法求得重心在丙。丙甲即重心距直角，丙丁即重心距象限邊。

此如以象限面置於下，而以鐵線象限各處作直線懸之，故求得曲線之重心即爲曲面之重心。

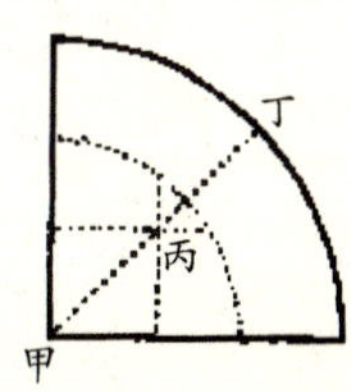

如有瓜皮形分圓羃爲數千萬瓣之一瓣，言横綫幾於直矣。半徑一尺，全徑二尺，求其重心。

法以半徑求得半周三尺一四一五九二六五，四歸之得七寸八五三九八一六二五，即甲丙之距，丙其重心所在也。此以瓜瓣横分爲千萬分，各以其闊乘距己甲線之遠，併而均之，得五。

此如以甲丙爲衡，以甲爲提繫，而别以上下等此腰闊之瓜皮形掛於戊如丁，戊甲如子甲之半，必得平。而丁與原形若三一四有餘之與二，故比例而得重心丙距甲七寸八五有餘也。

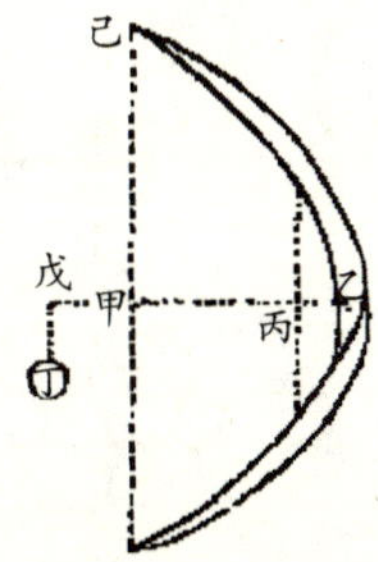

如有四分渾圓之一，全徑二尺六寸三分寸之二，求其重心。

法以半徑四分去一，得一尺爲重心。曲面所在，即己庚迹。依上法求其曲面重心，得甲戊。即上甲丙之度。以此度繞作象限，如戊丁爲曲線。又依上曲線求重心法，得重心在丙。丙辛之距五寸，括之則爲半徑八分之三也。此於曲體求曲面，曲面求曲線，以曲線求重心，即爲曲面之重心，亦即爲曲體之重心。

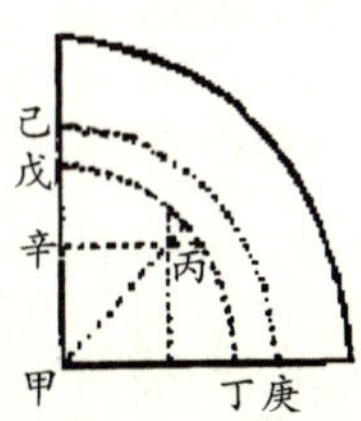

如有八分渾圓之一，半徑二尺六寸三分寸之二，求其重心。

倣上法，取半徑八分之三，得一尺，爲立方形。用求其對角斜線法，得甲丙一尺七三二〇五〇八，即重心距正方角之度。八分渾圓之一有三平面皆等，自重心作垂線至各平面，又至平面點作垂線至直邊，必皆等，故爲立方形，知邊則知對角線矣。

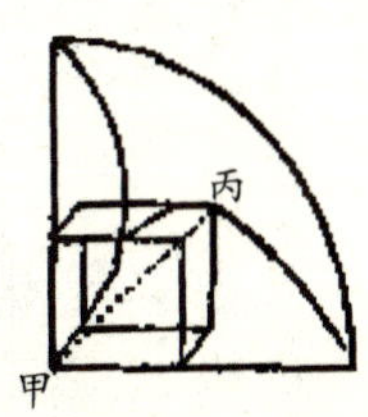

如有半圓空中曲面，口徑三尺，深一尺五寸，求重心。

法以深一尺五寸爲中垂，截半處即重心。蓋凡重心居中者必上下積等，而圓球羃與圓柱旁羃逐截皆相應，故平分甲乙於丙，亦平分圓羃於戊己。戊己上羃與下羃等，甲丙、丙乙又等，故知丙爲重心也。

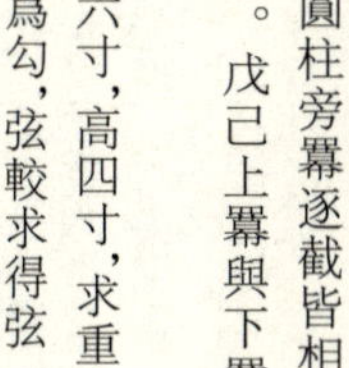

如有渾圓小半體，口徑尺六寸，高四寸，求重心。

法以口半徑爲股，高四寸爲勾，弦較求得弦一尺，即甲己半徑。以減較得句六寸爲虚圓錐體，中垂以尺六寸爲底徑，其積四百〇二寸一二三八五九二。又以高四寸乘全周爲曲底羃，以半徑乘之，三歸得八百三十七寸七五八〇四爲虚實，共積減圓錐虚體，餘四百三十五寸六三四一八〇八爲實體積，乃取半徑四分之一加實體之高八分之三，共四寸爲虚實體共重心距曲底己之度。即丙己。又以虚錐體中垂四分之三，四寸五分爲虚體重心距上尖之度。如甲丁。併兩度，減半徑，餘丁丙一寸五分。乃以實體積爲一率，虚體積爲二率，虚體重心距共重心爲三率，即丁丙。求得四率一寸三分八釐四毫六絲二忽。即丙戊。與共重心距曲底相減，餘戊己即實體重心戊距曲底己二寸六分一釐五毛三絲八忽。

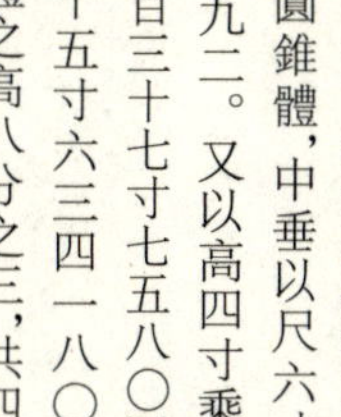

此加積求重心法。若過半圓，當減積，倣此推之。

如有象限，半徑一尺五寸，分去乙甲丁一角三十度，求丁甲戊角重心。

法以乙丁減乙戊九十度，餘六十度，折半三十度，即己庚。以其正弦五乘全體重心丙距正角甲九寸〇〇三一六三三二，得四寸五〇一五八一六。即丙辛。乃以丁戊爲一率，乙丁爲二率，丙辛爲三率，求得四率丙壬二寸二五〇七九〇八，併丙辛，得辛壬。以方求斜法，求得甲壬九寸五四九二九六四，即丁戊角重心距鋭角之遠。其餘若曲線、曲體不足象限者倣此。

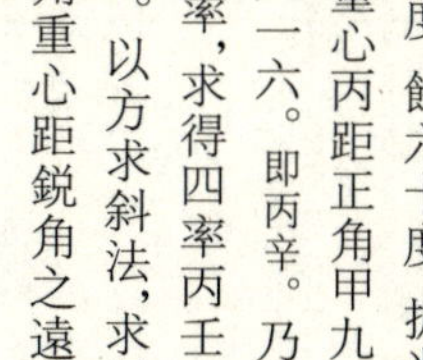

此法更之，則以全象限重心距直邊六寸三六六一九七六，以丁戊角通弦乘之，象限九十度除之，得壬甲之長。

又鄒伯奇《學計一得》卷下　磬求重心術

程易田考磬爲直懸，汪衡齋又以衡法求懸孔居線右。使左重率乘左重心距樞線之積，與右重心距樞線乘右重率之積等，詳《通藝録》。然所謂右重心、左重心，皆非真重心所在，則此法未爲的也。伯奇嘗以求重心術求得磬之通體重心所在，乃從重心引直線作孔懸之，孔居線左一分三釐五毫五絲二忽，與汪氏設算一分二釐有奇差一釐有奇。今著其法於左。

先解求三角形重心術。

如圖，甲乙丙三角形，以甲乙折半於己，作己丙線，分甲丙己形、乙丙己形，其積等。又折甲丙於戊，折乙丙於丁，分積皆等。三線之交在庚，則其重心也。試依庚丙、庚乙、庚甲分全體爲三，其積皆等，故以各邊之半除各積，得重心庚距各邊之線。即庚辛、庚壬、庚癸。

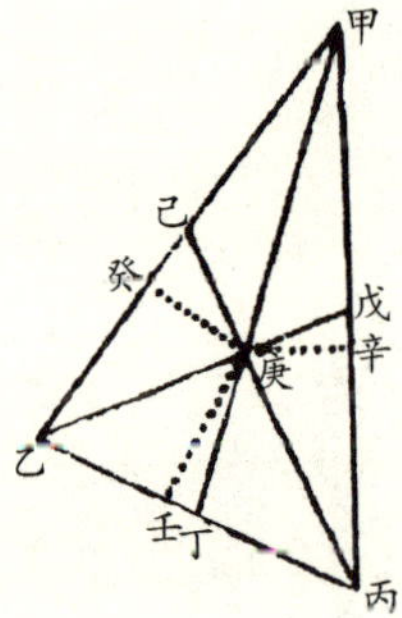

再解求四角形重心術。

如圖，甲乙丙丁四角形，從甲向丙分爲兩三角形，依法求得甲丙丁形重心在己，甲乙丙形重心在壬。又作乙丁，分爲二，乙丙丁形重心在庚。庚戊、壬己之交在辛，即全體重心所在。如丙丁皆爲直角，則不用求積，併乙丙、甲丁爲一率，丁丙爲二率，甲丁爲三率，求四率，得甲丙、乙丁之交辰距甲丁邊，而壬戊己庚形邊常爲本形邊三之一，而未子亦爲丙丁三之一，故三歸辰午得辛未，併未子，得辛子爲重心距乙丙邊之數。或徑以辰午併丙丁三歸，得數同。又併甲丁、乙丙爲一率，甲丁爲二率，甲丁又爲三率，求得四率，併乙丙三歸之，得辛卯，即重心距丁丙邊數。

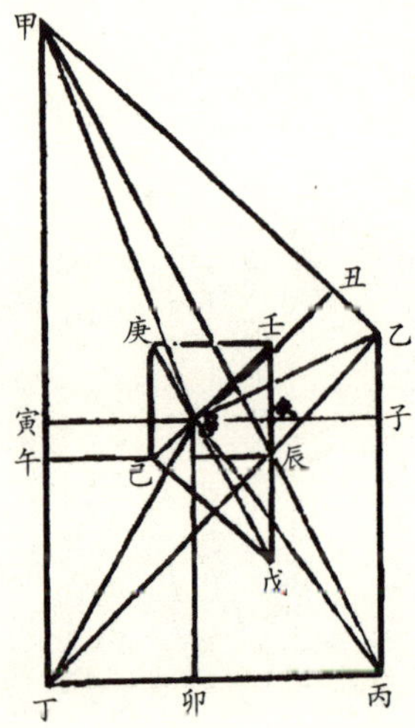

甲乙丙丁戊己爲全磬體，甲乙爲股博三寸，乙丙爲股脩六寸，丙丁爲股脩九寸，丁戊爲股博二寸，己角、丙角俱一百三十五度，爲倨句一矩有半，求重心。

法依庚己綫分全體爲二，一丙丁戊庚體，庚戊一十一寸，其積二十二寸，依上法求得重心癸距丙丁邊一寸〇三釐三毫三絲三忽，即癸壬。一甲乙庚己形，上邊乙庚三寸一分七釐一毫五絲七忽，下邊甲己六寸一分七釐一毫五絲七忽，左邊乙甲三寸，其積一十四寸〇一分四十釐，依上法求得重心子距乙庚邊即子丑。一寸六分六釐〇五絲四忽，距乙甲邊子寅二寸四分一釐六毫〇五忽。置乙丙減乙丑，即子寅。餘丑丙三寸五分八釐三毫九絲五忽，併丑子共五寸二分四釐四毫四絲九忽，用斜求方率之，得三寸七分〇八毫四絲一忽，即如變丑子爲子辰，變丑丙爲丙辛，而移丙辛爲辰卯，共得子卯矣。乃移壬癸爲卯未減之，餘未子二寸六分七釐五毫〇八忽。又以全體積三十四寸〇一分四十七釐爲一率，未子爲二率，右分體積二十寸爲三率，求得四率一寸五分七釐二毫八絲九忽，爲子虛以減子卯，餘卯虛二寸一分三釐五毫五絲二忽，爲虛危直線距丙丁邊，即全體重心所在。於此線作懸孔如危，則磬直懸矣。以卯虛減股博二寸，是懸孔居庚己線左一分三釐五毫五絲二忽。

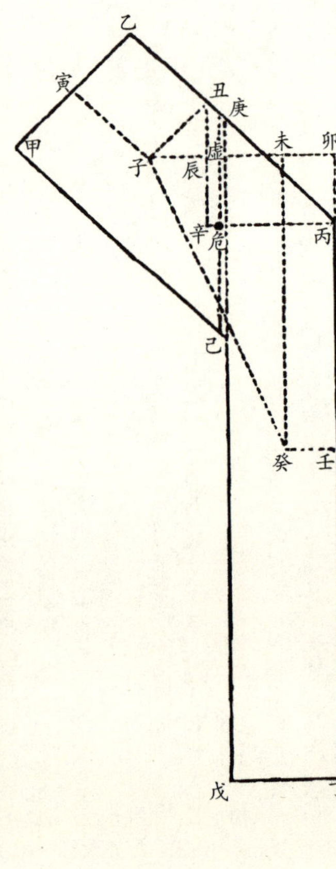

陳忠倚《清經世文三編》卷七《算學揹華百篇》

王鐘祥　求半球體重心

如圖，子丑寅爲半球體，作丑子、丑寅二綫，成丑子寅圓錐形，取丑辰四分之一午點爲圓錐重心，既得圓錐重心。以反比例求之，即得半球之重心。有比例如左。

一率　半球體積
二率　圓錐體積
三率　圓錐重心
四率　半球體重心

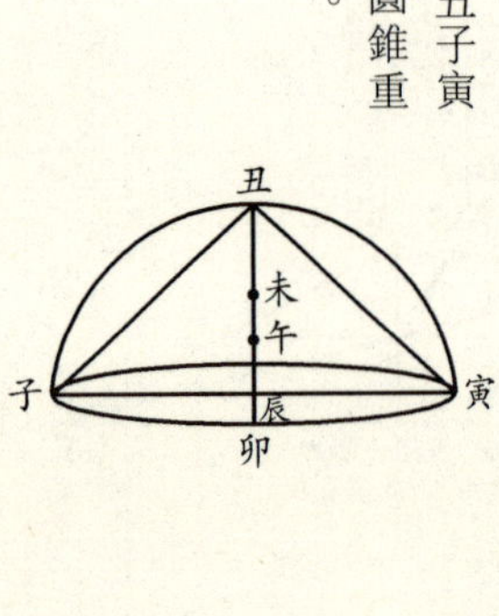

王宗福　求半周有質弧綫重心

如圖，甲丙乙爲半周有質弧綫，丙心爲半徑。半徑自乘，以象限周除之，得重圓二心距丁心，丁點即重心。

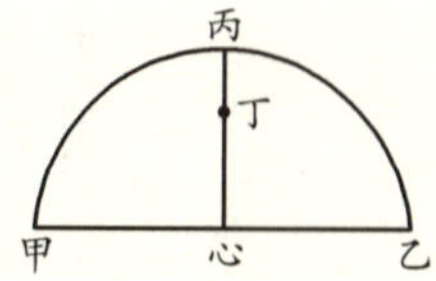

$$重距積和=\frac{半徑^二}{二}\quad 質和=半周\quad 重圓二心距=\frac{半徑^二}{二半周}=\frac{半徑^二}{象限}$$

王宗福　求殘缺圓面重心

如圖，甲丙乙半圓面，丙乙六十度，丙丁正交甲乙徑，求甲丙丁殘積之重心。

先作心丙半徑，將殘積分爲甲心丙、丙心丁二分，丙心丁句股之句爲半徑之半，求得丙心丁之重心爲卯。復求得半圓重心比例得一百二十度。甲心丙積之重心如子，作子卯綫。甲丁丙積與丙心丁積比，若子卯與子丑比，丑即所求重心。

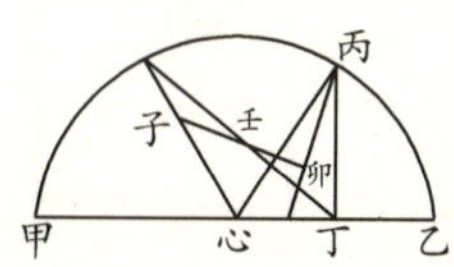

博勒洪武　求重心距各邊距離

如圖，甲乙丙丁爲硯，丙戊庚丁、甲乙庚戊二正方相等。壬子圓池，圓距丙戊、丙丁、丁庚三邊皆五分。

法先求得壬子積與丙戊庚丁積相減，餘三二四八。甲乙戊庚積亦爲五十方寸，則有比例如左。

一率　共積

二率　共長

三率　丙戊庚丁殘積三二四八

四率　丁心一九

求得丁心一九，則距甲乙邊三寸四分强，距丙丁邊六寸六分，距甲丙乙丁皆二寸五分。

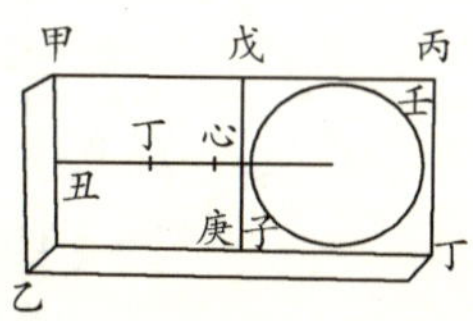

席淦　求三角形重心

如圖，先求句股重心甲。自甲作句股之垂線，引長至弦。懸於丙、辛二點，則句股合地平丙己爲弦三之一，辛己爲弦三之二，何也？甲丁爲庚丁三之二，乙丁亦爲戊丁三之二。丙乙與戊己平行，丙丁必爲己丁三之二，而丙己必爲三之一。又己甲爲己癸三之二，己壬必爲己戊三之二。辛壬與丁戊平行，則辛己必爲丁己三之二。

汪鳳藻　求不等面立三角重心

法任以一面爲底面，求得其重心點，自此點至頂角作線，必適立三角重心。復取一面如法作之，得二線交點，即所求。準此，自底面取重心線四分之一，即重心。

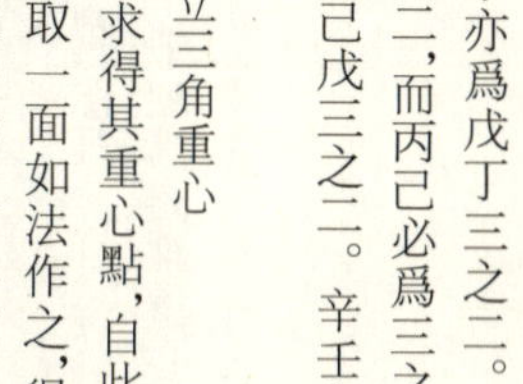

紀事

荀況撰　楊倞註《荀子》卷二〇《宥坐篇》　孔子觀於魯桓公之廟，有欹器焉。《春秋》哀公三年「桓宫、僖宫災」，《公羊傳》曰：「此皆毁宗廟也。其言災何？復立也。」或曰：三桓之祖廟欹器傾。欹，易覆之器。孔子問於守廟者曰：「此爲何器？」守廟者曰：「此蓋爲宥坐之器。」宥與右同。言人君可置於坐右，以爲戒也。《説苑》作「坐右」。或曰：宥與侑同，勸也。《文子》曰：「三皇、五帝有勸戒之器，名侑卮。」注云：「欹器也。」孔子曰：「吾聞宥坐之器者，虚則欹，中則正，滿則覆。」孔子顧謂弟子曰：「注水焉！」弟子挹水而注之，挹，酌。中而正，滿而覆，虚而欹。孔子喟然而嘆曰：「吁！惡有滿而不覆者哉！」子路曰：「敢問持滿有道乎？」孔子曰：「聰明聖知，守之以愚；功被天下，守之以讓；勇力撫世，守之以怯；撫，掩也。猶言蓋世也。富有四海，守之以謙。此所謂挹而損之之道也。」挹，亦退也。挹而損之，猶言損之又損。

劉安撰　高誘注《淮南子》卷一二《道應訓》　孔子觀桓公之廟，桓公，魯君。有器焉，謂之宥卮。宥，在坐右。孔子曰：「善哉乎！得見此器。」顧曰弟子取水，水至灌之，其中則正，中，水半卮中也。其盈則覆。孔子造然革容曰：「善哉！持盈者乎。」子貢在側曰：「請問持盈。」曰：「益而損之。」曰：「何謂益而損之？」曰：「夫物盛而衰，樂極則悲，日中而移，月盈而虧。是故聰明睿智，守之以愚；多聞博辯，守之以儉；武力毅勇，守之以畏；富貴廣大，守之以陋；德施天下，守之以讓。此五者，先王所以守天下而弗失也。反此五者，未嘗不危也。故老子曰：服此道者不欲盈，夫唯不盈，故能弊而不新成。」

韓嬰《韓詩外傳》卷三　孔子觀於周廟，有攲器焉。孔子問於守廟者曰：「此謂何器也？」對曰：「此蓋爲宥座之器。」孔子曰：「聞宥座器，滿則覆，虚則攲，中則正，有之乎？」對曰：「然。」孔子使子路取水試之，滿則覆，中則正，虚則攲。孔子喟然而嘆曰：「嗚呼！惡有滿而不覆者哉！」子路曰：「敢問持滿有道乎？」孔子曰：「持滿之道抑而損之。」子路曰：「損之有道乎？」孔子曰：「德行寬裕者，守之以恭；土地廣大者，守之以儉；禄位尊盛者，守之以卑；人衆兵强者，守之以畏；聰明睿智者，守之以愚；博聞强記者，守之以淺。夫是之謂抑而損之。《詩》曰：湯降不遲，聖敬日躋。」

王肅注《孔子家語》卷二《三恕》　孔子觀於魯桓公之廟，有攲器焉。攲，傾。夫子問於守廟者曰：「此謂何器？」對曰：「此蓋爲宥坐之器。」孔子曰：「吾聞宥坐之器，虚則攲，中則正，滿則覆。明君以爲至誡，故常置之於坐側。」顧謂弟子曰：「試注水焉。」乃注之水，中則正，滿則覆。夫子喟然嘆曰：「嗚呼！夫物惡有滿而不覆哉。」子路進曰：「敢問持滿有道乎？」子曰：「聰明睿知，守之以愚；功被天下，守之以讓；勇力振世，守之以法；富有四海，守之以謙。此所謂損之又損之之道也。」

劉義慶撰　劉孝標注《世説新語》卷下之上《巧藝》　陵雲臺樓觀精巧，先稱平衆木輕重，然後造構，乃無錙銖相負。揭臺雖高峻，常隨風摇動，而終無傾倒之理。魏明帝登基，懼其勢危，别以大材扶持之，樓即頽壞。論者謂，輕重力偏故也。《洛陽宫殿簿》曰：陵雲臺上壁方十三丈，高九尺；樓方四丈，高五丈。棟去地一三丈五尺七寸五分也。

劉晝《劉子》卷七《誡盈》　四時之序，節滿即謝。五行之性，功成必退。故陽極而降，陰極而昇，日中則昃，月盈則虧，此天之常道也。勢積則損，財聚則散，年盛返衰，樂極還悲，此人之恒情也。昔仲尼觀攲器而革容，孔子觀於魯桓公廟，有攲器焉。問守者曰：「此何器？」曰：「正坐之器。」曰：「吾聞，虚則攲，中則正，滿則覆。明君以爲至誡，故常置於坐側。」顧謂弟子曰：「試注水焉。」乃注之水，中則正，滿則覆。夫子喟然歎曰：「嗚呼！夫物惡有滿而不覆者哉。」鑒損益而歎息。孔子讀《易》，至於損益，喟然而嘆。子夏問曰：「夫子何歎焉？」孔子曰：「夫自損者必有益，自益者必有損，喜之以是歎也。」此察象而識類，覩霜而知冰也。夫知進而不知退，則踐盈滿之危。處存而不忘危，必履太山之安。故雷在天上曰《大壯》，山在地中曰《謙》，謙則裒多益寡，壯則非禮勿履。處壯而能用禮，居謙而能益寡，降高以就卑，抑强而同弱，未有謙尊而不光，驕盈而不斃者也。聖人知盛滿之難持，每居德而謙沖。雖聰明睿智而志逾下，富貴廣大而心逾降，勛蓋天下而情逾抑，不以德厚而矜物，不以身尊而驕民。

令狐德棻等《周書》卷三八《列傳第三十・薛憕》　大統四年，宣光清徽殿初成，憕爲之頌。魏文帝又造二攲器，一爲二仙人共持一鉢，同處一盤，鉢蓋有山，山有香氣。一仙人又持金瓶以臨器上，以水灌山，則出於瓶而注乎器，煙氣通發山中，謂之仙人攲器。一爲二荷同處一盤，相去盈尺，中有蓮，下垂器，上以水注荷，則出於蓮而盈乎器。爲鳬鴈蟾蜍以飾之，謂之水芝攲器。二盤各處一牀，鉢圓而牀方，中有人，言三才之象也。皆置清徽殿前，器形似觥而方，滿則平，溢則傾，憕各爲作頌。

李延壽《南史》卷七二《列傳第六十二・文學・祖沖之》　晉時杜預有巧思，造攲器，三改不成。永明中，竟陵王子良好古，沖之造攲器獻之，與周廟不異。

張鷟《朝野僉載》卷六　韓王元嘉有一銅樽，背上貯酒，而一足倚，滿則正立，不滿則傾。又爲銅鳩，氈上摩之熱，則鳴如真鳩之聲。

牛肅《紀聞》李昉《太平廣記》卷二二六　如是數年，敕但給其用，竟不拜官。待封恥之，又奏請造攲器、酒山撲滿等物。許之。皆以白銀造作，其酒山撲滿中機關運動，或四面開定以納風氣，風氣轉動，有陰陽向背，則使其外泉流吐納，以挹盃斝酒使出入，皆若自然，巧踰造化矣。既成，奏之，即屬宫中。有事竟不召見，待封恨其數奇，於是變姓名，隱於西河山中。至開元末，待封從晉州來，自稱道者吴賜也。常絶粒，與崔邑令李勁造酒山撲滿、攲器等。酒山立於盤中，其盤徑四尺五寸，下有大龜承盤，機運皆在龜腹內。盤中立山，山高三尺，峰巒殊妙。盤以木爲之，布漆其外，龜及山皆漆布脱空彩畫，其外山中虚受酒三斗。繞山皆列酒池，池外復有山圍之。池中盡生荷花及葉，皆鍜鐵爲之。花開葉舒，以代盤檏，設脯醢珍果佐酒之物於花葉中。山南半腹有龍，藏半身於山，開口吐酒。龍下大荷葉中有盃承之，盃受四合，龍吐酒八分而止，當飲者即取之。飲酒若遲，山頂有重閣，閣門即開，有催酒人具衣冠執板而出，於是歸盞於葉，龍復注之。酒使乃還閣，門即閉。如復遲者，使出如初，直至終宴，終無差失。山四面，東西皆有龍吐酒。雖覆酒於池，池內有穴，潛引池中，酒納於山中，比席闌終飲，池中酒亦無遺矣。攲器二，在酒山左右，龍注酒其中，虚則攲，中則平，滿則覆，則魯廟所謂侑坐之器也。君子以誡盈滿，孔子觀之以誡焉。杜預造欹器不成。前史所載若吴賜也，造之如常器耳。出《紀聞》。

李肇《唐國史補》 蘇州重玄寺閣一角忽墊，計其扶薦之功，當用錢數千貫。有游僧曰：「不足勞人，請得一夫斫木爲楔，可以正之。」寺主從焉。游僧每食訖，輒取楔數十，執柯登閣，敲椓其間。未旬日，閣柱悉正。

王定保《唐摭言》卷一〇《海敘不遇》 盧汪門族甲於天下，因官家於荆南之塔橋舉進士，二十餘上不第，滿朝稱屈，嘗賦一絶，頗爲前輩所推，曰：惆悵興亡繫綺羅，世人猶自選青娥。越王解破夫差國，一箇西施已太多。晚年失意，因賦酒胡子長歌一篇，甚著序曰：二三子逆旅相遇，貰酒於旁舍，且無絲竹，以用娱賓友。蘭陵掾淮南王探囊中得酒胡子，置於座上，拱而立令曰：巡觴之時，人心俛仰，旋轉所向者舉盃。其形類人，亦有意趣，然而傾側不定，緩急由人，不在酒胡也。作酒胡歌以誚之曰：同心相遇思同歡，擎出酒胡當玉盤。盤中臲卼不自定，四座親賓注意看。可以不在心，可以不在面，徇俗隨時自圓轉。此物五藏屬他人，十分亦是無情勸。爾不耕亦不饑，爾不蚕亦有衣。有眼不曾分黼黻，有口不能明是非。鼻何尖，眼何碧，儀容本非天地力。雕鐫匠意若多端，翠帽朱衫巧裝飾。長安斗酒十千酤，劉伶平生爲酒徒。劉伶虚向酒中死，不得酒池中拍浮。酒胡一滴不入腸，空令酒胡名酒胡。

歐陽修《歸田録》卷上 開寶寺塔在京師諸塔中最高，而制度甚精，都料匠預浩所造也。塔初成，望之不正，而勢傾西北。人恠而問之，浩曰：京師地平無山，而多西北風吹之，不百年當正也。其用心之精，蓋如此。國朝以來，木工一人而已。至今木工皆以預都料爲法，有《木經》三卷行於世。世傳浩惟一女，年十餘歲，每卧則交手於胷，爲結構狀。如此踰年，撰成《木經》三卷，今行於世者是也。

歐陽修等《新唐書》卷八〇《列傳第五·李皋傳》 皋嘗自創意爲欹器，以髹木，上出五觚，下鋭圓，爲盂形。所容二豆，少則水弱，多則彊，中則水器力均，雖動揺乃不覆。

釋文瑩《玉壺野史》卷一 蘇翰林易簡一日直禁林，得江南徐邈所造敧器，遂以水試於玉堂。一小璫傳宣於公，見之不識其名，因密奏。既晚，太宗召對曰：「卿所玩者，得非敧器乎？」公奏曰：「然。」亟取進之，於便坐上親試之以水，或增損一絲許，器則隨敧，合其中，則凝然不揺。上嘆曰：「真聖人切誡之器也。」公奏曰：「願陛下執大寶神器，持盈守成皆如此器，則王者之業可與天地同久。」上徐笑謂公曰：「若腹之容酒，得此器節之，安有沈湎之過耶。」蓋公嘗嗜飲過中，故託此以規之。」易簡泣謝慙佩，上親撰《敧器銘》及草書《誡酒詩》以賜焉。

張邦基《墨莊漫録》卷八 飲席刻木爲人而鋭其下，置之盤中，左右欹側，僛僛然如舞狀，久之力盡乃倒。視其傳籌所至，酬之以盃，謂之勸酒胡。程俱致道嘗作詩云：「簿領青州掾，風流麴秀才。長煩拍浮手，持贈合歡盃。屢舞回風急，傳籌向羽催。深慙偃師氏，端爲破愁來。」或有不作傳籌，但倒而指者當飲。

趙希鵠《洞天清録·古鐘鼎彝器辨·古器不知名》 餘姚一達官家有古銅盆，大如火爐而週迴有十二環。婺州馬鋪嶺人家掘得古銅盆，而兩環在腹下足之上。此二器文字所不載，或以環低者爲古敧器。

脱脱等《宋史》卷四六二《列傳第二百二十一·方技下·僧懷丙》 僧懷丙，真定人，巧思出天性，非學所能至也。真定構木爲浮圖十三級，勢尤孤絶。既久而中級大柱壞，欲西北傾，他匠莫能爲。懷丙度短長，别作柱，命衆工維而上。已而却衆工，以一介自從，閉户良久，易柱下，不聞斧鑿聲。

藝文

許敬宗《敧器賦應詔》陳元龍等《歷代賦彙》卷八五 臣聞人靈貴損，天道忌盈。朱火終而炎景謝，金波滿而哉魄生。察遞來於四序，揆迭運於三精。淺智昧於成象，通識詳於未萌。務循虚而守約，處崇高而慎傾。爰製宥卮，勗兹居位。藏丹楹之峻宇，偶清廟之彝器。體虚舟之瀁空，鑒撲滿之延祟。彼游鱗之盤樂，咸見亡於芳餌。此貪夫之死權，誠要駕於名利。唯達人兮服道，執温恭兮静志。居泰山以思危，騁高衢而不躓。在大明之玄覽，猶垂旒以蔽聰。履克讓之貞吉，尚養正以希蒙。矧羣材之小器，忘戒溢而虧沖。悟負乘之必蹶，敬循崖而飭躬。由是鳴謙君子，卑以自牧。如彼景山，猶藏疾於林麓；譬諸巨海，亦素王於百谷。庶辭滿而常正，固懷空而靡覆。若乃求中軌範，流慶資源。峰潤由於韜玉，葉茂本於深根。草卷葹而不死，木交讓以俱存。梅飛英而斂笑，桃絢彩而無言。燕迎秋兮遁跡，鷽移春兮息喧。皆順序而行止，得妙物之玄門。道雅合於斯器，故保精而養魂。

張鼎《攲器賦》陳元龍等《歷代賦彙》卷八五　聞夫日中則昃，鼎折則傾。月容守缺而忌滿，神道福謙而害盈。聖人察兩曜之度，觀萬物之情。知務進者危於不止，擬貪取者敗於幾成。爰制座右，與人作程。開其可誡之迹，加以必覆之名。然而不增不減，能正能平。考低昂而必應，亦有效於權衡。爾其顛沛是虞，包藏自縱。或益之而損，故至其滿成覆餗之凶；或損之而益，故當其無爲有器之用。且聖人云：其脆乃破，其安易持。則何不避禍於將盈之日，圖全於未兆之時？力小任重，鮮不克敗，滿而既溢，傾必從之。亦猶富不與侈會，貴不與驕期。若以馬而喻馬，則念兹而在兹。又曰：積德不積財，無爲故無敗；貪禄者致禍，增高者致壞。是以古人作則，爲今人之師；前車覆軌，誠後車之誡。借如乃武乃文，巖廊之君；一生一死，繁華之子。故常觀其所由，察其所以。嗟乎！福兮禍所伏，禍兮福所倚。既禍福之無門，信吉凶之由己。且喪道則貪邪，貪邪至於喪生。知足則不辱，不辱在於知止。苟欲圖安以遠害，又宜去彼而取此，則知攲器之器大哉，吾將以爲教始。

韋肇《攲器賦》陳元龍等《歷代賦彙》卷八五　若大天地忌滿，鬼神害盈，方輿以之東缺，圓蓋以之西傾，百川因兹灌注，七曜由是貞明。故聖人以沖虚作式，賢達以撝謙爲情。於是盤盂設誡，几杖必紀，金人貽誨於周書，撲滿流規於漢史。順之者福，逆之者恥，乃垂訓於小人，咸取象於君子。豈若方圓有度，規矩合儀，不虚不滿，能安能危。考衆器之論最，實莫先於宥卮，不隨日兮時昃，不與月兮暫虧。體執謙損，性尚沖撝。知盈槩而必覆，故止足而何期。唯上聖之設法，處中庸而在兹。使廉恕以效，貪殘改質。金張可望形而謝寵，許史可覩容而辭秩。疏廣感此而挂冠，范蠡勗兹而自逸。覽斯器之爲美，何餘物之能匹。原大出自聖者之心，成乎匠人之手；匪雕匪刻，可大可久。鄙巨壑之難盈，惡滿卮而虚受。寧取類於瓦杯，以供堯舜；不願同於金爵，惟資桀紂。故一化於陶鈞，歷千載而不朽。由是魯君之廟，置諸户庭，左鄰東序，右界西扃，惟仲尼之多聖，賴弟子而爲銘。僕又何德，輕塵翰墨，雖不假於先容，實有愧於覩國。

張元覽《攲器賦》董誥等《全唐文》卷九五一　夫陽烏中而則謝，陰兔望而斯蝕。諒天道之常理，豈人情之能測！何此器之知機，體變通之消息。其形也菲陋，任其淳素之姿；其質也嵚欹，無假丹青之飾。平而則正，滿而斯側，不平不滿，無窮無極。夫盛衰共貫，倚伏多途，或始吉而終否，或前榮而後枯。纔聞棲越，遽見亡吴。不知戒其盈溢，空有歎於姑蘇。是知高而不危則治，操而有求則競。見握髮以存誡，慮宵衣而致命。老氏貴其善建，大易崇其積慶。殷湯鏤几以爲虞，孔甲鑄盤而自鏡。爾其冥豫不止，懷足無厭，釁成山嶽，禍起微纖。愚者已然而不見，智者未兆而斯瞻。聖人損之而又損，君子謙之而更謙。大禹惟聖，每殷勤於菲食；惟堯則哲，終眷戀於茅簷。然而默默如存，隆隆自絶。天且不能固西北之壞，地且不能補東南之缺。天地尚不能久，矧人道之不滅。勒兹器以爲箴，庶作鑒於來哲。

劉禹錫《平權衡賦》陳元龍等《歷代賦彙》卷八五　惟天垂象，惟聖作程。播二氣而是分晷度，立五則而在審權衡。上穆天時，應陰陽之克正；下統人極，俾準繩而惟平。於是黍絫無差，毫釐必究，等度量而化通遠邇，體平均而勢行宇宙。當其夾鍾中律，南吕戒候，銅渾應節於寒暑，玉漏方齊乎宵晝。繇是命有司而申令，考前王而是遵。權輕重以審則，中規矩而和鈞。事垂文兮，風傳乎千古；道如砥兮，日用於兆人。懿夫正以處中，平而立矩；命其同也，有虞之制克彰；稱其謹焉，宣父之言可取。故能用該仁里，象合天文。既左旋而右折，量輕併而重分。持平罔虧，可爲範於秉鈞之佐；立信惟一，將有助於執契之君。不然，則何以懸之而息彼姦詐，正之而協於晨夜？得平則正，我之道兮允執厥中；益寡裒多，衆所用兮不言而化。化之有孚，功莫可踰。立規程罔慙夫龜鏡，揣鈞石寧失乎錙銖。匪假垂鈞，而其用不匱；何勞剖斗，而所争自無。方今百度惟貞，萬邦承則，順時設教兮靡不獲所，同律和聲兮允臻其極。玉衡正而三階以平，七政齊而庶政不忒矣。美君臣之同體，猶權衡以合德。宰準繩之在心，庶輕重之不惑。

陳佑《平權衡賦》陳元龍等《歷代賦彙》卷八五　俾民不迷，兹器惟則。行之而萬象正，動之而天下直。一人不宰，命任權者必公；百辟以孚，在持衡者守德。此蓋國之恒準，教以順行。雖因時以考正，乃假人而後成。權之垂，知俯下而斯重；衡之正，乃得一以至貞。忠以自勝，直哉惟清。物無偏以表德，器守公而作程。動必推移，佐璿璣而克正。静無偃仰，若泰階之既平。懿夫衡之誠懸，德乃是茂。秉中正以不忒，在毫釐而何謬。衆星分列，若歷歷以拱辰；一權下臨，正亭亭而當晝。斯斟酌之所以，俾名實以相副者也。爾其觀象取則，其數可陳。積而成重，銖以和鈞。稱物平施，則其道無極；從時利用，乃有命惟新。既審度而攸準，夫何患乎不均。安則無傾，正以順化。四時行令，必因其陰陽。一德奉天，諒貞夫日夜。是知分寸相生成乎象，盈虚有準觀夫文。因黄鍾以起數，應玄鳥之司分。爾乃七政允修，五常斯覩。爲時德也，誠金義而木仁；爲器法焉，乃左旋而右矩。既輕重之必審，雖微細而待取。平之爲美，曲逆終作漢臣；中以見稱，伊尹是爲殷輔。茲乃衡之爲道也可大，權之爲義也斯孚。繩從則正，德不可誣。動不欺於累黍，用有識於分銖。若夫求平之至者，執中之謂乎。

又《衡誠懸賦》陳元龍等《歷代賦彙》卷八五　衡之誠也，義在乎有孚；懸之審也，法貴其不渝。先賢所以弘建作，智者所以通規模，俾人事之有準，在權衡之合符。端平可以揣金石，輕重可以分錙銖。遠取諸天，既齊七政；不私於物，亦象三無。質因材而斯宣，文綴星而可覽。臨用詳備而有誠，物情詐僞而何敢。此良工之度木，同藥鏡之照膽。故審其思者，爲衡可持；端其事者，於物無欺。以之忖刻舟，爰定其圭撮；以之明度量，不失其毫釐。實同途於執政，將一體於有司。誠可大而可久，必念茲而在茲。若乃懋遷有無，應用鄽里，萬物稟原，百貨資始。苟執其均平，孰不我以？稱物則合於聖人，有常乃比於君子。至哉權衡，功與利并。成天下之務，其利斯溥；爲天下之式，其功不輕。道在乎至要，理歸乎至貞。提握之間，而萬人取則；尋尺之內，而九有致平。豈不以作者之聖，述者之明，守而勿失，用之必行。將度量而並設，與規矩而齊名。掄材至精，多士無壅。以權衡擬升降，以中正爲遵奉。當平施而不差，仰衡誠之義重。

張賈《衡誠懸賦》陳元龍等《歷代賦彙》卷八五　衡稱物以致用，誠至精以作孚。惟衡也，表正直之有則；惟誠也，俾輕重之不踰。是將默運乎規矩，顯微乎錙銖。齊日月於七政，協天地於三無。且衡之德也，權以相扶。正之道也，禮之爲樞。權得其誠而物無不應，禮歸於正而奸不可誣。是知大德所感，小人是慘。舉輕爲重，彼於信而自虧；犯正以邪，將畏禮而罔敢。衡之用也可大，衡之設也無欺。既有別於高下，固非差於毫釐。懿夫設爾而倚，坦然而夷。其大不讓，其細不遺。始執謙而益矣，終忌滿而損之。必盈縮而得度，乃中正而自持。弘於道，深可均於五則；遵乎信，宜作配於四時。原夫衡爲器之軌，禮爲邦之紀。宰物者必察其所持，爲政者必視其所以。均則無怨，是將施德於人；審乃不欺，故曰爲仁由己。彼天下之至精，實至人之用情。衡持平而固本，權應變而定傾。俾廉者之中節，抑貪夫而不爭。虛而受鈞石不能以爲重，進而就圭撮不足以爲輕。惟合德之爲美，故進退而有程。我有司以守職操持，羣才所奉。垂正直之權衡，察善敗之輕重。此所以振千古之貞範，副大君之垂拱者也。

李宗和《平權衡賦》陳元龍等《歷代賦彙》卷八五　王者統四時，均五則。彼權衡之爲準，驗陰陽之不忒。鈞深致遠，黍累於焉靡差；稱物平施，晷度由之斯得。惟權也分其重，惟衡也取其平。明乎國經，固懸茲以垂範；掌乎天秩，如用茲而永貞。衡任權以鈞物，權資衡以作程。故一人體之以清萬國，萬國仰之而庶政以成。當其玄鳥司分，疇人敬授。既量諸夕，又測其晝。盈虛氣等，何藉於土圭；日夜時分，已傳於玉漏。莫不同度量以應其時，平權衡以叶其候。苟順氣以頒節，實從時而不謬。其功斯博，其道式孚。諒同均於遠近，故不失於錙銖。俾稱物者守之無易，掄材者持之罔逾。皇矣我君，康哉神化。萬方取則，自得於均平；二氣尚分，無愆於晝夜。不然者，何以佐璿樞之斟酌，調元氣以絪緼。申乎舊章，孰似權衡之大；匪無同異，所紀春秋之分。齊其重輕，等其規矩。豈鈞銖之是待，在繩準而有取。固將平邦國，亦以敘彝倫。七政惟齊，有符乎應天之運。百工咸賴，實資乎秉國之鈞。宜其平域中而齊律度，貞天下而利黎人。惟正直可法，惟中平可均。夫如是，則權衡者蓋亦考茲義而是遵。

李德裕《攲器賦有序》陳元龍等《歷代賦彙》卷八五　癸丑歲，予時在中樞，丞相路公見遺攲器。贈以古人之物，永懷君子之心，嘗欲報以詞賦，屬力少任重，朝夕盡瘁，固未暇於體物。今者公已歿世，予又放逐，忽覩茲器，悽然懷舊，因追爲此賦，置公靈筵。詞曰：

昔周道砥平，既安且寧。赫赫公旦，配德阿衡。謂難守者成，難持者盈。始作茲器，告於神明。至仲尼憲文武之道，思周公之德。入太廟而觀器，覩遺法而歎息。且曰：月滿而虧，日中而昃。彼天道之常然，欲久盛而焉得。乃沃水於器，察微要終。挹彼注茲，受之若沖。虛則鵧飢，似君子之困蒙；中則端平，如君子之中庸。既滿傾跌，霆流電發。器如隄潰，水若河決。非神鼎之自盈，異衢樽之不竭。蓋欲表人道之隆替，明百事之有節。然茲器也，不以中而自藏，不以跌而自傷。其過也如彼薄蝕，其更也浸發輝光。得其道者，居則念於豐蔀，動乃思於謙受。顏既復而不遠，惠屢黜而何咎。知任重之必及，悟物盈之難久。雖神道之無形，常惕然於前後。昔與君子，同秉國鈞。公得之爲賢相，予失之爲放臣。覩遺物之猶在，懷舊好而悲辛。欲克己以復禮，永報德於仁人。

徐夤《酒鬍子》彭定求等《全唐詩》卷七〇八　紅筵絲竹合，用爾作歡娛。直指寧偏黨，無私絕覬覦。當歌誰擐袖，應節漸輕軀。恰與真相似，氈裘滿頷鬚。

佚名《衡賦》陳元龍等《歷代賦彙》卷八五　搜聖人之垂象，伊茲衡之可觀。材徑挺以繩直，星連綿而珠攢。惟用也，甿庶不能以多少隱；惟平也，輕重不能以詐僞干。故得萬人，所以廛里。物或紛競，可以定黍累之圭撮。利其分毫，可以觀低昂之容止。執中以告，無或不喜。則夫衡之爲物，其用甚大。四方正而域中平，七政齊而天下泰。動而無欲，任之故絶私。益而無妨，行之固不害。然能思無不踐，應倉舒刻舟之深淺。問無不知，表張重度骨之威儀。若乃均其神道，形其事業，聖人因之以平施，邊鄙賴之而不怯。豈欲决其差謬，明其有無，小人取之以作則，君子見之而交孚。則有王臣謇謇，宰職秩秩。洞鑒人才，神無隱質。諒兹衡之攸飽，故守之而勿失。儻陳平之見知，宰州縣之如一。

佚名《衡賦》陳元龍等《歷代賦彙》卷八五　先主之欲齊政立信，平施執中，天下之利害攸同，則非衡無以達其志，非衡無以成其功。故後代聖人，奉之而不墜，懸之而無窮；遠必昭乎庶物，近罔欺於厥躬。少多之分著，彼我之情通。廉者不約，貪者不豐。昭昭有禮殊之義，洋洋有樂和之風。乃以見權衡之德，器用之雄也。觀夫製形有象，稱物以律；萬萬靡差，銖銖罔失；雖遇寡而必舉，亦裒多而不溢。儻有賈豎，懷虛背實，雖手巧而用售，終身平而貞吉。節在不欺，德咸有一；用之則竭力於百戰，舍之則甘心於三黜。其昭明也，有景緯之文；其重墜也，有沈潛之質。是以春秋仲而均之以法，日夜分而俾之無妄。體正居中，懷柔抱壯。揣千鈞之重，不贏其材；稱萬物之多，草窮其量。夫然則人亦有是，豈惟斯平？士爲之物，官爲之衡。材之云多，雖默必重。文之不腆，雖語必輕。非榮辱莫敢怨，得喪莫敢驚。挺然誠懸，不可欺以輕重。確乎不拔，孰敢議其屯亨。吾當顒顒視聽，直心舉措，豈能朵頤騰口如韋也。

王禹偁《卮言日出賦》陳元龍等《歷代賦彙》卷六八　卮之爲物也，空則仰，滿則傾。伊斯言之無係，假厥器而强名。日出彌新，尚安知其適莫；天倪自得，亦何繫於虛盈。豈不以卮無所識，每逐物而欹側；言無所執，但因時而語默。諒何思而何慮，固靡失而靡得。用能滿天下以無過，體寰中而可則。徒觀夫卮饒飢以弗定，言支離而不窮。孰見兆朕，難明始終。冥其心若虛舟之泛水，應乎物類天籟之鳴空。是以至道無形，至人絶想。詎難追於駟馬，寔冥求於罔象。以不器之器是資，以不言之言爲上。存於身，則大智之閑閑；移於邦，則王道之蕩蕩。喻鳴鐘之大小，物莫我欺；取膠柱於樞機，吾將安仰。大哉！卮也者，既異欹器且殊漏。卮言也者，亦匪確論又非詭隨。知萬物之種也，奚千里而應之。智過挈瓶，檮杌之書徒爾；信踰盈缶，連山之象云爲。故曰不言則齊，同形相禪。巧如簧兮非偶，卒若環兮無變。得之者毀譽兩忘，失之者是非交戰。詳夫卮有空滿，於義則那言無準的。在理云何，亦猶君不言而黔首化，天不言而玉燭和。是以大道五十，取不知而立誠；寓言十九，藉外論以同波。今我后據北極之尊，窮南華之旨，思欲體清浄而率兆庶，故先命詞賦而試多士，盛乎哉！崇道之名，不爲虛美。

吴偉業《梅村集》卷一四《戲詠不倒翁》　掉首浮生半紙輕，一丸封就任縱横。何妨失足貪游戲，不耐安眠欠老成。儘受推排偏屈强，敢煩扶策自支撑。却遭桃梗妍皮誚，此内空空浪得名。

勢分部

論説

鄭玄注　陸德明音義　賈公彦疏《周禮注疏》卷三九《冬官考工記》　或坐而論道，或作而行之，或審曲面埶以飭五材，以辨民器，或通四方之珍異以資之，或飭力以長地財，或治絲麻以成之。注：言人德能事業之不同者也。論道，謂謀慮治國之政令也。作，起也。辨猶具也。資，取也，操也。鄭司農云：「審曲面埶，審察五材曲直方面形埶之宜以治之，及陰陽之面皆是也。《春秋傳》曰：天生五材，民竝用之。謂金、木、水、火、土也。」故書資作齊。杜子春云：「齊當爲資，讀如冬資絺之資。」玄謂此五材，金木皮玉土。音義：埶，音勢。飭，音勑，下同。辨，皮莧反，具也，注及下同。長，丁丈反，下同。操，七曹反。疏：釋曰：此六者，即上文之六職也。此皆舉其事，下文皆言其人以覆之。注釋曰：言人德者，坐而論道是也。言人能者，作而行之是也。言人之事，審曲面埶是也。言人之業，通四方珍異，飭力以長地財，治絲麻以成之，三者是也。云論道，謂謀慮治國之政令，此即《尚書・成王周官》云：立大師、大傅、大保，兹惟三公，論道、經邦、燮理陰陽。是謀慮治國之政令，使陰陽順敘也。先鄭云審曲面埶，審察五材曲直方面形勢之宜以治之者，謂若《弓人》，夾弓、庾弓，往體多，來體寡，利射侯與弋。鄭云：射遠者用埶。若王弓、弧弓，往體寡，來體多之類，皆是審察五材曲直方面形埶之宜也。云及陰陽之面皆是也者，謂若下云斬轂之道，必矩其陰陽，是記其陰陽之面者也。云《春秋傳》曰，《左氏》襄二十七年，宋西門之盟，欲弭諸侯之兵。云天生五材，民竝用之，廢一不可。先鄭以五材，金木水火土。後鄭不從。

孫武《孫子・兵勢》　激水之疾至於漂石者，勢也。鷙鳥之疾至於毁折者，節也。故善戰者，其勢險，其節短。勢如彍弩，節如發機。【略】故善戰者，求之於勢，不責之於人，故能擇人而任勢。任勢者，其戰人也如轉木石。木石之性，安則静，危則動，方則止，圓則行。故善戰人之勢，如轉圓石於千仞之山者，勢也。

管仲撰　房玄齡注《管子》卷一一《君臣下》　是故厲之以八政，八政謂洪範之八政。旌之以衣服，衣服所以表貴賤也。富之以國裹，裹謂財貨所苞裹而藏也。貴之以王禁，禁令行，然後知常者之可貴也。則民親君可用也。民用則天下可致也。天下道其道則至，君得名道則天下至。不道其道則不至也。夫水波而上，盡其摇而復下，其勢固然者也。言水波湧而上，既盡其勢，還復摇動歸下而止。此自然之勢，喻人懷德而來，畏威不去者也。故德之以懷也，威之以畏也，則天下歸之矣。

又　卷一八《度地》　桓公曰：「水可扼而使東西南北及高乎？」管仲對曰：「可。夫水之性，以高走下則疾，至於漂石。謂能漂浮於石。而下向高，即留而不行，故高其上領瓴之，尺有十分之三，里滿四十九者，水可走也。上謂水從來處。高之者欲注下，取勢也。瓴，謂瓴甋也。言欲令水上高，必大爲瓴甋，私空其中，使前後相受，以尺爲分，每領而有十尺，即長一丈也。分之於三里，聞之每里，滿此四十九。如此，則水可走上矣。乃迂其道而遠之，以勢行之。行曲也。謂下曲水道，遠張其勢，而以行水。水之性，行至曲必留退，滿則後推前。謂水至處，必流而却退。其處既滿，則後水推前水令去。地下則平，行地高即控。控，謂頓也。言水頓挫而却。

公孫商《商子》卷五《禁使》　凡知道者，勢數也。故先王不恃其强，而恃其信，恃其數。今夫飛蓬遇飄風而行千里，乘風之勢也。深淵者知千仞之深，繩之數也。故託其勢者，雖遠必至。守其數者，雖深必得。

孟子撰　趙岐注　孫奭音義并疏《孟子注疏》卷一一上《告子章句上》　告子曰：性猶湍水也，決諸東方則東流，決諸西方則西流。人性之無分於善不善也，猶水之無分於東西也。注：湍水，圜也，謂湍水湍縈水也。告子以喻人性若是水也。善惡隨物而化，無本善不善之性也。孟子曰：水信無分於東西，無分於上下乎？人性之善也，猶水之就下也。人無有不善，水無有不下。今夫水搏而躍之可使過顙，激而行之可使在山，是豈水之性哉，其勢則然也。人之可使爲不善，其性亦猶是也。注：孟子曰水誠無分於東西，故決之而往也。水豈無分於上下乎？水性但欲下耳，人性生而有善，猶水之欲下也。所以知人皆有善性，似水無有不下者也。躍，跳。顙，額也。人以手跳水，可使過顙。激之可令上山，皆迫於勢耳，非水之性也。人之可使爲不善，非順其性也，亦妄爲利欲之勢所誘迫耳，猶是水也。言其本性非不善也。疏：正義曰：此章言人之欲善，猶水好下，迫勢激躍，失其素真。是以守正性爲君子，隨曲折爲小人者也。告子曰性猶湍水也，至東西也。告子言人之性猶縈迴之水也。湍，圜。縈，迴之勢也。縈迴之水，決之使流於東方則東流之，使之流西方則西流之。而人之性無分於爲善、爲不善也，如縈迴之水無分於東西也。孟子曰至是也。孟子言水之性，無分於東西、上下乎？言有分於東西上下也。人性之善也，猶水之就下也。人無有性之不善者，水無有不就下者。今夫水之勢搏而跳之，可使過額；激而行之，可令上山。如此豈水性如是哉？是其勢如是也。人之性所以可使爲不善者，亦若此水之勢也。以其人之性不善，乃利欲而誘迫之也，亦搏激其水之謂也。注：湍者，圜也。正義曰：《説文》云：湍急瀨水。又云：瀨水流沙上也。今謂縈迴之水者，言其水流沙上，縈迴之勢湍湍然也。音義：湍，他端切。陸云：湍，波流也。無分，如字，丁扶問切，下同。縈，字書作濚，余傾切。波，勢回貌。搏，張補各切，云以手擊水，丁作搏，音團。顙，蘇黨切。好，呼報切。卷内皆同，惟下注好人好耳如字。

慎到撰　慎懋賞校《慎子内篇》　夫弩弱而勢高者，激於風也。身不肖而令行者，得助於衆也。堯教於隸屬而民不聽，至於南面而王天下，令則行，禁則止。由此觀之，賢智未足以服衆，而勢位足以屈賢者也。

荀況撰　楊倞注《荀子》卷二〇《子道篇》　孔子曰：「由志之，吾語汝。雖有國士之力，不能自舉其身，非無力也，勢不可也。國士，一國勇力之士。故入而行不脩，身之罪也；出而名不章，反之過也。」

韓非撰　何犿注《韓非子》卷八《功名》　夫有材而無勢，雖賢不能制不肖。故立尺材於高山之上，則臨千仞之谿，材非長也，位高也。桀爲天子，能制天下，非賢也，勢重也。堯爲匹夫，不能正三家，非不肖也，位卑也。千鈞得船則浮，錙銖失船則沉，非千金輕、錙銖重也，有勢之與無勢也。故短之臨高也以位，不肖之制賢也以勢。

吕不韋撰　高誘注《吕氏春秋》卷八《仲秋紀・論威》　今以木擊木則拌，拌，析也。以水投水則散，以冰投冰則沈，以塗投塗則陷，此疾徐先後之勢也。夫兵有大要，知謀物之不謀之不禁也，則得之矣。

劉安撰　高誘注《淮南子》卷九《主術訓》　禹決江疏河，以爲天下興利，而不能使水西流。稷辟土墾草，以爲百姓力農，然不能使禾冬生。豈其人事不至哉，其勢不可也。夫推而不可爲之勢，而不修道理之數，雖神聖人不能以成其功，而況當世之主乎。

又　卷一一《齊俗訓》　夫竹之性浮，殘以爲牒，束而投之水則沉，失其體也。金之性沉，託之於舟上則浮，勢有所支也。

又　卷一五《兵略訓》　今使兩人接刃，巧拙不異，而勇士必勝者何也？其行之誠也。夫以巨斧擊桐薪，不待利時良日而後破之。加巨斧於桐薪之上，而無人力之捧，雖順招搖，挾刑德，招搖，斗杓也。刑，十二辰也。德，十日也。而弗能破者，以其無勢也。故水激則悍，矢激則遠。夫栝淇衛箘簵，栝，箭栝也。淇衛箘簵，箭之所出也。載以銀錫，載，飾也，飾箭以銀。雖有薄縞之幨，縞，細繒也。腐荷之矰，荷，蓮華也。矰，猶矢也。然猶不能獨射也。假之筋角之力，弓弩之勢，則貫兕甲而徑於革盾矣。夫風之疾，至於飛屋折木，虛舉之下大遲，自上高邱，虛舉，不駕也。風疾飛之，下大遲復上高邱也。人之有所推也。是故善用兵者，勢如決積水於千仞之隄，若轉員石於萬丈之谿。天下見吾兵之必用也，則孰敢與我戰者。【略】發必中詮，言必合數，動必順時，解必中揍，揍，理也。通動靜之機，明開塞之節，審舉措之利害，若合符節，疾如彍弩，勢如發矢，一龍一蛇，動無常體，莫見其所中，莫知其所窮，攻則不可守，守則不可攻。

董仲舒《春秋繁露》卷七《考功名》 考績之法，考其所積也。天道積聚，衆精以爲光。聖人積聚，衆善以爲功。故日月之明，非一精之光也。聖人致太平，非一善之功也。明所從生，不可爲源。善所從出，不可爲端。量勢立權，因事制義。故聖人之爲天下興利也，其猶春氣之生草也，各因其生小大而量其多少。其爲天下除害也，若川瀆之瀉於海也，各順其勢傾側而制於南北。故異孔而同歸，殊施而鈞德，其趣於興利除害一也。

徐幹《中論》卷上《貴言》 故大禹善治水而君子善導人。導人必因其性，治水必因其勢。是以功無敗而言無棄也。

諸葛亮《諸葛武侯文集》卷一《説孫權於柴桑》 亮者，豫州軍雖敗於長坂，今戰士還者及關羽水軍精甲萬人。劉琦合江夏戰士亦不下萬人。曹操之衆，遠來疲敝，聞追豫州，一日一夜行三百餘里，此所謂强弩之末，勢不能穿魯縞也。故兵法忌之，曰必蹶上將。

劉晝《劉子》卷四《託附》 夫含氣庶品未有不託附物勢以成其便者也。故霜鴈託於秋風以成輕舉之勢，螣蛇附於春霧志希凌霄之遊，蹷鼠附於蛩蛩以攀追日之步，碧蘿附於青松以茂凌雲之葉。與夫鳥獸蟲卉之智，猶知因風假霧，託峻附高以成其事，奚況於人而無託附以就其名乎。故所託英賢則跡光名顯，所附闇蔽則身悴名朽。天之始旭則目察輕煙，歲之將暮則蓬卷雲中。目之能見，蓬之能高，託日之光，附風之勢也。

庾季才撰 王安禮等重修《靈臺秘苑》卷五《風·序略》 凡推風之遠近，觀其勢力。初遲後疾者，其來遠。初急後緩者，其來近。若動葉爲十里，鳴條百里，摇枝二百里，傷枝三百里，折小枝四百里，折大枝五百里，飛沙走石一千里，折大木一千五百里。以日時，則半日半夜不止，五百里；一日一夜不止，一千里；三日三夜不止，三千里；七日七夜不止，遍天下。

李延壽《北史》卷六三《列傳第五十一·蘇綽》 其三盡地利，曰人生天地之間，衣食爲命。食不足則饑，衣不足則寒。饑寒切體而欲使人興行禮讓者，此猶逆坂走丸，勢不可得也。是以古之聖主知其若此，行足其衣食，然後教化隨之。

司馬承禎《修真精義雜論·導引論》 次覆伸左手，仰掌竪指；屈右手，舉肘仰掌竪指，開臂胸膊如挽弓之勢，仍回頭向左，使頭項、胸臆、臂肘等，用力爲之，左右各三度。

次兩手作拳，拿臂向前築，即努肘向後，蹙急做勢，用力爲之，前後各三度。

李筌《太白陰經》卷四《守城具篇》 布幔。以複布爲幔，以弱竿横掛於女墻外，去墻七八尺，折抛石之勢，則矢不復及墻。

又《水攻具篇》 經曰：以水攻者，强水因而成勢，爲源高於城，本大於末，可以遏而止，可以決而流。故晉水可以灌安邑，汾水可以浸平陽。先設水平，測其高下，可以漂城灌軍，浸城敗將也。

杜佑《通典》卷一五四 縱賊退於歸路設伏取之 孫子曰：激水之疾至於漂石者，勢也。言水性柔弱，石性剛重，至於漂轉大石投之洿下，皆由急疾之流激得其勢。鷙鳥之疾至於毀折者，節也。發起討敵，如鷹鷂之所攫撮也。必能挫折禽獸者，皆由伺候之明邀，得屈折之節也。王子曰：鷹隼一擊，百鳥無以爭其勢；猛虎一奮，萬獸無以爭其威。不責於人，言勝負之道自圖於中，不求之下。責，怒師衆强使力進也。若秦穆悔過，不替孟明也。故能擇人而任勢也。權變之明能簡，置於人任己之形勢也。勢者，其戰人也如轉木石。木石之性，安則靜，危則動，言投之安地則安，投之危地則危，不知有所迴避也。方則止，圓則行。任勢自然也，方圓之形由兵勝負之形。故戰人之勢如轉圓石於千仞之山者，勢也。言形勢之相因。是以善戰者，其勢險，險猶疾也。其節短，短，近也。節，斷也。短近言能因危取勝，以遠擊近。勢如彍弩，節如發機。在度内，不遠發則中。彍，張也，言形勢之彍如弩之張，奔擊之易如機之發也。故太公曰擊之如發機。所以破精也。然用兵之法莫難於軍争。從始受命，至於交和，軍多難也。軍門謂之和門，兩軍對争，交門而止。先據便勢之地，最其難者相去促迫，動則生變化。軍争之難者，以迂爲直，以患爲利。示以遠近，其道里先敵者至也。故迂其塗，示之遠也。而誘之以利。已外張形勢，迴從遠道，敵至於應争從其近，皆得敵情，誑之以利。後人發，先人至。明於度數，先知遠近之計。此先知迂直之計者也。

張志和《玄真子・濤之靈》 若欲知濤之説者，觀乎脉之血，有往來之勢；察乎槐之葉，有開合之期。氣之應也，豈有胥之靈邪。雖海濤之盛，非識可見矣。若欲知吾之説者，空之無形而不動，谷之無情而能應，虛之至也。豈有微之邪，雖吾道之妙，無心可知矣。

薛居正等《舊五代史》卷一四〇《志二・曆志》 星之行也，近日而疾，遠日而遲，去日極遠，勢盡而留。自古諸曆分段失實，隆降無准。今日行分尚多，次日便留，自留而退，唯用平行，仍以入段行度爲入曆之數，皆非本理，遂至乖戾。今校定逐日行分，積逐日行分以爲變段。於是疾漸而遲，勢盡而留，留自留而行，亦積微而後多。別立諸段變曆，以推變差，俾諸段變差際會相合，星之遲疾，可得而知之矣。

許洞《虎鈐經》卷三《任勢》 是故多勝者非疆也，多敗者非弱也，率由勢爾。夫水之柔弱，方圓任性，而能蹶一作寢。隄漂石者，水之勢也。火之剛一作測。炎亘天而起者，火之勢也。薪木既灰而滅影者，木之勢也。故用兵之道既知水火之旺敗，則盡於勢之用矣。

又 卷六《守城具》 布幔。以複布爲幔，用弱竿懸倒於女牆外，去牆七八尺，柔石之勢，則矢石不復近牆矣。

陳規《守城録》卷三《湯璹德安守禦録上》 楊進寇德安一十六日引去 其對樓約高四丈，闊一丈五尺有餘，作五層，縛木梯斜上，高過於城，其勢太重，推拽難行；兼被城上守禦人施放矢石射打推拽，人莫能近前，其餘遮箭幕盡被砲石打得碎破。

曾公亮 丁度《武經總要》前集卷一二《守城并器具圖附》

右布幔，以複布爲幔，度矢石來處，以弱竿張掛，去城七八尺，居女牆之外，以折矢石勢。一説結麄繩爲網，如布幔張掛，亦可護女墻樓櫓。

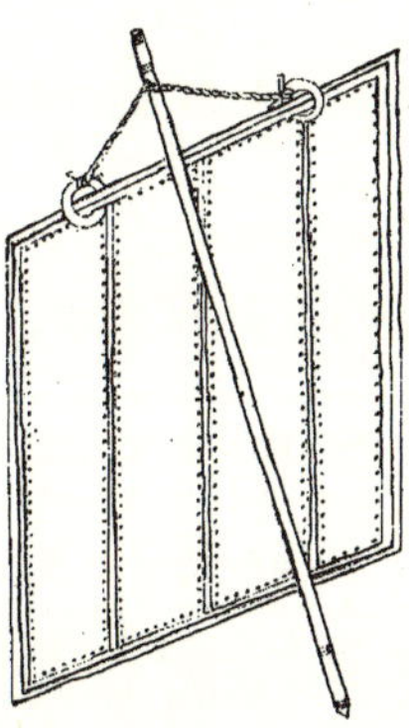

布幔

歐陽修等《新唐書》卷二七下《志第十七下・曆志》 其十二《五星議》曰：

歲星自商，周迄春秋之季，率百二十餘年而超一次。戰國後其行寖急，至漢尚微差，及哀平間，餘勢乃盡，更八十四年而超一次，因以爲常。比其與餘星異也。姬氏出自靈威仰之精，受木行正氣。歲星主農祥，后稷憑焉，故周人常閱其機祥，而觀善敗。其始王也，次于鶉火，以達天黿。及其衰也，淫于玄枵，以害鳥帑。其後羣雄力争，禮樂隕壞，而從衡攻守之術興。故歲星常贏行於上，而侯王不寧於下，則木緯失行之勢，宜極於火運之中，理數然也。

蘇頌《新儀象法要》卷上 進儀象狀

臣謹案：歷代天文之器，制範頗多，法亦小異，至於激水運機，其用則一。蓋天者運行不息，水者注之不竭，以不竭逐不息之運，苟注挹均調，則參校旋轉之勢無有差舛也。

曹操等注《十一家注孫子》卷上《形篇》

勝者之戰民也，若決積水於千仞之谿者，形也。

曹操曰：八尺曰仞。決水千仞，其高勢疾也。李筌曰：八尺曰仞，言其勢也。杜預伐吴，言兵如破竹，數節之後，皆迎刃自解，則其義也。杜牧曰：夫積水在千仞之谿，不可測量，如我之守不見形也。及決水下，湍悍奔注，如我之攻不可禦也。梅堯臣曰：水決千仞之谿，莫測其迅；兵動九天之上，莫見其跡，此軍之形也。王皙曰：千仞之谿，至陗絶也。喻不可勝對可勝之形，乘機攻之，決水是也。張預曰：水之性，避高而趨下，決之赴深谿，固湍浚而莫之禦也。兵之形象水，乘敵之不備，掩敵之不意，避實而擊虛，亦莫之制也。或曰：千仞之谿，謂不測之淵，人莫能量其淺深。及決而下之，則其勢莫之能禦。如善守者匿形晦跡，藏於九地之下，敵莫能測其强弱，及乘虛而出，則其鋒莫之能當也。

又 卷中《勢篇》

激水之疾，至於漂石者，勢也；

孟氏曰：勢峻，則巨石雖重不能止。杜佑曰：言水性柔弱，石性剛重，至於漂轉大石，投之洿下，皆由急疾之流，激得其勢。張預曰：水性柔弱，險徑要路，激之疾流，則其勢可以轉巨石也。

鷙鳥之疾，至於毁折者，節也。

曹操曰：發起擊敵。李筌曰：柔勢可以轉剛，況於兵者乎。彈射之所以中飛鳥者，善於疾而有節制。杜牧曰：勢者，自高注下，得險疾之勢，故能漂石也。節者，節量遠近則搏之，故能毁折物也。杜佑曰：發起討敵，如鷹鸇之攫搏(撮)也，必能挫折禽獸者，皆由伺候之明，邀得屈折之節也。王子曰：「鷹隼一擊，百鳥無以爭其勢；猛虎一奮，萬獸無以爭其威。」梅堯臣曰：水雖柔，勢迅則漂石；鷙雖微，節勁則折物。王晳曰：鷙鳥之疾，亦勢也，由勢然後有搏擊之節。下要云險，故先取漂石以喻也。何氏曰：水能動石，高下之勢也。鷙能搏物，能節其遠近也。張預曰：鷹鸇之擒鳥雀，必節量遠近，伺候審而後擊，故能折物。尉繚子曰：「便吾器用，養吾武勇，發之如鳥擊。」李靖曰：「鷙鳥將擊，卑飛斂翼。」皆言待之而後發也。

是故善戰者，其勢險，

曹操、李筌曰：險，猶疾也。杜牧曰：險者，言戰爭之勢，發則殺人，故下文喻如彍弩。王晳曰：險者，折以致其疾也，如水得險隘而成勢。

其節短。

曹操、李筌曰：短，近也。杜牧曰：言以近節也。如鷙鳥之發，近則搏之，力全志專，則必獲也。【略】

勢如彍弩，節如發機。

曹操曰：在度不遠，發則中也。李筌曰：弩不疾則不遠，矢不近則不中。勢尚疾，節務速。杜牧曰：彍，張也。如弩已張，發則殺人，故上文云其勢險也。機者，固須以近節量之，然後必能中，故上文云其節短，短乃近也。此言戰陳不可遠逐敵人，恐有隊伍離散斷絶，反爲敵所乘也。故《牧野誓》曰：「六步七步，四伐五伐。」是以近也。陳皞曰：弩之發機，近則易中；戰之遇敵，疾則易捷。若趨馳不速，奮擊不近，則不能克敵而全勝。賈林曰：戰之勢，如弩之張；兵之勢，如機之發。梅堯臣曰：彍，音霍，彍張也。如弩之張，勢不逡巡；如機之發，節近易中也。王晳曰：戰勢如弩之張者，所以有待也。待其有可乘之勢，如發其機。何氏曰：險，疾也。短，近也。此言擊戰得形，便如張弩發機，勢宜疾速，仍利於便近，不得追擊過差也。故太公曰：「擊如發機者，所以破精微也。」張預曰：如弩之張，勢不可緩；如機之發，節不可遠。言趨利尚疾，奮擊貴近也。故太公曰：「擊如發機者，所以破精微也。」【略】

故善戰者，求之於勢，不責於人，

杜佑曰：言勝負之道，自圖於中，不求之下，責怒師衆，彊使力進也。若秦穆悔過，不替孟明也。

故能擇人而任勢。

一作故能擇人而任之。諸家作任勢者多矣。曹操曰：求之於勢者，專任權也。不責於人者，權變明也。李筌曰：得勢而戰，人怯者能勇，故能擇其所能任之。夫勇者可戰，謹慎者可守，智者可説，無棄物也。杜牧曰：言善戰者先料兵勢，然後量人之材，隨短長以任之，不責成於不材者也。曹公征張魯於漢中，張遼、李典、樂進將七千餘人守合淝，教與護軍薛悌，署函邊曰：「賊至乃發。」俄而吴孫權十萬人衆圍合淝，乃共發教曰：「若孫權至者，張、李將軍出戰，樂將軍守，護軍勿得與戰。」諸將皆疑。遼曰：「公征在外，比救至，彼破我必矣。是以教及其未合逆擊之，折其威勢，以安衆心，然後可守。成敗之機，在此一舉。」典與遼同出，果大破孫權，吴人奪氣。還，修守備，衆心乃安。權攻城，十日不拔，乃退。孫盛論曰：「夫兵，詭道也。至於合淝之守，懸弱無援，專任勇者，則好戰生患；專任怯者，則懼心難保。且彼衆我寡，衆者必懷貪惰。我以致命之師，擊貪惰之卒，其勢必勝。勝而後守，則必固矣。是以魏武雜選武力，參以異同，爲之密教，節宣其用，事至而應，若合符契也。」賈林曰：讀爲擇人而任勢，言示以必勝之勢，使人從之，豈更外責於人，求其勝敗。擇勇怯之人，任進退之勢。陳皞曰：善戰者專求於勢，見利速進，不爲敵先，專任機權，不責成於人。苟不獲已而用人，即須擇而任之。杜佑曰：權變之明，能簡置於人，任己之形勢也。梅堯臣曰：用人以勢則易，責人以力則難；能者，當在擇人而任勢。何氏曰：得勢自勝，不專責人以力也。王晳曰：謂將能擇人任勢以戰，則自然勝矣。人者，謂偏裨與？張預曰：任人之法，使貪、使愚、使智、使勇，各任自然之勢，不責人之所不能，故隨材大小，擇而任之。尉繚子曰：「因其所長而用之。」言三軍之中，有長於步者，有長於騎者，因能而用，則人盡其材。又，晉侯類能而使之是也。

任勢者，其戰人也，如轉木石；木石之性，安則静，危則動，方則止，圓則行。

曹操曰：任自然勢也。李筌曰：任勢御衆，當如此也。杜佑曰：言投之安地則安，投之危地則危，不知有所回避也。任勢，自然也。方圓之形，猶兵勝負之形。梅堯臣曰：木石，重物也，易以勢動，難以力移。三軍，至衆也，可以勢戰，不可以力使，自然之道也。何氏同梅堯臣註。張預曰：木石之性，置之安地則静，置之危地則動，方正則止，圓斜則行，自然之勢也。三軍之衆，甚陷則不懼，無所往則固，不得已則鬭，亦自然之道。

故善戰人之勢，如轉圓石於千仞之山者，勢也。

李筌曰：蒯通以爲坂上走丸，言其易也。杜牧曰：轉石於千仞之山，不可止遏者，在山不在石也。戰人有百勝之勇，彊弱一貫者，在勢不在人也。杜公元凱曰：「昔樂毅藉濟西一戰，能并彊齊，今兵威已成，如破竹數節之後，迎刃自解，無復著手，此勢也。勢不可失。」乃東下建鄴，終滅吴。此篇大抵言兵貴任勢，以險迅疾速爲本，故能用力少而得功多也。梅堯臣曰：圓石在山，屹然其勢，一人推之，千人莫制也。王晳曰：石不能自轉，因山之勢而不可遏也。戰不能妄勝，因兵之勢而不可支也。張預曰：石轉於山，而不可止遏者，由勢使之也。兵在於險，而不可制禦者，亦勢使之也。李靖曰：「兵有三勢：將輕敵，士樂戰，志勵青雲，氣等飄風，謂之氣勢。關山狹路，羊腸狗門，一夫守之，千人不過，謂之地勢。因敵怠慢，勞役飢渴，前營未舍，後軍半濟，謂之因勢。故用兵任勢，如峻坂走丸，用力至微，而成功甚博也。」

李誡《營造法式》卷四《大木作制度一》 材

各以其材之廣分爲十五分，以十分爲其厚。凡屋宇之高深，名物之短長，曲直舉折之勢，規矩繩墨之宜，皆以所用材之分以爲制度焉。凡分寸之分皆如字。材分之分，音符問切，餘準此。

周去非《嶺外代答》卷一《地理門》 靈渠

循堤而行二里許，有洩水灘。苟無此灘，則春水怒生，勢能害堤。而水不南，以有灘殺水猛勢，故堤不壞而渠得以溜湘，餘水緩達于融，可以爲巧矣。

施子美《施氏七書講義》卷四《孫子·兵勢》

激水之疾至於漂石者，勢也。鷙鳥之疾至於毁折者，節也。故善戰者，其勢險，其節短，勢如彍弩，節如發機。

兵之所加，必欲得其勢。兵之制勝，必欲盡其節。夫水至柔也，能漂石之至剛者，以其急疾而得其勢也。鷹鸇之搏，能折挫禽鳥者，以其下視之明，得屈折之節也。張昭《兵法》曰：水能漂石，得高下之形。鷙鳥搏物，能節其遠近也。勢者用也，節者次也。戰之勢險，險疾也，疾則人畏之。其爲節短，短近也，近則發必中。岑彭晨夜兼行，徑拔武陽。宜王八日兵至，遂斬孟達。此兵勢之用疾也。周訪擊杜曾，舉桴鳴鼓，斬賊於三十步之間。白孝德擊龍仙，息馬伺使，梟首於數十步之內。此制勝之次近也。彍弩，張弩也。其勢疾而可畏，兵之疾而可畏也似之。發機，機之既發也，其節近而必中，兵之節而決勝也似之。李廣擊匈奴，爲員陣外向，令士持滿毋發，是欲威之以勢如彍弩也。及見賊急，非在數十步之內不發，是欲勝之以其節如發機也。杜佑曰：形勢之彍如弩之張，奔擊之易如機之發。太公亦曰：疾如流矢，擊如發機，此所以破精鋭也。【略】

故善戰者，求之於勢，不責於人，故能擇人而任勢。

燕卒一也，騎刼用之則敗，樂毅用之則强。趙卒一也，頗教用之則勝，趙括用之則亡。故善戰者求其勢，而善用之，而不責其士卒多寡强弱。故能擇人而用之，以任己之形勢。如韓信以市人勝陳餘，田單以疲卒勝燕軍。車有所不利，雖毁車爲行，可以克狄。途有所不由，雖緣崖攀木可以入蜀。如李光弼問賊陣何所最堅，召郝廷玉，與以三百騎，使取西北隅。召論惟正，與以二百騎使取東南隅。非擇人任勢乎？或説擇人任勢，謂因人之勢而任之。若天子教戰之法，長者持弓矢，强者持旌旗是也。此李衛公名隨蓄漢所長而用之，亦一説也。

任勢者，其用人也如轉木石。木石之性，安則静，危則動，方則止，圓則行。

將能用人，必得其勢。得其勢而用之，則人惟上從而莫知所爲也。故如轉木石，動静止行，勢使然也。將之用人，置死地而生，亡地而存，以其能愚士卒之耳目也。惟能愚之，故如木石然。惟將之所置而莫知所之也。此法所以有曰：將之所麾，莫不從移；將之所指，莫不前死。

故善戰人之勢，如轉圓石於千仞之山者，勢也。

善戰者貴得其便而用之，至便之勢莫如員石易行而轉之千仞之山，勢至便也。李筌曰：地不險不能轉員石，石不員不能赴深谿，即是以觀，則員石轉於千仞之山，非以其勢之便乎，況自高赴下，愈得勢也。

林希逸《考工記解》卷上

勸登馬力，馬力既竭，輈猶能一取焉。

輈和則馬省力，如助之也。勸，助也。一取者，一進也。馬力既竭，猶能一進，勢順易行也。

易祓《周官總義》卷二七 終日馳騁而左不楗，言尊者在車之左而無罷倦之勢。行數千里而馬不契需，言馬與之相習而無相倚之病。終歲御，衣衽不敝，言馬無動搖而不勞御者之力。是三者皆善，斯可以言輈之和矣。然不特和而已，輈之勢和而順，則其進也必易。馬力未進，輈已有以勸其登，非果能勸也，其勢若有以使之也。馬行既止，則無所用其力。輈猶能一進而取道焉，非有意於一取也，其勢自不容已也。則雖記考工者之善於形容，其亦工之巧者如是哉。

毛應龍《周官集傳》卷一三《冬官考工記》

進則與馬謀，退則與人謀。

陳氏曰：輈所以駕馬，輈既善矣，則馬受服而不能自已，非人欲止之則有前而無卻，故曰進則與馬謀，退則與人謀。鄭鍔曰：上云和則安，故言其安之利。馬之行也以進爲主，人之御也有進有退。馬惟欲進，其行有進而取道之勢，故若與馬謀焉。人或欲退，輈有順而可挐之勢，故若與人謀焉。謀謂與人馬之意不期而合，猶有相謀然也。【略】

勸登馬力，馬力既竭，輈猶能一取焉。

鄭鍔曰：登，進也。輈之善也，馬不契需，愈遠而不知其遠矣，能勸馬使進而用力也。馬力已竭，輈猶有進而取道之勢。

林轅《谷神篇》卷下《元氣説》 或言：天地之有壞者，此無他也，蓋因二氣生化太過，水力弱而土壤虛矣！元氣是水也，餘氣是土也，水之晝夜常流，洮汰川澤，故河源常遷脉，江岸無定垣。是以禹基之柘，系南北之榮枯；錢塘之沙，應東西之聚散。日往月來，世隨陵谷變遷，水流極而勢弱矣！

劉基 焦玉等《火龍經》二集卷下《火器圖説下》 磚彈鷂炬葫蘆類

竹火鷂

編竹爲疎眼籠，腹大口狹，形微脩長，外糊紙數重，刷令黄色，入火藥一斤在内，加小卵石使其勢重，束稈草三五斤爲尾。二物與毬同。若賊來攻城，皆以砲放之，燔賊積聚及驚隊兵。

又 三集卷上《火攻論略》 火箭勢猛力大，敵見生畏過於弓弩。善造者可得六七百步遠，然造之不易。【略】

焚帆有遠近四等，若在百步之外者火箭也。夫傷人之火箭，力要大，勢要急，其打造非鐵桿鎚打二萬鎚不可。【略】

内惟紅夷大銃爲急用。向來皆謂船上不能放此大銃，若放必將本船灰縫震動。此皆意度，信口訛傳，未曾經練之説。殊不知此銃在大船上用車輪架安置停妥，裝藥試放，船不震動，且聲亦不大震。若放于岸上，此銃一發，屋舍皆搖，地面皆動。在船上則以虛舟（水浮）[浮水]面，其勢甚軟，而以藥力出銃口，其勢方張，故在遠則震，在近反静。此真乃無敵之妙用也。

張宇初《峴泉集》卷四《純一子説》 水行天地間，猶氣行乎身。動静往來，一呼吸之頃，盈虛消息具焉。人心制乎氣，本浄且明，其虛靈昭昭，若泓澄焉。惟其徇欲而蔽，感物而動，稍不加持治之功，其役於外者，顛仆交錯，猶水之窟怒騰躍，勢不可禦。其氣散而爲思慮情欲，若塞而濁者宜矣。

唐順之《武編》前集卷二《水平及水戰全付》 賊或遣客騎來攻，誘我飛礮鉛子，須號令官軍慎勿妄發，如果逼近我兵，其盞口將軍大連珠勢高必遠，不可輕放。

戚繼光《紀效新書》卷一五《布城諸器圖説篇》 飃石

用一握竹長五尺，繩繫頭，作兜貯石，搖勢一擲而去，守城宜用。

茅元儀《武備志》卷一二一《軍資乘・火三》 用火器發 地利

火攻之法，上順天時，下應地利。曠野平川，遠擊者勝。用遠器擊之，先挫其鋒。叢林隘道，夾擊者勝。用法器順風迎而擊之。憑高擊下，其勢順，用重器猛火以壓之。如山上城上等地，以風勢爲重。以下擊上，其勢逆，用銃器烈火以噴之。如山下城下等地，以地勢爲重。彼此皆有火器，卒然而遇，不及成陣，其勢易亂，用遠器先擊者勝。彼此俱用火攻陣成，如戰未免俱傷，故用遠器先擊必勝。彼此皆札營寨，欲刦輜糧，先觀伏路，其勢易疑，用號器四擊者勝。乘風高月黑之夜，先觀伏路，埋伏精兵，勝則掩殺，敗則應援。使細作入營舉火，四面用砲石攻之，各以號頭爲約，號响則火發，而兵起四擊，使賊不敢出而内自相殺也。城中擊外，當攻其堅。擇堅處用神器攻，其堅處一破，則圍自解。城外擊内，當攻其瑕。擇瑕處用神器攻之，其瑕一開，乘機而入。水戰必先上風，火隨風勢，風順則火易烈，故占上風。用器類於烟障，先用法火烟藥障塞，撲賊眼目，使賊一物不可見，一技不能施，破之必矣。蓬帆必以藥制，使不沾染風煙。水戰與陸戰不同，四面波濤，退無地。用法藥造製蓬帆，不沾火藥，則萬保慮矣。此應戰之策也。苟不辨地利而用之，不得其宜，未有不捨器而走，徒資寇敵也。

又 卷一二六《軍資乘・火八・火器圖説五》 箭一

火箭

用新青竹長一丈，徑寸半爲竿，下施鐵索，梢繫絲繩六尺。別削勁竹爲鞭箭，長六尺有鏃，度正中施一竹梟。亦謂之鞭子。放時以繩鈎梟，繫箭於竿，一人搖竿爲勢，一人持箭末激而發之，利在射高中人。如短兵放火藥箭，則如樺皮羽，以火藥五兩貫鏃後，燔而發之。

何汝賓《兵録》卷一一《火攻總説》 火攻雜説

火箭勢猛力大，敵見生畏過於弓弩，善造者可得六七百步之遠。然造之不易。

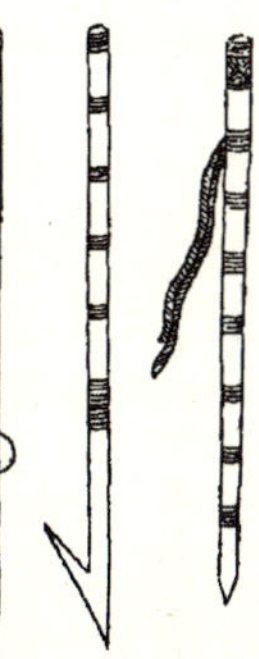
鞭箭　火藥鞭箭

宋應星《天工開物》卷中《舟車第九》 漕舫

或同行前舟阻滯，恐我舟順勢急去，有撞傷之禍，則急下稍錨提住，使不迅速流行。風息開舟，則以雲車絞纜提錨使上。

又 車

凡遇橋梁中高邊下者，則十馬之中擇一最强力者，繫于車後。當其下坂，則九馬從前緩曳，一馬從後竭力抓住，以殺其馳趨之勢。不然則險道也。凡大車行程，遇河亦止，遇山亦止，遇曲徑小道亦止。

又宋應星《論氣》 氣聲三

或問：高山瀑布，懸崖百仞，而激濺深淵之中，聞者驚魂喪魄，而敝甕欹側，覆水溝渠，不見有聲。其水同，其注同，而聲施異者，何也？

曰：此所謂氣勢也。氣得勢而聲生焉。不得其勢，氣則餒甚。豈惟飛泉而已，彼同一攻木也，斤鋸之聲，或雜軍市之喧，或合桑林之舞，至于持椎攻木，滅穎數寸，而移晷寂然，豈非勢有不立哉？剖金銀而效用，椎斧之下，何其砉然，而竭力剪鑷之間，則功已奏，而微響未聞也，其義亦猶是也。方匠氏之游刃與持斷也，勢至而氣至焉，氣至而天地之氣應之。通乎斯理，而聲音之道思過半矣。

周鑒《金湯借箸》卷六《設防部》 防門

鐵插板

插板用榆槐竪木爲骨，其潤兩邊各掩過城門一尺，幔以生牛皮，週圍用鐵葉裹釘完密，下用狼牙釘，極其鋒利，兩旁施鐵環，貫鐵索。各立二柱，柱開池槽，亦用鐵葉裹之。柱下各立撐柱，以防傾圮。柱下設一轆轤，爲絞索之用。兩柱間設一大横木，中空一竅，插板中亦空一竅，絞至兩竅相對處，即以一巨鐵釘栓入其中。如欲攔阻賊兵入城，但拔去銷釘，其插立下，勢重千鈞，當之者立爲塗粉。插板勢重，必以絞車升之。

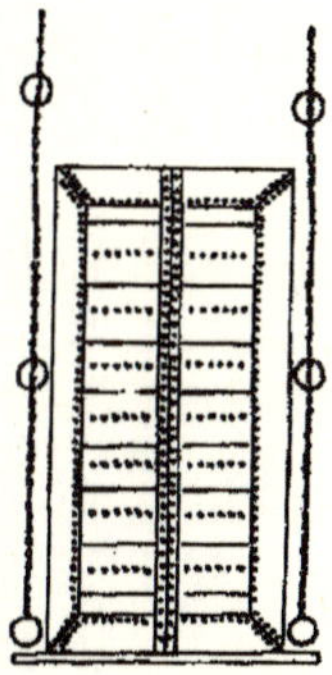
鐵插板式

遊藝《天經或問前集》 五星遲疾伏退

金水之本天，雖亦以太陽爲心，而不包地，如車輪然。載從內轉，軸在外者，自上下周旋。故日之轉也，金水或旋而前，或旋而後，一旋一卻，亦勢之所至。自人平衡視之，祇見其或順或逆，而不知其遶日環轉也。故不能衝太陽而與之離。

又遊藝《天經或問後集》 黄河清

問：黄河之源從星宿海發，其水甚清，踰數千里，湍悍之勢，刷動泥土，始成濁水。入涇渭而越砥柱，若天上來矣。

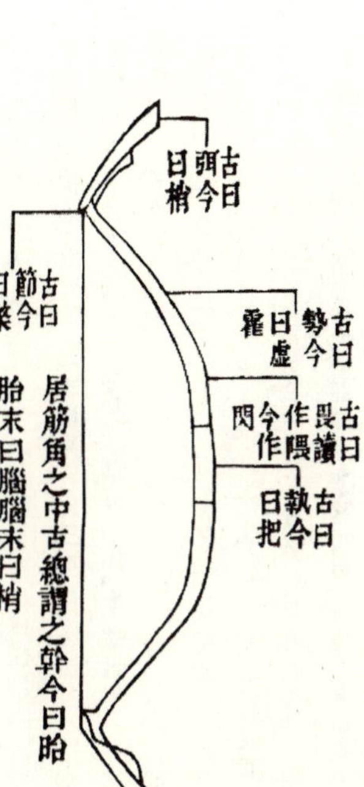

圖一　古今異名

郭宗昌《二戎記》 角斲之欲其正也，然正而合幹筋膠漬之則復掎，故角欲溼之復燥而後斲。溼之欲其透也，由溼而燥掎斜定矣，雖有筋膠漬之，弗之能動也。

勢欲强，隈欲弱。勢弱，則隈與勢皆失其主。粗工所知也。然勢太强，則隈與勢之力短，故引之勢欲其微動而無失主。譬之持挺擊物，餘其端而執之，其擊必輕。盡其端而執之，其擊必重。勢之欲活又欲其固也，故欲動而無失主，此則精工弗知也。

又

漢府高麗諸制，限小而勢直，能遠不能深，利輕矢不利重矢。弗重弗深，則弗能貫甲也，惟射侯者用之。

今塞上大弓，隈廣而勢柔，致重及深靡弗能貫矣，田臘戰陣之利器也。

南懷仁《新製靈臺儀象志》卷二　製儀之器與法

凡儀之大圈，必依其大小之尺寸鑄造之後，則以十字架粗木定其中心，而照第三十五圖以爲立飛輪之形，安于架上轉動之，去其模，而大約歸于圓。其圈愈大而重，既懸于中心之軸，則其轉動愈易而且疾矣。蓋重物之勢使然耳。

新儀運用莫便於滑車

蓋滑車輪多，近遠置以兩架，用一繩以多繞而相連之。雖其重人而有垂壓之勢，然因其繩繞之糾纏，而勢不能驟開，必有先後漸次焉。故儀器用滑車以絞動，設縱偶有脱手，其繩必不能驟開而致有崩墜觸損之患矣。

又　新儀用螺旋轉以便起動

又加一尺之絞柄，則雖一孺子用數斤之力，而即能起動之。若照比例相連之法，用螺旋轉彼此相撥之法，則用一斤之力者，而可以起數萬斤之重也。蓋此相撥之器具一動，而有無所不動之勢，故其力爲甚大也。其螺旋所以省力之故。

揭暄《璇璣遺述》卷一　象緯億証

獨是諸政在天有似倒滚，人多不得其説，遂謂勢與天違，而不知其正與天相順也。説之如何？有槽進丸退之説焉。【略】

凡物，屬氣者必動，體圜者善轉，於火尤甚。太陽之氣屬火而體圜，性利摩盪，雖爲天所帶動，寔則自轉不已，迅疾勁勵，近之者爲其所掣，勢迫而急，愈近則愈急。譬之洩水旋轉入渦，遠緩近急，而于近渦處其急更有莫可名言者。海水歸墟亦然。又物之合爲一體者，其轉維均。如車輪然，軸轉一周，輻亦一周。如北極然，天轉一周，樞亦一周。無内外大小之别。異體而轉者，則内速外緩，近速遠緩。

又　**卷三**

政皆自轉

問：諸政爲天帶轉，激輪倒滚，又爲天所急掣，則各種物皆法天轉之，何以又云自轉？曰：天西行勢急，政自倒滚，固已然，其勢已動，不能復止，如輪錢於案，攪杯於手水，雖離錢於杯，猶轉轉不能已也。況諸政刻刻爲天所掣，無少間時耶。弄丸轉石，於實轉，於空亦轉，故知諸政皆轉，行非平行，由天轉，亦自轉，體圓故也。經星亦然。

又　星政避日

日之沖星必至對極而後止，而又過之者，亦其勢猛而不能止也。至於兩界遲留，亦猶君火之氣，初及始則比常行稍速，算家所謂遲也。繼則與經星仝週，算家所謂留也。又繼則君火急甚，兼程而進，較天一日一週而又過之，算家所謂逆也。久之日踰而西，與星對沖而過，復踰於西。氣轉沖東，天圜體，日既踰西，氣自沖東。星行勢殺，如强彈之末，不能穿泥淖。漸減漸緩，乃反常行。凡此皆順天而西，皆倍道速前。

又　**卷四**　日自轉徵

問：政轉行，非平行，固已若日之轉，何所徵？曰：以近體諸星徵之。金、水環日輪外，日轉故金、水轉。金水轉，益以推日之轉也。凡物之屬氣者必動，體圓者必轉，於火尤甚。太陽之氣屬火，性利摩盪，雖爲天所帶動，實則自轉不已。自轉之勢急近者輒爲所掣，金水爲日所掣，猶舟入漩洑不得不隨之瀠洄也。又如漩水入渦，外緩内急，至近渦處與所洩處，其迅疾之勢有百千其倍而不止者。

陳潢原論　張靄生編述《河防述言》　審勢

靳大司馬問于陳子曰：子言治河必順水性，其要何先？陳子曰：必也其度勢乎。今者諸患並作，若不先度大勢之輕重緩急，而務其重者急者，猶欲振衣而不知所挈也。雖然，重與急之患，又非即于患處治之也。必推其所以致患之處而亟圖之。是非熟審焉，不爲功。如有患在下，而所以致患者在上，則勢在上也。當溯其源而塞之，則在下之患方息。譬如足病只知療足，而不探其足病之所由來，雖投藥百劑勿效也。不獨勿效，病且增劇。諺云：「下流處塞水缺，愈塞愈大。」此之謂也。又有患在上而所以致患者在下，則勢在下也。當疏其流以洩之，則在上之患自定。譬如困賊于圍中，而不開一面以分其志，以緩其憤，則將激其必死之心，一旦潰圍而出，不可收拾矣。故上流應洩者，先須于下流疏之，此又釜底去薪之法也。由是觀之，非歷覽而規度焉，則地勢之高下，不可得而知；水勢之來去，不可得而明；施功之次第，亦不可得而定也。潢請爲公跋涉險阻，上下數百里，一一審度，庶弘綱克舉，而籌畫乃可施爾。大司馬曰：兩河形勢，載籍可攷，繪圖可稽，奚事親歷爲？陳子曰：今昔之患，河雖同而被患之地不同。今昔治河之理雖同，而弭患之策亦有不同，故善法古者惟法其意而已。若欲攷載籍以治之，何異按圖索驥，刻舟求劍耶？大司馬曰：然。是固當親歷也，而子言治河之理今昔無殊，則審勢之説亦有所昉乎？子其爲我詳言之。陳子曰：禹貢首言隨山刊木，奠高山大川，非審勢而何至乘四載，尤先事歷覽之徵也。《周禮·考工記》曰：「溝必因水勢，防必因地勢。善溝者水漱之，善防者水淫之。」訓詁之家衆矣，先輩惟以王昭禹注爲得旨，其説曰：「溝所導水，不因水勢則其流易壅；防所以止水，不因地勢則其土易崩。故爲溝者必因水勢之曲直，則其流斯無壅矣。爲防者必因地勢之高下，則其土斯無崩矣。是善溝者必瀨齧之而無所壅，以其因水勢故也。善防者必淫液之而無所決，以其因地勢故也。」又按《説文》，淫者浸淫，隨理也。徐氏曰：隨其脉理而浸漬也。凡此者，何莫非揆度情勢。以治水之謂，與惟是勢之爲言亦不一矣。有全體之勢，有一節之勢。論全體之勢，識貴徹始終，見貴周遠近。寧損小以圖大，毋拯一方而悞全局；寧忍暫而謀久，毋利一時而遺慮於他年。地有高卑，有險易。土有淤鬆，有燥濕。其應鑿應築，可行可止。必究其致患之故以爲探本之謀，必得易於施功之法以成夫爲下因川之計。是皆舉全勢而審度之者也。若論一節之勢，如水弱必束之，使其勢急。如水强必瀉之，使其勢平。水勢停緩，宜引之使直。水勢猛疾，必紓之使寬。水勢冲射而難遏，必築上流以逼之，使之縈洄。水勢盪滌而可用，即合其流以導之，使之洗刷。此皆因勢之説，又隨時隨地而酌之者也。苟不知勢，用力多而成功難。若審勢以行水，則事半而功倍。如孫臏之救趙，庖丁之解牛，均是法也。治水者尤不可不神明其意焉。大司馬曰：余聞子言，不異讀書十年也。於是治裝，與陳子遍閱黄淮形勢及諸冲決要害，因條列《籌河十疏》次第上之。

又　隄防第六

大司馬曰：論治河者莫不以分殺河勢爲言，及攷潘印川之説，先以隄防爲事。子今力宗之，願聞其詳焉。陳子曰：拯河患于異漲之際，誠不可不殺其勢。若平時虞其淤塞而致横決之害，更不可不合其流，是合流爲常策，而分勢爲偶事也。設專務于分，則河流必緩，緩則沙停而淤淺，愈淺愈緩，愈緩愈淤，不日而故道俱塞，河既不得遂其就下之性，勢必旁衝而四潰矣。故潘印川曰：以人治水，不若以水治水也。蓋隄成則水合，水合則流迅，流迅則勢猛，勢猛則新沙不停，舊沙盡刷，而河底愈深，于是水行隄内，而得遂其就下之性，方克安流耳。所以治河者必以隄防爲先務也。

傅澤洪《行水金鑑》卷二八《河水》　一多穿漕渠以殺水勢，此漢人之言也。特可言之秦晉峽中之河耳。若入河南，水匯土疎大穿，則全河由渠而舊河淤，小穿則水性不趨，水過則平陸耳。夫水專則急，分則緩。河急則通，緩則淤。治正河可使分而緩之，道之使淤哉。今治河者，第幸其合，勢急如奔馬，吾從而順其勢。隄防之約束之，範我馳驅以入於海，淤安可得停？淤不得停則河深，河深則永不溢，亦不舍其下而趨其高，河乃不決。故曰：黄河合流，國家之福也。

李世禄《修防瑣志》水卷三　測量河心水面法

聽水聲之汩汩，知其勢之驟來。視中泓之水擁溜急，較兩旁之水面必高。河心水高，後水正大，故不可不察也。欲知來水之大小，須看擁勢之疾徐。徐則微高水小，疾則擁高水大。故當設法探量，可知後勁。其法將河邊水内壘小土埂一條，攔水尺餘一塊，使水寧静，不爲風浪摇漾。然後於河邊剷平地一塊與圍定之水相平，空一土塘，寬五六尺。深照水平之高，將水平安入塘内，總期水平三眼與河心水面相平爲度。再搼篾繩横擔土塘口上，可量水平三眼高出土塘若干，此即河心水高之數也。

鄂尔泰　張廷玉等《授時通考》卷三八《功作》　泰西水法

用江河之水爲器一種

龍尾圖説　【略】

六曰架。　架者一上一下，皆爲砥柱，或木焉，或石焉，或瓴甋焉。柱之植欲堅以固也。下柱居水中，以鐵爲管施之柱首，迤而上向，以受下樞之末制管高下，量水之勢，令得入于螺溝之下孔而止也。

又　玉衡圖説

夫水之入于管也，左右禪也，而終無出也。水從管入者，以提柱之逼之也，則上衝而壺之舌爲之開，以入于壺。水勢盡而彼舌開，則此闔矣。是代入于壺也，而終無出也，其代入也。

又　恒升圖説

開闔之欲其無滯也。筩之上端爲之管，管外出而下迤也，本廣而末狹也。水從孔出焉，既入而提柱之勢能以舌掩之，既掩而提之，提之則從管而出也。故曰筩者水所由入也，所以束水而上也。

鄭復光《費隱與知録》

水龍激水　力馮乎勢

問：水性就下，搏而躍之，激而行之，則能上出固也。今觀水龍必蔽其孔，使力既足而後放之，乃能高遠，何也？曰：水龍之水上出，因管中之水少而輕，筩中之水多而重，以重搏輕，是以上出。然重之敵輕，力也。而搏激之，則有勢焉。故不小其孔而加以人力，則雖上出不能高遠。然則蔽其孔者，所爲欲開先圉以足其勢也。夫勢鋭于初，猛于速。而水之性好連，其所以斷者，氣閒之也。當其初出管口已能高遠，人速激之使不及斷，故雖後出之水無不乘勢連屢以及高遠矣。

又　重能搏輕　力亦藉勢

問：重能搏輕，理也。此愈重而彼愈輕，則搏之應愈遠。夫紙輕于石，無分數可言，以手發石能及數十步，紙則不能，何也？曰：重之搏輕，力也，而有勢焉。前言之矣。蓋空中悉是氣，氣綿而蜜。夫無厚方能入有閒，氣雖讓物而彌綸無閒，紙雖無厚而形體頗大，又兩物相觸輕者讓重。紙與氣觸，輕重幾等；石與氣觸，輕重縣殊，未可比例也。且以手發石遠，生于此力，而勢兼生于彼重。重與力配乃顯其能。弓之發矢，弓力必稱乎矢重，搏之仆敵，我巧更借夫彼力，胥是理也。

紀事

張湛注　殷敬慎釋《列子》卷四《仲尼》　龍曰：「此未其妙者。逢蒲江反。蒙之弟子曰鴻超，怒其妻而怖之。引烏號之弓，綦衛《史記》云：綦國之竹。晉灼曰：衛之苑多竹篠。之箭，烏號，黄帝弓。綦，地名，出美箭。衛，羽也。射其目。矢來注眸子而眶不睫，眶，音匡。不睫，本作映，目瞬也，下同。映，且洽反。矢隧地而塵不揚。箭行勢極，雖著而不覺，所謂彊弩之末不能穿魯縞也。是豈智者之言與？」公子牟曰：「智者之言，固非愚者之所曉。以此言戲子輿。後鏃中前括，鈞後於前。同發發於前發，則無不中也。近世有人擲五木者，擲百盧者，人以爲有道，以告王夷甫。王夷甫曰：「此無奇，直後擲如前擲耳。」庾子嵩聞之，曰：「王公之言闇得理。」皆此類也。矢注眸子而眶不睫，盡矢之勢也。夫能量弓矢之勢，遠近之分，則入物之與不入，在心手之所銓，不患所差跌。今設令至拙者闇射，箭之所至，要當其極。當其極也，則豪分不復進。闇其極，則隨遠近而制其深淺矣。劉道真語張叔奇云：「當與樂彦輔論此云，不必是中賢之所能，孔顏射者則必知此。」湛以爲形用之事，理之麤者；偏得其道，則能盡之。若庖丁之投刀，匠石之運斤，是偏達於一事，不待聖賢而後能爲之也。子何疑焉？」

【略】公子牟曰：「子不論至言而以爲尤也，尤其在子矣。尤失反在子輿。夫無意則心同。同於無也。無指則皆至。忘指，故無所不至也。盡物者常有。常有盡物之心，物既不盡，而心更滯有也。影不移者，説在改也。影改而更生，非向之影。《墨子》曰：「影不移，説在改爲也。」髮引千鈞，勢至等也。以其至等之故，故不絶。絶則由於不等。故《墨子》亦有此説也。白馬非馬，形名離也。離猶分也。《白馬論》曰：「馬者，所以命形也。白者，所以命色也。命色者非命形也。」尋此等語，如何可解，而猶不歷然。孤犢未嘗有母，非孤犢也。此語近於鄭，不可解。

酈道元《水經注》卷二四　睢水

余按闞子稱宋景公使工人爲弓，九年乃成。公曰：「何其遲也？」對曰：「臣不復見君矣，臣之精盡于弓矣。」獻弓而歸，三日而死。景公登虎圈之臺，援弓東面而射之，矢踰于孟霜之山，集于彭城之東，案：「城」，近刻訛作「梁」。餘勢逸勁，猶飲羽于石梁。

盧重元《列子注》卷四《仲尼》　龍曰：「此未其妙者。逢蒙之弟子曰鴻超，怒其妻而怖之。引烏號之弓，綦衛之箭，射其目。矢來注眸子而眶不睫，案：釋文本作映，目瞬也，下同。映，且洽切。矢墜地而塵不揚。是豈智者之言與？」公子牟曰：「智者之言，固非愚者之所曉。後鏃中前括，鈞後於前。矢注眸子而眶不睫，盡矢之勢也。子何疑焉？」鈞後於前者，百發如一焉，故視之若一耳。眶不睫者，矢勢至睫而盡矣，故塵不揚於地，非是中睫而落也。子輿之聞視之若一也，則謂自弦及堋，箭相連接不絶如一焉。聞注眸而墜，則謂射目不入，是解之不了於至理，非公孫龍之詭妄焉。

姚寬《西溪叢語》卷上　今觀浙江之口起自纂風亭，地名，屬會稽。北望嘉興大山，屬秀州。水闊二百餘里，故海商舶船，畏避沙潬，不由大江，水中沙爲潬，徒旱切。惟泛餘姚小江，易舟而浮運河，達于杭越矣。蓋以下有沙潬，南北亘連隔礙，洪波蹙遏潮勢。夫月離震兑，他潮始生，惟浙江潮水不同。月經乾巽，潮來已半，濁浪堆滯，後水益來，於是溢於沙潬，猛怒頓湧，聲勢激射，故起而爲濤耳。非江山淺逼使之然也。

沈括《夢溪筆談》卷一一《官政一》　凡塞河決垂合，中間一埽謂之合龍門，功全在此。是時屢塞不合。時合龍門埽長六十步，有水工高超者獻議，以謂埽身太長，人力不能壓，埽不至水底，故河流不斷而繩纜多絶。今當以六十步爲三節，每節埽長二十步，中間以索連屬之，先下第一節，待其至底沉壓第二、第三。舊工爭之，以爲不可，云：「二十步埽不能斷漏，徒用三節，所費當倍而決不塞。」超謂之曰：「第一節水信未斷，然勢必殺半。壓第二節止用半力，水縱未斷，不過小漏耳。第三節乃平地施工，足以盡人力。」

又　錢唐江，錢氏時爲石堤，堤外又植大木十餘行，謂之滉柱。寶元、康定間，人有獻議，取滉柱可得良材數十萬，杭帥以爲然。既而舊木出水皆朽敗不可用，而滉柱一空，石堤爲洪濤所激，歲歲摧決。蓋昔人埋柱以折其怒勢，不與水爭力，故江濤不能爲患。

徐兢《宣和奉使高麗圖經》卷三四《海道一》　半洋焦

是日午後，南風益急，加野狐颿。制颿之意，以浪來迎，舟恐不能勝其勢，故加小颿於大颿之上，使之提挈而行。是夜，洋中不可住，維視星斗前邁。若晦冥，則用指南浮針以揆南北。入夜舉火入舟，皆應夜分。風轉西北，其勢甚亟。雖已落篷，而颱動颻搖，瓶盎皆傾。一舟之人震懼膽落，黎明稍緩，人心尚寧，依前張颿而進。

李燾《續資治通鑑長編》卷二九七　神宗

至是用臣還奏可爲，請自任村沙谷口至汴口開河五十里，引伊洛水入汴。每二十里置束水一，以芻楗爲之，以節湍急之勢。取水深一丈，以通漕運。引古索河爲源，注房家、黄家孟王陂及三十六陂高仰處，瀦水爲塘，以備洛水不足則決以入河。

江遹《沖虛至德真經解》卷八《仲尼》　龍曰：此未其妙者。逢蒙之弟子曰鴻超，怒其妻而怖之，引烏號之弓，綦衛之箭，射其目。矢來注眸子而眶不睫，矢墜地而塵不揚，是豈智者之言與？公子牟曰：智者之言，固非愚者之所曉。後鏃中前括，鈞後於前，矢注眸子而眶不睫，盡矢之勢也。子何疑？

【略】觀樂正子輿以爲紿孔穿之言，是其未嘗窮理也。以爲詆魏王之言，是其未嘗聞道也。何則？善射者能令後鏃中前括，則知其所以中，鈞後於前爾。矢注眸子而目不睫，則能度遠近之宜，審弓矢之力，盡其勢而不使之有過不及也，是皆理之可推而知也。

【略】公子牟曰：子不諭至言而以爲尤也，尤其在子矣。夫無意則心同，無指則皆至。盡物者常有，影不移者説在改也。髮引千鈞，勢至等也。白馬非馬，形名離也。孤犢未嘗有母，非孤犢也。

【略】若夫言在於道，則離形去智，同於大通，意在所忘，指在所非。盡物者常有，則不有一物，與「一尺之捶，日取其半，萬世不竭」同意。有影不移，則前影非後影，與「鏃矢之疾，而有不行不止之時」同意。等物之勢，則千鈞非重，一髮非輕。離於形名，則白不可以命馬，馬不可以名白。孤犢未嘗有母，則犢之與母命不同，理非相代。其言之妙一至於此，非知言之要者，安能知其解哉。

佚名《梓潼帝君化書》卷一　回流　予考妣墳岡，去居之南止百餘步，蓋一時忽遽，卜之云吉，自以爲便於省視，初不遑他恤也。葬之五年，墳西三十里，洪水暴發，平陸成溪，以墳爲岸，水源不竭，勢頗峻急，吾心懼焉，欲改葬之。無及矣，乃齋戒守墳，日夜誦《大洞經》不輟，併取家藏金像而嚴事之，洎於無虞。次年秋雨霖霪，傍溪湧漲，數流爲一，吾益恐，及水落視之，則墳前溪谷變成堅隴，廣一里餘，自是松楸無害矣。

翟均廉《海塘録》卷一三《奏議一》　督臣李衛請修海寧老塩倉海塘疏雍正六年。

浙省江海塘堤，歷來北岸俱極險要，惟海寧縣東西各塘爲尤甚。今年正月間春汛，潮勢甚猛，將老塩倉迤西三官堂地方草塘沖坍五丈，裂縫二三十丈。臣隨飭各員晝夜搶修堵禦，已將坍者培築加高，裂縫者鑲釘牢固。彼時塘外護沙尚有留至二三丈及十餘丈者，塘身猶可藉以捍蔽，不意二月十四日至二十二日，連朝大汛。又兼東南巨颶震撼蕩刷，護沙卸陷無存，塘身根脚搜空，不能存站，先後坍裂歪斜共計六百六十餘丈。臣以塘工關係重大，再三籌畫，擬先築迎水壩以分潮勢，或於貼塘加築石工，爲一勞永逸之計。隨於三月初四日，往海寧地方履勘，見該縣塘工從前惟南門外最爲險要，自築亂石大塘之後，俱有護沙包裹，雖不甚老，而漸次堅寔，可以捍禦潮汐。惟老塩倉西首一帶，塘外沙脚刷盡，潮頭之來直射堤身，隨後即有軟浪蕩滌，及退潮時又因回溜將底沙翻洗，一日之間早晚兩次，非如黄河水性，徑直可以建壩分勢。又此地數里俱係活土浮沙，若承載鉅石，即致底陷。雖用木樁加釘，而俄頃之間仍復抛起，不能施工。所以從前督撫諸臣幾經籌酌，不得不於緊要患口築草壩革塘以爲堵禦之計。

藝文

潘嶽《滄海賦》陳元龍等《歷代賦彙》卷二四　徒觀其狀也，則湯湯蕩蕩，瀾漫形沈；流沫千里，懸水萬丈。測之莫量其深，望之不見其廣。無遠不集，靡幽不通，羣谿俱息，萬流來同。含三河而納四瀆，朝五湖而夕九江。陰霖則興雲降雨，陽霽則吐霞曜日。袁水而鹽成，剖蚌而珠出。其中有蓬萊名嶽，青丘奇山，阜陵別島，嵔環其間。其山則嵝崔嵬崪，嵯峨降屈。披滄流以特起，擢崇基而秀出。其魚則有吞舟鯨鯢，烏鯽龍鬚，蜂目豺口，貍斑雉軀，怪體異名，不可勝圖。其蟲獸則素蛟丹虯，元龜靈鼉；修黿巨鼈，紫貝螣蛇；玄螭蚴虯，赤龍焚蕴，遷體改角，推舊納新。舉扶搖以抗翼，泛陽侯以濯鱗。其禽鳥則鷗鴻鶤鶴，鴐鵞鵁鶄，朱背煒煒，縹翠蔥菁。詳察波浪之來往，遍聽奔激之音響。力勢之所迴薄，潤澤之所彌廣。信普天之極大，横率土而莫兩。

許堯佐《清濟貫濁河賦》陳元龍等《歷代賦彙》卷二五 河之並濟兮，惟秩其平。濟之貫河兮，勢若相傾。非剛克無以見其柔立，非甚濁無以彰其至清。是以靈源濬發，柔德兼呈。徒觀其流波委注，秀色澄澈。沖融而濁水遥開，鼓怒而洪流直截。遂使還淳之士，疑二氣之初分；策功之臣，驚一帶兮中裂。既處濁而不染，每含貞而自潔。苟與和光者殊致，寧與漏泥者無别。是以霍濩波激，崩騰勢翻。濟水與河水相輝，光容易識；清流與濁流不雜，質性難論。苟徵之於變化，可察之於本原。於以表德，於以辨類。方九折而横流，啓重泉而直至。故以盤渦渾曉日之輝，疊鏡寫晴峰之翠。絶河而去，孰與我争先；導沇斯來，孰謂我奚白。若乃沖虚是翫，迅激難儔。廣可涉兮，思杭葦於寒渚；清可挹也，欲濯纓於夕流。貫長川之浸浸，委輕浪之悠悠。然下流縣邈，願表清而不濁；上善昭融，故守和而不同。故可扶正直之純志，助潤澤之成功。動漣漪於迴浦，萃光景於微風。且淮之清兮濱於夷，江之遠乎界於楚。豈若貫大川以揚波，臨大都而分渚。含清濁而獨秀，求匹敵而誰與？苟河清之可期，願朝宗而爲侣。

王起《轅門射戟枝賦》陳元龍等《歷代賦彙》卷六四 矯矯吕公，凛千載之英風。立轅門而耀威，百夫之特；射戟枝而騁伎，一矢稱雄。所以解紛爲智，和難成功。豈徒用壯於六鈞之妙，務能於百步之中。當其劉氏興戎，袁公結陣。既禍孥而莫解，亦兵纏而屢振。闞貔豹而不寧，苦蚌鷸而相徇。是用假我手弓，救其血刃。則萬夫駭目，不在於和容；一憾革心，必資乎中俊。闞力未疲，徵會於兹。排其患難，成彼宴私。離坐離立，左之右之。森森兩軍，比晉楚衷甲之日；桓桓二帥，同劉項舞劒之時。是用出雄戟，射小枝。既從容而諭旨，亦慷慨而興辭。乃曰射者所以明其志，忠其質。今欲轉禍爲福，反凶致吉。若嗤同失鵠，我藝自忝其疊雙；儻妙等麗龜，爾心固宜乎如一。乃展容耀，示英威。決拾既佽，分銖不違。洸洸赳赳，如翰如飛。莫不竚其密彀，釋此重圍。彼戟在門，揭焉獨見。立亭亭之直影，引耽耽之英眄。刃孤標而霜白，末斜指而目眩。彎弧弨弓之際，勢若月圓；鳴鏑於矢之端，光如電炫。觀之者心惕，聞之者胆戰。固當靖難於五兵，豈獨解顔於一箭。彼容色沮，我師氣振。咸曰將軍勇絶，衆藝如神。蹲甲非敵，措杯不倫。今在坐隅，徒欲釁勇而嗇禍；儻居戰陣，誰當左馬而右人。請懲忿於昔日，願釋憾於兹辰。盛矣哉斯會也！當軍門而人無不協，中戟枝而戰無不舍。既威加於域中，亦藝絶於天下。則毁其璧二人之訟息，弄其丸兩家之難解。比將軍之功，實爲小者。

劉子翬《聞藥杵賦有序》陳元龍等《歷代賦彙》卷八八 病翁製藥齋閣中，杵聲琅琅然，聽而樂之，因作是賦。

窈窕兮曲房空，桐陰碎兮玄雲濃。藥杵兮晨春，重扃静兮隱瓏。冬廓落兮小軒明，麥風過兮緑紋驚。藥杵兮暮鳴，千巖迴兮散丁登。觀其漂姚沈著，晶熒歘霍，舉雖一握之微，勢有百鈞之落。如唱兮復應，將定兮旋躍。乍降乍升，時散時合。幽深如寫其凄厲，激烈若舒其謇諤。喧喧方震於廂榮，閴閴忽沉於寥廓。厭市鍛之音陋，鄙村舂之韻濁。矧羣蛙之鬧池，徒蟈蟈而郭郭。斯蓋古今未賞，而病翁之所獨樂也。翁方抱沉疴，隱空谷，坐胡牀，據槁木，思物底於無厲，殆口嘗於衆毒。因神丹之揉鍊，發旨機於磨觸。琅琅之中，獨聞和焉，自一而生，盈萬而復。徒耳煩於里巷，亦腕脱於僮僕。衆嗤其强聒不休，翁好之常若不足。或曰：「聲以律和，樂由心樂，故桓箏融笛嵇琴阮嘯，各寓興以怡神，雖異趣而同調。彼鐵甲錚錚邪，又何足資夫玩好？」翁曰：「木風烏烏，如壎如竽，誰爲吸呼。石流濺濺，如絲如弦，誰爲擊彈。不約而合，乃其自然。聲雖流而常寂，聽若遇而非緣。苟有當於余心，又何必八音之變而與夫九奏之繁哉！」且賞音於淡者，與道默契；有見於獨者，與衆必戾。亦各從其志焉，翁豈恤呶呶之議。

王十朋《梅溪後集》卷一九《石筍橋》 刺桐爲城石爲筍，萬壑西來流不盡。黄龍窟宅占上游，呼吸風濤勢湍緊。怒潮拍岸鳴霹靂，淫潦滔天没畦畛。行人欲渡無翼飛，魚腹蛟涎吁可閔。二三大士爲時出，目覩狂瀾心不忍。小試閒居濟川手，遠水孤舟寇忠愍。亦有山僧願力深，解使邦人指倉困。五丁挽石投浩渺，萬指硺山登嶾嶙。辛勤填海效精衛，突兀横空飛海屭。趾牢千尺鮫人室，護以兩旁獅子楯。南通百粵北三吴，擔負輿肩走駷牝。論功不減商舟楫，遺利宜書漢平準。莫將風月比揚州，二十四橋真蠢蠢。我時出郊春雨後，鷺點沙汀颶鷹隼。江亭矯首獨遐觀，有客南來盃共引。欲詠河粱擬蘇李，頗類鑑湖逢輦積。江山不逢賢太守，袖手沉吟覺才窘。況無鐵筆擬端明，徒使時人笑蚍蚓。綉衣屢約吾來遊，未遂堪嗟德星隕。鄉來嘗以記屬我，固避牢辭慙不敏。傳聞江欲飛楝初，異論紛紛互矛盾。世無剛者橋豈成，名與萬安同不泯。

薛紱《灧澦堆賦》陳元龍等《歷代賦彙》卷二〇　蜀江匯而赴峽，勢迫抑而騰掀。當江之衝，有堆屹然。爰停我橈，徘徊覽觀，有會余心，乃知大禹所以浚川而不去此者，匪特以殺水之怒。而四瀆之長，江有灧澦，河存砥柱，則聖人之意亦將有所寓焉。夫形而上者謂之道，形而下者謂之器。器者物之物，道者物之先。先乎物者，在人則存乎心者也。所以宰制乎萬物，豈一物所得而肩。彼堆斯江，彼柱斯河，在物之石而器之下也，然洪水滔天不爲之移，狂濤卷空不爲之動，潦盡漲涸，岌乎峭堅，亘宇宙而長存，閲陵谷之變遷。而人之所以先乎物者，乃誘於知，乃逐於物，利之趨如水斯下，欲之熾如火斯然。曾莫得以止遏者，反兹石之不若，又安可不推其原。縱而忘反，兹固弗道。制之無方，愈蕩而偏。禁而絶之者昧乎倫類，空而妙之者荒無逕躔。嗚呼！無廬而居，無畔而田。卒窮露而奚歸，寧耕獲而有年。曷不觀於兹堆乎！彼惟居其所者屹而固也，然後可以障狂潰之流川。苟失其所而昧其居，吾知此心之不傳。其居伊何，則曰自天。理雖微而難明，實天命之固然。自視聽言動之間，以及於君臣父子之懿，物必有則，理不可遷。切而思之，講而明之，習而察之，謝無根之潢潦，挹有本之源泉。眇乎其微，深乎其淵。物有萬變，事有萬理，察乎其微者卓然而不可易，然後可以蔽乎天地而關乎聖賢。必真知也而後其行也果，必力行也而後其知也全。敬恭朝夕，奉而折旋。兹孔孟之所以不倦、不愠、不怍者，豈蹈白刃之勇者所可得而言？嗚呼！人心之危匪石，而人欲之勝甚於水。吾觀兹堆而有感於天則之嚴，是以憂講學之怠，而述之於篇。

唐肅《底柱賦有序》陳元龍等《歷代賦彙》卷一八　按：底柱在冀州大河中流，禹導河自積石至于龍門，南至于華陰，又東至于底柱，然後至孟津，過洛汭而復北折焉。蓋河自龍門既決以來奔騰迅快，勢不可遏，至是而齟齬之，乃分爲四流，貫於三門之下，然後力殺而行緩。故酈氏《水經》謂底柱與龍門皆禹所疏鑿也。昔蘇子瞻賦灧澦堆，以爲蜀江會百水，而至於夔瀰漫渼瀚，横放大野，而峽之小大曾不當其什一，苟無是堆，則瞿唐之險當不啻此。余謂底柱之功亦有類於灧澦者，故述而賦之。賦曰：

黄河之流西來數千里兮，貫長城而南馳。激龍門之險阨兮，霆奔電馳氣洶湧而莫支。歷華陰而徑趨兮，乃折流而東下。勢若萬騎銜枚而疾走兮，將悉鋒盡鋭鏖戰於平野。何底柱之崔巍岸嵂兮，獨凝立乎中流。儼一夫之當關兮，强兵悍卒睥睨退縮不敢運其戈矛。惟崇伯子之敷土兮，導洚洞而平之。鑿兹山以疏洩兮，剖三門之嶔巇。然後洪波巨浪齟齬而不騁兮，分流析派間度以透迤。指孟津而逾洛汭兮，遂東極於大邳。苟非是以中梗兮，曷以殺天吴水伯之淫威。余嘗駕方舟而遠求古蹟兮，誓將豁心胸於浩蕩。過黄老之神祠兮，遡蝦石之泱漭。睇連天之修楹兮，干雲霄而直上。濁波汩汩包其下兮，顯神功於俯仰。使昔懷襄之莫救兮，匯四海爲一區。上巢下窟之赤子兮，殆皆戢以爲魚。覽斯險而嘅歎兮，雖天造而地設。微玄聖之大智兮，孰能成夫萬世之烈。彼蜀江之灧澦兮，羌地勢之所同。誦金聲於儋叟兮，信物理安危之所從。噫！吁巇世道降兮，風移而俗媮。頹波汗漫兮，忌剛而茹柔。魚蝦鼓舞兮，蛟龍鬱愁。豈無吾人之底柱兮，障百川之横流。

何景明《進舟賦有序》陳元龍等《歷代賦彙》卷八九　予使於滇，行將萬里，所越皆崇山複嶺，以輿以馬，顛頓馳跋而不任其勞。至永寧，乃謀舟以歸，庶代陸走之勤。時霜降石出，江狹水迅，機發矢激，其勢不得少留，甚懼之。有老篙師，進舟意頗閒，自招於前，一人柁於後。柁者左右緩急不敢自任，視諸老篙師。老篙師者，頷之指之目之，而左而右而緩而急，無不應者。其舟之攲正疾徐，皆與水勢宜，不爲岸防，不與石鬬。予甚安焉。問曰：「爾之爲舟，將有道乎？」老篙師執篙進曰：「有。」「敢請言之？」「夫待用者器也，器不良則不稱用。用之者吾之手足耳目口也，少怠即不能用。手足耳目役於心者也，心不專則手足耳目口不爲用。招與柁，吾之器也；左右、緩急、攲正、疾徐，吾之用也。故吾先良吾器，以利吾用，手足耳目口不敢少怠，心不敢少弛，然後從容乎安流，蕩激於奔涌洄洑之中而無虞也。然吾又能察水性與勢，故夫潭淵、淺渦、暗灘、隱石者，吾遠而認之，能得於十數里之外，是以預爲之備，而不至損吾舟。他水工常惡遲取速，截長要短，故有敗者。吾惟順其水道而無所枉，雖遲而得免敗焉。吾之道如此已矣。」予謂舟御類藝也，人之於世顧藝之不若哉？因序其言，爲賦以自勵。

惟孟冬之既朔兮，霜凜凜而下威。冰汩汩以斂壑兮，草木蕭索而變衰。念固陰之初升兮，撫歲華之漸微。倦行邁之靡靡兮，飭舟師於水湄。操吾楫以徑濟兮，石淩兢而參差。流漂激而不馴兮，勢百折而靡隨。響訇磕而蕩潏兮，若弦控而矢馳。彼垂堂固有戒兮，心悸怖而内疑。何舟師之有神兮，善審勢而明機。視柁者以發縱兮，引吾招以先之。量左右以中繩兮，察緩急之所宜。疾徐攲正各有矩兮，曾不失之於毫釐。赴迅波以示捷兮，制狂瀾之既危。始委折若有避兮，亦横衝而弗辭。既因順以安常兮，復扼險而呈奇。值澎湃而稍待兮，入洄洑而靡遲。預崖石而逶迤兮，利水性而莫違。夫執藝固道之所寓兮，予安知其所持。曰吾心以爲之宰兮，實操運之權衡。衆體茍不勤兮，人安用之足勝。才良而器利兮，乃任使之可能。志兮静而臨之兮，誠易心之是乘。震憾擊撞固多端兮，心應之而遂平。寧拙遲而不巧速兮，非枉道而兼程。推是術而處之兮，雖夷險而同情。嗟世俗之止措兮，胡茲技之不侔。進惘惘而獲咎兮，退煢煢而見尤。過之則犯忌而招戾兮，不及者誠可羞。蹈履之不少檢兮，或語默而嬰憂。左右前後無方兮，昧上下之所由。戆必至於觸藩兮，智或流於刻舟。入汗漫而莫極兮，汎沛濊而罔留。泥軌度而局促兮，放準墨而外求。忽蒼黄而莫辨兮，動齟齬而莫投。孰佩弦以自剛兮，焉佩韋以自柔。繄予之未進兮，匪取教於一方。大細大之不可捐兮，感曲藝而不忌。矧岐路之異態兮，平地固有吕梁。觀要津之沓駁兮，涉宦海之汪洋。懲往塗而省究兮，吾庶以慎吾杭。

運動部

物體運動分部

論説

《墨子》卷一〇《經上》 止，以久也。【略】動，或從也。

又《經下》 缶而不可擔，説在博。【略】宇進無近，説在敷。

又《經説上》 動，偏祭從者，户樞免瑟。【略】止，無久之不止，當牛非馬，若人過楹；有久之不止，當馬非馬，若人過梁。

又《經説下》 正：凡無所處而不中縣，摶也。偃宇不可偏舉宇也，進行者先敷近，後敷遠。

管仲撰 房玄齡注《管子》卷一《乘馬》 天下乘馬服牛，而任之輕重有制。有壹宿之行，一宿有定準，則百宿可知也。道之遠近有數矣。是知諸侯之地，千乘之國者，所以知地之小大也，所以知任之輕重也。重而後損之，是不知任也；輕而後益之，是不知器也。不知任，不知器，不可謂之有道。

莊周撰 郭象注 陸德明音義《莊子》卷五《天運》 天其運乎？不運而自行也。運，《爾雅》云：「運，徙也。」《廣雅》云：「轉也。」地其處乎？不處而自止也。日月其争於所乎？不争所而自代謝也。孰主張是？孰維綱是？皆自爾。孰居無事推而行是？無則無所能推，有則各自有事。然則無事而推行是者，誰乎哉？各自行耳。推，如字，一音吐回反。司馬本作「誰」。意者其有機緘而不得已邪？意者其運轉而不能自止邪？自爾，故不可知也。緘，古咸反，徐古陷反。司馬本作「咸」，云：「引也。」雲者爲雨乎？雨者爲雲乎？二者俱不能相爲，各自爾也。爲，于僞反，下及注同。孰隆施是？孰居無事淫樂而勸是？風起北方，一西一東，有上彷徨。孰噓吸是？孰居無事而披拂是？敢問何故？設問所以自爾之故。施，音弛，式氏反。樂，音洛，又音嶽。勸，司馬本勸作「倦」，云：「讀曰隨。」言誰無所作主，隨天往來，運轉無已也。上，時掌反。彷，薄皇反。徨，音皇，司馬本作「旁皇」，云：「旁皇，飈風也。」噓，音虚。吸，許急反。披，芳皮反。拂，芳弗反。郭扶弗反。披拂，風貌。巫咸祒曰：「來！吾語女。天有六極五常，夫物事之近，或知其故，然尋其原以至乎極，則無故而自爾也。自爾則無所稍問其故也，但當順之。巫，咸。祒，赤遥反。郭音條，又音紹。李云：「巫咸，殷相也。祒，寄名也。」語，魚據反。女，音汝，後皆同。六極，司馬云：「四方上下也。」帝王順之則治，逆之則凶。夫假學可變，而天性不可逆也。九洛之事，治成德備，監照下土，天下載之，此謂上皇。」順其自爾故也。

又 卷一〇《天下》 推而後行，曳而後往。所謂緣於不得已。若飄風之還，若羽之旋，若磨石之隧，全而無非，動静無過，未嘗有罪。是何故？夫無知之物，無建己之患，無用知之累，動静不離於理，是以終身無譽。患生於譽，譽生於有建。飄，婢遥反，一音必遥反。《爾雅》云：「回風爲飄。」還，音旋，一音環。若磨，末佐反，又如字。石之。隧，音遂，回也。【略】

輪不蹍地。蹍，本又作跈，女展反。司馬云：「地平輪圓，則輪之所行者跡也。」目不見。司馬云：「水中視魚，必先見水。光中視物，必先見光。魚之濡鱗非曝鱗，異於曝鱗則視濡也。光之曜形異於不曜，則視見於曜形非見形也。目不夜見非暗，晝見非明，有假也。所以見者明也。目不假光而後明無以見光，故目之於物未嘗有見也。」指不至，至不絶。司馬云：「夫指之取物，不能自至，要假物故至也。然假物由指不絶也。」一云指之取火以鉗，刺鼠以錐，故假於物，指是不至也。龜長於蛇。司馬云：「蛇形雖長而命不久，龜形雖短而命甚長。」矩不方，規不可以爲圓。司馬云：「矩雖爲方而非方，規雖爲圓而非圓，譬繩爲直而非直也。」鑿不圍枘。鑿，在各反。枘，如鋭反。司馬云：「鑿枘異質，合爲一形，鑿積於枘則鑿枘異圍，鑿枘異圍是不相圍也。」飛鳥之景未嘗動也。景，音影。司馬云：「鳥之蔽光，猶魚之蔽水。魚動蔽水而水不動。鳥動影生，影有光亡，亡非往，生非來。《墨子》曰：「影不徙也。」鏃矢之疾，而有不行不止之時。鏃，子木反，郭音族，徐朱角反。三蒼云：「矢，鏑也。」司馬云：「形分止，勢分行。形分明者行遲，勢分明者行疾。目明無形分，無所止，則其疾無間。矢疾而有間者，中有止也。質薄而司離中，有無及者也。」

《尹文子・大道上》 彭蒙曰：「雉兔在野，衆人逐之，分未定也。雞豕滿市，莫有志者，分定故也。物奢則仁智相屈，分定則貪鄙不争。圓者之轉，非能轉而轉，不得不轉也。方者之止，非能止而止，不得不止也。因圓之自轉使不得止，因方之自止使不得轉，何苦物之失分。」

呂不韋撰 高誘注《呂氏春秋》卷一五《慎大覽第三》 察今

楚人有涉江者，涉，渡也。其劒自舟中墜於水，遽契一作刻。其舟，曰：「是吾劒之所從墜。」遽，疾也。疾刻舟識之於此下墜劒者也。舟止，從其所契者入水求之。舟已行矣，而劒不行。求劒若此，不亦惑乎。以此故法爲其國，與此同。爲，治

也。【略】

草木之生者濕，濕者重，死者枯。枯而輕者易舉，濕而重者難移也。然一有能字。元氣所在，在生不在枯。是故車行於陸，船行於溝，其滿而重者行遲，空而輕者行疾。先王之道，載在胸腹之內，其重不徒船車之任也。任重，其取進疾速，難矣。

葛洪《抱朴子》内篇卷二《塞難第七》 夫以管窺之狹見，而姑塞其聰明之所不及，是何異以一尋之綆，汲百仞之深，不覺所用之短，而云井之無水也。俗有聞猛風烈火之聲，而謂天之冬雷；見遊雲西行，而謂月之東馳。人或告之，而終不悟信，此信己之多者也。夫聽聲者，莫不信我之耳焉。視形者，莫不信我之目焉。

魏徵等《隋書》卷一九《志第十四・天文上》 天體

夫物有惑心，形有亂目，誠非斷疑定理之主。故仰遊雲以觀(日)[月]，月常動而雲不移。乘船以涉水，水去而船不徙矣。安岌云：「即日赤而大也。無遊氣則色白，大不甚矣。地氣不及天，故一日之中，晨夕日色赤，而中時日色白。地氣上升，蒙蒙四合，與天連者，雖中時亦赤矣。」

郭象注 成玄英疏《南華真經注疏》卷五《莊子外篇・天運》 天其運乎？不運而自行也。疏：言天稟陽氣，清浮在上，無心運行而自動。地其處乎？不處而自止也。疏：地稟陰氣，濁沈在下，亦無心寧静而自止。日月其爭於所乎？不爭所而自代謝也。疏：晝夜照臨，出没往來，自然如是。既無情於代謝，豈有心於爭處。孰主張是？疏：孰，誰也。是者，指斥前文也。言四時八節，雲行雨施，覆育蒼生，亭毒群品，誰爲主宰而施張乎？此一句解天運也。孰維綱是？皆自爾。疏：山岳産育，川源流注，包容萬物，運載無窮，春生夏長，必無差忒。是誰維持綱紀，故得如斯？此一句解地處也。孰居無事推而行是？無則無所能推，有則各自有事。然則無事而推行是者，誰乎哉？各自行耳。疏：夫日月代謝，星辰朗耀，各有度數，咸由自然。誰安居無事，推算而行之乎？此一句解日月爭所。已前三者，並假設疑問，顯發幽微。故知皆自爾耳，無物使之然也。意者其有機緘而不得已邪？疏：機，關也。緘，閉也。玄冬肅殺，夜宵暗昧，以意億度，謂有主司關閉，事不得已，致令如此。以理推者，皆自爾也。方地不動，其義亦然也。意者其運轉而不能自止邪？自爾，故不可知也。疏：至如青春氣發，萬物皆生，晝夜開明，六合俱照，氣序運轉，致兹生育。尋其理趣，無物使然。圓天運行，其義亦爾也。雲者爲雨乎？雨者爲雲乎？二者俱不能相爲，各自爾也。疏：夫氣騰而上，所以爲雲。雲散而下，流潤成雨。然推尋始末，皆無攸肇，故知二者不能相爲。孰隆施是？疏：隆，興也。施，廢也。言誰興雲雨而洪注也。與此契舟求劍者同也。時已徙矣而法不徙，以此爲治豈不難哉。

劉安撰 高誘注《淮南子》卷一《原道訓》 夫萍樹根於水，木樹根於土，鳥排虚而飛，獸蹠實而走，蹠，足也。實，地也。蛟龍水居，虎豹山處，天地之性也。兩木相摩而然，金火相守而流，然，焚也。員者常轉，窾科。者主浮，自然之勢也。員，輪丸之屬。窾，空也，舟船之屬。

劉歆撰 葛洪輯《西京雜記》卷一 長安巧工丁緩者爲常滿燈，七龍五鳳，雜以芙蕖蓮藕之奇。又作卧褥香鑪，一名被中香鑪。本出房風，其法後絶，至緩始更爲之。爲機環轉運四周而鑪體常平，可置之被褥，故以爲名。又作九層博山香鑪，鏤爲奇禽怪獸，窮諸靈異，皆自然運動。又作七輪扇，連七輪，大皆徑丈，相連續。一人運之，滿堂寒顫。

王充《論衡》卷一一《説日篇》 問曰：「日火也，火在地不行，日在天何以爲行？」曰：「附天之氣行，附地之氣不行。火附地，地不行，故火不行。」難曰：「附地之氣不行，水何以行？」曰：「水之行也，東流入海也。西北方高，東南方下，水性歸下，猶火性趨高也。使地不高西方，則水亦不東流。」難曰：「附地之氣不行，人附地何以行？」曰：「人之行，求有爲也。人道有爲，故行求。古者質朴，隣國接境，雞犬之聲相聞，終身不相往來焉。」

又 卷一四《狀留篇》 大器晚成，寶貨難售者。不崇一朝輒成賈者，菜果之物也。是故湍瀨之流，沙石轉而大石不移。何者？大石重而沙石輕也。沙石轉積於大石之上，大石没而不見。賢儒俗吏，並在世俗，有似於此。遇闇長吏，轉移俗吏，超在賢儒之上，賢儒處下，受馳走之使，至或巖居穴處，没身不見。咎在長吏不能知賢，而賢者道大力劣，不能拔舉之故也。夫手指之物器也，度力不能舉，則不敢動。賢儒之道，非徒物器之重也。是故金鐵在地，飆風不能動，毛芥在其間，飛揚千里。夫賢儒所懷，其猶水中大石，在地金鐵也。其進不若俗吏速者，長吏力劣不能用也。毛芥在鐵石間也，一口之氣，能吹毛芥，非必飆風。俗吏之易遷，猶毛芥之易吹也。故夫轉沙石者，湍瀨也；飛毛芥者，飆風也。活水洋風，毛芥不動。無道理之將，用心暴猥，察吏不詳，遭以好遷，妄授官爵，猛水之轉沙石，飆風之飛毛芥也。是故毛芥因異風而飛，沙石遭猛流而轉，俗吏遇悖將而遷。

且圓物投之於地，東西南北，無之不可，策杖叩動，纔微輒停。方物集地，壹投而止，及其移徙，須人動舉。賢儒，世之方物也，其難轉移者，其動須人滂沱？誰廢甘澤而致茲亢旱也？孰居无事淫樂而勸是？疏：誰安居無事，自勵勸彼作此淫雨而快樂邪？司馬本作「倦」字。風起北方，一西一東，有上彷徨。孰噓吸是？孰居无事而披拂是？疏：彷徨，迴轉之貌也。噓吸，猶吐納也。披拂，猶扇動也。北方陰氣，起風之所，故云北方。夫風吹無心，東西任適，或彷徨而居空裡，或噓吸而在山中，拂披升降，略無定準。孰居無事而爲此乎？蓋自然也。

又 卷一〇《莊子雜篇・天下》 推而後行，曳而後往。所謂緣於不得已。疏：推而曳之，緣不得已。感而後應，非先唱也。若飄風之還，若羽之旋，若磨石之隧，全而无非，動静无過，未嘗有罪。疏：磨，磑也。隧，轉也。如飄風之回，如落羽之旋，若磑石之轉，三者無心，故能全得。是以無是無非，無罪無過。無情任物，故致然也。是何故？疏：假設疑問，以顯其能。夫无知之物，无建己之患，无用知之累，動静不離於理，是以終身无譽。患生於譽，譽生於有建。疏：夫物莫不耽滯身己，建立功名，運用心知，没溺前境。今磨磑等，行藏任物，動静無心，怕居妙理，患累斯絶，是以終於天命，無咎無譽也。【略】

輪不蹍地。疏：夫車之運動，輪轉不停，前迹已過，後塗未至，除却前後，更無蹍時，是以輪雖運行，竟不蹍於地也。猶肇論云：「旋風偃嶽而常静，江河競注而不流，野馬飄鼓而不動，日月歷天而不周。」復何怪哉，復何怪哉！目不見。疏：夫目之見物，必待於緣。緣既體空，故知目不能見之者也。指不至，至不絶。疏：夫以指指物而非指，故指不至也。而自指得物，故至不絶者也。龜長於蛇。疏：夫長短相形，則無長無短。謂蛇長龜短，乃是物之滯情。今欲遣此昏迷，故云龜長於蛇也。矩不方，規不可以爲圓。疏：夫規圓矩方，其來久矣，而名謂不定，方圓無實，故不可也。鑿不圍枘。疏：鑿者，孔也。枘者，内孔中之木也。然枘入鑿中，本穿空處，不關涉，故不能圍。此猶連環可解義也。飛鳥之景未嘗動也。疏：過去已滅，未來未至，過未之外，更無飛時。唯鳥與影，嶷然不動。是知世間即體皆寂，故論云：「然則四象風馳，璇璣電卷，得意豪微，雖遷不轉。」所謂物不遷者也。鏃矢之疾，而有不行不止之時。疏：鏃，矢耑也。夫幾發雖速，不離三時，無異輪行，何殊鳥影。既不蹍不動，鏃矢豈有止有行？亦如利刀割三條絲，其中亦有過去未來見在之者也。

譚峭《化書》卷一《環舞》 作環舞者，宫室皆轉。瞰迴流者，頭目自旋。非宫室之幻惑也，而人自惑之。非迴流之改變也，而人自變之。是故粉巾爲兔，藥石爲馬，而人不疑。甘言巧笑，圖臉畫眉，而人不知。惟清静者，物不能欺。

又 卷二《轉舟》 轉萬斛之舟者，由一尋之木。發千鈞之弩者，由一寸之機。一目可以觀大天，一人可以君兆民。太虛茫茫而有涯，太上浩浩而有家。得天地之綱，知陰陽之房，見精神之藏，則數可以奪，命可以活，天地可以反覆。

沈自彰編《張子全書》卷二《正蒙・太和篇》

氣坱然太虛，升降飛揚，未嘗止息，《易》所謂絪緼，莊生所謂生物以息相吹，野馬者與。此虛實動静之機，陰陽剛柔之始。浮而上者陽之清，降而下者陰之濁，其感遇聚散，爲風雨，爲雪霜，萬品之流形，山川之融結，糟粕煨燼，無非教也。

朱子曰：坱然太虛，此張子所謂虛空即氣也。蓋天在四畔，地居其中，減得一尺地，遂有一尺氣，但人不見耳。此是未成形者，及至浮而上，降而下，則已成形者。若融結糟粕煨燼，即是氣之渣滓。要之，皆是示人以理。升降飛揚，所以生人物者未嘗止息，但人不見耳。問：言機言始，莫是説理否？曰：此本只是説氣，理自在其中。一動一静便是機處。問：始字之義如何？曰：始是如生物底母子相似，萬物都從這裏生出去，升降飛揚便合這虛實動静兩句，所以虛實、動静、陰陽、剛柔者，便是這升降飛揚者爲之，非兩般也。無非教也，教便是説理。《禮記》中天道至教，聖人至德，與孔子子欲無言，天地與聖人都一般。精底都從粗底上發見，道理都從氣上流行。雖至粗底物，無非是道理發見，天地與聖人皆然。此等言語，都是經煅煉底語，須熟念細看。【略】

天道不窮，寒暑已。衆動不窮，屈伸已。鬼神之實，不越二端而已矣。兩不立則一不可見，一不可見則兩之用息。兩體者，虛實也，動静也，聚散也，清濁也，其究一而已。

感而後有通，不有兩則無一。故聖人以剛柔立本，乾坤毁則無以見易。

游氣紛擾，合而成質者，生人物之萬殊。其陰陽兩端循環不已者，立天地之大義。

朱子曰：此一段專説氣，未及言理。游氣紛擾，此言氣到此已是渣滓，粗濁者去生人物，蓋氣之用也。動静兩端，説氣之本。上章言坱然太虛一段，亦是發明此意。陰陽即氣也，豈陰陽之外復有游氣耶。所謂游氣者，指其所以賦與萬物。一物各得一個性命，便有一個形質，此皆氣合而成之也。陰陽循環如磨，游氣紛擾如磨中出者。《易》曰：「陰陽相摩，八卦相盪，鼓之以雷霆，潤之以風雨。日月運行，一寒一暑。」此陰陽之循環也。「乾道成男，坤道成女。」此游氣之紛擾也。循環不已者，乾道變化也。合而成質者，各正性命也。晝夜運而無息，便是陰陽之兩端。其四邊散出紛擾者，便是游氣以生人物之萬殊。如麪磨相似，其四邊只管層層撒出。天地之氣運轉無已，只管層層生出人物，其中有麤有細，如人物有偏有正。游是散殊，比如一個水車，一上一下，兩邊只管滾轉，這便是循環不已。立天地之大義底一上一下，只管滾轉，中間帶得水，灌溉得所在，便是生人物之萬殊。天地之間，二氣只管運轉，不知不覺生出一個人，不知不覺又生出一個物，即他這個幹轉便是生物時節。

葉適《水心集》卷一《奏劄・上光宗皇帝劄子》 又曰：天不悔禍，吾其敢逆。事之未立，則曰乘其機也。不知動者之有機，而不動者之無機矣。縱其有機也，與無奚異。

趙與旹《賓退録》卷四 古今論天體者，言人人殊，然天主乎動，地主乎静，未有謂地動者也。惟《考靈耀》曰：「地有四遊，冬至地上北而西三萬里，夏至地下南而東三萬里，春秋二分其中矣。地恒動不止，譬如人在舟而坐，舟行而人不覺。」其説獨異。

林希逸《莊子口義》卷五《外篇・天運》

天其運乎？地其處乎？日月其争於所乎？孰主張是？孰維綱是？孰居無事推而行是？意者其有機緘而不得已邪？意者其運轉而不能自止邪？雲者爲雨乎？雨者爲雲乎？孰隆施是？孰居無事淫樂而勸是？風起北方，一西一東，有上彷徨。孰噓吸是？孰居無事而披拂是？

此數行，句句精絶。五箇「乎」字，前無古人，後無來者。天行一日一周，天之自運乎？地有四游上下，豈一定而處乎？口往月來，却喚作「争其所」，言如人相追奪也。此三字，誰下得。「主張」、「維綱」但是着力之意。機緘不得已，運轉不能自止，言亦不由他也。天氣下降，地氣上騰，所以爲雲，爲雨，但不知雲爲雨乎？雨爲雲乎？如此設問，豈不奇特。隆施，隆起也，施止也，與張弛同言，或作或止，孰爲之也？淫樂，淫，放也；樂，戲劇也。勸，助也。言何人爲放意戲樂之事，而助成此雲雨也。四方皆有風，此言起北方者，順天形而言之。天倚於北，則風自北來。或西，或東，或上，或下，彷徨往來之貌，言上不言下，文法也。披拂，摇蕩也。

又 卷一〇《雜篇・天下》

推而後行，曳而後往。若飄風之還，若羽之旋，若磨石之隧，音遂。全而無非，動静無過，未嘗有罪。是何故？夫無知之物，無建己之患，無用智之累，動静不離於理，是以終身無譽。【略】

推之而後行，曳之而後往者，迫而後應，不得已而後起之意也。風還羽旋，磨石之隧，皆無心而與物宛轉之喻。隧，轉也，回也。以不見非於世而自全，動静隨其自然而不爲過甚，故不得罪於世人也。其學如此者何也？蓋曰物惟無知，則無是己之患，亦無容心之累，動静皆順，故不離於理。不求知於人，欲終身而無譽。惟其無譽，所以無咎，故曰未嘗有罪也。【略】

鑿不圍枘。飛鳥之景未嘗動也。鏃矢之疾，而有不行不止之時。

輪不蹍地。目不見。指不至，至不絶。龜長於蛇。矩不方，規不可以爲圓。

行於地，則爲輪纔着地。則不可轉，則謂輪不輾地亦可。目見而後指可至，然目不可至，而指不能見，則是其至者，目與指不可得而分絶也。龜長於蛇，使龜如蛇之長，則不名爲龜矣。既謂之龜，則其長合止如此，謂之長於蛇亦可。矩即方也，規即員也。既謂之矩，則不可又謂之方；既謂之規，則不可又謂之員。枘雖在鑿之中，而枘之旋轉，非鑿可止，則謂之不圍亦可，言圍之不住也。鳥既飛則影隨鳥而去，但可謂鳥之飛，不可謂影之動。矢鏃之去雖疾，其在弦也則謂之止，其射侯也則謂之行。離弦而未至，射侯而未中，則是不行不止之時。

褚伯秀《南華真經義海纂微》卷四四《天運》

天其運乎？地其處乎？日月其争於其所乎？孰主張是？孰綱維是？孰居無事推而行是？意者其有機緘而不得已耶？意者其運轉而不得自止耶？雲者爲雨乎？雨者爲雲乎？孰隆施是？孰居無事淫樂而勸是？風起北方，一西一東，有上彷徨。孰噓吸是？孰居無事而披拂是？敢問何故？巫咸祒曰：「來！吾語汝。天有六極五常，帝王順之則治，逆之則凶。九洛之事，治成德備，監照下土，天下戴之，此謂上皇。」【略】

吕惠卿註：天運地處，吾不知其真運真處也。日月争所，吾不知其真争所也。求其「主張」、「綱維」與「推而行是」者，皆不可得意。「其有機緘而不得已耶」、「運轉而不能自止耶」，吾不可得而知也。水之升而爲雲，雲之解而爲雨，求其隆施與淫樂而勸是者不可得。風起西東，彷徨無定，求其「噓吸」、「披拂」者不可得。此乃道之不測而爲神者也。知神之所爲，則主張、綱維、隆施、披拂是者皆以此而已。五常即五福，嚮用五福，威用六極，順之而吉也，反是則逆之而凶。九洛即洛書九疇。九疇之用，至於福極，則治成德備，監照下土而天下戴之，此所以爲上皇。上皇則挈天地，馳日月，隆施雲雨，噓吸風氣，而常居無事之地者是也。豈必求之於洪荒之世哉！

林疑獨註：天圓自動，豈有意於運？地方自静，豈有意於處？日月往來無所止，所以無爭也。天之運也，孰主宰而弛張之？地之處也，孰綱紀而維持之？日月之往來，孰居無事推而行之？此皆自然而然，豈有爲於其間？意者必有機緘，運動而不能自止耶。天地者形，運轉者道，機緘之動非不得已，亦非得已也。陰陽之氣鬱結則爲雲雨者，陰陽之和也。雲所以致雨，亦有所不能致。雲之爲雨，雨之爲雲，孰興廢之？孰居無事過樂而勸勉之？皆不可知，自爲而已矣。天一生水，故風起北方，或東或西，在上彷徨，孰噓吸，披拂而使之然哉？六極，四方上下。五常，五行也。此皆自然而有，莫知其故。帝王順其理則爲治，逆其理則爲凶。九洛，九州聚落也，言帝德廣被，遠民安居，若日月之照臨下土，天下莫不戴之。樂其治，安其生，民性復樸，如上皇之世也。

陳祥道註：天地之運處，日月之往來，雲出於地而本乎天，雨降於天而本乎地，風直乎東而起於北，其覆載也，其照臨也，其散潤也，豈或使之？皆載於道之自然而已。今夫野馬飄蕩而不動，旋風偃岳而常静，江河競注而不流，日月歷天而不周，然則天地之運處，以其不運不處也；日月之往來，以其不往不來也。果莫詰其主張、綱維，孰知所謂若有真宰者耶。

陳碧虛註：清妙之氣無時不運，重濁之形未嘗不止，水火之精互爲升降，有主張綱維之者則勞矣，有機緘運轉之者則弊矣。雨從雲以施化，故雨出於地。雲憑氣而交合，故雲出於天。人身清濁之氣亦猶是也。是知雲不爲雨，雨不爲雲，相濟之理暗與事冥，惡有爲之者哉！雲自隆施，雨自淫樂，有勸勉之者則私矣，有噓吸、披拂則敗矣。寒暑濕燥，風火六氣，氣極則變，故曰六極。金木水火土五運，運常則化，故曰五常。氣和則教成，運乖則政敗也。九洛謂洛書九疇，《洪範》所陳者是也。王者得《洪範》九疇，則彝倫攸敘，五福被，民順也。失《洪範》九疇，則彝倫攸斁，六極傷，民逆也。不順不逆，任物自爾，得不謂之上皇歟？【略】

褚氏管見曰：天運地處，日往月來，人所共知也。然其所以運處往來，人所莫知也。是孰主張、綱維之者，意其有機緘運轉而不自止耶。蓋謂天地亦物也，虛空中之至大者耳。物之運動必有使然者，第人居兩間而不自知，猶磨蟻之俱旋而弗覺也。雲爲雨而興耶？雨爲雲而作耶？與夫風氣之東西上下孰隆施而噓吸之耶？已上皆發問之辭，而逸其舉問之人，而或以莊文變體，不可以常法拘也。六極、五常，解者不一，以《洪範》六極五福釋之爲當。順之則治，逆之則凶，即彝倫斁敘之分也。九疇，洛書之事是矣。帝王由此理而行，則治成德備，光照六合而天下戴之，以致民淳物阜，忻樂太平，上古三皇之治無以加之也。按此答語，似乎不應所問，考其歸趣，義自脗合。治道躋乎上皇，則君民各安其自然之分。人事盡而天理可推，則其運處往來之機不言而喻，是所以答之之道也。

又　卷一〇五《天下》

謑髁無任，而笑天下之尚賢也；縱脱無行，而非天下之大聖；椎拍輐斷，與物宛轉；舍是與非，苟可以免。不師知慮，不知前後，魏然而已矣。推而後行，曳而後往。若飄風之還，若羽之旋，若磨石之隧，全而無非，動静無過，未嘗有罪。是何故？夫無知之物，無建己之患，無用知之累，動静不離於理，是以終身無譽。【略】

謑髁不定，縱脱無行，而非天下之賢聖所以棄知去己也。「椎拍輐斷」連下三句，則冷汰於物之謂椎拍。鍊治之輐斷，破絶之宛轉，則與之俱往，故忘知慮前後，魏然而已。推曳而後動，若風羽之旋，磨石之隧，則其動非我也。【略】

故以薄知爲猶近傷於理，將欲都忘之。無任則無事，無行則無迹，賢則有事業，聖則有德行，笑而非之，皆不尚之意。椎拍者支其將往之形，輐斷者削其既殘之緒，與物宛轉，舍是與非，則累免矣。不師知，忘前後，心若死灰，魏然獨立，未嘗唱而常和，未嘗感而常應，行如椎車，往如曳尾，緣於不得已也。故若風還羽旋，磨石之隧，其德全無，動静無過，蓋以於物，無知於我，無己所以患累莫及焉。【略】

謑髁訛倪而笑尚賢之無倫，縱脱狂誕而非聖人之虛曠，斯法弊之所致也。椎拍獻斷桎梏，輐斷刑截肢節，然所施用宛轉物情，無是無非。苟可免禍，忘慮忘知，魏然安處。静則推曳而後行，動若飄風與旋羽，無用知之患，若無知之物，雖神明降出亦無所施爲。言其枯槁絶物，所以人皆怪之。

唐順之《武編》前集卷五《射》　「願聞望敵儀表、投分飛矢之道。」音曰：「夫射之道，從分望敵，合以參連。弩有斗石，矢有輕重。石取一兩，其數乃平。遠近高下，求之銖分。道要在斯，無有遺言。」

又　弓

凡箭，去寧高而過的，慎勿低而不及也。

陸西星《南華真經副墨》卷八爲字集《雜篇・天下》

輪不蹍地。目不見。指不至，至不絶。龜長於蛇。矩不方，規不可以爲圓。鑿不圍枘。飛鳥之景未嘗動也。鏃矢之疾，而有不行不止之時。

景，影。【略】

輪雖蹍地而脱輹則不能行，故曰輪不蹍地。目能視物而不能以自視，手能指物而不能以自指，故目不視，指不至。而手目之伎倆容有窮絶之時，使其俱視俱至，則不至窮絶矣。故曰至不絶。龜短於蛇而龜率其龜之性，則其長亦與蛇同，故曰龜長於蛇。矩以爲方而矩之體不方，故言方則不得謂之矩，言矩則不得謂之方。規圓亦然，故曰矩不方，規不可以爲圓。鑿不圍枘者，枘形圓而鑿形方，今木工但謂竅物爲鑿耳，不知圍枘亦可以鑿名乎，故曰鑿不圍枘。鳥飛於天，景落於地，但可謂之鳥動，而不可謂之景動，何者？影也者，有鳥而能者也，無鳥則無景，景能自動乎？故曰飛鳥之景未嘗動。矢安於弦則行，中於鵠則止，無有不行不止者。然使不至其地，則不得謂之行；不貫於的，則不得謂之止。是鏃矢雖疾而有不行不止之時矣。凡此皆於言語名相間横生種種聰明意見，以求異於人。惠子一生，揿弄精魂只在於此，誠可惜哉。

戚繼光《練兵雜紀》卷五《軍器解上・軍火器》　火箭解

製法：捲褙紙作筒，以藥築之，務要實如鐵。以鑽鑽孔，務要直。孔斜則放去亦斜。

田藝蘅《留青日札》卷二二　香毬

今鍍金香毬如渾天儀，然其中三層關棙，輕重適均，圓轉不已，置之被中而火不覆滅。其外花卉玲瓏而篆烟四出，真閨房之雅器也。《西京雜記》「長安巧手丁緩作卧齋香爐，一名被中香爐，爲機環轉，其運四周」即此。又有以奇香異屑製之者，亦名香毬，乃舞人搏弄以爲劇者，故白樂天詩：「柘枝隨畫鼓，調笑從香毬。」

屠隆《考槃餘事》卷四　臥褥爐

以銅爲之，花文透漏，機環轉運四周而罏體常平，可置之被褥。

孫元化《西法神機》卷下

點放大小銃説

點放欲知幾遠，須爲器以度之。狀如覆矩，以銅爲之。勾長尺餘，股長一寸五分。以勾股交爲運規心，只作四分規之。一規心透竅繫以線，線末用錘循規繞邊匀分十二度。用時，以勾入銃口内，則是此勾即同銃身也。以線所直度爲高下數，以測遠近之步，即可知銃彈到處。此測量而兼以藥力究竟也。然必度銃身及口折中之，不能虛度以例推耳。其定數具後。每高一度，則銃彈到處較平放更遠。推而至於六度，遠步乃止。高七步，彈反短步矣。假若平放，必須銃身上水銀點滴不走方是，則彈遠到二百六十八步。仰放高一度，則彈較平放遠到三百二十六步，共五百九十四步。高二度，較高一度又遠二百步，共七百九十四步。高三度，較二度又遠一百六十步，共九百五十四步。高四度，較三度又遠五十六步，共一千十步高。五度，較四度又遠三十步，共一千四十步。高六度，較五度又遠十三步，共一千五十三步。以上每步幾二尺，此其大略。若推廣，則有徐宫詹之《幾何編測量法》及李太僕《容圓較義同文算指》焉。諸銃點放平仰步數，仍悉關於各銃之下，既知銃高幾度，得至遠步幾何矣。然人於步之遠近從何測驗，則又當另置一器。其器以銅板爲之，見方六寸。上端有兩耳，厚三分，見方一寸。横竪於板面之上，距兩端各一寸。見方之中鑽一細眼，彼此相平板面，先畫一方楞。方楞角端爲勾股交運規心，心繫一線，線末用錘循規作四分之一規，分十二度，亦如量銃法。用時務立表於地，而以銅板端之耳兩見方細眼對視器所指之表，以線所直幾何度，即知當用銃高幾何度也。攻打樓臺，飛彪大銃可踰一度者，亦必以此器量之，斯點放不誤。

又　點放大小戰銃合用彈藥平仰步數法

銃腹容彈九斤至十七斤者，名半蛇銃，彈與藥相均。彈以鐵爲之。彈重十斤，藥用十斤。平放五百五十步，仰放五千五百步。彈藥各十二斤者，平放六百步，仰放五千六百步。彈藥各十五斤者，平放六百五十步，仰放六千一百八十步。

銃腹容彈十八斤至二十五斤者，名大蛇銃，亦彈藥相均。如彈藥十八斤，平放七百步，仰放六千八百步。彈藥各二十斤者，平放七百二十步，仰放七千二百步。彈藥各二十二斤者，平放八百二十步，仰放七千二百十步。彈藥各二十五斤者，平放九百步，仰放七千二百六十九步。

大佛郎機銃亦用鐵彈，彈作四分，藥用三分。如彈重十斤，用藥六斤十兩六錢，平放八百二十步，仰放八千二百步。彈重十五斤者，用藥十二斤，平放九百六十步，仰放九千六百步。

又 點放大小攻銃合用彈藥平仰步數法

銃腹容彈九斤至十三斤者，名鷹隼銃，彈作三分，藥用二分，彈亦用鐵。如彈重十斤者，藥用六斤十兩六錢，平五百步，仰三千五百四十步。

銃腹容彈十四斤至十八斤者，名梟喙銃，彈作三分，藥用二分。彈重十六斤，藥用十斤十兩六錢，平六百步，仰四千三百八十七步。

銃腹容彈十九斤至二十八斤者，名半鳩銃，彈作五分，藥用三分。如彈二十斤，藥用十二斤，平七百步，仰五千三百八十九步。

銃腹容彈二十九至三十九斤者，名大鳩銃，彈作十分，藥用五分。彈三十斤，藥十五斤，平八百步，仰四千九百步。彈三十五斤，藥十七斤半，平八百五十步，仰四千八百三十四步。

銃腹容彈四十斤至六十斤者，名倍大鳩銃，彈作十分，藥用五分。彈四十斤，藥二十斤，平九百步，仰四千六百二十二步。如彈四十六斤，藥二十三斤，平九百五十步，仰四千七百二十八步。如彈重五十斤者，藥二十五斤，平一千步，仰四千六百五十五步。彈重六十斤者，藥三十斤，平一千六十步，仰四千六百步。

銃腹容彈六十斤以上至百斤者，名虎唬銃，彈作十分，藥用五分。如彈重七十斤者，藥用三十五斤，平二千步，仰八千九百步。如彈重百斤，藥五十斤，平四千步，仰一萬六千步。

又

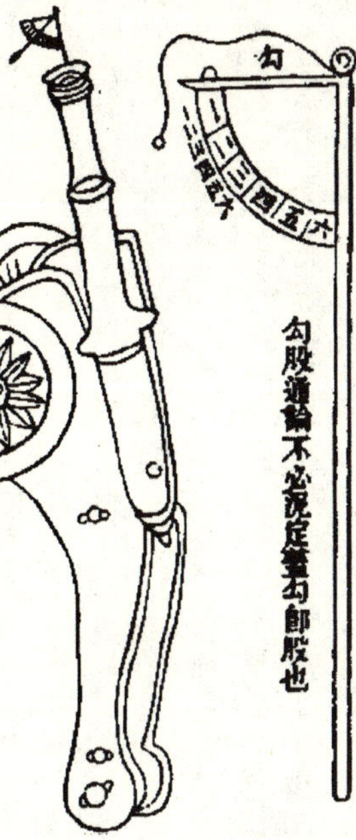

湯若望授　焦勗述《火攻挈要》卷中

裝放各銃竪平仰倒法式

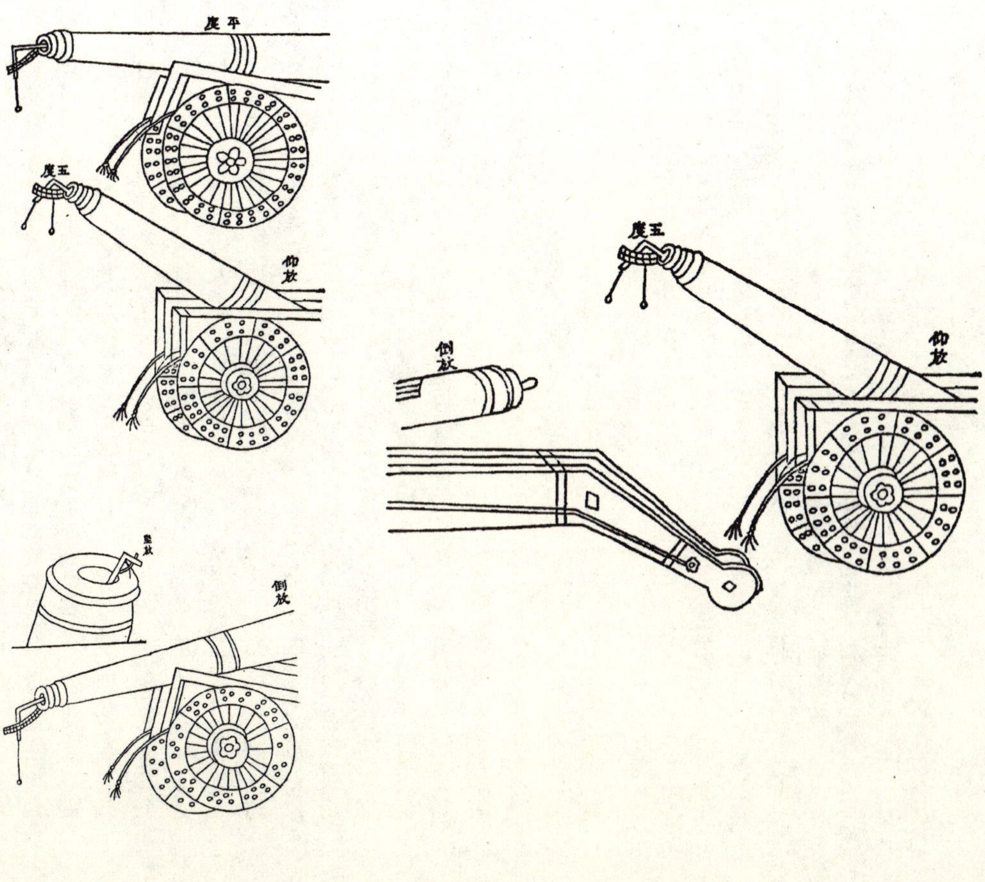

裝放高下，固在隨時取便，但諸銃所用，亦有各法不同。唯豎放，止有飛彪銃十一度十二度，攻城可用。倒放，止宜守銃一度至四度，守城時下擊可用。平放之法，最宜用於戰陣，百發百中，萬無一失。仰放之法，止一度以至六度，上下不等，大槊宜於攻銃。若飛戰銃，亦嘗用仰法，但學者不可拘泥，亦不可錯悞。唯相機觀變，斟酌用之可矣。

又　試放各銃高低遠近註記準則法

凡各等大銃既經試放無失，必先分定各等次第，挨次編立字號，預造空册一本，將各字號挨次登記。如某等某字某號銃一位，依法照常彈藥，用平度試放，看準本彈所到之靶多少步數，照數註記本銃之下。又照常彈藥用平度試放，看準本彈所到之靶多少步數，照數註記本銃之下。又照常彈藥，用高一度試放，看準本彈所到之靶多少步數，又照數註記。如此依法照前，自平度試起，以漸試至六度，而照數註準。及各銃試準註完，即照册上原號原數，挨次刻記暗號於各銃之上，以便司銃者臨用之際，量敵遠近，以爲擊放之高下也。俟各銃刻記完畢，將本册照樣共造三本，一存鑄銃官留底，一存帥府備察，一存本將教練。仍將各銃度分步數抄寫小帖，分給司銃軍士，責令熟記，以便演習。此法無論戰攻守銃皆所必用，但守銃更宜詳悉。如城上銃既有定位，即將城外遠近地面，或隘口，或橋梁，或要路，約量緊急去處，閒常備細試放。記明如某處遠者，用某度可到；某處近者，用某度可到。照數熟記明悉，仍詳註暗號。小帖隨身，庶臨敵之際，可從容暇豫，隨宜擊放，無有不中者矣。其註記之例，萬不可悮認彈到之處，以爲定則。蓋火力迅急，多有彈已落地，仍復激起而去數里。若是乃餘氣之所飄至，實非正力之所推擊。此等苗頭，不但難於定準，且强弩之末，雖中亦無用也。其法只以彈著靶者爲準。今篇内增繪三等圖式，正防學者誤認而錯註也。

又　各銃發彈高低遠近步數約略

各銃大小迥異，發彈遠近有殊。用火攻者，務必預知約略，以便臨敵之際酌量長短，隨宜施用也。

三號大銃，用彈三四觔，重者平度擊放，可到四百步。仰高一度，可到八百步。高二度，可到一千四百步。高三度，可到一千八百步。高四度，可到二千步。高五度，可到二千一百步。高六度，可到二千一百五十步。計一千零七十五丈，合六里地。若高七度，則發彈太高，從上墜落，其彈無力，且反近矣。諸凡放銃平仰度數之法，皆可以此例推。

二號大銃，用彈六七觔，重者平放可到七百步，仰放可到三千五百步。頭號大銃，用彈九觔，重者平放可到一千步，仰放可到五千步。

頂尖飛龍戰銃，用彈二十觔，重者平放可到七八里，仰放可到三十餘里。攻銃彈重十觔至四十觔者，平放可到五百步，仰放可到一千五百步以至五千步。

小銃狼機，用彈重半觔至一二觔止，平放可到三五百步，仰放可到二三千步。

大銃狼機，用彈重三觔至五觔者，平放可到七八百步，仰放可到三四千步。

鳥機鳥鎗，平放可到百餘步，仰放可到三百步。火箭亦同。

以上俱係約略之數，蓋以銃塘有長短不同，藥性有緩急不等，裝法有鬆緊不一，故不便執定細數，以滋疑慮。倘必欲細數，亦必將各銃依法備細試驗，註記明白，方可定數，以爲準則也。

南懷仁《窮理學》卷八　重物空中行道之勢理

總論重物之動，有依兩道而行。一曰：因性之道，即上往下之行；二曰：强性之道，即或横或上而行。其因性之道者，即從上往下，作正垂綫而行。緣下爲其本所也。天下之物，各有本所。物之性，亦各喜得本所。每物不在其所，則必與性相反，且别物得以攻之。故各就本所，乃各物之所喜向也。假如火本炎上，使之入水，則非本所，便就滅息。重之性下，水土其本所也，且物性直捷，重之垂下，不作迂曲。況天下之物性最巧，直綫之途必短。迂曲之綫，其途甚長。物喜短捷之便，故不肯拂性而迂曲也。

重物强性而行，由兩彼此相反之力而動。一曰：本性之内力向下行。二曰：逆本性之外力向上行。蓋凡重物逆其本性而强受動，則施動者必通施猛墾之力于重物之體，以强帶而動。若無如此之力隨重物之體而帶動之，則重物既已離動者之手，即因本性垂綫之直道而下行。然既不能全順本性之動而直下行，又猛墾之力，既不能全勝重性之逆行，而擊之直上行。則重物空中之道，非依直綫往上往下，惟依曲綫，而仿佛圭竇形之綫。一半往上，一半往下行矣。

又　重物如砲彈等自下往上比自上往下更中鵠之所以然

凡重物如砲彈等，自下往上比自上往下更能中鵠者，屢次已經試驗也。其所以之理爲何？蓋重物與砲彈等，則其本性垂下，并不向放砲者所向之鵠也。令放砲自下往上者，愈往上愈逆，而勝其垂下之情，與自上向下放砲者相反。愈往下，愈順其垂下之情，故愈反其中鵠之原向也（見二百二十八圖）。丙爲山下之砲，自下所向在上之鵠者。戊爲山上之砲，自上所向在下之鵠者。砲彈在甲丙道如乙者，則順垂綫乙丁者。其本性往下行，而甲丙綫逆其情向上行，愈上愈離其垂綫也。今砲彈在己戊綫如丁者，其情仍欲下行。而己戊綫亦從上往下行，因而隨其情，愈下愈近其垂綫也。然其向下放砲者，原照窺目之横綫對鵠而放。今垂綫既相離於對鵠之横綫，則順其垂綫往下，放砲者愈順愈離原對鵠之横綫，此其難中鵠之故也。

又 求改正砲之偏向

凡砲向之緣由有多，惟第一難正者，即從鑄砲勢所由生也。蓋砲膛虽直而平，但其周墻，或厚薄輕重不一。假如鑄砲時，其左邊略爲重厚，其右邊略爲輕薄，則放砲時，其彈必斜而偏向厚重之左邊矣。若砲長而輕薄者，此弊即顯。凡鍾造鳥槍，多有此病。因其周墻之皮錘煉時，多有輕重鬆緊不齊之故也。今砲彈所以偏向周墻之厚重者，其所以然，由性學之本論可推知也。

夫正對星斗之法，雖能改正砲偏向之大概，然因火之勢力無一定之法，其星斗對法亦難得向定。大性學所用窮理之法，先驗各性之效，而以其已然，推知其所以然，然後務立定法。今屢次試放各砲，而驗其偏向之勢。但雖用度數之學以改正其法，然因火之勢力多有不同之故，其法以試驗，更爲有定此立法，并試驗之自然，彼此相助，蓋法能輔助以改正試驗之用，又能輔助以改正其法，愈爲准定也。

夫砲之偏向有二：一，左右之偏向；一，上下之偏向。今先改左右之偏向。法曰：其偏向之砲上先安定蠟成之星斗，令其窺目之視綫照蠟成之星斗，與砲膛中心綫平行，如正向之砲上，定星斗之法無異。次對本砲與鵠而放之，放畢即記識其砲所放之彈偏向鵠之或左或右若干尺寸。如二百二十九圖，甲爲斗，丁爲星，丙爲鵠，壬爲砲彈，偏鵠之右，離中三尺；辛爲砲彈，偏鵠之左，離中四尺。其砲尾相距鵠一百步，今務令砲彈正打於經鵠之垂綫子午者，且勿論其打鵠之上下，惟使其勿偏於鵠之左右而已。法曰：若砲彈偏於鵠之左，假如打辛者偏四尺，則從砲口箍上之中丁者，移挪蠟造之星，往鵠之左至己者，約五分。然後移動砲，自丁往鵠之右，使斗星之綫甲己者正對於經鵠之垂綫，而試放之，務令中鵠之中心也。若砲彈偏於鵠之右，假如打壬者偏三尺，則從砲口箍上之中丁者，移挪蠟造之星，往鵠之右至乙者，約三分，然後移動砲口，從丁往鵠之左，使斗星之綫甲乙者正對於經鵠之垂綫，而試放之，俾中鵠之中心也。若依前法，而又不中鵠之垂綫，則又移挪蠟星，或左或右若干分厘，照其砲彈偏鵠之垂綫，或左或右尺寸若干矣。其用法之理，載《幾何原本》第六卷第二題并第四題。蓋甲丙綫之一百步（即五百尺），與甲丁綫即斗距星六尺之比例，如丙辛之四尺，與丁己綫五分之比例，故用三率法而推之。甲丙綫之百尺爲一率，丙辛綫之四尺爲二率，斗距星甲丁綫之六尺爲三率。其二率與三率相乘，以一率除之，即得丁己綫，約爲五分也。照砲相距鵠近遠若干者，則以此之比例，可推其星之移挪分厘若干矣。如或以三率比例爲難，則照砲所放之彈，偏鵠之左右若干尺寸，而酌量揣度移挪其星或左或右分厘若干矣。

論砲上下之偏向。法曰：本砲之上，仍安置蠟成之星斗，與正向之砲上無異。次若砲彈偏於鵠之下，則照其偏之尺寸若干，須短其星分厘若干矣。若砲彈偏於鵠之上者，則照其偏之尺寸若干，必須長星分厘若干矣。此上下偏正之改正法，并其理推與左右偏向改正之法，并與其理推無異。

又 推重物道遠近高低之儀

勾股形内造象限儀，則推重道之儀全備矣。以砲彈之道，爲譬如之。驗其股入砲口内，而其中心之垂綫指砲彈所行高低遠近之度也。蓋垂綫若對砲象限儀初度所起之綫，則砲彈所行之道者謂之地平，即水平之直道也。其彈所到之地者，距砲最近之地也。若將砲口從地平高起往上，則垂綫所對一十、二十、三十等度，至四十五度者，指砲彈所行之道漸次加高，并加遠丈之度也。其砲彈凡地平以上，空中所行之道者，皆曲綫之道也。從本道之最高，至地平以測度垂綫之尺丈，爲其高度。其遠之尺丈，以曲綫道所至而止之地爲度也。如二百三十圖，甲乙丙爲勾股綫之象限儀也。丙爲其初度之綫所起，故甲丙丁綫爲砲彈所行地平直綫之道也。第二百三十圖内，象限儀之垂綫，對於三十度，故甲乙丙綫爲砲彈所行曲綫之道也。其高以乙丁垂綫爲度，其遠以戊丙地平綫爲度。第二百三十一圖内，象限儀之垂綫，對於四十五度，故甲乙丙謂砲彈空中行四十五度之道也。其高度乙丁綫，其遠度戊丙綫是也。

凡對四十五度之高（其四十五度者，即天頂地平兩者之當中）而或放砲，或射箭，或手拋擲石塊等物，則其砲之彈，弓之箭，手拋之石塊等物，空中所行之道者，比象限儀諸度之道爲第一遠者也。【略】其四十五度上下各道，離四十五度愈遠者，則其遠度愈減也。其上下每兩道相離四十五度，如一遠者，則其遠度相等也。【略】如三十度之道，與六十度之道，其遠度者同，爲甲丁一綫也。

自四十五度往下，諸道漸次減其高度。自四十五度往上，諸道漸次加其高度。其九十度之道，無遠度。原在天頂垂綫之中，而爲諸道之中最高者。

又　遠度表之解說并其用法

夫後章所列遠度表者，爲砲之彈、弓之箭等，對象限儀各度之高者，所行之遠步也。假如有大砲於此，若對於象限儀各度之高，則屢次已經驗其彈所至遠度者，皆照後章所立表之數也。今以本表之數，爲他砲之彈所能到遠度之比例也。其表之右第一行與第二行，開列所刻象限儀之高度。以四十五度爲首，緣四十五度爲諸度之中，遠度之極，故也。其餘每兩度離四十五度，上下同一遠。表内各照次第，列在四十五度之下。其第三行與第四行之度者，即與第一行與第二行内之度數相對，大小比例之數也。假如某一砲，對於或三十度或六十度之高，求其遠步遠丈幾何。法曰：或第一行第二行内，若查第三十度或第六十度，則第三行内正對比例之大數，八六六〇，即八千六百六十步。其比例之小數，爲五一九丈零三尺，即五百一十九丈零三尺。其餘仿此。

又　求不拘何砲之彈弓之箭等至遠步幾何

法曰：凡用某砲某弓等，以驗此題之法，則本砲本弓等所用之力，必恒爲一。如火藥之分兩，砲彈之大小輕重，拉弓之弦尺寸若干，其箭之長短大小輕重，皆爲一定不易。次須知某砲放彈，某弓射箭，照勿論何一高度，其彈其箭至幾何遠。蓋以此一度之遠步，恒爲推他遠步之宗根故耳。假如某砲已經試驗，凡對於四十五度之高，則其所放之彈，至八千步始落於地。今若將本砲對五十四度，欲知其彈至丈數幾何。法曰：以四十五度之高，查表則見第二行内相對之數，爲一〇〇〇〇，即一萬。故以一〇〇〇〇爲一率。其本表本行内，以五十四度相對之數爲二率。以八千步爲三率。第二率與第三率相乘，以第一率除之，即得七千六百步，爲其所求。又假如某弩弓（用弩弓者緣弩弓比他弓并比各砲等更有一定不易之力，其弩弓之安法并對法）若對於十二度之高，則已經驗其所射之箭，至四十步而止。今求本弩若對於三十度之高，其所射之箭至步數幾何。法曰：表内第四行十二度之數，即二百四十四之數者，爲一率。其已經驗之四十步爲二率。表内第四行三十三數之比例，即五百八十數者爲三率。第二率與第三率相乘，以第一率除之，則得約九十步，爲其所求。其餘仿此。

王夫之《思問録》内篇

兩端者，虛實也，動静也，聚散也，清濁也，其究一也。張子。實不窒虛，知虛之皆實。静者静動，非不動也。聚于此者散于彼，散于此者聚于彼。濁入清而體清，清入濁而妙濁，而後知其一也，非合兩而以一爲之紐也。

又王夫之《張子正蒙注》卷一上《太和篇》

太和所謂道。

太和，和之至也。道者，天地人物之通理，即所謂太極也。陰陽異撰而其絪緼於太虛之中，合同而不相悖害。渾淪無間，和之至矣。未有形器之先，本無不和，既有形器之後，其和不失，故曰太和。

中涵浮沈，升降，動静相感之性，是生絪緼相盪、勝負屈伸之始。

涵如水中涵影之象。中涵者其體，是生者其用也。輕者浮，重者沈，親上者升，親下者降，動而趨行者動，動而赴止者静，皆陰陽和合之氣所必有之幾，而成乎情之固然，猶人之有性也。絪緼，太和未分之本然。相盪，其必然之理勢。勝負，因其分數之多寡，乘乎時位，一盈一虛也。勝則伸，負則屈，勝負屈伸，衰王死生之成象，其始則動之幾也。此言天地、人物消長死生自然之數，皆太和必有之幾。

其來也，幾微易簡。其究也，廣大堅固。

來謂始動而化之初。究謂已成形體也。幾微，氣之初動。易簡者，唯陽健陰順而已。廣大，品物流形。堅固，體成而不易毁也。乾坤有體則必生用，用而還成其體，體静而用動，故曰静極而動，動極而静，動静無端。

劉侗　于奕正《帝京景物略》卷二　春場

空鐘者，刳木中空，旁口，盪以瀝青，卓地如仰鐘，而柄其上之平。別一繩繞其柄，別一竹尺有孔，度其繩而抵格空鐘，繩勒右却，竹勒左却，一勒，空鐘轟而疾轉，大者聲鐘，小亦蛣蟯飛聲。一鐘聲歇，時乃已。製徑寸至八九寸，其放之一人至三人。陀螺者，木製如小空鐘，中實而無柄，繞以鞭之繩而無竹尺。卓于地，急掣其鞭，一掣，陀螺則轉，無聲也，視其緩而鞭之，轉轉無復住。轉之疾，正如卓立地上，頂光旋旋，影不動也。

宋應星《天工開物》卷一五《佳兵第十五》　弩

凡弓箭强者行二百餘步，弩箭最强者五十步而止，即過咫尺不能穿魯縞矣。然其行疾則十倍于弓，而入物之深亦倍之。國朝軍器，造神臂弩、克敵弩，皆併發二矢三矢者。又有諸葛弩，其上刻直槽相承，函十矢。其翼取最柔木爲之，另安機木，隨手板弦而上，發去一矢，槽中又落下一矢，則又扳木上弦而發。機巧雖工，然其力棉甚，所及二十餘步而已。此民家妨竊具，非軍國器。其山人射猛獸者，名曰窩弩。安頓交跡之衢，機傍引線，俟獸過帶發而射之，一發所獲，一獸而已。

又宋應星《論氣·氣聲★七★★》 向者沖氣、界氣而成聲，其說既著明矣。矢及百步，聲亦止此而已乎？

曰：矢及百步，聲之過也必倍焉，特所沖地面無幾，故其聲不揚。衡砲而爇沖之，火力止於一里，而山谷傳聲十里焉。總之動氣之故也。

方以智《物理小識》卷二《地類》 地游，地動也。《尚書考靈曜》：「地有四游，冬至地上北而西三萬里，夏至地下南而東三萬里，春秋二分則其中矣。」《賓退録》言：「地恒動不止，如人在舟坐，舟行而人不覺。」中通曰：穆先生亦有地游之說，地中多空，氣行其中，各方小動亦常事也。重則地陷山移，每思張平子作銅龍地儀，以應地動，不知何理。暄曰：地震屬陽氣，銅爲陽氣所生，故相感。銅山崩，洛鐘應，其驗也。八方分之，各從來處先應耳。

又方以智《通雅》卷三三《器用·古器》 金鉔，香毬也。《西京雜記》曰：「長安巧工丁緩作被中香罏，環轉而罏體常平。」《字彙》以爲，金鉔丁緩所作，引相如《美人賦》「金鉔薰香」。黄伯思《跋錢鎮州回文》曰：寶子不知何物，乃迦葉之香罏也。但圜若重規，其丁緩被中之製乎。

又 卷三五《器用·戎器具》 惜千千，轉輪戲也。《南宋市肆記》載，京瓦兒戲之場有惜千千。蓋如京師之放空鐘，抽陀螺乎。形扁丸有臍，以繩卷而放之，其轉不已，謂之千千，或其遺稱。

揭暄《璇璣遺述》卷一

象緯億證

凡物屬氣者必動，體圜者善轉，於火尤甚。太陽之氣屬火而體圜，性利摩盪，雖爲天所帶動，寔則自轉不已，迅疾勁厲。近之者爲其所掣，勢迫而急，愈近則愈急。譬之洩水旋轉入渦，遠緩近急，而于近渦處其急更有莫可名言者。海水歸墟亦然。又物之合爲一體者，其轉維均。如車輪然，軸轉一周，輻亦一周。如北極然，天轉一周，樞亦一周，無内外大小之別。異體而轉者，則内速外緩，近速遠緩。

又 天轉最疾

《主制羣徵》云：太陽西行四刻，約應地四兆五億二萬里，列宿天近赤道之恒星則行九京三兆六億萬里矣。物行之速，莫如銃彈之行，十五分刻之一分約得九里。二息約行一里。如欲遶地一周，非七日不可，是太陽四刻之行，乃銃彈三百四十八里之行也。

又 卷四 日自轉徵

問：政轉行，非平行，固已若日之轉，何所徵？曰：以近體諸星徵之。金水環日輪外，日轉故金水轉，金水轉益以推日之轉也。凡物之屬氣者必動，體圓者必轉，於火尤甚。太陽之氣屬火，性利摩盪，雖爲天所帶動，實則自轉不已。自轉之勢急，近者輒爲所掣。金水爲日所掣，猶舟入漩渦，不得不隨之潆洄也。又如漩水入渦，外緩内急，至近渦處與所洩處，其迅疾之勢有百千其倍而不止者。

孔尚任《節序同風録》 三月初三

小兒拋瓦石片向空飛轉，以高低遠近爲勝負，謂之拋堉。或撇水面，數飛數伏，百步不沉，名打漂兒。

小兒放空鐘，其鐘刳木爲之，旁口，盪以瀝青，仰卓地上，中插一柄，以一繩繞其柄。別一竹尺有孔，穿繩而勒之，空鐘疾轉轟轟有聲。謡云：「楊柳青，放空鐘。」又作聯鐘，如綿槌，以繩兜之，令轉而有聲，名大空鐘。

張英等《淵鑑類函》卷二六《地部四·坑二》 《書序》曰焚書坑儒。《東方朔別傳》曰：漢武帝忽見一坑，深不知幾大，以朔多智，使往視之。朔對曰：坑深一百二十丈。何以知之？朔曰：臣到以大石投之坑中，傾耳而聽，久久乃到，僇僇有聲，九九八十一，六六三十六，臣以此知之。

鄭復光《費隱與知録》 氣輕于物 不以力言

問：氣輕于萬物乎？曰：唯唯否否，氣可以言輕者，對物以之重者而言，而非其質也。蓋物性各趨本所，地心爲萬物本所，天爲氣本所。氣之上行，猶物之下墜，趨其本所耳，非但以爲輕使然也。譬如兩人皆自西往東，甲行百里，乙行八十里，相差廿里，謂甲速乙遲可也。使甲東乙西，雖相差百里，不得謂甲速乙遲也。而謂物重氣輕可乎？曰：若然，則大地之上皆有氣上行，使有至輕之物下墜，則與相逆相拒，當不下墜矣。而不然何也？

劉嶽雲《格物中法》卷一《氣部》 空氣 空氣無象不圓

圓者常轉。《淮南子》。

圓者之轉，非能轉而轉，不得不轉也。《尹文子》。

嶽雲謹案：圓者常轉，可知常轉者必圓。

數年前，隨諸大夫之後議築海隄。海水中高而四垂，過洞庭四望湖水，亦復如是。始悟地包於天，則其體圓。圓則山河藪澤亦隨之而圓。所謂中高而四垂者，地勢如斯。水者天地中之五行耳，有不爲一氣之所旋轉耶。向謂水勢平流者，特未嘗於數百里平闊處觀其大勢耳。許纘曾《東還紀程》。

嶽雲謹案：凡動體無不圓者，若或不圓，則重心必倚于一邊，故天地皆圓爲絶無疑義，萬億恒星亦無不圓也。

計算

《算數書》

女織　鄰里有女惡自喜也，織曰：自再五日織五尺。問始織日及其次各幾何。曰：始織一寸六十二分寸卅八，次三寸六十二分寸十四，次六寸六十二分寸廿八，次尺二寸六十二分寸五十六，次一尺五寸六十二分寸五十。术曰：直二、直四、直八、直十六、直卅二，并以爲法，以五尺偏乘之，各自爲實，[實]如法得尺，不盈尺者十之，如法一寸，不盈寸者，以法命分。

婦織　有婦三人，長者一日織五十尺，中者二日織五十尺，少者三日織五十尺。今織有攻五十尺，問各受幾何尺。其得曰：長者受廿五尺，中者受十六尺有十八分尺之十二，少者受八尺有十八分尺之六。其术曰：直一、直二、直三，而各幾以爲法，有十而五之以爲實，如法而一尺。不盈尺者，以法命分。三爲長者實，二爲中者，一爲少者。

行　甲行五十日，今日壬申，問何日初行。术曰：問壬申何旬也，曰：甲子之旬也。既道甲數到任[壬]九日，直九，有增。

劉徽注　李淳風釋《九章算術》卷三《衰分以御貴賤稟稅》

今有女子善織，日自倍，五日織五尺。問日織幾何。

答曰：初日，織一寸三十一分寸之十九。次日，織三寸三十一分寸之七。次日，織六寸三十一分寸之十四。次日，織一尺二寸三十一分寸之二十八。次日，織二尺五寸三十一分寸之二十五。

術曰：置一、二、四、八、十六爲列衰，副并爲法，以五尺乘未并者，各自爲實，實如法得一。案：原本作得一尺，亦後人妄加尺字，今刪。

又　卷六《均輸以御遠近勞費》

今有均輸粟：甲縣一萬户，行道八日。乙縣九千五百户，行道十日。丙縣一萬三千三百五十户，行道十三日。丁縣一萬二千二百户，行道二十日。各到輸所。凡四縣賦當輸二十五萬斛，用車一萬乘。欲以道里遠近、户數多少衰出之。問粟、車各幾何。

答曰：甲縣粟八萬三千一百斛，車三千三百二十四乘。乙縣粟六萬三千一百七十五斛，車二千五百二十七乘。丙縣粟六萬三千一百七十五斛，車二千五百二十七乘。丁縣粟四萬五百五十斛，車一千六百二十二乘。

術曰：令縣户數各如其本行道日數而一，以爲衰。

按：此均輸，猶均運也。令户率出車，以行道日數爲均，發粟爲輸。據甲行道八日，因使八户共出一車。乙行道十日，因使十户共出一車。計其在道，則皆户一日出一車，案：原本作出車，脱一字，今補。故可爲均平之率也。以賦粟車數乘未并者，各自爲實。

衰，分科率。

實如法得一。案：原本作得一車，亦後人妄加車字，今刪。

各置所當出車，以其行道日數乘之，如户數而一，得率。户用車二日四十七分日之三十一，故謂之均。求此户以率，當各計車之錢分也。案：此二句舛誤，當云求此率以户，當各計車之衰分也。

淳風等按：縣户有多少之差，行道有遠近之異，欲其均等，故各令行道日數約户爲衰。案：原本脱道字，今補。行道多者少其户，行道少者多其户，故各令約户爲衰，以八日約除，甲縣得一百二十五，乙、丙各九十五，丁六十一。于今有術副并爲所有率，未并者各爲所求率，以賦粟車數爲所有數，而今有之各得車數，一旬除乙，十三除丙，各得九十五；二旬除丁，得六十一也。案：淳風等至此，原本訛在前按，故可爲均平之率也，下于術意前後失次，今訂正。

有分者，上下輩之。

輩，配也。車、牛、人之數不可分裂。推少就多，均賦之宜。今按：甲分既少，宜從于乙。滿法除之，有餘從丙。丁分又少，亦宜就丙，除之適盡。加乙丙各一，上下輩益，以少從多也。

以二十五斛乘車數，即粟數。

今有均輸卒：甲縣一千二百人，薄塞。乙縣一千五百五十人，行道一日。丙縣一千二百八十人，行道二日。丁縣九百九十人，行道三日。戊縣一千七百五十人，行道五日。凡五縣，賦輸卒一月一千二百人。欲以遠近、户率多少衰出之。問縣各幾何。

答曰：甲縣二百二十九人，乙縣二百八十六人，丙縣二百二十八人，丁縣一百七十一人，戊縣二百八十六人。

術曰：令縣卒各如其居所及行道日數而一，以爲衰。

按：此亦以日數爲均，居所爲輸。甲無行道日，但以居所三十日爲率。言欲爲均平之率者，當使甲三十人而出一人。出一人者，計役則皆一人一日，是以可爲均平之率。

甲衰四，乙衰五，丙衰四，丁衰三，戊衰五，副并爲法。以人數乘未并者各自爲實。實如法而一。

各置所當出人數，以其居所及行道日數乘之，如縣人數而一，案：此二十四字，原本又重見于後按，故存之也。下今删彼存此。得户率：人役五日七分日之五。案：此十二字原本接注文重見者之下，今據徽説前後體例訂正。

淳風等按：爲衰，于今有術，副并爲所有率，未并者各爲所求率，以賦卒人數爲所有數。此術以别，攷則意同，以廣異聞，故存之也。案：此條原本訛入上注，接如縣人數而一之下，脱淳風等按四字。今據淳風等所釋前後體例訂正，又爲衰二字上有脱文，當云各令居所及行道日數，約縣卒爲衰。

有分者，上下輩之。

輩，配也。今按：丁分最少，宜就戊除。不從乙者，丁近戊故也。滿法除之，有餘從乙。丙分又少，亦就乙除。有餘從甲，除之適盡。從甲、丙二分，其數正等。二者于乙遠近皆同，不以甲從乙者，方以下從上也。

今有均賦粟：甲縣二萬五百二十户，粟一斛二十錢，自輸其縣。乙縣一萬二千三百一十二户，粟一斛一十錢，至輸所二百里。丙縣七千一百八十二户，粟一斛一十二錢，至輸所一百五十里。丁縣一萬三千三百三十八户，粟一斛一十七錢，至輸所二百五十里。戊縣五千一百三十户，粟一斛一十三錢，至輸所一百五十里。凡五縣賦輸粟一萬斛。一車載二十五斛，與僦一里一錢。欲以縣户輸粟，令費勞等。問縣各粟幾何。

答曰：甲縣三千五百七十一斛二千八百七十三分斛之五百一十七，乙縣二千三百八十斛二千八百七十三分斛之二千二百六十，丙縣一千三百八十八斛二千八百七十三分斛之二千二百七十六，丁縣一千七百一十九斛二千八百七十三分斛之一千三百一十三，戊縣九百三十九斛二千八百七十三分斛之二千二百五十三。

術曰：以一里僦價乘至輸所里，

此以出錢爲均也。問者曰：一車載二十五斛，與僦一里一錢。一錢，即一里僦價也。以乘里數者，欲知僦一車到輸所所用錢也。甲自輸其縣，則無取僦價也。

以一車二十五斛除之，

欲知僦一斛所用錢。

加一斛粟價，案：原本一訛作以注同，今據淳風等所釋竝改正。則致一斛之費。

加一斛之價于一斛僦直，即凡餘粟取僦錢也。甲一斛之費二十，乙丙各十八，丁二十七，戊十九也。

各以約其户數，爲衰。

言使甲二十户共出一斛，乙丙十八户共出一斛。計其所費，則皆户一錢，故可爲均賦之率也。

甲衰一千二十六，乙衰六百八十四，丙衰三百九十九，丁衰四百九十四，戊衰二百七十，副并爲法。所賦粟乘未并者，各自爲實。實如法得一。

各置所當出粟，以其一斛之費乘之，如户數而一，得率。户出三錢二千八百七十三分錢之一千三百八十一。

淳風等按：此以出錢爲均。問者曰：一車載二十五斛，與僦一里一錢。一錢即一里僦價也。案：原本脱價字，今據注文補入。以乘里數者，案：原本脱數字，今據注文補入。欲知僦一車到輸所用錢。甲自輸其縣，則無取僦之價。以一車二十五斛除之者，欲知僦一斛所用錢。加一斛之價于一斛僦直，即凡餘粟取僦錢。甲一斛之費二十，乙、丙各十八，丁二十七，戊一十九，各以約其户，爲衰。甲衰一千二十六，乙衰六百八十四，丙衰三百九十九，丁衰四百九十四，戊衰二百七十，言使甲二十户共出一斛，乙、丙十八户共出一斛。計其所費，則皆户一錢，故可爲均賦之率也。案：率字下原本衍計字，今删。于今有術，副并爲所有率，未并者各爲所求率，賦粟一萬斛爲所有數。此今有衰分之義也。案：此條原本誤連上，劉徽注脱淳風等三字。攷其文義，多與徽所注重複，應是淳風等更舉注文，以總解術意。書内此類甚多，今改正。計經賦之率，既有户算之率，亦有遠近貴賤之率，此二率者，各自相與通功，則甲二十，乙十二，丙七，丁十三，戊五。一斛之費謂之錢率，錢率約户率者，則錢爲母，户爲子。子不齊，令母互乘爲齊，則衰也。若其不然，以一斛之費約户數，取衰，竝有分當通分，内子約之，于算甚繁。此一章皆相與通功共率，畧相依似以上二率，下一率亦可放此。從其簡易而已。又以分言之，使甲一户出二十分斛之一，乙一户出十八分斛之一，各以户數乘之，亦可得一縣凡所當輸俱爲衰也。乘之者，乘其子，母報除之。以此觀之，則以一斛之費約户數者，其意不異矣。然則可置一斛之費而反衰之，約户以乘户率爲衰也。合分注曰：母除爲率，率乘子爲齊。反衰注曰：先同其母，各以分母約其子爲反衰，以施其率。爲算既約，且不妨處下也。案：計經賦之率至此，原本訛入前節注文，故可爲均賦之率也。下文多舛误，不可通。據辭内引合分注及反衰注，乃淳風等推論術意無疑，今改正。

今有均賦粟：甲縣四萬二千算，粟一斛二十，傭價一日一錢，自輸其縣。乙縣三萬四千二百七十二算，粟一斛一十八，傭價一日一十錢，到輸所七十里。丙縣一萬九千三百二十八算，粟一斛一十六，傭價一日五錢，到輸所一百四十里。丁縣一萬七千七百算，粟一斛一十四，傭價一日五錢，到輸所一百七十五里。戊縣二萬三千四十算，粟一斛一十二，傭價一日五錢，到輸所二百一十里。已縣一萬九千一百三十六算，粟一斛一十，傭價一日五錢，到輸所二百八十里。凡六縣賦粟六萬斛，皆輸甲縣。六人共車，車載二十五斛，重車日行五十里，空車日行七十里，載輸之間各一日。粟有貴賤，傭各别價，以算出錢，令費勞等。問縣各粟幾何。

答曰：甲縣一萬八千九百四十七斛一百三十三分斛之四十九，乙縣一萬八千二十七斛一百三十三分斛之九，丙縣七千二百一十八斛一百三十三分斛之六，丁縣六千七百六十六斛一百三十三分斛之一百二十二，戊縣九千二十二斛一百三十三分斛之七十四，已縣七千二百一十八斛一百三十三分斛之六。

術曰：以車程行空、重相承爲法，并空、重以乘道里，各自爲實，實如法得一。案：原本作得一日，亦後人妄加日字，今删。

按：此術重往空還，一輪再行道也。置空行一里，用七十分日之一，重行一里，用五十分日之一，齊而同之，空、重行一里之路，往返用一百七十五分日之六。定言之者，一百七十五里之路，往返用六日也。故并空、重者，齊其子也；空、重相乘者，同其母也。于今有術，至輸所里爲所有數，六爲所求率，齊一百七十五爲所有率，而今有之，即各得輸所用日也。

加載輸各一日，

欲得幾日也。案：原本訛作故凡日也，今改正。

而以六人乘之，

欲知致一車用人也。

又以傭價乘之，

欲知致車人傭直幾錢。

以二十五斛除之，

欲知致一斛之傭直也。

加一斛粟價，即致一斛之費。

加一斛之價于致一斛之傭直，案：原本價訛作費，于訛作則，今改正。即凡輸一斛餘粟取傭所用錢。

各以約其算數爲衰，

今按：甲衰四十二，乙衰二十四，丙衰十六，丁衰十五，戊衰二十，已衰十六。於今有術，副并爲所有率。未并者各自爲所求率，所賦粟爲所有數。此今有衰分之義也。

副并爲法。以所賦粟乘未并者，各自爲實。實如法得一。案：原本作得一斛，亦後人妄加斛字，今删。

各置所當出粟，以其一斛之費乘之，如算數而一，得率，算出九錢一百三十三分錢之三。又載輸之間各一日者，即二日也。

又 今有程傳委輸，空車日行七十里，重車日行五十里。今載太倉粟輸上林，五(十)[日]三返。問太倉去上林幾何。

答曰：四十八里一十八分里之一十一。

術曰：并空、重里數，以三返乘之，爲法。令空、重相乘，又以五日乘之，爲實。實如法得一。案：原本作得一里，亦後人妄加里字，今删。

此亦如上術，率：一百七十五里之路，往返用六日也。于今有術，則五日爲所有數，一百七十五里爲所求率，六日爲所有率，以此所得，則三返之路。今求一返，當以三約之，因令乘法而并除也。爲術亦可各置空重行一里用日之率，以爲列衰，副并爲法。以五日乘列衰爲實。實如法，所得即各空、重行日數也。各以一日所行以乘，爲凡日所行。三返約之，爲上林去太倉之數。

按：此術重往空還，一輪再還道，置空行一里，七十分日之一，重行一里用五十分日之一。齊而同之，空、重行一里之路，往返用一百七十五分日之六。定言之者，一百七十五里之路，往返用六日。故并空、重者，并齊也；空重相乘者，同其母也。于今有術，五日爲所有數，一百七十五爲所求率，六爲所有率，以此所得則三返之路。今求一返者，當以三約之。故令乘法而并除，亦當約之也。案：自按術重往空還以下，應是李淳風等所釋，訛爲劉注。

又 今有善行者行一百步，不善行者行六十步。今不善行者先行一百步，善行者追之。問幾何步及之。

答曰：二百五十步。

術曰：置善行者一百步，減不善行者六十步，餘四十步以爲法。以善行者之一百步乘不善行者先行一百步，爲實。實如法得一。案：原本作得一步，亦後人妄加步字，今删。

按：此術以六十步減一百步，餘四十步，即不善行者先行率也；善行者行一百步，追及率。約之，追及率得五，先行率得二。于今有術，案：原本脱有字，今補。不善行者先行一百步爲所有數，五爲所求率，二爲所有率，而今有之，得追及步也。

又 今有不善行者先行一十里，善行者追之一百里，先至不善行者二十里。問善行者幾何里及之。

答曰：三十三里少半里。

術曰：置不善行者先行一十里，以善行者先至二十里增之，以爲法。以不善行者先行一十里乘善行者一百里，爲實。實如法得一。案：原本作得一里，亦後人妄加里字，今删。

按：此術不善行者既先行一十里，後不及二十里，并之得三十里也，謂之先行率。善行者一百里爲追及率，約之，先行率得三，三爲所有率，而今有之，即得也。其意如上術也。

又 今有兔先走一百步，犬追之二百五十步，不及三十步而止。問犬不止，復行幾何步及之。

答曰：一百七步七分步之一。

術曰：置兔先走一百步，以犬走不及三十步減之，餘爲法。以不及三十步乘犬追步數，爲實。實如法得一。案：原本作得一步，亦後人妄加步字，今删。

按：此術以不及三十步減先走一百步，餘七十步，爲兔先走率。犬行二百五十步爲追及率。約之，先走率得七，追及率得二十五。于今有術，不及三十步爲所有數，二十五爲所求率，七爲所有率，而今有之，即得也。

又 今有客馬，日行三百里。客去忘持衣，日已三分之一，主人乃覺，持衣追及與之而還。至家視日四分之三。問主人馬不休，日行幾何。

答曰：七百八十里。

術曰：置四分日之三，除三分日之一，

按：此術置四分日之三，除三分日之一者，除，即減也。案：即原本訛作其，今改正。減之餘，有十二分之五，即是主人追客還用日率也。

半其餘，以爲法。

去其還，存其往。率之者，子不可半，故倍母，二十四分之五，是爲主人與客均行用日之率也。

副置法，增三分日之一。

法二十四分之五者，主人往追用日之分也。三分之一者，客去主人未覺之前，獨行用日之分也。并連此數，得二十四分日之十三，則主人追及前用日之分也。是爲客行主人追及用日率也。然則主人用日率者，客馬行率也；客用日率者，主人馬行率也。母同則子齊，是爲客馬行率五，主人馬行率十三。于今有術，三百里爲所有數，十三爲所求率，五爲所有率，而今有之，即得也。

以三百里乘之，爲實。實如法，得主人馬一日行。

欲知主人追客所行里者，以三百里乘主人均行日分子十三，以母二十四而一，得一百六十二里半。以此乘主人均行日分母二十四，如客馬與主人均行用日分子五而一，亦得主人馬一日行七百八十里也。

又 今有鳧起南海，七日至北海；鴈起北海，九日至南海。今鳧鴈俱起。問何日相逢。

答曰：三日十六分日之十五。

術曰：并日數爲法，日數相乘爲實，實如法得一。案：原本作得一日，亦後人妄加日字，今删。

按：此術置鳧七日一至，鴈九日一至。齊其至，同其日，定六十三日，鳧九至，鴈七至。令鳧鴈俱起而問相逢者，是爲共至。并齊以除同，即得相逢日。故并日數爲法者，并齊之意。日數相乘爲實者，猶以同爲實也。一曰，鳧飛日行七分至之一，鴈飛日行九分至之一，齊而同之，鳧飛定日行六十三分至之九，鴈飛定日行六十三分至之七。是爲南北海相去六十三分，鳧日行九分，鴈日行七分也。并鳧鴈一日所行，以除南北相去，而得相逢日也。

又　今有甲發長安，五日至齊。乙發齊，七日至長安。今乙發已先二日，甲乃發長安。問幾何日相逢。

答曰：二日十二分日之一。

術曰：并五日七日以爲法。

按：此術并五日七日爲法者，猶并齊爲法。置甲五日一至，乙七日一至，齊而同之，定三十五日甲七至，乙五至。并之爲十二至者，用三十五日也。謂甲、乙與發之率耳。然則日化爲至，當日除，故以爲法也。

以乙先發二日減七日，

減七日者，言甲乙俱發，今以發爲始發之端，于本道里則餘分也。

餘，以乘甲日數爲實。

七者，長安去齊之率也。五者，後發相去之率也。今問後發，故舍七用五。以乘甲五日，爲二十五日。言甲七至，乙五至，更相去，用此二十五日也。

實如法得一。案：原本作得一日，亦後人妄加日字，今刪。

一日甲行五分至之一，乙行七分至之一。齊而同之，甲定日行三十五分至之七，乙定日行三十五分至之五。是爲齊去長安三十五分，甲日行七分，乙日行五分也。今乙先行發二日，已行十分，餘相去二十五分。故減乙二日，餘令相乘，爲二十五分。

又　卷七《盈不足以御隱雜互見》

今有垣高九尺。瓜生其上，蔓日長七寸。瓠(其)[生]其下，蔓日長一尺。問幾何日相逢，瓜、瓠各長幾何。

答曰：五日十七分日之五，瓜長三尺七寸一十七分寸之一，瓠長五尺一寸一十七分寸之一十六。

術曰：假令五日，不足五寸；令之六日，有餘一尺二寸。案：此下有脱文，當云以盈不足維乘假令之數，并爲實，并盈不足爲法，實如法而一，得日數。

按：假令五日，不足五寸者，瓜生五日，下垂蔓三尺五寸。瓠生五日，上延蔓五尺。課于九尺之垣，是爲不足五寸。令之六日，有餘一尺二寸者，若使瓜生六日，下垂蔓四尺二寸；瓠生六日，上延蔓六尺。課于九尺之垣，是爲有餘一尺二寸。以盈不足維乘假令之數者，欲爲齊同之意。案：此下原本云假令據共買物者，人出八盈三，人出七不足四，齊其假令，同其盈朒。俱十二，通計齊即不盈不朒之正數，故可并以爲實，并盈不足爲法。齊之三十二者，是四假令，有盈十二。齊之二十一者，是三假令，而凡朒十二，并七，假令合爲一實，故亦并三四爲法。凡九十六字，即上條重出，衍文復雜入于此，與上下亦絶不相涉，今刪去。實如法而一，即設差不盈不朒之正數，即得日數。以瓜瓠一日之長乘之，故各得其長之數也。

又　今有蒲生一日，長三尺；莞生一日，長一尺。蒲日自半，莞生日自倍。問幾何日而長等。

答曰：二日十三分日之六，各長四尺八寸一十三分寸之六。

術曰：假令二日，不足一尺五寸；令之三日，有餘一尺七寸半。案：此下有脱文，當云以盈不足維乘假令之數，并爲實，并盈不足爲法。實如法而一，得日數。不盡者等數約之而命分，以後一日所長乘日分子，如日分母而一，各增二長爲二物共長齊等之數。

按：假令二日，不足一尺五寸者，蒲生二日，長四尺五寸；莞生二日，長三尺，是爲未相及一尺五寸，故曰不足。令之三日，有餘一尺七寸半者，蒲增前七寸半，莞增前四尺，是爲過一尺七寸半，故曰有餘。以盈不足乘除之，又以後一日所長各乘日分子，如日分母而一者，各得日分子之長也。故各增二長，即得其數。

又　今有良馬與駑馬，發長安至齊。齊去長安三千里。良馬初日行一百九十三里，日增一十三里。駑馬初日行九十七里，日減半里。良馬先至齊，復還迎駑馬。問幾何日相逢及各行幾何。

答曰：一十五日一百九十一分日之一百三十五而相逢；良馬行四千五百三十四里一百九十一分里之四十六，駑馬行一千四百六十五里一百九十一分里之一百四十五。

術曰：假令十五日，不足三百三十七里半。令之十六日，多一百四十里。以盈不足維乘假令之數，并而爲實。并盈不足爲法。實如法而一，得日數。不盡者，以等數除之而命分。案：以盈不足維乘，至此原本訛入注內，今據前術體例改正。又此下仍有脱文，當云求二馬各行里數，以十五日初末之行并而半之，十五乘之，又以後一日之定行乘日分子，日分母爲法，得一，各加于前，破半里爲半法，以入殘分。

求良馬行者：十四乘益疾里數而半之，加良馬初日之行里數，案：此下有脱文，當云以乘十五日，得十五日之凡行。又以十五日乘益疾里數，加良馬初日之行。以乘日分子，如日分母而一，所得前良馬凡行里數，即得。其不盡而命分。案：此二句有舛誤，當云所得及其不盡而命分加于前，良馬凡行里數即得。求駑馬行者：以十四乘半里，又半之，以減駑馬初日之行里數，以乘十五日之凡行。案：又半之至此有訛脱，當云以減駑馬初日之行里數，餘以并初日之行，又半之，乘十五日，得駑馬十五日之凡行。又以十五日乘半里，以減駑馬初日之行，餘以乘日分子，如日分母而一，所得，加前里，即駑馬定行里數。其奇半里者，爲半法，以半法增殘分，即得。其不盡者而命分。

按：令十五日，不足三百三十七里半者，據良馬十五日凡行四千二百六十里，除先去齊三千里，定還迎駑馬一千二百六十里。駑馬十五日凡行一千四百二里半，并良馬二馬所行，得二千六百六十二里半。課于三千里，少三百三十七里半，故曰不足。今之十六日，多一百四十里者，據良馬十六日凡行四千六百四十八里，先除去齊三千里，定還迎駑馬一千六百四十八里。駑馬十六日凡行一千四百九十二里，并良駑二馬所行，得三千一百四十里。課于三千里，餘有一百四十里，故謂之多也。以盈不足之。案：此五字脱誤不可通，當云以盈不足維乘假令之數，并而爲實，并盈不足爲法。實如法而一，得日數者，即設差不盈不朒之正數。以二馬初日所行里乘十五日，爲一十五日平行數。求初末益疾減遲之數者，并一與十四，以十四乘而半之，爲中平之積。案：此下原本有減益疾之數五字，係衍文，今删。又令益疾減遲里數乘之，各爲減益之中平里，故各減益平行數，得一十五日定行里。若求後一日，以十六日之定行里數乘日分子，如日分母而一，各得日分子之定行里數。故各并十五日定行里，即得。其駑馬奇半里者，法爲全里之分，故破半里爲半法，以增殘分，即合所問也。

又 今有垣厚五尺，兩鼠對穿。大鼠日一尺，小鼠亦日一尺。大鼠日自倍，小鼠日自半。問幾何日相逢，各穿幾何。

答曰：二日一十七分日之二；大鼠穿三尺四寸十七分寸之一十二，小鼠穿一尺五寸十七分寸之五。

術曰：假令二日，不足五寸；令之三日，有餘三尺七寸半。

大鼠日倍，二日合穿三尺。小鼠日自半，合穿一尺五寸，并大鼠所穿，合四尺五寸。課于垣厚五尺，是爲不足五寸。令之三日，大鼠穿得七尺，小鼠穿得一尺七寸半，并之，以減垣厚五尺，有餘三尺七寸半。以盈不足術求之，即得。以後一日所穿案：原本訛作求，今改正。乘日分子，如日分母而一，即各得日分子之中所穿。故各增二日定穿，即合所問也。

又 卷九《句股以御高深廣遠》

今有二人同所立。甲行率七，乙行率三。乙東行，甲南行十步而斜東北與乙會。問甲乙行各幾何。

答曰：乙東行一十步半，甲斜行一十四步半及之。

術曰：令七自乘，三亦自乘，并而半之，以爲甲斜行率。斜行率減于七自乘，餘爲南行率。以三乘七爲乙東(乙)[行]率。

此以南行爲句，東行爲股，斜行爲弦。并句率七。并句二字誤，當云句弦并七。欲行者，當以爲冪。案此亦訛舛，當云欲知弦者，當以股自乘爲冪。如并而一，所得爲句弦差。加半之半爲率，以率減，餘爲句率。案此亦訛舛，當云加差于并而半之爲弦，以弦減差，餘爲句。如是或有分，當通而約之及定。術以可使爲分母，案此亦説誤，當云乃定術以句弦并爲分母，差爲分子。故令句自乘爲朱黄相連之方。弦并股自乘爲青矩，以句弦并爲衺，差爲廣。今有相引之直，加損同上。案：上當作之。其圖大體，案圖原本訛作圓，今改正。以兩弦爲衺，句股爲廣。案：此句誤，當云句股并爲廣。引黄斷其半爲弦率，七自乘者，句弦并之率，故弦減之，餘爲句率。同立處是中停也，列用率，案：此三字原本訛在上，斷其半爲弦率之下，今訂正。皆句弦并爲率，故亦以句率同其衺也。案：此亦説誤，當云皆句弦并爲衺弦，與句各爲之廣，故亦以股率同其衺也。

置南行十步，以甲斜行率乘之，副置十步，以乙東行率乘之，各自爲實。實如南行率而一，各得行數。

南行十步者，所見有句求見弦、股，故以弦、股率，如句率而一。

又 今有邑方一十里，各中開門。甲、乙俱從邑中央而出，乙東出；甲南出，出門不知步數，邪向東(門)[北]，磨邑，適與乙會。率：甲行五，乙行三。問甲、乙行各幾何。

答曰：甲出南門八百步，邪東北行四(八)[千]八百八十七步半，及乙；乙東行四千三百一十二步半。

術曰：令五自乘，三亦自乘，并而半之，爲邪行率。邪行率減于五自乘者，餘爲南行率。三(二)[三]乘五爲乙東行率。

求三率之意與上甲、乙同。

置邑方，半之，以南行率乘之，如東行率而一，即得出南門步數。

今半方，南門東隅五里。半邑者，謂爲小股也。求以爲出南門步數。案：此注有脱誤，當云邑半方，自南門至東隅五里，以爲小股，求出南門步數爲小股之句，以東行爲股率，南行爲句率。故置邑方，半之，以南行句率乘之，如股率而一。

以增邑方半，即南行。

半邑者，謂從邑心中停也。

置南行步，求弦者，以邪行率乘之；求東者，以東行率乘之，各自爲實。實如法，而率得一。案：原本訛作實如法，南行率，得一步。據前甲乙術云，實如南行率而，各得行數，則此文法字、步字乃後人妄增，今刪正。

此術與上甲、乙同。

甄鸞注　李淳風釋　劉孝孫細草《張邱建算經》卷上

今有封山周棧三百二十五里。甲、乙、丙三人同遶周棧行，甲日行一百五十里，乙日行一百二十里，丙日行九十里。問周行幾何日會。

答曰：十日六分日之五。

術曰：置甲、乙、丙行里數，求等數爲法。以周棧里數爲實。實如法而得一。

草曰：置甲、乙、丙行里數，甲行一百五十，乙行一百二十，丙行九十。各求等數，得三十爲法。除周棧數得十日，法[三十]，餘二十五，各以五除之，法得六，餘得五。各以三十約之甲、乙、丙行數，乃甲得五周，乙得四周，丙得三周。合前問。

今有内營周七百二十步，中營周九百六十步，外營周一千二百步。甲、乙、丙三人值夜，甲行内營，乙行中營，丙行外營，俱發南門。甲行九，乙行七，丙行五。問各行幾何周俱到南門。

答曰：甲行十二周，乙行七周，丙行四周。

術曰：以内、中、外周步數互乘甲、乙、丙行率。求等數，約之，各得行周。

草曰：置内營七百二十步於左上，中營九百六十步於中，外營一千二百步於下。又各以二百四十約之，内營得三，中營得四，外營得五。別置甲行九於右上，乙行七於右中，丙行五於右下。以求整數，以右位再倍上得三十六，中得二十八，下得二十。以左上三除右上三十六，得十二周。以左中四除右中二十八，得七周。以左下五除右下二十，得四周。是甲、乙、丙行數。合前問。

又　今有甲日行疾於乙日行二十五里，而甲發洛陽七日至鄴，乙發鄴九日至洛陽。問鄴洛陽相去幾何。

答曰：七百八十七里半。

術曰：以甲乙所至日數相乘，又以甲日行疾里數乘之，爲實。以甲至日減乙至日數，餘爲法。實如法而一。

草曰：置甲、乙所至七日、九日相乘，得六十三。又以甲疾行二十五里乘之，得一千五百七十五，爲實。以甲至七日減乙至九日，餘有二日，爲法。除實，得七百八十七里半。合問。

又　今有女善織，日益功疾。初日織五尺。今一月織九疋三丈。問日益幾何。

答曰：五寸二十九分寸之十五。

術曰：置今織尺數，以一月日而一。所得倍之。又倍初日尺數，減之，餘爲實。以一月日數，初一日減之，餘爲法。實如法得一。

草曰：置九疋，以疋法乘之，内三丈，得三百九十尺。以一月三十日除之，每日得一丈三尺。倍之，得二丈六尺。又倍初日尺數，得一丈。減之，餘一丈六尺，爲實。又置一月三十日，減一日，得二十九日，爲法。除之，得五寸二十九分寸之十五。合前問。

今有女子不善織，日減功遲。初日織五尺，末日織一尺。今三十日織訖。問織幾何。

答曰：二疋一丈。

術曰：并初末日織尺數，半之，餘以乘織訖日數，即得。

草曰：置初日五尺，訖日一尺，并之，得六。半之，得三。以三十日乘之，得九十尺。合前問。

又　卷中

今有人盜馬乘去，已行三十七里，馬主乃覺。追之一百四十五里，不及二十三里而還。今不還追之。問幾何里及之。

答曰：二百三十八里一十四分里之三。

術曰：置不及里數，以馬主追里數乘之，爲實。以不及里數減已行里數，餘爲法。實如法而一。

草曰：置馬不及里數二十三里，以馬主追去一百四十五里乘之，得三千三百三十五，爲實。以不及二十三里減已行三十七里，餘一十四爲法。除實，得二百三十八里一十四分里之三。合前問。

今有馬行轉遲，次日減半疾，七日行七百里。問日行幾何。

答曰：初日行三百五十二里一百二十七分里之九十六，次日行一百七十六里一百二十七分里之四十八，次日行八十八里一百二十七分里之二十四，次日行四十四里一百二十七分里之一十二，次日行二十二里一百二十七分里之六，次日行一十一里一百二十七分里之三，次日行五里一百二十七分里之六十五。

術曰：置六十四、三十二、一十六、八、四、二、一爲差，副併爲法。以行里數乘未併者，各自爲實。實如法而一。

草曰：置七日爲七位，以次倍之，得一、二、四、八、十六、三十二、六十四，爲差。以副併之，得一百二十七，爲法。以七日行七百里乘未併者，初日得四百四十八里，次得二百二十四里，次得一百一十二里，次得五十六里，次得二十八里，次得十四里，次得七里，各自爲實。實如法而一。各合問。

今有駑馬日初發家，良馬日以七分之一發家。日乃五分之二，行四十五里，及駑馬。問良、駑馬一日不止，各行幾何。

答曰：良馬日行一百七十五里，駑馬日行一百一十二里一百五十步。

術曰：置五分之二、七分之一，相減，餘爲良馬行率。增七分日之一，爲駑馬行率。各以爲法。以及里數乘二母，爲實。實如法而一。

草曰：置七分於右上，一於左上；五分於右下，二於左下。以右上乘左下，得十四；以右下乘左上，得五。減十四，得九，爲良馬率法。以五加九，得十四，爲駑馬率法。以七分、五分相乘，得三十五，以乘追及四十五里，得一千五百七十五里，爲實。以良馬九法除之，得一百七十五里爲良馬行。又以十四除實，得一百一十二里。餘七里，以里法三百通之，得二千一百步，再以十四除之，得一百五十步。合前問。

今有遲行者五十步，疾行者七十步。遲行者以先發，疾行者以後發，行八十七里一百五十步乃及之。問遲行者先發行幾何里。

答曰：二十五里。

術曰：以遲行步數減疾行步數，餘以乘及步數爲實。以疾行步數爲法。實如法而一。

草曰：置疾行七十步，以遲行五十步減之，餘二十步。以乘及八十七里半，得一千七百五十里，[爲實]。以疾行七十步爲法。除實，得二十五里。合前問。

今有甲日行七十里，乙日行九十里。甲日以五分之一乃發，乙日以三分之二乃發。問乙行幾何里及甲。

答曰：一百四十七里。

術曰：以五分日之一減三分日之二，餘以甲日行里數乘之，又以乙日行里數乘之，爲實。以甲、乙行里數相減，餘以乘二分母，爲法。實如法而一。

草曰：置五分於右上，置之一於左上；又置三分於右下，置之二於左下。以右上五乘左下二，得一十；以右下三乘左上一，得三；以減十，餘七。以甲行七十里乘之，得四百九十，又以乙行九十里乘之，得四萬四千一百，[爲實]。以甲行里數減乙行里數，餘二十里，以二分母乘之，得三百。以除實，得一百四十七里。乃合前問。

又 今有車運麥輸太倉，去三十七里十六分里之十一。重車日行四十五里。七日五返。問空車日行幾何。

答曰：日行六十七里。

術曰：置麥去太倉里數，以返數乘之。以重車日行里數而一，所得爲重行日數。以減凡日數，餘爲空行日數，以爲法。以返數乘麥去太倉里數，爲實。實如法而一。

草曰：置去太倉里數三十七里，以十六乘之，內子一十一，得六百三里。又以返數五乘之，得三千一十五。以重車日行四十五以分母十六乘之，得七百二十，爲法。除三千一十五，得四日。不盡，二因，九約，得十六分日之三，爲重車日行里。又置七日，以十六乘之，得一百一十二。又置四日，以十六乘之，內子三，得六十七。以減一百一十二，餘四十五，爲法。以除去太倉里數三千一十五，得六十七里。合前問。

又 卷下

今有鹿直西走，馬獵追之，未及三十六步；鹿回直北走，馬俱斜逐之，走五十步，未及一十步，斜直射之，得鹿。若鹿不迴，馬獵追之。問幾何里而及之。

答曰：三里。

過二步
追五十步
差三十六步
追九百步

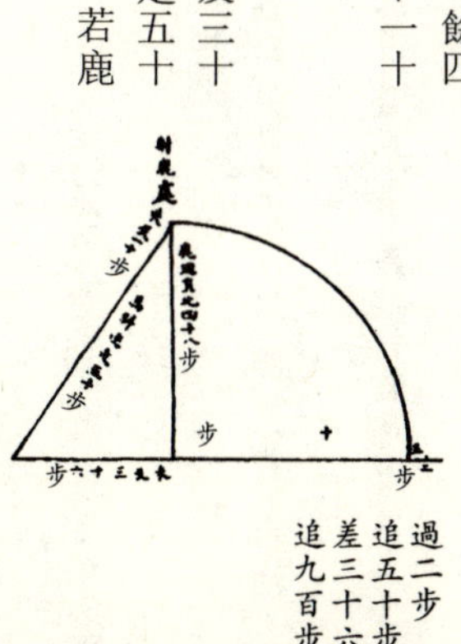

今有鹿圖

術曰：置斜逐步數，以射步數增之，自相乘。以追之未及步數自相乘，減之。餘，以開方除之。所得，以減斜逐步數，餘爲法。以斜逐步數乘未及步數，爲實。實如法而一。

草曰：置斜逐步五十，增未及步數十步，共六十步。自乘，得三千六百。又置追之未及步數三十六步，自相乘，得一千二百九十六。以減斜自乘步，二千三百四步。以開方除之，得四十八步。以減斜逐步數五十，餘二，爲法。又置未及三十六，以斜逐步數五十乘之，得一千八百。以法除之，得九百步。乃合前問。

秦九韶《數書九章》卷二

程行計地

問軍師獲捷，當早點差急足三名，往都下節節走報。其甲於前數日申末到，乙後數日未正到，丙於今日辰末到。據供甲日行二百里，乙日行二百四十里，丙日行一百八十里。問自軍前至都里數及三人各行日數幾何。

荅曰：軍前至都三千三百里，甲行一十一日，乙行一十三日四時，丙行一十八日二時。

術曰：以大衍求之，置各行里，先求總等，存一，約衆，得元里。次以連環求等，約奇復乘偶，得定母。以定相乘，为衍母。滿定，除衍，得衍數。滿定，去衍數，得奇。奇定大衍，得乘率。以乘衍數，得用數。次置辰刻正末，乘各行里，爲實。以晝六時約之，得餘里。各乘用數，併爲總。滿衍母，去，得所求至都里。以各日行約之，得日辰刻數。

草曰：置甲三百里，乙二百四十里，丙一百八十里，先求總等，得六十。只存甲三百，勿約，乃約乙二百四十，得四。次約丙一百八十，得三。各爲元數，連環求等。

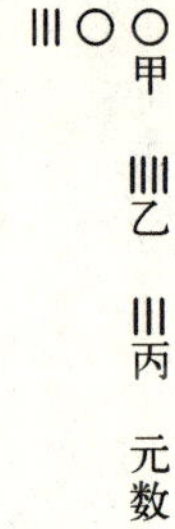

先以丙乙求等，得一，不約。次以丙甲求等，得三。於術約奇不約偶，蓋以等三約，三因得一，爲奇。慮無衍數，乃使徑先約甲三百，爲一百。復以等三乘丙三，爲九。既丙九爲奇，甲百爲偶，此即是約奇弗約偶。次以乙四與甲百求等，得四。以四約一百，得二十五，爲甲。復以四乘乙四，得一十六，爲乙。各爲定母。

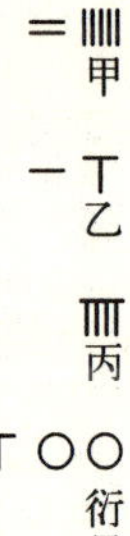

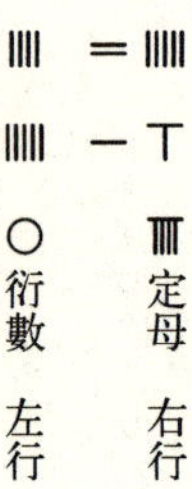

以定母相乘，得三千六百，爲衍母。以各定約衍母，爲衍數。甲得一百四十四，乙得二百二十五，丙得四百。

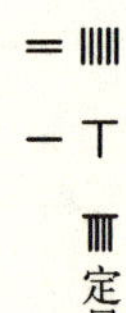

衍數各滿定母，去之。不滿，爲奇數。甲得一十九，乙得

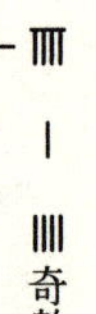

一，丙得四。

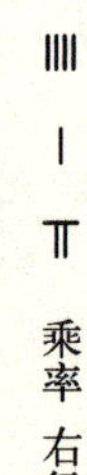

以各奇數與定母，用大衍入之，各得乘數。甲得四，乙得一，丙得七，各爲乘率，列右行。

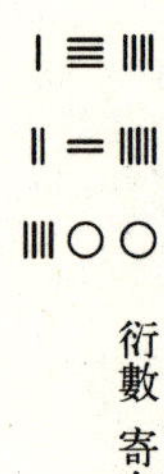

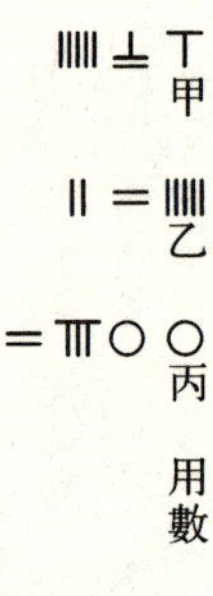

以乘率對乘寄左行衍數，甲得五百七十六，乙得二百二十五，丙得二千八百，各爲用數。

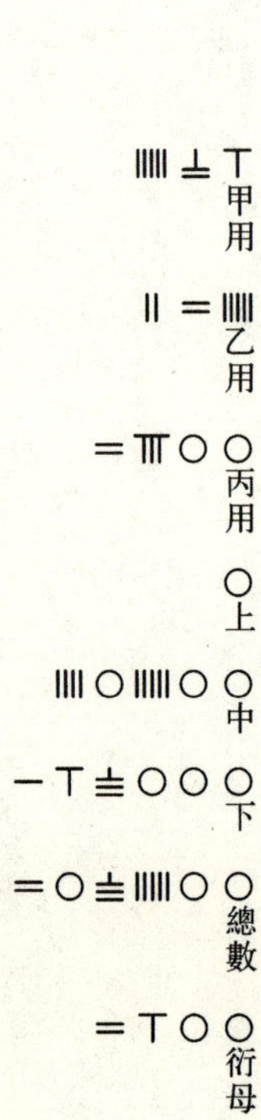

次置甲申末到者，其酉初爲夜，此是甲以全日到，爲無餘里。次置乙於未正到，乃於卯時數至未正，得四個半辰，以四半乘乙行二百四十里，得一千八十，爲實。以晝六時約之，得一百八十里，爲乙行不及全日之餘里。次置丙辰於末到，自卯初數至辰末，得二時。以因丙行一百八十里，得三百六十，爲實。以六時除之，得六十里，爲丙行不及全日之餘里。

以乙餘一百八十，乘乙用二百二十五，得四萬五百於中。以丙餘六十，乘丙用二千八百，得十六萬八千，加中，共得二十萬八千五百，爲總。滿衍母三千六百，去之。不滿三千三百里，爲軍前至都里。以甲三百除之，得一十一日。以乙二百四十除之，得一十三日四時半。以丙一百八十除之，得一十八日二時。合問。

又　程行相及

問有急足三名，甲日行三百里，乙日行二百五十里，丙日行二百里。先差丙往他處下文字，既兩日，又有文字遣乙追付。已半日，復有文字續令甲趕付乙。三人偶不相及，乃同時俱至彼所。先欲知乙果及丙、甲果及乙得日并里，次欲知彼處去此里數各幾何。

荅曰：乙果追及丙，八日，行二千里；甲果追及乙，二日半，行七百五十里。彼處去此三千里。

術曰：以均輸求之，大衍入之，置乙已去日數，乘乙行里，爲實。以甲乙行里差，爲法。除之，得甲及乙日數辰刻。以乘甲行，得里。次置丙既去日，乘丙行里，爲實。以丙乙行里差，爲法。除之，得乙及丙日數。以乘乙行，得里。然後置三人日行，求總等，約得元數。以連環求等，約得定母。以定相乘，得衍母。各定約衍，得衍數。滿定，去衍，得奇。奇定大衍，得乘率。以乘寄衍，得用數。視甲及乙里，爲乙率。見乙及丙里，爲丙率。以乙日行滿去乙率，不滿，爲乙餘。以丙日行滿去丙率，不滿，爲丙餘。以二餘各乘本用，併之，爲總。滿衍去之，不滿，爲彼去此里。

甲　乙　丙　元數

草曰：置乙已去半日，乘乙日行二百五十里，得一百二十五里，爲實。次置甲日行三百里，減乙行二百五十里，餘五十里爲差法。除實，得二百五十刻，爲甲果及乙數。以乘甲行三百里，得七百五十里，爲甲及乙里數。次置丙既行二日，乘丙日行二百里，得四百里，爲實。次置乙行二百五十里，減丙行二百里，餘五十里，爲差法。除實，得八日，爲乙及丙日數。以乘乙行二百五十里，得二千里，爲乙行及丙之里數。已上爲先欲知果及數。次列甲乙丙三名日行，求總等，得五十。先約甲丙，存乙，得甲六，乙二百五十，丙四。

以甲六丙四，求等，得二。以二約甲，爲三。復以二因丙，爲八。次將乙二百五十與丙八相約，得二。乃約乙，爲一百二十五。復以二因丙，爲十六。定得甲三，乙一百二十五，丙十六，爲定母。

甲　乙　丙　定母　〇衍母

甲　乙　丙　定母　右行

以定相乘，得六千，爲衍母。以各定約衍母，得衍數。甲得二千，乙得四十八，丙得三百七十五，求奇數。

衍數　寄左行

甲　乙　丙　定母

左上二千，以甲三去之，奇二。左中四十八，即爲乙奇。左下三百七十五，以丙十六去之，奇七。

奇數

甲　乙　丙　乘率

各以大衍，求得甲二，乙一百一十二，丙七，各爲乘率。

衍數　乘率。

甲　乙　丙　泛用數

以乘率對乘衍數，甲得四千，乙得五千三百七十六，丙得二千六百二十五，爲泛用數。

甲〇　乙𝍥　丙𝍣　定用數
〇　𝍯　𝍪
〇　𝍢　𝍥
一　𝍪　𝍪

併三泛，得一萬二千〇〇一，乃多衍母一倍。當半衍母六千，得三千，以消甲四千，餘一千。又消乙五千三百七十六，餘二千三百七十六。丙不消，各爲定用數。

既得用數，次視前草中甲及乙七百五十里，爲乙率。乙及丙二千里，爲丙率。各滿乙丙日行里，去之。

〇乙率　〇丙率　右行
𝍬　〇
𝍦　〇
　𝍪

〇乙行　〇丙行　左行
𝍬　〇
𝍡

今乙、丙二人所行，各皆適滿，去之無餘，雖稱同時俱至，乃各係全日所行。便以乙丙二人約六千里，得三千里，爲彼去此里數。合問。

楊輝《詳解九章算法》 盈不足以御隱雜互見。

今有垣高九尺，瓜生其上，蔓日長七寸；瓠生其下，蔓日長一尺。問幾何日相逢，瓜瓠各長幾何。

答曰：五日十七分日之五；瓜長三尺七寸一十七分寸之一，瓠長五尺二寸一十七分寸之一十六。

術曰：假令五日，不足五寸；令之六日，有餘一尺二寸。按：假令五日不足五寸者，瓜生五日，下垂蔓三尺五寸。瓠生五日，上延蔓五尺。課於九尺之垣，是爲不足五寸。令之六日有餘一尺二寸者，若使瓜生六日，下垂蔓四尺二寸；瓠生六日，上延蔓六尺。課於九尺之垣，是爲有餘一尺二寸。以盈不足維乘假令之數者，欲爲齊同之意。實如法而一，即設差，不盈不朒之正數，即得日數。以瓜瓠一日之長乘之，故各得其長之數也。

解題：合率商除，借盈不足爲問。合率術草曰：以垣高爲實，九尺。併瓜瓠蔓長爲法。一尺七寸。實如法而一。除之，合問。盈不足率草曰：假令五日，不足五寸。令之六日，有餘一尺二寸。維乘，併日數，爲實。九尺。併盈不足爲法。一尺七寸。實如法而一。合問。

比類：出錢一十貫，買銅一斤九文，買錫一斤七文。欲共斤數相等，問幾何。答曰：各重六百二十五斤。銅價五貫六百二十五，錫價四貫三百七十五。術草曰：併銅錫價十六爲法，以出錢十貫爲實。實如法而一。

今有蒲生一日，長三尺；莞生一日，長一尺。蒲生日自半，莞生日自倍。問幾何日而長等。

答曰：二日十三分日之六，各長四尺八寸一十三分寸之六。

術曰：假令二日，不足一尺五寸；令之三日，有餘一尺七寸半。按：假令二日不足一尺五寸者，蒲生二日，長四尺五寸。莞生二日，長三尺。是爲未相及一尺五寸，故曰不足。令之三日有餘一尺七寸半者，蒲增前七寸半，莞增前四尺，是爲過一尺七寸半，故曰有餘。以盈不足乘除之，又以後一日所長，各乘日分子，如日分母而一，日各得日分子之長也。故各增二日定長，即得其數。

術曰：假令二日，不足一尺五寸。令之三日，有餘一尺七寸半。二日内蒲長四尺五寸，莞長三尺，蒲莞相較，是不足一尺五寸。三日内蒲長五尺二寸半，莞長七尺，蒲莞相較，乃餘一尺七寸半，求等長，故以蒲莞相較。

草曰：置盈不足，二日，不足一尺五寸。三日，有餘一尺七寸半。維乘，得三尺五寸，不足一尺五寸。四尺五寸，有餘一尺七寸半。併乘日爲實。併盈不足爲法。三尺二寸半。實如法而一。合問。

求蒲長，日以第三日長，七寸半。以日分子六乘之，如日分母而一。得三寸，不盡六，加前二日。合問。

求莞長，日以第三日長，四尺。以日分子六乘之，如日分母而一。得一尺八寸，不盡六，加前二日。合問。

又 今有良馬與駑馬，發長安，至齊。齊去長安三千里。良馬初日行一百九十三里，日增一十三里。駑馬初日行九十七里，日減半里。良馬先至齊，復還迎駑馬。問幾何日相逢及各行幾何。

答曰：一十五日一百九十一分日之一百三十五而相逢。良馬行四千五百三十四里一百九十一分里之四十六，駑馬行一千四百六十五里一百九十一分里之一百四十五。

術曰：假令十五日，不足三百三十七里半。令之十六日，多一百四十里。以盈不足維乘假令之數，并而爲實。并盈不足爲法。實如法而一，得日數。不盡者，以等數除之而命分。求良馬行者，十四乘益疾里數，以并良馬初日之行，又加良馬初日之行里數而半之，乘十五日，得良馬十五日之凡行。又以十五乘益疾里，加良馬初日之行里數，以乘日分子，如日分母而一。所得，及其不盡而命分，加於前良馬凡行里數，即得。求駑馬行者，以十四乘半里，以減駑馬初日之行里數，餘以并初日之行。又半之，乘十五日，得駑馬十五日之凡行。又以十五日乘半里，以減駑馬初日之行，餘以乘日分子，如日分母而一。所得加前里，即駑馬定行里數。其奇半里者，爲半法，以半法增殘分，即得其不盡者而命分。按：令十五日不足三百三十七里半者，據良馬十五日，凡行四千二百六十里，除先去齊三千里定，還迎駑馬一千二百六十里。駑馬十五日，凡行一千四百二里半，并良、駑二馬所行，得二千六百六十二里半。課於三千里，少三百三十七里半，故曰不足。令之十六日多一百四十里者，按：良馬十六日凡行四千六百四十八里，先除去齊三千里定，還迎駑馬一千六百四十八里。駑馬十六日，凡行一千四百九十二里，并良駑二馬所行，得三千一百四十里。課於三千里，餘有一百四十里，故謂之多也。以盈不足維乘假令之數，并而爲實。并盈不足爲法。實如法而一，得日數者，即設差。不盈不朒之正數，以二馬初日所行里，乘十五日，爲十五日平行數。求初末益疾減遲之數者，并一與十四，以十四乘而半之，爲中平之積。又令益疾減遲里數乘之，各爲減益之中平里，故各減益平行數，得一十五日定行里。若求後一日，以十六日之定行里數，乘日分子，如日分母而一，各得日分子之定行里數，故各并十五日定行里，即得其駑馬奇半里者。法爲全里之分，故破半里爲半法，以增殘分，即合所問也。

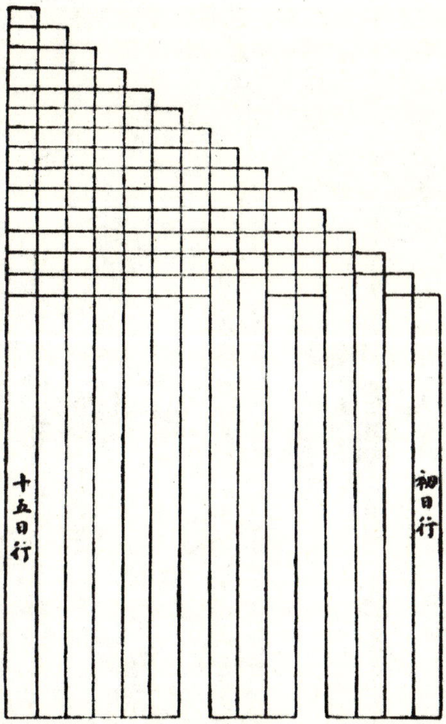

直一眼，當日行一百九十三里。方一眼，當日增一十三里。

解題：良馬先至齊，回長安，往復，乃是六千里，術故并二馬之程取用。詳見圖草。

術曰：假令十五日，不足三百三十七里。良馬初行一百九十三里，第十五日行三百七十五里。本日行一百九十三里，加上十四日倍增十三里數，併始終程里折半，以十五日乘，得四千二百六十里。駑馬初日行九十七里，第十五日，行九十里。初日原行九十七里，十四日累減半里數，併始終程里，以十五日乘之，折半，得一千四百二里半。併二馬共行得五千六百六十二里半，課於六千里，不足三百三十七里半。令之十六日，多一百四十里。良馬初行一百九十三里，第十六日行三百八十八里，併之，以十六日相乘，折半，得四千六百四十八里。駑馬初行九十七里，第十六日行八十九里半，併之，以十六日相乘，折半，得一千四百九十二里。併兩馬共行六千一百四十里，課於六千，多一百四十。

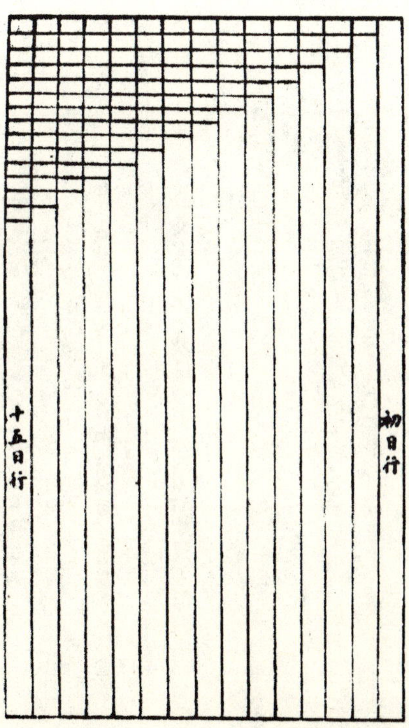

直一眼，當日行九十七里。區一眼，當日減半里。

草曰：置盈不足日分里數，十五日，少三百三十七里半。十六日，多一百四十里。維乘，十五日，得二千一百日。十六日，得五千四百日。併日爲實。日得七千五百。併盈不足爲法。得四百七十七里半。除之。得十五日，餘約之，得一百九十一分之一百三十五。求良馬行者，初日併第十五日行，得五百六十八里。十五日乘，而半之。得四千二百六十里。別置第十六日所行里數，三百八十八里。乘日分子，一百三十五里。以分母一百九十一。除之，得二百七十四里一百九十一分里之四十六。併前十五日積里。合問。求駑馬行者，初日併第十五日行，得一百八十七里。十五日乘，而半之。得一千四百二里二分里之一。別置第十六日所行里數，八十九里二分之一。乘日分子，一百三十五。有分者通之，二通八十九里，內子一，得一百七十九。以日子一百三十五乘，得二萬四千一百六十五。分母除之。倍母得三百八十二，不折上數，故倍，除母，除得六十三里三百八十二分之九十九。并前十五日積里。得一千四百六十五里，其二分里之一，當依三百八十二爲母，作一百九十一，并九十九與母皆半之，得一百九十一分里之一百四十五。

又　今有垣厚五尺，兩鼠對穿。大鼠日一尺，小鼠亦日一尺。大鼠日自倍，小鼠日自半。問幾何日相逢，各穿幾何。

荅曰：二日一十七分日之二；大鼠穿三尺四寸十七分寸之十二，小鼠穿一尺五寸十七分寸之五。

術曰：假令二日，不足五寸。令之三日，有餘三尺七寸半。大鼠日倍，二日合穿三尺。小鼠日自半，合穿一尺五寸。并大鼠所穿，合四尺五寸。課於垣厚五尺，是爲不足五寸。令之三日，大鼠穿得七尺，小鼠穿得一尺七寸半，并之以減垣厚五尺，有餘三尺七寸半。以盈不足術求之，即得。以後一日所穿，乘日分子，如日分母而一，即各得日分子之中所穿，故各增二日定穿，即合所問也。

術曰：二日，不足五寸。二日内，大鼠行三尺，小鼠行一尺五寸，共四尺五寸，課五尺，少五寸。令之三日，有餘三尺七寸半。三日内，大鼠行七尺，小鼠行一尺七寸半，共八尺七寸半，課於五尺，多三尺七寸半。

草曰：置盈不足，二日，不足五寸。三日，多三尺七寸半。維乘，得。七尺五寸，一尺五寸。併之爲實。得九尺。併盈不足爲法。得四尺二寸半。實如法而一，得相逢日數。求大鼠行，以日分子二。乘第三日所行，四尺，爲八十寸。以分母十七。除，得四寸。餘一十二，併二日所行。三尺。合問。求小鼠行，置第三日行，二寸半。以日分子二。乘之，得五。以分母一十七。除，不滿法，乃併二日所行。一尺五寸。以合問。

謂方者，數之形也。程者，量度之總名。亦權衡丈尺斛斗之平法也，尤課分明多寡之義。

又　今有二人同所立，甲行率七，乙行率三。乙東行，甲南行十步而邪東北，與乙會。問甲乙行各幾何。

荅曰：乙東行一十步半，甲邪行一十四步半及之。

術曰：令七自乘，三亦自乘，并而半之，以爲甲邪行率。邪行率減於七自乘，餘爲南行率。以三乘七，爲乙東行率。此以南行爲勾，東行爲股，邪行爲弦。勾弦并七，欲知弦者，當以股自乘爲冪，如并而一，所得，爲勾弦差。加差於并而半之，爲弦。以弦減差，餘爲勾。如是或有分，當通而約之，乃定。術以勾弦并爲分母，故令勾弦并自乘，爲朱黄相連之方。股自乘，爲青冪之矩。令其矩引之直，加損同之，以勾弦并爲袤，差爲廣。其圖大體以兩弦爲袤，勾弦并爲廣，引横，斷其半，爲弦率。七自乘者，勾弦并之率。故弦減之，餘爲勾率。同立處，是中停也。列用率皆勾弦并爲袤，弦與勾各爲之廣，故亦以股率同其袤也。置南行十步，以甲邪行率乘之。副置十步，以乙東行率乘之。各自爲實。實如南行率而一，各得行數。南行十步者，所有見勾求見弦股，故以弦股率乘，如勾率而一。

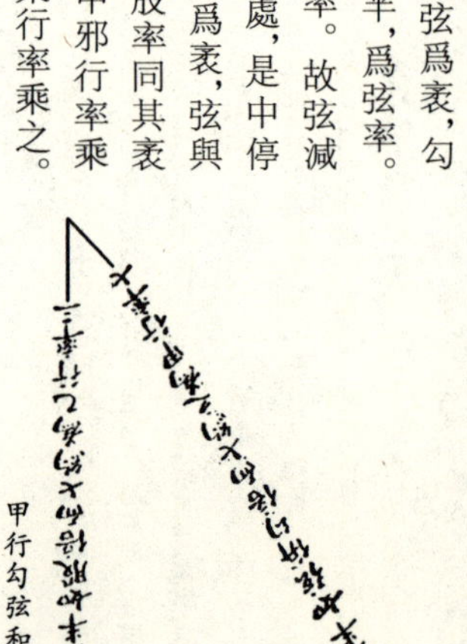

甲行勾弦和，乙行步如股。

荅曰：甲南行十步，斜之十四步半，乙東行十步半。

法曰：勾弦和自乘，變勾冪二段，股冪一段，勾乘弦二段，股率自乘。股冪一段，併而勾冪，股冪，勾乘弦，各二段，半之。各一段，爲弦，得原弦率。以減和，求勾，減總率也。股率乘勾弦和率，求股，原股之率。雖得勾股弦之率，未見勾股弦之數。宜以互換之法求之。以所有勾數，南行十步直數，乘所求勾股弦三率，爲列實。以所有勾率爲法，除之。此不要者爲除之意。

草曰：勾弦和率自乘，甲行率七，自之，得四十九。股自乘，乙行率三，自之，得九。併而半之，爲弦率二十九。即甲斜行率，以減勾弦和，求勾。甲斜行二十九，減四十九，餘二十爲勾，即甲南行十步也。股率乘和率，求股。甲七，乙三，乘得二十一，即乙東行股。以所有勾數，十步乘所求勾二十，股二十二，弦二十九，三率爲列實。勾得二百，股得二百一十，弦得二百九十，以所有勾率二十爲法，除之。合問。

又　今有邑，方一十里，各中開門，甲乙俱從邑中央而出。乙東出，甲南出，出門不知步數，邪向東北磨邑隅，適與乙會。率，甲行五，乙行三。問甲乙行各幾何。

荅曰：甲出南門八百步，邪東北行四千八百八十七步半，及乙；乙東行四千三百一十二步半。

術曰：令五自乘，三亦自乘，并而半之，爲邪行率。邪行率減於五自乘者，餘爲南行率。以三乘五，爲乙東行率。求三率之意，與上甲乙同。置邑方半之，以南行率乘之，如東行率而一，即得出南門步數。邑半方，自南門至東隅五里，以爲小股。求出南門步數，爲小股之勾。以東行爲股率，南行爲勾率，故置邑方，半之，以南行勾率乘之，如股率而一。以增邑方半，即南行，半邑者，

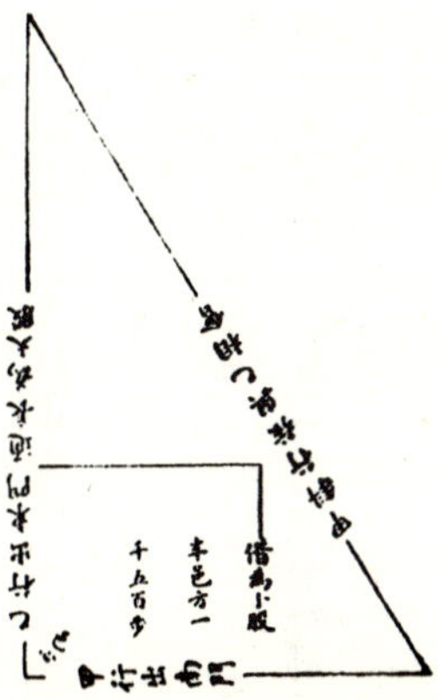

半邑方，接南門外小勾爲大勾。半邑方，小股，接東門外爲大股。甲斜會乙爲弦。

謂從邑心中停也。置南行步求弦者，以邪行率乘之。求東行者，以東行率乘之。各自爲實。實如南行率得一步。此術與上甲乙同。

答曰：甲邑中行一千五百步，出南門八百步；甲斜之，四千八百八十七步半；乙東行，四千三百一十二步半。

草曰：勾弦和率，甲五。股率，乙三。各自乘，併而得三十四。乃勾冪，股冪。勾乘弦，各二段，半之。一段爲弦率。和率股率相乘，得十五，爲股率。弦減和冪二十五，餘八，即勾率。雖得率數，卻未見真數，當以互換術求之。半邑方，一千五百步，小股真數。以勾率八乘之，股率十五除之，得小勾之數。南門外八百步，加半邑方，一千五百步，爲大勾。從邑心出南門，共二千三百步，各以弦率十七，股率十五，乘之。皆以勾率八除之，得弦，甲斜之四千八百八十七步半；得股，乙東行步四千三百一十二步半。

又 今有均輸粟，甲縣一萬户，行道八日。乙縣九千五百户，行道十日。丙縣一萬二千三百五十户，行道十三日。丁縣一萬二千二百户，行道二十日。各到輸所。凡四縣賦，當輸二十五萬斛，用車一萬乘。欲以道里遠近、户數多少衰出之。問粟車各幾何。

答曰：甲縣，粟八萬三千一百斛，車三千三百二十四乘。乙縣，粟六萬三千一百七十五斛，車二千五百二十七乘。丙縣，粟六萬三千一百七十五斛，車二千五百二十七乘。丁縣，粟四萬五百五十斛，車一千六百二十二乘。

術曰：令縣户數，各如其本行道日數而一，以爲衰。按：此均輸，猶均運也。令户率出車，以行道日數爲均，發粟爲輸。據甲行道八日，因使八户共出一車。乙行道十日，因使十户共出一車。計其在道，則皆户一日出車，故可爲均平之率也。淳風等按：縣户有多少之差，行道有遠近之異，欲其均等，故各令行道日數，約户爲衰。行道多者，少其户。行道少者，多其户。故各令約户爲衰。以八日約除甲縣，得一百二十五，乙丙各九十五，丁六十一。於今有術副并爲所有率，未并者各爲所求率，以賦粟車數爲所有數。而今有之，各得車數。一旬除乙，十三除丙，各得九十五。二旬除丁，得六十一也。甲衰一百二十五，乙、丙衰各九十五，丁衰六十一。副并爲法，以賦粟車數，乘未并者，各自爲實。衰分科率。實如法得一車。各置所當出車，以其行道日數乘之，如户數而一，得率户用車二日四十七分日之三十一，故謂之均求。此率以户當各計車之衰分也。有分者，上下輩之。輩，配也。車牛人之數，不可分裂，推少就多，均賦之宜。今按甲分既少，宜從於乙，滿法除之，有餘從丙。丁分又少，亦宜就丙，除之適盡。加乙丙各一，上下輩益，以少從多也。

術曰：令縣户數，各如行道日數而一，爲衰。各齊其衰，甲一百二十五，乙丙各九十五，丁六十一，副併爲法，三百七十六。以所均車一萬乘。乘未併者，甲乙丙丁列衰。各自爲實。如法而一。得一車，以粟二十五石乘爲粟。有分者，上下輩之。輩者，配也。車牛不可分裂，推少就多。合問。

今有均輸卒，甲縣一千二百人，薄塞。乙縣一千五百五十人，行道一日。丙縣一千二百八十人，行道二日。丁縣九百九十人，行道三日。戊縣一千七百五十人，行道五日。凡五縣賦輸卒，一月一千二百人，欲以遠近户率多少衰出之。問縣各幾何。

答曰：甲縣二百二十九人，乙縣二百八十六人，丙縣二百二十八人，丁縣一百七十一人，戊縣二百八十六人。

術曰：令縣卒，各如其居所及行道日數而一，以爲衰。按此：亦以日數爲均，發卒爲輸。甲無行道日，但以居所三十日爲率。言欲爲均平之率者，當使甲三十人而出一人，乙三十一人而出一人。出一人者，計役則皆一人一日，是以可爲均平之率。甲衰四，乙衰五，丙衰四，丁衰三，戊衰五，副并爲法。以人數乘未併者，各自爲實。實如法得一。各置所當出人數，以其居所及行道日數乘之，如縣人數而一，得户率。人役五日七分日之五。淳風等按：爲衰，於今有術，副并爲所有率。未并者各爲所求率，以賦卒人數爲所有數，此術似别考則意同。以廣異聞，故存之也。有分者，上下輩之。輩，配也。今按：丁分最少，宜就戊除。不從乙者，丁近戊故也。滿法除之，有餘從乙。丙分又少，亦就乙除。有餘從甲，除之適盡。從甲丙二分，其數正等。二者於乙遠近皆同，不以甲從乙者，方以下從上也。

術曰：令縣卒，各如行道日數而一，爲衰。甲四，乙五，丙四，丁三，戊五。副併

爲法。二十一。以所均人數乘未併者，各自爲實。如法而一。

今有均賦粟，甲縣二萬五百二十户，粟一斛二十錢，自輸其縣。乙縣一萬二千三百一十二户，粟一斛一十錢，至輸所二百里。丙縣七千　百八十二户，粟一斛一十二錢，至輸所一百五十里。丁縣一萬三千三百三十八户，粟一斛一十七錢，至輸所二百五十里。戊縣五千一百三十户，粟一斛一十三錢，至輸所一百五十里。凡五縣，賦輸粟一萬斛，一車載二十五斛，與僦一里一錢。欲以縣户賦粟，令費勞等。問縣各粟幾何。

答曰：甲縣三千五百七十一斛二千八百七十三分斛之五百一十七；乙縣二千三百八十斛二千八百七十三分斛之二千二百六十；丙縣一千三百八十八斛二千八百七十三分斛之二千二百七十六；丁縣一千七百一十九斛二千八百七十三分斛之一千三百一十三；戊縣九百三十九斛二千八百七十三分斛之二千二百五十三。

術曰：以一里僦價，乘至輸所里。此以出錢爲均也。問者曰：一車載二十五斛，與僦一里一錢，一錢即一里僦價也。以乘里數者，欲知僦一車到輸所所用錢也。甲自輸其縣，則無取僦價也。以一車二十五斛除之，欲知僦一斛所用錢。加一斛粟價，則致一斛之費。加一斛之價於一斛僦直，則凡輸粟取僦錢也。甲一斛之費二十，乙丙各十八，丁二十七，戊十九也。各以約其户數爲衰。言使甲二十户，共出一斛；乙丙十八户，共出一斛；計其所費，則皆户一錢，故可爲均賦之率也。甲衰一千二十六，乙衰六百八十四，丙衰三百九十九，丁衰四百九十四，戊衰二百七十，副并爲法。所賦粟乘未併者，各自爲實。實如法得一。各置所當出粟，以其一斛之費乘之，如户數而一，得率户出三錢二千八百七十三分錢之一千三百八十一。淳風等按：此以出錢爲均。問者曰：一車載二十五斛，與僦一里一錢。一錢，則一里僦價也。以乘里者，欲知僦一車到輸所所用錢。甲自輸其縣，則無取僦之價。以一車二十五斛除之者，欲知僦一斛所用錢。加一斛之價於一斛僦直，則凡輸粟取僦錢，甲一斛之費二十，乙丙各十八，丁一十七，戊一十九，各以約其户，爲衰。甲衰一千二十六，乙衰六百八十四，丙衰三百九十九，丁衰四百九十四，戊衰二百七十。言使甲二十户共出一斛，乙丙十八户共出一斛，計其所費，則皆户一錢，故可爲均賦之率也。於今有術副并，爲所有率。未并者，各爲所求率。賦粟一萬斛，爲所有數，此今有衰分之義也。計經賦之率，既有户算之率，亦有遠近貴賤之率。此一率者，各自相與通，通則甲二十，乙十二，丙七，丁十三，戊五，爲之户率。一斛之費，謂之錢率。錢率約户率者，則錢爲母，户爲子，子不齊，令母互乘爲齊，則衰也。若其不然，以一斛之費，約户數，取衰，竝有分，當通分内子，約之，於算甚繁。此一章，皆相與通公共率，略相依似。以上二率，下一率，亦可放此。從其簡易而已。又以分言，使甲一户出二十分斛之一，乙一户出十八分斛之一，各以户數乘之，亦可得一縣。凡所當輸，俱爲衰也。乘之者，乘其子，母報除之。以此觀之，則以一斛之費約户數者，其意不異矣。然則可置一斛之費，而返衰之，約子，以乘户率，爲衰也合分注曰，母除爲率，率乘子爲齊。返衰注曰，先同其母，各以分母約其子，返爲衰，以施其率。爲算既約，且不妨上下也。

解題：以各縣户數爲衰。即衰分也。因加遠近里僦，又云：粟價不等，今以里僦粟價，求爲之錢。重求各縣户數，爲衰。均其輸也，大意明均其粟，暗均其錢也。

法曰：各以里僦相乘，到輸所里數，與僦錢相乘，以求僦數。併粟石價，約縣户爲衰。以粟僦皆爲錢，求縣户爲衰，解題中明均其粟，暗均其錢，是也。各列置衰，副并爲法。以賦粟乘未併者，各自爲實。實如法而一。此是衰分之法，已見前解。

草曰：各以里僦相乘，一車載二十五石，行道一里，得雇一錢，每石實得雇錢四釐。若以一文乘一里，當用二十五石除，或用每石四釐乘里數，亦同。併粟價，約縣户爲衰。甲縣乃自輸本縣，無僦里相乘，直以粟價一十，約二萬五百二十户，得一千二十六爲衰。乙縣行道二百里，以里僦十錢相乘，以一車載二十五石除，得八錢。併粟價一十，爲一十八錢。約本縣一萬二千三百一十二户，得六百八十四爲衰。丙縣行道一百五十里，以僦價一錢乘之，以車載二十五石除，得六錢。併粟價十二，爲一十八錢。約本縣户七千一百八十二户，得三百九十九，爲衰。丁縣行道二百五十里，以僦價一錢乘之，以一車載二十五石除，得一十文。併粟價一十七錢，爲二十七錢。約本縣一萬三千三百三十八户，得四百九十四，爲衰。戊縣行道一百五十里，以僦價一文乘之，以一車載二十五石除，得六錢。併粟價十三，爲一十九文，除本縣五千一百三十户，得二百七十，爲衰。各列置衰，甲一千二十六，乙六百八十四，丙三百九十九，丁四百九十四，戊二百七十。副併爲法。五縣共衰二千八百七十三爲法。以賦粟一萬石。乘未併者，各自爲實，甲一千二十六萬，乙六百八十四萬，丙三百九十九萬，丁四百九十四萬，戊二百七十萬。以法二千八百七十三除之。合問。

今有均賦粟，甲縣四萬二千算，粟一斛二十，自輸其縣。乙縣三萬四千二百七十二算，粟一斛一十八，傭價一日一十錢，到輸所七十里。丙縣一萬九千三百二十八算，粟一斛一十六，傭價一日五錢，到輸所一百四十里。丁縣一萬七千七百算，粟一斛一十四，傭價一日五錢，到輸所一百七十五里。戊縣二萬三千四十算，粟一斛一十二，傭價一日五錢，到輸所二百一十里。己縣一萬九千一百三十六算，粟一斛一十，傭價一日五錢，到輸所二百八十里。凡六縣，賦粟六萬斛，皆輸甲縣，六人共車，車載二十五斛，重車日行五十里，空車日行七十里。載輸之間，各一日。粟有貴賤，傭各別價。以算出錢，令費勞等。問縣各粟幾何。

答曰：甲縣一萬八千九百四十七斛一百三十三分斛之四十九；乙縣一萬八百二十七斛一百三十三分斛之九；丙縣七千二百一十八斛一百三十三分斛之六；丁縣六千七百六十六斛一百三十三分斛之一百二十二；戊縣九千二十二斛一百三十三分斛之七十四；己縣七千二百一十八斛一百三十三分斛之六。

術曰：以車程行空重相乘，爲法。并空重，以乘道里，各自爲實。實如法得一日。按：此術，重往空還，一輪再行道也。置空行一里，用七十分日之一。重行一里，用五十分日之一。齊而同之，空重行一里之路，往返用一百七十五分日之六。定言之者，一百七十五里之路，往返用六日也。故併空重者，齊其子也。空重相乘者，同其母也。於今有術，至輪所里爲所有數，六爲所求率，齊一百七十五爲所有率。而今有之，即各得輸所用日也。加載輸各一日，欲得凡日也。而以六人乘之，欲知致一車用人也。又以傭價乘之，欲知致車人傭直幾錢。以二十五斛除之，欲知致一斛之傭直也。加一斛粟價，則致一斛之費。加一斛之費於致一斛之傭直，則凡輸一斛餘粟取傭所用錢。各以約其算數，爲衰。今按甲衰四十二，乙衰二十四，丙衰十六，丁衰十五，戊衰二十，己衰十六。於今有術副并爲所有率，未并者各自爲所求率，所賦粟爲所有數，此今有衰分之義也。副并爲法。以所賦粟乘未并者，各自爲實。實如法，得一斛。各置所當出粟，以其一斛之費乘之，如算數而一，得率算出九錢一百三十三分錢之三。又載輸之間各一日者，即二日也。

術曰：以空重車行程相乘，爲法。併空重車，以道里乘，各自爲實。實如法而一，得行一日。加載輸各一日，以六人乘，又傭價乘之，以一車載二十五除之，加一斛粟價，各約之，爲衰。副并爲法，以所賦粟乘未併者，各自爲實。實如法而一。以六縣算數均者，則用衰分。今兼粟傭高下，輸所遠近，名曰均輸。又加空重車爲問，不過衍盈，以堅算士之志。前題已載，更不贅述。

又 今有乘傳委輸，空車日行七十里，重車日行五十里。今載太倉粟，輸上林，五日三返。問太倉去上林幾何。

答曰：四十八里一十八分里之一十一。

術曰：并空重里數，以三返乘之，爲法。令空重相乘，又以五日乘之，爲實。實如法得一里。此亦如上術，率一百七十五里之路，往返用六日也。於今有術，即五日爲所有數，一百七十五里爲所求率，六日爲所有率，以此所得，則三返之路。今求一返，當以三約之，因令乘法而并除也。爲術亦可各置空重行一里用日之率，以爲列衰，副併爲法。以五日乘列衰爲實。實如法，所得，即各空重行日數也。各以一日所行以乘，爲凡日所行。三返約之，爲上林去太倉之數。淳風等按：此術，重往空返，一輪再還道。置空行一里，用七十分日之一。重行一里，用五十分日之一。齊而同之，空重行一里之路，往返用一百七十五分日之六。定言之者，一百七十五里之路，往返用六日。故并空重者，并齊也。空重相乘者，同其母也。於今有術，五日爲所有數，一百七十五爲所求率，六爲所有率，以此所得，即三返之路。今求一返者，當以三約之，故令乘法而并除，亦當約之也。

解題：以合分互用，見空重車法解。兼粟米互換之術，而立題。

術曰：併空重車日行里數，以空車重車行里不齊之數，借爲分母，以各行一日借爲分子，用母互乘，子併之，爲法。非直併空重車里數，此作法者之隱也。以三返乘之，爲法。粟米中，不要者乘之爲除也。令空重車相乘，分母相乘爲法也。以五日乘之，爲實。粟米中，要者乘。實如法而一。以法除實。

草曰：空重車里數，爲分母，各以一日爲分子，母互乘子，得一百二十。以三返乘之，爲法。三百六十。令空重車里數相乘，三千五百。又以五日乘之，爲實。得一萬七千五百。實如法而一。合問。

比類：五十分之一，七十分之一，問合之幾何。答曰：合之得三百五十分之一百二十。反求得二，餘一十二分之十一。法曰：合分求之，反用母互乘子，爲法。母相乘，爲實。實如法而一。合問。

又 今有善行者行一百步，不善行者行六十步。今不善行者先行一百步，善行者追之。問幾何步及之。

答曰：二百五十步。

術曰：置善行者一百步，減不善行者六十步，餘四十步，以爲法。以善行者一百步，乘不善行者先行百步，爲實。實如法得一步。按：此術以六十步減一百步，除四十步，即不善行者先行率也。善行者行百步，爲追及率。約之，追及率得五，先行率得二。於今有術，不善行者先行百步，爲所有數，五爲所求率，二爲所有率而今有之，得追及步也。

今有不善行者先行一十里，善行者追之一百里，先至不善行者二十里。問善行者幾何里及之。

答曰：三十三里少半里。

術曰：置不善行者先行一十里，以善行者先至二十里增之，以爲法。以不善行者先行一十里，乘善行者一百里，爲實。實如法得一里。按：此術不善行者既先行一十里，後不及二十里，并之，得三十里也，謂之先行率。善行者一百里爲追及率。約之，追及率得十，先行率得三。於今有術，不善行者先行十里爲所有數，十爲所求率，三爲所有率而今有之，即得也。其意如上術也。

草曰：先行十里，乘疾者百里，得一千里，爲實。以先行一十里，併追過二十里，共三十里，爲法。以法除之。

今有兔先走一百步，犬追之二百五十步，不及三十步而止。問犬不止，復行幾何步及之。

答曰：一百七步七分步之一。

術曰：置兔先走一百步，以犬走不及三十步減之，餘爲法。以不及三十步，乘犬追步數，爲實。實如法得一步。按：此術以不及三十步，減先走一百步，餘七十步，爲兔先走率。犬行二百五十步，爲追及率。約之，先走率得七，追及率得二十五。於今有術，不及三十步爲所有數，二十五爲所求率，七爲所有率而今有之，即得也。

草曰：兔先一百，減犬不及三十，兔先七十步，爲法。以兔多三十步，乘犬追二百五十步，得七千五百步，爲實。以法除之。

又 今有客馬，日行三百里，客去忘持衣。日已三分之一，主人乃覺，持衣追及，與之而還，主人視日四分之三。問主人馬不休，日行幾何。

答曰：七百八十里。

術曰：置四分日之三，除三分日之一，按：此術置四分日之三，除三分日之一者，除即減也。減之，餘有十二分之五，即是主人追客還，用日率也。半其餘以爲法。去其還，存其往，率之者，子不可半，故倍母。二十四分之五，是爲主人與客均行，用日之率也。副置法，增三分日之一。法二十四分之五者，主人往追用日之分也。三分之一者，客去主人未覺之前，獨行用日之分也。并連此數，得二十四分日之十三，則主人追及前用日之分也。是爲客行用日率也。然則主人用日率者，客馬行率也。客用日率者，主人馬行率也。母同則子齊，是爲客馬行率五，主人馬行率十三。於今有術，三百里爲所有數，十三爲所求率，五爲所有率而今有之，即得也。以三百里乘之，爲實。實如法，得主人馬行一里。欲知主人追客所行里者，以三百里乘主人均行日分子十三，以母二十四而一，得一百六十二里半。以此數主人均行日分母二十四，加客馬與主人均行用日分子五而一，亦得主人馬行一日行七百八十里也。

解題：本分母子互換之術，以主客馬遲速爲問。

法曰：客馬行率三分日之一，減主馬行率四分日之三，其餘爲法。課減分法云：母互乘子，以少減多，餘爲法。合主客馬分子，合分法曰：母互乘子，併之爲實。以客行三百里乘之，爲實。實如法而一。

草曰：置客馬行率三分日之一，主馬行率四分日之三，相減，餘爲法。用減分法，母互乘，四分日之三，子得九。其三分日之一，子得四。相減，餘五爲法。合主客馬分子，主馬分子四，客馬分子九，併之得十三。以客行三百里乘之，爲實。得三千九百里。以法除之。以五除，得七百八十里也。

又 今有鳧起南海，七日至北海。雁起北海，九日至南海。今鳧雁俱起。問何日相逢。

答曰：三日十六分日之十五。

術曰：并日數爲法，日數相乘爲實。實如法得一日。按：此術置鳧七日一至，雁九日一至，齊其至，同其日，定六十三日，鳧九至，雁七至。今鳧雁俱起而問相逢者，是爲共至，并齊以除同，即得相逢日。故并日數爲法者，并齊之意。日數相乘爲實者，猶以同爲實也。一日，鳧飛日行七分至之一，雁飛日行九分至之一。齊而同之，鳧飛定日行六十三分至之九，雁飛定六十三分至之七，是爲南北海相去六十三分，鳧日行九分，雁日行七分也。并鳧雁一日所行，以除南北相去，而得相逢日也。

今有甲發長安，五日至齊。乙發齊，七日至長安。今乙發已先二日，甲乃發長安。問幾何日相逢。

答曰：二日十二分日之一。

術曰：并五日七日以爲法。按：此術并五日七日爲法者，猶并齊爲法。置甲五日一至，乙七日一至，齊而同之，定三十五日，甲七至，乙五至。并之爲十二至者，用三十五日也，謂甲乙與發之率耳。然則日化爲至，當除日，故以爲法也。以乙先發二日，減七日，減七日者，言甲乙俱發，今以發爲始發之端，於本道里，則餘分也。餘以乘甲日數，爲實。七者，長安去齊之率也。五者，後發相去之率也。今問後發，故舍七用五。以乘甲五日，爲二十五日。言甲七至，乙五至，更相去用此二十五日也。實如法得一日。一日，甲行五分至之一，乙行七分至之一，齊而同之，甲定日行三十五分至之七，乙定日行三十五分至之五，是爲齊去長安三十五分，甲日行七分，乙日行五分也。今乙先行發二日，已行十分，餘相去二十五分，故減乙二日。餘令相乘，爲二十五分。

解題：與空重車法意同，惟加乙先發二日。

術曰：併甲乙合行日數，爲法。五日七日，乃甲乙本程也，相併得一十二。以乙先發二日，減乙原程日，餘以乘甲程，爲實。乙本程七日，減先行二日，是求甲乙同發也，皆五自乘爲二十五。以法除之。

又楊輝《詳解九章算法纂類》

互換第二

先取用而求互換

善行者一百步，拙行者六十步，今拙者先行一百步，問善行者幾步追及。

答曰：二百五十步。善行一百步，拙行六十步，相減，餘四十步，爲法。

善行一百步，乘┘拙先行百步，爲實。

善多四十爲法。

遲者先往一十里，疾者追一百里，而過遲者二十里。問疾者幾何里而及之。

答曰：三十三里少半里。

先行十里，┐乘疾者百。

法三十里。

兔先一百步，犬追二百五十步，不及三十步而止。問犬不止，更追幾步及之。

答曰：一百七步七分步之一。兔先一百，減犬不及三十，兔先七十步，爲法。

兔多三十步，┐乘犬追二百五十步。

法七十步。

【略】

客馬日行三百里，去忘持衣，主覺，日已三分之一，備馬追及而還，視日四分之三。問主馬不休，日行幾何。

答曰：七百八十里。

合率第三

反用合分術曰：母互乘子爲法，母相乘爲實，實如法而一。

空車日行七十里，重車日行五十里，今載粟至倉，五日三返。問遠幾何。

答曰：四十八里十八分里之十一。

梟起南海，七日至北海。雁起北海，九日至南海。今梟雁俱起。問何日相逢。

答曰：三日十六分日之十五。

又 衰分第五

均輸法曰：各以里僦相乘，併粟石價，約縣户爲衰。各列置衰，副併爲法。以賦粟乘未併者，各自爲實。實如法而一。

五縣均賦粟一萬石，每車載二十五石，行道一里出雇錢一文。各縣到輸所遠近不等，粟價高下，欲令縣勞費相等。內甲縣二萬五百二十户，粟一石價錢二十，自輸其縣。乙縣一萬二千三百一十二户，粟一石價錢一十錢，遠輸所二百里。丙縣七千一百八十二户，粟一石價錢一十二錢，遠輸所一百五十里。丁縣一萬三千三百三十八户，粟一石價錢一十七錢，遠輸所二百五十里。戊縣五千一百三十户，粟一石價錢一十三錢，遠輸所一百五十里。問各幾何。

答曰：甲縣，二千五百七十一石，二千八百七十三分石之五百十七；乙縣，二千三百八十石，分石之二千二百六十；丙縣，一千三百八十八石，分石之二千二百七十六；丁縣，一千七百一十九石，分石之一千三百一十三；戊縣，九百三十九石，分石之二千二百五十三。

四縣均輸粟二十五萬石，用車一萬輛，以各縣遠近户數衰之。甲縣一萬户，行道八日。乙縣九千五百户，行道十日。丙縣一萬二千三百五十户，行道十三日。丁縣一萬二千二百户，行道二十日。問各輸車粟幾何。

答曰：甲縣粟八萬三千一百石，車三千三百二十四輛；乙、丙縣各粟六萬三千一百七十五石，車二千五百二十七輛；丁縣四萬五百五十石，車一千六百二十二輛。

均卒一月一千二百人，甲縣一千二百人，乙縣一千五百五十人，行道一日。丙縣一千二百八十人，行道二日。丁縣九百九十人，行道三日。戊縣一千七百五十人，行道五日。欲以五縣遠近户數衰出。問各幾何。

答曰：甲縣二百二十九人，乙縣二百八十六人，丙縣二百二十八人，丁縣一百七十一人，戊縣二百八十六人。

六縣均粟，六萬石，皆輸甲縣。六人共一車，載二十五石。重車日行五十里，空車日行七十里。粟有貴賤，傭有別價。欲以算數勞費相等出之。

甲縣四萬二千算，粟一石直二十，傭一日雇一文，自輸其縣。乙縣三萬四千二百七十二算，粟一石直十八，傭一日雇十文，遠七十里。丙縣一萬九千三百二十八算，粟一石直十六，一日雇五文，遠一百四里十。丁縣一萬七千七百算，粟一石直十四，傭價一日雇五文，遠一百七十五里。戊縣二萬三千四十算，粟一石價十二，傭一日雇五錢，遠二百一十里。己縣一萬九千一百三十六算，粟一石直一十，傭一日雇五文，遠二百八十里。問各縣衰粟幾何。

答曰：甲縣一萬八千九百四十七石一百三十三分石之四十九，乙縣一萬八百二十七石分石之九，丙縣七千二百一十八石分石之六，丁縣六千七百六十六石分石之百二十二，戊縣九千二十二石分石之七十四，己縣七千二百一十八石分石之六。

又 盈不足第七

良馬初出行一百九十三里，日增一十三里。駑馬初日行九十七里，日減半

沙克什《河防通議》卷下《輸運第五》　水運

輕重船上下水日行里路。上水，重船日行三十五里，輕船日行五十里。下水，重船日行一百里，輕船日行二百里。

程大位《算法統宗》卷八《商功第五章》

今有人快行者，日行九十五里；慢行者，日行七十五里。今令慢行者先行八日。問快行者幾日趕至，追及之行路程各若干。

答曰：快行者三十日，慢行者多八日。路程二千八百五十里。

法曰：置慢行者日行七十五里，以八日乘之，得六百里爲實。却以快行減慢行，餘二十里爲法。除之即得。

今有慢行者已去七日，後令快行者趕去，六日追至中途及之，其路程已一千一百七十里。問緊慢各每日行若干。

答曰：快者日行一百九十五里，慢者日行九十里。

法曰：置總一千一百七十里爲實，以六日爲法，除之得快者日行一百九十五里。另將先行七日併後趕六日，共一十三日爲法，除總一千一百七十里，得慢行里數。合問。

今有甲乙二人行步不等，甲日行八十里，乙日行四十八里。令乙先行二百四十里，甲纔發步追之。問幾里可及。

答曰：六百里。甲七日半，乙十二日半。

法曰：置先行二百四十里，以甲日行八十里乘之，得一萬九千二百里，爲實。却以甲乙日行里數相減，餘三十二里，爲法。除之。合問。

今有人盜馬乘去，已去三十七里，馬主方覺，追去一百四十五里，不及二十三里，仍復追之。問幾里可及。

答曰：二百三十八里一十四分里之三。

法曰：置不及二十三里，以馬主追去一百四十五里乘之，得三千三百三十五里，爲實。另置已行三十七里，減去不及二十三里，餘一十四里爲法。除實二百三十八里，不盡三，以法約之。

今有大都路至杭州四千二百七十五里，馬從大都往南日行一百二十里，船從杭州往北日行七十里。問船馬幾日相會，各行若干。

答曰：二十二日半，馬行二千七百里，船行一千五百七十五里。

法曰：置四千二百七十五里爲實，却併船馬日行共一百九十里爲法，除之，

里。良駑馬俱發長安，去齊計三千里。良馬先至齊，回迎駑馬。問幾何日相逢及各行里。

答曰：相逢於十五日一百九十一分日之百三十五；良馬行四千五百三十四里一百九十一分里之四十六，駑馬行一千四百六十五里一百九十一分里之百四十五。

蒲長三尺，日自半。莞長一尺，日自倍。問幾何日等長。

答曰：二日十三分日之六，長四尺八寸十三分寸之六。

垣厚五尺，兩鼠對穿。大鼠日行一尺，自倍；小鼠日行一尺，自半。問幾何日相逢及各行幾尺。

答曰：相逢於二日十七分日之二；大鼠穿三尺四寸十七分寸之一十二，小鼠穿一尺五寸十七分寸之五。

朱世傑《算學啓蒙》卷中　求差分和門

今有良馬日行二百四十里，駑馬日行一百五十里。駑馬先行一十二日。問良馬幾何日追及之。

答曰：二十日。

術曰：列一十二日以一百五十里乘之，得一千八百里，爲實。列良駑馬日行里數，相減，餘九十里，爲法。實如法而一。合問。

又　卷下　盈不足術門

今有松竹並生，只云松初日長五尺，竹長二尺，松日自半，竹日自倍。問松竹幾何日而長等。

答曰：二日九分日之二，各長七尺七寸九分寸之七。

術曰：假令二日，不足一尺五寸。令之三日，有餘五尺二寸五分。乃以盈不足術求之。依圖布算，維乘上二位，併得一丈五尺，爲實。併盈不足，得六尺七寸半，爲法。實如法而一。不滿法者，各以七寸半約之，得日數也。求長者，各以第三日所長以日分子乘之，如日分母而一，各得日分子之長。又各增二日長數，得松竹等長也。按：此二日，松長七尺五寸，竹長六尺，乃竹不及松長一尺五寸，故曰不足。令之三日，松長八尺七寸半，竹長一丈四尺，乃竹却過松五尺二寸半，故曰有餘。合問。

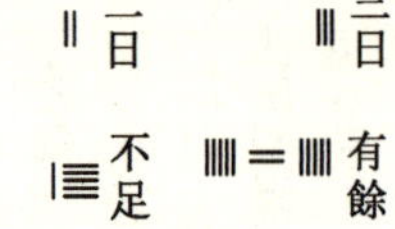

得二十二日半。又爲實，各以原行里數乘之，得各行數。

又　卷一五《難題少廣四》　遲疾求平

甲乙同時起步，其中甲快乙遲。甲行百步且交立，乙纔六十步矣。使乙先行百步，甲行起步方追。不知幾步方追及。

荅曰：二百五十步。

法曰：置甲行百步，乘先行百步，得一萬步，爲實。另以甲行百步，減乙行六十步，餘四十步，爲法。除之。合問。

又　行程問日歌

三藏西天去取經，一去十萬八千程。

每日常行七十五，問公幾日得回程。

荅曰：一千四百四十日，計四年。

法曰：置一十萬零八千里，以每日行七十五里爲法。除之，得日數。再以三百六十日除之，得年數。合問。

李之藻《同文算指》通編卷一

三率準測法第一

問有人七日行二百一十里，今行一千六百里，須幾日。

一　二百一十里，

二　七日，

三　一千六百里，

四　五十三日又二百一十分日之七十。

刻法：每日一百，依法以乘子數七十，得七千。以母數二百一十除之，得三十三刻又三分刻之一。

又　問驛使先發三十七里，別以一騎追之，馳一百四十五里，尚不及二十三里。須追幾里可及。

此以先發及追去未及之里推之，知馳一百四十五里，只追上一十四里。以追上數爲第一率，疾馳數爲二率，不及數爲三率。

一　一十四里，

二　一百四十五里，

三　二十三里，

四　二百三十八里又十四分里之三。

問甲乙二人同步，甲疾乙遲。甲行百步，乙纔行六十步。假使乙先行百步，甲方舉步追之。該幾步可及。

一　甲行疾四十步，

二　甲日行一百步，

三　乙先去一百步，

四　乙會甲二百五十步。

變測法第二

問空車日行七十里，若重載即日行五十里。今載糧到倉，五日三返，路遠若干。

法以五日爲首率，以空車、重車日行數相乘爲次率，併空車、重車日行數，以三返乘之爲三率。

一　五日，

二　五百三十里，按：數誤應作三千五百里。

三　三百六十，

四　四十八里又三十六之二十二。

重準測法第三

問重舟日行八十里，輕舟日行一百里。今重舟先去一十五日，輕舟幾日追及。

先求重舟一十五日行若干里，得數用爲重測之三率。而以輕舟每日多行二十里爲首率，推之得四率爲追及之日。

一　一日，　一　二十里，

二　八十里，　二　一日，

三　一十五日，　三　一千二百里，

四　一千二百里。　四　六十日。

方中通《數度衍》卷二三《九章外法》

定位諸式

式六　驛使先發三十七里，別一騎追一百四十五里，尚不及二十三里。再追幾何里可及。曰：二百三十八里又十四分里之三。

術先推知一百四十五里只追上十四里，即以十四里爲首率，一百四十五里爲次率，不及二十三里爲三率。

式七　二人同步，甲疾乙遲。甲百步，乙纔六十步。假使乙先行百步，甲該幾何步可及。曰：二百五十步。

術以甲百步與乙六十步相減，得較四十步爲首率。以甲百步爲次率，以乙先行百步爲三率。

式八　每日空車行七十里，若重載只行五十里。今載糧到倉，五日三返。路遠若干？曰：四十八里又三十六之二十二。

術以五日爲首率；以七十乘五十，得三千五百里爲次率；并七十五十得一百二十里，以乘三返，得三百六十爲三率。

又　重測諸式

式四　重舟日行八十里，輕舟日行百里。重舟先去十五日，輕舟幾日追及。曰：六十日。

術先求重舟十五日所行，以一日爲首率，八十里爲次率，十五日爲三率，求出一千二百里爲四率。後以輕舟每日多行二十里爲首率，以先首率爲後二率，先四率爲後三率。

杜知耕《數學鑰》卷五上之下《均輸》

三則

道里之遠近一法

設牛車已行七日，馬車方行六日，行齊其程五百八十五里，求各日行里數。

法曰：置五百八十五里爲實，以六日除之，得九十七里半，爲馬車日行里數。以七日六日相並，共一十三日，除實，得四十五里，爲牛車日行里數。

四則

道里之遠近二法

設自甲至乙八百五十五里，牛車自甲反乙，日行四十五里。馬車自乙往甲，日行九十七里半。同日行，求幾日相遇。

法曰：置八百五十五里爲實，並牛馬車日行里數共一百四十二里半除之，得六日，即所求。

解曰：此是彼來此往，兩行相就，與以疾追遲者不同，故並兩日行數爲法也。

又　六則

任載之重輕二法

設重車日行五十里，輕車日行七十里。今載米至倉，五日三返。求至倉里數。

法曰：置輕、重車日行里數相乘，得三百五十里。又以五日乘之，得一千七百五十里，爲實。另並輕重車日行里數，以三返乘之，得三百六十，爲法。除之，得四十八里又三十六分里之二十二，即所求。

解曰：兩車日行里數相乘，得三百五十里，是兩車行之齊數也。三百五十里是七箇五十里，亦五箇七十里。乃輕車五日、重車七日所行之里數。並兩車日行里數，除之，即得一日重往輕來之里數。再以五日乘之，三返除之，即得至倉之里數。法變用五日乘實，三返乘法者，亦同乘同除法也。

梅文鼎《曆算全書》卷四四《方程論・測量》　陰雲測法

假如廣、福二船哨海，福船先發行五日，廣船行三日，遇於中途。其汛地相距二千五百里，遂又同往一島。廣船行四日先至，候六日福船始至。問各船每日行率。

解曰：此廣船疾，福船遲也。廣船三日，福船五日，共行水面二千五百里。廣船四日，福船十日，而水程相當。

荅曰：廣船日行五百里，福船日行二百里。

法以一和一較列位：

廣三日　╳　福五日　　共二千五百里　正一萬里
廣正四日　　福負十日　適足　　　　　無減
（正十二日　正十二日　減盡　正廿日　併五十日　負卅日）

如法遍乘，廣船同減盡，福船異併五十日爲法，正一萬里無減爲實。法除實，得二百里爲福船每日行率。福船十日行二千里，以廣船四日除之，得五百里，爲廣船每日行率。

又如自東徂西共二千里，先乘車行五日，換舟行八日至其國。其舟與車復同往一處，車先行六日，舟乃發，行四日逐及。問舟車行率。

荅曰：舟每日二百里，車每日八十里。

解曰：舟疾車遲，舟八日，車五日，共行二千里。舟四日，車十日，行適相當。

和舟八日　╳　車五日　　共二千里　正一千里
較舟正四日　　車負十日　適足　　　無減
（正四日　減盡　正二日半　併十二日半）

依省算半右行數，舟同減盡，車異併十二日半爲法。正一千里無減爲實。法除實，得八十里，爲車率。以舟四日除車十日所行八百里，得二百里爲舟行率。

假如甲、乙二船哨海，同泊一山，同用正卯酉字風東行，但甲船先發，解纜七日乙船後行，解纜五日追及於一島。又自此島用正子午字風南行，但甲又先發，解纜九日泊於南洋。乙後發，解纜七日泊於又南洋。其二洋相距二百里。問道里各數。

法以較數列位：

甲船正七日　正六十三日　乙船負五日　負四十五日　餘四日　適足
　　　　　　減盡　　　　　　　　　　　　　　　　　　　　無減
甲船正九日　正六十三日　乙船負七日　負四十九日　負二百里　負一千四百里

甲船同減盡，乙船餘四日爲法，負一千四百里爲實。法除實，得三百五十里爲乙船每日率。以甲船七日除乙船五日所行一千七百五十里，得二百五十里爲甲船率。其一千七百五十里，即山島相去之程。以甲船九日行二千二百五十里爲島去南洋之程，又加二百里爲又南洋之程。合問。

計開：甲船每日行二百五十里，乙船每日行三百五十里，山島之距一千七百五十里，島距南洋二千二百五十里，距又南洋二千四百五十里，自山至又南洋共水程四千二百里。

又假如二人同往西番公幹，一人車，一人騎。車自某山西行九日，騎自某河西行十日，及之於一城。其河在山之東，相距三百里。又自此城西行八日，騎先至一國駐劄，候一日車至。問道里各如干。

法以較數列位：

車正九日　騎負八日　適足
減盡　　　餘二日　　無減
車正九日　騎負十日　負三百里

如法徑減，餘騎二日爲法，三百里爲實。法除實，得一百五十里爲騎行率。併騎前後共十八日行二千七百里，爲所駐西國距河之程，騎所行也。減河距山三百里，餘二千四百里，爲西國距山之程，車所行也。併前後車行十八日，除之，得一百三十三里又三分里之一，即一百二十步也。爲車行每日里率。用車行里率乘九日，得一千二百，爲城距山之程。以減總距，餘亦一千二百里，爲西國距城之程。

計開：騎日行一百五十里，前後共行二千七百里；車日行一百三十三里又三分里之一，前後共行一千四百里。城距山一千二百里，距河一千五百里，國距城一千二百里，距山二千四百里，距河二千七百里。

此上數則近事易知，用明測量之理。

梅瑴成等《數理精蘊》下編卷三《線部一》

正比例

設如驗時儀算砲聲，自烟起至聞聲計七秒，得五里。今得十四秒。問里數若干。

一率　七秒
二率　五里
三率　十四秒
四率　十里

法以七秒爲一率，五里爲二率，今得十四秒爲三率。二三率相乘，一率除之，得四率十里，即十四秒之里數也。蓋七秒與五里之比，即同於十四秒與十里之比也。

又 合率比例

設如原有米八萬石，用車二十四輛，日行四十里，二十日運完。今有米十萬石，用車三十輛，日行六十里。問運完日數幾何。

原　八〇〇〇〇　二四　二四〇〇〇〇〇　四〇　九六〇〇〇〇〇〇
今　一〇〇〇〇〇　三〇　二四〇〇〇〇〇　六〇　一四四〇〇〇〇〇〇

法以原有八萬石與今用車三十輛相乘，得二百四十萬輛。又以今行六十里乘之，得一億四千四百萬里爲一率。二十日爲二率。以今有十萬石與原用車二十四輛相乘，亦得二百四十萬輛。又以原行四十里乘之，得九千六百萬里爲三率。推得四率十三日又三分日之一，即今米十萬石運完之日數也。試將兩首位數互乘，得八十億石。然後互乘車數里數原有一邊，得九千六百萬里。今有一邊得一億四千四百萬里，蓋原有米八十億石，用車二百四十萬輛，行九千六百萬里，得二十日運完。今有米亦八十

總
一率　今一億四千四百萬里
二率　原二十日
三率　原九千六百萬里
四率　今十三日又三分日之一

億石，亦用車二百四十萬輛，行一億四千四百萬里，故十三日又三分日之一運完，爲轉比例四率也。

一
一率　原八萬石
二率　原二十日
三率　今十萬石
四率　今二十五日

二
一率　今三十車
二率　原二十五日
三率　原二十四車
四率　今二十日

三
一率　今六十里
二率　原二十日
三率　原四十里
四率　今十三日又三分日之一

然此法亦係三比例合爲一比例也。如分作三比例明之，則先以米數爲比例，原米八萬石，運二十日。今米十萬石，則應運二十五日。此一正比例也。然車數不同，故次以車數爲比例。原車二十四輛，應運二十五日。今車三十輛，則應運二十日。此一轉比例也。然日行里數又不同，故次以里數爲比例。原行四十里，應運二十日。今行六十里，則應運十三日又三分日之一。此又一轉比例也。法以三比例之各一率，連乘之爲一率。三比例之各三率連乘之爲三率者，正合三比例爲一比例也。

設如原有麥子一萬二千石，車十二輛，每車載三石，日行八十里，四十日運完。今有麥三萬石，車十六輛，每車載四石，日行六十里。問運完日數幾何。

原
一二〇〇〇
一二
一六〇〇〇〇
三
一⊙八〇〇〇〇
八〇
八六四〇〇〇〇〇〇

今
三〇〇〇〇
[一]六
一九二〇〇〇
四
七六八〇〇〇
六〇
四六〇八〇〇〇〇

法以原有麥子一萬二千石與今車十六輛相乘，得一十九萬二千輛。又以今每車載麥四石乘之，得七十六萬八千石。又以今行六十里乘之，得四千六百零八萬里，爲一率。四十日爲二率。以今有麥子三萬石與原有車十二輛相乘，得三十六萬輛。又以原每車載麥三石乘之，得一百零八萬石。又以原行八十里乘之，得八千六百四十萬里，爲三率。推得四率七十五日，即今麥三萬石運完之日數也。試將兩首位數互乘，得三億六千萬石。然後互乘車數、石數、里數原有一邊，得八千六百四十萬里。今有一邊得四千六百零八萬里，蓋原有麥三億六千萬石，用車三十六萬輛，載一百零八萬石，

總
一率　今四千六百零八萬里
二率　原四十日
三率　原八千六百四十萬里
四率　今七十五日

行八千六百四十萬里，得四十日運完。今有麥亦三億六千萬石，用車一十九萬二千輛，載七十六萬八千石，行四千六百零八萬里，得七十五日運完，爲轉比例四率也。

一
一率　原一萬二千石
二率　原四十日
三率　今三萬石
四率　今一百日

二
一率　今十六車
二率　原一百日
三率　原十二車
四率　今七十五日

三
一率　今四石
二率　原七十五日
三率　原三石
四率　今五十六日二五

四
一率　今六十里
二率　原五十六日二五
三率　原八十里
四率　今七十五日

然此法係四比例合爲一比例也。如分作四比例明之，則先以麥數爲比例。原麥一萬二千石，運四十日。今麥三萬石，則應運一百日。此一正比例也。然車數不同，故次以車數爲比例。原車十二輛，應運一百日。今車十六輛，則應運七十五日。此一轉比例也。然每車所載石數不同，故次以石數爲比例。原每車載三石，應運七十五日。今每車載四石，則應運五十六日二五。即四分日之一。此又一轉比例也。然日行里數又不同，故次以里數爲比例。原日行八十里，應運五十六日二五。今日行六十里，則應運七十五日。此又一轉比例也。法以四比例之各一率連乘之爲一率，四比例之各三率連乘之爲三率者，正合四比例爲一比例也。

又　下編卷四《線部二》　按分遞折比例

三七差分

設如以車運物，行十里，二十刻到。今已行七里，問尚得幾刻到。

一率　十里
二率　二十刻
三率　三里
四率　六刻

法以十里爲一率，二十刻爲二率，以七里與十里相減，餘三里爲三率，推得四率六刻，即運到刻數也。如以七里爲三率，推得四率十四刻，與總二十刻相減，餘六刻亦即運到刻數也。蓋十里與二十刻之比，即三里與六刻之比，七里與十四刻之比也。

一率　十里
二率　二十刻
三率　七里
四率　十四刻

又捷法，以十里歸除二十刻，得每里二刻。以三里乘之，得六刻。以七里乘之，得十四刻。蓋每一里爲二刻，則三里得六刻，七

里得十四刻也。

又　下編卷五《線部三》　按數加減比例

遞加遞減差分

設如一人行路,日增六里,共行三百二十里,但知初末兩日所行共一百六十里。問共行幾日及初日末日各行幾里。

一率	八十里
二率	一日
三率	三百二十里
四率	四日

法以初末兩日行數一百六十里折半,得八十里,乃共日之中數,爲一率。一日爲二率。共行三百二十里爲三率。推得四率四日,即共行日數也。又以日增六里折半,得三里,與六里相併,得九里。加於中數八十里,得八十九里,即第四日所行之數。減於中數八十里,餘七十一里,即第一日所行之數也。此法以第四日、第一日行數相併折半者,爲得四日之中數。既得四日之中數,與一日之比,即如共數與四日之比也。又以日增之數折半而與日增之數相併,加於中數而得末日所行之數,減於中數而得初日所行之數者,其所得之中數在第二日、第三日之間,故此中數内加日增數之半,即得第三日所行之數;減日增數之半,即得第二日所行之數。故再加日增數之全,而得末日所行之數。再減日增數之全,而得初日所行之數也。

又　下編卷六《線部四》

和數比例

設如二人居住相隔一千四百里,同日起身,一人日行八十里,一人日行六十里。問途中幾日相會。

一率	一百四十里
二率	一日
三率	一千四百里
四率	十日

法以八十里與六十里相併,得一百四十里爲一率,一日爲二率,一千四百里爲三率,推得四率十日,即相會之日也。此法以八十里、六十里相併爲一率者,每一日之内兩人共行一百四十里也。一百四十里行一日,則一千四百里行十日矣。蓋日行八十里者,十日行八百里日。行六十里者,十日行六百里。併之,以合原數也。

又　較數比例

設如二人行路,疾徐不等。疾行者,日行九十五里。徐行者,日行七十五里。今令徐行者先行八日。問疾行者追及之日數幾何。

一率	二十里
二率	一日
三率	六百里
四率	三十日

法以徐行七十五里與疾行九十五里相減,餘二十里爲一率。一日爲二率。徐行七十五里與先行八日相乘,得六百里爲三率。推得四率三十日,即追及之日數也。此法蓋因徐行者先行八日,以日行七十五里計之,則已多行六百里。今疾行者日行九十五里,則比徐行者每日多行二十里。多二十里爲一日追行之數,多六百里則爲三十日追行之數可知矣。

設如二人自鄉上城,一人步行,一人騎馬。使步行者先行三十七里,騎馬者追至一百五十四里,尚不及二十三里。問追及之里數幾何。

一率	一十四里
二率	一百五十四里
三率	二十三里
四率	二百五十三里

法以不及二十三里與先行三十七里相減,餘一十四里爲一率。追至一百五十四里爲二率,不及二十三里爲三率,推得四率二百五十三里,即追及之里數也。此法蓋因步行者已先行三十七里,今騎馬者追之,止不及二十三里,是已追過十四里也。追過十四里,必須一百五十四里,今尚不及二十三里,則必須二百五十三里方能追及也。

設如一人行路,步行則三十日可到,騎行則二十日可到。今行二十六日到。問步行、騎行日數各幾何。

一率	十日
二率	三十日
三率	六日
四率	十八日

法以三十日與二十日相減,餘十日爲一率。步行三十日爲二率。今行二十六日與騎行二十日相較,多六日爲三率。推得四率十八日,爲步行之日數。與共二十六日相減,餘八日,即騎行之日數也。如以十日爲一率,騎行二十日爲二率,今行二十六日與步行三十日相較少四日爲三率,推得四率八日,即騎行之日數也。

一率	十日
二率	二十日
三率	四日
四率	八日

此法蓋因步行三十日可到,騎行二十日可到,則步行比騎行遲十日,即騎行比步行早十日也。步行比騎行遲十日,而步行爲三十日,今步行比騎行遲六日,則步行爲十八日可知矣。騎行比步行早十日,而騎行爲二十日,今騎行比步行早四日,則騎行爲八日,可知矣。

又　下編卷七《線部五》　和較比例

設如空車一日行三十里,重車一日行二十里。今載米至倉,往返足一日。

問距倉路遠幾何。

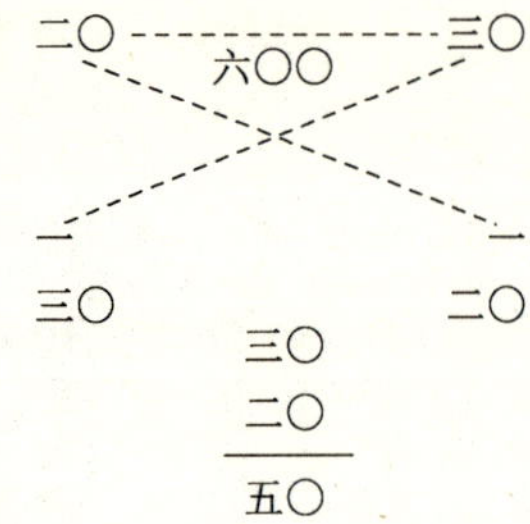

一率　五十日
二率　六百里
三率　一日
四率　十二里

法以空車行三十里與重車行二十里相乘，得六百里。又以重車行二十里乘空車一日，得二十日。以空車行三十里乘重車一日，得三十日。乃以二十日與三十日相併，得五十日爲一率。六百里爲二率，一日爲三率，得四率一十二里，即距倉之里數也。蓋空車一日行三十里，則二十日行六百里。重車一日行二十里，則三十日亦行六百里。一往一返，共五十日，是知五十日往返六百里，則今一日必往返十二里也。

設如重車一日行五十里，輕車一日行七十五里。今載米至倉，五日往返三次。問距倉里數幾何。

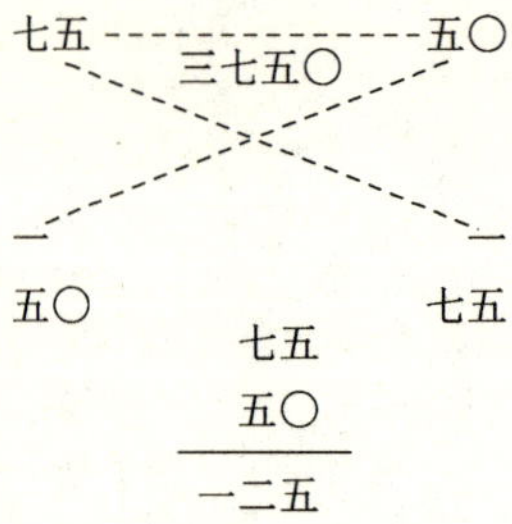

一率　一百二十五日
二率　三千七百五十里
三率　五日
四率　一百五十里
一率　三次
二率　一百五十里
三率　一次
四率　五十里

法以重車行五十里與輕車行七十五里相乘，得三千七百五十里。又以輕車行七十五里乘重車一日，得七十五日。以重車行五十里乘輕車一日，得五十日。乃以七十五日與五十日相併，得一百二十五日爲一率。三千七百五十里爲二率，五日爲三率，得四率一百五十里，即五日往返之里數。以三次除之，得五十里，即距倉之里數也。

此法與前法同。前法一日往返一次，故所得即距倉之里數。此法五日往返三次，故所得爲往返三次之里數，是以用三次除之而得距倉之里數也。

又　下編卷八《線部六》　盈朒單法

一朒一適足

設如計日登程，不知日數，亦不知路程，只云每日行五十五里，則離所欲至之地共差六十里，每日行六十里適足。問日數及路程各若干。

五十五里　朒六十里
〇五五　〇
六五〇　六
六十里　適足

一率　五里
二率　一日
三率　六十里
四率　十二日

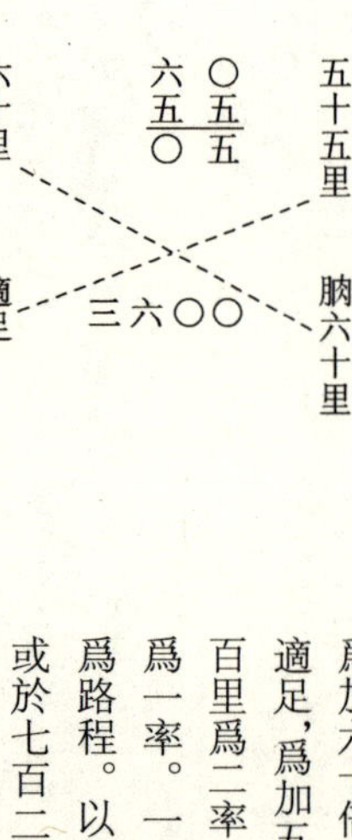

一率　五倍
二率　三千六百里
三率　一倍
四率　七百二十里

法以五十五里與六十里相減，餘五里爲一率。一日爲二率。朒六十里爲三率。推得四率十二，爲日數。與每日六十里相乘，得七百二十里，爲路數。若以日數十二與每日行五十五里相乘，得六百六十里，是不到六十里也。加朒六十里，亦得七百二十里也。

又先得路程之法，以六十里乘朒六十里，爲加六十倍，得朒三千六百里。以五十五里乘適足，爲加五十五倍，仍得適足，故即以三千六百里爲二率。五十五倍與六十倍相減，餘五倍爲一率。一倍爲三率，推得四率七百二十里，爲路程。以每日六十里除之，得十二，爲日數。或於七百二十里內減朒六十里，餘六百六十里，以每日五十五里除之，亦得十二爲日數也。

又　下編卷三四《末部四》　借根方比例

線類

設如有人行路，共二千八百里，步行則日行七十里，坐船則日行九十里，乘馬則日行一百里，但知步行之日數倍於坐船，坐船之日數倍於乘馬。問步行及坐船、乘馬之日數各若干。

法借一根爲乘馬之日數，則坐船之日數爲二根，步行之日數爲四根。以一根與一百里相乘，得一百根，爲乘馬所行之里數。以二根與九十里相乘，得一百八十根，爲坐船所行之里數。以四根與七十里相乘，得二百八十根，爲步行所行之里數。三數相加，得五百六十根，是爲五百六十根與二千八百里相等。五百六十根既與二千八百里相等，則一百根必與五百里相等。前既以一百根爲乘馬所行之里數，則與一百根相等之五百里即乘馬所行之里數。以乘馬每日行一百里除之，得五日，與一根相等，即乘馬所行之日數。倍之得十日，即坐船所行之日數。以坐船每日行九十里乘之，得九百里，爲坐船所行之里數。再以坐船所行之十日倍之，得二十日，即步行之日數。以步行每日行七十里乘之，得一千四百里，爲步行之里數。以乘馬所行之五百里與坐船所行之九百里及步行之一千四百里相併，共得二千八百里，以合原數也。此遞加比例法，用借衰互徵法算之亦可。

馬一根　一〇〇根
船二根　一八〇根
步四根　二八〇根
五六〇根＝二八〇〇
一〇〇根＝五〇〇
一根＝五

設如甲乙二人行路，兩日行到。初日乙所行之路四倍於甲，次日甲所行之路三倍於乙。但知初日乙行二百四十里，甲行六十里。問次日二人各行若干。

法借一根爲次日乙所行之路，則甲次日所行之路爲三根。以初日乙行二百四十里與一根相加，得一根多二百四十里，爲乙兩日所行之路。以初日甲行六十里與三根相加，得三根多六十里爲甲兩日所行之路。是爲乙一根多二百四十里與甲三根多六十里相等。一根與三根各減一根，多二百四十里與多六十里各減六十里，則餘一百八十里與二根相等。一百八十里既與二根相等，則九十里必與一根相等，即次日乙所行之路。三因之，得二百七十里，即次日甲所行之路。以乙次日所行九十里與初日所行二百四十里相加，得三百三十里。以甲次日所行二百七十里與初日所行六十里相加，亦得三百三十里，是兩人同行俱到也。此較數比例法。

乙一根　甲三根
一根⊥二四〇＝三根⊥六〇
一八〇＝二根
九〇＝一根

又　設如有人行路，乘馬、乘船，共六十三日。乘馬日行一百六十里，乘船日行一百四十四里。乘船所行之里數比乘馬所行之里數爲十八倍。問乘馬、乘船之日數各若干。

法借一根爲乘馬之日數，則乘船之日數爲六十三日少一根。以一根與一百六十里相乘，得一百六十根，爲乘馬所行之里數。以六十三日少一根與一百四十四里相乘，得九千零七十二里少一百四十四根，爲乘船所行之里數。乘船所行里數既爲乘馬所行里數之十八倍，則以十八乘乘馬所行之里數一百六十根，得二千八百八十根，是爲二千八百八十根與九千零七十二里少一百四十四根相等。二千八百八十根與少一百四十四根各加一百四十四根，得三千零二十四根與九千零七十二里相等。三千零二十四根既與九千零七十二里相等，則一百六十根必與四百八十里相等。前既以一百六十根爲乘馬所行之里數，則與一百六十根相等之四百八十里即乘馬所行之里數。以乘馬每日所行一百六十里除之，得三日，與一根相等，即乘馬所行之日數。以三日與六十三日相減，餘六十日，爲乘船所行之日數。以乘船每日行一百四十四里乘之，得八千六百四十里，即乘船所行之里數，爲乘馬所行之里數之十八倍也。此和較比例法，用疊借互徵法算之亦可。

馬一根　船六三－一根
一六〇根　九〇七二－一四四根
二八八〇根＝九〇七二－一四四根
三〇二四根＝九〇七二
一六〇根＝四八〇
一根＝三

又　下編卷三七《末部七》　難題

設如甲乙二車運糧，甲車先行二日，乙車後行，五日追及，甲車比乙車運價少五錢。又甲車先行二日，乙車後行，七日追過甲車八十里。甲車比乙車運價少一兩一錢。問甲乙二車日行里數及運價各幾何。

法以乙車五日爲正，甲車七日爲負，里數相等，作一空位。甲車先行二日，乙車行五日追及，是乙車行五日，甲車行七日，其里數相等。運價多五錢爲正，列於上。又以乙車七日爲正，甲車九日爲負，過八十里爲正，運價多一兩一錢爲正，列於下。乃以上乙五日遍乘下乙七日，甲九日多八十里，多一兩一錢，得乙三十五日仍爲正，甲四十五日仍爲負。又以下乙七日遍乘上乙五日，甲七日運價多五錢，得乙三十五日，仍爲正。甲四十九日仍爲負，多三兩五錢仍爲正。相等無可乘，仍爲空位。於是以上層爲主，兩下相較，則乙各三十五日，彼此減盡。甲兩下相減，餘四日。本層少，變負爲正。里數無可加減，仍得四百里爲正。價兩下相減，餘

價	五正	一一正	五五正	三五正	二〇正
里	〇	八〇正	四〇〇正	〇	四〇〇正
甲	七負	九負	四五負	四九負	〇四正
乙	五正	七正	三五正	三五正	〇〇

二兩，依本層爲正。即甲車四日行四百里，運價二兩也。以四日除四百里，得一百里爲甲車每日所行之里數。以四日除二兩，得五錢，即甲車每日之運價。以乙車七日比甲車九日多行八十里，價多一兩一錢計之，則甲車九日行九百里，加多八十里，共九百八十里，爲乙車七日所行之里數。以七日除之，得一百四十里，即乙車每日所行之里數。甲車九日運價四兩五錢，加多一兩一錢，共五兩六錢，爲乙車七日之運價。以七日除之，得八錢，即乙車每日之運價也。此法因有里數、運價二種，或名疊脚，然不過除兩次耳。若甲數爲較，運價爲和，難以分列正負者，則分兩法算之。

何夢瑤《算迪》卷五《難題》

設如甲乙二車運糧，甲車先行二日，乙車後行，五日追及，甲車比乙車運價少五錢。又甲車先行二日，乙車後行，七日追過甲車八十里，甲車比乙車運價少一兩一錢。問甲乙二車日行里數，及運價各幾何。

法以乙車五日爲正，甲車七日爲負，里數相等，作一空位。甲車先行二日，乙車行五日追及，是乙車行五日，甲車行七日，其里數相等也。運價多五錢爲正，列於右。又以乙車七日爲正，甲車九日爲負。過八十里爲正，運價多一兩一錢爲正，列於左。乃以右乙五日遍乘左乙七日。甲九日多八十里，多一兩一錢，得乙三十五日，仍爲正。甲四十五日仍爲負。多行四百里，運價多五兩五錢，仍爲正。又以左乙七日遍乘右乙五日，甲七日運價多五錢，得乙三十五日仍爲正。甲四十九日仍爲負。多三兩五錢仍爲正。里數相等，無可乘，仍爲空位。於是以左行爲主，兩下相較，則乙各三十五日彼此減盡。甲兩下相減，餘四日。主行少，變負爲正。里數無可加減，仍得四百里爲正。價兩下相減，餘二兩，依主行爲正。即甲車四日行四百里，運價二兩也。以四日除四百里，得一百里爲甲車每日所行之里數。以四日除二兩，得五錢，即甲車每日之運價。以乙車七日比甲車九日多行八十里，價多一兩一錢計之，則甲車九日行九百里，加多八十里，共九百八十里，爲乙車七日所行之里數。以七日除之，得一百四十里，即乙車每日所行之里數。甲車九日運價四兩五錢，加多一兩一錢，共五兩六錢，爲乙車七日之運價。以七日除之，得八錢，即乙車每日之運價也。此法因有里數運價二種，或名疊脚，然不過除兩次耳。若里數爲較，運價爲和，難以分列正負者，則分兩法算之。

設如遠望一村，欲知其遠，用放鎗驗時儀墜子候之。問遠幾何。

法令一人在村邊放鎗，一見烟出，即用驗時儀墜子候之，一聞鎗響即止。計自見烟至聞響，得幾秒，如得三秒，即以一秒爲一率，一百二十八丈五尺七寸爲二率，三秒爲三率。求得四率三百八十五丈七尺一寸，即距村之遠也。蓋響與烟一時並出，其見烟而未聞響者，聲未至也。故自見烟至聞響之分，即路遠之分。嘗以其分較之，路遠五里得七秒，以七歸之，每秒得一百二十八丈五尺七寸。聞雷亦然，自一見雷光，至聞雷響，候其秒數，即得里數也。

又 卷六《借根方算法》 線類

如路長二千八百里，步行則日七十里，舟行則日九十里，乘馬則日一百里。但知步行日數倍於舟行，舟行日數倍於乘馬。問各日數、里數。

曰：步行二十日，一千四百里；舟行十日，九百里；馬行五日，五百里。

法借一根爲乘馬日數，則舟行之日爲二根，步行之日爲四根。以一根與一百里相乘，得一百根，爲馬行里數。以二根與九十里相乘，得一百八十根，爲舟行里數。以四根乘七十里，得二百八十根，爲步行里數。併三數，得五百六十根，與二千八百里相等。歸除，得一百根，與五百里相等。前既以一百根爲馬行里數，則與一百根相等之五百里，即馬行里數矣。以馬日行百里除之，得馬行五日。倍之，得十日，爲舟行日數。以每日行九十里乘之，得九百里，爲舟行里數。以舟行十日倍之，得二十日，爲步行日數。以日行七十里乘之，得一千四百里，爲步行里數。此遞加比例，若用借衰互徵法算之亦可。

又 設如甲乙二人行路，兩日行到。初日乙所行之路，四倍於甲。次日甲所行之路，三倍於乙。但知初日乙行二百四十里，甲行六十里。問次日二人各行若干。

法借一根爲次日乙所行之路，則甲次日所行之路爲三根。以初日乙行二百四十里與一根相加，得一根多二百四十里，爲乙兩日所行之路。以初日甲行六十里與三根相加，得三根多六十里，爲甲兩日所行之路。是爲乙一根多二百四十里與甲三根多六十里相等。一根與三根各減一根，多二百四十里各減六十里，則餘一百八十里與二根相等。一百八十里既與二根相等，則九十里必與一根相等，即次日乙所行之路。三因之，得二百七十里，即次日甲所行之路。以乙次日所行九十里與初日所行二百四十里相加，得三百三十里。以甲次日所行二百七十里與初日所行六十里相加，亦得三百三十里。是兩人同行俱到也。此較數比例法。

又　設如有人行路，乘馬、乘船，共六十三日。乘馬日行一百六十里，乘船日行一百四十四里。乘船所行里數，比乘馬所行之里數，爲十八倍。問乘馬乘船之日數各若干。

（借法）[法借]一根爲乘馬之日數，則乘船之日數爲六十三日少一根。以一根與一百六十里相乘，得一百六十根，爲乘馬所行之里數。以六十三日少一根與一百四十四里相乘，得九千零七十二里少一百四十四根，爲乘船所行之里數。乘船所行里數既爲乘馬所行里數之十八倍，則以十八乘乘馬所行之里數一百六十根，得二千八百八十根，是爲二千八百八十根，與九千零七十二里少一百四十四根相等。二千八百八十根與少一百四十四根，各加一百四十四根，得三千零二十四根，與九千零七十二里相等。三千零二十四根既與九千零七十二里相等，則一百六十根必與四百八十里相等。前既以一百六十根爲乘馬所行之里數，則與一百六十根相等之四百八十里即乘馬所行之里數。以乘馬每日所行一百六十里除之，得三日，與一根相等，即乘馬所行之日数。以三日與六十三日相減，餘六十日，爲乘船所行之日數。以乘船每日行一百四十四里乘之，得八千六百四十里，即乘船所行之里數，爲乘馬所行之里數之十八倍也。此和較比例法，用疊借互徵法算之亦可。

莊亨陽《莊氏算學》卷三　容面

設以車載物，行十里，限二十刻。今已行七里。該幾刻方到。

法以十里爲一率，二十刻爲二率；十里減去已行七里，餘三里爲三率，求得四率爲六數，即再行六刻方到。

【略】

設一人行路，日增六里，共行三百二十里。但知初末兩日所行共一百六十里。問該行幾日，初末兩日各該若干里。

法以初末二日共行之一百六十里折半，得八十里，乃共日之中數，爲一率。一日爲二率。共行三百二十里爲三率。求得四率四日，即所行日數。又以日增六里折半，得三里，加于中數八十里，得八十三里，爲第三日所行里數。再加六里，得八十九里，爲第四日所行里數。第二日則減中數之三，爲七十七里。初日更減六里，爲七十一里。

屠文漪《九章録要》卷八　均輸法

又如驛使先發一十三日，別遣騎追之，馳二日半，訪之驛舍知先後經過較十一日半。問更須幾日可及。

一率　一又二之一先發日減較日爲追上日數。

二率　二又二之一馳追日數。

三率　一十一又二之一較日數。

四率　一十九又六之一追及日數。

又如行程二千七百里，十八人同行，止有馬七匹，更換騎之，十里一換。問騎行、步行各幾何。

法以馬數乘行程，得數以人數除之，得每人騎行一千零五十里。減行程，餘爲步行數。

又如空車日行七十里，若重載即日行五十里。今運米到倉，五日三返。問路遠幾何。

法并空車、重車、日行數，以三返乘之，爲日數，列一率。以空車、重車日行數相乘爲里數，列二率。知以三百六十日行三千五百里而三返也，乃以五日列三率。求之：

一率　三百六十

二率　三千五百

三率　五

四率　四十八又一十八之一十一所求里數。

又　卷一二　借徵法

又如驛使先發一十三日，別遣騎追之，馳二日半訪之驛舍，知先後經過較十一日半。問更須幾日追及。

法以先發日減較日，知二日半追上一日半，則一日追上五分日之三也。因借二十日推之，當追上五分日之六十，減較日二分日之二十三，爲盈二之一，列左。又借十五日推之，當追上五分日之四十五，比較日不足二之五，列右。乃以借日互乘盈、不足數，如法求之，得追及日。

又如空車日行七十里，若載重，即日行五十里。今運米到倉，五日三返。問路遠幾何。

試借五十里推之，重行三日，則空行七分日之十五，而五日減三日，餘二日，止七分日之十四，爲盈七之一，列左。又借三十五里推之，空行一日半，則重行十分日之二十一，而五日減一日半，餘三日半，固十分日之三十五，爲不足十之十四，列右。乃以借日互乘盈、不足數，如法求之，得路遠。

張敦仁《求一算術》卷中

今有江寧府差人進京，先差甲，次差乙，次差丙，各於差日黎明起行。甲日行一百七十八里，乙日行二百二十四里，丙日行三百里。甲、乙、丙三人同於本月十五日到京，其十四日抵暮宿店，各離京遠近不等。甲宿處離京五十八里，乙宿處離京八十六里，丙宿處離京一百五十里。問江寧府距京師里數，并甲、乙、丙每人所行日數及於何日自江寧起行。

荅曰：江寧距京師二千五百五十里。甲行十四日八十九分日之二十九，於初一日起行；乙行十一日一百一十二分日之四十三，於初四日起行；丙行八日半，於初七日起行。

草曰：置甲行一百七十八里，乙行二百四十四里，丙行三百里各爲全數。

全數	甲	乙	丙
	一七八	二二四	三〇〇

用連環相約術約之，先以甲一百七十八與乙二百二十四求等，得二，以約甲得八十九。又以甲八十九與丙三百求等，得一，不約，得甲八十九，乙二百二十四，丙三百爲第一變。

一變	甲	乙	丙
	八九	二二四	三〇〇

次以乙二百二十四與丙三百求等，得四，以約丙三百，得七十五，得甲八十九，乙二百二十四，丙七十五，爲第二變。視甲、乙、丙俱無等數，即爲定母。

定母	甲	乙	丙
	八九	二二四	七五

置定母，用連環相乘術求之。以乙二百二十四乘甲八十九，得一萬九千九百三十六。又以丙七十五乘之，得一百四十九萬五千二百，爲衍母。置衍母爲三位，以甲八十九除之，得一萬六千八百，爲甲衍數。以乙二百二十四除之，得六千六百七十五，爲乙衍數。以丙七十五除之，得一萬九千九百三十六，爲丙衍數。

衍數	甲	乙	丙	衍母
	一六八〇〇	六六七五	一九九三六	一四九五二〇〇

置各衍數，各以定母去之，得甲六十八，乙一百七十九，丙六十一，各爲奇數。

奇數	甲	乙	丙
	六八	一七九	六一

用大衍求一術求乘率。先求甲。置甲奇數六十八於上，甲定母八十九於下，以上六十八除下八十九，得一爲第一數。下餘二十一，又以下二十一除上六十八，得三爲第二數。上餘五，又以上五除下二十一，得四爲第三數。下餘一，又以下一除上五，得四爲第四數。上餘一，即止不除。得第一數一，第二數三，第三數四，第四數四，列左行。乃立天元一爲右行第一數，以左行第一數一乘之，得一，爲右行第二數。又置右行第二數一，以左行第二數三乘之，仍得三，加入右行第一數一，得四，爲右行第三數。又置右行第三數四，以左行第三數四乘之，得一十六，加入右行第二數一，得一十七，爲右行第四數。又置右行第四數一十七，以左行第四數四乘之，得六十八，加入右行第三數四，得七十二，爲右行第五數，即甲乘率。

	第一數	第二數	第三數	第四數	甲乘率
右行	一	一	四	一七	七二
左行	一	三	四	四	

次求乙。置乙奇數一百七十九於上，乙定母二百二十四於下，以上一百七十九除下二百二十四，得一爲第一數。下餘四十五，又以下四十五除上一百七十九，得三爲第二數。上餘四十四，又以上四十四除下四十五，得一爲第三數。下餘一，又以下一除上四十四，得四十三爲第四數。上餘一，即止不除。得第一數一，第二數三，第三數一，第四數四十三，列左行。乃立天元一爲右行第一數，以左行第一數一乘之，仍得一，爲右行第二數。又置右行第二數一，以左行第二數三乘之，仍得三，加入右行第一數一，得四，爲右行第三數。又置右行第三數四，以左行第三數一乘之，得四，加入右行第二數一，得五，爲右行第四數。又置右行第四數五，以左行第四數四十三乘之，得二百一十五，加入右行第三數四，得二百一十九，爲右行第五數，即乙乘率。

	第一數	第二數	第三數	第四數	乙乘率
右行	一	一	四	五	二一九
左行	一	三	一	四三	

次求丙。置丙奇數六十一於上，丙定母七十五於下，以上六十一除下七十五，得一爲第一數。下餘一十四，又以下一十四除上六十一，得四爲第二數。上餘五，又以上五除下一十四，得二爲第三數。下餘四，又以下四除上五，得一爲第四數。上餘一，即止不除。得第一數一，第二數四，第三數二，第四數一，列左行。乃立天元一爲右行第一數，以左行第一數一乘之，仍得一，爲右行第二數。又置右行第二數一，以左行第二數四乘之，仍得四，加入右行第一數一，得五，爲右行第三數。又置右行第三數五，以左行第三數二乘之，得一十，加入右行第二數一，得一十一，爲右行第四數。又置右行第四數一十一，以左行第四數一乘之，仍得一十一，加入右行第三數五，得一十六爲右行第五數，即丙乘率。

	第一數	第二數	第三數	第四數	丙乘率
右行	一	一	五	一一	一六
左行	一	四	二	一	

	甲	乙	丙
乘率	七二	二一九	一六
用數	一二〇九六〇〇	一四六一八二五	三一八九七六
賸數	五八	八六	一五〇

置各乘率以乘各衍數。以甲乘率七十二乘甲衍數一萬六千八百，得一百二十萬九千六百，爲甲用數。以乙乘率二百一十九乘乙衍數六千六百七十五，得一百四十六萬一千八百二十五，爲乙用數。以丙乘率一十六乘丙衍數一萬九千九百三十六，得三十一萬八千九百七十六，爲丙用數。

乃置甲離京五十八里、乙離京八十六里、丙離京一百五十里各爲賸數。

	甲	乙	丙	總數
各總	七〇一五六八〇〇	一二五七一六九五〇	四七八四六四〇〇	二四三七二〇一五〇

置各賸數以乘各用數。以甲賸數五十八乘甲用數一百二十萬九千六百，得七千一十五萬六千八百，爲甲總。以乙賸數八十六乘乙用數一百四十六萬一千八百二十五，得一億二千五百七十一萬六千九百五十，爲乙總。以丙賸數一百五十乘丙用數三十一萬八千九百七十六，得四千七百八十四萬六千四百，爲丙總。并三總，得二億四千三百七十二萬一百五十，爲總數。

置總數二億四千三百七十二萬一百五十，滿衍母一百四十九萬五千二百去之，餘二千五百五十，即江寧府距京里數。置總里二千五百五十爲三位，以甲日行一百七十八里除之，得十四日一百七十八分日之五十八，子母各半之，得八十九分日之二十九。爲甲到京日數。以十四日減十五日，餘一，得甲起行爲初一日。以乙日行二百二十四里除總里，得十一日二百二十四分日之八十六，子母各半之，得一百一十二分日之四十三。爲乙到京日數。以十一日減十五日，餘四，得乙起行爲初四日。以丙日行三百里除總里，得八日三百分日之一百五十，子母各以一百五十約之，得二分日之一即半日。爲丙到京日數。以八日減十五日，餘七，得丙起行爲初七日。合問。

共行日	甲子母	乙子母	丙子母	總里
	一四 五八 一七八	一一 八六 二二四	八 一五〇 三〇〇	二五五〇

起行日	甲	乙	丙
	一	四	七

羅士琳《比例匯通》卷二

設色比例

設有人行路，共二千八百里，步行則日行七十里，坐船則日行九十里，乘馬則日行一百里。但知步行之日數倍於坐船，坐船之日數倍於乘馬。問步行、坐船、乘馬各日數若干。

答曰：步行二十日，坐船十日，乘馬五日。

一率　五百六十色，二率　二千八百里，三率　一色，四率　五日。

法設一色爲乘馬之日數,用乘一百里,得一百色。設二色爲坐船之日數,用乘九十里,得一百八十色。設四色爲步行之日數,用乘七十里,得二百八十色。三數相併,得五百六十色,爲一率。二千八百里爲二率。一色爲三率。求得四率五日,即乘馬之日數。如以二色爲三率,則四率即坐船之日。合問。

解曰:此亦以總色比各色之互徵法也。原列差分章。

又 和數比例

設有二人南北相隔一千四百里,同日起身,甲日行八十里,乙日行六十里。問途中幾日相會。

答曰:十日相會。

一率 日行一百四十里,二率 一日,三率 共隔一千四百里,四率 十日。

法以甲日行八十里與乙日行六十里相併,得一百四十里,爲一率。一日爲二率。共隔一千四百里爲三率。求得四率十日,即相會日數也。

解曰:此合兩人每日所行之里數與每日同於共隔里數與共日比也。原列商功章。

又 較數比例

設有甲乙二人行路,兩日行到。初日,乙所行之路四倍於甲。次日,甲所行之路三倍於乙。但知初日乙行二百四十里,甲行六十里。問次日二人各行若干。

答曰:次日甲行二百七十里,乙行九十里。

一率 二倍,二率 一百八十里,三率 一倍,四率 九十里。

法以次日甲之三倍減本身一,餘二倍,爲一率。初日乙行二百四十里,甲行六十里,相減,餘一百八十里,爲二率。乙一倍爲三率。求得四率九十里,即乙次日所行之路。三因之,得二百七十里,即甲次日所行之路也。合問。

解曰:乙行二百四十里,甲行六十里,初日乙比甲多行一百八十里,次日甲比乙多行二倍,兩日既同行到,則是此一百八十里即次日甲比乙所多之二倍,故以二倍與一百八十里比,同於乙一倍與乙次日所行之路比也。原列匿價差分章。

劉嶽雲《格物中法》卷一《氣部》 空氣

聲行算法

漢武帝忽見一坑,深不知幾丈,以朔多智,使往視之。朔對曰:坑深一百二十丈。何以知之?朔曰:臣到,以大石投之坑中,傾耳而聽,久久乃到,僇僇有聲。九九八十一,六六三十六,臣以此知之。《東方朔别傳》。

嶽雲謹案:東方朔誠多智矣。聲行本有定率,見石到坑底至聞聲之頃,即此坑聲行之路也。以定率比例求之,則坑深可知矣。九九八十一,六六三十六,此算法也。西士試得冰界之空氣每秒聲行一千零九十尺。天氣若熱,其數遞加。

有聲之聲不過百里。《說苑・政理篇》。

震驚百里,不喪匕鬯。《易》。

以算法較之,雷聲不能過百里。其算法,依黄鍾準尺寸定一秒之垂線,或長或短,或重或輕,皆有一定之加減。先試之槍礮之屬,煙起即響,其聲益遠益遲,得準比例,而後算雷礮之遠近即得矣。《幾暇格物編》。

嶽雲謹案:此因光行極速,故以見光至聞聲相差之秒數而定道里遠近。《數理精蘊》載,嘗以其分較之,路遠五里得七秒,計每秒得一百二十八丈五尺七寸。此即準比例也。此數較西士所測微差,殆因氣熱之故。以熱二十六度加速五十一尺算之,測時天氣之熱約百度弱。

已上聲行算法。

陳忠倚《清經世文三編》卷七《算學捃華百篇》

文續 鎗子運動

有鎗子,向上直放二十秒始落。求其升高若干,並作圖明其理。

答曰:一千六百尺。

法以二十秒折半自之,得一百。以初秒所過之路十六尺乘之,得一千六百尺,即所求之高。

如圖,甲乙丙三角形,甲乙等縱綫爲時,乙丙等横綫爲速,十秒内所過之路,即爲甲乙丙三角形積。

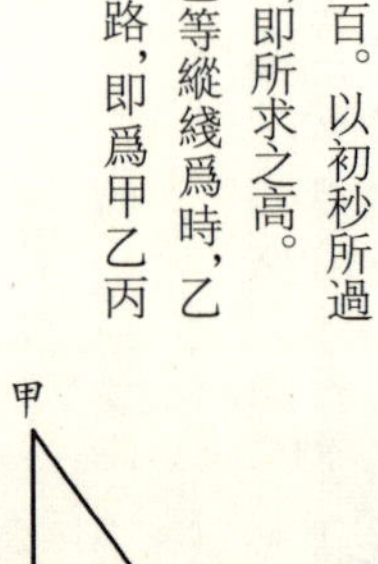

時永清 物體下墜

有物下墜數秒,而末秒之路爲全路三分之一,試求其秒數。

答曰:七秒又一七八二。

二方根爲一四一四二,三方根爲一六四三一,兩根較爲二二八九,乃有比例。

一率 兩根較二二八九

二率 三方根一六四三一

三率 一秒

四率 七秒又一七八二

如圖，甲乙丙爲全路積，甲丁戊積爲三分之二，戊丁乙丙積爲三分之一，甲乙爲共時，丁乙爲一秒。甲乙丙積與甲丁戊積比，若三與二比。甲乙丙積與甲丁戊積比，又若甲乙方與甲丁方比，即三與二比。若甲乙方與甲丁方比，亦即三方根與二方根比，若甲乙與甲丁比。故三方根二方根較與三方根比，若甲乙甲丁較之丁乙一秒與甲乙共時比。

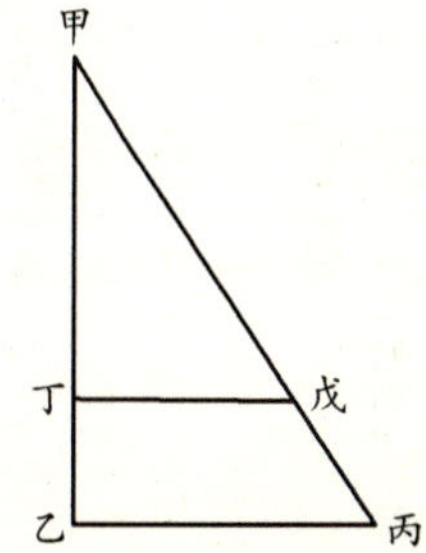

藝文

司馬遷撰　裴駰集解　司馬貞索隱　張守節正義《史記》卷八四《屈原賈生列傳第二十四》　賈生爲長沙王太傅，正義：漢文帝年表云，吴芮之玄孫差襲長沙王也。傅爲長沙靖王差之二年也。《括地志》云：吴芮故城在潭州長沙縣東南三百里，賈誼宅在縣南三十步。《湘水記》云：誼宅中有一井，誼所穿，極小而深，上斂下大，其狀如壺。傍有一扁脚石床，容一人坐。形流古制，相承云誼所坐。三年，有鴞飛入賈生舍，止於坐隅。楚人命鴞曰服。集解：晉灼曰：《異物志》有山鴞，體有文，色土，俗因形名之曰服，不能遠飛，行不出域。索隱：鄧展云：似鵲而大。《荆州記》云：巫縣有鳥，如雌雞，其雄爲鴞，楚人謂之服。《吴録》云：服，黑色也，鳴自呼其名。賈生既以適居長沙，長沙卑溼，自以爲壽不得長，傷悼之，乃爲賦以自廣。索隱：姚氏云：廣猶寬也。其辭曰：單閼之歲兮，集解：徐廣曰：歲在卯曰單閼，文帝六年，歲在丁卯。索隱：單閼，起也，陽氣推萬物而起，故曰單閼。孫炎作蟬，蟬猶伸也。正義：閼，烏葛反。【略】

萬物變化兮，固無休息。斡流而遷兮，或推而還。索隱：斡，音烏活反，斡轉也。形氣轉續兮，化變而嬗。集解：服虔曰：嬗，音如蟬反。變，蜕也，或曰蟬蔓相連也。索隱：韋昭云：而如也，如蟬之蜕化也。蘇林云：嬗音蟬，謂其相傳之也。沕穆無窮兮，胡可勝言。索隱：《漢書》無窮作無間。沕，音密，又音昧。沕穆，深微貌，以言其理深微，不可盡言也。正義：沕音勿。禍兮福所倚，正義：倚，於蟻反，依也。福兮禍所伏。索隱：此老子之言，然禍字古作旤。案：倚者，立也，伏下身也。以言禍福遞來，猶如伏立也。憂喜聚門兮，吉凶同域。正義：言禍福相因，吉凶不定。彼吴彊大兮，夫差吕敗。越棲會稽兮，句踐霸世。斯游遂成兮，卒被五刑。集解：韋昭曰：斯，李斯也。傅説胥靡兮，集解：徐廣曰：腐刑也。索隱：晉灼云：胥，相也。靡，隨也。古者相隨坐輕刑之名。墨子云：傅説衣褐帶索，傭築於傅巖，在河東太陽縣。又夏靖書云：猗氏十里，河西岸吴坂下便得隱穴，是説所潛身處也。乃相武丁。夫禍之與福兮，何異糾纆。集解：應劭曰：禍福相爲表裏，如糾纆繩索相附會也。瓚曰：糾，絞也。纆，索也。索隱：韋昭云：纆，徽也。又《通俗文》云：合繩曰糾。《字林》云：纆，三合繩也，音墨，糾音九。命不可説兮，孰知其極。水激則旱兮，矢激則遠。索隱：此《淮南子》及《鶡冠子》文也，彼作水激則旱，而《吕氏春秋》作疾，以言水激則去疾，不能浸潤。矢激疾，則去遠也。《説文》云：旱與悍同音，言水矢流飛。本以無礙爲通利，今遇有物觸之，則激怒，更勁疾而遠悍，猶人或因禍致福，倚伏而無常也。萬物回薄兮，振蕩相轉。雲蒸雨降兮，錯繆相紛。大專槃物兮，集解：駰案《漢書》專字作鈞。如淳曰：陶者作器於鈞上，此以造化爲大鈞。索隱：《漢書》云：大鈞播物。此專讀曰鈞，槃猶轉也，與播義同。虞喜《志林》云：大鈞，造化之神鈞，陶萬物品授羣形者也。案上：鄒陽傳注云：陶家名模下圓轉者爲鈞，言其能制器大小，以之比天。坱軋無垠。集解：應劭曰：其氣坱軋，非有限齊也。坱音若央，軋音若乙。索隱：案無垠謂無有齊畔也。《説文》云：垠，圻也。郭璞注《方言》云：坱軋者，不利也。王逸注《楚詞》云：坱軋，霧氣昧也。正義：坱，烏郎反。軋，於黠反。天不可與慮兮，索隱：與音預。道不可與謀。遲數有命兮，惡識其時。

蕭繹《早發龍巢》李昉等《文苑英華》卷二八九　征人喜放溜，曉發晨陽隈。初言前浦合，定覺近洲開。不疑行舫動，唯看遠樹來。還瞻起漲岸，稍隱陽雲臺。

元稹《元氏長慶集》卷一五《香毬》　順俗唯團轉，居中莫動摇。愛君心不惻，猶訝火長燒。

白居易《白氏長慶集》卷一八《醉後贈人》　香毬趂拍迴環匼，遏合切。花盞抛巡取次飛。自入春來不同醉，那能夜去獨先歸。

又白居易《動静交相養賦有序》陳元龍等《歷代賦彙》卷六六　居易常見今之立身從事者，有失於動，有失於静，斯由動静俱不得其時與理也。因述其所以然，用自儆導，命曰《動静交相養賦》云：

天地有常道，萬物有常性。道不可以終静，濟之以動。性不可以終動，濟之以静。養之則兩全而交利，不養之則兩傷而交病。故聖人取諸《震》以發身，受以《復》而知命。所以莊生曰「智養恬」，《易》曰「蒙養正」者也。吾觀天文，其中有程。日明則月晦，日晦則月明。明晦交養，晝夜乃成。吾觀歲功，其中有信。陽進則陰退，陽退則陰進。進退交養，寒暑乃順。且躁者本於静也。斯則躁爲民，静爲君。以民養君，教化之根，則動養静之道斯存。且有者生於無也，斯則無爲母，有爲子，以母養子，生成之理，則静養動之義明矣。所以動之爲用，在氣爲春，在鳥爲飛，在舟爲檝，在弩爲機。不有動也，静將疇依？所以静之爲用，在蟲爲蟄，在水爲止，在門爲鍵，在輪爲柅。不有静也，動奚資始，則知動兮静所伏，静兮動所倚。吾何以知交養之然哉？以此有以見人之生於世，出處相濟，必有時而行，非匏瓜不可以長繫；人之善其身，枉直相循，必有時而屈，故尺蠖不可以長伸。嗟夫！今之人，知動之可以成功，不知非其時，動必爲凶；知静之可以立德，不知非其理，静亦爲賊。大矣哉！動静之際，聖人其難之。先之則過時，後之則不及時。交養之間，不容毫釐。故老氏觀妙，顔氏知幾。噫！非二君子，吾誰與歸。

屈復《弱水集》卷一三　五言絶句

隨路空鐘鳴，陀螺滿地轉。不愁雪打燈，只要天開眼。

刻木中空，卓地如仰鐘，而柄其上之半，一繩繞其柄。一竹如尺有孔，度其繩而抵格空鐘，繩勒右却行，勒左却空鐘轟而疾轉。陀螺，製如小空鐘，中實而無柄，繩以鞭之。卓於地，急掣其鞭，一掣即轉。視其緩而鞭之，則又轉。久陰忽晴，曰天開眼。

弘曆《樂善堂全集定本》卷一九《冬夜聞空鐘》

空鐘者，以竹木爲之，繫於鴿尾。鴿飛空中，則衝風而鳴。泠泠然，如清夜霜鐘，信可聽也。

屋門下重簾，歸鴉寒不起。朔風户外飄，霜天净如洗。我时聊復閒，吟弄虚齋裏。何來空鐘音，唤醒敲詩耳。徘徊雲霄中，清越難爲比。乍如焦尾琴，調自伯牙指。又如寒蟬聲，咽露喨且美。春容招提煙，清泠三峽水。耐冷不能翔，飛鳴殊未已。鵓鴿爾何勞，歸鴉已安只。一勞而一逸，爲君評其旨。野鴉不受羈，動息由於己。鵓鴿戀豢養，由人而已矣。束縛其羽毛，玩弄憑童子。傍晚放之飛，達旦何能止。嗟哉天地間，何事不如此。

吴景旭《歷代詩話》卷八〇《癸集下之下·春場》　劉同人詩云：「楊柳活，楊柳多，小孩小女閒不過，絲線結鞭鞭陀羅。鞭陀羅，陀羅起。陀羅起，鞭不已。鞭不已，陀羅死。」又詩云：「楊柳青，兒手空鐘不暫停。空鐘空鐘，舒而遠聽，如蛣蜣起，未觸于屏。簫垂笛横，絲絃合併，大人爲政，小兒無此耐煩性。」

王重民《敦煌曲子詞集》卷上《浪淘沙四首》　五里竿頭風欲平，長風斯作帆。舉棹覺船行。柔艣不施停却棹，是船行。　滿眼風波多陜汋，陰云當作閃灼，此句據斯卷改，原作「滿風沙多殃釣」。看山恰似走來迎。子細看山山下山字據斯卷補。不動，是是據斯卷補。船行。

張德彝《再述奇》卷四　欽憲往意達廉大街旅舍中赴跳舞會，男女三千餘名，皆裝飾華麗，跳舞可觀。其主人係諸世爵之夫人也。子正回寓，記西國有玩它羅者。其法有四：一曰鬭走，又名交戰，係各人以鞭擊它羅，令旋轉對撞，以力大而末倒者勝。其鞭係以魚皮裹柄，它羅則多用鐵頭，取其體重而不易倒。第二曰闖圍，畫圈于地，周約九尺，玩者各持皮鞭，鞭稍或作結或繫鈕，繞以它羅，將結與鈕置于四小指之間，手舉過頭，曲身而放，落地後以鞭擊之，如此依次而放，入圍不動者，留于圈内。或放後而轉，或出于圈外，則主人持起以擊留于圈内者。若擲不入圈，或欲落而取回以試之，或擲時忘繞鞭稍，或擲去不轉，皆號爲死。停于圈内，以待他人之擊。以擊破他人者爲勝。或盡力擊出圈外者亦勝。在彼此玩耍時無此例，然出圈者少，故以能出圈而反擊出圈内所留者爲勝。有時六七枚被一人擊出圈者，所用它羅其尖須長，以其易由斜路而出，故體重尖短者往往留于圈内。又有名埽烟筒者，係舉過頭時，向空而擲，以手接之，再擲于地。三曰趕石，地畫一線，長四五十碼，計中國一十四五丈，綫末立以標準，玩者各放一小石卵于中途，以皮鞭轉動它羅。或放于木板，板作匙形。或放于手代匙擲於地上，以之逐石。一路轉動，先到標者勝。若阻于中途，即于所止之處留其石卵，以待他人再逐。如此陸續，到標先後勝數不一。有時以鈕代石卵。四曰嘤嘤它羅，即中國之空鐘也。其玩法與京師同。

天體運動分部

論説

吕不韋撰　漢高誘注《吕氏春秋》卷一三《有始覽·有始》　凡四極之内，東西五億有九萬七千里，南北亦五億有九萬七千里。海東西長，南北極内等。極星與天俱遊，而天樞不移。極星，辰星也。《語》曰「譬如北辰，居其所而衆星拱之」，故曰不移。冬至日行遠道，周行四極，命爲玄明。遠道，外道也，故曰周行四極。玄明，大明也。夏至日行近道，乃參于上。近道，内道也。乃參倍于上，下曰高也。當樞之下無晝夜。當樞之下，分明不寘，曜統一也，故曰無晝夜。白民之南，建木之下，日中無影，呼而無響，蓋天地之中也。白民之國，在海外極内。建木在廣都南方，衆帝所從上下也，復在白民之南。建木狀如牛，豕之有皮，黄葉若羅也。日正中將下，日直人下，皆無影，大相叫呼，又無音響人聲，故謂蓋天地中也。天地萬物，一人之身也，此之謂大同。以一人身喻天地萬物。《易》曰「近取諸身，遠取諸物」，故曰大同也。衆耳目鼻口也，衆五穀寒暑也，此之謂衆異，則萬物備也。天斟一作堪，注亦同。萬物，聖人覽焉，以觀其類。天斟輸萬物，聖人總覽以知人也。解在乎天地之所以形，天地之（利）［初］，始成形也。雷電之所以生，震氣爲雷，激氣爲電，始生時也。陰陽材物之精，陰陽皆由天地，陰陽例萬物也。人民禽獸之所安平。人民禽獸，動作萬物，皆由天地陰陽以生，各得其所樂，故曰之所安平也。

張湛注　殷敬慎釋文《列子》卷一《天瑞》　粥音育。熊周文王師，封於楚，著子書二十二篇。曰：「運轉亡已，天地密移，疇覺之哉。此則《莊子》舟壑之義。孔子曰：「日夜無隙，丘以是徂。」天萬物與化爲體，體化而遷。化不蹔停，物豈守故？故向之形生非今形生，俯仰之間而已涉萬變，氣散形朽，非一旦頓至。而昧者操必化之器，託不停之運，自謂變化可逃，不亦悲乎？故物損於彼者盈於此，成於此者虧於彼。所謂川竭谷虚，邱夷淵實也。損盈成虧，隨世隨死。此世亦宜言生。往來相接，間不可省，疇覺之哉？凡一氣不頓進，一形不頓虧；成者方自謂成，而已虧矣；生者方自謂生，潛已死矣。亦不覺其成，不覺其虧。皆在冥中而潛化，固非耳目所瞻察。亦如人自世音生。至老，貌色智態，亡日不異；皮膚爪髮，隨世音生，下同。隨落，非嬰孩時有停而不易也。形色髮膚，有精麄者，新故相換，猶不可識，况妙於此者乎？間不可覺，俟至後知。」

劉安撰　高誘注《淮南子》卷三《天文訓》　熒惑常以十月入太微，受制而出行列宿，司無道之國。爲亂，爲賊，爲疾，爲喪，爲饑，爲兵，出入無常，辯變其色，時見時匿。此皆所以譴告人君。鎮星以甲寅元始建斗，歲鎮行一宿，當居而弗居，其國亡土；未當居而居之，其國益地，歲熟。日行二十八分度之一，歲行十三度百一十二分度之五，二十八歲而周。鎮星一徧。太白元始以正月甲寅，與熒惑晨出東方，二百四十日而入，入百二十日而夕出西方。二百四十日而入，入三十五日而復出東方。出以辰戌，入以丑未。當出而不出，未當入而入，天下偃兵；當入而不入，當出而不出，天下興兵。辰星正四時，常以二月春分効奎、婁，以五月夏至効東井輿鬼，以八月秋分効角、亢，以十一月冬至効斗、牽牛。効，見。出以辰戌，入以丑未，出二旬而入。晨候之東方，夕候之西方。一時不出，其時不和；四時不出，天下大饑。穀不熟曰饑。【略】

斗杓爲小歲，斗第一星至第四爲鬼，第五至第七爲杓也。正月建寅，月從左行十二辰。咸池爲太歲，二月建卯，月從右行四仲，終而復始。太歲迎者辱，背者强，左者衰，右者昌。小歲東南則生，西北則殺，不可迎也，而可背也；不可左也，而可右也。其此之謂也。大時者，咸池也；小時者，月建也。天維建元，常以寅始起，右徙一歲而移，十二歲而大周天，終而復始。淮南元年冬，太一在丙子，冬至甲午，立春丙子。淮南王作書之元年也。一曰淮南王僭號。二陰一陽成氣二，二陽一陰成氣三。陰精粗，故得氣少。陽精微，故得氣多。合氣而爲音，合陰而爲陽，合陽而爲律，故曰五音六律。音自倍而爲日，律自倍而爲辰，故日十而辰十二。月日行十三度七十六分度之二十六，六或作八。二十九日九百四十分日之四百九十九而爲月，而以十二月爲歲。歲有餘十日九百四十分日之八百二十七，故十九歲而七閏。【略】

日出于暘谷，浴于咸池，拂于扶桑，是謂晨明。拂猶過。一日至。登于扶桑，爰始將行，是謂朏明。朏明，將明也。至于曲阿，是謂旦明。平旦也。至于曾泉，是謂蚤食。至于桑野，是謂晏食。至于衡陽，是謂隅中。至于昆吾，是謂正中。昆吾丘在南方。至于鳥次，是謂小還。鳥次，西南方之山名也。鳥所宿止。至于悲谷，是謂餔時。悲谷，西南方之火壑。言其深峻，臨其上令人悲思，故曰悲谷。至于女紀，是謂大還。女紀，西北陰地。至于淵虞，是謂高舂。淵虞，地名。高舂，時加戌，民碓舂時也。至于連爛石，是謂下舂。連石，西北山名。言將欲冥，下象悉舂，故曰下舂。至于悲泉，爰止其女，爰息其馬，是謂縣車。至于虞淵，是謂黄昏。至于蒙谷，是謂定昏。蒙谷，北方之山名。日入于虞淵之汜，凡。曙於蒙谷之浦。曙，明也。浦，涯也。禹行九州七舍，有五億萬七千三百九里。自暘谷至虞淵，凡十六所，爲九州七舍也。禹以爲朝、晝、昏、夜。夏日至則陰乘陽，是以萬物就而死；冬日至則陽乘陰，是以萬物仰而生。晝者陽之分，夜者陰之分，是以陽氣勝則日脩而夜短，陰氣勝則日短而夜脩。脩，長也。

司馬遷撰　裴駰集解　司馬貞索隱　張守節正義《史記》卷二七《天官書第

五》 夫自漢之爲天數者，星則唐都，氣則王朔，占歲則魏鮮。故甘石歷五星法，唯獨熒惑有反逆行。逆行所守，及他星逆行，日月薄蝕，集解：孟康曰：日月無光曰薄。京房《易傳》曰：日赤黃爲薄，或曰不交而蝕曰薄。韋昭曰：氣往迫之爲薄，虧毁爲蝕。皆以爲占。余觀史記，考行事，百年之中，五星無出而不反逆行，反逆行，嘗盛大而變色。日月薄蝕，行南北有時。此其大度也，故紫宮、正義：中宮也。房心、正義：東宮也。權衡、正義：南宮也。咸池、正義：西宮也。虛危正義：北宮也。列宿部星，正義：五宮列宿部内之星也。此天之五官坐位也。爲經，不移徙，大小有差，闊狹有常。集解：孟康曰：闊狹，若三台星相去遠近。水、火、金、木、塡星，集解：徐廣曰：木、火、土三星若合，是謂驚立絶行。此五星者，天之五佐，正義：言水、火、金、木、土五星，佐天行德也。爲經緯，正義：五星行，南北爲經，東西爲緯也。見伏有時，所過行贏縮有度。

王充《論衡》卷一一《説日篇》 儒者或曰：「日月有九道，故曰日行有近遠，晝夜有長短也。」夫復五月之時，晝十一分，夜五分；六月晝十分，夜六分；從六月往至十一月，月減一分。此則日行，月從一分道也；歲，日行天十六道也，豈徒九道。【略】

或曰：「天北際下地中，日隨天而入地，地密鄣隱，故人不見。然天地，夫婦也，合爲一體。天在地中，地與天合，天地并氣，故能生物。北方陰也，合體并氣，故居北方。」天運行於地中乎？不則，北方之地，低下而不平也？如審運行地中，鑿地一丈，轉見水源，天行地中，出入水中乎？如北方低下不平，是則九川北注，不得盈滿也。實者天不在地中，日亦不隨天隱，天平正與地無異。然而日出上，日入下者，隨天轉運，視天若覆盆之狀，故視日上下然，似若出入地中矣。然則日之出，近也；其入，遠，不復見，故謂之入。運見於東方，近，故謂之出。何以驗之？繫明月之珠於車蓋之橑，轉而旋之，明月之珠旋邪？人望不過十里，天地合矣，遠非合也。今視日入，非入也，亦遠也。當日入西方之時，其下民亦將謂之日中。從日入之下，東望今之天下，或時亦天地合。如是，方天下在南方也。故日出於東方，入於北方之地；日出北方，入於南方，各於近者爲出，遠者爲入。實者不入，遠矣。臨大澤之濱，望四邊之際與天屬，其實不屬，遠若屬矣。日以遠爲入，澤以遠爲屬，其實一也。澤際有陸，人望而不見。陸在，察之若亡；日亦在，視之若入，皆遠之故也。太山之高，參天入雲，去之百里，不見埵塊。夫去百里不見太山，況日去人以萬里數乎？太山之驗，則既明矣，試使一人把大炬火夜行於道，平易無險，去人不一里，火光滅矣。非滅也，遠也。今日西轉不復見者，非入也。【略】

儒者論曰：「天左旋，日月之行，不繫於天，各自旋轉。」難之曰：使日月自行，不繫於天，日行一度，月行十三度，當日月出時，當進而東旋，何還始西轉？繫於天，隨天四時轉行也。其喻若蟻行於磑上，日月行遲，天行疾，天持日月轉，故日月實東行而反西旋也。

或問：「日、月、天皆行，行度不同，三者舒疾，驗之人物，爲以何喻？」曰：天，日行一周。日行一度二千里，日晝行千里，夜行千里。麒麟晝日亦行千里，然則日行舒疾，與麒麟之步相似類也。月行十三度，十度二萬里，三度六千里，月一旦夜行二萬六千里，與晨鳧飛相類似也。天行三百六十五度，積凡七十三萬里也，其行甚疾，無以爲驗，當與陶鈞之運，弩矢之流，相類似乎？天行已疾，去人高遠，視之若遲。蓋望遠物者，動若不動，行若不行。何以驗之？乘船江海之中，順風而驅，近岸則行疾，遠岸則行遲。船行一實也，或疾或遲，遠近之視，使之然也。仰視天之運，不若麒麟負日而馳，皆暮而日在其前，何則？麒麟近而日遠也。遠則若遲，近則若疾，六萬里六程，難以得運行之實也。

儒者説曰：「日行一度，天一日一夜行三百六十五度。天左行，日月右行，與天相迎。」問：日月之行也，繫著於天也，日月附天而行，不直行也。何以言之？《易》曰：「日月星辰麗乎天，百果草木麗於土。」麗者，附也。附天所行，若人附地而圓行，其取喻若蟻行於磑上焉。

問曰：「何知不離天直自行也？」如日能直自行，當自東行，無爲隨天而西轉也。月行與日同，亦皆附天。何以驗之？驗之以雲。雲不附天，常止於所處，使不附天，亦當自止其處。由此言之，日行附天明矣。

佚名《尚書考靈曜》

地有四遊，冬至地遊北而西三萬里，夏至地遊南而東三萬里，春秋二分其中矣。地常動不止，譬如人在舟中閉牖而坐，舟行而人不覺。七戎、六蠻、九夷、八狄，據形而言之，謂之四海，言皆近海。海之言，昏晦無所睹也。

鄭注云：天旁行四表之中，冬南、夏北、春西、秋東，皆薄四表而止。地亦升降於天之中，冬至而下，夏至而上，二至上下，蓋極地厚也。地與星辰俱有四遊升降。四遊者，自立春，地與星辰西遊，春分西遊之極，地雖西極，升降正中，從此漸漸而東，至春季復正。自立夏之後北遊，夏至北遊之極，地則升降極下，至夏季復正。立秋之後東遊，秋分東遊之極，地則升降正中，至秋季復正。立冬之後南遊，冬至南遊之極，地則升降極上，至冬至復正。地蓋厚三萬里，春分之時地正當中。自此，地漸漸而下。至夏至之時，地下遊萬五千里，地之上畔與天中平。夏至之後，地漸漸向上，至秋分，地正當天之中央。自此，地漸漸而上，至冬至，上遊萬五千里，地之下畔與天中平。自冬至後，地漸漸而下。

孔疏云：此是地之升降於三萬里之中也。但渾天之體雖繞於地，地則中央正平，天則北高南下。北極高於地三十六度，南極下於地三十六度，然則北極之下三十六度，常見不没。南極之上三十六度，常没不見。南極去北極一百二十一度餘，若逐曲計之，則一百八十一度餘。若以南北中半言之，謂之赤道去南極九十一度餘，去北極亦九十一度餘，此是春秋分之日道也。赤道之北二十四度，爲夏至之日道，去北極六十七度也。赤道之南二十四度，爲冬至之日道，去南極亦六十七度。但日與星辰四遊相反，春分日在婁，則婁星極西，日體在婁星之東，去婁三萬里。以度言之，十二度也。則日没之時，去昏中之星近，較十度。旦時，日極於東，去旦中之星遠，較十度。若秋分日在角，則角星極東，日體在角星之西，去角三萬里。則日没之時，去昏中之星遠，較十度。旦時，日極於西，去旦中之星近，較十度。此皆歷乖違，於數不合也。

日道出於列宿之外萬有餘里。正月假上八萬里，假下一十萬四千里。

鄭注：夏，日道上與四表平，下去東井十二度爲三萬里。又云：夏至日與表平。冬至之時，日下至於地八萬里，上至於天十一萬三千五百里也。

孔疏云：所以有假上假下者，鄭意以天去地十五萬三千五百里。正月雨水之時，日在上，假於天八萬里，下至地一十一萬三千五百里。夏至之時，日上極與天表平也。後日漸向下，則是夏至之日，上極萬五千里，星辰下極萬五千里。故夏至之日，下至東井三萬里也。計夏至之日，日在井星，正當嵩高之上，以其南遊之極，故在嵩高之南萬五千里。所以夏至有尺五寸之景也。於時日又上極，星辰下極，故日下去東井三萬里也。

日有九光，光照四極。日光隆照，四十萬六千里。

《地書説》曰：日照四十五萬里也。

《周髀》曰：日光外照徑八十一萬里，周二百四十三萬里。

《淮南子》曰：日出於暘谷，浴於咸池，拂於扶桑，是謂晨明。登於扶桑，爰始將行，是謂朏明。將明也。至於曲阿，是謂旦明。至於曾泉，是謂蚤食。至於桑野，是謂晏食。至於衡陽，是謂禺中。至於昆吾，是謂正中。至於鳥次，是謂小還。至於悲谷，是謂餔時。至於淵虞，是謂高春。至於連爛石，是謂下春。至於悲泉，爰止其御，爰息其馬，是謂縣車。至於虞淵，是謂黄昏。至於蒙谷，是謂定昏。日入於虞淵之汜，曙於蒙谷之浦，行九州七舍，有五億萬七千三百九里。自暘谷至虞淵凡十六所，爲九州七舍也。

日萬世不失九道謀。

鄭注：黄道一，青道二，出黄道東。赤道二，出黄道南。白道二，出黄道西。黑道二，出黄道北。

《廣雅》云：立春、春分，東從青道二，出黄道東，交於房二度中。立夏、夏至，南從赤道二，出黄道南，交於七星四度中。立秋、秋分，西從白道二，出黄道西，交於胃十二度中。立冬、冬至，北從黑道二，出黄道北，交於虚二度中。四季之月，還從黄道。又日月五星行黄道，始營室、東璧、奎、婁、胃之陽，入昴、畢間，行觜觽參之陰，度東井輿鬼，行柳七星張翼軫之陰，入角間，貫氐房，出心尾箕之陰，入斗牽牛間，行須女虚危之陽，復至營室。

凡九百四十分爲一日，二十九日與四百九十九分爲一月。日月東行，而日行遲，月行疾何？君舒臣勞也。日，日行一度。月，日行十三度十九分度之七。

按《隋志》：日行，自秋分以後至春分，其勢速，計一百八十二日而行一百八十度；自春分以後至秋分，日行遲，計一百八十二日而行一百七十六度。每氣之下即其率也。月行月道，二十七日有餘一周天。月道交絡黄道，每行黄道内十三日有奇而出，又行黄道外十三日有奇而入，終而復始。又歷象之説則月一日至於四日，行最疾，日行十四度餘。自五日至八日，行次疾，日行十三度餘。自九日至十九日，行則遲，日行十二度餘。自二十日至二十三日，又小疾，日行十三度餘。自二十四日至於晦，行又最疾，日行一十四度餘。此是月行之大率也。二十七日月行一周天，至二十九日强，半月及於日，與日相會，乃爲一月。

《周髀》曰：日月俱起建星，月度疾，日度遲，日月相逐於二十九日、三十日間，而日行天二十九度餘，未有定分。於是三百六十五日，南極影長，明日反短，以歲終日影反長故知之。三百六十五日者三，三百六十六日者一，故知一歲三百六十五日四分日之一，歲終也。

孔疏云：凡二十八宿及諸星皆循天左行，日一夜一周天。一周天之外更行一度，計一年三百六十五周天四分度之一。日月五星則右行，日一日一度，月一日一十三度十九分度之七，是一月二十九日之外，至第三十日分至四百九十九分，月及於日。計九百四十分，則四百七十爲半，今四百九十九分，是過半二十九分也。

分周天爲三十六頭，頭有十度九十六分度之十四。長日分於寅，行二十四頭，入於戌行十二頭。短日分於辰行十二頭，入於申行二十四頭，此之謂也。

按《周髀》：冬至晝極短，日出辰而入申，陽照三不覆九。照三者，南三辰巳、午、未也。東西相當正南方。夏至晝極長，日出寅而入戌，陽照九不覆三。不覆三者，北方三辰亥、子、丑。冬至日出入之三辰屬晝。晝夜互見，是出入三辰分爲晝夜各半明矣。

仲春、仲秋，日出於卯，入於酉。仲夏日出於寅，入於戌。仲冬日出於辰，入於申。

按《晉志》：日最南去極最遠，故景最長。黄道斗二十一度，出辰入申，故日亦出辰入申。日晝行地上百四十六度彊，故日短。夜行地下二百一十九度少弱，故夜長。自南至之後，日出極稍近，故景稍短。日晝行地上度稍多，故日稍長。夜行地下度稍少，故夜稍短。口所在度稍北，故日稍北。以至於夏至，日在井二十五度，去極六十七度少彊，是日最北，去極最近，景最短。黄道井二十五度，出寅入戌，故日亦出寅入戌。日晝行地上二百一十九度少弱，故日長。夜行地下百四十六度强，故夜短。自夏至之後，日出極稍遠，故景稍長。日晝行地上度稍少，故日稍短。夜行地下度稍多，故夜稍長。日所在度稍南，故日出入稍南。以至於南至而復初焉。斗二十一，井二十五，南北相應四十八度。春分日在奎十四少强，秋分日在角五少弱，此黄赤二道之交中也。去極俱九十一度少强，南北處斗二十一，井二十五之中，故景居二至長短之中。奎十四，角五，出卯入酉，故日亦出卯入酉。日晝行地上，夜行地下，俱百八十二度半强，故日見之漏五十刻，不見之漏五十刻，謂之晝夜同。夫天之晝夜，以日出没爲分。人之晝夜，以昬明爲限。日未出二刻半而明，日入二刻半而昬，故損夜五刻以益晝，是以春秋分漏晝五十刻，諸家歷法參差不齊。

佚名《春秋元命包》 地不足東南，故陰右動，終而入靈門。右動，動而東也。靈門巳也，陰藏於巳也。地所以右轉者，氣濁精少，含陰而起遲，故右轉迎天，佐其道。地生於離，既不敢當陽動，退居少陰，則亦宜右行而迎陽者，受其施育而成陽，故曰佐其道也。地者易也，言養物懷任，交易變化，含吐應節，故其立字土力於一者，爲地。地加土以力，又加一者言奉天也。土無位而道在，故太一不興化，人主不任部。地出雲起雨，以合縱天下，勤勞出於地，功歸於天。土以謙自止，以卑自歛，終不自伐，生養之苦乃興雲下雨，以爲功，一歸于天也。

班固撰　顔師古注《漢書》卷二六《天文志第六》 古歷五星之推，亡逆行者，至甘氏、石氏經，以熒惑、太白爲有逆行。夫歷者正行也。古人有言曰：天下太平，五星循度，亡有逆行。日不食朔，月不食望。

日有中道，月有九行。中道者，黄道，一曰光道。光道北至東井，去北極近；南至牽牛，去北極遠；東至角，西至婁，去極中。夏至至於東井北，近極，故晷短。立八尺之表，而晷景長尺五寸八分。冬至至於牽牛，遠極，故晷長。立八尺之表，而晷景長丈三尺一寸四分。春秋分，日至婁角，去極中，而晷中。立八尺之表，而晷景長七尺三寸六分。此日去極遠近之差，晷景長短之制也。去極遠近難知，要以晷景。晷景者，所以知日之南北也。日，陽也。陽用事，則日進而北，晝進而長。陽勝，故爲温暑。陰用事，則日退而南，晝退而短。陰勝，故爲涼寒也。故日進爲暑，退爲寒。若日之南北失節，晷過而長爲常寒，退而短爲常燠，此寒燠之表也。故曰爲寒暑，一曰晷長爲潦，短爲旱，奢爲扶。鄭氏曰：扶當爲蟠，齊魯之間聲如酺，酺扶聲近，蟠止不行也。蘇林曰：景形奢大也。晉灼曰：扶，附也，小人佞媚，附近君子之側也。扶者，邪臣進而正臣疏，君子不足，姦人有餘。月有九行者，黑道二，出黄道北；赤道二，出黄道南；白道二，出黄道西；青道二，出黄道東。立春、春分，月東從青道。立秋、秋分，西從白道。立冬、冬至，北從黑道。立夏、夏至，南從赤道。然用之一決房中道。宋祁曰：朱子文云：房字當作於字，蓋言月之行，其道雖多，然皆決於日之中道也。故其後云至月行則必晦朔決之，又曰日之所行爲中道，月五星皆隨之也。如此則一決於中道爲允。青赤出陽道，白黑出陰道。若月失節度而妄行，出陽道則旱風，出陰道則陰雨。凡君行急，則日行疾；君行緩，則日行遲。日行不可指而知也，故以二至二分之星爲候。日東行，星西轉。冬至昬奎八度中，夏至氐十三度中，春分柳一度中，秋分牽牛三度七分中。此其正行也。日行疾則星西轉疾，事埶然也。故過中則疾，君行急之感也。不及中則遲，君行緩之象也。至月行則以晦朔決之。日冬則南，夏則北，冬至於牽牛，夏至於東井。日之所行爲中道，月五星皆隨之也。

沈約《宋書》卷一二《志第二・曆上》 夫圓極常動，七曜運行，離合，去來，雖有定勢，以新故相涉，自然有毫末之差，連日累歲，積微成著，是以《虞書》著欽若之典，《周易》明治歷之訓。言當順天以求合，非爲合以驗天也。漢代雜候清臺，以昏明中星課日所在，雖不可見，月盈則蝕，必當其衝。以月推日，則躔次可知焉。捨易而不爲，役心於難事，此臣所不解也。《堯典》云：「日永星火，以正仲夏。」今季夏則火中。又「宵中星虚，以殷仲秋」。今季秋則虚中。爾來二千七百餘年，以中星檢之，所差二十七八度，則堯冬至日在須女十度左右也。漢之《太初歷》，冬至在牽牛初。後漢《四分》及魏《景初》法同在斗二十一。臣以月蝕檢之，則《景初》今之冬至，應在斗十七。又史官受詔，以土圭測景，考校二至，差三日有餘。從來積歲及交州所上檢其增減，亦相符驗。然則今之二至，非天之二至也。天之南日在斗十三四矣，此則十九年七閏，數微多差，復改法易章，則用算滋繁，宜當隨時遷革，以取其合。

佚名《河圖帝覽嬉》

黄道一。青道二，出黄道東。赤道二，出黄道南。白道二，出黄道西。黑道二，出黄道北。日，春東從青道，夏南從赤道，秋西從白道，冬北從黑道。立春星辰西遊，日則東遊。立夏星辰北遊，日則南遊。春分星辰西遊之極，日東遊之極，日與星辰相去三萬里。夏至則星辰北遊之極，日南遊之極，日與星辰相去三萬里。立秋星辰東遊，日則西遊。立冬星辰南遊，日則北遊。秋分星辰東遊之極，日西遊之極。冬至星辰南遊之極，日北遊之極，相去各三萬里。

按《漢志》：日有中道，月有九行。中道者，黄道一曰光道。光道，夏至北至於東井，北近極，故晷短。冬至南至於牽牛，遠極，故晷長。春秋分，日東至角，西至婁，去極中而晷中。日行不可指而知也，故以二至二分之星爲候。日東行，星西轉。冬至昏奎八度中，夏至氐十三度中，春分柳一度中，秋分牽牛三度七分中，此其正行也。日行疾則星西轉疾，事埶然也。

又按《隋志》：日循黄道東行，行東陸謂之春，行南陸謂之夏，行西陸謂之秋，行北陸謂之冬。

又中興《天文志》：占天之法，以二十八宿爲綱維，分列四方。南北去極各九十有一度，冬則南遊，春分星辰西遊之極，三十有六度，一星辰相去三萬里。夏至則星辰北遊，半在赤道內，半在赤道外，出入內遠，極遠者皆二十有四度，以其行赤道之中者名之曰黄道。凡五緯皆隨日繇黄道行，惟月之行有九道，四時交會，歸於黄道而轉變焉。故有赤、青、白、黑四者之異名，然唐志又云：黄道，春分與赤道交於奎，秋分交於軫，西南至斗，北至井。與漢志殊。蓋赤道分天之半，今古不易。黄道本無定體，因日行而爲之名。日之行也，每歲有差，古今所以不同也。

魏收《魏書》卷一〇七下《志第九・律曆三下》 詔以新曆示齊獻武王田曹參軍信都芳，芳關通曆術，駮業興曰：「今年十二月二十日，新曆在營室十二度，順，疾；天上歲星在營室十一度。今月二十日，新曆鎮星在角十一度，留；天上鎮星在亢四度，留。今月二十日，新曆太白在斗二十五度，晨見，逆行；天上太白在斗二十一度，逆行。便爲差殊。」【略】

芳又云，以去年十二月中算新曆，其鎮星以十二月二十日在角十一度留，天上在亢四度留，是新曆差天五度；太白、歲星並各有差。校於壬子舊曆，鎮星差天五度，太白、歲星亦各有差，是舊曆差天爲多，新曆差天爲少。凡造曆者，皆須積年累日，依法候天，知其疎密，然後審其近者，用作曆術。不可一月兩月之間，能正是非。若如熒惑行天七百七十九日，一遲，一疾，一留，一逆，一順，一伏，一見之法，七頭一終；太白行天五百八十三日，晨夕之法，七頭一終；歲星行天三百九十八日，七頭一終；鎮星行天三百七十八日，七頭一終；辰星行天一百一十五日，晨夕之法，七頭一終。造曆者必須測知七頭，然後作術。得七頭者造曆爲近，不得頭者其曆甚疎，皆非一二日能知是非。

庚秀才原撰　王安禮等重修《靈臺秘苑》卷九　五星占法

歲星占

星之行，初與日同度，曰合伏。光伏日下經十六日八十分，行度八十分，去日十三度外，乃晨見東方而順。順二百一十二日，行十八度十二分而留。二十四日而退，退四十六日六十四分，行五度一十八分，與日對。其前爲前期，後爲後期。又入退四十六日六十六分，行五度一十八分而留，留二十四日，然後順。順一百一十二日，行十八度三十分，去日十三度，乃夕伏於西方。經十六日八十分，行度八十分，復與日軌同度而合，積三百九十八日十八分爲伏見一終之，計行十三度六十三分與距合，周而復始。

又　熒惑占

其星之行，與日合度，合伏于日下，經六十九日，行四十九度，行二十度外，晨見于東方而順行。順二百七十八日中，行六十度五十五分而留，又十三日而退，經二十八日九十六分，退行八度二十一分，乃與日對其前爲變。又二十八日九十六分，退行八度二十一分而留。留三十三日而順，順二百二十八日，[行]六十三度五分，去日二十度内，乃夕伏於西方。經六十九日，日行四十九度，復與日軌同度而合。積七百七十九日九十一分，爲伏見一終之，計行四百一十四度六十六分，與矩合，周而復始。

又　鎮星占

星之行，始與日同度，合伏日下，經十八日三十四分，行二度三十四分，去日十六度，晨見于東方而順。順八十四日，行四度七十八分而留。留三十六日八十八分而退。退五十日七十分，行三度五十八分而留。留三十六日而順，順八十四日七十八分，去日十六度内，乃夕伏于西方。經十八日三十八分，行二度三十四分，復與日軌同度而合。積三百七十八日八分，爲伏見一終之。計行十二度八十三分，與矩合，周而復始。

又　太白占

星之行，與日同度，合伏于日下，經三十八日半日，行四十九度半，去日一十度外，則夕見于西方，爲夕順。順二百九十九日，行二百五十二度，爲夕留。留八日，爲夕退。經十日九十五分，退行五度五十八分，去日九度，因乃夕伏，五日退行四度，復與日同度爲合。其前爲前變，其後爲後變。又五日退行四度，去日九度外，則辰見于東方。退經十日九十五分，退行五度五十分，爲辰留。留一十八日，乃晨順。總三百二十九日半，行二百五十度，去日九度内復晨伏。又三十八日，行四十九度半，復與日軌同度。積五百八十二日九十分，計行五百八十三度九十分，名爲矩合，周而復始。

又　辰星占

其星行，始與日同度，名合伏。經一十六日三十分，去日一十四度外，夕見於西方而順。順三十六日，行三十六度而留。留三十日，去日二十一度内爲夕退。復經十三日九十四分，行八度六分，復與日同度爲順。合其前爲前變，其後爲後變。又十二日十四分，行八度六分，乃晨留。去日二十一度，晨見于東方，三日乃晨順。經二十六日，行三十六度，復與日同軌同度而合。積一百一十五日八十八分，計行一百一十五度八十八分，與矩合，周而復始。

魏徵等《隋書》卷一八《志第十三・律曆下》

五星

歲爲木、熒惑爲火、鎮爲土、太白[爲]金、辰爲水。

木數，千八百六十萬五千四百六十八。

伏半平，八十三萬六千八百四十八。

復日，三百九十八；餘，四萬一千一百五十六。

歲一，殘日，三十三萬；餘，二萬九千七百三十九半。

見去日，十四度。

平見，在春分前，以四乘去立春日；小滿前，又三乘去春分日，增春分所乘者；白露後，亦四乘去寒露日；小暑，加七日；小雪前，以八乘去寒露日；冬至後，以八乘去立春日，爲減，小雪至冬至減七日。

見，初日行萬一千八百一十八分，益遲七十分，百一十日行十八度、分四萬七百三十八而留。二十八日乃逆，日退六千四百三十六分，八十七日退十二度、二百四。又留二十八日。初日行四千一百八十八分，日益疾七十分，百一十日亦行十八度、分四萬七百三十八而伏。

火數，三千六百三十七萬七千五百九十五。

伏半平，三百三十七萬九千三百二十七半。

復日，七百七十九；餘，四萬一千九百一十九。

歲再，殘日，四十九；餘萬九千一百六。

見去日，十六度。

平見，在雨水前，以十九乘去大寒日；清明前，又十八乘去雨水日，增雨水所乘者；夏至後，以十六乘去處暑日；小滿後，又十五日；寒露前，以十八乘去白露日；小雪前，又十七乘去寒露所乘者；大雪後，二十九乘去大寒日，爲減，小雪至大雪減二十五日。

見，初在冬至，則二百三十六日行百五十八度，以後日度隨其日數增損各一：盡三十日，一日半損一；又八十六日，二日損一；復三十八日，同；又十五日，三日損一；復十二日，同；又三十九日，三日增一；又二十四日，二日增一；又五十八日增一；復三十三日，同；又三十日，二日損一，還終至冬至，二百三十六日行百五十八度。其立春盡春分，夏至盡立夏，八日減一日；春分至立夏，減六日；立秋至秋分，減五度，各其初行日及度數。白露至寒露，初日行半度，四十日行二十度。以其殘日及度，計充前數，皆差行，日益遲二十分，各盡其日度乃遲，初日行分二萬二千六百六十九，日益遲一百一十分，六十一日行二十五度、分萬五千四百九。初減度五者，於此初日加分三千八百二十三、篾十七；以遲日爲母，盡其遲日行三十度，分同，而留十三日。

前減日分於二留，乃逆，日退分萬二千五百二十六，六三日退十六度、分四萬二千八百三十四。又留十三日而行，初日萬六千六十九，日益疾百一十分，六十一日行二十五度、分萬五千四百九。立秋盡秋分，增行度五，加初日分同前，更疾。在冬至則二百一十三日行百三十五度：盡三十六日，一日損一；又二十日，二日損一；復二十四日，同；又五十四日，三日日增一；又十二日，二日增一；又四十二日，一日增一；又十四日，一日增一半；又十二日，增一；復四十五日，同；又一百六日，二日損一，亦終冬至二百一十三日，行百三十五度。

前增行度五者，於此亦減五度，爲疾日及數。其立夏盡夏至日，亦日行半度，六十日行三十度。夏至盡立秋，亦初日行半度，四十日行二十度。其殘亦計充如前，皆差行，日盡益疾二十分，各盡其日度而伏。

土數，千七百六十三萬五千五百九十四。

伏半平，八十六萬四千九百九十五。

復日，三百七十八；餘，四千一百六十二。

歲一，殘日，十二；餘，三萬九千三百九十九半。

見去日，十六度半。

平見，在大暑前，以七乘去小滿日；寒露後，九乘去小雪日，爲加，大暑至寒露加八日。小寒前，以九乘去小雪日；雨水後，以四乘去小滿日；立春後，又三乘去雨水日，增雨水所乘者，爲減，小寒至立春減八日。

見，日行分四千三百六十四，八十日行七度、分二萬七千六百一十二而留三十九日乃逆，日退分二千八百二十，百三日退六度、分萬五百九十六。又留三十九日，亦行分日四千三百六十四，八十日行七度、分二萬七千六百一十二而伏。

金數，二千七百二十三萬六千二百八。

晨伏半平，百九十五萬七千一百四。

復日，五百八十三；餘，四萬二千七百五十六。

歲一，殘日，二百一十八；餘，三萬一千三百四十九半。

夕見伏，二百五十六日。

晨見伏，三百二十七日；餘與復同。

見去日，十一度。

夕平見，在立秋前，以六乘去芒種日；秋分後，以五乘去小雪日；小雪後，又四乘去大雪日，增小雪所乘者，爲加，立秋至秋分加七日。立春前，以五乘去大雪日；雨水前，又四乘去立春日，增立春所乘者；清明後，以六乘去芒種日，爲減，雨水至清明減七日。

晨平見，在小寒前，以六乘去冬至日；立春前，又五乘去小寒日，增小寒所乘者；芒種前，以六乘去夏至日；立夏前，又五乘去芒種日，增芒種所乘者，爲加，立春至立夏加五日。小暑前，以六乘去夏至；立秋前，又五乘去小暑日，增小暑所乘者；大雪後，以六乘去冬至日；立冬後，又五乘去大雪日，增大雪所乘者，爲減，立秋至立冬減五日。

夕見，百七十一日，行二百六度。其穀雨至小滿、寒露，皆十日加一度；小滿至白露，加三度。乃十二日行十二度。冬至後，十二日減日度各一，雨水盡見夏至，日度七；夏至後六日增一。大暑至立秋，還日度十二；至寒露日，度二十二，後六日減一。自大雪盡冬至，又日度十二而遲。日益(遲)[疾]五百二十分，初日行分二萬三千七百九十一、篾三十(四)[五]，行日爲母，四十三日行三十二度。

前加度者，此依減之。留九日乃逆，日退大半度，九日退六度，而夕伏晨見。日退太半度，九日退六度。復留，九日而行，日益(疾)[遲]五百二十分，初日行分四萬五千六百三十一、篾三十(四)[五]，四十三行三十二度。芒種至小暑，大雪至立冬，十五日減一度；小暑至立冬，減二度。又十二日行十二度。冬至後，十五日增日一。驚蟄至春分，日度十七，後十五日減一，盡夏至，還日度十二。後六日減一，至白露，日度皆盡。霜降後，五日增一，盡冬至，又日度十二。乃疾，百七十一日行二百度。前減者，此亦加之，而晨伏。

水數，五百四十萬五千六。

晨伏半平，七十九萬九十九。

復日，百一十五；餘，四萬九百四十六。

夕見伏，五十一日。

晨見伏，六十四日；餘與復同。

見去日，十七度。

夕應見，在[立]秋[後]及小雪前者不見；其白露前立(冬)[夏]後，時有見者。

晨應見，在[立]春[後]及小滿前者不見；其驚蟄前立冬後，時有見者。

夕見，日行一度太，十二日行二十度。小暑至白露，行度半，十二日行十八度，及八日行八度。大暑後，二日去度一，訖十六日，而日度俱盡。而遲，日行半度，四日行二度。益遲，日行少半度，三日行一度。前行度半者，去此益遲。乃留四日而夕伏晨見，留四日，爲日行少半度，三日行一度。大寒至驚蟄，無此行，更疾，日行半度；四日行二度；又[八]日行八度。亦大寒後，二日去度一；訖十六日，亦日度俱盡。益疾，日行一度太，十二日行二十度。初無遲者，此行度半，十二日行十八度而晨伏。

又　求次日

各加一日所行度及分。其有益疾、遲者(則)[副]置一日行分，各以其分疾增損，乃(如)[加]之。有篾者，滿法從分，其母有不等，齊而進退之。留即因前，逆則依減，入虛去分，逆出先加。皆以篾法除，爲轉分；其不盡者，仍謂之篾，各得每日所在知去日度。增以日所入先後分，定之。諸行星度求水其外內，準月行增損黄道而步之；不明者，依黄道而求所去日度。先後分亦分明前加後減。其金、火諸日度，計數增損定之者。其日少度多，以日減度之殘者，與日多度少之度，皆度法乘之，日數而一，所得爲分。不滿篾，以日數爲母。日少者以分并減之一度，日多者直爲度分，即皆一日平行分。其差行者，皆減所行日數一，乃半其益疾、益遲分而乘之，益疾以減，益遲以加一日平行分，皆初日所行分。有計日加減，而日數不滿，未得成度者，以氣日法若度法乘，見已所行日即日數除之，所得以增損其氣日疾法，爲日及度。其不成者，亦即爲篾。其木、火、土，晨有見而夕有伏。金、水即夕見，還夕伏，晨見即晨伏。然火之初行及後疾，距冬至日計日增損日度者，皆當先置從冬至日餘數，累加於位上，以知其去冬至遠近，乃以初見與後疾初日去冬至日數而增損定之，而後依其所直日度數行之也。

又　卷一九《志第十四・天文上》

天體

《列子》曰：「孔子東遊，見兩小兒鬭。問其故？一小兒曰：我以日始出去人近，而日中時遠也。一小兒曰：我以爲日初出遠，而日中時近也。言初出近者曰：日初出，大如車蓋，及其日中，裁如盤蓋。此不爲遠者小，近者大乎？言日初出遠者曰：日初出時滄滄涼涼，及其中時熱如探湯。此不爲近者熱，遠者涼乎？」桓譚《新論》云：「漢長水校尉平陵關子陽，以爲日之去人，上方遠而四傍近。何以知之？星宿昏時出東方，其間甚疎，相離丈餘。及夜半在上方，視之甚數，相離一二尺。以準度望之，逾益明白，故知天上之遠於傍也。日爲天陽，火爲地陽。地陽上升，天陽下降。今置火於地，從傍與上診其熱，遠近殊不同焉。日中正在上，覆蓋人，人當天陽之衝，故熱於始出時。又新從太陰中來，故復涼於其西在桑榆間也。桓君山曰：子陽之言，豈其然乎？」張衡《靈憲》曰：「日之薄地，闇其明也。由闇視明，明無所屈，是以望之若大。方其中，天地同明，明還自奪，故望之若小。火當夜而揚光，在晝則不明也。月之於夜，與日同而差微。」晉著作郎陽平束晳，字廣微，以爲傍方與上方等。傍視則天體存於側，故日出時視日大也。日無小大，而所存者有伸厭。厭而形小，伸而體大，蓋其理也。又(曰)[日]始出時色白者，雖大不甚，始出時色赤者，其大則甚，此終以人目之惑，無遠近也。且夫置器廣庭，則函牛之鼎如釜，堂崇十仞，則八尺之人猶短，物有陵之，非形異也。夫物有惑心，形有亂目，誠非斷疑定理之主。故仰遊雲以觀(日)[月]，月常動而雲不移；乘船以涉水，水去而船不徙矣。安岌云：「余以爲子陽言天陽下降，日下熱；束晳言天體存於目，則日大，頗近之矣。渾天之體，圓周之徑，詳之於天度，驗之於晷影，而紛然之說，由人目也。參伐初出，在旁則其間疎，在上則其間數。以渾驗之，度則均也。旁之與上，理無有殊也。夫日者，純陽之精也，光明外曜，以眩人目，故人視日如小。及其初出，地有遊氣，以厭日光，不眩人目，即日赤而大也。無遊氣則色白，大不甚矣。地氣不及天，故一日之中，晨夕日色赤，而中時日色白。地氣上升，蒙蒙四合，與天連者，雖中時亦赤矣。日與火相類，火則體赤而炎黄，日赤宜矣。然日色赤者，猶火無炎也。光衰失常，則爲異矣。」

又　經星中宮

北極五星，鉤陳六星，皆在紫宮中。北極，辰也。其紐星，天之樞也。天運無窮，三光迭耀，而極星不移。故曰：「居其所而衆星共之。」賈逵、張衡、蔡邕、王蕃、陸績，皆以北極紐星爲樞，是不動處也。祖暅以儀準候不動處，在紐星之末，猶一度有餘。

又 卷二〇《志第十五·天文中》 七曜

月者，陰之精也。其形圓，其質清，日光照之，則見其明。日光所不照，則謂之魄。故月望之日，日月相望，人居其間，盡覩其明，故形圓也。二弦之日，日照其側，人觀其傍，故半明半魄也。晦朔之日，日照其表，人在其裏，故不見也。其行有遲疾。其極遲則日行十二度强，極疾則日行十四度半强。遲則漸疾，疾極漸遲，二十七日半强而遲疾一終矣。又月行之道，斜帶黄道。十三日有奇在黄道表，又十三日有奇在黄道裏。表裏極遠者，去黄道六度。二十七日有奇，陰陽一終。張衡云：「對日之衝，其大如日，日光不照，謂之闇虚。闇虚逢月則月食，值星則星亡。」今歷家月望行黄道，則值闇虚矣。值闇虚有表裏深淺，故食有南北多少。月爲太陰之精，以之配日，女主之象也。以之比德，刑罰之義。列之朝廷，諸侯大臣之類。故君明則月行依度，臣執權則月行失道。大臣用事，兵刑失理，則月行乍南乍北。女主外戚擅權，則或進或退。月變色，將有殃。月晝明，姦邪並作，君臣爭明，女主失行，陰國兵强，中國饑，天下謀僭。數月重見，國以亂亡。【略】

凡五星爲政，緩則不行，急則過分，逆則占。熒惑，緩則不入，急則不出，違道則占。填，緩則不還，急則過舍，逆則占。太白，緩則不出，急則不入，逆則占。辰星，緩則不出，急則不入，非時則占。五星不失行，則年穀豐昌。

凡五星分天之中，積於東方，中國；積于西方，外國。用兵者利。辰星不出，太白爲客；其出，太白爲主。出而與太白不相從，及各出一方，爲格，野有軍不戰。五星爲五德之主，其行或入黄道裏，或出黄道表，猶月行出有陰陽也。終出入五常，不可以算數求也。其東行曰順，西行曰逆，順則疾，逆則遲，通而率之，終爲東行矣。不東不西曰留。與日相近而不見，曰伏。伏與日同度，曰合。其留行逆順掩合犯法陵變色芒角，凡其所主皆以時政五常、五官、五事之得失，而見其變。木、火、土三星行遲，夜半經天。其初皆與日合度，而後順行漸遲，追日不及，晨見東方。行去日稍遠，朝時近中則留。留經旦過中則逆行。逆行至夕時近中則又留。留而又順，先遲漸速，以至于夕伏西方，乃更與日合。

金、水二星，行速而不經天。自始與日合之後，行速而先日，夕見西方。去日前稍遠，夕時欲近南方則漸遲，遲極則留。留而近日，則逆行而合日，在于日後。晨見東方。逆極則留，留而後遲。遲極去日稍遠，旦時欲近南方，則速行以追日，晨伏于東方，復與日合。此五星合見、遲速、逆順、留行之大經也。昏旦者，陰陽之大分也。南方者，太陽之位而天地之經也。七曜行至陽位，當天之經，則虧昃留逆而不居焉。此天之常道也。三星經天，二星不經天，三天兩地之道也。

凡五星見伏留行，逆順遲速，應歷度者，爲得其行，政合于常。違歷錯度，而失路盈縮者，爲亂行。亂行則爲妖星彗孛，而有亡國革政，兵饑喪亂之禍云。

房玄齡等《晉書》卷一一《志第一·天文上》 儀象

日南至在斗二十一度，去極百一十五度少彊。是也日最南，去極最遠，故景最長。黄道斗二十一度，出辰入申，故日亦出辰入申。日晝行地上百四十六度彊，故日短；夜行地下二百一十九度少弱，故夜長。自南至之後，日去極稍近，故景稍短。日晝行地上度稍多，故日稍長；夜行地下度稍少，故夜稍短。日所在度稍北，故日稍北，以至於夏至，日在井二十五度，去極六十七度少彊。是日最北，去極最近，景最短。黄道井二十五度，出寅入戌，故日亦出寅入戌。日晝行地上二百一十九度少弱，故日長；夜行地下百四十六度彊，故夜短。自夏至之後，日去極稍遠，故景稍長。日晝行地上度稍少，故日稍短；夜行地下度稍多，故夜稍長。日所在度稍南，故日出入稍南，以至於南至而復初焉。斗二十一，井二十五，南北相應四十八度。春分日在奎十四少彊，秋分日在角五少弱，此黄赤二道之交中也。去極俱九十一度少彊，南北處斗二十一、井二十五之中，故景居二至長短之中。奎十四，角五，出卯入酉，故日亦出卯入酉。日晝行地上，夜行地下，俱百八十二度半彊，故日見之漏五十刻，不見之漏五十刻，謂之晝夜同。

瞿曇悉達《開元占經》卷一《天地名體》 天體渾宗

天成於外，地定於内。天體於陽，故圓以動；地體於陰，故平以靜。動以行施，靜以合化，堙鬱搆精，時育庶類，斯謂天元。蓋乃道之實也。【略】

陽道左迴，故天運左行。有驗於物，則人氣左贏形右繚也。天以陽迴，地以陰淳，是故天致其動，稟氣舒光；地致其靜，承施候明。天以順動，不失其中，則四時順至，寒暑不減，致生有節，故品物用生。地以靈靜，作合承天，清化致養，四時而後育，故品物用成。【略】

夫三光同形，有似珠玉，神守精存，麗其職而宣其明。及其衰，神歇精斁，於是乎有隕星，然則奔星之所墜至則石矣。文耀麗乎天，其動者七：日、月、五星是也。周旋右迴天道者，貴順也。近天則遲，遠天則速。行則屈，屈則留迴，留迴則逆，逆則遲，迫於天也。行遲者，覿于東；覿丁東，屬陽。行速者，覿于西；覿於西，屬陰。日與月以配合也，攝提熒惑，地候見晨，附於口也。太白辰星，見昏，附于月也。二陰三陽，參天兩地，故男女取焉。方星巡鎮，必因常度，苟或盈縮，不逾於次，故有列司作使，曰老子四星，周伯王逢絮芮各一，錯乎五緯之間，其見無期，其行無度，實妖經星之所，然後吉凶宣周其詳可盡。【略】

天轉如車轂之運也。周旋無端，其形渾渾，故曰渾天也。

赤道，横帶，天之腹，去南北二極各九十一度十九分度之五。

横帶者，東西圍天之中要也。然則北極小規去赤道五十五度半，南極小規亦去赤道五十五度半。并出地入地之數，是故各九十一度半强也。

黄道，斜帶，其腹出赤道，表裏各二十四度。

日之所行也，日與五星行黄道，無虧盈。月行九道，春行東方，青道二；夏行南方，赤道二；秋行西方，白道二；冬行北方，黑道二。四季還行黄道，故月行有虧盈。東西南北，隨八節也。日最短，經黄道南，在赤道外二十四度，是其表也。日最長，經黄道北，去赤道内二十四度，是其裏。故夏至去極六十七度而强，冬至去極百一十五度亦强。日行而至斗二十一度，則去極一百一十五度少强。是故日最短，夜最長，景極長。日出辰入申，晝行地上一百四十六度强，夜行地下二百一十九度少强。夏至日在井二十五度，去極六十七度少强，是故日最長，夜最短，景極短。日出寅日入戌，晝行地上二百一十九度少强，夜行地下一百四十六度强。

然則黄道斜截赤道者，即春秋分之去極也。

斜截赤道者，東西交也。然則春分日在奎十四度少强，西交于奎也；秋分日在角五度弱，東交於角也。在黄赤二道之交中，去極俱九十一度少强，故景居二至長短之中。奎十四角五，出卯入酉，日晝行地上，夜行地下，俱一百八十二度半强，故晝夜同也。

張衡《渾儀圖注》曰：今此春分，去極九十一度少强，秋分去極九十一度少强者，就夏歷景去極之法以爲率也。是以作小渾，盡赤道黄道，乃各調賦二百六十五度四分之一，從冬至所在始起，令之相當值也。取北極及衡，各鍼穿之爲軸，取薄竹篾穿其兩端，令兩穿中間與渾半等以貫之，令察之與渾相切摩，乃從減半起，以爲八十二度八分之五，盡衡減之半焉。又中分其篾，拗去其半，令其半之際正直與兩端減半相直。令篾半之際，從冬至起一度一移之，視篾之半際多少，黄赤道幾也。其所多少，則進退之數也。從北極數之則去極之度也。各分赤道黄道爲二十四氣，一氣相去十五度十六分之七。每一氣者，黄道進退一度焉。所以然者，黄道直時去南北極近，其處地少，而横行與赤道且等，故以篾度之於赤道多也。

又　卷一一《月占一》　月行盈縮三

石氏曰：明王在上，月行依道。若主不明，臣執勢，則月行失道。大臣用事，背公向私，兵刑失道，則月行乍南乍北。女主外戚擅權，則或進退朓朒，皆君臣刑德不正之咎也。有不如常，隨事占其吉凶。月行疾則君刑緩，行遲則君刑急。月之與日遲疾勢殊，而事勢異也。是故人君月有變則省刑以德，恩從肆赦，故春秋有眚災肆赦。劉向《洪範傳》曰：晦而月見西方，謂之朓。朔而月見東方，謂之側匿。朓則王侯其舒言政緩，則陽行遲，陰行疾也。側匿則王侯其肅言政急，則陽行疾，陰行遲也。舒者，臣驕而執政也。肅者，臣下恐懼太甚也。劉歆曰：舒者，王侯展意專政，臣下促急，故月行疾也。肅者，王侯縮朒不任事，臣下弛縱，故行遲也。

薛居正等《舊五代史》卷一四〇《志二・曆志》　日月皆有盈縮。日盈月縮，則後中而朔。月盈日縮，則先中而朔。自古朓朒之法，率皆平行之數，入曆既有前次，而又衰稍不倫。《皇極》舊述，則迂迴而難用，降及諸曆，則疎遠而多失。今以月離朓朒，隨曆較定，日躔朓朒，臨用加減，所得者入離定日也。一日之中，分爲九限，遂限損益，衰稍有倫。朓朒之法，所謂審矣。赤道者，天之弦帶也，其勢圓而平，紀宿度之常數焉。黄道者，日軌也，其半在赤道内，半在赤道外，去赤極遠二十四度。（度）當與赤道交，則其勢斜；當去赤道遠，則其勢直。當斜則日行宜遲，當直則日行宜速。故二分前後加其度，二至前後減其度。九道者，月軌也，其半在黄道内，半在黄道外，去黄道極遠六度。出黄道謂之正交，入黄道謂之中交。若正交在秋分之宿，中交在春分之宿，則比黄道益斜。若正交在春分之宿，中交在秋分之宿，則比黄道反直。若正交、中交在二至之宿，則其勢差斜。故較去二至、二分遠近，以考斜正，乃得加減之數。自古雖有九道之説，蓋亦知而未詳，空有祖述之文，全無推步之用。今以黄道一周分爲八節，一節之中分用九道，盡七十二道而復，使日月之軌無所隱其斜正之勢焉。九道之法，所謂明矣。星之行也，近日而疾，遠日而遲，去日極遠，勢盡而留。自古诸歷，分段失實，隆降無准，今日行分尚多，次日便留，自留而退，唯用平行，仍以入段行度爲入歷之數，皆非本理，遂至乖戾。今校定逐日行分，積逐日行分以爲變段。於是疾漸而遲，勢盡而留，(留)自留而行，亦積微而後多。別立諸段變歷，以推變差，俾諸段變差際會相合，星之遲疾可得而知之矣。

歐陽修等《新唐書》卷二七上《志第十七上・曆志》 日行曰躔，其差曰盈縮，積盈縮曰先後。古者平朔，月朝見曰朒，夕見曰朓。今以日之所盈縮、月之所遲疾損益之，或進退其日，以爲定朔。舒亟之度，乃數使然，躔離相錯，偕以損益，故同謂之朓朒。月行曰離，遲疾曰轉度，毋曰轉法。遲疾有衰，其變者勢也。月逶迤馴屈，行不中道，進退遲速，不率其常。過中則爲速，不及中則爲遲。積遲謂之屈，積速謂之伸。陽，執中以出令，故曰先後。陰，含章以德命，故曰屈伸。日不及中則損之，過則益之。月不及中則益之，過則損之。尊卑之用睽，而及中之志同。觀晷景之進退，知軌道之升降。軌與晷，名舛而義合，其差則水漏之所從也。總名曰軌漏。

又 卷二七下《志第十七下・曆志》 其八《日躔盈縮略例》曰：北齊張子信積候合蝕加時，覺日行有入氣差；然損益未得其正。至劉焯，立盈縮躔衰術，與四象升降。《麟德歷》因之，更名躔差。凡陰陽往來，皆馴積而變。日南至，其行最急，急而漸損，至春分及中而後遲。迨日北至，其行最舒，而漸益之，以至秋分又及中而後益急。急極而寒若，舒極而燠若，及中而雨暘之氣交，自然之數也。焯術於春分前一日最急，後一日最舒；秋分前一日最舒，後一日最急。舒急同于二至，而中間一日平行。其説非是。當以二十四氣晷景，考日躔盈縮而密於加時。

又 其十二《五星議》曰：歲星自商周迄春秋之季，率百二十餘年而超一次。戰國後其行寖急，至漢尚微差，及哀平間，餘勢乃盡，更八十四年而超一次，因以爲常。此其與餘星異也。【略】

凡二星相近，多爲之失行。三星以上，失度彌甚。《天竺歷》以《九執》之情，皆有所好惡。遇其所好之星，則趣之行疾，捨之行遲。張子信歷辰星應見不見術，晨夕去日前後四十六度内，十八度外，有木、火、土、金一星者見，無則不見。張胄玄歷，朔望在交限，有星伏在日下，木土去見十日外，火去見四十日外，金去見二十二日外者，竝不加減差，皆精氣相感使然。夫日月所以著尊卑不易之象，五星所以示政教從時之義。故日月之失行也，微而少；五星之失行也，著而多。今略考常數，以課疎密。

沈自彰編《張子全書》卷二《正蒙・參兩篇》 地純陰，凝聚於中。天浮陽，運旋於外。此天地之常體也。恒星不動，純繫乎天，與浮陽運旋而不窮者也。日月五星逆天而行，并包乎地者也。地在氣中，雖順天左旋，其所繫辰象隨之，稍遲則反移徙而右爾，間有緩速不齊者，七政之性殊也。月陰精，反乎陽者也，故其右行最速。日爲陽精，然其質本陰，故其右行雖緩，亦不純繫乎天，如恒星不動。金水附日前後進退而行者，其理精深，存乎物感可知矣。鎮星地類，然根本五行，雖其行最緩，亦不純繫乎地也。火者亦陰質，爲陽萃焉，然其氣比日而微，故其遲倍日。惟木乃歲一盛衰，故歲歷一辰。辰者，日月一交之次，有歲之象也。

黄瑞節曰：此段日月右行之説，與後段異同未詳。金木水火土，五星之常動者。二十八宿，恒星之不變者。日速月緩者，歷家右行之説，以退數第也。此又明天地一氣，日月星辰運行之道。地則純陰而凝聚于中，爲山川草木也。天則浮陽而運旋于外，爲日月星辰也。皆天地之定體，萬古不易。以天而言，二十八宿常星不動，純繫乎天，與氣之浮陽者，運轉而無窮者也。日月五星之常動者，則逆天而行，并包乎地者也。是地亦在氣之中間，故日月五星雖順天左旋，所繫十二辰之象，亦隨之而行，但稍遲則反移徙而右旋矣。非實右旋也，其緩速不齊，則日月五星之情性不同已。然月爲陰精借陽，故右行之速。日爲陽精陰質，故右行之緩，亦不與天同行之。金水附日而行，或進或退，由乎物之所感可知。或爲三方金火土木之相克制，或爲太陽君主之不敢前，此其理之精深也。鎮星乃地土之類，爲五行之根本，故行最緩，十年而一周天，不與地同運也。火者，太陽之精，陰爲之質，故内暗而外明。陽爲之聚，故性熾而光顯，其氣少微于日而行倍遲于日焉。木則一歲衰盛者，歲必遲一辰，如子爲玄枵，丑爲星紀之類。木星一歲星官，故木曰歲星。十二辰爲十二個月，日月交會之次舍，有一歲天日復會之象也。愚謂：月本陰，遲而行甚緩。日本陽，剛而行甚速。張子則未及乎此耳。金爲啓明，水爲初氣，其氣性亦剛，故常附日而行速。

凡圜轉之物，動必有機。既謂之機，則動非自外也。古今謂天左旋，此直至粗之論爾，不考日月出没、恒星昏曉之變。愚謂在天而運者，惟七曜而已。恒星所以爲晝夜者，直以地氣乘機左旋於中，故使恒星河漢因一作回。北爲南，日月因天隱見。太虛無體，則無以驗其遷動于外也。

或問朱子曰：天道左旋，日月右行如何？曰：自疏家有此説，人皆守定張子説。日月皆是左旋，説得好。蓋天行甚健，一日一夜周三百六十五度四分度之一。又進過一度。日行速健次于天，一日一夜周三百六十五度四分度之一，起度端、終度端無贏縮，正恰好被天進一度，則日爲退一度。二日天進二度，則日爲退二度。趲天不上，積至三百六十五日四分日之一，則天所進過之度，又恰周得本數，而日所退之度亦恰退盡本數，遂與天會而成一年。月行遲，一日一夜三百六十五度四分度之一行不盡，比天爲退了十三度十九分度之七，至二十七日半强而一周天，與初纏合。又行二日有奇，爲二十九日半强，與日會。進數爲順天而左，退數爲逆天而右。歷家以進數難算，只以退數算之，此是截法，故謂之右行，取其易見日月之度爾。乃云日行遲，月行速，此錯説也。歷家若順算，則算著那相去處度數多，今以其相近處言，故易算。蔡季通云：西域有《九執歷》，是順算。天無體，二十八宿便是天體，隨天而定。日月與五星則皆隨天左轉，而緩急各不同，不隨天而定也。横渠少遲則反右之説極精，如以一大輪在外，一小輪載日月在内，大輪轉急，小輪轉慢，雖都是左轉，只有急有慢，便覺日月似右轉了。《禮記·月令疏》云：二十八宿及諸星皆循天左行，一日一夜一周天，一周天之外更行一度。其説可證。

天左旋，處其中者順之，少遲則反右矣。

地，物也。天，神也。物無踰神之理，顧有地斯有天，若其配然爾。

朱子曰：天包乎地，天之氣又行乎地之中，故横渠云地對天不過。

沈括《夢溪筆談》卷八《象數二》 予嘗考古今歷法，五星行度，唯留逆之際最多差。自内而進者，其退必向外。自外而進者，其退必由内。其跡如循柳葉，兩末鋭，中間往還之道相去甚遠。故兩末星行成度稍遲，以其斜行故也；中間行度稍速，以其徑絶故也。歷家但知行道有遲速，不知道徑又有斜直之異。熙寧中，予領太史令，衛朴造歷，氣朔已正，但五星未有候簿可驗，前世修歷，多只增損舊歷而已，未曾實考天度。其法須測驗每夜昏、曉、夜半月及五星所在度秒，置簿録之，滿五年，其間剔去雲陰及晝見日數外，可得三年實行，然後以算綴之，古所謂綴術者此也。是時司天歷官皆承世族，隸名食禄，本無知歷者，惡朴之術過己，羣沮之，屢起大獄，雖終不能摇朴，而候簿至今不成。《奉元歷》五星步術，但增損舊歷，正其甚謬處，十得五六而已。朴之歷術今古未有，爲羣歷人所沮，不能盡其藝，惜哉！

黎靖德編《朱子語類》卷一《理氣上·太極天地上》 天地初間只是陰陽之氣。這一箇氣運行，磨來磨去，磨得急了，便拶許多渣滓，裏面無處出，便結成箇地在中央。氣之清者便爲天，爲日月，爲星辰，只在外，常周環運轉。地便只在中央不動，不是在下。淳。

清剛者爲天，重濁者爲地。道夫。

天運不息，晝夜輥轉，故地搉在中間。使天有一息之停，則地須陷下。惟天運轉之急，故凝結得許多渣滓在中間。地者，氣之渣滓也，所以道「輕清者爲天，重濁者爲地」。道夫。

天以氣而依地之形，地以形而附天之氣。天包乎地，地特天中之一物爾。天以氣而運乎外，故地搉在中間，隤然不動。使天之運有一息停，則地須陷下。道夫。

天包乎地，天之氣又行乎地之中，故横渠云：「地對天不過。」振。

又 卷二《理氣下·天地下》 問：「周天之度，是自然之數，是强分？」曰：「天左旋，一晝一夜行一周，而又過了一度。以其行過處，一日作一度，三百六十五度四分度之一，方是一周。只將南北表看：今日恁時看，時有甚星在表邊；明日恁時看，這星又差遠，或别是一星了。」胡泳。

天一日周地一遭，更過一度。日即至其所，趲不上一度。月不及十三度。天一日過一度，至三百六十五度四分度之一，則及日矣。與日一般，是爲一朞。揚。

天行至健，一日一夜一周，天必差過一度。日一日一夜一周恰好，月却不及十三度有奇。只是天行極速，日稍遲一度，月又遲十三度有奇耳。因舉陳元滂云：「只似在圓地上走，一人過急一步，一人差不及一步，又一人甚緩，差數步也。」天行只管差過，故歷法亦只管差。堯時昏旦星中於午，《月令》差於未，漢晉以來又差，今比堯時似差及四分之一。古時冬至日在牽牛，今却在斗。德明。

天最健，一日一周而過一度。日之健次於天，一日恰好行三百六十五度四分度之一，但比天爲退一度。月比日大故緩，比天爲退十三度有奇。但歷家只算所退之度，却云日行一度，月行十三度有奇。此乃截法，故有日月五星右行之説，其實非右行也。横渠曰：「天左旋，處其中者順之，少遲則反右矣。」此説最好。《書疏》「璣衡」，《禮疏》「星回于天」，《漢志》天體，沈括《渾儀議》，皆可參考。閎祖。

問：「天道左旋，自西而東，日月右行，則如何？」曰：「横渠説日月皆是左旋，説得好。蓋天行甚健，一日一夜周三百六十五度四分度之一，又進過一度。日行速，健次於天，一日一夜周三百六十五度四分度之一，正恰好。比天進一度，則日爲退一度。二日天進二度，則日爲退二度。積至三百六十五日四分日之一，則天所進過之度，又恰周得本數。而日所退之度，亦恰退盡本數，遂與天會而成一年。月行遲，一日一夜三百六十五度四分度之一行不盡，比天爲退了十三度有奇。進數爲順天而左，退數爲逆天而右。歷家以進數難算，只以退數算之，故謂之右行，且曰『日行遲，月行速』。然則日行却得其正，故揚子《太玄》首便説日云云。向來久不曉此，因讀《月令》『日窮于次』《疏》中有天行過一度之説，推之乃知其然。又如《書》『齊七政』《疏》中二三百字，説得天之大體亦好。《後漢歷志》亦説得好。義剛録云：《前漢歷志》説道理處少，不及《東漢志》較詳。淳問：「《月令疏》『地冬上騰，夏下降』，是否？」曰：「未便理會到此。且看大綱識得後，此處用度算方知。」淳。義剛同。

天左旋，日月亦左旋。但天行過一度，日只在此，當卯而卯，當午而午。某看得如此，後來得《禮記》説，暗與之合。泳。

天道與日月五星皆是左旋。天道日一周天而常過一度。日亦日一周天，起度端，終度端，故比天道常不及一度。月行不及十三度四分度之一。今人却云月行速，日行遲，此錯説也。但歷家以右旋爲説，取其易見日月之度耳。至。

問天道左旋，日月星辰右轉。曰：「自疏家有此説，人皆守定。某看天上日月星不曾右轉，只是隨天轉。天行健，這箇物事極是轉得速。且如今日日與月星都在這度上，明日旋一轉，天却過了一度；日遲些，便欠了一度；月又遲些，又欠了十三度。如歲星須一轉争了(十)三[十]度。要看歷數仔細，只是『璇璣玉衡』疏載王蕃《渾天説》一段極精密，可檢看，便是説一個現成天地了。月常光，但初二三日照只照得那一邊，過幾日漸漸移得正，到十五日，月與日正相望。到得月中天時節，日光在地下，迸從四邊出，與月相照，地在中間，自遮不過。今月中有影，云是莎羅樹，乃是地形，未可知。」賀孫。

義剛言：「伯靖以爲天是一日一周，日則不及一度，非天過一度也。」曰：「此説不是。若以爲天是一日一周，則四時中星如何解不同？更是如此，則日日一般，却如何紀歲？把甚麽時節做定限？若以爲天不過而日不及一度，則趲來趲去，將次午時便打三更矣。」因取《禮記・月令疏》指其中説早晚不同，及更行一度兩處，曰：「此説得甚分明。其他歷書都不如此説。蓋非不曉，但是説滑了口後，信口説，習而不察，更不去仔細檢點。而今若就天裏看時，只是行得三百六十五度四分度之一。若把天外來説，則是一日過了一度。季通常有言：『論日月，則在天裏；論天，則在太虚空裏。若去太虚空裏觀那天，自是日月滚得不在舊時處了。』」先生至此，以手畫輪子，曰：「謂如今日在這一處，明日自是又滚動著些子，又不在舊時處了。」又曰：「天無體，只二十八宿便是天體。日月皆從角起，天亦從角起。日則一日運一周，依舊只到那角上。天則一周了，又過角些子。日日累上去，則一年便與日會。」次日，仲默附至《天説》曰：「天體至圓，周圍三百六十五度四分度之一，繞地左旋，常一日一周而過一度。日麗天而少遲，故日行一日，亦繞地一周，而在天爲不及一度。積三百六十五日九百四十分日之二百三十五而與天會，是一歲日行之數也。月麗天而尤遲，一日常不及天十三度十九分度之七。積二十九日九百四十分日之四百九十九而與日會。十二會，得全日三百四十八，餘分之積，又五千九百八十八。如日法，九百四十而一，得六，不盡三百四十八。通計得日三百五十四，九百四十分日之三百四十八，是一歲月行之數也。歲有十二月，月有三十日。三百六十日者，一歲之常數也。故日與天會，而多五日九百四十分日之二百三十五者，爲氣盈。月與日會，而少五日九百四十分日之五百九十二者，爲朔虚。合氣盈朔虚而閏生焉。故一歲閏率則十日九百四十分日之八百二十七。三歲一閏，則三十二日九百四十分日之六百單一。五歲再閏，則五十四日九百四十分日之三百七十五。十有九歲七閏，則氣朔分齊，是爲一章也。」先生以此示義剛，曰：「此説也分明。」義剛。

天道左旋，日月星並左旋。星不是貼天。天是陰陽之氣在上面，下人看見，星隨天去耳。寓。

問：「經星左旋，緯星與日月右旋，是否？」曰：「今諸家是如此説。横渠説天左旋，日月亦左旋。看來横渠之説極是。只恐人不曉，所以《詩傳》只載舊説。」或曰：「此亦易見。如以一大輪在外，一小輪載日月在内，大輪轉急，小輪轉慢。雖都是左轉，只有急有慢，便覺日月似右轉了。」曰：「然。但如此，則歷家逆字皆著改做順字，退字皆著改作進字。」僩。

《晉天文志》論得亦好，多是許敬宗爲之。日月隨天左旋，如横渠説較順。五星亦順行。歷家謂之緩者反是急，急者反是緩。歷數，謂日月星所經歷之數。揚。

問：「日是陽，如何反行得遲如月？」曰：「正是月行得遲。」問：「日行一度，月行十三度有奇。」曰：「歷家是將他退底度數爲進底度數。天至健，故日常不及他一度。月又遲，故不及天十三度有奇。且如月生於西，一夜一夜漸漸向東，便可見月退處。」問：「如此説，則是日比天行遲了一度，月比天行遲了十三度有奇？」曰：「歷家若如此説，則算著那相去處度數多。今只以其相近處言，故易算。聞季通云：西域有《九執歷》，却是順算。」胡泳。

程子言日升降於三萬里，是言黄赤道之間相去三萬里。天日月星皆是左旋，只有遲速。天行較急，一日一夜繞地一周三百六十五度四分度之一，而又進過一度。日行稍遲，一日一夜繞地恰一周，而於天爲退一度。至一年，方與天相值在恰好處，是謂一年一周天。月行又遲，一日一夜繞地不能匝，而於天常退十三度十九分度之七。至二十九日半强，恰與天相值在恰好處，是謂一月一周天。月只是受日光。月質常圓，不曾缺，如圓毬只有一面受日光。望日日在酉，月在卯，正相對，受光爲盛。天積氣，上面勁，只中間空，爲日月來往。地在天中，不甚大，四邊空。有時月在天中央，日在地中央，則光從四旁上受於月。其中昏暗，便是地影。望以後，日與月行便差背向一畔，相去漸漸遠，其受光面不正，至朔行又相遇。日與月正緊相合，日便蝕無光。月或從上過，或從下過，亦不受光。星亦是受日光，但小耳。北辰中央一星甚小，謝氏謂「天之機」，亦略有意，但不似「天之樞」較切。淳。

日月升降三萬里之中，此是主黄道相去遠近而言。若天之高，則里數又煞遠。或曰八萬四千里，未可知也。立八尺之表，以候尺有五寸之景，寸當千里，則尺有五寸恰當三萬里之半。日去表有遠近，故景之長短爲可驗也。歷家言天左旋，日月星辰右行，非也。其實天左旋，日月星辰亦皆左旋。但天之行疾於日，天一日一周，更攙過一度，日一日一周，恰無贏縮，以月受日光爲可見。月之望，正是日在地中，月在天中，所以日光到月，四畔更無虧欠。唯中心有少黶翳處，是地有影蔽者爾。及日月各在東西，則日光到月者止及其半，故爲上弦。又減其半，則爲下弦。逐夜增減，皆以此推。地在天中，不爲甚大，只將日月行度折算可知。天包乎地，其氣極緊。試登極高處驗之，可見形氣相催，緊束而成體。但中間氣稍寬，所以容得許多品物。若一例如此氣緊，則人與物皆消磨矣。既曰日謂日月只是氣到寅上則寅上自光，氣到卯上則卯上自光者，亦未必然。既曰日月，則自是各有一物，方始各有一名。星光亦受於日，但其體微爾。五星之色各異，觀其色，則金、木、水、火之名可辨。衆星光芒閃爍，五星獨不如此。衆星亦皆左旋，唯北辰不動，在北極五星之旁一小星是也。蓋此星獨居天軸，四面如輪盤，環繞旋轉，此獨爲天之樞紐是也。日月薄蝕，只是二者交會處，二者緊合，所以其光掩没，在朔則爲日蝕，在望則爲月蝕，所謂紓前縮後，近一遠三。如自東而西，漸次相近，或日行月之旁，月行日之旁，不相掩者皆不蝕。唯月行日外而掩日於内，則爲日蝕。日行月外而掩月於内，則爲月蝕。所蝕分數，亦推其所掩之多少而已。謨。

又 卷一〇〇《邵子之書》 天何依？曰：依乎地。地何附？曰：附乎天。天地何所依附？曰：自相依附。天依形，地依氣，所以重複而言，不出此意者，唯恐人於天地之外，别尋去處故也。天地無外，所謂其形有涯而其氣無涯也。爲其氣極緊，故能扛得地住，不然則墜矣。氣外須有軀殼甚厚，所以固此氣也。今之地動，只是一處動，動亦不至遠也。謨。

舜弼問：「天依地，地依氣？」曰：「恐人道下面有物，天行急，地閣在中。」可學。

江遹《沖虛至德真經解》卷一《天瑞》

粥熊曰：運轉亡已，天地密移，疇覺之哉。故物損於彼者盈於此，成於此者虧於彼。損盈成虧，隨世隨死；往來相接，間不可省，疇覺之哉。凡一氣不頓進，一形不頓虧，亦不覺其成，不覺其虧。亦如人自世至老，貌色智態亡日不異，皮膚爪髮隨世隨落，非嬰孩時有停而不易也。間不可覺，俟至後知。

物與化爲體，體隨化而遷。百年之間，大化有四，復於其中，時變歲遷，日改月化，雖一息之頃，呿吟前後，新故不同。譬彼風之擊水，前波非後波。燈之在缸，前焰非後焰。俯仰之間，已形萬變。昧者潛移於造化，但覩夫已形之陳跡，而不知大化之密運於物之成，而樂其成，不知虧之之理已寓矣。於事之虧，而覩其虧，不知成之之理已進矣。揚子於《玄經》言，月闕其博，不知開明于西，蓋言造化之密移，成虧之迭進也。求之於身，百年之役，顔色、智態、皮膚、爪髮，無日不異，亦已明甚。奈何其不自悟耶。此《莊子》藏舟於壑之義也。子在川上曰「逝者如斯夫」，蓋明此也。

王應麟《六經天文編》卷上《天道・易》 璣衡

緯星，五行之精。木曰歲星，火曰熒惑，土曰填星，金曰太白，水曰辰星，併日月而言，謂之七政，皆麗于天。天行速，七政行遲，遲爲速所帶，故與天俱東出西入也。五星輔佐日月斡旋五氣，如六官分職而治，號令天下，利害安危由斯而出。至治之世，人事有常，則各守其常度而行。其或君侵臣職，臣專君權，政令錯繆，風教陵遲，乖氣所感，則變化多端，非復常理。

俞琰《書齋夜話》卷三 井泉冬温夏冷，何也？曰：知渾天之説則知之。渾天者何？天體渾渾淪淪如雞卵狀，地在天中，如雞卵中之黄也。知渾天之説如此，又不可不知天輪之斜轉，太陽之遠近，與夫南北二極之高下，黄赤二道之偏正，豈一語所能盡哉。天有南北二極。在北而高者曰北極，出地上三十六度，如杵柄之倚壁。在南而下者曰南極，入地下三十六度，如杵頭之著地。天有黄赤二道。赤道横絡天腹，正當南北二極之間。黄道斜絡天腹，上偏於赤道之北而近北極，下偏於赤道之南而近南極。赤道之在天也，上偏于南，下偏于北。黄道之在天也，正當地之東西上下，故謂之中道。仲夏之日，晝在人之頂上，夜則偏于北。仲冬之日，夜在人之足下，晝偏于南。蓋因天輪之斜轉也。日行常在虚空之中，謂入水者，妄也；謂入地者，猶妄也。人孰不見午時大明當天，高懸于太虚，去地遼絶如此，不知朝夕出没于東西，皆在虚空中，去地遼絶亦如此。夜半子時，去地遼絶亦莫不然。但人處地上，不能見之耳。《隋書》謂日入水而所經焦竭，甚可笑也。日之行于虚空，晝夜不離乎黄道。黄道者，天之黄道也。如《隋書》云，則黄道不在天，而在水中矣。抑何不思之甚歟？夫行黄道，譬之絲纏緯車，纏向上則如仲夏之日，纏向下則如仲冬之日，經于中作於春秋二分之日同。春分之日出卯入酉，而晝夜均漸而北，則日晷漸漸長。逮仲夏出寅入戌，則長之極矣，故曰日長至。更不北矣，故曰日北至。秋分之日亦出卯入酉，而晝夜均漸漸向南，則日晷漸漸短。逮冬至出辰入申，則短之極矣，故曰日短至。更不南矣，故曰日南至。天之北陸，晝夜所以有長短者，實因天輪之斜轉也。天輪惟其斜轉，是以日行黄道，有冬夏遠近之殊也。春秋二分，日在黄道之東南，則與地之東西正相值，又當赤道之交處，無南北高下之偏，是以寒暑平。日行南陸時偏于赤道之北，隨天輪轉而至午則去北極近，太陽之氣蒸于下也，仲夏井泉所以冷也。夜半之日乃在地底虚空之北，而太陽氣之去地遠也。天雖高，地雖厚，日雖遠，蓋可以理推。理在是，則事事物物皆可推之以理。豈但井泉之温冷哉。

許謙《讀書叢説》卷二《七政疑》 唐堯命羲和居四方，考天象，惟舉分至四中星而知日之所在。又言以閏月定四時成歲，而知月之所行。典文簡古，存其大法，推步之術未詳也。西漢《天文志》始曰日東行，星西轉。而《周髀》家有日月實東行，而天牽西没之説。其論天轉如磨者，則非論日月右行者，則是自是志天文者轉相祖述，以爲定論。言日月，則五星從可知矣。唐一行鑄渾天儀，注水激輪，一晝夜天西旋一周，日東行一度，月行十三度十九分度之七。晦明朔望，遲速有準。然則二十八宿附天西循而爲經，七政錯行而爲緯。其説爲得之，而文公傳《詩》亦猶是也。蔡仲默傳《堯典》則曰：天體周圍三百六十五度四分度之一，繞地左旋，一日一周而過一度。日月麗天亦左旋，日則一日繞地一周，而在天爲不及一度。月則尤遲，一日不及天十三度十九分度之七，積二十九日復有餘分而與日會合。氣盈朔虚而閏生。典謨之傳，已經文公是正，而公蓋許之矣。意以爲日者陽之精，其健當次於天。月陰精也，其行當緩。月之行，晝夜常過於日十二度有奇，是陰速於陽，不若二曜與天皆西轉，則於陰陽遲速爲合宜。蓋亦祖横渠先生之意，其説可謂正矣。然愚以古説校之，其可疑者有七。天體左旋，七政右逆，則七政皆附著天體，遲速雖順其性，而西行則爲天之所牽爾。然有所倚著，各得循序。若七政與天同西行，恐錯亂紛雜，似泛然無統一也。日，君道也。月，臣道也。從東行，則合朔後月先行。既望則月在日後，及再合朔，是月之從日，爲臣從君，爲順。若西行，則日在月前，至望後再合朔，必日行從月，是君從臣，爲逆，二也。大而一歲陰陽升降，小而一月日月合朔，此正天地生物之心，而陰陽得於此會合，而以造就萬類者也。以一歲之運，陰盛乃生意收斂之時，而品物流形舉霄壤之間，曷嘗有一息間斷哉。其所以於盛陰閉塞之時而生生猶不息者，正以日月之合以繼助元氣之偏也。然凡進者，陽道也，生道也；退者陰道也，死道也。日月東行，則月之進從日之進；西行，則月之退又符於日之退，三也。日月雖皆進行，比天行不及，則如退。日月五星行無殊，金水在太陽前後，率歲一周天，爲最速。次火，次木，惟土積重厚之氣，入天體最深，故在五星形最小，行最遲，而二十八歲一周天。若七政皆西行，則向謂遲者今反速，向謂速者今更遲，是金水行最遲，故一日即退一度，而一歲周天，土行最速，常及於天大約二十八日，始不及天原闕。度，而二十八歲然後周，四也。星雖陽精，然亦日之餘也。以日之陽次於天，且一日不及一度。星之陽不及日遠甚，而木十餘日，土二十餘日，始不及天一度，是木土之精及過於日遠矣，五也。五星以退留、遲疾、伏伏、疾遲、留退五段推步。姑以歲星言之，大約退九十三日而留，留二十三日而遲，疾伏共行二百六十餘日而復留而復退，是行常三倍於退，而退四倍於留之日。然行乃其常，而退乃其變也。若西行，則行爲退，退爲行，是五星進日甚少，而退日何其多，六也。星家步星，伏行最急，疾行次急，遲行爲緩，留則不行，退則逆而西，此皆以星附著天體而言者也。若七政隨天西行，則天自天，星自星，不可附著天體，但附著則爲東行矣。然則星家所謂遲、疾、伏皆爲最緩，而不及天所謂留，則不可言留，乃行而與天同健，一日皆能過於太陽一度。至於所謂退，乃更速過於天運矣，七也。由是言之，則古法比蔡傳爲密，文公不可復作，而吾師亦已即世，無所質疑。姑識於此，以俟知者而問焉。

日月之行當從古法，要而有序。蔡傳言日月尚可，若言五星則有不能通者。愚故著《七政疑》以明其説。若依古法，則日月之會亦以前法求之，易其進退足矣。

吴澄《吴文正集》卷二《答問》　答人問性理

天與七政八者皆動，今人只將天做硬盤，却以七政之動在天盤上行。古來歷家蓋非不知七政亦左行，但順行不可算，只得將其逆退與天度相直處算之。因此後遂謂日月五星逆行也。譬如兩船使風皆趨北，其一船行緩者見前船之快，但覺自己之船如倒退南行。然其實只是行緩，趕前船不着故也。今當以太虚中作一空盤，却以八者之行較其遲速。天行最速，一日過了太虚空盤一度。鎮星之行比天稍遲，於太虚盤中雖略過了些子，而不及於天，積二十八個月，則不及天三十度。歲星之行比鎮星尤遲，其不及於天，積十二個月，與天争差三十度。熒惑之行比歲星更遲，其不及於天，積六十日争差三十度。太陽之行比熒惑又遲，但在太虚之盤中，一日行一周匝，無餘無欠，比天之行一日不及天一度，積一月則不及天三十度。太白之行稍遲於太陽，但有疾時，遲疾相準，則與太陽同。辰星之行又稍遲於太白，但有疾時，遲速相準，則與太白同。太陰之行最遲，一日所行比天爲差十二三四度，其行遲，故退度最多。今人不曉，以爲逆行則謂太陰之行最疾也。今次其行之疾遲：天一，土二，木三，火四，日五，金六，水七，月八。天、土、木、火，其行之速過於日，金、水、月，其行之遲又不及日，此其大率也。

趙友欽《革象新書》卷上　天體左旋

天體之運有常度而無停機。天非有體也，因星之所附麗，擬之爲天之體耳。觀夫星之昏在東者，及曉則西墜；昏所不見者，至曉則東升。東西轉運，有以驗天體之左旋矣。然而北天之星未嘗入地，終夜可見其旋轉爲甚窄。窺之以管，其間一星旋轉尤密，不出管中者曰紐星。紐星所在天體不動，是爲北極。若南天之星，雖終夜不常見，而其旋轉亦不遠。知爲南極之所在，而南極亦不動。南北二極爲天體之管轄，其猶門之樞，車之軸歟。試以圓瓜譬之，北極乃瓜頂聯蔕之所，南極乃瓜末含花之所。天之東西爲最廣，則比瓜之腰圍。北極高而南極下，故北極之旁雖旋轉而常在於天，南極之側雖旋轉而不出於地。此又可驗地在天内，天如鷄子，地如内黄矣。然天體極圓，不類鷄子。乃取以爲譬者，非取其形之肖，特以比天包地外而已。以今譬之，天體如鞠内盛半水而浮板水上，板譬則地也。置物板上，鞠雖外轉，板豈常動乎？

又　**卷下**

目輪觀天

物小而近，蔽遠則多。日月之行道於列宿雖若，依躔而相去懸遠測望不同。試畫紙爲輪，其輻輳比三百六十餘度，輪圍比宿之躔，轂竅比六合之中。復剪黄紙爲日，黑紙爲月。日大月小，圍徑相倍。於輻度内置日月同躔，月近轂中，日近輪際，蓋近中則度狹，際邊則度廣。日月雖大小不同，而俱占一度也。復置日月距終之數，以黄色畫日道，黑色畫月道，各取日月體心爲距數，别用薄紙畫爲大輪，與前小輪同而周徑倍之，謂之目輪。其轂竅以比測望之目。以大輪加於小輪，測目瞳在六合之中，因即其處偏望月體所遮正在本度矣。然地平不當天半，目輪須令低，就低仰望，則月體所遮之度非本度矣。此非特比望各宿經度，而亦可比望去極之緯度也。

又　立表占景

立表於地中，高四丈，表首置一大圓器，表下四傍平地廣塗以白而黑，畫方眼如棊枰，每眼方一寸，縱横正向子午卯酉。即其上推測四時日景、九道月景，以考其東西南北疾遲之差。或日月兩景相紀，因以求日食分數，并虧圓時刻，起復方位。八方偏地亦可如是測之。然但可推測日食，若月食，則惟步日度相對，不可以兩景相犯而推也。

黃鎮成《尚書通考》卷一

朱子日月順天左旋圖

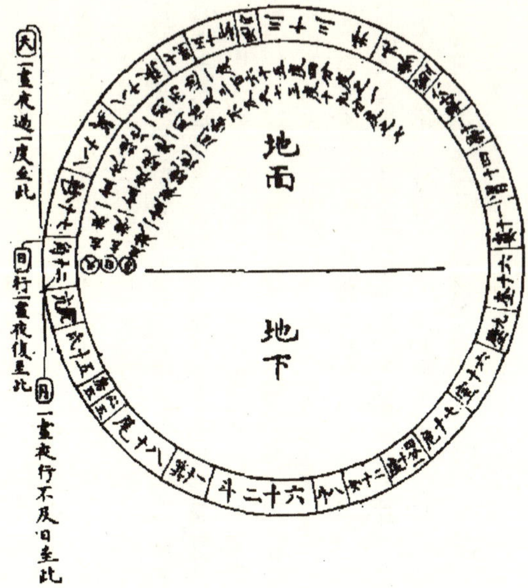

朱子曰：「天無體，只二十八宿便是體；且如日月皆從角起，天亦從角起，日則一日一周，依舊只在角上；天則一周了又過角些子，日日累上去，則一年便與日會。」又曰：「天行甚健，故一日一夜一周而又進過一度。日行速，健次於天，一日一夜周三百六十五度四分度之一，正恰好被天進一度，則日為退一度。二日天進二度，則日為退二度。積至三百六十五日四分日之一，則天所進過之度恰好得本數，日所退之度亦恰退盡本數，遂與天會而成一年。月行遲，一日常不及天十三度十九分度之七，積二十九日九百四十分日之四百九十九，遂與日會而成一月。」又曰：「歷家只算所退之度，却云日行一度，月行十三度有奇，此乃截法，故有日月五星右行之說。其實非右行也，橫渠云天左旋，處其中者順之少遲，則反右矣。此說最好。」

愚按：歷家以日月五星皆右行，由有歷以來其說皆如此矣。且如日行黃道，自南而北，則為春、為夏；自北而南，則為秋、為冬。出沒升降，皆有自然之勢。若左旋，則自東而西，日行一道，道各不同，不可以黃道名，亦不可指言日在某宿，其出沒之道冬則南漸進而北，夏則北漸退而南，為日馭者不亦煩矣。竊恐未然。

日月麗天之圖

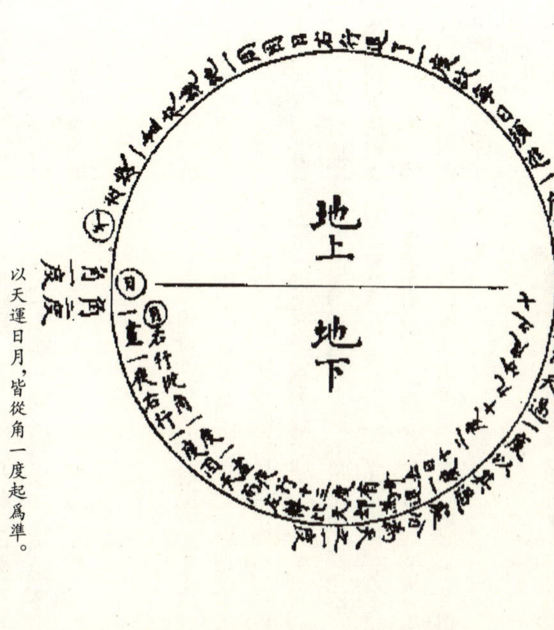

以天運日月，皆從角一度起為準。

《東漢志・歷法》曰：天之動也，一晝一夜而運過周。星從天而西，日違天而東。在天成度，在歷成日。日月相推，日舒月速，當其同謂之合朔；舒先速後，近一遠三謂之弦；相與為衡，分天之中謂之望；以速及舒，光盡體伏謂之晦；晦朔合離，斗建移辰謂之月。日月之行，則有冬，有夏。冬夏之間，則有春，有秋。是故日行北陸謂之冬，西陸謂之春，南陸謂之夏，東陸謂之秋。日有九道，月有九行，九行出入而交生焉。朔會望衡，鄰於所交，虧薄生焉。月有晦朔，星有合見，月有弦望，星有留逆，其歸一也，步術生焉。陳懼齋曰：月行嘗以二十七日千一十六分日之三百二十七而與天會，二十九日九百四十分日之四百九十九而與日會。日一年與天一會，月一年與天十三會，與日十二會。其與天會者無所用，故古今少道之。日月每三十餘會而一閏，兩閏之中謂十五、十六會也。

愚按：先君壽山翁必壽。好歷數之學，大德間嘗客京師，得訂其説於太史氏曰：晦翁因横渠之説，以天左旋而日過一度，日亦左旋而適周天，以爲歷家用截法，故謂日月五星皆右行。然考渾儀及黄道所經，因以求浩化之運，乃知歷家之法爲定，而二先生所見猶有遺論。蓋天地之化，陰陽消長，皆有一定之常，而莫之爲者稍不出於自然，則非所以爲造化矣。按《漢志》，角天門，房天衢，昴天街，井南門，皆黄道之所經也。若日左周，則惟追天不及之度至此，其餘日所周，未嘗經此也。如記謂日在斗、在東井之類，則惟天過日不及之時在此，每日周二十八宿，不得言在某在某矣。又《漢志》言日行北陸謂之冬，西陸謂之春，南陸謂之夏，東陸謂之秋。若每晝夜行天一周，亦何得指云某陸矣。且若天左旋，每日繞地一周，何故而又過一度？日亦左旋，每日一周，何故而自冬至則南極牽牛以漸而升，至夏至則北極東井又以漸而降？若使日自左旋，與天無與，則日乃浮遊無定，使至於牽牛、東井之極處，豈不能侵軼而行過其外，何故南北兩間若爲物所隔閡，獨常進退纏繞於四十八度之内而無所變易哉？且若是則南北升降之間，其出没之道凡百八十二有奇，每日各循一道而行，何其疏密之限無少差失如此哉？故古人作渾儀，器立黄道，爲日行之準，斜倚於赤道之内外。日道萬古但循黄道之軌，每日右行一度，隨天而左轉，日退一日，漸降而至於天體南端之極，則循其左，自然而復升。漸升而至於天體北端之極，則循其右，自然而復降。一升一降，循環無已。天則因日退一度，故每日必進一度，然後日出地上而爲一晝夜，是爲天過一度，一期三百六十五日四分日之一日，行黄道一周，復至去歲所起之度。天日進一度，至是而亦一周，是爲與天一會。皆造化神巧一定之勢，不煩擬議安排，而自然脗合也。唯朱子嘗曰：「造化簡易易知，而微妙難窮。」最爲的論。蓋惟其簡易也，止是黄道一斜。若使日循赤道，則無復四時之别矣。惟其微妙也，日一升則陽生而爲燠，为暑；一降則陰生而爲凉，爲寒。晝夜短長，翕張消息，萬物生成之不已，往來過續之不停，是皆日行升降之候也。或曰日不侵軼於南北，豈不侵軼於黄道之外乎？蓋左旋則日移一道，本無繫着。右行則惟循一軌，自不差忒。然時少有盈縮則有之矣。或又謂朱子以日行晝夜恰足周天之度，以爲二分日，依赤道則可。若二至，則天體漸狹而度數不滿矣。此未足以破前説。蓋南北之極與赤道天經，晝夜皆一周，特中濶而疾，兩端狹而遲，勢自然耳。譬輪之有輻，蓋之有弓，豈外有餘而中不足哉。若夫九行之交，五緯之次，苟求其故，皆可以因是而得之矣。

脱脱等《宋史》卷四八《天文志第一·天文一》 儀象

熙寧七年七月，沈括上《渾儀》、《浮漏》、《景表》三議。《渾儀議》曰：五星之行有疾舒，日月之交有見匿，求其次舍經劘之會，其法一寓於日。冬至之日，日之端南者也。日行周天而復集於表鋭，凡三百六十有五日四分日之幾一，而謂之歲。周天之體，日别之謂之度。度之離，其數有二：日行則舒則疾，會而均，别之曰赤道之度；日行自南而北，升降四十有八度而迤，别之曰黄道之度。度不可見，其可見者星也。日、月、五星之所由，有星焉。當度之畫者凡二十有八，而謂之舍。舍所以絜度，度所以生數也。度在天者也，爲之璣衡，則度在器。度在器，則日月五星可摶乎器中，而天無所豫也。天無所豫，則在天者不爲難知也。

宋濂等《元史》卷五二《志第四·授時曆議上》 月行遲疾

古歷謂月平行十三度十九分度之(一)[七]。漢耿壽昌以爲日月行至牽牛、東井，日過度，月行十五度，至婁、角，始平行，赤道使然。賈逵以爲今合朔、弦、望，月食加時，所以不中者，蓋不知月行遲疾意。李梵、蘇統皆以月行當有遲疾，不必在牽牛、東井、婁、角之間，乃由行道有遠近出入所生。劉洪作《乾象歷》，精思二十餘年，始悟其理，列爲差率，以囿進退損益之數。後之作歷者，咸因之。至唐一行，考九道委蛇曲折之數，得月行疾徐之理。

先儒謂月與五星，皆近日而疾，遠日而遲。歷家立法，以入轉一周之日，爲遲疾二歷，各立初末二限，初爲益，末爲損。在疾初遲末，其行度率過於平行；遲初疾末，率不及于平行。自入轉初日行十四度半强，從是漸殺，歷七日，適及平行度，謂之疾初限，其積度比平行餘五度四十二分。自是其疾日損，又歷七日，行十二度微强，向之益者盡損而無餘，謂之疾末限。自是復行遲度，又歷七日，適及平行度，謂之遲初限，其積度比平行不及五度四十二分。自此其遲日損，行度漸增，又歷七日，復行十四度半强，向之益者亦損而無餘，謂之遲末限。入轉一周，實二十七日五十五刻四十六分，遲疾極差皆五度四十二分。舊歷日爲一限，皆用二十八限。今定驗得轉分進退時各不同，今分日爲十二，共三百三十六限，半之爲半周限，析而四之爲象限。

又 卷五三《志第五·授時曆議下》 不用積年日法

歷法之作，所以步日月之躔離，候氣朔之盈虛，不揆其端，無以測知天道，而與之脗合；然日月之行遲速不同，氣朔之運叅差不一，昔人立法，必推求往古生數之始，謂之演紀上元。當斯之際，日月五星同度，如合璧連珠然。惟其世代綿遠，馴積其數至踰億萬，後人厭其布算繁多，互相推考，斷截其數而增損日法，以爲得改憲之術，此歷代積年日法所以不能相同者也。然行之未遠，浸復差失，蓋天道自然，豈人爲附會所能苟合哉。夫七政運行於天，進退自有常度，苟原始要終，候驗周匝，則象數昭著，有不容隱者，又何必捨目前簡易之法，而求億萬年宏闊之術哉。

黄潤玉《海涵萬象録》卷一

天地

天之南北二極如倚杵，天體如磨，二極如磨心。天體渾是一團氣，如磨轉，但近心處不大轉，在外氣愈遠愈轉。其星爲天體在最遠處，次日，次緯星，次月在內氣中至緩。人在地中見月掩日則日食，是日在月之外也。

混沌中一氣充塞，運動者總名天。萬象皆隨天運，獨地質静而氣貫其中，猶人之肺。七曜之遲速，因寓氣之內外不同，愈在外則愈速，故知天如輪轉而心不動也。

天只氣，地只質。天地之生萬物，如人身生毛髮，都任其氣化自然也。而人獨有心中一竅氣，寓得理而靈，故曰心神。然太虛中亦有一團氣，靈如人心者，則曰天神，而能如人心震怒也。

只看子午定鍼，便知天地自然之運。

天地間一氣右旋，如車輪之轉。地如車之軸，居轂之中。轂轉遲，輪轉疾，此天之氣近地者緩，漸遠地者漸急。七政行遲者在緩氣中，行速者在急氣中也。

又 天文

六合中一氣右旋，極高遠處氣急轉，至近地處氣緩轉。日月五星皆隨氣轉，但在上者行速，在下者行遲，故月在日下則行遲。何謂月行一日十三度，日行一度也？

王廷相《慎言·乾運篇凡二十章》 星之隕也，光氣之溢也，本質未始窮也，隕而即滅也。天之闢至于今，經緯之象盡矣。隕而散滅者，光氣之微者也。墮而爲石，感地氣而凝也，陰陽妙合之義也。上下飛流不齊者，隕之機各發於所向也，如迸激而噴也。【略】

天亦有定體，遠不可測也。觀恒星河漢終古不移，可以騐之。七曜麗天，而非附天也，故自爲運行。其動也，乘天之機也，雖遲速不齊，皆順天。

(日)[月]中闇黑，非地影也，質有査滓，不受日光者爾。月行九道，勢有高下東西。果由地形，則人之視之，如鏡受物，影當變易。今隨在無殊，是由月體，而匪外入也。月與日火皆外景，安能受物？

天乘夫氣機，故運而有常；地竅於山川，故浮而不墜。磑之轉於水，機在外也；匏之浮於水，空在內也。地，天內之物，無可倚之道。故曰天以機動，地以竅浮。

又《雅述·上篇》 沖漠無朕，萬象森然已具，此静而未感也，人心與造化之體皆然。使無外感，何有於動？故動者緣外而起者也。應在静也，機在外也。已應矣，静自如故，謂動以擾静則可，謂動生於静則不可，而況静生於動乎？

感應之機無端，故動静無常，皆性之不得已而然也。【略】

七曜之躔，遶極外方，一晝一夜，旋轉一周。近極則日躔當天體之高度，故晝日照三面而北面不照；遠極則日躔當天體之低度，故晝日照南面而三面不照。所不照者，非日不歷也，日遠而低，人自不見耳。或曰：「近極晝夜之度宜過短，而遠極之度宜過長，似也。何冬夏日度皆百刻？」曰：「天體雖有遠近高低，運行一周，遠近舉皆一周，管於樞故耳。觀日近極之時，則影移之遲，遠極之時，則影移之速，可測矣。如蟻在磨盤，一在邊，一在近臍，雖有內外遠近，皆磨一周而同至，安得刻候不同？此蓋天之術，所以難算，必至於失傳。而混天之法籠同渾取，反能行之後世而無議也。使萬世之下有神解之士出，必以吾之論爲當而取之矣。今曰北者至陰之地，陽之根窟，故日照三面而北方不照，此據人所及見爲論，非天道之本真。且日月隨極而轉，夜不於北而何往？使極之下無人則已，有則必見日之環照而無夜矣。北方有國，日落煮羊髀，未熟而日已出。由此觀之，彼國之日亦有北照者矣。其謂北方至陰，爲陽之根窟，故日不照北，殊爲穿鑿，論失精到。」

王應電《七政右旋説》 今夫天左旋，日月星辰皆西墜，夫人而見之，故謂七政皆從天左旋，甚似直截明快。因謂昔人推步，咸以七政右轉者，止以退度數少，易于推算之故，説亦可通。然細觀之，則有大不通者四：天地之化，一順一逆，以成化工，故律左旋而同右轉，河圖主順，而洛書主逆。故七政逆天而行，若皆左旋，是有順無逆，何以示凶吉而成化工？此不可之一。然猶曰此書生常談，渾渾未足以判案。夫君道逸，主于無爲，故日一日行一度，歲一周天，故經天者以日爲主。臣道勞，主于代君，故月一日行十三度，一月一周天，故以月之一周天而命之爲一月。若謂日月每日皆一周，日不及天一度，月不及天十三度，是日勞月逸，元首叢脞而肱股惰耶。此不可之二也。天下物理，金水之行爲最疾。水一日千里，五金在世，無頃刻停，因命錢曰泉。火次之，四時而改。木又次之，一歲而彫。惟土爲不動。故金水附日，歲一周天。火二歲一周天。木歲居一辰，十二歲而一周，故謂之歲。土歲居一宿，二十八歲而一周天，故曰填，一音震，取其以填静爲體；一音田，取其以填塞爲用也。今曰皆從天左旋，是金水一歲而不及天之一周，火星二歲而不及天之一周，木星十二歲而不及天之一周，土星二十八歲而不及天之一周，是應速者反遲，而應遲者反速矣。且右旋則以所進而名爲日，爲月，爲歲，爲填，左旋則以所退而名爲日月歲填，其義與名何乃不經若是耶？此不可之三也。語云善言天者必有驗於人，人稟天地五行之氣而生。術家凡立命于天，二十八宿度數各有所屬。安命之度而遇五星之左行者，則其人必悖逆，一生作事顛倒。其正大順利之人，必值五星之右行者也。設若以左旋爲順，右旋爲逆，則豈人之立命皆值五星逆行而間值其順者，且值其順者何反凶，而值其逆者反吉耶？此不可之四也。言天者尚詳之。

朱載堉《聖壽萬年曆》卷首　數在六藝之中，乃學者常事耳。仲尼之徒，通六藝者七十餘人，未嘗不以數學爲儒者事。數非律所禁也。天運無端，惟數可以測其機。天道至玄，因數可以見其妙。理由數顯，數自理出，理數可相倚而不可相違，古之道也。

又朱載堉《律曆融通》卷四《黄鍾曆議下》

天周

古曆周天之度，周歲之日，皆三百六十有五。全策之外，皆有奇分，所謂四分之一。自今歲冬至距來歲冬至，歷三百六十五日，而日行一周。凡四周歷千四百六十則餘一日，析而四之，則四分之一也。然天之分常有餘，歲之分常不足，其數有不能齊者。蓋黄道雖去差，冬夏二至日躔恒距赤道二十四度，其躔每歲不同，歲差移一分，餘斜絡於二十八宿間，歲久皆其經行之道。如人纏絲爲團，絲絲纏絡，雖重復參差而周道則一。譬猶月之出入黄道，每交退移變動不居，日出入於赤道大率亦然。但月之退移也著，而日之退移也微，古人造歷初未之覺，以爲日有常度，天周即歲周。其説似是而非，故久而益差。晉虞喜始覺之，謂天度與歲日數殊，不用天周即歲周之術，使天自爲天，歲自爲歲，因立歲差法。其法損歲餘益天周，使歲餘浸弱，天周浸强，强弱相減，則得日躔歲退之差。歷代治歷者，咸宗之而有所損益焉。初喜以天體爲三百六十五度二十六分，乃四分之一有餘。歲策爲三百六十五日二十四分，乃四分之一不足。五十年差一度。宋何承天以歲差太速，改周天爲三百六十五度二十五分半，周歲爲三百六十五日二十四分半，百年差一度。祖沖之以四十五年差一度，隋劉焯以七十五年差一度，唐傅仁均以五十五年差一度，僧一行以八十二年差一度。自後諸歷，各各不同。宋歷多在七十五年左右，惟《統天歷》取大衍歲差，率八十二年。及開元所距之差五十五年，折取中數得六十六年三分年之二，爲日退移一度之限，故謂周天三百六十五度二十五分七十五秒，周歲三百六十五日二十四分二十五秒，百年差一度半。元《授時歷》從之，至今守其説。蓋亦近密矣。按漢代以前，未有歲差之法。晉宋而後，雖立歲差而未有定論。李淳風猶謂無差，冬至日常躔斗十三度。至一行而論始定。王孝通難云：如歲差自昴至壁，則堯前七千餘載，冬至日應在東井，井極北故暑，斗極南故寒，寒暑易位，必不然矣。一行辨之曰：夫所謂歲差者，日與黄道俱差也，假令冬至日躔大火之中，則春分黄道交於虚九，而南至之軌更出房心外，距赤道亦二十四度。設在東井，差亦如之。若日在東井，猶去極最近，表景最短，則是分至常居其所，黄道不遷，日行不退，又安得謂之歲差乎？此言當矣。至若損歲餘、益天周之説，今則以爲未然。蓋歲餘雖有所消，而天周實無所長，其强使之長者，不過因求歲差而設，此以胷臆之見而誣天也。夫歲餘之消，驗諸晷景可知。天周之長則無所憑據，非近誣矣乎。今考諸歷，周天餘分以萬約之，則《古六歷》爲三百六十五度二千五百分，《大衍歷》爲二千五百六十五分，《紀元歷》爲二千五百七十二分，《授時歷》爲二千五百七十五分，皆以漸而增也，豈天實有所增哉，特人爲傅會之耳。古云：善治歷者，當順天以求合，非爲合以驗天。此皆爲合驗天者也。故今新法削去後人所增之分，以復古歷之舊。所謂周天三百六十五度四分度之一是也。一爲實，四爲法，實如法而一。以度母百約之，則爲二十五分。上考下推，無所增損，此不易之法也。

又　歲差

渾天家説天體正圓，狀如鞠毬，内少半盛水，中間浮一葉譬之地也。元氣運，天左旋不已，而地常平，爲水所載故也。人處地上，不當天半，地上天多，地下天少，何以知之？以日月之近大而遠小，星度之高密而低疏知之也。然地平既在天半之下，而仰觀止見周度之半者，天遠似乎低，地平與之相妨，人目不可盡見也。天有二樞，雖旋不離其所，是謂北極、南極。然北極升出地上，而南極降入地下，斜倚運轉，非平轉也。二極中腰一周，謂之赤道，亦隨天形斜倚而不平矣。言赤道者，初非有形，昔人木刻渾天之象，而以五色莊嚴日月所行之路，故以五色名之，是謂九道。於天則有其路，而無其形也。天體又似薰被香毬，中有機者，盛灰埋火之處，即同地耳。毬雖轉而火常平也。兩畔相合之際，正猶赤道，其中機環則黄道、白道也。赤、黄、白道循環一周，各爲三百六十五度二十五分。其度初亦非有，昔人强名之，以便推測耳。天本無度，地本無里，地以人步爲里，天以日行爲度，故曰推步。度者，尺寸之總名。尺不可以量天，故借太陽圓徑作爲一度。黄道度之廣狹，隨太陽高下而異。惟赤道則不然，蓋赤道之度近極則狹而密，遠極則闊而疏，譬如傘蓋半張視其橑也，柑橘去皮觀其瓣也，或以圓瓜比焉。天體既如圓瓜，其十二辰次猶瓜有十二瓣。周天三百六十五度二十五分，均爲十二瓣，則一瓣爲三十度四十三分七十五秒。周度輻輳於南北二極，則度之形斂尖於瓜之兩端，而開廣於瓜之腰圍。瓜腰一圍是名赤道，其度在赤道者正得一度之廣，去赤道則漸遠而漸狹，雖名一度實不及一度也。既以天體比之圓毬，則東西南北相距皆然，故東西以二十八宿相距遠近爲度，南北以北極樞星相距遠近爲度。一周皆三百六十五度二十五分，二極相距及赤道半周皆百八十二度六十二分五十秒。赤道横分，二極與二極相遠各九十一度三十一分二十五秒。雖云赤道斜倚於南，而其東西兩旁則固在卯酉之位矣。蓋赤道宿度有常，渾象倚之爲準。然非日所行路，日所行路則黄道是也。其宿度多寡與赤道不同，而累歲變更，或增損無定，蓋由黄道斜跨赤道内外各半。冬夏二至去赤道最遠，其度既狹而日又横行，故每度爲有餘。春秋二分當赤道所交，其度既廣而日又斜行，故每度爲不足。惟四立之日，度在酌中之處，餘則以漸而廣狹矣。日行有餘則度數少，日行不足則度數多，此黄道所以異也。日道以赤道外爲陽，内爲陰。月道以黄道外爲陽，内爲陰。一出一入之間差法由兹而立，故先儒謂黄道之差始自春分秋分，赤道所交，月道之差始自交初交中。黄道所交黄道一周退前所交六十分度之一，是謂歲差。歷二萬一千九百一十五年而歲差周。又曰今人只説天運有差，天豈得差，自是運行合當如此。諸家所擬歲差分秒，率皆疎謬。蓋由未悟自然之數故也。《授時歷》以算術、句股、弧矢、方圓、斜直所容，求到黄赤道度率爲密，新法因之，取二至初日黄道一度當赤道一度八分六十五秒，即黄赤道相差自然之數也。推黄道歲差，術據赤道百年退天一度半，故置赤道歲差一分五十一秒，以律母乘之，得一度五十分爲實。以一度八分六十五秒爲法，除之，得一分三十八秒，命爲黄道歲差。置一度八分六十五秒以律母乘之，得一百八度六十五分爲實。以一度五十分爲法，除之，得七十二年。不盡，用約分法，得三十分之十三，是知七十二年有奇而黄道退一度。折衷一行及傅仁均所擬歲差於彊弱之間，適得中平之率。先儒論黄道六十年差一度，雖似有理，用推《堯典》中星則過中矣。未敢以爲然也。先儒又謂，凡日月每日行度本無盈縮進退，歷家欲求日月交會，故以赤道爲起算之法，以赤道度數而揆之日道、月道，則有盈縮及進退焉。非真有盈縮進退，此説於日似矣，月則不然，辨見月度條下。

又　定朔

古者平朔月朝見曰朒，夕見曰朓。劉向父子據《洪範傳》以爲人事緩急之應，未達月行遲疾之理。今以日所盈縮，月所遲疾而損益之，或進退其日以爲定朔，則舒亟之度乃數使然，非由人事之應。遲疾有衰，其變者勢也。月逶迤馴屈，行不中道，進退緩速，不率其常，而損益之率生焉。由是躔離相錯，偕以損益，所謂日過平行則益之，不及則損之，從陽之義也。月過平行則損之，不及則益之，御陰之道也。雖尊卑之用睽而及中之志同。

又　五緯

夫在天成象，日月星辰皆象也。而日月五緯獨異於衆星，自有行度者，此二五之精，造化之妙，非衆星之比也。日月五緯體性不齊，故遲速有異，當以陰陽五行别之。蓋律歷同一道，天之陰陽五行，一氣而已。有氣必有數，有聲歷以紀數，而聲寓律，以宣聲而數行。律與歷同，流行相生，故其配五聲也，不以體之大小論，而以性之遲疾論。宫居中央，屬土，厥性尊重。角居東方，屬木，厥性柔和。徵居南方，屬火，厥性輕躁。商居西方，屬金，厥性明敏。羽居北方，屬水，厥性涣散。故其行度亦各隨之。凡五緯順行曰進，逆行曰退，速行曰疾，緩行曰遲，不行曰留。月雖因日而有晦朔、弦望，其遲疾不因日。若五緯，則因日而有遲留退伏矣。土、木、火三星屬陽，於日爲臣，其行度則土性尊重最遲，火性輕躁最疾，惟木得其中焉。雖云火星最疾，其視日猶遲耳。自其與日同躔計之，日行在前，星隨在後，疾追不及，去日漸遠。其進漸遲，遲甚而留，留久而退。初遲退，漸疾退，退最疾而後退漸遲，遲甚則留。留久則進，初遲進，漸疾進，進最疾則與日同躔也。與日同躔謂之合，近日不見謂之伏。伏見距日度數，視其星之大小爲異。月有晦朔，星有伏見。月有弦望，星有留退，其歸一也。大抵近一遠三而留，周天相半而退。留退初末各隨其性，而度數亦異焉。凡退行最疾時，必與日對衝矣。未與日對衝之先，夜半後可望，是名晨段。既與日對衝之後，夜半前可望，是名夕段。金、水二星屬陰，於日爲妾，時常輔日而行，故與彼三星異。金星去日最遠僅逾半象，水星去日最遠不及一辰，終無對衝，却有退合。其近日最疾時則行度疾於日，故與日初合。畢，趨進於前，漸遠漸遲，遲甚則留，留而後退，初遲退，後疾退，退最疾時與日再合。合畢猶退，初疾退，漸遲退，退遠而留。留已復進，由遲漸疾，疾追及日，相合如初。故初合已後見於西方，謂之夕段；再合已後見於東方，謂之晨段。五緯各有遲疾，而其行度多寡則皆不同，乃常數如此。古法惟知有常數，未知有變數之加減。北齊張子信仰觀歲久，知五緯有盈縮之變，當加減常數，以求其逐日之躔。蓋五緯不由黄道，亦不由月所行道，而出入黄道内外各自有其道，視日遠近爲遲疾，如足力之有勤倦。其變數之加減，如里路之徑直邪曲也。《前漢志》曰：天下太平，五星循度，無有逆行，日不食朔，月不食望。此説非也。不因日食何以知其爲朔？不因月食何以知其爲望？食不在朔望者，蓋歷術之弊歟！五星於日猶臣妾也，其配三天兩地而分陰陽，則土、木、火三星屬陽爲臣，金、水二星屬陰爲妾臣，不敢與君敵，故對衝則退行，猶恭敬之禮也。妾不敢與君離，進而前驅，稍遠則退，退而後隨，稍遠則進，進退逡巡，不敢離日，亦恭敬之道也。而前志云熒惑去日遠，而顓恣太白進在日前，氣盛則皆逆行，謂非正行，誤矣。舊説星入月中，見爲星食月，不見爲月食星；若入日中則爲黑子。然則五緯於月高下無定，惟下於日而已。以物喻之，日月五緯猶魚也，魚行江河，不著其底，必憑江河之水以行，或逆或順，各任其情。七曜雖縣虚不附於天，意其必憑天之氣以行。然魚之性好溯上流，流急魚緩，爲水所漂，喻隨天左旋，而實右行也。或難曰：古今歷家皆云七曜右行，惟宋儒則云隨天左旋，信否？答曰：非始於宋儒也，沈約《宋書·天文志》已有是説。其載劉向五紀辨論之詳，蓋先得我心所同然者。宋儒性理之學一出，攘爲己物，以爲前賢之所未發，誣也。曰：左右二説孰是耶？曰：此千載不決之疑也。人步舟中，蟻行磨上，緩速二船，良駑二馬之喻，各主一理，似則皆似矣。苟非凌空御氣，飛到日月之旁，親覩其實，孰能辨其左右哉。然以正理論之，日，君道也。月與五星，臣道也。歷家以爲月近日而虧，遠日而盈，此《易》所謂二多譽，四多懼也。日行一度，月行十三度，日緩月速，君逸臣勞，駿奔走之象也。五星近日而疾，遠日而舒，《論語》所謂「君在，踧踖如也，與與如也。過位，色勃如也，足躩如也。出，降一等，逞顔色，怡怡如也。」去日甚遠則留，留久則退，退後遷延，復與日近。此臣下念念不敢忘君之象，皆有關於世教，其説不可廢也。若依宋儒所見，則皆反之而無義味，不如歷家之説爲長。君子有所取焉，而但以爲布算難易之别，其説淺矣。況我太祖高皇帝御製文集自有定論，凡爲臣子者，允宜欽遵，而固執之於彼宋儒偏見之陋，何足據云。雖然，五星之理愚昧之所未達，故不敢詳言之。今所述者，不過因史志之舊文，間或潤色之耳。欲求精密，則須依憑象器測驗天文，積日累月，務得其實，而後綴以算術，立爲定法，方可以成一代之懿制，傳之萬世而無弊也。乃今儀表之具，生來目所未覩，況能知其距度之疎密、辰次之廣狹乎。嘗觀宋人小説有曰：「古今歷法，五星行度唯留退之際最多差，自内而進者，其退必向外；自外而進者，其退必由内。其跡如循柳葉，兩末鋭，於中間往還之道相去甚遠，故星行兩末成度稍遲，以其斜行故也；中間成度稍速，以其徑絶故也。歷家但知行道有遲速，不知道徑又有斜直之異。前世脩歷，多只增損舊歷而已，未曾實考天度。其法須測驗每夜昏曉夜半月及五星所在度秒，置簿録之，滿五年，其間剔去雲陰及晝見日數外，可得三年實行，然後可以算術綴之，古之所謂綴術者此也。」已上一段言測驗綴術甚詳，乃治歷之要旨，故附載於卷末。昔蔡邕上書云，願匍匐於渾儀之下，按度考數，著於篇章，以成一代盛典。夫古人何不飽煖自逸，而願爲此辛苦事者，懼抱藝而長終，惜絶傳於來世，欲伸葵藿之諶遑，恤出位之罪哉。詩云「夙夜匪解，以事一人」，此之謂也。我太祖嘗謂元歷與今歷二統皆難憑，況黄鍾乃律歷之本原，而二統罕言之，是故欽遵聖諭，撰此末議，採衆説之所長，羽翼大統，廣其未備，以俟知歷者裁之云耳。

邢雲路《古今律曆考》卷六三《曆議四》 月行遲疾

日大月小，日上月下，而以下小掩上大，圓徑適相同，故日大月小皆一度，日日行一度，月日行十三度有奇。然月之行道有遠近出入之異，於此得疾徐之理，則遲疾生焉。歷法以入轉一周之日爲遲疾，二歷各立初末二限，初爲益，末爲損。在疾初遲末，其行度率過於平行。遲初疾末，率不及於平行。自入轉初日行十四度半強，從是漸殺，歷七日適及平行度，謂之疾初限，其積度比平行餘五度四十二分。自是其疾日損，又歷七日行十二度微強，向之益者盡損而無餘，謂之疾末限。自是復行遲度，又歷七日適及平行度，謂之遲初限。其積度比平行不及五度四十二分。自此其遲日損，行度漸增，又歷七日復行十四度半強，向之益者亦損而無餘，謂之遲末限。入轉一周，實二十七日五十五刻四十六分，遲疾極差皆五度四十二分。舊歷日爲一限，皆用二十八限。授時定驗，得轉分進退時各不同，分日爲十二，共三百三十六限，半之爲半周限，析而四之爲象限，亦大都實測之數也。考《爾雅》邢昺疏引歷象之説，則月一日至於四日，行最疾，日行十四度餘；自五日至八日，行次疾，日行十三度餘；自九日至十九日，行則遲，日行十二度餘；自二十日至二十三日，又小疾，日行十三度餘；自二十四日至於晦，行又最疾，日行十四度餘。此謂近日而疾，遠日而遲之説。然而非也。蓋月道不繫於朔，其入朔之初非月之初，乃轉之初日也。月二十七日有奇一周天，無日不可入轉者，與月策二十九日有奇何相關？故初日至三日，疾行十四度餘；四日至七日，疾行十三度餘；八日至十八日，疾而又遲，皆行十二度餘；十九日至二十二日，遲行十三度餘；二十三日至二十七日，遲行十四度餘，爲一周。此其數也。邢疏所論近日疾，遠日遲之數，而且謂爲月一日至晦日，謬也甚矣。

又　卷六四《曆議五》　五星

二五之精，各有行度。日由黄道，月由白道，五緯則不由黄道，亦不由白道，而出入黄道内外，各自有其道。月不因日爲遲疾，五緯則因日而有遲疾、順逆也。近日而疾，遠日而遲，伏後而疾、而遲、而留，皆順行；留而退，而又留，皆逆行。留而復順行，而遲、而疾、而伏，而爲一周。合後見於東方曰晨段。合後見於西方曰夕段。北齊張子信悟五緯有盈縮之變，而加減常數，以求其逐日之躔，始爲親密也。若七曜之高下，則星入月中，月體自若，而星居月上爲星食月。入之而星隱不見爲月食星。星入日中則爲黑子。然則五緯於月高下無定，惟下於日而已。如測五星高下之數，則各以勾股測天之術求而得。

又　卷七二《曆原六》　天尾五限　月道交日道，出入於六度而信不爽。五星去而復留，留而又退而伏，而期無失，何也？太陽爲萬象之宗，居君父之位，掌發斂之權，星月借其光，辰宿宣其炁，故諸數壹稟於太陽，而星月之往來皆太陽一氣之牽繫也。故日至一正而月之閏交轉，五星之率，皆由是出焉。此日爲月與五星之原也。

揭暄《璇璣遺述》卷一

象緯億證

古之言天者衆矣，蓋以天與日月五星各有獨動之輪，高下遲疾伏逆不同，種種之議生焉。朱子則謂天左旋，政亦左旋。天行疾，一日一週。政行遲，一日一週每有不及。明太祖則謂天左旋，諸政右轉，循天而東，積久乃得一週。兩者皆言諸政附於天，而不著于天，如螘之緣於磑，古磨。但有順逆之分耳。泰西則分天爲九重，諸政各居其一，所以左旋者，宗動天牽掣諸政之天而左耳。而諸政在天，自皆右轉，各有本行，各爲遲疾，是言諸政之體各著一天。政不自行，其天帶之以行。如木節在版，至所動不定，不得已。更生小輪及三動之説，而遲留伏逆不可問矣。是其説愈精，其理愈晦，其算愈確，其故愈支。以愚論之，止有一天，更無二天；止有一動，更無二動；止有左旋，更無右旋。日月星附于天，止有高下氣位從内流轉，無九輪之隔别也。何以言之？天之體一而厚，雖其初賦時止屬微氲，然元氣之生機最神，故積久而體厚矣。地之初亦始于微塵，《莊子》所謂造物之以息相吹也。即以其體論，自地心至月，相距四十八萬二千五百二里餘。自月至宗動，相距六萬四千六百八十五萬六千一百六十八里。共計之其厚已得六萬四千七百三十三萬八千六百九十里餘，况宗動之上尚有餘位乎。凡遠近大小，俱依西氏數算。日月諸星之在天，如山之列於地，各有遠近地體。本國從南之下至北之高，以衡山爲較，衡山近南者也，遠而有嵩山，再遠而有華，恒泰相距，各以千百計。諸政之相高下，於天圜體中亦然，但山在地圜面之上，諸政在天圜殼之中耳。又諸政高下，如月含潮母，與地水緊攝，故居最卑。至日及五星列宿，相次而高，則因其體有輕重、大小、激滚之不同，非有異天也。以距地心較月與宗動，見前日距地一千六百五萬五千六百九十餘里。金水附日環轉，論距日，不論距地。見下火星距地二千七百四十一萬二千一百里餘。木星距一萬二千六百七十六萬九千五百八十四里餘，土星距二萬五百七十七萬五百六十四里餘，經星距三萬二千二百七十六萬九千八百四十五里餘。其體愈輕，則其位愈高耳。至於行，則諸政皆麗天而轉，何以故天以氣生，還以氣行，氣從外呼而體繇以舉，氣從内貫而體繇以轉。亦猶人之呼吸，從鼻者則有出入，從臍輪者止有轉旋而已。天一呼吸而一週，是天一日一呼吸也。亦猶人一呼吸而氣脉一升一降，此内氣也。地一日有二呼吸，于潮汐見之。人則一日有二萬五千二百息已矣。天一日一呼吸而一週，故諸政麗天轉者，從東達西，亦一日一週。然各自爲行者何？蓋天之體厚而凝，而中通有道。惟其凝，故諸政列有高下而載之以轉。惟有道，故諸政各循其道而往來不息。天有道，猶地有川。諸政行於道，猶舟行於川。川有遠近，政之上下也。川有定趨，政之不能越也。又何有焉？政之道在天，如人身有脉絡，人身本一而脉分十二。人一呼吸，脉行六寸。此論血脉之脉。若氣脉，則呼吸俱貫徹矣。此自上下周流旋轉，無停息言也。然必絡於天中者何？天本圓體，圓則以中爲廣。諸政亦圓體，圓必以中爲滚，况天體輪轉，諸政爲其所掣，捨中更無所之也。日黄道，月九道，五星之道皆居其中。然必斜絡者何？亦猶山有凹凸，川有曲折，道之出入，黄道出入於赤道南北二十三度半，諸政又出入黄道南北。月五度，水四度，金七度，火内四度，外六度，木一度，土二度，皆有奇零。至金水，則又斜倚日行而已。雖其氣機使然，然其自南而北，自北而南，密密轉移，時遷物變，造化之亭毒止於此。以神其用，而謂各有一天。天心不同，豈其然哉！故聖人效之於春生、秋殺，兩端未嘗偏廢，要不離於中道也。其行道又有然矣。獨是諸政在天，有似倒滚，人多不得其説，遂謂勢與天違，而不知其正與天相順也。説之如何？有槽進丸退之説焉。日月諸星，其體皆如圓珠，西儒或稱球，或稱輪圓故也。納於天之脉中，珠皆活動，則必各行其道，而天盤旋，急勢必倒退，於理然也。宗動周天四十萬零六千八百九十八萬六千零五十一里，日道周天一萬零九十二萬一千四百八十里，月道周天三百零三萬二千九百九十五里，人一日二萬五千二百息。天一日一周，計人一息，月于道中應行一百二十里餘，日于道中應行四千零四里餘，宗動應行一十六萬一千四百六十七里零。按《群徵》云，太陽從宗動西行四刻，約應地四百五十二萬里。列宿天近赤道之恒星，則行九千三百六十萬里矣。物行之速，莫如銃彈。銃彈之行，經十五分刻之一分，得九里。如欲遶地一周，非七日不可。是太陽四刻之行乃銃彈三百四十八日之行也。而列宿較太陽疾二十倍，宗動則疾四十倍，其動迅急如此。《易》所謂「天行健」，朱子所謂「勁風旋轉，故地得以兀然浮空而不墜」，是也。試以平版作一盤，犁爲溝槽六道驗之。月、火、木、土各一道，金水各日共一道，只須六道。其槽皆環規深滑，層層相裹，自内至外各置一圓珠。以銅鉛爲之，使小而滑。豆黍亦可，但須善轉。共置一方，如日月合璧，五星貫珠。式版之中心竪一圓幹，以手挼之，使盤左旋，而盤行勢急，珠必倒退。蓋珠之下跗，實麗於盤者，爲盤所洩，帶動而西，其珠之上虚者則必倒轉一步，以從西行之勢。盤轉一周，珠倒幾何，積久自周于内外大小間，又可以徵遲速不等之别。猶夫舟之觸岸，人必反靡；馬之驟鞭，身必少卻也。夫珠之在槽，豈若釧彄大丁也。之定鉗入也。於物哉。其盤旋動，槽中之物不能凝立，圓者必轉，又以迴水觀之，水勢流下，旁置一物則反逆上。又以逆風觀之，風勢吹西，斜張其帆舟反逆東，其勢然也。直者必仆，試使人立于平版上，前一人從下忽掣之，有不倒後乎？小者、輕者不亟移，則飛躍。如揚米者，以手擣箕，米必縮後。以手掣箕，米必奔前。不必圓物，急則反徙，至如粃麩之屬則竟跳矣。定理如此，特不察耳。故倒退者，正以順天之行也。周天倒退，更有遲速者何？政之居有高下，則度有廣狹，居内者其度狹，居外者其度濶。狹易周而濶者難。如月道最下一度徑八千三百零九里，日道一度二十七萬六千四百九十七里，金、水附日其度另算見下。火道一度四十七萬一十六里，土道一度三百五十四萬三千六百零二里，列星一度五百五十五萬八千四百六十三里。愈高則其度愈廣，依倒退月輪二十七日三十一刻一周。(月)[日]輪三百六十五日二十二刻一周，金、水附日周，火星一年三百二十一日九十三刻一周，土星二十九年一百五十五日二十五刻一周。木道一度二百一十八萬三千一百十六里，木星一十一年三百一十三日七十刻一周。列星二萬五千年一周，星愈廣而則愈難周，即歲差詳在下矣。亦猶人身十有二脉，各有内外踵息之周，自頂至踵任督之周，自會陰至百會胎息之周。臍輪升降，宗動之周，正臍輪不動之氣，特爲外之呼吸所致，故旋轉不已。遶榮與遶衛，遶臍與遶踵，其遲速固不同也。

尤有説者，諸政遲速，既因於度之濶狹，則其行可以度里(許)[計]，亦有不合者何？諸政之體，各有大小，故其遲速亦異。即以日月爲較，日月在本道，其體俱得半度，然日道之度大於月道之度三十三倍，二千三百里，因知其體亦大於月三十三倍餘。日體大，其倒退所占者多。月體小，其倒退所占者小。日占多而一度者，一度乃二十七萬六千四百九十七里濶也。月占小而十三度者，十三度僅一十一萬一千八十三里半也。以里均之，月行十三度，止當日行五分度之二。是日體大，倒退多於月幾一倍有半。西學云，日月在本天，每半度爲一全徑。以半度推之，月徑四千一百五十四里半，日徑一十三萬八千二百四十八里半。又云地大于月三十八倍又三之一，則月徑七百四十七里餘，不及半度矣。日大于月六千五百三十八倍又五之一，則日徑四百八十八萬四千零三十五里餘。在本天應據一十七度，一十一萬八千零三百六里矣。天覆于地平上者，半環止一百八十度，令一日體占十七度餘，則横纍十一日，亘天黄道自東達西，半匝俱滿矣。試舉目望之，儀測之，其十一日可滿乎？抑止半度乎？又以冷燠言之，日較地大一百六十五倍又八之三，雖係立圓，是地在日中僅一點耳。即有南北千里、數千里之殊，不同亦止共處一點，而南無雪，北無雷，寒暑氣候迥然，則是太陽之氣不能徧蒸于群地，而日太陽之體遠過于地，又安足信乎？但大于月則有之矣。大者速，而小者遲，此物此理也。火星大地半倍，木星大地九十四倍半，土星大地九十倍又八之一，金星小地三十六倍二十七之一，辰星小地二萬一千九百五十一倍。大者進退皆速，小者進退皆遲，如人大者步長，人小者步短，須審其微而推之。其遲速又有然矣。而於常行之中，更有遲留伏逆者何？七政之行雖屬於天，而月與五星又繫於日。日者君象，諸星或先之而導，或後之而從，無不可者。惟至對衝，則必速進。算家所謂逆，寔則西進倍速也。相近則必合伏。速進者不敢遲君之旨，合伏者不敢敵君之體。火氣相加，陽光相攝，此雖係於氣機，而見之色變，當之疾馳，實理亦從是附焉，不可不講也。此不定中之一定也。惟至兩界則有遲留。遲留者，由於將逆而順，將順而逆，展轉上下，其勢不同於平行，上升下降，平視不同。亦理之所不得不然者。木、火、土固如是矣，金、水則不然。金、水二星，或居日前，或居日後，或在日天之上，或在日天之下，遠西分爲三天，其説不一，惟言與日共一輪爲是。熊文直先生《函字通》亦云然。金、水與日相副而行，其體雖異，其氣則相攝。如鍼之指南，氣之隨鼻，珀之拾芥，潮之從月。在日爲近侍象，故其所行輪抱日輪外。即以車輪言之，日如輪之軸，居中旋轉，金、水如輪之輻，周圍循行，遶軸旋轉。故日之轉也，金水或旋而前，或旋而後，一前一卻，亦勢所至也。自人目視之，祇見其或順或逆，而不知其遶日環轉也。特順則趨於日之上，逆則退於日之下，遲留則行於日之側。二星並有晦伏弦望，即此故也。但水星小而近，不似金星易見耳。人祇見其爲遲、爲留，而不知其自上下下，自下上上也。在上爲進疾，在下爲退尤疾，其中有不行而行，非退而退之象。在下除已退分數外，日又帶退一度，寔則無所謂遲留與逆。在金、水第遶日平行而已。遠日則見，近日則伏，特其常耳。《史記》日中有黑點，以爲災異，不知寔乃二星適過其下，又日中別有黑子，詳後。雖然二星均爲遶日，其周則有不同者何？此言遶日之周，故有不同。若遶天之周，則金、水與日等耳。水附日近，其度少，其行速。以日度較之，距日二十三度零二十四分，環日僅一百四十三度零九分，一百一十九日九時四刻三分遶日一周。金離日遠，其度多，其行遲。距日四十七度，環日二百八十七度半，五百七十八日八時三刻八分遶日一周。故金之遶日一周，水已遶日五周矣。然二星並是活珠，雖爲日輪帶動東行，而周旋之間未免亦有倒退，如日月諸星之行天者。天西，故諸政倒退于東。日東，則金、水當倒退于西。上下周旋，以人目平衡較之，未免有兩倒，其寔則一也。是日月諸星倒退，所以順天。諸星之遲留伏逆，又所以順日。惟月與日敵體，西國稱爲小日，有妻象然也。又離地近而氣緩，雖有逆行而不顯著。至於對衝，其光更加滿，豈偶也哉。天圜體，政亦圜體，天能轉，政獨不自轉乎？以前言天帶動諸政，此言諸政自轉。日之轉不可見，即以金、水徵之。金、水抱日輪外，天轉故日轉，日轉故金、水轉。金、水轉益可推日之轉也。

凡物屬氣者必動，體圜者善轉，於火尤甚。太陽之氣屬火而體圜，性利摩盪，雖爲天所帶動，寔則自轉不已，迅疾勁勵。近之者爲其所掣，勢迫而急，愈近則愈急。譬之淺水旋轉入渦，遠緩近急，而于近渦處，其急更有莫可名言者。海水歸墟亦然。又物之合爲一體者，其轉維均。如車輪然，軸轉一周，輻亦一周。如北極然，天轉一周，樞亦一周，無内外大小之别。異體而轉者，則内速外緩，近速遠緩。金、水與日，氣雖相攝，體則活動，故金轉一周，水已轉五周，是水速於金五倍矣。依其所少之度，水半於金。所減之日，五分之一。每折半，進推之，則日自轉之速也有千百其倍而不止者。水折金度之半，其所周日即減金行五分之四。以此推算，每折度之半即減日五之四，折半又折半，從水六折有半，而至日體之半度，則當十五分刻之二分三秒三微，而得日一轉，一刻七轉半，一時六十轉有奇，一日七百二十五轉。日體徑半度，一轉爲度半，較以日道里數，每日自轉一千零八十七度半，得三萬零八十二萬八千九百六十一里，速于日道三倍弱，速于水行輪九百一十二倍，速于金行輪二千二百倍，此特舉其大槩耳。至觀光影之在地，雖係漸移，及細察之，以震摇跳盪而進，則其速又豈里度所得計哉。日中有黑子，亦可以徵日之轉，或一或二，以至于三四而止，大小不等，其大者能減太陽之光，東西徑行于日面，行十四日而盡，既盡而復出。此星者，是即離中之陰，太陽之脂膏，有内侍象，與金、水偕抱日環轉，特金、水遠日則現，此近日，惟過于日下乃見爲黑子耳。其寔皆星也，皆六折有半内之星也。苟可俔測篇，其距日遠近與前後周行之日數，用折半遞減法推之，則此星之情狀得太陽之情狀益知矣。

月之轉不可見，特以其體徵之。其體外剛而内柔，具有黑像二種。其一所見畧有常形，乃内含水母如汞，善走而不濡，所謂柔也。黑白相間，恒與地水相吸，終古不移，故外體轉而内象如故。其一小者，日日不同，蓋其點實附殼面，如玉之有瑕，所謂剛也。故外體轉而其象屢變，是黑之轉一週，即月之轉一週。黑之轉刻刻不同，即月之轉刻刻不已者。木有四小星，周圍環行，遠近不等，行甚疾。土兩旁有小星各一，或離或合，當亦如木小星之環行，但土高且三十年一周天，故止見爲離合耳。火星無所識記，要之皆轉行者。經星雖以經緯度分，寔則潛有移動，如觜侵入參，天樞踰於北極者是。觜宿距參，漢洛下閎測得二度，唐僧一行、宋皇祐元豐間皆一度，崇甯半度，元郭守敬測得五分。崇禎戊辰測之，不惟無分，且侵入參二十四分。北極天樞一星，古測離極二度，後行過北極。今踰三度有奇，是經星之移動不一者。若細推之，則無日無刻不有差變，特其位甚高，度極廣，所居又值天厚凝中，二萬五千年一周，其移甚密，人不之覺耳。經星道周天二十萬零二千八百八十三萬九千零二十五里，二萬五千年一周，每年退八萬一千一百五十三里半，每日退二百二十二里零，每時退一十八里半，每刻退二里餘，則無時不行，無時不退，無時不轉也。而歲差之説因是而起。差法，往古之説毋論。在西歷有言七千歲一周，有言一萬五千四百歲一周，有言四萬九千歲一周，近乃約以二萬五千年爲數，然或云六十六年差一度，或增八閲月差一度。依堯時冬至在虚六度，萬歷四十年在箕三度十九分十九秒八十微，四千年共差五十七度，則當六十八年有十月差一度，是于二萬五千亦有出入。蓋因經星潛移，故其退有增減，行有遲速，妄名歲差耳。由此言之，不惟天體圜，日月諸星皆圜。不惟天自轉，日月諸星皆轉。不惟七政東，經星皆東。因西得東。不惟七政順，經星皆順。以逆成順。不惟一日一周爲順天，即數年、數千萬年而後周者亦皆順天。不惟循道而東，歷久不變爲順之極，即遲留伏逆、相侵相踰、時有時無者，甘、石諸書列有名之星凡千四百六十一，西歷增補新生，刪除缺遺，共得一千七百二十有五矣。亦皆順極也。天也，莫之能違也。數也，氣也，莫之能違也。人之測之，又豈能違哉。或曰：浮沉之説可得言乎？曰：難言也。人之一身純屬氣，天地亦純氣，脉有大小遲速，川有盈竭消長，道有虚實梗通，此皆風雨露雷隨時變遷，罔有一定者也。故氣下日卑，地影短，而月食淺；氣上日高，地影長，而月食深。月亦自有浮沉，不獨衝輪也。此易知也。氣上日高，進度速，而爲刻減，日短。氣下日卑，進度遲，而爲刻多，日長。長短差至二刻，此就日行黄道有浮沉而言，要不離乎本位。人生泛泛之中，又烏足以定之。日一爲多，月遲爲少，金、水與日兩倒。日轉如水漩渦，月轉外而不轉内，與日之刻分有增減若也。亦皆有數可推，無物足徵。説至此，可勝浩歎。

又　天止一動

問：天惟一氣，其體既不二矣，而諸政在天爲各種動得，非天有數動歟？曰：天惟一氣，亦止一動。然其氣外剛而内柔。剛者健行，柔者受掣，其位漸遠，其氣漸涣，其力漸薄，其行亦漸微，追隨不及，以次而殺。其實氣隨氣轉所鼓，惟一所向皆同也。而諸政之受掣於内者，依高下之位，遲速順逆分焉。如輪水於盆，著浮物數片，從弦輪之則，外急内緩，上順下逆。凡掣輪、攝輪、衝輪，上中下三行，次輪又次輪，加減損益分，再行加減損益分，諸説解見下動法。無不由此一運見之。雖無沖輪、攝輪，然即此一掣，各輪順逆遲留俱可悟矣。水豈有二？輪之又豈有二哉？萬種之動，皆由一動。萬物之生，皆由一氣。即卵長胎生，勾萌甲拆，雲升雨降，山峙川流，何莫非此一動一氣爲之槖籥。我故曰天惟一氣，亦止一動。

又　天轉最疾

問：天體自内至外，其圜愈大，其度愈闊，然一日畢周，其行之迅速可得聞與？曰：天行莫可擬議，但就天圜之遠近與星政之高下，以人息相較，則其疾速亦有可得而計者。人一日二萬五千二百息，天一日一周，即使天麗地而轉，地球九萬里，一息必行三里半，況愈遠愈高者乎。凡行皆係全體滚轉，所謂齊動也。依新歷，星政所距地心遠近徑七周二十二率，及割圓術算以考周天圜徑，周天見後，圜徑考割圓術，較二十二率稍有加。則人之一息，在月麗天位應行一百二十里，日位應行四千有四里餘，後圜徑考歷引所推日月距地數，有一息月應行一百八十里餘，日應行四千二百里，爲更多矣。火位應行六千八百三十七里餘，木位應行三萬一千六百二十里餘，土位應行五萬一千三百二十五里餘，列星位應行八萬有五百又九里餘，無星位應行一億六萬一千四百六十七里餘。既爲無星，則其高與行里數又何從而考？亦就有星處下貫至地，如是之遠，則上貫無星亦復如是可知。此就天位遠近言也。《主制羣徵》云：太陽西行四刻，約應地四兆五億二萬里。列宿天近赤道之恒星，則行九京三兆六億萬里矣。物行之速莫如銃彈之行，十五分刻之一分約得九里。二息約行一里。如欲遶地一周，非七日不可。是太陽四刻之行，乃銃彈三百四十八里之行也。而列宿天位疾於太陽二十倍，無星位又疾於太陽四十倍，此就星曜高下言也。其説雖未必盡合，然從是推之，其速亦可知矣。人之一息，天行多寡，舉從赤道中廣算，若偏向兩極，則天位漸小漸減，有一息不及一里一尺者。兩極若輪轂，外廣中狹，至輻輳處，間不容髪。見《天地經緯》條。又從赤道中廣一日畢周算，若七政不及，則每息亦有減。月不及十三度，每息約少四里。日不及一度，每息約少十里，大約少九里。木約少七里，土約少五里。然物行於氣較，氣行更疾。以七政天位較七政之行，更有減數，此外別有算法。從月而下，天氣再遲，再減。有一息不行一里一尺者，其速莫可擬議，其遲亦莫可擬議。彼以梟飛喻日，其説豈有當哉。《測見篇》云：日月一日夜行二萬六千里，與梟飛類。測天約謂天之運動一刻分中幾萬里，一切馬矢銃礮霹靂皆非所及。《測見篇》日初現時，乘駿馬疾馳四里而日已全露。在地馬馳四里，在日已億萬里矣。不論天位濶狹，俱從三百六十度。一日畢周算，則六十九息行一度，爲二億七萬餘里。依《靈樞》，人之息數倍減，則各天位所行里數又倍增矣。其速爲如何？上近静天，下抵大地，其遲又何如哉？十云宗動日一周之極，以地徑求之，四萬九千七百三十四倍得一周，以十二時歸之，則一時行二萬五千二百里，然俱當以中夏律減算之。

方以智曰：更有一速於此者，何物也？曰：《易》不云乎，惟神也，不疾而速，不行而至。《莊子》風憐目，目憐心，稱善畫矣，何如乃者逐日出天之一筆耶。

又曰：《靈樞經》云人一日之息萬三千五百息，黄文成公嘗疑與《易策》不合。先父推得之，三其洛書而百之也，六十四日與《易策》齊矣，今策爲二萬五千二百息，果後人之息惋乎。

萬南泉曰：人共呼吸爲一息，然呼爲陽息，吸爲陰息。以陰陽全息言，日得萬三千五百二十息。若晰言之，得二萬七千四十息，其實一也。余嘗以息準年，則《靈樞》説爲不易矣。今日二萬五千二百息，視全息差九百二十，豈古今推驗之異乎？抑誤乎？方氏疑爲息惋者，非也。

又　卷二　天行地居

氣好升，迫於内則循地而轉。氣隨地轉，天隨氣轉。有日月故不南北，有地水故不縱横，有堅脆故不停息。言天行也。天在太虚如一塵之舉，地在天中如一塵之停。以地嵌天，僅三百分度之一。一日週三百六十度，以宿天算之，以人息數之，一息之間其行也以萬計。呼吸之行萬，其氣迅而激，其勢漂而勁，渢渢疾險而莫可攖，故一塵地屹然居中而不動。以其行，故不倚。以其周身行，故不徙。以其力而常，故終古存。言地居也。

又　卷三

政皆左旋

問：天自東而西，政自西而東，相反甚明，而曰皆左旋何也？曰：有静天，有動天，諸政與天皆静天之中自東而西，如舟競渡，止爭遲疾，無有退者。月最遲，亦行三百五十餘度，較動天而算則稍遲，較静天而算何一非進？何時非左旋而日有右轉乎？所謂静天，在太虚中亦不可見，惟地在天中，即静天之實。憑地而觀，曾見諸政有從右西上，逆行而東者否？西歷，天元道，天元極，天元度，天元經圈，天元緯圈。當静大圈，諸測算總繫於地，以地爲静，天之寔何等直截？何等簡明。然在動天中，除天氣有遲疾外，間亦有倒退者。人皆以爲與天相反，而不知亦非也。七政之體圓如活珠，黄道之軌有若虚槽，槽進則丸退，故政之倒滚者，寔以順天之行，而非逆也。以爲天自一重而下，一東一西，動皆相背者，非矣。天圓體，政亦圓體。天左旋，諸政倚天逐步倒轉，亦屬左旋，特體小旋隘，覺爲右轉耳。試以木盤驗之，自内而外犁爲環溝者數重，溝各置一圓珠，如果寔之屬大小不等，共一隅平線列之。版之中心竪一圓幹，以手挼之，使盤左旋，而盤行勢急，珠必倒退。蓋珠之下麗者，固隨盤而西，珠之上虚者則必倒轉一步，以從西行之勢。盤轉一周，珠倒幾許，積久自周矣。於内外大小之間，又可以徵遲速不等之别。猶夫舟之觸岸，人必反靡；馬之驟鞭，身必少卻；空鐘陀螺左勒右卻，亦猶是也。故諸政西行由於天掣，諸政倒退亦由於天掣。空鐘者，刳木如鐘，以繩渡竹，格而放之，哄而疾轉不已。陀螺者，即小兒所戲地雷極樂也。

方以智曰：七政大體本情，則順天左旋。又以水車喻之，水西流，車亦西旋，而旋上時則似乎東旋，不知其東旋而仍西流也。

按張横渠云：天左旋，處其中者順之少遲則反右矣。蔡仲默註《尚書》亦曰：天左旋，日麗天而少遲，月麗天而尤遲，常不及天。朱子曰：歷家只算所退之度，卻云日一日行一度，月行十三度有奇，此乃截法，故謂日月五星右行，其實非也。族孫要識。

又　政皆自轉

問：諸政爲天帶轉，激輪倒滚，又爲天所急掣，則各種物法皆天轉之，何以又云自轉？曰：天西行勢急，政自倒滚固已，然其勢已動，不能復止，如輪錢於案，攪杯於水，手雖離，錢於杯猶轉轉不能已也。況諸政刻刻爲天所掣，無少間時耶。弄丸轉石，於實轉，於空亦轉，故知諸政皆轉行，非平行。由天轉，亦自轉，體圓故也。經星亦然。

又　政無遲速

問：政之進退皆由於天，則其行度宜出一轍，何以有遲速不等？曰：無遲速也，一因於天之度。天之度内狹而外寬，如繖轑然，愈遠則徑愈倍。狹易周而寬難周，其退同也。一因於政之體。政之體有大小，譬身偉者步必闊，翼長者飛必捷。大者迅而小者遲，其進同也。一因於天之氣。凡氣剛者易旋，氣柔者難攝，猶之舟遇游波則行緩，遇湍流則行急，其行同也。然以氣差者十之七，以體與度差者十之三。即以日月較之，日月在本天均半度，以大者周大，小者周小，則日退一度月亦當退一度，而月退十三者，其一爲體之倒滚，其十二爲天氣之遲。然日退一度當月三十三度，其十六爲日體之大，其十七爲天度之闊。以度言之，則日一度而少，月十三度而多。以度之里數言之，則日一度而多，月十三度而少。日一度二億七萬六千四百九十七里，月十三度一億一萬餘里，差一倍半。合而計之，氣差多而體度差少也。此外又有激輪，氣遲則行遲，激輪亦遲。體小則轉身小，激輪亦小。以是數者相參而較，則知諸政之不齊，乃所以齊也，無遲速。日非有盈縮，以掣輪有高卑。月星非有遲疾，再行加減以衡輪攝輪有上下。諸輪非有異同，因體氣度有參差。其寔皆均平行，所謂終古不失分秒者。諸輪見動法。至於列星，深入天之剛健、大小、高下不等，兩極闊狹相懸，雖無視差之異，然亦從是可推矣。

正要分得各動各轉，極其細微，方見是一動一轉所合。人但見合之而後分，不見分之所以合，乃天一動一轉之妙也。予曰：子思於川流，見天地所以大，先儒以萬殊言，一本腐儒冬烘久矣。至此了然。自記。

方以智曰：一氣之中，其大小、疾徐、倫類、條理、秩叙、周流，絲毫不亂，各得其所。可信一切如此，而人猶不悟耳。

邱邦士曰：余嘗謂子宣言天，妙在一天一轉，而天中自經星至地之各動各轉，以至不動不轉，皆井井不亂。

又 諸政激輪

問：諸政倒退皆天帶轉，如槽進丸退矣，則止應自西而東，何以間亦從西，似別有小輪者？曰：天掣急，諸政體小不能與之俱，故激而倒退。天掣甚急，間與俱西，俱西又不能，則必激躍而轉於空，轉於空而成小輪。夫珠之在槽，豈若鉗鏂大釘也。之定於物哉。挼盤旋動，槽中之物自不能凝立，然挼緩則圓者必轉，即丸退也。直者必仆。挼急則小者、輕者不及移，必飛躍倒捲。如米在箕中，掣之則前，觸之則卻，簸之揚之則粃靡倒捲。浪頭白沫，水側回觴，無不反綴而成小圈，亦猶是也。天體圓，所激之輪必圓。天行大圈，所激之輪必行小圈。因激而成小圈，因圈而名小輪，豈真有小輪哉。在天諸象無有不行圈者，彼以爲各附一天，各天又附游輪者，惑矣。勢皆西，行皆東升西降，特輪小不逮於天，故有似於倒捲耳。戲惜千千者，即小陀螺。視其緩而鞭之，鞭急則躍起，躍起必倒捲。蓋鞭既往西，政自切東，第千千從上躍，繼復就下。諸政從下躍，繼復就上，在地仰視，則有分。在天則無異矣。諸政就上爲切天，切其剛健處。故其上半輪自東而西躍起，爲讓天。讓其剛健。故下半輪自西而東。上半輪爲遠地之輪弦，下半輪爲近地之輪弦。然天上急而下緩，上順而下逆，故自東而西之分多，自西而東之分少耳。日月有浮沉遲速，諸星有離合順逆，無不由此一激而生。試以大竹圈切小竹圈於內，相挨而轉。大圈帶小圈而西，小圈自切大圈而東。而小圈之升降順倒，讓天切天，上下輪弦高分多，卑分少，無不畢見矣。乃知各種之動，皆由一動。歲差之不定，此其一端也。

方以智曰：一激而生逆，機順理同，時本具此，所以無息也。向謂地周九萬理止矣，而車之輪不止此也。理到極處，忽然一笑。

又 諸輪動法即動法有三。

天有掣輪，又有激輪。日有攝輪，又有沖輪。總爲四輪。諸曜因之以行，其動各種不同，皆由於此。然輪上下環轉，人從地面徑視直算，故每但得其跡，而未究其所以然也。蓋掣輪者，天氣掣之而轉也。星政如溜丸，爲天所掣，在本道中隨勢滾轉，或上或下，莫有一定。然人止見其行有遲速，而不知其輪有高下，此均大圈而爲輪，諸曜之所共有也。激輪者，因天氣之掣，逆退滾進，激成一小輪也。蓋天氣上急下緩，上掣急，政體小則必稍讓而避於下，漸下漸緩，遂成下半之輪。而爲下行，自西而東，下行之勢已極，在本道位内已極其分。受天來氣，必復返上急行而爲上半輪。自東而西，此亦諸曜所共有。但天氣上下皆左旋，自東而西之分多，此依合術言。不見其爲逆，祇覺其爲遲耳。不見其爲輪，祇覺其有上中下三行耳。西歷亦言有三行，但不知此均大圜而爲輪，又激成一小輪也。日一爲攝輪，如金、水則日攝之而轉也。磁之吸，珀之拾，自相施受，不能離也。日球受天之掣，旋轉不停，故其氣亦旋轉不停。二星受攝，隨其氣亦旋轉不停，遂爲遶日上下也。人在下亦不覺其爲輪，祇見其爲遲留伏逆耳。近西氏從遠鏡中見金星有時晦，有時望，有時爲上下弦，始悟其或在日上，或在日下，雖已自繹其各天之説非，然猶不知爲日所攝也。木、土之旁有小星環轉，其攝類皆如是。列星中亦或有小星周轉者，但位高難見耳。一爲衝輪，日氣沖諸行而轉也。如火、木、土與日合伏之時，日正過其下，日氣盛則必遠避而爲上行。此爲正沖。日去稍遠，則漸揹於下，而爲下行。行將對日，又爲日火所沖，則自下沖上。此爲對沖。迎天急氣，挾與俱西，而爲上半輪自東而西。算術以爲，逆日氣稍遠，行將復下，漸遠漸緩，遂爲下半輪。算術以爲順，然上半輪短，下半輪長，以常行者久，衝行者暫也。此依分術言。此輪月、火、木、土皆有之，在火、木、土亦不覺其爲輪，祇見其有遲留伏逆。在列星亦不覺其爲輪，祇見其有離而復，復而離之微異耳。西氏見月食有淺深與自東入影之時，亦悟其有上半遠地之輪弦，下半近地之輪弦，測之徑十二度，稱爲游輪。游帶小環小，帶謂月有自行輪，自行次輪，又次輪，而不知爲日氣所沖，與諸星皆同也。星命家以星與日對謂爲星日相沖，不知余所言乃日有火氣沖星，使之變易常行，非第相對已也。星雖有氣，豈能敵日，故相沖之際日行如故，星則辟易矣。諸曜諸星皆有本位本行，爲受掣、受激、受攝、受沖，遂成各種異行。究各種異行，雖自上必復下，自下必復上，環轉無停，俱不能離其本所也。自上復下，自下復上，爲倒爲順，俱係滾轉，而無一息平行可知矣。凡圓物，行則必滾，不滾則不行。天氣西逝，如水流滔滔，無有窮極。諸躍在天上，或沈或浮，隨流滾從，亦無有窮極也。四種之動，二由於天，二由於日。究之日沖月，日沖星與日攝星，星攝星，各成小輪，總由於天之一掣。天之動雖有數端，詳天行參。於以生諸曜四種之動，四種之動又生各種之動，所謂萬種之動，皆由一動。而天之生生不已，地之靜而有常，莫不因之。知此則平視、正視、分術、合術、測算、不測算，舉得之矣。合術言其動天俱西，分術言其逆天不及。

又　星政避日

問：諸政切天之高處則西行速，皆因激輪，然微而不覺。若火、木、土西行，一日一周，而又過之，有至百餘日十餘度者，其亦激輪乎？曰：非也，日氣衝也。日以天爲主，星又以日爲主也。或曰：日者君象，諸星常行，或先之而導，或後之而從，及至對衝而逆，逆，寔進也。不敢當君位也。近日而伏，不敢敵君體也。此皆以理喻耳，寔乃太陽之氣順噓而出，有旁及有對沖。旁及者，氣散而力微。對沖者，正射而力猛。如山間熱氣，不甚於高峰，而甚於凹内；不甚於旦晚，而甚於停午，以凹氣聚而午爲正射也。君火之氣對沖，諸星安得不避舍乎。經日久而行度多者，辟盌中著塵，從旁吹進，必至盌底而後止。底者，其極際也。日之沖星，必至對極而後止，而又過之者，亦其勢猛而不能止也。至於兩界遲留，亦猶君火之氣，初及始則比常行稍速，算家所謂遲也。繼則與經星仝週，算家所謂留也。又繼則君火急甚，兼程而進，較天一日一週而又過之，算家所謂逆也。久之日踰而西，與星對沖而過，復踰於西。氣轉沖東。天圜體，日既踰西，氣自沖東。星行勢殺，如强彈之末，不能穿泥淖。漸減漸緩，乃反常行。凡此皆順天而西，皆倍道速前，如奉大君嚴令，亟趨恐後，安有遲留與逆哉。此雖氣機所使，寔理亦從是見焉。惟是火距日近，受沖尤劇，故較之土、木進度多而更速耳。土西行，晨速夕速各五十二日六十四刻五十八分，各比天多進三度六十二分五十二秒半。每日均遶算得六分餘。木晨速夕速各四十六日五十八刻，各多進四度八十八分一十二秒半，每日均遶算得十分餘。火晨速夕速各二十八日九十六刻四十五分，各多進八度六十五分六十七秒半，每日遶算均得三十分。此猶就留後言耳。寔則自遲至留，自留至遲，較常行倍速倍多進也。其實皆環轉也。日氣順噓，至天中心橫廣百二十度，其氣開散。至於對沖，則微及半度，其氣叢聚。日體大半度，故氣之聚於對沖亦算半度。火鏡對日，氣聚中心，火氣逆激，則發爲一點，火光著煤而燃。天之對沖乃大火鏡也，發於半度則其力與日並烈，故日之所在爲一日，氣之所聚又一日也。金水附日，抱日爲輪。火、木、土對日，抱日氣爲輪。沖與攝皆輪也，皆抱日也，其或上或下，環遶與金、水同旋轉無二。疾徐維均，亦與金、水同。自下視之遲留順逆，又環轉之所不能免者，匪維木、火、土也，月亦有之。當望而食，必居本國最高，非沖乎？月受日沖，故交中月孛必先，於轉中一千七百一十一分八十八秒，其居最高，亦屬西轉以退法，疾亦但紀其遲耳。西輪五緯行小輪，極近處體大行疾，行小輪極遠處，體小行遲。在兩界爲留，非星不行，際極遲之所也。余謂非際極遲乃自上而下，自下而上，垂線極視不見其行也。羅爲白道交點，計爲白道中點，孛爲月最高之點，此三點火、木、土皆有之。匪惟月也，凡屬腰輪諸星近道受沖，不論大小，東西南北四面激滚，皆爲環轉，皆屬小輪。然但見其離而復，復而離，而不知其爲輪耳。并離復亦微而不覺，窺鏡始見之。太陽之氣一週迴，受沖諸星亦一週迴。俱在黄道左右十數度内外。東西之進退間出於掣，南北之進退多由於沖。或見列星有南北易位，離復不常者，强名爲一退一進之動。又云列星天外有震動天，不知乃太陽之氣周迴所沖也。

方以智曰：立圓以對沖爲極，則光氣必沖於對極，太陽所沖諸行讓之。此理易簡，忽然點出，直破天荒。

邱邦士曰：遲留逆明是與太陽對處，西士能繪木、火、土星各周天圖，顯有二環轉，十二環轉，三十環轉，而未明言與太陽二沖，十二沖，三十沖之義耳。豈晰天之士固有待而出，抑人之聰明相去不齊如此耶。

又　金水遶日

問：金、水二星與諸星不同，隨日而行，時在日前，時在日後，或云在日天之上，或云在日天之下，或謂有數輪，或分爲數動。《格致草》言與日共爲一輪，然乎？否乎？曰：與日共輪者是也，但未合諸説而通之耳。金、水附日而行，如針之指極，氣之從鼻，潮之隨月，其體雖分，其氣則相攝。實乃離中之陰，火中之膏也，故其所行輪抱日輪外。如霓暈而無形。蓋天轉故日轉，日轉故金、水轉。天帶日轉，自外掣内。日帶金、水轉，自内掣外。如絮碾然，鉄桿中轉，二權自左右迭乘如車輪。然轂從内轉，諸輻在外，自上下周旋。日之輪也，金、水由上旋如前，由前旋而降，由下旋而後，由後旋而升，而爲小輪一周。人從下平視之，當其行前則見爲順，自東而西，舊作逆。當其行後則見爲逆，自西而東。而不知其遶日上下也。當其行於左右而升降，行於四隅而斜折，則見爲遲，爲留，而不知其遶日之旁也。遶日上下，遶日之旁，在金、水俱疾徐維均，旋轉無異。在下視而算者，特著遲留伏逆，西歷所謂視行非本行，其寔雖非大圜之均圜，則亦攝輪之均圈也。而測者又以爲與日各輪獨居於上，獨居於下而遶日之義隱矣。二星俱屬遶日，金遲而水速者何？凡物合爲一體者，其轉爲均，如磨之椎心轉一周，郭亦一周；如瓜之運蒂轉一周，腹亦一周，無内外大小之别也。車輪、絮碾皆然。以氣相攝者，外遲而内速。日從中轉，以内掣外。水距日近，故氣盛而掣速。金距日遠，故氣殺而掣緩。金遶日一周，水已遶日五周矣。猶水洩於渦，遠者旋緩，近者旋急，再近則益急也。然二星並是活珠，雖爲日輪帶動環轉，未免亦有倒滚，亦自轉。有如蔗絞，此輪動，彼輪自反也。天西，故諸政倒滚於東。日東，則二星當倒滚於西。平衡較之，未免有兩倒，其寔皆自一轉出也，特目不能見耳。試以竹篾外作一圈綴金星，内折半作一圈綴水星，最中綴一體共爲一輪，别以大圈環外。用前激輪法切其一邊，相挨而轉，則金、水抱日西行東迴，遲留順逆、合伏弦望，無不可見。持金遲水速，難作二層活圈。日東星西，雖綴三顆活珠耳。惟挈瓶注水長瀉於盤，其所浮泡屑隨瀉周轉，内急外緩，升降順倒亦活亦顯，與旋渦之勢同，可知天日氣機相掣、相攝，本自如此。此遶日均算也。周天則不然，周天以其附日而行，一歲爲一周，第行日上則金上，水下，金侵入火星天位，與火道位同，天渡闊而速。行日下則水上，金下，近於月，與月道位同，天度窄而遲。《歷引》所謂火、日、金、水相割相遇，上下莫定者，此也。邦士云：與火道位同，則知火每日爲日激轉，又與本土遠日者不同。人不知此，遂謂火行變易難測。又每日爲日帶遲一度，在日之前後距度畢同，在天則進少而退多，是其周日之數與人日所見之數全然不合。蓋周日爲實爲本情，周天爲虚爲附日也。由是故而通之，則其在上在下、數動數輪諸説，無不可以相合矣。以日道之度計二星之輪，水輪一周應日道一百四十三度又九分，較日天位五得其二，大月天位一十三倍又一億一萬有一百三十六里。金輪一周應日道二百八十七度半，較日天位五得其四，大於月天位一十六倍又四億九萬六千七百六十九里。附日爲輪甚矣。金輪之大即日輪之大也。《測天約》云：舊説二星在日下，或云在日上，子無確據，欲以相掩証之。大光之中無復可見，論其行度，三曜運行終古若一。兩術皆窮。近因遠鏡始悟從前皆臆説。又云彼國近有士五十年明一水星者，較之前代可謂精確。其書雖未獲見，然亦可知明之難矣。水星晨夕伏見，詳於星轉條内。

方以智曰：日，火也。金、水，皆水也，故附日爲輪。月亦水也，故去日尚遠而近於地。熒惑於日，猶相火與君火也，故不同日行。木爲生氣之精，（上）[土]爲沖氣之精，故在上。通論之，惟日爲太陽，月與五星皆陰精也。水火不相射，陰陽相反而不相合，於此可悟。

邱邦士曰：金水與日爲輪轉，則時上時下。西法執政各一天，遂皆以爲日下，故終不能算二星之行。惟《歷引》并言與火星相割、相遇，與此足相發明。惜西士亦不能自楚楚耳。

又 卷四

日自轉徵

問：政轉行，非平行，固已若日之轉，何所徵？曰：以近體諸星徵之。金、水環日輪外，日轉故金、水轉，金、水轉益以推日之轉也。凡物之屬氣者必動，體圓者必轉，於火尤甚。太陽之氣屬火，性利摩盪，雖爲天所帶動，實則自轉不已。自轉之勢急，近者輒爲所掣。金、水爲日所掣，猶舟入漩澓，不得不隨之瀠洄也。又如旋水入渦，外緩内急，至近渦處與所洩處，其迅疾之勢有百千其倍而不止者。即以金遲水速推之，水距日折於金度之半，其遶日即速於金五倍。金距日四十七度，水距日二十三度二十分，定折其半也。金五百七十八日八時三刻八分，遶日一週。水僅一百一十九日九時四刻三分遶日一週，是速五倍。愈内則其行愈速，依其所折之度，速於所轉之倍。從水六折有半，乃至日體之半度，而得日自轉度每日應滚七百二十五轉。以一刻十五分算之，每二分日滚一轉，一刻七轉半，一時六十轉有奇。日體徑半度，一轉爲度半，較以本道之里度，每日自轉一千又八十七度半，得三畡京兆八億二萬八千九百六十一里。速於周本道三倍弱，速於水周輪九百一十二倍，速於金周輪二千二百倍。觀其光影之在地摇摇播盪而進，則其轉其速又豈待算而決哉！

日中有黑子，亦可以徵日之轉。日中黑子大小多寡不一，或一或二，以至三四而止。大者能減太陽之光。能減太陽光，則知其體大過於金星矣。東西徑行於日面，其道止一線，必十餘日方盡。既盡而復繼，迄無定期。《遠鏡説》以爲浮游黑點，竟不解其故者此也。遠西《測天約》云：太陽黑子初疑爲水、金二星，考其躔度，則又不合。近得遠鏡，乃知其體不與太陽爲一，又不若雲霞之去日極遠，特在其面，不審爲何物。《歷引》又云：以其行在日體外，或疑爲小星，究不知何物。《寰有詮》云：日中斑點，時小時大。《羣徵》云：日輪上見血點，時密時疏，時盡去而復來，必非日體，或有他星經行其下。《晉志》：日中見墨子如桃、如李、如鷄鴨卵之不同。不知乃日切體之星，亦離中之陰，有内侍象，與金、水抱日環轉同，特金、水稍遠，此尤切體耳。金、水遠日，故離日遠則入見限。此切體光芒爲太陽所奪，則無見限，反以入於體下而後見。金、水遠日，入見限則見其光，此切體入於體下，惟見其黑，又上半面對日，與月食日法同。月食日則見如黑球，此體小，僅見爲黑點耳。其實皆星也。金、水二星正過日下時，亦僅見爲黑子。可知所過黑子皆星也。星本對日生光，但知金、水抱日環轉，則有消有長，在下爲晦，宜不見。在側爲弦，在上爲望，宜有光而晝不見者，人目爲太陽所奪，如人在高燭懸炬下，雖有星仰視不見，行至暗處則白瑜燦然。日食既亦燦然，則知日非奪星光，乃奪人目光也。故以窺筩測日，或中加緑鏡，或以紙殻外掩四圍，凡以避目眩耳。水以一百一十九日餘一周，此以十四日一周，速於水八倍有半，是距日十度内外之星也。距日十度，非實貼體，故爲浮遊黑點。在諸星亦必遠近不等，遲速各異，故無有定期。必抱日環轉，故東西徑行一線，前者盡而後者繼。苟能於貼體時察識其一二大者，候其再至，以周行遞減之法推之，則此星之情狀得，太陽之轉法益得矣。

方以智曰：迅不停機之體，終古不變之理，惟心如此而不自知也。考亭與西山往往深談日夜不休，恨不及見此，省得發與未發之疑。

又　月自轉徵

問：日之轉有金、水、黑點足以徵之，月之轉何所徵？曰：月有黑象二種：一大而在内者見有常形，一小而在外者日日不同，均足以徵其轉。日日不同者，轉不待言矣。惟有常者，人或疑之，遂謂月體中生有凹凸，形如山谷。突者先得日，故白。坳者照未及，故黑。此象恒俛對地面，不測不移，非不轉乎？此説非也。體有凹凸，必終古平行，大環四轉皆向下，此象乃不易。若居小輪，每月内大陰兩周小輪。則在下所見者在上，爲反向矣。試綴一子於小圈望之，始面對下則見其面，繼移而旁則見其側，轉而之上惟見其背，漸移漸改，何以始終一視耶？即以炤未及言之，日在望前，居西黑影當盛於東；日在望後，居東黑影當盛於西。對望則正中畢射，如日當亭午，無論高山與深谷皆光所及，又安所得黑影乎？日之正射爲赤光，氣之轉映爲白光。赤光爲極光明，白光爲次光明。雲上爲赤光，雲下爲白光；室外爲赤光，室内爲白光。即照所未及，雖無極光明，亦有次光明。惟物重隔之，乃失其光，豈月之體有若幽洞，若深穴，并次光明亦所不及耶。即有之黑象含於内，而不在外，非人目所可到矣。又有言其轉者，謂大地之影所射也。其高而晰者爲土，深而黑者爲水。月在上猶以球鏡照物，即軒轅鏡，俗名千人鏡。鏡雖盤旋，影則如故，豈礙轉乎？此説亦非也。地影所射，必所臨之地不易，故其象不改。若地面易，則此處見者，彼處不同矣。試於望時候之，月生於東，則當現東帶側面諸地之象；墜於西，則當現西帶側面諸地之象；居中乃現當中直下諸地之象。漸移漸改，何以始中一視耶？即以土白、水黑言之，中土西北多山，當現白影，何以反黑？東南屬澥，海中悉緑沈色。當現黑影，何以反白？豈倒炤者有似於火墜耶？火鏡凹，炤影恒倒，凸者不然。況地影所射，必以對月之面炤入，對月即得月，得月則無論土與水受光皆白象，又安所得黑影子？有謂水乃通明之體，東南屬海，正當生白，西北實地兼山，多草木，故蒼，當生黑影，正應月象。有謂海底離地脉無幾，在水又廣深莫測，加以渾濁，安得通明。況大海悉碧緑色，故名蒼海。是在海之蒼色無間，而地有不毛，即有草木至秋冬萎剥，片葉無存，春乃有微青可踏，安得恒生黑影乎？是與月象相反，凡此皆在近似處論辨，而非質言也。平鏡炤物，物體相當。窪鏡炤物，其象則大。球鏡炤物，其象則小。嘗以球鏡炤日，其小如星月球體也。倘地影居之，不過一點，安得圓滿？且至切邊乎？況地影射入，則日象圓球亦當射入，如以燈懸鏡前，燈體與諸物悉現於内。而燈之瑩然者先見，日大地百十倍，焰光烜赫，何以不光見，而地影反見乎？有謂月體通明處如玻璃，別有黑象在月外，逗見於内。則日食時，日象亦在月外，何以不逗見，而反被掩隔乎？況以玻璃乘日，其影光鋭處，其赤如火，并可灼火，安有黑象乎？即月中別有黑象，爲光彩所奪而不及見矣。故諸説皆非也。然則謂其中有常形，亦足以證其轉者何？蓋月之體乃陰氣所結，亦外剛内柔。内有水母，黑白成形，爲江湖河海潮汐之宗，其體活動，質如汞銀，能走而不濡，半虚半實，與地水緊攝，故重面下垂，終古不變，所謂有常形者是也。匪惟月有水也，凡星皆有之。地有紅海、碧海、緑海，白洋、黑洋、黄銹、紅銹諸水。五星如土紫，水白，火紅，金柘黄，水或青或紫。列星如心中畢南之赤，天狼、大角之白，皆各具一水，則各具一色。具各種水，則具各種色。月東南渾黑，中覰見有青紫如榴皮，則亦具各種色也。特月近而黑白易見耳。不惟月與星也，日亦有之。世豈有無油之燭，不液而薪者哉。惟有無盡之脂膏，乃足供萬世之照臨。西蜀之火井，淹峡之火海，亘千古而不息，非是故乎？外體堅瑩，質若玻璃，光明逗徹，然有黑點，如玉之瑕實附於面，月體轉，故黑轉。黑轉，故其象屢變。黑之轉一周，即月之轉一周。黑之象日日不同，即月之轉日日不已者是也。内體渾濁，故能阻光發彩外。體清潔，故能逗象生明。二象俱於日食時見之。日食時，月之中體覺甚濃厚，不能逗見，日象近邊際則光亮不同，非有異乎？第純粹晶瑩者，難於察識。黑白相間者，易於觸目。人從數十萬里下視之不真，遽謂體有凹凸，又或疑爲地影耳。外轉而内不轉者，猶以晶球包水於中，球轉而水暈不移，外面之瑕點則自隨體遷矣。如灌鉛之骰，其點隨色而轉，而重者在下。亦如緬鈴皮鼠，其體常轉而汞必墜底。究之皆轉也，外爲天氣所掣，故恒展轉以從天。内爲地水所攝，故恒展轉以就地。轉者固轉，不轉者亦轉也。然小者微而難見，若能識其一二，别其去來，所轉幾周，亦可得而考矣。《測天約》亦言黑象小者日日不同，而不知其轉行何哉。

方以智曰：火體水暈，合而發光。直創論也。燭之光以膏，薪之光以汁，何往不然？可以悟水、火之本一矣。《禮運》獨標月以爲量，三五盈闕，豈非以其明暗交參，寓變化耶。又曰：黑象雙取，時時轉，時時不轉，此處可參。

邱邦士曰：黑子中影分析辨證，愈細愈確。

何黼猷曰：月轉之説，創出千古。如登高觀下，止見水之横鋪，而不知波之流。止見車之平行，而不知輪之轉。於此并可推諸政矣。

任上昇曰：内爲虚注，不轉而轉；外爲實附，轉而不轉。動静相因，千古不壞，豈惟月乎。

又 諸星轉徵

問：日月轉，諸星皆轉可知。然，至於星遠矣，微矣，亦有徵乎？曰：有之。木有四小星左右隨從行甚疾，有規則，有定期，又有食時；土有兩小星相夾如𣪠耳，經久漸近，合而爲一。亦食也，久之復離。四星之抱木，亦猶金、水之抱日，上下周行。兩星之環土，亦猶黑子在日中，隱顯隨從，要之以内掣外。土、木轉，夾從諸星乃轉，故或遠或近，離合不一。火星無所識記，就其右行不及，自是倒；天掣而左，自是順，有順有倒，其轉可知矣。列星亦然。即經星也，初以其不動，故名經。既知其動而有恒，改名恒，復知其不恒，故改列。但其處天尤高，更無别曜可證，故不覺耳。然漸有轉移，積久斯見，謂爲定而不動，中曆。動而有定，西曆。皆非也。往古無可考，惟就前所定宫分言之。其依黄道，依日行也，日南至爲子。分次者勿論，如《物理》引唐時秋分日纏角，漸西至進賢，又至左執法，乃云寳瓶等宫，皆差八度。今考之角至左執法，差十五度不止。溯而上之，如堯虚六爲南至，今箕三爲南至。凡南至皆當屬子也。而以爲在寅，則所差五十五度，虚六至箕三爲五十五度。幾二宫矣。於是寳瓶各宫皆差。二宫説者，謂日纏之不定，不知乃諸宿之移宫前後不定者。再就班固所定各宫起度言之，其順位而行者勿論，如卯次之分起於氐五，費直退起氐十一，蔡邕又退起亢八，今在亢三則進而退，退復進矣。戌次之分起於奎五，費進起奎二，蔡又退起奎八，今更進在壁二。酉次之分起於胃七，費進起婁十，蔡又退起胃一，今更進在婁七，則再進再退矣。説者謂起者之不一，不知乃諸宿之移其度，進退莫定耳。又取其所定各宫宿度廣狹言之，每宫三十度半，其差一二度者勿論，如畢十二至井十五爲申次，以今度測之，幾三十二弱。論觜没於參，則應減度，何以反增？乃參度加乎。自氐五至尾九爲卯次，以今度測之，又三十三强。是古度縮而今盈矣。自柳九至張十六爲午次，今測惟二十六。自女八至危一五爲子次，今測止二十五。自古度寛而今窄矣。古井度三十五，今三十三，并有作二十九者。古危一六起亥，今危止十五度十分，不及亥矣。亥可不起乎？説者謂考測之不真，不知乃諸宿之自移，度廣狹莫定者。又取丹元隋人迄今千年。所步各宿宫星言之，其移出數度數星者勿論，惟全座改易，進而越一二宿者有之，如周鼎屏星之類；退而不及一二宿者有之，如宗星座旗之類是也。【略】説者謂分線之未清，不知乃諸星之離宿座前後莫定者。再以星經及晉隋測占之説稽之，其明暗、大小、芒摇、變色無關轉移者勿論。高則暗小，低則明大，切地氣則芒摇變色，亦皆轉移所致。諸星中惟一座之互爲移者有之，如紫微垣直或開之類；一星之獨爲移者有之，如天乙太乙離本位，乘斗之類是也。【略】説者謂祲祥之致異，不知乃諸星之各座各位紛馳莫定者。合數説而觀之，類皆爲不次之行，無法之動，謂非星之能轉，且各自爲轉得乎？或者引西曆謂列星别爲一天，如木節在版，不能移易，其移易者皆由黄道天帶轉。黄與赤兩極出線不同，二道斜絡，故經緯度法亦不同。其一在黄道極者，每歲東行五十一秒有奇，此本宿本行，其距本極緯度亘古無變，如外屏全座始終在南，角宿北星始終在北，觜之距參始終在前是也。其一依赤道以算其經緯，南北星位古今大變，如外屏全座堯時在赤道南，今測在北角宿；古測在北者，今亦在南。緯度移易是也。其東西距星亦漸易，蓋黄道於赤道有遠有近，列星行近赤道極所過距星線漸密，其本宿赤道弧較小；行遠赤道極所過距星線漸疏，其本宿赤道弧較大。赤道非其本極，如觜昔在參前，近二百年來則在參後，歷代漸減者也。他星移動，類皆如是。不知此，特見其僅似，而未究其實非也。即據其説論南北偏度，即緯度在黄道爲偏。所差甚多，如二分前後二宫，每宫差十二度半，餘宫漸殺，晝一象限共差至二十三度半。依金黄乙巳圖説，距赤初宫差六度至十一，次宫差十六至二十，又次宫差二十二至二十三度半，節候名焉。自堯至今，恒星東行五十五度，幾及二宫。止欠五度。所言外屏正躔春分前後二宫，角宿正躔秋分前後二宫。春分前宫雙魚，後宫白羊。外屏東星今退在白羊二十七度，乃婁二度。依堯東行算，應從雙魚二度。今危初度始秋分前宫雙女，後宫天秤。角今在天秤十七度，依東行算應從雙女前獅子宫二十二度，今星五度始所謂正躔也。二宫併算，俱應差十五度，南北大變固宜。

又 卷五 三際無定

凡物非氣不行，天體廣厚無極，剛健旋轉，何莫而非氣。無論日火上耀下徹，即動則生熱，又何莫而非熱氣，而云冷而且近邪。《寳有詮》：動能生熱，動愈疾、熱愈甚。中帶之天動甚疾，故熱甚。末帶之天動甚緩，故熱微。則亦言各天皆熱，不獨月下矣。余謂動生熱者乃兩物相擊，如擊石生火；兩物相切，如鑽燧改火。人身動作，筋骨牽掣，久之則熱，乃生於形質之動，非氣自生者。若只一氣順行，以氣送氣，如拍羽搖紈，則愈極愈涼。況天其體如何之大，高至數億萬里；其轉如何之遠，每遶天地而周；其鼓如何之疾，一息至百千萬里；其動如何之久，千古來不息；其往如何之順，有前而無卻；其涼又曷可勝道哉。則言動熱亦誤。地屬溫矣，又云土情本冷。熱之入地不過三尺，故六月井泉不數尺而冽。

游藝《天經或問前集》卷二

月見遲疾

問：太陰之測無遺矣，則合朔後夕間西見，見皆恒一而遲疾偏不一，甚有差一二日，何也？

曰：人目所見，其月近日遠，日爲差彼有斜正升降而行故也。其故有三：一因月視行度，視行爲疾叚則疾見，視行爲遲叚則遲見；一因黄道升降，或斜或正，正必疾見，斜必遲見；一因白道在緯度之南，又在緯度之北，在陰歷黄道之中，則疾見，在陽歷黄道之外，則遲見。此外又有北極出地之不同，朦朧影與氣差諸異，所以遲疾則難齊也。然月亦星類也，較星更小，爲其在天極低，人所仰視甚近，故有朔望、弦晦、食與不食之較著也。金、水二星亦與日同度，恒日輪中有黑點，以星處高，人所仰視甚遠，故不謂之食。若月輪時過二星之下，亦能掩其星光，今不顯其食如日者，乃二星之天高，光微而體小，人所忽也。故月惟主潮汐，無與氣候，因其近地有光影照地而推也。

又　日月右行

問：太陽一日行一度，人見其日日如是，未嘗有進退也。太陰一日行十三度餘，人見其一日遲，一日又以爲行速，何也？

曰：諸天遲速之行，七曜錯綜之度，尚有未密者。惟日月之行，宋儒言之甚詳。朱子云：天行甚健，一日一夜行周天三百六十五度四分度之一，一度如以百分，即得二十五分。又進過一度。日行速健次于天，一日一夜行周天三百六十五，正恰好比天進一度，則日爲退一度，積至三百六十五日四分日之一，即一日十二時，四分得三時也。則天所進過之度又恰周得本數，而日所退之度亦恰退盡本數，遂與天會而成一年。假如天無進過之度，則四時中星俱同日，亦不能會天節，亦不能躔歲矣。月實行遲，一日一夜行周天三百六十五度四分度之一，行不盡，比天爲退十三度有奇。進數自東行西爲順天而左，退數自西而東爲逆天而右。歷家進數難算，只以退數算之，故謂右行爲速也。且曰：日行遲，月行速，然則日行却得其正也。

又　天行過一度

問：歷以爲，天一日一周，太陽一日行一度，今云日行本數，恰好是天行過一度，豈不悖歟？

曰：若以爲天一日一周，正恰好不進過一度，則四時中星如何會不同如此？則日日一般，而太陽亦無躔星之度，節氣亦無定限之所，以甚麽去紀歲？

又　五星遲疾伏退

問：日行步歲躔節矣，月行晦朔弦望矣，而測算尚艱。五緯之星，行度各各不同，兼有遲疾伏退之異，如何測步知各有異而不順行也？

曰：步天測象，誠惟難矣。而緯較難，五緯之體圓如活珠，黄道之軌有若虛槽，而五緯之行又各有本行，各有異行，各有伏見，各有加減，各有不同心圈，各有均圈，各有小輪。不同心圈與小輪，名異而理同，皆附黄道左右八度之間，而盈縮遲疾之行，皆藉以分度布數也。各有二道二極，各有三百六十度。其度分，又各有實經緯，視經緯。其會合，有實會、視會，實望、視望，樊然不齊，惟以日躔齊之。如土星三十年少一周天，木星十二年少一周天，火星二年少一周天，金水隨日一年一周天，是緯星之本行也。緯星在小輪極遠之所，必合太陽，其行順而疾，其體見小。在小輪極近之所，其行逆而疾，其體見大。土、木、火行逆則衝太陽。金、水行逆夕伏而合，行順晨伏而合，其各順行轉逆，逆行轉順之兩中界爲留，留非不行，乃際于極遲行之所也。留叚前後，或順或逆，皆有遲行。其土、木、火行逆即衝太陽，而金、水則否者，緣土、木、火之本天大，皆以太陽爲心而包地，得與太陽衝；金、水之本天，雖亦以太陽爲心而不包地，如車輪然，轂從內轉，軸在外者，自上下周旋。故日之轉也，金、水或旋而前，或旋而後，一旋一却，亦勢之所至。自人從平衡視之，祇見其或順或逆，而不知其遶日環轉也。故不能衝太陽，而能與之離。金離太陽四十八度，水離太陽二十四度，此五星之異行也。太陽之行因黄道斜交于赤道，故其距赤道之緯南緯北也，各二十三度有半，以成二至。是黄道者，太陽之軌蹟也。太陰本道又斜交于黄道，最遠之距爲五度餘，以生陰陽二歷。五星之道雖相距緯度各異，而其黄道則與月道同理，故皆借月道諸名名之。其兩交之所，亦謂正交、中交。其在南在北兩半周，亦謂陰陽二歷。審是而五星緯行，庶可詳求也。蓋各本道外之歲行小輪，恒與黄道爲平行，而又斜交于本道。其上半恒在黄本二道中，凡星躔于此，則減本道之緯。其下半恒在本道外，星躔于此則加其緯。然此小輪之緯，向則常常變。如土星三十年行一周天，其在正中二交之下必無緯度，分十五年恒北，十五年恒南。凡衝太陽，因在小輪下半即加本道緯度。凡會太陽，因在小輪上半即減本道緯度。他星亦然，或行近于地小輪加緯益多。太白至夕伏合之際，因其近地，其緯幾及八度耳。原不諳有緯行，此緯行，近歲西士熊、羅諸人始測出。一見金星在緯南北七八度之間，即詫謂之失行，皆不知五星有緯行之故也。然五星有緯南緯北之分，黄道有正斜升降之勢，各宫不同，亦不能以距度定限。今定限惟在用地平爲主，緣地平障蔽日光，能使星或伏或見耳。日之下于地平，其光漸殺，所謂晨昏。晨昏之光，四時不等。星光時刻亦自不等。所以然者，太陽由黄道而下地平或十度，或十五度，以至三十度，原自不等，而星在黄道南相距必多數度，在黄道北相距必少數度，其限不能泥也。大約土、木、火三星較太陽行遲行後，太陽夕伏晨見，金、水二星順天東旋，較太陽行疾行先。太陽晨伏夕見，逆行反是其與太陽遇也，亦夕伏晨見。太陰行較太陽更疾，晨伏夕見。至于金星之緯不及八度，逆行合太陽。壽星，辰宫。大火卯宫。二宫，而其緯又在北七度餘，雖與日合，其光不伏，晨夕皆可見之。水星之緯惟四度餘，若其緯向南合太陽于壽星，此後去離，夕必不見；合太陽于降婁，戌宫。此後去離，晨必不見。此五星伏見之不同也。如土星右行，三十年少一周天，夕伏合伏，各一十日四十刻，各行二度四十分；此五星一度以百分算者。晨出東方，疾遲共八十六日，行七度六十五分；留三十日；晨退夕退各五十二日六十四刻五十八分，各退三度六十二分五十四秒半；復留三十日，遲疾共八十六日，行七度六十五分；又夕伏復見，爲一周大約六十年同而日時則不同也。六十年同其遲疾伏退，過宫則不同，其時刻大約要先三時可也。木星右行，十二年少一周天，夕伏合伏各一十六日八十六刻，各行三度八十六分；晨出東方，疾遲共一百一十二日，行一十七度八十四分；留二十四日；晨退夕退各四十六日五十八刻，各退四度八十八分一十二秒半；復留二十四日，又遲疾共一百一十二日，行十七度八十四分；則又夕伏而復見，爲一周大約八十四年同而日時亦不同也。火星二年少右行一周天，夕伏合伏各六十九日，各行五十度；晨出東方，疾遲共二百八十四日，行一百六十六度；留八日，晨退夕退各二十八日九十六刻四十五分，各退八度六十五分六十七秒半；復留八日，遲疾共二百八十四日，行一百六十六度而又夕伏復見，爲一周大約八十年同而日時亦不同也。金星右行，先後太陽歲一周天，晨伏合伏，各三十有九日，各行四十九度五十分；夕出西方，疾遲共二百三十一日，行二百五十度五十分；留五日，夕退十日九十五刻一十三分，退三度六十九分八十七秒；夕退伏六日，退四度三十五分；其合退伏如夕退伏，其晨退如夕退；留五日，疾遲共二百三十一日，行二百五十度五十分而又晨伏。其行也，晨先日出東謂之啟明，夕後日入西謂之長庚。以辰申爲界，晨見巳位，夕見未位，大約九年同而日時亦不同也。水星亦先後太陽歲一周天，晨伏合伏各一十七日七十五刻，各行三十四度二十五分；夕出西方，疾遲共二十七日，行三十一度五十分；留二日，夕退伏合，退伏各十一日十八刻八十分，各退七度八十一分二十秒；晨留二日，遲疾共二十七日，行三十一度而又晨伏，爲一周云約四十七年同而日時亦不同也。凡七曜遲速錯綜之行，至四千六百一十七年子月甲子朔旦夜半冬至，則日月如合璧，五星如連珠，乃七曜歷元之第一日也。上推漢元封七年丁丑子月適當其時也，下推康熙三年甲辰以後二千八百四十九年子月甲子朔旦復是其時也。

又 卷三

歲差

客問歲差曰：每歲太陽行度皆有常數，何以有歲差？黄道節氣必以太陽爲準，而曰每年冬至日躔不及餘分積數十年而差一度，謂之日退。又考歷代所紀度分或多或寡，而無定則，如漢鄧平改歷，洛下閎謂百年後當差一度。漢末劉洪作《乾象歷》有核歲之法。晉虞喜始以天爲天，歲爲歲，立差以追其變，以五十年日差一度。何承天增之約百年差一度，隋劉焯折取二家中數，爲七十五年差一度。劉炫以四十五年差一度，梁虞鄺以百八十六年差一度，唐僧一行作《大衍歷》以八十三年差一度，宋《大明歷》以四十年差一度，《統天歷》以六十七年差一度，元《授時歷》以六十六年差一度，明《大統歷》以七十八年差一度。萬歷中，利西泰名瑪竇，西域人。入，仍約以六十八年八閏月差一度，每年不及周天一分五十秒。熊良孺以六十七年差一度，方密之以六十餘年差一度。而差之説紛然，以何爲據知其差也？夫差有一定之法乎？抑差必復差，無可算測乎？惟詳示之。

曰：歲差者，天運日躔之所致。日躔一歲之間行周天度，未及星之餘分，日已至而星冕移于東，似日退而實星進焉。故每歲常移于東之分秒，以過其元界謂之差也。游燕曰：古今謂不及餘分者，是日躔其界星則過之，是以過爲不及也，非日不能及星度也。上推帝堯甲辰冬至初昏昴中日躔虛七度，湯道未推帝嚳甲子冬至日躔虛六度。夏不降乙未冬至日退女十一度，日退者，星進則以日爲退也。商武乙丙寅冬至日退牛七度，退即謂之差，年年漸退，但以此爲準，便起算不繁也。周簡王丁亥冬至日退斗二十三度，秦莊襄王元年壬子日退斗二十二度，漢太初元年丁丑日退斗二十度，晉太元九年甲申日退斗十七度，宋元嘉十年癸酉日退斗十四度，唐開元十二年甲子日退斗十度，宋慶歷四年甲申日退斗五度，度宗四年戊辰日退斗四度二分，元至正元年辛巳日退箕十度，洪武十七年甲子日退箕七度，嘉靖三年甲申初昏室中日退箕三度。萬歷四十年壬子冬至日尚在黄道箕三度十九分十九秒，在赤道箕四度四分二十五秒，内道口在壁一度，外道口在軫初度，至崇禎十六年癸未，歷三十一年，止差一分三十五秒。此差是進非退，湯道未測，順治庚子冬至日在箕三度二十九分。嘉靖甲申至崇禎癸未一百二十年，日尚進而未退，則天道微渺之行，亦有遲速，不可以年限也。揭子曰：歲差不獨遲速不等。游子詳測而有已進而復退也。今從崇禎癸未上距慶歷甲申六百年，日差十二度餘，則以五十年差一度。慶歷甲申上距開元甲子三百二十一年，日差五度，則以六十四年差一度。開元甲子上距漢太初丁丑八百二十七年，日差十度，則以八十三年差一度。太初丁丑上距莊襄王壬子一百四十五年，日差二度，則以七十三年差一度。莊襄王壬子上距堯帝甲辰二千二十八年，差二十八度，則以七十二年差一度。此析而分之也，以全歷推之，崇禎癸未上距帝堯甲申三千九百二十年，共差五十八度，則以六十八年零七月十三日三時差一度。二萬五千一百有餘年共差三百六十五度有奇，爲一周天，復躔元界矣。游熊曰：此以虛宿起測，則二萬五千餘年躔虛之元位。若以斗宿起測，二萬五千餘年亦復躔斗之元位也。余復推之，崇禎癸未上距帝嚳甲子四千二十年止差五十七度，約一歲差一分少九秒，七十年零六月差一度，二萬五千七百三十五年差一周天，此統而分之也。游熊曰：諸名家分度不密，以致多寡游移差度耳。然此統而分之，亦有不同。歷代諸家所推各自有據，然推差之法，如郭守敬、許衡、王恂輩測影驗氣，減周歲爲三百六十五日二十四分二十五秒，加周天爲三百六十五度二十五分七十五秒，强弱相較，差一分五十秒，積六十六年有奇而退一度，定爲歲差。振之李子謂經星時有動移，但其移也密，百年之内所差未多，四萬九千年則差一周。良孺熊公以二萬五千餘年差一周，謂東行之天以黄道爲軸，不獨有東西差，更因有南北差。密之方公以經星行度歷差于静天之度，而歲實日周遂與經星之度迻也。日一年從西向東行二十八宿，三百六十五度四分度之一，尚差一分餘，而至六十餘年差一度，約積三萬年不足而復于原宿之度矣。蓋其所差之理，亦不能執一法以窮之。石齋黄公以《易》定歷，而以守敬萬法積之，終不免于灑汎納虛也。《易》以數爲端幾而定于環輪，静天亦猶是也，均列定限，分別節氣，以日所行至者紀于何節之分秒焉。日五星所至亦紀之，經星所行亦紀之，則所差之由，與追差之合自犂然也。或謂天不可見，惟以經星躔次爲考，静天何所考乎？潛夫方公謂算家遇不可問之數，則立商法焉，商而兩測之，以中之度于是乎定。今以静天環一定之分秒，而使日月五星與經星皆各行，其遲速之行豈能逃乎？猶之會通易幾者，無往非河洛，則物物之未有物先，皆歷歷河洛也。因建此意，以待神明之士。密之方公曰：此定恒法也，而隨時測驗，盈虛在其中矣。天運盈虛，一年有盈虛，一日有盈虛。又多年而盈，多年而虛？太西穆公曰：地亦有游，欲據一歲之測而定之乎？欲明其理，理則如此。蓋從前止以經星天而日周之，不知經星自行于静天，而静天不可見，故無悟者。揭子宣曰：歲自爲歲，差自爲差，歲原無差也。天有静動，静天有一定之度，動天有一定之至，此動静合一而言。周静天之度，切動天之至，以成其歲。節氣齊而南陸極歲何常有差？但仰視諸星稍移分許耳。是不可謂之歲差，但可謂之星差。亦不可謂之星差，但可謂經星周天百十年移一度，而或遲或速，其數不等也。測之者亦止測經星離至幾許，周天幾許，于歲無涉也，歲則萬古如一也。然人壽一生，精力不過數十年，亦止見其所行一度半度耳。又安能以其遲速概前後之度，而遠及于數萬年哉。此言差之理，但未悉其差數也。余謂天地之理之數，其妙不測，政在于秒忽微芒之間。而其日月星辰之象，陰陽寒暑之候，亦有時而不齊，亦不能以一定而求之。歲差之測，自古及今，冬至日躔星度分秒年年不同，各節亦然，但以冬至爲主。而遲速各異者乎？遲者有百餘年差一度，速者四五十年差一差是也。堯時冬至虛者，今東移于箕矣。而移者有實之理，差之法，知此則得天甚密也。游燕曰：測實差法，以太陽爲主，以星行爲據。太陽之歲有二：其一某節某點，行天一周而復于元節元點，是名太陽節氣歲。若太陽會于某恒星，行天一周而復與元星會，是名太陽恒星歲。恒星有本行，自西而東，假如今年冬至太陽會某星，來年冬至此星已行過冬至若干分秒耳。太陽至冬至，則已滿節氣歲之實，而尚未及元星歲之實也。積數十年未及一度，二萬五千餘年未及一周。歷家必以節氣限，以其不滿恒星歲實爲歲差也。知分節氣歲實、恒星歲實者，則得之矣。漢唐以來，祇以年分課疏密，如知分測統測之法，則不必辨其年之多寡爲疑也。未曉其所以差之故。求其故者，宜舉中星以定四時，考晷刻以驗永短，將黃道二分二至爲界，又測某恒星距界之度，測差者必以此數法爲始。以較中古上古此星離冬至漸遠，如從而復測之，乃見推移而復有環轉之差也。前居冬至者虛也，今順行東去繼之者爲女，爲牛，爲斗爲算矣。然歲差實係恒星前行，與七政本行無異也。

又 七曜各麗天

問：七曜列宿，豈不如鳥飛空中，魚行水內，安得各設一大以麗之乎？

曰：萬物之理，静者獨有一静，動者獨有一動，未有一息之内能動静互見，未有二動並出，能此動東去彼動西行者也。今觀列宿日月五星，其運動各各不同，故謂其各有所麗之天。惟金、水二星，其所行輪抱日輪外，天轉故日轉，日轉故金、水轉，如絮碾然，鐵幹中轉，二權自左右迭乘，故俄而在日前行，俄而在日後行，似有三動。每夜見其東升西没，每日一周者一動也。是最上徤行之天所帶動也。其附日東行，每年一周者二動也。本星所麗之天常東旋，而其或南或北，遲疾靡常者，又一動也。則本星在所麗之天，如循圈然。于其一時而有數動，似若有天以牽，屬之爲數重焉，因名之，俟其起測也，非如物之層層而分之者也。

又 恒星天

問：然其動静不同，似儱統錯綜其行也，何以知七曜在下，恒星在上？

曰：六曜有時能掩恒星，云六曜者，日未算也。掩之者在下，所掩者在上，且七曜循黃道行，皆速，恒星近宗動之天，故最遲也。七曜惟月最近地，故能掩日與五星也。試立一表，候日月俱升至三十度，月影必肥而長，日影必瘦而短，豈非日遠月近之故乎？月循黃道行二十七日而周天，餘皆一年以上，是七曜中月爲最速也。

又 宗動天

問：恒星在七曜之上，有星可測，有動可據，宗動天者無星可測，其動無據，何以知其在恒星之上？

曰：七曜、恒星，其運行皆有兩種。其一自西而東右旋，各有本行，如月二十七日而周，日則一歲者是也。其一自東而西左旋，一日一周者是也。似有二天，故能一時作此二動，因知七曜、恒星天之上復有宗動宗動之。上帝静主之宗動一天，牽制諸天一日一周，而諸天更在其中各安本所，各行其本行也。七政恒星既隨宗動西行，一日而周，其迅速殆非思議所及，而諸天又欲各遂其本行一東一西，勢相違悖，故近于宗動東行極難，遠于宗動東行漸易，此七政恒星遲速之所由也。

又 常静天

問：宗動牽製諸天，此理可據。常静之天以何爲據也？

曰：天亦理也，有動必有静。凡測星動物，必有一不動之物爲準，如舟行水中，遲速遠近，苟非以不動之地爲準，則若干道理何從而知之，若以此舟度彼舟，則茫然耳。自宗動以下，隨時展轉，八行不同，恒星與七政也。二極各異，若以動論動，雜糅無紀，將何憑藉，用資考算？故當有不動之天，其上有不動之道，不動之度，不動之極，然後諸天運行依此立算。凡所云某曜若干時行天若干度分，若干時行一周天之類，所言天者皆此天也。不動之極對地中心，至大之天，至小之地，通軸于一，而後諸天錯行不忒也。故天之動者以静爲基，天之一日一周者，此其常也。天之内體漸遠漸遲，以至于不動者，地球是也。天之外體亦漸遠漸遲，以至于不動者，常静是也。

又 諸天運行

問：有此不動之天與不動之地通軸于一，諸天則不錯行。然諸天之運，静非自然，而動也是有爲而動也。若謂動爲自然，寧無動更自然也。若謂動爲有爲，然則何爲乎？

曰：諸天之運行以極爲樞軸，亦無形質，但如勁風之旋，升降不息，是爲天體也，亦非天體也；實自然也，亦是有爲也。故諸天之動，一周歷十二時，晝夜迭換，曾無停住，是有不動之神化爲之主也。惟有不動，所以常動，所以不盡動，而萬物咸宜，皆由于此不盡動之生遂也。否則晝夜不均，而動静偏勝矣，天道違而人事壞矣。故赤道内外相距限界皆等者，蓋所以令日行歲一周，以分四時，以生萬物，非無故也。試觀冬則隆寒，元氣閉蓄于下；春則和矣，萬物資發而上；夏之熱也，變朱化而暢諸情；秋之肅也，除惡孽以苞嘉種。所以渾天之動，爲養萬物也。

又 七曜離地

問：渾天之内，七曜列宿各有所麗之位，則其遠近距地幾何？與其高下運旋幾何？

曰：天道微妙，古明其理而畧其測，今徹其理，以精其測。從地至宗動，各有測算。利西泰曰：測地周九萬里，而月離地心有四十八萬二千五百二十里餘。辰星離地心九十一萬八千七百五十里餘，太白離地心二百四十萬六百八十一里餘，日離地心一千六百零五萬五千六百九十里餘，熒惑離地心二千七百四十一萬二千一百里餘，歲星離地心一萬二千六百七十六萬九千五百八十四里餘，填星離地心二萬五百七十七萬五百六十四里餘，經星離地心三萬二千二百七十六萬九千八百四十五里餘。此外即係一日一周宗動之天，包絡轉運諸天者，其離地心有六萬四千七百三十三萬八千六百九十里餘。其餘遠近各有測算之法，測量之器，游熊曰：夫測器之在歷象家，猶之工師準繩規矩也。原靈臺止有圭表、景符、簡儀、渾天儀諸器耳。今西法乃有象限儀、百游儀、地平儀、弩儀、天環、天球、紀限儀、渾蓋簡平儀、黃赤全儀諸器，巧妙精絶。外更有地平晷、立晷、百游晷、通光晷、柱晷、瓦晷、碗晷、十字晷、星晷、月晷，此皆測影之器。若遇陰雨，則有自鳴鐘、沙漏、水漏。窺天則有遠鏡，見其界限分明，星體微渺。此諸器晷，惟鏡最巧。實非荒唐之言，揣摩之見，直是一毫不爽者。然高低尚有定位，而行天轉旋皆可測也。如日處七曜之中，約一時從宗動之行有九百萬零四萬里。經星天在七曜之上，約一時從宗動之行有一萬萬零七百二十萬里，較行疾于太陽數十倍，爲近宗動天之故。揭子曰：就人息與天行合計之，人一日一夜計二萬五千二百息，天一日一夜共行一周。凡人之一息，計月所麗天位應行一百二十里，日麗天位應行四千零四里餘，火星麗天位應行六千八百三十七里餘，木星麗天位應行三萬一千六百二十里餘，土星麗天位應行五萬一千三百二十五里餘，經星麗天位應行八萬五百又九里餘，宗動天位應行一億六萬一千四百六十七里餘。蓋諸星處天有高下，距赤道亦有高下，各有本行本輪，各有二道二極，故行天有遲速，而體段有鉅細也。只因離地絶遠，人仰見得鉅者亦微也。細者如天河積尸等，雖星亦夥亦不見其爲星也。若人從星上視地，决如一塵，不能見矣。

又遊藝《天經或問後集》

太陽行有盈縮

太陽之行，終歲不外黃道左右，雖其或上或下，皆在黃道一圓面内。然其實行非均，冬有贏，夏有縮。至算平行，則古歷爲一度，日度也。新歷爲五十九分八秒有奇。天度也。贏行云者，乃較平行爲多爲疾也。冬月一日，古法爲百五分，新法爲一度有奇。古法百分爲度，新法六十分爲度。二數相通，則古法較之天度，餘一分弱矣。縮行云者，遲而不及平行度也。夏月一日，古法爲九十五分，新法爲五十七分有奇。至春秋二分之近，必有二日，平視二行相均。此外兩行相較，必且日日不等，因而有加分減分，是即所謂加減差也。

又　太陽平行實行

太陽平行實行云者，乃太陽入某宫次節氣也。以平行算，則十五日二十一刻有奇，爲一節氣。一歲内二十四節氣，平分之算也。以躔度之日實行以算，則冬夏不齊。冬一節氣，爲十四日八十四刻有奇。夏一節氣，十五日七十二刻有奇。是即由於夏遲而冬疾也。

又　七政合聚伏見遲疾

日月在黃道上同經度曰會聚。若月於日曰朔，星于日曰合伏，星於星曰凌、曰犯。於者，遇也。二星相距七寸曰犯，二星光相切曰凌。若經緯度俱同在日月曰食。星于星，月於星，俱曰掩。同經度有二，或同黃道，或同赤道。在赤道同度，謂之同升。同黃道度，謂之同度。

對照，乃相距天之半，爲經度一百八十度。月對日曰望。經緯俱對曰月食。星對曰夕退。

伏者，星會太陽，人不見星故曰伏。夕伏，星比太陽行遲，合後太陽，故夕初伏不見。

如土、木、火三星，及金、水二星，逆行之時。

晨伏星，比太陽行疾，合先太陽，故晨伏不見。

夕見星，比太陽行疾，過合而先行，故夕見。晨伏夕見者，唯金、水二星及太陰名晨伏，土、木、火非晨伏。

晨見星，比太陽行遲，合後太陽，故晨見。此五緯逆行，合太陽之後，或初見初不見之限。

日月有遲有疾，五星有遲疾，兼有順逆，星之逆行有限，遲行無限。蓋遲則不行而留，今須求疾遲，逆一日之行若干，始可攷其凌犯之自也。

日疾行爲六十一分二十秒，遲爲五十七分。

月疾行十五度十七分九秒，遲爲十一度十九分四十九秒二十三微。

土星順疾爲八分九秒，逆疾爲五分十三秒。

木星順疾爲十四分二十四秒，逆疾爲七分四十四秒。

火星順疾爲四十七分二秒，逆遲爲三十五分一十一秒。

金星順疾爲一度一十六分，逆遲爲三十八分。

水星順疾爲一度五十四分，逆遲爲一度〇五分。

系觀下太陰細行之圖，可見遲疾二行，較平行之數非一遲行。以平行減一度四十七分，疾行加二度〇三分，諸星同此。

算太陰遲疾限式

太陰在本天最高又最小，其輪又極遠，即弦時距太陽之二宫，亦一日太陰距太陽遲行之均數。他星皆用此法即得之。

太陰度分秒微遲疾數橫看。

遲行式	度	分	秒	微
	十單	十單	十單	十單
一日平行[數]	一三	一○	五三	○一
半之	六	三五	二六	三○
前均		三三	二一	四九
倍減	一	○六	四三	三八
本天遲行[數]	一二	○四	○九	二三
太陽一日[行]		五九	○一	八九
月距日次引	一一	五	○一	○四
半之	五	三二	三○	三二
次均		二三	一○	
倍行		四六	二○	
極遲行	一一	一九	四九	一三

疾行式	度	分	秒	微
	十單	十單	十單	十單
一日平行數	一三	一○	五三	
均行	一	一○	四四	
本天疾行數	一四	二一	三七	
太陽一日行		五九	○八	
月距日次引	一三	二二	二九	
次均		五四	三二	
極疾行	一五	一六	○九	

天轉

問：天之渾體，中亘一丸爲地球，外裹一殼爲常静，而内日月經緯，旋轉不停，然静者自然而静，轉者何故而轉？請示之。

曰：天之元位元氣，胚結包裹，晶明透徹，故清宅不毁，萬象爲章。是其元氣之生機，最神最異也，故剛徤中正，運旋不已。揭子云：天之旋轉不已者，是以氣行也。氣從外呼，不得直達故轉。氣從内貫，不得直達亦轉。天之胎，從外竅内，呼吸之所自來，内氣乘之，自然旋轉。亦猶人之呼吸，從口鼻者，則有出入；從臍輪者，止有旋轉而已。此元氣也。臍輪之中，有元氣焉，即祖氣也，藏而不出。外氣一呼吸，内氣一周轉。内氣周轉，又以生外之呼吸，二氣相交，有若轆轤。天一日一呼吸，故一日而一周。地一日兩呼吸，故潮汐有兩周。天以日氣爲呼吸，故隨日而轉。日前爲進氣，日後爲退氣，故一日一周。鷄報子午，亦知氣之升降也。地以月攝爲呼吸，故隨潮而移，潮前爲進氣，潮後爲退氣。潮汐兩周，故爲兩呼吸。潮高幾許，下所虚亦爲之，以氣升其中也。然以旋轉爲升降，即以旋轉爲推移，故前長則後消，彼長則此消。抑漸長則漸消，非猶夫人。吸，則全腹俱滿。呼，則全腹俱消也。人一日則有二萬餘息矣。息有多寡、不同，因爲其多也。養生家有數息、調息、忘息，又有導氣歸元，以爲胎息。孟子志爲氣帥，不動心，善養氣。楊子謂氣隨志定，亦隨心息，故息字從心，自即鼻也。人生首鼻，故自謂鼻，氣從鼻引，亦自心攝。心安則氣和，心收則氣入。心降則氣下，心運則氣轉。神不離舍，氣自歸元。此爲息之神，而合天之運也。地有息，地内之天自然旋轉。人有息，人内之天亦自旋轉。實則無氣不天，亦無天不轉，猶之風輪乘風，水輪乘水，無有停時，至百千萬派，莫不由此。氣震盪之，貫徹之，使之變化循環，跳躍而不息者也。人有氣，一呼吸不相屬則絶矣。若天旋轉無停，剛徤之元氣，所以無有已時也。

昊天一氣諸圖

昊天一氣渾淪旋轉總圖

天渾淪一氣，無有重數，特外剛内柔，以外掣内，漸遠而殺，以至不動。各政附于氣中，咸與俱西但居有高下，故行有遲速。如右圖，以版爲盤，開槽數周，各入一丸球于内，中立圓幹挪之。槽進丸自退，遲速不及見焉。各政體有大小，激退滚進，又爲日沖射而生小。

天内之氣漸降而殺，以至不動，故其線漸下而減以表之。

天之外氣爲反掣，亦漸上而殺以至不動。

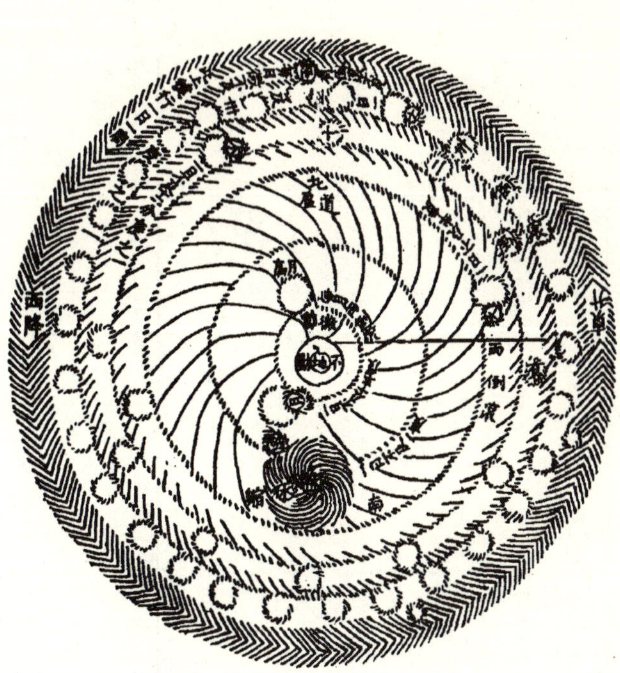

六曜皆作小圈，各有沖輪也。列星亦各有高下沖輪。

依算，天內之氣月下尚動，再下即不動矣。

輪試以篾爲大圈，平置几上，內挨小圈轉之，小圈亦退。于小圈弦附以一珠，則上下左右周遶。人從下平視，遲留伏逆見焉。其寔共此一氣，同爲一掣，皆西進也。特天高氣遠，漸不及耳。萬化皆由一氣，萬動皆由一動，覽圖自明矣。

日沖星順逆遲留圖

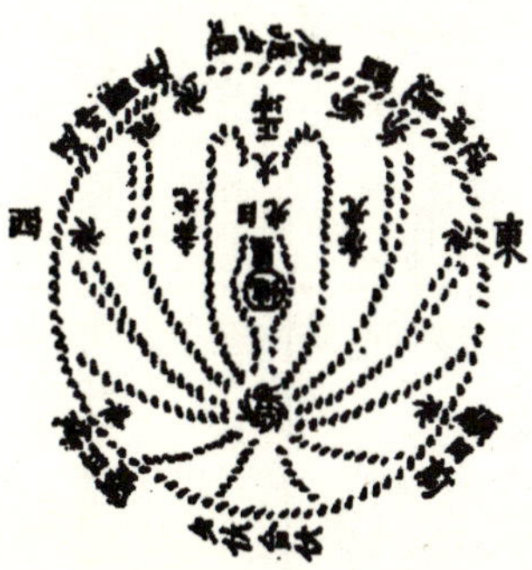

日移則氣隨，火、木、土星在前後皆順其挂拱，惟至對沖。天如大火鏡，地如大圓晶，日火四射，氣聚于對沖。始則在東反激，如吹物盌中。左吹至底，物自逆右，氣過而西，則又右吹而復原行。逆者西進比健行更迅。遲者比常行少速，留者與宿天同周復原行，則東退矣。

月黑影外轉內止圖

月體如卵，外剛而內柔，有黑象二種。外轉而內不轉，因中含水母，與地水緊拱，以生潮汐。外維轉內，象恒對地面不改。

其小黑附于殼面，殼轉故其象屢遷，比渾黑內，有青黄色如半規榴西南白胎中。有赤圈四，謂爲地影，爲平行者非也。

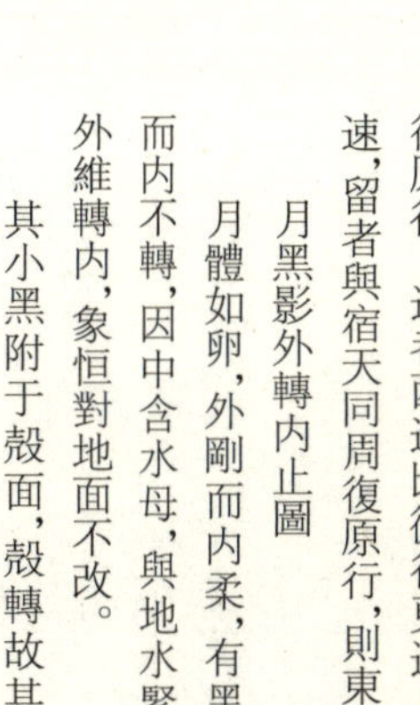

日掣金水黑星環轉圖

日從内掣，金、水黑子抱日環轉。人從地平左右斜直視之，則見爲遲留。上下横視之則見爲順也，寔則共日爲輪。如輻之隨軸遶行也。

金距日四十七度遠，故有弦望。水半之，故惟晨昏見。黑子乃日十度内外之星，惟近日故止見黑，亦猶金、水過日下，亦止見爲黑子也。

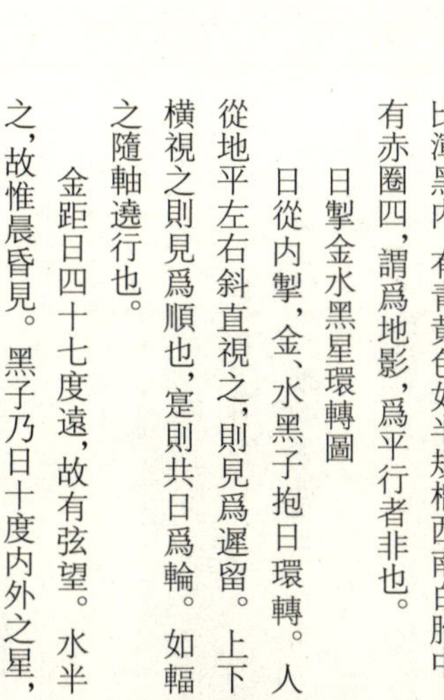

月輪諸星小輪圖

日沖月星，皆走上輪弦，惟月時朔則走下輪弦，以居日下也，論一沖一合。星月皆有兩小輪及遲逆，惟上半輪自東而西，下半輪自西而東，然其位有高卑，故激輪亦有大小。土有二小星，木有四小星，與金、水抱日環轉。

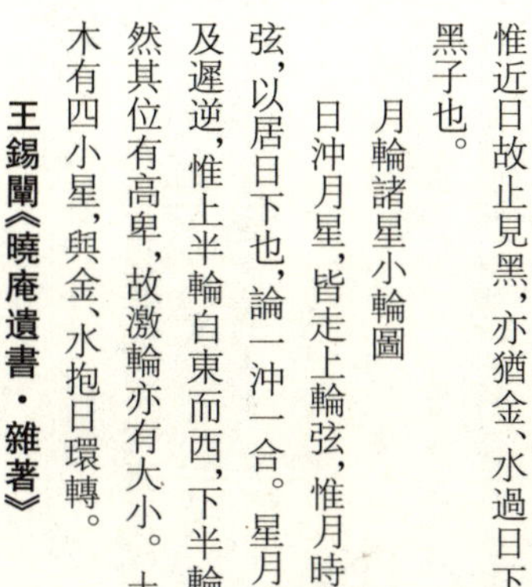

王錫闡《曉庵遺書·雜著》

日月左右旋問答

令望、錫綸侍於曉菴先生，縱言至於天行，先生曰：秝家言日月右旋于天，而儒者乃云隨天左旋，二子何執？令望曰：以弟子觀之，則右旋也。先生曰：先儒曰天無體，以二十八宿爲體，行日一周而過一度；日行日一周，不及天行一度；月又不及日行十二度有奇。不及天十三度有奇。觀其出入卯酉，則左旋可知。今了以爲右旋，右旋誠是也。然亦有説乎？令望曰：謂天無體，以二十八宿爲體，不知二十八宿有所麗乎？無所麗乎？列宿至衆，既不能共爲一體，安得指爲天體？況又無所係屬，若鳥飛空而魚遊于淵，必將前後左右參錯紛拏，然而自古至今，垂象若一，不得謂之無所麗也。既有所麗，則所麗即天，不得謂天無體也。錫綸曰：列宿麗天，故垂象有常，是信然矣。日月經緯乎，天遠近無定，此不麗天而與天並行，互爲離合之徵也。先儒之言殆亦未可棄乎？令望曰：日月經星各麗一天，而各天之行又皆循于左旋之天，是皆可以管窺、表測，知其高卑上下不容誣也。錫綸曰：窺測之法，學諸夫子矣。今所欲辨者，日月右旋之實耳。令望曰：望嘗於初昏見月在某星之西，候之未久而月星同度，頃復候之而月過而東，此右旋之實，可仰觀而得，不煩籌策也。先生曰：先儒固言日月隨天西行，比天差緩。經星附著于天，故逐及于月而更出其前，非月行就星而過其東也。令望曰：日食初虧于西，月東進而掩日也。復明于東，月更進而離日也。月食初虧于東，月東進而受侵于闇虚也。復明于西，月更進而東出于闇虚也。若使左旋，則日月初虧、復明，皆當東西易位矣。先生曰：先儒又言日遲于天，而疾于月，闇虚在日之衝，遲疾與日正等，日行逐及于月而受掩，故初虧於西。闇虚逐及于月而侵月，故初虧于東。日西行而過月，故復明于東。闇虚離月而西去，故復明于西。是猶月行越星，與星行越月之見耳，未足爲右旋之左券也。令望曰：日月嘗爲平行，而自人視之則有朓朒。朓者，日月在卑，近人，而視行大于實行。朒者，日月在高，遠人，而視行小于實行。若云左旋，則朒反爲朓，朓反爲朒矣。錫綸曰：日月乘氣而行，行有緩急，非由高卑。近年西人始有是説，豈可信乎？令望曰：夫乘氣而行者，緩急不倫，不可以率度而求，日月雖有朓朒，而朓朒未常無敘，當必有所以朓朒之故，不可以虚理臆斷也。日月高卑，通其術者，能以咫尺之器測量而知。秝術固多古人所未覺，而後人始明者，又何疑于西説乎？況乎日月徑體時大時小，高遠見小，卑近見大，尤易知也。今試以數求之，朓朒之差與高卑之差爲相似之比例，高卑之差與大小之差亦爲相似之比例，此三差者必皆相因而生，故知平行爲日月之自行，朓朒爲人目之視行也。錫綸曰：進而見贏者退亦見贏，進而見縮者退亦見縮，然則進行之度可因高卑以爲增損，豈獨不及天行之度，不可因高卑以爲增損乎？先生曰：朓朒分於一周，故一周之中一高一卑者有朓朒，不高不卑者無朓朒也。夫月之高卑一歲而復，日之高卑終轉而更。右旋之法，日周於歲，月周于轉。左旋之法，一日一周，知一日之無殊乎。高卑則知左旋之無當于朓朒矣。錫綸曰：以高卑求朓朒，以朓朒證右旋似矣，然黄赤二道日行一周而朓朒四變，斯何故歟？先生曰：子無疑于日行黄道，即無疑于日月右旋矣。赤道當二極之中，而黄道斜絡于赤道，故赤道之行惟東西，而黄道之行兼南北。假令日誠左旋，將出于東南，而没于西北；出于東北，而没于西南。今夏日出辰入申，冬日出寅入戌者，何也？蓋由日躔從黄道而右旋，是以有漸南漸北之行，天牽之而左旋，則但與赤道平衡而行，東升西降也。取渾儀旋轉，觀之自明。錫綸曰：竊更思之，日躔不由黄道而爲螺旋，冬至之後漸旋以北，夏至之後漸旋以南，實皆隨天左轉，非右旋也。先生曰：螺旋之論，思致甚微，然當合黄赤二道左旋、右旋而議，其故不可斷棄。黄道專屬左旋也。夫螺旋之勢，末鋭而中寛，汝言不由黄道則無所循依，勢必起于赤道而盡于二極，即不底二極而出入赤道，不能南北相若，即出入相若，而距緯不爲均數，必有僭差。古云日行出入赤道二十四度，驗之實測，雖今不及古，實得二十三度八十六分有奇。然南北大距度分略同。若論視差，亦有小異。自二分以及二至，緯度衰降永無僭差，故知實有循依，無徒爲螺旋之理也。錫綸曰：距緯若爲均數，勢必盡于二極。距緯若有僭差，必不南北相若。綸嘗細察日躔，二分一日之距緯，幾數十倍于二至一日之距緯，蓋二分爲螺旋之始，故距緯差多。以次漸少，至于二至勢盡而復。豈得有僭差詎得越二十四度而底于二極乎。雖無所循依，而自爲左旋，亦安所不可乎？先生曰：螺旋者，無法之形也，雖或衰降有準，然以割圜弧矢求之必不盡合。今置黄赤二道，以右旋經度求南北緯度，于割圜弧矢之數不容以毫髮爽也。握策而推，轉儀而測，合親疎遠近，昭然人目，又何疑乎？錫綸曰：月離出入黄道，猶日躔出入赤道也。黄赤大距定于二十四度，黄白白道即月道。大距少或不過五度有奇，多或至于五度半弱。《大統秝法》嘗爲六度。綸又嘗以《大統秝法》推算月緯，法當在南而實測或在北，法當在北而實測或在南，何也？先生曰：人知赤道有南北二極，不知黄白二道各有南北二樞，白道之樞又有游有定，此亦得之實測，古來秝家所未喻者也。黄樞左旋于赤極之旁，古遠今近，約二萬八千餘年而一周。所云二十四度，亦自近古言之，未知古今之異耳。白道定樞左旋于黄樞之旁，八年三百餘日而一周，無遠近。白道游樞右旋于定樞之旁，半月而一周，亦無遠近。然自黄樞以視游樞，則遠近進退隨時而異。朔望最近不過五度有奇，二弦最遠至于五度半弱。朔望前後，游樞循定樞之内而順。二弦前後，游樞循定樞之外而逆。錫綸問：天度皆爲平順之行，游樞何獨有順有逆？先生曰：游樞本行無順逆，自黄樞視之乃有順逆。是以黄白交道，月緯南北，皆因之而變。《大統》本無其術，其不合天也固宜。令望曰：日月右旋，敬聞命矣。黄赤朓朒，一周四變，其故可得聞歟？先生曰：天體渾圜，從南北二極以割線分赤道諸度，自郭守敬以來宗用此法。形如剖瓜，遠赤道則度分狹，近二極故。近赤道則度分廣。遠二極故。黄道交于赤道，度無廣狹，而以斜直爲廣狹。冬夏距遠勢直，故黄道經度加於赤道十分之一。春秋距近勢斜，故黄道經度減于赤道十分之一。一歲再遠，再近，故爲朓朒之變者四。此與經緯二行可互求而見，考諸圜術，觀諸儀象，無不吻合。因明螺旋之形，亦由黄道右旋而生也。錫綸曰：千古之所聚訟一旦若發蒙矣。雖然，顧有進日月以高卑論，視行五星亦宜同理。五星行高則疾，卑則爲遲，爲留，爲退，與日月相反，何也？先生曰：五星各有本行之規，皆以日爲心。歲、填、熒惑左旋爲日行所牽而東，猶夫日行爲天所牽而西，故合日在高宜遲反疾，衝日在卑宜疾反退。遲留同理。太白辰星本行規小，不能包地，人目自地視之，惟見左右于日，而不與日衝。太白去日不及五十度，辰星去日不過二十五度。合日在上，視行雖小，而益之以日行，故疾。合日在下，星雖右旋而視行反逆，又大于日行，故退。遲留皆在下行半周，詳見《五星行度解》。五星復有本規之行度，高卑朓朒與日月同理，無煩贅説矣。令望避席而起曰：日月右旋已無疑義，五星則左旋之中有右旋，右旋之中有左旋，提命雖切，未易晰也。日晏矣，不敢重煩長者。先生乃以《五星行度解》授二子，二子受書而退。先生嘗著《五星行度解》，論五星右旋左旋之理甚悉。昭陽赤奮若秋七月，令望記。

五星行度解

五星之中，土、木、火皆左旋，爲日天所挈而東；金、水于本天右旋，各有行度，又隨日天日行一度，但二星本天小，不能包地，故但以日之平行爲其平行。西秝謂五星皆右旋，與天行不合。今正之如左。

西秝謂火、金、水三星有時在太陽上，則本天當在日天外；有時在太陽下，則本天又當在日天内。遂謂各天能相入，不能爲實體。不知五星本天皆在日天之内，但五星皆居本天之周，太陽獨居本天之心，亦爲五星本天之心。少偏其上，近宗動天。隨本天運旋，成日行規，此規本無實體，故三星出入無礙。若五星本天，則各自爲實體。

先解木、火、土三星。巳爲地心，甲爲日體，從巳作巳甲直線，引長至乙。乙爲界，巳爲心，作黄道大圜。即太陽本天，省名日天，其周乙丙丁戊。定巳甲線爲日輪距地心之數，引辰至丁。以巳甲線爲度，截巳丁線于丑。丑甲爲界，巳爲心，作甲子丑寅圜，是爲日行規。此虚體用朱書别之。次以甲爲心，截甲丑線于巽。巽爲界，作巽庚卯圜。火星本天。又以甲爲心，截甲乙線于辛。甲辛須較甲丑爲長。辛爲界，作辛辰圜。木星本天。又以甲爲心，截甲乙線于壬，甲壬又較甲辛爲長。作壬巳圜。土星本天。又以甲爲心，于壬巳圜外任取一點爲界，設如癸點。作五星平行圈。諸天中本無此圜，虚設以明平行之理，故用朱文别之。土、木、火三星皆左旋，自壬辛庚向巳辰卯。黄道右旋，自鶉火向鶉尾。挈内諸天而東，亦挈太陽繞地右旋成日行規。因明日行規爲虚體。假如日在鶉火初度，平行癸點。火、木、土俱合日在最高，距地極遠之界。庚火。辛木。壬土。爲初行之界，太陽每日行一度，約三十日行一宫。三十度。至鶉尾初度乾，用平行圜。内三圜庚辛壬元界亦隨日至乾甲線上。朱文别之。設此時火星自庚左行十四度，木星自辛左行二十七度，土星自壬左行二十九度，火至午，木至未，土至申點。從日體甲出三線，過午未申，星體所在。至亥戌酉，爲甲午亥、甲未戌、甲申酉三線。俱止平行圈周。次從平行圈癸鶉火初度。順數，得癸酉一度，癸戌三度，癸亥十六度，則火星在本天實行十四度，左旋。在平行圈似十六度。右旋。木星在本天實行二十七度，左旋。在平行似三度。右旋。土星在本天實行二十九度，左旋。在平行似一度。右旋。又土疾于木，木疾于火，左旋。而在平行圈則火疾于木，木疾于土右旋。也。已上行度俱設數，非平行真率。後凡舉數者，倣此。

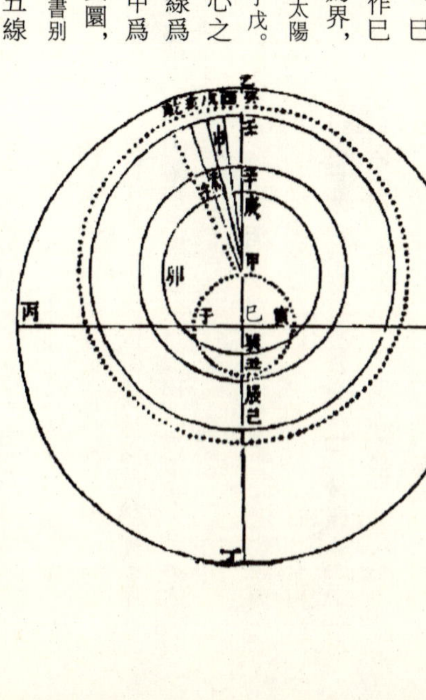

右假平行圈以明左右兩行及遲疾相反之理，然五星終古無平行之率，下文解之。

假如火星木、土二星同理。合日在鶉火初度，乙巳線火在庚，日在甲，黄道乙。乙庚甲巳同線，太陽行三十度至坤。黄道爲鶉尾初度震，從地心巳出線過坤至震，成巳坤震線。朱文。火星本天最高，庚點元界亦隨日天在巳坤震線。坤日體所在。爲心，别作庚卯圈，與前等如朱文。設此時火星自庚左旋十四度至坎。從

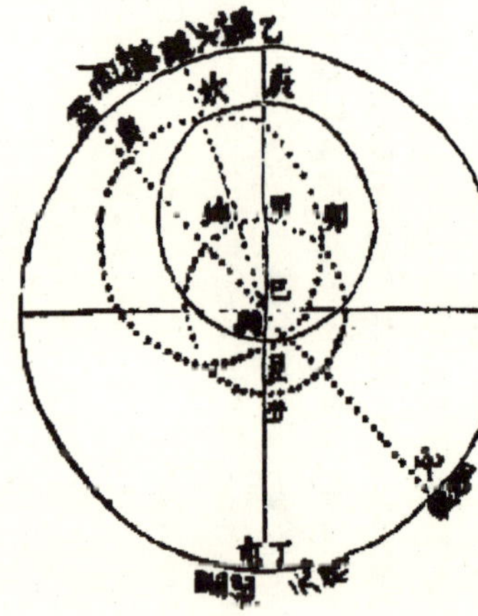

巳出線過坎，至黄道離，成巳坤坎離線，與巳坤震成震巳離角。用法求巳角若干度分，先定甲庚火本天半徑，坤庚同。爲全數一百，設甲巳日行規半徑，巳坤同。爲甲庚或坤庚。百分之六十六，則以巳坤加庚坎弧餘弦，九七。得總線一六三。用全數因庚坎弧正弦，二四。如總線而一，得震巳離角切線一五，其弧八度半弱。震離弧也用減乙震弧，餘乙離弦二十一度半强，即火星在黄道鶉火二十一度半强，是時因火星合伏後距地遠，視行角小，故行甚遲，本天左旋。而在黄道視行甚疾。右旋。假如日在鶉火初度，火星衝日在最卑巽，五星合日距地最遠，衝日距地最近，觀上諸圜自見。黄道爲元枵初度丁，鶉火對宫。太陽行三十度至坤。黄道爲鶉尾初度震，引長震巳線至兑，兑爲黄道娵訾初度，是時庚點元界隨日天至震巳線巽點，亦在巳兑線，即震庚坤巽兑同在一線。設此時火星自巽左旋十四度至艮，從巳出線過艮至黄道屯點，成兑巳屯角，求巳角若干度分。設甲巳巳坤同。爲甲庚坤巽同。百分之六十五，以六十五巳坤。減最卑用減。巽艮弧餘弦，九七。得較三二，用全因巽艮弧正弦，二四。如較而一，得兑巳屯角切線七五，其弧三十七度弱，兑屯弧也。又自鶉火初度乙至娵訾初度兑二百十度，内減兑弧，得乙屯弧一百七十三度强，起鶉火初。爲黄道星紀二十三度强。是時因火星衝日後去地甚近，視角大，故本天左旋。視行甚疾，多于太陽平行度。而在黄道，右旋。法當爲退。黄道自元枵至星紀爲退。餘倣此。用上諸圜知三星至平行之限，丁黄道亦爲平行；在本天左旋。遲段，于黄道右旋。爲疾行；在本天左旋。疾段，其日行分左旋。未及太陽日行分右旋。者，于黄道右旋。爲遲行。在本天左旋。疾段，其日行分左旋。與太陽日行分右旋。等者，于黄道爲留。本天疾段，日行分多于太陽日行分者，于黄道爲退。

次解金、水二星。作黄道大圜及日行規如前，于大圜内火、木、土三天已前見，此省。以甲日體。爲心，截甲巳線于庚。金星本天最卑。庚爲界，作庚壬圜爲金星本天。壬爲最高。又截甲庚線于辛，水星本天最卑。辛爲界，作辛癸圜爲水星本天。癸爲最高。二天半徑小于日行規半徑，甲辛、甲庚皆爲甲巳全線之分。即巳地心在二圜之外。因知水星天在金星天内。自地視之，但有順逆兩合不能衝日。衝日者，必人在日星兩間一線之内，甲辛甲庚線既小于甲巳，則巳點必不得至甲與庚或甲與辛兩間。即同居一線，亦必巳點在外，人從巳視庚辛與甲同在一面，但得見合，不得見衝也。金、水二天亦右旋，自壬癸向辰巳。與日天相似，黄道自乙向丙，即太陽自甲向壬。雖行有遲疾，金日行半度强，木日行三度强。理則歸一。今但以水星解之，金星自見。

假如水星合日在最高癸，順合。日在甲，黄道爲鶉火初度乙。乙黄道。癸星體所在。甲日體所在。同在一線，自地心巳視之。爲元界。太陽行六十度弱至未。黄道爲鶉尾未不定度分。申，其時水星最高，癸亦隨日行在申未巳線。設此時水星行本天右旋。一百八十度，足半周，至最卑辛。若用月天法，詳見月離。則當兩行日行及水星行。相併，俱右旋同類故。爲二百四十度弱，水星在巳酉線，躔黄道

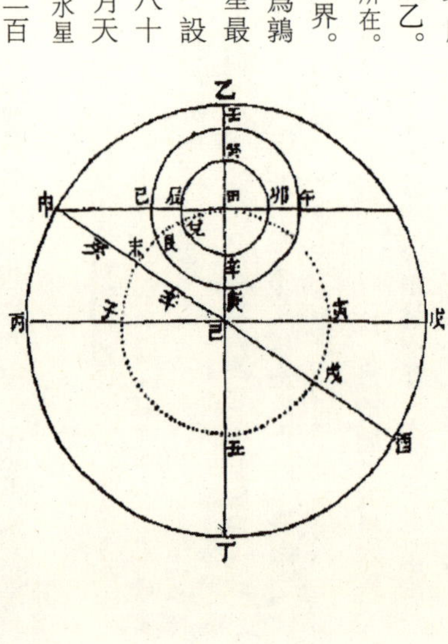

娵訾末不定度分。酉，而與日衝。然此時水星在辛，辛點既在巳癸線内。癸辛巳同線，辛癸爲巳癸全線之分。試引長癸巳至酉，于巳酉線上任取一點如戌，其癸戌必大於癸巳。今癸辛尚小于癸巳，况能等于癸戌乎。因知辛點不在巳酉線，即水星亦不得在黄道娵訾末與日衝矣。又未癸同線，辛癸亦同線，則辛未必同線，自巳視之，水星必合日在鶉尾末矣。其平行黄道乙申弧，即太陽平行弧也。設太陽又行六十度弱，至大火末；水星又行足半周，至癸。自辛至癸。癸點隨太陽在大火末，癸酉平行，嘗與太陽平行同線。則水星平行弧仍即太陽平行弧。因知金、水

二星與太陽同一平行也。既明平行之理，因上解亦明順逆二合之故。次論順合前後疾行、逆合前後退行之理。

假如水星順合在癸，最高。日在甲，黄道乙鶉火初度。爲元界，太陽行十度至乾，黄道鶉火十度亥。癸點隨日至巳乾亥線上。朱文別之。水星順行本天。三十一度半，設數非定率。至坤。自巳出線過坤至黄道震，宫度不定。成巳坤震線，與巳乾亥爲亥巳震角，亦用朱文別作水星本天癸亥圜。求巳角若干度分。法先定巳甲日行規半徑巳乾同。爲全數一百，甲癸水星天半徑乾癸同。與巳甲若四十二。設數，非定率。與一百以甲癸或乾亥，餘倣此。因癸坤弧餘弦，八五。如全而一，加巳甲，或巳乾，餘倣此。得一三六爲法。又以甲癸因坤癸弧正弦，五二。爲實。二二九四。實如法而一，得亥巳震角切線一六，其弧九度少，亥震弧也。加乙亥弧，得十九度少，自癸至辛半周加，自辛至癸半周減。即水星在黄道鶉火十九度少，較太陽平行盈九度餘。因在上半周，最高左右。順本天行，亦順黄道行，故爲順爲疾。

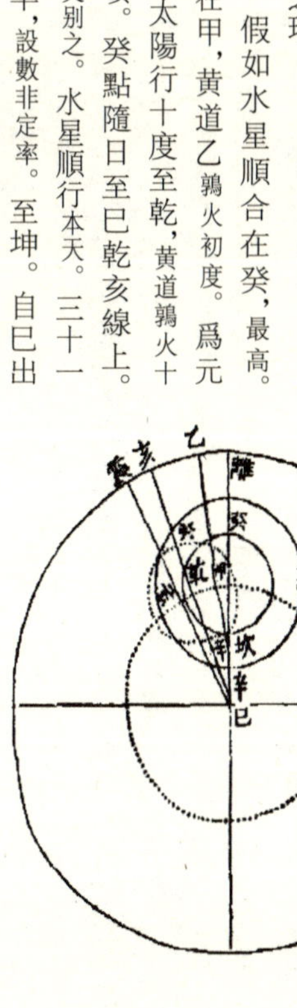

假如水星合日在最卑辛，退合。日在甲，黄道爲鶉火初度乙。乙癸甲辛巳同在一線，爲元界。太陽行十度至乾，黄道亥。癸辛俱隨日至巳乾亥線上。朱文別之。水星自辛順本天行三十一度半，用朱文別作癸辛圜如上。至坎。從巳出線過坎至黄道離，宫度不定。成巳坎離線，與巳乾亥成離巳亥角，求巳角度分。設數同上，以甲癸因辛坎弧餘弦，八五。如全而一。用減在最高左右一象限内用加，在最卑左右一象限内用減。巳甲，得六四爲法。又以甲癸因辛坎弧正弦，五二。爲實。如法而一，得離巳亥角切線三四，其弧十九度弱。用減乙亥弧，不足減，加全周減之。餘乙亥離弧三百五十一度强，即水星在黄道鶉首二十一度强，在合日元界後九度弱。因近最卑，故于本天雖順行，而人目在外自巳反觀，若在本圜内則嘗見爲順。見爲逆黄道退行也。用上法知金、水二星在日行規外嘗爲疾行，其交日行規點如艮兑。爲平行，界入日行規内爲遲行。(日)又二星入日行規内，其本天日行分視角較太陽日行分大者爲退，等者爲留，小者爲遲行。日中嘗有黑子，未詳其故，因疑水星本天之内，尚有多星。星各有本天，層疊包裹，近日而止，但諸星天周愈小，去日愈近，故嘗伏不見。水星亦因離日不遠，故伏時嘗多，見時嘗少。唯退合時星在日下，星體著日中如黑子耳。與日食同理，但月視徑大，故能食日。星視徑小，止成黑子。又用半徑比例知金星天在火星天内。火星天半徑大于日行規半徑，金星天半徑小于日行規半徑，餘星内外觀諸圜自明。

用上兩形諸圜半徑與日行規半徑爲比例，知各星距地遠近。日行規半徑即太陽距地之數。又火星出日行規即高于太陽，入日行規即卑于太陽。用諸圜知日天大，能包五星之天。五星天小，但能包日體，不能包日天，因明火、金、木三星雖出太陽之上，非出日天之外。

巳上所稱五星本天，即《崇禎秝》所謂歲輪也。歲輪周遲疾之外，别有盈縮。西稱均度。盈縮二限，《崇禎秝》所謂本天，與上文本天不同。最高卑亦非上文本天最高卑。也。今從《大統秝》名之爲秝周、秝中，以免相混。

秝周最高卑之原，蓋因宗動天借西秝名。總挈諸曜爲斡旋之主，其氣與七政相攝，如磁之于針。某星至某處，則向之而升；離某處，則違之而降。升降之法，不爲直動，而爲環動。凡天行，悉爲環動。本天之心五星本天心也。繞太陽心左右上下，于日行規周成一小規，此規之心嘗在日行規周。其規亦爲虚體。五星本天心循此左旋，與太陽爲不同心。大約星周黄道一次，則秝周亦一次。因此行蹤宗動天，而宗動天與黄道同心故也。其升降之界，七政不同。又世有運移，運移遲疾各曜不同，即西秝最高行度也。巳爲地心，作日行規如前。甲太陽。爲心，庚辛壬癸爲界，作五星本天心環行規。此規本無實體，故用朱文別之。五星本天心在此規之周，自最遠稱最遠最近，以別本天最高最卑。向中距壬背黄行，左旋故。故行遲爲縮。初自壬向最近辛順黄道行，凡大圜周置一小圜右旋者，入内半周，自大圜心視之必依大圜周左旋。金、水本天行是也。左旋者，入内半周，自大圜心視之必依大圜周右旋。此規是也。壬辛癸在内半周，故從壬左旋至癸，自地心巳視之，見依日行規周右旋，而順黄道行也。故行漸疾爲縮末。自辛轉向中距癸亦順黄道行，内半周故。故行疾爲益初。自癸向庚逆黄道行，上半周左旋故。故行復遲爲盈末。盈縮初末限，五星不同，姑就中距論之。觀上諸圜自見。本天最高戊，最卑丁，與地心巳同一直線，觀諸圜自明。與巳辛庚線爲角形，庚丁與庚巳戊同一巳角，故秝周盈縮差西秝名初均數。不因本天最高卑爲增損。諸圜自明。又環行一規，實非整圜。界似橢圓。西秝用次均輪亦此意，但八六比例，恐非密率，當屢測定之。環行規半徑與日行規半徑比例，五星不同。

次總解五星。其一，五星本天心入日行規内，則日行規半徑當減；出日行規外，則日行規半徑當加。此非日行規真徑，乃五星天心距地之數。但從日行規徑加減，以求與本天半徑比例。其二，太陽在最高，則日行規半徑大；太陽在最卑，則日行規半徑小。其與五星天半徑及五星天心環動規半徑比例，各有增減。已上二條加減之數，自有算法，此不具載。其三，用半徑比例可知各天距地之數，因得各星徑體大小之數。其四，黄道圜即太陽本天。太陽應居其心，乃偏近宗動而居。日天之心者爲地體。五星亦應居本天之心，乃偏處其周而居。五星天之心者爲太陽。地體又不正當日天之中，太陽亦不正當五星天之中，而皆在其環動規之心，日天心繞地心亦作環動規。以生盈縮諸限。因思太陽若正居黄道圜心，則與地體合一，庶類何從生殖。即使地處其偏，然黄道圜心爲不動之處，太陽若居此，則永無運移，亦無晝夜寒暑，歲敘何繇而成。五星本天同以太陽爲心，假令盡居本天之心，即當合爲一體，不復辨有太陽，又有五星矣。設地與日天，太陽與五星天皆正居其心，而無各天心環動一規，即無盈縮朓朒，七政之行終古若一，何難知之有。然天運參差，終非推測可窮，以此見造物之巧，位育之妙，非淺知所能測也。

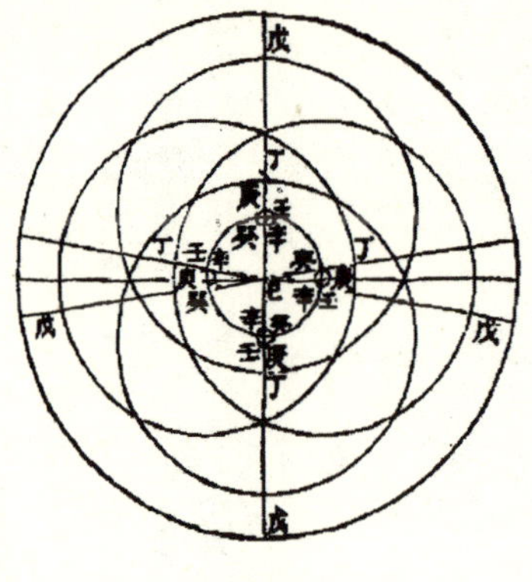

土、木、火

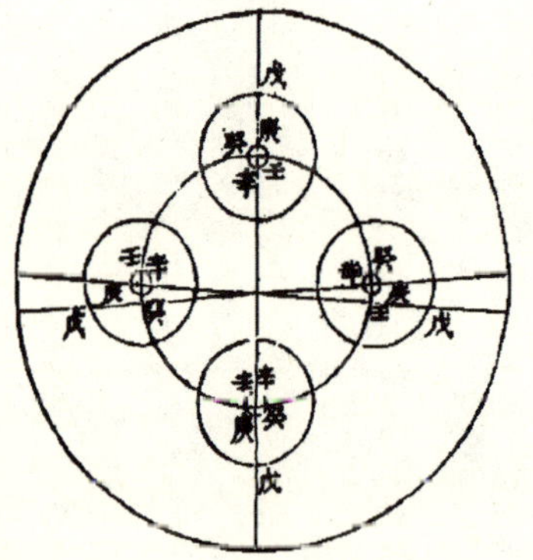

火、木

既明五星之行，次證西法之誤。其一，西秝謂五星天以太陽爲心，不與地同心，是矣。及推歲輪、均輪諸術，似五星天仍以地心爲心，下二則解之。豈非自畔其説。其二，本天以太陽爲心，必與地爲不同心。即本天與黄道亦爲不同心。均輪、歲輪在本天之周，則二輪本行，先有遲疾留退。星在輪周，又有視行。始與彼説相符。今歲輪在均輪周平行，均輪在本天周平行，不因合日、在最高。衝日在最卑。別生遲疾，非本天與地同心不可。今既以太陽爲五星天心，又以地心爲五星天心，則太陽與地當合爲一體耶。其三，兩輪在本天之周，據本天與地不同心。則合日時，半徑應見小；去人遠故。衝日金水退合。時，半徑應見大。去人近故。今兩輪半徑不以衝合爲增損，又不得以地心爲心。合彼二説，便覺自相矛盾。其四，因上三條知本天之外不得別有歲輪，或設此以代不同心圈則可，然必歲輪與不同心圈互用，得數悉符，始爲正法。試改歲輪爲不同心圈，依法求之，惟金、水稍合，上三星理正相反，則歲輪未爲正法。其五，西法置歲輪心于均輪周，在均輪最遠則歲行差西法又名次均數。少，最近歲輪差多。土、木均輪徑小，尚未之覺。火星均輪徑大，得數盡反。加入太陽高卑，猶不足算。仍虚立法數，以求合天。不知五星在均輪高卑，上三星與金、水異。其出日行規外者，就本天心言之。歲行差三星宜多，金、水宜少；入日行規内者，歲行差三星宜少，金、水宜多。此必用不同心圈則五星皆合。以上諸圈及總解合觀，其理自見。若用歲輪，唯金、水可合，金、水本天在日行規周，與歲輪相似故。三星必相反。其六，西法火星視太陽在最高，左右歲行差多；最卑，左右歲行差少。未爲不是，但須用不同心圈乃得合算。若用歲輪，唯衝日時可合，離此即有增減，至合日時乃相反。

已上諸款，因西秝謂五星皆右旋，故牴牾至此。若悟土、木、火左旋，改歲輪爲不同心圈，則理數盡一，可免從前諸誤。

六誤之外，復有二疑。其一，西洋秝與土盤秝似出一本。土盤秝元爲阿剌必年，當唐武德年間，云開皇己未者悞。去今千餘祀，殆爲西秝之祖，稱歲輪爲本輪，均輪爲小輪。所謂本輪，豈非與地不同心之本天小輪者，豈非本天心之環動規。則千年以前已知五星以日爲心，何西人反言彼國前代秝家不知太陽爲五星天心，至弟谷始明此理，若弟谷以前未有土盤秝者耶。其二，土盤秝五星自行，即本天行度也。土、木、火三星自行，本皆左旋。考之秝理，未始相戾。西秝改爲右旋，以至自相違謬。凡難通之處悉置不論，豈故爲立異耶？抑實未知土盤法耶？西秝改土盤法甚多，皆較土盤爲密，獨此一改較土盤爲疎，似務改法之名，不求其實者。

土星日行九十五分二一四六七四二九。

木星日行九十〇分二五一二五七一九。

火星日行四十六分一五七五七九九〇。

金星日行六十一分六五〇八七三三九。

水星日行三度一〇六六九九〇四三〇。

李光地《注解正蒙》卷上《參兩篇》

地純陰，凝聚於中。天浮陽，運旋於外。此天地之常體也。恒星不動，純繫乎天，與浮陽運旋而不窮者也。日月五星逆天而行，并包乎地者也。地在氣中，雖順天左旋，其所繫辰象隨之稍遲，則反移徙而右爾。間有緩速不齊者，七政之性殊也。月陰精，反乎陽者也，故其右行最速。日爲陽精，然其質本陰，故其右行雖緩，亦不純繫乎天，如恒星不動。金、水附日前後進退而行者，其理精深，存乎物感可知矣。鎮星，地類，然根本五行，雖其行最緩，亦不純繫乎地也。火者，亦陰質，爲陽萃焉，然其氣比日而微，故其遲倍日。惟木乃歲一盛衰，故歲歷一辰。辰者，日月一交之次，有歲之象也。

此條之意當合下二條觀之乃明。地純陰至并包乎地者也，是古説。地在氣中以下，是張子斷以己意也。自古言天者皆謂天動而地静，天左旋而日月五星右轉。張子則謂地雖凝聚不動，然其氣實與天左旋，無少停息。日月五星雖見爲逆天，而其實乃順天而行，但比天稍遲而已。蓋地氣既順天左旋，中間辰象無獨自右行之理，特以稍遲於天，故見爲移徙而右，又各以七政性情分緩速焉。月陰精，右行最速，實乃其左行最緩。日雖陽精，然其質本陰，故右行雖緩，左行雖速，亦不能如恒星之純繫乎天也。金、水進退不離乎日，乃陰精感召於陽之理，其象甚顯，其理則微矣。土星者地類也，地氣與天旋轉，宜鎮星亦若是。然根本五行，則不能與純陰、純陽之氣並運而同流也。言不純繫乎地，即其不純繫乎天。因日陽精，而土地類故異其文耳。火爲日類而微，正猶金、水之爲月類而微也。故月受日光，而金、水附陽，金、水法月也。火之行倍於日，火法日也。木歲歷一辰，十二歲而周天。歷一辰則木一盛衰，周天而符歲數，故謂木爲歲星也。

凡圜轉之物，動必有機，既謂之機，則動非自外也。古今謂天左旋，此直至粗之論爾。不考日月出没、恒星昏曉之變。愚謂在天而運者，惟七曜而已。恒星所以爲晝夜者，直以地氣乘機左旋於中，故使恒星河漢回北爲南，日月因天隱見，太虚無體，則無以驗其遷動於外也。

此節即申明地氣順天左旋之意，而益知七政之爲左旋也。蓋以形觀之，則地凝聚而天運旋，然凡圜轉之物，其機無不自内運者，故謂天浮空自運而左旋，至粗之論也。因不考日月恒星或左或右，昏曉出没之所以然，故并天之左旋者不知其故。其實恒星七曜皆隨天旋轉，然惟七曜有自行之運，而恒星即天體也。天體之所以左旋者，則以地氣斡運於中，故星河晝夜迴轉，而七曜之自行者亦因天爲隱現焉。皆根極於地氣而動者也。若夫制動之本與夫動之所際，固當求之太虚，然太虚無體，亦無以驗其外之如何遷動也。凡静者爲動之樞機，雖謂地與太虚相應可已。

天左旋，處其中者，順之少遲則反右矣。

又申重前意。

王植《正蒙初義》卷二《參兩篇》

地純陰，凝聚於中。天浮陽，運旋於外。此天地之常體也。恒星不動，純繫乎天，與浮陽運旋而不窮者也。日月五星逆天而行，并包乎地者也。地在氣中，雖順天左旋，其所繫辰象隨之稍遲，則反移徙而右耳。間有遲速不齊者，七政之性殊也。月，陰精，反乎陽者也，故其右行最速。日爲陽精，然其質本陰，故其右行雖緩，亦不純繫乎天，如恒星不動。金、水附日前後進退而行者，其理精深，存乎物感可知矣。鎮星地類，然根本五行，雖其行最緩，亦不純繫乎地也。火者亦陰質，爲陽萃焉，然其氣比日而微，故其遲倍日。惟木乃歲一盛衰，故歲歷一辰。辰者，日月一交之次，有歲之象也。

徵引《左傳》莊公七年夏四月辛卯，夜恒星不見。《書・舜典》：以齊七政。蔡《傳》：日月五星，七者運行於天，猶人君之有政事也。《淮南子》：東方木，其神爲歲星；南方火，其神爲熒惑；中央土，其神爲鎮星；西方金，其神爲太白；北方水，其神爲辰星。《晉書・天文志》：金星、水星，一日移一度，一月移一宫，一歲一周天。火星二日移一度，二月移一宫，二歲一周天。木星十二日移一度，一歲移一宫，十二歲一周天。土星二十八日移一度，二十八月移一宫，二十八歲一周天。

《張子語録》：五緯，五行之精氣也。所以知者，以天之星辰獨此五星動。

或問朱子曰：天道左旋，日月右行如何？曰：自疏家有此説，人皆守定。張子説日月皆是左旋，説得好。蓋天行甚健，一日一夜周三百六十五度四分度之一，又進過一度。日行速健次於天，一日一夜周三百六十五度四分度之一，起度端、終度端無贏縮，正恰好被天進一度，則日爲退一度。二日天進二度，則日爲退二度。趕天不上，積至三百六十五日四分日之一，則天所進過之度又恰周得本數，而日所退之度又恰退盡本數，遂與天會而成一年。月行遲，一日一夜三百六十五度四分度之一行不盡，比大爲退十二度十九分度之七，至二十七日半强而一周天，與初躔合。又行二日有奇，爲二十九日半强，與日會。進數爲順天而左，退數爲逆天而右。歷家以進數難算，以退數算之，此是截法，故謂之右行，取其易見日月之度耳。乃云日行遲，月行速，此錯説也。歷家若順算，則那相去處度數多，今以其相近處言，故易算。蔡季通云：西域有《九軌歷》，是順算。天無體，二十八宿便是天體，隨天而定。日月五星則皆隨天左轉，而緩急各不同，不隨天而定也。横渠少遲則反右之説極精。如以一大輪在外，一小輪載日月在内，大輪轉急，小輪轉慢，雖都是左轉，只有急有慢，便覺日月似右轉了。《禮記·月令疏》云：二十八宿及諸星皆循天左行，一日一夜一周天，一周天之外更行一度。其説可證。

補訓：此節推論天地日月星辰運轉之理也。首言天地常體。次言恒星隨天左旋，日月五星逆天右旋。次言日月五星右行，有緩速不齊。末帶釋辰字。朱子《詩傳》：啟明長庚皆金星也，以其先日而出謂之啟明，以其後日而入謂之長庚。高註：金，太白，即啟明。水，辰星，即長庚。其説誤也。五行以土爲根本，土性遲，故行緩。火内陰外陽，故火星亦陰爲質而陽萃於陰之外，其氣比日而微，故其遲倍於日。日一歲周天，火二歲周天也。日月每月一會，其交會之次，謂之辰。十二辰，正月亥，二月戌。逆十二宫爲一周，亥爲娵訾，戌爲降婁，酉爲大梁，申爲實沈，未爲鶉首，午爲鶉火，巳爲鶉尾，辰爲壽星，卯爲大火，寅爲析木，丑爲星紀，子爲玄枵。歲而周，故有歲之象。

補注：恒星二十八宿，經星也。日月五星，緯星也。地在氣中以下，釋言日月五星所以逆行之意。月陰精以下，又詳言七政所以性殊之實。金、水二星，金大水小，或一在日先，一在日後，或俱在日先，俱在日後，常附日而行，陽感乎陰也。

李注：此條之意當合下二條觀之乃明。自古言天者，皆謂天動而地静，天左旋而日月五星右轉。張子則謂地雖凝聚不動，然其氣實與天左旋，無少停息。日月五星雖見爲逆天，而其實乃順天而行，但比天稍遲而已。蓋地氣既順天左旋，中間辰象無獨自右行之理，特以稍遲於天，故見爲移徙而右。又各以七政性情分緩速焉。月陰精，右行最速，實乃其左行最緩。日雖陽精，然本陰，故右行雖緩，左行雖速，亦不能如恒星之純繫乎天也。金、水進退不離日，乃陰精感召於陽之理，其象甚顯，其理則微矣。土星者，地類也，地氣與天左旋宜，鎮星亦若是。然根本五行，則不能與純陽純陰之氣並運而同流也。言不純繫乎地，即其不純繫乎天。因日陽精而土地類，故異其文耳。火爲日類而微，正猶金、水之爲日類而微也。故月受日光而金、水附陽，金、水法月也。火之行倍於日，火法日也。木星歷一辰，則木一盛衰周天而符歲數，故木曰歲星。

愚按：此節大槩皆用渾天説，惟地在氣中二語似參用先儒四遊之説。蓋張子實見地有左旋之理，如下節所云者，但地之左旋亦畧有運動，非同於天運之旋轉，故天上所繫之辰象，隨天稍遲，人於地上望之則反見爲右行耳。蓋地雖有運動，而未足以掩辰象右行之迹也。或有謂順天左旋，只是氣動，非形動者，多作周旋，反覺蛇足。又李注分并包乎地以上爲古説，地在氣中以下爲斷以己意。竊謂通節皆融會舊説而裁以己意，亦截分不得。

凡圜轉之物，動必有機，既謂之機，則動非自外也。古今謂天左旋，此直至粗之論耳。不考日月出没，恒星昏曉之變。愚謂在天而運者，惟七曜而已。恒星所以爲晝夜者，直以地氣乘機左旋於中，故使恒星河漢因北而南，日月因天隱見，太虚無體，則無以驗其遷動於外也。

李注：此節即申明地氣順天左旋之意，而益知七政之爲左旋也。

補訓：夫謂地在氣中，順天左旋者可類推也。大凡圜轉之物，其動必有機，既謂之機，則動必由内，非自外爲之也。即凡物可知天地矣。古今人皆謂天左旋，此直是影響至粗之論耳。不知考究日月出没，恒星昏曉之變，故但知天左旋而不知所以左旋也。愚謂在天而自爲運行者，惟日月五星而已。若恒星則不然，在恒星所以分昏曉而爲晝夜者，直以地在氣中，乘機而左旋，故使恒星河漢因之而轉北爲南，及日月之因天隱見，其出没亦有永短不同，皆地氣乘機爲之耳。若太虚本無體，舍却日月恒星，則無以驗其遷動於外也。但曰天左旋，豈非得其粗不得其精者乎？直猶但也。七曜即七政，以其有光曜，謂之七曜。晝夜即昏曉，隱見即出没意。上不及河漢，以恒星因北爲南，帶出因南作回南爲是。《集釋》謂地左旋之説有疵固是。然以黄氏瑞節所論潮汐証之，地春東，夏南，秋西，冬北，浮水而動。合觀四時，是左旋之意非真如磨之圜轉也。蓋東西南北方向不易，而春夏秋冬乘氣機而自動，恒星日月又因地遷而改觀，理固有之也。

發明：圜轉之物如輪磑之類，動必有機如輪之轂、磑之臍也。恒星半在天上，半在地下，一星入即一星出，故有昏曉之變。因北爲南者，恒星當午謂之中星，必左旋，由北而東，而南，而西，故云。

華注：天左旋爲粗論，非謂天是右旋，直謂太虚無體，無以驗其動耳。日月出没，恒星昏曉，乃其旋者，其所以旋乃緣地氣乘機左旋，而恒星河漢隨之也。在天而運者惟七曜，以日月五星係自爲運轉之物，非恒星之比。而於七曜中又抽出日月與恒星並言者，想因日月行於三百六十度中，總不越恒星之度，日所行之度，其星即以光掩，不可見，故前後俱合言之。

愚按：上節地在氣中二語尚是帶説，此則專主以立言。首四句虚提，不考日月四句，因太虚無體，故以日月恒星明之。下言恒星，言河漢，即是言天，而因以見左旋之機未嘗不因乎地也。不知地爲天之機，而但謂天左旋，豈非至粗之論乎。太虚無體，正張子註明所以言恒星之故。太虚即謂天，無深意。太虚無體，以二十八宿爲體。蓋天所以分三百六十五度四分度之一者，東方蒼龍七宿，三十二星，七十五度；北方玄武七宿，三十五星，九十八度四分度之一；西方白虎七宿，五十一星，八十度；南方朱雀七宿，六十四星，百一十二度。二十八宿，合一百八十二星，共三百六十五度四分度之一。而天體因此以見，不然蒼蒼者何以見其行度乎？日月亦以天度爲行度者也，故並言之。然意不重在日月恒星，只是即日月恒星以明天，而其意總重在即地之左旋，見天之所以左旋，應轉首四句意。張子此説，殆亦如邵子天何依？依乎地；地何附？附乎天之意歟。《集釋》謂地動則不能載物，理固然矣。然竊意，天地相涵，止是一氣。天體圓故動，然動者未嘗不與静者相通。地體方故静，然静者未嘗不隨動者而運。但天之運行，則有度數次舍可推，而地之大體乘氣而行，但微有運動，非天行遲速專因地而見，亦非地竟塊然於中，成一毫無運動之物也。補訓引黄氏之説頗爲得之，但未必如先儒四遊三萬里之誕耳。節首機字，即凡物之樞機，以見地爲天之機，是指實語地氣乘機，機字謂地乘氣機而左旋。各是一義，須分別看。

天左旋，處其中者順之少遲，則反右矣。

補注：即上隨之少遲，則反移徙而右之意。

《集釋》愚按：朱子前章之意謂，日行天上頗速，五星與月行頗遲。月如蟻行磨上，頗慢於磨。日如蟻與蟢子同行磨間，蟢子又疾於蟻也。

嵇璜　劉墉等《續通志》卷九七《天文略一》　星見伏昏旦中

臣等又案：《晉書·天文志》稱周髀家云：日月實東行，而天牽之以西没。譬之於蟻行磨石之上，磨左旋而蟻右去，磨疾而蟻遲，故不得不隨磨以左廻焉。此喻誠得之而未盡，儒者往往以右旋於左爲逆，遂疑日月亦左旋，因行遲而覺其右轉，則徒見左右順逆而生遲速之説。《明史·天文志》記洪武中，帝與羣臣論天與七政之行，皆以蔡氏左旋之説對，蔡氏説見《書經集傳》。帝曰：朕自起兵以來，仰觀乾象，天左旋，七政右旋，歷家之論確然不易。爾等猶守蔡氏之説，豈所謂格物致知之學乎。今考蔡氏説本之張子，故自宋以來，儒者與步算家各持一議。試就蟻行磨上之喻論之，不惟磨左旋而蟻右去也。磨石有上下之厚，均分其厚，於上下之中設一圈，又斜絡之設一圈，交於中圈。半在中圈之上，至磨上側；半在中圈之下，至磨下側。蟻右行，循此圈自下側斜而上至上側，勢必斜而下至下側，適一周。此圈乃論上下，非與中圈同，轉分遲速，知此則赤道專論東西，黄道專論南北，其象顯然。又昔人所謂天左旋，日月五星右旋者，天指列宿，則歲差之故不明。況列宿與日月五星合爲有象之天八，《楚辭·天問篇》何以言圜則九重？古九重天之説，以列宿與日月五星皆右旋而南北推移，加大氣左旋爲九也。左旋之天一，右旋之天八，而列宿右旋甚微，且星漢周布，以成渾體，其右旋必渾體全轉，故借之以顯，指日月五星所在耳。雖列宿譬之郵程，日月五星譬之過客，未嘗不知列宿亦右轉也。惟列宿與日月五星皆右轉，人見其東出西没者，乃大氣運之而左，則九天之説顯然。漢以來，不以歲差歸之列宿右旋，而以歲差歸之日躔不足，殊乖實驗，亦謬於古所謂圜則九重者也。

又　卷九九《天文略三·日月五步規法上》

《元史·志》：古法謂月平行十三度十九分度之七。漢耿壽昌以爲，日月行至牽牛東井，日過度，月行十五度，至婁角始平行，赤道使然。賈逵以爲，今合朔、弦望、月食加時，所以不中者，蓋不知月行遲疾。李梵蘇統皆以月行當有遲疾，不必在牽牛東井婁角之間，乃因行道有遠近出入所生。劉洪作《乾象術》，精思二十餘年，始悟其理，列爲差率，以囿進退損益之數。後之作術者，咸因之。至唐一行考九道委蛇曲折之數，得月行疾徐之理。先儒謂月與五星皆近日而疾，遠日而遲。數家立法以入轉一周之日爲遲疾二術，各立初末二限，初爲益，末爲損。在疾初遲末，其行率過於平行。遲初疾末，率不及於平行。自入轉初日行十四度半强，從是漸殺，積七日，適及平行度，謂之疾初限。其積度比平行餘五度四十二分。自是其疾日損，又積七日，行十二度微強。向之益者盡損而無餘，謂之疾末限。自是復行遲度，又積七日，適及平行度，謂之遲初限。其積度比平行不及五度四十二分。自此其遲日損，行度漸增，又歷七日，復行十四度半強。向之益者亦損而無餘，謂之遲末限。入轉一周，實二十七日五十五刻四十六分，遲疾極差皆五度四十二分。舊法日爲一限，皆用二十八限。今定驗得轉分進退時各不同。今分日爲十二，共三百三十六限，半之爲半周限，析而四之爲象限。明崇禎中，李天經進《歷法條議》，其論太陰曰：朔望之外，別有損益，分一加減，不足以盡之。蓋舊定太陰平行算朔望加減，大率五度有奇。然兩弦時多寡不一，即《授時》亦言朔望平行數不足明其理，未著其法。今於加減外再用一加減，名爲二三均數，其法備載《新法歷書》。太陰本天之周，設爲本輪、均輪、次輪、次均輪凡四。而太陰實體則居次均輪之周，步朔望則用本輪、均輪，步兩弦則用次輪，步兩弦前後則用次均輪。其本輪心平行度與均輪心所生遲疾之差，爲初均數。初均數者，所以求初實行也。二均數者，次輪所生，則次均輪心距次輪最近點當地心之角也。三均數者，次均輪所生。太陰所實在之處與二均數相加減，爲二三均數。又以之加減初實行，爲白道實行者也。又其言各朔後月夕西見，遲疾不一，甚有差至三日者，其故有三。一因月視行度，視行爲疾段則疾見，遲段則遲見；一因黄道升降或斜或正，正必疾見，斜必遲見；一因白道在緯南緯北，凡在緯北疾見，緯南遲見也。

臣等謹案：太陰之輪有四，而本輪乃遲疾四限之所由生。其餘皆所以消息遲疾之數，故本輪爲步月離之主，其初末四限亦猶太陽之有盈縮四限也。西人初測，止用本輪以步朔望，次輪以步兩弦，第各以其法，不能密合太陰之行，故於本輪上加一均輪。又因兩弦前後之行不同於兩弦，故又於次輪外加一次均輪。蓋朔望時太陰在次輪之最近點，又在次均輪之最下點，而次均輪心又必常在次輪周，自地心視之，俱在實行線上經度無異，故求朔望之初均數，止用均輪，不用次輪也。兩弦時太陰在次輪之最遠點，又在次均輪之上點，而次均輪心亦必在次輪之最遠點，故兩弦時止用次輪，不用次均輪也。至朔望前後及兩弦前後，太陰在次輪遠近二點之間，又在次均輪上下二點之間，而次均輪心亦不在次輪之遠近二點，故有次輪與次均輪之相差而或加或減也。本輪者，所以推本天之高卑，而均輪則以消息本輪之行度。次輪者，所以定朔望兩弦之遠近，而次均輪又以分別朔望兩弦前後之加減，故本輪行度合初均輪之倍，引而生初均數，分高卑左右而爲朔望之加減差也。次輪行度合次均輪之倍，離而生二三均數，分遠近上下而爲兩弦及兩弦前後之加減差也。初均數之加減差，即授時之遲疾差，自最高至最卑六宫，爲遲歷，爲減差。自最卑至最高六宫，爲疾歷，爲加差。最高前三宫與後三宫相當，最卑前三宫與後三宫相當，其差數皆相等，但加減異耳。求初實行法，皆以平行減月孛平行，月孛即本輪最高點也。得引數，用直角三角形，以本輪半徑之半爲對直角之邊，以引數爲一角，求得對角之邊，三因之。均輪半徑爲本輪半徑之半，合本輪、均輪半徑則爲均輪半徑者三，故小邊無問大小，皆三因之。三之一爲對角之邊，三之二即均輪上倍引數之通弦，均輪右旋必倍引數，其理與太陽同。又求得對餘角之邊，與半徑相加減，復用直角三角形求得對小邊之角，爲初均數。并求得對直角之邊，爲次輪最近點距地心線。爲求次均之用，以初均數加減，用時太陰平行即初實行也。其朔望以外之加減差爲二均、三均數。二均之生於次輪全徑，與三均數之生於次均輪之半徑，亦猶初均數之生於本輪及均輪半徑也。既得二均、三均之數，復用三均數以加減乎二均數，是爲二三均數。故求白道實行法，以初實行減本日太陽實行，得次引用斜弧三角形兩邊夾一角法，求得對通弦之角爲二均數，而定其加減號，以初均數與均輪心距最卑之度相加，爲加減泛限。視足九十度與否，定加減限。并求對角之邊，爲次均輪心距地心線。又以此線及次引用兩邊夾一角法，求得三均數，亦定其加減號，次引倍度不及半周者，月在輪左故加；過半周者，月在輪右故減。乃以二均數與三均數相加減，爲二三均數，兩均數同號則相加，異號則相減。以加減初實行，爲白道實行。

以上月離遲疾。

王仁俊《格致古微》卷二 《舊唐書》

凡二星相近，多爲之失行。三星以上，失度彌甚。《天竺麻》以九執之情皆有所好惡，遇其所好之星，則趣之行疾，捨之行遲。案《談天集證》曰：此亦互相攝動之理。

又 卷三 《張子》

《正蒙·參兩》：凡圓轉之物，動必有機，既謂之機，則動非自外也。古今謂天左旋，此直至粗之論爾。不考日月出没，恒星昏曉之變。愚謂在天而運者，惟七曜而已。恒星所以爲晝夜者，直以地氣乘機左旋於中，此左字，當作右。故使恒星河漢回北爲南，日月因天隱現，太虚無體，則無以驗其遷動於外也。案：此左旋之説也。《談天集證》曰：天本太虚，而七曜又皆右旋。左旋者，果安在哉？祇以地實右旋於中，遂使天若左旋於外。如人在舟中，自北而南者，必見岸之北行；自南而北者，必見岸之南行。同一理也。惟岸有定距，人皆知其不動，而太虚無體，但見恒星河漢之自東而西，則不得不以左旋目之矣。

天左旋，處其中者順之少遲則反右矣。案：此亦西學所出，《麻學疑問》曰：問天左旋，日月五星右旋，中西所同。自此説而朱子、蔡氏因之，臨川、揭氏、建寧、游氏又以槽丸盆水譬之，孰是孰非？曰：皆是也。七曜右旋，自是實測而所以成此右旋之度，則因其左旋而有動移耳。何以言之？七曜在天，每日皆有相差之度，術家累計其每日差度，積成周天。中西新舊之法，莫不皆然。夫此相差之度，實自西而東，故可以名之右旋。然七曜每日皆東升西降，故又可以名之左旋。西法謂七曜皆有東西兩動，而並出於一時，蓋以此也。夫既云動矣，動必有所向，而一時兩動，其勢不能。古人所以有蟻行磨上之喻，而近代諸家又有人行舟中之比也。又天之東升西没，自是赤道。七曜之東移於天，自是黄道。兩道相差南北四十七度，雖欲爲槽丸盆水之喻，而平面之行與斜轉之勢終成疑義，安可以遽廢右旋之實測而從左轉之虚理哉？然吾終謂朱子之言不易者，則以天有重數耳。曰：天有重數，何以能斷其爲左旋？曰：天雖有層次以居七曜，而合之總一渾體，故同爲西行也。同爲西行而有層次，以生微差。層次高下殊，則所差多寡亦異，故七曜各有東移之率也。然使七曜所差只在東西順逆速遲之間，則槽丸、盆水之譬亦已足矣。無如七曜東移皆循黄道而不由赤道，則其與動天異行者不徒有東西之相違，而且有南北之異向。以此推知七曜在各重之天皆有定所，而其各天又皆順黄道之勢，以黄道爲其腰圍，中廣而與赤道爲斜交，非僅如丸之在槽、沙之在水，皆與其器平行而但生退逆也。蓋惟其天有重數，故能動移。惟其天之動移皆順黄道，斯七曜東移皆在黄道矣。是故左旋之理得重數之説而益明。曰：右旋因左旋而成何也？曰：天既有重數，而惟恒星天最近動天，故西行最速，幾與動天相若。土星内其動漸殺，以及地是爲不動之處，則是制動之權全在動天，而恒星以内皆隨行也。使非動天西行，則且無動，無動即無差，又何以成右旋哉。勢如運鈞盤，運邊則盤轉。假令有小盤附於大鈞盤之上，而别爲之樞，則雖左旋而因其制動者在大輪，小者附而隨行，必相差而成動移，以生逆度。又因其樞之不同，雖有動移，必與本樞相應而成斜轉之象焉。西人知此，則不必言一時兩動矣。故揭氏以丸喻七曜，只可施於平面；而朱子以輪載日月之喻，兼可施諸黄赤，與西説之言層次者，實相通貫。理至者數不能違，此心此理之同洵，不以東海西海而異也。

又問天有重數，則在外者周徑大而其度亦大，故土、木之行遲；在内者周徑小而其度亦小，故金、水、月之行速。七政之行，勢略同，特度有大小而分遲速耳。非右旋之徵乎？曰：七政必另一物，以行本天之上，故可以度之大小爲遲速也。今七政既與天同體，而非另一物，則七政東升西没，與本天同。且使各天之行各自爲政，則其性豈無緩急，而自外至内，舒亟之次如是，其有等乎？蓋惟七政之天雖有重數，而總爲一天，制動權在動天。曰：若是，周徑大小可勿論矣？曰：在外爲動天所掣而西行速，故有東移之差數遲。又周徑大而分度濶，其差又遲，故恒星六七十年而差一度，近動天也。然以周徑準之，所差一度，視月天將以周計矣。在内者遠於動天而西行遲，故東移之差速。又以其周徑小而分度狹，則其差又速，故月天一日東移十三四度，近地而遠動天也。然計以周徑所差十三四度，以視日天，未及一度也。然則周徑大小但可兼論，以考其差而非所以遲速之原也。左旋可以無疑。

計算

趙爽注　甄鸞重述　李淳風釋《周髀算經》卷下之一

欲知北極樞，旋周四極。

極中不動，旋，璇璣也。言北極璇璣周旋四至。極，至也。

常以夏至夜半時北極南遊所極，

遊在樞南之所至。

冬至夜半時北遊所極，

遊在樞北之所至。

冬至日加酉之時西遊所極，

遊在樞西之所至。

日加卯之時東遊所極，

遊在樞東之所至。

此北極璇璣四遊。

北極遊常近冬至，而言夏至夜半者，極見。案：此二句有脱誤，當云「而言夏至者，夏至夜半極見。」冬至夜半極不見也。

正北極璇璣之中，正北天之中。

極處璇璣之中，天心之正，故曰璇璣也。

正極之所遊，冬至日加酉之時，立八尺表，以繩繫表顛，希望北極中大星，引繩致地而識之。

顛，首。希，仰。致，至也。識之者，所望大星、表首，及繩至地，參相直而識之也。

又到旦，明日加卯之時，復引繩希望之首，及繩致地而識，其端相去二尺三寸，

日加卯、酉之時，望至地之相去(子)也。

故東西極二萬三千里。

影寸千里，故爲東西所致之里數也。

其兩端相去，正東西。

以繩至地所識兩端相直，案：識各本訛作謂，今改正。爲東西之正也。

中折之以指表，正南北。

所識兩端之中與表，爲南北之正。

加此時者，皆以漏揆度之。此東、西、南、北之時。

冬至日加卯、酉者，北極之正東、西，日不見矣。以漏度之者，一日一夜百刻。從夜半至日中，案：夜半各本訛作半夜，今改正。從日中至夜半，無冬夏，常各五十刻。中分之得二十五刻，加極卯酉之時。揆亦度也。

其繩致地所識，去表丈三寸，故天之中去周十萬三千里。

北極東西之時，與天中齊，故以所望表句爲天中去周之里數。

何以知其南北極之時，以冬至夜半北遊所極也，北過天中萬一千五百里，以夏至南遊所極不及天中萬一千五百里，此皆以繩繫表顛而希望之北極至地，所識丈一尺四寸半，故去周十一萬四千五百里，案：十一萬，各本訛作十二萬，今改正。過天中萬一千五百里；其南極至地所識九尺一寸半，故去周九萬一千五百里，其南不及天中萬一千五百里。此璇璣四極南北過不及之法，東、西、南、北之正句。

以表爲股，以影爲句。繩至地所，亦如短中徑二萬六千六百三十二里有奇。法列八十一萬里，以周東西七十八萬三千三百六十七里有奇減之，餘二萬六千六百三十三里。取一里破爲一百五十六萬六千七百三十五分，減一十四萬三千三百一十一萬一百四十二萬三千四百二十四，即徑東西二萬六千六百三十二里一百五十六萬六千七百三十五分里之一百四十二萬三千四百二十四。

周去極十萬三千里。日去人十六萬七千里。夏至去周萬六千里。夏至日道徑二十三萬八千里，周七十一萬四千里。春秋分日道徑三十五萬七千里，周百七萬一千里。冬至日道徑四十七萬六千里，周百四十二萬八千里。日光四極八十一萬里，周二百四十三萬里。從周南三十萬二千里。

影言正句者，四方之影皆正而定也。

房玄齡等《晉書》卷一七《志第七・律曆中》 月行三道術

月行遲疾，周進有恒。會數從天地凡數，乘餘率自乘，如會數而一，爲過周分。以從周天，月周除之，歷日數也。遲疾有衰，其變者勢也。以衰減加月行率，爲日轉度分。衰左右相加，爲損益率。益轉相益，損轉相損，盈縮積也。半小周乘通法，如通數而一，以歷周減焉，爲朔行分也。

日轉度分	列衰	損益率	盈縮積	月行分
一日十四度十分	一退減	益二十二	盈初	二百七十六
二日十四度九分	二退減	益二十一	盈二十二	二百七十五
三日十四度七分	三退減	益十九	盈四十三	二百七十三
四日十四度四分	四退減	益十六	盈六十二	二百七十
五日十四度	四退減	益十二	盈七十八	二百六十六
六日十三度十五分	四退減	益八	盈九十	二百六十二
七日十三度十一分	四退減	益四	盈九十八	二百五十八
八日十三度七分	四退減	損	盈百二	二百五十四
九日十三度三分	四退加	損四	盈百二	二百五十
十日十二度十八分	三退加	損八	盈九十八	二百四十六
十一日十二度十五分	四退加	損十一	盈九十	二百四十三
十二日十二度十一分	三退加	損十五	盈七十九	二百三十九

續　表

日轉度分	列衰	損益率	盈縮積	月行分
十三日十二度八分	二退加	損十八	盈六十四	二百三十六
十四日十二度六分	一退加	損二十	盈四十六	二百三十四
十五日十二度五分	一進減	損二十一	盈二十六	二百三十三
十六日十二度六分	二進減	損二十損不足反減五爲益，盈有五謂益而損縮初二十，故不足。	盈五縮初	二百三十四
十七日十二度八分	三進減	益十八	縮十五	二百三十六
十八日十二度十一分	四進減	益十五	縮二十三	二百三十九
十九日十二度十五分	三進減	益十一	縮四十八	二百四十三
二十日十二度十八分	四進減	益八	縮五十九	二百四十六
二十一日十三度三分	四進減	益四	縮六十七	二百五十
二十二日十三度七分	四進加	損	縮七十一	二百五十四
二十三日十三度十一分	四進加	損四	縮七十一	二百五十八
二十四日十三度十五分	四進加	損八	縮六十七	二百六十二
二十五日十四度	四進加	損十二	縮五十九	二百六十六
二十六日十四度四分	三進加	損十六	縮四十七	二百七十
二十七日十四度七分	三曆初進加三大周日	損十九	縮三十一	二百七十三
周日十四度九分	少進加	損二十一	縮十二	二百七十五

周日分，三千三百三。

周虚，二千六百六十六。

周日法，五千九百六十九。

通周，十八萬五千三十九。

歷周，十六萬四千四百六十六。

少大法，一千一百一。

朔行大分，一千八百一。〔小分，二十五。〕

周半，一百二十七。

求月行遲疾

月經四表，出入三道，交錯分天，以月率除之，爲曆之日。周天乘朔望合，如會月而一，朔合分也。通數乘合數，餘如會數而一，退分也。以從月周，爲日進分。會數而一，爲差率也。

陰陽曆	衰	損益率	兼數
一日	一減	益十七	初
二日限餘千二百九十，微分四百五十七。此爲前限	一減	益十六	十七
三日	三減	益十五	三十三
四日	四減	益十二	四十八
五日	四減	益八	六十
六日	三減	益四	六十八
七日	三減減不足，反損爲加，謂益有一，當減三，爲不足。	益一	七十二
八日	四加	損二過極損之，謂月行半周，度已過極，則當損之。	七十三
九日	四加	損六	七十一
十日	三加	損十	六十五
十一日	二加	損十三	五十五
十二日	一加	損十五	四十二
十三日限餘三千九百一十二，微分一千七百五十二。此爲後限	一加曆初大，分日。	損十六	二十七
分日五千二百而三	少加少者	損十六大	十一

少大法，四百七十三。

歷周，十萬七千五百六十五。

差率，萬一千九百八十六。

朔合分，萬八千三百二十八。

微分，九百一十四。

微分法，二千二百九。

魏徵等《隋書》卷一七《志第十二·律曆中》

求星見術

置通實，各以數去之，餘以減數，其餘如度法得一爲日，不盡爲日分，即所求年天正冬至後晨平見日及分。其金水，以夕見伏日去之，得者餘爲夕平見日及分。

求平見月日：置冬至去朔日數及分，各以冬至後日數及分加之，分滿度法從日，起天正月，依大小去之，不滿月者爲去朔日，命日算(卯)[外]，即星見所在月日及分。

求後見：各以終日及分加之，滿去如前。其金水各以晨夕加之，滿去如前，加晨得夕，加夕得晨。

木：平見在春分前者，以三千三百四十乘去大寒後十日數，以加平見分，滿法[去]之，以爲定見日及分。立秋後者，以四千二百乘去寒露日，加之，滿同前。春分至清明均加四日，後至立夏五日，以後至芒種加六日，均至立秋。小雪前者，以七千四百乘去寒露日數，以減平見日分。冬至後者，以八千三百乘去大寒後十日數，以減之。小雪至冬至均減八日，爲定見日數。初見伏去日各十四度。

火：平見在雨水前，以二萬六千八百八十乘去大寒日數。在立夏後，以萬三千四百四十乘去立秋日數，以見日分，滿去如前。雨水至立夏，均加二十九日。小雪前，以萬一千五百八十乘去處暑日數。冬至後，以三萬四千三百八十乘去大寒日數，滿去如前，以減之。小雪至冬至，均減二十五日。初見伏去日各十七度。

土：平見在處暑前，以萬二千三百七十乘去大暑日數。白露後，以八千三百四十乘去霜降日數，以加見日分，滿[去]如前。處暑至白露均加九日。小寒前，以四千九百八十乘去霜降日數。小寒至立春均減九日，立春後減八日，啓蟄後去七，氣別去一，至穀雨去三，夏至後十日去一，至大暑去盡。初見伏去日各十七度。

金：晨平見在立春前者，以四千一百二十乘去小滿後，以乘去夏至日數，以加見日分，滿均加三日。立秋前，以乘去冬至日數，滿去如前，以減之，立秋至小雪均減三日。夕平見，在啓蟄前，以六千三百九十乘去小雪日數。清明後，以六千二百九十乘去芒種日數，滿去如前，以減之，啓蟄至清明均減九日。處暑前，以六千二百九十乘去夏至日數。寒露，以六千二百九十乘去大雪日數，以加之，處暑至寒露均加九日。初[見]伏去日各十一度。

水：晨平見，在雨水後、立夏前者，應見不見。啓蟄至雨水，去日十八度外、四十六度內，晨有木、火、土、金一星已上者，見；無者不見。立夏至小滿，去日度如前，晨有木、火、土、金一星已上者，見；無者亦不見。從霜降至小雪加一日，冬至至小寒減四日，立春至雨水減三日。冬至前，一去三，二去二，三去一。夕平見，在處暑後、霜降前者，應見不見。立秋至處暑，夕有星，去日如前者，見；無者亦不見。霜降至立冬，夕有星，去日如前者，見；無者亦不見。從穀雨至夏至，減二日。初見伏去日各十七度。

又 行五星法

置星定見之前夜半日所在宿度算及分，各以定見日分加其分，滿度法從。又以星初見去日度數，晨減夕加之，滿去如前，即星初見所在度及分。

求次日：各加一日所行度及分。有小分者，各日數爲母。小分滿其母去從分，分滿度法從度。其行有益疾遲者，副置一日行分，各以其分疾遲損乃加之。留者因前，退則減之，伏不注度。順行出斗去其分，退行入斗先加分。訖皆以千四十約分，爲大分，以四十一爲母。

木：初見，順，日行萬六百一十八分，日益遲六十分，一百一十四日行十九度萬三千八百三十二分。而留，二十六日。乃退，日六千一百一分，八十四日退十二度八百四分。又留，二十五日三萬七千六百一十二分小分四。乃順，初日行三千八百三十七分，日益疾六十分，百一十四日行十九度萬三千七百一十八分而伏。

土：初見，順，日行三千八百一十四分，八十三日行七度萬八千八十二分。而留，二十八日。乃退，日二千五百六十三分，百日退六度四百六十分。又留，三十七日三千八百四十七分。乃順，日三千八百一十三分，八十三日行七度萬七千九百九十九分，如初乃伏。

火：初見已後各如其法：

損益日度各一。	冬至初	二百四十一日	行百六十三度
二日損一	盡百二十八日	百七十七日	行九十九度盡百六十一日同(日)。
三日損一	盡百八十二日	百七十日	行九十二度盡百八十八日同。
三日益一	盡二百二十七日	百八十三日	行一百五度
二日益一	盡二百四十九日	百九十四日	行百一十六度
一日益一	盡三百一十日	二百五十五日	行百七十七度盡三百(四)[三]十七日同。
二日損一	盡三百六十五日	復二百四十一日	行百(七十七)[六十三]度

見在雨水前，以見去小寒日數。小滿後，以去大暑日數。三約之，所得減日

爲定日。雨水至小滿，均去二十日爲定日。已前皆前疾日數及度數。各計冬至後日數，依損益之，爲定日數及度數。以度法乘定度，如定日得一，即平行一日分，不盡爲小分。大寒至立秋差行，餘平行。處暑至白露，皆去定皆度六日。白露至寒露，初日行半度，四十日行二十度，餘日及餘度續同前。置日數減一，以三十乘之，加平行一日分，爲初日分。差行者，日益遲六十分，各盡其日度而遲。初日行二萬六百分，日益遲百分，六十日行二十四度三萬五千六百四十分。其前去度六者，此遲初日加四千二百六十四分，六十日行三十度，分同。而留，十三日。前去日者，分日於二留，奇從後留。乃退，日萬二千八十二分，六十日退十七度、四十分。又留，十二日三萬九千四百六十六分。又順，遲，初日行萬四千七百分，日益疾百分，六十日行二十四度，分同前，此遲在立秋至秋分加一日，行分四千二百六十四，六十日行四十度，分同前。而後疾。

損益	冬至初	二百一十四日	行百三十六度
一日損一	盡三十七日	百七十七日	行九十九度
二日損一	盡五十(五)[七]日	一百六十七日	行八十九度盡七十九日同。
三日益一	盡百(四)[三]十日	百八十四日	行百六度
一日益一	盡百九十日	二百三十七日	行百五十九度
一日益(一)[二]	盡二百日	二百五十七日	行百七十九度
一日益一	盡二百一十[三]日	二百六十七日	行百八十九度盡二百五十九日同。
二日損一	盡三百六十五日	復二百一十四日	行百三十六度

後遲加六度者，此後疾去度爲定度，已前皆後疾日數及度數。其在立夏至小暑至立秋，盡四十日，行二十度。計餘日及度，從前法。前法皆平行。求行分亦如前。各盡其日度而伏。

金：晨初見，乃退，日半度，十日退五度。而留，九日。乃順，遲，差行，先遲日益五百分，四十日行三十度。小暑前以去芒種日數，十日減一度；立冬後以去大雪日數，十日減一度；小暑至立冬，均減三度爲定度。大雪至芒種不加減。求初日，以三十乘度法，四十得一，爲平分。又以三十九乘二百五十，以減(半)[平]分爲初日行分。平行，日一度，十五日行十五度。小寒後十日，益日度各一，至雨水二十一日，行二十一度。均至春分後十日減一，至小滿，復十五日行十五度。其後六日減一，至處暑，日及度皆盡。至霜降後，四日益一，至復十五日行十五度。疾，百七十日行二百四度。前順遲減度者，計減數益此度爲定度。求一日行度分者，以百七十日、日一度以減定度，餘乘度法，如百七十得一，爲一日平行度分。晨伏東方。夕初見，順，疾，百七十日行二百四度。夏至前，以見去小滿日數，六日加一度；(大)[小]暑後，以去立秋日數，(五)[六]日加一度，夏至(大)[小]暑均加五度，爲定度。白露至清明，差行，先(度)[疾]日益遲百分。清明至白露，平行，求一日平行(周)[同]，晨疾求差行，以五十乘百六十九，加之，爲初日行度分。平行，日一度，十五日行十五度。冬至後十日減日度各一，至啓蟄九日行九度。均至夏至後五日益一，至大暑復十五日行十五度。均至立秋後六日益一，至寒露二十五日(日)行[二十]五度。後六日減一，至大雪復十五日行十五度，均至冬至。順，遲，差行，先疾，日益五百分，四十日行三十度。前加度者，此依數減之，求(一)[初]日行分。如晨遲，唯減者爲加之。又留，九日。乃退，日半度，十日退五度，而夕伏西方。

水：晨初見，留六日。順，遲，日行萬六百六十分，四日行一度。大寒至雨水不須此遲行。平行，日一度，十日行十度。大寒後二日，去日度各一，盡二十日，日及度俱盡。疾，日行一度三萬八千三百七十六分，十日行十九度，前無遲行者，減此分萬二千七百九十二分，十日行十六度。晨伏東方。夕初見，順，疾，日行一度三萬八千三百七十六分，十日行十九度。小暑至白露減萬二千七百九十二分，十日行十六度。平行，日一度，十日行十度。大暑後二日，去日度各一，盡二十日，日及度俱盡。遲，(行)日[行]萬六百六十分，四日行一度。疾減萬二千七百九十二分者，不須此遲。[行]又留六日，夕伏西方。

梅文鼎《曆算全書》卷四四《方程論・測量》

陰雲測法

假如陰雲不見宿次，但於雲隙測得辰星在太白後一度。又二日，熒惑與二星同在一度。又二日，太白在熒惑前三度，而辰星雲翳。又一日，辰星在房初度，餘不可見。又十二日，熒惑始至房初。問各行率若干。

　　答曰：辰星每日行二度，太白每日行一度有半，熒惑每日行半度。

解曰：此辰星行二日，太白亦二日，而辰星多一度。熒惑與太白同行三日，而太白多三度。辰星行四日，熒惑十六日，而行度相當也。

法曰：以較數列位：

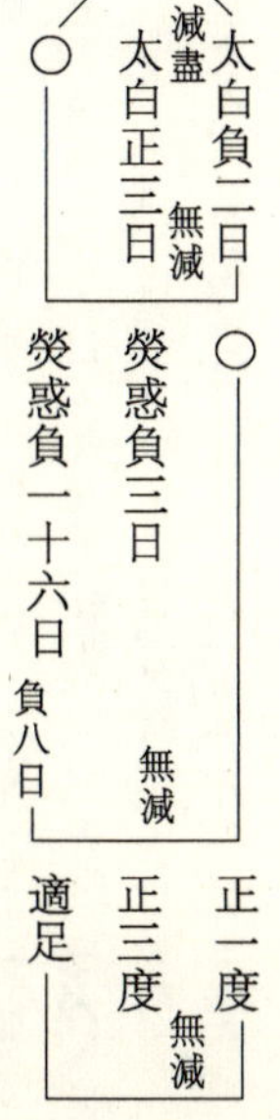

依省算，以左行半之與右相減。辰星同，減盡。太白二日，右負。熒惑八日，左負。皆無減，分正負，同名在隔行即異名也。正一度亦無減。與熒惑同名。

重列減餘與中行：

減餘太白正二日　熒惑負八日　負一度
中行太白正三日 正二日　熒惑負三日 正二日　正三度 正二度
（減盡　餘六日　併三度）

依省算，以左行減三之一，乃對減，太白同，減盡。熒惑同，減餘六日爲法。行度異併三度爲實，法除實，得半度，爲熒惑每日行率。以右減餘八日乘之，得四度，同減負一度，餘三度。以太白二日除之，得一度半，爲太白日行率。以右行太白二日行三度異加正一度，共四度。以辰星二日除之，得二度，爲辰星每日行率。

假如測得辰星在金星後二度，陰雲不知宿次，但於四日後見二星同行在一度，亦未知宿次。又三日，辰星行至房初度，而金星雲翳。至第四日，金星亦至房初，而水星未見。問兩星每日行率若干。

解曰：此兩星各行四日，而辰星多二度；辰星行三日，金星行四日，而其度相當。

法以較數列位：

辰星正四日　金星負四日　正二度
辰星正三日　金星負四日　適足
（餘百　減盡　無減）

二色者，有一色偶同。依省算，徑以對減。金星同，減盡。辰星同，減餘一日爲法。正二度無減爲實。法一省除，徑以二度爲辰星每日行率。以辰星三日行六度，金星四日除之，得每日行一度半。

若欲知前兩測某宿度者，以金星四日行六度爲二星同度距房初之數。又加金星同行四日六度，共十二度，爲前測金星距房之度。又加辰星在金星後二度，爲辰星前測距房之度。各以距度與房初度相求，得前兩測星躔宿度。

如順行者，前所測之宿在房後也，氐宿，亢宿也。各置距度，以氐宿、亢宿度迭減之，不盡者以轉減前宿之度，得星所在宿度。如逆行者，前所測之度在房前也。心宿，尾宿也。各置距度，以房度、心度通減之，減不及者即命爲後宿星所在之度。

假如甲子日金星夕見，乙丑日水星夕見，至丁卯日水星行及金星，但不及半度。至戊辰日，二星同度，皆以陰晦不能細知宿次。問各率若干。

解曰：此金星行四日，水星三日相當；金星行三日，水星二日，則水星不及半度。

法以較數列位：

水正三日　金負四日　適足
水正二日 正三日　金負三日 負四日半　負半度 負空度七分半
（減盡　餘半日　無減）

依省算，左行二分加一，水同，減盡。金同，減餘半日爲法，空度七分半爲實。法除實，得金星日行一度半。金三日行四度半，同減負半度，餘四度。以水星二日除之，得日行二度。

又 宿度測法

凡測量之法，有測器，又有水漏，則雖陰雲可以所見者，得其度。若但有測器而無水漏，可以所見兩星之距度取之，如前所列陰雲不知宿度之法是也。乃又無測器而但據目見，則當以宿度取之，蓋宿有一定之度，借以爲兩星之和度、較度因所知以求。不知此則方程之法可爲測量者助也。至於諸星行率，古今歷術不同，學者通其意，無拘其數焉其可。

若一星單行，非儀器比量莫知其遲疾之度，然晴雨難期，則亦有因所見以測所不見之時，故算術不可廢也。

五星錯行，多有相遇，則和度、較度可施。若太陰每月經行廿八宿一次，與五星相遇亦每月有之。精於推步者，雖非假此定星，然用與歷術相參，有不藉儀器而知遲疾，使看者引驗見効，亦算家之樂也。

其五星各有遲疾留逆，故測量比例，當於相近日數内求之，則所差亦不多也。其遲疾變行，須查七政歷以約其日，則一星單行亦自可考其進退之數。

又 兩星相較例

假如兩宿原有定距如房距心。若干度，有一緯星在其間，如金在房心間。以旁星記之。越若干日，緯星行至東宿，如心。又別一緯星如火星。在西宿。如房。越若干日，行至先所記旁星之處。

此因無儀細測，故借宿度用之。如上所舉，乃以宿距爲二星和度也。一緯星若干日，如金。一緯星若干日，如火。共行天若干度，如房度。故曰和度。又如以一宿爲主，如心。有緯星在其西，如木。以旁星記之。越若干日，緯星行過宿東至後一宿。如尾。又或異日，別一緯星如土。亦在前記緯星處。所越若干日，行至所借爲主之宿。如心。

此則以宿距爲二星較度也。一緯星若干日，如木。一緯星若干日，如土。相差若干度也，如心度。故曰較度。

凡此皆可以方程御之。

若得兩較度，或兩和度，或一和一較，即二色方程術也。若三星、四星以上，各得三兩宗測數，以三色、四色等方程求之，無不可見。

如木星在一宿之西，如井鬼之間。越若干日行至其宿。如鬼。火星原在木星之西，越若干日行至木星原處。金星又在火星之西，而恰當西宿，如井。越若干日行至火星原處，又若干日亦至木星原處。

此亦借宿度爲用，而中有二和一較。如云金星若干日，火星若干日，木星若干日，共行若干度也。如井度。又金星若干日，木星若干日，共行若干。亦用井度。此二者和度也。又金星若干日，火星若干日，而其行適等。用火星至木星元處之日及金星自火星元處至木星元處之日。此則較度也。適足即較數也，度無較，其日則有較。

又如火星在房宿之西，越若干日行過房，抵心宿。而木星自火星元處越若干日至房宿。又有金星或先或後，亦自火星元處越若干日行至房，又若干日逐及木星於房心之間。

此以宿距爲較度者三。如云以火星若干日較木星若干日，而火星之行多一房度也。以火星若干日較金星若干日，而火星亦多一房度。以金星若干日較木星若干日，而行度相等。用兩星逐及於房心之間日數。

此上二則以三色取之。凡所測，不必兩星同在一度。但欲有旁星可記，異日有他星復至所記旁星之處，即成同度之算。右皆順行星例。

又如一星順行、自房行幾日，一星逆行、自心行幾日，相遇同度於房心間。自此分行。又幾日，其逆行星至氐。此用一較度一和度也。順行星幾日，逆行星幾日，共行房宿度，此爲和度。順行星幾日，逆行星幾日，而逆行星多一氐宿度，此爲較度。用逆行星相遇後至氐宿之日數。

又如一星自建星順行至幾日遇逆行星，又幾日至牛宿；其逆行星自相遇處行幾日至建星，又幾日至斗宿距星。

此亦一和一較。順行星幾日，逆行星幾日，而行度相當，用二星兩相遇處至建星之日數。此較度也。順行星幾日，逆行星幾日，而共行斗宿度。用兩相遇後順行星至牛、逆行星至斗之日數。此和度也。

又　右逆行星例

問：金火二星在房宿之西同度，越九日，金星行過房東至一處，有星可記。又一日，金星行至心宿。又八日，火星始至房。又九日，火星始至前所記金星之處。其二星行度各若干？

解曰：此金星行九日，火星廿七日，而行度相等。金星行十日，火星十八日，而金星多六度。房宿六度故也。

法以較數列位：

金正九日	火負廿七日	適足
正十日	負三十日	
減盡	餘十二日	無減
金正十日	火負十八日	正六度

依省算，以右行加九之一，乃對減，餘火星一十二日爲法，六度無減爲實，法除實，得半度，爲火星率。以金九日除火廿七日行十三度半，得一度有半，爲金星率。

假如太陰自尾宿初度行三日，遇木星於斗牛間。又三十日，木星行至牛。

此太陰三日，木星三十日，共行四十五度。借尾至牛之度，約略其數。後倣此。

木星自牛初行三十日，與羅睺遇於牛女間。又一百二十日，羅睺退至牛。

此木星行三十日，羅睺一百二十日，而度等。羅睺、計都、月孛，有數無形，借顯逆行之用。

羅睺自牛初退行一百日，遇土星於箕斗間。又五十日，土星行至牛。

此羅睺一百日，土星五十日行度等。

土星自牛初行三十日，火星逐及，遇於牛女間。又三十日，火星行至虛。此土星三十日，水星三十日，而共行十八度。

火星自虛初行五十日，水星逐及，遇於危室間。又十日，水星行至奎。

此火星行五十日，水星十日，共行四十五度。

水星自奎初行十五日，逐及金星，遇於昴畢間。又十七日，金星行至畢。

此水星十五日，金星十七日，共行五十五度半。

金星自畢初行二十日，遇計都於井鬼間。又四十日，計都退至井。此金星二十日，計都四十日，而金星多二十八日。借畢至井之距爲兩星之較。

計都自井初逆行二十日，遇月孛於參井間。又十日，月孛行至井。

此計都二十日，月孛十日，而行度等。

月孛自井初行八十日，太陰逐及，遇於井鬼間。又二日，太陰行至柳。

此月孛八十日，太陰二日，共行三十四度。

問：各行率若干？凡此所設，不必其同，日在一度，謂之相遇。但與宿值，或有星可記，即如同度之理。

如法列位：九色和較之雜。

甲　太陰二日木三十日○　○　○　○　○　○　○　共四十五度

乙○　木正卅日羅負一百廿日○○　○　○　○　○　適足

丙○　○　羅正一百日土負五十日○○　○　○　○　適足

丁○　○　○　土卅日　火三十日○　○　○　○　共十八度

戊○　○　○　○　火五十日水十日　○　○　○　共四十五度

巳○　○　○　○　○　水十五日金十七日○　○　共五十五度半

庚○　○　○　○　○　○　金正廿日計負四十日○　正二十八度

辛○　○　○　○　○　○　○　計正廿日孛負十日　適足

壬　太陰二日○　○　○　○　○　○　○　孛八十日　共三十四度

因九色行中擠迫，既多空位，取出其行次相對者，列而先乘，此捷法也。

先以甲壬太陰對減。兩行相對只三色，餘俱兩空省不書，俟重列時以次添入。

甲太陰一日　減盡　木十日　無減　○　無減　共一五度　餘二度

壬太陰一日　○　孛四十日　共一七度

和

用省算法，以甲行三之一、壬行二之一列之，因甲行可三除，壬行可二除，而除之則太陰皆一日，故除而列之。徑對減，太陰盡。餘木星十日，右。月孛四十日，左。減餘二度，左。分正負。太陰減去，尋原列中乙行有木星，徑與減，餘對列：

減餘木正十日　減盡　○　無減　孛負四十日　無減　負二度

較

乙行木正十日　羅負四十日　○　無減　適足

用前法，以左乙行三之一，與減餘列之。木星徑同減。羅四十日，左負。孛四十日，右負。負二度，右負。皆無減。以隔行同名仍分正負。木星減盡，尋丙行有羅睺，徑與減，餘重列：

減餘羅正廿日　減盡　○　無減　孛負廿日　無減　負一度

較

丙行羅正廿日　土負十日　○　無減　適足

用前法，以減餘二之一，丙行五之一列之。羅睺同名徑減，餘三位無減，以隔行皆負分正負，而孛與較同名。

羅睺減盡，尋丁行有土星，徑對餘數。

又　和較列位

較減餘土正十日　減盡　○　無減　孛負廿日　無減　負一度　併七度

和丁行土十日正　火十日正　○　共六度正

用前法，以丁行三之一列之，而命之爲正。土同，減盡。餘無減。度異，併七度。皆左正右負，復變和數。土星減去，尋戊行有火星，徑對餘數。

減餘火十日　減盡　○　無減　孛二十日　無減　共七度　餘二度

戊行火十日　水二日　○　共九度

用前法，以戊行五之一列之。火徑減，水左。孛右。無減，分正負，復爲較，餘二度左。與水星同名。

火星減盡，尋己行有水星，以對餘數。又因己行不便省算，改用辛行月孛相對。

減餘月孛正十五	水負一日	○	負一度
減盡	無減	無減	無減
辛行月孛正十日	○	計負廿日	適足

用前法，以減餘半而列之。孛同，減。餘俱無減。隔行同名，仍爲較。

月孛減盡，尋庚行有計都以對餘數。水與較度皆右行，負同名。

減餘計正廿日	水負一日	○	負一度
減盡	無減	無減	餘負十三度
庚行計正廿日	○	金負十日	負十四度

用前法，以庚行半而列之。

計同減。水右負。金左負。無減，仍爲較。

餘十三度，左負。與金同名。

計都減盡，尋己行，恰皆二色以相對。

減餘水正一日　正十五日	金負十日　負一百五十日	負十三度　負一百九十五度
減盡	併一百六十七日	併二百五十度〇半
己行水十五日　正	金十七日　正	共五十五度半　正

如法乘。水同，減盡。金餘異，併一百六十七日爲法。度異，併二百五十〇半度爲實。法除實，得每日一度半，爲金星率。

以己行金星十七日行二十五度半，減共五十五度半，餘三十度，以水星十五日除之，得每日二度，爲水星率。

以戊行水星十日行二十度，減共四十五度，餘二十五度，以火星五十日除之，得每日半度，爲火星率。

以丁行火星三十日行十五度，減共十八度，餘三度，以土星三十日除之，得每日十分度之一，爲土星率。

以丙行土星五十日行五度，以羅睺一百日除之，得每日二十分度之一，爲羅睺率。

以乙行羅睺一百二十日行六度，以木星三十日除之，得每日五分度之一，爲木星率。

以甲行木星三十日行六度，以減共四十五度，餘三十九度，以太陰三日除之，得每日十三度，爲太陰率。

再以庚行金星二十日行三十度，同減去正二十八度，餘二度，以計都四十日除之，得每日二十分度之一，爲計都率。與羅睺同。

以辛行計都二十日行一度，以月孛十日除之，得每日十分度之一，爲月孛率。

以壬行月孛八十日行八度，減共三十四度，餘二十六度，太陰二日除之，仍得每日十三度，爲太陰率。

論曰：各星遲疾留逆，每段不同，然其各段中行率大約相等，故可以方程立算，亦須稍查時曆以知其變。

若太近留段，行率甚微，難見。其在合伏左右，行甚疾，每日不同，難與他星相較，則以一星遲疾之較取之，具如後例。

又　一星遲疾相較例

凡木、火、土三星，雖有遲疾之行，大約皆在一度以下。而土木之變尤緩，其數十日中行率僅差秒忽，兩星相較之法頗可施用。惟金水二星，遲疾之差懸遠。其疾也，有在一度以上，而水星有二度；其遲也，不及一度，遲之甚則留，故可以其遲疾而自相較也。

假如金星疾段，測得甲、乙、丙三日共行四度二十九分，己、庚兩日共行二度有半。問各日行率？此因前測以陰雲用儀得其度分，而不知宿次，故雖後測能知宿次，而中數日不可知，是惟方程能御之也。

法以和數列所測，以較數列中日。因挨日進退，故倍中日爲前後兩日，而命之適足，蓋已知測日同在一段故也。

如法互乘遞減，餘庚廿七日爲法，三十三度廿一分爲實，法除實，得一度廿三分，爲末日行率。庚。

以庚日行率減共二度五十分，餘一度廿七分，爲第六日行率。己。倍己日行率，減去庚日行率，餘一度三十一分爲第五日行率。戊。倍戊日行率，減去己日行率，餘一度三十五分爲第四日行率。丁。倍丁日行率，減去戊日行率，餘一

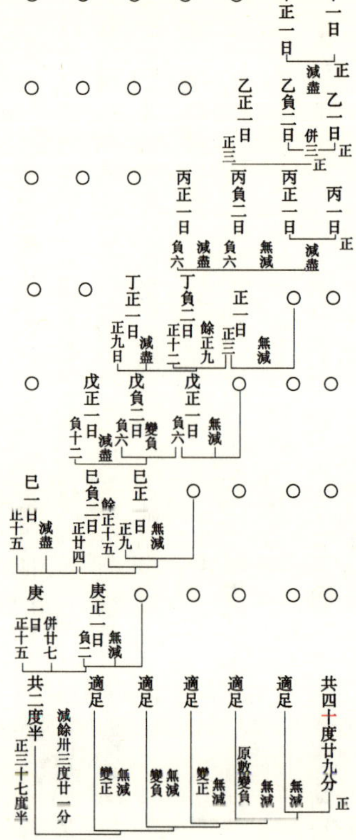

度三十九分爲第三日行率。丙。倍丙日行率，減去丁日行率，餘一度四十二分爲次日行率。乙。倍乙日行率，減去丙日行率，餘一度四十七分爲初日行率。甲。

累計甲、乙、丙日共四度廿九分，己、庚日共二度半。合問。

或倍庚日行率，共二度四十六分，以減共二度半，餘〇度〇四分爲日差，以日差累加庚日，得各日行率。

總論曰：凡步五星，既得其段日以爲日率，則以其盈縮之歷加減星行，而得其段所行之宿次，以爲度率。以日率除度率而得其平行，則又以初末日率相求，使之陞降有等，以爲日差而加減之。故日差者，步五星之要事也。

右例不拘日數，但在遲疾本段則可用此法。亦不拘定是宿次所見，或儀器所測，但有兩宗宿度，則其餘日皆可倍中日以較其前後兩日，命爲正負，適足而求之。何則？其加減皆相挨而有序，故知倍中日即同前後兩日也。

假如金星晨疾，測得甲日之寅距地平一度，至丙日之卯距地平三十度〇七十五分，至己日之卯距地平三十度。問各日行率。

解曰：此是甲、乙兩日共行二度二十五分，丙、丁、戊三日共行三度七十五分也。

法以丙日距三十度〇七十五分，減寅至卯差三十度，餘〇度七十五分，與甲日距一度相減，餘〇度二十五分，爲金星疾行過平行一度之數。加甲乙兩日太陽行二度，是爲兩日内金星行二度二十五分。又以己日距三十度與丙日距度相減，餘〇度七十五分，爲金星疾於平行之度。加丙丁戊三日太陽行三度，是爲三日金星行三度七十五分。

論曰：此因陰雲，不能細測每日之度，故五日中僅有三測也。或雖無陰雲，而儀器不具，惟此三日有所當宿次，可借以爲行度之據，則所得者皆爲前兩日、後三日之和度也。

如法以兩和三較列位。因遁差補作三，適足而列之。

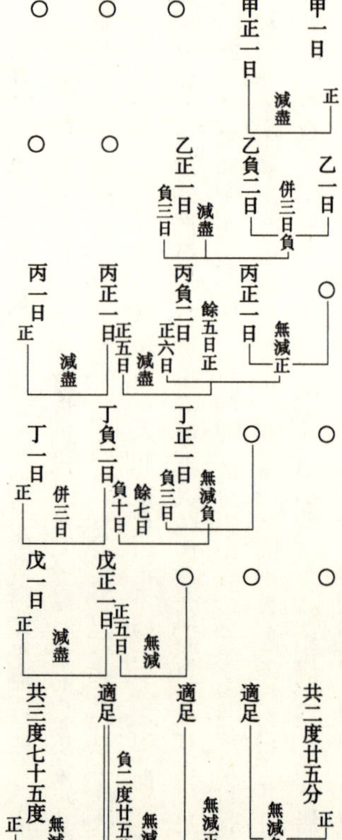

如法乘減，得丁三日爲法，共三度七十五分爲實，法除實，得一度二十五分，爲丁日行率。此因末兩行減，餘三色減去二色，只一法一實，故徑用以求也。

以丁減餘七日行八度七十五分，同減負二度二十五分，餘六度五十分，以戊減餘五日除之，得一度三十分，爲戊日行率。此用三四兩行減餘。

以丁戊兩日行率相減，餘〇度〇五分爲日差。

以日差減丁日行率，得丙日行率，累減之，得甲乙日行率。

計開：

甲日行一度十分，乙日行一度十五分，兩日共行二度二十五分。

丙日行一度二十分，丁日行一度二十五分，戊日行一度三十分，三日共行三度七十五分。

合計之，五日共行六度。

此六度者，乃金星行於黃道之度寔數也。寔數者，以宿度徵之，如甲日之晨在某宿某度，至己日之晨已進六度也。其距太陽之數，則五日共差一度。此一度者，乃金星漸近太陽之距，亦即漸近於地平之距也。目所見也謂之視差，則以儀器度而知之，如甲日之卯距地平三十一度，至己日之晨卯刻則距地平三十度，爲較前相近一度也。今所測爲甲日之寅，寅與卯相差三十度，故寅之星距地平一度者，至卯則距三十一度也。其時刻以水漏或中星得之。若寅正與卯初，則只差十五度，每刻則差三度太。此以儀測星者所當知。

論曰：凡加減日差，須明進退之理，如戊日之行率多於丁日，則其疾爲進也。而先得末日，則以日差累減之而得初日。

若先得初日，則當以日差累加之而得末日。

如前一例，庚日之率少於己日，則其疾爲退也。而先得庚日，則以日差累加之而得初日。若先得甲日，則當以日差減之而得末日。

其遲段則皆反之，如末日多於初日，其遲爲退也，則減末加初。

若初日多於末日，其遲爲進也，則減初加末。

論曰：凡七政盈縮，古今歷術綦詳，所設立差、平差之術尤密。至於太陰遲疾時刻迥異，授時立法以三百三十六限，更非逓加挨減所能定。惟五星既得段日定星，其日差可以循次加減，而方程測量之法可施也。

又方程測量爲草澤，不能具儀器而偶有所見，設此御之，使獨見者可以共曉。若從事推步，則有歷學諸書，幸勿以管窺爲誚。

梅瑴成等《數理精蘊》下編卷三《線部一》

正比例

設如一星一日內行一度三十分。今問八刻內應行若干。

一率 九十六刻
二率 九十分
三率 八刻
四率 七分半

法以原數一日變作九十六刻，爲一率；一度三十分變作九十分，（一度作六十分，加入三十分，共九十分。）爲二率；今星行八刻爲三率。二、三率相乘，一率除之，得四率七分半，即八刻內所行之數。蓋九十六刻與九十分之比，即同於八刻與七分半之比也。然將日變爲刻者，因每日九十六刻，不以十進位。又今所有者爲八刻，故以刻數與刻數相比也。度變爲分者，因每度六十分，亦不以十進位，而今八刻內所行者必爲分，故以分數與分數相比也。

又 轉比例

設如木星十二年一周天，每年行三十度。土星則二十八年一周天。問每年行幾度。

一率 土一周二十八年
二率 木每年行三十度
三率 木一周十二年
四率 土每年行十二度

法以土星所行一周二十八年爲一率，木星每年所行三十度爲二率，木星所行一周十二年爲三率。二、三率相乘，一率除之，得四率十二度五十一分二十五秒有餘，即土星每年所行之度數也。蓋木星周天比土星年數少，而行度却多。土星周天比木星年數多，而行度却少。多得少，而少反得多，故轉而比之，以二十八年與十二年之比，即同於三十度與十二度有餘之比也。

綜述

沈約《宋書》卷二三《志第十三・天文一》 劉向《五紀》說，夏曆以爲列宿、日、月皆西移，列宿疾而日次之，月(宿)[最]遲。故日與列星昏俱入西方；後九十一日，是宿在北方；又九十一日，是宿在東方；九十一日，在南方。此明日行遲於列宿也。月生三日，日入而月見西方；至十五日，日入而月見東方；將晦，日未出，乃見東方。以此明月行之遲於日，而皆西行也。向難之以《鴻範傳》曰：「晦而月見西方，謂之朓。朓，疾也。朔而月見東方，謂之側匿。側匿，遲不敢進也。星辰西行，史官謂之逆行。」此三說，《夏曆》皆違之，迹其意，好異者之所作也。

魏徵等《隋書》卷一九《志第十四・天文上》 天體

又周髀家云：「天圓如張蓋，地方如棋局。天旁轉如推磨而左行，日月右行，天左轉，故日月實東行，而天牽之以西没。譬之於蟻行磨石之上，磨左旋而蟻右去，磨疾而蟻遲，故不得不隨磨以左迴焉。天形南高而北下，日出高故見，日入下故不見。天之居如倚蓋，故極在人北，是其證也。極在天之中，而今在人北，所以知天之形如倚蓋也。日朝出陰中，暮入陰中，陰氣暗冥，故從没不見也。夏時陽氣多，陰氣少，陽氣光明，與日同暉，故日出即見，無蔽之者，故夏日長也。冬時陰氣多，陽氣少，陰氣暗冥，掩日之光，雖出猶隱不見，故冬日短也。」

又 宣夜之書，絶無師法。唯漢祕書郎郄萌，記先師相傳云：「天了無質，仰而瞻之，高遠無極，眼瞀精絶，故蒼蒼然也。譬之旁望遠道之黄山而皆青，俯察千仞之深谷而㝠黑，夫青非真色，而黑非有體也。日月衆星，自然浮生虚空之中，其行其止，皆須氣焉。是以七曜或逝或住，或順或逆，伏見無常，進退不同，由乎無所根繫，故各異也。故辰極常居其所，而北斗不與衆星西没也。」晉成帝咸康中，會稽虞喜，因宣夜之説，作《安天論》，以爲「天高窮於無窮，地深測於不測。天確乎在上，有常安之形，地塊焉在下，有居靜之體，當相覆冒，方則俱方，圓則俱圓，無方圓不同之義也。其光曜布列，各自運行，猶江海之有潮汐，萬品之有行藏也。」葛洪聞而譏之曰：「苟辰宿不麗於天，天爲無用，便可言無，何必復云有之而不動乎？」由此而談，葛洪可謂知言之選也。喜族祖河間相聳，又立《穹天論》云：「天形穹隆如雞子，幕其際，周接四海之表，浮乎元氣之上。譬如覆奩以抑水而不沒者，氣充其中故也。日繞辰極，沒西還東，而不出入地中。天之有極，猶蓋之有斗也。天北下於地三十度，極之傾在地卯酉之北亦三十度。人在卯酉之南十餘萬里，故斗極之下，不爲地中，當對天地卯酉之位耳。日行黃道繞極。極北去黃道百一十五度，南去黃道六十七度，二至之所舍，以爲長短也。吳太常姚信造《昕天論》云：「人爲靈蟲，形最似天。今人頤前侈臨匈，而項不能覆背。近取諸身，故知天之體，南低入地，北則偏高也。又冬至極低，而天運近南，故日去人遠，而斗去人近，北天氣至，故水寒也。夏至極起，而天運近北，而斗去人遠，日去人近，南天氣至，故蒸熱也。極之(立)[高]時，日行地中淺，故夜短；天去地高，故晝長也。極之低時，日行地中深，故夜長；天去地下，故晝短也。」自虞喜、虞聳、姚信，皆好奇徇異之説，非極數談天者也。

又 卷二〇《志第十五・天文中》 七曜

古曆五星並順行，秦曆始有金、火之逆。又甘、石並時，自有差異。漢初測候，乃知五星皆有逆行，其後相承罕能察。至後魏末，清河張子信，學藝博通，尤精曆數。因避葛榮亂，隱於海島中，積三十許年，專以渾儀測候日月五星差變之數，以算步之，始悟日月交道，有表裏遲速；五星見伏，有感召向背。言日行在春分後則遲，秋分後則速。合朔月在日道裏則日食，若在日道外，雖交不虧。月望值交則虧，不問表裏。又月行遇木、火、土、金四星，向之則速，背之則遲。五星行四方列宿，各有所好惡。所居遇其好者，則留多行遲，見早。遇其惡者，則留少行速，見遲。與常數並差，少者差至五度，多者差至三十許度。其辰星之行，見伏尤異。晨應見在雨水後立夏前，夕應見在處暑後霜降前者，並不見。啟蟄、立夏、立秋、霜降四氣之內，晨夕去日前後三十六度內，十八度外，有木、火、土、金一星者見，無者不見。後張胄玄、劉孝孫、劉焯等，依此差度，爲定入交食分及五星定見定行，與天密會，皆古人所未得也。

瞿曇悉達《開元占經》卷三〇《熒惑占一・熒惑行度二》 《洪範五行傳》曰：「熒惑以上元甲子歲，十一月甲子朔旦冬至夜半甲子時，與五星俱起於牛前五度，順行二十八宿，右旋二歲一周天也。」案：曆法，熒惑一終七百七十九日一千三百四十分日之一千二百二十奇六十二歲强一周天。《樂動聲儀》曰：「徵音和調，則熒惑日行四十二分度之一。伏五月得其度，不反明，從海則動應致焦明，至則有雨，備以樂和之。」《春秋文耀鉤》曰：「熒惑東行急，一日行一度半。其行東西南北疾，兵各聚其下，主以煩穢，若自恣招禍。謀用戰，順之勝，逆之敗。」石氏曰：「熒惑行率變百五十六日而行八十三度。」舊《四分》及《景初》象家准法皆同。甘氏曰：「熒惑之東行也，急則一日一夜行七寸半。其益此則行疾。疾則兵聚於東方。熒惑之西行疾，則兵聚於西方。其南其北爲有死喪，其南丈夫之喪，其北女子之喪。」甘氏曰：「熒惑法東方，修緯及常十六舍而止，逆行西運動以成章，舍一舍半。」巫咸曰：「熒惑休入常，不得過五月而出，遠八月而出。受制則舉賢良，賞有功，主封侯，出財貨，行賑貸。」《荆州占》曰：「熒惑日行一尺以上，期五月至十五月而廢。五寸以上，期十五月至二十五月而廢。三寸以上，期二十五月至三十月而廢。一寸以上，期三十月至五十月廢。諸廢期月或皆爲日。」

又 卷四五《太白占一・太白行度二》 《洪範傳》曰：「太白以上元甲子歲十一月甲子朔旦冬至夜半甲子時，與日月五星俱起於牛前五度，順行二十八宿，右遊一歲而周天。」案：曆法，太白一終凡五百八十三日一千三百四十分日之一千二百二十九奇，九星行過一周天二百一十八度一千二百一十九奇，是二百六十七年而百六十七終也，星平行，日行一度一周天也。石氏曰：「太白出東方，高三舍，命曰明星，柔。上又高三舍，命曰大囂，剛。其出東方也，行星九舍，爲百二十三日而反。反又百二十日，行星九舍入。又伏行百二十三日，行星十二舍。昏出西方也，高三舍，命曰太白，柔；上又三舍，命曰大囂，剛。其出西方也，行星九舍，爲百二十三日而反。反又百二十日，行星九舍而入。入又伏行星二舍，爲日十五日。晨東方出營室入角，出角入畢，出畢入箕，出箕入柳，出柳入營室。其出西方也，出營室入角，盡如出東方之數。」甘氏曰：「太白以攝提格之歲正月與營室晨出於東方亢氐，出東方爲日八歲二百二十二日，而復與營室晨出於東方。太白之居左也，其恒二百三十日，其遲也二百四十日，其居右也順行二百四十日，其速二百三十日。從左過右也，其又百三十日，其速九十日，而見從右過左也。其又三十日，其速十日，而見從右適左，其又三十日，其速十日而見。」《荆州占》曰：「太白凡見東方二百三十日，而伏不見四十六日，名少罰。太白與歲星爲雄雌，出於東方西方。高三舍爲太白，柔；又高三舍爲太白，剛。用兵象也。剛則入地深吉，淺凶。柔則入地淺吉，深凶。」石氏曰：「太白出百二十日乃極，乃極退也。未滿此日便至極疾也。東方以辰巳爲極，西方以申未爲極。太白出以辰戌，入以丑未，出入必以風。太白當期而出，其國昌。」

又　卷六四《分野略例・順逆略例五》　巫咸曰：「五星之行，東行爲順，西行爲逆。」韓公賓注《靈憲》曰：「當東反西則逆。」石氏曰：「日行五寸一尺爲平行。日行一寸二寸爲遲。」甘氏曰：「逆日遲。」韓公賓注《靈憲》曰：「五星之行，近日則遲。」石氏曰：「日行一度爲疾。」韓公賓曰：「五星之行，遠日則速。」石氏曰：「未應去而去爲出，未當來而來爲入。」甘氏曰：「同形爲入。日月五星與宿星同舍爲合。」石氏曰：「芒角相及，同光爲合。」巫咸曰：「諸舍精相沓爲合。」《荆州占》曰：「相去一尺内爲合。」孟康曰：「合，同舍也。」石氏曰：「星光曜相逮爲合。」郗萌曰：「留三日爲合。」孟康曰：「舍，宿也，入宿度爲舍。」甘氏曰：「共行在一宿爲舍。」石氏曰：「行度所居爲舍。」甘氏曰：「闕。□□□□爲宿。」石氏曰：「留二十日以上爲宿，宿猶守也。」甘氏曰：「行所當至，過二十一日，色潤澤爲居。」石氏曰：「以度至而不去爲居。」石氏曰：「不東不西爲留。」郗萌曰：「住不移爲留。」石氏曰：「居之不去爲守。」甘氏曰：「徘徊不去其度爲守。」《文耀鈎》曰：「留不去爲守。」郗萌曰：「二十日以上爲守。東西正當爲中。」甘氏曰：「在上而下爲乘。」石氏曰：「五星入度，經過宿星，光耀犯之爲犯。」郗萌曰：「五星所犯木火土水，同度去之七寸爲犯，太白一尺以内爲犯。」韋昭曰：「自下往觸之爲犯。」甘氏曰：「未當入度，經入爲侵。」甘氏曰：「在下犯上爲陵。」石氏曰：「在上犯下爲陵。」郗萌曰：「星圍宿周迴一匝爲環。不周曰繞。」石氏曰：「東西爲勾。」甘氏曰：「去而復還爲勾。」郗萌曰：「星行如勾爲勾。」石氏曰：「南北爲已。」甘氏曰：「再勾爲已。」郗萌曰：「星行如巳字爲巳。」石氏曰：「西入東出爲貫。」甘氏曰：「在下相侵爲貫，在傍爲刺。」郗萌曰：「直至爲抵，星相觸而止爲觸。」甘氏曰：「相切爲磨。」石氏曰：「相至爲磨。」甘氏曰：「去之寸爲靡，星相滅爲抵。」巫咸曰：「兩體相著爲薄。」甘氏曰：「不於晦朔者爲薄。」雖非日月同宿，陰氣隆奄者爲薄，日光也。石氏曰：「不交而食曰薄。」《帝覽嬉》曰：「赤黄無光爲薄。」孟康曰：「日月無光曰薄。」京房曰：「日月赤黄爲薄。」韋昭曰：「氣往迫之爲薄。」石氏曰：「相陵爲鬭。」甘氏曰：「倚視離而復合，合復離爲鬭。」韋昭曰：「星相擊爲鬭。」郗萌曰：「邊侵爲食。」京氏曰：「相侵之食，日體三毁三復，行異處，是爲相侵食也，三分日取一也。」韋昭曰：「虧毁曰食。」石氏曰：「光五寸以内爲芒。」巫咸曰：「光一尺以内爲角，歲星七寸以上謂之角。」郗萌曰：「色非其常爲變，光耀摇豔爲動。」甘氏曰：「潤澤和順爲喜。」石氏曰：「五星光芒隆，謂之怒。」郗萌曰：「壯大色强爲怒。」石氏曰：「超舍而前謂之贏。」《七曜》曰：「超舍而前，過其所當舍之宿，以上一舍、二舍、三舍，謂之贏。」《易萌氣樞》曰：「大進曰贏。」班固曰：「出爲贏。」石氏曰：「退舍而復爲縮。」《七曜》曰：「退舍以下一舍、二舍、三舍，謂之縮。」《易萌氣樞》曰：「大退曰縮。」班固曰：「晚出爲縮。」甘氏曰：「相近爲就聚。」甘氏曰：「相遠爲離徙。」石氏曰：「星月相近，俱隆明爲同光。」巫咸曰：「凡五星入月中，星不見爲月食星，星見爲星食月。」

李昉等《太平御覽》卷二《天部二・天部下》　桓譚《新論》曰：通人揚子雲，因衆儒之説，以天爲蓋常左旋，日月星辰隨而東西，乃圖畫形體行度，參以四時曆數，昏明晝夜，欲爲世人立紀律，以垂法後嗣。余難之曰：春秋晝夜欲等，平旦日出於卯，正東方；暮日入於酉，正西方。今以天下人占視之，此乃人之卯酉，非天卯酉。天之卯酉，當北斗極北。斗極，天樞。樞，天軸也，猶蓋有保斗矣。蓋雖轉而保斗不移，天亦轉周匝，斗極常在，知爲天之中也。仰視之，又在北，不正在人上。而春秋分時，日出入乃在斗南，如蓋轉，則北道近，南道遠，彼晝夜數何從等乎？子雲無以解也。後與子雲奏事，坐白虎殿廊廡下，以寒故背日曝背。有頃，日光去背，不復曝焉。因以示子雲曰：天即蓋轉而日西行，其光彩當照此廊下而稍東耳，無乃是反應渾天家法焉。子雲立壞其所作，則儒家以天爲左轉，非也。

又　楊泉《物理論》曰：天者，旋也，均也，積陽純剛，其體迴旋，羣生之所大仰。

又儒家立渾天，以追天形，從車輪焉。周髀立蓋天，言天氣循邊而行，從磨石焉。斗極，天之中也。言天者必擬之人，故自臍以下人之陰也，自極以北天之陰也。所以立天地者，水也；成天地者，氣也。水土之氣升而爲天。天者，君也。夫天有形而天無體。譬如火焉，烟在上，灰在下也。渾天家説，謂天如車輪而轉，日月旦從上過，夜從下過，故得出卯入酉。或以斗極難之，故作蓋天，言天左轉，日月右行，皆緣邊爲道。就渾天之説，則斗極不正。若用蓋天，則日月出入不定。夫天，元氣也，皓然而已，無他物焉。

姚信《昕天論》曰：若使天裹地，如卵含鷄，地何所倚立而自安固？若有四維柱石，則天之運轉將以相害。使無四維，因水勢以浮，則非立也。若天經地行於水中，則日月星辰之行將不得其維，是以有兩地之説。下地則上地之根也。天行乎兩地之間矣。今地形立於下，天象運乎上。譬如人頤前侈臨胷，而項不覆背，近取諸身。故知天體南低入地，北則高也。冬至極低，天運近南，故日去人遠，斗去人近，北天氣至，故冰寒也。夏至極起，天運近北，故斗去人遠，日去人近，南天氣至，故蒸熱也。極之高時，日所行地中淺，故夜短；天去地高，故晝長。極之低時，日所行地中深，故夜長；天去地下，故晝短。然則天行寒依於渾，夏依於蓋也。

歐陽修等《新唐書》卷二七上《志第十七上・曆志》 其七《日度議》曰：古曆，日有常度，天周爲歲終，故係星度于節氣。其説似是而非，故久而益差。虞喜覺之，使天爲天，歲爲歲，乃立差以追其變，使五十年退一度。何承天以爲太過，乃倍其年，而反不及。《皇極》取二家中數爲七十五年，蓋近之矣。

脱脱等《宋史》卷七四《律曆志第二十七・律曆七明天曆》 日度歲差：八萬四百四十七。《書》舉正南之星以正四方，蓋先王以明時授人，奉天育物。然先儒所述，互有同異。虞喜云：「堯時冬至日短星昴，今二千七百餘年，乃東壁中，則知每歲漸差之所至。」又何承天云：「《堯典》：日永星火，以正仲夏；宵中星虚，以正仲秋。今以中星校之，所差二十七八度，即堯時冬至，日在須女十度。」故祖沖之脩《大明曆》，始立歲差，率四十五年九月却一度。虞鄺、劉孝孫等因之，各有增損，以創新法。若從虞喜之驗，昴中則五十餘年，日退一度；若依承天之驗，火中又不及百年，日退一度。後《皇極》綜兩曆之率，而要取其中，故七十五年而退一度，此乃通其意未盡其微。今則别調新率，改立歲差，大率七十七年七月日退一度，上元命於虚九，可以上覆往古，下逮於今。自帝堯以來，循環考驗，新曆歲差，皆得其中，最爲親近。

又 卷七五《律曆志第二十八・律曆八明天曆》 琮又論曆曰：「古今之曆，必有術過於前人，而可以爲萬世之法者，乃爲勝也。若一行爲《大衍曆》議及略例，校正曆世，以求曆法强弱，爲曆家體要，得中平之數。劉焯悟日行有盈縮之差，舊曆推日行平行一度，至此方悟日行有盈縮，冬至前後定日八十八日八十九分，夏至前後定日九十三日七十四分，冬至前後日行一度有餘，夏至前後日行不及一度。李淳風悟定朔之法，并氣朔、閏餘，皆同一術。舊曆定朔平注一大一小，至此以日行盈縮、月行遲疾加減朔餘，餘爲定朔，望加時，以定大小，不過三數。自此後日食在朔，月食在望，更無晦二之差。舊曆皆須用章歲章月之數，使閏餘有差，淳風造《麟德曆》，以氣朔閏餘同歸一母。張子信悟月行有交道表裏，五星有入氣加減。北齊學士張子信因葛榮亂，隱居海島三十餘年，專以圓儀揆測天道，始悟月行有交道表裏，在表爲外道陽曆，在裏爲内道陰曆。月行在内道，則日有食之。月行在外道，則無食。若月外之人北户向日之地，則反觀有食。又舊曆五星率無盈縮，至是始悟五星皆有盈縮加減之數。宋何承天始悟測景以定氣序。景極長，冬至；景極短，夏至。始立八尺之表，連測十餘年，即知舊《景初曆》冬至常遲天三日。乃造《元嘉曆》，冬至加時，比舊退減三日。晉姜岌始悟以月食所衝之宿，爲日所在之度。日所在不知宿度，至此以月食之宿所衝，爲日所在宿度。後漢劉洪作《乾象曆》，始悟月行有遲疾數。」舊曆，月平行十三度十九分度之七，至是始悟月行有遲疾之差，極遲則日行十二度强，極疾則日行十四度太，其遲疾極差五度有餘。宋祖沖之始悟歲差。《書・堯典》曰：「日短星昴，以正仲冬。宵中星虚，以殷仲秋。」至今三千餘年，中星所差三十餘度，則知每歲有漸差之數，造《大明曆》率四十五年九月而退差一度。唐徐昇作《宣明曆》，悟日食有氣、刻差數。舊曆推日食皆平求食分，多不允合，至是推日食，以氣刻差數增損之，測日食分數，稍近天驗。《明天曆》悟日月會合爲朔，所立日法，積年有自然之數，及立法推求晷景，知氣節加時所在。自《元嘉曆》後所立日法，以四十九分之二十六爲强率，以十七分之九爲弱率，併强弱之數爲日法、朔餘，自後諸曆效之。殊不知日月會合爲朔，併朔餘虚分爲日法，蓋自然之理。其氣節加時，晉漢以來約而要取，有差半日。今立法推求，得盡其數。後之造曆者，莫不遵用焉。其踈謬之甚者，即苗守信之《乾元曆》，馬重積之《調元曆》，郭紹之《五紀曆》也。大槩無出於此矣。然造曆者，皆須會日月之行，以爲晦朔之數，驗《春秋》日食，以明强弱。其於氣序，則取驗於《傳》之南至；其日行盈縮、月行遲疾、五星加減、二曜食差、日宿月離、中星晷景，立數立法，悉本之於前語。」

藝文

楊炯《渾天賦有序》陳元龍等《歷代賦彙》卷一 顯慶五年，炯時年十一，待制弘文館。上元二年，始以應制舉補校書郎，朝夕靈臺之下，備見銅渾之儀。尋反初服，卧疾丘園，二十年而一徙官，斯亦拙之效也。代之言天體者，未知渾蓋孰是？代之言天命者，以爲禍福由人，故作渾天賦以辨。其辭云：

客有爲宣夜之學者，喟然而言曰：旁望萬里之横山而皆青，俯察千仞之深谷而黝黑。蒼蒼在上，非其正色；遠而望之，無所至極。日月載於元氣，所以或中或昃。星辰浮於太空，所以有行有息。故知天常安而不動，地極深而不測。可以爲觀象之準繩，可以作譚天之楷式。

有稱周髀之術者，輾然而笑曰：陽動而陰静，天迴而地游。天如倚蓋，地若浮舟。出於卯入於酉而生晝夜，交於奎合於角而有春秋。天則西北既傾，而三光北轉；地則東南不足，而萬穴通流。比於圓首，前臨胷者，後不能覆背。方於執炬，南稱明者，北可以言幽。何天與而不取焉，遑遑而更求？

太史公有晬其容，乃盱衡而告曰：楚既失之，齊亦未爲得也。言宣夜者，星辰不可以闊狹有常；言蓋天者，刻漏不可以春秋各半。周三徑一，遠近乖於辰極；東井南箕，曲直殊於河漢。明入於地，葛稚川所以有詞；日應於天，桓君山由其發難。假蘓秦之不死，既莫能知其説；儻隸首之重生，亦不能成其算。二客嘗亦知渾天之事歟？請爲左右揚搉而陳之。

原夫杳杳冥冥，天地之精；混混沌沌，陰陽之本。何太虚之無礙？俾造化之多端。南溟王室之宫，爰皇是宅；西極金臺之鎮，上帝攸安。地則方如棊局，天則圓似彈丸。天之運也，一北而物生，一南而物死。地之平也，影長而多暑，影短而多寒。太陰當日之衝也，成其薄蝕；衆星傅月之光也，因其波瀾。乾坤闔闢，天地成矣；動静有常，陰陽行矣。方以類聚，物以羣分，吉凶生矣。在天成象，在地成形，變化見矣。部之以三門，張之以八紀。其周天也，三百六十五度；其去地也，九萬一千餘里。日居而月諸，天行而地止。載之以氣，浮之以水。生之育之，長之畜之，亭之毒之，蓋之覆之。

天聰明也，聖人得之；天垂象也，聖人則之。其道也，不言而信；其神也，不怒而威。驗之以衡軸，考之以樞機。三十五官有羣生之繫命，一十二次當下土之封畿。中衡、外衡，每不召而自至；黄道、赤道，亦殊塗而同歸。表裏見伏，聖人於是乎發揮；分至啟閉，聖人於是乎範圍。可以窮理而盡性，可以極深而研幾。

天有北斗，杓攜龍角，魁枕參首；天有北辰，衆星環拱，大帝威神。尊之以耀魄，配之以勾陳。有四輔之上相，有三公之近臣。華蓋巖巖，俯臨於帝坐；離宫奕奕，旁絶於天津。列長垣之百堵，啟閶闔之重闉。丈昌拜於大將，天理囚於貴人。泰階平而君臣穆，招摇指而天下春。

東宫則析木之津，壽星之野，箕爲傲客，房爲駟馬。天王對於攝提，皇極臨於官者。左角右角，兩曜之所巡行；陰間陽間，五星之所次舍。後宫掌於蓄息，太子承於冢社。宗人宗正，内外敦叙於家邦；市樓市垣，貨殖畢陳於天下。

北宫則靈龜潛匿，螣蛇伏藏。瓠瓜宛然而獨處，織女終朝而七襄。登漸臺而顧步，御輦道而徜徉。聞雷霆之隱隱，聽枹鼓之硠硠。南斗主爵禄，東壁主文章，須女主布帛，牽牛主關梁。羽林之軍所以除暴亂，壘壁之陣所以備非常。

西宫則天潢咸池，五車三柱，奎爲封豕，參爲白虎，胃爲天倉，婁爲重聚。旄頭之北，宰制其邊陲；天畢之陰，蓄洩其雷雨。大陵積尸之肅殺，參旗九斿之部伍。樵蘓之地，出入於園苑；萬億之資，填積於倉庾。

南宫則黄龍賦象，朱鳥成形。五帝之坐，三光之庭。傷成於鉞，誅成於鑕，福成於井，德成於衡。執法者，廷尉之曹，大夫之象；少微者，儲君之位，處士之星。天弧直而狼顧，軍市曉而雞鳴。三川之郊，鶉火通其耀；七澤之國，翼軫寓其精。南河北河，象闕於是乎增峻；左轄右轄，邊荒於是乎自寧。乃有金之散氣，水之精液，法清渭之横橋，像昆明之刻石。歲時占其水旱，滄溟應其潮汐。織女之室，漢家之使可尋；飲牛之津，海上之人易覿。

日也者，衆陽之長，人君之尊，天雞曉唱，靈烏晝踆。扶桑臨於大海，若木照於崑崙。太平太蒙，所以司其出入；南至北至，所以節其寒温。龍山銜燭，不能議其光景；夸父棄策，無以方其駿奔。

月也者，羣陰之紀，上天之使，異姓之王，后妃之事。方諸對而明水洽，重暈匝而邊風駛。裁盈蚌蛤，則虜騎先侵；適闘麒麟，則暗虎潛值。

五星者，木爲重華，火爲熒惑，鎮居戊己，斯爲土德。太白主西，辰星主北，俯察人事，仰觀天則。比參右肩之黄，如奎大星之黑。五材以之致用，七政於焉不忒。同舍而有四方，分天而利中國。赤角犯我城，黄角天之争。五星同色，天下偃兵。趨前舍爲盈，退後舍爲縮。盈則侯王不寧，縮則軍旅不復。或向而或背，或遲而或速。金火犯之而甚憂，歲鎮居之而有福。

觀衆星之部署，歷七曜而驅馳。定天下之文，所以通其變；見天下之頤，所以象其宜。然後播之以風雨，成之以霜霰。或吐霧而蒸雲，或擊雷而奔電。一旬而太平感，膚寸而天下遍。白日爲之晝昏，恒星爲之不見。爾乃重明合璧，五緯連珠，青氣夜朗，黄雲晝扶。握天鏡，授河圖，若曰賜之以福，此明王聖帝之休符。至如怪雲妖氣，冬雷夏雪，日暈長虹，星芒伏鼈。陰有餘而地動，陽不足而天裂。若曰懼之以災，此昏主亂君之妖孽。

昔者顓頊之命重黎，司天而司地；陶唐之分叔仲，宅西而宅東。後宋有子韋，鄭有裨竈，魏有石氏，齊有甘公。唐都之推星，王朔之候氣，周文之視日，吴範之占風。有以見天地之情，狀識陰陽之變通。

詩云謂天蓋高，語曰惟天爲大。至高而無上，至大而無外。四時行焉，萬物生焉。羣神莫尊於上帝，法象莫大於皇天。靈心不測，神理難詮。日何爲兮右轉？天何爲兮左旋？盤古何神兮立天地？巨靈何神兮造山川？螟何細兮？師曠清耳而不聞，離婁拭目而不見。鵬何壯兮？搏扶摇而翔九萬，運海水而擊三千。龜與蛇兮異其短長之質，椿與菌兮殊其小大之年。鐘何鳴兮應霜氣？劒何仗兮動星躔？列子何方兮御風而有待？師門何術兮驗火而登仙？魯陽麾戈兮轉於西日，陶侃折翼兮登於上玄。女何冤兮爲精衛？帝何恥兮爲杜鵑？爭疆理者有零陵之石，聞弦歌者有蓋山之泉。若怪神之不語，夫何述於此篇？以天乙之武也，焦土而爛石；以唐堯之德也，襄陵而懷山。以顔回之賢也，貧居於陋巷；以孔丘之聖也，情希乎執鞭。馮唐入於郎署也，兩君而未識。揚雄在於天禄也，三代而不遷。桓譚思周於圖讖也，忽然不樂；張衡術窮於天地也，退而歸田。我無爲而人自化，吾不知其所以然而然。

李光朝《新渾儀賦有序》陳元龍等《歷代賦彙》卷一　天垂象，見吉凶，聖人指象之法，莫先於渾儀。是以王者將下理於萬人，先上齊於七政。軒昊之後，分重黎二官；唐虞之日，命羲和四子。代掌其器，以爲人極，聖作有程，必應其變，故有謂之周髀蓋天，謂之渾天宣夜，用則假於器，妙則存乎人。曰若開元天寶，聖神文武皇帝，以爲天有時，時有變，不可從舊，史法而取新。更之立革銅渾，無毫釐之差，得精一之義，引而上則邁於古，推而下則合於今。非古之聰明神睿者，孰能爲之乎？於是五緯連珠，兩曜合璧，神輪祥瑞，天降嘉生。默而不談，且慮樵夫之笑；言而未遠，且陳君子之心。遣於鄙辭，乃爲賦曰：

國之神器，名之渾儀，法天之象，知天之爲。雖考古以作則，亦惟新而成規。琢璿爲衡，範金爲蓋。其狀則小，其用則大。南極北極，正其端隅。上規下矩，正其外內。繚繞黄道，環迴紫宫。斗居其北，日起其東。別度數於分寸之內，點星象於毫釐之中。處動而能静，妙同乎造化之意；寂無以爲有，用擬於陰陽之功。有象必見，惟幽是通，乃知近能則遠合，下正則上同。因之以言寶曆，遂乃授乎人時。以通天下之志，以斷天下之疑。違之則失，信之無欺。聖也智也，念兹在兹。四時以之咸序，萬物以之攸理。弦望之候不愆，寒暑之期可紀。測天地之否泰，知陰陽之終始。述作固稱於帝王，司存乃歸於太史。猗此成器，爲國之寶，通幽洞微，贊我皇道。

又《新渾儀賦二》陳元龍等《歷代賦彙》卷一　夫象之大者曰天地，理之廣者曰陰陽。分八極，懸三光。不言而化，有形而彰。雖羲氏代掌，初聞乎欽若；而疇人離散，覆亂其紀綱。魏滅晉紹，易齊爲梁；莫革其弊，有失其方。將以事極則反，否泰何常；故渾儀之制，而新之我皇。則天工協謀，鳧氏畢至；煽洪爐以效役，鎔珍金以爲器。列管之應一十二律，罔極爲期；周天之列二十八宿，各分爾位。然仰觀俯察，以參以稽；森羅乎象緯，窮極乎端倪。視朔於初，時必書於雲物；履端於始，歲如得乎攝提。候月既殊於蓂草，測景方異乎土圭。倖漢曆之黍累不失，同舜年之風雨不迷。且如人之常性也，重更改，貴因循；罔知失善，是與謀新。更苟有利，何憚釐革循？苟有失，何必相因？故天垂象，聖人以審度；曆乖次，聖人以創陳。亦將利物安下，適時補政。齊上方之斗極，爲來代之龜鏡。其意既美，於斯爲盛。恐貽誚於不談，故形之乎賦詠。

崔損《北斗賦》陳元龍等《歷代賦彙》卷五　倬垂象以昭回，惟帝居之曰斗。壯魁台以立極，建衡杓而爲首。齊七政而均序五行，臨四海而横制九有。所以附乾樞，壓坤紐，攙龍枕參，左槍右棓。總列宿而環衛中宫，體羣臣而輔弼元后。範圍六合，紀綱四維，其道不昧，其照無私。若乃銅渾作式，未央取則，其變可考，其動可測。履端於始，當獻歲以指南；舉正於中，在陰方而主北。觀夫峥嶸纚聯，若掇若懸，冰散珠圓，乍似拔長劒而倚天。揭西柄以戒滿，拱北辰而處偏。乘三台而斡運，齊七曜而迴旋。酌天地之心，豈酒漿之可挹；分寒暑之氣，較鈞石而罔愆。晝其隱也，不爭曜於太陽；昏必見焉，能藏暉於真宰。照萬國兮猶魚從網，宗百川兮比朝於海。參差北斗，闌干太清。環帝座之焜燿，薄河漢之縱橫。不應豐以中見，每居次而自明。總五緯於天統，行四時而歲成。非止雄橋梁於巴蜀，壯都邑於咸京而已。於是萬人攸仰，萬物取象，實星之長。

李程《衆星拱北賦》陳元龍等《歷代賦彙》卷五　爲章於天，惟彼辰極。環衆星於庶位，標帝座於有北。故昭回之設象，俾聖哲而取則。鈎陳就列，等營衛於宸宮。閶闔旁連，類藩屏於王國。焕乎布彩，儼若受職。念精氣之無親，叶天地之輔德。仰圓象之烱爾，嘉清輝之皦如。昭明有融，不韜光於隱晦。悠久斯在，豈隨運以盈虛。戒彼不恒其德，故能奠厥攸居。當其天宇廓清，玄緯交映。若萬物之調玉燭，猶聖人之握金鏡。守實位而厚羣生，在璿璣而齊七政。麗天之象，拱北辰以是依；率土之俗，亦向化而無違。契一人之有慶，同萬姓以知歸。不然，何躔次紫乎黄道，周廬匝乎紫微。乍合彩以呈質，竟同耀而分輝。俾夫左之右之，莫不具爾；無小無大，曷惟嘒彼。考時變兮是察，知天成兮在此。仰觀或辨其晦明，内附寧阻其遐邇。是以纚連清漢，點綴蒼旻。流彩未停，蜀郡猶占二使；圓光既聚，潁川應會賢人。則知居之者安，輔之者衆。輻共轂不足以喻其周環，斗在天孰可以齊其比諷。亦猶元聖立極，羣后來庭。登三傑而漢道斯盛，致多士而文王以寧。儻匡聖之有日，願在位於恒星。

又《衆星拱北賦二》陳元龍等《歷代賦彙》卷五　邈矣辰極，凝光於北。以迢迢之遠狀，出蒼蒼之正色。蔭華蓋作上帝之居，擁神休爲下土之式。厥高可仰，其儀不忒。觀衆星之附麗，如小邦之懷德。至於遐瞻五緯，迴眺九圍。湛河漢之秋景，滅煙霞之夕霏。此則信無大而無小，諒知章而知微。粲以低昂，嗟在空而錯置；焕而旋復，訝共貫而知歸。環紫極而未散，流素月而方稀。瞻夫攝提引翼，鈎陳邐迤。或重輝而玉集，乍浮爍而波委。儲精定位，叶天步之廓然；有耀遠方，振旄頭而嘒彼。且沖漠之外，或盈或虚。宵則觀夫成列，晝焉測其所如。是知惟辰得中，同睿作聖。合真宰之至理，稟昊天之成命。陰滋玉燭，徒見冥其六符；洞契璇樞，惟悟齊其七政。當其重城未啓，永夜向晨。想清防於嚴密，披玄宵而得真。俱熠熠以晶朗，乍煌煌而彩新。類珠連之可媚，儼天行而自陳。拱之立言，孔氏已傳乎舊史；犯而成象，漢帝曾容其友人。洎乎晷度環合，躔次律中。輻輳轂纔可比其稠，水會瀛未足方其衆。蓋所以明上德之攸擬，宣下情而通諷。客有託身白社，翹思青冥。當天地交泰，山川永寧，敢屬詞而體物，照庶士之從星。

白行簡《斗爲帝車賦》陳元龍等《歷代賦彙》卷五　惟斗之列，在天之中。象其車之爲用，明乎運而不窮。爛然有光，隨月建而不忒；循環靡定，轉天道而潛通。爾其自彼玄功，彰乎真宰。輻輳而衆星有次，環回而周天可待。將臨無極，同樂御之在君；隨轉無窮，異月輪之生海。故得四時式序，九有皆臨。順乎軌而克陰陽之分，比於轂而正天地之心。宛轉潛移，循環微至。周行不失於紀綱，順動罔差於躔次。何有象而著天，何無跡而行地。是使星辰日月之度，光不失三；春夏秋冬之期，時不愆四。懿夫拱極昭彰，垂精耀芒。將俾功於引重，在載德以知方。莫測車行，式瞻其上象；遥觀帝座，宛在彼中央。是動不過位，止無其常。作解疑夫轞轞，有耀想乎煌煌。然則七星所臨，下土之分。度數必循於厚載，經行用昭其廣運。是以義將德比，動與化俱。廣覆之恩既博，致遠之道斯殊。輪不摧兮，展雲鋒而罔懼；駕非馬也，歷天險而無虞。所以取轅轂，喻璿樞。見維北之運矣，豈指南而已乎？猶一人之在上，而萬國之是制。規圓而輪轉罔差，鱗次而運行無替。遵不已之道，豈念窮塗；駕自然之車，寧愁輿曳？是則天衢可陟，雲路有勢。幸見殊於輪扁之徒，不可使其功而効藝。

馮宿《星回於天賦》陳元龍等《歷代賦彙》卷五　天其運乎，歲聿云莫。彼星回而斗建，實維新而去故。攝提克正，無聞黍累之差；懸象著明，不忒陰陽之數。仰觀蒼蒼，悠久且長。一十二分終而復始，二十八宿巡而有常。各安其位，各正其方。每披雲而見質，恒耿漢而流光。凌霜晰晰，燭夜煌煌。瞻彼星之回復，知改歲之方將。豈不以式遵晷度，無失綱紀。縱横其狀，逐青陽而左旋；璀璨其容，候招摇而東指。匝四氣而爲度，臨萬户而可視。聖人所以參象於躬，考正極中。天蓋高而道遠，星且回於歲終。悠悠積氣，奕奕長空。潛應歷以相授，若循環之不窮。且運故無窮，時亦有替。三光垂其極，四序成其歲。必當觀大象以立規，驗周星而取制。方今時惟行夏，令無苟且。帝感於天，而克保休祥；星回於天，而不乖次舍。故得律應時貞，昭回上清。星歸其本，歲亦將更。遵舊紀而無謬，反初元而作程。則有博古之士，學於太史。觀歲杪而星窮，知有卒而有始。於是徵月令以揮翰，談天經而賦美。

趙蕃《衆星環北極賦》陳元龍等《歷代賦彙》卷五　惟極天之樞，惟星日之餘。

日散精而外布，天樞要以高居。的然守中，昭上玄之道著；爛兮繁會，助下濟以光舒。況乎有條不紊，既明且疎。雖貫珠而奚擬，縱編貝而豈如。周流無窮，隨五緯之軌道；運行有度，參兩曜之居諸。疑徐而速，若動而息。不騫不崩，匪差匪忒。俱遞遷而序別，各有位而分職。瞻言粲粲，何三五之在東；眥彼累累，亦四七而朝北。是知統太一而爲衆，處天心而稱極。故能總懸象之綱，作垂光之則。不然，何以探天之賾，何以表天之閫。必得一以含默，乃聚黄以修繹。明夫據會者静而處，輔相者動而順。静乃常德不離，動惟適道無吝。然後衆星熠熠，外辨方而不迷；一極煌煌，中居所而作鎮。是以仲尼譬爲政之德，羲和時敬授之信。則天道恒象，人事或遵。北極足以比聖，衆星足以喻臣。惟臣不矜德，合星之夕惕；惟聖不伐道，配極之日新。故得肅清黄道，利貞紫宸。豈惟大邦是控，臨朝御衆而已。實將先天稽極，後極立經。仰觀其動静，旁暢其儀形。然後爲政同乎北極，來方類乎衆星。斯乃先哲之臣，是崇是奉。皋陶所以邁德，虞舜所以垂拱。不然，比衆星之環北，又奚足以爲重。

周渭《齊七政賦》陳元龍等《歷代賦彙》卷一　天之垂象兮無臭無聲，君之立德兮赫赫明明。將同符而合矩，在璿璣於玉衡。故運彼四時，寒燠隨其建指；齊其七政，有道感於無情。故使黎民於變，萬物由庚。神不祕其福，地不愛其禎。原其天斯覆兮地斯載，播羣芳而作主；日陽德兮月陰靈，俾五星而爲輔。諒無私於照燭，或任晦於煙雨。國風可仰，守官允贊於羲和；人力不侔，杖策已疲於夸父。夫能文者政乃不乏，示寰瀛之大法；運天者道在於乾，占日月之初躔。既推曆以生律，亦鈎深而索玄。徒觀其如璧之合，如珠之聯。甲子不迷，符太初之朔旦；精意以享，同肆類於昊天。七政匪差，萬邦攸共。採石氏之經，聽疇人之頌。遠而望也，粲粲映非雲之雲；默而識之，昭昭爲非用之用。歲在木而循度，鎮居中而不攜。熒惑無犯於奮若，太白莫陵於攝提。將不盈而不縮，豈乍高而乍低？故我后所以引唐堯而作式，指虞舜而思齊。動於天兮德有一，麗於天兮曜有七。四海以之升平，千箱以之充實。豈比見暈珥璚背之狀，語怪變雲氣之質。非訓俗以齊人，徒廢時而亂日。客有從筆硯而未達，懷忠信而待命，望莳蓂於朝階，知如春之聖政。竊昧談天之辯，庶俾觀象之詠。

王詵《帝車賦有序》陳元龍等《歷代賦彙》卷五　按《史記》《晉書》「斗爲帝車，運乎中央」説者，謂斗君象也，故謂之帝，運動不居故謂之車。以愚觀之，則帝車之義，蓋亦因其同運於天而名之爾。愚又聞，古者造車之初，有取於斗柄，下攜龍角之象，則謂之帝車者，豈亦因其象而名之歟？唐之文士固嘗爲北斗之賦矣，而未有賦帝車者，作帝車賦，其辭曰：

天之何爲令北斗而爲車兮？曰：臨制乎八埏，收六合於一軫兮，載元氣之填填。仰昊蒼之窈寞兮，森萬緯之緜聯。帝端拱於紫宫兮，夫奚事乎車轂而周旋？謇予懷之寥廓兮，思仰觀而遠取。歷九闕以見帝兮，帝玄默而無語。遡天津之浩蕩兮，窺四理之連延。靈樞告予以其故兮，維景曜之所纏。吾頫轄夫四海兮，亦維幹夫坤乾。璇璣權衡璀璨而錯落兮，開陽摇光晃朗而相宣。挾六氣以旁行兮，連四時而不息。美天路之平平兮，轉神杓夫阼側。吾令望舒攬轡兮，羲和爲予以先驅。衆星離離總而擁轤兮，蜚廉豐隆奔湊而後隨。扶九神而軼羣衛兮，歷穹玄而輾八維。天戈屏跡而自韜兮，蚩尤不敢張其旗。吾東指於暘谷兮，蒼龍劬劬以驂乘。萬物欣然而竝生兮，仰陽輝以爲命遭。吾駕以南巡兮，矯朱鳥之翽翽。火傘熇熻而前導兮，祝融倚較而施鞭。吾西旋於昧谷兮，羣生爲予以揫斂。蓐收策白虎之趡趡兮，紛吾行之已遠。夐迴顧夫幽都兮，後騎載夫玄冥。冰霜紛糅而擁輪兮，雷鼓爲予以不鳴。羌吾車之騑騑兮，日東南而西北。吾亦孰知其成歲兮，自於兹而取則。却天駟而弗駕兮，屏王良而靡馮。一北而萬物爲之虚兮，一南而物盈。摶陰陽以爲輪兮，攢五行以爲輻。膏之以天澤兮，合三十六宫於一轂。動不聆其薄薄兮，疾不耳其彭彭。奚仲不得致其巧兮，造父無以施其能。彼下土之蚩蚩兮，誇古先之六羽。逮奇肱之險幽兮，亦軒車之飛翥。亶人力之轇轕兮，徒自誣於荒詭。夫豈知太虚之車兮，終萬古而不踰。夫此矩諄曰：蕩蕩上帝孰爲車兮，維北有斗握其樞兮。盤薄萬古臨八區兮，明建四時輔我皇輿兮。

姚希孟《日升月恒賦》陳元龍等《歷代賦彙》卷三　猗璇圖之高揭兮，垂兩曜於萬方。抱赤精而含素輝兮，受鼓鞴於陰陽。共中天以炳靈兮，分宵旦之行藏。麗八極而環四維兮，永終古以耀芒。維光華之烜爛兮，寧初繼其可量。望澄鮮於霄漢兮，眺晶瑩之未央。或自潛以垂曜兮，或緜晦而作章。驟熹微而欲吐兮，忽騰踊以翱翔。想曈曨之方旭兮，與積朏而弓張。驚蒼穹之散彩兮，劈混沌以呈祥。掣羣晴使愕眙兮，恍衆志其怯惶。乃若金支盡開，翠旂未卷；玉宇深沉，銀河瀲灔。曦光催建章之葳蕤，暝色止長門之御輦。又有丹鳳樓頭，玄菟城角，朝霞薄曉霧以流金，碧海照青天而成彀。東升之烏，共晨雉而朝飛。南栖之鵲，伴昏鴉而夜啄。於是火珠吐燧，和璧藏鈎。起咸池而拭浴，倚瑤臺以紓眸。驅颸軸於扶桑之嶺，轉冰輪於蔬圃之陬。其晝舒也，駕赭驎驂朱虯，羣真絳節以前麾，百神赤幘而鳴騶。其夜明也，弭素麐控玉騮，緱嶺吹笙而度曲，霓裳振袂以揚謳。乃夫綺疏繡幕，乍白乍紅。海山樓閣，可闢可封。自晻曀而晃耀，又霎霎而玲瓏。每烘牕而射牖，且窺簾以映櫳。阿房曉鏡盡作臙脂之色，昭陽夜宴疑在水晶之宮。吾不知其圓規闕玦，與夫入西出東。但見蓄之無根，攬之靡窮。方積微以成鉅，亦由纖而啟洪。總爲熾之始，壯之萌。而未可以乘除消息，卜度於其中。於是陳犧罍，擊晃鐘。酬以三雅之爵，佐以九成之鏞。仰天喁喁，祝吾君之千萬年，與日升月恒而俱無終也，而吾甘爲聖世之華封。因曲終而奏曰：邈矣廣漠，承太清兮。維日與月，環貞明兮。慮中而昃，虞虧盈兮。譬之茀祿，盛則傾兮。豈惟筲斗，畏滿贏兮。皇矣吾后，五福駢兮。舜壽堯年，莫與京兮。泰階肇開，六符迎兮。占厥運會，時方亨兮。初陽麗空，晴暉瑩兮。清光半璧，含珠英兮。月闕其華，日藏精兮。將來景爍，彌八紘兮。厚蓄徐昌，悠久成兮。小臣獻賦，喜起賡兮。惟繁星之粲天，借迭曜以分榮兮。願我王其介福，臣且爲卷阿之鳳鳴兮。

潮汐運動分部

論説

《靈樞經》卷一二《歲露論》 黄帝曰：有寒温和適，腠理不開，然有卒病者，其故何也？少師答曰：帝弗知邪入乎？雖平居，其腠理開閉緩急，其故常有時也。黄帝曰：可得聞乎？少師曰：人與天地相參也，與日月相應也。故月滿則海水西盛，人血氣積，肌肉充，皮膚緻，毛髮堅，腠理郄，烟垢著。當是之時，雖遇賊風，其入淺不深。至其月郭空，則海水東盛，人氣血虛，其衛氣去，形獨居，肌肉減，皮膚縱，腠理開，毛髮殘，膲理薄，煙垢落。當是之時，遇賊風則其入深，其病人也卒暴。

鄭玄注《易乾坤鑿度》卷上《乾鑿度・立坎離震兑四正》 月，坎也，水魄。聖人畫之，二陰一陽，内剛外弱。坎者，水，天地脉周流無息。坎不平，月水滿而圓水傾而昃。坎之缺也，月者闕水道。聖人究得源脉涮涉，淪漣上下無息。在上曰漢，在下曰脉。潮爲澮，隨氣曰濡。陰陽礴礉爲雨也。月陰精，水爲天地信。順氣而潮。潮者，水氣來往，行險而不失其信者也。案：險字原本誤作陰，今從范本。

王充《論衡》卷四《書虚篇》 傳書言：「吳王夫差殺伍子胥，煑之於鑊，乃以鴟夷橐投之於江。子胥恚恨，驅水爲濤，以溺殺人。今時會稽丹徒大江、錢唐浙江，皆立子胥之廟。蓋欲慰其恨心，止其猛濤也。」夫言吳王殺子胥，投之於江，實也；言其恨恚驅水爲濤者，虚也。屈原懷恨，自投湘江，湘江不爲濤；申徒狄蹈河而死，河水不爲濤。世人必曰：屈原、申徒狄不能勇猛，力怒不如子胥。夫衛葅子路，而漢烹彭越。子胥勇猛，不過子路、彭越，然二士不能發怒於鼎鑊之中，以烹湯葅汁，瀋漎旁人。子胥亦自先入鑊，乃入江，在鑊中之時，其神安居？豈怯於鑊湯，勇於江水哉！何其怒氣前後不相副也？且投於江中，何江也？有丹徒大江，有錢唐浙江，有吳通陵江。或言投於丹徒大江，無濤。欲言投於錢唐浙江，浙江、山陰江、上虞江皆有濤。三江有濤，豈分橐中之體，散置三江中乎？人若恨恚也，仇讎未死，子孫遺在，可也。今吳國已滅，夫差無類，吳爲會稽，立置太守，子胥之神，復何怨苦，爲濤不止，欲何求索？吳越在時，分會稽郡，越治山陰，吳都今吳，餘暨以南屬越，錢唐以北屬吳。錢唐之江，兩國界也。山陰、上虞在越界中，子胥入吳之江爲濤，當自上吳界中，何爲入越之地？怨恚吳王，發怒越江，違失道理，無神之驗也。且夫水難驅而人易從也。生任筋力，死用精魂。子胥之生，不能從生人營衛其身，自令身死，筋力消絶，精魂飛散，安能爲濤？使子胥之類，數百千人乘船渡江，不能越水，一子胥之身，煑湯鑊之中，骨肉糜爛，成爲羹葅，何能有害也？周宣王殺其臣杜伯，趙簡子殺其臣莊子義。其後杜伯射宣王，莊子義害簡子，事理似然，猶爲虚言。今子胥不能完體爲杜伯、子義之事，以報吳王，而驅水往來，豈報讎之義、有知之驗哉！俗語不實，成爲丹青，丹青之文，賢聖惑焉。夫地之有百川也，猶人之有血脈也。血脈流行，汎揚動静，自有節度。百川亦然，其朝夕往來，猶人之呼吸，氣出入也。天地之性，上古有之。經曰：「江漢朝宗于海。」唐、虞之前也，其發海中之時，漾馳而已；入三江之中，殆小淺狹，水激沸起，故騰爲濤。廣陵、曲江有濤，文人賦之。大江浩洋，曲江有濤，竟以隘狹也。吳殺其身，爲濤廣陵，子胥之神，竟無知也。溪谷之深，流者安洋，淺多沙石，激揚爲瀨。夫濤、瀨，一也。謂子胥爲濤，誰居溪谷爲瀨者乎？案濤入三江，岸沸踊，中央無聲。必以子胥爲濤，子胥之身聚岸漼也。濤之起也，隨月盛衰，小大滿損不齊同。如子胥爲濤，子胥之怒，以月爲節也。三江時風，揚疾之波，亦溺殺人。子胥之神，復爲風也。秦始皇渡湘水，遭風，問湘山何祠。左右對曰：「堯之女，舜之妻也。」始皇大怒，使刑徒三千人，斬湘山之樹而履之。夫謂子胥之神爲濤，猶謂二女之精爲風也。

許慎撰　宋徐鉉增釋《説文》卷一一上

衍，水朝宗于海也，从水从行，以淺切。

潮，水朝宗于海，从水。朝省，臣鉉等曰：隸書不省，直遥切。

楊泉《物理論》　日者，太陽之精也。夏則陽盛陰衰，故晝長夜短。冬則陰盛陽衰，故晝短夜長。氣之引也，行陰陽之道長，故出入卯酉之北；行陰陽之道短，故出入卯酉之南。春秋陰陽等，故日行中平，晝夜等也。《太平御覽·天部》。

月，水之精。潮有大小，月有虧盈。《北堂書鈔·天部》。

葛洪《抱朴子》李昉等《太平御覽》卷四　抱朴子曰：昔帝軒候鳳鳴調律，唐堯觀蓂莢以知月數。又王生云：月不圓，望之圓者，月初生及既虧之後視之，宜加三寸鏡，稍稍轉大，初如破環，漸漸滿也。

又俗士多云今月不及古月之朗。

又月之精生水，是以月盛而潮濤大。

又金華和丹，其光上與日月相連。丹金爲盤椀，以承月，得神液如方諸。

又　《抱朴子》李昉等《太平御覽》卷六八　抱朴子曰：糜氏云：潮汐。潮，朝來也。汐，夕至也。一月之中天再東再西，故潮水再大再小也。又夏時日居南宿，陰消陽盛，而天高一萬五千里，故夏潮大也。冬時日居北宿，陰盛陽消，而天卑一萬五千里，故冬潮小也。又春日居東宿，天高一萬五千里，故春潮漸起也。秋日居西宿，天卑一萬五千里，故秋潮漸減也。

又曰：天河從北極分爲兩頭，至於南極，其一經南斗中過，其一經東斗中過。兩河隨天轉入地下，過而與下水相得。又與海水合，三水相蕩，而天轉排之，故激涌而成潮水。

又曰：濤水者，潮取物多者，其力盛。來遠者，其勢大。今潮水從東，地廣道遠，乍入狹處，陵山觸岸，從直赴曲，其勢不泄，故隆崇涌起而爲濤。俗人云濤是伍子胥所作，妄也。子胥始死耳，天地開闢已有濤水矣。

酈道元《水經注》卷四〇《漸江水》　《吳地記》言縣惟浙江，今無此水，縣東有定包諸山，皆西臨浙江，水流于兩山之間。江川急濬，兼濤水晝夜再來，來應時刻，常以月晦及望尤大，至二月八月最高，峨峨二丈有餘。《吳越春秋》以爲子胥、文種之神也。昔子胥亮于吳，案：亮，近刻訛作死。而浮尸于江，吳人憐之，立祠于江上，名曰胥山。《吳録》云：胥山在太湖邊，去江不百里，故曰江上。文種誠于越，案：誠，近刻訛作城。而伏劍于山陰，越人哀之，葬于重山。文種既葬一年，子胥從海上負種俱去，游夫江海。故潮水之前揚波者，伍子胥；後重水者，大夫種。是以枚乘曰：濤無記焉，然海水上潮，江水逆流，似神而非，于是處焉。

徐堅《初學記》卷三〇《鱗介部》　魚第十

水經曰：海鰌且由反。魚，長數千里，穴居海底，入穴則海水爲潮，出穴則水潮退。出入有節，故潮水有期。

封演《説潮》董誥編《全唐文》卷四四〇　余少居淮海，日夕觀潮，大抵每日兩潮，晝夜各一。假如月出潮以平明，二日、三日漸晚，至月半則月初早潮飜爲夜潮，夜潮飜爲早潮矣。如是漸轉，至月半之早潮復爲夜潮，月半之夜潮復爲早潮。凡一月旋轉一匝，周而復始。雖月有大小，魄有盈虧，而潮常應之，無毫釐之失。月，陰精也。水，陰氣也。潛相感致，體於盈縮也。

竇叔蒙《海濤論》董誥編《全唐文》卷四四〇　原天地之本始，不知根荄孰先。蓋自坯璞卵胎，並鼓於太素也。天人之變，古今言者詳矣。著之成説，存諸史冊，故無以間。然而地靈之推運，水德之經緯，則夫恒數與天並騖，探而究之，可得曆數而計之也。前史氏蔑如不記，其無乃有闕典乎。夫陰陽異儀而反違，以其反違，故賴以相資。是故天與地違德以相傾，剛與柔違功以相致，男與女違性而同志，造化何管？蓋自然耳。

若夫凝陰以結地，融陰以流水，鍾而爲海，泒而爲泉，或配天守雌，或制火作牝。觀其幽通潛運，非神謂何！是故潮汐作濤，必符於月；百泉不息，以經地理，猶三光未息之健於天也。晦明牽於日，潮汐繫於月，若煙自火，若影附形，有由然矣。馳輪不轉，轂固無是也。地載平下，羣陰之所藏焉。月懸乎上，羣陰之所繫焉。太溟，水府也，百川之所會焉。北方，陰位也，滄海之所歸焉。天運晦明，日運寒暑，月運朔望，錯行以經，大順小異，以合大同，是大運廣度也。夜明者，太陰之主也，故爲漲海源。月與海相推，海與月相（明）〔期〕。苟非其時，不可踵而致也。時既來，不可抑而已也。雖謬小準，不違大信，故與之往復，與之盈虛，與之消息。蜉蝣伺日，蜧蛤候月，蕣以晨榮，蕈以晦零，況海月乎。方諸接明水，陽燧延景火，昭昭乎見日月之感致矣。

盧肇《文標集》卷上《海潮圖》

日至海成潮入圖法

八月之望日在翼軫之間，此時潮最大。今立此望之夕，日入初於時在戌，見潮初生之候。

渾天載地及水法

地浮於水，天在水外，天道右轉，七政左旋，日入則晚潮激於左，日出則早潮激於右。潮之大小則隨於月。月近則小，月遠則大。

右此賦中具論之矣。

新定海潮集解，渾天古今正法圖

自古説天有六：一曰渾天，張衡所述。二曰蓋天，周髀以爲法。三曰宣天，無師法。四曰安天，虞喜作。五曰昕天，姚信作。六曰穹天。虞聳作自蓋天，以下並好奇狥異之説，非至説也，故先儒亦不重其術也。

右今撰賦及圖，定取渾天爲法。其增立渾天之術，自有張平子始言天地狀如鷄子，天包於地，周旋無端，其形渾渾，故曰渾天也。

渾天法

晉葛洪謂天形如鷄子，地如鷄子之黄，周天三百六十五度四分度之一，半覆地上，半繞地下，二十八宿半隱半見。宋何承天云，洒觀渾儀，研求天意，乃悟天形正圓，水居其半，中高外卑，水周其下。梁祖暅云，渾天之形，内圓如彈丸，其半出地上，半隱地下。

右今撰圖正用此法，但諸家皆言天形，而未知日之激水而成潮也。

邱光庭《海潮論并序》董誥編《全唐文》卷八九九　夫元功美宰，神物混成，不可以智知，不可以情詰者，聖人皆置之度外，署而不論。而後之學者獨以不論，海潮爲闕，事多著文以窮之。今其遺文得見者三數家，《山海經》以海鰌出入穴而爲潮；王充《論衡》以水者地之血脈，隨氣進退而爲潮；竇叔蒙《海濤志》以月水之宗，月有虧盈，水隨消長而爲潮；盧肇《海潮賦》以日出入於海，衝擊而爲潮。斯乃俱無據驗，各以其意而爲言也。然而潮之所生元矣，尋其源而不可究其極，覩其末而不可窺其端，苟或是非無所勘會，唯其近理則謂得之。今觀諸家之説，咸盡乎善，不可備陳其短，輒以管見自立一家之言，名曰海潮論。其意以爲，水之性，祇能流溼潤下，不能乍盈乍虛。静而思之，直以地有動息上下，致其海有潮汐耳。乃立漁翁隱者更相答凡四十問，分爲十篇，成一卷。冀其窮理盡性，多言或中者也。又以析理之書，不宜染尚文字，但以理明義白爲善也。故今之所論，直言其歸趣而已。所貴精微朗暢，覽讀無煩者焉。

又　論潮汐由來大略

東海漁翁訪於西山隱者曰：余生於海上，若風雨雲霞、雷電霜雪之自，自者，所從來之謂也。余皆畧知宗旨矣。至於海潮之來，朝聞夕見，終莫曉其所由然也。博考古今，《海經》、夏禹治水之時，記山川百物，其書名《山海經》也。遐觀竹帛，古者未有紙，或書於竹簡，或書繒帛，故呼經史爲竹帛。《論衡》之文，後漢王充著，書考論物理，其書名曰《論衡》。竇氏、浙東處士竇叔蒙著《海濤志》。盧侯之説，袁州刺史盧肇著《海潮賦》。雖多端指諭，咸於義未安。聞吾子志學能文，精智辯物，願爲余明白而陳之。西山隱者曰：僕巖居林處，遥海遠江，安能知濤潮之所起乎。且天地廣大，誰能覩其根源。請爲子遠取諸經，近取諸物以考之。雖其至廣至大，亦不能逃於理矣。今按《易》稱「水流溼」。《周易》乾卦之文。《書》稱「水潤下」。《尚書・洪範》之文。俱不言水能盈縮，斯則聖人之情可見矣。水既不能盈縮，則海之潮汐音夕，潮之落也，今人呼爲澤。不由於水，蓋由於地也。地之所處，於大海之中，隨氣出入而上下。音暇，後意同者皆倣此。氣出則地下，氣入則地上。地下則滄海之水入於江河，地上則江河之水歸於滄海。入於江河之謂潮，歸於滄海之謂汐。此潮汐之大畧備矣。

問曰：古今言潮汐者多矣，皆以海水盈縮而爲之，未有言由地之上下者也。子之獨見，深得其源，然其必非海水之盈縮，從何理以知之？答曰：視百川則知之矣。百川亦水也，不能盈縮，此破竇氏言月爲水之宗，水隨月盈縮者。海豈獨能盈縮乎？假令海異百川，獨能盈縮，則海水既盈，地亦隨盈而昇，百川隨地而上，彼此俱上，則無潮矣。海水既縮，則地亦隨縮而降，百川亦隨地而下，彼此俱下，則無汐矣。固以百川居地之上，地居海之上，地動而海静，動静相違，則潮汐生矣。以斯知非海水之盈縮也。

又 論地有動息上下

漁翁問曰：吾聞地道安静，子曰隨氣出入而上下，何也？答曰：《周易》云：「坤，元亨，利牝馬之貞。」彖曰：「牝馬地類，行地無疆。」然則乾象以龍，坤象以馬，觀其所象，地非不動之物。《河圖括地象》云：「地常動而不止，地周遊於八紘之中，未嘗暫息也。春東，東方木氣，時曰少陽，所以暄和。夏南，南方火氣，時曰太陽，所以暑熱。秋西，西方金氣，時曰少陰，所以凄凉。冬北。北方水氣，時曰太陰，所以嚴凝。冬至極上，夏至極下。」其故何哉？由於氣也。夫夏至之後，陰氣漸長，陰氣主閉藏，則衰於上，而盛於下。氣盛於下，則海溢而上，陽氣歸於海下氣多，故溢而上也。故及冬至而地隨海俱極上也。從夏至後陽氣漸退，陰氣漸長，地亦漸上。陰進故也。反至秋分，地面與天不齊，故晝夜等也。秋分之後及至冬至，地面上過天心，上之極也，所以晝短而夜長也。冬至之後，陽氣漸長，陽氣主舒散，則衰於下而盛於上。氣盛於上，則海斂而下，陽氣散出於海上氣少，故斂於下。故及夏至而地隨海俱極下也。冬至之後，陽氣漸長，陰氣漸退，地亦漸下，陰退故也。及於春分，地面與天不齊，故晝夜等也。春分後及於夏至，地面下過天心，下之極也，所以晝長而夜短也。此一年之内，動息上下也。

問曰：其一日之内，動息上下可得聞乎？答曰：《繫辭》云：「夫坤，其静也翕，韓康伯注云：翕斂也，止則翕斂其氣也。其動也闢。」注云：動則開闢，以生物也。翕者，物之收斂。闢者，氣之散出。氣收斂，則地上。氣散出，則地下。何異人之呼吸歟？又《莊子》云：「大塊噫氣，大塊，地也。其名曰風。」彼言噫氣亦呼吸之類也。

問曰：一晝一夜，兩潮汐，則是一晝一夜兩闢兩翕，將何驗之哉？答曰：驗魚獸之皮則知之矣。魚獸出海中，形如牛。按《毛詩蟲魚疏》云：魚獸之皮，乾之經年，每天陰及潮來，則毛皆起。若天晴及潮還，則毛伏如故。雖在數千里外，可以知海水潮。然則潮之來去，與天之陰晴相類。氣散出則天陰，氣收斂則天晴。即知是氣散出則潮來，氣收斂則潮落，故知魚獸之毛起伏者，非識天之陰晴及潮之來去，自應氣之出入耳。毛起者，氣出也。氣出則地下，地下則潮來。毛伏者，氣入也。氣入則地上，地上則潮落。故魚獸之毛一晝一夜兩起兩伏，足以驗其氣之兩闢兩翕矣。

問曰：此翕闢之氣，是何氣也？答曰：地中之氣也。故此氣一出一入，則地獨上獨下，不由於水也。若一年之氣，則是天之元氣。其氣周於水，故水隨於氣，而地隨於水也。

問曰：地之廣厚，不知幾千萬里也，今算術之家言地之里數，皆虚妄也。何者？地之四面垂入海中，不可知其涯際也。言能隨氣動息，不亦誣乎？答曰：神無方，豈論巨細。且天大於地逾數倍焉，尚能空中旋運也，況地比於天殊爲小者，豈不能隨氣動息哉！但人自不思之耳。吾子視日月之迴，則信天之能旋。而視濤潮之至，不信地之能動，日月東行，天體西轉。今日月西迴者，天運之也。水性本静，爲潮汐者，地使之然。此理昭然，但人不思之耳。豈不冥哉！豈不昧哉！冥者無知之貌，昧者暗晦之辭。

問曰：若如所論，則地有動息上下矣。然則人不覺之，何也？答曰：不覩日月，則不覺天之旋。不覩濤潮，則不覺地之動。故《河圖括地象》云：「夫人居大舟之中，閉牖而坐，則不知舟之動也。」且人居大舟中，尚不知舟動，而況地之廣大，曾不覩其邊，何以知其上下哉。且子不聞南中之潮雞乎？出《山海經》。雞鳴則潮至。雞不覩潮之至而先鳴者，蓋覺地之動也。是知物有所長，人或不及。

問曰：地震人則覺之，何也？答曰：動安和，而震戰悚也。震甚則人覺，微亦不覺也。昔張衡作地震儀，以龍銜銅丸，地震則丸落。張衡，後漢人也。儀者，狀貌之稱也。其形如酒罇，外鑄銅爲八龍，龍銜銅丸，各置一方，其機關在樽内。東方地震，則東龍丸落，他皆倣此也。嘗一丸落而不覺震，人皆以爲無驗，經數日而隴西奏地震，與丸落時同，人始服其工妙。然則震微人尚不覺，況闢翕上下，微而和者乎？

問曰：地震何爲者也？答曰：亦氣也。《周語》云：陽伏而不能出，陰迫而不能昇，則有地震。此伯陽甫之辭也。伯陽甫，老子也。言陽氣伏於下，而陰氣迫於上，故陽氣不能昇出，而地爲之震。其言陽伏陰迫，皆迫伏於地中焉。推此而言，是知地中之氣能使地之上下也。

又 論潮汐名義

漁翁問曰：若如所論，則是地自上下，水乃去來而爲之潮，何也？答曰：潮者，朝也。潮，音朝廷之朝。潮本無名，强名之曰潮。至江漢之流，自歸於海，而《夏書》謂之「朝宗於海」，《尚書・禹貢》文也。其意言百川之赴海，如諸侯之朝天子也。古人見海來朝百川，亦名之曰潮。如天子出而見諸侯，亦謂之朝，故《明堂位》云：明堂位《禮記》篇名。「昔者，周公朝諸侯於明堂之位。」意同於此矣。周公，周成王之叔父也。成王年幼，周公攝行天子之事，而受諸侯之朝也。

問曰：謂之汐何也？答曰：汐者，水歸於海，如臣夕見於君然。早見於君曰朝，晚見於君曰夕。故《左傳》曰國家無事，則朝音朝廷之朝也。而不夕。務閒也。《詩》云「邦君諸侯，莫肯朝夕」，《小雅》雨無正篇。此其義也。

問曰：謂之濤何也？答曰：濤，大波也。凡風之駕水皆謂之濤，不得專於潮也。考其義理，則竇氏、盧侯謂潮爲濤，失之矣。

又 論潮有大小

漁翁問曰：潮來有大小，何也？答曰：二月、八月，陰陽之氣交；月朔月望，天地之氣變。交變之時，其氣必盛。氣盛則出甚，如人行步則喘急。氣出甚則地下甚。下音暇，意同者倣此。地下甚則潮來大。其非交變之時，其氣安静，則出微。氣微則地下微，地下微則潮來小。故二月八月，其潮遂大於諸月。月朔月望，其潮遂大於諸潮。

問曰：大不正當朔望之日，常於朔望之後，何也？朔大於初二、初三、初四，望大於十六、十七、十八。答曰：凡物之動，先感而後應，先微而後盛。朔望之氣雖至，而地動之勢猶微，故潮來大，常於朔望之後也。

問曰：何知二月、八月，陰陽之氣交者？答曰：陽氣生於子，謂十一月也。出於卯，謂二月也。浮於午，浮者盛於地上，謂五月也。入於酉。謂八月也。陰氣生於午，出於酉，浮於子，入於卯。子午卯酉皆謂月建也。故曰卯酉者，陰陽出入之門户也。二月陽氣出而陰氣入，八月陰氣出而陽氣入。是知二月八月陰陽之氣交也。

問曰：何知月朔月望天地之氣變者？答曰：日，天倫也。俱陽物也。月，地類也。俱陰物也。朔，形交焉。日月周旋，故曰形交。望，光偶焉。月望光滿，故曰光偶。光偶者，團圓盛大，與日相對。光偶形交，其變如一，所以朔望之時，天地之氣皆有變動。朔望無異，故曰如一也。故《陰陽書》占正月之朔，知一歲之祥。祥者，善惡之通變。今人占歲旦雲物風氣，知一年之内水旱豐荒也。又稱五月、十一月望爲天地牝之辰，牝者，陰陽交接之名也。彼其諸月，猶此一隅。言諸月之朔望，皆於正月十一月之朔，舉此二月，則諸月可知，故曰猶此一隅。猶，如也。隅，角也。是知月朔月望天地之氣變也。故《洪範》云：「星有好風，箕星好風。星有好雨。」畢星好雨。《詩》云：「月離于畢，俾滂沱矣。」離，麗也，麗著也。月之從星，則以風雨。然則月從箕畢之星，天地尚爲之風雨，豈其交接而氣不變者乎？

又 論潮候漸差

漁翁問曰：潮來，或午或未漸差，何也？答曰：晝夜繫日，翕闢隨月。月臨子午則地闢，故潮之來月皆臨子臨午。夜潮月臨子，晝潮月臨午。天體西轉，日月東行，日遲而月速，每二十九日過半而月及日，日月同會，謂之月朔，故月朔之夜潮，日月俱臨於子；晝潮，日月俱臨於午。自此之後，月速漸東，至午漸遲，故潮亦漸遲也。天體西轉，日月東行，月速而日遲。從月朔之後，月去日漸遠，初二、初三，日至未而月方至午，故潮來在午後未時也。所謂晝夜繫日，翕闢隨月者也。又夜於海下而論，則天體東轉，日月西行，月速漸西，至子漸遲，故潮來亦漸遲。月朔夜半潮來者，日月俱在子。至初二、初三，月去日漸遠，日已至丑，而月方至子，故潮來在子後丑時也。是以晝潮入夜。一日午時，二日午後，三日未時，四日未後，五日申時，六日申後，七日酉時，八日酉後，此謂晝潮入夜也。

問曰：何謂月臨子午，夜潮入晝，一日子時，二日子後，三日丑時，四日丑後，五日寅時，六日寅後，七日卯時，八日卯後，所謂夜潮入晝也。則地闢乎？答曰：《禮運》云：《禮記》篇名。「地秉陰，竅於山川，播五行於四時，鄭(元)[玄]云：竅，孔也，言地持陰氣出内於山川，以舒五行於四時也。和而後月生也。言此氣和乃月生也。是以三五而盈，三五而闕。」則是月爲地類也。《易》説陽氣生於子，陰氣生於午，易説者，《周易》之義也。故月臨子午則地氣生，地氣生則闢而出也。

問曰：《説卦》云：《周易》下繫也。「離爲日，坎爲月。」則是月爲水類，而《禮運》月爲地類，與《説卦》不同何也？答曰：地水皆屬於陰，俱主於月，故《禮運》《説卦》互而言之以相顯也。且日爲羣陽之精，非獨專於火也。月爲羣陰之精，非獨專於水也。何以言之？按五行，天一生水於北，地二生火於南，是故火爲雌，水爲雄也。若以日專主火、月專主水，則亦日雌而月雄也。今按禮説云，《禮記》之義。日爲君象，月爲臣象，觀其所象，正與水火相違，故知日非專火，月非專水也。《易》曰：乾，天也，有君父之道焉。《周易·説卦》云：乾爲天，爲君，爲父。坤，地也，有妻臣之道焉。坤文云：地道也，妻道也，臣道也。然則日象與乾同，日爲君象。月象與坤同。月與臣象。故曰三五而盈，三五而闕。三五者，水一，火二，木三，金四，土五，此五行生數也。合其數爲十五。滿十五而盈，月望也。盡十五而闕。月晦也。既與坤道同象，總五行之氣，非地類而何？地亦總五行也。與《説卦》參而求之，足表羣陰之義。

問曰：陽燧開而火出，陽燧者，五月丙午日午時，鑄銅錫爲之，其形如鏡，舉之照日，以艾爇，得其火也。陰鑒舉而水流，陰鑒者，用十一月壬子日子時鑄銅錫爲之，其形如蚌殼，舉之照月，以物取之，得水者也。則似月專於水矣。何以釋之？答曰：所言不專於水，豈謂全無水也。但其兼主諸陰，水亦在其中矣。舉陰鑒而得水，與掘地而得泉，何以異也？

問曰：五行云陽數奇，陰數偶，水一、土五奇數，子云皆屬於陰，何也？答曰：水成數六，土成數十，然則水之與土，屬陽而終屬於陰，陰極則陽，陽極則陰之義。

又 論浙潮

漁翁問曰：浙江之潮特大，何也？答曰：諸江淮河，發源皆遠，其水多，按楚江出岷山，淮出桐柏山，河出崑崙山。江水既多，則海水入少。水入既少，其潮皆小也。而浙江發源獨近，其水少。浙江之源，近者三四百里，遠者不過千里。江水既少，則海水入多。水入既多，故其潮特大也。

問曰：潮來有頭，何也？答曰：地勢廣遠，垂入海中，今人見海岸，謂之海際，非也。殊不知地勢漸低，爲海水所漫，其際不可見也。地下則潮生。下音暇。潮生於地際，自際湧，湧則蹙，蹙則奔，奔則有頭，水之常勢也。

漁翁問曰：浙江之潮或東或西，何也？答曰：夫水之性，攻其盈而流其虛，沙隨其流而積其虛，積而不已變虛爲盈，盈則受攻，終而復始，所以或東或西也。

問曰：何故浙江之水獨能攻其盈乎？答曰：大川皆然，非獨浙江也。凡水之迴折之處，涯岸皆迭盈迭虛，或三十、五十年而一變，水勢使之然也。今黄河及諸大川之岸皆有移易是也。《易》曰「地道變盈而流謙」，此之謂也。

又 論氣水相周日月行運

漁翁問曰：子言氣盛於下則海溢而上，氣盛於上則海斂而下，則是海之下有氣從，何理以知之？答曰：《抱朴子》云：葛洪所著書名。「從地向上四千里之外，其氣剛勁，居物不落。」以此推之，則周天之氣皆剛，非獨地之上也。是知日月星辰無物維持而不落者，乘剛氣故也。內物既不能出，而外物亦不能入，則日月星辰雖從海下而迴，莫得與水相涉。此言乃見盧氏所言出入於海，衝擊而爲潮之謬也。若其海下無氣，則日月星辰並入於水。按星月無光，假日光而明。若日夜入於水，則星月無由明矣。故知日居元氣之內，光常周遍於天，雖當夜半之時，天中亦不昏黑。日在上則光照下，在下則光照上，故雖通夜，光常遍於天。所以星月明也。以斯知海之下有氣必矣。故人之氣海亦在水藏之下，其取象於天地焉。氣海在臍下。

問曰：海之下既有氣，海之邊際則如何？答曰：亦氣也。海之外際無涯岸，皆剛氣捍其水，所謂周天之氣皆剛者也。氣之外有天，天周於氣，氣周於水，水周於地。內地而外天，天地相將，形如雞卵。黄即地也，白即水也，膜即剛氣，殼即天也。

問曰：《虞書》謂東方之地曰暘谷，西方之地曰昧谷。《尚書・堯典》文也。則似日之出入皆從地穴中也。今子言日居元氣之內，而與《虞書》不同，何也？答曰：《易》離卦彖云「日月麗乎天」。麗，著也，言日月之行附著於天也。則所言日居元氣之內，無乃是乎。而《虞書》所稱暘谷者，皆在九州之域，此乃指其所見而爲言也。凡平地以望日出日入，皆如近在山谷間，故以谷言之耳。

問曰：《周易》《虞書》俱爲正典，安知《易》是而《書》非乎？答曰：視日月之行則知之矣。按日月右旋而天左轉，日月行遲而天轉速，故日月隨天皆西邁，非著天，而何故知《易》是也？

問曰：前篇云日遲而月速，此云日月遲而天轉速，何也？答曰：日行三百六十六日而一周天，月行不及三十日而一周天，天則一日一夜而轉一周，是月行速於日，遲於天也。比日言之則月速，比天言之則月遲，與前篇非相矛盾也。矛盾者，相違背之辭。矛，鎗也。盾，干杆也，今人謂之傍牌。事見《列子》。

燕肅《海潮論》翟均廉《海塘録》卷一九 觀古今諸家海潮之説，亦多矣。或謂天河激涌，葛洪潮説。亦云地機翕張；見《洞真正一經》。盧肇以日激水而潮生；封演云月周天而潮應，挺空入漢，山涌而濤隨；施師謂僧隱之之言。析木大梁，月行而水大。見竇叔蒙《海濤志》。源殊派異，無所適從。索隱探微，宜伸確論。

大率元氣噓翕，天隨氣而漲斂，溟渤往來，潮隨天而進退者也。以日者，重陽之母，陰生於陽，故潮附之於日也。月者，太陰之精，水乃陰類，故潮依之於月也。是故隨日而應月，依陰而附陽。盈於朔望，消於朏魄，虛於上下弦，息於朓朒，故潮有小大焉。今起月朔夜半子時，潮平於地之子位四刻一十六分半，月離於日，在地之辰，次日移三刻七十二分。對月到之位，以日臨之次，潮必應之。過月望，復東行，潮附日而又西應之。至後朔子時四刻一十六分半，日月潮水俱復會於子位。其小盡，則月離於日，在地之辰，次日移三刻七十三分半，對月到之位，以日臨之次，潮必應之。至後朔子時四刻一十六分半，日月潮水亦俱復會於子位。是知潮常附日而右旋，以月臨子午，潮必平矣；月在卯酉，汐必盡矣。

或遲速消息之小異，而進退盈虛終不失其期也。

或曰：四海潮平，來皆有漸，惟浙江潮至則亘如山岳，奮如雷霆，冰岸横飛，雪崖旁射，澎騰奔激，吁可畏也。其漲怒之理，可得聞乎？曰：或云夾岸有山，南曰龕，北曰赭，二山相對，謂之海門，岸狹勢逼，涌而爲濤耳。若言狹逼，則東溟自定海吞餘姚、奉化二江，侔之浙江尤甚，狹逼潮來，不聞濤有聲也。今觀浙江之口，起自纂風亭，北望嘉興大山，水闊二百餘里，故海商舶船，畏避沙潬，不由大江，惟泛餘姚小江，易舟而浮運河，達於杭越矣。蓋以下有沙潬，南北亘連，隔礙洪波，蹙遏潮勢。夫月離震兑，他潮已生，惟浙江潮水不同，月經乾巽，潮來已半，濁浪堆滯，後水益來，於是溢於沙潬，猛怒頓涌，聲勢激射，故起而爲濤耳，非江山狹逼使之然也。

邵雍《皇極經世書》卷一四《觀物外篇下》 火生于無，水生于有。

海潮者，地之喘息也，所以應月者，從其類也。

燈之明暗之境，日月之象也。

水者，火之地。火者，水之氣。黑者，白之地。寒者，暑之地。

余靖《武溪集》卷三《海潮圖・序》 古之言潮者多矣，或言如橐籥翕張，或言如人氣呼吸，或云海鰌出處，皆亡經據。唐世盧肇著《海潮賦》，以謂日入海而潮生，月離日而潮大。自謂極天人之論，世莫敢非。予嘗東至海門，南至武山，旦夕候潮之進退，弦望視潮之消息。乃知盧氏之説出於胸臆，所謂蓋有不知而作者也。夫陽燧取火於日，陰鑑取水於月，從其類也。潮之漲退，海非增減，蓋月之所臨，則水往從之。日月右轉而天左旋，一日一周，臨於四極。故月臨卯酉，則水漲乎東西；月臨子午，則潮平乎南北。彼竭此盈，往來不絶，皆繫於月，不繫於日。何以知其然乎？夫晝夜之運，日東行一度，月行十三度有奇。故太陰西没之期，常緩於日三刻有奇。潮之日緩其期，率亦如是。自朔至望，常緩一夜潮；自望至晦，復緩一晝潮。若因日之入海，激而爲潮，則何故緩不及期，常三刻有奇乎？肇又謂：「月去日遠，其潮乃大，合朔之際，潮始微絶。」此固不知潮之准也。夫朔望前後，月行差疾，故晦前三日潮勢長，朔後三日潮勢極大，望亦如之，非謂遠於日也。月弦之際，其行差遲，故潮之去來，亦合沓不盡，非謂近於日也。盈虛消息，一之於月，陰陽之所以分也。夫春夏晝潮常大，秋冬夜潮常大，蓋春爲陽中，秋爲陰中，歲之有春秋，猶月之有朔望也。故潮之極漲，常在春秋之中。濤之極大，常在朔望之後。此又天地之常數也。昔竇氏爲記，以謂潮虛於午。此候於東海者矣。近燕公著論，以謂生於子。此測於南海者也。又嘗問於海賈云，潮生東南。此乘舟候潮而進退者耳。古今之説，以爲地缺東南，水歸之。海賈云潮生東南，亦近之矣。

今通二海之盈縮，以誌其期。西北二海所未嘗見，故闕而不紀云。嘗候於海門，通州海門縣。月加卯而潮平者，日月合朔則旦而平，日緩三刻有奇。上弦則午而平，望已前爲晝潮，望已後爲夜潮。此皆臨海之候也，遠海之處，則各有遠近之期。月加酉而潮平者，日月合朔則日入而潮平，上弦則夜半而平，望則明日之旦而平。望已前爲夜潮，望已後爲晝潮。此東海之潮候也。又嘗候於武山，廣州望船之處。月加午而潮平者，日月合朔則午而潮平，上弦則日入而平，望則夜半而平，上弦已前爲晝潮，上弦以後爲夜潮。月加子而潮平者，日月合朔則夜半而潮平，上弦則日出而平，望則午而平。上弦已前爲夜潮，上弦以後爲晝潮。此南海之潮候也。

沈自彰編《張子全書》卷二《正蒙》 參兩篇第二

地有升降，日有修短。地雖凝聚不散之物，然二氣升降其間，相從而不已也。陽日上，地日降而下者虛也。陽日降，地日進而上者盈也。此一歲寒暑之候也。至於一晝夜之盈虛、升降，則以海水潮汐驗之爲信，然間有小大之差，則繫日月朔望，其精相感。

邵子曰：海潮者，地之喘息也。所以應月者，從其類也。朱子曰：天地之間，東西爲緯，南北爲經，故子午卯酉爲四方之正位，而潮之進退，以月至此位爲節耳。黄瑞節曰：此段「地有升降，日有修短」及證以海水潮汐之候，皆用舊説。今考先儒皆謂地在天中，水環地外四遊，升降不越三萬里。春遊過東方五千里，其下降如其數。秋遊過西方五千里，其上升如其數。夏遊在南，故日在其上。冬遊過北，故日在其南。此冬夏晝夜之長短，因地有升降而然。人處地上，如在舟中，但見岸之移，而不知舟之轉也。至于論潮，則謂天包水，水承地，而一元之氣升降于太空之中。地乘水力，與元氣相爲升降。氣升而地沉，則海水溢上而爲潮。氣降而地浮，則海水縮而爲汐。一晝一夜，陰陽之氣再升再降，故一日之間潮汐皆再。其説與地有四遊相爲表裏。然以渾天術觀之，天形斜倚，半在地上，北極出地三十六度，其南五十五度，正當地之中。又其南十二度爲夏至之日道，天在地上最高，故晝長。又其南二十四度爲春秋分之日道，天在地上稍低，故晝夜平。又其南二十四度爲冬至之日道，天在地上最低，故晝短。其南下入地纔三十一度而已。此晝夜長短，乃天體高低自然之理，非因地之升降也。潮汐消長，則惟余襄公《海潮圖序》最明。蓋潮之消息，皆係于月。月臨卯酉，則潮漲乎東西。月臨子午，則潮平乎南北。晝夜之運，日行一度，月行十三度有奇，故太陰西没之期，常緩于太陽三刻有奇。潮信之來，率亦如是。自朔至望，常緩一夜潮。自望至晦，復緩一晝潮。朔望前後，月行差疾，故晦前三日潮勢長。朔後三日，潮勢大，望亦如之。月弦之際，月行差遲，故潮之去來，勢亦稍小。一月則潮盛于朔望之後，一歲則潮盛于春秋之中。春夏晝潮常大，秋冬夜潮常大。蓋歲之有春秋，猶月之有朔望，天地之常數也。此潮之消息，乃係乎月之進退，亦非因地之浮沉也。張子特用舊説，而未之易耳，因附見之。

王棠《燕在閣知新録》卷三〇《海潮》　浙江，一名錢塘江，一名羅刹江。所謂羅刹者，江心有山，即秦望山脚横截波流中。又漢東宣伯聚《浙江潮候圖説》云：浙江之口有兩山焉，其南曰龕山，其北曰赭山，竝峙於江口之間，謂之海門。下有沙潭跨江西東二百餘里，若伏檻然。潮之入於浙江也，發乎浩渺之區，而頓就斂束逼礙，沙潭回薄激射，折而趨於兩山之間，構□□洩，則奮而上躋，如素蜺横空，奔雷隱地，故爲東南之至險，非他江之可比也。原其消長之故者，曰天河激湧，曰地機翕張。揆其晨夕之候者，曰體陰而附陽，曰隨日而應月。蓋圓則之運，大氣舉之；方儀之静，大水承之。氣有升降，地有浮沉，而潮汐生焉。日有盈虚，潮有起伏。月爲陰精，水之所生。日爲陽宗，水之所從。卯酉之月，陰陽之交，故潮大于餘月。朔望之後，天地之變，故潮大于餘日。白樂天詩：「早潮纔落晚潮來，一月周流六十回。」白是北人，未諳潮候。今杭州之潮，每月朔日，以子午二時到，每日遲三刻有餘。至望日，則子潮降而爲□，午潮降而爲夜。子以後半月復然。西江江岸上有候潮碑。故大月之潮，一月五十八回。小月，則五十六回。無六十回也。水月皆陰之屬，月之麗天，出東入西，大月二十九回，小月二十八回，亦無三十回也。所以然者，陽有餘而陰不足，自然之理也。

陸佃撰　牛衷增輯《增修埤雅廣要》卷四《地道門・湖海類》　潮

《説文》：潮，海水逆而上也。朝宗于海，本作淖，從水，朝省聲，俗作潮。早曰潮，晚曰汐。《抱朴子》曰：月之精生水，是以月盛則海潮大。潮水從月邊來，一月之中，天再東再西，故潮再大再少。夏時日居南宿，天卑一萬五千里，故冬潮小。春日居東宿，故春潮漸起。秋日居西宿，故秋潮減。天河從北極分爲兩條，至於南極，兩河隨天轉入地下，過而下水，又與海水合，三水相蕩而天轉之，故激成潮。按《高麗圖經》云：潮汐往來，應期不爽，爲天地至信。《山海經》以爲海鰌出入之度。《浮屠書》以爲神龍變化所致。竇叔蒙《海嶠志》以爲水隨月盈虧。盧肇《海潮賦》以爲日出于海，衝擊而成。王充《論衡》以爲水者，地之血脉，隨氣進退。其説不一，率未之盡。大抵天包水，水承地，地在天中，而一元之氣升降於太空之中。地承水力以自持，與氣升降。氣升而地沉，則海溢。氣降而地浮，則海縮。晝夜之氣再升再降，故一日之間汐皆再也。

沈括《夢溪筆談・補筆談》卷上　補第九卷一件中

盧肇論海潮，以謂「日出没所激而成」，此極無理，若因日出没，當每日有常，安得復有早晚。予嘗考其行節，每至月正臨子午則潮生，候萬萬無差。此以海上候之，得潮生之時。去海遠，即須據地理增添時刻。月正午而生者爲潮，則正子而生者爲汐。正子而生者爲潮，則正午而生者爲汐。

徐兢《宣和奉使高麗圖經》卷三四　海道一

臣聞海母衆水，而與天地同爲無極，故其量猶天地之不可測度。若潮汐往來，應期不爽，爲天地之至信。古人嘗論之：在《山海經》以爲海鰌出入穴之度；《浮屠書》以爲神龍寶之變化；竇叔蒙《海嶠志》以謂水隨月之盈虧；盧肇《海潮賦》以謂日出入于海，衝擊而成；王充《論衡》以水者地之血脈，隨氣之進退。率皆持臆説，執偏見，評料近似而未之盡。大抵天包水，水承地，而一元之氣，升降於太空之中，地承水力以自持，且與元氣升降互爲抑揚，而人不覺，亦猶坐於船中者，不知船之自運也。方其氣升而地沉，則海水溢上而爲潮，及其氣降而地浮，則海水縮下而爲汐。計日十二辰，由子至巳，其氣爲陽，而陽之氣又自有升降，以運乎晝。由午至亥，其氣爲陰，而陰之氣又自有升降，以運乎夜。一晝一夜，合陰陽之氣，凡再升再降，故一日之間，潮汐皆再焉。然晝夜之晷繫乎日，升降之數應乎月。月臨於子，則陽氣始升。月臨於午，則陰氣始升。故夜潮之期，月皆臨子；晝潮之期，月皆臨午焉。又日之行遲，月之行速，以速應遲，每二十九度過半而月行及之。日月之會，謂之合朔，故月朔之夜潮，日亦臨子；月朔之晝潮，日亦臨午焉。且晝即天上而言之，天體西轉，日月東行，自朔而往，月速漸東，至午漸遲，而潮亦應之，以遲于晝，故晝潮自朔後，迭差而入于夜。故所以一日午時，二日午末，三日未時，四日未末，五日申時，六日申末，七日酉時，八日酉末也。夜即海下而言之，天體東轉，日月西行，自朔而往，月速漸西，至子漸遲，而潮亦應之，以遲於夜，故夜潮自朔後，迭差而入於晝，此所以一日子時，二日子末，三日丑時，四日丑末，五日寅時，六日寅末，七日卯時，八日卯末也。加以時有交變，氣有盛衰，而潮之所至，亦因之爲大小。當卯酉之月，則陰陽之交也。氣以交而盛出，故潮之大也，獨異於餘月。當朔望之後，則天地之變也，氣以變而盛出，故潮之大也，獨異於餘日。

今海中有魚獸，殺取皮而乾之，至潮時則毛皆起，豈非氣感而類應，本於理之自然也。至若波流而漩伏沙土之所凝，山石之所峙，則又各有其形勢。如海中之地，可以合聚落者，則曰洲，十洲之類是也。小於洲而亦可居者，則曰島，三島之類是也。小於島則曰嶼。小於嶼而有草木則曰苫。如苫嶼而其質純石，則曰焦。凡舫舶之行，既出于海門，則天地相涵，上下一碧，旁無雲埃。遇天地晴霽時，皓月中天，遊雲四斂，恍然如遊六虛之表，既不可以言喻。及風濤間發，雷雨晦冥，蛟螭出没，神物變化，而心悸膽落，莫知所説。故其可紀録者，特山形潮候而已。且高麗海道，古猶今也。考古之所傳，今或不覩；而今之所載，或昔人所未談。非固爲異也，蓋航舶之所通，每視風雨之向背而爲之節方。其風之牽乎西，則洲島之在東者，不可得而見。惟南與北亦然。今既論潮候之大槩詳于前，謹列夫神舟所經島洲苫嶼而爲之圖。

周去非《嶺外代答》卷一《地理門》

潮

江浙之潮，自有定候。欽廉則朔望大潮，謂之先水，日止一潮。二弦小潮，謂之子水，頃刻竟落，未嘗再長。瓊海之潮，半月東流，半月西流。潮之大小，隨長短星初，不係月之盛衰，豈不異哉。

李光地等《朱子全書》卷五〇《理氣二·地理》潮汐附

潮之遲速大小，自有常。舊見明州人説月加子午則潮長，自有此理。沈存中《筆談》説亦如此。以下論潮汐。《語類》。

潮汐之説，余襄公言之尤詳。大抵天地之間，東西爲緯，南北爲經，故子午卯酉爲四方之正位，而潮之進退以月至此位爲節耳。以氣之消息言之，則子者陰之極而陽之始，午者陽之極而陰之始，卯爲陽中，酉爲陰中也。荅張敬之。《文集》。

附余襄公安道曰：潮之漲退，海非增減，蓋月之所臨，則水往從之。日月右轉而天左轉，一日一周，臨於西極，故月臨卯酉則水漲乎東西，月臨子午則潮平乎南北。彼竭此盈，往來不絶，皆繫於月。何以知其然乎？夫晝夜之運，日東行一度，月行十三度有奇，故太陰西没之期，常緩於日三刻有奇。潮之日緩其期，率亦如是。自朔至望，常緩一夜潮。自望而晦，復緩一晝潮。朔望前後，月行差疾，故晦前三日潮勢長，朔後三日潮勢大。望亦如之。月弦之際，其行差遲，故潮之去來，亦合沓不盡。盈虚消息，一之於月，陰陽之所以分也。夫春夏晝潮常大，秋冬夜潮常大。蓋春爲陽中，秋爲陰中，歲之有春秋，猶月之有朔望也。故潮之極漲，常在春秋之中；潮之極大，常在朔望之後。此又天地之常數也。

朱中有《潮賾》張淏《會稽續志》卷七

六合之外，聖人存而不論。六合之内，聖人論而不議。潮，六合内物也。愚生長海濱，往來錢塘五十年矣。幼讀《文粹》，得唐盧肇所賦，已知其疎。貧不能盡見天下書，獨以意推測，攷之《靈素》之經，驗之氣血之運，稽之陰陽，揆之物理，舟師蜑户，旁究曲詢，盡潮之情，極潮之變，欲論其所以然之狀，未敢也。晚閲《高氏會稽志》所載《抱朴子》、《吴地志》、丘光庭、鄭遂、燕龍圖諸家之説，自遂而上，荒忽誕謾不足論。獨錢塘之潮，天下偉觀，燕公所謂沙潬徒旦切。已盡其理，諸家言錢塘者盡廢。愚之説念不可以不槩見，則設爲問答，凡十七條，輯而賦之，名曰《潮賾》，顧豈敢自以爲是哉。後世有揚子雲猶庶幾其不廢云耳。嘉定甲申仲春朔日同安朱中有書。

或問：盧肇云：潮，及晦乃絶，過朔乃興，月弦乃小贏，月望乃大至。又曰：月之與潮皆隱乎晦。是耶非乎？

答曰：非也。肇未嘗識潮。晦前兩日，潮已七八分矣，或晦日已及十分，朔日正屬大汛，而云潮隱乎晦，合朔之際潮殆微絶，可乎？肇以月之盈虧爲潮之大小，合一月兩汛之潮獨歸之望，謂潮始大至，不知朔與望均大至也。

或問：盧肇云：日激水而潮生。又曰：潮夜大而晝稍微。又曰：天左旋入海而日隨之，日之至也，水其可以附之乎，故因其灼激而退焉，退于彼，盈於此，潮之往來不足怪。是耶非乎？

答曰：非也。日之西没東出，悉有定時，如肇所論，日絶東海，水長而退，西退則東長，日漸向東，則潮漸長；日東出海，則潮漸落，則是一晝夜但一潮耳。今一日一夜凡兩潮，隨十二時遞爲進退，常差四刻。正晝當午，日固麗天未嘗入海，潮之大至，固自若也。肇乃謂潮夜大而晝稍微，豈其然乎！肇之不識潮審矣。肇賦始舉此兩端，既不識潮，其餘繳繞遷就之説，不辯可也。

或問：子言盧肇未嘗識潮，所賦不必攻而自破，既聞命矣。敢問《抱朴子》所謂夏潮大，冬潮小，春潮漸起，秋潮漸落。又云天河隨天轉入地下，與海水合，三水相蕩，天轉排之，故激蕩而成潮。是耶非乎？

答曰：非也。此與盧肇之不識潮均一律耳。夏潮晝甚小夜乃大，冬潮晝稍大夜乃小，春秋之中潮極大，晝夜適相等。所謂天河，特以形似，豈真有水。晝夜之間，天未嘗不轉。苟如其説，激蕩成潮，則是潮晝夜不息，何得一晝夜間再進再退，其説疎矣。

或問：《吴地志》云：潮水晝夜再來，來應時刻，常以月晦及望尤大。至二月八月最高。又云：子胥種蠡之神。是耶非乎？

答曰：所言晝夜再來，朔望尤大，至二月、八月最高，此真識潮，可以破肇與《抱朴子》之謬矣。曰胥蠡云者，非也。

或問：丘光庭設漁翁問，錢塘之潮所以特大而激湧者。是耶非乎？

答曰：非也。光庭謂浙之發源不過千里，江水入少，海水入多，故潮特大。此不必它求，慶元、定海海口至上虞堰下無三百里，江水可謂入少矣，而潮之入固平平也。

或問：鄭遂《洽聞記》所論是乎？

答曰：非也。其論乃衍《抱朴子》，無足辯。

或問：燕龍圖《潮論》，是耶非乎？

答曰：序固言之，錢塘潮頭沙潬所激，諸家之論盡廢。今子欲詳之乎，嘗試與子于一溝之内觀之。引水滿溝，則其水必平進。于溝之半，累碎石而爲齟齬，從上流傾水，勢必經齟齬，而半寫于下，水之激湧無怪也。燕公所謂潬者，水中沙也。錢塘海内之潬，亘二百里。夫水盈科而後進。潮長未及潬，則錢塘之江尚空空也。及既長而冒之，自潬斗瀉入江。又江沙之漲，或東或西無常地。潮爲沙岸所排助，其激湧震天動地，峩峩而來，水之理也，曷足怪乎。愚所謂齟齬者，猶之潬耳。故錢塘潮候，率遲于定海者，定海平進，而錢塘必俟登潬而後至于江。其初來也，從浙江亭望之，僅若一線，非潮小也，其地遠，所見微耳。漸近則漸大，非潮大也，所見漸近則漸大固宜。及夫潮退，則或由潬中低處，或從潬兩尾，滔滔以至於海。蓋潬中高而兩頭漸低，高處適當錢塘之衝，其東稍低處，乃當錢清、曹娥二江所入之口。錢清江口潬最低，潮頭甚小。曹娥江口潬稍高于錢清，故潮頭差大。是説也，習于海道者，莫不知之。子欲詳燕公之説，愚不得而詳之也。

或問：前人之論，或是或非，既聞命矣。敢問子之説何如？

答曰：愚不敏，何足以語此，物格知至，粗嘗學焉。欲知潮之爲物，必先識天地之間有元氣、有陰陽。元氣猶太極也，絪緼兩間，希微而不可見。陰與陽，則生乎元氣者也。本之而生，亦能爲之病焉。詳答在後。何者爲病？常暘常雨是也。當陰陽二氣之極，則元氣不能勝。詳答在後。子欲知之，幸反覆其問。

問者曰：子所言，元氣陰陽二氣與乎潮者何也？

答曰：夫水，天地之血也，元氣有升降，氣之升降，血亦隨之，故一日之間潮汛再至，一月之間爲大汛者亦再，一歲之間爲大汛者二十四。元氣一歲間升降爲節氣者亦二十四，潮二十四汛隨之，此不易之理也。

問者曰：潮之隨元氣升降也，子何以知之？

答曰：察于吾身而知之也。一身之中，有元氣，有陰陽。元氣蓋所受以生者。既生矣，則血爲榮，氣爲衛，血爲陰，氣爲陽。周一身而不可見者元氣。元氣之運，周流于脉絡，而血乃隨之。一日之潮，凡再進退。一身之血，隨氣而進，晝夜未嘗息也。攷之《素問》用鍼之法，常以日加之宿，上從房至畢十四宿，水下五十刻，半日之度也。從昴至心十四宿，水下五十刻，終日之度也。從房至畢爲陽，從昴至心爲陰，陽主晝，陰主夜。《靈樞經》曰：水下一刻，人氣在太陽，二刻在少陽，三刻在陽明，四刻在陰分。水下不止，氣行亦爾。又《難經・脈候》：人一日一夜凡一萬三千五百息，脈行五十度爲一周，漏水下百刻，榮衛行陽二十五度，行陰亦二十五度，故五十度復會于太陰寸口。注云：人氣始自中焦，注乎太陰，行其經絡計二十四，亦復來會于太陰。此是脈之大會始終，各計二十五度。以此推之，人氣一晝夜之間，行陰行陽各二十五度。潮一晝夜隨元氣升降者，審矣。

問者曰：子言一歲二十四氣，潮隨之爲二十四大汛者，其畧具矣。然朔望爲大汛之候，而節氣十有五日一易，散諸一月之中，不專在乎朔望，潮何爲而不隨之？

答曰：元氣，一晝夜小升降，故一日之間潮凡再至；一月之間大升降，故十五日而易一節。以律管候氣驗之，管之長短不同，某氣至則某管應。元氣升降有小有大，審矣。天地之數奇而不齊者也，故月有小盡大盡，歲有一閏再閏。潮之爲大汛也，隨大小盡，與閏亦未嘗差焉。驗潮之大小，莫若錢塘與西興也。雖以朔望爲大汛之候，然晦前二三日，望前一二日，潮蓋有登聞者，或朔日、二日、三日、四日不登聞，至五日而始大。或十五、十六、十七、十八、十九、二十不登聞，至二十一而始大。西興之聞稍低于錢塘，或至二十三日潮亦登。此無它，節氣參差不齊，則潮亦爲之進退。如前所云，或攙前在二十九、三十及十四、十五，或落後在初四、初五、十九、二十、二十一，其大槩固如是也。

問者曰：子言二十四汛隨二十四氣，詳且明矣。或有非時而潮忽大，當汛而潮忽小者，何也？

答曰：愚測之審矣。非朔望正汛而大，或當汛而反小。蓋適遇巨風，風順則推之而來，後浪擁前，故忽大而且久不退。風逆則抑之而退，前浪遏後，故驟小而且久不進耳。癸未九月二十七、八間，東北大風，慶元城外，沿江平地潮丈二尺餘，河水爲鹹鹵所雜，魚悉浮，此其驗也。前史所記，海溢入，非由巨風，蓋天地之變、元氣之病者是也。

問者曰：潮一晝夜小升降，則三百六十之晝夜，大小一律可也。今夏之日，晝潮小，夜潮大。冬之日，晝潮大，夜潮小。俗所謂潮畏熱畏寒，是耶非乎？

答曰：潮畏熱畏寒，雖出俗説，實確論也。愚固言之矣。陰陽生乎元氣，至其極也，元氣有不勝焉。夏爲極陽，日昱乎晝，陽氣特盛。元氣雖升，而爲至陽所迫，氣不得伸，故潮亦不得而遂。格之于物，以火爨鼎，水半於鼎，火氣既升，水從而湧，此元氣升而潮進之象也。于鼎之上，置鐵炙牀，熾炭其上，則湧水爲火所脇而復下，此潮當進，而元氣爲至陽所迫，而不遂也。冬爲極陰，日既西没，陰氣特盛，元氣爲至陰所薄，而潮不遂，正與夏同。亦猶鼎水方湧，以疎箔覆鼎，置巨冰其上，冰氣嚴沍，湧水復下，均一理耳。畏熱畏寒，俗説是矣，特不能推其理耳。

問者曰：子言夏晝冬夜，元氣爲至陽、極陰所勝，潮不得遂者，是矣。敢問夏夜冬晝潮能大者，何也？

答曰：夏晝陽極，元氣爲陽所勝；冬夜陰極，元氣爲陰所勝，故潮小。夏夜，日既没，陽氣少衰。冬晝，日既出，陰氣少斂，元氣得伸，故潮得遂而稍大。此甚易見。驗之于身，夏之日，陽特盛，榮血得行，《素問》謂血淖液，是也。故面與身多紅而澤，氣則喘促咽塞，呵之而無所覩。氣，陽也，爲至陽所勝，故不能自伸，猶潮之畏熱而小也。日既入，陽漸殺，去聲。人氣少舒，猶潮至夏夜而能大也。冬之夜，陰特盛，榮血稍縮，《素問》謂血凝泣，泣，如水中居雪。故指面皺而肌革燥，人呵氣，則油然而出，皆可以見。血，陰也，爲至陰所勝，其不能伸，猶潮之畏寒而小也。日既出，人血少舒，猶潮之至冬晝而能大者，皆一理耳。

問者曰：夏晝潮當小而能稍大，夜當大而反小；冬晝潮當大而反小，夜當小而反大，何也？

答曰：此乃陰陽之氣，錯繆顛倒。夏當南風，以陽方助至陽，故元氣爲至陽所迫而潮小；或者北風起，以陰方氣從所勝而來，陽爲之辟易，故潮遂能稍大。夏夜潮宜大也，乃與晝日同。其微者，三伏中或陽氣酷烈，融而不收，陰不足以禦之，故潮亦從而小。冬或冰雪不解，涸陰沍寒，故晝日宜大而反小。冬夜宜小而反大者，冬當北風，以陰方助至陰，故元氣爲至陰所薄而潮小，或者風從南至，以陽方氣從所勝而來，陰爲之辟易，故潮亦能稍大。此乃陰陽之變，元氣之病耳。

問者曰：元氣升降，四時則均，何獨八月潮特大，詠歌游翫，特盛此時，何也？

答曰：何獨八月，二月之潮亦甚大也。何者？極陰極陽，故冬夏之潮有小有大，二月、八月月望前後，陰陽之氣適中，元氣得伸，潮得遂其大也，固宜。錢塘風俗，喜游二月花時，競集湖山間，非獨不暇觀潮，而天色尚寒，弄潮兒難以久狎于水，故是月之潮無所稱道。八月乍凉而天色猶熱，弄潮兒得盡其技，人情久厭城居，故空巷出觀，以此獨稱八月潮大耳。《吴地志》亦載，二月、八月潮時大。其説極是。

問者曰：潮之爲義，既聞其詳，請賦其畧，如何？

答曰：唯，唯。

吾聞三才之道，相與並立。未有天地，是謂太極。太極之分，爲陰爲陽。離一而三，極固自如。所謂元氣，猶太極之一也。人之生也，稟乎血爲陰，而氣爲陽。元氣無形，而非出入之息也。天地雖大，具于吾身。氣之所至，血亦隨之。水者，天地之血，海爲水之所歸。元氣升降，而水有進退。故潮者，元氣之升而血之溢也。人之血氣，分晝夜而行陰陽，潮亦晝夜再至，信斯理之必也。元氣有大升降，一歲之中爲節候者二十四，潮之汛亦二十四，此灼然之明驗而非出于臆也。人之血，冬爲極寒所薄，故指皺而皮毛枯。人之氣，夏爲至陽所鑠，故呵之而無所覩。猶夫夏潮小于晝，冬潮小于夜。元氣爲陰陽所勝，則不得伸，而潮亦莫能遂其餘也。今夫爨鼎而湯湧，爨者元氣，而湧者潮濕。火置冰于鼎之上，則湧者復下，潮之畏熱畏寒，夫又何足怪也。凡百川之接于海，潮之進也皆緩。獨錢塘之爲江勢洶湧而湍悍。江之接于海也既廣，外復隔于沙潬，徒旦切。潮冒潬而斗寫，爲天下之偉觀。觀大潮之將來，先去聲。以清風，渺一線于天末，旋隱隱而龍龍。忽玉城之嵯峨，浮貝闕而珠宮。爾若鵬徙，又類鼇抃。蕩潏衝突，倏忽千變。震萬鼓而霆碎，掃犀象于一戰。既膽喪而心折，亦神悽而目眩。已而潮平，迤邐東去。探造化而默識，考物理而頓悟。寧曰怪神，豈藉人力。皆一氣之自然，紛衆論之辟易。笑祖龍之回渡，凜氣讋而怵惕。悵吳兒之浮誕，謂强弩之可射。暴秦東游，欲厭王氣。武穆捍堤，萬世之利。乃今日之駐蹕，發天地之奇祕。朝見曰朝，暮見曰夕。表臣子之至敬，實取象于潮汐。俗呼汐曰澤。儼皇居之壯麗，來玉帛于萬國。鬱葱茵而佳哉，綿宗社而千億。謂余不信，請觀于潮。亦足以知中興之可冀，而識天地之闔闢也。

《潮賾》既出，親舊書來，問閏年多兩汛，與節氣二十四不相應？愚答之曰：前問答中，謂天地之數，奇而不齊，月有大小盡，歲有一再閏，潮之爲大汛，隨大小盡與閏，亦未嘗差節。候參差不齊，故潮信亦有攙先落後之異。此數句特舉其畧，不曾細細條析，故未免致疑耳。今以壬午、癸未、甲申三年一閏考之。壬午正月一日雨水，次年癸未，次甲申，置閏在甲申八月。是年十二月十九却是乙酉正月立春節。壬午少了一個節氣，甲申年尾却多了次年節氣十二日。三年雖是多一個閏，而節氣只是七十二個，通相乘除，均攤其間。蓋節氣自合，均在三百六十六日內，雖大畧十五日一易，然壬午年五箇節氣十六日一易，一箇節氣十四日一易。癸未年五箇節氣十六日一易，甲申年八箇節氣十六日一易。三年中展了十六日，縮了一日，若不展，填不得本身所餘六日。更增十八箇小盡，添得一箇閏月，折除外，只多兩日。今以甲申本年論之，雖是十三箇月有二十六汛，前八月二十九秋分，閏月十五寒露，九月一日霜降，節氣只是十五日，潮未嘗不同之。蓋天地之數不齊，節氣贏縮全在巧歷運用。若謂閏月多兩汛，則甲申年頭占癸未大寒八日，年尾占乙酉立春十二日，謂之閏年多兩節氣可乎。況年有閏，潮亦有閏，何以言之？一日兩潮，一月六十潮，人知其如是而已。一潮遞差四刻，俗謂一潮差五里。兩潮占十二時八刻，以一月十五日一汛，按錢塘餘姚潮候，初一午時日潮，數至十五日子時夜潮，只有二十九潮。蓋初六日日潮申末，夜潮五更後。初七日日潮寅時，晚潮酉時。所謂日潮寅時，即是初六夜五更之潮，在此處遞互攢欠一潮。以一月計之，欠兩潮；一年欠二十四潮，五年欠百二十潮，正當再閏兩箇月折得恰好。以此益知潮與節候未嘗有纖毫差。但今人曉曆法者少，愚亦只能言其大槩耳。今當于賦中「非出于臆也」之下，增入「年之有閏，潮亦有之，計一月不盡之潮，積于五年之再閏，攷節氣之贏縮，蓋未嘗不相入也」。然後潮之情變，無餘藴矣。

鮑雲龍撰　鮑寧辨正《天原發微》卷一下《玄渾》　張子曰：地有升降，日有脩短。地雖凝聚不散之物，然二氣升降，其相從而不已也。陽日上，地日降而下者，虚也。陽日降，地日進而上者，盈也。此一歲寒暑之候也。至於一晝夜之盈虚升降，則以海水潮汐驗之爲信。然間有小大之差，則繫日月朔望，其精相感。原本所載至寒暑之候也，止後一節失載，今依張子《正蒙》補足。

《考靈曜》云：地蓋厚三萬里，春分之時，地正當天之中。自此地漸漸而下，至夏至之時，地下游萬五千里，地之上畔與天中平。夏至之後，地漸漸向上，至秋分，地正當天之中央。自此漸漸而上，至冬至時，上游萬五千里，地之下畔與天中平。自冬至後，漸漸向下。此是地之升降於三萬里之中，天旁行四表之中，冬南，夏北，春西，秋東，皆薄四表而止。地亦升降於天之中，冬至而下，夏至而上，二至上下，蓋極地厚也。又《考靈曜》云：正月假上八萬里，假下一十萬四千里，所以有假上假下也。鄭注云：天去地十九萬三千五百里，正月雨水時，日在上，假於天八萬里，下至地一十一萬三千五百里。夏至時，日上極，與天表平，後日漸向下。冬至時，日下至於地八萬里，上至於天十一萬三千五百里。此下原有「委曲俱」三字，未詳。《考靈曜》注云：二十八宿及諸星皆循天左行，一日一夜一周天，一周天之外，更行一度，計一年三百六十五周天四分度之一。日月五星則右行，日一日一度，月一日一十三度十九分度之七，此相通之數也。

寧按：此條所論地之升降，與海之潮汐正相表裏，豈可載此而遺彼。第升降四游之説，論者不能歸一。魯齋所採注文，姑列于前，而仍其舊。今復取先儒之論補于左，觀者擇焉。黄瑞節注《正蒙》有曰：此段地有升降、日有脩短，及證以海水潮汐之候，皆用舊説。今考先儒皆謂地在天中，水環地外四游，升降不越三萬里。春游過東萬五千里，其下降如其數。秋游過西萬五千里，其上升如其數。夏游過南，故日在其上。冬游過北，故日在其南。此冬夏晝夜之長短，因地有升降而然。人處地上，如在舟中，但見岸之移，而不知舟之轉也。至於論潮，則謂天包水，水承地，而一元之氣升降於大空之中，地乘水力與元氣相爲升降。氣升而地沉，則海水溢上而爲潮。氣降而地浮，則海水縮而爲汐。一晝一夜，陰陽之氣再升再降，故一日之間，潮汐皆再。其説與地四游相爲表裏，然以渾天術觀之，天形斜倚，半在地上，北極出地三十六度，其南五十五度，正當地之中。又其南十二度爲夏至之日道，天在地上最高，故晝長。又其南二十四度爲春秋分之日道，天在地上稍低，故晝夜平。又其南二十四度爲冬至之日道，天在地上最低，故晝短。其南下入地纔三十一度而已。此晝夜長短，乃天體高低自然之理，非因地之升降也。潮汐消長，則惟余襄公《海潮圖序》最明。蓋潮之消息，皆繫於月。月臨卯酉，則潮漲乎東西。月臨子午，則潮平乎南北。晝夜之運，日行一度，月行十三度有奇，故太陰西没之期，常緩於太陽三刻有奇。潮信之來，率亦如是。自朔至望，常緩一夜潮。自望至晦，復緩一晝潮。朔望前後，月行差疾，故晦前三日潮勢長。朔後三日，潮勢大，望亦如之。月弦之際，月行差遲，故潮之去來，勢亦稍小。一月則潮盛於朔望之後，一歲則潮盛於春秋之中。春夏晝潮常大，秋冬夜潮常大。蓋歲之有春秋，猶月之有朔望，天地之常數也。此潮之消息，乃繫乎月之進退，亦非因地之浮沉也。張子特用舊説，而未之易爾，因附見之。又按朱子云：天地之間，東西爲緯，南北爲經，故子午卯酉爲四方之正位，而潮之進退，以月至此位爲節爾。

黃道周《黃石齋先生文集》卷六《一歲寒暑之候論》 曰，歲也。星，辰也。月，節代水候也。天生水而寄於地，地使比于月。地生辰而寄于天，天使合于日。日率數者而天地不與焉。天以無形爲寒暑之父，地以不動爲寒暑之母也。日引氣以出于地，日之氣晝夜一周三百六十五。水之氣晝夜一周三百五十二。天以日和地之星，地以水和天之月，非從也，其乘氣以爲度者一也。日從一而差星，故寒暑之分辨。水從常而北朔，故弦望之期見。日司寒暑，月司弦望，寒暑差星，弦望差潮。星得氣而益旋，故河漢之横夕南而朝北。水得氣而轂轉，故天地之準氣至而潮行。蓋旋之心過北極之外，轂轉之氣平九道之中，故知極海之南有星，而蒸氣之環爲水，運行之義可推，而凉燠之期非日不具也。夫不知天之無形，地之至静，日之因候水之乘氣而以測乎寒暑者，彼不過恒星潮汐之形誤之耳。天下之事，不知形不可以言理，不知情不可以言機，不知象不可以言氣，不知數不可以言叙。日出而辨形，絶國異域無殊指者。影見而辨情，遠近高卑無殊器者。類窮而辨象，隱見疏通無殊致者。度設而程數，進退升沉無殊義者。見日而問斗，可以知形。見火而問照，可以知情。見儀而問機，可以知象。見磨而問蟻，可以知數。故陸有凉燠而形見也，晷有高下而情見也，道有激旋而象見也，潮有止齊而數見也。天地之分各九十有一四，正之衡潮及于日月八，反之臨潮及于東西。日遲過十有三氣平地而潮出者，猶水之東沸而西注也。踰九十有一氣遠地而潮平者，猶雲之蒸遠而濕乾也。夫不揣潮之升氣以爲度而浮，揣其應月謬承于喘息，此于寒暑之義，豈有針芒之因哉。故知日乘氣以爲寒暑，而地之温凉應之。水乘氣以爲潮汐，而天之晦朔應之。四海之潮，八節各異，故秋冬晝夜，魚龍互易大小之差，寒暑變焉。以晦朔而司寒暑，猶以常儀而司日，非其類也。盈虚之類，定于陰陽，日星皆陽，故恒盈。水之盛衰在一月，日之盛衰在一歲。一月之盛衰見于辰，一歲之盛衰見于日。日有升降，因陽之盛衰。以天之高下較地之浮沉，是非相别，豈有差哉。是以史氏知日之有南北，不知日之有高下。黄氏知日之有高下，不知天之無高卑。余氏知潮之不因于地，而不知潮之不因于月。盧氏知潮之不因于月，而不知潮之不因于日也。不疑于潮汐而後可以論升降，不疑于升降而後可以論寒暑。倏短者，數也。盈虚者，氣也。倏短出地而成形，盈虚體天而無象。以陽上地下而得虚，地上陽下而得盈，此倣于離坎之象，而昧于乾坤之旨也。

張行成《皇極經世觀物外篇衍義》卷六《觀物外篇中之下》

海潮者，地之喘息也。所以應月者，從其類也。

地有喘息，於海潮見之，本陰氣也，故應月而盛衰。今水入海處皆有潮，河之決亦潮之類也。岷江來也遠，其勢緩，故潮比浙江不顯。閩越間，海時有笑者，亦氣息之吹噴也。河據地勢最高，其來湍悍，又北方沙地無山，所以至于決也。凡水會入處有山，禹必留之以殺其勢，灩澦、君山、孤山、三山、金山之類是也。河無山，則爲九河以疏利之。九河既廢，故河決尤甚。江雖有山，猶未免於潮。洞庭彭蠡又爲湖，則夏秋水盛，客主交争之時，不免如此。湖不可廢，則九河之類也。人氣短則喘促，氣長則舒緩，可以想二江之潮與河決之理矣。海潮正在東南者，巽爲地户也。説者謂海口，當已。

林自然《長生指要篇》

金丹合潮候圖

鑿開混沌見錢塘，南空長江銀璧。今古詞人圖此景，誰解推原端的。歲去年來，日庚月甲，因甚無差忒。如今説破，要知天地來歷。道散有一强名，五行顛倒，互列乾坤。曆坎水逆流，朝丙户，隨月盈虧消息。氣到中秋，金能生水，倍湧千重雪。神仙妙用，與潮沒箇差别。

賦此酹江月詞，默合周天之數。故録潮候于右，以示同志。

潮候之圖

初一日	十六日	午末	大　夜子正
初二日	十七日	未初	大　夜子末
初三日	十八日	未正	大　夜丑初
初四日	十九日	未末	大　夜丑末
初五日	二十日	申正	下岸夜寅初
初六日	二十一日	寅末	漸小晚申末
初七日	二十二日	卯初	漸小晚酉初
初八日	二十三日	卯末	小　晚酉正
初九日	二十四日	辰初	小　晚酉末
初十日	二十五日	辰末	交澤夜戌正
十一日	二十六日	巳初	起水夜戌末
十二日	二十七日	巳正	漸大夜亥初
十三日	二十八日	巳末	漸大夜亥正
十四日	二十九日	午初	漸大夜亥末
十五日	三十日	午正	極大夜子初

史伯璿《管窺外篇》卷上《雜輯》

盧肇《海潮賦》序其畧曰：潮之生因乎日也。近代言潮者，皆以爲水爲陰類，率於月而高下隨之也，殊不知月之與海同一物也。物之所同，能無激乎？《易》曰：天地暌而其事同也。夫物之形相暌，而後震動焉。譬猶烹飪，水盈鼎而不爨之，欲望饍饈之熟，得乎？潮亦然也。天之行健，日麗乎天。天右旋入海，而日隨之。日之至也，水其可以附之乎？故因其灼激而退焉。退於彼，盈於此，則潮之往來，不足怪也。其大小之期，則制於月。日月合朔之際，則潮始微絶，以至陽之物邇於至陰，是以陽之威不得肆焉，陰之輝不得明焉，是以月之與潮皆隱乎晦。此潮生之實驗也。其朓其朒，則潮亦隨之。乃知日激水而潮生，月離日而潮大，斯不刊之理也。

按：肇謂潮生因日，朔絶望大，與潮候全不相應。肇蓋北方之人，但聞海之有潮，而不知潮之爲候，遽欲立言，其差皆不足辨。但其言天旋入海，日之所至，水不可附。不惟不知潮，亦不知天。天所運日所至之處，豈復有海乎？海雖極大，然不有天之大。氣舉之，則海亦何所至止哉。是知天之氣不極其厚，則不能束海與地於其中。然則日所行鈔本作傳。之處，正在天氣之中，吾意其内與海水相距不知凡隔幾萬里，至勁極厚之氣。曾謂天有入海之理，日有激海之勢乎？若肇者，真所謂不知而言者也。余安道之言，豈爲誣哉。

余安道《海潮圖序》其畧曰：古之言潮者多矣，皆無經據，唐世盧肇著《海潮賦》，自謂極天人之論，世莫敢非。予嘗東至海門，南至武山，廣州。旦夕候潮之進退，弦望視潮之消息，乃知盧氏之談，蓋不知而作者也。夫陽燧取火於日，陰鑑取水於月，從其類也。蓋月之所臨，則水往從之。故月從卯酉，則水漲乎東西；月臨子午，則潮平乎南北。皆繫於月，不繫於日。何以知其然乎？夫朔望前後，月行差疾，故晦前三日潮勢長，朔後三日潮勢極大，望亦如之，非謂遠於日也。月弦之際，其行差遲，故潮之去來，亦合沓不盡，非謂近於日也。夫春夏晝潮常大，秋冬夜潮常大，蓋春爲陽中，秋爲陰中，歲之有春秋，猶月之有朔望也。故潮之極漲，常在春秋之中；潮之極大，常在朔望之後。此又天地之常數也。今通東南二海之盈縮，以誌其期。西北二海所未嘗見，故闕而不紀云。常候於海門，月加卯而潮平者，日月合朔則旦而平，上弦則午而平。望以前爲晝潮，望以後爲夜潮。月加酉而潮平者，日月合朔則日入而潮平，上弦則夜半而潮平，望則明日之旦而平。望以前爲夜潮，望以後爲晝潮。此東海之潮候也。又嘗候於武山，月加午而潮平者，日月合朔則午而潮平，上弦則日入而平，望則夜半而平。上弦以前爲晝潮，上弦以後爲夜潮。月加子而潮平者，日月合朔則夜半而潮平，上弦則日出而平，望則午而平。上弦以前爲夜潮，上弦以後爲晝潮。此南海之潮候也。

按：余氏所以譏盧氏之失當矣，而所誌東南二海之潮候，亦可謂詳審，非不知而作矣。但其所謂月之所臨，水往從之之説，則亦盧氏天旋入海，日之所至，水不可附之見也。月所在之處，與海水不知相去幾萬里，曾謂有可以從月之理乎？至曰潮漲潮平皆繫於月，亦未必然。謂之皆與月相應可也，謂皆繫於月則拘矣。及其論朔望春秋潮之極漲極大，則又皆歸之氣數，然後知嚮也。水之從月，潮繫乎月之説，皆未得爲通論也。何則？謂朔望兩弦，月行有疾有遲，故潮大潮小因之，以爲皆繫於月似矣。春陽中，秋陰中，潮當其時而漲，豈亦繫於月乎？非不通之論而何？餘於後叚究之。

《臨安志》論潮，其畧曰：潮汐往來，爲天地之至信。古人嘗論之，率皆未盡。大抵天包水，水函地，而一元之氣升降於太空之中，地乘水以自持，且爲元氣升降互爲抑揚。方其氣升而地沉，則海水溢上而爲潮。及其氣降而地浮，則海水縮而爲汐。然晝夜之攻擊，乘日升降如應乎月，日臨於子則陽氣始升，月臨於午則陰氣始升故也。夕潮之期，日皆臨子。晝潮之期，月皆臨午焉。日月之會謂之合朔，故月朔之夜潮，日亦臨子；月朔之晝潮，日亦臨午焉。以時有交變，氣有盛衰而制，潮之所至，亦因之爲大小。當卯酉之月，則陰陽之交也，氣以交而盛，故潮之大也獨異於餘月。當朔望之後，則天地之變也，氣以變而盛，故潮之大也，獨異於餘日。

是篇之論，猶不若盧氏、余氏之猶有所主也。既以爲氣有升降，又以爲地有浮沈；既以爲乘日升降，又以爲如應乎月，初無的見，但務臆度。正醫家所譏，譬猶獵不知免，而廣絡原野，冀一人之獲術，亦屬疎失者歟。況既以升降屬之氣，又以升降屬之日，所謂升降一歟、二歟？且地之與水俱爲有形之物，則氣有運動，形皆隨之可也。今乃氣之一升一降，獨地爲之一浮一沈，則水（鈔本無水字。）皆與氣不相干，唯因地之浮沈而有溢有縮焉，豈理也哉？況形隨氣動，則氣升而地浮，氣降而地沈，可也。今乃氣升而地反沈，是地亦與氣（鈔本作地。）不相干矣，不但水也。凡此猶（鈔本作又。）皆病之小者，獨地有浮沈之説，其病最大。浮沈則動上動下，無寧静時矣。吾聞天動地静矣，未聞地亦動也。意者地本不動，特論者無以爲潮汐之説，故强之使動耳。又何足辨乎？唯篇末時有交變，氣有盛衰之言，似有可取，當存之以備一説。

右三家論潮之説，皆有可疑處。愚已畧辨之矣。獨以月與氣爲説者有可取而未盡也。蓋謂潮與月相應則可，謂水往從月，潮繫乎月，則不可。謂水隨氣而往來則可，謂水因氣而溢縮則不可。何則？潮爲陰物，乃陰氣之成形者。月爲陰精，乃陰氣之成象者。同一陰類，固宜有相應之理矣。所以海潮朔望則大，兩弦則小，而每月潮之長落，與月之升降，其數皆合，不謂之相應不可也。雖則相應，不過同此一氣。一氣則自然相爲流通，不約而符，初非形相從而勢相繫也。若謂水之與月必須相從相繫，則二者何常可以相及而拘拘如是哉？前論已詳，兹不再述。凡天地間有形之物，未有不隨氣而運動者，豈有潮汐去來而獨不由乎氣哉！但以爲氣有升降，故海有溢縮，如此則四海之潮生長平落皆同焉可也。今則東南二海之潮候皆不同時，是則潮之流來流去，而非海之溢上縮下也，明矣。姑論其槩，當於後詳論之。然則潮汐之所以然，果無定説乎？曰：列代先儒立言著論，猶不得爲定，何物小子乃敢求多於前人乎！

竊嘗上稽經典，下採輿言，似有以得其髣髴者，而未敢以爲是也。夫余氏候東西二海之潮，則平於東者常先，平於南者常後，其先後每以三時爲差，但不知其所以有如此之先後者何故。既而博詢海上之行舟者，皆以爲惟近海有垠岸處可以測潮之長落耳。巨海之中，茫無畔岸，欲知潮之長落，不過以北水南水候之而已。是故北水南來則爲長，南水北來則爲落，則是潮之長必自北而南也。然後知東南二海潮候有不同者，以此而已。然猶未知潮之長必自北而南者，又何故也？以愚度之，天以河圖示象於聖人，聖人以易象示教於天下，後世不信天與聖人，尚誰信哉？河圖以一、六水居北，而後天八卦之方位，亦以坎爲北方之卦。坎之象非水乎？則是北固水之定位也。潮之自北而南，所以然者，豈必外此而他求哉！雖然，潮特有形之物耳，非有氣以運之，水亦不能以自行也。氣即水之氣耳，是故氣有翕張，張則潮有長。方其氣之始張於北也，則水爲氣所擁而南奔，而潮以爲之長。張之極，則水益南，而潮以平。張極而翕，翕則水北還而潮落。及翕極復張，張極復翕，則潮又長而又落矣。氣之張於北者有定所，則潮之長也宜同時矣。水擁而移於南者，地有遠近，則潮之平於東與南者，先後固不得而同時矣。是故東已平而南方生，南既平而東已落，東既落而北復生矣。氣之一翕一張，如循環然，無停機也。潮之一往一來，應期不爽，此理之常也，無足怪者。區區愚見，僅止於此。至於潮有大小，早晚之異，則未得其説，不敢以臆決也。無已則姑信與月相應之説可也。惟潮大於卯酉之月，則終莫知其故，恐亦不過由於一氣之運而已。必求其如何以質之，則鑿矣，當闕之以俟知者。

張九韶《理學類編》卷四《地理》 程子曰：今夫海水潮，日出則水涸，是潮退也，其涸者已無也。月出則潮水復生，却不是將已涸之水爲潮水，自然能生也。

邵子曰：海潮者，地之喘息也。所以應月者，從其類也。

朱子曰：潮汐之説，余襄公言之尤詳。大抵天地之間，東西爲緯，南北爲經，故子午卯酉爲四方之正位，而潮之進退以月至此位爲節耳。以氣之消息言之，則子者陰之極而陽之始，午者陽之極而陰之始，卯爲陽中，酉爲陰中也。今按：余襄公安道之言，曰潮之漲退，海非增減，蓋月之所臨，則水往從之。日月右轉而天左旋，一日一周，臨於四極，故月臨卯酉則水漲乎東西，月臨子午則潮平乎南北。彼竭此盈，往來不絶，皆繫於月。何以知其然乎？夫晝夜之運，日東行一度，月行十三度有奇，故太陰西没之期，常緩於日三刻有奇，潮之日緩其期，率亦如是。自朔至望，常緩一夜潮。自望而晦，復緩一晝潮。朔望前後，月行差疾，故晦前三日潮勢長，朔後三日潮勢大，望亦如之。月弦之際，其行差遲，故潮之去來，亦合沓不盡，盈虚消息，一之於月，陰陽之所以分也。夫春夏晝潮常大，秋冬夜潮常大，蓋春爲陽中，秋爲陰中，歲之有春秋，猶月之有朔望也。故潮之極漲，常在春秋之中；潮之極大，常在朔望之後。此又天地之常數也。

古州馬氏曰：《禮記》：朝日曰朝，致月曰夕。江海之水，朝生爲潮，夕至爲汐。日，太陽也，歷一次而成月。月，太陰也，合於日以起朔。陰陽消息，晦朔弦望，潮汐應焉。由朔至望，明生而爲息。自望及晦，魄見而爲消。水，陰物也，而生于陽。潮汐依日而滋長，隨月而漸移。日起於朔，月盈於望，一朔一望，天西運一周有奇，月東行迎日之所次。月合於地下之中，則日之所次也，故潮平於地下之中而會於月，潮於寅則汐於申，潮於巳則汐於亥，兩辰而盈，兩辰而縮。日百刻，刻爲三分，時得八刻三分刻之一。周天三百六十五度四分度之一，分十二次，次得三十度八十分度之三十五。日行一度，月行十三度有奇，漸遠於日，故潮汐之期寖移日後六刻三分刻之一。一朝夕而再至，故一晦朔而再周。朔後三日，明生而潮壯。望後三日，魄見而汐湧。每歲仲春，月落水生而汐微。仲秋，月明水落而潮倍。減於大寒極陰而凝，弱於大暑畏陽而縮。陰陽消長，不失其時，故曰潮信。

或問：燕肅曰：四海潮皆有漸，惟浙江濤至則常如山嶽，奮若雷霆，奔激可畏，何也？答曰：龕赭二山謂之海門，岸狹勢逼，湧而爲濤耳。若言狹逼，則東溟自定海吞餘姚奉化二江，侔之浙江尤甚，狹逼潮來不聞有聲。今浙江之口起自纂風，北望嘉興大山水濶二百餘里，海舶怖於上潬，故取餘姚易舟而浮運河以達杭越。蓋以南北岸下夾以沙潬，隔礙洪波，蹙遏潮勢。夫月離震兑，他潮已生，惟浙江水未洎。月徑巽乾，潮來已半，觸浪推滯，後水益來，於是溢於沙潬，猛怒頓湧，聲勢激射，故起而爲濤耳，非山川淺狹使之然也。

右論潮汐之消長。愚按：先儒有言天包水，水承地，而一元之氣升降於太空之中，地乘水力以自持，與元氣相爲升降。氣升地沉，則水溢而爲潮。氣降地浮，則水縮而爲汐。計日十二辰，由子至巳，其氣爲陽，而陽之氣又自有升降，以運乎晝。由午至亥，其氣爲陰，而陰之氣又自有升降，以運乎夜。一晝一夜，合天地之氣，凡再升再降，故一日之間潮汐皆再焉。當卯酉之月，則陰陽之交也，氣以交而盛，故潮之大也獨異於他月。當朔望之後，則天地之變也，氣以變而盛，故潮之大也獨異於他日。其説見於《臨安志》甚詳。今剟其大旨，著於此。

宣伯聚《浙江潮候圖説》翟均廉《海塘録》卷二〇 大江而東，凡水之入於海者，無不通潮。而浙江之潮獨爲天下奇觀，地勢然也。浙江之口有兩山焉，其南曰龕山，其北曰赭山，並峙於江海之會，謂之海門。下有沙潬，跨江西東三百餘里，若伏檻然。潮之入於浙江也，發乎浩渺之區，而頓就斂束，逼礙沙潬，回薄激射，折而趨於兩山之間，拗怒不洩，則奮而上躋，如素蜺横空，奔雷殷地，觀者膽掉，涉者心悸，故爲東南之至險，非他江之可同也。原其消長之故者，曰天河激湧，曰地機翕張。揆其晨夕之候者，曰依陰而附陽，曰隨日而應月。地志濤經，言殊旨異，胡可得而一哉。蓋圓則之運，大氣舉之；方儀之静，大水承之。氣有升降，地有浮沉，而潮汐生焉。月有盈虚，潮有起伏，故盈於朔望，虚於兩弦，息於朓朒，消於朏魄，而大小準焉。月爲陰精，水之所生；日爲陽宗，水之所從。故晝潮之期，日常加子；夜潮之候，月必在午，而晷刻定焉。卯酉之月，陰陽之交，故潮大於餘月。大梁、析木，河漢之津也。朔望之後，天地之變，故潮大於餘日。寒暑之大，建丑未也。一晦一明，再潮再汐；一朔一望，再虚再盈，天一地二之道也。月經於上，水緯於下，進退消長，相爲生成，曆數可推，毫釐不爽。斯天地之至信，幽賛於神明，而古今不易者也。

杭之爲郡，枕帶江海，遠引甌閩，近控吴越，商賈之所輻輳，舟航之所駢集，則浙江爲要津焉。而其行止之淹速，無不畢聽於潮汐者。或違其大小之信，爽其緩急之宜，則必至於傾墊底滯，故不可以不之謹也。某承乏兹郡，屬兵革未弭之秋，信使之往來，師旅之進退，雖期會紛紜，邊陲警急，必告之曰：謹候潮汐，毋躁進以自危。然而迹累肩摩，晨馳夕騖，有不能人喻而户説之者。考之郡志，得《四時潮候圖》，簡明可信，故爲之説，而刻石於浙江亭之壁間，使凡行李之過是者，皆得而觀之，以毋蹈夫觸險躁進之害，亦庶乎思患而預防之之意云。

春秋同

初一日	十六日	午末	夜子正	大
初二日	十七日	未初	夜子末	大
初三日	十八日	未正	夜丑初	大
初四日	十九日	未末	夜丑末	大
初五日	二十日	申正	夜寅初	下岸
初六日	廿一日	寅末	晚申末	漸小
初七日	廿二日	卯初	晚酉初	漸小
初八日	廿三日	卯末	晚酉正	漸小
初九日	廿四日	辰初	晚酉末	小
初十日	廿五日	辰末	晚戌正	交澤
十一日	廿六日	巳初	夜戌末	起水
十二日	廿七日	巳正	夜亥初	漸大
十三日	廿八日	巳末	夜亥正	漸大
十四日	廿九日	午初	夜亥末	漸大
十五日	三十日	午正	夜子初	極大

夏

初一日	十六日	午末	夜子正	大
初二日	十七日	未初	夜子末	大
初三日	十八日	未正	夜丑初	大
初四日	十九日	未末	夜丑正	大
初五日	二十日	申初	夜丑末	下岸
初六日	廿一日	寅初	晚申正	小
初七日	廿二日	寅末	晚申末	小
初八日	廿三日	卯初	晚酉初	小
初九日	廿四日	卯末	晚酉正	小
初十日	廿五日	辰初	晚酉末	交澤
十一日	廿六日	辰末	夜戌初	起水
十二日	廿七日	巳初	夜戌末	漸大
十三日	廿八日	巳末	夜亥初	漸大
十四日	廿九日	午初	夜亥末	漸大
十五日	三十日	午末	夜子初	大

冬

初一日	十六日	午末	夜子初	大
初二日	十七日	未正	夜子末	大
初三日	十八日	未末	夜丑初	大
初四日	十九日	申初	夜丑末	大
初五日	二十日	申正	夜寅初	下岸
初六日	廿一日	寅末	晚申末	漸小
初七日	廿二日	卯初	晚酉初	小
初八日	廿三日	卯末	晚酉正	小
初九日	廿四日	辰初	晚酉末	小
初十日	廿五日	辰末	夜戌初	交澤
十一日	廿六日	巳初	夜戌正	起水
十二日	廿七日	巳正	夜戌末	漸大
十三日	廿八日	巳末	夜亥初	漸大
十四日	廿九日	午初	夜亥正	漸大
十五日	三十日	午正	夜亥末	漸大

王逵《蠡海集・地理類》 潮之説多矣，蓋潮本屬陰，陰極則動。月亦陰也，與之同類。月行過於子午極處則潮起，初一、初二日卯時，月在卯，自卯順數一時一位，當時至午位，故午時潮。初三、初四日卯時，月在寅，以寅加卯，順數至未時在午位，故未時潮。初五、初六日卯時，月在丑，以丑加卯，順數至申時在午位，故申時潮。初七、初八、初九日卯時，月在子，以子加卯，順數至酉時在午位，故酉時潮。初十、十一日卯時，月到亥，以亥加卯，順數至戌時在午位，故戌時潮。十二、十三日卯時，月在戌，以戌加卯，順數至亥時在午位，故亥時潮。十四、十五、十六日卯時，月在酉，以酉加卯，順數至子時在午位，故子時潮。下半月與此同。凡日臨子午，海水必起，但上半月晝爲潮，夜爲汐；下半月夜爲潮，晝爲汐。皆月行於子午之位也。波濤洶湧者，由江勢曲折、沙潭深淺激之而使然也。【略】

夫潮之至，必自東而起，其故何也？蓋百川之水，盡皆東赴，及其氣之至也，潮從東起者返本之義存焉。然東方卯辰之位，卯爲升氣之盛，辰爲龍變之鄉，是以潮起於東，不在於他方也。

又《氣候類》 月爲陰，主乎水。日爲陽，主乎氣。月行至于子午之位則極盛，故潮汐生焉。日行至于子午之位則極盛，故寒暑甚焉。夏爲陽，夏之日午爲酷暑。冬爲陰，冬之夜半爲嚴寒。

王佐《潮候論》 嘗觀先代之論潮候，見稱于今者四家。盧歙州、《臨安志》二説姑置之。惟余襄公謂水往從月之説，沈存中以爲然，而朱子取焉。至若謂夫天一生水，水自北方坎位而來，而引證于《河圖》、《周易》，此則泥于襄公東、南二海潮候不同時之説，則爲未盡也。何則？夫地乃天生之，大氣舉之，氣至則一舉俱至，其來豈有方所。《易》曰：山澤通氣。《禮記》曰：地秉陰，竅于山川。曰通，曰竅，則是氣之來其進出也，必有通塞不齊之處，此或因地勢使然。是故襄公候潮東海，指海門也；南海指武山也。二海相去幾何？而潮候早晚頓差三時，則海南絶島之中，潮候之不同無足怪者。襄公之説，固善矣，然海南潮候實則不同。故瓊俗無所依准，但准《授時曆》長短星日期爲定候，而二星實與潮候暗契暗合，未嘗差爽毫氂者，但不知二星之説其所從來。大率天地間一氣，遇地勢而錯亂不齊者，正猶風行天地之間，同一大塊噫氣，然遇衆竅則圜洼曲直，隨竅旋轉，以東以西，以南以北，以上下、大小、遲速，各出而爲氣。激者、謞者、叱者、吸者、叫者、譹者、宎者、咬者，于喁者，各出而爲聲，謂之不同可也，謂之同亦可也。使極于四海之潮候，雖則萬有不同，要之不出水與月一氣之相應，通地勢而錯亂不齊者。天地間陰陽之氣，豈容有彼此哉。不然，一氣方將出地，則鷄鳴無南北之殊，氣之齊升耳。所聞者，望月與日相對，月受日光西明，有不全之處，先儒以爲山河之影，地之散氣。目所見者，況水之于土也，氣遇其所勝而能齊一乎。論潮候者，合余、史二説并是詳之，庶乎不戾先儒見也。

譹按：長短星之説，載籍無所致。本出于後世方術家陰陽拘忌之書，而《授時曆》取之世俗禁忌，以爲參差不齊之星，偶與海南潮候湊合，殊未究其所以然者，姑臆推著論于前，而此復即所見，粗迹言之，以待知者。

二星每月内推移無定日，而潮水消長從之。自合朔歷上弦前後爲長星潮；自望歷下弦前後爲短星潮。逼星前後則潮長，至極漸過，遠則潮漸小至盡而將盡。老潮亦常與方來稚潮相接。逐日輪轉，如環無端。若春、夏二季，則星未至前三日新稚潮初生，逐日長大，至星日而極。過後二三日則漸退，雖日有消長，而水痕遞減一分，減極，以至後星將近，則潮水不消不長，此則襄公所謂潮之去來，合沓不盡者。此是新稚潮初來，與舊老潮相逼而然。及乎前星老潮退盡，而後星新潮復未，長消同前。秋冬二季又與春夏不同，星過後三日，新潮方生，又逐日長大，以至太極而止，以復消長亦同前。但春夏潮長在長短星前；秋冬潮長在長短星後。二星所臨前後，即爲潮大之期，不拘朔望與上下弦也。長則西流，消則東流。日有消長，又不拘于半月也。與夫二至、二分及春、夏、秋、冬，晝夜大小之説俱無左驗。八、九兩月内各有兩長短星，謂之雙星，此兩月潮水獨大。九月尤甚，又不甚退，似乎每日有兩潮。此二星之説，適合海南潮候，而與先儒之説不同者。至若東西流之説，海水只有消長，本無東、西流。蓋因地形而北高，而東南下，瓊雷南北兩岸相夾處，見水長上則以爲西流；消下則以爲東流耳。十一月潮最大，與戌月同，此六陰之始終然歟。又有不屬二星潮信者，若子月初旬，或時不測西長，謂之偷潮。自瓊以西潮候如此。

文昌東南對西，海無涯際，潮候未詳。或曰文昌潮與錦囊潮候同。今《方輿勝覽》據瓊俗説，而無所發明。瓊舊志襲余襄公説而殊無意見，皆不能曲盡瓊海潮候之詳，故叙所見如此云。

徐問《讀書劄刻》卷二 潮汐，古洲馬氏取《禮記》致日曰朝，致月曰夕。江海之水，朝生爲潮，夕至爲汐。日，太陽也，歷一次而成月。月，太陰也，合於日以起朔。陰陽消息，晦朔絃望，潮汐應焉。水，陰物也，而生於陽。潮汐依日而滋長，隨月而漸移。日起於朔，月盈於望。月東行迎日之所次，月合於地下之中，則日之所次也。故潮平於地下之中，而會於月朔後三日，明生而潮壯，望後三日魄見而汐湧。每歲仲春，月落水生而汐微；仲秋，月明水落而潮倍。減於大寒，極陰而凝。弱於大暑，畏陽而縮。消長不失其時，故曰潮信。邵子曰：海潮，地之喘息也，所以應之者，月從其類也。朱子曰：天地間，東西爲緯，南北爲經，故子午卯酉爲四方之正位，而潮之進退以月至此位爲節耳。黄瑞節曰：先儒論潮則謂天包水，水乘地，而一元之氣升降於太虚之中，地乘水力，與元氣相爲升降。氣升地沉，則海水溢上而爲潮。氣降地浮，則海水縮而爲汐。其説與地氣四遊，春夏秋冬升降不越三萬里相爲表裏。而獨取余襄公《海潮圖序》以爲潮之消息皆繫於月，月臨卯酉則潮長乎東西，月臨子午則潮長乎南北，一月則潮盛乎朔望之後，一歲則潮盛乎春秋之中。此潮之消息，乃繫乎月之進退，亦非因地之浮沉也。愚謂以上諸説皆不同，但天一生水，體陰而生於陽，周流進退於地之外，天之中，恐未可專以繫月爲消息也。若以爲元氣升則地沉而水溢，氣降則地浮而水縮，則原隰地形，古今如故，未嘗有見其沉浮也。朱子經緯之説，蓋天地間一大條段，五行之氣皆消息盈虚其間，而况於水乎。但月加子午，陳氏既已疑之，而卯酉則日月升沉之處也。惟馬氏以日月晦朔，陰陽消息，潮汐應焉，似爲有理。又以月東行，迎日之所次於地中，水會月而生潮，及日行一度，月行十三度，皆本諸舊，與余襄公序説同。要之，水爲天地脉絡，陰陽所鍾，消息盈虚，與元氣相爲循環終始，雖類從於月，而其氣未嘗不通於日。况月臨卯酉，亦日暘谷崦嵫升没之候，而月得太陽之精而有光，水因朔望之光而生潮，則其氣機感動未始不相因也。故月合朔，陰陽之精所會而爲辰，氣進而長，水爲浮物，與氣升降而爲潮。春秋時當水盛，故潮尤大。嘗聞之，江海居人，遇潮之日，雖瓶罌注水皆浮溢而出，於理亦可見矣。

朗瑛《七修類稿》卷一《天地類》　潮汐

海潮之説，有謂天河激湧，葛洪《潮説》。地機翕張，《洞真正一經》。日出海而衝擊，盧肇《海潮賦》。山爲湧而濤隨，施[師]論。是皆穿鑿不根，與海鰌出入、《山海經》。神龍變化浮屠書。者等耳。至謂水隨月之盈虚，竇叔蒙《海濤志》。月週天而潮應，封演論。元氣與地浮沉，《高麗圖經》。水往從月之理，余安道《海圖序》。捕風捉影，得此失彼，則又難免管窺外編之辯。獨《揮麈録》所載燕肅《海潮論》、《輟耕録》所載宣昭《潮候説》所見相同，義亦明白，但《潮論》字多差舛，《潮説》句犯地有浮沉之辯，今併録出，删其繁文，釋其字義，注其訛處，使窮理者有可考焉。雖然，計其二文，乃於東南二海、浙江之潮消長晨夕之故似可謂得其旨矣，但《嶺外録》云：「欽廉之潮日止一潮，瓊海之潮半月東流、半月西流，隨其長短之星，不係月之盛衰。」《廣西誌》又載，桂林府聖水巖則子時潮上，午時潮落，三五十年有一大潮。據此，則二説又難通矣。何也？水固有東西南北之分，元氣、日月抑豈有二者哉？故深遠難明者不若近易可見，史氏伯璿一氣翕張之論大爲有理，但其曰氣即水之氣，似亦未當，余則隨辯於下；其曰大小早晚之未得者，余復推其所以。故今先録燕、宣二論於前，仍列史論并予一得之愚於底，以俟博識。

燕肅曰：大率元氣噓吸，天隨氣而漲斂；溟渤往來，潮順天而進退者也。以日者重陽之母，陰生於陽，故潮附之於日也；月者太陰之精，水屬陰，故潮依之於月也。是故隨日而應月，依陰而附陽，盈於朔望，消於朏月未盛，初三時也。魄，虚於兩弦，上弦初八、九，下弦廿二、三。息於朓月見西方，晦時也。朒，月初見東方時。故潮有大小焉。今起月朔夜半子時，平於地之子位。四刻一十六分半，月離於日，在地之辰。次日移三刻七十二分，對月到之位，以日臨之，次潮必應之。過月望復東行，潮附日而又西應之，至後朔子時四刻一十六分半，日月潮水亦俱復會於子位。於是知潮當附日而右旋，以月臨子午，潮必半矣；月在卯酉，汐必盡矣。或消息又少異而進退盈虚終不失時，明矣。又曰：四海潮（平皆）漸，惟浙江濤至則亘如山岳，奮如雷霆，何也？或云夾岸有山，南曰龕、北曰赭，二山相對，謂之海門，岸狹勢逼，湧而爲濤矣。若言岸勢逼，則東溟自定海縣名，屬寧波。吞餘姚、奉化二江，二縣名。侔之浙江，尤甚狹迫，潮來不聞波濤有聲耳。今觀浙江之口，起自纂風庭，地名，屬會稽。北望嘉興大山，水濶二百餘里，故海商舶怖於上潬，水中沙爲潬，徒旱切。惟泛餘姚小江易舟而浮運河，達於杭、越矣。蓋以下有沙潬南北亘之，隔礙洪波，蹙遏潮勢，猛怒頓湧，聲勢激射，故起而爲濤耳，非江山淺逼使之然也。

宣昭曰：圜則之運，大氣舉之；方儀之静，大水承之。氣有升降，地有浮沉，當改爲「水有往來」，若地有浮沉，是動上動下，無寧静矣，豈地謂哉？而潮汐生焉。月有盈虚，潮有起伏，故盈於朔望，虚於兩弦，息於朓朒，消於朏魄，而大小準焉。月者陰精，水之所生；日爲陽宗，水之所從。故晝潮之期，日常加子；夜至於潮必東起者，東乃生氣之方，陰陽之氣始於此也，百川之水盡赴於東，返本之義焉。如人身之氣血必歸源於中焦，亦起於寅時生氣之際也。

黃佐《庸言》卷一一《天地》 先天圖，月爲太陰，水爲太柔，其氣類固相感也。故邵子以潮爲地之喘息而應月，余襄公言之尤詳，朱子從之，及馬吉父始言《禮記》致日曰朝，致月曰夕。江海之水，朝生爲潮，夕至爲汐。日，太陽也，歷一次而成月。月，太陰也，合於日以起朔。陰陽消息，晦朔弦望，潮汐應焉。其論益精矣。予據鮑雲龍之説而裁諸易焉。蓋人知水行地中，而不知其生於氣，從日消長；知日行天上，而不知其繞地四游，出入水中。故天地陰陽，日夜熏蒸，生氣則生水，生水則助氣，氣與水未嘗相離，而水溢則日能涸之。日爲火精而常明，月爲水精而有盈虧者，隨日進退也。驗之潮汐，可見矣。明夷之象，明入地中，日從地下轉也。《穀梁傳》莊公十八年三月日食不書。日辰晦朔，謂日有夜食，朝出而後見其虧是也。需象天在水中，浮之以水。江海氣發而升，精華浮上，宛轉隨流爲雲漢，一名天河。秋水盛則南下，《夏小正》七月漢按户是也。故日一升而在天之陰氣無不散，所以爲晝。日一入而地下之水氣無不消，所以爲夜。其出入處湯谷咸池，皆以水言。水雖類從於月，而其氣則通於日，是日也者，下抑陰上扶陽，以與天地相爲悠久者也。曆法，月離四象從日而成晦朔弦望，則潮汐應之。水盛潮大，則雖瓶罌注水皆浮溢而出，蓋陰類乘太陽之氣，如臣奉大君威令，無地不到也。若以潮之消息皆繫於月，月臨卯酉則潮長乎東西，月臨子午則潮長乎南北，皆不由日焉，類於臣擅君權矣。夫豈含章之道哉。

陳天資《潮候考》 東里之地，自東南迤邐西北，皆距大海大港。灣港，潮汐出入之門也。《説文》云：「朝至曰潮，夕至曰汐。」竇叔蒙云：「海鰍出入之度。」浮屠書云：「神龍變化。」《海嶠志》以爲水隨月之盈虧。王充《論衡》以爲水者地之血脉，隨氣進退。《臨安志》以爲海水盈而爲潮，縮而爲夕，晝夜消長，不失其期，故謂之潮信。《高麗圖經》云：「天包水，水承地，而一元之氣升降于太虚之中，氣升地沉，則水溢而爲潮；氣降地浮，則水縮而爲汐。」《抱朴子》云：「天河從北極分爲二條至于南極，其一經南斗中過；其一經東斗中過。兩河隨天轉入地下，退兩水相得又與海水合。三水相蕩而天轉之，故激涌而成潮水。」盧肇《海潮賦》云：「日附于天，天右轉入海而日隨之；水因其灼激而退，退于彼，必盈于此。日激水而潮生，月離日而潮大。地浮于水，天在水外。日入則晚潮激于左，日出則早潮激于右。」邵子曰：「海潮者，地之喘息也，所以應月者，從其類也。」潮之候，月必在午，而晷刻定焉。卯酉之月，陰陽之交，故潮大於餘月；大梁、日月所會於酉曰大梁。析木，日月所會於寅曰析木。河漢之津也，朔望之後，天地之變，故潮大於餘日。寒暑之大，建丑未也。一晦一明，再潮再汐；一朔一望，再虚再盈，天一地二之道也。月經于上，水緯于下，進退消長，相爲生成，歷數可推，毫釐不爽。斯天地之至信，幽贊於神明，而古今不易者也。

史伯璿曰：竊嘗上稽經典，下採輿言，似有以得其彷彿者，而未敢自以爲是也。夫余氏候東南二海之潮，平於東者常先，平於南者常後，每於三時爲差，不知其所以有先後者。殊不思潮之長落不過以北水、南水候之而已，是故北水南來則爲長，南水北來則爲落，是則潮之長必自北而南也，然後知東南二海潮候有不同者以此而已。然猶未知潮之長必自北而南者，又何故也？以愚度之，天以河圖示象於聖人，聖人以《易》象示教於天下，後世不信天與聖人，尚誰信哉？河圖以一、六水居北，而後天八卦之方位亦以坎爲北方之卦，坎之象非水乎？是則北固水之定位也。潮之自北而南，豈必外此而他求哉？雖然，潮特有形之物，非有氣以運之亦不能以自行也。氣即水之氣耳，此句當去之，或云氣即天地之氣。是故氣有翕張則潮有長落。方其氣之始張於地，則水爲氣所擁而南奔，是爲潮長。張之極則水益南而潮以平，張極而翕，翕則水北還而潮落矣。翕極復張，張極復翕，則潮又長而又落矣。氣之張於北也有定所，則潮之長也宜同時矣，是故東既平而南方生，南既平而東已落，東既落而北復生矣。氣之一翕一張如循環然，無停機也，潮之一往一來應期不爽，此理之常，無足怪者。區區愚見僅止於此，至於潮有大小、早晚之異則未得其説，不敢以臆决也。無已，則姑信與月相應之言可也。惟潮大卯酉之月則終莫知其故，恐亦不過由於一氣之運而已，必深求其如何以質之則鑿矣。

管見曰：人與天地本同一體，但形勢有大小之分耳，即此喻彼，不辨自明。此史氏一氣之説極爲有理，但其未就人身思之，故曰大小早晚、卯酉之月不得其説，殊不思天地之大，非絲絲縷縷之可符，如水落三時之不同者是耳。且大天地之有水猶人之有血也，水由氣以往來於地，猶血之以氣往來於脈，皆一氣之所致也。故水有潮不潮者，如人身之血有行脈不行脈者。時刻之不爽者，即一息四至之期也；大小之不同者，即春弦夏洪之道也。日止於一潮，或半月東流、半月西流者，亦猶兩蹻之與兩手，遲速大小，所見之不同也。是脈雖皆由於一身而經絡所屬自異耳，概以論其理可也，深求所以，徒敝精神，豈特鑿也哉？

《海潮圖序》云：「潮之進退，海非增減，蓋月之所在則水往從之。故月臨卯酉，則潮漲乎東西；月臨子午，則潮平乎南北。彼竭此盈，往來不絶，皆系于月。」瓊南則以長短星值日爲消長。凡此數説，其指不同，然遠者無征，近者謬陋，惟邵子之言最約而中。蓋天地之氣升沉摩蕩，無須臾之停。水也，乃其氣之流行而可見者。然江河，津液之水也，大海則胸腹之水也。故潮之有消有漲，猶人之有呼有吸，乃其自然之理。至于潮之必應月者，則又以爲太陰之精不得不然者也。余襄公《圖序》之言，實與邵相表裏。蓋邵言其理，而余則直指其事耳。所謂月臨卯酉則水漲乎東西者，言月在卯酉之方則水縮極而復生也。諺云月上水長，又曰月落海轉，正此説也。所謂月臨子午則潮平乎南北者，言月在子午之位則潮長極而將退也。諺云月盡水縮是也。

潮之消長，三辰而盈，三辰而縮，一晝一夜而消長凡再。然積二日而必差一辰，則應月之驗耳。何也？日行一晝夜，運旋三百六十五度，而天一周。月之行也，一晝夜不及日十二度有奇。以晝夜百刻計之，一刻該得三度六分半。潮惟應月，故一消一長得六時二刻有奇。一晝夜再消長共得十二時四刻强，恰好湊及十二度有奇之數。積二日共差八刻强，而遲一時。積十四日半，得刻凡五十，而潮復值其初。此所以二日必遲一辰，而朔望之潮所以相同也。初一、初二之月，則夕隱于西而晨出于東；十五、十六之月，則夕生于東而晨没于西，故水皆以此時漲乎東西。至其日夜之中，則月或在天上，或在地中，皆臨子午之位，故潮皆以此時平乎南北。潮視月升沉以爲消長，自古及今，未之能易也。

《新會志》則以潮汐分爲五節：初一、初二、初三、十六、十七、十八則謂之「平」；初四、初五、初六、十九、二十、二十一則謂之「落」，言水勢微劣也；初七、初八、初九、二十二、二十三、二十四則謂之「敗」，魚蝦退散，網罟不施；初十、十一、十二、二十五、二十六、二十七則謂之「起」，種植醖釀，醫灸忌行；十三、十四、十五、二十八、二十九、三十則謂之「旺」。余襄公云：潮之去來，合沓不盡，即此敗落之期也。

東里潮，海濱人則以十三日爲起水，至十八、十九爲大水時；二十日爲落，至二十七日爲小水時；二十八爲起水，至初三、初四爲大水時；初五爲落，至十二爲小水時。至于朔望之晨，我處已消，而惠州所屬之潮方長，則海門有遠近，地勢或南或北有不能盡一者耳。今居民以指掌布十二時，復以長、平、滿、落、半、竭六字推之，亦甚准云。《饒平舊志》云：每年卯酉之月，陰陽之交會也。氣以交而盛，潮大于他月。每月朔望之後（初三日、十八日），天地之變化也，氣以變而盛，潮大于他日。初三、十八日大，晝夜寅申時至，逾時退；初五、二十日減；初九、二十三日隨至隨退；十三、二十七日漸長，每日所至之期遞減一時以爲常。每歲夏秋之交颶風作，海潮因之爲大小。大則衝突淹没，濱海居民患之。

陳全之《蓬窗日録》卷五《事紀一》 潮汐

潮汐，吉州馬氏取《禮記》致日曰朝，致月曰夕。江海之水，朝生爲潮，夕至爲汐。日，太陽也，歷一次而成月。月，太陰也，合於日以起朔。陰陽消息，晦朔弦望，潮汐應焉。水，陰物也，而生於陽。潮汐依日而滋長，隨月而漸移。日起於朔，月盈於望。月東行迎日之所次，月合於地下之中，則日之所次也。故潮平於地下之中，而會於月朔後三日，明生而潮壯；望後三日，魄見而汐湧。每歲仲春，月落水生而汐微；仲秋，月明水落而潮倍。減於大寒，極陰而凝。弱於大暑，畏陽而縮。消長不失其時，故曰潮信。邵子曰：海潮，地之喘息也，所以應月者，從其類也。朱子曰：天地間，東西爲緯，南北爲經，故子午卯酉爲四方之正位，而潮之進退，以月至此位爲節耳。黄瑞節曰：先儒論潮，則謂天包水，水承地，而一元之氣升降於太虚之中，地乘水力，與元氣相爲升降。氣升地沉，則海水溢上而爲潮；氣降水浮，則海水縮而爲汐。其説與地氣四遊，春夏秋冬升降不越三萬里相爲表裏，而獨取余襄公《海潮圖序》以爲潮之消息，皆繫於月，月臨卯酉則潮長乎東西，月臨子午則潮長乎南北，一月則潮盛乎朔望之後，一歲則潮盛乎春秋之中，此潮之消息乃繫乎月之進退亦，非因地之浮沉也。愚謂以上諸説皆不同，但天一生水，體陰而生於陽，周流進退於地之外、天之中，恐未可專以繫月爲消息也。若以爲元氣升則地沉而水溢，氣降則地浮而水縮，則原隰地形，古今如故，未嘗有見其沉浮也。朱子經緯之説，蓋天地間一大條段，五行之氣皆消息盈虚其間，而况於水乎。但月加子午，陳氏既已疑之，而卯酉則日月升沉之處也。惟馬氏以日月晦朔，陰陽消息，潮汐應焉，似爲有理。又以月東行迎日之所次於地中，水會月而生潮，及日行一度，月行十三度，皆本諸舊，與余襄公序説同。要之，水爲天地脈絡，陰陽所鍾，消息盈虚，與元氣相爲循環終始，雖類從於月，而其氣未嘗不同於日，况月臨卯酉，亦日暘谷崦嵫升没之候。而月得太陽之精而有光，水因朔望之光而生潮，則其氣機感動，未始不相因也。故月合朔，陰陽之精所會而爲辰。氣進而長，水爲浮物，與氣升降而爲潮。春秋時當水盛，故潮尤大。嘗聞之江海居人，遇潮之日，雖瓶裏注水皆浮溢而出，於理亦可見矣。

應撝謙《性理大中》卷二二《潮汐》

邵子曰：海潮者，地之喘息也，所以應月者，從其類也。朱子曰：潮汐之説，余襄公言之尤詳。大抵天地之間，東西爲緯，南北爲經，故子午卯酉爲四方之正位，而潮之進退，以月至此位爲節耳。以氣之消息言之，則子者陰之極而陽之始，午者陽之極而陰之始，卯爲陽中，酉爲陰中也。

按：余襄公安道曰：潮之漲退，海非增減，蓋月之所臨，則水往從之。日月右轉而天左轉，一日一周，臨乎四極。故月臨卯酉，則水漲於東西；月臨子午，則潮平乎南北。彼竭此盈，往來不絶，皆繫於月。何以知其然乎？夫晝夜之運，日東行一度，月行十三度有奇，故太陰西没之期，常緩於日三刻有奇。潮之日緩其期，率亦如是。自朔至望，常緩一夜潮。自望而晦，復緩一晝潮。朔望前後，月行差疾，故晦前三日潮勢長。朔後三日，潮勢大，望亦如之。月弦之際，其行差遲，故潮之去來，亦合沓不盡，盈虚消息，一之於月，陰陽之所以分也。夫春夏晝潮常大，秋冬夜潮常大，蓋春爲陽中，秋爲陰中，歲之有春秋，猶月之有朔望也。故潮之極漲，常在春秋之中。潮之極大，常在朔望之後。此又天地之常數也。

朱子曰：潮之遲速大小，自有常。舊見明州人説月加子午則潮長，自有此理。沈存中《筆談》説亦如此，謂月在地子午之方，初一卯，十五酉。

問：晦翁謂月加子午則潮長，未識其説。潛室陳氏曰：此説不可曉。今海居者，但云月上潮長，月落潮退，誠驗其言，是乃月加卯酉方位，非子午也。朔日之潮可驗，朔日月與日會，日纔出卯方，即潮長；纔入酉方，即潮又長，是月與日相隨出没。

撝謙曰：宋之明州，即今寧波，所言即錢塘江潮信也。余錢塘人，自少聞浙江潮信：初一、十六，午正、子末；初二、十七，午末、丑初；初三、十八，未正、丑正；初四、十九，未末、丑末；初五、二十，申正、寅初；初六、廿一，申末、寅正；初七、廿二，卯初、酉初；初八、廿三，卯正、酉末；初九、廿四，辰初、戌正；初十、廿五，辰正、戌末；十一、廿六，辰末亥初；十二、廿七，巳初、亥正；十三、廿八，巳正、亥末；十四、廿九，巳末、子初；十五、三十，午初、子正。由此觀之，則明州人所謂月加子午，則潮長之説，確然無疑。蓋初一日，日月並行，日加午則月亦加午，故午時得潮。以後日緩數刻，正以月不及日日十二度有奇之故。而朱子所謂初一卯，十五酉，疑若誤解其説。而陳氏所謂朔日卯潮，又不知其何地也。又朔日月臨子午而潮長，而余襄公月臨子午，潮平南北之言，亦不可曉，姑闕以俟知者。大抵水之朝月，猶鐵之向磁，從其母也。西洋人言耦利波海，一晝夜六七潮，豈彼地又有變耶。

張燮《東西洋考》卷九《潮汐》 古今論潮備矣，長爲潮，退爲汐，匪朝至夕至之謂，或以爲海鰌出入，或神龍變化，或日出于海，或天河激湧，皆居中土，不習見潮者之論。夫天地間一氣耳。海潮者，地之喘息耳。《記》云：卯酉之月，氣以交而盛；朔望之日，氣以變而盛，故潮獨大。此以餘月餘日論也。周翠渠云：海居地上，地有俯仰，潮因有往來。氣升於北，則北盈而南虚，地必南俯，故潮皆南趨。氣升於南，則南盈而北虚，地必北俯，故潮皆北趨。此以地乘氣，潮因地論也。唯俯仰之形，與喘息之義畧有異矣。月臨於午，爲長之極，歷未及申酉則極消；月臨於子，爲長之極，歷丑及寅卯則極消；此以太陰之天盤論也。若每日之子午亦有潮退，每日之卯酉亦有潮至，至於八時皆然，晝刻不見太陰，安得復論天盤乎。余安道云：海之極遠者，其得氣尤專，故潮因之。東海、南海，其候各有遠近之殊，豈非方之不同，而氣有獨盛與。若晝潮大於春夏，夜潮大於秋冬，潮之極漲常在春秋之中，濤之極大常在朔望之後，則天地之常數，通四海皆然者。漳人之候潮也，夜則以月，晝則以時，於指掌中從日起時順數三位，長、半、滿、退、半、盡，以六字操之，無毫髮爽。海上漁者，於海嘯則知風，海動則知雨，潮退則出，潮長則歸。其方言云：初一、十五，潮滿正午；初八、廿三，滿在早晚；初十、廿五，日暮潮平。又云：月上水翻流，月斜水半，月落水汐盡。潮，則呼曰南流上。汐，則呼曰北流落。至駕舟洋海，雖憑風力，亦視潮信，以定嚮往。或晦夜無月，惟瞻北斗爲度。至海外之潮已平，而內溪猶長，則氣盛而未收，俗所云港尾水，又云迴流水是也。海口以潮平爲度，其穿達支流，仍以百里而緩三刻，不可以此而分遲速焉。見《漳州志》。

熊明遇《格致草》 海潮汐

月爲陰精，水之母也。凡寰宇之濕潤陰寒，皆月主之。月爲濕本，濕能下施，故方諸對月而得水焉。月既下濟，水亦上行欲就于月，故月輪所至，水爲之長而成潮汐也。當潮長時，江河溪澗以及盆盎，無處不長。長則氣入水爲之輕，潮降氣出，水没故重。今人以缾盛水，每日權之，輕重不等，則潮升時輕，潮降時重耳。獨小水之處，升降甚微，人所不覺。海水既大，灌注江河，升降盈涸，事理顯然，故獨稱海潮也。不獨水也，凡水族之物，月望氣盈，晦即氣縮，故月虚而魚腦減，月滿而蚌蛤實也。又不獨水族也，草木百昌，苟資濕潤以爲生氣，無不應月虧盈。月滿氣濕，月虛氣燥，故上弦以後，下弦以前，不宜伐竹木以爲材用。如是者易蠹，生氣在中也。下弦以後，上弦以前，伐而爲材，即不作蠹，爲少脂潤空質而已。亦猶春夏氣滋，秋冬氣斂，斧斤時入之意也。由此而言，月爲水主，月輪所在，諸水上升，海潮應月，斯著明矣。

方以智《物理小識》卷二《地類》　潮汐

《山海經》以潮汐爲海鰌之出入，《藏經》以爲神龍之變化，葛洪以爲天河激湧，金樓子以爲鯨，謬矣。《博物志》云：潮繫日月，若鼎之沸。元耿伯宣謂方儀之運，大水承之，氣有升降，地有浮沉，而潮汐生焉。皆臆言之也。至元吴彦壽答起崖書謂，月與水陰類相應。張封演曰：月周天而潮應。古洲曰：朔後三日，明出而潮壯；望後三日，魄見而汐湧。每歲仲春，月落水生而汐微；仲秋，月明水落而潮倍。減于大寒，極陰而凝；弱于大暑，畏陽而縮。陰陽消長，不失其時，故曰潮信，即潮汛也。每月十三、二十七日曰水起，是爲大汛，各七日。初五、二十日曰下岸，是爲小汛，亦各七日。久晴雖大汛亦不長。凡潮生則水長，但期至有遠近。鎮江至大海五百里，十八日辰時潮至。浙江至海三百里，則十八日丑時至。潮之大小隨月，月高潮小，月低潮大。《瓊館志》：江浙欽廉之潮，皆有定候，半月東流，半月西流，潮之大小隨長短星，不繫月之盛衰。明州潮，月加子午則長。朱子曰：余襄公言潮汐甚詳。王清臣《揮塵録》曰：浙海門有赭山、龕山，溢于沙潬，故猛而爲濤，非徒狹也。邵子曰：海潮者，地之喘息也，所以應月者，從其類也。徐明叔、傅墨卿《高麗録》與姚寬《耐得翁就日録》，皆主元氣呼吸之説，但謂地浮水上則陋矣。朱隱老言月麗卯酉則潮應乎東西，月麗子午則應乎南北。采珠者入海底，間遇潮則水湧而下虛焉。潮高十丈，下所虛亦十丈。以水則虛，以氣則實，采珠者中其氣輒病。地之喘息，寓息于風，生氣也；寓潮于水，死氣也。太西曰：月爲陰精，與水同物，凡濕潤陰寒，皆月主之。既爲同物，勢當相就，如呼吸然。潮長之時，江河以及盆盎無處不長，長則氣入，水爲之輕。潮降氣出，水復故重。今人以瓶盛水，每日權之，輕重不等，亦此故耳。獨小水之處，升降甚微，人所不覺也。水族之物，皆望盈晦縮，故月虛而魚腦減，月滿而蛤蚌實也。草木資潤，無不應月。月滿氣滋，月虛氣燥，故上弦以後，下弦以前，不宜伐竹木爲材，易蠹，生氣在中也。張僧鑒《潯陽記》：雞籠山湧泉如潮，朔望尤大。《番禺雜記》：早潮下，晚潮上，兩水相合曰沓潮。而潮亦有異者，《暖姝由筆》曰：廣東海一潮，韶州有雌雄泉兩潮。柳州昔相嶺西麓下有潮井，廣百畝，一日三湧三落。張佳胤記滇大華山泉曰：聖泉一名海眼，應子午卯酉而潮，曰三潮者，夜不見也。外紀尼毆白亞海潮一日七次。元中記貴州城外有漏汮，一日百盈百涸，應刻漏；或云五十盈五十竭。安寧州有潮泉，一日三溢三蘸。連州水下流有斟泉，一日十溢十渴。尤異者，《輿地志》：移風縣有湖雞，鳴長且清，如吹角，每鳴應潮至。虔州濂泉旁數里，有泉，日三潮，崇禎後不復至。楊穆《西野雜記》：錢塘江隣海口，有子午潮不爽。諺云：潮過夷亭出狀元。宋末過之，果出衛徑。自嘉靖甲午以來，不惟不過夷亭，錢塘江邊，或旬日不至，時人謂之凍死潮。宋末潮不至，亦可知矣。愚者曰：人日夜五十營，萬三千五百息，一呼一吸，脈且四至。水當火烹，百沸百止，亦氣之上下也。潮之應月，月行有南北，陸地異，或不同耳。暄曰：月爲水精，以月主潮者是也。月之所臨，則潮氣爲正攝。月之對衝，潮亦起爲反攝。月之氣從前順虛，至對衝而極，極而不能前則聚，聚則盈，故月之所在爲一月月氣所聚。又一月也，月與水如磁之吸鍼，珀之拾芥。月遶地而行，潮亦遶地而行。月行天一周，潮循地一周，是天地内無地不潮，無刻不潮也。然氣不入則水不起，故地之呼吸，尾閭泉源之轉變亦由是而起矣。星亦與月類，夏日無月之夜，星辰白粲，則地氣升而爲露，草尾皆有露珠，亦潮也。而必以月爲應者，則月之氣大耳。或云伐黄楊于無星之夜，爲枕不裂，取其體本燥也。所異者，地有南北，月有高下，或空際爲陽氣所隔，或地中有闕塞而他徙，故有不至。氣行于大處，則一躍而至；行于末處遠處，必連躍而後至。而擲水碗者，具此一擲之九瓦浮水面，始則大躍，繼則連躍，以行遠而鋭盡也。至哉！吾宓山師之以脈言潮也。

周亮工《因樹屋書影》卷七　天河兩條，一經南斗中，一經東斗中過。兩河隨天轉入地，地下水相得，又與海水合，三水相蕩，而天轉之，故激湧成潮。又曰：潮汐者，一月之中，天再東再西，故潮水再大再小。夏時日居南宿，陰消陽盛，而天高一萬五千里，故夏潮大。冬時日居北宿，陰盛陽消，而天卑一萬五千里，故冬潮小。春日居東宿，天高一萬五千里，故春潮漸起。秋日居西宿，天卑一萬五千里，故秋潮漸減。見《抱樸子》。日傅於天，天右旋入海，而日隨之，水因其灼激，而退于彼，必盈於此，此則潮之往來，不足怪也。日激水而潮生，月離水而潮大。地浮于水，天在水外，日入則晚潮激于左，日出則早潮激于右。見《文粹》。按：河隨日激，未敢以爲信然。且如元兵駐江沙，而潮三日不至，豈此三日河不隨天，日不激水耶？記此以備一説。

又　卷九　海水日再至，朝爲潮，夕爲汐，潮臨午，汐臨子，此一日之候也。一月之候，則朔望盛。一年之候，則仲春仲秋盛。春夏盛朝，秋冬盛夕。春尤盛于朔，秋尤盛于望，此其常也。竇叔蒙《海嶠志》以爲水隨月之盈虧。王充《論衡》以爲水者，地之血脉，隨氣進退。二説精而未備。愚聞之人曰：五行之性，土剛而水柔，剛静而柔動，土若鼻，水若涕，水于海升降，猶涕于鼻出入，非氣機之推盪，固不能升降而出入也。氣自子至巳爲陽，自午至亥爲陰，遞相禪代，進退無時。其已進退則向衰，其方進退則向盛。盛莫盛于氣之交，子午爲一日氣之交，朔望爲一月氣之交，仲春仲秋爲一歲氣之交。氣盛而潮汐盛，固其所也。愚又以爲氣之陰陽交于子午，天之日月位乎卯酉。水陰類，從月不從日。月于朔出卯，于望出酉，潮汐之至俱隨月，而以卯酉爲推移。蓋潮汐正臨子午，惟朔望之日爲然。自朔後晝潮迭差，以復于晝；夜潮迭差，以復于夜。至次月朔，則日月復會卯，而潮汐之至，仍與子午合矣。此卯酉推移之説也。若一月朔望之盛，則月出卯酉；一年仲春仲秋之盛，則月建卯酉。論潮汐者，舍子午而論卯酉，乃爲得之。至若朔望之盛，吴、浙、閩、廣，不無日數前後之差，將潮皆東起，地勢有遠近，氣至之有先後歟！

又以日月行度言之，每月初一，日月同宫，卯時齊出，是謂合朔。日每行不及天一度，月每行不及天二十九度半，此一日行度之差也。故太陽每辰必出卯，月自初三、初四則出辰矣。月出卯，則潮恰臨午，汐恰臨子。月出辰後卯一時，則潮汐之至亦後子午各一時。是以晝潮之至，一日午時，二日午末，三日未時，四日未末，五日申時，六日申末，七日酉時，八日酉末。潮午則汐子，潮未則汐丑，準此推移，而晷刻可定也。此理徐明叔《高麗録》頗論之，予爲暢其旨。至云地乘水自峙，氣升則地浮水溢，氣降則地沉水縮，信如此言，浮與俱浮，沉與俱沉，如水高舟高，水下舟下，無水溢舟上復縮舟下之理，雖有其説，未足據云。

遊藝《天經或問前集》卷四《潮汐》

問：潮汐，《藏經》以爲神龍之變化，葛洪以爲天河激湧，金樓子以爲鯨魚之吐納，郭璞以爲海鰍之出入，此恐謬矣。然潮汐之長，水從何至？潮汐之退，水從何去？

曰：寰宇陰濕之氣，升降于水者，皆月主之。月爲陰精，濕能下濟，水則上升，如呼吸然，而相就于月。月之所臨，則潮起爲止攝。月之對衝，潮亦起爲反攝。月之氣從前順虚至對衝而極，極而不能前則聚，聚則必盈，故姚令威曰：潮盈于朔望，消于朏魄。日月合朔，子夜潮平，每日漸移三刻七十二分。對月到之位而以日臨之次，潮必應之。月望後東行，潮附日而又西應之。張封演曰：月周天而潮應也。古洲曰：朔後三日明出而潮壯，望後三日魄見而汐湧。月之與水，如磁之吸鍼，珀之拾芥也。月遶地而行，潮亦遶地而行，是天地内無地不潮，無刻不潮。惟潮有遲速、大小、漸暴者，乃月輪與土地之分焉。月有盈虧，輪有高下，故潮有盛衰。山川有廣狹，路途有修遠，故潮有遲速。黄道有南北，海限有遠近，故潮有漸暴。春夏晝潮常大，秋冬夜潮常大，蓋春爲陽中，秋爲陰中。歲之有春秋，猶月之有朔望也。故潮之極長，常在春秋之中；濤之極大，常在朔望之内。此陰陽消長不失其時，天地之常數也。《新語》曰：每月十三、二十七日水起，是爲大汛，各七日。初五、二十日曰下岸，是爲小汛，亦各七日。久晴雖大汛亦不長。凡潮生則水長，但潮至有遠近。鎮江至大海五百里，十八日辰時潮至。浙江至海三百里，則十八日丑時潮至。潮之大小隨月，月高潮小，月低潮大。《瓊館志》：江浙欽廉之潮皆有定候，半月東流，半月西流。明州潮，月如子午則長。朱隱老曰：月麗卯酉則潮應乎東西，月麗子午則潮應乎南北。采珠者入海底間，遇潮則水湧而下虚焉。以水則虚，以氣則實。采珠者中其氣輒病。地之喘息，寓息于風，生氣也。寓潮于水，死氣也，中之病。當其潮時，江河以及盆盎無處不長。長則氣入，水爲之輕。潮降氣出，水復故重。獨小水之處，升降甚微，人所不覺也。水族之物，皆望盈晦縮，故月虚而魚腦減，月滿而蚌蛤實也。草木滋生，無不應月。月滿氣滋，月虚氣燥，故上弦以後，下弦以前，不宜伐竹木爲材，易蠹，以生氣在中也。故邵子云：海潮者，地氣之喘息也，所以應月者，從其類也。游燕曰：潮汐，考《暖姝由筆》曰：海早晚兩潮，惟廣東一潮。《番禺雜記》：早潮下，晚潮上，兩水相合曰沓潮。而潮亦異者。海潮皆以漸，錢塘之潮獨震撼如雷。張僧鑒《潯陽記》：鷄籠山湧泉如潮，朔望尤大。《拾遺記》：柳州昔相嶺西麓下有潮井，廣百畝，一日三湧三落。夔州開縣有三潮溪。張佳允記滇大華山有聖泉一，名海眼，應子午卯酉四潮，曰三潮者，夜不見也。韶州有雌雄泉兩潮。《職方外紀》：厄勒祭亞有島，其海一日七潮，又旁島有海窖，潮盛窖吸水入而不盈，潮退則噴水如山。《玄中記》：貴州城外有漏沟，一日百盈渴，以應刻漏。安寧州有潮泉，一日三溢三藴。連州水下流有斟泉，一日十溢十渴。《輿地志》：移風縣有湖鷄，鳴長(旦)[且]清，如吹角，每鳴應潮至。虔州濂泉之旁數十丈，有井甚深，一日三潮，名三潮井，當潮時可操瓢而汲。温伯芳云：崇禎末年不至。楊穆《西野雜記》：錢塘江隣海口，有子午潮不爽。歐邏巴西北有勿搦祭亞城，建海中，以木爲樁，其海無潮。廣東金陵間，常湧水十餘日不退，名曰海嘯。故潮有不同也。方密之老師曰：人一呼一吸，脈且四至，水當火烹，百沸不止，亦氣之上下也。潮之應月，月行有南北，陸地異，不同耳。

又遊藝《天經或問後集》 月惟主潮，無關節氣。古云陽燧取火，陰燧取水。

人但知火鏡射日得火，不知以鏡射月亦生水。呵鏡成滴可見也。天如大水鏡，月氣抱地，四射于對沖，又聚一月，人但知潮爲月攝，汐背月而起，不知亦攝也。但氣或疎散，止能攝潮，或與日摩盪，氣若堅厚，則能食日。故洪武八年，當望日日食，又氣月較實月倍大，故食至十二刻，全地無光也。月之攝潮，東消西長，正臨壯盛，恒抱地球之半。兩月對轉，則首尾相接，早潮下，晚潮上，二水相合，謂之沓潮。在番禺大海則然。若川流道迂，曲折而至，則遲速不同耳。

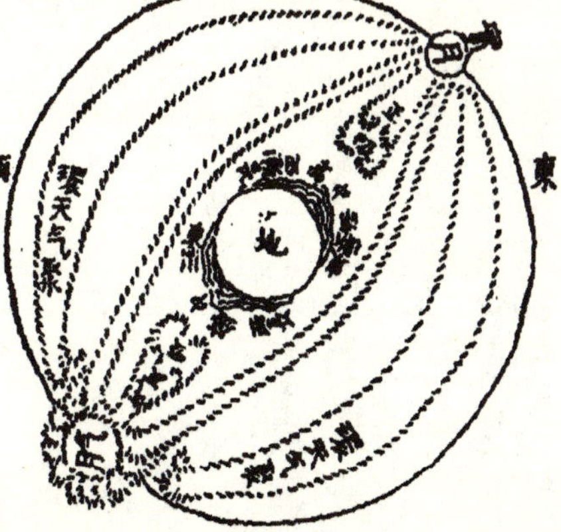

兩月對攝潮汐圖

屈大均《廣東新語》卷一《天語》　風

風之起，潮輒乘之。諺曰：潮長風起，潮平風止。風與潮生，潮與風死。凡朔望越二三日，潮初起，風必大。上下弦越二三日，潮漸退，風必小。蓋風者，水之母。水生於風者，謂之陰水，潮是也。雷者，水之父，水生於雷者，謂之陽水，雨是也。雨起於山，潮起於海，海爲陰，故潮亦陰。潮以陰，故鹹。風乘鹹潮而起，謂之鹹頭。

凡海中，以子時末陰與陽合而潮生爲陽水，午時末陽與陰合而汐生爲陰水。水乘氣而生，風亦因之。氣爲水之本，風爲水之末，氣自北來而水長，風自南來而水消。長者自北而南，爲南海之潮。消者自南而北，爲北海之汐。

又　卷四《水語》　潮

廣人以潮汐爲水節，或曰一潮而一汐，或曰兩潮而兩汐，皆謂之節。其在番禺之都，朝潮未落，暮潮乘之，駕以終風，前後相蹙，海水爲之沸溢，是曰沓潮。一歲有之，或再歲有之，此則潮之變水之不能其節者也。若以歲之十月，自朔至于十有二日候潮，朔日潮盛，則明年正月必有大水。二日則應二月，日直其月，至于十有二日皆然。此亦潮之常而人罕知之，蓋水之神於節者也。然大率潮與月相應，月生明則潮初上，月中則潮平，月轉則潮漸退，月没則潮乾。月與日會則潮隨月而會，月與日對則潮隨月而對。月者，水之精。潮者，月之氣。精之所至，氣亦至焉。此則水之常節也。蓋水與月同一坎體，故以月爲節者，在在有常。而以日爲節者，在在有變也。余靖云：月之所臨，則水往從之，故月臨卯酉則水漲乎東西，月臨子午則潮平乎南北。彼竭此盈，皆繫於月，不繫於日是也。

張潮謂潮者，氣之所爲，故謂潮應月可也，謂水往從月，潮繫於月，則不可。《臨安志》云：潮汐往來，天地之至信。氣升而地沉，則水盈而爲潮。氣降而地浮，則水縮而爲汐。然謂水隨氣而往來可也，謂水因地而盈縮則不可。嘗有候二海之潮者，謂平於東者嘗先，平於南者嘗後，每差三時。又有謂北水南來則潮長，南水北來則潮落。夫潮長何以自北而南哉？蓋河圖一、六，水居北，後天卦位坎亦居北。夫北，水之匯也，氣之闢也。天地之喘息，一翕一張，而潮之長落因之。氣之張於地也，則水自北奔南而潮長，張之極，則水益南而潮平。張極而翕，翕則水北還而潮落。夫惟氣之張翕無停機，故潮之長落應期而不爽。若夫小大早晚之異，《臨安志》又云：當卯酉之月，則陰陽之交也。氣以交而盛，故潮之大也獨異於餘月。當朔望之日，則天地之變也，氣以變而盛，故潮之大也獨異於餘日。蓋時有交變，氣有盛衰，其氣機一與月應，故謂海潮應月，理亦昭然。若夫踏殘之水，則天地餘氣吸將盡而復出也。春夏晝有踏殘，晝之永也。秋冬夜有踏殘，夜之永也。永故餘氣復出也。若夜短則汐水無踏殘，晝短則潮水無踏殘矣。蓋皆乘氣而往來也。袁昌祚云：有人於北海往來，見正北一望，海皆平，水無潮；返東北隅，始漸見潮有消長。蓋正北方位，先天爲坤，後天爲坎，皆天一始氣，潮從此生而常平，漸乃通諸四海，若循環然。大率應晝夜子午二氣爲消長之候，有不盡繇於月者，雖月常一月而一周天，潮亦常一日而一周地，然皆以先天之氣流行于後天之方位，世儒烏所據，而云月配先，潮配後也。

廣州潮

廣州潮以朔日長，至初四而消；以望日長，至十八而消，謂之水頭。以初四消至十四，以十八消至廿九、三十，謂之水尾。春夏水頭盛於晝，秋冬盛於夜。春夏水頭大，秋冬小，故防倭者自清明前三日至大暑前一日，謂之春汛。春汛爲大，以水頭故言大汛也。自霜降前一日至小寒前一日，謂之冬汛。冬汛爲小，以水尾故言小汛也。漁者歌云：水頭魚多，水尾魚少。不如沓潮，魚無大小。沓潮者，潮之盛也，一名合沓水。水之新舊者，去來相逆，故曰沓。沓，重沓也。當重沓時，舊潮之勢微劣，不能進退，魚去而復來，故多。魚大者始能乘潮，故大沓潮者漁人所喜。又粤人以爲期約之節，予有沓潮曲云：「與郎如沓潮，朝暮不曾暇。歡如早潮上，儂似暮潮下。」又云：「兩潮相合時，不知早與暮。與郎今往來，但以潮爲度。」

又 瓊州潮

瓊州潮，每月不潮不汐二、三日，冬不潮不汐三、四日。八、九月潮勢獨大，夏至大于晝，冬至大于夜。二十五、六，潮長至朔而盛。初二大盛，後漸殺。十一、二又長至望而盛，十八大盛，後又漸殺。大抵視月之盈虚爲候。以爲隨長短星者，妄也。以爲半月東流，半月西流，亦非也。蓋地形西北高，東南下，瓊雷兩岸相夾，見水長而上，則以爲西流；見水消而下，則以爲東流耳。然陳讓云天下潮汐，消長皆同，惟瓊海兩岸東西異流，每南岸水流東而長，則北岸水流西而消；北岸水流東而長，則南岸水流西而消。同此一海，兩岸異流，彼逆此順，然東流日僅廿四刻，西流則計時有九，又或數日不流，蓋伏流也。天妃廟碑言，十六、七、八、九四日，伏流可渡，至中流始有怒濤，乃東西合流處所，所謂中洋合巢浪也。過此可勿戒心，如風大則半日可濟。又歲三月二十三日，天妃渡海南，必有北風，舟楫宜候之，以是日須臾可渡。是日廣東邊海地亦皆有風雨。

顧炎武《日知録》卷三一《潮信》 白樂天詩：「早潮纔落晚潮來，一月周流六十回。」白是北人，未諳潮候。今杭州之潮，每月朔日以子午二時到，每日遲三刻有餘，至望日則子潮降而爲午，午潮降而爲夜，子以後半月復然。西江汀岸上有候潮碑。故大月之潮，一月五十八回，小月則五十六回，無六十回也。水月皆陰之屬，月之麗天，出東入西，大月二十九回，小月二十八回，亦無三十回也。所以然者，陽有餘而陰不足，自然之理也。

蔣毓英《臺灣府志》卷三《叙川・潮汐》 潮汐之説，古人之論詳矣，謂晦朔前後，月行差疾，故潮長大，望亦如之；月弦之際，月行差遲，故潮之去來合沓不盡，即今海濱人以初一、十五，潮至日中滿；初八、二十三，潮在蚤暮初；初十、二十五，日暮則潮平之説也。又謂月臨卯酉則水漲乎東西，月臨子午則潮平乎南北，即今海濱人以月初上而潮生，月中天而潮平，月落而汐復長之説也。大約水屬陰氣，月爲太陰之母，同類相應，理所必然，故候潮之法，又以太陰每日所纏天盤子午卯酉之位而定。其消長，月臨于午則爲長之極，歷未及申酉則消，消極復長，以至于子又爲長之極，自是至卯而消，復至于午而極盛然。月順天右行，積三十日始一周。天每日臨子午卯酉，四時位有先後，故潮因之亦有晝夜蚤暮之不同焉。苐至遠海之處，潮候又有遠近之期。蓋方之不同，而氣有獨盛。海之極遠，其得氣又專，故潮亦因之。要之，東與西對，東海月臨酉而潮平，言酉則卯如之。南與北對，南海月加午而潮平，言午則子如之。總亦水月相應之定理也。至于晝潮大于春夏，夜潮大于秋冬，潮極漲常在春秋之中，濤極大常在朔望之後，又天地之常數，通之四海而皆然。此古人推詳之論，至備而不可易矣。然亦止于九州封域之内，若夫南望北斗，與蒸一羊脾熟而天復明之外，及今紅彝所言，彼地有夏秋槩晝，春冬永夜之處。又洋船爲颶風所飄，嘗至萬水歸東之會，水皆東流而强急，無復潮汐。南北流愈甚，則水泥而沸，非東風大作不可挽回。若此之處，理之所窮，又非人之所可測矣。故《方輿勝覽》有欽廉、瓊海之潮，大小隨長短星，不繫月之盛衰之説。此雖未可盡信，亦未可槩以爲非。四域之外，耳目所不經見之事，荒唐儘有，姑存之緒論以備參訂。

臺灣地屬東海，地既東而月常蚤上，十七、八之夜，月臨卯辰僅在初昏，故潮水長退，視同厦亦較蚤焉。同厦之間，初一、十六，潮滿子午而盡竭于卯酉；初八、二十三，潮滿卯酉而盡竭于子午。臺灣則初一、十六，潮滿巳亥而盡竭于寅申；初八、二十三，潮滿寅申而盡竭于巳亥。然南北亦有不同處，從半線以下，潮流過北，汐流過南，與澎湖同。半線以上，則潮流過南，汐流過北矣。浮海者，惟狎知潮候，據其上流，方無虞也。夫潮也，湧從何來？汐也，歸于何處？或吞或吐，或消或長，固知海水爲活水也。

揭暄《璇璣遺述》卷三

潮汐主月

問：言潮者多矣，有以月爲攝者，若汐則背月而起，亦其所攝乎？於理甚惑。曰：萬化皆由於日，而月與水同爲陰類，古以月主潮者，是也。遠西亦言月無他能，所主惟潮。但未晰言其故耳。蓋月輪所在，諸水悉升，固已然，以當頂處爲正對潮壯盛。在西偏萬五千里，水望，見潮即起。在東偏萬五千里，水不見，乃消盡。横跨地面，實平分地球之半。在汐則不然，東潮則西汐，晝潮則夜汐。月已没，汐方起。月正隔，特壯盛。月將生，乃消盡。正與月相背，正與潮相反，亦平分地球之半。汐背月而生，月在地面上周移，汐亦在地面上周移。不論晝夜，漸移漸改，似不欲與月相見，而深相避者。然地圓體，上下潮汐，突起兩頭，前生後消，遂抱地球作一長揹形，有如欖核，但揹移地球不移。余有圖。然言潮者，言攝言吸而不及汐，以汐與月背，莫之或解也。惟《文粹》有日出則早潮激右，日入則晚潮激左之論。余伯約軒先生諱其大著有《環經周易》、《禹貢晰疑》等書。其經有云：月東升則潮隨其趨攝，西没則潮因其指擊。以激擊言之，又與攝吸之理不可同日語矣。其實，潮與汐皆月也，皆月所攝也。月之氣從前順噓，至中而廣，至對沖而極，極而不能前則聚，聚則滿，故月之所在爲一月，月氣所聚又一月，與日對火燧而生反焰，其理同也。日對沖又一日，見諸避日條。崇禎十二年九月，望兩日並出没，可爲一證。雲南省會有一池，日月没，尚有日月見其中，不知乃返照。天上所聚亦返照。天上所照，如重鏡然。又與國縣十二景，亦有月光常涵圓影承天。京山子陵峒旁有井，星光恒見其中，一理也。故月之所臨，則潮起爲正攝；月之對沖，潮亦起爲對攝。交攝，月與潮不啻鍼芥磁珀者。所謂內有水母，對沖積有月氣，水望見必投也。見月轉條。月過天心而潮溢，月過地心而汐湧。月遶地而行，潮亦遶地而行。月行天一週，潮循地二週，是大地內無時不潮，無日不兩潮，皆月攝也。然水不起則氣不至，氣不至則潮不移，月以旋轉生潮汐，即以旋轉生呼吸，非猶夫人呼吸，一升則滿腹俱滿，一降則滿腹俱消也。見天氣呼吸條。星亦與月類，夏當無月之夜，衆星燦爍，地之氣升而爲霧，草尾悉懸露珠，亦潮也。而必以月爲主者，以月之氣近而大耳。或云無星之夜，伐黄楊爲枕不裂，以其燥而不濕耳。所異者，朔望有盈虧，激輪有高下，故潮之盛衰分焉。川口有廣狹，河路有修短，故來之遲速分焉。黄道有黄白，北海眼有遠近，故發之大小、漸暴分焉。或空際爲陰盛所提，故長湧不退；或空際爲陽盛所遏，或地中爲震盪所徙，故時有不至。氣行於大處則一躍而至，氣行於狹處、遠處，必連躍而後至。猶擲波盪者，激石水面，儘一擲之力，始則大躍，繼則連躍，以行遠而鋭盡也。擲波盪者，法用瓦片、薄石，向水面擲之，俾跳盪波面，連躍而前。寧都稱盪波，建陽稱擲水撇，廣昌稱撇水遠。甚哉人一呼一吸，脉恒數至，或急或緩，多寡有不同也。凡月必滿一面，上弦月滿西，故在西諸水悉攝之而東向。下弦月滿東，故在東諸水悉攝之而西。泛人見其行有嵩向，遂謂其一日一潮，不知其實亦兩潮也。然必黄道之下，環緯大漠，合沓不分，乃有然者。若是潮主月矣，而實主於日。非日則氣不生，氣不生則水不起，月又何自而攝乎？非日則陰不生，陰不生則氣不吸，月又何自爲攝乎？陽去生陰，陽遠生陰，陽極生陰，故陰亦爲日生。余謂一陽即有一陰，如燈照物，數燈即得數影，是陽內有陰，陰內具陽。詳余《大易全義考》。非日，則寒暑、晦明、晝夜、時刻俱無以定，月又何自而有晦望、盈虧乎？故不惟盈於子午，盛於朔望，倍於春秋者，惟日。即弱於大暑、減於大寒、久晴不至，亦惟日也。故凡天地間之氣機物理，無不因乎日也。

又　附潮汐考

《抱樸子》云：一年之內，天再東再西，故潮再大再小。春夏，日居東南，天高一萬五千里，陰消陽盛，故潮漸起而大。秋冬，日居西北，天卑一萬五千里，陰盛陽消，故潮漸減而小。此以天言潮也。元耿伯宣謂方儀之運，大水承之，氣升則地浮水溢，氣降則地沉水縮，而朝汐生焉。若地水共爲浮沉，潮汐又安有消長，必地沉水浮，地浮水沈，乃然耳。《洞正經》謂地機吸張，此以地言潮也。亦兼言氣。《博物志》：潮繫日月，若鼎之沸。姚令威云：附日而依月，盈於朔望，消於朏魄。日月合朔，子夜潮平，每日漸移三刻七十二分。對月到之位，加以日臨之次，潮必應之。月望後東行，潮附日而又西應之。在南海如是。此以日月言潮也。《文粹》云：日附于天，天又旋入海，而日隨之，水因其灼激，退於彼必盈於此，故日入則晚潮激於左，日出則早潮激於右。此則專主日言也。亦專言激。元吴壽答起崖書謂月與水，陰類相應。張封演謂月週天而潮應。竇叔蒙《海嶠志》：水隨月之盈虧。古州曰：朔後三日朏明而潮壯，望後三日魄見而汐湧。每歲仲春，月落水生而汐微。仲秋，月明水生而潮倍。減於大寒極陰而凝，弱於大暑畏陽而縮。陰陽消長，不失其時，故曰潮汐即潮汛也。每月十三、二十七日曰水起，是爲大汛，各七日。初五、二十日下岸，是爲小汛，亦(不)[各]七日。潮汐共言爲半月，分言爲各七日。久晴，雖大汛亦不長。潮之大小隨月，月高潮小，月低潮大。此專主月言也。《瓊州志》：瓊海潮之大小隨長短星，不隨月之盈缺，半月東流，半月西流，與江浙欽廉之潮異。此又以星言也。邵子曰：潮，地之喘息也，所以應月者，從其類也。姚寬、徐明叔、傅黑卿《高麗録》與耐得翁皆主元氣呼吸之説。王充《論衡》以爲水者，地之血脉，隨氣進退，或曰土剛水柔，土若鼻，水若涕，非氣機推盪，無由升降而出入也。自子至巳爲陽盛，自午至亥爲陰盛，盛莫盛於氣之交，子午爲一日氣之交，朔望爲一月氣之交，仲春、仲秋爲一歲氣之交。氣盛而潮汐盛，固其所也。朱隱老言月麗卯酉則潮應乎東西，月麗子午則潮應乎南北。採珠者入海底，間遇潮起，則水湧而下虚焉。潮高十丈，下所虚亦十丈。以水則虚，以氣則實，采珠中其氣輒病。地之喘息，寓息於風，生氣也；寓息於水，死氣也。此又以氣之喘息言也。《遠西水法》謂月爲陰精，與水同物，凡溼潤陰寒，皆月主之。既爲同物，勢當相就，如呼吸然。潮長之時，以月攝之，故江河以及盆盎無處不長，長則氣入，又月上攝，故水爲之輕。潮降氣出，水復故重。人以瓶盛水，每日權之輕重不等，當月高升時稱之則輕，西下則重。獨水小之處升降甚微，人所不覺耳。水族之物，皆係望盈晦縮，故月虛而魚腦減，月滿而蠃蚌實也。草木潤濕，無不應月，月滿氣滋，月虛氣燥。故上弦以後，下弦以前，不宜伐竹木爲材，易蠹，以生氣在中也。此又言無水不潮，無物不潮，無潮不與月應也。《書影》：潮臨午，汐臨子，一日之候也。一月之候則朔望盛，一年之候則仲春仲秋盛，而春夏盛潮，秋冬盛汐。春尤盛於朔，秋尤盛於望。有謂氣之陰陽交於子午，天之日月位乎卯酉，水陰類，從月不從日。月於朔出卯，於望出酉，潮汐隨月，而以卯酉爲推移，其正臨子午，惟朔望爲然。自朔後，晝潮迭差而至於夜，夜潮迭差而至於晝。望後，復差至次月朔日，月復會卯，仍與子午合矣。又謂日月同度，惟在於朔，自是而後，日每日行一度，月每日行十三度，故太陽每晨必出卯，月自初三、初四則出辰矣。月出卯，則潮汐恰臨子午。月出辰後卯一時，潮汐亦後子午一時，如朔日正午，二日午未，三、四、五日未，五、六、七日申，每七日移三時，汐則對沖，亦復如之。此固以候言潮，以時日言潮也。凡此皆言潮之有常也。其異者，或因地勢之不同，各洋潮皆有漸，惟小西洋極高大，頃刻湧數百里。海潮皆不怒，惟錢塘獨震撼如雷吼。伯宣謂東於龕赭二山。魏石床謂定海、奉化、餘姚、寧海一帶，吞吐四明台蕩之支股，方之錢塘夾逼尤甚而乃怒。古州謂凡潮生則水長，但期有遠近。鎮江至大海五百里，十八日辰時潮至。浙江至海三百里，則十八日丑時潮至。《鄱陽雜記》：早潮平，晚潮上，兩水相合曰沓潮。前未退而後已至，必遠海也。又有多寡之不同，《媛姝由筆》曰：海恒早晚兩潮，惟廣東一潮，韶州有雌雄泉兩潮。《拾遺記》：柳州昔相嶺西麓下有潮井，廣百畝，一日三湧三落。夔州開縣有三潮溪。安寧州有潮泉，一日三溢三焦。楊穆西云：張佳胤記滇大華山有聖泉一，名海眼，應子午卯酉四潮，日二潮者，夜不見也。《職方外紀》：厄勒祭亞有海，一日七潮。連州下流有斟泉，一日十溢十竭。《玄中記》：貴州城外有漏沟，一日百盈百竭，或云五十盈五十竭。尤異者有反潮，有忽至，有忽止，有久不退，竟不潮之不同。厄勒祭亞旁一島，別有海島，潮盛吸水入而不盈，潮退則噴水如山。當吸時，衣不可沾水，沾則連人吸入。不沾，雖近立亦無。萊北膠西相距不二百里，此潮上即彼潮下，彼潮上即此潮下，兩者恒相反。楊穆西云：虔州廉溪旁有井，日三潮，名三潮泉，當潮時可操觚而吸，崇禎末不至。温伯芳云：已而復至，但少殺於前。己酉余往觀之，但見多拳石，問汲者，近祇微潮。旁更有出水寺，水出殿上，云可愈目疾。錢塘江，隣海口有子午潮不爽。諺云：潮過夷亭出狀元。宋末過之，果應衢涇。自嘉靖甲午來，不惟不過夷亭，錢塘江邊日或不至，時人謂之凍死潮。宋潮不至信已。歐邏巴西北有勿搦祭亞城，建海中，以木爲椿，其海不潮。廣東金陵近海諸處，水常湧十餘日不退，名曰海嘯。凡此皆潮之異也。至張僧鑒《潯陽記》，雞籠山湧泉如潮，朔望尤大。《輿地記》：移風縣有潮雞，鳴長(旦)[且]清，如吹角，每鳴應潮至。如此者種種，筆不勝書，姑録其要以俟徵質。

余謂潮汐而及月氣，無從徵考，人未之或信。近簡閱《寰有詮》，得所記漢武八年三月，日食在望，月退自東奄，全地無光者十有二刻，復明後日仍對望東現，爲有五疑，因大呼擊案曰：余言有徵矣！蓋此食非實食也，乃月食所沖，聚成一月，乃虛月。適當龍頭正在望時，氣聚成月自大，此月大二倍。故可十二刻。月氣迴沖，自由東食西，氣月大則厚，故全地昏暗無餘光；氣厚則實，故結成月形。如月食日法，氣過明復，實月自仍現於東方，有何異哉。

黄宗羲《宋元學案》卷一七《横渠學案上・正蒙・參兩篇》

地有升降，日有修短。地雖凝聚不散之物，然二氣升降其間，相從而不已也。陽日上，地日降而下者虛也。陽日降，地日進而上者盈也。此一歲寒暑之候也。至于一晝夜之盈虛升降，則以海水潮汐驗之爲信，然間有小大之差，則繫日月朔望，其精相感。

百家謹案：地有升降，固是四游荒唐之説，即余襄公《圖序》云：潮之消息，皆係于月，亦非定論，惟朱有中之《潮賾》其説最精。潮之升降，大小應乎節氣。節氣輪轉，潮汛隨之，然以之論淞浙之潮則合，而他方之潮有一日一長者，有一日四長者，有一月兩長者，有一年一長者，有潛滋暗長者，有來如排山烟電者，此又何以例之。百家私忖，造物凡創設一種類，必極盡其變化。假觀木類，松葉細如針，桃葉大如蓋，種種奇形異狀，不可勝數。飛潛動植，土石之類皆然，何于水獨不然。海之有潮，猶婦人之行經，以一月爲期而有信。然亦有逾月者，有不及月者，有四季者，有暗轉者，種種不一，可無疑于潮矣。

朱奇齡《拙齋集》卷五《潮汐解》　易曰一陰一陽之謂道。陰陽者，氣也。盈天地之間，氣而已矣。升降飛揚，未嘗止息，而其所以然者，即謂之道。是故日之有明晦也，月之有盈虧也，寒暑之有往來也，皆陰陽之浮沉，而天地之闔闢也。水之于潮汐也，亦然。朝而至者爲潮，夕而至者爲汐，其進退有常，其盛衰有節。

在于春夏秋冬，則爲一歲之候。在于晦朔弦望，則爲一月之候。倏然而來，倏然而往，曾無毫髮之爽，蓋有氣焉以運之矣。乃世之論潮汐者，言人人殊，或曰天河激涌，或曰地機翕張，則其説誕而不足據也。或曰海鰌出入之度，或曰神龍變化之迹，則其説俚而不足據也。或曰兩水相合相盪而成，則其説出于臆測而不足據也。而説之近理者，有從日之説焉，有從月之説焉。主日者以爲日激水而潮生，盧肇之賦是也。夫日者，重陽之母，陰生于陽，故潮附之于日，理或然也。主月者以爲月周天而潮應，封演之論是也。夫月者，太陰之精，水亦陰類，故潮附之于月，理或然也。自是而後，則有宋儒折衷之，以爲從月不從日，若余安道之言曰：月之所臨，則水往從之。月臨卯酉，則水漲乎東西。月臨子午，則潮平乎南北。其論詳矣。邵子則又從而爲之説曰：海潮者，地之喘息也，所以應月者，從其類也。朱子則又從而爲之説曰：天地之間，東西爲緯，南北爲經，故子午卯酉爲四方之正位，而潮之進退，以月至此位爲節。大抵不離乎余襄公之説者近是。雖然，天地之大，變化無窮，固不可得而泥也。流行于天地之内者，無一物之不同原，亦無一物之或相肖，故能成其大而又安在潮汐之必應乎月哉。且夫月盈于望，潮汐固大矣，而何以反大于旁死魄。月虧于朔，潮汐固小矣，而何以不小于哉生明。如其從月，則豈有盈虧大小之異乎？且夫膠萊之潮，南北不同候，丘處機之説可據也。瓊州之潮，東西有異勢，《寰宇記》所載可稽也。如其從月，則豈有南北東西之異乎？此從月之説又未可盡信也。嘗試論之，大抵元氣嘘吸，地隨氣而浮沉。地氣升降，潮隨地而漲歛者，陰陽之所爲而已矣。故潮汐之進也，大也，陰陽之氣之升也，道之所以闢也。潮汐之退也，小也，陰陽之氣之降也，道之所以闔也。而其所以進而復退，退而復進，大之而小，小之而大，則陰陽之無始而屈伸變化之無窮也。舍是而別求潮汐之説，則吾不能爲之解矣。

郝玉麟等《廣東通志》卷五二《物産志》　鱗

海鰌魚長數千里，穴居海底，入穴則海水爲潮，出穴則潮退，出入有節，故潮候有期。《水經注》。按：海鰌魚，大抵即長鯨也。長者亘百餘里，牡蠣聚族其背。鰌平水即牡蠣崪屼如山矣。舶猝遇之，如當其首，輒震以巨砲，鰌徐徐而没，猶漩渦數里，顛頓久之，人始有更生之慶。其出入乘潮，非能爲潮也。高廉呼爲海主，雷瓊謂之海龍翁。

王植《皇極經世書解》卷一四　觀物外篇之十

海潮者，地之喘息也，所以應月者，從其類也。

補註：一日之内，自子後陽生之時，陽交於陰而潮生；午後陰生之時，陰交於陽而汐生。如人之喘息之象也。一月之内，朔三日明生之時則陽長，猶一日之子後也，故潮勢大。十八日魄生之時則陰長，猶一日之午後也，故潮勢亦大。此天地間，陰陽造化之妙，有莫知其然而然者，或依余襄公之意而爲之説曰：日爲陽精，君之象也；月爲陰精，臣之象也。水，月之屬也，月常向日，而水亦從之。此潮汐之所由名也。朔則日月相會，望則日月相對，故潮勢大。月弦之際，日月不相會、相對，故潮勢小。

黄氏畿曰：人氣出入，由口爲喘，由鼻爲息。海潮如之，以氣之出入於水土也。水爲地之太柔，月爲天之太陰，陰與柔應，故月麗於卯酉則潮應乎東西，月麗於子午則潮應乎南北。

又王植《正蒙初義》卷二　參兩篇

地有升降，日有脩短。地雖凝聚不散之物，然二氣升降其間，相從而不已也。陽日上，地日降而下者虚也。陽日降，地日進而上者盈也。此一歲寒暑之候也。至於一晝夜之盈虚升降，則以海水潮汐驗之爲信，然間有小大之差，則繫日月朔望，其精相感。

黄氏瑞節曰：此段地有升降，日有脩短，及証以海水潮汐之候，皆用舊説。今考先儒皆謂地在天中，水環地外四遊，升降不越三萬里。春遊過東方五千里，其下降如其數。秋遊過西方五千里，其上升如其數。夏遊在南，故日在其北。冬遊過北，故日在其南。此冬夏晝夜之長短，因地有升降而然。人處地上，如在舟中，但見岸之移，而不知舟之轉也。至於論潮，則謂天包水，水承地，而一元之氣升降於太虚之中，地乘水力，與元氣相爲升降。氣升而地沉，則海水溢上而爲潮。氣降而地浮，則海水縮而爲汐。一晝一夜，陰陽之氣再升再降，故一日之間，潮汐皆再。其説與地有四遊相爲表裏，然以渾天術觀之，天形斜倚，半在地上，北極出地三十六度，其南五十五度正當地中，又其南十二度爲夏至之日道，天在地上最高，故晝長。又其南二十四度爲春秋分之日道，天在地上稍低，故晝夜半。又其南二十四度爲冬至之日道，天在地上最低，故晝短。其南下入地纔三十一度而已。此晝夜長短，乃天地高低自然之理，非因地之升降然也。潮汐消長，則惟余襄公《海潮圖序》最明，蓋潮之消息，皆繫於月。月臨卯酉，則潮漲乎東西。月臨子午，則潮平乎南北。晝夜之運，日行一度，月行十三度有奇，故太陰西没之期常緩於太陽三刻有奇，潮信之來，率亦如是。自朔至望，常緩一夜潮；自望至晦，復緩一晝潮。朔望前

方觀承《兩浙海塘通志》卷一四

潮汐

海水晝夜兩潮，多暗長。浙屬之嘉寧温台各郡，類然。獨海寧之尖山與南岸紹興諸山，一束激起潮頭，雪浪銀濤，排牆而進，至龕赭二山又加一束而錢塘之潮遂爲巨觀。然江水順下，海潮逆流，强弱不相敵，江水折而西行，而兩旁回溜之搜刷，非長樁巨石不能抵禦。此各府之塘皆重塘身，而杭紹兩府之塘尤重塘根也，志潮汐。

又 水經注

錢塘縣東有定巳諸山，皆西臨浙江，水流於兩山之間，江川急濬，兼濤水晝夜再來，來應時刻常以月晦及望尤大。至二月、八月最高，峨峨二丈有餘。《吴越春秋》以爲子胥、文種之神也。昔子胥死於吴，而浮屍於江。吴人憐之，立祠於江上，名曰胥山。文種忠於越而伏劍於山陰，越人哀之，葬於重山。文種既葬，子胥從海上負種俱去，游夫江海，故潮水之前揚波者伍子胥，後重水者大夫種。

又 高麗圖經

潮汐往來，應期不爽，爲天地之至信，古今嘗論之。在《風俗記》以爲海鰌出入之度；《浮屠書》以爲神龍之變化；竇叔蒙《海濤志》以爲水隨月之盈虧；盧肇《海潮賦》以爲日出於海，衝擊而成。王充《論衡》以爲水者地之血脉，隨氣進退，率未之盡，大抵天包水，水承地，而一元之氣升降於太空之中，地乘水力以自持，且與元氣升降，互爲抑揚而人不覺，亦猶坐於船中而不知船之自運也。方其氣升而地沉，則海水溢上而爲潮；及其氣降而地浮，則海水縮下而爲汐。計日十二辰，由子至巳，其氣爲陽，而陽之氣又自有升降以運乎晝；由午至亥，其氣爲陰，而陰之氣又自有升降以運乎夜。一晝一夜，合陰陽之氣，凡再升再降，故一日之間，潮汐皆再焉。然晝夜之攻擊，乘日升降如應乎月，日臨於子則陽氣始升，月臨於午則陰氣始升故也。汐潮之期，日皆臨子；晝潮之期，月皆臨午焉。又日行遲，月行速，以速應遲，每二十九度過半而月行及之。日月之會謂之合朔，故月朔之夜潮，日亦臨子；月朔之晝潮，日亦臨午焉。且晝即天上而言之，天體西轉，日月東行，自朔而往，月速漸東，至於漸遲，而潮亦應之，以遲於晝，故晝潮自朔後，迭差而入於夜，此所以一日午時，二日午末，三日未時，四日未末，五日申時，六日申末，七日酉時，八日酉末也。至夜即海下而言之，天體東轉，日後，月行差疾，故晦前三日潮勢長。朔後三日，潮勢大，望亦如之。月弦之際，月行稍遲，故潮之去來勢亦稍小。一月則潮盛於朔望之後，一歲則潮盛於春秋之中。春夏晝潮常大，秋冬夜潮常大，蓋歲之有春秋，猶月之有朔望，天地之常數也。此潮之消息，乃繫乎月之進退，亦非因地之浮沉也。張子特用舊說，而未之易耳，因附見之。

補訓：此論地之升降，而並及潮汐也。因地之升降，帶言日之倐短。地雖凝聚至寒暑之候，正言地之升降，而寒暑帶倐短意。下又言晝夜之盈虚升降，而及潮汐。夫地者，乘氣機而爲升降者也，因地之有升降，而日乃有長短晷刻之不齊，以爲寒暑之分。所以然者，何也？地以陰質，雖爲凝聚不散之物，然陰陽二氣升降於地之中，循環相隨而不已也。當其陽氣日上，則地日降而下者，以陽氣虚於下，故地沉而降也。當其陽氣日降，則地日進而上者，以陽氣盈於下，故地浮而升也。陽自子月而生，日漸長而爲暑。陽自午月而降，日漸短而爲寒。此一歲寒暑之氣候如是也，至於一晝夜之間，亦有盈虚升降。旦而陽生，則地以虚而降，潮於是生；夕而陽降，則地以盈而升，汐於是至。則以海水之潮汐驗之而可信也。然其間潮有大小之差者，則又繫日月朔望。月之精與水相感，月疾則潮大，月遲則潮小。而潮汐實則繫於地之升降也。地有升降，故日有倐短。重上句倐短，照下寒暑者，地本陰，陰之氣在地中，而天之陽氣實升降其間，故云二氣相從不已，晝夜微升降，寒暑大升降。潮汐應月，因朔望帶言日月與水皆陰類，故其精相感。按地有動有陷，則非死物，其升降亦或有之，但不得有五千里之懸殊耳。舟大而穩，乘者不覺其動，况茫茫大地，其升降誰能知之哉。若論寒暑修短，則天行可據，地運無憑，姑存其理可耳。

集釋：朔則月與日合，得乎陽而陰之氣方生；望則月與日對，得乎陽而陰之氣方盛，故潮水大。春秋陰陽之和，潮亦大。月行弦上而濶近，故似遲。月行中天而狹高，故似疾。非月實有遲疾也，月有遲疾則一日行十三度者不足憑以算曆矣。

愚按：此節全用四遊舊說，惟朔望小大三句參用潮汐應月之義。蓋天行地運，理甚冥渺，非可執一以盡其故。張子自是於渾天術外兼存舊説，未可多議也。海濤朝曰潮，夕曰汐，汐亦潮也。一日一潮一汐。黄氏海縮爲汐，潮汐皆再等語未是。

月西行，自朔而往，月速漸西，至於漸遲，而潮亦應之，以遲於夜，故夜潮自朔後迭復而入於晝，此所以一日子時，二日子末，三日丑時，四日丑末，五日寅時，六日寅末，七日卯時，八日卯末也。以時有交變，氣有盛衰，而海潮之所至亦因之爲大小。當卯酉之月，則陰陽之交也，氣以交而盛，故潮之大也獨異於餘月。當朔望之後，則天地之變也，氣以變而盛，故潮之大也獨異於餘日。今海中有魚獸，殺取皮而乾之，至潮時則毛皆起。豈非氣感而類應之自然歟。

又　吳亨壽答高起巖論潮書

坎者月之體，月者水之精。月與水一而已矣。在天爲月，在地爲水，天有陰陽太少，而月爲太陰。地有剛柔太少，而水爲太柔。古人以方諸取水於月，其氣類固相感也。而况夫子午之位，乃陰陽之始。於其所始而月加焉，則陰與陽感而陰以升，陰與陰遇而陰以盛。水陰類也，當其所加之時，涌而逆上，從其類也。月一晝夜凡一加午，故潮一日再生。月一日退天十三度十九分度之七，故潮日遲於一日。所以初三之潮晝遲而入十八之夜，十八之潮夜遲而入初三之晝也。一月之間生明生魄，潮亦再盛焉。生明之潮，則自前月二十六長水謂之起信，歷晦朔至月三日謂之大信。初四潮勢漸殺謂之落信，歷上弦至月十日謂之小信。生魄之潮則自十一始長，歷望至十八而盛；自十九始殺，歷下弦二十五而衰。其起落大小之信亦如之。天下之至信者莫如潮，生落盛衰，各有時刻，故潮得以信言也。月於一月之間漸遲而縮一日潮，於兩信之内漸遲而縮兩潮。秋月最明，秋潮最盛，亦其理然也。又嘗即《易》考之，坎爲月魄，離爲月魂，震生明也，兑上弦也，乾望卦也，巽生魄也，艮下弦也，坤晦卦也。生明之盛，非無故而盛也。坤一索而得長男，故盛過兑少而往則衰矣。生魄之盛，亦非無故而盛也。乾一索而得長女，故盛過艮少而往則衰矣。驗之於月，參之於卦，潮之理其殆庶幾乎。或曰誠如是，則陽之盛莫如乾，陰之盛莫如坤，潮不於是焉大，而顧大於震明、巽魄何耶？曰：兹又先天後天之説也。不本諸先天，無以見造化之全體。不參諸後天，無以見造化之妙用。先天之卦體也，乾坤離坎位於四正，震巽艮兑位於四維，而月之周天，實配之後天之卦用也。退乾於西北，退坤於西南，父母老而不用，而長男代父，長女代母，居東南生長之方。天地間萬物萬事咸於此乎權輿，故其爲氣也莫盛焉。而潮之大信，實配之月，配其體則陽爲明，陰爲魄。而乾坤當望晦之位，乃陰陽之極也。潮配其用，則長爲盛，少爲衰。而震巽當大信之候，乃陰陽之長也。夫如是則其不乾坤而震巽，也有由矣。或又曰：亦何以知其必取於卦耶？曰：以納甲家啟之，納甲者，如生明之月，昏出於庚震，則納庚。生魄之月，晨見於辛巽，則納辛之類是也。陰陽者，流用之率驗，則月與卦相爲用也審矣。潮而有取於月也，不亦有取於卦乎哉。或又曰：月之説然耶，則潮之爲候，亦宜月半以前由微漸大，月半以後由大漸微，以象夫三五而盈、三五而虧可也。今乃與明魄之生兩盛焉，何哉？曰：明魄之盛，固已如前所云。然月一月一周天，而一日之内，則一加子，一加午者也。潮於月加子午之時一日再至，故亦於月生明魄之日一月而再盛焉。月之一潮之再若不相似，而實相感召非深，於理者未易以語此。或又曰：子所論浙江潮也，他江亦有潮，其遲速不同，何歟？曰：潮之生，必生於月出之海。浙江之去海爲近，故其至也如時。他江所去有遠近，故所至有遲速耳。或又曰：古今言潮者，必推浙江，亦謂銀山雪屋，有頭數丈，此爲異耳。他江之潮，弟如涌水，復與此不同，何歟？曰：浙江去潮生處近，掀天沃日之勢方盛而不可遏，赭山龕山横鎖江口，頓然斂寬就窄，其勢必至於衝激奔射也。他江去潮生處遠，遠則必殺，故但涌水而已，又何疑焉。

又　毛先舒答潮問

問：浙江何以有潮也？答曰：地勢爲之也。天下之水皆有潮，然多暗長水或涌水而已。惟錢塘之潮，澎湃奔騰，如爐鼓釜沸，以自海入江，與他水絶殊。蓋地勢使然也。何以晝夜再至且以漸遲也？曰：應月候也。月行較日以漸遲，一日常不及日十二度，故潮至亦以漸遲也。其晝夜再至，則應月之中也。月一晝夜則再中，或中於天，或中於地之下。月中則潮至。月以朔之午正刻中於天，以子末刻中於地。初二日則以午末刻中於天，以丑初刻中於地。其後中期以次漸遲，至望則以子正刻中於天，午初刻中於地。十六日則復如朔。朔日潮至以午正、子末。初二日潮至以午末、丑初。望日潮至以子正、午初。十六日則復如朔。其漸遲之期無不如月之中天、中地也。秋則壯，何也？亦應月也，月華至秋則益壯。所謂地勢者，可詳歟？曰：其勢有三。錢塘之江將入海處，有龕赭二山焉，屹相峙如門，下有沙檻，江流至此則一束，故海潮至此亦一束。海水長欲入江，束於山，不得駛則怒。譬人之欲入門也，人多門狹，則喧動抨擊以争門。唯水亦然，此山勢也。北水悍，南水緩，而錢塘之水發丹陽，經睦杭、紹興諸州，逶迤曲折，以入於海，故曰浙江。浙者，折也，則水尤緩。他江悍到，口與海力敵，敵則潮至，不敢逞爲暗潮。浙江緩到，口不能與海力敵，是則海壓江而陵出其上，潮至敢逞，則爲怒潮，此水勢也。浙之方爲巽，象曰：剛巽乎中正，而志行柔皆順乎剛。江柔巽海，讓潮逞怒，此方勢也。此三者，浙江之所以有潮與他水殊，不足怪也。紛説無當，徒益滋惑。客曰：潮何以名爲潮也？曰：潮者，朝也，朝月也。曰：海，百谷王矣，而何以朝爲？曰：月者，萬水之天子也，故海亦水而君月，月中於天，中於地，猶天子之涖於明堂也，故海朝之。或曰：朝江也，《書》云江漢朝宗於海，江朝海也。潮者，海朝江也。故窮歸宿，則海大江小。溯源本，則江高海卑，可以互爲尊，則亦可以互爲朝也。然則名潮，復名汐者何故？得母潮取其朝至，而汐取其夕至耶。曰：配以汐名，或主此。然潮之義不繫焉，審以其朝至而名潮也，則十二時皆有潮，奚止朝夕？日夕至者亦未嘗不名潮，故曰晚潮，曰暮潮，曰夜潮。故潮者統辭也，汐加之辭也，而實非可以配潮，故統潮與汐皆名潮，是朝會之義，非朝晨之義也。此其所以名潮者也。

又 楊魁見潮論

余嘗登海寧城樓，見海潮薄岸，怒濤數十丈，若雪山駕鼇，雷奔電激。昔人謂龕赭二山峙爲海門，故激而爲濤。今觀洶溢之勢却在海門之外，非龕赭二山所爲明矣。《抱朴子》曰：取物多者其力盛，來遠者其勢大。潮水從東來，地廣道遠，乍入狹處，陵山觸岸，從直赴曲，其勢不泄，故隆崇涌起而爲濤，理或如此。未登海上，不知果爾否也。既數日登虞山險山巔眺望，則見海在浙東西者，兩岸有際，水勢洄曲，旁多山峙，海中亦萃光星列，彼自浩渺之區入於阻隘，安得不衝擊而爲濤乎。即此推之，定海松江之裏逶迤曲折，兩岸有際，元非溟渤望洋無際者，實大海之汊入於浙中者爾，故觸山薄岸，震撼擊撞，勢從內溢而無外泄，所以來遠勢大，愈進愈激，未抵海門，洶濤已甚矣。此理之常，無足恠者。或曰潮盛於八月十八日者，又何也？余曰：此邵子從月之論，可信也。日激水而潮生，月離水而潮大，是也。或又曰：地浮於水，天在水外，日入則晚潮激於左，日出則早潮激於右，日隨天旋，水因灼激，於月何與也？余曰：月者水之精也，八月金盛於酉，水之沐浴也於此，而水月從陰，其勢盛矣。月離水而潮大，亦氣使然也。或者曰：强弩射潮，水不近城，則又何也？余曰：此非其精誠之感，果能與神抗也。余嘗於捕魚者詢之，夫水激而上，水族從之上者，其勢然也。捕魚者於潮頭初過，不敢投網，待大魚三過之後乃網其細者，又時至於割網放其不能舉者。水族乘潮而上者衆矣。水族在海中者多歷年所强食弱肉，受精不少，則精靈有知，逢射知避者，物性之靈則然也。或又曰：宋之末年，潮多不振，近日浙江亦鮮怒濤，則又何也？余曰：氣有盈怯，息於彼則消於此，古來由然。所以有自南而北、自北而南之説。杜鵑之鳴，洛陽邵子言之矣。嗟乎！吾浙中文勝而鮮實，人繁而物索，奸宄盛而正氣消，此潮勢之所以不振也。操造命之責臨涖斯土者，盍反其本以固元氣，庶幾其可救乎。

又 郭濬寧邑海潮論

寧邑海潮必自東起，先阸於近洋八山之內勢已洶涌。錢塘江濤必自西來，阸於龕赭海門而出，相值在寧邑之南百餘里之內，勢益湍怒，安得無淜騰潰溢之患。幸江濤輕淡而剽疾，海潮鹹重而沉悍，江水朝宗之性終不勝大海怒張之氣，由是海潮仍挾江濤過海門，更西抵嚴灘而後退。故潮汐之大小有常期，寧潮自東而西有常道。至於江濤之緩急，鹹水淡水之相值，無常期，亦無常處。若更挾以颶風之怒號，上流之添漲，不免駭浪横飛，怒濤旁射，吾寧實逼處，此不可謂横過之潮，可長恃以無恐也。

又 紹興府志

蕭山潮候率遲於餘姚。昔人謂餘姚平來，蕭山者必登潭而後至。非也。地勢高下然耳。

又 ［萬曆］寧波府志

海潮自定海入鄞江，六十里至府治，東北分爲二江，西北通慈谿，東南通奉化。潮汐往來各有候。其在鄞，初一、十六日，子末、午末平；初二、十七日，丑初、未初平；初三、十八日，丑正、未正平；初四、十九日，丑末、未末卑；初五、二十日，寅初、申初平；初六、二十一日，寅正、申正平；初七、二十二日，卯初、酉初平；初八、二十三日，卯正、酉正平；初九、二十四日，卯末、酉末平；初十、二十五日，辰初、戌初平；十一、二十六日，辰正、戌正平；十二、二十七日，辰末、戌末平；十三、二十八日，巳初、亥初平；十四、二十九日，巳正、亥正平；十五、三十日，巳末、亥末平。定海以次而早，慈奉以次而遲。《慈谿縣志》：潮候每月逐日晝夜相對，初一、十六日，子午初潮漲，寅申初潮平，辰戌初潮涸。初二、十七日，子午中潮漲，寅申中潮平，辰戌中潮涸。初三、十八日，子午末潮漲，寅申末潮平，辰戌末潮涸。初四、十九日，丑未中潮漲，卯酉中潮平，巳亥中潮涸。初五、二十日，丑未末潮漲，卯酉末潮平，巳亥末潮涸。初六、廿一日，寅申初潮漲，辰戌初潮平，子午初潮涸。初七、廿二日，寅申中潮漲，辰戌中潮平，子午中潮涸。初八、廿三日，寅申末潮漲，辰戌末潮平，子午末潮涸。初九、廿四日，卯酉中潮漲，巳亥中潮平，丑未中潮涸。初十、廿五日，卯酉末潮漲，巳亥末潮平，丑未末潮涸。十一、廿六日，辰戌初潮漲，子午初潮平，寅申初潮涸。十二、廿七日，辰戌中潮漲，子午中潮平，寅申中潮涸。十三、廿八日，辰戌末潮漲，子午末潮平，寅申末潮涸。十四、廿九日，巳亥中潮漲，丑未中潮平，卯酉中潮涸。十五、三十日，巳亥末潮漲，丑未末潮平，卯酉末潮涸。《嘉靖定海縣志》：潮汐定候：初一、初二、初三、十六、十七、十八日，辰戌長，丑未退。初四、初五、十九、二十日，巳亥長，寅申退。初六、初七、初八、二十一、二十二、二十三日，子午長，卯酉退。初九、初十、二十四、二十五日，丑未長，辰戌退。十一、十二、十三、二十六、二十七、二十八日，寅申長，巳亥退。十四、十五、二十九、三十日，卯酉長，子午退。《象山縣志》：潮候：初一、十六，子午平。初二、十七，子午平。初三、十八，丑未平。初四、十九，丑未平。初五、二十，寅申平。初六、廿一，寅申平。初七、廿二，卯酉平。初八、廿三，卯酉平。初九、廿四，卯酉平。初十、廿五，辰戌平。十一、廿六，辰戌平。十二、廿七，巳亥平。十三、廿八，巳亥平。十四、廿九，子午平。十五、三十，子午平。

周煌《琉球國志略》卷五　海潮候

水之進退有度，朝而至者爲潮，夕而至者爲汐。然世之論者不一。《山海經》以爲海鰌出入之故。夫鰌特一微物耳，顧能横四海之大而鼓之以盈縮耶？浮屠氏謂爲神龍變化之迹，殊不知龍見于春夏，蟄于秋冬，則秋冬之潮汐又何物變化而致其往來乎？《抱朴子》則云：兩水相合相盪而成。然必疾風暴雨始足以張其勢，乃雨霽水枯，未聞其或輟也。要皆支離誕妄，不足爲典要。及觀盧肇之賦，以日出於海，衝激而成。而《高麗圖經》謂天包水，水承地，地沉則水溢，地浮則水縮。余襄公之論，獨以爲水之應月，各從其處，月臨卯酉，則水漲于東西；月臨子午，則水平于南北。綜是數説，應月之論爲最。與邵康節《經世書》所云海潮者月之喘息相脗合。臣竊覩陰燧水精，皆可映月而取明水，於八月望夜尤速且多，可驗應月之説爲不誣矣。福州與各直省潮水，率皆與月爲進退，琉球獨較福州每潮率後三辰，望日福州午時潮滿，琉球則滿以戌時，餘日因以遞遲，似不與月運同行。然據望日晝潮以戌時滿，而望前夜潮，則實于望日辰時滿，雖謂之早于福州兩辰亦可。況凡物必有所自始，而其來也有漸。琉球地偏東極，而尾閭在其後，安知非月始離海之精，琉球受光獨近，得氣尤盛。初出之光華，與內地方中之精彩略等。且水生于西而歸于東，而物從其朔，潮之生也恒自東，則琉地之潮，逐月始生而即漲，又何足異乎。故八卦先天之坎位，月象也，而後天之坎位，乃一六生成之所，疇謂潮汐非應月而生者哉。雖然，覆載之大，非可以常見拘，據各洋船往來所見潮候，又各不同。西洋一日一潮，定以申漲，以寅退，是有汐而無潮。馬尋諸國，則一日兩潮，計晝夜各兩潮兩汐。即錢塘潮，古亦有偶三日不至者。臣所以不能不復參之理氣之説也。華綸謂潮汐者，天地噓吸之氣，陰陽消長之理，自然而成，似屬通論，足括羣言。潮候

虞裕《談撰》　潮者，太陽太陰之鼓怒之氣所起。蓋日月運行，陰陽鼓怒，朝夕爲常，故潮來有信。自朔至望，月去日漸近，故陰沴微而潮向小。朔望之後，自初三漸至十八最大潮者，所從來遠，三日而及此也。仲夏海無潮者，陰氣至微，不能自致。仲秋最盛者，陰陽氣均而陰方壯，鼓怒之勢雄故也。

周春《海潮説》卷上　古今言潮者，無慮數十家，其論往來大小之理，精且詳矣。第念我輩生長海濱，必當按切形勢，求與古人相證合，未暇博引而繁稱也。嘗考枚乘《七發》言潮之祖也。所云，江水逆流，海水上潮，目爲似神而非者，惟與浙江之潮相近。其次王充《論衡》則明云：丹徒大江無濤，錢塘浙江、山陰江、上虞江三江有濤矣。又其次酈道元《水經注》引《吴越春秋·吴録》及《七發》之文，注於錢塘縣東下，則定潮之在吴地矣。竊謂海固有潮，凡通海之江皆有潮，但天下之潮，莫不暗長，即極盛之時，亦不過波浪湧起而已。其能合於《七發》所云者，獨有我州之潮。我州之潮即浙江之潮也。所謂銀山雪屋，吞天沃日，有萬馬犇騰之聲，頃刻而數百里。羣推浙江之潮，甲於天下，皆因他處之潮，海自海而江自江，故其勢殺。若我州之潮，海自東來，經東南大洋入尖山口而一束，其勢遠且猛，江自西來，前揚波，後重水，出龕赭海門而亦一束，其勢隘且急。兩潮會於城南，激盪衝突，然江終不敵海，海遂挾江以上，直抵嚴灘而止，此正合於江水逆流，海水上潮，乃似神而非者三之一也。士人習焉不察，有頭潮、二潮之分，南潮、北潮之別。豈知頭潮、南潮之即江潮，二潮、北潮之即海潮也哉。兹以海寧之潮，證都尉之説，信吴地自有廣陵，於揚、杭兩不相涉，當與伍子之山，胥母之場，皆以吴地斷之。我州地亦屬吴，到江則吴地盡矣。至曲江居士之賦雖佚，而金風亭長之集具在，不復贅述云。

案：《論衡·書虚篇》論濤八百餘言，辨子胥驅水爲濤之虚，且定吴越地界云：「吴越在時，分會稽郡，越治山陰，吴都今吴，餘暨以南屬越，錢塘以北屬吴，錢塘之江，兩國界也。山陰、上虞在越界中，子胥入吴之江爲濤，當自上吴界中，何爲入越之地，發怒越江，治中越人。」故其立論如此，後云：「其發海中之時，馳漾而已，入三江之中，殆小淺狹，水激沸起，故騰而爲濤。曲江有濤，竟以隘狹也。」上用「殆」字，下用「竟」字，文氣兩相呼應，中引廣陵曲江，文人賦之爲證。史記之「從狹中渡」即此。又云：「吴殺子胥，爲濤廣陵，子胥之神竟無知也。」正見廣陵曲江即在三江之中，而爲越江無疑矣。否則，爲濤上吴界中，何可云子胥無

知乎？況揚子江舊闊四十餘里，昔魏文帝臨江，見波濤洶湧，嘆爲長江天塹者，又安所謂隘狹乎？《論衡》非僻書，可以覆核也。又案謝靈運《山居賦》云：「及風興濤作，水勢奔壯。于歲春秋，在時朔望。湯湯驚波，滔滔駭浪。電激雷奔，飛流灑漾。凌絶壁而起岑，横中流而連薄。始迅轉而騰天，終到底而見壑。此楚貳醉心於吴客，河靈懷慚於海若。」自注：枚乘云楚太子有疾，吴客問之，舉秋濤之美以瘳病。太子國之儲貳，故曰楚貳。康樂在仲任之後，善長之前，善長北人，康樂南人，可見六朝時南北相同，亦非酈氏一人之臆説也。自記。

鄉先正陳清恪太夫子，致仕後觀潮，疑有頭潮二潮頭之分，因至西南兩門外，又至廿里亭尖山口，再四觀之，終不得其故，而悉歸之於沙。見於公所著《海潮議》中。余生長海濱，亦復習焉不察。去年庚申秋日，忽悟其理，而成此篇。雖江海兩來，前人有略道及者，若分屬頭潮二潮，頗自詡爲獨創，非勦説雷同也。偶引「丹徒大江無濤」六字，致累後漢名賢之書，殊覺歉然，惜不能起鄉先正而就正耳。又記。

《南齊書·地理志》云：「南兖州刺史，每以秋月多出海陵觀濤，與京口對岸，江之闊壯處也。」或引之以爲廣陵濤之證，無論闊壯與浙江之隘狹不合，且不知海陵之爲泰州，而以揚州城當之，紕繆已極，其餘更不勝言矣。又記。

又　卷中　繡水朱氏少作《謁廣陵侯廟詩》，晚年與越辰六書，皆未暇詳考，但據曾南豐文，無怪乎後人之滋疑也。案《越紐録》言吴古故水道，首云：「出平門，上郭池入瀆。」平門，吴北門也。末云：「出漁浦，入大江，奏廣陵。」漁浦之名，見於謝靈運《富春渚》詩：「宵濟漁浦潭。」《文選》李善注引《吴郡記》：「富春東三十里，有漁浦。」邱遲亦有《旦發漁浦潭》詩。《水經注》云：「江水東逕上虞縣南，縣之東郭外有漁浦湖，湖中有大獨小獨二山，又有覆舟山，覆舟山下有漁浦王廟。」夫由漁浦入大江，由大江奏廣陵，則廣陵正當吴越之界矣。越紐有吴古故水道，及吴古故陸道。吴古故從由拳、辟塞奏山陰三條，其間古今地名雖難悉考，然要皆自吴入越，自北而南之路，則廣陵非浙江之地而何？其與揚州，本風馬不相及，否則，自蘇至揚，何以水出漁浦，陸奏太湖之北，復從由拳辟塞乎。且南豐之文，未始不足據也。合王梅溪之説，徐次鐸之議觀之，知漢早有廣陵之稱，不自南豐始也。南豐于熙寧時序鑑湖圖，上距東漢永和已九百餘年矣，必有圖經碑碣可稽，豈能鑿空而臆撰乎。其云曹娥斗門者，謂水東注曹娥。其云廣陵斗門者，謂水西注廣陵，非謂鑑湖之傍，其地即名曹娥、廣陵也。曹娥斗門屬會稽，水入於東小江。廣陵斗門屬山陰，水入於西小江。案《嘉泰會稽志》：浦陽江東北入臨浦灣至海，俗名西小江，一名錢清江。今雖鑑湖湮廢，西小江亦半漲爲田，然以形勢度之，廣陵之地自在，當即今西興也。西興，本名固陵，《吴越春秋》云：越王入臣於吴，羣臣皆送至浙江之上，臨水祖道，越王軍陣固陵。《越紐録》云：「浙江南路西城，范蠡敦兵城也。」《水經注》云：「浙江又經固陵城北，昔范蠡築城於浙江之濱，言可以固守，謂之固陵，今之西陵也。」後吴越武肅王以非吉語，改爲西興，所以江干有協應廟，宋時封神爲廣陵侯也。要之，揚州自有江都，浙江自有廣陵。廣陵之封國在後，江都之封國在前，正不必以漢景帝四年會稽郡曾屬江都國，其時枚乘尚在之説，强相附合。夫古來地名同者，何可勝數，又何必以揚杭溷而爲一哉。

案：《宋史·蘇東坡傳》云：「浙江潮自海門東來，勢如雷霆，而浮山峙於江中，與漁浦諸山犬牙相錯，洄洑激射。」又陸放翁詩：「兩岸夕陽漁浦市，數峯寒靄沃洲山。」漁浦、沃洲，皆越地也。又祝和甫《方輿勝覽》：漁浦潭在杭州南，載邱希範詩。又曹能始《名勝志》引《十道志》，以爲舜山，俗傳舜耕處，下有漁浦，載常建孟浩然詩。又《浙江通志》引《明一統志》：「漁浦在蕭山縣西三十里，載邱遲、陶翰兩詩。」又王梅溪《會稽風俗賦》云：「境絶利博，莫如鑑湖。」渭南南氏注《圖經》云：「後漢太守馬臻創立鑑湖，在會稽山陰界。」又云：「東泛曹江，哀彼孝娥，西觀鶩濤，弔夫子胥。」南氏注鶩濤，浙江濤也。在蕭山縣西十三里，有西興渡。以上六條，竝可爲此篇之證。又《越紐》陸道有歷山、龍尾山，今紹興皆有之。雖無錫亦有歷山、龍陵道，地名相同，不必泥也。《越紐》多用奏字，《水經注》引之作湊，古字通也。漁(溪)[浦]之漁，本或作魰，亦古今字。廣陵即固陵，豈廣、固音近，因此通稱耶。自記。

西河先生之論，較竹垞先生更透快，然西河一味駁詰，不若竹垞主浙江自有廣陵之説，尤爲確而精也。又記。

又　卷下　客問於余曰：山人習於山，海人習於海。今我輩生於海國，而不明潮候，如之何？余應之曰：善哉！客之問也。夫言潮而不言候，不知潮者也。言候而不分晝夜，辨朔望，定子午卯酉，不知候者也。唐白香山詩：「一月周流六十回」，近時顧亭林非之，以爲大盡五十八回，小盡五十六回，其説誠是而不能明言其故。第云陽有餘而陰不足，自然之理而已。亭林此説，宋余襄公安道先言之，頗爲朱子所稱，而亦不能明言其故。第云日東行一度，月行十三度有奇，自朔至望，常緩一夜潮；自望至晦，常緩一晝潮。槩言潮之遲緩，由於月之遲緩，而遲緩之處，不能確指其候，亦模糊影響之譚也。世之謬執日月平行之度者，謂月行之與日行，每月較遲一日，故潮亦差兩候。將每歲朔虛已有十二日矣，何待五年再閏哉。今試據吴越僧贊寧之訣，宋《咸淳臨安志》之説，元宣艮齋江干石刻之圖，又復旁參諸家，證以目驗，乃知潮候之轉關，全在初五、二十。蓋晝夜兩候，天下之至信者莫如潮，而朔望之潮，未有不晝午而夜子者也。初一之晝午，進而未申，初五而申，初七而酉，由晝而漸入於夜。初一之夜子，進而丑寅，初五而寅，初七而卯，由夜而漸入於晝。故初五、二十之夜潮，即爲初六、廿一之晝潮，兩日共此一潮。而初七、廿二之晝夜既分，卯酉亦定矣。子午卯酉，天地之正位也，月既臨之，潮隨應之，故一月之中，潮無六十回也。唐竇叔蒙濤數言積日若干，積濤若干。宋初張君房續之云：濤倍日之數。可知余襄公以前，皆信一月六十回之説耳。

客曰：潮候既聞命矣，何不遂及其全？余曰：此所謂遽數之不能終其物，悉數之乃留更僕未可終也。無已，姑陳其略。邱光庭《海潮論》設漁翁隱者問答，以爲不由於水，而由於地，地浮大海中，隨氣出入而上下，氣出則地下，氣入則地上，此襲王充《論衡》水猶人血脈之意，與道經所云地機東南吐噏者，大同小異。徐兢《高麗圖經》本此而取月臨子午卯酉之説。張子、邵子、朱子竝主之。後朱中有《潮賾》、吴貴誠《海潮通考》竝同此。邱氏之説最可信者也。竇叔蒙《海濤志》六章，以爲月者水之宗，月有盈虧，水隨消長而爲潮，月行大梁、析木而潮大。張君房《潮説》因之。封演《聞見記》、燕肅《海潮論》、余安道《海潮序》竝與略同。盧肇《海潮賦》發十四問答，以爲潮之生也因乎日，其盈虛繫乎月，日激水而潮生，月離日而潮大。沈括《夢溪筆談》詆爲無理。後謝頤素《潮説》推算潮應閏月并大小盡法，用盧説而暢言之。此竇盧兩家之可兼采者也。葛洪《抱朴子》以爲天河分爲二條，隨天轉入地下，合海水激盪成潮。後鄭遂《洽聞記》衍其説。周處《風土記》以爲海鰌出入。郭璞《山海經注》從之。釋家神龍變化之説，略與之同。此説之新奇者也。僧隱之以爲海底一山，漸入雲漢，波濤隨之而上，經三時久，其山忽下，波濤亦隨之，此説之最誕者也。竊謂古今潮説，錯雜紛紜，然挈領提綱，已不外乎此矣。客退。書以爲《海潮説下》。

案：吴越詩僧贊寧以五言絶句括浙江潮候，陶南村《輟耕録》載之，然但言春秋晝候，而未及其餘也。明郎仁寶《七修類稿》又衍夏候冬候。宋《咸淳臨安志》有四時潮候圖，蓋即贊寧之法，且參姚寬《西溪叢語》、徐叔明《高麗圖經》爲之説。元漢東宣昭伯（聚）［聚］刻石浙江亭壁，相傳以爲簡明可信。乾隆丁丑，余承之邑志局，創修潮汐一門，采輯頗費苦心，庶免不知而作之誚，無如觀者每忽視此圖，於是乎潮候晦矣。又今法晝夜九十六刻，分初、正兩候，古法晝夜百刻，分初、正、末三候，故初一、十五之子潮，乃初一、十五之夜子時，與初二、十六無涉也。朱子云：子正四刻方屬今日，子初屬昨日。今人纔交子時，便唤做今日，如此便差一日，此似粗淺，然論潮候者不可不知。自記。

憶丁丑在志局時，偕樵石、穀原、巖門、漢槎、霍齋、梧岡、誰園、竹岩、集堂諸君，劇論潮理，爾時都主《日知録》之説，未能悟徹。後來粗通算法，又疑日月平行，而潮候圖説久不復觀，孰知理數備具圖説中，深者見深，無待他索也。回思四十餘年以來，親交零落已盡，而余亦飾巾待終，俯仰之間，感慨係之，何暇好爲立異乎。又記。

奇創縱横騁墨林，天教卧佛説潮音。住家莫負童兒塔，載筆難忘浙海潯。一兩卷中求合璧，三千字裏抵兼金。搜羅遍及謝康樂，解釋先詳王仲任。梁苑有靈應拊掌，酈亭無憾也關心。舍人渺矣香仍瓣，居士依然號不禁。薈萃古書如釀蜜，折衷名論似調琴。玉溪風景休重纂，甌舫詩文漫作箴。記取昌黎傳與悦，須知夾漈入還深。高懸敢向咸陽市，題罷霞箋且自吟。嘉慶辛酉孟冬周春自題。

魏源《海國圖志》卷七六《國地總論下》 萬國地理全圖集

《萬國地理全圖集》曰：諸水之匯聚，稱爲大洋，其最大者爲太平海，在亞齊亞及亞墨利加中間，自東至西長三萬三千三百里，自南至北闊二萬四千三百里，西及大清日本等國，東交亞墨利加西邊，其中多有羣島。次者大西洋海，東及歐羅巴、亞非利加等地，西交亞墨利加，長二萬五千二百里，闊一萬六千二百里，其中大嶼四散，海港繁多，爲通商之大路。三者印度海，即在亞齊亞、亞非利加南邊，長闊均一萬三千四百里，其中海島最多。四者近北極之冰海，其長闊上下七千三百餘里，但因冰如山，凍不可駛。五者近南極之冰海，其長闊不可量也。兩山間至大之海，介歐羅巴、亞非利加之中間，稱地中海，長七千有餘里，闊一千九百里，其中海嶼洲島不勝數。黑海與亞得利亞海隅及地中海相交，大西洋海之東隅，係西班牙、日耳曼、巴剌得等海隅。西麥西可羅隣合順巴分等海隅，海水之色如氣者青，然夜間動水出火，若羣螢動摇，其深淺不等。大洋之中，斷難量度，愈近岸愈淺。海中潮汐，寰宇之陰溼，升降於水者，皆月主之。溼能下濟，水則上升，如呼吸然。月之所臨，則潮起爲正攝。月之對沖，潮亦爲起，爲反攝。故潮盈於朔，漸移三刻一十二分，對月到之位，而以日臨之次，潮必應之。月望後東行，潮附日而西應之。月周天而潮亦應也。月遶地而行，潮亦遶地而行。惟潮有遲速大小不等，或有進六丈，或一尺、二尺而已。至潮有大小，是隨月所行，月行有高低，則潮生進退。月行高則潮小，月行低則潮大。其海潮皆有定候，每日晝夜兩潮，如子午潮長，則卯酉潮退，但時刻各處不同。

鄭復光《費隱與知録》

潮汐應月　理有可徵

問：海水潮汐，《泰西水法》云月爲陰精，與水同物，勢當相就，故月輪所至，水爲之長而成潮汐。長則氣入，水爲之輕。潮降氣出，水復故重。《高厚蒙求》引舊説云：日行地底，所過水熱，月升而冷，激漲成潮。月輪在天，所射之處亦冷，再激爲汐。然同物相就，必有實理，遇冷而激，何以能漲？理必有在。曰：氣之舒斂爲之也。氣與物接，不少間斷。凡屬凝體，不動不變，氣欲稍斂，勢難相就。惟水爲流體，能與氣相就。月性光寒，其升在空則空中氣寒，不得不斂，氣斂而上，則與水欲離。水與氣接，不能離空，故舒而就之。水是實物，舒是水中之氣，故水爲之長，此潮汐之所由生也。至潮汐應時，則諸書言之詳矣。摘録二則于左：

松郡朔望子午潮來，月升當在卯酉。蓋申浦早郡城五刻，浦東更早。可知發潮處原在卯酉，迤邐西至郡城，不能不遲耳。

白樂天詩：早潮才落晚潮來，一月周流六十回。自是北人未諳潮信，今杭之潮，每月朔日以子丑二時到，每日遲三刻餘，至望則了潮降爲午，後半月復然，故大月五十八回，小月五十六回。月之麗天，出東入西，大月二十九回，小月二十八回。

潮分子午　秋潮獨大

問：謂潮因月冷，則子潮似也，何以午亦有潮？謂：午因對射，則焉有午時而能名爲冷者乎。且水冷則斂，何以反升？謂潮因乎冷，則冬日尤冷，何以八月獨大？曰：水與氣接，連如一體，若兩者俱熱，水固無處可升，則兩者俱冷，水又何得而斂乎？夫因冷而升者，正謂空中冷而水不冷也。而謂午時不可言冷者，亦就人所居處論之耳。天上冷際，何時不冷。故月對射之衝，在人所居上際，此際既冷，則此處地氣上行而水爲之上升矣。此午潮理也。以子時論，一日太陽所繞一周，大地皆温，而月升之處其氣獨冷而斂，故水亦爲其所斂而上升，是潮汐皆兼有水暖之理。夫一歲之暖，盛于夏至之後，則水之暖莫如秋時，而天清月朗，多屬秋日，則月光之寒亦莫盛于秋夜。月冷水暖，故潮大宜于秋日。而七月爲秋之始，水暖而月寒未甚。九月爲秋之終，月寒而水暖將退，故八月潮獨大也。

劉嶽雲《格物中法》卷二《水部》　海水

海，晦也，主引穢濁，其水黑而晦。《釋名》。

海乃百川之會，天地四方皆海水相通，而地在其中，其味鹹，其色黑，水行之正也。《本草綱目》。

附：月又陰精，潮之所附。朔望之際，月近于日，故月行疾而潮應大。朔望之後，月遠于日，故月行遲而潮應小。《慎子》。

濤之起也隨月盛衰，小大滿損不齊同。《論衡》。

月之精生水，是以月盛則海潮大。潮水從月邊來，潮汐者，一月之中天再東再西，故潮水再大再小。又夏時日居南宿，陰消陽盛，而天高一萬五千里，故夏潮大。冬時日居北宿，陰盛陽消，而天卑一萬五千里，故冬潮小。春日居東宿，天高一萬五千里，故春潮漸起也。秋日居西宿，天卑一萬五千里，故秋潮漸減也。《抱朴子》。

嶽雲謹案：據《類函》引，今《抱朴子》無此文。

夫潮之生因乎日也，其盈其虚繫乎月也。盧肇《海潮賦序》。天之行健，晝夜復焉。日傅於天，天右旋入海而日隨之。日之至也，水其可以附之乎？故因其灼激而退焉，退於彼，盈於此，則潮之往來，不足怪也。其小大之期，則制之於月，大小不常，必有遲有速，故盈虧之勢與月同體。何以然？日月合朔之際，則潮殆微絶，以其至陰之物邇於至陽，是以陽之威不得肆焉，陰之輝不得明焉。陰陽敵，故無進無退，無進無退，乃適平焉。是以月之與潮皆隱乎晦，此潮生之實驗也。其朒其朓，則潮亦隨之，乃知日激水而潮生，月離日而潮大，斯不刊之理也。《海潮賦序》。

唐盧肇著《海潮賦》以謂日入海而潮生，月離日而潮大。自謂極天人之論，世莫敢非。予常東至海門，南至武山，旦夕候潮之進退，弦望候潮之消息，乃知盧氏之説出於胸臆，蓋有不知而作者也。夫陽燧取火於日，陰鑑取水於月，從其類也。潮之漲退，海非增減，蓋月之所臨，則水從之。日月右轉而天左旋，一日一週，臨於四極，故月臨卯酉，則水漲於東西；月臨子午，則潮平乎南北。彼竭此盈，往來不絶，皆繫於月，不繫於日。何以知其然乎？夫晝夜之運，日行一度，月則行十三度有奇，故太陰西没之期，常緩於日行二刻有奇，潮之日緩其期，率亦如是。自朔至望，常緩一夜潮。自望至晦，常緩一日潮。若因日之入海，激而爲潮，則何故緩不及期常二刻有奇乎？肇又謂日去月遠，其潮乃大，合朔之際潮殆微絶，此固不知潮之準也。夫朔望前後月行差疾，故晦前三日潮勢極大，望亦如之，非謂遠於日也。月弦之際，其行差遲，故潮之來去亦合沓不盡，非謂近於日也。盈虚消息，一隨於月，陰陽之所以分也。夫春夏晝潮常大，秋冬夜潮常大，蓋春爲陽中，秋爲陰中，歲之有春秋，猶月之有朔望也。故潮之極漲，常在春秋之中；潮之極大，常在朔望之後。此天地之常數也。昔竇氏爲記，以爲潮虚於午，此候於東海者也。近燕公著論以爲潮生於子，此候於南海者也。又嘗聞於海賈云潮生東南，此乘舟候潮而進退者耳。古今之説，以爲地缺東南，水歸之，海賈所云亦近之矣。今通二海之盈縮以志其期，西北二海所未嘗見，故闕而不記云。常候於海門，月加卯而潮平者，日月合朔，則旦而潮平，日緩二刻有奇。上弦午而平望以前爲晝潮，望以後爲夜潮。此皆臨海之候也。遠海之處，則各有遠近之期。月加酉而潮平者，日月合朔則日入而潮平。上弦則夜半而平，望則明日之旦而平。望以前爲夜潮，望以後爲晝潮。此東海之潮候也。又常候於武山，月加午而潮平者，日月合朔則午而潮平，弦則日入而平，望則夜半而平，上弦以前爲晝潮，上弦以後爲夜潮。月加子而潮平者，日月合朔則夜半而潮平，上弦則日出而平，望則午而平，上弦以前爲夜潮，上弦以後爲晝潮。此南海之潮候也。邑之潮，視武山又差一時辰。蓋邑地去武山差八十里，邑潮先平，則亦先退云。余靖《海潮圖序》。

舊於會稽得一石碑，論海潮依附陰陽時刻，極有理。大率元氣嘘翕，天隨氣而漲斂，潰淳往來，潮順天而進退者也。以日者衆陽之母，陰生於陽，故潮附之於日也。月者太陰之精，水者陰類，故潮依之於月也。是故隨日而應月，依陰而附陽，盈於朔望，消於朏魄，虚於上下弦，息於朓朒，故潮有大小焉。今起月朔夜半子時，潮平於地之子位四刻一十六分半。月離於日在地之辰次，日移三刻七十二分，對月到之位，以日臨之次潮必應之。過月望復東行，潮附日而又西應之。至後朔子時四刻一十六分半，日月潮水俱復會於子位，其小盡則月離於日在地之辰次。日移三刻七十三分半，復對月到之位，以日臨之次潮必應之。至後朔子時四刻一十六分半，日月潮水亦俱復會於子位，是知潮常附日，在左旋，以月臨在午潮必平矣，月在卯酉汐必盡矣。或遲速消息之小異，而進退盈虚終不失於時期矣。姚寬《西溪叢話》。

嶽雲謹案：西書言日既吸地，亦生潮汐。朔望潮大，日月吸力相合而增。二弦潮小，日月吸力相敵而減。是盧肇之説未可盡非。

又案：潮汐之故，由於合地球之水正向月體，如子戀母，其勢直趨。環球之水勢若直趨，則變渾圓爲橢圓，當長徑爲潮滿，當短徑爲潮減。舊説謂受月之吸力是也，月行周天一次，則繞地之水隨之而轉，迭爲漲縮。正朔望時潮最大，而潮汐相距之時則最長。正二弦時潮最小，而潮汐相距之時則最短。各處海口，各依其地月過正午線後爲潮滿之候。過子午線後者，以吸力必由漸而增。如大寒、大暑必在冬夏至後，亦以漸而增也。至於潮之高低遲速，則又依其地之緯度，赤道下潮最大，南北潮小，而凡同緯度之圈潮必同。惟北緯月近午潮大，近子潮小；南緯相反。與其地之山川口岸形勢。又風勢有順逆，洋海有深淺，天氣有寒熱，皆能改變。準此以觀諸論，可以定其是非矣。

江海之有潮，辰刻不移。徐明叔、傅墨卿《高麗録》云：天包水，水承地，而一元之氣升降於太空之中，地乘水力以自峙，且與元氣升降互爲抑揚，而人不覺，亦猶坐於船中者不知船之自運也。方其氣升而地浮，則海水溢上而爲潮。及其氣降而地沉，則海水縮下而爲汐。計日十二辰，由子至巳，其氣爲陽，而陽之氣又自有升降以運乎晝。由午至亥，其氣爲陰，而陰之氣又自有升降以運乎夜。一晝夜合陰陽之氣，凡再升再降，故一日之間潮汐皆再焉。然晝夜之晷繫乎日升降之數，應乎月。日臨於子，則陽氣始升；月臨於午，則陰氣始升。故夜潮之期，月皆臨子；晝潮之期，月皆臨午焉。又日行遲，月行速，應遲二十九度半而月行及之。日月之會謂之合朔，故月朔之夜潮，日亦臨子；月朔之晝潮，日亦臨午焉。且晝即天上而言之，天體西轉，日月東行，自朔而往，月速漸東，至午漸遲，東而潮亦應之以遲於晝。故晝潮自朔後迭差而入於夜，此所以一日午時，二日午末，三日未時，四日未末，五日申時，六日申末，七日酉時，八日酉末也。夜即海下而言之，天體東轉，日月西行，自朔而往，月速漸西，至子漸遲，西而潮亦應之以遲於夜。故夜潮自朔後迭差而入於晝，此所以一日子時，二日子末，三日丑時，四日丑末，五日寅時，六日寅末，七日卯時，八日卯末也。且以時有交變、氣有盛衰，而潮之所至，亦因之爲大小。當卯酉之月則陰陽之交也，氣以交而盛出，故潮之大也異於餘月。當朔望之後則天地之變也，氣以變而盛出，故潮之大也異於餘日。宋趙彦衛《雲麓漫鈔》。

嶽雲謹案：此外各書，如《風土記》謂海鰌出入穴之度，《浮屠書》謂神龍之變化，葛洪《潮記》謂天河激湧，並是異説。張封演謂月周天而潮應，竇叔蒙《海濤志》謂潮汐作濤必待於月，月與海相推，與日相明，近是而鮮發明。東海漁翁《海潮論》謂地浮於大海，隨氣出入上下，地下則滄海之水入於江，謂之潮；地上則江河之水歸於滄海，謂之汐。與《抱朴子》之説相似，均不録。

瓊州潮候不同，凡江浙欽廉之潮，皆有定候。瓊海之潮，半月東流，半月西流。《太平寰宇記》。

嶽雲謹案：潮既隨月，俱宜自東向西，惟因海水有深淺，地形有曲直，故方向因之而變。瓊海之潮，值其變也。

今杭州之潮，每月朔日以子午二時到，每日遲三刻有餘。至望日，則子潮降而爲午，午潮降而爲夜子。以後半月復然。故大月之潮，一月五十八回，小月則五十六回。《日知録》。

嶽雲謹案：西書言潮汐相距均，其盈縮約六時二一五分二十四秒，是每月不得有六十潮。顧亭林已先察及。

福州雪峰有應潮泉，其廣不過二三尺，水纔數寸，而進退淺深與潮候無差。然四旁皆頑石，惟當中有數沙眼，每潮上則涓涓而出，潮退復竭，故老相傳以爲海眼。但其處高當山脊，不知何以能與水澤相通也。《墨客揮犀》。

紹興一士大夫家有異石起峰，峰之趾有一穴，中有水應潮自生，以之供硯滴。嘉定間，越師以重價得之。宋范成大《桂海虞衡志》。

雞籠山下，澗中有數十處累石若有人功，水常深尺餘，朝夕輒有湧泉溢出，如潮水時刻不差，朔望尤大，號爲潮泉，常如沸湯。張僧鑒《潯陽記》。

嶽雲謹案：凡水皆與月相應，故皆與潮相應，河湖溪澗無不如是，特人未時時考察耳。

衛傑《蠶桑萃編》卷二《辨土類》 地氣隨月證

海之有潮汐，月受日氣爲之也。月受日氣是爲坎中之陽，而水氣應焉。朝爲潮，晚爲汐，漲與退各三時。勢近則漲，漸遠則退也。潮水必隨月而漲，氣激之也。地與月同屬陰，月輪於地球爲最近，故感通亦易。日之力大而遠，月之力近而强也。所以謂潮有大小之分者，朔望日，月與日相對而行，日力能助月，則潮亦大，近則大也。至初八、二十三等日，其日輪横行在傍，差至九十度，日力不能助月，則潮亦小，遠則小也。月氣通於地，觀距日之遠近，知地氣之漲縮，不即可驗物理之盛衰乎。

王仁俊《格致古微》卷三 《邵子》

海潮者，地之喘息也，隨月消長，早曰潮，晚曰汐。案：西人論潮汐即從此出。《天文圖説二》曰：海半向月，半背月，向背兩地潮汐同時。蓋向月者，水爲月攝動而高漲；背月者，月拖吸地球離水，水亦高漲。又曰：海之潮汐靡特係乎月之吸引，亦因遠近之差。又曰：日月皆有吸力以成潮汐，而月之拖吸潮汐較大於日。此即隨月消長之説。日之吸力不及月，故專言月耳。英國傅蘭雅《地理須知》曰：潮汐乃洋海水之行動也，漸漲漸退，約一晝夜共漲退兩次，在朝曰潮，在夕曰汐。其曰洋海水之行動，即喘息説也。其曰漸漲漸退，皆消長説也。至云朝曰潮，夕曰汐，實用古語矣。

又 卷四

《愼子》

月爲陰精，潮之所附。朔望之際月近於日，故月行疾而潮應大。朔望之後月遠於日，故月行遲而潮應小。案：此即潮汐應月説也。蓋潮之大以月近於日，日之吸力有以助月之吸力故。潮之小以月遠於日，日之吸力不足助月之吸力故。而潮汐之大小，又以月行之遠近爲準，宣昭《潮候説》曰：卯酉之月陰陽之交，故潮大於餘月；朔望之後天地之變，故潮大於餘日。西人謂海之潮汐係乎月之吸引，本此見《天文圖説二》。

《論衡》

夫水也者，地之血脈，隨氣進退而爲潮。案：《海潮論》曰：地浮與大海，隨氣出入上下，地下則滄海之水入於江，謂之潮；地上則江湖之水歸之滄海，謂之汐。與王充合西人論潮汐爲吸力與隨氣之説略同。見《天文圖説二》詳前。

又 卷五 《抱朴子》

《御覽》四引曰：月之精生水，是以月盛滿而潮濤大；二十三、六十八引曰：麇氏云潮者，據朝來也；汐者，言夕至也。見潮來去，或有早晚，輒言有參差。非也。水從天邊來，一月之中天再東再西，故潮來再大再小。夏時潮大，冬時潮小，春潮再起，秋潮漸減。案：此即潮汐應月説也。日助月之吸力而潮，四時大小應之。葛洪闡其理，西人用之。測諭詳前。

胡永言《潮汐應月說》陳忠倚《清經世文三編》卷八　波濤之震撼於江海者無定時，無定則一應乎風力之大小而已。潮汐則不然，漲退有定時，大小有定則，謂爲應夫天地之氣候與夫陰陽之消長，或亦不謬。然其故固未嘗深切著明也。宣昭《潮候說》曰：卯酉之月，陰陽之交，故潮大於餘月。朔望之後，天地之變，故潮大於餘日。是說也，可於天地陰陽而得潮汐之大凡矣。然欲譬之如響斯應之機，擬之上感下應之妙，則莫如驗諸日月。夫朝曰潮，夕曰汐。一朝夕間漲退者二。其漲也，略三時而足，略一刻乃漸退。其退也，亦略三時而足，略一刻又漸漲。歷晝夜十二時三刻餘，周流無滯。其自子午層遞以下，由終復始者，準以晝夜所羨之三刻，固毫釐不爽，次第不紊也。其所以然者，則本於日月吸引之故。決漭巨區，受日月之吸力，則水離地而起，是爲潮漲。日月過其吸力，則水伏地而平，是爲潮退。月在上弦下弦，日月相距有九十度之角，分力引水，其潮小。朔則日月同處一偏，望則日月下上相對，合力引水，其潮大。漲退應乎周行，大小應乎盈虛，執此說以驗潮汐，殆無疑義歟！雖然，以球體按日月所行之地，月光離地較日爲近，則月之吸力宜，其較日爲易及，故曰潮之漲退隨月而成。蓋不僅月光直吸之處水爲之漲，即被吸於地球之背，水亦能漲也。月本太陰之象，水亦陰氣所凝，以陰應陰，舍日而從月焉，固塙有其理也。然統計一歲之中潮之最大者，何以在立春立秋之交？其必曰：此二時日近於地，吸力大，潮故大也。則何解於應月之說？又驗諸冬夏之間，何以冬日每大於朝，夏日每大於夕？又必曰：陽盛故大於夕，陽藏故大於朝。日陽象也，又何解於應日之說？更觀諸離海之河流，何以潮汐不至？又必曰：水勢遼迫，力不足以達之也。日月無私照，復何解於感日應月之說？吾爲之静推其理，默會其通斷之曰：日月之吸力非大海不能容之，故潮汐有不至之區也。日之吸力固能吸引乎潮，然非常然之理也，月與潮皆陰象，則謂之潮汐應月可也。

陶師韓《潮汐論》陳忠倚《清經世文三編》卷八　潮汐發源洋海，漸消漸長，不失其常。泰西海戰，每俟潮漲八分始行，開仗至潮半退而止。誠以潮漲時水拓之淺深難測，沙礁之有礙可虞，皆層敵所顧忌，苟能審之在先，則彼方進退維谷，我獨游行自在矣。候測亦烏可不知哉。然不明其應月之理，終無以探本窮源，而得候之之一法。按太虛中有質之物必相吸引，月與地水均爲有質之物，月繞地而吸引，海水則向月處漲爲潮。且吸引地球全體，使之微就，則背月之面，其水受吸力少，不與地俱亦張爲潮。地之二面有二潮，故每日漲退各兩次，此潮汐之次數之由於應月者也。或謂日月相吸始成潮汐，然日離地遠，而月離地近，日之吸力小於月，惟日月同度合力吸引，或日月相對，一吸水令高，一吸地令離水，則潮汐大。倘日距月九十度，則吸力分而潮自小，是潮汐有次第，所漲之大小不同。其於每月朔望所以爲大汛者，日月交會之故也。其於上下兩弦所以爲小汛者，日月相違之故也。第日雖能吸引海水，而亦與月相應，非藉月之吸力，即不能獨成潮汐，則潮汐究屬應月耳。此潮汐大小之由於應月者也。至於春秋二分，日月適當赤道，其吸力較平時尤大，潮汐亦最大，是潮汐之因時使然者，未嘗不應月也。地居温帶者，月常正照，其潮較大。地近二極者，月每斜照，其潮較小。是潮汐之因地使然者，亦未嘗不應月也。凡潮汐漲退，均以三時，然地球日轉一周，月日行十三度强，是地轉一周後，須更轉十三度方與潮會，每次約遲二十五分，每日約遲五十分，實有不止六時者。總之，潮汐漲足約歷三時必静一刻，而始消。消盡約歷三時亦静一刻，而如前再漲。消盡漲足二次，共十二時三刻四分，則潮漲之遲，非不應月也。凡潮漲必在月過午線後一時半，蓋以資者必有阻力，洋海水中亦具質阻力，當月之初吸時，其力尚小，水體猶静，未能令之即動，故未能使潮即漲。約歷一時半，吸力漸積漸大，水之質阻力全消，然後潮汐漸漲，則潮漲之漸亦爲應月也。特是洋海多風而生波濤，波濤之大小遲速雖出於水之廣狹、底之淺深，而亦視風之大小遲速。故江河平流，其潮亦有因風而滋太者，况潮水之來一線横流，未必全憑日月吸引所成，而亦憑各海之平流。平流生於海底高低，海濱斜直之形勢，與夫流道之大小、方向，所以平流不同，潮汐因之相異，間有於一日而漲退四次者，初非應月之故也。且潮有高低之别，亦由地之形勢而然。大洋潮水，其高罕踰三尺。太平洋潮漲之際，高僅一二尺。若來自狹海者，則高至三四十尺，或六七十尺不等，是又潮汐之不盡應月者也。

綜述

李昉等《太平御覽》卷六八《地部三十三》　潮水

《說文》曰：潮，朝也，從水朝。

《風土記》曰：俗説鯤一名海鰌，長數千里，穴居海底，入穴則水溢爲潮，出穴則水入潮退。出入有節，潮水有期。

祖台之《志怪》曰：隆安中，陳悝於江邊作魚簄，正匪切。潮去於簄中得一女人，長六尺，有容色，無衣服，水去不能動，卧沙中，與語不應。人有就辱之。悝夜夢云：「我是江黄，昨失道落君簄，小人遂見加凌。今當白尊神殺之。」悝不敢移，潮來自隨水去。辱者尋病死。

《吴越春秋》曰：吴賜子胥劒而死，乃投之江中，子胥因揚波成濤，隨潮往來。

《博物志》曰：東海中有牛魚，其魚形如牛，剥其皮懸之，潮水至則毛起，潮去則毛復也。

《臨海異物志》曰：石鷄清響以應潮，慧軀輕遊以遠繋。石鷄形似家鷄，在海中山上，海潮水將至，輒群鳴相應，若家鷄。

裴淵《廣州記》曰：石洲在海中，名爲黄山，山北日一潮，山南日再潮。

高似孫《緯略》卷一一《潮繫日月》 《抱朴子》曰：日之兩潮，一日一夕各入地中，故一日一夕而有兩潮也。《海潮賦》曰：夫潮之生因乎日也，其盈其虚，繫乎月也。及晦而絶，過朔則隆。月弦則小羸，月望則大至。又曰：日激水而潮小，月離日而潮大。《海潮志》曰：詳其潮水之起，若釜鼎之沸，沸則煎沫而溢出，究其本祗平于鼎釜，若沸溢則加倍之也。嘗聞南海洲採珠人説，每一入海，必以繩繋身，岸人持之，潮來必動繩，岸人共挽之助身而上。又説或潮上，海底山穴間必闇黑，雷鳴，水字然而漲，上及登岸，則潮漲入浦溆矣。是陰陽二氣交作而變，日月爲二氣之母，潮隨二曜蓋不虚耳。

佚名《錦繡萬花谷》前集卷五《潮》 日激水而潮生。日傅于天，天右旋入海而日隨之，水因其灼激而退，退于彼必盈于此，則潮之往來不足怪也。日激水而潮生，月離水而潮大。地浮于水，天在水外，日入則晚潮激於左，日出則早潮激於右。《文粹》。

天河海三水相合。麋氏云：天河從北極分爲兩條，至於南極，其一經南斗中過，其一經東斗中過，兩河隨天轉入地下，過而下水相得，又與海水合，三水相蕩而天轉之，故激湧而成潮水。《抱朴子》。

錢鏐以弓弩射潮頭。吴越王錢鏐嘗以弓弩射潮頭，與海神戰，自爾水不近城南。東坡詩云：「江神河伯兩醯鷄，海若東來氣吐霓。安得夫差水犀手，三千强弩射頭低。」

子胥乘素車爲潮神。吴子胥死，戒其子，投於江中：「吾當朝暮乘潮，以觀吴之敗。」自是海門山潮頭高洶湧數百尺，越錢塘漁浦方漸低小。朝暮再來。其聲震怒，雷奔電激，聞百餘里。時有見子胥乘素車白馬在潮頭之中，因立廟以祠之。

夏潮大，冬潮小。潮者，據朝來也，言夕至也。一月之中，天再東再西，故潮水再大再小。又夏時日居南宿，陰消陽盛，而天高一萬五千里，故夏潮大也。冬時日居北宿，陰盛陽消，而天卑一萬五千里，故冬潮小也。春日居東宿，天高一萬五千里，故春潮漸起也。秋日居西宿，天卑一萬五千里，故秋潮漸減也。《抱朴子》。

沓潮，早潮下，晚潮上，兩水相合謂之沓潮。

陵山觸岸，又曰濤水者，潮取物多者其力盛，來遠者其勢大。今潮水從東地廣道遠，陵山觸岸，從直赴曲，其勢不泄，故涌起成濤。並《番禺記》。

詩：八月十八潮，壯觀天下無。鯤鵬水擊三(水)[千]里，組練長驅十萬夫。海上濤頭一線來，樓前指顧雪成堆。從今潮上君須認，更看銀山二十回。東坡。

潘自牧《記纂淵海》卷八《地理部》 潮

子月之精生水，是以月盛則潮濤大。潮水從天邊來，一月之中天再東再西，故潮再大再小也。夏時日居南宿，而天高一萬五千里，故夏潮大也。冬時日居北宿，而天卑一萬五千里，故冬潮小也。春日居東宿，故春潮漸起也。秋日居西宿，故秋潮漸減也。天河從北極分爲兩條，至於南極，兩河隨天轉入地下，過而下水相得，又與海水合，三水相蕩而天轉之，故激湧而成潮水。《抱朴子》。史開平四年，武肅王錢氏始築捍海塘，在候潮通江門之外，潮水晝夜衝擊，版築不就，因命强弩數百以射潮頭，又致禱於胥山祠，既而潮水避錢塘東擊，西陵遂成隄岸。

傳記。朝曰潮，夕曰汐。《説文》。大夫種伏劍而死，葬於國之西山，伍子胥從海上穿山脅而持種去，與之俱浮於海，故前潮水者伍子胥也，後潮水者大夫種也。《吴越春秋》。伍子胥諫吴王而死，戒其子曰：「以鴟夷裹吾屍投江中，吾當朝暮乘潮，以觀吴之敗。」自是海門山潮頭洶湧，有見子胥乘素車白馬，在潮頭之中，因立廟以祠焉。《廣記》。鯨鯢出穴則水溢爲潮。《金樓子》。苕溪在餘杭夾岸，多苕花，相傳右有尹公者有異術，此水或潮至，今日暮則風生水長數寸，號爲尹公潮。《圖經》。移風縣有潮雞，鳴長且清，如吹角，海潮至則鳴。《初學記》。早潮上，晚潮下，兩水相合，謂之沓潮。《番禺記》。《高麗圖經》云：潮汐往來，應期不爽，爲天地之至信。古人嘗論之，在《山海經》以爲海鰌出入之度，《浮屠書》以爲神龍之變化，竇叔蒙《海嶠志》以爲水隨之盈虧，盧肇《海潮賦》以爲日出於海衝擊而成。王充《論衡》以爲水者，地之血脈，隨氣進退，卒未之盡。大抵天依水，水承地，而一元之氣升降於太空之中，地乘水力以自持，與元氣升降。方其氣升而地沉，則海水溢而爲潮。及其氣降而地浮，則海水縮而爲汐。一晝一夜，陰陽之氣凡再升再降，故一日之間潮汐皆再焉。《臨安志》。且晝即天上而言之，天體西轉，日月東行，自朔而往，月速漸東，至於漸遲，而潮亦應之，以遲於晝，故晝潮自朔後迭差而入於夜，此所以一日午時，二日午末，三日未時，四日未末，五日申時，六日申末，七日酉時，八日酉末也。至夜即海下而言之，天體東轉，日月西行，自朔而往，月速漸西，至於漸遲，而潮亦應之，以遲於夜，故夜潮自朔後迭復而入於晝，此所以一日子時，二日子末，三日丑時，四日丑末，五日寅時，六日寅末，七日卯時，八日卯末也。以時有交變，氣有盛衰，而浙潮亦因之爲大小。當卯酉之月，則陰陽之交也。氣以交而盛，故潮之大也獨異於餘月。當朔望之後，則天地之變也，氣以變而盛，故潮之大也獨異於餘日。《臨安志》。

集。將以八月之望往觀乎廣陵之曲江。江水逆流，海水上潮。其始起也，洪淋淋兮，若白鷺之下翔。其少進也，浩浩溰溰，如素車白馬，帷蓋之張。其波湧而雲亂也，擾擾焉如三軍之騰裝。其旁作而奔起也，飄飄焉如輕車之勒兵。其波侯波奮振，合戰於藉藉之口，鳥不及飛，魚不及迴，獸不及走，此天下怪異詭觀也。注云：侯波，陽侯之波也。藉藉，蓋地名云。枚乘《七發》。呼吸萬里，吐納靈潮，自然往復，或夕或朝。郭璞《江賦》。潮水定可信。風潮争洶湧，神怪何翕忽。

浪打天門石壁開，海神來過惡風迴。浙江八月何如此，潮似連山噴雪來。李白。春潮帶雨晚來急。韋蘇州。屯門積日無風颷，滄波不歸成沓潮。轟如鞭石矻且搖，亘空欲駕黿鼉橋。驚湍蹙縮悍而驕，大陵高岸失岧嶢。劉禹錫。

八月濤聲吼地來，頭高數丈觸山迴。須臾却入海門去，捲起沙堆似雪堆。劉禹錫。謾道往來存大信，也知反覆向平流。羅隱。

本朝。潮之漲退，海非增減，蓋月之所臨則水往從之。月臨卯酉，則水漲乎東西。月臨子午，則潮平乎南北。太陰西没之期，常緩於日三刻有奇，潮之日緩，其期率亦如是。自朔至望常緩一夜潮，自望至晦復緩一晝潮。朔望前後，月行差疾，故晦前三日潮勢長，朔後三日潮勢極大，望亦如之。月弦之際，其行差遲，故潮之去來，亦合沓不盡，盈虚消息，一之於月，陰陽之所以分也。夫春夏晝潮常大，秋冬夜潮常大，蓋春爲陽中，秋爲陰中，歲之有春秋，猶月之有朔望也。故潮之極漲，常在春秋之中。濤之極大，常在朔望之後。此又天地之常數也。余安道《海潮圖序》。勢雄驅島嶼，聲怒戰貔貅。

北客觀猶懼，吴兒弄弗憂。子胥忠義者，無覆巨川舟。范文正。海上濤頭一線來，樓頭指顧雪成堆。從今潮上君須（上）〔認〕，更看銀山十二迴。

江神河伯兩醯雞，海若東來氣吐霓。安得夫差水犀手，三千强弩射潮低。

萬人鼓噪懾吴儂，猶似浮江老阿童。欲識潮頭高幾許，越山無數浪花中。

八月十八潮，壯觀天下無。鯤鵬水擊三千里，組練長驅十萬夫。紅旗青蓋互明滅，黑沙白浪相吞屠。

再見潮頭湧玉輪，煩君久駐浙江春。

豪氣正與潮争怒，夜潮流向月中看。吴兒生長狎濤囦，冒利輕生不自憐。東坡。

施諤《[淳祐]臨安志》卷一〇《山川·江潮》　嘗歷考諸家論潮之説，其語怪者不經，其推測者傅會，觀者惑焉。惟姚寬《西溪殘語》云：舊於會稽得一石碑，論海潮依附陰陽時刻，極有理。疑是國初燕肅所爲，兹其載於此云：觀古今諸家海潮之説多矣，或謂天河激湧，葛洪。亦云地機翕張，《洞真正一經》。盧肇以日激水而潮生。封演云月周天而潮應，挺空入漢，山湧而濤隨。施師謂僧隱之之語。析木、大梁，月行而水大。竇叔蒙《濤志》。源殊泒異，無所適從。索隱探微，宜伸確論。大率元氣噓吸，天隨氣而漲斂，溟渤往來，潮隨天而進退者也。以日者重陽之母，陰生於陽，故潮附之於日也。月者太陰之精，水者陰，故潮依之於月也。是故隨日而應月，依陰而附陽，盈於朔望，消於朏魄，隨於上下弦，息於輝朒，女六切。朔而月見東方。故潮有大小焉。今起月朔夜半子時，潮平於地之子位四刻一十六分半，月離於日，在地之辰，次日移三刻七十二分，對月到之位，以日臨之次，潮必應之。過月望復東行，潮附日而又西應之。至後朔子時四刻一十六分半，日月潮水亦俱復會於子位。於星知潮當附日而右旋，以月臨子午，潮必平矣。月至卯酉，汐必盡矣。或遲速消息，又小異，而進退盈虚，終不失於時期矣。或曰四海潮平，來皆有漸，唯浙江濤至則亘如山嶽，奮如雷霆，水岸横飛，雪崖傍射，澎騰奮激，吁可畏也。或云夾岸有山，南曰龕，北曰赭，謂之海門，岸狹勢逼，湧而爲濤耳。盧肇《潮論》所謂夾羣山而遠入，射一帶以中授者，是也。若言狹逼，則東溟自定海吞餘姚、奉化二江，侔之浙江，尤甚逼狹，潮來不聞有聲。今觀浙江之口起自纂風亭，屬會稽。北望嘉興大山，水闊二百餘里，故海商舶船佈於上潭，水中沙爲潭，徒旱切。惟泛餘姚小江，易舟而浮運河，達於杭越矣。蓋以下有沙潭，南北亘乏，隔礙洪波，蹙遏潮勢。夫月離震兑，他潮已生。惟浙江水未泊，月徑(潮)[乾]、巽，(轉)[潮]來已半，濁浪推滯，後水益來，於是溢於沙潭，猛怒頓湧，聲勢激射，故起而爲濤耳，非江山淺逼使之然也。徐明叔、傅墨卿《高麗録》論潮之進退，頗與此相發云：由子至巳，其氣爲陽，而陽之氣又自有升降，以運乎晝。由午至亥，其氣爲陰，而陰之氣又自有升降，以運乎夜。一晝夜，合陰陽之氣，凡再升再降，故　日之間潮汐皆再焉。然晝夜之晷繫乎日，升降之數應乎月。日臨於子，則陽氣始升；月臨於午，則陰氣始升。故夜潮之期，月則臨子；晝潮之期，月皆臨午焉。又日行遲，月行速，應遲二十九度半而月行及之。日月之會，謂之合朔，故月朔之夜潮，日亦臨子；月朔之晝潮，日亦臨午焉。且晝即上天而言之，天體西轉，日月東行，自朔而往，月速漸東，至午漸遲，東而潮亦應之，以遲於晝，故晝潮自朔後，迭差而入於夜，所以一日午時，二日午末，三日未時，四日未末，五日申時，六日申末，七日酉時，八日酉末。夜即海下而言之，天體東轉，日月西行，自朔而往，月速漸西，至子漸遲，西而潮亦應之以遲於夜，故夜潮自朔後迭差而入於晝，此所以一日了時，二日子末，三日丑時，四日丑末，五日寅時，六日寅末，七日卯時，八日卯末也。加以時有交變，氣有盛衰，而潮之所至，亦因之爲大小。當卯酉之月，則陰陽之交也。氣以交而盛出，故潮之大也異於餘月。當朔望之後，則天地之變也，氣以變而盛出，故潮之大也異於餘日。

潛説友《[咸淳]臨安志》卷三一《山川十・江》　浙江

在郡之東南。《東漢郡國志》：會稽郡有浙江。註引郭璞所註《山海經》云出歙縣玉山。又《丹陽郡歙縣註》引《山海經》云，三天子都在閩西海北。郭璞曰在縣東，謂之玉山，其水過今建德合婺溪，至富春爲浙江入於海。虞喜《志林》云今錢塘江口，浙山正居江中。潮水投山下折而曲，一云江有反濤，水勢折歸，故云浙江。《史記》云水至會稽山陰爲浙江，盧肇曰浙者折也，蓋取其潮出海曲折而倒流也，一名淛河。《山海經》云禹治水至於淛河。莊周亦曰淛河之水，每日晝夜潮再上，常以月十日、二十五日最小，月三日、十七日最大。小則水漸長不過數尺，大則濤山浪屋，雷擊霆砰，有吞天沃日之勢。《吴越春秋・夫差内傳》載吴王賜伍子胥死，乃取其屍盛以鴟夷之革，浮之江中。子胥因隨流揚波，依潮來往，蕩激隄岸。又《越王外傳》：越王賜大夫種死，葬於西山之下，一年伍子胥從海上穿山脅而持種去，與之俱浮於海，故前潮水番候者，伍子胥也；後重水者，大夫種也。其説荒誕無稽，辨論見祠祀門忠清廟。諸家所論，惟姚寬《西溪殘語》及徐明叔《高麗録》有可載者。西溪云：舊於會稽得一石碑，論海潮依附陰陽時刻，極有理，疑是國初燕肅所爲，云觀古今諸家海潮之説多矣，或爲天河激湧，葛洪。亦云地機翕張，《洞真正一經》。盧肇以日激水而潮生。封演云：月周天而潮應，挺空入漢，山湧而濤隨。施師謂僧隱之之言。析木、大梁，月行而水大。竇叔蒙《濤志》。源殊派異，無所適從，索隱探微，宜申確論。

大率元氣噓吸，天隨氣而漲斂，溟渤往來，潮隨天而進退者也。以日者衆陽之母，陰生於陽，故潮附之於日也。月者，太陰之精，水者陰，故潮依之於月也。是故隨日而應月，依陰而附陽，盈於朔望，消於朏魄，隨於上下弦，息於輝朒，女六切，朔而月見東方。故潮有大小焉。今起月朔夜半子時，潮平於地之子位四刻一十六分半，月離於日，在地之辰，次日移三刻七十二分，對月到之位，以日臨之次，潮必應之。過月望復東行，潮附日而又西應之。至後朔子時四刻一十六分半，日月潮水亦俱復會於子位。於是知潮當附日而右旋，以月臨子午，潮必平矣。月至卯酉，汐必盡矣。或遲速消息又小異，而進退盈虛終不失於時期。

或曰：四海潮平，來皆有漸，唯浙江濤來則亘如山嶽，奮如雷霆，水岸橫飛，雪崖傍射，澎騰奮激，吁可畏也。或云夾岸有山，南曰龕，北曰赭，謂之海門，岸狹勢逼，涌而爲濤。盧肇潮論所謂夾羣山而遠入，射一帶以中投者是。若言狹逼，則東溟自定海吞餘姚、奉化二江，侔之浙江，尤甚逼狹，潮來不聞有聲。今觀浙江之口，起自纂風亭屬會稽北望嘉興大山，水闊二百餘里，故海(南)[商]舶船怖於上潭，水中沙爲潭，徒旱切。惟泛餘姚小江，易舟而浮運河，達於杭、越。蓋以下有沙潭，南北亘之，隔礙洪波，蹙遏潮勢。夫月離震、兑，他潮已生，惟浙江水未泊。月徑(潮)[乾]巽，(轉)[潮]來已半，濁浪(推)[堆]滯，後水益來，於是溢於沙潭，猛怒頓涌，聲勢激射，故起而爲濤耳，非江山淺逼使之然也。《高麗録》云：潮汐往來，應期不爽，爲天地之至信。古人嘗論之，在《山海經》以爲海鰌出入之度，《浮屠書》以爲神龍之變化，竇叔蒙《海嶠志》以爲水隨月之盈虧，盧肇《海潮賦》以謂日出於海衝擊而成。王充《論衡》以爲水者，地之血脉，隨氣進退。率未之盡。大抵天包水，水承地，而一元之氣升降於太空之中，地乘水力以自持，且與元氣升降互爲抑揚，而人不覺，亦猶坐於船中而不知船之自運也。方其氣升而地沉，則海水溢上而爲潮。及其氣降而地浮，則海水縮而爲汐。計日十二辰，由子至巳，其氣爲陽，而陽之氣又自有升降以運乎晝。由午至亥，其氣爲陰，而陰之氣又自有升降以運乎夜。一晝一夜，合陰陽之氣，凡再升再降，故一日之間潮汐皆再焉。然晝夜之晷繫乎日，升降之數應乎月。日臨於子則陽氣始升，月臨於午則陰氣始升，故夜潮之期日皆臨子，晝潮之期月皆臨午焉。又日行遲，月行速，以速應遲，每二十九度過半而月行及之。日月之會謂之合朔，故月朔之夜潮，日亦臨子；月朔之晝潮，日亦臨午焉。且晝即天上而言之，天體西轉，日月東行，自朔而往，月速漸東，至於漸遲而漸亦應之，以遲於晝，故晝潮自朔後迭差而入於夜，此所以一日午時，二日午末，三日未時，四日未末，五日申時，六日申末，七日酉時，八日酉末也。至夜即海下而言之，天體東轉，日月西行，自朔而往，月速漸西，至於漸遲而潮亦應之，以遲於夜，故夜潮自朔後迭復而入於晝，此所以一日子時，二日子末，三日丑時，四日丑末，五日寅時，六日寅末，七日卯時，八日卯末。加以時有交變，氣有盛衰，而潮之所至，亦因之爲大小。當卯酉之月，則陰陽之交也，氣以交而盛，故潮之大也獨異於餘月。當朔望之後，則天地之變也，氣以變而盛，故潮之大也獨異於餘日。今海中有魚獸，殺取皮而乾之，至潮時則毛皆起，豈非氣感而類應之自然歟！每仲秋既望，潮怒特甚。杭人執旗泅水，上以迓子胥。弄潮之戲，蓋始於此。往往有沉没者。至治平中，郡守蔡端明作《戒弄潮文》。

方鳳《改亭續稿》卷二《海潮考》　古之論潮者非一家，而神鰌出入、地勢浮沉之説皆不足信。或曰潮之盈縮，因日出入於海，日近則炎蒸焰熾，水爲之枯，爲沃焦釜之説。日遠則火勢殺，而潮復盈。或曰水爲陰類，月爲陰精，潮隨月而盈縮，與日無與著，爲濤志定其朝夕。至唐盧肇乃謂潮之盈因日出入於海，激而水湧，如烹餁然。水方在釜，以火爨之，則水自沸；及日既遠，則火殺而沸息，潮乃縮焉。與沃焦之説不相似。其大槩則曰日激水而潮生，月離日而潮大，世頗以爲近理。至宋儒余安道氏，獨非其説，乃曰：月之所臨，水往從之，月臨卯酉，則潮漲乎東西；月臨子午，則潮平乎南北。初不係於日，蓋朔望前後月行差疾，故晦前三日潮勢長，朔後三日潮勢大，望亦如之，非因遠於日也。月弦之際，其行差遲，故潮之來亦合沓不盡，非因近於日也。我朝史伯璿氏則又非余之説，乃曰月之所臨，水往從之。月與海相去萬里，豈有從月之理乎？且余氏謂朔望則大，月弦則小，其説似矣。若夫春秋潮漲，豈亦係於月乎？至童軒氏又譏史氏泥其迹而不察其理，知其非而不信其是。謂古者取水於月，取火於日，其氣相感。余氏月與水相從相應之説，未爲無理，而史氏譏之過也。及其論春秋之中潮勢極大者，蓋二月爲卯，卯支辰爲兔，世謂月中有兔，兔之生必望月，則其説益誣矣。予謂潮必應月，月必隨日，三者不相離，其氣相通。而以從日、從月偏言者，皆未得爲定論也。書之以俟知者。

陸楫《古今説海》卷一〇八《説略二十四·就日録闕名》　錢塘江潮之説，前後紀録不一。《山海經》以爲海鰌出入穴之度；佛書以爲神龍之變化；葛洪《潮記》謂天河激湧；《洞冥正一經》云月周天而潮應；王充《論衡》謂水者地之血脉，隨氣進退而爲潮；竇叔蒙《海濤志》以潮汐作濤必待于月，月與海相推，海與月相(明)[期]；東海漁翁《海潮論》云地浮於大海，隨氣出入上下，地下則滄海之水入於江，謂之潮；地上則江河之水歸於滄海，謂之汐。浙江發源最近，江水少，海水多，其潮特大。潘洞《浙江論》曰：海門有二山，曰龕曰赭夾岸，潮之初來亦慢，將近是山，岸狹勢逼，如湧而爲濤。姚令威《聚語》載會稽石碑，大率元氣嘘翕，天隨氣而漲歛，瀆渟往來，潮順天而進退者也。浙江南自纂風，北自嘉興，夾山而水潤，下有沙潬，徒旱切。南北亘之，隔礙洪波，蹙遏潮勢，非江山淺逼使之然也。雲麓趙景安《漫抄》載徐明叔等《高麗録》云：天包水，水承地，而元氣升降於太空之中，地乘水力以自持，且與元氣升降互爲抑揚，而人不覺。衆家之議海潮，潘洞之論勢頗爲當理，而止云勢逼而爲濤。東海漁翁之論源近遠而分大小，理亦近似。而云地浮於水，其理間斷，不若徐明叔等《高麗録》云天包水，水承地，而元氣升降。竇叔蒙之論濤符于月，此説正與會稽石碑及趙景安所議相合，且月陰也，潮水也，皆應於《易》之坎卦爲用，故《易·説卦》坎爲水，爲月。於此可見是以三家之論爲得焉。

彭大翼《山堂肆考》卷二三《地理·潮》

旗迓

《臨安志》：吴王既賜伍子胥死，乃取其屍盛以鴟夷之革，浮之江中。子胥因流揚波，依潮來往，蕩激隄岸，勢不可禦。或有見其乘素車白馬在潮頭者，因爲立廟。仲秋既望，潮水極大，杭人以旗鼓迓之，弄潮之戲蓋始於此。又云子胥死，戒其子曰："投吾於江中，吾當朝暮乘潮以觀吴之敗。"自是海門山，潮頭洶湧，高數百尺，越錢塘魚浦方漸低小。

又　弩射

梁開平四年，武肅王錢鏐始築捍海塘。在候潮通，江門外潮勢衝激，版築不就，因命强弩數百以射潮頭，又數禱於胥山祠，既而潮水避錢塘衝擊，西陵遂成隄岸。蘇東坡詩：「江神河伯兩醯雞，海若東來氣吐霓。安得夫差水犀手，三千强弩射潮低。」仇近仁詩：「一痕初見海門生，頃刻長驅作怒聲。萬馬突圍天鼓碎，六鼇翻背雪山傾。遠朝魏闕心猶在，直上嚴灘勢始平。寄語吴兒休踏浪，天吴罔象正縱横。」

又　半東半西

《嶺外録異》：欽廉之潮朔望則大，謂之先水。日止一潮，謂之小水。瓊海之潮，半月東流，半月西流，不繫月之盛衰。

又　再大再小

《抱朴子》曰：潮者言朝來也，汐者言夕至也。一月之間，天再東再西，故潮水再大再小也。又夏時日居南宿，陰消陽盛，而天高一萬五千里，故夏潮大也。冬時日居北宿，陰盛陽消，而天卑一萬五千里，故冬潮小也。春時日居東宿，天高一萬五千里，故春潮漸起也。秋時日居西宿，而天卑一萬五千里，故秋潮漸減也。

又　三日不至

宋德祐丙子，元師入平安，吕文焕時駐軍江磧。宋方幸元師阽危而海潮三日不至。師迄無虞，於是元獲占地利，宋都以覆。及祥興己卯，元師下廣海，張弘範遂進攻厓山，衆欲退師少休，而是日海潮不退，勢難迴却，於是元人盡日力戰，宋祚以滅。

又　三水相蕩

《抱朴子》曰：天河從北極分爲兩條，至於南極，其一經南斗中過，其一經東斗中過。兩河隨天轉入地，過而下水相得，又與海水合，三水相蕩而天轉之，故激涌而成潮。

又　兩水相合

早潮下，晚潮上，兩水相合，謂之沓潮。

方中履《古今釋疑》卷一四《潮汐》　《説文》曰：江海之水，朝生爲潮，夕至爲汐。《山海經》以爲海鰍之出入；莊周以爲冰池焦釜之生息；《抱朴子》以爲天運高卑之消息；盧肇以爲日出于海，衝擊而成；竇叔蒙以爲月從其類，盈虚相應。鰌魚之出入，牛魚之起復，則《風土記》《博物志》之謬言也。蓋月爲陰精，與水同物，凡濕潤陰寒，皆月主之。既爲同物，勢當相就，如呼吸然。潮長之時，江河以及盆盎無處不長，長則氣入，水爲之輕。潮降氣出，水復故重。今人以缾盛水，每日權之，輕重不等。則潮升時輕，潮降時重耳。獨小水之處，升降甚微，人所不覺也。水族之物，皆望盈晦縮，故月虚而魚腦減，月滿而蚌蛤實也。艸木資潤，無不應月。月滿氣滋，月虚氣燥，故上弦以後，下弦以前，不宜伐竹木爲材，是者易蠹，生氣在中也。邵子曰：海潮者，地之喘息也，所以應月者，從其類也。隱老曰：潮非水之體，乃地之氣也。月麗卯酉，則潮應乎東西；月麗子午，則潮應乎南北。有入海采珠者，爲潮所中則病。蓋采者入海，必及底而止，不幸遇潮，則水湧起，其底虚焉。潮高十丈，下所虚亦十丈。以水則虚，以氣則實。地氣奔騰而上，如火之燥，則水跳而起，如鼎之沸，中人則病。地之喘息，寓息于風，生氣也。寓潮于水，死氣也。

印光任　張汝霖《澳門記略》卷上《形勢篇潮汐風候附》　潮之爲説紛矣，葛洪謂天河激湧；《洞真正一經》云地機翕張；盧肇以日激水而潮生；封演云月周天而潮應。惟姚寬以日者重陽之母，陰生於陽，故潮附之於日也。月者，太陰之精，水者陰屬，故潮依之於月也。是故隨日而應月，依陰而附陽，盈於朔望，消於朏魄，隨於上下弦，息於輝朒，故潮有大小焉。徐叔明曰：天包水，水承天，而一元之氣升降於太虚之中，地乘水力以自持，且與元氣升降互爲抑揚，而人不覺。方其氣升而地沉，則海水溢上而爲潮；及其氣降而地浮，則海水縮而爲汐。是二説者，君子有取焉。《粵諺》曰：初一、十五，水上日午；初九、二十三，水大牛歸欄。蓋候潮之驗也。而瓊海潮晝夜惟一汛，半月潮長西流，半月消則東流，則又何説耶？澳門春潮大於寅卯辰，夏潮大於巳午未，秋大於申酉戌，冬則大於亥子丑，是亦四氣五行之可擬者。澳以外多礁，下椗者必逐潮而徙，方無撞閣患，則潮汐日時之不可以弗審也。

周碩勳《潮州府志》卷一〇《潮汐》　宇宙間不可測者海，而有潮汐之可測，此造物之仁與之以信也。一月之中，天再東再西，潮水再大再小。大小之期，制之於月。朔望朓朒，莫不隨之。月臨卯酉，水漲乎東西；月臨子午，潮平乎南北。彼竭此盈，循環無端，不差刻晷矣。夫潮揭澄惠之民，皆討海而食。商舶漁艑往來如織，若貿貿於乘潮伺汐，其何以濟哉！志潮汐。

《説文》：朝至曰潮，夕至曰汐。

《山海經》：海鰍出入之度。

王充《論衡》：水者，地之血脉，隨氣進退。

《抱樸子》：天河從北極分爲二條，至於南極，其一經南斗中過，其一經東斗中過，兩河隨天轉入地下，遇兩水相得，又與海水合，三水相蕩而天轉之，乃激湧而成潮水。夏時日居南宿，陰消陽盛，而天高一萬五千里，故夏潮大也。冬時日居北宿，陽消陰盛，而天卑一萬五千里，故冬潮小也。

《浮屠書》：神龍之變化。

《高麗圖經》：天包水，水承地，而一元之氣升降於太空之中，方其氣升地沉，則海水溢而爲潮；及其氣降地浮，則海水縮而爲汐。潮汐往來應期不爽，爲天地之至信。

《皇極經世》：海潮者，地之喘息也。

《山堂肆考》：早潮下，晚潮上，兩水相合謂之沓潮。

盧肇《海潮賦》：日激水而潮生，月離水而潮大。

余道安《海潮圖序》：陽燧取火於日，陰鑑取水於月，各從其類也。故月臨卯酉，則水漲於東西；月臨子午，則潮平於南北。彼竭此盈，往來不絶，皆繫於月，不繫於日。

竇叔蒙《海嶠志》：水隨月之盈虧。

《新會志》：初一、初二、初三、十六、十七、十八日潮，夏辰、冬午、春秋巳時；汐，夏戌、冬子、春秋亥時。此之謂平。初四、初五、初六、十九、二十、二十一日潮，夏巳、冬未、春秋午時；汐，夏亥、冬丑、春秋子時。此之謂落。初七、初八、初九、二十二、二十三、二十四日潮，夏寅、冬辰、春秋卯時；汐，夏申、冬戌、春秋酉時。此之謂敗。初十、十一、十二、二十五、二十六、二十七日潮，夏寅、冬辰，春巳秋卯時；汐，夏申、冬戌、春亥、秋酉時。此之謂起。十三、十四、十五、二十八、二十九、三十日潮，夏卯、冬巳、春秋辰時；汐，夏酉、冬亥、春秋戌時。此之謂旺。蓋潮汐分爲五節云。

《東里志》：月臨卯酉，則水漲乎東西。言月在卯酉之方，則水縮極而復生也。諺云：月上水長。又曰：月落海轉。正此説也。月臨子午，則潮平乎南北。言月在子午之位，則潮長極而將退也。諺云月盡水縮是也。潮之消長，三辰而盈，三辰而縮，一晝一夜而消長凡再。然積二日而必差一辰，則應月之驗耳。何也？日行一晝夜，運旋三百六十五度而天一周；月之行也一晝夜，不及日十二度有奇，以晝夜百刻計之，該得三度六分半，潮惟應月，故一消一長得六時二刻有奇。一晝夜再消長，共得十二時四刻及十二度有奇之數。積二日共差八刻强。而遲一時積十四日半，得刻凡五十，而潮復值其初。此所以二日必遲一辰，而朔望之潮所以相同也。初一、初二之月則夕隱於西，而晨出於東；十五、十六之月則夕生於東，而晨没於西，故水皆以此時漲乎東西。至其日夜之中，則月或在天上，或在地中，皆臨子午之位，故潮皆以此時平乎南北。潮視月升沉以爲消長，自古及今未之能易也。

按：近海之地皆有潮，惟浙潮有異，蓋錢塘江因龕赭兩山夾而成怒，響如雷霆，轟訇驟高一二丈，古所稱白馬銀濤者，若海則無是也。粵海之潮，惟瓊州有異，蓋瓊州地形西北高、東南下，故有半月東流，半月西流之説。南岸水流東而長，則北岸水流西而消。北岸水流東而長，則南岸水流西而消。兩岸異流，彼逆此順。諸郡則無是也。潮濱於海，惟大埔豐順居郡上游，餘則皆受潮之處，其所至時刻微分遲早，則以海門有遠近，故潮亦有疾徐。至若颶風陡作之時，潮乘颶勢當衰轉旺，宜暫忽久，此則海潮之變者矣。

俞思謙《海潮輯説·自序》　古今論潮汐者，不下數十家，有謂應月之中於坎離者，有謂由地之升降於太虚者，有謂由元氣之嘘吸者，有謂由天河之涌激者，有謂由日輪之灼激者，有謂由胥、種之恚怒者，有謂由神龍之變化者，有謂由海鰌之出入者，其説不一，要以應月之説爲長。蓋其理本於《易傳》，暢於竇氏《海濤志》，而余襄公、朱子、俞石澗、吴亨壽皆宗之。今日以驗之而益信也。凡近海之川皆受潮，有入九河之潮，有入濟之潮，有入淮之潮，有入江之潮，有入松江之潮，有入浙江之潮，有入甌江之潮，有入閩江之潮，有入韓江之潮，有入粵江之潮，有欽廉、瓊海之潮，有外洋諸國之潮，其潮不一，要以浙江之潮爲大。蓋其地既束於海口諸山，又礙於下之沙檻，迫而爲濤，高至數丈，固與他處不同也。然自來言潮者，頗少專書，即間有一二篇，又多缺略未備，或偏執一見，務伸已説，不求其是，予竊惜之。因網羅載籍，輯潮説二卷，上卷專述論潮之説，下卷遍及海内之潮，而泉與物之應乎潮者亦附之。適故人歷城周書昌太史方承修《四庫全書》，從《永樂大典》中鈔潮字韻一卷見寄，因得益增所未備。惟吴志言、吴嚴畯撰《潮水論》傳於世，《書録解題》言唐錢棲業撰《太虚潮論》一卷，則大典中亦不載，不知其主何説也。時乾隆四十六年八月十八潮生日，海寧俞思謙自識。

又　卷上

潮原第一

《易》：習坎，有孚。《大象傳》：水洊至，習坎。《象傳》：習坎，重險也。水流而不盈，行險而不失其信。《説卦傳》：坎爲水，爲月。

《易緯乾鑿度》：月，坎也。水，魄也。水天地脈，周流無息，在上曰漢，在下曰潮。月陰精，水爲天地信，順氣而潮。潮者，水氣來往，行險而不失其信者也。

虞翻《易註》：水性有常，消息與月相應。

俞石澗《周易集説》：最有信者莫如潮，一日兩至，隨月之盈虧以爲消長。凡月到坎、離，潮水亦到。隨月早暮，以爲期信，未嘗差失也。

虞集《就日録》：月，陰也。潮，水也。皆應於《易》之坎卦爲用，故《易説卦》坎爲水，爲月。

《靈樞・歲露篇》：月滿則海水西盛，月郭空則海水東盛。

《淮南子・天文訓》：積陰之寒氣爲水，水氣之精者爲月。月者陰之宗也，故方諸見月則津而爲水。

葛洪《抱朴子》：海濤噓吸，隨月消長。潮者據朝來也，汐者據夕至也。月之精生水，故月盛則潮大。

邵子《皇極經世書》：海潮所以應月者，從其類也。

竇叔蒙《海濤志》：乃天地之本始，不知根荄孰先，蓋自坯樸卵胎，並鼓於太素，地靈之推運，水德之經緯，則天之常數，與天並騖，探而究之，可得曆數而計也。夫陰陽異儀而相違，以其相違，賴以相資，故天與地違德以相成，剛與柔違功以相致，男與女違性而同志，造化何營，蓋自然耳。夫凝陰以結地，融陰以流水，鍾而爲海，派而爲川，或配天守雌，或制火作牝，觀其幽通潛運，非神謂何。是故潮汐作濤，必符於月；百川不息，以經地理。猶三光不息，行健於天也。晦明牽於日，潮汐繫於月，若烟自火，若影附形，有由然矣。地載乎下，羣陰之所藏焉。月懸乎上，羣陰之所繫焉。太溟，水府也，百川之所會焉。北方，陰位也，滄海之所歸焉。天運晦明，日運朔望，錯行以經，大順小異，以合大同。夜明者，太陰之所主也，故爲漲海源。月與海相推，海與月相期，苟非其時，不可强而致也；時至自來，不可抑而已也。雖謬小準，不違大信，故與之往復，與之盈虚，與之消息矣。右第一章。濤之潮汐，並月而生，日異月同，蓋有常數矣。盈於朔望，消於朏魄，虚於上下弦，息於朓朒，輪迴輻次，周而復始。自太初上元乙巳歲日南至甲子朔宵分，七緯俱起北方，至唐寶應元年癸卯南至，積年七萬九千三百七十九，積月九十八萬七百八十七餘八日，積日二千八百九十九萬二千六百六十四，積濤五千六百二萬一千九百四十四也。右第二章論濤數。濤時之法，圖而列之。上致月朔、朏、上弦、盈、望、虚、下弦、魄、晦。以潮汐所生，斜而絡之，以爲定式，循環周始，乃見其統體焉，亦其綱領也。右第三章論濤時。甲之日，乙之夜，日月差互。月差十三度，日差遲月，故濤不及期。一晦一明，再潮再汐。一朔一望，載盈載虚。一春一秋，再漲再縮。蓋天一地二之通率也。天動地應，約爲差率十三度，一寒一暑後歲期，是故日至之期建子午，寒暑之大建丑未。月周之期極朔望，潮汐之期極朏魄。凡朝汐之期也，一日之期，期日中，在陰日加子，在陽日臨午。盈虚之期也，一月之期，期月極，在陽期於朔，在陰期於晦。漲濤之期也，一歲之期，期河漢，在陽期析木，在陰期大梁。右第四章論濤期。夫日以一致，而月體盈虧，君臣之義斯在矣。月以有素而晦明殊質，將相之業斯分矣。月朔譬諸相，月望譬諸將。相朔以合，故附親；將望以遠，故分權。附親故授其任，分權故專夜明。是故推日月，知君臣；體朔望，知將相。將相，臣之貴也。朔望，月之盛也。是乃潮大於朔望焉。右第五章論朔望體象。二月之朔，日月合辰於降婁。日差月移，故後三日而月次大梁。二月之望，日在降婁，月次壽星，日差月移，故旬有八日而月臨析木矣。八月之朔，日月合辰於壽星，日差月移，故後三日而月臨析木之津。八月之望，月次降婁，日在壽星，日差月移，故旬有八日而月臨大梁矣。仲月臨之，季月經之，故三月、九月抑其次也。夫析木，漢津也；大梁，河梁也。陰主經行，濟於河漢，乃河王而海漲也。右第六章春秋仲濤漲解。

張君房《潮説》：唐大曆中，浙東竇叔蒙撰《海濤志》凡六章，詳覆於潮，最得其旨。諸家依約而言，皆不適其妙也。然多假立過當之法，謂以朔望譬諸相將之類。敷致臆述之言，謂積濤五千六百二萬一千九百四十四之類。遠不探月之宫分，月一日行十三度差，而一月一周天，潮即隨而應之。近不識日之辰刻，凡潮一日行三刻三十六分三秒忽，差二日半行一時，一月一周辰位，與月之行度相準。茲爲類矣。今備舉六章之説，著爲中篇，觀其指準標的，即見諸家之説，皆叢挫焉。又曰：潮之爲體也，父天母地，依陰附陽，其本則系屬於月焉。何以言之，夫月之經天，若水之漲海，以躔次於河漢，猶奔激於川流。月之循環，不離於天，海之潮汐，亦常在海。此其大旨也。月之行運者，天之十二宫分。潮之泛歷者，地之十二辰位。月周於次舍，惟三百六十五度。潮湊於晝夜，乃計一百刻之間。此又其世所其見矣。夫天體西轉，而日月東行，陰陽之經也。地勢東傾，而潮濤西上，往還之道也。日遲月速，二十九日差半而月一周天。辰遷刻移，二十九日差半，而潮一復位。謂十有二辰位。以此揆彼，候月知潮，又奚遼哉。

凡月周天則及於日，日月會同，謂之合朔。合朔則敵體，敵體則氣交，氣交則陽生，陽生則陰盛，陰盛則朔日之潮大也。自此而後，月漸之東，一十五日與日相望，相望則光偶，光偶則致感，致感則陰融，陰融則海溢，海溢則望日之潮猶朔之大也，斯又體於自然也。月以遲疾而爽度，或舛於數也。潮以往來而差期，或後於時也。今循竇氏之法，以圖列之，月則分宮布度，潮則著辰定刻，各爲其說。行天者以十二宮爲準，泛地者以一百刻爲法。月右天以東行，會諸陰也。潮循地而西轉，本諸陽也。月有盈虛朒朓，潮有浮洑奔衝。形諸地也，若有側陂，運行諸刻，略無毫釐之差耳。又曰：自唐寶應元年癸卯歲日南至，距宋大中祥符八年乙卯歲十一月丁未朔四日庚戌日南至，又積年二百五十二，積月三千一十七，積日九萬二千一百六，潮倍日之數。《文獻通考》：《潮說》一卷，知錢唐縣張君房撰。

歐陽修《集古録》：右《海濤志》，竇叔蒙撰，其書六篇，一曰海濤志，二曰濤歷，三曰濤日時，四曰濤期，五曰朔望體象，六曰春秋仲月漲濤解。余向在揚州，得此誌，甚愛之，張於座右之壁，冀於朝夕見也。已而夜爲風雨所壞，其後求之十五年，而後得斯本，以示好事者，皆云未嘗見也。

封演《見聞記》：余少居淮海，日夕觀潮，大抵每日兩潮，晝夜各一。假如月出潮以平明，二日、三日漸晚，至月半則月初早潮翻爲夜潮，夜潮翻爲早潮矣。如是漸轉，至月半之早潮復爲夜潮，月半之夜潮復爲早潮。凡一月，旋轉一匝，周而復始。雖月有小大，魄有盈虧，而潮常應之，無毫釐之失。月陰精也，水陰氣也，潛相感致，體於盈縮也。封演，唐德宗時御史中丞。

張君房曰：封氏此論，蓋少得於竇氏，而未臻於壼奥也。

朱中有曰：或問閏年多兩汛，與二十四節氣不相應？答曰：年有閏，潮亦有閏，人但知一月六十潮，不知一潮遞差四刻，兩潮占十二時八刻。自初一午時至十六子時，只有二十九潮，遞互趲欠，一月欠兩潮，五年欠百二十潮，正當再閏兩個月，折得卻好。益知潮與節候，未嘗有差。

顧炎武《日知録》：白居易詩：「早潮纔落晚潮來，一月周流六十回。」白是北人，未諳潮信。杭州之潮，每月朔日以子午二時到，每日遲三刻，至望日則子潮降而爲午，午潮降而爲子，以後半月復然，故大月之潮五十八回，小月則五十六回，無六十回也。月之麗天，出東入西，大月二十九回，小月二十八回，亦無三十回也。

釋隱之《泛海記》：隱之嘗自日本國泛舟將往扶餘，求見觀音，忽遇暴風所飄，信帆而去，僅一日風止，寓泊一山下。朝日初上，風波恬然，四顧海水清澈，下盼無際，且不知其何所也。瞰望間，見海底一山如銀，若千萬丈，瀵湧直突海面，聳然挺空，漸入雲漢，即時波濤渤潏，隨之而上，因其所泊山岸之下水痕志之，已減數丈。方歎異間，經三時久，其山忽忽而下，波濤亦隨之走沉於海下，如朝日間，了無所見。又三時間，復湧而出如初狀。又三時間，復沉於海如初時。翼日又如是，因與舟人雜然評之，有老柁師曰：此即世所謂海潮也，蓋靈長之精魄，上朝太陰，晝夜而再覲矣。隱之洒然知其爲潮也。

張君房曰：隱之之説，亦怪之甚者，味其上朝太陰之旨，符諸宗月之談，抑或可憑耳。

高似孫《緯略》：常聞南海洲採珠人説，每入海，必以繩繫身，岸上人持之。潮來，海底山穴間必闇黑雷鳴，水勃然而興，乃動繩，岸人挽之，助身而上，及登岸，則潮漲入浦澈矣。

思謙按：高氏所聞，與隱之所記，理實相貫，蓋一就海而所見言，一就海底所見言也，故類附於此。

余靖《海潮圖序》：古之言潮者多矣，或言如橐籥翕張，或言如人氣呼吸，或云海鰌出處，皆無經據。唐盧肇著《潮賦》，謂日入海而潮生，月離日而潮大。自謂極天人之論，世莫敢非。予嘗東至海門，南至武山，旦夕候潮之進退，弦望視潮之消息，乃知盧氏之談，出於胸臆，蓋所謂不知而作之者也。夫陽燧取火於日，陰鑑取水於月，從其類也。潮之漲退，海非增減，蓋月之所臨，則水往從之。日月右轉而天左旋，一日一周，臨於四極，故月臨卯酉，則水漲乎東西；月臨子午，則潮平乎南北。彼竭此盈，往來不絶，皆係於月，不繫於日。何以知其然乎？夫晝夜之運，日東行一度，日行十三度有奇，故太陰西没之期，常緩於日三刻有奇。潮之日緩，其期率亦如是。自朔至望，常緩一夜潮。自望至晦，復緩一晝潮。若因日之入海，激而爲潮，則何故緩不及期，常三刻有奇乎？肇又謂月去日遠，其潮乃大，合朔之際，潮殆微絶。此固不知潮之準也。夫朔望前後，月行差疾，故晦前三日潮勢長，朔後三日潮勢極大，望亦如之，非謂遠於日也。月弦之際，其行差遲，故潮之來去，亦合沓不盡，非謂近於日也。盈虛消息，一之於月，陰陽之所以分也。夫春夏晝潮常大，秋冬夜潮常大，蓋春爲陽中，秋爲陰中，猶月之有朔望也。故潮之極漲，常在春秋之中。濤之極大，常在朔望之後。此又天地之常數也。昔竇氏爲記，謂潮虚於午，此候於東海者也。近燕公著論，謂潮生於子，此測於南海者也。又嘗問於海賈云，潮生東南，此乘舟候潮而進退者耳。古今之説，以爲地缺東南，水歸之，海賈言潮生東南，亦近之矣。今通二海之盈縮，以誌其期。西北二海，所未嘗見，故缺而不紀云。嘗候於海門，月加卯而潮平者，日月合朔則旦而平，緩三刻有奇。上弦則午而平，望則日入而平，望已前爲晝潮，望已後爲夜潮，此皆臨海之候也。遠海之處，則各有遠近之期。月加酉而潮平者，日月合朔，則日入而潮平。上弦則夜半而平，望則明日之旦而平。望已前爲夜潮，望已後爲晝潮。此東海之潮候也。又嘗候於武山，月加午而潮平者，日月合朔則午而平，上弦則日入而平，望則夜半而平。上弦已前爲晝潮，上弦已後爲夜潮。月加子而潮平者，日月合朔則夜半而平，上弦則日出而平，望則午而平。上弦已前爲夜潮，上弦已後爲晝潮，此南海之潮候也。杜臻《粤閩紀略》：武山在廣東東莞縣大海中，潮汐消長，於此可辨。

《朱子語録》：潮汐之説，余襄公言之尤詳，謂潮之消息，皆係乎月之進退，非由地之浮沉也。潮之遲速大小自有常。舊常見明州人説，月加子午則潮長，自有此理。陸子静謂潮是子午月長，沈存中《筆談》説亦如此，謂月在地子午之方，初一卯，十五酉。《楚辭註》：潮，海水，以月加子午之時一日而再至者也。

《正蒙註》：天地之間，東西爲緯，南北爲經，故子午卯酉爲四方之正位，潮之進退以月至此位爲節耳。以氣之消息言之，則子者陰之極，而陽之始；午者陽之極，而陰之始，卯爲陽中，酉爲陰中也。

陳潛室《木鐘集》：晦翁謂月加子午則潮大，此説不可曉。今海居者，但云：月上潮長，月落潮退。誠驗其言，是乃月加卯酉方位，非子午也。朔日之潮可驗，朔日月與日會，日才出卯方，即潮長；才入酉方，即潮又長；是潮與月相隨出没。

思謙按：陳氏之説，即余襄公所謂月臨卯酉則水漲乎東西也。朱子之説，即襄公所謂月臨子午則潮平乎南北也。二説相通，理本一貫。陳氏不能善會朱子之意，故致疑耳。

馬子嚴《潮汐説》：《禮記》：致日曰朝，致月曰夕。江海之水，朝生爲潮，夕至爲汐。日，太陽也，歷一次而成月。月，太陰也，合於日以起朔。陰陽消息，晦朔弦望，潮汐應焉。由朔至望，明生而爲息；自望及晦，魄見而爲消。水，陰物也，而生於陽。潮汐依日而滋長，隨月而推移，日起於朔，月盈於望，一朔一晦，天西運一周有奇，月東行迎日之所次，月合於地下之中，則日之所次也。故潮平於地下之中，而會於月，潮於寅則汐於申，潮於巳則汐於亥，兩辰而盈，兩辰而縮。日百刻，刻爲三分，時得八刻三分刻之一。周天三百六十五度四分度之一，分十二次，次得三十度八十分度之三十五，日行一度，月行十三度有奇，漸遠於日，故潮汐之期，浸移日後三刻三分刻之一。一朝夕而再至，故一晦朔而再周。朔後三日，明生而潮壯。望後三日，魄見而汐湧。每歲仲春月薄，水生而汐微，仲秋月明水落而潮倍。減於大寒，極陰而凝。弱於大暑，畏陽而縮。陰陽消長，不失其時，故曰潮信。

史伯璿云：余氏所譏盧氏之失，當矣。所誌東南二海潮候，亦可謂詳審，非不知而作者也。但其所謂月之所臨，水往從之之説，則亦盧氏日之所至水不可附之見也。月所在之處，與海水不知相去幾萬里，曾謂水有可以從月之理乎？至曰潮漲潮平，皆係於月，亦未必然。謂之皆與月相應可也，謂係於月則拘矣。及其論朔望春秋潮之極漲極大，則又皆歸之氣數，然後知向也水往從月，潮係乎月之説，未得爲通論也。何則？謂朔望兩弦月行有遲疾，故潮之大小因之，以爲皆係於月，似矣。春陽中，秋陰中，潮當其時而極漲，豈亦係於月乎。又曰：余氏謂潮與月相應，則可，謂水往從月，則不可。何則？水爲陰物，乃陰氣之成形者；月爲陰精，乃陰氣之成象者。同一陰氣，固宜有相應之理，所以海潮朔望則大，兩弦則小，而每月潮之長落，與月之升降，其數皆合，然不過同此一氣，自爲流通，初非形相從而勢相格也。若謂水之與月，必相從相係，則二者何嘗相及哉。

吴亨壽答張起巖《論潮書》：至元十八年秋八月十八日，足下觀潮浙江亭，有詩。明日，書以遺予，若致疑於逆流之水，有可詰者。朱子註《騷》謂潮以月加子午之時一日而再至，則亦未嘗無説，敢即是試爲足下誦所聞焉。蓋坎本月之體，月本水之精，月與水一而已矣。在天爲月，在地爲水，天有陰陽太少，而月爲太陰；地有剛柔太少，而水爲太柔。古人以方諸取水於月，其類固相感也。而況夫子午之位，乃陰陽之始，於其所始而月加焉，則陰與陽感，而陰以升；陰與陰遇，而陰以盛。水陰類也，則當其所加之時，湧而逆上，從其類也。月一晝夜，凡一加子，一加午，故潮一日再生。月一日退天十三度十九分度之七，故潮日遲於一日，所以初三之潮，晝遲而入十八之夜。十八之潮，夜遲而入初三之晝也。一月之間，生明生魄，潮亦再盛焉。生明之潮，則自前月二十六長水，謂之起信。歷晦朔至月初三，謂之大信。初四潮勢漸殺，謂之落信。歷上弦至月十日，謂之小信。生魄之潮，則自十一始長，歷望至十八而盛。自十九始殺，歷下弦至二十五而衰。其起落大小之信亦如之。天下之至信者莫如潮，生落盛衰，各有時刻，故潮得以信言也。月於一月之間，漸遲而縮一日。潮於兩信之内，漸遲而縮兩潮。秋月最明，秋潮最盛，亦其理然也。又嘗考之，坎爲月魄，離爲月魂，震生明也，兑上弦也，乾望卦也，巽生魄也，艮下弦也，坤晦卦也，生明之盛，非無故而盛也。坤一索而得長男，故盛。過兑少而往，則衰矣。生魄之盛，亦非無故而盛也。乾一索而得長女，故盛。過艮少而往，則衰矣。驗之於月，參之於卦，潮之理其殆庶幾乎。或曰：誠如是，則陽之盛莫如乾，陰之盛莫如坤，潮宜於是大焉，而顧大於震明巽魄，何耶？曰：茲又先天、後天之説也。不本諸先天，無以見造化之全體。不參諸後天，無以見造化之妙用。先天之卦，體也，乾、坤、離、坎位於四正，震、巽、艮、兑位於四維，而月之周天實配之。後天之卦，用也，退乾於西北，退坤於西南，父母老而不用，而長男代父，長女代母，居東南生長之方，天地間萬物萬事，咸於此乎權輿。故其爲氣也莫盛焉，而潮之大信實配之。月配其體，則陽爲明，陰爲魄，而乾、坤當望晦之位，乃陰陽之極也。潮配其用，則長爲盛，少爲衰，而震、巽當大信之候，乃陰陽之長也。夫如是，則其不乾、坤而震、巽也，其由矣。或又曰：何以知其必取於卦耶？曰：以納甲家起之。納甲者，如生明之月，昏出於庚，震則納庚。生魄之月，晨見於辛，巽則納辛之類是也。陰陽者流，用之率驗，則月與卦相爲用也審矣。潮而有取於月也，不亦有取於卦乎哉。或又曰：月之説然耶，則潮之爲候，亦宜月半以前，由微漸大，月半以後，由大漸微，以象夫三五而盈，三五而闕可也。今乃於明魄之生兩盛焉，何哉？曰：明魄之盛，固已如前所云，然月一日一周天，而一日之内，則一加子，一加午者也。潮於月加子午之時，一日再至，故亦於月生明魄之日，一月而再盛焉。月之一，潮之再，若不相似，而實相感召，非深於理者，未易以語此。或又曰：子之所論浙江潮也，他江亦有潮，其遲速不同，何與？曰：潮之生，必生於月出之海，浙江之去海爲近，故其至也如時。他江所去有遠近，故所至有遲速耳。或又曰：古今言潮者，必推浙江，亦謂銀山雪屋，有頭數丈，此爲異耳。他江之潮，第如涌泉，復與此不同，何與？曰：浙江去潮生處近，掀天沃日之勢，方盛而不可遏。赭山、龕山，横於江口，頓然斂寬就窄，其勢必至衝激奔射也。他江去潮生處遠，遠則必殺，故但涌水而已，又何疑焉。毛先舒答潮問：潮者朝也，朝月也。或曰：海爲百谷王矣，而何以朝爲？曰：月者，萬水之天子也，故海臣水而君月，其晝夜再至，則應月之中也。月一晝夜則再中，或中於天，或中於地之中，猶天子之蒞於明堂也，故海朝之。月以朔之午正刻中於天，子末刻中於地，初二日則以午末刻中於天，丑初刻中於地，其後中期以次漸遲，至望則以子正刻中於天，午初刻中於地，十六日則復如朔。朔日潮至以午正子末，初二日潮至以午末丑初，望日潮至以子正午初，十六日則復如朔。其漸遲之期，亦無不如月之中天中地也。

思謙按：《易傳》以水洊至釋習坎，潮汐之象也，以水行不失其信釋有孚，潮汐有候之象也。坎爲水，又爲月，潮候應月之象也。蓋圜則九重，月輪最近，地秉陰竅於山川，播五行於四時，和而後月生焉。故凡風雨潮汐鱗介之類，其氣皆與月相通。《洪範》言月之從星，則以風雨。《周禮》以方諸取水於月，《吕覽》謂月行乎天，羣陰化于淵，是也。潮汐之至，必以月麗子午爲候者。子午，坎離也。坎爲水月之本方，以同氣而相求。離爲陰陽之正配，以交感而相應也。極大於初三、十八者，避朔望之正，合正衝，陰不敢當陽，故稍退後也。

潮説存疑第二論潮汐由於地氣之升降。

《洞真正一經》：地機在東南之分，九泉之下，則滄海之口，吐納呼噏之靈機也，上通天源之海注，旁吞九州之淵澳，十二時以紀，推四會之水東迴。一晝一夜，則氐載盈載虚，並湊於滄海之機，凡三十三日。機轉西北，迴東北漲西南，吐則溢，噏則虧，周於四會，天源下流，九泉波湧，是爲一轉。

《書考靈曜》：地厚三萬里，春分時，地正當中。自此漸漸而下，至夏至，地下遊萬五千里，地之上畔與天中平。夏至後，地漸漸向上，至秋分，地正當天之中央。自此漸漸而上，至冬至，地上遊萬五千里地，之下畔與天中平。自冬至後，地漸漸而下。地恒動不止，如人在舟中，舟行而人不覺也。

張子《正蒙》：地有升降，日有修短。地雖凝聚不散之物，然二氣升降其中，相從而不已也。陽日上，地日降而下者，虚也。陽日降，地日進而上者，盈也。此一歲寒暑之候也。至於一晝夜之盈虚升降，則以海水潮汐驗之爲信。

王充《論衡》：海之潮，水之溢而泛行者。喻人血脈循環，周作上下於支體

《土圭經》：海潮如人之呼吸。

邱光庭《海潮論》：東海漁翁訪於西山隱者曰：余生於海上，若風雨雲霞雷電雪霜之自，余皆略知宗旨矣。至於海潮之來，朝聞夕見，終莫曉其所由然也。遐觀竹帛，博考古今，《海經》、《論衡》之文，竇氏、盧侯之説，雖多端指喻，咸於義未安。吾子志學能文，精智辨物，願爲余明白陳之。西山隱者曰：僕巖居林處，遥海遠江，安能知濤潮之所起乎？且天地廣大，誰能覩其根源。請爲子遠取諸經，近取諸物以考之，雖其至廣至大，亦不能逃其理矣。案：《易》稱水流濕，《書》稱水潤下，俱不言水能盈縮，則知海之潮汐，不由於水，蓋由於地也。地之所處於大海之中，隨氣出入而上下，氣出則地下，氣入則地上。地下則滄海之水入於江河，地上則江河之水歸於滄海。入於江湖謂之潮，歸於滄海謂之汐，此潮汐之大略也。問曰：古今言潮汐者多矣，皆謂海水盈縮而爲之，未有言由地之上下者也。子從何理以知之？答曰：視百川則知之矣。百川亦水也，不能盈縮，海獨能盈縮乎？假令海異百川，獨能盈縮，則海水既盈，地亦隨盈而升，百川隨地而上，彼此俱上，則無潮矣。海水既縮，則地亦隨縮而降，百川亦隨地而下，彼此俱下，則無汐矣。固以百川居地之上，地居海之上，地動而海静，動静相遠，則潮汐生矣。以斯知非海水之盈縮也。漁翁曰：吾聞地道安静，子云隨氣出入而上下，何也？答曰：《易》言：「坤，元亨，利牝馬之貞。」《傳》言：「牝馬地類，行地無疆。」觀其所象，地非不動之物。《河圖括地象》云：「地常動而不止，春東、夏南、秋西、冬北。冬至極上，夏至極下。」其故何哉？由於氣也。夫夏至之後，陰氣漸長而盛於下，氣盛於下，則海溢而上，故及冬至而地隨海俱極上也。冬至之後，陽氣漸長而盛於上，氣盛於上，則海斂而下，故及夏至而地隨海俱極下也。此一年之動息上下也。《繫辭》云：「坤，其静也翕，其動也闢。」翕者氣之收斂，闢者氣之散出。氣收斂則地上，氣散出則地下，此一日内之動息上下也。問曰：一晝一夜，兩潮兩汐，則是一晝夜兩闢兩翕矣，將何驗之？曰：《詩疏》言：魚獸之皮，乾之(輕)[經]年，每天陰及潮來，則毛皆起。若天晴及潮還，則毛伏如故。雖在數千里外，可以知海水潮。然則潮之來去，與天之陰晴相類，氣散出則天陰而潮來，氣收斂則天晴而潮落。魚獸之毛起伏者，非識天之陰晴及潮之來去，蓋自應氣之出入耳。毛起者氣出也，氣出則地下而潮來。毛伏者氣入也，氣入則地上而潮落。魚獸之毛，一晝一夜，兩起兩伏，足以驗其氣之兩闢兩翕矣。問曰：此翕之氣，是何氣也？曰：地中之氣也。故此氣一出一入，則間，蓋隨榮衛之氣耳。潮之衍漾進退，亦隨海之氣耳。

趙自勔《造化權輿》：潮者陰陽氣所激，五月無潮，陰氣微也。八月最大，則陰盛也。《太平御覽》。

虞裕《談撰》：仲夏海無潮者，陰氣至微，不能自致。仲秋最盛者，陰陽氣均而陰方壯，鼓怒之勢雄故也。朱中有《潮賾》：大地之間有元氣，有陰陽，陰陽生乎元氣，而亦能爲之病焉。常暘常雨，當二氣之極，則元氣不能勝也。夫水，天地之血也。元氣有升降，氣之升降，血亦隨之。元氣一晝夜小升降，故一日之間，潮汛再至。一月之間大升降，故一月間爲大汛者亦再。十五日而易一節，一歲間爲節氣者二十四，潮亦二十四汛隨之。天地之數，奇而不齊者也，故月有小盡大盡，歲有一閏再閏。潮之爲大汛也，隨大小盡與閏，亦未嘗差焉。驗潮之大小，莫若錢唐與西興也。雖以朔望爲大汛之候，然朔望前一二日，潮蓋有登鬧者，或朔望日不登鬧，後二三日始登，至五六日而猶登者。西興之鬧稍低於錢唐，朔望後七八日潮亦登，此無他，節氣參差不齊，則潮亦爲之進退，或攙前，或落後，其大槩固如是也。或有非朔望正汛而忽大，當汛而忽小者，蓋適遇巨風之順，則推之而來，後浪攤前，故忽大而且久不退。風逆，則抑之而退，前浪遏後，故驟小而且久不進耳。夏潮晝小夜大，冬潮晝大夜小者，俗所謂畏寒畏熱者，實確論也。愚所謂陰陽之極，元氣有不勝也，夏爲極陽，日昱乎晝，陽氣特甚，元氣雖升，而爲至陽所迫，氣不得伸，故潮亦不得而遂。譬之於物，以火爨鼎，水半於鼎，火氣既升，水從而涌，此元氣升而潮進之象也。於鼎之上置鐵炙床，熾炭其上，則涌水爲火所熁而復下，此潮當進而元氣爲至陽所迫而不遂也。冬爲極陰，日既西没，陰氣特甚，元氣爲至陰所薄，而潮不遂。猶鼎水方涌，以踈箔覆鼎，置巨冰其上，冰氣嚴沍，涌水復下，均一理耳。夏夜日既没，陽氣稍衰。冬晝日既出，陰氣稍斂，故元氣得升，而潮得遂而稍大也。其有夏晝潮當小而忽大，夜當大而忽小，冬晝潮當大而忽小，夜當小而忽大者，此乃陰陽之氣，錯謬顛倒。夏當南風，或者北風起，以陰方氣從所勝而來，陽爲之辟易，故潮遂能稍大。冬當北風，或風從南至，以陽方氣從所勝而來，陰爲之辟易，故潮亦稍大也。夏夜潮宜大，或三伏中陽氣酷烈，融而不收，陰不足以禦之，故潮從而小。冬晝或冰雪不解，固陰沍寒，故潮亦從而小也。二月、八月，潮特大者，陰陽之適中，元氣得仲，潮得遂其大也固宜。

地獨上獨下，不由於水也。若一年之氣，則是天之元氣，其氣周於水，故水隨於地，而地氣於水也。問曰：地之廣厚，不知幾千萬里也。言能隨氣動息，不亦誣乎？曰：神無方，豈論巨細。天大於地逾數倍，尚能空中旋運，況地比於天殊爲小者，豈不能隨氣動息哉？吾子視日月之迴，則信天之能旋；視潮濤之至，不信地之能動，豈不昧哉。問曰：若如所論，地有動息上下，人不覺之，何也？曰：《河圖括地象》云：人居大舟之中，閉牖而坐，則不知舟之動也。人居大舟中，尚不知舟動，而況地之廣大，曾不覩其邊際，何以知其上下也。且子不聞南中之潮雞乎，雞鳴則潮至。雞不覩潮之至而先鳴者，蓋覺地之動也。是知物有所長，人或不及。問曰：地震則人覺之，何也？曰：動安和而震戰悚也。震甚則人覺，微亦不覺也。況闢翕上下，微而和者乎。問曰：潮來有大小，何也？曰：二月八月，陰陽之氣交。卯酉者陰陽出入之門也。月朔月望，天地之氣變。日，天倫也。月，地類也。朔形交焉，望光偶焉。光偶形交，其變如一。交變之時，其氣必盛。氣盛則出甚而地下甚，地下甚則潮來大。其非交變之時，其氣安靜，安靜則出微而地下微，地下微則潮來小。故二月八月，其潮遂大於諸月。月朔月望，其潮遂大於諸潮。問曰：潮大不正當朔望之日，常於朔望之後，何也？曰：凡物之動，先感而後應，先微而後盛。朔望之氣雖至，而地動之勢猶微，故潮常大於朔望之後也。曰：子言氣盛於下，則海溢而上；氣盛於上，則海斂而下。則是海之下有氣，從何知之？曰：《抱朴子》云：從地向上，四千里之外，其氣剛勁，居物不落。以此推之，知周天之氣皆剛，非獨地之上也。夫日月星辰，無物維持而不落者，乘剛氣故也。內物既不能出，外物亦不能入，日月星辰雖從海下而迴，莫得與水相涉，以斯知海之下有氣必矣。問曰：海之下既有氣，海之邊際則如何？曰：亦氣也。氣之外有天，天周於氣，氣周於水，水周於地，天地相將，形如雞卵。黃即地，白即水，膜即剛氣，殼即天也。漁翁喜曰：問少得多，聞潮聞汐，又聞天地之元理也。

張君房曰：邱氏之論，爲謬説耳。夫以覆載之大，包育萬類，豈水所能浮之也。及詳其自問，一晝夜再潮再汐，即答以魚獸之爲驗，斯又乏之矣。又稱地中氣晝夜之間一出一入，未知何述焉。斯皆猛浪之甚，詿誤後人也。

燕肅《海潮圖論》：觀古今諸家海潮之説，多矣。或謂天河涌激；葛洪。亦云地機翕張；《洞真正一經》。盧肇以日激水而濤生；封演云月周天而潮應，挺空入漢，山涌而濤隨，僧隱之。析木、大梁，月行而水大。竇叔蒙。源殊派異，無所適從，索隱探微，宜伸確論。大中祥符九年冬，奉詔按察嶺外，嘗經合浦，廉州。沿南溟而東，過海康，雷州。歷陵水，化州。陟恩平，恩州。住南海，廣州。迨由龍川惠州。抵潮陽。潮州。泊出守會稽，越州。移蒞句章，明州。以上諸郡，皆沿海濱，朝夕觀望潮汐之候者有日矣。得以求之刻漏，究之消息，進退。十年用心，頗有準的。大率元氣噓吸，天隨氣而漲斂，溟渤往來，潮順天而進退者也。以日者重陽之母，陰生於陽，故潮附之於日也。月者太陰之精，水者陰類，故潮依之於月也。是故隨日而應月，依陰而附陽，盈於朔望，消於朏魄，虚於上下弦，息於朓朒，故潮有小大焉。今起月朔夜半子時，潮平於地之子位四刻一十六分半，月離於日，在地之辰，次日移三刻七十二分，其小盡則次日移三刻七十三分半。對月到之位，以日臨之次，潮必應之。過月望，復東行，潮附日而又西應之。至後朔子時四刻一十六分半，日月潮水亦復會於子位。於是知潮當附日而左旋，以月臨子午，潮必平矣。月在卯酉，汐必盡矣。或遲速消息又小異，而進退盈虚，終不失於時期矣。

王仲言《揮塵前録》：姚寬令威著《西溪殘話》，其間一條云：舊於會稽得一石碑，論海潮依附陰陽，極有理。不知其誰氏子，以《真宗實録》考之，大中祥符九年，以燕肅提點廣東刑獄，遂取兩朝史燕公傳觀之，果嘗自知越州移明州，著《海潮論》、《海潮圖》行於世，則知爲燕無疑。

徐兢《高麗圖經》：潮信往來，應期不爽，爲天地之至信，古人嘗論之，率未之盡。大抵天包水，水承天，而一元之氣升降於太空之中，地乘水力以自持，且與元氣升降互爲抑揚，而人不覺，亦猶坐於船中，而不知船之自運也。方其氣升而地沈，則海水溢上而爲潮。及其氣降而地浮，則海水縮下而爲汐。計日十二辰，由子至巳，其氣爲陽，而陽氣又自爲升降，以運乎晝。由午至亥，其氣爲陰，而陰氣又自有升降，以運乎夜。一晝一夜，合陰陽之氣，凡再升再降，故一日之間，潮汐皆再焉。然晝夜之晷繫乎日，升降之數應乎月，日臨於子，則陽氣始升。月臨於午，則陰氣始升。故夜潮之期，月皆臨子。晝潮之期，月皆臨午。又日行遲，月行速，以速應遲，每二十九度過半而月行及之。日月之會，謂之合朔。故月朔之夜潮，日亦臨子。月朔之晝潮，日亦臨午焉。且以晝即天上而言之，天體西轉，日月東行，自朔而往，月速漸東，至午漸遲，而潮亦應之以遲於晝。故晝潮自朔後迭遲而入於夜，此所以一日午時，二日午末，三日未時，四日未末，五日申時，六日申末，七日酉時，八日酉末也。至夜即海下而言之，天體東轉，日月西行，自朔而往，月速漸西，至子漸遲，而潮亦應之以遲於夜。故夜潮自朔後迭復而入於晝，此所以一日子時，二日子末，三日丑時，四日丑末，五日寅時，六日寅末，七日卯時，八日卯末也。以時有交變，氣有盛衰，而潮之所至，亦因之爲大小。當卯酉之月，則陰陽之交也，氣以交而盛，故潮之大也獨異於餘月。當朔望之後，則天地之變也，氣以變而盛，故潮之大也獨異於餘日。今海中有魚獸，殺取皮而乾之，至潮時，則毛皆起。豈非氣感而類應，本理之自然與。徐兢字明叔，和州歷陽人，官刑部員外郎，撰《高麗圖經》四十卷。

史伯璿《管窺外編》：徐明叔《高麗録》既以爲氣有升降，又以爲地有浮沈，既以爲乘日升降，又以爲如應乎月，初無的見，但務臆度，譬猶獵不知兔，而廣絡原野，冀一人之獲，術之踈也甚矣。況既以升降屬之氣，又以升降屬之地，所謂升降，一與二與？且地之與水俱爲有形之物，則氣有運動，形皆隨之可也。今乃氣之一升一降，獨地爲之一沈一浮，而水則皆與氣不相干，惟因地之浮沈，而有溢有縮焉，豈理也哉？況形隨氣動，則氣升而地浮，氣降而地沈可也。今乃氣升而地反沈，氣降而地反浮，是地與氣亦不相干矣。不但水也，凡此又皆病之小者。獨地有浮沈之説，其病最大。吾聞天動地静矣，未聞地亦動也。意者地本不動，特論者無以爲潮汐之説，故强之使動耳。惟篇末時有交變，氣有盛衰之言，似有可取。當存之以備一説。徐氏謂水隨氣而往來則可，謂水因氣而溢縮則不可。凡天地間有形之物，未有不隨氣而運動者。潮特有形之物，非有氣以運之，亦不能以自行也。然氣即水之氣耳，是故氣有翕張，則潮有長落。方其氣之始張於地，則水爲所擁而南奔，是爲潮長。張之極則水益南，而潮以平。張極而翕，翕則水北還而潮落矣。氣之一翕一張，如循環然，無停機也。潮之一往一來，應期不爽，此理之常，無足怪者。至於潮有大小早晚之異，則姑信與月相應之言可也。

潮説存疑第三論潮汐由於天河之涌激。

《抱朴子》：天河從北極分爲兩條，至於南極，其一經南斗中過，其一經東井中過，兩河隨天轉輪入地，而與地下水相得，又與海水合，三水相蕩，而天轉排之，故涌激而成潮。天之兩河，一日一夜各一入地，故一旦一夕而有兩潮也。一月之中，天再東再西，故潮再大再小也。又夏時日居南宿，陰消陽盛，天高一萬五千里，故夏潮大也。冬時日居北宿，陰盛陽消，天卑一萬五千里，故潮小也。春時日居東宿，天高一萬五千里，故春潮漸起也。秋時日居西宿，天卑一萬五千里，故秋潮漸減也。

張君房曰：觀稚川之言，蓋亦臆述耳。夫天之河漢，皆氣象焉，未必如地下之河，滔滔而不息也。又焉能流入地下，與海水相激哉。

高似孫曰：《抱朴子》言天河晝夜各一入地，故有兩潮。《志》曰：詳潮水之所起，若鼎釜之沸，沸則煎沫而溢出，究其本，祇平於鼎釜，若沸溢則加倍之也。則是陰陽二氣，交變而作，日月爲二氣之母，潮隨二曜，蓋不虚耳。

朱中有曰：《抱朴子》言潮夏大冬小，春起秋落，又云天河與海水激蕩成潮，所論皆非也。夏潮晝甚小，夜乃大。冬潮晝稍大，夜乃小。春秋之中潮極大，晝夜適相等。所謂天河，特以形似，豈真有(大)[之]。晝夜之間，天未嘗不轉，苟如其説，激蕩成潮，則是晝夜不息，何得一晝夜間再進再退，其説疎矣。至鄭遂洽聞記所論，乃衍《抱朴子》之言，更無足辯。

思謙按：恒星之經天也，一晝夜一周而過一度。天河隨恒星而行者也，使潮汐果因兩河轉輪入地而成，則每日當以漸而早，積一年當多兩潮。今每日以漸而遲，積一月已少兩潮，則不應天河明矣。

潮説存疑第四論潮汐由於日激水而成。

盧肇《海潮賦序》：夫潮之生，因乎日也，其盈其虚，繫乎月也。肇始窺《堯典》，見曆象日月，以定四時，乃知聖人之心，蓋行乎渾天矣。渾天之法著，陰陽之運不差，萬物之理皆得。其海潮之出入，欲不盡著，將安適乎。近代言潮者，皆驗其及晦而絶，過朔乃興，弦乃小盈，月望乃大，至以爲水爲陰類，牽於月而高下隨之也。遂爲濤志，定其朝夕，以爲萬古之式，莫之逾也。殊不知月之與海，同物也。物之同，能相激乎。譬猶烹飪，置水盈鼎而不爨之，欲望膳羞之熟，其可得乎。潮亦然也。天之行健，晝夜復焉。日傅於天，[天]右旋入海，而日隨之。日之至也，水其可以附之乎？故因其灼激而退焉。退於彼，盈於此，則潮之往來，不足怪也。其小大之期，則制之於月。大小不常，必有遲有速，故盈虧之勢，與月同體，何以然？日月合朔之際，則潮殆微絶，以其至陰之物，邇於至陽，是以陽之威不得肆焉，陰之輝不得明焉。陰陽適，故無進無退，無進無退，乃適平焉。是以月之與潮，皆隱乎晦。此潮生之實驗也。其朒其朓，則潮亦隨之。乃知日激水而潮生，月離日而潮大，斯不刊之理也。夫日之入海，必然之理。自朔之後，月入不盡，晝常見焉，以至於望。自望之後，月出不盡，晝常見焉，以至於晦。見於晝者，未嘗有光，必日入於海，隔以映之。受光多少，隨日遠近。近則光少，遠則光多，至近則甚虧，至遠則大滿。此又足證夫日至於海，水退於潮，尤較然也。渾天法，地浮於水，天在水外，日入則晚潮激於左，日出則早潮激於右。

右賦朝散大夫守歙州刺史柱國賜紫金魚袋盧肇進狀云：微臣始自知書，志在稽古，或觀天地之道，得於經史之間。既察置圭，亦聞測管，究黄鍾於玉律，窺碧落於琁璣，伏念司馬遷則書載天官，張平子則儀均地動。臣仰遵前哲，輒撰圓虚，偶識海潮，深符易象，理皆摭實，事盡揣摩。既當鳳紀之朝，願陳蠡測之見。古人莫不以地厚難測，日既入而不見其行；海大無涯，潮漸生而不知其候。不圖天垂大法，假手微臣，獲在聖朝，彰此愚見。勅：盧肇文學優贍，時輩所推，窮測海潮，出於獨見，徵引有據，圖象甚明，足成一家之言，以祛千載之惑，其賦宜宣付史館。

沈存中《筆談》補：盧肇論海潮，以爲日出没所激而成，此極無理。若因日出没，當每日有常，安得復有早晚。予考其行節，每至月正臨子午則潮生，候之萬萬無差。月正午而生者爲潮，則正子而生者爲汐。正子而生者爲潮，則正午而生者爲汐。

張君房曰：盧肇之説，且破竇氏宗月之談，而專以日入海而激灼海水乃爲潮也，不知海月同物，而自相感致，譬猶方諸向月而水滋，豈待陽乎。且海亦天地中一區物也，豈能外包其地。《易》云：日在地中，則日隨天運，下絡於地。未聞其轉入於海，又焉能激灼而成潮耶。

朱中有曰：肇未嘗識晦前兩日，潮已七八分，或晦日已及十分，朔日正屬大汛，而云合朔之際潮殆微絶，可乎？肇以月之盈虧，爲潮之大小，合一月兩汛之潮，獨歸之歸，謂潮始大至，不知朔與望均大至也。又曰：肇謂日激水而潮生，亦非也。日之西没東出，悉有定時，如肇所論，則一晝夜只合一潮，今一日一夜凡兩潮，隨十二時遞爲轉移。正晝當午，日固麗天未嘗入，海潮之大至，固自若也，肇之不識潮審矣。

丘處機云：海潮，人皆言因月，唐盧肇獨言因日。余遊海上，詢諸故老，月初出則潮上，月卓午則潮滿，月西轉則潮漸退，月没則潮退盡。北方月出，則潮復上斗北；月中則漸滿，月東轉則潮漸通，月没則潮退盡。盧肇言日是太陽，水是純陰，日西入地時，陰避太陽，東海潮上。日出時，水乃西流，東海潮下。且箭之激疾，晝夜不能行萬里，如何海之深洞，洪波蕩漾，日夜能行數萬里乎。又肇所言，是一晝一夜，止有一潮，知肇不曾海上遊行耳。徐熙《秋談薈》。

史伯璿曰：按盧肇謂潮生因日，朔微望大，與潮候全不相應。往往北方之人，但聞海之有潮，而不知潮之爲候，遽欲立言，其差失皆不足辨。但其言天旋入海，日之所至，水不可附，則不惟不知潮，亦不知天矣。天所運日所至之處，豈復有海乎，海雖極大，然不有天之大氣舉之則海亦何能至止哉。是知天之氣不極其厚，則不能束海與地於其中，然則日所傅之處，正在天氣之中，吾意内與海水相距，不知隔幾萬里至勁極厚之氣。曾謂天有入海之理，日有激海之勢乎？若肇者，真不知而言者也。《稗編》。

思謙按：木華海賦云：若乃大明攄轡於金樞之穴，翔陽逸駭於扶桑之津，於是鼓怒，溢浪揚浮，更相觸搏，飛沫起濤。此言月將夕日初出而濤生，似肇賦之所本，然偶寫一時之景，則可遂以爲定候，則誤矣。

潮説存疑第五論潮汐由龍鰌之變化出入。

《華嚴經》：一切大海水，皆從龍王心願所起。八十億龍王雨大海中，及其所住，淵池涌出，流入大海，波涌流水，青玻璃色，盈滿大海，涌出有時，是故海潮常不失時。如來出現品。

周處《風土記》：俗説鯢一名海鰌，長數千里，穴居海底，入穴則水溢爲潮，出則潮退，出入有節，故潮水有期。許渾廣江詩，海鰌潮上見。

張君房曰：處亦名流，觀斯之談，何其誕妄。

中虚白《釣磯立談》：南唐後主時，潯陽潮退，有一大鰌環體於洲上，瀕江之人饜食其肉。

《赤城志》：淳熙五年八月，海鰍出於寧海縣鐵場港，乘潮而上，形長十餘丈，揚鬐鼓鬣，噴水至半空皆成烟霧，人疑其龍也。潮退，閣泥中不能動，識者呼爲海鰍，争斧其肉煎爲油。

思謙案：據《釣磯立談》、《赤城志》所載，則海鰌蓋隨潮出入者也，而周子隱、郭景純乃以爲潮隨海鰌之出入，豈不謬哉。

潮説存疑第六論潮汐由於伍胥文種之所爲。

《吴語》：員將死，曰：而懸吾目於東門，以見越之入吴，國之亡也。遂自殺。王慍曰：孤不使大夫得有見也，乃使取申胥之屍盛以鴟夷，而投之於江。

《國策·樂毅報燕惠王書》：昔者伍子胥説聽乎闔閭，夫差弗是也，賜之鴟夷而浮于江。子胥不早見主之不同量，故入江而不化。《史記·樂毅傳》同。

《史記索隱》云：言子胥怨恨，故雖投江而神不化，猶爲波濤之神也。

《越絶外傳》：胥死之後，王使人捐於大江口，勇士執之，乃有遺響，發憤馳騰，氣若奔馬，威凌萬物，歸神大海。彷彿之間，音兆常在，蓋子胥水仙也。

《吴越春秋》：吴王賜伍子胥死，乃取其屍，盛以鴟夷之革，投之江中。子胥因隨流揚波，依潮來往，蕩激隄岸。又越王賜文種死，葬於國之西山。一年，伍子胥從海上穿山脅而持種去，(興)[與]之俱浮於海，故前潮來審候者，伍子胥也；後重水者，大夫種也。元稹《望海亭詩》：嵌空古墓失文種。自注：墓在州城西山上。《圖經》潮水到山，迎棺柩入海，今所存古穴耳。

《水經注》：昔子胥死於吴，而浮屍於江，吴人憐之，立祠於江上，名曰胥山。文種城於越，而伏劍於山陰，越人哀之，葬於重山。文種既葬一年，子胥從海上負種俱去，遊夫江海，故潮水之前揚波者伍子胥，後重水者大夫種。

《録異記》：夫差殺伍子胥，煑之於鑊，乃以鴟夷橐投之於江。子胥恚恨，驅水爲濤，以溺殺人。今時會稽丹徒大江、錢唐浙江，皆立子胥之廟，蓋欲慰其恨心，止其猛濤也。時有見子胥白馬素車在潮頭之中，因立廟以祠焉。

《宋史·馬亮傳》：徙和杭州，先是江濤大溢，築堤未就，亮禱於伍員祠下，明日，潮爲之卻，出横沙數十里，堤遂成。

《高僧傳》：唐靈隱寺釋寶達者，以持密咒爲務。往時江潮大至，激射湖上諸山，達爲誦咒咒之一夜，江濤中有偉人至，幺冠朱衣，導從甚繁，謂達曰：身是子胥，復讎雪恥者，非他也；師慈心爲物，已聞命矣。言訖而滅。明日，寺僧怪其車馬之喧，因言其事，自爾西岸沙漲彌年。

王充《論衡》：傳書言吴王夫差殺伍子胥，煑之於鑊，乃以鴟夷橐投之於江。子胥恚恨，驅水爲濤，以溺殺人。今時會稽丹徒大江、錢唐浙江，皆立子胥之廟，蓋欲慰其恨心，止其猛濤也。夫言吴王殺子胥投之於江，實也。言其恚恨驅水爲濤者，虚也。屈原懷恨，自投湘江，湘江不爲濤。申徒狄蹈河而死，河水不爲濤，世人必曰屈原、申徒狄不能勇猛，力怒不如子胥，夫衛葅子路、漢烹彭越，子胥勇猛不過子路、彭越，然二子不能發怒於鼎鑊之中，以烹湯葅汁瀋淤旁人，子胥亦先入鼎鑊，後乃入江，在鑊之時，其神安居？豈怯於鑊湯而勇於江水哉！何其怒氣前後不相副也。且投於江中，何江也？有丹徒大江，有錢唐浙江，有吴通陵江，或言投於丹徒大江，無濤。欲言投於錢唐浙江，浙江、山陰江、上虞江皆有濤。三江有濤，豈分橐中之體散置三江中乎？人若恚恨也，仇讎未死，子孫遺在，可也。今吴國已滅，夫差無類，吴爲會稽立置太守子胥之神，復何怨苦？爲濤不止，欲何求索。吴越在時，分會稽郡越治，山陰吴都，今吴餘暨以南屬越，錢唐以北屬吴，錢唐之江，兩國界也。山陰，上虞在越界中，子胥入吴之江爲濤，當自上吴界中，何爲入越之地？怨恚吴王，發怒越江，違失道理，無神之驗也。且夫水難驅而人易從也，生任筋力，死用精魂。子胥之生，不能從生人營衛其身，自令身死，筋力消絶，精魂飛散，安能爲濤？使子胥之類數百千人，乘船渡江，不能越水，一子胥之身，煑湯鑊之中，骨肉糜爛，成爲羹葅，何能有害也。周宣王殺其臣杜伯，趙簡子殺其臣莊子義，其後杜伯射宣王，莊子義害簡子，事理似然，猶爲虚言。今子胥不能完體爲杜伯、子義之事，以報吴王，而驅水往來，豈報讎之義，有知之驗哉？俗語不實，成爲丹青，丹青之文，賢聖惑焉。夫地之有百川也，猶人之有血脉也。血脉流行，汎揚動静，自有節度。百川亦然，有朝夕往來，猶人之呼吸氣出入也。天地之性，上古有之，《經》曰江漢朝宗於海。唐、虞之前也，其發海中之時，漾馳而已。入三江之中，殆小淺狹，水激沸起，故騰爲濤。廣陵曲江有濤，文人賦之。大江浩洋，曲江有濤，竟以隘狹也。吴殺其身，爲濤廣陵，子胥之神，竟無知也。溪谷之深流者安洋，淺多沙石激揚爲瀨。夫濤瀨一也，謂子胥爲濤，誰居溪谷爲瀨者乎？案濤入三江岸沸涌，中央無聲，必以子胥爲濤。子胥之身，聚岸濯也。濤之起也，隨月盛衰，小大滿損不齊同。如子胥爲濤，子胥之怒，以月爲節也。三江時風揚疾之波，亦溺殺人。子胥之神，復爲風也。秦始皇渡湘水，遭風，問湘山何祠？左右對曰：堯之女舜之妻也。始皇大怒，使刑徒三千人斬湘山之樹而履之。夫謂子胥之神爲濤，猶謂二女之精爲風也。

《抱朴子》：濤水者潮，取物多者其力盛，來遠者其勢大。今浙水從東來，地廣道遠，乍入狹處，陵山觸岸，從直赴曲，其勢不泄，故隆崇涌起而爲濤。俗人云：濤是子胥所爲，妄也，子胥始死耳。天地開闢，已有濤水矣。《錦繡萬花谷》。

羅泌《路史發揮》：世言子胥溺死，而海神爲之潮汐，此妄説也。而或者謂昔人言潮，無出子胥前者，因爲舉書朝宗之語，而齊宣嘗欲遵海觀朝舞矣。且屈原云：聽潮水之相擊，而《易》亦有行險不失信之言。自有天地，即有此潮。豈必見紙上而後信哉？子胥漂於吴江，適有祠廟當潮頭，不知丹徒、南恩等潮，且復爲誰潮耶？

思謙案：《淮南子》言武王伐紂，渡於孟津，陽侯之波，逆流而擊。武王秉旄麾之曰：余任天下，誰敢害吾意者？於是波罷。高誘注云：陽侯，陵陽國侯。溺死，能爲大波，則子胥之爲濤，亦理之所有。盧元輔《胥山銘》云：有周行人伍公，倍吴之職，夫差既王，宰嚭受賂。公入則諫焉，屬鏤之賜，竟及其身。鴟夷盛屍，投於水濱，憤悱鼓怒，配濤作神。斯言得之。

又 卷下

入古九河碣石之潮第七

酈道元《水經注》：《地理志》曰：碣石在右北平驪成縣西南，今枕海有石如甬道數十里，當山頂有大石如柱形，往往而見，立於巨海之中，潮水大至及潮波退，不動不没，不知深淺，世名之天橋柱也。河東北浮水故瀆，逕章武縣故城之東，注於海，海潮汐往來日再。

《元史·虞集傳》：就師之東，瀕海數千里，北極遼海，南濱青齊，萑葦之場也，海潮日至，淤爲沃壤。

孫承澤曰：直沽在武清縣東南八十里，衛河白河合流於此，又西南流四十里，名海口，每日潮至楊村云。

胡渭曰：海潮之所入，黄河之所出，皆沙也，以沙遇沙，如膠之投漆。惟受以廣二百餘里之逆河，踴躍翻騰而入海。又有碣石以當其衝，則潮汐不能逾而西，内沙不停，外沙不入，此禹河所以千載無患也。自逆河變爲渤海，而潮汐直抵九河之口，九河勢分力弱，不足以攻沙。外沙日至，内沙不出，徒駭猶能相敵，八枝遂就湮廢矣。

入濟之潮第八

《元和郡縣志》：蒲臺縣東一百四十里海畔有一沙阜，俗呼爲鬬口淀，是濟水入海之處。海潮與濟相觸，故名。

《寰宇記》：淀高一丈，周二里。今海潮雖大，淀終不没，又掖縣轉鮒。左思《齊都賦》云：轉鮒朝舞，奇觀所説。《晏子春秋》景公謂曰：吾欲觀於轉鮒朝舞，循海而南是也。

金履祥《孟子集注》云：轉鮒，海旁之山，潮至如舞。

羅泌《路史》：景公欲遵海觀潮舞。思謙按：趙岐注《孟子》云：朝，水名，則疑亦以通潮汐而得名也。

費錫璜字滋衡。云：春秋時，潮盛於山東。漢及六朝，盛於廣陵。唐宋以後，盛於浙江。此地氣自北而南，莫有知其然者。《孟子》轉附朝儛，即潮之舞。故北稱渤海，渤同勃，怒也。此盛於山東者也。《七發》所言此盛於廣陵者也。見《揚州畫舫録》。

《山東通志》：雲河在膠州東南入海，每海水潮汐，如障馬摩戛而來，遇雲水即回，俗所謂潮怕雲頭也。

入淮之潮第九

《史記·貨殖傳》：合肥受南北潮。《正義》云：言江淮之潮，南北俱至廬州也。

《水經注》：淮水東至廣陵淮浦縣入海，於縣北枝分爲游水，東北逕贛榆縣東側巨海，有秦始皇碑在山上，去海一百五十步，潮水至，加其上三丈，去則三尺。《後漢書·郡國志》注引《地道記文》同。

《初學記》：淮水至淮浦縣入海，近海數百里，通朝夕潮。

【略】

入江之潮第十

《楚辭·悲回風》：馮崑崙以瞰霧露兮，隱岷山以清江。悲雪霜之俱下兮，聽潮水之相擊。浮江淮而入海兮，從子胥而自適。

《淮南子·人間訓》：江水經丹徒，起波濤。

枚乘《七發》：吴客問楚太子曰：將以八月之望，往觀濤乎廣陵之曲江。至則未見濤之形也，徒觀水力之所到，則卹然足以駭矣。觀其所駕軼者，擢拔者，揚汩者，温汾者，滌汔者，雖有心略辭給，固未能縷形其所由然也。怳兮忽兮，聊兮慄兮，混汩汩兮。忽兮慌兮，俶兮儻兮，浩瀇瀁兮，慌曠曠兮。秉意乎南山，通望乎東海。虹洞兮蒼天，極慮乎崖涘。流攬無窮，歸神日母。汩乘流而下降兮，或不知其所止。或紛紜其流折兮，忽繆往而不來。臨朱汜而遠逝兮，中虚煩而益怠。莫離散而發曙兮，内存心而自持。於是澡溉胷中，灑練五藏；澹澉手足，頮濯髮齒。揄棄恬怠，輸寫淟濁。當是之時，雖有淹病滯疾，猶將起而觀之也。太子曰：然則濤何氣哉？客曰：不記也。然聞於師曰：似神而非者三：疾雷聞百里；江水逆流，海水上潮；山出内雲，日夜不止。衍溢漂疾，波涌而濤起。其始起也，洪淋淋焉，若白鷺之下翔。其少進也，浩浩溰溰，如素車白馬帷蓋之張。其波涌而雲亂，擾擾焉如三軍之騰裝。其旁作而奔起也，飄飄焉如輕車之勒兵。大駕蛟龍，附從太白。純馳浩蜺，前後絡繹。顒顒卬卬，椐椐彊彊，莘莘將將。壁壘重堅，沓雜似軍行。訇隱匈磕，軋盤涌裔，原不可當。觀其兩旁，則滂渤怫鬱，闇漠感突，上擊下碑，有似勇壯之卒，突怒而無畏。蹈壁衝津，窮曲隨隈，逾岸出追。遇者死，當者壞。初發乎或圍之津涯，地名。荄軫谷分。迴翔青篾，地名。銜枚檀桓。地名。弭節伍子之山，通厲胥母之場。淩赤岸，篲扶桑，橫奔似雷行。誠奮厥武，如振如怒，沌沌渾渾，狀如奔馬。混混庉庉，聲如雷鼓。發怒庢沓，清升踰跇，庢，礙止也。言初發怒礙止而涌沸，少選之頃，清者上升，迎相踰跇也。侯波奮振，合戰於藉藉之口。鳥不及飛，魚不及迴，獸不及走。紛紛翼翼，波涌雲亂，蕩取南山，背擊北岸。覆虧邱陵，平夷西畔。險險戲戲，崩壞陂池，決勝乃罷。瀄汩潺湲，披揚流灑。橫暴之極，魚鼈失勢，顛倒偃側，沋沋湲湲，蒲伏連延。沋沋湲湲，魚鼈顛倒之貌。蒲伏即匍匐也。連延，相續貌。沋，禹牛切。神物怪疑，不可勝言。直使人踣焉，洄闇悽愴焉。此天下怪異詭觀也，太子能彊起觀之乎？張君房曰：《七發》云歸神日母，此言潮歸於日出處也。日者衆陽之母，水生於陽，故附於日。

郭璞《江賦》：呼吸萬里，吐納靈潮。自然往復，或夕或朝。激逸勢以前驅，乃鼓怒而作濤。鼓洪濤於赤岸，淪餘波乎柴桑。注：赤岸在廣陵興縣。思謙按：《晉書・地理志》：廣陵有輿縣，並無興縣。疑興乃輿字之誤，并見下《宋書・符瑞志》。

山謙之《南徐州記》：京口，禹貢北江，春秋分朔，輒有大濤至江，乘北激赤岸尤迅猛。李善《文選註》引。

《南兖州記》：瓜步山東五里有赤岸，南臨江中，潮水自海入江，衝激六七百里，至此岸側，其勢稍衰。《太平寰宇記》引。

《宋書・符瑞志》：元嘉二十五年五月，廣陵太守范邈上言，所領輿縣，故城在今江都縣境。前有大浦，控引潮流，水常淤濁。自此以來，源流絜清，纖鱗呈形，古老相傳，以爲休瑞。

《南齊書・州郡志》：南兖州鎮廣陵，漢故土國，有江都浦水。魏文帝伐吴出此，見江濤壯盛，歎曰：此天所以限南北也。南兖州刺史每以秋月出海陵觀濤，與京口對岸，江之壯闊處也。

《資治通鑑》：梁元帝承聖元年，王僧辯至姑孰督諸軍，乘潮入淮。按：《梁書・侯景傳》無乘潮二字，而庾信《哀江南賦》云：於是西楚霸王，劍及繁陽，沉白馬而誓衆，負黄龍而渡江。海潮迎艦，江萍送王。正指此事，則當從《通鑑》爲是。淮，秦淮也。胡三省云：上元縣西四里有潮溝，引江潮抵秦淮，是也。

《新唐書・五行志》：開元十四年七月，潤州大風從東北，海濤奔上，没瓜步州。

思謙按：王充《論衡》云：丹徒大江無濤，廣陵曲江有濤。文人賦之，大江浩洋，曲江有濤，竟以隘狹也。徐堅《初學記》云：《七發》觀濤於廣陵之曲江，今揚州也。又始興郡有曲江，今韶州也。司馬相如賦臨曲江之隑州，此長安也。以其水曲折，甚類廣陵之江。李頎詩云揚州郭裏見潮生。李紳入揚州郭詩序云：潮水舊通揚州郭內。大曆以後，潮信不通矣。蔡寬夫詩話云：潤州大江，本與今揚子橋爲對干，瓜州乃江中一洲耳，故潮水悉通揚州城中。今瓜州與揚子橋相連，距江三十里，不但潮水不至揚州，亦不至揚子橋矣。據此諸説，則唐以前廣陵自有曲江，當在今瓜州之北，而曲江自有其濤，唐以後漸爲沙所漲没，江之不存，濤於何有。《元和志》云：江都縣大江，南對丹徒之京口，舊闊四十餘里，今闊十八里，是也。但曲江漲没，雖在唐時，而江潮之微，則自南北朝已然，故酈道元注《水經》以枚乘所言繫諸漸江篇內，而於岷江條下語不及濤，蓋據當時所聞，偶未深考耳。後人泥於酈注，遂以廣陵之濤，移諸錢唐，亦未思川流改易，今古殊觀矣。至伍子之山，胥母之場，皆在今蘇州境內，文人興到，推廣言之，不必泥也。

入松江之潮第十一

《吴都記》：松江東瀉海口，名曰扈瀆。《輿地志》曰：扈業者，濱海漁浦之名。插竹列於海中，以繩編之，向岸張兩翼，潮上即没，潮落即出，魚隨潮礙竹不得去，名之曰扈。

陸龜蒙《迎潮送潮辭序》：松江南旁田廬，有溝洫通浦漵，而朝夕之潮至焉。天弗雨則軋而留之，用以滌濯灌溉，及物之功甚鉅。其羸壯遲速，繫望晦盈虚也。

《宋史・蘇軾傳》：太湖之水，溢爲松江以入海。海日兩潮，潮濁而江清。

《元史・五行志》：至正七年，上海縣浦中午潮退而復至。

入浙江之潮第十二

《越絶書》：句踐曰：吾欲伐吴，西則迫江，東則薄海水，屬蒼天下，不知所止。交錯相過，波濤濬流，沈而復起，因復相還。浩浩之水，朝夕既有時，動作若驚駭，聲音若雷霆，波濤援而起，船失不能救，未知命之所維。

酈道元《水經注》：浙江又東，逕錢唐故縣，縣東有定、包諸山，皆西臨浙江。水流於兩山之間，江川急濬，兼濤水晝夜再來，來應時刻。常以月望及晦尤大，至二月八月最高，峩峩二丈有餘。《吴越春秋》以爲子胥、文種之神也。呈以枚乘曰：濤無記焉，然海水上潮，江水逆流，似神而非。於是處焉。

《元和郡縣志》：浙江潮每日晝夜再至，常以月十日、二十五日最小，月三日、十八日極大。小則水漲不過數尺，大則濤涌高至數丈。每年八月十八日，數百里士女共觀。

《太平寰宇記》：虞喜《志林》曰：錢唐江口，浙山正居江中，潮水投山下折而曲，一云江有反濤，水勢折歸，故云折江。浙山亦曰定山。定山突出浙江數百丈，按《郡國志》云：濤至此輒抑聲，過此便雷吼霆怒。上有可避濤處，行者賴之，云是海神婦家。

《太平廣記》：潮頭越漁浦，方漸低小。

邱光庭《海潮論》：錢唐之潮，所以特大而激涌者，浙江發源，不過千里，江水入少，海入多，故潮特大。

燕肅《海潮論》或曰：四海潮平，來皆有漸，惟浙江潮至則亘如山岳，奮如雷霆，冰岸横飛，雪崖旁射，澎騰奮擊，吁可畏也。其激怒之理，可得聞乎？曰：或云，夾岸有山，南曰龕，北曰赭，二山相對，謂之海門。岸狹勢逼，涌而爲濤耳。然言狹逼，則東溟自定海吞餘姚、奉化二江，侔之浙江，尤甚逼狹，潮來不聞濤有聲也。今觀浙江之口，起自纂風亭，屬會稽郡。北望嘉興大山，水闊二百餘里，故商賈泊船，怖於上潬，水中沙爲潬。惟泛餘姚小江，易舟浮運河，達於杭越。蓋以下有沙潬，南北亘連，隔礙洪波，蹙遏潮勢。夫月離震、兑，他潮已生，惟浙江水不同，月經乾、巽，潮來已半，濁浪堆滯，後水益來，於是溢於沙潬，猛怒頓涌，聲勢激射，起而爲濤，非江山逼狹使之然也。朱中有曰：燕公所謂潬者，水中沙也。錢唐海門之潬，亘二百里。夫水盈科而後進，潮水未及潬則錢唐之江尚空空也，及既長而冒之，自潬斗瀉入江，又江沙之漲，或東或西無常也。潮爲沙岸所排，助其激涌，震天動地，峩峩而來，水之理也，曷足怪乎。

蘇軾《乞開石門河狀》：潮自海門東來，勢如雷霆，而浮山峙於江中，與漁浦諸山相望，犬牙錯入，以亂潮水，洄洑激射，其怒自倍，沙磧轉移，狀如鬼神，往往於淵潭中涌出陵阜十數里，旦夕之間，又復失去。雖舟師没人，不能知其深淺。錢惟善云：山嶼浮江如盤石，潮出海門中，分爲二派，東派沿越岸向富春，西派直抵兹山，怒激而回，諺謂之回頭浪。

潘峒《浙江論》：海門有二山，曰龕，曰赭，夾岸。潮之初來亦慢，將近是山，岸狹勢逼，涌而爲濤。

宣昭《浙江潮候圖説》：大江而東，凡水之入於海者，無不通潮，而浙江之潮，獨爲天下奇觀，地勢然也。浙江之口，有兩山焉，其南曰龕山，其北曰赭山，並峙於江海之會，謂之海門。下有沙潬，跨江西東三百餘里，若伏檻然。潮之入於浙江也，發乎浩渺之區，而頓就斂束，逼礙沙潬，回薄激射，折而趨於兩山之間，拗怒不洩，則奮而上躋，如素霓横空，奔雷殷地，觀者膽掉，涉者心悸，故爲東南之險，非他江之可同也。原其消長之故者，曰天河涌激，曰地機翕張。揆其晨夕之候者，曰依陰而附陽，曰隨日而應月。地志、濤經，言殊旨異，胡可得而一哉。蓋圓則之運，大氣舉之。方儀之静，大水承之。氣有升降，地有浮沈，有潮汐生焉。月有盈虚，潮有起伏，故盈於朔望，虚於兩弦，息於朒朓，消於朏魄，而大小準焉。月爲陰精，水之所在。日爲陽宗，陰之所從。故晝潮之期，月嘗加子。夜潮之期，月必在午，而晷刻定焉。卯酉之月陰陽之交，故潮大於餘月。朔望之後，天地之變，故潮大於餘日。寒暑之大建丑末也，一晦一明，再潮再汐，一朔一望，再盈再虚。天一地二之道也。思謙案：此論欲彙衆説而一之，而不知其是非之不可混也。月經於上，水緯於下，進退消長，相爲生成，曆數可推，毫釐不爽，斯天地之至信，幽贊於神明而古今不易者也。杭之爲郡，枕江帶海，遠引甌閩，近控吴越，商賈之所輻湊，舟航之所駢集，則浙江爲要津焉。而其行止之淹速，無不畢聽潮汐者，或違其大小之信，爽其緩急之宜，則必至傾墊底滯，故不可以不之謹也。某承乏兹郡，考之郡志，得四時潮候圖，簡明可信，故爲之説，而刻石於浙江亭之壁間，使凡行李之過此者，皆得而觀之，以毋蹈夫觸險躁進之害，亦庶乎思患而預防之之意云。

潮候圖	春　秋	夏	冬
初一　十六	午末子正大	午末子正大	午末子初大
初二　十七	未初子末大	未初子末大	未正子末大
初三　十八	未正丑初大	未正丑初大	未末丑初大

續表

潮候圖	春　秋	夏	冬
初四　十九	未末丑末大	未末丑正大	申初丑末大
初五　二十	申正寅初下岸	申初丑末下岸	申正寅初下岸
初六　二十一	寅末申末漸小	寅初申正小	寅末申末漸小
初七　二十二	卯初酉初漸小	寅末申末小	卯初酉初小
初八　二十三	卯末酉正漸小	卯初酉初小	卯末酉正小
初九　二十四	辰初酉末小	卯末酉正小	辰初酉末小
初十　二十五	辰末戌正交澤	辰初酉末交澤	辰末戌初交澤
十一　二十六	巳初戌末起水	辰末戌初起水	巳初戌正起水
十二　二十七	巳正亥初漸大	巳初戌末漸大	巳正戌末漸大
十三　二十八	巳末亥正漸大	巳末亥初漸大	巳末亥初漸大
十四　二十九	午初亥末漸大	午初亥末漸大	午初亥正漸大
十五　三十	午正子初大	午末子初大	午正亥末漸大

吳貴誠曰：海濱人言，大信澤海，小信澤江。所謂澤者，水淺而見其沙。大信澤海，謂滄海潮小而百川潮溢，乃氣盛而潮多涌乎上。小信澤江，謂滄海潮溢百川潮小，乃氣弱而潮多滯乎下。交澤者，謂潮甚微與江流相等也。

《西湖遊覽志》：廣陵侯廟在江干，祀宋真州兵馬都監陸圭。淳祐中，潮圮江岸，屢築不就，神率三女揚旗空中，岸賴以成。封神爲廣陵侯，三女爲顯濟、永濟、通濟夫人。

《錢唐遺事》：三女，一主護岸，一主交澤，一主起水。

思謙按：神之封廣陵侯，以曾官真州，猶宓子賤之封單父侯也。竹垞因之謂廣陵在浙江，誤矣。

楊魁《見潮論》：嘗登海寧城樓，見海潮薄岸，怒濤數十丈，若雪山駕鼇，雷奔電激。昔人謂龕赭二山，峙爲海門，故激而爲濤。今觀洶湧之勢，卻在海門之外，非龕赭二山所爲，明矣。海在浙東西者，定海、松江之裏，逶迤曲折，兩岸有際，水勢洄曲，旁多山峙，海中亦峷岏星列，元非溟渤望洋無際者，實大海之汊，入於浙中者耳。彼自浩渺之區，入於阻隘，故觸山薄岸，震撼擊撞，從內溢而無外泄，所以來愈遠，勢愈大，進愈激，未抵海門，洶湧已甚。此理之常，無足怪也。

郭濬《寧邑海潮論》：寧邑海潮，必自東起，先阨於近洋諸山之內，勢已洶湧，錢唐江濤又自西來，阨於龕、赭海門而出，相值在寧邑南百餘里之內，勢益湍怒。然江濤輕淡而剽疾，海潮鹹重而沈悍，江水朝宗之性，終不敵大海怒張之氣。由是海潮仍挾江濤，過海門，更西抵嚴灘而後退，故潮汐之大小有常期，寧潮自東而西有常道。至於江濤之緩急無常期，鹹水淡水之相值無常處，若更挾以颶風之怒號，上流之添漲，不免駭浪横飛，怒濤旁射，吾寧實逼處此，不可謂横過之潮，可長恃以無恐也。

又曰：浙江源自桐江，富陽三折而至邑之西南，則有赭山、龕山對峙，實爲江門，東流合海，汪洋浩瀚。吾邑之東南，則大、小尖山，黄灣、石墩諸山，穹窿聳峙，爲大捍門，於是東西相扼，百四十里之間，海濤洶湧往來，激盪海水，自海鹽逆潮而至，挾江流而西返，自江門歷錢唐、富陽、桐江以上而止，復自邑東南而退。

毛先舒《答潮問》：浙江何以有潮也？曰：地勢爲之也。天下之水皆有潮，然多暗長水，或涌水而已，惟錢唐之潮澎湃奔騰，如爐鼓釜沸，以自海入江，與他水絶殊，蓋地勢使然也。所謂地勢者有三。錢唐之江，將入海處，有龕、赭二山焉，屹相峙如門，下有沙檻，江流至此則一束，海潮至此亦一束。海水長欲入江，束於山不得駛則怒，譬人之欲入門也，人多門狹，則喧動抨擊以争門，惟水亦然，此山勢也。北水悍，南水緩，而錢唐之水，發丹陽，經睦、杭、越諸州，逶迤曲折，以入於海，故曰浙江。浙者折也，則水尤緩。他江悍，到口與海力敵，敵則潮至不敢逞，爲暗潮。浙江緩，到口不能與海力敵，是則海壓江而陵出其上，潮至敢逞，則爲怒潮，此水勢也。浙之方爲巽，《易》曰：剛巽平中正而志行，柔皆順乎剛。江柔巽海，讓潮逞怒，此方勢也。此三者浙江之所以有潮，與他水殊，不足怪也。

張次仲《待軒集》：寧邑之潮，不過大海一支流耳。而潮奔沙齧，湮没田廬者，蓋右承宣、歙以下衆流之水，左納蘇、松外洋諸海之流，西則龕、赭二山南北對峙，爲海入江之口。東有石墩、大、小尖山，遻立海隅，爲海入寧之口。潮自東起，歷乍、澉二浦而來，阨於近洋八山之内，其進甚狹，勢迫東而相擊，是以激湍洶湃，時有衝決之患也。

白居易《東樓詩》：秋風霞颭弄濤旗。自注云：餘杭風俗，每歲八月迎濤，弄水者悉舉旗幟焉。《元和郡縣志》同。

吴自牧《夢粱録》：八月潮怒勝於常時，十八日，杭人無賴之徒，以大綵旗、小青涼傘、紅緑小傘各繫色繡段子滿竿，伺潮出海門，百十爲羣，執旗泅水，以迓子胥。治平五年，郡守蔡襄作戒弄潮文云：斗牛之分，吴越之中，惟江濤之最雄，乘秋風而益怒。乃其習俗，於此觀游，厥有善泅之徒，競作弄潮之戲。以父母所生之遺體，投魚龍不測之深淵，自爲矜誇。時或沈溺，精魄永淪於泉下，妻孥望哭於水濱。生也有涯，蓋終於天命。死而不弔，重棄於人倫。推予不忍之心，伸爾無窮之戒：所有今年觀潮，並依常例，其軍人百姓，輒敢弄潮，必行科罰。熙寧中，兩浙察訪李承之奏請禁止。然終不能遏。

《烏臺詩案》：弄潮之人，爲貪官中利物，致其間有溺死者，故朝旨禁斷。

《方輿勝覽》：錢唐潮八月十八日尤大，漁子泝濤觸浪，謂之迎潮。朱中有曰：錢唐風俗喜遊，二月花時，競集湖山間，非獨不暇觀潮，而天色尚寒，弄潮兒難以久狎於水，故是月之潮，無所稱道。八月乍涼，而天氣猶熱，弄潮得盡其技。人情久厭城居，空巷出觀，以此獨稱八月潮大耳。四季須知，八月十八日，杭人謂之潮生日。

孫光憲《北夢瑣言》：杭州連歲潮頭直打羅刹石，吴越錢尚父俾張弓弩，候潮至，逆而射之，由是漸退。羅刹石化而爲陸地，遂列廛庚焉。

范坰《吴越備史》：武肅王以開平四年八月築捍海塘，怒濤衝激，版築不就。表告於天，禱胥山祠，函詩一章置海門云：傳語龍王并水府，錢唐借與築錢城。因採山陽之竹，造矢三千隻，羽以鴻鷺之羽，飾以丹硃。鍊剛火之鐵爲鏃。以丙夜三更子時屬丁日，上酒三行。禱云：六丁神君，玉女陰神，繆以此丹羽之矢，射蛟滅怪，竭海枯淵，千精百鬼，勿使妄干。惟願神君，佐我助我。明日，募强弩五百人，以射潮頭。人用六矢，每潮一至，射以一矢。射至五矢，潮乃退。

楊魁《見潮論》：或曰：强弩射潮，水不近城，何也？曰：此非其精誠之感果能與神抗也。嘗於捕魚者詢之，水激而上，則水族從之而上，然潮頭初過，不敢投網，必待大魚三過之後，乃網其細者。又時至於割網放其不能舉者。夫水族乘潮而上者衆矣，其在海中，多歷年所强食弱肉，受精不少。精靈有知，逢射而避者，物性之靈則然也。【略】

入浙東諸江潮第十三補陀落迦山之潮附。

邯鄲淳曹娥碑：孝女曹娥者，上虞曹盱之女也。盱能舞節安歌，婆娑樂神。以漢安二年五月時迎伍君，逆濤而上，爲水所淹。《後漢書·列女傳》同，惟婆娑樂神誤作婆娑神，當從碑文。

陸雲答車永論鄮縣土宜書：縣東臨巨海，往往無涯，汜船長驅，一舉千里。海物惟錯，不可稱名。若乃斷遏海浦，隔絶曲限，隨潮進退，采蜯捕魚，鱣鮪赤尾，鯸齒比目，不可紀名。困學紀聞。

吴萊甬《東山水記》：補怛洛迦山西爲觀音洞，洞瞰海外，亂石如斷圭，積伏蟠結，怒潮掀擊，作魚龍嘯吼聲。轉而北行，盡昌國界，有蓬萊山紫霞洞，中畔明通，方如大車之輿，潮水一退，人或可入。又有沙山，細沙所積，海日照之有芒，手攬則霏屑下漸成窪穴，潮過又補，終不少損。

薛應旂《浙江通志》：姚江在上虞縣北入海，海潮一日夜再至，其水不滷。寧波府海環郡境鄞慈定象四縣皆濱海。慈谿縣釣魚山有石碁枰，潮涸乃見。定海縣舟山在縣東，二潮可到。台州臨海縣西三江，海潮至此而止，故其流溪清而江濁。温州永嘉縣甌江，東至盤石寧村，會於海洋，茫無際涯，是謂甌海。潮之消長，俱有定候。

入閩江之潮第十四

《唐書·地理志》：福州閩縣東五里有海堤，太和元年，令李茸築。先是每六月潮水鹹鹵，禾苗多死。隄成，瀦溪水殖稻其地，三百户皆良田。又長樂縣有海隄，令李茸築以禦潮。

曾鞏《道山亭記》：侯官於閩爲土中，所謂閩中也，大海在其東，其城之内外皆涂，旁有溝洫，通潮汐。

《福建通志》：閩縣東南距海，潮水南則由粗蘆門北涌，東則由閩安鎮西涌，皆會於馬頭江。復分爲二，一入西峽，一入南臺。復合於馬瀆、竹崎，與水口下諸溪相接，仍回流而夕汐焉。

王得臣《麈史》：莆田迎仙鎮驛左有水曰通溪，潮汐上下，土人以鹹淡水不相入處鮓魚最美。

《臺灣府志》：海中潮汐，南北不同。半線以下，潮流過北，汐流過南。半線以上，潮流過南，汐流過北。必據其上流方無虞。萬水朝東，水皆東流而無潮汐，非東風大作，不出能也。

入粤江之潮第十五 崖山之潮附。

《番禺記》：早潮上，晚潮下，兩水相合，謂之沓潮。

劉恂《嶺表録》：廣州去大海不遠二百里，每年八月，潮水最大，秋中復多颶風，當潮水未盡退之時，颶風作而潮又至，遂至波濤溢岸。南中謂之沓潮。凡颶風作，先一二日片雲漫空疾飛，海人呼爲颶潮風。

李調元《粤東筆記》：廣人以潮汐爲水節，或日一潮而一汐，或日兩潮而兩汐，皆謂之節。其在番禺之都，朝潮未落，暮潮乘之，駕以終風，前後相蹙，海水爲之沸溢，是曰沓潮。一歲有之，或再歲有之，此則潮之變，水之不能其節者也。若以歲之十月，自朔至於十有二日候潮，朔日潮盛，則明年正月必有大水。二日則應二月，日直其月，至於十有二日皆然。此亦潮之常，而人罕知之。蓋水之神於節者也，然大率潮與月相應，月生明則潮初上，月中則潮平，月轉則潮漸退，月没則潮乾。月與日會，則潮隨月而會；月與日對，則潮隨月而對。月者水之精，潮者月之氣，精之所至，氣亦至焉，此則水之常節也。蓋水與月同一坎體，故以月爲節者，在在有常；而以日爲節者，在在有變也。余靖云：月之所臨，則水往從之，故月臨卯酉，則水漲乎東西；月臨子午，則潮平南北。彼竭此盈，皆繫於月，不繫於日，是也。

《粤東筆記》：廣州潮以朔日長，至初四而消；以望日長，至十八而消，謂之水頭。以初四消至十四，以十八消至廿九、三十，謂之水尾。春夏水頭盛於晝，秋冬盛於夜。春夏水頭大，秋冬小，故防倭者，自清明前三日至大暑前一日，謂之春汛。春汛爲大，以水頭故言大汛也。自霜降前一日至小寒前一日，謂之冬汛，冬汛爲小，以水尾故言小汛也。

周密《癸辛雜識續集》：廣王駐碙州，屬雷州界。改號祥興，至己卯歲二月，北軍大至，戰於崖山，自曉至午，南北皆倦欲罷。平日潮信凡兩時即退，適此日潮終不退。北軍雖欲少退，而潮勢不可止，遂死戰，南軍大潰。

欽廉瓊海之潮第十六

《嶺外録》：欽廉日止一潮，謂之小水。朔望大潮，謂之先水。

《廣州記》：石洲名黄山。在海中，山北日一潮，山南日再潮。

《寰宇記》：凡江、浙之潮，皆有定候。獨瓊海之潮，半月東流，半月西流。潮之大小，隨長短星，不係月之盛衰，亦甚異也。

《粤東筆記》：瓊州潮候，與江、浙、欽廉不同，其地勢異也。郡與徐聞對境，兩岸相夾，故潮長則西流，消則東流。日有消長，常也。八月、九月，其勢獨大，每日兩有消長者，其變也。故舊潮漸減漸小，謂之老潮。新潮漸進漸大，謂之稚潮。十一月朔，或時不測而長，謂之偷潮，其大小之候，隨長短星，不係月之盛衰。《舊志》云：瓊海東南諸港，朔望前後潮大，上下弦前後潮小；二至前後潮大，二分前後潮小；夏至潮大於晝，冬至潮大於夜。又云：晴則望南而吼，陰則望北而吼，人以爲陰晴，驗之果然。又云：交廣潮候，與閩、粤相去亦少差。而瓊、崖、儋、萬之候，大小俱各差殊。其半月東流，半月西流則同。不係月大小之盛衰，今附流水指掌圖説，以便參觀。倪邦良曰：雷之海安，横渡至瓊之海口，計程約八十里，非遇大順風，則往返舉帆，均以水流東爲候，而逐月逐日，各有差移，難以他郡潮信推測。癸未六月，承乏定陽，適初旬伏流，待渡海安，偶閲舟師流水簿，繁不勝紀，因撮其略，繪圖於左。每月兩次起新流，相距十四日，如十一月十三起流，二十七又起流，是也。惟四月、十月則新流三次，其逐月争差，各縮二日退一時，俱逆算，如十一月十三、二十七起子，十二月十一、二十五起亥是也。三、九月之初四、十八，十月之初一、十五，則縮三日，而流在上半月者則起時末，在下半月者則起時初。惟四月、十月之十五，流起時中。其起新流之前，三日俱伏流，每日一次，流東四個時辰，便退西。其逐日争差各半個時，歷兩日差一時，俱順算，如十一月十三起子末，十四起丑初，十五起丑末是也。若遇閏月，則以上半月照前月下半月，以下半月照後月上半月。又海口北海安流早半個時辰，海口、瓊地、海安、雷地。按：潮爲天地呼吸之氣所運，而適與月應。蓋月行每月一周天，與日會十二會，得日三百五十四有奇，是一歲月行之數也。歲有三百六十日，常數也，而又有六小月。今倪氏此圖，以十二月編定三百六十日，每月相距十四日起流，一月縮三日，兩日差一時。又以三、九、十月朔望内各縮多一日，共得六日，以凖六小月，併月行三百五十四日，適符三百六十之數。凖定潮候起伏，洵屬簡便。但月行尚有奇零，今只整齊配去，不計餘分，歲久必差，故天后廟碑所定起伏月日時刻，久已不符，以其便於渡海者，姑録之以俟智者考正云。

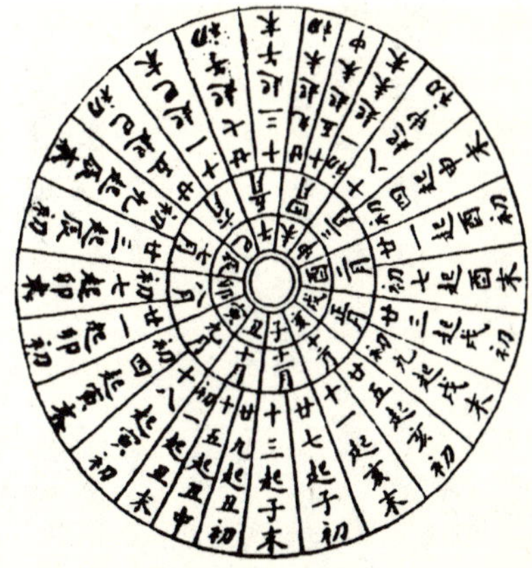

按：天妃廟碑言：十六、七、八、九四日伏流可渡，至中流始有怒濤，乃東西合流處所，所謂中洋合窠浪也，過此可勿戒心。如風大則半日可渡。又歲三月二十三日，大妃渡海南，必有北風，舟楫宜候之，以是日須臾可渡。是日廣東邊海地亦皆有風雨，又不可泥於圖說也。

郎瑛《七修類藁》：燕肅《海潮論》、宣昭《潮候說》於浙江之潮消長晨夕之故，可謂得其旨矣，而於瓊海、欽廉之潮，則又難通。余嘗推之，蓋人與天地本同一體，即此喻彼，不辨自明。夫天地之有水，猶人之有血也，水由氣以往來於地，猶血之以氣往來於脉，皆一氣之所致也。故水有潮有不潮者，如人身之血，有行脉不行脉者也。時刻之不爽者，即一息四至之期也。大小之不同者，即春弦夏洪之道也。日止於一潮，或半月東流半月西流者，亦猶兩蹻之與兩手，遲速大小，所見之不同也。是脉雖皆由于一身，而經絡所屬自異耳。至於潮必東起者，東乃生氣之方，陰陽之義，始於此也。百川之水，盡赴於東，返本之義焉。如人身之氣血，必歸源於中焦，亦起於寅時生氣之際也。

思謙案：郎瑛謂瓊海、欽廉之潮，與浙江不同，猶兩蹻與兩手之脉不同，此不得其故而强爲之説者也。夫脉一息四至，兩蹻猶兩手也，安得有異哉。其所以不同者，蓋地勢使然耳。《靈樞》言月滿則海水西盛，月郭空則海水東盛，是海之盛衰，固應月而分東西也。自直隸至福建，皆東際大海，去西海絶遠。西海之水，無由而至，故潮汐不得不併盛於東，非潮之必起於東也。瓊州四而環海，東西之潮皆至焉，齊氏召南水道提綱謂徐聞瓊州屬縣。以西，諸水皆西入海，是也。故東潮盛則挾西潮以西流，西潮盛則挾東潮以東流，而其盛衰之期，仍應乎月，故半月東流，半月西流也。其候則仍分爲早晚二潮，觀東坡詩可見。至欽廉之日止一潮者，則併潮也。欽廉之海，在瓊州、安南之間，而當其凹，形如側盂，故潮自大洋而注於凹甚易，自凹而退於大洋甚難。早潮未歸，晚潮又至，來愈盛則退愈難。《水經注》之所謂併潮，《番禺記》之所謂沓潮，蓋即此矣。《嶺外録》不能推原其故，遂謂之日止一潮也。其猶得分爲一日一潮者，蓋早晚二潮。一盛必有一衰，當其衰，則内潮之退，其性固不欲緩也。内潮退，則外潮之至者，可得而分矣。石洲山北之潮，亦同此理。蓋山南大洋，而北小海也。

安南扶南之潮第十七

《水經注》：葉榆水過交趾𪊲泠縣北，交趾昔未有郡縣之時，土地有雒田，其田從潮水上下，民墾其田，因名雒民。又東逕嬴𨻻縣南，都官塞浦出焉。其水自縣東逕安定縣，北帶長江，江中有越王所鑄銅船，潮退時人有見之者。《後漢書》注引《交州記》同。

《資治通鑑》：晉天福三年，漢劉龑遣戰艦趨交州。交州將吴權於海口多植大杙，冒之以鐵，遣輕舟乘潮挑戰而僞遁。漢兵逐之，須臾潮落，艦船鐵杙不得退。《五代史・南漢世家》同。

《文獻通攷》：淳化元年，左正言朱鎬使交趾，由海口入大海至白藤江，入海汊，乘潮而行，至長洲抵海岸，距交州僅十五里。陳孚安南即事詩注：歸化江一曰瀘江，自大理西下，東南入於海，有四津，潮汐不常。

《水經注》：《竺枝扶南記》：扶南去林邑四千水步，道通自船官口，下注大浦之東湖，大水連行潮上西流，潮水日夜長七八尺。從此以西，朔望併潮一上，七日水長丈六七。七日之後，日夜分爲再潮，長一二尺。春夏秋冬，厲然一定。

思謙案：大浦之朔望併潮，此亦地勢爲之也，其理與欽廉之日止一潮同。但欽廉每日皆併，而此止於朔望者，或大浦地勢較平，朔望潮盛，則難退而相併，過後則仍退而分爲二潮也。

東西兩海諸國之潮第十八

《舊唐書・蘇定方傳》：顯慶五年，定方率師討百濟，自城山濟海，至熊津江口，遇潮且上，連舳入江，直趨真都。

《徐兢奉使高麗圖經》：宣和四年壬寅，詔遣給事中路允迪，中書舍人傅墨卿充國信使往高麗，以兢爲國信所提轄人船禮物官，先遣使委福建兩浙監司治舟。五年五月十六日戊辰，發明州。十九日辛未，達定海縣。二十四日丙子，過蛟門。二十五日丁丑，遇沈家門，拋泊。二十八日庚辰，出赤門，過白水洋，黄水洋，黑水洋。六月二日癸未，過夾界山。華夷以此爲界。三日甲申，過跪苫，小嶼有草木曰苫。數山相連，夜潮衝激，雷浪奔薄。月落夜昏，而濺沫之明，有如火熾。至檳榔焦，純石曰焦。夜深潮落，舟隨水退，幾復入洋，亟鳴櫓以助其勢。四日乙酉黎明，尚在跪苫外之春草苫。午後，過菩薩苫。中後風静，隨潮而退，至竹島拋泊。五日丙戌，過苦苫。六日丁亥，乘早潮，行至横嶼。一山特大，前後有小焦數十繞之，石腳一洞，深可數丈，高闊構之。潮至拍水，聲如雷車。七日戊子，宿横嶼。八日己丑，泊馬島。九日庚寅，次紫燕島。十日辛卯巳刻，隨潮而進。未刻，到急水門。其門不類海島，宛如巫峽，水勢爲山峽所束，驚濤拍岸，轉石穿崖，喧豗如雷。至此不可張篷，惟以櫓棹隨潮而進。十一日壬辰早雨作，午刻潮落，雨益甚，酉刻至龍骨拋泊。十二日癸巳早雨止，隨潮至禮成港。次日，遵陸入城。七月十三日甲子，回程。十五日丙寅，登舟。八月二十七日丙午，到定海縣。凡開山入港，隨潮過門，皆鳴櫓而行。吳貴誠《海潮通考》：暹羅，高麗俱有高低之所，舟易下而難上。逢閏之潮，下與上平，利於海舟。蓋閏年多餘一月氣候，故應倍長之潮。

《汪楫使琉球雜録》：波上俗呼海山寺，一名石筍崖，其巔爲小板閣三楹，閣外環以石垣，垣外餘地不數武，下瞰石壁，拔起洪濤中。嘗以八月十八夜候潮於閣下，自亥達寅，訇訇蕩激，不能出垣外一步。須臾潮平，惟見白雪萬堆，凝不可掃，亦奇觀也。

徐葆光《中山傳信録》：琉球潮候，與福建不同，率後三辰，東西地勢往復，自然之理也。各洋潮候，海船柁工言之皆不同。西洋一日一潮，率以申漲以寅退，是又以一晝夜爲消息矣。潮生、潮漲、潮退，率三辰爲準，今略列表如後。

⊙潮生 ●潮漲 ○潮退

		子	丑	寅	卯	辰	巳	午	未	申	酉	戌	亥	子	丑
初一 初二	福建						⊙	●	○				⊙	●	○

續表

		子	丑	寅	卯	辰	巳	午	未	申	酉	戌	亥	子	丑
十六 十七	琉球				⊙	●	○				⊙	●	○		
初三 初四	福建	⊙	●	○				⊙	●	○					
十八 十九	琉球					⊙	●	○				⊙	●	○	
初五 初六	福建		⊙	●	○				⊙	●	○				
二十 二十一	琉球					⊙	●	○				⊙	●	○	
初七 初八	福建			⊙	●	○				⊙	●	○			
二十二 二十三	琉球						⊙	●	○				⊙	●	○
初九 初十	福建				⊙	●	○				⊙	●	○		
二十四 二十五	琉球	⊙	●	○				⊙	●	○					
十一 十二	福建					⊙	●	○				⊙	●	○	
二十六 二十七	琉球		⊙	●	○				⊙	●	○				
十三 十四	福建					⊙	●	○				⊙	●	○	
二十八 二十九	琉球			⊙	●	○				⊙	●	○			
十五	福建						⊙	●	○				○	●	○
三十	琉球				⊙	●	○				⊙	●	○		

《法顯佛國記》：法顯至中天竺，順恒水東下，十八由延至瞻波國，從此東行。五十由延到多摩梨帝國海口，大秦國一名梨帝國。載商舶泛海西南行十四日到師子國。復載商船東下，值大風，船漏水入，十三日到一島邊。潮退之後，見

船漏處，即補塞之，於是復前。九十日到耶婆提國，得五十日糧，趣廣州。

艾儒略《職方外紀》：海之潮汐小西洋潮極高，又極迅急，頃刻間湧出平地數百里。海中大舶及蛟黿魚鼈之屬，往往隨潮漂入山中不得出。羅馬泥亞國有島曰厄歐白亞，海潮日七至。諳尼利亞國有海窖，潮盛時，窖吸其水，水不盈。潮水噴水如山高。當吸水時，人立其側，衣一沾水，即被吸入窖中。

南懷仁《坤輿圖説》：潮汐各方不同，地中海迤北迤西，或悉無之，或微而難辯；迤東迤南，則有而大。至於大滄海中，則隨處皆可見。第大小遲速長短，各處又不同。近岸見大，離岸愈遠，潮愈微矣。地中海潮水極微。又吕宋國、莫路加等處，不過長二三尺。他如大西拂蘭若第亞國，潮水長至一丈五尺，亦有一丈八尺至二丈之處。安理亞國隆第諸府，現長至三丈，其國之他處，長至五六丈。阿利亞國近滿直府長至七丈，近聖瑪諾府間長至九丈。此各方海潮不同之故，由海濱地有崇卑直曲之勢，海底海内之洞有多寡大小故也。況月之照海，各方不同，則其所成功，亦不能同。其長退之度，或每以三候，或長以四候，或其長極速，即騎馳猶難猝脱，則一候條淹覆四百餘里，而又一候條歸本所。又始起長之時亦不同，大槩每日遲約三刻。朔望所長更大，嘗推其故而有得於古昔之所論者，則以海潮由月輪隨宗動天之運也，古今多宗之。其證驗有多端。一曰，潮長與退之異勢，多隨月隱顯盈虧之勢。蓋月之帶運，一晝夜一周天，其周可分四分。自東方至午，自午至西，自西至子，自子至東，而潮一晝夜槩發二次，卯長午消，酉長子消。若隨處隨時或略有不同，是不足爲論，别有其所以然也。二曰，月與日相會，相對有遠近之異勢，亦使潮之勢或殊。假如望時月盈即潮大，月虧而潮漸小。三曰，潮之發長，每日遲三刻，必由於月每日多用三刻，以成一周，而返原所。蓋月之本動，從西而東，一日約行十三度。從宗動天之帶動，自東而西，必以一日零三刻，方可補其所逆行之路而全一周也。四曰，冬時之月，多强於夏時之月，故冬潮槩烈於夏潮。五曰，凡物屬陰者，槩以月爲主，則海潮既出，濕氣之甚，無不聽月所主持矣。即月所以主持海潮者，非惟光也。蓋晦朔時，月之下面無光，至與吾對足之地亦無光，海當是時，猶然發潮不息，則知月尚有他能力，所謂隱德者，乃可通遠而成功矣。是月以所借之光，或所具之德，致使潮長也。如磁石招鐵，琥珀拾芥。然或生多氣於海内，使其發潮也，如火使鼎水沸溢然。或曰：潮汐之爲理者何也？曰：一則以免腐朽之患。蓋水久注必朽，一則以清外聚之垢，蓋地上丕惡之積，由江河而歸於海，乃潮長後發吐之也。一則以輔航漂渡之事。蓋潮長則從海易就岸，潮退則從岸易入海，觀此則海潮之益不淺矣，造物豈無意乎？

應潮之泉第十九

《水經注》：熙平縣南有朝夕塘，水出東山，一日再增再減，盈縮以時，未嘗愆期，同於潮水。

《潯陽記》：雞籠山下澗水，朝夕輒有涌水溢出，如潮水，時刻不差，朔望尤大，號爲潮泉。

黄滔壺公山詩：井通鰌吐脉。自注云：山間有井，通海潮盈縮之候。

《漁隱叢話》：甬東山下有井，井水盈縮，與江潮相應。

《癸辛雜識》：汴城上方寺琉璃塔下有井，通海潮。

《高僧傳》：會稽寶林寺有井，應大江潮候。

《閩小紀》：侯官縣雪峯之巔，有泉一坎，深數寸，潮至則盈，潮退則縮，故名應潮。然山去海尚數百里也。

《閩粤紀略》：福清縣海中有瑞巖，絶頂有泉，應潮汐。

《粤東筆記》：韶州清溪驛東五里許有潮泉，泉有雌雄，雄大而雌小，一雄長則一雌消，日凡三長三消，初以雞鳴，次午酉，消則涓滴不留。惟秋冬間泉無消長，乃有細水長流，土人以泉應潮，名曰潮泉。

藝文

蕭統編　李善注《文選》卷三四《七發八首・枚叔》　客曰：將以八月之望，孔安國《尚書傳》曰：十五日，日月相望。與諸侯遠方交游兄弟，竝往觀濤乎廣陵之曲江。《漢書》廣陵國屬吴也。至則未見濤之形也，徒觀水力之所到，則邮然足以駭矣。邮然，驚恐貌。觀其所駕軼者，所擢拔者，所揚汩者，所温汾者，所滌汔者，《爾雅》曰：駕，陵也。杜預《左氏傳注》曰：軼，突也。《蒼頡篇》曰：擢，抽也。孔安國《尚書傳》曰：汩，亂也，古没切。温汾，轉之貌也。《爾雅》曰：讖，汔也。郭璞曰：謂摩近。汔，許乞切。雖有心略辭給，固未能縷形其所由然也。略，智也。縷，辭縷也。怳兮忽兮，聊兮慓兮，混汩汩兮，《老子》曰：怳兮忽兮，其中有物。聊慓，恐懼之貌。忽兮慌兮，俶兮儻兮，《廣雅》曰：俶儻，卓異也。浩瀇瀁兮，慌曠曠兮。秉意乎南山，通望乎東海。《爾雅》曰：秉，執也。虹洞兮蒼天，極慮乎崖涘。虹洞，相連貌也。《莊子》曰：出於崖涘。毛萇《詩傳》曰：涘，涯也。虹，胡洞切。流攬無窮，歸神曰母。言周流觀覽而窮，然後歸神至日所出也。《春秋内事》云：日者陽德之母。汩乘流而下降兮，或不知其所止。《方言》曰：汩，疾貌也，爲畢切。或紛紜其流折兮，忽繆往而不來。言衆浪紛紜，其流曲折，或錯繆俱往而不迴流。臨朱汜而遠逝兮，中虛煩而益怠。朱汜，蓋地名，未詳。莫離散而發曙兮，内存心而自持。莫離散，謂精神不離散也。發曙發夕，至曙也。《説文》曰：曙，旦明也。於是澡槩胷中，灑練五藏，毛萇《詩傳》曰：溉，滌也。槩與溉同。練猶汏也。《莊子》曰：愁其五藏也。澹澉手足，頮濯髮齒。澉澹猶洗滌也。澉，胡敢切。《説文》：頮，洗面也。頮，呼潰切。揄棄恬怠，輸寫淟濁，《方言》曰：輸，脱也。王逸《楚詞注》曰：淟，垢濁也，勑顯切。分決狐疑，發皇耳目。《楚詞》曰：心猶豫以狐疑。《謚法》曰：明者曰皇也。《風賦》曰：發明耳目。當是之時，雖有淹病滯疾，猶將伸傴起躄，發瞽披聾而觀望之也。《廣雅》曰：傴，曲也，郁禹切。《淮南子》曰：遺躄者，履然躄跛不能行也，必亦切。況直眇小煩懣，酲醲病酒之徒哉！故曰發蒙解惑，不足以言也。《素問》黄帝曰：發蒙解惑，未足以論也。太子曰：善，然則濤何氣哉？客曰：不記也。然聞於師曰，似神而非者三：疾雷聞百里；言聲似疾雷而聞百里，一也。江水逆流，海水上潮；言能令江水逆流上潮，二也。山出内雲，日夜不止。山内雲而日夜不止，三也。衍溢漂疾，波涌而濤起。《小雅》曰：衍，散也。《説文》曰：漂，浮也。其始起也，洪淋淋焉，若白鷺之下翔。《説文》曰：淋，山下水也。淋或爲汧，聲類曰汧漂也，口怜切。其少進也，浩浩溰溰，如素車白馬帷蓋之張。浩浩，深廣之貌也。溰溰，高白之貌也。帷或爲幃，音韋，幃帳也。其波涌而雲亂，擾擾焉如三軍之騰裝。《高唐賦》曰：奔揚踊而相擊雲興，聲之霈霈雲亂也。許慎《淮南子注》曰：裝，束也。其旁作而奔起也，飄飄焉如輕車之勒兵。六駕蛟龍，附從太白。以蛟龍若馬而駕之，其數六也。《淮南子》曰：昔馮遲太白之御六，雲霓游微霧鶩忽荒。許慎曰：馮遲，太白河伯也。純馳浩蜺，前後絡驛。賈逵《國語注》曰：純，專也。浩蜺，即素蜺也。波濤之勢若素蜺而馳，言其長也。顒顒卬卬，椐椐彊彊，莘莘將將。顒顒卬卬，波高貌也。椐椐彊彊，相隨之貌。椐，據於切。彊，渠章切。莘莘，多貌也。將將，高貌也。莘，所申切。莘或爲萃。壁壘重堅，沓雜似軍行。《太公陰符》曰：并我勇力，重堅壁壘。應劭《漢書注》曰：沓，合也。行，户剛切，協韻也。訇隱匈磕，軋盤涌裔，原不可當。軋，塊無垠貌也。盤謂盤礴，廣大貌。涌裔，行貌也。觀其兩傍，則滂渤怫鬱，闇漠感突，上擊下律，有似勇壯之卒，律當爲硉。硉，膚骨切。突怒而無畏。蹈壁衝津，窮曲隨限，踰岸出追。《説文》曰：隈，水曲也。《上林賦》曰：觸窮石激堆碕。郭璞曰：沙堆也，都迴切。追亦堆字，今爲追，古字假借之也。遇者死，當者壞。初發乎或圍之津涯，荄軫谷分。或圍，蓋地名也。言涯如轉而谷似裂也。一曰涯如草轉也。《方言》曰：荄，根也，謂草之根也。一本無荄字。許慎《淮南子注》曰：軫，轉也。迴翔青篾，衘枚檀桓。青篾、檀桓，蓋並地名也。迴翔，水復流也。衘枚，水無聲也。《周禮》曰衘枚氏。鄭玄曰：止言語讙讙也，枚大如箸，横衘之也。弭節伍子之山，通厲骨母之場。弭節已見上文。《史記》曰：吴王殺子胥，投之於江。吴人立祠於江上，因名胥母山。王逸《楚辭注》曰：高厲，遠行也。《越絶書》曰：闔廬旦食鉏山，晝游於胥母。疑骨母字之誤也。凌赤岸，篲扶桑，横奔似雷行。赤岸，蓋地名也。曹子建表曰：南至赤岸山謙之南。《徐州記》曰：京江，《禹貢》北江，春秋分朔輒有大濤，至江乘北激赤岸，尤更迅猛然。並以赤岸在廣陵，而此文勢似在遠方，非廣陵也。《説文》曰：篲，掃竹也。《山海經》曰：湯谷上有扶木。扶木者，扶桑也，十日所浴之地。誠奮厥武，如振如怒。《毛詩》曰：王奮厥武，如震如怒。毛萇曰：震猶威也。沌沌渾渾，狀如奔馬。沌沌渾渾，波相隨之貌也。《孫子兵法》曰：渾渾沌沌，形圓而不可敗。《越絶書》曰：王捐子胥於大江口，勇士之勢乃有遺，鄙發憤馳騰氣若奔馬。沌，徒本切。渾，胡本切。混混庉庉，聲如雷鼓。混混沌沌，波浪之聲也。《越絶書》越王句踐曰：浩浩之水，聲音若雷霆。庉，徒本切。發怒庢沓，清升踰跇。言初發怒礙止，而涌沸少選之頃，清者上升，遞相踰跇也。《説文》曰：庢，礙止也。庢，竹栗切。庢，或爲底古字也。杜預《左氏傳》曰：底，平也。《埤蒼》曰：沓，釜沸出也，徒答切。如淳《漢書注》曰：跇，超踰也。侯波奮振，合戰於藉藉之口。《楚辭》曰：陵陽侯之汜濫兮。王逸曰：陽侯，大波也。藉藉，蓋地名也。鳥不及飛，魚不及迴，獸不及走。《高堂賦》曰：飛鳥未及起，走獸未及發。紛紛翼翼，波涌雲亂。《廣雅》曰：紛紛，衆也。毛萇《詩傳》曰：翼翼，壯健貌也。蕩取南山，背擊北岸。覆虧丘陵，平夷西畔。言水之勢既蕩南山又擊北岸，丘陵爲之顛覆，然後平夷西畔。險險戲戲，崩壞陂池，決勝乃罷。合戰決勝而後乃罷。瀄汩潺湲，披揚流灑。瀄泌，節波相揳也。汩密，汩水流疾也。《字書》曰：潺湲，流貌也。横暴之極，魚鼈失勢，巓倒偃側，沋沋湲湲，蒲伏連延。沋沋湲湲，魚鼈巓倒之貌也。蒲伏，即匍匐也。連延，相續貌。沋，禹牛切。神物怪疑，不可勝言。直使人踣焉，洄闇悽愴焉。郭璞《爾雅註》曰：踣，前覆也，薄北切。洄與回同也。此天下怪異詭觀也，太子能彊起觀之乎？太子曰：僕病未能也。

白居易《白氏長慶集》卷二三《潮》 早潮纔落晚潮來，一月周流六十回。不獨光陰朝復暮，杭州老去被潮催。

盧肇《文標集》卷上《海潮賦并序》 夫潮之生，因乎日也，其盈其虛，繫乎月也。古君子所未究之理，將爲之辭，猶憚夫有所未通者，故先序以盡之。

肇始窺《堯典》，見曆象日月以定四時，乃知聖人之心蓋行乎渾天矣。渾天之法著，陰陽之運不差；陰陽之運不差，萬物之理皆得；萬物之理皆得，其海潮之出入，欲不盡著，將安適乎！

近代言潮者，皆驗其及時而絶，過朔乃興，月弦乃小贏，月望乃大至。以爲水爲陰類，牽於月而高下隨之也。遂爲濤志，定其朝夕，以爲萬古之式，莫之逾也。殊不知，月之與海同物也。物之同，能相激乎？《易》曰：天地睽而其事同也，男女睽而其志通也。夫物之形相睽，而後震動焉、生植焉。譬猶烹飪，置水盈鼎而不爨之，欲望膳羞之熟，成五味之美，其可得乎？潮亦然也。天之行健，晝夜復焉。日傅於天，天右旋入海，而日隨之。日之至也，水其可以附之乎？故因其灼激而退焉。退於彼，盈於此，則潮之往來，不足怪也。其小大之期，則制之於月。大小不常，必有遲有速，盈虧之勢，與日月同體。何以然？日月合朔之際，則潮殆微絶。以其至陰之物，邇於至陽，是以陽之威不得肆焉，陰之輝不得明焉。陰陽敵，故無進無退；無進無退，乃適平焉。是以月之與潮，皆隱乎晦。此潮生之實驗也。其朒其朓，則潮亦隨之。乃知日激水而潮生，月離日而潮大，斯不刊之理也。古之人或以日如平地執燭，遠則不見，何其謬乎！夫日之入海，其必然之理乎。且自朔之後，月入不盡，晝當見焉，以至於望；自望之後，月出不盡，晝常見焉，以至於晦。見於晝者，未嘗有光，必待日入於海，隔以映之。受光多少，隨日遠近。近則光少，遠則光多。至近則甚虧，至遠則大滿。此理又足證夫日至於海，水退於潮，尤較然也。肇適得其旨，以潮之理，未始見於經籍間。以類言之，猶乾坤立，則易行乎其中；易行乎其中，則物有象焉。物有象而後有辭。此聖人之教也。肇觀乎日月之運，乃識海潮之道；識海潮之道，亦欲推潮之象；得其象，亦欲爲之辭。非敢衒於學者，蓋欲請示千萬祀，知聖代有苦心之士如肇者焉。賦曰：

開圜靈於混沌，包四極以永貞。立天之道。赩至陽之元精，謂日也。作寒暑與晦明。載穹崇以高步，涉浩漾而下征。廻龜鳥於兩至，冬至日在南斗，(元)[玄]武之體故云龜。夏至日在東井，朱雀之體故云鳥。曾不愆乎度程。其出也，天光來而氣曙。其入也，海水退而潮生。何古人之守惑，謂茲濤之不測。安有乎虞泉之鄉，沃焦之域，棲悲谷以成暝，浴濛汜而改色。巨鰌隱見以作規，介人呼吸而爲式。陽侯玩威於鬼工，伍胥洩怒乎忠力。是以納人於聾昧，遺羞乎後代。曾未知海潮之生兮自日，而太陰裁其小大也。今將考之以不惑之理，著之於不刊之辭。陳其本，則晝夜之運可見其影響。言其微，則朔望之候不爽乎毫釐。豈不謂乎，有耳目之疾，而燿將判乎神醫者也。

粤若太極，分陰分陽。陽爲日，故節之以分至啟閉。陰爲水，故霏之以雨露雪霜。雖至賾而可見，雖至大而可量。豈謂居其中而不察乎渺漠，亡其外而不考其茫洋者哉！故水者陰之母，日者陽之祖。陽不下，而昏曉之望不得成。陰不升，而雲雨之施不得覩。因上下之交泰，識洪濤之所鼓。胡爲乎曆象取其枝葉，而迷其本根也；策其涓滴，而喪其泉源也。諸家不言及海潮之由也。於是欲抉其所迷而論之，採其所長而存之。光乎廓乎，汩磅礴乎。差澋溟之無際，曷鴻濛而可以盡度乎！

乃知夫言潮之初，心遊六虛，索蜿蜒乎乾龍，駕輣軻乎坤輿。知六合之外，洪波無所洩；但隨二至升降而已。識四海之內，至精有所儲。元氣常運，萬物自成。不然何以使百川赴之而不溢，萬古揆之而靡餘也。是乃察乎濤之所由生也。駭乎哉！彼其爲廣也，視之而盪盪矣。彼其爲壯也，欲乎其沆沆矣。其增其贏，其難爲狀矣。當夫巨浸所稽，視無巔倪，洶湧澒洞，窮東極西。浮厚地也體定，謂地浮於水，天在水外也。半圓天而勢齊。謂陰陽上下各一半也。謂無物可以激其至大，故有識而皆迷。

及其碧落右轉，陽精西入。始作潮也。抗雄威之獨燥，卻衆柔之繁溼。高浪瀑以旁飛，駭水洶而外集。霏細碎以霧散，屹奔騰以山立。巨泡邱浮而迭起，飛沫電烻以驚急。且其日之爲體也，若熾堅金，圓徑千里。《周髀法》曰：日徑千里，周三千里。土石去之稍邇而必焚，魚龍就之雖遠而皆靡。何海水之能逼，而不澎濞沸渭以四起。故其所以凌鑠，其所以薄激者，莫不魄落焯鑠，如爨巨鑊。赩兮不可探乎浺浺之內，呀焉若天地之有齟齬。其始也，漏光迸射，虹截寓縣，拂長庚而尚隱，帶餘霞而未殘。一作殄。其漸没豹虎菌反。兮，若后羿之時，平林載馳。驅貙虎與兕象，懾千熊及萬羆，呀偃蹇而矍鑠，忽劃礫而蠢此何反。齇。意其反齒露不齊之貌。其少進也，若兆人繽紛，填城溢郭。蹄相蹂躞，轂相摩錯。閧闠澶漫，凌强侮弱。倐皇與之前蹕，孰不奔走而揮霍。及其勢之將極也，溍兮若牧野之師，昆陽之衆。定足不得，駭然來奔。騰千歷萬，蹴搏沸亂。雄稜後鬨，懦勢前判。懾仁兵而自僵，倐谷呀而巘斷。若此者，皆海濤遇日之形，聞者可以識其畔岸也。

賦未畢，有知元先生諷之曰：「斯義也，古人未言。吾將輝乎文墨之場，以貽永久，爲天下稱揚。」爰有博聞之士，駭潮之義，始盱衡而抵掌，俄頪虛禁反。齘而愕眙。擥衣下席，蹈足掀臂，將欲致詰，領畫天地。久之而乃謂先生曰：「伊潮之源，先賢未言。枚乘循涯而止記其極，木華指近而未考其垠。焉有末學後塵，遽荒唐而敢論。」先生矍然而疑，乃因其後，推車捧席，執腒音渠，乾雉也。《儀禮》：士相見，春夏用腒，冬用雉。伺顏，言之：「少間請見徵之所如。」客乃曰：「人所不知而不言，不謂之訥。人所未識而不道，不謂之愚。彼亦何敢擅談天之美，幹究地之掄，指溢漭之難悟，欲蟲聽於羣儒。今將盡索乎彼潮之正理，何得與日月而相符。且大章所步，大章禹臣，禹使步量地理者也。東西有極。容成叩(元)[玄]，陰陽已測。容成，黄帝臣，帝遺造曆日。陽秀受乎江政，(元)[玄]溟佐乎水德，莫不窮海運，稽日域。及周公之爲政也，則土圭致晷，謂量日影千里而差一寸也。周髀作則，即勾股算法，周人以髀爲勾，以股爲周，以算乃知日之遠近也。裨竈窮精乎天象。裨竈，鄭大夫善知天文者。子雲贊數於幽默，揚雄作《太(元)[玄]經》，分八十一首，七百二十九贊，以定陰陽之數者也。張衡考動以鑄儀，謂地動儀。淳風述時而建式。謂作《乙巳占》，以儀立式，以定星辰也。彼皆凝神於經緯之間，極思乎圓方之壺，故不立一辭於茲潮，以明乎繫日之根本也。先生苟奇之，胡不思之？先生將實之，胡不考之？自此以下發十四問。苟由日升，當若準若繩，何春夏差小？其一問。而秋之勃興？其二問。其逾朔也，當少進，何遽激而斗增？其三問，初二日潮便大也。其過望也，當少退，何積日而憑陵？其四問，既隨日勢十八日何故更大也。晝何常微？其五問。夜何常大？其六問，潮比晝勢較大，海人知之。何錢塘洶然以獨超，殊百川之進退？其七問。何仲秋忽爾而自興，異三時之滂霈？其八問。日之赫焉，猶火之烈，火至水中，其威乃絶，入洪溟以深漬，何日光而不滅？其九問。潮之往來，既云因日，日惟一沈，潮何再出？其十問。萬流之多，匪江匪河，發自畎澮，往成天波，終古不極，溘沉四國，何成彼潮而大小一式？其十一問。爲潮之外，水歸何域？十二問。又云水實浮地，在海之心，日潛其下，而逢彼太陰，且其土厚石重，山峻川深，投塊置水，靡有不沈，豈同其芥葉，而泛以蹄涔，翳坱圠之至大，何水力之能任？十三問。吾聞之天地噫音溢。氣，有吸有呼，晝夜成候，潮乃不踰，豈由日月之所運，作誇誕以相誣者哉？」十四問。先生閲賦之初，深通厥旨，及聞客論，忻然啟齒。於是謂客徐坐，善聽厥辭。

蓋聞南越無頒冰之禮，鄭人有市璞之啞，常桎梏於獨見，終沉溺於羣疑。既別白而不悟，爰提耳而告之。然事有至理，無争無勝，猶權衡之在懸，審錙銖而必應。稽海潮之奧旨，諒子心之足證。當爲子窮幽而洞冥，豈止於揆物而稱哉。

夫日北而燠，陽生於復䷗。震下坤上，復。將論日之升降，陰陽之大體，故假《周易》復姤二卦以明之也。離南斗而景長，冬至後日漸近北，故景漸長，日進二度，故也。邇中都而夜促。當是時也，氣蒸川源，潤歸草木。既作雲而洩雨，乃襄陵而溢谷。魚龍發坼於胎卵，鳥獸含滋於孕育。且水生之數一，而得土之數六。不測者雖能作於溟渤，苟窮之當無羨於升掬。其散也，爲萬物之腴。其聚也，歸四海之腹。歸則視之而有餘，散則察之而不足。春夏當氣散之時，故潮差而小也。答第一問。

及其日南而涼，陰生於姤䷫。巽下乾上，姤。退東井而延夕，夏至後日漸近南，故夜漸長。遠神州而減晝。當是時也，草木辭榮，風霜入侯。水泉閉而上涸，滋液歸而下湊。瘁萬物以如燖，空大澤而若漏。縮於此者盈於彼，諒吾理之非謬。秋冬當氣聚之時，故潮差而大也。答第二問。

兩曜之形，大小唯敵。既當朔以制威，陽雖盛而難廹。其離若争，其合如擊。始交綏而並鬭，合朔之次并無物喻之，故比乎交綏也。終摩壘而先釋。月行疾，合朔乃過，故比乎摩壘也。日沮其雄，水凝其液。既冐威於一朝，信畜怒乎再夕。且潮之所恃者月，所畏者日。月違日以漸遥，水畏威而乃溢。亦猶羣后納職，來簉王門。獲命以出，望寧而奔。引百僚而盡退，何一跡之敢存。此潮象之所以逾朔二日而斗增也。答第三問。

黄道所遵，遐邇已均。肆極陽而不礙，故積水而皆振。自朔而退，載生魄之後，左行漸遠於日也。退爲順式；自望而進，自望之後，在日之右漸逼於日也。進爲干德。稍稍近日，若來干犯之也。伊坎精之既全，將就晦而見逼。勢由望而積壯，故信宿而乃極。此潮之所以後望二日而方盛也。答第四問。

自曉至昏，潮終復始。陽光一潛，水腹迸起。復來中州，逾八萬里。周天法一面出入八萬里。其勢涵澹，無物能弭。周天法一面去日八萬一千一百九十九里有奇也。分晝於戌，作夜於子。子前爲早潮，子後爲晚潮。一云戌前爲早潮，亥後爲晚潮。子之前，日下而陰滋。子之後，日上而陽隨。滋於陰者，故鑠之於水而不能甚振。隨於陽者，故廹之爲潮而莫肯少衰。此潮之所以夜大而晝稍微也。答第五第六問。

嘗信彼東遊，亦聞其揆。賦之者究物理，盡人謀。水無遠而不識，地無大而不搜。觀古者立名而可驗，何天之造物而難籌。且浙者折也，蓋取其潮出海屈折而倒流也。夫其地形也，則右蟠吳而大江覃其腹，左挾越而巨澤灌其喉。獨茲水也，夾羣山而遠入，射一帶而中投。夫潮以平來，百川皆就，浙入既深，激而爲鬭。此一覽而可知，又何索於詳究。答第七問。

羣陰既歸，水與天違。當宵分之際，謂八月也。避至烈之輝。因圓光之既對，引大海以羣飛。《太(元)[玄]經》云：海水羣飛。夫秋之中而陰盛，亦猶春之半而陽肥。事苟稽於已著，理必辨於猶微。故濤生於八月之望者，尤岌岌而巍巍也。答第八問。

萬物之中，分日之熱。謂三才之中含有火也。叩琢鑽研，其火乃烈。吹煙得焰，傳薪就爇。附於堅則難銷，焚於槁則易絶。所依無定，遇水乃滅。太陽之精，火非其匹。至威無焰，至精有質。入四海而水不敢濡，照八紘而物莫能屈。就之者，咸得其光輝。仰之者，不知其何物。其體若是，豈比夫寒灰死炭，遇溼而同漂汨哉。答第九問。

方輿之下，陽祖所廻，歷亥子而右盛，逾丑寅而左來。右激之遠兮遠爲潮，左激之遠兮遠爲汐。既因月而大小成，亦隨時而前後隔。此日之所以一沈，而潮之所以兩析也。答第十問。

天地一氣也。陰陽一致也。其虛其盈，隨日之經。界寒暑之二道，將無差於萬齡。故小大可式，而乾坤永寧也。答第十一問。

若夫雲者雨者，風者霧者，爲雪爲霜者，爲雹爲露者，雷之所鼓者，龍之所赴者，羣生之所賦者，萬物之所附者，彼皆與日而推移，所以就其衰而成其茂也。然後九圍無餘，而萬流爲之長輔。答第十二問。

談未竟，客又勤而言曰：若乃寒暑定而風雨均也。吾聞之《洪範》云：「豫常燠，急常寒，狂乃陰雨爲沴，僭則陽氣來干。」苟日月之躔一定，又何遠於王政之大端。

彼有後問，姑紓前言。夫三才者，其德之必同。天以陽爲主，地以陰爲宗。參二儀之道，在一人之躬。一人行之，三才皆協。德順時，則雨霽均。行逾常，則凶荒接。僭慢，所以犯陽德也，故曝尫莫之哀；狂急，所以犯陰德也，故離畢爲之災。此則爲政之所致，非可以常度而剸裁也。

客曰：唯其餘如何？復從而解之曰：惟坤與乾，予嘗究焉。清者浮於上，濁者積於淵。濁以萬物爲德，清以不極爲元。載物者以積鹵負其大，鹵，鹹水也，所以能浮厚地也。不極者以上規奠其圓。北辰不動，謂之上規也。故知鹵不積，則其地不能載；元不運，則其氣無以宣。夫如是，山嶽雖大，地載之而不知其重；華夷雖廣，鹵承之而不知其然也。氣之輕者，其升乃高，故積雲如嶽，不駐鴻毛，輕而清也，而物莫能勞，及其干霄勢窮，霏然下墜。謂爲雨者。隨坳壑而虛受，任畎澮之疏潰。著則重也，故舟檝可以浮寄。至夫離九天，堙九地。作重陰之膠固，自堅冰以馴致。固可以乘鴻溟以自安，受萬有而不圯者也。聽茲言，較茲道。定一陽之所宗，何衆理之難考。且合昏知暮，而翰音司晨。安有懷五常之美，豫率土之濱，苟無諒乎此旨，亦何足齒於吾人。答第十三問。

予以天地之中，元氣噫音億。嚱。爲夕爲朝，且登且没。泛辭波而甚雄，處童蒙而未發。孰覩地喙乎深泉之涯，孰指天吭乎巨海之窟。既無究於茲源，寧有因其呼吸而騰勃者哉。答第十四問。

客謝曰：辭既已矣，欲入壺奥，願申一問，先生幸以所問教之。嘗居海裔，覩潮之勢，或久往而方來，或合沓而相際。曷舛互之若斯，今幸指乎所制。先生撰屨旁眄，亦窮其變：「吾因訊夫墨客，嘗大索其所見。彼亦告於予曰：日往月來，氣廻天轉，其激也大，則體盛而相疎；其作也小，則勢接而相踐。惟體勢之可準，故合沓而有羨。其何怪焉。」客乃跽軀斂色，交袂而辭：「彼圓(元)[玄]方頤，古惑今疑。歎載籍之不具，恨象數之尚遺。方盡述於閫域，非先生親得於學者，而孰肯論之！於是乎若卵判鷇生，鼓擊聲隨。雷雹至而幽蟄起，蛟龍升而雲雨滋。形開夢去，醒至酲離。」既手之舞之，足之蹈之。乃避席而稱詩爲賀，庶知元先生之辭。辭曰：

噫哉古人，迷潮源兮。刓編鑯翰，曾未言兮。羅虛列怪，無藩垣兮。名儒幽討，理可尊兮。高駕日域，窺天門兮。濤疑一釋，永立言兮。若和與扁，袪吾惛兮。昔之論者，何其繁兮。意摩心揣，祇爲譁兮。陰陽數定，水長存兮。進退與日，遊混元兮。一升一降兮寒暑成，下凝濁兮上浮清。隨盈任縮兮浮四溟，釜鬲蒸爨兮擬厥形。願揚此辭兮顯爲經，高誇百氏兮貽億齡。

先生曰：「彼能賦之，子能演之，非文鋒之破鏑，何以解乎羣疑！」客乃酣然自得，油然而退也。

蘇軾《東坡全集》卷一四《和田仲宣見贈》　頭白江南醉司馬，寬心時復喚殷兄。寒潮不應淮無信，客路相隨月有情。未許低頭拜東野，徒言共飲勝公榮。好詩惡韻那容和，刻燭應須便置觥。

施諤《[淳祐]臨安志》卷一〇《山川》　觀潮諸詩

白公居易詩：早潮纔落晚潮來，一月周流六十回。不獨光陰朝復暮，杭州老去被潮催。

劉公禹錫詩：八月濤聲吼地來，頭高數丈觸山廻。須臾却入海門去，卷起沙堆作雪堆。

范文正公仲淹詩：何處潮偏盛，錢塘無與儔。誰能問天意，獨此見潮頭。海浦吞來盡，江城打欲浮。勢雄驅島嶼，聲怒戰貔貅。萬叠雲纔起，千尋練不收。長風方破浪，一氣自横秋。高岸驚先裂，羣源怯倒流。騰凌大鯨化，浩蕩六鰲遊。北客觀猶懼，吴兒弄弗憂。子胥忠義者，無覆巨川舟。把酒問東溟，潮從何代生。寧非天吐納，長逐月虧盈。暴怒中秋勢，雄豪半夜聲。堂堂雲陣合，屹屹雪山行。海面雷霆聚，江心瀑布横。巨帆連地震，羣楫望風迎。踴若蛟龍鬬，奔如雨雹驚。來知千古信，回見百川平。破浪功難敵，驅山力可并。伍胥神不泯，憑此發威名。

蔡公襄詩：地捲天回出海東，人間何事可争雄。千年浪説鴟夷怒，一信全疑渤澥空。寂静最宜聞夜枕，峥嶸須待駕秋風。尋思物理真難到，隨月虧圓亦未通。

蘇公軾中秋看潮七絶詩：定知玉兔十分圓，已作霜風九月寒。寄語重門休上鑰，夜潮留向月中看。萬人鼓譟懾吴儂，猶似浮江老阿童。欲識潮頭高幾許，越山渾在浪花中。江邊身世兩悠悠，久與滄波共白頭。造物亦知人易老，故教江水更西流。吴兒生長狎濤欄，冒利輕生不自憐。東海若知明主意，應教波浪變桑田。江神河伯兩醯雞，海若東來氣吐蜺。安得夫差水犀手，三千强弩射潮低。

鄭瀣毅夫觀濤詩：云怒濤沃日爲之陰，下有蛟龍百尺深。若比人間惡風浪，長江風浪本無心。

李泰伯憶錢塘江詩云：昔年乘醉舉歸帆，隱隱前山日半銜。好是蒲江涵返照，水仙齊着淡紅衫。

謝傑《海月賦》《御定歷代賦彙》卷二四　緊波臣之徠服，矢寶目於明庭。敦楛之遺則，激皇王之濯靈。帝嘉聲教之被訖，鑒孤遐之欵誠。爰命二臣以于邁，泛艅艎而東征。余乃棄妻息，辭弟兄，耦星使，趨工程，出晉安，道新寧，駕飛廉，馮大庭，望洲島，涉裨瀛，翩然霞舉，泠如風行。比中流以遥矚，値華月之方升。瞻彼月兮太陰之精，潮應而落，潮應而興，潮浸而闕，潮盛而盈。既與潮而爲伍，自與海而相仍。此善下而大，彼虚受而凝。此浮天而爲岸，彼借日而生明。此納百谷而稱王，彼從衆星而名卿。滄桑以爲晝夜，晦朔以爲死生。被窮髪而黑，經閻浮而青。三蝬肥而滿，六鼇奠而寧。魚腦減而減，龍伯蹴而傾。既漂漂而漫漫，亦淵淵而泠泠。爰滈滈而皛皛，復晶晶而熒熒。倏忽異狀，瞬息殊形。方夫崦嵫，既没扶桑。未啓光，風乍融，太宇轉霽，下無驚濤，上無微翳。望舒狩而升輿，羿妻奔而騁轡。纖阿驂乘，結鄰翼衛。重輪税於歸墟，合璧騰於蒙汜。黄道經於碧津，赤路交乎黑齒。滄嶼養魄，沃焦抱珥。員嶠奉規，尾閭循緯。碣石薄而皃飛之，罘蕩而兔逝。天墟泱而黄長，析木浮而桂墜。玉珧石華，潛盜其靈。海鏡方諸，亦稟其氣。非朓非朒，非匿非朏。時五而三，時八而二。增潤重溟，流輝萬里。洗光金銀之宫，湛碧珊瑚之址。或綟者如縠，或爛者如綺。或潔者如圭，或平者如砥。或好者如瑗，或激者如矢。或華者如蜃，或躍者如鯉。或如素鳳之下池頭，或如白鼉之嬉水次。或如瑶瑟之鼓湘江，或如鮫綃之絢蓬市。或如寶筏度於恒河，或如玉華點乎蒼珥。或如螢火映於林塘，或如梅花落夫沼沚。或浮或沉，赤烏浴而淵暉。或滅或没，驪龍頷而川媚。或閃或爍，電騰雲漢之墟。或錯或落，斗轉明河之涘。想而像之，驚心駭視。至於皓靈披素，湲瀾生紫，儼若軒帝遺珠，赤水廻雪，宛轉清麗射人。又若宓神歸於洛濱，夜光盈盈，蟾蜍在腹。又若女狄暮汲，而育銀山雪屋，千疊萬行。又若伍相立馬錢塘陽侯，疾驅金虯狂舞。又若澹臺碎璧，水滸須臾浪息，微明不波。又若武皇眺於影娥，皜素繽紛，非練非組。又若天孫夜渡河渚，靈暉煜煜，萬濤增妍。又若神劍沉於鐔淵，兹時兹景，洵不易得。水鏡空明，冰壺津液。玉杵秋清，玄霜夜碧。漢臯風洄，環珮淅瀝。陽臺雨歇，朝雲生白。以泳以游，其樂何極。於是舉酒以屬諫議，分韻賦詩。余歌曰：月出兮東方，水流兮湯湯。我所思兮道路長，欲往從之兮河無梁。諫議亦歌曰：月暈兮知天雨，海水兮知天寒。佳期逝兮衆芳闌，思美人兮隔雲端。歌竟，魚龍交奮，餘景就畢，滿船跧伏，不寒而栗。

黄尊素《浙江觀潮賦》《御定歷代賦彙》卷二五　吴公子過武林，當八月十八日。油壁接軫，繡韁盈途。員冠峩如，大裙襜如。士女皆觀潮而出，城郭爲之空虚。主人謂公子曰：「此枚乘所謂怪異詭觀也，盍與子偕往乎？」至則錦帳翠幕，山韜路織；歌吹沸天，紅紫錯爲。波影山光，攬雜彩爲一色。其時纖塵不起，水平如鏡；渡頭往來，漁歌答應。車牛方喘於轉轂，晝鴿初間而下矴。（破）〔彼〕江干之士女，既不異鷗鴈之翔沙，而衆口之喧囂，又何如鶖鶩之亂聽。逮至審時定候，日影已高。遥傳屢起，中心摇摇。恐陽侯之爽信，萬目睽睽向海門而注，視不戒而孚，聲收息阻。向之喧囂不定者，忽然如含枚而楔齒。雖綷縩之微響，亦澄然其入耳。俄而一綫横江，天風颯然。摩挲目睛，指點雲烟。瞻言百里之外，已覺隱隱闐闐。豈鼙鼓之動地，或殷雷之在天。方潮之初發也，浩渺之區，浮天無岸。揭淡淡而東來，雖洶洶而弗叛。及其兩山迫脅，沙潬中埠，忽而受于拘束，無所容其浩汗。卒中怒而山立，庶太空之無絆。天蓋撼動而欲移，地輿震盪而似判。吴山越山，爲之低昂不已。亦恐其流轉而互换，魚龍失勢飛鳥驚竄。

乃有狡童侲子，百十爲伍，絳幘單衣，馳騁波路，持彩旗兮悠颺，潮之神兮來何暮。呈傀儡之妙戲，羌逞能以相妒。耕父來天，吴赴支祁按節。罔象負羽，孰不爲之膽掉心寒，彼且從容而沿泝。已而潮上漁浦，波澄如故。主人曰：「廣陵之潮，枚乘以素車白馬比之，較之吾浙真不足齒矣。彼弄潮者，亦天下之能事哉。」公子曰：「吁夫潮者，天地之怒氣也。天地方怒而以供俳優之戲，是爲樂怒，樂怒與樂哀等也。昔蔡君謨有戒弄潮文，子不知之乎？而以風俗之陋者，誇於四方也。」主人曰：「否，否，夫論事者考其原，觀今者遡諸古。昔越之敗吴，習流二千人，戈船三百艘，浙江固習水戰之所也。降而錢王射潮以强弩，此較射於波濤，乃謂致師於水府。彼氣機之翕張，夫誰受其痛苦。投箭笴以三千，不過中流之束楚。逮有宋之南遷也，嘗以兹日水中講武。殿司臨安，金山澉浦。水軍萬人，巨舶千艜；西興龍山，兩岸如堵。天子大閲，簡别强弩；分爲五隊，中權是主。舞刀握槊，節以金鼓。礮聲滿江，五色齊舉。煙收焰息，其散如雨。凡今之弄潮者，賈勇售藝。兵家規矩，輕性命於鴻毛，故能馮河而暴虎。其餘伯國之餘風，非書生之陳腐。所謂安不忘危，而子乃以俳優侮之邪？」公子語塞而退。

材料力學部

材料結構與强度分部

論説

鄭玄注　陸德明音義　賈公彦疏《周禮注疏》卷三九《冬官考工記》　凡斬轂之道，必矩其陰陽。注：矩，謂刻識之也。故書矩爲距。鄭司農云：「當作矩，謂規矩也。」疏：釋曰：此欲斬轂之時，先就樹刻之，記識其向日爲陽，背日爲陰之處。必記之者，爲後以火養其陰故也。陽也者稹理而堅，陰也者疏理而柔，是故以火養其陰而齊諸其陽，則轂雖敝不藃。注：稹，致也。火養其陰，炙堅之也。鄭司農云：「稹讀爲蒖祭之蒖，藃當作秏。」玄謂藃，藃暴，陰柔後必橈減，幬革暴起。音義：稹，之忍反，本又作稹，劉依司農音蒖，一音真。藃，李、戚好角反，劉呼報反。秏，呼報反。暴，步角反，下同，劉步莫反，一音蒲報反。橈，乃孝反。疏：注釋曰：此轂若不以火養炙陰柔之處，使堅與陽齊等，後以革輓，陰柔之處，木則瘦減，革不著木，必有暴起。若以火養之，雖敝盡不藃暴也。【略】

凡輻，量其鑿深以爲輻廣。注：廣深相應，則固足相任也。音義：量，音良。下量其藪同。鑿，曹報反，又如字，後同。深，尸鴆反，下放此。疏：注釋曰：如上所計，則輻之廣深各有三寸，（等字）是相應也。至上轂小而長，轂大而短，則不相應，故槷也。輻廣而鑿淺，則是以大扤，雖有良工，莫之能固。注：扤，搖動貌。音義：扤，五骨反，或九活反。鑿深而輻小，則是固有餘而强不足也。疏：釋曰：此及下經，論轂與輻不得所之意也。注：言輻弱不勝轂之所任也。音義：强，其良反，劉其尚反。勝，音升。疏：釋曰：云鑿深而輻小者，謂轂大，故鑿得深，其輻則應大，是相稱。若輻小，則固有餘。固有餘，由轂大鑿深故也，而强不足，由輻小故也。故竑其輻廣以爲之弱，則雖有重任，轂不折。注：言力相稱也。弱，菑也。今人謂蒲本在水中者爲弱，是其類也。鄭司農云：「竑讀如紘綖之紘，謂度之。」音義：竑，獲耕反。疏：注釋曰：云言力相稱也者，止謂輻廣與鑿深相稱。按：史游章云：「蒲蒻蘭席。」謂取蒲之本在水者爲席，則此經弱，亦是輻入轂中者也。

又　卷四〇《冬官考工記》　軸有三理：一者以爲媺也，注：無節目也。疏：釋曰：上文雖輈與軸並列，輈有三度已言，軸有三理未説，故於此重起端序耳。云一者以爲媺也者，無節目，是軸之美狀也。二者以爲久也，注：堅刃也。三者以爲利也。注：滑密。

軓前十尺，而策半之。注：謂輈軓以前之長也。策，御者之策也。十或作七。合七爲弦，四尺七寸爲鉤，以求其股，股則短矣，七非也。鄭司農云：「軓，謂式前也。書或作靶。」玄謂靶是。軓，灋也。謂輿下三面之材，輢式之所尌，持車正也。音義：軓，劉音犯，注同。靶，音犯。尌，音樹。疏：注釋曰：云軓，謂車式。式前十尺，謂輈曲中。而策半之，半之策則五尺矣。言策者，策以禦馬，欲取策與輈長短相准合度之意也。云十或作七，合七爲弦，四尺七寸爲鉤，以求其股，股則短矣者，七七四十九，四丈九尺。四四十六，丈六尺。七七四十九，又得四尺九寸。并之，二丈九寸。筭灋以鉤除弦，以二丈九寸除四丈九尺，仍有二丈八尺一寸在。然後以求其股，以二丈八尺一寸方之，爲五尺之方，五五二十五，用二丈五尺，爲方五尺也。餘有三尺一寸，皆以方一寸乘之，得三百一十寸，方之，三百寸，得廣六寸，長五尺。中分之，裨前五尺之方，一廂得三寸，角頭方三寸，三三而九。又用一寸之方九，餘有一寸之方一在。總得方五尺三寸，餘方一寸。以此言之，則軓前惟有五尺三寸，不容馬，故云「股則短矣，七非也」。云書或作靶，玄謂靶是。軓，灋也。謂輿下三面之材，轉式之所尌，持車正也者，若然，經作軓字，不爲靶。先鄭以軓爲式前，後鄭從古書靶不從軓者，以靶爲灋是定。雖有少儀祭軓，字爲車旁凡，與此古書車旁已字雖異，同是式前，若作軌則不可，軌謂轍廣，轂末亦爲軌，故少儀云祭左右軌。軌即轂末。《考工》經涂九軌，軌即轍廣，是軌不定，故從靶也。

凡任木，注：目車持任之材。疏：釋曰：此與下經爲目。任木，即下云「任正」以下是也。任正者，十分其輈之長，以其一爲之圍。衡任者，五分其長，以其一爲之圍。小於度，謂之無任。注：任正者，謂輿下三面材、持車正者也。輈，軓前十尺與隧四尺四寸，凡丈四尺四寸。則任正之圍，尺四寸五分寸之二。衡任者，謂兩軛之間也。兵車、乘車衡圍一尺三寸五分寸之一。無任，言其不勝任。音義：隧，雖遂反。軛，於革反。勝，音升。疏：釋曰：任正與衡任麤細不同者，各有所宜，故不同也。是以云小於度，謂之無任，無任，謂折壞不任用也。注釋曰：名任正者，此木任力，車輿所取正。以其兩輈之所樹於此木，較，式，依於兩輢，故曰任正也。云三面材者，此木下及兩旁見面，其上面託著輿板，其面不見，故云三面材也。云輈，軓前十尺與隧四尺四寸，凡丈四尺四寸者，以其經云輈，則軓前與下總是輈，故鄭通計之。一丈得一尺，四尺得四寸。四寸者，一寸爲五分，四寸爲二十分，得二分，故云任正之圍尺四寸五分寸之二。云衡任者，謂兩軛之間也者，服馬有二，一馬有一軛。軛者，戹馬領不得出。云兩戹之間，則當輈頸之灋，費力之所者也。云兵車、乘車衡圍一尺三寸五分寸之一者，田車之衡，更無別文，亦應與兵車、乘車同。鄭特言此二者，都無正文。且據尊者而言，其田車之衡任，亦當同也。衡長六尺六寸，五尺得一尺，又以尺五寸得三寸，又以一寸者爲五分，得一分，故云衡圍一尺三寸五分寸之一也。

又

函人爲甲，犀甲七屬，兕甲六屬，合甲五屬。注：屬，讀如灌注之注，謂上旅下旅札續之數也。革堅者札長。鄭司農云：「合甲，削革裏肉，但取其表，合以爲甲。」音義：屬，之樹反，下及注同。合，如字，舊音閤，注同。疏：注釋曰：云屬讀如灌注之注者，意取注著之意也。云上旅下旅札續之數也者，謂上旅之中及下旅之中，皆有札續。一葉爲一札，上旅之中，續札七節、六節、五節，下旅之中，亦有此節，故云札續之數也。云革堅者札長者，則五屬者，以其堅壽年多，即下經三百年者也。犀甲壽百年，兕甲壽二百年，合甲壽三百年。注：革堅者又支久。凡爲甲，必先爲容，注：服者之形容也。鄭司農云：「容謂象式。」疏：注釋曰：凡造衣甲，須稱形大小長短而爲之，故爲人之形容乃制革也。然後制革。注：裁制札之廣袤。疏：注釋曰：上旅七節、六節，節數已定，更觀人之形容。長大則札長廣，短小則札短狹，故云裁制札之廣袤。廣即據横而言，袤即據上下而説也。權其上旅與其下旅，而重若一，注：鄭司農云：「上旅謂要以上，下旅謂要以下。」音義：要，於遥反，下同。疏：釋曰：謂札葉爲旅者，以札衆多，故言旅，旅即衆也。先鄭云上旅腰以上，謂衣也，下旅腰以下，謂裳也。故《春秋傳》曰「棄其甲裳者也」。以其長爲之圍。注：圍謂札要廣厚。疏：注釋曰：此據一札之上，先量上下之長，乃以長。中央圍之一幣，如此，則長短廣狹相稱也。凡甲鍛不摯則不堅，已敝則橈。注：鄭司農云：「鍛，鍛革也。摯謂質也。鍛革大孰，則革敝無强，曲橈也。」玄謂摯之言致。音義：鍛，丁亂反。摯，音至。大，音泰，劉菟餓反。致，直置反，下同。疏：注釋曰：先鄭以摯爲質，後鄭不從者，質即革之别名，非生孰之稱，故後鄭爲致，致，謂孰之至極也。

又

鮑人之事，注：鮑，故書或作鞄。鄭司農云：「《蒼頡篇》有鞄莌。」音義：鞄，匹學反，劉音樸。頡，户結反。莌，人兖反。疏：釋曰：此文與下經爲總目。注釋曰：先鄭取《蒼頡篇》從故書爲鞄字者，鮑乃從魚，此官治皮，宜從革，故玄引先鄭，於此取從革旁之義。望而眡之，欲其荼白也；注：韋革，遠視之，當如茅莠之色。音義：荼，音徒。莠，音酉，又音秀。疏：釋曰：此官主革不主韋，韋自韋氏爲之。鄭云韋革者，夾句而言耳。荼即茅莠也。進而握之，欲其柔而滑也；注：謂親手煩撋之。音義：撋，人專反，劉而垂反，或如詢反。卷而摶之，欲其無迆也。注：鄭司農云：「卷讀爲可卷而懷之之卷，摶讀爲縛一如瑱之縛，謂卷縛韋革也。迆讀爲既建而迆之之迆。無迆，謂革不韢。」音義：摶，直轉反，或除面反，下同。縛，直轉反。瑱，他見反，本或作顛，音同。韢，音虧，又許皮反。疏：注釋曰：先鄭云可卷而懷之，《論語》文。云摶讀爲縛一如瑱之縛者，按：昭二十六年《左氏傳》云：「以幣錦二兩，縛一如瑱。」眡其著，欲其淺也；注：鄭司農云：「謂郭韋革之札入韋革，淺緣其邊也。」玄謂韋革調善者鋪著之，雖厚如薄然。音義：著，直略反，下眡其著同。札，側八反，劉側列反。鋪，普吴反，又音孚。著之，直略反，又丁略反。察其線，欲其藏也。注：故書線或作綜。杜子春云：「綜當爲糸旁泉，讀爲絤，謂縫革之縷。」音義：線，思賤反，注絤同。革欲其荼白而疾澣之，則堅；注：鄭司農云：「韋革不欲久居水中。」音義：澣，户管反。欲其柔滑而腥脂之，則需。注：故書需作劚。鄭司農云：「腥讀如沾渥之渥，劚讀爲柔需之需，謂厚脂之韋革柔需。」音義：腥，於角反，劉音屋。需，人兖反，注同。劚，而髓反，又人兖反。渥，於角反。疏：注釋曰：先鄭據詩云「既沾既渥，生我百穀」。引而信之，欲其直也。信之而直，則取材正也。信之而枉，則是一方緩、一方急也。若苟一方緩、一方急，則及其用之也，必自其急者先裂。若苟自急者先裂，則是以博爲帴也。注：鄭司農云：「帴讀爲翦，謂以廣爲狹也。」玄謂翦者，如俴淺之淺，或者讀爲羊豬戔之戔。音義：信，音申，劉音新，下皆同。帴，音踐，或山箭反。俴，音踐，劉仕顯反。戔，劉音普見反，依字才丹反，《字林》昨善反。沈云：「馬融音淺，干寶爲殘，與《周易》戔戔之字同，亦音素干反，不知其義。」或云字則如沈釋，而羊豬戔之語未見出處。俗謂羊豬脂爲䏼，音素干反，豈取此乎？按《周禮注》殘餘字本多作戔，宜依殘音。疏：注釋曰：先鄭讀帴爲翦者，翦亦是狹少之意。後鄭轉帴爲俴者，從《小戎詩》。小戎俴收之俴，讀爲羊豬戔者，義亦同。按：彼《小戎詩》俴者，淺也。謂車深四尺四寸，其車廣六尺六寸，是廣深不得，是一方緩一方急，以博爲淺，以廣爲狹之喻。卷而摶之而不迆，則厚薄序也；注：序，舒也。謂其革均也。眡其著而淺，則革信也；注：信，無縮緩。察其線而藏，則雖敝不甐。注：甐，故書或作鄰。鄭司農云：「鄰讀爲『磨而不磷』之磷。」謂韋革縫縷没藏於韋革中，則雖敝縷不傷也。音義：甐，音吝，或作鄰，音同，注同。疏：注釋曰：先鄭云鄰讀爲磨而不磷之磷者，《論語》孔子辭。

又 卷四一《冬官考工記》

前弱則俛，後弱則翔。中弱則紆，中强則揚。羽豐則遲，羽殺則趮。注：言幹羽之病，使矢行不正。俛，低也。翔，迴顧也。紆，曲也。揚，飛也。豐，大也。趮，旁掉也。音義：趮，音躁，子到反，沈又色到反。掉，徒弔反。是故夾而摇之，以眡其豐殺之節也。注：今人以指夾矢儛衛是也。音義：摇，本又作摇，羊招反。疏：釋曰：上經陳幹羽失所，今此經説知矢之羽病狀，故云夾而摇之，以眡其豐殺之節也。橈之，以眡其鴻殺之稱也。注：橈榍其幹。音義：橈，乃孝反。稱，尺證反。榍，女角反。疏：釋曰：此經説知矢幹之病狀，此言鴻，即上文强是也。此言殺，即上文弱是也。凡相笴，欲生而摶，同摶欲重，同重節欲疏，同疏欲㮚。注：相猶擇也。生謂無瑕蠹也。摶讀如摶黍之摶，謂圜也。鄭司農云：「欲㮚，欲其色如㮚也。」音義：相，息亮反，注同。摶，徒丸反。蠹，丁故反。疏：注釋曰：云生謂無瑕蠹也者，直言欲生，於義無所取，故以無瑕蠹解之。無瑕，謂無異色。無蠹，謂無蠹孔也。云摶讀如摶黍之摶者，讀如《爾雅·釋鳥》：黄鳥，摶黍也。此取其摶圜之義。先鄭云欲㮚，欲其色如㮚也者，觀經㮚，義取堅實。先鄭云色如㮚，即是堅實者。

又

凡試廬事，置而摇之，以眡其蜎也；炙諸牆，以眡其橈之均也；横而摇之，以眂其勁也。注：置猶尌也。灸猶柱也。以柱兩牆之間，輓而内之，本末勝負可知也。正於牆，牆蹬。音義：置，如字，李直吏反。灸，音救。尌，音樹。柱，知主反，下同。輓，音挽。蹬，所立反，本又作蹬，又作卺同。疏：釋曰：此經有三事：置而搖之，謂豎之於地上，以手搖之，以眂其蜎蜎然均否。灸諸牆，謂柱之兩牆，觀其體之强弱均否。横而搖之，謂横置於膝上，以一手執一頭搖之，以眂其堅勁與否也。

又　卷四二《冬官考工記》　弓人爲弓，取六材必以其時。注：取幹以冬，取角以秋，絲漆以夏，筋膠未聞。疏：注釋曰：鄭知取幹以冬者，見山虞云：「仲冬斬陽木，仲夏斬陰木。」二時俱得斬，但冬時尤善，故《月令・仲冬》云「日短至，伐木，取竹箭」，注云：「堅成之極時。」是知冬善於夏，故指冬而言也。云取角以秋者，下云秋殺者厚，故知用秋也。絲漆以夏者，夏時絲孰，夏漆尤良，故知也。筋膠未聞，必知六材據此六者，皆依下文而説也。六材既聚，巧者和之。注：聚猶具也。音義：聚，似主反。疏：釋曰：爲弓須此六材，故云聚。巧者，即此弓人之工者也。和之，謂春液角、夏治筋之類是也。幹也者，以爲遠也；角也者，以爲疾也；筋也者，以爲深也；膠也者，以爲和也；絲也者，以爲固也；漆也者，以爲受霜露也。注：六材之力，相得而足。疏：注釋曰：此一經主論六材在弓，各有所用，六材相得乃可爲足也。

凡取幹之道七，柘爲上，檍次之，檿桑次之，橘次之，木瓜次之，荆次之，竹爲下。注：鄭司農云：「檍讀爲億萬之億。《爾雅》曰：杻，檍。又曰：檿桑，山桑。《國語》曰：檿弧箕箙。音義：檍，於力反，一音意，劉又烏克反。檿，烏簟反。杻，女丑反。箙，音服。疏：釋曰：此經説弓幹善惡者也。注釋曰：引《國語》者，彼爲幽王寵褒姒以至亡國，故彼云檿弧箕箙，實亡周國也。凡相幹，欲赤黑而陽聲。赤黑則鄉心，陽聲則遠根。注：陽猶清也。木之類，近根者奴。音義：相，息亮反，下同。鄉，許亮反。遠，于萬反，下遠於同。近，附近之近。疏：注釋曰：此經説相幹善惡之法。凡析幹，射遠者用埶，射深者用直。注：鄭司農云：「埶謂形埶。假令木性自曲，則當反其曲以爲弓，故曰審曲面埶。」玄謂曲埶則宜薄，薄則力少；直則可厚，厚則力多。音義：射，食亦反，下同。疏：釋曰：此説弓力多少之事。凡析幹，射遠者用埶者，弓弱則宜射遠，謂若夾臾之類。云射深者用直者，弓直則宜射深，謂若王弧之類也。注釋曰：此注後鄭增成先鄭之義，先鄭惟見隨木形埶而用之，後鄭則論厚薄力多少之法也。二鄭相兼乃具。居幹之道，菑栗不迆，則弓不發。注：鄭司農云：「菑讀爲不菑而畬之菑。栗讀爲榛栗之栗。謂以鋸副析幹。迆，讀爲倚移從風之移。謂邪行絶理者，弓發之所從起。」玄謂栗讀爲裂繻之裂。音義：菑，側冀反，又側其反，沈子冀反，劉音廁。栗，音烈，李又如字。迆，羊氏反。不菑，側其反。畬，音餘。鋸，音據。副，普逼反。析，星歷反。倚，於綺反。移，羊氏反，下同。邪，似嗟反。繻，音須。疏：釋曰：居，謂居處，解析弓幹之法，但菑栗皆謂以鋸剖析弓幹之時，不邪迆失理，則弓後不發傷也。注釋曰：先鄭云菑讀爲不菑而畬之菑，《禮記・坊記》云不菑畬，此菑即耕，故《爾雅》云：「田一歲曰菑，二歲曰新田，三歲曰畬。」菑取彼義也。云栗讀爲榛栗之栗者，《詩》云樹之榛栗，栗者，亦取破之義。迆讀爲倚移從風之移，讀從司馬相如《上林賦》云倚移從風。玄謂栗讀爲裂繻之裂者，讀從隱元年《左氏傳》紀裂繻來逆女。彼裂繻，字子帛，則爲裂破衣義。亦與先鄭大同，皆取破義。但從裂繻之裂，勝從栗，以其栗是栗堅硬之意，於破義爲疏，故從裂也。

凡相角，秋閷者厚，春閷者薄；穉牛之角直而澤，老牛之角紾而昔。注：鄭司農云：「紾讀爲抮縳之抮，昔讀爲交錯之錯，謂牛角觕理錯也。」玄謂昔讀履錯然之錯。音義：閷，色界反，劉色例反，下同。紾，劉徒展反，許慎尚展反，又徒展反，與注抮縳之抮同。角，絞縳之意。昔，七各反，下同。抮縳，竝與紾同。縳，又徒轉反。觕，才若反，又七奴反。錯，七各反，李云鄭且若反。疏：釋曰：上文已言幹訖，至此更宜相角。但以秋對春，以穉對老而言之。秋閷者厚，謂角厚肉少。春閷者薄，謂角薄肉多。穉牛之角直而澤，謂角直而潤澤。老牛之角紾而錯者，紾謂理麤，錯錯然不潤澤也。注釋曰：先鄭云紾讀爲抮縳之抮者，未知讀從何文，蓋從俗讀。云昔讀爲交錯之錯者，讀從《詩》獻酬交錯。玄謂昔讀履錯然之錯者，讀從《離卦》爻辭。疢疾險中，注：牛有久病則角裏傷。疏：注釋曰：以疢疾爲久病，故云牛有久病。險，傷也。中即裏。謂角裏傷也。瘠牛之角無澤。注：少潤氣。音義：瘠，在亦反。疏：釋曰：上云疢疾，爲久病，則此云瘠者，惟瘦瘠，非病，角則無潤澤也。角欲青白而豐末。注：豐，大也。疏：注釋曰：凡牛角善者，按下注云「本白，中青，末豐」。夫角之本，蹙於𦚪而休於氣，是故柔。柔故欲其埶也。白也者，埶之徵也。注：蹙，近也。休讀爲煦。鄭司農云：「欲其形之自曲，反以爲弓。」玄謂色白則埶。音義：夫，音扶，下皆同。蹙，於子六反，注同，李又音促，又且六反。𦚪，乃老反，本又作腦。休，音煦，下同。煦，況付反，劉音休，下同。疏：釋曰：此説角之埶也。言角之本近於𦚪，得和煦之氣於𦚪，是故柔。柔故欲其形之自曲，反是爲埶也。然可以爲弓，夫角色白者，則埶之徵驗也。夫角之中，恒當弓之畏。畏也者必橈，橈故欲其堅也。青也者，堅之徵也。注：故書畏作威，杜子春云：「當爲威。威謂弓淵。角之中央與淵相當。」玄謂畏讀如秦師入隈之隈。音義：畏，烏回反，下同。疏：釋曰：此説角之堅也。注釋曰：子春從故書威，後鄭不從，而爲隈者，威謂威儀，不得謂曲中，故從隈爲曲隈之義。按僖二十五年秋，秦晉伐鄀，秦人過析隈。鄭以爲入隈。夫角之末，遠於𦚪而不休於氣，是故脃。脃故欲其柔也。豐末也者，柔之徵也。注：末之大者，𦚪氣及煦之。音義：脃，七歲反。疏：釋曰：此説角欲豐末之意。云角之末，遠於𦚪而不休於氣，是故脃。脃故欲其柔也。豐末也者，柔之徵也，則末不豐者脃。末豐則柔，柔則不脃可知，故鄭云末之大者𦚪氣及煦之。角長二尺有五寸，三色不失理，謂之牛戴牛。注：三色：本白，中青，末豐。鄭司農云：「牛戴牛，角直一牛。」

凡相膠，欲朱色而昔。昔也者，深瑕而澤，紾而摶廉。注：摶，圜也。廉，瑕嚴利也。音義：摶，徒丸反。疏：釋曰：已上相幹角，次及相膠。此云欲朱色，按下鹿膠青白已下，惟牛膠火赤，自餘非純赤，則牛膠爲善矣。紾而摶廉者，謂有紾理而摶回，又廉瑕嚴利。注釋曰：膠之性段段皆摶圜也。廉瑕二者，俱是嚴利之狀。鹿膠青白，馬膠赤白，牛膠火赤，鼠膠黑，魚膠餌，犀膠黄。注：皆謂煑用其皮，或用角。餌，色如餌。疏：注釋曰：云煑用其皮，或用角者，經惟鹿用皮亦用角，今人鹿猶用角，自餘皆用皮。云餌色如餌者，時有餌之色，故從之也。凡昵之類不能方。注：鄭司農云：「謂膠善戾故書昵或作樴。杜子春云：樴，讀爲不義不昵之昵，或作䵒䵒黏也。玄謂樴，脂膏膱，敗之膱，膱亦黏也。音義：昵，女乙反，又音職。樴，音職。䵒，女乙反。《爾雅》云：膠也。劉、沈竝音刃。膱，音職。吕忱云膏敗也。疏：注釋曰：子春云不義不昵者，按隱元年，鄭大叔段爲不義，莊公曰：不義不昵，厚將崩。彼不昵爲不親兄，則昵爲親近不相捨離。後鄭以爲還從古書樴音，故轉爲脂膏膱敗之膱。若今人頭髮有脂膏者，則謂之膱膱亦粘也。

凡相筋，欲小簡而長，大結而澤。小簡而長，大結而澤，則其爲獸必剽，以爲弓，則豈異於其獸。注：剽，疾也。鄭司農云：「簡讀爲撊然登陴之撊。」玄謂讀如簡札之簡，謂筋條也。音義：剽，芳妙反，戚芳昭反，或扶召反，後同。撊，下板反或胡簡反。陴，婢支反，劉蒲佳反，又房卑反。疏：釋曰：上已相角膠，次及相筋。言此筋之獸剽疾，爲弓亦剽疾，故云豈異於其獸也。注釋曰：先鄭云簡讀爲撊然登陴之撊者，讀從《左氏傳》也。義無所取。玄謂讀如簡札之簡，謂筋條也。竹簡一片爲一札，此筋條亦有簡別，故讀從之也。筋欲敝之敝，注：鄭司農云：「嚼之當孰。」音義：敝，婢世反，徐扶哲反。嚼，才略反。疏：注釋曰：筋之推打嚼齧，欲得勞敝，故云嚼之當孰也。漆欲測，注：鄭司農云：「測讀爲惻隱之惻。」玄謂測讀如測度之測，測猶清也。音義：隱，本或作㥯，同。度，徒洛反。疏：釋曰：先鄭云測讀爲惻隱之惻，此惻隱爲痛切之義，非漆之善狀，故後鄭以爲測度之測。測，清也，從水義，取漆爲良也。絲欲沈。注：如在水中時色。疏：注釋曰：言絲欲沈，則據乾燥時色，還如在水凍之色，故云如在水中時色。得此六材之全，然後可以爲良。注：全，無瑕病。良，善也。疏：注釋曰：全，無瑕病者，幹、角、膠、筋、漆、絲六材，皆令善而無瑕病，然後爲善也。

凡爲弓，冬析幹而春液角，夏治筋，秋合三材。注：三材，膠、絲、漆。鄭司農云：「液讀爲醳。」音義：液，音亦，下同。醳，音亦，劉、沈音釋，下同。疏：釋曰：凡治弓材，各於其時。言秋合三材膠、漆、絲，則幹、角、筋須三材乃合，則秋是作弓之時，故至冬寒而定體也。注釋曰：鄭知三材是膠、漆、絲者，以經既言幹、角及筋，六材之中惟少膠、漆、絲，故知三材謂此也。先鄭液讀爲醳者，醳是醳酒之醳，亦是漬液之義，故讀從之也。寒奠體，注：奠讀爲定。至冬膠堅，內之檠中，定往來體。音義：奠，讀爲定，下同。檠，音景。疏：注釋曰：檠，謂弓椢。至寒膠堅而牢，故內之檠中，定往來體，則六弓往體來體多少者是也。冰析灂。注：大寒中，下於檠中，復內之。音義：灂，子召反。復，扶又反。疏：注釋曰：十二月小寒節，大寒中，是冰盛之時，故以大寒解冰也。云下於檠中，復內之者，謂復如上寒奠體，內之於檠中相似。但上內爲定體而內，此爲析灂而內之，所爲有異，故別言也。冬析幹則易，注：理滑致。音義：易，以豉反。致，直致反，下言致同。疏：釋曰：自此以下，重釋上文各以其時之意。春液角則合，注：合，讀爲洽。夏治筋則不煩，注：煩，亂。秋合三材則合，注：合，堅密也。寒奠體則張不流，注：流，猶移也。疏：注釋曰：體既定，則後用時雖張不流移，謂不失往來之體也。冰析灂則審環，注：審，猶定也。疏：注釋曰：納之檠中，析其漆灂，其漆之灂環則定，後不鼓動。故冰析之也。春被弦則一年之事。注：朞歲乃可用。音義：被，皮寄反。疏：注釋曰：通春被弦，則二年之事，而云一年者，據冰析灂已前爲一年，春被弦是用時，不數也。析幹必倫，注：順其理也。析角無邪，注：亦正之。音義：邪，似嗟反。斵目必荼。注：鄭司農云：「荼讀爲舒，舒，徐也。目，幹節目。」音義：荼，音舒，下同。疏：注釋曰：按《禮記・學記》云：「善問者如攻堅木，先其易者，後其節目。」是斵目必徐之義也。斵目不荼，則及其大脩也，筋代之受病。注：脩，猶久也。疏：釋曰：筋代之受病者，以筋在弓，皆與幹爲力，必須筋幹相得。今弓幹有節目，用力不得其所，則幹不用力，故筋代幹受病，以其偏用力故也。夫目也者必强，强者在內而摩其筋，夫筋之所由幨，恒由此作，注：摩，猶隱也。故書筋或作薊。鄭司農云：「當爲筋。幨讀爲車幨之幨。」玄謂幨，絶起也。音義：幨，昌廉反，注同。疏：注釋曰：此還重釋筋幹不得所之意。先鄭讀幨爲車幨之幨者，《衛詩》云「漸車帷裳」，《昏禮》亦云「婦車亦如之有裧」，故讀從之。後鄭云幨，絶起也者，由絶起，則廉幨然也。故角三液而幹再液。注：重醳治之，使相稱。音義：重，直龍反。稱，尺證反，下各稱同。疏：注釋曰：或三液再液不等者，角須三液，幹須再液，乃得相稱。厚其帤則木堅，薄其帤則需，注：需謂不充滿。鄭司農云：「帤讀爲襦有衣絮之絮。帤謂弓中裨。」音義：帤，女居反。需，人兗反，下注罷需同。襦，劉音須，沈音儒，本亦作繻。絮本亦作帤，《周易》作袽，皆女居反。裨，符支反，又音卑。疏：注釋曰：需謂不充滿者，需懦不進，故爲不充滿。謂弓中裨者，造弓之法，弓幹雖用整木，仍於幹上裨之，乃得調適也。是故厚其液而節其帤。注：厚猶多也。節猶適也。疏：注釋曰：多其液者，謂角幹，其裨須節適厚薄得所也。約之不皆約，疏數必侔。注：不皆約，纏之繳不相次也。皆約則弓帤，侔猶均也。音義：數，音朔。侔，莫侯反，或亡又反。繳，音灼。疏：注釋曰：約謂以絲膠橫纏之，今之弓猶然。云不皆約，謂不次比爲之。疏數必侔，約之多少，須稀踈必均也。斵摯必中，膠之必均。注：摯之言致也。中猶均也。疏：釋曰：斲幹厚薄，必調均爲之。施膠亦均，不得偏厚也。自此以下，說弓之限裏施膠之事。斲摯不中，膠之不均，則及其大脩也，角代之受病。夫懷膠於內而摩其角，夫角之所由挫，恒由此作。注：幹不均則角蹴折也。音義：挫，子卧反。蹴，于六反。疏：釋曰：此總釋經角代之受病，及角之所由挫二事者也。云摩其角，謂幹不均而有高下，則摩其角。【略】

爲天子之弓，合九而成規。爲諸侯之弓，合七而成規。大夫之弓，合五而成規。士之弓，合三而成規。注：材良則句少也。音義：合，如字，一音閤，下同。疏：釋曰：此據角弓形不張而言。按下文及司弓矢，六弓爲三等，王弓弧弓，往體寡來體多，當此天子弓合九成規。唐弓大弓，往來體若一，當此諸侯弓合七成規。夾弓庾弓，往體多來體寡，當此大夫之弓合五成規。於彼六弓已盡，此別云士合三成規，則六弓之外，弊惡之弓。按《大射》與《鄉射》，大夫士同射五十步侯，又同用夾庾。無士用合三成規之弓者，於此言之者，六弓通弊弓有四等，故弊弓暫記士而言，其實士不用合三成規之弓也。注釋曰：材良則句少，據王弧及唐大已上而言也。弓長六尺有六寸，謂之上制，上士服之。弓長六尺有三寸，謂之中制，中士服之。弓長六尺，謂之下制，下士服之。注：人各以其形貌大小服此弓。疏：釋曰：此以弓有長短三等，人亦有長短三等而言，取其弓與人相稱之事。此上士、中士、下士，以長者爲上士，次者爲中士，短者爲下士，皆非命士者，故鄭云人各以其形貌大小服此弓也。凡爲弓，各因其君之躬志慮血氣。注：又隨其其人之情性。疏：釋曰：上文據人形爲弓，此據人性，故鄭云又隨其人之情性也。此亦與下文爲目，下別以躬與志相配而言也。躬，即身也，志慮據在心，血氣據言與舉動也。豐肉而短，寬緩以荼，若是者爲之危弓，危弓爲之安矢。骨直以立，忿埶以奔，若是者爲之安弓，安弓爲之危矢。注：言損贏濟不足者。奔，猶疾也。骨直謂强毅。荼，古文舒假借字。鄭司農云：「荼讀爲舒。」音義：肉，如字，劉而樹反。埶，音勢。疏：釋曰：此經以下，說君之躬與志慮，弓之所宜者也。危弓，謂夾庾弱者而言。安弓，謂王弧之類强者而言。若然，危矢據恒矢，安矢據殺矢者也。注釋曰：言損贏濟不足者，言豐肉寬緩，是不足，則危弓濟之。危弓爲贏，則以安矢損之。骨直忿埶，是贏，則安弓損之。安弓是不足，則以危矢濟之。其人安，其弓安，其矢安，則莫能以速中，且不深。注：故書速或作數，鄭司農云：「字從速。速，疾也。三舒不能疾而中，言矢行短也，中又不能深。」音義：中，丁仲反，注及下同。數，音朔。疏：釋曰：上文以安危損益，即於射事爲可。此三安而無損益，故不可。其人危，其弓危，其矢危，則莫能以愿中。注：愿，慤也。三疾不能慤而中，言矢行長也。長謂過去。音義：愿，音願，一音元。慤，苦角反。疏：釋曰：此三危亦無損益，故亦不可也。注釋曰：云三疾不能慤而中，言矢行長也。長謂過去者，危弓危矢，謂夾庾恒矢之等，皆射遠，兼人且危躁，故矢行長故去也。往體多，來體寡，謂之夾臾之屬，利射侯與弋。注：射遠者用埶。夾臾之弓，合五而成規。侯非必遠，顧埶弓者材必薄，薄則弱，弱則矢不深中侯不落。大夫士射侯，矢落不獲。弋，繳射也。故書與作其，杜子春云「當爲與」。音義：夾，古洽反，劉古協反。臾，音庾。射，食亦反，注下除繳射、大射、小射、用射外，皆同。獲，劉胡檗反。繳，諸若反。疏：釋曰：六弓兩兩相將，下文王弓不言弧弓，唐弓不言大弓，故言之屬。今此夾庾並言，亦云之屬者，夾庾雖竝言，以夾庾其類非一，故亦云之屬也。注釋曰：云射遠者用埶者，謂審曲面埶，夾庾反張，多隨曲埶向外弱，則射遠不能深，則近亦不深，故射近侯用之。故云侯非必遠，顧埶弓者材必薄，薄則弱，弱則矢不深也，中侯不落者，謂弓射遠，以其材弱，縱射近，亦不深，故近侯矢但不落也。云大夫士射侯，矢落不獲者，按《大射》云：「中離、維綱，揚觸，捆復，君則釋獲，衆則否。」大夫士矢落侯不獲，故不得用，是唐大之等也。云弋，繳射也者，按《司弓矢職》云：「夾弓、庾弓，以授射豻侯、鳥獸者。」豻侯、鳥獸，則射侯與弋也。按彼注：「近射用弱弓，則射大侯者用王弧，射參侯者用唐大矣。」如是，君用王弧射大侯，大夫用唐大射參侯，士用夾庾射豻侯。若然，此大夫與士同用夾庾射近侯者，據天子之臣，然則三公王子爲諸侯者射熊侯，卿大夫士同射豹侯也。若然，射七十步侯用唐大，其遠中侯亦不落也。往體寡，來體多，謂之王弓之屬，利射革與質。注：射深者用直，此又直焉，於射堅宜也。王弓合九而成規，弧弓亦然。革謂干盾。質，木椹。天子射侯亦用此弓。《大射》曰：「中離，維綱，揚觸，捆復，君則釋獲，其餘則否。」音義：椹，張林反。捆，苦本反。疏：釋曰：言王弓之屬，則之屬中，弧弓及王弧之輩類也。云利射革與質，此即《司弓矢職》云：「王弓、弧弓以授射甲革椹質者。」亦一也。注釋曰：云天子射侯，亦用此弓，不言者，舉射革與質，有上文弱弓射近可參，故不言可知也。云《大射》曰中離，維綱，揚觸，捆復，中謂中侯，離猶過也，麗也。維謂侯身與左右舌一幅，兩相及角，亦以綱維持之，而繫於柱。綱，謂左右舌上畔下畔，以一大綱繩，各繫於其柱上，以持侯。其綱皆出布幅一尋，謂之爲綱。揚觸、捆復者，矢高揚而過侯。彼注云揚觸者，謂中他物，揚而觸侯也。捆復，謂矢至侯，不著而還復。復，反也。如此五者，君則釋獲，其餘則否。則臣不得獲，惟中乃可釋獲。往體來體若一，謂之唐弓之屬，利射深。注：射深用直。唐弓合七而成規，大弓亦然。《春秋傳》曰：盜竊寶玉大弓。疏：釋曰：唐弓之外仍有弓，故云之屬也。按《司弓矢職》云：「唐弓、大弓，以授學射者，使者、勞者。」此不言者，亦各舉一邊而言，兼有彼事可知。注釋曰：言射深用直，唐弓合七而成規者，則王弧之弓亦射深用直。唐大合七成規，則王弧之弓射深可知。引《春秋》者，定八年《公羊傳》文。彼以陽虎爲盜竊寶玉大弓。彼《公羊》云：「寶者何，璋判白，弓綉質。」引之者，證大弓同也。大和無灂，其次筋角皆有灂而深，其次有灂而疏，其次角無灂。注：大和，尤良者也。深，謂灂在中央，兩邊無也。角無灂，謂限裏。疏：釋曰：大和，謂九和之弓，以其六材俱善，尤良，故無漆灂也。其次筋角皆有灂而深者，筋在背，角在限，皆有灂。但深在其中央，兩邊無也。其次有灂而疏者，以上參之，此謂兩邊亦有，但疏之不皆有也。其次角無灂，謂限裏無灂，簫頭及背有之。合灂若背手文。注：弓表裏灂合處，若人合手背，文相應。鄭司農云：「如人手背文理。」音義：背，補内反，注同。疏：釋曰：言合瀓者，謂弓表裏瀓漆相合之處，若人合手背，上文理相應。角環瀓，牛筋蕡瀓，麇筋㡿蠖瀓。注：蕡，枲實也。㡿蠖，屈蟲也。音義：環，如字，又户串反。蕡，扶文反，注同。㡿，音尺。蠖，枉縛反，又於郭反。枲，絲子反。疏：釋曰：此説弓表及弓裏瀓文也。角環瀓，謂限裏瀓文如環然。牛筋蕡瀓者，此説弓背用牛筋之漆，如麻子文。若用麇，其瀓文如斥蠖文。云蕡，枲實者，枲乃牡麻無實，而云蕡，枲實，舉其類爾，若篳笥然也。斥蠖屈蟲者，《易》云「斥蠖之屈，以求信」，是也。和弓毄摩。注：和猶調也。毄，拂也。將用弓，必先調之，拂之，摩之。《大射禮》曰：「小射正授弓，大射正以袂順左右限，上再下一。」音義：上，時掌反。疏：注釋曰：引《大射》云大射正以袂順左右限者，左手横執之時，上限向右，下限向左，而上再下一拂去塵，乃授與君。《大射》雖不言調，亦調可知也。覆之而角至，謂之句弓。注：句於三體，材敝惡，不用之弓也。覆，猶察也，謂用射而察之。至猶善也。但角善，則矢雖疾而不能遠。音義：覆，孚服反，注下皆同。句，劉九具反，沈音鉤。善，音善，本又作善，下同。疏：釋曰：此以下論弓有六材，角、幹、筋用力多，特言之。若三者全善，則爲尤良，若一善者爲敝，二善者爲次。今此先察一善者，謂若餘幹筋不善，直角善，可以爲句弓。注釋曰：云句於三體，材敝惡，不用之弓也者，謂不入上三文所用之内。言矢雖疾不能遠者，上云射遠用埶，埶是弱弓而射遠。但此句弓爲弱於彼，雖疾不能射遠也。覆之而幹至，謂之侯弓。注：射侯之弓也。幹又善，則矢疾而遠。疏：釋曰：此察次弓，此非直角至，兼幹善，謂之射侯之弓。則上夾庾利射侯與弋，言矢疾而遠，對上句弓疾而不遠，不及侯者也。覆之而筋至，謂之深弓。注：射深之弓也。筋又善，則矢既疾而遠又深。疏：釋曰：此弓三善者也。按上文唐大射深，則王弧三善亦射深可知，舉中以見上者也。

《墨子》卷一〇《經下第四十一》　均之絶不，説在所均。【略】

又《經下第四十三》　均，髮均縣輕而髮絶，不均也。均，其絶也莫絶。

荀況撰　楊倞註《荀子》卷一《勸學篇第一》　君子曰：學不可以已，青出之於藍而青於藍，冰出之於水而寒於水。以喻學則才過其本性也。木直中繩，輮以爲輪，其曲中規，雖有槁暴，不復挺者，輮使之然也。輮，屈。槁，枯。暴，乾。挺，直也。《晏子春秋》作不復贏矣。故木受繩則直，金就礪則利，君子博學而日參省乎已，則知明而行無過矣。參，三也。曾子曰：吾日三省吾身。知，讀爲智。行，下孟反。

《子華子》卷下《執中》　既已域於四象者矣，完不能無毁也。是以韋革雖柔，擴之則裂。礦石雖堅，攻之則碎。剛柔、重輕、大小、長短雖不同也，同於一盡，故古之制字，字爲之破而文亦如之。

王充《論衡》卷八《儒增篇》　儒書言：「荆軻爲燕太子刺秦王，操匕首之劍刺之，不得。秦王拔劍擊之，軻以匕首擿秦王，不中，中銅柱，入尺。」欲言匕首之利，荆軻勢盛，投鋭利之刃，陷堅强之柱，稱荆軻之勇，故增益其事也。夫言入銅柱，實也；言其入尺，增之也。夫銅雖不若匕首堅剛，入之不過數寸，殆不能入尺。以入尺言之，設中秦王，匕首洞過乎？車張十石之弩，射垣木之表，尚不能入尺。以荆軻之手力，投輕小之匕首，身被龍淵之劍，刃入堅剛之銅柱，是荆軻之力，勁於十石之弩，銅柱之堅，不若木表之剛也。世稱荆軻之勇，不言其多力。多力之人，莫若孟賁。使孟賁擿銅柱，能一有過字。深入一尺乎？此亦或時匕首利若干將、莫邪，所刺無前，所擊無下，故有入尺之效。夫稱干將、莫邪，亦過其實。刺擊無前、下，亦入銅柱尺之類也。

又　卷一四《狀留篇》　楓桐之樹生而速長，故其皮肌不能堅剛。樹檀以五月生葉，後彼春榮之木，其材彊勁，車以爲軸。

韓愈《昌黎先生文集》卷一八《與孟尚書書》　漢氏已來，群儒區區脩補，百孔千瘡，隨亂隨失，其危如一髮引千鈞，緜緜延延，寖以微滅。於是時也，而唱釋老於其間，鼓天下之衆而從之。嗚呼，其亦不仁甚矣。

李誡《營造法式》卷四《大木作制度一》　材

凡構屋之制皆以材爲祖，材有八等，度屋之大小因而用之。

第一等，廣九寸，厚六寸。以六分爲一分。

右殿身九間至十一間，則用之。若副階并殿挾屋，材分減殿身一等，廊屋減挾屋一等，餘準此。

第二等，廣八寸二分五釐，厚五寸五分。以五分五釐爲一分。

右殿身五間至七間，則用之。

第三等，廣七寸五分，厚五寸。以五分爲一分。

右殿身三間至殿五間，或堂七間，則用之。

第四等，廣七寸二分，厚四寸八分。以四分八釐爲一分。

右殿三間，廳堂五間，則用之。

第五等，廣六寸六分，厚四寸四分。以四分四釐爲一分。

右殿小三間，廳堂大三間，則用之。

第六等，廣六寸，厚四寸。以四分爲一分。

右亭榭或小廳堂皆用之。

第七等，廣五寸二分五釐，厚三寸五分。以三分五釐爲一分。

右小殿及亭榭等用之。

第八等，廣四寸五分，厚三寸。以三分爲一分。

右殿内藻井或小亭榭，施鋪作多，則用之。

栔廣六分，厚四分。材上加栔者謂之足材。施之栱眼内兩枓之間者，謂之闇栔。各以其材之廣分爲十五分，以十分爲其厚。凡屋宇之高深，名物之短長，曲直，舉折之勢，規矩繩墨之宜，皆以所用材之分以爲制度焉。凡分寸之分皆如字。材分之分，音符問切，餘準此。

又　卷五《大木作制度二》　梁

凡梁之大小，各隨其廣分爲三分，以二分爲厚。凡方木小，須繳貼令大。如方木大，不得裁減，即於廣厚加之。如礙槫及替木，即于梁上角開抱槫口。若直梁狹，即兩面安槫栿版。如月梁狹即上架繳背，下貼兩頰，不得剜刻梁面。

王昭禹《周禮詳解》卷三五《冬官考工記》

凡斬轂之道，必矩其陰陽。陽也者，稹理而堅。陰也者，疏理而柔。是故以火養其陰而齊諸其陽，則轂雖敝不藃。稹，之忍反。敝，婢世反。藃，好角反，又呼報反。

萬物莫不由是而之焉者，道也。道無所往而不在，故于大必備，于小不遺，雖稊稗瓦礫之微，無不在焉。故察車斬轂皆有道也。用是道而察車，則謂之察車之道。用是道而斬轂，則謂之斬轂之道。凡木生于山南而向日，則謂之陽。生于山北而背日，則謂之陰。陽木則足于陽而寡于陰，陰木則足于陰而寡于陽，必齊其陰陽，然後可用以爲轂，故必矩其陰陽，將火養而齊之也。《傳》曰五寸之矩，則足以盡天下之方，蓋矩者正立之法也。矩其陰陽，謂以法正之而已。陽木則其體實，故稹理而堅。陰木則其體虚，故疏理而柔。稹，叢緻也。疏，不密也。堅，至剛也。柔，至弱也。稹與密以文言之，堅與柔以材言之。苟不以火炙其陰而養之，使堅與陽齊，則以革輓木，其陰柔之處必瘦減而不著木，斯有藃暴之患矣。故曰以火養其陰而齊諸其陽，則轂雖敝不藃。藃，若藃氣出之貌，故暴起謂之藃也。【略】

凡輻，量其鑿深以爲輻廣。輻廣而鑿淺，則是以大扤，雖有良工，莫之能固。鑿深而輻小，則是固有餘而强不足也。故竑其輻廣以爲之弱，則雖有重任轂不折。量，音良。鑿，曹報反。深，尸鴆反。扤，五骨反。强，其良反。竑，獲耕反。

三分其轂，長二在外，一在内，以置其輻，此言置輻于轂，相去遠近也。轂長三尺有二寸，而輻廣三寸半。其餘二尺有八寸，而三分之，輻外一尺九寸，故曰二在外；輻内九寸半，故曰一在内。鑿深者，言轂之深足以受輻之入也。輻廣者，言輻之廣足以應轂之所受也。二者相應，則其固足以相佐。而反是，則非輻之善。輻廣而鑿淺，則是以大扤。雖有良工，莫之能固。大扤，言其動摇之甚也。鑿深而輻小，則是固有餘而强不足。固有餘，以鑿言也。强不足，以輻言也。善爲輪者，度其輻廣以爲之弱，則其力相稱，足以任重而致遠。竑言度其長短，故曰竑其輻廣以爲之弱，則雖有重任轂不折。

又　卷三六《冬官考工記》

輈人爲輈。輈有三度，軸有三理。國馬之輈，深四尺有七寸。田馬之輈，深四尺。駑馬之輈，深三尺有三寸。軸有三理，一者以爲媺也，二者以爲久也，三者以爲利也。軓前十尺而策半之。輈，張留反。軓，音犯。

輈，車轅也，以人在右挾之能出圍而有所之，則謂之轅。以其載欲準，行欲利，以需爲病，以覆爲戒，則謂之輈。夫車之運雖在于輪，輪之進實本于輈，此先王所以設官以爲輈，而輈人之職所以立也。輈有三度，則國、田、駑馬，其輈之深淺各異數是也。軸有三理，則爲媺、爲久、爲利，其輪之用各有常而不可外是也。國馬，鄭氏謂種馬、戎馬、齊馬、道馬也。種馬駕玉路，戎馬駕革路，齊馬駕金路，道馬駕象路。馬高八尺，車軹崇三尺有三寸，加軫與轐七寸，并輈深四尺有七寸，則衡高八尺七寸也。除馬之高，則餘七寸爲衡頸之間矣。田馬駕木路，馬高七尺，車軹崇三尺一寸半，加軫與轐五寸，并輈深四尺，則衡高七尺七寸也。駑馬駕役車，馬高六尺，車軹崇三尺，加軫與轐四寸，并輈深三尺有三寸，則衡高六尺七寸也。此輈之有三度者也。一者以爲媺，則軸之材欲其媺而無惡。二者以爲久，則車之體欲其堅而可久。三者以爲利，則軸之勢欲其利而易運。此軸之有三理者也。在軾前則爲之凡者，軓也。御者所執以制馬而使齊者，策也。輈軓以前其長十尺，策半則五尺也。以策五尺則御者執之，適可以及馬而無過與不及故也。

凡任木，任正者，十分其輈之長，以其一爲之圍。衡任者，五分其長以其一爲之圍。小於度，謂之無任。

因其材之所勝而用之，謂之任。任木者，以其材之大小稱其任之輕重而已。如任官焉，各稱其才之長。如任民焉，各稱其力之所能。不以大材而當任之輕，不以小材而當任之重，各適其宜而已。故輈人之任木，任正者，十分其輈之長，以其一爲之圍。衡任者，五分其長，以其一爲之圍。小于度者，則謂之無任。任正者，謂輿下三面材以持車正者也。輈軓前十尺與隧四尺四寸，凡丈有四尺四寸，任正之圍取其十分之一，則凡尺有四寸五分寸之二矣。衡任者，謂兩軛之間也。衡長六尺有六寸，衡任之圍取其五分之一，則凡一尺三寸五分寸之一矣。故曰衡任其度數如此，則其材苟小焉，則其力不足以勝其任，故謂之無任。

又　卷三七《冬官考工記》

函人爲甲，犀甲七屬，兕甲六屬，合甲五屬。犀甲壽百年，兕甲壽二百年，合甲壽三百年。凡爲甲，必先爲容，然後制革。權其上旅與其下旅，而重若一，以其長爲之圍。凡甲鍛不摯則不堅，已敝則橈。屬，之樹反。摯，音至。

《孟子》曰：「函人惟恐傷人。」蓋函能包而入，亦能吐而出焉。此爲甲所以名官，謂之函人。戎之事，以甲爲主，以兵勝敵，故古之言兵者，多先以甲胄自衛。傳説戒高宗則曰惟甲胄起戎。魯侯之誓則曰善穀乃甲胄。然則甲以自衛，其用革不可以不堅，此所以必擇犀兕之皮而爲之也。札續之數謂之屬。犀甲不若兕甲之尤堅，則札長，故犀甲七屬，兕甲六屬。合甲，則合革而爲之，比兕甲又爲堅，故五屬而已。犀甲則歷久而後敝，犀甲之壽則不若兕甲，兕甲則不若合甲，故犀甲則壽百年，兕甲則壽二百年，合甲則壽三百年。凡爲甲，必先爲容者，因服者之形而爲之容也。蓋人之身有大小、長短之不齊，過則爲有餘，不及則爲不足，必也其甲足以容其身而後可。夫爲劍者必審乎上下之制，爲弓者必辨其安危之人，則爲甲者亦然矣。惟因人之身小大長短而爲容，然後以之制革，則無贅虧之患，故曰然後制革。脊骨謂之脅，上旅謂腰以上也，下旅謂腰以下也。權以知其輕重，使上下等而若一，則無偏重之患。以其長爲之圍，則從横欲周其身而已。凡甲必鍛革而爲之，摯之爲言至也。不摯謂鍛之不熟，不熟則革不堅而易壞。太熟則過耎而易曲，故曰凡甲鍛不摯則不堅，已敝則橈矣。

又

鮑人之事，望而眡之，欲其荼白也。進而握之，欲其柔而滑也。卷而摶之，欲其無迆也。眡其著，欲其淺也。察其線，欲其藏也。革欲其荼白而疾澣之，則堅；欲其柔滑而腥脂之，則需。引而信之，欲其直也。信之而直，則取材正也。信之而枉，則是一方緩、一方急也。若苟一方緩、一方急，則及其用之也，必自其急者先裂。若苟自急者先裂，則是以博爲帴也。卷而摶之而不迆，則厚薄序也；眡其著而淺，則革信也；察其線而藏，則雖敝不甐。荼，音徒。卷，上聲。摶，注讀爲縳。著，直畧反。澣，户管反。腥，於角反。需，人兖反。信，音申。帴，音淺。甐，音吝。

先儒以鮑爲鞄，鞄柔革之工也。柔革之工而曰鮑人之事者，夫自下徹上無非事也。而鮑人之治革，雖以一物之微而作，治之功爲最多，或用之爲鞔飾，或用之爲器物，一皆取足予鞄人。所以獨言鞄人之事也。與夫畫繪之事、車人之事，皆言事同意。望而眡之，欲其荼白者，謂遠而眡之，欲如茅秀之色白也。進而握之欲其柔而滑者，謂以手煩搰之，欲柔順而滑利也。卷而摶之欲其無迆者，卷謂斂其舒也，摶謂以手專之也，卷而摶之欲其無敝撓而下迆也。眡其著欲其淺者，謂鍛治之而善鋪著，則雖厚如薄也。察其線欲其藏者，謂縫革之縷欲其隱而不露也。革欲其荼白而疾澣之則堅者，謂革色白如荼秀，其質雖美必疾澣之，而不使久居水中則堅而難壞也。欲其柔滑而腥脂之則需者，謂其柔順滑利，而厚脂之則柔耎也。引而信之欲其直者，謂以手展而舒之，欲其直而無橈也。信之直而無橈，以其裁制之，其材正而不偏也。信之而枉則橈而不直，則其體緩急不均也。苟一方緩、一方急而不均，則急者易敝，故先裂也。若苟急者先裂，則革雖博而如淺也，是以廣爲狹矣。卷而摶之而不迆，以其體均而厚薄各得其叙也。眡其鋪著雖厚而如淺，斯其革信而無縮緩之偏也。察其線而藏則縫縷隱于革，雖敝而無刮摩之傷也。又何甐之有？

又　卷三八《冬官考工記》

前弱則俛，後弱則翔。中弱則紆，中强則揚。羽豐則遲，羽殺則趮。是故夾而摇之，以眡其豐殺之節也。橈之，以眡其鴻殺之稱也。凡相笴，欲生而摶，同摶欲重，同重節欲疏，同疏欲㮚。趮，音躁。橈，乃孝反。稱，尺證反。相，息殼反。摶，徒丸反。

矢之幹，其强弱欲適中。矢之羽，其豐殺欲適節。前弱則矢行而低，後弱則矢行而旋，中弱則矢行而曲，中强則矢行而起。此强弱之失中者也。羽豐則太多，太多則矢重而其行失于後；羽殺則太少，太少則矢輕而其行過于急。此豐殺之失節者也。欲眡其豐殺之節，宜以指夾矢而摇之以酌其輕重，則豐殺之節可知矣。欲眡其鴻殺之稱，宜以指橈其幹而曲之，以審其强弱，則鴻殺之稱可知矣。凡相笴者，蓋爲矢者雖出于工之巧，而材苟不美，雖工亦不能易其質而爲良。所謂妢胡之笴者，亦以其材美故也。然則，欲其笴之良者，孰若眡而審其材之美者乎。彼爲鏃者必觀其天性形軀之至而後施工，則爲矢者胡獨不然哉。欲生而摶者，視其材之圜也。同摶欲重者，視其材之實也。同重節欲疏者，以節密則其輕重不等也。同疏欲㮚者，以㮚則縝栗而堅故也。

又　卷三九《冬官考工記》

凡試廬事，置而搖之，以眂其蜎也；灸諸牆，以眂其橈之均也；橫而搖之，以眂其勁也。六建既備，車不反覆，謂之國工。灸，音救。覆，芳服反。【略】

凡試廬事，置而搖之，以眂其蜎，謂植之地而搖，以手以審其體弱而橈也。灸諸牆以眂其橈之均，謂挂兩牆之間以審其本末之勻也。橫而搖之以眂其勁，謂橫執而搖之以審其材之堅强也。六建，所謂車有六等之數，是也。五兵與人既備建，而車不反覆，則五兵輕重趣于勻故也。非國工之巧，何以及此。

易祓《周官總義》卷二六《冬官考工記》

凡斬轂之道，必矩其陰陽。陽也者，稹理而堅。陰也者，疏理而柔。是故以火養其陰而齊諸其陽，則轂雖敝不藃。

斬轂之道，猶察車之道，言道之無乎不寓散在萬物，雖察車、斬轂皆有道存焉故也。必矩其陰陽者，陽木稹理而堅，陰木疏理而柔。使所斬之材各具堅柔疏稹之性，則取其陽者，去其陰者，初何待於矩。惟一木之性，或有中堅稹而外疏柔者，或有堅柔疏稹之相間者，不以矩而辨，則器之成也必有緩急偏勝之弊，故輪人之斬轂於是有矩之之道。所謂矩者，初非方矩之矩，而以方矩之法察之。轂之材貴乎堅，以火養其陰則疏理而柔者，雖不能必其稹理，而其堅則可以齊乎陽也，故曰轂雖敝不藃。藃，暴也，言矩得其道，而轂材堅密，無暴起之患也。【略】

凡輻，量其鑿深以爲輻廣。輻廣而鑿淺，則是以大扤，雖有良工，莫之能固。鑿深而輻小，則是固有餘而强不足也。故竑其輻廣以爲之弱，則雖有重任轂不折。

鑿深者，言轂之深足以受輻之入也。輻廣者，言輻之廣足以稱轂之所受也。注云輻廣三寸半，量其鑿深以爲輻廣，則鑿深亦三寸半。兩者相應，則其固足以相任。反是，則非輻之善矣。輻廣而鑿淺，鑿不應於輻也，則是以大扤，雖有良工，莫之能固。扤，言其動摇之甚也。鑿深而輻小，輻不應於鑿也，則是固有餘而强不足。固有餘，言鑿之深；强不足，言輻之小也。善爲輪者必竑其輻廣以爲之弱，則其力相稱而足以任重。竑言度其廣狹也。弱，菑也，輻入轂中者也。度其輻廣以爲之菑，則雖有重仕轂不折矣。

又　卷二七《冬官考工記》

輈人爲輈。輈有三度，軸有三理。國馬之輈，深四尺有七寸。田馬之輈，深四尺。駑馬之輈，深三尺有三寸。軸有三理，一者以爲媺也，二者以爲久也，三者以爲利也。

攻木之工七而不列輈人者，以輈非作車之所始，而實有切於車之用，此所以別設輈人之職。輈有三度，因馬之高下以爲之度也。國馬之輈，深四尺有七寸，加軹崇三尺有三寸及軫與轐之七寸，則衡高八尺七寸，所以用八尺以上之馬。田馬之輈，深四尺，加軹崇三尺一寸半及軫與轐之五寸半，則衡高七尺七寸，所以用七尺以上之馬。駑馬之輈，深三尺有三寸，加軹崇三尺、軫與轐之四寸，則衡高六尺七寸，所以用六尺以上之馬。是三度者，固輈人之制輈以貫轂，特輪之一器而已，於輈人何與。而其言軸有三理，乃繼於三度之後者，軸待輈而後運，輈待軸而後行，其勢實相資焉。以經意攷之，弧而無折，經而無絶，輈之媺如此，實軸之所以爲媺也。終日馳騁，左不楗；終歲御衣，衽不敝，輈之久如此，實軸之所以爲久也。勸登馬力，馬力既竭，輈猶能一取焉，輈之利如此，實軸之所以爲利也。以是知輈人之職實兼輈與軸之制，故下文又曰「五分其軫間，以其一爲之軸圍」，則軸之制附於輈人也，明矣。

軓前十尺而策半之。

軓謂式前也，謂自式以前爲輈，曲中其長凡十尺。策，以策馬，半軓之數，其長凡五尺。御者自車上執之，不短不長，取其足以及馬而已。

凡任木，任正者，十分其輈之長，以其一爲之圍。衡任者，五分其長，以其一爲之圍。小於度謂之無任。

任木者，以其材之大小而稱其任之輕重者也。任正者，謂輿下之木，車所取正，爲兩輢之所植，而較式又依於兩輢，故謂之任正。十分其輈之長，以其一爲之圍，則軓前十尺與隧四尺四寸，凡丈四尺四寸，以十分之一爲任正之圍，則凡尺有四寸五分寸之二矣。衡任者，謂阨馬領不得出兩軛之間，則輈頸用力之處，故謂之衡任。五分其長，以其一爲之圍，則衡長六尺六寸，其圍則一尺三寸五分寸之一矣。此皆任木之度。若小於度，則力不足以勝其任，故謂之無任。

又

攻金之工，築氏執下齊，冶氏執上齊，鳧氏爲聲，㮚氏爲量，段氏爲鎛器，桃氏爲刃。金有六齊：六分其金而錫居一，謂之鍾鼎之齊；五分其金而錫居一，謂之斧斤之齊；四分其金而錫居一，謂之戈戟之齊；參分其金而錫居一，謂之大刃之齊；五分其金而錫居二，謂之削殺矢之齊；金錫半，謂之鑒燧之齊。

築、冶、鳧、㮚、段、桃，此攻金之工六也。而金亦有六齊，鍾鼎一也，斧斤二也，戈戟三也，大刃四也，削殺矢五也，鑒燧六也。且夫天下之至剛者，莫金若也，奚以錫爲？蓋以錫之柔濟金之剛，而後其器爲可用。六工者，爲之調適其性而品節其齊，故曰六齊。齊以多錫爲下，少錫爲上，於是又有上齊、下齊之别。築氏爲削，五分其金而錫居二，則多錫爲下，故曰執下齊。冶氏爲戈戟，四分其金而錫居一，則少錫爲上，故曰執上齊。少錫爲上，則鍾鼎、斧斤、戈戟皆上齊也。多錫爲下，則大刃、削殺矢、鑒燧皆下齊也。以是推之，則鳧氏爲聲，㮚氏爲量，段氏爲鎛器，當入上齊。桃氏爲刃，當入下齊。然下經鳧氏爲鍾，而此言爲聲；桃氏爲劍，而此言爲刃，蓋聲以金爲正，而刃以劒爲利，其别以此。若夫此言鼎與斧斤鑒燧，而經不名其官者，以鼎與斧斤爲上齊，而冶氏爲之也；鑒燧爲下齊，而築氏爲之也。

又 卷二八《冬官考工記》

函人爲甲，犀甲七屬，兕甲六屬，合甲五屬。犀甲壽百年，兕甲壽二百年，合甲壽三百年。凡爲甲，必先爲容，然後制革。權其上旅與其下旅，而重若一。以其長爲之圍。凡甲，鍛不摯則不堅，已敝則橈。

函，包也，容也，有衛物之義，故制甲以衛人亦曰函。《孟子》云：「函人惟恐傷人。」蓋其爲甲，取其堅而已。犀甲、兕甲，指其物。合甲，言其工，削革而合之，其甲尤堅於犀兕。屬謂上旅下旅札續之數，以其聯屬有次叙，故曰屬。所謂旅者，札葉也。甲薄者札短，欲其堅也。厚者札長，堅而無事乎短也。故犀甲七屬而壽百年，兕甲六屬而壽二百年，合甲五屬而壽三百年。凡爲甲必先爲容者，人身有長短、大小之不齊，必先因服者之身以爲之容，使其身安於甲，然後制革，權其上旅與其下旅，而重若一者。上旅謂腰以上，下旅謂腰以下。權以知其輕重，使上下等而若一，則無偏重之患。以其長爲之圍者，欲長短廣狹之相稱。所謂先爲容而後制革者如此。然革以鍛冶爲善，摯之爲言至也。鍛不至於熟，則不堅而易壞；太熟而過，則已敝而易曲。此又言制之不可苟也。

又

鮑人之事，望而眂之，欲其荼白也；進而握之，欲其柔而滑也；卷而摶之，欲其無迆也；眂其著，欲其淺也；察其線，欲其藏也。革欲其荼白，而疾澣之，則堅；欲其柔滑，而腥脂之，則需。引而信之，欲其直也。信之而直，則取材正也。信之而枉，則是一方緩、一方急也。若苟一方緩、一方急，則及其用之也，必自其急者先裂。若苟自急者先裂，則是以博爲帴也。卷而摶之而不迆，則厚薄序也。眂其著而淺，則革信也。察其線而藏，則雖敝不甐。

先儒引故書以鮑爲鞄，《説文》曰：「鞄，柔革工也。」此所以鮑人所掌皆柔革之事。凡革之制，望而眂之其色多晦，今則欲如荼色之白。進而握之其性多澁，今則欲其柔順而滑利。摶者，束縛之也，卷而摶之，則欲其舒而不迆。著者，鋪著之也。眂其著，則欲其淺而不積。察其線，欲其藏者，謂革縫之縷，欲其藏而不露。革欲荼白色，固美矣，然澣之不疾，則爲水所漬而易壞，故疾澣之則堅也。革欲柔滑，性固順矣，然脂之不厚則其材不澤而易敝，故腥脂之則需也。引而信之，欲其直而不撓。直而不撓，是取材之先正也。信之而枉，則緩急不等。急者，必先爲之裂，是革雖博而淺也。自厚薄序，以至於雖敝不甐，柔革之道至此可謂善矣。

又

前弱則俛，後弱則翔；中弱則紆，中强則揚；羽豐則遲，羽殺則趮。是故夾而摇之，以眂其豐殺之節也；撓之，以眂其鴻殺之稱也。

矢之調適不過幹與羽而已。幹之前弱，則矢行而低。後弱，則矢行而旋。中弱，則矢行而曲。中强，則矢行而起。皆强弱之不得其稱者也。羽豐則太多而矢重，故其矢行失於緩。羽殺則太少而矢輕，故其矢行過於急。皆豐殺之不得其節者也。古人慮乎羽有豐殺之病，故以指夾矢而摇之，以酌其輕重，則豐殺之節可知矣。古人慮乎幹有强弱之病，故以指撓其幹而曲之，以審其强弱，則鴻殺之稱可知矣。古人試矢之法如此，於今亦然。

凡相笴，欲生而摶；同摶，欲重；同重，節欲疏；同疏，欲㮚。

笴，幹也。相，擇也。欲生而摶，則擇其體之圓者。同摶欲重，則於圓之中又擇其材之實者。同重節欲疏，則於實之中又擇其節之不密者。同疏欲㮚，則於疏節之中又擇其材之縝栗而堅者。相笴者，固欲其材之美。而所以相之者，又在乎工之巧者也。

又　卷二九《冬官考工記》

凡試廬事，置而摇之，以眡其蜎也；灸諸墻，以眡其橈之均也；横而摇之，以眡其勁也。六建既備，車不反覆，謂之國工。

《考工》言車有六等之數，而後言察車之道。廬人言六建既備，言試廬之事，其實一也。置猶植也，植於地而以手摇之，所以審其體之橈也。灸猶柱也，柱諸兩墻之間，所以審其體之勻也。横執其首而摇之，所以審其體之堅勁與否也。五兵與人既建，於車而無反覆之患，非常工之所能爲也，故曰國工，與輪人所謂國工同。

林希逸《考工記解》卷上

凡斬轂之道，必矩其陰陽。陽也者，稹理而堅。陰也者，疏理而柔。

木性有陰陽，非仲夏斬之即爲陰，仲冬斬之即爲陽也。矩，法也，隨木之陰陽自有法也。陽木則文理縝密而堅，陰木則文理踈麄而柔，故用火烘炙，要木性均等也。爲轂既如此，三材必皆然。

是故以火養其陰而齊諸其陽，則轂雖敝不藃。

此一句甚工，謂若用陰木，必以火脅之，使堅硬與陽木相齊，則輪雖敝舊而所幬幔之皮皆不暴起也，故曰不藃。轂以全木爲之，牙亦以全木爲之。

【略】

凡輻，量其鑿深以爲輻廣。輻廣而鑿淺，則是以大扤，雖有良工，莫之能固。鑿深而輻小，則是固有餘而强不足也。故竑其輻廣以爲之弱，則雖有重任轂不折。

凡物有許大，亦須有許深。物之堅牢，必大處與深處平。若是輻廣而鑿淺，則大小杌楻，雖有良工，亦不能使之堅固也。鑿深而輻小，則是堅固有餘而不勝其任。故竑其輻廣以爲弱，則雖有重任轂不折也。竑，註家亦訓度字，今亦依之。度其輻廣，看有幾何，以爲之弱。弱即菑也，今人謂蒲本在於水中者爲弱。弱即是本字之義。帶牙處爲爪，帶轂處爲菑，菑是本處也。度其輻廣以爲之弱，使廣與深相稱，如此雖有重任而轂不折矣。弱如字，亦曰菑，皆輻之入轂者也。

又

軸有三理，一者以爲媺也，二者以爲久也，三者以爲利也。

一車之中而軸爲受重焉，須當擇木而爲之。一者以爲媺也，欲其無節目，然後不折。二者以木之堅則可以久而不壞也。三者欲其滑利而轉輪之速也。

軓前十尺而策半之。

軓在式前，自式以前至於輈末，其長十尺，而御者之策在於十尺之間也。軓前長十尺，而輈之深不與焉。若并輈之深，則凡一丈四尺矣。軓，鄭玄云合作軋，音犯，車前法度也。

凡任木，

如任正、衡任之類，以木任物也。

任正者，十分其輈之長，以其一爲之圍。

輿下三面之木也。輿有四面，後一面是輿之軫，其三面皆有欄干，欄干之下有材，以任其上車所取正者，故謂之任正。十分其輈之長者，輈長一丈四尺四寸，以十分之，得一尺四寸五分寸之二，以爲任正之圍也。輈之軓前十尺與隧四尺四寸，故以輈長一丈四尺四寸。註鄭曰輿下三面材，而疏以爲木下及兩旁見面，其上面著輿板不見，故云三面。此説未當，艾軒謂今人不識車，雖所説皆紙上語，但以文理明之，亦可決其當與否也。

衡任者，五分其長，以其一爲之圍。小於度謂之無任。

衡在兩軛之間，軛馬之領，正輈頸用力之處。輈與衡相湊帶者，若得其任，則可以扼馬而引車也。五分其長，則是一分有二尺八寸者。衡長六尺六寸，以五分之得一尺三寸五分寸之一，以爲衡任之圍。此若小於制度，則木不勝任矣。

又

函人爲甲。

艾軒曰：《孟子》云：「矢人惟恐不傷人，函人惟恐傷人。」工匠之人，各以其技，豈必有心。孟子所謂仁不仁，借以明擇術之必謹也。古者百工之事，各命官以主之，爲甲則有函人之官，又有鮑人之官。所謂官師相規，工執藝事以諫，皆此等人也。大抵古者制作器物，皆是通明識義理之人。今博古圖所載，其他皆不可得見，惟古鍾埋没土中，不能壞，圖尚有之。看此一鍾，大段精至，豈是俗人做得。蓋粗而器物，自有道德性命之理，不離乎日用之間。且誰非畫工，五代則有一郭忠恕，近代則有李伯時，所謂百工技器，皆如此人爲之，宜其不俗也。

犀甲七屬，兕甲六屬，合甲五屬。犀甲壽百年，兕甲壽二百年，合甲壽三百年。

屬，音注。七屬者，甲之札葉七節相續也。一葉爲一札，有七節、六節、五節相續者。犀即牛也，取犀之名美也。壽百年，可用之百年不壞也。兕甲者，以虎皮爲之也。合甲者，削牛皮裏而留其刃者，兩片相合爲之也，其耐久可三百年。

凡爲甲必先爲容，然後制革。

容者，相其人之身大小長短而爲之也。先觀人身，然後制革。

權其上旅與其下旅，而重若一，以其長爲之圍。

上旅，腰以上也。下旅，腰以下也。重若一者，上下等也。長與圍等者，欲其相稱也。《春秋》有所謂甲裳者，上曰衣，下曰裳。下旅即甲裳也。

凡甲，鍛不摯則不堅，已敝則橈。

鍛，煉皮也。煉皮不至於熟，則不堅刃也。已敝者，煉太熟也。太熟則橈曲，軟弱也。摯，至也。

又 卷下

鮑人之事。

此一句下經之總目也。不曰鮑人爲某，而曰之事，其所治之皮不主一用也。

望而眡之，欲其荼白也。

遠望而視之，望主嚮言，眡主目言。皮如荼荚之白，則既煉之皮已盡美也。

進而握之，欲其柔而滑也。

近前取而把握之，若已柔滑，則爲善也。

卷而摶之，欲其無迆也。

摶，捲束之義也，只作摶字亦可通，今只得從注讀。無迆者，無斜迆處，言其柔軟平正，而無緩急處也。

眡其著，欲其淺也。

著者，幔著於物之上，不見其厚，但見其薄，即幬而廉之意。淺，即薄也。

察其線，欲其藏也。

皮作，北人謂之雙線工。藏者，縫之而不露線也。

革欲其荼白，而疾澣之則堅。

此下又重解前句，亦與函人一段文勢同。疾澣者，不可久漬之於水，則易壞也。

欲其柔滑而腥脂之，則需。

其所以柔滑者，脂腥之而濡弱也。煉皮必用脂也。腥與渥同音義。

引而信之，欲其直也。信之而直，則取材正也。

卷之無迆，伸之則直，言平正也。

信之而枉，則是一方緩、一方急也。若苟一方緩、一方急，則及其用之也，必自其急者先裂。若苟自急者先裂，則是以博爲帴也。

枉，斜也。伸之而斜，則是不平正，必有一處緩，一處急。纔有緩急不調處，則以之而用，急處必先裂。苟有裂處，則皮雖博闊乃成淺狹之材。蓋裂處則不中用也。帴與淺同音義，或音翦，亦淺之義。引信數句，詳解進握一句也。

卷而摶之而不迆，則厚薄序也。

不迆，無他，只是皮之厚薄得其序，言厚薄停均也。

眡其著而淺，則革信也。

著於物而淺，只是革伸得盡，言繃得緊也。

察其線而藏，則雖敝不甐。

敝者，舊也。不甐者，線不傷重也。

又

前弱則俛，後弱則翔；中弱則紆，中强則揚。

俛者，射之則趨下也。翔者，射之則摇摇。紆者，去不直也。揚者，激起也。此言箭笴欲得不强、不弱，中與前後皆如一也。

羽豐則遲。羽殺則趮。

豐，多也。殺，少也。遲，去緩也。趮，去太急也。此言設羽，欲其不多不少，得中也。

是故夾而摇之，以眡其豐殺之節也。

夾於兩指之間而摇之，則知其羽之豐殺也。

橈之，以眡其鴻殺之稱也。

橈者，以手試之也。鴻，大也。殺，小也。此言欲其笴之大小停當也，故曰稱。

凡相笴，欲生而摶；同摶，欲重；同重，節欲疏；同疏，欲㮚。

生，不用枯竹也。摶，圓也。竹之圓既同，則擇其重者用之。竹之重既同，則擇其節之疎者用之。疎，長也。其節之長既同，則擇其堅㮚者用之。相，擇也。此擇笴之法也。

矢　比，括也。在槀之末，羽則設於四角。弓、弩、矢同然。注中分比之兩旁上下者，以用時有横竪之別也。弓用時竪則比見其兩旁，弩用時横則比見其上下。此就弦言之也。

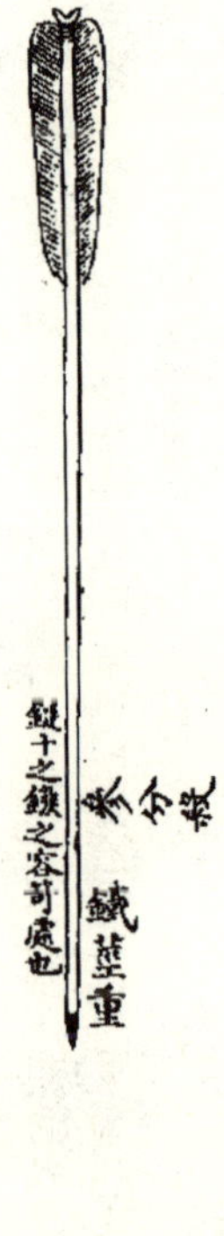

又

凡試廬事，置而搖之，以眡其蜎也。

置，植也。植而搖之，則知其蜎與不蜎也。蜎，橈弱也。

灸諸牆，以眡其橈之均也。

灸，拄也。舉而拄之牆，則知其彊弱均與不均也。

横而搖之，以眡其勁也。

平執而搖之，則知其勁與不勁處。若有勁不勁處，平而搖之則必一頭弱、一頭强也。

劉天和《問水集》　隄防之制

凡創築隄，必擇堅實好土，毋用浮㳂沙泥；必乾濕得宜，燥則每層須用水灑潤；必於數十步外平取尺許，毋深取成坑，致妨耕種；毋仍近堤成溝，致水浸没；必用新製石夯，每土一層，用夯密築一遍。次石杵，次鐵尖杵，各築一遍，復用夯築平。

唐順之《武編》前集卷五《弓制》　披背筋法。披筋一版，晴暄合待半月，陰雨合待一月，方令再上。或連披數版，則内濕外乾，射不旬月，解脱可待。

膝弓背面法。用漆一重，晴暄合待十日，陰雨合待二十餘日，方再漆。不可日添數重，則内濕外乾，射不季月，斷脆可待。

裹弓之法。或用黄樺，或用桃皮，或用朱紅，皆不若黑生漆，免被水透。

弰弓之法。或用白角，或用魚枕，或用繪畫，或用紅緑花彩，皆不若用黑生漆，免費工績。

郝敬《周禮完解》卷一一《冬官考工記》

凡斬轂之道，必矩其陰陽。陽也者，稹眞。理而堅。陰也者，疏理而柔。是故以火養其陰而齊諸其陽，則轂雖敝不藃。耗。【略】

此承上言爲轂之法。斬，斬木。矩，猶度也。陰木濕而柔，陽木燥而堅。稹縝通，密也。理，木文理。疏，鬆也。火養其陰，炙使乾也。齊諸其陽，使材均乾，不雜濕木也。藃，罅通，木乾則不耗縮生罅。【略】

參分其轂長，二在外，一在内，以置其輻。凡輻，量其鑿深以爲輻廣。輻廣而鑿淺，則是以大抏，雖有良工，莫之能固。鑿深而輻小，則是固有餘而强不足也。故竑其幅廣以爲之弱，則雖有重任，轂不折。【略】

此爲輻牙之法，三分其轂長者，輻長與轂同。三尺二寸三分之，則二分爲二尺有奇，露在外爲輻。一分爲一尺有奇，栽入轂牙内，以置輻也。鑿，鑿孔，削輻貫孔中。廣謂輻寬厚，與鑿深淺相應。輻大鑿淺，則搖抏不固。鑿深輻小，雖固不勝任。故量輻之弘廣，爲鑿之削弱，斯可免鑿深輻小之患。任重而轂不折，固而又强之道也。

又

輈有三理，一者以爲媺也，二者以爲久也，三者以爲利也。軓前十尺，而策半之。凡任木，任正者，十分其輈之長，以其一爲之圍。衡任者，五分其長，以其一爲之圍。小於度，謂之無任。【略】

三理，謂無節而美，一也；堅忍而久，二也；滑澤而利，三也。軓即輪，輪爲車法曰軓。輈自輪以前長十尺，而御馬之策半，長五尺，取足以及馬也。任木，用車材勝任也。任正，用直木，即輈也。

又

函人爲甲，犀甲七屬，兕甲六屬，合甲五屬。犀甲壽百年，兕甲壽二百年，合甲壽三百年。凡爲甲，必先爲容，然後制革。權其上旅與其下旅，而重若一。以其長爲之圍。凡甲，鍛不摯則不堅，已敝則橈。【略】

此皮工也。函，猶護也。甲所以護身，甲言介也。裁皮爲片，聯屬爲衣，狀似鱗介曰甲。犀三角，似豕面牛尾。兕猛獸，似牛。屬，皮片聯屬。七、六、五，皆片數。兕皮最堅，犀皮次之，合甲表裏皆皮，尤堅。容，謂人形大小長短。上旅，腰以上。下旅，腰以下。重若一，上下等也。圍，札腰也。鍛，以火煉革。生則燥，熟則爛。摯，至也。適，中意。已敝，熟爛也。橈，柔而曲也。革太熟則曲橈。

又

鮑人之事，望而眡之，欲其荼白也。進而握之，欲其柔而滑也。卷而摶圍。之，欲其無迆移。也。眡其著，勺。欲其淺也。察其線，欲其藏也。革欲其荼白，而疾澣之則堅。欲其柔滑，而腥屋。脂之則需。擩。引而信申。之，欲其直也。信之而直，則取材正也。信之而枉，則是一方緩、一方急也。若苟一方緩、一方急，則及其用之也，必自其急者先裂。若苟自急者先裂，則是以博爲帴淺。也。卷而摶之而不迆，則厚薄序也。眡其著而淺，則革信申。也。察其線而藏，則雖敝不甐。

此亦皮工也，主治革。鮑作鞄，以火揉革之名。荼，茅秀。柔而色白。革之始澣，柔白似之。握，以手捆之。卷而摶，謂捲成束，不縱迆自開也。迆，縱放自去貌。革有厚薄不均，則厚者强直，故捲而復迆。厚薄均，自無此病。下文謂厚薄序，是也。著，平鋪著地。淺，薄也。鋪而按之，雖厚如薄，下文謂革信，是也。線，謂以此革縫之，則線藏不見。革色欲白，久漬水中，則腐敗，速澣則堅。革欲柔滑，以厚脂潤之，則柔。輭需，猶馬不契需。薄其帤則需之。需，輭也。凡治革貴伸而賤縮，伸則盡革之材，其質平直而取裁正。信，伸同。革伸而平，則其負幹均，無一緩一急之病，而可堅久。苟揉治失所，則伸之不平，緩者有餘，急者偏任，則必裂。是革材本寬，治者淺用之，拙工也，豈革之性乎。帴，淺通，窄也。厚薄序，謂厚薄均。革信，謂揉治平展，無緩急不均之病。線藏革中不見，則雖久敝而其縫不裂。甐，破裂也。

又

攻金之工，築氏執下齊，去聲。冶氏執上齊，鳧氏爲聲，㮚氏爲量，段氏爲鎛器，桃氏爲刃。金有六齊：六分其金而錫居一，謂之鍾鼎之齊；五分其金而錫居一，謂之斧斤之齊；四分其金而錫居一，謂之戈戟之齊；參分其金而錫居一，謂之大刃之齊；五分其金而錫居二，謂之削殺矢之齊；金錫半，謂之鑒燧之齊。

此攻金諸工之總序也。金，謂銅鐵，性剛易折，故治金必以錫和之。曰齊，齊，劑同。多錫爲下齊，少錫爲上齊。築氏執下齊，謂自金錫半以上，至金五錫二，金參錫一，皆下齊之屬，築氏皆得爲之。冶氏執上齊，謂自金六錫一以下，至金五錫一、金四錫一，皆上齊之屬，冶氏皆得爲之。聲，謂鐘屬。量，謂釜屬。鎛，田器。刃，劒屬。鐘以擊，鼎以烹，宜堅，故用錫獨少。斧以伐，斤以斫，故次之。戈戟以刺，欲發硎易，故用錫多于斧斤。大刃，刀劒之屬，薄于戈戟易折，故用錫又多于戈戟。削，書刀。殺矢，矢有刃者，小于刀，故用錫多于大刃。鑒燧以取水火于日月，或用以照，貴鮮明，故用錫最多，半于金也。

又 卷一二《冬官考工記》

前弱則俛，後弱則翔。中弱則紆，中强則揚。羽豐則遲，羽殺則趮。是故夾而搖之，以眡其豐殺之節也。橈之，以眡其鴻殺之稱也。凡相笴，欲生而摶。圍。同摶，欲重。同重，節欲疏。同疏，欲㮚。【略】

凡羽，居刃之三分，羽輕金重三倍其刃，則前後相得，雖遇疾風不能驚憚也。刃長寸，圍寸，柄入藁中尺，其重三垸。垸，丸通，即前冶氏之制也。俛，低也。翔，旋也。紆，曲也。趮，躁同，急也。凡矢笴强弱，與羽豐殺，欲其適中。如笴前弱則矢行低，後弱則去而旋，中弱則往而曲，中强則揚而起。此笴之鴻殺不稱也。羽太多，則矢行緩。太少，則行疾。此羽之豐殺失節也。以指夾其矢而搖之，則知羽之豐殺。以手橈其幹而曲之，則知笴之鴻殺。故相笴之法，欲其材生而新，又欲其幹摶而圜；其圜同，則擇其重者用之；其重同，則擇其節之稀疏者用之；其節疏同，則擇其堅栗者用之。如此，則材美而矢良。生，新也，謂不朽蠹。摶，團同。

又

凡試廬事，置而搖之，以眡其蜎也。灸久。諸牆，以眡其橈之均也。橫而搖之，以眡其勁也。六建既備，車不反覆，謂之國工。【略】

凡試廬人之事，直植而搖之，視其蜎否。橫拄之兩牆間，輓而納之，以視其本末强弱均否。灸，猶拄也，橫置膝上，以兩手執兩頭搖之，以視其中之勁否。六建，謂戈殳戟酋矛夷矛與人爲六，皆建于車上。不反覆，謂不傾側，則輕重得法，是謂國工。

郭宗昌《二戎記》 古之爲弓需六材，所謂幹、角、筋、膠、絲、漆也。自用魚膠而絲可廢。所謂漆也者，受霜露也，何可廢也。

古取幹之道七，柘爲上，檍次之，檿桑次之，橘次之，木瓜次之，荆次之，竹爲下。今江右吴越山中，猫竹勁韌遠出諸木之上。六膠之需，今獨用魚，匈奴猶用鹿，以其地無魚，故也。此皆古不及今也。

角之需牛，無古今，一也。故相角之道，所謂秋䊒音殺。者厚，春䊒者薄。稺牛直而澤，老牛紾而昔。讀爲錯。疢疾險中，瘠牛無澤。色欲青白而豐末，今不擇角，雖有上工亦弗可以爲良矣。此今不及古也。

角，斵之欲其正也。然正而合幹、筋、膠漬之，則復掎，故角欲溼之復燥，而後斵。溼之欲其透也。由溼而燥，掎斜定矣。雖有筋、膠漬之，弗之能動也。

勢欲强，隈欲弱。勢弱則隈與勢皆失其主，粗工所知也。然勢太强則隈與勢之力短，故引之勢欲其微動而無失主。譬之持挺擊物，餘其端而執之，其擊必輕；盡其端而執之，其擊必重。勢之欲活又欲其固也，故欲動而無失主，此則精工弗知也。

角古尚燕産，今以吴越閩廣爲上。古六膠，今惟取魚，欲其韌而長、白而鮮者。温台二郡，三月頭水，爲上魚水産，故其爲膠也，雖溼氣撼之莫之能解矣。魚膠興而餘五膠可廢也。

梢欲短欲鋭，塞地爲善。舊制鴿頭狼耳蚱蜢，以口騎射則弗能拾矢矣。漢府高麗諸制，隈小而勢直，能遠不能深，利輕矢不利重矢。弗重弗深，則弗能貫甲也，惟射侯者用之。

今塞上大弓，隈廣而勢柔，致重及深，靡弗能貫矣。田臘戰陣之利器也。大弓釋之體直，直欲其無翻脱也。今制太直，引之乏回性，故曰引之如環，釋之無失。體如環，釋如環，則太曲。微曲之如七圖，而博其隈，斯無翻脱之患矣。

漆欲其薄，薄則引之弗裂也。西番弓入土入水而筋角不解，此有祕法，非中國之所能知也。【略】

鏃，古以銅雜錫爲之，今以柔鐵練之，欲其精也；冷砧之，欲其利也。以煉鋼施之鏃末而淬之，無堅弗入也。

鋌居幹中，自鏃及末漸殺之如錐，此俗工弗察也。夫幹孔以受鋌，無豐殺，而鋌復殺其末，則中空。末如錐，則易入。以之射堅，則幹易劈也。故鋌末視其近鏃，欲其豐殺均也。又齊其末，則不能入也，雖遇堅勿之能劈矣。【略】

幹笴爲上，勁直剽疾，而以之射堅易敗也。故今尚樺，取其叢生、鋌直獨植者爲上色。欲白理，欲□體，欲堅，欲重剖者，次之。柳爲下。

□木之道，叢生新刈者，大材新伐而剖者，釜之一晝夜，曝之百日。釜之曝之，欲其均也。需之，欲經臘及夏也。猶之爲弓，亦一年之事。

徐光啓《農政全書》卷一五《水利・築岸法》 一築岸務實及取土法 凡築岸，先實其底下。脚不實，則上身不堅。務要十倍工夫。堅築下脚，漸次累高，加土一層，又築一層，杵搗其面，棍鞭其旁，必錐之不入，然後爲實築也。法如岸高一丈，其下五尺，分作十次加土，每加五寸，築一次。上五尺乃作五次加土，每加一尺，築一次。如此用工，何患不實。一勞永逸，法當如是。

宋應星《天工開物》卷中《舟車第九》

漕舫

凡船板合隙縫，以白麻斮絮爲筋，鈍鑿極入，然後篩過細石灰，和桐油舂杵成團調艌。温、台、閩、廣即用礪灰。凡舟中帶蓬索，以火麻稭一名火麻。綯絞，粗成徑寸以外者，即係萬鈞不絶。若繫錨纜，則破析青篾爲之。其篾線入釜煮熟，然後糾絞。拽繂簟亦煮熟篾線絞成，十丈以往，中作圈爲接彄，遇阻礙可以掐斷。凡竹性直，篾一線千鈞。三峽入川上水舟，不用糾絞簟繂。即破竹闊寸許者，整條以次接長，名曰火杖。蓋沿崖石稜如刃，懼破篾易損也。

凡木色桅用端直杉木，長不足則接，其表鐵箍逐寸包圍。舡窓前道，皆當中空闕，以便樹桅。凡樹中桅，合併數巨舟承載，其末長纜繫表而起。梁與枋檣用楠木、櫧木、樟木、榆木、槐木。樟木春夏伐者，久則粉蛀。棧板不拘何木。舵桿用榆木、榔木、櫧木，關門棒用椆木、榔木，櫓用杉木、檜木、楸木。此其大端云。

又 車

凡車質惟先擇長者爲軸，短者爲轂，其木以槐、棗、檀、榆用榔榆。爲上。檀質太久勞則發燒，有慎用者，合抱棗、槐，其至美也。其餘軫、衡、箱、軏，則諸木可爲耳。

又 **《膏液第十二》** 法具

凡榨，木巨者圍必合抱，而中空之。其木樟爲上，檀與杞次之。杞木爲者妨地濕，則速朽。此三木者，脉理循環結長，非有縱直文。故竭力揮推，實尖其中，而兩頭無瑩拆之患。他木有縱文者不可爲也。中土江北少合抱木者，則取四根合併爲之，鐵箍裹定，橫拴串合而空其中，以受諸質，則散木有完木之用也。

又　卷下《佳兵第十五》　弧矢

凡造弓，以竹與牛角爲正中幹質，東北夷無竹，以柔木爲之。桑枝木爲兩稍。弛則竹爲内體，角護其外。張則角向内，而竹居外。竹一條而角兩接，桑弰則其末刻鍥以受弦彄。其本則貫插接笴于竹丫，而光削一面以貼角。

凡造弓，先削竹一片，竹宜秋冬伐，春夏則朽蛀。中腰微亞小，兩頭差大，約長二尺許。一面粘膠靠角，一面鋪置牛筋與膠而固之。牛角當中牙接，北虜無修長牛角，則以羊角四接而束之。廣弓則黄牛明角亦用，不獨水牛也。固以筋膠。膠外固以樺皮，名曰煖靶。凡樺木，關外産遼陽，北土繁生遵化，西陲繁生臨洮郡，閩、廣、浙亦皆有之。其皮護物，手握如軟綿，故弓靶所必用。即刀柄與槍干，亦需用之。其最薄者，則爲刀劍鞘室也。

凡牛脊梁每隻生筋一方條，約重三十兩。殺取曬乾，復浸水中，析破如苧麻絲。胡虜無蠶絲，弓弦處皆糾合此物爲之。中華則以之鋪護弓幹，與爲棉花彈弓弦也。凡膠乃魚脬、雜腸所爲，煎治多屬寧國郡，其東海石首魚，浙中以造白鯗者，取其脬爲膠，堅固過于金鐵。北虜取海魚脬煎成，堅固與中華無異，種性則別也。天生數物，缺一而良弓不成，非偶然也。

凡造弓初成坯後，安置室中梁閣上，地面勿離火意。促者旬日，多者兩月，透乾其津液，然後取下磨光。重加筋、膠與漆，則其弓良甚。貨弓之家不能俟日足者，則他日解釋之患因之。凡弓弦取食柘葉蠶繭，其絲更堅韌。每條用絲線二十餘根作骨，然後用線橫纏緊約。纏絲分三停，隔七寸許則空一、二分不纏。故弦不張弓時，可摺叠三曲而收之。往者北虜弓弦盡以牛筋爲質，故夏月雨霧妨其解脱，不相侵犯。今則絲弦亦廣有之。塗弦或用黄蠟，或不用亦無害也。凡弓兩弰繫彄處，或切最厚牛皮，或削柔木如小碁子，釘粘角端，名曰墊弦，義同（琴）[琹]軫。放弦歸返時，雄力向内，得此而抗止，不然則受損也。【略】

凡箭笴，中國南方竹質，北方萑柳質，北虜樺質，隨方不一。竿長二尺，鏃長一寸，其大端也。凡竹箭削竹四條或三條，以膠粘合，過刀光削而圓成之。漆、絲纏約兩頭，名曰三不齊箭杆。浙與廣南有生成箭竹不破合者。柳與樺杆則取彼圓直枝條而爲之，微費刮削而成也。凡竹箭其體自直，不用矯揉。木杆則燥時必曲，削造時以數寸之木刻槽一條，名曰箭端。將木杆逐寸戛拖而過，其身乃直。即首尾輕重，亦由過端而均停也。

凡箭，其本刻衘口以駕弦，其末受鏃。凡鏃冶鐵爲之，《禹貢》砮石乃方物，不適用。北虜制如桃葉鎗尖，廣南黎人矢鏃如平面鐵鏟，中國則三棱錐象也。響箭則以寸木空中錐眼爲竅，矢過招風而飛鳴，即《莊子》所謂嚆矢也。凡箭行端斜與疾慢，竅妙皆係本端翎羽之上。箭本近衘處，剪翎直貼三條，其長三寸，鼎足安頓，粘以膠，名曰箭羽。此膠亦忌霉濕，故將卒勤者，箭亦時以火焙。羽以鵰膀爲上，鵰似鷹而大，尾長翅短。角鷹次之，鴟鷂又次之。南方造箭者，鵰無望焉，即鷹鷂亦難得之貨，急用塞數，即以雁翎，甚至鵝翎亦爲之矣。

凡鵰翎箭行疾過鷹、鷂翎，十餘步而端正，能抗風吹。北虜羽箭多出此料。鷹、鷂翎作法，精工亦恍惚焉。若鵝、雁之質，則釋放之時，手不應心，而遇風斜竄者多矣。南箭不及北，由此分也。

方苞《周官集注》卷一一

凡輻，量其鑿深以爲輻廣。輻廣而鑿淺，則是以大扤，雖有良工，莫之能固。鑿深而輻小，則是固有餘而强不足也。

扤，摇動也。凡柄之廣狹未有不與鑿相得者，而輻之廣狹亦必與鑿之淺深相稱。鑿有淺深，以轂之圍有大小也。大車之轂，其圍一柯有半；柏車之轂，其圍二柯。使圍小鑿淺而輻廣，則鑿之銜輻不固。圍大鑿深而輻小，則輻之支轂不强。大車任重而轂短圍小，何也？牛駕行平地，無弛騁頓撼也。

故竑其輻廣以爲之弱，則雖有重任，轂不折。

竑，謂度之。蒲本在水中者爲弱，此弱謂菑之入轂深處以漸而殺者。度其輻廣以殺其菑之端，則轂中肉好相稱而完固，否則鑿内受菑處磷薄，加重任必折矣。折當作坼，轂不應有折也。

又

軸有三理，一者以爲媺也，二者以爲久也，三者以爲利也。

無節目則美，堅刃則久，滑密則利。

帆前十尺而策半之。

帆謂式前也，書或作軓。策所以馭也。趙氏曰：據下文軓中有灂，則與上置隧處，乃是軓正在隧之下式之前。蓋輈身一丈四尺四寸，入輿隧下，隧以前只十尺。

凡任木，任正者，十分其輈之長，以其一爲之圍。衡任者，五分其長，以其一爲之圍。小于度，謂之無任。

凡任木，統下任正與衡任也。任者，用力持。載人在車，立凴式，故輿下前及左右三面材爲任正，以力持輿之正載處也。曰衡任者，負輈而引車衡之力也。輈長丈四尺四寸，則任正之圍尺四寸五分寸之二，五分其長，謂衡之長也。兵車、乘車，衡長六尺有六寸，則衡圍尺三寸五分寸之一。無任，言不勝也。

又

函人爲甲，犀甲七屬，兕甲六屬，合甲五屬。

合甲，削革之裏而合其表也，不言其物，即合犀兕而爲之也。七屬、六屬、五屬，謂札葉相續之數。

犀甲壽百年，兕甲壽二百年，合甲壽三百年。凡爲甲，必先爲容，然後制革。

凡造衣甲，必先稱服者形容長短、豐瘠而爲之，然後制札之廣袤。

權其上旅與其下旅，而重若一。

上旅謂衣，下旅謂裳。《春秋傳》得其甲裳。謂之旅者，以札葉衆多也。重若一者，長短、廣狹不能一也。

以其長爲之圍。

注：圍，謂札要廣厚，蓋以一札葉言之。然文承權其上旅下旅之後，必通計上旅下旅之長也。甲裳之下尚有脛繳，則甲裳當下被于膝。自肩及膝之長，圍之正與腰身相稱。鄭剛中謂取一旅之長以爲之圍，誤矣。

凡甲，鍛不摯則不堅，已敝則橈。

鍛，鍛革也。摯，謂熟之極至也。已敝，謂熟之過而傷其質也。橈，柔而易曲也。

又

鮑人之事，望而眡之，欲其荼白也。進而握之，欲其柔而滑也。卷而摶之，欲其無迆也。眡其著，欲其淺也。察其線，欲其藏也。

荼，茅莠也，白色。握，以手煩攟之也。摶，謂迫卷之也。迆，斜也。若革有厚薄，則迫卷之必斜迆而不正。著，謂革內皺起如絮者。著淺，則治之熟而筋膜盡矣，故曰則革信也。線，謂革縫之縷。

革欲其荼白，而疾澣之則堅。

革不宜久居水中。趙氏曰：甲用生皮，鮑人乃熟皮。當是爲轂約矢箙韗鼓之類，必柔白皮方可用。常氏似主穿縛皮條及爲常弁等物。

欲其柔滑而腥脂之，則需。

腥，讀如沾渥之渥。需，如薄其帤則需之需，謂柔緩也。厚脂之，則革柔緩。

引而信之，欲其直也。信之而直，則取材正也。信之而枉，則是一方緩、一方急也。若苟一方緩一方急，則及其用之也，必自其急者先裂。若苟自急者先裂，則是以博爲帴也。

帴，狹也。覆釋上文而別出此節者，水澣脂柔之後，正當引而信之也。取材正而無緩急，則用之無先裂之患，而卷而摶之亦不迆矣。

卷而摶之而不迆，則厚薄序也。眡其著而淺，則革信也。察其線而藏，則雖敝不甐。

序，舒也，謂厚薄均也。信，無縮緩也。甐，讀爲磨而不磷之磷，謂縫縷藏于韋革之中，則革雖敝而縷不傷。

又 卷一二

前弱則俛，後弱則翔；中弱則紆，中强則揚。羽豐則遲，羽殺則趮。

俛，低也。翔，迴旋也。紆，曲也。揚，高飄也。趮，旁掉也。上言其瀍，此又言其不中瀍之狀。

是故夾而搖之，以眡其豐殺之節也。橈之，以眡其鴻殺之稱也。

趙氏曰：以指夾而搖之，則羽豐殺之節可見。橈其幹而屈之，則强弱之稱可知。羽欲有節，故于豐殺言節。笴體欲相稱，故于鴻殺言稱。

凡相笴，欲生而摶。同摶，欲重。同重，節欲疏。同疏，欲㮚。

相，猶擇也。摶，如摶黍之摶，謂圜也。生而摶其圜，出于自然也。欲重者，貴其材之實也。節欲疏者，密則輕重不等也。㮚，謂縝密而堅也。

又

凡試廬事，置而搖之，以眡其蜎也。灸諸牆，以眡其橈之均也。橫而搖之，以眡其勁也。

置猶樹也，竪于地上以手搖之，以視其蜎蜎然均否。灸猶柱也，以柱兩牆之間，輓而內之，本末勝負可知也。橫而搖之，謂橫置于膝上，以手握其兩端而搖之，以視其堅勁與否。句兵欲無蜎，而此又視其蜎者，彼言用以直刺，此言樹而搖之也。用以直刺，則慮其太弱而橈。横搖之而蜎，則知其材堅忍而上下强弱之分均矣。

又方苞《周官析疑・考工記析疑》卷二

六分其金而錫居一，謂之鍾鼎之齊。五分其金而錫居一，謂之斧斤之齊。四分其金而錫居一，謂之戈戟之齊。三分其金而錫居一，謂之大刃之齊。五分其金而錫居二，謂之削殺矢之齊。金錫半，謂之鑒燧之齊。

鍾鼎金不多，則考之而聲不揚，焚之而質易敝，故用六一上齊也。斧斤以攻堅木，以刈叢棘，金不多則易鈍澁，故用五一。戈戟軍器貴錟鋭，故用四一，亦上齊也。大刃則鈇鉞之屬，其用爲希，故三一，蓋下齊也。削與矢鏃體小而刃薄，金多則易缺折，故用五二，取其忍也。鑑燧各半，則聖人心通造化，辨察物理，所以取陰陽之精，而相感召者，不可以意測矣。江淹《銅劍贊序》：古以銅爲兵，至秦時，兵革互興，銅不充給，故以鐵足之。然《戰國策》已言楚之鐵劍，利而倡優拙。《管子・小匡篇》：美金以鑄戈劍矛戟，試諸狗馬；惡金以鑄斤斧鉏夷鋸欘，試諸木土。所謂惡金，必鐵也。《列子・殷湯篇》：鋼鍊赤刀，切玉如泥，則春秋時已用鐵爲刀。如鐘鼎之類，自宜用銅，餘則銅鐵皆可用。而據今法，則錫與銅鐵俱不可合，銅以鉛和，鐵以鋼煅，豈古分五金。鉛鏤之類，通謂之錫，如燭以蠟塗，而注則謂以蜜耶。李光墺曰：鉛，《本草》謂之黑錫，今鑄錢用之。湖州青銅鏡亦以鉛和，然光青黑，無晶烈之焰。若用以取水火，恐不能與日月之明相感召。蘊頌《寶藏辨》曰：凡鑄銅之物，多和以錫。然則六齊和錫，古法本然。余得古鑑，背有銘文，小篆類漢人書。其次句曰：和以銀錫，清且明。亦其徵也。

又　卷三

凡試廬事，置而搖之，以眂其蜎也。灸諸牆，以眂其橈之均也。横而搖之，以眂其勁也。

句兵，欲無蜎，而此又視其蜎者，彼言用以直刺，此言樹而搖之也。用以直刺，則慮其太弱而橈；樹而搖之以眂其蜎之均，則知其材堅忍，而上下周圍如一矣。樹而搖之，止可試其中半以上，故又柱之兩牆之間，眂其通體之橈均。試廬之所，當有兩牆相距，自殳及夷矛，皆可試也。

傅澤洪《行水金鑑》卷五三　河水

又舊例每堆土六寸，謂之一皮，夯杵三遍，以期堅實，行硪一遍，以期平整。虛土一尺，夯硪成隄，僅有六七寸不等。層層夯硪，故堅固而經久，雖雨淋衝刷，不致有水溝浪窩，汕損坍塌之虞。今見各堤俱無夯杵，止有石硪。又自底至頂，俱用虛土堆成，唯將頂皮陡坦，微硪一遍，以飾外觀，是以隄頂一經雨淋，則水溝浪窩在在不堪。堤底一經汕刷，則坍塌損壞崩潰繼之，故年來糜費錢糧，迄無成效。自今以後，加幫之隄，俱將原堤重用夯杵密打數遍，極其堅實，而後於上再加新土。創築之隄，先將平地夯深數寸，而後於上加土建築，層層如式，夯杵行硪，務期堅固。

允祹等《大清會典則例》卷一一二《兵部・武庫清吏司》　軍器

弓箭之制，原定弓胎用榆木，或樺木，南方或削巨竹爲之。取材之法，視竹木之理，平正端直，張而不跛。胎長三尺七寸，其面傅以牛角，背加以筋膠，外飾樺皮。胎一而角兩接，接處用鹿角一塊，固以筋膠，加煖木皮於外，曰弓靶。兩弰以桑木爲之，各長六寸三分，鑲以牛角，刻鍥其末，以受弦彄。弰與胎鬬筍相接處，光削一面，以鹿角爲方，釘於角端，曰墊弦。弓弦有二：一曰纏弦，用蠶絲二十餘莖爲骨，外用絲線横纏以束之，纏線分三節，隔七寸許空一二分不纏，則不張弓時，可摺疊收之；一曰皮弦，剪鹿皮爲之，用於戰陣。

戴震《考工記圖》卷上

凡斬轂之道，必矩其陰陽。陽也者，稹理而堅。陰也者，疏理而柔。是故以火養其陰而齊諸其陽，則轂雖敝不藃。稹，之忍反。藃，音搞。

注：矩謂刻識之也。稹，致也。火養其陰，炙堅之也。藃，藃暴。減下曰藃，虛蒠曰暴。陰柔後必橈減，幬革暴起。

凡輻，量其鑿深以爲輻廣。輻廣而鑿淺，則是以大扤，雖有良工，莫之能固。鑿深而輻小，則是固有餘而强不足也。故竑其輻廣以爲之弱，則雖有重任，轂不折。量音良。鑿，曹報反。竑音弦。

注：廣深相應，則固足相任也。扤，搖動貌。弱，菑也。今人謂蒲本在水中者爲弱，是其類也。鄭司農云：竑謂度之。

補注：輻廣不得過三寸，輻厚一寸奇，菑厚蓋太半寸。三分之二爲太，三分之一爲少。漸殺至端，不得過三分寸之一。鄭用牧曰：量其鑿深以爲輻廣，竑其輻廣以爲之弱，弱自與鑿深相應，反覆言之爾。扤而不固則轂折，轂不能持輻也。

又

軸有三理，一者以爲媺也，二者以爲久也，三者以爲利也。帆前十尺而策半之。鐵、美同。軓，書或作軋，音犯。

注：策，御者之策也。鄭司農云：軓，謂式前也。

補注：車旁曰輢，式前曰軓，皆揜輿版也。軓以揜式前，故漢人亦呼曰揜。軓，詩謂之陰。自軓至衡頸十尺，據輈穹隆言，式衡之閒，八尺幾半也。

凡任木，任正者，十分其輈之長，以其一爲之圍。衡任者，五分其長，以其一爲之圍。小於度謂之無任。

注：任正者，謂輿下三面材，持車正者也。輈軓前十尺，與隧四尺四寸，凡丈四尺四寸，則任正之圍尺四寸五分寸之二。衡任者，謂兩軛之閒也。軛即衡下烏啄。兵車、乘車，衡圍一尺三寸五分寸之一。無任，言其不勝任。

補注：輈衡軸皆任木，任正者，輈也。衡任者，軸也，衡也。此先發其意，下文乃舉其制。記中文體，若是多矣。輿下之材，合而成方，通名軫，故曰軫之方也，以象地也。鄭注專以輿後橫木爲軫，以輢式之所樹三面材爲軓。又以軓爲任正者，如其説，宜記於輿人，今輈人爲之，殆非也。輿人爲式、較、軹、轛、軫、輢、軓，輈人爲輈、衡、軸、伏兔，記不言輢軓衡伏兔之度，輢軓，與揜版爾。衡圍準乎軸，伏兔取節於輈當兔，省文互見。

又

函人爲甲，犀甲七屬，兕甲六屬，合甲五屬。屬讀如灌注之注，之樹反。合音閤。

注：屬謂上旅下旅札續之數也。革堅者札長。鄭司農云：合甲，削革裏肉，但取其表合以爲甲。

補注：合之爲言，取重堅相并，字亦作韐。惠天牧曰：韐猶堅也。《荀子》：犀兕鮫革，鞈如金石。《管子·小匡注》：鞈革重革，當心著之，可以禦矢。

犀甲壽百年，兕甲壽二百年，合甲壽三百年。

注：革堅者又支久。

凡爲甲，必先爲容，

注：服者之形容也。鄭司農云：容謂象式。

然後制革。

注：裁制札之廣袤。

權其上旅與其下旅，而重若一，以其長爲之圍。

注：鄭司農云：上旅謂要已上，下旅謂要已下。上旅甲衣，下旅甲裳。

補注：合言之，上旅下旅通謂之甲；分言之，上旅謂之甲，又名爲盤領。下旅謂之髀褌。甲之札有七屬、六屬、五屬。髀褌之札屬與甲等，合上旅下旅之長，以爲中要圍。

凡甲，鍛不摯則不堅，已敝則橈。

注：鄭司農云：鍛，鍛革也。鍛革太孰，則革敝無强，曲橈也。玄謂，摯之言致。

又

鮑人之事，望而眡之，欲其荼白也。進而握之，欲其柔而滑也。卷而摶之，欲其無迆也。眡其著，欲其淺也。察其線，欲其藏也。摶音團。著，直略反。

注：韋革遠眡之，當如茅秀之色。鄭司農云：無迆謂革不韗。玄謂韋革，調善者，鋪著之雖厚，如薄然。林氏曰：著者，幔養於物之上，不見其厚，但見其薄。淺即薄也。

革欲其荼白，而疾浣之則堅。浣，胡玩反。

注：鄭司農云：韋革不欲久居水中。

欲其柔滑，而腥脂之則需。腥，讀如沾渥之渥，於角反。

補注：腥，厚也。需，潤澤也。

引而信之，欲其直也。信之而直，則取材正也。信之而枉，則是一方緩一方急也。若苟一方緩一方急，則及其用之也，必自其急者先裂。若苟自急者先裂，則是以博爲帴也。信，伸古今字。帴如俴淺之俴，音踐。

補注：覆巾狹淺曰帴，此通以言革。革製則博，與帴同實。

卷而摶之而不迆，則厚薄序也。眡其著而淺，則革信也。

注：序，舒也，謂其革均也，信無縮緩。

察其線而藏，則雖敝不甐。

注：鄭司農云：謂韋革縫縷，没藏於韋革中，則雖敝，縷不傷也。

又　卷下

前弱則俛，後弱則翔；中弱則紆，中强則揚。羽豐則遲，羽殺則趮。趮，子到反。

注：言幹羽之病，使矢行不正。趮，旁掉也。

是故夾而搖之，以眡其豐殺之節也。

注：今人以指夾矢儛衛是也。

橈之，以眡其鴻殺之稱也。橈，乃孝反。稱，尺證反。

注：橈搦其榦。

凡相笴，欲生而摶。同摶欲重，同重節欲疏，同疏欲㮚。相，忽亮反。

注：相猶擇也。生，謂無瑕蠹也。摶，圜也。鄭司農云：欲㮚，欲其色如㮚也。堅實之色。

又

凡試廬事，置而搖之，以眡其蜎也。灸諸牆，以眡其橈之均也。橫而搖之，以眡其勁也。灸音救。

注：置，猶對也。灸，猶柱也。以柱兩牆之閒，輓而內之，本末勝負可知也。

補注：眡其蜎，審察搖掉之勢也。眡其橈之均，審察屈勢也。皆欲通體無勝負，苟材有勝負，必自負處動折。試之既齊均，又以彊勁爲尚。

鄭復光《費隱與知録》

布帛經緯　力有優絀

問：布帛之屬，經緯相同而橫力不及縱，何也？曰：經緯之線雖同，而經之入機則絲，絲條直理順勢勻。其緯之入經，則藉乎手。一絲一織，則力有輕重。又經本直也，夾緯則經亦微曲，然經之直本勻，其曲亦勻。緯之入經本不直也，人力逼之更曲更綯，用其縱力。經既勻直，則經經相共，受人任使，其千絲萬縷相與偕來。偕則力分，分則任輕，故耐久也。用其橫力，緯既彎綯，則緯緯各異，受人任使，斯一絲一縷，次弟獨進。獨則力專，專則任重，靡不傷矣。

又　經緯之力　紙同布帛

問：布帛經緯，從橫力異，誠有説矣。紙由漚爛，不得成絲，就水結片，不由于織。其有從橫者簾紋耳，何以橫力亦不及從力？曰：紙之從橫，由于撈出。從上流下，一股一股，順簾而流，亦如絲之有經，直而勻故也。若其橫處正當簾之線縫，故向明視之，則見其較他處尤薄，并不似布帛之有緯，故更無力耳。

劉嶽雲《格物中法》卷三《火部》　火

南方木器移置北方，椅易脱落，板縫均開拆。北方木器移置南方，椅常冒出，板縫亦開拆。冷地煖地不同如此。《鄦事綴紀》。

嶽雲謹案：此亦熱漲寒縮之理，若南方冬時製造，北方夏時製造，易地可以稍免坼裂。

北方做車輪，成必鐵箍之。其箍先燒紅，而後加釘焉。鐵既冷，箍束甚緊，能深入木裏。《桑根筆記》。

嶽雲謹案：冷則鐵縮故也。

新買磁器，置冷水釜中加熱，令其自冷，則用此磁器不畏驟熱驟冷，不至漲裂。《鄦事綴紀》。

嶽雲謹案：此與銅鐵退火之理同，前所云甚則坼裂者，以物增熱則漲，減熱則縮也。磁器驟熱而裂，外因熱而漲，內未及漲故也。驟冷而裂，外因冷而縮，內未及縮故也。鐵釜燒紅，驟置冷處，亦能損壞。冶竈燒紅，驟入冷水，即時爆裂，皆職是故。

又　卷五《上金部》　銀

銅最脆，加以夾力，全體即震動坼裂。鉛最輭，必全恃夾力。所以銀之含銅鉛者，視其用夾力若干後坼裂，即知含銅鉛多少。如少含銅鉛之銀元寶，錠子約十分之七八，銀塊約十分之六七，即中坼。如銅多於鉛之銀，性情稍剛，其刀口稍窄，不及半或甫及半即坼裂。如鉛多於銅之銀，刀口直至銀底，或微不及底而坼。如鉛銅相和，與銀之剛柔正等，刀口亦十分之七八而坼。欲辨別之，則視茶口。凡刀口亦係乎力之輕重。重則茶口大於刀口，輕則刀口大於茶口。刀口夾剪所過之路，茶口剪未經過而已坼裂之路也。《鄦事綴紀》。

看茶口之法，有麤有細，有白紅青黄各色，要細而不縮爲上。凡茶口兩爿比刀口必溢出若干，銀愈純愈多而勻，其故由銀質輭，受力之處爲刀力所擠。若有銅，則兩爿必盈縮不一，黄金亦然。純銀刀口光彩如鏡面，茶口色白，其次青，其次麤青。銅多於鉛之銀，刀口色不光澤，茶口蘆花色，次麩色，次如缸破裂之色，次猪肝色。鉛多於銅之銀，茶口色青而亮。銅鉛適中，淡黄色，微有灰色。凡言銅，皆淨紫銅。銅劑大，爲乾銀。鉛劑大，爲潮銀。《鄦事綴紀》。

孫詒讓《周禮正義》卷七五

凡斬轂之道，必矩其陰陽。

矩謂刻識之也，故書矩爲距。鄭司農云：當作矩，謂規矩也。疏：凡斬轂之道，必矩其陰陽者，賈疏云此欲斬轂之時，先就樹刻之，記識其向日爲陽，背日爲陰之處。必記之者，爲後以火養其陰故也。江永云：山虞陽木陰木，以生山南爲陽，山北爲陰。此則陰陽木各有向日背日，以向日爲陽，背日爲陰。程瑶田云：一木必有一木之陰陽向背，矩之乃能不設施也。故無論冬夏，斬時皆當刻識之。案：江、程説是也。《列女傳・辯通篇》説弓幹云，生於大山之阿，一日三覩陰，三覩陽。此言陰陽之均調也。轂木不能皆均調，故必矩識之。注云：矩謂刻識之也者，刻識猶畫也。《國語・周語》：其母夢神規其臀以墨。韋注云：規，畫也。刻識謂之矩，猶畫謂之規矣。云故書矩爲距，鄭司農云當作矩者，徐養原云，《説文》工部：巨，規巨也，从工象手持之，或从木。矢作榘，别無矩字，是巨即矩也。距從巨聲，故距矩通用。《釋名》：鬢曲頭曰距。距，矩也，言曲似矩也。云謂規矩也者，謂以規矩度而識之。

陽也者，稹理而堅。陰也者，疏理而柔。是故以火養其陰而齊諸其陽，則轂雖敝不蔽。

稹，致也。火養其陰，炙堅之也。鄭司農云：稹讀爲奠祭之奠，蔽當作耗。玄謂蔽，蔽暴陰柔後必橈，減幬革暴起。疏：陽也者，稹理而堅者。《釋文》云：稹本又作稹。阮元云：《説文》稹，穜穊也，从禾真聲。引《周禮》稹理而堅，是此經舊從禾作稹非也。案：阮説是也。理謂木之脈理。《説文》木部云：朸，木之理也。云是故以火養其陰而齊諸其陽，則轂雖敝不蔽者，敝，《説文》艸部引作弊，聲之譌也。賈疏云：此轂若不以火養炙陰柔之處，使堅與陽齊等，後以革輓陰柔之處，木則瘦減，革不著木，必有暴起。若以火養之，雖敝盡不蔽暴也。

紀事

張湛注　殷敬慎釋文《列子》卷四《仲尼》　龍誑魏王曰：「有意不心。夫心寂然無想者也。若横生意慮，則失心之本矣。有指不至。夫以指求至者，則必因我以正物。因我以正物，則未造其極。唯忘其所因，則彼此玄得矣。惠子曰：「指不至也。」有物不盡。在於羸有之域，則常有有；在於物盡之際，則其一常在。其一常在而不可分，雖欲損之，理不可盡。唯因而不損，即而不違，則泰山之崇崛，元氣之浩茫，泯然爲一矣。惠子曰：「一尺之（神）[棰]，日取其半，萬世不竭也。」有影不移。大影因光而生。光苟不移，則影更生也。夫萬物潛變，莫不如此。而惑者未悟，故借喻於影。惠子曰：「飛鳥之影未嘗動也。」髮引千鈞。夫物之所以斷絶者，必有不均之處。處處皆均，則不可斷。故髮雖細而得秤重物者，勢至均故也。白馬非馬。此論見存多有辨之者。辨之者皆不弘通，故闕而不論也。孤犢未嘗有母。」不詳此義。其負類反倫，不可勝言也。負猶背也。類，同也。言如此之比皆不可備載也。公子牟曰：「子不諭至言而以爲尤也，尤其在子矣。尤失及在子輿。夫無意則心同。同於無也。無指則皆至。忘指，故無所不至也。盡物者常有。常有盡物之心。物既不盡，而心更滯有也。影不移者，説在改也。影改而更生，非向之影。《墨子》曰：「影不移，説在改爲也。」髮引千鈞，勢至等也。以其至等之故，故不絶。絶則由於不等。故《墨子》亦有此説也。白馬非馬，形名離也。離猶分也。《白馬論》曰：「馬者，所以命形也。白者，所以命色也。命色者非命形也。」尋此等語，如何可解，而猶不歷然。孤犢未嘗有母，非孤犢也。」此語近於鄙，不可解。

又　卷五《湯問》　均，天下之至理也，物物事事皆平皆均，則理無不至也。連於形物亦然。連，屬也。屬於器物者，亦須平焉。均髮均縣，輕重而髮絶，髮不均也。髮甚微脆而至不絶者，至均故也。今所以絶者，猶輕重相傾有不均處也。均也，其絶也若其均也，寧有絶理。莫絶。言不絶也。人以爲不然，凡人不達理也。自有知其然者也。會自有知此理爲然者。《墨子》亦有此説。詹何詹何，楚人，以善釣聞於國。以獨繭絲爲綸，芒鍼音亡箴。爲鉤，荆篠本作條。爲竿，剖粒爲餌，引盈車之魚《家語》曰：「鯤魚其大盈車。」於百仞之淵、汩流之中，綸不絶，鉤不伸，竿不橈。夫飾芳餌，挂微鉤，下沈青泥，上乘驚波，因水勢而施舍，頡頏委縱，與之沈浮，及其弛絶，故生而獲也。楚王聞而異之，召問其故。詹何曰：「臣聞先大夫之言，蒲且子余反。之弋也，蒲且子，古善弋射者。弱弓纖繳，音灼。乘風振之，連雙鶬於青雲之際。用心專，動手均也。臣因其事，放分兩反。而學釣。五年始盡其道。當臣之臨河持竿，心無雜慮，唯魚之念；投綸沈鉤，手無輕重，物莫能亂。魚見臣之鉤餌，猶沈埃聚沫，吞之不疑。所以能以弱制彊，以輕致重也。大王治國誠能若此，則天下可運於一握，將亦奚事哉？」楚王曰：「善。」善其此諭者，以諷其用治國矣。

《韓非子》卷一一《外儲説左上》　虞慶爲屋，謂匠人曰：「屋太尊。」匠人對曰：「此新屋也，塗濡而椽生。」虞慶曰：「不然。夫塗濡重而生椽撓，以撓椽任重塗，此宜卑。」虞慶曰：「不然。更日久，則塗乾而椽燥。塗乾則輕，椽燥則直，直椽任輕塗，此益尊。」匠人詘，爲之而屋壞。一曰：虞慶將爲屋，匠人曰：「材生而塗濡。夫材生則撓，塗濡則重，以撓任重，今雖成，久必壞。」虞慶曰：「材乾則直，塗乾則輕。今誠得乾，日以輕直，雖久必不壞。」匠人詘，作之成，有間，屋果壞。

吕不韋撰　高誘注《吕氏春秋》卷二五《似順論第五・别類》　漆淖水[淖]，合兩淖則爲蹇，蹇，彊也。言水漆相得，則彊而堅也。溼之則爲乾。乾，燥也。金柔錫柔，合兩柔則爲剛，燔之則爲淖。火熾金流，故爲淖也。或溼而乾，或燔而淖，類固不必可推知也。漆得溼而乾燥，金過燔而流淖，皆非其類也，故曰不必可推知也。【略】

相一作持。劍者曰：「白所以爲堅也，黄所以爲牣也，黄白雜則堅且牣，良劍也。」難者曰：「白所以爲不牣也，黄所以爲不堅也，黄白雜則不堅且不牣也。又柔則錈，堅則折，劍折且錈，焉得爲利劍？」劍之情未革，而或以爲良，或以爲惡，説使之也。故有以聰明聽説則妄説者止，無以聰明聽説則堯、桀無别矣。無聰明以聽説，不能知賢不肖，故堯、桀無有所别也。此忠臣之所患也，患，憂也。賢者之所以廢也。不見别白黑，故廢棄也。

高陽應將爲室，家匠對曰：「未可也，木尚生，加塗其上，必將撓。高陽，宋邑，因以爲氏。應，名也。或作高魋，宋大夫也。家匠，家臣也。撓，弱曲也，故曰未可也。以生爲室，今雖善，後將必敗。」家臣，所謂直於辭而合事實者也。高陽應曰：「緣子之言，則室不敗也。木益枯則勁，勁，彊也。塗益乾則輕，以益勁任益輕則不敗。」此俛於辭，而後必敗，其言不合事實者也。匠人無辭而對，受令而爲之。室之始成也善，其後果敗。高陽應好小察，而不通乎大理也。

劉安撰　高誘注《淮南子》卷一八《人間訓》　高陽魋或曰：高陽魋，宋大夫。將爲室，問匠人。匠人對曰：「未可也。木尚生，加塗其上，必將撓。以生材任重塗，今雖成，後必敗。」高陽魋曰：「不然。夫木枯則益勁，塗乾則益輕，以勁材任輕塗，今雖惡，後必善。」匠人窮於辭，無以對，受令而爲室。其始成，竘口然善也，竘，高壯貌。而後果敗。

孔鮒《孔叢子》卷上《嘉言第一》　子貢謂之曰：「今子士也，位卑而圖大。位卑則人不附也，圖大則人憚之，殆非子之任也，盍姑已乎？夫以一縷之任繫千鈞之重，上縣之于無極之高，下垂之于不測之深，旁人皆哀其絶，而造之者不知其危。」

劉向《説苑》卷九《正諫》　臣誠願披腹心而効愚忠，恐大王不能用之。臣誠願大王少加意念惻怛之心於臣，乘之言，夫以一縷之任係千鈞之重，上懸之無極之高，下垂之不測之淵，雖甚愚之人且猶知哀其將絶也。

李吉甫《[元和]郡縣志》卷三三《劍南道》　繩橋在縣西北三里，架大江水，篾笮四條，以葛藤緯絡，布板其上，雖從風揺動，而牢固有餘。夷人驅牛馬去來無懼。今按其橋以竹爲索，闊六尺，長十步。

方勺《泊宅編》卷中　蔡襄守泉州，刱意造石橋，兩岸依山，中託巨石，因搆亭觀，累石條爲橋基八十，所闊二丈，其長倍之，兩頭若圭射勢。石縫中可容一二指，釃潮水。每基相去一丈四尺，橋面闊一丈三四尺，爲兩欄以護之。閩中無石灰，燒蠣殼爲灰。蔡公於橋岸造屋數百楹，爲民居，以僦其直入公帑，三歲度一僧俾掌橋事，故用灰常若新，無纖毫罅隙。春夏大潮，水及欄際，往來者不絶，如行水上。十八年橋乃成。即多取蠣房散置石基上，歲久延蔓相粘，基益膠固矣。

江遹《沖虚至德真經解》卷五《湯問》

均，天下之至理也，

均齊萬物，無有高下，則物我同而合乎一。合乎一則同乎道，是爲天下之至理，莊子所以有《齊物論》。

連於形物亦然。均髮均縣，輕重而髮絶，髮不均也。均也，其絶也莫絶。人以爲不然，自有知其然者也。

連於形物者，寡不能以勝多，弱不足以制彊也，審矣。苟得至理之所謂均而用之，則一髮之微足以引千鈞之重而不絶。以爲不然者，累於物也。知其然者，達於理也。連於形物亦末矣，苟得其均，微可以制大。若此，矧夫得至理之所謂大均，惡乎徃而不可哉。

詹何以獨繭絲爲綸，芒鍼爲鈎，荆篠爲竿，剖粒爲餌，引盈車之魚於百仞之淵、汩流之中，綸不絶，鈎不伸，竿不撓。楚王聞而異之，召問其故。詹何曰：「臣聞先大夫之言，蒲且子之弋也，弱弓纖繳，乘風振之，連雙鶬於青雲之際。用心專，動手均也。臣因其事，放而學釣，五年始盡其道。當臣之臨河持竿，心無雜慮，唯魚之念；投綸沉鈎，手無輕重，物莫能亂。魚見臣之鈎餌，猶沉埃聚沫，吞之不疑。所以能以弱制彊，以輕致重也。大王治國誠能若此，則天下可運於一握，將亦奚事哉。」楚王曰：「善。」

以弱制彊則弱必絶，以輕致重則輕必壓，何則？勢不等也。我誠弱矣，因彼之强而制之，則强不與我敵而爲我用，是彊反在於我而弱在於彼也。我則輕矣，因彼之重而致之，則重不與我争而爲我使，是重反在於我而輕在於彼也。則弱之於彊，輕之於重，夫孰曰不足以制而致之哉。此詹何以絲綸鍼鈎引盈車之魚於千仞之淵，蒲且子以弱弓纖繳連雙鶬於青雲之際之道也。噫！

鈞，弋異事矣，治國者抑又不同焉。詹何之釣乃學於蒲且子之弋，又以教楚王之治國者，蓋得所謂至理之均，則物雖萬變，烏能逃吾之至理哉。此《莊子》所謂通於一而萬事畢，是乃聖人以渺然之身，土苴以治天下而運之於一握者也。奚啻楚國乎。

高守元《冲虚至德真經四解》卷一一《仲尼》

髮引千鈞。

夫物之所以斷絶者，必有不均之處。處處皆均，則不可斷，故髮雖細而得秤重物者，勢至均故也。

盧曰：「細而衆，鈞可以舉。重亦猶毛之折軸，積而不輕也。」

白馬非馬。

此論見存多有辯之者，辯之者皆不弘通，故闕而不論也。

盧曰：「白以命色，馬以命形。白馬非馬，辯形色也。」

孤犢未嘗有母。不許此義。

盧曰：「謂之孤犢，安得有母也？」

其負類反倫，不可勝言也。

負者，猶背也。類者，同也。言如此之比，皆不可備載也。

公子牟曰：「子不論至言，而以爲尤也。尤其在子矣。尤失反在子與。夫無意則心同。同於無也。無指則皆至。志指故無所不至也。盡物者常有。

常有盡物之心，物既不盡而心更帶有也。

影不移者，説在改也。

影改而更生，非向之影。《墨子》曰：影不移，説在改爲也。

髮引千鈞，勢至等也。

以其至等之故，故不絶。絶則由於不等，故《墨子》亦有此説也。

白馬非馬，形名離也。

離者，猶分也。《白馬論》曰：「馬者所以命形也，白者所以命色也。命色者，非命形也。」尋此等語，如何可解，而猶不歷然。

孤犢未嘗有母，非孤犢也。

此語近於鄙，不可解也。

又　卷一三《湯問》

均，天下之至理也，

物物事事皆平皆均，則理無不至也。

連於形物亦然。

連，屬也。屬於器物者，亦須平焉。

均髮均縣，輕重而髮絶，髮不均也。

髮甚微脆，而至不絶者，至均故也。今所以絶者，猶輕重相傾，有不均處也。

均也，其絶也，

若其均也，寧有絶理。

莫絶。事不絶也。人以爲不然，凡人不達理也。自有知其然者也。

會自有知此理爲然者，《墨子》亦有此説。

盧曰：「夫理之至者，天下無不均。不待均之然後均也，有形之物亦然，當理則自均矣。猶如以髮懸重，雖微不絶。絶者不均，均則不絶。世人以爲不，是不知理之必然也。政和，一陰一陽之謂道。仁者見之謂之仁，智者見之謂之智。赫赫乎日月之光，羣目所見各有不同，故以形見之，則以爲遠者小而近者大；以氣見之，則以爲近者熱而遠者涼。而所以爲日固不可以遠近期也。范曰髮引千鈞，勢至等也。義與此合。

佚名《東南紀聞》卷三　蜀之青城有繩橋，每橋長百二十丈，排連之上布竹笆，攢立大木數十于沙中，輦石固其根。每數木作一架，掛橋于平空，大風過之，掀舉幡幡然，大略如漁人曬網。

仇俊卿《重修洛陽橋記》　宋嘉祐中，蔡忠惠公襄知泉州，相襄山水形勢，審知民情灾利，迺於此架淵爲梁，釃爲四十七道，以分水勢，兼可竪石櫛比。又重蠣于礎，令其附生而固。袤三百六十五丈，廣一丈五尺。

高晉等《南巡盛典》卷六三《海塘》　上諭從前盛住來京，陛見時面詢海塘石工情形，據稱老鹽倉一帶，因沙性澀汕，不能釘樁。彼時在工籌辦，曾有一老兵言及該工下樁，必須衆樁合力，同時齊下，方能堅實，不致已釘復起。後如其法試釘樁木，果有成效。及訪查其人，無可踪跡，似有神助等語。現在老鹽倉石塘已一律改築完竣，其所稱老兵點指之處，是否實有其事，富勒渾等即未經眼見，不能深悉。而盛住係在工目覩之人，及從前道府丞、倅兵、弁夫、役人等，見此神靈助佑，必羣相驚異，傳述不忘。如詢其事屬寔，則係神祇効靈，如分水龍王廟之白老人故事，或於該處建祠，以答靈貺，亦爲捍衛民生祀典所應得也。著傳諭富勒渾等，詢問盛住，並詳加採訪此事究屬有無，據實覆奏，欽此。臣富勒渾於二十四日，旋省當即會同臣福崧面詢藩司盛住，據稱前在工所督辦鱗塘，見椿夫先用大竹探試，俟扦定沙窩，再下椿木，加以夯築，入土甚易，更復堅固。隨詢問工員，僉稱開工之始，沙性澀汕，多有已釘復起，難以下椿，時有老人指點以竹探試之法，用之果有成效。通工一體照辦。及跟查其人，已無踪跡。衆皆傳爲神助。本司雖未目覩，而詢訪屬寔，因於陛見時奏。

材料彈性分部

論說

鄭玄注　陸德明音義　賈公彦疏《周禮注疏》卷四二《冬官考工記》　凡居角，長者以次需。注：當弓之隈也，長短各稱其幹，短者居簫。音義：隈，烏回反。疏：注釋曰：云長短各稱其幹，復云短者居簫，簫謂兩頭，則長者自然在隈内可知。恒角而短，是謂逆橈，引之則縱，釋之則不校。注：鄭司農云：「恒，讀爲裻絙之絙。」玄謂恒讀爲桓。桓，竟也。竟其角，而短於淵幹，引之，角縱不用力，若欲反橈然。校，疾也。既不用力，放之又不疾。音義：恒，古鄧反，又如字，下同。校，古卯反，注及下同。裻，音督。絙，古鄧反，或古登反，沈又居肯反。桓，古鄧反。疏：釋曰：竟角而短，謂施角竟滿兩畔，而上下短於隈者也。云是謂逆橈者，被弦引之時，以角寬而短，引之角縱，不用力，若欲反橈然，故云引之則縱也。釋之則不校者，角所以放矢，今角不用力，故釋放之不校疾也。恒角而達，辟如終紲，非弓之利也。注：達謂長於淵幹，若達於簫頭。紲弓鞦，角過淵接，則送矢太疾，若見紲於鞦矣。弓有鞦者，爲發弦時備頓傷。《詩》云竹鞦緄縢。音義：辟，音譬，下注譬辟同，或房亦反。紲，息列反。鞦，音祕，又補結反。爲，于僞反。緄，古本反，劉古魂反。縢，本又作縢，徒登反。疏：注釋曰：先鄭上讀爲裻絙之絙者，從俗也。此弓非直兩畔角滿，讀之爲桓角，而角又上下長於淵幹，如達於簫頭。若然，則譬如終紲，紲，謂弓鞦，謂弓在鞦中然，非弓之利。引《詩》云竹鞦緄縢者，緄，繩。縢，繫約之也。以竹爲鞦，發弦時，裨於弓之背上，又繩橫繫之，使相著。鞦與弓爲力，備頓傷也。今夫茭解中有變焉，故校。注：鄭司農云：「茭讀爲激發之激。茭，謂弓檠也。校讀爲絞而婉之絞。」玄謂茭讀如齊人名手足掔爲骹之骹。茭解，謂接中也。變，謂簫臂用力異。校，疾也。音義：茭，司農古歷反，鄭户卯反。解，户賣反，注同。茭讀，音交，下交亦同。激，古歷反。掔，烏喚反。骹，户卯反。臂，如字，下文同。本或作辟，一音房亦反。疏：釋曰：記人別起義端，故言今夫。言茭解中，謂弓隈與弓簫角接之處。云有變者，即異也，謂弓簫與臂用力異。異者，引之則臂中用力，放矢則簫用力。既用力異，故絞，絞謂矢去疾也。注釋曰：先鄭讀茭爲激發之激者，當時有激發之語，故從俗讀之。云茭謂弓檠也者，此據用時，輒言弓檠，於義不合，後鄭不從之。云校讀爲絞而婉之絞者，按昭元年《左氏傳》，虢之會，楚公子圍設服離衛，叔孫穆子曰：「楚公子美矣，君哉。」退會，子羽謂子皮曰：「叔孫絞而婉。」故讀從之。此後鄭增成其義。玄謂茭讀如齊人名手足掔爲骹之骹者，時齊人有名手足節掔間爲茭，取弓隈與簫角相接，名茭也。於挺臂中有柎焉，故剽。注：挺，直也。柎，側骨。剽亦疾也。鄭司農云：「剽讀爲湖漂絮之漂。」音義：挺，勑頂反，注同，或徒令反。柎，方輔反，下同。湖，音胡。漂，匹妙反。絮，相預反。疏：注釋曰：直臂中，正謂弓把處。有拊焉者，謂角弓於把處兩畔有側骨。骨堅强，所以與弓爲力，故剽疾也。先鄭云剽讀爲湖漂絮之漂者，時有此語，從俗讀之。恒角而達，引如終紲，非弓之利。注：重明達角之不利。變辟言引，字之誤。音義：引，依注音譬。重，直用反。

橋幹欲孰於火而無贏，橋角欲孰於火而無燂，引筋欲盡而無傷其力，鬻膠欲孰而水火相得，然則居旱亦不動，居濕亦不動。注：贏，過孰也。燂，炙爛也。不動者，謂弓也。故書燂或作朕，鄭司農云：「字從燂。」音義：橋，居兆反，劉枯老反，沈古了反。燂，音潛，又音尋，或大含反。鬻，章呂反。疏：釋曰：此一經，明料理幹、角、筋、膠四者，得所不得所之事。不言漆絲者，用力少，故不言也。苟有賤工，必因角幹之濕以爲之柔。善者在外，動者在内，雖善於外，必動於内，雖善，亦弗可以爲良矣。注：苟，偷也。濕猶生也。音義：偷，吐侯反，或吐豆反。疏：釋曰：此經説弓幹須外内皆善，不得外善内惡者也。

凡爲弓，方其峻而高其柎，長其畏而薄其敝，宛之無已，應。注：宛，謂引之也。引之不休止，常應弦，言不罷需也。峻，謂簫也。鄭司農云：「敝讀爲蔽塞之蔽，謂弓人所握持者。」音義：畏，烏回反。敝讀爲蔽，必世反，劉又博埒反。宛，於阮反。應，應對之應，注下皆同。罷，音皮。疏：釋曰：方其峻，峻謂簫，簫宜方爲之。而高其柎，柎，把中，高對方，則此高者謂爲柎骨，宜高爲之。長其隈，謂柎之上下，宜長爲之。而薄其敝，敝，謂人所握持，手敝之處，宜薄爲之。有此四善，故引之無休止而應弦，故云宛之無已。應謂常用而不就弦也。下柎之弓，末應將興。注：末猶簫也。興猶動也，發也。弓柎卑，簫應弦則柎將動。音義：卑，劉音婢。疏：注釋曰：言下柎者，謂把骨大下，爲之由弓限下短，故簫應弦，則將動發也。爲柎而發，必動於閷。注：閷接中。音義：閷，色界反，劉色例反，注下同。疏：釋曰：此重釋上文末應將興者。若上爲柎而發動，則接中亦動也。弓而羽閷，末應將發。注：羽讀爲扈，扈，緩也。接中動則緩，閷簫應弦，則角幹將發。音義：羽，音户。

疏：注釋曰：破羽爲扈者，羽於弓義無所取，故破從扈也。必知此有緩義者，以其上文云必動於綱，故知此云羽綱者，當從緩綱。

弓有六材焉，維幹强之，張如流水。注：無難易也。音義：易，以豉反，下同。疏：釋曰：弓有六材，惟以幹爲强者，以其幹外五材當依幹而有，以幹爲本，故指幹爲强。張如流水者，以幹得所，以制五材，故張如流水無難易，無難易，則强弱得所也。維體防之，引之中參。注：體，謂内之於檠中，定其體。防，深淺所止。謂體定張之，弦居一尺，引之又二尺。疏：注釋曰：云體謂内之於檠中，定其體者，此亦謂内之檠中則往來體定，體定然後防之。防之者，鄭云深淺所止，若王弧之弓，往體寡，來體多，弛之乃有五寸，張之一尺五寸。夾庾之弓，往體多，來體寡者，弛之一尺五寸，張之得五寸。唐弓、大弓，往來體若一者，弛之一尺，張之亦一尺。是防之深淺所止。云謂體定張之，弦居一尺，引之又二尺者，此據唐大中者而言，餘四者，弛之張之雖多少不同，及其引之皆三尺，以其矢長三尺，須滿故也。維角堂之，欲宛而無負弦。引之如環，釋之無失體，如環。注：負弦，辟戾也。負絃則不如環。如環亦謂無難易。鄭司農云：「堂讀如牚距之牚，車牚之牚。」音義：堂，直庚反，或之亮反，又詩尚反，注同。沈云或音堂，非。辟，劉必亦反，衆家皆匹亦反。疏：注釋曰：云維角堂之，堂，正也，謂置角於限中既正。云欲宛而無負弦者，引之弓體不辟戾故也。云引之如環者，亦由無負弦故也。云釋之無失體如環者，謂放矢後無失體，得如環然。先鄭云堂讀如牚距之牚，牚距取其正也。車牚之牚，謂車輢之木，亦取正也。

材美，工巧，爲之時，謂之參均。角不勝幹，幹不勝筋，謂之參均。量其力有三均。均者三，謂之九和。注：有三讀爲又參。量其力又參均者，謂若幹勝一石，加角而勝二石，被筋而勝三石，引之中三尺。假令弓力勝三石，引之中三尺，弛其弦，以繩緩擐之，每加物一石，則張一尺。故書勝或作稱，鄭司農云：「當言稱，謂之不參均。」玄謂不勝，無負也。音義：勝，音升，下注同。被，皮寄反。擐，户串反，劉郭犬反。疏：注釋曰：云有三讀爲又參者，以經上文已云參均，此云三均，故宜破三爲參也。上文已二參均，此文加一參均，當云又參均，故破有爲又也。云量其力又參均者，謂若幹勝一石，加角而勝二石，被筋而勝三石，引之中三尺者，此言謂弓未成時，幹未有角，稱之勝一石。後又按角，勝二石；後更被筋，稱之即勝三石。引之中三尺者，此據幹、角、筋三者具，總稱物三石，得三尺。若據初空幹時，稱物一石，亦三尺。更加角，稱物二石，亦三尺。又被筋，稱物三石，亦三尺。鄭又云假令弓力勝三石，引之中三尺者，此即三石力弓也。必知弓力三石者，當弛其弦，以繩緩擐之者，謂不張之，别以一條繩繫兩簫，乃加物一石，張一尺；二石，張二尺；三石，張三尺，則與前二幹角筋力各一石也。先鄭從古書爲稱者，欲以不稱爲不參均。後鄭不從者，此勝即彼負，此不勝即彼不負，故爲不勝解之。九和之弓，角與幹權，筋三侔，膠三鋝，絲三邸，漆三斞。上工以有餘，下工以不足。注：權，平也。侔，猶等也。角幹既平，筋三而又與角幹等也。鋝，鍰也。邸斞輕重未聞。音義：侔，本又作牟，亦作桙，同莫侯反。鋝，色劣反，又音劣。邸，丁禮反，或丁計反。斞，羊主反。鍰，音環，又于卷反。疏：釋曰：此説上九和之弓，輕重相參，不可妄爲加減之事。注釋曰：云鋝鍰也者，《尚書》云「其罰百鍰」之等言鍰，此與《冶氏》言鋝，鋝與鍰爲一物，皆是六兩大半兩也。邸斞之輕重未聞，經既無文，故云未聞也。

劉安《淮南子》卷二〇《泰族訓》 夫物未嘗有張而不弛，成而不毁者也。唯聖人能盛而不衰，盈而不虧。

王充《論衡》卷八《儒增篇》 車張十石之弩，恐不能入一寸，矢摧爲三，況以一人之力，引微弱之弓，雖加精誠，安能没衛？人之精乃氣也，氣乃力也。有水火之難，惶惑恐懼，舉徙器物，精誠至矣，素舉一石者，倍舉二石。然則見伏石射之，精誠倍故，不過入一寸，如何謂之没衛乎。

又 卷一三《效力篇》 是故塊重，一人之跡，不能蹈也；礚大，一人之掌，不能推也。賢臣有勁彊之優，愚主有不堪之劣，以此相求，禽魚相與遊也。干將之刃，人不推頓，苽瓠不能傷；篠簵之箭，機不能動發，魯縞不能穿。非無干將、篠簵之才也，無推頓、發動之主。苽瓠、魯縞不穿傷，焉望斬旗、穿革之功乎？故引弓之力，不能引彊弩。弩力五石，引以三石，筋絶骨折，不能舉也。故力不任彊引則有變惡折脊之禍；知不能用賢，則有傷德毁名之敗。論事者不曰才大道重，上不能用，而曰不肖不能自達。自達者帶絶不抗，自衒者賈賤不讎。案諸爲人用之物，須人用之，功力乃立。鑿所以入木者，槌叩之也。鍤所以能撅地者，跖蹈之也。諸有鋒刃之器，所以能斷斬割削者，手能把持之也，力能推引之也。

沈括《夢溪筆談》卷三《辨證一》 鈞石之石，五權之名，石重百二十斤。後人以一斛爲一石，自漢已如此，飲酒一石不亂是也。挽蹶弓弩，古人以鈞石率之，今人乃以粳米一斛之重爲一石。凡石者，以九十二斤半爲法，乃漢秤三百四十一斤也。今之武卒蹶弩有及九石者，計其力乃古之二十五石，比魏之武卒，人當二人有餘；弓有挽三石者，乃古之三十四鈞，比顔高之弓，人當五人有餘。此皆近歲教養所成，以至擊刺馳射皆盡夷夏之術，器杖鎧冑極今古之工巧，武備之盛前世未有其比。

王昭禹《周禮詳解》卷四〇

凡居角，長者以次需。恒角而短，是謂逆橈，引之則縱，釋之則不校。恒角而達，辟如終紲，非弓之利也。恒，古鄧反。校，古卯反。辟，音譬。紲，息列反。弓隈謂之需，弓梢謂之簫。角長者居隈，則角之短者居梢矣。角不可失之長，亦不可失之短，充其兩旁而不及兩端，故曰恒角而短。不獨充于兩旁，而又過于兩端，故曰恒角而達。恒，竟也，竟其角而失之短，故是謂逆橈，言其力之不足而反橈也。竟其角而失之達，故譬如終紲，言其送矢不疾，若見紲于弓韣也。引之則縱，釋之則不校者，縱言引其弦而力弗迨也，校，疾也，言舍其弦而勢不急也。此其所以非弓之利也。

今夫茭解中有變焉，故校；於挺臂中有柎焉，故剽。恒角而達，引如終紲，非弓之利。茭，户卯反。解，户賣反。柎，芳輔反。引，音譬。

茭謂弓隈與簫相接也，解謂接中也，二者用力有變異，則弓之勢有校疾，故曰茭解中有變焉，故校。挺，直也。柎，側骨也。弓之直臂乃弓把也。兩把有側骨以爲之柎，則弓之勢剽疾，故曰于挺臂中有柎焉，故剽。變，譬言引字之誤。

撟幹欲孰於火而無贏，撟角欲孰於火而無燂，引筋欲盡而無傷其力，鬻膠欲孰而水火相得，然則居旱亦不動，居濕亦不動。苟有賤工，必因角幹之濕以爲之柔。善者在外，動者在内，雖善於外，必動於内，雖善，亦弗可以爲良矣。撟，居兆反。燂，音潛。鬻，章呂反。

幹以堅爲貴，治之而贏，則過孰而失之勤，故撟幹欲孰于火而無贏。角以和爲貴，治之而燂，則炙爛而失之脆，故撟角欲孰于火而無燂。所謂角三液而幹再液者，凡以此故也。筋以緩治之則力無損，故引筋欲盡而無傷其力。膠以和濟之則氣必相入，故鬻膠欲孰而水火相得。四者之材，不失之過剛，則陽不能勝，故居旱亦不動；不失之過柔，則陰不能勝，故居濕亦不動。柔則不孰于火，不孰于火則不堅，故善者雖在外而内之動也必矣，又安可以爲良哉？

凡爲弓，方其峻而高其柎，長其畏而薄其敝，宛之無已，應。下柎之弓，末應將興。爲柎而發，必動於𦁐。弓而弓𦁐，末應將發。畏，烏回反。敝，必世反。宛，於阮反。羽，音户。

峻，弓簫也。柎，側骨也。當弓之曲謂之限，人所握持謂之敝。峻方則不欲其圜，推高則不欲其卑，畏長則不欲其短，敝薄則不欲其厚，有是四美，引之不休，常應弦而無已，則弓之良也。下柎之弓末應將興者，末謂簫也。弓柎苟卑，簫應弦則將發動。興謂發動也，爲柎而發，必動于𦁐。𦁐謂接中也，柎之與𦁐相爲體用，柎既發則𦁐，欲無動不可得也。弓而羽𦁐，末應將發者，鳥所以飛揚者羽，羽有二焉，羽𦁐謂兩接中俱動也。兩接中俱應，簫應弦，則角幹亦隨之而發作矣。

弓有六材焉，維幹强之，張如流水；維體防之，引之中參；維角定之，欲宛而無負弦。引之如環，釋之無失體，如環。材美，工巧，爲之時，謂之參均。角不勝幹，幹不勝筋，謂之參均。量其力有三均。均者三，謂之九和。定，直庚反。勝，音升。

弓有六材，而幹以爲遠，角以爲疾，獨處于六材之先，則幹角無爲而六材之急用也。其言苟有賤工，必因角幹之濕以爲之柔，獨言角幹亦以此也。故曰弓有六材，維幹强之，張如流水。又曰維角定之，欲宛而無負弦，引之如環。蓋弓以幹爲質，以角附幹爲安，二者之材尤宜慎擇也。夫順流而不逆者莫如水，周運而無端者莫如環。維幹强之則弓之質堅，張如流水則弓之體調。質堅則無句弊，體調則無難易，此所以張之則知如水之順流也。維體防之，引之中參者，謂内之于槷中，以定其體而防深淺之所止。體定張之，弦居一尺，引之又二尺也。維角定之，定讀爲牚，謂角以附幹而拄之也。附幹而拄之，凡以助幹而爲疾，則欲其宛順而無辟戾之患，故曰欲宛而無負弦。惟其宛而無負弦，故引其弓而無難易，有似乎環之周運矣。非特引而張之如環，及其釋而弛之，其體又如環，則弓無弛張之患，此角所以附幹而有疾之效也。材美，工巧，爲之時，謂之三均者，材也，工也，時也，三者平之。至角不勝幹，幹不勝筋，謂之三均者，角也，幹也，筋也，三者平之至也。量其力有三者，若幹勝一石，加角而勝二石，被筋而勝三石者，平之至也。三均者，三而皆爲平之至也，此所以謂之九和也。

九和之弓，角與幹權，筋三侔，膠三鋝，絲三邸，漆三斞。上工以有餘，下工以不足。侔，莫侯反。鋝，色劣反。邸，丁禮反。斞，羊主反。

弓之和以角幹爲主，以幹材爲附。角與幹權，言其等也。筋三侔，言筋與角幹相等也。膠三鋝，言膠與角幹相鋝也。絲三邸，則取其有所抵之意。漆三斞，則取其有所受之意。上工巧矣，故和以是而有餘。下工拙矣，故和以是而不足。

易祓《周官總義》卷三〇

凡居角，長者以次需。恒角而短，是謂逆橈，引之則縱，釋之則不校。恒角而達，譬如終紲，非弓之利也。今夫茭解中有變焉，故校；於挺臂中有拊焉，故剽。恒角而達，引如終紲，非弓之利。

上經言角長二尺有五寸，謂之牛戴牛，則角固貴乎長也。然以達對短，則達爲長之過。需，須也。良工以次需而用之，不可過於長，亦不可過於短。充滿兩旁而不及兩端，則曰恒角而短。充滿兩旁而過於兩端，則曰恒角而達。恒，竟也。竟其角而失之短，則其勢必撓，則引其弦而力不逮，故至縱。舍其弦而力不及，故至於不校。竟其角而失之達，則其送矢大疾，若見紲於弓鞑而無所發。凡此皆非所以爲弓之利，記者欲言其利，特起義端。以今夫言之，謂校者疾而速，剽者疾而勇，是必有所自也。茭，謂弓之隈與弓之簫相接之處也。解中，則相接之中也。有變，即異也。異謂引之則臂用力，放矢則簫用力，二者用力既異，則其勢必疾而速，故曰校。挺，直也。挺臂中，則弓把之直者也。有柎，即弓把中之側骨也。弓之兩旁以側骨柎之，則骨之堅强，與弓爲力，其勢必疾而勇，故曰剽。知校與剽爲弓之利，則知居角之短與達者，皆所以爲弓之害。終之曰恒角而達，引如終紲，非弓之利，謂引其弦也。再言之者，甚言其過長之尤爲害也。

撟幹欲孰於火而無贏，撟角欲孰於火而無燂，引筋欲盡而無傷其力，鬻膠欲孰而水火相得，然則居旱亦不動，居濕亦不動。苟有賤工，必因角幹之濕以爲之柔。善者在外，動者在內，雖善於外，必動於內，雖善，亦弗可以爲良矣。

此謂幹角筋膠之材，治之得其道，則有以調其剛柔强弱之性。柔不失於弱，則陽氣不能勝，故居旱亦不動；剛不失於强，則陰氣不能勝，故居濕亦不動。賤工昧此則弓之爲力殆矣。

凡爲弓，方其峻而高其柎，長其畏而薄其敝，宛之無已，應。下柎之弓，末應將興。爲柎而發，必動於閷。弓而羽閷，末應將發。

峻，弓簫也。放矢則簫爲之用力，故欲其方。柎，側骨也。骨堅强則與弓爲力，故欲其高。當弓之曲爲限，限所以爲之運，故欲其長。手蔽之處爲敝，敝所以爲握持，故欲其薄。有此四利，則雖引之不已而其應弦亦無已。若夫下柎之弓，則形見於弓末之簫者，亦將應弦而發。爲柎而發，則其形見於接中之閷者，欲其無動不可得也。羽閷則兩接中俱動，角幹亦隨之而發，是柎之與末，末之與閷，其可有一毫不善者哉。

弓有六材焉，維幹强之，張如流水；維體防之，引之中參；維角定之，欲宛而無負弦。引之如環，釋之無失體，如環。

弓之六材，以幹爲弓之本，足以有制矣，故張如流水，勢順而利也。勢雖順利而尤，欲其體之定，故又曰維體防之。引之中參，謂内弓於檠中，以定其往來之體。引之三尺，則與矢相中也。弓體既定，而角之柎幹者尤不可以不正，故又曰維角定之，欲宛而無負弦。定，正也，謂置角於隈中者。既得其正，則其勢宛而無負弦之失也。繼之曰引之如環，釋之無失體，如環。中言宛順之義如此。

材美，工巧，爲之時，謂之參均。角不勝幹，幹不勝筋，謂之參均。量其力有參均。均者參，謂之九和。九和之弓，角與幹權，筋三侔，膠三鋝，絲三邸，漆三斞。上工以有餘，下工以不足。

材美，工巧，爲之時，固謂之參均。角不勝幹，幹不勝筋，亦謂之參均。量其力而謂之有參均者，何也？有，又也。幹勝一石，加角而勝二石，又被筋而勝三石，故謂之又參均。又三之則爲九和。九和之弓，以角幹筋爲主，故角與幹權，權猶平也。筋三侔，侔猶等也，即所謂角不勝幹，幹不勝筋之意。九者和矣，而絲、膠、漆則爲之輔。膠三鋝，絲三邸，漆三斞，其輕重雖未詳，以經意推之，亦欲其稱而已。九和既定，輕重不差，此上工所以有餘，下工所以不足。

華嶽《翠微先生北征録》卷八《治安藥石・器用小節》

弩制

弩手進則蹋弩以射，退則肩弩以歸。檐長若過六尺，椿長若過三尺，肩弩則檐梢拄地，而下有縮絆之憂；蹋弩則椿頭拄胸，而上無牽挽之力。草萊藤蔓之地，懼其牽縮，必棄弩而空走。塗潦泥塹之地，被其蹋絆，必爲弩而喪軀。今欲使弩斛力自二碩至三碩，不許太硬，令久疲之兵易於蹉蹋。使弩檐自五尺至六尺，不許太長，令矮短之兵易於肩射。夏暑之月，梅雨蒸潤，筋角易脱，則用木弩。秋冬之月，風色嚴冷，木索重滯，則用角弩。其鍪頭等椿檐太長者，悉令諸軍減令短捷，則庶無廢器，是謂弩制。

又　弓箭制

吾軍製作之司，一切不問，則欲速成，可以逃責，備數足矣。此所以類皆苟簡滅裂而不中用也。況鏃重則弓輭，而去地不遠。箭重則弓硬，而中甲不入。舊法箭頭重過三錢，則箭去衣過百步。箭身重過十錢，則弓力當用一碩，是謂弓箭制。

林希逸《考工記解》卷下

凡居角，長者以次需。

需，音須。角長二尺五寸爲善，則造弓之工必以次需而用之。需，求也。注云長者當弓之限，短者居簫，長短各稱其幹。限，弓之限曲處。簫，弓兩頭也。

恒角而短，是謂逆橈，引之則縱，釋之則不校。

恒，音絙，竟也。竟角而短者，謂充滿弓之淵幹而不及兩端，則橈其弓而勢必逆挽。弓角短，欲引此弓，則其角縱而不受力，施放而去，則不能校疾。釋，施放而射之。校，音絞，疾也。

恒角而達，譬如終紲，非弓之利也。

竟其角而充滿淵幹之兩旁，又達過於簫頭，是角太長也。角既過長，則引發之時，譬如此弓長在紲中，放不去也。紲，弓鞑也，《詩》云「竹鞑緄縢」是也，乃藏弓之物也。

今夫茭解中有變焉，故校。

茭，音繳。解，音改。茭解者，弓隈與弓簫用角接處也。變，異也，謂弓簫與臂用力異也。異者，人引之而臂中用力，其放矢則簫用力，二者之力異而同用，則發去必絞疾也。校，音絞。今夫者，别起義端而發明角不可長之意。

於挺臂中有柎焉，故剽。

挺，直也。直臂中，乃弓之把處也。柎者，弓之把處兩畔有側骨。側骨堅强，則助弓爲力，故發矢則剽疾也。側骨者，把處兩邊貼以木也。

恒角而達，引如終紲，非弓之利。

茭解中之用力異，挺中之有柎，皆人用力處。若角長過於簫，則人用力而弓違之，引放之則如終年在弓紲之上，爲所牽制而不可用，此非弓之利也。終紲非弓之利，凡再言之也，所以深發明此意也。艾軒云：如賢哉回也。上下兩言之兼此一段，言角短者只四句，角長者却如此紬繹，正作文之妙也。注家看不出，乃以引如終紲，引字爲誤，合作譬字，未盡古文法也。

撟幹欲孰於火而無贏，孰與熟同。

贏，音盈，過多也。撟，矯也。矯揉其幹，雖欲火之至熟，而又不可過熟於火。

撟角欲孰於火而無燂，

燂，炙爛也。矯揉其角，亦欲熟又不可至於炙爛也。

弓筋欲盡而無傷其力，

筋以縛束之，牽引必盡者，欲其緊也；又不可至於傷損，損則無力也。

鬻膠欲孰而水火相得，

烹煮其膠，亦欲其熟，水不可過多，火不可過猛。

然則，居旱亦不動，居濕亦不動。

旱乾則燥，雨濕則解。音害。幹角筋膠用火盡善，如此則弓在燥濕皆不傷動也。然則者，如此也。居者，在也。

苟有賤工，必因角幹之濕以爲之柔。

因角幹之濕者，謂其用火未熟也。未熟則幹角外雖乾，而内猶濕，即矯揉而用之，以此爲柔而易揉也。

善者在外，動者在内，雖善於外，必動於内，雖善，亦弗可以爲良矣。

善在外，謂其皮乾也。動在内者，裏未熟也。外雖乾而易損。動者在内，雖弓成亦若盡善，而用之必易敗，故曰弗可以爲良，言非良弓也。

凡爲弓，方其峻而高其柎，

峻者，弓之簫頭也。柎者，弓之中手把處也。簫頭必方，手把處必高。

長其畏而薄其敝，

畏者，弓之曲隈處也，必須稍長。敝與蔽同，手把處有物蔽之，不可太厚，故欲其薄。

宛之無已，應。

宛者，引而放之也。峻方，柎高，畏長，敝薄，則𨷖引而應。其應無已，謂其愈射愈好也，謂其便利也。

下柎之弓，末應將興。

此言不便利者，弓之柎處若下而不高，則簫頭每引而起。興者，起也。弓隈未應而簫頭先應，則用之不便利也。

爲柎而發，必動於䋄。弓而羽䋄，末應將發。

此十六字又發明上八字也，謂弓之簫頭爲柎不高而先發，則於弓之接中處必有傷動。䋄者，弓之接中也。弓之接中若有傷動，則必有緩弱之病。接中既緩弱，所以引之則簫頭常先應而發也。䋄，音隆殺之殺。羽，音扈。羽，緩也。末，簫頭也。上言將興，此言將發，發亦興也。

弓有六材焉，

六材已具上解。

維幹强之，張如流水。

六材之中，維幹堅强，則弓之弛張也如流水然。言其順瀏也。

維體防之，引之中參。

弓之全體納之弓檠之中，常爲愛護，則弓身完好。引而張之，則其弦五尺，張之可得丈五，故曰引之中參。防，愛護也。引，張也。中參者，一分之長張而有三倍也。

維角堂之，欲宛而無負弦。

堂與撐同。堂，正也。宛，引也。角既正，則引之與弦不相背，故曰欲宛而無負弦也。

引之如環，

張引其弓，則如環然，即前中參之意。

釋之無失，

釋，放也。既張而放，亦不失其常也。

體如環。

前言引之如環者，張開時也。此言體如環，既弛之後，弓之全體反轉如環也。弓有六材，此只言角與幹者，以其受重者言之也，故筋絲膠漆不及焉。

材美，工巧，爲之時，謂之參均。

其材既美，其工又巧，而爲之又得其時，三者皆善也，故曰三均。均者，皆相若也。爲之時者，冬幹夏角之類。

角不勝幹，幹不勝筋，謂之參均。

不勝者，不能相過也。角幹筋三者皆善，亦曰三均。

量其力有三均。均者三，謂之九和。

量三材之力，件件有三均則爲九，故曰三均者三。此謂角之材美、工巧、爲之得時，幹亦材美、工巧、爲之得時，筋亦材美、工巧、爲之得時也。有此九者則爲九和。和亦均也。工匠之人隨其材有巧拙，或能於此而不能於彼，必件件皆工則可，故每件皆欲三均也。

九和之弓，角與幹權，筋三侔，膠三鋝，絲三邸，漆三斞。

角與幹權者，亦角不勝幹之意，權亦均也。此不言筋者，承上文而足其意，故不重出也。侔，等也。鋝，鍰也。皆秤量之名。邸與斞，未知何義。注曰未聞，然以意推之，亦皆言其輕重之則。

上工以有餘，下工以不足。

工有巧拙，故曰上下。言工之巧者，即此數物用之而有餘。若拙工爲之，則六材雖具，但見其不足，蓋用之不得宜也。

王禎《農書》卷二一《農器圖譜十九・纊絮門》 木棉彈弓，以竹爲之，長可四尺許，上一截頗長而彎，下一截稍短而勁。控以繩絃，用彈棉英，如彈氈毛法。務使結者開，實者虛；假其功用，非弓不可。詩云：主射由來彀此弓，豈知弦法有他功。却將一掬香棉朵，彈作晴雲滿座中。

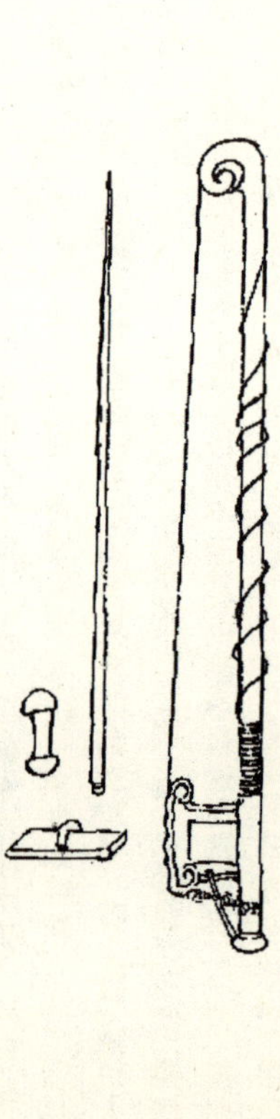

木棉彈弓　木棉捲筳

唐順之《武編》前集卷五

弓

引弓不得急，急則失威儀而不主皮；不得緩，緩則力難爲而箭去遲。唯善者能之。箭與弓靶齊爲滿，半靶之中爲貫盈，信美而及者難。要令大指知鏃至，然後發箭。故曰：鏃不上指，必無中矢；指不知鏃，同於無目。試之至也。或以目視簇馬上與暗中則乖，此爲無術矣。故矢在弓右，視在左，箭發則靡其弰，厭其肘，仰其腕。目以逕之，手以駐之，心以趣之。其不中何爲也？又曰：矢量其弓，弓量其力；無動容，無作色；和其支體，調其氣息，一其心志，謂之楷式。如此五者爲上德。故曰：莫患弓軟，服當自遠。若患力羸，恒當引之。但力勝其弓，則容貌和，發無不中。故始學者，先學持滿。須能制其弓，定其體，後乃射之。然其的必始於一丈，百發百中；寸以加之，漸至於百步，亦百發百中，乃爲術之成。或升其的於高山，或致其的於深谷，或曳之，或擲之，使其的縱橫前却，所以射禽獸與敵也。凡弓惡右傾，箭惡直儒，頤惡傍引，頸惡却垂，胷惡前亞，背惡後偃，皆射之骨髓疾也。故身前竦爲猛方騰，額前臨爲封兕欲鬬，出弓弰爲懷中吐月，平箭闊爲弦上縣衡，此皆有威儀之稱也。又曰：凡控弦有二法：無名指、中指壓大指，頭指當弦直豎，中國法也。屈大指，以頭指壓勾之，此羌法也。此外皆不入術。羌法力少利馬上，漢法力多利步用。然其持妙在頭指間，世人皆以其指末齪弦，則致箭曲，又傷羽。但令指面隨弦直豎，即脫而易中，其致遠乃過常數十步，古人以爲神而秘之。羌法不使大指過頭指，亦爲妙耳。其執弓欲使把前入扼，把後當四指本節平，其大指承鏃，却其頭指使不礙。【略】

習挽進力，古法曰：莫患弓軟，服當自遠。蓋習射之始，必須積挽。其法，以木弓三四斗，挽少至多，不可驟越。積至弓服，然後加以斗力推而上之，至一石止。蓋石力人皆有之，可勉而及。挽力既進，則架箭以試其滿。弓欲弱，箭欲長。弓弱則易至滿，箭長則引滿有餘。他日射之，可無殘箭之患。【略】

挽蹶弓弩，古人以鈞石率之，今人乃以粳米一斛之重爲一石。凡石者，以九十二斤半爲法，乃漢秤三百四十一斤也。今之武卒蹶弩有及九石者，計其力乃古之二十五石，比魏之武卒人當二人有餘。弓有挽三石者，乃古之三十四鈞，比顏高之弓人當五人有餘。此皆近歲教養所成，以至擊刺馳射，皆盡夷夏之術。器仗鎧冑，極今古之工巧。【略】

弓有六善：一者往體少而勁，二者太和而有力，三者久射力不屈，四者寒暑力一，五者弦聲清實，六者一張便正。凡弓往體少則易張而壽，但患其不勁。欲其勁者，妙在治筋。凡筋生長一尺，乾則減半。以膝湯濡而極之，復長一尺，然後用則筋力已盡，無復伸弛。又揉其材令仰，然後傅角與筋。此兩法，所以爲筋也。凡弓節短則和而虛。虛謂挽過吻則無力。節長則徤而柱，柱謂挽過吻則木强而不來節調把梢榫木。長則柱，短則虛。節得中則和而有力，仍弦聲清實。凡弓，初射與天寒則勁強而難挽，射久天暑則弱而不勝矢，則膠之爲病也。凡膠欲薄而筋力盡，强弱任筋而不任膠，此所以射久力不屈，寒暑力一也。弓所以爲正者，材也。相材之法視其理，其理不因矯揉而直中繩，則張而不跛。此弓人之所當知也。

又　弓制

一，馬蝗面弓。謂用大牛角解截成面而闊，遇拽滿則曲如扇圈，受力均匀，不嚼不走，不閃不肭。

一，泥鰍面弓。謂用小牛角解截成面而狹，遇拽滿則曲如折竹，受力不匀，易嚼易走，易閃易肭。【略】

鏃重則弓軟而去地遠，箭重則弓硬而中甲不入。舊法，箭頭重過三錢，則箭去不過百步。箭身重過十錢，則弓力當用一碩。是謂弓箭制。

《古事林廣記》曰：古法曰：弓不等箭與短兵同，箭不等弓與無鏃同。謂箭重則緩，輕則颺也。蓋弓有强弱，矢有銖兩。弓不合度，矢不端直，雖蒙、羿不能必中。古者弓矢之制，弓八斗，以弦重三錢半，箭重八錢爲準。學成，或致的於深谷，或昇於高山，或曳或擲，使其的縱横前却，施之於敵，發無不中。

焙宜火候。江南之地多卑濕，弓矢四時必火焙適宜，然後筋角膠漆和暢而不解，使弓斗力常存，矢翎羽常附。凡造焙之制，高不過五尺，横稱弓身而有餘，隨弓之多寡而廣狹之。弓之去火四尺之上下，火近太迫則燥，火去弓太遠則火氣不及，務適宜耳。弓面上向，焙其背不焙其面。凡火，四時有寬猛增減，不欲太猛，亦不欲太寬。蓋太猛則有弓枯之患，太寬則火氣易息，與無火同。火在爐，春夏秋冬上常覆三分灰。於梅蒸，則宜上覆二分之灰。春夏陰潤，亦如之。常使微露見火，朝以繼暮，夜以繼日。四時值天氣明爽時取弓出而列於架，使筋角之活也。良久，復藏於焙。江南射者易傷其弓，往往恃秋冬不潤，或置之風，殊不知一日失焙，弓未遽解，積日則解矣。凡自焙内取弓出射，必候頓晷，令弓絶無火氣，方可安弦，庶幾無傷折之患。

郝敬《周禮完解》卷一二《冬官考工記下》

凡居角，長者以次需。輭。恒角而短，是謂逆橈，引之則縱，釋之則不校。跛。恒角而達，辟如終紲，非弓之利也。今夫茭交。解中有變焉，故校。於挺臂中有柎焉，故剽。恒角而達，引如終紲，非弓之利。

此節申言用角之法。居角，猶言居幹。凡用角，長者居弓隈。次，猶居也。需，輭通，謂弓曲隈處。長者居隈，則短者居弰，如此則角之長短稱幹，而中與末强弱相應矣。恒，絙通，猶竟也。竟角而短，謂角短于幹，則引其弦而縱放無力，謂之逆橈。逆，猶反也，言反引之易橈也。釋，舍也，謂放弦舍矢，其去不急。校絞通，急也，猶廬人細則校之校。達，謂角直達兩弰。紲，弓韠，以竹夾弓體，繩紲之使正。詩云「竹韠緄縢」是也。角長如終韠，非弓之利。蓋弓引之用力者挺臂也，放弦送矢者兩弰也，臂與弰居角異。茭作骹，猶輪人去其一以爲骹圍之骹，近弰細處，如人足脛骨曰骹。解，猶節也。茭解，猶骹節。有變，言骹節與臂不同。校角不連臂，則弰得自遂而送矢急。挺臂，謂弓近把淵隈之間，用力之處。柎，謂手把處，兩畔有側骨附之，以助其强。用角于柎上下宜長也。剽，疾也。骹臂既異，苟恒角而達，引之如弓在紲中，非弓之利正以此。

撟幹，欲孰於火而無贏。撟角，欲孰於火而無燂。潛。引筋，欲盡而無傷其力。鬻膠欲孰而水火相得。然則居旱亦不動，居濕亦不動。苟有賤工，必因角幹之濕以爲之柔。善者在外，動者在內，雖善於外，必動於內，雖善亦弗可以爲良矣。

此言弓人合材，水火燥濕緩急之節。撟，矯同，揉也。羸，太過也。燀，焊同，爛也。幹不火則不定，過則脆，故無羸。角不火則不柔，過則腐，故無燀。筋引則伸，引急則傷而易絶。膠鬻則黏，水多則解，火勝則焦，故水火欲相得。四者適宜，以爲弓則處燥不剛，處濕不柔，是良工也。若夫賤工，揉材不中，水火失宜，燥濕不調，合于外必動于内，不可以爲良。

凡爲弓，方其峻而高其柎，長其畏而薄其敝，宛之無已，應。下柎之弓，末應將興。爲柎而發，必動於閷。曬。弓而羽閷，末應將發。

此言弓柎與弰相應之法。柎，弓把也。持力在柎，引弦在弰。柎高厚，則弓力堅固。弰往來而拊不動，則弓無發傷之病。峻謂弰也。末矯而勁曰峻。高，謂側骨厚也。畏，弓曲隈。敝，蔽同，謂弓背在外者，欲平而薄。鄭謂人所握持處，恐非也。宛，曲也，謂引弦滿。已，止也。應，隨也。無已應，謂隨人操縱，永不動傷。下柎，謂柎低。末，即弰也。興，引動也。發，傷損也。閷，殺同，薄也。弓自隈敝以上薄于柎曰殺。羽，如羽飛摇動也，言下柎之弓，柎薄無力，弰末應弦將興，柎必因之發傷。柎既發，則兩隈背殺薄處，失勢而輭動，如鳥羽摇拽。弓至羽殺不定，則末弰豈能終固。將應手發傷，焉得無已之應乎？鄭解未明。

弓有六材焉，維幹强之，句。張如流水。維體防之，句。引之中參。維角定之，句。欲宛而無負弦。引之如環，釋之無失，體如環。材美，工巧，爲之時，謂之參均。角不勝幹，幹不勝筋，謂之參均。量其力有三均。均者三，謂之九和。九和之弓，角與幹權，筋三侔，膠三鋝，劣。絲三邸，漆三斞。庾。上工以有餘，下工以不足。

此總論良弓之式。六材幹爲本，弓之强，惟幹之力。幹直則體正，雖張如流水，而體正足以防其流不迆邪也。防，謂如水有防。鄭以維體連下句解，謂納之弓檠，非也。矢長三尺，引滿三尺後發，則曲至矣。能無損傷者，維角撑持之。宛，圜也。無負弦，謂弦開不迫幹，猶輪人幬不負幹之負。引中參而宛如環，即不負弦也。鄭謂不辟戾，恐非。如環，即宛也。釋謂放弦，弦釋而弓體猶如引滿之，正無辟戾反去之患，則弓之均者也。詩云敦弓既均，弓以均爲德，其材美，其工巧，其爲時，是謂三均。角盡美，幹盡美，筋盡美，三者相當，不能相勝，亦謂三均。量人之力，有强者，有弱者，有强弱半者，各適其用，亦謂三均。三均各三，謂之九和。和亦均也。鄭解恐非。角與幹權以下，皆極言良工治材之均和也。權，猶稱也。三，猶參也。侔言謀也。鋝，埒通，等也。邸，抵通，相當也。斞，臾通，相從臾也。皆均和之意。是書辭義變幻多此類，鄭泥數解，則一弓用膠三鋝，六兩曰鋝，是用膠十八兩也。陶人二斗四升爲庾，是用漆七斗二升，無是理矣。上工，良工。下工，賤工。以用也，良工用材常若有餘，下工用材常若不足。

徐光啓《農政全書》卷三五《蠶桑廣類》 木棉

木棉彈弓，以竹爲之，長可四尺許，上一截頗長而彎，下一截稍短而勁，控以繩絃。用彈棉英，如彈氊毛法。務使結者開，實者虛。假其功用，非弓不可。

玄扈先生曰：今以木爲弓，蠟絲爲弦。

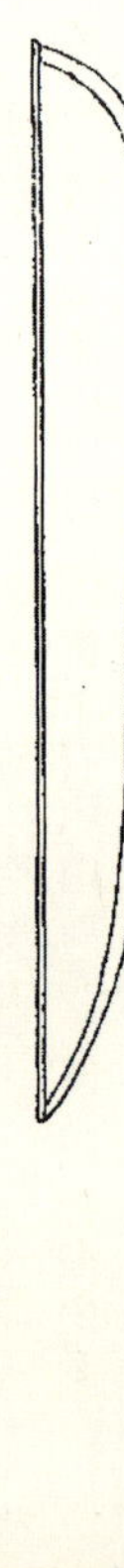

木棉彈弓

宋應星《天工開物》卷下《佳兵第十五》 弧矢

凡造弓，視人力强弱爲輕重。上力挽一百二十斤，過此則爲虎力，亦不數出。中力減十之二三，下力及其半。彀滿之時，皆能中的。但戰陣之上，洞胸徹札，功必歸于挽强者。而下力倘能穿楊貫虱，則以巧勝也。凡試弓力，以足踏弦就地，稱鈎搭挂弓腰，弦滿之時，推移稱錘所壓，則知多少。其初造料分兩，則上力挽强者，角與竹片削就時，約重七兩。筋與膠、漆與纏約絲繩約重八錢，此其大畧。中力減十之一二，下力減十之二三也。

試弓定力

凡成弓，藏時最嫌霉濕，霉氣先南後北，嶺南穀雨時，江南小滿，江北六月，燕、齊七月。然淮、揚霧氣獨盛。將士家或置烘厨、烘箱，日以炭火置其下。春秋霧雨皆然，不但霉氣。小卒無烘厨，則安頓竈突之上。稍怠不勤，立受朽解之患也。近歲命南方諸省造弓解北，紛紛駁回，不知離火即壞之故，亦無人陳説本章者。

郭宗昌《二戎記》 圖四

今大弓，梢鋭、閃長而力猛。

方苞《周官集注》卷一二

凡居角，長者以次需。

注疏弓隈謂之需，長者當弓之隈，短者居簫，非也。角介于柎而上，不達于簫，兩畔各一角，無所謂長者、短者。所謂居角，亦以居積言。蓋弓有上中下三制，故居角取其長者，以次排列而待用也。

恒角而短，是謂逆橈，引之則縱，釋之則不校。

恒讀爲桓，竟也。竟其角而短于淵幹，引之角縱不用力，若欲反橈然。釋，放弦也。校，疾也。橈，曲也。柎角長短强弱得宜，然後引之，以漸而曲，其體如環順也。角短則柎必長，柎太長則中央强直，而畏之曲也如折，是謂逆橈。惟畏過曲而如折，是以引之則縱，釋之則不校也。

恒角而達，譬如終紲，非弓之利也。

注疏謂達于簫頭，非也。簫與幹異材而逆傳，角雖長，無上達于簫之理。蓋謂直通挺臂也。弓之制，柎强畏弱，兩端微强，然後張如流水。若角長直通挺臂，則中弱，挽之則中央先曲，而畏與末反直挺而不應弦，如紲于韣。近世有通角弓，試之良然。

今夫茭解中有變焉，故校。于挺臂中有柎焉，故剽。恒角而達，引如終紲，非弓之利。

茭解，謂隈與簫相接之處。變，謂簫臂用力異也。引之則臂中用力，放矢則簫用力，用力異故校。挺，直也。直臂謂人所把握處柎側骨也，把處兩畔有側骨助爲力，故剽疾。校言其勢之疾，剽言其力之勁，舉是二者，正釋恒角而達，引如終紲之義也。蓋角之用，兩端不達于簫，中央不達于柎，乃調順而能助幹以爲疾。若角達于簫，而茭解中無變，則送矢不疾。角通于敝而挺臂中無柎，則負幹無力，轉爲不利于弓矣。再言角長之不利者，角短不足用。凡工能辨之，其或貪角材之長，而用之不得其節，尤可惜也。舊説中有變謂簫與臂用力異，果爾，則辭不足以指事矣。蓋抗弦送矢，全力在簫，所謂末應也。彈弓無簫，故引之常縱。弓幹盡處忽以簫逆插幹間，勾而向前，其形制有變，故抗弦有力而送矢疾也。茭從交，弓幹之端析爲兩岐，而以簫剚入，故曰茭。簫別一木，雖以筋膠合于弓幹，而體本兩判，故曰解。

撟幹欲孰于火而無贏，撟角欲孰于火而無燂，引筋欲盡而無傷其力，鬻膠欲角而水火相得，然則居旱亦不動，居濕亦不動。

贏，過孰也。燂，炙爛也。

苟有賤工，必因角幹之濕以爲之柔。善者在外，動者在内，雖善于外，必動于内，雖善亦弗可以爲良矣。

濕生用之也。

凡爲弓，方其峻而高其柎，長其畏而薄其敝，宛之無已，應。

峻謂簫也。敝即把握處。宛，引之也。無已應，謂引之不休止，常應弦不罷需也。峻疑當簫限之中而拄弦者，以其隆起，故謂之峻。簫狹而長，不得云方也。高其柎，謂于挺臂中置骨穹而隆起也。宛，疑當作挽，以音同而誤也。無已應，謂引之過度而其體能應，不至于折傷也。趙氏曰：柎與敝，人往往不能分別，嘗見造弓把處稍細，把處上下皆堆起稍高，攙接著角面，蓋敝即把處稍細者。柎乃把處兩頭兩側畔稍高接角限者。敝以正面言，故云薄。柎則置于兩側，側目視之，故不言厚而言高。

下柎之弓，末應將興。

末即簫也。興謂把握中摇撼也。柎下力弱，則簫應弦而動，把握中必摇撼。

爲柎而發，必動于閷。弓而羽閷，末應將發。

閷即接中羽，讀爲扈緩也。接中動則緩，簫末應之，角幹必至發傷。發即興也，興者動于内，發則暴裂于外也。閷當爲角之接柎者，舊説以爲茭解。茭解發動，則末已發動不應。又云末應將發矣，蓋柎既摇撼，則角之接柎者必發動。角之接柎者既發動，則弦偏斜而簫必應之而反脱也。羽閷者，角之兩旁甚薄，其暴起有似于羽。

弓有六材焉，維幹强之，張如流水。

幹强而又能張如流水者，質堅而柔忍也。

維體防之，引之中參。

體謂内之檠中，定其體。防謂淺深所止，若王弧之弓，往體寡，來體多，弛之五寸，張之則一尺五寸。夾庾之弓，往體多，來體寡，弛之一尺五寸，張之則五寸。唐弓、大弓，往來體若一，弛之一尺，張之亦一尺。體雖不同，及其引之皆三尺，以矢長三尺須滿故也。

維角堂之，欲宛而無負弦。引之如環，釋之無失，體如環。

角用反勢，以掌拄于柎與峻之間，故曰堂之。負弦謂不應弦也。釋之無失句，失謂反脱也。弓不調，則釋矢時多反脱。體如環，謂既弛之後。

材美，工巧，爲之時，謂之參均。角不勝幹，幹不勝筋，謂之參均。量其力有三均。均者三，謂之九和。

有讀爲又。量其力，又三均者，謂若幹勝一石，加角而勝二石，被筋而勝三石，引之中三尺。弛其弦，以繩緩擐之，每加物一石，則張一尺。

九和之弓，角與幹權，筋三侔，膠三鋝，絲三邸，漆三斞。上工以有餘，下工以不足。

權，平也。侔，猶等也。角幹既平，筋三而又與角幹等也。邸斞輕重未聞。

允祹等《大清會典則例》卷一一二《兵部・武庫清吏司》 軍器

弓力强弱，視胎面厚薄、筋膠之輕重爲斷。一力至三力，用筋八兩，膠五兩；四力至六力，用筋十四兩，膠七兩；七力至九力，用筋十八兩，膠九兩；十力至十二力，用筋斤十兩，膠十兩；十三力至十五力，用筋二斤，膠十二兩；十六力至十八力，用筋二斤六兩，膠十四兩。箭笴以楊木、柳木、樺木爲質，取圓直之杆削成之。别用數寸之木刻槽一道，曰箭端。箭笴必取範於端以均停，其首尾刻銜口以駕弦，曰括，其端受鏃。

戴震《考工記圖》卷下

凡居角，長者以次需。

注：當弓之隈也，長短各稱其幹，短者居簫。

恒角而短，是謂逆橈，引之則縱，釋之則不校。恒角而達，辟如終紲，非弓之利也。今夫茭解中有變焉，故校。於挺臂中有柎焉，故剽。恒角而達，引如終紲，非弓之利。恒亘同，辟譬同。

注：恒讀爲桓，桓竟也，竟其角而短於淵幹，引之，角縱不用力，若欲反撓然。校，疾也。既不用力，放之又不疾。達謂長於淵幹，若達於簫頭。紲，弓䩛。角過淵接，則送矢太疾，若見紲於䩛矣。紲，繫也，常如繫於䩛然。弓有䩛者，爲發弦時備頓傷。詩云竹䩛緄縢。發弦謂解厺弦。茭讀如齊人名手足掔爲骹之骹。茭解，謂接中也。前云居角長短各稱其幹，短者居簫，然則角長至淵幹，與居簫之短者相接，所謂淵接，是爲茭解中也。變，謂簫臂用力異。疏云：引之則臂中用力，放矢則簫用力，既用力異，故校。校，謂矢厺疾也。挺，直也。柎，側骨。《釋名》中央曰弣。弣，撫也，人所持撫也。林氏曰：側骨者，把處兩邊，貼以木也。剽，亦疾也。

補注：䩛以竹爲之，弓弛則紲之於弓裏，張則厺之。角長過淵接，引弦送矢俱不利，故曰辟如終紲，又曰引如終紲。

撟幹欲孰於火而無贏，撟角欲孰於火而無燂，引筋欲盡而無傷其力，鬻膠欲孰而水火相得，然則居旱亦不動，居溼亦不動。撟，居兆反。燂，音尋。

注：贏，過孰也。燂，炙爛也。不動者，謂弓也。

苟有賤工，必因角幹之溼，以爲之柔。善者在外，動者在内，雖善於外，必動於内，雖善，亦弗可以爲良矣。

注：溼，猶生也。

補注：鄭用牧曰：動者在内，謂後必橈減，變動於内。

凡爲弓，方其峻而高其柎，長其畏而薄其敝，宛之無已，應。敝讀爲蔽塞之蔽。

注：宛謂引之也，引之不休止，常應弦，言不罷需也。峻，謂簫也。鄭司農云：敝，謂弓人所握持者。

補注：峻，蓋簫之柱弦者也。挺臂中有柎，柎嚮弦，宜高而薄之，以優握持。高下厚薄，互爲横縱之辭也。敝與柎，皆弓把。柎者，其内側骨。

下柎之弓，末應將興。爲柎而發，必動於閷。

注：末，猶簫也。興，猶動也，發也。弓柎卑，簫應弦，則柎將動，閷接中。

補注：末應將興，言簫應弦將有傷動。爲柎而發，必動於閷，言因柎以致傷動者，其病必在角柎相接之處。興與弓韻，弓音肱。發與閷韻，異文協句爾。

弓而羽閷，末應將發。羽音户。閷，色界反。

注：羽讀爲扈。扈，緩也。接中動，則緩閷。簫應弦，則角幹將發。

補注：接中既傷動而緩縵，角幹皆隨之壞矣。

弓有六材焉，維幹强之，張如流水。

注：無難易也。

維體防之，引之中參。

注：體謂内之於檠中，定其體。防，深淺所止。疏云：若王弧之弓，往體寡，來體多，弛之乃有五寸，張之一尺五寸。夾庾之弓，往體多，來體寡者，弛之一尺五寸，張之得五寸。唐弓、大弓，往來體若一者，弛之一尺，張之亦一尺。謂體定張之，弦居一尺，引之又二尺。疏云：此據唐大中者而言，餘四者弛之張之，雖多少不同，及其引之皆三尺，以其矢長三尺，須滿故也。

維角堂之，欲宛而無負弦。引之如環，釋之無失，體如環。堂，古音直良反，今音丑庚反。

注：負弦，辟戾也。負弦則不如環，如環亦謂無難易。

補注：既張弦，引之如環，及其釋弦，無失體，亦如環也。

材美，工巧，爲之時，謂之參均。角不勝幹，幹不勝筋，謂之參均。量其力有三均。均者三，謂之九和。

注：不勝，無負也。

補注：角幹筋三者，量其力，無此勝彼負，謂之參均。即所謂量其力有三均也。角幹筋之材美，工巧，爲之時，謂之參均。是均者各三，而謂之九和也。量其力有三均二句，承上兩謂之參均。

九和之弓，角與幹權，筋三侔，膠三鋝，絲三邸，漆三斞。上工以有餘，下工以不足。鋝，當作鋢。

注：權，平也。鋝，鋢也。邸、斞，輕重未聞。

補注：權之使無勝負，故曰角與幹權。侔，未聞。三侔，三鋢，三邸，三斞，一弓之筋膠絲漆也。鋢者，十一銖二十五分銖之十三，三鋢重一兩十銖二十五分銖之十四。邸，收絲之器。斞，挹漆之器。皆有量數，可取則者。

劉啓端等《大清會典圖》卷一〇三《武備十三》　武科試士弓，徑三尺七寸，鹿皮弦分爲三等，一等十二力，次十力，次八力。復有强弓六，自十三力至十八力，能挽者聽。凡弓力强弱，視胎面厚薄，筋膠輕重。一力至三力，用筋八兩，膠五兩；四力至六力，用筋十四兩，膠七兩；七力至九力，用筋十八兩，膠九兩；十力至十二力，用筋一觔十兩，膠十兩；十三力至十五力，用筋二觔，膠十二兩；十六力至十八力，用筋二觔六兩，膠十四兩。刀制如偃月刀，刃及柄俱以鐵，下圓如椎，末爲鐏，亦分三等。一等重百二十觔，長八尺一寸五分；次百觔，長七尺八寸七分；次八十觔，長七尺四寸。石形如方礎，左右鑿孔以容手，亦分三等。一等重三百觔，高一尺七寸八分，闊一尺三寸，厚八寸；次二百五十觔，高一尺六寸，闊一尺八分，厚七寸六分；次二百觔，高一尺五寸，闊一尺五分，厚七寸。弓視所挽以較力，刀石視所舉以較力。

王仁俊《格致古微》卷四　《夢溪筆談》器用。錢塘有聞人紹者，常寶一劍，以十大釘陷柱中，揮劍一削，十釘皆截，隱如秤衡，劍鋒無纖跡，用力屈之如鉤，縱之鏗然有聲，復直如弦。關中种諤亦畜一劍，可以屈置盒中。又辨證篇：予使至磁州，鍛坊觀煉鐵。凡鐵有鋼者，如麪中筋，濯盡柔麪筋乃見，煉鋼亦然，但取精鐵煆之百餘火，每鍛秤之，一鍛一輕，至累鍛而斤兩不減則純鋼也。案：此知煉鐵之法，宋已有之，西人礦學所述，大恉相符。

紀事

管仲撰　房玄齡注《管子》卷二三《輕重甲》　桓公曰：「弓弩多匡軫苦禮切。礙也。者，而重藉於民，奉繕工而使弓弩多匡軫者，其故何也？」管子對曰：「鵝鶩之舍近，鵾雞鵠鴇音保。之通遠。鵠鶤之所在，君請式璧而聘之。」桓公曰：「諾。」行事期年，而上無闕者，前無趨人。三月解匋，弓弩無匡軫者。召管子而問曰：「此何故也？」管子對曰：「鵠鶤之所在，君式璧而聘之。菹澤之民聞之，越平而射遠，非十鈞之弩不能中鵾雞鵠鴇。彼十鈞之弩，不得棐擏，不能自正。故三月解匋，而弓弩無匡軫者。此何故也？以其家習其所也。」

呂不韋撰　高誘注《呂氏春秋》卷二三《貴直論第三・壅塞》　齊宣王好射，說人之謂已能用彊弓也。示有力也。其嘗所用不過三石，以示左右，左右皆試引之，中關而止，關，謂關弓。弦正半而止也。皆曰：「此不下九石，非王其孰能用是！」言九石之弓獨王用之耳。宣王之情，情，實也。所用不過三石，而終身自以爲用九石，豈不悲哉！傷其自輕而不知其實。非直士其孰能不阿主？世之直士，其寡不勝衆，數也。數，道數也。故亂國之主，患存乎用三石爲九石也。力不足而自以爲有餘也。其功德，其治理，皆亦如之也。

崔鴻《十六國春秋》卷七五《前凉録六・索孚》 索孚，字國明，燉煌人，善射，十中八九。或謂之曰：射有法乎？孚曰：射之爲法，猶人主之治天下也。射者，弓有强弱，矢有銖兩，弓不合度，矢不端直，主雖逢蒙，不能以中。才不稱官，萬務荒怠，雖以堯舜之君，亦無以治也。

江少虞《事實類苑》卷一四《德量智識・魏丕》 魏丕作坊使舊制床子弩，止七百步。上令丕增造至千步，求規於信。信令懸弩子架，以重墜其兩端，弩勢圓，取所墜之物較之，但於二分中增一分，以墜新弩，則自可千步矣。如其制造，果至千步，雖百試不差。《魏王別録》。

陳宓《龍圖陳公文集》卷六《奏劄・第二劄》 至於弩之制度，務在彊勁。唐絞車弩中七百步，本朝連弩亦射三百步外，不知今諸軍之弩力果及之乎。蓋弩之勝弓者，以其射疏及遠。苟不及遠，與弱弓何異？巨愚欲望聖慈詔三省密院，多給錢物，置場收買材料，令本所日下製造神勁角弩，務在精勁。給降三衙及江上諸軍，仍降弩樣，令逐軍依樣製造。

徐壽基《續廣博物志・製造》 苗人錬鐵成刀，屈之可纏於腰際，引之則直，須以巨毛竹捲去之。

流體力學部

液體浮力分部

論説

卜子夏《子夏易傳》卷八《周易・繫辭下》

刳木爲舟，剡木爲楫，舟楫之利以濟不通，致遠以利天下，蓋取諸渙。

木之爲物，浮於水也，可以行險而不窮也，故虚木而舟之，剡木而楫之，以濟乎水，渙之象也。得其散適而致其遠，渙之義也，是以取諸渙。

鄭玄注　陸德明音義　賈公彦疏《周禮注疏》卷三九《冬官考工記》　揉輻必齊，平沈必均。注：揉謂以火槁之，泉輻之直齊如一也。平沈，平漸也。鄭司農云：「平沈，謂浮之水上無輕重。」音義：揉，而九反，又音柔，李又奴丑反，一音而又反。槁，劉苦老反，沈居趙反。漸，子廉反，下同。疏：注釋曰：云揉謂以火槁之者，曲者以火炙之，木則濡可揉戾使直。槁，就也。故云揉謂以火槁之也。云衆輻之直齊如一也者，謂以火槁之後，直不曲，故云直齊如一也。重者沈多，輕者沈淺，沈重者更去之，則平而輕重等也。【略】

縣之以眡其輻之直也，注：輪輻三十，上下相直，從旁以繩縣之，中繩則鑿正輻直矣。音義：縣，音懸，後皆同。直，音值。疏：注釋曰：此以輪倒於一邊，輪輻三十，兩兩上下相直，從旁以繩縣之，兩兩中縣，則鑿正而輻直矣。水之以眡其平沈之均也，注：平漸其輪無輕重，則斲材均矣。音義：斲，陟角反。疏：注釋曰：兩輪俱置水中，觀眡四畔入水均否，若平深均，則斲材均矣。

又　卷四一《冬官考工記》　矢人爲矢，鍭矢參分，茀矢參分，一在前，二在後。注：參訂之而平者，前有鐵重也。司弓矢職茀當爲殺。鄭司農云：「一在前，謂箭稾中鐵莖居參分殺一以前。」音義：鍭矢，音侯，劉音候。茀，依注，音殺，色黠反，劉色例反，李音拂。訂，音亭，劉當定反。稾，古老反，下同。疏：注釋曰：云參訂之而平者，以其言參分一在前二在後，明據稱量得訂而言之。云前有鐵重也者，若不前鐵重，何以參分得訂也。引司弓矢職者，彼鍭矢與殺矢相對，茀矢自與矰矢相對。此上既言鍭矢，明下宜有殺矢對之，故破此茀爲殺矢也。鄭云一在前，謂箭稾中鐵莖居參分殺一以前者，後鄭意，直據近鏃鐵多，先鄭據長短，又以參分殺之，近鏃宜細，以其鏃長，近鏃雖殺猶重，與後鄭義合，故引之在下也。兵矢、田矢五分，二在前，三在後。注：鐵差短小也。兵矢，謂枉矢、絜矢也。此二矢亦可以田。田矢，謂矰矢。音義：絜，若結反，又音結。矰，音增。疏：注釋曰：云鐵差短小也者，前參分一在前得訂，此五分二在前得訂，故知鐵差短小也。云兵矢謂枉矢、絜矢也者，以司弓矢職參之，下有七分，當茀矢矰矢，此五分，當枉矢絜矢也。云田矢爲矰矢者，依《鄭志》。此云田矢謂矰矢，非謂經中田矢，正是下文七分者。若然，既非經之田矢，鄭言之者，欲見矰矢正田矢。此經二矢亦可以田，若然，經枉矢絜矢非直爲兵矢，亦將田獵，故云此二矢亦可以田也。按《鄭志》，趙商問司弓矢，注云：凡矢之制，矰矢之屬，七分，三在前，四在後。按矢人職曰：田矢五分，二在前，三在後。注云：田矢，謂矰矢。數不相應，不知所裁。答曰：田矢謂矰矢，此先定，後云此二矢亦可以田。頃若少疾，此疏初在篋笥之間，屬録事得之，謹答。若然，鄭君本意，以矰矢爲田矢，非經田矢，自是尋常田矢。此二矢亦可以田，解經田矢是枉矢、絜矢，非直爲兵矢，此二者亦可以田也。此鄭云田矢謂矰矢。按司弓矢職，枉矢、絜矢言利諸田獵，茀矢、矰矢直言弋射，不言田獵，而云田矢者，弋射即是田獵也。按司弓矢職，枉矢、絜矢在前，後乃云鍭矢、殺矢，此矢人先言鍭矢、殺矢者，彼據事之重者爲先，以其枉矢、絜矢用諸戰伐是重，故在前，此據鐵輕重，重者在前，故不同也。殺矢七分，三在前，四在後。注：鐵又差短小也。司弓矢職網當爲茀。音義：網，依注爲茀，劉符弗反，李音拂。疏：注釋曰：上經已破茀當爲殺，此網固宜爲茀，與矰矢同七分，故亦引司弓矢證之也。此經直言茀矢，不言矰矢者，以其與茀矢同制，故略而不言也。言鐵又差短小也者，以其前五分二在前，此七分三在前，是差短小也。

參分其長而網其一，注：矢稾長三尺，殺其前一尺，令趣鏃也。音義：網，本又作殺，色界反，注下皆同。趣，七喻反，一音促。鏃，子木反，或七本反。疏：注釋曰：按《稾人》注：矢服長短之制，未聞。今此注云矢稾長三尺，彼以無正(矢)[文]，故云未聞。此云三尺者，約羽六寸，逆差之，故知三尺也。五分其長而羽其一，注：羽者六寸。音義：羽，于付反，注及下同。以其笴厚爲之羽深，注：笴讀爲稾，謂矢幹，古文假借字。厚之數，未聞。音義：笴，古老反，下相笴同。水之以辨其陰陽，注：辨猶正也。陰沈而陽浮。音義：辨，皮勉反，劉方勉反。疏：注釋曰：就其浮沈刻記之。夾其陰陽以設其比，夾其比以設其羽。注：夾其陰陽者，弓矢比在稾兩旁，弩矢比在上下。設羽於四角，鄭司農云：「比謂括也。」音義：夾，古洽反，劉古協反。比，毗志反，下及注同。疏：注釋曰：云弓矢比在稾兩旁者，以其弓竪用之，故比在稾之兩旁。云弩矢比在上下者，以其弩弓横用之，故比在稾上下。云設羽於四角者，無問弓之矢，弩之矢，比在兩旁上下，皆設羽於四角同也。

《墨子》卷一〇《經下第四十一》　荆之大，其沈淺也，説在具。【略】

又　《經説下第四十三》　荆沈，荆之具也，則沈淺非荆淺也，若易五之一。

莊周撰　郭象注《莊子》卷一《逍遥遊》　天之蒼蒼，其正色耶？其遠而無所至極耶？其視下也，亦若是則已矣。今觀天之蒼蒼，竟未知便是天之正色耶？天之爲遠而無極耶？鵬之自上以視地，亦若人之自此視天。則止而圖南矣，言鵬不知道里之遠近，趣足以自勝而逝。補：大鵬之飛九萬里，則其下視生物相吹之氣，亦如今觀天之色蒼蒼而已，言其遠之甚也。且夫水之積也不厚，則負大舟也無力。覆杯水於坳堂之上，則芥爲之舟，置杯焉則膠，水淺而舟大也。此皆明鵬之所以高飛者，翼大故耳。大質小者，所資不待大；則質大者，所用不得小矣。故理有至分，物有定極。各足稱事，其濟一也。若乃失乎忘生之主，而營生於至當之外，事不任力，動不稱情，則雖垂天之翼不能無窮，決起之飛不能無困矣。堂道謂之坳，有坳垤形也。芥，小草也。膠，著地也，黏也。風之積也不厚，則其負大翼也無力。故九萬里則風斯在下矣，而後乃今培風；背負青天而莫之夭閼者，而後乃今將圖南。夫所以乃今將圖南者，非其好高而慕遠也，風不積則夭閼不通故耳。此大鵬之逍遥也。培，音裴，重也，本或作陪風。絶句背負青天，一讀以背字屬上句。夭，折也。閼，止也，塞也。

《慎子外篇》　慎子曰：「燕鼎之重乎千鈞，乘於吴舟則可以濟，所託者，浮道也。」

劉安撰　高誘注《淮南子》卷一《原道訓》　夫萍樹根於水，木樹根於土，鳥排虚而飛，獸蹠實而走，蹠，足也。實，地也。蛟龍水居，虎豹山處，天地之性也。兩木相摩而然，金火相守而流，然，焚也。員者常轉，窾科。者主浮，自然之勢也。員，輪丸之屬。窾，空也，舟船之屬。

又　卷一一《齊俗訓》　夫竹之性浮，殘以爲牒，束而投之水則沈，失其體也。金之性沈，託之於舟上則浮，勢有所支也。

又　卷一六《説山訓》　見窾木浮而知爲舟，見飛蓬轉而知爲車，見鳥迹而知著書，以類取之。窾，穴，讀曰科也。

劉安《淮南萬畢術》

鴻毛之囊，可以渡江。《御覽》七百四，九百十六。

盛鴻毛滿囊，可渡江不溺也。七百四。盛鴻毛於縑囊，可以渡江不溺也。九百十六。

吴秦菁《秦子》　鍼雖小，入水則沈；毛雖大，入水則浮，性自能也。

楊泉《物理論》馬總《意林》卷五　鴻毛一羽，在水而没者，無勢也。黄金萬鈞，在舟而浮者，託舟之勢也。

葛洪《抱朴子内篇》卷四《登涉》　或食六戊符千日，或以赤斑蜘蛛及七重水馬以合馮夷水僊丸服之，則亦可以居水中。又以塗蹠下，則可以步行水上也。頭垢猶足以使金鐵浮水，况妙於兹乎。

劉晝《劉子》卷四《託附》　綴羽於金鐵，置之於江湖，必也沈溺，陷於泥沙，非羽質重而性沈，所託沈也。載石於舟，置之江湖，則披風截波，汎颺長澗，非石質輕而性浮，所託浮也。搏牛之虻飛極百步，若附鸞尾則一翥萬里，非其翼工，所託迅也。樓季足捷，追越奔光，若駕疲駟，則日不涉一舍，非其脛遲，所託蹇也。以是觀之，附得其所，則重石可浮，短翅能遠；附失其所，則輕羽淪溺，迅足成蹇。

成玄英《南華真經注疏》卷一《逍遥遊》　天之蒼蒼，其正色邪？其遠而無所至極邪？其視下也，亦若是則已矣。疏：仰視圓穹，甚爲迢遞，碧空高遠，筭數無窮。蒼蒼茫昧，豈天正色？然鵬處中天，人居下地，而鵬之俯視，不異人之仰觀。人既不辯天之正色，鵬亦詎知地之遠近？自勝取足，適至南溟。鵬之圓度，止在於是矣。且夫水之積也不厚，則其負大舟也無力。覆杯水於坳堂之上，則芥爲之舟，置杯焉則膠，水淺而舟大也。疏：且者，假借，是聊畧之辭。夫者，開發在語之端緒。積，聚也。厚，深也。杯，小器也。坳，污陷也，謂堂庭坳陷之地也。芥，草也。膠，黏也。此起譬也。夫翻覆一杯之水於坳污堂地之間，將草葉爲舟，則浮汎靡滯；若還用杯爲舟，理必不可。何者？水淺舟大，則黏地不行故也。是以大舟必須深水，小芥不待洪流。苟其大小得宜，則物皆逍遥。風之積也不厚，則其負大翼也無力。故九萬里則風斯在下矣，疏：此合喻也。夫水不深厚，則大舟不可載浮；風不崇高，大翼無由凌霄漢。以小鳥半朝，决起槍榆之上；大鵬九萬，飄風鼓扇其下也。而後乃今培風；背負青天而莫之夭閼者，而後乃今將圖南。疏：培，重也。夭，折也。閼，塞也。初賴扶摇，故能昇翥；重積風吹，然後飛行。既而上負青天，下乘風脊，一凌霄漢，六月方止。網羅不逮，畢弋無侵，折塞之禍，於何而至。良由資待合宜，自致得所。逍遥南海，不亦宜乎。

許洞《虎鈐經》卷六《過水》　罌筏一

凡縛罌甕爲筏，瓮間闊五寸，深受二石米，力勝一人，底以繩勾連之，編槍於上，形長勿方，前置拔頭，後置板稍，左右棹之。槍筏，槍十根爲一束，力勝一人，四千一百六十六根六分爲一筏，去鑚刅，束爲魚鱗次，横括而縛之，可度四百一十六人。爲三筏，計用一萬二千五百根，渡人一千二百五十人。十渡則一軍濟矣。挾絙，以善水者繫小繩於要處，先浮渡水，次引大絙於兩岸，立大橛及繫於樹。急定絙，使人挾絙浮渡。大軍可分爲十道渡之。浮囊，以渾脱羊皮吹氣令滿，繫其孔，束於兩腋下，浮而渡。

曾公亮　丁度《武經總要》前集卷一一《水戰并圖》　濟水附

凡軍行遇津渡泛濫及入山谷逢水暴漲，止則無舍，濟則無舟。太公對周武王，以飛橋轆轤越溝塹，飛江天艎濟大水，而不顯制度，無以追究。然須器用素具，乃克無患，或有緩急，難以齎持，故韓信以木罌渡河而虜魏王，鄧訓以縫革置筏而擊胡，此又臨事制宜而利涉者也。【略】

凡軍行渡水，上流有浮沫，至者須待其定測，水不漲則渡，蓋慮半渡水漲，或虜壅遏上流，欲絶吾軍也。

凡殊方異域，水勢有洄洑險惡者，及蛟鼉水害之屬，兵濟渡須皆先得鄉導問狀，預爲防慮。

凡將渡，先於岸上四面列陣，仍令乘高遠望，以候騎探之，防冠之掩襲，然後分隊旋濟。

凡濟，必先戰隊，既升岸勒爲方陣，亦令人乘高遠望，如前法。

凡簰筏，謂以竹木及有屋宇處，可以毀拆爲筏浮渡，并束草芻，亦可用也。

凡遇溝澗，小水河淺，可伐水旁木并枝柯，縻以藤蔓絙索，推置水中，使前後積聚相挽，可以渡人。

凡大寒欲濟流澌未合，以巨繩横絶水面約澌，須臾流澌自合，可以濟矣。

凡軍行遇溪陂未得濟者，則度水闊狹，以軍中車用鐵索相維，横絶中流，實以土囊，以遏水勢，水稍淺，諸軍可渡。

蒲筏者，以蒲束九尺圍，顛倒爲十道，縛如束槍狀，量長短爲之。無蒲用葦。可以浮渡。

飛絙者，募善游水士，或使人腋挾浮水，繫繩於腰，先浮渡水，次引大絙於兩岸，立大柱，急定其絙，使人挾絙浮水而過，器械載於首。如大軍，可爲數十道渡。

浮囊者，以渾脱羊皮吹氣令滿，繫其空，束於腋下，人浮以渡。

皮船者，以生牛馬皮，以竹木緣之如箱形，火乾之，浮於水。一皮船可勝一人，兩皮合縫，能勝三人。以竹繫木助之，可勝十餘也。

木罌，縛甕缶以爲筏，甕缶受二石力，勝一人，甕間容五寸，下以繩勾聯編槍其上，形長而方，前置筏頭，後置稍，左右置棹。

槍筏者，以槍十條爲一束，力勝一人，且以五千條爲率爲一筏。槍去鐏刃鱗次而排，縱横縛之，可渡五百人。或左右各繫浮囊二十，先令水工至前岸立大柱，繫二大絙屬之兩岸，以夾筏絙上，以木絙環貫之，施繩聯著於筏，筏首繫繩，令岸上牽挽之，以絙爲約，免漂溺之患。

王昭禹《周禮詳解》卷三五《冬官考工記》

揉輻必齊，平沈必均。直以指牙，牙得，則無槷而固。不得，則有槷，必足見也。揉，而九反。槷，魚列反。見，賢遍反。

火剛而善變，凡物之曲直者，資其用以正焉。水平而無私，凡物之輕重者，資其體以定焉。揉輻以火，而齊其曲直之句倨，故曰揉輻必齊者，取諸易直故也。沈輻以水，而均其輕重之淺深，故曰平沈必均者，欲其肉稱故也。然輻資牙，以指牙資輻以抱，兩者相得，則無用于槷而自固，故曰直以指牙，牙得，則無槷而固；不得，則雖用槷以行而摇動，則槷出而見矣。故曰不得，則雖有槷而行必足見也。【略】

是故規之以眡其圜也，萬之以眡其匡也，縣之以眡其輻之直也，水之以眡其平沈之均也。量其藪以黍，以眡其同也。權之以眡其輕重之侔也。故可規、可萬、可水、可縣、可量、可權也，謂之國工。萬，矩同。縣，懸同。

規矩以正方圓，準繩以正平直，權以正輕重，量以正多寡，凡爲器而具此六者，莫如輪也。圓者中規，方者中矩，故規之以眡其圓，矩之以眡其匡。萬于文宜爲矩，匡言其方也。縣之以眡其輻之直，欲其應于繩也。水之以眡其平沈之均，權之以眡其輕重之侔，欲其應於權也。量其藪以黍，以眡其同，欲其應於量也。可規，可矩，可水，可縣，可量，可權，而輪無不善，則國人無以過其巧，故曰國工。夫士善於一國，則謂之國士。若工巧於一國，則謂之國工宜矣。

又　卷三八《冬官考工記》

矢人爲矢，鍭矢參分，茀矢參分，一在前，二在後。兵矢、田矢五分，二在前，三在後。殺矢七分，三在前，四在後。參分其長而鎩其一，五分其長而羽其一，以其笴厚爲之羽深，水之以辨其陰陽，夾其陰陽以設其比，夾其比以設其羽，參分其羽以設其刃，則雖有疾風，亦弗之能憚矣。刃長寸，圍寸，鋌十之，重三垸。茀，註作殺。殺，註作茀。鎩，色界反。笴，註讀爲稾。夾，古洽反。比，毗志反。

《夏官》有槀人司弓矢，而《冬官》又有矢人者，蓋槀人則掌受財，齎弓矢之鄭氏謂矢槀三尺，攷之於經，本無正文。約羽六寸而逆差之，羽之六寸，又約刃二寸而逆差之，蓋羽居槀五分之一，則其長三尺矣。所謂三分其長而殺其一，則殺其前之一尺以趨鏃也。五分其長而羽其一，則羽居槀之六寸也。以其笴厚爲之羽深，則量笴力之所受也。水之以辨其陰陽者，陰沈而向下，陽浮而向上，所以正兩旁之輕重也。夾其陰陽以設其比者，括居陰陽兩旁之中，欲其輕重之均也。夾其比以設其羽者，謂夾其括使輕重均，然後可設羽也。三分其羽以設其刃，則刃居羽三分之一，其長二寸也。矢之長短輕重如此，則疾風不能動矣，何憚之有。

林希逸《考工記解》卷上

揉輻必齊，

一輪則有三十輻，揉其木必使齊同，無小無大也。

平沈必均。

謂以三十輻用水試之，必須均平，無復輕重也。【略】

是故規之以眂其圜也，萬之以眂其匡也，縣之以眂其輻之直也，水之以眂其平沈之均也，量其藪以黍，以眂其同也。權之以眂其輕重之侔也。故可規，可萬，可水，可縣，可量，可權也，謂之國工。

此數行結輪人一章，其文最妙。先取輪之圓既圓矣，又於圓中取其方。萬，音矩，義亦同。匡，無邪枉也，正也。輻分四圍，縣而視之，上下皆直，是上與下輻皆相直也。置輪全體於水中，則知其無輕重爲平均也。牙轂之藪皆以黍量，則知其穿孔皆無小大深淺也。以兩輪互秤之，則知其輕重相侔也。國工者，一國所獨推也，猶今曰國手也。六箇可字結一句，尤妙。

又　卷下

水之以辨其陰陽，

竹有上下，上爲陽，下爲陰。以水試之，浮者爲上，而沈者爲下也。

夾其陰陽以設其比，夾其比以設其羽。

比者，笴之兩旁也。陽爲左，陰爲右，比在其左右也。比必笴上有一線稍高也。夾其比而設其羽者，羽有四，夾其比而置之，四角皆有羽也。

又林希逸《莊子口義》卷一《逍遥遊》　天之蒼蒼，其正色邪？其遠而無所至極邪？其視下也，亦若是則已矣。且夫水之積也不厚，則負大舟也無力。覆杯水於坳堂之上，則芥爲之舟，置杯焉則膠，水淺而舟大也。風之積也不厚，則其

幹，所以給矢人之用者也。司弓矢則掌弓矢之法，所以藏矢人之成者也。鍭矢、殺矢，司弓矢所謂用諸近射田獵者是也。兵矢、田矢，謂枉矢、絜矢也，司弓矢所謂利大射，用諸守城車戰是也。茀矢，司弓矢所謂用諸弋射是也。鍭矢、殺矢三分，一在前，二在後者，笴槀中鐵莖也。矢長三尺而鐵莖長一尺，三分其鐵而以一分居前，則一尺之鋌，槀前得三寸三分寸之一，槀後得六寸三分之二，則前鐵爲重也。此所以中之則死，而謂之殺矢、鍭矢也。兵矢、田矢五分，二在前，三在後，則其鐵差小也。茀矢七分，三在前，四在後，則鐵又差小也。三分其長而殺其一，矢槀長三尺，殺其前一尺，令趣鏃也。五分其長而羽其一，則羽居六寸也。以其笴厚爲之羽深，則量其力之所受也。水之以辨其陰陽者，陰重濁，陽輕清，浮之于水以別其輕重也。夾其陰陽以設其比者，比謂箭括抵弦處是也。夾之使輕重均也。夾其比以設其羽者，謂夾其括，使輕重均，然後可設羽也。三分其羽，以設其刃居羽三分之一，其長二寸矣。矢之制如此，則可謂盡善，而用之以射，則其行也疾，而風不能驚矣。故曰雖有疾風亦弗之能憚矣。刃長寸，圍寸，鋌十之，重三垸，其文已見于《冶氏》，此蓋殺矢之刃，鋌如此宜從冶氏。

姚寬《西溪叢語》卷上　予監台州杜瀆鹽場，日以蓮子試滷。擇蓮子重者用之，滷浮三蓮四蓮味重，五蓮尤重。蓮子取其浮而直，若二蓮直或一直一横，即味差薄；若滷更薄，即蓮沉於底而煎鹽不成。閩中之法，以鷄子、桃仁試之，滷味重則正浮在上，鹹淡相半則二物俱沉，與此相類。

易祓《周官總義》卷二六《冬官考工記》

揉輻必齊，平沈必均。直以指牙，牙得，則無槷而固。不得，則有槷，必足見也。

水火，無心之物也，古人善用之而已。揉輻以火，所以齊曲直。沈輻以水，所以均輕重。齊曲直者，取其易直也。均輕重者，取其肉稱也。然輻直則爲倨牙，曲則爲句輻，牙雖有倨句，至於鑿内必正，正則直以指牙，而與牙相得，敵無用於槷而自固；不得，則雖用槷以固，然輪摇動則槷出而足見矣。

又　卷二八《冬官考工記》

參分其長而殺其一，五分其長而羽其一，以其笴厚爲之羽深，水之以辨其陰陽，夾其陰陽以設其比，夾其比以設其羽，參分其羽以設其刃，則雖有疾風，亦弗之能憚矣。

負大翼也無力。故九萬里則風斯在下矣，而後乃今培風；背負青天而莫之夭閼者，而後乃今將圖南。【略】

天見其蒼蒼然，豈其正色？特吾目力既窮，其上無所極止，故但見濛濛然爾。鵬之飛也，既至於天上，則其下視人間不知相去幾千萬里，其野馬塵埃相吹之息，亦必如此濛濛然，猶人之在下視天上也。此數句只是形容鵬飛之高，如此下得來多少奇特，若如從前之説，以鵬爲大，野馬塵埃爲細，與前句不相接，後句不相關，如何見得他筆力。水之積也不厚，爲下句風之喻也。坳堂，堂上坳深處也，其水既微，但能浮一芥而已，以杯盞之類置其間，則膠住矣。膠，音教，言粘住不動也。鵬在天上，去地下九萬里，風自溪谷而起，而後蓬蓬然周遍四海。鵬既在上，則此風在下。培，厚也，九萬里之風，乃可謂之厚風。如此厚風方能負載鵬翼。背負青天，言飛之高也。莫之夭閼，無障礙也。圖南，自北海而謀南徙也。圖，謀也。

陸西星《南華真經副墨》卷一　虚字集《逍遥遊》

且夫水之積也不厚，則負大舟也無力。覆杯水於坳堂之上，則芥爲之舟，置杯焉則膠，水淺而舟大也。風之積也不厚，則其負大翼也無力。故九萬里則風斯在下矣，而後乃今培風；背負青天而莫之夭閼者，而後乃今將圖南。

且夫以下，又自以息相吹上轉生一意，言此鵬鳥必得風力之厚者，然後能舉，故以堂坳杯水爲喻。堂坳，堂之凹處也。傾杯水於堂坳，以芥爲舟則浮，以杯爲舟則膠，何則？水之力有勝不勝也。膠，謂黏著於地而不能動。以是知水不厚不能載大舟，風不厚不能負大翼。今也扶摇一舉，而能搏鵬翮於九萬里之上，則在下之風，其厚何如，非天地間之大吹乎？而後乃今必得培厚之風，可以載鵬而上。背負青天而莫之夭閼者，而後可以圖南。夭，折也。閼，不通也。如下決起控地即夭閼之義。圖，謀也。南，南徙也。此段意在充積之厚，然後有大運用。若人平日於學問上不曾寔用其力，真見得自己有箇高明廣大者在，便欲渺人寰，空宇宙，出門有礙，如何去得。

董斯張《廣博物志》卷四〇《器用二·舟車》　遂人以匏濟水，伏羲始乘桴，軒轅作舟楫，顓頊作篙槳，帝嚳作舵櫓，堯作維牽，夏禹作舵加以篷碇帆檣，伍員樓船。《物原》。

何汝賓《兵録》卷一〇《水攻總説》　師行渡水

凡水勢有洄洑除惡，及有蛟鼉水害之屬者，軍行須先得鄉導問狀，可預爲之備。如遇溪河，無舩可渡，當測度淺深，以軍中之車用鐵索相維，横絶中流，實以土囊，遏絶水勢，可以渡人。或斫伐竹木，編排作筏；或用蒲葦顛倒束縛，如束槍狀，浮之于水，亦可以渡；或用飛絙，令善遊水者繫繩於腰，先浮渡水，次引大絙于兩岸，立大木繫定其絙，使人挾絙浮水而渡，器械則戴于首上帶過。又有所謂浮囊者，以渾脱羊皮吹氣令滿，繫于腋下，可浮以渡，一囊止渡一人。再或用囫圇羊皮令滿，以生熟桐油油透，取皮作鵞掌，縛于兩足，水行甚便。此皆濟水具之大畧也。

宋應星《天工開物》卷下《丹青第十四》　墨

凡松烟造墨，入水久浸，以浮沉分精慤。其和膠之後，以槌敲多寡分脆堅。其增入珍料與漱金、啣麝，則松烟、油烟增減聽人。

方以智《物理小識》卷一《曆類》　圓體

天圜地方，言其德也。地體實圜，在天之中，喻如脬豆。脬豆者，以豆入脬，吹氣鼓之，則豆正居其中央。或謂此遠西之説。愚者曰：黄帝問岐伯：地爲下乎？岐伯曰：地，人之下，天之中也。帝曰：憑乎？曰：大氣舉之。邵子、朱子皆明地形浮空，兀然不墜，以世無平子、冲之、一行、康節諸公耳。孔子曰：天子失官，學在四夷。猶信。世士不考，相傳地浮水上，天包水外，謬矣。地形如胡桃肉，凸山凹海。自徐元扈奏立曆局，而崇禎曆書令成矣。老父以學者從未實究，故作崇禎曆書約。暄曰：有謂静天方者，以圓則行，方則止也。不知地形圓，何以亦止也。且静天以外，又何處尋方圓哉。吴石渠炳《易象化機》云：地似空匏，内虚外實，故能吞吐呼吸。此喻亦切。中通曰：方者以上爲上，以下爲下；圓者以邊爲上，以中爲下。地居天之正中，故人以各立之地爲下，不知其彼此顛倒也。今以簡平儀測天星，每二百五十里差一度。金幼孜《北征録》云：沙城鳴鑾，成夜視北斗在頭上。古梵場長清塞則南望北斗矣。以此推之，地非圓體而何？

又　卷八《器用類》　起重法

宋治平中，河中府浮梁漲絶，鐵牛投河，募出之者。僧懷丙以二大舟寔土，爲木衡以鉤牛，乃除其土，舟浮牛出。轉運張燾以聞，賜之紫衣。暄曰：稱象者曾做此法。

方苞《周官集注》卷一一

揉輻必齊，平沈必均。

舊説以火揉其曲，非也。輻長不及三尺，不宜有曲。亦謂以火養其陰而齊諸其陽也，蓋木之陰陽有偏，久之其力不齊，故揉而齊之。平沈，試輻材也。已爲輻，則骹股異圍，必不能平矣。或曰已合爲輪而沉之也。下文水之以視其平沉之均，又合兩輪而試之也。

又　卷一二

水之以辨其陰陽，夾其陰陽以設其比，夾其比以設其羽。

辨，正也。陰沉陽浮，就其浮沉而刻記之。比，謂括也。蓋箭受弦處，就陰陽之中間設比，則兩畔各有陰陽，而其分均否，則陰陽各居一偏而矢行不直矣。弓矢比在槀兩旁，弩矢比在上下，其設羽于四角同。

江永《周禮疑義舉要》卷七《考工記》　權之然後準之，準之然後量之。蓋權之者，惟知金錫之輕重，而不得大小之度，亦不能算此鬴當用金錫幾何。凡重者體小，輕者體大。量爲法度之器，欲其適重一鈞，雖云六分其金而錫居一，若先以一鈞之數六一分之，則不能通合一鈞矣，故必平正之。如銅立方一寸，其重幾何？錫立方一寸，其重幾何？知其體積與輕重之比例，然後可以計金錫而入模範也。

又案：準字古文作水，或是先以方器貯水令滿，定其重，乃入金若錫於水，水溢，取出金錫再權其水，視所減之斤兩與分寸，可得金錫大小之比例。後人算金銀之法如此。疑古人亦用此法，模範先成，而金錫體異，先權以知輕重，準以知大小，然後可量金錫之多寡，入模範，使其成，適合一鈞也。量非鍾鼎，不必拘於六分其金而錫居一。鄭世子載堉曰：改煎，煎畢更煎，至不耗乃止也。權之準之，謂稱準六一之數也。量之，謂鑄成方寸者數枚，驗其分兩同，則知不耗矣。

戴震《考工記圖》卷上

揉輻必齊，平沈必均。揉，《説文》作煣，而久反。

注：揉，謂以火槁之，衆輻之直齊如一也。平沈，平漸也。鄭司農云：平沈，謂浮之水上無輕重。

又

㮚氏爲量，改煎金錫則不秏，不秏然後權之。秏，俗作耗。

注：消湅之精不復減也，量當與鍾鼎同齊，工異者，大器。

權之然後準之。

補注：以合度之方器承水，置金其中，則金之方積可計，而其體之重輕大小可合而齊，此準之之灋也。

準之然後量之。量，讀如量人之量。

補注：量範之大小所受，以爲用金多少之量數也。先權之以知輕重，次準之以知輕重若干，爲方積幾何，又次量之以知爲器大小、受金多寡。

又　卷下

參分其長而殺其一，五分其長而羽其一，以其笴厚爲之羽深，水之以辨其陰陽，夾其陰陽以設其比，夾其比以設其羽。殺，本又作䊩，色界反。笴，讀爲槀。比，毗志反。

注：矢槀長三尺，殺其前一尺，令趣鏃也。羽者六寸。辨，猶正也。陰沈而陽浮。夾其陰陽者，弓矢比在槀兩旁，弩矢比在上下，設羽於四角。鄭司農云比謂括也。

鄭復光《費隱與知録》　金重水輕　空則可浮

問：金入水而沈，木入水而浮，金重木輕，性也。《奇器圖説》謂水分數輕則不能載物，若水之分數重于物之分數幾何，則物之浮出水而亦幾何。又若不係乎金木之性也者，何邪？曰：《奇器圖説》謂黄金一兩，鎚打成箔可數萬張，銀則不能，以爲金性稠密于銀之故，因悟得金性實而密，故内含氣少而重于水。木性虚而疏，故内含氣多而輕于水。凡水之浮物，由于水有本重，既爲流體，不得不平，忽物來水面壓下數寸，則物底之水逼下數寸，而旁溢上出之水力欲下趨物底，復其原位取平，故與物相抗，而負之使浮也。金石之屬堅重異常，有非水重之力所能勝者，遂速讓之而出其上，以取平，故沈也。是知物之沈者雖由于重，而其重之數不論多寡，衹視其形之大小與水等，其重强于水則沈。如金作鉤爲實體，其大不能以寸，雖重數兩，入水必沈也。物之浮者雖由于輕，而其重之數不論多寡，亦視其形之大小與水等，其重弱于水則浮。如金作球爲虚體，厚一氂，其大一尺，雖重有三斤四兩七錢八分，入水必浮矣。故銅盤上無水，則凹處悉是氣，計其大與水等，則水方及尺重卅斤零七兩四錢五分，必重于盤，故浮。若内盛水令滿，計其大與水等，則銅方不過寸餘，而相等之水重不過數兩，是銅重于水，必沈也。觀舟雖沈不至水底，木性虚而疏，内含有氣，重不及水耳。余因檢寸方定率，得水寸方重九錢三分。紫檀是木，寸方一兩零二分，斷其入水必沈。黄楊入手亦堅重，寸方七錢五分，較水則輕，決其入水必浮。均試之而驗。油寸方重八錢三分，故應常浮水面也。

劉嶽雲《格物中法》卷二《水部》 水

孫權致巨象，太祖欲知其斤重，訪之羣下，咸莫能出其理。沖曰：置象大船之上，而刻其水痕所至，稱物以載之，則校可知矣。太祖大悦，即施行焉。《魏志・鄧哀王沖傳》。

嶽雲謹案：船壓開水面之重等于船重，沖知其理而未詳也。

又

利涉大川，乘木舟虚也。《易》中孚。

窾者主浮。《淮南子》。

嶽雲謹案：質輕于水者能浮，人人所知也。質重于水者而窾其中，則亦輕于水矣，故浮。凡銅鐵爲船，皆可以浮。

水之積也不厚，則其負大舟也無力。覆杯水于坳堂之上，則芥爲之舟，置杯焉則膠，水淺而舟大也。《莊子》。

嶽雲謹案：此言水浮舟之力也。水愈深，則浮舟之力愈大。

河中有銅船。《後漢書・郡國志》。

越人鑄銅爲船，在江潮退時見。《後漢書・郡國志》引《交州記》。

鐵可以爲船。《淮南子》。

王玄仲登蓮花峰頂，見有池菡萏盛開，又有破鐵舟在焉。《華山記》。

嶽雲謹案：此銅鐵爲船之證，所以然者，由于舟虚。

魚腹内有氣泡，能放大收小。放大則浮，收小則沈。《鄖事綴紀》。

嶽雲謹案：依氣泡之理，可于船中作氣櫃，使船出水，亦能入水。今西人有爲之者矣。

取鴻毛，縑囊貯之，可以渡江不溺。《淮南萬畢術》。

太宗以北兵渡淮時無一葦之楫，有人於囊中取乾猪脬十餘，内氣其中，環在腰間，泅水而南，徑奪舟以濟北軍。《青溪瑕筆》。

嶽雲謹案：韓信以木罌渡，鄧訓以縫革渡，元按只以渾脱渡，與《武經總要》浮囊、以整羊皮吹氣令滿，繫其空，束于腋下。皮船生牛馬皮以竹木緣之，如箱形。大抵相同。魏源之瓠片鶩翎，《水守篇》云：人不習於水，衣不宜於水，或瓠爲片而攣淬之，編以鶩雁翎而浮之，則皮囊、木罌不能及也。藤馬，《水守篇》云：藤爲水馬，腹大如囊，四足横出，尻尾俱昂，前後遮浪，中藏乾糧，漆布爲轡，手援以行，短棹冒鐵，可戰可杭。亦相承沿襲，而猪脬一法則尤簡便矣。

坿水底潛伏，閉氣爲難，宜屈銀槖而三管竅之，上二塞鼻而一口含之，使氣自相呼吸，而水不能入也。魏源《水守篇》。

嶽雲謹案：昔在杭州時，梅小岩中丞當命作此，令水軍試之不能耐久。又作管塞鼻，管連以猪腸，腸連以盤浮水面，備換氣。水軍不便，有溺死者。此二件，中丞皆自取高大水桶，入水試之，而後給水軍。然則入江河之水，與入水桶固不能一例觀也。

又案：泅水之人甚多，法皆含水一口，然後入水，須臾出水吐之，又含一口而入，更迭爲之。粤寇圍金壇時，馮君夢華言，有銀工應募伏行河中，數日至大營求救。詢其法類此。廣東采珠人亦然。無他巧，但精熟自能耐久。《莊子》所謂生於水而安于水，性也，是矣。

又 卷四《上土部》 鹽

驗滷之法，以石蓮肉投入，浮者爲真。其雜以水者，味薄不堪煮，石蓮亦沈矣。

【略】

附予鹽台州杜瀆鹽場，日以蓮子試滷。擇蓮子重者用之，滷浮三蓮四蓮味重，五蓮尤重。蓮子取其浮而直，若二蓮直或一直一横，即味差薄。若滷更薄，即蓮沈于底而鹽煎不成。閩中之法，以雞子、桃仁試之，滷味重則正浮在上，鹹淡相半則二物俱沈，與此相類。《西溪叢語》。

嶽雲謹案：海鹽煎淋，大抵不出以上諸法。元陳椿著《熬波圖》，爲圖四十有七，凡曬灰打滷之方，運薪試蓮之細，纖悉畢具，其書未見。凡鹹水之浮力大於淡水之浮力，故用石蓮以試水中含鹽之多寡。

紀事

陳壽《三國志・魏志》卷二〇《武文世王公・鄧哀王沖傳》 鄧哀王沖，字倉舒。少聰察岐嶷，生五六歲，智意所及有若成人之智。時孫權曾致巨象，太祖欲知其斤重，訪之羣下，咸莫能出其理。沖曰：「置象大船之上，而刻其水痕所至，稱物以載之，則校可知矣。」太祖大悦，即施行焉。

馮翊子《桂苑叢談・史遺》 越僧靈徹得蓮花漏於廬山，傳江西廉使丹，以惠遠山中不知刻漏，乃得銅葉制器，狀如蓮花，置盆水之上，底孔漏水，半之則沉，每晝夜十二沉之。節雖冬夏，雲陰月黑，無所差矣。

李昉等《太平御覽》卷九〇三《獸部十五・豕》

符子曰：朔人獻燕昭王以大豕。曰：養奚若？使曰：豕也，非大圊不居，非人便不珍，今年百二十矣，人謂豕仙。王乃命豕宰養之，十五年，大如沙墳，足如不勝其體。王異之，令衡官橋而量之，折橋，豕不量。又命水官，舟而量之，其重千鈞，其巨無用。燕相謂王曰：奚不饗之。王乃命宰夫膳之。夕見夢於燕相曰：造化勞我以豕形，食我以人穢，吾患其生久矣。仗君之靈，得化吾生，始得爲魯津之伯。燕相游乎魯津，有赤黿奉璧而獻。云夜光珠。

沈括《夢溪筆談》卷下 補第十卷後六件

國初兩浙獻龍船，長二十餘丈，上爲宮室層樓，設御榻以備遊幸。歲久腹敗，欲修治而水中不可施工。熙寧中，宦官黄懷信獻計，於金明池北鑿大澳可容龍船，其下置柱，以大木梁其上，乃決水入澳，引船當梁上，即車盡澳中水，船乃笐於空中。完補訖，復以水浮船，撤去梁柱，以大屋蒙之，遂爲藏船之室，永無暴露之患。

吴曾《能改齋漫録》卷二《事始》 以舟量物

魏武帝時，孫權曾致巨象，武帝欲知其斤重，鄧哀王曰：「置象大船之上，而刻其水痕所至，稱物以載之，則校可知矣。」武帝即時行焉。時王方五六歲。予按：符子曰：朔人獻燕昭王以大豕。曰：養奚若？使曰：豕也，非大圊不居，非人便不珍，今年百二十矣，人謂豕仙。王乃命豕宰養之，十五年，大如沙墳，足如不勝其體。王異之，令衡官橋而量之，折十橋，豕不量。命水官浮舟而量之，其重千鈞，其巨無用云云。乃知以舟量物，自燕昭時已有此法矣，不始於鄧哀王也。

又 卷一三《記事》 河中府浮橋

河中府，河有中潬，其上有舜廟及井，唐明皇始爲浮橋。鑄鐵爲牛，有鐵席，席下爲鐵柱，埋之地中，以繫橋絙。張燕公爲之贊，自是橋未嘗壞。慶曆以前，河水數西溢，浸朝邑，民苦之，屢請塞堤。蔣希魯知河中府，始塞之。自是每歲繕修西堤，及劉元瑜知河中府，河水大漲，不得決泄，橋遂壞，鐵牛皆拔流數十步，沉河中。中潬亦壞。自是不能復修，津濟阻礙，人畜數有溺死者。英宗時，有真定僧懷昺，請於水淺時，以絙繫牛於水底，上以大木爲桔槔狀，繫巨艦於其後。俟水漲，以土石壓之，稍稍出水，引置於岸，每歲止於出一牛。至治平四年，閏三月新橋乃成。然中潬亦終不能立也。賜轉運使張燾等獎諭，其僧亦賜紫衣。

費袞《梁谿漫志》卷八 稱象出牛之智

魏曹沖五六歲有成人之智，孫權曾致巨象，曹操欲知其重，沖曰：「置象大船之上，而刻其水痕所至，稱物而載之，則校可知矣。」操大悦而行之。本朝河中府浮梁用鐵牛八維之，一牛且數萬斤。治平中，水暴漲絶梁，牽牛没於河，募能出之者。真定府僧懷丙，以二大舟實土，夾牛維之，用大木爲權衡狀，鈎牛，徐去其土，舟浮牛出。轉運使張燾以聞，賜以紫衣。此蓋因曹沖之遺意也。

脱脱等《宋史》卷四六二《列傳第二百二十一・僧懷丙方技下》 趙州洨河鑿石爲橋，鎔鐵貫其中，自唐以來，相傳數百年大水不能壞。歲久，鄉民多盜鑿鐵，橋遂欹倒，計千夫不能正。懷丙不役衆工，以術正之，使復故。河中府浮梁用鐵牛八維之，一牛且數萬斤，後水暴漲絶梁，牽牛没于河。募能出之者，懷丙以二大舟實土，夾牛維之，用大木爲權衡狀鈎牛，徐去其土，舟浮牛出。轉運使張燾以聞，賜紫衣，尋卒。

仇俊卿《重修洛陽橋記》 宋嘉祐中，蔡忠惠公襄知泉州，相襲山水形勢，審知民情灾利，迺於此架淵爲梁，釃爲四十七道，以分水勢，兼可豎石櫛比，又種蠣于礎，令其附生而固。袤三百六十五丈，廣一丈五尺。方其定址之初，禱于海神，借潮三日不至。洛陽江底見，而基就築。及其横石爲梁也，江水震盪，不能傍架木植，爰載石以浮船面，待其潮至則船隨水漲，遂置石于上，抽舟下出，力役不勞而工易集，亦算與神符者也。迨橋之成，始瑶琨排列，虹霓委蛇，上通駄載，下便帆檣，雖魚梁不足以比其功。

鄭光祖《一斑録》 雜述四

海底撈炮

芸臺阮公撫浙時，平海盜，獲安南大銅砲最精壯，甚愛之。其重二千觔，兵船載過温州玉環廳三盤海面，遭颶沈溺海底，深二十丈，無可撈取。覓得鄞人善泅水者任昭才，令圖之。伊用八巨繩入水下，繫於砲上，用八船，空四船，而以四船滿載碎石，緊繫四繩，將碎石運過空船，則重船變輕，提砲上升數尺矣。又以彼四繩緊繫彼四船，運石更换，漸次提砲及於水面。阮公嘉昭才之能，擢爲武弁，入水師營食餉。

任昭才善泅水，入海底能歷數時之久，行數里之遠。伊言海中十餘丈以上有浪撼人，再下則水不動，湛然而明。海底之沙，平浄無淤，亦無他異。浙海底有珊瑚，但不及南海之堅，在下視之甚鮮色，采之出水即嫩萎無色。魚不一類，過泅者之旁莫不相駭而去。惟大魚能吞人，當避之。大魚之來，其呼吸動及數里之水，故水動知有大魚來矣，宜急避之。

人雖習水，斷無不呼吸之理。私意以猪脬十數個，每個縛其口，於小竹管吹氣，使脬足，即以物塞住竹管之口，俾留一脬之氣。用十數脬共繫一繩，繩繫一石，使石僅能沈脬，則人在水底可提石以行。人要呼吸，則拔竹管之塞，吸脬中之氣，仍呼入脬而塞之。藉十數脬之氣，更替呼吸，或可歷久在水。若急欲起，將繩放石，則脬立提人浮水面。石另繫他綆，亦不棄去也。未知其果若是否。若沙魚至數十觔，即能噬人，不獨大魚能吞人也。

流體運動分部

論説

鄭玄注　陸德明音義　賈公彦疏《周禮注疏》卷三九《冬官考工記》　圜者中規，方者中矩，立者中縣，衡者中水，直者如生焉，繼者如附焉。注：治材居材如此乃善也。如生，如木從地生。如附，如附枝之弘殺也。音義：中，丁仲反，下皆同。殺，色界反。疏：注釋曰：凡作車之灋，其材有圓者中于規，有方者中於矩，有直豎立者中于繩縣之垂者。衡，横也，横者中於水，無高下也。云直如生焉者，如木之從地初生。云繼者如附焉者，材有大小相附著，如木之枝柯，本大末小之弘殺也。

又　卷四二《冬官考工記》　凡溝逆地防，謂之不行；水屬不理孫，謂之不行。注：溝，謂造溝。防，謂脉理。屬，讀爲注。孫，順也。不行，謂決溢也。禹鑿龍門，播九河，爲此逆防與不理孫也。音義：防，音勒。屬，讀爲注，之樹反。孫，音遜，注同。疏：注釋曰：經言凡溝，注云謂造溝，則此溝非謂其田間廣深四尺者。下云梢溝三十里而廣倍，當是人所造溝瀆引水者。故此鄭引鑿龍門、播九河爲證，既不得逆地防，不理遜，水不行，當依地防理順行，水乃可爲之川也。禹鑿龍門播九河，事見《尚書·禹貢》。　梢溝三十里而廣倍。注：謂不墾地之溝也。鄭司農云：「梢讀爲桑螵蛸之蛸。梢謂水漱齧之溝。故三十里而廣倍。」音義：梢，劉音蕭，注蛸，一音色交反。螵，婢遥反。疏：注釋曰：此溝雖是不墾地之溝，與上異，亦是非田間者也。必使三十里得廣倍者，亦謂依地勢而爲之，使水梢溝，故得三十里而廣倍也。先鄭云梢讀爲桑螵蛸之蛸，梢謂水漱齧之溝，上云梢其藪，亦讀從螵蛸之蛸，同是梢齧之義，故同讀從之也。　凡行奠水，磬折以參伍。注：《坎》爲弓輪，水行欲紆曲也。鄭司農云：「奠讀爲停，謂行停水，溝形當如磬，直行三，折行五，以引水者疾焉。」音義：奠，音亭。折，之設反，後放此。疏：釋曰：言凡行停水者，水去遲似停住，正由川直故也。是以曲爲之，因其曲勢，則水去疾，是以爲磬折以參伍也。注釋曰：云《坎》爲弓輪者，《説卦》文，謂《坎》所以行水，如弓輪，輪則水疾，故云行水欲紆曲也。　欲爲淵，則句於矩。注：大曲則流轉，流轉則其下成淵。疏：注釋曰：凡川溝，欲得使致淵之深，當句曲於矩，使水勢到向上句曲尺，則爲迴溁，自然深爲淵，驗今皆然也。　凡溝必因水埶，防必因地埶。善溝者，水漱之。善防者，水淫之。注：漱，猶齧也。鄭司農云：「淫讀爲廞，謂水淤泥土，留著助之爲厚。」玄謂淫讀爲淫液之淫。音義：漱，色救反，前注同。廞，許金反。淤，於據反。著，直略反。液，音亦。疏：注釋曰：先鄭讀淫爲廞者，《周禮》之内云廞者，先鄭皆爲淫，淫爲陳，故此讀淫爲廞。先鄭餘處淫、廞既爲陳，於此不得爲淤泥解之，故後鄭不從也。是以後鄭以淫液之淫爲義，謂以於泥淫液使厚也。　凡爲防，廣與崇方，其閷參分去一。注：崇，高也。方猶等也。閷者，薄其上。音義：閷，色界反，劉又色例反，注下同。去，起吕反。疏：釋曰：凡爲堤防，言廣與高等者，假令堤高丈二尺，下基亦廣丈二尺。云其閷參分去一者，三四十二，上宜廣八尺者也。　大防外閷。注：又薄其上，厚其下。疏：注釋曰：此文承上參分去一而云外閷，故云又薄其上，厚其下。雖不知尺數，但知三分去一之外，更去也。

孫武《孫子·兵勢》　激水之疾至於漂石者，勢也。鷙鳥之疾至於毁折者，節也。故善戰者，其勢險，其節短。勢如彍弩，節如發機。

尹喜《關尹子·九藥篇》　曰：瓶存二竅，以水實之，倒瀉，閉一則水不下，蓋不升則不降。井雖千仞，汲之水上，蓋不降則不升。是以聖人不先物。

莊周撰　郭象注《莊子》卷五《天道》　水静則明燭鬚眉，平中准，大匠取法焉。水静猶明，而况精神。聖人之心静乎，天地之鑒也，萬物之鏡也。夫有其具而任其自爲，故所照無不洞明。

又　卷六《刻意》　故曰：形勞而不休則弊，精用而不已則勞，勞則竭。物皆有當，不可失也。　水之性，不雜則清，莫動則平；鬱閉而不流，亦不能清，天德之象也。象天德者，無心而皆會也。

又《秋水》 天下之水，莫大於海；萬川歸之，不知何時止而不盈；尾閭泄之，不知何時已而不虛；春秋不變，水旱不知。此其過江河之流，不可爲量數。而吾未當以此自多者，自以比形於天地，而受氣於陰陽，吾在於天地之間，猶小石小木之在大山也。方存乎見少，又奚以自多。窮百川之量而縣於海，海縣於天地，則各有量也。此發辭氣者，有似乎觀大可以明小，尋其意則不然。夫世之所患者，不夷也，故謂大者快然，謂小者爲無餘；質小者塊然，謂大者爲至足。是以上下夸跂，俯仰自失，此乃生民之所惑也。惑者求正，正之者莫若先極其差而因其所謂。大者至足也，故秋毫無以累乎天地矣。所謂小者無餘也，故天地無以過乎秋毫矣。然後惑者有由而反，各知其極。物安其分，逍遥者用其本步而遊乎自得之場矣。此莊子之所以發德音也。若如惑者之説，轉以小大相負，則相傾者無窮矣。若夫視大而不安其小，視少而自以爲多，將奔馳於勝負之境而助天民之矜夸，豈達乎莊生之旨哉！尾閭，泄海水出外者也。

劉安《淮南萬畢術》李昉《太平御覽》卷七三六 又曰：首澤浮針，取頭中垢以塗塞其孔，置水即浮。

王充《論衡》卷四《變虛篇》 人不曉天所爲，天安能知人所行？使天體乎，耳高不能聞人言；使天氣乎，氣若雲煙，安能聽人辭？説災變之家曰：「人在天地之間，猶魚在水中矣。其能以行動天地，猶魚鼓而振水也。魚動而水蕩氣變。」此非實事也。假使真然，不能至天。魚長一尺，動於水中，振旁側之水，不過數尺，大若不過與人同，所振蕩者，不過百步，而一里之外，澹然澄静，離之遠也。今人操行變氣，遠近宜與魚等；氣應而變，宜與水均。以七尺之細形，形中之微氣，不過與一鼎之蒸火同。從下地上變皇天，何其高也。

又 卷一四《狀留篇》 大器晚成，寶貨難售者。不崇一朝輒成賈者，菜果之物也。是故湍瀨之流，沙石轉而大石不移。何者？大石重而沙石輕也。

劉熙《釋名》卷七《釋船》 帆，泛也，隨風張幔曰帆，使舟疾汎汎然也。

葛洪《抱朴子外篇》卷四《廣譬》 抱朴子曰：埋盡者不可責有餘，一至者不可求兼濟，故洪濤之末不能蕩浮萍，衝風之後不能颺輕塵，勁弩之餘力不能洞霧縠，西頹之落暉不能照山東。

庾季才原撰 王安禮等重修《靈臺秘苑》卷五《風·序略》 凡候風必辨之於日辰、八卦、四維、形德、音聲六情之列，發止來向，迴後方所，時刻之殊，早晚遲速，上下高卑之異。其法於高迥平坦之地，立五丈竿，象五音竿，首繫鷄羽八兩，夾以繩長四尺許，以象八風。使風至，則鼓動而四轉，因得而占之。古法於巽方立三丈五尺之竿，繫羽五兩，吹平則占。亦可於竿首作盤，盤上作三足烏，兩足向連，上而外立，一足係下而内轉，回首向烏一啣花旋即占之。鷄羽取其屬巽，有號令之象。鷄有知時之効，羽以其可吹而動，不必拘五八之數，但輕則易舉皆可。臨事理而度之，用烏象日中之精，烏乃巢居而知風。巢居者，風動而先翔。或急，疾立旗於平地以占候，唯鷄羽得本術。凡風之類，清和明浄，天氣温涼，塵埃不起，人馬歡悦，爲祥也，瑞也，景風也，和風也。若人君德政平和，聖治寬舒，則春無凄風，夏無苦雨。若天氣陰昧，昏濁寒克，塵埃蓬勃，爲灾，爲霾也。其勢紛錯交横，乍起乍止，深藏難測，其聲刮耳者爲不人颷風。若進小人，疎君子，任不材，則其風暴起，南北不定，離合紛埃，此名上下不寧風也。其勢冥冥，白日沉沉，黄霧充塞，夫陰陽翳精，爲政化未明風。其聲啾啾，令人慘切，爲大喪風。炎如火奔，乍起乍止，爲大旱風。發屋拆木者爲怒風。揚沙走石者爲猛風。乍起而卒無者爲迅風。逐塵埃蓬勃者爲勃風。扶摇羊角者爲飄風。

凡推風之遠近，觀其勢力，初遲後疾者，其來遠；初急後緩者，其來近。若動葉爲十里，鳴條百里，摇枝二百里，傷枝三百里，折小枝四百里，折大枝五百里，飛沙走石一千里，折大木一千五百里。以日時，則半日半夜不止，五百里；一日一夜不止，一千里；三日三夜不止，三千里；七日七夜不止，遍天下。凡占昝一日一夜事及二千里，四日兩夜事及三千里，六時以上事及一千里，三時以上事及二百里，二時以上事及百里。其勢蓬勃，乍起乍止，緩急無常，事及二百里。即時雷雨者不占。以音占，五音者，宫風近十里，中百里，遠千里；商風近九里，中九十里，遠九百里；角風近八里，中八十里，遠八百里；徵風近七里，中七十里，遠七百里；羽風近六里，中六十里，遠六百里。天下有多風處，若近川澤水濱異常則占，近風大以發出時即占。

成玄英《南華真經注疏》卷五 《莊子外篇天道》 水静則明燭鬚眉，平中準，大匠取法焉。疏：夫水，動則波流，止便澄静，懸鑒洞照，與物無私，故能明燭鬚眉，清而中正，治諸邪枉，可爲準的。縱使工倕之巧，猶須倣水取平。故《老經》云：「上善若水。」此舉喻言之義。水静猶明，而况精神。聖人之心静乎，天地之鑑也，萬物之鏡也。疏：夫聖人德合二儀，智周萬物，豈與夫無情之水同日論邪？水静猶明燭鬚眉，况精神聖人之心静乎！是以鑒天地之精微，鏡萬物之玄賾者，固其宜矣。此合譬也。

又 卷六

《莊子外篇刻意》

故曰：形勞而不休則弊，精用而不已則勞，勞則竭。疏：夫形體精神，禀之有限，而役用無涯，必之死地。故分外勞形，不知休息，則困弊斯生。精神逐物而不知止，必當勞損，損則精氣枯竭矣。水之性，不雜則清，莫動則平；鬱閉而不流，亦不能清，天德之象也。疏：象者，法効也。言水性清平，善鑒於物。若混而雜之，擁鬱而閉塞之，則乖於常性，既不能漣漪流注，亦不能鑒照於物也。唯當不動不閉，則清而且平，洞照無私，爲物準的者，天德之象也。以况聖人心靈皎絜，鑑照無私，法象自然，與玄天合德，故《老經》云「上善若水」也。

又 《莊子外篇秋水》

天下之水，莫大於海：萬川歸之，不知何時止而不盈；尾閭泄之，不知何時已而不虚；春秋不變，水旱不知。此其過江河之流，不可爲量數。疏：尾閭者，泄海水之所也，在碧海之東，其處有石，闊四萬里，厚四萬里，居百川之下尾而爲閭族，故曰尾閭。海水沃著即焦，亦名沃焦也。《山海經》云：羿射九日，落爲沃焦。此言迂誕，今不詳載。春雨少而秋雨多，堯遭水而湯遭旱。故海之爲物也，萬川歸之而不盈，沃焦瀉之而不虚，春秋不變其多少，水旱不知其增減。論其大也，遠過江海之流，優劣懸殊，豈可語其量數也。

杜佑《通典》卷一五七《兵十》 識水泉隔山取水越山渡險

渴烏隔山取水。以大竹筩雄雌相接，勿令漏洩，以麻漆封裹，推過山外，就水置筩，入水五尺；即於筩尾取松樺乾草，當筩放火，火氣潛通，水所即應而上。

張志和《玄真子》 荷水爲珠，其圓也非規，而不可方者，離乎著也。燼火爲輪，其常也非環，而不可斷者，疾乎連也。背日噴乎水，成虹蜺之狀，而不可直者，齊乎影也。汲江釀乎酒，應波濤之湧而不可停者，均乎氣也。片雨滴海，合滄溟而不可殊者，得其一也。寂心歸空，同太虚而不可分者，會其天也。

李昉等《太平御覽》卷七七一《舟部四》 五兩

《淮南子》曰：若綄胡管切。之候風也。許慎曰：綄，候風扇也。楚人謂之五兩。

《兵書》曰：凡候風法，以雞羽重八兩，建五重旗，取羽繫其巔，立軍營中。

郭璞《江賦》曰：督氛祲於青旭，占五兩之動静。

曾公亮 丁度《武經總要》前集卷一二《守城》

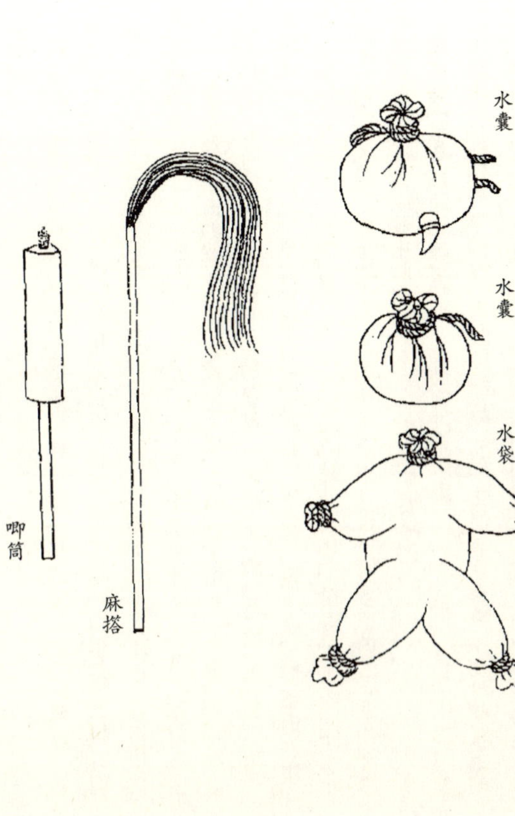

唧筒，用長竹，下開竅，以絮裹水桿，自竅唧水。麻搭，以八尺桿繫散麻二斤，蘸泥漿，皆以蹙火。

沈括《夢溪筆談》卷七《象數一》 古今言刻漏者數十家，悉皆疏繆。歷家言晷漏者，自《顓帝歷》至今，見於世謂之大曆者凡二十五家，其步漏之術皆未合天度。余占天候景，以至驗于儀象，考數下漏凡十餘年，方粗見真數，成書四卷，謂之《熙寧晷漏》，皆非襲蹈前人之跡。其間二事尤微，一者，下漏家常患冬月水澁，夏月水利，以爲水性如此，又疑冰澌所壅，萬方理之終不應法。予以理求之，冬至日行速，天運(未)[已]期而日(已)[未]至表，故不及百刻；夏至日行遲，天運(已)[未]期而日已過表，故百刻而有餘。既得此數，然後覆求晷景漏刻，莫不泯合，此古人之所未知也。

陳顯微《關尹子文始真經注·九藥篇》

瓶有二竅，以水實之，倒瀉，閉一則水不下，蓋不升則不降。井雖千仞，汲之水上，蓋不降則不升。是以聖人不先物。

夫滿水於瓶，閉一竅而倒瀉不下者，何哉？蓋水之氣不宣達而上升，則水亦不能下降矣。與夫井之水俯而汲之，水可上出，不汲則亦不升矣。聖人懷道抱德，人能升進上求，則必俯而接之，不求則無由與之矣。此不升則不降也。聖人懷經濟之心，雖才超伊吕，非侯王屈己降志，亦無由而强化矣。此不降則不升也。瓶以升而後降，井以降而後升也。聖人取物爲則，迫而後動，感而後起，此聖人不爲天下先，乃所以爲天下先也。

又陳顯微《關尹子言外經旨·九藥篇》

《關尹子》曰：瓶有二竅，水實之，倒瀉，閉一則水不下，蓋不升則不降。井雖千仞，汲之水上，蓋不降則不升。是以聖人不先物。

抱一子曰：聖人不敢爲天下先者，乃所以爲天地萬物之先也。何則？天下之理，不升則不降，不後則不先，不下則不高，故老子爲天下谿，爲天下谷，皆此意也。以管取水，按上竅則水下留。以瓶吸水，中置火則水逆上，皆不升則不降之理，與閉竅汲井同一理，然則可升可降者，水也。所以閉之、吸之、火之、按之者，人也。人之所以能使水之升降留逆者，氣也。雖然，天道好還，持而盈之不如其已，况敢先物乎？是尤聖人所大戒也。

易祓《周官總義》卷三〇

凡溝逆地防，謂之不行；水屬不理孫，謂之不行。梢溝三十里而廣倍。凡行奠水，磬折以參伍。欲爲淵，則句於矩。

凡溝，五溝也。五溝固，所以爲灌溉之利。溝而逆地防，是不依乎水之脈也。水屬不理孫，是不順乎地之理也。所以皆謂之不行。若欲其行，必順乎水之勢。梢溝則水之源也，其末流之勢，必三十里而廣倍，是以行停水者，直行以三，而曲行以五，則其勢益疾。欲爲淵，則曲爲之矩，使其回旋流轉，而其流益遲。凡此無非順其勢而導之，此五溝之所以爲利也。

凡溝必因水埶，防必因地埶。善溝者，水漱之。善防者，水淫之。

善爲溝防者，因水勢而流不壅，因地埶而止不決，所以爲利也。又有因其利而利之者，溝固惡乎水之漱，而善溝者欲其漱之而益深；防固惡乎水之淫，而善防者欲其淫之而益固其利也大矣。

凡爲防，廣與崇方，其閷參分去一。大防外閷。

廣與崇方，言其基之廣與其堤之高相等也。堤高則欲其固，故殺於基之廣者三分之一。若大防，則非特殺其内而已，又殺其外焉。是以末勢不傷，其本益固。

林希逸《考工記解》卷下

梢溝三十里而廣倍。

梢字之義，即前言梢其藪之梢也。梢溝，即開溝也。水行三十里之遠，則其末之廣必倍於首矣。此亦言其大約耳。

凡行奠水，磬折以參伍。

奠，讀爲停，從注家也。奠本訓定，若如字讀亦可通。定即停也。積水不流者，若欲行之，不容一直而下。一直而下，則易涸也。必爲委蛇曲折之狀，三折五折，如石磬之形，則其去有漸，可爲田間之用也。

欲爲淵，則句於矩。

淵，深也。欲爲深溝，停注此水，則於其句曲如矩折之處開放，深也。

凡溝必因水勢，防必因地勢。善溝者，水漱之。善防者，水淫之。

水勢自高而下，爲溝必順其勢，不可逆也。溝之善者，水行如漱則易去也。防以障水，其善者，則水雖淫溢亦不動也。

凡爲防，廣與崇方。

防，以止水也。此如今之斗門也。其廣亦爲方形，其崇亦爲方形，方則固也。今之斗門亦未有圓爲之者。

其閷參分去一。

此言爲防之法，下闊三分，則上闊二分，殺減一分也。今築牆者亦然。

大防外閷。

防之大者，障大水也。以外面觀之，必厚其下基而殺減其上，則水易脱去也。

毛應龍《周官集傳》卷一六

凡溝逆地防，謂之不行；水屬不理孫，謂之不行。梢溝三十里而廣倍。

鄭鍔曰：爲溝之法，當順地脉，苟逆地防，則不順其脉矣。不順其脉，溝雖可以强成，而水必不可以强行。注水之法，當使順水以導之，苟水屬不理孫，則不順其性矣。不順其性，水雖可以强導而水不可常行，故皆曰謂之不行。蓋地勢有高者，不可平之使下；水勢有卑者，不可激之使高也。

凡行奠水，磬折以參伍。

鄭鍔曰：水之停留而不行者，謂之奠水。將以行之，必如磬之折可也。

其直者三，其曲者五，是謂磬折。其勢如此，則雖停留者亦將奔趍而徃矣。

欲爲淵，則句於矩。

鄭鍔曰：水流至是渦邪回旋。陳氏曰：矩之法正方，非特磬折而已，况視此而又句乎。如是則水勢反流而爲淵矣。

凡溝必因水埶，防必因地埶。善溝者，水漱之。善防者，水淫之。

歐陽謙之曰：爲溝所以疏導水而去之也，故必因水下流之勢，則水自漱齧而爲溝矣。爲防所以瀦蓄水而聚之也，故必因地關束之勢，則水自淫注而易防矣。

程大昌《演繁露》卷九　菩薩石

凡雨初霽，或露之未晞，其餘點綴于草木枝葉之末，欲墜不墜，則皆聚爲圓點，光瑩可喜，日光入之，五色具足，閃爍不定。是乃日之光品著色於水，而非雨露有此五色也。峩眉山佛能現此異，則不可得而知。此之五色，無日則不能自見，則非因峩眉有佛所致也。

汪莘《方壺存稿》卷一《天地交泰辨》　《黄帝書》曰：天在地外，水在天外，表裏皆水，兩儀渾轉，來氣而浮，載水而行。又曰：地在太虚之中，大氣舉之。漢上朱子發以水爲氣，亦非是。康節謂地輪依水輪，水輪依風輪，風輪依虚空，虚空無所依。此爲得其實。云地輪依水輪，即載水而行是也。水輪依風輪，即來氣而浮是也。其曰地在太虚之中，大氣舉之。大氣，即風輪是矣。康節謂風澤洞虚，金剛乘天。此皆言天地之下有澤有風，澤非地上之澤，風非地上之風也。金剛乘天者，金剛之氣舉之也。

張世南《游宦紀聞》卷二　騐漆之美惡，有概括爲韻語者云：「好漆清如鏡，懸絲似釣鈎。撼動琥珀色，打着有浮漚。」騐真桐油之法，以細篾一頭作圈子，入油蘸，若真者，則如鼓面鞔圈子上；纔有僞，則不著圈上。

俞琰《席上腐談》卷上　《素問》云：升降出入，無器不有。注云：壁窗户牖，兩面伺之，皆承來氣衝擊。于人是則出入氣也。以物投井及穿中，翩翩不疾，皆升氣所凝也。虚管溉滿，捻上懸之，水固不泄，爲無升氣而不能降也。空瓶小口，頓溉不入，爲氣不出而不能入也。故曰升降出入，器無不有。予幼時，有道人見教爲劇，燒片紙納空瓶，急覆于銀盆水中，水皆湧入瓶而銀盆鏗然有聲，蓋火氣使之然也。又依法放于壯夫腹上，挈之不墜，即如銅水滴捻其竅，則水不滴，放之則滴。修養家存神于泥丸，則丹田之氣上升，蓋神之所至氣亦隨之而住也。房中術所謂手按尾閭，吸氣嚥津，雖得其緒餘而亦不泄。

王禎《農書》卷一八《農器圖譜十三・灌溉門》

連筒

連筒，以竹通水也。凡所居相離水泉頗遠，不便汲用，乃取大竹，内通其節，令本末相續，連延不斷，閣之平地，或架越澗谷，引水而至。又能激而高起數尺，注之池沼及庖湢之間。如葯畦蔬圃，亦可供用，杜詩所謂「連筒灌小園」。詩云：刳竹作連筒，流泉一脉通。勢雖由上下，用不限西東。遠借居人便，常資沛澤功。伊誰憑好手，扶赴卧龍公。

連筒

又　架槽

架槽，木架水槽也。間有聚落，去水既遠，各家共力造木爲槽，遞相嵌接，不限高下，引水而至。如泉源頗高，水性趨下，則易引也。或在窪下，則當車水上槽，亦可遠達。若遇高阜，不免避礙，或穿鑿而通；若遇坳險，則置之義木，駕空而過；若遇平地，則引渠相接，又左右可移。隣近之家，足得借用。非惟灌溉多便，抑可瀦蓄爲用。詩云：刳木作槽身，架水自泉口。遠引無崇卑，量移能左右。梯空越澗壑，穴高穿培塿。人能禦天災，豈非霖雨乎。

架槽

李東陽《懷麓堂集》卷三二《宿州符離橋月河記》 國朝凡四決，後爲張秋都御史徐公有貞治之。有撓其義者曰：不能塞河，而顧開之耶。使者至，徐出示二壺，一竅、五竅者各一，注而瀉之，則五竅者先涸。使歸而議決。此白公之所親聞者也。

萬恭《治水筌蹄》卷下 茶黄交會之間，黄水逆灌，每患淤淺。余爲之東大隄半里許，一則順河之性，偪阻濁流徑直南下，不致倒擁；一則緊束清水猛力衝出，刷開東岸，且敵黄流。久之則東岸河漸衝漸深，是以河而開河；西岸隄漸淤漸厚，是以隄而擁隄。茶黄並驅南行，淤淺不治而自治矣。

張内藴 周大韶《三吴水考》卷一四《吴江沈經勘荒呈》 四曰修田圩，以杜其壞。照得太湖風浪，勢如排山，岸遇輒崩，日就成浸，非人所能禦也。又查有等低灘，形如鱉裙，風趕浪衝，反不損壞。因求其故，站岸堅立，與浪相抗必傾斜，坡不深，隨浪相迎不鬭。爲今之計，不若令有田之家，各於其站立之處或石塊、或瓦屑、或煤鐵等灰填滿其處，一如斜坡之式，加之泥沙，或植茭蘆楊柳等樹，以殺其奔突之勢，則其圍塍未必如往年崩塌之易矣。

郝敬《周禮完解》卷一二《冬官考工記下》

凡溝逆地防，謂之不行。水屬不理孫，謂之不行。梢溝三十里而廣倍。凡行奠水，磬折以參伍。欲爲淵，則句於矩。凡溝必因水埶，防必因地埶。善溝者，水漱之。善防者，水淫之。凡爲防，廣與崇方，其閷參分去一。大防外閷。【略】

防裂必順理。爲溝逆防，則違土性。水屬，水行相連屬。不條理遜順，則違水性，故皆不行。梢作捎，掠取也，如輪人捎其藪之捎。直通之也始小，行三十里廣必倍，由其太直易衝突也。故善治溝洫者，奠之使安流，如磬形。曲折，或三一曲，或五一直。水勢委蛇，則行不抄掠，無先小後大之害。若欲爲深淵，則于曲處斗折如矩，即迴激爲淵矣。句，曲也。矩，曲尺。凡爲溝因水勢，則水自漱其溝而不壅塞。凡爲隄防因地勢，則水浸淫而不衝突。爲防之法，廣與高等，則堅厚難壞。下闊三分，上殺減一分，基欲厚也。大防外殺，又殺于三分去一之外。基益厚，上益薄，則防益固。

徐光啓《農政全書》卷一七《水利・灌溉圖譜》 筒車

玄扈先生曰：凡取水之術有四：一曰括，二曰過，三曰盤，四曰吸。括之道有二：一曰獨刮，急流水中加逼脱，可括上數丈也；二曰遞括，不論急緩，但有流水，以三輪遞括，可利出入也。過之道有二：一曰全過，今之過山龍，必上水高於下水則可爲之，至平則止；二曰二過，以人力節宣，隨氣呼吸，苟上流高於下流一二尺，便可激至百丈以上也。盤之法至多，此書所載凡有輪軸者，皆是其妙絶者。遞互輪，瀉交輪，疊盤可至數里山巔。但括法必須流水。過法不論行止，必須上流高於下流。盤法，在流水用水力，在止水必須風及人畜之力。獨吸法不論行止緩急，不拘泉池河井，不須風水人畜，只用機法，自然而上，但所取不能多，止可供飲。倘用溉田，必須多作，顧亦易辦。

又 卷一九《水利・泰西水法上》 用井泉之水爲器二種

玉衡者，以衡挈柱，其平如衡，一升一降，井水上出，如趵突焉。玉衡之物有七：一曰雙筩，雙筩者，水所由代入也。二曰雙提，雙提者，水所由代升也。三曰壺，壺者，水之總也，水所由續而不絶也。四曰中筩，中筩者，壺水所由上也。五曰盤，盤者，中筩之水所由出也。六曰衡軸，衡軸者，所以挈雙提下上之也。七曰架，架者，所以居庶物也。七物者備，斯成器矣。更爲之機輪焉，巧者運之，不可勝用也。

注曰：趵突，泉水上出也。

一曰雙筩

鍊銅或錫爲雙筩。其圜中規，而上下等，半其筩之長以爲之徑。下有底，中底而爲之圜孔，以其底之半徑爲孔之徑。筩之旁，齊于底而樹之管，管外出而上迤也。管之容，其圜中規。管之下端，抒之以合于筩。開筩之下端爲楕孔，融錫而合之于管。管之上端亦抒之，既樹之，則與筩之邊爲平行。三分其底之徑，以其一爲管之徑。底之圜孔，爲之舌以掩之。舌者方版，方版之旁爲之樞。底孔之旁爲之紐。樞入于紐，如户焉而開闔之。舌之開闔，與管之孔無相背也。紐居左則管居右。舌其合于底也，欲密。管之孔，合于筩之孔，欲利而無罅。樞紐之動也，欲不滯。凡水入也，必從其底之孔也，有舌焉而開闔之。開之則入，闔之則不出。左開則右闔矣，是左入而右不出也。是恒有一孔焉，入而終無出也。故曰雙筩者，水所由代入也。

注曰：凡徑皆言圓孔也，肉不與焉。如本篇一圖，甲至乙，丙至丁是也。半長爲徑者，徑三寸則筩長六寸，如丁丙廣三寸，則甲丁長六寸也。半徑爲孔者，徑三寸，孔徑一寸五分，如丁丙三寸，則辛壬一寸五分也。上迤者，斜迤而上，如戊至己，丙至庚也。抒者，斜削之，如戊至丙，己至庚是也。楕，長圓也，欲與戊丙之孔合也。融錫合之，小釬也。管之上邊與筩邊平行，將以合于壺之下孔也，己庚是也。三分之一者，底徑三寸，則管徑一寸，未至申之度也。方板者，丑寅卯午是也。樞者，卯辰午是也。紐者，癸子是也。舌如橐籥之舌，以樞合紐，令丑卯之板恒加于辛壬孔之上，向丙而開闔之也。

二曰雙提

旋堅木以爲砧，其圜中規，而上下等。曷知其中規而上下等也？砧之大，入于雙筩也，欲其密切而無滯也，展轉之，上下之，猶是也，斯之謂中規而上下等。當砧之心而立之柱。三分其砧之徑，以其一爲柱之徑。柱之短長無定度，以水之深也，井之高也，斟酌焉而爲之度。柱之上端，爲之方枘而入于衡。凡水之入也，入于雙筩之孔也，孔有舌焉。砧升，則舌開而水爲之入；砧降，則舌合而水爲之不出。水之入而不出者，舌也；舌之開闔者，砧也；砧之上下者，柱也。舌闔矣，水不出矣，砧又下焉，水將安之？則由筩之管而升于壺，左右相禪也。故曰雙提者，水所由代升也。

注曰：砧形如截蔗，本篇一圖酉戌亥角是也。其高不言度者，趣其入于筩也，不轉側動摇而已矣。若爲鼎足之柱以固之，即無厚可也。三分之一者，砧徑三寸，則柱徑一寸，如酉角三寸，則亢氐一寸也。凡雙筩入井，近下則水濁，近上則水竭，故柱之短長，宜量水深與井高也。枘，筍也，當房心之上，刻而方之，爲尾箕是也。

三曰壺

鍊銅以爲壺，壺之容，半加于雙筩之容。其形楕圜，腹廣而上下弇之。弇之度，視廣之度殺其十之二。當其弇而設之蓋。壺之底，爲楕圜之長徑，設二孔焉皆在其徑。孔之楕圜，其大小也與管之上端等。融錫而合之。壺之兩孔，各爲之舌而揜之。舌之制，如筩中之舌也。壺之内，當兩孔之中而設之紐，兩舌之樞悉係焉而開闔之，左右相禪也。當蓋之中，爲圜孔焉，而合于中筩。蓋之合于壺也，欲其無罅也。既成，以鐵爲雙環，而交纏束之。當其合而錮之錫，以備繕治也。夫水之入于管也，左右禪也，而終無出也。水從管入者，以提柱之逼之也，則上衝而壺之舌爲之開，以入于壺。水勢盡而彼舌開，則此闔矣。是代入于壺也，而終無出也。其代入也，壺爲之恒滿而上溢。其終無出也，而有筩之容以俟其底之入也。故曰壺者水之總也，水所由續而不絶也。

注曰：半加容者，如之又加半焉，如雙筩共容四升，則壺容六升也。弇，斂也，腹廣而上下弇，如本篇二圖，甲乙丙丁形是也。蓋者，戊己庚辛也。楕圜之長徑，底圖之乙丙是也。二孔者，未申也，酉戌也。皆在其徑者，二孔之心，在乙丙線之上也。二孔楕圜者，如酉戌短，乾亥長，以合于一圖之未申己庚也。二舌者，寅卯也，辰午也。紐者，子丑也。以樞合紐，令寅卯之板，恒加于未申孔之上，向丙而開闔之也。辰午加于酉戌，亦如之，左右相禪也。蓋之圓孔，庚辛是也。蓋合于壺者，己戊加于甲丁也。雙環纏束者，本篇三圖之角亢氐房是也。既錮之又束之者，水力大而易溧也。

四曰中筩

鍊銅或錫以爲中筩。中筩之徑，與長筩旁管之徑等。中筩之下端，爲敞口以鬬于蓋上之孔，融錫而合之。其長無定度，量水之出于井也，斟酌焉而爲之度。或銅錫之中筩，裁數寸，其上以竹木焉續之。竹木之筩之徑，必與下筩之徑等。其上出之徑，寧縮也，無贏也。水之入于壺也，代入也，而終無出也，則無所復之也，必由中筩而上。故曰中筩者，壺水所由上也。

注曰：中筩者，本篇三圖之坎艮庚辛是也。上出之徑，必縮于下合之徑者，所以爲出水之勢也。

五曰盤

鍊銅或錫以爲盤。中盤之底而爲之孔，以當中筩之上端，融錫而合之。盤之底之旁，爲之孔而植之管，管外出而下迤也。盤之容與壺之容等。管之徑與中筩之徑等。管之長無定度，其下迤也，及于索水之處也。中筩之水，其上溢也，盤畜之，管洩之。故曰盤者，中筩之水所由出也。

注曰：本篇四圖之甲乙丙丁，盤也。丙丁爲孔，以合于中(篇)[筩]之上端。上端者，三圖之坎艮也。底旁之孔者，戊己也。下迤者，己庚也。

六曰衡軸

直木爲衡，衡之長，無過井之徑。雙提之柱，其相去也視雙筩。雙提之上，枘入于衡之兩端，其相去也視雙提。直木爲軸，軸長于衡而無定度。圜其尾，去首二尺而圜其頸。當頸尾之中而設之鑿。當衡之中而設之枘。衡，衡也。軸，縱也。鑿枘而合之，欲其固也。軸展側焉，衡低昂焉，提上下焉，左右相禪也。故曰衡軸者，所以挈雙提下上之也。

注曰：衡之長，本篇四圖之壬辛是也。枘入于衡者，子丑是也。軸之長，卯午是也。卯尾，午首，辰頸也。衡軸鑿枘之合，寅是也。鑿，孔也。衡橫軸縱，卯辰子丑之交加也。

七曰架

井之兩旁爲之柱，或石焉，或瓴甋焉，或木焉。柱之上端爲山口，山口者，容軸之圜也，以利轉也。軸之首，設之小衡，與衡平行也，長二尺或三尺。小衡之兩端，設二木而三合之如句股，以小衡爲弦。句股之交，立之柄。持其柄而摇之，以轉軸也。水之中，穿井之脇，而設之梁，横亘焉。梁之上爲二陷，以居雙筩之底，欲其固也。中其陷而設之孔，稍大于雙筩之底孔，水所從入也。梁居水中，其木必榆，榆爲木也無味，水不受之變。梁在其下，柱在其上，車所由孔安而利用也。故曰架者，所以居庶物也。

注曰：本篇四圖之卯亥也，辰乾也，柱也。當辰卯爲山口者，以容軸之圜也。小衡者，申未也。三合者，未申酉爲三角形也。酉戌，柄也。立之柄者，立柄于酉，戌酉未爲直角也。坎艮，梁也。角亢氐房，陷也。心尾，陷中孔也。

若欲爲專筩之車，則爲專筩專柱，而入之中筩，如恒升之法而架之，而升降之。其得水也，當玉衡之半，井狹則爲之。

注曰：專，一也，架法見恒升篇。

《恒升車記》曰：恒升車者，井泉挈水之器也。其用與玉衡相似，而更速焉，更易焉，以之灌畦治田，致爲利益矣。若爲之複井，井之底爲竇而通之，以大井瀦水，以小井爲筩而出之，則無用筩也。若江河泉澗，索水之處過高，龍尾之力有不能至，則用是車焉，挈水以升，架槽而灌之，或迤而建之，以當龍尾。

恒升者，從下入而不出也，從上出而不息也。恒升之物有四：一曰筩，筩者，水所由入也，所以束水而上也。二曰提柱，提柱者，水所由恒升也。三曰衡軸，衡軸者，所以挈提柱上下之也。四曰架，架者，所以居庶物也。四物者備，斯成器矣。更爲之機軸焉，巧者運之，不可勝用也。

一曰筩

剳木以爲筩。筩之長無定度，下端所至，居水之中，已上則易竭，已下則易濁。上端所至，出井之上，度及于索水之處而止。筩之徑無定度，因井之大小、索水之多寡斟酌焉而爲之度。筩之容，任圜與方，其圜中規，其方中矩，而上下等。筩之周以鐵環約之，環無定數，視筩短長斟酌焉而爲之數。筩之下端爲之底，欲其密而無漏也。中底而爲之孔，孔之方圜反其筩。若圜筩而方孔，七分底之徑，以其四爲孔之徑。若方筩而圜孔，七分底之徑，以其五爲孔之徑。孔之上，象孔之方圜，爲之舌而掩之，如玉衡之雙筩。掩之欲其密而無漏也。開闔之欲其無滯也。筩之上端爲之管，管外出而下迤也，本廣而末狹也，水從孔出焉。既入，而提柱之勢能以舌掩之。既掩而提之，提之則從管而出也。故曰筩者，水所由入也，所以束水而上也。

注曰：玉衡之雙筩與中筩爲二，此則合之。筩入于井，量井淺深，筩長短而置之。近上，趣恒得水而止。近下，趣無受濁而止。與玉衡同也。圓筩用竹尤簡，用木，則方筩爲易焉。如本篇一圖：甲乙丙丁，圓筩也。丙丁，其底也。戊己，底方孔也。庚辛壬癸，方筩也。壬癸，其底也。子丑，底圜孔也。寅，方舌也。酉，圜舌也。甲卯辛卯，管也。辰午未申之屬，環也。環之多寡疏密，趣不漏而止。餘見《玉衡篇》。

二曰提柱

鍊銅以爲砧，圜者中規，方者中矩。砧之大，入于筩也，欲其密切而無滯也。展轉之，上下之，猶是也。當砧之心而設之孔，孔之方圜，孔之徑，皆與筩底之孔等。孔之上，爲之舌以掩之。舌之制，如筩底之舌也。直木以爲柱，柱有二式：一用長，一用短。用長者，爲實取之柱；用短者，爲虚取之柱。實取之柱，其砧入于水而升降焉。其長之度，下及于筩之底，上出于筩之口。其出于筩之口無定度，趣及于衡而止。虚取之柱無用長，入筩數尺而止。升降于無水之處，以氣取之。欲挈之先，注水于砧之上，高數寸，以閉其罅而噏之。凡井淺者，實取焉；井深者，虛取焉。五分其筩之徑，以其一爲柱之徑。砧之合于柱也，鍊銅或鐵爲四足，隅立于方砧之四維，方孔之四旁，而皆上聚之。聚之度，趣不害于舌之開闔而止。以其聚，合于柱之下端，合之欲其固也。砧之厚，以其枝于隅足也，可無厚。既合而入于筩，砧降而底之舌爲之掩，砧升則開之，開之則水入，掩之則水不出。一升一降，是水恒入而不出也。既入之水而砧降焉，則無復之也，則上衝于舌，而入于砧之孔，砧升，而砧之舌爲之掩。一升一降，是水恒入而不出也。兩入而不出，則溢于筩而出，常如是。虛者、實者，同于是。故曰提柱者，水所由恒升也。

注曰：玉衡之提柱，與壺之孔之舌爲二，此則合之。又玉衡之水皆實取，此有虛取之法焉，氣法也。凡砧之入于筩，求密切而無滯也。求密切之法，成砧而入之，能無漏者，國工也。不能無漏者，稍弱其砧之徑，以氈罽之屬、皮革之屬附于砧之四周焉。附之法：若砧厚者，稍剡其周之上下，如鼓木。當其剡而刻爲陷環，既附而堅束之。砧薄者，則爲兩重之砧，夾其氈或革，以隅足貫之而縶之柱，如本篇二圖之甲乙是也。四足者，丙丁戊酉也。砧者，己庚辛壬也。砧之孔，癸子也。其舌，丑寅也。砧可無厚，無厚則輕。餘見《玉衡篇》。

三曰衡

直木以爲衡，衡之長，無定度，量筩之大小，水之淺深多寡焉。長則輕，衡之兩端皆綴之石以爲重，其兩重等。五分其衡，二在前，三在後，而設之鑿。直木以爲軸，軸之長無定度，圜其兩端，中分其長而設之枘。衡，衡也。軸，縱也。鑿枘而合之，欲其固也。軸之兩端，各爲山口之木而架之。中分其衡之前，而綴之提柱，綴之欲其密切而利轉也。抑其後重，而提柱爲之升；揚其後重，則前重降，而提柱隨之也。提柱之降也，實取者，挹水而升于砧也。其升也，則下入于筩，而上出于筩也。虛取者，降而得氣焉，氣盡而水繼之。故曰衡者，所以挈提柱上下之也。

注曰：氣盡而水繼之者，天地之間，悉無空際，氣水二行之交，無間也。是謂氣法，是謂水理。凡用水之術，率此一語爲之本領焉。本篇三圖之甲乙，衡也。丙丁，兩石重也。戊己，衡也。子，衡軸之交也。庚辛壬癸，山口之木也。寅，提柱也，綴之于丑。卯辰，筩上端也。午，管也。餘見《玉衡篇》。

四曰架

木爲井幹以持筩，持之欲其固也。筩之下端，爲盤以承之。盤與筩，合之欲其固也。中盤而爲之孔，孔之徑稍强于筩底之孔之徑。盤之下，爲鼎足而置之井底。

注曰：本篇四圖之卯未辰午，井幹也，加于地平之上。申戌酉亥之間，爲正方之空，夾筩而持之。丁戊，井面地平也。己庚，井底也。辛壬癸，盤也。辛子、壬丑、癸寅，盤足也。

若欲爲雙升之車，則雙筩焉，如玉衡之法而架之，而升降之，此升則彼降，用力一而得水二也。是倍利于恒升也。尤宜于江河。

注曰：力一水二者，一升一降，各得水一焉，無虛用力也。恒升者，一升一降而得水一也。架法見《玉衡篇》。

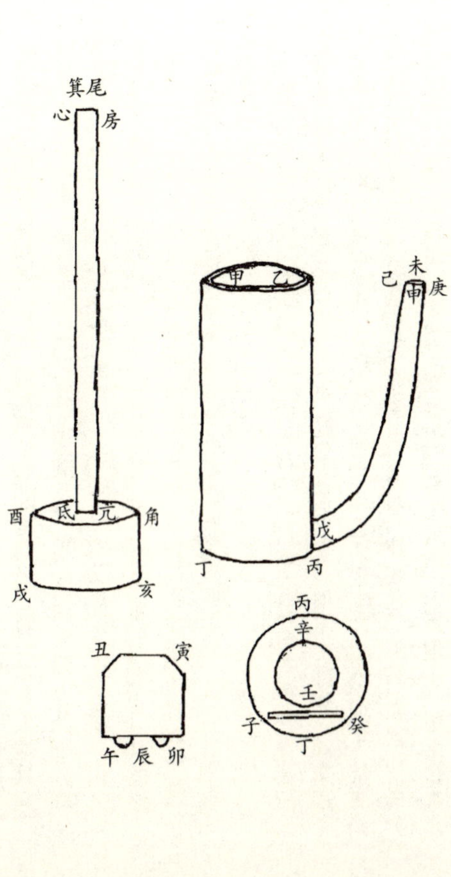

玉衡一圖

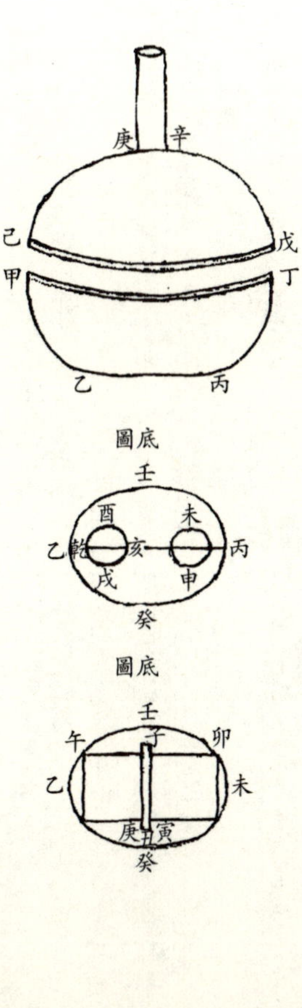

玉衡二圖

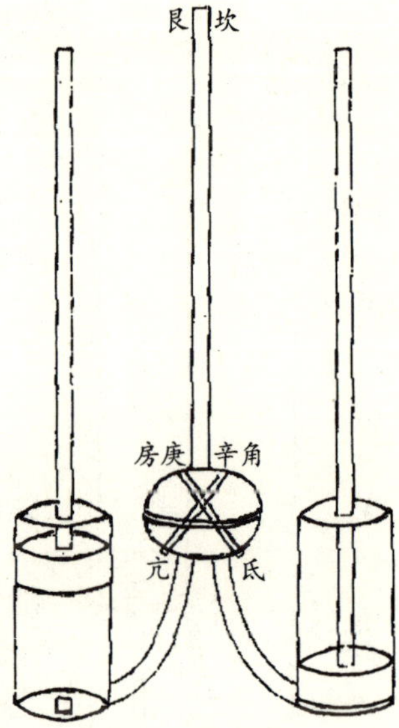

玉衡三圖

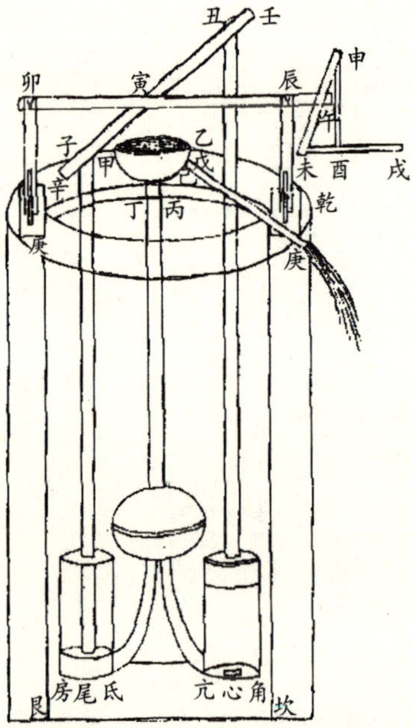

玉衡四圖

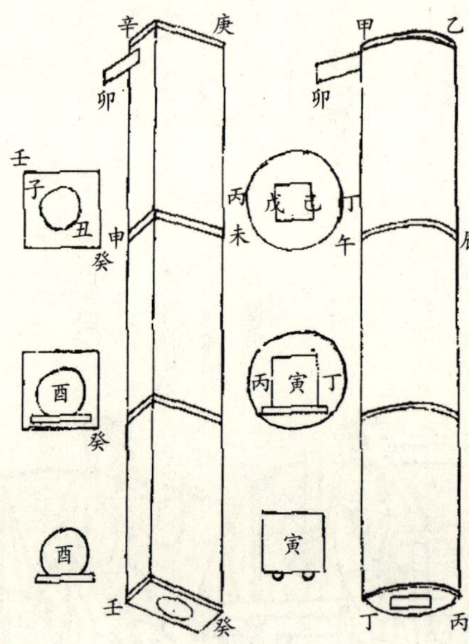

恒升一圖

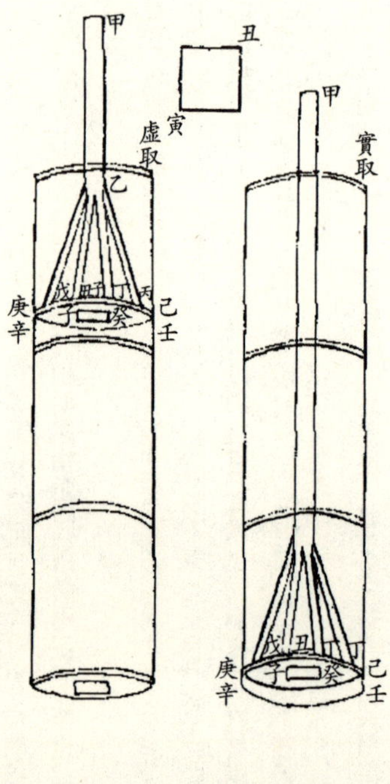

恒升二圖

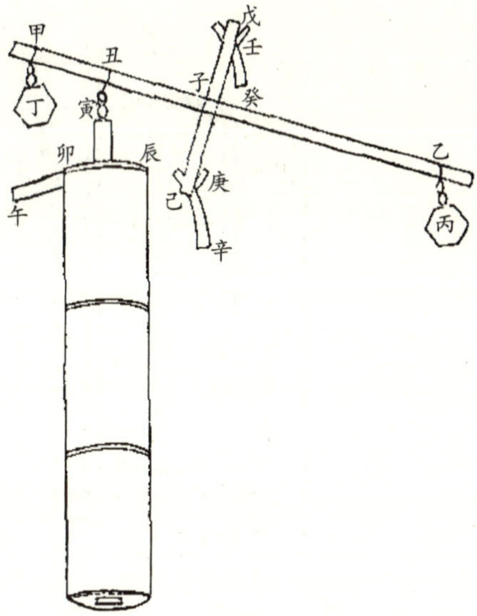

恒升三圖

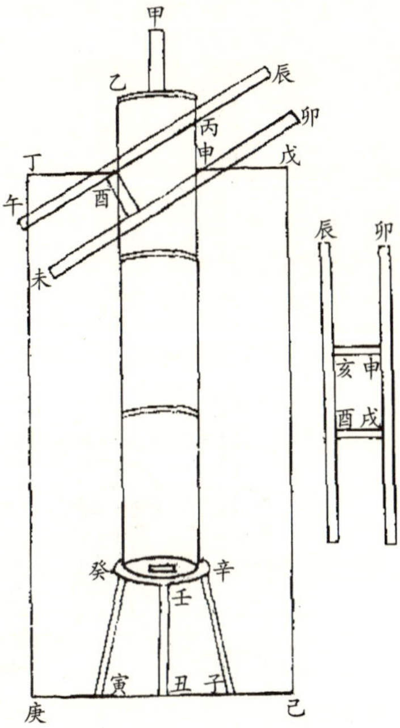

恒升四圖

郭宗昌《二戎記》

圖二　此俗工所造，鋌尾尖鋭，幹中空善於劈幹。

圖三　用以陷箭於中，以曲尺施墨線，千箭以施羽則無旋轉病也。

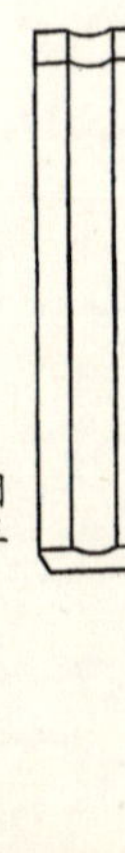

圖三

圖二

古矢人爲矢，五分其長而羽其一。今大矢，十握而羽其三，以今布帛尺長七寸，頭號大矢也。殺之不過寸，羽必皂雕。相羽與相角同，角尚稚，稚非犢也，故羽亦不取雛。

設羽欲正，欲其無旋轉也。幹自羽前寸餘漸殺之漸深，及比而止。九分殺其二，復豐其末。如幹中而設其比，豐殺不一，故設羽不得其正也。俗工故斜設之，矢發必翔轉無已也，非所以爲疾也。設羽之道，取木長如羽博寸，直其兩傍，均其兩端，而中分之，陷幹於中，圍其幹，夾其比而三分之，以矩施墨而後設，羽靡弗正也。

矢行風必束之，前不欲鋭，欲破風所以爲疾也。兼受鋌豐厚，所以爲固也。

王徵《諸器圖說》　引水之器二圖說引

田高水下，苦難逆灌。爰制引器，用利高田。厥器凡二：一名虹吸；一名鶴飲。虹吸，引之既通，不假人力，而晝夜自常運矣。鶴飲，雖用人運，然視他水器，則猶力省而功倍焉。矧其制簡易，尤便作者。

宋應星《天工開物》卷上《粹精第四》

攻黍稷粟粱麻菽

凡攻治小米，颺得其實，舂得其精，磨得其粹。風颺、車扇而外，簸法生焉。其法篾織爲圓盤，鋪米其中，擠匀揚播。輕者居前，槳棄地下；重者在後，嘉實存焉。【略】

方以智《物理小識》卷一《天類》

氣論

世惟執形以爲見，而氣則微矣。然冬呵出口，其氣如煙。人立日中，頭上蒸歊，影騰在地。考鐘伐鼓，窻櫺之紙皆動，則氣之爲質，固可見也。充一切虛，貫一切實，更何疑

風扇車

如山高。當吸水時，人立其側，衣一沾水，人即被吸。蘇州崑山有商洋潭，亦漩也，舟忌過此。

又 卷八《器用類》 轉水法

其來處何高，則所激之高可與之比。或故使之瀑下，就以筒承瀑，則水激而上出，上既出，則流通而不止矣，如今過山龍之出酒也。然水器宜精密，勿使洩氣。初引以氣吸之，器大則以火生氣而抽發之。昔漢靈帝作番車渴兔，註云：渴兔爲曲筒，以氣引吸上也。則漢時中國已知此法矣。池塘中用筒激水，亦可高數丈而出之，或下用輪激，此須制具，如東坡所云蜀井用竹筒抽汲之法，凡井皆可爲也。灌田忽宜講此。水碓磨，南方類爲之。漢杜詩、魏韓暨之水排是也。用風帆六幅車水灌田者，淮揚海堧皆爲之。暄曰：遠國用轉龍逆流，水以爲已下也，而不知其已上也。

又 卷一二《鬼神方術類》 首澤浮針

取頭中垢以塗塞其孔，置水即浮。中通曰：人垢，人汗人油塗針上，不須塞孔，針皆能浮。

靳輔《文襄奏疏》卷一《治河題藁》 經理河工第三疏高堰坦坡

臣再四思維，因見淮湖運河等處，板工易於損壞，即石工之傾圮者，亦不可勝數。惟見堤下係坦平坡者，則雖遇大水而不致沖塌。蓋水性至柔，而乘風則剛，其板石諸工率皆陡峻，故怒濤撞激，易於崩沖。若遇坦坡，則水之來也，不過平漫而上；其退也，亦不過順縮而下。堤制水而不能抗水，故雖大水乘風止於隨高逐低，而無怒激之勢，水既無怒激之勢，故自無沖崩之虞。此乃以柔制剛之道，誠理勢所必然者。今欲求費省工堅，惟有幫修坦坡之法，可爲久遠衛堤之策也。其法於堤外近湖之處，挑土幫築坦坡。每堤高一尺，應築坦坡五尺；若高一丈之堤，則坦坡應寬五丈。

又靳輔《治河奏續書》卷四

高堰

每西風一起，怒濤山湧，而以一綫之長堤捍之，浪頭之所及，土崩石卸，雖歲歲增高培薄，終不能禦。竊思水柔物也，惟激之則怒，苟順之自平。順之之法，莫如坦坡。乃多運土於堤外，每堤高一尺，填坦坡八尺。如堤高一丈，即填坦坡八丈，以填出水面爲準，務令迤斜以漸高，俾來不拒而去不留。是年秋，黃水大漲，奇風猛浪倍異尋常，而洶湧之勢一遇坦，而其怒自平，惟有隨波上下，而無所焉。【略】

揭暄曰：所以爲氣，吾師言之矣。氣既包虛實而爲體，原不礙萬物之鼓其中，而依滑以爲用也。凡諸有形色，有聲聞，莫不賅而存之。天地之間，豈有絲毫空隙哉。罌瓶挈水，閉其一孔，水即不入，氣塞中也。倒而縣之，水亦不出，氣未入也。萬斛之石，不能壓一氣毬，必氣出盡而後合。千人挽舟，中流莫進，風吹之則飄飄然。大可移石飛山，湧海震地；小則吹箭吸流，轉輪椎腹，以至鳥飛魚躍，牛耕馬走，肢體運動，何往而非氣之所爲也耶。可見氣之爲氣，屬無形而有形，若無力而有力。朝霞之牖户，而後之山林，其色倍麗，是潤物之形而爲之籠罩者，氣也。水搖而星擊，目眚而燈花，氣動而日摩，其影非一，是幻物而使之多者，氣也。日月之初出也，玻盒之苑邃也，水深而錢浮也。物像像物，其形倍真也，是使物大而遠近而顯者，氣也。

又 水

麻知幾《水解》曰：九疇昔訪靈臺，見銅壺漏，馬大史召司水曰：此水已二周環，水滑則漏迅，迅則刻差，當易新水。予因悟曰：天下之水，用之滅火濡槁則同，而性從地變，質與物遷，自別也。

又 卷二《地類》

水行洊勢

習坎言洊至，佛言滴滴相續而成水，浸在下流，然有江漢漲浸月餘，而金陵淮吴不浸者，可知其洊矣。至于流迅而激引之，則水不自知其上下，惟其閉于筒內而有出路耳。閉于地中，吸上山頂，更何疑焉。暄曰：物空浮疾，水湧水遲，故外浮者恒倍于內，中流者恒迅于邊。流行之水力于停貯之水，湍激之水力于流行之水。

又 治水開支河

徐有貞張秋治水，或謂當濬一大溝，或謂多闢支河，乃以一甕竅方寸者一，又以一甕，竅之方分者十，並實水，發竅，竅十者先竭。暄曰：方寸一當方分百，十先竭，利于大溝十餘倍矣。

又 過漩法

水之流，緩則直，急則曲。韋莊《峽程記》言急流有漬，有漩，緩棹隨漩乃得出，不與水爭，爭則舟埋水矣。佛經有云：海中漩者謂之漩澓海。舫人云：用蘆蓆稿鋪之物投漩，漩即緩可出。若歸墟大漩，寬數百里者，或云不可聞聲，聞聲則舩不可救。外紀諳厄利亞有海窖，潮盛時，窖吸其水而永不盈，潮退即噴水堤其衝突。始知坦坡之力反有倍蓰于石工者。故障淮以會黃者，功在堤，而保堤以障淮者，功在坦坡也。惟是填積坦坡以來，垂及十載，風濤之所汕刷，平鋪卸去，離堤已四五十丈矣。

又 閘壩涵洞

涵洞之用有三：一減水，二淤窪，三溉田。固矣，或神而明之，更以之擋水，以之衛閘，其用微妙，非久於河者不知也。夫閘壩所過之水，大抵伏秋異漲，澎湃之勢既足以撼閘之基，傾跌之力又足以陷閘之底，而我以涵洞之水透入閘後，使之旋瀾湧波以護其基，而承其底，則閘反若有所憑以固，而澎湃之勢平，傾跌之力衰矣。其於壩也亦然。顧置洞必與堤內地面相等。前所建涵洞，正值河身墊高之時，故所置皆高。今河底日深，前建涵洞非夏秋水發之時，不復過水，必須因河底之高下而高下之，方得涵洞之用焉。

劉獻廷《廣陽雜記》卷三 姜于發云：曾聞朱未孩言，火炮中彈子，必於沙中磨之極圓，出砲門後，空中之氣不能阻礙，其去必遠。搗坧蚓成漿，以箭括淬之，其鋒之銛利過于磨錯。此二語余所未聞者，拜教多矣。

戴震《考工記圖》卷下

匠人建國，水地以縣。

注：於四角立植，而縣以水，望其高下。高下既定，乃爲位而平地。疏云：謂於柱四畔縣繩以正柱，柱正然後去柱遠，以水平之法，遥望柱高下定，即知地之高下。

補注：水地者，以器長數尺，承水，引繩中水而及遠，則平者準矣。立植以表所平之方，縣繩正植，則度水面距地者準矣。若不用水，覆矩尺使中縣，引繩中矩尺及遠，簡法也。矩尺即今木工石工之曲尺。

又

凡溝逆地防，謂之不行。水屬不理孫，謂之不行。屬注古字通，孫遜通。

注：溝謂造溝，防謂脈理。

梢溝三十里而廣倍。梢音蕭。

注：謂不墾地之溝也。鄭司農云：梢，謂水漱齧之溝，故三十里而廣倍。

凡行奠水，磬折以參伍。

注：坎爲弓輪，水行欲紆曲也。鄭司農云：溝形當如磬，直行三，折行五。

補注：行奠水者，行之，停之，直三而曲得五。井田雖以方計，隨溝委折，非截方，見於此矣。

欲爲淵，則句於矩。

注：太曲則流轉，流轉則其下成淵。

凡溝必因水埶，防必因地埶。善溝者，水漱之。善防者，水淫之。

注：鄭司農云：淫，謂水淤泥土，留著助之爲厚。

凡爲防，廣與崇方，其閷參分去一。大防外閷。

注：方，猶等也。閷者，薄其上。

張宗法《三農紀》卷二《土》 水太深難上者，以大竹內去其節，長一二丈，下節不去，如製炊火風匣法，上以抽竿，底留一竅，往來推之，水從竅入竅出而溉。

吳其濬《滇南礦廠圖略》卷上 爐之器

四風箱，大木而空其中，形圓，口徑一尺三四五寸，長一丈二三尺。每箱每班用三人，設無整木，亦可以板箍用，然風力究遜。亦有小者，一人可扯。

鄭復光《費隱與知録》

風生螺旋 别存一解

曰：此雖叵測，然螺旋之風甚難詮釋，似可存此一解。凡物一動遂有風生，一棹江湖，水生無限旋渦。衆曜運天，氣能不爲之鼓盪乎。若以宗動之遠爲疑，實不然矣。譬如兩人共屋，相去丈許，以扇揮之，必覺微涼。扇之力不能及丈，而此相去之間皆氣充滿。氣爲風動，氣亦生風矣。況天之能力至廣至大，而謂力不及地，可乎？且太陽去地亦有一千餘萬里，其暖氣及地，能力又可思議耶。

又 洋燈上升 緣火氣薄

問：洋燈之戲何以上升？曰：天下之物莫輕于氣，故氣上行。物重于氣，故必下墜。而火氣更輕于諸氣，故能炎上。火者，氣之至薄者也，故其質爲至輕。洋燈以紙爲質，下用銅絲爲絡。或紙薄銅片爲盤。樟腦、火酒、升麻、松香諸藥撚作紙，轉油內浸透，貯絡中，約十餘根，然着俟烟足始放，遂冉冉上升矣。蓋統計其重不過數兩，而燈體積方可七八尺，其中皆氣。既然之後，煙逼氣出，則中含火氣。火氣輕于外氣，即加燈體之重，仍輕于氣，故自上升。迨其藥枯火息，仍歸本體之重，自下墜耳。

又 氣必上行 亦能下就

問：氣必上行乎？曰：氣與火同類而異用，氣與水異質而同情。火上炎也，使持蒸火之物，下就之亦必焚。使持初滅之煙，下就之必復然。此非火炎下也，以其質必附物，故就燥也。氣之爲物，性故上行，然不能不與物接，故物下墜則氣上行。使舉物上行，則氣又下行而彌其空焉。蓋氣之根生于天，而下濟乎地，其性能舒而大，能歛而小，故有一空隙，即輸而入。雖空在下，亦必下而就之。而不可謂其性下行，如金石沈水，水出金石之上，不可謂水性就上也。

又　瓶水滿中　倒覆不出

問：納火于瓶，倒覆入水，則水吸入不出，何埋？北華曰：瓶內空處皆氣實之，納火則熱氣悉舒出，倒覆入水，水封瓶口，火熱既解，瓶不容空氣，無由入水代實之矣。外氣不入，水終不出。《醫宗金鑑》有筩拔膿法，用竹筩長七寸，徑一寸，藥水煮熱，合瘡口上拔之。筩上開孔，作杉木楔，俟筩温冷拔楔，使易落。云何理與知？子曰：拔楔則外氣入，故自落也。俗有風寒打火罐法，用小口罐，燒廢紙納之即合痛處，風寒自出，然必實處方可用，有誤用臍上者，腸出死矣。

又　紙卷直立　水上寸餘

問：紙入水易透固也，然直立紙卷于水內，何至透上水而寸餘？曰：水及水平而不上者，力不足也。紙入水即濕，水乘氣而就溼，不煩力，浸故也。

又　風善入隙　力在交角

問：風無微不入，窗紙破損雖至數寸，室內或不覺涼，而當窗坐處，有一綫之隙，即致受寒，名曰賊風。何故？曰：風之入隙，力專勢鋭，中人必病，無可疑者。蓋風大隙小，其過隙也，亦成一角。即有交角之限，其能力之大，全在此交，過此則散開，而與室內之氣融和，不成風矣。故不甚覺涼。而人不靠窗，雖窗紙破損，亦不至病。獨窗紙有隙，坐時恐恰當其交，故戒之名賊風也。

又　引水過山　仍必就下

問：水性就下，過山龍何以能使水上？曰：吾友鮑澤之中謙昆仲嘗深究水理，爲予言明。徐相國光啓有言，出水處乙苟低于受水處甲一寸，則雖數十丈丁至乙可引之而上。出水處甲苟高于受水處乙一寸，則水必回矣。水自乙出矣。

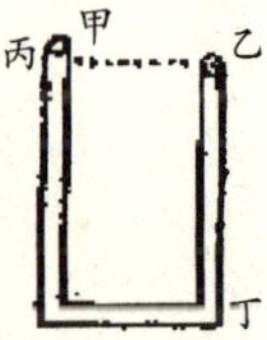

是説最確。夫過山龍之水，自戊至庚爲上，其實子低于戊，是仍就下也。若卯子筩移爲卯丑，則出水漸緩。若更移爲卯寅，則水必回，從戊出矣。何者？戊低于寅也。予推其理，蓋重法也。夫卯己藏水，與庚戊等，則重必等，加巳子一段，故重于庚戊而下墜矣。此如安軸于午上挂鐵索，兩端引平，如未申，則軸不動，以酉未與戌申其重均也。若引未至亥，軸必左旋而墜矣，引申至乾軸必右旋而墜矣。故水既到壬，而辛處無氣入之，則水不能空而分之爲兩，故庚之水欲出戊，而卯之水欲出子，兩相牽引，輕者力絀，必自子出矣。移卯子爲卯寅，雖卯寅之重等于卯子，而卯子下垂，卯寅斜迆，斜迆之勢不敵下垂。譬挂鐵索在軸，如坤戌酉未，則坤戌重于酉未，當右旋自坤下墜，因戌坤斜迆之力不敵酉未下垂之勢，必左旋自未下墜，不能右旋而下也。

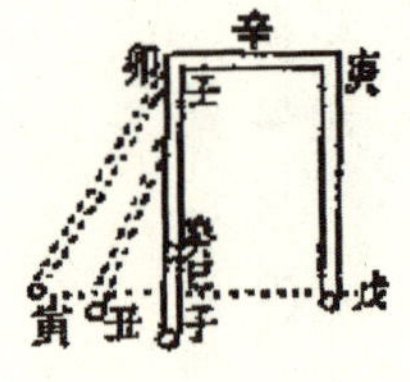

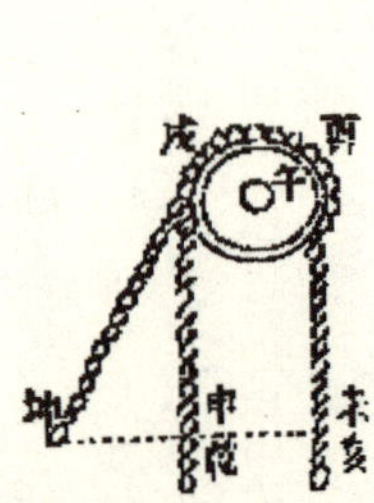

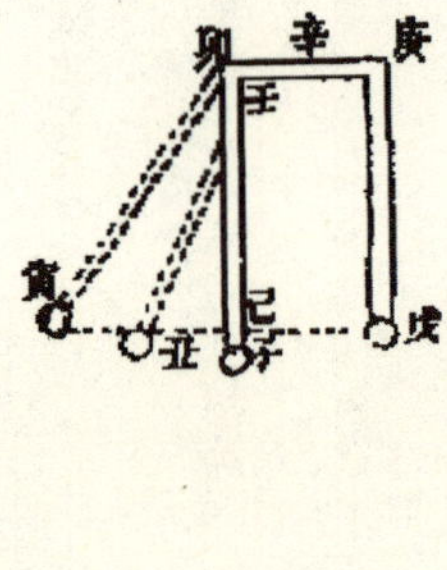

又　熏煙取水　氣法之精

問：《奇器圖説》有虹吸法，鮑澤之曾作小樣，竟不能取水令上，然吸用橐籥，其法甚妙。沈凫邨先生銞言竹筩取水，有熏以煙者，其法如何？曰：過山龍用口吸者，以筩內藏氣，吸盡入口，則筩空而水入矣。故虹吸器入口不能吸，用橐籥則吸盡，理無可疑。煙熏之法，愚所未見，其理固有可言者。如筩甲乙，欲引水從甲至乙，則塞甲口以火熏乙處，如筩甚長，則筩外多設火于丙于丁于戊，使筩通體俱熱，則筩內之氣盡從乙出，爰塞乙口而納甲于水，自水中去甲乙兩塞，則水自行。然塞乙拔甲，不容稍緩。恐筩冷則裂也。因又推得一法，吾歙有瓦梘燒就方筩，有榫可接砌入地中，無則用磚砌亦可。先塞庚辛兩口，從壬灌水令滿，再塞壬口，萬勿走氣，爰拔庚辛兩塞，則庚入辛出，而水行矣。若器小，則不須此。只用常筩，先倒其筩灌水令滿，爰堵兩端，令水勿出，安置如法，一齊放其兩端所堵，則水自行。諸法皆是使筩不藏氣，俾水代實其空，不煩詮説也。至虹吸，小樣不靈，當作大樣試之，然恐作者本是空談，未徵實耳。姑記于此存者。

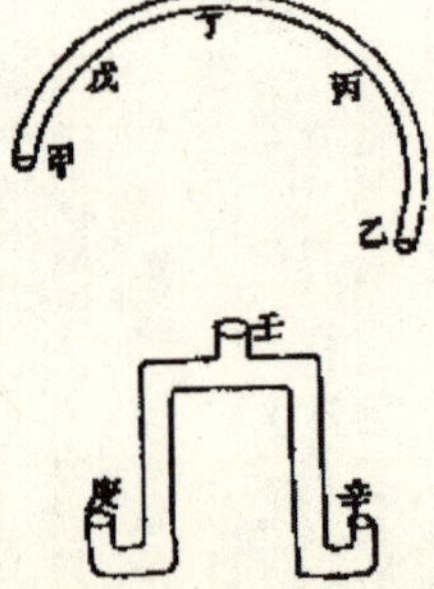

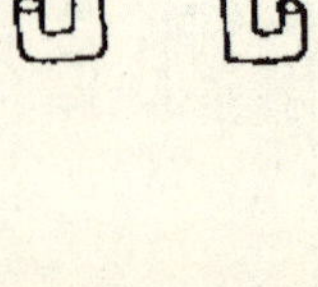

又　崩岸之水　力大無匹

問：水之力視其重爲大小，理也。然崩岸之勢，其力無匹，何故？曰：水之所趨其地必下，來源必上。來源斤兩悉注所趨，故莫重乎。此所以無匹也。又凡物之力，藉勢則加大，或不可量。如椎之力生于椎重，以人運之，能力至大矣。夫水之赴壑，其勢沛然，且無間不入，綿綿不息，故力至大也。然水爲流體，亦緣有間隙則然耳。若岸堅緻無瑕，水將順其軌而滔滔去矣，何暇攻岸哉？

又　氣輕于物　不以力言

問：氣輕于萬物乎？曰：唯唯否否。氣可以言輕者，對物以之重者而言，而非其質也。蓋物性各趨本所，地心爲萬物本所，天爲氣本所。氣之上行，猶物之下墜，趨其本所耳，非但以爲輕使然也。譬如兩人皆自西往東，甲行百里，乙行八十里，相差廿里，謂甲速乙遲可也。使甲東乙西，雖相差百里，不得謂甲速乙遲也，而謂物重氣輕可乎？曰：若。然則大地之上皆有氣上行，使有至輕之物下墜，則與相逆相拒，當不下墜矣？而不然，何也？曰：物趨本所固已，而物又各有其性，各成其類，萬物之趨地心同，而有凝體、流體之別。如水之就下，欲趨地心，以附于地而爲流體，則横騖取平，其他凝體則不能矣。惟氣亦然，故物將下墜，氣非不相逆相拒，因其爲動體，故能旁出而曲上，且其意欲速上，物欲速下，故讓物下墜焉。曰：物欲速下，既與氣同，何以獨不讓氣？

曰：凝體不靈不變，故難讓氣，然以物趨地心，當作直線，絲豪無曲。今物自空墜，不能如矢者，亦未始非讓之也。至于毛羽之屬，委曲到地，更顯然矣。曰：氣之與物，相逆相拒，雖毛羽終必到地，亦可謂輕矣。曰：輕者重之對，言力不勝也。若謂氣之力不勝毛羽，則大不然。試觀猪脬鼓氣，人力不能壓扁，豈非其力實勝況乎？氣盪成風，無論海舶如山，藉以馳駛。即垂天鵬翼，悉氣舉之邪。

又　茶壺斟寫　最忌沿口

問：茶酒同。壺斟寫，最忌沿口而下，何法可免？北華曰：口出水處宜薄，使水無所附。水(入)[出]口處宜下，使水之出重而有力。(入)[出]口之眼宜大，口内宜光，乃無阻滯。

又　風箱氣法　入大出小

問：風箱之製用雞毛，其法如何？又一出一入，氣法自同，而出之氣覺小，然否？曰：橐籥之製，南方用雞毛，蓋取其蒙茸。《道德經》其猶橐籥，注：橐，外之覆也。籥，内之管也。按管，謂斡也。斡端有板，雞毛施之板邊一間，以隔氣而易鼓。余改氊則滯矣。然亦以小故也，山西大風箱，壓以重石，用紙數層裹邊，並不覺滯，可證也。南方作法，櫝内靠吹火處作氣溝一條。山西作法，隔櫝爲上下兩層，下層高寸許，以代氣溝，其理同。工匠優爲之至。籥之鼓氣，斡入大而出小者，櫝靠人一邊多受軸，兩孔牽軸出時，孔有洩漏也。

劉嶽雲《格物中法》卷一《氣部》

空氣

清陽爲天，重濁爲地。《素問》。

輕清者上爲天，重濁者下爲地。《易乾鑿度》。

地面濃厚之氣高不過數百里，愈上則愈清，愈清愈輕，愈厚愈重，其勢下壓，故亦有分量可測。人之不覺其重者，以四圍皆氣所包，如魚之在水也。《造化究源》。

嶽雲謹案：自地而上，愈近地則氣愈重，愈遠地則氣愈輕。輕者氣清故也，重者氣濁故也。西人言空氣一立方寸謂英國度。之重可以稱試，又言自地面至氣盡處，空氣之重，等於方一寸、高三十寸長水銀柱之重。即十四磅又萬分磅之七千三百〇四。此指地面和合之氣言之。西書言空氣之質爲淡養二氣和合而成，二氣之外，有炭養氣，有水氣，則亦知地面之空氣爲和合氣。又云若其漲大之性常能無限，則天空之氣亦無盡界，則亦知空氣無處不到。又云高於地面四十五英里處，猶數有蒙氣差，故知尚有空氣，則亦知空氣甚高。惟真空之氣與和合之氣之分，則西書未嘗及爾。

又

氣可以斂之使小，放之使大，熱之使煖，寒之使冷。《造化究源》。

嶽雲謹案：氣縮則小，漲則大，多則熱，少則冷也。

又案：以重力壓空氣，使緊而驟放之，西人氣槍是也。至化學中壓輕淡緑炭等氣使緊，製爲定質，用處極繁，其理則中國已發之矣。

已上氣有清濁、冷熱、輕重、燥濕。

又

信都方爲輪扇二十四，埋地中以測二十四氣，每一氣感，則一扇自動，他扇並住，與管灰相應，若符契焉。《隋書》。

嶽雲謹案：此又能變通成法者，愈見候氣之有憑矣。

又

升降出入，無器不有。《素問》。

壁窗户牖，兩面伺之，皆承來氣衝擊，于人是則出入氣也。以物投井及葉墜空中，翩翩不疾，皆升氣所礙也。虛管溉滿，捻上懸之，水固不泄，爲無升氣而不能降也。空瓶小口，頓溉不入，爲氣不出而不能入也。由是觀之，升無所不降，降無所不升，無出則不入，無入則不出，故曰升降出入，無器不有。《素問注》。

予幼時，有道人見教戲劇，燒片紙納空瓶，急覆于銀盆水中，水皆湧入瓶，而銀盆鏗然有聲，蓋火氣使之然也。又依法放于壯夫腹上，挈之不墜，即如銅水滴，捻其竅則水不滴，放之則滴。修養家存神于泥丸，使丹田之氣上升，蓋神之所至，氣亦隨之而注也。俞琰《席上腐談》。

注水于瓶，閉一竅而水不得出，氣守之也。寘水于盎，覆匏而水不得入，氣拒之也。明莊元臣《叔苴子内編》。

嬰瓶挈水，閉其一孔，水即不入，氣塞中也。倒而懸之，水亦不出，氣不入也。《物理小識》。

嶽雲謹案：莊、俞説與《素問注》同，此又約言之。

正法出于自然，故感應亦廣大。邪法出于人爲，故多可喜之術。余舊見咒水者，不施藥物，立使騰沸，始甚奇之，及得其説，乃以猪囊盛袖中，用手法助之耳。宋儲泳《祛疑説》。

嶽雲謹案：手鼓猪囊之氣，使由管入水，水似騰沸。蓋以上理爲戲法也。

又案：今時所吸水煙，不知始於何時，而其水煙筒之製，甚合於化學以水洗氣之法。即於氣水不能並居之理，有所豁悟。又陽羨茗壺蓋之中心必留一眼，使進空氣，其故因壺水盛滿，壺嘴熱氣抵制，空氣無間而入，而壺外空氣下壓，水即不得出。頂蓋有眼，則氣流動自如，即茶碗新瀹茗亦然，碗蓋四周無隙，茶不得出；稍泄其氣，則出矣。

酒撤即虹吸，一名過山龍。以銅爲小管，長約四五尺，火力彎之，令一頭長，一頭短。另安極細管於長管一頭旁，用時以短者插入酒甕，一手罨住長頭之孔口，銜細管吸之，管中氣爲人所吸，其酒即源源而來，放指令滴，酒甕中酒盡而止。《鄙事綴紀》。

嶽雲謹案：真空之氣，無論何處何質，不能離析，所謂神也。若地面和合之氣已甚濃厚，即與質不能並居。水爲流質，若在一器，則氣出水入，氣入水出，以上所論是也。所以製爲酒撤、激筒等器，非若西人倒壓下吸之説。

已上氣之功用。

又

凡風發初遲後疾者，其來遠；初疾後緩者，其來近。動葉十里，鳴條百里，摇枝二百里，落葉三百里，折小枝四百里，折大枝五百里，飛沙走石千里，拔大根三千里。《觀象玩占》。

諺云：千里不同風，百里不同雨。昔人謂雨有咫尺之殊，何必百里。不知風亦不可以千里論也。嘗記驗風候，如畿内是日爲西北風，山東去京爲近，而其日風乃東南，蓋風隨地起，隨地而殊。《抱朴子》謂鳴條之風百里，折枝之風五百里，是言風之有無，初不論方向也。朱子曰：風與天相似旋轉，未嘗息，此處無風，或旋在他處，或旋在上面，都未可知。玆論最善。又上下之間亦有不同者，如起火初迸裂時，其煙南向，及升雲際，煙又北向，此其驗也。《幾暇格物編》。

嶽雲謹案：上下之間風有不同者，江河湍急之處，上面水順流，下面水逆流，其理相通。所謂高風雲倒走也，若輕微之風則否。

又

颶風，具四方之風也。《南越志》。

嶽雲謹案：此解颶風最爲得之。蓋風從東來，忽遇西風，則一折而左，一折而右，而成旋風。或風從南來，忽遇北風亦然。

又案：西士云旋風與颶風不同，因颶風爲空氣上升之力所成，而旋風則爲風之旋渦，能吸空氣。蓋旋風之力爲兩邊之空氣相擠所成，而颶風之力則爲上面之空氣驟鬆所成。凡颶風之方向有一定之理，而旋風之方向則不從此理，其方向大約與成此旋風之兩段風之方向有相關。又云空氣若旋轉流行，如水之有旋渦，則爲颶風。其旋轉之圈甚大，有徑千里者。嘗考颶風起處每在熱帶以内，其移行之勢恒背赤道，向極行。惟近赤道之地，則無颶風。又凡行近颶風之中樞，必見風力愈大。若至中樞處，則反覺無風。及行過中樞，忽然有與前相反之風。愚謂旋風自下而上，能吸地面之物升至空際。《夢溪筆談》：熙甯九年，恩州武城縣有旋風自東南來，望之插天如羊角，大木盡拔。俄頃旋風卷入雲霄中，既而漸近，所經縣城官舍民居，略盡悉卷入雲中。縣令兒女奴婢卷去復墜地，死傷者數人，民間死傷亡失者不可勝計。縣城悉爲邱墟，遂移今縣。颶風自内而外，生離心力。能吸風圈心之水高于圈周。人恒見旋風，罕見颶風，故多不能悉言耳。

已上風之情狀。

又

韓暨爲監冶謁者，舊時冶，作馬排，每一熟石，用馬百匹；更作人排，又費功力。暨乃因長流爲水排，其利益三倍於前。《魏志》。爲排以吹炭。《魏志注》。

嶽雲謹案：此大冶作鼓風法也。或謂水排，即今水碓，蓋未考《後漢書》及《魏志》耳。王禎《農書》云：其制當選湍流之側，架木立軸，作二卧輪；用水激轉下輪，則上輪所週絃索，通激輪前旋鼓，掉枝一例隨轉；其掉枝所貫行桄，因而推輓卧軸左右攀耳，以及排前直木，則排隨來去，扇冶甚速，過於人力。又有一法，先於排前直出木簨，約長三尺，簨頭竪置偃木，形如初月，上用鞦韆索懸之。復於排前植一勁竹，上帶捧索，以控排扇。然後卻假水輪卧軸所列枵木，自上打動排前偃木，排即隨入；其拐既落，捧竹引排復回。如此間打，一軸可供數排，宛若水碓之制，亦甚便捷。以上《農書》。此王氏所思得之制，未知于古合否也。

《老子》：天地之間，其猶橐籥乎，動而不屈，虛而愈出。橐籥只是今之鞴扇耳。《朱子全書》。

風箱，大木而空其中，形圓，口徑一尺三四五寸，長一丈二三尺，每箱每班用三人。設無整木，亦可以板箍用，然風力究遜。亦有小者，一人可扯。《滇南礦廠圖略》。

以木爲長方箱，兩頭安舌，門連以竹管。大冶以鐵爲之，或土爲之。箱中安方板，周圍纏以雞羽，令與箱切合。方板安二梃竿，出於箱之一頭。二梃竿首橫木爲柄，人執柄內推，則彼端舌門閉，此端舌門開，風氣推開旁舌門而入冶。執柄外扯，則此端舌門閉，彼端舌門開，風氣亦推開旁舌門而入冶。故梃竿往復，而吹風不息。《鄙事綴紀》。

嶽雲謹案：中國吹風之器有三種：一圓枕形，今補鍋匠及鑄鐵匠用之。一長方箱形，今通用之。一皮囊形，今苗疆猶用之。而水排之制，無能傚法者矣。

已上吹風之器。

又

帆，汎也，隨風張幔曰帆，使舟疾行汎汎然也。《釋名》。

帆，從風之幔也，施于船前，各隨宜大小爲制。大者，用布一百二十幅，檣高九丈。唐《類函》引《風土記》。

嶽雲謹案：《異域志》云：外域人隨舟大小，或作四帆，或三帆，前後沓施，載之有蘆頭水葉，如牖形，長丈餘，織以爲帆。其四帆不正前向，皆使邪移相聚，以取風吹。風後者激而相射亦並得。風力若急，則隨宜減之也。取風氣而無高危之慮，故行不避迅。風激波安，而能疾。所言與今夾板船上帆式相同。在西人亦古制也。

又

同治六年十月二十五日巳刻，余在楚北糧署，正欲易衣會客，忽而屋瓦坼裂，牆壁摇撼，窗槅皆震碎，有聲急趨，出則見正南黑烟突起，半天蒸蒸，直上旋。聞大聲如巨霆者三，知爲火藥局失火之故，窗之前槅已傾折而北矣。少頃，窗之後槅又傾折而南，其勢更猛。出視附近居民、廟宇、衙署，無不傾圮狼藉。蓋局中火藥三十餘萬斤，分爲三處，一并轟然。當屋瓦震動之時，聲已發矣。乃以相去數里，聲未到而氣先到，因地上之氣偏滿空際，本無罅隙，及火藥一燃而地上本有之氣爲火所奪，氣與氣積，以至推牆倒壁。及火藥一轟已過，氣復還而補之，故一前一後，一南一北，可見空中之氣爲力甚大。其氣之去而復還者，譬如積水小池之中，投之巨石，猛然一擊，水必四分，及石沈水定，四面之水仍必逗入，此其徵也。《造化究源》。

嶽雲謹案：據此可證，聲之能傳由於氣之推動。西書以水之傳浪喻空氣之傳聲，亦即《造化究源》積水小池之理也。

已上聲之回響。

又 水氣

水沸則化氣，重物壓之，氣不得洩，則横出而敗鐺，故上層置涼水微微換之。《藥爐要言》。

嶽雲謹案：此沸水化氣之力，爲古人所已知也。古人但未盡其用耳。

又 雜和合氣

營中施放火毬，其法以密絹紮大毬，中置硝磺之屬，焰起騰空，隨風飛去，及焰多火熾，毬破而墜，遇物延燒，一名天燈。《火攻雜法》。

嶽雲謹案：此亦輕氣毬之理也。所發之氣，炭輕居多，亦有他種和合。惟因輕于天氣，故得上升。范成大《吴下紀物詩》「擲燭騰空穩」，注：小毬燈持擲空中，即營中火毬之屬也。

又

走馬燈不知始於何人，爲大箴圈，圈周綴以人物，中貫立柱，柱之上下活樀令易運動，柱之上層以紙摺疊作大盤，下燃燭火，其焰上衝，紙盤隨柱而轉，其盤綴人物亦與俱轉。人物皆翦紙，爲騎馬射獵之戲，故曰走馬燈。《鄙事綴紀》。

嶽雲謹案：此以炭氣爲戲法，可爲巧矣。范成大《吴下紀物詩》名馬騎燈，其法蓋始於宋時。

又

取雞子殼，燃艾火，内空中，疾風高舉，自飛去。《淮南萬畢術》。

雞子開小竅，去黄白，入露水，以油紙糊好，赤日中曬之，可以自升起，離地三四尺。《物類相感志》。

嶽雲謹案：須將雞子殼輕輕打碎，剥去，只留内層白皮。再劃小竅，去黄白。如法糊好，即自升空。此西人輕氣球理也。緣内含露水些須，日曬化氣，其氣輕于空氣，故升而上。猶木球之浮于水也。《萬畢術》所載即此，而其法與營中施放火毬相似，年代久遠，展轉相傳，莫能考證矣。

雨點著水，最易起泡，旋起旋滅，所謂夢幻泡影者，是也。小兒作戲，亦有以灰淋水，曰灰湯。入松香，量灰湯之多少而入，用篾紮成小圈，安于直篾上，調松香和湯極細而稠。以圈蘸湯，向空一繞，則成圓泡，如琉璃狀，大而碗口，中而如拳如茶盃，更有極小者，隨風蕩漾，頃刻方滅。若湯經日曬而濃，則一繞可成十餘泡。宜從樓上、臺上高處，多人繞放，輕飄錯落，殊令人眼花撩亂也。劉廷璣《在園雜志》。

用濾浄稻柴灰湯三飯碗，下鍋燒滾，逐漸滲下松香細末約兩許，急將箸旋摻旋攪，再煎幾滾，冷過，用篾紮圈如茶鍾口大，蘸湯灑向空中，結泡大如飯碗，五色飛揚可玩。或用炭灰換稻柴灰亦可。《古秘苑》。

嶽雲謹案：此亦足證氣輕上升，與西人輕氣球同理。

又　卷二《水部》　水

水鬭戲法，製爲人物草木等像，悉令中空，連綴平面案上。其案亦中空，旁隱水櫃，櫃底有管通入案中，水櫃高於案上人物二三尺。櫃中水滿，案上人物諸竅，水悉上激，觀者不知水所從來，以爲奇異。所置人物，或爲水漫金山戲齣，或爲八仙過海等劇，隨意爲之。《鄙事綴紀》。

又法，製爲人物，諸劇如前，其平面案上板活浮水面，有重物壓之，水被壓激而上升，由各管孔射出。《鄙事綴紀》。

花園作瀑布法，作水櫃置假山後，以重石壓櫃上浮板，水自管中射出，自假山頂上倒流而下。《鄙事綴紀》。

嶽雲謹案：此皆能變通水筧之用。

又

以唧筒激水其上。郭橐駝《種樹書》。

嶽雲謹案：此物俗名水唧，北人謂之激筒，廣人謂之水槍，中國自古有之，實即單行吸筒也。《泰西水法》用雙行吸筒，更迭互用，令水源源不息。雖制作稍巧，而其吸水上行終不外是法，非中國聖人之啓其智哉？

鑄天禄蝦蟇吐水於平門外橋東，轉水入宫。又作翻車、渴烏，施於橋西，用灑南北郊路，以省百姓灑道之費。《後漢書·張讓傳》。

翻車，設機車，以引水渴烏爲曲筒，以氣引水上也。《後漢書·章懷太子》注。

嶽雲謹案：翻車，《農政全書》謂即水車，今龍骨車也。《農政全書》云：《魏畧》曰：魏馬鈞居京中，有地無水以灌，乃作翻車，使兒童轉之，引水灌園。或曰漢靈帝使畢嵐作翻車引水，未知孰是。翻車，即今之水車也。渴烏，《事物紀原》謂即過山龍。過山龍已見《氣部》。

翻車之制，除壓欄木及列檻樁外，車身用板作漕，長可二丈，闊則不等，或四寸至七寸，高約一尺。槽中架行道板一條，隨槽闊狹，比槽板兩頭俱短一尺。用置大小輪軸，同行道板上下，通週以龍骨板繫其在上。大軸兩端各帶枴木四，莖置於岸上木架之間，人憑架上踏動枴木，則龍骨板隨轉循環，行道板刮水上岸。《三才圖會》。

水車即古桔槔之制，而巧過之。其制以板爲槽，長二尋有奇，廣尺三寸至五寸，深五寸許。旁夾以欄，輴中斲木爲鶴膝，施揵以聯之，屈伸回旋，用持輻以運水。輻之度取槽，足以容諸輴之半，各施木以隔之。其下取輻可以遲，曰戢輻，以竹破而兩之施其上，以行輻。無此則輻陷而不行。槽前後各施軸，前長而後短。各施揵以鬭輻前。軸之兩端爲撥，人以足運之，則輻轉而水升。前之安軸者曰眠牛，其後附於輴者曰鹿耳。椓杙於眠牛之兩旁施横木，以爲憑。而運車者曰車桁。高鄉之車深八寸，廣尺七寸，曰水龍。凡一車用三人至六人，日灌田二十畝。有不用人而以牛運者，其制爲木槃如車輪而大，周施牙，以運軸而轉之，力省而功倍。有並牛不用，而以風運者，其制如牛車，而施帆於輪，乘風旋轉，然不可常用，大風起亦敗車。《松江府志》。

嶽雲謹案：此叙龍骨車之制甚詳，龍骨車亦有不用風牛及人力而借用水力者。予在陝西所見，有用龍骨車起井水者，或用人力，或用畜力，亦以大木盤轉之。

嚴州山中灌禾之法有水輪，其制約水面至岸高若干尺，如其度爲輪，輪之輻以軸大幹爲之。每軸出椈處繫一竹筒，但微繫其腰，使兩頭活動，可以俯仰。置軸半岸貫輪其上，岸上近輪處置水槽以承水。溪水散緩，則以石約歸輪下，使水急。水急則輪轉如飛，每筒得水則底重口仰，及轉至上，則筒口向下，瀉水木槽，分流田中，不勞人力而水自足。《稗史類編》。

筒車，流水筒輪。凡制此車，先視岸之高下，可用輪之大小，須要輪高於岸，筒貯於槽，方爲得法。其(事)[車]之所在，自上流排作石倉，斜擗水勢，急湊筒輪。其輪就軸作轂。軸之兩旁，閣於樁柱山口之内。輪軸之間，除受水板外，又作木圈，縛繞輪上，就繫竹筒或木筒。如小輪則用竹筒，大輪則用木筒於輪之一週，水激轉輪，衆筒兜水，次第傾於岸上所横木槽，謂之天池，以灌田稻，日夜不息。若水力稍緩，亦有木石制爲陂柵，横約溪流，旁出激輪，又省工費。或遇流水狹處，但壘石斂水湊之，亦爲便易。此筒車大小之體用也。《農政全書》。

過辰陽船溪驛，溪邊見農家取水灌田，巧而且逸。其法先于溪邊築石成隘，上流水至隘，勢極奮迅，乃設竹車二圍，製如車輪，大可二丈，縛數節竹筒，緣于兩輪，其筒向内一面截口受水，每筒相距三尺許，兩筒中間編縛竹板一扇，以遏流水。所以激輪使旋者，全在此。蓋水勢迅則衝扇行，而輪乃隨之以轉，每激一扇，後扇繼來，旋而上升，則筒中滿水已至車頂，筒口向下，水即下傾。于其傾處，刳大竹受之，接引入田，雖遠可到。所謂農者坐而觀之，無舉手之勞而田已畢溉矣。許贊曾《滇行紀程》。

嶽雲謹案：上三條皆筒車之制，唧筒翻車皆用人力，筒車則即借水力運行，可謂巧矣。

已上激水上行之法。

又

吾家有高桶相次開三孔，有活塞，滿盛以水，若開下孔，水流遠而速；若開上孔，水流近而緩；若開中孔，遠近緩速在二者之間。及來京所見賣水者，以車載桶，雖開一孔，而水滿則流遠而速，水少則流近而緩，與高桶三孔理同。《桑根筆記》。

嶽雲謹案：流遠而速者，水積高而壓力大也。流近而緩者，水積低而壓力小也。故河中之閘，上水高於下水，去其一板則水流緩，去其數板則水流疾，亦是理。江淮間沿運河之涵洞，其通流處甚低，受水壓力甚大，故必土厚石堅，足敵水力而後可也。

已上水之壓力。

宋咸淳十年八月大霖雨，天目山崩。史載山崩恒在大霖雨之後，蓋因水入山隙，無處不到，衝動隙中之土及石礫，隨水覓路而出。石之依土而立者，立時改變水勢，漫大牽引處多，故致騫崩。然必其平日山底本已爲水漱食空虚，此時又因大水衝刷，淘汰而生變動也。《桑根筆記》。

嶽雲謹案：此西人所謂漲力也，由是理故作壓水櫃以盡其用。漲力與壓力同理，自上而下謂之壓，自内而外謂之漲。若水在閉器，不拘從上，從下，從四旁，加入抵力，水所受力，六面均等也。

已上水之漲力。

又

世俗油燈，以草心瓤置油中，瓤吸油燃火，久而不滅。試以通草片及紙片一角置油中，須臾通體油皆滲入，或以棉帶、棉繩燃燈亦然。惟其帶繩必稍鬆疏，乃能吸油，否則不易吸。蓋草瓤猶人髮，中空如管，油能緣吸而入也。草木之吸地中水液亦如是。《鄙事綴紀》。

已上水有緣吸之力。

又

山居者，刻木爲勺，承澗流爲水碓。水滿勺，碓首昂起，就臼自舂，遲疾小異，功倍杵舂，俗謂之勺碓。《正字通》。

凡水碓，山國之人，居河濱者之所爲也。攻稻之法，省人力十倍，人樂爲之。引水成功，即筒車灌田同一制度也。設臼多寡不一，流水少而地窄者，或兩三臼；流水洪而地寬者，即並列十臼無憂也。江南信郡水碓之法巧絶。蓋水碓所愁者，埋臼之地，卑則洪潦爲患，高則承流不及。信郡造法，即以一舟爲地，撅樁維之，築土舟中，陷臼於其上，中流微堰石梁，而碓已造成，不煩椓木壅坡之力也。又有一舉而三用者，激水轉輪，頭一節轉磨成麪，二節運碓成米，三節引水灌於稻田，此心計無遺者之所爲也。《天工開物》。

閩中水碓最多，然多以木櫃運輪不駛，急溪中壅激爲之則佳。順昌人作紙，家有水碓。至造舟急灘中，夾以雙輪如飛，舂聲在舟。余戲謂此洞庭賊楊么故製耶。王世懋《閩部疏》。

嶽雲謹案：《桓子新論》曰：「宓犧之制杵臼，萬民以濟。及後人加功，因延力借身重以踐碓，而利十倍杵舂。又復設機關，用驢羸牛馬及役水而舂，其力乃且百倍。」據此則水碓自漢世已通行矣。

又

水之性，行至曲必留退，滿則後推前，地下則平行，地高即控杜，曲則擣毀。《管子》。

水深則回。《荀子》。

山必有阜，河必有曲。江漢東流，必有迴復。《意林》。

水緩則流直，水急則流曲，所以江水直，河水曲，有由致也。非獨江河，即小江小河，凡緩者皆直，急者皆曲。直者徑直而流易，曲者迂迴而流難。黄河之水，縈迴九千里，利濟冀幽并燕青齊諸方者，曲故耳。此可見雖由天造，實由水性之自造也。《推篷寤語》。

水直則勢悍，水曲則勢殺。水直則能刷沙，水曲則爲停淤。水直遇阻則有跌塘，水曲遇阻則有迴洑。水中溜趨向下，水旁溜趨向上。水面物流向下，水底物流向上。李彦森《治河芻言》。

嶽雲謹案：上所言皆水流緩急曲直之狀，水底物流向上者，如包世臣《中衢一勺》所載，龍王廟石師子入水，老兵逆流尋之始得。因溜遇石成跌塘，石下遂虚，倒墮塘中。又溜成跌塘，石復下虚倒墮塘中，如是更迭，故石逆流而上。以此故有治河諸法。

又

凡天下之地埶，兩山之間必有川焉，大川之上必有涂焉。凡溝逆地防，謂之不行。水屬不理孫，謂之不行。稍溝三十里而廣倍。凡行奠水，磬折以參伍。欲爲淵則句於矩。凡溝必因水埶，防必因地埶。善溝者，水漱之。善防者，水淫之。凡爲防，廣與崇方，其閷參分去一。大防外閷。凡溝防，必一日先深之以爲式，里爲式然後可以傳衆力。《周禮·考工記》。

嶽雲謹案：《周禮》所言，於治水之理甚詳，蓋逆地防，鄭注防謂脈理。與不順理，鄭注孫順也。則水決溢，即孟子順其性之説也。水漱齧之溝，鄭司農注稍，謂水漱齧之溝。兩厓易於損壞，故三十里而廣倍，使水容與閷其怒也。奠水流緩，鄭司農注奠讀爲停，謂行停水。故使更數磬折，以迫其埶，即挑溜歸中泓之法。欲爲淵者，此瀦水之法。瀦水爲堰，堰敗則易害民，故矩之令流深，以地爲防，久而不壞也。善溝者水漱之，以水攻沙，使不淤澱。善防者水淫之，餘波寛緩，埤益防土也。善溝者，行奠水二句盡之。善防者，凡爲防數句盡之。廣與崇方，其閷參分去一，大防外閷。《管子》大其下、小其上之説也。必一日戒，先深之以爲式，已爲式鄭注里讀爲已。然後可以傳衆力。《九章》商功之程，人力也。古者治水必有專書，而後世亡之。

又 卷三《火部》 火

熱則氣流，寒則氣凝。人於夏日氣多疏泄，寒日氣多凝聚。《醫旨》。

嶽雲謹案：熱則氣流，此風氣流動之原，而亦機括生動之根也。此與動則熱生，相反而相成。熱動互生，故乾健不息。

北極之下，火不能燃，冬月沸水難于夏月。《夏榕文集》。

嶽雲謹案：凡沸度，視其地空氣壓力而異。遠赤道者空氣壓力大，近赤道者空氣壓力小，以及夏令之于冬令，高山之于平地，皆如是。釜上無蓋，水任加熱，但化蒸氣而熱度不增。若密閉之，則密閉之力加于空氣壓力，熱度亦即加增，理與此同。

已上傳熱，因空氣壓力而有遲速。

計算

方中通《數度衍》卷一七《合率差差分之五》 合率差分法

式十　刻漏一壺貯水，令開三孔漏水，大孔二時而盡，中孔三時而盡，小孔六時而盡。如三孔齊洩，則幾時水盡。曰：一時漏盡。

術以三孔與時相較，各時爲各首率，一壺爲次率，最小時爲三率，求得大孔六時漏盡三壺，中孔六時漏盡二壺，小孔原係六時漏盡一壺，合計六時三孔共漏盡六壺，因知一時共漏盡一壺也。

又術，以二時、三時、六時爲各首率，一壺爲次率，一時爲三率，求得大孔一時漏水二之一，中孔一時漏水三之一，小孔一時漏水六之一，合計二之一、三之一、六之一，共十分，亦合右三數，偶滿一時，若并有奇零者，另法求之。

如纍臺一座，甲六年完工，乙九年完工，丙十八年方完。今三人同纍，須幾時可完。必先知每人每年之工，而總計之。六年者，每年得六之一；九年者，每年得九之一；十八年者，每年得十八之一。并得每年共三分之一，奇零加法。約計三年始完，甲成二之一，乙成三之一，丙成六之一，共足十分之數也。

式十一　漏壺上注下洩，塞下竅，注水四時而滿；開下竅，洩水六時而盡。

若上注下洩相并，則幾時可滿。曰：十二時。

術用三次測法，先以四時爲首率，一壺爲二率，一時爲三率，求得一時之所洩乃四分壺之一。次以六時爲首率，一壺爲二率，一時爲三率，求得一時之所洩乃六分壺之一。以四之一與六之一相減，餘十二之一。奇零減法。乃以十二之一爲首率，一時爲次率，一壺爲三率，求得十二時。

通曰：以四時較六時，則有二時不洩。欲得六時俱不洩，必須三回注四時矣，亦合十二時之數也。

問：上注下洩，四時滿幾分。曰：六時盡者，四時洩三分之二，以除全壺，餘三分之一爲水滿數。又問：如塞下竅，三時而滿；開下竅八時而盡，若上注下洩，須幾時可滿。曰：以三時滿者，一時之率三之一；以八時盡者，一時之率八之一。就三之一減八之一，餘二十四之五，爲一時之率，則全壺得四時零五分時之四也。又問：一壺既以三時而滿，如四時又五分時之四，可滿幾壺。曰：滿一壺又十五分壺之八。又問：八時盡一壺，若四時又五分時之四該幾何。曰：此五分壺之三，即於前數一時滿一壺者除之，便得。問：八時盡一壺，三時得幾何。曰：三時洩得八分之三，以除全壺，餘八(五)[分]之五，是三時滿八分之五。又問：三時滿八分之五，則全壺幾時滿。曰：四時零五分時之四也。

又　卷二〇《借推盈朒》　兩盈法

式六　漏壺注水，有三孔，甲孔流水二時而盡，乙孔流水三時而盡，丙孔流水六時方盡，若三孔俱開，則幾時水盡。曰：一時。

術借四時列左上，以四時推甲當盡二壺，乙當盡一壺又三分壺之一，丙當盡三分壺之二，并之，四時共盡四壺，比原問一壺盈三，列左下。另借十時列右上，推甲當盡五壺，乙當盡三壺又三分壺之一，丙當盡一壺又三分壺之二，并之，十時共盡十壺，比原問一壺盈九，列右下。兩盈減，餘爲法。兩乘數減，餘爲實。以法除得，一時甲盡半壺，乙盡三分壺之一，丙盡六分壺之一，正合一壺之數。

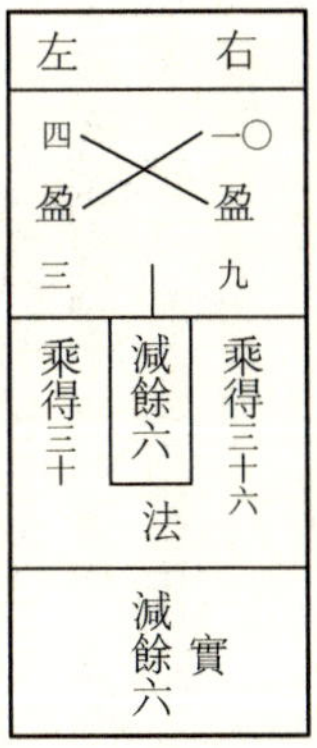

通曰：左衰推得四時盡四壺，亦已明矣。用合率差分法亦可。

梅瑴成等《數理精蘊》下編卷九《綫部七》　借衰互徵

設如漏壺一具，上有渴烏注水，凡十二時而滿；下有一孔通天池洩水，凡十八時而盡。若上注下洩，問幾時可得水滿。

一率　六分
二率　一時
三率　二百一十六分
四率　三十六時

法以十二時與十八時相乘，得二百一十六時，即借二百一十六分爲壺水衰數。又以十二時與十八時相減，餘六時，即借六分爲一時水滿分數。乃以六分爲一率，一時爲二率，二百一十六分爲三率，得四率三十六，即是水滿一壺之時也。此法以十二時乘十八時者，即借一壺水作二百一十六分算也。十二時滿二百一十六分，則一時滿十八分。十八時盡二百一十六分，則一時洩十二分。一時滿十八分，而洩十二分，則壺中所存止得六分，故以十二減十八，餘六分爲一時所滿之水也。滿水六分既得一時，則壺中滿二百一十六分而得三十六時矣。

設如漏壺一座，注水於內，下有三孔，大孔流水二時而盡，中孔流水三時而盡，小孔流水六時而盡，若三孔齊開，問水幾時可盡。

一率　三十六分
二率　一時
三率　三十六分
四率　一時

法以大孔之二時乘中孔之三時，得六時。又以小孔之六時乘之，得三十六時，即借三十六分爲壺水總衰數。以大孔二時除之，得十八分。以中孔三時除之，得十二分。以小孔六時除之，得六分。併三數，得三十六，爲一率；一時爲二率；借衰三十六爲三率；得四率一時。即一時水可盡也。此法蓋以三色之數連乘爲共分。其大孔二時流盡，則一時流十八分。中孔三時流盡，則一時流十二分。小孔六時流盡，則一時流六分。故併三數而爲一時所流者，有三十六分，今壺水止有三十六分，故一時可以流盡也。

又　下編卷三七《末部七》　難題

設如河口上寬十尺，下寬六尺，深五尺，求每日流水幾何。

一率　一分
二率　四千尺
三率　一千四百四十分
四率　五千七百六十萬尺

法以木板一塊置於水面，用驗時儀墜子候之，看六十秒內木板流遠幾丈。如流遠十丈，即以十丈變爲一百尺，乃以河上寬十尺與下寬六尺相加，折半得八尺，與河深五尺相乘，得四十尺。又與木板流遠一百尺相乘，得四千尺，即六十秒內所流之數。又以六十秒收爲一分爲一率，水流四千尺爲二率，以每日二十四小時化爲一千四百四十分一小時爲四刻，一刻爲十五分。爲三率，求得四率五千七百六十萬尺，即一日内所流之數也。此法先用木板以驗所流之緩急，水急則木隨水流亦急，水緩則木隨水流亦緩。看木之緩急即知水流之多少，故先求得河口面積，再以遠乘之，即得水流之積數也。

何夢瑶《算迪》卷二　借衰互徵

如漏壺一具，上有渴烏注水，凡十二時而滿，下有一孔通天池洩，水凡十八時而盡，若上注下洩，何時可得水滿。曰：三十六時。

法以十二時乘十八時，得二百一十六時，十二時一滿，以十八乘之，乃二百一十六時，滿十八次也。十八時一洩盡，以十二乘之，乃二百一十六時洩十二次也。爲次率。以十二時與十八時相減，餘六時爲首率。二百一十六時，滿十八次，洩十二次，一滿一洩對減去十二次，尚餘滿六次，是二百一十六時滿六次也。一次爲三率。求得四率三十六時。滿六次爲二百一十六時，則滿一次爲三十六時可知矣。

又如漏壺一座，注水於内，下有三孔，大孔流水二時而盡，中孔流水三時而盡，小孔流水六時而盡，若三孔齊開，問幾時而盡。曰：一時。

法以大孔二時乘中孔三時，得六時。又以小孔六時乘之，得三十六時爲實。以大孔二時除實，得盡十八次。以中孔三時除實，得盡十二次。以小孔六時除實，得盡六次。併之共盡三十六次，即當三十六壺，盡一壺爲一次，則盡三十六次，即爲三十六壺也。爲法，法除實，得每壺盡於一時也。

又　卷五　難題

設如河口上寬十尺，下寬六尺，深五尺，求每日流水幾何。

法以木板一塊，置於水面，用驗時儀墜子候之，看六十秒内木板流遠幾丈。如流遠十丈，即以十丈變爲一百尺，乃以河上寬十尺與下寬六尺相加，折半得八尺，與河深五尺相乘，得四十尺。又與木板流遠一百尺相乘，得四千尺，即六十秒内所流之數。又以六十秒收爲一分爲一率；水流四千尺爲二率；以每日二十四小時，化爲一千四百四十分，一小時爲四刻，一刻爲十五分。爲三率；求得四率五千七百六十萬尺，即一日内所流之數也。此法先用木板以驗水流之緩急，水急則木隨水流亦急，水緩則木隨水流亦緩。看水之緩急，即知水流之多少，故先求得河口面積，再以遠乘之，即得水流之積數也。

屠文漪《九章録要》卷五《差分法》　褁差分法

又如漏壺一具，上有渴烏注水，三時而滿。下有天池洩水，八時而盡。今且注且洩，問幾時可滿一壺。法先求一時所注所洩之數。

一率　三時、八時
二率　一壺、一壺
三率　一時、一時
四率　三分壺之一注。八分壺之一洩。

次以一時所注所洩相減，餘爲一時所注之數，而求全壺滿時。

一率　二十四分壺之五
二率　一時
三率　一壺
四率　四時又五分時之四

又如依前三時注水滿一壺，八時洩水盡一壺，且注且洩，問五時又三分時之一可滿幾何。

法先求一時所注所洩之數。置率如前，次以一時所注所洩相減，餘爲一時所注之數，而求五時又三分時之一所注之數。

一率　一時
二率　二十四分壺之五
三率　五時又三分時之一
四率　一壺又九分壺之一

又如漏壺一具，下開三孔洩水，大孔四時盡一壺，次六時而盡，又次十二時而盡，若三孔俱開，則一壺須幾時盡。

法以三孔一時所洩之數并而計之，知一時泄二分壺之一，則二時盡一壺。

一率　四時、六時、十二時
二率　一壺
三率　一時
四率　四分壺之一、六分壺之一、十二分壺之一

右例或以最小孔十二時爲主，求餘二孔所注之數，乃并而計之，知十二時盡幾壺，則知幾時盡一壺。或以中孔六時爲主亦同。

一率　四時、六時
二率　一壺
三率　十二時
四率　三壺、二壺

又　卷一二《借徵法》　借衰互徵

又如漏壺注水，三時而滿；洩水，八時而盡。問且注且洩，幾時滿一壺。即借十二時推之，凡注四壺，洩一壺半，相減得二壺半。

一率　二壺又二分壺之一

二率　十二時

三率　一壺

四率　四時又五分時之四

又如依前三時注水滿一壺，八時洩水盡一壺，且注且洩，問五時又三分時之一可滿幾何。亦借十二時推之，注洩相減，得二壺半。

一率　十二時

二率　二壺又二分壺之一

三率　五時又三分時之一

四率　一壺又九分壺之一

蔣良騏《東華録》卷一六　又曰：算數精密，即河道閘口流水，亦可算晝夜所流分數。其法先量閘口濶狹，計一秒所流幾何，積至一晝夜，則所流多寡可以數計矣。

李世禄《修防瑣志》卷三　測量河心水面法

聽水聲之汩汩，知其勢之驟來。視中泓之水擁溜急，較兩旁之水面必高，河心水高，後水正大，故不可不察也。欲知來水之大小，須看擁勢之疾徐。徐則微高，水小；疾則擁高水大。故當設法探量，可知後勁。其法將河邊水内壘小土埂一條，攔水尺餘一塊，使水寧静，不爲風浪摇漾，然後於河邊剷平地一塊與圍定之水相平，空一土塘，寬五六尺，深照水平之高，將水平安入塘内，總期水平三眼與河心水面相平爲度。再繂篙繩横擔土塘口上，可量水平三眼高出土塘若干，此即河心水高之數也。

紀事

房玄齡注《管子》卷一八《度地》　桓公曰：「水可扼而使東西南北及高乎？」管仲對曰：「可。夫水之性，以高走下則疾，至於漂石。謂能漂浮於石。而下向高，即留而不行，故高其上領瓴之，尺有十分之三，里滿四十九者，水可走也。上，謂水從來處。高之者欲注下，取勢也。瓴，謂瓴甋也。言欲令水上高，必大爲瓴甋，私空其中，使前後相受，以尺爲分，每領而有十尺，即長一丈也。分之於三里間之每里，滿此九。如此，則水可走上矣。乃迂其道而遠之，以勢行之。（行）［迂］，曲也，謂下曲水道，遠張其勢，而以行水。水之性，行至曲必留退，滿則後推前。謂水至處，必流而却退。其處既滿，則後水推前水令去。地下則平，行地高即控，控，謂頓也。言水頓挫而却。杜曲則擣毀，杜，猶衝也。擣，觸也。言水行至曲，則衝而擣，有所毁傷。杜曲激則躍，躍則倚，倚，排也。謂前後相排也。倚則環，環則中，前後相排，則圓流生，空若環之中，所謂齊。中則涵，圓流無所通，則相涵激也。涵則塞，塞則移，移則控，塞，亦控也。控則水妄行，水妄行則傷人，傷人則困，困則輕法，輕法則難治，難治則不孝，不孝則不臣矣。故五害之屬，傷殺之類，禍福同矣。知備此五者，人君天地矣。」所謂與天地合其德。

陶穀《清異録》卷下《器具》　神通盞

文宗屬宦竪專横，動即掣肘，頗以酣飲爲娱。嬪御之。小户者厭患之，争賂内執事，則造黄金盞，以金蓮荷菱芰爲玦束盤，其實中空，盞滿則可潛引入盤中，人初不知也，遂有神通盞、了事盤之號。

李昉等《太平御覽》卷七七一《舟部四》　帆

《南州異物志》曰：外徼人隨舟大小或作四帆，前後沓載之，有盧頭木葉如牖形，長丈餘，織以爲帆。其四帆不正前向，皆使邪移，相聚以取風吹。風後者，激而相射，亦並得風力。若急，則隨宜城成之邪張，相取風氣而無高危之慮。故行不避迅風激波，所以能疾。

蘇軾《東坡志林》卷六　蜀去海遠，取鹽於井。陵州井最古，淯井富順鹽亦久矣。惟邛州蒲江縣井，乃祥符中民王鸞所開，利入至厚。自慶曆皇祐以來，蜀始用筒井。用圜刃鑿如碗大，深者數十丈，以巨竹去節，牝牡相銜爲井，以隔横入淡水，則鹹泉自上。又以竹之差小者出入井中爲桶，無底而竅，其上懸熟皮數寸，出入水中，氣自呼吸而啓閉之。一筒致水數斗。凡筒井皆用機械，利之所在，人無不知。《後漢書》有水鞴，此法唯蜀中鐵冶用之，大略似鹽井取水筒。太子賢不識，妄以意解，非也。

周去非《嶺外代答》卷一〇《蠻俗門》　鼻飲

邕州溪峒及欽州村落俗多鼻飲。鼻飲之法，以瓢盛少水，置鹽及山薑汁數滴於水中，瓢則有竅，施小管如瓶嘴，插諸鼻中，導水升腦，循腦而下入喉。富者以銀爲之，次以錫，次陶器，次瓢。飲時必口噍魚鮓一片，然後水安流入鼻，不與氣相激。既飲必噫氣，以爲涼腦快膈，莫若此也。止可飲水，謂飲酒者非也，謂以手掬水吸飲，亦非也。史稱越人相習以鼻飲，得非此乎？

傅澤洪《行水金鑑》卷二七《河水》 治黄河之淺者，舊制列方舟數百如牆，而以五齒爬、杏葉杓疏底淤，乘急流衝去之，效莫覩也。上疏則下積，此深則彼淤，奈何以人力勝黄河哉。虞城生員獻策爲余言，以人治河，不若以河治河也。夫河性急，借其性而役其力，則可淺可深，治在吾掌耳。法曰：如欲深北，則南其隄而北自深；如欲深南，則北其隄而南自深；如欲深中，則南北隄兩束之，衝中堅焉而中自深。此借其性而役其力也，功當萬之於人。

又 卷二八《河水》 一多穿漕渠，以殺水勢，此漢人之言也。特可言之，秦晉峽中之河耳。若入河南水匯土疎，大穿則全河由渠而舊河淤，小穿則水性不趨，水過則平陸耳。夫水專則急，分則緩；河急則通，緩則淤。治正河，可使分而緩之，道之使淤哉。今治河者，第幸其合勢，急如奔馬，吾從而順其勢隄防之，約束之，範我馳驅以入於海，淤安可得停，淤不得停則河深，河深則永不溢，亦不舍其下而趨其高，河乃不決，故曰黄河合流，國家之福也。

紀昀《閱微草堂筆記》卷一六 姑妄聽之二

滄州南，一寺臨河干，山門圮於河，二石獸並沉焉。閱十餘歲，僧募金重修，求二石獸於水中，竟不可得。以爲順流下矣，棹數小舟，曳鐵鈀，尋十餘里，無跡。一講學家設帳寺中，聞之笑曰：「爾輩不能究物理，是非木柹，豈能爲暴漲携之去？乃石性堅重，沙性鬆浮，湮於沙上，漸沉漸深耳。沿河求之，不亦傎乎。」衆服爲確論。一老河兵聞之，又笑曰：「凡河中失石，當求之於上流。蓋石性堅重，沙性鬆浮，水不能衝石，其反激之力，必於石下迎水處嚙沙爲坎穴，漸激漸深，至石之半，石必倒擲坎穴中。如是再嚙，石又再轉，轉轉不已，遂反溯流逆上矣。求之下流，固傎；求之地中，不更傎乎。」如其言，果得於數里外。然則大下之事，但知其一，不知其二者多矣。可據理臆斷歟？

物質比重部

論説

鄭玄注　陸德明音義　賈公彥疏《周禮注疏》卷四〇《冬官考工記》　㮚氏爲量，改煎金錫則不耗。注：消湅之精，不復減也。㮚，古文或作歷。玄謂量當與鍾鼎同齊。工異者，大器。音義：湅，音練，下同。復，扶又反。減，洽斬反，本亦作減。齊，才計反。疏：注釋曰：言改煎金錫者，如重煎，謂之改煎也。不耗，耗，減也。故鄭云消湅之精，不復減也。玄謂量當與鍾鼎同齊。工異者，大器者，按：上文云梟氏爲磬，㮚氏爲量，六等之中，云六分其金而錫居其一，謂之鍾鼎之齊，是上齊。中不言㮚氏爲量在上齊中。鄭以梟氏爲鍾，鍾鼎在上齊之中，㮚氏爲量，量是鍾類，故知亦在上齊之中矣。故云量當與鍾鼎同齊也。云工異者，梟氏爲鍾，不使梟氏兼造量，器大，雖同齊使別工爲之。不耗然後權之，注：權，謂稱分之也。雖異灋，用金必齊。音義：稱，尺證反。疏：注釋曰：云稱分之也者，謂稱金多少分之，以擬鑄器也。云雖異法，用金必齊者，法，謂模，假令爲兩箇鬴，即爲兩箇模，是異法。用金必齊者，器之用金多少，必須齊均也。權之然後準之，注：準，故書或作水，杜子春云：「當爲水。金器有孔者，水入孔中，則當重也。」玄謂準擊平正之，又當齊大小。疏：注釋曰：子春從故書爲水，謂以水齊器。後鄭不從者，此金未鑄器，何得已有器以盛水也。後鄭以準爲平。前經已稱知輕重，然後更擊鍛金，令平正之，齊其金之大小也。準之然後量之。注：鑄之於法中也。量讀如量人之量。疏：注釋曰：此量，謂既準訖，量金汁以入模中，鑄作之時也。言量讀如量人之量者，《夏官量人》直以量地遠近及物多少，此量是量金少多之事，故讀從之也。

司馬彪撰　劉昭補并注《後漢書》卷一五《禮儀志第五・禮儀中》　故使八能之士八人，或吹黄鍾之律，間竽；或撞黄鍾之鍾；或度晷景，權水輕重，水一升，冬重十三兩；或擊黄鍾之磬；或鼓黄鍾之瑟，軫間九尺，二十五弦，宫處于中，左右爲商徵角羽；或擊黄鍾之鼓。

賈思勰《齊民要術》卷六　養鵝鴨

淨洗細莖，剉煑取汁，率二斗，及熱，下鹽一升，和之。汁極冷，内甕中，汁熱卵則致敗，不堪久停。浸鴨子一月，任食。煑而食之，酒食俱用。鹹徹，則卵浮。吳中多作者，至十餘斛，久停彌善，亦得經夏也。

杜牧《樊川集》卷二《罪言》　山東之地，禹畫九土，曰冀州野。一無野字。舜以其分太大，離爲幽州、并州。程其水土，與河南等，常重十一二，故其人沉鷙多材力，重許可，能辛苦。

段成式《酉陽雜俎》卷一九《廣動植類之四・草篇》　蓮

石蓮入水必沈，唯煎鹽鹹滷能浮之。鴈食之，糞落山石間，百年不壞。相傳，橡子落水爲蓮。

樂史《太平寰宇記》卷一三〇　刺土成鹽法

凡取滷煑鹽，以雨晴爲度，亭地乾爽。先用人牛牽扶刺乃取土。經宿，鋪草籍地，復牽爬車，聚所刺土于(中)[草]上成溜，大者高二尺，方一丈已上。鍬作滷井于溜側。多以婦人、小子執蘆箕，名之黄頭，歐水灌澆，蓋從其輕便。食頃，則滷流入井。取石連十枚，嘗其厚薄。全浮者，全收鹽。半浮者，半收鹽。三簾已下浮者，則滷未堪，却須剩開而別聚溜。

江休復《嘉祐雜誌》　煑鹽用蓮子爲候，十蓮者，官鹽也。五蓮以下，鹵水漓爲私鹽也。私鹽色紅白，燒稻灰染其色，以效官鹽。于是嗅以辨之，自是不用鋪户，自能辨矣。

蘇軾《物類相感志・雜著》　鹽滷好者，以石蓮投之則浮，飯亦可。

程大昌《演繁露》卷七　水土斤兩重輕

世傳水之好者，比它水升斗同而銖兩多，故宣州漏水，有秤爲此也。杜牧《罪言》曰：「幽并二州，程其水土與河南等，常重十二。」然則不獨水有輕重，土亦然也。

易祓《周官總義》卷二七

㮚氏爲量，改煎金錫則不耗。不耗然後權之，權之然後準之，準之然後量之。

㮚，堅也。量與鍾鼎同爲上齊，皆六分其金而錫居一。又欲其改煎不耗，取其堅而已。不耗然後權之，以眡其輕重之平。權之然後準之，以眡其高下之均。準之然後量之，以眡其多寡之稱。由是置之模鑄，此量之所以爲至堅而用之不窮者也。

林希逸《考工記解》卷上

㮚氏爲量，改煎金錫則不耗。不耗然後權之，權之然後準之，準之然後量之。

改煎者，煎之又煎，如今煉熟也。煎至無耗折，然後可秤。既秤之，已得實斤兩不折矣。然後準其高下厚薄，合用多少銅料入鑄也。準其高下厚薄以鑄，則知其既成，可以量得多少升斗也。

毛應龍《周官集傳》卷一四

㮚氏爲量，改煎金錫則不耗。不耗然後權之，權之然後準之，準之然後量之，量之以爲龠。

栗本作㮚，鄭鍔曰爲量名，官曰㮚何也？㮚之爲果最堅而實者也，故言玉之堅則曰縝密，以栗言風之急則曰栗烈，婦人之贄用栗，取其謹飭而堅守也。量，所以量多寡，摩於物者，其敝必易，故必改煎金錫以爲之，使縝密而堅實，然後磨而不磷，堅而不耗，用而量則常得其平焉。又曰爲量欲其堅實而可久，故煎金錫則必改更而煎之，既煎之又再煎焉。消湅之精，則不復減耗也。煎而又煎，則消融者去而盡矣。其所留者，皆其精而不復減耗者矣。於是稱其輕重，既權之矣。然後準之者，雖已知其輕重，又欲平其多寡，用準以平之矣。然後量之，則量其多寡，而各納於模範之中矣。此文不止爲一量也，如爲一量，則不必權其輕重、平其多寡矣。惟不止於一，則恐大小不等，始有量之、準之之法。

陳椿《熬波圖》卷下　淋灰取滷

淋灰取滷

所收鹹灰，入淋澆水足，則下滷流入淋邊井內。要知滷之鹹淡，必用蓮管秤試，如四蓮俱起，其滷爲上。淋過淡，灰次日再曬。管蓮之法，採石蓮，先於淤泥內浸過，用四等滷分浸四處。最鹹麴滷，浔一處。第一等。三分滷浸一分水，浸一處。第二等。一半水一半滷，浸一處。第三等。一分滷浸二分水，浸一處。第四等。後用一竹管，盛此四等所浸蓮子四放於竹管內，上用竹絲隔定竹管口，不令蓮子漾出。以蓮管汲滷試之，視四管蓮子之浮沉，以別滷鹹淡之等。

彭韶《彭惠安集》卷一《奏議・計開》

再以海水傾漬池中鹹泥，使滷水流入井口，然後以重三分蓮子試之。先將小竹筒裝滷，入蓮子於中，若浮而橫倒者，則滷極鹹，乃可煎燒。若立浮於面者，稍淡。若沉不起者，全淡，俱棄不用。此蓋海有新泥及遇雨水之故也。臣有詩述其槩：

旭日明沮場，欣茲風色競。錢鎛密如鱗，沙塗平似鏡。汲曬足灰泥，層層白相映。易地聚成堆，再淋鹹始盛。方池藉以茅，小竇暗通阱。蓮實重且堅，浮浮力能勝。祇恐山雨來，一簣功未竟。殷勤守餘瀝，坐待滷池定。

田藝蘅《煮泉小品・源泉》　源泉必重，而泉之佳者尤重。餘杭徐隱翁嘗爲余言，以鳳凰山泉較阿姥墩百花泉，便不及五錢。可見仙源之勝矣。

徐光啓《農政全書》卷二〇《水利》　泰西水法下

有各種水，欲辨美惡，以一器更酌而稱之，輕者爲上。

方以智《物理小識》卷二《地類》　烹水法

北水重于南水，泉水重于江河水，宜多一沸，則養人。中德曰：凡烹苦泉，數沸澄之再烹，則味甘。水烹沸，以溪中沫爲末投之，沸即止。

又　卷七《金石類》

分金爐

重者在下，浮土在上，以次分焉。入鉛煮洗，所以分之也。其傾銷之罐，取旋窩細泥煎熬。大罐則兼鋼砂、瓦屑，萬杵成之，雖紅不裂。爐底與罐積而末之，加鉛洗下，然後分之，必有所得，不虛也。暄曰：分之有紅銅蜜陀僧，其精者爲銀。

又　金中出銀法

金入銀者，甘鍋鑠化，每一兩投倭硫三錢觸之。俟冷，破甘鍋，金在底，銀則黑，浮于面，入灰池煎。

又　錫能分銀中銅

銀中襍銅者，鎔時投以錫，則銅如在水上作冰片取出。傾銀者吹槖時，以錫入銀罐，則銀隨錫飛入火爐中。

又　制汞法

《淮南》曰：青澒五百年爲白澒，此言連鉛久而生汞也。礞砂殺之，膽礬結之，鉛凝之，紫河車伏之，川椒茶葉收之，唾嚼棗亦斂之，灌尸如生。沈括曰：汞得硫則赤如丹，得礬則白如雪。虛舟子曰：《本草》言金銀銅鐵置汞上則浮，此非也。銅鐵則浮，金銀則沈。金銀取出必輕耗，以其蝕也。走馬吸水銀，與走馬射阿魏，皆奇其說耳。或言瓦楞帽可盛汞，未試。

又 煎礦

爐築五尺，砂先淘洗，每鐎砂二石，用栗木炭二百斤，牆背鼓鞴，火力既合，鐎鎔成團，然銀猶隱鉛中。砂二石鎔團約百斤。冷定，入分金蝦蟆爐，鉛沈下者已類佗僧，柳枝燃照，鉛氣浄盡，則生銀也。傾無絲紋或現圓星，滇號茶經，入銅少許，乃入槽成絲耳。楚雄所出硐砂百斤，又坐鉛二百斤，于爐內，然後煽煉成團，其再入蟆爐，沈鉛結銀同也。爐底佗僧樣者，別入爐煉，又成扁擔鉛。褂銀者紅銅與鉛也。高爐甘鍋煉之，灑硝而銅鉛就鍋底，曰銀銹。灰池落者曰爐底。二者填火土甑，鉛就低流，銅黏餘銀，仍可分取。

又 銅礦

銅託體鉛中銀中，亦有不褂銀鉛者。爐須傍通高低二孔，鉛先化，從上流；銅後化，從下出。煉託銀者，銀結于面，銅沈于下。日本方長板銅，漳人再煉取銀，而傾餅轉售是也。蒙山銅最下。

江永《周禮疑義舉要》卷六《考工記》 權之然後準之，準之然後量之。蓋權之者，惟知金錫之輕重，而不得大小之度，亦不能算此鬴當用金錫幾何。凡重者體小，輕者體大。量爲法度之器，欲其適重一鈞，雖云六分其金而錫居一，若先以一鈞之數六一分之，則不能通合一鈞矣，故必平正之。如銅立方一寸，其重幾何？錫立方一寸，其重幾何？知其體積與輕重之比例，然後可以計金錫而入模範也。

又案：準字，古文作水，或是。先以方器貯水令滿，定其重，乃入金若錫於水，水溢，取出金錫再權其水，視所減之斤兩與分寸，可得金錫大小之比例。後人算金銀之法如此。疑古人亦用此法。模範先成，而金錫體異，先權以知輕重，準以知大小，然後可量金錫之多寡，入模範，使其成適合一鈞也。量非鍾鼎，不必拘於六分其金而錫居一。鄭世子載堉曰：改煎，煎畢更煎，至不耗乃止也。權之、準之，謂稱準六一之數也。量之，謂鑄成方寸者數枚，驗其分兩同，則知不耗矣。

戴震《考工記圖》卷上

㮚氏爲量，改煎金錫則不耗。不耗然後權之。秏俗作耗。

注：消湅之精，不復減也。量當與鍾鼎同齊，工異者，大器。

權之然後準之。

補注：以合度之方器承水，置金其中，則金之方積可計，而其體之重輕大小可合而齊，此準之之灋也。

準之然後量之。量讀如量人之量。

補注：量範之大小所受，以爲用金多少之量數也。先權之，以知輕重。次準之，以知輕重若干，爲方積幾何。又次量之，以知爲器大小、受金多寡。

量之以爲鬴，深尺，內方尺，而圜其外，其實一鬴。

注：以其容爲之名也。四升曰豆，四豆曰區，四區曰鬴。鬴六斗四升也。鬴十則鍾。方尺，積千寸，此立方之灋。於今粟米灋少二升八十一分升之二十二，疏云：算灋，方一尺，深尺六寸二分，容一石。其數必容鬴。此言內方爾。圜其外者謂之脣。

官獻瑶《石溪讀周官》卷六 冬官考工記第六

㮚氏爲量，改煎金錫則不耗。不耗然後權之，權之然後準之。準，度也，疑即下文黄白、青白、青氣準度數次，然後入模。如注解云云，金錫厚薄長短參差，何以能按之如水之平敷，慄也。程氏曰：準，故書作水。近見前輩書有水準之法，甚善。大概先以方器貯水令滿，定其重，乃入金錫於水，水溢，取出金錫，再權其水，視所減之斤兩與分寸，以知金錫大小之比例。可謂巧矣。按此可知，注解齊其金之大小，擊令平正之法，不可行也。録之備一解。準之然後量之，量之以爲鬴。深尺，內方尺而圜其外，其實一鬴。其臀一寸，其實一豆。其耳三寸，其實一升，重一鈞。其聲中黄鍾之宫。槩而不稅。其銘曰：「時文思索，允臻其極。嘉量既成，以觀四國。永啟厥後，茲器維則。」凡鑄金之狀，金與錫，黑濁之氣竭，黄白次之；黄白之氣竭，青白次之；青白之氣竭，青氣次之，然後可鑄也。

鄭復光《費隱與知録》

沈香能沈 寸方不合

問：入水沈浮，黄檀紫檀以寸方定率，推之皆無不合。唯沈香寸方重八錢二分，何以能沈。曰：谷應泰《博物要覽》云：黑而沈水者爲沈香，半沈浮者爲雞骨香云云。是沈香自有輕重，寸方定率，但據一種言之邪。又聞潘宏遠言，雜木久浸，則透水微沈，惟杉木不透。因悟沈香，其木質性易透，與他木殊。以本重加透水之重，則較水微重，故能沈邪。獨得沈名，殆由于此。存訪通人。

又 冰輕故浮 將化則沈

問：冰是水結，輕重應等，何以常浮水面。曰：均是此水，其中亦分純雜精粗，故本體亦微有輕重之不齊。今貯水一缸，其上層必是純者精者，故得在面。冰從面結，體應較輕，此一理也。又天氣乍冷，水遇冷斂。方其斂時，上已成冰，則冰有定重。天氣益冷，下水益斂，則較冰加重，故冰浮也。聞冰將化，便有沈者。正是天已回暖，水復外舒，冰尚未解，欲舒未能，反重于水，故有沈者矣。

又 能沈能浮　善運其動

問：人溺必沈，善水者何以能沈能浮。曰：水爲流體，故物入水非沈即浮。其理以水寸方，定率重九錢三分。見《數理精蘊》。物重乎此者皆沈，金石重木之類。輕乎此者皆浮也。竹及輕木之類。故泥重于水，而水内有泥，澄之則沈，撓之則濁者，以泥雖重而水動則泥爲水鼓盪而起，猶鳥重于氣，鼓翼則乘氣飛空也。人重于水，故不動則沈，動則可浮。善水者，手拍足蹈，故游行自如也。曰：急水巨浪，善水者或亦溺死，何故。曰：善水者無溺死，理非由力竭，則由浪擊昏瞶也。

劉嶽雲《格物中法》卷二《水部》　水

權水輕重，水一升，冬重十三兩。《後漢書·禮儀志》。

嶽雲謹案：此測水輕重之法也。冬重十三兩，猶今西士云水在寒暑表初度重若干也。若天氣加熱，水亦加熱，加熱則水微輕。此指極清、極純之水而言。若水内含有雜質，則各水輕重亦自不同，陸羽所品是也。唐杜牧《罪言》云：山東之地，程其水土與河南等，常重十一二。宋彦《山行雜記》：西湖水每合計重三兩，山間井水每合重二兩八錢五分。湖水澹微甘，山間水則甘而洌耳。又志書載杜康泉在歷城舜祠廡下，泉一升重二十三銖，可謂天下至輕者矣。然未之試，不敢信也。高宗純皇帝稱試天下各水，以京師玉泉山爲最輕。《御製玉泉記》：水味貴甘，水質貴輕。嘗製銀斗，較量玉泉之水，每斗重一兩。塞上伊遜相同，濟南珍珠泉較重二釐，揚子金山重三釐，惠山虎跑重四釐，平山重六釐，清涼白沙虎邱碧雲各重一分。惟雪水較輕三釐，顧雪水不恒得，則凡出山下者，無過玉泉。昔陸羽、劉伯芻或以廬山谷簾爲第一，或以揚子江爲第一，惠山爲第二，雖享帚之論，然以輕重較之，尚非臆説。惜其未至京師云。此則確可憑信者。至程大昌《演繁露》，水之好者，比宅水升斗同而銖兩多，故宣州漏水有秤。田藝蘅《煮泉小品》，源泉必重，而泉之佳者尤重。餘杭徐隱翁嘗爲余言，以鳳凰山泉較阿姥墩百花泉，便不及五錢。可見泉源之勝矣。誤以重爲好，輕爲次，則顛倒美惡，爲失言矣。

又案：張又新《煎茶水記》云：代宗朝李季卿刺湖州，至維揚，逢陸處士鴻漸，命軍士謹信者，挈瓶操舟深詣南零。俄水至，陸以杓揚其水，曰：江則江矣，非南零者，似臨岸之水。既而傾諸盆，至半，陸遽止之，又以杓揚之曰：自此南零者矣。使大駭，伏罪曰：某自南零齎至岸，舟蕩覆半，至懼其尠，挹岸水增之，處士神鑒，其敢隱焉。以上《煎茶水記》。夫以杓揚而知之，則似由輕重而識別矣。水輕自應在上，水重自應在下，豈南零之佳在比它水較重耶。宋歐陽修《大明水記》謂張又新所述，與《茶經》相反，疑羽不當有二説以自異。又新妄附益之是也。《大明水記》文多不録。

又案：水之所以有輕重者，以水内含有雜質多寡不同故也，即如海水重於淡水，以含鹽也。行海之船入港後，行於淡水，其水痕必加高，淡水浮力小於鹽水也。鹽場用石蓮試鹵，鹽成則石蓮浮。石蓮即試水之表，推之試酒之醇漓，試乳之濃淡，試油之厚薄，皆可。以物試其能浮之高低，而知其酒、乳、油之輕重。

已上水有輕重。

水方寸重九錢三分，油方寸重八錢三分。《數理精蘊》。

嶽雲謹案：此言油輕于水也，故油水並居，則油浮水面。然各水各油，其輕重不等，宜博考之。

孔巖祖父奕明察過人，時有遺其酒者，始入門，奕遥呵之曰：人餉吾兩罌酒，其一何故非也？檢視之，果是水。或問何以知之？曰：水重酒輕，提酒者，手有輕重之異故耳。《晉書·孔輪傳》。

已上水比油酒相較輕重。

又

水之，以眡其平沈之均也。《周禮·攷工記》。

平漸其輪，無輕重，則斲材均矣。《攷工記注》。

兩輪俱置水中，觀眡四畔入水均否。若平深均，則斲材均矣。《攷工記疏》。

嶽雲謹案：凡材，其質同，其體積同，入盛水器中，其溢高之水分數必同。此三者有一不同，則必更有一不同，若算學之比例，故輕重可得而權焉。

又

當舖試金法，以髮一端繫金入于水中，其又一端繫于衡盤，平其分兩。又置金于衡盤，平其分兩，計差若干，而知其金内含銀若干。其法甚準，名之曰水秤。《鄙事綴紀》。

嶽雲謹案：此西書所謂與水等體之重，入水後必失其等體之水之重。中國賈人早知之矣。

又

嘗考甕中之水結冰，冰釋後，其水痕低於冰時，然則水之結冰，其體漲大。

所以甕若不堅，必爲漲裂。冬天養花之瓶易破，職是故也。《郿事綴紀》。

嶽雲謹案：流質重學言，寒暑表降至四十度，爲水體減小之限。若寒再增，體復增大。至三十二度成冰，一霎時中體增大最多，亦最速，即此理也。

又　卷五《上金部》　金總論

黄金，方寸重一斤。白金，方寸重一十四兩。銅，方寸重七兩半。鉛，方寸重九兩半。鐵，方寸重六兩。《孫子算經》。

嶽雲謹案：此五金輕重之差，爲古今所知者也。然權度古今不同，宜隨時考定，不必拘執。

已上金類重率。

金

淘洗之法，用竹爲牀，下套側板，板下承以木筐。置礦土於牀中，傾水摇簸，沙土質輕，浮者皆逐水漂流，瀉于筐中。漂稍净，更以淺牀，式如箕形，置漂過净礦於內，如前摇簸，則較輕於金質之砂石盡皆漂去，所餘者爲净金砂。《滇南礦廠圖略》。

嶽雲謹案：甘肅邊外、新疆、青海地方，取法亦如此。

又　銀

提銀去鉛法。火爐之底有淺盆，將含銀之鉛置其內，加熱至紅，吹風氣過之即熔，而自盆底漏去，所留者爲純銀。尚不能净純。凡銀舍鉛後，其圓似珠，閃爍發光，即純銀之徵。須由爐內將盆取出，緩緩待冷，速則銀必外躍而傷耗。盆內襯以骨灰，襯式爲長方。若鉛未盡去，再熔一次即得。此爐俗名分金爐。江浦尹姓言。

嶽雲謹案：銀傾爲鈑錠後，或加入銅鉛，或提去銅鉛，各適其用而已。

計算

劉徽注　李淳風釋《九章算術》卷四《少廣以御積冪方圓》　黄金方寸，重十六兩；金丸徑寸，重九兩，率生于此，未曾驗也。《周官・考工記》：「㮚氏爲量，改煎金錫則不耗。不耗然後權之，權之然後準之，準之然後量之。」言錬金使極精，而後分之則可以爲率也。命丸徑自乘，三而一，開方除之，即丸中之立方也。假令丸中立方尺五尺，爲句，句自乘，冪二十五尺。倍之得五十尺，以爲股冪，謂平面方五尺之弦也。以此弦冪爲股，亦以五尺爲句，并句股冪得七十五尺，是爲大弦冪。開方除之，則大弦可知也。大弦即中立方之長邪，邪即丸徑。故中立方自乘之冪于丸徑自乘之冪，三分之一也。今大弦還乘其冪，即丸外立方之積也。大弦冪開之不盡，令因冪七十五案：七十五即大弦冪，是爲外立方一面自乘之冪，非因冪也，因冪當是其冪之誤。再自乘之，爲面，命得外立方積四十二萬一千八百七十五尺之面。又令中立方五尺自乘，又以方乘之，得積一百二十五尺。一百二十五尺自乘，爲面，句得積一萬五千六百二十五尺之面。案：句字誤，彼上云命得外立方積之面，此乃命得中立方積之面也，句當作命。皆以六百二十五約之，外立方積六百七十五尺之面，中立方積二十五尺之面也。

又　卷七《盈不足以御隱雜互見》

今有玉方一寸，重七兩；石方一寸，重六兩。今有石立方三寸，中有玉，并重十一斤。問玉石重各幾何。答曰：玉一十四寸，重六斤二兩；石一十三寸，重四斤一十四兩。

術曰：假令皆玉，多十三兩；令之皆石，不足一十四兩。不足爲玉，多爲石。各以一寸之重乘之，得玉、石之積重。

立方三寸是一面之方，計積二十七寸。玉方一寸重七兩，石方一寸重六兩，是爲玉、石重差一兩。假令皆玉，合有一百八十九兩。課于一十一斤，有餘一十三兩。案：此下原本衍「故謂」二字，今删。玉重而石輕，故有此多。即二十七寸之中有十三寸，寸損一兩，則以爲石重，故言多爲石。言多之數出于石以爲玉。假令皆石，合有一百六十二兩。課于十一斤，少十四兩。故曰不足。此不足即以重爲輕，故令減少數于(石)[并]重，即二十七寸之中有十四寸，寸增一兩也。案此句有脱文，當云寸增一兩，則以爲玉重也。

又

今有黄金九枚，白銀一十一枚，稱之，重適等。交易其一，金輕十三兩。問金銀一枚各重幾何。答曰：金重二斤三兩一十八銖，銀重一斤一十三兩六銖。

術曰：假令黄金三斤，白銀二斤一十一分斤之五，不足四十九，于右行。令之黄金二斤，白銀一斤一十一分斤之七，多一十五，于左行。以分母各乘其行內之數，以盈、不足維乘所出率，并，以爲實。并盈、不足爲法。實如法，得黄金重。分母乘法以除，得銀重。約之得分也。

按：此術假令黄金九，白銀一十一，俱重二十七斤。金九約之，得三斤；銀一十一約之，得二斤一十一分斤之五。各爲金、銀一枚重數。就金重二十七斤之中減一金之重，以益銀；銀重二十七斤之中減一銀之重，以益金，則金重二十六斤一十一分斤之五，銀重二十七斤一十一分斤之六。以少減多，則金輕一十七兩一十一分兩之五。課于一十三兩，多四兩一十一分兩之五。通分內子言之，是爲不足四十九。又令之黃金九，一枚重二斤，九枚重一十八斤；白銀一十一，亦合重一十八斤也。乃以一十一除之，得一枚一斤一十一分斤之七，爲銀一枚之重數。今就金重一十八斤之中減一枚金以益銀，復減一枚銀以益金，則金重一十七斤一十一分斤之七，銀重一十八斤一十一分斤之四。以少減多，即金輕一十一分斤之八。課于一十三兩，少一兩一十一分兩之四。通分內子言之，是爲多一十五。以盈不足爲之，如法，得金重。案：此二句有脱誤，當云以盈不足術求之，實如法，得金重。以除者爲銀兩分母，故同之。案：此二句亦脱誤，當云分母乘法以除者，謂銀兩分母同。須通法而後乃除得銀重。餘皆約之者，術省故也。

佚名《孫子算經》卷上

黃金方寸重一觔。

白銀方寸重一十四兩。

玉方寸重一十兩。

銅方寸重七兩半。

鉛方寸重九兩半。

鐵方寸重七兩。

石方寸重三兩。

凡算之法，先識其位，一從十横，百立千僵，千十相望，萬百相當。案：萬百，原本訛作百萬，今據《夏侯陽算經》改正。

凡乘之法，重置其位。上下相觀，頭位有十步至十，有百步至百，有千步至千。以上命下，所得之數列于中位。言十即過，不滿自如。頭位乘訖者先去之。下位乘訖者則俱退之。六不積，五不隻。上下相乘，至盡則已。

甄鸞注　李淳風釋　劉孝孫細草《張邱建算經》卷上

今有金方七，銀方九，秤之適相當。交易其一，金輕七兩。問金銀各重幾何。答曰：金方重十五兩十八銖，銀方重十二兩六銖。

術曰：金、銀方數相乘，各以半輕數乘之，爲實。以超方數乘金、銀方數，各自爲法。實如法而一。

草曰：置金方七，銀方九，相乘得六十三。以半輕數三兩半乘，得二百二十兩半。又以金銀超方數二，以乘金方數，得一十四，爲法。除實，得一十五兩；餘不盡者，以二十四乘之，得二百五十二銖，再以前法除之，得一十八銖。若求銀方，又置前二百二十兩半，以銀方九，二因，得一十八，爲法。除之，得一十二兩；餘，二十四乘之，得一百八，以法除之，得六銖；爲銀方。合前問。

方中通《數度衍》卷一七《合率差差分之五》　合率差分法

式七　銀十一塊，金九塊，等重。交換一塊，則十銀一金之重，多於八金一銀一十三兩。問：金銀各塊各共若干。曰：金一塊重三十五兩七錢五分，銀一塊重二十九兩二錢五分；銀十一塊共重三百二十一兩七錢五分，金九塊共重等。

術以較十三兩折半，得六兩五錢，乘金九塊，得五十八兩五錢，爲實。以金九、銀十一相減，餘二，爲法。除實，得二十九兩二錢五分，爲銀一塊數。以十一乘，得共數。以半較六兩五錢乘十一，得七十一兩五錢，爲實。仍以前二爲法。除實，得三十五兩七錢五分，爲金一塊數。以九乘，得共數。

通曰：以盈朒法求之亦得。

又　卷一八《和較三率差分之六》　和較三率差分法

式三　玉率方寸重七兩，石率方寸重六兩。今有璞方三寸，重一百七十六兩。問玉石各若干。曰：玉九十八兩，石七十八兩。

立一百七十六	玉一百八十九　石一百六十二 石較十四　玉較十三	并較二十七

術立重數於上，以璞方三寸自乘，再乘，得立方二十七寸，以通玉石。以玉率七乘二十七，得一百八十九兩。以石率六乘二十七，得一百六十二兩。二數列右，并較爲首率，立方二十七寸爲次率，石較爲玉之三率，玉較爲石之三率。求得玉一十四，以七乘，得玉數。求得石一十三，以六乘，得石數。

式四　銀裹金，方四寸，共重九百〇四兩，每銀方寸重十二兩，金方寸重十六兩。問各若干。曰：金五百四十四兩，銀三百六十兩。

立九百〇四	金一千〇二十四　銀七百六十八 銀較一百三十六　金較一百二十	并較二百五十六

術立共重於上，以四寸自乘，再乘，得立方六十四寸，以通金銀。以銀十二乘

立方，得七百六十八。以金十六乘立方，得一千〇二十四。列如前，以并較爲首率，立方爲次率，以兩較互爲各三率。求得金三十四寸，銀三十寸，各以方寸重乘之，得各數。此與右式同。

又　卷二〇《借推盈朒盈朒之一》　兩盈法

右	左
一三〇	二四〇
六五	一七五
盈	盈
四五五	二三五
次乘得七萬九千六百二十五	次乘得一萬五千二百七十五
上乘得十萬〇九千二百	上乘得三萬〇五百五十
減餘二十二　法	
金　減餘　實　七萬八千六百五十	
銀　減餘　實　六萬三千四百五十	

式九　金九錠，銀十一錠，等重。互換一錠，則金輕十三兩。問各若干。曰：金一錠重三十五兩七錢五分，銀一錠重二十九兩二錢五分；金九錠共重三百二十一兩七錢五分，銀十一錠共重正等。

術金輕十三兩，則金銀較爲六兩五錢。先借十三兩爲金衰，列右上。銀該六兩五錢，去較數。列次。金九錠，乘十三，得一百一十七兩。銀十一錠，乘六五，得七十一兩五錢。以金比銀，盈四十五兩五錢，列右下。又借二十四兩爲金衰，列左上。銀該十七兩五錢，去較數。列次。金九錠，乘二十四，得二百一十六兩。銀十一錠，乘十七五，得一百九十二兩五錢。以金比銀，盈二十三兩五錢，列左下。兩盈減，餘爲法。上與下互乘，減，餘爲金實。以法除，得金一錠數。次與下互乘，減，餘爲銀實。以法除，得銀一錠數。各以錠數乘，得共重正等。又術，以較六兩五錢乘金九錠，得五十八兩五錢，爲實。以金九錠、銀十一錠相減，餘二爲法。除，得銀一錠數。又以較乘銀十一錠，得七十一兩五錢，爲實。以法二除，得金一錠數。

通曰：又術即合率差分法也。

又　卷二一《互求粟布之四》

度求衡法

立方一寸，爲金率十六兩，銀率十二兩，玉率十兩不等，鉛率九兩五錢，銅率七兩五錢，鐵率六兩，青石率三兩不等。

式　金立方一丈二尺，該重幾何。曰：二千七百六十四萬八千兩。

術以一丈二尺通作一百二十寸，自乘，得一萬四千四百寸，再乘，得一百七十二萬八千寸，爲實。以金率十六兩乘之，即得。

式二　鹽立方一尺，重四十斤。今有鹽一堆，長一丈五尺，闊一丈二尺，高六尺五寸。共重幾何。曰：四萬六千八百斤。

術以長乘闊，得一百八十尺。又乘高，得一千一百七十尺，爲實。以四十斤爲法，乘之，即得。

又　衡求度法

此即度求衡之還原也。

式　金重二千七百六十四萬八千兩，該立方幾何。曰：方一丈二尺。

術以金數爲實，以金率十六除之，得一百七十二萬八千寸，爲立實。用《少廣章》開立方，除之，即得。

梅文鼎《梅氏叢書輯要》卷九《度算釋例二》

第十五金線即輕重之學。

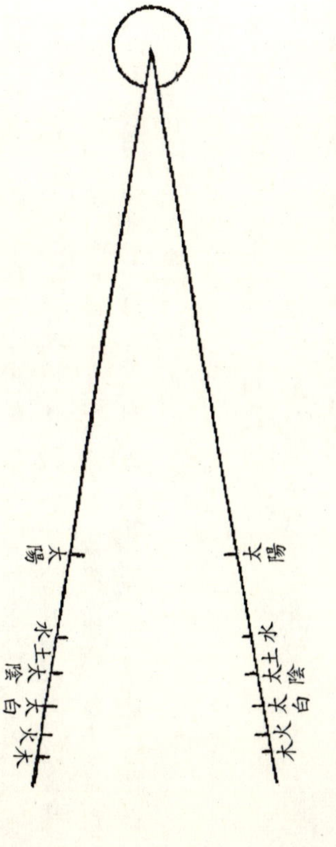

物有輕重以此權之。獨言五金者，以其有定質也。五金之性情，有與七政相類者，因以爲識。金，太陽。水銀，水星。鉛，土星。銀，太陰。銅，太白。鐵，火星。錫。木星。

分法：用各分率及立方線。

比例率：先取諸色金，造成立方體，其大小一般無二。乃權其輕重以爲比例。

黃金一，

水銀一又七十五分之三十八，《儀象志》作九十五分之三十八。

鉛一又二十三分之一十五，

銀一又三十一分之二十六，

用法二：若同類之體，其根同大，求其重。

假如有金銀兩印章，體俱正方，而其大等，既知銀重，而求金重。

法以銀圓章之根數，置太陰號爲底定尺，而取太陽號底數，次于分體線上以銀章重數爲兩弦，太陽號底數爲底定尺，而轉以太陰底數即銀章根數。進退求等弦，得數，即金章之重。

附輕重比例三線法

重學爲西法一種，其起重運重諸法，以人巧補天工，實宇宙有用之學。五金輕重，又重學中一種。蓋他物難爲定率，可定者獨五金耳。然《比例規解》雖載其術，而數多牴牾，未可全據。愚參以《靈臺儀象志》，其義始確。因廣之爲三線，曰重比例，曰重之容比例，曰重之根比例。既列之矩算，復爲之表，若論以發其凡。康熙壬戌長夏。

重比例異色之物，體積同，輕重異。

水與蠟若廿二與廿一	一九八	一八九
與蜜若二十與廿九	一二〇	一七四
與錫若五與三十七	〇二五	一八五
與鐵若一與八	〇二四	一九二
與銅若一與九	〇二一	一八九
與銀若三與三十一	〇一八	一八六
與鉛若二與廿三	〇一六	一八四
與澒若七與九十五	〇一四	一九〇
與金若一與十九	〇一〇	一九〇

解曰：重比例者同積也，積同而求其重，則重者數多，輕者數少。若反其率，則爲容積比例矣。

用法：假如有金一件不知重，法以水盛器中令滿，權其重，乃入金其中，則水溢，溢定出金。乃復權之，則水之重必減于原數矣。乃以所減之重變爲線，于比例尺置于水點爲底，乃于金點取大底，即金重也。

又如有玉刻辟邪，今欲作銅者與之同大，問用銅幾何。法如前以玉器入水，取水減重之數，置水點爲底，取銅點大底，即得所求。若作諸器，用蠟爲模亦同。或作蠟輕難入水者，竟以蠟重于蠟點爲底，而取銅點大底，更妙也。

重之容比例輕重同則容積異，亦謂異色之物。

蠟與水若廿一與廿二	一八九	一九八

銅二又九分之一，

鐵二又八分之三，

錫二又三十七分之二十一。《比例規解》，原作二十七分之一，則錫率反小于銅鐵，而輕重之序乖，今依《儀象志》。

金體最重，故以爲準。自尺心向外，任定一度，爲金之根率。自此依各率增之，並以金度爲立方線上十分之底定尺。次依各率爲底，進退求等數。取以爲各色五金之根率，自心向金率點外作識。

解曰：此同重異積之率也。于立方線上求得方根作識于尺，則同重異根之率也。金體重，則其積最少。謂立方體積。各色之金，謂銀鉛等。體並輕于金，故必體積多而後能與之同重。然立積雖有多少，非開方不得其根之大小，故必于立方線求之也。

又解曰：先以同大之立方權之得各率者，同根異重之率也。而即列之爲同重異根之率何也？蓋以根求重，則金最重而他率輕。以重求根，則金最小而他率大。其事相反，然其比例則皆等。假如金與銅之比例爲一與二强，若體同大，則金倍重于銅矣。若其重同者，則銅之體必倍大于金，其理一也。

又法：用立方根比例率。

黄金一六六弱，

水銀一九一弱，

鉛二〇二，

銀二〇四，

銅二一三，

鐵二二二，

錫二二八。

若金立方根一百六十六、銀立方根二百〇四，則其重相等。他色倣此。

今本線用此。以二二八爲末點，依各色之根作識。

用法一：有某色金之立方體，求作他色金之立方體與之同重。或立圓及各種等面體並同。

假如有金球之徑，又有其重，今作銀球與之等重，求徑若干。

法以金球徑數，置本線太陽號爲底定尺，而取太陰號之底數，作銀球之徑，即其重與金球等。

水與蜜若卄九與卄　一七四　一二〇
與錫若卅七與五　一八五　〇二五
與鐵若八與一　一九二　〇二四
與銅若九與一　一八九　〇二一
與銀若三十一與三　一八六　〇一八
與鉛若卄三與二　一八四　〇一六
與湞若九十五與七　一九〇　〇一四
與金若十九與一　一九〇　〇一〇

解曰：容比例者，同重也。同重而求其積，則重者積數少，輕者積數多。反其率，亦即爲輕重之比例矣。

又解曰：容積比例，以立方求其根，則爲根比例矣。故輕重當爲三線也。

用法：假如有水若干重，盛器中滿十分。有湞與水同重，盛此器中，問幾何滿。法以水滿十分之數，作水點之底，而取湞點小底，則知湞在器中得幾分。

用法二：有同重之兩色物，欲知其立方根，法以容比例求其同重之積，再于分體線求其根。

用法三：有金或銅錫等不知重，法如前入水，求得水溢所減之重，變爲線，乃以水重置金點爲底，若銅錫，亦置銅錫點。于水點取大底。此借容比例求重，故反用其率。若用蠟模鑄銅器，亦以蠟重置銅點爲底，而于蠟點取大底，即得合用銅斤。

解曰：有二法三法，則只須容比例一線足矣。蓋反用之，可以求重。既得容，可以求根。用三線者取其便，用一線者取其簡，可任意爲之也。

又容比例附。

金與湞若五與七
與鉛若卄三與三十八
與銀若三十一與五十七
與銅若九與十九
與鐵若八與十九
與錫若三十七與九十五
與蜜若卄九與三百八十〇
與水若一與十九
與蠟若卄一與四百一十八

又容比例

金〇一〇〇〇〇〇〇
湞〇一四〇〇〇〇〇
鉛〇一六五二一七三
銀〇一八三八七〇九
銅〇二一一一一一一
鐵〇二三七五〇〇〇
錫〇二五六七五六七
蜜一三一〇三四四八
水一九〇〇〇〇〇〇
蠟一九九〇四七六一

解曰：容比例有三率也，其實一率而已。第一率以水爲主，取其便用也。第二率以金爲主，取其便攜也。第三率平列，乃立方之積數也。其作線于尺，則皆一率而已矣。

此外仍有通分之法，亦愚所演。然其理皆具原表中，故仍載原表而附之如後。

輕重原表

	蠟	水	蜜	錫	鐵	銅	銀	鉛	湞	金
金	十九又卄一之十九	十九	十三又卄九之三	二又卅七之卄一	二又八之三	二又九之一	一又卅一之卄六	一又卄三之十五	一又九十五之卅八	一
湞	十四又一百四十七之卅二	十三又七之四	九又二百〇三之七十三	一又二百五十九之二百卄一	一又五十六之卅九	一又六十三之卅二	一又二百十七之六十八	一又一百六十一之卄九	一	
鉛	十二又卄一之一	十一又二之一	七又卄九之卄七	一又七十四之四十一	一又十六之七	一又十八之五	一又六十二之七	一		
銀	十又六十三之五十二	十又三之一	七又八十七之十一	一又一百十一之四十四	一又卄四之七	一又卄七之四	一			
銅	九又卄一之九	九	六又卄九之六	一又卅七之八	一又八之一	一				
鐵	八又卄一之八	八	五又卄九之十五	一又卅七之三	一					
錫	七又一百〇五之八十九	七又五之二	五又卄九之三	一						
蜜	一又二百十〇之一百〇九	一又卄分之九	一							
水	一又卄一之一	一								
蠟	一									

右表《靈臺儀象志》所引重學一則也，其法，同重者以直推見容積，同積者以横推見重。重比例、容比例皆在其中矣。既得容可以求根，則根之比例亦在其中矣。《比例規解》五金線蓋原于此。原書金與蠟之比例，訛廿一爲廿九，今改定。

通分法亦容比例之率。

分母：

澒九五；
鉛廿三，乘得二一八五；
銀三十一，又乘得六七七三五；
銅○九，又乘得六○九六一五；
鐵○八，又乘得四八七六九二○；
錫三十七，又乘得一八○四四六○四○爲金率。

以澒分母九十五除金率，得一八九九四三二一，以乘分子三十八，得七二一七八四一六，加金率，得二五二六二四四五六爲澒率。

以鉛母廿三除金率，得七八四五四八○，以乘子十五，得一一七六八二二○○，加金率，得二九八一二八二四○爲鉛率。

以銀母卅一除金率，得五八二○八四○，以乘子廿六，得一五一三四一八四○，加金率，得三三一七八七八八○爲銀率。

以銅母九除金率，得二○○四九五六○，以乘子一，得如原數，加金率二，得三八○九四一六四○爲銅率。

以鐵母八除金率，得二二五五五七五五，以乘子三，得六七六六七二六五，加金率二，得四二八五五九三四五爲鐵率。

以錫母卅七除金率，得四八七六九二○，以乘子廿一，得一○二四一五二三○，加金率二，得四六三三○七四○○爲錫率。

		各取首三位		
金	一八○四四六○四○	一八强	日	三六强加倍
澒	二五二六二四四五六	二五少强	水	五○半强
鉛	二九八一二八二四○	二九太强	土	五九半强
銀	三三一七八七八八○	三三少弱	月	六六少强
銅	三八○九四一六四○	三八强	太白	七六少弱
鐵	四二八五五九三四五	四二太强	火	八五太弱
錫	四六三三○七四○○	四六少强	木	九二太弱

按：自古曆算諸家，于尾數不能盡者多不入算，故曰半已上收爲杪，已下棄之，其有不欲棄者，則以太半、少强弱收之。

假如一百分則成一整數，九十爲一弱，百一十爲一强。二十五爲少，即四分之一也。若二十爲少弱，三十爲少强。五十爲半，四十爲半弱，六十爲半强。七十五爲太，即四分之三也。七十爲太弱，八十爲太强。

重之根比例異色同重之立方。

		折半	四之三
金	一○○	五○	○七五
澒	一一二弱	五六	○八四弱
鉛	一一九半强	六○	○八九半强
銀	一二二半	六一	○九二弱
銅	一二八少强	六四	○九六少弱
鐵	一三三半弱	六七	一○○少弱
錫	一三六太强	六八	一○二半强
蜜	二三五太强	一一八	一七六太强
水	二六六太强	一三三	二○○
蠟	二七三弱	一三六	二○四太弱

梅瑴成等《數理精蘊》下編卷六《線部四》 較數比例

設如有金球八，銀球十二，兩重相等。今移換三，則銀球邊多六十兩。問金球銀球各重幾何。

一率 三箇
二率 三十兩
三率 八箇
四率 八十兩

法以移換之三爲一率；多六十兩，折半得三十兩，即三金球比三銀球所多之數。爲二率；金球八爲三率；推得四率八十兩，即金球八共多之數。

一率 四箇
二率 八十兩
三率 一箇
四率 二十兩

又以金球八與銀球十二相減，餘銀球四，爲一率；共多八十兩爲二率；銀球一爲三率；推得四率二十兩，即銀球一之重數。以十二乘之，得二百四十兩，即銀球十二之共重數。亦即金球八之共重數。以金球八除之，得三十兩，即金球一之重數也。此法蓋因移換三而差六十兩，即三金球比三銀球多三十兩，三銀球比三金球少三十兩，其總差爲六十兩，故折半，爲三金球多於三銀球之重數也。三金球多三十兩，則八金球共多八十兩。夫金球多八十兩，銀球多四而其重相等，則八十兩即四銀球之重數。四銀球重八十兩，則一銀球重二十兩，而十二銀球必重二百四十兩，與八金球之重相等，故以八除之，即得金球之重數也。

又　下編卷七《線部五》 和較比例

設如有玉在石中，但知正方每邊四寸，共重一百六十兩八錢。問玉有幾何。

法以方邊四寸自乘，再乘，得六十四寸爲正方體積。乃以六十四寸用玉寸

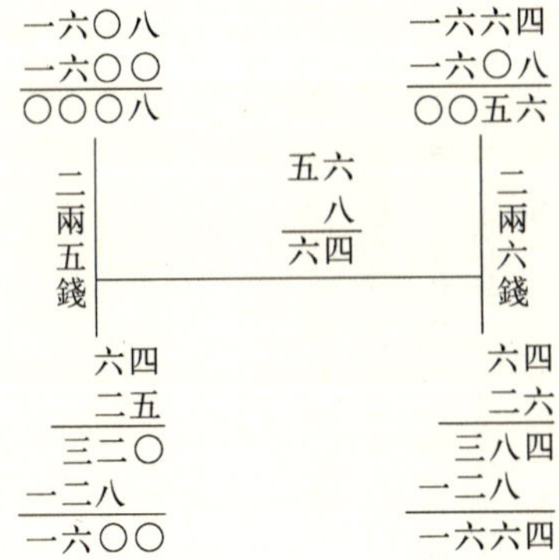

方定率二兩六錢乘之，得一百六十六兩四錢，與共重一百六十兩八錢相較，則共重少五兩六錢。又以六十四寸用石寸方定率二兩五錢乘之，得一百六十兩，與共重一百六十兩八錢相較，則共重多八錢。

乃以多少兩數相併，得六兩四錢爲一率，玉六十四寸爲二率，多八錢爲三率，得四率八寸，即玉數。於共六十四寸內減之，餘五十六寸，即石數。

如以少五兩六錢爲三率，得四率五十六寸，亦即石數也。既得玉八寸，則以玉寸方定率二兩六錢乘之，得二十兩八錢，即玉之重數。於共重一百六十兩八錢內減之，餘一百四十兩，即石之重數。如以石五十六寸，用石寸方定率二兩五錢乘之，得一百四十兩，亦即石之重數也。此法蓋以六十四寸俱爲玉計之，則應重一百六十六兩四錢，與共重數相較，則共重數少五兩六錢。若以六十四寸俱爲石計之，則應重一百六十兩，與共重數相較，則共重數多八錢。是石六十四寸比玉六十四寸少六兩四錢，即玉六十四寸比石六十四寸多六兩四錢也。是知多六兩四錢，而玉爲六十四寸，今多八錢，則玉必爲八寸也。又少六兩四錢，而石爲六十四寸，今少五兩六錢，則石必爲五十六寸也。

一率	六兩四錢
二率	六十四寸
三率	八錢
四率	八寸

一率	六兩四錢
二率	六十四寸
三率	五兩六錢
四率	五十六寸

又法，以玉寸方定率二兩六錢與石寸方定率二兩五錢相減，餘一錢爲一率；一寸爲二率；以共積六十四寸，用石寸方定率二兩五錢乘之，得一百六十兩，與共重一百六十兩八錢相減，餘八錢爲三率；得四率八寸，即玉數。於共六十四寸內減之，餘五十六寸，即石數。

一率	一錢
二率	一寸
三率	八錢
四率	八寸

如以共積六十四寸，用玉寸方定率二兩六錢乘之，得一百六十六兩四錢，與共重一百六十兩八錢相減，餘五兩六錢爲三率；得四率五十六寸，亦即石數也。此法蓋以玉一寸比石一寸，其重差一錢，是知多一錢而玉爲一寸，今多八錢則玉必爲八寸也。又少一錢而石爲一寸，今少五兩六錢，則石必爲五十六寸也。

一率	一錢
二率	一寸
三率	五兩六錢
四率	五十六寸

設如有金銀共重三百二十一兩，鎔於一處，作成一正方體，每邊三寸。問金銀各重幾何。

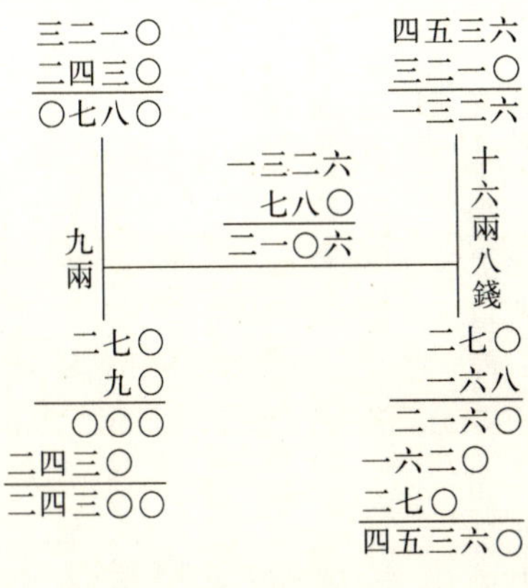

法以方邊三寸自乘，再乘，得二十七寸，爲正方體積。乃以二十七寸俱作金算，用金寸方定率十六兩八錢乘之，得四百五十三兩六錢，與共重三百二十一兩相較，則共重少一百三十二兩六錢。又以二十七寸俱作銀算，用銀寸方定率九兩乘之，得二百四十三兩，與共重三百二十一兩相較，則共重多七十八兩。

乃以多少兩數相併，得二百一十兩六錢，爲一率；金二十七寸，重四百五十三兩六錢，爲二率；多七十八兩爲三率；得四率一百六十八兩，即金數。於共重三百二十一兩內減之，餘一百五十三兩即銀數。

一率	二百一十兩六錢
二率	四百五十三兩六錢
三率	七十八兩
四率	一百六十八兩

如以銀二十七寸重二百四十三兩爲二率，少一百三十二兩六錢爲三率，得四率一百五十三兩，亦即銀數也。此法蓋因金二十七寸比銀二十七寸多二百一十兩六錢，即銀二十七寸比金二十七寸少二百一十兩六錢也。是知金比銀多二百一十兩六錢，而金爲四百五十三兩六錢，今多七十八兩，則金必爲一百六十八兩也。又銀比金少二百一十兩六錢，而銀爲二百四十三兩，今少一百三十二兩六錢，則銀必爲一百五十三兩也。

一率	二百一十兩六錢
二率	二百四十三兩
三率	一百三十二兩六錢
四率	一百五十三兩

又法，以銀寸方定率九兩與金寸方定率十六兩八錢相減，餘七兩八錢，爲一率；金一寸重十六兩八錢爲二率；以共積二十七寸，用銀寸方定率九兩乘之，得二百四十三兩，與共重三百二十一兩相減，餘七十八兩，爲三率；得四率一百六十八兩，即金數。於共重三百二十一兩內減之，餘一百五十三兩即銀數。

一率	七兩八錢
二率	十六兩八錢
三率	七十八兩
四率	一百六十八兩

一率　七兩八錢
二率　九兩
三率　一百三十二兩六錢
四率　一百五十三兩

如以銀一寸重九兩爲二率；以共積二十七寸，用金寸方定率十六兩八錢乘之，得四百五十三兩六錢，與共重三百二十一兩相減，餘一百三十二兩六錢，爲三率；得四率一百五十三兩，亦即銀數也。此法蓋以金一寸比銀一寸，其重相差七兩八錢，是知多七兩八錢。而金爲十六兩八錢，今多七十八兩，則金必爲一百六十八兩也。又少七兩八錢，而銀爲九兩，今少一百三十二兩六錢，則銀必爲一百五十三兩也。

設如有金器一件，內有銀相參合，共重一百七十兩四錢。問金銀各重若干。

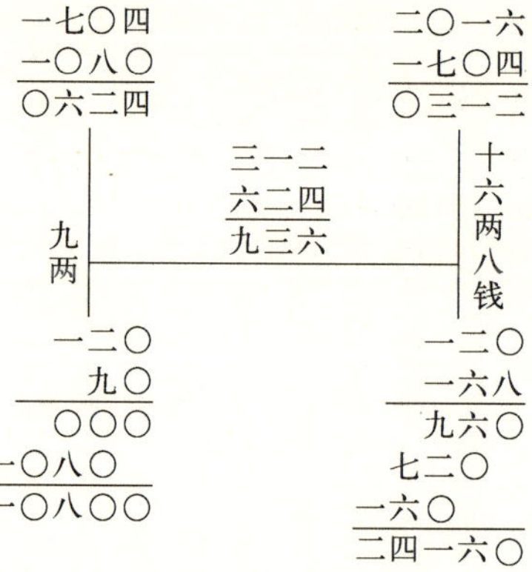

法用一桶盛水，令滿，將金器入內，看溢出之水，得正方寸數幾何。假如得十二寸，即爲金銀共積。以金寸方定率十六兩八錢乘之，得二百零一兩六錢，與共重一百七十兩四錢相較，則共重少三十一兩二錢。又以銀寸方定率九兩乘之，得一百零八兩，與共重一百七十兩四錢相較，則共重多六十二兩四錢。

乃以多少兩數相併，得九十三兩六錢，爲一率；金十二寸，重二百零一兩六錢，爲二率；多六十二兩四錢爲三率；得四率一百三十四兩四錢，即金數。於共重一百七十兩四錢內減之，餘三十六兩，即銀數。

如以銀十二寸重一百零八兩爲二率，少三十一兩二錢爲三率，得四率三十六兩，亦即銀數也。

又法，以金寸方定率十六兩八錢與銀寸方定率九兩相減，餘七兩八錢爲一率；金一寸重十六兩八錢爲二率；以共積十二寸，用銀寸方定率九兩乘之，得一百零八兩，與共重一百七十兩四錢相減，餘六十二兩四錢，爲三率；得四率一百三十四兩四錢，即金數。於共重一百七十兩四錢內減之，餘三十六兩，即銀數。

一率　九十三兩六錢
二率　二百零一兩六錢
三率　六十二兩四錢
四率　一百三十四兩四錢

一率　九十三兩六錢
二率　一百零八兩
三率　三十一兩二錢
四率　三十六兩

一率　七兩八錢
二率　十六兩八錢
三率　六十二兩四錢
四率　一百三十四兩四錢

一率　七兩八錢
二率　九兩
三率　三十一兩二錢
四率　三十六兩

如以銀一寸重九兩爲二率，以共積十二寸，用金寸方定率十六兩八錢乘之，得二百零一兩六錢，與共重一百七十兩四錢相減，餘三十一兩二錢，爲三率；得四率三十六兩，亦即銀數也。

設如有金鑄一器，重三百兩，俱係九六成色。今用九九成色及九一成色二等金替換。問各得幾何。

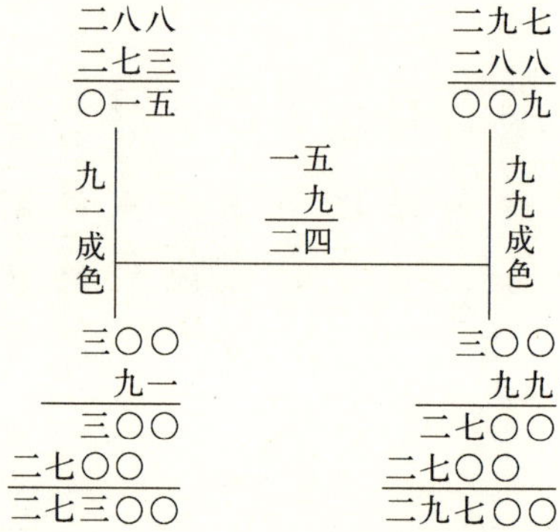

法以九六成色與三百兩相乘，得二百八十八兩爲原金數。乃以九九成色與三百兩相乘，得二百九十七兩，與原金二百八十八兩相較，則原金少九兩。又以九一成色與三百兩相乘，得二百七十三兩，與原金二百八十八兩相較，則原金多十五兩。爰以多少兩數相併，得二十四兩，爲一率；三百兩爲二率；原金比九一成色多十五兩，爲三率；得四率一百八十七兩五錢，即九九成色金數。於共重三百兩內減之，餘一百一十二兩五錢，即九一成色金數。

如以原金比九九成色少九兩爲三率，得四率一百一十二兩五錢，亦即九一成色金數也。蓋九六成色金三百兩，爲十成金二百八十八兩。而九九成色金三百兩，爲十成金二百九十七兩。九一成色金三百兩，爲十成金二百七十三兩。是知九九比九一多二十四兩，而九九成色金爲三百兩，今九六比九一多十五兩，則九九成色金必爲一百八十七兩五錢也。又九一比九九少二十四兩，而九一成色金爲三百兩，今九六比九九少九兩，則九一成色金必爲一百一十二兩五錢也。

又法，以九九與九一相減，餘八分爲一率；金三百兩爲二率；以九一與九六相減，餘五分爲三率；得四率一百八十七兩五錢，即九九成色金數。於共重三百兩內減之，餘一百一十二兩五錢，即九一成色金數。

一率　二十四兩
二率　三百兩
三率　一十五兩
四率　一百八十七兩五錢

一率　二十四兩
二率　三百兩
三率　九兩
四率　一百一十二兩五錢

一率　八分
二率　三百兩
三率　五分
四率　一百八十七兩五錢

一率	八分
二率	三百兩
三率	三分
四率	一百一十二兩五錢

如以九九與九六相減，餘三分爲三率，得四率一百一十二兩五錢，亦即九一成色金數也。蓋九九比九一多八分，而九九成色金爲三百兩，今九六比九一多五分，則九九成色金必爲一百八十七兩五錢也。又九一比九九少八分，而九一成色金爲三百兩，今九六比九九少三分，則九一成色金必爲一百一十二兩五錢也。

設如甲乙二人有金成色不等。甲金一兩，可準銀一十二兩。乙金一兩，可準銀八兩。今欲鎔爲一處，令金一兩準銀九兩。問甲乙二人於一兩金中各出金幾何。

法以準銀九兩爲中數，與甲金準銀十二兩相較，少三兩。與乙金準銀八兩相較，多一兩。

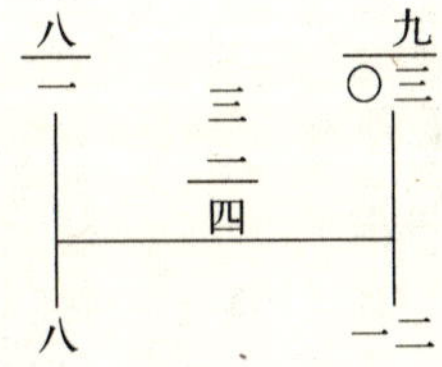

乃以多少兩數併之，得四兩，爲一率；金一兩爲二率；比甲少三兩爲三率；得四率七錢五分，即乙所出金數。

一率	四兩	一率	四兩
二率	一兩	二率	一兩
三率	三兩	三率	一兩
四率	七錢五分	四率	二錢五分

如以比乙多一兩爲三率，得四率二錢五分，即甲所出金數也。此法因銀十二兩與八兩皆金一兩所準之數，雖相乘，其數不動，故直以十二與八相減，作一率。以十二與九，八與九之兩較相併，得四，即十二與八相減之餘數也。蓋乙比甲銀少四兩，而乙金爲一兩，今比甲銀少三兩，則乙金必爲七錢五分也。又甲比乙銀多四兩，而甲金爲一兩，今比乙銀多一兩，則甲金必爲二錢五分也。

又　下編卷三〇《體部八》　各體權度比例

數學至體而備，以其綜線面之全，而盡度量衡之用也。蓋線面存乎度，體則存乎量，求輕重則存乎衡，是以又有權度之比例。其法槩以諸物製爲正方，其邊一寸，其積千分，較量豪釐，俾有定率。然後凡物知其體積，即知其重輕；知其重輕，即知其體積，而權度無遁情也。且體之爲質不一，邊積等者，輕重不同；輕重等者，邊積不同，皆有互相比例之法，而各體無混淆也。

赤金十六兩八錢。
紋銀九兩。
水銀十二兩二錢八分。
紅銅七兩五錢。
白銅六兩九錢八分。
黃銅六兩八錢。
鋼六兩七錢三分。
生鐵六兩七錢。
熟鐵六兩七錢三分。
高錫六兩三錢。
六錫七兩六錢。
倭鉛六兩。
黑鉛九兩九錢三分。
白玉二兩六錢。
金珀八錢。
白瑪瑙二兩三錢。
紅瑪瑙二兩二錢。
硨磲一兩五錢二分。
青石二兩八錢八分。
白石二兩五錢。
紅石二兩五錢六分。
象牙一兩五錢四分。
牛角一兩九錢。
沉香八錢二分。
白檀八錢三分。
紫檀一兩零二分。
花梨八錢七分。
楠木四錢八分。
黃楊七錢五分。
烏木一兩一錢。
油八錢三分。
水九錢三分。

設如有金一方，每邊三寸。問重幾何。

法以一寸爲一率；金寸方重一十六兩八錢爲二率；今所設之金方每邊三

一率　一寸
二率　一十六兩八錢
三率　二十七寸
四率　四百五十三兩六錢

寸，自乘，再乘，得二十七寸爲三率；求得四率四百五十三兩六錢，即金之重數也。此法蓋因金方每邊三寸，則體積爲二十七寸，以一寸與一十六兩八錢之比，同於二十七寸與四百五十三兩六錢之比也。

設如有銀一方，每邊二寸。問重幾何。

一率　一寸
二率　九兩
三率　八寸
四率　七十二兩

法以一寸爲一率；銀寸方重九兩爲二率；今所設之銀方每邊二寸，自乘，再乘，得八寸爲三率；求得四率七十二兩，即銀之重數也。此法蓋因銀方每邊二寸，則體積爲八寸，以一寸與九兩之比，同於八寸與七十二兩之比也。

設如黃銅一條，重三百七十四兩。問積幾何。

一率　六兩八錢
二率　一寸
三率　三百七十四兩
四率　五十五寸

法以黃銅寸方重六兩八錢爲一率，一寸爲二率，今所設黃銅重三百七十四兩爲三率，求得四率五十五寸，即黃銅之積也。

設如熟鐵一塊，重十六兩，欲鎔爲正方體。問每邊幾何。

一率　六兩七錢三分
二率　一寸
三率　一十六兩
四率　二寸三百七十七分四百一十四釐

法以熟鐵寸方重六兩七錢三分爲一率，一寸爲二率，今鐵重十六兩爲三率，求得四率二寸三百七十七分四百一十四釐有餘，開立方，得一寸三分三釐有餘，即每邊之數也。

設如水銀一匣，但知匣闊四寸，長六寸，高三寸五分。問內水銀重數幾何。

一率　一寸
二率　一十二兩二錢八分
三率　八十四寸
四率　一千零三十一兩五錢二分

法以匣闊四寸與長六寸相乘，得二十四寸。又以高三寸五分再乘，得八十四寸，爲水銀一匣之積數。爰以一寸爲一率，水銀寸方重一十二兩二錢八分爲二率，今所得之水銀一匣之積數八十四寸爲三率，求得四率一千零三十一兩五錢二分，即水銀之重數也。

設如白玉一方，重九十三兩六錢，但知闊比高多一寸，長比闊多三寸。問高闊長各幾何。

法以玉寸方重二兩六錢爲一率，一寸爲二率，今所設玉重九十三兩六錢爲三率，求得四率三十六寸，爲長方體積。乃以闊比高多一寸，長比闊多三寸爲

一率　二兩六錢
二率　一寸
三率　九十三兩六錢
四率　三十六寸

帶，兩縱之較，用帶兩縱不同較數，開立方法算之，得高二寸；加闊比高多一寸，得三寸爲闊；再加長比闊多三寸，得六寸爲長也。

設如金與銀鎔於一處，共得正方體積二十七寸，重二百七十四兩二錢。問金與銀各幾何。

一率　七兩八錢
二率　一寸
三率　三十一兩二錢
四率　四寸

法以共積二十七寸，以銀寸方重九兩乘之，得二百四十三兩。與共重二百七十四兩二錢相減，餘三十一兩二錢。乃以銀寸方重九兩與金寸方重十六兩八錢相減，餘七兩八錢，爲一率；金一寸爲二率；今相減所餘之三十一兩二錢爲三率；求得四率四寸，即金之寸數。於共積二十七寸內減去四寸，餘二十三寸，即銀之寸數也。以金四寸與金寸方重十六兩八錢相乘，得六十七兩二錢。以銀二十三寸與銀寸方重九兩相乘，得二百零七兩。兩數相併，得二百七十四兩二錢，仍與原數相合也。此即和較比例之法。蓋銀二十七寸，則其重數應得二百四十三兩。與共重二百七十四兩二錢相減，餘三十一兩二錢，即金重於銀之數。而金每寸比銀每寸多七兩八錢，故多七兩八錢則金有一寸。今多三十一兩二錢，則知金有四寸也。

一率　七兩八錢
二率　一寸
三率　一百七十九兩四錢
四率　二十三寸

若欲先得銀數，則仍以七兩八錢爲一率；一寸爲二率；將共積二十七寸以金寸方重十六兩八錢乘之，得四百五十三兩六錢，內減共重二百七十四兩二錢，餘一百七十九兩四錢爲三率；求得四率二十三寸，即銀之寸數。與共積二十七寸相減，餘四寸，即金之寸數。蓋少七兩八錢則銀有一寸，今少一百七十九兩四錢，則知銀有二十三寸也。

設如金鑲玉爐一座，共重四十六兩七錢。問金玉各幾何。

法用盛水器皿一件，置爐其中，實之以水，取出爐，看水淺幾何。設如盛水器皿係正方形，每邊五寸，取出爐，水淺五分，即以每邊五寸自乘，得二十五寸。以水淺五分爲高再乘，得一十二寸五百分爲爐之體積，即金玉之共積。爰以共積一十二寸五百分，以玉寸方重二兩六錢乘之，得三十二兩五錢。與共重四十六兩七錢相減，餘一十四兩二錢。

乃以玉寸方重二兩六錢與金重一十六兩八錢相減，餘一十四兩二錢爲一

一率　一十四兩二錢
二率　一寸
三率　一十四兩二錢
四率　一寸

率；金一寸爲二率；今相減所餘一十四兩二錢爲三率；求得四率一寸，爲金之寸數。於共積一十二寸五百分內減去一寸，餘十一寸五百分，爲玉之寸數。金一寸重得十六兩八錢。玉十一寸五百分與玉寸方重二兩六錢相乘，得二十九兩九錢，爲玉之重數。兩數相併，共得四十六兩七錢，仍與原數相合也。

一率　一十四兩二錢
二率　一寸
三率　一百六十三兩三錢
四率　一十一寸五百分

如欲先得玉數，則仍以一十四兩二錢爲一率；一寸爲二率；將所得共積一十二寸五百分以金寸方重十六兩八錢乘之，得二百一十兩，內減共重四十六兩七錢，餘一百六十三兩三錢爲三率；求得四率一十一寸五百分，爲玉之寸數。與共積一十二寸五百分相減，餘一寸，即金之寸數也。

設如空心金球一個，外徑一尺二寸，厚三分。問重幾何。

一率　一〇〇〇〇〇〇〇〇〇
二率　五二三五九八七七五
三率　一七二八
四率　九〇四七七八六八三

法以金球外徑一尺二寸自乘，再乘，得一尺七百二十八寸。乃用方邊球徑相等，方積、球積不同之定率比例，以方積一〇〇〇〇〇〇〇〇〇爲一率；球積五二三五九八七七五爲二率；今球徑自乘再乘之正方體積一尺七百二十八寸爲三率；求得四率九百零四寸七百七十八分六百八十三釐有餘，爲球之全體積。又以厚三分倍之，得六分，與外徑一尺二寸相減，餘一尺一寸四分爲空心徑，自乘，再乘，得一尺四百八十一寸五百四十四分。仍以方積一〇〇〇〇〇〇〇〇〇爲一率；球積五二三五九八七七五爲二率，今空心徑自乘再乘之正方體積一尺四百

一率　一〇〇〇〇〇〇〇〇〇
二率　五二三五九八七七五
三率　一四八一五四四
四率　七七五七三四六二三

八十一寸五百四十四分爲三率，求得四率七百七十五寸七百三十四分六百二十三釐有餘，爲球內空心虛積。兩積相減，餘一百二十九寸零四十四分零六十釐有餘，爲空心球體積。

一率　一寸
二率　一十六兩八錢
三率　一百二十九寸〇四四〇六〇
四率　二千一百六十七兩九四〇

乃以一寸爲一率，金寸方重十六兩八錢爲二率，空心球體積一百二十九寸零四十四分零六十釐有餘爲三率，求得四率二千一百六十七兩九錢四分有餘，即空心金球體之重數也。

設如正方青石一塊，紅石一塊，紅石比青石每邊多二寸，體積多五十六寸。問二石之邊數及重數各幾何。

一率　一寸
二率　二兩五錢六分
三率　六十四寸
四率　一百六十三兩八錢四分

法以紅石比青石每邊多二寸爲邊較，體積多五十六寸爲積較，用大小二立方有邊較積較求邊法算之，以邊較二寸自乘，再乘，得八寸。與積較五十六寸相減，餘四十八寸。三歸之，得一十六寸。以邊較二寸除之，得八寸，爲長方面積。以邊較二寸爲長闊之較，用帶縱較數開平方法算之，得闊二寸，即青石之邊數。加紅石比青石每邊多二寸，得四寸，即紅石之邊數。

一率　一寸
二率　二兩五錢六分
三率　六十四寸
四率　一百六十三兩八錢四分

乃以一寸爲一率；紅石寸方重二兩五錢六分爲二率；紅石每邊四寸自乘，再乘，得六十四寸爲三率；求得四率一百六十三兩八錢四分，即紅石之重數也。

一率　一寸
二率　二兩八錢八分
三率　八寸
四率　二十三兩零四分

又以一寸爲一率；青石寸方重二兩八錢八分爲二率；青石每邊二寸自乘，再乘，得八寸爲三率；求得四率二十三兩零四分，即青石之重數也。此法因二石皆爲正方體，故用大小二立方有邊較積較求邊之法，求得二石之邊，自乘，再乘，即得二石之體積。用寸方重數定率以比例之，即得二石之重數也。

設如有正方水桶三個，第一桶每邊一尺，第三桶比第二桶每邊多二寸，第三桶體積與第一桶、第二桶兩桶之共積相等。問三桶水之重數各幾何。

一率　一寸
二率　九錢三分
三率　一千寸
四率　九百三十兩

法以一寸爲一率；水寸方重九錢三分爲二率；第一桶正方每邊一尺，自乘，再乘，得一千寸爲三率；求得四率九百三十兩，爲第一桶水之重數。又以第三桶比第二桶每邊多二寸爲邊較，以第一桶體積一千寸爲第三桶比第二桶所多之積較，用大小二立方有邊較積較求邊法算之。以邊較二寸自乘，再乘，得八寸。與積較一千寸相減，餘九百九十二寸。三歸之，得三百三十寸六百六十六分六百六十六釐有餘。以邊較二寸除之，得一尺六十五寸三十三分三十三釐有餘，爲長方面積。以邊較二寸爲長闊之較，用帶縱較數開平方法

算之，得闊一尺一寸八分九釐有餘，爲第二桶之邊數。加較二寸，得一尺三寸八分九釐有餘，爲第三桶之邊數。

一率　一寸
二率　九錢三分
三率　一尺六百八十寸九二四
四率　一千五百七十兩九九三

乃以一寸爲一率；水寸方重九錢三分爲二率；第二桶每邊一尺一寸八分九釐有餘自乘，再乘，得一尺六百八十寸九百二十四分有餘爲三率；求得四率一千五百七十兩九錢九分三釐有餘，即第二桶水之重數。

一率　一寸
二率　九錢三分
三率　二尺六百七十九寸八二六
四率　二千四百九十二兩二三八

又以一寸爲一率；水寸方重九錢三分爲二率；第三桶每邊一尺三寸八分九釐有餘自乘，再乘，得二尺六百七十九寸八百二十六分有餘爲三率；求得四率二千四百九十二兩二錢三分八釐有餘，即第三桶水之重數也。此法蓋因第三桶之體積與第一第二兩桶之共積相等，則第一桶體積一千寸即第三桶體積比第二桶體積所多之較也，而第三桶比第二桶每邊多二寸，故用大小二立方有邊較積較求邊法，求得二桶之邊數，自乘，再乘，即得二桶之體積。用寸方重數定率以比例之，即得二桶水之重數也。

設如金球一個，徑二寸二分六釐。今欲作一銀球，其重與金球等。問徑幾何。

一率　一寸
二率　一寸二分三釐
三率　二寸二分六釐
四率　二寸七分七釐

法以金方邊一寸爲一率，銀方邊一寸二分三釐爲二率，今所設之金球徑二寸二分六釐爲三率，求得四率二寸七分七釐有餘，即銀球之徑數也。此法蓋因各色俱爲正方體，其重數俱設爲十六兩八錢，與金寸方等，故金方邊爲一寸，銀方邊爲一寸二分三釐，水銀方邊爲一寸一分一釐，鉛方邊爲一寸一分九釐，銅方邊爲一寸三分一釐，鐵方邊爲一寸三分六釐，錫方邊爲一寸三分九釐，石方邊爲一寸八分九釐，水方邊爲二寸六分四釐，油方邊爲二寸七分四釐，皆係邊與邊之比例，故球徑與球徑之比，同於方邊與方邊之比，而爲相當比例四率也。

設如青石一塊，正方一尺二寸，重四千九百七十六兩六錢四分。今欲作與青石一樣大熟鐵一塊。問重幾何。

法以青石寸方重二兩八錢八分爲一率，熟鐵寸方重六兩七錢三分爲二率，

一率　二兩八錢八分
二率　六兩七錢三分
三率　四千九百七十六兩六錢四分
四率　一萬一千六百二十九兩四錢四分

今所設之青石重四千九百七十六兩六錢四分爲三率，求得四率一萬一千六百二十九兩四錢四分，即與青石一樣大熟鐵之重數也。

又　下編卷三四《末部四》　借根方比例線類。

設如金球十二，銀球十八，其輕重適等。若將銀球七換金球七，則銀球邊多三百二十二兩。問金球、銀球各重幾何。

一根
七根＝三二二
一根＝　四六

法借一根爲金球換銀球之差數，以七乘之，得七根，爲七金球換七銀球之差數，是爲七根與三百二十二兩相等。七根既與三百二十二兩相等，則一根必與四十六兩相等，即一金球一銀球相換之差數。一金球一銀球相換之差數既爲四十六兩，則一金球比一銀球之重必差二十三兩。一金球比一銀球既重二十三兩，則十二金球比十二銀球必重二百七十六兩。如以銀球再加六個，十八個。即與十二金球等，是銀球六個與二百七十六兩相等也。乃以六歸之，得四十六兩，即一銀球之重數。加二十三兩，得六十九兩，即一金球之重數。以四十六兩與十八銀球相乘，得八百二十八兩。以六十九兩與十二金球相乘，亦得八百二十八兩也。此較數比例法。

又　下編卷三九《末部九》　比例規解

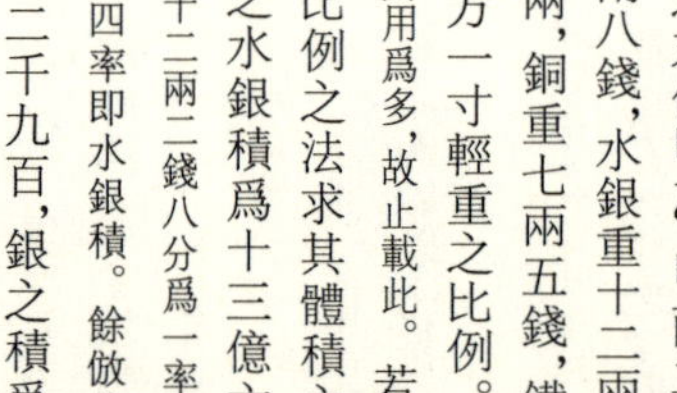

自甲樞心至乙、丙兩股之末作甲乙、甲丙二線，用各體權度比例定率數，金重十六兩八錢，水銀重十二兩二錢八分，鉛重九兩九錢三分，銀重九兩，銅重七兩五錢，鐵重六兩七錢，錫重六兩三錢，爲各體正方一寸輕重之比例。定率數有三十餘種，尺不能盡載，惟此數者，其用爲多，故止載此。若重數相等，則其積數必不同，故又用轉比例之法求其體積之比例。命金之積爲十億，則與金同重之水銀積爲十三億六千八百零七萬八千一百七十五，水銀重十二兩二錢八分爲一率，金重十六兩八錢爲二率，金積十億爲三率，得四率即水銀積。餘倣此。鉛之積爲十六億九千一百八十四萬二千九百，銀之積爲十八億六千六百六十六萬六千六百六十六，銅之積爲二十二億四千萬，鐵之積爲二十五億零七百四十六萬二千六百八十六，錫之積爲二十六億六千六百六十六萬六千六百六十六。既得各體之積數，乃開立方求其方根，則金

之數爲一千，水銀之數爲一千一百一十，鉛之數爲一千一百九十一，銀之數爲一千二百三十一，銅之數爲一千三百零八，鐵之數爲一千三百五十八，錫之數爲一千三百八十六。爰將各根數於分釐尺上取其度，按度截比例尺之甲乙、甲丙二線，即成五金線也。

設如有金球徑二尺，欲作一銀球，其重與金球等。問徑幾何。

法以比例尺五金線金號之兩點，依分釐尺二寸之度展開，勿令移動。次取銀號兩點相距之度於分釐尺上，量之得二寸四分六釐，即二尺四寸六分，爲銀球徑。用其度作銀球即與金球重等也。蓋金號與銀號之比例，原爲同重之金體邊與銀體邊之比例，則金號與銀號兩距度之比例，亦必爲同重之金體邊與銀體邊之比例。今金號相距之度既爲金球徑，則銀號相距之度必爲銀球徑可知矣。又以二寸當金球徑二尺，故二寸四分六釐即爲二尺四寸六分也。

設如有金正方體，每邊一寸，重十六兩八錢。今欲作銀八面體，其重與金正方體等。問每一邊幾何。

法先以比例尺更體線正方體之兩點，依正方每邊一寸之度展開，勿令移動。次取八面體兩點相距之度於分釐尺上量之，得一寸二分八釐有餘，即爲金正方體等重之金八面體之每一邊數。乃以五金線金號之兩點，依金八面體每邊一寸二分八釐之度展開，勿令移動。次取銀號兩點相距之度於分釐尺上量之，得一寸五分八釐有餘，即爲銀八面體之每一邊。用其度作八面體，其重與金正方體等也。蓋兩體不同類，不能得其比例，故先用更體線變正方體爲八面體，而後用五金線比例之，其法與前同也。

設如有銅正方體，每邊二寸，重六十兩。今有鉛一百兩，欲鑄爲球體。問徑幾何。

法先以分體線第六十分之兩點，原重六十兩，故取六十分。依銅正方體每邊二寸之度展開，勿令移動。次取分體線第一百分兩點相距之度，今重一百兩，故取一百分。於分釐尺上

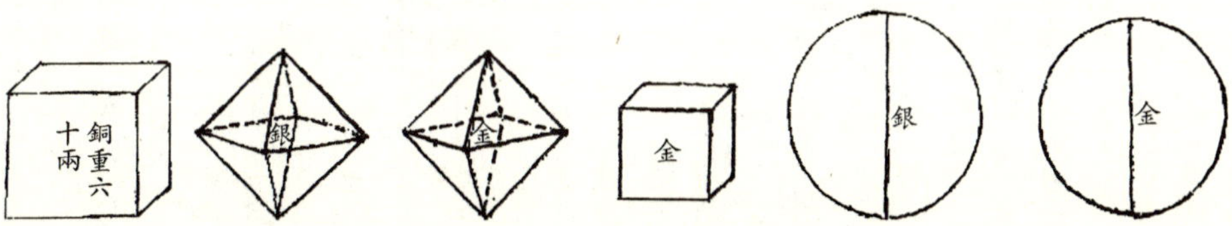

量之，得二寸三分七釐，即重一百兩之銅正方體之每一邊。又以更體線正方號之兩點，依正方每邊二寸三分七釐之度展開，勿令移動。次取球號兩點相距之度，於分釐尺上量之，得二寸九分四釐，即重一百兩之銅球徑。復以五金線銅號之兩點，依銅球徑二寸九分四釐之度展開，勿令移動。次取鉛號兩點相距之度於分釐尺上量之，得二寸六分八釐，即重一百兩之鉛球徑也。蓋兩重數不同，而兩體又不同，不能得其比例，故先用分體線變爲同重之銅正方體，又用更體線變爲同重之銅球體，乃用五金線銅與鉛之邊線以比例之，而後得其徑數也。

設如銀正方一寸重九兩，問銅正方一寸重幾何。

法以五金線銀號之兩點，依正方一寸之度展開，勿令移動。次取銅號兩點相距之度於分釐尺上量之，得一寸零五釐二豪，即爲重九兩之銅正方邊數。乃以分體線九十分之兩點，依一寸零五釐二豪之度展開，勿令移動。而以今銅正方一寸之度於分體線上，尋至七十五分之兩點，其相距之度恰合，即七兩五錢爲銅正方一寸重數也。蓋銀重九兩，其方邊一寸，則銅重九兩，其方邊必爲一寸零五釐二豪。又銅方邊一寸零五釐二豪，其重九兩，則銅方邊一寸，其重即爲七兩五錢也。

設如有銀正方體，每邊二寸，重七十二兩。今欲作一銅二十面體，其邊與正方體等。問重幾何。

法先以比例尺更體線正方體之兩點，依正方每邊二寸之度展開，勿令移動。次取二十面體兩點相距之度於分釐尺上量之，得一寸五分四釐有餘，即爲銀正方體等重之銀二十面體之每一邊。乃以五金線銀號之兩點，依銀二十面體每邊一寸五分四釐之度展開，勿令移動。次取銅號兩點相距之度於分釐尺上量之，得一寸六分三釐有餘，即爲銀二十面體同重之銅二十面體之每一邊。復以分體線第七十二分之兩點，依

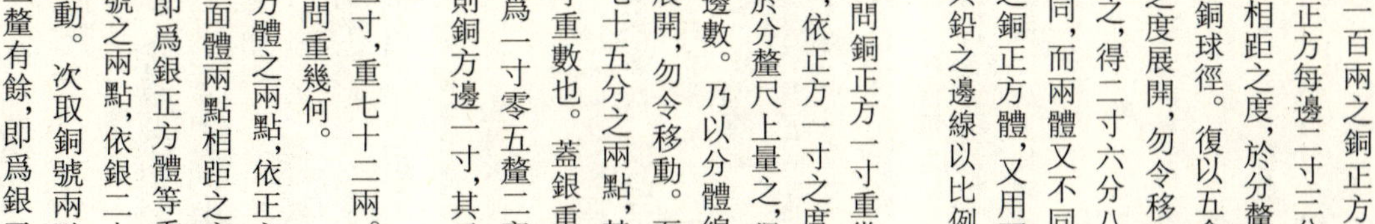

銅二十面體每邊一寸六分三釐之度展開，勿令移動。而以今所作銅二十面體每邊二寸之度，於分體線上尋至第一百三十分有餘之處，其相距之度恰合，即一百三十兩有餘，爲銅二十面體之重數也。蓋兩體不同類，不能得其比例，故先用更體線變正方體爲二十面體，又用五金線變銀二十面體爲銅二十面體，復用分體線有邊求重之法比例之，然後得其重數也。

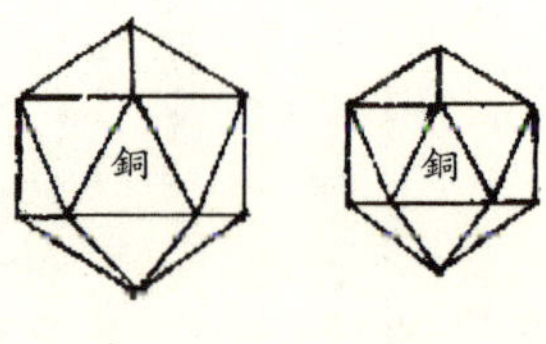

何夢瑶《算迪》卷六　借根方筭法

十七　設如金球十二，銀球十八，其輕重適等。若將銀球七，換金球七，則銀球邊多三百二十二兩。問金球銀球各重幾何。

法借一根爲金球換銀球之差數，以七乘之，得七根，爲七金球換七銀球之差數，是爲七根與三百二十二兩相等。七根既與三百二十二兩相等，則一根必與四十六兩相等，即一金球一銀球相换之差數。一金球一銀球相换之差數既爲四十六兩，則一金球比一銀球之重，必差二十三兩。一金球比一銀球既重二十三兩，則十二金球比十二銀球必重二百七十六兩。如以銀球再加六個，十八個。即與十二金球等，是銀球六個與二百七十六兩相等也。乃以六歸之，得四十六兩，即一銀球之重數。加二十三兩，得六十九兩，即一金球之重數。以四十六兩與十八銀球相乘，得八百二十八兩。以六十九兩與十二金球相乘，亦得八百二十八兩也。此較數比例法。

又　廿七　設如甲有十成銀一百二十四兩。丙有三成銀，不知數，但知將二色銀鎔於一處，則俱爲五成銀。問三成銀若干。曰：三百一十兩。

法借一根爲丙銀數，丙銀本三百一十兩，今借作一根。以丙銀三成與鎔爲五成相減，餘二成爲丙銀每兩所少之數。又以甲銀十成與鎔得五成相減，餘五成，爲甲銀每兩所多之數。乃以甲銀一百二十四兩乘多五成，得多六百二十成。又以丙銀一根乘少二成，得二根，一根三百一十兩也，以二成乘之，即得六百二十兩，豈非二根乎。是爲二根與六百二十成相等。一兩少二成，則三百一十兩少六百二十成。丙之所少，即甲之所多，故其數相等也。以丙銀每兩少二錢，二成即二錢。除之，則得一根，與三百一十兩相等。少二錢爲一兩，則少六百二十錢爲三百一十兩也。前既借一根爲丙銀數，則與一根相等之三百一十兩，即丙之銀數也。丙銀三百一十兩，以二成乘之，得紋銀九十三兩。加甲紋銀一百二十四兩，共得紋銀二百一十七兩，以五成除之，得五成銀四百三十四兩，與甲丙二數合。此和較比例法。

廿八　設如有銀大小共九百二十四錠，重二百七十六兩，大錠重三分兩之一，小錠重七分兩之二。問大小錠各若干。

法借一根，爲大錠數，則小錠爲九百二十四錠少一根。因大錠重三分兩之一，小錠重七分兩之二，其分母不同，乃以兩分母三與七相乘，得二十一爲共母數。又以小錠分母七互乘大錠分子一，得七，即變三分之一爲二十一分之七，爲大錠之重數。又以大錠分母三互乘小錠分子二，得六，即變七分之二爲二十一分之六，爲小錠之重數。乃以一根與大錠分子七相乘，得七根，爲大錠之重數。以九百二十四錠少一根，與小錠分子六相乘，得五千五百四十四少六根，爲小錠之重數。兩數相加，得五千五百四十四多一根，爲共重數。又各重數既皆通爲二十一分，則共重二百七十六兩亦以分母二十一通之，得五千七百九十六，是爲五千五百四十四多一根，與五千七百九十六相等。五千五百四十四與五千七百九十六，各減五千五百四十四，則餘一根，與二百五十二相等，即大錠之共數，與共九百二十四錠相減，餘六百七十二，爲小錠之共數。此和較比例法。

屠文漪《九章録要》卷五《差分法》

匿價差分

又如，金九塊，銀十一塊，其總重適等。交换一塊，則金輕十三兩。問金銀各塊重。

法以輕重較十三兩折半，得六兩五錢。以金銀塊數較二除之，得三兩二錢五分。以銀數十一乘之，得金每塊重。以金數九乘之，得銀每塊重。此與上米麥例同，惟折半不同耳。蓋輕重交换較二，實止較一，故須折也。

又　褁差分法

又如，黄金百斤製一鑪，既成，慮匠人盜金和銀，銷煅驗之，則損工費。乃以器貯水，令滿，已知水幾斤。即以純金百斤入器内，溢出水六十斤。加水令滿，復以銀百斤入之，溢水九十斤。再貯滿水，却以鑪入之，溢水六十五斤。問和銀及實金幾何。

法以金銀溢水之較三十斤，以百斤除之，得每斤溢水之較十分斤之三，爲法。以除鑪與金溢水之較五斤，得和銀數一十六斤又三分斤之二；以除鑪與銀溢水之較二十五斤，得實金數八十三斤又三分斤之一。補貴賤差分第三條。

羅士琳《比例匯通》卷二　較數比例

設有金球十二，銀球十八，輕重相等。若將七金球與七銀球互相更换，則銀球邊多三百二十二兩。問金球銀球各重若干。

答曰：金球每個重六十九兩；銀球每個重四十六兩；各重八百二十八兩。

一率　七個
二率　一百六十一兩
三率　十二個
四率　二百七十六兩

一率　六個
二率　二百七十六兩
三率　一個
四率　四十六兩

法以移换之七爲一率；三百二十二兩折半，爲一百六十一兩，爲二率；金球十二個爲三率，求得四率二百七十六兩，爲金球十二共多之數。又以金球十二與銀球十八相減，餘銀球六爲一率；金球共多之二百七十六兩爲二率；銀球一爲三率；求得四率四十六兩，即銀球每個之重。以十八乘之，得銀球十八共重八百二十八兩，亦即金球十二共重數。以金球十二除之，得六十九兩，即金球每個之重也。合問。

解曰：移换七而差三百二十二兩，即七金球比七銀球多一百六十一兩，七銀球比七金球少一百六十一兩，故將總差三百二十二兩折半之，爲七金球多於七銀球之重數也。七金球多一百六十一兩，則十二金球共多二百七十六兩。夫金球多二百七十六兩，銀球多六個而其重等，則二百七十六兩即六銀球之重數。六銀球重二百七十六兩，則一銀球必重四十六兩也。原列匿價差分章。

紀事

班固撰　顏師古注《漢書》卷二四下《食貨志第四下》　凡貨，金錢布帛之用，夏殷以前其詳靡記。云太公爲周立九府圜法，李奇曰：圜，即錢也。圜一寸而重九兩。師古曰：此説非也。《周官》大府、玉府、内府、外府、泉府、天府、職内、職金、職幣，皆掌財幣之官，故云九府圜，謂均而通也。宋祁曰：《周官》下當添有字。黄金方寸而重一斤。錢圜函方，孟康曰：外圜而内孔方也。輕重以銖。師古曰：言黄金以斤爲名，錢則以銖爲重也。布帛廣二尺二寸爲幅，長四丈爲匹，故貨寶於金，利於刀，如淳曰：名錢爲刀者，以其利於民也。流於泉，如淳曰：流行如泉也。布於布，如淳曰：布於民間。束於帛。李奇曰：束，聚也。太公退，又行之於齊。至管仲相桓公，通輕重之權，曰：歲有凶穰，師古曰：穰，音人常反。宋祁曰：人常，當作人掌。故穀有貴賤。令有緩急，故物有輕重。李奇曰：上令急於求米，則民重米。緩於求米，則民輕米。

房玄齡等《晉書》卷七八《列傳第四十八・孔嚴》　嚴字彭祖，祖父奕，全椒令，明察過人。時有遺其酒者，始提入門，奕遥呵之曰：「人餉吾兩罌酒，其一何故非也？」檢視之，一罌果是水。或問奕何以知之？笑曰：「酒重水輕，提酒者，手有輕重之異，故耳。」

宋彦《山行雜記》　西湖水，每合計重三兩。山間井水，每合重二兩八錢五分。湖水淡微甘，山間水則甘而洌耳。

姚寬《西溪叢語》卷上　予監台州杜瀆鹽場，日以蓮子試滷，擇蓮子重者用之，滷浮三蓮、四蓮味重，五蓮尤重。蓮子取其浮而直，若二蓮直，或一直一横，即味差薄。若滷更薄，即蓮沉於底，而煎鹽不成。閩中之法，以鷄子桃仁試之，滷味重則正浮在上，鹹淡相半則二物俱沉，與此相類。

陸以湉《冷廬雜識》卷六　玉泉雪水

高宗純皇帝巡蹕所至，製銀斗，命内侍精量泉水。京師玉泉山之水，斗重一兩；塞上伊遜之水，亦如之。其餘諸水，濟南珍珠重逾二釐，揚子江金山下中泠重逾三釐，惠山虎跑各重逾四釐，平山重逾六釐，清涼山白沙虎邱及西山之碧雲寺各重逾一分，遂定玉泉爲第一，作《玉泉山天下第一泉記》。又量雪水，較玉泉輕三釐，遇佳雪必收取。以松實、梅英、佛手烹茶，謂之三清。

力學機械部

農業機械分部

耕作機械

論説

管仲撰　房玄齡注《管子》卷二二《海王》　今鐵官之數曰：一女必有一鍼一刀，若其事立。若，猶然後。耕者必有一耒一耜一銚，若其事立。大鋤謂之銚，羊昭反。行服連輂名，所以載作器，人挽者。軺羊昭反。輂居玉反。者，大車駕馬。必有一斤一鋸一錐一鑿，若其事立。不爾而成事者，天下無有。今鍼之重加一也，三十鍼一人之籍。鍼之重，每十分加一分爲彊而取之，則一女之籍得三十鍼也矣。刀之重加六，五六三十，五刀一人之籍也。刀之重，每十分加六分以爲彊而取之，五六爲三十也，則一女之籍得五刀。耜鐵之重加七，三耜鐵一人之籍也。耜鐵之重，每十分加七分以爲彊而取之，則一農之籍得三耜鐵也。其餘輕重，皆準此而行。其器彌重，其加彌多。然則舉臂勝音升。事，無不服藉者。

卜子夏《子夏易傳》卷八《周易・繫辭下》

包犧氏没，神農氏作，斲木爲耜，揉木爲耒，耒耨之利，以教天下，蓋取諸益。

神農氏之時，人育而繁，腥毛不足供給其食侔，易其變，觀天地之宜，相五穀之種，可食者收而藝之。易物之才而生財也，其在於器乎。故斲木爲耜，揉木爲耒。木可以揉曲直，於斯得之爲象，能動木也。其義益之大也，神而化之，得農之道，是以取諸益。

鄭玄注　陸德明音義　賈公彦疏《周禮注疏》卷一五《地官司徒下》　里宰，掌比其邑之衆寡與其六畜、兵器，治其政令。注：邑，猶里也。疏：釋曰：里宰二十五家，不言各者，文承《遂師》以下，皆言各掌，此亦各掌可知。注釋曰：邑是人之所居之處，里又訓爲居，故云邑猶里也。以歲時合耦于耡，以治稼穡，趨其耕耨，行其秩敘，以待有司之政令，而徵斂其財賦。注：《考工記》曰：「耜廣五寸，二耜爲耦。」此言兩人相助耦而耕也。鄭司農云：「耡讀爲藉。」杜子春云：「耡讀爲助，謂相佐助也。」玄謂耡者，里宰治處也，若今街彈之室。於此合耦，使相佐助，因放而爲名。季冬之《月令》：「命農師計耦耕事，脩耒耜，具田器。」是其歲時與？合人耦，則牛耦亦可知也。秩敘，受耦相佐助之次第。

又　卷四二《冬官考工記下》　匠人爲溝洫，注：主通利田間之水道。音義：洫，況域反。疏：注釋曰：古者人耕，皆畎上種穀，畎遂溝洫之間通水，故知通利田間水道。此文與下爲目，下别爲之耳。耜廣五寸，二耜爲耦；一耦之伐，廣尺，深尺，謂之甽；田首倍之，廣二尺，深二尺，謂之遂。注：古者耜一金，兩人併發之。其壟中曰甽，甽上曰伐。伐之言發也。甽，畎也。

吕不韋撰　高誘注《吕氏春秋》卷二六《士容論第六・任地》　凡耕之大方：力者欲柔，柔者欲力。息者欲勞，勞者欲息。棘者欲肥，肥者欲棘。棘，羸瘠也。《詩》云：「棘人之樂樂。」言羸瘠也。土亦有瘠土。急者欲緩，緩者欲急。急者，謂壚剛土也，故欲緩。緩者，謂沙堧弱土也，故欲急。和二者之中，乃能殖穀。溼者欲燥，燥者欲溼。溼，謂下溼近汙泉，故欲燥。燥，謂高明暵乾，故欲溼。不燥不溼，取其中適，乃成黍稷也。上田棄畝，下田棄甽。五耕五耨，必審以盡。其深殖之度，陰土必得，大草不生，草，穢也。又無螟蜮。蜮，或作螣。食心曰螟，食葉曰蜮。兖州謂蜮爲螣，音相近也。今兹美禾，來兹美麥。兹，年也。是以六尺之耜，所以成畝也。其博八寸，所以成甽也。耜六尺，其刃廣八寸。古者以耜耕，廣六尺爲畝，五尺爲甽，遼西之人謂之壒也。耨柄尺，此其度也。度，制也。其耨六寸，所以間稼也。耨，所以耘苗也。刃廣六寸，所以入苗間也。地可使肥，又可使棘。人肥必以澤，地耕熟則肥，肥即得穀多，不則瘠，瘠則得穀少，故曰可使也。人肥則顔色潤澤。使苗堅而地隙。人耨必以旱，使地肥而土緩。緩，柔也。

許慎撰　徐鉉增釋《説文》卷四下　耒　手耕曲木也。从木推丰。古者垂作耒耜，以振民也。凡耒之屬皆从耒。盧對切。

陸龜蒙《甫里集》卷一九《雜著・耒耜經》　經曰：耒耜，農之言也，民之習，通謂之犂。冶金而爲之者，曰犂鑱，曰犂鏡。本作鑱。曰犂壁。斲木而爲之者，曰犂底，曰壓鑱，曰策額，曰犂箭，曰犂轅，曰犂梢，曰犂評，去聲。曰犂建，曰犂槃。木與金凡十有一事。耕之土曰墢。墢，猶塊也。起其墢者，鑱也。覆其墢者，壁也。草之生必布于墢，不覆之則無以絶其本根，故鑱引而居下，壁偃而居上。

鑱表上利，壁形下圓。負鑱者曰底。底初實于鑱中，工謂之鼈肉。底之次曰壓鑱，背有二孔，係于壓鑱之兩旁。鑱之次曰策額，言其可以扞其壁也，皆貼然相載。自策額達于犂底，縱而貫之曰箭。前如桯而樛者曰轅，後如柄而喬者曰梢。轅有越，加箭可弛張焉。轅之上又有如槽形，亦如箭焉。刻爲級，前高而後卑，所以進退曰評。進之則箭下，入土也深；退之則箭上，入土也淺。以其上下類激射，故曰箭。以其淺深類可否，故曰評。評之上，曲而衡之者曰建。建，捷也，所以柅其轅與評。無是則二物躍而出，箭不能止。横于轅之前末曰槃，言可轉也，左右繫以樫乎軛也。轅之後末曰梢，中在手，所以執耕者也。轅車之胷，梢取舟之尾。止乎此乎。鑱長一尺四寸，廣六寸。壁，廣長皆尺，微橢。音墮。底長四尺，廣四寸。評底過壓鑱二尺。策減壓鑱四寸，廣狹與底同。箭高三尺。評尺有三寸。槃，增評尺七焉。建雄稱。絶轅脩九尺。梢得其半。轅至梢，中間掩四尺，犂之終始，丈有二。耕而後有爬，去聲。渠疏之義也。散墢，去芟者焉。爬而後有礰半格。礋宅。焉，有磟碡音鹿毒。焉。自爬至礰礋皆有齒。磟碡，觚稜而已。咸以木爲之，堅而重者良。江東之田器盡于是，耒耜經終焉。

王昭禹《周禮詳解》卷三九

匠人爲溝洫，耜廣五寸，二耜爲耦。一耦之伐，廣尺，深尺，謂之甽。田首倍之，廣二尺，深二尺，謂之遂。

【略】天地之氣不能常和，陰陽之運不能無舛，則水旱之變不能保其不至也。所可保者人事之素備有以勝之而已。先王以是闢田畝，治溝洫也。耜，耕器也，其首有金，其甬有耒，以木㠯金而耒爲之用，故其字從耒從㠯，其廣五寸。以二耜耦而耕則共一尺矣。故耜廣五寸，二耜爲耦。一耦之伐，廣尺，深尺，謂之甽。甽，壟中也。伐則所發甽上之高土也。田則一夫之所佃，百畝方百步也。田首倍之，廣深皆二尺而謂之遂。遂，夫間小溝也。

高承《事物紀原》卷九《農業陶漁部》　耒耜

《易·繫辭》曰：包犧氏没，神農氏作，斲木爲耜，揉木爲耒，耒耜之利，以教天下，蓋取諸益。《禮含文嘉》亦曰：神農作耒耜。《古史考》亦云，而《世本》則曰倕作，又以爲咎繇作，非也。《白虎通》曰：古者人食禽獸肉，神農時人多，禽獸不足，神農乃因天時地利制耒耜，教人農作。高氏小史亦云炎帝種五穀，爲耒耜，以利百姓。

林希逸《考工記解》卷下

耜廣五寸，二耜爲耦。一耦之伐，廣尺，深尺，謂之甽。田首倍之，廣二尺，深二尺，謂之遂。

古人以牛乘車，未知以牛耕，只用人力而已，故《詩》曰「十千維耦」。耦者，二人對耕也。耜，田器也。耜廣五寸，二人各執耜而伐，其地則有一尺矣。伐者，發也。一耦之伐，廣一尺，深一尺，則謂之畎。甽與畎同，古字巜巛皆不從田，巜即爲畎，巛即爲澮，後人方添田旁也。畎乃田中小通水之圳也。田頭之圳又大，則倍於此畎。其廣有二尺，深有二尺，則名曰遂矣。

宋應星《天工開物》卷上《乃粒第一》

稻工

凡稻田刈穫不再種者，土宜本秋耕墾，使宿藁化爛，敵糞力一倍。或秋旱無水及怠農春耕，則收穫損薄也。凡糞田若撒枯澆澤，恐霖雨至，過水來，肥質隨漂而去。謹視天時，在老農心計也。凡一耕之後，勤者再耕、三耕，然後施耙，則土質匀碎，而其中膏脉釋化也。凡牛力窮者，兩人以扛懸耜，項背相望而起土，兩人竟日僅敵一牛之力。

耕

劉應棠《梭山農譜》耕譜《耕目·耕器計九則》　耒

耒耜之功，於農一也，但其任地力也，耒主縱而耜主横。耒入土深，從裏攻。耜入土淺，從外抄。譬之兵，耒若大將，批亢擣虚，盡逐敵兵出外。賊已奪魄，有就俘勢，耜則奇兵復從外應，節節抄之，則堅無不靡，敵無不服矣。是耒耜之象也。耒與耜，洵田家兩虎將乎。古聖人寓兵於農，其法制盡備於成周，其機實已蘊露於神農之世。《易》不云乎「斲木爲耜，揉木爲耒」，八字殆耒耜總圖也。耒形近天，自然意多，故曰揉，揉從手也。耜形近人，造作意多，故曰斲，斲从刀也。

陳玉璂《農具記》　農之爲具不一，而負牛之具曰犂。犂，利也，利發土絶草根也。《山海經》曰后稷之孫叔均始作牛耕。陸龜蒙《耒耜經》云耒耜通謂之犂。耒耜即《易》所稱神農氏斲木爲耜、揉木爲耒也。其制，有冶金而爲之者曰犁鑱，曰犁壁；斲木而爲之者曰犁底，曰壓鑱，曰策額，曰犁箭，曰犁轅，曰犁梢，曰犁評，曰犁建，曰犁盤。如是而犁之事畢。

服牛之具曰軛，曲木竅其兩旁，通貫耕索，下繫以控牛項。潘岳《籍田賦》葱䋫服於縹軛，是也。驅牛之具曰鞭，紉麻合鞭，鞭有鳴鞘，以人聲和之，用警牛行也。衣牛之具曰衣，牛與牧养中，毛最疏，畏寒，每冬月編織冗麻衣之，如裋褐，所云牛衣也。漢王章嘗卧牛衣中；晉劉富口涌于繩，賣牛衣自給，牛衣之制，最近古也。如是而牛之事畢。

耕田之器則有若耙，以耘也。有若钁，主誅也。《爾雅》謂之鐯也。有若鍤，顔師古曰鍬也。有若鋒，古農法云：鋒地宜深，鋒苗宜淺，以其柄如耒、首如刃，故名也。有若搭，農家不能盡有牛耕，嘗數家爲朋，工力相易，日可劚地數畝。以其齒劚土如搭，故名也。有若田蕩，均泥器也，使和水土，凹凸相平也。又鐵齒兩行列蕩，去草根也。計插秧之始，一月之内凡三蕩：𣸪數日頭蕩；越十日曰二蕩；又越十餘日曰三蕩也。有若長鑱，後偃而曲，上横木如拐，兩手按之，捩柄以起垡。杜少陵歌：長鑱長鑱白木柄是也。有若錢，《詩》曰庤乃錢鎛。錢與銚同體而異名也。有若鎛，《詩》又曰其鎛斯趙，以薅荼蓼。鎛迫也，迫地去草也。《考工記》凡器皆有國工，獨無鎛。非無鎛也，夫人而能爲鎛，不必國工也。有若耨，制與鎛略同。《易・繫》曰：耒耨之利，以教天下。有若耰鋤，制又與耨略同，賈誼云，秦人借父耨鋤使也。如是耕之事畢。

灌田之器，則有若桶，箍木爲之，糞其田也。有若杓，亦箍木如盂，置之柄首，佐桶爲用也。有若瓦竇，置塘堰中，放水使入亦使出也。有若筐、若籃，郭璞云：一器也，所以使灰土肥田。如是則灌之事畢。

藏種之器則有若篠、若蕢。魯論丈人以杖荷篠，又荷蕢而過孔氏之門。器之從草者也。有種簞，形如甓，用貯穀種，度之風處，不致鬱邑，器之從竹者也。有若穀盅，編竹作也。有若畚，晉王猛，少貧嘗鬻畚，此也，南方以蒲竹爲之，北方以荆柳爲之也。有若稻包，種之將布，必先浸之水際三日，以俟其萌，而以草束爲裹，俗曰稻包，無定制也。如是而藏種之器畢。

布種之器則有若瓠種，竅瓠貯種，穿兩首以木箄爲貫，瀉種與耕，犁隨掩過，覆土深，則雖暴雨不至梋撻也。有若秧馬，榆棗爲腹，鍬梧爲背，昂其首尾，以便兩髀，較之傴僂而作者，勞佚殊。有若薅馬，似籃而長，兩端攀以竹繫，置跨間，餘裳斂之於内，使不得礙行也。有若肩篝，狀如魚笱，穿肩於内，卷衣袖，便插苗也。有若蓑，雨具也；有若笠，避雨亦避日也，二者自耕而獲皆相需，而布種尤急也。如是而布種之器畢。

收穫之器則有若推鐮，形如偃月，作兩股短叉，架以短木，兩首穿小輪，中嵌鐮刀向前，以斷禾莖也。有若笐，構木如屋，悉倒控其穗，久雨之際，此積垛爲有功也。有若喬杆，竹長短相等，每三爲數，架田中控禾把，以風沮濕也。有若扒，平木爲之，平土壤之聚穀，便暴日也。有若竹杷，如童子聚薪之物，亦以攤穀也。有若曬盤，形廣而圓，邊緣微起，下繫竹二，兩端具出，利扛移攤穀也。有若横簞攢抖擻也。簞承所遺穀也，置木石之物於簞，舉稻把攢之，子粒隨落地。有若稻床，制如鞍而大，足前昂後低，以竹爲界而中空之，以攢稻落子粒也。有若搭爪，如刀以摞，草禾之束，或積或擲，速於手挈也。有若杈，木杆鐵首，二其股，利如戈戟，箝取禾穗也。有若擔，負禾具也。有若鉤，禾即成捆，鉤而負之也。有若連枷，用木條器，以生革編之，又或獨梃，皆以柄頭造擐軸，舉而轉之，以撲禾也。有若風車，如馬牛蹲立，中使圓轉受風，以米穀漸加於背而落於口，濕可使乾，雜可使净也。有若銍若艾，《詩》曰奄觀銍艾，釋云：穫禾短鐮也。有若斗若斛，以量穀知多寡也。有若斛蕩，制如尺，量穀使平也。如是而收穫之器畢。

作場之器則有若碌碡，或木或石，刊木括之中，受榫軸利旋轉，以碾捍場圃也。有若平板，長廣相稱，兩耳繫索，摩土使平也。有若捶，沉重之木數尺，刳項爲鈕以執手，兩人其舉，聲相呼答，用築田竿使堅，或用築場也。有若耰，《吕氏春秋》曰椎也。摩田亦擊壤也。如是而作場之器畢。

陳夢雷《古今圖書集成・考工典》卷二四三《耒耜部・彙考・詩經豳風七月》

三之日于耜。

朱注：于，往也。耜，田器也。于耜，言往修田器也。廬陵羅氏曰：耜，耒下耓也，廣五寸。耒，耜上句木也。耜古以木爲之，《易》曰：斲木爲耜，揉木爲耒。亦以金爲之。

戴震《考工記圖》卷下

匠人爲溝洫，耜廣五寸，二耜爲耦。一耦之伐，廣尺，深尺，謂之甽。田首倍之，廣二尺，深二尺，謂之遂。

注：古者耜一金，兩人并發之。其壟中曰甽，甽上曰伐。伐之言發也。

今之耜岐頭兩金，象古之耦也。田一夫之所佃，百畝方百步地。遂者，夫間小溝。遂上亦有徑。

樊綽《蠻書》卷七《雲南管内物産》 每耕田用三尺犁，格長丈餘，兩牛相去七八尺，一佃人前牽牛，一佃人持按犂轅，一佃人秉耒。蠻治山田，殊爲精好。

高承《事物紀原》卷九《農業陶漁部》 犂

《山海經》曰：稷降以百穀種之，弟曰台璽，生叔均。叔均生，是代其父及稷播百穀，始作耕。又曰：后稷孫曰叔均，是始作耕。注云：用牛犂以耕也。是則耕之用牛，自叔均始矣。後魏賈勰《齊民要術》曰：趙過始爲牛耕，實勝耒耜之利。崔寔《正論》曰：漢武帝以趙過爲搜粟都尉，教民種殖。其法三犂共一牛，一人將之，下種挽樓皆取備焉。又牛耕之始自趙過也，然崔、賈之論爲有所由爾。

陳椿《熬波圖》 開闢攤場

開闢攤場

辨鹽各隨風土，浙東削土，浙西下砂等場止是曬灰，取滷攤場最爲急務。擇傍海附團鹼地，先行雇募人夫，牛犂翻耕數次，四圍開挑蓄水圍溝。每淋須廣二十四步，長八十步，分作三片或四片。但此等法度甚爲艱辛，故逐一圖之于後。

鹽事有先後，首當開攤場。深犂闢兩岸，堅塹壅四傍。細草不留根，鹹波無清光。但恐人力疲，牛疲亦何傷。

脱脱等《宋史》卷一七六《食貨志・食貨上四》 屯田

凡屯田事，營田司兼之。營田事，府縣兼之。廷臣因規奏推廣，謂一夫授田百畝，古制也。今荒田甚多，當聽百姓請射，其有闕耕牛者，宜用人耕之。法以二人曳一犂。凡授田，五人爲甲，别給蔬地五畝爲廬舍場圃。

桂馥《札樸》卷一〇《滇游續筆》 農人耕田

大理耕者以水牛負犂，一人牽牛，一人騎犂轅，一人推犂。案《南詔傳》：犂田以一牛三夫，前挽，中壓，後驅。然則今之耕者猶是蠻法也。

宋應星《天工開物》卷上《乃粒第一》 稻工

若耕後牛窮，製成磨耙，兩人肩手磨軋，則一日敵三牛之力也。【略】

陸世儀《思辨録輯要》卷一一《修齊類》 俗説動稱犁耙，今江南農家犁則有之，未見用耙。耙製見《農政全書》有方耙，有人字耙，其意大約如犁，亦用牛駕，但横闊而多齒，犁後用之。蓋犁以起土，惟深爲功。耙以破魂，惟細爲功。耙之後又用耖用勞。耖如耙而齒更長，所以耖土益細。勞則條木編之，以摩田也。今農家種稻，耕犁之後先放水浸田，然後集衆用鐵鎝鍽錂土塊，謂之曰攤，亦謂之削，亦謂之落别，江南呼土塊爲别。用力頗衆。使有耙、耖、勞諸器，可省工夫大半。

張自烈《正字通》卷八《耒部》

耖 初到切，鈔去聲，重耕田也。《農政全書》耖如耙，其齒要長，所以耖土益細。據此説，耖爲田器。今俗犁田後復用耙，柔土使平，蓄水播種曰耖。

耙 必駕切，音罷，犁屬。《農政全書》耙制，有方耙，有八字耙。如犁亦用牛駕，但横闊多齒，犂後用之。蓋犂以起土，惟深爲功。耙以破塊，惟細爲功。耙之後又用耖，用耮。舊本闕，俗作䎱。

戴侗《六書故》卷五《地理二》 碌，[illegible] 盧谷切，小石碌碌也。又作琭，通作錄。又碌碡，田器，用以摩平也。通作鹿輴，陸禄娘，又作磟碡。

宋應星《天工開物》卷上《乃粒第一》 麥工

凡麥與稻初耕、墾土則同，播種以後則耘、耔諸勤苦皆屬稻，麥惟施耨而已。凡北方厥土墳壚易解釋者，種麥之法耕具差異，耕即兼種。其服牛起土者，未不用耜，並列兩鐵于横木之上，其具方語曰耩。耩中間盛一小斗，貯麥種于内，其斗底空梅花眼。牛行摇動，種子即從眼中撒下。欲密而多則鞭牛疾走，子撒必多。欲稀而少，則緩其牛，撒種即少。既撒種後，用驢駕兩小石團壓土埋麥。凡麥種緊壓方生。南方地不北同者，多耕、多耙之後，然後以灰拌種，手指拈而種之。種過之後，隨以脚根壓土使緊，以代北方驢石也。【略】

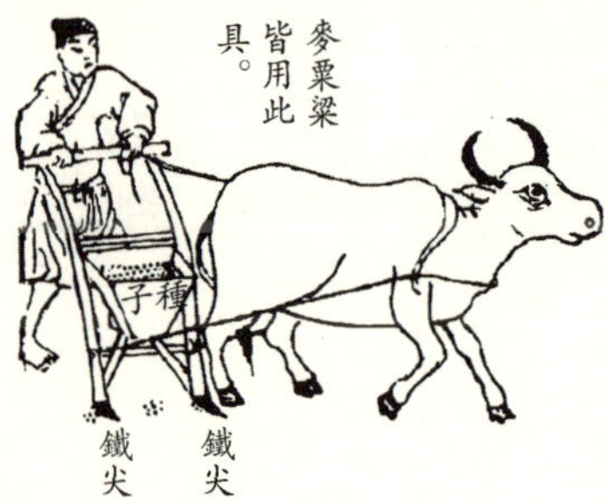

北耕兼種圖

北蓋種圖

吴邦慶《澤農要録》卷四《樹藝・附樹藝器具》 輥軸碾，草木軸也，其軸木徑可三四寸，長約四五尺，兩端俱作轉簨挽索，用牛拽之。江淮之間，漫種稻田，草禾並出，用此軸輾使草禾俱入泥内，再宿之後，禾乃復出，草則不起。又嘗見一方稻田，不解插秧，惟務撒種，却於軸間交穿板木，謂之雁翅，狀如礰礋而小，以輥打水土成泥，就碾草禾如前。江南地下，易於得泥，故用輥軸。北方塗田頗少，放水之後欲得成泥，故用雁翅輥打。此各隨地之所宜用也。

賈思勰《齊民要術》卷一《耕田》 崔寔《政論》曰：武帝以趙過爲搜粟都尉，教民耕殖，其法二犂共一牛，一人將之，下種挽耬皆取備焉，日種一頃。至今三輔猶賴其利。今遼東耕犂轅長四尺，迴轉相妨，既用兩牛兩人牽之，一人將耕，一人下種，二人挽耬，凡用兩牛六人。一人纔種二十五畝，其懸絶如此。按：二犂共一牛，若今三脚耬矣，未知耕法如何。今自濟州迤西猶用長轅犂、兩脚耬。長轅耕平地尚可，於山澗之間則不任用，且迴轉至難，費力，未若齊人蔚犂之柔便也。兩脚耬種壠，概亦不如一脚耬之得中也。

蘇軾《東坡志林》卷六 吾嘗在湖北見農夫用秧馬行泥中極便，頃來江西，作秧馬歌以教人，罕有從者。近讀《唐書・回鶻部族黠戛斯傳》云：其人以竹馬行水上，以板薦之，以曲木支腋下，一蹴輒百餘步。意殆與秧馬類歟。聊復記之，異日詳問其狀，以告江南人也。

陸世儀《思辨録輯要》卷一一《修齊類》 蘇文忠序有秧馬之説，亦甚奇，云：予昔遊武昌，見農夫皆騎秧馬。以榆、棘爲腹，欲其滑；以楸、梧爲背，欲其輕。腹如小舟，昂其首尾；背如覆瓦，以便兩髀雀躍於泥中。繫束藁其首，以縛秧。日行千畦，較之傴僂而作者，勞逸相絶矣。按秧馬製甚有理，今農家拔秧時宜用之，可省足力，兼可載秧，供拔蒔者甚便。

吴邦慶《澤農要録》卷四《樹藝・附樹藝器具》 秧馬，蘇軾詩序云：予昔游武昌，見農夫皆騎秧馬。以榆、棗爲腹，欲其滑；以楸、梧爲背，欲其輕。腹如小舟，昂其首尾。背如覆瓦，以便兩髀雀躍於泥中。繫束稿其首，以縛秧。日行千畦，較之傴僂而作者，勞佚相絶矣。《史記》：禹乘四載，泥行乘橇。解者曰：橇形如箕，擿行泥上。豈秧馬之類乎？

宋應星《天工開物》卷上《乃粒第一》

稻工

吴郡力田者以鋤代耜，不藉牛力。愚見貧農之家，會計牛值與水草之資、竊盜死病之變，不若人力亦便。假如有牛者供辦十畝，無牛用鋤而勤者半之。既已無牛，則秋穫之後田中無復芻牧之患，而菽麥麻蔬諸種紛可種。以再穫償半荒之畝，似亦相當也。

又 麥工

耕種之後，勤議耨鋤。凡耨草用闊面大鎛。麥苗生後，耨不厭勤，有三過、四過者。餘草生機盡誅鋤下，則竟畝精華盡聚嘉實矣。功勤易耨，南與北同也。

又　卷中《錘鍛第十》　鋤鎛

凡治地生物用鋤、鎛之屬，熟鐵鍛成，鎔化生鐵淋口，入水淬健即成剛勁。每鍬、鋤重一斤者，淋生鐵三錢爲率。少則不堅，多則過剛而折。

許慎撰　徐鉉增釋《説文》卷一四上　銍　穫禾短鎌也。从金至聲。陟栗切。

劉熙《釋名》卷七《釋用器》　銍，穫黍鐵也。銍銍，斷黍穗聲也。

形制

鄭玄注　陸德明音義　賈公彦疏《周禮注疏》卷四二《冬官考工記下》　車人爲耒，庛長尺有一寸，中直者三尺有三寸，上句者二尺有二寸。注：鄭司農云：「耒謂耕耒。庛讀爲其顙有疵之疵，謂耒下岐。」玄謂庛讀爲棘刺之刺。刺，耒下前曲接耜。音義：耒，力對反，劉音誄，或良水反。庛，依注音刺，七賜反，李又似斯反。疵，似斯反。疏：釋曰：此車人既爲車，因使爲耒之田器也。庛者，耒之面。但耒狀若今之曲枕柄也。面長尺有一寸。云中直者，謂手執處爲句，故謂庛上句下爲中直者，三尺有三寸也。句者，謂人手執之處，二尺有二寸也。注釋曰：先鄭云庛讀爲其顙有疵之疵者，俗人謂顙額之上有疵病，故從之也。云謂耒下岐者，古法，耒下惟一金，不岐頭。先鄭云耒下岐，據漢法而言。其實古者耜不岐頭，是以後鄭上注亦云今之耜岐頭，明古者耜無岐頭也。玄謂庛讀爲棘刺之刺者，以其入地，故讀從刺也。云刺耒下前曲接耜者，耜謂耒頭金，故云下前曲接耜者也。自其庛，緣其外，以至於首，以弦其内，六尺有六寸，與步相中也。注：緣外六尺有六寸，内弦六尺，應一步之尺數。耕者以田器爲度宜。耜異材，不在數中。音義：緣，如字，沈悦戰反。中，如字，又丁仲反。應，應對之應。疏：釋曰：云自其庛，緣其外，以至於首者，據庛下至手執句者，逐曲量之。云以弦其内者，據庛面至句下，望直量之，故云以弦其内，内謂上下兩曲之内。云六尺有六寸，與步相中也者，言逐曲之外，有六尺六寸。今弦其内，與步相中。中，應也，謂正與步相應。應一步之尺數。注釋曰：云耕者以田器爲度宜者，在野度以步，以人步或大或小，恐其不平，故以六尺之耒以代步，以量地也。云耜異材，不在數中者，耒知耜金廣狹，要耒自長六尺，不通耜，若量地時，脱去耜而用之也。　堅地欲直庛，柔地欲句庛。直庛則利推，句庛則利發。倨句磬折，謂之中地。注：中地之耒，其庛與直者如磬折，則調矣。調則弦六尺。音義：推，如字，李湯雷反。疏：釋曰：此直庛及句庛，皆不合六尺之度，惟中地之耒磬折者，乃合六尺之度。故鄭云中地之耒其庛與直者如磬折，則調矣。調者，謂弦六尺，則餘句直者不合六尺可知也。

王昭禹《周禮詳解》卷三九

車人爲耒，庛長尺有一寸，中直者三尺有三寸，上句者二尺有二寸。自其庛，緣其外，以至於首，以弦其内，六尺有六寸，與步相中也。堅地欲直庛，柔地欲句庛。直庛則利推，句庛則利發。倨句磬折，謂之中地。耒，力對反。疵，七賜反。緣，悦戰反。推，湯雷反。

車人爲車而亦爲耒者，《易》曰揉木爲耒。蓋耒之爲物，其體曲，其用利。而車之爲物，或揉曲木以爲體，或資利轉以爲用，器殊而事類，此車人所以爲耒也。庛謂耒下前曲接耜，而施耜于其上也。中直者，謂庛之上句之下也。上句者，謂人手所執之處也。庛長尺有一寸，中直者三尺有三寸，上句者二尺有二寸，則耒之長凡六尺有六寸也。自其庛，緣其外，謂由尺有一寸之庛循緣之至于外之中直者，三尺有三寸；又至于首之上句者，二尺有二寸，則耒之長其數具是矣。以弦其内，則耒上下雖曲，而内直者如弦有三尺三寸，則耒之制其曲直具是矣。其長短之數，曲直之制，不過乎六尺有六寸之外。凡以與步相中也。蓋人之步以六尺爲準，而田器大率取法乎此也。堅地其土剛，故欲直庛。柔地其土奥，故欲句庛。直庛所入者深，故利推。句庛所起者順，故利發。然此特堅柔之地所用之庛如此耳。若夫中地之耒，則合于磬折，而句直欲得其中，欲曰倨句磬折謂之中地。然則車人之爲耒，或曲或直之中，各因地之宜，以致用之利，此耕者所以易爲力。

聶崇義《三禮圖集注》卷一八　耒耜

耒耜象生時田器，既夕禮耒耜在用器之中。

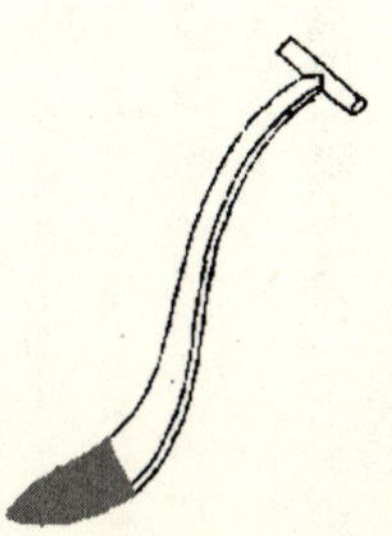

耒耜

案《周禮》車人職云：車人爲耒，庛長尺有一寸，中直者三尺有三寸，上句者二尺有二寸。自其庛，緣其外，以至於首，以弦其内，六尺有六寸，與步相中也。堅地欲直庛，柔地欲句庛。直庛則利推，句庛則利發。鄭玄讀庛爲刺。音七賜切。刺謂耒下前曲接耜者，即耒面也。故賈公彦云耒面謂之庛，又云耒狀若今曲柄秋。又案鄭下註云：耜異材。據鄭意，耜即金也。又《易・下繫》云斲木爲耜者，謂斲木爲受耜之處也。然則除耜金也，外總謂之耒。《經》云自庛緣其外以至於首者，謂據庛下至手執句者之端，逐曲量之有六尺六寸。又云又弦其内者，謂據庛面至句下望直量之而有六尺，與步相中。中，應也。故下註云耕者以田器爲度宜。所謂在野度以步，以人步或大或小，恐其不平，故以六尺之耒代步以量地也。若兼耜金則稍長，故每量地用脱去耜而用之。又《匠人》云耜廣五寸，其庛亦廣五寸。古者耜一金，二耜爲耦。人各執一耜，爲耦。人各執一耜，若長沮桀溺耦而耕。至漢耜歧頭兩金，象古之耦耕，用牛引也。又《山虞》職説耒耜之木須堅韌，依時取季材少木以爲之。

林希逸《考工記解》卷下

車人爲耒，庛長尺有一寸，

耒，耕器也。耒耜皆以木爲之。《易》曰：斲木爲耜，揉木爲耒。直而有斜勢在土者曰耒，耒下前接者曰耜。耒微曲，故曰揉。耜乃合成，故曰斲。耜之前接則爲耨，以金刺土者也，此曰庛，鄭云音棘刺之刺，其長尺有一寸。此金爲之者。鄭云耒下歧者，漢人下金有二也。賈云古惟一歧，今世亦然。

中直者三尺有三寸，上句者二尺有二寸。

耒之制上句而下句，上下皆微曲，中間則直。其直長三尺三寸也。上句，人所執處，長二尺二寸。下句則接耜也。

自其庛，緣其外，以至於首，以弦其内，六尺有六寸，與步相中也。

自耒下之耜緣其外而上至耒之首，其勢如弓之弦。蓋上下微曲，中間則直，以繩張之如弦，其内則如弓勢也。其繩自首至下庛共六尺有六寸，與人之步相中。六尺爲步，此有六尺六寸，則略相當也。相中者，大約可以相當也。

堅地欲直庛，

其金直則有力，可以犁硬地也。

柔地欲句庛。

軟土則其金欲句，曲則易翻去也。

直庛則利推，

利推者可以用力也。

句庛則利發。

利發者可以翻起田土也。

倨句磬折，謂之中地。

倨，直處也。句，曲處也。磬折，其弦勢處也。中地者，於地則宜也。中，如字。今浙人謂不可用者爲不中，即此中字之義。

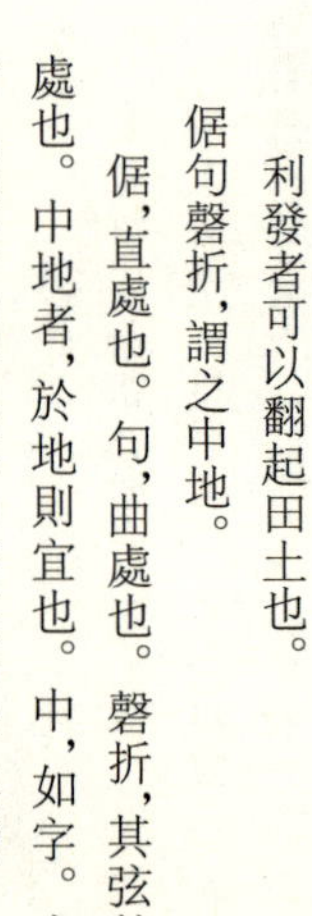

耒耜

王禎《農書》卷一二《農器圖譜二・耒耜門》 昔神農作耒耜，以教天下，後世因之。佃作之具雖多，皆以耒耜爲始。然耕種有水陸之分，而器用無古今之間，所以較彼此之殊效，參新舊以兼行，使粒食之民，生生永賴。仍以蘇文忠公所賦秧馬係之，又爲《農器譜》之始。所有篇中名數，先後秩序，一一用陳于左。

耒耜

耒，耜上句木也。《易・繫》曰：「神農氏作，斲木爲耜，揉木爲耒。」《説文》曰：「耒，手耕曲木。從木推丰。」《周官》：「車人爲耒，庛長尺有一寸。」鄭注云：「庛，讀如棘刺之刺。刺，耒下前曲接耜。」則耒長六尺有六寸，其受鐵處歟？自其庛，緣其外，遂曲量之，以至於首，得三尺三寸；自首遂曲量之，以至于庛，亦三尺三寸；合爲之六尺六寸。若從上下兩曲之内，相望如弦量之，只得六尺，與步相應。堅地欲直庛，柔地欲句庛。直庛則利推，句庛則利發。倨句磬折，謂之中地。

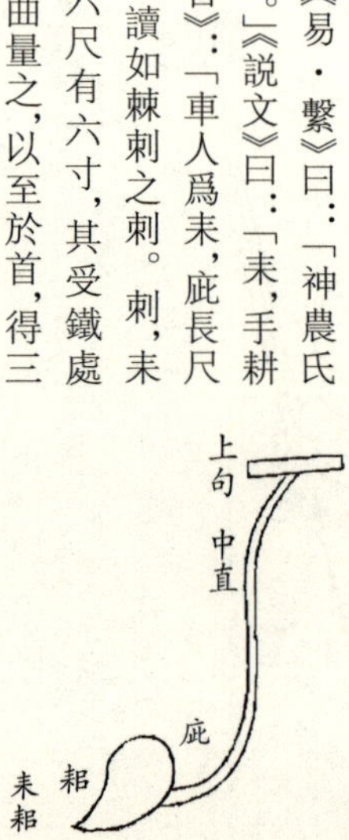

耒耜

耜，臿也。《釋名》曰：「耜，齒也，如齒之斷物也。」《説文》云：「梠，從木，㠯聲。」徐鉉等曰：「今作耜。」《周官・考工記》：「匠人爲溝洫，耜廣五寸，二耜爲耦。一耦之伐，廣尺深尺謂之甽。」鄭云：「古者耜一金，兩人併發之。其壟中曰甽，甽上曰伐，伐之言發也。今之耜，歧頭兩金，象古之耦也。」賈公彦疏云：「古者耜一金者，對後代耜歧頭二金者也。云今之耜歧頭者，後用牛耕種，故有歧頭兩脚耜也。」耒、耜，二物而一事，猶杵、臼也。

陸龜蒙曰：「耒耜者，古聖人作也。自乃粒以來，至於生民賴之。有天下國家者，此其本也。飽食安坐，曾不求名稱之義，豈非揚子所謂如禽者也。余在田野間，一日呼耕，甿就數其目，恍若登農皇之廬，受播種之法，淳風泠泠，聳豎毛髮，然後知聖人之旨趣，朴乎其深哉！孔子謂吾不如老農，信也。因書作《耒耜經》。」王荆公詩云：「耒耜見於《易》，聖人取風雷。不有仁智兼，利端誰能開。神農后稷死，般爾相尋來。山林盡百巧，揉斲無良材。」

王圻　王思義《三才圖會·器用》卷一〇《農器類》　耒耜

耒，方對切。耜上句木也。《易·係》曰：「神農氏作，斲木爲耜，揉木爲耒。」《説文》曰：「耒，手耕曲木，從木推丰。」《周官》：車人爲耒，庛長尺有一寸。

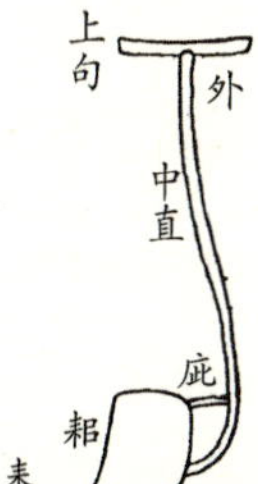

耒耜

陸世儀《思辨録輯要》卷一一《修齊類》

《考工記》：匠人爲溝洫，耜廣五寸，二耜爲耦。一耦之伐，廣尺深尺謂之畎。耜即今鋤頭也。然鋤便於除草，不便於起土。發上者，今謂之鐵鎝。鐵鎝頭廣一尺，其功用殆勝耜矣。使爲廣尺之畎，則一人可勝若兩人。併發則廣二尺矣。

戴震《考工記圖》卷下

車人爲耒，庛長尺有一寸，中直者三尺有三寸，上句者二尺有二寸。

注：庛讀爲棘刺之刺。刺耒下前曲接耜。疏云：耜謂耒頭金。

自其庛，緣其外，以至於首，以弦其內，六尺有六寸，與步相中也。

注：緣外六尺有六寸，內弦六尺，應一步之尺數。耕者以田器爲度宜，耜異材，不在數中。

堅地欲直庛，柔地欲句庛。直庛則利推，句庛則利發。倨句磬折，謂之中地。中，陟仲反。

注：中地之耒，其庛與直者如磬折則調矣。調則弦六尺。

補注：中地謂無不宜也。宜堅不宜柔，宜柔不宜堅，爲不中地。利推不利發，利發不利推，爲不中地。

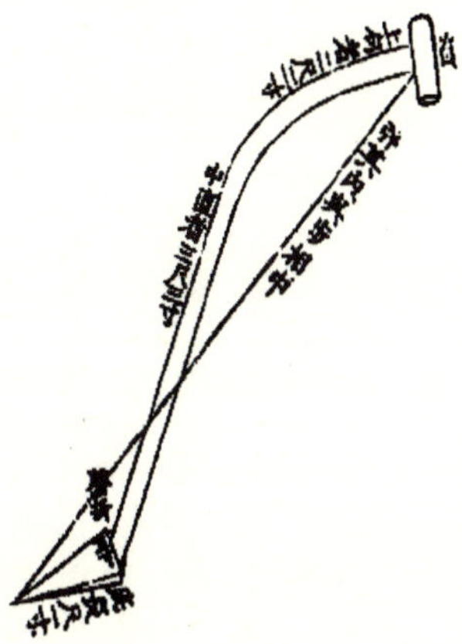

耒

程瑤田《樂器三事能言》　車人爲耒圖説

「車人爲耒，庛長尺有一寸，中直者三尺有三寸，上句者二尺有二寸。自其庛，緣其外，以至於首，以弦其內，六尺有六寸，與步相中也。堅地欲直庛，柔地欲句庛。直庛則利推，句庛則利發。倨句磬折，謂之中地。」瑤田按：三事共長六尺六寸。今以六尺六寸三折而倨句之，衡以余所定磬氏之磬折，以內其庛，其上句之折亦畧如磬折。使與庛相應，然後弦之。自庛以至於首，適六尺，與步相中。是故直庛者，倨於磬折如一矩有太半矩；句庛者，句於磬折如一矩有少半矩。倨句磬折，所謂一矩有半者也。

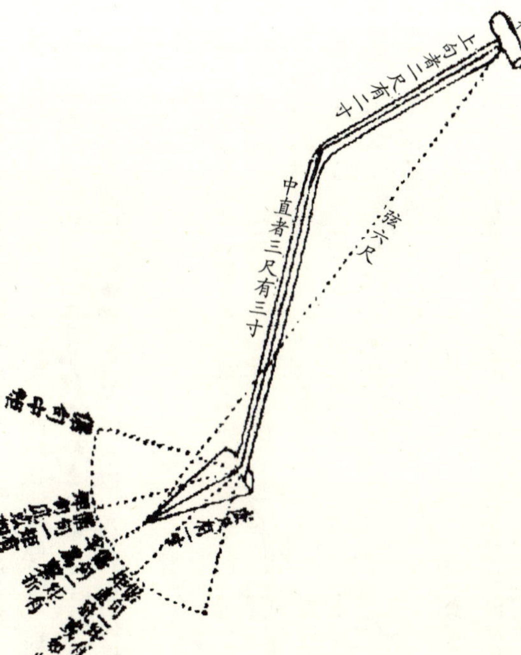

耒

又程瑤田《磬折古義》　磬折説

車人爲耒，庛長尺有一寸，中直者三尺有三寸，上句者二尺有二寸。自其庛緣其外，以至於首，以弦其內，六尺有六寸，與步相中也。堅地欲直庛，柔地欲句庛。直庛則利推，句庛則利發。倨句磬折，謂之中地。

按：據後鄭注，庛讀爲棘刺之刺。刺，耒下前曲接耜。然則耜爲耒頭金，上有銎以貫耒末。庛即耒末之木，以納於耜銎者，故下注云，耕者以田器爲度，宜耜異材。不從先鄭庛謂耒下岐。耒下岐者，後鄭耜廣五寸注，所謂今之耜岐頭兩金也。今指庛爲木材，故宜與耜金材異也。先鄭以庛爲耜之或文，然觀匠人耜廣二耜，兩耜字皆不从庛。於車人不當異文，宜後鄭以庛爲耒木之末也。又後鄭注云，緣外六尺有六寸，内弦六尺，應一步之尺數。瑶田謂注内外二字誤解，其内六尺有六寸七字，連讀爲一句，自其庛緣其外以至於首以弦十二字，連讀爲一句。内謂本體之實數，耒木三折之六尺有六寸也。外謂空中之虚數，所弦中步之六尺也。此特表弦之之法以示人。謂欲據其内之六尺有六寸而弦之，其法當如何，只須自其庛，緣其外以至於首。如是以弦之，則得其弦之數爲六尺，以與步相中也。蓋弦者其外，而所弦者其内，故十九字又須作一句串讀之。曰自其庛緣其外，以至於首以弦其内之六尺有六寸，乃得其外之弦六尺以與步相中。於是耒之倨句矩分，與磬折之倨句矩分通　無二。故曰車人爲耒，倨句磬折也。自鄭氏誤解内外字，二千年來，學者視此經，如神出鬼没，捕風捉影，無下手處。余涵泳白文，固白文從字順，不須辭費，理順冰釋。更覺其外其内兩其字，纍纍乎端如貫珠矣。又桉直庛，謂倨於磬折。句庛，謂句於磬折。如《冶氏》爲戈之已倨已句，爲倨於外博，句於外博也。余嘗製小尺度耒木之六尺六寸，而以曲矩一矩有半之磬折，排耒木之三折，弦而度之，與步中而適得六尺。復以鄭氏觸弦法，排其六尺六寸，弦而度之，僅得五尺三寸半。又以戴氏東原解鄭氏觸弦法，排而度之，則僅五尺耳。今又有或説擬鄭氏觸弦法，則又出乎六尺而爲六尺有二寸矣。何據諸君排之，皆不中步。而唯吾所排者爲中步也。然則倨句之法，出於曲矩，而不出於直矩明矣。

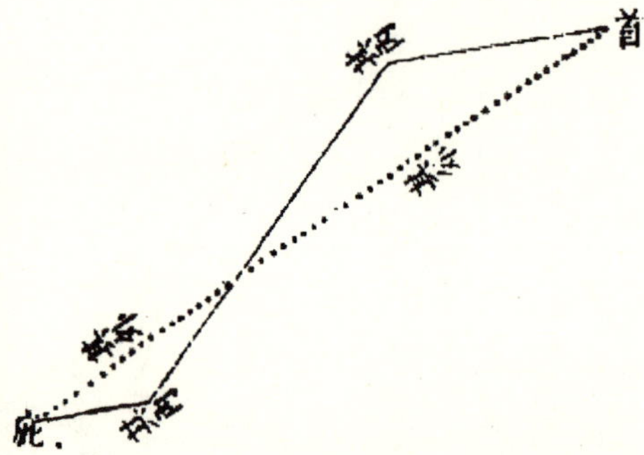

此瑶田以曲矩所定之，倨句磬折弦耒體之六尺六寸，適與步中得六尺也。

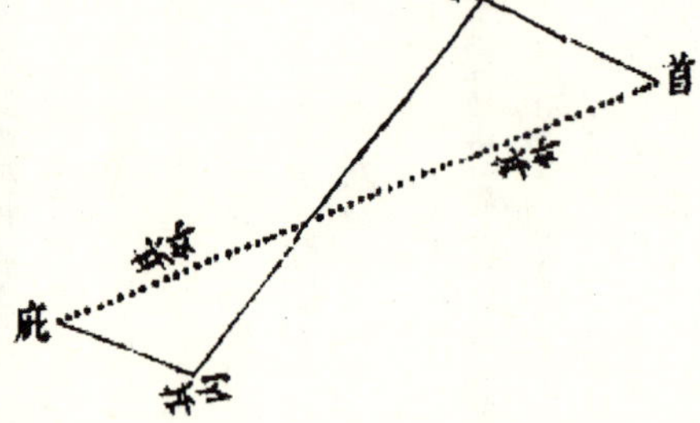

此戴氏説鄭注以直矩所定之，倨句磬折弦耒體之六尺六寸，不與步中，僅得五尺耳。

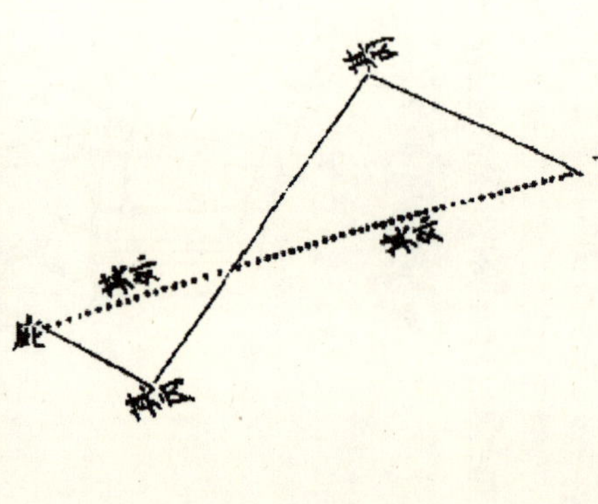

此據鄭注以直矩所定之，倨句磬折弦耒體之六尺六寸，僅得五尺三寸半。

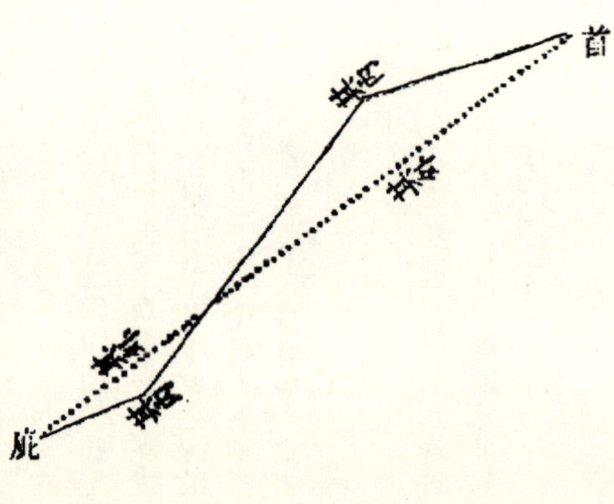

此或爲新説解鄭注，以直矩所定之，倨句磬折弦耒體之六尺六寸，不與步中，乃得六尺二寸也。

嚴傑《皇清經解》卷一三八四《經義叢鈔》　耒耜攷

《説文》曰：耜，臿也。徧謂耒耜之耜本从目爲聲。臿者，兩人所同插之器，即《考工記》之庛也。後鄭云，讀爲刺。刺，耒下前曲接耜。疏云：耜，謂頭金。案《説文》曰：枱，耒耑也。此專指耒頭之金，即後世之犂，爲牛耕之物。與耜不同者，耜乃舉其全體，并木身金庛而言之也。枱則專指金耑也，耒則專指木身也。考經書内以耜爲韻者，則《周頌》「有略其耜，俶載南畝」。又曰「畟畟良耜，俶載南畝」。又曰「以我覃耜，俶載南畝」。又《豳風》「三之日于耜，四之日舉趾」。

皆以耜畝、耜趾相韻爲仄聲。雖古人詩不拘平仄通押，但究是平仄各相從者爲多。枱字究是讀爲平聲，讀爲怡。與𨐲字雖不同，然音甚近。九經中寫耒耜之耜皆从目，無一从台者，未必古人皆誤也。

家大人云：曾在山東道中見農間尚有耒耜之器，與古製小異。古之金前鋭而後方，今之金蓋長方形，復於接耜之處又横一小木。蓋以手持耒首，而復以足蹈小横木，合力前推，臿入土中。復抑耒首則臿，上仰而土由起矣。此乃人耕用力多而見功少，不若後世之牛耕，則用力少而見功多也。特繕古今二圖於左。又今黔中爺頭苗在古州，耕田全用人力，不用牛。其法一人在後推耒首，一人以繩繫磬折之上，肩負其繩向前曳之，共爲力。此即耦耕之遺歟？《夏小正》曰：農緯厥耒。玩緯字似有繩以爲用也。

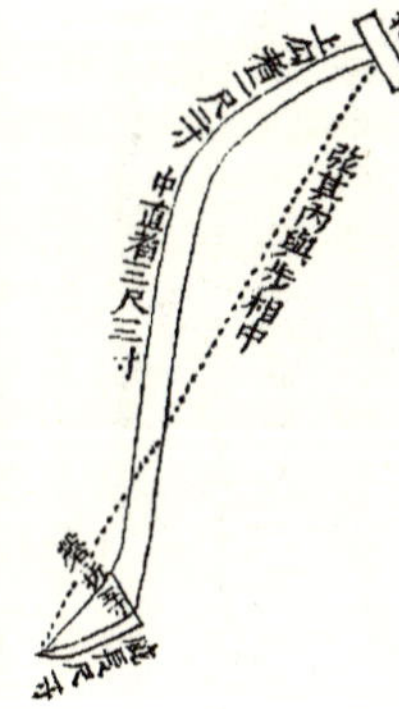

此圖，據戴氏《考工記》摹。

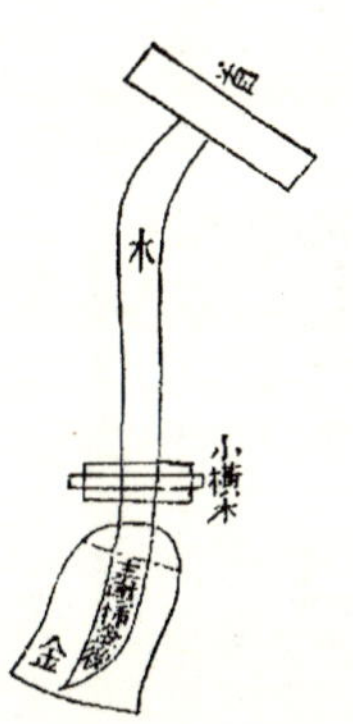

此圖，家大人就道中所見約畧畫之如此。

夏炘《學禮管釋》卷一三《釋二耜爲耦》　《攷工記》：耜廣五寸，二耜爲耦。一耦之伐，廣尺深尺謂之甽。注云：古者耜一金，兩人併發之。併發即竝發。《説文》：併，竝也。竝，併也。其壟中曰畎。《正義》云：二耜爲耦者，二人各執一耜，若長沮桀溺耦而耕。此兩人耕爲耦。炘按：如注疏之説，則周時有牛耕矣。蓋耒耜之用，前必有引繩而輓之者，後必有執耒而推之者，始能發土爲甽。耜五寸，二人各執一耜，左右並發，謂之二耜爲耦。又謂之耦而耕，則前之引而輓者非牛乎？若前一人輓之，後一人執之，則二耜當用四人，而長沮桀溺而外，復有二人矣。古皆以二人相並爲耦，於射禮可攷也。蓋牛耕實不起於漢世，《山海經》后稷之孫叔均始作牛耕。郭景純傳云：始用牛犁也。《説文》犁作𤚩，耕也。古人名字相配，《史記·仲尼弟子列傳》冉耕字伯牛，司馬耕字子牛。《論語》司馬牛，孔注司馬犁也。犁訓耕，耕又訓犁，然則司馬犁即司馬耕。《月令》季冬之月出土牛，又曰命農計耦耕事，脩耒耜。誰謂古者不以牛耕乎？觀於二耜爲耦，爲二人並耕，則引而輓之者必有牛無疑矣。

周去非《嶺外代答》卷四《風土門》　踏犂

静江民頗力于田，其耕也，先施人工踏犂，乃以牛平之。踏犂形如匙，長六尺許。末施横木一尺餘，此兩手所捉處也。犂柄之中，於其左邊施短柄焉，此左脚所踏處也。踏可耕三尺，則釋左脚而以兩手翻泥，謂之一進。迤邐而前，泥壟悉成行列，不異牛耕。予嘗料之，踏犂五日可當牛犂一日。又不若牛犂之深於土，問之乃惜牛耳。【略】若夫無牛之處，則踏犂之法胡可廢也。又廣人荆棘費鋤之地，三人二踏犂夾掘一穴，方可五尺，宿根巨梗，無不翻舉，甚易爲功。此法不可以不存。

王禎《農書》卷一二《農器圖譜二·耒耜門》　犂

犁，墾田器。《釋名》曰：「犂，利也。利則發土，絶草根也。」利從牛，故曰犂。《山海經》曰：后稷之孫叔均，始教牛耕。注云：用牛犂也。後改名耒耜曰犂。

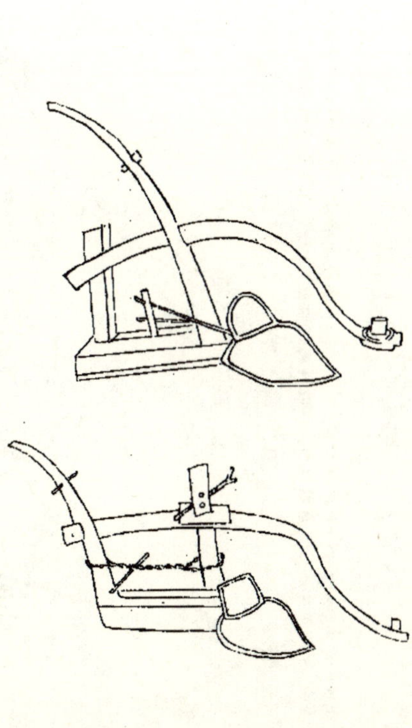

犂

陸龜蒙《耒耜經》曰：農之言曰耒耜，民之習通謂之犂。冶金而爲之，曰犂鑱，曰犂壁，斲木而爲之，曰犂底，曰壓鑱，曰策額，曰犂箭，曰犂轅，曰犂梢，曰犂評，去聲。曰犂建，曰犂槃。木金凡十有一事。耕之土曰墢，音垡。墢，猶塊也。起其墢者，鑱也；覆其墢者，壁也。故鑱引而居下，壁偃而居上。鑱之次曰策額，雅格切。言其可以扞其壁也，皆貤然相戴。貤，余豉切，物之相連次也。自策額達於犁底，縱而貫之曰箭。前如桯而樛者曰轅。桯，杠也，按：《周禮》：「輪人爲蓋，桯圍倍之。」鄭司農云：「桯，蓋杠也。讀如丹楹之楹。」後如柄而喬者曰梢。轅有越，加箭可弛張焉。轅之上又有如槽形，亦加柄焉。刻爲級，前高而後庳，所以進退，曰(秤)[評]。進之則箭下，入土也深；退之則箭上，入土也淺。以其上下類激射，故曰箭；以其淺深類可否，故曰(秤)[評]。(秤)[評]之上，曲而衡之者曰建。建，楗也，楗，渠堰切，門楗也，與鍵同。所以抳其轅與(秤)[評]。抳女氏切，倚也。無是則二物躍而出，箭不能止。横於轅之前末，曰槃，言可轉也，左右繫以樫乎軛也。樫，苦耕切，撞也。轅之後末曰梢，中在手，所以執耕者也。轅取車之胷，梢取舟之尾。止乎此乎。

鑱長一尺四寸，廣六寸。壁，廣長皆尺，微橢。徒果切，狹長也。底長四尺，廣四寸。(秤)[評]底過壓鑱二尺。策額減壓鑱四寸，廣狹與底同。箭高三尺。(秤)[評]尺有三寸。槃，增(秤)[評]尺七焉。建惟稱。轅修九尺。梢得其半。轅至梢，中間掩四尺，犂之終始，丈有二。」詩曰：犂以利爲用，用在耕夫手。九木雖備制，二金乃居首。弛張測淺深，高庳定前後。朝畦餘宿草，暮墢起新畝。懷哉服牛功，還勝並耕耦。古耒耜並耕曰耦。

王徵《諸器圖說》 代耕圖說

以堅木作轆轤二具，各徑六寸，長尺有六寸。空其中，兩端設軏貫於軸，以利轉爲度。軸兩端爲方枘，入架木內，期無摇動。架木前寬後窄，前高後低。每邊兩枝，則前短而後長。長則三尺有奇，短止二尺三寸。兩枝相合如人字樣。即於人字交合處，作方孔，安其軸。兩人字相合，安軸兩端。又於兩人字兩足，各横安一根木，則架成矣。架之後長盡處，安横桄。桄置兩立柱，長八寸，上平鋪以寬板，便人坐而好用力耳。先於轆轤兩端盡處，十字安木橛，各長一尺有奇。其十字兩頭，反以不對爲妙。轆轤中纏以索，索長六丈。度六丈之中安一小鐵環。鐵環者，所以安犂之曳鈎者也。兩轆轤兩人，對設於三丈之地。其索之兩端，各係一轆轤中。而犂安鐵環之內。一人坐一架，手挽其橛，則犂自行矣。遞相挽，亦遞相歇。雖連扶犂者三人乎，而用力者則止一人。且一人一手之力足敵兩牛。況坐而用力，往來自如。似於田作不無小補。此余在計部觀政時，承松毓李老師之命而作，業已試之有效也者，故圖之，因並記之若此。

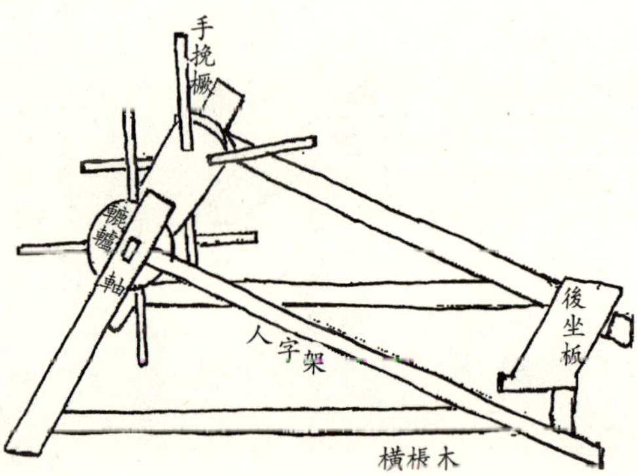

代耕圖

談遷《棗林雜俎》中集《器用》

木牛

成化二十一年，户部左侍郎隆慶李衍總督陝西邊備，兼理荒政，發廩賑饑，作木牛，取牛耕之。耒耜易製爲五：曰坐犂，曰推犂，曰擡犂，曰抗活，曰肩犂。可山耕，可水耕，可陸耕。或用二人，多則三人。多者自舉，少者自合。一日可耕三四畝，作木牛圖布之。

屈大均《廣東新語》卷一六《器語》 木牛

木牛者，代耕之器也，以兩人字架施之，架各安轆轤一具。轆轤中繫以長繩六丈，以一鐵環安繩中，以貫犂之曳鉤。用時，一人扶犂，二人對坐架上。此轉則犂來，彼轉則犂去。一手而有兩牛之力，耕具之最善者也。吾欲與鄉農爲之。

鄭珍《[道光]遵義府志》卷一六《農桑·農具》 犁轅，鏵庛也，長三尺三寸，入犁底五寸五分。犁底之長亦如之，入鏵舌者三寸。

陳恢吾《農學纂要》卷一《明王忠節公代耕架圖說諱徵字葵心涇陽人》 耕架代牛之法，用堅木作轆轤二具，各徑六寸，長一尺六寸。穴其中，兩端設軏貫於軸，以利轉爲度。軸兩端爲方柄，入架木內，期無動摇。架木前寬後窄，前高後低，每邊兩枝，則前短而後長。長則三尺有奇，短止二尺三寸。兩枝相合如人字樣。即於人字交合處，作方孔，安其軸。兩人字相合，安軸兩端。又於人字兩足各安一根木，則架成矣。架之後長盡處，安横桄。桄置兩立柱，長八寸，上平鋪以寬板，便人坐而好用力耳。先於轆轤兩端盡處，十字安橛木，各長一尺有奇。其十字兩頭，以不對爲妙。轆轤中段，纏以索，索長六丈。度六丈之中，安一小鐵環，所以安犂之曳鈎者。即納犂柄於環中也。兩轆轤兩人，對設於三丈之地。其索之兩端，各繫一轆轤中。而犂安鐵環之內。一人坐一架，手挽其橛，則犂自行矣。遞相挽，亦即遞相歇。雖連扶犂者三人，而用力者止一人。且一人一手之力，足抵兩牛。況坐而用力，往來自如。是於田作大有裨益，業已行之有效也，故圖之，並記之。此公自記，咸豐亂後浙省無牛，以此代耕，人咸稱便。

此一具全式也。照式作二具是爲全副。

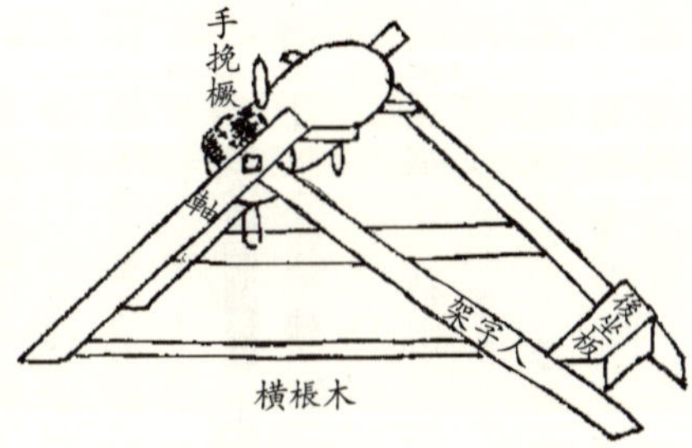

代耕架原圖

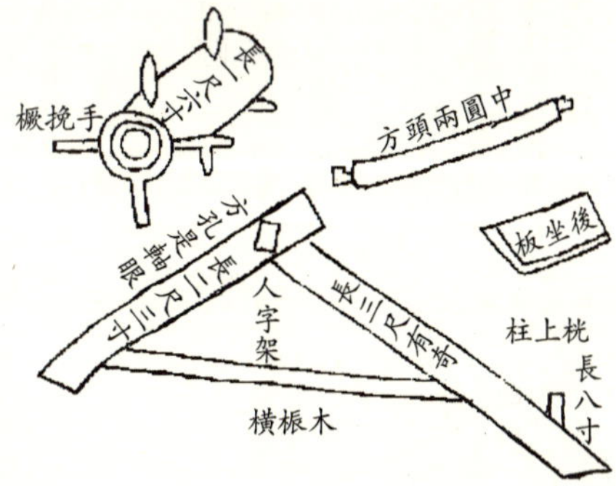

代耕架散圖

馬君實推廣用法

兩架相去三丈地，先將右轆轤纏滿索三丈，即安犂於右，犂尖向左。左邊人先挽左轆轤，則黎自來左。如左邊索纏滿，改犂向右。右邊挽之，犂自來右矣。由此擴而充之，長短遠近，各隨地勢行之可也。

王禎《農書》卷一二《農器圖譜二・耒耜門》

耙

耙，又作爬，今作糶，通用。宋魏之間，呼爲渠挐，諾諸切。又謂渠疏。陸龜蒙曰：凡耕而後有耙，所以散墢去芟，渠疏之義也。《種蒔直說》：古農法云，犂

一耙六。今日只知犂深爲功，不知耙細爲全功。耙功不到，則土麤不實，後雖見苗立根，案：《種蒔直說》作「立根在土上」。根土不相著，不耐旱，有懸死、蟲咬、乾死等病。耙功到則土細又實，立根在細實土中。又碾過，根土相着，自然耐旱，不生諸病。」蓋耙徧數惟多爲熟，熟則上有油土四指，可没雞卵爲得。

耙，桯長可五尺，闊約四寸，兩桯相離五寸許。其桯上，相間去聲。各鑿方竅，以納木齒。齒長六寸許。其桯兩端木栝，長可三尺。前梢微昂，穿兩木梮，以繫牛輓鈎索。此方耙也。

又人字耙者，鑄鐵爲齒，《齊民要術》謂之鐵齒錋錄。沮候切。凡耙田者，人立其上，入土則深。又當於地頭不時跂足，閃去所擁草木根茇。水陸俱必用之。詩云：古人制農器，因物利其利。犂耕啓厥初，耙入抑爲次。跡居錋錄功，齒有渠疏義。再遍不妨多，稼事匪求易。

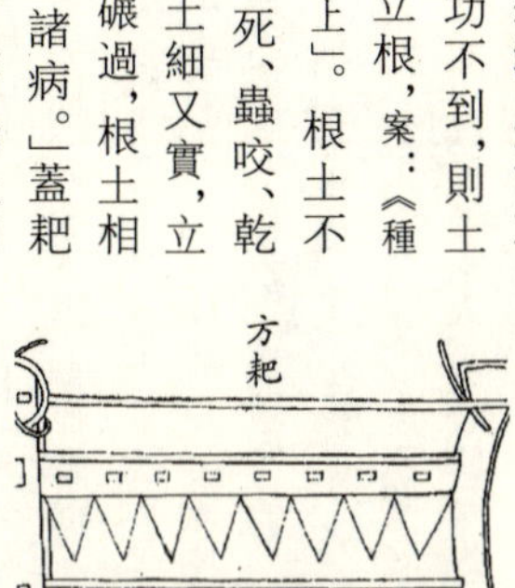

耙

又 耖

耖，初教切。疏通田泥器也。高可三尺許，廣可四尺，上有横柄，下有列齒。其齒比耙齒倍長且密。人以兩手按之，前用畜力輓行。一耖用一人一牛。有作連耖，二人二牛，特用於大田，見功又速。耕耙而後用此，泥壤始熟矣。前人《耕織圖詩》云：脱袴下田中，盎漿著膝尾。巡行遍畦畛，扶耖均泥滓。遲遲春日斜，稍稍樵歌起。薄暮佩牛歸，共浴前溪水。

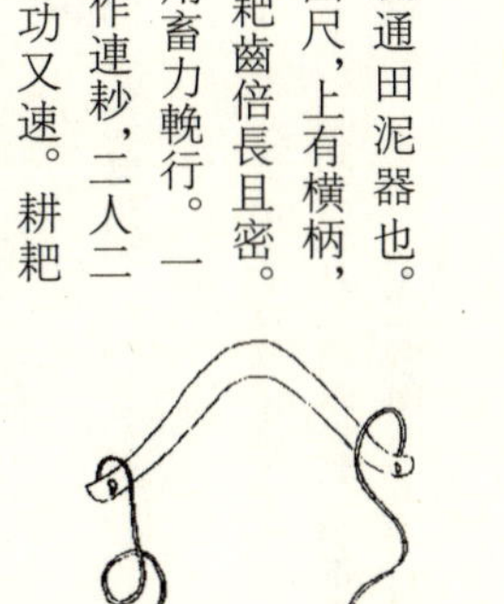

耖

又 勞

勞，郎到切。無齒耙也，但耙梃之間用條木編之，以摩田也。耕者隨耕隨

勞；又看乾濕何如，但務使田平而土潤。與耙頗異：耙有渠疏之義，勞有蓋摩之功也。《齊民要術》曰：「春耕尋手勞，秋耕待白背勞。」注云：春多風，不及勞則致地虚燥；秋田塌直輒切。濕，速勞則恐致地硬。又曰：耕欲廉，勞欲再。今亦名勞曰摩，又名蓋。凡已耕耙欲受種之地，非勞不可。諺曰：耕而不勞，不如作暴。謂仰墢則田無力也。詩云：始教耒耜耕，後有耙勞利。耙與勞制同，勞比耙功異。平摩期保澤，蓋埽非擁篲。時哉不可失，已有受種地。

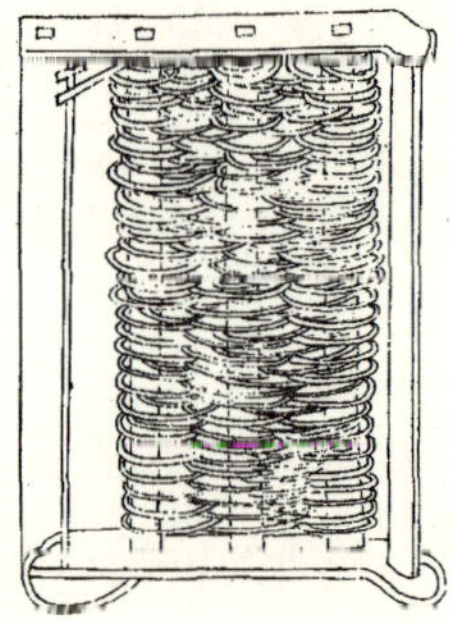
勞

劉應棠《梭山農譜》耕譜《耕目・耕器計九則》 鐵鈀

以鐵爲之，側望恍如勿字，平看則似册字，但無中一横耳。中有孔以容木柄，齒極疎而鋭，入泥易，出泥亦易，培塍專用之。

出入汙泥，不爲所墨，可以在田，可以在國。

鄭之僑《農桑易知録》卷一《力農器具》

田耙

大耙用二木爲徑，長有五尺，横二尺五寸。前牙八，後牙九，取其參差不相抵，草根可以搜盡也。繫之以繩，駕以牛軛。其制亦如犁然。

又 攩耙

小耙以水爲之，有牙，取以耘草，長可六寸，便於稞行，不至屈折禾苗也。中有長柄，計一丈餘，以竹爲之。

鄭珍《[道光]遵義府志》卷一六《農桑》 農具

捷耙，山田齒以鐵，水田以木，齒長三寸五分，兩齒距五寸，前九齒，後七齒。浪耙亦如之，惟齒減二。上皆有闌人，推闌逐牛行。水耙齒兩畔皆九。破塊用捷耙，浪田用浪耙。實田底使不漏，用水耙。

王禎《農書》卷一二《農器圖譜二・耒耜門》

耰

耰，於求切。椬塊器。《説文》云：「耰，摩田器。從木，憂聲。」晉灼曰：「耰，椎塊椎也。」《吕氏春秋》曰：「鋤，耰，白梃。」「耰，椎也。」《管子》曰：「一農之事，必有一銍一椎，然後成爲農。」今田家所制無齒耙，首如木椎，柄長四尺，可以平田疇，擊塊壤，又謂木斫，即此耰也。詩云：聲憂字從木，農器書所載。古今用不殊，摩田復椎塊。坐見鋒鏑銷，太平風物在。堯年擊壤民，今聞歌聖代。

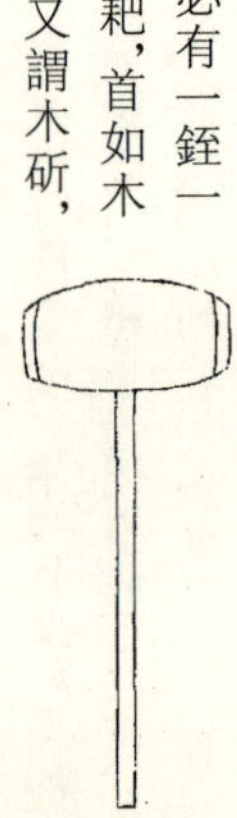
耰

又 磟碡

磟石竹切。碡，徒篤切。又作磠碡。陸龜蒙《耒耜經》曰：「耙而後有磟碡焉，有礰礋焉。自耙至礰礋皆有齒，磟碡觚稜而已。咸以木爲之，堅而重者良。」余謂磟碡字皆從石，恐本用石也。然北方多以石，南人用木，蓋水陸異用，亦各從其宜也。其制可長三尺，大小不等，或木或石；刊木括之，中受簨軸，以利旋轉。又有不觚稜，混而圓者，謂混軸。俱用畜力輓行，以人牽之，碾打田疇上塊垡，易爲破爛；及碾捍場圃間麥禾，即脱稃穗。水陸通用之。詩云：木石非異名，大小惟一致。機栝内圓轉，觚稜外排峙。登場脱稃穗，入埂均塊滓。物用隨所宜，人兮胡不爾。

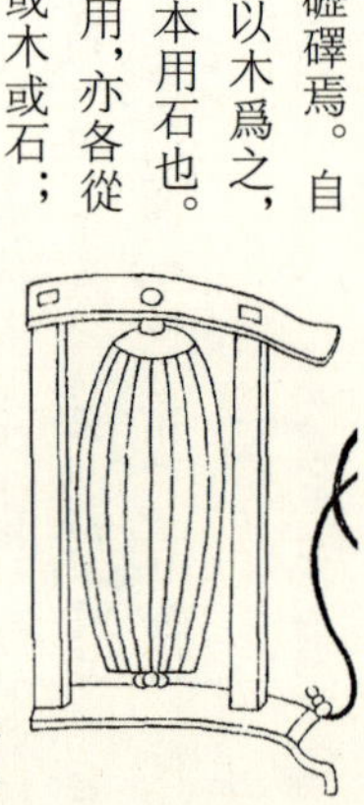
磟碡

又 礰礋

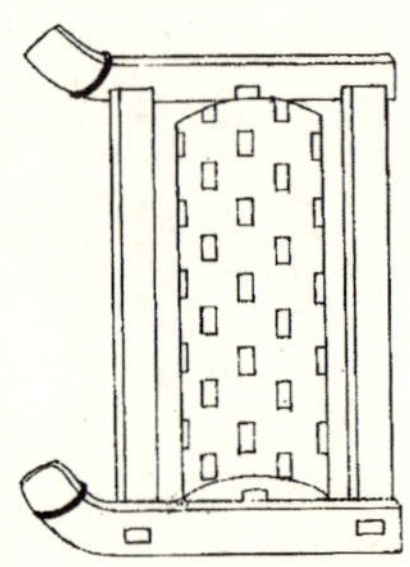
石礰礋

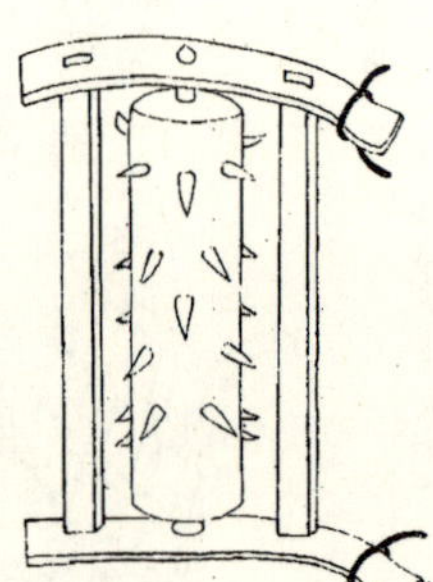
木礰礋

礰呼格切。礋，音澤。又作礰礋。與磟碡之制同，但外有列齒，獨用於水田，破塊滓，溷泥塗也。《耒耜經》云：「自耙至礰礋，皆有齒者。」詩云：他山有奇石，鐫鑿煩良工。制成三尺餘，簨軸旋其中。齒齒鋩鍔堅，就彼破塊功。一轉土膏潤，再轉春泥融。礰礋復礰礋，妙用終無窮。遄觀萬頃緑，粼粼漾春風。不辭處泥滓，但願歌年豐。

又　砘車

砘音鈍。車，石碢也；以木軸架碢爲輪，故名砘車。兩碢用一牛，四碢兩牛力也。鑿石爲圓，徑可尺許，竅其中以受機栝。畜力輓之，隨耬種所過溝壠碾之。使種土相著，易爲生發。然亦看土脉乾濕何如，用有遲速也。古農法云：耬種後用撻，則壠滿土實。又有種人足躡壠底，各是一法。今砘車轉碾溝壠特速，此後人所創，尤簡當也。詩云：以砘爲車古未聞，字因義取石從屯。斲成璧月雲根老，動殷春雷陸地喧。勢藉機衡圓轉力，轍循種土發生原。田頭已碾農夫説，溝壠苗深穀易蕃。

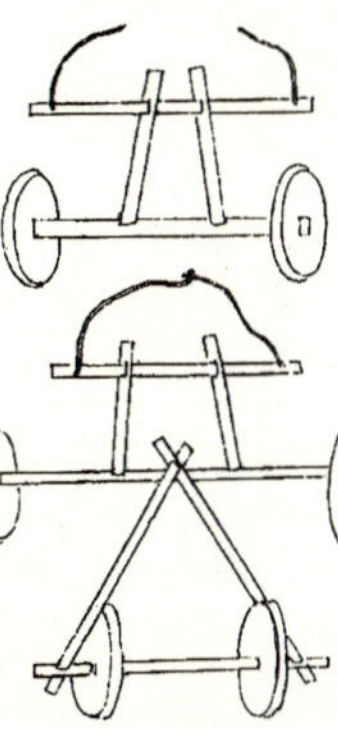
砘車

鄭之僑《農桑易知録》卷一《力農器具》　田軸犁後用軸，軸後用耙，工夫有次第也。

用雜木爲之，其象如輪，俗名轆轤也。長五尺。圍圓二尺有餘，兩頭有筍，懸繩以駕牛，隨地而滚，可平土硬。

麟慶《河工器具圖説》卷二《修濬器具》　磟碡

《正字通》：磟碡，石輥也，平田器，一作碌碡。北方多以石，南人用木。其制可長三尺，或木或石，刊木括之，中受簨軸，以利旋轉。農家藉畜力挽行，以人牽之。碾打田疇塊垡，及碾捍場圃麥禾，工則用以平治堤頂。且豫備葦纜打成，用以研壓，可期軟熟。

鄭珍《[道光]遵義府志》卷一六《農桑》　農具

蒲輥，以合抱之木鑿七稜，兩耑圓軸貫以耙，耙無齒。人立耙上，牛曳以行，使四實。

王禎《農書》卷一二《農器圖譜二·耒耜門》

耬車

耬落候切。車，下種器也。《通俗文》曰：覆種曰耬。一云耬犂，其金似鑱而小。《魏志略》曰：皇甫隆爲燉煌太守，民不知耕，隆乃教民作耬犂，省力過半，得穀加五。崔寔《論》曰：「漢武帝以趙過爲搜粟都尉，教民耕殖。其法：三犂共一牛，一人將之，下種，輓耬，皆取備焉。日種一頃。據齊地大畝，一頃爲三十五畝也。今三輔猶賴其利。」自注云：「按：三犂共一牛，若今三脚耬矣。」然而耬種之制不一，有獨脚、兩脚、三脚之異。今燕趙、齊魯之間，多有兩脚耬。關以西有四脚耬，但添一牛，功又速也。

耬車

夫耬，中土皆用之，他方或未經見，恐難成造。其制：兩柄上彎，高可三尺；兩足中虚，闊合一壠；横桄四匝，中置耬斗，其所盛種粒，各下通足竅。仍旁挾兩轅，可容一牛。用一人牽傍，一人執耬，且行且摇，種乃自下。此耬種之體用，今特圖録，不無有見鐻削鐻之意。鐻，渠吕切。近有創制下糞耬種，於耬斗後别置篩過細糞，或拌蠶沙，耩時隨種而下，覆於種上，尤巧便也。今又名曰種蒔，曰耩子，曰耬犂，習俗所呼不同，用則一也。王荆公詩云：富家種論石，貧家種論斗。貧富同一時，傾瀉應心手。行看萬壠間，坐使千箱有。利物博如此，何慙在牛後。

又　瓠種

瓠種，竅瓠貯種，量可斗許。乃穿瓠兩頭，以木箄貫之，後用手執爲柄，前用作觜，瓠觜中草莛通之，以播其種。瀉種於耕過壠畔。畔，田半也。恐太深，故種於壠畔也。隨耕隨瀉，務使均勻。又犂隨掩過，遂成溝壠，覆土既深，雖暴雨不至拋普格切。撻，他達切。暑夏最爲能與耐同。旱。且便於撮鋤，苗亦鬯茂。燕趙及遼以東多用之。《齊民要術》曰：「兩耬重溝，竅瓠下之，以批莫結切。契蘇結切。繫腰曳之。」此舊制，以今較之，頗拙於用，故從今法。寡力之家，比耕、耙、耬、砘易爲功也。詩云：休言瓠落只輪囷，一竅中藏萬粒春。喙舌

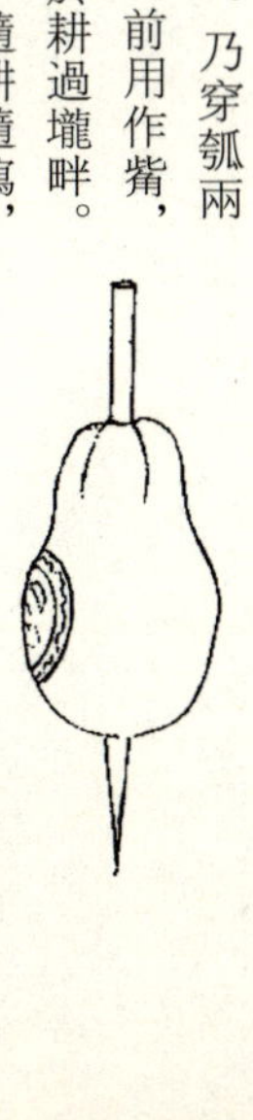
瓠種

不辭輸瀉力，腹心元寓發生仁。農工未害兼匏器，案：《農務集》作「農家自喜爲匏器」。柄用將同秉化鈞。更看溝田遺跡在，緑雲禾麥一番新。

又 耕槃

耕槃，駕犂具也。《耒耜經》云：「横於犂轅之前末，曰槃，言可轉也，左右繫以樫苦耕切。乎軛也。」耕槃舊制稍短，駕一牛或二牛，故與犂相連。今各處用犂不同，或三牛四牛，其槃以直木，長可五尺，中置鉤環。耕時旋擐犂首，與軛相爲本末，不與犂爲一體，故復表出之。詩云：木金十一事，耕槃踞犂首。左右連雙藤，圓轉栝樞紐。軛也導吾前，轅兮從去聲。吾後。既同濟世功，寧辭力田畝。

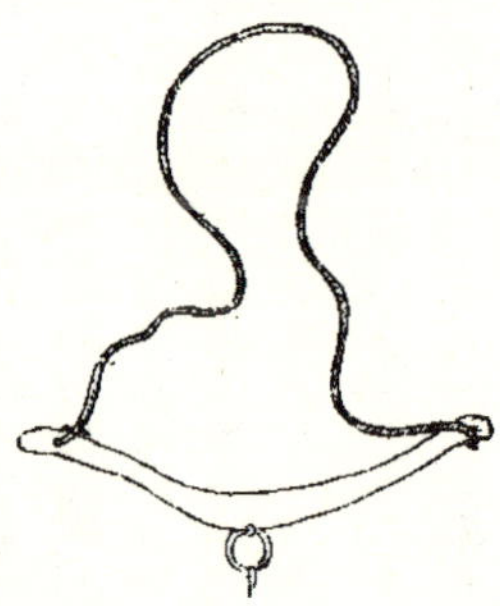
耕槃

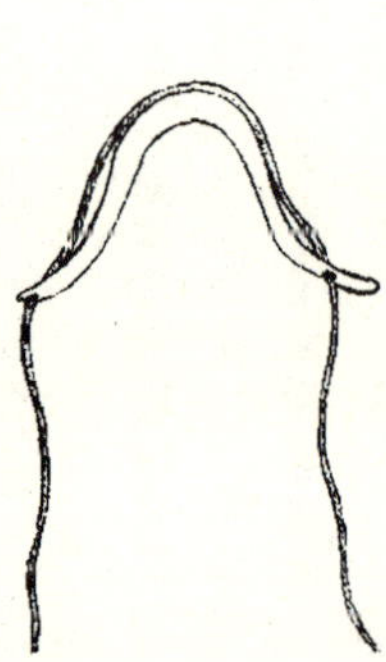
牛軛

又 牛軛

牛軛，於革切。字亦作軶，取牛具也。隨牛大小制之。以曲木，竅其兩旁，通貫耕索，仍下繫鞅板，用控牛項，軛乃穩順，了無軒側。《説文》曰：軛，轅前木也。潘安仁《耤田賦》云：「葱犗服於縹軛。」詩云：軛也如折磬，居然在牛領。止轉槃乃安，引耕索還整。屈形深擁去聲。肩，藉力控垂頸。歸挂屋厦時，嘉苗滿田頃。

陸世儀《思辨録輯要》卷一一《修齊類》 中十有耬車，製狀如三足犁，中置耬斗藏種。以牛駕之，一人執耬，且行且摇，種乃隨下。又有用糞耬者，用篩過細糞或蠶沙，隨種而下。按：此器可用以種麥，然於耙杪之尾用之爲佳。又崔實《論》曰：「漢武帝以趙過爲搜粟都尉，教民耕植，其法：三犂共一牛，一人將之，下種，挽耬，皆取備焉。日種一頃。」即此耬車之謂。

王禎《農書》卷一二《農器圖譜二・耒耜門》 秧馬

秧馬，蘇文忠公序云：「余過廬陵，見宣德郎致仕曾君安止，出所作《禾譜》，文既温雅，事亦詳實，惜其有所缺，不譜農器也。予昔遊武昌，見農夫皆騎秧馬。以榆、棗爲腹，欲其滑；以楸、梧爲背，欲其輕。腹如小舟，昂其首尾，背如覆瓦，以便兩髀雀躍於泥中。繫束藁其首，以縛秧。日行千畦，較之傴僂而作者，勞佚相絶矣。《史記》：禹乘四載，泥行乘橇。解者曰：橇形如箕，擿行泥上。豈秧馬之類乎？作秧馬歌一首，附於禾譜之末云：春雲濛濛雨凄凄，春秧欲老翠剡齊。嗟我父子行水泥，朝分一壠暮千畦。腰和笠簇首啄雞，筋煩骨殆聲酸嘶。我有桐馬手自提，頭尻軒昂腹脅低。背如覆瓦去角圭，以我兩足爲四蹄。聳踊滑汰如鳧鷖，纖纖束藁亦可齎。何用繁纓與月題，揭從畦東或畦西。山城欲閉聞鼓鼙，忽作的顱躍檀溪。歸來挂壁從高棲，了無芻秣饑不啼。少壯騎汝逮老黧，何曾蹶軼防顛擠。錦韉公子朝金閨，笑我一生蹋牛犂，不知自有木駃騠。」

秧馬

劉熙《釋名》卷七《釋用器》 鋤，助也，去穢助苗長也。齊人謂其柄曰櫌，櫌然正直也。頭曰鶴，似鶴頭也。

高承《事物紀原》卷九《農業陶漁部》 鉏

《周書》曰：神農天雨粟，帝種之，作鉏耨以墾草莽，然後五穀興。則鉏蓋神農造也。《詩・臣工》曰：庤乃錢鎛。注：鎛，耨也。《世本》曰倕作耨。《釋名》曰鋤類。《爾雅・釋器》：斫，钃謂之定。李巡曰：鋤也。《廣雅》曰鋤謂之耨。然則耨即鋤矣。

王禎《農書》卷一三《農器圖譜三・钁鍤門》 钁、鍤，起土具也。太公《六韜・農器篇》云：「钁，鍤，斧，鋸。」蓋钁、鍤，農所必用，墾斸荒梗，疏决溝渠，不可闕者，因以名篇，冠其類也。又有鑱、鏵等器，雖畧見犂譜，終未詳備，乃復表出之，次於《耒耜》之後，就附《钁鍤》之內，庶無遺逸。仍係之梧桐角，以起東作云。

钁

钁

钁，居縛切。斸田器也。《爾雅》謂之鐯，斫也。又云魯斫。《說文》云欘陟玉切。也。《玉篇》云：欘，亦作斸。又作钃，誅也，主以誅除物根株也。蓋钁，斸器也，農家開闢地土，用以斸荒。凡田園山野之間用之者，又有闊狹大小之分，然總名曰钁。詩云：銎柄爲身首半圭，非鋒非刃截然齊。凌晨幾用和煙斸，逼暮同歸帶月携。已斫靈苗挑藥籠，每通流水入蔬畦。更看功在盤根地，辨與春農趁雨犂。

又　鍤

鍤

鍤，楚洽切。顔師古曰：「鍬也，所以開渠也。」或曰：「削，有所穿也。」《唐韻》：「作鍵，俗作臿。」同作臿。《爾雅》曰：「鄓謂之鍵。」《方言》云：「燕之東北、朝鮮洌水之間謂之鄓，宋魏之間謂之鏵，或謂之鍏，音韋江淮南楚之間謂之鍤，趙魏之間謂之喿。」七俏切。皆謂鍬也。鍬、鈍、鄓，音同。鈍、鄓，《唐韻》又「吐彫反」。亦謂「銚鍬」。然多謂之鍤。蓋古謂鍤，今謂鍬，一器二名，宜通用。《淮南子》曰：「禹之時，天下大水，禹執畚鍤，以爲民先。」《前漢·溝洫志·白渠歌》曰：「舉鍤爲雲，決渠爲雨。」以此見水利之事，皆本於鍤也。詩云：有鍤公耶私，與畚日爲伍。何去應官徭，歸來事田圃。起土作隄防，決渠沛霖雨。但恐農隙時，又趁挑河鼓。

又　鋒

鋒

鋒，乎逢切。古農器也。其金比犂鑱小而加鋭，其柄如耒，首如刃鋒，故名鋒，取其銛利也。地若堅垎，胡格切。鋒而後耕，牛乃省力，又不乏刃。古農法云：鋒地宜深，鋒苗宜淺。《齊民要術·耕田篇》云：「速鋒之，地恒潤澤而不硬。」注曰：「刈穀之後，即鋒茇蒲達切。下令突起，則潤澤易耕。」案：此註在《種穀篇》「鋤得五徧以上不須耩」之下，此誤作《耕田篇》。《種穀篇》云：「苗高一尺則鋒之。」《黍穄篇》云：「苗生壠平，鋒而不耩。」公項切。《農書》云：無鏺而耕曰耩。既鋒矣，固不必耩，蓋鋒與耩相類。今耩多用歧頭，若易鋒爲耩，亦可代也。近世農家，不識此器，亦不知名。兹特録其功用，知爲不可廢也。詩云：鋒也古農器，於今用不同。初緣耒耜制，遂助犂鋤功。利取根茇斷，堅攻土脉通。兼材宜不廢，圖象付良工。

又　長鑱

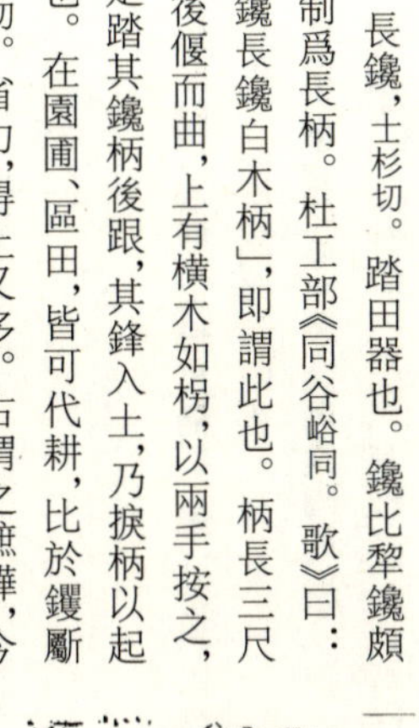

長鑱

長鑱，士杉切。踏田器也。鑱比犂鑱頗狹，制爲長柄。杜工部《同谷峪同。歌》曰：「長鑱長鑱白木柄」，即謂此也。柄長三尺餘，後偃而曲，上有横木如枴，以兩手按之，用足踏其鑱柄後跟，其鋒入土，乃捩柄以起墢也。在園圃、區田，皆可代耕，比於钁斸竹足切。省力，得土又多。古謂之蹠鏵，今謂之踏犂，亦耒耜之遺制也。《淮南子》曰：「伊尹之興土也，修脚者使之蹠音隻。鏵。」注：長脚者蹠鏵，得土多也。夫鏵與鑱同用，即長鑱也。詩云：枴横柄屈踵微伸，替脚犂耕壠上春。足一踏來同耜舉，手雙按處與鍬均。杜陵託命歌同谷，伊尹興工自有莘。我亦從今事兹器，東皐甘作力田人。

又　鐵搭

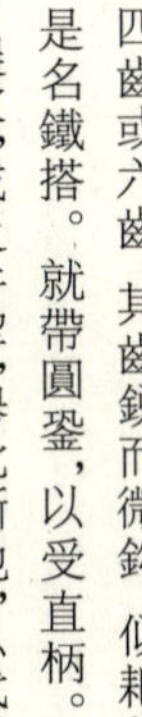

鐵搭

鐵搭，四齒或六齒，其齒鋭而微鈎，似耙非耙，斸土如搭，是名鐵搭。就帶圓銎，以受直柄。柄長四尺。南方農家，或乏牛犂，舉此斸地，以代耕墾，取其疏利；仍就編鋳塊壤，兼有耙钁之效。嘗見數家爲朋，工力相助，日可斸地數畝。江南地少土潤，多有此等人力，猶北方山田钁户也。賦云：有器與耙钁而各殊，轍用與耙钁而無別。自夫煅煉而鋒，乃有銎柄之揭。獨擅力乎田園，嘗始見於江浙。鋭比昆吾之鈎，利即鏌鋣之鐵。舉巨爪兮爬抉，具疎齒兮噬齧。憑爪牙兮汝藝是施，假肘臂號我力欲竭。不耕而種，且寬牛畜之租。既斸而鎪，似覺耙功之拙。每破陌上之晨烟，幾荷江邊之明月。彼杜甫長鑱而豈託我生，又堯民擊壤而焉知帝力。必能審察其異同，方達彼此之緩急。顧編圖譜，附搭也於農書，使貧窶者得之，用普及於稼穡。

又 杴

杴，虚嚴切。臿屬。但其首方闊，柄無短枴，此與鍬臿異也。煆鐵爲首，謂之鐵杴，惟宜土工。剡木爲首，謂之木杴，可撩初貴切。穀物。又有鐵刃木杴，裁割田間塍埂。以竹爲之者，淮人謂之竹揚杴，與江浙颺去聲。籃少異。今皆用之，因附於後。鐵杴詩云：非鍫非臿別名杴，柄直銎圓首利銛。毋謂土工能事畢，剗除荒穢要渠兼。木杴詩云：柄頭掌木儘寬平，穀實抄來忌滿盈。苗夏耰鋤方用事，幾回高閣待秋成。鐵刃木杴詩云：杴頭利刃擬風斤，裁割畦田爾策勳。莫謂等閑農事了，人間經界要平分。竹揚杴詩云：竿頭擲穀一箕輕，忽作晴空驟雨聲。已向風前糠粃盡，不勞車扇太忙生。

鐵杴

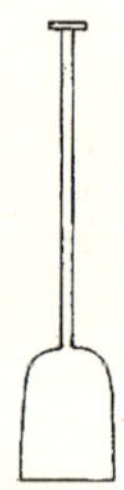
木杴

鐵刃木杴

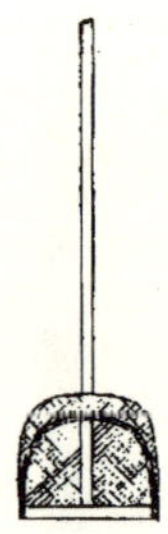
竹揚杴

又 钁

钁，仕杉切。犂之金也。《集韻》注：鋭也。吴人云鐵犂。長尺有四寸，廣六寸。陸龜蒙《耒耜經》曰：冶金而爲之者曰犂钁，起其墢者也。負钁者底，底實於钁中，謂之鼈肉。底之次曰壓钁，皆貤然相戴。貤，以豉切，物之相連次也。若剜土既多，其鋒必禿，還可鑄接，貧農利之。體用又見鏵序。案：钁爲犂之金，其詳見耒耜門犂一條，故不別繫以詩。

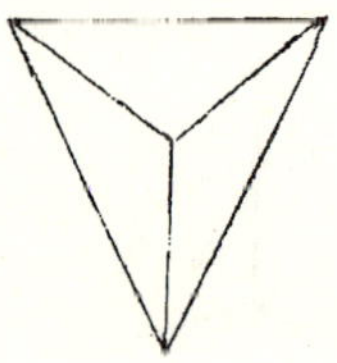
钁

又 鏵

鏵，胡爪切。《集韻》云：耕具也。《釋名》：鏵，臿類，起土也。《説文》：鏵作芣，兩刃臿也。從木，象形。宋魏作芣。互爪切。《集韻》芣作鏵。或曰削，能有所穿也。又鏵，㓷地爲坎也。《淮南子》曰：「故伊尹之興土功，修脚者使之蹠音隻。鏵。」長脚者蹠鏵，得土多也。今謂之踏犂者，舊用鏵，亦用钁。

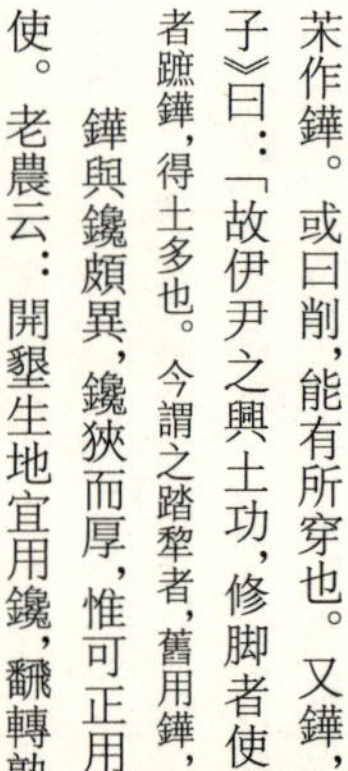
鏵

鏵與钁頗異，钁狹而厚，惟可正用；鏵闊而薄，翻覆可使。老農云：開墾生地宜用钁，翻轉熟地宜用鏵。蓋钁開生地着力易，鏵耕熟地見功多。然北方多用鏵，南方皆用钁。雖各習尚不同，若取其便，則生熟異器，當以老農之言爲法，庶南北互用，钁鏵不偏廢也。詩云：惟犂之有金，猶弧之有矢。弧以矢爲機，犂以金爲齒。起土鍤刃同，截荒劖鋒比。緬懷神農學，利端從此始。

又 鐴

鐴，蒲狄切。犂耳也。陸龜蒙《耒耜經》其略曰：冶金而爲之，曰犂鐴。案《耒耜經》鐴作壁。起其墢者，钁也；覆其墢者，鐴也。钁引而居下，鐴倚而居上。鐴形，其圓，廣長皆尺，微橢。徒果切，狹長也。背有二乳，係于壓钁之兩旁。钁之次曰策額，言其可以扞其鐴也。皆相連屬，不可離者。夫鐴形不一，耕水田曰瓦繳，曰高脚；耕陸田曰鏡面，曰碗口，隨地所宜制也。詩云：犂以耜爲齒，耜以鐴爲耳。背盎作雙樞，面深停偃水。覆墢翻若雲，起甽直如矢。裁成輔相間，厥功深可倚。

鐴

又 劐

劐，初簡切，平土器也。俗又名鎊。上聲。《周禮》：「薙氏掌殺草，冬日至而耜之。」鄭(元)[玄]謂：「以耜測凍土而劐之。」其刃如鋤而闊，上有深袴，插於犂底所置钁處。其犂輕小，用一牛或人輓行。北方幽冀等處，遇有下地，經冬水涸，至春首，浮凍稍甦，乃用此器，劐土而耕。草根既斷，土脉亦通，宜春種麰麥。凡草莽汙澤之地，皆可用之。蓋地既淤壤肥沃，不待深耕，仍火其積草而

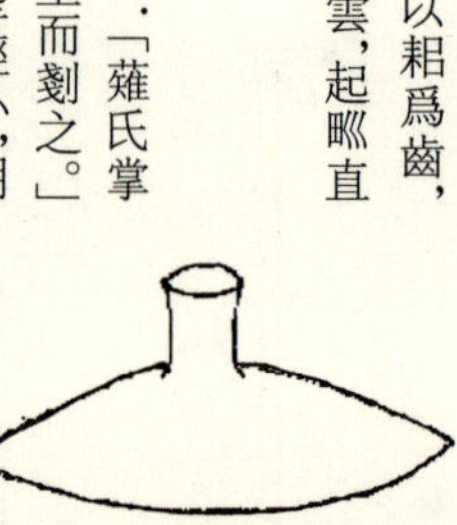
劐

種，去聲。乃倍收。斯因地制器，劃土除草，故名劃，兼體用而言也。詩云：制器相地宜，劃名良有義。起土與耜同，除荒過鉏利。既能耕墾兼，仍取播殖易。面看功施去聲。何，案：此句疑有訛字。春麥已交翠。

又 劃

劃，呼鑊切。《農桑輯要》云：「燕趙之間用之。」今燕趙迤南又謂之種金，耬足所耩金也。如鑱而小，中有高脊，長四寸許，闊三寸，插於耬足；背上兩竅，以繩控於耬之下桄。其金入地三寸許，耬足隨瀉種粒，其種入土既深，田亦加熟。劃所過，猶小犂一遍，如古耦耕之法，即一事而兩得也。詩云：種耬如耦耜，足木履雙金。制比耕鑱小，功惟入土深。發生資爾後，利用見於今。苗壠雲平日，嗟無迹可尋。

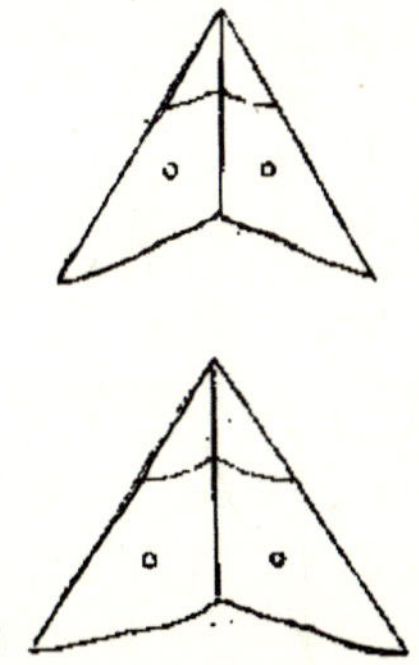

劃

又《農器圖譜四・錢鎛門》 錢、鎛，古耘器，見於聲詩者尚矣。然制分大小，而用有等差。揆而求之，其鋤、耨、鏟、盪等器，皆其屬也；如耬鋤、鐙鋤、耘爪之類，是其變也；至於薅、鼓，又其輔也。儻度而用之，則知水陸之耘事，有大功利在矣。

錢

錢，子踐切。《臣工》詩曰：「庤乃錢鎛。」注：「錢，銚也。」銚，七遙切。《世本》：「垂作銚。」《唐韻》作鄉。今鍬與鍤同此。鐵與鎛爲類，薅呼豪切。器也，非鍬屬也。茲度其制，似鍬非鍬，殆與鏟同。《纂文》曰：「養苗之道，鋤不如耨，力豆切。耨不如鏟。楚簡切。鏟，柄長二尺，刃廣二寸，以劃地除草。」此鏟之體用即與錢同，錢特鏟之別名耳。

錢

又 鎛

鎛，布各切。耨別名也。《良耜》詩曰：「其鎛斯趙，以薅荼蓼。」《釋名》曰：「鎛，迫也，迫地去草也。」《爾雅》疏云：「鎛、耨一器，或云鉏，或云鋤屬。」嘗質諸《考工記》，凡器皆有國工，粵獨無鎛，

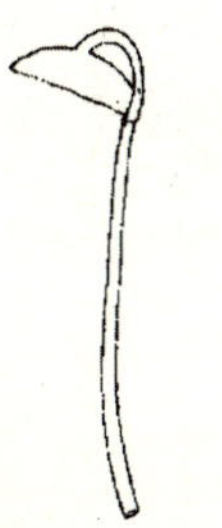

鎛

何也？粵之無鎛，非無鎛也，夫人而能爲鎛也。荊州之田第八，而賦第三，揚州之田第九，而賦雜出第六者，人功修也。以人皆趨農，故耕耨之器，手熟目稔，不須國工而自能也。竊謂鎛，鋤屬，農所通用，故人多匠之，不必國工。今舉世皆然，非獨粵也。王荊公詩云：於《易》見耒耜，于《詩》見錢鎛。百工聖人爲，此最功不薄。欲收禾黍善，先去蒿萊惡。願因觀器悟，更使臣工作。

又 耨

耨，力豆切。除草器。《易・繫》曰：「耒耨之利，以教天下，蓋取諸益。」《呂氏春秋》曰：「耨柄尺，此其度也。其耨六寸，所以間稼也。」高誘注云：「耨，芸苗也，六寸所以入苗間。」《廣雅》又云：「定謂之耨。」《爾雅》云：「斪巨復、古候二切。斸丁録切。謂之定。」郭曰：「鋤屬。」《淮南子》曰：「摩蜃而耨。」蜃，大蚌也。摩令利，用耨。此古農器也。《呂氏春秋》曰：「先生者美米，後生者秕。是故其耨也，長其兄而去其弟。不知稼者，其耨也，去其兄而養其弟，不收其粟而收其秕。」此失耨之道也。《纂文》曰：「養苗之道，鋤不如耨。」古農法云：苗生葉以上，稍耨壠草，因隤其土，以附苗根。此耨之功也。詩云：創物各有名，薅器即云耨。壅厚破蟻封，啄深過鳥咮。竹救切。護苗如養賢，去草同擊寇。曾聞傴僂翁，功毋求速就。

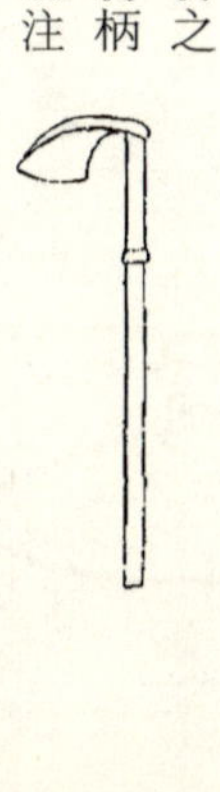

耨

又 耰鉏

耰鉏，古云斫斸，一名定，耰爲鉏柄也。賈誼云：「秦人借父耰鉏。」即此也。《釋名》：「鋤，助也，去穢助苗也。」《說文》：「鋤，立薅也。」《齊民要術》曰：「苗生馬耳則鏃。初角切。諺曰：「欲得穀，馬耳鏃。」鋤，稀豁之處，鋤而補之。凡五穀，惟小鋤爲良。勿以無草而暫停。春鋤起地，夏鋤除草。故春鋤不用觸濕，六月以後，雖濕亦無嫌。」夫鋤法有四：一次曰鏃，二次曰布，三次曰擁，四次曰復。諺云：「鋤頭自有三寸澤。」言鋤則苗隨滋茂。其刃如半月，比禾壠稍狹，上有短銎，以受鋤鉤。鉤如鵝項，下帶深袴，皆以鐵爲之。以受木柄。鉤長二尺五寸，柄亦如之。北方陸田，舉皆用此。江淮間雖有陸田，習俗水種，殊不知菽、粟、黍、穄等稼耰鋤鏃布之法，但用直項鋤頭，刃雖鋤也，其用如斸，是名钁鋤，故陸田多不豐收。今表此耰鋤

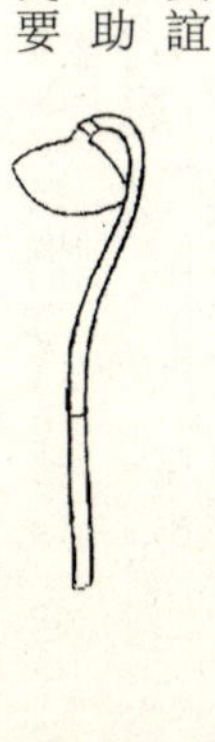

耰鉏

之效，并其制度，庶南北通用。王荆公詩云：鍛金以爲曲，揉木以爲直。直曲相後先，心手始兩得。秦人望屋食，以此當金革。君勿易耰鋤，耰鋤勝鋒鏑。

又　耬鋤

耬鋤，《種蒔直説》云：此器出自海壖，號曰耬鋤。耬車制頗同，獨無耬斗，但用耰鋤鐵柄，中穿耬之横桄，下仰鋤刃，形如杏葉。撮苗後，用一驢帶籠觜輓之，初用一人牽，慣熟不用人，止一人輕扶。入土二三寸，其深痛過鋤力三倍。所辦之田，日不啻二十畝。今燕趙間用之，名曰劐呼鑊切。子。劐子之制，又少異於此。劐子第一遍即成溝子，穀根未成，不耐旱；耬鋤刃在土中，故不成溝子。第二遍加擗土木鴈翅，方成溝子，其土分壅穀根。擗土用木，厚三寸，闊二寸，前爲尖，中作一竅，長一寸，闊半寸，穿於鐵鋤柄上，壓鋤刃上。《韓氏直説》云：如耬鋤過，苗間有小豁不到處，用鋤理撥一遍，即爲全功也。詩云：器惟名劐呼鑊切。柄如耰，一樣田家獨脚耬。擁土欲深添鴈翅，爲苗除薉當鋤頭。朝來暮去供千壠，力少功多限一牛。無佃甫田休盡信，驕驕惟莠并無憂。

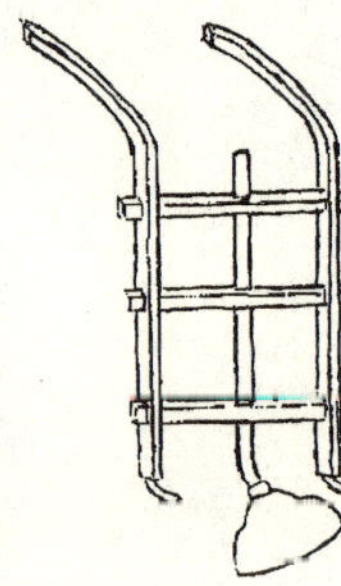
耬鋤

又　鐙鋤

鐙多鄧切。鋤，劐草具也。形如馬鐙，其踏鐵兩旁作刃甚利，上有圓銎，以受直柄。用之劐草，故名鐙鋤。柄長四尺。比常鋤無兩刃角，不致動傷苗稼根莖。或遇少旱，或熇苗之後，壠土稍乾，荒薉復生，非耘耙、耘爪所能去者，故用此劐除，特爲捷利。此創物者隨地所宜，偶假其形，而取便於用也。與前代儀仗鐙棒無異。嘗見江東農家用之。詩云：兹鋤以鐙稱，惟鐙與鉏異。鉏乃擬鐙形，鐙也取鉏利。借用有實材，互名非本器。物兮多變通，執一豈云智。

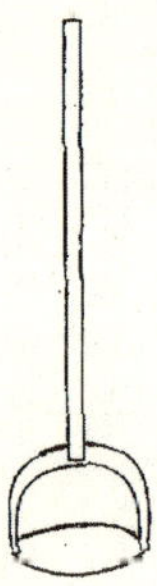
鐙鋤

又　鏟

鏟，楚簡切。《釋名》曰：「鏟，平削也。」《廣雅》云：「籤。」《纂文》曰：「養苗之道，鋤不如薅，薅不如鏟。柄長二尺，刃廣二寸，以劐地除草。」此古之鏟也。今鏟與古制不同，柄長數尺，首廣四寸許；兩手持之，但用前進攛之，劐去壠草，就覆其根，特號敏捷。今

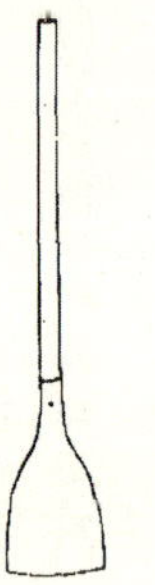
鏟

營州之東，燕薊以北，農家種溝田者，皆用之。詩云：古鏟惟制小，頗逾鋤耨功。今與古制異，用亦差不同。溝田壠欹仄，他刃誠難攻。制器度地宜，創物須良工。長柄加闊首，圓杽投直銎。畎畝耀吐月，肘腋凌輕風。務進同撞戈，再前遂換踪。覆芟易反掌，剸地深潛鋒。已令土膏潤，旋平聲。看蔓草空。要處薅薙外，不離芸芓中。養苗成此稼，去穢利吾農。無田非力鬬，有具致時豐。嘗見燕趙北，亦傳遼池東。遠近或未識，圖譜容相通。

又　耘盪

耘盪，徒浪切。江浙之間新制之，形如木屐而實，長尺餘，闊約三寸，底列短釘二十餘枚，簨其上，以貫竹柄。柄長五尺餘。耘田之際，農人執之，推盪禾壠間草泥，使之溷溺，則田可精熟，既勝耙鋤，又代手足。水田有手耘，足耘。況所耘田數，日復兼倍。嘗見江東等處農家，皆以兩手耘田，匍匐禾間，膝行而前，日曝於上，泥浸於下，誠可嗟憫。真西山言《豳》詩農事之叙，至耘苗則曰：「暑日流金，田水若沸，耘耔是力，稂莠是除；爬沙而指爲之戾，傴僂而腰爲之折。」此耘苗之苦也。今覩此器，惜不預傳，以濟彼用。兹特圖録，庶愛民者播爲普法。

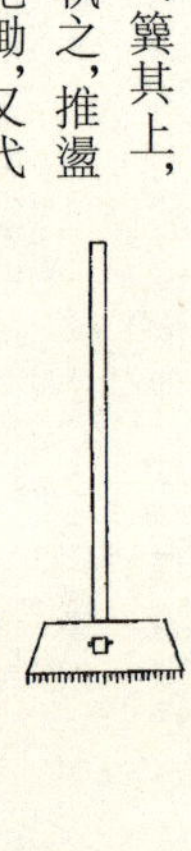
耘盪

又　耘爪

耘爪，耘水田器也，即古所謂鳥耘者。其器用竹管，隨手指大小截之，長可逾寸，削去一邊，狀如爪甲，或好堅利者，以鐵爲之，穿於指上。乃用耘田，以代指甲，猶鳥之用爪也。陸龜蒙《鳥耘辯》謂：「耘者去莠，舉手務疾而畏晚。鳥之啄食，務疾而畏奪，法其疾畏，故曰鳥耘。」然嘗觀農人在田，傴僂伸縮，以手耘其草泥，無異鳥足之爬抉，豈非鳥耘者耶？今述耘爪，故因辯之，庶識者有所取也。詩云：惟農有鳥耘，爪田仍去莠。劖竹貫十指，耨禾牽兩肘。假借以爲功，疏剔乃能久。羡彼城府人，安居長袖手。

耘爪

劉應棠《梭山農譜》耕譜《耕目・耕器計九則》

塍鏟

以鐵爲之，長闊四寸餘，上有孔不方而圓，空其中以受木柄。柄長六七尺，劐畔用焉。外有膢刀，亦有圓孔以受柄，但形狹如長舌耳。有縱横二用，塍屈曲，鏟方不能施者，則用刀直下；間有土潤易入者，則省劐力用刀横下。用不

同，事則一也。平原曠野之鄉，則又耑用鍬以起土云。

凡事自上而下行善易，誅惡亦易，此鏟有焉。

又　鋤

以鐵爲之，形狹不滿三寸，長七八寸，底平微曲，上口薄有鋒，身盡處有圓孔以受木柄。凡收放水、鋤田角用之。

又　鍎

用小木起一架如口字，上則農按之以行牛，下則安齒如泥杷，但彼小此較大，如耜耳。齒有竹者，有鐵者，亦與耜同。惟耜齒倒用，鍎齒則順行。蓋耜繼耒後塊尚頑大，齒用順則鑱入土中不出，故須用倒安，向牛後，人立耜上催牛，牛牽耜走，耜盛人走。人身重壓齒，齒鋒鋭戛土，往復數四，土無不徐徐解矣。至種禾時，土在水下，水在土上，水土漸和，無復頑塊作梗，乃用鍎順抄土，人曰打鍎。所以化土成泥，亦使泥皆爲水。先農整田之制盡善若此，故詳譜焉。

鄭之僑《農桑易知録》卷一《力農器具》　鋤

鋤有三樣，開荒者厚而重，平土者輕而快，除草者薄而利，總以鐵爲之。長有尺餘，寬可七寸，有耳。鬭之以柄，約有七尺許。並可爲肩挑之用。

程瑶田《磬折古義》　磬折説

考之元人王禎《農書》載三器。

一曰鎛，耨别名也。《良耜》詩曰：「其鎛斯趙，以薅荼蓼。」《釋名》曰：「鎛，迫也，迫地去草也。」《爾雅》疏云：鎛耨一器，或云鉏，或云鉏屬。粤無鎛，夫人而能爲鎛也。言農所通，故人多匠之，不必國工。今舉世皆然，非獨粤也。余於宣之義，未聞其審。今觀《釋名》之言鎛也，曰「迫地去草」，而宣之句也僅半矩，用以去草，夫亦迫地之至矣。豈宣即鎛乎，因附疏之以俟考。

此《農書》所圖之鎛也。

二曰耨，除草器。《吕氏春秋》曰「耨柄尺」，此其度也。其耨六寸，所以間稼也。高誘注：耨，芸苗也。六寸所以入苗間。《廣雅》又云：定謂之耨。《爾雅》曰：斪斸謂之定。郭曰：鉏屬。《淮南子》曰：摩蜃而耨。桉：耨，蓋古用蜃爲之。《纂文》曰：養苗之道，鉏不如耨。古農法云：苗生葉以上，稍耨壠草。因隤其土以附苗根，此耨之功也。余於鎛之言迫，疑爲半矩之宣。此定謂之耨，與斪斸謂之定釋義相通。耨爲一宣有半之欘，更覺古訓鈎貫。

此《農書》所圖之耨也。

三曰耰鉏，古云斪斸，一名定。耰爲鉏柄也。《釋名》：鋤，助也，去穢助苗也。《説文》：鉏，立薅所用也。《齊民要術》曰：其刃如半月，比禾壠稍狹，上有短銎以受鉏鈎。鈎如鵞項，下帶深袴，皆以鐵爲之，以受木柄。鈎長二尺五寸，柄亦如之。上三事，皆鉏屬。倨句形之已句者，而有淺深之殊。耰鉏，即耨之曲項者，其用殆隨地之柔剛便宜施之與。王懷祖《廣雅疏證》云：「桉定者，斫物之稱，今江淮間謂以斧斫物曰釘，音帶定反，是其義也。」余謂今以木削其末令鋭，刺地爲椿，敲其首使深入曰釘。以銅鐵竹木爲刺固物，用斧錐敲之令入亦曰釘。然皆直下釘之，與倨句器之擊物名定者異。

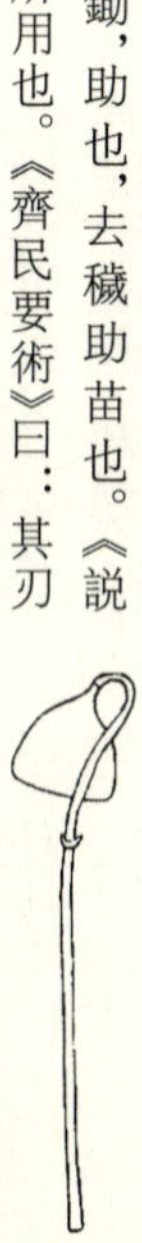

此《農書》所圖之耰鋤也。

余以句欘爲鉏屬，斪斸爲斤屬，謂二器同名異實。既考《農書》，得田器之端緒，復從木工取所謂某子者觀之，校其倨句，適中一宣有半。因問木工曰：倨句有定限乎？曰：無二形也。開而向外，則斫木易入而難出。斂而向内，則斫木滑過不能入。此即冶氏爲戈已倨則不入，已句則不決之病所不免者也。圖之以廣異聞。

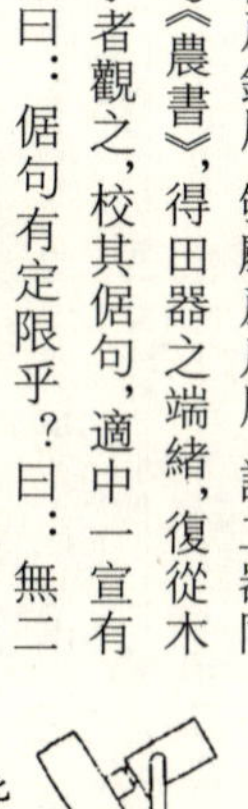

此今木工所用之某子，俗又呼偏鏟。余疑即斤屬之斪斸也。刃闊約裁尺四寸，靠人身一面有鍔裏出，斫木一面平。

余畜古銅斲斤，又於他處見數事，大小廣狹不一，然皆横刃。其頂爲銎以納木柄。用斧腦擊其柄首，直下用之。曾圖而爲之説。此斤刃闊數倍，於其闊刃上之中間爲小銎，如直斤銎狀，以納數寸直柄。又於直柄中爲鑿，横安長柄爲倨句形，執其長柄句而斫之。蓋斲斤之垂首者，豈余所謂斤屬之斪斸與。

史游撰　顔師古注《急就篇》卷二

鈐鐕，鉤，銍，斧鑿鉏。銍，知栗反，一作鉒。鈐，巨廉反。鐕，特妥反，音墮，又徒猥反。鉏，叶音鋤，吐彫反，見前竺諫朝注，一作鋤。

鈐鐕，大犂之鐵。黄氏曰：鈐鐕，大犂也，音墮。鈎即鎌刀詹反。也，形曲如鉤，因以名云，亦謂之鍥。苦節反，《説文》苦結反，鍥也。銍，刈黍短鎌也。黄氏曰：穫禾短鎌，一作銈，音注。

王禎《農書》卷一四《農器圖譜五・銍艾門》

《傳》曰：「種曰稼，斂曰穡。」稼爲農之本，穡爲農之末。本輕而末重，先緩而後急。故農法曰：熟欲速穫。此銍、艾等器，所以爲田農收斂之要務也。仍以斧鋸等附，亦農事之不可緩者。

銍

銍，知栗切。穫禾穗刃也。《臣工》詩曰：「奄觀銍艾。」《書・禹貢》曰：「二百里納銍。」注：刈禾半藁也。《小爾雅》云：「截穎謂之銍。」截穎，即穫也。據陸氏《釋文》云：「銍，穫禾短鎌也。」《纂文》云：「江湖之間，以銍爲刈。」《説文》云：此則銍器斷禾聲也。故曰銍。《管子》曰：「一農之事，必有一椎一銍，然後成爲農。」此銍之歷見于經傳者如此。誠古今必用之器也。詩云：制形類短鎌，名義因聲聞。總秸既異賦，禾藁惟中分。雖云一鉤鐵，解空千畝雲。小材有大用，乘時策奇勳。苟無遽棄捐，磨厲以須君。

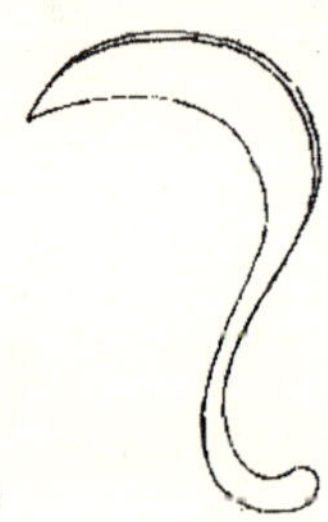

銍

又　艾

艾，魚肺切。穫器，今之剷鎌也。《方言》：「刈鉤，江淮陳楚之間謂之鉊，音昭。或謂之鐹，音果。自關而西或謂之鉤，或謂之鎌，或謂之鍥。」音結。《詩》：「奄觀銍艾。」陸氏《釋文》「音乂」。芟草，亦作刈。賈《策》：「若艾草菅。」注：「艾，讀曰刈。」古艾從草，今刈從刀，字宜通用。詩云：艾也著周《詩》，一物兩用備。始資芟蔓草，終賴斂秉穟。磨淬擬工利，收穫疾寇至。毋謂雪黐匙，腰月棄塵翳。

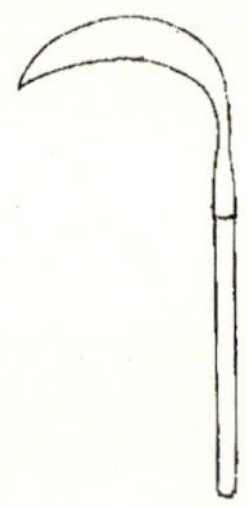

艾

又　鎌

鎌，力詹切。刈禾曲刀也。《釋名》曰：「鎌，廉也，薄其所刈，似廉者也。」又作鐮。《禮》：「薙氏掌殺草，春始生而萌之，夏日至而夷之。」鄭康成謂：「夷之，鉤鎌迫地芟之也，若今取茭矣。」《風俗通》曰：「鎌刀自揆，積芻蕘之効。」然鎌之制不一，有佩鎌、有兩刃鎌、有袴鎌、有鉤鎌、有鎌柌鎌柄楔其刃也。之鎌。皆古今通用芟器也。詩云：利器從來不獨工，鎌爲農具古今同。芟餘禾稼連雲遠，除去荒蕪捲地空。低控一鉤長似月，輕揮尺刃捷如風。因時殺物皆天道，不爾何收歲杪功。

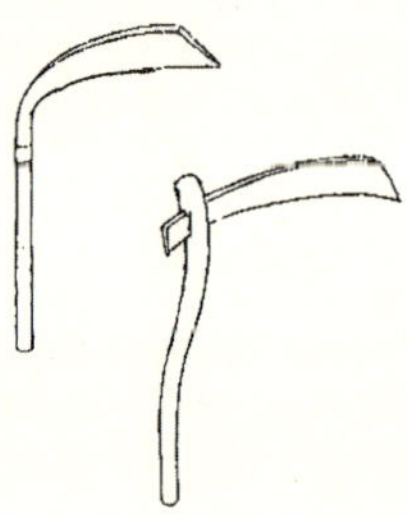

鎌

又　推鎌

推鎌，斂禾刃也。如蕎麥熟時，子易焦落，故制此具，便於收斂。形如偃月。用木柄，長可七尺，首作兩股短叉，架以横木，約二尺許，兩端各穿小輪圓轉，中嵌鎌，刃前向。仍左右加以斜杖，謂之蛾眉杖，以聚所劖之物。凡用，則執柄就地推去，禾莖既斷，上以蛾眉杖約之，乃回手左擁成稕，以離舊地，另作一行。子既不損，又速於刀刈數倍。此推鎌體用之效也。詩云：北方寒早多晚禾，赤莖烏粒連山阿。霜餘日薄熟且過，脆落不耐揮刈何。因物制器用靡他，田夫已見伐長柯。一鉤偃月鎌新磨，置之叉頭行雨碣。仍加修杖雙眉蛾，推擁捷勝輪走坡。左捩忽若持横戈，原頭積稕雲長拖。秋成助斂知時和，欲充糲食無飢魔。北風捲地翻長河，此時鎌也收功多，試向田翁唱此歌。

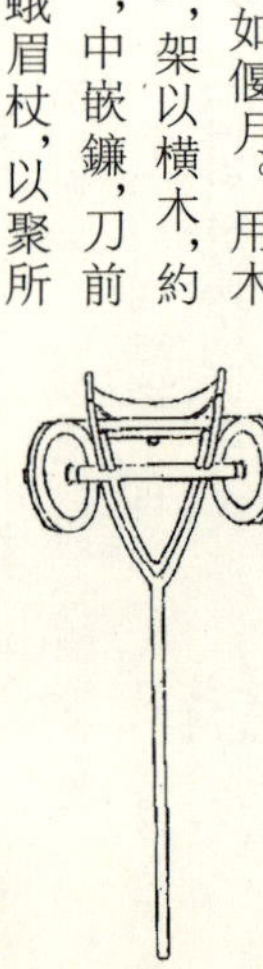

推鎌

又　粟鋻

粟鋻，古賢切。截禾穎刃也。《集韻》云：「鋻，剛也。」其刃長寸許，上帶圓銎，穿之食指，刃向手内。農人收穫之際，用摘禾穗。與銍形制不同，而名亦異，然其用則一，此特加便捷耳。詩曰：截然小刃帶圓銎，禾穎還分掌握中。總道詩人能博物，好將題詠繼《臣工》。

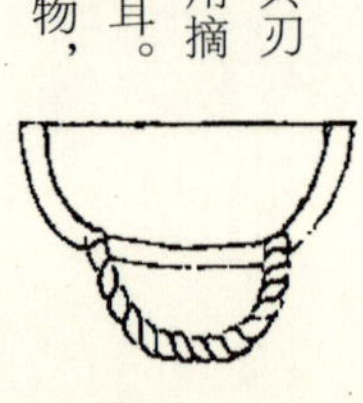

粟鋻

又　鍥

鍥，古節切。似刀而上彎，似鎌而下直，其背如指厚，刃長尺許，柄盈二握。江淮之間恒用之。《方言》云：自關而西謂之鉤，江南謂之鍥。音結。鍥、鏍，《集韻》通用。又謂之彎刀。以刈草禾，或斫柴篠，可代鎌斧。一物兼用，農家便之。詩云：弟鎌兄鏺不須猜，呼鏍爲名有自來。賦物詩人還可取，器兮不器擅兼材。

鍥

又　鏺

鏺，蒲末切。《集韻》云：「鏺，兩刃刈也。」其刃長餘二尺，闊可三寸，橫插長木柄內，牢以逆楔。先結切。農人兩手執之，遇草萊或麥禾等稼，折腰展臂，匝地芟之。柄頭仍用掠草杖，以聚所芟之物，使易收束。太公《農器篇》云：「春鏺草棘。」又唐有鏺麥殿。今人亦云芟曰鏺。蓋體用互名，皆此器也。詩云：摩地寧論草與禾，雲隨風捲一劚過。田頭曾聽農夫說，功比鉤鐮十倍多。

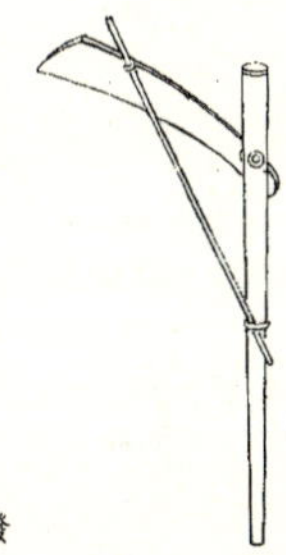
鏺

又　劚刀

劚郎計切。刀，《集韻》與劚同，闢荒刃也。其制如短鐮，而背則加厚。嘗見開墾蘆葦蒿萊等荒地，根株駢密，雖強牛利器鮮不困敗。故於耕犂之前，先用一牛引曳小犂，仍置刃裂地。闢及一隴，然後犂鑱隨過覆墢，截然省力過半。又有於本犂轅首裏邊，就置此刃，比之別用人畜，尤省便也。詩云：萑葦根駢密若封，耕犂借爾作前鋒。欲知牛力寬多少，萬垈翻雲看不供。案：「看不供」三字難解，疑有誤。

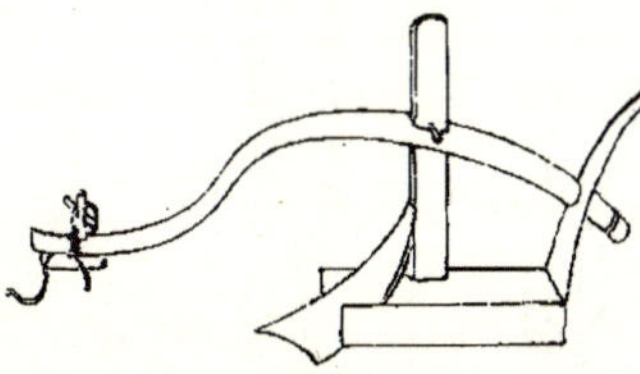
劚刀

王圻　王思義《三才圖會·器用》卷一〇《農器類》

麥釤

麥釤，所鑑切。芟麥刃也。《集韻》曰：「釤，長鐮也。」然如鐮長而頗直，比鏺薄而稍輕，所用斫而劚之，故曰釤。用如鏺也，亦曰鏺。其刃務在剛利，上下嵌繫，綽柄之首，以芟麥也。比之剛穫功過累倍。

麥釤

又　捃刀

捃刀，捃，君連切。《集韻》云：「捃，拾也。」俗謂拾麥刀。刃長可五寸，闊近二寸。上下竅繩，穿之繫於指腕，隨手芟穫，取其便也。麥禾既熟，或收刈不時，莖穗狼藉，不能淨盡，單貧之人得以取其遺滯。《詩》所謂此有滯穗，伊寡婦之利。蓋捃拾之間用此器也。

捃刀

又　刈刀

刈刀，穫麻刃也，或作兩刃，但用鐮柄似咨切。旋插其刃。俯身控刈，取其平穩便易。北方種麻頗多，或至連頃。另有刀工，各具其器，割刈根莖，劚削稍葉，甚有速效。《齊民要術》曰：麻勃如灰便刈，穊欲小，縛欲薄，穫欲淨。此刈麻法也。南方惟用拔取，頗費工力。

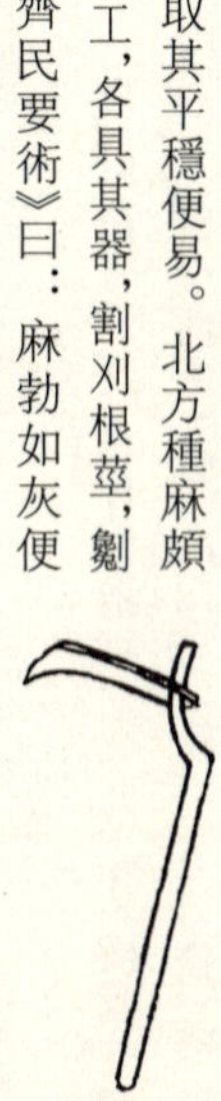
刈刀

藝文

曹植《曹子建集》卷七《神農贊》　少典之胤，火德成木。造爲耒耜，導民播穀。正爲雅琴，以暢風俗。

柳宗元《柳河東集》卷四三《首春逢耕者》　南楚春候早，餘寒已滋榮。土膏釋原野，百蟄競所營。綴景未及郊，穡人先耦耕。園林幽鳥囀，渚澤新泉清。農事誠素務，羈囚阻平生。故池想蕪没，遺畝當榛荆。慕隱既有繫，圖功遂無成。聊從田父言，欵曲陳此情。眷然撫耒耜，迴首烟雲橫。

王安石《臨川文集》卷一一《耒耜》　耒耜見於易，聖人取風雷。不有仁智兼，利端誰與開。神農后稷死，般爾相尋來。山林盡百巧，揉斲無良材。

又《錢鎛》　於《易》見耒耜，於《詩》聞錢鎛。百工聖人爲，此最功不薄。欲收禾黍善，先去蒿萊惡。願同歆器悟，更使臣工作。

又《耰耡》　鍛金以爲曲，揉木以爲直。直曲相後先，心手始兩得。秦人望屋食，以此當金革。君勿易耰耡，耰鋤勝鋒鏑。

弘曆《御製詩集》三集卷三〇《農器圖十詠有序·犁》　耒耜由來揉斲爲，叔平始教以牛施。深耕利用希多穫，玉食惟當念在茲。

又《耬車》　耬車播種有神權，一日能教一頃全。曰力曰勤曰巧備，雨暘時若尚由天。

又《礰礋》 南畝雖云播種齊，更須礰礋壓塍畦。功大不惜層層進，所戒荒唐志或攜。

又《鋤》 去莠扶良古所聞，萌之薙氏教春耘。鎡基要在待時舉，鋤雨吾方望甚勤。

又《銍艾》 我稼當秋幸有逢，腰鐮千畝日相從。可知銍艾奄觀日，爾許艱辛奬老農。

灌溉機械

論説

陳椿《熬波圖》 棹水潑水

攤場四圍淺開通水小渠，竈插不分男女，每日午後收灰。入淋之後，場地已空，晚下用繩索剳縛了水桶，名曰棹桶。兩人將棹桶相對，於港邊棹水上岸，自潢頭内流入灰場四圍渠内。隨以杴蒲潑水灌濕攤場，浥露一夜，次日絶早攤灰。

灰場欲潤不欲乾，長繩戽海海水翻。分溝通流護場面，平鋪灰了攤復攤。就場棹水仍潑水，却恐風來一掃間。健婦肩灰何火急，不顧飢兒扳擔泣。

曹學佺《蜀中廣記》卷五六《風俗記第二·已上嘉眉》 《邛州志》云：州人插秧所擊鼓，曰長腰，以木爲身，首尾蒙皮，泥塗其面，繫以長纏，擊以大槌，和以俚歌，所以侑勤。今則藐矣，歲旱祈雨，有打泉之説。田至百十丈高遠者，接長竹引水溉之，或接至六七十竹者。又有戽水者，編竹簍如舟中戽斗狀，繫二繩其耳，二人峙立，執繩取水溉之。田高七八尺、一丈以上用此，亦桔槔之屬也。

張宗法《三農紀》卷二 戽斗者，不過因有區水，急救其禾于上水。不若輪股之善也。輪股車者，或一人，或三四人者，一人有一人之水分。澆溉之法，莫輪股爲甚。

吳邦慶《澤農要録》卷五《灌溉》 附灌溉諸器

戽斗，挹水器也。《唐韻》云：戽，抒也。抒水器挹也。凡水岸稍下，不容置車。當旱之際，乃用戽斗，控以雙綆，兩人掣之，抒水上岸，以溉田稼。其斗或柳筲，或木槩，從所便也。徐光啓曰：此是岸下不必置車，或所用水少，權作此耳。若以溉田，即岸下亦是置車爲妙。

羅濬《寶慶四明志》卷一七《慈溪縣志第二·教院十一》 院之前有古松夾道，綿亘數里，望之如雲。其一最巨而奇，蜿蜒如龍飛，偃如蓋臨池上。院之後有流泉潺湲，出於深山窮谷中。僧用巨竹連筒，引行數里，入香積厨以供用。其流匯于松下石池，溢而出于谿。龍圖閣學士舒亶有詩曰：門前屏障繞潺湲，付與林僧夜定還。松蓋作雲連十里，竹龍行雨出千山。白公香火蓮開後，謝氏池塘草碧間。我亦鳳臺上客，圖閑却笑未能閑。

查慎行《得樹樓雜鈔》卷三 筒車

山家引水者，植木爲架，刳木爲筒，或剖巨竹爲之。自水源起，高下相承，涓流不絶，直灌田中，不勞人力。余所見廣西湖南一帶，處處有之。因思戴石屏詩有「筒車自運山田水，長日老農閒唱歌」之句，可補古人田家詩所未道。

張宗法《三農紀》卷二 彼面高山有水，此面高山有田，下有深壑，須于彼高山中梘水湧溢。法須用大竹筒，去中節，令通，埋于彼高流處，引水于筒中，以筒接續，而曲屈于此高山處，透其筒口，出水若湧泉然，任其澆灌。

吳邦慶《澤農要録》卷五《灌溉》 附灌溉諸器

連筒，竹通水也。凡所居離水甚遠，不便汲用，乃取大竹，内通其節，令本末相續，連延不斷，閣之平地，或架越澗谷，引水而至。又能激而高起數丈，注之池沼及庖湢之間，如藥畦蔬圃，亦可供用。杜詩所謂「連筒灌小園」。徐光啓曰：豈有激而高起之理，若能高起，必是上流受處高於下流洩處故也。果高，則百丈亦可。不高，則分寸不能。但是上流高于下流一二尺，即能取水至百丈之上，此則制作之巧耳。

架槽，木架水槽也。間有聚落去水既遠，各家共力造木爲槽，遞相嵌接，不限高下，引水而至。如泉源頗高，水性趨下，則易引也。或在窪地，則當車水上槽，亦可遠達。若遇高阜，不免避礙，或穿鑿而通。若遇坳險，則置之叉木，駕空而過。若遇平地，則引渠相接。又左右可移，鄰近之家，足得借用。非惟灌溉多便，抑可瀦蓄爲用。暫勞永逸，同享其利。

范曄撰　李賢注《後漢書》卷一〇八《宦者列傳第六十八·張讓傳》　又鑄四鐘，皆受二千斛，縣於玉堂及雲臺殿前。又鑄天禄蝦蟇，吐水於平門外橋東轉水入宫。又作翻車渴烏，翻車，設機車以引水。渴烏，爲曲筒以氣引水上也。施於橋西，用灑南北郊路，以省百姓灑道之費。

張宗法《三農紀》卷二　水太深難上者，以大竹，内去其節，長一二丈，下節不去，如製炊火風匣法，上以抽竿，底留一竅，往來推之，水從竅入，竅出而溉。

劉嶽雲《格物中法》卷二《水部》　水

激水上行之法

以唧筒激水其上。郭橐駝《種樹書》。

嶽雲謹案：此物俗名水唧，北人謂之激筒，廣人謂之水槍，中國自古有之，實即單行吸筒也。《泰西水法》用雙行吸筒，更迭互用，令水源源不息。雖制作稍巧，而其吸水上行，終不外是法，非中國聖人之啓其智哉？

鑄天禄蝦蟇，吐水於平門外，橋東轉水入宫。又作翻車、渴烏，施於橋西，用灑南北郊路，以省百姓灑道之費。《後漢書·張讓傳》。

翻車，設機車以引水。渴烏，爲曲筒以氣引水上也。《後漢書·章懷太子》注。

嶽雲謹案：翻車，《農政全書》謂即水車，今龍骨車也。《農政全書》云：《魏畧》曰：魏馬鈞居京中，有地無水以灌，乃作翻車，使兒童轉之，引水灌園。或曰漢靈帝使畢嵐作翻車引水。未知孰是。翻車即今之水車也。渴烏，《事物紀原》謂即過山龍。過山龍已見氣部。

程大昌《演繁露》卷三《桔槔水車》　水車，古無見。《莊子》曰：漢陰丈人鑿隧而入井，抱甕而灌，則直提甕汲井，汲滿即出而灌之，未有機巧也。子貢於是語以桔槔之制，其説曰：後重前輕，挈水若抽，數如沃湯。案此意制，是就有水處立木，其上交午如十字，一頭繫甕，一頭虚乘。汲者制其低昂，故其挈水若抽，數如沃湯也。沃湯者，湯之沸騰而湧起者也。此其爲械，比之抱甕，則事半而功加倍矣。然而自此時至漢，皆未有今世捲水之車也。不獨未有捲水之車也，雖水磑、水碓亦無載焉。故知智未及知也。《魏畧》曰：馬鈞居京都，有地可爲園，患無水以灌，乃作翻車，令童轉之而灌，水自覆更出更入，其巧百倍於常。此方是今之水車也矣。

陸游《入蜀記》卷一　八日雨霽，極涼如深秋，遇順風，舟人始張帆，過合路。居人繁夥，賣鮓者尤衆。道旁多軍中牧馬，運河水泛溢，高於近村地至數尺。兩岸皆車出積水，婦人兒童竭作，亦或用牛。婦人足踏水車，手猶績麻不置。過平望，遇大雨暴風，舟中盡溼。

高承《事物紀原》卷九《農業陶漁部》　水車

《魏畧》曰：馬鈞居京都，城内有地可爲園，無水以灌之。乃作翻車，令童兒轉之而灌，水自覆。今田家有水車，天旱時引水以溉田者，即此器也。詳此，則其制起自魏馬鈞也。而漢靈帝使畢嵐作翻車，設機束以引水，灑南北郊路，又爲自畢嵐所制矣。未知孰是。

釋居簡《北磵集》卷六《水利》　以轂横谿，搆軸於岸，比竹於輻，發機而旋，非深湍無所事，後重而前輕，俯仰如人意，并可以施其巧。此車槔所以别也。水梭窾如上架而縻之，當畎澮之衝，溢則出，涸則納，三者用於蜀吳。車曰龍骨，方槽而横軸，板盈尺之半，納諸槽側而貫之，鈎鎖連環與槽稱，參差釘木於軸，曰猨首，蹴以運其機。澗溪沼沚，無往不利。獨不分功於槔。槔梭一人之力，龍骨則一人至數人。車則任力於湍，隨崇卑之宜，雖灌溉之功豐約不齊，其得罪於鑿隧抱甕則鈞也。

熊夢祥《析津志輯佚·古蹟》　施水堂

京師乃人馬之宫，分爲一統。都會之朝，公府趨事者，非馬曷能集事，城大地廣故也。而馬疋最爲負苦，其思渴尤甚於饑者。頃年有獻施水車，以給井而得水於石槽中，用以飲馬。由是，牛畜馬匹之類咸賴之。仍依於釋氏之側，庶幾毋勞於民，不妨於其力。其製，隨井淺深，以犖确水車相銜之狀。附木爲戽斗，聯於車之機，直至井底。而上人推平輪之機，與主輪相軋，戽斗則傾於石梘中，透出於闌外石槽中。自朝暮不輟，而人馬均濟。古無今有，誠爲可嘉。故記之以旌其善。

宋濂等《元史》卷九三《志第四十二·食貨一·農桑》　凡河渠之利，委本處正官一員，以時濬治。或民力不足者，提舉河渠官相其輕重，官爲導之。地高水不能上者，命造水車。貧不能造者，官具材木給之，俟秋成之後，驗使水之家，俾均輸其直。

宋應星《天工開物》卷上《乃粒第一》 水利

凡稻妨旱藉水，獨甚五穀。厥土沙泥磽膩，隨方不一。有三日即乾者，有半月後乾者。天澤不降，則人力挽水以濟。凡河濱有製筒車者，堰陂障流，遶于車下，激輪使轉，挽水入筒，一一傾于梘內，流入畝中。晝夜不息，百畝無憂。不用水時，拴木礙止，使輪不轉動。【略】

劉應棠《梭山農譜》耘譜《耘目・耘器 計三則**》** 厢車

山鄉田大半苦潦，不常旱，故水車制者甚少。然當大旱之年，往往流泉在左右，望洋而歎耳，束手待斃。究於天乎。何尤若平原曠野之鄉，家有大小厢車，又有手車、牛車，皆所以備旱者。其創造之妙，則邑先達宋公長庚《天工開物》書內已詳其制，故不復贅。

屈大均《廣東新語》卷一六《器語》 水車

從化之北有流溪，自上五指山至黄龍砵，驚灘艸逕，凡百餘里，兩岸巨石相拒，水湍怒流。居民多以樹木障水，爲水翻車。子瞻詩「水上有車，車自翻水。」翻車，一名大輣車，輪大三四丈，四周悉置竹筒，筒以吸水，水激輪轉，自注槽中，高田可以盡溉。西寧亦然。每水車一輛，可供水碓十三四。

張宗法《三農紀》卷二 溉法，泉流難以土渠者，用輪股車，車繳水入渠，可以數尺，可以丈餘。能將以水逼換通運，而登數仞之上，乃人力所能爲之也。【略】

泉流深不可以車繳，又流緩不可以水運，須于水中造車，岸上作室如笠，以牛馬推輪，輪轉機動，平輪撥換竪輪，輪繳車，車運水，水入梘，梘流渠，渠流入田。

鄭之僑《農桑易知録》卷一《農務事宜》 開渠

專司疏濬，不許恃强而兼併，不許絶流而誤蔭。自上而下，由近而遠，盈科而進，有餘則仍歸之於河。河邊水低，難施流蔭者，務於灘頭水迅處，裝成輪架，以竹筒車水，激流旋轉，每筒斜上，吸水倒入梘槽，分灌田畝，力省而工倍。其湖池平闊，水停不流，用牛轉盤，使盤之外牙激横架小輪，俾水車旋轉，以助人力之不足，灌田至便。至於零星坵瑕，水源不通者，又有鑿井之一法。北省可用此法。宜擇高曠之地，穿開一井，其深及泉爲止。植一高木於井傍，約三丈餘，横用一小木及半，一丈五尺。中有轉筍，兩首如稱錘然。再用竹篙長及水，繫於横笱之首，懸以水桶，其高二邊適均，把手一摇，而下者可引而上。此用力頗易，一夫可灌田五六畝。

孫蟠《南游紀程》卷上 庚子五月初三日，芒種，晴熱。行七十里，至松溪縣，入閩地矣。食楊梅。沿途田家取水法甚巧：以大竹輪置溪中，輪上斜安竹筒數十，水激輪轉，竹筒飲水而上，遞傾於木槽中，又一木槽接受。水槽如丁字式，引水入田，晝夜不息。凡有急流大溪處，皆可仿而行之。

吴邦慶《澤農要録》卷五《灌溉》 附灌溉諸器

筒車，流水筒輪。凡制此車，先視岸之高下定輪之大小，須輪高於岸，筒貯於槽方爲得法。其車之所在，自上流排作石倉，斜擗水勢急湊筒輪。其輪就軸作轂，軸之兩旁閣于樁柱山口之內。輪軸之間除受水板外，又作木圈縛繞輪上，就繫竹筒或木筒於輪之一週。水激轉輪，衆筒兜水，次第傾於岸上所横木槽，謂之天池，以灌田稻。日夜不息，絶勝人力。若水力稍緩，亦有木石制爲陂柵，横約溪流，旁出激輪，又省工費。或遇流水狹處，但壘石斂水，湊之亦爲便易。

劉沅《槐軒雜著》卷二《筒車記》 漢陰丈人抱甕而汲，子貢導之以橰，丈人曰：吾聞有機事者必有機心，機心存於中，則純白不全，神生不定，道之所不載也。劉子止唐曰：異哉，莊生之言道也。夫道以利於人者爲大，便於已者爲私，公私之辨視乎理。欲德慧術智，經國家，利人民，垂不朽，巧者創物，智者述焉。營私罔利，以爲身謀，機之萌，道之賊也。其源不澄，其流不潔。制器以前民用，豈有慝哉。蜀西水利甲於天下，防豬之窮則爲水車，自下上上，蓋彷乎橰之義也。而筒車，尤異車之制。截竹爲筒，比而櫛之，貫以巨索。其圜如輪，輪廣三丈，内外重輪。筒微斜向，昂首低尾，以便汲水。當晨正之後，居民壅水爲溪，竪輪而俟春漲既至。水駛輪飛，筒飲於河，吸水以入，及其周於頂上，則復吐焉。盛之水樽，引溉原田，歲給一二十畝。其或溪田距遠，則爲瘞筒土中，隨其高下而引之，流陂則筒植，衍則筒卧，雖數里可達。吾鄉農人恃此以無棄地。春夏之交，觀聽所及盤盤焉，囷囷焉，有滿月之形；泠泠焉，逢逢焉，有管絃之聲。水竹參差，林樹蓊薆，遥而聆之，不知其音之奚自也。昔陳與義詩云：「荒村終日水車鳴，陂北陂南共一聲。」夫村之荒也，車何有焉。此蓋寓目所及，非誠知水車者。然古稱水車，亦非筒車也。東坡、放翁皆嘗咏之，其詞曰：「翻翻聯聯銜尾鴉，犖犖角角蜕骨蛇。」又曰：「處處躍秧馬，家家聞水車。」俗稱龍骨車，亦以其形似也。前人所録，故不具載。

劉嶽雲《格物中法》卷二《水部》 水

激水上行之法

嚴州山中灌禾之法有水輪，其制：約水面至岸高若干尺，如其度爲輪。輪之輻以軸大幹爲之，每軸出椭處繫一竹筒，但微繫其腰，使兩頭活動，可以俯仰。置軸半岸，貫輪其上。岸上近輪處置水槽以承水。溪水散緩則以石約歸輪下，使水急。水急則輪轉如飛。每筒得水則底重口仰，及轉至上則筒口向下，瀉水木槽，分流田中。不勞人力而水自足。《稗史類編》。

筒車，流水筒輪。凡制此車，先視岸之高下，可用輪之大小，須要輪高於岸，筒貯於槽方爲得法。其事之所在，自上流排作石倉，斜擗水勢，急湊筒輪。其輪就軸作轂，軸之兩旁閣於椿柱山口之内。輪軸之間，除受水板外，又作木圈縛繞輪上，就繫竹筒或木筒。如小輪則用竹筒，大輪則用木筒。於輪之一週，水激轉輪，衆筒兜水，次第傾於岸上所横木槽，謂之天池，以灌田稻，日夜不息。若水力稍緩，亦有木石制爲陂栅，横約溪流，旁出激輪，又省工費。或遇流水狹處，但壘石斂水湊之，亦爲便易。此筒車大小之體用也。《農政全書》。

過辰陽船溪驛，溪邊見農家取水灌田，巧而且逸。其法先于溪邊築石成隘，上流水至，隘勢極奮迅。乃設竹車二圍，製如車輪，大可二丈，縛數節竹筒緣于兩輪。其筒向内一面截口受水，每筒相距三尺許。兩筒中間編縛竹板一扇，以遏流水。所以激輪使旋者，全在此。蓋水勢迅則衝扇行，而輪乃隨之以轉。每激一扇，後扇繼來，旋而上升，則筒中滿水已至車頂，筒口向下，水即下傾。于其傾處剞大竹受之，接引入田，雖遠可到。所謂農者坐而觀之，無舉手之勞而田已畢溉矣。許贊曾《滇行紀程》。

嶽雲謹案：上三條皆筒車之制。唧筒、翻車，皆用人力。筒車則即借水力運行，可謂巧矣。

已上激水上行之法。

陳椿《熬波圖》

車接海潮

五六七八月間，天道久晴，正當酷熱之時，雖大汛，潮不抵岸，溝港乾涸缺水。曬灰只得雇倩人夫，將帶工具，就海三五里開河，多用水車，逐級接高，車戽鹹潮入港所，以備竈丁掉水灌潑攤場，淋灰取滷。

翻翻聯聯，犖犖确确，東海巨蛇才脱殼。滔滔車腹水逆行，輥輥車聲雷大作。能消幾部旱龍骨，翻得陽侯波欲涸。誰家少婦急工程，徑上車頭泥兩脚。

車接海潮

又　海潮浸灌

敲泥拾草之後，漸已平净。又須於攤場四畔添做圍岸，車戽海潮，滿滿渰浸，須伺日久，地土弔，鹹水乾，則扒削開渠取平。浙東把土刮，浙西將灰淋。開得攤場成，車引海潮浸。土潤鹹花生，地瘠鹹波滲。煎鹽工力繁，惟此艱難甚。

海潮浸灌

宋應星《天工開物》卷上《乃粒第一》　水利

其湖、池不流水，或以牛力轉盤，或聚數人踏轉。車身長者二丈，短者半之。其內用龍骨拴串板，關水逆流而上。大抵一人竟日之力灌田五畝，而牛則倍之。【略】

其淺池、小澮，不載長車者，則數尺之車一人兩手疾轉，竟日之功可灌二畝而已。楊郡以風帆數扇，俟風轉車，風息則止。此車爲救潦，欲去澤水以便栽種。蓋去水非取水也，不適濟旱。

田藝衡《留青日劄》卷一八

《龍骨》　今水車中，蝦蟆練頭名曰龍骨，蓋龍能行水，亦取其形之似脊骨也。王安石詩「倒持龍骨挂屋敖」，又云「龍骨長乾挂梁梠」，又云「倚倚兩龍骨，豈得長挂壁」。蓋龍骨節節，故可挂。今遂以爲水車，非也。至于蘇子瞻詩乃云：「翻翻聯聯銜尾鴉，犖犖確確蜕骨蛇」，即龍骨也。

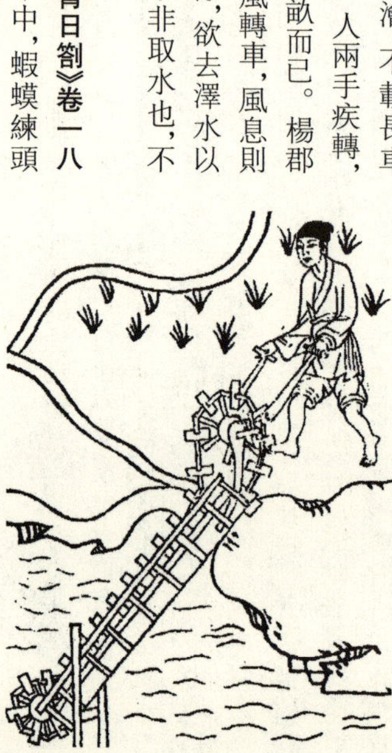
拔車

張宗法《三農紀》卷二　兩壁高田，中流大水深不可爲堰，又難用龍股車。

設法當于水陸急處爲灌車，隨岸深淺而造車輪，盡排小竹筒，上口下節，曳水而上，轉轉相傾于梘，梘流于引水之渠，渠流以溉田。

諸聯《明齋小識》卷一〇《龍尾車》 華亭諸生徐朝俊，承家學，嫻渾天理數。己巳歲，製爲龍尾車，以便灌溉。謂一車運以一童，進水退水，無立踏坐踏之勞。太守唐陶山仲冕刊圖頒各縣，又自爲歌詩以紀。註云：句本泰西水法，是言三分之岸爲股，當用五分之車爲絃，則句度恰得四分也。其訣總以岸高丈尺若干爲法，而以六歸歸之，便得應配車長若干之度。式二丈，軸徑八寸有餘，製有牆，下著軸上，粘圍多少無定數。自三牆至九牆皆可作。總視軸之大小爲準，水皆從牆孔噴出。惜其方盡多不讐。

鄭光祖《一斑録》 雜述六

太西水法

熊三拔，太西人，明萬曆年來中土。其地人心精巧，於一切事物之理類能鉤深致遠，故有所製造，皆他方所不逮。著有《太西水法》一卷，其戽水有龍尾車者，形如大木桶而長過丈，中具機巧，人爲旋轉，則水逆而上。道光十四年，本地開白茆河，郡中發下神仙車，即太西法也。試之，機雖巧而終藉人力，且製造匪易，儻有損傷，修葺爲難。不如當地水車爲便易，然其巧妙，實大過人，不可概没也。至云天下之水皆應月成潮，海洋廣大，故潮大；池沼狹小，其潮甚微，故人不及覺。然洞庭、鄱陽諸巨澤，何竟無尺寸之潮乎？似三拔格物尚未精當，其説並不足爲據。

道光十六年，清江浦治河需戽水之具，購得龍尾車法式，謂可以自爲運動，製成爲用，藉以省河上工費不少也。於時制軍陶設局贊化宫，費及三千金成之，車大四五抱，扛擡需百夫，壞牆垣以出。試於池沼，立刻告涸。然運轉甚重，推挽亦必多人。乃纔試一二而關鍵已壞。然即不壞，亦全資人力，非果能自爲行運也，卒歸廢棄焉。

金武祥《粟香二筆》卷一 壽陽祁春圃相國《䂬䂬亭集》有水輪歌一篇，其序云：余過南贛諸境，見農人機輪挽章貢二水灌田。輪徑圍大可數丈，每輪以竹筩斜綴其首，吸水上升，俯瀉木槽，分注田間。視龍骨車以人力輓水者，力逸而功倍矣。余按：此須施於山澗及河水湍急處，以水激輪，以筩吸水，兼可作碓。余行湖湘兩廣間均有之。吾鄉田平水緩。江北通泰諸邑，則用風車，其式以蒲爲篷八，中立柱，八篷圍繞之，隨風左右。下置龍骨車挽水而上，日夜不絶，較水車同一便疾也。

劉嶽雲《格物中法》卷二《水部》 水

激水上行之法

翻車之制，除壓欄木及列檻樁外，車身用板作漕，長可二丈，闊則不等，或四寸至七寸，高約一尺。槽中架行道板一條，隨槽闊狹，比槽板兩頭俱短一尺，用置大小輪軸，同行道板上下。通週以龍骨板繫其在上。大軸兩端各帶枴木四，莖置於岸上木架之間。人憑架上踏動枴木，則龍骨板隨轉循環，行道板刮水上岸。《三才圖會》。

水車即古桔槔之制而巧過之。其制以板爲槽，長二尋有奇，廣尺三寸至五寸，深五寸許，旁夾以欄楯，中斲木爲鶴膝，施揵以聯之，屈伸回旋，用持輻以運水。以木作小方板穴之，謂之輻，亦謂之龍骨，板凡百。又削五寸許木廉上歧下俱穴之，謂之鶴膝，凡百以貫，輻廉者與歧者纍纍相銜。別用小木杙貫之，謂之揵子。輻之度取槽足以容諸楯之半，各施木以隔之。其下取輻可以運，曰戢輻。以竹破而兩之施其上，以行輻。無此則輻陷而不行。槽前後各施軸，前長而後短。各施揵以關輻。前軸之兩端爲撥，人以足運之，則輻轉而水升。前之安軸者曰眠牛，其後附於楯者曰鹿耳。椓杙於眠牛之兩旁，施橫木以爲憑而運車者，曰車桁。以木作輪，周迴著齒而孔其中謂之撥。貫撥者謂之軸。軸兩旁縱橫貫以小木。其端各著魄礧謂之榔，亦謂之枴。本置槽下，入水上，近軸以所貫輻下繞鹿耳而上，繞於軸之撥，循環無端。足踏榔則輻隨軸轉，而水從槽起矣。高鄉之車，深八寸，廣尺七寸，曰水龍。凡一車用三人至六人，日灌田二十畝。有不用人而以牛運者，其制爲木槃，如車輪而大，周施牙以運軸而轉之，力省而功倍。用力者，軸不著榔而施兩撥，別植一柱於地，謂之心。上覆以如車蓋者一具，謂之槃。亦周迴著齒，謂之沿。人駕牛使繞槃走，則沿人與軸頭之撥之齒，次第相擊而轉。有並牛不用而以風運者，其制如牛車而施帆於輪，乘風旋轉。然不可常用，大風起亦敗車。《松江府志》。

嶽雲謹案：此叙龍骨車之制甚詳，龍骨車亦有不用風牛及人力而借用水力者。《農政全書》：水轉翻車，其制與人踏翻車俱同，但於流水岸邊，掘一狹塹，置車於內，車之踏軸外端，作一豎輪。豎輪之旁，架木立軸，置二卧輪。其上輪適與車頭豎輪輻支相間，乃擲水傍激，下輪既轉，則上輪隨撥車頭豎輪，而翻車隨轉，倒水上岸，此是卧輪之制。若作立軸，當別置水激立輪，其輪輻之末，復作小輪。輻頭稍闊，以撥車頭豎輪。此立輪之法也。予在陝西所見，有用龍骨車起井水者，或用人力，或用畜力，亦以大木盤轉之。

嚴訥《蘇州府水利圩圖序》張内蘊　周大韶《三吴水考》卷一六　土厚而水深，則號稱膏腴，以其得水蓄洩，可爲旱潦備也。而所爲能蓄洩者，以有圩岸耳。歲苦旱，則河之水續桔槔而上，以入於田。河不龜拆，田不乏溉。歲苦潦，則戽水出於河而岸障之，雖勞人力，不盡待命於天。

徐貞明《西北水利議》　西北地曠而水平，稍一疏引，水即爲利。東南之地高下相懸，有轉水於數仞之深者。再日不雨，則桔槔之聲徹于郊原。竭人力以資灌溉，苦且難，地勢使然也。

王徵譯《奇器圖説》卷三　取水

説

爲長槽，前寬後窄。于其中平安一軸。其前端安一木杓。杓上有環，繫槽前上端横木上。槽前下端有小長板如a。杓入水則滿，至高處則因下端小長板所靠，不得不倒而吐矣。

第五圖

嚮余曾自作一引水器，一名鶴飲，一名活桔槔，其製一一與此相合。但此前端用杓，更爲妙耳。

説

先爲四方立架，視天平杆兩端水筒所至高處覆水爲度，如a。其下于架之中央水中，用方石安鐵窠如e。中爲立柱，下有鐵鑽。立柱下端安立板大輪如i。少上，安半規斜輪，一角漸次而下，一角漸次而上，如o。于半規輪之上，另有樞軸在下半規輪軸中央，如u。其樞軸少上，中開長孔，横安轉軸如c，以貫天平杆之中心，使之可上可下。樞軸上端，則安在架之上梁，勿令動也，如ch。再于天平杆兩畔，近半規輪上弦行處，護以圓木如k，或護竹皮，使其滑澤無滯。其天平杆兩盡頭處，各安戽筒如p。但須于杆旁横安小杆，繫筒如t，始無礙于杆身。而覆水槽中之爲便耳。

第六圖

説

先爲兩立柱之架，如a。立柱上端有軸。次爲大木杓如e，旁有兩耳，中貫横木如i。其杓柄爲水出之槽，即貫在立柱架上軸内，可以轉旋上下如o。耳中所貫横木有索，繫于旁立桔槔之前端。後端有垂木，中鑿多孔，便安木柄，隨人高低，可用力也。此器取水甚多。桔槔杆另立巧法，任人意爲之。

第七圖

傅澤洪《行水金鑒》卷一四七《運河水》 誠仿東南治田法，就其被水患者中間開爲支河，四圍築以圩岸，最爲便易。乃爲之時，其籽耘以種秧苗。備其桔槔，以資車戽，則水荒棄地不難變爲沃壤。

吴邦慶《澤農要録》卷五《灌溉》 附灌溉諸器

桔槔，挈水械也。《通俗文》曰：桔槔，機汲水也。《説文》曰：桔，結也，所以固屬。槔，皋也，所以利轉。又曰：槔，緩也。一俯一仰，有數存焉，不可速也。然則桔其植者，而槔其俯仰者歟？《莊子》曰：子貢過漢陰，見一丈人，方將爲圃畦，鑿隧而入井，抱甕而出灌，搰搰然用力甚多，而見功寡。子貢曰：有械于此，一日浸百畦。鑿木爲機，後重前輕，挈水若抽，數如泆湯，其名曰槔。又曰：獨不見夫桔槔者乎？引之則俯，舍之則仰。今瀕水灌園之家多置之。實古今通用之器，用力少而見功多也。

趙翼《簷曝雜記》卷四 井水灌田

灌田，或用桔槔，或用戽斗，有急流處則用水車，未聞恃井汲也。山左人間用轆轤汲水，不過灌畦蔬而已。泉州則禾田亦以井灌。田各有井，井之上立一石柱，而横貫一小木爲關捩。横木之上繫一長木，根縛石而杪懸竿，竿末有桶。拄其竿下，汲滿則引而上之。木根之石方壓而下，則桶趁勢出矣。其用略如罾魚之架而俯仰更捷。或井深而桶大，石之力不能壓使出，則又一人綆於木之根以曳之。余嘗有句云：「一田一井澆禾遍，此是泉南古井田。」亦異聞也。蓋泉州在海邊，地之下皆水所滲，故汲之不竭。云然久旱則井亦涸。

賈思勰《齊民要術》卷三 種葵

又種冬葵法。近州郡都邑有市之處，負郭良田三十畝，九月收菜後即耕，至十月半令得三徧。每耕即勞以鐵齒杷，耬去陳根，使地極熟，令如麻地。於中逐長穿井十口，井必相當，邪角則妨地。地形狹長者，井必作一行。地形正方者，作兩三行亦不嫌也。井別作桔槔、轆轤。井深用轆轤，井淺用桔槔。

劉禹錫《劉賓客文集》卷九《機汲記》 瀕江之俗，不飲於鑿，而皆飲之流。予謫居之明年，主人授館于百雉之内。江水茫茫，周墉間之。一旦，有工爰來，思以技自賈，且曰：「觀今之室廬及江之涯，間不容畝，顧積塊峙焉而前耳。請用機以汲，俾矗然之狀莫我遏已。」予方異其説，且命之飭力焉。工也儲思環視，相面勢而經營之。由是比竹以爲畚，寘于流中，中植數尺之臬，輂石以壯其趾，如建標焉。索綯以爲絙，縻于標垂，上屬數仞之端，亘空以峻其勢，如張弦焉。鍛鐵爲器，外廉如鼎耳，内鍵如樂鼓，牝牡相函，轉於兩端，走于索上，且受汲具。及泉而脩綆下縋，盈器而圓軸上引，其往有建瓴之駛，其來有推轂之易，瓶繘不羸，如搏而升。枝長瀾，出高岸，拂林杪，踰峻防。刳蟠木以承澍，貫脩筠以達脈。走下潺潺，聲寒空中。通洞環折，唯用所在。周除而沃盥以蠲，入爨而錡釜以盈。飷餗之餘，移用于湯沐；涑澣之末，泄注于圃畦。雖瀵湧于庭，莫尚其霈洽也。

昔予嘗登陴擱然，念懸流之莫可遽挹，方勉保庸，督臧獲，斞而挈之，至于裂肩龜手，然猶家人視水如酒醪之貴。今也一任人之智，又從而信之，機發于冥冥而形於用物。浩溔東流，赴海爲期，斡而遷焉，逐我頤指。鼎之所謂阻且艱者，莫能高其高而深其深也。

觀夫流水之應物，植木之善建，繩以柔而有立，金以剛而無固，軸卷而能舒，竹圓而能通，合而同功，斯所以然也。今之工，咸盜其古先工之遺法，故能成之，不能知所以爲(我)[成]也。智盡于一端，功止于一名而已。噫，彼經始者，其取諸小過歟？

周祈《名義考》卷一二《物部》 金井銀床

諸記室世言金井梧飄，以葉上有金井字，非井也。唐人謂井欄爲銀床。潘平田之説不知何據，葉上恐亦無字。今人家鑿井，有置鉛錫其下者，蓋青金也，或以此得名銀床，亦非井欄，蓋轆轤架也。《廣韻》：轆轤，圓轉木也，用以汲水。《喪大紀》：以綍繞碑間之鹿盧。南人謂之油葫蘆，北人謂之滑車。

形制

王禎《農書》卷一八《農器圖譜十三・灌溉門》 戽斗

戽斗，戽，侯古切。挹水器也。《唐韻》云：「戽，抒上與切。也。」抒水器挹也。凡水岸稍下，不容置車，當旱之際，乃用戽斗。控以雙綆，兩人掣之，抒水上岸，以溉田稼。其斗或柳筲，或木罌，從所便也。詩云：虐魃久爲妖，田夫心獨苦。引水瀦陂塘，爾器數吞吐。繘居律切。綆古杏切。屢挈提，項背頻傴僂。焦捐捐古忽切。弗暫停，俄作甘澤溥。稿意悉甦，物用豈無補。毋嫌量云小，于中有倉庾。

麟慶《河工器具圖說》卷二《修濬器具》　《廣韻》：戽，抒也。《物原》：公劉作戽斗。又戽以木爲小桶，桶旁嘗繫以繩，兩人用以取水，名曰戽桶。如堤內陂塘瀦蓄，地闊水深，宜用翻車。地狹水淺，宜用戽斗。南方多以木罌，北人多以柳筲，從所便也。

又　卷四《儲備器具》　麻搭，以麻爲之，形似麈尾。水斗，柳筲編成，即小戽斗。《廣韻》：戽斗，舟中渫水器也。搭鉤，《玉篇》：鐵曲也。二股內向，便於搭拉草料，與拆廂舊埽之三股抓鉤差別。三者皆料廠備防火燭之用。

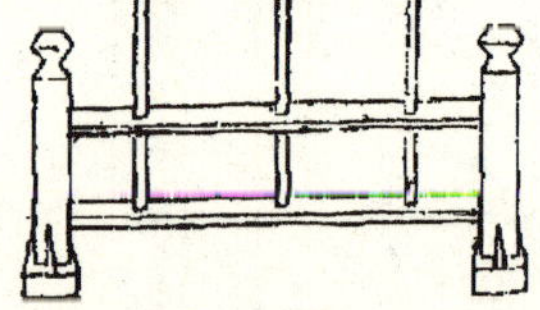

周慶雲《鹽法通志》卷三六《場産十二・鹽具二》　柳斗

編柳條爲之，容量可四十斤水，兩傍繫二繩，使斗抑揚控縱以取水。其形極勢而土人慣之。

濱海鹽場所用水斗類，以柳條編成，兩邊有耳，以長繩繫之。如遇水淺，風車絞水不便，二人對持繩之兩端，用此水斗俯仰戽入。蓋風車之輔助品也。

王圻　王思義《三才圖會・器用》卷一〇《農器類》

連筒

連筒，以竹通水也。凡所居相離水泉頗遠，不便汲用，乃取大竹，內通其節，令本末相續，連延不斷，閣之平地，或架越澗谷，引水而至。又能激而高起數尺，注之池沼及庖湢之間，如藥畦蔬圃，亦可供用。杜詩所謂「連筒灌小園」即此。

又　架槽

架槽，木架水槽也。間有聚落，去水既遠，各家共力造木爲槽，遞相嵌接，不限高下，引水而至。如泉源頗高，水性趨下，則易引也。或在窪下，則當車水上槽，亦可遠達。若遇高阜，不免避礙，或穿鑿而通；若遇坳險，則置之叉木，駕空而過；若遇平地，則引渠相接，又左右可移。隣近之家，足得借用。非惟灌溉多便，抑可瀦蓄爲用。暫勞末逸，同享其利。

王徵《新製諸器圖說》　虹吸圖說

説

剡木爲筒。筒之容，或方或圜。圜徑寸，方徑不及寸者分之二。毋薜，毋暴，毋齘。筒之長無定度，泓井及泉以爲度。筒之下端橫曲尺有二寸，而爲之口。口迤而上，高數寸。口之容弱於腹之容惟阞。口之內有舌，開闔戚速，而無倚於圍。筒之上端出井及尋，橫曲二尺有奇。迺垂，垂四尺奇，迤而下，長及常，而爲之管。管視筒之腹惟窢。筒之曲若審，惟樸屬爲良。筒之圍肉以寸緄縢之，斂以油灰之齊，腥塗其郤，毋俾針芒之或耗。筒兩端有檠，相以施約，無甐無杌而止。管入以籥，惟嚴，假鞲鼓之，度水衝於管遄。捎其籥，則霤吐如趵突也，以終古。

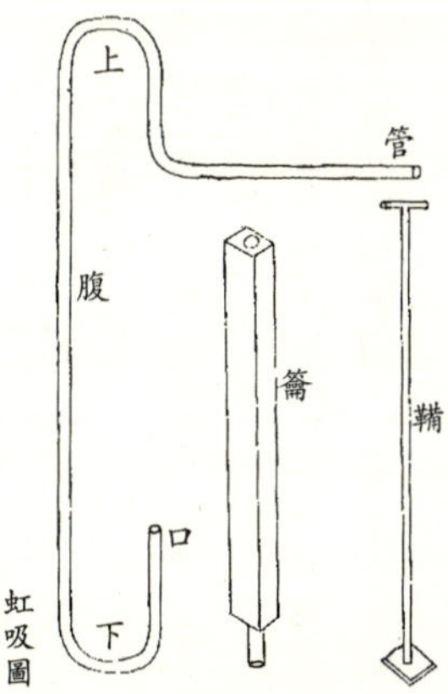

虹吸圖

薛，破裂也。暴，墳起不堅緻也。齘，切齒怒，亦偪窄之意。竑，量也。阞，謂三分之一。八尺曰尋。倍尋曰常。窢，小孔也。審，兩木交湊處。樸屬，附著堅固也。緄，繩也。縢，約束也。斂，塞也。齊，與劑同。腥，厚也。甐，壞也。杌，動也。遄，速也。捎，除去也。泉水之上出者，曰趵突。

銘

爾躬匡梃，爾腹淵然。一氣孔宣，厥濻斯泉。載沃載漣，惠我畬田，祝爾萬年。

字音

薛，卜革反。暴，音剥。齘，音薤。阞，音勒。窢，音遠。斂，音聶。腥，音屋。甐，音吝。捎，音蕭。梃，音延。畬，音勻。

王禎《農書》卷一八《農器圖譜十三・灌溉門》

筒車

筒車，流水筒輪。凡制此車，先視岸之高下，可用輪之大小，須要輪高於岸，筒貯於槽，乃爲得法。其車之所在，自上流排作石倉，斜擗水勢，急湊筒輪。其輪就軸作轂。軸之兩傍，閣於椿柱山口之内。輪輻之間，除受水板外，又作木圈縛繞輪上，就繫竹筒或木筒謂小輪則用竹筒，大輪則用木筒。於輪之一週。水激輪轉，衆筒兜水，次第下傾於岸上所横木槽，謂之天池，以灌田稻。日夜不息，絶勝人力，智之事也。

若水力稍緩，亦有木石制爲陂柵，横約溪流，旁出激輪，又省工費。或遇流水狹處，但壘石斂水湊之，亦爲便易。此筒車大小之體用也。有流水處，俱可置此。但恐他境之民未始經見，不知制度，今列爲圖譜，使倣傚通用，則人無灌溉之勞，田有常熟之利，輪之功也。張安國詩云：象龍唤不應，竹龍起行雨。聯綿十車輻，咿軋百舟櫓。轉此大法輪，救汝旱歲苦。横江鎖巨石，濺瀑叠城鼓。神機日夜運，甘澤高下普。老農用不知，瞬息了千畝。抱孫帶黄犢，但看翠浪舞。餘波及井臼，舂玉飲酥乳。江吴誇蹋車，足繭要背僂。此樂殊不知，吾歸當教汝。

筒車

又

衛轉筒車

衛案：驢一名衛。轉筒車，即前水轉筒車，但於轉軸外端别造竪輪，竪輪之側，岸上復置卧輪，與前牛轉翻車之制無異。凡臨坎井或積水淵潭，可用澆灌園圃，勝於人力汲引。詩云：世間機械巧相因，水利居多用在人。可是要津難必遇，却將畜力轉筒輪。

衛轉筒車

又　高轉筒車

高轉筒車，其高以十丈爲準。上下架木，各竪一輪，下輪半在水内。各輪徑可四尺。輪之一週，兩傍高起，其中若槽，以受筒索。其索用竹，均排三股，通穿爲一；隨車長短，如環無端。索上相離五寸，俱置竹筒。筒長一尺。

高轉筒車

筒索之底，托以木牌，長亦如之，通用鐵線縛定；隨索列次，絡於上下二輪。復於二輪筒索之間，架刳口孤切。木平底行槽一連，上與二輪相平，以承筒索之重。或人踏，或牛拽轉上輪，則筒索自下，兜水循槽至上輪；輪首覆水，空筒復下。如此循環不已，日所得水，不減平地車戽。若積爲池沼，再起一車，計及二百餘尺。如田高岸深，或田在山上，皆可及之。

今平江虎邱寺劍池，亦類此制，但小小汲飲，不足溉田，故不録。此近創此法，已經較試，庶用者述之。所轉上輪，形如輊制，易繳筒索。用人則於輪軸一端作掉枝；用牛則制作竪輪，如牛轉翻車之法。或於輪軸兩端造作拐木，如人踏翻車之制。若筒索稍慢，則運移上輪。其餘措置，當自忖度，不能悉陳。詩云：戽車尋丈舊知名，誰料飛空效建上聲。瓴。力丁切。一索繳輪升碧澗，衆筒兜水上青冥。溉田農父無虞旱，負汲山人賴久寧。顛倒救時霖雨手，却從平地起清泠。

又　刮車

刮車，上時掌切。水輪也。其輪高可五尺，輻頭闊止六寸。如水陂下田，可用此具。先於岸側掘成峻槽，與車輻同闊，然後立架安輪。輪輻半在槽内。其輪軸一端，擐以鐵鉤木拐，一夫執而掉之，車輪隨轉，則衆輻循槽刮水上岸溉田，便於車戽。詩云：創物須憑智巧先，泝流能使迅如川。一輪隨手供翻轉，衆輻循槽入斡旋。已藉機衡欹矮岸，頓教膏澤上枯田。桔槔戽斗雖云舊，試向車頭較湧泉。

刮車

陸容《菽園雜記》卷一二　嚴州山中灌田之法有水輪，其制：約水面至岸高若干尺，如其度爲輪。輪之輻以細木榦爲之，每輻出枸處繫一竹筒，但微繫其腰，使兩頭活動，可以俯仰。置軸半岸，貫輪其上。岸上近輪處置木槽以承水。溪水散緩，則以石約歸輪下使急。水急則輪轉如飛，每筒得水則底重口仰，及轉至上，則筒口向下，水瀉木槽，分流田中，不勞人力而水利自足。蓋利器也。夫桔槔隨處有之，或運以手，或運以足，或運以牛。機器之巧，無踰此矣。山中深溪高岸，桔槔之巧莫能施矣。於是乎有水輪之制焉。蓋制器利用，苟有益于斯世，則君子取焉。漢陰抱甕之說，特憤世疾邪之所爲，未足以諭廣大也。

魯曾煜等《［雍正］廣東通志》卷一五《水利志》橋渡附井各水利考　水器考

南海多下田，捍潦則爲基圍。番禺多高田，虞旱則爲水車，轉輪激水，以上高原地。名車陂多有之，惟從化最巧。量水而至岸高若干尺，如其爲輪。輪之輻以細木幹爲之，每輻出枸處繫一竹筒，但微繫其腰，使兩頭活動，可以俯仰。置軸半岸，貫輪其上。岸上近輪處置木槽以承水。溪水散緩，則以石約歸輪下使急。水急則輪轉如飛。每筒得水則底重口仰，及輪至上則筒口向下，水瀉木槽，分流田中。不勞人而水利自足，蓋利器也。桔槔處處有之，或運以手，或運以足，或運以牛。

鄭之僑《農桑易知録》卷一《力農器具》　水車小車用手而推，其制以次而殺。

以木爲之，一名桔槔，用以戽水灌蔭，最爲農工急務。其制小而長，約有二丈。槽高一尺二寸。中格之，分六寸五分爲下洞，五寸五分爲上厫。厫底串以小長板，一丈九尺，名爲仙人橋。橋上車板循環而走，共計八十有八，穿以輪木，名爲龍骨，計長各七寸。上下輪旋，激水入田，沸湧之象，一如龍舞，俗呼爲木龍是也。然緊要轉動處在軸，軸鬭以扇，又謂之車頭，上大八個，下小六個。八者圍圓可得一尺二寸，六者圍圓可得九寸，上下參差，兩不對格，此即可爲一車之網維處。其安放於兩小椅之上，人用脚踹踏者，又爲車曡。曡十六個，穿於横軸兩邊，如十字樣。搭之以架，人扶之，按脚如步。其車門斗之一升一沉，走處如馬，或用四人，或用三二人，每日可灌田十餘畝。此乾旱不足爲灾，人力可備天工之不足。

陳忠倚《水機圖説》《最新經世文編》卷三二　此機，粤東多用之，凡流水河邊，高岸有田而艱於取水之處，可照此圖式造水機取水。輪軸用堅木爲之，對破再用鐵箍，中抽雙眼安車心，車心毁可更换。車輪用徑一寸五六分厚之竹爲之，輪圈則以竹片爲之，輪徑二丈六尺，以粗竹筒斜安輪外，每相距三尺安一筒（多即重不能行）。水激輪轉，每筒起水二三斤，從高而下，水即傾入木槽，轉瀉於田。（此筒改用洋鐵尤輕便）輪没水中約二三寸爲適度，能激水高至二丈餘（岸愈低愈易作）。於水中爲欄水栅，用雜樹枝密插爲之。譬岸爲東西，則此栅由南而北，斜向車架而止。河水流行，忽然被約，愈激急，輪因之而轉愈速。水栅中間作篾簖如魚簖然，以便行船，船過簖起，遏水如常。此車凡流水河用皆可安設，日夜不息，甚爲便利。若不用時，以一細竹阻之即止。其靈捷如此。車除安整竹於軸，其餘如細竹篾紮成，制作粗樸，勞費尤少，誠灌田中利便之器也。

麟慶《河工器具圖説》卷二《修濬器具》

水車

水車，農家所以灌溉田畝，取水之具也。今河工用以去水，又名翻車。《魏略》以爲馬鈞所作。王鳳稑《名物通》：江浙間目水車爲龍骨車，其制除壓欄木及列檻樁外，車身用板作槽，長可二丈，闊四寸至七寸不等，高約一尺。槽中架行道板一條，隨槽闊陜，比槽板兩頭俱短一尺，用置大小輪軸。同行道板上下通週以龍骨板葉。其在上大軸兩端各帶枴木四莖，置於岸上木架之間。人憑架上，踏動枴木，則龍骨板隨轉，循環行道板刮水上岸。堤内積水無處疏通，日久不涸，當以此法治之。

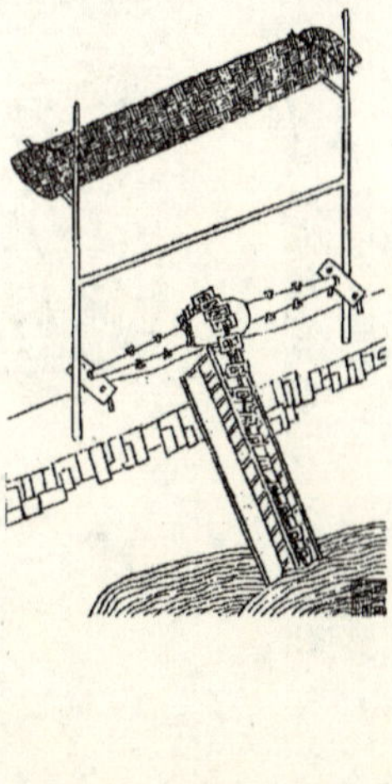

水車

又　水輪車

水輪車，其制與人踏翻車同，但於流水岸邊掘一狹塹，置車於内，外作竪輪。岸上架木立軸，置一卧輪，其輪適與竪輪輻支相間。用衛拽轉，輪軸旋翻，筒輪隨轉，比人踏功殆將倍之。元王楨詩云：「世間機械巧相因，水利居多用在人。可是要津難必遇，却將畜力轉筒輪。」

水輪車

鄭珍《［道光］遵義府志》卷一六《農桑》　農具

傍溪之田，皆用水輪舀灌，一歲一補，三歲一新。田無旱澇之虞。此製元明以前，無人道者。其法先於溪旁築石成隘，上流水至隘勢極奮迅。乃設竹車二圍，製如車輪，大可二丈，縛數節竹筒緣於兩輪。其筒向内一面，截口受水。每筒相距三尺許。兩筒中間編縛竹板一扇，以遏流水，所以激輪使旋者全在此。蓋水勢迅，則衝扇行而輪乃隨之以轉。每激一扇，後扇繼來，旋而上升，則筒中滿水已至車頂，筒口向下，水即下傾。於其傾處，刳大竹受之，接引入田，雖遠可到。所謂農者坐而觀之，無舉手之勞而田已畢灌矣。大江以南，水勢平衍，不可行也。其有潮汐之地，似亦可仿而爲之。按：水輪徑之大小，視所灌之高低；筒之多少，視水力之緩迅。一輻一扇，輪大者極六十輻，高者徑極三丈，筒多者極二十四箇，太多即重而難轉。許氏謂兩筒中一扇，觀之不詳也。又二圍實止一圍。如六十輻者，於轂兩頭各釘一圍。通用一百二十輻，離輻末尺餘，各交叉之。於叉處用細竹叢縛一周爲内廣，輻之末各縛一牙爲外廣。其扇博，視兩外廣之距。受水多，用木筧。距田太遠，用竹筧宜。亦有用木條爲輻者，輻數減四分之一，距輻末五尺許仍間以短竹。數如竹製，始足縛扇。若全用木輻，必岸低而輪小始宜。

汪曰楨《南潯鎮志》卷二一《農桑一》　車水

《農事幼聞》：水車之制，絶大者用牛牽盤以運軸，或三四人立而踏轉之，更有用風帆以轉軸者；其小者則一人坐而手摇之。吾鄉並不經見。吾鄉之車，兩人坐而踏轉之，最爲適中。車用方木，長二丈餘，下排短檔二十四，以連屬車牆。亦曰車箱。兩牆相去約廣尺，深八寸，中用鶴膝銜接爲轉捩。間以木片，謂之車柹。音肺。柹之廣與長，視車牆。車尾有小軸，車前橫大軸。軸有齒十二，鶴膝貫於軸上，隨軸轉動，挈水若建瓴，誠旱澇之利賴也。旱年上水，人各自爲主。澇年出水，則合圩共舉，謂之大棚車。車之多少，視圩之大小。

盧峻《湖南考古略・筒車》清華大學圖書館編《中國科技史資料選編——農業機械》

其制以岸之高下爲大小，狀若紡車之輪，輪邊有筒十數箇，於水流最陡處截水爲堤，口三四尺，約水激輪使轉；轉至最高處，有木槽接筒中水，另以木梘梘之，灌溉甚溥。今涓、漣、郴、道諸水滸猶有之。

徐珂《清稗類鈔・工藝類》　制水機

水機，高岸之田用以取水者也。以一寸五六分厚竹爲輪，堅木爲軸。再用鐵箍，中抽雙眼，安車心。其輪圈，以竹片爲之。復以粗竹筒斜置輪外。每距三尺，置一筒。水激輪轉。每筒起水二三斤，自高而下，水即傾入別製之木槽，以轉瀉於田。

周慶雲《鹽法通志》卷三六《場産十二・鹽具二》

風車

風車者，借風力迴轉以爲用也。車凡高二丈餘，直徑二丈六尺許。上安布帆八葉，以受八風。中貫木軸，附設平行齒輪。帆動軸轉，激動平齒輪，與水車之竪齒輪相搏，則水車腹頁周旋，引水而上。此製始於安鳳官灘用之以起水也。

長蘆所用風車，以堅木爲幹。幹之端平插輪木者八，如車輪形，下亦如之。四週挂布帆八扇，下輪距地尺餘。輪下密排小齒，再橫設一軸。軸之兩端亦排密齒，與輪齒相錯合如犬牙形。其一端接於水桶。水桶亦以木製，形式方長二三丈不等，寬一尺餘，下入於水，上接於輪。桶内密排逼水板，合乎桶之寬狹，使無餘隙，逼水上流入池。有風即轉，晝夜不息。不假人工，不資火力，洵佳構也。

又　水車

車長約二丈餘，高一尺八寸許，橫寬尺許，首尾兩端皆齒輪。首輪較尾輪爲大，有徑六寸許之木橫亘其間。受風車平齒之激搏力，車頁輪迴自轉。凡車頁，視車長短爲度，兩頁距離四寸七八分，中安長木薄片，平準頁勢，望之形如骨脊蠕動。南方灌田水車，製與此同。蜀楚間人謂之龍骨車矣。又按：一風車能使動兩水車，譬如風車平齒輪居中，駁駛兩水車竪齒往來相承，一車吸引外溝水，一車吸引由汪子流於各溝内未成滷之水。或曰是車因風車爲力，無風則滯，不如改用牛馬牽機，可以常常不息云。

又　脚踏車

此因各灘向用柳斗起滷，頗遲笨，故改用此製，形高五尺半，横寬五尺餘，圓輪之半徑二尺半，轉頁半八片，寬六寸。其前端突出一木槽，乃受吸水流出之徑也。用時植兩木棍於車上端之後，人以手持棍，兩足踏車，互轉以引水。然不善使足力者，用之恒躓，遂多棄而不用。

又　推水筒

以竹之差小者小於井。爲桶，無底而竅其上，懸熟皮數寸，出入水中，氣自呼吸而啓閉之。一筒致水數斗。取堅紉斑竹或南竹，除皮通中，筒顛有鐵梃使之墜，筒底有牛皮如錢，半翕半張。方入水時，水激錢張，水盈筒内。車一推則水下墜而錢仍翕。

凡汲水者，水率自上入，此獨由下入，故曰吞筒。俗曰推水筒。筒無底，置牛革一片綴筒底，半用繩繫固，半啓閉。筒下，水激錢張，而水入。筒起，水墜錢閉而水仍不洩。筒之長各廠不一，大率度井之深淺。而作天車，又視天車高低而製水筒。竹短則用數竹作牝牡筍，用麻綴續之。其筒杪綴鐵梗，長三四尺，重二三十斤。俗曰筒閘子。筒巨者，可盛水一石五六分，黑水鹹尤重，用數牯牛始能挽上。俗曰推水。

王禎《農書》卷一八《農器圖譜十三・灌溉門》

翻車

翻車，甫煩切。今人謂龍骨車也。《魏畧》曰：「馬鈞居京都，城内有地，可爲園，無水以灌之。乃作翻車，令兒童轉上聲。之，而灌水自覆。」漢靈帝使畢嵐作翻車，設機引水，灑南北郊路。則翻車之制，又起於畢嵐矣。今農家用之溉田。其車之制，除壓欄木及列檻樁外，車身用板作槽，長可二丈，闊則不等，或四寸至七寸，案：四寸七寸，制太狹，疑有誤。高約一尺。槽中架行道板一條，隨槽闊狹，比槽板兩頭俱短一尺，用置大小輪軸。同行道板上下通週以龍骨板葉。其在上大軸，兩端各帶拐木四莖，置於岸上木架之間。人憑架上，踏動拐木，則龍骨板隨轉，去聲。循環行道板刮水上岸。此翻車之制，關楗頗多，必用木匠，可易成造。

翻車

其起水之法，若岸高三丈有餘，可用三車，中間去聲。小池，倒都皓切。水上之，足救三丈已上高旱之田。凡臨水地段，皆可置用，但田高則多費人力。如數家相助，計日趨工，俱可濟旱。水具中機械巧捷，惟此爲最。東坡詩云：「翻翻聯聯銜尾鴉，犖呂角切。犖確胡角切。確蛻骨蛇。分畦翠浪走雲陣，刺水緑秧抽稻芽。洞庭五月欲飛沙，鼉鳴窟中如打衙。天公不念老農泣，喚取阿香推雷車。」

又　牛轉翻車

牛轉翻車，如無流水處用之。其車比水轉翻車卧輪之制，但去下輪，置於車傍岸上，用牛拽轉輪軸，則翻車隨轉，比人踏，功將倍之。與後水轉翻車，皆出新制，欲遠近倣之，俱省工力。詩云：日日車頭踏萬回，重勞人力亦堪哀。從今攏首澆田浪，都自烏犍領上來。

牛轉翻車

又　水轉翻車

水轉張兖切，後同。翻車，其制與人踏翻車俱同，但於流水岸邊掘一狹塹，置車於内；車之踏軸外端，作一竪輪；竪輪之傍，架木立軸，置二卧輪；其上輪適與車頭臨輪輻支相間。去聲。乃擗水傍激，下輪既轉，則上輪隨撥車頭竪輪，而翻車隨轉，倒水上岸。此是卧輪之制。若作立輪，當別置水激立輪。其輪輻之末，復作小輪，輻頭稍闊，以撥車頭竪輪。此立輪之法也。然亦當視其水勢，隨宜用之。其日夜不止，絶勝踏車。東坡《踏車》詩畧云：「天公不念老農泣，喚取阿香推雷車。」范至能詩云：

水轉翻車

「地勢不齊人力盡，丁男多在踏車頭。」此皆憫人事之勞也。今以水力代之，工役既省，所利又溥，其殆仁智事歟！詩云：從來激浪轉筒輪，却恨翻車智未仁。誰識人機盜天巧，因憑水力貸疲民。

又　水轉高車

水轉高車，遇有流水岸側，欲用高水，可用此車。其車亦高轉筒輪之制，但於下輪軸端，别作竪輪，傍用卧輪撥之，與水轉翻車無異。水輪既轉，則筒索兜水，循槽而上。餘如前例。又須水力相稱，如打輾磨之重，然後可行。日夜不息，絶勝人牛所轉。上聲。此誠秘術，今表暴之，以諭來者。詩云：通渠激浪走轟雷，激轉筒車幾萬回。水械就携多水上，大池還瀉半天來。竹龍解吐無雲雨，前人有「象龍唤不應，竹龍起行雨」之句。旱魃潛消此地灾。安得臨流施此技，樓居滌去暑天埃。今都城已有高車用水飛上樓閣，散若霧雨。頗聞費力，故有上句。

水轉高車

納蘭性德《淥水亭雜識》卷三　中國用桔槔，大費人力。西人有龍尾車妙絶。其制用一木柱，徑六七寸分八分。橘囊如螺旋者圍於柱外，斜置水中而轉之，水被誘則上行而登田。又以風車轉之，則數百畝田之水，一人足以致之。大有益於農事。苟得百金，鳩工庀材，必相倣傚。通行天下，爲利無窮。

戴震《戴東原集》卷七《嬴旋車記壬戌》　車人爲溉器，六分其軸之長，以其一爲之圍，信其軸圍以爲車廣。兩牆與軸，是謂參均也。軸之兩端，中其軸以設其樞。斵軸欲直，設樞欲正，二者既得，轉之如將自轉焉。斵軸不直，設樞不正，二者失職，則及其轉之也，車必偏重。重者在下，輕者在上，則必如倍任矣。爲牆因軸之圍，竟軸而爲嬴旋之牆。兩牆之閒謂之嬴旋之溝。水之行於嬴溝也，水猶然夽下也，不知其旋而上也。牆之瀀，建之柱而編之，而埊之。既埊，欲其無鏬也。凡溝，眡軸徑以爲度，或倍焉，或參焉。已廣則吐水多而宜偃，已狹則吐水少而宜高。牆之外削版爲之圍，以鐵約之。既約，以漆塗之。圍版之内欲其附於牆也，其外欲其合之固也。車之上端爲輪設之櫝，或人力，或假器若物之力，别爲任挽之輪，以發其櫝而轉之。其銘曰：「我稼我穡，時惟爾翼。我恬我息，時惟爾力。籌車穰穰，佐我康食。銘爾之勞，終古不忒。」

吴鞏纂《[嘉慶]邛州志》卷一三　龍骨車制，用三薄板作邊底成梘，長丈餘，寬五六寸，尾用小輪，有木齒，頭用稍大輪，亦有木齒，用木羊蹄形接。如轉動每蹄加薄板，寬窄較梘爲準，頭有磨彎柄，二人用力推轉，水自梘逆流灌田，能引水高七八尺。如田過高者，有二車、三車接續，皆可引灌，亦水利中小技也。

徐光啓　熊三拔《泰西水法》卷一《用江河之水》　龍尾車記

龍尾車者，河濱挈水之器也。治田之法，旱則挈江河之水入焉，潦則挈田間之水出焉。治水之法，淺涸則挈水而入方舟焉，疏濬則挈水而出畚鍤焉。不有水之器，不得水之用。三代而上，僅有桔槔。東漢以來，盛資龍骨。龍骨之制，日灌水田二十畝，以四二人之力。旱歲倍焉，高地倍焉。駕馬牛，則功倍，費亦倍焉。溪澗長流而用水，大澤平曠而用風，此不勞人力自轉矣。枝櫛一蔆，全車悉敗焉。然而南土水田，支分櫛比，國計民生，于焉是賴，即兹器所在，不爲無功已。獨其人終歲勤動，尚憂衣食。乃至北土旱災，赤地千里，欲拯斯患，且有進焉。今作龍尾車，物省而不煩，用力少而得水多。其大者一器所出，若決渠焉。累接而上，可使在山，是不憂高田。築爲堤塍而出之，計日可盡，是不憂潦歲與下田。去大川數里數十里，鑿渠引之，無論水稻若諸水生之種，可以必濟。即黍稷菽麥木棉蔬菜之屬，悉可灌溉，是不憂旱。濬治之功，出水當五分之一，今省十九焉，是不憂疏鑿。龍蟠之斗，旱熯之年，上源枯竭，穿渠旁引，多用此器，下流之水，可令復上，是不憂漕也。蓋水車之屬，其費力也以重。水車之重也，以障水，以帆風，以運旋本身。龍尾者，入水不障水，出水不帆風，其本身無銖兩之重，且交纏相發，可以一力轉二輪；遞互連機，可以一力轉數輪。故用一人之力，常得數人之功。又向所言，風與水能敗龍尾之車也，在鶴膝、斗板。龍尾者，無鶴膝，無斗板，器居水中，環轉而已。湍水疾風，彌增其利。故用風水之力，而常得人之功。若有水之地，悉皆用之，竊計人力可以半省，天災可以倍多，財計可以倍足。方於龍骨之類，大畧勝之。然而千慮之一，以當起予可也。智士用之，曲盡其變，不盡方來，或者無煩覶縷焉。

龍尾者，水象也，象水之宛委而上升也。龍尾之物有六：一曰軸。軸者，轉之主也，水所由以下而爲上也。二曰牆。牆者，以束水也，水所由上也。三曰圍。圍者，外體也，所以爲固抱也。四曰樞。樞者，所以爲利轉也。五曰輪。輪者，所以受轉也。六曰架。架者，所以制高下也，承樞而轉輪也。六物者具，斯成器矣。或人焉，或水焉，風馬牛焉，巧者運之，不可勝用也。

一曰軸

圜木爲軸，長短無定度，視水之淺深，斟酌焉而爲之度。二十五分其軸之長，以其二爲之徑。木之圜，必中規而上下等。以八繩附臬之法，八平分其軸之周，直繩而施之墨。軸之兩端，因直繩之兩端而施之墨，八繩之交，得軸之心也。以八平分之一分爲度，以度八繩之墨，皆平行相等而爲之界。以句股求弦之法，兩界斜相望，而墨爲之弦。弦之竟軸，而得一螺旋之墨。因螺旋之墨，而立之牆，爲螺牆。牆之間，而得螺旋之溝爲螺溝。螺溝者，水道也。軸得一墨焉，則得一牆焉，一溝焉，水得一道焉。或二之，或三之，四之，以上同於是。多則均，一則專，惟所爲之。既牆而圍之，既建而迤之，而轉之，水則自螺旋之孔入也。水之入於螺旋之孔也，水自以爲已下也，而不自知其已上也。故曰軸者，轉之主也，水所由以下而爲上也。

注曰：圜與圓同。量水淺深者，下文言「句四、股三、弦五」，則岸高九尺者，軸之長當一丈五尺也。凡作軸，皆度岸高，以三五之法準之。二十五分之二者，如軸長一丈，則徑八寸。如本篇第一軸立面圖，己丁長一丈，則丁丙之徑八寸也。此畧言軸欲大耳。若徑至三寸以上，不嫌長丈；八寸以上，不嫌長二丈也。軸過小，則水爲之不升。八繩附臬者，《周禮》：「樹八尺之臬，縣八繩下垂，皆附於臬。」今軸身作線，大畧似之也。八平分者，如軸兩端圖，甲乙丙[己]丁戊圈爲軸之周，所分甲乙、乙丙等八分者，平分度也。軸之兩端，卧其軸，各作己甲過心線，依法分之，即上下合也。次於軸兩端之邊，依所分各界，兩兩相對，各作平行直線八，線附木皆平直，是爲八平分軸之周。如立面圖，己丁、庚丙諸線是也。次於兩端各作甲己、丁丙諸線，則得軸兩端之各庚心也。以八平分之一爲度者，謂以甲乙爲度，從庚至辛，作庚辛、辛壬等短界線，至丙而止。八線皆如之。各線之短界線，皆平行，皆相等也。墨爲之弦者，從庚向癸，依句股法作庚癸斜弦線，內纏之至子，外纏之至丑，至寅，至卯，至辰，斜纏軸面，竟軸而止，則得一螺旋線也。單線則爲單牆，單溝也。若欲爲雙溝者，則平分庚丑線得午。從午外上向已，內下向未，亦依法作螺旋線也。若作四槽者，又平分庚午於壬，依法作之。欲作三槽、六槽、九槽者，先分軸爲九平分。欲作五槽、十槽，先分軸爲十平分，依法作之。

二曰牆

軸之上，因各螺旋之繩而立之牆。牆之法，或編之，或累之，皆塗之。牆之兩端，不至於軸之兩端。其至也，無定度，惟所爲之，以樞之短長稱之。八分其軸長，以其一爲牆之高。可減也，不可加也。牆，其累之也，欲堅而無墮也。其編之也，欲密而平也。其塗之也，欲均而無罅也。兩牆之間謂之溝。溝，水道也。水行溝中，而牆制之，使無下行也。故曰：牆者所以束水也，水所由上也。

注曰：編牆之法，削竹爲柱，依螺旋之線而立之。每立一柱，即與軸面之八平分長線爲直角。如立柱於本篇一圖之午，即柱爲垂線，與庚丙長線爲直角也，而又與軸兩端之丙丁爲一直線也，若本篇二圖之癸丙是也。削柱欲均，安柱欲正，列柱欲順，立柱欲齊。既畢，則以繩編之，畧如織箔之勢。繩以麻或紵或菅或布或篾，惟所爲之。既畢，以瀝青和蠟，或和熟桐油，融而塗之，或以生桐油和石灰、瓦灰塗之，或以生漆和石灰、瓦灰塗之。凡瀝青加蠟與桐油，取和澤而止。石灰、瓦灰相半，桐油或漆和之，取燥濕得宜而止。累牆之法，取柔木之皮，如桑槿之屬，剥取皮，裁令廣狹相等，以瀝青和蠟依螺旋之線，層層塗而積之。累畢，如前法塗之。既畢，而兩牆之間，成螺旋之溝。水從溝行而牆不漏者，是牆之善也。八分之一者，如軸長八尺，則牆高一尺，此亦畧言高之所至也。一以下任意作之，故曰可減不可增。一法：若欲爲長軸，則牆之高與軸之徑等。

三曰圍

牆之外，削版而圍之，版欲無厚。牆之兩端，順牆柱之勢，穿軸而立四柱焉，依牆之高而束之環。圍板之端入於環，圍之外，以鐵爲環而約之。長者中分圍之長，以鐵環約之。又長者三分其長，以兩環約之。圍之版，其相合也，與其合於牆之上也，皆合之以塗牆之齊。圍之外，皆塗之，以受雨露也。圍，其合也欲無罅，圍之合於牆也，欲無罅。有圍，故水入螺旋之孔而不絕。

無鋍，故水行於螺旋之溝而不洩，則水旋而上也。故曰：圍者外體也，所以爲固抱也。

注曰：圍之板，量圍徑之大小與其長，酌全體之重輕而制厚薄焉。其長竟牆，其廣一寸以上，視圍徑之小大增損之。太廣而合之，則角見也。其内面稍刳之，以就牆之圓。外面者，圍既合而削之。當牆之盡，穿軸爲四柱者，所以居環而受圍也，如本篇三圖之卯寅辰午等是也。環以堅韌之木爲四弧，弧各加於環柱之上，合之成環焉。環之下方，或爲溝焉，居中以受圍板之端，或居外，或居内，爲刻而受之。如爲溝於未，此居中也。爲刻於申，此居外也。於酉，居内也。鐵環之束在兩端者，與木環相抵，卯午也，戌亢也。或中分約之者，心斗是也。若兩中環者，則在尾與箕也。或不用鐵環，以繩約之而塗之。齊與劑同。合以塗牆之劑者，瀝青和蠟，或油灰，或漆灰也。若塗圍之周者，則漆灰爲上，油灰次之；瀝青和蠟者，恐不耐暑日也，爲下。而欲速成，則用之。欲解而時修，則用之。是者，暑日架之，則以苫蓋之。水入於螺旋之孔者，孔在環之内，軸之外，四柱之中，戌亥角亢之間是也。雖下向必入者，以迤故，水趨於圍也。既其出，則在卯寅辰午之間矣。一法：牆之兩端以二圓版蓋之。開圍板之下端而水入之，開上端之圓版而出之，其效同焉。

四曰樞

軸之兩端，鐵爲之樞，當心而立之。樞之用在圜。輪在圍若在軸者，皆圜之。輪在上樞，方其上樞之上；輪在下樞，方其下樞之下。方之者，以居輪。立樞欲正欲直。不正不直者，輕重不倫也。既正既直，輕重均，轉之如將自轉焉，則雖大而無重也。故曰樞者，所以爲利轉也。

注曰：當心者，本篇一圖之庚，心也。樞之大小長短無定度，量全體之輕重，制大小焉。量輪之所在與地之所宜，制短長焉。輪所在者有七，下方詳之也。方則止，故可以居輪。正者，當庚之心。直者，與軸端圓面爲直角，與軸上八平分線俱爲一直線也。求正尚有軸端諸線可憑，求直稍難焉。今立一試法：視一圖軸兩端諸分線，以規一抵軸端邊之乙，一抵樞之頂心爲度。次去乙抵戊量之，又去戊抵己量之，皆至於樞之頂心者，即樞直也。如將自轉者，滅速之甚也。

五曰輪

輪有七置，輪有三式。七置者，當圍之中焉，圍之兩端焉，軸之兩端焉，兩樞焉。在圍者，夾其圍而設之輻，輻之末周之以輞焉。輞，樹之齒焉。在軸與樞者，方其處而入之轂。轂，樹之齒焉。凡輪，皆以他輪之齒發之，其疾徐之數，視輪與他輪之大小焉，其齒之多寡焉。故輪欲密附而少爲之齒，輪附而齒少，他輪大而齒多，則其出水也必疾矣。故曰輪者所以爲受轉也。

注曰：輪有七置者，因地勢也，量物力也，相大小而制徐疾也。在圍之中者，本篇四圖之丁是也。在圍之兩端者，丙與戊是也。在軸之兩端者，乙與己是也。在兩樞者，甲與庚是也。若車大而軸長，出水之地高，則在丁矣。若平地受水，而用人力畜力風力者，當在甲乙丙矣。用水力當在戊己庚矣。夾圍之輻，子丑之類是也。辛者，容圍之空也。壬癸，輞也。寅卯之類，齒也。方其處者，軸與樞當受轂之處也。辰，入樞之空也。戌，入軸之空也。午，轂也。酉，亦轂也。未申亥角之類，皆齒也。他輪者，或人車，或馬牛贏車，或風車，或水車之輪也。此諸車之輪者，非謂其大卧輪也，蓋指接輪焉。接輪者，農家所謂撥子是也。試言人車，則有卧軸也，卧軸之一端有接輪，卧軸之上有拐木也。今於甲乙丙任置一輪焉，如置在軸之乙輪，即以卧軸之接輪交於乙輪。人踐拐木而轉之，接輪與乙輪相發也。若馬牛贏車及風車，則有卧軸也，卧軸之兩端，皆有接輪。今以其一交於乙輪，以其一交於彼車之大卧輪，駕畜焉，颿風焉而轉之，接輪與乙輪相發也。若水轉之車則有卧軸也，卧軸之一端有接輪，卧軸之上有立輪，立輪之外有受水之箑也。今於戊己庚任置一輪焉，如置在軸之己輪，即以卧輪之接輪交於己輪，水激於箑，而卧軸爲之轉，接輪與己輪相發也。疾徐之數與他輪相視者，如乙己之輪齒十二，人車之接輪齒十二，是拐木一轉而得一轉也。如樞輪之齒八，而人車之接輪齒十六，是拐木一轉而得二轉也。人車之接輪齒二十四，是一轉而得三轉也。若樞輪之齒八，而駕畜颿風之卧輪齒七十二，是一轉而得九轉也。故曰輪欲密，密附則齒爲之少；他輪欲大，大則齒多。然而密者過密焉，則力爲之不任。大者過大焉，則遲。故曰：因地勢，量物力，相大小而制徐疾焉。今圖樞輪之齒八，軸輪十二，圍輪十六，約畧作之，非定率也。趣欲使兩輪之交，疎密相等焉，長短相入焉，相關相發而不滯，則足矣。其小者欲無用輪，方其樞之末，别爲衡，衡之一端入於樞焉，其一端植之柱焉。柱之體圓，又爲之掉枝，而首爲圓孔焉。以掉枝之圓孔，入於柱而轉之。若大者而欲無用輪，則以兩掉枝同加於柱，兩人對執而轉之。最大者，兩掉枝之末，各爲持衡，四人或六人對持其衡而轉之。

六曰架

架者，一上一下，皆爲砥柱，或木焉，或石焉，或瓴甋焉。柱之植，欲堅以固也。下柱居水中，以鐵爲管，施之柱首，迤而上向，以受下樞之末。制管高下，量水之勢，令得入於螺溝之下孔而止也。上者居岸，以鐵爲管，施之柱首，迤而下向，以受上樞之末。若輪與衡在上樞之末者，則中樞而設之頸，以鐵爲山口，而架樞其上，出其樞之末，以受輪與衡也。制高下之數，以句股爲法，而軸心爲之弦。弦五焉，則句四焉，股三焉。過偃則不高，過高則不升。

注曰：瓴甋，磚也。堅者，其本體堅。固者，其立基固也。上柱者，本篇五圖之甲乙是也。下柱者，丙丁是也。上管以受上樞，戊也。下管以受下樞，己也。句股法者，一高一下，如四圖之亢房線而置之，令上樞之末在亢，下樞之末在房也。三四五者，如上樞之末爲亢，至下樞之末爲房，長一丈，如法置之，則自下樞之末房，依地平作平行線，自上樞之末亢作垂線，而兩線相遇於氐。其亢氐線必長六尺，氐房線必長八尺也。若迤建於岸之側，謂無從作垂線者，則以句股法反用之。以圍板爲倒弦，別作一尾箕垂線爲股，尾爲直角，作尾心横線爲倒句。若尾箕長一尺五寸，偃仰移就之，令尾心長二尺，即心箕必二尺五寸，而亢房線必合三四五之句股法也。凡圍板長一丈，水高必六尺，求多焉不可得。相水度地制器者，以此計之。若水過深，岸過高，器不得過長，則累接而上之。累接之法，亦以接輪交而相發也。

又 卷六

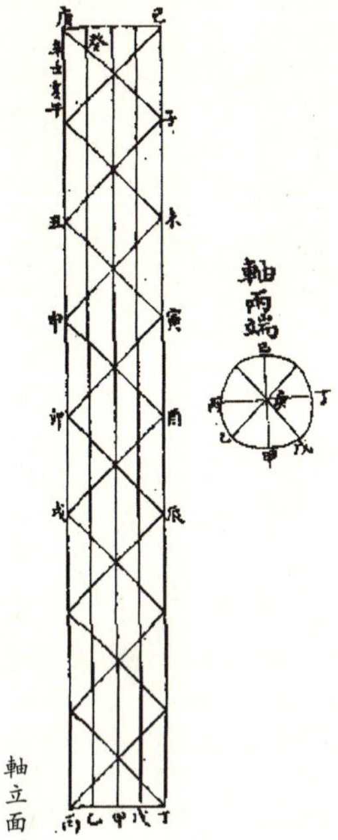

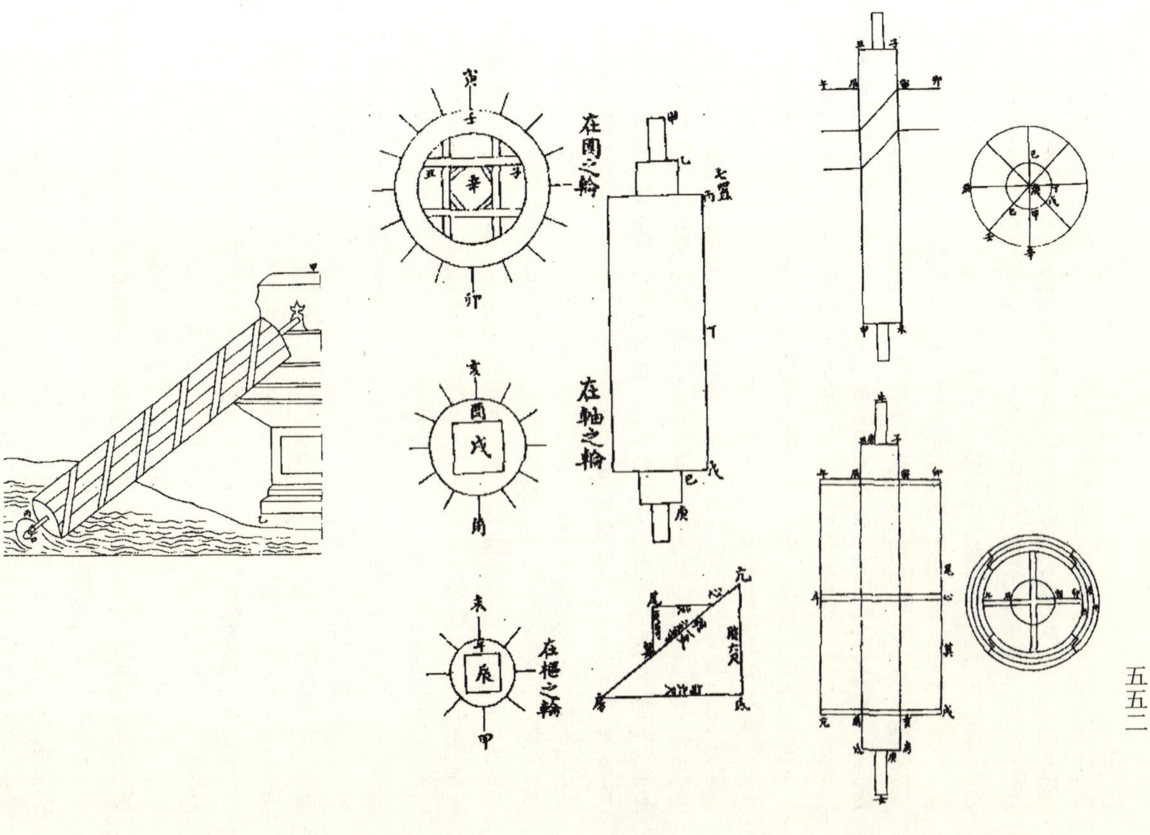

陳玉瑾《農具記》 戽水之器則有桔槔，長木爲箱，三面如牆堵，仰而缺，置小板數十如斗，而以木貫之如索。水間以架相承，岸横輥軸，二寸木制如椎者十七八，又立横木，衆人俯之，而以足踐椎，首尾旋轉，如轆轤以引水上出也。有若水車，桔槔置之近水旁，用篾蓬如風帆者五六，相爲牽絆，使乘風引水也。有若牛車，制如前，以牛引之，省人力也。如是而戽水之器畢。

鄭珍《[道光]遵義府志》卷一六《農桑》 農具 龍骨車首曰龍輥，輥上七齒。首戴兩耳，曰龍腿。腿貫兩手，曰拐子，人把以用力者也。身曰龍皮，尾曰水輥。水輥六齒，任木曰鷺鷥。脚底曰龍底，底卜曰龍橋，所以行刮水板。水板之軸，兩筍互逗，曰羊蹄，通曰龍腸。板宜樟，蹄宜栗，身宜柏。槽通廣五寸。身通深一尺。龍路廣三寸八分。凡長毋過二丈，短毋不及一丈二尺，皆有定度。

王禎《農書》卷一八《農器圖譜十三・灌溉門》 桔槔

桔槔，桔，古屑切。槔，古刀切。挈水械也。《通俗文》曰：桔槔，機汲水也。《説文》曰：桔，結也，所以固屬。槔，皋也，所以利轉。又曰：皋，緩也。一俯一仰，有數存焉，不可速也。然則桔其植者，而槔其俯仰者與？《莊子》曰：子貢過漢陰，見一丈人，方將爲圃畦，鑿隧而入井，抱甕而出灌，搰搰然用力甚多，而見功寡。子貢曰：有械於此，一日浸百畦，鑿木爲機，後重前輕，挈水若抽，數如泆湯，案：《莊子》作數如泆湯。其名爲槔。又曰：獨不見夫桔槔者乎，引之則俯，舍之則仰。彼人之所引，非引人者也，故俯仰不得罪於人。今瀕水灌園之家多置之。實古今通用之器，用力少而見功多者。王契《賦》云：智者濟時以設功，强名之曰桔槔，何樸斲之太簡，俾役力兮不勞。作固兮爲我之身，臨深兮是我之理。若虞機張，如鳥斯企。山有木，用工見汲引之能；畀乎水，自我成潤物之美。不羸瓶而上出，何抱甕之勤止。執虛趨卜，雖自屈於勞形；持滿因高，終見伸於知己。鄭圃之側，潘園之旁，溝塍綺錯，畎畝相望。帶嘉疏兮映芳草，背古岸而面垂楊。欲建標以取別，能舉直而自强。若垂竿兮匪釣，象爟火兮無光。不忘機以棄俗，乃習坎而爲常。隨用舍而俯仰，應淺深而短長。重泉之水兮不滯，九畹之蘭兮益芳。雖欲絶學以棄智，其若得存而失亡。歌曰：大道隱兮世人薄，無爲守拙空寂寞。老圃之道可行，何耻見幾而作。

王徵《新製諸器圖説》 鶴飲圖説

爲長槽，或以巨竹，或以木。其長無度，竑水淺深以爲度。尾殺於首三之一。首施戽，惟樸屬爲良。戽之容則以斛。戽黌施木刀，如棹末之制，俾與木無忤。中其槽設兩耳函軸。迺於岸側凿兩楹，高地僅尺，俾毋杌。楹之巔，對設以軓，貫軸其中，惟活。昂其尾，入之戽也。水滿則首一昂，而流之奔於槽外也。其執禦，視桔槔之功，挈無虚而捷也，可省夫力十之五。

宋應星《天工開物》卷上《乃粒第一》 水利 筒車 牛車 踏車 拔車 桔槔皆具圖

用桔槔、轆轤，功勞又甚細已。【略】

王禎《農書》卷一八《農器圖譜十三・灌溉門》　轆轤

轆轤,轆,力木切。轤,力胡切。纏綆械也。《唐韻》云:圓轉木也。《集韻》作橨轤,汲水木也。井上立架置軸,貫以長轂,其頂嵌以曲木。人乃用手掉轉,上聲。纏綆於轂,引取汲器。或用雙綆而逆順交轉,所懸之器,虚者下,盈者上,更相上下,次第不輟,見功甚速。凡汲於井上,取其俯仰則桔槔,取其圓轉則轆轤,皆挈水械也。然桔槔綆短而汲淺,獨轆轤深淺俱適其宜也。仲子陵《賦》云:木德標象,金行效事。與桔槔之用則同,比篗虡之形不異。井之弗幕,瓶亦汔至。當於要路之津,存乎兼濟之地。忠也陳力而就列,孝也致養而不匱。圓轉則智士之心,通流乃仁者之志。故轆轤之體一,有君子之道四。觀其得位攸處,居中特立,從繩以寸工,假器以尺汲。自上至下者,念茲以有成。虚往實來者,釋此而何執。利物不言利,急人之所急。捨之則其道可卷而懷,用之則其功可俯而給。及夫挈瓶所施,懸綆所統,崇朝以聞乎三捷,永日何啻乎七縱?爲萬人仰,與天下共。其静也,則無機之機。其動也,則有用之用。德必不孤,賢亦有準。泉蒙者道爲之慶,井深者心爲之軫。無忘乎牽攣,蓋存乎汲引。斯亦惠而不費乎,賢人之業於是乎盡也。

轆轤

王徵譯《奇器圖說》卷二

轉重

說

先爲立柱,中央作方曲拐形如a,立柱上下直對要正,旁拐立枝爲手所轉處。中爲小軸,外貫木筒或竹筒,便可轉也。或於下端作輪,或於上端作輪,以爲轉他重之機。惟人所作。立柱兩端盡處各爲鐵鑽,安於架之鐵臼中,則其轉也無不利矣。

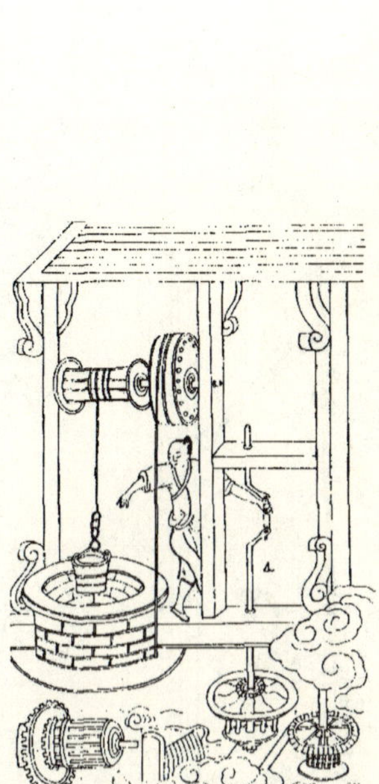
轉重第一圖

說

先爲大輪,有齒如a,安兩柱中。次爲轆轤,周圍有齒,與大輪齒相合如e。一人在柱外轉其柄,則重可轉也。或人力不勝,則於轆轤一端近柱處,安飛輪一具如i。飛輪者,已似無用,而實能以重助他人之力者也。故轆轤轉之不足,加一飛輪,則人力必大勝矣。

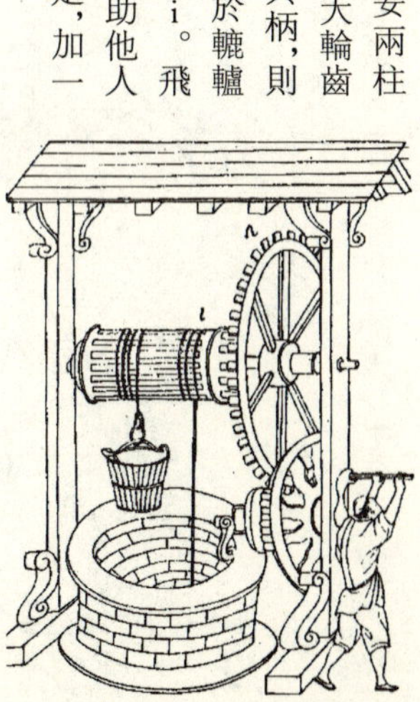
第二圖

又　取水

說

先爲行輪,人行其中如a。行輪中軸兩端,各安曲拐,一邊曲在上,一邊曲在下,如e。曲拐方孔之中杆上,安滑車如i。于滑車貫處爲立圈,下端定在恒升車取水杆頭如o。行輪轉動,兩邊自然一低一昂,水可遞引而上矣。

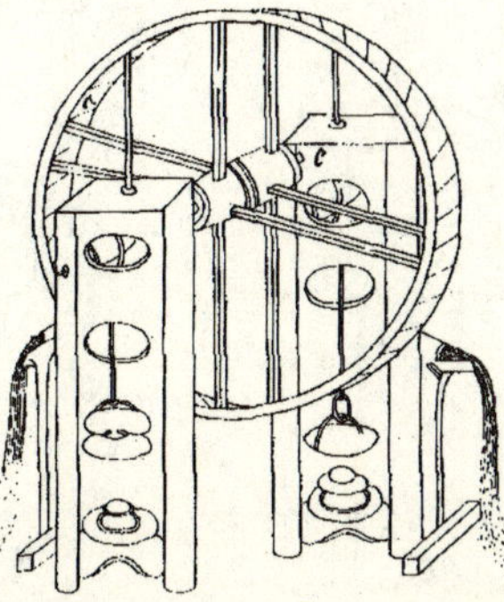
第八圖

説

先爲星輪如a。星輪者，輪周作大圓齒，間中與齒相等。亦作圓孔，與大星光芒四射相似，故名星輪。星輪之外，作鼓厢如e。鼓厢者，上下總一圓圈，兩旁以木板厢之，其形似鼓，故名鼓厢。鼓厢下面底中，開一小孔，入水如i。鼓厢上面開一方孔如o。方孔中，安一方屑，上方下圓。方屑兩旁，各安小滑車，使方屑易上易下也，如u。其安鼓厢及安方屑上下之架如c。于方屑方孔之前，開孔向上，斜安孔筒如ch，以便出水。先將星輪安置鼓厢之中，務使星輪兩旁與輪周齒端圓處緊靠鼓厢圈板爲則。其星輪之軸直出兩旁架外，有曲柄如k，便人運也。或另作水轉之輪，以轉此星輪，亦無不可。蓋鼓厢之架安置水中，下面小孔自然入水，乃以星輪遞轉而上，至方屑圓頭垂處，水不能再過而前，則惟有從斜孔筒中出水而已。

第九圖

陳恢吾《農學纂要》卷一 利濟生廠立水車

車創於程君鹿鳴諸人，廠設於瀘州江安自流井等處。

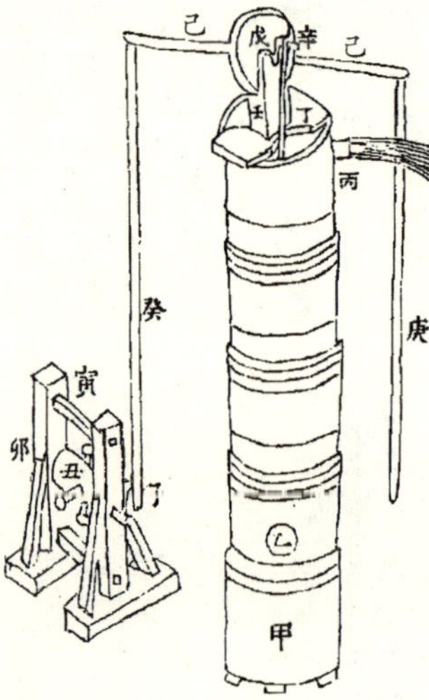

立水車圖

全車高二丈至七八丈，用無底木桶數個接續而成，每一桶高五尺。桶徑一尺二寸，上口微大，下口微小，以便啣接。桶内安置浮筒水管，下爲車脚，以整堅木一截爲之。甲處内安銅管兩枚，空徑四寸，長一尺六寸。銅管内有活門。乙爲下水門，由内向外闢出，以便不用之時開門放水。丙爲上水門，壬爲夾板。丁爲座子，戊爲木輪，亦可以皮條聯於飛輪動之。己爲横桿，穿入木輪，用皮條則不用横桿也。辛爲鐵曲拐，亦即輪軸。庚爲墜桿，長短輕重，須審酌合宜。癸爲帶動桿，寅爲飛輪架。丑爲飛輪，子、卯兩處皆爲曲拐。子處曲拐連於帶動桿。卯處曲拐，以人手動之，則飛輪轉而曲拐動，牽動横桿，提動浮筒，水由銅管入竹管，溢於木桶。其勢洶洶，遂由上水門而出。接以竹筧，任意引至何處。

此車以一人挽之，可激水直上二丈至七八丈，每日可車水五千挑，灌田四五畝。數具排用，吸水尤多。近水高田，皆宜購置。洵農家利器也。

藝文

梅堯臣《宛陵集》卷五一 水車

既如車輪轉，又若川虹飲。能移霖雨功，自致禾苗稔。上傾成下流，損少以益甚。漢陰抱甕人，此理未可諗。

王安石《臨川文集》卷一一《水車》 取車當要津，膏潤及遠野。與天常斡旋，如雨自潨瀉。置心亦何有，在物偶相假。此理乃可言，安得圓機者。

沈遼《雲巢編》卷三《水車》 黄葉渡頭春水生，江中水車上下鳴。誰道田間得機事，不如抱甕可忘情。

又《水車》 山田遶山脚，江水何可作。車輪十丈圍，飛湍半天落。雁翅插修筦，隨流得深酌。升降豈無勢，長江怒相薄。有如萬夫力，讙呼傾衆壑。曾不捨晝夜，美源終未涸。人間有機事，由來生巧惡。善彼漢陰老，忘懷抱純朴。

蘇軾《東坡全集》卷六《無錫道中賦水車》 翻翻聯聯銜尾鴉，犖犖確確蜕骨蛇。分畦翠浪走雲陣，刺水緑鍼抽稻芽。洞庭五月欲飛沙，鼉鳴窟中如打衙。天公不見老農泣，喚取阿香推雷車。

郭印《雲溪集》卷六《忘機台》 累石成臺如蟻垤，對此澄江千丈闊。春輪旋轉疾如飛，隔岸傳聲無間歇。風標公子鏡中來，爲我沙汀凝片雪。晚晴更是斜陽好，樹外殘霞紅一抹。平生任運息機心，麋鹿可馴禽可狎。生憎智巧犯人爲，激水翻車真太黠。君不見海上之鷗胡不下，當時妄念差一髮。又不見漢陰抱甕用力多，區區反笑桔槔拙。我今與物既大同，積刼情塵俱泯絶。天機密契有誰知，强立臺名太饒舌。

劉一止《苕溪集》卷三《水車一首》 村田高仰對低窊，咫尺溪流有等差。我欲浸灌均兩涯，天公不遣雷鞭車。老龍下飲骨節瘦，引水上泥聲咿呀。初疑蹙踏動地軸，風輪共轉相鈎加。嗟我婦子脚不停，日走百里不離家。緑芒刺水秧初芽，雪浪翻壠何時花。農家作勞無別想，兩耳未厭長嘔啞。殘年我亦冀一飽，謂此鼓吹勝聞蛙。

王十朋《梅溪集》後集卷二〇《得雨復用聞水車韻》 蜕骨木龍憂不雨，更喚兩牛眠下土。農家以架車者爲眠牛。水從地底飛上田，不減在天行雨苦。庭中忽見天雨花，白衣真人游郡衙。但願爲霖莫爲潦，免使泥陷羸牛車。

亢旱踰時如魯史，一雨已遲淹爾耳。農猶滿望苗返魂，車亦收聲魚免死。我持酒戒不敢荒，急呼一盃飲松堂。不憂猖獗有巢昌，只恐沈猶朝飲羊。

張孝祥《于湖集》卷四《湖湘以竹車激水粇稻如雲書此能仁院壁》 象龍喚不應，竹龍起行雨。聯緜十車輻，伊軋百舟櫓。轉此大法輪，救汝旱歲苦。横江鎖巨石，濺瀑疊城鼓。神機日夜運，甘澤高下普。老農用不知，瞬息了千畝。抱孫帶黄犢，但看翠浪舞。餘波及井臼，春玉飲酡乳。江吴誇七蹋，足繭腰背傴。此樂殊未知，吾歸當教汝。

王惲《秋澗集》卷三二《水車圖》 人定真能力勝天，一車翻水溉高田。漢陰機在終無力，長憶郊居值旱年。

同恕《榘庵集》卷一四《牛挽水車圖》 初解耕縻汗喘長，却來挽轉水車忙。西風羅稏三千頃，背上吴兒且莫狂。

袁桷《清容居士集》卷六《同子唯賦水車》 挈瓶之智誠有餘，抱甕之勞亦良苦。何人嘗巧抉天機，河伯逡巡魚鼈舞。昂昂長身卧塍岸，捲地翻濤敵驕暑。誰云龍骨化梅梁，未信魚身作橋柱。縈紆香輪過流水，突兀雲梯卷清雨。横陳歌板促紛綸，倒流谷簾聲齟齬。東家楂婦顔色惡，步步生蓮空媚嫵。陽烏流爍汗成漿，平陸須臾涌銀乳。推移燥濕意本同，竊奪陰陽天所怒。人言無踵能自至，跬步周旋路脩阻。不辭滿眼看黄雲，歲晚論功付梁梠。君不見田舍翁，年年辛苦與我同，天寒破褐厭糠覈，仰視屋壁知誰窮。

周權《此山詩集》卷二《接竹引泉》 蒼潤隱石脈，幽源迸山椒。連筒入雲竇，勢接河漢遥。引兹一線杖，高下穿林梢。聯絡裊相拄，旋折不辭勞。挽之歸我廬，晴雨注屋茅。乍窒或細細，久續俄嘈嘈。空堦落琴築，虚瓮鳴鈞韶。盥浥足自潔，心迹良已超。固無鼎釜珍，頗煮溪澗毛。未能學許由，厭喧解風瓢。

童冀《尚絅齋集》卷三《南行集·水車行》 零陵水車風作輪，緣江夜響盤空雲。輪盤團團徑三丈，水聲却在風輪上。大江日夜東北流，高岸低岸開深溝。輪盤引水入溝去，分送高田種禾黍。盤盤自轉不用人，年年秪用修車輪。往年比屋搜軍伍，全家載下西涼府。十家無有三家存，水車卧地多作薪。荒田無人復愁旱，極目黄茆接長坂。年來兒長成丁夫，旋開荒田納官租。官租不闕足家食，家食復藉水車力。一車之力食十家，十家不憚勤修車。但願人常在家車在軸，不愁禾黍秋不熟。

洪希文《續軒渠集》卷五《水車》 機事能移造化權，車聲軋軋響前川。捲空龍骨層層浪，活盡龜紋處處田。塹板擿泥秪自苦，桔槔縋石笑空懸。青裾想是阿香女，直欲乘之飛上天。

李昱《草閣詩集》卷二《踏車行》 南岸北岸聲咿啞，東鄰西鄰踏水車。車輪風生雷轉軸，平地雪寒生浪花。借問老農何太苦，低頭欲語還咨嗟。前月有雨田未耘，非其種者紛如麻。縣吏捉人應差役，令嚴豈得營私家。况當今月滴雨無，陂塘之水争喧譁。雖如抱甕沃焦釜，蹄涔豈足供泥沙。語罷踏車車轉急，田水何如汗流濕。老妻貸穀猶未歸，力疾無奈吞聲泣。

楊維楨《鐵崖古樂府補》卷四《天車詩并引》 丁未臘交戊申春三月，霪雨不休，農以潦告官修圍岸，迫農車泄澇。農力竭而潦不退，有黄髮老翁來謁農曰：汝車力倍而功寡，吾教汝車力不勞而功倍之。索巨竹二竿，刳節，交兩首尾，飲如口注。農家水龍皆閣不用。農驚問其神，翁曰：此陰陽升降法也。余讀《張讓傳》，傳注渴烏云：爲曲筒，以氣引水上下。天車引水，即渴烏之引也。郡守某過，余言其事，謂之天車，請鐵崖紀以詩，詩曰：

百日漏天瓠河決，高丘十丈蛟龍穴。髯星降世教天車，刳爾雌雄兩龍節。膠泥瑣口如折筒，天竅地竅中相通。疲氓拜舞賽神教，喜氣上天成白虹。㞐乾水恠支祁走，海底珊瑚拾星斗。坐令墊土成寸金，丈尺官來履丘畝。我聞阿香閣雷車，農車巧運脱殼蛇。如何天車閱天巧，馬鈞造水車，魏國人。不洩三農家。九重帝車運北斗，五風十雨調大有。我願天倉紅粟朽，農食冬春飲春酒，和我歌擊壤叟。

弘曆《御製詩集》三集卷三〇《農器圖十詠有序・水車》 龍骨翻車置水濱，農家灌溉踏雙輪。憐他胝足緣無雨，慙作高居調幕人。

又 三集卷七三《水車》 春隴待灌溉，水車踏聯絡。本是無機心，那慮漢陰薄。知輪者木之體，既巽順而有功。水者坎之盈，亦剛中而有信。相資以濟，引重之象何殊。因物而施，救暵之功以迅。敬陳澤物之奇動，用備風人之雅訓。

趙俞《踏車曲》張應昌《清詩鐸》卷六 杉𣘙作筒檀作軸，烏鴉銜尾聲轣轆。赤露兩肘腹無粥，踏車辛苦歌如哭。前年井底泉脈枯，去年甌窶長茭蘆。旱年掘窩轉水入，潦年築堤翻水出。水入水出車欲裂，農夫那不筋骨折。無奈今年又苦旱，塘水少於衣上汗。往年車完人盡力，今年車破人無食。人無食，不足恤，努力踏車聲太息。伍伯催租秋賦迫，連年未報災傷册。

齊彦槐《梅麓詩鈔・龍尾車歌》 神龍捲水非獨神，實有利器藏其身。利器在鬣不在鱗，鬣附於尾旋轉勻。九天雲垂尾一伸，水隨鬣轉轉入雲。泰西儒者生海濱，所居殆與蛟蜒鄰，無事静觀龍取水，制爲水車象龍尾。八綆附枲螺絲旋，繚繞往復成迴川，兩頭空洞桶底脱，半腰約束環中圓。飛流直下三千丈，水不自知其已上。激浪奔騰似決渠，神機活潑如翻掌。江南農家尠蓋藏，踏車十日憂無糧。泥沙抛棄吁可惜，源斷澤竭終成荒。蓋觀此龍尾掉河，尺水可以興洪波，内無退轉外無漏，崇朝百畝如滂沱。一車當五人當十，用力甚少成功多。八家同井辦一具，旱澇不患田無禾。利熊二士來西海，法入中華三百載。布衣能述不能行，霖雨還須有人在。侯官中丞今大賢，講求水利籌農田，聞余述作亟欲覩，二龍躍上荆溪船。草橋試車日卓午，傾城士女觀如堵。雲蒸霧湧噴薄來，歡呼動地聲如雷。塘寛十畝深二尺，車乾七寸纔三刻。中丞大笑與我言：此利不止闢田園。邇來洪湖拍天際，懷襄往往爲民厲。千車倒挽刷黄流，兩壩三河可長閉。劉河堙寒久欲疏，車水遲遲恐糜費。伐輪百部實河滸，畚鍤興工日可計。

陳廷章《水輪賦》李昉等《文苑英華》卷三三 水能利物，輪乃曲成。升降滿農夫之用，低迴隨匠氏之程。始崩騰以電散，俄宛轉以風生。雖破浪於川湄，善行無跡既；幹流於浪面，終夜有聲。觀夫斷木而爲，憑河而引，箭馳可得而滴瀝，輻輳必循乎規準。何先何後？互興而自契心期；不疾不徐，迭用而寧因手敏。信勞機於出没，惟與日而推移。殊轆轤以致功，就其深矣；鄙桔槔之煩力，使自趨之。轉轂諒由乎順動，盈科每悦於柔隨。遠望蹄涔，詎有朱殷之色；挹兹鱗起，終無塗附之期。作霖或自於斯干，流濕更彰乎就燥，回環潤乎嘉穀，洊至踰於行潦。鈎深致遠，沿洄而可使在山；積少之多，灌輸而各由其道。爾其揚清激濁，吐故納新，輾桃花之活活，摇杏葉之鱗鱗。一勺每勞於濡軌，三材必賴於工人。浴海上之朝光，升如日御；泛江中之夜影，重似月輪。常虚受以載沉，表能圓於獨運，低迴而涯岸非阻，委曲而農桑是訓。惠可周於地利，空霑負郭之田；材足任於天津，多寄臨川之郡。池陂無漉，畎澮既潴，用能務實，勢欲陵虚。磬折而下隨毖彼，持盈而上善依於。當浸稻之時，寧非沃壤；映生蒲之處，相類安車。異矣哉！俯此溝塍，潤於原隰，成形必仰乎膏雨，屈已且安乎卑濕。苟量遠大之功，庶無慙於甕汲。

梅堯臣《宛陵集》卷四《水輪詠》 孤輪運寒水，無乃農者營。隨流轉自速，居高還復傾。利纔畎澮間，功欲霖雨并。不學假混沌，忘機抱甕罌。

范祖禹《范太史集》卷一《遊李少師園十題・水輪》 崩騰噴雪浪，晝夜無停息。迴旋天磨轉，運動日卓側。

鄭真《滎陽外史集》卷一〇〇《歸程録・上灘歌(之八)》 水輪聲轉似游龍，草屋無人碓自舂。蓬户暫開聞語笑，分明機巧見神功。

王安石《臨川文集》卷三〇《律詩七言絶句・賜也》 賜也能言未識真，誤將心許漢陰人。桔槔俯仰妨何事，抱甕區區老此身。

韋驤《錢塘集》卷五《桔槔》 露井無窮惠，機心在桔槔。淺深皆應取，俯仰不爲勞。固免贏瓶悔，全勝短綆操。如何翻鄙笑，抱甕自孤高。

胡寅《斐然集》卷四《和叔夏田舍三絶(之二)》　作堨辛勤雨更遲，桔槔誰語漢陰知。不嫌機事侵純白，一日何妨灌百畦。

薛季宣《浪語集》卷八《桔槔》　怪得朝來俯仰頻，王明用汲有深仁。無爲抱甕先生笑，機械揶揄已玩人。

陸游《劍南詩稾》卷七三《冬晴行園中》　桔槔灌蔬固已非，竹筧澆花宜見譏。杏繁梅瘦種性别，一氣生殺均天機。細推物理孰不爾，搏風未可嘲卑飛。君其置之且共酌，白酒方熟黄雞肥。

袁説友《東塘集》卷六《觀鹽井二首[之一]》　桔槔汲水三千丈，頃轉輪餘一日回。蓑笠傍城埋井底，皮囊挈出滷泉來。

袁燮《絜齋集》卷二四《桔槔》　誰作機關巧且便，十尋繞指汲清泉。往來濟物非無用，俯仰由人亦可憐。

韓淲《澗泉集》卷一六《灌園》　搰搰誰知舊漢陰，桔槔何待此機心。溪南上郭邱園地，應笑蒙莊著語深。

方回《桐江續集》卷三《舂碓吟》　槁木豈有情，頑石且無知。何術使之動，不假人力施。緯竹以爲車，堰水江之湄。湍流既迅急，樞軸爲斡移。杇杵輒雀躍，死磨猶驥馳。一日殆百斛，成功歸巖篩。吾聞往古初，冥冥若愚癡。火食尚未悟，人與禽獸嬉。聖智既有作，便利無不爲。機事至此極，機心開自誰。所以桔槔人，旁眙甕汲嗤。馬本齕草物，教之諳戰鼙。鐵若不入冶，焉有劍與錐。工械日以廣，生靈日以糜。平生子方子，拙直爲人欺。見巧終不喜，諷此舂碓詩。

張養浩《歸田類稿》卷二〇《田居自和十首[之六]》　桔槔抽水有餘功，抱瓮區區媿老翁。游女執筐行采芑，嘉賓舉爵賦彤弓。溪流隔斷塵千丈，雲氣遮殘樹半空。日落昏鴉成一笑，紛紛誰解辨雌雄。

周巽《性情集》卷二《擬古樂府・桔槔行》　八月陂塘秋欲涸，車聲軋軋連村落。晚禾將槁火田枯，絡緯悲鳴止還作。螮蝀垂光飲斷流，蛟龍蜕骨臨深壑。汗流被體足未停，辛苦救得禾田青。十日無雨穗將絶，蕩蕩旻天呼不聽。君不見秋糧已免皇恩早，天賜豐年應更好。不用含愁怨桔槔，化機頃刻回枯槁。

劉敞《公是集》卷一六《聞轆轤》　轆轤復轆轤，日夜聲相續。長綆無已時，深泉變空谷。君不見開闢至今千萬年，斗樞坤軸相迴旋。河漢西流亦不息，見爾滄海成桑田。

周巽《性情集》卷四《轆轤》　秋陽杲杲溪流竭，井上轆轤聲不絶。銀河斜轉玉繩低，心苦惟憂稻田裂。邊雁南來人未歸，蛾眉顰蹙筋力微。遶牀百丈哀音動，樹攪西風梧葉飛。蟋蟀悲吟腸欲斷，蒹葭露白秋將半。田家祇望晚禾登，奈何今歲逢秋旱。君不見旱晚班師舞干羽，皇天應降洗兵雨。

陳廷敬等《皇清文穎》卷二二《御製詩・轆轤聲》　緑水漲平湖，春田轉轆轤。耳根鳴斷續，眼界樂霑濡。漫厭繁音急，從觀生意蘇。機心緣力稼，不與漢陰殊。

糧食加工機械

論説

卜子夏《子夏易傳》卷八《周易・繫辭下第八》　斷木爲杵，掘地爲臼，臼杵之利，萬民以濟，蓋取諸小過。杵動於上，臼止於下，上動而小，小過之象也。小器設而萬民獲濟，小能濟大，小過之義也。是以取諸小過。

陸羽《茶經》卷上《茶之具》　杵臼，一曰碓，惟恒用者佳。規，一曰模，一曰棬，以鐵制之，或圓或方或花。

劉恂《嶺表録異》卷上　廣南有舂堂，以渾木刳爲槽，一槽兩邊約十杵，男女間立以舂稻糧。敲磕槽舷皆有遍，拍槽聲若鼓，聞於數里。

周去非《嶺外代答》卷四《風土門》　舂堂　静江民間獲禾，取禾心一莖藁連穗收之，謂之清冷禾。屋角爲大木槽，將食時，取禾椿於槽中，其聲如僧寺之木魚。女伴以意運杵成音韻，名曰椿堂。每旦及日昃，則椿堂之聲四聞可聽。

高承《事物紀原》卷九《農業陶漁部》 杵臼

桓譚《新論》云：宓犧制杵臼。《世本》乃云：雍父作舂杵臼。《吕氏春秋》曰：赤冀作杵臼。皆非也。《黄帝内傳》曰：帝既斬蚩尤，因刜杵臼。《易繫辭》曰：神農氏没，黄帝堯舜氏作，斷木爲杵，掘地爲臼，臼杵之利，萬民以濟，蓋取諸小過。此疑杵臼之始也。《唐韻》作羅父作杵臼。

宋應星《天工開物》卷上《粹精第四》 攻稻

凡篩大者圍五尺，小者半之。大者其中心偃隆而起，健夫利用。小者弦高二寸，其中平窐，婦子所需也。凡稻米既篩之後，入臼而舂，臼亦兩種。八口以上之家，掘地藏石臼其上。臼量大者容五斗，小者半之。横木穿插碓頭，碓嘴冶鐵爲之，用醋滓合上。足踏其末而舂之。不及則粗，太過則粉，精糧從此出焉。晨炊無多者，斷木爲手杵，其臼或木或石以受舂也。既舂以後，皮膜成粉，名曰細糠，以供犬豕之豢，荒歉之歲人亦可食也。細糠隨風扇播揚分去，則膜塵净盡而粹精見矣。

陳玉瑱《農具記》 治穀之器，則有若臼杵，有若碓，臼之變也。《廣雅》云：磃，丁力切，碓也。有若碾，制如磟碡，碾穀出米也。有若篩簩，比篩疏而深，上有長繫可掛，以篩穀也。有若磨，以竹爲齒，下架木爲床，以磨穀出米，俗呼礱，或曰龍也。有若竹揚板，剡木爲首，謂之木杴，可㩟穀物。又或以竹爲之，却云揚籃也。有若簸箕，揚米去糠也。《莊子》曰箕之簸物，去粗留精是也。如是而治穀之器畢。

鄂爾泰等《授時通考》卷四〇《功作・攻治具各圖説》 杵臼圖説

杵臼，舂也。按：古舂之制，秳百一十斤。稻重一秳，爲米二十斗，爲米十斗曰毇，爲米六斗大半斗曰粲，又曰糲米。一石舂爲九斗，曰鑿。鑿，米之精者。斯古舂之制，自杵臼始也。

六十七纂《番社采風圖考》

舂米

番無碾米之具，以大木爲臼，直木爲杵，帶穗舂令脱粟，計足供一日之食。男女同作，率以爲常。侍御夏之芳有詩云：「杵臼輕敲似遠砧，小鬟三五夜深深。可憐時辦晨炊米，雲磬霜鐘咽竹林。」

揚雄撰　郭璞注《輶軒使者絶代語釋别國方言》卷五

碓機，碓梢也。陳魏宋楚自關而東謂之梃，音延。磑或謂之𥕢。即磨也，錯碓反。

案《説文》云：碓，舂也。主發謂之機，古者雝父初作舂。磑，䃺也。古者公輸班作磑。䃺，磨同。《玉篇》云：𥕢，磑也。

史游撰　顔師古註《急就篇》卷三《右章第十九》

碓磑扇隤舂簸揚碓，音對，得悔反。磑，五對反。隤，音頽，一作匱。舂，傷容反。簸，波我反。揚，一作颺。

碓，所以舂也。磑，所以䃺莫賀反，又音摩。也，亦謂之𥕢。千對反，見《方言》。古者雍《説文》作雝。父作舂，魯班作磑扇。扇，車也。隤，扇車之道也。隤字或作隤，隤之言墜也。言既扇之，且令墜下也。舂則簸之揚之，所以除糠秕也。揚字或作颺，音義同。秕，音比。

蕭子顯《南齊書》卷五二《列傳第三十三・祖沖之》 又造千里船，於新亭江試之，日行百餘里。於樂遊苑造水碓磨，世祖親自臨視。又特善算，永元二年沖之卒，年七十二。

張元忭《[萬曆]紹興府志》卷一七《水利志二》 水碓，諸暨嵊山家多有之。藉水之力以舂，有三制：平流則以輪鼓水而轉，峻流則以水注輪而轉，又有木杓碓，碓榦之末刳爲杓，以注水，水滿則傾而碓舂之。唐白居易詩云「碓無人，水自舂」是也。又水磨以水轉輪，以輪轉磨。又水車，置流水中，輪隨水轉，周輪置大竹管，經水中則管皆滿，及轉而上，管中水乃下領，用以代桔槔。制皆機巧。《韻書》水碓曰轓車。

李之藻《同文算指》卷三 借衰互徵法

問水碓五副，大小不等，共舂麥五十石。甲碓每一時舂七斗，乙碓每一時舂五斗，丙四斗，丁三斗，戊一斗。五碓齊舂，須幾時可完。完時每碓各舂得幾何。

其法隨意立一時數，假如借四箇時畢之，以計各碓所舂，甲二十八，乙二十，丙一十六，丁十二，戊四，共得八十。併爲第一率，四時爲第二率，知八石畢于四時，則五十石可推也，以五十石爲第三率。

方以智《通雅》卷三四《器用雜用諸器》 碓磑，舂礲也。扇隤，風箱車也。碓音對。以舂，磑五對切。以礲，亦謂之磚，千對切。見《方言》。古者雝父作碓，魯班作磑。《廣雅》：碓，磃碓也。《通俗文》曰轓車。杜預有連機碓。孔融論水碓之巧。王戎有水磑。《李元紘傳》權家傍渠立磑是也。《後魏書》曰：崔亮在雍州，讀《杜預傳》，見其爲八磨，遂教民爲碾。扇，扇車也。隤，扇車之道也。隤，音頽。或作隤，隤之言墜也。俗號風車，或曰扇箱。

郝懿行《證俗文》卷三 碓

《說文》：舂也。舂，擣粟也。从廾持杵，臨臼上。午，杵省也。

古者雝父初作舂。桓譚《新論》：宓犧制杵臼之利，後世加巧，借身踐碓而利十倍。案：《說文》齊謂舂曰䈂，讀若膊。蓋舂字从廾，自古舂皆用手，而桓譚獨曰踐碓者。今京師碓房植兩木如架，橫施一木，其端綴杵，舂人以足踏之，俗曰踏碓。其功捷於用手，此即所謂借身踐碓，則知其制起於前漢之時矣。又有水碓者，《通俗文》：水碓曰轓車。注云：今俗依水涯壅上流，設水車，轉輪與碓身交激，使自舂。即其遺制。又杜預作連機碓。孔融《肉形論》云：賢者所制或踰聖人。水碓之巧勝於斷木掘地，是其利又十倍於踐碓也。碓梢謂之機。《方言》：碓機，郭注：碓梢也。陳魏宋楚自關而東謂之梴。音延。案：梴，長木也。碓機，蓋即綴杵之長木版。

劉沅《槐軒雜著》卷二《雲記》 俗，俗也。文，文也。以文文俗，豈徒文哉，將使後之人因文以識事，即事以圖功。經史之文，半皆風俗之書也。近代詞人墨客，慎於品題，乃有民生日用之美，不得列於風雅者，俗其事而棄之。土鼓蕢桴，奚以稱耶。愚鄉多水碾，考之史册，皆無異名，或以通輾，非其實也。以器名者，則有茶碾、藥碾。脱粟者曰磨碾，磨與碾二類也，而皆以粉穀。其轉之以水，史惟記於崔亮，蜀中無聞。夫一駝之負其重百觔，聚族而舂，竟日不能罄。碾以牛，則功百倍。碾以水，則千倍。術亦神矣哉！而蜀之先，通人達士，罕咏題也，得非以其俗歟？元稹貢奎之詩，蓋嘗及之，而無專記。愚家有碾，跨於兩溪之閒，距宅僅二百步，環以修竹，漾以翠蘋。春夏之交，與二三子臨流而憩焉。碾之上，潭潭然。碾之下，鼕鼕然。忽焉如風雨之驟奔也，爽焉如秋風之被體也。其制，下爲車輪，激而行之。上覆以屋，累石爲槽，貫以木柄，輪轉如飛，目不及瞬。恒以一日而給百家之饔飧，利未有普於此者也。顏以雲碾，命二三子書而藏之。

史澄《[光緒]廣州府志》卷一六三《雜録四》 從化之北有流溪，自上五指山至黄龍砯，驚灘草逕，凡百餘里。兩岸巨石相拒，水湍怒流。居民多以樹木障水，爲水翻車。子瞻詩「水上有車，車自翻水」。翻車，一名大棚車，輪大三四丈，四周悉置水筒。筒以吸水，水激輪轉，自注槽中，高田可以盡溉。西甯亦然。每水車一輛，可供水碓十三四。

宋應星《天工開物》卷上《粹精第四》

攻稻

凡稻去殼用礱，去膜用舂、用碾。然水碓主舂則兼併礱功，燥乾之穀入碾亦省礱也。凡礱有二種，一用木爲之，截木尺許，質多用松。斲合成大磨形，兩扇皆鑿縱斜齒，下合植筍穿貫上合，空中受穀。木礱攻米二千餘石，其身乃盡。凡木礱，穀不甚燥者入礱亦不碎，故入貢軍國，漕儲千萬，皆出此中也。一土礱，析竹匡圍成圈，實潔淨黄土于內，上下兩面各嵌竹齒。上合竅空受穀，其量倍于木礱。穀稍滋濕者，入其中即碎斷。土礱攻米二百石其身乃朽。凡木礱必用健夫，土礱即孱婦弱子可勝其任。庶民饔飧皆出此中也。凡既礱，則風扇以去糠秕，傾入篩中團轉。穀未剖破者，浮出篩面，重復入礱。【略】

木礱

土礱

凡磑砌石爲之，承藉、轉輪皆用石。牛犢、馬駒惟人所使。蓋一牛之力，日可得五人。但入其中者必極燥之穀，稍潤則碎斷也。

又　攻麥

凡小麥其質爲麵。蓋精之至者，稻中再舂之米；粹之至者，麥中重羅之麪也。小麥收穫時，束稾擊取，如擊稻法。其去秕法，北土用颺，蓋風扇流傳未遍率土也。凡颺不在宇下，必待風至而後爲之。風不至，雨不收，皆不可爲也。凡小麥既颺之後，以水淘洗塵垢淨盡，又復曬乾，然後入磨。凡小麥有紫、黄二種，紫勝于黄。凡佳者每石得麪一百二十觔，劣者損三分之一也。凡磨大小無定形，大者用肥犍力牛曳轉。其牛曳磨時用桐殻掩眸，不然則眩暈。其腹繫桶以盛遺，不然則穢也。次者用驢磨，觔兩稍輕。又次小磨，則止用人推挨者。

凡力牛一日攻麥二石，驢半之，人則强者攻三斗，弱者半之。若水磨之法，其詳已載《攻稻・水碓》中，制度相同，其便利又三倍于牛犢也。凡牛馬與水磨，皆懸袋磨上，上寬下窄，貯麥數斗于中，溜入磨眼。人力所挨則不必也。

凡磨石有兩種，麵品由石而分。江南少粹白上麪者，以石懷沙滓，相磨發燒，則其麩併破，故黑纇參和麪中，無從羅去也。江北石性冷膩，而産于池郡之九華山者美更甚。以此石製磨，石不發燒，其麩壓至扁秕之極不破，則黑疵一毫不入，而麵成至白也。凡江南磨二十日即斷齒，江北者經半載方斷。南磨破麩得麪百斤，北磨只得八十斤，故上麵之值增十之二，然麪觔、小粉皆從彼磨出，則衡數已足，得值更多焉。

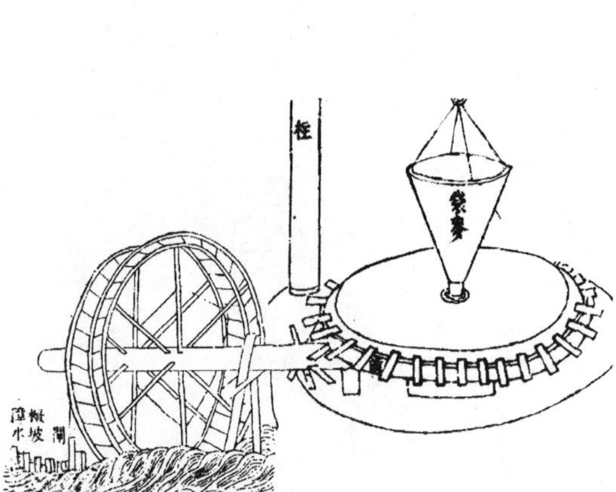

水磨

凡麥經磨之後，幾番入羅，勤者不厭重復。羅匡之底用絲織羅地絹爲之。湖絲所織者，羅麪千石不損。若他方黄絲所爲，經百石而已朽也。凡麵既成後，寒天可經三月，春夏不出二十日則鬱壞。爲食適口，貴及時也。凡大麥則就舂去膜，炊飯而食，爲粉者十無一焉。蕎麥則微加舂杵去衣，然後或舂或磨以成粉而後食之。蓋此類之視小麥精粗貴賤大徑庭也。

又　**卷中《膏液第十二》**　皮油

凡皮油造燭法，起廣信郡。其法取潔淨桕子，囫圇入釜甑蒸，蒸後傾于臼內受舂。其臼深約尺五寸，碓以石爲身，不用鐵嘴。石取深山結而膩者，輕重斷成限四十斤，上嵌衡水之上而舂之。其皮膜上油盡脱骨而紛落，空起，篩于盤内，再蒸，包果、入榨皆同前法。皮油已落盡，其骨爲黑子。用冷膩小石磨不懼火煆者，此磨亦從信郡深山覓取。以紅火矢圍壅煆熱，將黑子逐把灌入疾磨。磨破之時，風扇去其黑殼，則其內完全白仁，與梧桐子無異。將此碾、蒸，包果、入榨與前法同。榨出水油清亮無比，貯小盞之中，獨根心草燃至天明，蓋諸清油所不及者。入食饌即不傷人，恐有忌者寧不用耳。

此釜平底深不

槽皮油及諸芸薹胡麻皆同。

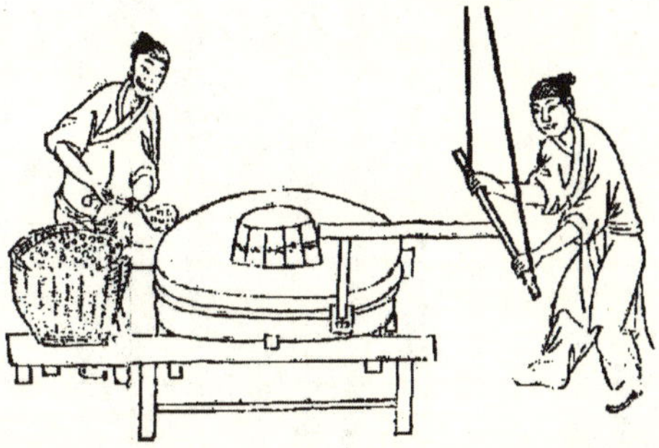

推柏子黑粒去殼取仁

此磨出信群深山，入炭煆燒趁熱。如風疾，磨柏中黑子取仁粒粒圓勻不損。

此下地宜潔，粘灰塵，則油減清亮。或以板承更妙。

此碓首信州山中石爲之，重穎四十斤。

郝懿行《證俗文》卷三 磢

《説文》：石磑也。磑，礦也。古者公輸班作磑。案：礦俗省作磨。《正字通》俗謂磑曰磨，以磑合兩石，中琢縱横齒，能旋轉碎物成屑也。《水經注》：沮水又東南，徑驢城西、磨城東。傳云：子胥造驢、磨二城，以攻麥邑。是則磑礦必起於春秋之時矣。今世磑礦用人、用驢，各從其便，日屑麥可數斗。晉王戎有水磑，其制當如水碓，斯又捷於人驢者也。礦下其麪曰隤，簸出其粗曰扇，皆古語然也。《急就篇》：碓磑，扇隤，舂簸颺。《方言》磑或謂之磚。郭注即磨也，錯碓反。

宋應星《天工開物》卷上《粹精第四》

攻稻

凡稻刈穫之後，離藁取粒。束藁于手而擊取者半，聚藁于場而曳牛滚石以取者半。凡束手而擊者，受擊之物或用木桶，或用石板。收穫之時雨多霽少，田稻交濕，不可登場者，以木桶就田擊取。晴霽稻乾，則用石板甚便也。凡服牛曳石滚壓場中，視人手擊取者力省三倍。但作種之穀恐磨去殼尖，減削生機，故南方多種之家，場禾多藉牛力，而來年作種者，則寧向石板擊取也。

牛碾

又 攻黍稷粟粱麻菽 小碾

凡攻治小米，颺得其實，舂得其精，磨得其粹。風颺、車扇而外，簸法生焉。其法篾織爲圓盤，鋪米其中，擠匀揚播。輕者居前，楪棄地下。重者在後，嘉實存焉。

凡小米舂、磨、揚、播制器，已詳《稻》《麥》之中。唯小碾一制在《稻》《麥》之外。北方攻小米者，家置石墩，中高邊下，邊沿不開槽。鋪米墩上，婦子兩人相向，接手而碾之。其碾石圓長如牛趕石，而兩頭插木柄。米墮邊時，隨手以小箒掃上。家有此具，杵臼竟懸也。

趕稻及菽圖

小碾圖 梁粟稷黍皆用此碾

又《甘嗜第六》 造糖

凡造糖車，制用横板二片，長五尺，厚五寸，闊二尺，兩頭鑿眼安柱。上筍出少許，下筍出版二三尺，埋築土内，使安穩不摇。上板中鑿二眼，並列巨軸兩根，木用至堅重者。軸木大七尺圍方妙。兩軸一長三尺，一長四尺五寸，其長者出筍安犂擔。擔用屈木，長一丈五尺，以便駕牛團轉走。軸上鑿齒，分配雌雄，其合縫處須直而圓，圓而縫合。夾蔗于中，一軋而過，與棉花趕車同義。蔗過漿流，再拾其滓，向軸上鴨嘴極入，再軋，又三軋之，其汁盡矣，其滓爲薪。其下板承軸，鑿眼只深一寸五分，使軸脚不穿透，以便板上受汁也。其軸脚嵌安鐵錠于中，以便捩轉。凡汁漿流板有槽梘，汁入于缸内。每汁一石，下石灰五合于中。凡取汁煎糖，並列三鍋如品字，先將稠汁聚入一鍋，然後逐加稀汁兩鍋之内。若火力少束薪，其糖即成頑糖，起沫不中用。

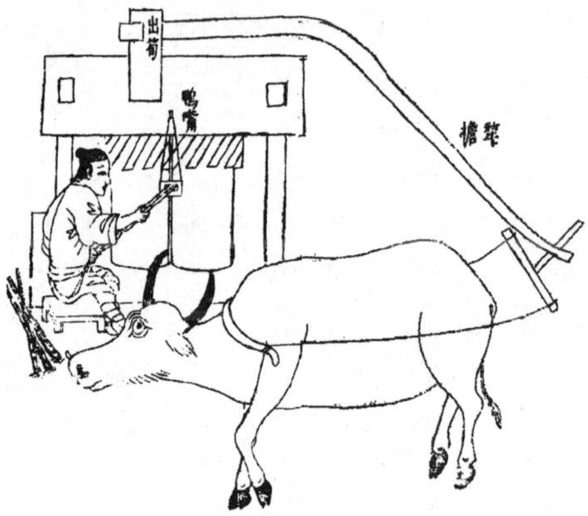

軋蔗取漿圖

南方榨

又 卷中《膏液第十二》 法具

凡取油，榨法而外，有兩鑊煮取法以治蓖麻與蘇麻。北京有磨法，朝鮮有舂法，以治胡麻。其餘則皆從榨出也。凡榨，木巨者圍必合抱，而中空之。其木樟爲上，檀與杞次之。杞木爲者妨地濕，則速朽。此三木者，脉理循環結長，非有縱直文。故竭力揮推，實尖其中，而兩頭無璺拆之患。他木有縱文者不可爲也。中土江北少合抱木者，則取四根合併爲之，鐵箍裹定，横拴串合而空其中，以受諸質，則散木有完木之用也。凡開榨空中，其量隨木大小，大者受一石有餘，小者受五斗不足。凡開榨闊中鑿劃平槽一條，以宛鑿入中，削圓上下，下沿鑿一小孔，剛一小槽，使油出之時流入承藉器中。其平槽約長三四尺，闊三四寸，視其身而爲之，無定式也。實槽尖與枋唯檀木、柞子木兩者宜爲之，他木無望焉。其尖過斤斧而不過鉋，蓋欲其澁，不欲其滑，懼報轉也。撞木與受撞之尖，皆以鐵圈裹首，懼披散也。榨具已整理，則取諸麻、菜子入釜，文火慢炒，凡柏桐之類屬樹木生者，皆不炒而碾蒸。透出香氣，然後碾碎受蒸。凡炒諸麻、菜子，宜鑄平底鍋，深止六寸者，投子仁于内，翻拌最勤。若釜底太深，翻拌疎慢，則火候交傷，減喪油質。炒鍋亦斜安竈上，與蒸鍋大異。凡碾埋槽土内，木爲者以鐵片掩之。其上以木竿銜鐵陀，兩人對舉而推之。資本廣者則砌石爲牛碾，一牛之力可敵十人。亦有不受碾而受磨者，則棉子之類是也。既碾而篩，擇粗者再碾，細者則入釜甑受蒸。蒸氣騰足取出，以稻稭與麥稭包果如餅形，其餅外圈箍或用鐵打成，或破篾絞刺而成，與榨中則寸相穩合。

凡油原因氣取，有生于無。出甑之時包果怠緩，則水火鬱蒸之氣遊走，爲此損油。能者疾傾、疾裹而疾箍之，得油之多，訣由于此，榨工有自少至老而不知者。包裹既定，裝入榨中，隨其量滿，揮撞擠軋，而流泉出焉矣。包内油出滓存，名曰枯餅。凡胡麻、萊菔、芸薹諸餅，皆重新碾碎，篩去稭芒，再蒸再果而再榨之。初次得油二分，二次得油一分。若柏桐諸物，則一榨已盡流出，不必再也。【略】

劉熙《釋名》卷七《釋用器》 枷，加也。加杖於柄頭，以檛穗而出其穀也。或曰羅枷，三杖而用之也。或曰丫丫，杖轉於頭故以名之也。

周密《癸辛雜識》後集《連枷》 今農家打稻之連枷，古之所謂拂也。《王莽傳》：東巡載耒，南載耨。注：鉏也，薅去草。西載銍，北載拂。注：音佛，以擊治禾。今謂之柳。

宋應星《天工開物》卷上《粹精第四》　攻黍稷粟粱麻菽

打枷圖

凡胡麻刈穫，于烈日中曬乾，束爲小把。兩手執把相擊，麻粒綻落，承藉以簟席也。凡麻篩與米篩小者同形，而目密五倍。麻從目中落，葉殘、角屑皆浮篩上而棄之。凡豆菽刈穫，少者用枷，多而省力者仍鋪場，烈日曬乾，牛曳石趕而壓落之。凡打豆枷，竹木竿爲柄，其端錐圓眼，拴木一條，長三尺許，鋪豆于場，執柄而擊之。凡豆擊之後，用風扇揚去莢葉，篩以繼之，嘉實灑然入廩矣。是故舂、磨不及麻，磑碾不及菽也。【略】

張自烈撰　廖文英續《正字通》卷八《耒部》　枷　居沙切，音加。

連枷，打穀具，一曰僉。《方言》：僉所以打穀者。宋魏間謂之攝殳，或謂之度。自關而西謂之棓，或謂之柫。齊楚江淮間謂之柍，或謂之桲。《説文》本作枷。齊語枷，柫也，所以擊艸。今作耞，同文鐸耞音加，訓耕，誤。

形制

王禎《農書》卷一六《農器圖譜九・杵臼門》　杵臼

昔聖人教民杵臼，而粒食資焉。後乃增廣制度，而爲碓，爲磑，爲礱，爲輾等具，皆本於此。蓋聖人開端，後爲蹈襲，得其變也。孔融謂後世機巧，勝於聖人，過矣。今特辯之，使知本末云。

杵臼，舂也。《易・繫辭》曰：「黄帝堯舜氏作，斷木爲杵，掘地爲臼，杵臼之利，萬民以濟。」按：古舂之制：䄷，常隻切。百二十斤。稻重一䄷，爲粟二十斗。爲米十斗曰毇，許委切。爲米六斗大半斗曰粲。又曰：糲，洛蔕切。米一石，舂爲九斗曰糳。則各切。糳，米之精者。斯古舂之制，自杵臼始也。詩云：《易・繫》十三卦，皆爲萬民利。聖人創杵臼，尚象以制器。於義取雷山，上動而下止。人知擣舂法，脱粟從此始。後世相沿襲，更變各任智。制度雖不同，由來資古意。

江一麟《安吉州志》卷一六　山多木土，人取其根，最大者爲之，底蓋相平，惟刳其中，以容黍粒，仍用木杵杵之，頃刻便精鑿，比之以石爲臼者，更輕且佳。

王圻　王思義《三才圖會・器用》卷一〇《農器類》　砧杵

砧杵，擣練具也。《東宫舊事》曰：太子納妃，有石砧一枚，又擣亦作搗。衣杵十。《荆州記》曰：秭歸縣有屈原宅女嬃廟，擣衣石猶存。蓋古之女子對立，各執一杵，上下搗練於砧，其丁東之聲互相應答。今易作卧杵，對坐搗之。又便且速，易成帛也。

杵臼

王禎《農書》卷一六《農器圖譜九・杵臼門》

踏碓

碓，舂器，用石，杵臼之一變也。《廣雅》曰：「碻，丁力切。碓也。」《方言》云：碓梢謂之碓機，自關而東謂之梴。音延。桓譚《新論》曰：「杵臼之利，後世加巧，因借身重以踐碓，而利十倍。」《耕織圖》詩云：娟娟月過墻，蔌蔌風吹葉。田家當此時，村舂響相答。竹間炊玉香，會見流匙滑。更須水輪轉，地碓勞蹴蹋。

又　堈碓

堈碓，以堈作碓臼也。《集韻》云：堈，居郎切。甕也。又作瓨。其制：先掘埋堈坑，深逾二尺；次下木地釘三莖，置石於上；後將大磁堈穴透其底，向外側嵌坑内埋之；復取碎磁與灰泥和之，以窒底孔，令圓滑如一。候乾透，乃用半竹篘，長七寸許，徑四寸，如合脊瓦様，但其下稍闊，以熟皮周圍護之，取其滑也。倚于堈之下唇。篘下兩邊，以石壓之，或兩竹竿刺定。然後注糙於堈内，用碓木

踏碓

堈碓

杵，杵頭鐵圍束之。圍內置四犬牙釘，稍卧之。搗於窞內。堈既圓滑，米自翻倒，簇於窞內。一搗一簇，既省人攪，米自匀細。然木杵既輕，動防狂迸，須於踏碓時已起而落，隨以左足躡其碓腰，方得穩順。一堈可舂米三石，功校常碓累倍。始於浙人，故又名浙碓。今多於津要商旅輳集處所，可作連屋，置百餘具者，以供往來稻船，貨糶粳糯；及所在上農之家，用米既多，尤宜置之。詩云：杵臼搜奇作碓堈，米翻堈滑恣舂撞。鐵籠木末裝全杵，皮護窞材倚半腔。頻作低昂身與共，慣成踏躡足須雙。近隨文軌通南北，不獨鏗鎗在楚邦。

又　卷一九《農器圖譜十四·利用門》

槽碓

槽碓，碓梢作槽受水，以爲舂也。凡所居之地，間去聲。有泉流稍細，可選低處置碓一區，一如常碓之制。但前程減

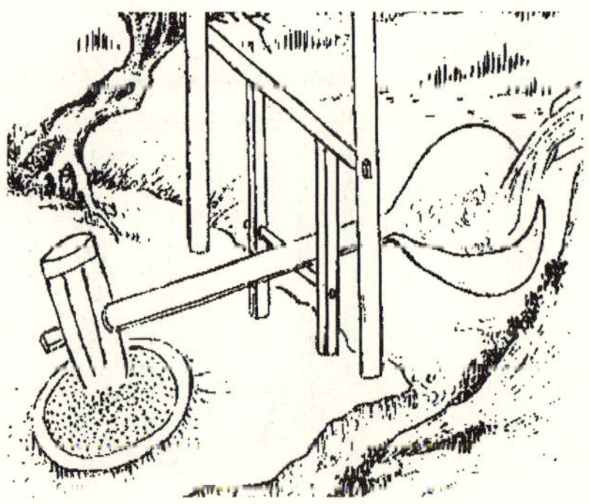

槽碓

細，後梢深闊爲槽，可貯水斗餘。上芘以厦，槽在厦外。乃自上流用筧古典切。引水，下注于槽，水滿則後重而前起，水瀉則後輕而前落，即爲一舂。如此晝夜不止，穀米兩斛。日省二工，以歲月積之，知非小利。詩云：刳槽制碓水爲功，積注涓流滿不容。螳腹低時泉自瀉，蜂腰轉處杵還舂。一區機利無時輟，陟列切。百口精糧可日供。借便田家應竊喜，代人工力不須傭。

又　機碓

機碓，水搗器也。《通俗文》云：水碓曰翻車碓。杜預作連機碓。孔融論：「水碓之巧，勝於聖人斲木掘地。」則翻車之類，愈出於後世之機巧。王隱《晉書》曰：「石崇有水碓三十區。」

今人造作水輪，輪軸長可數尺，列貫橫木，相交如滾槍之制。水激輪轉，則軸間橫木，間去聲。打所排碓梢，一起一落舂之，即連機碓也。凡在流水岸傍，俱可設置。須度水勢高下爲之。如水下岸淺，當用陂柵；或平流，當用板木障；水俱使傍流急注，貼岸置輪，高可丈餘，自下衝轉，名曰撩落蕭切。車碓。若水高岸深，則爲輪減小而闊，以板爲級，上用木槽引水，直下射轉上聲。輪板，名曰斗碓，又曰鼓碓。此隨地所制，各趨其巧便也。詩云：杵臼中來有別傳，作機還假物相連。水輪翻轉上聲。無朝暮，舂杵低昂間去聲。後先。蹴踏休誇人力健，供飱易得米珠圓。擬將要法爲圖譜，載入農書利用篇。

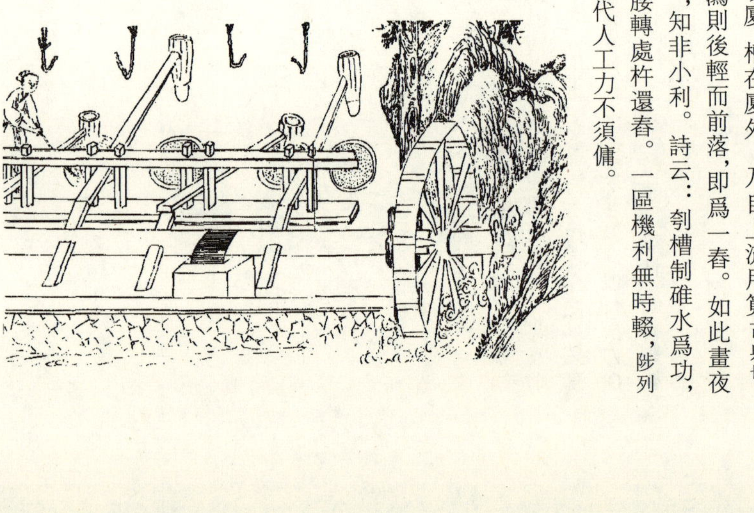

機碓

王圻　王思義《三才圖會·器用》卷一〇《農器類》

堈碓

堈碓，以堈作碓臼也。《集韻》云：堈，甕也。又作瓨。【略】

又　碓

碓，舂器，用石，杵臼之一變也。《廣雅》曰：碻，下力切，碓也。《方言》云，

碓，梢謂之碓幾，自關而東謂之梃。桓譚《新論》曰：杵臼之利，後世加巧，因借身重以踐碓，加利十倍。【略】

宋應星《天工開物》卷上《粹精第四》

攻稻

凡水碓，山國之人居河濱者之所爲也，攻稻之法省人力十倍，人樂爲之。引水成功，即筒車灌田同一制度也。設臼多寡不一，值流水少而地窄者，或兩三臼。流水洪而地室寬者，即並列十臼無憂也。江南信郡水碓之法巧絶。蓋水碓所愁者，埋臼之地卑，則洪潦爲患，高則承流不及。信郡造法即以一舟爲地，橛樁維之。築土舟中，陷臼于其上。中流微堰石梁，而碓已造成，不煩椓木壅坡之力也。又有一舉而三用者，激水轉輪，頭一節轉磨成麪，二節運碓成米，三節引水灌于稻田。此心計無遺者之所爲也。凡河濱水碓之國，有老死不見礱者，去糠去膜皆以臼相終始。惟風篩之法則無不同也。【略】

堈碓

鄂爾泰等《授時通考》卷四〇《功作・攻治具各圖説》

水碓圖説

機碓，水擣器也。《通俗文》云：水碓曰翻車碓。孔融論：水碓之巧，勝於聖人斲木掘地。則翻車之類，愈出後世之機巧。今人造水輪，輪軸長尺，列貫横木，相交如滚搶之制。水激輪轉，則軸間横木打所排碓梢，一起一落舂之，即連機碓也。凡流水岸傍，俱可設置。度水勢高下，如水下岸淺用陂柵，平流用板木障水，俱使傍流急注。貼岸置輪，高丈餘，自下衝轉，名撩車碓。若水高岸深，則輪減小而闊，以板爲級，上用木槽引水，直下射轉輪板，名曰斗碓，又曰鼓碓。隨地所制也。

水碓

又　槽碓圖説

槽碓，碓梢作槽受水，以爲舂也。凡所居之地，間有泉流稍細，可選低處置碓一區，一如常碓之制。但前頭減細，後稍深闊爲槽，可貯水斗餘。上庇以厦，槽在厦。乃自上流用筧引水，下注於槽，水滿則後重而前起，水瀉則後輕而前落，即爲一舂。如此晝夜不止，可毇米兩斛。日省二工，以歲月積之，知非小利。

槽碓

王禎《農書》卷一六《農器圖譜九・杵臼門》

礱

礱，礧穀器，所以去穀殼也。淮人謂之礱，力董切。江浙之間謂之礱。盧東切。編竹作圍，内貯泥土，狀如小磨，仍以竹木排爲密齒，破穀不致損米。就用拐木，竅貫礱上，掉軸以繩懸檩上，衆力運肘轉之，日可破穀四十餘斛。北方謂之木礧。石鑿者謂之石木礧。礱、礧字從石，初本用石，今竹木代者亦便。又有礱磨，上級甚薄，可代穀礱，亦不損米；或人或畜轉之，謂之礱磨。復有畜力挽行大木輪軸，以皮弦或大繩繞輪兩周，復交於礱之上級，輪轉則繩轉，繩轉則礱亦隨轉。計輪轉一周，則礱轉十五餘周，比用人功既速且省。

礱

驢礱

又　礱

礱，莫卧切。《唐韻》作「磨，磑五對切。也。」礱同。《説文》云：「礱，石磑也。」《世本》曰：「公輸班作磑。」《方言》或謂之䃴。錯碓切。《字説》云：「礱，從石從靡，礱之而靡焉。」今皆作磨。字既從石，又從磨平聲。之義，特易曉也。《通俗文》曰：「填音鎮。礱曰硐，大公切。磨床曰摘。」真易切。今又謂主磨曰臍，注磨曰眼，轉磨曰斡，承磨曰槃，載磨曰床。多用畜力輓行，或借水輪，或掘地架木，下置鐏軸，亦轉以畜力，謂之旱水磨，比之常磨，特爲省力。凡磨，上皆用漏斗盛麥，下之眼中，則利齒旋轉，上聲。破麥作麩，然後收之篩羅，乃得成麪。世間餅餌，自此始矣。詩云：斲圓山骨舊胚胎，動静乾坤有自來。利齒細噴常日雪，旋平聲機深殷音隱。不雲雷。臨流須借水輪轉，上聲。役畜豈勞人力推。一自世間多餅食，便知元是濟民材。

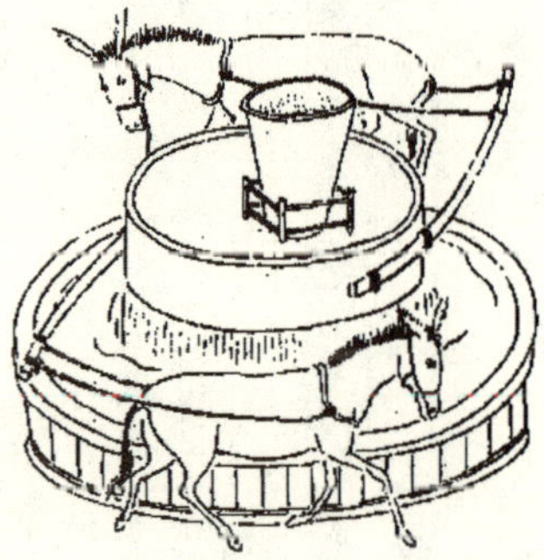
礱

又　連磨

連磨，連轉磨也。其制：中置巨輪，輪軸上貫架木，下承鐏臼，復於輪之周圍，列遶八磨，輪輻邊與各磨木齒相間。一牛拽轉，則八磨隨輪輻俱轉，用力少而見功多。《後魏書》：「崔亮在雍州，讀《杜預傳》，見其爲八磨，嘉其有濟時用。」劉景宣作磨，奇巧特異，策一牛之任，轉八磨之重。竊謂此雖並載前史，然世罕有傳者。今乃尋繹搜索，度其可用，述此制度，既圖於前，復叙於後，庶來者倣之，以廣食利。嵇含《八磨賦》云：「外兄劉景宣作磨奇巧，因賦之云：方木矩峙，圓質規旋。下静似坤，上轉似乾。巨輪内建，八部外連。」

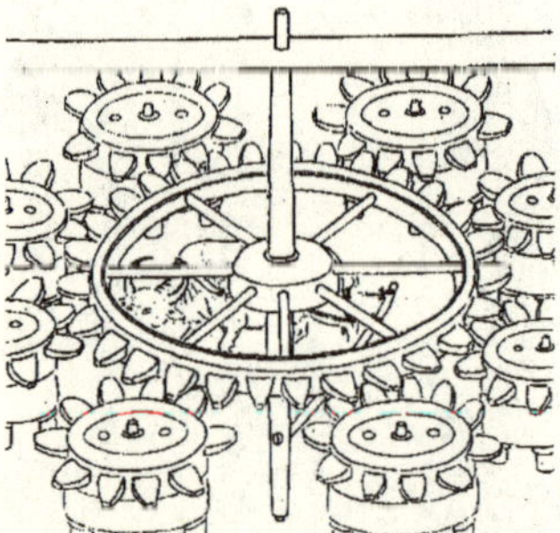
連磨

又　卷一九《農器圖譜十四・利用門》

水磨

水磨，礱同。凡欲置此磨，必當選擇用水地所，先儘並蒲浪切。岸擗水激輪。或别引溝渠，掘地棧木，棧上置磨，以軸轉磨中，下徹棧底，就作卧輪，以水激之，磨隨輪轉。比之陸磨，功力數倍。此卧輪磨也。

又有引水置閘，甃爲峻槽，槽上兩傍植木作架，以承水激輪軸。軸腰

卧輪水磨

立輪連二磨

別作豎輪，用擊在上卧輪一磨。其軸末一輪，傍撥周圍木齒一磨。既引水注槽，激動水輪，則上、傍二磨隨輪俱轉。此水機巧異，又勝獨磨。此立輪連二磨也。

復有兩船相傍，蒲浪切。上立四楹，以茆竹爲屋，各置一磨，用索纜於急水中流。船頭仍斜插板木湊水，抛以鐵爪，使不横斜。水激立輪，其輪軸通長，旁撥二磨。或遇泛漲，則遷之近岸。可許移借，比之他所，又爲活法磨也。庶興利者度而用之。詩云：用水良有法，假物役機智。夫磑固利民，復以水爲利。湍流激輪轉，坤軸發樞秘。星墜化石圓，風旋疑鬼掣。動静法陽陰，造化出精粹。造化動静間，乾坤具兹器。人唯盗物巧，越古入極致。今看益世功，機事何必棄。

又 水轉連磨　水擊麪羅

水轉上聲，後同。連磨，其制與陸轉連磨不同。此磨須用急流大水，以湊水輪。其輪高闊，輪軸圍至合抱，長則隨宜。中列三輪，各打大磨一槃。磨之周匝，俱列木齒。磨在軸上，閣以板木。磨傍留一狹空，去聲。透出輪輻，以打上磨木齒。此磨既轉，其齒復傍打帶齒二磨，則三輪之力，互撥九磨。其軸首一輪，既上打磨齒，復下打碓軸，可兼數碓。或遇天旱，旋於大輪一週，列置水筒，晝夜溉田數頃。此一水輪，可供數事，其利甚博。嘗到江西等處，見此制度，俱係茶磨。所兼碓具，用擣茶葉，然後上磨。若他處地分，間去聲。有溪港大水，倣此輪磨，或作碓碾，日得穀食，可給千家。誠濟世之奇術也。陸轉連磨下用水輪，亦可。詩云：昔聞圜遶磨相連，役水今看別有傳。一軸連輪方卧轉，衆機聯體復旁旋。要樞自假波濤力，哲匠誰偷造化權。總道于人多飽德，好將規制示民先。

水轉連磨

水擊麪羅，隨水磨用之。其機與水排俱同。按圖視譜，當自考索。羅因水力，互擊椿柱，篩麪甚速，倍于人力。又有就磨輪軸作機擊羅，亦爲捷巧。詩云：春雷聲殷上聲。雪成團，收入羅床別有機。纔得水輪輕借力，方池勻受玉塵飛。

水擊麪羅

又 水輪三事

水輪三事，謂水轉輪軸可兼三事，磨、礱、碾也。初則置立水磨，變麥作麪，一如常法。復於磨之外周造碾圓槽。如欲毇米，惟就水輪軸首，易磨置礱。既得糲水，則去礱置碾，碢榦循槽碾之，乃成熟米。夫一機三事，始終俱備，變而能通，兼而不乏，省而有要，誠便民之活法，造物之潛機。今創此制，幸識者述焉。詩云：制磨元憑一水輪，就加礱碾巧相因。軸端更平聲。置皆從省，穀物兼成豈憚頻。餅食已供無匱乏，米珠重造得圓勻。濟民有要無人識，農譜圖中擬細陳。

水輪三事

又 水礱

水礱，力董切。水轉上聲。礱也。礱制上同，但下置輪、軸，以水激之，一如水磨。日夜所破穀數，可倍人畜之力。水利中未有此制，今特造立，庶臨流之家，以憑倣用，可爲永利。詩云：旋輪糲穀入輕礱，役水還將與碓五對反。同。粒米精粗來有自，輪幾日復轉無窮。工傭給貯何多暇，杵臼承舂秖半功。仰去聲。食老農方聽說，江鄉新制要相通。

水礱

王徵譯《奇器圖説》卷三《轉磨》

轉磨

說

爲大輪，周有齒，中有輻條如a。惟有車軸斜安，則輪自然斜轉矣。次于斜輪兩旁立架，頂上安一横梁如e。以一人手攀其梁，而足踏輻條之上，欲上不能，而輪則必自轉也，如i。輪外另安小輪，有齒與大輪之齒相合。小輪之軸連于轉磨之樞，齒各相得，磨則無不轉也。用力少而人不大勞，此其　種。

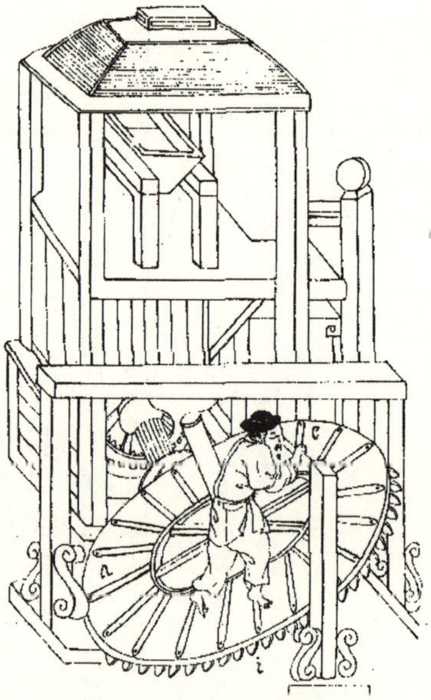
轉磨第一圖

說

爲大行輪一具。行輪之説已見于前。第此輪極大，可容兩人並行耳。行輪兩旁，各安有齒小輪，遞轉樞，則兩磨可俱轉也。一見自明，故不細贅。

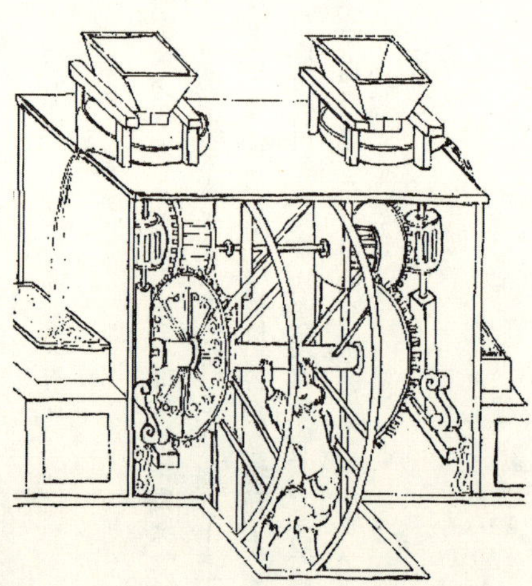
第二圖

說

磨中之樞，下安鐵曲拐如a。樞下端再安十字木杆，杆末各安鉛柁如e。樞下安鐵鑽，入鐵窠中如i。于曲拐中安木桄，兩端各爲轉環如o。一端轉環安人手曳桄上如u。其人手所曳之桄上端，安于架上。立桄亦有轉軸如c。一人斜曳其手中之木，可前可後。而樞端下面十字鉛柁爲之助力，則磨自可轉矣。倘或磨重，于對旁再增一曲拐，再用一人對曳如前法，尤有餘力。

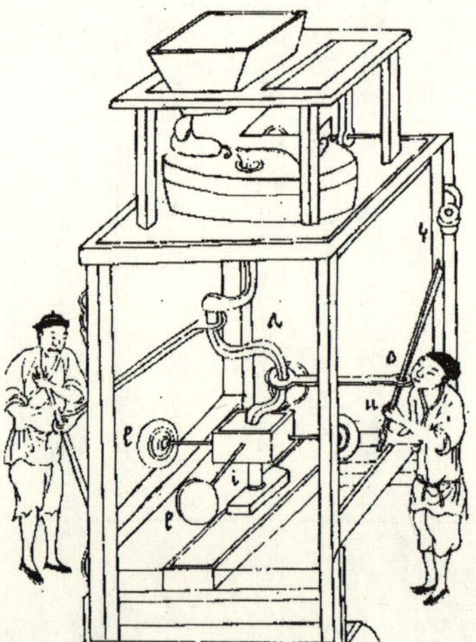
第三圖

說

磨悉如常。惟旁有立柱，安大立轆轤，繫纏垂重之索，如a。轆轤之上安平輪，周有懸齒，以轉轉磨樞之立輪，如e。下有十字杆，待重垂下至地，用人力推杆，則重可復上，如i。于立柱之旁，另有立架，上橫以梁如o。橫梁中開長孔，安三小滑車如u。垂重之上有小立筐，中安兩小滑車如c。立柱大轆轤所纏之索，平轉從旁立小架滑車之下而過如ch，從而上之。過梁上第一在左之滑車折轉而下。又從小立筐下一滑車之下折轉而上，過梁上第二在右之滑車，折轉而下。又從小立筐上一滑車而下，折轉而上，過梁上第三在中之滑車，折轉而下，始繫定于小立筐上端小梁上如k。小立筐下端小梁有環，垂重之上有鈎，鈎于環內如p。重下，則磨自轉矣。所以必用此許多小滑車者，總令垂重遲遲而下，不易到地，其磨可多轉耳。垂重下又加小重者，欲人視之多寡自爲增損云爾。此自轉磨也，嚮余曾臆想作此試之甚便。今得此，實先得我心之同然。但此遲遲垂重之法，初則夢想不及也。

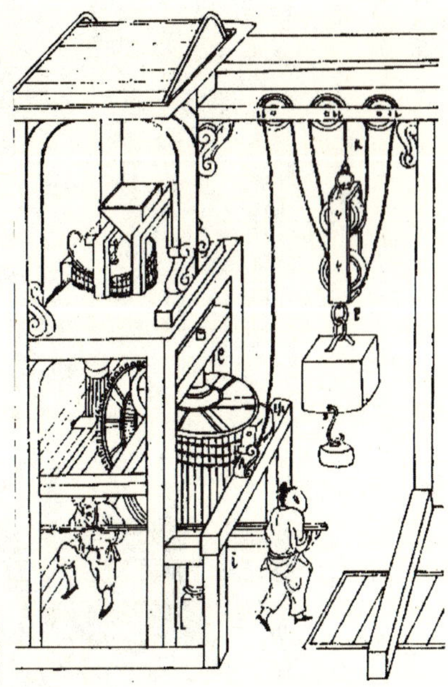

第四圖

說

蓋或人多遠行，此磨載之車上，如下圖。兩磨安於兩頭，中安一大立柱，下安平輪有齒如a。其輪軸下端有鐵鑽，安車中平木中央鐵窠內。輪齒兩旁，各安有齒小輪，平轉兩邊磨中之樞。其立柱於平輪之上，平安橫木，中央開孔而上。上端安有橫梁如e。橫梁兩頭長過於車，各安下垂立柱如i。以馬轉兩立柱，則兩磨可自轉也。其車行，各可載他輜重，故甚便之。

余意橫梁若作十字，則用四風扇，或直豎車上，或亦周垂車外，又可作風磨也。

第五圖

說

爲大輪，外周安橫桄如a。內有長軸。兩端安兩立輪，各有齒轉兩磨立樞燈輪之齒如e。用三人手攀橫梁，足踏輪周橫桄，則兩磨轉矣。儻止用一磨，則一人足矣。在人酌而爲之耳。

第六圖

說

大輪轉兩磨燈輪之樞如a，總用常法：惟大輪軸爲大立柱，柱下端有鐵鑽入地臼窠中。柱半身處，安大木平架。中開圓孔，柱從孔中透出上去，以轉動便利爲度，如e。柱上半身，安十字兩層横桄，各有立檔如i。四立檔外，各掛一大方布框如o。布框可展可收，向風吹處則自然展開，受風過則自收。遞展而遞相受風，故兩磨可自轉也。布框每面有兩索斜繫如u者，恐風大布力不能當，易至損耳。

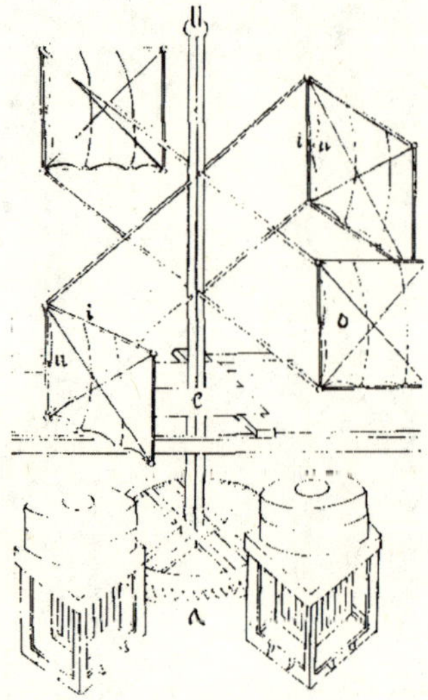

第七圖

説

其下悉是常法。惟是大輪齒不得遽及磨樞燈輪之齒，故各再加兩燈輪。立軸上，再安有齒之輪，庶易及磨樞耳。其上風扇則爲長三角形如a，兩面以薄木板爲之，更易受風，其力尤大也。

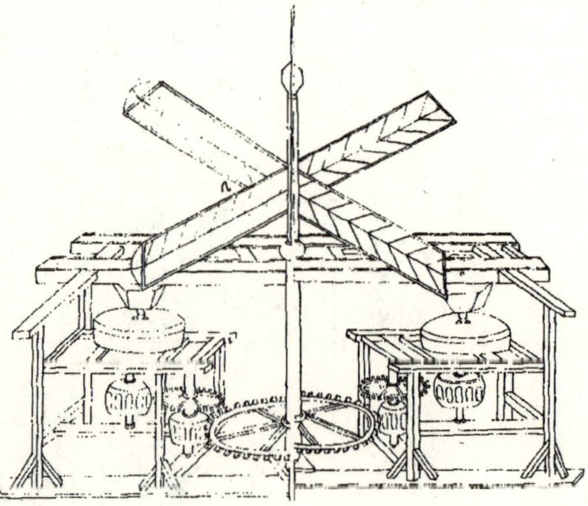

第八圖

説

餘皆同前。惟方板風扇垂在輪下，上以四斜棖撑輪，爲少異耳。

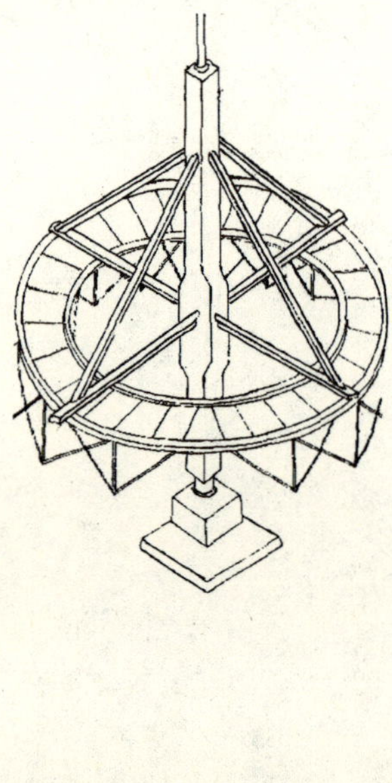

第九圖

説

餘悉同。止是立柱平安十字，周作輪形如a。於輪上周圍，以木板作方風扇如e。每扇一面，各有一索繫緊。風來則板直立，受其吹而自轉。然有索繫，則又不能前去。過風則又自然少垂，不阻風也。

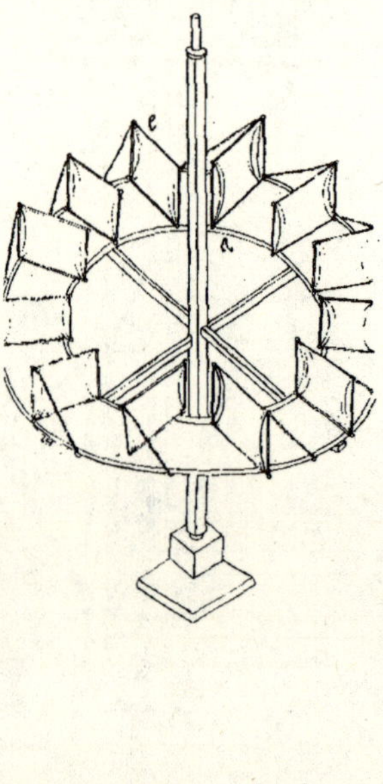

第十圖

説

餘悉常法。惟是上層周圍有墻，每面少開一方，以受風入如a。其立柱則上至屋頂。轉樞柱安十字木板，上下長，横少弱耳。

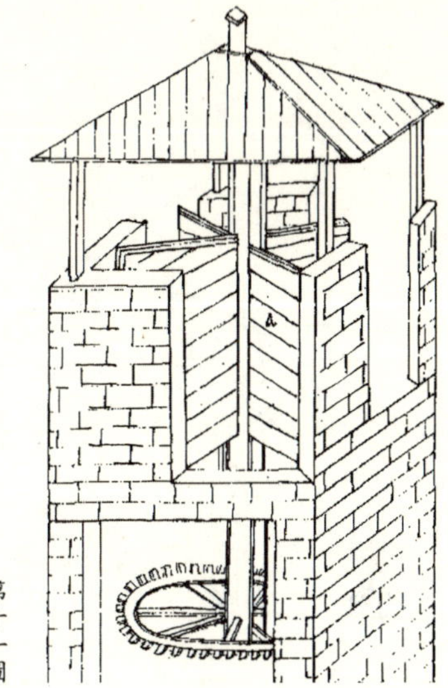
第十一圖

説

餘如常。止立柱上安八風扇爲異，其風更大也。

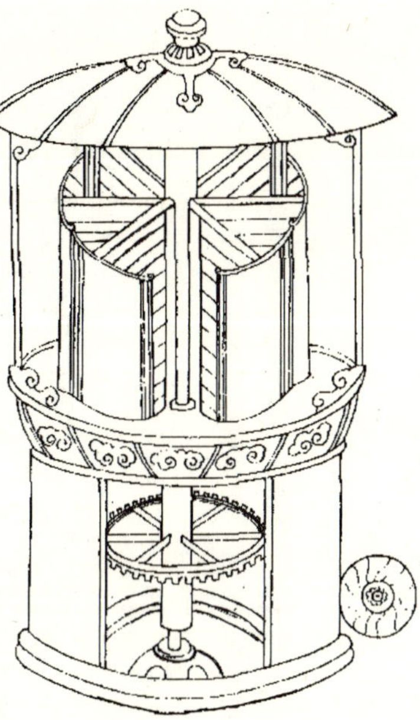
第十二圖

説

餘俱如常。惟於轉磨樞燈輪之立輪安長鐵軸於架外，作曲拐方形如a。於鐵軸盡處，定安十字木，兩頭悉是鉛柁，使重而易轉，以助人力，有如飛輪。於曲拐方形轉處貫以鐵環，兩端各繫以索。其索一端，繫木杆中環上如e。其杆下端則定在地上，有環可轉如i。兩人對曳其杆，一來一往，則飛輪助力，磨之轉甚便，且省力也。視人周行磨外，節勞不啻數倍矣。

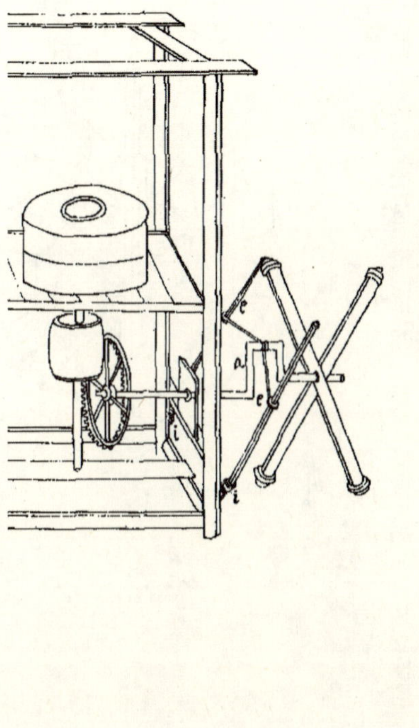
第十三圖

又王徵《諸器圖説》 輪激圖説

爲巨輪一，徑六尺有奇。準田車，樸屬微至如其制，轄亦準。獨牙之外施齒，或金或木，惟堅。齒殺其末，長五寸，間同之。轂外端施曲柄一。六分其巨輪之崇，捎三以爲小輪之徑。厥牙少弱於巨輪，齒與間則視巨輪莫二。無轂，無輻，爲井木。施碓周函之，無杌，無仄。碓盤之側，坎其地爲揹穴。立縣巨輪其中，以半，期利轉無闋而止。巨輪齒與碓周輪齒之相親也，必一一無爽爲弔。一人坐運，約省夫力十之九。

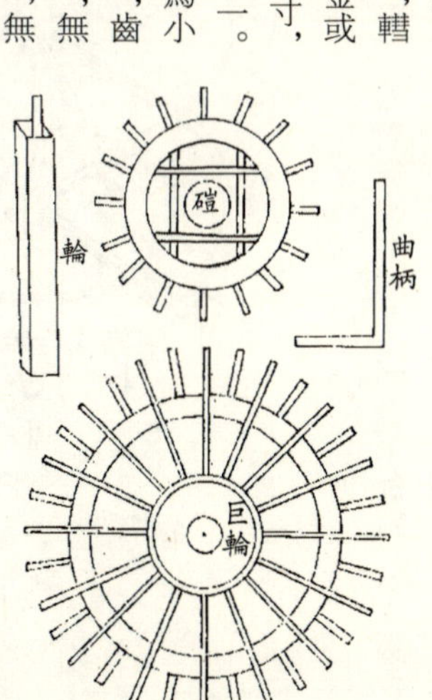

輪激圖

微至，至地者微也，輪圓乃能若是。轄，軸也。牙，讀作迓，謂輪輮也，或又謂之罔。殺其末，謂衰小之也。間，兩齒相離之中也。捎三，除去六分中之三分也。仄，仄側意。坎，陷也。捎，長圓孔也。弔，精至之名。

銘

操獨柄者人耶。遞相親者輪耶。居重馭輕，觀磨而化者其無垠耶。

字音：軎，音衛。

又 風磑圖說

爲層樓一座，上七下八，方徑各長丈有三尺。樓上層不圍。下層三面圍牆，一面門。樓下安磑以臺，臺高三尺。磑上扇中，鑿方孔，深三寸，用安將軍柱下端。將軍柱長丈有二尺，上端安鐵鑽，俗所謂六角六面是也。其尖入上横梁。横梁當四方之最中處，安鐵窠。窠即爲柱尖入處。柱下端爲方枘，相磑上扇中所鑿方孔爲之。將軍柱從樓板中央貫上，直至横梁。横梁下尺許以下，樓板上尺許以上，始安風扇。風扇凡四。每扇横長六尺，上下五尺，堅木爲框，中加十字木桭，一面用簾障之，邊皆以索連之框上。先於將軍柱樓板上尺許以上，横梁下尺許以下，安夾風扇木輪二，各厚尺許。周圍除安將軍柱外，寬仍尺許。各十字鑿五寸深槽，槽視風扇框厚薄爲之。風扇入槽以裏，仍兩端爲孔安上，即用索緊束柱上，勿令活動爲則。風扇可卸，可安。樓之製，照尋常。磑亦尋常用者，無他謬巧。止借風力，省人畜之力云耳。此蓋西海金四表先生所傳，而余想像損益圖說之若此。觀者肯廣爲傳製，或於民生日用不無小補云。

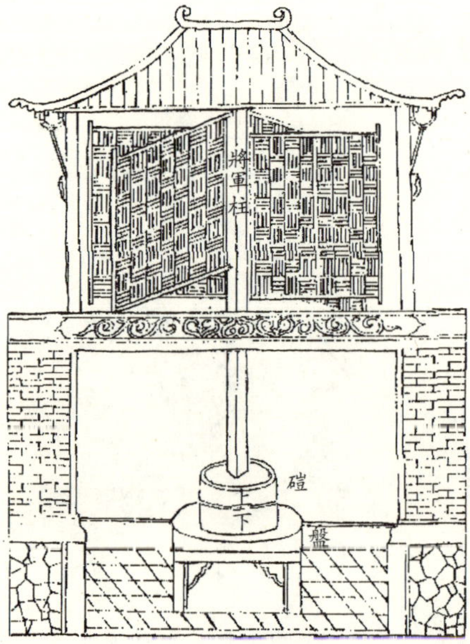

風磑圖

又 準自鳴鐘推作自行磨圖說

先以堅木爲夾輪柱二根，厚四寸，寬六寸，高視輪爲度。輪凡四，名之甲、乙、丙、丁。甲輪之齒凡六十，乙齒四十八，丙齒三十六，丁之齒則二十四，與磑周輪齒相對。乙、丙、丁之軸皆有齒，數皆六。甲輪軸則獨無齒，然有副輪，徑弱於正輪者尺有五。副輪者貫索而垂重，所以轉諸輪，因而轉其磨者也。而轉副輪，則又另有一機。其垂而下也，與正輪同體而下。其上也，則副輪轉，而正輪分毫無掛。且其轉上之法甚活，婦人女子可轉也。此爲全體。輪架安定，旁安其磨。磨上扇周施齒如丁輪。但與丁輪齒相間無忤，則磨行矣。凡甲輪轉一周，可磨麥一石。若索可垂深數轉，則又不止一石而已。第作此覺難，非富厚家不能。如止用兩輪，則輕便殊甚。是在智者，自精詳焉。

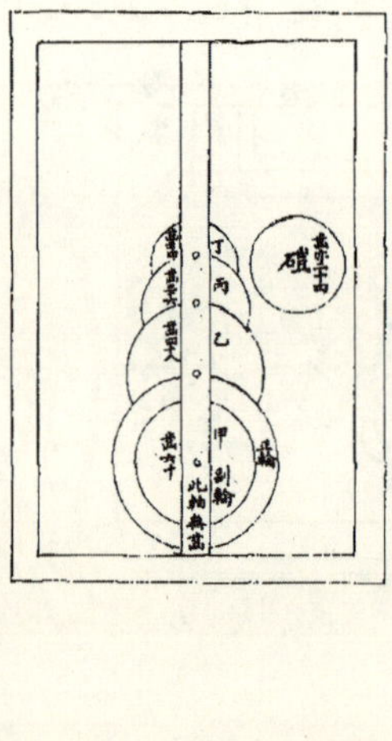

自行磨

鄂爾泰等《授時通考》卷四〇《功作·攻治具各圖說》

土礱圖說

礱，礧穀器，所以去穀殼也。編竹作圍，内貯泥土，狀如小磨，仍以竹木排爲密齒，破穀不致損米。就用拐木，竅貫礱上，掉軸以繩懸檁上，人力運肘以轉之，日可破穀四十餘石。

又 木礱圖說

木礱，多用松木爲之，形如大磨，兩扇皆鑿齒，下合植筍穿貫上合。場中植架懸掉軸，以衆力曳轉，去穀出

土礱

米，殷殷如雷聲。田家通力合作，雜以倡和之聲，慶成事也。

木礱

又 水礱圖說

水礱，水轉礱也。礱制上同。但下置輪軸，以水激之，一如水磨。日夜所破穀數，可倍人畜之力。水利中未有此制，今特造立。庶臨流之家，以憑倣用，可爲永利。

水礱

又 水磨圖說

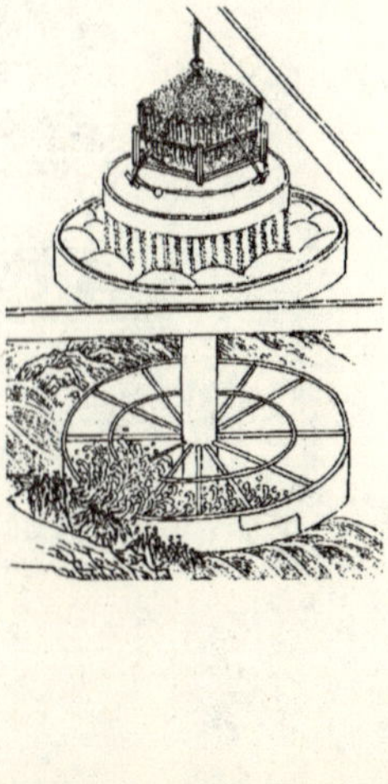

水磨

水磨，當擇用水地，先儘並岸擗水激轉；或別引溝渠，掘地棧木，棧上置磨，以軸轉磨中，下徹棧底，就作卧輪，以水激之，磨隨輪轉。此卧輪磨也。又有引水置甃爲峻槽，槽上兩旁植木架，以承水激輪軸。別作竪輪，用擊在上卧輪一磨。軸末一輪，旁撥周圍木齒一磨。既引水注槽，激動水輪，上、旁二磨隨輪俱轉。此立輪連二磨也。復有兩船相傍，上立四楹，以茅竹爲屋，各置一磨，索纜急水中。船頭斜插板木湊水，抛鐵爪。水激立輪，輪軸通長，旁撥二磨。泛漲則遷近岸，爲活法。

又 連二水磨圖說

連磨，連轉磨也。其制：中置巨輪，輪軸上貫架木，下承鐏臼。復於輪之周回列遶八磨，輪輻近與各磨木齒相間，一牛拽轉，則八磨隨輪輻俱轉。用力少而見功多。後魏崔亮在雍州讀《杜預傳》，見其爲八磨，嘉其有濟時用。劉景宣作磨，奇巧特異，策一牛之任，轉八磨之重。竊謂此雖並載前史，然世罕有傳者。今乃尋繹搜索，度其可用，述此制度。庶來者傚之以廣食利。

連二水磨

水轉連磨

又　水轉連磨圖説

水轉連磨，制與陸轉連磨不同。須用急流大水，以湊水輪。其輪高闊，軸圍至合抱，長隨宜。中列三輪，各打大磨一槃。磨高匝列木齒。磨在軸上，閣以板木。磨旁留一狹孔，透輪軸，以打上磨木齒。此磨既轉，其齒復傍打帶齒二磨，三輪之功互撥九磨。軸首一輪，既上打磨齒，復卜打碓軸，可兼數碓。或遇天旱，旋於大輪一週，列置水筒，晝夜溉田數頃。此一水輪，可供數事，其利甚博。陸轉連磨，下用水輪亦可。

徐珂《清稗類鈔·工藝類》　製水磨

水磨，水勢湍急之處，藉水力以轉磨也。其制：建矮屋，跨於水上，下鋪木板，穴之，中貫鐵柱。柱端施木盤承磨，柱下作鐵輪置水中。磨旁爲木櫃，以機器持籮篩。磨行，則籮篩自與櫃相觸，較之用驢者爲便。

王禎《農書》卷一六《農器圖譜九·杵臼門》

石輾

輾，女箭切。《通俗文》曰：「石碢轢穀曰輾。」《後魏書》曰：「崔亮在雍州，讀《杜預傳》，見其爲八磨，嘉其有濟時用，因教民爲輾。」今以礪石甃爲圓槽，周或數丈，高逾二尺。中央作臺，植以簨軸。上穿幹木，貫以石碢。有用前後二碢相逐，前備撞木，不致相擊。仍隨帶攪杷。畜力輓行，循槽轉碾，日可轂米三十餘斛。近有法製輾槽，法製：用沙石、芹泥，與糯粥同膠和之，以爲圓槽。候浥，下以木椏緩築令實，直至乾透可用。轢米特易，可加前數。此又輾之巧便者。詩云：欲兼杵臼功，制輾中去聲。規式。勞勩畜代人，圓轉知勝力。朝夕課量數，公私饒粒食。更令水輪轉，上聲。後世功巧極。

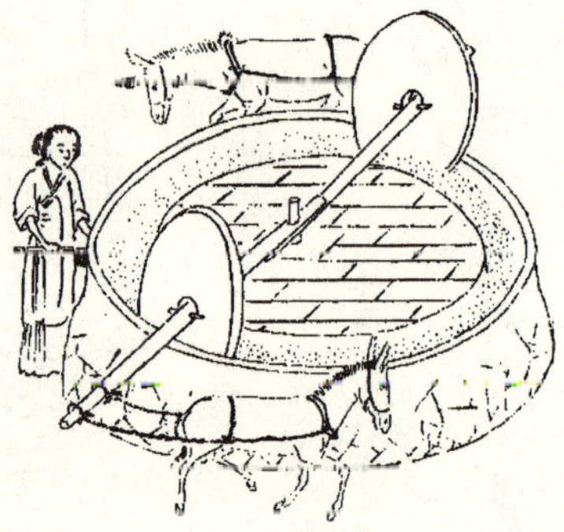

石輾

又　輥輾

輥，古本切。輾，世呼曰海青輾，喻其速也。但比常輾減去圓槽，就碢幹栝以石輥。輥徑可三尺，長可五尺。上置板檻，隨輾幹圓轉，作竅下穀。不計多寡，旋碾旋收，易於得米。較之碢輾，疾過數倍，故比于鷙鳥之尤者，人皆便之。詩云：制輾應嫌杵臼遲，豈知輾制有遺機。頓教粒食從今易，別轉上聲。礧車疾似飛。

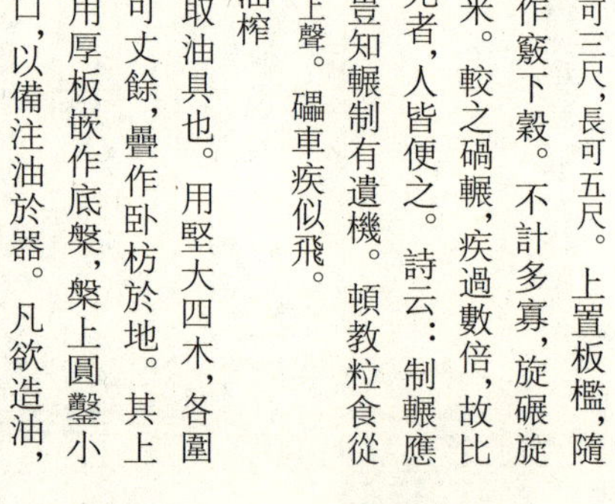

輥輾

又　油榨

油榨，取油具也。用堅大四木，各圍可五尺，長可丈餘，疊作卧枋於地。其上作槽，其下用厚板嵌作底槃，槃上圓鑿小溝，下通槽口，以備注油於器。凡欲造油，先用大鑊爨炒芝麻，既熟，即用碓舂，或輾碾令爛，上甑蒸過，理草爲衣，貯之圈内，累積在槽。横用枋桯相拶，復竪插長楔，高處舉碓或椎擊，擗之極緊，則油從槽出。此横榨，謂之卧槽。立木爲之者，謂之立槽，傍用擊楔，或上用壓樑，得油甚速。今燕趙間創法：有以鐵爲炕面，就接蒸釜爨項，乃傾芝麻於上，執枚匀攪，待熟，入磨，下之即爛。比鑊炒及舂碾，省力數倍。南北農家，歲用既多，尤宜則傚。詩云：巨材成榨床，細溜刳槃口。麻爛入重圈，機械應心手。取之亦多方，脂膏竟誰有。回顧室中婦，何嘗潤蓬首。

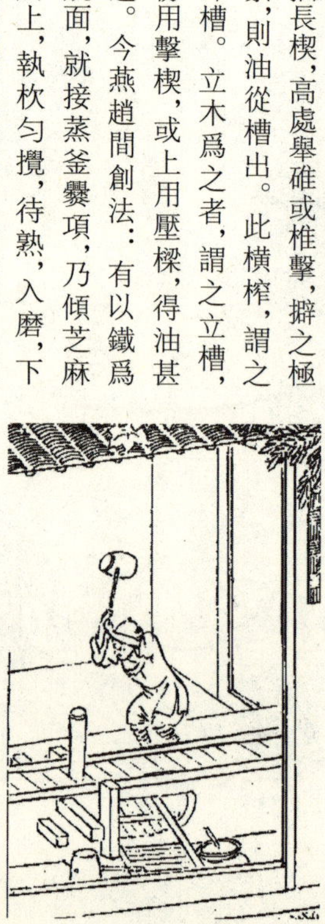

油榨

又　水碾

水碾，褚輦切。水輪轉碾也。《後魏書》：崔亮教民爲碾。奏於張方橋東堰谷水，造水碾數十區。豈水碾之制，自此始歟？其碾制上同，事見《杵臼門》。但下作卧輪或立輪，如水磨之法。輪軸上端，穿其碢幹，水激則碢隨輪轉，循槽轢穀，疾若風雨。日所轂米，比於陸碾，功利過倍。詩云：湍流激碾走通渠，木石相乘有秘樞。水府暗推坤軸健，天衢圓轉月輪孤。循環似假風雷迅，受納難同杵臼拘。粒食中州易精鑿，好傳規制偏方隅。

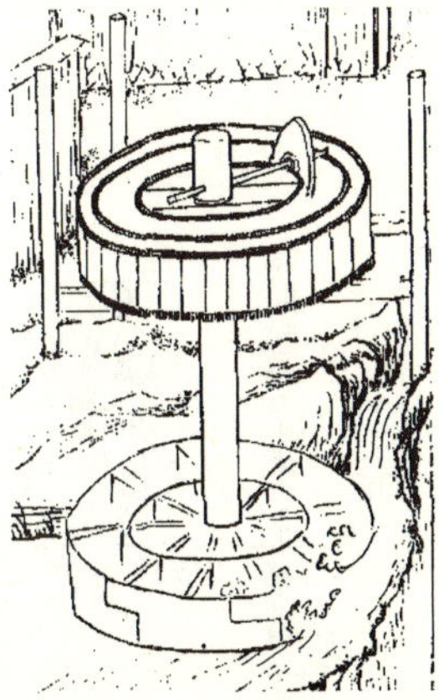
水碾

鄂爾泰等《授時通考》卷四〇

《功作・攻治具各圖說》

海青輾圖說

輥輾，世呼曰海青輾，喻其速也。但比常輾減去圖槽，就碢幹栝以石輥；輥徑可三尺，長可五尺。上置板檻，隨輾幹圓轉，作簸下穀；不計多寡，旋輾旋收，易於得米。較之碢輾，疾過數倍，故比於鷙鳥之尤者，人皆便之。徐光啓曰：江右木作槽輾，山右石作摇輾，皆取機勢，倍勝常輾。

海青輾

小碾

又 小碾圖說

小碾一制，在稻麥之外。北方攻小米者，家置石墩，中高邊下，邊沿不開槽。鋪米墩上，婦子兩人相向，接手而碾之。其碾石圓長，如牛趕石，而兩頭插木柄。米隨邊時，隨手以小篲掃上。家有此具，杵臼竟懸也。

又 水碾三事圖說

水輾三事，謂水轉輪軸可兼三事，磨、礱、輾也。初則置立水磨，變麥作麪，一如常法。復於磨之外周造輾圓槽。如欲榖米，惟就水輪軸首，易磨置礱。既得糲米，則去礱置碾，碢幹循槽碾之，乃成熟米。夫一機三事，始終俱備，變而能通，兼而不乏，省而有要，誠便民之活法，造物之潛機。今創此制，幸識者述焉。

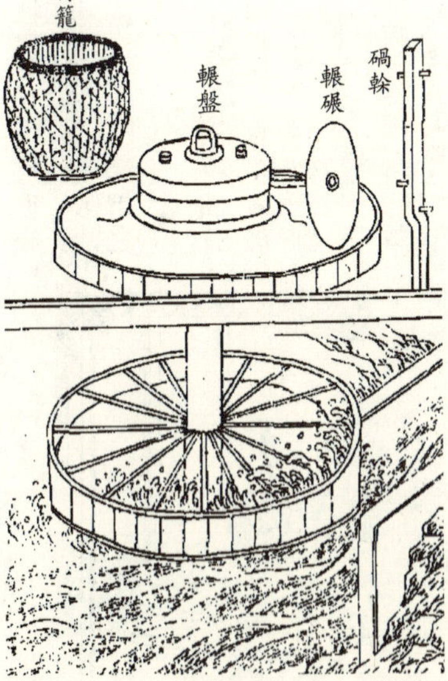

水碾三事

又 油榨圖說

油榨，取油具也。用堅大四木，各圍可五尺，長可丈餘，疊作卧枋於地。其上作槽，其下用厚板嵌作底槃，槃上圓鑿小構，下通槽口，以注油於器。凡欲造油，先用大鑊爨炒芝麻，既熟，即用碓舂，或輾碾令爛。上甑蒸過。理草爲衣，貯之圈内，累積在槽。横用枋桯相拶，復竪插長楔，高處舉碓或椎擊，擗之極緊，

油榨

則油從槽出。此横榨，謂之卧槽。立木爲之者，爲之立槽，傍用擊楔，或上用壓樑，得油甚速。

郝懿行《證俗文》卷三 砐，俗作碾，所以轢物器也。以石爲輪，似碌碡一作磟碡。形而圍徑稍大。斲木輨其兩頭而轉之，以輾粟去皮也。作砐不知起於何時，蓋在磑礱以後矣。

王禎《農書》卷一六《農器圖譜九・杵臼門》 颺扇

颺扇

颺與章切。扇，《集韻》云：颺，風飛也。揚穀器。其制：中置簨軸，列穿四扇或六扇，用薄板，或糊竹爲之。復有立扇、卧扇之别。各帶掉軸，或手轉，足躡，扇即隨轉。凡舂輾之際，以糠米貯之高檻，檻底通作匾縫下瀉，均細如簾，即將機軸掉轉搧之，糠粞既去，乃得淨米。又有舁之場圃間用之者，謂之扇車。凡蹂打麥禾等稼，穰糺相雜，亦須用此。風搧比之杴擲、箕簸，其功多倍。梅聖俞詩云：颺扇非團扇，每來場圃見。因風吹糠糺，編竹破筠箭。任從高下手，不爲寒暄變。去粗而得精，持之莫言倦。

鄂爾泰等《授時通考》卷四〇《功作・攻治具各圖説》

風扇車圖説

風扇車與颺扇功用畧同，而制尤備。以木爲四柱，周以板，穴其尾以出糠。高可六尺，廣五尺餘。其腹左爲圜形，以内簨軸及扇著其柄於外。右爲方斗盛穀，實底作匾縫，承以小門。門之樞亦見於外，其下作斜木斗二。正側並列，形如箕，皆斜下向人。以一手運軸，一手啓門，以寫穀實。穀實重者從正面木斗直下，粞稍輕，從旁列木斗出。糠灰最輕，即從尾穴隨扇飛出。農家攻治米穀，最爲便利。

又 麪羅圖説

麪羅以木爲箱，中懸羅而著撞機，於外立直木以括之。機之首，又貫以直木下拄於軸。軸有兩耳，可容人足。人倚於機而踏其軸，軸摇則機動，而麥末從羅下去，麩成麪矣。

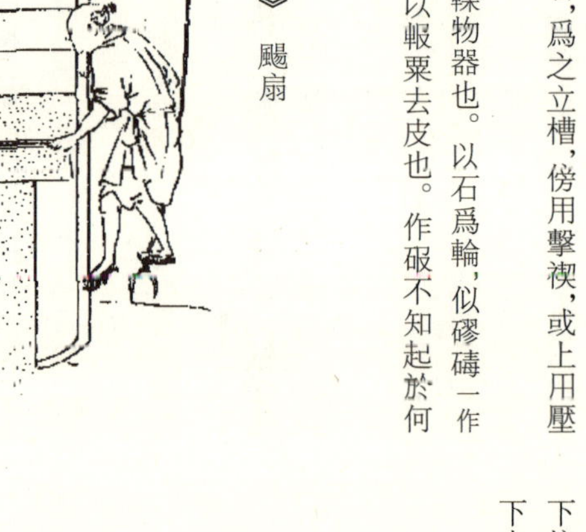

麪羅

又 水打羅圖説

水擊麪羅隨水磨用之，其機與水排同。按圖視譜，當自考索。羅因水力互擊椿柱，篩麪甚速，倍於人力。又有就磨輪軸，作機擊羅，亦爲捷巧。

鄭之僑《農桑易知録》卷一《力農器具・風鼓或謂之風車》

風鼓，所以盪颺稗糠也。其制如厨，四脚，長四尺五寸，高稱之。上置一斗方形，以裝米穀。口開一尺五寸，高一尺二寸，斜窄無底。縫開一徑，約有八分，使米穀循循而下。當風而颺者，此也。後面引風者爲鼓。取其圓而能轉，寬二尺有六寸。鼓裡之扇四面，每邊一尺二寸有餘。中有横軸，手執鐵柄環而旋之，快若車輪。鼓之前，格爲二斗，一口向前，一口向後。第一口寬尺許，以便落好米於

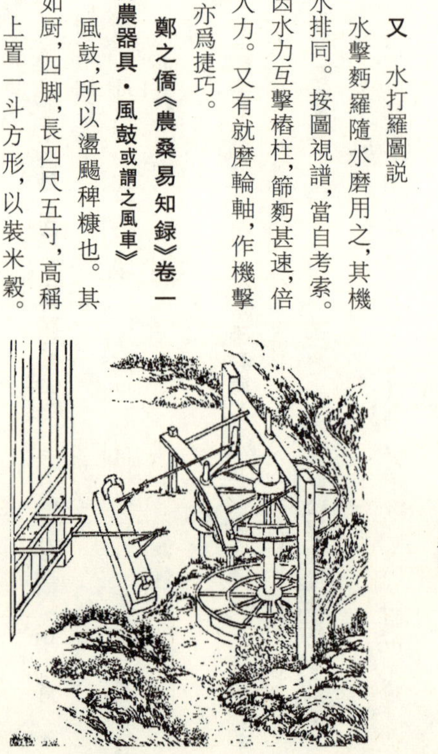

水打羅

籮筐。二口寬五寸，使白臍青腰米之不足者，歸入第二斗。亦以分別米之美惡也。

藝文

韋驤《錢塘集》卷六《水碓》　杵臼功能自古施，更堪引水代人爲。誰知滿溢傾欹處，却是臨機效力時。

鄭剛中《北山集》卷一一《水碓》　遶岸車翻水碓鳴，誰於舂事亦經營。斯民惜費蓋如此，力役從今莫漫征。

林希逸《機舂潺湲力》陳焯《宋元詩會》卷四九　機事嗟何巧，空村不住舂。潺湲因借力，俯仰若爲容。盡日勞雙杵，疏泉隔幾峰。無人長軋軋，助我爲淙淙。碓下僧長喜，溪邊婦亦慵。香厨炊已辦，時借野雲封。

周砥　馬治《荆南倡和詩集·水碓》　天機動處水淙淙，何限松風與相舂。

許繼《水碓》曹學佺《石倉歷代詩選》卷三一三　臨湍設機械，雲母終日舂。不勞致精鑿，無乃貪天功。流駛響逾急，灑灑水面風。村莊縱可隱，誰復棲梁鴻。

謝復《水碓夜鳴》曹學佺《石倉歷代詩選》卷四八九　荆玉渺夷曠，家家事生業。中有濟世人，臨流安野碓。截竹駕迴輪，六月灑飛雪。舂出萬斛珠，搗碎一溪月。達旦凡幾周，循環聲哽咽。洗甑具晨炊，鼓腹頌洋溢。

莊昺《定山集》卷一《溪雲水碓短歌行》　山中水碓活水中，老夫起坐觀無窮。源頭活水不用借，活水自舂無日夜。

何喬新《椒邱文集》卷二一《水碓宵舂》　村居澹無營，所需在粒食。引泉運雙杵，匪藉樵青力。颷輪駛若飛，怒湍亦衝激。月明響丁丁，隨風入寥泬。精鑿諒天成，功利妙無迹。却憶漢陰言，艴然長太息。

李東陽《懷麓堂集》卷九一《文續稿一·水碓》　村舂不自力，杵臼清溪裏。兹事余所聞，經過親見此。初觀未全解，諦視得深旨。長輪周其旁，機括中齒齒。急流相低昂，日夜方未已。蕩激勢則然，設施固其理。古人重制器，法象隨所擬。此物豈其餘，末流弊宜爾。雖多造作勢，亦復天機使。人言機害事，抱甕者誰子。剖斗折其衡，吁嗟聖人死。斯民至理足，勤儉誠可喜。觸事感我懷，作詩究終始。

張吉《古城集》卷六《水碓》　萬轉冰輪挾雪飛，俄然飛去復來歸。欲拈七筯還思睡，幾粒盤飧觸駭機。

陸深《儼山集》續集卷六《觀水碓》　圓機荅高杵，急水激飛輪。桔槔已多事，愁殺灌園人。

程瑞祊《槐江詩鈔》卷四《上灘謡(其二)》　灘高維挽難，釋篙用人背。溪水日滔滔，飛輪自舂碓。

又　《舟泛新安江(其三)》　一水灣環急，飛輪碓自舂。孤村忘夜警，瘠土賴年豐。槳蕩春風裡，人遊明鏡中。桃花迷洞口，一片夕陽紅。

陳藻《樂軒集》卷一《觀漁舡水碓有感》　水淋槽滿舂應響，人降槎登網自沉。萬事低昂惟兩勢，乾坤闔闢箇中尋。

趙孟頫《松雪齋集》卷二《題耕織圖二十四首奉懿旨撰·九月》　大家饒米麪，何啻百室盈。縱復人力多，舂磨常不停。激水轉大輪，磑碾亦易成。古人有機智，用之可厚生。朝出連百車，暮入還滿庭。勾稽數多少，必假布算精。小人好爭利，晝夜心營營。君子貴知足，知足萬慮輕。

弘曆《御製詩集》二集卷四一《古今體一百九首癸酉四·礱》　初揚藉簸風，再礱資石齒。有如琢磨功，斐然乃君子。爲倉欲潔好，爲廩欲高峙。珍重語兒孫，寧容輕視此。

又　三集卷七八《古今體一百三十二首己丑二·礱》　有竹亦有木，胥當排釘齒。其下承以石，磨礱成粒子。轉軸如風鳴，植架擬山峙。不孤三時勞，幸逢一旦此。

紡織機械分部

繅絲機械

論說

劉安《淮南子》卷二〇《泰族訓》 故無其性不可教訓，有其性無其養，不能遵道。繭之性爲絲，然非得工女煑以熱湯而抽其統紀，則不能成絲。卵之化爲雛，非慈雌嘔煖覆伏，累日積久，則不能爲雛。人之性有仁義之資，非聖人爲之法度而教導之，則不可使鄉方。

秦觀《蠶書》 化治

常令煮繭之鼎湯如蟹眼，必以筯其緒附于先引，謂之餵頭，毋過三系，過則系麤，不及則脃。其審舉之，凡系自鼎道錢眼升于鏁星，星應車動以過添梯，乃至于車。

司農司《農桑輯要》卷四《養蠶・繅絲》 軖車床高與盆齊，軸長二尺，中徑四寸，兩頭三寸，用榆槐木。四角或六角，臂通長一尺五寸，六角不如四角，軸角少則絲易解。臂者，輻條也，或雙輻或單輻，雙輻者穩。須脚踏。又繅車竹筒子宜細，細似織絹穗筒子。鐵條子串筒，兩樁子亦須鐵也。兩竪樁子上橫串鐵條。鐵條穿筒子，既輕又利也。不如此則不能成絶妙好絲。古人有言：工欲善其事，必先利其器。餘如常法。

王禎《農書》卷二〇《農器圖譜十六・蠶繅門》 繅車

繅車繅絲，自鼎面引絲以貫錢眼，升於鏁星；星應車動，以過添梯，乃至於軖，去王切，繰綸也。方成繅車。

秦觀《蠶書》繅車之制：「錢眼：爲版，長過鼎面，廣三寸，厚九黍，中其厚插大錢一，出其端，橫之鼎耳，後鎮以石。」「鏁星：爲三蘆管，管長四寸，樞以圓木。建兩竹夾鼎耳，縛樞於竹中。管之轉以車，下直錢眼，謂之鏁星。」「星應車動，以過添梯。」《農桑直說》云：竹筒子宜細，鐵條子串筒。兩捲子亦須鐵也。「添梯：車之左端置環繩。其前尺有五寸，當床左足之上，建柄，長寸有半。匼柄爲鼓，鼓生

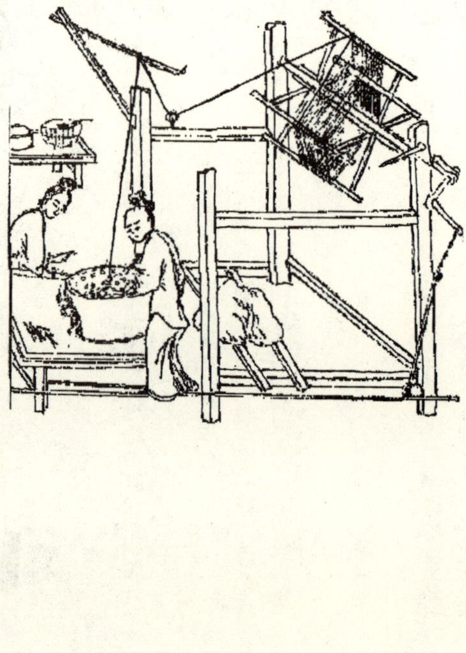

南繅車

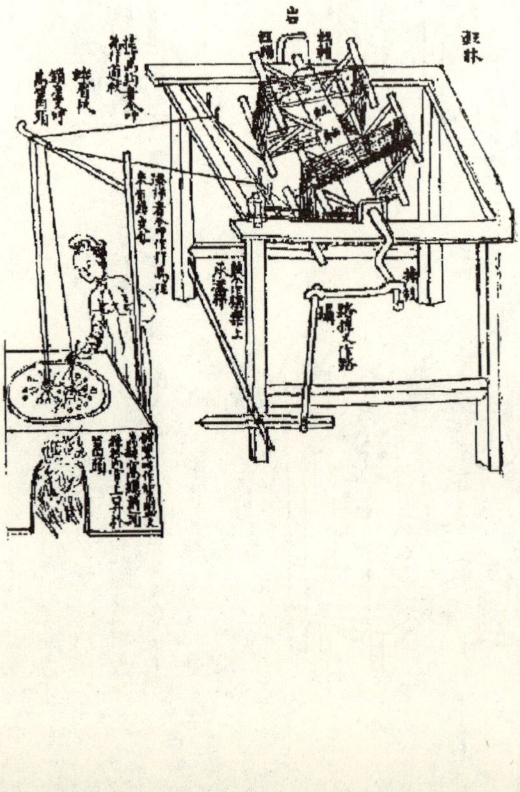

北繅車

其寅，以受環繩。繩應車運，如環無端，鼓因以旋。鼓上爲魚，魚半出鼓；其出之中，建柄半寸，上承添梯者，二尺五寸片竹也。其上揉竹爲鉤，以防絲；竅左端以應柄。對鼓爲耳，方其穿以開添梯。故車運以牽環繩，繩簇鼓，鼓以舞魚，魚振添梯，故絲不過偏。」「制車如轆轤，必添兩軸，以利脱絲。」

竊謂上文云車者，今呼爲軖。軖必以床，《農桑直説》云：軖床下鼎一尺，軸長二尺，中徑四寸，兩頭三寸，用榆槐木，四角或六角。輻，通長三尺五寸。六角不如四角，軖小則絲易解。以承軖軸。軸之一端，以鐵爲裊掉，復用曲木擐作活軸。左足踏動，軖即隨轉，自下引絲上軖。總名曰繅車。

詠曰：人家育蠶憂不得，今歲蠶收繭如積。滿家兒女喜欲狂，衮送車頭趂繰緝。南州誇冷盆，冷盆細繳何輕勻；北俗尚熱釜，熱釜絲圓儘多緒。即今南北均所長，熱釜冷盆俱此軖。軖頭轉機須足踏，錢眼添梯絲度滑。非絃非管聲咿嗢，村北村南響相答。婦姑此時還對語，準備吾家好機杼。豈知縣吏已催科，不時揭去無餘紽。迫索仍憂宿負多，車乎車乎將奈何。

王圻　王思義《三才圖會·器用》卷九《蠶織類》　煮絮滑車

絮車：構木作架，上控鉤繩滑車，下置煮繭湯甕。絮者掣繩，上轉滑車，下徹甕内，鉤繭出没灰湯，漸成絮段。《莊子》謂洴澼絖者。疏云：并，浮也。辟，漂也。絖，絮也。古者纊、絮、綿，一也。今以精者爲綿，粗者爲絮。因蠶家退繭造絮，故有此車煮之法。

煮絮滑車

宋應星《天工開物》卷上

《乃服第二》

治絲　繅車具圖

凡治絲，先製絲車。其尺寸、器具開載後圖。鍋煎極沸湯，絲粗細視投繭多寡。窮日之力，一人可取三十兩。若包頭絲，則只取二十兩，以其苗長也。凡綾羅絲，一起投繭二十枚，包頭絲只投十餘枚。凡繭滚沸時，以竹簽撥動水面，絲緒自見。提緒入手，引入竹針眼，先繞星丁頭，以竹棍做成，如香筒樣。然後由送絲干勾掛，以登大關車。斷絶之時，尋緒丢上，不必繞接。其絲排勻、不堆積者，全在送絲干與磨不之上。川蜀絲車制稍異，其法架横鍋上，引四五緒而上，兩人對尋鍋中緒，然終不若湖制之盡善也。凡供治絲薪，取極燥無烟濕者，則寶色不損。絲美之法有六字，一曰出口乾，即結繭時用炭火烘。一曰出水乾，則治絲登車時，用炭火四五兩盆盛，去關車五寸許。運轉如風時，轉轉火意照乾，是曰出水乾也。若晴光又風色，則不用火。

治絲圖

紡緯

又　緯絡　紡車具圖

凡絲既籰之後，以就經緯。經質用少，而緯質用多。每絲十兩，經四緯六，此大畧也。凡供緯籰，以水沃濕絲，摇車轉鋌，而紡于竹管之上。竹用小箭竹。

陳元龍《格致鏡原》卷四八《耕織器物類·治絲具》　繅車

《事物原始》：黄帝始命元妃西陵氏養蠶制絲，車以繅絲。【略】《農桑直説》：軖牀，下鼎一尺，軸長二尺，中經四寸，兩頭三寸，用榆槐木。四角或六角，輻通長三尺五寸。六角不如四角，軖小則絲易解。

楊屾《豳風廣義》卷中

繅水絲法

水絲者，乃冷盆所繅之絲也，精明光彩，堅韌有色，絲中上品，錦繡紗羅之所出也。雖曰冷盆，亦是熱釜，提頭摘去黄絲亂茸，單留清忽送入温水盆中，以數忽相合成絲。自然光浄，勻細勝於熱釜。其法用小鍋一口，徑一尺餘者，銅鍋爲上，砂鍋次之，鐵鍋爲下。鍋小則下繭少，旋下旋繅，則絲性不損。若鍋大，下繭必多，繅之不及，煑傷絲性，腐爛無力。且成疙瘩，粗漫。周圍用土墼泥成風竈，如泥燒鍋油鍋之法。火門向上，如湯碗口大，如不能作風竈者，只照平常泥鍋法，但多用 人燒火。柴往下燒，火焰遶鍋底而後出。鍋後相去六七寸，再安一小鍋。火從下過，鍋水亦熱，以備換鍋内盆中之水。後作長烟洞，用椽二條，長一丈，斜安在鍋後，對接烟洞，高四五尺。二椽相去闊一尺，椽上平鋪土墼一層，兩邊側立磚坯，上復平蓋一層，以泥泥之，便成一長臥烟洞。使烟遠出，免致薰偪繅絲之人。鍋高與繅人坐而心齊，坐高一尺。左邊安大水盆一口，較之鍋高二三寸，盆口寬二尺餘，今飲牛磁頂盆最好，如無，即用大瓦瓮一箇，內置温水九分滿。盆上横安絲車一箇。古法以竹筒貫一鐵條，或用木輥軸貫鐵環内轉動，沈滯響甚聒耳，猶未爲善。余製一不響之車，其法用一木樁削方，徑寸半，高過繅盆五六寸，插在盆邊地上。近頂處安一横枕，亦削方，徑一寸三分，長與盆齊。其横枕當盆之中，竪安兩小柱，高四寸。兩柱相去三寸餘，在近上横安一細竹條，如簪幹壯，貫一輕匏輥軸，匏即胡蘆皮。其制用匏二員片徑寸餘，兩片相去三寸，近邊一週俱插細掃竹幹，亦如簪幹壯，成一圓籠樣。兩匏片當中鑽一孔，棲一竹筒，貫於細竹條上。令其滚轉活動無滯。軸下木枕當中鑽 孔，内棲一小竹筒，孔如碗豆大。枕下露出三四分。此車不用錢眼，繅時將絲頭用掃竹芒子從孔中引過上軸，掏交。此絲車檕無銅鐵，滚轉最輕，快利無比，總無響聲。靠盆邊又立插一木棍，名爲絲老翁，以挂清絲頭。繅盆右邊安置絲軠，離繅盆三四寸。軠式最多，有重大繁難者，布交不清，解絲不便。余製一簡便絲軠，一周八交，易於尋頭一手攪軠，一手添絲頭。遲速由人，較之脚蹈大軠甚便。其制用立木樁 根，徑三寸，高五尺。下作木架，立安其中。頂頭安一横枕，長三尺五寸，以懸摇絲竿。樁中間安一木軸，徑寸半。軸上貫安絲軠，軠如車輪，有頭有輻。頭徑五寸，周圍栽輻八行，每行二。輻上安平枕，輻高一尺五寸，枕長八寸。安雙輻者七，枕惟一。只用單輻，將單輻中間斜鋸成兩截，如馬耳樣。用時相合，以麻繩扎緊，待絲滿軠，解去扎繩，其枕自脱，絲遂可卸。頭後邊竪立一圓木橔，高五寸，徑三寸，底微尖，如鍋底樣。中間竪安一細柄，高二尺。柄頭安三寸長拐，拐頭平串連摇絲竿。竿以竹片爲之，長三尺五寸，中間錠一銅鉤子，以提絲擺交。其横枕近稍處縛一竹圈，貫摇絲竿於內，令其擺摇活動無滯。又於輻條中間安一木橛，長四寸，手握攪之，則木橔自轉。摇絲竿自能擺動，其絲根根相爲斜壓，略無分毫紊亂。後日絡車解絲時，頭白在交中，不難尋覓，雖夜間亦可解之。繅時，用一人提絲頭，先將鍋下燃粗乾柴，柴細則火忽大忽小，水則忽冷忽熱。燒水至大熱，但不可滚，滚則傷絲。方將繭子一大把投入鍋内，用筯輕輕挑撥，令繭滚轉盪勻。又以筯左右亂攪數次，挑起，自然帶出絲頭。以手捻住，於湯面上捉掇數度。如有破頭壞繭不利者，盡行摘去。先提掇起粗頭，混絲不可輕棄。用一木板寬五六寸，以手纏在上面，他日織粗紬作緯用。提掇纏攪，清絲已出，將粗頭摘斷，用漏瓢舀繭送入温水盆内。瓢用瓜䕲，將底多鑽孔眼。將清絲挂在盆邊絲老翁上。此時繅人將絲老翁上清絲約十數根，絲之粗細由人，細絲不過十一二根，粗絲二十餘根。白繭絲細，黃繭絲粗。繅時斟酌上頭，不可不知。總爲一處，穿過絲車竹筒中，扯起從前面搭過輥軸，從軸下面掏來，於輥軸上拴一迴，再從拴過中掏繳一迴。不可拴成死過，須令扯之滑利活動。成絲全在此處。絲係散忽，用絲車拴掏成交，如紡車紡綿上𥿄一般，永不散脱。古書所載繅絲之法多是耳。聞軠圖繅法，俱無繅車，豈

繅水絲圖

能成絲。將絲挂在摇絲竿銅鉤中，又將絲頭拴在絲軖平桄上。此時攪動軖輪，絲車隨之輥轉，摇絲竿自然擺動，其絲勻勻綳在軖上。一手攪軖，一手添續絲頭，其快如風。自然之妙，甚是美觀。軖轉絲上，時時下繭提頭，繼續不絕，常要照看。撥掠絲窠，内有繭絲先盡，蛹子沉下者，有絲頭斷了。繭浮出絲窠外者，其絲窠便減少，即取清絲約量添加，務要絲窠常勻。眼專看，手頻撥頻添，不過三四絲失添則細了，多添則粗了。如添不及，手攪漫些。如添太過，攪緊些。務要絲條通勻。繅絲貴細圓勻緊，使無匾漫節核，麤惡不勻。

又 繅火絲法

安絲如上法。亦作卧烟洞，使烟氣遠出，繅人自得安詳。鍋上横安絲車一箇，其制亦如上法。鍋右邊安絲軖，亦如上法。繅時，將水燒令大熱，不可滚，滚則煮損絲性。將繭投入鍋内，以筯撥攪，提起絲頭，用手捻住，穿過錢眼，繅火絲頭不用在竹筒中穿過，只將絲車下桄前面平安一錢，令穩，將桄頭從錢眼穿過。扯起搭在輥軸上，又從下面掏過拴在輥軸之上一迴。又於拴處再掏絞一迴，不可死拴，以致不能滑利輥轉。絞法與繅水絲無異。將絲挂在摇絲銅鉤上，再將絲頭拴在横桄上。一手攪動，絲車隨絲而轉，其絲自然上軖，其快如風。搭頭時頻以筯攪撥，將絲窠分開，以筯挾亂絲從中向錢眼猛提，其頭自爲衆絲帶上，自無疙瘩。若從絲窠外邊纏遶而帶上，其絲便粗惡不勻。欲作粗絲者，多下繭，鍋宜熱些。欲作細絲者，少下繭，鍋宜温些。時看絲窠，頻以筯撥，上頭斟酌，下繭定住火候，勿使忽

繅火絲圖

粗忽細，以致絲不堪用。新繭生絲爲上，如蒸過日久，恐絲頭乾燥不利者。不論火絲冷盆絲，俱於初下繭時，入鹽一兩、油半兩於鍋内，須先以枝條一撮打半衢，令水與油鹽爲一，然後下繭。如繭多者，斟酌油鹽旋入。

鄭之僑《農桑易知録》卷二《育蠶器具》 絲車

先用檀木四塊，高二尺四五寸，每塊寬有五寸，厚有一寸五分，做成四方樣。將兩塊頭上，鑿開兩門，以安放軸頭。以一塊留筍寸許，以放轉墩。使絲鈎横木，往來移送也。絲鈎横木長二尺餘，頭寬一寸，鑿有圓眼，放在轉墩之上，使之旋轉。尾寬五分，中置兩鈎，以定絲之板頭寬窄也。再用木架一個，高一尺五六寸，寬厚俱五分，中以絲絡兩個，穿定架上，使絲從絡上經過，絲乃光細。

鄂爾泰等《授時通考》卷七五《蠶事》

繅車圖説

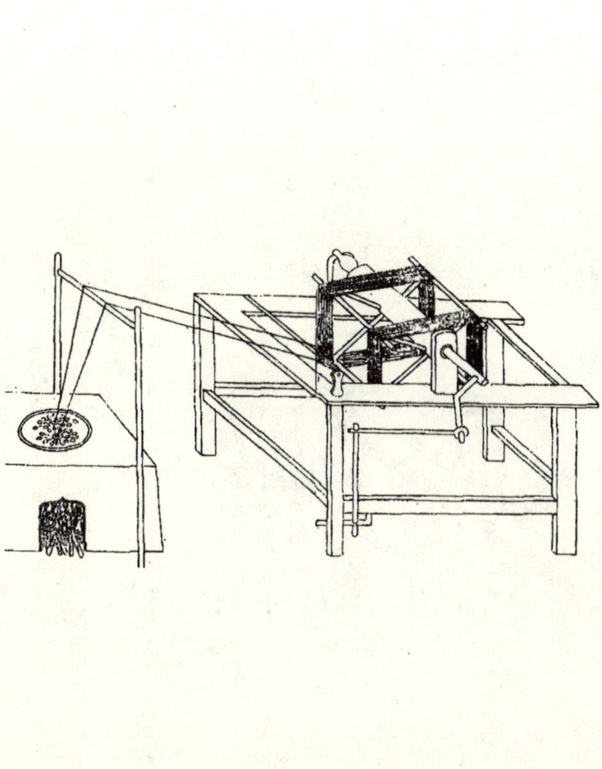

北繅車

繅車繅絲，自鼎面引絲以貫錢眼，升繅於星，星應車動，以過添梯，乃至於

軖，方成繅車。秦觀《蠶書》載繅車之制，今呼車爲軖。軖必以牀，以承軖軸。軸之一端，以鐵爲梟掉，復用曲木擐作活軸。右足踏動，軖即隨轉，自下引絲上軖。總名曰繅車。

又　熱釜圖説

繅絲，自鼎面引絲直錢眼，此繅絲必用鼎也。今農家象其深大以盤甑。按：釜亦可代鼎，故《農桑直説》云：釜要大，置於竈上。釜上大盤甑，接口添水至甑中八分滿，可容兩人對繅。水須常熱，宜旋旋下繭繅之，多則煮損。凡繭多者，宜用此釜以趨速效。

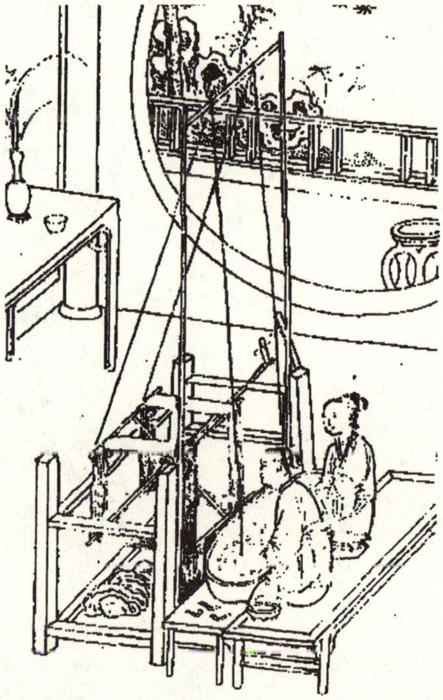

熱釜

又　冷盆圖説

冷盆用温水，南北各有所宜。通訣云：南州誇冷盆，冷盆繳絲何輕匀。北俗尚熱釜，熱釜絲圓儘多緒。即今南北均所長，熱釜冷盆俱此軖。軖頭轉機須足踏，錢眼添梯絲度滑。非絃非管聲咿軋，村北村南響相答。

冷盆

郝懿行《證俗文》卷三　繀車

今之紡車也。《説文》：繀，箸絲於筟車也。筟，筳也。筳，繀絲筦也。筦，筟也。案：今之筟，其絲繀用葦筦，棉繀或剔秫藍爲之。紡車之制，蓋起於中古，其壓車謂之專。《説文》：專，紡專。《詩》曰載弄之瓦，傳瓦紡塼也。《釋文》：塼，本又作專，是也。其車索謂之緷。《考工記》玉人之事，天子圭中必。注云：必，讀如鹿車緷之緷，是也。《後漢書・崔寔傳》：詣雁門廣武迎織師，使巧手作機乃紡，以教民織。寔爲五原太發，是邊郡紡織之始也。方言繀車，郭注：繀，蘇對反。趙魏之閒謂之轣轆車，東齊海岱之閒謂之道軌。案：轣轆，《廣雅》作歷鹿，道軌謂之鹿車。案：鹿車，小車也。《風俗通》云：鹿車窄小，裁容一鹿。《後漢書・列女傳》：桓少君與宣共挽鹿車，歸鄉里，是也。與此鹿車異。《玉篇》：繀車，亦名鞁車，亦名軌車。案道軌之名，道者導引也。今俗紡繀訖，又覆施於筟車，名曰道綫，亦曰道繀，即道軌之義也。轣轆又通作縷鹿。《後漢・輿服志》注引《獨斷》曰：其狀若婦人縷鹿辟綜，曰下輪大上輪小。

程岱葊《西吴蠶略》卷上　繅具

繅車，檀木爲之，其牀正方，轆轤在前，泥竈列後，轉軸於右，納薪於左，若架若磨，並麗於牀。安牀微側，以就竈。轆轤之製凡四輻，麗於軸活，其一以利脱絲。冪布名車衣。軸端屈曲以便轉，轉軸之木下連踏板。竈，編竹爲之，泥於內，以置鑊架，上懸竹轆轤，下設銅針各二。鑊內水煮沸乃下繭，竹箸攪之，絲頭起，穿入針孔，引上竹轆轤，復迴繞而加諸輻。輻轉即絲抽乙乙矣。然無磨則徑直無緒。磨以小木爲之，麗牀右腰，微束環繩連於軸。磨頂帶小長木列兩鉤，橫於銅針之上，兩兩相對，絲出針孔即著於鉤。於是軸帶磨轉，磨帶鉤轉，鉤帶絲轉，乃左右交錯，有條不紊，廣狹適中。

黄世本《蠶桑簡明輯説·補遺》　絲車制度，不可差以分毫。余既繪圖矣，再約言其靈巧之處一在規犁盤。盤邊裝扶絲板一片，一頭插在對面直柱眼內。板上用摘絲鉤一個。抽絲之時，將繩繫盤腰，套在軸臂凹處，將足踏板，則軸動而盤亦動，使扶絲板伸縮不息，則所抽之絲，勻鋪軸上，不致堆聚一處。一在絲籰。天平架第一橫檔上，有木板一塊，俗名仙人頭。頭上夾銅皮一片，鑿一小孔，將鍋内所撈絲頭，由孔内穿出，反環絲籰，轉鉤摘絲鉤中，搭在軸上，則鍋内之絲，源源上車矣。

衛傑《蠶桑萃編》卷四《繅政·繅繭類》　好車

繅絲車牀安竈基後，江浙蜀中用腳踏車，手理絲，一人兼二人事，極爲靈便，人工亦省。此坐繅式較諸以手轉車，倚竈立繅諸法，更覺逸而不甚勞。車前置牌坊，中置絲秤，置車軸，以牡娘繩繫於其旁。

又《繅具類》

無聲車

舊法以竹筒貫一鐵條，或用木輥軸貫鐵環內，轉動沈滯，響甚聒耳，猶未爲善。今製一不響之車，其法用一木樁削方，徑寸半，高過繅盆五六寸，插在盆邊地上。近頭處安一橫桄，亦削方，徑一寸三分，長與盆齊。其橫桄當盆之中豎安兩小柱，高四寸，兩柱相去三寸餘，在近上橫安一細竹條如簪幹狀，貫一輕匏輥軸。匏即葫蘆皮，其制用匏二圓片，徑寸餘，兩片相去三寸，近邊一周俱插細掃竹幹，亦好簪幹狀，成一圓籠樣。兩匏片當中鑽一孔，棲一竹筒，貫於細竹條上。令其滾轉活動無滯，軸下木桄當中鑽一孔，内棲一小竹筒，孔如豆大。桄下露出三四分。此車不用錢眼，繅時將絲頭用掃竹芒子從孔中引過上軸掏交。此絲車概無銅鐵，滾轉最輕，快利無比，亦無響聲。

又　簡便絲軠

軠式最多，有重大繁難者，布交不清，解絲不便。今製一簡便絲軠。一周八交，易於尋頭，一手攪軠，一手添絲頭。遲速由人，較之腳踏大軠甚便。其制用立木樁一根，徑三寸，高五尺。下作木架立安其中，頂頭安一橫桄，長三尺五寸，以懸摇絲竿。樁中間安一木軸，徑寸半。軸上貫安絲軠，軠如車輪，有頭有輻，頭徑五寸，周圍裁輻八行，每行二輻。上安平桄，輻高一尺五寸，桄長八寸。安雙輻者七桄，惟一桄只用單輻，將單輻中間斜鋸成兩截，如馬耳形。用時相合，以蘇繩紮緊，待絲滿軠，解去紮繩，其桄自脱，絲遂可卸。頭後邊豎立一圓木檄，高五寸，徑三寸，底微尖如鍋底形，中間豎安一細柄，高二尺，柄頭安三寸長拐。拐頭平串連摇絲竿，竿以竹片爲之，長三尺五寸，中間釘一銅鉤子，以提絲擺交。其横桄近梢處縛一竹圈，貫摇絲竿於內，令其擺摇活動無滯。又於輻條中間安一木橛，長四寸，手握攪之則木檄自轉，摇絲竿自能擺動，其絲根根相爲斜壓，畧無分毫紊亂。日後絡車解絲時，則頭自在交中，不難尋覓，雖夜間亦可解之。

又　卷一一《圖譜》

繅水絲圖説

水絲乃冷盆所繅之絲，精明光彩，堅韌有色，絲中上品。雖曰冷盆，亦是熱釜。其法用小鍋一口，徑一尺餘者，周圍用土墼泥成風竈，火門向上，柴往下燒，火焰遶鍋底而後出。鍋後相去六七寸再安一小鍋，後作長煙洞，使烟遠出，免致薰傴繅絲之人。鍋高與繅人坐而心齊。左邊安大水盆一口，較之鍋高二三寸，盆上横安絲車一箇，靠盆邊又立插一木棍，名爲絲老翁，以挂清絲頭。

冷盆繅水絲圖

又 繅火絲圖說

安鍋如上法，繅時將水燒令大熱，不可滚，滚則煮損絲性。須將繭投入鍋內，以筯撥攪，提起絲頭，用手撚住穿過錢眼。凡繅火絲不用在竹筒中穿過，只將絲車下㭋前面平嵌一錢令穩，將絲頭從錢眼穿過即得。

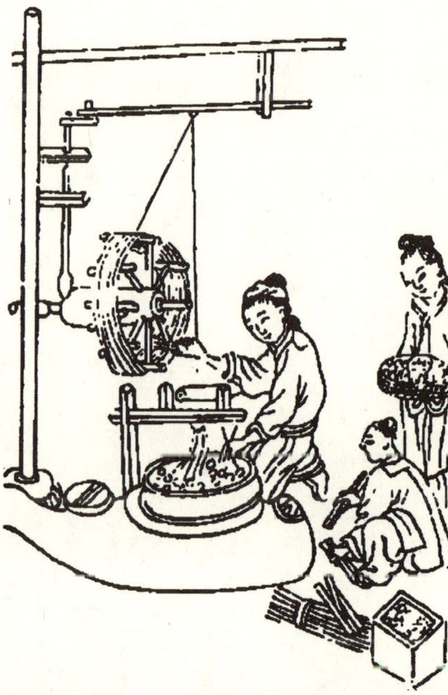

熱釜繅火絲圖

又 卷一二《圖詠》

繅絲

河水清清不染塵，繅絲煮繭鬬鮮新。抽來粗細隨人力，色要相同縷要勻。

煮以河水、淡水、泉水爲佳，雨水更好，井水味鹹減色，不可用。燒用枯桑枝，於大釜沸水入繭一升，煮三四刻，用箸撥轉。再煮三四刻，再撥轉。俟繭輭時用莜灰淋汁，量繭多寡酌入釜內，再煮一二刻即熟。

又 製車

一輪圓轉影如梭，手弗停繅繭弗多。微火輕烘機下溼，車聲響處笑聲和。

置二小車，長五寸，徑二寸，下鑽竹管二，絲由竹管繞小車。置大車二，寬一尺六寸，徑四尺五寸，前輊後軒，後兩柱架車，前二小柱作機，納絲二竹鈎下，分二行上。大車下用木炭火，離繅二尺三四寸烘之，絲乃燥潔鮮明。

鄭文同《蠶桑輯要》 治繭

繅絲

絲車製造宜精，務須購自下三府。令匠工之巧者，依樣製之，弗使有毫釐之差。其車座車軸，必皆四方端正，旋轉處要光滑。上有牌樓，裝小轆轤。竹爲之，謂之絲浴干。下有插眼之處，中有裝鈎之具，每車兩副，可以更換。繅細用三眼，繅粗用兩眼，其座軸則一也。

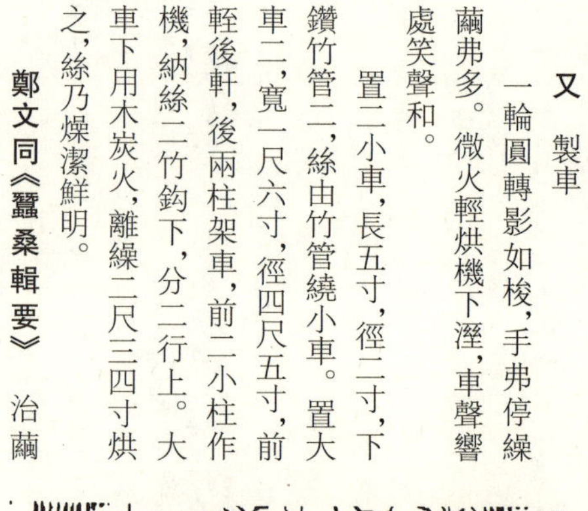

形制

高銓《蠶桑輯要》卷上 絲車牀

絲車宜堅實之木，車身謂之牀，前後共四柱。後二柱俱高二尺四寸，柱頭各開一口，以承軸。口大二寸。前左柱高二尺七寸，柱頭鑿孔以套稱。孔大一寸。右柱高二尺三寸，柱頭裁成圓榫，以貫牡孃鐙。柱前後各設横檔兩層，俱長一尺八寸。後兩層並設在下，以讓軸前兩層分上下置之。下一層宜環不宜直，直則礙竈。左右亦分上下設檔，兩層各長一尺四寸。離上檔二寸又各設一檔，長出牀身七寸，首開榫眼，以豎牌坊。

沈秉成《蠶桑輯要・紡野繭法》 車牀式

車牀前後共四柱，後二柱高二尺四寸，柱頭各開一口，以承軸。前左柱高二尺七寸，柱頭鑿孔，以套稱。右柱高二尺三寸，柱頭裁成圓榫，以貫牡孃鐙。

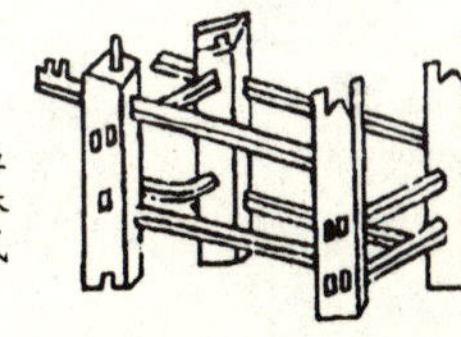

車牀式

方大湜《桑蠶提要》卷二《蠶事・蠶具》 車牀

車牀形方，牀之四角，各安一柱，四面各安横檔二層。檔之兩頭，各有方榫，嵌入柱内。前檔、後檔均横長一尺三寸六分，左檔、右檔均横長一尺零六分，嵌入柱内之榫頭均在一尺三寸六分、一尺零六分之外。

左右上下檔與前後上下檔高低不一，左右下檔各去地一寸八分，左右上檔各去地一尺四寸二分，前後下檔各去地三寸，前上檔去地一尺五寸，後上檔去地九寸。後上檔去地尺寸所以較前左右上檔獨低者，因車軸架在後二柱之頂，此處上檔低，則上檔之上地步空闊，可容貫腳轉旋也。

後左角後右角各一柱，柱頂各開榫口，以承車軸。柱高二尺零五分，寬三寸，厚一寸四分。榫口寬一寸，深一寸五分。前左角一柱，柱頂裁成直榫，以貫牡孃墩。柱高二尺零八分，寬二寸八分，厚一寸四分。榫頭徑九分，圍圓二寸七分，高一寸七分。此一寸七分即在二尺零八分之内。柱腳裁成榫口，以套踏腳底板之工字榫頭。榫口靠地寬八分，長一寸四分。前右角一柱，柱頂横鑿一孔，以套絲秤。柱高二尺一寸五分，寬二寸八分，厚一寸四分。孔寬一寸，高五分。前左前右二柱之前面，各安一小横梁。前左柱横梁之上，安一短柱。短柱之頂裁成榫口，以嵌牌坊。下横梁之左邊榫頭。前右柱横梁，不安短柱，只於横梁盡頭處鑿一方孔，以承牌坊。右邊長柱之下截榫頭，横梁長五寸，寬一寸，厚一寸，去地一尺六寸。短柱高二寸五分，寬窄與横梁同。榫口長一寸，寬六分，深八分。二柱之前面下截靠地處，各安一小横梁，以木板擱横梁之上，以磚石壓木板之上，庶免車牀移動。

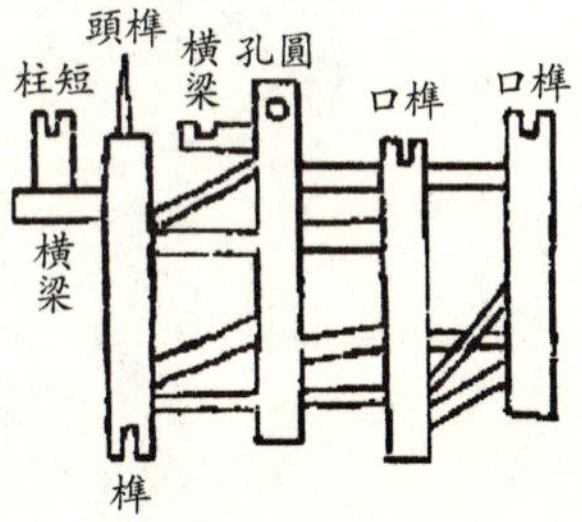

後二柱安軸，前二柱安絲秤。前二柱之前面横梁、短柱，安牌坊。

車牀

秦觀《蠶書》 車

制車如轆轤，必活其兩輻，以利脱系。

高銓《蠶桑輯要》卷上 車軸

軸以堅木爲之，長二尺五寸。首裁圓樞，長二寸。中段依車牀濶狹爲置貫腳之地。離末六寸亦裁圓樞，長二寸。二樞並須圓轉流利，後樞之外削成八稜深均，以環牡孃繩。其末鑲一短木，長六寸。短木之上又横鑲一圓木爲柄，亦長六寸。軸身四面各裝貫脚，每脚用二柱，長約一尺。上設横梁，梁背厚而圓者，爲鯽魚背；粗絲用之。薄而起稜者，爲刀背。細絲用之。四脚之中，其一則活動，用堅木上寬下鋭者鑲緊，謂之杠，可出可入，以便絲之脱車。

車軸式

方大湜《桑蠶提要》卷二《蠶事・蠶具》 車軸

車軸以堅木爲之，軸右邊盡頭處裁爲圓榫，嵌入車牀後右柱榫口内。左邊盡頭處留一短筒。軸身之左，短筒之右，裁成圓榫，嵌入車牀後左柱榫口内。軸身長一尺三寸，榫頭與短筒均在一尺三寸之外。軸中間圍圓九寸，兩頭近榫處圍圓八寸。短筒長三寸六分，圍圓七寸。榫頭長一寸五分，圍圓三寸。榫頭嵌入榫口不可太緊，太緊則運不動，取不出。短筒靠圓榫處，削成蜂腰形，並起八稜，以環繞牡孃繩。蜂腰口寬一寸三分，深五分，圍圓五寸五分。蜂腰之左，鑲直木一條。短筒長三寸六分，除去蜂腰一寸三分，尚餘二寸三分，即在此二寸三分之中間開一方孔，安直木一條，長五寸，寬一寸，厚一寸。直木將盡頭處鑲横木一條，以作軸柄。直木下截將盡頭處，留五六分，即在此五六分之上開一横槽，以鑲横木。横木長四寸六分，一頭長二寸一分，粗細與直木同，其形方。即在此二寸一分之中間開一横槽，鑲入直木。横槽之内，一頭長二寸五分，削圓爲柄。不善繅絲者，用手轉車，即執此柄摇轉。如紡線一般。善繅絲者，用腳踏車，即將腳踏板上之横木條圓孔套於此柄之上。

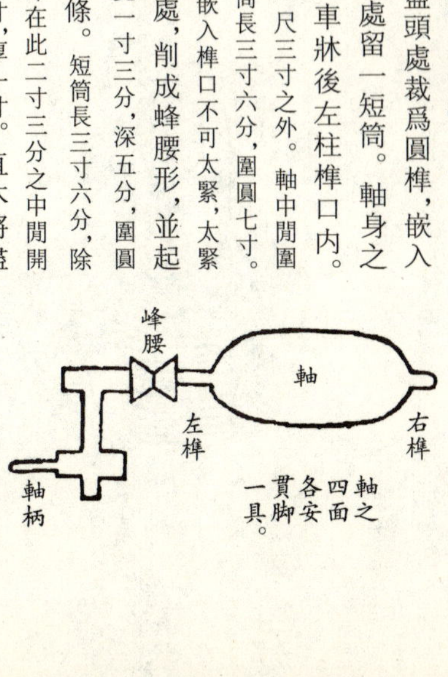

車軸

衛傑《蠶桑萃編》卷四《繅政・繅繭類》 轉軸

摘粗絲頭後，先以清絲穿入牌坊板上絲眼，又由絲眼引上牌坊響緒，交互一轉，再由響緒送入絲秤上之絲鉤，復由絲鉤搭上車軸，繫於貫腳橫梁。用手摇車，或用腳踏板，軸自旋轉，絲便環繞於軸之上。

高銓《蠶桑輯要》卷上 牌坊

牌坊用柱木二，高二尺，上設横檔。檔下置短柱，長三寸。兩緒者二柱，一緒者三柱。連長柱平穿一孔，用細篾一條貫之，以綴響緒。下鑲薄板三寸，鑽穴，以鑲做絲眼。兩緒者兩穴，三緒者三穴。

沈秉成《蠶桑輯要・紡野繭法》 牌坊式

牌坊用二長柱，高二尺，上設横檔。檔下置三短柱，長三寸。連長柱平穿一孔，用細篾一條貫之，以綴響緒。響緒用小竹五寸，兩頭留節，中刻條，縷穿孔，横貫篾條上。絲眼所以穿絲，用細銅鐵條三寸，一頭椎篇，鑽眼，眼須光潤，不令劃斷絲緒。

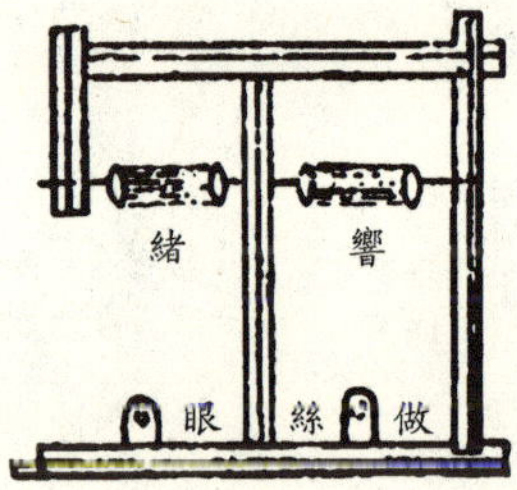

牌坊式

沈練撰　仲學輅輯補《廣蠶桑説輯補》卷下

《飼蠶法・蠶事預備説》 牌坊式

此雙錢眼之牌坊也，長柱、響緒各二。尚有二錢眼者，其牌坊之長柱、響緒亦各三，以做細絲及中勻絲。

方大湜《桑蠶提要》卷二《蠶事・蠶具》 牌坊

牌坊上下横梁各一，下横梁左右兩頭均裁成方榫。下横梁長一尺三寸八分，榫頭在外。右邊榫頭，嵌入右邊長柱之下截横孔内，左邊榫頭，嵌入車牀前左柱之前面横梁短柱榫口内。下横梁中間，直開一孔。上横梁中間及左右兩頭，亦各直開一孔。上横梁長一尺五寸五分。右邊長柱一，上下兩頭均各裁成方榫，柱長一尺五寸八分，榫頭在外。上截榫頭嵌入上横梁右邊直孔内，下截榫頭嵌入車牀前右柱之前面横梁直孔内。下截榫頭之上，横開一孔，以承下横梁右邊榫頭。中間長柱一，上下兩頭均裁成方榫，柱長一尺三寸五分，榫頭在外。嵌入上下横梁中間直孔内。響緒在中柱之兩旁。左邊短柱一，上截裁成方榫，嵌入上横梁左邊孔内。短柱倒懸於上横梁之下，長二寸五分，粗細與長柱同。短柱長柱，均平穿一孔，用細篾一條，鐵絲亦好。横貫孔内，以綴響緒。下横梁之前面開二孔，此孔與彼孔相去四寸五分。另用小方木二段，長二寸四分，寬六七分。一頭平鑲下横梁孔内，一頭破一小口，以安做絲眼。

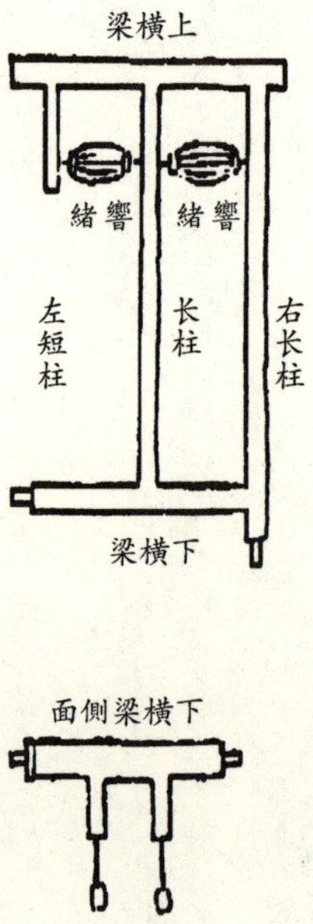

雙絲眼牌坊

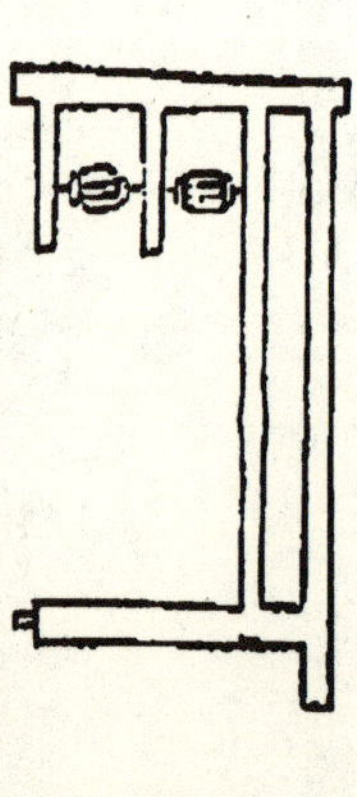
又牌坊式　此式右邊多一長柱，中間長柱改爲短柱，其餘式樣俱同，用法亦同。

做絲眼，一名絲窩，以銅條爲之，長三寸。一頭搥匾，插於下横梁短木之横口内，一頭搥匾鑽眼。鍋内之絲從此眼内度出，搭上響緒，眼須光滑，庶免劃斷絲縷。如屈銅爲鉤，絲縷一挽即入，無庸穿度，較之用絲眼者更爲簡便。響緒，用小竹爲之，長四寸，圍圓約四寸。兩頭留節，中刻條縷，節上穿孔，貫篾條上。鍋内撈起之絲，先度入做絲眼内，再由絲眼搭上響緒。

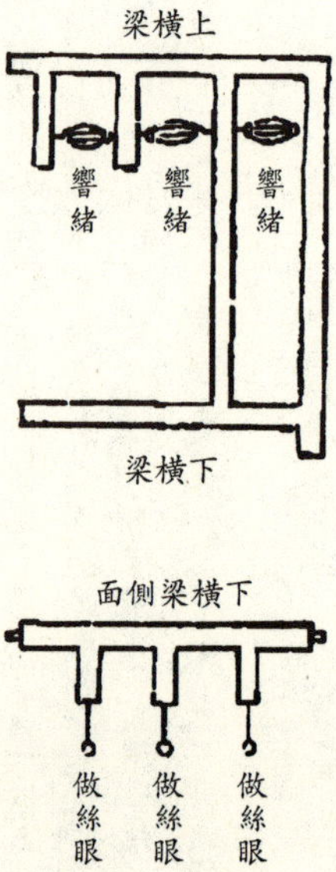

三絲眼牌坊

雙絲眼牌坊，長柱二，短柱一，響緒、絲眼各二。三絲眼牌坊，長柱二，短柱二，響緒、絲眼各三。初學繅絲者，用單眼。善繅者，用雙眼。最善繅者，用三眼。至絲之粗細，視絲眼下用繭之多少，絲眼下用繭多則絲粗，絲眼下用繭少則絲細。不在乎絲眼之多少也。

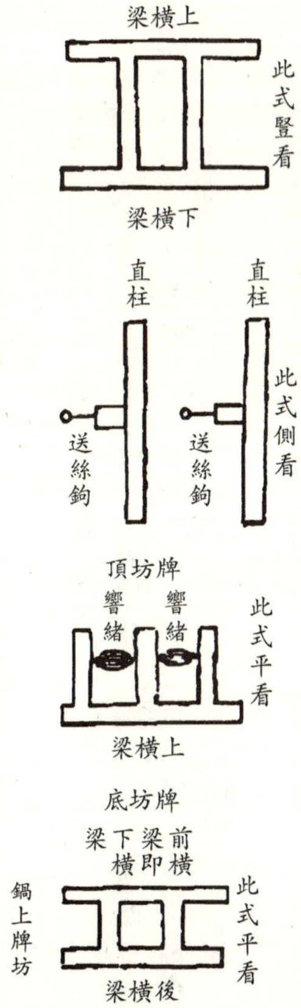

上下横梁各一，上横梁長一尺三寸五分，下横梁長一尺四寸五分。中間直柱二根，每根長一尺五分，榫頭在外。二直柱之下截，離下横梁約一寸五分遠。各平鑲短木一截，短木各長一寸六七分。短木頭上各安送絲鉤一枝。上横梁中左右各平鑲短木一截，短木各長三寸。短木中間各安響緒一箇，是爲牌坊之頂。下横梁之後平鑲短木二截，短木各長二寸。再於短木盡頭平鑲横梁一根，此横梁比下横梁短二三寸。是爲牌坊之底。此亦雙絲眼牌坊式也。三絲眼應用直柱三根，送絲鉤三枝，上横梁平鑲短木四截，安響緒三箇，餘俱同。

前式牌坊，或雙絲眼，或三絲眼，均嵌在車牀之上。此式牌坊，或雙絲眼，或三絲眼，均擱在絲鍋之上。如用前式，即不用此式。如用此式，即不用前式。

衛傑《蠶桑萃編》卷四《繅政・繅具類》

雙絲眼牌坊

牌坊上下横梁各一，下横梁左右兩頭均裁成方榫，下横梁長一尺三寸八分，榫頭在外。右邊榫頭嵌入右邊長柱之下截横孔内，左邊榫頭嵌入車牀前左柱之前面横梁短柱榫口内。下横梁中間直開一孔，上横梁中間及左右兩頭亦各直開一孔，長一尺五寸五分。右邊長柱一，上下兩頭均各裁成方榫，柱長一尺五寸八分，榫頭在外。上截榫頭嵌入上横梁右邊直孔内，下截榫頭嵌入車牀前右柱之前面横梁直孔内。下截榫頭之上横開一孔，以承下横梁右邊榫頭。中間長柱一，上下兩頭均裁成方榫。柱長一尺三寸五分，榫頭在外，嵌入上下横梁中間直孔内。響緒在中柱之兩旁。左邊短柱一，上截裁成方榫，嵌入上横梁左邊孔内。短柱倒懸於上横梁之下，長二寸五分，粗細與長柱同。短柱長柱均平穿一孔，以細篾一條或鐵絲横貫孔内，以綴響緒。下横梁之前面開二孔，此孔與彼孔相去四寸五分。另用小方木二段，長二寸四分，寬六七分，一頭平鑲下横梁孔内，一頭破一小口，以安做絲眼。

做絲眼，一名絲窩，以銅條爲之，長三寸，一頭槌匾插以下横梁短木之横口内，一頭槌匾，鑽眼，以鍋内之絲從此眼内度出，搭上響緒。眼須光滑，庶免劃斷絲縷。如屈銅爲鉤，絲縷一挽即入，勿庸穿度，較用絲眼更爲簡便。

響緒以小竹爲之，長四寸，圍圓約四寸，兩頭留節，中刻條縷，節上穿孔，貫以篾條。將鍋内撈起之絲先度入做絲眼内，再由絲眼搭上響緒，或小竹管爲之亦便利，但嫌聲大嘈雜。

又　三絲眼牌坊

雙絲眼牌坊，長柱二，短柱一，響緒、絲眼各二。三絲眼牌坊，長柱二，短柱二，響緒、絲眼各三。初學繅絲者，用單眼。善繅者，用雙眼。最善繅者，用三眼。至絲之粗細，視絲眼下繭之多少。用繭多則絲粗，用繭少則絲細，不在絲眼多少也。

又　鍋上牌坊

上下横梁各一，上長一尺三寸五分，下長一尺四寸五分。中間直柱二根，每根長一尺五分，榫頭在外。二直柱之下截距下横梁一寸五分，各平鑲短木一截，各長一寸六七分。短木頭上各安送絲鉤一枝。上横梁中左右各平鑲短木一截，各長三寸。短木中間各安響緒一箇，是爲牌坊頂。下横梁之後平鑲短木二截，各長二寸，再於短木盡頭平鑲横梁一根。此下横梁短二三寸，是爲牌坊底。

此亦雙絲眼牌坊式也。三絲眼用直柱三根，送絲鉤三枝，上横梁平鑲短木四截，安響緒三箇，餘俱同。前式牌坊絲眼均嵌在車牀之上，此式牌坊絲眼均擱在絲鍋之上。二法各分而用之，不能一處並用。

高銓《蠶桑輯要》卷上　踏脚板

踏脚板用厚木一塊，長一尺五寸，濶六寸，上製兩耳以爲底。再用厚板一片，長八寸，削成履樣。旁綴二榫，嵌于底木之兩耳中，須活動不滯。上直鑲小木條，長二尺，頭上裁成榫口。另用小木條長二尺，一頭裁成短榫，湊於直木之榫口中，以竹釘貫之，亦須活動。一頭鑿成圓孔，貫于軸柄，踏動板木，可屈可伸，軸即隨之轉矣。

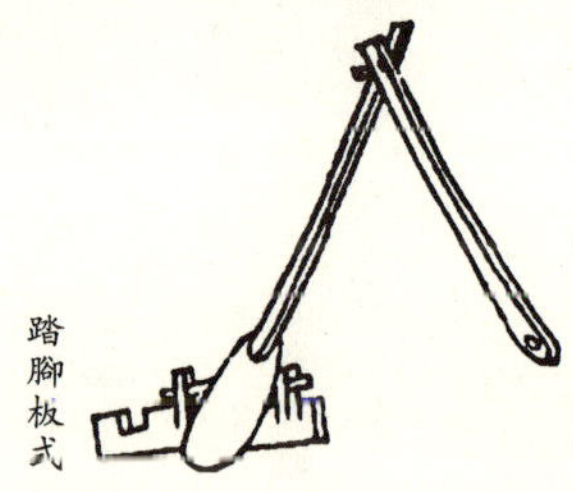

沈秉成《蠶桑輯要・紡野蠶法》 踏腳板式

踏腳板用尺五寸長，六寸闊木一塊，上製兩耳以爲底。再用八寸長厚板一片，削成履樣，旁綴二榫，嵌於底木兩耳中。上直鑲二尺小木條，頭裁榫口。另用二尺小木條，一頭湊於直木之榫口，以竹錢貫之。一頭鑿成圓孔，貫於軸柄，踏動板木，可屈可伸，軸即隨之轉矣。

沈練撰　仲學輅輯補《廣蠶桑説輯補》卷下《飼蠶法・蠶事預備説》 踏腳板式自車牀至此，絲車內之物，大致已完。

踏腳板，用尺五寸長，六寸寬木一塊，上製兩耳以爲底，再用八寸長厚板一片，削成履樣，綴二榫嵌於底木兩耳上，直鑲二尺小木條。頭裁榫口，另用二尺小木條。一頭湊於直木之榫口，以竹錢貫之。一頭鑿成圓孔貫於軸柄。踏動板木，可屈可伸，軸即隨之轉矣。此《蠶桑輯要》法，然不如直木上頭縛以麻繂，另以老毛筍殼水潤作紐，套上軸柄，下接麻繂以運動車軸，更覺輕靈。

方大湜《桑蠶提要》卷二《蠶事・蠶具》 踏腳板

踏腳板，以堅木一片爲底板，長九寸，寬三寸，厚六分。一頭裁榫如工字形，套

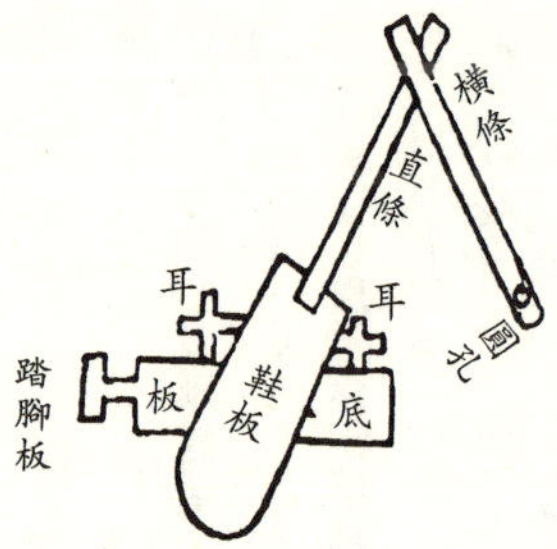

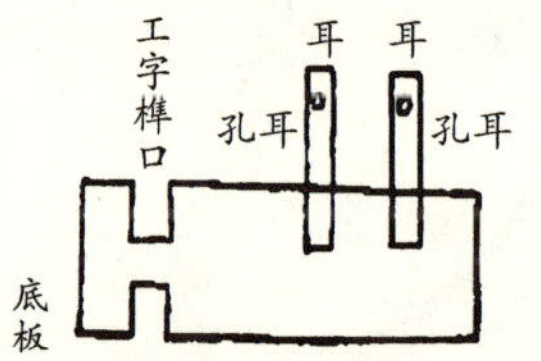

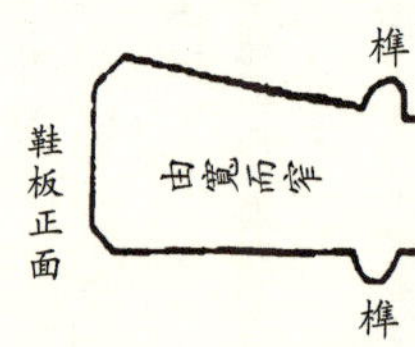

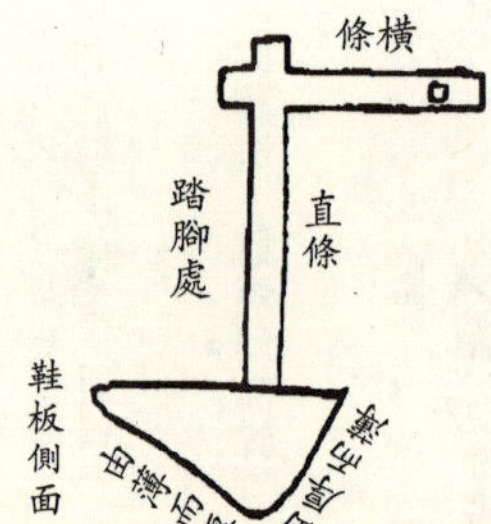

入車牀前左柱腳下榫口內。底板榫頭寬七分，長一寸五分。車柱榫口靠地，以底板榫頭套入車柱榫口，則底板被車柱壓緊，腳踏之時，自不至於移動。一頭安兩耳，耳上各橫穿一孔。耳高二寸五分，安於底板面上，孔寬四分，離底板一寸三分。再以木板一片，削成鞋底樣，長八寸。面要平，底不要平。底下前六寸，由薄而厚，薄處三分，厚處一寸四分。後二寸，由厚而薄，厚處一寸四分，薄處六分，便不失之太平。底下太平，則腳踏鞋板時，鞋尖雖已落地而鞋板尚不甚斜，不過微起微落而已。鞋板既微起微落，直條橫條即不能大起大落。直條橫條既不能大起大落，車柄車軸即不能旋轉如意。前宜寬，後宜窄。自前至後，由寬而窄。寬處二寸六分，窄處二寸。寬處可以踏腳，窄而且厚之處，旁綴二榫穿入底板兩耳孔內。榫頭宜圓不宜方，方則運不動鞋板，宜略小於孔，不可嵌得太緊，太緊則鞋板踏不動矣。又鞋板之下，底板之上，須空寸許，不可緊貼，緊貼者亦踏不動鞋板。另用直木一條，長一尺七寸，寬一寸二分，厚五分。以一頭嵌入鞋板木，嵌在鞋板至厚之處，底板兩耳之內。以一頭開一小孔。又用小木一條，長一尺七寸，寬一寸二分，厚三分。一頭開小孔，與直木小孔相對，用竹釘綰之。不可太緊，太緊則橫木轉不動矣。一頭開圓孔，橫貫於車軸之柄。孔比軸柄略大，兩木條一直一橫，形如曲尺。踏動鞋板，則鞋板帶動直條，直條帶動橫條，橫條帶動軸柄，軸即隨之而轉矣。如不用小橫條貫軸柄，則以麻繩縛直木之頭，而另用老筍殼浸溼作紐，套上軸柄，下接麻繩，以運動車軸，更覺輕靈。

高銓《蠶桑輯要》卷上

牡孃鐙

鐙以桑木爲之，高三寸，圓周六寸，或削八稜，或削十稜。十稜者不鈎堂，絲板之邊謂之堂口，八稜者絲緒旋轉多著于邊，邊厚中薄，兩邊即束緊而狹，是爲鈎堂。十稜則

旋轉停勻，無此病矣。中鑿圓孔，以套車牀柱之榫上。中腰削坳，以環牡孃繩上，栽兩耳，旁鑲小圓木一條，長四寸，以承絲稱。

又 牡孃繩

繩用棉絞者爲上，棉繩始終無寬緊之病，且不易斷，長約四尺，兩頭交結使緊，前套牡孃鐙，後套軸柄上，中須交互一轉，方能使鐙隨軸而運。

沈練撰　仲學輅輯補《廣蠶桑說輯補》卷下《飼蠶法・蠶事預備說》 牡孃鐙繩式

鐙宜桑木，繩以棉絞者爲上，樱絞者次之。凡絲之成片，必由於鐙。鐙之靈否，半由於繩。繅絲時常須照顧。

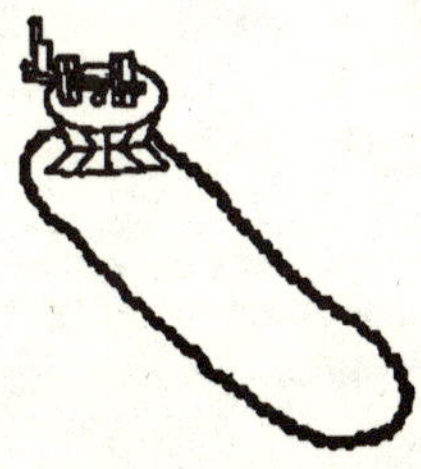

方大湜《桑蠶提要》卷二《蠶事・蠶具》 牡孃墩繩

牡孃墩以桑木爲之，面平底平腰細，身高二寸，底面各圍圓八寸六分，腰圍圓七寸。正中開一直孔，貫於車牀前左柱圓榫上。中腰週圍削凹，如蜂腰形，或八稜或十稜，以環牡孃繩。墩上兩耳，各橫穿一孔。耳高八分。以小木作門，一頭橫貫兩耳孔內，一頭留孔外作橫梁。門長五六寸，一頭寬四分，長三寸餘，貫兩耳孔內。一頭寬八分，長二寸餘，留孔外。橫梁上安置柱一根，上半截削圓，以承絲秤。直柱長四寸，下半截方而扁，寬八分，長一寸五分。上半截圓如筆管，長二寸五分。

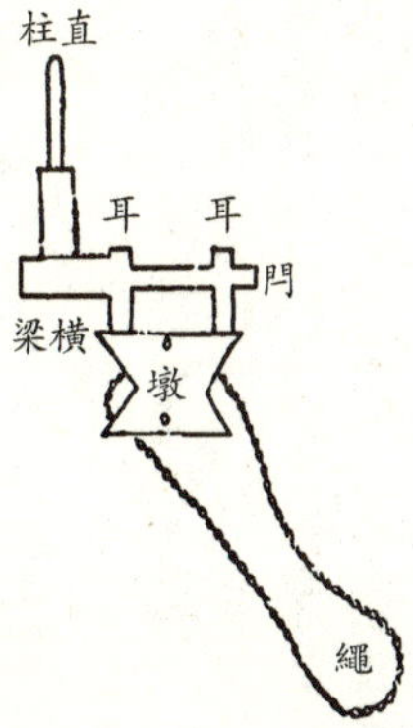

牡孃墩繩

牡孃繩以綿絞者爲上，樱絞者次之，長約四尺。兩頭交結使緊，前套牡孃墩蜂腰上，後套軸柄上。中間須交互一轉，方能使墩隨軸而運。絲之成片，必由於墩。墩之靈否，半由於繩。繅絲時常須照顧。

衛傑《蠶桑萃編》卷四《繅政・繅繭類》 緊繩

車軸上之牡娘繩宜緊不宜鬆，鬆則絲秤移動，諺曰走板。且絲縷不能錯綜，如式繅者，須常澆水於繩上，繩溼則緊自緊。

王元綎《野蠶録・繅具》

牡孃墩

牡孃墩以桑木爲之，面平底平腰細，身高二寸，底面各圍圓八寸六分，腰圍圓七寸，正中開一直孔，貫於車牀前左柱圓榫上。中腰周圍削凹，如蜂腰形，或八稜或十稜，以環牡孃繩。墩上兩耳各橫穿一孔，耳高八分。以小木作門，一頭橫貫兩耳孔內，一頭留孔外作橫梁。門長五六寸，一頭寬四分，長三寸餘，貫兩耳孔內。一頭寬八分，長二寸餘，留孔外。橫梁上安直柱一根，上半截削圓，以承絲秤。直柱長四寸，下半截方而扁，寬八分，長一寸五分。上半截圓如筆管，長二寸五分。

牡孃繩

牡孃繩以麻絞者爲上，樱絞者次之，長約四尺，兩頭交結使緊，前套牡孃墩蜂腰上，後套軸柄上，中間須交互一轉，方能使墩隨軸而運。絲之成片，必由於墩，墩之靈否半由於繩。繅絲時須如法用之。

秦觀《蠶書》 添梯

車之左端置環繩，其前尺有五寸，當車牀左足之上連柄長寸有半。臿柄爲鼓，鼓生其寅，以受環繩。繩應車運，如環無端。鼓因以旋，鼓上爲魚，魚半出鼓。其出之中，建柄半寸，上承添梯。添梯者，二尺五寸片竹也。其上揉竹爲鉤，以防系竅，左端以應柄，對鼓爲耳，方其穿以閑添梯。故車運以牽環繩，繩簇鼓，鼓以舞魚，魚振添梯，故系不過偏。

高銓《蠶桑輯要》卷上 絲稱

絲稱，所以制絲使之橫斜上軸也。以小木條爲之，長二尺四五寸，一頭開圓竅，套于牡孃鐙上。一頭貫于車牀柱之孔中，上釘鐵鉤曰送絲鉤。兩緒者兩鉤，三緒者三鉤，亦有用竹鉤者。

沈秉成《蠶桑輯要・紡野繭法》 絲稱式

【略】絲稱，所以制絲使之橫斜上軸也。以小木條爲之，長二尺四五寸，一頭鑿圓竅，套於牡孃鐙上；一頭貫於車牀柱之孔中，上釘鐵鉤，曰送絲鉤。

絲稱式

沈練撰　仲學輅輯補《廣蠶桑說輯補》卷下《飼蠶法・蠶事預備說》

絲稱式

絲稱，俗名抽鎗，所以制絲使之橫斜上軸也。以小木條爲之，長二尺四五寸，上釘鉤曰送絲鉤。鉤料不一，楊枝鉤爲上，銅鐵勿用。鉤之數，視響緒之數。

方大淏《桑蠶提要》卷二《蠶事・蠶具》

絲秤

絲秤，俗名抽鎗，所以制絲，使之横斜上軸也。以木條爲之。身長二尺，頭寬一寸，尾寬四分。自頭至尾，由寬而窄。秤頭開一圓孔，套於牡孃墩小直柱上。孔比牡孃墩直柱略大。秤尾貫於車牀前右柱孔中。

送絲鉤以銅爲之，鐵亦可。一頭釘絲秤之上，一頭屈而爲鉤。鍋內之絲由絲眼引上響緒，挽入此鉤，再由此鉤搭上車軸。

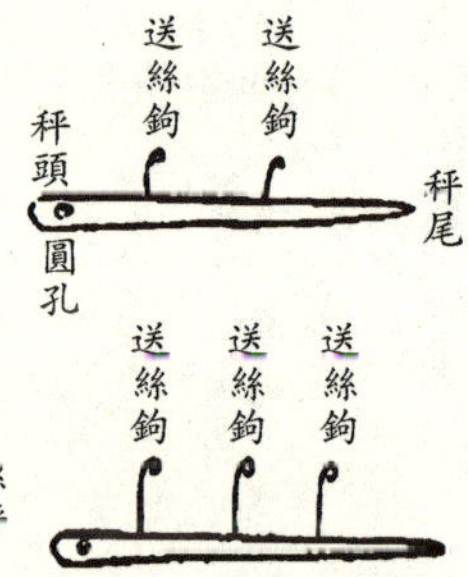

用雙絲眼牌坊者，絲秤上送絲鉤二枝。用三絲眼牌坊者，絲秤上送絲鉤三枝。

絲秤

衛傑《蠶桑萃編》卷四《繅政・繅具類》　絲秤

絲秤，俗名抽鎗，所以制絲使之横斜上軸，不致混成一片，令交清而易尋。以木條爲之，長二尺，頭寬一寸，尾寬四分。自頭至尾，由寬而窄。秤頭開一圓孔，套於牡孃墩小直柱上，孔比牡孃墩直柱略大，秤尾貫於車牀前右柱孔中。

方大淏《桑蠶提要》卷二《蠶事・蠶具》

貫腳

貫腳四具，安於軸身四面，以襯絲縷。每貫腳用横梁一根，直柱二根。横梁之上開鑿二孔，以二直柱之榫頭嵌入横梁孔內，柱長六寸五分，榫頭在外，寬一寸二分，厚八分。横梁長一尺二寸六分，寬一寸二分，厚一寸二分。四面貫腳，三面嵌緊，一面用活者，可裝入，亦可取出。軸上鑿一横槽，活貫腳，正面槽長四寸二分，寬八分。反面長三寸八分，寬七分，深以兩面開通爲度。以活貫腳之兩柱嵌入槽內盡頭處。兩柱中閒尚有空槽，以杍木嵌入空槽，用槌重擊，貫腳自緊。

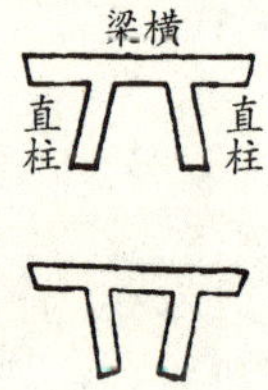

【略】車衣，以布爲之。貫腳横梁之上，用布裳其四圍，謂之車衣。所繅絲縷，由送絲鉤搭上車衣，軸既旋轉，絲自環繞車衣之上。卸架時連衣揭下。

杍木

【略】杍木一頭大，一頭小，長五寸，自大頭至小頭，由寬而窄。大頭寬二寸二分，厚八分；小頭寬一寸二分，厚七分。嵌入活貫腳兩柱之閒，重擊大頭，則貫腳緊；重擊小頭，則貫腳脫。

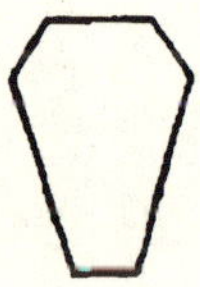
杍木

衛傑《蠶桑萃編》卷四《繅政・繅繭類》　下架

絲繞軸約四五兩重即宜卸下，曰脫車。法以送杍木緊抵杍木之小頭，用槌頻擊，杍木鬆而貫腳脫，將絲與車衣布一併揭下。不可使架上之絲過多。

棉花加工機械

形制

王禎《農書》卷二一《農器圖譜十九・纊絮門》

木棉攪車

木棉攪車。木棉初採，曝之，陰或焙乾。《南州異物志》：班布，吉貝木所生。熟時狀如鵞毳，細過絲綿。中有核如珠珣，用之則治出其核。昔用輾軸，今用攪車，尤便。夫攪車，四木作框，上立二小柱，高約尺五，上以方木管之。立柱各通一軸，軸端俱作掉拐，軸末柱竅不透。二人掉軸，一人喂上棉英，二軸相軋，則子落於內，棉出於外。比用輾軸，工利數倍。今特圖譜，使民易傚。凡木棉雖多，今用此法，即去子得棉，不致積滯。詩云：二木相摩運兩端，宛如造物没機關。霜棉山積珠論斗，只在思樞柄用間。

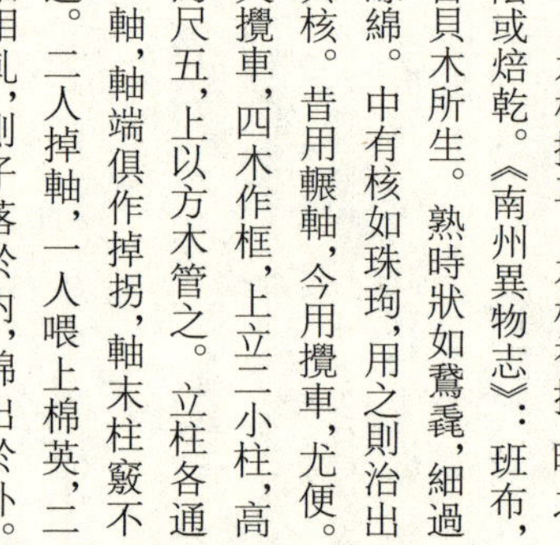
木棉攪車

又　木棉彈弓　木棉捲筳

木棉彈弓，以竹爲之，長可四尺許，上一截頗長而彎，下一截稍短而勁。控以繩絃，用彈棉英。如彈毡毛法，務使結者開，實者虛。假其功用，非弓不可。詩云：主射由來彀此弓，豈知弦法有他功。却將一掬香棉朵，彈作晴雲滿座中。

木棉捲筳，淮民用蔔黍梢莖，取其長而滑，今他處多用無節竹條代之。其法先將棉毳條於几上，以此筳捲而扞之，遂成棉筒，隨手抽筳。每筒牽紡易爲勻細，皆捲筳之效也。詩云：折得脩筳捲毳茸，就憑瑩滑脱圓筒。作棉匠具雖多巧，獨有天然造物功。

鄂爾泰等《授時通考》卷七七《桑餘》

木棉

又南方用糊，有二法。其一先將棉縷作絞糊盆度過，復於撥車轉輪作維，次用輕車縈迴作紝，吴人謂之漿紗。其一先將棉縷入輕車成紝，次入糊盆度過。竹木作架，兩端用繂急維竹帚，痛刷候乾上機，吴人謂之刷紗。南布之佳者皆刷紗也。今肅寧尚未作此，亦緣風土高燥，塵沙坌起，法當如前作窨。令長二三十丈，廣三四丈，冒以長廊，循檐作窻櫺，開闔以避風日。就中經刷或輕陰，無風，纖塵不起，亦不妨移向平地。若如此，紡織其成布，當盛吴下。《農桑通訣》所載攪車用兩人，今止用一人。紡車容三維，今吴下猶用之。間有容四維者，江西樂安至容五維，往見樂安人轉索，其器未得。更不知五維向一手間何處安置也。

又　攪車圖説　［圖略］

攪車，用四木作框，上立二小柱，高約尺五，上以方木管之。立柱各通一軸，軸端俱用掉拐，軸末柱竅不透。二人掉軸，一人喂上棉英。二軸相軋，則子落於内，棉出於外，比用碾軸工利數倍。

又　彈棉圖説

彈弓，以竹爲之，長可四尺許，上一截頗長而彎，下一截稍短而勁，控以繩絃，用彈棉英，如彈毡毛法，務使結者開，實者虚，假其功用，非弓不可。

《農政全書》：今以木爲弓，蠟絲爲弦。

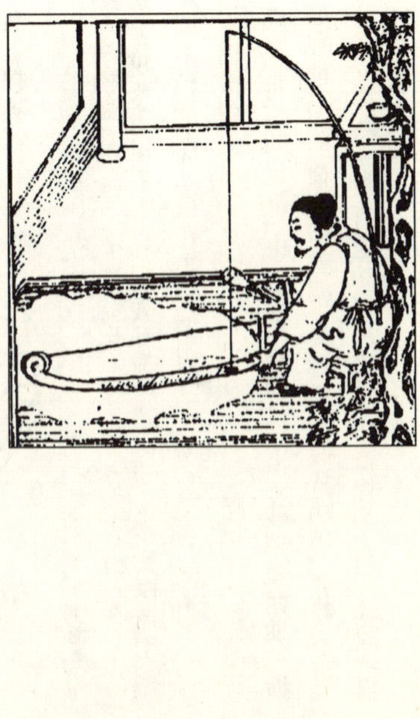

彈棉

宋應星《天工開物》卷上《乃服第二》　布衣　趕　彈　紡具圖

凡棉布禦寒，貴賤同之。棉花古書名枲麻，種遍天下。種有木棉、草棉兩者，花有白、紫二色。種者白居十九，紫居十一。凡棉春種秋花，花先綻者逐日摘取，取不一時。其花粘子于腹，登趕車而分之。去子取花，懸弓彈化。爲挾纊温衾襖者，就此止功。彈後以木板擦成長條，以登紡車，引緒糾成紗縷。然後繞籰牽經就織。凡紡工，能者一手握三管紡于鋌上。捷則不堅。

彈棉

趕棉

陳元龍《格致鏡原》卷四八《耕織器物類》　治木棉具

攪車　史炤《釋文》：土人取木棉，以鐵鋌碾去其核。《三才圖會》：攪車，用四木作框，上立二小柱，高約尺五，上以方木管之。立柱各通一軸，軸端俱作掉枴，軸末柱竅不透。二人掉軸，一人喂上棉花，二軸相軋，則子落於內，綿出於外。

弓　《釋文》：以竹爲小弓，長尺四五寸許，牽弦以彈綿，令其匀細，卷爲筩，就車紡之。《升菴外集》：今之制棉花弓，長五六尺，以羊腸爲弦，彈之聲如晴雷。朱以真有《弓硼硼歌》。《農桑通訣》：彈弓以竹爲之，長可四尺許，上截頗長而彎，下截稍短而勁，控以繩弦，用彈棉花，如彈氈毛法，務使結者開，實者虚。

捲筳　《三才圖會》：捲筳，淮民用蜀黍梢莖，取其長而滑，今他處多用無節竹條代之。其法先將棉毳條於几上，以此筳捲而扞之，遂成綿筒，隨手抽筳，每筒牽紡易爲匀細。

褚華《木棉譜》

攪車

攪車，今謂之軋車，以木爲之，形如三足几，坐則高與胸齊。上有兩耳卓立，空耳之中置木軸一，徑三寸。有柄在車之左，以右手運其機向外。復置鐵軸一，徑半寸。有輪在車之右，以左足運其機向內。皆用木楔籠緊，中留尺許地。取花塞兩軸之隙，而手足胥用，則子自内落，無子之花自外出，若雲霎霴然，名花衣。

又　軋車

按軋車古制，其鉅而無足，止高二尺許，軸端俱有掉拐，即柄也，曲而便於扭挽。其末皆不透。兩人對坐，其旁一人喂花軸隙。其用力勞而所得不多，故易以四足車。厥工祗一人兼之，然其坐也一足偏左而用力，不專所得，又不能多，故易以三足車。車制之大小相似，惟四足者其輪如十字，三足者只一木段劖其中，隆其兩頭，以摇轉取勢耳。往見一說云：今之攪車一人可當三人，句容式一人可當四人，或即三足、四足之分。又云太倉式兩人可當六人者，不知何似。

又　彈花弓

彈花弓，剡木所爲，長五尺許，上圓而鋭，下方而闊，弦粗如五股線。置弓花衣中，以椎擊弦作響，則驚而騰起，散若雪，輕如煙，名熟花衣。於是約熟花衣，作帶形，削細竹一莖爲心，一手執其末，一手執木板，如繇矩者覆之，一推一却，花衣乃捲竹上，即抽出此竹，其狀外員而中空，名條子。

紡具

形制

王禎《農書》卷一九《農器圖譜十四・利用門》　水轉大紡車

水轉大紡車。此車之制，見《蘇苧門》，兹不具述。但加所轉水輪，與水轉輥、磨之法俱同。中原蔴苧之鄉，凡臨流處所多置之。今特圖寫，庶他方績紡之家，傚此機械，比用陸車愈便且省，庶同獲其利。詩云：車紡工多日百斤，更憑水力捷如神。世間蔴苧鄉中地，好就臨流置此輪。

水轉大紡車

又　卷二一《農器圖譜十八・織紝門》

經架

經架，牽絲具也。先排絲籰於下，上架横竹，列環以引衆緒，總於架前經簰。簰與牌同。一人往來，挽而歸之紖軸，然後授之機杼。前人《織圖詩》云：素絲頭緒多，羡君巧安排。青鞖不動塵，緩步交去來。脉脉意欲亂，眷眷首重回。王言正如絲，亦付經綸才。

經架

又　緯車

緯車

緯車。《方言》曰：「趙魏之間謂之歷鹿車，東齊海岱之間謂之道軌。」今又謂緯車。《通俗文》曰：「織纖謂之維，受緯曰莩。」其拊上立柱置輪，輪之上近，以鐵條中貫細筒，乃周輪與筒繚環繩。右手掉輪，則筒隨輪轉。左手引絲上筒，遂成絲維，以充織緯。

又　卷二一《農器圖譜十九・纊絮門》

木棉紡車

木棉紡車，其制比麻苧紡車頗小。夫輪動弦轉，莩維隨之。紡人左手握其棉筒，不過二三，續於莩維，牽引漸長。右手均撚，俱成緊縷，就繞維上。欲作線織，置車在左，再將兩維棉絲合紡，可爲線棉。《南州異物志》曰：吉貝木熟時狀如鵞毳，但紡不績，在意小抽牽引，無有斷絕。此即紡車之用也。詩云：莩維隨輪共一弦，車頭霜縷入周旋。已知單緊匀堪愛，更欲雙聯作線棉。

木棉紡車

又　木棉撥車

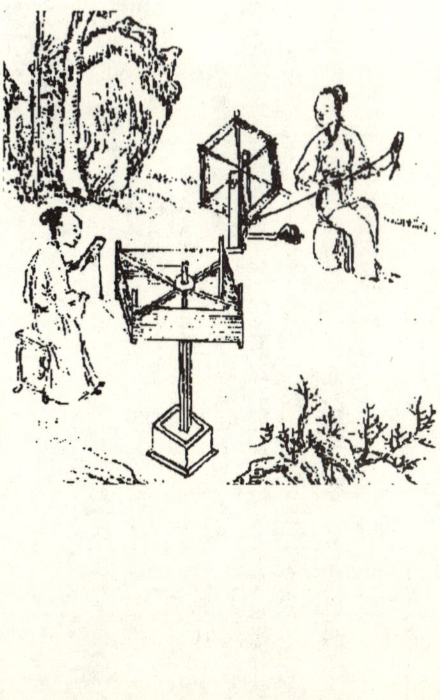

木棉撥車

木棉撥車，其制頗肖麻苧蟠車，但以竹爲之，方圓不等，特更輕便。按舊説，先將紡訖棉維，於稀糊盆内度過，稍乾，然後捋棉維頭縷，撥於車上，遂成棉紝。詩云：造形隨意作方圓，終日悠悠聽撥旋。待爾紝成足經緯，却教機杼得功全。

又　木棉軖床

木棉軖床，其制如所坐交椅，但下空一軖，四股。軖軸之末置一掉枝，上椅竪列八維，下引棉絲。動轉掉枝，分絡軖上。絲紝既成，次第脱卸。比之撥車，日得八倍。始出閩建，今欲傳之他方，同趨省便。詩云：八維棉絲絡一軖，巧憑坐椅作軖床。試將觸類深思索，麻苧鄉中用亦良。

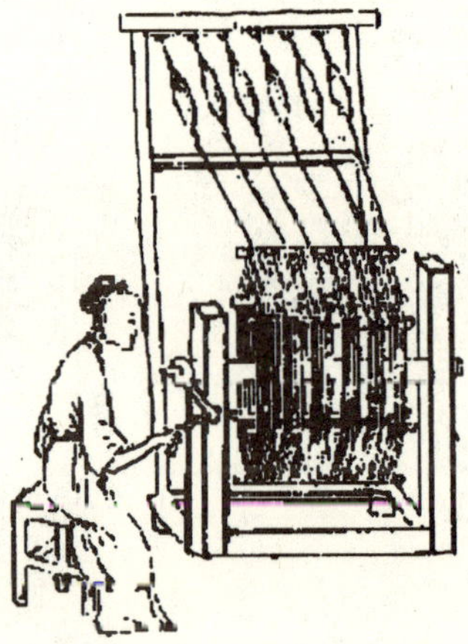
木棉軖床

又　木棉線架

木棉線架，以木爲之。下作方座，長濶尺餘，卧列四維。座上鑿置獨柱，高可二尺餘。柱下横木，長可二尺，用竹篾均列四彎，内引下座四維，紡於車上，即成棉線。舊法：先將此維絡於籰上，然後紡合。今得此制，甚爲速妙。詩云：絲牽卧維上拘聯，雙縷俱成合線棉。便向車頭施捷巧，紡人特喜勝於先。

木棉線架

又　木棉總具

木棉總具，其法：自撥車、軖床棉紝既成，用漿糊煑過，仍以木杖兩端掣之，日暁，不時手搓，乾濕得所，絡於籰上。而後經緯制度，一倣紬類，織紝機杼，並與布同。詩云：棉絲經絡比紬工，織紝機張與布同。既可爲衣代紬布，便知器用兩相通。

又　**卷二二《農器圖譜二十·麻苧門》**

小紡車　大紡車

小紡車，此車之制，凡麻苧之鄉，在在有之。前圖具陳，兹不復述。《隋書》：鄭善果母清河崔氏，恒自紡績。善果曰：母何自勤如是耶？答曰：紡績，婦人之務，上自王后，下至大夫妻，各有所製。若惰業者，是爲驕逸。吾雖不知禮，其可自敗名乎？今士大夫妻妾衣被纖美，曾不知紡績之事，聞此鄭母之言，當自悟也。詩云：窻間荊布踏車人，紡具維持總一身。旋績纏綿分衆縷，各隨苧維轉孤輪。無窮運用資生業，不礙繁喧徹近隣。從此輪功到機杼，年年絺綌爲誰新。

小紡車

大紡車，其制長餘二丈，闊約五尺。先造地柎木框，四角立柱，各高五尺，中穿横桄，上架枋木。其枋木兩頭山口，卧受捲纑長軖鐵軸。次于前地柎上，立長木座，座上列臼，以承轆底鐵簨。夫轆，用木車成筩子，長一尺二寸，圍一尺二寸，計三十二枚，内受績纏。轆上俱用杖頭鐵環，以拘轆軸。又于額枋前，排置小鐵叉，分勒績條，轉上長軖。仍就左右別架車輪兩座。通絡皮弦，下經列轆，上拶轉軖旋鼓。或人或畜，轉上聲。動左邊大輪，弦隨輪轉，衆機皆動，上下相應，緩急相宜，遂使績條成緊，纏于軖上。晝夜紡績百斤。或衆家績多，乃集于車下，秤績分纑，不勞可畢。中原麻布之鄉皆用之。今特圖其制度，欲使他方之民視此機栝關楗，倣傚成造，可爲普利。又新置絲線紡車，一如上，但差小耳。比之露地桁架合線，特爲省易，因附于此。詩云：大小車輪共一絃，一輪才動各相連。績隨衆轆方齊轉，纑上長軖却自纏。可代女工兼倍省，要供布縷未征前。晝圖中土規模在，更欲他方得共傳。

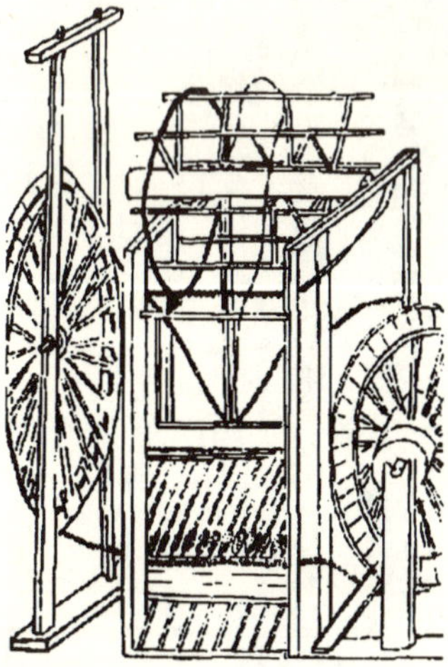
大紡車

又　蟠車

蟠車，纏纑具也，又謂之撥車。南人謂撥柎，又云車柎。南北人皆慣用習見，已圖于前，玆不必述。詩云：績紡功才畢，蟠纑得此車。行桃運樞臬，交輳寄横叉。宛轉荆釵手，周旋里布家。豈知羅綺輩，惟務撥琵琶。

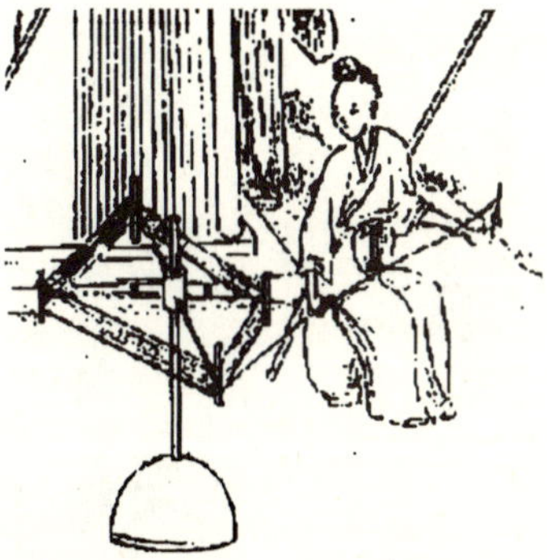
蟠車

又　布機

布機。《釋名》曰：布列諸縷。《淮南子》曰：「伯余之初作衣也，伯余，黄帝臣也。緂麻索縷，手經指挂。」案：《淮南子》此句下有「其成猶網羅」一句。後世爲之機杼，幅匹廣長，踈密之制存焉。農家春秋績織，最爲要具。詩云：誰家績紡成，札札弄機杼。大布可以衣，絺綌安用許。哀彼度梭人，辛苦織如霧。坐令鄉落間，長歌二東句。

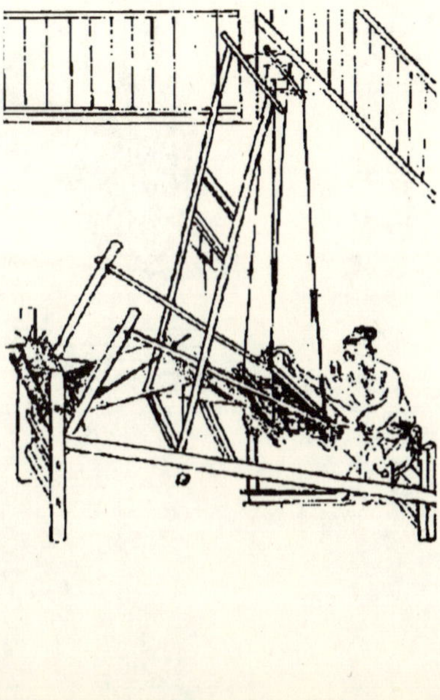
布機

又　紝車

紝車，績麻枲紝。俗寫作麻紝。《廣韻》並無此字，今姑從俗。紴，《廣韻》作仄聲。緊具也。造作簨虡，高二尺，上穿横軸，長可二尺餘，貫以軖轂。左手引麻牽軖，既轉，右手續接麻皮成緊，縱纏軖上。紝縷既盈，乃脱軖，付之繩車，或作别用。詩云：形如紖篗却輕便，平聲。麻縷牽來日萬旋。料得紝成付它具，作繩功力已居先。

又　繩車

繩車，絞合紝緊作繩也。其車之制，先立簨虡一座，植木止之簨上。加置横板一片，長可五尺，闊可四寸。横板中間排鑿八竅，或六竅，各竅内置掉枝，或鐵或木，皆彎如牛角。又作横木一莖，列竅穿其掉枝。復別作一車，亦如上法。兩車相對，約量遠近，將所成紝緊，各結于兩車掉枝之足。車首各一人，將掉枝所穿横木俱各攪轉。候紝股勻緊，却將三股或四股撮而爲一，各結于掉枝一足，計成二繩。然後將另制爪木，置于所合紝緊之首，復攪其掉枝，使紝緊成繩。爪木自行，繩盡乃止。凡農事中用繩頗多，故田家習制此具。遂列于《農譜》之内。詩云：車頭紝縷各牽連，糾索初因匠手傳。一緊續來通似脉，兩端相掣直如弦。機憑梟掉供

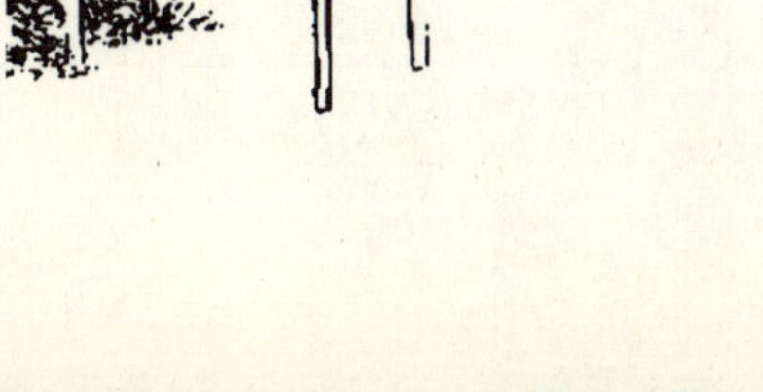
紝車

旋轉，股入行爪作緊圓。資爾屈伸功用畢，莫將良器等忘筌。

繩車

又 紉車　旋椎

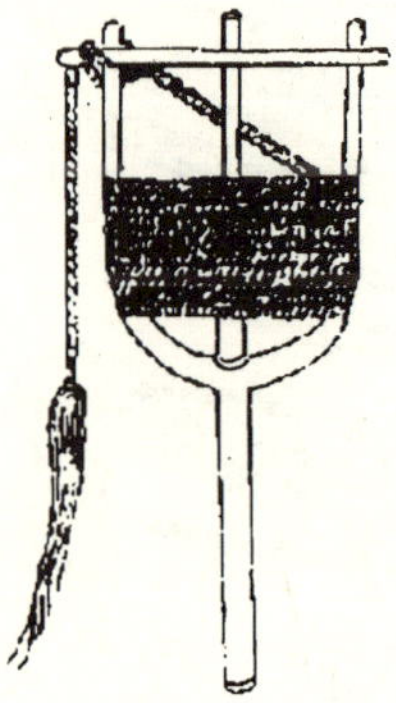

紉車

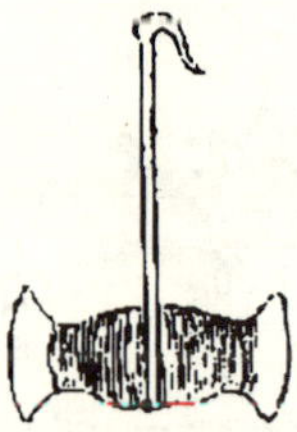

旋椎

紉車，纆繩器也。《通俗文》曰：「單纆曰紉。」揉木作棬，中貫軸柄，長可尺餘。以棬之上角，用單麻皮，右手執柄轉之，左手續麻股。既成緊，則纏于棬上。或隨繩車，用之以助糾絞紝緊。又農家用作經織麻屨、牛衣、簾箔等物，此紉車復有大小之分也。詩云：身惟軸柄首惟棬，麻縷紉來儘自纏。簾箔織餘仍有用，牛衣經緯輭于毯。

旋椎，掉麻紱具也。截木長可六寸，頭徑三寸許，兩間斫細，樣如腰鼓。中作小竅，插一鉤簨，長可四寸，用繫麻皮于下。以左手懸之，右手撥旋，麻既成緊，就纏椎上。餘麻挽于鉤内，復續之如前。所成經緯，可作麤布，亦可織履。農隙時，老稚皆能作此。雖係瑣細之具，然於貧民不爲無補，故繫于此。詩云：鉤椎高掣作懸虡，麻緊成來布有纑。近喜鄉人更他用，却旋毛縷造氍毹。

宋應星《天工開物》卷上《乃服第二》

調絲

凡絲議織時，最先用調。透光簷端宇下以木架鋪地，植竹四根于上，名曰絡篤。絲匡竹上，其傍倚柱高八尺處，釘具斜安小竹偃月掛鉤。懸搭絲于鉤内，手中執籰旋纏，以俟牽經織緯之用。小竹墜石爲活頭，接斷之時，扳之即下。

又 緯絡　紡車具圖

凡絲既籰之後，以就經緯。經質用少，而緯質用多。每絲十兩，經四緯六，此大畧也。凡供緯籰，以水沃濕絲，搖車轉鋌而紡于竹管之上。竹用小箭竹。

紡緯

又 經具　溜眼　掌扇　經耙　印架皆有圖

凡絲既籰之後，牽經就織。以直竹竿穿眼三十餘，透過篾圈，名曰溜眼。竿横架柱上，絲從圈透過掌扇，然後纏繞經耙之上。度數既足，將印架綑卷。既綑，中以交竹二度，一上一下間絲，然後極于篾内。此篾非織篾。扱篾之後，以的杠與印架相望，登開五七丈。或過糊者，就此過糊。或不過糊，就此卷于的杠，穿綜就織。

陳元龍《格致鏡原》卷四八《耕織器物類》

治絲具

絡車 《方言》：河濟之間，絡謂之給。郭璞注：所以轉籰。《農桑通訣》：以脱軠之絲張于柅上，上作懸鉤，引致緒端，逗於車上。其車之制，必以細軸穿籰，措于車座兩柱之間。一柱獨高，中爲通槽，以貫其籰軸之首。一柱下而管其籰軸之末。人既繩牽，軸動，則籰隨軸轉，絲乃上籰。此北方絡絲車也。南人但習掉籰取絲，不若絡車安且速也。

經架 《三才圖會》：經架，牽絲具也。先排絲籰於下，上架橫竹，列環以引衆緒，總於架前經簰。一人往來，挽而歸之紖軸，然後授之機杼。《説文》：籰，收絲具。

緯車 《方言》：緯車，趙魏之間謂之歷鹿車，東齊海岱之間謂之道軌。

紡車 《六書故》説文釋筳曰：緯，絲筦也。筦，筟也。按：筟車，紡車也。著絲於筳，著筳於車，踏而轉之，所謂紡也。《通俗文》：織纖謂之緯，受緯曰筟。

又 治綿具

《三才圖會》：撚綿軸，制作小碣，或木或石，上插細軸，長可尺許。先用叉頭挂綿，左手執叉，右手引綿上軸懸之，撚作綿絲就纏軸上，即爲抽縷。閨婦室女用之，可代績紡之工。綿矩以木框，方可尺餘，用張繭綿，是名綿矩。又有揉竹而彎者，南方多用之，其綿外圓內空，謂之豬肚綿。有用大竹筒，謂之筒子綿。北方大小用瓦，然用木矩者最爲得法。

又 治麻具

《農桑通訣》：大紡車，其制長餘二丈，闊約五尺。先造地柎木框，四角立柱，各高五尺。中穿橫桄，上架枋木。其枋木兩頭山口，卧受捲纑長軠鐵軸。次於前地柎上立長木座，座上列臼，以承⿰車黨底鐵簨。⿰車黨用木車成，筩子長一尺二寸，圍一尺二寸，計三十二枚，內受績纑。⿰車黨上俱用杖頭鐵環，以拘⿰車黨軸。又於額枋前，排置小鐵叉，分勒績條，轉上長軠。仍就左右別架車輪兩座，通絡皮弦，下經列⿰車黨，上拶轉軠旋鼓，或人或畜，轉動左邊大輪，弦隨輪轉，衆機皆動，上下相應，緩急相宜，遂使績條成緊，纏於軠上。晝夜紡績百斤。又有小紡車，則凡麻苧之鄉，在在有之。蟠車，纏纑具也，又謂之撥車，南人謂撥柎，又曰車柎。

《三才圖會》：紖車，緶繩器也。《通俗文》曰：單緶曰紖。揉木作捲，中貫軸柄，長可尺餘。以捲之上角，用緶麻皮，右手執柄轉之，左手續麻股。既成緊，則纏於捲上。或隨緶車，用之以助紖絞紝緊。又旋椎，掉麻紴具也。截木長可六寸，頭徑三寸許，兩間斫細，樣如腰鼓。中作小竅，插一鈎簨，長可四寸，用繫麻皮於下。以左手懸之，右手撥旋，麻既成緊，就纏椎上。餘麻挽於鈎內，復續之如前。所成經緯，可作粗布。

楊屾《豳風廣義》卷下

脚踏紡車圖説

繅軠紡車，乃織具之先。上繅軠已備，方可以言紡車矣。凡繭子頭破者，繅絲不利者，並出蛾之空繭，俱宜製造上紡車成線，然後可授今機杼。西安近地亦有紡車，乃紡木棉之車，不可以紡絲綿也。蓋木棉芒短易扯，故一手攪輪一手扯棉筒，俗曰撚子。便可成線。若繭綿，力勁芒長，扯不利，必須用脚踏車轉車，一手執繭，一手扯絲，方能成線。此車若紡木棉更好，上並安二定，以兩手並扯，棉筒則成二維，功加一倍。若紡績成麻縷，上並安三定，以麻縷夾三指縫中，紡之，並上三維，功加二倍。

其制用木造成地平方架，長二尺五寸，闊一尺五寸。於二尺五寸中間安一方木樁，高三尺，徑二寸半。於近上三寸處安一横木，長五寸，徑一寸五分。此是安定處。若欲紡棉安二定者，横木宜闊三寸，立樁亦宜闊三寸。若欲安三定，横木當闊六寸，樁亦闊六寸。稍頭留寸許，安一立木牌，高二寸，厚七分，闊與横木齊。上刻一小口，如豆大。如欲安二定者，刻二口。以容鐵定，頂對牌口後樁上鑽一孔，内棲細鐵筒，約深三分。以容定尾。定長一尺，中間硬安一木轂轆子，長二寸，徑一寸。周圍刻渠子二道，以承轉絃。樁下離地八寸，安一鐵軸。長九寸，大如小指。軸上貫以車輪。輪制用木板六個，俱長一尺四寸，厚七分，闊一寸二分，以三板正中斜鋸扣子，硬安成輪子。以二輪相去四寸，中安木樘桄六個，便相合成一輪。周圍用皮絃攀緊，以承轉絃。絃用棉線繩一條，用蠟捋過狀如貫錢繩。將輪與定攀住，令其活轉。又在前面地平木上復安一横桄，長與地平木等，闊二寸半，厚一寸半，兩頭用立柱，高二寸。桄中間安一鐵橛，大如小指，長六七分，以承脚踏版。版形如鞋底，厚一寸，中間刻一小窠，如指頂大，深二分，活安在鐵橛上，令其活動。版一頭中間安一鐵攪杖，狀如細筆幹，長六寸。攛於輪版近軸處孔内，孔係輪上預先鑽下，去軸寸半。脚踏紡之。

脚踏絲車圖

又 緯車圖說

織必用緯，其法用細竹筒，壯如筋子，長三寸，貫在緯車鐵定之上。用絲籰二個，以水潤溼，將二頭提起穿過竿上鐵環，以右手攬輪，左手捻揺，絲頭纏在緯筒上，約如大指壯便可卸下。緯車之制兹不詳解，見圖自明，但輪徑一尺二寸爲則。前圖脚踏紡車亦可用之。緯筒已就，然後貫在鐵梭内，穿經往來，自成錦繡。

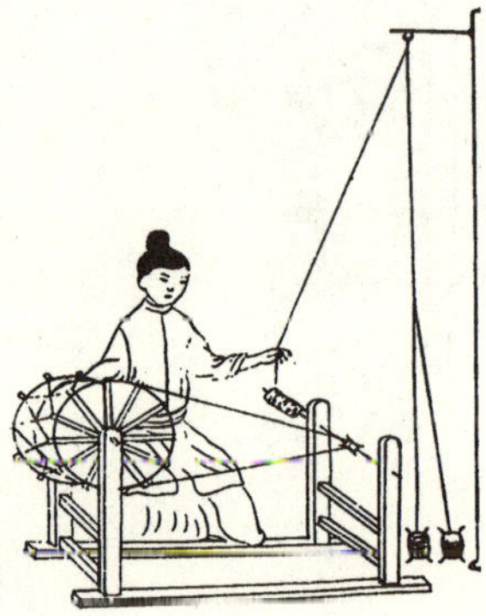

緯車圖

鄂爾泰等《授時通考》卷七五《蠶事・繅絲》

絲籰圖說

絲籰，絡絲具也。《方言》曰：援，兗豫河濟之間又謂之轅。《說文》曰：籰，收絲者也，或作䈵，從角間。今字從竹，又從矍。竹器，從人，持之矍矍然。此籰之義也。然必竅貫以軸，乃適於用。爲理絲之先具也。

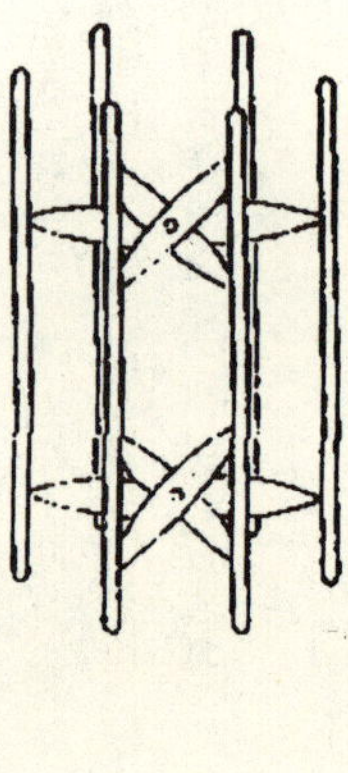

籰

又 絡車圖說

絡車，《方言》曰：河濟之間絡謂之給。《說文》曰：車樹爲柅。《易・姤》曰：繫于金柅。《通俗文》曰：張絲曰柅。蓋以脱軖之絲張于柅上，上作懸鉤，引致緒端，逗于車上。其車之制，必以細軸穿籰，措于車座兩柱之間。人既繩牽軸動，則籰隨軸轉，絲乃上籰。此北方絡絲車也。南人但習掉籰取絲，終不若絡車安且速也。

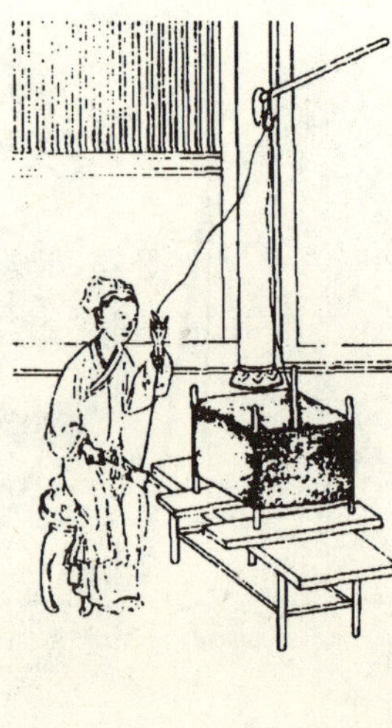

絡車

又 經架圖說

經架，牽絲具也。先排絲籰于下，上架横竹，列環以引衆緒，總于架前經簰。一人往來，挽而歸之紖軸，然後授之機杼。

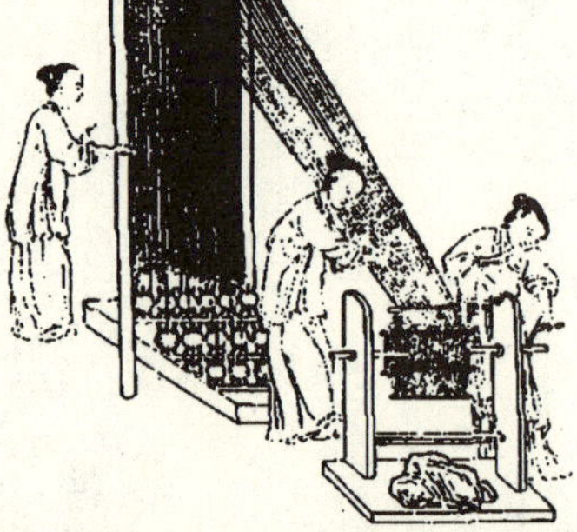

經架

緯車

又　緯車圖說

緯車，《方言》曰：趙魏之間謂之歷鹿車，東齊海岱之間謂之道軌，今又謂䋲車。《通俗文》曰：織纖謂之䋲，受緯曰莩。其樹上立柱置輪，輪之上近以鐵條中貫細筒，乃周輪與筒繚環繩，右手掉綸，則筒隨輪轉。左手引絲上筒，遂成絲䋲，以充織緯。

又　織機圖說

織機

織機，織絲具也。按黃帝元妃西陵氏曰：儽祖始勸蠶事，月大火而浴種，夫人副褘而躬桑，乃獻繭絲，遂稱織紝之功。因之廣織，以給郊廟之服。見《路史》。《傅子》曰：舊機五十綜者五十躡，六十綜者六十躡。馬生者，天下之名巧也，患其遺日喪功，乃易以十二躡。今紅女繒惟用二躡，又爲簡要。凡人之衣被于身者，皆其所自出也。

又　梭圖說

梭，《通俗文》曰：織具也，所以行緯之莎。

梭

又　砧杵圖說

砧杵，擣練具也。《東宮舊事》曰：太子納妃，有石砧一枚，又擣衣杵十。《荆州記》曰：秭歸縣有屈原宅，女媭廟，擣衣石，蓋古之女子對立，各執一杵，上下擣練于砧。其丁東之聲互相應答，合亦作臥杵，對坐擣之。又便且速，易成帛也。

砧杵

絮車

又　絮車圖說

絮車，構木作架，上控鈎繩滑車，下置煮繭湯甕。絮者掣繩，上轉下滑，徹甕內鈎繭出没灰湯，漸成絮段。《莊子》所謂洴、澼、絖者。古者纊、絮、綿，一也。今以精者爲綿，麤者爲絮。因蠶家退繭造絮，故有此車煮之法。常民藉以禦寒，次于綿也。彼有擣繭爲胎，謂之牽縭者，較之車煮，工拙懸絶矣。

又　卷七七《桑餘·木棉》

紡車圖說

紡車之制，比麻苧紡車頗小。夫輪動弦轉，莩繀隨之。紡人左手握其棉筒，不過二三，續於莩繀，牽引漸長。右手均撚，俱成緊縷，就繞繀上。欲作線織，置車在左，再將兩繀棉線合紡，可爲棉線。

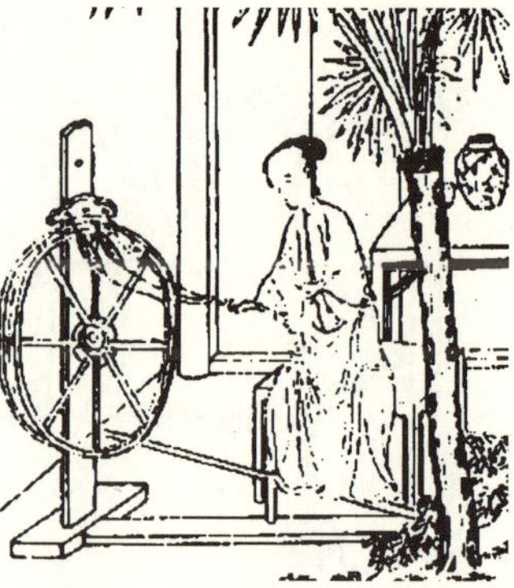

木棉紡車

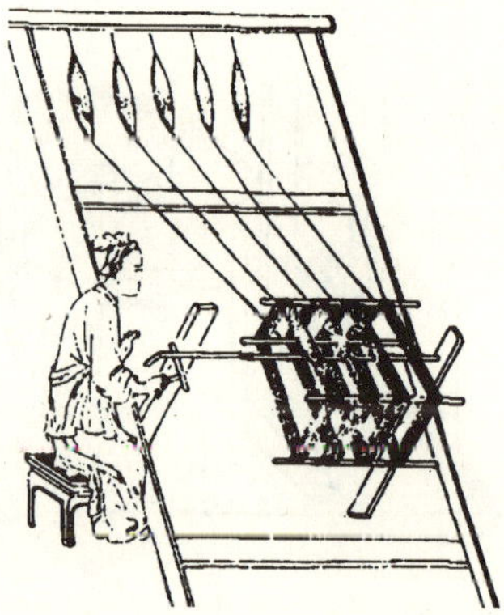

木棉經牀

又　經牀圖說

經牀，其制如所坐交椅，但下控一軖，四股。軖軸之末置一掉枝。上椅豎列八繀，下引棉絲。轉動掉枝，分絡軖上。絲絍既成，次第脫卸。比之撥車，日得八倍。始出閩建，今欲傳之他方，同趨省便。

又　線架圖說

線架，以木爲之。下作方座，長闊尺餘，臥列四繀。座上鑿置獨柱，高可二尺餘。柱上橫木，長可二尺，用竹篾均列四彎，内引下座四繀，紡於車上，即成棉線。舊法：先將此繀絡於籰上，然後紡合。今得此制，甚爲速妙。

木棉線架

又　撥車圖說

撥車，其制頗肖麻苧蟠車，但以竹爲之，方圓不等，特更輕便。按舊說，先將紡訖棉繀，於稀糊盆内度過，稍乾，然後將棉繀頭縷，撥於車上，遂成棉絍。

木棉撥車

又　卷七八《桑餘》

紡車圖說

小紡車

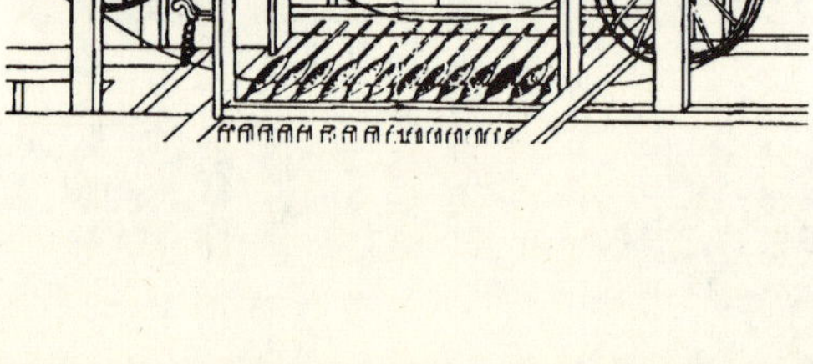

紡車

小紡車圖說

此車之制，凡麻苧之鄉，在在有之。

大紡車圖說

其制：長餘二丈，濶約五尺，先造地柎木框，四角立柱，各高五尺，中穿横桄，上架枋木。其枋木兩頭山口，卧受捲纑長軖鐵軸。次於前地柎上，立長木座，座上列臼，以承檯底鐵簨。夫檯，用木車成筩子，長一尺二寸，圍一尺二寸，計三十二枚，内受績纑。檯上俱用杖頭鐵環，以拘檯軸。又於額枋前排置小鐵叉，分勒績條，轉上長軖。仍就左右别架車輪兩座。通絡皮弦，下經列檯，上拶轉軖旋鼓。或人或畜，轉動左邊大輪，弦隨輪轉，衆機皆動，使績條成緊，纏於軖上。晝夜紡績百斤。

又 蟠車圖說

蟠車，纏纑具也。又謂之撥車。南人謂撥柎，又云車柎。

絍車

蟠車

又 絍車圖說

絍車，績麻臬絍緊具也。造作簨虡，高二尺。上穿横軸，長可二尺餘。貫以軖轂。左手引麻牽軖既轉，右手續接，麻皮成緊，縱纏上軖。絍縷既盈，乃脱軖付之繩車，或作別用。

褚華《木棉譜》

歷鹿車

《方言》曰：趙魏間謂之歷鹿車，東齊海岱之間謂之道軌，或謂之維車，即今紡車也。制比紡苧麻者差大，以木爲之。有背有足，首置木鋌三，形鋭而長，刻木爲承，其末以皮絃襻連一輪上。復以横木，名踏條者置輪之竅中。將兩足抑揚運之，取向所成之條子粘於舊縷，隨手牽引如繅繭絲，皆繞鋌而積，是名棉紗。

又 紡車

古人稱紡紗者，謂輪動絃轉，續於莩維，皆成緊縷。按《通俗文》曰：織纖謂之維，受緯曰莩。莩，蘆管也。今紡者將就經緯時，始從木鋌上翻紡於蘆管，以去其粗斷不匀之縷，從無所謂續於莩維者。或昔無木鋌之制，故紗有紡成經緯者，有止賣紗者，夜以繼日，得斤許即可餬口。善紡者能四維，三維爲常，兩維爲下。江西樂安人聞能五維，往見四維者，已將棉條併執食指中，不知五維又用何法。

又 手車

手車，有兩耳，疊立矮木牀上，夾一大竹輪於中，其鋌有木承承之。然後以粗線環鋌末及輪，輪心有軸穿耳端出。人以一手摇輪，一手曳棉條而成一縷。小兒女用以消夜伴織而已。若郡城有紡鐵鋌者，紗極緊細，而價亦甚貴。

又 經車

以棉紗成紝，古用撥車。持一維周匝蟠竹方架上，日得無幾，繼用軖牀，制如交椅。其上豎立八維，以掉枝牽引，分布成紝，較便於前。今則取所謂如交椅者，令一人負之而趨，一人隨理其緒，往來數過，頃刻可就，名其所負者曰經車。

衛傑《蠶桑萃編》卷五《紡政·紡絡類》

木料

工欲善其事，必先利其器。器不利，事何善也。制車必擇木料，乃能適用。杜木、栗木、桃木、香木，其紋細，其質堅，惟價值較重，購之不易。若棗木、榆木、檀木、槐木、栢木、青岡木、油榨木，凡一切堅實木料，擇其不走性者，方中良材之選。如久晴風燥，不致乾裂；久雨潮濕，不致漲澀。以質之細潤光滑，作車靡不良焉。若木質不堅，性氣不純，價雖賤，則紡絡不利，出貨不多，是虛耗功力也，何濟於事耶。

又 竹料

天之生材，何地篾有是木料，尚易購也。若竹則有産不産之分，又有美不美之别。箭竹、箘竹、斑竹、煙幹竹，小如指，勁直有力，作絡牀甚佳。又筒竹、斑竹、格竹，大一二寸或三四寸不等，性綿而堅勁，爲車上零器必需之物。因紡經皆用水，木遇水則漲而澀，竹遇水則滑而勁。惟大小竹皆自南來，北方未有也。器用非南不可，勿惜購費重焉。

又 紡器類

絡絲架江浙式

絡絲架，制以絲束之大小爲度，極爲省便。先置頂架，座用五六寸見方之磚石，中鑽方孔，置二寸大之竹筒，高一尺八寸。另用方木二條，均長五尺六寸，寬厚均一寸五分，作成十字架逗立。管木四條，長九寸，寬厚均一寸五分。架中置天鍼木一條，下插座筒内。立管木作活筍一條，架頭作穿眼三箇，上一小門，以便緊絲卸絲之用。

又 絡絲牀

做四川制式，如千字形，用木三條，以平底木二條，均長五尺三寸，寬二寸，厚一寸五分。每條上置絡牀竹五根，長四尺，壯如小筆管。横橕木一條，鬬於二木之中。外手用緊筍，裏手用活筍，以便尖楔。其長短視絲束之大小爲度。以裏手之中間開交易於尋頭，此法不占地方，搬移甚便。

又 絡絲車

其制用二木樁，徑一寸，一長一尺五寸。近頂鑿一通楷，長三寸，以容絡軸之大頭。一長一尺一寸，近頂向裏鑿一孔勿透，以容絡軸之末一頭。以楔子偪緊，將絡軸穿籰，令緊貫於兩柱之間。大頭畧高於小頭。大頭樁頂錠一鐵釘，繫一繩，長二尺餘，纏於絡軸，從裏面自下絞上，以右手牽扯，縱一扯，則軸籰忽上忽下，隨手旋轉如風。絲自上籰解時，先將軠絲張於四柱。其柱用水竹，長三尺餘，各安大磚石上，分立四方，以繃緊軠絲。又另置二柱，以分交最易尋頭。二柱用竹棍，同安一磚，相去五寸。分交法，二人將絲兩邊信手中分，自有交出安於二柱之中，倘頭緒斷時，只從交中一提自得。上作懸鉤，以竹竿爲之，如遏竿樣。下縋以磚石。欲挂絲時，將竿繩一扯，頭白下垂。挂畢丢脱，竿自豎立。竿梢錠一鐵絲鉤，以引絲上下纏於籰上，然後可排籰經縷矣。圖附於後。

又 樣車江浙式

樣車，摇簕子一箇，因簕子上所剩零絲又倒紡一處。其制，車座如長方，四角四橕，長三尺六寸，檔寬八寸，高一尺一寸。座前置將軍柱一塊，高一尺七寸，寬四寸，厚一寸。柱上開二口，上口深四寸四分，寬一寸。去座四寸開一口，長四寸四分，寬一寸。上口兩邊安横楇子二箇，小鐵管釘一根，以簕筒擱楇上。車架耳二根，高一尺，寬厚寸五分見方。兩耳上各開楇口，寬深均一寸。車軸木長五寸五分，徑二寸三分。外軸頭置小鐵條，作軸心，擱楇口上。裏軸頭置鐵拐，把長一尺八寸。車輪徑二尺七寸。車標十根，長一尺二寸。車盤以竹片二塊圈上，鴉雀口二十箇，長四寸。用皮絃一條套簕筒，以圍繞車輪。用右手摇車，左手牽絲。

又 摇簕車江浙式水紡

摇簕車，倒紡車也。摇簕子五箇，將絲壓入水盆，分爲三次，一次倒絡子絲，二三次倒幔架絲。車座長方形，四腳四橕。座長四尺一寸，檔寬九寸，高八寸。座前置將軍柱一塊，高二尺五寸，寬一尺，厚一寸。柱中開長楇口，深二尺，寬一寸四分。柱外置月牙梭。梭二塊，長一尺二寸，中寬四寸五分。穿釘眼五箇，以安簕筒内。置皮絃橕木三小條，車架耳二根，均高一尺三寸，寬厚均一寸五分。耳上各開楇口，深一寸。車軸長八寸，圍大七寸。一頭置小鐵條，擱楇口上。一頭置鐵拐，把長一尺。車圓徑三尺五寸。車標十根，長一尺七寸。車盤圈竹片二塊，鴉雀口二十箇，長六寸，大均一寸。用皮絃一條，套簕子五箇，圍繞車輪。以右手摇車，左手牽絲。

又 掛絲架

法作，四條木架，一箇長寬均三尺三寸，置鐵絲圈五箇，繫於車前，高五尺。簕筒前置水盆一箇，先以水池泡透幔架。將經絲挂入鐵圈，再壓入水盆，搭上簕筒紡之。

又 摇簕車四川式旱紡

摇簕車，倒紡車也，分爲三次，一次倒絡子絲，二三次倒幔架經絲。車座長方形，四腳四橕。座長五尺，檔寬一尺三寸，高六寸。座前置堵水板一塊，高二尺五寸，寬一尺二寸，厚六分。板上開楇口，長一尺八寸五分，寬九分。每邊置竹楇子五塊，共十塊。下置斜水桶一箇，長一尺四寸，寬一寸五分。楇口前置小竹棍，名將軍柱，長二尺六寸。以管線絃座中間，置車架耳二箇，高一尺五寸，寬厚均七分。耳上開楇口，深一寸。車軸長九寸二分，圍大七寸。一頭置小鐵條，擱楇口上。一頭置鐵拐，把長一尺。車圓徑四尺二寸。車標十根，長二尺，寬厚均一寸七分。車盤圈竹片二塊，鴉雀口二十箇，長六寸，大均一寸。用黄蠟線絃五條，套篘子五箇，圍繞車輪。以右手搖車，左手牽絲。

又　挂油繩

油繩，牽轉幔繩也。挂於車之外手撥頭上，一邊穿馬耳朵，搭油轆轤上，抬轆轤挂於幔架，回繞連絡一周。但能轉幔，不能成交，必須另置交繩，故多一法也。

又　掛交繩

以交繩挂於裏手車軸上，直穿馬耳朵環，挂交轆轤，連絡一周，使交繩動，則交棍、交板、龍竿竹三處皆動。搖一周，使一推一回，則經自擺動成交。

又　掛車絆

以線帶挂於車盤，直壓入盪板前，挂引頭絡一上一下，夾帶篘筒，使其往來牽轉，可紡經五十箇，亦善法也。

又　扛車

搖經車，既紡而後湅，既湅而後染，則經之費力也。若扛車則不用紡，只須扛以成交，即便於染，是扛專爲生緯而用。車架四腿八橕，長三尺。後用車架耳二根，高二尺三寸五分，寬四寸，厚一寸。上開耳口，深三寸，寬二寸。前左腿高二尺四寸，倒寬二寸，倒厚一寸二分。前右腿高一尺九寸八分，寬二寸，厚一寸。上安交轆轤一箇，長二寸七分，徑七分。中穿立木死軸，長三寸。下墊木元一箇。又左腿右轤上置撩眼竹一塊，一頭釘緊，一頭須活，長三尺四寸，寬一寸半。穿眼十四箇，距二寸一箇。車軸長三尺五寸，徑二寸半。軸頭置雲頭一箇，徑六寸，厚一寸二分。車軸五腿十橕，腿長二尺四寸五分，寬厚均一寸。輪徑一尺六寸。木拐把八寸。外手架之中，置立木一條，安小滑車二箇，用交繩一圍。一頭挂雲頭，從二滑車之間穿過，前挂轆轤。手搖拐把，令撩眼來回擺動，以扛緯成交，可扛緯十三束，即倒絡子絲十三箇也。

又　緯車

織必用緯，其法用細竹筒，壯如筯子，長三寸，貫在緯車鐵定之上。用絲籰二箇，以水潤溼，將二頭提起，穿過竿上鐵環。以右手攪輪，左手捻搖，絲頭纏在緯筒上，約如大指壯便可卸。緯車之制，茲不詳註，見圖自明，但輪徑一尺二寸爲則。緯筒已就，然後貫在鐵梭內，穿經往來，自成錦繡。

又　腳踏紡車

繅軖紡車，乃織具之先資。繅軖已備，始可以言紡車。凡繭子破頭者，繅絲不利者，並出蛾之空繭，均可製造，上紡車成線，然後可授機杼。則繭綿力勁芒長，扯之不利，必須用腳踏轉車，一手執繭，一手扯絲，方能成線。其制，用木造成地平方架，長二尺五寸，闊一尺五寸。於二尺五寸中間，安一方木樁，高三尺，徑二寸半。於近上三寸處，安一横木，長五寸，徑一寸五分，此是安定處。若欲紡綿安二定者，横木宜闊三寸，立樁亦宜闊三寸。若欲安三定，横木當闊六寸，樁亦闊六寸。稍頭留寸許，安一立木牌，高二寸，厚七分，闊與横木齊。上刻一小口，如豆大。如欲安二定者，刻二口，以容鐵定。項對牌口後樁上鑽一孔，内棲細鐵筒，約深三分，以容定尾。定長一尺，中間硬安一本轂轆子，長二寸，徑一寸，周圍刻渠子二道，以承轉絃。樁下離地八寸，安一鐵軸，長九寸，大如小指。軸上貫一車輪，其制用木版六箇，均長一尺四寸，厚七分，闊一寸二分。以三版正中斜鋸扣子，硬安成輪子，以二輪相去四寸，中安木橕桄六箇，便相合成一輪，周圍用成絃攀緊，以承轉絃。絃用線繩一條，用蠟捋過，壯如錢繩。將輪與定攀住，令其活轉。又在前面地平木上復安一横桄，長與地平木等，闊二寸半，厚一寸半。兩頭用立柱，高二寸。桄中間安一鐵橛，大如小指，長六七分，以承腳踏版，形如鞋底，厚一寸，中間刻一小窠如指頂大，深二分，活安在鐵橛上，令其活動。板一頭中間安一鐵攪杖，壯如細筆管，長六寸，攛於輪板近軸處孔内。孔係輪上，預先鑽下，去軸寸半，其制如此。用腳踏紡之。

又　水紡類

水紡搖經車江浙式

紡以水名，重淘洗也。因潮，重風燥。水性帶泥濁塵，易沾，故倒經必過水盆，搖經必過水鼓，所以倒洗三次，搖洗亦三次。是紡中洗經則易浄，經必溼紡則愈緊，色自鮮亮。前幔座如三角形，可紡篘子五十箇。有花幔、筒幔之分。花幔是五架，筒幔是一架。頭紡、二紡用花幔，三紡則用筒幔。頭紡只紡一根絲，二紡以兩根絲合紡，三紡則再催緊練也。所有大小紡具，開列於後。

馬腿木四條，高四尺，寬厚均二寸，檔寬二尺一寸。

横橕木底二條，長二尺五寸，寬厚均一寸六分。上四條，下長一尺一寸，上長六寸五分。

大盤搖木二條，長六尺四寸，上置管絲竹釘，每邊七十六箇，兩邊共一百五十二箇。

小盤搖木二條，長六尺四寸，以過經絲。

籰板棗木二塊，長六尺四寸，寬二寸，高三寸。檔寬一寸，橫樘四根，長三寸。板上一半鋸釘棔口，一半穿釘眼，上各二十五孔，下各二十五孔，兩塊共二百眼，可以互翻使用。

管絲釘用竹，壯如箸大，長三寸，每邊七十六箇，共一百五十二箇，管壓經絲。

水鼓轆大竹二塊，長七尺二寸，徑四寸，置馬腿下。兩旁內儲清水，各用壓水柱一根，長六尺四寸，以壓經入水，紡過色亮。

搖柱竹二根，如指大，長六尺四寸，去水柱一尺三寸，以托經絲。

龍竿竹一根，置幔架中，長六尺四寸，管兩邊經絲使勿攪亂。

交棍竹長六尺四寸，令經擺動成交。

交板竹一根，長三尺，外釘竹板長一尺一寸，穿眼三十六箇，釘在交轆上。

木紗帽二箇，高八寸，上寬二寸； 開棔口，深一寸五分，寬七分。下寬二寸九分，開斜口卡馬腿上，長三寸，以支幔架。

花幔五架，每架長一尺五寸，徑一尺六寸。四腿四樘，作十字架，中穿方孔，頭紡二紡用之。紡成，置水池泡透。幔軸一根，長六尺四寸，方一寸九分。兩頭置鐵箍、鐵棍，一頭作十字，木長一尺五寸，外安活牙。在條管住穿花幔，擱紗帽上。

筒幔一架，六腿六樘，共三十樘，長六尺四寸，徑一尺六寸。活腿一根，四樘，長一尺五寸，以便卸經。三紡用之。

車柁底木二根，長二尺九寸，方四寸。檔寬一尺二寸，腰大兩頭小。

車架耳二根，高三尺三寸，寬四寸五分，厚一寸八分。上開棔口，寬四寸五分，深五寸，以架車軸。

頂橫樘二根，長三尺八寸。檔長三尺二寸，以連架耳馬腿。

頂樘椿二根，高二尺二寸，寬四寸，厚一寸五分。

車軸長三尺，圍大一尺七寸。

撥頭二箇，圓形，徑三寸五分，厚一寸五分，穿在外手車軸。

木拐把，長一尺四寸，以摇車輪。

車標十根，長三尺二寸，寬厚均八分。

車輪，圓徑六尺。

耳盤竹二塊，寬八分。

鴉雀口二十箇，長六寸九分，寬厚均一寸。

交轆轤一箇，大二寸五分。

油轆轤四箇，均大一寸五分。

馬耳朵二箇，長五寸，寬三寸，厚二寸，內安活豉轆，繫樘椿上。

交繩一根，長九丈，大如小筆管，套車軸交棍，令經成交。

油繩一根，長一丈八尺，大如指，套車軸幔架，一摇全動。

引頭絡一箇，即絡子，穿小竹繫於籰板前馬腿上。

車絆，用線帶，長三丈五尺，套大車籰板，引頭絡環繞一周。摇拐把，則全車皆動。

線筒子，線長七十丈，摇經計數也。

紡絲釘，平列籰板上兩邊，每邊二十五根，共五十根。每根粗鐵絲長七寸，一頭穿小竹管，長一寸。一頭穿篽筒，長二寸五分。

分交針二枝，細竹長六寸。

又　旱紡類

旱紡摇經車四川式

紡而曰旱，用水少也，因天氣温和，水不夾泥，室不起塵。以細毡片泡水，搭於水淋竹上，令經絲擦過，所以去盡污濁而求純潔。愈溼愈凈，愈緊練也，色自鮮亮。前幔座如三角形，可紡篽子五十六箇。有花幔、筒幔之分。花幔是四架，筒幔是一架。頭紡二紡用花幔，三紡則用筒幔。頭紡只紡一根絲，二紡以二根絲合紡，三紡則再催紡緊也。所有大小紡具，開列於後。

象腿木，前後共四根，高四尺，寬一寸七分，厚一寸四分。檔寬二尺三寸。

橫樘木，前後共四根，底二根，長二尺五寸，寬一寸七分，厚一寸三分。上二根長四寸八分。

水淋二根，長六尺，寬一寸五分，厚七分，以托水淋竹。

水淋竹二塊，長六尺二寸，寬二寸五分，以搭濕毡。可托經絲，兼能洗滌。

門坎二根，長六尺，寬一寸五分，厚六分。每根上置竹釘一百箇，以管經絲，使勿攪亂。

攪絲竿二根，長六尺，以壓經絲。

坡瓦二根，長六尺二寸，每根置竹釘一百箇，亦管經絲。

籰板一副，長六尺，寬四寸。上置竹楊子兩排，一邊五十六塊，共一百一十二塊,兩邊共二百二十四塊。一半開栓口,一半穿小眼。檔寬二寸三分,平列篰筒。

撩眼一塊,用竹長六尺,作眼五十六箇,管經絲,以免散亂。

起絲竿一根,長六尺,如指大,管兩邊交口。

天平竹一塊,橫拱絲竿之中,使經絲成交。

交棍竹一根,長三尺一寸,前挂天平上,後置交滾上,使一推一回,令經絲成交。

木紗幔二箇,安夾象腿上,高一尺一寸,寬三寸五分,卡口斜深三寸。帽頭各開栓口,深一寸五分,寬七分,擱幔架。

花幔四架,六腿,五樘,長二尺五寸,徑一尺六寸。架中作方孔,頭紡二紡用之。幔軸長五尺一寸,寬厚均一寸三分。

筒幔一架,六腿,六樘,共十八樘,腿長五尺,寬厚均一寸二分,圓徑一尺九寸五分。活幔腿一根,三樘長一尺一寸,以便卸經絲。

車托坭二根,長二尺五寸,寬五寸,厚一寸五分。

車架耳二箇,高三尺二寸,寬五寸,厚一寸四分。上開栓口,深四寸五分,寬三寸一分。

車軸,長三尺二寸,圍大一尺二寸。

活頭,外軸頭用破鞋底縛之,以轉幔繩,取其活便不滯。

木拐把,長一尺四寸,以摇車輪。

車輪,圓徑六尺四寸。

車標十根,長三尺,大六分。

耳盤竹二塊,寬七分,圈以爲輪。

鴉雀口二十箇,長七寸,寬七分,所以樘輪。

攪滾一箇,徑三寸五分,厚三寸。

交滾一箇,徑一寸八分,厚三寸。

趕路滾一箇,徑七分,長二寸二分,軸棍竹長一尺九寸。

抬滾一箇,徑二寸五分,厚一寸九分。

龍門柱四根,高二尺二寸,如指大。

幔繩一根,用麻繩套活頭,繞交滾四箇,拉幔架,一摇全動。

貓耳頭一箇,長一尺,大二寸五分,穿幔繩上。

滑車一箇,即絡子。

麻辮一條,長三丈,圍套車輪及盪板滑車,一摇拉動篰子。

管子釘,平列盪板榪上,每邊二十八根,長七寸,以穿篰子。

線筒子,六百五十轉約九十丈,紡經計數之長短。

分交鍼一枝,用竹長六寸。

挂交繩

以交繩挂於活頭上,一邊穿貓耳頭,繞交滾、趕路滾上,抬滾托起,挂於幔架,回繞,又挂象腿底邊大攪滾上,連絡一周。一繩而兼兩用,可令幔轉,可令交成。此省便法也。

挂麻辮

以麻辮挂於車盤,直壓入盪板,前挂滑車,一上一下,夾帶篰筒,使其往來牽轉,能紡經五十六箇,用力少而成功速。此善法也。

又 卷一一《圖譜·紡織器圖類》

腳踏紡車圖説

絲綿紡車與木棉紡車異,木棉芒短易扯,一手攪輪,一手扯棉,便紡成線。絲綿芒長力勁,難扯,一手執繭,一手扯絲,必須用腳踏轉車,方能成線。此腳踏紡車式也。

腳踏紡車圖

又 絡車圖説

絡車,《方言》曰:河濟之間絡謂之給。《説文》云:車柎爲柅。《易·姤》曰:繫於金柅。《通俗文》曰:張絲曰柅。蓋以脱軖之絲張於柅上,上作懸鉤,引致緒端,逗於車上。其車之制,必以細軸穿籰,措於車座兩柱之間。人既繩牽軸動,則籰隨軸轉,絲乃上籰。此絡車式也。

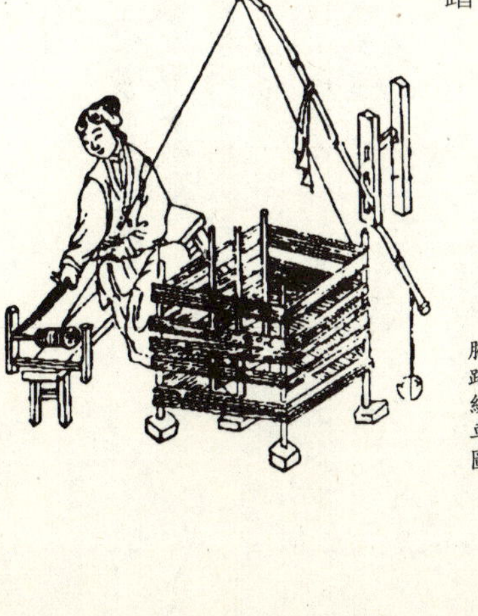

解絲絡車圖

又　緯車圖説

緯車，《方言》曰：趙魏之間謂之歷鹿車，東齊海岱之間謂之道軌，今又謂繀車。《通俗文》曰：織繀謂之繀，受緯曰莩。其柎上立柱置輪，輪之上近以鐵條中貫細筒，乃周輪與筒繚環繩。右手掉綸，則筒隨輪轉。左手引絲上筩，遂成絲繀，以充織緯。

又　絲籰圖説

絲籰，絡絲具也。《方言》曰：援，兖豫河濟之間又謂之轅。《説文》曰：籰，收絲者也，或作䈑，從角間聲。今字從竹，又從矍。竹器從人，持之矍矍然。此籰之義也。然必竅貫以軸，乃適於用。爲理絲之先具也。

又　水紡圖説

紡絲之法，惟江浙四川爲精。東豫用打絲之法，山陜雲貴亦習打絲法。以一人牽，一人用小轉車摇絲而走，以五六絲、七八絲合爲一縷不等，費力多而得縷少。若江浙紡法，則以一人摇車，前損車之下篰子五十箇，兩邊各用竹殻盛水，以一邊二十五絲，各入水中，由水中圜轉而上。初紡以二三縷合一縷，再紡以五六縷合一縷，三紡以七八縷合一縷。一人每車摇一周，可得五十縷，二周得一百縷。較之各省轉絲之法，以一人作一百人工。此江浙水紡式也。

緯車圖

絲籰圖

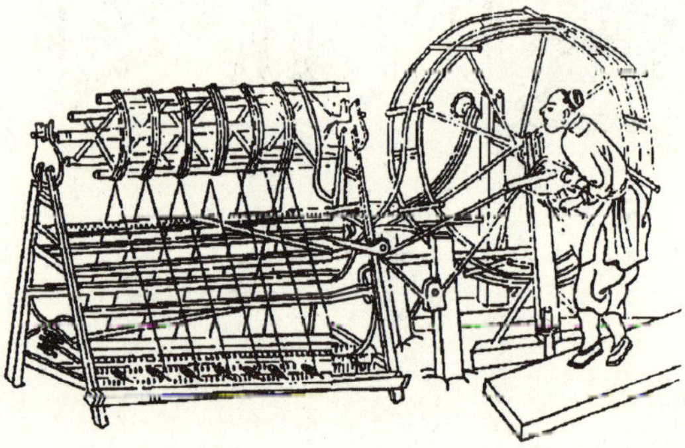

江浙水紡圖

又　旱紡圖説

江浙水紡之法，因其水多濁質，須用沙矼澄清，故其紡需水，所以滌塵灰而發光亮。若蜀中旱紡，以氈子繫於其下，用錦江清水浸透。紡時篰子五六十箇，每絲從氈上牽過，與江浙紡法車式同，惟江浙絲從竹殻水中走過，四川則從濕氈上挪過，絲上渣滓一一去淨。每一人紡一周，絲五十六縷，兩周絲一百十二縷，較之東豫山陜滇黔各省二人摇絲之法，殆以一人而得一百一十二工之效。此比江浙水紡亦多得十二縷。此四川旱紡法也，今直隸保陽學徒兼習之。

又　經絲圖説

經架，牽絲具也。先排絲籰於下，上架横竹，列環以引衆緒，總於架前經簰。一人往來，挽而歸之緫軸，然後授之機杼。

經絲圖

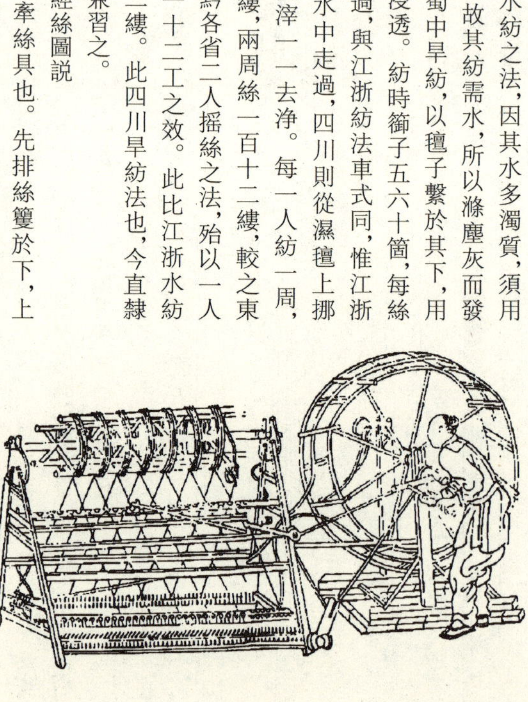

四川旱紡圖

又 絍絲圖説

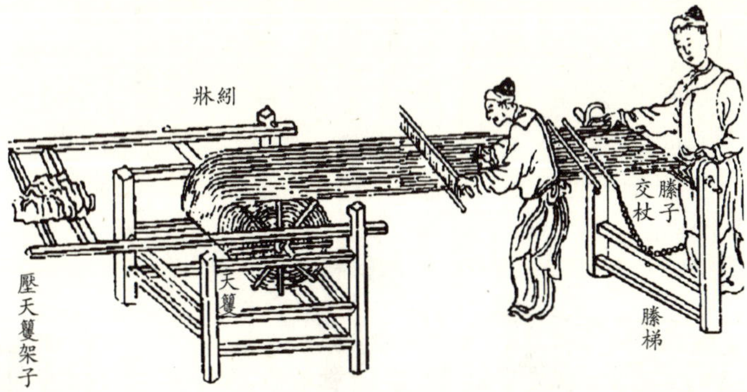

絍絲圖

絍絲，以一人搬轉籰子，一人手執撥簪，往來經縷，細細撥挑。若有黏緒結絲，俱用撥簪排開。如有鬆漫散絲，下面用紙一墊平緊，一樣隨撥隨捲，盡捲在籰子之上。

又 卷一二《圖詠》 紡絡

絡緯蕭蕭五夜鳴，不煩足織響秋聲。繭絲自此堪當軸，無限經綸掌上成。

凡絲繰成之後，須用小車紡成小絡。又由小絡紡成小筒。一二人分布成行，再上織機。或以大車紡之尤佳。

王元綎《野蠶録》 繅具 腳踏紡車

紡車，制用木造成地平方架，長二尺五寸，闊一尺五寸。於二尺五寸中間，安一方木樁，高三尺，徑二寸半。於近上三寸處，安一横木，長五寸，徑一寸五分，此是安定處。若欲紡緜安二定者，横木宜闊三寸，立樁亦宜闊三寸。若欲安三定，横木當闊六寸，樁亦闊六寸。梢頭留寸許，安一立木牌，高二寸，厚七分，闊與横木齊。上刻一小口，如豆大，如欲安二定者，刻二口以容鐵定。項對牌口後樁上鑽一孔，内棲細鐵筒，約深三分，以容定尾。定長一尺，中間硬安一木轂轆子，長二寸，徑一寸。周圍刻渠子二道，以承轉絃。樁下離地八寸，安一鐵軸，長九寸，大如小指。軸上貫一車輪，其制用木板六箇，均長一尺四寸，厚七分，闊一寸二分。以三板正中斜鋸扣子，硬安成輪子，以二輪相去四寸，中安木樘桄六箇，便相合成一輪，周圍用皮絃攀緊，以承轉絃。絃用線繩一條，用蠟摔過，壯如錢繩。將輪與定攀住，令其活轉。又在前面地平木上復安一横桄，長與地平木等，闊二寸半，厚一寸半。兩頭用立柱，高二寸。桄中間安一鐵橛，大如小指，長六七分，以承脚踏板，形如鞋底，厚一寸，中間刻一小窠，如指頂大，深二分，活安在鐵橛上，令其活動。板一頭中間安一鐵攪杖，壯如細筆管，長六寸，擱於輪板近軸處孔内。孔係輪上預先鑽下。去軸寸半，用脚踏紡之。

織機

形制

薛景石《梓人遺制》

華機子

叙事。《淮南子》云：伯余之初作衣也，緂麻索縷，手經指掛。後世爲機杼，勝復以便。此伯余之始也。江文通《古别離》云：紈扇如明月，出自機中素。江淹。唐房玄齡授秦王府記室居十年，軍符府檄，或駐郎辦，文約理盡，初不著藁。高祖曰：若人機織，是宜委任。每爲吾兒陳事，千里猶對語。《拾遺記》：吳王趙夫人巧妙無比。人謂吴宫三絶：機絶、針絶、絲絶。其機非伯余作，止是手經指掛而已。後人因而廣之，以成機杼。《傳》云：麻冕，禮也。今也純儉，吾從衆。此布亦自古有。故知機杼亦起於上古。今人工巧，其機不等，自各有法式。今略叙機之總名耳。

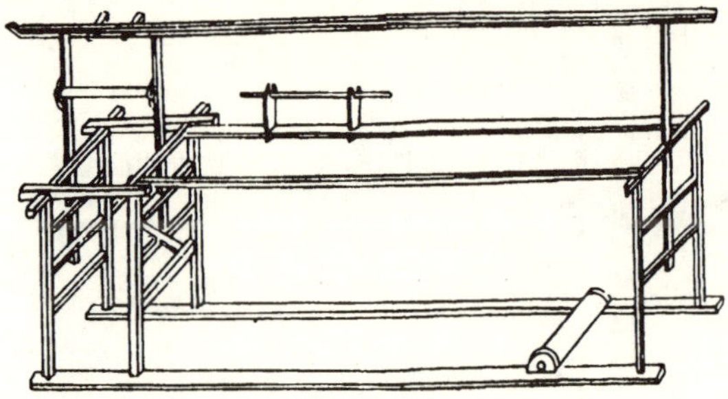

華機子

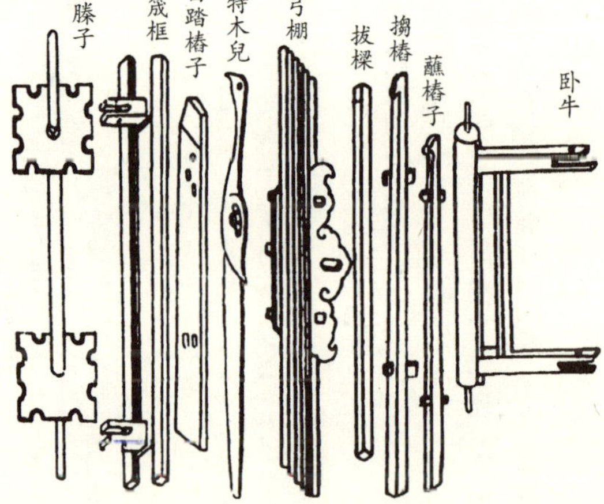

用材。造機子之制，長八尺至八尺六寸，上至龍脊杆子，下至機身，共高八尺至八尺六寸，横廣樓外三尺六寸。機身，徑廣三寸，厚二寸六分。先從機身頭上向裏量八寸，畫前樓子眼。前樓子眼合心至中間樓子眼合心二尺二寸。中間樓子眼合心至兔耳眼合心四尺二寸，兔耳眼合心至後靠背樓子眼合心一尺二寸。內樓子眼合長一寸六分，隨材加減。兔耳眼長四寸。機樓扇子立頰長五尺二寸，廣隨機身之厚，徑厚一寸六分。從下除機身內卯向上量一尺六寸，畫下樑榥眼。下榥眼上量七寸，心榥眼。心榥上七寸是上榥眼。榥眼長一寸六分。上榥上一尺二寸是遏腦。遏腦木長四尺四寸，廣四寸，厚隨樓子立頰之厚。上順絞井口，廣厚同遏腦。衝天立柱長三尺四寸，下卯在外，厚隨遏腦之厚，廣二寸。下卯栓透遏腦心下兩榥。遏腦向上隨立柱量四寸，安文軸子。軸子圓徑一寸至一寸二分，長隨樓子之廣。龍脊杆子長隨機身之長，厚隨衝天立柱之方廣。樓子合心向脊杆子上分心各離三寸，安牽拔二筒。機子心扇心榥合心，每壁各量一尺二寸，安引手。引手各長一尺五寸，上是六箇眼子。遏腦上絞口向裏兩下各量七寸，是前後順樑榥。順棖栓透前後樓子。遏腦從心扇遏腦上向後，順棖上量四寸，安立人子一箇。立人向後又量二尺，更安一箇，各長五寸。上是鳥坐木，內穿特木兒。卷軸長隨兩機身横之外，徑三寸四分。兔耳隨機身之厚徑廣四寸，上訛角卧牛子長三尺六寸，隨機身横之廣徑。廣六寸，厚五寸。是立人子，至卧牛底面樓上，通高三尺，徑廣三寸，厚二寸六分。立人子頭上向下量五寸，開口子，二分中取一分立口。口子合心横鎖寨眼，上安利杆。利杆長八尺。立人子開口與篋框鵝口廣同。卧牛上隨立人子向上量三寸，安樑榥一條，廣二寸。篋框長三尺六寸，廣二寸四分，厚一寸二分，內安斗子。其斗子內二尺八寸。明遼高五分，篋口上下離八分至一寸。斗子上是鵝，材長三寸六分，方廣二寸，開口深二寸四分，横鑽寨眼子。特木兒長三尺四寸，版廣二寸四分，厚八分。從頭上眼子至心翅眼子量九寸五分，是心內眼子。圓七分。心內眼子至後尾眼子二尺一寸，樓子合心。上釘環兒。弓棚架子版長一尺二寸，廣三寸，厚一寸。用拴三條，內安弓釘釘上爲用。弓材長六尺二寸，廣一寸，厚六分。搊椿子，材長二尺五寸，小頭廣一寸，厚六分，大頭廣一寸二分至一寸四分，厚八分至一寸。從小頭上向下量三寸四分，畫樑子眼。長一寸有餘。樑子眼下一尺二寸明外，是下樑子眼。横樑子長二尺六寸四分，廣一寸，厚四分。椿子內二尺四寸明。蘸椿子長一尺八寸，小頭廣八分，厚六分，大頭廣一寸二分，厚八分。小頭向下量三寸二分，盡樑子眼向下一尺二寸，外下樑子眼廣與搊同。樑子各長二尺八寸，內二尺四寸。拔樑長隨兩引手之廣長二尺八寸，徑方廣一寸，計六條鑽眼子與引手同。白踏椿子長二尺六寸，上廣二寸，厚六分，下廣二寸二分，厚八分。從頭上向下量三寸二分，心內鑽圓眼子。再從頭上向下量四寸二分，邊上鑿樑子眼一箇。樑子眼各長一寸一分。上眼子下楞齊向下更畫樑子眼一箇，下眼下量九寸四分，外下是雙樑子眼。從下倒向上量二寸八分合心，又鑽圓眼子一箇。樑子長二尺八寸，廣一寸一分，厚四分。滕子軸長三尺八寸，方廣二寸。兩耳內二尺四寸，明耳版厚一寸四分至一寸六分，方廣一尺至一尺二寸。凡機子制度內或織紗則用白踏，或素物只用椿子。如是織華子什物全用，其機子不等，隨此加減。

功限。機身機樓子共各七功，卧牛子一箇一功，筬框一副全一功五分，特木兒六箇八分功，棚弁弓一功二分，搊蔴各一副一十二扇全造三功二分，校槼六條四分功，滕子一箇一功二分，利竿二條三分五厘功，解割在外。

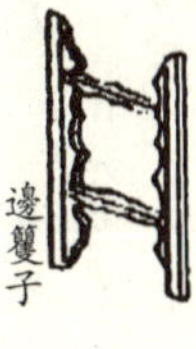
邊籆子

經牌子

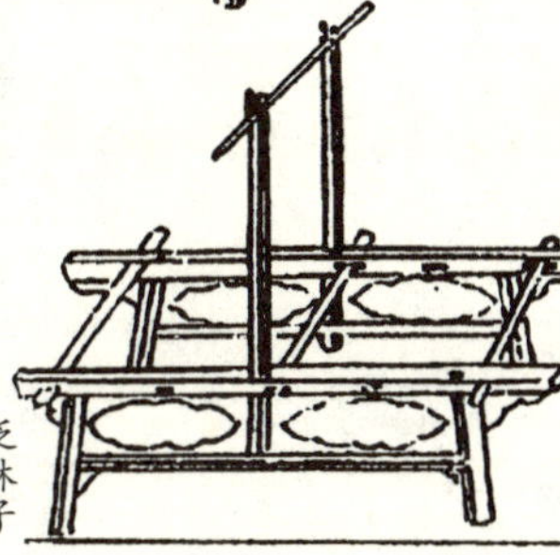
泛牀子

用材。造泛床子之制，上至立人子頭，下至泛床子地，共高二尺一寸三分，兩邊長與高同。邊俗謂之楅。長二尺一寸三分，廣一寸六分，厚八分。先從邊頭上量一寸，邊上留三分，向裏畫第一箇槼子眼。槼子眼長二寸三分。第一箇槼子眼外空二寸二分，畫第二箇槼子眼。眼長一寸八分。第二箇槼子眼外空三寸，畫第三箇槼子眼。眼子長一寸。此眼外楞上側面鑿立人子眼。立人子眼長八分，廣五分。第三箇槼子眼外空三寸三分，畫第四箇槼子眼。眼長一寸八分。第四箇槼子眼外空一寸四分，畫第五箇槼子眼。眼長二寸三分。前後槼子眼長則不同，各廣三分。脚子棲上高九寸二分，廣一寸三分，厚同。邊脚除上卯向下量三寸，畫順槼梘眼。立人子邊向上高一尺二寸，廣與邊同，厚八分，上開口子深五分，下卯栓透槼梘。順槼梘隨脚順之長，廣隨脚之厚，厚一寸三分。槼子長二尺六寸，廣一寸，厚二分五厘。凡泛床子是華機子內白踏搊蔴椿子打繒線，上使用隨此準用。

功限。一箇全造完備，一功五分。如有牙口二功。

掉籆座

用材。造掉籆之制，長三尺，廣二尺一寸，上下高六寸，兩梘已裏一尺三寸，明心內安立人子。邊長三尺，廣二寸，厚一寸五分。横兩當長二尺一寸，廣一寸五分，厚一寸二分。脚棲上高六寸，廣厚與邊同。立耳子下除卯向上高七寸，上開口子，深一寸。廣厚同邊。籆軸長隨兩耳之內徑，方廣二寸四分。從軸心每壁各量七寸，外安輻四枝，或六枝減短。輻枝長一尺六寸，廣一寸二分，厚一寸。籆枝長一尺七寸，廣一寸二分，厚一寸。凡掉籆是打紵絲線，經上使用隨此制度加減。

功限。掉籆一箇全造完備一功一分。如是上有線子牙口造者，三功五分。

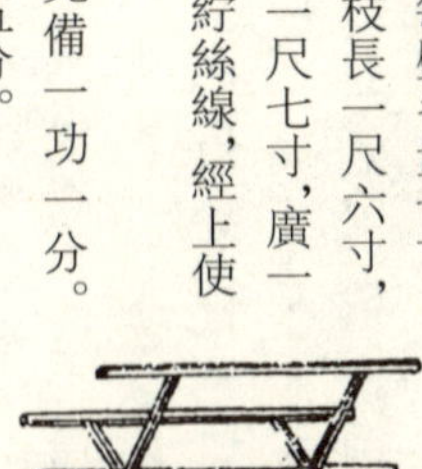
掉籆

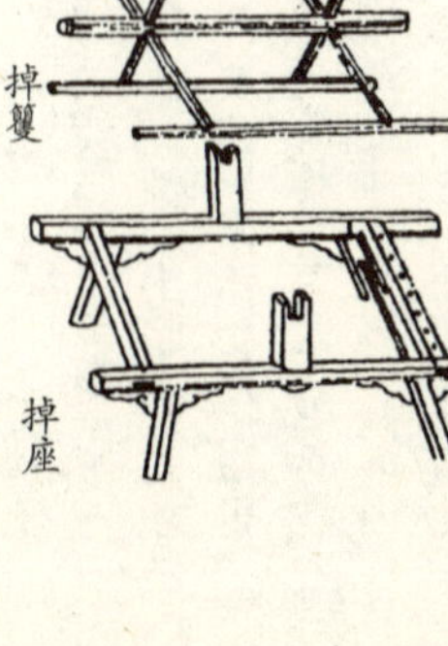
掉座

立機子

用材。造機子之制，機身長五尺五寸至八寸，徑廣二寸四分，厚二寸，横廣三尺二寸。棲外先從機身頭上向下量，攤卯眼上留二寸，向下畫小五木眼。眼子方八方。小五木眼下空一寸六分，横梘眼。眼長一寸八分。横梘眼下空一十六分，大五木眼。眼方圓一寸。大五木眼下順身前面下量二寸外，馬頭眼。眼長二寸。馬頭下二尺八寸，機胣膝眼。眼長二寸五分。機胣膝上，馬頭下身子合心横梘眼。或雙用單用眼，一寸八分。胣膝眼下量六寸，前後順栓眼。眼長二寸。順栓眼下前脚柱下留七寸，後脚眼下留四寸。前長後短。身子後下脚栓上離一寸，是脚踏五木梘眼。眼長二寸。心內上安兔耳，各離六寸。前脚長二尺四寸。後脚減短二寸。馬頭長二尺二寸，廣六寸，厚一寸至一寸二分。機身前引出一尺七寸，研盤在內。除機身內卯向前量一寸二分，鑿豁絲木眼。方圓八分。主豁絲木眼斜向上量八寸，鑿高槼木眼。高槼木眼斜向下五寸二分，鴟兒木眼。大五木長隨兩機身外楞齊，徑方廣二寸二分。兩頭除機身內卯向裏量一寸，畫前掌手子眼，下是垂手子眼，相栓五木後除兩下卯量，向裏合心却向外各量三寸，外盡後頭引手子眼。眼子各長一寸八分。掌手子通長九寸，廣一寸八分，厚一寸二分。除卯量三寸四分，横鑽寨眼。順鑿口子，口子各長二寸四分。垂手子長一尺二寸六分，廣厚前同。除卯七寸四分，鑽寨眼，開口子與掌手子同。後引手子長廣厚開口子與前同，除

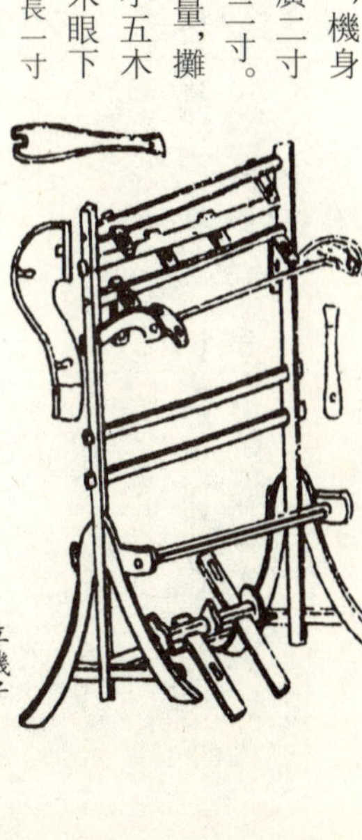
立機子

卯量七寸六分，鑽眼子。小五木隨大五木之長，廣一寸六分至一寸八分，厚一寸二分。掌手眼與大五木同長加六分。機肐膝長一尺五寸，厚一寸二分。機身向前量六寸，外畫捲軸眼。方圓一寸。後卯栓邊機身兩脚。捲軸長隨機肐膝外之齊徑方廣二寸，上開水槽。長二尺二寸。掌縢木長一尺六寸，廣二寸，厚八分，上開口子，深一寸五分，下除一寸，鑽寨眼。隨上下掌手子取其方午。高樑木、豁絲木、約繒木三條，隨兩馬頭内之長，徑廣一寸六分，各圓混。鴉兒木長九寸，方廣二寸三分。心兩，兩壁各量三寸四分，鑽寨眼，各從心殺向兩頭梢得一寸六分，順開口長二十四分。曲肐肘子長二尺二寸，廣一寸六分，心内厚八分。從心分停，除眼子外，眼子圓八分。前量七寸，後量八寸，鑽寨眼。前安鴉兒木上，後安垂手子上。懸魚兒長一尺，廣一寸八分，厚八分，上除圓眼子，離六寸鑽寨眼，安於鴉兒木上。長脚踏長二尺四寸，廣二寸，厚一寸四分。從後頭向前量一寸二分，口子内合心横鑽寨眼。寨眼口順長二寸四分，寨眼向前量六寸，轉軸眼圓八分。短脚踏長一尺八寸，廣厚長脚同。從轉眼向前量五寸，寸横鑽寨眼。開口子與長脚同。兔耳長六寸，廣二寸四分，厚一寸。心内一箇厚二寸，下除卯向上量一寸六分，是轉軸眼。下脚長二尺二寸，至二尺四寸栓上兩機身之上。縢子軸長三尺六寸，方廣二寸，或圓八楞。造縢耳，徑長一尺，廣三寸，厚一寸二分。縢耳内二尺二寸明。布絹箆框長二尺四寸，廣一寸四分至一寸六分，厚六分，内鑿池槽長二尺一寸四分明。寨笓眼在内，寨眼各長五分。梭子長一尺三寸至四寸，中心廣一寸五分，厚一寸二分。問口子長六寸五分至七寸，心内廣鑿得一寸明，兩頭梢得五分，中心鑽蚍蜉眼兒。凡機子制度内，或就身做脚，或下栓短脚，或馬頭上安高樑豁絲木，或掌縢木下安羅牀梘曲木，其豁絲木所不以同，就此加減。

功限。機身機梘各一功，大五木、小五木二功三分，脚踏五木并捲軸一功二分，馬頭曲肐肘子二項八分功，懸魚鴉兒木八分功，縢子箆框一功八分，解割在外。

羅機子

用材。造羅機子之制，機身長七尺至八尺，横槾外廣二尺四寸至二尺八寸。材廣三寸，厚二寸。先從機身後頭向前量四寸，畫後脚眼。眼長三寸。後脚眼盡前量五寸二分，畫兔耳眼。眼長三寸六分。兔耳眼盡前量二尺二寸，畫機樓子眼。眼長一寸六分。機樓子眼盡前量五寸，畫横梘眼。眼長一寸六分。横梘眼盡前量八寸六分，立人子眼。眼長一寸六分。立人子眼盡前量八寸，側面畫横梘眼。眼長一寸六分。横梘眼盡向前量五寸，畫高脚眼。眼長三寸。機樓子立頬長三尺六寸，廣二寸，厚一寸六分，下除機身外向上高三尺三寸，上除遏腦卯向下量七寸，是横樑梘眼。眼長八分。樑梘眼合心上下，立串眼栓透遏腦。遏腦廣三寸，厚同。兩立頬遏腦心内左壁離六寸，是引手子眼。眼長一寸八分。引手子上是兩立人子，上是烏坐木。上穿鴉兒引手，長一尺二寸。立人子高七寸。前脚高三尺八寸，廣厚同。機身上引出卯七寸，卯上間口安縢子。卯下一尺五寸，雙樑梘後脚廣厚同前，高三尺。捲軸長隨機身之廣徑，廣三寸四分，圓混上開水槽。立人子高九寸，

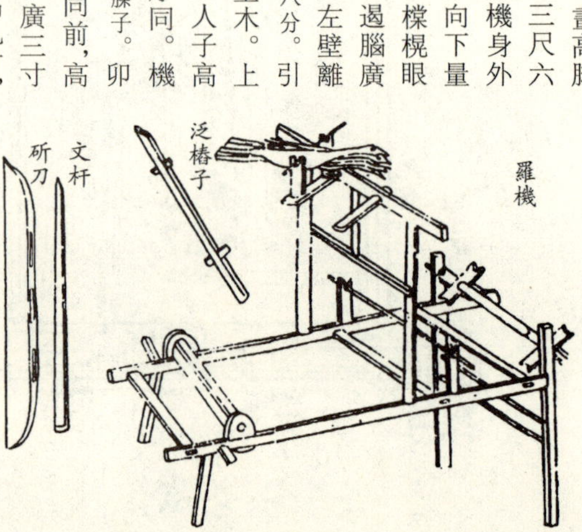

徑廣一寸五分，上是高樑木，下是豁絲木。長隨兩機身廣之長。特木兒，長隨機子廣之心材子廣一寸八分，厚六分加減。大泛扇椿子長二尺四寸，小頭廣八分，厚六分。大頭廣一寸四分，厚八分。從頭上向下量三寸四分，畫眼子。眼長八分。上樑子眼至下樑子眼，槾外通量一尺二寸。小扇椿子小頭廣六分，厚四分。大頭廣八分，厚六分。上下槾樑子眼外一尺二寸，横廣二尺四寸明，前後同。斫刀長二尺八寸，廣三寸六分至四寸，厚一寸二分，背上三池槽，各長四寸。心内斜鑽蚍蜉眼兒。文杆隨刀之長，大頭圓徑一寸，小頭梢得八分，出尖縢子長隨機身廣之外軸，材方廣二寸，耳長一尺至一尺二寸。凡機子制度内，或素不用泛扇子，如織華子隨華子，當少做泛扇子。

功限。羅機斫刀并雜物完備一十七功，如素者一十功。

小布卧機子

用材。造卧機子之制，立身子高三尺六寸，卧身子與立身子同，徑廣二寸，厚一寸四分。立身子前頭槾外横廣二尺四寸，後頭闊一尺六寸，先從立身子上下量攤卯眼。上鴉兒口在内。立身子頭上向下量六寸，畫順身前馬頭眼。眼長二寸二分，前斜高向上五分，後低五分。馬頭下五寸四分，後是豁絲木眼。眼圓徑八分，

安在機身之後。豁絲木眼下量三尺二分，後横榥眼。眼長一寸四分。横榥眼下離一寸六分，是卧機身眼。眼長一寸八分。機身下離二寸，順身小樸榥眼。眼長八分。小樸榥眼下離二寸，後横樸眼。横樸榥下離一寸二分，脚踏閃子眼。眼子圓徑一寸。卧身子除前卯向後量二尺五寸，後脚眼。與前脚同。後脚眼上分心兩壁，順身各量二寸，畫横樸榥眼。横榥上，嵌坐板。馬頭上一尺三寸，廣二寸，厚與機身同，除卯之外，離九寸開滕子軸口。上更安主滕木，厚一寸。脚踏子長隨機兩身之廣，槾外闊六寸，内短串二條，徑各廣一寸二分，厚一寸。後短脚槾上一尺二寸，廣厚機身同。下安横樸兩條，廣一寸，厚八分。輥軸長隨機兩身之廣徑，方廣一寸六分，圓混。豁絲木長隨機身外楞齊，圓徑一寸四分，破混前同。鴟兒木長一尺四寸，廣二寸，厚八分，兩頭各留一寸已裏釘頭兒。中心安鴟兒木。滕子軸長隨機子兩馬頭之外徑，方廣一寸六分。滕耳内一尺七寸，明耳子長一尺六寸，廣一寸二分，厚六分。攀腰鐶兒長三寸，廣二寸，厚一寸二分。又謂之耳。筬框長二尺二寸，廣一寸四分，厚六分。輥軸耳子長二寸四分，厚八分。凡機子制度内，或三串栓馬頭造，或不三串。機身馬頭底用主角木，有數等不同，隨此加減。

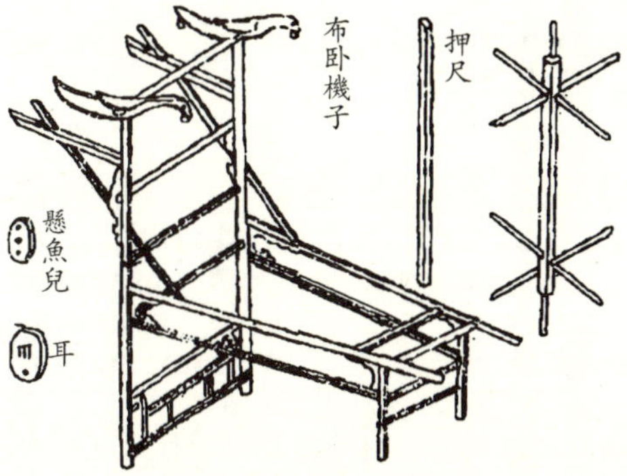

功限。卧機子一箇，滕子、筬框、輥軸共各皆完備，全五功七分。如嵌牙于内，起心線壓造線，更加一功五分。解割在外。

王禎《農書》卷二一《農器圖譜十八・織紝門》 織機

織機，織絲具也。按：黄帝元妃西陵氏曰嫘祖，始勸蠶稼。月大火而浴種，夫人副褘而躬桑。乃獻繭稱絲，遂成織紝之功，因之廣織，以給郊廟之服。見《路史》。《傅子》曰：舊機，五十綜者五十躡，六十綜者六十躡。馬鈞者，天下之名巧也，患其遺日喪功，乃易以十二躡。今紅音工。女織繒，惟用二躡，又爲簡要。凡人之衣去聲。被於身者，皆其所自出也。

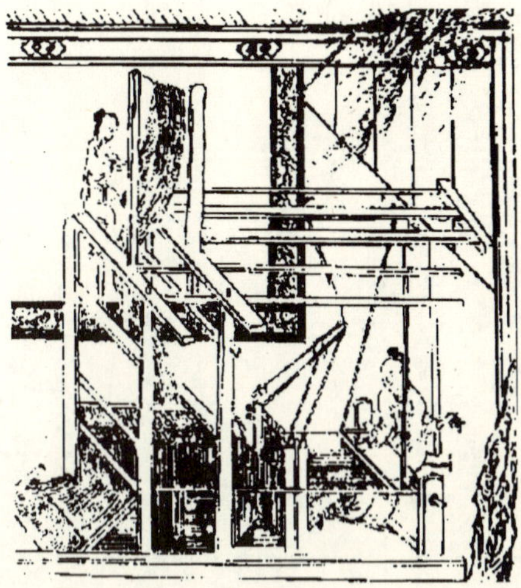
織機

卧機

王逸賦曰：「織機功用大矣。上自太始，下訖羲皇，帝軒龍躍，伯余是創。俯亶聖思，仰攬三光，悟彼織女，終日七襄，爰制布帛，始垂衣裳。於是取衡山之孤桐，南岳之洪樟。膺復回轉，刻象乾形。大庭淡泊，擬則川平。光爲日月，蓋取昭明。三軸列布，上法台星。兩驥齊首，儼若將征。方圓綺錯，極妙窮奇。兔耳跧伏，若安若危；猛犬相守，竄身匿蹄。高樓雙峙，下臨清池。游魚銜餌，瀺灂其陂。鹿盧並起，纖纖俱垂。宛若星圖，屈膝推移。」

王圻　王思義《三才圖會·器用》卷九《蠶織類》　布機

布機，《釋名》曰：布列諸縷。《淮南子》曰：伯餘之初作衣也。伯餘，黄帝臣也。緂麻索縷，手經指挂。後世爲之機杼，幅四廣尺，踈密之制存焉。農家春秋績織，最爲要具。

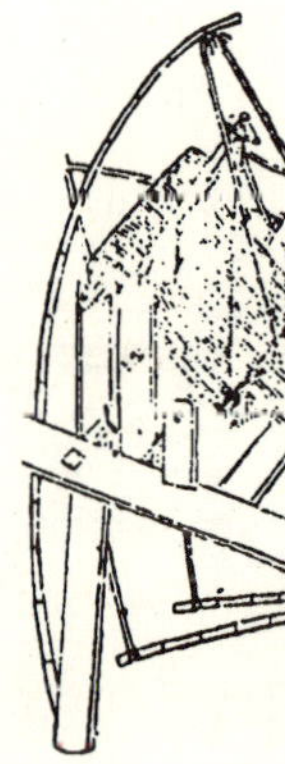

布機

宋應星《天工開物》卷上《乃服第二》

機式具全圖。

凡花機通身度長一丈六尺，隆起花樓，中托衢盤，下垂衢脚。水磨竹棍爲之，計一千八百根。對花樓下堀坑二尺許，以藏衢脚。地氣濕者，架棚二尺代之。提花小廝坐立花樓架木上。機末以的杠卷絲，中用叠助木兩枝直穿二木，約四尺長，其尖插于篾兩頭。

叠助，織紗羅者視織綾絹者減輕十餘觔方妙。其素羅不起花紋，與軟紗、綾絹踏成浪、梅小花者，視素羅只加桄二扇。一人踏織自成，不用提花之人閒住花樓，亦不設衢盤與衢脚也。其機式兩接，前一接平安，自花樓向身一接斜倚低下尺許，則叠助力雄。若織包頭細軟，則另爲均平不斜之機。坐處鬭二脚，以其絲微細，防遏叠助之力也。

又　腰機式具圖。

凡織杭西、羅地等絹，輕素等紬，銀條、巾帽等紗，不必用花機，只用小機。織匠以熟皮一方寘坐下，其力全在腰、尻之上，故名腰機。普天織葛、苧、棉布者，用此機法，布帛更整齊、堅澤，惜今傳之猶未廣也。

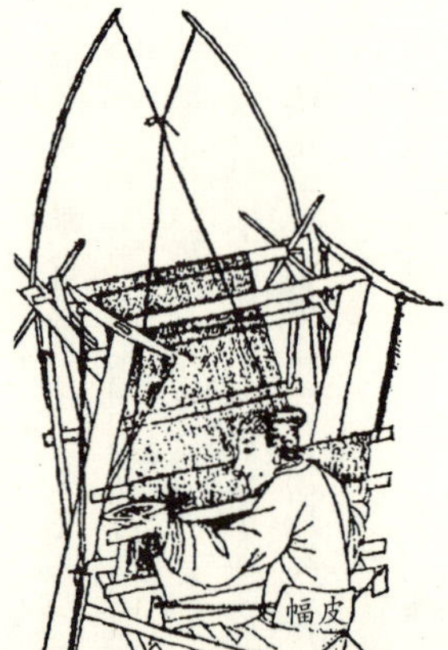

腰機式圖

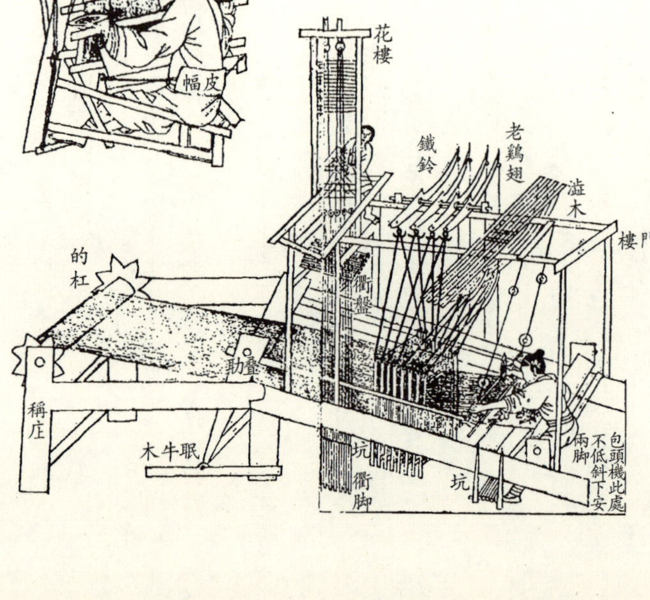

花機圖

楊屾《豳風廣義》卷下　綃牀圖說

綃牀之制，用木四根，徑三寸，後二根高二尺六寸，前二根高三尺四寸。從二尺六寸處順安二大平桄，徑三寸，長三尺五寸。下用撑桄四道，安成方架。長三尺五寸，闊二尺五寸。於前樁平桄以上高出八寸，勒成扁榫，鑽一大孔，以套壓天篗的架子。二大平

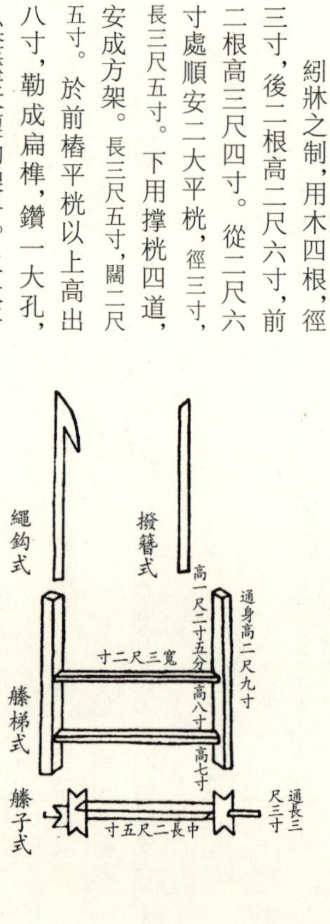

桄上中間相去三寸，各安二擒齒，以承天籰。天籰者，至大之籰也，將纏籰上經縷復纏於此，然後可以紖刷。其制用木一根，長二尺五寸，徑六寸，削爲八面，每面安輻二條，高八寸，輻上安順桄一道，其八桄十六輻，湊成輪子，放在擒齒內。又於軸上中間錠一鐵釘子，繫麻繩一條，以拴經縷。將纏籰上收，下經縷無交的一頭拴繫天籰釘上。一人搬轉天籰，一人兩手執住纏籰，旋放旋纏，緊緊又纏在天籰上，至有交處方止。然後將壓天籰架子，制用木二根，長三尺五寸，於一頭並安二撑桄，成一方架，闊與紖床齊。一頭鑿四寸長卯，用時套在勒成扁榫上。套在前樁扁榫上，横貫一細棍，使不上脱。又以石版壓住架尾，方不浮起。交用二竹棍，長二尺，壯如大指。從交兩邊貫過交，夾在二竹棍之中。竹棍兩頭用繩子繫住，不可令脱。一人撥交，從交棍中將絲頭一上一下，分清白挂在繩鉤之上。一人執繩貫頭。繩即竹篾縛成齒眼，或八百，或一千，或千五，隨紬輕重酌量多少。貫法用薄竹篾刻一鉤搭子，從繩齒眼透過，一人將絲頭二根，如絲綾有用四根、五根者，緞有用八根者，惟人所便。挂在繩鉤上，扯過齒眼收住，挽一結。齒齒貫畢，用縢梯一個，其制用木二根，長二尺三寸，一頭子六寸處安撑桄二道，闊二尺六寸，樁頂刻二圓口。將縢子横擔其上。縢子用木一根，徑四寸，長二尺七寸，兩頭各安搬橛四齒，長七寸。令縢梯去紖牀三丈，將底桄以繩繫住。再將貫過經縷，以數十絲挽一結。用一竹棍貫住，牽紖至縢梯，將竹棍横架縢子上。一人搬轉縢子，一人手執撥簪，用扇子邊股將一頭削光，如扁簪形。往來在經縷上撥挑，如有粘綹結絲，俱用撥簪排開。繩齒一過，遂搬轉縢子，容將經縷綳緊。如有漫處，下面用紙一墊，務要平緊一樣，隨撥隨捲，盡捲在縢子上，可以言織矣。

紖絲圖

衛傑《蠶桑萃編》卷七《織政・機具類》

花素機

花素機制，審度合宜，可織素，亦可織花。雖云形下者謂之器，而化裁之變，神明存乎。其人即小，足以見大，亦格致之理所必及焉。如甯綢用六範六棧，貢緞用八範八棧，變用在人，不拘一格。凡可通用之器，悉爲開列以備查覽焉。

排檐，二根，長一丈零五寸，寬三寸二分，厚二寸五分，居中挖剪槽二箇，以備放剪子。後架敵花，前連機身。

檐脚，二根，管架排檐，高四尺三寸，上寬四寸，下寬三寸，厚一寸六分。

檐脚盤，兩柁兩樘，以托排檐，敵花平穩不動。

敵花，捲經絲用，兩頭穿檐脚上圓孔內，樘長三尺八寸，兩頭小軸長五寸七分。

羊角二箇，每箇八角，置敵花兩頭，放敵花則拉，不放則不拉。

老縮繩二根，套羊角，用使打角，方一拉一縮，擱住羊角。

以上係排檐機具。

機身二根，中架機腿，前擱平地，長九尺五寸，寬三寸五分，厚四寸五分。

機腿二根，架排檐機身相連，高二尺三寸，寬五寸五分，厚二寸五分，含口深四寸七分。

狗腦二箇，管穿鋸頭之兩頭，上高五寸，寬五寸，厚三寸二分。下笋長七寸五分，居中打眼，大二寸五分。

鋸頭一根，捲綢用擋，長三尺九寸，圓周一尺四寸，兩頭小軸長四寸五分，穿狗腦上。

公母筍，係排檐機身兩頭相連，必須用公母筍方不移動。

花門二根，置機身上，長五尺，大一寸七分見方。

坐板一塊，廂撒二箇，架坐板或高或低。

樓柱四根，置機身上，以起花樓。

横檐四根。

蓋頭三根，頭根蓋花門，二三根蓋樓柱，均長四尺五寸，大一寸八分見方。

燕翅二根，管提花坐位，長五尺六寸，大二寸一分見方。

横檐一根，兩頭鬭燕翅。小排檐四箇，枕頭四箇，均在燕翅上。八字樘二根，樘燕翅下。大坐板一塊，擱燕翅上。

以上係機身樓柱機具。

花樓柱二根，高六尺，大一寸二分見方。

夾木二塊，夾花樓柱兩邊。

椿橙蓋一根，壓花樓柱，長五尺六寸，大二寸見方。

花雞一根，管花線上下靈動，使不損壞絲線，長四尺三寸，大一寸見圓，兩頭用鐵箍二箇，圓鐵條二根，長四寸。

魁桃橙二箇，穿花雞用，長五寸，寬六分，上下穿眼。

花緔二箇，每箇打圓眼二箇，長七尺。花朳眼每邊五箇，花朳一枝。

撇紋竹一根，使勿撲人腰前，提花省力，長六尺。

千斤筒三根，以繩套椿橙蓋上，管托紋數十斤之力，長一尺七寸。

龍骨四根，管鎖紋線不亂，長四寸四分。

以上係花樓柱機具。

提花線，分二節，上節爲紋，長八尺二寸，雙線套一千二百根，每一根或套二根，或套四根，隨時計算。下節爲猪脚線一千二百根，雙長二尺，每根縋竹籤一根，共猪脚一千二百根。

脚子線，即花本線，長二丈，共六百根。過線長三尺，按花計算。

起撒竹十四根，管紋線分左右不亂，長二尺二寸，下有搭脚橙一根，長六尺。

架花竹，上架下托，以托花本線，上下以繩拴之，上五根，下四根。前四根，前後與機同長。江繩一根，比花本線長數尺，穿花過線用。

以上係提花線各物。

立人二根，高二尺二寸五分，寬厚均三寸五分，上開獅子口，深四寸，打圓眼二箇，穿撞竿二根，中釘貫連二箇。又架撞機石二塊，每塊重二十斤。

海底一根，長四尺，寬厚均三寸，兩頭置小鐵條，長七寸。

立人盤二根，長一尺四寸，有三橙，可上可下。橫樘二根，長四尺四寸。

抵盤石，兩邊皆有，仙人木二根，仙人紋二根，緊拴立人架，使不前走。貫連二塊，高七寸，寬三寸。

撞竿二根，長七尺七寸，寬厚均一寸五分。一頭削薄，長一尺，穿立人獅子口內，鬥立人朳二箇，朳長一寸八分。一頭名筆頭，與框挨連，入喜雀窩上。竹撬四箇，名管捎。

鰕須繩四根，於筆頭上打眼二箇，套鰕須繩與框相連。

框二根，長四尺四寸，高五寸二分，上下框之寬厚均一寸五分，框係裝絲筬用。底條一根，長與機寬同，以托經平穩。

牛眼珠圈六箇，必須檀木作之，以穿框繩。

吊框繩二根，來回三套，吊框可上可下。

鋸齒一條，長一尺五寸，共十五齒，以木作之，安左邊撞竿上，居中釘之。

以上係立人各物。

三架梁一根，安弓棚用，長五尺九寸，寬厚均一寸六分。

高梐一根，托三架梁用，長二尺八寸，上大寬一寸八分，下小寬一寸五分。

矮梐一根，托三架梁用，長二尺四寸，上大寬一寸八分，下小寬一寸五分。

雞冠一塊，托三架梁，係活筍，可上可下。

豆腐箱一箇，釘弓棚用，四方形，大一尺。

弓棚篾六條，居中打眼，釘豆腐箱上，兩頭打眼，穿人字繩，用長三尺八寸。

弓棚繩六根，人字繩上有檳榔竹六箇，挂棧用。

帘綢棧六扇，棧線套下口。

趕著力一根，長五尺九寸，寬厚均一寸六分。

鴿子籠六箇，安趕著力，上高六寸七分，口深二寸五分。

穿心幹一根，長一尺九寸。

鸚哥六箇，入鴿子籠內，以穿心幹穿上，長三尺，中間打眼處寬二寸，兩頭寬各一寸。

菱角鉤六箇，挂鸚哥尾鐵扣六箇之上。

鉤篾，每邊六條，共十二條，長三尺，縋範子用。

帘綢範子六扇，線套上口。

以上係三架梁各物。

橫眼竹六根，上拴鸚哥，下縋脚竹。老鼠尾二條，一長一尺六寸，一長一尺四寸五分，釘左邊機身子下。穿心釘一根，穿橫眼竹用。廂板二箇，長二尺，寬一寸，管棧範不動。

脚竿竹六根，套橫眼竹下，按一二三四五六順踏。

扒攩竹一根，攩範子用。攩棧竹一根，攩棧用。

天平架一箇，釘右邊機身子下，架橫眼竹，高一尺五寸五分，寬一尺五寸。

釣魚竿一根，長三尺二寸，門搭馬用。
將軍柱一根，管搭馬不往前去。
搭馬一塊，管框子懸空，不往下走。
打經板一塊，兩頭打眼，用繩穿入，下縋秤柁石二箇。
拽放繩一根，織好一段，以手拉繩放敵花用。
緯棚一塊，上下打眼六十箇，插管用。
量天尺一根，攏花用。
攪尺一根，長三尺。麻辮一根，長五尺，管機上力之鬆緊。
扶邊繩一根，長六尺，兩頭縋石二塊。
豬腳盤五根，分豬腳線用。
海棒四根，長二尺，一頭削尖，一頭打眼，拴在橫檐上。如查經斷處，以便分開用。

又 花素緞機甯綢四川式

甯綢以緞機，名可織甯綢，並可織緞。機制能通用，長一丈七尺二寸，分爲兩截，上截在平地，下截在炕上。先掘長坑一，深四尺，寬四尺，墜墜籤處也。一深二尺，橫寬四尺，踏竿處也。機上器具不一，各有名號，不至混淆，附開於後。

上排檐二根，長八尺三寸，寬三寸五分，厚二寸五分。
樘椿二根，高三尺二寸，寬五寸五分，厚一寸七分。
橫樘二根，檔寬四尺四寸。
樘心一根，捲經絲用，長四尺七寸，中檔大二寸五分見方，兩頭圓軸大二寸。
雲頭二箇，安樘心兩頭，大一尺三寸見方。
以上係上排檐機具。
下排檐二根，長九尺，面寬四寸三分，厚五寸。
腰機腳二根，高二尺六寸，寬厚與下排檐同，上開含口，深五寸，寬三寸三分。
馬頭二箇，穿懷輥用，高一尺四寸，寬六寸，厚三寸二分。圓孔大三寸，下有海底釘四箇。
懷輥一根，捲織綢用，長四尺五寸，中檔長四尺，大四寸四分。輥軸兩頭，每頭小三寸八分。
紮伏一根，紮入懷輥上，管壓綢頭，並無痕跡。
以上係下排檐機具。
闕明柱二根，高五尺，寬厚均二寸。
橫帽梁一根，長五尺，寬二寸五分，厚二寸，檔寬四尺四寸。
鎖腳樘一根，長六尺，寬厚一寸五分，筍眼八分見方。
以上係闕門柱機具。
四柱四根，置下排檐上，以起花樓，高四尺六寸，寬厚均一寸九分。橫檔寬四尺四寸，直檔寬二尺，以高低平分。
活龍圈二根，長五尺，寬二寸三分，厚一寸八分。橫樘二根，長二尺四寸。
冲天柱二根，以起花樓，高七尺，大一寸三分見方。
天平一根，置冲天柱上，長二尺九寸，寬二寸五分，厚一寸八分。
丁丁貓二塊，穿天平上，以挂花扒，長二尺五寸，寬一寸一分，厚二分。
龍桿柱四根，竹爲之，附於四柱。
花角子二根，係圓木棍，橫安花樓兩邊，兩頭用鐵箍鐵心。
花耳子二塊，小鐵板長六寸，每板小孔八箇，置花樓柱內。
踏腳板二塊，用木隨作之。
以上係四柱機具。
立坐二根，高三尺七寸，厚三寸，上寬六寸五分。開含口，深六寸，寬一寸三分。居中打圓孔，安立坐木釘，以管撞杆，又底下寬三寸。
拖坭一根，擱年扭上，長四尺，寬厚均二寸八分，兩頭安指大鐵心，長六寸。
年扭二根，每根長四尺，作十六橙，共三十二橙，一頭抵土地石，一頭安腰機腳梭槽之上，槽長九寸。如倉壳子輕，則往下移，重則往上移。又年扭上安見方水平，長與檔同，大小隨用。
撞機石二箇，拴立坐上，長六寸八分，寬厚均二寸五分。
撞桿二根，穿立坐上，長九尺，寬厚均一寸四分。桿頭穿眼四箇，每眼相去四寸。
倉壳子二根，投撞桿於倉斗子上，均長四尺五寸，大一寸五分，中間安篾。如甯綢，篾齒一千三百根，每孔裝經八根，共一萬零四百頭。以上係立坐撞桿倉壳子機具。
天橋三根，長六尺，寬厚一寸八分。
立人二根，置天橋土，高九寸五分，寬二寸七分，厚一寸五分，作圓孔，徑一寸三分。

穿心一根，長三尺五寸，大一寸。

梃木一根，安立人上，長三尺二寸。

木鵰四根，長三尺二寸，貫入穿心木上，兩頭寬一寸二分，中間圓處寬二寸五分。作孔，大一寸五分，內穿鄉約三箇，間隔木鵰，以免相挫。木鵰兩頭安雙秤鐵鈎。

八字篾八條，長三尺八寸，寬五分，上挂鐵鈎，下套繩子。

範子四扇，每扇逛腿二根，共八根，吊八字篾上，範高二尺六寸，寬三尺五寸。線套上口，係織素而不起花。

鳳尾篾四條，長五尺三寸，寬四分。每篾穿眼三箇，可高可低，上挂木鵰，下吊橫腳竿。

橫腳竿四根，長五尺二寸，大一寸。

母倒挂木三條，釘在下排檐左邊，吊鳳尾篾，高八寸，長二尺一寸。

公倒挂木三條，釘在下排檐右邊，管橫腳竿，高一尺八寸，長二尺三寸。

順腳竿四根，長六尺，大二寸，一頭吊橫腳竿卜，一頭置猫耳洞內。織時按一二三四順踏。

千斤樁二根，管順腳竿，左邊安登雲石，右邊安踏腳石。

門坎木一條，管花長短高低之用。

坐機根一塊，或上或下，隨用。

攬齒一箇，或鬆或緊，隨用。

弓棚篾八條，釘在豆腐匣上，弓背長四尺二寸，寬一寸。弓絃長五尺二寸，寬四分。

棧楀子八箇，管棧上下，以繩套上，織花則扣楀，織素則放楀。

棧八扇，腿十六條，高二尺二寸，寬三尺三寸，用繩吊弓絃上，棧線套下山，管起花時將經壓下去，以免漏花。

趕棧棒一根，長三尺，大一寸，管移推弓棚或上或下。

夾扦竹八根，管棧範分匀，不至擁擠，內穿竹筒八箇，名鵝頸項，均擱在子排檐上，係置右邊下排檐之裏。

雙笋一根，長大與檔同，管機張棧範，以鎖定爲主。

以上係天橋上下相連機具。

上綷盤架框竹二根，長二尺，各有圓眼二十四箇，大一寸二分。綷竹二十四根，如筆管大，長二尺二寸，以分紋線。

騎馬竹一根，管二則龍花來去不亂。

定籤竹一根，管來去圓花邊花不亂。

下綷盤架框竹二根，長三尺五寸，各有圓眼二十六箇。綷竹二十六根，長二尺三寸，管分下綷線。

排綷竹四根，分中綷線四疋。

綷交竹四根，管綷不亂。

以上係綷盤相連機具。

提花線，分爲四節，頭節爲紋，長七尺，如甯綢，紋三百四十根，每一根套中綷線四根。二節爲柵欄子雙套，分兩股，一長五寸五分，一長三寸，線共六百八十根，每一根下套中綷線兩根。三節爲中綷，雙長二尺九寸。雙線套共一千三百六十根。每一根中綷提經線，有提八根，有提六根。合算分用四節爲下綷雙長二尺六寸，線共一千三百六十根，綷籤一千三百六十根，長一尺七寸，以縋中綷。

以上係提花線相連機具。

倉吊繩二根，提倉壳子。

木金錢三箇，套倉吊繩，來回三套，可上可下。

走引子，置天橋上，可上可下。

催機棒一根，以打走引子或上或下。

猴子石一箇，木石皆可，長一尺，寬三寸。猴子繩一根，拉範子上去。回頭繩一根，拉範子下去。

攬齒繩一根，長七尺，名便繩。

攬繩一根，長三丈八尺。象鼻子釘在左邊下排檐外。

金剛圈一箇，羊蹄子一箇，挂雲頭上，用攬繩上套羊蹄子，中套金剛圈，下套象鼻子，來回上三套，下二套。拉上繩則攬鬆，拉下繩則攬緊。

彈條一根，用竹蔑，管走引子，使不下墜。

底條一根，管梭子來去光滑。

以上係運動機張器具。

又 浣花緞機四川式　機制器具通用甯綢機，不必再列，衹敘範棧不同之處，以備博覽。浣花機用八範四棧，寬二尺，高長與甯綢範棧同。範線套上口，棧線套下口，頭一千八百根，係雙牽經。筬九百齒，每齒裝頭二根。踩竿八棍，頭一花整順踏，兩回倒踏，三回兩輪三摸，二花破織訣也。由左向右，仍照前順踏兩回，倒踏三回。

又　巴緞機四川式　機制器具可通用甯綢機，用六範四棧，寬二尺二寸。範線套上口，棧線套下口。雙牽經三千頭，筬一千齒，每齒裝經三根，共三千根。單牽共六千根，踩竿六根，來回踏。有素織、花織之分，素織一人，花織二人。

軍事機械分部

箭[矢]

論説

鄭玄注　陸德明音義　賈公彦疏《周禮注疏》卷三二《夏官司馬》　凡矢，枉矢、絜矢利火射，用諸守城、車戰，殺矢、鍭矢用諸近射、田獵，矰矢、茀矢用諸弋射，恒矢、痺矢用諸散射。注：此八矢者，弓弩各有四焉。枉矢、殺矢、矰矢、恒矢，弓所用也。絜矢、鍭矢、茀矢、痺矢，弩所用也。枉矢者，取名變星，飛行有光，今之飛矛是也，或謂之兵矢。絜矢，象焉。二者皆可結火以射敵、守城、車戰。前於重後微輕，行疾也。殺矢，言中則死。鍭矢象焉，鍭之言候也。二者皆可以司候射敵之近者及禽獸，前尤重，中深而不可遠也。結繳於矢謂之矰。矰，高也。茀夫象焉，茀之言刜也。二者皆可以弋飛鳥，刜羅之也。前於重，又微輕，行不低也。《詩》云：「弋鳧與鴈。」恒矢，安居之矢也。痺矢象焉。二者皆可以散射也，謂禮射及習射也。前後訂，其行平也。凡矢之制，枉矢之屬五分，二在前，三在後。殺矢之屬三分，一在前，二在後。矰矢之屬七分，三在前，四在後。恒矢之屬軒輖中，所謂志也。鄭司農云：「痺矢，讀爲人罷短之罷。」玄謂痺讀如痺病之痺，痺之言倫比。音義：枉，紆往反。絜，劉苦結反，又音結，一音户結反，弩矢也。鍭，音候，劉音侯，弩矢。矰，音增。茀，劉扶弗反，李一音孚忽反，一音敦，或音弗，弩矢。痺，方二反，弩矢。散，素旦反，注同。中，丁仲反，下中深、射中同。繳，章藥反。刜，孚物反。訂，李音亭，吕沈同，劉當定反。輖，音周，一音定周反。痺，方二反。比，毗志反。疏注釋曰：鄭知此八矢弓弩各有四者，以上文六弓四弩俱陳，於下總列八矢，則知八矢爲弓弩所設，故鄭分之，四矢屬弓，四矢屬弩也。八矢兩兩相附，必知在上者屬弓，在下者屬弩者，此上文六弓在上，四弩在下，故還以在上配弓，在下配弩也。云枉矢者，取名變星，飛行有光，今之飛矛是也者，按：《輈人》云：「弧旌枉矢，以象弧也」，按：《孝經緯・援神契》云「枉矢射慝」。《考異郵》曰：「枉矢精狀如流星，蛇行，有尾見。」《天文志》曰：「枉矢，狀大流星。」是其妖變之星，行時有光，故鄭云「枉矢者，取名變星，飛行有光」。漢時名此矢爲飛矛，故舉以爲説也。云或謂之兵矢者，《矢人職》文云「絜矢象焉」者，謂輕重象枉矢也。云二者皆可結火以射敵、守城、車戰者，謂枉矢絜矢二者，故鄭矢人職注，以枉絜二矢，俱爲兵矢。云前於重後微輕，行疾也者，以殺矢三分一在前，二在後，是最重者也。此枉絜二矢則五分二在前，三在後。故云前於重後微輕。微輕，對已下矰矢、恒矢等爲最輕也。云殺矢，言中則死者，解稱殺矢之名，以其最重，中則死故也。云鍭矢象焉者，亦尤重者也。云二者皆可以司候射敵之近者及禽獸者，釋經用「諸近射田獵」之文。云前尤重，中深而不可遠也者，以其三分一在前，二在後，故云尤重。中深，故殺名。不可遠，故用之近射也。云結繳於矢謂之矰。矰，高也者，繳則繩也，謂結繩於矢以弋射鳥獸者。言矰高者，欲取向上射飛鳥之義也。云茀矢象焉者，亦結繳爲射也。云茀之言刜也，二者皆可以弋飛鳥刜羅之也者，解結繳以羅取而刜殺之義。云前於重又微輕者，此又對枉矢絜矢五分者是重，此於五分之重，又微輕於彼，以此矢七分故也。引《詩》者，證弋是取禽鳥之義也。云恒矢安居之矢也者，按：《弓人》有「其人安」、「其弓安」、「其矢安」之文，則此恒矢軒輖訂，是安居之矢也。云痺矢象焉，二者皆可以散射也，謂禮射及習射也者，已上六矢，皆用之攻守及弋射，惟此矢云散射，明散射是禮射也。其禮射者，即大射、賓射、燕射之等皆是；其習，亦於此三射中爲之，故并言之也。云前後訂，其行平也者，以矰矢七分，三在前四在後，則知此八分，四在前四在後，即行平也。云「凡矢之制，枉矢之屬」至「四在後」，皆《矢人職》文。云恒矢之屬軒輖中，所謂志也者，《既夕記》云「志一乘，軒輖中」，是也。先鄭云痺矢讀爲人罷短之罷，此依俗讀，於義無取。玄謂痺讀爲痺病之痺，痺之言倫比，倫比則與安居之義同也。此八矢六弓四弩不相配者，以四矢配四弩，於義爲可，以四矢配六弓，其數參差，不可相當，故不得相配，但依六弓四弩與矢隨義相當而用之。

又　卷四一《冬官考工記下》　矢人爲矢，鍭矢參分，茀矢參分，一在前，二在後。注：參訂之而平者，前有鐵重也。《司弓矢職》茀當爲殺。鄭司農云：「一在前，謂箭稾中鐵莖居參分殺一以前。」音義：鍭矢，音侯，劉音候。茀，依注，音殺，色黠反，劉色例反，李音拂。訂，音亭，劉當定反。稾，古老反，下同。疏：注釋曰：云參訂之而平者，以其言參分一在前，二在後，明據稱量得訂而言之。云前有鐵重也者，若不前鐵重，何以參分得訂也。引《司弓矢職》者，彼鍭矢與殺矢相對，茀矢自與矰矢相對。此上既言鍭矢，明下宜有殺矢對之，故破此茀爲殺矢也。鄭云一在前，謂箭稾中錢莖居參分殺一以前者，後鄭意，直據近鏃鐵多；先鄭據長短，又以參分殺之，近鏃宜細，以其鏃長，近鏃雖殺猶重，與後鄭義合，故引之在下也。兵矢、田矢五分，二在前，三在後。注：鐵差短小也。兵矢，謂枉矢、絜矢也。此二矢亦可以田。田矢，謂矰矢。音義：絜，若結反，又音結。矰，音增。疏注釋曰：云鐵差短小也者，前參分一在前得訂，此五分二在前得訂，故知鐵差短小也。云兵矢謂枉矢、絜矢也者，以《司弓矢職》參之，下有七分，當茀矢矰矢，此五分，當枉矢、絜矢也。云田矢，爲矰矢者，依《鄭志》。此云田矢謂矰矢，非謂經中田矢，正是下文七分者。若然，既非經之田矢，鄭言之者，欲見矰矢正田矢。此經二矢亦可以田，若然，經枉矢、絜矢非直爲兵矢，亦將田獵，故云此二矢亦可以田也。按《鄭志》，趙商問：「《司弓矢》注云：凡矢之制，矰矢之屬，七分，三在前，四在後。」按《矢人職》曰：「田矢五分，二在前，三在後。」注云：「田矢，謂矰矢。數不相應，不知所裁。」答曰：「田矢謂矰矢，此先定，後云此一矢亦可以田。頃若少疾，此疏初在篋笥之間，屬録事得之，謹答。」若然，鄭君本意，以矰矢爲田矢，非經田矢，自是尋常田矢。此二矢亦可以田，解經田矢是枉矢、絜矢，非直爲兵矢，此二者亦可以田也。此鄭云田矢謂矰矢，按《司弓矢職》，枉矢、絜矢言利諸田獵，茀矢、矰矢直言弋射，不言田獵，而云田矢者，弋射即是田獵也。按《司弓矢職》，枉矢、絜矢在前，後乃云鍭矢、殺矢，此《矢人》先言鍭矢、殺矢者，彼據事之重者爲先，以其枉矢、絜矢用諸戰伐是重，故在前，此據鐵輕重，重者在前，故不同也。䋄矢七分，三在前，四在後。注：鐵又差短小也，《司弓矢職》䋄當爲茀。音義：䋄，依注爲茀，劉符弗反，李音拂。疏注釋曰：上經已破茀當爲殺，此䋄固宜爲茀，與矰矢同七分，故亦引《司弓矢》證之也。此經直言茀矢，不言矰矢者，以其與茀矢同制，故略而不言也。言鐵又差短小也者，以其前五分三在前，此七分三在前，是差短小也。

參分其長而殺其一，注：矢稾長三尺，殺其前一尺，令趣鏃也。音義：殺，本又作殺，色界反，注下皆同。趣，七喻反，一音促。鏃，子木反，或七本反。疏注釋曰：按《稾人》注：「矢服長短之制，未聞。」今此注云矢稾長三尺，彼以無正文，故云未聞。此云三尺者，約羽六寸，逆差之，故知三尺也。五分其長而羽其一，注：羽者，六寸。音義：羽，于付反，注及下同。以其笴厚爲之羽深，注：笴讀爲稾，謂矢幹，古文假借字。厚之數，未聞。音義：笴，古老反，下相笴同。水之以辨其陰陽，注：辨猶正也。陰沈而陽浮。音義：辨，皮勉反，劉方勉反。疏：注釋曰：就其浮沈刻記之。夾其陰陽以設其比，夾其比以設其羽，注：夾其陰陽者，弓矢比在稾兩旁，弩矢比在上下。設羽於四角，鄭司農云：「比謂括也。」音義：夾，古洽反，劉古協反。比，毗志反，下及注同。疏注釋曰：云弓矢比在稾兩旁者，以其弓竪用之，故比在稾之兩旁。云弩矢比在上下者，以其弩弓横用之，故比在稾上下。云設羽於四角者，無問弓之矢，弩之矢，比在兩旁上下，皆設羽於四角同也。參分其羽以設其刃，注：刃二寸。疏：注釋曰：知刃二寸者，以其言參分其羽以設其刃，不可參分取二分，作四寸刃，明知參分取一，得二寸爲刃，故知刃二寸。則雖有疾風，亦弗之能憚矣。注：故書憚或作但。鄭司農云：「讀當爲憚之以威之憚，謂風不能驚憚箭也。」音義：憚，音怛，都達反，李直旦反，注同，李又直丹反。刃長寸，圍寸，鋌十之，重三垸。注：刃長寸，脱「二」字。鋌一尺。音義：鋌，徒頂反。垸，音丸。疏注釋曰：知脱「二」字者，據上參分其羽，以設其刃，若刃一寸，則羽三寸，矢一尺五寸，便大短，明知脱二字也。

前弱則俛，後弱則翔。中弱則紆，中强則揚。羽豐則遲，羽殺則趮。注：言幹羽之病，使矢行不正。俛，低也。翔，迴顧也。紆，曲也。揚，飛也。豐，大也。趮，旁掉也。音義：趮，音躁，子到反，沈又色到反。掉，徒弔反。是故夾而摇之，以眂其豐殺之節也。注：今人以指夾矢儛衛是也。音義：摇，本又作揺，羊招反。疏釋曰：上經陳幹羽失所，今此經説知矢之羽病狀，故云夾而摇之，以眂其豐殺之節也。橈之，以眂其鴻殺之稱也。注：橈搦其幹。音義：橈，乃孝反。稱，尺證反。搦，女角反。疏釋曰：此經説知矢幹之病狀，此言鴻，即上文强是也。此言殺，即上文弱是也。

凡相笴，欲生而摶，同摶欲重，同重節欲疏，同疏欲桌。注：相猶擇也。生謂無瑕蠹也。摶讀如摶黍之摶，謂圜也。鄭司農云：「欲桌，欲其色如桌也。」音義：相，息亮反，注同。摶，陡丸反。蠹，丁故反。疏注釋曰：云生謂無瑕蠹也者，直言欲生，於義無所取，故以無瑕蠹解之。無瑕，謂無異色。無蠹，謂無蠹孔也。云摶讀如摶黍之摶者，讀如《爾雅》釋鳥，黄鳥，摶黍也。此取其摶團之義。先鄭云欲桌，欲其色如桌也者，觀經桌，義取堅實。先鄭云色如桌，即是堅實者。

荀况撰　楊倞注《荀子》卷一〇《議兵篇》　魏氏之武卒，以度取之，武卒，選擇武勇之卒，號爲武卒。度取之，謂取其長短材力中度者。衣三屬之甲，如淳曰：「上身一，髀禪一，脛繳一，凡三屬也。」衣，於氣反。屬，之欲反。操十二石之弩，負服矢五十箇，置戈其上，置戈於身之上，謂荷戈也。冠軸帶劍，軸與胄同。《漢書》作「胄帶劍」，顔師古曰：「著兜鍪而又帶劍也。」贏三日之糧，日中而趨百里。贏，負擔也。日中，一日之中也。

《周易·繫辭下》　弦木爲弧，剡木爲矢，弧矢之利，以威天下，蓋取諸睽。

劉熙《釋名》卷七《釋兵》　矢，指也，言其有所指向迅疾也。又謂之箭，前進也。其本曰足。矢形似木，木以下爲本，本以根謂足也。又謂之鏑，鏑，敵也，可以禦敵也。齊人謂之鏃，鏃，族也，言其所中皆族滅也。關西曰釭，釭，鉸也，言有交刃也。其體曰幹，言挺幹也。其旁曰羽，如鳥羽也，鳥須羽而飛，矢須羽而前也。齊人曰衛，所以導衛矢也。其末曰栝，栝，會也，與弦會也。栝旁曰叉，形似叉也。其受之器以皮曰箙，謂柔服用之也。織竹曰笮，相迫笮之名也。步叉，人所帶，以箭叉其中也。馬上曰鞬，鞬，建也，弓矢並建立其中也。

徐堅《初學記》卷二二《武部》 箭

《方言》云：自關而東謂之矢，江淮之間謂之鍭，侯。關西曰箭。郭璞注云：箭者，竹名，因以爲號也。按《世本》，牟夷作矢。牟夷，黄帝臣名。孫卿子曰：浮游作矢。【略】

羊頭，鶉尾。揚雄《方言》曰：凡箭鏃三者謂之羊頭，其廣薄而長。薄謂之鉀。魏《百官志》曰：三公拜賜鶉尾骹箭十二枚。

張九齡等《唐六典》卷一六《衛尉宗正寺·兩京武庫》 箭之制有四：一曰竹箭，二曰木箭，三曰兵箭，四曰弩箭。《周禮》司弓矢，掌八矢之法，枉矢、絜矢利火射，用諸守城、車戰。殺矢、鍭矢用諸近射、田獵。矰矢、茀矢用諸弋射。恒矢、庳矢用諸散射。《方言》曰：自關而東謂之矢，江淮之間謂之鏃，關西謂之箭。其本曰鏑，體曰幹，其旁曰羽，其矢末曰括，其括旁曰叉。《通俗文》曰：骨鏃曰骲，鐵鏃曰鏑，鳴箭曰骹，霍葉曰鈚。皆古之制也。竹箭以竹爲笴，諸箭亦通用。木箭以木爲笴，唯利射獵。兵箭剛鏃而長，用之射甲。弩箭皮羽而短，用之陷堅也。

林希逸《考工記解》卷下

矢人爲矢。

此《記》所紀未知何時，解者皆以《周禮》相辨證，亦未爲至當之論，今且得依注疏所説。

鍭矢參分，茀矢參分，一在前，二在後。

鍭矢、茀矢、兵矢、田矢、殺矢，此《記》中五矢名也。鄭氏以《周禮·司弓矢》證之，謂茀當爲殺。參分其矢之長，以衡平之，一分在前，二分在後，則得其半。其所以如此者，以鏃在笴首，差重也。此意蓋欲鏃頭輕重得宜，或太重太輕，則於射時有病也。以此推之，則鏃箭之重正得笴之重三分之一也。鍭矢、茀矢皆然。若以文法觀之，恐鍭矢下「三分」字，衍文也，下文兵矢、田矢則可見。

兵矢、田矢，五分，二在前，三在後。

此二矢以五分均之，其鏃鐵比鍭矢、殺矢又少輕也。鄭云兵矢者，枉矢、絜矢也。絜，音擷，又音結。田矢，矰矢也，亦以《司弓矢》證之也。

殺矢七分，三在前，四在後。

此鐵鏃又差短小也。鄭云殺當爲茀，音拂。前以茀爲殺，此以殺爲茀，皆因《周禮·司弓矢職》爲窒礙也。若知《考工》與《周禮》異則無此矣。

參分其長而殺其一。

笴之入鏃處必削減少許也，故曰殺三分而殺其一，亦欲輕重得所也。

五分其長而羽其一。

此論箭幹也。假如笴長二尺，則設羽處有四寸也。

以其笴厚爲之羽深。

此言量其輻廣以爲鑿深之意。不曰量，而曰以者，分毫未可定也。笴，矢幹也，其厚能幾，況羽又設之四旁。若謂其深必如其厚，則無可容之處。《記》者特言其大槩而已。

水之，以辨其陰陽。

竹有上下，上爲陽，下爲陰。以水試之，浮者爲上，而沈者爲下也。

夾其陰陽以設其比，夾其比以設其羽。

比者，笴之兩旁也。陽爲左，陰爲右，比在其左右也。比必笴上有一線稍高也。夾其比而設其羽者，羽有四，夾其比而置之，四角皆有羽也。

參分其羽以設其刃，則雖有疾風，亦弗之能憚矣。

箭鏃之刃與笴末之羽，兩者相並，羽有三分則刃有一分。鄭云刃二寸，恐未然。憚，讀爲怛，又音歎。雖有疾風亦不憚者，言刃與羽若得其所，則疾風之中而射之，其箭亦無所動驚也。

刃長寸，圍寸，鋌十之，重三垸。

鋌，鏃之容笴處。刃長一寸，則其鏃之圍亦一寸。鏃亦前小而後大，其容笴處不應有十寸。鄭氏以爲脱字是已，非十字誤，則之字下更有某字也。其重三垸，則一矢之長通重十二垸矣。何者？前言三分一在前，二在後則可見。

前弱則俛，後弱則翔。中弱則紆，中强則揚。

俛者，射之則趨下也。翔者，射之則摇摇。紆者，去不直也。揚者，激起也。此言箭笴欲得不强不弱，中與前後皆如一也。

羽豐則遲，羽殺則趮。

豐，多也。殺，少也。遲，去緩也。趮，去太急也。此言設羽欲其不多不少，得中也。

是故夾而摇之，以眂其豐殺之節也。

夾於兩指之間而摇之，則知其羽之豐殺也。

橈之，以眂其鴻殺之稱也。

橈者，以手試之也。鴻，大也。殺，小也。此言欲其笴之大小停當也，故曰稱。

凡相笴，欲生而摶。同摶欲重，同重節欲疏，同疏欲稾。

生，不用枯竹也。摶，圓也。竹之圓既同，則擇其重者用之。竹之重既同，則擇其節之踈者用之。踈，長也。其節之長既同，則擇其堅栗者用之。相，擇也，此擇笴之法也。

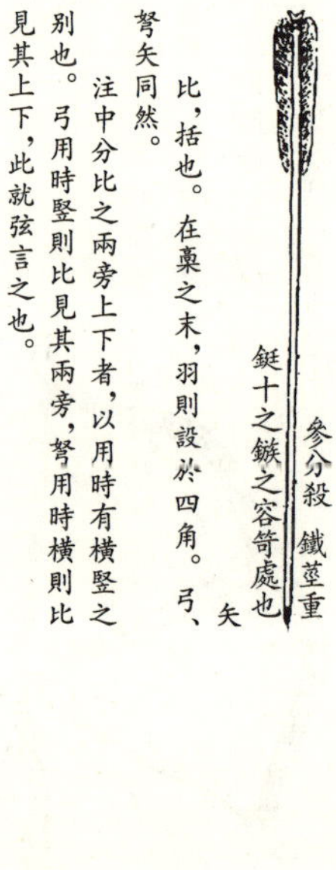

脱脱等《宋史》卷一九七《兵志第一百五十·兵十一器甲之制》 隆興元年，御降木羽弩箭式，每路依式製箭百萬。淳熙九年，衢州守臣製到木鶴觜弩二千，箭十萬。又湖北京西造納無羽箭。上曰：箭不用羽，可謂精巧。其屋藏之。

柯尚遷《周禮全經釋原》卷一〇《夏官下》

凡矢，枉矢、絜矢利火射，用諸守城、車戰。殺矢、鍭矢用諸近射、田獵。矰矢、茀矢用諸弋射。恒矢、庳矢用諸散射。鍭，音侯。茀，音弗。庳，方二反。【略】

凡八矢者，弓弩各有四焉。枉、殺、矰、恒，弓所用也。絜、鍭、茀、庳，弩所用也。枉矢取變星。絜有結約之義。五分二在前，三在後，其鐵比鍭殺爲差小。前較重，後微輕，其行則疾，故利火射，用諸守城、車戰。殺矢前鐵最重，中之必死，故曰殺矢。鍭矢象焉，三分一在前，二在後，其前尤重，故中深而不可遠，用諸近射田獵爲宜。結繳於矢謂之矰，矰，高也。茀矢象焉，茀之言刜也，七分三在前，四在後，其鐵比枉絜又差小，其行不低，故用諸弋射。蓋弋飛鳥刜羅之也。恒矢以其可常用也。庳矢象焉，以其矢行而卑也，八分四在前，四在後，訂其行平也，故可用諸散射，謂禮射及習射也。

郝敬《周禮完解》卷一二《冬官考工記下》

矢人爲矢，鍭矢參分，茀矢參分，一在前，二在後。兵矢、田矢，五分，二在前，三在後。殺矢七分，三在前，四在後。參分其長而殺其一，五分其長而羽其一，以其笴稾。厚爲之羽深。水之以辯其陰陽，夾其陰陽以設其比，夾其比以設其羽。參分其羽，以設其刃，則雖有疾風，亦弗之能憚矣。刃長寸，圍寸，鋌十之，重三垸。前弱則俛，後弱則翔。中弱則紆，中强則揚。羽豐則遲，羽殺則趮。是故夾而摇之，以眂其豐殺之節也。橈之，以眂其鴻殺之稱也。凡相笴，欲生而摶，團。同摶欲重，同重節欲疏，同疏欲稾。

此亦刮摩之工。矢，弓弩之矢。古矢石鏃。《禹貢》荆州丹砮，《國語》肅慎氏楛矢石砮，故矢工亦刮摩也。鍭，鐵鏃。茀矢，矢輕疾者，見《司弓矢職》。茀矢三分，當作殺矢三分。下殺矢七分，當作茀矢。殺矢有刃在前，與鍭矢皆三分其矢之長而衡之。以前一分後二分爲平，前有鏃刃重也。兵矢田矢五分，以前二後三爲平，簇差小也。茀矢七分，以前三後四爲平，鏃尤小也。三分其長，謂矢笴長三尺，殺其前一尺，令小趨鏃也。又以三尺分爲五分，一分著羽，則羽長六寸也。又量其笴之厚以爲羽之深，不使傷笴也。陰陽者，陽浮陰沈，陽仰陰伏。試之水，以辯竹材之上下也。比，矢括也。夾其陰陽者，陽在上，陰在下，居中爲括，當括兩旁，上下設羽于四角，故曰夾比也。凡羽，居刃之三分，羽輕金重，三倍其刃，則前後相得，雖遇疾風，不能驚憚也。刃長寸，圍寸，柄入稾中尺，其重三垸。垸，丸通，即前《冶氏》之制也。俛，低也。翔，旋也。紆，曲也。趮，躁同，急也。凡矢笴强弱與羽豐殺，欲其適中，如笴前弱則矢行低，後弱則去而旋，中弱則往而曲，中强則揚而起。此笴之鴻殺不稱也。羽太多則矢行緩，太少則行疾，此羽之豐殺失節也。以指夾其矢而摇之，則知羽之豐殺。以手橈其幹而曲之，則知笴之鴻殺。故相笴之法，欲其材生而新，又欲其幹摶而圜。其圜同，則擇其重者用之。其重同，則擇其節之稀疏者用之。其節疏同，則擇其堅栗者用之。如此，則材美而矢良。生，新也，謂不朽蠹。摶，團同。

顧煜《射書》卷一《射論增定》

搭矢

先看矢翎在上，即入扣，須前手低四五分，後手高四五分。蓋前高後低，則發矢水平而不描矢，亦顧力之强弱何如。力强自能遠到。後手宜高，若力弱而後高，則矢不到把矣。須放平些，宜自家時時酌量。後手大指鉤弦，將食指鉤大指，然食指尖須直向於下，若横斜則致鉤弦，而發矢偏於把右矣。食指内節，一直傍矢，不可太逼，蓋惟傍矢，則矢不落地；而不太逼，則矢不曲向右。或以中指鉤大指，而直伸食指傍矢，又或以食中二指鉤大指，曰双鉤，亦各從其便。

又　辨箭

弓矢相配如權衡，然大約弓力重十斤，用箭一錢二分；百斤之弓，箭可重一兩二錢。弓弱至三十斤，箭至三錢六七分，止矣。其量箭之法，須將左臂及左手中指俱向左伸直，即以箭鏃頂在左肩下脇骨上，量至左手中指頂止。指頂外，又加二寸五分，是爲定式。長短各以臂指爲量準。其箭竹惟廣中者佳，江西次之。

又　邊箭式

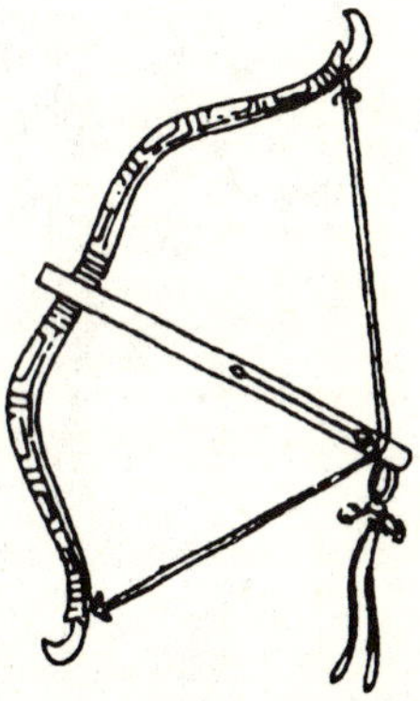

邊箭式

邊箭法

羅拱辰云：人知射長箭，不知射邊箭。弩手亦不知用弩之法，况各止用竿子，雖可取勝，殊非長技。且長箭去遲，敵人窺見，彼得閃避，又得拾取復射，其利在彼。邊箭去疾，敵人難窺，非惟彼不能避，且不能回射。况邊箭所到，倍長箭百步有餘，其利在我。長邊二箭，務令弓手兼習，若賊遠緩，則射邊箭，近迫則射長箭。各從其便。

又　兩廣藥箭法

弓弩必採兩廣毒藥以灌其鏃，鏃着血縷則立死。但浙人不習射，當如兩河以北，懸射銀錢之利，以誘之使習。令弓師而能教百人善弓，則善弓者得以一人兼二人之食，而弓師且賞之以百金，而署之爲百人之將矣。令弩師而教百人善弩，則善弩者亦得以一人兼二人之食，而弩師且賞之以百金，而署之爲百人之將矣。如此則不數月而全軍皆善射矣，其他短兵鎗棒亦率類此。

或云毒箭射人，遇衣絮沾染，藥即脱落，箭鏃着肉際，毒已緩矣，不能殺人也。須于鏃上鑽孔，以藥嵌入，則雖透衣而藥不脱，傷者應弦而絶。

又　架箭式

架箭法

右手拿箭，駕在左手拇指食指間，押在食指中指間。如駕弓於膝，搭箭，則用右手拇指抵箭口，直送至弦裡，然後食指合拇指，齊挽箭口入弦。如駕空横弓搭箭，則用右手，或拇指抵箭口向下，或食指抵箭口向上，送箭至弦裡，然後食指合拇指，齊挽箭口入弦。向下者爲何，左手近身而弓背略向下，則右手抵箭口，亦略向下。向上者爲何，左手伸開遠身，而弓背向上，則右手抵箭口，亦向上矣。向下者，一拇指可送，拇指合食指亦可送。向上者，則必用一食指送之，然向下終不若向上送矢，得勢可觀也。發箭時，左手食指縮下爲便。馬射要在挽箭快利，若不熟習，馬踕如飛，焉能連發三箭。

方苞《周官集注》卷八

凡矢，枉矢、絜矢利火射，用諸守城、車戰。殺矢、鍭矢用諸近射、田獵。矰矢、茀矢用諸弋射。恒矢、痺矢用諸散射。

枉矢，殺矢，矰矢，恒矢，弓所用也。絜矢，鍭矢，茀矢，痺矢，弩所用也。枉矢取名天星，絜矢象焉，二矢前重後微輕，行疾。殺矢言中則死，鍭矢象焉，二矢前尤重，中深而不可遠也。結繳于矢謂之矰。茀矢象焉，二矢前重，體微輕，行不能低。恒矢，安居之矢也，痺矢象焉，二矢前後亭均，其行平。八矢之制見《考工記》矢人。王氏詳説曰：上經四弩用于攻守與戰，此枉矢、絜矢用諸守城、車戰，則二矢用之四弩明矣。其餘六矢當六弓之用。上經曰王弧以射甲革椹質，甲革椹質，軍射也。此曰殺矢、鍭矢用于田獵，軍射、田射一事也。故《考工記》兵矢田矢亦同其制，則此二矢以當王弧明矣。

形制

張華《博物志》卷二《異俗》

交州夷名曰俚子。俚子弓長數尺，箭長尺餘，以燋銅爲鏑，塗毒藥于鏑鋒，中人即死，不時斂藏，即腹脹沸爛，須臾肌肉都盡，唯骨耳。其俗誓不以此藥法語人。治之飲婦人月水及糞汁，時有差者。唯射猪犬則無恙，以其食糞故也。燋銅者，故燒器。其長老唯別燋銅聲，以物杵之，徐聽其聲，得燋毒者，便鑿取以爲箭鏑。

聶崇義《三禮圖集注》卷八　彤矢　玈矢

彤矢、玈矢，各隨弓漆色爲名。射用乘矢，象有事於四方也。其笴皆長三尺，羽六寸，刃二寸。又《司弓矢》有枉矢、絜矢五分，二在前，三在後，利火射，用諸守城、車戰。其恒矢、庳矢，軒輖中用諸散射。注云：散射謂禮射及習射。孔義云：但弓矢相配，彊弓用重矢，弱弓用輕矢，既唐大彊弱中恒矢。軒輖中，則彤玈二矢當恒矢。若用之於戰則當枉矢矣。

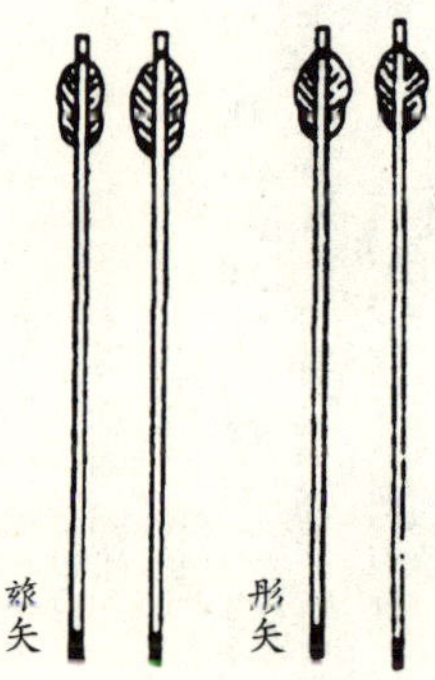

曾公亮　丁度《武經總要》前集卷一三《器圖》

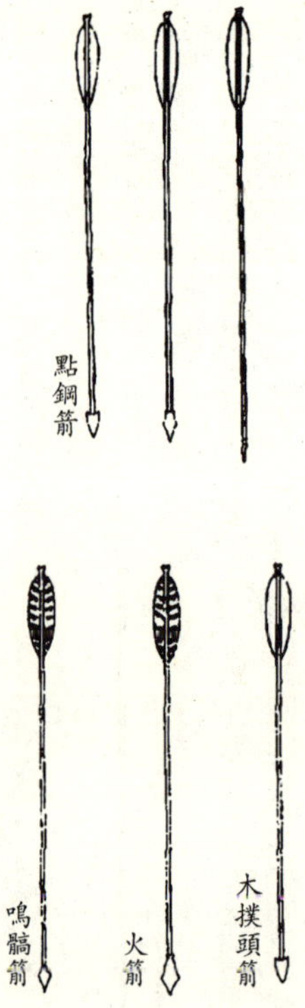

右其飾有黑漆、黄白樺、麻背之別，其彊弱以石斗爲等。箭有點鋼、木撲頭、鳴髇。鋼，精鐵也。木撲頭，施於教閱；鳴髇戲者。又有火箭，施火藥於箭首，弓弩通用之。其傅藥輕重，以弓力爲準。

華獄《翠微先生北征録》卷八《器用小節》

弓箭制

箭鏃五：石蓮頭，鑿子頭，喬麥稜，寸金鑿子，破甲錐。

已上惟寸金鑿子、破甲錐易入甲最妙。

箭翎六：皁鵰，白鵰，野雉，鴻鵠，鶫鶴，鴈鶩。

已上惟雉、鵰、鵰翎三色最妙，然鵰、鵰艱得，不若皆用雉翎。

箭簳五：腦節，巴翎，腰瞯，通簳，天注。

已上惟通簳、天注最妙。

箭笴三：山繭，采漆，桐油。

黏翎三：漆，膠，兼膠走絲。

鏃重不得過三錢，箭重不得過十錢。

臣聞矢不破堅與無矢同，矢不破甲反資敵用，造矢不可無法尚矣。近日所製箭鏃太重，箭簳太麤，膠易解散，翎易脱落，其故何邪？蓋古人之製箭，欲其去之勁直也，故翎之羽曰鶫，曰鶴，曰鴻，曰鵠。所用不拘於一名，欲其去之鋒利也。故鏃之以金，曰石蓮，曰鑿子，曰喬麥稜，曰破甲錐，所製不拘於一樣。簳有腦節、巴翎、腰瞯之辨，笴有山繭、采色、桐油、柿漆之別。然考其已驗之迹，翎則鵰、鶚、野雉爲最捷，鏃則寸金、鑿、破甲錐爲最鋭，簳則通簳去直而易中，笴則漆易成而省費，餘皆徒事觀美，不堪實用。虜中軍器上皆有元監造官姓名、年月，遇有損害，有誤使用，即將元監造官吏依法施行，斷不輕恕。所以虜酋器具一一如法，而吾軍製作之司一切不問，則欲速成，可以逃責，備數足矣。此所以類皆苟簡滅裂而不中用也。況鏃重則弓輭而去地不遠，箭重則弓硬而中甲不入。舊法，箭頭重過三錢，則箭去衣過百步。箭身重過十錢，則弓力當用一碩，是謂弓箭制。

又　弩箭制

弩箭用竹翎、鶫翎。

弩箭合用，隨絃至檐，更放鏃出檐一寸，不得太長。惟一滴油只依舊法。

弩箭皆用竹簳，或遇無竹亦可用柳，番賊皆用柳簳。

弩箭鏃合用寸金鑿子、破甲錐。

臣聞弩箭之制與弓箭不同，弓箭瞰絃而安笴頗難，弩箭平頭而安笴甚易。弓箭太長而擇簳甚費，弩箭太短而擇簳甚省。比者帥臣造華車弩而箭用鐵簳，故失於太重而不能及遠。造克敵弩而箭用索翎，故失於太鈍而不能取親，均於無用。要之，鏃用石蓮頭、喬麥稜則光滑而不能入甲，不若用破甲錐、寸金鑿子，則鑿上有鋒而易入竅隙。翎用禽羽則得箭者尚堪再射，不若用竹片裁製，則翎口如刀而易穿肌肉。是謂弩箭制。

茅元儀《武備志》卷八五《陣練制·練十八·教藝二》 弩

凡削箭用老竹節長者，先將火燻乾去油，則性硬直不彎。晒者雖乾，放久又彎矣。近節處兩頭蹺彎，可截去彎的方用。再將竹根週横輕鋸一痕跡，作爲記號，不致悮用竹根倒爲箭頭。如悮用，箭去不遠，如翻觔斗而墜矣。將竹破成箭胚，劈去竹黄，再晒乾。削時量其大小，先削四方，再削四稜，再削圓。毋得一節大，一節小，必要從根至梢，一樣均勻。再用刀後圓梘刀，細刮圓浄，箭頭斜削三刀，毋大鋭。此常射禽用也，臨敵必用鐵鏃。箭尾要齊，齊處當半破開寸許，將翎夾入，其翎用金竹，或桂竹笋籜薄者，一正一反，爲陰陽翎。苗竹笋籜厚硬，箬葉煋脆，皆不堪用。安翎後開處當用蔴紮，其蔴雖用少倘大小。弩發擊斷，紮蔴箭尾開分兩半而止。如臨敵，此一箭有失，俟再上弩，再發箭，遲悮失事不小矣。慎之戒之，故必要用好蔴，緊紮如法，不麄不細，多纏二三迴爲善。如用鳥羽爲翎，則用膠粘，不必破開蔴紮矣。如箭再彎，又用火烘，務調端直，箭去不摇方有準。弩之力約一百五六十觔，竹箭重一錢二三分爲率，再加鐵頭重四分五分而止，又加以藥，約有二錢矣。如過此規，頭重尾輕，則箭摇擺，去之不遠，且又不準，難以殺敵。若弩力三百觔，則箭併頭，又可加矣。安鐵頭之法，將削成竹箭，頭再削去梢尖小些，破四開，約長寸許，削去中心稜，合即成一眼，將箭頭插入，再用絲綿從頭薄纏紮緊，過破處五分。將箭插入藥壺内，養藥入棉，射中人身，僅能拔出其幹，箭頭在肉内不出矣。綿上藥見血，即散走，封喉而斃。

弩箭圖

又 《削弩箭歌訣》 訣云：若要親，黄龍背上一條青。箭頭三刀快，箭尾一刀齊。紮蔴須用小，翎大箭行遲。弦長分左右，箭短有高低。

箭筒以竹爲之，兩頭存節。取節比箭略長一十，中間近上開一門，門之長短以箭出入無碍爲率。竹見風多裂破，故毛葫蘆兵射鹿，取鹿陰囊皮，上下包裹，見風不裂，稱毛葫蘆兵者以此。

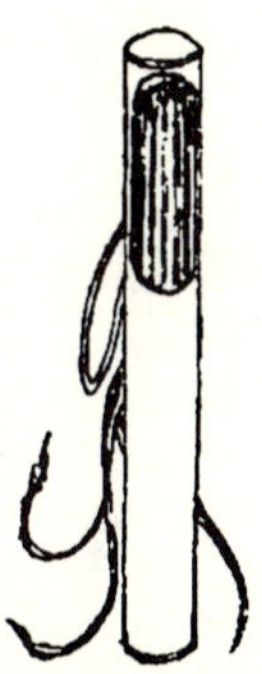
弩箭筒圖

箭端以桛木爲之，上面斜開長短二槽，闊狹以容箭爲規。如箭彎，必不能致遠射親，將箭用火焙熱，入槽内調端使直，即箭去遠而親矣。

弩箭端圖

凡箭頭必要夾鋼打造，如無鋼不能透堅，中脊厚起一線，直至尖上。如平薄，中脊不高起至尖，一遇堅物，其箭頭彎捲，何能洞堅，是無用之器也。兩邊兩要利，箭尾長寸許，剉磨光浄淬堅，再磨爲美。然兩翅又要闊狹得宜，其箭桿要纏絲綿浸藥。若箭頭狹小，射入身上，箭頭雖入肉，因口小，勒回纏綿，則藥不得見血，焉能致死。故造箭頭要鋭，兩翅又要闊，射入肉中，則口闊得以帶綿而入，無勒回之患，使藥見血走而封喉以斃敵也。

鐵箭頭圖

右[上]名四鬚箭，頭後有四鬚，兩邊起深槽，透堅無過於此。但嫌重不能致遠，只可用於腰開弩。

右[中]名茨菰箭，乃古制，兩翅不宜太闊，太闊則不能洞堅。

右[下]箭頭乃時制，亦能洞堅。

又 造鐵箭説

致遠非强勁弩不及，洞堅非渾鐵箭不能，然而渾鐵箭，麄大則重，箭發不遠。如輕則小，弩發弦去，不能擊撞箭尾，弦壓箭上而過，則箭仍在弩上不去矣。今制鐵心箭，箭頭必要加鋼，尺寸照弩用，箭長短如式。再用箭竹一根，量其麄細，將鐵心貫入竹心之中，用膠膠住。因鐵心細小，用竹附之，方可入槽。弦發則無壓箭上而過之患。蓋取鐵心而有力，取竹附之而輕利耳。然鐵心又必貫透，與竹箭尾齊，然後弩力强而箭力始勁，否則箭頭雖剛而箭桿不硬，焉能洞堅。蓋以竹體軟

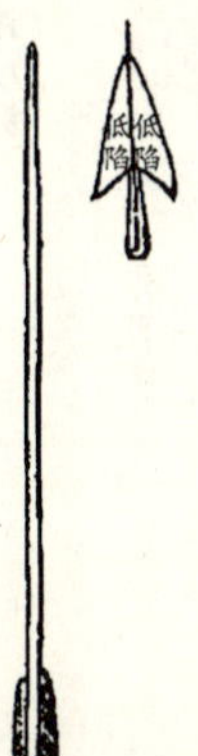

鐵箭圖

弱，弩力强大，弦發而撞其尾，恐竹損陷，則箭力減矣。故又用鹿角或牛角，鑲在尾後，厚二分，剉制與箭一樣，圓平如式。再用鵰羽爲翎，一邊羽面，一邊羽背。箭竹近箭頭二寸間，漸漸削尖至頭處，以便纏絲綿養藥，方爲盡善。

右箭頭得於土中，乃銅鑄也。中脊線高起，兩旁低陷，蓋以低陷之處，可容毒藥。箭後有庫，以箭桿闘入庫中。射中人身，桿可出而箭頭不得出矣。

右[上]箭頭亦古物也，後有實鐵，長五六分，形圓，盡處再有箭尾。

右[中]四鬚箭頭，前已載明。

右[下]箭竹前略尖，尾大，後又用鹿角鑲，以箭頭鐵心直貫尾齊。

又　卷一〇二《軍資乘・戰七・器械一》　矢

茅子曰：制箭之法難矣哉，弓之力欲與人協，矢之力欲與弓協，善哉鳴鶴之論，其法也，惟要頭桿相稱，中粗而兩頭少細，則肯行矣。頭要點鋼，方透得甲過。箭肩要蓋過箭桿，方可入堅。不然兩强相遇，則箭鏃易入箭腹矣。鐵信要長，入箭腹五寸方妙。其羽必用生漆，下絲纏方不畏雨濕。近日邊方柳桿箭易灣，費力端正，遇陰復舊又灣。惟樺木桿可用，而胡地驊柳桿，徑直堅梗，尤爲上等。夫箭之輕重，當以弓力爲準。若南方小弓而發北方大箭，則不能過三十步。用北方大弓而發南方竹箭，則摧折矣。而南方所用之箭不過五錢，夾衣五層則不能透，又安足以稱利器也。知吾友之意者，可以制箭矣。吾聞之志曰：夷牟作矢，古有往矢、絜矢、殺矢、鍭矢、矰矢、茀矢、恒矢、庳矢之異，又名金僕姑，其制今不可考。《武經》所載矢式七，今不啻數倍，爲並列之。其弩箭名目，見其弩下，兩用者存之。

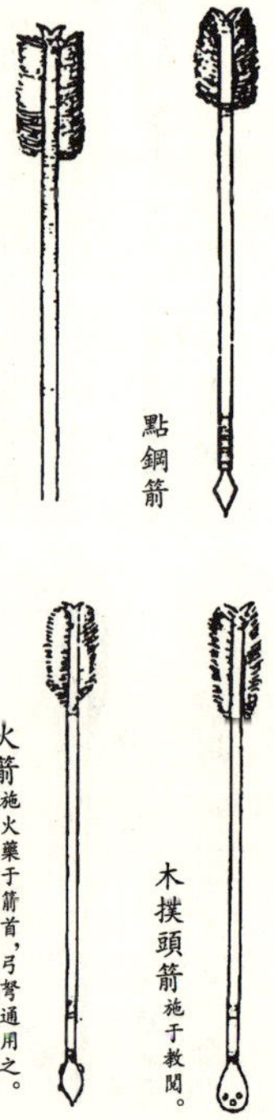

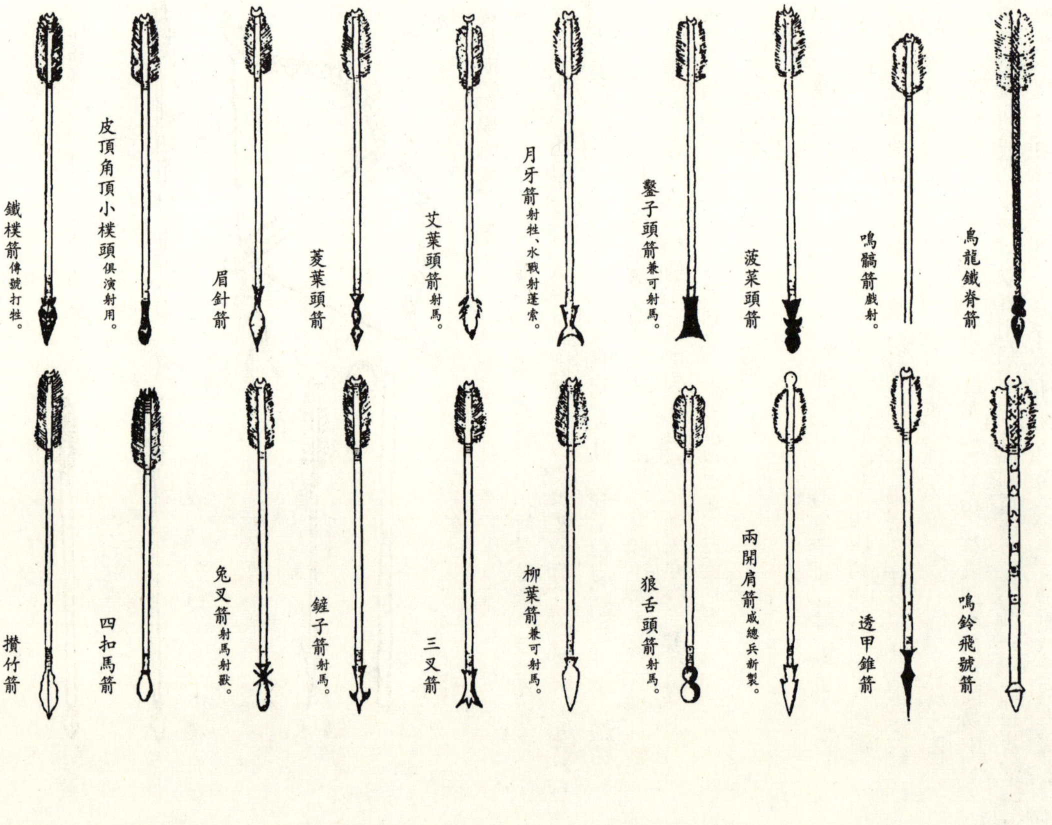

無扣箭

蕎麥棱箭

半邊扣箭

又　雜箭溜子附

茅子曰:箭惟一習于弓而已,弓之外者,唯弩箭,各見于其弩下,便于按也。又有鞭箭、袖箭、筒子箭、流星箭。鞭箭者,銅爲溜子以發之。袖箭者,箭短而簇重,自袖忽發,可以禦人三十步之遠,近世大將軍劉綎最善之。其筒箭者,用竹筒爲箭入筒中。筒中分前截爲筒,後節爲燕尾形,前長一尺二寸,頭長五寸,桿長七寸。鳥羽頭要一刃,以外重點鋼塗毒藥更妙。發不用弓,以手發之。燕尾上生一絆,帶手入絆中,用手拏燕尾并箭要緊,儘力發之。力大者每筒二十枝,力小者每筒十五枝,乃一人敵十人法也。流星箭者,亦用手發,鐵桿中用鉛四兩,取其重而有力也,總曰雜箭。

袖箭

流星箭

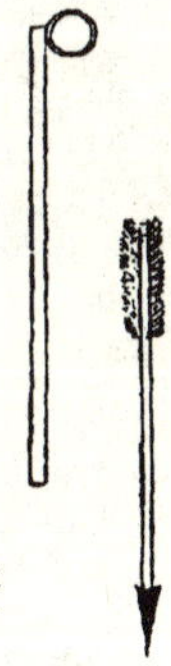
鞭箭

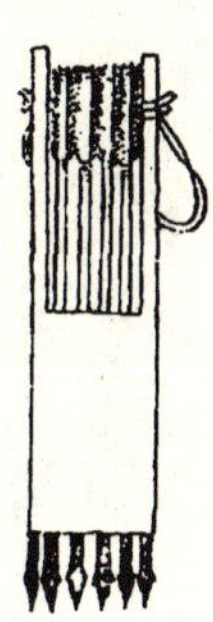
筒子箭

何汝賓《兵録》卷六《弓》

造箭式

用大竹劈開,刮去内肉,每四楞合攢爲一枝,長二尺六寸。每矢連鏃重五六錢者,軍中多用。今北邊戰矢以樺柳木製,大鏃鋒利,能透甲鎧,倍于竹矢。

又　邊箭

邊箭去疾而敵人難避,且拾去不能回射,所到又遠,長箭百餘步,乃軍中利器也。雖然遠發不如近中,此長兵短用之法與。

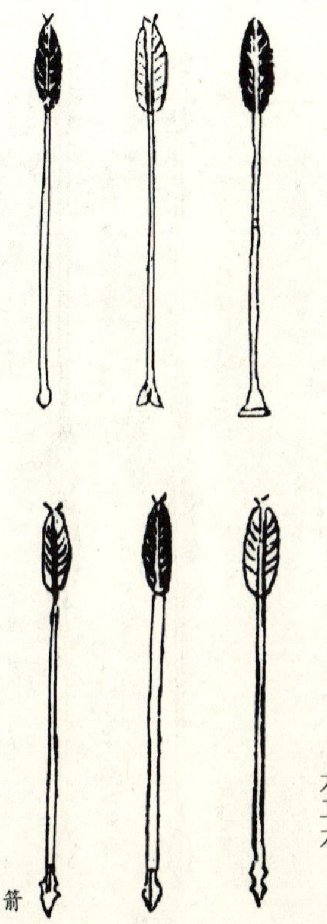
箭

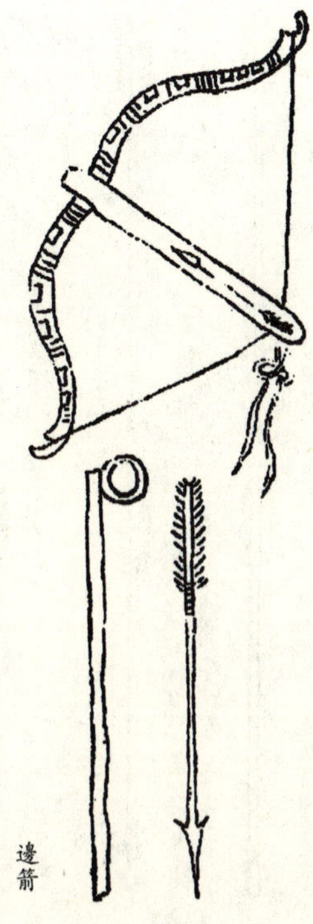
邊箭

楊惟明《射學指南》　箭考

學者皆曰箭,不知何段是箭;皆曰頭上是鏃,不知何段是鏃。鐵露在外者,名曰鐵頭。包桃皮内者,名曰鐵鏃。近桃皮一寸二分,便是箭,最要堅硬。近箭一段,細者名曰小肚。近翎毛一段,粗看名曰大肚。翎毛空處,謂之翎眼。搭弦處謂之扣。凡箭,須看其幹,不頭大尾小,不此輕彼重,其扣不緊不蕩,其翎且整且固,然後用之;亦須與弓相稱,弓重則矢亦重,弓輕則矢亦輕。若矢輕于弓,則必跳躍。矢重于弓,則又沉而難到矣。亦宜烘焙得法,安置平正。

李盤《金湯借箸十二籌》卷四《籌制器》　箭

箭制

矢不破堅,與無矢同。矢不等弓,與無鏃同。謂箭重則緩,輕則颺也。近日製箭有四失:一曰鏃太重,二曰幹太粗,三曰膠易解,四曰翎易落。古人制箭,欲其去之勁直也,故翎之以羽,曰鵰,曰鶚,曰鴻,曰鴇,不一其名。欲其去之鋒利也,故鏃之以金,曰石蓮,曰鑿子,曰喬麥稜,曰破甲錐,不一其式。然驗之已往,翎以鵰、鶚、野雉爲最捷,鏃以寸金鑿、破甲錐爲最鋭,簳以通簳爲直而易中,筈以黑漆爲省而易成,餘皆不堪實用矣。語云箭頭重過三錢,箭去不過百步。箭身重過十錢,弓力當用一顧。大約弓八斗,以弦重三錢半。箭重八錢爲準,而火箭、藥箭，别有法。

指機製

近製眼孔皆圓，人指骨扁，孔圓必塞以楮布，則血衄，指黑弦挖，致掃食指。宜將孔前後稍長，横入指中轉正，則骨横而扁，指轉而鬆，不致脱落。而眼中圓活不磨，指節不逼，矢不掃皮，有三善焉。

顧煜《射書》卷一《射論增定》

矢

凡矢要看其簳，不頭大脚小，不此輕彼重，其扣不緊不蕩，其翎且整且固，然後用之。亦須與弓相稱，弓重則矢亦重，弓輕則矢亦輕。若矢輕于弓，則必跳躍。矢重於弓，則不能到。亦須烘焙得法，安置平正。

又 竹木矢

九邊之射，皆用木矢。惟薊鎮竹木相兼，而南方則不知木矢爲何物。木矢有三，樺桿爲上，楸桿次之，柳桿又次之。邊塞用木，蓋以竹産南方，逮不易致，故就其土産而用之，非遂謂竹矢質輕，不若木矢之重而洞堅也。畢竟木矢亞于竹矢。至若射高遠，竹矢猶覺利捷，木矢便爲沉滯。但射近，則彼此不甚(相)[上]下也。

又 卷二《矢評》 矢不破堅，與無矢同。矢不破甲，反資敵用。造矢不可無法尚矣。近日所制箭鏃太重，箭簳太粗，膠易解散，翎易脱落，其故何耶？蓋古人之制箭，欲其去之勁直也。故翎之以羽，曰鵰、曰鶚、曰鴻、曰鵠，所用不拘於一名。欲其去之鋒利也，故鏃之以金，曰石蓮、曰鑿子、曰喬麥稜、曰破甲錐，所制不拘於一樣。簳有腦節巴翎腰瞷之辨，筈有山繭采色桐油柿漆之别。然考其已驗之迹，翎則鵰、鶚、野雉爲最捷，鏃則寸金鑿、破甲錐爲最鋭，箭簳則通簳去直而易中，筈則易成而省費，餘皆往事美觀，不堪實用。虜中軍器上，皆有元監造官姓名年月，遇有損壞，不堪使用，即將元監造官依法施行，斷不輕恕。所以虜酋器具，一一如法，而吾軍制作之司，一切不問，只欲速成，可以逃責備數之矣。此所類皆苟簡篾裂而不中用也，况鏃重則弓軟而去地遠，箭重則弓硬而不入甲。舊法，箭頭重三錢，則箭去不過百步。箭身重過十錢，則弓力當用一石。是謂箭制。

又 整箭法

常時取硬木削方，或象物形，上面鋸凹。箭若彎曲，入凹撇直。箭莖翎毛稍曲，射必别向越把，務令線直。藏箭用竹數節打通爲筒，比箭畧長寸許，上頭置蓋盛之。若經塵濕，翎莖皆解。

箭式

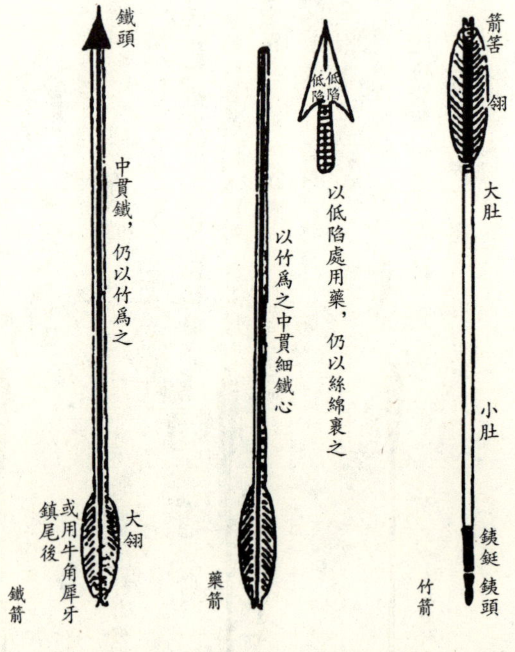

又 論箭

今人統言箭，須知近桃皮一寸二分名曰箭，桃皮包内者名曰鏃，鐵露外面者名曰鏃頭。善看箭者，先看幹，次看其肚，徐調其聲。其扣尚短，其翎尚白，大肚要滿，小肚要實，粗細適均，輕重各宜，方稱良制。

王鶴鳴曰：夷牟作矢。古有枉矢、絜矢、殺矢、鍭矢、矰矢、茀矢、恒矢、庳矢之異，又名金僕姑。其制今不可考。《武經總要》所載點鋼箭，即今之透甲錐也。鐵骨麗錐箭，即今之倒鬚箭也。木樸頭，即今之操演樸頭箭也。烏龍鐵脊箭，乃伸信鐵頭箭。今人不用鳴鶻箭，即今之响樸頭也。火藥即今之石榴箭，一名螺絲箭也。鳴鈴飛號箭，乃桿中有孔爲聲者。古箭惟點鋼、鐵骨錐，二者可備實用，其他不過巧立名色而已。今之箭，其名甚多，大有利於南北之用者，亦一代制作之盛，不可不圖其形爲後世作規模也。但制箭之法，惟要頭桿相稱，中粗而兩頭少細，則肯行矣。頭要點銀，方透得甲過。箭肩要蓋過箭桿，方可入堅。不然，兩强相遇，則箭鏃易入箭腹矣。鐵長入箭腹五寸方妙，其羽必用生漆下絲纏方不畏雨濕。近日邊方柳桿箭易彎，費力端正，遇陰復彎。惟樺木桿可用，而胡地驥柳桿,徑直堅硬,尤爲上等。夫箭之輕重,當以弓力爲準。若南方小弓,發北方大箭,則不能過三十步。用北方大弓發南方竹箭,則摧折矣。南方所用箭,不過五錢,夾衣五層則不能透,又安足稱利器也。箭名圖於後。

又 鏃式

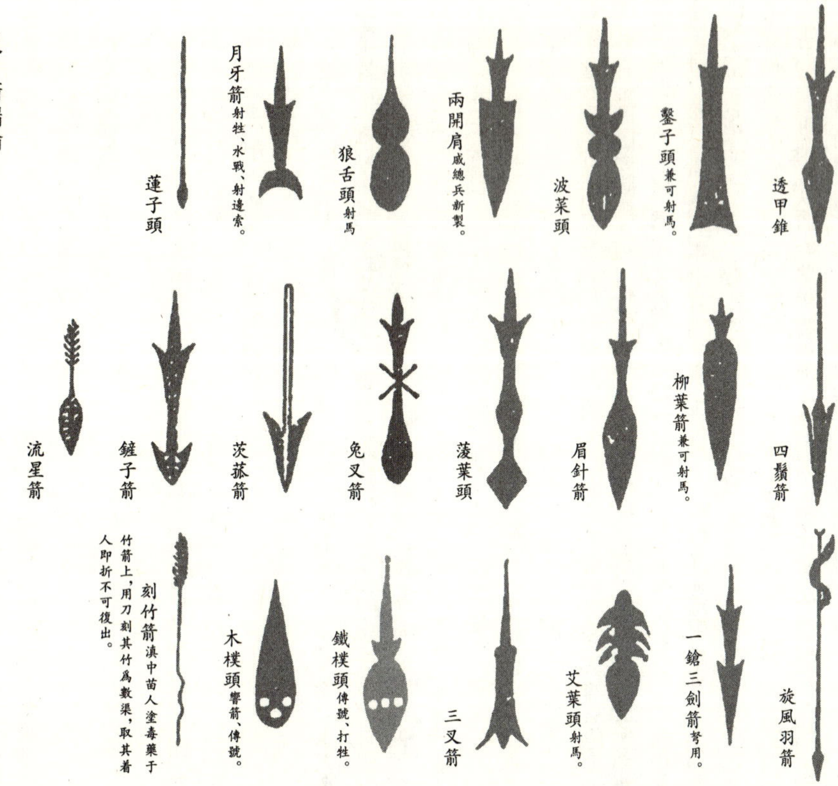

又 箭端論

此用檀木爲之,上面斜開長短二槽,濶狹以容箭爲規。如箭彎則不能致遠射親,將箭用火焙熱,入槽内調端使直,則箭去遠而親矣。

允祿等《清朝禮器圖式》卷一四《武備二・武具一》

皇帝大閲鈚箭

皇帝大閲鈚箭。謹按《考工記・矢人》:夾其陰陽以設其比,夾其比以設其羽。《爾雅・釋器》:金鏃剪羽謂之鏃。揚雄《方言》:凡廣長而薄鐮謂之錍。劉熙《釋名》:其末曰括,言與弦會也。《唐六典》:霍葉曰鈚。

本朝定制皇帝大閲鈚箭,楊木爲笴,長三尺一寸。鐵鏃長三寸,薄而濶,鋄金藻文。笴首飾黑桃皮,皂雕羽,括髹朱。

皇帝大閲梅鍼箭

皇帝大閲梅鍼箭。謹按:茅元儀《武備志》有眉鍼箭。

本朝定制皇帝大閲梅鍼箭。楊木爲笴,長三尺。鐵鏃長三寸八分,厚而前鋭後修。笴首飾黑桃皮,皂鵰羽,羽間朱括,旁裹緑繭。

皇帝大閲骲箭

皇帝大閲骲箭。謹按《爾雅・釋器》:骨鏃不剪羽謂之志。《唐六典》:骨鏃曰骲。《開元文字》:平題,今戲射箭也,題頭也。

本朝定制皇帝大閲骲箭。楊木爲笴,長三尺一寸。骨骲長二寸九分,起棱,環穿八孔。髹朱,鏤緑雲文,皂鵰羽,括旁裹緑繭。

皇帝大禮隨侍鈚箭

皇帝大禮隨侍鈚箭。謹按:本朝定制皇帝大禮隨侍鈚箭,楊木爲笴,長三尺一寸。鐵鏃長二寸九分,中濶一寸六分。前後鋄金花文。笴首飾黑桃皮,皂鵰羽,羽間朱括髹朱,旁裹緑繭。

皇帝大禮隨侍骲箭

皇帝大禮隨侍骲箭。謹按:本朝定制皇帝大禮隨侍骲箭,楊木爲笴,長三尺一寸。角骲長二寸二分,四棱,環穿八孔。斑文鵰羽,羽間朱括髹朱,旁裹緑繭。

皇帝吉禮隨侍鈚箭

皇帝吉禮隨侍鈚箭。謹按:本朝定制皇帝吉禮隨侍鈚箭,鷺羽,羽間繪藻文蟠夔，五采相間。括旁裏綠䕡。餘俱如大閲鈚箭之制。

皇帝吉禮隨侍骲箭。謹按：本朝定制皇帝吉禮隨侍骲箭，骲環穿四孔。鸞羽，羽間繪藻文蟠夔，五采相間。括旁裏綠䕡。餘俱如大閲骲箭之制。

皇帝吉禮隨侍骲箭

皇帝吉禮隨侍哨箭。謹按：《唐六典》：鐵鏃曰鏑，鳴箭曰骹。

本朝定制皇帝吉禮隨侍哨箭。楊木爲笴，長三尺。骹以骨爲之，長一寸二分，環穿四孔，銜鐵鏃長一寸四分，制如鈚箭鏃。鸞羽，羽間繪藻文蟠夔，五采相間。括旁裏綠䕡。

皇帝吉禮隨侍哨箭

皇帝隨侍鈚箭。謹按：本朝定制皇帝隨侍鈚箭，笴全素，餘如大閲鈚箭之制。

皇帝隨侍鈚箭

皇帝隨侍梅鍼箭。謹按：本朝定制皇帝隨侍梅鍼箭，笴全素。餘俱如大閲梅鍼箭之制。

皇帝隨侍梅鍼箭

皇帝隨侍骲箭。謹按：本朝定制皇帝隨侍骲箭，角骲，不髹朱鏤文，笴全素。餘俱如大閲骲箭之制。

皇帝隨侍骲箭

皇帝隨侍哨箭。謹按：本朝定制皇帝隨侍哨箭，笴全素。餘俱如吉禮隨侍哨箭之制。

皇帝隨侍哨箭

皇帝隨侍兔叉箭。謹按：本朝定制皇帝隨侍兔叉箭，楊木爲笴，長二尺九寸。角骲長一寸六分，圓而前鋭，起棱，環穿五孔。下接樺木長二寸五分。施鐵齒四，爲二重，上齒長一寸一分，下齒長一寸二分，末掔倒鈎向外。笴全素，皂鵰羽。

皇帝隨侍兔叉箭

皇帝行圍鈚箭。謹按：本朝定制皇帝行圍鈚箭，楊木爲笴，長二尺九寸。鐵鏃長二寸五分，濶一寸三分。筈首飾黑桃皮，皂鵰羽，羽間朱括髹朱，旁裏綠䕡。

皇帝行圍鈚箭

皇帝行圍哨箭。謹按：本朝定制皇帝行圍哨箭，楊木爲笴，長二尺八寸。骹以角爲之，形扁，環穿四孔，長一寸二分至二寸。銜鐵鏃長二寸，如鈚，不鏤文，皂鵰羽，括髹朱，旁裏紅樺皮。以射鹿麅麞諸獸。

皇帝行圍哨箭

皇帝御用射侯箭一。謹按：本朝定制皇帝御用射侯箭，楊木爲笴，長二尺九寸。鐵鏃長二寸一分，濶一寸四分，形如鈚。筈首飾黑桃皮，鸛羽摶之微曲，以取聲。括髹朱。

皇帝御用射侯箭一

皇帝御用射侯箭二。謹按：本朝定制皇帝御用射侯箭，楊木爲笴，長二尺九寸。鐵鏃長一寸二分，濶七分，形如鈚而小。筈首飾黑桃皮，孔雀羽，羽間朱括髹朱，旁裏綠䕡，射能及遠。

皇帝御用射侯箭二

皇帝御用射鵠骲箭。謹按：本朝定制皇帝御用射鵠骲箭，楊木爲笴，長二尺八寸。羊角骲長一寸，環穿五孔。筈首飾黑桃皮，花鵰羽，括飾綠䕡，旁亦如之。

皇帝御用射鵠骲箭

皇帝御用馬射骲箭一。謹按：本朝定制皇帝御用馬射骲箭，楊木爲笴，長三尺。黑角加樺木，骲長二寸七分，起棱，穿四孔。斑文，鵰羽，括髹朱，旁裏綠䕡。

皇帝御用馬射骲箭一

皇帝御用馬射骲箭二。謹按：本朝定制皇帝御用馬射骲箭，楊木爲笴，長三尺。骨骲長二寸二分，前起棱而鋭，環穿五孔。花鵰羽，羽間朱括髹朱，旁裏綠䕡。

皇帝御用馬射骲箭二

皇帝御用馬射骲箭三。謹按：本朝定制皇帝御用馬射骲箭，楊木爲笴，長三尺。

皇帝御用馬射骲箭三

樺木骲長三寸，端起棱，四孔。斑文，鵰羽，括髹朱，旁裹綠繭。

梅鋮箭

梅鋮箭。謹按：本朝定制梅鋮箭，樺木爲笴，長二尺八寸。鐵鏃長三寸二分，濶四分。笴首飾黑桃皮，皂鵰羽，羽間朱括髹朱，旁裹黑樺皮。軍事用之。

齊梅鋮箭

齊梅鋮箭。謹按：本朝定制齊梅鋮箭，鏃端横平。餘俱如梅鋮箭之制。軍事用之，可穿鍱子甲。

厄魯特梅鋮箭

厄魯特梅鋮箭。謹按：本朝定制厄魯特梅鋮箭，楊木爲笴，長二尺九寸。鐵鏃長一寸九分，濶四分，後微短。笴首飾黑桃皮，皂鵰羽，括髹朱，射能及遠。

槍頭箭

槍頭箭。謹按：本朝定制槍頭箭，楊木爲笴，長二尺九寸。鐵鏃長三寸，濶四分，形如槍刃。笴首飾黑桃皮，皂鵰羽，羽間朱括髹朱，旁裹白樺皮。軍事用之。

角頭箭

角頭箭。謹按：本朝定制角頭箭，角鏃長三寸五分，形如梅鋮。餘俱如槍頭箭之制。軍事用之。

火燎竿箭

火燎竿箭。謹按：本朝定制火燎竿箭，鐵鏃長二寸二分，笴炙以火。餘俱如槍頭箭之制。軍事用之，耐陰濕。

遵化長鈚箭

遵化長鈚箭。謹按：本朝定制遵化長鈚箭，楊木爲笴，長三尺。鐵鏃長三寸五分，濶五分，形如梅鋮。笴首飾黑桃皮，皂鵰羽，括髹朱，旁裹白樺皮。軍事用之，亦用以宿衛，鋭可貫札。

索倫鈚箭

索倫鈚箭。謹按：本朝定制索倫鈚箭，楊木爲笴，長二尺九寸。鐵鏃長二寸八分，濶五分，形如鈚箭而微狹。笴首飾黑桃皮，花鵰羽，括髹朱。軍事用之，亦可射熊及野豕。

大鈚箭

大鈚箭。謹按：本朝定制大鈚箭，楊木爲笴，長二尺九寸。鐵鏃長二寸五分，濶一寸五分。笴首飾黑桃皮，皂鵰羽，羽間髹朱及黑，旁裹綠繭。挽强中有力，以射虎熊及牡鹿。

小鈚箭

小鈚箭。謹按：本朝定制小鈚箭，鐵鏃長二寸四分，形如鈚而微小。羽間朱，旁裹白樺皮。餘俱如大鈚箭之制。射獸爲良。

鏞鐵鈚箭

鏞鐵鈚箭。謹按：本朝定制鏞鐵鈚箭，楊木爲笴，長二尺九寸。鐵鏃長二寸六分，濶一寸四分，形如鈚，鏞澀不磨。笴首飾紅桃皮，皂鵰羽，括髹朱，旁裹黑樺皮。射獸創大，不能逸。

射虎鈚箭

射虎鈚箭。謹按：本朝定制射虎鈚箭，楊木爲笴，長二尺九寸。鐵鏃長一寸五分，濶九分，圭首後修，鏞澀不磨。笴首飾黑桃皮，皂鵰羽，括髹朱。以射卧虎，能及遠。

齊鈚箭

齊鈚箭。謹按：本朝定制齊鈚箭，楊木爲笴，長二尺九寸。鐵鏃長一寸七分，濶一寸二分，鏃端横平，後以次剡。笴省飾黑桃皮，皂鵰羽，微曲，括髹朱，旁裹綠繭。射獸其鋒莫禦，墮能卓地。

月牙鈚箭

月牙鈚箭。謹按：本朝定制月牙鈚箭，楊木爲笴，長二尺九寸。鐵鏃長一寸五分，前徑一寸三分，形如月牙鏟。笴首飾黑桃皮，皂鵰羽，微曲，括髹朱，旁裹白樺皮。射獸左右莫禦。

燕尾鈚箭

燕尾鈚箭。謹按：本朝定制燕尾鈚箭，楊木爲笴，長二尺九寸。鐵鏃長二寸五分，前濶一寸五分，歧兩刃如燕剪形，鏽澀不磨。笴首飾黑桃皮，皂鵰羽，括髹朱，旁裹緑鬫。夏獵以射灌叢中獸。

梳脊鈚箭

梳脊鈚箭。謹按：本朝定制梳脊鈚箭，鐵鏃長一寸九分，濶二寸一分，三角而鋭後，形如梳脊。笴首飾黑桃皮，皂鵰羽，括髹朱，旁裹白樺皮。射鹿麅爲良，創大而箭不墮。

抹角鈚箭

抹角鈚箭。謹按：本朝定制抹角鈚箭，楊木爲笴，長二尺九寸。鐵鏃長二寸，濶如之，三角兩旁剡。笴首飾黑桃皮，皂鵰羽，括髹朱，旁飾以角。射猛獸中而不墮。

尖鈚箭

尖鈚箭。謹按：本朝定制尖鈚箭，鐵鏃長二寸三分，濶一寸四分，圭首後削，括旁不加飾。餘俱如齊鈚箭之制。以射諸獸皆宜。

叉鈚箭

叉鈚箭。謹按：本朝定制叉鈚箭，鐵鏃長一寸，濶七分，如魚尾形，下接樺木一寸三分，前狹後豐。花鵰羽，括髹朱，旁裹白樺皮。射麞兔黄羊，鋭能透骨。

索倫哨箭

索倫哨箭。謹按：本朝定制索倫哨箭，楊木爲笴，長二尺八寸。骲以骨爲之，微扁，長一寸五分，環穿四孔，銜鐵鏃長一寸七分，濶二寸二分。皂鵰羽，括髹朱。音利而清，以射諸獸。

角哨箭

角哨箭。謹按：本朝定制角哨箭，楊木爲笴，長二尺八寸。骲以角爲之，長一寸八分，環穿四孔，銜鐵鏃長一寸二分，濶一寸八分，前鋭後平，旁剡。皂鵰羽，括髹朱，旁裹白樺皮。以射麞麅。

方哨箭

方哨箭。謹按：本朝定制方哨箭，角骲長一寸五分，中微方而扁，環穿四孔，銜鐵鏃長二寸，濶如之，形如鈚。餘俱如角哨箭之制。以射諸獸皆宜。

鴨觜哨箭

鴨觜哨箭。謹按：本朝定制鴨觜哨箭，骲長一寸三分，前絅後豐，微扁，環穿四孔，銜鐵鏃長一寸八分，濶如之，形如鈚。括旁裹緑鬫。餘俱如角哨箭之制。射鹿及諸獸，其勢勁直。

合包哨箭

合包哨箭。謹按：本朝定制合包哨箭，楊木爲笴，長二尺九寸。骲以角爲之，長一寸，環穿四孔，銜鐵鏃長二寸一分，濶一寸五分，形如鈚。皂鵰羽，羽間髹朱及黑，括髹朱，旁裹緑鬫。以射近鹿。

齊哨箭

齊哨箭。謹按：本朝定制齊哨箭，楊木爲笴，長二尺九寸。骲以鐵爲之，長八分。環穿四孔，銜鐵鏃長一寸七分，濶一寸四分。形如齊鈚箭，鏽澀不磨。皂鵰羽，括髹朱。射鹿麅麞狐狼諸獸，其鋒莫禦，墮能卓地。

圓哨箭

圓哨箭。謹按：本朝定制圓哨箭，骲以角爲之，長九分，環穿三孔，銜鐵鏃長二寸，濶一寸九分，形如鈚。括旁裹白樺皮。餘俱如齊哨箭之制。以射鹿麅，利而易入。

長哨箭

長哨箭。謹按：本朝定制長哨箭，骲以角爲之，長二寸，前修後圓，微扁，四孔，鐵鏃長一寸，濶一寸五分，三角，兩旁剡，括旁裹白樺皮。餘俱如齊哨箭之制。聲清而遠，以射諸獸皆宜。

榛子哨箭。謹按：本朝定制榛子哨箭，骲以骨爲之，長三分，形如榛子。環穿三孔，銜鐵鏃長二寸，濶一寸五分。以射諸獸，其鋒易入。餘俱如齊哨箭之制。

棒子哨鈚箭。謹按：本朝定制棒子哨鈚箭，骲以鐵爲之，長三分，形如棒子。鍍金環鏤，三孔，銜鐵鏃長二寸，濶一寸七分。餘俱如齊哨箭之制。射鹿爲良。

摔翎箭。謹按：本朝定制摔翎箭，楊木爲笴，長二尺九寸。不加鏃。皂鵰羽，括髹朱，備以易骲箭之笴折者。

尖骲箭。謹按：本朝定制尖骲箭，楊木爲笴，長二尺九寸。骲長三寸三分，前骨後角五棱，環穿十孔。斑文，鵰羽，括髹朱。射兔鋭而能洞。

方骲箭。謹按：本朝定制方骲箭，楊木爲笴，長二尺九寸。樺木骲長一寸九分，四棱，穿孔。皂鵰羽，括髹朱，旁裹緑繭。以射石上兔，馬射亦用之。

射虎骲箭。謹按：本朝定制射虎骲箭，楊木爲笴，長二尺九寸。樺木骲長一寸七分，起棱，環穿四孔。花鵰羽，括髹朱。以逐卧虎使起。

齊骲箭。謹按：本朝定制齊骲箭，楊木爲笴，長二尺九寸。角骲長一寸九分，其半起棱，環穿四孔，端平，方廣一寸一分。皂鵰羽，括髹朱，旁裹白樺皮。以射兔。

實心骲箭。謹按：本朝定制實心骲箭，楊木爲笴，長二尺九寸。樺木骲端加象皮長一寸七分，方廣一寸，起棱，不穿孔。花鵰羽，括髹朱，旁裹白樺皮。以射飛雀

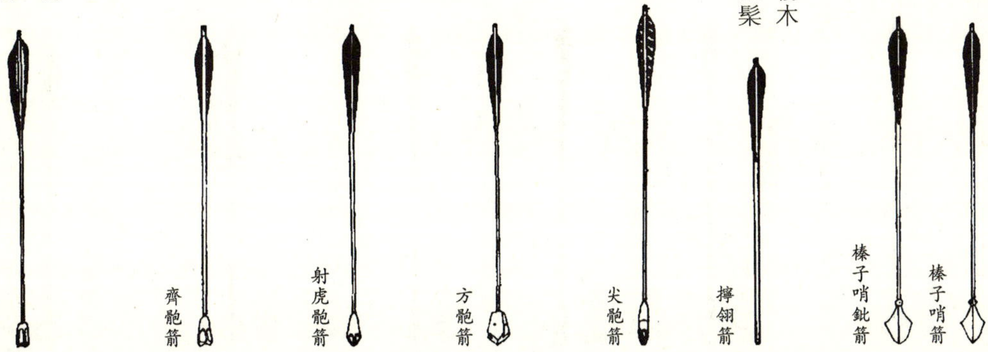

棒子哨箭　棒子哨鈚箭　摔翎箭　尖骲箭　方骲箭　射虎骲箭　齊骲箭　實心骲箭

鶺鴒。

尖頭箭。謹按：本朝定制尖頭箭，楊木爲笴，長二尺九寸。鐵鏃長一寸一分，如梅鍼而短。笴首飾黑桃皮，孔雀羽，括髹朱，旁裹緑繭。應弦而速。

快箭。謹按：本朝定制快箭，楊木爲笴，長二尺九寸。鐵鏃長一寸一分，濶四分，前如鈚箭而小，後如梅鍼。笴首飾黑桃皮，雉羽，括髹朱，旁裹緑繭。以射飛禽，能及遠。

墩箭。謹按：本朝定制墩箭，樺木爲笴，長二尺九寸。笴首微大而平，不加鏃。雉羽，括髹朱。以射石上禽，習射亦用之。

鐵兔叉箭。謹按：本朝定制鐵兔叉箭，楊木爲笴，長二尺九寸。鐵鏃長二寸五分，端爲四棱雲葉，中爲圓椎，後週施鐵齒四，長一寸四分，末掣倒鉤向外。笴首飾黑桃皮，皂鵰羽，括髹朱。以射雉兔，易於探取。

木兔叉箭。謹按：本朝定制木兔叉箭，樺木加象牙鏃，長七寸，前鋭後修，四棱，施鐵齒四，爲二重，上齒長一寸三分，下齒長一寸九分。括旁裹白樺皮。餘俱如鐵兔叉箭之制。用與鐵兔叉同。

鴨觜箭。謹按：本朝定制鴨觜箭，樺木爲笴及鏃通長二尺九寸，首微豐，八棱，端如鴨觜形。笴通塗以油，括髹朱，旁裹白樺皮，花鵰羽。以射鴨。

水箭。謹按：本朝定制水箭，楊木爲笴，長二尺九寸。骲以梨木爲之，長一寸，

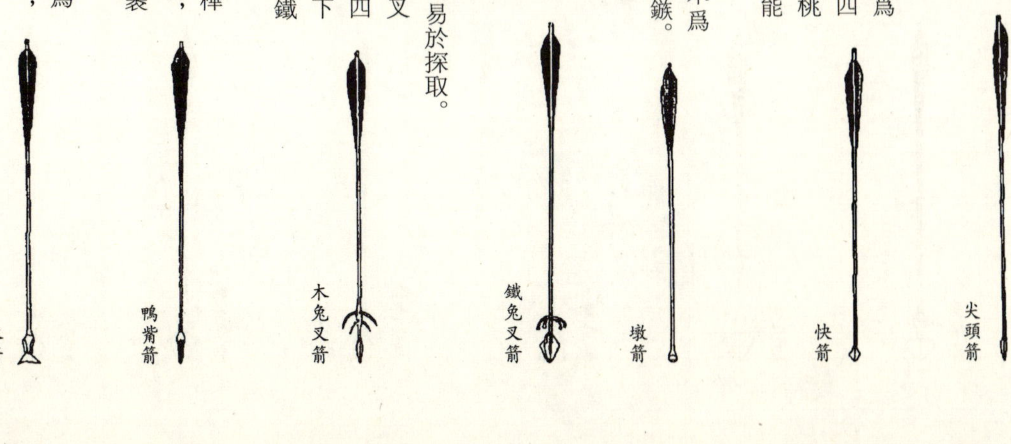

尖頭箭　快箭　墩箭　鐵兔叉箭　木兔叉箭　鴨觜箭　水箭

如骲箭而不穿孔。加鐵鏃，長五分，濶七分，形如鏟。笴通涂以油，皂鵰羽四出，括髹朱。以射鴨。

魚叉箭。謹按：本朝定制魚叉箭，楊木爲笴，長二尺九寸。鐵鏃如鈀，横一寸四分，五齒，縱一寸九分，末擘倒鈎。笴首飾黑桃皮，雁羽，羽間塗黄油，括旁亦飾黑桃皮。以射魚。

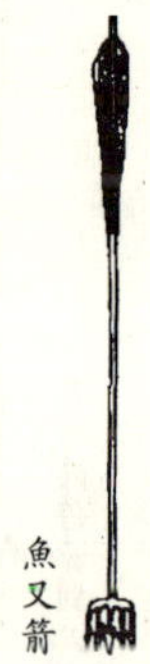
魚叉箭

如意弩箭。謹按：《周禮》鄭康成注：八矢者，弓弩各有四焉。絜矢、鍭矢、茀矢、痺矢，弩所用也。

本朝定制如意弩箭，樺木爲笴，長七寸八分。鐵鏃長六分，如鈚箭之制。笴首飾黑桃皮，皂鵰羽，左右相對，羽間書一錢漢文，括髹黑。

如意弩箭

弩鈚箭。謹按：本朝定制弩鈚箭，楊木爲笴，長二尺一寸四分。鐵鏃長一寸二分，圭首後修，鏽澀不磨。笴首飾黑桃皮，皂鵰羽。

弩鈚箭

弩骲箭。謹按：本朝定制弩骲箭，骨骲長九分，環穿五孔。餘俱如弩鈚箭之制。

弩骲箭

射虎弩箭。謹按：本朝定制射虎弩箭，樺木爲笴，長二尺九寸。鐵鏃長三寸，前微圓，後爲兩却，刃如燕尾。笴首飾黑桃皮，皂鵰羽，左右相對，括髹朱。

射虎弩箭

親王以下箭。謹按：本朝定制親王以下箭，樺木爲笴，長三尺。鐵鏃長三寸。笴首飾樺皮，皂鵰羽。羽間，親王、郡王書爵，貝勒以下書名。括髹朱。凡官造或以鈚箭，或以梅鍼。親王三千，世子二千五百，郡王二千，長子千七百，貝勒千五百，貝子千，鎮國公七百，輔國公六百，鎮國將軍四百，輔國將軍三百，奉國將軍二百，奉恩將軍百七十。

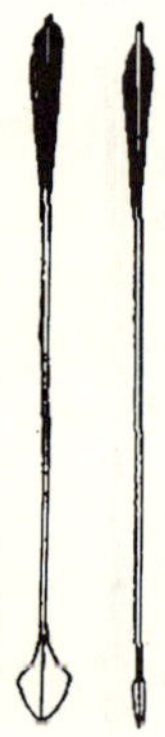
親王以下箭

職官兵丁箭。謹按：本朝定制職官兵丁箭，樺木或柳木爲笴，長三尺。鐵鏃長三寸。笴首飾樺皮，鸛羽。羽間，職官書銜名，兵丁書名。括髹朱。凡官造，或以鈚箭，或以梅鍼。八旗世職民公五百五十，侯伯、子男各以五十爲差，輕車都尉二百五十，騎都尉、雲騎尉各以五十爲差。

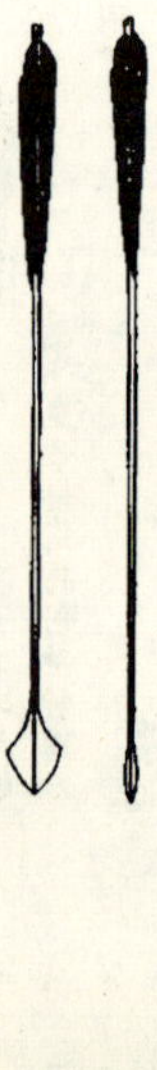
職官兵丁箭

允祹等《大清會典則例》卷一二二《兵部・武庫清吏司・軍器》

軍器通例　箭笴以楊木、柳木、樺木爲質，取圓直之杆削成之。別用數寸之木刻槽一道，曰箭端。箭笴必取範於端，以均停其首尾。刻銜口以駕弦曰括，其端受鏃。凡鏃，冶鐵爲之，曰鈚箭，曰梅針，皆戰箭。施於教閲者，曰骲箭。以寸木空中錐眼爲竅，矢發則受風而鳴，又謂之響箭。鐵鏃上加骨角小哨者，曰鳴鏑。黏羽翎於箭括，曰箭羽。

劉啓端《大清會典圖》卷九四《武備四弓箭一》

皇帝大閲箭

皇帝大閲箭三，皆楊木爲笴。其一曰鈚箭，長三尺一寸。鐵鏃長三寸，薄而闊，鋟金藻文。笴首飾黑桃皮，皁鵰羽，括髹朱。其一曰梅鍼箭，長三尺。鐵鏃長三寸八分，厚而前鋭後脩。笴首飾黑桃皮，皁鵰羽，羽間朱，括旁裹緑繭。其一曰骲箭，長三尺一寸。骨骲長二寸九分，起棱，環穿八孔。髹朱，鏤緑雲文。皁鵰羽，括旁裹緑繭。凡箭制，笴用木爲質，取圓直之桿削成之。別用數寸之木刻槽一道曰箭端，笴必取範於端，以均停其首尾。刻銜口以駕弦曰括，其端受鏃，冶鐵爲之。施於教閲者曰骲箭，以寸木空中鏤竅，發則受風而鳴，又謂之響箭。鏃上加骨角小哨者曰鳴鏑。翦雕鸛翎三，膠粘箭括之上曰箭羽。

皇帝大閲箭圖一

皇帝大閲箭圖二

皇帝大閲箭圖三

又　皇帝大禮隨侍箭

皇帝大禮隨侍箭二，皆楊木爲笴，長三尺一寸。其一鈚箭，鐵鏃長二寸九分，中闊一寸六分，前後鋼，鋄金花文。笴首飾黑桃皮，皁鵰羽。其一骲箭，角骲長二寸二分，四棱環穿八孔，斑文鵰羽。皆羽閒朱，括髤朱，旁裹緑繭。

又　皇帝吉禮隨侍箭

皇帝吉禮隨侍箭三，皆楊木爲笴，鸞羽，羽閒繪藻文蟠夔，五采相閒。括旁裹緑繭。其一鈚箭，笴長及鏃如大閱鈚箭之制。其一骲箭，骲環穿四孔。餘俱如大閱骲箭之制。其一哨箭，笴長三尺，骨骹長一寸二分，環穿四孔，銜鐵鏃長一寸四分，制如鈚箭鏃。

又　皇帝隨侍箭

皇帝隨侍箭五，皆楊木爲笴，全素。其一鈚箭，如大閱鈚箭之制。其一梅鍼箭，如大閱梅鍼箭之制。其一骲箭，角骲，不髤朱鏤文，餘如大閱骲箭之制。其一哨箭，如吉禮隨侍哨箭之制。其一兔叉箭，長二尺九寸。角骲，長一寸六分，圓而前鋭，起棱環穿五孔。下接樺木長二寸五分，施鐵齒四，爲二重，上齒長一寸一分，下齒長一寸二分。末㸦倒鉤向外，皁鵰羽。

又　皇帝行圍箭

皇帝行圍箭二，楊木爲笴。其一鈚箭，長二尺九寸。鐵鏃長二寸五分，闊

皇帝大禮隨侍箭圖一

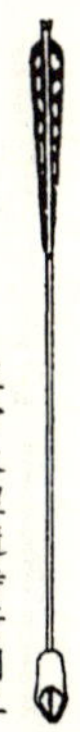
皇帝大禮隨侍箭圖二

皇帝吉禮隨侍箭圖一

皇帝吉禮隨侍箭圖二

皇帝吉禮隨侍箭圖三

皇帝隨侍箭圖一

皇帝隨侍箭圖二

皇帝隨侍箭圖三

皇帝隨侍箭圖四

皇帝隨侍箭圖五

皇帝行圍箭圖一

一寸三分。笴首飾黑桃皮，皁鵰羽，羽閒朱，括髤朱，旁裹緑繭。其一哨箭，長二尺八寸，角骹形扁，環穿四孔，長一寸二分至二寸。銜鐵鏃長二寸，如鈚，不鏤文。皁鵰羽，括髤朱，旁裹紅樺皮。以射鹿麅麞諸獸。

皇帝行圍箭圖二

又　卷九五《武備五弓箭二》

皇帝御用射侯箭

皇帝御用射侯箭二，皆楊木爲笴，長二尺九寸。其一，鐵鏃長二寸一分，闊一寸四分，形如鈚箭。笴首飾黑桃皮，鸛羽，擰之微曲以取聲。括髤朱。其一，鐵鏃長一寸二分，闊七分，形如鈚箭而小。笴首飾黑桃皮，孔雀羽，羽閒朱，括髤朱，旁裹緑繭。射能及遠。

皇帝御用射侯箭圖一

皇帝御用射侯箭圖二

又　皇帝御用射鵠骲箭

皇帝御用射鵠骲箭，楊木爲笴，長二尺八寸。羊角骲，長一寸，環穿五孔。笴首飾黑桃皮，花鵰羽。括飾緑繭，旁亦如之。

皇帝御用射鵠骲箭圖

又　皇帝御用馬射骲箭

皇帝御用馬射骲箭三，皆楊木爲笴，長三尺。其一，黑角加樺皮，骲長二寸七分，起棱穿四孔，斑文鵰羽。其一，骨骲長二寸二分，前起棱而鋭，環穿五孔，花鵰羽，羽閒朱。其一，樺木骲長三寸，端起棱四孔，斑文鵰羽。俱括髤朱，旁裹緑繭。

皇帝御用馬射骲箭圖一

皇帝御用馬射骲箭圖二

皇帝御用馬射骲箭圖三

又　卷九六《武備六弓箭三　櫜鞬附》

王公鈚箭

親王箭二，一鈚箭，一梅鍼箭，皆樺木爲笴，長三尺，鐵鏃長三寸。笴首飾樺皮，皁鵰羽，羽閒書爵，括髤朱。自郡王以至奉恩將軍，制同。惟郡王羽閒亦書

爵，貝勒以下皆書名。凡官造，親王三千，世子二千五百，郡王二千，長子千七百，貝勒千五百，貝子千，鎮國公七百，輔國公六百，鎮國將軍四百，輔國將軍三百，奉國將軍二百，奉恩將軍百七十。

王公鈚箭圖

王公梅鍼箭圖

又 職官兵丁鈚箭

職官兵丁箭二，一鈚箭，一梅鍼箭，皆樺木或柳木爲笴，長三尺，鐵鏃長三寸。笴首飾樺皮，鸛羽。羽閒，職官書銜名，兵丁書名。括髹朱。凡官造，八旗世職民公五百五十，侯伯子男各以五十爲差。輕車都尉二百五十，騎都尉雲騎尉各以五十爲差。武職一品至五品視子男以下，六品以下百。文職一二品視子男，三品京堂視武二品，四品京堂科道郎中視武三品，員外郎視武四品，主事鳴贊廕監生視武五品，筆帖式視武六品，護軍前鋒領催人七十，驍騎人五十，馬軍步軍以十爲差。直省督撫提鎮武職兵丁，各視其品級所得，與八旗同。

職官兵丁鈚箭圖

職官兵丁梅鍼箭圖

又 **卷九七《武備七弓箭四 弩附》**

鈚箭

鈚箭之制有十三，皆楊木爲笴，長二尺九寸，惟遵化長鈚箭長三尺。鐵鏃長三寸五分，闊五分，形如梅鍼箭。笴首飾黑桃皮，皁鵰羽，括髹朱，旁裹白樺皮。軍事用之，亦用以宿衛，銳可貫札。一曰索倫鈚箭，鐵鏃長二寸八分，闊五分，形如鈚箭而微狹。笴首飾黑桃皮，花鵰羽，括髹朱。軍事用之，亦可射熊及野豕。一曰大鈚箭，鐵鏃長二寸五分，闊一寸五分。笴首飾黑桃皮，皁鵰羽，羽閒髹朱及黑，旁裹綠繭。挽強中有力，以射虎熊及牡鹿。一曰小鈚箭，鐵鏃長二寸四分，形如鈚箭而微小，羽閒朱，旁裹白樺皮。餘俱如大鈚箭之制。射獸爲良。一曰鏽鐵鈚箭，鐵鏃長二寸六分，闊一寸四分，形如鈚箭鏽澀不磨。笴首飾紅桃皮，旁裹黑樺皮。射獸創大不能逸。一曰射虎鈚箭，鐵鏃長一寸五分，闊九分，圭首後修，鏽澀不磨。笴首飾黑桃皮。以射臥虎，能及遠。一曰齊鈚箭，鐵鏃長一寸七分，闊一寸二分，鏃端橫平，後以次剡。笴首飾黑桃皮，羽微曲，旁裹綠繭。射獸，其鋒莫禦，墮能卓地。一曰月牙鈚箭，鐵鏃長一寸五分，前徑一寸三分，形如月牙鏟。笴首飾黑桃皮，羽微曲，旁裹白樺皮。射獸，左右莫禦。一曰燕尾鈚箭，鐵鏃長二寸五分，前闊一寸五分，歧兩刃如燕翦形，鏽澀不磨。笴首飾黑桃皮，旁裹綠繭。夏獮以射灌叢中獸。一曰梳脊鈚箭，鐵鏃長一寸九分，闊二寸一分，三角而銳，後形如梳脊。笴首飾桃皮，旁裹白樺皮。射鹿麀爲良，創大而箭不墮。一曰抹角鈚箭，鐵鏃長二寸，闊如之，三角兩旁剡。笴首飾黑桃皮，旁飾以角。射猛獸中而不墮。皆皁鵰羽，括髹朱。一曰尖鈚箭，鐵鏃長二寸三分，闊一寸四分，圭首後剡。括旁不加飾。餘俱如齊鈚箭之制。以射諸獸皆宜。一曰叉鈚箭，鐵鏃長一寸，闊七分，如魚尾形，下接樺木一寸三分，前狹後豐。花鵰羽，括髹朱，旁裹白樺皮。射麞兔黃羊，銳能透骨。

遵化長鈚箭圖

索倫鈚箭圖

大鈚箭圖小鈚箭鏽鐵鈚箭附見。

射虎鈚箭圖

齊鈚箭圖

月牙鈚箭圖

燕尾鈚箭圖

梳脊鈚箭圖

抹角鈚箭圖

尖鈚箭圖

叉鈚箭圖

又 鍼箭

梅鍼之制有三，一即梅鍼箭，樺木爲笴，長二尺八寸。鐵鏃長三寸二分，闊四分。笴首飾黑桃皮，皁鵰羽，羽閒朱。括髹朱，旁裹黑樺皮。

梅鍼箭圖

齊梅鍼箭圖

一曰齊梅鍼箭，鏃端横平。餘俱如梅鍼箭之制。可穿鏁子甲，皆軍事用之。一曰額魯特梅鍼箭，楊木爲笴，長二尺九寸。鐵鏃長一寸九分，闊四分，後微短。笴首飾黑桃皮，皂鵰羽。括髹朱。射能及遠。

額魯特梅鍼箭圖

又　哨箭

哨箭之制十，皆楊木爲笴，皂鵰羽，括髹朱，骹銜鐵鏃。一曰索倫哨箭，笴長二尺八寸。骨骹，微扁，長一寸五分，環穿四孔，銜鐵鏃長一寸七分，闊二寸二分。音利而清，以射諸獸。一曰角哨箭，笴長二尺八寸。角骹，長一寸八分，環穿四孔，銜鐵鏃長一寸二分，闊一寸八分。前鋭後平，旁剡。括旁裹白樺皮。以射麞麅。一曰方哨箭，角骹，長一寸五分，中微方而扁。環穿四孔，銜鐵鏃長二寸，闊如之，形如鈚。以射諸獸皆宜。一曰鴨觜哨箭，骹長一寸三分，前斜後豐，微扁，環穿四孔，銜鐵鏃長一寸八分，闊如之，形如鈚。括旁裹緑繭。射鹿及諸獸，其勢勁直。一曰合包哨箭，笴長二尺九寸。角骹，長一寸，環穿四孔，銜鐵鏃長二寸一分，闊一寸五分，形如鈚。羽間髹朱及黑，括旁裹緑繭。以射近鹿。一曰齊哨箭，笴長二尺九寸，鐵骹，長八分，環穿四孔，銜鐵鏃長一寸七分，闊一寸四分，形如齊鈚箭，鏽澀不磨。射鹿麅麞狐狼諸獸，其鋒莫禦，墮能卓地。一曰圓哨箭，角骹，長九分，環穿三孔，銜鐵鏃長二寸，闊一寸九分，形如鈚。括旁裹白樺皮。以射鹿麅，利而易入。一曰長哨箭，角骹，長二寸，前修後圓，微扁，四孔。銜鐵鏃長一寸，闊一寸五分，三角兩旁剡。括旁裹白樺皮。聲清而遠，以射諸獸皆宜。一曰榛子哨箭，角骹，長三分，形如榛子，環穿三孔，銜鐵鏃長二寸，闊一寸五分。以射諸獸，其鋒易入。一曰榛子哨鈚箭，鐵骹，長三分，形如榛子，鋄金環鏤三孔，銜鐵鏃長二寸，闊一寸七分。射鹿爲良。

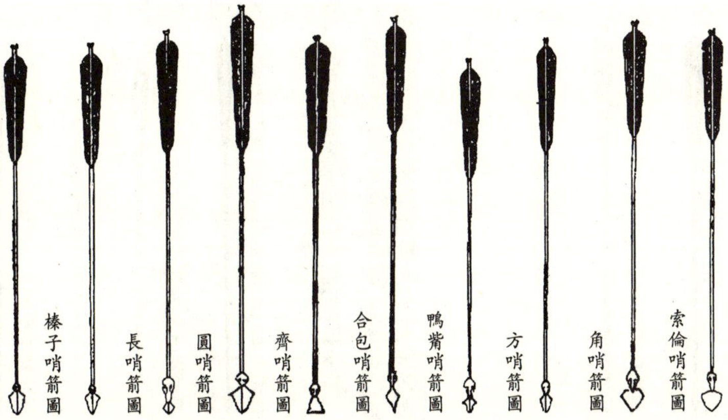
索倫哨箭圖　角哨箭圖　方哨箭圖　鴨觜哨箭圖　合包哨箭圖　齊哨箭圖　圓哨箭圖　長哨箭圖　榛子哨箭圖　榛子哨鈚箭圖

又　骲箭

骲箭之制五，皆楊木爲笴，長二尺九寸，括髹朱。一曰尖骲箭，骲長三寸三分，前骨後角，五棱，環穿十孔，斑文鵰羽。射兔鋭而能洞。一曰方骲箭，樺木骲，長一寸九分，四棱，穿孔，皂鵰羽，括旁裹緑繭。以射石上兔，馬射亦用之。一曰射虎骲箭，樺木骲，長一寸七分，起棱，環穿四孔，花鵰羽。以逐卧虎使起。一曰齊骲箭，角骲，長一寸九分，其半起棱，環穿四孔，端平，方廣一寸一分。皂鵰羽，括旁裹白樺皮。以射兔。一曰實心骲箭，樺木骲，端加象皮，長一寸七分，方廣一寸，起棱不穿孔。花鵰羽，括旁裹白樺皮。以射飛雀鵪鶉。擰翎箭不加鏃，皂鵰羽，備以易骲箭之笴折者。

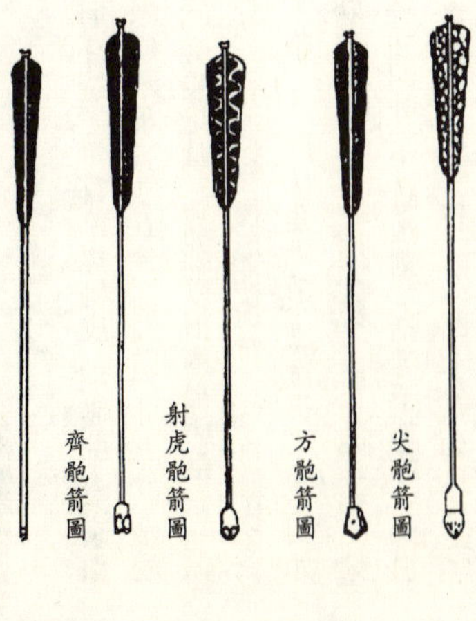
尖骲箭圖　方骲箭圖　射虎骲箭圖　齊骲箭圖　擰翎箭圖

又　槍頭箭　角頭箭

槍頭箭，楊木爲笴，長二尺九寸。鐵鏃長三寸，闊四分，形如槍刃。笴首飾黑桃皮，皂鵰羽，羽間朱，括髹朱，旁裹白樺皮。角頭箭，角鏃長三寸五分，形如梅鍼。火燎竿箭，鐵鏃長二寸二分，笴炙以火，耐陰溼。餘均如槍頭箭之制，皆軍事用之。

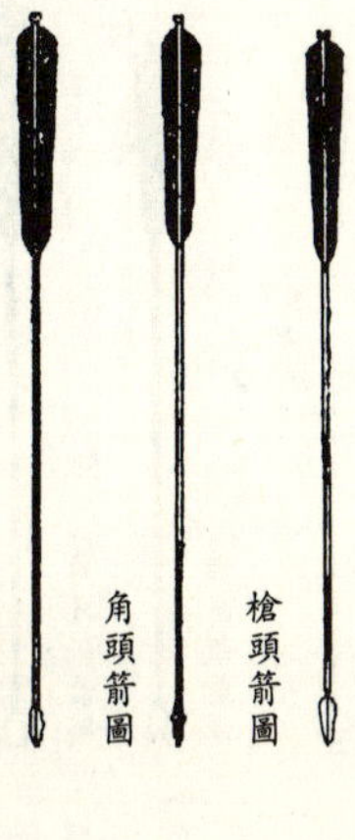
槍頭箭圖　角頭箭圖　火燎竿箭圖

又 尖頭箭　快箭　墩箭

尖頭箭，楊木爲笴，長二尺九寸。鐵鏃長一寸一分，如梅鍼而短。笴首飾黑桃皮，孔雀羽。括髹朱，旁裹緑繭。應弦而速。快箭，鏃長一寸一分，闊四分，前如鈚箭而小，後如梅鍼，雉羽。餘如尖頭箭之制。以射飛禽，能及遠。墩箭，樺木爲笴，長二尺九寸。笴首微大而平，不加鏃，雉羽，括髹朱。以射石上禽，習射亦用之。

尖頭箭圖

快箭圖

墩箭圖

又 兔叉箭

兔叉箭二，鐵兔叉箭，楊木爲笴，長二尺九寸。鐵鏃長二寸五分，端爲四棱雲葉，中爲圓椎，後週施鐵齒四，長一寸四分，末掔倒鉤向外。笴首飾黑桃皮，皁鵰羽，括髹朱。以射雉兔，易於探取。木兔叉箭，樺木加象牙，鏃長七寸，前鋭後脩，四棱施鐵齒四，爲二重，上齒長一寸三分，下齒長一寸九分。括旁裹白樺皮。餘俱如鐵兔叉箭之制。用亦同。

鐵兔叉箭圖

木兔叉箭圖

又 鴨觜箭　水箭　魚叉箭

鴨觜箭，樺木爲笴及鏃，通長二尺九寸，首微豐，八棱，端如鴨觜形。笴通塗以油，花鵰羽。括髹朱，旁裹白樺皮。水箭，楊木爲笴，長二尺九寸。梨木骹長一寸，如骲箭而不穿孔，加鐵鏃長五分，闊七分，形如鏟。笴通塗以油，皁鵰羽，四出，括髹朱。皆以射鴨。魚叉箭，亦楊木爲笴，長二尺九寸。鐵鏃如鈀五齒，横一寸四分，縱一寸九分，末掔倒鉤。笴首飾黑桃皮，雁羽，羽閒塗黄油。括旁亦飾黑桃皮。以射魚。

鴨觜箭圖

水箭圖

魚叉箭圖

又 弩箭

弩箭之制凡三，皆笴首飾黑桃皮，皁鵰羽，左右相對。一曰如意弩箭，樺木爲笴，長七寸八分。鐵鏃長六分，如鈚箭之制，羽閒書一錢兩字，漢文。括髹黑。一曰弩鈚箭，楊木爲笴，長二尺一寸四分。鐵鏃長一寸二分，圭首後脩，鏽澀不磨。一曰弩骲箭，骨骲長九分，環穿五孔。餘俱如弩鈚箭之制。

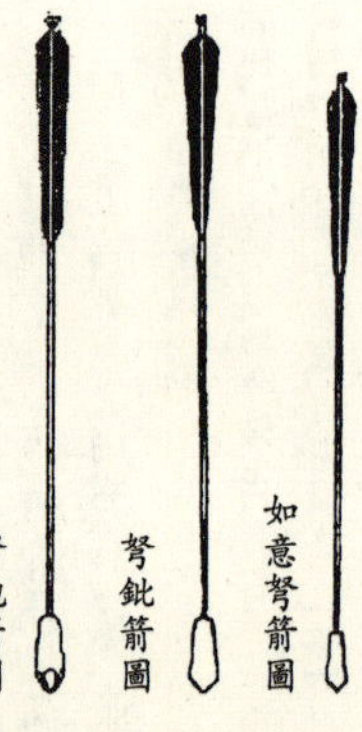
如意弩箭圖　弩鈚箭圖　弩骲箭圖

又 射虎弩箭

射虎弩箭，樺木爲笴，長二尺九寸。鐵鏃長三寸，前微圓，後爲兩卻刃如燕尾。笴首飾黑桃皮，皁鵰羽，左右相對。括髹朱。

射虎弩箭圖

弓

論説

鄭玄注　陸德明音義　賈公彦疏《周禮注疏》卷三二《春官宗伯》

司弓矢，掌六弓四弩八矢之灋，辨其名物，而掌其守藏與其出入。注：法，曲直長短之數。音義：守，劉手又反，亦如字，下攻守同。藏，才浪反，沈如字。疏釋曰：此經與下爲目，辨其名物者，六弓八矢，各有名號物色，出入者，領之受之。注釋曰：曲直者，謂若王弓弧弓合九成規已下，或合七、合五、合三，是曲者合少，直者合多。長短者，《弓人》云：弓之上制六尺六寸，中制六尺三寸，下制六尺。是其長短也。中春獻弓弩，中秋獻矢箙。注：弓弩成於和，矢箙成於堅。箙，盛矢器也，以獸皮爲之。音義：中，音仲，下同。箙，音服。《詩》云象弭魚服。盛，音成。疏：注釋曰：矢箙獸皮爲之者，按：《詩》云「象弭魚箙」，雖不言用獸，蓋魚之似獸者爲之。若然，此獸則魚形也。惟有《國語》云「檿弧箕箙」，不用獸皮也。及其頒之，王弓、弧弓以授射甲革、椹質者，夾弓、庾弓以授射豻侯、鳥獸者，唐弓、大弓以授學射者、使者、勞者。注：王、弧、夾、庾、唐、大六者，弓異體之名也。往體寡，來體多，曰王弧。往體多，來體寡，曰夾、庾。往體來體若一，曰唐、大。甲革，革甲也。《春秋傳》曰：「蹲甲而射之。」質，正也。樹椹以爲射正。射甲與椹，試弓習武也。豻侯五十步，及射鳥獸，皆近射也。近射用弱弓，則射大侯者用王、弧，射參侯者用唐、大矣。學射者弓用中，後習强弱則易也。使者、勞者，弓亦用中，遠近可也。勞者，勤勞王事，若晉文侯、文公受王弓矢之賜者。故書椹爲鞎，鄭司農云：「椹字或作鞎，非是也。」《圉師職》曰：「射則充椹質。」又此《司弓矢職》曰：「澤共射椹質之弓矢。」言射椹質自有弓，謂王、弧弓也。以此觀之，言鞎質者非。音義：射甲，食亦反，下以意求之。椹，張林反。夾，古洽反，劉古協反。庾，師儒相傳讀庾，本或作庾。豻，音岸，又音鴈。使者，所吏反，注同。蹲，音存，劉才官反。參，桑感反。易，以豉反。鞎，户根反，一音魂，或胡本反，李音艮，一音居言反，又音很。疏釋曰：此經六弓，强弱相對而言。王、弧直，往體寡，夾庾曲，往體多，故四者自對在先。唐大往來若一，故退之在後也。注釋曰云：六者，弓異體之名也者，即所引弓人之職，往體來體之等是也，此據體而言。若以色而言，即《春秋》、《尚書》所云彤弓、玈弓之等是也。云甲革，革甲也者，欲見甲以革爲之，其實一物也。引《春秋傳》者，事在成十六年，楚之養由基善射之事。云質，正也。樹椹以爲射正者，謂若賓射之正然也。云射甲與椹，試弓習武也者，見《圉人》云「澤則共椹質」，是在澤宮中試弓習武也。云豻侯五十步，及射鳥獸，皆近射也。近射用弱弓，則射大侯者用王弧，射參侯者用唐大矣者，此據諸侯言之。若據天子，則用王弧射虎侯，用唐大射熊侯，用夾庾射豹侯也。云學射者弓用中，後習强弱則易也者，用中，謂唐大往來體如一，是中也。云使者，勞者弓亦用中，遠近可也者，使有遠有近皆可也。云勞者，勤勞王事，若晉文侯者，謂文侯之命賜之彤弓、玈弓是也。云文公者，謂僖二十八年，晉文公敗楚於城濮，襄王賜之以彤弓、玈弓是也。其矢箙皆從其弓。注：從弓數也。每弓者一箙百矢。疏注釋曰：云從弓數也者，以經云矢箙皆從其弓，故知從弓數也。云每弓者一箙百矢者，按《文侯之命》及僖二十八年晉文公受弓矢，皆云彤弓一，彤矢百，雖是所賜之弓矢，射之弓矢約同之。按《詩頌》云「束矢其搜」，毛注云「五十矢爲束」。鄭從之。至此爲百矢者，無正文，鄭兩從不定也。凡弩，夾庾利攻守，唐大利車戰、野戰。注：攻城壘者與其自守者相迫近，弱弩發疾也。車戰、野戰，進退非强則不及。弩無王弧，王弧恒服弦，往體少者，使矢不疾。音義：攻，如字，劉音貢。强，其文反，又其良反。疏注釋曰：云攻城壘者，城謂城郭，壘謂軍壁，若宣公十二年云「御靡旌摩壘而還」之類也。云與其自守者，即城壘也。云弩無王弧，王弧恒服弦者，按：上弓有六等，有王、弧，至此弩已有夾庾等四種，故云弩無王弧也。恒服弦者，若弓用則服弦，不用則弛。惟弩則用與不用，一張之後，竟不弛，故云恒服弦也。若然，恒服弦用弱者，以其强弓久不弛則就弦，弱則隨體不就弦也。又王弧往體少，使之恒服弦，則使矢不疾，故不用也。【略】

天子之弓合九而成規，諸侯合七而成規，大夫合五而成規，士合三而成規，句者謂之弊弓。注：體往來之衺也。往體寡，來體多，則合多。往體多，來體寡，則合少而圜。弊猶惡也。句者惡則車者善矣。音義：弊，婢世反，徐扶滅反。衺，初危反。圜，音圓。疏釋曰：按上注王弧射大侯，夾庾射豻侯言之，則天子之弓，王弧也，以其往體寡，故合九成規。諸侯之弓，則唐大，以其往來體若一，故合七成規。大夫之弓，則夾庾，以其往體多，故合五成規也。士之弓，則六弓之外，句曲合三成規。云句者謂之弊弓者，但句之至極，無過合三，合三之外，雖别言句者，還指合三者而言耳。按天子諸侯三侯，士與大夫同射近侯，無與大夫别侯之法。今以士合三，與大夫弓别者，以士與大夫尊卑次，暫以合三者託之于士，其實士無合三之弓也。注釋曰：云體往來之衺也者，此皆據角弓反張不被弦而合之。從合九、合七、合五、合三，降殺以兩，故言衺也。云往體寡來體多則合多者，據王弧而言。云往體多來體寡則合少而圜者，據夾庾而説。不言唐大者，在此二者中閒可知。凡祭祀，共射牲之弓矢。注：射牲，示親殺也。殺牲，非尊者所親，惟射爲可。《國語》曰：「禘郊之事，天子必自射其牲。」疏釋曰：言凡，語廣，則天地宗廟皆有射牲之事。注釋曰：言殺牲，非尊者所親，惟射爲可者，按《禮記》「君親制祭」，《詩》云「執其鸞刀，以啓其毛」，則射外廉爲而言惟射者，彼亦示行之，非正制之耳。引《國語》者，欲見有射牲之事，彼據祭天而言。澤，共射椹質之弓矢。注：鄭司農云：「澤，澤宫也，所以習射選士之處也。」《射義》曰：天子將祭，必先習射於澤。澤者，所以擇士也。已射於澤，而後射於射宫，射中者得與於祭。音義：與，音預。疏注釋曰：此所共弓矢，據王弧，故上云王弓、弧弓以射甲革椹質。引《射義》，欲見射椹質，是試弓習武在澤宫也。大射、燕射，共弓矢如數并夾。注：如數，如當射者之數也。每人一弓乘矢，并夾矢籥也。音義：夾，音甲，注同。乘，繩證反，四矢曰乘矢。籥，劉奴輒反，又女十反。疏注釋曰：知每人四矢者，見《大射》、《鄉射禮》，每人各乘矢也。云并夾矢籥也者，矢籥之言，出於漢時。大喪，共明弓矢。注：弓矢，明器之用器也。《士喪禮》下篇曰：「用器弓矢。」疏注釋曰：云明器之用器也者，明器中有用器、役器。役器中有甲胄、干笮，用器中有弓矢，故鄭還引用器爲證也。凡師役、會同，頒弓弩各以其物，從授兵甲之儀。注：物，弓弩矢箙之屬。音義：從，才用反。疏釋曰：言師役，據王巡狩、征伐而言，與會同異，頒弓弩則不殊也。田弋，充籠箙矢，共矰矢。注：籠，竹箙也。矰矢不在箙者，爲其相繞亂，將用乃共之。音義：籠，魯東反。爲，于僞反。疏釋曰：田，謂四時田時。弋，謂弋鳧與鴈。云充籠箙矢者，籠箙皆盛矢物，及矢皆共之。云共矰矢者，謂矢之有繳者。注釋曰：云矰矢不在箙者，以其共矰矢，在箙下别言之，故言不在箙也。凡亡矢者，弗用則更。注：更，償也。用而棄之則不償。音義：更，音庚，注同。繕人，掌王之用弓、弩、矢、箙、矰、弋、抉、拾。注：鄭司農云：「抉者，所以縱弦也。拾者，所以引弦也。」《詩》云抉拾既次。詩家説或謂抉謂引弦彄也，拾謂韝扞也。玄謂抉，挾矢時所以持弦飾也，著右手巨指。《士喪禮》曰：「抉，用正王棘若檡棘。」則天子用象骨與？韝扞著左臂裹，以韋爲之。【略】

《墨子》卷九《非儒下》　儒者曰：君子必服古言，然後仁。應之曰：所謂古之者，皆嘗新矣，而古人服之，則君子也。然則必法非君子之法，言非君子之言，而後仁乎？又曰：君子循而不作。應之曰：古者羿作弓，伃作甲，奚仲作車，巧垂作舟。然則今之鮑、函、車、匠皆君子也，而羿、伃、奚仲、巧垂皆小人邪？且其所循，人必或作之，然則其所循皆小人道也。

郭璞《山海經注》卷一八《海内經》 番禺生奚仲，奚仲生吉光，吉光是始以木爲車。《世本》云奚仲作車，此言吉光，明其父子共創作意，是以互稱之。少皞生般，般是始爲弓矢。《世本》云牟夷作矢，揮作弓。弓矢一器，作者兩人，於義有疑。此言般之作是。帝俊賜羿彤弓，素矰，彤弓，朱弓。矰，矢名，以白羽羽之。外傳白羽之矰，望之如荼也。以扶下國。言令羿以射道除患，扶助下國。

荀况撰　楊倞注《荀子》卷一五《解蔽》 故好書者衆矣，而倉頡獨傳者，一也。倉頡，黄帝史官。言古亦有好書者，不如倉頡一於其道，異術不能亂之，故獨傳也。好稼者衆矣，而后稷獨傳者，一也。好樂者衆矣，而夔獨傳者，一也。好義者衆矣，而舜獨傳者，一也。倕作弓，浮游作矢，而羿精於射，倕，舜之共工。《世本》云「夷牟作矢」，宋衷註云：「黄帝臣。」此云浮游，未詳。或者浮游，夷牟之别名，或聲相近而誤耳。言倕，游雖作弓矢，未必能射，而羿精之也。弓矢，舜已前有之，此云倕作弓，當是改制精巧，故亦言作也。奚仲作車，乘杜作乘馬，而造父精於御。自古及今，未嘗有兩而能精者也。奚仲，夏禹時車正。黄帝時已有車服，故謂之軒轅，此云奚仲者，亦改制耳。《世本》云「相土作乘馬」。杜與土同。乘馬，「四馬也」。四馬駕車，起於相土，故曰作乘馬。以其作乘馬之法，故謂之「乘杜」。乘，並音剩。相土，契孫也。《呂氏春秋》曰：「乘馬作一駕。」

呂不韋《呂氏春秋》卷一七《審分覽·勿躬》 大橈作甲子，黔如作虜首，虜，一作慮。容成作歷，羲和作占日，尚儀作占月，后益作占歲，胡曹作衣，夷羿作弓，

卜子夏《子夏易傳》卷四《周易·下經咸傳》 子曰：弦木爲弧，剡木爲矢，蓋取諸睽。合衆材，各睽其小體而成其大器。觀是而他可知也。夫濟天下之務者，豈止於一材乎。非聖人不能合睽而爲功也。

劉熙《釋名》卷七《釋兵》 弓，穹也，張之穹隆然也。其末曰簫，言簫梢也。又謂之弭，以骨爲之，滑弭弭也。中央曰弣，弣，撫也，人所持撫也。簫弣之間曰淵，淵，宛也，言曲宛也。

王琚《射經·弓有六善》陶宗儀《説郛》卷一〇一 一者，性體少而勁。二者，太和而有力。三者，久射力不屈。四者，寒暑力一。五者，弦聲清實。六者，張便正。凡弓性體少則易張而壽，但患其不勁。欲其勁者，妙在治筋。凡筋生長一尺，乾則減半，以膠湯濡而極之，復長一尺，然後用則筋力已盡，無復伸弛。又揉其材令仰，然後傅角與筋，此兩法所以爲筋也。凡弓節短則和而虚，節長則健而柱，節得中則和而有力，仍弦聲清實。凡弓初射與天寒，則勁强而難挽。射久天暑則弱而不勝矢，則膠之爲病也。凡膠欲薄而筋力盡，强弱任筋而不任膠。此所以射久力不屈，寒暑力一也。弓所以爲正者，材也。相材之法，視其理，其理不因矯揉而直中繩，則張而不跛。此弓人之所當知也。

徐堅《初學記》卷二二《武部》 弓

《説文》云：弴，丁昆反。畫弓也。弲，虚全反。角弓也。弧，木弓也。㢎，弓曲也。彇，舒招反。弓便利也。彏，烏郭反。弓急張也。弸，百生反，鄙矜反。弓彊兒也。㢮，一弧反。滿弓有所嚮也。

聶崇義《三禮圖集注》卷六 射侯圖

射之所起在於黄帝，故《易·繫》黄帝九事云：古者弦木爲弧，剡木爲矢，弧矢之利，以威天下。又《世本》以黄帝臣揮作弓，夷牟作矢，是弓矢起於此矣。《虞書》曰：侯以明之。《傳》云：當行射侯之禮，以明善惡之教。則射侯見於堯舜，夏殷無文，至周大備，故《禮》有天子、諸侯、卿、大夫，大射、賓射、燕射之文，各張其侯。《鄉射記》曰：君國中射。注云：國中，城中，謂燕射也。於郊，謂大射也。於竟，音境。謂與鄰國君射，即賓射也。《天官·司裘》：王大射，則共音供。虎侯，熊侯，豹侯，設其鵠。古毒反。此所謂皮侯也。皮侯者，謂用虎熊豹之皮各飾侯側，亦方制其鵠。王將祀天地，祭宗廟以射，選諸侯卿大夫士所射之侯也。又《夏官·射人》王以六耦，射五正、三正、二正之三侯者，謂來朝諸侯賓射之侯也。又《鄉射記》云：凡侯，天子熊侯白質，諸侯麋侯赤質，大夫布侯畫以虎豹，士布侯畫以鹿豕。此獸侯者，燕射所張之侯也。凡侯以嚮堂爲面，侯道九十弓者，用布三丈六尺。此謂大侯也。

又　卷八 彤弓　玈弓

司弓矢，掌王、弧、夾、庾、唐、大六等之弓。孔義以晉文公受王弓矢之賜，以此唐、大當彼彤玈，以往來之體若一謂之唐、大。然則唐、大是彊弱之名，彤玈是弓所漆之色。又《弓人職》云：弓長六尺有六寸謂之上制，上士服之。弓長六尺有三寸謂之中制，中士服之。弓長六尺謂之下制，下士服之。此取人形貌長短與弓相稱，爲上中下三等，各服其弓也。又往體寡，來體多，謂之王、弧，當天子之弓，合九而成規者也。往來之體若一謂之唐、大，當諸侯之弓，合七而成規者

也。往體多，來體寡，謂之夾、庾，當大夫之弓，合五而成規者也。六弓各有其名，但赤漆者曰彤弓，黑漆者曰玈弓。

彤弓

玈弓

王昭禹《周禮詳解》卷二八　司弓矢，掌六弓四弩八矢之灋，辨其名物，而掌其守藏與其出入。中春獻弓弩，中秋獻矢箙。中，音仲。箙，音服。

凡五兵之用，遠則弓矢者射之，近則矛者句之。句之矣，然後殳者擊之，戈戟者刺之。此司兵之掌五兵五盾，司戈盾之掌戈盾，司弓矢之掌六弓四弩八矢，所以相爲先後也。兵以自衛者爲先而言，戈常先盾者外内之序也。名謂其名號，若王弓、弧弓之類也。物謂其色，若彤弓、玈弓之類也。守之則有人，藏之則有府，出則頒之，入則受之。司弓矢於其名物則辨之，于其守藏出入則掌之也。中春獻弓弩，中秋獻矢箙者，天地温厚之氣始於東北，而中春則陽氣方和之時也。天地嚴凝之氣始于東南，而中秋則陰氣將堅之時也。弓弩成於秋，故中春獻之。矢箙成于堅，故中秋獻之。蓋四時有明法，萬物有成理，先王以道制器，固不違乎時之序、物之理，而與造化同其功矣。是以器之成也既完且美，而天下之利用于是乎出矣。

及其頒之，王弓、弧弓以授射甲革、椹質者，夾弓、庾弓以授射豻侯、鳥獸者，唐弓、大弓以授學射者、使者、勞者。其矢箙皆從其弓。凡弩，夾庾利攻守，唐大利車戰、野戰。【略】

《考工記》曰：往體多，來體寡，謂之夾庾之屬，利射侯與弋。往體寡，來體多，謂之王弓之屬，利射革與質。往體來體若一，謂之唐弓之屬，利射深。則王弓、弧弓以授射甲革椹質者，以其強也。夾弓、庾弓以授射豻侯鳥獸者，以其弱也。唐弓、大弓授學射者、使者、勞者，以其得强弱之中也。鄭氏謂：甲革，革甲也。質，正也。樹椹以爲射正。射甲與椹試弓習武也。豻侯五十步，及射鳥獸皆近射也。近射用弱弓，學射者弓用中，後習强弱則易也。使者、勞者弓亦用中，遠近可也。其矢箙皆從其弓數也，每弓者一箙盛百矢是矣。《書》及《傳》皆云彤弓，一彤矢百，則矢之從其弓，其數宜如此。凡弩，夾庾利攻守，鄭氏謂攻城壘者與其自守者相迫近，弱弩發疾也。唐大利車戰、野戰，鄭氏謂進退非强則不及也。【略】

天子之弓合九而成規，諸侯合七而成規，大夫合五而成規，士合三而成規，句者謂之弊弓。凡祭祀，共射牲之弓矢。澤，共射椹質之弓矢。大射、燕射，共弓矢如數并夾。大喪，共明弓矢。凡師役、會同，頒弓弩各以其物，從授兵甲之儀。田弋，充籠箙矢，共矰矢。凡亡矢者，弗用則更。

規者，正圜之器，謂之規則圜之至也。弓强則往體寡，來體多，合多而圜。弓弱則往體多，來體寡，合少而圜。天子以威天下爲事，其弓則至强者也，故合九而成規。諸侯則以威一國而已，故降於天子，合七而成規。大夫以智帥人而已，又降於諸侯，故合五而成規。士，事人者也，取其捍患以有身而已，故其弓最弱，合三而成規。夫一變而爲七，七變而爲九，九者究也，陽數之窮，而能變天子制變者也，故其數有取於九。七變而後爲九，諸侯雖有君道，其用有所降焉，則用七者取其有所詘也。蓋七詘而申爲十，方七而已，則其用屈而未申矣。故賜鐵鉞而後殺，賜弓矢然後得征伐，合七而成規，固其宜也。大夫雖降於諸侯，然以智帥人之大者，不可過焉，宜適中而已。五者，天數之中也。士雖降於大夫，然士方志於道，數始於一，立於兩，成於三，亦期於有成而已，故以合三成規。然皆有取於規，則以規主仁。弓以射爲事，宜本於仁故也。句者謂之弊弓，其體曲而可以句物者。謂之句，則句者曲之甚也。弓以强爲上，以弱爲下，則直者善而句者爲惡矣，故謂之弊弓。凡祭祀共射牲之弓矢者，天子親牽牲而射，示親殺也。然殺牲非尊之事，惟射爲可。

林希逸《考工記解》卷下

弓人爲弓。

三十官之中，自輪人而下，除既闕之外，獨此弓人爲甚詳。蓋弓之用甚大，古人以射、御、書、數並言之，不特兵家所用也，故其言之詳如此。

取六材必以其時。六材既聚，巧者和之。

六材者，幹、角、筋、膠、絲、漆也。六材既聚，必有巧者然後能調適而用之，故曰和。

幹也者，以爲遠也。

幹者，弓之材也。幹之才善，則其射可遠。

角也者，以爲疾也。

角善則弓去遠也。

筋也者，以爲深也。

筋束縛之，則深固也，非淺深之深。

膠也者，以爲和也。

和者，欲得其宜也。

絲也者，以爲固也。

固欲其不壞也。

漆也者，以爲受霜露也。

受霜露則易壞，故漆必欲其盡善也。

凡取幹之道七，柘爲上，檍次之，檿桑次之，橘次之，木瓜次之，荆次之，竹爲下。

柘，桑柘之木也。檍音益，今人不知此木。檿音掩，檿桑，註曰山桑也。《國語》曰檿弧是也。今人亦用桑木，唐太宗論弓亦曰：「木心正其理邪者，不可射。」此言竹爲下，則竹亦在可用之類，但不如上六者爾，恐此竹如今所謂柴竹之類。

凡相幹，欲赤黑而陽聲。赤黑則鄉心，陽聲則遠根。

赤黑之色則不嫩也，鄉心不近皮也。陽聲則清，近根則老，其聲必不清，叩之而清，必不老也。

凡析幹，射遠者用埶，射深者用直。

埶者，木之形勢有微曲者，因其性而用之，則其射去必遠。木之埶直則其去有力，射而中物必深。析者，分別之也。分別其曲直而用之，各有宜也。

居幹之道，菑栗不迆，則弓不發。

居，處也。處事曰處。處幹，即爲幹之道也。田一歲曰菑，初鋤掘之也。栗音裂，裂，破裂也。菑栗者，剖削破裂之也。迆，邪也。闕。幹而紋理正直不邪迆，則弓可久用而不發也。發，起也，有起發則爲損動也。

凡相角，秋閷者厚，春閷者薄。

閷，殺也。秋時殺牛則其角厚，春時殺牛則其角薄。秋氣斂，揫角則堅實也。

穉牛之角直而澤。

牛尚少，則其直滋澤而紋理直。

老牛之角紾而昔。

紾者，紋纏去聲。之紋也。錯，雜亂也。牛老則其角有絞縛之狀，而紋理錯亂也。鄭云：紾音如紾縛之紾，漢方言也。紾，徒展反。縛，徒轉反。此漢語，今亦不可曉矣。其意蓋以角之文如絞縛而理麤，其文錯，然則不潤澤也。《韻書》云：紾，轉繩也，音診。若依《韻書》讀，尤易通。

疢疾險中。

險，傷也。疢，久也。牛有久病，則角之中必傷動不可用也。

瘠牛之角無澤。

牛瘠則血少，角不滋潤也。

角欲青白而豐末。

其色青白則角之善者也。豐末者，角之末豐大，不尖小也。以下節三者觀之，凡善角，其本必白，其中必青，其末必大也。

夫角之本，蹙於䐡而休於氣，是故柔。柔故欲其埶也。白也者，埶之徵也。

䐡，腦也，牛頂之腦也。蹙，近也。休，音煦，義同。其角之下本近於腦而生氣煦之，故其角柔和，自然有曲埶。埶者，曲埶也。其角也若白，則自然有曲勢，故曰徵，言驗其色可知其勢也。

夫角之中，恒當弓之畏。畏也者必橈，橈故欲其堅也。青也者，堅之徵也。

畏與隈同，謂曲隈處也。角之中央，其用於弓也，常在曲隈處。隈處張時必橈動也，若不堅則易折，故欲其色青。驗其色青，則知其必堅固，雖橈而不傷也。

夫角之末，遠於䐡而不休於氣，是故脃。脃故欲其柔也。豐末也者，柔之徵也。

角之末上去牛腦既遠，生氣之煦所不及，則多脃弱。若其末尖小，則脆而不柔。不柔則易折。其末既豐大，則柔而不脆，故可用也。此以上言相角之法也。

角長二尺有五寸，三色不失理，謂之牛戴牛。

二尺有五寸，則大牛之角也。三色者，本必白，中必青，末必豐。不失其常理，則此角之直可如一牛，故曰牛戴牛。言其所戴之角又有一牛之用也，此一句下得奇古。

凡相膠，欲朱色而昔。昔也者，深瑕而澤，紾而摶廉。

朱色者，惟牛膠火赤也。昔，文理交錯也。瑕廉，利也，疏云：廉瑕二者皆嚴利之狀也。瑕廉雖深而潤澤，則不燥也。紾與縝同，文理縝密而其角摶圓，又廉利，則角之善者也。瑕與紾者，皆因其文之交錯而言也。前言紾而昔非角之善，此字同而説又異，只得依注解之。

鹿膠青白，馬膠赤白，牛膠火赤，鼠膠黑，魚膠餌，犀膠黄。

六者之膠皆可用也。犀，海犀也。鹿馬牛鼠犀皆以色别之，惟魚曰餌者，香餌之氣也，以其腥氣異於諸膠也。

凡昵之類不能方。

【略】

絲欲沈。

絲沈水中之時，其色精采，據此乾燥亦如沈水之時，則爲善者。

得此六材之全，然後可以爲良。

自取幹起言六材，至此而結之焉，謂逐件試之，六材既全美，則可以爲善也。

凡爲弓，

上既言六材，此下言治弓各以其時也。

冬析幹而春液角，夏治筋，

冬時堅凝方可取幹於山林，鋸析破削以爲之也。春氣融和則可漬液其角也。夏氣熱則筋易柔，故以治之。

秋合三材。

三材既備，至秋方合而爲之也。

寒奠體，

奠讀爲定。冬膠既堅，其弓已成。納之弓檠之中，以定其往來之體，不可移動也。

冰析灂。

灂，漆也。冰寒凝之時辨析其漆，雖其乾稍遲，而漆愈老則愈堅固也。

冬析幹則易，

此下又逐句發明也。易者，平易也。冬植物性實則易光滑也。

春液角則合，

合猶洽也。角潤之時漬液之則浹洽也。

夏治筋則不煩，

夏筋柔濕，治之則不煩勞而易熟也。

秋合三材則合，

秋爲弓，則其三材相合而堅固也。

寒奠體則張不流，

弓既成而納之檠中，天時方寒勁，其體勢既定，則張而用之必不流動也。猶諺云無走作也。

冰析灂則審環，

漆其四邊，可以回環而審定也。

春被弦則一年之事。

【略】

故角三液而幹再液。

幹與角皆用水漬液，但幹止兩次而角必三次也。

厚其帑則木堅，

帑，讀爲襦，注云弓衪也。弓幹雖用全木，必有裨助之者，如衣有襦絮也。其裨助者厚，則其幹木愈堅。

薄其帑則需，

需，愞懦也。其裨助者薄，則幹木易弱也。視之亦不肥滿，故注云不充滿也。

是故厚其液而節其帑。

厚，多也。其角之液必多，其幹木之帑必節適得宜。此一句結上文之意也。

約之不皆約，疏數必侔。

一弓之中有纏縛處，有不纏縛處，雖約而不皆約也。其約處必有疏數，隨其宜而約之，必使侔等也。侔則無厚薄也。

斲摯必中，

斲，削也。摯，致也。致力而脩治也。斲摯其幹必使得中也。

膠之必均。

弓之用膠，必有均節也。疏云：自此以下皆言弓之隈裏施膠之事。

斲摯不中，膠之不均，則及其大脩也，角代之受病。

大脩甚久，若斲摯不得中，用膠不均節，則角常代一弓之材而先受害也。

夫懷膠於內而摩其角，夫角之所由挫，恒由此作。

膠在角内若有厚薄，則角必爲之摩動。角被摩動則必挫折。角之蹴折常因此而起也。作，起也。

【略】

爲天子之弓，合九而成規。爲諸侯之弓，合七而成規。大夫之弓，合五而成規。士之弓，合三而成規。

規，圓也。此言角弓既弛之時，天子弓直，合九弓而後成規。合七者，則稍曲矣。合五者又曲矣，至於合三則曲甚矣。據此所言，又與體如環之説稍異，未知古制果如何也。注云材良則句少，如此則天子之弓雖既弛之時直而不句，用之則自順，蓋其材柔和也。天子、諸侯、大夫、士，分爲四等，特以弓之美惡而爲次第耳。

弓長六尺有六寸，謂之上制，上士服之。弓長六尺有三寸，謂之中制，中士服之。弓長六尺，謂之下制，下士服之。

上制、中制、下制，隨人身之長短，非禮制也。上士、中士、下士，非命士也。士有上中下者，以其身材長短而言也。

凡爲弓，各因其君之躬志慮血氣。

志慮在心者，血氣見諸舉動者，制弓而隨人之身可也。今欲隨其性之緩急而分之，此古人之事，其意未可曉，今無此法。

豐肉而短，寬緩以荼，若是者爲之危弓，危弓爲之安矢。

豐肉，肥也。肥而短者，其性又寬緩舒遲，故爲危弓而用之。危者，急速也。危弓而用安矢以濟之。安者，舒緩也。

骨直以立，忿埶以奔，若是者爲之安弓，安弓爲之危矢。

骨立，瘦也。直者，長之貌也。忿埶，忿怒而使威埶也。奔者，性急也。瘦而性急，則爲舒緩之弓而用之。安，舒緩也。弓既安則以危矢濟之。危亦急速也。弓有緩急可也，而矢亦有緩急，皆古法也，今無之。

其人安，其弓安，其矢安，則莫能以速中，且不深。

此言人與弓矢俱舒緩，則射之不急速，其中物亦不深。

其人危，其弓危，其矢危，則莫能以愿中。

此言人與弓矢俱急，則射之其去雖速，其不能以必中。愿者，誠慤也，信也。信則必之意也。

往體多，來體寡，謂之夾臾之屬，利射侯與弋。

往者，弛放時也。來者，張開時也。夾臾，弓名也。往體多者，弛時直也。來體寡者，張時甚曲也。此弓必勁，故可射棲鵠之侯而弋鳥雀也。

往體寡，來體多，謂之王弓之屬，利射革與質。

往體寡者，弛時曲也。來體多，張時弦長也。此弓性不勁，只可射革與質而已，前所謂熊皮白質之類也。

往體來體若一，謂之唐弓之屬，利射深。

張弛之時，其鈎曲之體相似，則是不勁不緩，得中者。其射之，中必深，故曰利射深。

大和無灂，

大和者，前所爲九和是也。其體調適，故不用漆也。

其次筋角皆有灂而深，

用筋角皆有漆而深者，漆在背，筋限角之中，而邊不漆也。

其次有灂而疏，

言背與限皆有漆而間用之，不皆漆也，故曰疏。

其次角無灂。

角之在限者不漆，而他處皆漆也。以上弓有四等，此制作之精粗也。

合灂若背手文。

漆之合者，謂弓表裏有漆處也。其文皆如人之手背，言用漆之善也。

角環灂，

弓之限角處，其漆文皆如環之周旋，亦言漆之盡善也。

牛筋蕡灂，

弓用牛筋纏束，則筋上之漆其紋如麻子。蕡，麻子也。麻子殼上有細文。

麋筋斥蠖灂。

弓用麋筋，則筋上之漆其文如斥蠖。蠖者，屈蟲也。屈蟲身上有細縮紋，易作尺。斥與尺同。

和弓轂摩。

和弓，調和其弓也。轂者，扣擊而試之也。摩，擦摩也。此言造弓之時，摩之試之，欲其調和也。前言聲清者，遠筋擊試之類也。

覆之而角至，謂之句弓。

注云：覆，察也。句弓，敝弓也。角至，角善也。弓以角幹筋三者爲之。弓之敝者，覆察之，只角爲善，而幹與筋不善，則只可爲射革與質之用矣。

覆之而幹至，謂之侯弓。

侯弓者，前所謂夾臾利射侯者。此弓覆察之，角既善，幹又善，是三者得其二矣，此可用之弓也。

覆之而筋至，謂之深弓。

深弓，利射深者，前所謂唐弓是也。覆察之，角善矣，幹善矣，而筋又善，三者皆備，則爲良弓也，至善也。

三「至」字訓善，三「覆」字訓察，此據注疏家所云，但以意揣之，恐亦未必爲至當之説。以侯弓爲射侯與弋之弓，以句弓爲射革與質之弓，亦是牽强湊合。竊恐此三句乃言架弓之時，前言寒奠體，是弓方成時，冬月且藏之以侯其定，如今人焙中也。此乃覆而架之，如今教場中弓架也。弓在架則目前可見，故以所見之勢論之。角乃弓之隈覆而在架，角至於架則弓勢直，是來體寡也，此爲句弓。幹在簫之下角之上，覆之而幹至於架則弓勢曲，是往體多也，此爲侯弓。筋者纏束處也在隈之上幹之下，覆之而筋至於架則弓勢不曲不直，是往來體均也，此爲深弓。深弓可以射深，侯弓可以射革質，句弓則可以射侯與弋也。不必以侯弓字爲射侯與弋之侯，則自爲拘礙矣。【略】

弓人

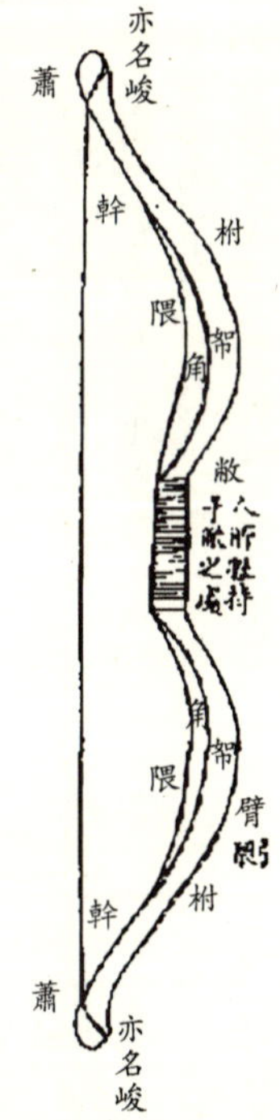

角，在隈處。

隈，上隈，下隈，左右隈，㙂與隈同，在柎上下兩處，弓之淵深處。以左手横執其弓，則上隈向右，下隈向左。

柎，手把也。此弓兩邊抵手曰拊。注曰側骨。

側骨，角弓於把處兩畔有側骨，骨堅强，所以爲弓亦曰柎。

峻，弓末，亦曰簫。

蕭，與峻同，弓末也。

挺臂，弓之直臂也。

敝，所握手蔽之處。

䋲，音殺，接中也，亦曰茭解。簫與隈交接處，曰茭解也。

帤，弓幹雖用整木，仍於幹上裨之，故曰帤，補弓物如布類。

紲，竹䡑緄縢藏弓者，別作一片竹向上札以助弓，只短在弓隈間，不滿兩頭。

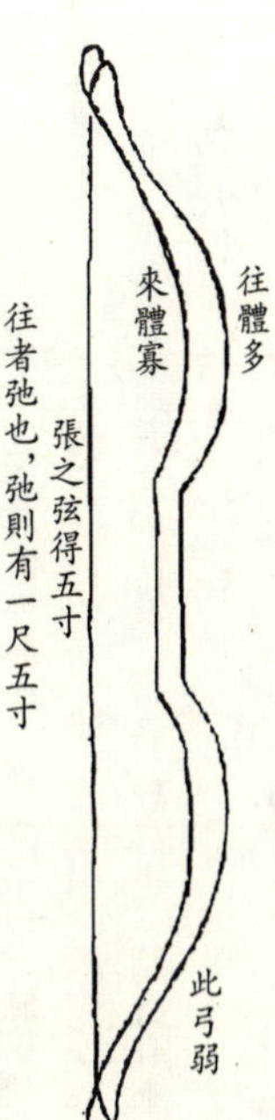

夾臾弓

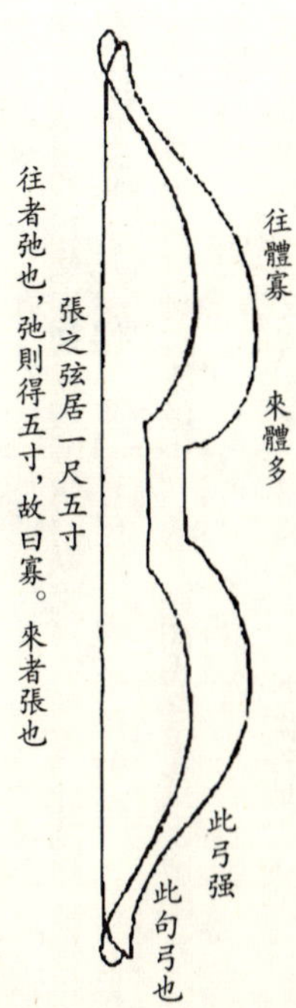

王弧弓

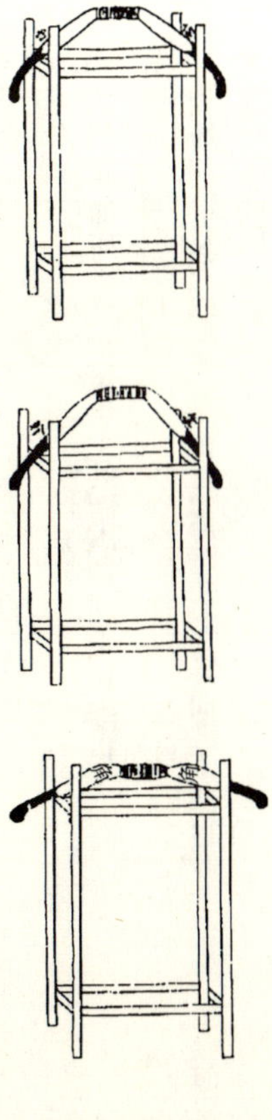

深弓覆之而筋至。侯弓覆之而幹至。句弓覆之而角至。

唐順之《武編》前集卷五《弓制》 臣器聞，軍器三十有六而弓爲稱首，武藝一十有八而弓爲第一，其緊切尚矣。今之制者，何蔑裂之甚邪。蓋筋角不能自相固結，故假之以膠漆，膠漆不能自相堅實，故壯之以筋角。然二物相資，必隔旬日，候其自乾，然後再用，是謂年弓月箭，否則弓雖易成，膠亦易脱。馬蝗面闊而受力均匀，受弦端正，故發矢可期於破甲。泥鰍面狹而弓愛走反面，愛斷嚼，故臨用多至於誤人。皆由擇角之初，大角價高，小角價低，有司喜賤而惡貴，故凡所在買到軍須，小角常多而大角常少。有司非喜用小角而惡用大角也。大角之價常倍於小角，小角之價常半於大角，此固價之不相若矣。況角之大者至爲艱得。若全用大角，則作匠所選愈難而倉卒，亦無收買去處。戎監只得兼用夫小角，界成狹面，面闊則力硬，故令面薄，遂成馬蜱之狀。泥鰍乃員滑之水族，馬蝗乃闊匾之介蟲，此取喻耳。至若用黄樺桃皮以裹弓面，牛角魚枕以裹弓弰，徒爲觀美，不若用出山生漆刷鬃兩重，則雨不能濕，水不能透，亦心弓力軟弱，饑疲之卒方能牽挽滿箭。不能，則拽不過面，箭去無力。是謂弓制。

矢不破堅與無矢同，矢不破甲反資敵用，造矢不可無法尚矣。近日所製箭鏃太重，箭簳太粗，膠易解散，翎易脱落，其故何耶？蓋古人之制箭，欲其去之勁直也，故翎之以羽，曰鵝，曰鸛，曰鴻，曰鵠，所用不拘於一名；欲其去之鋒利也，故鏃之以金石、石蓮，曰鑿子，曰喬麥稜，曰破甲錐，所制不拘於一樣。簳有腦節巴翎腰瞷之辨，箬有山繭采色桐油柿漆之别，然考其已驗之迹，翎則雕鶚野雉爲最捷，鏃則寸金鑿破甲錐爲最鋭，簳則通簳去直而易中，箬則黑漆易成而省費，餘皆徒事觀美，不堪實用。虜中軍器上皆有元監造官姓名年月，遇有損壞，有悮使用，即將元監造官依法施行，斷不輕恕。所以虜酋器具一一如法，而吾軍製作之司，一切不問，只欲速成，可以逃責，備數足矣。此所以類皆苟簡蔑裂而不中用也。況鏃重則弓軟而去地遠，箭重則弓硬而中中不入。舊法箭頭重過三錢則箭去不過百步，箭身重過十錢則弓力當用一顧，是謂弓箭制。

古《事林廣記》曰：古法曰：弓不等箭與短兵同，箭不等弓與無鏃同。謂箭重則緩，輕則颺也。蓋弓有强弱，矢有銖兩，弓不合度，矢不端直，雖蒙羿不能必中。古者弓矢之制，弓八斗，以弦重三錢半，箭重八錢爲準。學成，或致的於深谷，或昇於高山，或曳或擲，使其的縱横前却，施之於敵，發無不中。

焙宜火候。江南之地多卑濕，弓矢四時必火焙適宜，然後筋角膠漆和暢而不解，使弓斗力常存，矢翎羽常附。凡造焙之制，高不過五尺，横稱弓身而有餘，隨弓之多寡而廣狹之。弓之去火四尺之上下，火近太迫則燥，火去弓太遠則火氣不及，務適宜耳。弓面上向焙其背，不焙其面。凡火四時有寛猛增減，不欲太猛，亦不欲太寛。蓋太猛則有弓枯之患，太寛則火氣易息，與無火同。火在爐，春夏秋冬上常覆三分灰，於梅蒸則宜上覆二分之灰，春夏陰潤亦如之，常使微露見火。朝以繼暮，夜以繼日。四時值天氣明爽時取弓出而列於架，使筋角之活也。良久復藏於焙。江南射者易傷其弓，往往時秋冬不潤，或置之風，殊不知一日失焙，弓未解，遽積日則解矣。凡自焙内取弓出射，必候頓晷，令弓絶無火氣方可安弦，庶幾無傷折之患。箭亦不可不焙，不焙則翎羽不附。焙箭之法，要在以直安箭，箭横安則易曲也。弦之新者必潤，安之於焙以去其潤，然後結而上弓，庶不差於長短。大抵射以弓矢爲本，凡當謹護。其逐月用火分數詳列於左：正月、二月用火五分，三月、四月用火六分，五月梅蒸用火十分，六、七月用火七八分，十一月、十二月用火五分，八、九、十月用火六七分。矢長八寸爲鞭箭，四寸爲白蛇吐信，皆用溜子發之。鞭箭先搭箭，後搭溜子。白蛇先搭溜子，後搭箭。

柯尚遷《周禮全經釋原》卷一〇《夏官下》　司弓矢，掌六弓四弩八矢之灋，辨其名物，而掌其守藏與其出入。中春獻弓弩，中秋獻矢箙。藏，才浪反。中，音仲。箙，音服。

釋曰：六弓、四弩、八矢，見下文。灋，曲直長短之數。名物，六弓八矢等各有名號物色也。守則有人，藏則有府，出則頒之，入則受之也。中春陽氣方和之時，弓弩之所成也，故獻之。箙，盛矢器也，以獸皮爲之。矢與箙成於陰氣方堅之時，故中秋獻之。蓋四時有明灋，萬物有成理，先王以道制器，固不違乎時之序，物之理，而與造化同其功矣。是以器之成也，既完且美，而天下之利用於是乎出矣。

及其頒之，王弓、弧弓以授射甲革、椹質者，夾弓、庾弓以授射豻侯、鳥獸者，唐弓、大弓以授學射者、使者、勞者。其矢箙皆從其弓。

釋曰：王、弧、夾、庾、唐、大，弓體之異名，所謂六弓也。《考工記》曰：往體寡，來體多，謂之王弧之屬。往體多，來體寡，謂之夾庾之屬。往體來體若一，謂之唐大之屬。或曰王弧，彫弓也；唐大，彤弓也；夾庾，盧弓也。甲革，以革爲甲。椹質，植椹爲正。射甲與椹，試弓習武也。王弧弓强，故以授之豻侯，五十步鳥獸又近而後射。夾庾弓弱，故授之射侯與弋學射者，先用弱而後習强也。唐大强弱適中之弓，故以授學射者與爲使者，與勤勞王事者。矢箙從其弓，從弓數也。每弓一箙，一箙百矢。

凡弩，夾庾利攻守，唐大利車戰、野戰。【略】

釋曰：凡弩，夾庾利攻守，攻城壘者與其自守者相迫近，弱發疾也。唐大利車戰、野戰，連戰進退，非强不及也。弩無王弧，恒服弦，往體少者，發矢不

疾也。【略】

天子之弓合九而成規，諸侯合七而成規，大夫合五而成規，士合三而成規。句者謂之弊弓。句，音鉤。弊，音婢。

釋曰：規者正圓之器，謂之規，則圓之至也。弓强則往體寡來體多，合多而圓。弓弱則往體多來體寡，合少而圓。天子之弓王弧也，其體不甚曲，故合九弓而成一規。諸侯之弓唐大也，其體稍曲，故合七弓而成一規。士之弓，斗力也，故合三弓而成一規。句，曲也。弊，惡也。弓以强爲上，以弱爲下，則直者爲善，而句者爲惡矣，故謂之弊弓。

李呈芬《射經》利器《古今圖書集成・戎政典》卷二八〇　《荀子》曰：弓矢不調，羿不能以必中。夫調之云者，矢量其弓，弓量其力。蓋手强而弓弱，是謂手欺弓。弓强而手弱，是謂弓欺手。余所交遊善射之友，有能引滿數十力弓者，其所常習，無過九力之弓，所以養勇也。蓋弓箭力量，欲其相稱。

古者弓以石量力，今之弓以個量力，未詳出處。然相傳九斤四兩爲之一個力，十個力爲之一石。或曰九斤十四兩爲一個力，云凡弓五個力，而箭重四錢者，發去則飄摇不穩；而三個力之弓，重七錢之箭，發之必遲而不捷。何哉？力不相對也。故三力之弓，用箭則長十拳，所謂一拳名曰一把，十把之箭其重四錢五分。如四力之弓，則用箭九把半以長或至十把，猶爲相稱，其重則五錢五分。至於五力、六力之弓，用箭亦長九拳之半。七力、八力之弓，用箭只長九把，即長至九把半亦可也。

故箭之長短隨弓力，以重輕弦扣之，精粗亦視弓之强弱。

扣者屬弦以附弓弰，其粗細不稱則弓弦不調。

意縱送無虞，而弓面之於弦口，把力之方，箭翎之製，不以工拙，而貴乎適宜。

弓面貴窄不貴寬，弦口貴緊，把力貴軒。歪寧一順，不宜十字。箭之製貴上粗而下細，若秤幹狀，寧粗毋細。箭翎貴短，弓弦貴粗，滿扣則穩當而不走滚。

弓矢調矣，而於閑習臨敵，器不同用。

弓窄則美觀，平時用之可矣，若禦敵則宜寬弓重箭。箭重則貫札深，弓寬則不滚。箭之至短不過九拳耳，少則撒放時難加筋節也。或有用三力半之弓而長十拳，重六錢之箭，似不如法，而其射甚平快，是必有法，在於加意精熟之。

此利器之槩也，訣曰：弓用輕，箭用長，搭箭得弦意怒强。開弓勢前後，分陰陽。箭出門時一點功，平準狠去何用忙。

曰平，曰準，曰狠，三者射之方也。

夫善事者，必利器斯則，知其端倪矣。

又　考工

按古天子之弓合九而成規，諸侯合七而成規，大夫合五而成規，士合三而成規。蓋弓以直爲良，故勾弓者謂之弊弓。夫弓有六善焉，一曰性體少而勁，二曰太和而有力，三曰久射力不屈，四曰寒暑力一，五曰弦聲清實，六曰一張便正。凡性體少則易張而壽，但患其不勁。欲其勁者，妙在治筋。凡筋生長一尺，乾則減半，以膠湯濡而極之，復長一尺，然後用則筋力已盡，無復伸弛。又揉其材令仰，然後傅角與筋，此兩法所以爲筋也。凡弓節短則和而虚，挽過吻則無力。節長則健而柱，挽過咳則木强而不來。節得中則和而有力，仍弦聲清實。凡弓，初射與天寒則勁强而難挽，射久、天暑則弱而不勝矣。此膠之爲病也。故膠欲薄，而筋力盡。强弱任筋而不任膠，此所以射久力不屈，寒暑力一也。弓所以爲正者材也，相材之法視其理，其理不因矯揉而直中繩，則張而不跛。此弓人之所當知也。噫！古者上有道則百工信度，且得執藝事以諫。唐太宗聞弓人論木心不正則脈理皆邪，深致取焉。猶有古人遺意，若射而穿則斬函人，射而不穿則斬矢人，雖曰威克厥愛允濟，然於正心以正百工之道遠矣。夫兵，凶器也，始之以正心，終之以來百工，則遠人將服之。其可忽哉？其可忽哉？

楊惟明《射學指南》

弓考

學者皆曰弓，不知何段是弓。弓心包在弝内不見，軟手皮名曰弝，近弝八分名曰弝眼，近弝眼一寸二分便是弓。近弓二寸名曰閃，近閃一段名曰回火，近回火一段名曰腦，近腦一段名曰虚火，近虚火一段後是枕皮，枕下一段爲棐弦，棐弦外曰蛾眉，靠蛾眉即扣，扣内緑皮曰耐磨。凡學射，先須擇弓之稱手者。若手强弓弱，則手欺弓。弓强手弱，則弓欺手。皆所不可。然初學，寧使手有餘力。買弓，須擇其胎直、筋舒、膠匀、乾透、角面老，便是良弓體段。但新弓須張而調之，偏者使歸于正，斜者使歸于平，曲者使歸于直。如病在弝，則以火調弝；病在閃，則以火調閃；病在腦，則以火調腦，或以刀銑之，又或以兩手開其腦，兩膝制其閃，皆可。更宜烘焙得法，安置平正。

又　弦

凡弦，太長則慢而無力，太短則木而不發，粗細適中。

李盤《金湯借箸十二籌》卷四《籌制器・弓》　弓制

古有爲弓三年而成者，試之穿七札；九年而成者，試之飲石梁。是惡可語於今日哉。弓有六善：一者往體少而勁，二者和而有力，三者久射力不屈，四者寒暑力一，五者弦聲清實，六者一張便正。凡弓欲其勁，妙在治筋。筋生長一尺，乾則減半，以漆湯濡而極之，復長一尺，然[后]用之則筋以盡，無復伸弛，故往體少而勁也。凡弓節短則和而虚，虚謂挽過吻即無力。節長則健而柱，柱謂挽過吻則木强。節則中，故和而有力，弦聲清實也。凡弓初射强，久則弱矣。天寒則强，暑則弱。弱則不勝矢，皆膠之爲病。膠欲薄而筋力既盡，强弱任筋不任膠，故久射力不屈，寒暑力一也。弓所以爲正者，材也。相材之法，視其理之不橋揉而直中繩，故一張便正也。

馬蝗面弓，用大牛角截成，面濶洩滿，則曲如扇圈，受力均匀，不走不斜。

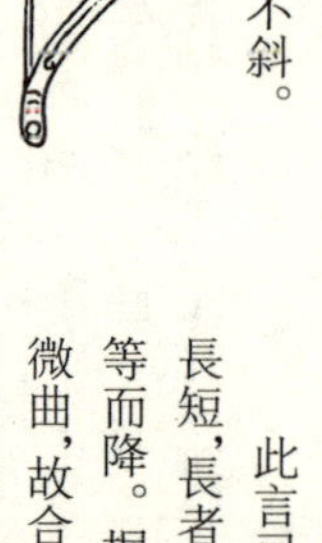

弓式

泥鰍面弓，用小牛角截成，面洩滿則曲如折竹，受力不勻，易走易斜。

披背筋法，披筋一板，晴暄合待半月，陰雨一月方再上。若連披數版，則内濕外乾，解脱可待。

漆弓法，用漆一重，晴暄合待十日，陰雨二十日方再漆。若日漆數重，亦内濕外乾，斷脆可待。

裏弓法，用黄樺桃皮朱紅，不若黑生漆，免水透。

弰弓法，用白角魚枕綵畫，不若黑生漆，免費工。

焙弓法，江南地多卑濕，四時必以火焙。弓去火四尺上下，太迫則燥，太遠則火氣微。凡火四時有增減，太猛則枯，太實則火易息。正二月五分，三四月六分，五月十分，六七月七分，九十月八(月)[分]，十一月十二月五分。弓面向上，焙背不焙面也。焙後必冷定，絶無火氣，方可安弦，無傷折之患也。值天時晴爽時，取弓出列於架上，使筋角活也。

軍器三十有六，而弓爲首。《易》之制器尚象，五兵中獨言弧矢，誠重之也。今之製何滅裂甚耶，蓋筋角不能自相固結，故假之以膠漆。膠漆不能自然堅實，故壯之以筋角。二物相資，必隔旬日，候其自堅，然後再用，是謂年弓月箭。否則弓雖易成，膠亦易脱。弓面調則力硬，受弦端正，故取象馬蝗，乃扁濶之介蟲也。弓面狹則力軟，易走易斷，故取象泥鰍，乃圓滑之水族也。皆由擇角之初，大角價高，小角價低，有司喜賤而惡貴，故小角常多，大角常少，因而誤事多矣。敵中軍器，上皆有原監造官姓名年月，有悮則正法，所以敵器一一犀利，孰如中國有司，止欲速成備數而已哉。

郝敬《周禮完解》卷一二《冬官考工記下》　爲天子之弓，合九而成規。爲諸侯之弓，合七而成規。大夫之弓，合五而成規。士之弓，合三而成規。弓長六尺有六寸，謂之上制，上士服之。弓長六尺有三寸，謂之中制，中士服之。弓長六尺，謂之下制，下士服之。

此言弓貴賤大小形體之制。規，圜也。凡弓强者體直，弱者體曲。材有長短，長者句少，多而後成規。短者句促，少而成規。貴者用長，賤者用短，以等而降。據《夏官》六弓，天子之弓王弧，體直，故合九成規。諸侯之弓唐大，微曲，故合七成規。大夫之弓夾庾，曲多，故合五成規。士弓尤短曲，故合三即成規。弓長六尺六寸以下三等，又以人身材力論，猶桃氏之劍也。

凡爲弓，各因其君之躬、志慮、血氣。豐肉而短，寬緩以荼，若是者，爲之危弓，危弓爲之安矢。骨直以立，忿執以奔，若是者爲之安弓，安弓爲之危矢。其人安，其弓安，其矢安，則莫能以速中，且不深。其人危，其弓危，其矢危，則莫能以愿中。

此言用弓，各因人之形性。荼，和柔也。危，急也。人體柔性緩，則弓宜急，弓急則矢宜緩。人形勁性躁，則弓宜緩，弓緩則矢宜急。弓强則危，弓柔則安。矢羽豐則安，羽殺則危。人安弓安矢安，則大緩而不捷，烏能中。人危弓危矢危，則大急而不愿，烏能中。愿，慤謹也。射以觀德，與性情通。良工知道，則進乎技矣。

往體多，來體寡，謂之夾臾之屬，利射侯與弋。往體寡，來體多，謂之王弓之屬，利射革與質。往體來體若一，謂之唐弓之屬，利射深。

此論弓之名類不同。往，張而外也。來，弛而内也。夾庾王唐等名，見《夏官・司弓矢職》。張時體曲，弛時體直，是夾庾弓之類，其弓柔，可用射侯與弋鳥，皆不遠，故宜。張時體直，弛時體曲，是王弓之類，其力强，可用射革與木椹。革，皮也。質，木椹也。解見《司弓矢職》。張弛曲直相似者，是唐弓之類，强弱中，利于射深。名類不同，所用亦異。

大和無灂，其次筋角皆有灂而深，其次有灂而疏，其次角無灂。合灂若背手文。角環灂，牛筋蕡灂，麋筋斥蠖灂。

此用膠和弓之法。申言首節膠所以爲和，明九和之義也。弓良者必大和，羣材合曰和。膠所以爲和也，灂即膠。善膠者如自然，有灂若無灂。灂無則筋角皆無痕迹，所謂大和也。其次無灂，惟筋角有灂，而深密不露灂，亦和之至也。其次有灂可見而疏，不深密也。其次膠合處宛然可見，幹筋皆受膠，惟限裏之角無灂，此庸品耳。善合灂者，其三材合同，如側人手，視其背掌之交上下紋理異而無附合之迹，此之謂大和無灂之弓如是也。角與筋附幹，皆膠之功，非膠則角不附，非膠則筋不屬，是故角與膠相循環不斷也。牛筋勁而麤，膠合則蕡勇持力。蕡賁通，忿也。鹿筋膠合則膩而柔，如尺蠖隨弓曲伸也。斥尺通。蠖，屈蟲也。《易》曰尺蠖之屈，以求伸也。

和弓轂摩，覆之而角至，謂之句弓。覆之而幹至，謂之侯弓。覆之而筋至，謂之深弓。

此用弓調審之法，申言首飾角爲疾，幹爲遠，筋爲深，三材和均之義。和弓，謂將挽弓先調之。轂擊同，拂其塵也。摩，以手搓摩。覆，猶反也，反而張之使至。至，到弦也。張之而驗其三材，角至者柔，故曲而爲句弓。詩云敦弓既鉤。鄭據《司弓矢職》云句者爲惡弓，非也。幹至者强，故及遠而爲射侯之弓。筋至者堅，故善入而爲深弓。故曰角所以爲疾，幹所以爲遠，筋所以爲深。三者一不至，不可爲良工。鄭云覆猶察也，至猶善也，亦通。

顧煜《射書》卷一《射論增定》

弓

凡學射，先須擇弓之稱手，若手强弓弱，則手欺弓；弓强手弱，則弓欺手。皆所不可。然初學，寧使手有餘力，置弓須擇其胎直筋舒，膠勻乾透，即是良弓體叚。但新弓須是張而調之，偏者使歸於正，斜者使歸於平，曲者使歸於直。如病在弝，則以火調弝。病在閃，則以火調閃。病在腦，則以火調腦。或以刀磋之，又或以兩手開其腦，兩膝制其閃，皆可。更宜烘焙得法，安置平正。

又　弦

凡弦太長，則慢而無力。太短，則木而不發箭，太粗亦木，且難出扣；太細亦無力，且不耐久。須要適中。

又　身勢

立脚須不丁不八，前脚踏一直對弝子，乃直挺勿曲，後脚須曲而向前。蓋惟後脚曲向于前，則非但無尖臀之病，且又有腰力。然身勢大槩有二：全身壁立引弓，謂之大架，人皆難之；蹲足直腰引弓，謂之小架，人皆易之。然塲中各從其便，惟射賊宜大架，不宜小架。蓋蹲足而射，則賊見而防我。惟全身壁立，引弓便裝，賊不及防也。

又　執弓

弓弝上叚，可留六七分通矢，即以掌心頂弝，猶如握卵。不可横把，若横把，則指不着力，把持不固，每箭打袖。第三四五指緊緊拏弝，大指悉力追緊，壓着中指，第二指竪起，指尖點在弝前之上，不可伸出。蓋食指尖點弝，亦有扶助之力，而不伸出，斯無礙弦之病。近多四指總握，雖非正法，苟能熟之亦可。

又　發矢

發矢須知箭在弓右，視在弓左；箭在於手，視在于的。若視箭則不中矣。須右眼看左眼，左眼看定把子紅日。左手提起弓，左臂與左肩皆轉向于前，務令臂肩與身一直，執弓碍眼，直挺如拒，牢不可動。右手扯弦，須傍耳邊扯來，慎勿挨胸抹奶。後手及後肩，與前臂前肩，一直如線，見得弓滿，又拳正對日中，即着力一攣。蓋自持弓矢之時，即當審固，及至滿而將裝，最要倍加精神。愈審愈固，務求滿而愈滿，正而又正，斯可至可中矣。然太遲久，反至臂力耗竭，發矢無力，又多吞吐。

又發矢時，須兩手齊分，前手一擊，後手一攣，不輕不重，無先無後，則矢疾而不偏。若中箭多在的左，必前手用力過猛。中箭多在的右，必後手用力過猛。故只要兩手齊分，自然疾速，且不偏也。然前手之分，必自肩而臂而拳，一齊進力始得。若止用拳力，則矢非大即開矣。

又射要遍身着力，却無着力形狀。不頭引，不頭垂，不咬牙，不傾背，不斜眼切視，不動容作色，不矯手頓足，不搖擺輕跳。

又　射後

發矢後，須觀其落頭何如，或中，或不中，或大，或小，或開左，或開右。其大也，得無所主太高乎？搭矢太平乎？其小也，得無矢不滿乎？前後手欠力乎？或搭矢太高乎？其開左開右也，得無所主欠中乎？前手摇動乎？後手食指鈎弦乎？或左風右風乎？或後脚過左過右乎？識一病，即改一病。病處既除，好處自生。

又閒常要操練手臂氣力，時時對柱挺直，使之堅固不鬆。

又閒常要凝眸定目，先望五十步外，漸及百步外，以一物作準，看得其中明明白白，雖細微處亦若粗大，久之則精神注射，睛光無不凝聚，瞻視自然分明，臨射時乃得矢巧矣。

又射時遇左風，即迎左而射；遇右風，即迎右而射。此法固然，要之一遇有風，前手極力一擎，後手極力一攣，則矢之去也實而不虛，雖有風不動矣。其爲風飄去者，特矢虛耳。然則因風而迎左迎右，不若因風而力擎力攣也。

又用力有先後，有徵驗。開弓之始，前臂着力，將滿之際，兩臂齊力，則胸前骨開，背心肉緊。若胸背無徵驗，必兩臂未齊力也。

又臨射時，手足臂目各要定位，如以的爲主，前拳對的，目在拳之上，的之下。前臂在目之下，前足在拳之下，箭在須之下。後手在右乳之前，若繩之直焉可也。

又所謂彀者，謂引弓至拳間，一直如線，後手已盡，更不能復來，其鏃却到指上，此便是彀。若臂肩未盡直，鏃已上指，亦未是彀。當更用長箭，若臂肩已直，後手已盡，鏃未上指，當用短箭。只以鏃到爲期，又不可以引弓之初，先將前手挺直，後手又不能拽開，以致拽至前脇下，無可去處，便以鏃上指爲彀，大非。

又按弓之時，須屈右手名小二指甲入掌心。及臨發之時，五指着力齊放，反掌向後，則脱而易中，其至遠過常。若右手小名二指不緊，⿱丵矢亦無力也。

又弓弰直上謂之竪弓，横平而射謂之横弓，要不若弓弰向前略斜，不平不竪，如斜月之狀爲妙。

又箭射去，須要實而不虛。實者，弦響箭到，⿱丵矢緊而平直也。凡空中只見一點黑影來，實也。力能洞堅穿扎，人不及避。見鏃見羽者，虛也，箭去無力，人可躲閃，即或着物，不致透傷。若遇有風，實則乘風愈迅愈堅，虛則飄揚不定，隨風偏左偏右矣。

又射須一壓一緊。壓者，存其前手也。的不拘遠近，箭不論長短，俱要存其手以壓之，箭方平辣。今見箭不及到，遂舉其前手以就的，弊必至于後手不緊而描高矣。須知箭⿱丵矢到遠，只在後手一緊，前手不必擡高，自然平辣而神速也。

又當場對射，有監射各官在上，須如平日自射一般，慢慢一枝知鏃一枝，一枝審過一枝，如何不中。即射至五矢外猶未中的，更要從容審決，不可因其不中而自忙，忙則六七八九矢更無中理矣。

又對敵射箭，只是箇膽大力定，勢險節短，則無不中人，無人能避矣。此狀形容不出，大端將弓扯起，且勿盡滿，且勿輕發，只是四平架手立定，則勢自險矣。必待將近數十步，約我一發必能中敵，必能殺人至死。或患將切身，或遇賊先鋒，一中而收利十倍，則節自短矣。馬上之賊，只當看大的射，不可射小人。諺云：射人先射馬，擒賊必擒王。是也。

又射以力爲本，以法爲主。力强之人以力用法，則箭平而疾。惟力弱人尤不可無法，箭雖稍高，亦自不失正鵠。

又　射法四論秘授

論不遠病處

發箭不遠，其病非一，或弓軟無力，或弓硬不靈，或弦太長而欠健，或弦太粗而欠脱，或是箭短，或是箭重，或是翎不整而幹曲。弓矢既調，然後論兩手，或前手所主太低，或鬆而打袖，或摇而不固，或後手過高，或三指爬入掌心無力，或食指曲而鈎弦，或大指呆而不脱，或引弓未滿，或滿而臨⿱丵矢之時又走出一二寸。識得一病，便要改除。千言萬語，無過緊之一字。

又　論不中病處

箭去不中，其病亦非一。若調其弓矢，准其苗頭，其開左者，或前手所主過左，或後手過開，或後脚過前而後肘不直。其開右者，或前手所主過右，或後手過逼，或後脚過後而後肘不出，或前手對把，後手不對把，或箭頭對把，箭尾不對把，或前手動去時不得自主，或後手滯，臨發倉皇無措，或左風右風，或前勤後惰，或氣粗志滿，或力倦神馳，須聚精會神，沉思熟省，改除前病。總之，法在從容審的，前後正直而已。

又　論力在盡擎法

凡射至是力。若有力而不得用力之法，則不滿遂不得至矣。故擎攣是古來射家妙法。然僅後手極力扯進，是能攣不能擎。僅前手極力伸出，亦是能擎不能攣，反致矢摇而不正。須是八分滿時，前手徐徐伸出，後手徐徐扯進，兩拳筋節至於無可加處，又不露形，不着迹，則箭去疾而穩，加尋常數倍矣。

又 論巧在盡正直法

凡射中是巧。若欲巧而不得用巧之法，則不正遂不得中矣。故正直是古來射家妙訣，然僅視的而不視鏃，是不正矣，烏得言直。僅視鏃而不視翎，是不直矣，又烏得言正。反致執老而不疾，須是八分滿後，從的視至鏃，從鏃視至羽，兩目精力亦至無可加處，又不躁急，不遽緩，則箭去正而定，亦超尋常數倍矣。

又 正謬篇秘授

矢摇之謬

或曰：矢摇而弱者，鏃不上指也。殊謬。鏃不上指，矢柰不能洞堅已耳，胡爲忽自動摇。夫動摇之故，大率于發矢之際，或括臂占袖，或指端拂弦，或後手太緊，挽弦使曲，四者看一於此，則弦激，弦激而矢隨之摇矣。矢之摇否，應於弦，與鏃何關，故謂鏃不上指而矢弱則可，謂鏃不上指而矢摇則不可。

又 弱力猛力之謬

强有力者，或習射弱弓，云悉力遣之，矢當自行。又云弓弱而能竭周身之力，則矢疾可與强弓等。不知强弓乃堪悉力分解，謂弓力能與人力抗也。以弱弓而用猛力，弓不人抗，弦隨手來，弓稍後弭，來猛而去緩，中途矢墮矣。見其不能及的也，愈奮其猛，愈猛而愈墮，是必然之理也。夫力强而弓弱，當專精求固，劑量而遣之，無使過猛，乃可及的。有人曰吾善射，能使弓弱而矢平，是自欺耳。此説歷試之人，解者什一，不解者什九。蓋學力未至之故，造詣既深，當自了然。

又 或問秘授

挽强不及的

或問曰：今人挽强而力有餘，然不及的，何也？曰：此必前足太着力耳。前足過重，則軀向前俯，矢必不揚矣，焉能及的。否則，犯貪平之戒者。

又 重矢洞堅

或問曰：子云重矢能洞堅，夫矢重則不能及遠，何爲更能洞堅？曰：是不難解，試以石擲人者驗之，今以兩許之石擲人，其去甚遠，然中人而人不爲仆。以斤許之石擲人，其去甚近，或有不中，中必傷矣。此可例論也。

又 折衷篇

長短弦

南人好射長弦，而吴下爲甚。蓋弦長則括臂翻弓，諸病俱集。吴人以長弦，而不爲諸病所困，自謂能巧也。邊鄙之士習射短弦，以爲弦短則弓穩也。南北用弦，長短各狥其俗。好勝者又各矯其俗，不期實用。予謂弦長，則必洒腦，蓋以弦長而逼近弓稍，故弦柰而爲弓稍所當也。洒腦，則弓力不盡，而矢不得行。尚巧者能免括臂翻弓矣。而洒腦之病，庸能免乎？弦短則諸病俱免，而弦之送矢不遠。不遠，則人徒盡力于弦，而弦不得盡力于矢。故弦之長短，宜視弓之大小。自弓及弦，以中人之大指端至食指端爲準。小弓則弦稍近弝。以寸計之，大弓弦去弝六寸餘，而小弓則不足六寸耳。若然，則弓與弦相稱，而力必涖矢矣。此寸數亦以小尺言。

又 《貫虱歌》 弓矢要稱習，容止須端逸。用力辨先後，握指今虚實。胷吸氣自舒，肩藏力斯出。膊轉筋絻伸，背緊箭始疾。審固認方真，放速機乃捷。前梢擊不知，後指剔毋突。勿怯亦勿驕，用筋還用骨。心一與氣閑，久之稱貫虱。

又 歌解

弓矢要稱習者，《荀子》有言：弓矢不調，羿不能以必中。凡弓太硬，則手被弓欺，而機巧不至。弓太軟，則弓爲力制，而發箭不行。弓生，則手不服習，而射去不一。弓熟，方得心應手，對的不疑。箭太短，則筋骨局而不伸，不能入彀。箭太輕，則射去飄幌，不能穩寔。箭太重，則發去遲滯，不能及遠。必量力置弓，量弓置箭。弓雖多，必認定數張熟習爲主，方爲稱習。斯稱善射之士也。

容止須端逸者，射雖武事，比禮比樂，可以觀德。當場容止，必須端凝。内正外直，品定而後巧可見也。宜以一身壁立，毋動容作色。兩脚平分，不丁不八，前後不踰，無分序立之前後。一站下，即以左肩左脚緊對把心，則舉手得把，而週身氣力自舒矣。

用力辨先後者，射法宜于開弓之始，前臂着力，將滿之際，兩臂齊力。如開弓之始，即將弓靶捏緊，前手之力先死，而用之不出。及至箭滿，兩手俱虚，焉能命中。必初舉手，毋太着力，待弓扯來，自肩而臂，自臂而拳，漸漸從骨眼裡緊來。臨發時，兩臂齊力，箭出則平辣不可言矣。

握指分虚實者，左手持弓，法宜將下三指掌定弓靶，虎口微鬆，待弓開，漸漸緊來。臨滿，上二指如鉗，擠緊，則前手穩妥，氣勢俱足，自然落膞垂頭。又必後手應之，以下二指掐緊掌心，勿令上三指太緊，則鳳眼寬，而無過箭劈扣灣捍之病矣。

胷吸氣自舒者，射不吸胷，則前肩或挺或聳或凸，扯弓必不能滿，筋力安能盡展舒之妙。每見氣驕者，往往犯之，不可不慎也。

肩藏力斯出者，所謂藏者，引弓之初，令前肩微存一二分，勢不盡吐，直待搭箭扯弓，漸漸展出，則力能自臂而達諸掌握，不犯打膞諸病，而得施審固之妙矣。

膞轉筋綣伸者，射者膞轉，斯肩窩虎口，節節相對，而前手方能伸直引弓，可得平滿之妙。不然，膞不轉，則筋不伸。筋不伸，則力不足，而箭去緩小，且不準矣。

背緊箭始疾者，背緊者，機彀已滿，後臂骨向前臂骨擠來，胷前骨開，背心肉緊，乃兩臂有力之微驗也。如是，則箭去疾快非常。不則兩臂用力不齊，焉能應弦而倒。

審固認方真者，射法中審固二字，於發矢之際，必倍加精神，使手足凝定，目有專視，然後蹀之，則我意已誠，箭隨意發，發必得心應手，使巧力俱來也。

放速機乃捷者，所云速者，非徒快也，乃帶扱帶出，勢險節短，圓活處之敏捷，從容中之神速也。用是則機靈，而箭去方能平衡直搗也。

前梢擊不知者，擊者非以拳擊也，拳擊則涉有心，箭非開即小，所謂擊而不知者，蓋後手放箭，前手依然凝住。弓之上梢，因其彍滿不已之勢，隨其自然，輕輕向前，直直一倒。如是，則上梢指的，下梢主脾，不去使作，而自然落膞垂頭，輕逸中箭去直而且勁矣。

後指剔毋突者，扯箭必後手腕仰，俟滿而始蹀，以大指向後帶拔一剔，則箭脫去靈巧，否則突然墜下，或楸或槽，而重滯動摇矣。

勿怯亦勿驕者，當場之際，切勿以得失利害，横之於裏。一有此念，則喜畏之心生焉。畏則怯，怯則慌張恍惚，手足失措。必恬然如常，使有幾箭不中，仍自反求諸已，勿得自慍，然後可望再中。不則愈慌愈亂，不能復中矣。即使對的易中，亦必一枝加慎一枝，方可望其不虛。不然，稍有矜驕自喜之念，則心放而氣浮，體認何能得真。欲其一一命中，不可得矣。

用筋還用骨者，射者之巧，總繇力生。善射者，必一口氣從筋骨中用將出來，使遍身有力，又不露出着力的形狀，是射召深鏃之神品也。若止以兩手扳扯爲射，即幸得一中，其中亦不力，何足見稱耶。

心一與氣閑者，心爲一身之主宰，唯一則精神凝聚，肯綮俱得。氣乃百骸之作用，唯閑則從容暇豫，操縱自如。此一言，乃射法中之妙用，揔歸之旨趣，非可以淺近窺者也。

久之能貫虱者，昔紀昌學射於飛衛，衛曰：視小如大，視微如著，而後告我。昌以犛尾垂虱於牖間，南面而望之，旬日之間寖大，三年之後如車輪。乃以弧矢射之，貫虱之心。凡我同盟，如精心體之，有不紀昌若哉。

又

射學辨秘授　辨弓

今人擇弓，只取外象色澤光美，不知弓病在胎，弓稍次之，角次之，筋膠又次之。弓胎竹須乾透，本地新嫩者不堪，惟江右者佳。此爲性堅口緊，聲亦清亮。或本地透乾者，去頭段，節多者三尺許，用中段，又不用稍段。俟陰乾後，燒去竹油，多去黄，少去青，削薄如錢，取兩頭竹節相對，則上下勻調，此擇胎法也。弓稍用杜桑，木紋細而堅。勿用沙桑，木紋粗而鬆也。兩稍一色相配，須細小，勿粗大。小則鋭而捷，粗則笨而緩。弓腦須堅勁穩實，不取薄而狹。薄則蹀矢無力，狹又活而易滚。又不可太鈎，畧圓而不必太直，方爲定準。此擇稍腦法也。角惟廣中者佳，取其老而黑，勿取嫩黑也。粽紋者爲老，細紋爲嫩。白色者次之，黑爲上。兩頭角面要勻，又不取太長，太長易滚，又腦上易于起綻。此擇角面法也。筋不必過多，多則易滚，筋亦易鬆。過少又易疲，矢發不遠。大約弓六十斤者，筋用二兩五錢。軟弓三四十斤者，筋用二兩。筋以細而白者佳，粗而紅者爲下。膠用黄魚膠，薄而白者佳。不用米魚膠，粗而黑者，且不粘。惟用黄布絞净爲佳。此擇筋法也。弓既成矣，新弓上弦時，以膝揉其上下之勁處。調而勻之，曰盤弓。看弓之上下硬處，挫而去之，曰挑弓。弓底薄，則軟而下墮，俗呼鍋底弝。犯此者，蹀矢不遠。太厚反突者，俗呼突底弝，犯此者不惟彀難，發矢又多激手。惟平直微勁者佳。弝眼須壯勢活潑，與弓底强弱相稱者佳。腦或靠腦，蹀矢無力。腦或靠弝，弝眼易拆。惟腦在弝眼外半寸許者佳。是以良工運斤，必期弝底平勁。弝眼與腦勻調，弓心與兩腦相應，弓雖弱而絃和鳴，弓雖勁而底掌不悖。此挑盤法也。識者蚤辨之。

又　卷二《論弓》　今人統言弓，不知弓弝內正中貼一塊是弓，包在弝內而不見軟手皮者是弝，近弝八分曰弝眼，近弝眼一寸二分又是弓，近弓二寸許曰閃，近閃一段曰回火，近回火一段曰腦，近腦一段曰虛火，近虛火復是枕皮，枕皮上段曰蛾眉，靠蛾眉是弦扣，扣內緑皮曰耐磨。凡置弓須胎直筋舒，膠均乾透，角面老正，方稱良制。

王鳴鶴曰：《周禮》有六弓：曰王弓、弧弓、夾弓、庾弓、唐弓、大弓。弓之良者，名烏號繁弱，其制今不可考。《武經總要》所載黄樺弓、黑漆弓、白樺弓、麻背弓，其名雖異，其實則同。今開元弓，其制强大耐久，九邊將士多用之，最稱利器。若腹裏稱良者，北京有槽稍槽𩋾，大稍小稍，皆有可稱者。其弦甚短，口緊而背曲，拽之易滿，雖不善射者亦無彈袖之病。河南有陳州弓，南京揚州有小弰弓，皆窄面短身，天少熱則多滚失，緩急難恃，不得已而有合竹弓之制。以漆漆之，取其陰雨不解，暑天不走，可備南方水戰之用，但無反性，發矢不能出百步之外。廣東廣西有生漆下面之弓，風雨不畏，走滚亦少，其身極圓細，力苦不大，射亦不遠。夫器之利也，因地因時，難以執一。至於戰陣之用，非軟弓不能。古云軟弓長箭，快馬輕刀，此四事，非久閑戰陣者不能得其趣。至于持硬弓而號勇力者，此不過將官套子。至于臨敵，非持滿不能中，非久持對定不能中。其所欲中之處，彼硬弓方得滿，即欲發矢，安得久持而得其巧。若果力大而又能久持，此又上之上者也。或曰：射者，意中也，突然而發，使敵莫測，何用久持。鶴曰：此乃射踈遠小敵，及飛禽走獸之説也。先誠其意，而箭隨意發，所謂得手應心之妙。至于臨大敵，于百爲群，非持滿以待而勢不威猛，所謂勢如彍弩，捷若發機，全在勢險節短上做工夫。故能使敵不敢犯，此弓貴久持，而久持貴弓軟也。所謂軟者，謂力可致弓，而不爲弓所制，非盡謂人人皆宜用軟弓也。古弓式俱不載，今弓式載于右。

又　開弓式

發勁推山形

又　開弓法

弓力有八十斤者，有百斤者，有一百二十斤者，强弱不等，亦視人力何如耳。開法，將弓高舉，忍氣不吐，左右手便勁用心齊，分偏身一，緊盡力直開，拽過耳後。

又　文射式

直立

掌心推弝實握法

又　文射法

長衫寬袖，不必解卸，右手拽弦，衣袖無礙，左手縮進衣裡，從袖中伸出，持弓斂衣押膝，袖隨披後，背左面右，兩脚矢直，互立不離，偏頭顧把子中心，鞠身横斜而射。妙在不動容作色，得射之正。

又　武射式

又　武射法

披挂戎衣側身斜立，左肩對把，右肩直列，眼看把中線直，截至前脚跟底，後脚依前脚線直，撥開一尺五寸。再分丁字站立，上身前倒，右膝曲如弓，左膝直如矢，身臀稍坐，畝轉頭目，直覷把子，對定開弓。

又　持滿式

入彀

絶力控箭形

又　持滿法

左手拳斜臂覆，令肩窩臂節窩虎口三處，直對右手虎口平直。臨發矢，更加精神百倍，將左手愈緊，弓弰直指把子中心，所謂展斷弓弝也。將右手連弦，仰拳一扭，右膊向右脇間一擊，此即扭斷弓弦也。皆勢也。矢臨發時，右肩凑後，則後拳自緊撒，而前拳得前聳也。或曰兩肩凑後，須令後拳緊撒，而前拳略過背邊。

又 騎馬式

又 陽發矢式

又 陰發矢式

又 騎馬法

兩足八字樣站立，胸背貴直，面右背左，架前端正。審的已定，將發矢時，然後且拽且蹲，儀容身法，與文射武射同。但兩足是八字，非丁字，此法用于茂草荒郊山谷險阻之處，使賊不見我，而我可射其無備矣。

又 陽發矢法

凡陽發矢，須看其胸前骨開，方稱合法。然胸開甚難，須是前手并力挺住，前肩稍存，俟滿伸出後肘漸漸扯來，緊緊落下，箭已入彀，又加一剔，不揪不突，所以鳳眼清而射去多仰腕也。

又 陰發矢法

凡陰發矢，須看其背心肉緊，方稱合法。然背緊更難，須是後手竭力扯來，前肩擠後，後肩擠前，不先不後，不緩不疾，一齊用力，骨節俱無餘剩也。

納蘭性德《淥水亭雜識》 《考工》云：魚膠黏，凡黏之類，不能方。不能方謂易翻也，而今世之弓，必以海中石首魚之鰾爲之，未有用鼠膠者也。《考工》弓體又上壓而下竹，今弓胎多用竹，激矢能遠，木胎者不及也。

又 宋之神臂弓，本弩也。名爲弓者有故，弓弦必刮弩臂而行，弓力不盡於矢。神臂於臂之行矢處，削而下之，弦得空行，力得盡於矢也。

鄂爾泰 靖道謨《貴州通志》卷七《地理・苗蠻》 弓健者結束尚能左執木牌，右持標桿，口銜利刃，捷走如飛。大鎗約重十餘觔，鉛子重八九錢不等，發至百步外，著人立縻洞。又有牛尾鎗，幾與內地子母炮。埒强弓，名曰偏架，長六七尺，三人共張，矢無不貫。

方苞《周官集注》卷八

司弓矢，掌六弓四弩八矢之灋，辨其名物，而掌其守藏與其出入。

灋，曲直長短，强弱之數。

中春獻弓弩，中秋獻矢箙。

箙，盛矢器也，以獸皮爲之。槀人弓弩矢箙皆春獻素，秋獻成，此中春始獻弓弩，何也？槀人所掌幹材也。秋合三材，則形制成矣。故書其等而入功于司弓矢。矢箙既成，則工事無所加，故遂獻之。弓之形制雖成，而寒奠體，冰析灂，春被弦，功乃訖，故至仲春始獻之也。《槀人職》所謂獻者，工獻于槀人也。此所謂獻者，獻于王也。弓弩之工未訖，槀人已試之而行誅賞何也。形制既成，則可被弦而試之矣。紲檠施漆，既試而後終事焉耳。

及其頒之，王弓、弧弓以授射甲革、椹質者，夾弓、庾弓以授射豻侯、鳥獸者，唐弓、大弓以授學射者、使者、勞者。

六弓異體，見《考工記・弓人》。甲革，革甲也，《春秋傳》蹲甲而射之。或曰革謂干盾質正也。樹椹以爲射正甲革，椹質堅而難入，故利用王弧。豻侯，侯道五十步及射鳥獸皆近射也，故利用夾庾。授使者，弓使自衛也。授勞者，以有勞而賜也。學射者弓用中，然後可强可弱。自衛與賜人，無取乎偏于强弱，故皆以唐大也。

其矢箙皆從其弓。

從弓數也，每弓一箙百矢。

凡弩，夾庾利攻守，唐大利車戰、野戰。

攻守相迫近，故用弱弩，利其發之疾也。車戰、野戰倏進倏退，非强則不及。弩無王弧，以弩恒服弦，强弓久不弛則送矢不疾。

【略】

天子之弓合九而成規，諸侯合七而成規，大夫合五而成規，士合三而成規，句者謂之弊弓。

皆謂不被弦，反張合而成圜也。

凡祭祀，共射牲之弓矢。澤，共射椹質之弓矢。

澤，澤宮也。大射以貍步張三侯，不以及遠爲賢也。此用椹質，豈合士？于澤宮以考藝，則并校其力之强弱與。

大射燕射，共弓矢如數并夾。

獨言大射燕射者，射者，多無定數，必如數而共弓矢。若賓射，惟諸侯與耦數有定，所共弓矢亦有定，故不言也。

大喪，共明弓矢。

明器之弓矢也。

形制

張九齡等《唐六典》卷一六《衛尉宗正寺・兩京武庫》 弓之制有四：一曰長弓，二曰角弓，三曰稍弓，四曰格弓。《釋名》曰：弓，穹也，張之穹然。其末曰彇，言肅邪也。以骨爲之曰弭。中央曰弣，所撫持也。今長弓以桑柘，步兵用之。角弓以筋角，騎兵用之。稍弓，短弓也，利於近射。格弓，綵飾之弓，羽儀所執。

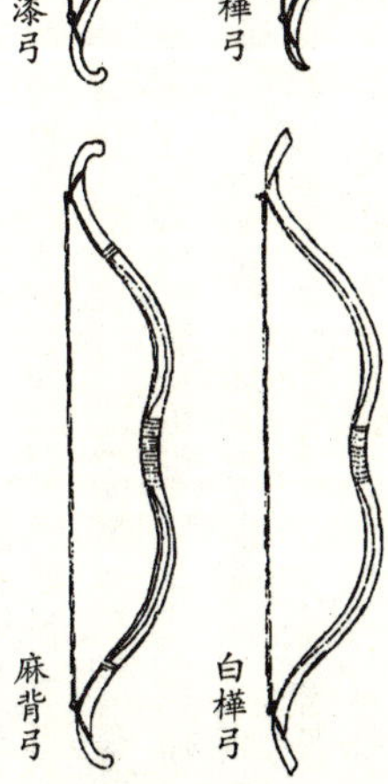

曾公亮 丁度《武經總要》前集卷一三《器圖》 古稱工欲善其事，必先利其器。蓋士卒猶工也，兵械猶器也。器利而工善，兵精而士彊，勢則然矣。故曰：兵不精利，與空手同；甲不堅密，與袒裼同；弩不及遠，與短兵同；射不能中，與無矢同；中不能入，與無鏃同；鬬而不勇，與無守同。其法五不當一，然則五兵者，三軍所以恃而爲勇也，可不謹乎？歷代異宜，形制有異，今但取當世兵械，繪出其形，以紀新制云。

高承《事物紀原》卷九《戎容兵械部》 弓矢

《太白陰經》曰：庖羲氏弦木爲弓，剡木爲矢。《易繫辭》曰：神農氏没，黄帝堯舜氏作，弦木爲弧，剡木爲矢，弧矢之利，以威天下，蓋取諸《睽》。《山海經》曰：少皞生般，始爲弓矢。《世本》曰：牟夷作矢，揮作弓。宋衷注云：牟夷、揮，皆黄帝臣。郭璞：弓矢一器，而作者兩人，于理可疑，以般爲是。《墨子》曰：羿作弓。《荀子》曰：倕作矢。《吕氏春秋》曰：夷羿作弓。張教《吴録》曰：揮觀弧星始爲弧。按：司馬遷《史記》曰：黄帝之弓曰烏號，然則當以《繫辭》爲是。員半千《射決》曰：蚩尤作亂，黄帝始制弧矢。

華嶽《翠微先生北征録》卷七《器用小節》 弓制

一月方令再上，或連拔數版，則内溼外乾，射不旬月，解脱可待。

漆弓背面法，用漆一重，晴暄合待十日，陰雨合待二十餘日，方令再漆。不可日漆數重，則内溼外乾，射不季月，斷脆可待。

裹弓之法，或用黄樺，或用桃皮，或用朱紅，皆不若黑生漆，免被水透。

弰弓之法，或用白角，或用魚枕，或用繪畫，或用紅緑花采，皆不若用黑生漆，免費工績。

步射弓，諸軍皆用一碩一㪷，一碩一㪷并一碩，此皆廢物。今制合用九㪷、八㪷、七㪷内，九㪷放少，八㪷七㪷放多造。

馬射弓，諸軍皆用一碩九㪷，此皆廢物，合用八㪷、七㪷、六㪷内，八㪷放少，七㪷六㪷放多造。

臣聞軍器三十有六，而弓爲稱首。武藝一十有八，而弓爲第一，其緊切尚矣。今之制者，何滅裂之甚邪。蓋筋角不能自相固結，故假之以膠漆。膠漆不能自相堅實，故壯之以筋角。然二物相資必經隔旬月，候其自乾，然後再用，是謂年弓月箭。否則，功雖易成，膠亦易脱。馬蝗面闊而受力均匀，受絃端正，故發矢可期於破甲。泥鰍面狹而弓愛走反面，愛斷爵，故臨用多至於誤人。皆由擇角之初，大角價高，小角價低，有司喜賤而惡貴，故凡所在買到軍須，小角常多而大角常少。有司非喜用小角而惡用大角也，大角之價常倍於小角，小角之價常半於大角，此固價之不相若矣。況角之大者至爲艱得，若全用大角，則作匠所選愈難而倉卒，亦無收買去處。戎監只得兼用大小角，小角界成狹面，面狹則力輭，故令面厚，遂成泥鰍之狀。大角界成闊面，面闊則力硬，故令面薄，遂成馬蝗之狀。泥鰍乃負滑之水族，馬蝗乃闊匾之介蟲，此取喻耳。至若用黄樺桃皮以裹弓面，牛角魚枕以裹弓弰，徒爲觀美，不若用出山生漆刷髹兩重，則雨不能滛，水不能透，亦必弓力輭小飢疲之卒，方能牽挽滿箭，不然則拽不過，而箭去無力，是謂弓制。

茅元儀《武備志》卷一〇二《軍資乘・戰七・器械一》 弓

茅子曰：弓者器之首也，故言武事者，首曰弓矢。我觀《武經》所載弓，名殊而式同。今之弓不盡此也。心竊疑之，嘗聞之吾友王鳴鶴曰：《周禮》有六弓，曰王弓、弧弓、夾弓、庾弓、唐弓。弓之良者，名烏號繁弱，其制今不可考。今開元弓，其制强大耐久，九邊將士多用之，最稱利器。若腹裹稱良者，北京有槽稍、槽壩、大稍、小稍，皆有可稱者。其弦甚短，口緊而背曲，拽之易滿，雖不善射者，亦無彈袖之病。河南有陳州弓，南京揚州有小稍弓，皆窄面短身，天少熱，則多滚失，緩急難恃。不得已而有合竹弓之制，以漆漆之，取其陰雨不解，暑天不走，可備南方水戰之用。但無反性，發矢不能出百步之外。廣東廣西有生漆下面之弓，風雨不畏，走滚亦少，其身極圓細，力苦不人，射亦不遠。大器之利也，因地因時，難以執一。至於戰陣之用，非軟弓不能。古云，軟弓長箭，快馬輕刀，此四事，非閑戰陣者不能得其趣。至十持硬弓而號稱勇力者，此不過將官套子。至於臨敵，非持滿不能中，非久持對定不能中，其所欲中之處，彼硬弓方得滿，即欲發矢，安得久持而得其巧。若果力大而又能久持，此又上之上者也。或曰：射者意中也，突然而發，使敵莫測，何用久持。鶴曰：此乃射踈遠小敵及飛禽走獸之説也，先誠其意，而箭隨意發，所謂得手應心之妙。至于臨大敵，千百爲羣，非持滿以待，而勢不威猛。所謂勢如彍弩，捷若發機，全在勢險節短上做工夫，故能使敵不敢犯。此弓貴久持，而久持貴弓軟也。所謂軟者，謂力可致弓，而不爲弓所致，非盡謂人人皆宜用軟弓也。又聞諸志曰：弓有六善：一者往體少而勁，二者太和而有力，三者久射力不屈，四者寒暑力一，五者弦聲清實，六者一張便正。凡弓，往體少則易張而壽，但患其不勁。欲其勁者，妙在治筋。凡筋生長一尺，乾則減半，以膝湯濡而極之，復長一尺，然後用，則筋力已盡，無復伸弛。又揉其材令仰，然後傅角與筋，此兩法所以爲筋也。凡弓，節短則和而虚，節長則健而柱，節得中則和而有力，仍弦聲清實。凡弓初射與天寒，則勁强而難挽。射久天暑，則弱而不勝矢，則膠之爲病也。凡膠欲薄而筋力盡，强弱任筋而不任膠，此所以射久力不屈，寒暑力一也。弓所以爲正者材也，相材之法，視其理。其理不因矯揉而直中繩，則張而不跛，此弓人之所當知也。合斯二者，而弓無遺議矣。故列《武經》之四弓，并鳴鶴所言開元小稍二弓而並圖之。開元者，今之大稍也。又西番用木弓，并載之，而先列制弓法數條於前。

一用竹胎，三尺五寸，牛角面二條，桑榆木作稍，各長一尺。中堅木爲把，長五尺，用魚膠四兩，牛筋半斤，製年餘方用。【略】

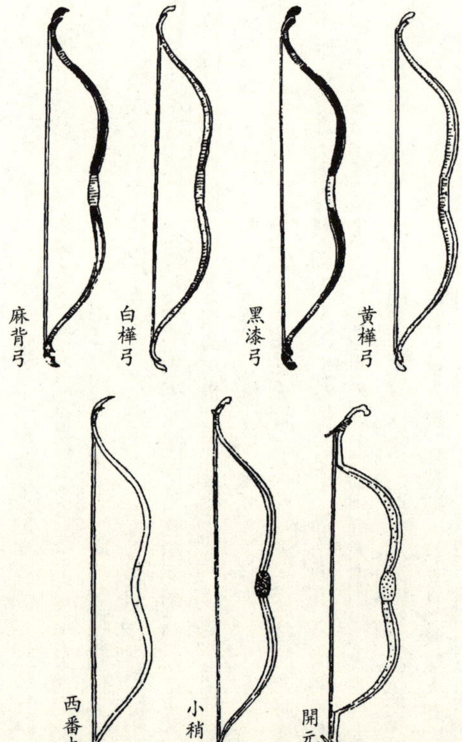

宋應星《天工開物》卷下《佳兵第十五》 弧矢

凡造弓以竹與牛角爲正中幹質，東北夷無竹，以柔木爲之。桑枝木爲兩稍。弛則竹爲内體，角護其外。張則角向内，而竹居外。竹一條而角兩接，桑稍則其末，刻鍥以受弦彄。其本則貫插接笴于竹丫，而光削一面以貼角。

凡造弓先削竹一片，竹宜秋冬伐，春夏則朽蛀。中腰微亞小，兩頭差大，約長二尺許。一面粘膠靠角，一面鋪置牛筋與膠而固之。牛角當中牙接，北虜無修長牛角，則以羊角四接而束之。廣弓則黄牛明角亦用，不獨水牛也。固以筋膠。膠外固以樺皮，名曰煖靶。凡樺木關外產遼陽，北土繁生遵化，西陲繁生臨洮郡，閩、廣、浙亦皆有之。其皮護物，手握如軟綿，故弓靶所必用。即刀柄與槍干，亦需用之。其最薄者則爲刀劍鞘室也。

凡牛脊梁每隻生筋一方條，約重三十兩。殺取晒乾，復浸水中，析破如苧麻絲。胡虜無蠶絲，弓弦處皆糾合此物爲之。中華則以之鋪護弓幹，與爲棉花彈弓弦也。凡膠乃魚脬、雜腸所爲，煎治多屬寧國郡，其東海石首魚，浙中以造白鯗者，取其脬爲膠，堅固過于金鐵。北虜取海魚脬煎成，堅固與中華無異，種性則別也。天生數物，缺一而良弓不成，非偶然也。

凡造弓初成坯後，安置室中梁閣上，地面勿離火意。促者旬日，多者兩月，透乾其津液，然後取下磨光。重加筋、膠與漆，則其弓良甚。貨弓之家不能俟日足者，則他日解釋之患因之。凡弓弦取食柘葉蠶繭，其絲更堅韌。每條用絲線二十餘根作骨，然後用線横纏緊約。纏絲分三停，隔七寸許則空一二分不纏。故弦不張弓時，可摺叠三曲而收之。往者北虜弓弦盡以牛筋爲質，故夏月雨霧妨其解脱，不相侵犯。今則絲弦亦廣有之。塗弦或用黄蠟，或不用亦無害也。凡弓兩弰繫彄處，或切最厚牛皮，或削柔木如小碁子，釘粘角端，名曰墊弦，義同琹軫。放弦歸返時，雄力向内，得此而抗止，不然則受損也。

李盤《金湯借箸十二籌》卷四《籌制器・弩》 弩箭

弩箭制與弓箭不同。弓箭瞰弦安筈頗難，弩箭平頭安筈甚易。弓箭長，擇幹甚費。弩箭短，擇幹甚省。鏃用石蓮頭，喬麥稜，則光滑不能入甲。不若用破甲錐，寸金鑿子，則鑿上有鋒，易入竅隙。翎用禽羽，則得箭者尚堪再射。不若用竹片栽製，則翎口如刀，易穿肌膚。箭有點鋼，木羽，風羽，木樸頭三停。木羽者，以木爲幹，中人幹去而鏃留，穿不可拔。風羽者，當安羽處，剔空兩邊，以容風氣，則射時不撼。三停者，箭形至短，羽幹鏃三停中物不能出，以短故也。

顧煜《射書》卷二

弓制

馬蝗面弓，謂用大牛角解截成面而濶，遇拽滿則曲如扇圈，受力均匀，不嚼不走，不閃不朒。

泥鰍弓，謂用小牛角解截成面而狹，遇拽滿則曲如折竹，受力不均，易嚼易走，易閃易朒。

又 披筋法 披筋一板，晴暄合待半月，陰雨合待一月，方令再上，若連披數版，則内濕外乾，射不旬月，鮮脱可待。

又 漆弓背面法 用漆一重，晴暄合待十日，陰雨合待二十日，方再漆。不可日添數重，則内濕外乾，斷脆可待。

又 裹弓法 或用黄樺皮，或用桃皮，或用朱紅，皆不若黑生漆，免被水透。

又 弰弓法 或用白角，或用魚枕，或用繪畫，或用紅緑彩色，皆不若用黑生漆，免費工績。

又 整弓法 凡取弓上弦，用手掌上下熨抹，令舶角温潤。拾起弓弦，一頭自己挽上弓弰弦口内，類搭皮墊上。一頭付他人拿住類間，雙手分據弓弰兩頭皮墊間拿住，臀尖坐地，兩膝抵定弓弝兩頭彎角，上手膝均匀拽起，他人將弦挽上弦口，類放皮墊上。持弓横看雌雄，直觀斜歪，一手拿弓弝，一手執弓弰，雄邊膝抵角面，雌邊膝抵舶面，斜右膝抵左，歪左膝抵右，整頓均匀，發箭正直。嚴冬角脆，盛夏膠洋，切勿彎弓，恐致損壞可惜。弓卸常用布囊，以礬水漿過盛之，均平掛在板壁上，或放床頭勿侵濕氣，始能永久不壞。

又 焙弓法 江南之地多卑濕，弓矢四時必火焙適宜，然後筋角膠漆和暢而不鮮，使弓斗力常存，矢翎羽常附。凡造焙之制，高不過五尺，横稱弓身而有餘，隨弓之多少而廣狹之。弓之去火四尺之上下，火近太遠則燥，火去弓太遠則火氣不及，務適宜耳。弓面上向，焙其背，不焙其面。凡火四時有寬猛增減，不欲太猛，亦不欲太寬。蓋太猛則有弓枯之患，太寬則火氣易息，與無火同。火在爐，春夏秋冬，上常覆三分灰，於梅蒸則宜上覆二分之灰，春夏陰亦如之。常使微露見火，朝以繼暮，夜以繼日。四時值天氣明爽時，取弓出而列于架，使筋角之活也。良久復藏于焙。江南射者易傷其弓，往往時秋冬不焙或置之風，殊不知一日失火，弓未遽解，積日則解矣。凡自焙内取弓出射，必候頓暑，令弓絕無火氣，方可安弦，庶幾無傷折之患。箭亦不可不焙，不焙則翎羽不附。焙箭之法，要在以直安箭。箭若横安，則易曲也。弦之新者必潤，安之以焙，以去其潤，然後結而上弓，庶不差於長短。大抵射以弓矢爲本，極當謹護，其逐月用火分數，詳列於左。

正月、二月用火五分，三月、四月用火六分，五月梅蒸用火十分，六七月用火七分，八九十月用火六分，十一月、十二月用火五分。

矢長八寸爲鞭箭，四寸爲白蛇吐信，皆用溜子㩎之。鞭箭，先搭箭，後搭溜子。白蛇，先搭溜子，後搭箭。

又 弓式

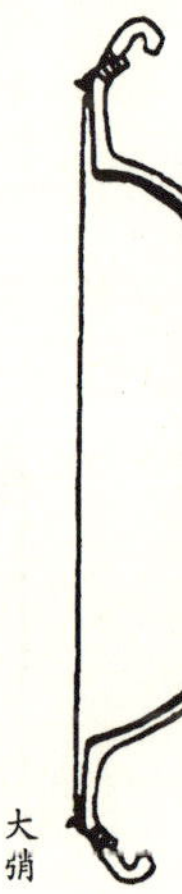

大睄

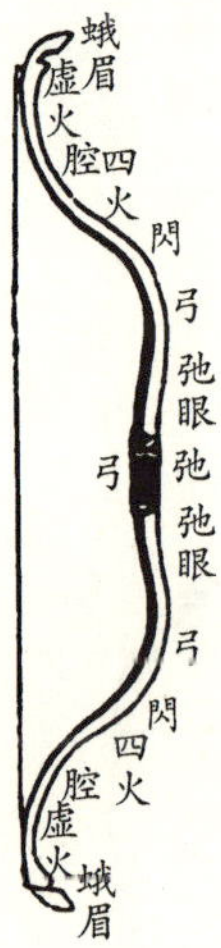

小睄

允禄等《清朝禮器圖式》卷一四《武備二・武具一》

皇帝大閲弓。謹按《周禮・夏官》：司弓矢，中春獻弓弩，王弓弧弓以授射。《考工記・弓人》：天子之弓合九而成規。凡爲弓，冬析幹而春液角，夏治筋，秋合三材，寒奠體，冰析灂。

本朝定制皇帝大閲弓，桑木爲幹，面傅以角，背傅筋，蒙金桃皮，弣加煖木皮，置矢處加黑桃皮，兩弰以檀木飾樺皮，刻其末爲弦彄。外加角弦𢓜，鹿角飾緑革，弦以絲，長四尺九寸五分，置括處裹以革。

皇帝大閲弓

皇帝大禮隨侍弓。謹按：本朝定制皇帝大禮隨侍弓，背飾金紅樺皮，兩弰飾紅鯊魚皮，弦以五采絲，置括處不裹革。餘俱如大閲弓之制。

皇帝大禮隨侍弓

皇帝隨侍弓。謹按：本朝定制皇帝隨侍弓，弦置括處不裹革。餘俱如大閲弓之制。

皇帝隨侍弓

親王以下弓。謹按：本朝定制親王以下弓，樺木爲幹，面傅黑角，背傅筋，蒙樺皮，弣加煖木，兩弰以桑木飾白樺皮，𢓜飾角，紉皮爲弦，長四尺九寸。凡官造，親王十，世子九，郡王八，長子七，貝勒貝子皆六，鎮國公、輔國公皆四，鎮國將軍至奉恩將軍皆二。

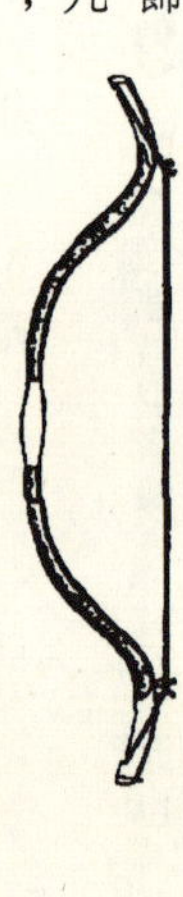

親王以下弓

職官兵丁弓一。謹按：本朝定制職官兵丁弓，榆木爲幹，傅以黑角，背傅筋，蒙樺皮，弣加煖木，兩弰以桑木，刻其末爲弦彄。弦𢓜飾鯊魚皮，弦以絲，長四尺九寸。習射用之。

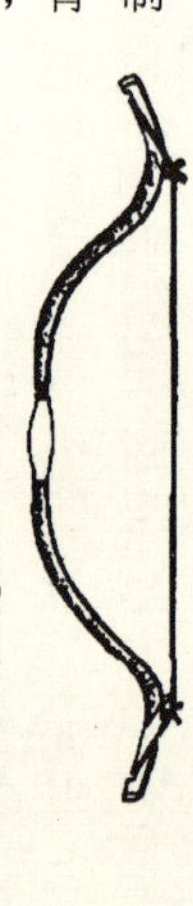

職官兵丁弓一

職官兵丁弓二。謹按：説選遼志契丹弓以皮爲弦。《宋史・夏國傳》：弓，皮弦。

本朝定制職官兵丁弓，弦紉鹿皮爲之，餘俱如弓一之制。軍事用之。

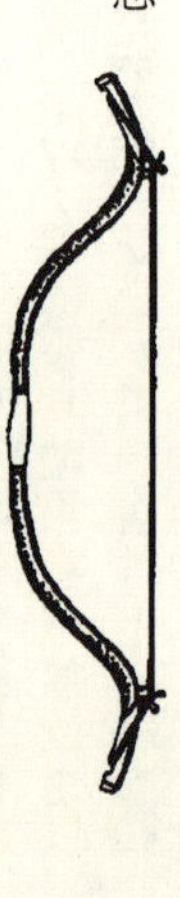

職官兵丁弓二

允祹等《大清會典則例》卷一二二《兵部・武庫清吏司・軍器》 軍器通例

一弓箭之制，原定弓胎用榆木或樿木，南方或削巨竹爲之，取材之法視竹木之理平正端直，張而不跛。胎長三尺七寸，其面傅以牛角，背加以筋膠，外飾樺皮。胎一而角兩，接接處用鹿角一塊，固以筋膠。加煖木皮於外，曰弓靶。兩弰以桑木爲之，各長六寸三分，寰以牛角，刻鍥其末以受弦彄。弰與胎鬭筍相接處，光削一面，以鹿角爲方，釘於角端，曰墊弦。弓弦有二，一曰纏弦，用蠶絲二十餘莖爲骨，外用絲線横纏以束之。纏線分三節，隔七寸許空一二分不纏，則不張弓時，可摺疊收之。一曰皮弦，剪鹿皮爲之，用於戰陣。弓力强弱，視胎面厚薄、筋膠之輕重爲斷。一力至三力，用筋八兩，膠五兩。四力至六力，用筋十四兩，膠七兩。七力至九力，用筋十八兩，膠九兩。十力至十二力，用筋斤十兩，膠十兩。十三力至十五力，用筋二斤，膠十二兩。十六力至十八力，用筋二斤六兩，膠十四。

劉啓端《大清會典圖》卷九四《武備四・弓箭一》

皇帝大閲弓

皇帝大閲弓，桑木爲幹，面傅以角，背傅筋，蒙金桃皮，弣加暖木皮，置矢處加黑桃皮，兩弰以檀木飾樺皮，刻其末爲弦彄。外加角弦𤜵，鹿角飾綠革，弦以絲，長四尺九寸五分，置括處裹以革。凡弓制，胎用木，南方或削巨竹。取材視竹木

皇帝大閱弓圖

之理平正端直、無事矯揉者，則張而不跛。胎長三尺七寸，胎一而角兩。角之接用鹿角一塊，圍以筋膠，加暖木皮於外曰弓靶。兩弰用木，各長六寸三分，鑲以牛角，刻鍥其末以受弦曰彄。弰與胎鬬筍處，以鹿角爲方釘於角端曰墊弦。弦有二，一纏蠶絲爲骨，外用絲綫横纏以束之，分三節，空二二分不纏，則不張時可摺疊而收之。用以教射。一翦鹿皮爲之，用於戰陣。

又　皇帝大禮隨侍弓

皇帝大禮隨侍弓，背飾金紅樺皮，兩弰飾紅鯊魚皮，弦以五采絲，置括處不裹革。餘俱如大閱弓之制。

皇帝大禮隨侍弓圖

又　皇帝隨侍弓

皇帝隨侍弓，如大閱弓之制，惟弦置括處不裹革。行圍弓同。

皇帝隨侍弓圖

又　**卷九六《武備六弓箭三櫜鞬附》**　親王弓

親王弓，樺木爲幹，面傅黑角，背傅筋，蒙樺皮，弰加暖木，兩弰以桑木飾白樺皮，𤜵飾角。紉皮爲弦，長四尺九寸。自郡王以至奉恩將軍，弓同。

王公弓圖

又　職官兵丁弓

職官兵丁弓圖一

職官兵丁弓圖二

職官兵丁弓，其一，榆木爲幹，面傅黑角，背傅筋，蒙樺皮，弰加暖木，兩弰用桑木，刻其末爲弦彄。弦𤜵飾鯊魚皮，弦以絲，長四尺九寸。習射用之。其一，弦紉鹿皮爲之，餘如前制。軍事用之。

紀事

韓嬰《韓詩外傳》卷八　齊景公使人爲弓，三年乃成。景公得弓而射，不穿三札。景公怒，將殺弓人。弓人之妻往見景公曰：蔡人之子，弓人之妻也。此弓者，太山之南，烏號之柘，騂牛之角，荆麋之筋，河魚之膠也。四物者，天下之練材也，不宜穿札之少如此。且妾聞，奚公之車不能獨走，莫邪雖利不能獨斷，必有以助之。夫射之道在手，若附枝掌，若握卵，四指如斷短杖，右手發之，左手不知。此蓋射之道。景公以爲儀而射之，穿七札。蔡人之夫立出矣。詩曰：好是正直。

劉向《古列女傳》卷六《辯通傳・晉弓工妻》

弓工妻者，晉繁人之女也。當平公之時，使其夫爲弓，三年乃成。平公引弓而射，不穿一札。平公怒，將殺弓人。弓人之妻請見，曰：繁人之子，弓人之妻也，願有謁於君。平公見之。妻曰：君聞昔者，公劉之行乎，羊牛踐葭葦，惻然爲民痛之。恩及草木，豈欲殺不辜者乎。秦穆公有盜食其駿馬之肉，反飲之以酒。楚莊王臣援其夫人之衣而絕纓，與飲大樂。此三君者，仁著於天下，卒享其報，名垂至今。昔帝堯，茅茨不剪，采椽不斲，土階三等，猶以爲爲之者勞，居之者逸也。今妾之夫治造此弓，其爲之亦勞。其幹生於太山之阿，一日三覩陰三覩陽，傅以燕牛之角，纏以荆麋之筋，糊以阿魚之膠，此四者皆天下之妙選也。而君不能以穿一札，是君之不能射也。而反欲殺妾之夫，不亦謬乎。妾聞射之道，左手如拒，右手如附枝，右手發之，左手不知，此蓋射之道也。平公以其言而射，穿七札。繁人之夫立得出，而賜金三鎰。君子謂：弓工妻，可與處難。詩曰：敦弓既堅，舍矢既鈞。言射有法也。

頌曰：晉平作弓，三年乃成。公怒弓工，將加以刑。妻往說公，陳其幹材，列其勞苦，公遂釋之。

趙曄《吳越春秋》卷五《勾踐陰謀外傳》　范蠡復進善射者陳音。音，楚人也。越王請音而問曰：孤聞子善射，道何所生？音曰：臣，楚之鄙人，嘗步於射術，未

能悉知其道。越王曰：然願子一二其辭。音曰：臣聞弩生於弓，弓生於彈，彈起古之孝子。越王曰：孝子彈者，奈何？音曰：古者人民朴質，饑食鳥獸，渴飲霧露，死則裹以白茅，投於中野。孝子不忍見父母爲禽獸所食，故作彈以守之，絶鳥獸之害，故歌曰斷竹續竹，飛土逐害之謂也。於是神農皇帝皇當作黃。弦木爲弧，剡木爲矢，《世本》：黃帝臣牟夷作矢。弧矢之利，以威四方。黃帝之後，楚有弧父。弧父者，生於楚之荆山，生不見父母，爲兒之時，習用弓矢，所射無脱。以其道傳於羿，羿傳逢蒙，逢蒙傳於楚琴氏。琴氏以爲弓矢不足以威天下。當是之時，諸侯相伐，兵刃交錯，弓矢之威不能制服，琴氏乃横弓著臂，施機設樞，《釋名》：弩柄曰臂，鈎弦曰牙，牙外曰郭。郭下有懸刀，合而名之曰機。言機巧也，亦言如門户之樞機，開闔有節。加之以力，然後諸侯可服。琴氏傳之楚三侯，《文選註》所引與此畧同，但云琴氏傳大魏，大魏傳楚三侯，少異耳。所謂句亶、鄂、章，人號麇侯、翼侯、魏侯也。熊渠三子，長子康爲句亶王，紅爲鄂王，少子執爲越章王。三侯者，未僭王號，時所稱也。自楚之三侯傳至靈王，自稱之楚，累世蓋以桃弓棘矢而備鄰國也。楚右尹子革曰：惟是桃弧棘矢，以共禦王事。自靈王之後，射道分流，百家能人，用莫得其正。臣前人受之於楚，五世於臣矣。臣雖不明其道，惟王試之。越王曰：弩之狀何法焉？陳音曰：郭爲方城，守臣子也。教爲人君，命所起也。牙爲執法，守吏卒也。牛爲中將，主内(裹)[裏]也。關爲守禦，檢去止也。錡爲侍從，聽人主也。臂爲道路，通所使也。弓爲將軍，主重負也。弦爲軍師，禦戰士也。矢爲飛客，主教使也。金爲實敵，往不止也。衛爲副使，正道理也，又爲受教，知可否也。縹爲都尉，執左右也。敵爲百死，不得駭也。鳥不及飛，獸不暇走，弩之所向，無不死也。臣之愚劣，道悉如此。

沈括《夢溪筆談》卷一八 技藝

予伯兄善射，自能爲弓。其弓有六善：一者性體少而勁，二者和而有力，三者久射力不屈，四者寒暑力一，五者弦聲清實，六者一張便正。凡弓，性體少則易張而壽，但患其不勁。欲其勁者，妙在治筋。凡筋生長一尺，乾則減半，以膠湯濡而梳之，復長一尺，然後用則筋力已盡，無復伸弛。又揉其材令仰，然後傅角與筋，此兩法所以爲筋也。凡弓節短則和而虚，節長則健而柱，節得中則和而有力，仍絃聲清實。凡弓初射與天寒，則勁强而難挽。射久、天暑，則弱而不勝矢。此膠之爲病也。凡膠欲薄而筋力盡，强弱任筋而不任膠，此所以射久力不屈，寒暑力一也。弓所以爲正者，材也。相材之法視其理，其理不因矯揉而直中繩，則張而不跛。此弓人之所當知也。

又 卷一九 器用

熙寧中，李定獻偏架弩，似弓而施幹鐙，以鐙距地而張之，射三百步，能洞重札，謂之神臂弓，最爲利器。李定本党項羌酋，自投歸朝廷，官至防團而死，諸子皆以驍勇雄於四邊。

朱弁《曲洧舊聞》卷九《弩》

神臂弓，蓋熙寧初百姓李宏造，中貴張若水以獻，其實弩也。以檿爲身，檀爲弰，鐵爲鎗鐙，銅爲機，麻索繫扎，絲爲絃。上命于玉津園試之，射二百四十步有畸，入榆半簳。有司鋸榆張呈。上曰：此利器也。詔依樣製造，至今用之。

周去非《嶺外代答》卷六《器用門》 黎弓

諸猺皆以弩爲長技，唯南黎人以弓爲長技。黎弓以木亦或以竹而弦之以藤，類中州彈弓。其矢之大其鏃也，故雖無羽，亦可施之於射。近大抵黎弓正與倭弓相類，但倭弓長大，而黎弓短小耳。倭弓長丈許，據弓下梢於地，平身射之，手空矢長，能以無羽之矢命中於百步之外。黎人弓短矢重。往者黎人跳梁官軍，以竹弓禦之，矢不能斃人，大爲黎人所輕。彼特未遇吾勁弓耳。然南方卑濕，角弓易壞，惟竹弓可用，不勁也固宜。若蠻峒之速榀木加木石木，天下之良材也，誠得是木製以爲弓，雖角弓之勁，有不能當者，雖用以威天下可也。

洪邁《容齋三筆》卷一六 神臂弓

神臂弓出於弩遺法，古未有也。熙寧元年，民李宏始獻之入内，副都知張若水方受旨料簡弓弩，取以進其法，以檿木爲身，檀爲弰，鐵爲蹬子鎗頭，銅爲馬面牙發，麻繩札絲爲弦。弓之身三尺有二寸，弦長二尺有五寸，箭木羽長數寸，射二百四十餘步，入榆木半笴。神宗閲試，甚善之。於是行用，而他弓矢弗能及。紹興五年，韓世忠又侈大其制，更名克敵弓，以與金虜戰，大獲勝捷。十二年，詞科試日，主司出克敵弓銘爲題云。

馬端臨《文獻通考》卷一六一《兵考十三・軍器》

神宗熙寧元年，命入内副都知張若水等料簡弓弩。若水進所造神臂弓。

神臂弓，弩類也，始民李宏獻之。以檿木爲身，檀爲弰，以鐵爲橙子槍頭，銅爲馬面牙發，麻繩札絲爲弦。弓之身三尺有二寸，弦長二尺五寸，箭木羽長數寸。帝閲試之，射二百四十餘步，入榆木半笴。帝甚善之。於是神臂弓始用，而他弓矢弗能及。

紀昀《閱微草堂筆記》卷一九《灤陽續録一》 宋代有神臂弓，實巨弩也，立於地而踏其機，可三百步外貫鐵甲，亦曰克敵弓。洪容齋試詞科，有克敵弓銘是也。宋軍拒金多倚此爲利器。軍法不得遺失一具，或敗不能携，則寧碎之，防敵得其機輪仿製也。元世祖滅宋得其式，曾用以制勝。至明乃不得其傳，惟《永樂大典》尚全載其圖説，然其機輪一事一圖，但有短長寬窄之度，與其牝牡凸凹之形，無一全圖。余與鄒念喬侍郎窮數日之力，審諦逗合，訖無端緒。余欲鉤摹其樣，使西洋人料理之。先師劉文正公曰：西洋人用意至深，如算術借根法，本中法，流入西域，故彼國謂之東來法。今從學算，反秘密不肯盡言。此弩既相傳利器，安知不陰圖以去，而以不解謝我乎。《永樂大典》貯在翰苑，未必後來無解者，何必求之於異國。余與念喬乃止。維此若成，瞻言百里，信乎所見者大也。

弩

論説

《墨子》卷一四《備高臨》 禽子再拜再拜曰：敢問適人積土爲高，以臨吾城，薪土俱上，以爲羊黔，蒙櫓俱前，遂屬之城，兵弩俱上，爲之奈何？子墨子曰：子問羊黔者，將之拙者也，足以勞本，不足以害城。守爲臺城，以臨羊黔，左右出巨各二十尺，行城三十尺，强弩之，技機藉之，奇器之，然則羊黔之攻敗矣。

備矣臨以連弩之車，杖大方一方一尺，長稱城之薄厚。兩軸三輪，輪居筐中，重下上筐。左右旁二植，左右有衡植，衡植左右皆圜内，内徑四寸。左右縳弩皆於植，以弦鉤弦，至於大弦。弩臂前後與筐齊，筐高八尺，弩軸去下筐三尺五寸。連弩機郭同銅一石三十斤，引弦鹿長奴。筐大三圍半，左右有鉤距，方三寸，輪厚尺二寸，鉤距臂博尺四寸，厚七寸，長六尺。横臂齊筐外，蚤尺五寸，有距，博六寸，厚三寸，長如筐。有儀，有詘勝，可上下。爲武，重一石，以材大圍五寸。矢長十尺，以繩矢端，如如戈射，以磨鹿卷收。矢高弩臂三尺，用弩無數，出人六十枚，用小矢無留。十人主此車，遂具寇，爲高樓以射道，城上以答羅矢。

許慎《説文》卷一二下 弩，弓有臂者。《周禮》四弩：夾弩，庾弩，唐弩，大弩。从弓，奴聲，奴古切。

劉熙《釋名》卷七《釋兵》 弩，怒也，有勢怒也。其柄曰臂，似人臂也。鉤弦者曰牙，似齒牙也。牙外曰郭，爲牙之規郭也。下曰懸刀，其形然也。合名之曰機，言如機之巧也。亦言如門户之樞機，開闔有節也。

張九齡等《唐六典》卷一六《衛尉宗正寺・兩京武庫》 弩之制有七：一曰擘張弩，二曰角弓弩，三曰木單弩，四曰大木單弩，五曰竹竿弩，六曰大竹竿弩，七曰伏遠弩。《釋名》曰：弩，怒也，有怒勢也。其柄曰臂，似人臂也。鉤弦者曰牙，似牙齒也。牙外曰郭，爲牙之規郭也。合名之曰機，言如機之巧也。亦言如門户樞機，開闔有節也。蔡邕曰：冀州强弩，幽州突騎，天下之精也。《漢書》有遠望連弩射法十五篇，華嶠《後漢書》云：陳敬王寵善弩射，其秘法以天覆地載，參連爲奇，入有三微三小，三微爲經，三小爲緯，萬勝之方，然要在機牙。其射至十發十中，皆仝孔。《魏氏春秋》曰：諸葛亮損益連弩，謂之元戎，以鐵爲矢，矢長八寸，一弩十矢俱發。《周禮》司弓掌六弓四弩，今擘張弩、小弩，步兵所用；角弓弩，騎兵所用；木單竹竿伏遠等弩，其力益大，所及漸遠。

杜佑《通典》卷一四九《兵二・法制附》 弩，古有黄連、百竹、八檐、雙弓之號，今有絞車弩，中七百步，攻城拔壘用之；擘張弩中三百步，步戰用之；馬弩中二百步，馬戰用之。弩張遲，臨敵不過一二發，所以戰陣不便於弩。非弩不利於戰，而將用於弩也，可不雜於短兵，當别爲隊，攢箭注射，則前無立兵，對無横陳，復以陳中張陳外射，番火輪迴，張而復出，射而復入，則弩不絶聲，敵無薄我。夫置弩必處其高，争山奪水，守隘塞口，破驍陷果，非弩不剋。教法令曰：張弩丁字立，當弩八字立。高揎手，揎音宣。屈衫襟。左手承撞，右手迎上。當心看張，張有闊狹。右胜右膊，還復當心。安箭高舉肘，敵遠擡弩頭。敵近平身放，敵在左右迴身放，敵在高上挈脚放。

高承《事物紀原》卷九《戎容兵械部》 弩

《古史》曰：黄帝作弩。《吴越春秋》：陳音對越王曰：弩生于弓，弓生於彈，彈生於古之孝子。楚琴氏以弓矢之勢不足以威天下，乃横弓著臂，施機設郭，加之以力，即是弩之始出于楚琴氏也。而《周官》司弓矢掌六弓六弩，其名物有唐、大、夾、庾之别，則弩之起遠矣。《龍魚河圖》則曰：黄帝時，蚩尤造五兵，杖刀戟大弩也。

王應麟《漢藝文志考證》卷八《兵技巧・望遠連弩射法具十五篇》 李廣以大黄射其裨將。注孟康曰：太公陷堅卻敵，以大黄參連弩。愚按：《周官》五射，參連其一也。李陵發連弩射單于。注服虔曰：三十弩共一弦。張晏曰：三十絭共一臂。劉氏謂：如今合蟬或併兩弩共一弦之類。秦始皇自以連弩候射大魚。《地理志》南郡有發弩官。《武經總要》曰：弩者，中國之勁兵，四夷所畏服也。古者有黄連、百竹、八檐、雙弓之號，絞車、擘張、馬弩之差，今有參弓合蟬、手射小黄，皆其遺法。若乃射堅及遠，争險守隘，怒聲勁勢，遏衝制突者，非弩不克。然張遲難以應卒，臨敵不過三發四發而短兵已接。故或者以爲戰不便於弩，然則非弩不便於戰，爲將者不善於用弩也。

茅元儀《武備志》卷八五《陳練制·練十八·教藝二》 弩

茅子曰：弩之法，久不傳矣。戚少保言耕戈，耕戈者僅可以守。劉司馬言神臂，神臂之古法，亦不盡傳。往余在長安，得古銅弩機，異而藏之。海陽程宗猷先得我同然而配其制，又以己意爲新式而曲盡其説。復以機之大者，迎古之所謂腰開弩，而其力實可至三十六鈞。三十六鈞者，今之一千八十斤也。自馬隆以後不復傳矣。今其法，使力能舉三百斤者即可勝之，存其槩于器械，詳其用之法于此，而并詳其制焉。録其原文，志不忘也。

又

弩力强者，用脚索踹上，此即蹶張也。將右脚横立，脚尖略向左，使右大腿向外，弩置腿上，兩手攀弦，緊挨弩身，毋得低頭看機，將右脚直撑踏住，將身往後一掙，其機自起，挂住弩弦。因外腿旁闊，置弩其上而上，可無走滚之病。此法可上三百觔力之弩。

脚踹上弩圖

弩力弱者，用膝絆上，此亦蹶張也。屈起右膝，絆套膝上，左足立地，兩手攀弦，緊挨弩身，如兩手離弩身開闊，其力不及，又毋得低頭看機，右膝往下一跪，身體往後一掙，一齊用力，弦至機口，其機自起，挂住弩弦。如低頭看機上弦，則不及矣。但一左足立地，忙急之中，恐立不穩，當用脚索無憂，且亦省力。

弩上完，左手持弩頭，將弩梢抵在左乳下，右手取箭搭入箭槽。法曰：搭箭不射天，則射地。此説恐平弩搭箭，弦逃箭走，有傷面前人也。如射地者，弩頭低下，搭上箭，或弦逃箭走，是射地也。又慮其箭順槽溜下而失，故取弩梢抵在左乳下，弩頭向高，或弦逃箭走高去，是射天也。可將弩頭盡處，箭槽中心鋸一線小槽，長五分，深三分。搭箭時，將鐵頭旁刃尖側放入線槽之内，夾穩。如遇大風，或持弩奔走，或射高射低，其箭不致離落而失。又或用藤或用竹篾，削一絲，長七八寸如粗線大，兩頭插入，紮弩擔繩空之中，横壓箭上，其箭射高射低而不失。

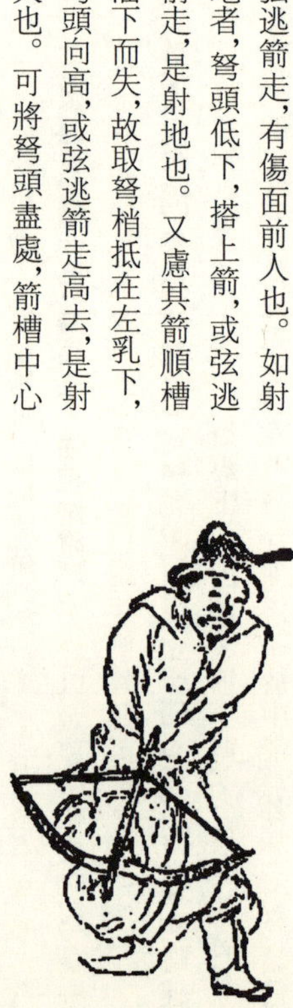

膝上上弩圖

搭箭完，左脚向前直撑直定，右脚膝微彎，左手持弩頭把緊，將弩擔閣在左手頸上，往前推去，將尾勾抵在右手掌，用食指入弩機眼内，候審的撥機，拇指傍在弩梢右旁，毋遮眼礙，其詳審中指併名指小指，挽住尾勾，往後拖來，左手往前推去，兩手前後各用其力，毋得摇動，閉口息氣，眇左眼，對照機中凹字，審其遠近高下，撥機而發，無有不中。巧能貫錢之眼，此法習熟，假使倉卒遇敵，敵雖重鎧，則審其面脇無護之處，發必無失。

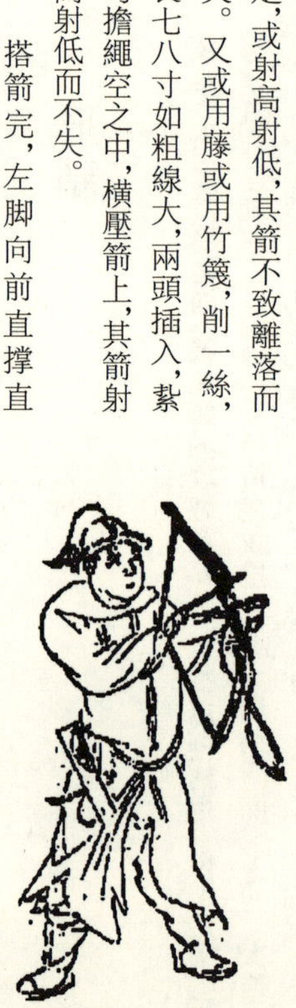

搭弩圖

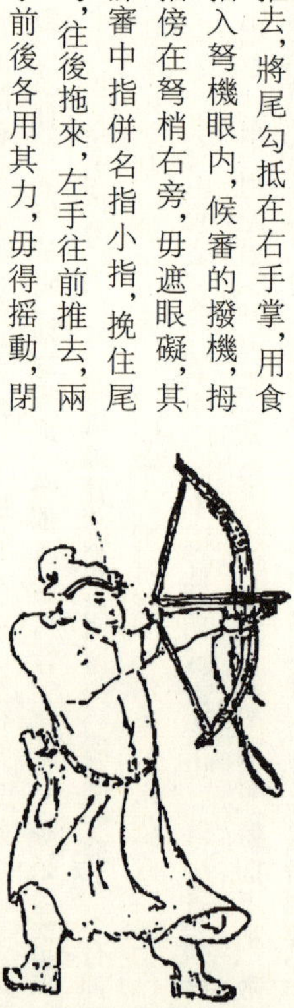

發弩圖

古人用萬弩齊發勝敵。今試以寡論之，假令弩手三百人，先用百人，弩已上，箭已搭，列於前，名爲發弩。再用百人，弩已上，箭已搭，列於次，名爲進弩。再又用百人，列於後，方上弩搭箭，名爲上弩。先百人發弩者發完退後，以次百人進弩者上前變爲發弩，以後百人上弩者，上前變爲進弩，以先百人發完者退後變爲上弩，如此輪流發矢，則弩不致竭矣。

又

將身平坐地上，以弩平放面前，左右脚掌俱踹入擔内，緊挨弩身，挂上腰鈎，鈎住弩弦，兩手扯腰鈎索，二脚膝撑直，往前一㧊，身體往後一倒，一齊用力，其機自起，挂住弩弦。或先將機安上停妥，臨扯滿時，將弦提起挂上機鈎亦可。但上弩，弩尾近陰邊，如不將機上穩，弦逃弩尾後坐，撞傷陰處，不可不慎。此較之絞車、床子、神臂、獨轅諸弩，用多人上而射者，大逕庭矣。而況新制蹶張之速，又可知矣。

上腰開弩圖

發弩圖

上弩完，身起踞左足，跪右足，弩頭致低，取箭搭上，左手持弩，將擔閣在手頸上，往前推去，右手掌心抵住梢勾，中四五指挽勾拖住不致摇動，右手第二指入機眼内，候審準撥機。閉口息氣，眇左眼，審照機，對準遠近高低，撥機而發。

李盤《金湯借箸十二籌》卷四《籌制器・弩》 弩説

秦野有枉矢星，形似弩，其星西流，天下見之而驚。故曰王弩發，驚天下。弩者，怒也，言其有怒勢也。此《武經》所謂弩者天下之勁兵，四夷所服也。其實，守城利器，無踰於此。以他器或利仰，或利平，弩則利俯故也。然則弩不利於戰矣，非弩不便我戰，乃將不善於弩耳。前代名將，如孫子伏萬弩射龐涓，耿恭傳藥弩驚北敵，項羽伏弩而漢王捫足，甘寧持弩而渠帥揚舲，李陵發大黄參連弩射單于，虞翊二十强弩射一人退羌兵。諸葛亮損益連弩，謂之元戎，一弩十矢俱發。司馬懿發石連弩射遼東。吕蒙據濡須塢，置强弩萬張，以阨曹公。唐李靖、郭子儀，宋劉錡、吴璘、宗澤輩，用弩破敵者，不可勝數。漢且置强弩都尉，精弩將軍，南郡有發弩官。唐李元諒築連弩臺，開元十二年，命羽林飛騎習弩，有伏遠臂、張角弓、單弓、静塞等弩。宋有神臂弓、克敵弓之制。其實即弩也。熙寧之神臂弩，始年張若水依式監造之，繼命韋孝寬著令申明之，又御筆命民間不得私製，誠重之也。善用者，列爲五層，攢箭注射，射訖者掣回而張，張訖者挨次而射，遞相輪番，繼而不絶，敵雖射藝極精，矢無虚發，何能當此萬一哉。故射堅及險，争守隘遏衝制要，非弩不克。

形制

李筌《太白陰經》卷四《戰具類・攻城具篇》 車弩爲軸轉車，車上定十二石弩。弓以鐵鈎連軸，車行軸轉，引弩持滿弦掛牙上。弩爲四衢、七衢。大箭一鏃，長七寸，廣五寸。箭笴長三尺，圍五寸，以鐵葉爲羽。左右各三箭，次小於中箭。其牙一發，諸箭齊起，及七百步，所中城壘無不崩殞，樓櫓亦顛墜。

又《守城具篇》 木弩以黄楊、柘桑爲弩，可長一丈二尺，徑七(尺)[寸]，兩梢三寸，以絞車張之。發如雷吼，以敗隊卒。

杜佑《通典》卷一五二《兵五・守拒法附》 木弩以黄連桑柘爲之，弓長一丈二尺，徑七寸，兩弰三寸，絞車張之。大矢自副一發，聲如雷吼。

許洞《虎鈐經》卷六《攻城具》 轉軸車，車上定十四石弩，弓以鐵鈎繩連轉行軸，軸轉引弩持滿弦，推牙上。弩爲七衢，中衢大箭一鏃，刃長七寸，廣五寸。簳長三尺，圍五寸，以鐵鍱爲羽。左右各三箭，次小於中箭。其牙一發，諸箭齊起，及七百步，所中城壘，罔不崩潰，樓櫓亦顛墜，謂之車弩。

曾公亮　丁度《武經總要》前集卷一三《器圖》

右雙弓牀弩，前後各施一弓，以繩軸絞張之，下施牀承弩。其名有大小合蟬，有手射合蟬者，謂如兩蟬之狀。大者張時用十許人，次者五、七人，一工準所射高下，一人以槌發其牙，箭用大小鑿頭箭。惟手射牀子弩最小，數人就牀張訖，一人手發之，射並及一百二十大步。

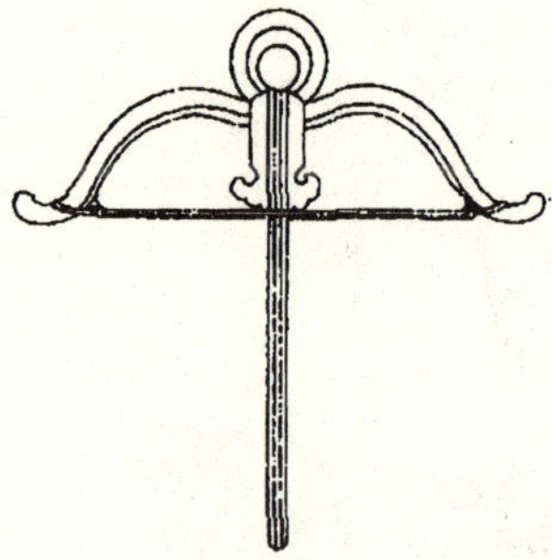

黑漆弓

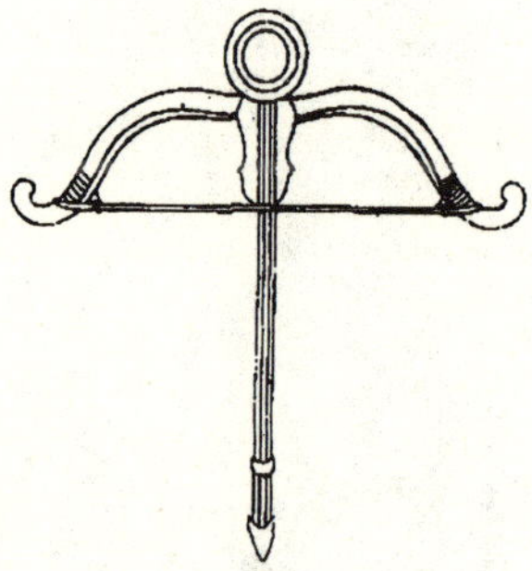

黄樺弩

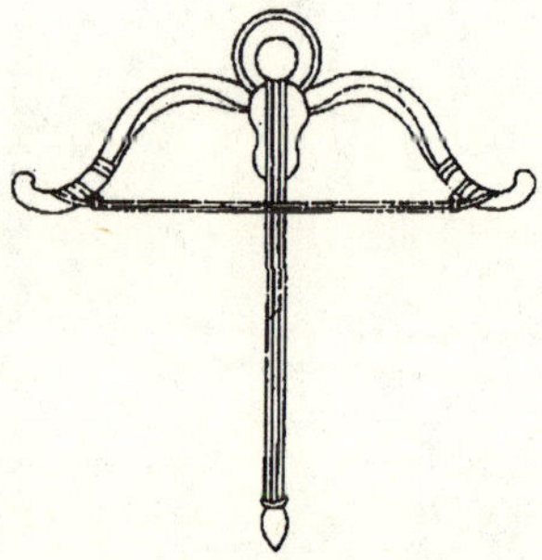

雌黄樺稍弓

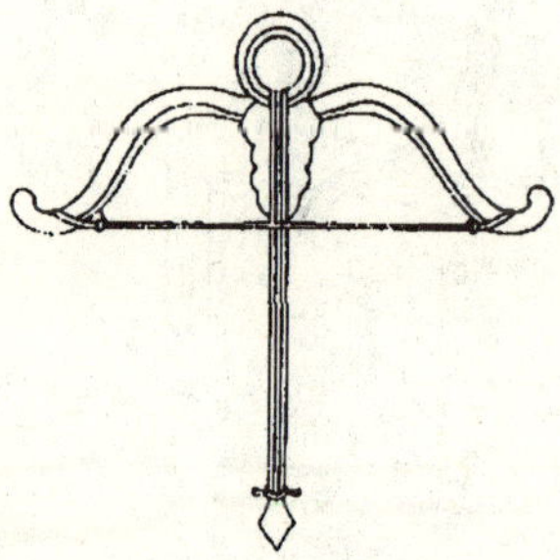

白樺弩

三弓牀弩，前二弓，後一弓，世亦名八牛弩。張時，凡百許人，法皆如雙弓弩。箭用木幹鐵翎，世謂之一槍三劍箭。其次者用五、七十人，箭則或鐵或翎。次三弓並利攻城，故人謂其箭爲踏橛箭者，以其射著城上，人可踏而登之也。又有繫鐵斗於弦上，斗中著常箭數十隻，凡一發可中數十人，世謂之斗子箭，亦云寒鴉箭，言矢之紛散如鴉飛也。三弩並射，及三百大步，其箭皆可施火藥，用之輕重，以弩力爲準。

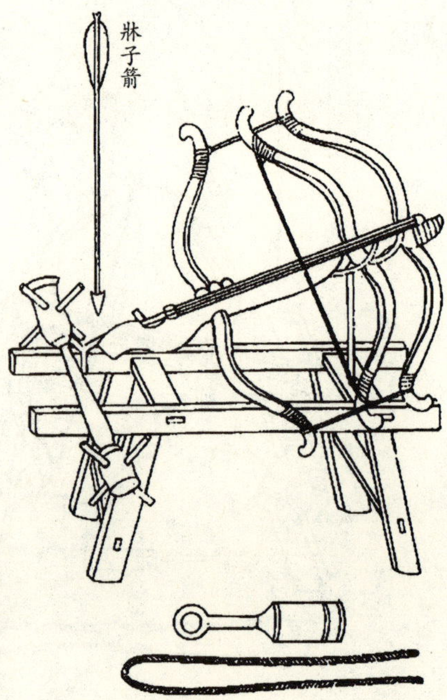

牀子箭

三弓牀子弩

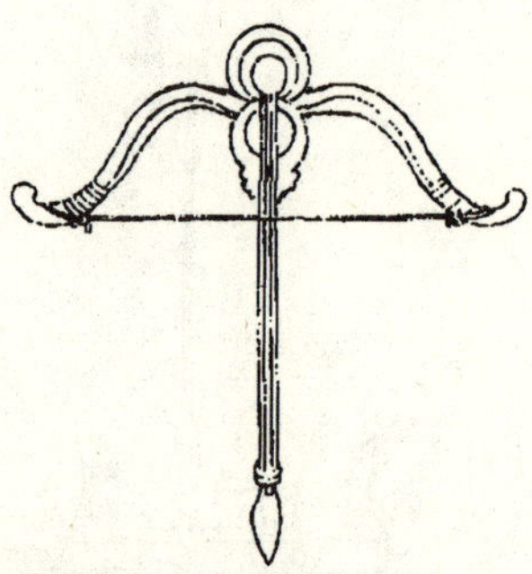

跳鐙弓

木弩

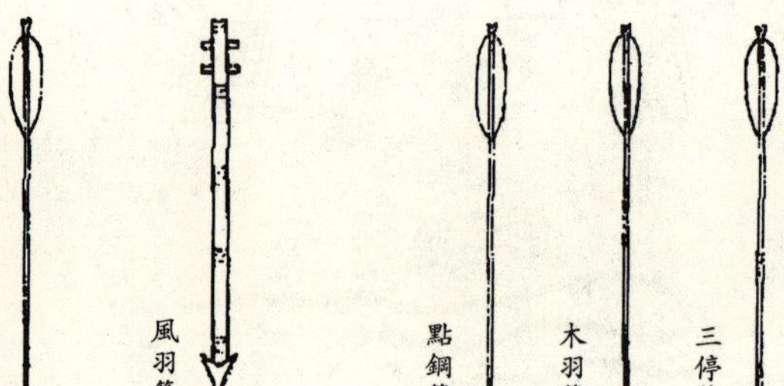

三停箭　木羽箭　點鋼箭　風羽箭　撲頭箭

古人自踏張者，其飾有黑漆、黄白樺、雌黄樺。稍小則有跳鐙弩，木弩。跳鐙亦曰小黄，其用尤利。木弩雖可施，不能久，邊兵不甚用。其力之彊弱，皆以石斗爲等。箭有點鋼、木羽、木撲頭、三停。木羽者，以木爲幹羽。咸平初，軍校石歸宋上之。箭中人，雖幹去，鏃留，牢不可拔，戎人最畏之。風羽者，謂當安羽處則空兩邊，以容風氣，則射時不掉，此不常用，備翎羽之乏耳。三停者，箭形至短，羽、幹、鏃三停，故三停；箭中物而不能出，以短故也。

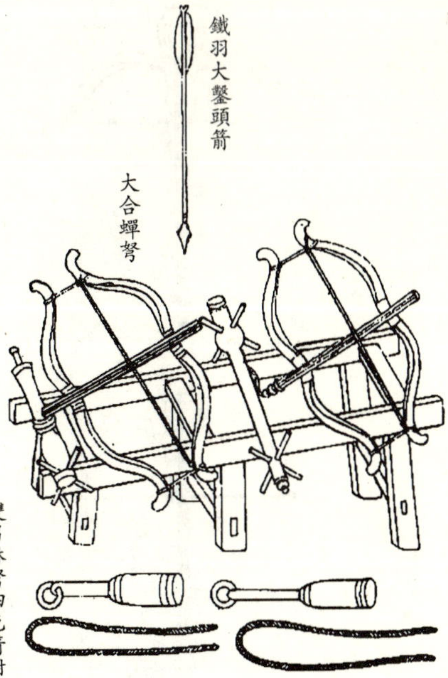

鐵羽大鑿頭箭

大合蟬弩

雙弓牀弩四色箭附

以七人張發大鑿頭箭，射及一百五十步。

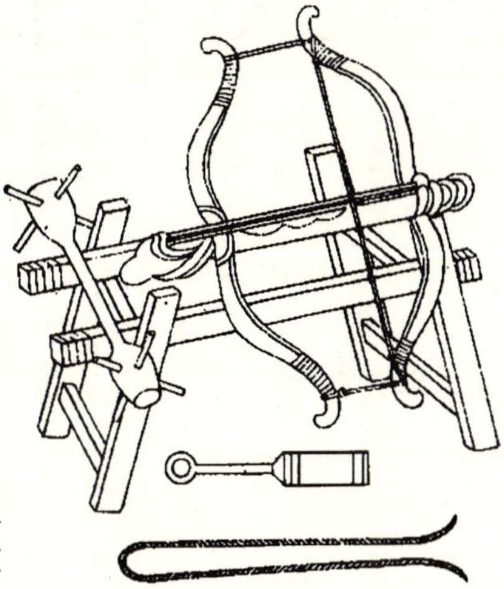

小合蟬弩

以七人張發大鑿頭箭，射及一百四十步。

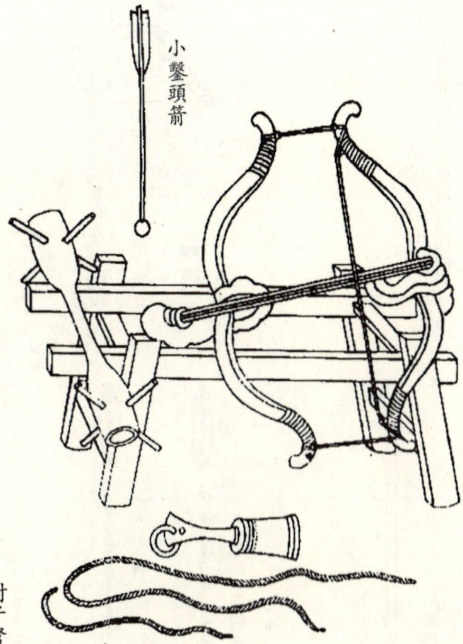

小鑿頭箭

尌子弩

以四人發小鑿頭箭，射及一百五十步。

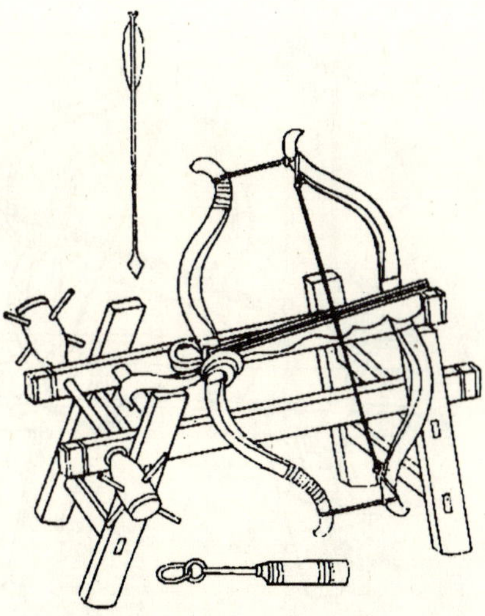

手射弩

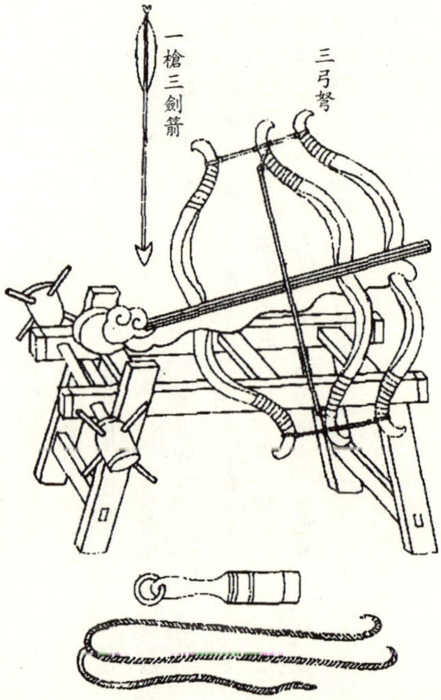

三弓牀弩三色箭附

以七十人張發一槍三劍箭，射及三百步。

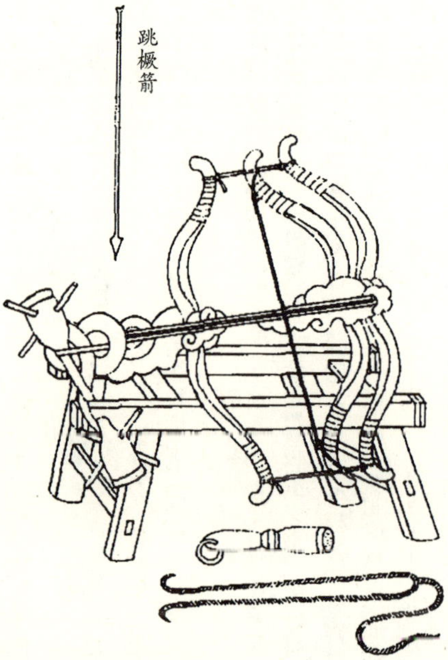

三次弓弩

以十人張發檄箭，射及二百步。

呂大臨《考古圖》卷六

右得於婺之蘭徯，重一斤六兩。

李氏録云：《商書》曰：若虞機張，往省括于度則釋。孔氏注謂機有度以準望。此機在度以銀約之爲五寸，以省括以準望，世俗謂之望山。子但立人物，而無尺寸。蓋準省之法不傳。元祐三年春，北使射于玉津園，其首所用弩有度，豈彼中尚存其法耶。

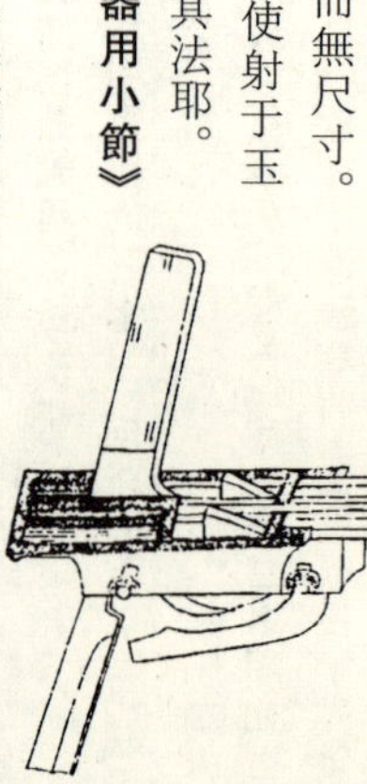

弩機 盧江李氏。

華嶽《翠微先生北征録》卷八《器用小節》

弩制

蹺鐙弩，牙裏一尺八寸五分，葫蘆頭四寸，木檐長五尺八寸，一名馬黄，一名克敵，一名破的，一名一滴油。張憲伏之於中林而捉真珠，即時俊用之於射狐關而敗四太子。

神臂弩，樁牙裏一尺八寸，葫蘆頭四寸，鐙二尺，樁長二尺三寸，角檐長四尺五寸。

鏊頭弩，樁二尺，葫蘆頭五寸，鐙五寸，山口五寸，鏊頭五寸，樁凡長四尺，木檐長七尺。

春夏雨水蒸溼，宜用木弩。

秋冬筋角堅固，宜用角弩。

臣聞番長於馬，漢長於弩，制騎以弩，此舊説也。然近日諸軍弩手皆欠指版，人身通以五尺爲率，上頂至項一尺，則下止四尺。泥濘五寸，則上止有三尺四五寸。弩手進則蹋弩以射，退則肩弩以歸。檐長若過六尺，樁長若過三尺，肩弩則檐梢拄地，而下有絙絆之憂。蹋弩則樁頭拄胸，而上無牽挽之力。草萊藤蔓之地，懼其牽絙，必棄弩而空走。塗潦泥塹之地，被其蹋絆，必爲弩而喪軀。今欲使弩㪷力自二碩至三碩，不許太硬，令久疲之兵易於蹉蹋。使弩檐自五尺至六尺，不許太長，令矮短之兵易於肩射。夏暑之月，梅雨蒸潤，筋角易脱，則用木弩。秋冬之月，風色嚴冷，木索重滯，則用角弩。其鏊頭等樁檐太長者，悉令諸軍減令短捷，則庶無廢器，是謂弩制。

唐順之《武編》前集卷五《弩》

程太昌曰：《書》云：若虞機張，往省括于度則釋。機者，弩牙也。牙之所以遏弦也。括者，矢之尾末岐而爲二，可以御弦也。度者，立爲分寸，使可以準望以求正鵠之所在。故必待其尺寸之實，故力始可發也。虞者，度也，入聲。往者，矢尚在弦末離弓臂之上也，爲其目力已注乎機即爲往也。欽厥止者，弩人虞度機牙之時也。所止已定，則率祖而行，以釋矢於弦者也。釋者，發機激之時也。楊子曰：奠而後發，發必中矣。後漢愍王寵善弩射，十發十中，中皆同處。李賢注曰：寵射秘法曰三微爲經，三小爲緯，經緯相將，萬勝之方，然要在機牙。案此即三微三小者，其措矢之分寸也。目之所注分寸可準，則矢之所發必無毫厘或差。弓弩蓋一律也。夫惟有分寸可準，則虞度所施，正在擬發之間矣。三微三小，分寸在弦，而十發十中，往必中鵠。以機牙之分寸必與正鵠與分寸相對也，目注乎此，而擬度及彼，是爲往省也。

《列子·仲尼篇》言射者能令後鏃中前括，發相及，矢矢相屬，前矢造準而無絶落，後矢之括猶銜弦，視之若一焉。《唐六典·庫武令》注箭曰：其本曰鏑，其旁曰羽，其矢末曰括，括旁曰疑。《書》所謂往省括于度則釋者，矢之末分歧而銜弦者是括也。

劉天和曰：前代名將，如漢耿恭、虞詡，唐李靖、郭子儀，宋劉錡、吴璘、宗澤輩，用彊弩以破羌虜者不可勝數，而漢且置彊弩將軍之官。宋始有神臂弓之制，其實弩耳。臣亦未敢遽是也，近於陝西省城見有城樓舊題神臂弩數百張，相傳者百餘年矣。乃知先朝亦嘗制此，雖皆損壞，而制度猶存，但箭則無矣。臣謹從宜遵，倣造成其制，以闊厚堅勁大弓，其力一百五十斤上下，及一百二十斤上下，及九十斤上下爲三等，慮人力有强弱也。其長均四尺五寸。矢取其利最遠而端可及三百步内外者爲式，其長均七寸五分，其重則六錢上下，亦三等，俾與弩稱。復倣漢耿恭之法，箭鏃開四尖，又傳以河南嵩縣等處射虎箭藥，俾人馬中之無不立斃，尤虜所畏。其箭鏃後小鐵管心僅長分許入箭幹處，内用漆膠，外用竹絲以夾縛之，俾虜不能取以返射。蓋虜之射藝極精，矢無虛發，惟此足以勝之。臣謬謂彊弩爲中國長技之一者此也。提綱曰：最爲利器，射堅及遠，争險守隘，遏衝制突，非弩不克。或者謂用弩不便於戰，然非弩不便於戰，乃爲將者不善於弩也。善用弩者，列爲五層，每層或三或五，攢箭注射，射訖掣回而張，張訖挨次而射，遞相輪翻，繼而不絶，尤宜處高臨下。仍令弩手各帶腰刀一把，賊若近前，則跨弩而用刀，如此則長短得以相濟。一教弩法曰：張弩丁字立，當弩八字立；高揎手，屈衫襟；左手承撞，右手迎上；當心著張，張有闊狹；左胜右膊，還復當心，安箭高舉手。敵遠則擡頭放箭，敵近則平身；敵右則右回身，敵左則左回身；敵在高，高擎手；敵在下，低伏手。發訖唱殺殺，然後掣。

【略】

臣聞弩箭之制與弓箭不同，弓箭瞰弦而安筈頗難，弩箭平頭而安筈甚易。弓箭太長而擇幹甚費，弩箭太短而擇幹甚省。比者，帥臣造華車弩而箭用索翎，故失於太鈍而不能取親，均於無用。要之，鏃用石蓮頭、喬麥稜，則光滑而不能入甲，不若用破甲錐、寸金鑿子，則鑿上有鋒而易入竅隙。翎用禽羽，則得箭者尚堪再射。不若用竹片裁製，則翎口如刀而易穿肌肉，是謂弩箭制。

弩有踏張者，梢小則有跳蹬弩、木弩。跳蹬弩亦曰小黄，其用尤利。木弩雖可施，不能久，邊兵不甚用。其力之强弱，皆以石斗爲等。箭有點鋼木羽、風羽木撲頭、三停。木羽者，以木爲幹羽，咸平初，軍校石歸宋上之，箭中人，雖幹去，鏃留牢不可拔，戎人最畏之。風羽者，謂當安羽處剔空兩邊，以容風氣，則射時不捍，此不常用，備翎羽之乏耳。三停者，箭形至短，羽、幹、鏃三停，故云三停箭中物不能出，以短故也。

雙弓牀弩，前後各施一弓，以繩軸絞張之。下施牀承弩，其名有小大合蟬，有射手合蟬者，謂如兩蟬之狀。大者張時用十許人，次者五七人，一工準所射高下，一人以搥發其牙。箭用大小鑿頭箭。惟手射斗子弩最小，數人就牀張訖，一人手發之，射并及一百二十大步。

三弓牀弩，前二弓，後一弓，世亦名八牛弩，張時凡百許人，法皆如雙弓弩。箭用木幹，鐵羽，世謂之一鎗三劍箭。其次者用五七十人，則或鐵或翎爲羽。次三弓并利攻城，故人謂其箭爲踏撅箭者，以其射著城上，人可踏可登之也。又有繫鐵斗於弦上，斗中著當箭數十隻，凡十發，可中數十人，世謂之斗子箭，亦云寒鴉箭，言矢之紛散如鴉飛也。三弩并射及二百大步，其箭皆可施火藥，用之輕重，以弩力爲準。

三弓弩，用皮弦一條，甚寬，宛轉貫三弓之間，或用兩小鐵圈在弓稍。

戚繼光《紀效新書》卷一五《布城諸器圖説篇》　夜伏耕戈

弩機用浮輕，箭染草烏毒藥，以線引繫樁於三十步，横路而下，堆草藏形。觸線而機發，箭中恐害自人，須阻所行要路。

近來賊用長竹先打而行，則機發於人足之先，弩又無用。今當多用如百弩連成數丈，其機只在向我處弩盡頭下之，俟彼走進踰弩將盡處，就長竿先發其機，則不能退出數丈矣。又當分作三四箇機，渠能打發其一機，即謂盡發矣，而不意又有未發之機也，尤妙。若三五弩而擺丈餘地，則無用。且未必矢矢俱准著人身，恰得正好也。

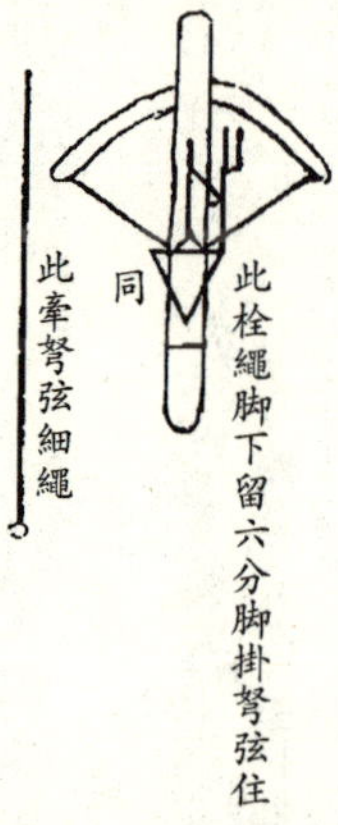

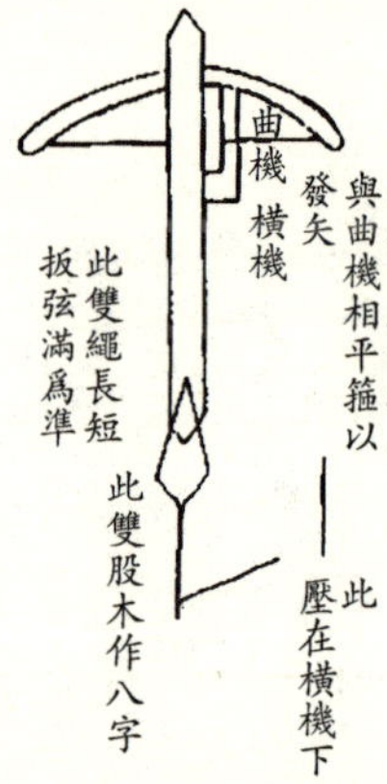

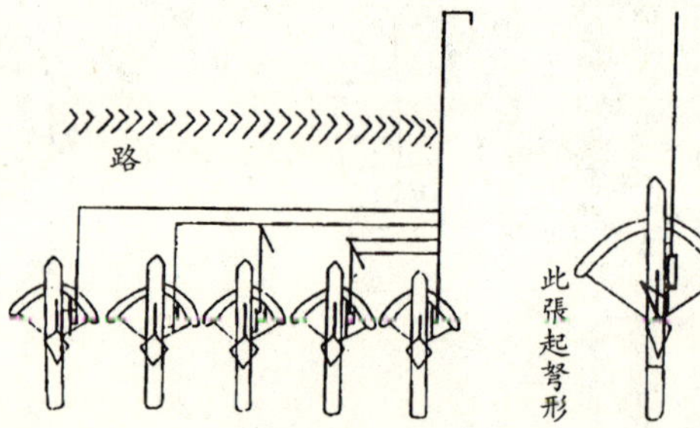

茅元儀《武備志》卷八五《陣練制·練十八·教藝二》

蹶張弩總叙

弩者，怒也，一定之力，毋有增加。如常用弩力有一百五六十觔者，用箭不過重二錢，在五十步之間發則準而有力。苟貪射遠，難必命中，且力弱不能洞堅。古云强弩之末，不能穿魯縞，是也。弓者，窮也，弓與人力各得窮盡也。如弓力四十觔，人皆可用，能發五錢重箭，何也？箭長二尺三寸，搭上弓弦，弦去弓背五寸，除去五寸，仍餘一尺八寸，扯滿至彀，弓來合深力盡，又加射者撒放之巧力，故箭發百步，仍能殺敵。其弩上弦只餘五寸至機，箭發只有五寸之力，弩擔已不能如弓來之合深，人又不能施其巧力，故弩力雖大，用箭反輕，不能致遠。弓力雖小，用箭反重，百步尤有餘力。是弩之怒，力不能及弓之巧力也。然而世之習弓矢者，比比皆是，計百千中未必得一精巧者，其技至難也。故阮子曰：世多善弩而拙於弓，弓無法準，故任巧由意，弩有法準，故易有善。而况余今所制蹶張之弩，中力即能挽，下愚亦可習。如後上法射法，朝學可以暮成。遠雖小遜於弓而準過之，雨露無妨，

費亦倍省，上絃搭箭，十步之內，猶能殺人，若弓似又不及矣。

古機前有牙，後有規，規有紋以準遠近。外有郭以爲總司。千觔之弩，挂於一寸之牙，發於半指之力，其玅無以加矣。自古弩廢，今雖有其機，亦僅存於博古家，爲鑒玩之具。余今特望同好者，措於報國立功之爲實用也。

今曰機鈎，古曰牙；今曰照門，古曰規；今曰匣，古曰郭；今曰撥機，古曰懸刀；今曰墊機，古無名。機匣長一寸九分，闊四分有零，高五分。機鈎通長七分，鈎總高五分。照門總高九分，挂絃機口深二分，闊二分。墊機長一寸三分，闊四分，厚一分。匣眼、鈎眼、墊機眼、撥機眼，徑皆一分有零。撥機長一寸一分，闊四分，厚一分有零。二鍵長九分，大小以各眼爲則。

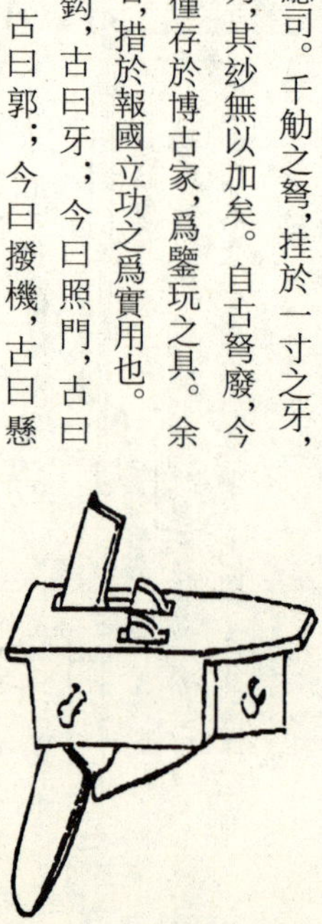
法古制銅弩機全圖

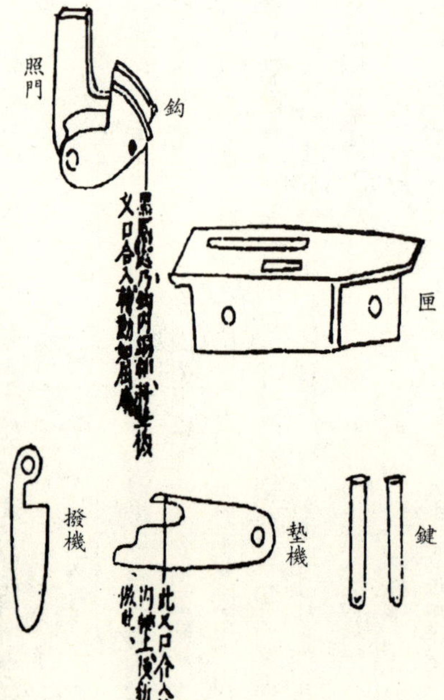

法古制銅弩機散圖

今四方擅弩之地，而皆不用古機，惟以鹿角爲機，如弩弦麄大，一入角機，則滚出弦逃。如弦細小，則機撥而弦不發。余故師古式，制小機。又試古機單規，審猶不甚準，復改規爲一凹字之形，從凹中對箭頭，從箭頭對敵，覺無空失。

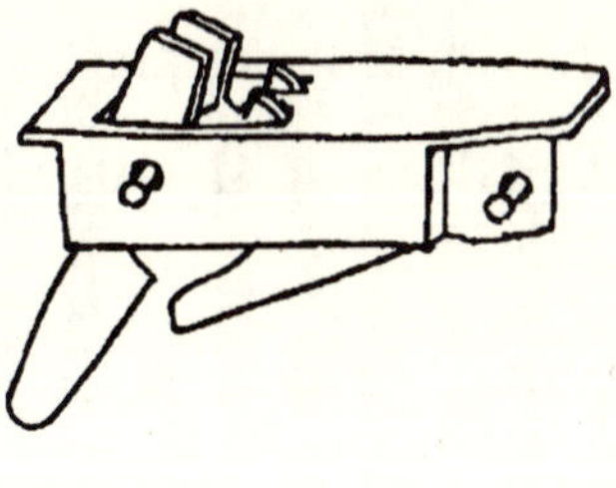

改古新制銅弩機有匣全圖

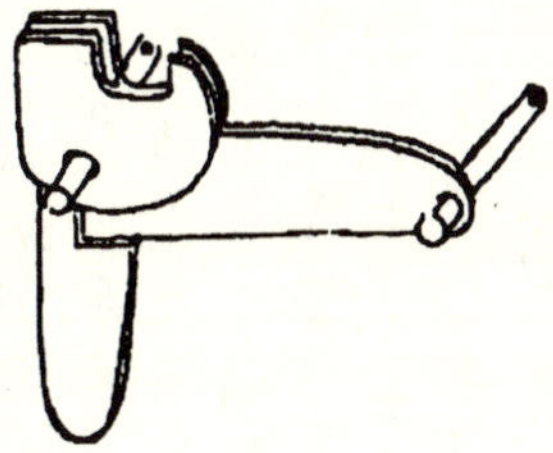

改古新制銅弩機無匣全圖

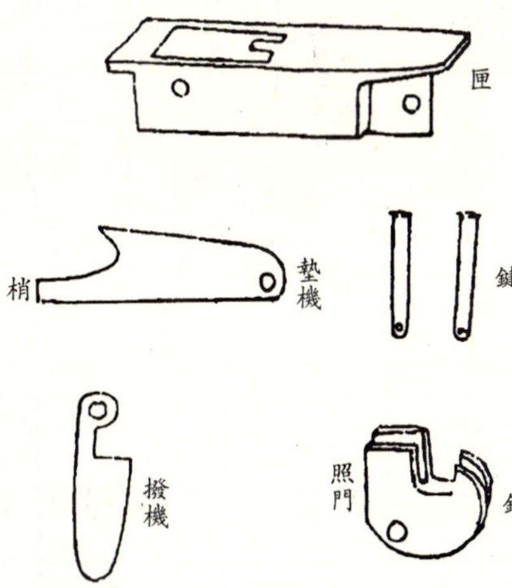

改古新制銅弩機散圖

機鉤通長八分，厚三分有零，總高五分。挂絃機口闊二分，深二分。照門總高八分。凹字口闊一分半，眼徑一分。墊機通長一寸五分，厚一分，闊四分。內梢長五分，厚高一分有零，眼徑一分。撥機長一寸一分，闊三分半，厚一分有零。二鍵長九分，大小以機眼爲則。匣長二寸二分，高七分，闊四分有零。如不用匣，安機處釘銅皮一塊，如法制造，雖可省費，猶恐有傷弩身。

又　造弩身用木色說

弩身用棗木紅赤者爲上，棠梨木紅赤者次之。紅棗木，生小棗味酸不堪食者，其質堅實；生大棗味甘者，其質次之，仍勝棠梨木也。且棗木內多有裂紋損壞者，必揀選全美無病者方用。弩力頗强，其制驍駿，如用損壞之材造成，必不堅久，臨敵悮事非小。選中心紅赤者用，標皮白者不堅，不可用。棠梨木生小梨如小指頂大者可用，生大梨者不堅實，不可用。小梨亦取中心紅赤者佳。

又　造弩身尺寸說

弩身共長一尺六寸三分，內頭長三寸三分，內掛口七寸，內機鉤至尾鉤三寸，內勾至尾梢三寸，頭闊一寸七分，頭擔眼處闊二寸，安機處闊一寸五分，尾勾處闊一寸九分。成材厚九分，或八分，再不宜薄，薄恐不堅固矣。力之大小，在擔眼之闊狹、竹之厚薄間耳。此制以七寸挂口爲則，挂口一寸，管擔三寸四分，擔上眼橫闊一寸一分，下眼闊九分，長一寸九分。依此式則力有二百四五十觔矣。箭槽盡處離機鉤一寸四分，名曰田盤。弩頭面上鑲鹿角長一寸七八分，厚五分或四分，頭高一分餘。擔眼面上厚二分半，千觔眼離托下一寸五分。尾梢用鹿角鑲箍，長五分。頭梢尖如梭樣，面上滾圓狹些，下面亦狹些，中則肥飽。撥機眼勿大，僅可容指入，口小內空如卵殼形，長一寸。眼離面一寸，如無一寸，恐開墊眼，穿通撥機眼中，弩發墊落打指，此病當知。

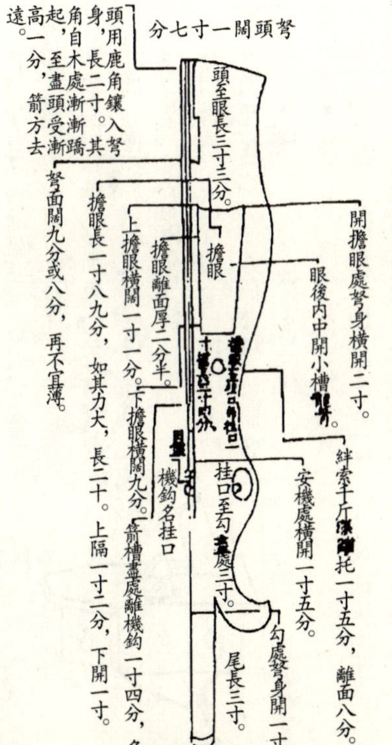

造弩身尺寸圖

又　造弩擔用竹説

柘桑之木做擔不能久上，故取竹爲之。其竹之質，各産不同，有反力者，有無反力者，有剛而不斷者，有脆而易斷者，有生蟲而不生蟲者。今取苗竹過三年者，皮上有白粉霜，如東瓜皮上粉色同。大一尺二寸，節要長而平正，如一字樣，毋得歪斜。細觀上下無蟲眼損傷，上下相稱，無頭大中小，劈開厚者佳。可除根頭三四密節不用，破成四塊，照弩身眼大小，再取闊狹量。計挂口寸數若干，擔長若干，爲一擔式。一二三擔一樣長，中取一節穿藏擔眼内，然兩頭仍各有一節，可將第一擔爲主，而第二擔亦取一節爲中，兩頭之節毋得與一擔之節相對重。三擔亦取中一節，兩頭之節亦毋得與一二擔之節相對重。四擔五擔亦如是。各擔兩頭節各要相離，皆毋得相重爲妙。如節節相對重，其擔易斷。一擔用竹之中稍薄者，二三擔調用，以根頭厚竹爲六擔，名爲打擔。如遇竹節相重，必要截除取用，勿得惜竹。裁取長短，答配成副，將竹青面根頭輕鋸痕跡爲記。臨做之時，認跡根梢，顛倒搭配，不致有邊軟邊硬之病。再用磚石閣起竹擔兩頭，中用稻草火燻燒竹青，去油色黄爲度，見兩頭微出竹瀝即止。如火大，色黄焦，易斷無用。如不燻，用石灰水浸一七晒乾用，則蟲不食。此法亦好，然俗云：苗竹去了油，力氣大似牛。猶以燻者爲佳。其竹取生在朝陽地者用，生在背陰地者勿用。

又　造弩擔尺寸説

一擔長二尺三寸八分，中闊狹照依弩身擔眼爲規。兩邊微闊，擔梢稍狹，如腰子樣。盡鏟去竹黄。擔之軟硬，乃厚薄不均故也。以僅鏟去竹黄爲則，勿過傷其竹肉，則無厚薄之病。再用半邊員銼銼平，擔之中約長六寸之間，鏟薄一半，留存一半。第二擔每頭比一擔短二分，兩梢狹小四分。如不狹小，發箭抵弦，其弦脱落。擔中六寸間，亦鏟去一半，存留　半。第三擔每頭比二擔短四分，兩梢更狹尖小，擔中六寸間，亦鏟去一半，存留一半。第四擔每頭比三擔短二寸四分。自四擔以至五六擔，擔中不鏟薄，皆隨竹之厚薄制造，兩梢闊狹，以三擔闊狹爲規。第五擔，每頭比四擔短二寸一分，兩梢闊狹以四擔爲規。第六擔，每頭比五擔短二寸一分，名爲打擔，兩梢闊狹以五擔爲規。其木托以打擔闊狹爲規。六塊擔之中，闊狹皆照擔眼爲則，不能書寫分寸，一擔兩梢盡處，横開小槽，以挂絆索。上弦緊挨梢尖，毋得留長，不可深，如深，上弦傷擔。再挨槽邊開弦扣口。

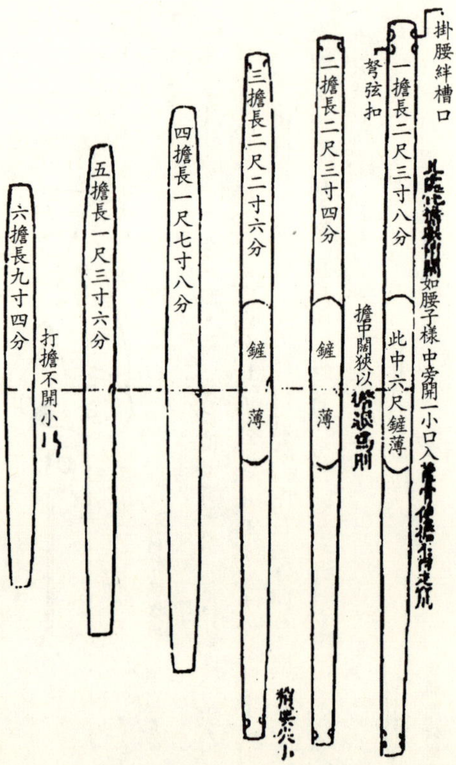

造弩擔尺寸圖

又　鷂子擔説

歷來弩擔兩片入扣，中間雖挺硬有力，而兩梢不免軟弱，故遣箭不遠。今新制用三片入扣，則四五六擔漸長，中力、梢力皆均和。一二三擔原竹厚，今於中約長六寸之間，鏟去一半，存留一半，穿入擔眼内，使中陷低而兩梢蹺起，上弦彎曲，如鷹鷂兩翼飛展之形，故以爲名。

托長五寸四分，闊狹照擔眼爲規，中厚七分，馬口深二分，兩頭低一分。下面如生肥皂樣，上面鏟梘槽，以合打擔。

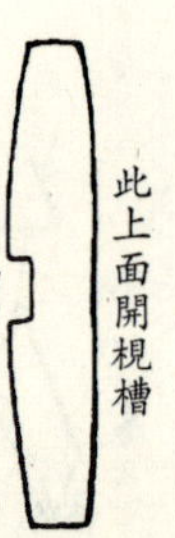

弩托圖

又　弩擔紮用繩索説

弩擔，有用彈花皮弦而紮者，有用小棕索而紮者，然皮弦有膠，紮之一遇雨露受濕，膠溶皮軟，鬆緊不常，且有鼠傷。今惟取用小棕索，不怕雨鼠而且耐久。

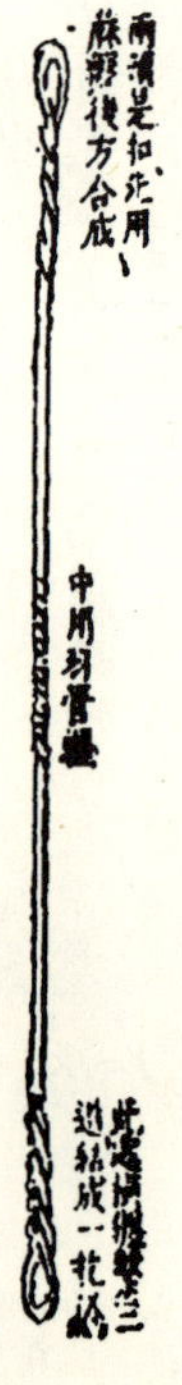

弩弦圖

用上好苧蔴或川蔴長者，根梢顛倒荅配，比弩擔每頭各長七八寸，弦中約量麄細，中間空尺餘，兩頭做扣。右手用蔴往懷裏纏絞尺餘，將一頭先合成扣，挂上左邊擔口。扯直横比右邊擔口，仍要短縮一寸，亦合成扣。但單股皆是右手往懷裏上緊。雙股合成之盡處，又横纏繫三道，結成一扢搭。再將兩頭餘蔴用米飯勒漿，夾入包裹弦中，毋得露出。再用飯通長勒漿一遍，又往懷外上緊，上弩。如弦長，落下再緊上弩。弦上已成，另用小繩一根纏繞弦上。上下刮勒光浄，候乾，去其亂蔴頭，再用鴨羽管或鵞羽管破去裏半，用外半刮去内穰，水浸軟，隨弦居中緊挨纏絞二寸餘，則弦光韌擊箭，其弦約重七八錢爲率。

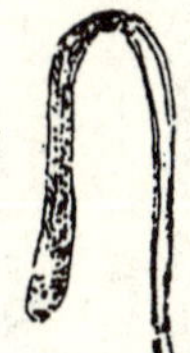
膝絆圖

脚索圖

膝絆，用小蔴索并排，再用麄蔴線横穿織成辮，闊一寸，長二尺三寸。脚索，用中蔴索三股，合成一股，必要合緊使索堅硬，以便入脚踹上弩，長三尺七寸。

用小蔴索，穿織成辮，闊二寸，長二尺七寸。兩頭另繫中等蔴索，長二尺。頭上又安繫小蔴索，長六寸許，作一圈，挂弩擔梢上横槽内，上弦。

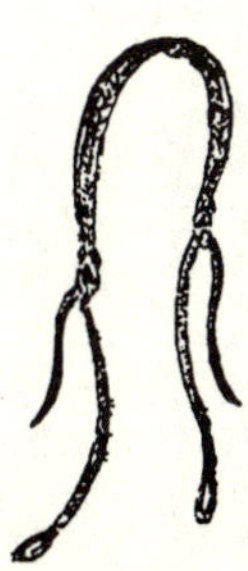
上弩弦腰絆圖

一人坐地上，用絆索安在腰間，將兩頭圈索套入弩擔梢横槽内，用兩脚踹在弩托上，兩手扶弩梢，往前慢慢撑伞，如弩彎來，令一人將弦扳入扣内。

又 腰開弩總序

余得古銅機，制一腰開弩，稱弦至機，力有八百餘觔，多有能張之者。後蹶張弩成，人更趨便，然致遠洞堅，必竟腰開有穿石摧壁之勢。今惟力弱者用蹶張，力雄者仍用腰開。得余腰開之法，一人已有兼人

腰絆上弩弦圖

之用矣。如再要弩力雄大，必非多人不可張，即此與蹶張遠近相爲表裏，亦覺曲盡矣。

右舊制大弩原機也。余以之制腰開之强弩，發箭準而有力，然猶效今弩之存田盤，安箭離弦寸餘，使弦遠擊箭尾而發者也。然機上有一槽，直至挂口，必古時以有扣之箭，插入弩弦而發者。余復去田盤，制有扣之箭，入弦試之，箭非搶高則打番而落，且去不遠。豈隨弦括去之力，不如離弦擊去之力之强耶。蓋余但得古機，未見古弩入扣之法，不得其訬。古人諒有奇制，余故揭出，以俟博洽君子補此不逮也。

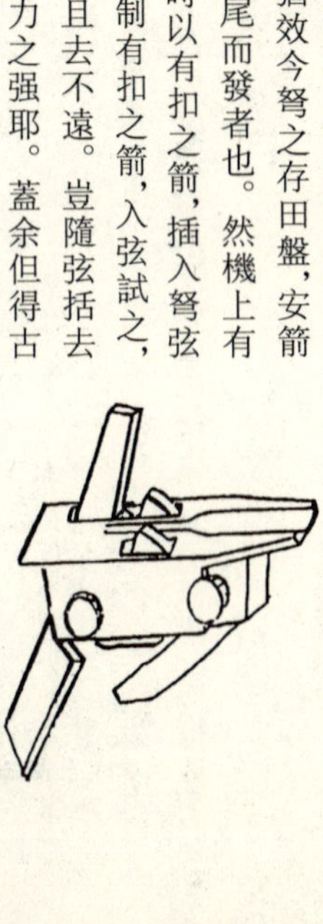
古銅弩機全圖

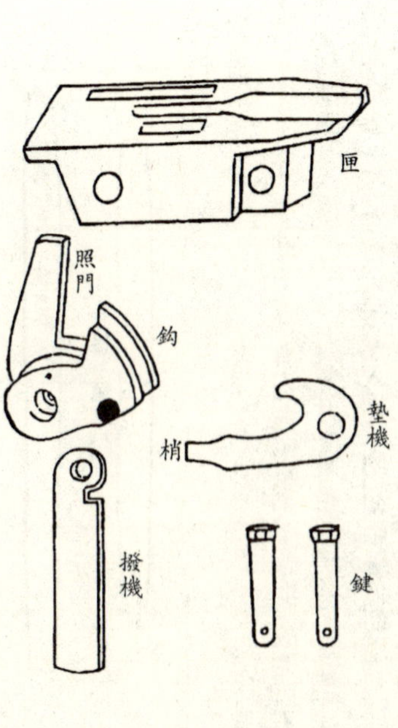

古銅弩機散圖

原得穴中古機一具，重一觔三兩。機鈎高一寸一分。照門高一寸九分，厚八分，長一寸六分。機鈎空處闊四分，深四分。墊機長一寸九分。内梢一寸一分，厚三分。撥機長二寸五分，厚三分，闊五分。匣長三寸四分，闊一寸，高九分。匣眼、墊機眼、機鈎眼、撥機眼，徑各皆四分。二鍵長一寸八分。

古用七幹之材，以柘木爲上，檿木次之。但柘木易有蟲傷、節疤、彎曲，難得成材。檿

腰開弩擔圖

木即山桑，有河桑檿桑二種。今取用油桑，紋細沉重、色赤黄者爲上。其擔力用八百觔，必要闊厚。闊厚必挺硬不和軟，苟上不得其法，往往傷斷。然上新擔之法無別，初上之時，用有力之人挂上腰絆，不時緩緩撐踹，令其剛性漸和彎來，再用長弦上扣定二三日。又將長弦緊短些少，復上。又定二三日，漸挽漸彎，揉挫剛性。再又緊弦上扣，使弦與擔僅去一寸許，上定三五日，再換如式短弦上扣。弦離擔有二寸之空，使空處僅容脚入踹，則擔成矣。手弩擔用竹，取其有反力。若腰弩擔用竹，力既大，則竹必加厚。擔既厚，則弦離擔處無空，安能容脚入踹。蓋上八百觔之弩，非用腰鈎併脚踹不能，或不射即落弦，倘久上擔彎，則反力減少，遣箭不遠矣。大抵新擔力強，雖用腰絆上弦，人力不能頻頻久上。可將擔綑繫大屋柱上，用大索一根，挂住擔梢兩頭，中繫一轆轤。又用一轆轤，繫一柱上，用大索一根，貫穿轆轤內，用人拽扯如彎來，即將大索繫在杜上勿放鬆。至第二日又如此用拽扯，又彎來，又繫柱上，漸漸彎來爲善。新擔上新弦短促，必要大彎來方得上扣，故多傷斷，於此時不得不慎。轆轤，又名鈴鐺。

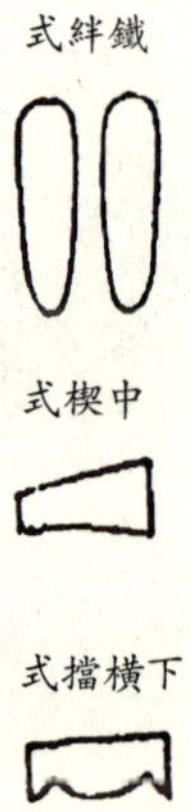

腰開弩擔鐵絆圖

弩擔不緊實則走竄，發箭不準，且腰開弩力大，擔眼離弩身面上厚只有四分，安擔稍不如法，即弩身損壞矣。故用鐵絆二箇，兩邊弩挨弩身絆住。弩擔下用一横檔，横拴絆下中用一楔楔緊，則弩擔力用在上下，而兩邊無損壞之患矣。

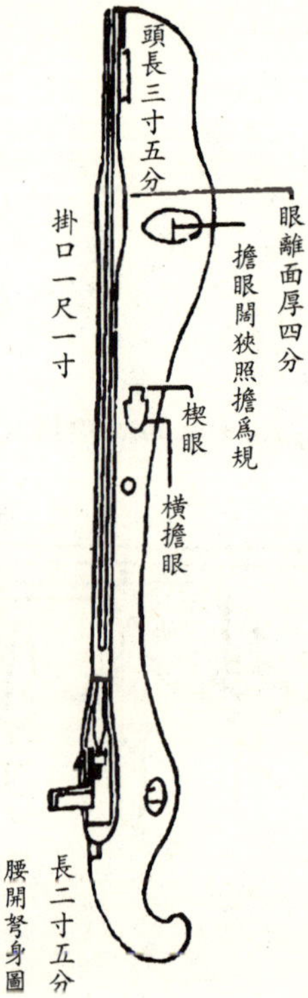

腰開弩身圖

弩身用棗木，頭用鹿角鑲，或用銅鑲，長一尺七寸，或一尺六寸，更便於上。內頭長三寸五分，內挂口一尺一寸，仍二寸五分作尾勾。每挂口一寸，擔長五寸。今挂口一尺一寸，則擔長計五尺五寸。外加扣，每頭三寸，共長六尺一寸。擔中厚一寸八分，中闊二寸七分。擔梢厚一寸，闊一寸五分。

凡打造腰鈎，照弩身機邊闊狹爲之，要緊挨弩身，上弦如鈎，太闊則曠蕩。鈎弦上弩，不偏左則偏右，上弦既偏，則箭發亦偏矣。

腰鈎圖

腰絆，有用小蔴索並排用麄蔴線，横穿織成辮者，闊三寸，長二尺五寸，似挺硬傷腰。今用好麄綿布一幅，折叠四五層，用鞋底繩密密縫納爲佳。

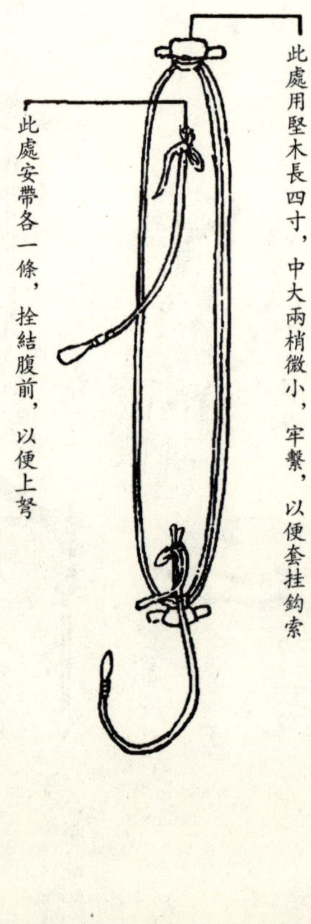

腰絆圖

又 卷九四《軍資乘・營二・營制二》 諸家水軍營法

（右）製弩，機用浮輕，箭染草烏毒藥，以線引繫樁於二三十步，横路而下，堆草藏形。觸線而機發，箭無不中。近來賊用長竹先打而行，則機發於人足之先，又爲無用。今當多用如百弩連成數丈，其機只在向我處弩盡頭下之，俟彼走進踰弩將盡處，就長竿先發其機，則不能退出數丈矣。又當分作三四箇機，渠能打發其一

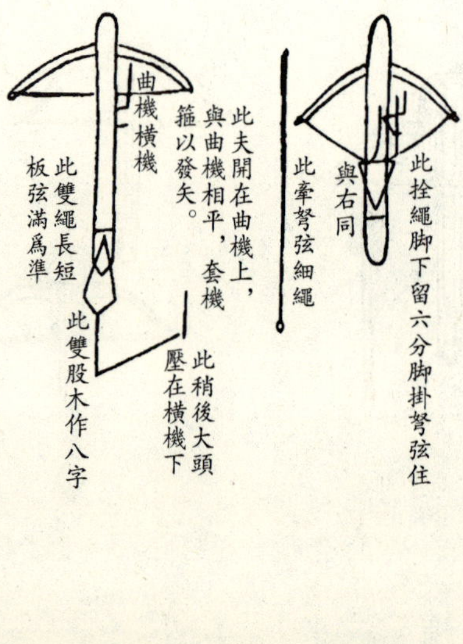

耕戈

機，即謂盡發矣，而不意又有未發之機也，尤妙。若三五弩而擺丈餘地，則發而未必盡中敵身也。

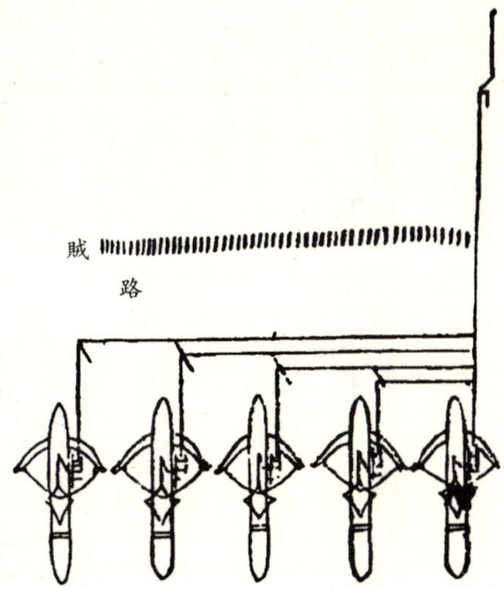

耕戈夜伏圖

又　卷一〇三《軍資乘・戰八・器械二》　弩弩箭附

茅子曰：中國之利器，曰弓與弩。自漢以後，虜弓日强，遂不可復及，唯弩之用爲最。弩之力，腰開者可十石，蹶張者可二三石，古所云弓之强者不及也。晉馬隆平樹機能，猶藉腰開弩，至宋而其法不傳，故《武經》所載黑漆、黃樺、跳鐙等弩，皆蹶張也。㪷子、床子等弩，雖最强，然費人多，可以守，不可以戰也。宋末始有神臂弩，其法亦蹶張而稍勝之，遂以破虜。本朝劉司馬天和用之，而其法始傳。又有名克敵弩者，即跳鐙也。今苗人皆用弩，然强而不便。宣湖射虎用竹弩。二弩者皆藉力于藥，未可謂之强也。又有諸葛弩，可置十矢，以次發，東南人喜用之，然力輕而不能傷人。近世程宗猷得古銅機，斟酌竹弩而爲古弩，則勝之矣。余爲斟酌神臂弩而加其力，天和之法，上者百二十斤，今可倍之矣。然皆蹶張弩也。宗猷又自以其意合古人之説，而爲腰開弩，强者可十石，下者亦可七石，此千載久廢之器，復啓于斯人。天將以殪虜乎。并載之以告來者，其詳則見于《練制》中。

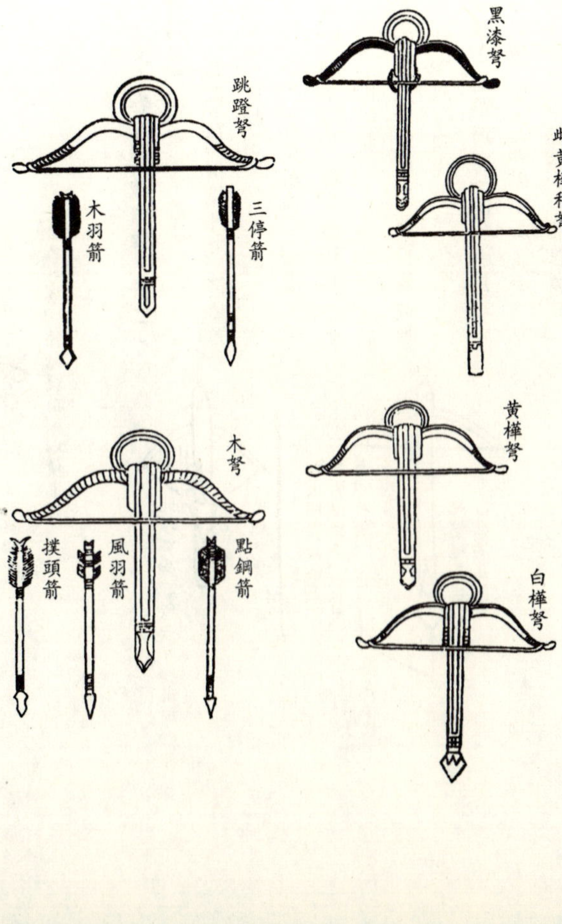

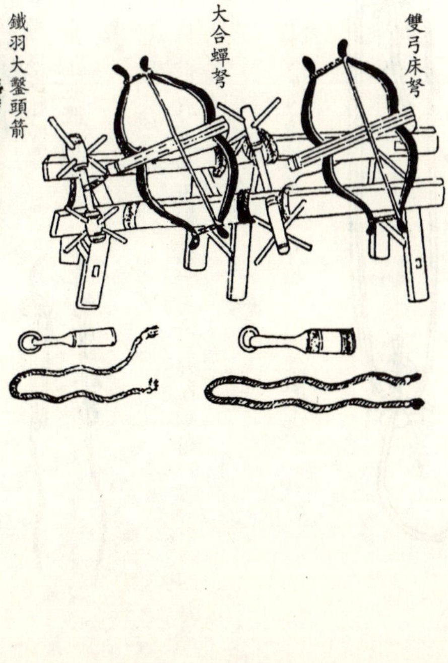

以七人張，發大鑿頭箭，射及一百五十步。

右人自踏張者，其飾有黑漆、黄白樺、雌黄樺。稍小則有跳鐙弩亦曰小黄，其用尤利。木弩雖可施，不能久，邊兵不甚用。其力之强弱，皆以石斗爲等。箭有點鋼，木羽，風羽木撲頭，三停。木羽者，以木爲簳羽。咸平初，軍校石歸宋上之，箭中人，雖簳去鏃留，牢不可拔，戎人最畏之。風羽者，謂當安羽處，剔空兩邊，以克風氣，則射時不掉。此不常用，備翎羽之乏耳。三停者，箭形至短，羽簳鏃三停，故云三停。箭中物不能出，以短故也。

雙弓床弩，前後各施一弓，以繩軸絞張之，下施床承弩，其名有小大合蟬，有手射合蟬者，謂如兩蟬之狀。大者張時用十許人，次者五七人，一工準所射高下，一人以搥發其牙。箭用大小鑿頭箭。惟手射斗子弩最小，數人就床張訖，一人手發之，射並及一百二十大步。

三弓床弩，前二弓，後一弓，世亦名八牛弩，張時几百許人，法皆如雙弓弩。箭用木簳鐵羽，世謂之一鎗三劒箭。其次者用五七十人，箭則或鐵或翎爲羽。次三弓並利攻城，故人謂其箭爲踏撅箭者，以其射著城上，人可踏而登之也。又有繫鐵斗於弦上，斗中著常箭數十隻，凡一發可中數十人，世謂之斗子箭，亦云寒鴉箭，言矢之紛散如鴉飛也。三弩並射及二百大步，其箭皆可施火藥，用之輕重，以弩力爲準。

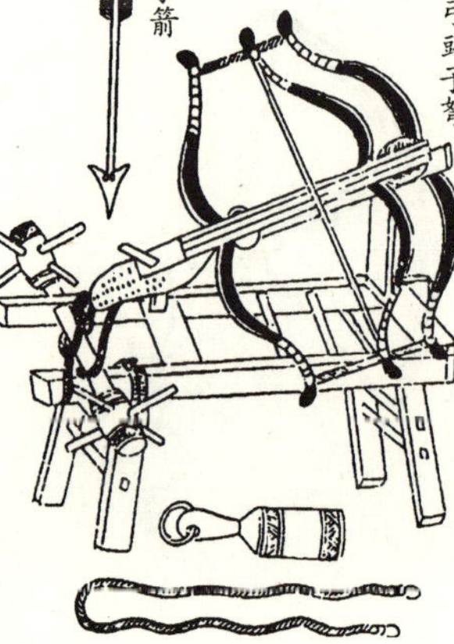

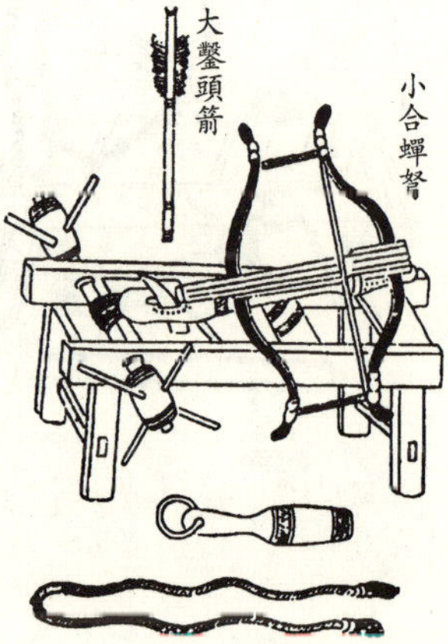

以七人張，發大鑿頭箭，射及一百四十步。

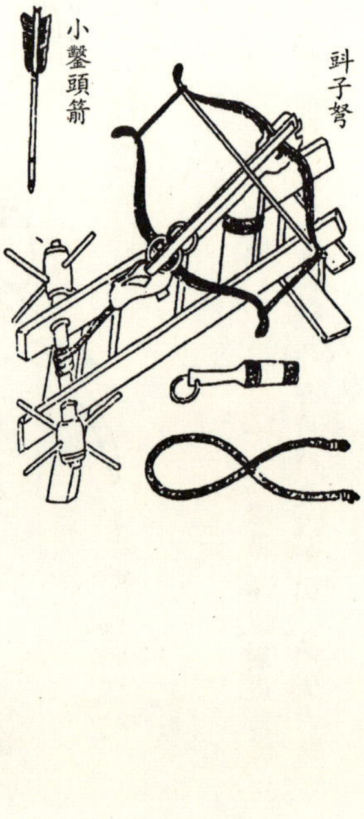

以四人張，發小鑿頭箭，射及一百五十步。

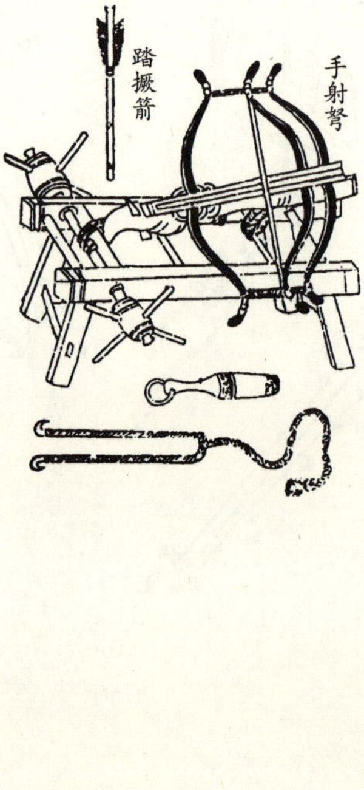

以二十人張，發踏撅箭，射及二百五十步。

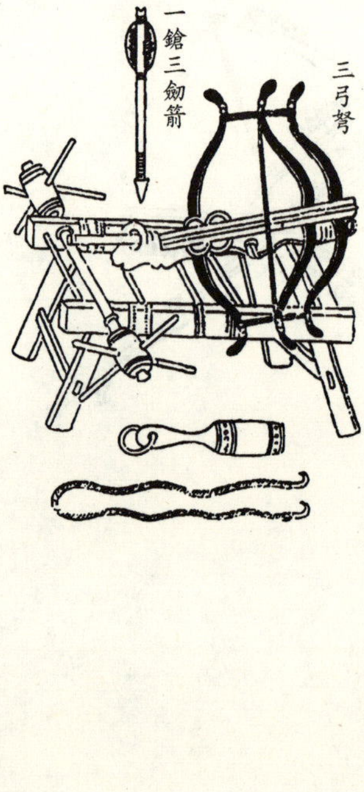

以七十人張，發一鎗三劒箭，射及三百步。

次三弓弩

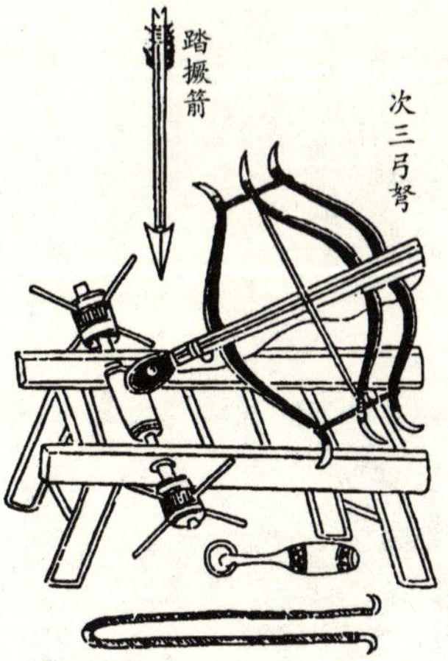

以三十人張，發踏撅箭，射及二百步。

苗人竹弩

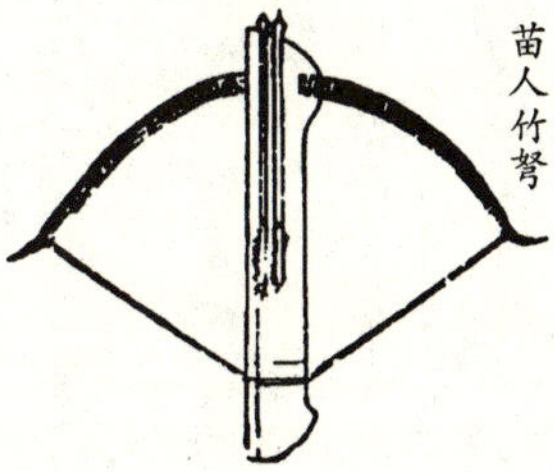

隨便用細竹二十根，上下將兩大頭交穿于木柄方眼內，用細蔴繩密紥至稍，蔴繩作弦如木弩上做發機，粗竹作箭鏃，上塗毒藥，山中多殺傷惡獸，陣上便可用也。

苗人木弓

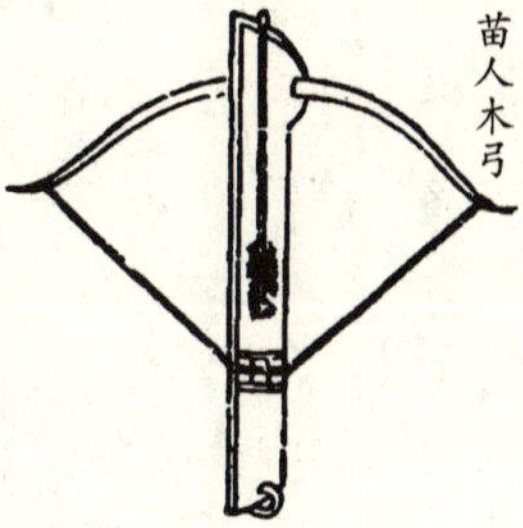

用堅木造，用大力人執之，攀機對射。其鏃塗見血封喉諸毒藥。

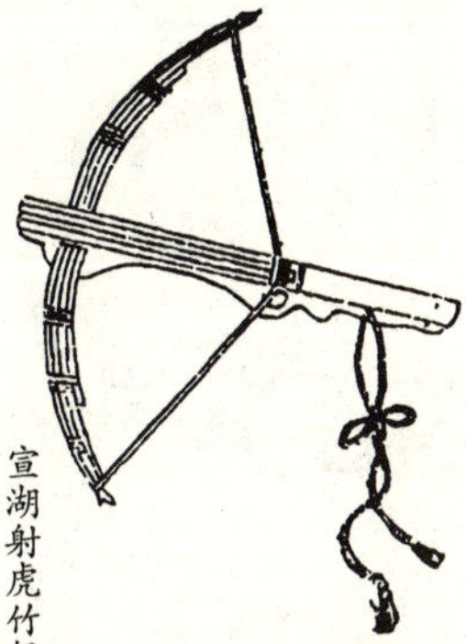

宣湖射虎竹弩

以竹五層爲之，價輕易辨，但非藥則不能必殺人耳。

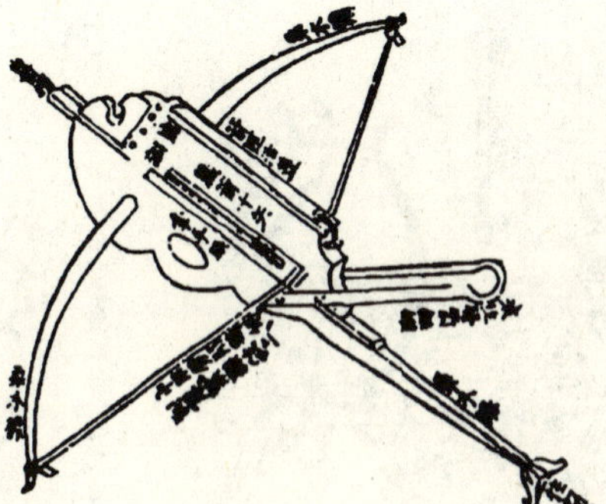

諸葛全式弩

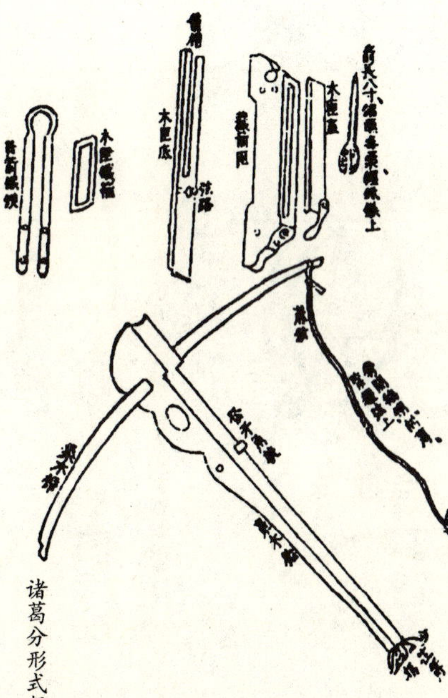

諸葛分形式弩

此弩即懦夫閨婦皆可執以環守其城。一弩連發十矢，鐵鏃，塗以射虎毒藥，發矢一中人馬，見血立斃。便捷輕巧，即付騎兵，亦可持之以衝突。但矢力輕，必藉藥耳。

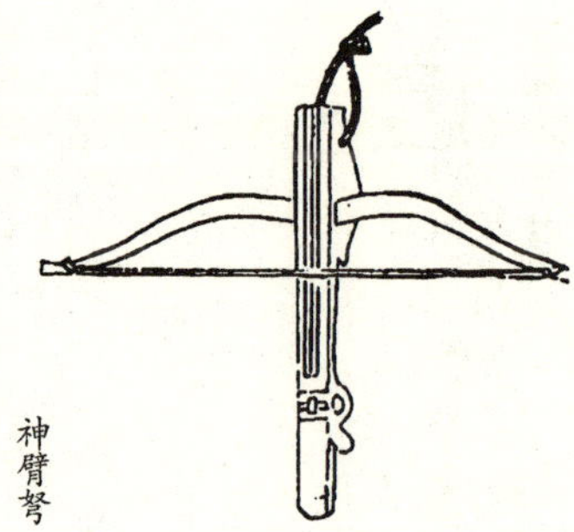

神臂弩

神臂床子連城弩

熙寧中，內副都知張若水進神臂弓，初民李宏獻此弓，其實弩也。以檿爲身，檀爲弰，鐵蹬鎗頭，銅爲馬面牙發，麻索札絲爲弦。弩身通長三尺二寸，兩弰各長九寸二分，兩閃各長一尺一寸七分，靶長四寸，通長四尺五寸八分。弦長二尺五寸，箭没羽長數寸。時于玉津園校驗，射二百四十餘步，穿榆木没半簳。有司并箭奏御，詔依式製造。

劉天和曰：宋有神臂弓之制，其實弩耳，亦未敢遽是也。近于陝西省城，見有城樓舊題神臂弩數百張，相傳者百餘年矣。乃知先朝亦嘗制此。雖皆損壞，而制度猶存，但箭則無矣。臣謹從宜遵倣，造成其制，以闊厚堅勁大弓，其力一百五十斤上下，及一百二十斤上下，及九十斤上下，爲三等。慮人力有强弱也。其長均四尺五寸。矢取其利，最遠而端可及三百步内外者爲式。其長均七寸五分，其重則六錢上下，亦三等，俾與弩稱。復倣漢耿恭之法，箭鏃開四尖，又傅以河南嵩縣等處射虎箭藥，俾入馬中之無不三洞，凡虜所畏。其箭鏃後小鐵管心僅長分許，入箭簳處，内用漆膠外用竹絲，以夾縛之，俾虜不能取以返射。蓋虜之射藝極精，矢無虚發，惟此足以勝之。

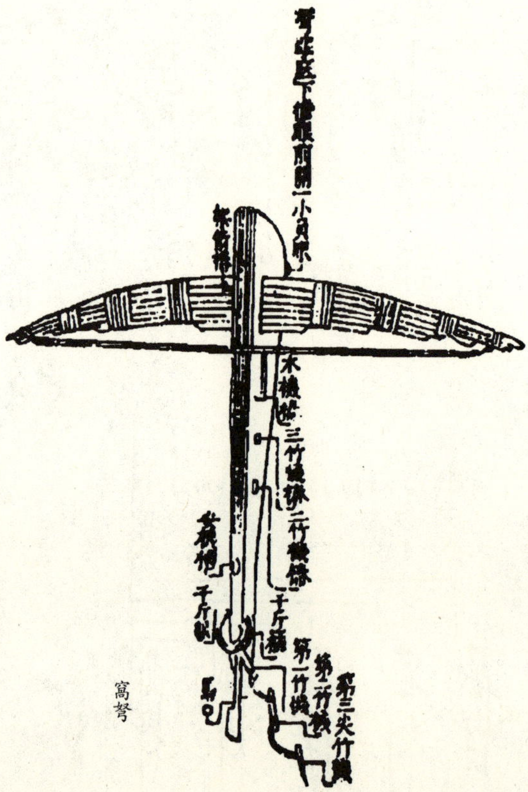

窩弩

窩弩力大，必用腰絆上弦至機槽。將第一竹機後根插入機槽内，撇住弩弦，又以第二竹機後根撇在第一横樁上，又以第三尖竹機後根撇在第二横樁上，再將遊線上小圈套在木枒樁上。又將第三尖竹機亦插入圈内，將遊線樁隨路之闊狹插在對過路傍，高二尺五寸。其遊線不可太緊，如太緊，恐遇大風吹動，機即發矣。弩身面上架箭二枝，弩左旁架箭一枝。此一枝箭尾後開一叉，扣入絃上，不必安翎，用小竹造制如法。撇，音瞥，借用也。

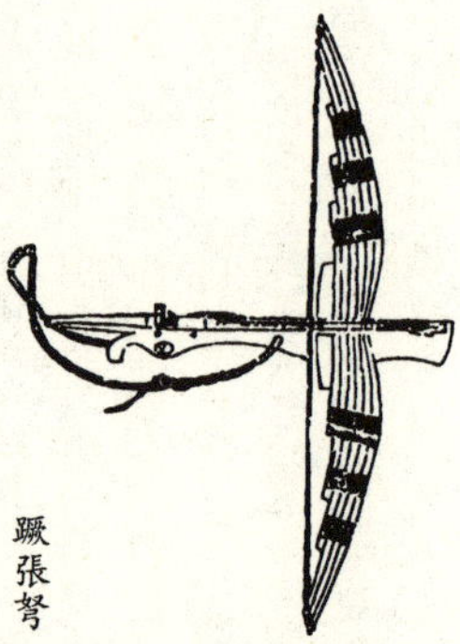

蹶張弩

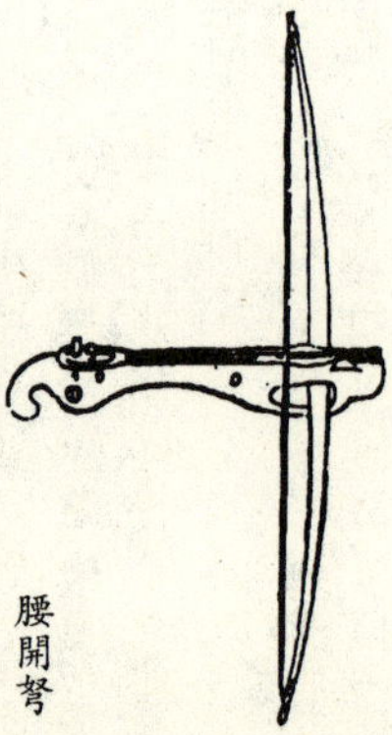

腰開弩

雙飛弩，前用輕木架，釘閣板弓柄於上，其板開二槽，放箭弦止處。板上鑿上方下圓，口安鐵機，下繫繩板，用木棍一根，兩頭錠鐵鈎，攀弓弦於發機上。如放箭隨其高低，用脚着力一踏，其機扯下弦去，箭發遠飛三四百步，射人極準。

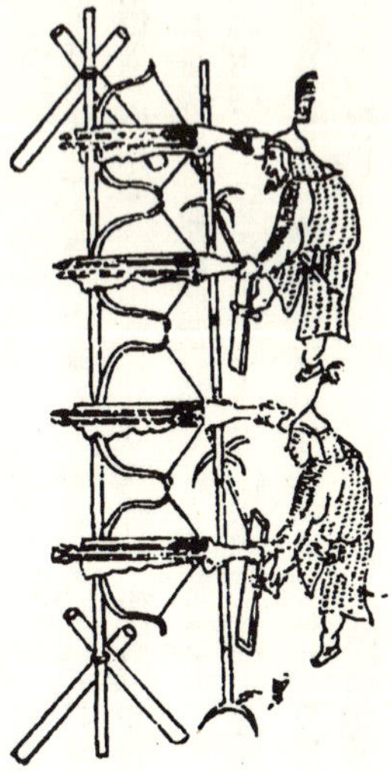

雙飛弩

王徵《諸器圖說》 新制連弩圖說引

聞昔武侯有連弩法，親授姜維，想當日木門道萬弩齊發，射死魏大將張郃者，或即其製。迺其製失傳久矣。近世有從地中掘得銅弩者，製作精細無比，今之工匠不能造。然特弩之機耳，而人輙以爲全弩也，故卒莫解其用徵。愚偶得見之，嘆服古人想頭神妙。如許再四把玩，因了悉其運用機括，僭爲增損一二。且易銅爲鐵，不但簡質易作，更覺力勁而費省，似於今之行陣甚便也，敬圖說之如右。

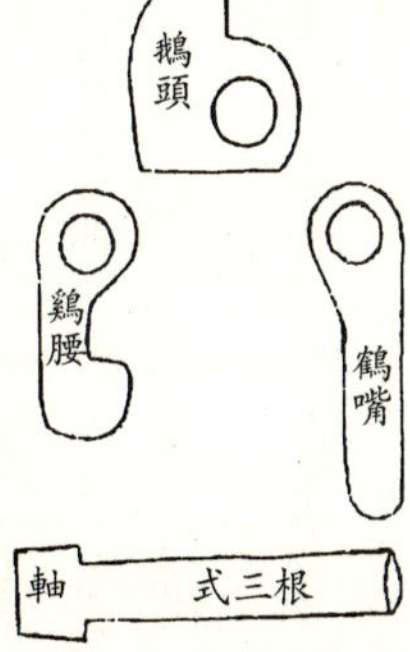

新製連弩散形圖

諸機皆精鐵爲之，必如式方準，厚俱三分，令其瑩滑。此式一定，弩之大小任之。

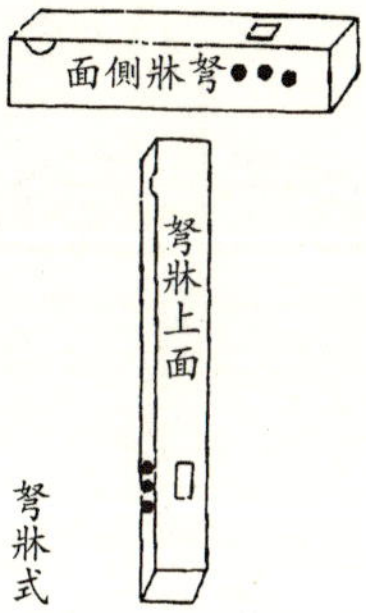

弩牀式

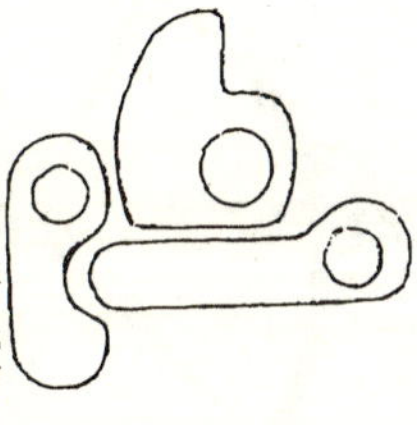

弩機待用

又 連弩散形圖說

先用堅木爲弩牀一具，長三尺，濶二寸，厚三寸。前端入三寸許鑿半圓小孔，安弩背惟緊。後端入三寸許從正面居中鑿一孔，寬三分，長五寸。孔中取滑澤，用利諸機旋轉。孔上面以鐵片平裏，中留一寸小孔，兩旁準木孔，務瑩平無閡而止。又從側面照式鑿二軸孔眼，一面圓，一面方，期入末不致動摇。其安機法，先安鵝頭居中，以其尖出鐵孔上下旋轉爲準。次安鶴嘴在後，以上承鵝頭取平。而鵝頭之尖出鐵孔中直立爲準。又次安雞腰在前，以雞腰中穴順其自然平彀鶴嘴爲準。三者俱準如式，然後鉤弩絃扣滿，掛鵝頭出孔尖上。兩邊排箭或二或三，多不過六。弩伏地中，箭向前列，各弩聯絡，多多益善。又有微機伏敵來路，敵來一觸其機，則萬弩齊發，驟莫能禦矣。其發弩之機，與一連二，二連四，以至百千。連發機括，須用口傳，顓楮莫克悉也。間用此式擴而大之，可作千步弩。

何汝賓《兵録》卷六《伏弩》 夫争險制突，射堅及遠，非弩不克。然必須力重而機巧。其矢之長短輕重，要與弩弦相比，迺能命中。至如造伏弩法，以檀木或梧木爲身，茅竹爲擔，弩後置一木人上弦，或連發二矢，或三矢。量賊必由之路設之，以木架架弩，任意酌量高下，或于竹徑，或于稻麥，或于茂林深處擺設百餘把，止用一絲線作機關，不須人守。賊至不疑而觸其機，百弩齊發，莫能逃生。仍設三四機關，多架幾處爲妙。但弩少擺希，恐不能中，似爲無用。箭頭須用毒藥嵌之。

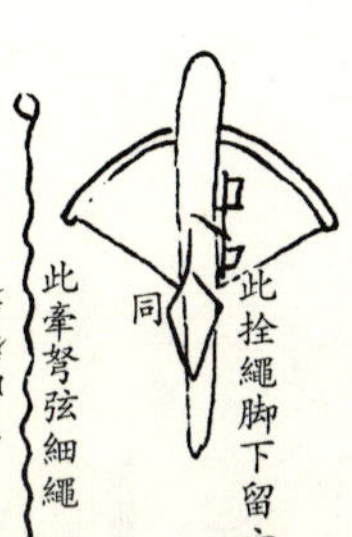

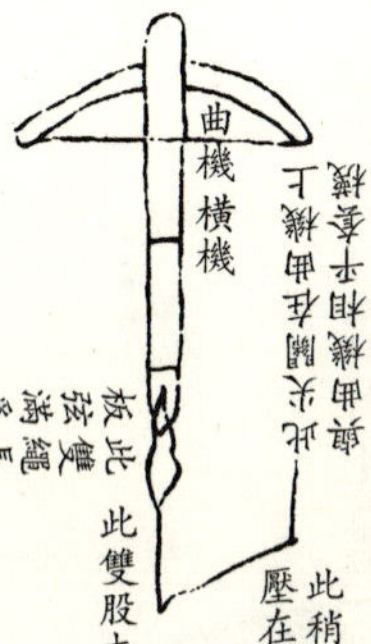

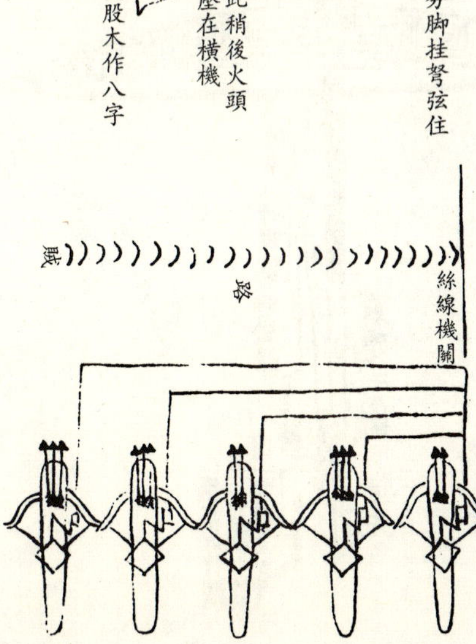

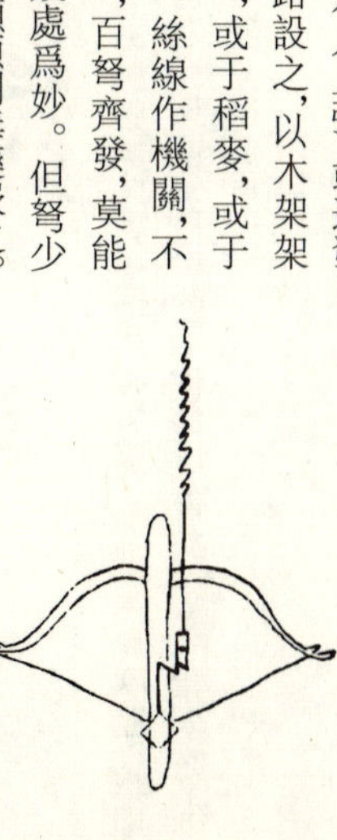

此张起弩形

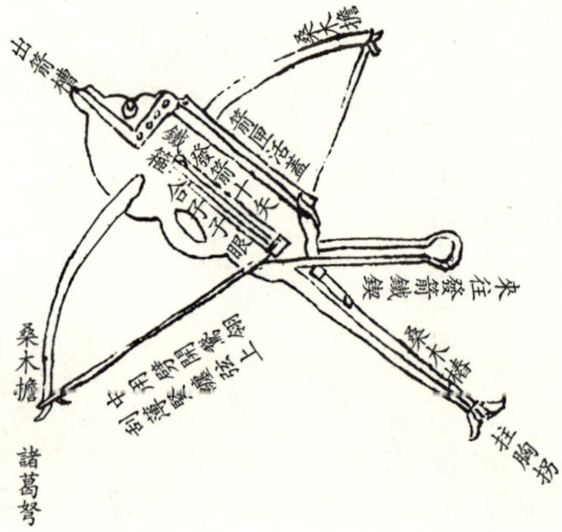

諸葛弩

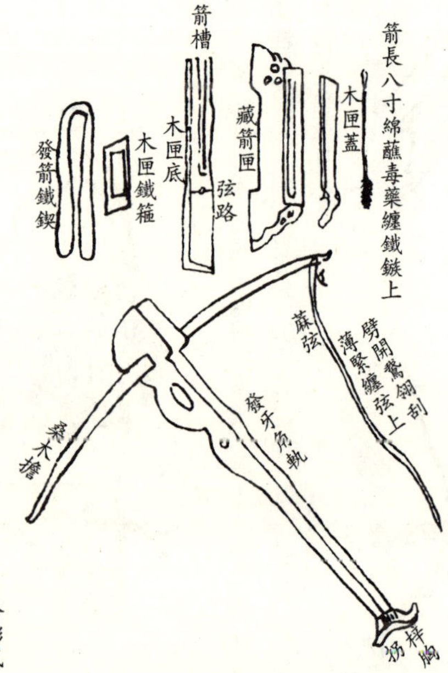

分形式

此弩即懦夫閨婦皆可執以環守其城，一弩連發十矢，鐵鏃塗以射虎毒藥，發矢一中人馬，見血立斃。便捷輕巧，即付騎兵亦可持之以衝突，但矢力輕，必藉藥耳。

又 苗人木弓

用堅木造，用大力人執之，攀機對射。其鏃塗見血封喉諸毒藥。

又 苗人竹弩

隨便用細竹二十根上下，將兩大頭交穿于木柄方眼内，用細蘇繩密紮至稍。蘇繩作絃。如木弩上做發機，粗竹作箭鏃，上塗毒藥。山中多(設)[殺]傷惡獸，陣上便可用也。

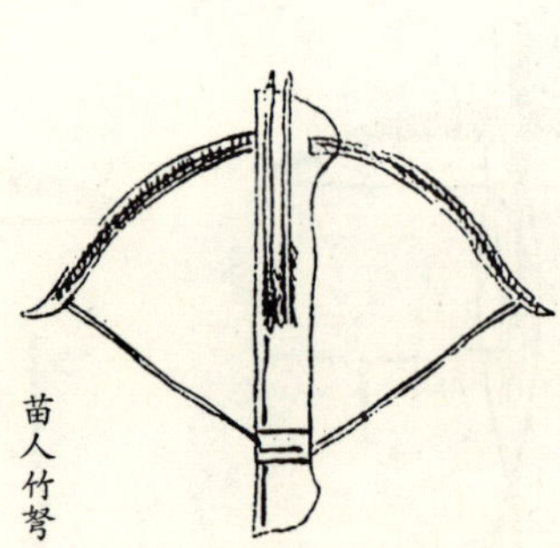
苗人竹弩

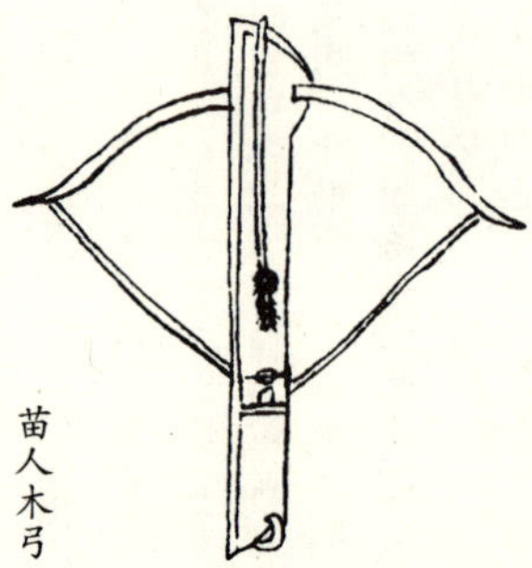
苗人木弓

又 宣湖射虎竹弩

以竹五層爲之，價輕易辦，但非藥則不能必殺人耳。

畢懋康《軍器圖説》 凡安營，臨晚之際，須於四路咽喉隘口預下此弩，以防窺犯，使撞動遊線，毒箭自發而中，百不失一。獵人射虎用此法也。只可横下路旁，不可直下路中。如營在東，賊自西來，則用弩數十張相連，安列路旁，或南或北，以遊線總安東邊第一張弩上，形如曲尺。即賊夜犯，亦防伏，每用竹棍步步擊打而行，然遊線在前，多弩在後，及至擊動遊線，賊已皆入轂中矣。故箭發必中，中必斃，此守營防襲暗機最利之器也。若預偵賊所必經之地，如法安置要害，尤爲得力。其法先釘一木樁，將弩頭底下眼裝在木樁頭上，又釘一樁，破開樁頭作兩半，夾住弩尾馬口。二樁皆高二尺五寸，以人身大胯之上脇骨之下爲準。此二處衣甲皆薄，箭易入，且近心，中箭人死最速。即射馬亦及其腹。裝完用草將弩遮藏勿現，或安林木之中，必使草木無礙箭勢爲妙。

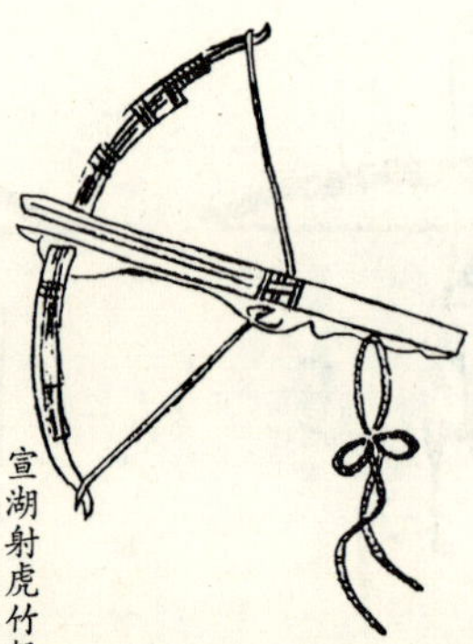
宣湖射虎竹弩

下窩弩圖

諸葛弩，一弩連發十矢，鐵鏃塗以射虎毒藥。發矢一中人馬，藥著血縷，則立斃。便捷輕巧，即懦夫閨婦皆可執以環守其城堡。若付騎兵，亦可持之以衝突。但矢力輕，必藉藥耳。

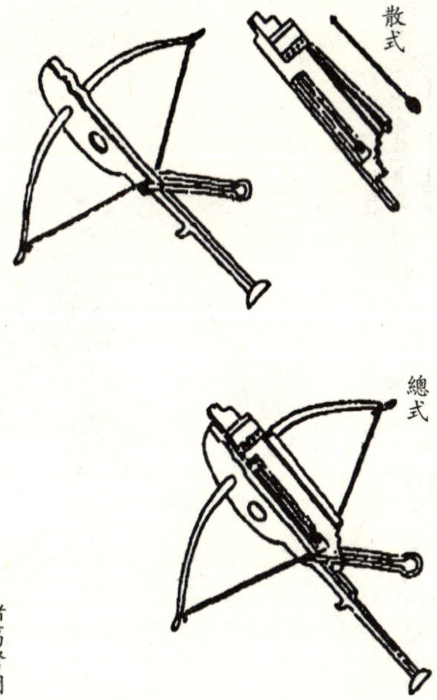

諸葛弩圖

中國之利器曰弓與弩，自漢以後，虜弓日强，遂不可復及，惟弩之用爲最。晉馬隆平樹機，能藉腰開弩。至宋而其法不傳，故《武經》所載黑漆、黄樺、跳鐙等弩，皆蹶張也。蚪子、牀子等弩，雖最强，然費人多，可以守，不可以戰也。宋末始有神臂弩，其法亦蹶張而稍勝之，遂以破虜。本朝劉司馬天和用之，而其法始傳。又有名克敵弩者，即跳鐙也。山中人射虎多用弩，皆藉力於藥。今蹶張弩、雙箭弩、窩弩，皆以竹六層爲之。近有得古銅弩機而配其制者，機前有牙，後有規，規有照門，以準遠近。外有郭，以爲總。司千觔之弩，挂於一寸之牙，發於半指之力，其妙無以加矣。且弩更易習。世多善弩而屈於弓，弓無法準，故任巧繇意。弩有法準，故破的可期。然則弩更準而有力，此古人所云弓之强者不及也。

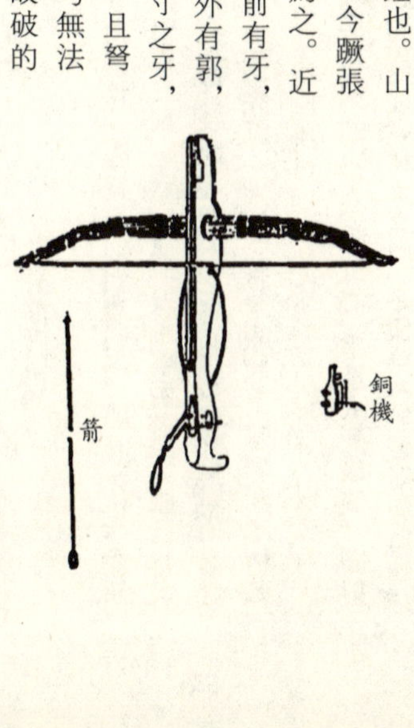

蹶張弩圖

木弩雖可施，不能久，上久則無力，故毒弩多以竹爲之。造弩擔有式，一擔用竹之中稍薄者，二三擔調用，四擔五擔亦如是。各擔兩頭節各要相離，皆無得相重。以根頭厚竹爲六擔，名爲打擔。如過竹節相重，必要截除取用，勿得惜竹。裁取長短，搭配成副。至弩擔造成，有用彈花皮弦紮者，有用小棕索紮者。然皮弦有膠，一遇雨露受濕，膠溶皮軟，鬆緊不嘗，且有鼠患。今惟取用小棕索，不怕雨鼠，而且耐久。此弩專用埋伏，其法已詳載下窩弩圖中。

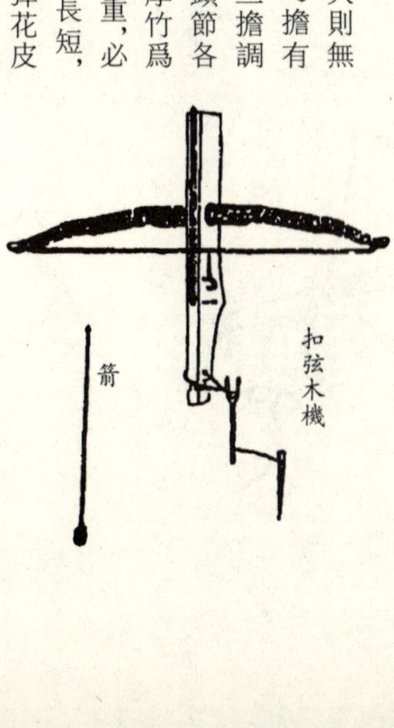

窩弩圖

此弩與窩弩相類，但一發雙矢耳。

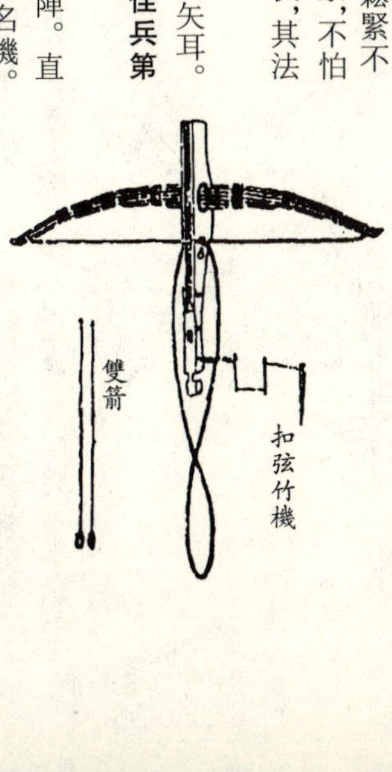

雙箭弩圖

宋應星《天工開物》卷下《佳兵第十五》 弩

凡弩爲守營兵器，不利行陣。直者名身，衡者名翼，弩牙發弦者名機。斵木爲身，約長二尺許。身之首横拴度翼，其空缺度翼處，去面刻定一分，稍厚則弦發不應節。去背則不論分數。面上微刻直槽一條以盛箭。其翼以柔木一條爲者，名扁擔弩，力最雄。或一木之下加以竹片疊承，其竹一片短一片。名三撑弩，或五撑、七撑而止。身下截刻鍥銜弦，其銜傍活釘牙機，上剔發弦。上弦之時，唯力是視。一人以脚踏强弩而弦者，《漢書》名曰蹶張材官。弦送矢行，其疾無與比數。

凡弩弦以苧麻爲質，纏繞以鵝翎，塗以黄蠟。其弦上翼則謹，放下仍鬆，故鵝翎可扱首尾于繩内。弩箭羽以箬葉爲之。析破箭本，銜于其中而纏約之。其射猛獸藥箭，則用草烏一味，熬成濃膠，蘸染矢刃。見血一縷則命即絶，人畜同之。凡弓箭强者行二百餘步，弩箭最强者五十步而止，即過咫尺不能穿魯縞矣。然其行疾則十倍于弓，而入物之深亦倍之。

國朝軍器造神臂弩、克敵弩，皆併發二矢、三矢者。又有諸葛弩，其上刻直槽，相承函十矢，其翼取最柔木爲之。另安機木，隨手板弦而上，發去一矢，槽中又落下一矢，則又扳木上弦而發。機巧雖工，然其力棉甚，所及二十餘步而已。此民家妨竊具，非軍國器。其山人射猛獸者，名曰窩弩，安頓交跡之衢，機傍引線，俟獸過帶發而射之。一發所獲，一獸而已。

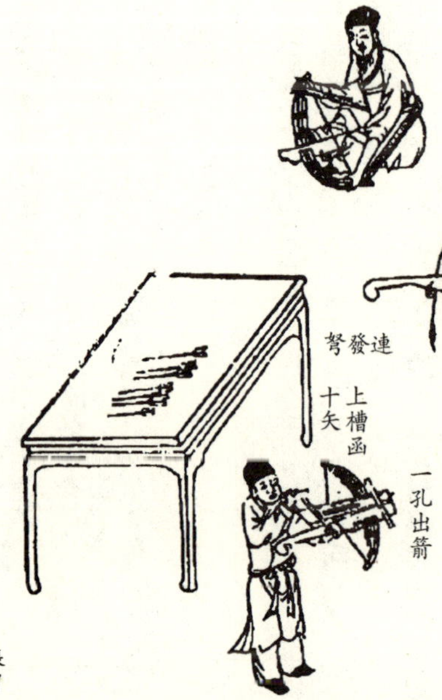

李盤《金湯借箸十二籌》卷四《籌制器・弩》 弩制

弩以腰開爲上，蹶張次之，手弩又次之。腰開可十石，弓之强者不及也。晉馬隆平樹機能用之。古有大黄弩、伏遠弩、馬蝗弩，今其制不傳。蹶張則有跳鐙弩、木弩。跳鐙弩亦曰小黄，其用尤利。木弩邊兵不甚用，其力之强弱，皆以石斗爲等。手弩僅可用以射獵，箭去不遠，鏃薄不重，只可入人寸許，若有厚衣堅甲，不可入矣。所只恃爲毒藥之性，不利深。但射入皮肉外血行之處，能化血爲水，中者立死。

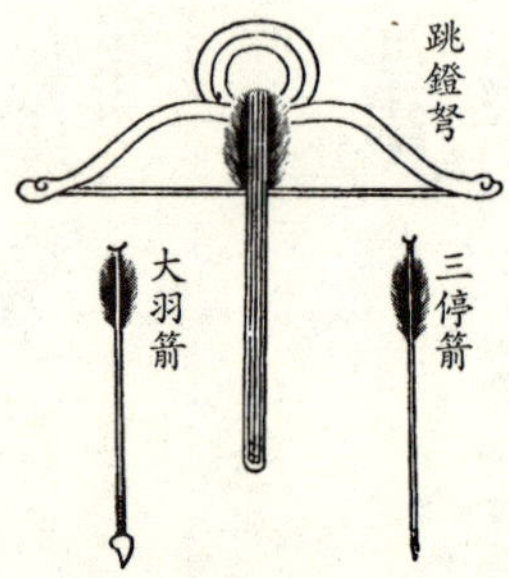

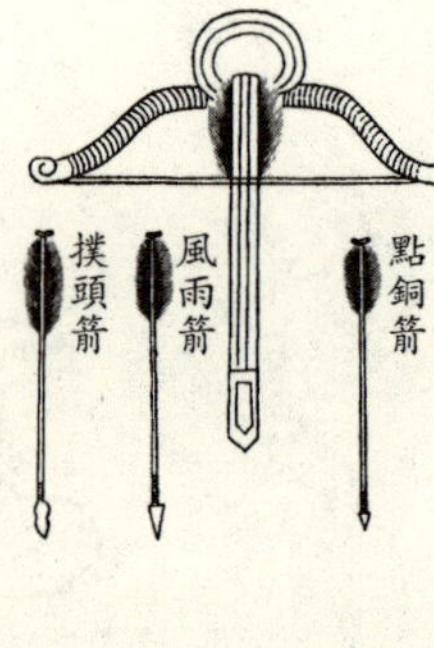

又

耕戈。此器利守城伏跕，防賊偷營，用弩箭染草烏毒藥，以引線繫樁，於二三十步横路而下，堆草藏形，觸線則機動箭發。然須先授我軍以暗記。近來賊用長竹，先打而行，則機發於人足之先。今當多用，如百弩連成數丈，其機只在向我處弩盡頭下之，俟彼入弩將盡處，執長竿先發其機，則不能遠退出數丈矣。又當分作三四箇機，渠能打發一機，不意又有未發之機也。

鬼箭。用竹弩一張，依架床埋地，弩頭斜向上，以馬尾繫機，攔於當路。以竹樁或樹枝釘於隔路。賊馬衝馬尾線，動機發箭。然繫機馬尾，須退機後，架床轉出，乃可拔機。

連弩。用木作床，埋九矢、七矢、五矢等弩於道旁，草茵浮蓋，撑滿搭箭。即以繩結其弦，穿度弩前。横竹通節，引至排弩。木釘兩樁，道傍攔繩當路。馬冲弦啓，連弩迸發。

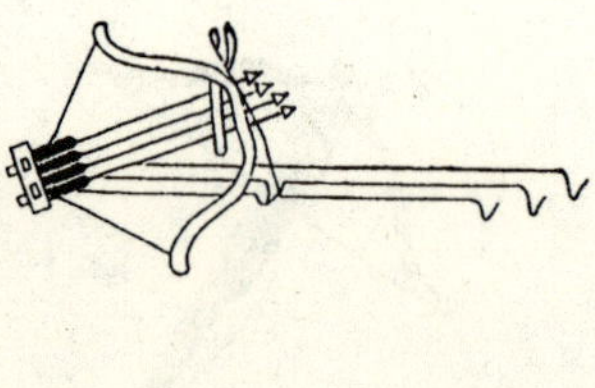

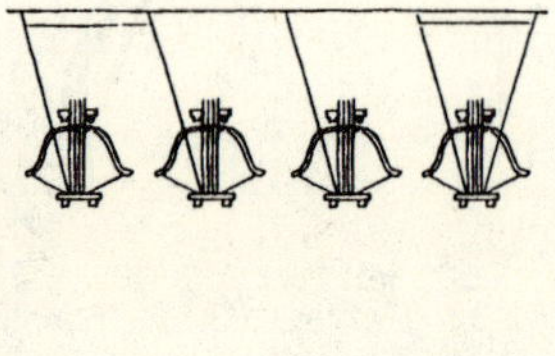

隔河伏弩。用連矢弩十餘張，隔岸伏藏，作連架床持之，此以繩繫於床，發箭若轉度弩機，則與鬼箭發法同。

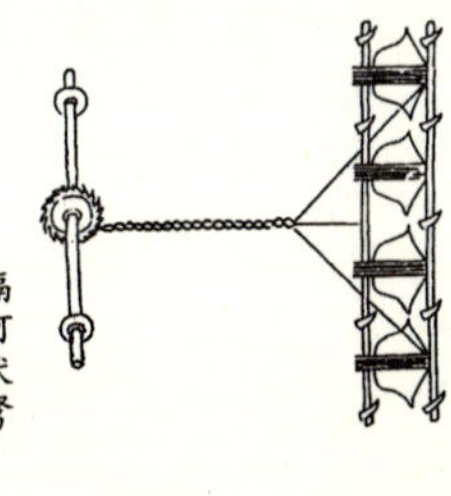
隔河伏弩

陸世儀《思辨録輯要》卷一七《治平類》 今之諸葛弩，弩上爲匣，一發三矢者，十步之内不能穿魯縞，此兒戲具也。漢唐時，弩皆以角爲之。諸葛破張郃，獲黑角弩三千是也。其牙用銅，杜詩正觀銅牙弩是也。今銅弩機古器，肆中尚有之，製極精工，兩牙上鉤如人兩指，中間空三四分，可容箭括。蓋用角弓則不得不用長箭，用長箭則難以安箭弩身離弦擊發，不得不用有扣之箭以入弦。其製神妙，真有非今人思致所可及者。諸葛損益爲連弩，一人可發數十弩，如近日耕戈之製也。今之諸葛弩，全非諸葛之舊。

漢馬隆腰開弩及宋之牀子弩、神臂弓，皆銅牙弩也，其製大同小異，然腰開爲尤妙。一夫之力能勝八百斤，射可及五百步，真軍中利器也。

允禄等《清朝禮器圖式》卷一四《武備二・武具一》

如意弩。謹按《周禮・夏官》司弓矢，掌六弓四弩八矢之法。凡弩，夾庾利攻守，唐大利車戰野戰。許慎《説文》：弩，弓有臂者。劉熙《釋名》：弩，怒也，有勢怒也。其柄曰臂，似人臂也。鉤弦者曰牙，似齒牙也。牙外曰郭，爲牙之規郭也。下曰懸刀，其形然也。合名之曰機，言如機之巧也。亦言如門户樞機，開闔有節也。

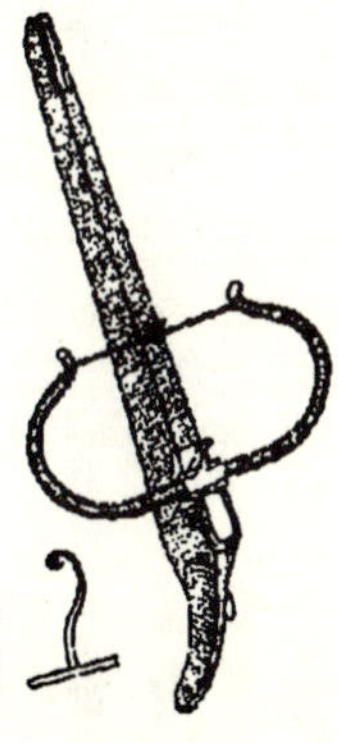
如意弩

本朝定制如意弩，木弓傅角，背飾紅樺皮，兩弰圓曲，朱絲弦徑五寸三分，弦中施扣。臂以鸂鶒木爲之，通長一尺二寸四分，面平，末俯。首飾象牙微凹。弩牙及機俱以鐵，中以鐵鍱束弓之弣。弣向内，别以鐵鈎着扣挽弦加於牙上。注矢入括，矢當臂中，撥機發之。鈎長二寸五分，下施圓木，横二寸四分。

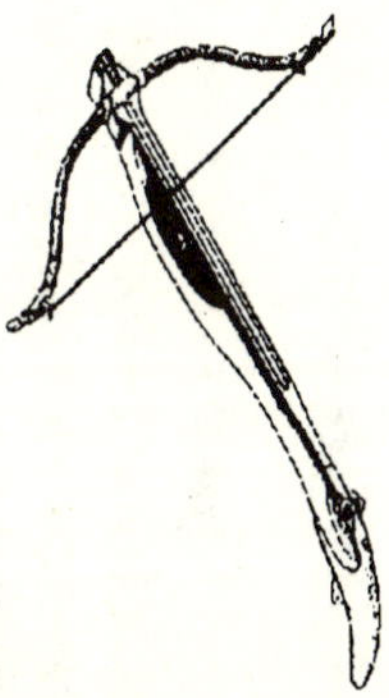
雙機弩

雙機弩。謹按：本朝定制雙機弩，木弓傅角，背飾紅樺皮，兩弰飾角，弦牀以骨。白絲弦，徑三尺四寸。臂以樺木爲之，背飾樁皮，通長二尺四寸七分。面平，末俯。弩牙鋄金鏤花，左右各一。旁飾瑇瑁，素鐵機，前飾象牙，鐫四力半雙機弩清漢文。臂面通凹，端亦飾象牙。以革束弓之弣，弣向外，手挽弦加於牙上。注矢入括，撥機發之。

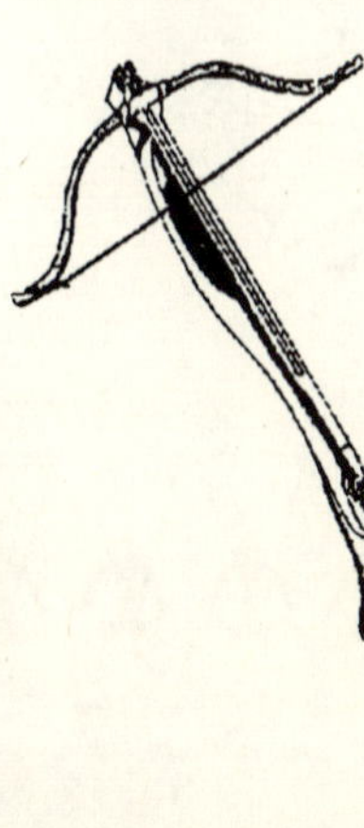
雙機貫鼂神弩

雙機貫鼂神弩。謹按：本朝定制雙機貫鼂神弩，牙前鐫五力雙機貫鼂神弩清漢文。餘俱如雙機弩之制。

射虎弩。謹按：本朝定制射虎弩，弓如雙機弩弓之制，臂以柟木爲之，長三尺二寸二分，面平，通凹。背空半以限弓。弣向外，後開孔，横笴貫之。以木片扣弦入括。置地覆葦，繫繩爲機，觸之則發。臂下平銜直木，前後設樁如凳式。

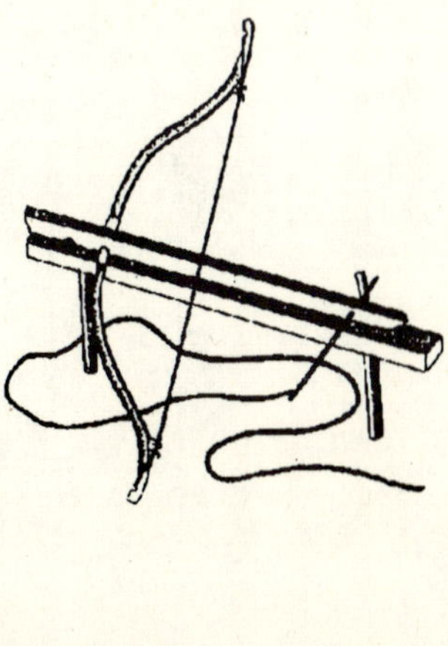
射虎弩

紀事

孔安國傳　陸德明音義　孔穎達疏《尚書注疏》卷七《商書・太甲上》 王惟庸，罔念聞。傳：言《太甲》守常不改，無念聞伊尹之戒。伊尹乃言曰：「先王昧爽丕顯，坐以待旦。傳：爽，顯，皆明也。言先王昧明思大明其德，坐以待旦而行之。旁求俊彦，啓迪後人，傳：旁，非一方。美士曰彦。開道後人，言訓戒。無越厥命以自覆。傳：越，墜失也。無失亡祖命而不勤德，以自顛覆。慎乃儉德，惟懷永圖。傳：言當以儉爲德，思長世之謀。若虞機張，往省括于度，則釋。傳：機，弩牙也。虞，度也。度機，機有度。以準望言修德，夙夜思之，明旦行之，如射先省矢括于度，釋則中。欽厥止，率乃祖攸行。傳：止，謂行所安止。君止於仁，子止於孝。惟朕以懌，萬世有辭。」傳：言能循汝祖所行，則我喜悦，王亦見嘆美無窮。音義：昧，音妹。俊，亦作畯。迪，大歷反。越，于月反，本又作粵。覆，芳服反，注同。省，息井反。括，故活反。度，如字。虞度，待洛反。中，丁仲反。懌，音亦。疏正義曰：伊尹作書以告，太甲不念聞之。伊尹乃又言曰：先王以昧爽之時思大明其德，既思得其事，則坐以待旦，明則行之。其身既勤於政，又乃旁求俊彦之人，置之於位，令以開導後人。先王之念子孫，其憂勤若是。嗣王今承其後，無得墜失其先祖之命，以自覆敗。王當慎汝儉約之德，令其以儉爲德而謹慎守之，惟思爲長世之謀。謀爲政之事，譬若以弩射也，可準度之，機已張之，又當以意往省視矢括，當於所度，則釋而放之。如是而射，則無不中矣。猶若人君所修政教，欲發命也，當以意夙夜思之，使當於民心，明旦行之，則無不當矣。王又當敬其身所安止，循汝祖之所行。若能如此，惟我以此喜悦，王于萬世常有善辭。言有聲譽，亦見歎美無窮也。傳正義曰：昭七年《左傳》云：「是以有精爽，至於神明。」從爽以至於明，是爽謂未大明也。昧是晦冥，爽是未明，謂夜向晨也。《釋詁》云：「丕，大也。顯，光也。」光亦明也。於夜昧冥之時，思欲大明其德，既思得之，坐以待旦而行之，言先王身之勤也。旁謂四方求之，故言非一方也。美士曰彦，《釋訓》文。舍人曰：國有美士，爲人所言道也。括謂矢末，機張，省括，則是以射喻也。機是轉關，故爲弩牙。虞訓度也。度機者，機有法度。以準望所射之物，準望則解經虞也。如射者弩以張訖機關，先省矢、括與所射之物，三者於法度相當，乃後釋弦發矢，則射必中矣。言爲政亦如是也。

司馬遷撰　裴駰集解　司馬貞索隱　張守節正義《史記》卷六九《蘇秦列傳》　蘇秦恐秦兵之至趙也，乃激怒張儀，入之于秦。於是説韓宣惠王《索隱》：《世本》韓宣王，昭侯之子也。曰：韓北有鞏、洛成皋之固，《索隱》：二邑本屬東周，後爲韓邑。《地理志》二縣並屬河南。西有宜陽商阪之塞，《集解》：徐廣曰：商，一作常。《索隱》：劉氏云商阪之塞，蓋在商洛之間，適秦楚之險塞也。《正義》：宜陽在洛州福昌縣東十四里。商阪即商山也，在商洛縣南一里，亦曰楚山，武關在焉。東有宛穰、洧水，《集解》駰案：宛，於袁反。洧，于鬼反。《索隱》：《地理志》宛、穰二縣名，並屬南陽。洧，水名，出南方。《正義》：在新鄭東南流入潁。南有陘山，《集解》：徐廣曰：召陵有陘亭。密縣有陘山。《正義》：在新鄭西南三十里。地方九百餘里，帶甲數十萬，天下之彊弓勁弩皆從韓出。谿子、《集解》駰案：許慎云：南方谿子蠻夷柘弩，皆善材。《索隱》：許慎注《淮南子》以爲南方蠻出柘弩及竹弩。少府時力、距來者，《集解》：韓有谿子弩，又有少府所造二種之弩。案：時力者，謂作之得時，力倍於常，故名時力也。距來者，謂弩勢勁利，足以距來敵也。《索隱》：韓又有少府所造時力、距來二種之弩。其名並具《淮南子》。皆射六百步之外。韓卒超足而射，百發不暇止，《索隱》：超足謂超騰用勢，蓋起足蹋之而射也，故下云蹠勁弩是也。《正義》：超足，齊足也。夫欲放弩，皆坐，舉足踏弩，兩手挽機，然後發之。遠者括蔽洞胸，近者鏑弇心。

周去非《嶺外代答》卷六《器用門》　蠻弩

凡蠻猺之弩，狀如中都之吃笪弩，蓋不能彎弓，而皆能踏弩也。以燕脂木爲之，長六尺餘，厚二寸，博四寸許。其長三尺餘，厚止半寸，不劃箭槽，編架其箭于栝，故名曰編架弩。其箭剡竹爲之，或用小圓竹，而皆有弩之箭户。鏃如鑿，或如鳬茨葉。以軟皮爲羽，利于射高。而不可以俯射，則弓易軟，矢易鉤，非良材也。宜州南丹等及邕州左右江之諸峒西南舊弩，其製作略同，其弓材則良矣。唯南丹弩弓材爲絶佳。蓋南丹弩弓其材有五，加木上也，石木次也，黄速樞又其次也，燕脂木爲下矣。加木射愈近而激矢愈遠，無末約之弊，故名曰加。石木膚理沉黑，堅類鐵石。黄速樞發矢，聲鏗然也，視燕脂木則力同而矢遠倍之矣。余嘗聞吃笪小弩之利，材之良，與夫抹弦掇弦撅矢，撅矢之技頗臻乎巧。及聞静江猺人弩勁甚，矢無空發。古縣之民一聞虚弦之聲，率皆奔潰。因見蠻弩即吃笪之大者耳。

脱脱等《宋史》卷一九七《兵志第一百五十・兵十一 器甲之制》

開慶元年，壽春府造匾筒木弩，與常弩明牙發不同，箭置筒内，甚穩，尤便夜中施發。又造突火槍，以鉅竹爲筒，内安子窠。如燒放焰絶，然後子窠發出如砲聲，遠聞百五十餘步。

董穀《碧裡雜存》卷上　連子弩

高皇帝削平羣雄，兵精器利，有所謂襄陽砲者止攻姑蘇一用，餘不復事。其製以木爲架，圓石爲砲，重百餘斤，發機用數十人，激而上之，入土七尺。又有連子弩者，最爲利器。天下既定，即收藏之，不以示民。己卯歲□毅皇帝幸南都，得於内庫，甚喜，方詔如式製造。而權臣江彬者，夜已私造數千張矣。不軌之志何如哉！遂流傳於民間。余嘗於江都見之，其製，弩面有匣隨弦上下，中藏十矢。匣上有鐵挽子，挽匣使却，則弦隨之，内墮一矢於弩面及機，則弦發而矢往。復挽如前，相繼連發，盡十矢在剎那間，全不用力，又不費工。夫比之凡弩，有十倍之易也。或曰諸葛武侯所遺云。

傅恒《通鑑輯覽》卷四八《隋・煬帝》
帝如五原，遂巡長城。

行宮設六合板城，載以槍車。每頓舍則外其轅以爲外圍，內布鐵菱，次施弩牀，以繩連機。人來觸繩，則弩機旋轉，向所觸而發。

砲

論説

許慎《説文》卷七篇上 旝 建大木，置石其上，發以機，以追敵也。从㫃，會聲。《春秋傳》曰：旝動而鼓。《詩》曰：其旝如林。古外切。

戴侗《六書故》卷五《地理二》 砲 攴教切，桀石以投也。今軍中以桔槔反石以擊謂之砲。別作礮。又弼角切。

鄭思肖《心史》卷下 其回回砲法本出回回國，甚猛於常砲。至大之木，就地立穽，砲石大數尺，墜地陷入三四尺。欲擊遠，則退後，增重發之。欲近，反近。前嘗以此砲攻于闑國，彼國以椶櫚皮結網，懸覆城上，攻不入竟止。

方以智《通雅》卷三五《器用》 藺石渠荅

古以石爲砲。火砲起自外國，而中土傳之。砲朴教切。或作礮，匹角切。乃桔槔以反發石也。今有火器，用硝黄，乃從外國傳此法。因立神機營，有伏狼機、大將軍、百子諸製。後得紅彝砲尤爲神器，可發二十里遠，西洋以銃尺量之，測遠度之，發無不中。惜今未有盡其用者。智按：宋真宗咸平五年，召普言能發火毬火箭，上召至崇政殿試之。先是開寶二年，岳義方上火箭法，賜束帛。豈所謂杠死、潔死、結火以射敵者乎？且有火毬，必爲火藥矣。

惠士奇《禮説》卷一二《秋官一》 《鼂錯傳》：具藺石，如淳曰城上雷石。雷，一作礧。陳思王《征蜀論》云：下礧成雷，榛殘木碎。潘岳《汧督誄辭》所謂[illegible]音的。以鐵鏁，機關既縱，礧而又昇焉，是也。一名礮石。《閒居賦》云：礮石雷駭。注云：礮石，今之抛石。礮與抛通音，匹孝反。《范蠡兵法》：飛石重二十斤，爲機發，行三百步。《説文》：建大木，置石其上，發以機，以磓敵。一名旝。《魏志》謂之霹靂車，亦曰抛車。霹靂與雷象其聲也。後世易石以火，號震天雷。蓋師雷石之遺意而加酷矣。

段玉裁《説文解字注》卷七篇上 旝

建大木，置石其上，發以機，以槌敵。

槌依小徐及五經文字，大徐作追，非也。桓五年《左傳》疏云：賈侍中以旝爲發石，一曰飛石。引《范蠡兵法》作飛石之事。然則許之別義正用賈説也。《魏志》大祖乃爲發石車，號曰霹靂車。裴注引《魏氏春秋》曰：以古有矢石，又傳言旝動而鼓，説曰發石也，於是爲發石車。《魏氏春秋》所云説曰者，即謂賈侍中。按：此條大小徐二本皆作建大木，置石其上，發以機，以槌敵。从㫃，會聲。《春秋傳》曰：旝動而鼓。

張維屏《國朝詩人徵略二編》卷二七《阿桂》 公豐功偉績已見初編，茲專就金川軍營鑄礮一事節録之，以見掃平巨寇，克奏膚功，不徒弧矢之威，實兼礮火之烈，因作礮考條列於後。《松心日録》。

礮，潘安仁《閑居賦》：礮，石雷駭。

屏案：礮字始見於此。

砲，《正韻》：礮，俗作砲。

屏案：砲字始見於此。

抛，《文選・閑居賦注》：礮石，今之抛石也。

旝，《説文》：旝，建大木，置石其上，發機以磓敵也。

屏案：《説文》無礮字，無砲字，無抛字。抛，見徐氏新附。據《説文》旝字解，許氏以旝爲礮。《太平御覽》引《春秋舊説》：旝，發石車也。

炮，礮又作炮，借炮燔之炮，其音匹孝切。徐鯤礮考。

屏案：礮本從石，後有火礮，遂從火作炮。

歷代用礮：

神農以石爲兵。《越絶書》。

軒轅作礮。《物原》，見《格致鏡原》。

商，殷商之旅，其旝如林。《説文》引《詩》「其旝如林」，以證發石。

周，《周禮》職金注：以金石爲槍雷椎㨮之屬。

陸氏曰：雷音誄。沈氏曰：雷即礧。徐氏養原曰：㨮又作捊，捊通㕚，

《説文》叜字即今拋字。

屏案：漢時未有礮字，《周禮》注之雷捽，蓋即礮石也。

《春秋左氏傳》：旝動而鼓。賈逵曰：旝，發石。

《范蠡兵法》：飛石重十二斤，爲機發，行二百步。《漢書・甘延壽傳》張晏注。《文選・閑居賦注》：飛石重二十斤。

漢，《鼂錯傳》：具藺石。如淳曰：藺石，雷石也。

杜篤論都賦：一卒舉礌。屏案：礌即《周禮》注之雷，謂礮石也。

《後漢書・袁紹傳》：曹操發石車擊紹。

魏，蜀攻魏，郝昭以繩連石磨，擊其衝車。

晉，麻狄攻枹罕爲拋車。《太平御覽》引崔鴻《前涼録》。

宋，《宋書・殷炎傳》：虞挹之造碻車，擊之以石。

唐，李密以機石攻城，號將軍礮。

史思明逼太原，李光弼作大礮飛巨石，一發輒斃二十餘人，賊乃退。

屏案：以上之礮，皆石礮。

形制

《墨子》卷一四《備城門》 轉射機，機長六尺，貍一尺，兩杖合而爲之輼。輼長二尺，中鑿夫之爲道臂。臂長至桓，二十步一。令善射之者，佐一人，皆勿離。【略】

藉車皆鐵什，藉車之柱長丈七尺，亦貍者四尺，夫長三丈以上至三丈五尺，馬頰長二尺八寸，試藉車之力而爲之困，失四分之三在上。藉車夫長三尺，四二三在上，馬頰在三分中。馬頰長二尺八寸，夫長二十四尺以下不用。治困以大車輪，藉車桓長丈二尺半。諸藉車皆鐵什，復車者在之。

李筌《太白陰經》卷四《戰具類・攻城具篇》 砲車，以人木爲床，床下安四輪，上建雙陛，陛間橫括，中獨立竿，首如桔槔狀。其竿高下、長短、大小以城爲準。竿首以窠盛石，大小、多少隨竿力所制。人挽其端而投之。其車推轉，逐便而用之，亦可埋脚著地而用。其旋風四脚，亦隨事用之。

許洞《虎鈐經》卷六《攻城具》 拋車，以大木爲牀，下安四獨輪，牀上建雙陛，陛間橫括中立獨竿，竿著桔槔。其竿高下、長短、大小以城爲準。竿首以窠盛石，大小、多少隨竿力所制。人挽其端而投之。其車推輪，逐便而用之，亦可埋脚著地而用之。其旋風四脚亦隨事而用。【略】

將軍礮，置四柱長短爲之，其下四面著橫括，半之則前及左右著括，後其下著，其頂上左右亦著轉輪致竿。其竿隨架所宜爲之，其絙索之類隨其礮之大小增減。竿稍懸繩置窠，窠中盛礮。其架編全竹爲衣，以禦敵矢石。狗蹲礮，前置兩長柱，中著橫括如前礮狀，竹衣亦然。旋風礮，左右著二方木，括亦如之鑿一孔，通貫下括。左右前後皆可運轉，埋之於地，其預轉輪著竿如前狀，此礮不用衣。

曾公亮　丁度《武經總要》前集卷一二《守城》 砲車，大木爲床，下施四輪，上建獨竿，竿首施羅匡木，上置砲梢，高下約城爲準。推徙往來，以逐便利。其施放及用物，一準常砲法。

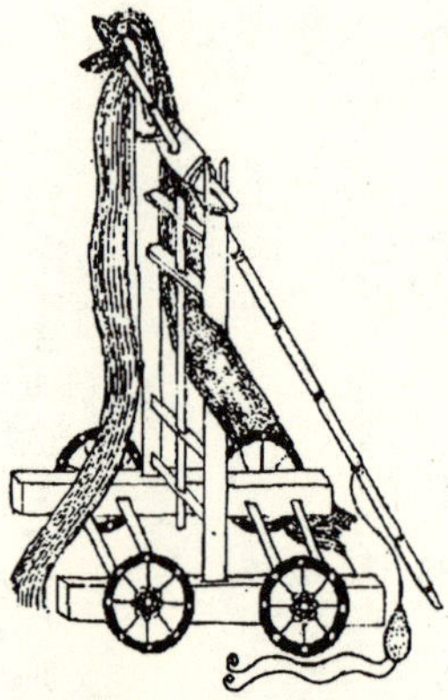

砲車

單梢砲

單梢砲，用脚柱四，長一丈，徑一尺二寸，仰斜三寸。從臂栗頭至上扇桄五尺七寸。

上扇桄二，長一丈，除仰斜，留六尺五寸。

下扇桄二，長一丈五尺，除仰斜，留一尺。自上扇桄至此五尺九寸。

上會桄二，長留一丈，除仲斜六尺五寸。

下會桄二，長一丈六尺，除仰斜，留一丈二尺。

軸一，長八尺，除仰斜，留五尺。鑿眼一，圓三寸，徑一寸。

鹿耳四，夾軸兩端，長一尺二寸，闊五寸，厚三寸。

罨頭木二，長八尺，徑九寸。

楔二十，長一尺八寸，闊五寸，厚三寸。

梢一，長二丈六尺，大徑四寸，小徑二寸八分。

鴟頭一，長二尺五寸，闊八寸，厚五寸。

鵝項一，長五尺。

鐵蝎尾二，長二尺二寸，每條重二斤半。

鐵束四，每箇重七兩，圍七寸。

狼牙釘十六，絃子二，長二丈五尺，每條十二子用麻三斤。

皮窩一，長八寸，闊六寸，如鞋底樣。

繫索二十五，長五丈，每條用麻二斤半。

拽索五十，長五丈，每條用麻五斤。

凡一砲，百人拽，一人定放。放八十步外，石重二十五斤。亦放火毬、火鷂、火槍、撒星石，放及六十步外。二砲守則團敵馬面及甕城內。

雙梢砲

雙梢砲用脚柱四，長二丈，徑一尺二寸，仰斜三寸。從鵞栗頭至上扇桄二尺七寸。

上扇桄二，長一丈，除仰斜，留六尺五寸。

下扇桄二，長二丈五尺，除仰斜，留一丈一尺。自上扇桄至此一尺九寸。

上會桄二，長一丈，除仰斜，留六尺五寸。

下會桄二，長一丈六尺，除仰斜，留五尺。鑿孔二，圓四寸，徑一寸。

鹿耳四，夾軸兩端，長一丈二寸，闊五寸，厚三分。

罨頭木二，長八尺，徑七寸。

楔二十，長一尺八寸，闊五寸，厚三分。

梢二，長二丈六尺，徑四寸，小徑八分。

鴟頭木一，長二尺五寸，闊八寸，厚三分。

鵝項一，長五尺五寸。

極竿一，長二丈四尺，徑六寸。

極竿一，長二尺四寸，徑六寸。

鐵蝎尾二，長一尺二寸，每條重二斤八兩。

鐵束四，每箇重七兩，圍七寸。

狼牙釘八，絃子一，長二丈五尺，十二子用麻三斤。

皮窩一，長八寸，闊四寸。

扎索九，長五丈，每條用麻二斤八兩。

拽索四十五，長五丈，每條用麻五斤。

凡一砲，四十人拽，一人定放。放五十步外，石重二斤。守則設於城內四面，以擊城外寇。

五梢砲

五梢砲，用脚柱四，長一丈二寸，徑一尺二寸，仰斜三寸。從鵞栗頭至上扇桄二尺七寸。

上扇桄二，長一丈二尺，除仰斜，留八尺。

下扇桄二，長一丈八尺，除仰斜，留一丈四尺。自上扇桄至此一尺九寸。

上會桄二，長一丈三尺，除仰斜，留九尺。

下會桄二，長一丈九尺，除仰斜，留一丈五尺。

軸一，長九尺，除仰斜，留六尺五寸，徑一尺二寸。

鹿耳四，夾軸，長一尺二寸，闊五寸，厚三分。

罨頭木二，長九尺，目方一尺，用軸尺方闊四尺八寸。

楔二十，長一尺八寸，闊五寸，厚三寸。

梢三，長一丈五寸，大徑四寸，小徑二寸八分。

鴟頭一，長四尺，闊八寸，厚四寸。

鵝項一，長五尺七寸。

極竿二，長二丈五尺，大徑四寸，小徑二寸八分。

鐵蝎尾二，長一尺五寸，每條重三斤。

鐵束四，每箇重八兩，圍七寸。

狼牙釘十六，絃子二，長五寸，十二子用麻三斤。

皮窩二，長一尺，闊八寸。

繫索四十五，長五丈，每條用麻五斤半。

拽索八十，長五丈，每條用麻五斤。

凡一砲用一百五十人拽，二人定放。放五十步外，石重七八十斤。一砲則具設于大城門左右，擊攻城人頭車。

七梢砲

七梢砲，用脚柱四，長二丈一尺，徑一尺二寸，仰斜三寸，從臋栗頭至上扇桄三尺七寸。

上扇桄二，長一丈二尺，除仰斜，留八尺。

下扇桄二，長一丈八尺，除仰斜，留一丈四尺。自上扇桄至此一尺九寸。

上會桄二，長一丈三尺，除仰斜，留九尺。

下會桄二，長一丈九尺，除仰斜，留一丈五尺。

軸一，長九尺，除仰斜，留六尺五寸，徑一尺二寸。

鹿耳四，夾軸兩端，長一丈二寸，闊五寸，厚三分。

罨頭木二，長九尺五寸，目方一尺，用轉尺取方四尺八寸。

楔二十，長一尺八寸，闊五寸，厚三寸。

梢四，長二丈八尺，大徑四寸，小徑二寸八分。

鵰頭一，長四尺，闊八寸，厚四寸。

鵝項一，長五尺七寸。

極竿三，長二丈五尺，大徑四寸，小徑七寸八分。

鐵蝎尾二，長一尺五寸，每條重三斤。

鐵束四，每箇重八兩，圍七寸。

狼牙釘十六，絃子二，各長二丈八尺，十二子用麻三斤。

皮窩一，長一尺二寸，闊一尺。

繫索五十，長五十尺，每條用麻二斤半。

拽索一百二十五，長五丈，每條用麻五斤。

凡一砲用二百五十人拽，二人定放。放五十步外，石重九十斤。

手砲

旋風砲

旋風砲，用衝天柱一，長一丈七尺，徑九寸。下埋五尺，別置夾柱木二。

夾木二，長八尺五寸，闊八寸，厚五寸。

軸一，長四尺五寸，徑八寸，兩頭用鐵葉裹包。

鐵仰月二，每箇重十兩。

梢一，長一丈八尺，大徑四分，小徑二寸八分。

鵰頭一，長一尺五寸，闊七寸，厚三寸。

鐵蝎尾一，長一尺二寸，重一斤半。

鐵束二，每箇重七兩，圍七寸。

狼牙釘八，絃子一，長二丈三尺，十二子用麻一斤八兩。

皮窩一，長八寸，闊四寸，如鞋底様，皮用八兩。

拽索四十，長四丈，每條用麻四斤。

扎索六，長四丈，每條用麻一斤半。

凡一砲用五十人拽，一人定放。放五十步外，石重三斤。其柱須埋定即可發石。守則施於城上戰棚左右。

手砲，敵近則用之。

砲竿一，長八尺。

蝎尾一，長四寸。

鐵環一。

皮窩一，方二寸半，繫于竿上。

用二人放，石重半斤。

虎蹲砲，用前後脚柱四，前長一丈八尺，上出山口六寸，裹以鐵葉。後長一丈六尺五寸。

上會桄二，長八尺五寸，除仰斜，留四尺五寸。

下會桄二，長一丈三尺，除仰斜，留九尺。

軸一，長七尺，徑一尺。

罨頭木三，長七尺，徑一尺。

楔十六，長一尺八寸，闊四寸，厚三寸。

梢一，長二尺五寸，大徑四寸，小徑二寸八分。

鵰頭木一，長二尺五寸，闊七寸，厚三寸。

極竿一，長二尺五寸，大徑四寸，小徑二寸八分。

鐵雙蝎尾一，長一尺二寸，重二斤。

鐵束二，每箇重七兩，圍七寸。

狼牙釘十八，絃子二，長二尺五寸，十二子用麻皮一斤八兩。

皮窩一，長八寸，闊六寸。

繫索六，長五十尺，每條用麻二斤八兩。

拽索四十，長四丈，每條用麻四斤。凡一砲七十人拽，一人定放。放五十步外，石重十二斤。

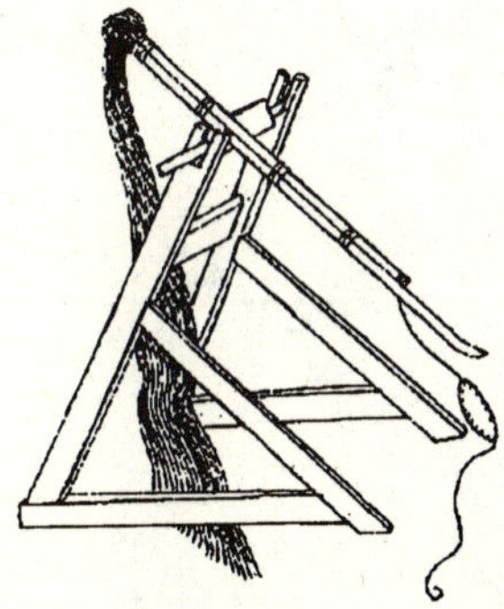
虎蹲砲

獨脚旋風砲

又

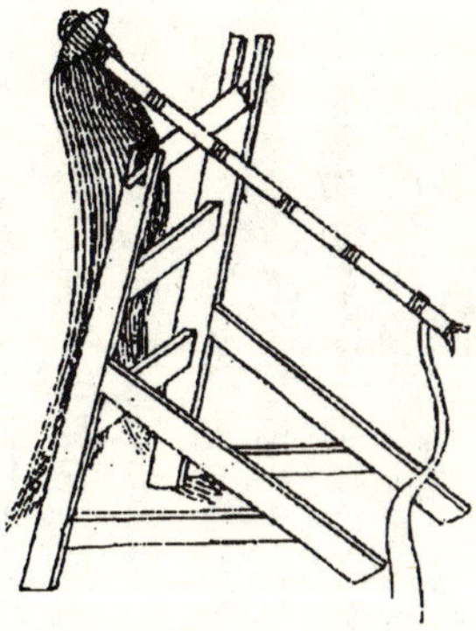
拄腹砲

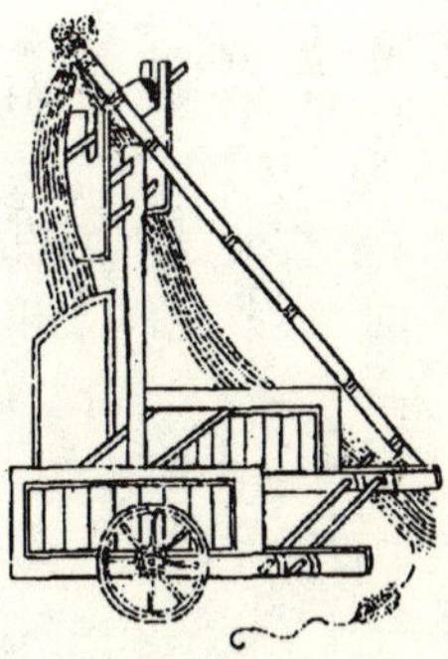
旋風車砲

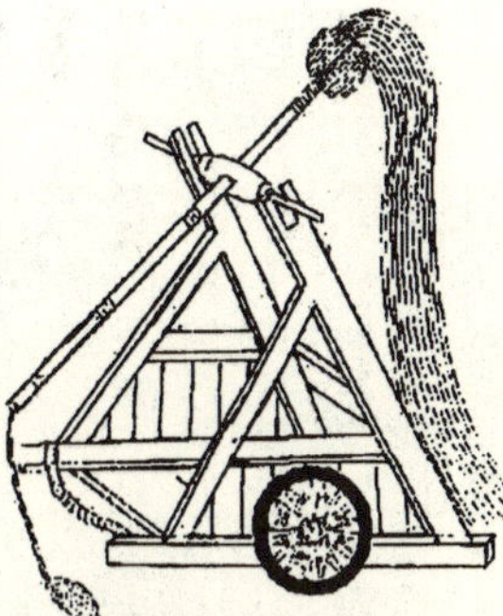
車行砲

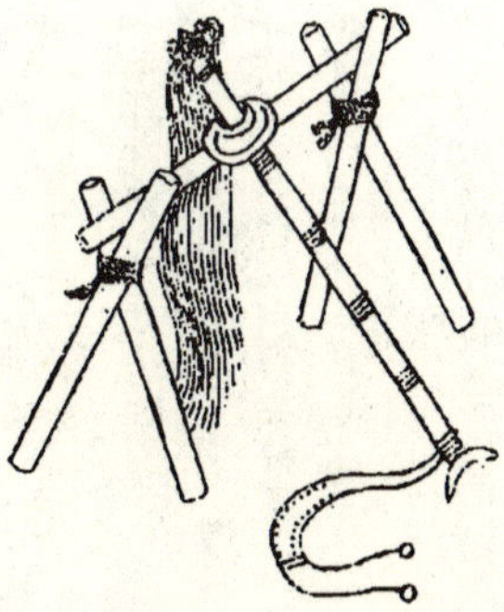
合砲

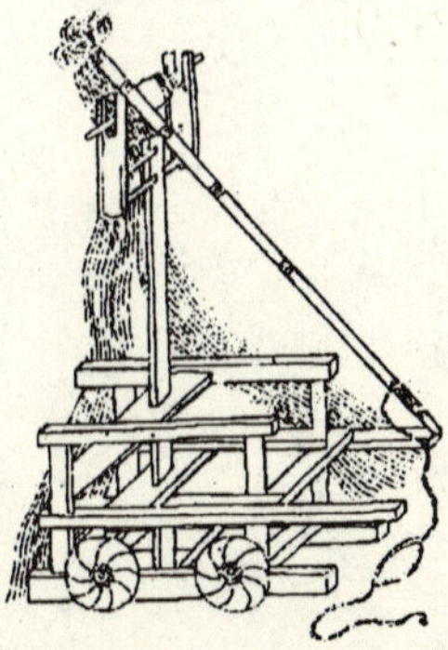
臥車砲

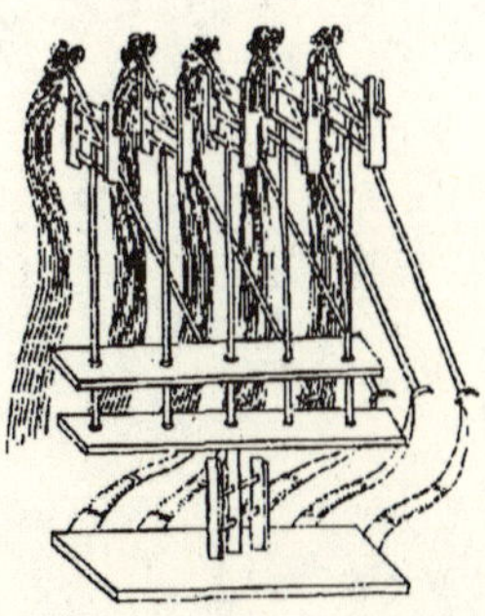
旋風五砲

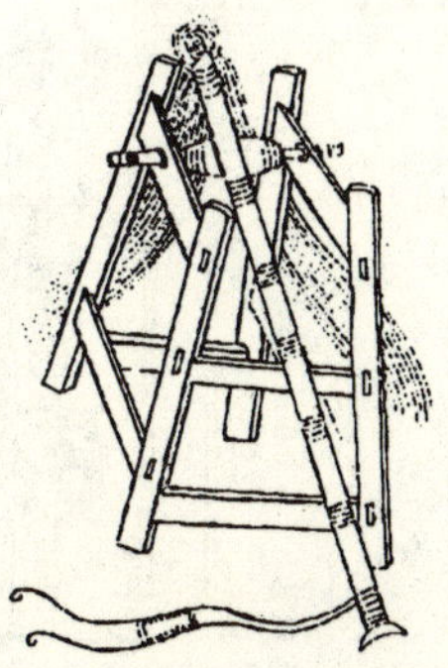
火砲

凡砲，[軍]中之利器也，攻守、師行皆用之。守宜重，行宜輕，故旋風、單梢、虎蹲，師行即用之，守則皆可設也。又陣中可以打其隊兵，中其行伍則不整矣。若燔芻糧積聚及城門、敵棚、頭車之類，則上施火毬、火鷄、火槍以放之。推車梢不可放，以其力小故也。其火毬等重及十二斤。

又　隨砲動用

長木十二根，長一丈，徑三寸。簽頭木一十二條，木杠四條，大斧三具，界索滑椽四十條，拐頭柱一十八條，皮簾八片，皮索一十條，散子木二百五十條，救火大桶二，鐵鉤十八箇，大木檻二箇，界扎索一十條，水灑二箇，拒馬二，麻搭四具，小水桶二隻，唧筒四箇，土布袋一十五條，界椽索一十條，鍬三具，氊一領，钁三具，火索一十條。

右隨砲預備用，以蓋覆及防火箭。

唐順之《武編》前集卷二《攻》 以大木爲牀，下安四輪，上建雙陛，陛間橫檢，中立獨竿，首如桔槔狀。其竿高下、長短、大小以城爲準。首以窠盛石，大小多少隨竿力所制。人挽其端而投之。其車推轉，逐便而用之。若埋脚着地，其旋風四脚亦可逐便而用，謂之砲車。

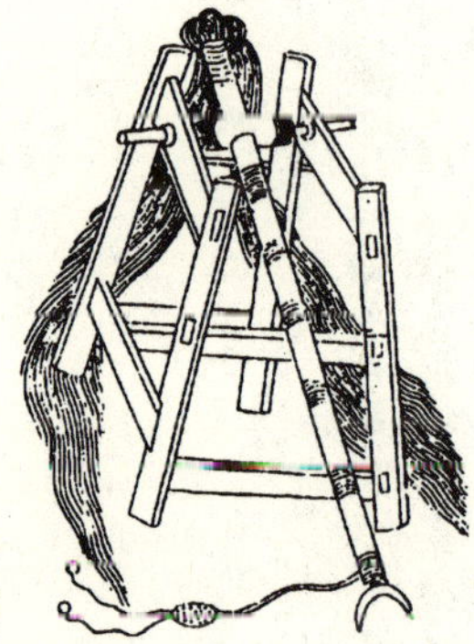

宋火砲

茅元儀《武備志》卷一二二《軍資乘・火四・砲一》 宋人用旋風、單稍、虎蹲等砲。所謂火砲者，但以此車放毬、鷂、槍等諸火器耳。此爲砲之祖。

李盤《金湯借箸十二籌》卷四《籌制器》 砲

砲，本作礮。甘延壽傳投石絶等倫。范蠡立法，飛石重十二斤爲機，法行三百步。唐李蜜以機發石爲攻城具，即此砲也。有單梢、雙梢、七梢、旋風、虎蹲、拄腹、獨脚、卧車等類，大同小異。今存兩種，以例其餘。覽後二圖，用法了然矣。

奢賊圍城時，一小卒言於朱巡撫曰：昔戍獞獵，見敵薄城，遊擊張良賢以七梢砲禦之。問其製，用三柱各七尺，左右二根，埋土三尺五寸，上各開一圓孔。中一根本粗末細，中腰稍下一圓木貫之，入左右二孔末，繫長繩七尺，一頭緊，一頭活。機置石於筐，前段用繩，不拘若干條，每繩用人不拘若干名，但以能舉其稍爲卒。待其勢急，方放活機，其石自然飛去，所向人馬無不虀粉。自高打底，靡不中者。名曰七梢砲。此誠攻戰利具也。

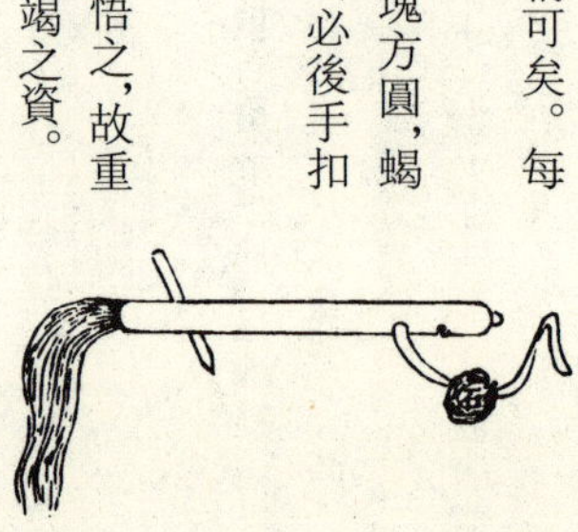

每繩長如梢之體，不必拘定若干條，但能舉其梢可矣。每繩用二人量輕重扯之。

此蝎尾套在梢頭掛之。此處安大石子，不拘數塊方圓，蝎尾既掛。一人雙手墜石，俟前扯起放去，如箭方離弦，必後手扣緊，出始有力耳。此礮訣也。

此繩人墜起，礮自發石去。

礮法《武經》雖載，而獨行砲車架者甚明，人鮮悟之，故重之開明其勢。守城第一器也，既省火藥之費，又有不竭之資。

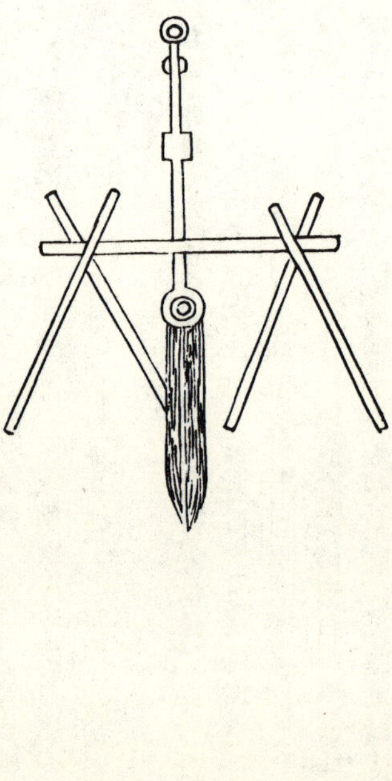

礮石用人扯起打去形

砲車以大木爲牀，下施四輪，上建獨竿，竿首施籮筐置砲，梢高下約城爲準，推徙往來，以遂便利。砲車式附後。

砲車

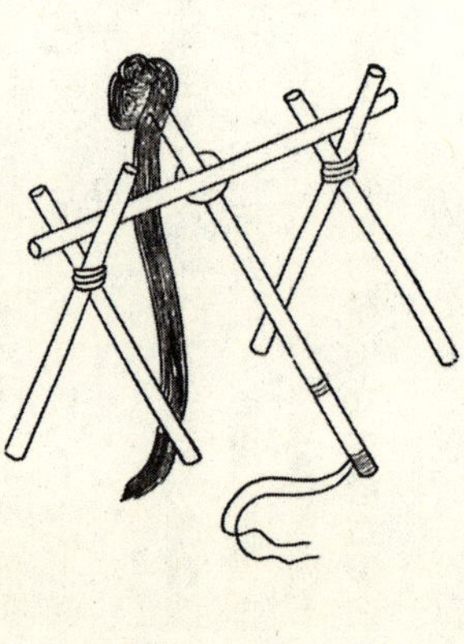

砲架

史思明逼太原，李光弼撤民屋爲擂石，二百人挽之，作大礮，飛巨石，一發輒斃二十餘人，賊死者十二三，乃退營數十步外。

蒙古攻金，洛陽强伸創過砲，用不過數人，能發大石於百步外，所擊無不中。

元攻襄陽，置礮城東，機發聲震天地，吕文焕遂以城降。渡江之日，宋兵陳南岸，擁舟師迎戰，元人於北岸陳礮擊之，舟悉沉没。

張廷玉等《續文獻通考》卷一三二《兵考・舟師水戰車戰》 十三年造雷火車，中立樞軸，旋轉發礮。

從甘肅總兵官王璽奏也。璽言：兵車向無定式，但火器俱在車尾，向後設置，必下營已定，旋轉方用。如櫝營結陣，且行且戰，則三面受敵，何以制禦。今稍爲增益，中立管心木，安置轉軸上，設神炮，試驗便利。兵部議以爲可用。

紀事

李昉等《太平御覽》卷三三六《兵部六十七・攻具上》 馬鈞曰：鈞石車，敵人於樹邊懸濕牛皮，中之則墮石不能連屬，而欲作一輪，懸大石數十，以機鼓輪爲常，則懸石飛擊敵城，使首尾電至。嘗試以輪車，懸瓴數十，飛之數百步矣。

司馬光《資治通鑑》卷一八八《唐紀四・高祖神堯大聖孝皇帝中之上》 秦王世民圍洛陽宫城，城中守禦甚嚴，大礮飛石，重五十斤，擲二百步。礮與砲同，匹貌翻。八弓弩箭如車輻，鏃如巨斧，射五百步。八弓弩，八弓共一桊也，如古連弩，今之劃車弩亦其類也。輻，音幅。世民四面攻之，晝夜不息，旬餘不克。

高承《事物紀原》卷九《戎容兵械部》 礮石

《漢書》：甘延壽投石絶等倫。張晏曰：《范蠡兵法》：飛石重十二斤，爲機法，行三百步。延壽有力，能以手投之。今邊城有礮，蓋出于范蠡飛石之制。因事增廣，遂爲今法。此蓋其始也。《事始》曰：諸葛亮圍郝昭于陳倉，亮起衝車，昭以繩連石磨四角擊其衝車，車拆，即礮事矣。而《唐書・李密傳》：密使甲戌造廣雲旝三百具，以機發石，爲攻城械，號將軍礮。

宋濂等《元史》卷二〇三《列傳第九十・工藝》 伊斯瑪音，回回氏，西域實刺人也，善造礮。至元八年，與阿喇卜丹至京師。十年，從國兵攻襄陽未下，伊斯瑪音相地勢，置礮於城東南隅，重一百五十斤，機發聲震天地，所擊無不催陷，入地七尺。宋安撫吕文焕懼以城降。既而以功賜銀二百五十兩，命爲回回礮手總管，佩虎符。十一年，以疾卒，子本布襲職。時國兵渡江，宋兵陳於南岸，擁舟師迎戰。本布於北岸竪礮以擊之，舟悉沉没。後每戰用之，皆有功。十八年，佩三珠虎符，加鎮國上將軍，回回礮手都元帥。

茅元儀《武備志》卷四七《戰略考・北宋三終》 金粘没喝攻太原，悉破諸縣，獨城中以張孝純、王稟固守不下。其攻城之具，曰砲石、洞子、鵝車、偏橋、雲梯、火梯，凡有數千。每攻城，先列克列砲三十座，凡舉一砲，聽鼓聲齊發，砲石入城者大於斗，樓櫓中砲，無不壞者。賴總管王稟，先設虚栅，下又置糠布袋在樓櫓上，雖爲所壞，即時復成。

温體仁等《明實録・明熹宗悊皇帝實録》卷二一《天啟二年四月》 巡按四川張論進飛石架木二法，以備城守，仍送習熟。製造人寧越守備吴國輔入京備用。其法以二木竪地，一木横架，轉軸入鑿内，若鞦韆之狀。又一木長亘其中，前軒後輊，若桔橰之形，用繩兜繫石於木顛，結一端於木，而留一端虚寄於上。用一人掣之其前，則視石大小，用多人牽拽。木本三拽，力齊而掣者撒手，石即飛去，賊臨城下，一擊即斃。又一法，用獨木一根竪地，一木横架，名曰獨脚虎。可以隨方旋轉，禦賊一二百步之遥。上命依式製用，以備戰守。

弘曆《御製詩集》五集卷七六《古今體四十八首・題花准神鎗》 按：古者無火器，《前漢書・甘延壽傳》注云：《范蠡兵法》：飛石重十二斤，爲機發，行二百步。後世之礮，蓋出此。《魏略》曰：諸葛亮起衝車，郝昭以繩連石壓之，車折。又《唐書・李密傳》：以機發石，爲攻城具，號將軍礮。皆用石發機，並非如今時火攻之具，故礮字從石旁也。至明唐順之《八編類纂》載：元時，西域人亦思馬善造礮，世祖時從征襄陽，置礮於城東南隅，重百五十斤，機發聲振天地，宋吕文焕遂以城降。世因目爲襄陽礮，此則用火礮之始也。

惠棟《惠氏春秋左傳補註》卷一 旝動而鼓

賈逵曰：旝，發石，一曰飛石。《范蠡兵法》曰：飛石重十二斤，爲機發，行二百步。《説文》：旝，建大木，置石其上，發以機，以追敵也。从㫃會聲。《詩》云：其旝如林。《三國志》：太祖爲發石車，擊袁紹。注引《魏氏春秋》曰：以古有矢石，又《傳》言旝動而鼓。《説》曰：旝，發石也。于是造發石車。所云説者，即賈侍中説也。杜以旝爲旃，蓋本馬融。追，古文磓。

戰車

形制

李筌《太白陰經》卷四《戰具類・攻城具篇》 轒輼車，四輪，車上以繩爲脊，犀皮蒙之，下可十人，填隍推之，直抵[城]下，可以攻掘，金木火石所不能及。

飛雲梯，以大木爲床，床下置六輪，上立雙牙，有括梯長一丈二尺，有四棁相去三尺，勢微曲，遞互相括，飛於雲間，以窺城中。其上城梯首冠雙轆轤，枕城上。

砲車，以大木爲床，床下安四輪，上建雙陛，陛間橫括，中獨立竿，首如桔槔狀。其竿高下、長短、大小，以城爲準。竿首以窠盛石，大小多少隨竿力所制。人挽其端而投之。其車推轉，逐便而用之，亦可埋脚著地而用。其旋風四脚亦隨事用之。

車弩，爲軸轉車，車上定十二碩弩，弓以鐵鈎連軸，車行軸轉，引弩持滿弦掛牙上。弩爲四衢、七衢。大箭一鏃，長七寸，廣五寸。箭笴長三尺，圍五寸，以鐵葉爲羽。左右各三箭，次小於中箭。其牙一發，諸箭齊起，及七百步，所中城壘無不崩殞，樓櫓亦顛墜。

尖頭轤，以木爲脊，長一丈，徑一尺五寸，下安六脚，下濶而上尖，高七尺，可容六人。以濕牛皮蒙之，蔽人其下，舁直抵城下，木石金火不能及，用攻其城。【略】

板屋，以八輪車，車上豎高竿，竿上安轆轤，以繩挽板，屋高五尺，方四尺，有十二孔，四面列布。車可進退，圜城，而於城中遠望，謂之窠車，狀如鳥窠。

木幔，以板爲幔，立桔槔於四輪上，懸逼城壘間，使趫卒蔽之，蟻附而上，矢石所不能及。

杜佑《通典》卷一六〇《兵十三》 攻城戰具附

攻城戰具，作四輪車，上以繩爲脊，生牛皮蒙之，下可藏十人，填隍推之，直抵城下，可以攻掘，金火木石所不能敗，謂之轒輼車。

以大木爲床，下置六輪，上立雙牙，牙有檢梯，節長丈二尺。有四桄，桄相去三尺，勢微曲，遞互相檢，飛於雲間，以窺城中。有上城梯，首冠雙轆轤，枕城而上，謂之飛雲梯。

以大木爲牀，下安四獨輪，上建雙陛，陛間橫檢，中立獨竿，首如桔槔狀。其竿高下、長短、大小，以城爲準。首以窠盛石，大小多少，隨竿力所制。人挽其端而投之。其車推轉，逐便而用。亦可埋脚著地，逐便而用。其旋風四脚，亦可隨事而用，謂之抛車。

作軸轉車，車上定十二石弩弓，以鐵鈎繩連車行，軸轉引弩弓持滿弦牙上。弩爲七衢，中衢大箭一鏃，刃長七寸，廣五寸，箭簳長三尺，圍五寸，以鐵葉爲羽。左右各三箭，次小於中箭。其牙一發，諸箭齊起，及七百步，所中城壘無不摧隕，樓櫓亦顛墜，謂之車弩。

以木爲脊，長一丈，徑一尺五寸，下安六脚，下闊而上尖，高七尺，內可容六人。以濕牛皮蒙之，人蔽其下，舁直抵城下，木石鐵火所不能敗，則用攻其城，謂之小頭木驢。

於城外起土爲山，乘城而上，古謂之土山。今謂之壘道。用生牛皮作小屋，并四面蒙之，屋中置運土人，以防攻擊者。土山即《孫子》所謂距闉也。鑿地爲道，行於城下，用攻其城。往往建柱，積薪於其柱，圜而燒之，柱折城摧。

以八輪車，上樹高竿，竿上安轆轤，以繩挽板屋止竿首，以窺城中。板屋方四尺，高五尺，有十二孔，四面別布。車可進退圜城而行，於營中遠視，亦謂之巢車，如鳥之巢，即今之板屋也。

以板爲幔，立桔槔於四輪車上，懸幔逼城堞間，使趫捷者蟻附而上，矢石所不能及，謂之木幔。

曾公亮　丁度《武經總要》前集卷一〇《攻城法》

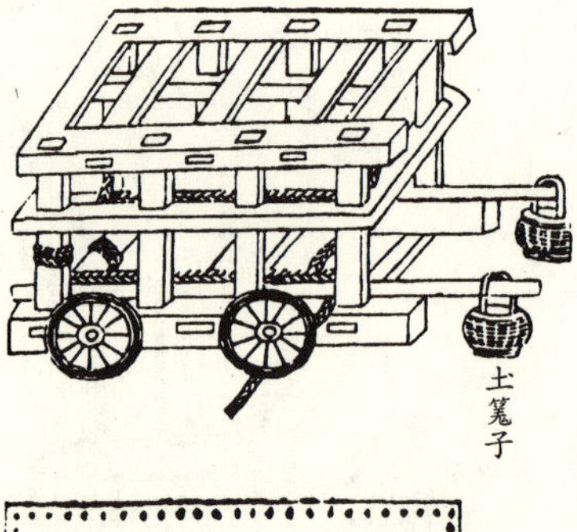

不排搭緒棚

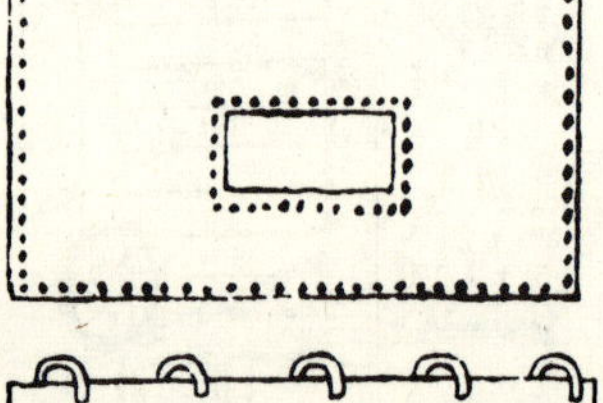

緒棚蓋笆

緒棚垂笆

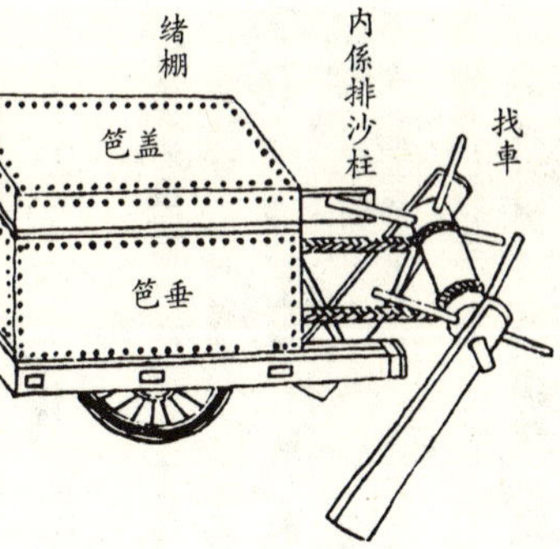

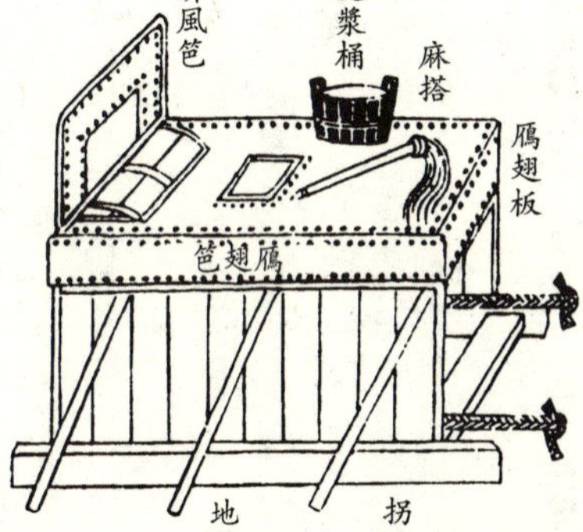

頭車

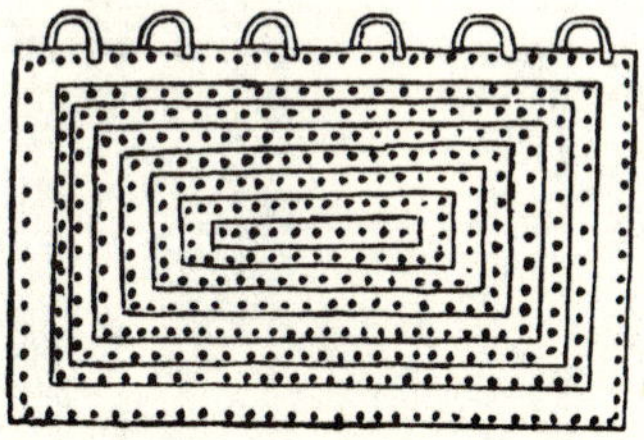
緒棚兩邊垂笆

緒棚蓋笆

緒棚兩邊垂笆

緒棚蓋笆

緒棚，接緒頭車，架木爲棚，故曰緒棚。其高下如頭車，棚上及兩旁皆設皮笆，以禦矢石。若頭車進，則益設之，隨其遠近。若敵人以火焚車及棚，則施設泥漿、麻搭、渾脫水袋以救之。

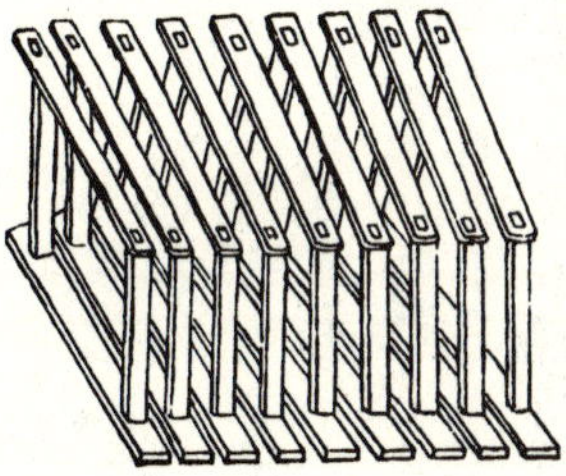
不掛搭緒

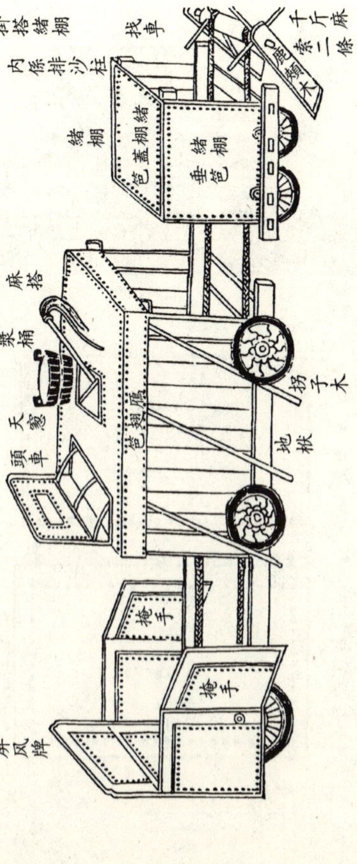

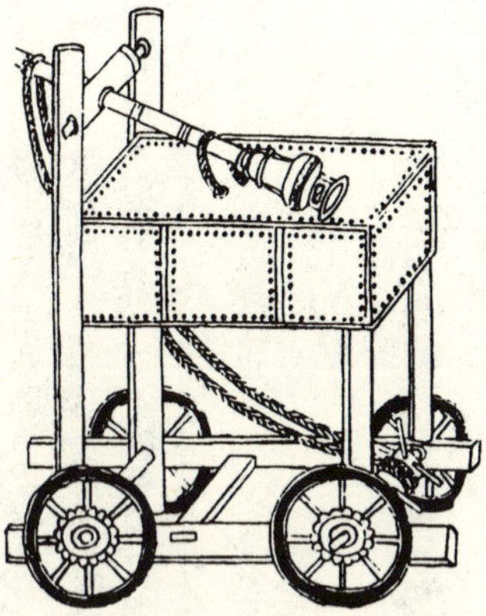
砲樓

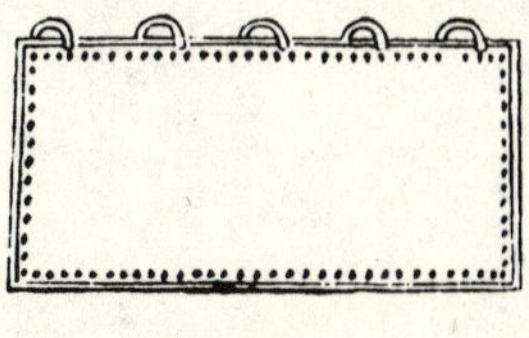
鴈翅笆

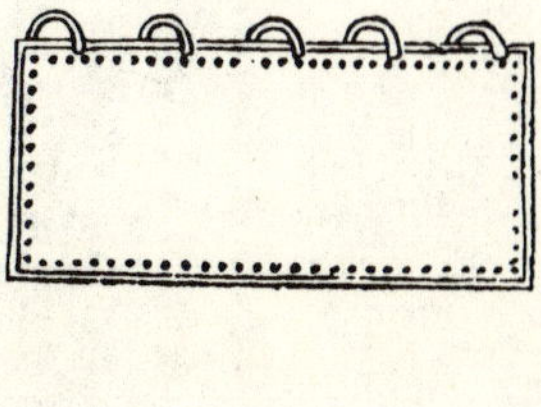
鴈翅笆

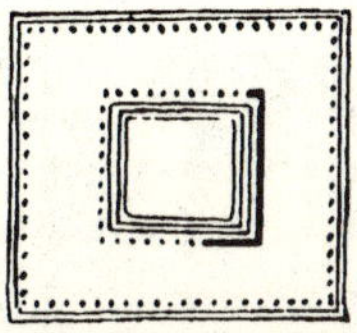
屏風笆

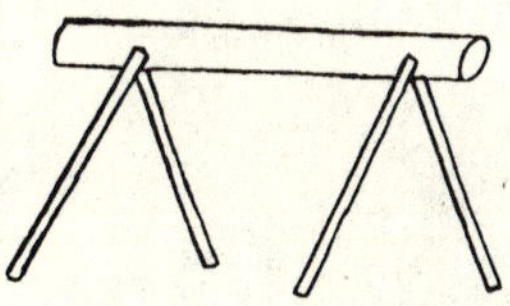
木馬子

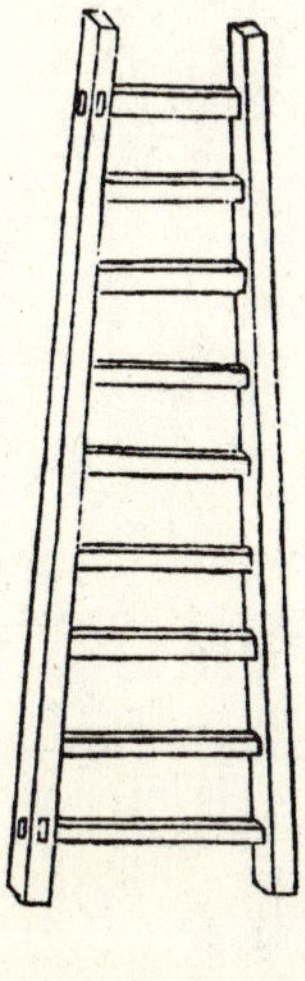
上頭車梯

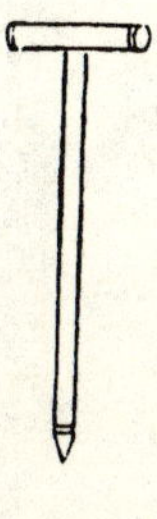
撐鴈翅笆扐

【略】

頭車，攻城器也。身長九尺，闊七尺，前高七尺，後高八尺，以兩巨木爲地栿，前後梯桄各一，前桄尤要壯大。上植四柱，柱頭設涎衣梁，上鋪散子木爲蓋，中留方竅，廣二尺，容人上下。蓋上鋪皮笆一重，皮笆以竹片編成，以生牛皮漫。笆上鋪穰藁，厚尺餘。穰藁上又施皮笆，所以禦砲石也。車三面皆設約竿，如今坐檻上欄干。頭牌木每牌長九尺，闊五寸，厚六寸，首有小竅，以皮繩繫著車蓋，垂在約竿外。木無定數，但取遮密三面。牌外又垂皮笆，亦以禦砲。方竅下置梯，以升。蓋上前施屏風笆一，笆中開箭窗，倚以木馬，令人於笆內射外。凡攻城鑿地道，以車蔽人。先於百步內，於矢石擊當面守城人，使不能立，乃自壕外進車。用大木二條，各長一丈八尺，謂之揭竿。首插前桄下，稍壓後桄出，以土囊壓竿梢，令揭車首昂起。車每進，便設緒棚續車後。遇壕，則運土雜芻藁填之，運者皆自車中及緒棚下往來，矢石不能及。又以千斤大麻繩繫車前桄，引向後出，以絞車白後急絞，以助竿力，令車首常去地尺餘。兩面約竿牌木下分用三十人摧挠梯，桄下又以木撅鐵挺幹跳，使進抵城下。

頭車舊本無輪，又無頭牌。今添入兩旁十輪及前面屏風牌，并兩掩手，庶可適用。

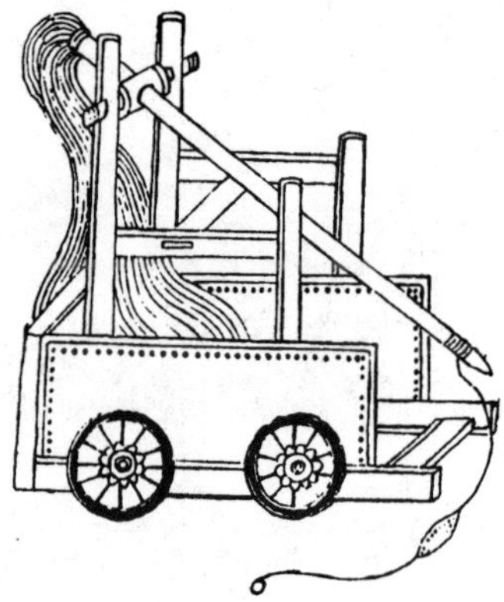

行砲車

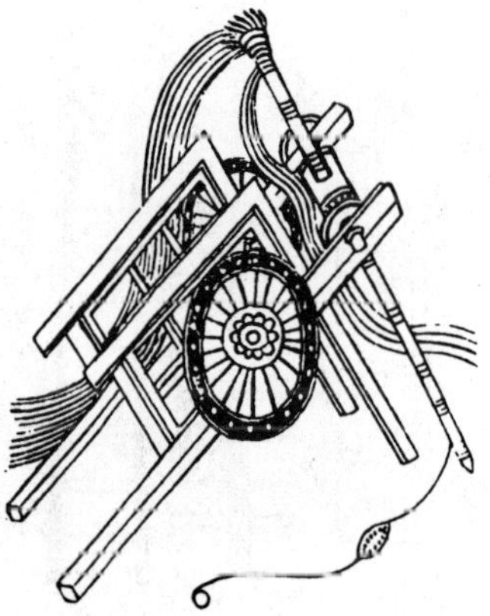

行砲車

壕橋，長短以壕爲準。下施兩巨輪，首貫兩小輪。推進入壕，輪陷則橋平可渡。若壕闊，則用摺疊橋，其制以兩壕橋相接，中施轉軸，用法亦如之。

壕橋

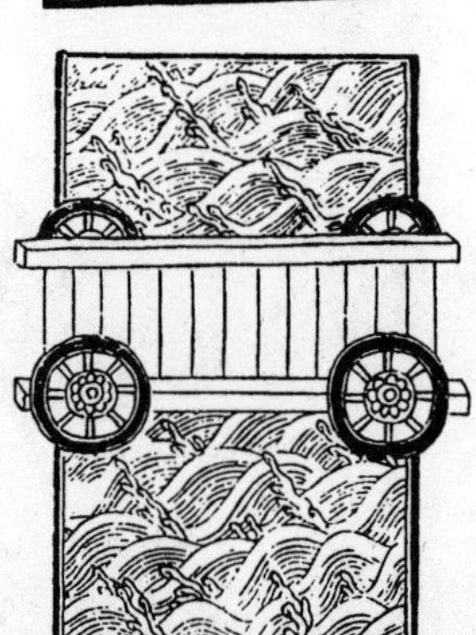

壕橋

摺疊橋

雲梯，以大木爲床，下施六輪，上立二梯，各長二丈餘，中施轉軸。車四面以生牛皮爲屏蔽，內以人推進及城，則起飛梯於雲梯之上，以窺城中，故曰雲梯。

飛梯長二三丈首貫雙輪。欲蟻附，則以輪著城推進。

竹飛梯，用獨竿大竹，兩旁施脚澁以登。

躡頭飛梯，如飛梯之制，爲兩層，上層用獨竿竹，中施轉軸，以起梯。竿首貫雙輪，取其附城易起。

火車，以兩輪車中爲爐，上施鑊，滿盛以油，熾炭火爨，令沸。仍四面積薪，推至城門樓下，縱火而去。敵必下水沃之，油得水，其焰益高，則樓可燔也。

雲梯

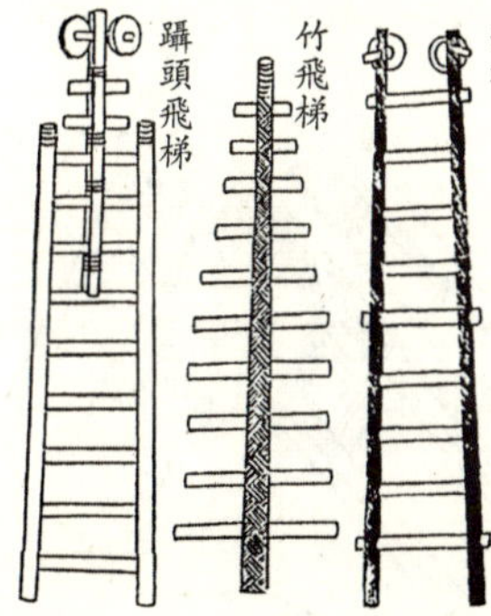
飛梯　竹飛梯　躡頭飛梯

火車

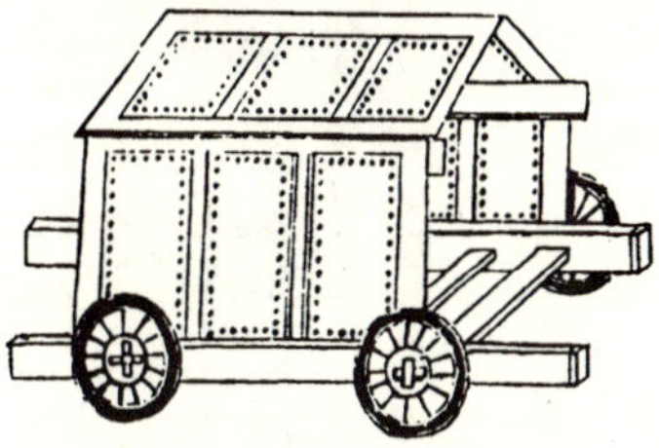
轒轀車

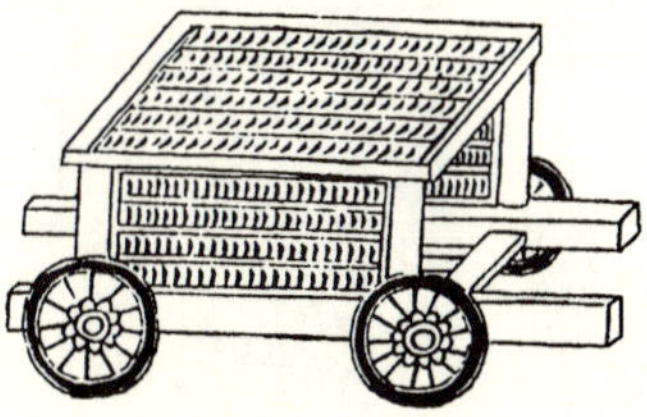
木牛車

轒轀車，下虛上蓋，如斧刃，其車梯盤勿施枕板，中可容人著地推車。載以四車輪，其蓋以獨繩爲脊，以生牛皮革蒙之。中可蔽十人，塡隍推之，直抵城下攻撅。

尖頭木驢，形如轒轀車，惟增二輪，上横大木爲脊，長一丈五尺，上鋭下方，高八尺，以生牛革裹之，内蔽十人，推逼城下，以攻城作地道。

木牛，以堅木厚板爲平屋，裹以生牛革，下施四車輪，自内推進，以蔽攻城人，亦木驢之類也。

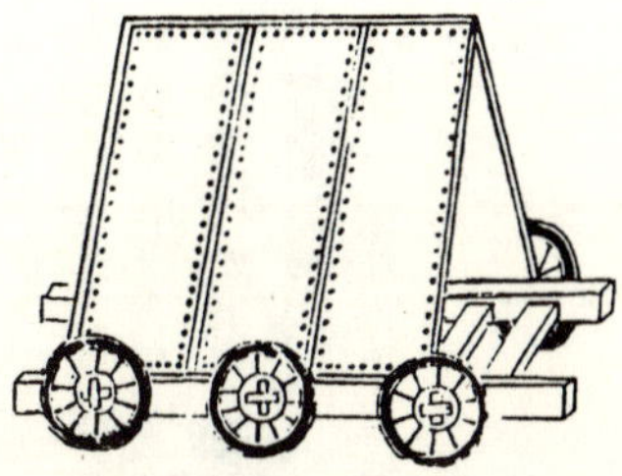
尖頭木驢

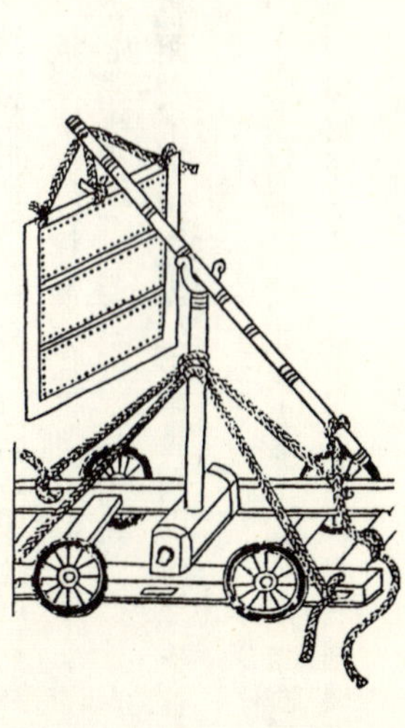
木幔

木幔，以版爲之，制如屏，裹以生牛革，上施桔槔，載以四車輪，低昂以繩挽之。凡攻城，欲蟻附者，則以幔禦當面矢石也。

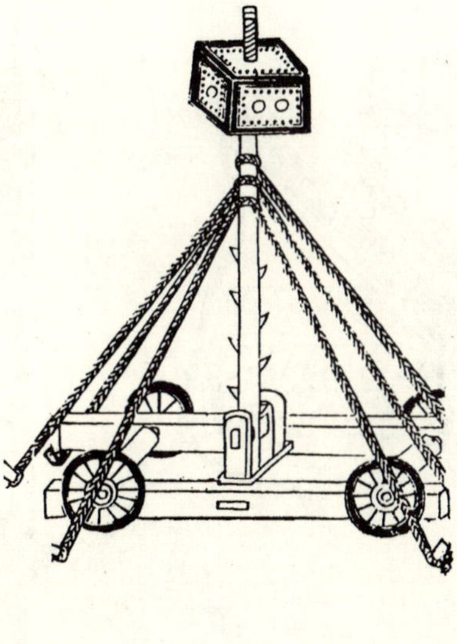
望樓車

凡望樓，與城中望樓爲一，制具守城門。所以下望城中事。攻城，欲利推徙，故以車載。其制以堅木爲車坐，并轅長一丈五尺。下施四輪，輪高三尺五寸。上建望竿，凡建竿皆用鹿頰木。長四十五尺，上徑八寸，下徑一尺二寸。如乏長木，亦可接用。上安望樓，竿下施轉軸，兩傍施叉手木。繫麻繩三棚，上棚二條，各長七十尺；中棚二條，各長五十尺；下棚二條，各長四十尺。帶環鐵橛十條，皆下銳。凡立竿，如舟上建檣法，釘橛繫繩，六面維之令固。餘制及候望法，皆約城中望樓也。

行女墻

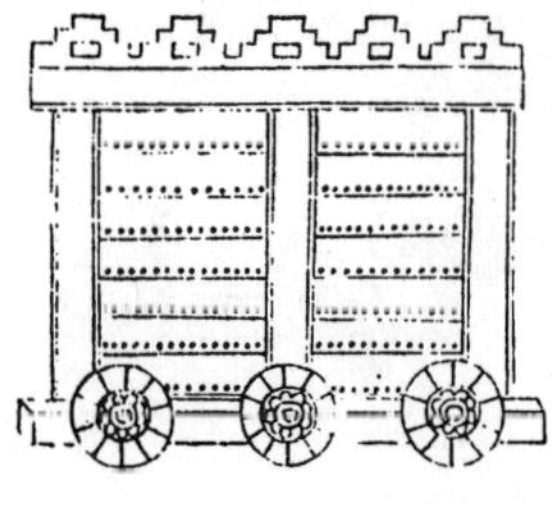

木女墻

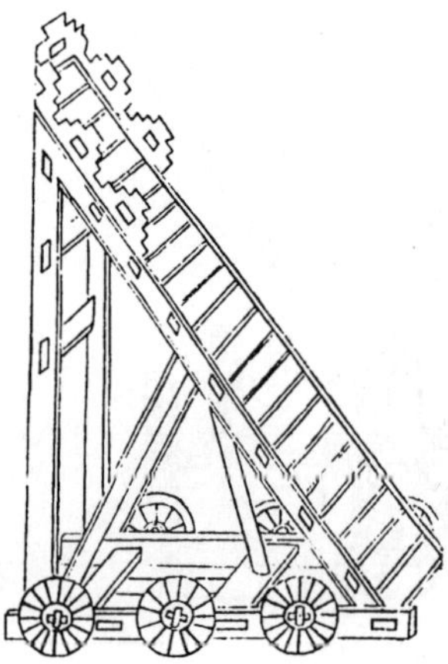

行天橋

避檑木飛梯

把車

颺塵車，約行煙置三二十具，如飛梯板屋之類。或即以飛梯板屋移用之，亦通。其車與烟同縱，待烟氣盛，即推車逼城，颺其塵灰。守城人不能存立，必回避，聚向一邊，則攻城人可緣上。用石灰最佳。

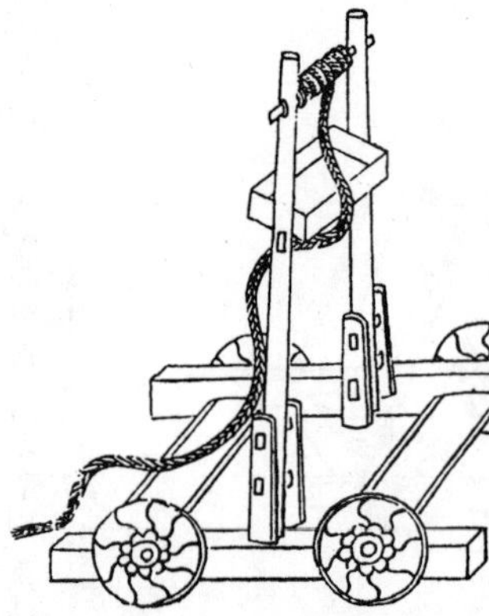

颺塵車

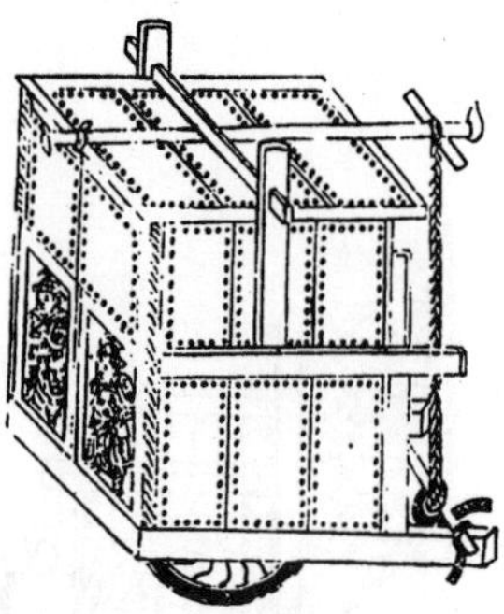

填壕皮車

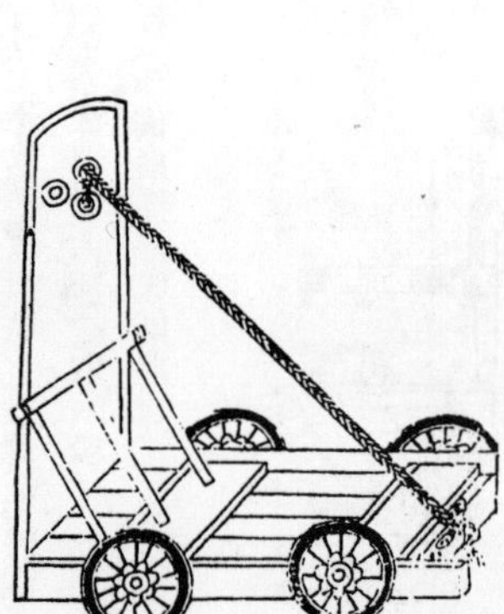

填壕車

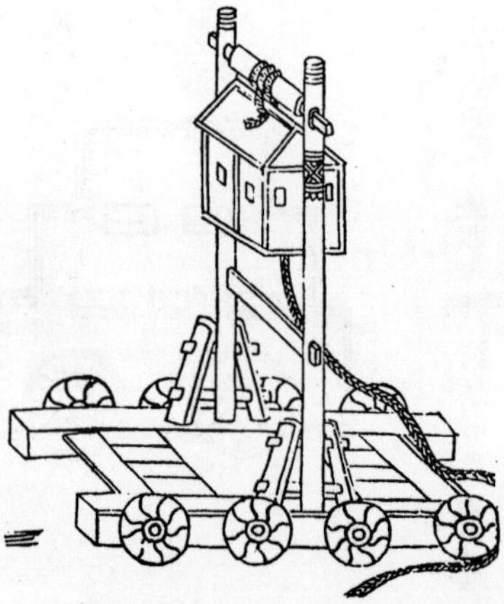

巢車

巢車，其制以八輪車當中建高竿，竿首施轆轤，以繩挽板屋上竿首。其屋方四尺，高五尺，以生牛皮裹之，以禦矢石。竿之高下，以城爲準。使人藏屋中，下窺城中事。遠望如鳥巢，故謂之巢車也。

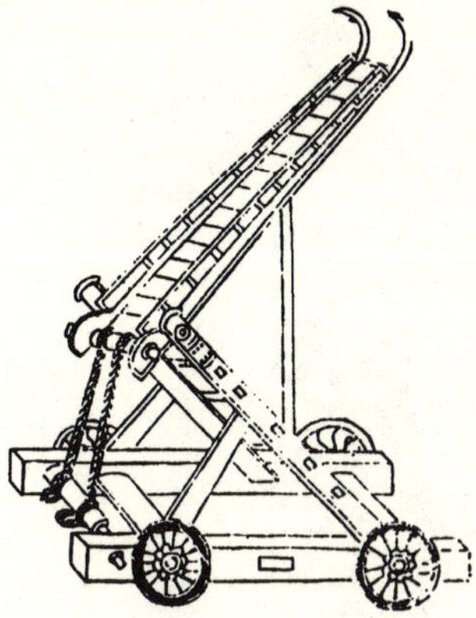

搭天車

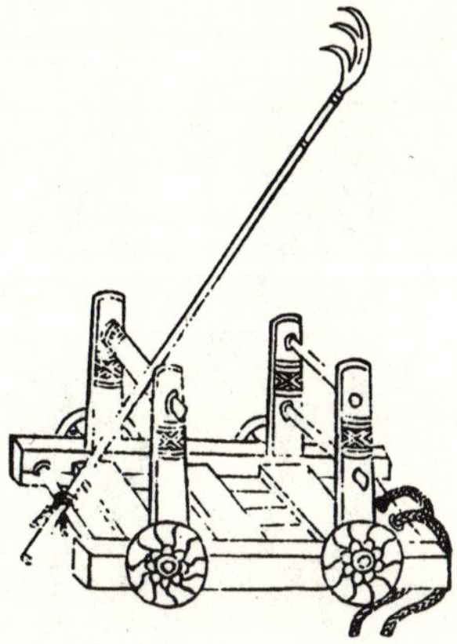

搭車

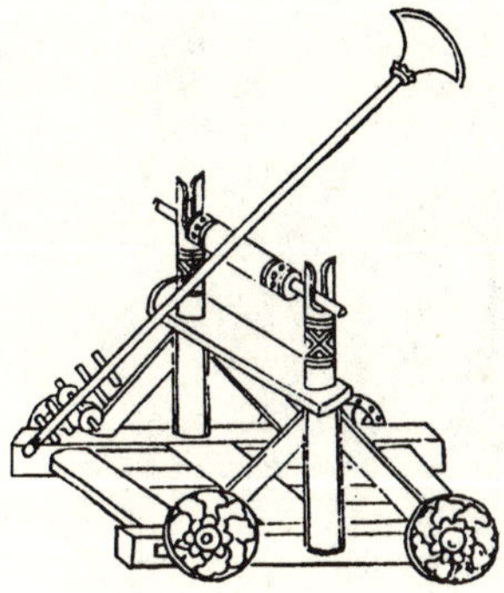

餓鶻車

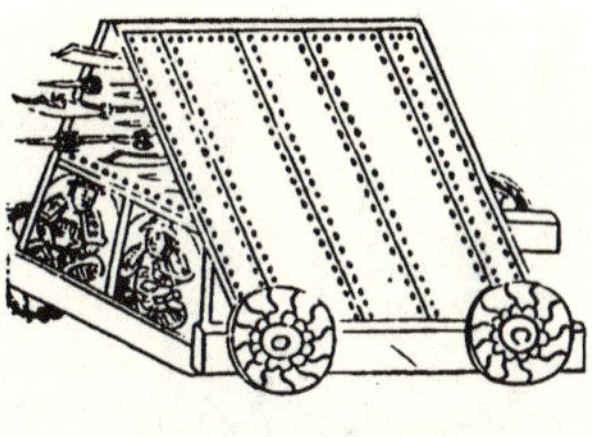

鉤撞車

又 前集卷一二《守城》

刀車，以兩輪車自後出鎗刃密佈之。凡爲敵攻壞城門，則以車塞之。

木女頭，形制如女牆，以版爲之，高六尺，闊五尺，下施兩輪軸，施拐木二條。凡敵人攻城，摧壞女牆，則以此木女代之。

塞門刀車

木女頭

絞車，合大木爲床，前建二叉手，柱上爲絞車，下施四卑輪，皆極壯大，力可挽二千斤。凡飛梯木幔逼城，使善用搭索者，遥拋鈎索，掛及梯幔，併力挽，令近前，即以長竿舉大索鈎，及而絞之入城。如絞木驢，待其逼城，且擲大木檑石擊之，次下小石勿絶，使木驢内驚懼，人不散出，則使二壯士坐皮屋中，自城上設轆轤，繫鐵索，縋至木驢上，二人俱出，引絞車鈎索掛搭木驢畢，復拽上，即速絞取入城。

撞車，上設撞木，以鐵葉裹其首，逐便移從，伺飛梯臨城則撞之。

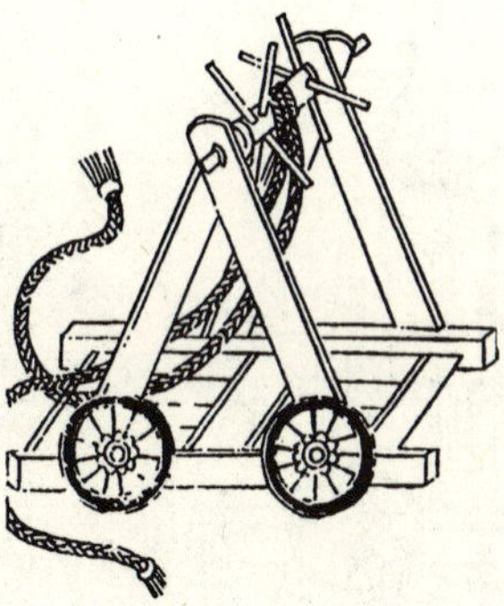

絞車

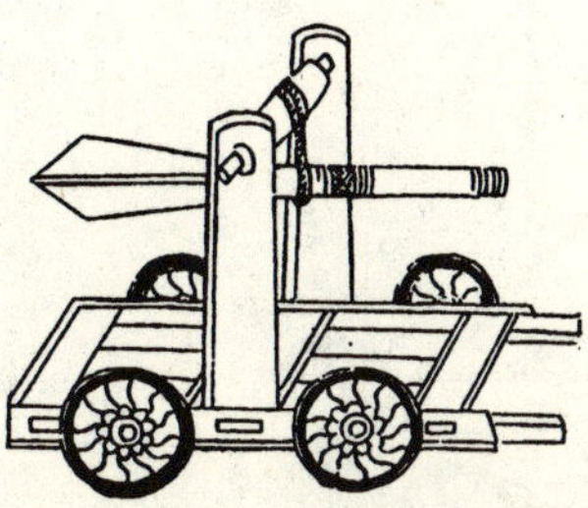

撞車

又

絞車，立兩頰木，橫施轉軸，施十字絞木，垂兩繩，下貫蹈版，乘之上下。

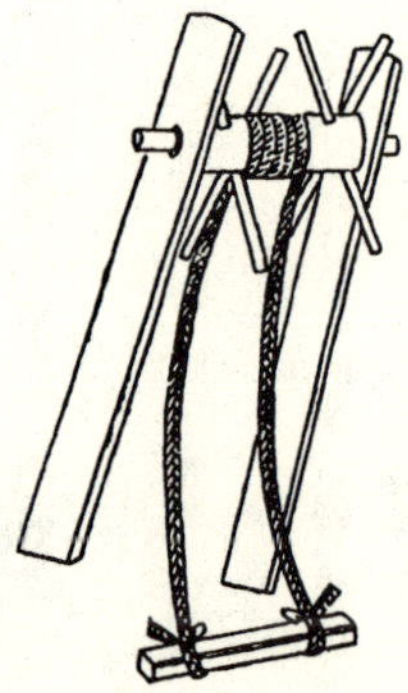

丁城絞車

茅元儀《武備志》卷九八《軍資乘·戰三·設險》 飛轅寨式

飛轅寨所以設險以固士心，且流動而可以轉移。每一車，竿四條，每四條長六尺五寸，徑方一寸五分，前間一尺爲槍頭，側立鎗頭以好鐵爲之。一尺爲幹，過竿方八尺二寸五分。笋中間三尺近鑽方入一寸五分，笋後間八寸爲幹，三寸爲鑽，鑽亦以鐵爲之。其竿各相去七寸一分，鑿圓竅以扇之。其方兩頭各露六寸三分。槍頭四條，每條長二尺五寸，內一尺爲鎗頭，一尺爲幹，同前法。二寸五分入槍頭方笋，二寸五分通過後，以拴拴之。脚四隻，每隻長四尺，徑方一寸，五分搭腦一作腦笋。入一寸。上間一尺，通竿方八尺二寸五分。笋中間一尺一寸，置鎗頭，方入二寸五分。笋下間一尺一寸，陷去頭笋二寸，透低脚各居竿亭中安置。兩畔間各闊七寸一分，中間一尺五寸七分，方二條，每條長四尺，徑二寸五分。笋兩頭各露二寸，鑿竅各闊一寸五分，以脚穿之。近鑽方一條，長四尺二寸五分，闊一寸五分。搭腦方一條，長四尺，徑方以一寸五分。其頭自四脚起，狀如車輞而起，闊一寸五分，厚三分，彎長七寸。一車通竿，方上用鐵鈎二，左右各一也，一照內而一垂下。以牛車輓之。如有所用，則衆車相鈎聯，周環如城，以拒衝突。欲戰，則旋折開爲門，內鑽强弩爲守。行則剖之，止則聯之。每一車用步士一人御之，其用兵器者不限其數，或據險皆可用之。

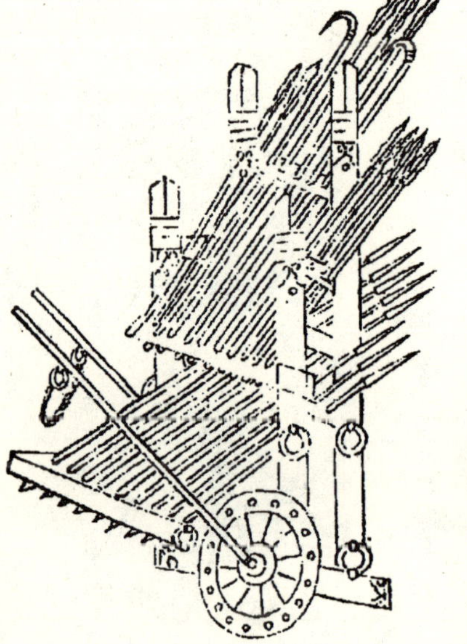

飛轅寨式

又 卷一〇六《陣練制·戰十一·器械五》

車

茅子曰：車古之所以戰也，今車營之車，略得其意，所謂扁廂正廂是也。其輜重車亦與古略異，若《武經》之虎車、巷戰車、象車、鎗車，皆非古車兵之車也。近有屏風車、衝虜藏輪車、火櫃攻敵車、塞門架器車、盛油車，亦與古異。

虎車

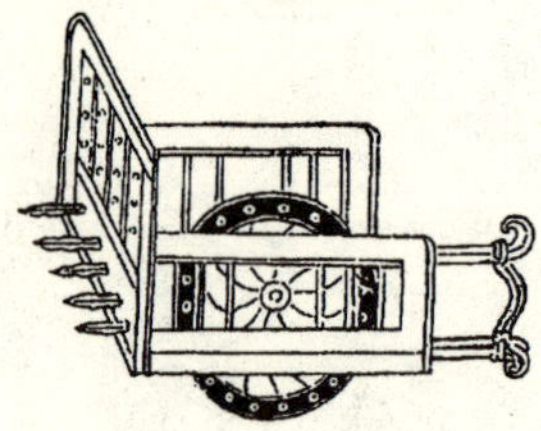

巷戰車

運乾糧車

象車

鎗車

鎗車

正廂車

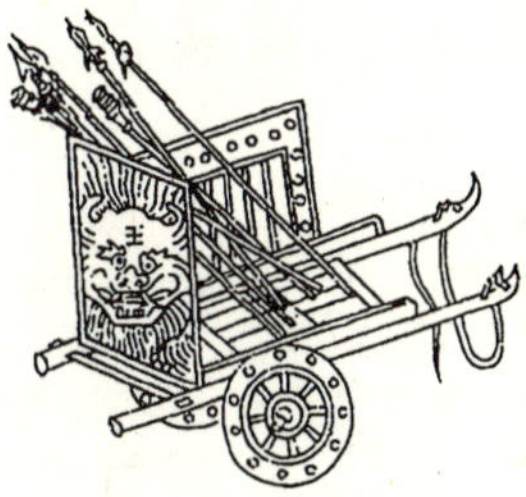

扁廂車

雙輪戰車，身兩股，俱長一丈二尺。車内横寬二尺六寸，推竿并車頭横木各長六寸，惟竿兩頭各用一人，中間亦用一人，二竿共用六人推之，舵用雙木，一人主之。兩輪徑大二尺八寸，輪心軸亦長六尺，其餘俱與車輪式同也。

糧車，身兩股，長各八尺，自車心軸至車頭横木二尺二寸，至後横木五尺六寸，其餘與雙輪車式同也。

屏風車，輕便可以遠駕，外則屏蔽，内則裝載火器精糗。每輛用軍三名，輪流推行。戰則屏眼穿火器攻賊，守則擺列營外，爲屏風墻也。

衛虜藏輪車，轅長七尺，屏高五尺，前轅二層，架鎗刀八桿，箱中放火箭櫃，通于外面，内裝火箭四十枝。用軍二名，輪流推行衝攻。

雙輪戰車

雙輪輜重車

屏風車

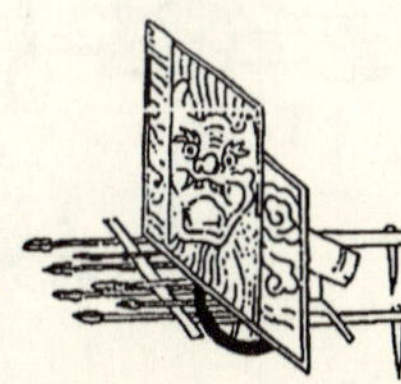

衛虜藏輪車

火櫃攻敵車，用堅木造，轅長一丈，輪高二尺五寸，櫃闊二尺八寸，高二尺，下架鎗五桿，上穿火箭百枝。櫃蓋油刷，以防風雨。用牛騾推行，二兵隨幇燃火。此進攻衝敵長技也。

塞門架器車，轅長六尺，輪高二尺，横闊二尺五寸，箱高三尺，前柱高五尺。架四層鋒刀，餘眼穿銃。如賊焚破城門，令人駕推塞之，點銃放打，萬萬不能進城。

盛油引火車，以木做兩輪，框架上釘鐵條，横架油鑊，中懸鐵盤，燒炭火沸油車角撐帶茅草，推至城門樓下，縱火而去，敵必下水沃之，油得水，共燄益高，則樓可燔也。

火櫃攻敵車

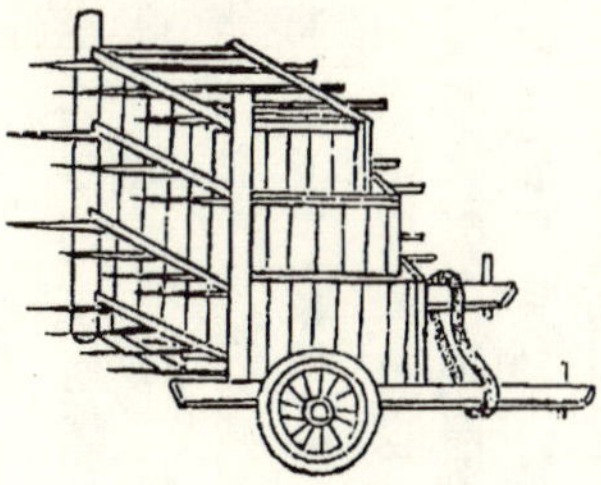

塞門架器車

盛油引火車

又

飛輪

茅子曰：飛輪，子所置也，有車之用而無其滯，有神牌之利而廣其意，有拒木馬之益而可以架火器，使得如車營之制，四面爲壘，可以出塞萬里，逐敵幕南，百戰百勝，安知今之不如古也。

飛輪

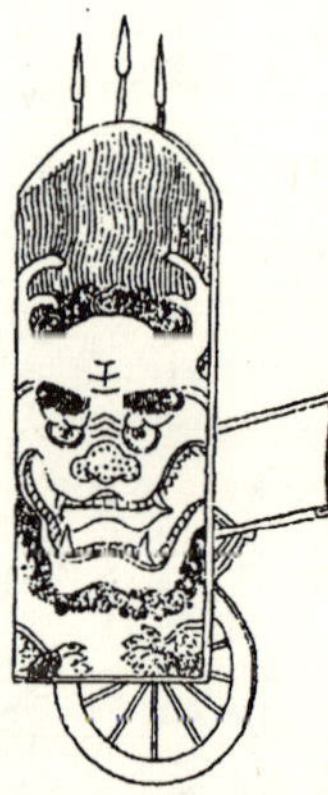

無敵神牌

飛輪，以木爲質，竹爲蔽，及其不張也，可以六人肩之；張爲護，可以蔽二十五人。施銃發火箭，可以有車之用。畫地而阻騎，可以有拒馬木之用。遇險馳遠，則析而肩之，頃刻之間，即可布而爲城矣。

又　無敵神牌

茅子曰：無敵神牌見於《武編》，其説曰：一人可以敵百，十卒能敵千人。無拘山戰水戰，可用攻營守營，能鎖我兵之不退，能拒敵兵之前進，亦利器也。

又　卷一一二《軍資乘・守三》　器式

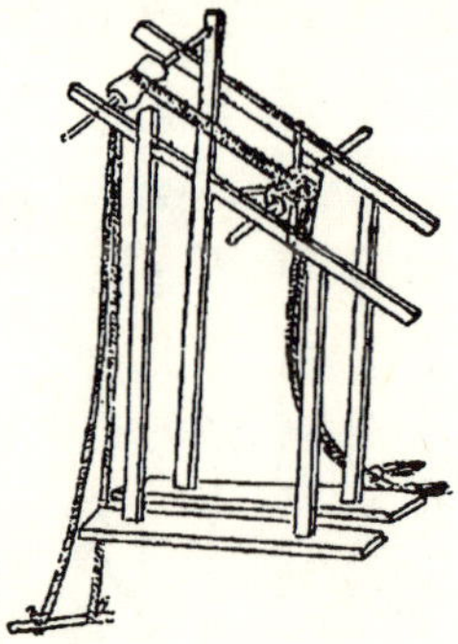

吊車

下城絞車

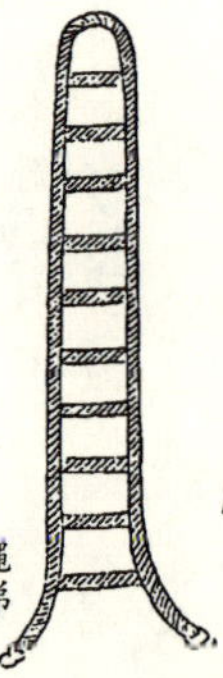

繩梯

每敵臺左右，仍置小吊車四五架，以便遊兵上下，及逃難者婦女，徑與吊入。係男子，須審聲音里籍。

絞車立兩頰木，横施轉軸，施十字絞木，垂兩繩，下貫蹈版，乘之上下。

其他力學機械分部

自動機械

紀事

張湛注　殷敬慎釋文《列子》卷五《湯問》　周穆王西巡狩，越崑崙，不至弇音奄。山。日入之所。反還，未及中國，道有獻工人名偃師，中道有國獻此工巧之人也。穆王薦之，薦當作進。問曰：「若有何能？」偃師曰：「臣唯命所試。然臣已有所造，願王先觀之。」穆王曰：「日以俱來，日謂別日。吾與若俱觀之。」翌日，偃師謁見王。王薦之，曰：「若與偕來者何人邪？」對曰：「臣之所造能倡者。」倡，俳優也。穆王驚視之，趣音趍。步俯仰，信人也。巧夫顉駈音反，曲頤也，又五感反。顉，猶摇頭也。其頤，則歌合律；捧其手，則舞應節。千變萬化，惟意所適。王以爲實人也，與盛姬内御並觀之。《穆天子傳》云：盛姬，穆王之美人。技將終，倡者瞬音舜。其目而招王之左右侍妾。王大怒，立欲誅偃師。偃師大懾，立剖散倡者以示王，皆傅會革、木、膠、漆、白、黑、丹、青之所爲。王諦料之，内則肝、膽、心、肺、脾、腎、腸、胃，外則筋骨、支節、皮毛、齒髮，皆假物也，而無不畢具者。合會復如初見。如向者之始見王也。王試廢其心，則口不能言；廢其肝，則目不能視；廢其腎，則足不能步。此皆以機關相使。去其機關之主，則不能相制御。亦如人五藏有病，皆外應七孔與四支也。穆王始悦而嘆曰：「人之巧乃可與造化者同功乎？」詔貳車載之以歸。近世人有言人靈因機關而生，何者？造化之功至妙，故萬品咸育，運動無方。人藝麤拙，但寫載成形，塊然而已。至於巧極則幾乎造化，似或依此言而生此説，而此書既自不爾。所以明此義者，直以巧極思之無方，不可以常理限，故每舉物極以祛近惑，豈謂物無神主也？斯失之遠矣。夫班輸之雲梯，墨翟之飛鳶，自謂能之極也。班輸作雲梯，可以凌虚仰攻。墨子作木鳶，飛三日不集。弟子東門賈禽滑釐滑釐，音骨狸，墨翟弟子也。聞偃師之巧以告二子，二子終身不敢語藝，而時執規矩。時執規矩，言其不敢數之也。

司馬遷撰　裴駰集解　司馬貞索隱　張守節正義《史記》卷六《秦始皇本紀》　九月，葬始皇酈山。始皇初即位，穿治酈山，及并天下，天下徒送詣七十餘萬人，穿三泉，下銅而致椁，宫觀百官奇器珍怪徙臧滿之。集解：徐廣曰：銅一作錮，錮，鑄塞也。正義：顔師古云：三重之泉，言至水也。臧，才浪反。言冢内作宫觀及百官位次，奇器珍怪徙滿冢中。令匠作機弩矢，有所穿近者輒射之。以水銀爲百川江河大海，機相灌輸，正義：灌，音館。輸，音戍。上具天文，下具地理。以人魚膏爲燭，集解：徐廣曰人魚似鮎，四脚。正義：廣志云：鯢魚聲如小兒啼，有四足，形如鱧，可以治牛，出伊水。《異物志》云：人魚似人形，長尺餘，不堪食。皮利於鮫魚，鋸材木入。項上有小穿，氣從中出。秦始皇冢中以人魚膏爲燭，即此魚也。出東海中，今台州有之。按：今帝王用漆燈冢中，則火不滅。度不滅者久之。正義：度音田洛反。

葛洪《西京雜記》卷三　高祖初入咸陽宫，周行庫府，金玉珍寶不可稱言。其尤驚異者，有青玉五枝燈，高七尺五寸，作蟠螭以口銜燈。燈燃鱗甲皆動，煥炳若列星而盈室焉。復鑄銅人十二枚，坐皆高三尺，列在一筵上。琴築笙竽各有所執，皆綴花采儼，若生人。筵下有二銅管，上口高數尺出筵後。其一管空，一管内有繩大如指，使一人吹空管，一人紐繩，則衆樂皆作，與真樂不異焉。

傅玄《傅子·附録》　人有上百戲者，能設而不能動。帝以問先生：「可動否？」鈞曰：「可動。」帝曰：「其巧可益否？」對曰：「可益。」受詔作之。以大木雕構，使形若輪，平潛以自入。設爲女樂無象，使木人擊鼓吹簫，跳丸，擲出自入。百官行署，變巧百端。

陳壽撰　裴松之注《三國志·魏志》卷二九《杜夔》　時有扶風馬鈞，巧思絶世。

【略】居京都，城内有坡，可爲囿，患無水以灌之，乃作翻車，令童兒轉之，而灌水自覆，更入更出，其巧百倍於常。此二異也。其後，人有上百戲者，能設而不能動也。帝以問先生：「可動否？」對曰：「可動。」帝曰：「其巧可益否？」對曰：「可益。」受詔作之。以大木彫構，使其形若輪，平地施之，潛以木發焉。設爲歌樂舞象，至令木人擊鼓吹簫；作山嶽，使木人跳丸擲劍，緣絙倒立，出入自在；百官行署，舂磨鬬雞，變巧百端。此三異也。

陸翽《鄴中記》　石虎性好佞佛，衆巧奢靡不可紀也。嘗作檀車，廣丈餘，長二丈，四輪。作金佛像坐于車上，九龍吐水灌之。又作木道人，恒以手摩佛心腹之間。又十餘木道人，長二尺餘，皆披袈裟繞佛行，當佛前，輒揖禮佛。又以手撮香投爐中，與人無異。車行，則木人行，龍吐水。車止，則止。亦解飛所造也。

石虎少好遊獵，後體壯大，不復乘馬。作獵輦，二十人擔之，如今之步輦。上安徘徊曲蓋，常坐處安轉關牀。若射鳥獸，直有所向，關隨身而轉。虎善射，矢不虚發。

陶潛《搜神後記》　太興中，衡陽區純作鼠市，四方，丈餘，開四門，門有一木人。縱四五鼠于中，欲出門，木人輒以手推之。

李延壽《北史》卷八三《列傳第七十一·柳䛒》　煬帝嗣位，拜祕書監，封漢南縣公。帝退朝後，便命入問，言宴諷讀，終日而罷。帝每與嬪后對酒，時逢興會，輒遣命之至，與同榻共席，恩比友朋。常猶恨不能夜召，乃命匠刻木爲偶人，施機關，能坐起拜伏，以像䛒。帝每月下對飲酒，輒令宫人置於座，與相酬酢而爲歡笑。從幸揚州，卒。帝傷惜者久之，贈大將軍，謚曰康䛒。撰《晉王北伐記》十五卷，有集十卷行於世。

張鷟《朝野僉載》卷六　洛州殷文亮嘗爲縣令，性巧，好酒，刻木爲人，衣以繒綵，酌酒行觴，皆有次第。又作妓女，唱歌吹笙，皆能應節。飲不盡，即木小兒不肯把。飲未竟，則木妓女歌管連理催，此亦莫測其神妙也。

將作大匠楊務廉甚有巧思，常於沁州市内刻木作僧，手執一椀，自能行乞。椀中錢滿，關鍵忽發，自然作聲云：「布施。」市人競觀，欲其作聲，施者日盈數千矣。

郴州刺史王琚，刻木爲獺，沈於水中，取魚引首而出。蓋獺口中安餌爲轉關，以石縋之則沈。魚取其餌，關即發，口合則銜魚，石發則浮出矣。

李亢《獨異志》卷上　蜀人楊行廉精巧，嘗刻木爲僧，於益州市引手乞錢。錢滿五十於手，則自傾寫下瓶口。

蘇鶚《杜陽雜編》卷中　飛龍衛士韓志和，本倭國人也，善彫木作鸞鶴鴉鵲之狀，飲啄動静，與真無異。以關戾置於腹内，發之則凌雲奮飛，可高三尺，至一二百步外方始却下。兼刻木作猫兒，以捕鼠雀。飛龍使異其機巧，遂以事奏，上覩而悦之。志和更彫踏牀，高數尺，其上飾之以金銀綵繪，謂之見龍牀。置之則不見龍形，踏之則鱗鬣爪牙俱出。及始進，上以足履之，而龍天矯若得雲雨。上怖畏，遂令撤去。志和伏於上前曰：「臣愚昧，致有驚忤聖躬。臣願別進薄伎，稍娛至尊耳目，以贖死罪。」上笑曰：「所解伎何？試爲我作之。」志和遂於懷中出一桐木合子，方數寸，中有物名蠅虎子，數不啻一二百焉。其形皆赤，云以丹砂啗之故也。乃分爲五隊，令舞《涼州》。上令召樂以舉其曲，而虎子盤迴宛轉，無不中節，每遇致詞處則隱隱如蠅聲，及曲終纍纍而退，若有尊卑等級。志和臂虎子令於上前獵蠅，於數百步之内如鷂捕雀，罕有不獲者。上嘉其小有可觀，即賜以雜綵銀椀。志和出宫門悉轉施於他人，不逾年，竟不知志和之所在。

李昉等《太平廣記》卷二二五《伎巧一》

陳思王

魏陳思王有神思，爲鴨頭杓，浮於九曲酒池。王意有所勸，鴨頭則廻向之。又爲鵲尾杓，柄長而直。王意有所到處，於罇上鏇之，鵲則指之。

又　區純

大興中，衡陽區純作鼠市，四方，丈餘，開四門，門有木人。縱四五鼠於中，欲出門，木人輒以椎椎之。出《晉陽秋》。

又　僧靈昭

北齊有沙門靈昭，甚有巧思。武成帝令於山亭造流杯池，船每至帝前，引手取杯，船即自住，上有木小兒撫掌，遂與絲竹相應。飲訖放杯，便有木人刺還。上飲若不盡，船終不去。未幾，靈昭忽拊心疑有刀刺，須臾叶血而終。

又　七寶鏡臺

胡太后使靈昭造七寶鏡臺，合有三十六室，別有一婦人，手各執鏁。纔下一關，三十六户一時自閉。若抽此關，諸門咸啓，婦人各出户前。出《皇覽》。

又　卷二二六《伎巧二》

水飾圖經

煬帝別敕學士杜寶修《水飾圖經》十五卷，新成，以三月上巳日會羣臣於曲水，以觀水飾。有神龜負八卦出河，授伏犧。黄龍負圖出河。玄龜銜符出洛水。鱸魚銜籙圖出翠媯之水，並授黄帝。黄帝齋於玄扈，鳳鳥降於洛上。【略】若此等總七十二勢，皆刻木爲之，或乘舟，或乘山，或乘平洲，或乘磐石，或乘宫殿。木人長二尺許，衣以綺羅，裝以金碧。及作雜禽獸魚鳥，皆能運動如生，隨曲水而行。又間以妓航與水飾相次，亦作十二航，航長一丈，闊六尺，木人奏音聲，擊磬，撞鐘，彈箏，鼓瑟，皆得成曲。及爲百戲，跳劍，舞輪，昇竿，擲繩，皆如生無異。其妓航水飾亦雕裝奇妙，周旋曲池，同以水機使之，奇幻之異出於意表。又作小舸子，長八尺，七艘。木人長二尺許，乘此船以行酒。每一船，一人擎酒盃立於船頭，一人捧酒鉢次立，一人撑船在船後，二人盪槳在中央。遶曲水池廻曲之處，各坐侍宴賓客。其行酒船隨岸而行，行疾於水飾。水飾行遶池一匝，酒船得三遍乃得同止。酒船每到坐客之處即停住，擎酒木人於船頭伸手，遇酒客取酒飲訖還盃，木人受盃，廻身向酒鉢之人取杓斟酒滿盃。船依式自行，每到坐客處，例皆如前法。此並約岸水中安機，如斯之妙皆出自黄衮之思。寶時奉敕撰《水飾圖經》及檢校良工圖畫。既成，奏進，敕遣寶共黄衮相知於苑内，造此水飾。故得委悉見之衮之巧性，今古罕儔。出《大業拾遺》。

又　觀文殿

隋煬帝令造觀文殿，前兩廂爲書堂，各十二間，堂前通爲閤道承殿。每一間十二寶厨前設方五香重牀，亦裝以金玉。春夏鋪九曲象簟，秋設鳳綾花褥，冬則加綿裝須彌氈。帝幸書堂，或觀書。其十二間内，南北通爲閃電牕，零籠相望。雕刻之工，窮奇極之妙。金鋪玉題，綺井華榱，輝映溢目。每三間開一方户，户垂錦幔，上有二飛仙。當户地口施機，轝駕將至，則有宫人擎香爐在轝前行。去户一丈，脚踐機發，仙人乃下閣，捧幔而昇，閤扇即開，書厨亦啓若自然，皆一機之力。轝駕出，垂閉復常。【略】出《大業拾遺》。

又　馬待封

開元初修法駕東海。馬待封能窮伎巧，於是指南車、記里鼓、相風鳥等，待封皆改修，其巧踰於古。待封又爲皇后造粧具，中立鏡臺，臺下兩層，皆有門户。后將櫛沐啓鏡奩後臺下，開門，有木婦人手執巾櫛，至后取已，木人即還。至於面脂粧粉眉黛髻花，應所用物，皆木人執繼，至取畢即還，門户復閉。如是供給，皆木人。后既粧罷，諸門皆闔，乃持去。其粧臺金銀彩畫，木婦人衣服裝飾，窮極精妙焉。待封既造鹵簿，又爲帝后造粧臺，如是數年，敕但給其用，竟不拜官，待封恥之。又奏請造欹器、酒山撲滿等物，許之。皆以白銀造作。其酒山撲滿中機關運動，或四面開定以納風氣。風氣轉動，有陰陽向背，則使其外泉流吐納，以挹盃斝，酒使出入，皆若自然，巧踰造化矣。既成，奏之，即屬宫。中有事，竟不召見。待封恨其數奇，於是變姓名，隱於西河山中。至開元末，待封從晉州來，自稱道者吳賜也。常絶粒，與崔邑令李勁造酒山撲滿、欹器等。酒山立於盤中，其盤徑四尺五寸，下有大龜承盤，機運皆在龜腹内。盤中立山，山高三尺，峰巒殊妙。繞山皆列酒池，池外復有山圍之。池中盡生荷，花及葉皆鍜鐵爲之。花開葉舒，以代盤楪。設脯醢珍果佐酒之物於花葉中。山南半腹有龍，藏半身於山，開口吐酒。龍下大荷葉中有盃承之，盃受四合。龍吐酒八分而止，當飲者即取之。飲酒若遲，山頂有重閣，閣門即開，有催酒人具衣冠執板而出，於是歸盞於葉，龍復注之。酒使乃還，閣門即閉。如復遲者，使出如初。直至終宴，終無差失。山四面東西皆有龍吐酒，雖覆酒於池，池内有穴，潛引池中酒納於山中。比席闌終飲，池中酒亦無遺矣。欹器二，在酒山左右，龍注酒其中，虚則欹，中則平，滿則覆，則魯廟所謂侑坐之器也。君子以誡盈滿。孔子觀之以誡焉。杜預造欹器不成，前史所載。若吴賜也，造之如常器耳。出《紀聞》。

又　卷四〇三《寶四》　月鏡

周靈王起處昆昭之臺，有侍臣萇弘巧智如流，因而得侍。長夜宴樂，或俳諧舞笑，有殊俗之技，百戲駢列，鐘石並奏，亦獻異方珍寶，有如玉之人，如龍之錦，亦有如鏡之石，如石之鏡。此石色白如月，照面如雪，謂之月鏡。玉人皆有機類，自能轉動，謂之機妍。

又李昉等《太平御覽》卷七五二《工藝部九》　巧

又曰衡陽區紙者甚有巧思，造作木室，作一婦人居其中。人扣其户，婦人開户而出，當户再拜。還入户内，閉户。又作鼠市，於中四方，丈餘，有四門，門中有一木人。縱四五鼠，欲出門，木人輒推木掩之。門門如此，鼠不得出。又作指南車及木奴，令舂穀作米。中宗聞其巧，詔補尚方左校。

司馬光《資治通鑑》卷一八二《隋紀六・煬皇帝中》　於觀文殿前爲書室十四間，窻户、牀褥、厨幔咸極珍麗。每三間開方户，垂錦幔，上有二飛仙。户外地中施機發。帝幸書室，有宫人執香爐，前行踐機，則飛仙下，收幔而上；户扉及厨扉皆自啓。帝出，則垂閉復故。

沈括《夢溪筆談》卷七《象數一》　慶曆中，有一術士姓李，多巧思，嘗木刻一舞鍾馗，高二三尺，右手持鐵簡。以香餌置鍾馗左手中，鼠緣手取食，則左手扼鼠，右手運簡斃之。

鄭樵《通志》卷一八二《藝術傳第二・魏・馬鈞》　馬鈞字德衡，扶風人也，巧思絶世，爲博士，居貧，嘗思綾機之變。舊綾機五十綜者五十躡，六十綜者六十躡，鈞患其喪功費日，乃皆易以十二躡。其奇文異變，因感而作者，猶自然之成形也。爲給事中與常侍高堂隆、驍騎將軍秦朗争論，二子言古無指南車，記言之虚也。鈞曰：「古有之，未之思耳，夫何遠之有。」隆朗以白明帝，帝詔鈞作之，而指南車成，時服其精妙。鈞居京師，城内有地可以爲園，患無水以灌之。乃作翻車，令童兒轉之，而灌水自覆，更出更入，其巧百倍於常。其後有上百戲者，能設而不能動。帝以問鈞：「可動否？」對曰：「可動。」帝曰：「其巧可益否？」對曰：「可益。」受詔作之。以大木彫構，使其形若輪，平地施之，潛以水發焉。設爲女樂、舞象，至令木人擊鼓、吹簫。作山嶽，使木人跳丸，擲劍，緣緪倒立，出入自在。百官行署，舂磨鬬雞，變巧百端。帝大悦之。鈞見諸葛亮連弩，曰：「巧則巧矣，未盡善也。」言作之可令加五倍。

周密《武林舊事》卷二《元夕》　禁中嘗令作琉璃燈山，其高五丈，人物皆用機關活動。結大綵樓貯之，又於殿堂梁棟窻户間爲涌壁，作諸色故事，龍鳳噀水，蜿蜒如生。遂爲諸燈之冠。

吾衍《閒居録》　陳州古墓，俗云高柴墓，爲馮馬兒所發。初得石刻，曰「逢馬而破」，遂發之不疑。然用力甚多，毒烟飛箭皆隨機輪而出，因斷其機，得金鑄禽鳥及玉甲片若龍鱗狀，其他異物不可數計。至今尚有藏者。厚葬如此，恐非高柴墓，當是陳君冢耳。

姜准《岐海瑣談》卷七《黄子復機運木偶》　山人黄子復，擅巧思，製爲木偶，運動以機，無異生人。嘗刻美女，手捧茶橐，自能移步供客。客舉甌啜茗，即立以待，甌返於橐，即轉其身，仍内向而入。又刻爲小者，置諸席上，以次傳觴。其行止一視觴之舉否。周旋向背，不須人力。其制一同於大。刻木爲犬，冒以真皮，口自開合，牙端攢聚小針，銜人衣裔，掛齒不脱，無異於真。

黄暐《蓬窗類紀》卷三《技藝紀》　南京一樂工，能刻木爲舟，大可二寸，篷桅櫓舵咸具，兩人對酌於中，壺觴飣餖滿案。一人挽篷索，一人握櫓，一人運舵，皆有機能動。置之水中，能隨風而行，略無欹側。一舟必需白金一兩，好事者競趨焉。迨與古之棘猴者無異。

焦周《焦氏説楛》卷七　近有發陸遜墓者，叢箭射出。又聞某墓木人運劍殺人，棺兩角輒有旋風聚沙瘞人至死。即墨城北有古冢，或發之，黄牛從挺門出，犯之即吼，不可動。按漢舊儀將作營陵地，内方石，外演沙，石交横莫邪，設伏弩。伏火弓矢與沙，蓋古製有其機第，不知黄牛蒼鷲之異何也。

楊時偉《諸葛忠武書》卷九《遺事》　侯居隆中時，有客至，屬婦具麪，須臾而具。

侯怪其速，後潛窺之，見數木人斫麥運磨如飛。求傳此術，後變其制爲木牛流馬云。

亮集載作木牛流馬法曰：木牛者，方腹曲頭，一脚四足，頭入領中，舌著於腹，載多而行少，宜可大用，不可小使。特行者數十里，羣行者二十里也。曲者爲牛頭，雙者爲牛脚，横者爲牛領，轉者爲牛足，覆者爲牛背，方者爲牛腹，垂者爲牛舌，曲者爲牛肋，刻者爲牛齒，立者爲牛角，細者爲牛鞅，攝者爲牛鞦軸。牛仰雙轅，人行六尺，牛行四步，載一歲糧，日行二十里，而人不大勞。

流馬尺寸之數，肋長三尺五寸，廣三寸，厚二寸二分。左右同。前軸孔分墨去頭四寸，徑中二寸。前脚孔分墨二寸，去前軸孔四寸五分，廣一寸。前杠孔去前脚孔分墨二寸七分，孔長二寸，廣一寸。後軸孔去前杠分墨一尺五分，大小與前同。後脚孔分墨去後軸孔三寸五分，大小與前同。後杠孔去後脚孔分墨二寸七分。後載剋去後杠孔分墨四寸五分。前杠長一尺八寸，廣二寸，厚一寸五分。後杠與等板方囊二枚，厚八分，長二尺七寸，高一尺六寸五分，廣一尺六寸。每枚受米二斛三斗。從上杠孔去肋下七寸，前後同。上杠孔去下杠孔分墨一尺三寸，孔長一寸五分，廣七分。八孔同。前後四脚，廣二寸，厚一寸五分。形制如象，靬長四寸，徑面四寸三分。孔徑中三脚杠長二尺一寸，廣一寸五分，厚一寸四分，同杠耳。

徐應秋《玉芝堂談薈》卷二六《古今巧藝》 魏明帝時有上百戲者，能設而不能動，帝以問馬鈞：「可動否？」對曰：「可動。」帝曰：「其巧可益否？」曰：「可益。」受詔作之。以大木雕構，構使其形若輪，平地施之，潛以水發焉。設爲女樂，舞象。至令木人擊鼓，吹簫，作山嶽。使木人跳丸，擲劒，緣絙倒立，出入自在。百官行署，舂磨鬭雞，變巧百端。元興隆笙，製以楠木，形如夾屏，上銳而面平，鏤金雕，鏤枇杷、寶相、孔雀、竹木、雲氣，兩旁側立花板。居背三之中，一爲虛櫃，如笙之匏。上笠紫竹管卒，管端實以木蓮苞。匱外出小橛十五，上笠小管，管端實以銅杏葉。下有座，獅象繞之。座上櫃前立花板一，雕鏤如背。宿出一皮風口，用則設朱漆架子於座前，繫風囊於風口，囊面如琵琶，朱漆雜花。有柄，一人挼小管，一人鼓風囊，則自隨調而鳴。中統間，回回國所進。以竹爲簧，有聲無律。玉宸樂院判官鄭秀乃考音律，分定清濁，增改如今制。其在殿者，盾頭兩旁立刻木孔雀二，飾以真孔雀羽，中設機。每奏，工三人，一人鼓風囊，一人按律，一人運動其機，則孔雀飛舞應節。

【略】《朝野僉載》：開元中，馬待封能窮伎巧，爲皇后造粧具，中立鏡臺，臺下兩層皆有門户。后將櫛沐啟鏡奩後臺下，開門有木婦人手執巾櫛至，取已，木人即還。至於面脂粧粉眉黛髻花，應所用物，皆木人執相繼而至，亦取畢即還。粧罷諸門皆閉。又爲崔邑令李勁造酒山立於盤中，其盤徑四尺五寸，下有大龜承盤，機運皆在龜腹中。立山山高三尺，繞山列酒池，池外山復圍之。池中盡生荷花及葉，葉間設脯醢珍果佐酒之物。山南半腹有龍，藏半身於山，開口吐酒下，大荷葉中有杯承之。杯受四合，龍吐酒八分而止。飲酒若遲，山頂有重閣，閣門即開，有催酒人執板而出，於是歸盞於葉。龍復注之，直至終宴，終無差失。

《杜陽編》：穆宗朝有飛龍騎士韓志和，善雕木作鸞鶴之屬，置關棙於內，發之飛高百尺，至數百步外。兼刻木龍，以捕雀鼠。更雕踏床數尺，謂之見龍床。置之則不見龍形，踏之則鱗鬣爪牙俱出。殷文亮性巧，好酒，刻木爲人，衣以繒彩，酌酒行觴，皆有次第。又作妓女，唱歌吹笙，皆能應節。飲不盡，即木小兒不去，木妓女歌管連催。

元氏《掖庭記》：帝於內院造龍船，首尾長一百二十尺，廣二十尺，上有五殿。龍身并殿宇俱五彩金裝，日於後宫海子内游戲，船行則龍首、尾、眼、爪皆動。

張潮《虞初新志》卷六《黄履莊小傳》 黄子履莊，予姑表行也，少聰穎，讀書不數過，即能背誦。尤喜出新意，作諸技巧。七八歲時，嘗背塾師，暗竊匠氏刀錐，鑿木人長寸許，置案上能自行走，手足皆自動，觀者異以爲神。十歲外，先姑父棄世，來廣陵，與予同居。因聞泰西幾何比例、輪棙機軸之學，而其巧因以益進。嘗作小物自怡，見者多競出重價求購。體素病，不耐人事，惡劇嬲，因竟不作，於是所製始不可多得。

所製亦多，予不能悉記。猶記其作雙輪小車一輛，長三尺餘，約可坐一人，不煩推挽，能自行。行住，以手挽軸旁曲拐，則復行如初。隨住隨挽，日足行八十里。作木狗，置門側，卷卧如常，惟人入户，觸機則立吠不止，吠之聲與真無二，雖黠者不能辨其爲真與僞也。作木鳥，置竹籠中，能自跳舞飛鳴，鳴如畫眉，凄越可聽。作水器，以水置器中，水從下上射如線，高五六尺，移時不斷。所作之奇俱如此，不能悉載。

有怪其奇者，疑必有異書，或有異傳。而予與處者最久且狎，絶不見其書。叩所從來，亦竟無師傳，但曰：「予何足奇，天地人物，皆奇器也。動者如天，静者如地，靈明者如人，賾者如萬物，何莫非奇。然皆不能自奇，必有一至奇而不自奇者以爲源，而且爲之主宰。如畫之有師，土木之有匠民也，夫是之爲至奇。」予驚其言之大，而因是亦具知黄子之奇，固自有其獨悟，非一物一事求而學之者所可及也。昔人云：「天非自動，必有所以動者。地非自静，必有所以静者。」黄子之奇，其得其奇之所以然乎？

黄子性簡默，喜思。與予處，予嘗紛然談説，而黄子則獨坐静思。觀其初思求入，亦戛戛似難，既而思得，則笑舞從之。如一思凝而不得，必擁衾達旦，務得而後已焉。黄子之奇，固亦由思而得之者也。而其喜思則性出也。黄子生丙申，於今二十八歲，其年月日時，與予生期毫髮無異，亦奇也，因附書之。

附奇器目略

【略】

一、玩器。器雖玩而理則誠。夫玩以理出，君子亦無廢乎玩矣。

自動戲：内音樂俱備，不煩人力，而節奏自然。

真畫：人物鳥獸，皆能自動，與真無二。

燈衢：作小屋一間，内懸燈數盞。人入其中，如至通衢大市，人煙稠雜，燈火連綿，一望數里。

自行驅暑扇：不煩人力，而一室皆風。

木人掌扇。

【略】

一、造器之器。「工欲善其事，必先利其器。」况目中所列諸器，有非尋常斤斧所能造者。

作造器之器：方圓規矩、就小畫大規矩、就大畫小規矩、畫八角六角規矩、造諸鏡規矩、造法條器。

張山來曰：泰西人巧思，百倍中華，豈天地靈秀之氣獨鍾厚彼方耶？予友梅子定九、吴子師邵，皆能通乎其術。今又有黄子履莊。可見華人之巧，未嘗或讓於彼。祇因不欲以技藝成名，且復竭其心思於富貴利達，不能旁及諸技，是以巧思遜泰西一籌耳。

原本奇器自略頗詳，兹偶録數條，以見一斑云。

余慶遠《維西見聞紀·物器》 地弩

穴地置數弩，張弦控矢，縛羊弩下，線繫弩機，絆於羊身。虎豹至，下爪攫羊，線動機發，矢悉中虎豹胸，行不數步，皆斃。

麟慶《河工器具圖説》卷一《宣防器具》

鼠弓

地鼠俗名地羊，即《本草》鼹鼠，《爾雅》鼢鼠，《廣雅》犁鼠，隄頂兩坦均有之。但見虚土一堆，即此物也。爪銛牙利，頃刻穿隄，搜捕不可不浄。捕法，趁其迎風開洞，用竹弓鐵箭射之，百不失一。鼠弓有三，一用鐵簽張於弓上，簽直如矢；一用挑棍撐桿懸以消息；又一式三叉其木，墜以巨磚，懸以消息，若今之取禽獸用罥擭。然顔師古《漢書注》：弩以足踏者曰蹶張。殆相類而不同者歟。

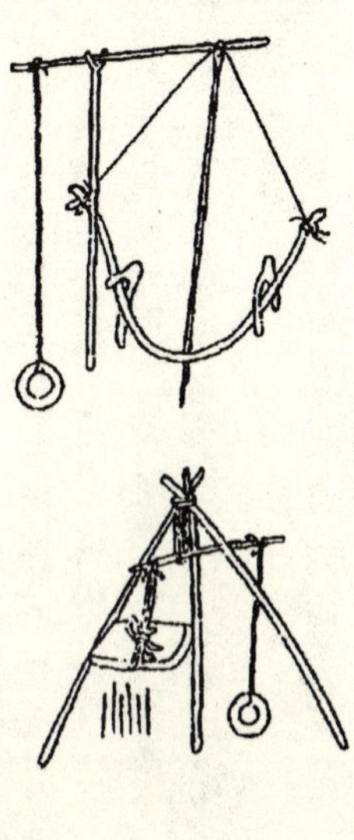

鼠弓

狐櫃

狐櫃以木製成，形如畫箱，前以挑棍挑起閘板，以撐桿撐起挑棍，後懸繩於挑棍而繫消息於櫃中。以雞肉爲餌，安置近栅欄處，使狐見而入櫃攫取，一碰消息，則繩鬆棍仰，桿落板下而狐無可逃遁矣。

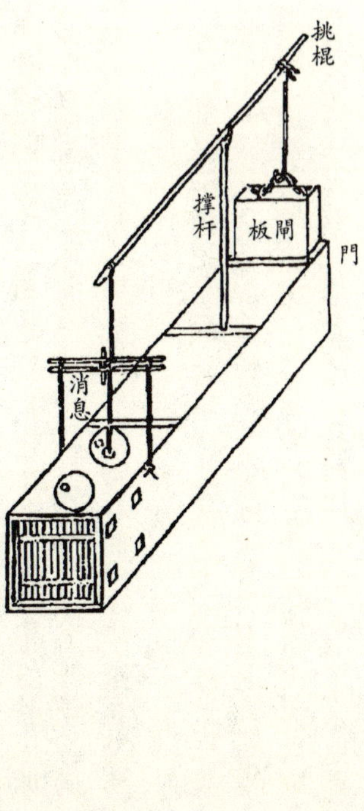

狐櫃

湯球《晉陽秋輯本》卷三《元帝》 修復山陵 衡陽歐純者，甚有巧思，造竹木室，作一婦人居其中。人扣其户，婦人開户而出，當户再拜。還入户内，閉户。

又作鼠市，于中四方丈餘，開有四門，門中有一木人。縱四五鼠于中，欲出門，木人輒以椎椎之。一作輒推木掩之。門門如此，鼠不得出。又作指南車及木奴，令舂穀作米。中宗聞其巧，詔補尚方左校。

王棨《永嘉縣志》卷三八《襍志三 附録》 山人黄子復擅巧思，製木偶，運動以機，無異生人。嘗刻美人，手捧茶托，自能移步供客。客舉甌啜茗，即立以待，甌返於托，即轉身向内而入。又刻爲小者，置諸席上，以次傳觴。其行止一視觴之舉否，周旋向背，不須人力。王陽德曾捐十金購谷簾秋古琴，僅存壞板數片，黄爲重造，卒成完器，聲音清越，冠絶一時。《岐海瑣譚》

藝文

林滋《木人賦》李昉等編《文苑英華》卷八二 何伊人兮異常，爰委質以來王。想具體之初，既因於乃雕乃斲；及抱材而至，孰知其爲棟爲梁。原夫始自攻堅，終資假手。雖克己於小巧之下，乃成人於大朴之後。來同辟地，舉趾而根柢則無；動必從繩，結舌而語言何有。心遊刃兮在兹，鼻運斤兮罔遺。兀若得木君之狀，塊然非土偶之資。曲直不差，既無慚於今日；短長合度，寧自伐於當時。莫不脱枯槁以員來，投膠漆而是進。低徊而氣岸方肅，佇立而衣裾屢振。穠華不改，對桃李而自逞芳顔；朽質莫侵，指蒲柳而詎驚衰鬢。既手舞而足蹈，必左旋而右抽。藏機關以中動，假丹粉而外周。生本林間，苟有參乎之美；立當君所，何慙柴也之儔。是則貫彼五行，超諸百戲。誤穿節以瞪目，從聲幹於奮臂。如令居杞梓之上，則樹德非難；若使赴湯火之前，則焚軀孔易。進退合宜，依然在斯。既無喪無得，亦不識不知。跡異草萊，其言也無莠；情同木訥，其行也有枝。可謂暗合生成，潛因習熟。雖則剉身於斤斧，曷若守株於林麓。宜乎削爾肩，刳爾腹。既有亂於真宰，寧取笑於周穆。

陳櫟《定宇集》卷一二《木貓賦》 惟木貓之爲器兮，非有取于象形。設機械以得鼠兮，配貓功而借名。諒哉，貓之字蒙貴兮，實依人以寢處。豈貓之偏可愛兮，見鼠之深可怒。鼠罪不可勝數兮，大罪在害夫吾書。聖賢所以心天地、命生民兮，多噬嚙而無餘。外嚙衣與毁器兮，并穴倉而盗肉。雖僂指以盡其惡兮，惟良貓漸可殲其族。奈良貓每難畜兮，食不可以無魚。或鈍庸而不捕兮，遂謀設夫穽機。外匣板以四周兮，柱雙峙而梁横。懸重木其若砧兮，下篳盛夫羶腥。妙在分鼈梗之活繫兮，微有觸而轟擊。鼠行而冒入兮，危機動而微命。畢聞響而再設兮，或一夕獲禽之三四。策奇勳其若兹兮，名木貓其奚慚。然我以機心爲彼械兮，彼亦因機械而觸夫機心。海鷗之聞雅而防猶深，豈黠鼠之不能初用之多中兮，再三用之則否。毋乃指禍穽以相告語兮，儘機張而餌誘。木砧暮懸而詰朝兮，羣黠跳梁于外而不入其中。得非機械之有窮兮，豈若良貓之有常功。或者因貓之難畜兮，遂抑貓而揚此。使木之貓果能盡用兮，則貓可以盡死。患彼不捕之罷鈍兮，豈不可易夫銜蟬譬之。因望庸人之失職兮，乃遂併衆君子而舍旃也耶。

飛行器

紀事

《墨子》卷一三《魯問》 公輸子削竹木以爲鵲，成而飛之，三日不下，公輸子自以爲至巧。子墨子謂公輸子曰：「子之爲鵲也，不如翟之爲車轄，須臾(留)[劉]三寸之木，而任五十石之重。故所爲巧，利於人謂之巧，不利於人謂之拙。」

韓非《韓非子》卷一一《外儲説左上》 墨子爲木鳶，三年而成，蜚一日而敗。弟子曰：「先生之巧，至能使木鳶飛。」墨子曰：「不如爲車輗者巧也，用咫尺之木，不費一朝之事，而引三十石之任，致遠力多，久於歲數。今我爲鳶三年成，蜚一日而敗。」惠子聞之曰：「墨子大巧，巧爲輗，拙爲鳶。」

王充《論衡》卷八《儒增篇》 儒書稱：「魯般、墨子之巧，刻木爲鳶，飛之三日而不集。」夫言其以木爲鳶飛之，可也；言其三日不集，增之也。夫刻木爲鳶，以象鳶形，安能飛而不集乎？既能飛翔，安能至於三日？如審有機關，一飛遂翔，不可復下，則當言遂飛，不當言三日。猶世傳言曰：「魯般巧，亡其母也。」言巧工爲母作木車馬、木人御者，機關備具，載母其上，一驅不還，遂失其母。如木鳶機關備具，與木車馬等，則遂飛不集。機關爲須臾間，不能遠過三日，則木車等亦宜三日止於道路，無爲徑去以失其母。二者必失實者矣。

郭璞《山海經注》卷七《海外西經》 奇肱之國或作引奇，音羈。在其北，其人一臂三目，有陰有陽，乘文馬。陰在上，陽在下，文馬即吉白也。有鳥焉，兩頭，赤黄色，在其旁。其人善爲機巧，以取百禽，能作飛車，從風遠行。湯時得之於豫州界中，即壞之，不以示人。後十年，西風至，復作遣之。形天與帝至此争神，帝斷其首，葬之常羊之山，乃以乳爲目，以臍爲口，操干戚以舞。干，盾。戚，斧也。是爲無首之民。

葛洪《抱朴子内篇》卷三《雜應》　若能乘蹻者，可以周流天下不拘山河。凡乘蹻道有三法：一曰龍蹻，二曰虎蹻，三曰鹿盧蹻。或服符精思，若欲行千里，則以一時思之。若晝夜十二時思之，則可以一日一夕行萬二千里，亦不能過此，過此當更思之，如前法。或用棗心木爲飛車，以牛革結還劍以引其機，或存念作五蛇六龍三牛交罡而乘之，止昇四十里，名爲太清。太清之中，其氣甚罡，罡能勝人也。師言鳶飛轉高，則但直舒兩翅，了不復扇摇之而自進者，漸乘罡氣故也。

張華《博物志》卷二《外國》　結胸國有滅蒙鳥奇肱，民善爲拭扛以殺百禽，能爲飛車，從風遠行。湯時，西風至，吹其車至豫州。湯破其車，不以視民。十年，東風至，乃復作車遣返，而其國去玉門關四萬里。

又　卷一〇《雜説下》　舊説云天河與海通，近世有人居海濱者，年年八月有浮槎去來，不失期。人有奇志，立飛閣于槎上，多齎糧，乘槎而去，十餘日中猶觀星月日辰，自後芒芒忽忽，亦不覺晝夜。去十餘日，奄至一處，有城郭狀，屋舍甚嚴。

王嘉《拾遺記》卷一　堯登位三十年，有巨查浮於西海，查上有光，夜明晝滅。海人望其光乍大乍小，若星月之出入矣。查常浮繞四海，十二年一周天，周而復始，名曰貫月查，亦謂挂星查。羽人棲息其上，羣仙含露以漱，日月之光則如暝矣。虞夏之季，不復記其出没，遊海之人猶傳其神偉也。

范曄撰　李賢注《後漢書》卷八九《張衡列傳·張衡傳》　順帝初，再轉，復爲太史令。衡不慕當世，所居之官，輒積年不徙。自去史職，五載復還，乃設客問，作應間以見其志云。間，非也。《衡集》云：觀者，觀余去史官五載而復還，非進取之勢也。唯衡内識利鈍，操心不改。或不知我者，以爲失志矣。用爲間余。余應之以時有遇否，性命難求，因兹以露余誠焉，名之應間云。【略】

参音三。輪可使自轉，木雕猶能獨飛，已垂翅而還故棲，盍亦調其機而銛諸？垂翅故棲，謂再爲史官也。盍，何不也。銛，利也。諸，之也。間者言衡作三輪木雕，尚能飛轉，已乃垂翅故棲，何不調其機關使利而高飛邪？《傅子》曰：「張衡能令三輪獨轉也。」【略】

子覩木雕獨飛，愍我垂翅故棲，吾感去鼃附鴟，悲爾先笑而後號也。

陶弘景《真誥》卷一一　稽神樞第一

玄帝時，召四海神使運此盤石於洞天之上耳，非但句曲而已。仙人市壇之下，洞宫之中央窗上也。句曲山腹内虚空，謂之洞臺仙府也。

玄帝時，召四海神使，運安息國天市山寶玉璞石，以填洞天之中央玄窗之上也。東海青童君曾乘獨飈飛輪之車，通按行有洞臺之山，皆埋寶金白玉各八九千斤，於市石左右四面，以鎮陰宫之嶺。諸有洞天皆爾，不但句曲而已。邑人呼天市盤石爲仙人市壇，是其欲少有彷彿而不了了也，青童飈輪之迹，今故分明。

李昉等《太平廣記》卷四〇五《寶六》　奇物

嚴遵仙槎

唐置之於麟德殿，長五十餘尺，聲如銅鐵，堅而不蠹。李德裕截細枝尺餘，刻爲道像，往往飛去復來。廣明已來失之，槎亦飛去。出《洞天集》。

又　卷七五二《工藝部九》　巧

《文士傳》曰：張衡嘗作木鳥，假以羽翮，腹中施機，能飛數里。

戴順《紫陽真人悟真直指詳説三乘秘要·薛紫賢事蹟》　叔祖父自稚齡慕道，讀之有年，天啓其衷，與聞玄祕。以平日所聞於父師所授者，與夫己之所自得者，疏於無名子註文之末，俾來者得以取準焉，不至墮於渺茫而流于誕漫也。溥哉，其心乎順，夙生有緣，獲闚其書，寔爲慶幸。又安得友方外之人，踏名巘以棲真，策仙風而遐詣。安立鼎爐，呼吸龍虎，顛倒汞鉛，採之於一時，胎之於十月，空之於九載，泠然馭飛車，度弱水，跨靈鼇，侍諸仙真之下風，以聞希夷之大道，以拯淪溺之徒，乃所願則學紫賢也。至元丁丑上巳日，後學戴順稽首書于朱湖大生洞天。

地動儀

紀事

袁宏《後漢紀》卷一九《後漢孝順皇帝紀》　衡精微有文思，善於天文陰陽之數，由是遷太史令。衡作地動儀，以銅爲器，圓徑八尺，形似酒樽，合蓋夯降，飾以山龜鳥獸。樽中有都柱，旁行八道，施關發機。外有八方兆龍，首銜銅丸，蟾蜍承之。其牙機巧制，皆隱樽中，張訖覆之以蓋，周密無際，若一體焉。地動搖樽，所從來龍機發則吐丸，蟾蜍張口受之，丸聲振揚，伺者覺知，即省龍機。其餘七首不發，則知地震所起從來也，合契若神。自此之後，地動史官注記，記所從方起來，觀之者莫不服其奇。

范曄撰　李賢注《後漢書》卷八九《張衡列傳・張衡傳》　陽嘉元年，復造候風地動儀。以精銅鑄成，員徑八尺，合蓋隆起，形似酒尊，飾以篆文山龜鳥獸之形。中有都柱，傍行八道，施關發機。外有八龍，首銜銅丸，下有蟾蜍，張口承之。蟾蜍，蝦蟇也。蟾音時占反。蜍音時諸反。其牙機巧制，皆隱在尊中，覆蓋周密無際。如有地動，尊則振龍機發吐丸，而蟾蜍銜之。振聲激揚，伺者因此覺知。雖一龍發機，而七首不動，尋其方面，乃知震之所在。驗之以事，合契若神。自書典所記，未之有也。嘗一龍機發而地不覺動，京師學者咸怪其無徵，後數日驛至，果地震隴西，於是皆服其妙。自此以後，乃令史官記地動所從方起。

徐堅《初學記》卷五《地理上》　總載地

銅儀，金柱。《續漢書》曰：張衡作地動儀，精銅以鑄。其器圓徑八寸，形似酒樽，樽中有都柱，傍行八道，施關發機。外有八龍，首銜銅丸，蟾蜍承之。其機關巧制，皆在樽中。

吳淑《事類賦》卷六《地部》　地

驗動靜於張衡。《續漢書》曰：張衡作地動儀，精銅以鑄。其器圓徑八尺，形似酒樽，樽中有都柱，旁行八道，施關發機。外有八龍，首銜銅丸，蟾蜍承之。地或動，則隨其方由龍吐丸。其機關巧制，皆在樽中。

李昉等《太平御覽》卷七五二《工藝部九》　巧

《續漢書》曰：張衡性精微，有巧藝，作地動儀，以精銅鑄其器，圓徑八尺，形似傾樽。其蓋穹隆，飾以篆文。外有八龍，首銜銅丸，下有蟾蜍承之。其牙發機皆隱在樽中，周密無際，如一體焉。地動機發，龍即吐丸，蟾蜍張口受丸，聲乃振揚，司者覺知，即省龍機。其餘七首不發，則知地震所從起來也。合契若神，觀之莫不服其奇，麗自古所來未嘗有也。

江少虞《事實類苑》卷六〇《廣知博識》　論地動儀

地動儀，候地震之器也。《續漢書》：張衡，字平子，作此儀也。以精銅鑄之，其器圓徑八尺，形似酒罇，中有都柱，旁行八道，施關發機。外有八龍，首銜銅丸。每龍作一蟾蜍，仰首張口而承之。機關巧制皆罇中。龍首以置九州地分，如遇某分州地動，則龍銜之丸即墜，蟾蜍口中乃鏗鏗然有聲，司候者占視之，知某州分地震也。嘗有丸落，久無奏報，未幾龍石地震也。此法久亡，更無補續矣。又按張衡《靈憲》云：元氣剖判，清濁異位，地定於内而體於陰。地有九域山川，聖人始紀綱而後經緯也。《春秋元命苞》曰：天左旋，地右轉也。《河圖》云：地恒動不息，譬如人在大舟上開牖而坐，舟行覺矣。詳其地右動，非震也。旋行而動，亦人所不知者也。若舟中不窺眭，開牖而坐定，不知舟行也。張衡竊物理之極致，而謂其右旋，地道壅塞之時，乃氣凌此州之分，機關阻滯，地則爲之動焉。如人中息氣，晝夜從頭至足，周身一萬三千五百息，具會寸口。其或營行壅滯，不通行處便成癰瘑瘡疱者，譬之丸落處也。故《漢翼奉》云：人氣尚逆則感天地，天變見星氣日蝕，地變見奇物震動。所以然者，陽用其精。陰陽之形，猶人之有五臟六體。五臟象天，六體象地，臟病則氣色發於面，體病則穴中動於貌也。又《易》云：天地之數五十有五，所以成變化而行鬼神也。或曰：爲張衡得以匿思而作，爲傳習乎？通曰：厥疑有三，必難盡驗也。一、如嶺表兼海中洲渚頻動，居人以爲常也。此儀可驗，則揚州之分日日時時落丸也。二、張衡不教子孫，後無述焉。三、於國家無所利也。故不行於世矣。

邢凱《坦齋通編》　日月薄食，曆家可以預定。頃在館中，食前一日，差館職按驗時刻分數，無甚差忒。若地震未聞有預定者，晏子語栢常騫曰：昔吾見維星絶，樞星散，地其動。騫對曰：然，是觀天象可以知地震也。張衡造候風地動儀，柱外八龍，首啣銅圓，機發吐圓，知震之所在。嘗一龍機發，地震隴西，是數寓於銅儀，可以前定也。二者之法今無傳焉。

王應麟《玉海》卷四《天文・儀象》　漢陽嘉候風地動儀

張衡，順帝時爲太史令，陽嘉元年秋七月，復造候風地動儀。以精銅鑄成，員徑八尺，合蓋隆起，形似酒樽，飾以篆文山龜鳥獸之形。中有都柱，傍行八道，施關發機。外有八龍，首銜銅丸，下有蟾蜍，張口承之。其牙機巧制，皆隱在樽中，覆蓋周密無際。如有地動尊振，則龍發機吐丸，而蟾蜍銜之，振聲激揚，伺者因此覺之。雖一龍發機而七首不動，尋其方面，乃知震之所在。驗之以事，合契若神。自書典所記，未之有也。嘗一龍發機而地不覺動，京師學者咸怪其無證，後數日驛至，果地震隴西，於是咸服其妙。自此以後，乃令史官記地動所從方起。崔子玉爲其碑銘曰：「數術窮天地，製作侔造化。高才偉藝，與神合契。」蓋由平子渾儀及地動儀有驗故也。《紀》：陽嘉元年七月，史官始作候風地動銅儀。《前志》：維星散，句星信，則地動。有星守三淵地動。極後四星曰句星。斗杓後二星曰維星。《隋志》：河中九星如鉤狀，曰鉤星，伸則地動。房宿北一小星曰鉤鈐，鉤鈐之間有星及疎折，則地動。晏子曰：吾見句星在房心之間，地其動乎？隋臨孝恭著《地動銅儀經》一卷。

周密《齊東野語》卷一五《渾天儀地動儀》 按：渾天儀始於洛下閎，或以爲璿璣玉衡之遺法，非也。其後賈逵、張衡、解蘭、李淳風、梁令瓚、僧一行以下皆能之，獨有候風地震之器，曰地動儀者，無傳焉。按漢《張衡傳》，此儀以精銅爲之。其器圓徑八尺，形似酒樽，中有都柱，旁行八道，施關發機。外有八龍，首銜銅丸。每龍作一蟾蜍，仰首張口而承之。機關巧製，皆在樽中。龍必致九州地分，如遇某州分地動，則龍銜之丸即墜蟾蜍口中，乃鏗然有聲，司候者占之則知某地分震動矣。《北史》信都芳明算術，有巧思，聚渾天、欹器、地動銅烏、刻漏、候風諸巧事，令算之皆無遺策。隋臨孝恭嘗著《地動遺經》一卷，今皆傳焉。然以理揆之，天文有常度可尋，時刻所至，不差分毫。以渾天測之可也。若地震則出於不測，蓋陰陽相薄使然，亦猶人之一身血氣或有順逆，因而肉瞤目動耳。氣之所至則動，氣所不至則不動。而此儀置之京都，與地震之所了不相關，氣數何由相薄使銅龍驟首吐丸也。細尋其理，了不可得，更當訪之識者可也。

周述學《神道大編曆宗通議》卷一五《張衡地動儀識》 張衡字平子，陽嘉元年復造候風地動儀。以精銅鑄成，員徑八尺，合蓋隆起，形似酒罇，飾以篆文山龜鳥獸之形。中有都柱，傍引八道，拖關發機。外有八龍，首啣銅丸。下有蟾蜍，張口承之。其牙機巧制，皆隱於罇中，覆蓋周密無際。如有地動，罇則振龍機發吐丸，而蟾蜍銜之。震聲激揚，伺者因此覺知。雖一龍發機而七首不動，尋其方面乃知震之所在。驗之以事，合契若神。自書典所記未之有也。嘗一龍機發而地不覺動，京師學者咸怪其無徵，後數日驛至，果地震隴西，於是皆服其妙。

來集之《倘湖樵書》卷四《地動日食》 地動災異之大，有卒然而起，非可測度。月食，天行之所犯，具有成算，非可轉移。《後漢書》：張衡于陽嘉元年造候風地動儀，以精銅鑄成，徑圍八尺，合蓋隆起，形似酒樽，飾以篆文山龜鳥獸之形。中有都柱，旁行八道，施關發機。外有八龍，首銜銅丸。下有蟾蜍，張口承之。其牙機巧制，皆隱在樽中，覆蓋周密無餘。如有地動，尊則振龍機發吐丸，而蟾蜍銜之，振聲激揚，伺者因此覺知。雖一龍發機而七首不動，尋其方而乃知震之所在。驗之以事，合契若神。自書典所記未之有也。嘗一龍機發而地不覺動，京師學者咸怪其無徵。後數日驛至，果地震隴西，于是皆服其妙。自此以後，乃令史官記地動所由方起。夫地震而術可推測，如經緯星之軌跡可尋，則亦何災異之有。《北史》：信都芳明算術，有巧思，聚渾天、欹器、地動銅壺、刻漏、候風諸巧事，令算之，皆無遺策。隋臨孝恭嘗著《地動儀經》一卷。按：漢翼奉治齊詩，好律曆、陰陽之占，嘗上封事曰：竊學齊詩，聞五際之要《十月之交》篇，知日食地動之效，則似地震果可以推測。知不獨張衡也。

孫枝蔚《溉堂集》文集卷二《與吴野人汪舟次》 久濶面談，近日所謂得何題目？願一見之。前月地震，勢甚可畏，比來遠近所傳，被災之地慘不忍聞，覺此方未爲大酷也。若世有張平子，蚤使銅龍發機矣。僕欲作紀異詩，尚未就兩公曾有作否。僕嘗謂平子既有四愁詩，可以不造候風地動儀。梁父艱矣，湘水深矣，隴阪長矣，雪霜雰矣，此即是地動詩，即是發機之八龍首也，蓋致動之繇也。然則僕與兩公亦可竟省此題詩，但不可少如四愁一類之作耳。

李光地《榕村語録》卷二六《理氣》 張平子造地動儀，甚奇，各處地震皆知之。司儀者報聞及彼處奏到，時刻皆應，不知何理。定九先生云：先業師倪先生云：地動儀當是極平，平之至，少有動便傾響。何處地震，其餘勢所及者必遠，人不覺，而此器平極，遂有聲。至其語之過於神奇者，或有潤飾也。

又李光地《榕村語録續集》卷六《諸子》 張平子作候風地動儀，刻漢郡國一銅龍在下，旋轉所觸，則其處動搖，守相上變，不差漏刻。然則博徵大輿，更當何如？此理之所無者，漢人亦未可盡信。鄭康成不免穿鑿，北海猶譏之矣。

何琇《樵香小記》卷下《地動儀》 張衡地動儀，余終不信有是事。夫設機轉運，則其機有定，不能測無定。設機待發，則機不動不發，氣不至不動。氣動於數千里外，而機應于此，萬無此法。蓋葭管之氣，必至之氣也，徧乎天下，至其時則皆應。地動之氣，偶逆之氣也，各于其地，非其地則不知。

羅士琳《續疇人傳・序》 自西人尚巧算，屢經實測修改，精務求精。又值中法湮替之時，遂使乘間居奇。世人好異喜新，同聲附和，不知九重本諸《天問》，借根昉自天元。西人亦未始不暗襲我中土之成説成法，而改易其名色耳。如諸輪變爲橢圓，不同心天變爲地球動是已。元且思張平子有地動儀，其器不傳。舊説以爲能知地震，非也。元竊以爲此地動天不動之儀也，然則蔣友仁之謂地動，或本於此，或爲暗合，未可知也。

劉嶽雲《格物中法》卷一《氣部》 地動由於電氣

張衡作候風地動儀，施關發機，有八龍銜丸，地動則振龍發機吐丸，而蟾蜍銜之。《後漢書・天文志》。

衡善機巧，尤致思於天文、陰陽、曆算，陽嘉元年造候風地動儀。以精銅鑄成，圓徑八尺，合蓋隆起，形似酒尊，飾以篆文山龜鳥獸之形。中有都柱，傍行八道，施關發機。外有八龍，首銜銅丸。下有蟾蜍，張口承之。其牙機巧制，皆隱在尊中，覆蓋周密無際。如有地動，尊則振龍機發吐丸，而蟾蜍銜之。振聲激揚，伺者因此覺知。雖一龍發機而七首不動，尋其方面乃知震之所在。驗之以事，合契若神。嘗一龍機發而地不覺動，京師學者咸怪其無徵，後數日驛至，果地震隴西，於是皆服其妙。自此以後，乃令史官記地動所從方起。《後漢書・張衡傳》。

嶽雲謹案：地動之故，由于電氣震盪。張衡能爲地動儀，使某處地動，即于某處現象，則其于電氣運行之軌道，洞悉無遺，而所製之儀，必能與電氣相感。此真今西人所百思不到者矣。

又案：周密《齊東野語》言，地震出於不測，蓋陰陽相薄使然。猶人之一身血氣，或有順逆，因而肉瞤目動，氣之所至則動，不至則不動。儀置京師，與地震之所了不相關，氣數何由相薄。然密既謂信都芳有巧思，聚渾天欹器、動地銅烏、刻漏候風諸巧事，令算之皆無遺策，隋臨孝恭著《地動遺經》一卷，可知張衡以後，尚有能者。密自不能，又不深求，何可漫疑。

文廷式《純常子枝語》卷二六 泰西測候之學遠過於古，惟地震尚不能測，而中國古籍多言地動儀，不可解也。周公謹《齊東野語》卷十五云：後漢張衡傳地動儀，以精銅爲之，其器圓徑八尺，形似酒樽。中有都柱，傍行八道，施關發機。外有八龍，首銜銅丸。每龍作一蟾蜍，仰首張口而承之。機關巧製，皆在樽中。龍必置九州地分，如遇某州分地動，則龍銜之丸即墜蟾蜍口中，乃鏗然有聲，候者占之則知某地分震動也。《北史》信都芳明算術，有巧思，聚渾天欹器、地動銅壺、刻漏候風諸巧事，令算之，無遺策。隋臨孝恭嘗著《地動儀經》一卷，今皆無傳焉。然以理揆之，天文有晷度可尋，時刻所至，不差分毫，以渾儀測之可也。若地震出於不測，蓋陰陽相薄使然。亦猶人之一身血氣，或有順逆，因而肉瞤目動耳。氣之所至則動，所不至則不動。而此儀置之京都，與地震之所了不相關，氣數何由相薄，能使銅龍驤首吐丸。細尋其理，了不可得，更當訪之識者。李文貞《榕村語録》廿六云：定九先生曰：先業師倪先生云，地動儀當是極平，平之至，少有動便傾響。何處地震，其餘勢所及者必遠，人不覺，而此器平極，遂有聲至。其語之過於神奇者，或有潤飾也。按：此必當與電學相關，後人製之不難矣。

風箱

論説

河上公《老子道經注》卷上《虚用》 天地不仁，天施地化，不以仁恩任自然也。以萬物爲芻狗。天地生萬物，人最爲貴，天地視之如芻草狗畜，不責望其報也。聖人不仁，聖人愛養萬民，不以仁恩，法天地，行自然。以百姓爲芻狗。聖人視百姓如芻草狗畜，不責望其禮意。天地之間，天地之間空虚，和氣流行，故萬物自生。人能除情欲，節滋味，清五藏，則神明居之也。其猶橐籥乎，橐籥中空虚，又能有聲氣。橐音託。籥音樂。虚而不屈，動而愈出。言空虚無有屈竭時，動摇之益出聲氣也。多言數窮，多事害神，多言害身，口開舌舉，必有禍患。數，王弼注去聲，謂理數也。明皇注，音朔。不如守中。不如守德於中，育養精神，愛氣希言。

王弼《老子道德經注》上篇《五章》 天地之間，其猶橐籥乎，虚而不屈，案：屈，《釋文》作掘。動而愈出。橐，排橐也。籥，樂籥也。橐籥之中空洞，無情無爲，故虚而不得窮屈，動而不可竭盡也。天地之中蕩然任自然，故不可得而窮，猶若橐籥也。

釋慧琳《一切經音義》卷一一 大寶積經卷第三

橐囊。湯洛反，下諸郎反。考聲云：無底袋也。案：橐囊即橐籥也。老氏曰：天地之間，其猶橐籥乎。俗呼名韛，音敗，袋是也，用鼓風以吹火也。

蘇轍《老子解》卷上《天地不仁》

天地之間，其猶橐籥乎，虛而不屈，動而愈出。

排之有橐與籥也，方其一動，氣之所及無不靡也。不知者以爲機巧極矣。然橐籥則何爲哉？蓋亦虛而不屈，是以動而愈出耳。萬物化之始，至于天地之間，其所以生殺萬物，彫刻衆形者，亦若是而已矣。

吴澄《道德真經註》卷一《第五章》

天地之間，其猶橐籥乎，虛而不屈，動而愈出。

橐籥，冶鑄所用嘘風、熾火之器也。爲函以周罩於外者，橐也。爲轄以鼓扇於內者，籥也。天地間猶橐籥者，橐象太虛包含周徧之體，籥象元氣絪緼流行之用。不屈，謂其動也直。愈出，謂其生不窮。惟其橐之虛而籥之化，化者常伸，故其籥之動而橐之生生者日富。在天地之間者如此。其在人也，則惟心虛無物而氣之道路不壅，故氣動有恒，而虛中之生出益多。

陳元龍《格致鏡原》卷四八《耕織器物類・諸匠具》

《淮南子》：鼓橐吹埵，以銷銅鐵。注：埵，銅橐口鐵筩，埵入火中吹火也。

《事物紺珠》：韛，韋囊以吹火，即古橐籥，今曰皮排。

郝懿行《證俗文》卷三　橐籥　冶鼓火器也。老子《道德經》：天地之間，其猶橐籥乎。注云：橐者，外之櫝所以受籥也。籥者，內之管所以鼓橐也。《淮南・本經訓》：鼓橐吹埵，以消銅鐵。高誘注云：鼓，擊也。橐，冶鑪排橐也。埵，銅橐口鐵筩，入火中吹火者。埵，音朵。今案：埵即吹筒也。排橐，《後漢書》注謂之排。案：排橐即鞴也，今仍用之，與風匣用同而制異。

形制

釋慧琳《一切經音義》卷五一《成唯識論》卷一　橐籥。上湯洛反，下羊灼反。老子曰：天地之間，其猶橐籥乎，虛而不屈，動而愈出。御注云：橐者，鞠囊也。籥者，羌笛也。橐之鼓風，笛之運吹也。顧野王云：橐籥，鑄冶者所以用吹火，使炎熾也。《蒼頡篇》云：囊之無底曰橐。《毛詩傳》曰：橐，橐用力者也，古文從口，作囨。

釋窺基《成唯識論述記》卷三論文卷一之三

既有舒卷，如橐籥風，應非常住。

此以卷舒難非常住。量云：汝所執我，應非常住。許卷舒故，如橐籥風。橐謂囊橐，排袋之類，以內含風起作用故。籥謂管籥，簫笛之屬，以內有風起聲等故。此二中風，既隨囊管有其大小卷舒之事，而非常住，我亦應然。

王禎《農書》卷一九《農器圖譜十四・利用門》　水排

水排，蒲拜切。《集韻》作韛，與鞴同，韋囊吹火也。後漢杜詩爲南陽太守，「造作水排，鑄爲農器，用力少而見功多，百姓便之」。注云：「冶鑄者爲排吹炭，令激水以鼓之也。」《魏志》曰：韓暨，字公至，爲樂陵太守，徙監冶謁者。舊時冶，作馬排，每一熟石，用馬百匹；更作人排，又費工力。暨乃因長流水爲排，計其利益，三倍於前。由是器用充實。詔褒美，就加司金都尉。

水排

以今稽之，此排古用韋囊，今用木扇。其制：當選湍流之側，架木立軸，作二卧輪；用水激轉上聲。下輪，則上輪所週絃索，通繳輪前旋鼓，掉枝一例隨轉；其掉枝所貫行桄，因而推輓卧軸左右攀耳，以及排前直木，則排隨來去，搧冶甚速，過於人力。

又有一法：先於排前直出木簨，約長三尺，簨頭竪置偃木，形如初月，上用鞦韆索懸之。復於排前植一勁竹，上帶棒索，以控排扇。然後却假水輪卧軸所列拐木，自然打動排前偃木，排即隨入；其拐木既落，棒竹引排復回。如此間去聲。打，一軸可供數排，宛若水碓之制，亦甚便捷，故併録此。

夫銅鐵，國之大利，凡設立冶監，動支工帑，雇力興搧，極知勞費；若依此上法，頓爲減省。但去古已遠，失其制度。今特多方搜訪，列爲圖譜，庶冶煉者得之，不惟國用充足，又使民鑄多便，誠濟世之秘術。幸能者述焉。詩云：嘗聞古循吏，官爲鑄農器。欲免力役繁，排冶資水利。輪軸既旋轉，機桐互牽掣。尺制切。深存槖籥功，呼吸唯一氣。遂致異離用，立見風火熾。熟石既不勞，鎔金亦何易。國工倍常資，農用知省費。誰無興利心，願言述此制。

午榮《新鐫京版工師凋斫正式魯班經匠家鏡》卷二　風箱樣式

長三尺，高一尺一寸，濶八寸，板片八分厚。内開風板六寸四分大，九寸四分長。抽風横仔八分大，四分厚。扯手七寸四分長。抽風横仔八分大，四分厚。扯手七寸長，方圓一寸大。出風眼要取方圓一寸八分大，平中爲主。兩頭吸風眼，每頭一箇，濶一寸八分，長二寸二分。四邊板片都用上行做準。

吴其濬《滇南礦廠圖略》卷上

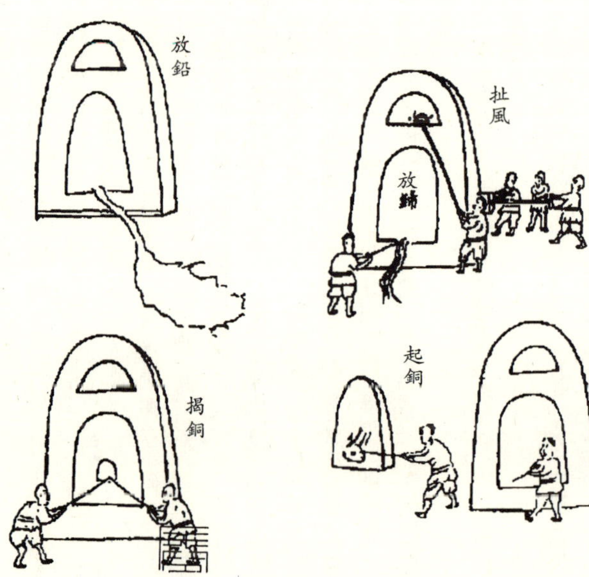

【略】

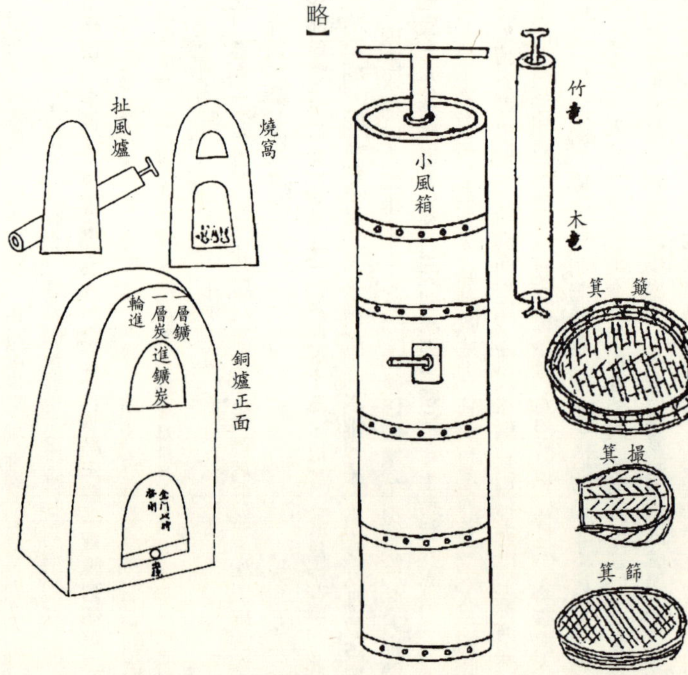

【略】

爐之器

四風箱，大木而空其中，形圓，口徑一尺三四五寸，長一丈二三尺。每箱每班用三人。設無整木，亦可以板箍用，然風力究遜。亦有小者，一人可扯。

劉嶽雲《格物中法》卷一《氣部》　空氣

吹風之器

韝，韋囊，可以吹火令熾。《玉篇》。

皮爐以全羖攊皮爲之，腹際爲孔，入竹筒二三寸，縫合之。人足踹皮後足，手提皮頭，自上至下按之，則筒中之風息吹而出以扇火，爨及冶皆用之。《維西聞見録》。

嶽雲謹案：余慶遠所云，即《玉篇》之韝也。今西人鼓風之器，用皮摺疊爲之，猶其遺法。

杜詩造作水排，鑄爲農器。《後漢書·杜詩傳》。

水排，冶鑄者爲排以吹炭。今激水以鼓之也。《後漢書注》。

韓暨爲監冶謁者，舊時冶作馬排，每一熟石，用馬百匹。更作人排，又費功力。暨乃因長流爲水排，其利益三倍於前。《魏志》。

爲排以吹炭。《魏志注》。

嶽雲謹案：此大冶作鼓風法也，或謂水排，即今水碓，蓋未考《後漢書》及《魏志》耳。王禎《農書》云：其制當選湍流之側，架木立軸，作二卧輪，用水激轉下輪，則上輪所週絃索通激輪前旋鼓，掉枝一例隨轉。其掉枝所貫行桄，因而推挽卧軸左右攀耳以及排前直木，則排隨來去扇冶，甚速過於人力。又有一法：先於排前直出木簨，約長三尺，簨頭豎置偃木，形如初月，上用鞦韆索懸之。復於排前植一勁竹，上帶捧索，以控排扇。然後卻假水輪卧軸所列拐木，自上打動排前偃木，排即隨入；其拐既落，捧竹引排復回。如此間打，一軸可供數排，宛若水碓之制，亦甚便捷。以上《農書》。此王氏所思得之制，未知于古合否也。

《老子》：天地之間，其猶橐籥乎，動而不屈，虛而愈出。橐籥只是今之鞴扇耳。《朱子全書》。

風箱，大木而空其中，形圓，口徑一尺三四五寸，長一丈二三尺，每箱每班用三人。設無整木，亦可以板箍用，然風力究遜。亦有小者，一人可扯。《滇南礦廠圖略》。

以木爲長方箱，兩頭安舌門，連以竹管。大冶以鐵爲之或土爲之。箱中安方板，周圍纏以雞羽，令與箱切合。方板安二梃竿出於箱之一頭。二梃竿首橫木爲柄，人執柄內推，則彼端舌門閉，此端舌門開，風氣推開旁舌門而入冶；執柄外扯，則此端舌門閉，彼端舌門開，風氣亦推開旁舌門而入冶，故梃竿往復而吹風不息。《鄙事綴紀》。

嶽雲謹案：中國吹風之器有三種：一圓枕形，今補鍋匠及鑄鐵匠用之；一長方箱形，今通用之；一皮囊形，今苗疆猶用之。而水排之制，無能效法者矣。

風之功用

用風帆六幅車水灌田者，淮揚海堧皆爲之。方以智《物理小識》。

西人作磨風動機局以磨麥。元耶律楚材詩自注。

嶽雲謹案：風磨之制與風車大抵相同，此中國古制，楚材特據所見言之耳。

徐珂《清稗類鈔·工藝類》 製風箱

風箱以木爲之，中設鞲鞴，箱旁附一空櫃，前後各有孔與箱通，孔設活門，僅能向一面開放，使空氣由箱入櫃不能由櫃入箱。櫃旁有風口，藉以噴出空氣。用時，抽鞲鞴之柄使前進，則鞲鞴後之空氣稀薄，箱外空氣自箱後之活門入箱。鞲鞴前之空氣由箱入櫃，自風口出。再推鞲鞴之柄使後退，則空氣自箱後之活門入箱，鞲鞴之空氣自風口出。於是箱中空氣噴出不絶，遂能使爐火盛燃。

紀事

陳壽撰　裴松之注《三國志·魏志》卷二四《韓暨》　太祖平荊州，辟爲丞相士曹屬後遷樂陵太守，徙監冶謁者。舊時冶作馬排，蒲拜反，爲排以吹炭。每一熟石，用馬百匹。更作人排，又費功力。暨乃因長流爲水排，計其利益三倍於前。

范曄撰　李賢注《後漢書》卷六一《郭杜孔張廉王蘇羊賈陸列傳第二十一·杜詩傳》　七年遷南陽太守，性節儉，而政治清平，以誅暴立威，善於計略，省愛民役，造作水排，鑄爲農器。排，音蒲拜反。冶鑄者爲排以吹炭，令激水以鼓之也。排當作橐，古字通用也。用力少見功多，百姓便之。

又　卷六一《考證》　《杜詩傳》：造作水排，鑄爲農器。注：排當作橐。橐字諸本皆誤作橐，從宋本改。

李昉等《太平御覽》卷八三三《資産部十三·冶》　《武昌記》曰：北濟湖本是新興冶塘湖。元嘉初發水冶。水冶者，以水排。冶令顔茂以排數破壞，難爲功力，茂因廢水冶以人鼓排，謂之步冶。湖後因破壞，不復修治，冬月則涸。

杞廬主人《時務通考》卷一三《礦務四·鎔鍊》　生烏利人鍊鐵

布尼何之東南，多生烏利人，能鍊鐵成刀，售與布尼何各處土人。謂此鐵所成之刀，比外國各鐵所成之刀更利而耐用。所用鐵礦，其層經過巴尼都河底，土人乘潮水退盡取之，係泥鐵礦而變性，略同棕色礦，水浸故也。鍊法：將礦與木柴層層相間，煆之一日，取出打成小塊，如鴿卵大。再與十倍體積之木炭相和，先於爐內盛木炭三分之二，次以煆過之礦與木炭相和者裝入爐內，滿至爐口，再成尖堆。生火吹風，每二十分時，停吹風，放出渣滓一次，需五分時。爐內礦與炭將盡時，必加大吹風之力。其吹風之器，用圓木去其中心，以雞毛圍於圓板之外爲鞲鞴，中用木條作梃桿，往復於空心圓木之內，與中國風箱同。推路四尺，每分時往復四十次。旁有竹管通風至吹風口。加大風力之後，爐底成熟鐵塊略重　百磅。以木鉗自爐底取出，置於極細鐵渣所鋪之平面上，以木椎打之，成長方形。鐵內之渣，尚不能盡出。再分成十塊，每塊另加熱至紅，打之數次乃純，方可爲刀。此次耗去三分重之一。

風車風扇

論説

曾公亮　丁度《武經總要》前集卷一二《守城》

右風扇車，二柱二桄，高闊約地道能容，上施轉軸，軸四面施方扇。凡地道中遇敵人，用扇颺石灰，簸火毬烟，以害敵人。

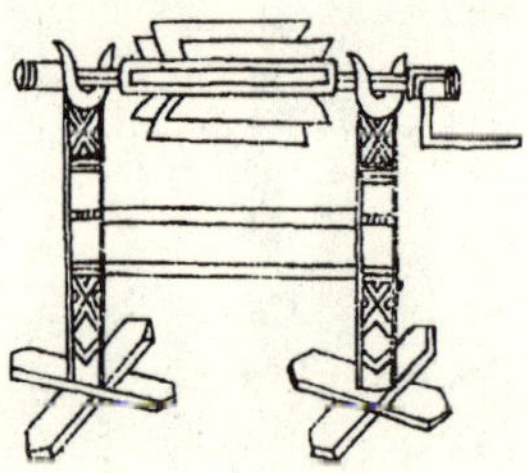

風扇車

宋應星《天工開物》卷上《乃粒第一》　水利

揚郡以風帆數扇，俟風轉車，風息則止。此車爲救潦，欲去澤水以便栽種。蓋去水非取水也，不適濟旱。用桔槔、轆轤，功勞又甚細已。

又　卷上《粹精第四》　攻稻

凡去秕，南方盡用風車扇去。北方稻少，用颺法，即以颺麥黍者颺稻，蓋不若風車之便也。【略】

凡木礱必用健夫，土礱即孱婦弱子可勝其任。庶民饔飧皆出此中也。凡既礱，則風扇以去糠秕，傾入篩中團轉。穀未剖破者，浮出篩面，重復入礱。【略】

既舂以後，皮膜成粉，名曰細糠，以供犬豕之豢。荒歉之歲，人亦可食也。細糠隨風扇播揚分去，則膜塵净盡而粹精見矣。

方以智《通雅》卷三四《器用雜用諸器》　碓磑，舂礳也。扇隤，風箱車也。

【略】

扇，扇車也。隤，扇車之道也。隤音頹，或作隨，隨之言墜也。俗號風車，或曰扇箱。

納蘭性德《淥水亭雜識》卷三　西人風車，藉風力以轉動，可省人力。此器揚州自有之，而不及彼之便易。西人取井水以灌溉，有恒昇車，其理即中國之風箱也。

形制

王徵譯《奇器圖説》卷三　取水

井中水不能上，先作風車以代人畜。風車有軸即在井上，以轉井中取水之戽者也。但此圖水戽之製，非此中常用之戽，乃是長筒直貫井底。筒底有軸。筒中有索貫諸皮球，如雞子樣，上下俱小，以便筒中上下。狀若聯珠。其數不拘多少，惟視索垂井底水中，折轉從筒中而上，直至井上池中，環連不絶爲度。蓋以風輪轉軸，軸轉皮球之索從筒底軸遞轉而上，遞塞其水直從筒中遞湧而上，而後吐之井上池中也。其作球作筒之法，詳如圖旁散形。風車之製多端，詳後轉磨諸圖中。

第四圖

王士禛《池北偶談》卷二三　風磨風扇

西域哈喇賽瑪爾堪諸國多風磨，其制築垣墻爲屋，高處四面開門，門外設屏墻迎風，室中立木爲表，木上用圍置板乘風，下置磨石。風來隨表旋動，不拘束西南北，俱能運轉，風大而多故也。耶律文正詩：「衝風磨舊麥，懸杵搗新粳。」又有風扇於帳房中高懸，布幔下多用頭髮，當面設繩索牽動，自然有風，不用揮扇也。見陳誠《西域録》。

劉應棠《梭山農譜》穫卷　風車

所以扇穀者，通用杉木薄板爲之，高五尺，横長亦如之。有車足，足計四。有車身，有車腹，有車舌，有車斗，有車升，有車軸，此其大概也。形如車，運以風，故曰風車。細計之，匠至先以兩小木均齊並列爲衡，衡前後各竪一足，兩衡則四足對峙矣。合看如□形，側視則如古丌器然。丌音其，器名，所以承物者。丌上前設車身，後設車腹。身法地方，腹法天圓，中空則同。而自身及腹兩邊，皆用薄板横編，自衡累而上。前裁爲身，用矩。後裁爲腹，用規。而對峙足之上各鑿小孔，横安小柱，前以承身，後以承腹。對峙之下又鑿小孔，安小柱以健足焉。身之四圍用小木釘成口字以護身。身上用小木板數片平鋪蓋之，以盛車斗，以接腹。於接腹處板上開一小縫，縫下重用一小木板如削刀，獨長圓，其兩頭於外，是曰刀口，即所謂車舌是也。於身之接腹處護身横木角上對鑿一小孔，納刀口於其中。扇穀則側開刀口，令穀下受風。扇止則推進，刀口與木板比，去聲。從斗上望，即大車斗。竟不知刀口安在何處異制也。其大車斗則設之平鋪板上，刀口在其下，形方而仰，所以受穀併範，穀母旁落。其小車升則釘之平鋪板下，刀口在其上，形方而俯，所以下穀併範，穀母旁溢。若其扇穀之妙，則全在車腹，所謂腹法天圓，宛如扁鼓。腹板之兩旁各剜空，其中如日初出，如月既望。於腹中空處對植小方木各一根。復用小方木一根横駕腹上，兩端鑿孔納對植木末於中，以固腹。對植木之正中各鑿一小眼以安軸。軸轉如環，即所謂車軸是也。軸有葉，或六片，或四片，交互如十字釘軸上，藏腹内。軸頭用鐵包之，近人身處併用鐵捶成曲柄，如乙字，以其鋭攙入軸頭，引其乙字柄出植木孔外七寸，便手執之以轉軸。扇穀則置籮，小車升，下左手挖刀口，右手轉軸葉。葉動風颺，斗内粟從縫中湧出刀口。刀口下正當風處，秕者無力，因風遠竄；實者有力，勝風，粒粒俱從車升口下，瑟瑟乎聲滿籮矣。古農製作之工且妙如此。

林昌彝《硯耕緒録》卷一三　山澗水車用以車水、舂碓，巧矣。然必得上流之水下注以轉其車，水平處即不可施。山陰汪禹九《雨韭盦筆記》載造風車車水之法，極爲巧便。嘗謂船使風篷，隨河路之灣曲尚可宛轉用之，若於平地作風車以轉水車，可代桔槔之多費人力，亦不必如舟帆之隨時轉側也。風車之篷用布蒲、竹篾者，皆可架車於平地四面有風處。風車圈各有筍，互相接續於水車，如鐘表内銅圈然。其水車一如田間常用之式，置於水中，亦有筍以接風車，隨之而轉。又風車上下另加篷兩扇，斜側向裏，留篷以逼風入車更得力。惟水車置於河道内，殊礙行船。可於隄外開一水竇，通隄内開溝三五丈，引水入大池中，池中置水車，岸上置風車，隨風所向轉水灌田。風車一具可轉水車兩具，並列圖於後。昔余過浙江處州，舟中曾見鄉村中用此法以車水，時日已夕，未及繪其圖式。問之舟子，不能了了。今得此圖，快然累日。

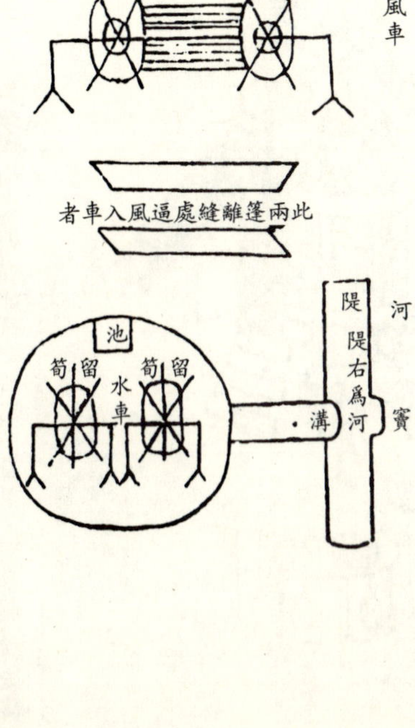

鄭珍《[道光]遵義府志》卷一六《農桑·農具》　風簸高三尺八寸，以風扇爲準。扇圍二尺六寸者，頭斗廣八寸五分，二斗廣四寸五分，天斗長二尺六寸，廣一尺，深六寸五分。天斗貯穀，頭斗瀉穀，二斗瀉粃，輕揚者出於口。

周慶雲《鹽法通志》卷三六《場産十二·鹽具二》　風車

風車者，借風力迴轉以爲用也。車凡高二丈餘，直徑二丈六尺許，上安布帆八葉，以受八風。中貫木軸，附設平行齒輪。帆動軸轉，激動平齒輪與水車之竪齒輪相搏，則水車腹頁周旋，引水而上。此製始於安鳳，官灘用之以起水也。

長蘆所用風車，以堅木爲幹，幹之端平插輪木者八，如車輪形，下亦如之。四週挂布帆八扇，下輪距地尺餘。輪下密排小齒，再横設一軸，軸之兩端亦排密齒，與輪齒相錯合如犬牙形。其一端接於水桶，水桶亦以木製，形式方長二三丈不等，寬一尺餘，下入於水，上接於輪。桶内密排逼水板，合乎桶之寬狹，使無餘隙，逼水上流入池。有風即轉，晝夜不息，不假人工，不資火力，洵佳搆也。

藝文

梅堯臣《宛陵集》卷五一《風扇》 田扇非團扇，每來場圃見。因風吹穅籺，編竹破筠箭。任從高下手，不爲暄寒變。去麤而得精，持之莫肯倦。

王安石《臨川文集》卷一一《和聖俞農具詩十五首・颺扇》 精良止如留，疏惡去如擯。如擯非爾憎，如留豈吾吝。無心以擇物，誰喜亦誰愠。翁乎勤簸揚，可使糠粃盡。

朱澤澐《風車》阮元編《淮海英靈集》丁集卷一 江南有風車，製式該至理。八篷周於外，心木植于裏。篷動心隨之，篷静心亦止。其功雖在篷，其機心操柢。心雖時動静，旋轉只在此。制外有巖防，宅中有定體。久暫總常居，動亦不動耳。睹兹風車妙，當知主静矣。

弘曆《樂善堂全集定本》卷二六《風車湯時奇肱國來朝所乘車御風而飛》 異物原非貴，風車亦可稱。輕輕隨籟動，冉冉似雲興。聖德寰區普，遐方瑞應徵。來賔非限遠，奉朔自相仍。謾説鸞鳳翼，何勞騄駬騰。夕轅指帝里，朝軫發奇肱。列子應慚捷，工倕不擅能。還輪西旅貢，魯壁未曾登。

又弘歷《御製詩集》二集卷二三《古今體一百二十二首辛未二・風車》 水車較抱甕，省力足機心。後人仍謂勞，風車機更深。一例龍骨轉，犖确升旋沉。曾不藉人工，吹萬力所任。青雀泛中流，夾岸排森森。檣烏五兩輕，輪旋不自禁。翻聯偏逞勢，伊軋常騰音。分疇吸白浪，灌畝抽綠鍼。阿香能豈擅，巽二功堪尋。我欲戒其巧，實可助爲霖。我欲美其德，恐溢滋浸淫。五言識所見，叮嘻懷漢陰。

車

論説

高承《事物紀原》卷八《舟車帷幄部・小車》 蜀相諸葛亮之出征，始造木牛流馬以運餉。蓋巴蜀道阻，便於登陟故耳。木牛，即今小車之有前轅者。流馬，即今獨推者，是而民間謂之江州車子。按《後漢・郡國志》，巴郡有江州縣，是時劉備全有巴蜀之地。疑亮之創始作之於江州縣，當時云然，故後人以爲名也。

戴震《戴東原集》卷七

釋車

車式。較内謂之輿。其深謂之隧。枕輿下謂之軫。軫謂之收。揜輿旁謂之輢。式前謂之軓。軓謂之陰。縮輢上者謂之較。輿前卑於較者謂之式。車闌謂之軨。輢内之軨謂之軹。式下人所對謂之轛。輪輮謂之牙。牙謂之輞。輪轑謂之輻。輻近轂謂之股。近牙謂之骹。輻端之枘，建轂中者謂之菑。菑没鑿謂之弱。建牙中者謂之蚤。以偏枘入牙而出之謂之綆。轂空壺中，所以受軸謂之轑。轑謂之藪。以金裹轂中謂之釭。大釭謂之賢。轂末小釭謂之軒。轂端錔謂之輨。輨謂之軑。以革幬轂謂之軝。軸末謂之轊。軸當轂釭，閒之以金謂之鐧。軸端之鍵，以制轂者謂之牽。伏兔謂之轐。輿下任正者謂之輈。輈出軓前，穹而上謂之胡。胡謂之侯。輈端謂之頸，後謂之踵。當兩轐之閒，謂之當兔。軶謂之衡。衡下烏啄謂之軥。所以持衡者謂之軏。車蓋之杠謂之桯。蓋斗謂之部。其柄謂之達常。隆屈謂之弓。弓近部謂之股。弓末謂之蚤。大車之較謂之牝服。其内謂之箱。所以引車謂之轅。軶謂之鬲。持鬲者謂之輗。輪輻謂之輪。無輻謂之輇。

又 自轉車記

車人之事，爲規長二十度，博一度，度之大小，眡其制。車之用在輪，輪有九等，櫃有二式。以半規之十度爲輪之半徑，謂之十度之輪，周六十櫃。其次九度之輪，周五十有四櫃。其次八度之輪，周四十有八櫃。其次七度之輪，周四十有二櫃。其次六度之輪，周三十有六櫃。其次五度之輪，周三十櫃。其次四度之輪，周二十有四櫃。其次三度之輪，周十有八櫃。其次二度之輪，周十有二櫃。其次爲任挽之輪，周六大櫃。任挽之輪一度也，以交於十度之輪而發其櫃。十度之輪，其上爲六度之輪，謂之發輪。發輪之上，爲二度之輪，謂之接輪。接輪之軸，交於懸重之輪，大與接輪等。發輪之櫃，眡六度之輪；接輪之櫃，眡二度之輪。凡軸周六櫃，爲輪方其軸。當輻之圍，夾軸而爲四輻。幅周之輞，輞設之櫃。大輪幅方一度，輞厚一度；小輪有輞無輻，輞厚五分度之四。凡輪，以上輪之櫃交於下輪之軸櫃。十度之輪，其櫃交於發輪之軸櫃，接輪與發輪之櫃相交也。是故十度之輪暨接輪之軸無櫝。十度之輪，旋轉一周，得任挽之輪七百二十五萬七千六百周。欲車之利轉，則任挽之輪，其軸設飛輪，或二之，或三之。凡輪，均其圍而周分之以設櫝。因於輞者爲斜櫝，以鐵裹之；植於輞爲立櫝，以鐵爲之。凡軸皆用立櫝，輪皆用斜櫝。十度之輪暨任挽之輪，亦立櫝也。櫝端五分度之二，櫝間空五分度之三。軸之兩端以鐵爲之樞，樞徑五分度之三，樞長五分度之四，爲柱以鐵穿含樞而轉之。設穿必以其輪之度，上櫝與下櫝相交，減三分度之一。接輪最上，發輪次之，十度之輪至二度之輪遞次而下。任挽之輪出架外，別爲之柱，架之高與立柱等，長三之二，廣三之一。

徐珂《清稗類鈔・舟車類》　京官乘輿乘車之沿革

王文簡公士禎有贈南海程駕部可則詩，有「行到前門門未啓，轎中安坐喫檳榔」句。時京師正陽門五更啓鑰，專許轎入。蓋京官向乘肩輿也。杜紫綸太史詔始乘驢車，後漸有之。然幃幔樸素，且少開旁門者，是易轎爲車，固在乾隆嘉慶間矣。

道光初，京官復坐轎，即坐車，亦無不後檔。後檔者，蓋闢門於車旁，移輪軸於車後。取其顛簸稍輕，乘坐安適也。至同治甲子，則京堂三品以下，無乘轎者。以轎須歲費千金，一品大員始有多金可雇轎役也。光宣間，貴人皆乘馬車矣。然王公勛戚，尚有乘後檔旁門車者。

或曰，雍正時，京城已有驢車。乾隆時，劉文正公統勳之車則駕白馬。人見有白馬車，不問而知其爲劉中堂來也。自川運捐例開，騾車始出，故其時又名騾車爲川運車。然劉海峯云，雍正時已有騾車矣。

騾車之有旁門，則紀文達始創之。定制，三品以上方得乘用。然光緒庚子後，乘車者爲欲安適，咸爭乘後檔車。蓋舊式車坐處，正值輪軸之上，顛播殊苦，車底苟非編籐爲之，行十餘里即困頓不堪言狀。惟圉人坐處，距軸最遠，所傳摇動力少殺，爲一車最安處。故風日清和，士夫命駕出遊，或紈袴子弟爲競車之戲，皆好坐其處。特奔走權貴者，不能以峨冠博帶露於外耳。庚子後，西式馬車盛行，風氣又爲之一變矣。

形制

鄭玄注　陸德明音義　賈公彥疏《周禮注疏》卷三九《冬官考工記》　故一器而工聚焉者，車爲多。注：周所上也。疏釋曰：云一器者，車也。而工聚者，謂有輪人、輿人、車人，就職中仍有輈人，是一器工聚者車最多，多於餘言，以周所上故也。

車有六等之數：注：車有天地之象，人在其中焉。六等之數，灋《易》之三材六畫。音義：畫，音獲。疏：注釋曰：云六等之數，下文是也。云車有天地之象者，下文云軫之方也，以象地；蓋之圜也，以象天，是車有天地之象也。云人在其中焉者，在車蓋之中也。云六等之數，灋《易》之三材六畫者，《易・說卦》云：「立天之道曰陰與陽，立地之道曰柔與剛，立人之道曰仁與義。兼三材而兩之，故易六畫而成卦。」兼三材者，天有陰陽，地有柔剛，人有仁義。三材六畫，一材兼二畫，故車之六等灋之也。車軫四尺，謂之一等；戈柲六尺有六寸，既建而迆，崇於軫四尺，謂之二等；人長八尺，崇於戈四尺，謂之三等；殳長尋有四尺，崇於人四尺，謂之四等；車戟常，崇於殳四尺，謂之五等；酋矛常有四尺，崇於戟四尺，謂之六等。注：此所謂兵車也。軫，輿後橫木。崇，高也。八尺曰尋，倍尋曰常。殳長丈二。戈、殳、戟、矛皆插車輢。鄭司農云：「迆讀爲倚移從風之移，謂著戈於車邪倚也。酋發聲，直謂矛。」音義：迆，以氏反，後同。崇，本亦作古密字。殳，音殊。長，直亮反，後放此。酋，在由反，或且州反。插，徐劉初輒反，戚初洛反。輢，於綺反，劉於寄反，車傍也，一音起寄反。倚，於綺反，移以氏反，下放此。著，丁略反。邪，似嗟反。疏：釋曰：此經說車六等之數。此六等，軫一人一之外，兵有四等。此謂前驅車所建，故《詩》云「伯也執殳，爲王前驅」，彼注引此文爲證前驅，明此是前驅所建可知。注釋曰：云此所謂兵車也者，謂下兵車之輪崇者也。云軫，輿後橫木者，即今之車枕一也。知八尺曰尋者，此經皆以四尺爲差，人長八尺，而殳長尋有四尺，崇於人四尺，則八尺之外，唯有四尺在，是尋長八尺可知。知倍尋曰常者，殳長丈二，而云車戟崇於殳四尺，則丈二之外有四尺，總丈六尺，是倍尋曰常也。云戈、殳、戟、矛皆插車輢者，當皆以鐵圜範，邪置於輢之上下，乃插而建之。容出先刃入後刃言之，一則邪向前，一則邪向後，乃可得也。先鄭云迆讀爲倚移從風之移者，司馬長卿《上林賦》云「從風倚移」。云酋發聲，直謂矛，酋矛二丈也。車謂之六等之數。注：申言數也。疏：注釋曰：前已云之，今又言之。申，重也。重言數，詳審言之也。【略】

故兵車之輪六尺有六寸，田車之輪六尺有三寸，乘車之輪六尺有六寸。注：此以馬大小爲節也。兵車，革路也。田車，木路也。乘車，玉路、金路、象路也。兵車、乘車駕國馬，田車駕田馬。音義：乘，繩證反，後乘車皆放此。疏：釋曰：上文云車大高、大下，不得所。今此經云須得所之意也。先言兵車者，重戎事故也。田獵、戰伐相類，即言田車以繼兵車，後別言乘車之等也。注釋曰：言以馬大小爲節者，馬高則車亦高，馬下則車亦下，一以馬之高下爲車之節度。云革路、木路、玉路等，皆據《巾車》而言也。云國馬者，據《輈人》云國馬之輈而言，國馬則《校人》所云種馬、戎馬、齊馬、道馬，四者是也。六尺有六寸之輪，軹崇三尺有三寸也，加軫與轐焉四尺也。人長八尺，登下以爲節。注：此車之高者也。軫，輿也。鄭司農云：「軹，軎也。轐讀爲旃僕之僕，謂伏兔也。」玄謂軹，轂末也。此軫與轐并七寸，田車又宜減焉。乘車之軌廣，取數於此。軌廣八尺，旁出輿亦七寸也。音義：軹，音只，轂末也。轐，音卜，又音僕。軎，音衛。旃，之然反。僕如字，又音卜。廣，古曠反，後放此。疏：釋曰：此經論軫崇四尺，不高不下之節。上云兵車、乘車，輪高六尺六寸，軹是軸頭，處輪之中央，故崇三尺有三寸。加軫與轐，二者七寸，則得四尺。注釋曰：云此車之高者，對田車是車之下者也。先鄭云軹，軎也者，物有二名耳。云轐讀爲旃僕之僕者，讀音同而未聞所出也。云謂伏兔也者，漢時名，今人謂之車屐是也。玄謂軹，轂末也，此軫與轐并七寸者，四馬車一轅，車軸上有伏兔，伏兔尾後上載車軫，軫始有車輿。則軸去地三尺三寸，上又兼伏兔及軫并七寸，車輿去地，總四尺也。云田車又宜減焉者，田車軹崇三尺一寸半，減乘車寸半，加軫與轐，亦減乘車寸半，爲五寸半也。云乘車之軌廣，取數於此者，車輿六尺有六寸。軌廣，謂轍廣。轍八尺，則車輿外旁出輿兩箱各七寸。七寸之數，取於軫轐七寸之數，故云取數於此也。

輪人爲輪，斬三材必以其時。注：三材，所以爲轂輻牙也。斬之以時，材在陽，則仲冬斬之；在陰，則中夏斬之。今世轂用雜榆，輻以檀，牙以橿也。音義：牙，音訝，下皆同。中，音仲，下中夏同。橿，居良反。疏：注釋曰：輪人唯造車輪，輪之三材，唯轂輻牙，故鄭以此三者解之也。云材在陽，中冬斬之等，並據《山虞》文知之。鄭舉今世所用木爲此三者，未知周用何木也。三材既具，巧者和之。注：調其鑿内而合之。音義：鑿，在洛反，又曹報反。内，如鋭反，依字作枘。合，音閤，又如字。疏：注釋曰：鄭以調解和。鑿内，謂孔入轂入牙者，並須調使得所也。轂也者，以爲利轉也；輻也者，以爲直指也；牙也者，以爲固抱也。注：利轉者，轂以無有爲用也。鄭司農云：「牙讀如跛者訝跛者之訝，謂輪輮也。世間或謂之罔，書或作輮。」音義：輮，而久反，劉音柔，李而又反。疏：釋曰：云輻也者，以爲直指也者，入轂入牙，並須直指，不邪曲也。云牙也者，以爲固抱也者，使牢固抱曲。注釋曰：云利轉者，轂以無有爲用也者，按老子《道經》云：「三十輻共一轂，當其無有，車之用。」注：「無有，謂空虚。轂中空虚，輪得行；輿中空虚，人居其上。」引之者，證轂爲由空乃得利轉之義也。先鄭讀牙爲訝跛者之訝者，訝，迎也。此車牙亦輮之，使兩頭相迎，故讀從之。輪敝，三材不失職，謂之完。注：敝盡而轂輻牙不動。音義：敝，婢世反，徐劉伏滅反。疏：釋曰：謂之爲職者，轂輻牙各自職任，自相支持，雖盡不動，是不失職也。

望而眡其輪，欲其幎爾而下迆也；進而眡之，欲其微至也；無所取之，取諸圜也。注：輪謂牙也。幎，均致貌也。進猶行也。微至，至地者少也。非有他也，圜使之然也。鄭司農云：「微至，書或作危至，故書圜或作員，當爲圜。」音義：幎，莫歷反。圜，于權反。致，直置反，下注稹致同。疏：釋曰：望而視之，謂車停止時。云幎爾者，幎，均致貌。爾，助句辭。云下迆者，謂輻轂上轂下，兩兩相當，正直不旁迆，故云下迆也。

望其輻，欲其掣爾而纖也；進而眡之，欲其肉稱也；無所取之，取諸易直也。注：掣纖，殺小貌也。肉稱，弘殺好也。鄭司農云：「掣讀爲紛容掣參之掣。」玄謂如桑螵蛸之蛸。音義：掣，音蕭，又色交反，又音朔，李又所咸反。稱，尺證反，注同。易，以豉反。殺，色界反，劉色例反，下同，一音如字。掣，色交反，又音蕭，劉音朔。參，所林反。螵，戚毗昭反，劉平堯反。蛸，音蕭，又音消。疏：釋曰：上經總視輪，此經則視輻。下云進而視之，則上云望其輻，據住止時也。注釋曰：云掣纖，殺小貌也者，凡輻皆向轂處大，向牙處小。言掣纖，據向牙處小而言也。云肉稱，弘殺好也者，向轂爲稱，故爲弘殺。先鄭云紛容掣參之掣者，此蓋有文，今檢未得。玄謂如桑螵蛸之蛸者，讀從《爾雅·釋蟲》「螳螂螵蛸」，並取音同也。

望其轂，欲其眼也；進而眡之，欲其幬之廉也；無所取之，取諸急也。注：眼，出大貌也。幬，幔轂之革也。革急則裹木廉隅見。鄭司農云：「眼讀如限切之限。」音義：眼，魚懇反。幬，音疇，下同，劉又音濤，李一音持林反，或一音蹈。幔，莫干反。裹，音果。見，賢遍反。限，魚龜反，李如字，下同。切，音如字，李倉愛反。疏：釋曰：凡轂初作時隱起，然後以革輓之，革急，裹木隱起見。幬，覆也，謂以革覆轂也。注釋曰：先鄭讀眼如限切之限，亦是取急意。

眡其綆，欲其蚤之正也。注：蚤當爲爪，謂輻入牙中者也。鄭司農云：「綆讀爲關東言餅之餅，謂輪箄也。」玄謂輪雖箄，爪牙必正也。音義：綆，依註音餅，李必善反，又姑杏反。《玉篇》云：「鄭衆音補管反。」蚤，音爪，下同。餅，必井反，劉本頃反。箄，劉薄歷反，李又方匹反，一音薄計反，下皆同。牙，劉音雅。疏：釋曰：凡造車輪皆向外箄，向外箄則車不掉。先鄭讀綆爲山東言餅之餅，依俗讀也。玄謂輪雖箄，爪牙必正也者，爪入牙中，鑿孔必正直，不隨邪也。察其菑蚤不齵，則輪雖敝不匡。注：菑，謂輻入轂中者也。菑與爪不相佹，乃後輪敝盡不匡剌也。鄭司農云：「菑讀如雜厠之厠，謂建輻也。泰山平原所樹立物爲菑，聲如葳，博立梟棊亦爲菑。匡，枉也。」音義：菑，側吏反，注及下皆同。齵，五構反，一音隅。佹，九委反。剌，洛葛反，下同。葳，則吏反。梟，古堯反。疏：釋曰：上視輻入牙中，此言察輻入轂中，須得所之意也。凡植物於地中謂之菑，此輻入轂中，似植物地中，亦謂之菑。言菑蚤不齵者，人之牙齒參差謂之齵，此三十輻入轂，與蚤入牙，一一相當，不相佹戾，亦是不齵也。如此，輪雖敝盡不匡剌。注釋曰：先鄭云菑讀如雜厠之厠者，讀從史游章「分別部居不雜厠」義，取不參差意也。云博立梟棊者，謂博戲時，立一子於中央，謂之梟棊。云爲菑，亦是樹立爲菑之義也。【略】

轂小而長則柞，大而短則摯。注：鄭司農云：「柞讀爲迫唶之唶，謂輻間柞狹也。摯讀爲槷，謂輻危摯也。」玄謂小而長則菑中弱，大而短則轂末不堅。音義：柞，莊百反。摯，讀爲槷，劉魚列反，臧魚結反。迫唶，莊百反。疏：釋曰：此已下，論車須長短小大相稱之事。注釋曰：先鄭讀柞爲迫唶之唶者，依俗讀之。以摯爲槷，後鄭從而就足之。玄謂小而長則菑中弱者，以轂小而長，則輻間柞狹，故菑中弱也。云大而短則末不堅者，謂轂大而短，即轂末淺短，故轂末不得堅牢也。是故六分其輪崇，以其一爲之牙圍。注：六尺六寸之輪，牙圍尺一寸。疏：釋曰：以上文小大不得其所，此文制灋，使得其所也。云六尺六寸之輪，牙圍尺一寸者，此據兵車、乘車而言。若田車之輪小，崇六尺三寸，計亦可知也。參分其牙圍而漆其二。注：不漆其踐地者也。漆者七寸三分寸之一，不漆者三寸三分寸之二。令牙厚一寸三分寸之二，則內外面不漆者各一寸也。音義：令，力呈反，卷內皆同。厚，胡豆反，後放此。疏：注釋曰：就一尺一寸，且取九寸，三分分之，各得三寸，猶有二寸在。又一寸爲三分，二寸爲六分，三分分之，各得二分。若然，一分有三寸三分寸之二，二分總得七寸三分寸之一，是漆之者也。餘一分者，三寸三分寸之二，是不漆者，故云不漆者三寸三分寸之二也。云令牙厚一寸三分寸之二，則內外面不漆者各一寸也者，無正文，以意解之，故云令牙厚一寸三分寸之二。餘二寸，分於內外面，故各一寸也。椁其漆內而中詘之，以爲之轂長，以其長爲之圍。注：六尺六寸之輪，漆內六尺四寸，是爲轂長三尺二寸，圍徑一尺三分寸之二也。鄭司農云：「椁者，度兩漆之內相距之尺寸也。」音義：中，丁仲反。詘，丘勿反。度，待洛反，下度之同。疏：注釋曰：上經不漆者，外內面各一寸，則兩畔減二寸，故漆內有六尺四寸也。中屈此六尺四寸，故轂長三尺二寸也。又以三尺二寸爲圍，圍三徑一，三尺得一尺；餘二寸，寸作三分爲六分，又徑二分，故徑一尺三分寸之二也。以其圍之防捎其藪。注：捎，除也。防，三分之一也。鄭司農云：「捎讀爲桑螵蛸之蛸。藪讀爲蜂藪之藪，謂轂空壺中也。」玄謂此藪徑三寸九分寸之五。壺中，當輻菑者也。蜂藪者，猶言趨也，藪者衆輻之所趨也。音義：防，音勒。捎，音簫。藪，素口反，李一音倉豆反。空，音孔。趨，七住反，又七須反，下同。疏：釋曰：車轂之灋，其孔必大頭寬，小頭狹，當輻入處謂之藪，寬狹處中而已。云防者，三分之一者也，於前一尺三分寸之二，三分取一。捎，除也，以除空中當藪之處，使容車軸也。注釋曰：云防三分之一者，凡言防者，分散之言，數亦不定。是以《王制》云：「祭用數之仂。」注以爲當年之什一，以其下有「喪用三年之仂」，遂以當年經用之什一言之。此下文賢是大頭穿，內經四寸五分寸之二，此當藪處，於徑三分之一，爲徑三寸九分寸之五，大小相稱，故以防爲三分之一釋之也。讀爲蜂藪之藪，此亦依俗讀之。以蜂窠有孔藪然，此三十輻入轂之，亦藪然也。玄謂此藪徑三寸九分寸之五者，以轂徑一尺三分寸之二，今一尺取九寸，三分之，一得三寸，仍有一寸三分寸之二在。今以一寸者爲九分，寸之二爲六分，總爲十五分，三分取一，得五分，故云徑三寸九分寸之五也。五分其轂之長，去一以爲賢，去三以爲軹。注：鄭司農云：「賢，大穿也。軹，小穿也。」玄謂此大穿，徑八寸十五分寸之八；小穿，徑四寸十五分寸之四。大穿甚大，似誤矣。大穿實五分轂長去二也。去二，則得六寸五分寸之二。凡大小穿皆謂金也。今大小穿金厚一寸，則大穿內徑四寸五分寸之二，小穿穿內徑二寸十五分寸之四，如是乃與藪相稱也。音義：去，起呂反，後去一、去二皆同。賢，如字，劉李胡畇反，注同。稱，尺證反，下同。疏：釋曰：上經言轂空壺中，此經言轂大小兩頭。注釋曰：云玄謂此大穿，徑八寸十五分寸之八者，經云五分其轂之長，去一以爲賢，即以轂長三尺二寸，徑一尺三分寸之二，而五分去一，一尺去二寸，得八寸；三分寸之二者，本三分寸，今爲十五分寸，即以二分者爲十分，去二分，得八分，故云大穿，徑八寸十五分寸之八也。云小穿，徑四寸十五分寸之四者，經云去三，一尺五分去三，去六寸，得四寸三分寸之二，亦爲十五分寸之十，五分去三，去六分，得四分，故云小穿，徑四寸十五分寸之四。云大穿甚大，似誤矣者，以其大穿與藪中及小穿，三者須相類，故以五分去二爲允也。云今大小穿金厚一寸者，無正文，以目驗知之，故云今也。大小穿，穿內皆以金，消去二寸，故各減二寸也。容轂必直，陳篆必正，施膠必厚，施筋必數，幬必負幹。注：鄭司農云：「讀容上屬，曰軹容。」玄謂容者，治轂爲之形容也。篆，轂約也。幬負幹者，革轂相應，無贏不足。音義：篆，直轉反。數，色角反，李色住反。約，烏孝反，又如字。疏：注釋曰：先鄭讀容上屬，後鄭不從者，軹，轂末，無形容可見，其轂上則夏篆，夏縵，轂約，故不從也。云幬負幹者，革轂相應者，幬，覆也。謂以革覆轂，轂之木，隱著革，使之急，是革轂相應也。云無贏不足者，贏與不足，同蒙無字，若轂有耗瘦，不隱著轂，則革有贏而轂不足；著轂不耗，革轂相應，革無贏，轂亦無不足也。既摩，革色青白，謂之轂之善。注：謂丸漆之，乾而以石摩平之，革色青白，善之徵也。音義：丸，如字，又胡喚反。疏：注釋曰：此謂以革輓轂訖，將漆之，先以骨丸之，待乾乃以石摩平之，其色青白則善也。

參分其轂長，二在外，一在內，以直其輻。注：轂長三尺二寸者，令輻廣三寸半，則輻內九寸半，輻外一尺九寸。疏：注釋曰：此經欲論置輻於轂，相去遠近之灋。云轂長三尺二寸，上經文。令輻廣三寸半，知者，按上云以圍之防捎其藪，藪中三分徑一，轂徑既一尺三分寸之二，今取一分作空中，空中徑三寸九分寸之五；兩畔得二分，有七寸九分寸之一，兩廂分之，一畔得三寸九分寸之五。下文云量其鑿深以爲輻廣，深三寸半，故知輻廣三寸半也。依前所計言之，輻深實應三寸十八分寸之一，言三寸半，舉成數言也。若然，轂既長三尺二寸，輻居三寸半，餘有二尺八寸半，三分之，輻外得一尺九寸，輻內得九寸半也。【略】

參分其輻之長而殺其一，則雖有深泥亦弗之溓也。注：殺，衰小之也。鄭司農云：「溓讀爲黏，謂泥不黏著輻也。」音義：殺，色界反，劉色例反，注同。溓，依字，力簟反，依註音黏，女廉反。衰，劉初危反，一音如字。著，直略反，下附著同。疏：釋曰：假令輻除入轂之中，其外長三尺，則殺一尺以向牙，以本麤末細，塗則向下利，故泥不黏著之也。參分其股圍，去一以爲骹圍。注：謂殺輻之數也。鄭司農云：「股謂近轂者也。骹謂近牙者也。《方言》股以喻其豐，故言骹以喻其細。人脛近足者細於股，謂之骹。羊脛細者亦謂骹。」音義：骹，胡飽反，又下教反，李又苦教反。近，附近之近。脛，刑定反。疏：注釋曰：云謂殺輻之數也者，上經云殺其一者，據長短之中殺一分，此經三分殺一，據本麄末細而言。其輻近轂麄處謂之股，若人髀股；近牙細者，謂之骹，謂若人脚近踝之骹也。假令輻近轂處圍六寸，其近牙處則圍四寸也。先鄭云《方言》股以喻其豐者，方者，止謂方欲言股之時，此股喻其豐，非謂楊雄以異方之語不同方言也。股既喻豐，故言骹以喻其細，一切麄細相對，細處則言骹，謂《士喪禮》綴足用燕几，骹在南之類。云羊脛細者亦爲骹者，今人猶言之也。【略】

直以指牙，牙得，則無槷而固。注：得謂倨句鑿内相應也。鄭司農云：「槷，摋也。蜀人言摋曰槷。」玄謂槷讀如涅，從木熱省聲。音義：槷，魚列反，依許音涅，乃結反，李一音素結反。倨句，音據鉤。内，如税反。摋，素結反。疏：注釋曰：云得謂倨句鑿内相應也者，以輻直者爲倨，以牙曲者爲句。輻牙雖有倨句，至於鑿内必正，正則爲得，得則若無槷而牢固也。先鄭讀槷爲危槷之槷，故更轉從摋也。後鄭讀槷即是槷，蘇結切。云槷讀如涅，謂涅物於孔中之涅。又解槷字，以其用木爲槷，故從木也。云熱省聲者，熱者去下火，取上與熱爲聲，可謂上聲下形，故云省聲也。不得，則有槷，必足見也。注：必足見，言槷大也。然則雖得，猶有槷，但小耳。音義：見，賢遍反，注同。疏：注釋曰：云必足見，言槷大也者，足乃據槷而言，言足見，故知槷大乃足見也。云然則雖得，猶有槷，但小耳者，上經云無槷而固，即是無槷。鄭必知上文有槷但小者，鄭更無異文，直以文勢反之可知。知然者，此經云不得，則有槷，必足見，言槷大，則知上經得不足見，無大槷，有小槷可知。故鄭云雖得，猶有槷，但小耳。鄭非直以文勢反之知有槷，以意量之，輻入牙中，無有不用槷而固者也。

六尺有六寸之輪，綆參分寸之二，謂之輪之固。注：輪箄則車行不掉也。參分寸之二者，出於輻股鑿之數也。音義：綆，古穎反。參，七南反，又音三。掉，徒弔反。疏：注釋曰：止由輪有箄，車不掉，不掉則得輪之固也。云參分寸之二者，出於輻股鑿之數也者，鑿牙之時，其孔向外侵三分寸之二，使輻股外箄，故云輻股鑿之數也。凡爲輪，行澤者欲杼，行山者欲侔。注：杼，謂削薄其踐地者。侔，上下等。音義：杼，直呂反。侔，亡侯反，劉莫豆反。疏：注釋曰：凡爲車之灋，各順其所宜，是以行澤者欲杼，知是削薄其踐地者，下文云是刀以割塗，故知削薄之。行山欲上下等者，下文云是摶以行石，雖不動於鑿旁，恐石傷之，故欲上下等而得久長也。杼以行澤，則是刀以割塗也，是故塗不附。注：附，著也。侔以行山，則是摶以行石也，是故輪雖敝，不甐於鑿。注：摶，圜厚也。鄭司農云：「不甐於鑿，謂不動於鑿中也。」玄謂甐亦敝也。以輪之厚，石雖齧之，不能敝其鑿旁使之動。音義：摶，徒丸反，李又丈轉反。甐，本又作鄰，音吝，李一音鱗。疏：注釋曰：先鄭以甐爲動而不動於鑿中，後鄭以甐亦敝，不能敝於鑿旁，不從先鄭者，以其動者先動於旁，乃及於中，不可先動於中，故不從也。

凡揉牙，外不廉而内不挫，旁不腫，謂之用火之善。注：廉，絶也。挫，折也。腫，瘣也。音義：挫，作卧反，李又祖加反。瘣，胡罪反。疏：釋曰：此一經論用火揉牙，使之圜正之意。古者車輞，屈一木爲之，要當木善，火齊又得，乃可圜而得所也。注釋曰：凡屈木，多外廉絶理，内挫折中，旁腫負起。無此三疾，是用火之善也。是故規之以眂其圜也，注：輪中規則圜矣。音義：中，丁仲反，下同。疏：注釋曰：謂輪成以繩規之，中規則不枉也。萬之以眂其匡也，注：等爲萬蔞，以運輪上，輪中萬蔞，則不匡剌也。故書萬作禹。鄭司農云：「讀爲萬，書或作矩。」音義：萬，姜禹反，李又音俱，注同。蔞，良主反，劉音流，下文同，李又里俱反。疏：注釋曰：云等爲萬蔞，以運輪上者，見今車近萬蔞於輪一邊，置於輪上，是等爲萬蔞以運輪上也。輪一轉一帀，不高不下，中於萬蔞，則輪不匡剌。【略】

量其藪以黍，以眂其同也。注：黍滑而齊，以量兩壺，無羸不足，則同。疏：釋曰：謂兩輪俱用黍量，眂其容受同不，齊同則無羸，亦無不足。鄭云黍滑而齊，則不取《律曆志》以黍爲度量衡之義也。權之以眂其輕重之侔也。注：侔，等也。稱兩輪，鈞石同，則等矣。輪有輕重，則引之有難易。音義：易，以豉反。疏：注釋曰：云稱兩輪，鈞石同，則等矣者，正以鈞石言之者，以其輪重，非斤兩所准擬，故以三十斤曰鈞，百二十斤曰石言之也。故可規、可萬、可水、可縣、可量、可權也，謂之國工。注：國之名工。疏：釋曰：此一經總結上文也。

輪人爲蓋，達常圍三寸，注：圍三寸，徑一寸也。鄭司農云：「達常，蓋斗柄下入杠中也。」音義：杠，音江。疏：注釋曰：輪輻三十，蓋弓二十有八，器類相似，故因遣輪人造蓋。但蓋柄有兩節，此達常，是上節下入杠中也。桯圍倍之，六寸。注：圍六寸，徑二寸，足以含達常。鄭司農云：「桯，蓋杠也。讀如丹桓宫楹之楹。」音義：桯，讀爲楹，音盈。疏：注釋曰：此蓋柄下節麄達常一倍，向上含達常也。先鄭引丹桓宫楹之楹者，按莊二十三年，爲迎姜氏，爲華飾，故丹桓公廟之楹柱。引之，證此蓋柄之桯，楹柱之類也。信其桯圍以爲部廣，部廣六寸。注：廣，謂徑也。鄭司農云：「部，蓋斗也。」音義：信，音申。廣，古曠反，劉音徑，下同。疏：釋曰：此言蓋之斗，四面鑿孔，内蓋弓者，於上部高隆穹然，謂之爲部。信，古之申字。舒申上桯圍六寸，以爲此部徑，部徑六寸也。部長二尺，注：謂斗柄達常也。疏：注釋曰：此部即達常。以此達常上入部中，遂名此達常爲部，其實是達常也。桯長倍之，四尺者二。注：杠長八尺，謂達常以下也。加達常二尺，則蓋高一丈，立乘也。疏：注釋曰：云蓋高一丈，立乘也者，人長八尺，蓋弓有宇曲之減二尺，得不障人目也。十分寸之一謂之枚，注：爲下起數也。枚，一分。故書十與上二合爲二十字，杜子春云：「當爲四尺者二，十分寸之一。」音義：爲，于僞反，下爲兩同。疏：注釋曰：云故書十與上二合爲廾字，則二十、三十、四十字，一字爲兩讀，因而有之。子春不從者，文理俱周，乃合於義，若以十合二爲廾，是則於文字得矣。若讀以分向下讀之，其義安在，故子春經爲正也。部尊一枚，注：尊，高也。蓋斗上隆高，高一分也。疏：注釋曰：高者必尊，故尊爲高也。以隆高一分，故上文得名爲部也。弓鑿廣四枚，鑿上二枚，鑿下四枚；注：弓，蓋橑也。廣，大也。是爲部厚一寸。音義：鑿，才報反。橑，音老，劉力報反。疏：注釋曰：云弓蓋橑也者，漢世名蓋弓爲橑子也。云廣，大也者，恐直以橫廣四枚，上下不知其數，故訓廣爲大，明上下及橫皆四分也。云是爲部厚一寸者，經兩四二二，故厚一寸也。必以孔上二枚、孔下四枚，以其弓下用力故也。鑿深二寸有半，下直二枚，鑿端一枚。注：鑿深對爲五寸，是以不傷達常也。下直二枚者，鑿空下正而上低二分也。其弓菑則撓之，平剡其下二分而內之，欲令蓋之尊終平不蒙橈也。端，內題也。音義：空，音孔。菑，側吏反，劉音廁。撓，乃教反。剡，以冉反，又才冉反。疏：注釋曰：此經說蓋斗之上鑿孔，內弓二十八孔之上下廣狹之義。云鑿深對爲五寸，是以不傷達常也者，前文云部廣六寸，達常徑一寸，達常上入部中徑一寸，則兩畔其有五寸在。今以弓鑿深二寸半，兩廂各二寸半，是不侵達常，故云不傷達常也。云下直二枚者，鑿空下正而上低二分也者，直，正也，鑿孔下正者，上文鑿下四枚，今於內畔於下亦四枚，與外正平，故云平於下正也。云而上低二分者，前文鑿上二枚，今於內畔孔低二分，鑿上亦四枚，故云上低二分也。若然，部總一寸，今鑿上鑿下俱四枚，已用八枚，其中惟有二枚在，故云弓菑則撓，撓，亦減也。弓外畔上下四枚，今於內畔減二枚，惟有二分剡去也。故云平剡其下二分而內之。云欲令蓋之尊終平不蒙撓也者，蓋尊外畔孔上二枚，及內畔上下俱四枚。若然，蓋弓向外頭仰，但以蓋弓三分，一分外爲宇曲，又以衣蒙之，則弓低，故蓋尊終平不蒙撓，又得吐水也。云端，內題也者，蓋斗外寬內狹，以是故蓋弓內端，削使狹爲題頭，故云端內題也。弓長六尺，謂之庇軹，五尺謂之庇輪，四尺謂之庇軫。注：庇，覆也。故書庇作祕。杜子春云：「祕當爲庇，謂覆軫也。」玄謂軹，轂末也。輿廣六尺六寸，兩轂并六尺四寸，旁減軌內七寸，則兩軹之廣凡丈一尺六寸也。六尺之弓倍之，加部廣，凡丈二尺六寸。有宇曲之減，可覆軹，不及幹。音義：庇，必二反。幹或作斡，俱音管。疏：注釋曰：此經說蓋有大小不定之事。云輿廣六尺六寸者，《輿人》文。云旁減軌內七寸者，七寸以承輿，故旁減軌內七寸。上云以其轂長，二在外，一在內，以置其輻，輻內九寸半，綆三分寸之二，金轄之間三分寸之一，輻又三寸半，總尺四寸。以此計之，以七寸承輿，七寸爲軌，故云旁減軌內七寸也。云兩軹之廣凡丈一尺六寸也者，向計輿六尺六寸，并兩轂六尺四寸，總一丈三尺，減尺四寸入輿下，其餘有丈一尺六寸也。云六尺之弓倍之，加部廣凡丈二尺六寸。有宇曲之減，可覆軹不及幹者，下文注云：「股面三尺幾半，通尊二尺，爲五尺近半，倍之，加部廣六寸，總丈一尺六寸。」以幾半言之，則不整丈一尺六寸。經云覆軹，當允經中之數，故云可覆軹，不及幹也。參分弓長而揉其一。注：參分之持長撓短，短者近部而平，長者爲宇曲也。六尺之弓，近部二尺，四尺爲宇曲。音義：近，附近之近。疏：注釋曰：云參分之持長撓短，短者近部而平，長者爲宇曲也者，弓長六尺，三分，一分有二尺。既云參分弓長揉其一，則揉其二尺近部者。故云三分之持長撓短，短者近部內而平，長爲宇曲。鄭反覆言之六尺之弓，近部二尺，四尺爲宇曲。必撓近部二尺者，以其本鑿弓孔時，外畔弓上二枚，弓下四枚，內畔上下俱四枚，由弓頭仰，故須近部撓之使平，向下四尺持之爲宇曲吐水也。參分其股圍，去一以爲蚤圍。注：蚤當爲爪。以弓鑿之廣爲股圍，則寸六分也。爪圍一寸十五分寸之一。音義：蚤，音爪。疏：注釋曰：此言弓近蓋部頭麤，近末頭細之意。云股圍則寸六分也者，上云弓鑿廣四枚，即以方圍之，四四十六，故圍寸六分。云爪圍一寸十五分寸之一者，一寸爲三十分，六分者爲十八分，通前總四十八。取三十分，去十分，得二十分。十八分者，去六分，得十二分。以十二并二十，爲三十二分。三十分作寸，餘二分，是三十分寸之二。三十分寸之二，即是十五分寸之一，故云爪圍一寸十五分寸之一也。參分弓長，以其一爲之尊。注：尊，高也。六尺之弓，上近部平者二尺，爪末下於部二尺。二尺爲句，四尺爲弦，求其股，股十二除之，面三尺幾半也。音義：幾，音祈。疏：注釋曰：云以其一爲之尊者，正謂近部二尺者，對末頭四尺者爲下，以二尺者爲高。云爪末下於部二尺者，正謂蓋杠并達常高一丈八尺，故四面宇曲，垂二尺也。云二尺爲句，四尺爲弦，求其股者，鄭欲解宇曲之減，減蓋之寬，覆軹不及幹之意。凡算灋，以蚤低二尺，即以低二尺者爲句，又以持長四尺爲弦，又蚤末直平者爲股。弦者四尺，四四十六，爲丈六尺。句者二尺，二二而四，爲四尺。欲求其股之直平者，算灋以句除弦，餘爲股，將句之四尺，除弦丈六尺，中除四尺，仍有丈二尺在，然後以算灋約之，廣一尺，長丈二尺，方之，丈二尺取九尺，三尺一截，相裨得方三尺，仍有三尺在，中破之爲兩段，各廣五寸，長三尺，裨於前三尺方兩畔，畔有五寸，兩畔并前三尺，爲三尺半。角頭仍少方五寸不合不整三尺半。幾，近也。言近半。上欲尊而宇欲卑，注：上，近部平者也。隤下曰宇。音義：卑，音婢，下同。隤，大回反。疏：釋曰：此言爲下而說也。上，謂近部二尺者。宇，謂持長四尺者也。上尊而宇卑，則吐水疾而霤遠。注：蓋者，主爲雨設也。乘車無蓋。禮所謂潦車，謂蓋車與。音義：霤，力又反。潦，音老。與，音餘。疏：注釋曰：云蓋者，主爲雨設也，乘車無蓋者，按：《巾車》五路皆不言蓋，以其建旌旗故無蓋，故彼云及葬，執蓋，從車持旌，鄭云：「王平生時，乘車建旌，雨則有蓋。」又《道古職》云：「王式則下，前馬，王下則以蓋從。」注云：「以蓋從，表尊。」非謂在車時，若今傘蓋者也。云禮所以潦車，謂蓋車與者，按：《既夕禮》云：「乘車載旜，道車載朝服，稾車載簑笠」，注云：「今文稾爲潦。」此注云禮所謂潦車者，指《儀禮》今文而言也。鄭彼不從今文，此引之者，鄭兩解，故此從之。但潦車云載蓑笠，笠所以禦暑，蓑所以禦雨，雨時或設蓑，或設蓋，故疑是彼潦車，遂言與也。若然，蓋車，於天子當木路，故《既夕》注云：「稾，猶散也。散車，以田以鄙之車。」《司常》云：「斿車載旌。」注云：「斿車，木路也。王以田以鄙之車。」是木路與潦車爲一物，故知此則木路。至於田獵，建大麾，無蓋，在國巡行，則或載旌，或設蓋也。蓋已崇則難爲門也，蓋已卑是蔽目也，是故蓋崇十尺。注：十尺，其中正也。蓋十尺，宇二尺，而人長八尺，卑於此，蔽人目。疏：注釋曰：云蓋十尺，宇二尺者，據人長八尺，中人而言。若孔子及父，皆身長十尺，則蓋丈二者也。良蓋弗冒弗紘，殷畝而馳不隊，謂之國工。注：隊，落也。

善蓋者以横馳於壟上，無衣若無紘，而弓不落也。音義：股，音隱。隊，直類反。疏：釋曰：云良蓋弗冒，則無衣，不須言不紘。若言不紘，則有衣而不須紘也。云股畝而馳者，據不冒不紘兩者而言。

輿人爲車，輪崇、車廣、衡長，參如一，謂之參稱。注：稱，猶等也。車，輿也。衡之長容兩服。音義：稱，尺證反，注同。疏：注釋曰：此輿人專作車輿。記人言車者，車以輿爲主，故車爲總名。鄭爲輿者，此官實造輿，故從輿爲正。云參如一者，謂俱六尺六寸也。云容兩服者，服馬也。以其驂馬別有輈鬲引車，故衡唯容服也。參分車廣，去一以爲隧。注：兵車之隧四尺四寸。鄭司農云：「隧謂車輿深也。讀如鑽燧改火之燧。」玄謂讀如邃宇之邃。音義：隧，雖遂反，注邃同，又音遂，注燧同。鑽，作官反。疏：注釋曰：隧，謂車輿之縱，凡人所乘車，皆取横闊，以或參乘，或四乘，故横則六尺六寸。此隧輿之縱，三分六尺六寸，取二分，以四尺四寸爲之，不從先鄭者，車無取於鑽燧改火之義，故讀從邃宇之邃也。參分其隧，一在前，二在後，以揉其式。注：兵車之式，深尺四寸三分寸之二。疏：釋曰：云以揉其式者，式，謂人所馮依而式敬，故名此木爲式也。注釋曰：鄭皆言兵車者，按：上文先言兵車，後言乘車，故據先而言其實乘車亦同也。云式深尺四寸三分寸之二者，以四尺四寸，取三尺，得一尺。又一尺二寸，三分之，取四寸，仍有二寸在，一寸爲三分，二寸爲六分，取一得二分，故云深尺四寸三分寸之二。以其廣之半爲之式崇，注：兵車之式高三尺三寸。疏：注釋曰：車輿之廣六尺六寸，取半爲式之高，故知三尺三寸也。以其隧之半爲之較崇。注：較，兩輢上出式者。兵車自較而下凡五尺五寸。故書較作榷，杜子春云：「當爲較。」音義：較，古學反。輢，於綺反，劉於既反，下同。榷，音角。疏：注釋曰：較，謂車輿兩相，今人謂之平鬲也。言兩輢，謂車相兩旁竪之者。二者既別，而云較，兩輢上出式者，以其較之兩頭，皆置于輢上，二木相附，故據兩輢出式而言之。云兵車自較而下凡五尺五寸者，以其前文式已崇三尺三寸，更增此隧之半二尺二寸，故爲五尺五寸。六分其廣，以一爲之軫圍。注：軫，輿後横者也。兵車之軫圍尺一寸。疏：注釋曰：云六分者，謂輿廣六尺六寸。而六分取一，故得尺一寸也。參分軫圍，去一以爲式圍。注：兵車之式，圍七寸三分寸之一。疏：注釋曰：謂參分前軫圍尺一寸而爲之。尺一寸，取九寸爲三分，去三寸得六寸；餘二寸各三分之，二寸爲六分，去二分，得四分；以三分爲一寸，餘一分。添前六寸，爲七寸三分寸之一也。參分式圍，去一以爲較圍。注：兵車之較圍，四寸九分寸之八。疏：注釋曰：以式圍七寸三分寸之一，取六寸三分，去二寸，得四寸。仍有一寸三分寸之一，以一寸者爲九分，一分者轉爲三分，并爲十二分，去四分，得八分，故云較圍四寸九分寸之八也。參分較圍，去一以爲軹圍。注：兵車之軹圍，三寸二十七分寸之七。軹，輢之植者衡者也，與轂末同名。音義：植，直吏反，下同。疏：注釋曰：以前較圍四寸九分寸之八，四寸取三寸，去一寸，得二寸；餘一寸，爲二十七分，餘八分，爲二十四分，并之爲五十一分，取三十，去十分，得二十分。又二十一者去七分，得十四，添前二十，爲三十四分。取二十七分爲一寸，餘有七分在，添前二寸，總爲三寸二十七分寸之七也。云與轂末同名者，前云覆軹不及幹，注軹是轂末，此軹是車較下竪直者，及較下横者，直衡者並縱横相貫也。參分軹圍，去一以爲轛圍。注：兵車之轛圍，二寸八十一分寸之十四。轛，式之植者衡者也。鄭司農云：「轛讀如繫綴之綴，謂車輿軨立者也。立者爲轛，横者爲軹。書轛或作軨。」玄謂轛者，以其鄉人爲名。音義：轛，音對，又張歲反，李一音都回反。綴，張歲反。軨，劉音領，又音零，下同。鄉，許亮反。疏：注釋曰：此轛形狀，一與前經軹同，但在式木之下，對人爲名耳。參分軹圍，分前三寸二十七分寸之七，取三寸去一寸，得二寸；餘七分者，假令整寸爲八十一分，此二十七分寸之七，爲二十一分，即是八十一分寸之二十一，三分之，去七分得十四分，故云轛圍二寸八十一分寸之十四也。云轛式之植者衡者也者，先鄭讀轛爲綴，又以軹轛爲一處解之，後鄭皆不從者，以其無所指歸，故以鄉人爲名，據前式下爲之也。【略】

凡居材，大與小無并，大倚小則摧，引之則絶。注：并，偏邪相就也。用力之時，其大并於小者，小者强不堪則摧也。其小并於大者，小者力不堪則絶也。音義：居，如字，舊音據。并，如字，又必政反。邪，似嗟反。疏：釋曰：上經言居材得所，此經言不得所之事。凡居材大與小無并之使偏邪。此汎説居材之灋爲總也。云大倚小則摧者，倚則并也。凡居材，當各自用力，若使大材倚并小材，小材强不堪大材所倚，則摧折矣。云引之則絶者。上文云居材大與小無并，已言大倚小則摧，未言小并大之事，則此引之則絶，據小并大而言也。若小并於大，大木振其小木力不堪則絶斷也。

棧車欲弇，注：爲其無革鞔，不堅，易坼壞也。士乘棧車。音義：棧，士板反，劉才産反。弇，劉於驗反，又於檢反。爲，于僞反。鞔，莫干反。易，以豉反。坼，勑白反。疏：釋曰：棧車無革鞔輿，易可坼壞，故當弇向内爲之。云士乘棧車者，《巾車》職文。飾車欲侈。注：飾車，謂革鞔輿也。大夫以上革鞔輿。故書侈作移。杜子春云：「當爲侈。」疏：注釋曰：據大夫已上以革鞔輿，不畏坼壞，故欲得向外侈也。云大夫以上者，則天子諸侯之車，以革鞔輿及轂約也。但有異物之飾者，則得玉金象之名號。無名號者，直以革爲稱，革路、墨車之等是也。若木路，亦以革鞔，但不漆飾，故以木爲號。孤卿轂上有篆飾，即以篆縵爲名也。按《殷傳》云：「未命爲士者，不得乘飾車。」士得乘飾車者，後異代灋也。

又　卷四〇《冬官考工記》　輈人爲輈。注：輈，車轅也。《詩》云：「五楘梁輈。」音義：輈，張留反。《方言》云：「楚衛之間，轅謂之輈。」楘，音木，本又作鞏，同。疏：釋曰：按三十工無輈人之官，但車事是難，故車官別主此職也。注釋曰：云《詩》云五楘梁輈者，《秦詩》。引之者，證輈是車轅之事，彼注云：「楘，歷録也。梁輈，上句衡也。一輈五束，束有歷録。」是也。輈有三度，軸有三理。注：目下車度深淺之數。疏：注釋曰：云度深淺之數者，四尺七寸之等是也。國馬之輈深四尺有七寸，注：國馬，謂種馬、戎馬、齊馬、道馬，高八尺。兵車、乘車，軹崇三尺有三寸，加軫與轐七寸，又并此輈深，則衡高八尺七寸也。除馬之高，則餘七寸，爲衡頸之間也。鄭司農云：「深四尺七寸，謂轅曲中。」音義：種，章勇反。齊，側皆反。轐，音卜，舊方木反，又音僕。疏：注釋曰：知國馬謂種、戎、齊、道者，《校人》馬有六種，下文有田馬、駑馬，明此四者當國馬也。《廋人》云「馬八尺以上爲龍」，故鄭云高八尺。云兵車、乘車軹崇三尺有三寸者，上文云兵車輪崇六尺有六寸，軹崇三尺三寸，加軫與轐四尺是也。云餘七寸爲衡頸之間也者，按下文注，衡圍一尺三寸五分寸之一，頸圍九寸十五分寸之九，并尺三寸與九寸爲二尺二寸。衡圍五分寸之一，於十五分寸之九，當得十五分寸之三，并頸圍十五分寸之九，爲十五分寸之十二。圍三徑一，二十一寸徑七寸。餘有一寸十五分寸之十二。一寸復分之爲十五分，通前十五分寸之十二爲二十七，徑得十五分寸之九。此九分當爲馬頸低消之。先鄭云深四尺七寸，謂轅曲中者，此據輿以上而言，故後鄭從之也。田馬之輈深四尺，注：田車軹崇三尺一寸半，并此輈深爲七尺一寸半。今田馬七尺，衡頸之間亦七寸，則軫與轐五寸半，則衡高七尺七寸。疏：注釋曰：鄭以上文田車輪崇六尺有三寸，軹崇三尺一寸半，并此輈深四尺，爲七尺一寸半，加軫與轐五寸半，總七尺七寸。駑馬高七尺，則七寸亦衡頸之間消之也。知加軫與轐五寸半，不七寸者，亦約軹崇與兵車軹崇校寸半，明軫轐亦校寸半也。云田馬七尺者，亦約《廋人》「馬七尺曰騋」。以其兵車乘車駕國馬，明田車駕騋馬也。以此約之，明役車駕駑馬也。駑馬之輈深三尺有三寸。注：輪軹與軫轐大小之咸率寸半也。則駑馬之車，軹崇三尺，加軫與轐四寸，又并此輈深，則衡高六尺七寸也。今駑馬六尺，除馬之高，則衡頸之間亦七寸。音義：咸，本又作減，同洽斬反。率，音類，又音律，下同。疏：注釋曰：鄭以田車之輪，下於兵車、乘車，軹崇及軫轐，皆校減一寸半，則駑馬是六尺之馬，所駕之車又宜下，故知輪軹軫轐大小之減，率例一寸半，與田車減兵車、乘車同也。是以鄭觧駑馬之車，皆減田車一寸半也。若然，衡頸之間同七寸，著車雖有高下，至於衡頸，不得不同，故下云小於度謂之無任。衡頸用力是同，是以不得有龘細。

【略】五分其軫間，以其一爲之軸圍。注：軸圍亦一尺三寸五分寸之一，與衡任相應。疏：注釋曰：上《輿人》云「輪崇、車廣、衡長參如一」，則軫間即車廣，與衡長俱六尺六寸。以六尺六寸五分取一，與衡任同，故軸圍亦一尺三寸五分寸之一，與衡任相應也。十分其輈之長，以其一爲之當兔之圍。注：輈當伏兔者也，亦圍尺四寸五分寸之二，與任正者相應。疏：注釋曰：當兔，謂輿下當横軸之處，亦通計輈之軓前及隧，總計一丈四尺四寸，十分取一，故輈之伏兔之處，龘細之圍有一尺四寸五分寸之二，與相應也。參分其兔圍，去一以爲頸圍。注：頸，前持衡者，圍九寸十五分寸之九。疏：注釋曰：衡在輈頸之下，其頸於前向下，持制衡鬲之輔，故云頸前持衡轅者也。云圍九寸十五分寸之九者，以前當兔圍有一尺四寸五分寸之二，今以一尺二寸三分之，去四寸，得八寸。又以一寸者分爲十五分，二寸爲三十分。又以五分寸二者爲六分，并三十分爲三十六分。三十分去十分，得二十分。六分者去二分，得四分。總得二十四分。以十五分爲一寸，仍有九分在。添前八寸，總九寸十五分寸之九也。五分其頸圍，去一以爲踵圍。注：踵，後承軫者也，圍七寸七十五分寸之五十一。疏：注釋曰：輈後承軫之處，似人之足跗在後，名爲踵，故名承軫處爲踵也。還以上注九寸十五分寸之九計之，取五寸，去一寸，得四寸，仍有四寸九分在。一寸爲七十五分，四寸爲三百分。又以十五分寸之九者轉爲四十五分。三百分，五分去一，去六十分，得二百四十分。四十五分者，五九四十五，爲五分，十五分寸之九，去一九，得三十六分。并前總二百七十六分，還以七十五分約寸，取二百二十五分爲三寸。添前四寸爲七寸，餘有五十一。是以鄭云圍七寸七十五分寸之五十一也。

凡揉輈，欲其孫而無弧深。注：孫，順理也。杜子春云：「弧讀爲浄而不汙之汙。」玄謂弧，木弓也。凡弓引之中參，中參深之極也。揉輈之倨句，如二可也，如三則深，傷其力。音義：孫，音遜，注同。弧，音胡，杜音烏。汙，李音烏，一音紆。疏：釋曰：言揉者，以火揉，使曲也。欲其孫者，欲使順理揉之。云無弧深者，無得如弓之深，弓之深，大曲也。注釋曰：玄謂弧，木弓也者，見於三倉六弓，皆是角反張者也。《易》云「弦木爲弓」，是木弓也。云凡弓引之中參，中參深之極也者，弓之下制六尺，引之三尺，是中參，深之極也。云如二可也者，六尺引二尺，若然，九尺得三尺，則是弓一尺得三寸三分寸之一。輈軓以前十尺，國馬之輈深四尺七寸，與二不相當者，通計一丈四尺四寸，并輿下數之，故得二也。二者，輈總長丈四尺四寸，且取丈二尺得四尺，餘二尺四寸，復得八寸，總爲四尺八寸，是國馬之輈猶不滿二之數也。言二舉大而言。【略】

良輈環灂，自伏兔不至軓七寸，軓中有灂，謂之國輈。注：伏兔至軓，蓋如式深。兵車、乘車，式深尺四寸三分寸之二。灂下至軓七寸，則是半有灂也。輈有筋膠之被，用力均者則灂遠。鄭司農云：「灂讀爲灂酒之灂。環灂謂漆沂鄂如環。」音義：灂，子召反，李音在學反。被，皮寄反。沂，魚斤反。鄂，五各反。疏：注釋曰：經云自伏兔不至軓七寸者，是從内向外之言。更云軓中有灂者，灂謂漆，則七寸外，軓内乃有灂。云伏兔至軓，蓋如式深者，伏兔衡車軸，在輿下，短不至軓，軓即輿下三面材是也。無伏兔處去軓遠近無文，以意斟酌。經云自伏兔不至軓七寸，明七寸之外，更有寸數，故鄭云伏兔至軓蓋如式深也。即引兵車、乘車，式深一尺四寸三分寸之二爲證，此數即上云隧四寸三分一在外，以揉其式是也。若然，自伏兔至軓亦一尺四寸三分寸之二，如是，輈轅之深入式下，半一尺四寸三分寸之二，有七寸三分寸之一。直言半有灂者，據七寸。不言三分寸之一，舉全數而言也。言用力均者則灂遠者，用力均謂軓前十尺，并入式下，曲直皆用力，則漆入式下七寸，是灂遠也。先鄭讀灂爲灂酒之灂者，讀從《士冠禮》「若不醴，灂用酒」之灂也。云環灂謂漆沂鄂如環者，指謂漆之文理也。軫之方也，以象地也。蓋之圜也，以象天也。輪輻三十，以象日月也。蓋弓二十有八，以象星也。注：輪象日月者，以其運行也。日月三十日而合宿。疏：釋曰：此言總結上車及蓋取象之意。云軫之方也以象地也者，據輿方而言，不言輿言軫者，軫是輿之本，故舉以言之。云蓋之圜也以象天也者，即上輿人所造者也。云以象星者，星則二十八宿，一面有七，角、亢之等是也。若據日月合會於其處，則名宿，亦名辰，亦名次，亦名房也。若不據會宿，即指星體而言星也。注釋曰：云輪象日月者，以其運行也，日月三十日而合宿者，輪乃運行之物，至於日，則一日行一度，一年一周天。月行十三度十九分度之七，一月一周天。又行一辰，遂及日而合宿，是日月亦是運行之物，故以輪象之也。【略】

陶穀《清異録》卷下《器具》　流星輦

蜀衍荒於游幸，乃造平底大車，下設四卧軸，每軸安五輪，凡二十輪。牽以駿馬，騎去如飛，謂之流星輦。

陳祥道《禮書》卷一三五　車制

古者服牛乘馬，引重致遠，以利天下，則車之作尚矣。或曰黄帝作軒冕，不可攷也。車之制，象天以爲蓋，象地以爲輿，象斗以爲杠轂，象二十八星以爲蓋弓，象日月以爲輪輻，前載而後户，前軌而後軫，旁輢而首以較，下軸而銜以轐。對人者謂之轛，車如舟者謂之軸，揉而相迎者謂之牙，輈之曲中謂之前疾，軛之上平謂之衡。衡之材與輿之下木皆曰任，以其力任於此也。轂之端與輢之下木皆曰軹，以其旁止於此也。軫可以名輿，可以名車。達常可以名部，軫前横木可以名輅，此又因一材而通名之也。其爲車也，有長轂者，有短轂者，有杼輪者，有侔輪者，有反輮者，有仄輮者，有兩輪者，有四輪者，有有輻者，有無輻者，有曲輈者，有直輈者，輦直輈。有一轅者，有兩轅者，有直輿者，有曲輿者，鈎車曲輿。有廣箱者，有方箱者，有重較者，有單較者，或駕以馬，或駕以牛，或輓以人，或飾以物，或飾以漆，或樸以素，要皆因宜以爲之制，稱事以爲之文也。然禮有屈伸，名有抑揚，故論其任重，則雖庶人之牛車亦與大夫同稱大車。論其等威，則雖諸侯之正路於王門，曰偏駕而已。

車制

又　卷一四〇

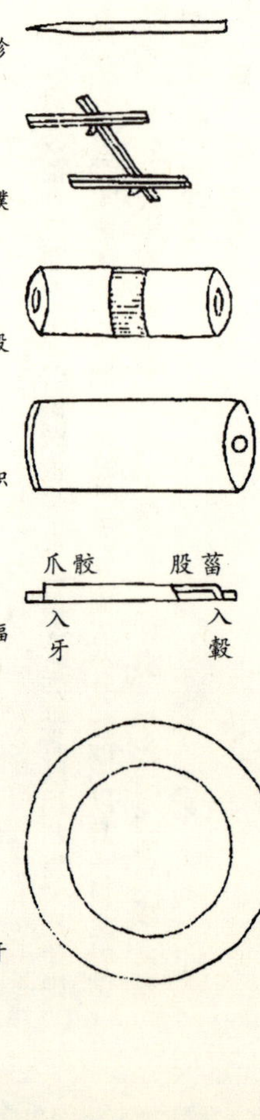

軫

軫，一曰收，一曰車枕，輿後横木也。軫圍尺一寸，六分車廣，以一爲之軫圍。其厚與轐共七寸，其長六尺。《輿人》謂輿爲車，《輪人》以軫名輿，則輿可謂之車，亦可謂之軫。故鄭氏謂軫，輿後横木；又謂軫，輿也。《輈人》以軫方對蓋圜，則方軫方輿也。秦詩以俴收爲淺軫淺輿也。孔穎達謂車前後横木皆曰軫，自後軫至前軫淺於乘車，故曰俴。然考之於禮車，前有軓有陰而已，不聞其有軫也。《説文》亦曰：軫，輿後横木。

轐

轐，輿下銜軸者也，一曰伏兔，一曰車屐。賈公彦曰：軸上有伏兔。伏兔尾後上載車軫，軫始有輿，則軸去地三尺三寸，與伏兔及軫七寸，總四尺也。伏兔尾戴而輈踵亦承軫，則軫之所乘者三木也。伏兔之下則有革，《説文》謂轖音閔。是也。伏兔之前則輈有漆，《輈人》所謂良輈環灂，自伏兔不至軓七寸是也。

轂有賢，有軹，有藪，有篆，有幬。

《老子》曰：三十輻共一轂。《考工記》曰：轂也者，以爲利轉也。望其轂，欲其眼魚懸。也。進而眡之，欲其幬幬。之廉也。椁其漆内而中詘之，以爲之轂長，以其長爲之圍。輪之漆内六尺四寸，是爲轂長三尺二寸，圍徑一尺三分寸之一。五分其轂之長，去一以爲賢，去三以爲軹。容轂必直，陳篆必正，施膠必厚，施筋必數，幬必負幹。三分其轂長，二在外，一在内，以置其輻，轂長三尺二寸者，今輻廣三寸半則輻内九寸半，輻外一尺九寸。則轂長三尺二寸，圍徑一尺三分寸之二。三分轂長，二在外，一在内，以置其輻。其穿大者謂之賢，小者謂之軹。其當輻菑者謂之藪，藪亦謂之壺中。賢轂内，軹轂外，皆金爲之。五分其轂之長，去一以爲賢，去三以爲軹。鄭氏謂去一當爲去二，去二則金厚一寸。大穿徑四寸五分寸之二，小穿徑二寸十五分寸之四，如是乃與藪相稱，理或然也。轂之飾，施膠筋漆而采以約之謂之篆，《詩》所謂約軝是也。革以幔之謂之幬，所謂幬必負幹是也。

軹在外。

轂之大穿曰賢，小穿曰軹，則軹轂末也，亦謂之軎。軎或作害，衛。又謂之軓，《少儀》曰祭左右軓。范。鄭氏謂軓軹同謂軎頭。《輿人》：三分較圍，去一以爲軹圍；三分軹圍，去一以爲轛圍。則軹又輢之衡植者也，與轂末之軹不同。

輻

輪崇六尺有六寸，轂徑一尺三分寸，牙圍尺一寸，則輻長二尺有奇矣。藪徑三寸九分寸之五，而輻廣如之，則輻圍九寸有奇矣。《記》曰：望其輻，欲其掣爾而纖也；進而眡之，欲其肉稱也；眡其綆，欲其蚤之正也；綆輪植也。察其菑蚤不齵，五溝反。則輪雖敝不匡。凡輻，量其鑿深以爲輻廣，故竑其輻廣以爲之弱。鄭氏曰：弱，菑也。今人謂蒲本爲弱。三分其輻之長而殺其一，則雖有深泥亦弗之溓也。三分其股圍，去一以爲骹圍。則輻之入牙者謂之爪，近牙謂之骹，入轂謂之菑，近菑謂之股。菑亦謂之弱，則股菑弘而骹爪殺矣。骹爪殺，故望之則掣爾而纖，用之則雖有深泥而弗之溓。弘殺稱，故謂之肉稱。

牙

《考工記》言：凡揉牙，則牙揉木爲之矣。六分其輪崇，以其一爲之牙圍，則牙圍尺一寸矣。三分其牙圍而漆其二，則漆者七寸三分寸之一，不漆者三寸三分寸之二矣。《記》又曰：眡其綆，欲其蚤之正也。綆三分寸之二。鄭氏謂綆，關東謂之餅，輪箄也。蓋鑿牙而其孔向外侵三分寸之二，則輻股外箄，輻股外箄則車不掉矣。牙亦謂之罔，亦謂之渠，亦謂之輮。行澤者仄輮，行山者反輮，仄輮則木心在外而泥不溓，反輮則表裏相依而沙石不能以破碎。

又 卷一四一

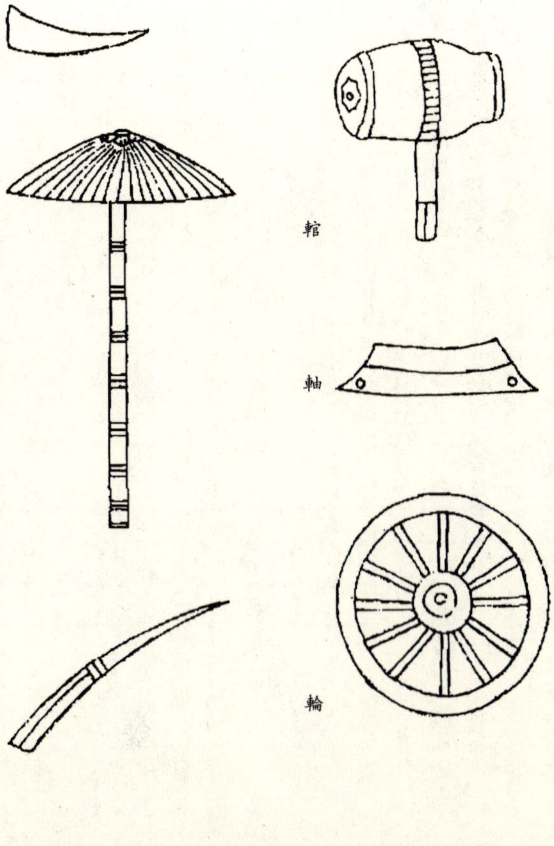

輨轄。

輨或作斡，音管。《說文》曰：轂耑沓也。轄或作舝，《說文》曰車鍵。蓋輨以冒轂，轄以制軸，二者皆金爲之。《考工記》曰：弓長六尺謂之庇軹。鄭氏謂六尺之弓加部廣，凡丈二尺六寸，有宇曲之減，可覆軹，不及幹。

軸

《輈人》軸有三理：一者以爲媺也，二者以爲久也，三者以爲利也。無節則媺，堅刃則久，滑緻則利。其圍一尺三寸五分，則五分其軫間，以其一爲之軸圍是也。其長八尺有奇，觀轍廣八尺，則軸之長可知矣。《易》曰：輿脱輹。《說文》曰：輹，軸縛也。

輪　軔一名泥枝車者也。

輪人爲輪，斬三材必以其時。轂也者，以爲利轉也。輻也者，以爲直指也。牙也者，以爲固抱也。故察車自輪始，欲其樸屬而微至。不樸屬，無以爲完久也。不微至，無以爲戚速也。兵車、乘車之輪六尺有六寸，田車之輪六尺有三寸。行澤者欲杼，行山者欲侔。杼以行澤，則是刀以割塗也，是故塗不附。侔以行山，則是搏以行石也，是故輪雖敝不甐於鑿。凡揉牙，外不廉而內不挫，旁不腫，謂之用火之善。是故規之以眡其圜也，萬之以眡其匡也，縣之以眡其輻之直也，水之以眡其平沈之均也，量其藪以黍，以眡其同也，權之以眡其輕重之侔也。蓋輪之制，視馬以爲之高下，視地以爲之厚薄。兵車、乘車駕國馬，田車駕田馬。國之輈深四尺有七寸，故二車之輪皆六尺有六寸。田馬之輈深四尺，故田車之輪六尺有三寸。行澤者必削其踐也，故杼之然後塗不附。行山者必等其上下，故侔之然後鑿不甐。不特此也，行澤者欲短轂，行山者欲長轂。行澤者反鞣，行山者反鞣。其行也有輔傳，所謂輔車相依是也。

其止也有軔，《說文》所謂梔是也。轂以火則陰陽齊，牙以火則內外旁善輻，輪以水則平沈均，藪以黍則廣深同。可規，可萬，可水，可縣，可量，可權，謂之國工。則車所任者在輪，而已觀輪扁之斲輪，徐而弗甘，疾而弗苦，得之於手，應之於心。扁不能以語其子，其子不能得之於扁，則輪之難，其工可知矣。萬之以眡其匡，鄭氏謂等爲萬蔞，以運輪上，輪中萬蔞則不匡刺。賈公彦謂今車近萬蔞於輪之旁，置之輪上，輪轉一匝，不高不下，則知其不匡。然《記》言眡其匡，非眡其不匡也。《輿人》圜者中規，方者中矩，立者中縣，衡者中水，則輪之可規，可萬，可水，可縣，亦若是爾。萬故書作矩。

蓋有部。

蓋柄之材三而部厚一寸，達常長二尺，桯圍長八尺。達常上貫部而下入桯，總一丈矣。人長八尺，而弓有宇曲之戚亦八尺，此所以立乘而不蔽目也。桯圍倍達常部圍三，桯徑六寸，而鑿深二寸有半，則對深五寸而不傷達常矣。部厚一寸，鑿廣四枚，一分爲枚。鑿上二枚，鑿下四枚，則鑿下用力爲多而可以固弓矣。鑿上二枚，鑿下四枚，其外也上下俱四枚，其內也故下直二枚，其內題則漸削矣。故鑿端一枚，如此則鑿之外廣內狹，下正上低，而弓勢可得而仰也。弓馬六尺，二尺近部短而平，四尺趨宇長而橈，此所謂三分弓長而揉其一也。近部者謂之股，其圍一寸六分。趨宇者謂之爪，其圍一寸十五分寸之一，此所謂三分其股圍去一以爲爪圍也。蓋弓二十有八，所以象星也。部杠所以象斗也。斗爲天之杠轂。有衣以冒之，有紘以維之，弗冒紘，橫馳堄晦而不隊，乃國工也。【略】

弓

弓謂之輮輻，亦謂之輮轍，廣謂之軹。轂末亦謂之軓，轂下謂之軹，輢下亦謂之軹。此異物而同名也。輿可謂之車，亦可謂之軫。達常可謂之部，軫前橫木可謂之輅。《說文》。此因物而通名也。

又 卷一四二

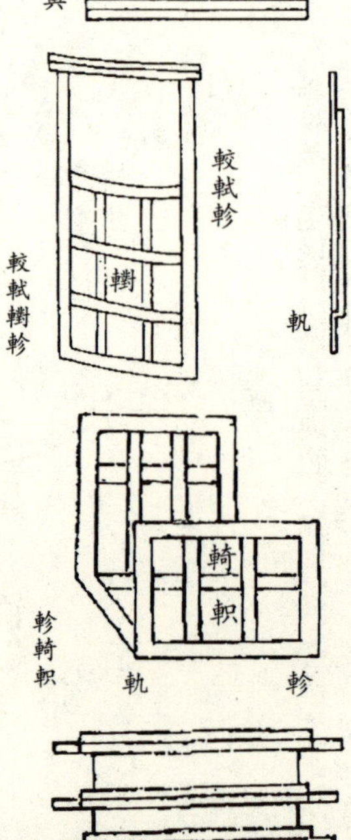

輹 輿

《易》曰：壯于大輿之輹。又曰：輿說輹。《左氏》曰：車說其輹。《說文》曰：輹，軸縛也。或者以爲伏兔，然兔謂之轐，非輹也。《易》於「輿說輹」，言中無尤。《左傳》於「車說輹」，言不利行師。然輻不能行也，說輹不行而已，非不能行也。左氏斷章取義，猶《禮記》以不耕穫，不菑畬爲凶。荀卿以括囊無咎無譽爲腐儒。

較軾轛軫

《說文》曰：較，車輢前橫木。轛，橫軨也。轄，音嗇。車籍交錯也。軨，車轖橫木也。軨或作轄，《禮記》曰：君車已駕僕展軨。或曰軨，車欄也。或曰軨，轄頭轄也。然僕之展軨，非特轄耳。鄭司農、鄭康成皆以幦爲覆苓，則二鄭亦以苓爲欄也。

軫輢軹

造車始於輿，而車制始於輿廣，故《詩》以權輿爲始。《輿人》之法皆以車廣起度。車廣六尺六寸三分，車廣去一以爲隧，則輿深四尺四寸矣。三分其隧，一在前，二在後，以揉其式，則式深一尺四寸三分寸之二矣。以其廣之半爲之式崇，則式三尺三寸矣。以其隧之半爲之較崇，則較出於式二尺二寸矣。軫圍尺一寸，式圍七寸三分寸之一，較圍四寸九分寸之八，軹圍三寸二十七分寸之七，轛圍二寸八十一分寸之十四，其數廣狹、大小、崇庳，皆起於輿廣。此《輿人》所以以輿名車而兼數材也。車制，輿在下，輢在兩相，式在前，軨在後。較則輢上出式者也。軹則衡植於輢者也。轛則衡植於式者也。式必曲爲之，所謂揉其式是也。較有重之者，所謂猗重較兮是也。較後世亦謂之平鬲，輢後世亦謂之輒，《說文》：輒，車兩輢也。兵車之行，五兵皆建於輢。蓋以鐵圍範，邪置於輢之上下，乃植而建之，則出先刃，入後刃，此所謂既建而迆。迆，邪倚也。

軓

大馭軷祭軓，《少儀》祭范。《考工記》曰：軓前十尺而策半之，古書作軋，則軋范一也。鄭康成曰：軓，法也，謂輿下三面之材，輢式之所植持車正也。鄭司農曰：軓，式前也。蓋三面之材，輢式之所植，而其面出於式前矣。杜子春亦曰：軋謂車軾前。

任正

《輈人》：任正者，十分其輈之長，以其一爲之圍。衡任者，五分其長，以其一爲之圍。則任正者，輿下三面材也。衡任者，兩軛間之材也。輈長丈四尺，十分其輈之長，以其一爲任正之圍，則任正之圍八尺四寸五分寸之二矣。五分其輈之長，以其一爲衡任之圍，則衡任之圍一尺五分寸之一矣。

又 卷一四三

輈

輈，車轅也，《詩》曰梁輈，則梁衡也。輈，持衡者也。輈從軌，前微曲而上至衡，則下而句之。輈縱而衡橫，縱者若輈，橫者若梁，此所以謂之梁輈也。《輈人》：國馬之輈，深四尺有七寸。田馬之輈，深四尺。駑馬之輈，深三尺有三寸。鄭氏謂國馬，種、戎、齊、道也，高八尺。田馬七尺。駑馬六尺。兵車、乘車，軹崇三尺有三寸，加軫與轐七寸。田車軹崇三尺一寸半。駑馬之車軹崇三尺，加軫與轐四寸。輈之減也，率七寸。馬之殺也，率一尺。軹與軫轐之殺也，率寸半。則兵車、乘車，軫轐四尺，加以四尺七寸之輈，爲八尺七寸矣。田車軫轐三尺七寸，加以四尺之輈，爲七尺七寸矣。駑馬之車軫轐三尺四寸，加以三尺三寸之輈，爲六尺七寸矣。三等之馬，各下其輈七寸，則七寸爲衡頸之間也。輈之身丈四尺四寸，軓前十尺與隧四尺四寸，則丈四尺四寸也。前爲頸，後爲踵。頸以持衡，踵以承軫。近踵以當兔，當兔之圍大於持衡。持衡之圍大於承軫，故十分其輈之長，以其一爲當兔之圍，則圍尺四寸有奇矣。三分其兔圍，去一以爲頸圍，則圍九寸有奇矣。五分其頸圍，去一以爲踵圍，則圍七寸有奇矣。凡此大其兔以稱任正，小其頸以便馬，不大不小以當軫，然後固也。《記》曰：良輈環灂，自伏兔不至軓七寸，軓中有灂，謂之國輈。蓋輈有膠筋之被，而其漆不止於軓，然後用力均，亦足以爲觀美也。觀秦《小戎》之輈，五束之以革，而其束歷録，然後古之輈飾可知。

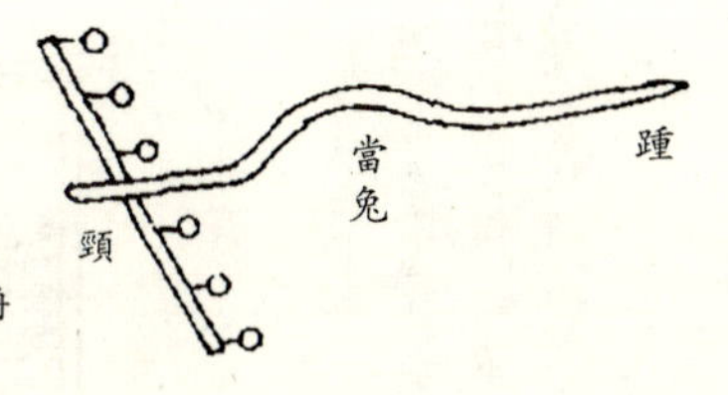

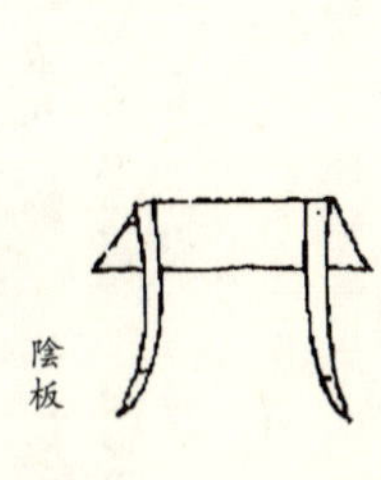

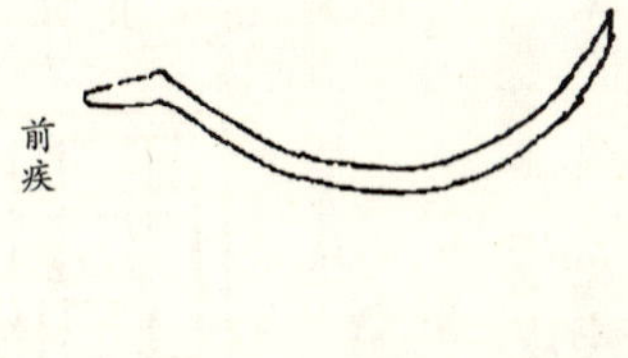

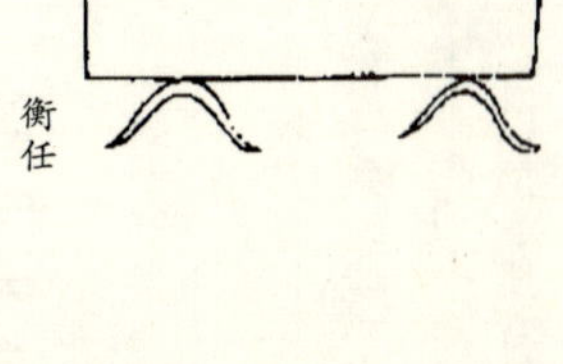

陰板

《詩》曰：陰靷鋈續。毛氏曰：陰，揜軌也。劉熙《釋名》曰：陰，蔭也。橫側車前，所以蔭荃也。靷以皮爲之，繫於陰板，所以引車也。《左傳》稱郵無卹曰：「兩靷將絕，吾能止之。駕而乘材，兩靷皆絕。」哀二年。靷止於兩，則驂馬引之而已。鋈續，鄭氏曰：白金飾續，靷之環是也。

衡任

輪人爲車，輪崇，車廣，衡長，參如一，謂之參稱。輈人爲輈，五分其輈之長，以其一爲衡任之圍，則衡長六尺有六寸，衡任之圍一尺三寸五分寸之一，而其長與輪崇、車廣等，衡圍與軸圍等矣。《詩》曰：兩服上襄，兩驂鴈行。兩服齊首，兩驂如手。則服馬兩在前，驂馬兩亞之。在前者頸當衡，亞之者不與焉。《春秋傳》曰：如驂之有靳者兩服也。《説文》謂轅耑持衡曰軏，軛下曲曰軥，軛軥曰輝。《左傳》稱庾公差遣衛，獻公射兩軥而還。襄十四年。則軏在轅耑，衡在軛上，軛軥輝在衡下，而軛與軥輝一物也。衡上有采以爲飾，《詩》曰「錯衡」是也。軛上有鐶以貫轡，《爾雅》曰「載轡謂之轙」是也。《説文》轙亦作钀。

前疾

《行人》：上公賓主之間九十步，立當車軹；侯伯七十步，立當前疾；子男五十步，立當衡。前疾之位在軹之前，衡之後。鄭氏謂轅前下胡垂柱地者，是也。觀《輈人》國馬之輈深四尺有七寸，則軾前曲中乃前疾也。

軌轍

又　卷一四四

車迹爲轍，轍廣爲軌。《左傳》曰下而視其轍，此車迹也。《考工記》曰經途九軌，此轍廣也。轍廣曰軌，而兩轊亦曰軌。猶之兩轊曰軹，兩軹下木亦曰軹也。《考工記》曰應門容三轍。三箇二轍之間八尺，而車人轍廣六尺者，以貴賤之車不同故也。《説文》曰：蹤，車迹也。則轍亦曰蹤。

軒

《左傳》曰：齊侯歛諸大夫之軒。定九年。又曰：齊侯得敝無存與之犀軒。定九年。又曰：衛公鶴有乘軒。又曰：乘軒者三百人。又許太子謂渾良夫曰：苟使我入國乘軒，齊桓公遺衛夫人以魚軒。則軒，大夫以上之車也。許慎曰：軒，曲輈藩車也。蓋輈有三制，獨國馬之輈爲深輈，深則軒，故謂之軒。軒必有藩，故魚軒、犀軒皆皮爲之藩也。《詩》曰：如輊如軒。《考工記》曰：既節軒摯之任。《漢書》曰：居前不能令人輊，居後不能令人軒。則車又以前高爲軒，後至地爲輊。

沈括《補筆談》卷下　補第二十卷後三事

熙寧八年，章子厚與予同領軍器監，被旨討論木車制度，本監以《周禮・考工記》及《小戎》詩攷定：

車輪崇六尺，軹崇三尺三寸。

轂末至地也，并軫轐爲四尺。

(互)[牙]圍一尺一寸，厚一尺三分寸之二。車罔也。

轂長三尺二寸，徑一尺三分寸之二。輪之數三寸九分寸之五，轂上劄幓鑿眼是也。

大穿内徑四寸五分寸之二，《記》謂之賢，轂之裏穿也。

小穿内徑三寸十五分寸之四，《記》謂之軹，轂之外穿也。

輻九寸半，軸外一尺九寸，并輻三寸半，共三尺二寸，乃轂之長。

金厚一寸，大小穿其金皆一寸。

輻廣三寸半，深亦如之。

輿六尺六寸，車隧四尺四寸。隧音邃，謂車之深。蓋深四尺四寸，廣六尺六寸。

(或)[式]深一尺四寸三分寸之二，七寸三分寸之一在軫内。

崇三尺三寸半，輿之廣謂之崇。較崇二尺二寸，通高五尺五寸。較，兩輢上出(二)[式]者，并車高五尺五寸。

軫圍一尺一寸，車後横木。貳圍七寸三分寸之一，較圍四寸九分寸之八。

軹圍三寸二十七分寸之七，此軹乃輢木之植者，衡者與轂末同名。

轛圍二寸八十一分寸之十四，此(貳)[式]之植者，衡者如較之植軹而名異。

任正圍一尺四寸五分寸之二。此與下三面材，特車正者。

輈深四尺七寸，此梁船輈也。軹崇三尺三寸，此輈如橋梁，矯上四尺七寸，并衡頸爲八尺七寸。國馬高八尺，除衡頸則如馬之高。長一丈四尺五寸。

軌前十尺，隧四尺四寸。

軌前一丈。築長五尺。衡圍一尺三寸五分寸之一，長六尺六寸。軸圍一尺三寸五分寸之一。兔圓一尺四寸五分寸之二。與前當轅者與任正相足爲四面。

頸圍九寸十五分寸之九。頸，輈前持衡者。

踵圍七寸七十五分寸之五。踵，輈前承轅處。

軌廣八尺，兩轍之(兩)[間]。

陰如軌之長，側於軌前。

靷二，前着驂轡，後屬陰。在驂之外，所以正出。内脅驅長一丈，皮爲之，前繫於衡，後屬于軫内，脅所以止入。服馬當衡軛，兩服齊首。

驂馬齊衡，兩驂鴈行，謂小却也。

度皆以周尺，一尺當今七寸七分少强。

轡六。服馬二轡，驂馬一轡。

以法付工作坊製車，兼習五御法。是歲八月秋閱，上御延和殿親按，藏於武庫，以備儀物而已。

孟元老《東京夢華録》卷三《般載雜賣》　東京般載車，大者曰太平，上有箱無蓋。箱如構欄而平，板壁前出兩木，長二三尺許。駕車人在中間，兩手扶捉鞭。綏駕之前列騾或驢二十餘，前後作兩行，或牛五七頭拽之。車兩輪與箱齊，後有兩斜木脚拖，夜中間懸一鐵鈴，行即有聲，使遠來者車相避。仍於車後繫驢二頭，遇下峻險橋路，以鞭諕之，使倒坐縋車，令緩行也。可載數十石。官中車，惟用驢差小耳。其次有平頭車，亦如太平車而小兩輪，前出長木作轅，木梢橫一木，以獨牛在轅内，項負橫木。人在一邊，以手牽牛鼻繩駕之。酒正店多以此載酒梢桶矣。梢桶如長水桶，面安靨口，每梢三斗許，一貫五百文。又有宅眷坐車子，與平頭車大抵相似，但椶作蓋及前後有構欄，門垂簾。又有獨輪車，前後二人把駕，兩旁兩人扶枴，前有驢拽，謂之串車，以不用耳子轉輪也。般載竹木瓦石，但無前轅，止一人或兩人推之。此車往往賣糕及餻糜之類人用，不中載物也。平盤兩輪謂之浪子車，唯用人拽。又有載巨石大木，只有短梯盤而無輪，謂之癡車，皆省人力也。

王昭禹《周禮詳解》卷三五《冬官考工記》

故一器而工聚焉者，車爲多。

車象三才而利轉通，上下乘之，其載有輿，其行有牙，其服有軜，其指有軹，以憑爲禮則有軾，以道軾而爲之先則有軓，虛而善心則有轂，運而無窮則有輪，實輪而湊轂則有輻，作止而由之則有軸，以至爲較，爲轛，爲軝，爲轐。蓋之圓以象乎天，軫之方以象乎地。其事詳，其物重，其義廣，其制煩，則工之所聚，可謂多矣。然自攻金設色之工而下，其數或以五或以二，而攻木之工獨有七焉，則車工之爲多可見矣。

車有六等之數：車軫四尺，謂之一等；戈柲六尺有六寸，既建而迆，崇於軫四尺，謂之二等；人長八尺，崇於戈四尺，謂之三等；殳長尋有四尺，崇於人四尺，謂之四等；車戟常，崇於殳四尺，謂之五等；酋矛常有四尺，崇於戟四尺，謂之六等。車謂之六等之數。柲，兵媚切。迆，以氏反。殳，立殊反。酋，在由反。

《易》曰：立天之道曰陰與陽，立地之道曰柔與剛，立人之道曰仁與義。兼三才而兩之，故《易》六畫而成卦。車有六等，所以法《易》六爻之數也。十分曰寸，十寸曰尺，八尺曰尋，倍尋曰常。兵車之輪六尺有六寸，軹崇三尺有三寸，加軫與轐之七寸，爲四尺，是軫去地四尺矣。故曰車軫四尺，謂之一等。自軫而下，其車之等皆以四尺爲差。戈柲六尺有六寸，則以四尺爲差，戈柲六尺有六寸，則以四尺崇於軫，故謂之二等。人長八尺，則以四尺崇於戈，故謂之三等。殳長尋有四尺，則以四尺崇於人，故謂之四等。車戟常則以四尺崇於殳，故謂之五等。酋矛常有四尺，則以四尺崇於戟，故謂之六等。始言車有六等之數，終言車謂之六等之數者。蓋道冥於一則非有數也，合於同則非有等也。道散而爲器，則其差有等，其別有數。方其原車之等，數所由起，則自無而出有也。故始則曰車有六等之數，及其敘車之等所自陳，則等數具而法象著，其意可得而言之也。故終則曰車謂之六等之數。夫謂之爲言，意所寓也。可以言論者，物之粗也，可以意致者，物之精也。車之等數，以義則爲精，以事則爲粗，故可得以言而謂之也。若夫言之所不能論，意之所不能致者，又安得而謂之也。【略】

故兵車之輪六尺有六寸，田車之輪六尺有三寸，乘車之輪六尺有六寸。六尺有六寸之輪，軹崇三尺有三寸也；加軫與轐焉，四尺也。人長八尺，登下以爲節。乘，繩證反。軹，音只。轐，音卜，又音僕。

王有五路，玉路以祀，金路以賓，象路以朝，革路以即戎，木路以田。今此言兵車，即革路也。田車即木路也。乘車即玉路與金路、象路也。禮官明其義，故《巾車》謂之路。事官制其器，故《考工》謂之車。兵車、乘車駕國馬，田車駕田馬。輪俟馬而後行，馬有高下，而輪因之以立制，故或言六尺有六寸，或言六尺有三寸，而數度之所以不同也。然輪之心爲轂，轂之末爲軹，輿後橫木謂之軫，軸上伏兔謂之轐。輪崇六尺有六寸，軹崇三尺有三寸，而加軫與轐之七寸，然後合而爲四尺。人長八尺，則軹與軫之尺適于人爲半矣。凡此記輪之崇，而人之長短升降以此爲節，故曰人長八尺，登下以爲節矣。

輪人爲輪，斬三材必以其時。三材既具，巧者和之。轂也者，以爲利轉也。輻也者，以爲直指也。牙也者，以爲固抱也。輪敝，三材不失職，謂之完。牙，音訝。敝，必世反，又伏滅反。

車雖器之一物，然工之聚于此爲多。輪雖車之一物，然車之行必先乎此，故察車始自于輪。此古者所以獨立輪人之官，而記考工者亦以輪人爲首歟。輪雖一物，體具三材，轂、輻、牙是也。天有時，地有氣，材有美，工有巧，合此四者然後可以爲良。故古者仲冬斬陽木，仲夏斬陰木。夫時有冬夏，木有陰陽，因其時而斬其木，必得天地之和氣，故曰輪人爲輪，斬三材必以其時。轂輻牙之材，生于天而成于人。生于天則有莫爲之之和，成于人則有或使之之和，然則和者天也，和之者人也。故曰三材既具，巧者和之。非特是也，弓人爲弓，取六材必以其時，六材既聚，巧者和之。則聖人立成器以爲天下利者，豈苟乎哉。老子曰：三十輻共一轂，當其無有，車之用。又曰：有之以爲利，無之以爲用，轂中虚而有容，是無有也，而車賴之以爲用，故有取于利轉。輻實輪而湊轂，非無有也，而車賴之以爲利，故有取于直指。若夫牙，則周圜轂輻以運行，其利用，故有取于固抱。惟利故能轉，惟直故能指，惟固故能抱，合是三材以爲輪，輪雖歷久而體敝，三材各處其所，猶不失職，是以謂之完也。夫在物宜完者，也在身宜完者，元也。元缺而不周，則不可以爲完。元傷而不全，則不可以爲完。然則三材所以爲完者，亦以其周而不缺，全而無傷故也。《莊子》曰不以物挫志之謂完。此志之完，完之在人者也。《輪人》曰：輪敝，三材不失職，謂之完。此輪之完，完之在物者也。

望而眡其輪，欲其幎爾而下迆也；進而眡之，欲其微至也；無所取之，取諸圜也。望其輻，欲其掣爾而纖也；進而眡之，欲其肉稱也；無所取之，取諸易直也。望其轂，欲其眼也；進而眡之，欲其幬之廉也；無所取之，取諸急也。眡其綆，欲其蚤之正也。察其菑蚤不齵，則輪雖敝不匡。幎，莫歷反。圜，于權反。掣，音蕭。稱，尺證反。眼，魚懇反。幬，音疇。綆，音餅。蚤，音爪。菑，側吏反。齵，音隅。

輪，侖也，一實一虚，一有一無，運而無窮，無作則止，所謂侖者如斯而已。輻，畐也，畐言其實也。實輪而湊轂，致福之道也。轂，穀也，穀言其善也。輪爲善首，則轂爲善心，此所以爲穀也。轂、輻、牙分而言之，則謂之三材，合而言之則謂之輪。言望其輻，望其轂，而不言望其牙，則言望而眡其輪，兼于牙矣。輪貴于圜，故欲其幎邇而迆。幎如巾之冪物，言均致也。迆若決圜而轉化，言上下皆正直，而不旁倚也。微至，則車止之時，輪至地者少也。此輪所以取諸圜也。輻貴于易直，故欲其掣爾而纖。掣言殺削之貌，纖言向牙之處尖而不大也。肉稱，則言其洪殺之等也。易則無節，目直則無撓曲，此輻所以取諸易直也。轂貴于急，故欲其眼。眼，言如人之眼也，目用作而體止焉。蓋離爲目，巽爲多白眼。目者眼之用，眼者目之體，故眼之字左從目，言其用之作也；右從艮，言其體之止也。夫轂中虚而容輔以動轉，亦何異于眼體止于外，目作而視乎內。幬之廉則下文所謂幬必負幹也。幬則慢轂之革，廉則廉隅之見于外，惟幬之負幹，其革急而不緩，然後能至，是此轂所以取諸急也。眼以其顯于外者言之，廉以其隱于內者言之，望者遠而觀之，眡者近而見之也。望畧而視詳，于輪獨加望而眡者，察車自輪始，故特致其詳焉。綆謂輪箄，下文所謂六尺有六寸之輪，綆三分寸之二是也。菑謂輻入轂中也。蚤謂輻入牙中也。凡造車輪皆向外箄，向外箄則車行不掉，故曰眡其綆，欲其蚤之正。以輪之鑿孔，取其正也。入牙之蚤，與入轂之菑，上下兩相當而無齟齬之不齊，則輪雖久敝而無方而不轉之患，故曰察其菑蚤不齵，則輪雖敝不匡。匡言方也。凡物圜則運而轉，方則凝而止故也。【略】

轂小而長則柞，大而短則摯。是故六分其輪崇，以其一爲之牙圍。參分其牙圍而漆其二。椁其漆內而中詘之，以爲之轂長，以其長爲之圍。以其圍之防捎其藪。柞，莊百反。摯，讀爲槷。詘，邱勿反。捎，音蕭。藪，素口反。

轂以有爲體，以無爲用，故長短小大兩相稱，然後利轉而不窮。小而長則柞，柞言其不廣也。大而短則摯，摯言其不堅也。不廣則狹，故內無所容。不堅則脆，故力不能固。所謂六分其輪崇，以其一爲之牙圍者，兵車乘車輪各六尺有六寸，六分之，而以其一爲牙圍，則牙圍尺有一寸矣。三分其牙圍而漆其二者，就尺有一寸取九寸，而三分之，各得三寸。又以二寸而三分之，則各得六分有奇，合二分而言之，則漆者七寸三分寸之一，不漆者三寸三分寸之二。不漆謂輪之踐地處者也。所謂椁其漆內而中詘之以爲之轂長，以其長爲之圍者，椁言度兩漆內之尺寸也。牙圍不漆者，內外面各一寸，則六尺六寸之輪，其漆內凡六尺四寸也。中詘之，則于中詘其半，是爲三尺有二寸，故以三尺有二寸爲轂之長，以其長爲之圍，則亦三尺二寸矣。以其圍之防捎其藪，謂衆輻所趨之地也。防與《王制》所謂祭用數之防同也。以《繫辭》歸奇于防以象閏者言之，則防爲四分之一矣。捎，取也，謂于轂圍取四分之一以爲衆輻所趨之地，則藪凡八寸矣。

五分其轂之長，去一以爲賢，去三以爲軹。容轂必直，陳篆必正，施膠必厚，施筋必數，幬必負幹。既摩，革色青白，謂之轂之善。去，起呂反。賢，胡畎反。軹，音只。篆，直轉反。數，色角反。幬，音籌。

車輻頭大穿而爲賢，小穿而爲軹。謂之賢者，有取于宜爲人臣佑上而利下之意。謂之軹者，蓋轂有圍以利轉，至軹而窮焉，有宜只之意。轂長三尺有二寸，徑一尺三分寸之二。五分其徑之長，去一以爲賢，則賢徑八寸十五分寸之八；去三以爲軹，則軹徑四寸十五分寸之四。賢之徑倍于軹，則大穿爲甚大。鄭氏疑其誤，以去一宜爲去二，理或然也。然則大穿去二，則得六寸五分寸之二矣。治轂者爲之形容，則欲其直而不曲。陳以夏篆之屬，則欲其正而不邪，故曰容轂必直，陳篆必正。施膠欲固，則貴厚而不薄。施筋欲强，則貴數而不疏。故曰施膠必厚，施筋必數，幬以幔轂，則欲廉之外見，故貴其負幹。則其革急而不緩，轂革相應而無所不足之患矣。若夫以革鞔轂，訖將漆之，先以骨丸之，乃摩以石，其色以青白爲上，故曰既摩，革色青白，謂之轂之善。蓋青陽中之色也，白陰中之色也。陰陽中則和，而無剛柔相勝之弊。轂之運轉，以和爲貴故也。【略】

參分其輻之長而殺其一，則雖有深泥，亦弗之溓也。參分其股圍，去一以爲骹圍。殺，色界反。溓，註讀作黏，女廉反。骹，胡飽反。

凡爲輻，欲其豐殺適宜，近轂則欲豐，而近牙則欲殺。且以輻長尺有二寸而三分之，則其殺四寸也。蓋牙所以行地，于近牙而殺之，雖以行塗而深泥弗粘也。輻近轂曰股，近牙曰骹。在股則豐，若人之髀股。在骹則約，若人之脛近足之骹。以輻三分之長殺一以向牙，以股三分之圍去一以爲骹，則本大末小，此所以深泥莫之粘也。

【略】

六尺有六寸之輪，綆參分寸之二，謂之輪之固。綆，方顈反。參，音三。

前言兵車乘車之輪皆六尺有六寸，又曰眡其綆，欲其蚤之正，則輪箄之制尚矣。故鑿牙之時，其孔向外侵三分寸之二，使輻股外箄。蓋輪箄則車行安帖而不掉，夫是謂之輪之固。

凡爲輪，行澤者欲杼，行山者欲侔。杼以行澤，則是刀以割塗也，是故塗不附。侔以行山，則是摶以行石也，是故輪雖敝，不甐於鑿。杼，直吕反。侔，芒侯反。摶，徒丸反。甐，音吝，又音鱗，本作鄰。

三分其股圍，去一以爲骹圍者，此輪之常制也。至於行山行澤，又加損焉，以從其宜。是以行澤必于骹圍者薄之，故欲杼。杼言削薄其踐地者。行山必于股骹皆等也，故欲侔。侔言上下之適等也。澤，水地也，行澤者以薄爲和，故杼以行澤，則是割塗而塗不附。山，石地也，行山者以厚爲利，侔以行山，則是摶以行石而輪雖敝，不甐于鑿。蓋石雖齧之，而其鑿不動也。

凡揉牙，外不廉而內不挫，旁不腫，謂之用火之善。挫，作卧反。

凡揉木者，宜審曲面執，順其形性之自然而屈之。以火違而逆之，則外廉而絶理，內損而挫折，中旁腫負而起。善揉牙者，無此三患，然後可以成固抱之功，是故謂之用火之善。《傳》曰：恃自負之木，則千歲無輪。荀卿曰：木直中繩，揉以爲輪。其曲中規，皆成於矯揉之善也。

又 卷三六《冬官考工記》

輪人爲蓋，達常圍三寸，桯圍倍之，六寸。信其桯圍以爲部廣，部廣六寸。部長二尺，桯長倍之，四尺者二。桯，音盈。信，音申。廣，古曠反。

輪輻三十以象日月，蓋弓二十有八以象星，其形圍，其數耦，此輪人所以爲蓋也。蓋之制，上爲部，中爲達常，下爲桯。部之旁爲弓。部，蓋斗也。達常，蓋斗柄也。桯，蓋杠也。弓，蓋撩也。達常小於桯，桯小於部，故非部無以納弓於其旁，非桯無以含達常於其中。達常圍三寸，圍三徑一，則徑一寸矣。桯圍倍之，六寸，圍三徑一，則徑二寸矣。信其桯圍以爲部廣，部廣六寸者。廣謂徑也，取桯圍以爲部廣，則部徑六寸，而(爲)[圍]尺有八寸也。名之爲部者，言蓋斗四面鑿孔，內蓋弓著於上，部高隆穹然，故謂之爲部也。部長二尺者，此部謂斗柄達常也。以此達常上入部中，遂名之爲部也。桯長倍之，四尺者二，以其桯之長倍於部長，則凡八尺矣，故曰四尺者二。斗柄謂之達常者，上下通焉謂之達，終始無變謂之常，斗柄上通於部，下通於桯，以通乎上下爲達，無變爲常，故謂之達常也。蓋杠謂之桯者，立乎下蓋之材賴之以呈焉，故謂之桯也。蓋斗謂之部者，部如部伍之部，有所思而通也，蓋斗納衆弓而通之也，故謂之部也。

十分寸之一謂之枚，部尊一枚。弓鑿廣四枚，鑿上二枚，鑿下四枚。鑿深二寸有半，下直二枚，鑿端一枚。鑿，才報反。

百工之于數，有所謂三分寸，九分寸，二十七分寸，八十一分寸者，以三乘之也。如三分寸，則以一寸三分之，推而至于八十一分寸亦然矣。有所謂五分寸，十分、十五分寸，二十分寸，七十五分寸者，以五乘之也。如五分寸，則以一寸五分之，推而至于七十五分寸亦然矣。今言十分寸，則以一寸十分之也。然十分寸之一謂之枚，則枚一分矣。枚如條枚之枚，自本上生者爲枚，自枚上生者爲條，枚爲大，條爲小，故數物以枚，數事以條，以一物而衆事附焉故也。蓋以部爲大，故以部之分而謂之枚，以一部而衆弓附焉故也。部尊一枚者，蓋斗高一分也。弓鑿廣四枚者，鑿孔大四分也。鑿上二枚者，鑿孔之上無所受，故二分也。鑿下四枚者，鑿孔之下有受，故四分也。兩四一二，則部厚一寸矣。鑿深一寸有半者，部廣六寸。鑿深二寸有半，則對五寸矣。是以不傷達常也。下直二枚，以其弓之入于鑿者曲二分，則直而近下者深二枚也。鑿深二枚者，言鑿端之一分，取其狹也。

弓長六尺謂之庇軹，五尺謂之庇輪，四尺謂之庇軫。庇，方二反。

車有小大，故蓋弓有長短。弓有長短，故所覆有廣狹。蓋輿廣六尺六寸，兩轂并六尺四寸，旁減軌內七寸，則兩軹之廣凡丈一尺六寸。以弓長六尺而倍之，加部廣之六寸，是爲丈二尺六寸。然弓有宇曲之減，則其長可以覆軹而已，不及幹焉。故弓六尺謂之庇軹。軹，轂末也。若夫軫之廣，則小於輪，而弓之降殺亦以一尺爲差，故五尺謂之庇輪，四尺謂之庇軫也。

參分弓長而揉其一。參分其股圍，去一以爲蚤圍。參分弓長，以其一爲之尊。蚤，音爪。

蓋弓之制，短者近部平，長者爲宇曲。三分弓長而揉其一，則六尺之弓，揉而爲宇曲者二尺矣。三分弓長，以其一爲之尊，則六尺之弓，尊而近部平者，亦二尺矣。弓近部平謂之股，猶輻近轂之爲股。宇曲之末謂之蚤，猶輻入牙之爲蚤也。股欲麤，蚤欲細，故三分其股圍，去一以爲蚤圍。蓋以弓鑿之廣四枚，方員之而爲股圍，則一寸六分也。去股圍之一而爲蚤圍，則一寸一五分寸之一矣。尊，高也。六尺之弓，三分之，則近部二尺爲高矣。故曰以其一爲之尊。

上欲尊而宇欲卑，上尊而宇卑，則吐水疾而霤遠。蓋已崇則難爲門也，蓋已卑是蔽目也，是故蓋崇十尺。良蓋弗冒弗紘，殷畝而馳不隊，謂之國工。卑，音婢。霤，力又反。殷，音隱。

上欲尊者，上近部平之處也。宇欲卑者，下爲宇曲之處也。言上則知宇曲之爲下，言宇則知上之爲弓部。上高則其勢仰而隆，宇卑則其勢俯而下，此其所以吐水疾，而其霤及于遠歟。《易》以坎爲弓輪者，蓋弓以吐水，言其流而不積也。蓋崇十尺，多乎十尺，則爲太崇，而於門難爲容；寡乎十尺，則爲太卑，而于目有所蔽。人長八尺，則蓋崇十尺，乃其中制也，故曰蓋已崇則難爲門也。蓋已卑，是蔽目也，是故蓋崇十尺。古之爲蓋者，必期于甚善。弗冒者，弗以衣覆之也。弗紘者，弗以絲繫之也。弗冒以衣，弗繫以絲，雖中畝而馳，宜隊而不隊，則蓋弓所以入于部者固而不可搖，故曰良蓋。弗冒弗紘，殷畝而馳，不隊，謂之國工。

輿人爲車。輪崇、車廣、衡長，參如一，謂之參稱。參分車廣，去一以爲隧。參分其隧，一在前，二在後，以揉其式。以其廣之半爲之式崇。以其隧之半爲之較崇。六分其廣，以一爲之軫圍。參分軫圍，去一以爲式圍。參分式圍，去一以爲較圍。參分較圍，去一以爲軹圍。參分軹圍，去一以爲轛圍。稱，去聲。隧，雖遂反。較，古學反。轛，音對。

處車中以舁人者，輿也。挾車旁以踐地者，輪也。橫車前以扼馬者，衡也。輪崇，車廣，衡長，皆六尺有六寸，故曰三如一謂之三稱。車輿廣狹，其實一也。輿者，車之始。車者，輿之成。不曰輿廣，而曰車廣，則言其成而已。因輿以爲深淺者，隧也。所憑撫以爲禮而式之者，軾也。車有六等，兼三才而兩之，以效于此者，較也。方而不運，物得含焉者，軫也。輢有軹，不入于軾而宜只者，軹也。乘者君子，而對乘者轛也。三分車廣，去一以爲隧者，隧四尺四寸也。三分其隧，一在前，二在後，以揉其式者，式深四寸三分寸之二也。以其廣之半爲之式崇者，以車之廣而半取之，則軾崇三尺三寸也。以其隧之半爲之較崇者，隧之半則二尺二寸也。六分其廣，以其一爲之軫圍者，以車廣六分，用其一，則尺一寸也。三分軫圍，去一以爲式圍者，以軫圍三分去其一，則是七寸三分寸之一也。三分式圍，去一以爲較圍者，以式圍三分去其一，則四寸九分寸之八也。三分較圍，去一以爲軹圍者，以較圍三分去其一，則三寸二十七分寸之七也。三分軹圍，去一以爲轛圍者，以軹圍三分去其一，則二寸八十一分寸之十四也。自隧以下，鄭氏皆以爲兵車之制。兵車如此，則乘車可知矣。

圜者中規，方者中矩，立者中縣，衡者中水，直者如生焉，繼者如附焉。中，丁仲反。

權與物鈞而生衡，衡運生規，規圜生矩，矩方生繩，繩直生準。規矩誠陳，則不可欺以曲直。權衡誠設，則不可欺以輕重。輿人之爲車，爲圜必以規而自中于規，爲方必以矩而自中于矩，立者其直中於繩，衡者其平中於水。直者直達而不屈，如木生於地。繼者脗合而不離，如枝之附于幹也。以人爲之功而類于天性之自然，非工之巧，何以與此。

凡居材，大與小無并，大倚小則摧，引之則絕。居，如字，舊音據。

居其所而安者居也。若倨，則以其遇人而居，不爲變動也。若踞，則以其居佩之中，無所移易也。善居材者，亦使之居其所而安，無變動移易之弊，則或大或小，各適其宜也。蓋用材有小大，則其質有强弱，善居材者取大小强弱得其正而已，故大與小無并。并謂偏邪相就也。蓋大强而小弱，以大而倚小，是大與小相并也。小者弱，而其强不堪，必爲大者所挫而摧矣。既摧矣，又從引而行之，則小者絶而不屬。是理之必至者也，故曰引之則絶而已。

棧車欲弇，飾車欲侈。棧，士板反。弇，於驗反。

棧車則《巾車》所謂士乘棧車是也。飾車則《巾車》所謂孤乘夏篆，卿乘夏縵，大夫乘墨車是也。凡爲車，輓輿以革則載於中者固，輓轂以革則運于旁者固。有革則易以壞。飾車有革以輓，故欲侈，言縱而向於外也。棧車無革以爲輓，故欲弇，言斂而向于内也。【略】

五分其軫間，以其一爲之軸圍。十分其輈之長，以其一爲之當兔之圍。參分其兔圍，去一以爲頸圍。五分其頸圍，去一以爲踵圍。

軫間六尺有六寸，軸圍五分而取其一，則一尺三寸五分寸之一也。當兔，謂輈當伏兔者也。輈之長丈有四尺四寸，當兔之圍十分而取其一，則尺有四寸五分寸之二，而去其一，則頸圍九寸十五分寸之九也。踵謂在後承軫者也。於頸圍九寸十五分寸之九而去其一，則踵圍七寸七十五分寸之五十一也。【略】

軫之方也，以象地也。蓋之圜也，以象天也。輪輻三十，以象日月也。蓋弓二十有八，以象星也。龍旂九斿，以象大火也。鳥旟七斿，以象鶉火也。熊旗六斿，以象伐也。龜蛇四斿，以象營室也。弧旌枉矢，以象弧也。

軫輿後横木，旗斿之所參也。夫軫之方以象地。方，地事也。方而不運，故物參焉。蓋合二十八弓，周圜以爲圓也。天有二十八星，環列乎四方，故蓋以二十八弓象星之周圍乎天。蓋在上以覆乎下，故象天體之圓。軫在下以承乎上，故象地體之方。聖人與天地合其德，其德之高明，足以配天；其德之博厚，足以配地，故蓋軫之所象者如此。蓋之圜以位乎上，軫之方以位乎下，聖人乘焉以位乎其中，則三才之道備矣。夫三十輻共一轂，當其無，有車之用。蓋有之以爲利，無之以爲用者，天之道也。聖人之道亦不外乎是，故輪輻三十以象日月也。日昱乎晝，月昱乎夜，相推以生明，而其運未始有窮，常以三十日而合宿。輻之實輪，其運轉亦未始有窮，其數亦不過乎三十，聖人與日月合其明，故輪輻之所象如此也。天之所恃以垂象者星也，蓋之所恃以庇下者弓也，二十八星環列乎天之四方，蓋之圜以象天，故以二十八弓謂之庇軫。蓋之有弓，闔闢有節，猶天之列宿隱見有時焉。此蓋弓二十有八所以象星也。然則聖人取象于天地日月星辰，以寓于車輿之間，豈徒爲觀美而已哉。凡以載道而與之俱故也。

林希逸《考工記解》卷上

故一器而工聚焉者，車爲多。

此一句又序言作車之事，謂車一器也而數工方成，有輪人、輿人、輈人等也。

車有六等之數：車軫四尺，謂之一等；戈柲六尺有六寸，既建而迆，崇於軫四尺，謂之二等；人長八尺，崇於戈四尺，謂之三等；殳長尋有四尺，崇於人四尺，謂之四等；車戟常，崇於殳四尺，謂之五等；酋矛常有四尺，崇於戟四尺，謂之六等。車謂之六等之數。

六等之數，言高下有六等也。自車軫四尺而始，隨四尺增之以至六等。車軫四尺，軫者，輿後横木也。從地下至輿上高四尺，人長八尺，登降以爲節，此一等也。戈柲六尺有六寸，柲著輿上本是六尺六寸，既建而斜倚向後，只有四尺。軫本四尺，兼戈柄四尺，是八尺矣。此二等也。戈四尺，人長八尺，立在輿上，是崇於戈四尺，此三等也。殳長尋有四尺，人執殳立於車上，如曰伯也，執殳爲王前驅。八尺曰尋，尋有四尺，是丈二也。人長八尺，殳長丈二，又崇於人四尺，此四等也。車戟常，倍尋曰常，常丈六也。又崇殳四尺，是五等也。酋矛長二丈，戟長丈六，此矛長二丈，則又崇於戟四尺，是六等也。言六等之數，却以人長八尺置其間，蓋上下五者，只一人之身可推其尺寸也。古人律度量衡互相參攷，亦此意也。鄭玄云戈殳戟矛，皆插車輢車。輢車箱之旁也。【略】

故兵車之輪六尺有六寸，田車之輪六尺有三寸，乘車之輪六尺有六寸。

輪高六尺六寸，惟田獵之輪減三寸，欲其便於馳逐也。

六尺有六寸之輪，軹崇三尺有三寸也。加軫與轐焉，四尺也。人長八尺，登下以爲節。

前説三項車輪，兵車乘車尺寸本同，亦可省，而不省者到此又提起六尺有六寸之輪一句，多少精神，若以冗字論之，則不勝其冗矣。論古文正不如此，前言車軫四尺爲一等，文勢未足，又以此發明以足之也。軫，車箱後横木也。

軹，轂表也，乃轂空壺中轉軸末也。轐，乃安軸者也，又名伏兔。鄭註云今人謂之車屐，是也。

輪人爲輪，

艾軒曰：東南人不用車，不識體制如何，且依經解註而已。中間有三兩處大可疑，亦只得依經解說。其間算數則依本註。車之重在輪，故先言此官。

斬三材，必以其時。

造車有三材，轂、輻、牙是也。斬此三材必須順時，轂是輪內圓者，牙乃外圈也，輻乃輪中直者。所謂三十輻共一轂，則輻乃直指於轂者也。凡木，有所謂陰木者，有所謂陽木者，陽木則仲冬斬之，陰木則仲夏斬之。蓋五月一陰生，所斬木即爲陰木。十一月一陽生，所斬木即爲陽木。又有隨其所宜，而不專以仲夏仲冬者。

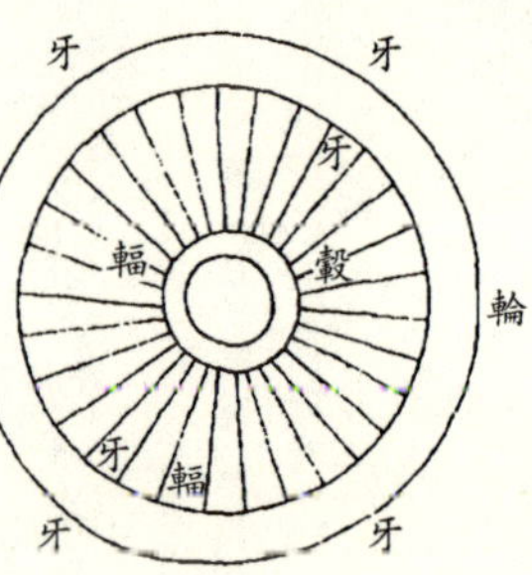

三十輻共一轂

三材既具，巧者和之。

轂輻牙三者之材已具，必須巧工方爲之和者，調適得宜也。

轂也者，以爲利轉也。

軸在轂中，轂盡善則隨軸而轉。利者，活也，順也。

輻也者，以爲直指也。

輻取其直以指上下，上則轂，下則牙也。

牙也者，以爲固抱也。

牙乃捲而爲輪也。此全才矯揉而爲之。太和之世，山出器，車蓋天生此才。可見成爲輪，不待人力也。固抱者，如人抱之而堅固也。

輪敝，三材不失職，謂之完。

輪舉全體而言也。輪雖敝，故而所謂三材者皆不失其職，則是件件精好也。職，任也，任木之謂職。完，全也，言其材全也。

望而眂其輪，欲其幎爾而下迆也；進而眂之，欲其微至也；無所取之，取諸圜也。

此下説輻、輪、轂三者之制。輪即牙輪也。望者，直望之。望也回顧則謂之顧矣。所謂車中不内顧，顧者回視也。一車兩輪謂之一兩，如兩鞋爲一兩，所謂戎車三百兩者，三百乘車也。幎是帖幎之幎。迆字，據訓詁如東北迆會于海之迆，又訓斜幎爾，是欲得帖車而下斜也。帖車而下迆，則輪之斜勢在下可見也。進而眂之，是近而細視也。微至者，着地處微小也。着，至也。著地多則不謂之微至。無所取之，取諸圜也者，言只欲其圓也。

望其輻，欲其掣爾而纖也；進而眂之，欲其肉稱也；無所取之，取諸易直也。

掣爾者，殺之狀也。纖者，小也。輻之直指，下要壯，上要殺減。且謂之輻合當皆壯，今又要殺減，何也？蓋一轂之上著三十穿，若不掣殺，何緣入得？所以入轂者宜殺，入牙者宜壯。艾軒云：東南人不識車，只據紙上語，且如此說。進而眂之者，迫而視之也。肉稱，是輻、轂、牙之才皆相稱也。肉，材也。無所取之，只取其平易端直而已。

望其轂，欲其眼也；進而眂之，欲其幬之廉也；無所取之，取諸急也。

轂是輪内圜者，轂別有一軸旋轉，此謂之轂者，只言其圜者也。眼者，突出也。就牙輪側視，轂須略見突出，故謂之眼。幬，覆也，謂以皮鞔在轂上也。雖有皮鞔而木之廉隅皆見，如木上生皮一同。無所取之，取其急也。急者，皮束得緊也，稍寬則不可轉矣。

眂其綆，欲其蚤之正也。察其菑蚤不齵，則輪雖敝不匡。

綆者，牙輪之内所用也。蚤與爪同。就牙内而視，爪之布置必正，不咼斜也。輻之入轂處爲菑，入牙處爲爪，上下入處皆不可不整也。齵者，參差不齊也。輪雖敝不匡，謂輪雖敝舊，而此輻不乖斜也。匡，枉也。【略】

轂小而長則柞，大而短則摯。

柞，是傾柞之柞。摯，是杌桯之摯。不得小而長，不得大而短，須要得中也。

是故六分其輪崇，以其一爲之牙圍。參分其牙圍，而漆其二。

輪崇六尺六寸。牙圍一尺一寸。三分牙圍而漆其二，是下一分不漆，履地處也。履地處要行，不用漆也。

椁其漆内而中詘之，以爲之轂長，以其長爲之圍。以其圍之防捎其藪。

椁字箋註家訓度。艾軒云：恐亦是口相傳如此說。今且依之。看來《考工記》須是齊人爲之，蓋言語似穀梁，必先秦古書也。輪有六尺六寸，今度其漆内兩邊兩寸許，含漆了只有六尺四寸，就其中詘而爲二，則一邊得三尺二寸。以此爲轂長，則轂長三尺二寸也。伸而量則爲長，圓而量則爲圍，故曰以其長爲之圍。若圍長三尺，則徑一尺也。以其圍之防捎其藪，三分之一謂之防。三尺二寸爲一圈，是爲轂之圍。藪是衆輻所入之處，有三十孔。以三尺二寸之轂，三分除一分，以爲三十孔也。捎，除也。藪，孔也。捎其藪，鑿其木而爲孔也。

五分其轂之長，去一以爲賢，去三以爲軹。

轂長三尺二寸，五分之，去一分，以爲賢，去三分以爲軹，賢是大穿，軹是小穿。鄭云去一字誤，合爲去二，則大小相稱。賢是內穿也，軹是外穿也。外穿若大，又恐轂中横木突出，故去一以爲賢，是內一孔大也。去三以爲軹，是外一孔小也。此內穿外穿，鄭氏以爲皆金也，然亦未可曉，恐是軸頭用金束之。金之爲束，內穿大，外穿小，蓋軸頭則金稍厚也。凡鐵皆曰金，軸末亦名軹。

容轂必直，

轂直輪乃直，故容轂不可不直。容，納也。納輻於轂，少不直則輪不平正矣。

陳篆必正，

篆所以約轂也。《詩》曰約軝，是上畫奇文，故謂之陳篆。陳篆不可不正者，約之必平正也。

施膠必厚，

若施膠不厚，則易得牽動。

施筋必數，

謂其束之多也。數者，不止一，再束也。

幬必負幹。既摩，革色青白，謂之轂之善。

幬者，以皮輓之也。負幹者，如木生皮也，即前見廉之意。既摩，革青白，謂之轂之善者，言既輓之矣，因而摩之，色青白不似皮色，而其色青白則爲精好。

參分其轂長，二在外，一在內，以置其輻。

轂長三尺二寸，三分其轂長者，取其伸數而言之也。藪爲內，藪之間爲外，藪所以入轂之菑也。二在外者，二分在外也。一在內者，一分在內也。以三分之一置其輻，是以藪孔言也。其不見處曰內，其間可見處曰外。【略】

參分其輻之長而殺其一，則雖有深泥亦弗之溓也。

輻乃入牙與轂者，三分其長，而末捎一分殺而小之，則雖有深泥亦弗粘帶於輻也。

參分其股圍，去一以爲骹圍。

股圍則近轂也，近轂處壯，故謂之股圍，亦如人之股也。骹圍則近牙處也，近牙處在下，殺而小之，亦如人脛近足者細於股謂之骹。參分其股圍，而去其一分以爲骹圍，即上所謂三分而殺其一也。【略】

直以指牙，牙得，則無槷而固；不得，則有槷必足見也。

謂輻之材貴平直。其指於牙，若與牙相得，則雖無槷亦固；若不與牙相得，則雖有槷而入牙處必竟露也，故謂之足。足者，近牙處也。上文近轂處爲股圍，則此近牙處當爲足也。若入孔處不恰好，則必用椴，用椴則入孔處必有現露也。槷者，椴也。近股則人不見，近下足處則易見也。

六尺有六寸之輪，綆參分寸之二，謂之輪之固。

綆未知何物，鄭云輪箄則車行不掉，恐是輪外兩邊有一重護牙者，故亦名箄。此曰三分寸之二爲輪之固。牙加以綆，則愈固也。《車人》云大車綆寸。此乘車，綆必亦一寸也。綆在牙輪外，三分其一寸，而以其二爲輻爪之孔處，注云綆三分寸之二，輻股鑿之數也。疏云鑿牙之時孔向外侵三分寸之二，使輻股外箄，故曰輻股鑿之數。鑿即孔也，股字恐是骹字。

凡爲輪，行澤者欲杼，行山者欲侔。杼以行澤，則是刀以割塗也，是故塗不附。侔以行山，則是摶以行石也，是故輪雖敝，不甐於鑿。

注云：杼是削薄其踐地者，言牙輪之外中間踐地處削去少許，而兩邊稍稜，則泥塗不附著，如刀割去之也。侔，注云上下等也，謂牙輪之外，無上下，皆一同。侔，同也。同則平如手摶石，雖久敝之後，其孔鑿之內皆不揺動也。不平，則行久其鑿處必動。甐，動揺意也。

凡揉牙，外不廉而內不挫，旁不腫，謂之用火之善

廉，有芒刺起處也。挫，摺折處也。腫，暴起擁腫處也。爲牙之木，用火揉熨，內外與兩旁皆平正無病，方爲精好。【略】

車上雜名尺寸：下《車人》別論大車、牛車也，尺寸又與此別。輪，兵車輪崇六尺六寸。乘車同，田車減二寸。軹，乘車軹崇三尺三寸。

軫與轐共崇七寸，軫圍尺一寸。

牙，圍尺一寸。

轂，長三尺二寸，徑一尺三分寸之二。

藪，徑三寸九分寸之五，深三寸十八分寸之一分。

賢，大穿徑六寸五分寸之二，除金内實，得徑四寸五分寸之二。

軹，小穿徑四寸十五分寸之四，除金内實，得徑二寸十五分寸之四；圍三寸二十七分寸之七。

大小穿謂金也，金厚一寸。軹名有三：轂末爲軹，小穿爲軹，車箱上木爲軹。

綆，三分寸之二。

輻，廣三寸半。

輪人爲蓋，

輪人爲輪，今又爲蓋者，以蓋亦圓體，故亦爲之。車上有蓋，即蓋軫象天地者也。

達常圍三寸。

達常者，蓋斗柄也。乃近於蓋斗處圍三寸，則其闊徑一寸。

桯圍倍之，六寸。信其桯圍以爲部廣，部廣六寸。部長二尺，桯長倍之，四尺者二。

桯，音盈，蓋之杠也，讀如丹桓宫楹之楹。達常之長二尺，潤一寸，下入於桯中。桯圍倍達常之三寸，則爲六寸，然後能上承達常也。信其桯圍，則統其桯圍而言之有六寸，以爲部廣。部者，蓋斗也，即今之繖頭是也。部之廣有六寸，部長二尺，則連達常而言之，乃有二尺之長。桯之長，則倍達常之四尺者二，共有八尺。兼達常二尺，則有一丈，此下文所謂蓋崇十尺者此也。

十分寸之一謂之枚。

十分寸之一者，以一寸爲十分，而一分爲一枚。枚者，枚數之也。後世使枚字皆本於此。

部尊一枚。

部者，蓋斗也，上高一分也。

弓鑿廣四枚，鑿上二枚，鑿下四枚。鑿深二寸有半。

弓，傘骨也。傘骨入鑿處廣四分，鑿上有二分，鑿下有四分，兼鑿處四分，則爲一寸，則部正厚一寸也。鑿深二寸有半者，欲其入深則牢固也。

下直二枚，鑿端一枚。

鄭云下直二枚者，鑿孔下正而上低二分也。直，止也。此處注疏皆未明，以意推之，上言弓鑿廣四枚，鑿上二枚，鑿下四枚者，謂鑿孔潤四枚，其上二枚而下四枚，是鑿孔上小而下大也。不知古人之蓋，緣何不曾説蓋下短竹處，切疑古人車蓋不曾合，只張之車上，無開合也。乘車既設旌旗，無蓋。此特潦車，遇雨則用。想乘車纔出，潦車即隨，故潦車載蓑笠以爲雨之備也。

上文言廣，此言深。其孔内深處比孔又差小，故曰下直二枚。前言下直四枚，此只二枚。直者，只之意也。鑿端一枚，則孔之内深處亦減一半，故前鑿上二枚，此曰鑿端一枚也。前曰鑿上鑿下，此又變文，先曰下直二枚，後曰鑿端一枚。鑿端即鑿上，但有孔内外之異耳。

弓長六尺謂之庇軹，五尺謂之庇輪，四尺謂之庇軫。

軹，轂末，出於輪外。軫，載人者，比之輪，又在内。以六尺弓之長分此三句，一件皆短一尺也。輪比軹短一尺，軫比輪短一尺。

參分弓長而揉其一。

弓，傘骨也，其勢稍彎，是揉而成之也。

參分其股圍，去一以爲蚤圍。

股者，弓之近部處也。蚤與爪同，弓之末也。爪之大小，比股圍三分減一分也。

參分弓長，以其一爲之尊。

尊，高也。弓下稍平，其上則彎處多，方可以庇人。下二分稍平，上一分却高，此弓之勢也。

上欲尊而宇欲卑，上尊而宇卑，則吐水疾而霤遠。

尊是弓近部處，宇是弓之彎處，其庇人如屋宇。吐水疾者，言其勢斗則水去快而溜，亦遠，庶不濕軹與輪也。霤，屋霤也。因上宇字，故用霤字文法也。

蓋已崇則難爲門也，蓋已庳是蔽目也，是故蓋崇十尺。

蓋已高十尺，又在車上，是總爲丈四矣。門高丈四，亦已高矣。不可更高，則無許高之門矣。已卑則蔽目者，言其宇也。宇太低，則人立處不見車前矣。

良蓋弗冒弗紘，殷畝而馳，不隊謂之國工。

冒者，蒙以衣也。紘者，以線穿聯其弓也。未紘未冒之時，馳而不隊，則弓之入鑿者固也。殷畝者，橫馳於畝中也。橫畝必有高下，車馳其間，自有隱處必杌揺動，而此蓋之弓不隊，則爲良蓋。可知非國手不能爲也。殷，音隱，今人脚下有不平亦曰隱人。

注云：股面三尺幾半，通二尺爲五尺近半，倍之，加部斗六寸，則兩相去不整丈一尺六寸。以幾半只是約言之，故曰不整。

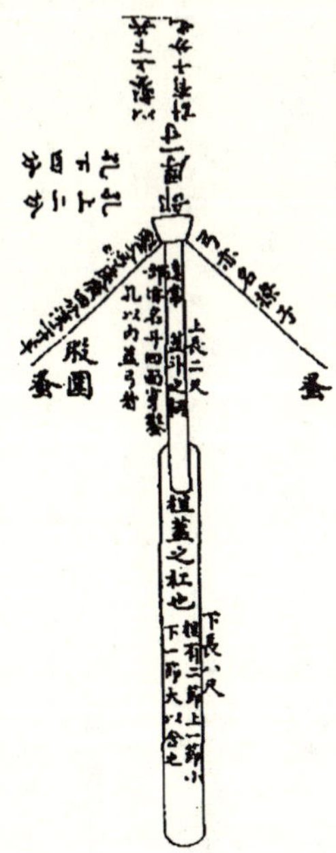

乘車無蓋有蓋者，禮所謂潦車也，潦車木路也。賈疏云，此潦車木路爲一物。

輿人爲車，

車者，總一車之事而言。輪、輿、軫、蓋，皆車也。既別以《輪人》，故此曰輿人爲車者，并輪蓋而安頓之也。

輪崇、車廣、衡長，參如一，謂之參稱。

輪論崇卑，車論廣狹，衡論長短，三者尺寸皆同，則相稱也。車廣者，車箱四方，故以廣狹言之。衡乃輈頸之上横而扼馬者，注云輪車衡三者皆六尺六寸，故曰參如一。

參分車廣，去一以爲隧。

隧，深也。車橫六尺六寸，以其橫三分之去其一，則兵車之深只有四尺四寸也。

參分其隧，一在前，二在後，以揉其式。

三分其深，一分在前，二分在後，人立其中，式必近前方可也。式横在車箱前，人所憑而爲敬者也。揉者，揉其木使正直而爲之也。

以其廣之半，爲之式崇。

式在較下，其高只得廣之半也。注云兵車之式高三尺三寸。

以其隧之半，爲之較崇。

較在車箱前面，又高於式者也。式高三尺三寸，此又高於式二尺二寸，故注云兵車自較而下五尺五寸也。

六分其廣，以一爲之軫圍。

六分車之廣，而軫之圍只有其一，則軫圍得一尺一寸也。

參分軫圍，去一以爲式圍。參分式圍，去一以爲較圍。參分較圍，去一以爲軹圍。參分軹圍，去一以爲轛圍。

式又小於軫，較又小於式，軹又小於較，轛又小於軹也。車之前有式，其兩相立木，則式置其上，立者爲轛，横者爲軹。此非轂末之軹也。轛乃較之上頭也。

圜者中規，方者中矩，立者中縣，衡者中水，直者如生焉，繼者如附焉。

此數句發明其製作之妙，如生如附二句尤佳，言其似非人所爲也。《莊子》曰附贅縣疣，附亦生而有也。

凡居材，大與小無并，大倚小則摧，引之則絶。

大小欲得其所，故曰居。大與大并，小與小并，則居之得所。大與小并，則居之不得所矣。以大而倚小，則必有摧折之慮。以小而倚大，則牽引而動，小者力不任，必絶斷也。摧絶亦同，但如此作文耳。

棧車欲弇，飾車欲侈。

棧車不用皮束，恐易損，則宜弇者，斂束不侈大也。飾車則有結束，雖侈不害。

車箱，橫、闊、闊，六尺六寸。

較，式上橫木，兩輢立木上出式者也。

呂和叔解淇奧詩「猗重較兮」曰：古者車箱長四尺四寸，以三分之，前一後二。横一木，下去車牀三尺三寸，謂之式。又於式上二尺二寸横一木，謂之較。去車牀凡五尺五寸。古人立乘，平常則憑較，若應爲敬則落手憑下式，而頭得俯。《詩補傳》云「較出於式」，故曰重較。較崇者，自式之上言之。式崇

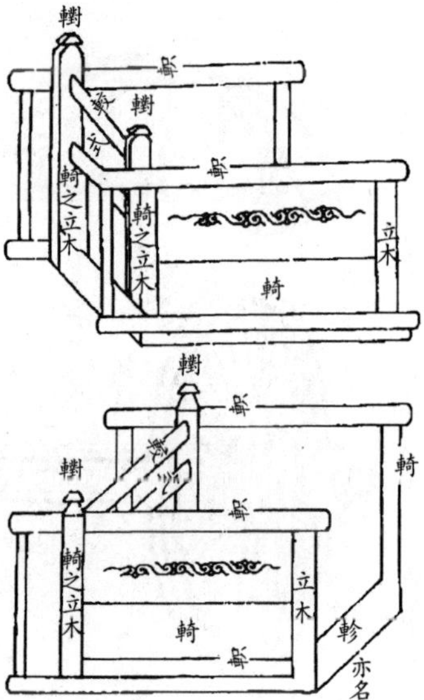

車箱

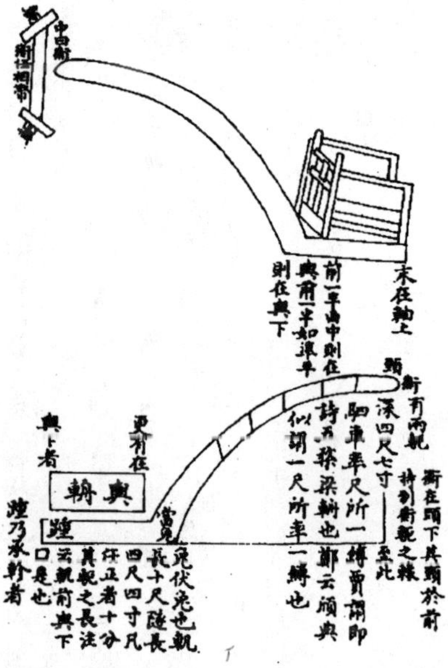

者，自車牀之上言之。較與式相重，通計之則共長五尺五寸。式得三尺三寸，較得二尺二寸。較圍四寸九分寸之八。

式，人所憑依者，高三尺三寸，圍七寸三分寸之一。

輢，車箱也，音倚，猶欄干也，在兩旁。

軹，輢之横者，其旁止於此，故曰軹，音只。

轛，式旁之直者，對人而言，故曰轛，音對。

輿，横廣六尺六寸，圍二寸八十一分寸之十四，亦曰邸。

輈，長一丈四尺四寸。

衡，長六尺六寸。

輈，弧深四尺七寸，在式前有十尺，身在隧下則有四尺四寸，身共長一丈四尺四寸。當兔圍尺四寸五分寸之二，頸圍九寸十五分寸之九，踵圍七寸七十五分寸之五十一。

任正，圍一尺四寸五分寸之二。

衡任，圍一尺三寸五分寸之一。

軸，圍一尺三寸五分寸之一。

軫間，即輿之横廣是也。

伏兔至軓，經無明文，鄭云如式深也。

輈人爲輈。輈有三度，軸有三理。

輈乃車之轅，牽一車之重而接於衡，以軛服馬者也。輈人爲輈，今則并軸而論之者，蓋車之軸所以穿兩輪者，其上則乘載一車之重，其軸若折，則車必覆矣。其選材與輈同，皆欲其精當也，故以一人主之度者數也，長短有三等，故曰三度。輈曰度，軸曰理。理者，物理之理也，選材之道也。

國馬之輈，深四尺有七寸。

國馬，天子之乘馬也。輈則車轅也，揉曲而爲之。其轅曲中深四尺有七寸矣。蓋乘馬之軹，崇三尺三寸，加軫與伏兔於其上，則爲四尺，兼輈之深則爲八尺七寸矣。國馬高八尺，而其餘七寸則於衡頸之間也。

田馬之輈，深四尺。

田車軹崇三尺一寸，加軫與轐五寸半，則爲三尺七寸矣。兼輈之深四尺，則有七尺七寸。田馬高七尺，而餘七寸，亦爲衡頸之間也。

駑馬之輈，深三尺有三寸。

駑馬之車，軹崇三尺，加軫與轐則爲三尺四寸，兼輈之深三尺三寸，則六尺七寸矣。駑馬高六尺，而其餘七寸亦爲衡頸之間也。此所謂三度也。【略】五分其軫間，以其一爲之軸圍。十分其輈之長，以其一爲之當兔之圍。參分其兔圍，去一以爲頸圍。五分其頸圍，去一以爲踵圍。

軸謂車軸之貫轂者也。輿廣六尺有六寸，即軫之間五分取一以爲軸圍，則其圍一尺三寸五分寸之一，與衡任者相應矣。當兔即伏兔也，謂輿下之貫軸者也。輈長丈四尺有四寸，十分取一爲當兔之圍，則其圍尺四寸五分寸之二，與任正者相應矣。頸謂輈前之持衡者也，參分兔圍，去一以爲頸圍，則其圍九寸十五分寸之九矣。踵謂輿後之承軫者也，五分其頸圍，去一以爲踵圍，則其圍七寸七十五分寸之五十一矣。

凡揉輈，欲其孫而無弧深。

軸用直木，故只言三理而已。輈是揉曲爲之，故須詳說。孫者，順也。其揉曲之勢孫順自然，若如弧弓而深，則太彎矣。【略】

良輈環灂，自伏兔不至軓七寸，軓中有灂，謂之國輈。

灂，漆也。回環皆漆，所不漆者自伏兔至軓七寸而已。其軓中亦有漆處，此下似有脱文，不應以此一節而稱其爲國輈也。

軫之方也，以象地也。蓋之圜也，以象天也。輪輻三十，以象日月也。蓋弓二十有八，以象星也。

艾軒云：車之初作，未有此説，既成之後，以此比象。此説極當。輿體四方，可以象地，不言輿而言軫者，軫在輿後，見輿先見軫也。若輿前則有輈隔之矣。蓋輪俱圓，皆可象天，不言輪而言蓋者，蓋在人之上，輪倚車之傍，必捨傍而言上可也。輻數三十，以象一月之日數也。晦朔相推而後成月，故併日言之。蓋弓二十八，以象二十八宿東西南北之星也。宿亦曰舍，亦曰辰，總而言之則皆星也。

薛景石《梓人遺制》

五明坐車子

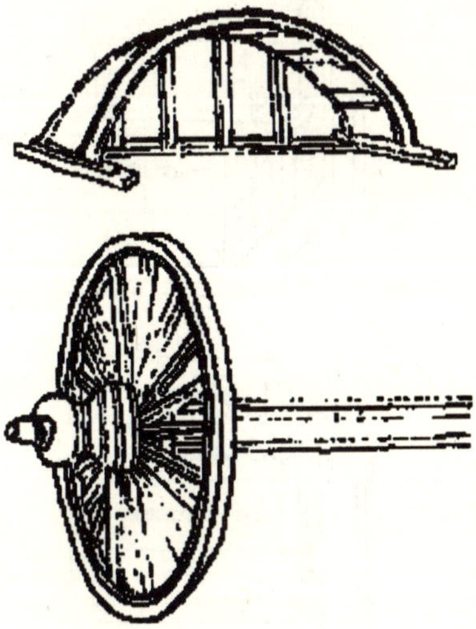

五明坐車子

圈輦

靠背輦

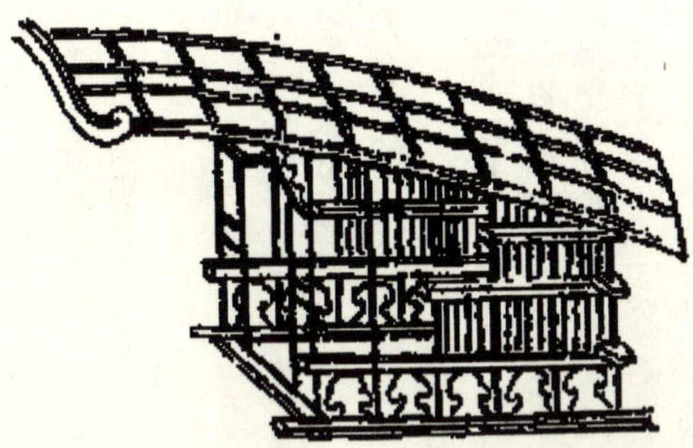

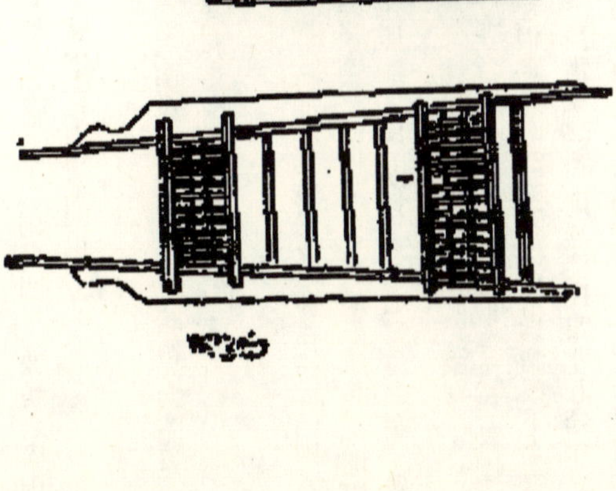

屏風輦

亭子車

叙事

《易繫辭》云：黄帝服牛乘馬，引重致遠，蓋取諸隨。

《釋名》曰：黄帝造舟車，故曰軒轅氏。《世本》云：奚仲造車，謂廣其制度耳。《周禮・春官》，巾車掌公車之政令，云云。服車五乘：去聲。孤乘夏篆，卿乘夏縵，大夫乘墨車，士乘棧車，庶人乘役車。棧車，不革輓而漆之，役車方箱，可載任器以共役。

《周禮・冬官考工記》云：國有六職，百工與去聲。居一焉。百工司空事官之屬，於天地四時之職，亦處其一也。或坐而論道，謂之王公。天子諸侯。作而行之，謂之士大夫。審曲面勢，以飭五材，以辨民器，謂之百工。五材各有工，百衆言之也。通四方之珍異以資之，謂之商旅。飭力以長地財，謂之農夫。治絲麻以成之，謂之婦功。云云。知者創物，巧者述之，守之世，謂之工。父子世以相教。百工之事，皆聖人之作也。爍金以爲刃，凝土以爲器，作車以行陸，作舟以行水，此皆聖人之所作也。天有時，地有氣，材有美，工有巧，合此四者，然後可以爲良。時，寒温也。氣，剛柔也。良，善也。云云。凡攻木之工七，攻金之工六，攻皮之工五，設色之工五，刮摩之工五，摶埴之工二。攻木之工，輪輿弓廬匠車梓。云云。有虞氏上陶，舜質，貴陶器。甒，大瓦棺也。夏后氏上匠，禹治洪水，民降丘宅土，卑宮室，而尊匠也。殷人上梓，湯放桀，疾禮樂之壞而尊梓。周人上輿，武王伐紂，疾上下失其服飾而尊輿。故一器而工聚焉者，車爲多。車有六等之數，皆兵車也。云云。凡察車之道，必自載於地者始也，是故察車自輪始。先視輪也。凡察車之道，欲其樸屬而微至。樸屬，堅固貌。微至，謂輪着地少，謂其圓甚。着地微則易轉。不樸屬，無以完久也。不微至，無以爲戚音疾。速也。輪已崇，則人不能登也。輪已庳，則於馬終古登阤也。終古，猶云常也。阤，阪也。輪庳則難引也。故兵車之輪六尺有六寸，田車之輪六尺有三寸，乘車之輪六尺有六寸。此以馬大小爲節也。六尺有六寸之輪，軹音只。崇三尺有三寸也。加軫音診。與轐音卜。焉，四尺也。人長八尺，登下以爲節。故車有輪，有輿，有輈，各設其人。

輪人爲輪，斬三材必以其時。三材，爲轂輻牙也。時，謂材在陽，中冬斬之；在陰，則中夏斬之。今世轂用雜榆，輻以檀，牙以橿。三才既具，巧者和之。轂也者，以爲利轉也。輻也者，以爲直指也。牙也者，以爲固抱也。輪敝，三材不失職，謂之完。敝，盡也。

輪人爲蓋，云云。上欲尊而宇欲卑，則吐水疾而霤遠。蓋主爲雨設也。蓋已崇則難爲門也，蓋已庳是蔽目也，是故蓋崇十尺。十尺其中正也，蓋十尺，宇二尺，而人長八尺，卑於此，蔽人目。良蓋弗冒弗紘，殷畝而馳，不隊，直類反。謂之國工。隊，落也。善蓋者，以横馳於壟上，無衣若無弦，而弓不落也。

輿人爲車，云云。圜者中規，方者中矩，立者中縣，衡者中水，直者如生焉，繼者如附焉。治材居材，如此乃善也。如生，如木從地生。如附，如附枝之弘殺也。凡居材，大與小無并，大倚小則摧，引之則絶。并，偏邪相就也。用力之時，其大并於小者，小者强不堪，則摧也。其小并於大者，小者力不堪，則絶也。棧車欲弇，士乘棧車。飾車欲侈。大夫以上乘者。

輈人爲輈。輈，車轅也。輈有三度，軸有三理。國馬之輈，深四尺有七寸。國馬，謂種馬、戎馬，高八尺。兵車軹崇三尺三寸，加軫與轐七寸，又並此輈深，則衡高八尺七寸也。除馬之高，則餘七寸爲衡頸之間也。

田馬之輈，深四尺。駑馬之輈，深三尺三寸。軸有三理，一者以爲微也，無節目也。二者以爲久也，堅刃也。三者以爲利也。滑密云云。是故輈欲頎典。頎，音懇。典，音殄。頎典，堅刃貌。輈深則折，淺則負。揉之大深傷其力，馬倚之則折也。揉之淺，則馬善負之。輈注則利準，利準則久，和則安。準則水，注則利水，謂轅脊上兩注令水去利也。一云注則利，謂輈之揉者形如注星則利也。準則久，謂輈之在輿下者，平如準則能久也。和則安，注與準者和，人乘之則安，云云。行數千里，馬不契需，契，作爰。需，非畏，謂不傷蹄，不需道理。終歲御，衣衽不敝。衽，裳也。此唯輈之和也。軫之方也，以象地也。蓋之圜也，以象天也。輪輻三十，以象日月也。蓋弓二十有八，以象星也。

周遷《輿服雜事》曰：五輅兩箱之後，皆用玳瑁鵾翅。

石崇《奴券》曰：作車以大良白槐之輻，茱萸之輞。

後梁甄玄成《車賦》云：鑄金磨玉之麗，凝土剡木之奇。體衆術而特妙，未若作車而載馳爾。其車也，名稱合於星辰，員方象乎天地。夏言以庸之服，周曰聚馬之器。制度不以陋移，規矩不以飾異。古今貴其同軌，華夷獲其兼利。

後漢李尤《小車銘》云：圜蓋象天，方輿則地，輪法陰陽，動不相離。

車之制自上古有之，其制多品，今之農所用者即役車耳。其官寮所乘者，即俗云五明車，又云駝車。以其用駝載之，故云駝車，亦奚車之遺也。奚仲作車，故云奚車，朔方尚云奚車。

用材

造坐車子之制，先以脚圓徑之高爲祖，然後可視梯檻長廣得所，脚高三尺至六尺，每一尺脚，三尺梯，有餘寸，積而爲法。

車頭，長九寸至一尺五寸，徑七寸至一尺二寸。

輻長，隨脚之高徑，廣一寸五分至二寸六分，厚一寸至一寸六分。

造輞法，取圓徑之半爲祖，便見輞長短。如是十四輻造者，七分去一，每得六分，上却加三分。十六輻造者，四分去一分，每得三分，却加一分八釐。十八輻造者，三分去一，每加同前。如是勾三輞造者，料杖便是輞之長，名爲六料子輞。牙頭各加在外。輞厚一寸，則廣一寸五分，謂之四六輞。減其廣，加其厚，隨此加減。

梯檻，取前項脚圓徑之高，隨脚高一尺，轅梯共長三尺有餘寸，安軸處廣三寸半至六寸。山口厚一寸五分至二寸二分，山口外前梢於鵝項，後梢於尾梘，積而爲法。

叉梘，二條或四條，長隨梯檻廣之外徑，廣二寸至一分，厚寸五分至一寸九分，上平地出心線壓白破混，夾卯攙向外。

子梘，二條或四條，隨大叉梘之長廣，與前大叉梘同厚一寸至一寸二分，兩邊各斜破混向下，上壓白，各開口嵌散水檽子，檽子兩頭鑿入大叉梘之內。

底版梘，四條至六條，長隨叉梘，廣一寸六分至二寸，厚一寸至一寸一分。

後露明尾梘，長隨梯之內，方廣一寸二分至一寸六分，從心梢向兩頭，六瓣破混。俗謂之奴婢木。

以上言梯檻。

底版，長隨兩頭裏叉梘，廣隨兩梯之內，厚五分至六分。

耳版，隨梯檻之外兩壁梘，上廣三寸至五寸，厚六分至一寸，前加廣與後頭方停，或梢五分八分。

以上言梯檻之版。

樓子地栿木，隨梯檻大小用之，材方廣一寸八分至二寸二分，厚則減廣之厚，長隨前後子叉梘之外，廣則與耳版兩邊上同齊，或減五分向裏至六分，兩下破瓣壓邊線。橫梘夾卯攙向外。

立柱，一十二條至一十八條，徑方廣一寸至一寸二分，圓混梢向上。前頭兩角立柱，高三尺五寸至四尺二寸。後頭兩角立柱，比前角立柱每高一尺，則減低二寸有餘。心內立柱加高謂之龜蓋柱。

平格子，長隨地栿木之長，廣隨兩頭橫之外，材廣一寸八分至二寸，厚八分至一寸二分，兩下通混。

以上言車身之架。

荷葉橫杆子，又謂之月梁子。徑方廣一寸至一寸二分。剜刻在外。

順脊杆子，五條，隨樓子前後之長，徑方廣與荷葉杆子同。

瀝水版，隨兩檐邊杆子之長，廣二寸二分四分，厚五分。

荷葉瀝水版，隨荷葉橫桿子之長，徑廣厚隨瀝水版同。

以上言車蓋。

水版，俗謂之裙欄板。長廣隨立柱平格下用之版，厚四分至五分，四周各入池槽下鑿入地栿木之內，上下方一尺。

箭杆木，又謂之明鹵木。後口疑爲平。格上下串透圓混，徑廣五分。

以上言車身左右裝拆。

護泥，隨車脚圓徑之外，離二寸二分至一寸五分，廣七寸至八寸。下順者地栿木，兩頭橫者靴頭木，又謂之八字木。徑方廣一寸六分至二寸。地栿木上下立者月版梘，梘之外月版，版前露明者月圈木，月圈上橫梘木，梘上羅圈版鑿入靴頭木之内，羅圈版上兩邊各壓圈楞枝條木。

托木梘二條，俗謂之梘察木。長隨梯襤横之外，上坐護泥靴頭木，外同集徑，廣一寸八分至二寸四分，厚八分至一寸二分。

以上言護泥。

車軸，長六尺五寸至七尺五寸，方廣四寸至四寸八分。

呆木三條，俗謂之三脚木。高隨前後轅之平，圓徑一寸至一寸二分。

叉杆二條，或四條。是柱樓子前虚檐，圓徑一寸至一寸四分。

後圈叉子，俗謂之狗窩。長廣隨樓子後兩角立柱之廣，高一尺二寸至一尺四寸。

辟惡圈，於樓子門前用度，下是地栿木，上是立椿子，内用水版，四周各入池槽，上安口圈木，長隨前月版，廣隨樓子前兩角立柱，高一尺二寸至一尺三寸。

結頭一箇，長隨前轅鵝項鉤之長，廣二寸至二寸五分。

凡坐車子制度内，脚高一尺，則樓子門立柱外向前虚檐引出八寸五分至一尺。其後檐隨脊杆子之長，如脊杆子長一尺，則向後檐立柱外引出一寸至一寸二分，增一尺更加減則亦如之。長一丈引出一尺至一尺二寸。兩壁檐減後檐之一半。

其車子有數等，或是平圈，或是靠背輂子、平頂樓子、上攢荷亭子，人小不同，隨此加減。

按：附圖除五明坐車子外，有平輂、靠背輂、屏風輂、亭子車四等，此段靠背輂子下疑脱去屏風輂一等。

功限

坐車子一輛，脚樓子，梯襤護泥，雜物等相合完備皆全，高三尺脚者四十功，高四尺者五十四功，五尺者八十七功。

陳元靚《歲時廣記》卷一六《寒食下》 小車兒

《歲時雜記·寒食》：又造輜軿以賣，其長尺許，其大稱之。以木爲之者最精，亦有編竹爲之者。其粗者，桃花車兒轅輪簾，蓋皆具以木爲牛，皆可運行，或爲載土車，水車，其製不一。

王禎《農書》卷一八《農器圖譜十二·舟車門》 下澤車，田間任載車也，古謂箱者。《詩》曰：「乃求萬斯箱。」又，「睆彼牽牛，不以服箱」。箱即此車也。《周禮·車人》：「行澤者反輮。」女久切。又，「行澤者，欲短轂則利轉」。今俗謂之板轂車。其輪用厚闊板木相嵌，斲成圓樣，就留短轂，無有輻也。泥淖奴教切。中易於行轉，了不沾塞，即《周禮》行澤車也。蓋如車制而略，但獨轅著地，如犂托之狀，上有望橛，以掼牛輓槃索；上下坡坂，絶無軒輊陟利切。之患。漢馬援弟少遊嘗謂乘下澤車，是也。詩云：下澤名車異爾輶，服箱元自有耕牛。雙輪不輻還成轂，獨木非轅類作輈。免向通逵争軌轍，要登多稼出田疇。有時命駕或他適，常慕平生馬少游。

下澤車

大車

大車。《考工記》曰：「大車牝服二柯。」鄭玄謂：平地任載之車。《詩》：「無將大車。」《論語》：「大車無輗。」皆此名也。《世本》云：「奚仲造車。」

凡造車之制，先以脚圓徑之高爲祖，然後可視梯襤長廣得所。制雖不等，道路皆同軌也。中原農家例用之。後梁甄玄《成車賦》云：「鑄金磨玉之利，凝土剡木之奇，體衆術而特妙，未若作車而載馳。爾其車也，名稱合於星辰，圓方象乎天地。夏言以庸之服，周曰聚馬之器。制度不以陋移，規矩不以飾異。古今貴其同軌，華夷獲其兼利。」

拖吐邏切。車，即拖脚車也。以脚木二莖，長可四尺，前頭微昂，上立四簨，以横木栝之。闊約三尺，高及二尺。用載農具及芻種等物，以往耕所。有就上覆草爲舍，取蔽風雨。耕牛輓行，以代輪也，故曰拖車。中土多用之。庶四方陸種者倣之，以便農事。詩云：旱同農具破煙來，暮帶樵薪載月迴。不比看花南陌上，雕輪繡轂㲉音隱。春雷。

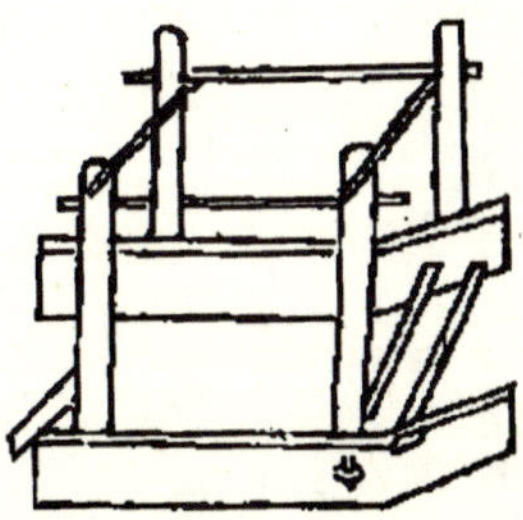
拖車

王圻　王思義《三才圖會・器用》卷五《車輿類　漁類》

車制之圖

輻三十，以象日月。轂在車輪之中，外持輻，內受軸，長三尺二寸，徑一尺。兵車之輪六尺六寸，田車之輻六尺三寸，在輿之外。

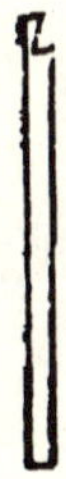
輻

轂

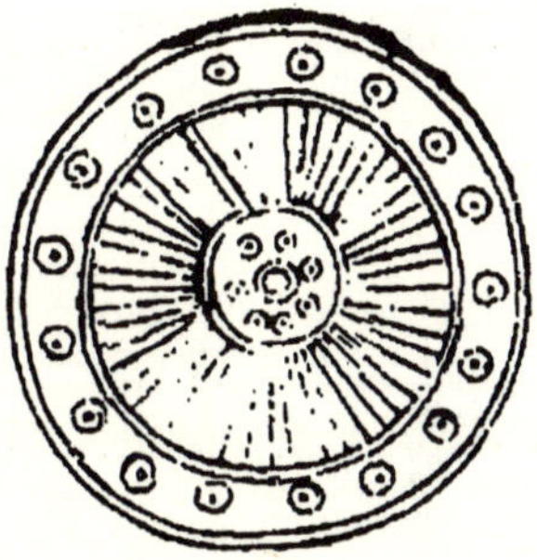
輪

輈圖

車前曲木上句衡者謂之輈，亦曰輮。《禮記車製圖》云輈長一丈四尺四寸，亦曰輮，通謂之輈。

鳩車圖

高二寸二分，長三寸二分，濶一寸七分。輪徑各二寸二分，重一十兩。無銘右器狀鳴鳩形，置兩輪間。輪行則鳩從之。其禽背負一子，有鈕置之前以貫繩，蓋縶維之所也。按鳴鳩之詩，以況毋道均一，故象其子以附之。因以爲兒童戲。若杜氏幽求子所謂兒年五歲有鳩車之樂，七歲有竹馬之歡者，是也。

鳩車

【略】

安車制圖

安車之制。安車輪不欲高，高則搖。車身止長六尺，可以卧。其廣合轍，軔以蒲素纏之，索如錢大。車上設四柱，蓋密簟，爲之㡓糊黑漆厢高尺四寸，設茵褥之具。後爲門，前設扶板加于厢上，在前可憑，在後可倚。臨時移徙，以鉠距子簪于兩厢之上。板可濶尺餘，令可容書策及肴樽之類。厢下以板鋪之，卧則可蔽風雨。近後爲窗户，以備側卧可觀山景。車後施油幰，幰兩頭有軸，雨則展之，傅於前柱。欲障風則半展，或偏展一邊。臨時以鐵距子簪于車蓋梁及厢下，無用則卷之立于車後。車前爲納陛，令可垂足而坐，要卧則以板架之令平。

安車製圖

宋應星《天工開物》卷中《舟車第九》　凡車利行平地，古者秦、晉、燕、齊之交，列國戰争必用車，故千乘萬乘之號，起自戰國。楚、漢血争而後日闢。南方則水戰用舟，陸戰用步、馬。北膺胡虜，交使鐵騎，戰車遂無所用之。但今服馬駕車以運重載，則今日騾車即同彼時戰車之義也。

凡騾車之制有四輪者，有雙輪者，其上承載支架，皆從軸上穿鬬而起。四輪者，前後各横軸一根，軸上短柱起架直梁，梁上載箱。馬止脱駕之時，其上平整，如居屋安穩之象。若兩輪者，駕馬行時，馬曳其前，則箱地平正。脱馬之時，則以短木從地支撑而住，不然則欹卸也。

凡車輪，一曰輮，俗名車陀。其大車中轂，俗名車腦。長一尺五寸，見《小戎》朱註。所謂外受輻、中貫軸者。輻計三十片，其內插轂，其外接輔。車輪之中，內集輪，外接輞，圓轉一圈者是曰輔也。輞際盡頭則曰輪輮也。凡大車脱時，則諸物星散收藏。駕則先上兩軸，然後以次間架。凡軾、衡、軫、軏，皆從軸上受基也。

凡四輪大車，量可載五十石，騾馬多者或十二掛，或十掛，少亦八掛。執鞭掌御者居箱之中，立足高處。前馬分爲兩班，戰車四馬一班，分驂、服。糾黄麻爲長索，分係馬項，後套總結，收入衡内兩傍。掌御者手執長鞭，鞭以麻爲繩，長七尺許，竿身亦相等。察視不力者，鞭及其身。箱内用二人踹繩，須識馬性與索性者爲之。馬行太緊，則急起踹繩。否則翻車之禍從此起也。凡車行時，遇前途行人應避者，則掌御者急以聲呼，則羣馬皆止。凡馬索總係透衡入箱處，皆以牛皮束縛。《詩經》所謂「脅驅」是也。

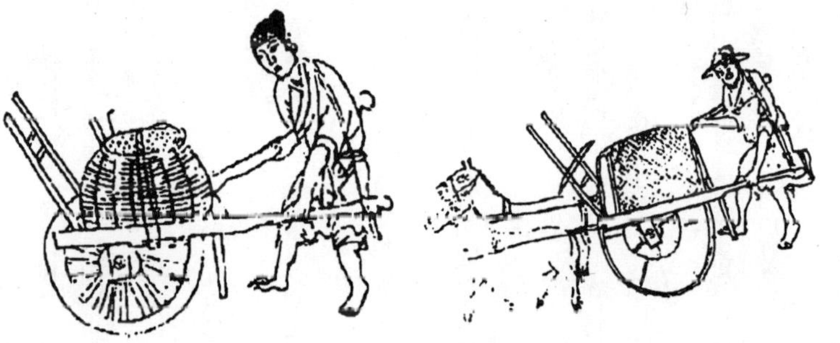

車圖

凡大車飼馬，不入肆舍。車上載有柳盤，解索而野食之。乘車人上下皆緣小梯。凡遇橋梁中高邊下者，則十馬之中，擇一最强力者，係于車後。當其下坂，則九馬從前緩曳，一馬從後竭力振住，以殺其馳趨之勢，不然則險道也。凡大車行程，遇河亦止，遇山亦止，遇曲徑小道亦止。徐、兗、汴梁之交，或達三百里者，無水之國所以濟舟楫之窮也。

凡車質惟先擇長者爲軸，短者爲轂，其木以槐、棗、檀、榆用榔榆。爲上。檀質太久勞則發燒，有慎用者，合抱棗、槐，其至美也。其餘軫、衡、箱、軏，則諸木可爲耳。此外，牛車以載芻糧，最盛晉地。路逢隘道，則牛頸係巨鈴，名曰報君知，猶之騾車羣馬盡係鈴聲也。

又北方獨轅車，人推其後，驢曳其前，行人不耐騎坐者，則雇覓之。鞠席其上，以蔽風日。人必兩傍對坐，否則欹倒。此車北上長安、濟寧，徑達帝京。不載人者，載貨約重四五石而止。其駕牛爲轎車者，獨盛中州。兩傍雙輪，中穿一軸，其分寸平如水。横架短衡，列轎其上，人可安坐，脱駕不欹。其南方獨輪推車，則一人之力是視。容載二石，遇坎即止，最遠者止達百里而已。其餘難以枚述。但生于南方者不見大車，老于比方者不見巨艦，故粗載之。

戴震《考工記圖》卷上

有虞氏上陶，夏后氏上匠，殷人上梓，周人上輿。故一器而工聚焉者，車爲多。車有六等之數：車軫四尺，謂之一等；戈柲六尺有六寸，既建而迆，崇於軫四尺，謂之二等；人長八尺，崇於戈四尺，謂之三等；殳長尋有四尺，崇於人四尺，謂之四等；車戟常崇於殳四尺，謂之五等；酋矛常有四尺，崇於戟四尺，謂之六等。車謂之六等之數。迆，以氏反。

注：此所謂兵車也。八尺曰尋，倍尋曰常。殳長丈二。戈、殳、戟、矛，皆插車輢。車輢外設扃，戈殳戟矛所建。鄭司農云：迆謂著戈於車邪倚也。【略】

故兵車之輪，六尺有六寸。田車之輪，六尺有三寸。乘車之輪，六尺有六寸。乘，繩證反。

注：此以馬大小爲節也。兵車革路也，田車木路也，乘車玉路、金路、象路也。據《巾車》言。兵車、乘車駕國馬。田車駕田馬。

六尺有六寸之輪，軹崇三尺有三寸也。加軫與轐焉，四尺也。人長八尺，登下以爲節。軹當作軒，音笄。轐輹同，博木反。

注：鄭司農云：轐謂伏兔也。玄謂軹轂末也。此軫與轐并七寸，田車又

宜減焉。

補注：轂末之軹，故書本作軒，從車开聲。讀如簪笄之笄。轂末出輪外，似笄出髮外也。軒字見《大馭注》，杜子春改爲軹。軒、軹、軓、軌四字，經傳中往往譌溷。先儒以其所知，改所不知，於是經書字書不復有軒字矣。說具《釋車》。

輪人爲輪，斬三材，必以其時。三材既具，巧者和之。轂也者，以爲利轉也。輻也者，以爲直指也。牙也者，以爲固抱也。輪敝，三材不失職，謂之完。牙讀如訝。

注：材在陽，則中冬斬之；在陰，則中夏斬之。今世轂用雜榆，輻以檀，牙以橿也。鄭司農云：牙謂輪輮也。世間或謂之罔。

望而眡其輪，欲其幎爾而下迆也；進而眡之，欲其微至也；無所取之，取諸圜也。幎，莫歷反。

注：輪謂牙也。幎，均致貌也。微至，至地者少也。非有他也，圜使之然也。

望其輻，欲其掣爾而纖也；進而眡之，欲其肉稱也；無所取之，取諸易直也。掣，音朔。纖攕通。稱，尺證反。

注：掣纖，殺小貌也。肉稱，弘殺好也。

補注：輻有鴻有殺，似人之臂掔，故欲其掣爾而攕，不擁腫也。許叔重《說文解字》曰：掔，人臂貌。徐鍇云：人臂稍長纖好也。攕好手貌。《詩》曰：攕攕女手。今《毛詩》作摻。《傳》云：摻摻，猶纖纖也。

望其轂，欲其眼也；進而眡之，欲其幬之廉也；無所取之，取諸急也。眼當作輥，古本反。《說文》云：「《周禮》曰：望其轂，欲其輥。」幬，徒到反。

注：眼，出大貌也。幬，幔轂之革也。革急則裹木廉隅見。

補注：《說文》：輥，齊等貌。齊等者，不橈減也。轂欲其輥，則幹木圜甚不宜，又有廉隅，以革幬轂欲廉。廉之言斂也，負幹斂約也。如紾而摶廉之廉。

眡其綆，欲其蚤之正也。綆，音餅。蚤，爪古字通。

注：蚤當爲爪，謂輻入牙中者也。鄭司農云：綆謂輪箅也。玄謂輪雖箅，爪牙必正也。疏云：凡造車輪皆向外，箅向外，箅則車不掉。

補注：輻上端入轂中，用正枘。下端入牙中，用偏枘。令牙外出，不與輻股骹參值，是爲綆，綆之言偏箅也。蚤正，謂衆輻齊平，雖有綆之減，綆參分寸之二。蚤皆均正也。

察其菑蚤不齵，則輪雖敝不匡。菑，側吏反。齵，五構反。

注：菑謂輻入轂中者也。菑與爪不相佹，乃後輪敝盡，不匡刺也。

補注：人齒佹戾曰齵。凡物刺起不平曰匡。【略】

轂小而長則柞，大而短則摯。柞同窄，莊百反。摯同隉，魚列反。

注：鄭司農云：柞謂輻間柞狹也。

補注：摯者，車行危隉不安。

是故六分其輪崇，以其一爲之牙圍。

注：六尺六寸之輪，牙圍尺一寸。

參分其牙圍而漆其二。

注：不漆其踐地者也。漆者七寸三分寸之一，不漆者三寸三分寸之二。令牙厚一寸三分寸之二，則內外面不漆者各一寸也。

椁其漆內而中詘之，以爲之轂長，以其長爲之圍。

注：六尺六寸之輪，漆內六尺四寸，是爲轂長三尺二寸，圍徑一尺三分寸之二也。鄭司農云：椁者，度兩漆之內，相距之尺寸也。

補注：大車短轂，取其利也。兵車、乘車、田車暢轂，取其安也。六尺六寸之輪，轂長三尺二寸，則車行無危隉之患。圍亦三尺二寸，以建三十輻，則輻間無柞狹之患。周三尺二寸者，徑尺有五分寸之一弱。鄭注用六觚之率，周三徑一，約計大數爾，非圜率也。

以其圍之防捎其藪。捎，音簫。藪，素口反。

注：捎，除也。防，三分之一也。鄭司農云：藪讀爲蜂藪之藪，謂轂空壺中也。玄謂此藪徑三寸九分寸之五，壺中當輻菑者也。疏云：車轂之法，其孔必大頭寬，小頭狹，當輻入處謂之藪。寬狹處中而已。蜂藪者，猶言趨也。藪者，衆輻之所趨也。

補注：捎空轂中如壺然，所以受軸。以密率計之，徑三寸五分寸之二弱。

五分其轂之長，去一以爲賢，去三以爲軹。去，起呂反。軹，當作軒。

注：鄭司農云：賢，大穿也。軹，小穿也。玄謂此大穿徑八寸十五分寸之八，小穿徑四寸十五分寸之四。大穿甚大，似誤矣。大穿實五分轂長去二也，去二則得六寸五分寸之二。凡大小穿皆謂金也。今大小穿金厚一寸，則大穿穿內徑四寸五分寸之二，小穿穿內徑二寸十五分寸之四，如是乃與藪相稱也。今當作令，賈疏已誤。

補注：以密率計之，大穿徑六寸十分寸之一强，小穿徑四寸四十分寸之三弱。軸徑四寸五分寸之一强。大穿穿内徑，不得過四寸。軸之兩端入轂中者稍殺削之，其當大穿處鋸截周遭，少許則轂止不内侵。

容轂必直，陳篆必正，施膠必厚，施筋必數，幬必負幹。

注：容者，治轂爲之形容也。篆，轂約也。幬，負幹者。革轂相應，無贏不足。

既摩，革色青白，謂之轂之善。

注：謂丸漆之乾，而以石摩平之。疏云：將漆之先，以骨丸之，待乾，乃以石摩平之。革色青白，善之徵也。

參分其轂長，二在外，一在内，以置其輻。

注：轂長三尺二寸者，令輻廣三寸半，則輻内九寸半，輻外一尺九寸。

【略】

參分其輻之長而殺其一，則雖有深泥亦弗之溓也。殺，色界反。溓，讀爲黏，女廉反。

注：殺，衰小之也。

參分其股圍，去一以爲骹圍。骹，苦教反。

注：謂殺輻之數也。鄭司農云：股謂近轂者也，骹謂近牙者也。《方言》股以喻其豐，故言骹以喻其細。人脛近足者細於股，謂之骹。羊脛細者亦謂骹。【略】

直以指牙，牙得，則無槷而固。槷，魚列反，從木熱省聲。

注：得謂倨句鑿内相應也。内枘同，即蚤。鄭司農云：槷，榝也，蜀人言榝曰槷。

不得，則有槷必足見也。見，賢遍反。

注：必足見，言槷大也。然則雖得猶有槷，但小爾。

補注：鄭用牧曰：足者枘之下，枘入鑿中，而猶見其足，鑿太寬故也。槷小不足見，槷大則足見。無槷而固，甚言鑿枘相應，不用槷亦固。

六尺有六寸之輪，綆參分寸之二，謂之輪之固。

注：輪箅則車行不掉也。參分寸之二者，出於輻股鑿之數也。補注：固謂不傾掉也。輪不箅，必左右仡摇，故輻蚤用偏枘，令牙出於輻股鑿三分寸之二，如此則重勢微注於内，兩輪訂之而定，無傾掉之患。

凡爲輪，行澤者欲杼，行山者欲侔。杼以行澤，則是刀以割塗也，是故塗不附。侔以行山，則是搏以行石也，是故輪雖敝不甐於鑿。杼，直吕反。侔，亡侯反。搏，徒丸反。甐，音吝。

注：杼謂削薄其踐地者。侔，上下等。搏，圜厚也。甐，亦敝也。以輪之厚，石雖齧之，不能敝其鑿旁使之動。

凡揉牙，外不廉，而内不挫，旁不腫，謂之用火之善。廉，當作熑。

注：廉，絶也。《説文》云：熑火煣車綱絶也。《周禮》曰：煣牙外不熑。挫，折也。腫，瘣也。

是故規之以眡其圜也，萬之以眡其匡也，縣之以眡其輻之直也，水之以眡其平沈之均也。量其藪以黍，以眡其同也。權之以眡其輕重之侔也。故可規，可萬，可水，可縣，可量，可權也，謂之國工。萬，音俱。

注：輪中規則圜矣。等爲萬蔞，以運輪上，輪中萬蔞，則不匡刺也。輪輻三十，上下相直，從旁以繩縣之，中繩則鑿正輻直矣。平漸其輪無輕重，則斲材均矣。黍滑而齊，以量兩壺，無贏不足，則同。侔，等也。稱兩輪鈞石同，則等矣。輪有輕重，則引之有難易。

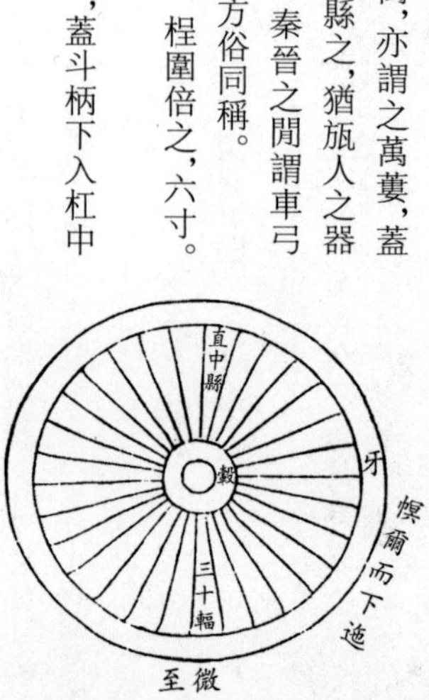

輪三材

補注：正輪之器名萬，亦謂之萬蔞，蓋與輪等大，平可取準，萬之縣之，猶旊人之器中膞豆中縣也。《方言》：秦晉之閒謂車弓曰枸蔞，二者其狀仿佛，故方俗同稱。

輪人爲蓋，達常圍三寸。桯圍倍之，六寸。桯讀如楹。

注：鄭司農云：達常，蓋斗柄下入杠中也。桯，蓋杠也。

信其桯圍以爲部廣，部廣六寸。信，伸古今字。

注：廣謂徑也。鄭司農云：部，蓋斗也。

部長二尺。

注：謂斗柄達常也。

桯長倍之，四尺者二。

注：杠長八尺，謂達常已下也。加達常二尺，則蓋高一丈，立乘也。

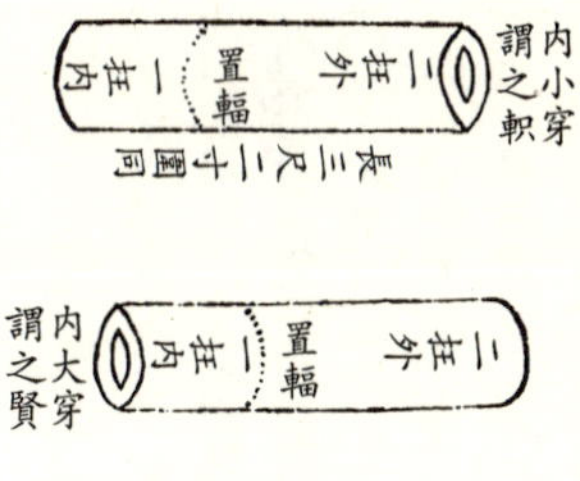

轂

兵車乘車，軫間六尺六寸，旁加七寸，合兩旁并軫閒，是爲徹廣八尺。而轂入輿下者七寸，其內地即置伏兔以承軫。兩軹之廣凡丈一尺六寸，此轂末之軹。故書本作軒，與輢內之軹宜有別，不得一車之中二名溷淆也。

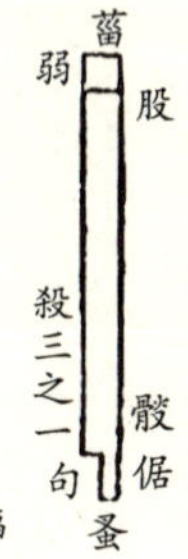

輻

牙外出三分寸之二，輻股鑿不與蚤所入之鑿相當，以蚤有倨句故也。外直下爲倨，內曲剡之爲句。

補注：鄭用牧曰部厚一寸，連於達常，通長二尺。不計其入桯中者，桯長八尺，亦不計其入輿下者。桯建輿下，達常建桯中，皆宜有數寸，取其足相持爲度。

十分寸之一謂之枚，部尊一枚。弓鑿廣四枚，鑿上二枚，鑿下四枚。

注：尊，高也。蓋斗上隆高，高一分也。弓，蓋橑也。廣，大也，是爲部厚一寸。鑿上下合六分，并鑿空四分，共一寸也。

鑿深二寸有半，下直二枚，鑿端一枚。

注：鑿深對爲五寸，是以不傷達常也。達常徑一寸弱。下直二枚者，鑿空下正而上低二分也。其弓菑則撓之，平剡其下二分而內之，欲令蓋之尊終平不蒙撓也。端，內題也。二枚一枚，皆鑿端弓杪所至。欲見鑿空下正，故曰下直二枚，鑿端一枚，便文協句爾。

補注：弓鑿外大內小，外縱橫皆四分，內縱二分，下直二枚是也。橫一分。鑿端一枚是也。下直者，對上迆爲言。鑿下外內同四分，鑿上外二分，內四分，加部尊焉。

弓長六尺，謂之庇軹，五尺謂之庇輪，四尺謂之庇軫。軹，當作軒。

注：庇，覆也。杜子春云謂覆幹也。玄謂軹轂末也。輿廣六尺六寸，兩轂并六尺四寸，旁減軌內七寸，則兩軹之廣，凡丈一尺六寸也。六尺之弓倍之，加部廣，凡丈二尺六寸。有宇曲之減，可覆軹，不及幹。幹鎋古字通，胡戛反，於文從斗，譌作斡，非。

參分弓長而揉其一。

注：參分之，持長撓短，短者近部而平，長者爲宇曲也。六尺之弓，近部二尺，四尺爲宇曲。

補注：弓菑入鑿中，剡其下二分，兩旁各剡一分有半，鑿空下平直，則弓必上仰，故揉其近部之二尺使平，外四尺自下迆而成宇曲。

參分其股圍，去一以爲蚤圍。

注：蚤當爲爪。以弓鑿之廣爲股圍，則寸六分也，爪圍一寸十五分寸之一。

參分弓長，以其一爲之尊。上欲尊而宇欲卑。上尊而宇卑，則吐水疾而霤遠。

注：六尺之弓，上近部平者二尺，爪末下於部二尺。二尺爲句，四尺爲弦，求其股，股十二除之，面三尺幾半也。上近部平者也。隤下曰宇。蓋者主爲雨設也。乘車無蓋，禮所謂潦車，謂蓋車與。

蓋已崇，則難爲門也。蓋已卑，是蔽目也，是故蓋崇十尺。

注：十尺其中正也。蓋十尺，宇二尺，而人長八尺，卑於此，蔽人目。

良蓋弗冒弗紘，殷畝而馳不隊，謂之國工。殷音隱。

注：隊，落也。善蓋者，以橫馳於壟上，無衣若無紘，而弓不落也。

凡句股各自乘，并之爲弦實。弦自乘，減句自乘，餘爲股實。減股自乘，餘爲句實。

如圖，以二尺爲句，四尺爲弦，而求其股。先以弦自乘，得弦實十六尺。次以句自乘，得句實四尺。兩數相減，餘十二尺，爲股實。開方除之，得股長三尺四寸六分有奇，故鄭注云面三尺幾半也。

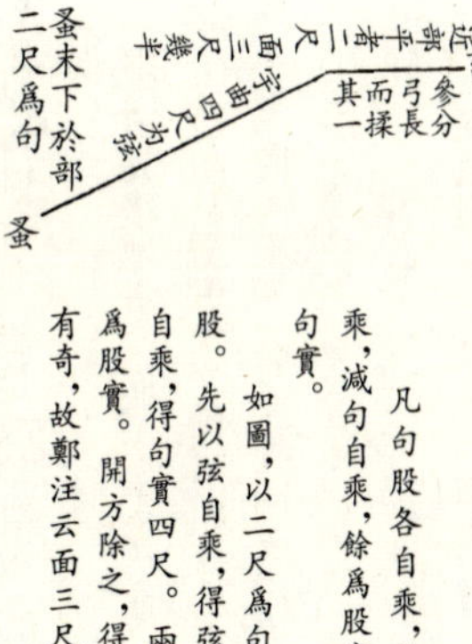

蓋弓二十有八

輿人爲車，輪崇，車廣，衡長，參如一，謂之參稱。稱，尸證反。

注：車，輿也。衡之長容兩服。

參分車廣，去一以爲隧。

注：兵車之隧，四尺四寸。鄭司農云：隧謂車輿深也。

參分其隧，一在前，二在後，以揉其式。

注：兵車之式，深尺四寸三分寸之二。

補注：式，前車也。記不言式較之長。一在前，其上三面周以式，則式長九尺五寸三分寸之一也。二在後，其上爲較，則左右較各長二尺九寸三分寸之一也。

以其廣之半爲之式崇。以其隧之半爲之較崇。

注：兵車之式，高三尺三寸。較兩輢上出式者，兵車自較而下，凡五尺五寸。

六分其廣，以一爲之軫圍。

注：軫，輿後横者也。兵車之軫，圍尺一寸。

補注：輿下四面材合而收輿謂之軫，亦謂之收。獨以爲輿後横者，失其傳也。輈人言軫間，則左右名軫之證也。加軫與轐，弓長庇軫，軫方象地，則前後左右通名軫之證也。

參分軫圍，去一以爲式圍。

注：兵車之式圍，七寸三分寸之一。

參分式圍，去一以爲較圍。

注：兵車之較圍，四寸九分寸之八。

參分較圍，去一以爲軹圍。軹，音只。

注：兵車之軹圍，三寸二十七分寸之七。軹，輢之植者衡者也，與轂末同名。說見前及《釋車》。

參分軹圍，去一以爲轛圍。

注：兵車之轛圍，二寸八十一分寸之十四。轛，式之植者衡者也。轛者，以其鄉人爲名。

補注：鄭用牧曰，較小於式者，在兩旁用力少也。軹在較下，轛在式下，長短不同，故轛小於軹。

圜者中規，方者中矩，立者中縣，衡者中水，直者如生焉，繼者如附焉。中，陟仲反。直同植。

注：如生，如木從地生。如附，如附枝之弘殺也。

凡居材，大與小無并，大倚小則摧，引之則絶。

注：并，偏衺相就也。用力之時，其大并於小者，小者強不堪則摧也。其小并於大者，小者力不堪則絶也。

棧車欲弇。棧，鉏版反。弇，於檢反。

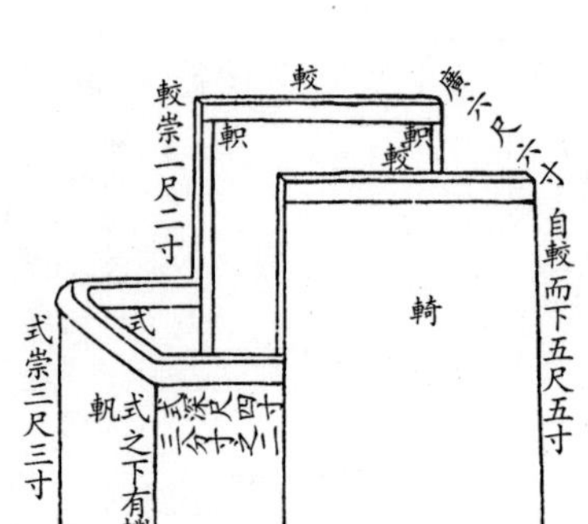

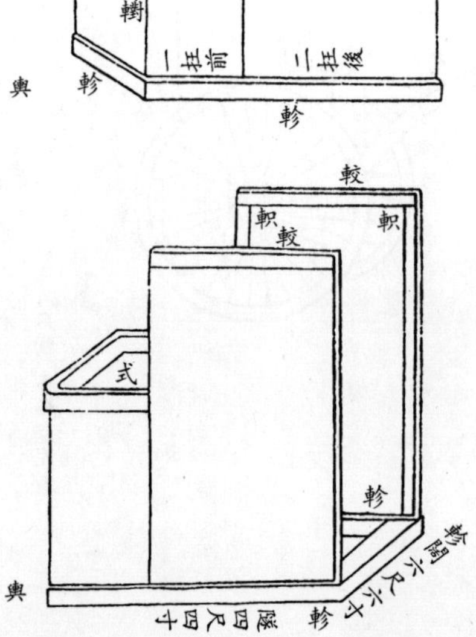

注：爲其無革鞔，不堅，易坼壞也。士乘棧車。

飾車欲侈。

注：飾車謂革鞔輿也。大夫已上革鞔輿。

輈人爲輈。輈有三度，軸有三理。輈，張留反。

注：輈，車轅也。

國馬之輈，深四尺有七寸。

注：國馬謂種馬、戎馬、齊馬、道馬，高八尺。兵車、乘車，軹崇三尺有三寸，加軫與轐七寸，又并此輈深，則衡高八尺七寸也。除馬之高，則餘七寸，爲衡頸之間也。鄭司農云：深四尺七寸，謂轅曲中。

田馬之輈，深四尺。

注：田車軹崇三尺一寸半，并此輈深而七尺一寸半。今田馬七尺，衡頸之間亦七寸，則軫與轐五寸半，案：阮元校勘記云：則軫與轐五寸半，諸本同。賈疏

兩稱，此注皆云加軫與轐五寸半，此作則誤，當據正。則衡高七尺七寸。

駑馬之輈，深三尺有三寸。

注：輪軹與軫轐，大小之減率半寸也，則駑馬之車，軹崇三尺，加軫與轐四寸，又并此輈深，則衡高六尺七寸也。今駑馬六尺，除馬之高，則衡頸之閒亦七寸。【略】

五分其軫閒，以其一爲之軸圍。

注：軸圍亦一尺三寸五分寸之一，與衡任相應。

補注：左右軫之閒，六尺六寸。軸之長出轂末，而以軫閒爲度者，主乎任輿之六尺六寸也。軸横輿下以任輿，即所謂衡任者。

十分其輈之長，以其一爲之當兔之圍。

注：輈，當伏兔者也，亦圍尺四寸五分寸之二，與任正者相應。

補注：輈，所以引車也。當兔在輿下正中，其兩旁置伏兔，車行以輈，爲持任之正，即所謂任正者。

參分其兔圍，去一以爲頸圍。

注：頸，前持衡者，圍九寸十五分寸之九。

五分其頸圍，去一以爲踵圍。

注：踵，後承軫者也，圍七寸七十五分寸之五十一。【略】

良輈環灂，自伏兔不至軓七寸，軓中有灂，謂之國輈。

注：伏兔至軓，蓋如式深。兵車乘車，式深尺四寸三分寸之二。灂下至軓七寸，則是半有灂也。輈有筋膠之被，用力均者則灂遠。鄭司農云：環灂謂漆沂鄂如環。

補注：《記》反覆言輈之和，灂耐久遠，亦和之徵。

軫之方也，以象地也。蓋之圜也，以象天也。輪輻三十，以象日月也。蓋弓二十有八，以象星也。龍旂九斿，以象大火也。鳥旟七斿，以象鶉火也。熊旗六斿，以象伐也。龜蛇四斿，以象營室也。弧旌枉矢，以象弧也。

注：大火，蒼龍宿之心，其屬有尾，尾九星。鶉火，朱鳥宿之柳，其屬有星，星七星。伐屬白虎宿，與參連體而六星。營室玄武宿，與東壁連體而四星。《覲禮》曰：侯氏載龍旂弧韣。則旌旗之屬，皆有弧也。弧以張縿之幅，有衣謂之韣。又爲設矢象，弧星有矢也，蓋畫之。畫矢於韣。

補注：斿，著縿垂者也。交龍鳥隼之屬，皆畫於縿。

釋車：

車式較内謂之輿，大車名箱。其深謂之隧。

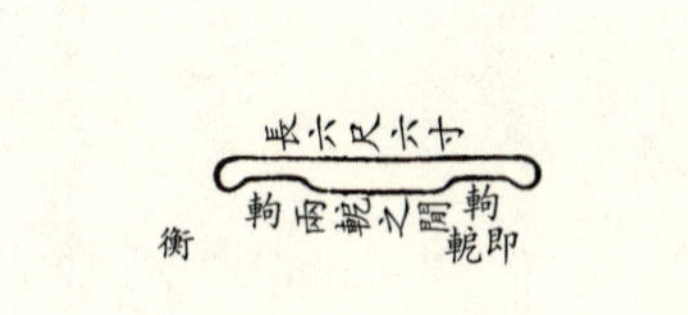

輈

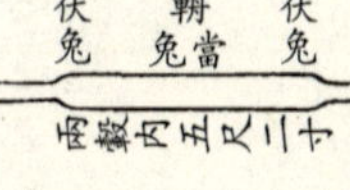

衡

軸

伏兔又名轐，在軸上左右。

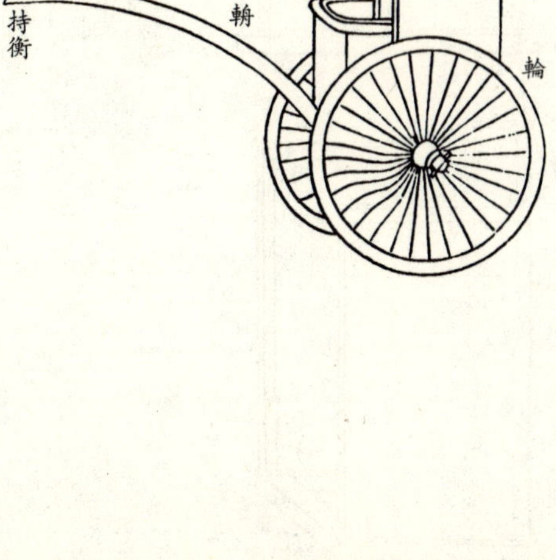

車

兵車、乘車、田車

枕輿下謂之軫。輿下四面材合而收輿者，説見前。《方言》軫謂之枕。

軫謂之收。《詩秦風・小戎》俴收。《毛傳》曰：收，軫也。

拚輿旁謂之輢。《説文》：輢，車旁也。

式前謂之軓。

軓謂之陰。

縮輢上者謂之較。

輿前卑於較者謂之式。

車闌謂之軨。

輢内之軨謂之軹。

式下人所對謂之轛。

輪輮謂之牙，牙謂之輞。

輪轑謂之輻，輻近轂謂之股，近牙謂之骹。

輻端之枘，建轂中者謂之菑。菑没鑿謂之弱，建牙中者謂之蚤。

以偏枘入牙而出之謂之綆。

轂空壺中，所以受軸謂之藪。

轃謂之藪。

以金裹轂中謂之釭。

大釭謂之賢。

轂末小釭謂之軒。今並作軹，與輢内之軹溷淆非也。

轂端錔謂之輨。以鐵爲管，約轂外兩端。

輨謂之軑。

以革幬轂謂之軝。

軸末謂之轊。

軸當轂釭，參之以金，謂之鐗。《説文》：鐗，車軸鐵也。《釋名》：鐗，間也。間釭軸之間，使不相摩也。

軸端之鍵以制轂者謂之舝。亦作轄。鍺幹行車者。脂釭中以利轉，又設舝以制轂。

伏兔謂之轐。

輿下任正者謂之輈。大車名轅。

輈出軓前，穹而上謂之胡。胡謂之侯。

輈端謂之頸，後謂之踵。當兩轐之間謂之當兔。

軶謂之衡，衡下烏啄謂之軥。

所以持衡者謂之軏。

車蓋之杠謂之程。蓋斗謂之部，其柄謂之達常。

隆屈謂之弓。

弓近部謂之股，弓末謂之蚤。

大車之較謂之牝服，其内謂之箱。輿有式較卑高之分，箱則其上齊平。

所以引車謂之轅。《釋名》：轅，援也。車之大援也。

軶謂之鬲，持鬲者謂之輗。

輪輮謂之渠。小車所謂牙。

有輻謂之輪，無輻謂之輇。

程瑶田《通藝録・考工創物小記》卷一

輪人造轂義述

輪人爲輪，具三材，轂也、輻也、牙也。嘗試言其造轂之法，其在《記》也。先後次第，依文察義，井然其不可紊也。先之以斬材，其次言以火養之；其次言轂長之所從出，而因以定其圍。又其次言捎藪之法出於圍阞；又其次言飾轂之法；又其次言置輻之法；然後言輻言牙，而輪人之事畢矣。鄭氏注：阞爲三分之一。瑶田謂：阞，餘也，又分也，理也。地理爲阞，分處皆阞也。木理爲朸，分處皆朸也。歸奇於扐，指之分處皆扐也。人之脇肋非一也，天馬肋過十三，異駒肋各十六，沅江龜甲蓋九肋，然則分出而成理者皆曰阞。分出成理，其阞不一，於不一中而指其一，因亦謂之阞，阞者餘也。《王制》：祭用數之仂，喪用三年之仂。注以爲十分之一也。十分之一可曰仂，則三分之一當亦可曰阞。然十分之一，其説可憑。以《王制》用數，非三分之説足以破之。三分之一以言捎藪，證以上下文，不得謂其必非十分之一也。蓋以轂以爲所捎之藪，則三分之一爲轂圍之餘。此鄭注之説。以轂邊輻鑿之深爲所捎之藪，則十分之一爲轂圍之餘。此依《王制》注而爲之説。余謂鑿深爲藪，説似較勝。阞爲十分其圍之一，其數三寸二分五釐四豪一絲六忽六不盡。轂圍之數見轂長真度説中。於此數中捎藪以爲鑿深，深三寸，用防之成數也，何以知其止於三寸也。量鑿深以爲輻廣，輻廣三寸也，何以知輻廣之止於三寸也。《車人》：大車輻廣三寸。柏車、羊車不見輻廣，亦三寸可知。然則輪無大小，輻廣不得過三寸，亦不得不及三寸矣。校：車人造三車，曰大車、柏車、羊車。於大車言轂長之數，轂圍之數，輻長之數，輻博輻厚之數，渠之數，牙圍之數；於柏車但言轂長、轂圍、輻長及渠與牙圍之數，不言輻之博厚者同於大車也；羊車亦不言者三車皆同可知也。羊車復不見轂長轂圍輻長、渠與牙圍之數者，羊車五者同於柏車又可知也。大車言崇者，轂徑及輻長倍數和之而得也。柏車不言者，可例而知也。羊車不言者，同於柏車可知也。大車言綆數、牝服之數。柏車、羊車但言牝服，不言綆數者，綆數，大車且不過寸，縱差小之至三分寸之二止矣，不言可也。輪人所造之車，轂圍較小於車人之三車。其輻廣豈反加大之乎？鄭氏謂令輻廣三寸半，未必然矣。且轂圍之徑一尺零八分四釐七豪二絲二不盡，此數由牙圍而定，見轂長真度「説」中。除當輻鑿處壺中之軸徑四寸零四釐三豪三絲八忽八不盡，此數由所得古銅轄量取軸末之圍徑，參合軸圍徑而定之。其餘六寸八分零三豪八絲三忽三不盡，半之三寸四分零一豪九絲一忽六微六不盡。用三寸以爲鑿深，尚餘四分有奇，令鑿深不致穿傷轂壺之孔。於置輻之法，亦爲盡善之道耳。其和轂之法有三，皆出於其轂之長。一曰以其長爲之圍，以其圍之防捎其藪。此言治藪於圍以防數爲鑿深也。一曰五分其轂之長，去一以爲賢，去三以爲軹。容轂必直，陳篆必正，施膠必厚，施筋必數，幬必負幹。既摩，革色青白，謂之轂之善。此言飾轂之法也。一曰參分其轂長，二在外，一在内，以置其輻。此言置輻之法也。三者對舉，並以首句領下事，皆出數於其轂之長。事雖分之爲三，而不離乎置輻於轂外。捎藪者，治其置輻之鑿。五分之者，飾其置輻之内外。參分之者，定其置輻之所。是以其下特爲輻發凡，而詳陳其鑿深輻廣輻弱之數，而終之以轂不折，未嘗一言及於轂之函軸也。自注者未審鑿深爲蜂藪之藪，函軸則當爲量名之籔，即不妨同名，亦必異實，而又以量黍眡藪之法，其法詳捎藪異義記中。專主函軸者言，遂誤移而解之。而其圍防捎藪之數，又與軸圍徑之數不能脗合，於是求之下文爲賢爲軹，而不復計其數之出於轂長而非出於轂圍。并不計其賢軹本未見圍字，而强以賢軹之圍解之，然其數亦終不能脗合。後鄭乃改去一爲去二，而數又不合，於是加以大小穿之金，然後賢圍始合軸圍。然賢圍太大，軹圍太小，輪之行地，恒有外出之勢。軎體太弱，亦非堅久之道。用益知其説之不確也。今據《記》文出數於其轂長，而知其爲飾轂之法。飾之者，即下《記》所謂篆之、膠之、筋之、幬之之事也。但置輻於參分内一外二之間，在飾轂之後。今先言飾轂，不取節於參分者，置輻處不飾，故其法先五分之，而去一以爲賢，去三以爲軹。去一去三之閒，虚其一分不飾，以待置輻而已。《記》中用去字處甚多，大率皆兩物取大而長者命分，以較小而短者去其所較，用得小而短者之度。今五分轂長去一又去三，斷非去一得四爲賢，去三得二爲軹之謂。蓋轂但一物，賢軹並轂上事，與他處兩物相較者不同。故屬文之法，亦但以轂爲主，而五分其轂長，截去一分以賢之，截去三分以軹之，中留一分不賢不軹以置輻。此用去字之又一法，亦自確然有不可不如此用之者。況凡言幾分之而去幾者，有所去，必有所留。今五分之，而去一爲賢，去三爲軹，是於五分中去其四而留其一矣。即如他處兩物相較用去字，亦有去必有留。故參分股圍去一以爲骹圍，謂去股圍之一分，而留股圍之二分以爲骹圍之度也。然則用去字，雖有二法之不同，而有所去者必有所留，其義則無不同也。且其言曰，五分之去一去三，參分之二在外一在内，曰去曰在，用字之法，不可移掇。曰去者，明著中留一分不飾，以待置輻之辭。曰在者，亦明著其即於内外閒以置輻之辭。涵泳其文，厥義自見。又《記》於去一去三，兩用以爲字，下又叠用五必字，上下氣脈，連屬相貫，望文求義，亦是通言飾轂，斷非判然兩事。故於爲賢爲軹下，接云容轂必直。言治轂之形容，是未飾時，先令其體平直，然後篆之正，膠之厚，筋之數；然後以革幬之，務令與其初所容之幹無纖微之不相負。夫然後摩之，惟其幬之使急，故革色青白可觀，革以冒鼓爲最急，鼓色近白是其驗。而轂之善乃見矣。至於飾轂之法，别名之曰賢曰軹者，亦自有義。賢古作臤，臤之言堅也，《釋名》：轂，埆也，體堅埆也。義亦如是。軹本當爲軝，《詩》云「約軝錯衡」。《毛傳》云「長轂之軝」。軝在轂置輻處之外明矣。軹在轂末，故書作軒，《少儀》《邶風》字又作軌與。長轂之軝，地既相近，字形又相似，是以致譌。軝之言氏也。氏之言著也。陳篆施膠施筋而幬之，皆令相依著之事。注釋篆爲轂約，其約軝之謂與。所以必著之者，欲其堅也。堅著互義，蓋賢軝二文互足矣。轂爲運轉之物，非著之令堅，何以能久。其名其義，斷歸飾轂，以云大小之穿，無乃皮傅。又注云大小穿皆謂金也，則賢軹當繇於攻金之工。若鎋與鐗之不見於輪輈二職也，猶之徹廣在匠人，車制數職中均不見，而車人徹廣六尺。余以爲不合徹迹之度，必爲車廣之譌，亦以車人必無越職代之之事而斷之也。且其說更有不可通者，既以爲賢爲軹爲承上捎藪而終其說，則所謂爲之，即捎之也。轂之兩端，及其中間，一例捎之。三處有一定之度，若準置輻處之藪，依注其徑三寸五分五釐五豪强，則賢徑四寸四分者，軹徑當更小於二寸二分六釐矣。若準賢徑六寸四分，軹徑四寸二分六釐，謂初捎之藪不加釭金之數。如注所謂大小穿之數，則置輻處之藪，其徑有五寸六分八釐六豪六絲强，豈不穿傷輻鑿之深乎？况云去二爲賢，去三爲軹，是賢軹不連金名之，而於既捎之後更加一寸之金，《記》當明見以曉人，而乃闕之而不言。然則以金補空，其說太鑿，必不然矣。軸圍納轂必設鐧，令礲之不敝。余目驗今制，爲橢長寸鐵五六枚，嵌於軸圍當貫轂處，與軸木齊平，此殆古之遺法與。釭金今制，余未目驗，然鐧金不得加高於軸，則釭金亦豈得加厚於其大小穿耶。又桉注以轂圍三分之防爲捎藪之度，其徑固不能與轂兩端之徑一例相應矣。而又曰令輻廣三寸半，則鑿深之不穿通壺中，亦僅五釐强耳。且又《記》無明文，但以藪中之徑與藪外之轂厚相等，約畧而推測之，以定其輻鑿之深。前已備言其非矣。今惟據注小穿幾殺大穿之半，圖而觀之，則外出之勢太迅，恐難相安。竊有更定處，以《記》文顯然可據。其所不知，則闕疑焉。不敢臆斷而漫說之也。

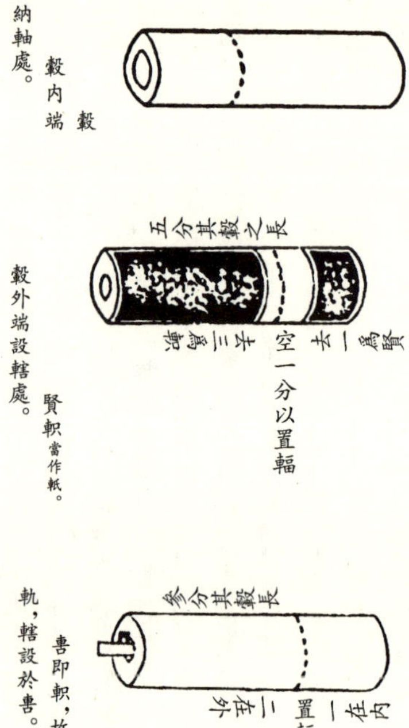

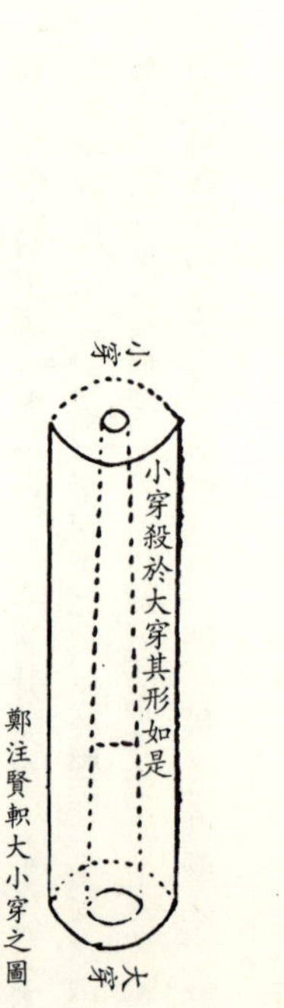

鄭注賢軹大小穿之圖

捎藪當輻菑，據此圖以句股比例算之，其徑有三寸六分八釐六豪六絲强，不止三寸五分五不盡也。

據鄭氏注，大小穿皆謂金也。是大穿徑六寸四分，小穿徑四寸二分又太半分。金厚一寸，當倍除之，則大穿內徑四寸四分，小穿內徑二寸二分又太半分。兩穿相較，小穿殺於大穿幾半矣。其外出難安之勢，閲圖自明。書體太小亦明。

又　轂圍之防捎藪說

注云：捎，除也。防，三分之一也。鄭司農云：藪讀爲蜂藪之藪，謂轂空壺中也。(元)[玄]謂此藪壺中當輻菑者也，衆輻之所趨也。瑶田桉：《說文》：橾，車轂中空也，讀若藪。是以藪爲轂貫軸之空矣。然先鄭言蜂藪，後鄭言衆輻所趨，則藪之名義，當起於輻鑿也。觀《記》文上言轂圍，下言賢軹，因及置輻，遂至於以輻鑿之深爲輻廣。且鑿深輻廣輻弱，言重詞複，展轉互發，以明其制之不可苟。則鑿深之數，不可不明見以曉人，否則輻廣股圍骹圍之度，皆由於臆度，非真數矣。竊以爲，捎乃剜刻之義。輻鑿相趨，有似蜂藪，呼之爲藪，名不可易。壺中貫軸，或亦可以量名之籔名之。古人命名，往往皮傅，此類甚多。如輢之植者衡者曰軹，軸末之軎亦曰軹。轍迹之度曰軌，軸末之軹亦曰軌。其不可典要者，亦即其名之無可易者也。防非三分之一，蓋據什一之防以捎其輻鑿之深，既與上下文相貫，又爲下文出數之根。則轂圍邊防，以三尺二寸五分四釐一豪六絲六不盡之圍數較之，得三寸二分五釐四豪一絲六忽六不盡。用其成數三寸以爲輻鑿深之數，說詳造轂義述中。此鑿入轂，兩邊相對爲六寸，中留四寸零四釐三豪三絲八忽八不盡。以居當輻鑿處貫軸之空，以轂圍徑一尺零八分四釐七豪二絲二不盡較之，尚有八分零三豪三不盡之餘。半之，則一邊有四分零一豪六絲六不盡之餘，不致穿通貫軸之空矣。輻之鑿深有其數，因之以爲輻廣。又因之以爲弱，弱之長，蓋如其深爲之，而其廣復不可狹小，故曰竑其輻廣。言量度其廣以爲弱之廣，蓋記人於鑿深之數三致意焉。又圍防捎藪，其數出於轂圍，轂圍之數同於轂長。余定轂長爲三尺二寸五分四釐一豪六絲六不盡，詳見轂長真度説中。以爲圜防捎藪之根，由是展轉布算，靡不得其真度矣。靈皐先生之解圜防，亦於輻鑿一周遭中取之，然據三分之一以爲言，是每輻入鑿厚止三分有餘，故自以爲太薄而恐其不牢。又云止計枘之入鑿者，菑之幹固不止此，其説甚游移。且菑幹即輻厚，與菑相接處也，若此處以鋸截分之，令入鑿處太薄，則折轂之根即生於此。而《記》所謂固有餘而强不足者，雖竑輻廣以爲弱廣，而弱已先受太薄之病，欲其强也，得乎？又云轂圍約留三分之一爲餘地，是令菑幹不布滿轂圍以爲防，則防乃指其不捎處，又與以防捎藪之説悖矣。余以周遭取防數，而不以周遭定防地，以周遭萬無定防地之理。又不主三分一之防，而主十分一之防。誠以主十分之一以取鑿深，鑿深有數，可量之以爲輻廣，是鑿深者乃輻廣出數之本矣。若不主十分之一，而主三分之一，則藪斷不在轂邊而在轂心。依注從轂圍計防以爲藪圍，爲一尺零六分六不盡。因藪圍求藪徑，得三寸五分五釐五豪强，與軸徑四寸四分較，少八分四釐四豪强。於是以賢爲大穿而求合於軸徑，以軹爲小穿而漸殺於藪徑，無論遷就立算，强以爲捎藪之法，即將去一改爲去二，而大穿小穿藪圍三徑，其數終不能相應。又況賢軹之數出於五分其轂之長，而非出於五分其轂之圍；捎藪之數出於轂圍之防，而非出於轂長之防，《記》文原自兩不相謀乎？然則賢軹斷不能與捎藪并爲一事，轂圍之防斷不可於轂空壺中求之，而防爲十分之一，藪爲輻鑿之深，不煩別白而定矣。

又　捎藪異義記

注以釋經者也。如經義本達，往往爲注義所掩者，當條理其經文以正注之誤，不煩援據他説，以經文即其左證也。輪人之職，以其圍之防捎其藪，注以藪爲轂空壺中，後世説經者，皆相承無異説。而余獨疑之，以爲是求轂圍置輻處鑿深之數，誠以鑿深之數，爲輻廣數之所自出。《記》曰：「量其鑿深以爲輻廣。」其明證也。若鑿深之數不定，則所謂以爲輻廣者，誰爲爲之耶？余據《王制》注仂爲什一，以解轂圍之防爲三寸二分五釐四豪一絲六忽六不盡。取三寸成數以爲輻鑿之深，謂之捎其藪。桉藪，先鄭讀爲蜂藪，後鄭以爲衆輻所趨，輻鑿三十，衆輻趨之，實蜂藪狀。準其所捎以爲輻廣之數，所謂量其鑿深以爲輻廣也。此經義之本無不達者也。又桉藪爲藪澤，而藪與澤異，澤深而藪淺，故鄭氏注《澤虞》職曰：「水希曰藪。」且注《大宰九職》曰：「澤無水曰藪。」疏以爲，若有水不得田獵也。又《大宰九兩》：「藪以富得民」。注云：富謂藪中材物。疏以爲薪蒸蒲葦也。《周國語》：藪，物之歸也；澤，水之鍾也。《楚國語》又有藪曰雲，數其中所生，足備賦用。故澤虞所共之澤物，注以爲芹茆菱芡之屬。此數物者，多生水希處，半皆産於藪也。以況衆輻所趨，惟其有之，是以似之若轂空壺中，當以量名容十六斗之藪況之，不當擬以藪澤之藪也。故《説文》以樔爲車轂中空，曰讀若藪，不曰與藪同也。《急就篇》作轢，余疑《説文》从㮚，殆从桑之形誤與。人頭額曰顙，柱礎如額亦曰磉，今轂戴軸末，故會其意而謂其空爲轢與。或又謂量其藪以黍，以眡其同，當指轂空而言。余謂轂空之同，其要在兩端釭金圜徑之度，勻稱畫一，其中受黍即小有盈朒，不相妨害。若置輻之鑿，以黍量其一孔，易置他孔而有不同，必其所以捎之者，非偏向内，即偏向外，以納輻菑，必參差不齊，難以直指，焉能縣之以中繩乎。此所以必量黍以眡之也。始余涵泳《記》文，以謂爲賢爲軹，斷非轂端之大小穿，以其出數於長，不出數於圍也。先鄭解作大小穿，以之申釋捎藪未了之義，致此記文義言圍言長，萬難假借者，混而同之，余既詳辨之矣。而鑿深之數不可不求其説，今更表而出之，亦足爲其圍其長誤讀誤解之左證云。江先生《周禮疑義舉要》，言林希逸以藪爲三十孔，貽誤後人。夫其説果貽誤後人乎？抑説之未得其指趣，而出於臆度，宜其不足取信於人也。近世靈皐先生亦爲是説，謂三分其轂圍，以其一捎三十孔，孔之厚僅得三分。其説不可通，倘亦承襲林氏而爲之説與。

又　轂長真度出於牙圍説

轂長之數，出於牙圍，是牙圍爲下文諸度出數之本。然則牙圍之徑，未可以臆度也。今注言令牙厚一寸三分寸之二，則牙廣當三寸六分寸之五，此臆度之耳。如此則亦可令牙厚二寸，牙廣三寸半矣。亦可令牙厚一寸半，牙廣四寸矣。一輪三材，其數盡出於臆度，度非真度，可乎哉？瑶田竊以爲，凡言圍，而不見橢圜長方縱横之數者。如鍾之舞橢圜也，必曰以其鼓間爲之舞脩，去二分以爲舞廣。磬之博厚長方也，必曰參分其鼓博以其一爲之厚。其圜者，皆圍三而徑一。其方者，皆圍四而徑一。今牙圍一尺一寸，與軫圍同度。準之以爲徑，亦當與軫徑同，蓋二寸七分半矣。軫以收輿，牙以抱輪，厥任維均，其材亦宜同度與，於是漆其參分之二。牙廣漆内近輻者二寸二分九釐一豪六絲六不盡，漆外近地者四分五釐八豪三絲三不盡。椁漆内而中詘之，轂長當三尺二寸五分四釐一豪六絲六不盡。所自出之數既真，斯其度乃得真數矣。至輻廣之數，出於鑿深；鑿深之數，出於圜防捎藪之數也。《記》承轂長爲圍，即云以其圍之防捎其藪，及下言置輻，即云凡輻量其鑿深以爲輻廣，明是鑿深出於圜防矣。圜防爲十分其圍之一，其數三寸二分五釐四豪一絲六忽六不盡。用其三寸成數，以爲輻鑿之深。鑿深有數，故量之以爲弱輻廣。蓋例以大車輻廣三寸，故亦不得過三寸也。由是竑其輻廣以爲之弱。弱即菑也，其長自如鑿深之數，而其廣復不可狹小。《玉篇》訓竑曰廣，曰量度。畜其聲，竑之言横也，克滿之義。蓋言如其輻廣以爲弱廣，正與量其鑿深以爲輻廣句，反復互注，以明鑿深輻廣之數皆出於圍防。若鑿深非藪，數非出於圍防，則其反復互注者，皆無根之言，終古不知輻廣，豈其然乎。輻廣之數定，則中其廣以其菑入轂之鑿心，當三分轂長，二在外，一在内之閒。輻廣既準之鑿深三寸，其輻厚則當準大車厚數，輻得一寸。如是則繞轂置輻，令輻輻相倚以爲固。而其菑之厚，則量其所入之深而漸殺焉。令各安其鑿，鑿中三一輻不得交通，亦固之之道也。輻廣倍之，得六寸。輻厚倍之，得二寸。和之得八寸，是爲股圍。參分去一，得五寸三分三釐三不盡，是爲骹圍。於是乃求骹厚骹廣，雖其數《記》無明文，而骹圍有真度，其厚不能更薄於輻厚，則所謂參分股圍去一以爲骹圍者，所殺之數全見於骹廣。其數詳見輪緵説中。而骹廣之殺於股廣者，在近輿一面。其一面向外者，則直中繩焉。《記》所謂縣之以眂其輻之直是也。以其蚤與牙不甚偏倚，故《記》曰眂其緵，欲其蚤之正也。蚤正由於輻直，輻直則牙得，故《記》曰直以指牙。牙得則無槷而固。牙之得也，猶言菑蚤不齵也。牙輻二者，互相爲用。《記》曰：輻也者，以爲直指也。牙也者，以爲固抱也。未有輻不直指而牙能固抱者。輻蚤牙鑿，兩相安之謂固抱。固抱則牙得矣，故《記》曰不得則有槷必足見也。足即蚤也。蚤鑿不相安，則合縫處，文必不相應而蚤外露，故足見而不固矣。至以牙圍出牙厚，而《記》文不見者，圍徑相求，蓄省文之法。若不用圍徑相求，而任意立度，誰能憑之？況牙乃揉木爲之，今令其廣倍乎其厚而又過之，雖養之以火，欲其不廉不挫難矣。瑶田更定轂長之數也，準牙圍以得其真度，所謂本立而道生也。凡無本者，必不能生，而況於數乎。仍作輪緵之圖以觀之。

又　輪緵説

輪人三材出數之根在牙圍，而牙圍不見縱横之度，知其材必正方，所謂圍四而徑一者也。以一尺一寸之牙圍，四分之，其廣與厚必相等，並爲二寸七分半。牙廣厚之數定，則參分漆其二之數定。椁其漆内中詘之，而轂長之數定。轂長蓋三尺二寸五分四釐一豪六絲六不盡。其數出於牙圍，而準輪崇以取之者也。由是以轂長爲圍，以圍防捎藪，藪即輻鑿之深，則捎之宜用防數。今則去其奇

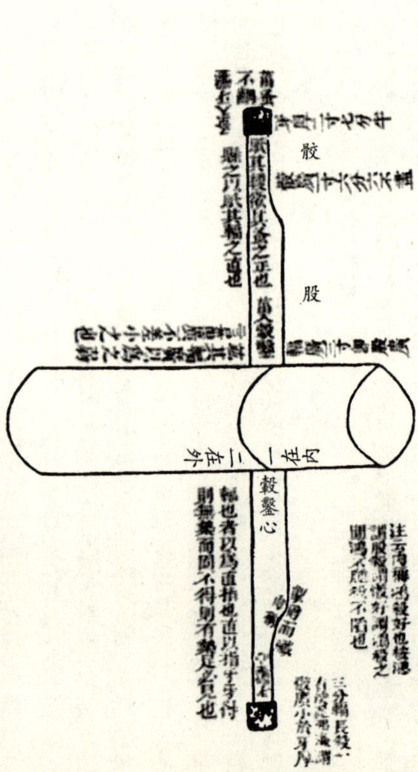

輪緵之圖 瑶田詳審《記》文更定之而不合徹廣之度。

轂長三尺二寸五分四釐一豪六絲六不盡。參分之，二在外者二尺一寸六分九釐四豪四不盡，而其一在内者一尺零八分四釐七豪二絲二不盡，即自轂内端至受輻股之轂鑿心度也。自轂鑿心至受輻骹之牙鑿心六分六釐六不盡，自牙鑿心至牙外面八分三釐三不盡。三者和之得一尺二寸三分四釐七豪二絲二不盡，倍之，二尺四寸六分九釐四豪四不盡，又與車廣和之九尺零六分九釐四豪四不盡。

零，而舉防之成數以爲輻鑿之深者，以輻廣出於鑿深。而輻廣之數，互見於《車人》之大車。大車輪大，輻廣止於三寸，知此亦必不能過乎三寸也。輻廣如大車之三寸，則輻厚亦當如大車之一寸，此數之不可易者也。輻廣即股廣，輻厚即股厚，股廣股厚和之得八寸，是爲股圍。參分去一，得五寸三分三釐三不盡，是爲骹圍。由骹圍而求骹廣骹厚，骹之廣厚，在《記》無文。今骹圍之度既得，輪人量而斲之，以合於骹圍之度，雖不中不遠矣。然骹廣之數不定，則蚤之入牙無定數，而輪緵之數安所取節以立度乎？於是先定其骹厚一寸，以骹厚不能薄於股厚也，倍之二寸。以二寸減骹圍，得三寸三分三不盡，半之爲一寸六分六不盡，是爲骹廣。其數既得，則骹廣之末，入牙鑿之蚤也；輻廣之末，入轂鑿之菑也。菑蚤不齵，則輪緵之數約畧可知矣。夫輪之有緵也，爲輪固也。緵之則固矣，豈必較量於豪末閒耶。然緵之形，見於輻廣之外，而緵之故，實在於輻廣之中，不可不知也。牙轂兩鑿心，對望相左，故緵也。入牙之蚤殺於入轂之菑，故兩鑿對

望而相左也。至於縷數，則又取節於牙厚，其大較不得過寸。大車牙厚三寸有奇，故縷寸。輪人三車，牙厚不及三寸，故縷不得及寸。而定以三分寸之二何也？大凡制器，尺寸贏縮，其差數，輒三分之而或取其太，或取其少，其通率也，亦不必爲典要也。柏車牙厚三寸，其縷數可準此以知之。明於輪縷之故，則《記》文所謂眡其縷欲其蚤之正者，蚤乃正矣。所謂輻也者以爲直指也，輻乃直指矣。所謂縣之以眡其輻之直者，直乃中繩矣。所謂直以指牙，牙得則無槷而固。牙也者以爲固抱，牙真得而能固矣。

又　牙圍説

古者車牙，必揉之而成，故有不廉、不挫、不腫諸用火之法，又有反輮、仄輮諸異制，則牙廣之度不能過寬明矣。輪人六分其輪崇，以其一爲之牙圍，圍尺有一寸。注以爲今厚一寸三分寸之二，則其廣當三寸八分三釐有奇。余以爲臆度之説，不可從。且言圍者，非圜即方，若橢圜長方必見縱横之數，其不見縱横數者，必正方之圍四徑一者也。以是知輪人牙圍，其廣當二寸七分半。余已詳説之矣。《車人》大車輪崇九尺，其輻長四尺五寸，倍之，即輪崇之九尺也。柏車輪崇六尺，其輻長三尺，倍之即輪崇之六尺也。疏謂通轂，空壺中并數而言是也。蓋轂圍有度，牙圍有度，減轂牙之圍徑，得輻長之實度，因渠以知輪崇，指輻以明軹崇，此記人互文變調，不失其爲辭達者也。大車牙圍尺有五寸，其徑三寸七分半，轂半徑七寸五分，以減軹崇之四尺五寸，得輻長三尺三寸七分半，此易知者也。柏車牙圍尺有二寸，其徑三寸，轂半徑一尺，以減軹崇三尺，得輻長一尺七寸，此易知者也。夫但言牙圍，而不見縱横之度，則必爲正方之材可知。若準鄭氏注輪人牙厚之度而通之大車，則其牙厚當五寸有餘，揉之不亦難乎。

又　揉牙説

《輪人》云：凡揉牙，内不廉而外不挫，旁不腫，謂之用火之善。其屈一木爲之，如賈氏之説，我不敢知。然其成規也，必非合衆木而不假鬱治之謂明矣。行澤者欲杼，行山者欲侔，此言揉後治其牙，有或杼或侔之不同也。若《車人》云：行澤者反輮，行山者仄輮。此則輮牙之法之明以示人者也。閒嘗論之，輮牙有反有仄。據注所云，其材蓋以一木析之爲二也。木析之，則有心有邊。心在外曰反輮，鬱之不順木理，故言反也。邊在外曰仄輮，治析木之半而鬱之，故言仄也。心堅故滑易，注云爲泥之黏，欲得心在外滑是也。逆木理而鬱之，則表裏剛柔不相敵，故完不足。邊堪任鬱，故完善。注云爲砂石破碎之，欲得表裏相依堅刃是也。行於砂石，故貴其完，不必過求其易也。夫牙必揉之而後成，則牙圍之徑，不得豐其博而殺其厚矣。雖然，牙即不必揉之而後成，其圍徑自有定法，固不得豐其博以殺其厚也。

牙之名生於衆輻排建，有似牙牀之建牙，故謂之牙。《左傳》呼牙牀爲車。互相借以爲名，益可知車輞名牙之義矣。

又　輪轂軑軝説

《方言》：輪，韓楚之閒謂之軑，或謂之軝；關西謂之輚。音總。又云：輨軑鍊音諫。鏅也，關之東西曰輨，楚南曰軑，趙魏之閒曰鍊鏅。據《説文》：軑，車輨也；輨，轂端沓也。輨有管束之義，沓有重叠之義，《説文》沓多言沓沓也。而設於轂端。又謂之鍊鏅者，鍊鏅聲同輨軑，而《廣雅》錧釱字亦从金，其爲束轂端鐵無疑矣。吾友戴東原云：以鐵爲管約轂外兩端是也。《離騷》齊玉軑而並馳，斷指轂外言之。曰玉者，修辭之法，如鼎卦之玉鉉，豈真扛鼎以玉能勝其任乎。《小雅》「約軝」，《毛傳》以爲長轂之軝。《説文》軝字从革。蓋輻外之轂，施筋施膠，而以革幬之，與輨軑相附著。軑外軝，軝中軑，故謂之軑，或謂之軝也。兩物一所，因得互呼。而《方言》謂之輪，輪者，合轂輻牙而言之者也。故又謂之輚，郭氏注云：車輅也。輅輪一聲之轉，今俗且合轂呼之曰車轂輅。《方言》呼轂爲輪，約畧之辭，非有誤也。若分別言之，軑自軑，軝自軝，轂且不得假借之，何況於輪乎。

《一切經音義》載佛本行集經軸鐗字，注之云：《方言》作鍊，同歌鴈反。《説文》車鐵。中落軸字。《廣雅》：鐗，錔也。據此，是以鐗與輨爲一事二名也。今檢《方言》，釋輨軑鍊鏅，爲關東西南楚趙魏之異語，而未嘗言鐗鍊之同聲。《説文》則云鐗，車軸鐵也；輨，轂端沓也。判然兩事不相混。《廣雅》：鏅鐗，錔也。以鍊鏅與鐗同釋爲錔，非謂鐗鍊爲一字二文也。《説文》解錔字云：以金有所冒也。余考輨蓋冒於轂端之外，故曰轂端沓也。鐗之在軸，乃排嵌軸木中，非有所冒於外也。而亦得釋爲錔者，以排嵌軸木，有重疊義也。釭嵌在轂端内，輨冒於轂端外，輨軑與釭，尚不能相混，而乃以鐗鍊聲相似，遂欲使轂端沓與車軸鐵相亂乎？

又　輪人爲輪章句鉤貫

造轂置輻，有牙圍捎藪爲賢爲軹鑿深輻廣諸度數，言之不啻詳矣。然皆紬繹其句讀，涵泳其文義，務求氣脈鉤貫，非徒尋摘章句，逞其一知半解以自炫新奇也。因録《輪人爲輪》章，分節故訓而辨論之，如或義有未安，手披之下，不難自見矣。

「輪人爲輪，斬三材必以其時。」

按注云：三材，所以爲轂、輻、牙也。《記》曰：天有時，必合之然後可以爲良。故斬材不可違其時也。《周禮·地官》：山虞掌山林之政令，仲冬斬陽木，仲夏斬陰木。注云：陽木生山南者，陰木生山北者。冬斬陽，夏斬陰，堅濡調，故此注云斬之以時。材在陽，中冬斬之；在陰，中夏斬之也。注又云：今世轂用雜榆，輻以檀，牙以橿。《爾雅》釋木，榆白，旬。枌。《玉篇》：枌，白榆也。然則榆爲赤枌矣。雜榆，赤白兼用之與。《詩·魏風》「坎坎伐檀」，又曰「坎坎伐輻」。《毛傳》：輻，檀輻也。又曰「坎坎伐輪」。《毛傳》：檀可以爲輪。伐輻兼言伐輪，則牙亦可用檀矣。《説文》：橿，枋也。枋木可以作車。《廣韻》：橿，一名檍，萬年木。《爾雅》：杻，檍。郭注：似棣細葉，材中車輞。關西呼杻子，一名土橿。《説文》：檍，杶也。吾友戴東原云：杶恐杻之譌字。

「三材既具，巧者和之。」

按：下文三材治之各有度法，合之爲輪，所謂和也。注云：調其鑿内而合之。

「轂也者，以爲利轉也。輻也者，以爲直指也。牙也者，以爲固抱也。」

按：轂貴利轉，輻貴直指，牙貴固抱，此三材之和，而工巧之所徵也。注云利轉者，轂以無有爲用也。

「輪敝而三材不失職，謂之完。」

按：《説文》：完，全也。謂之完者，工巧之極致。三材不失職，天時、地氣、材美、工巧兼任之，而要其歸於工巧。當其初成，固已知之。至於輪敝，始可驗耳。

「望而眡其輪，欲其幎爾而下迆也。進而眡之，欲其微至也。無所取之，取諸圜也。」

按：圜者，輪不失職之極致。注云：輪，謂牙也。幎，均致貌也。進猶行也。微至，至地者少也。非有他也，圜使之然也。瑶田謂：注以進爲行，余則以爲望，乍望之也。進，近察之也。江先生《周禮疑義舉要》亦以遠近言，引鮑人望而眡之進而握之，乃確證也。至地者少，圜使之然，非指牙厚切地者言。牙厚有杼有侔，不皆微至也。

「望其輻，欲其掣爾而纖也。進而眡之，欲其肉稱也。無所取之，取諸易直也。」

按：易直者，輻不失職之極致。貴直尤貴易也。注云：掣纖，殺小貌也。肉稱，弘殺好也。瑶田謂：觀注意，益知直必兼易言也。《説文》：掔，人臂貌。人臂本豐末殺，輻之易直似之也。

「望其轂，欲其眼也。進而眡之，欲其幬之廉也。無所取之，取諸急也。」

按：急者，轂不失職之極致。進眡其幬之廉，益知進爲近察義也。注云：眼，出大貌也。幬，幔轂之革也。革急則裹木廉隅見。鄭司農云：眼讀如限切之限。瑶田謂：限切，即後記負幹之義。

「眡其綆，欲其蚤之正也。」

按：綆者，牙綆也。綆之形見於輻廣之外，而綆之故藏於輻廣之中。輻廣有全有殺，故轂牙兩鑿心對望有相左之差也。鑿心相左，則菑蚤相左。入牙一準乎蚤，則輪綆，故曰眡其綆欲其蚤之正也。蚤正者，謂蚤入牙鑿必直也。注云：蚤當爲爪，謂輻入牙中者也。鄭司農云：綆讀如關東言餠之餠，謂輪箄也。(元)[玄]謂輪雖箄，爪牙必正也。

「察其菑蚤不齵，則輪雖敝不匡。」

按：蚤正，則與菑不相齵，菑不當不正也。蚤偏，菑亦因之而偏。齵者，鑿枘相戾致然也。注云：菑，謂輻入轂中者也。菑與爪不相佹，乃後輪敝盡不匡刺也。鄭司農云：菑讀如雜厠之厠，謂建輻也。泰山平原所樹立物爲菑，聲如胾。博立梟棊亦爲菑。匡，枉也。瑶田謂：《爾雅》：田一歲曰菑。《爾雅》一歲、二歲、三歲者，言久蕪之田，初事墾治，始須破凷，久乃和柔成熟田也。非謂有三等之田，如不易，一易，再易之説也。孫炎云：始菑殺其草木。郭璞云：今江東呼初耕反草爲菑。蓋皆以菑爲刺地之義。《易·无妄》不菑畬，對不耕穫。義亦同之。《漢志·瓠子歌》：搴石菑。師古曰：謂臿石立之。菑亦臿耳，義與剚同。《集韻》云：植物地中謂之菑，或作傳。《説文》解菑爲不耕田。言先是不耕，今乃初耕，即一歲曰菑之説也。《廣雅》：蘖，菑也。以盤庚顛木由蘖例之。則菑乃木根萌生出土者。以匠人置槷以縣例之。蘖槷宜通，則菑亦猶爲刺土樹立之義。然出土與刺土雖相反，均之爲建物於地之名，則借以名入鑿之枘，亦形惟肖耳。平正爲匡，框乃匡之反，然匡則有棱不滑利，故不平正者亦謂之匡也。康成氏所謂匡刺是也。

「凡斬轂之道，必矩其陰陽。」

按：此謂材有天時地氣。其生也，上參天而下植地。有一木，必有一木之陰陽向背。矩之乃能不誤施也，故無論冬夏，斬時皆當刻識之。注云：矩，謂刻識之也。

「陽也者，稹理而堅。陰也者，疏理而柔。是故以火養其陰而齊諸其陽，則轂雖敝不藃。」

按：轂之藃也由木之陰面疏柔，而火養之功未至也。注云：稹，致也。火養其陰，炙堅之也。鄭司農云：藃當作耗。(元)[玄]謂藃，藃暴。陰柔後必橈減，幬革暴起。

「轂小而長則柞，大而短則摯。」

按：轂之大小長短必適中，斯無柞摯之弊。此爲下文言轂長轂圍諸度法起本也。注云：鄭司農云：柞讀爲迫唶之唶，謂輻閒柞狹也；摯讀爲槷，謂輻危槷也。(元)[玄]謂小而長則菑中弱，大而短則轂末不堅。瑶田謂：柞疑讀爲歃仄之仄，謂不安也。摯疑讀爲窒礙之窒，謂不利也。《車人》云：長轂則安。若小而長，反不安。又云：短轂則利。若大而短，反不利。靜驗物理，大氏然也。

「是故六分其輪崇，以其一爲之牙圍。」

按：牙圍不見縱横之度，則其材正方可知。注云：六尺六寸之輪，牙圍尺一寸，則四面各二寸七分半矣。

「參分其牙圍，而漆其二。」

按：牙圍正方，不漆其踐地者三寸六分六釐六不盡。除踐地一面二寸七分半，則内外面不漆者，各四分五釐八豪三絲三不盡。注云：令牙厚一寸三分寸之二，則内外面不漆者各一寸，是以其材爲長方。如果長方，《記》不應不見縱横之度也。且曰令牙厚云云者，約畧之詞，余不憑也。是故其材雖有行澤欲杼，行山欲侔之不同，要皆以正方者爲體，然後從而杼之侔之也。

「椁其漆内而中詘之以爲轂長，以其長爲之圍。」

按：此言轂長之度，其數出於牙圍也。《記》云：六尺有六寸之輪，軹崇三尺有三寸也。蓋連牙命之，除其牙之不漆者，而從漆内中詘之得三尺二寸五分四釐一豪六絲六不盡，是爲轂長之度。注云：轂長三尺二寸，據不漆者面各一寸爲之説，約畧之詞，余不憑也。

「以其圍之阞捎其藪。」

按：藪，即下《記》之鑿深，捎之以待置輻也。圍數與轂長同。其阞蓋十分之一，爲三寸二分五釐四豪一絲六忽六不盡。用其成數三寸以爲鑿深。說詳造轂義述中。鑿深有數，則輻廣有數，故《記》云量其鑿深以爲輻廣也。輻廣有數，則輻弱有數，故《記》云竑其輻廣以爲之弱也。注據司農説，藪謂轂空壺中，而阞則以爲三分之一。下文爲賢爲軹，意蓋以爲申足捎藪之義。無論約畧之度，數皆無根，而繩以算法，動輒齟齬。且如注説，賢軹蓋出數於轂圍，而《記》乃出數於轂之長，上下文義，乖違不合，是以決其説之必不可憑也。或曰：藪不指轂空壺中，《記》何以不見轂空之度也？余曰：軸圍之度，見於《輈人》「軸納轂空」，則轂空與軸同度。猶之軸函於轐，轐有函軸之凹，亦與軸同度，不必見也。又如前軫必有函輈之凹以爲之軓，後軫必有納輈踵之空。且如後軫又必有安蓋桯之鑿，亦皆不見《輿人》也。誠以桯圍之度在《輪人》，輈圍踵圍之度在《輈人》，亦無異於軸圍之度之在《輈人》也。見於彼者，省文於此，大氏然矣。其在鳧氏爲鍾，不見鼓度，以銑鉦相較，鼓可知也。不見鉦閒度，以舞廣鼓閒相較，可布算而知鉦閒，並其例也。若鑿深不求其數，則輻廣輻弱之數，皆不可知，故藪謂鑿深無疑也。

「五分其轂之長，去一以爲賢，去三以爲軹。」

按：此以轂長五分之，飾其一分，而別名曰賢；飾其三分，而別名曰軹。軹爲軝之譌，余別有説。曰去者，去其五分之四，不仍轂名，以飾之必異其名也。留其一分不飾者，不必異名以待置輻也。故曰五分其長，去一去三以爲之也。注據司農説，賢爲大穿，軹爲小穿。穿數必出於圍，上既云以其圍之阞捎其藪，則當云五分其圍去一去三以爲之，且賢軹爲穿，則有圍有徑。今所爲者其圍也，據《記》例，凡言圍長廣崇深厚，必見其文以曉人。其不見者，必承上文而言之。今上文言長，必不可不見圍字。而不見圍字者，是其去一者，去其長之一分。去三者，去其長之三分。中留其長之一分以待置輻也。

「容轂必直，陳篆必正，施膠必厚，施筋必數，幬必負幹。」

按：此承上爲賢爲軹，詳言爲之之法。容轂必直者，通轂長五分之體言之，未飾之先，治之之法也。篆膠筋幬，專言飾其去一去三之四分也。注云：容者，治轂爲之形容也。篆，轂約也。幬負幹者，革轂相應，無贏不足。瑶田謂：施筋必數，數者疏之反，謂縱横重疊互相牽繫以爲固也。

「既摩，革色青白，謂之轂之善。」

按：此通結爲賢爲軹之義。曰轂之善者，爲賢爲軹之善也。注云：謂丸漆之乾，而以石摩平之。革色青白，善之徵也。瑶田謂色青白者，幬廉而急，必負幹之所致也。自五分以下三節，反復讀之，益知與上文捎藪義相發而事各殊也。

「參分其轂長，二在外，一在内以置其輻。」

按：上捎藪，先言爲輻鑿之深以待置輻也。次言五分轂長，去一去三以飾之，留其一分以待置輻也。至此始就所留之一分，指其置輻之所也。注云：令輻廣三寸半者，約畧之詞，余不憑也。且據《記》置輻，在參分轂長外二内一之間，而注乃先除輻廣於轂長，然後以所餘之數參分之，置其二於輻廣外，置其一於輻廣内。如此，則輻廣之中心，不當其所分之縫，而出而外移，不得置之於轂長外二内一之閒矣。算法之用，當審先後。一轉移閒，而差數懸遠，不可不知也。

「凡輻，量其鑿深以爲輻廣。」

按：此言輻廣，出數於鑿深也。瑶田於上捎藪，決其舉圍防之成數以定輻鑿深之數。此云量其鑿深以爲輻廣，遥接捎藪句相呼應。古人文字，氣脈鉤貫，其嚴密蓋如此。輻廣三寸，凖之鑿深，且互證於《車人》，殆得其真度與。

「輻廣而鑿淺，則是以大扤，雖有良工，莫之能固。」

按：鑿深則輻菑入鑿者長，故不摇動而能固。注云：扤，摇動貌。

「鑿深而輻小，則是固有餘而强不足也。」

按：輻小亦謂菑也。菑雖長而狹小，則能固而不能强，謂易折也。

「故竑其輻廣以爲之弱，則雖有重任，轂不折。」

按注云：弱，菑也。菑入鑿深之中，其長既如鑿深矣。而其廣又不使狹小，竑其輻廣以爲之弱。《玉篇》云：竑，廣也，量度也。瑶田謂審其聲，竑之言横也，有克滿之義。蓋謂入鑿之菑廣，一如其輻廣。誠以菑之厚，其末勢必漸殺，而菑之廣則本末相等也。自捎藪至此凡九節，反復言造轂置輻之道，尤關係於鑿深輻廣者不淺。試一氣讀之，始知鑿深之數藏於以圍防捎藪句中，本自彰明較著者也。

「參分其輻之長而殺其一，則雖有深泥亦弗之溓也。」

按：軹崇三尺有三寸，除牙面二寸七分半。及轂圍半徑，五寸四分二釐三豪六絲一忽。則輻長二尺四寸八分二釐六豪三絲九忽弱。近轂者謂之股，近牙者謂之骹，三分輻長而殺其一，所殺者骹也。余既求得骹圍之度，而知其骹廣一寸六分六不盡，與牙厚二寸七分半較之，狹於牙厚一寸零八釐三豪三不盡矣，是以深泥弗能溓也。且下文輪綆之故，亦生於輻廣之殺，是一事而有二善也。如注説，牙厚僅一寸六分六不盡，而骹廣必二寸，則突出牙厚外矣，欲求不溓泥也得乎？於此益驗牙圍之材不能爲長方，如注所約畧之度也。

「參分其股圍，去一以爲骹圍。」

按：上殺其一，謂輻長之數殺參分之一也。長殺一分，則骹圍必小於股圍，故又曰參分其股圍去一以爲骹圍也。注云謂殺輻之數者，言既殺其輻長，不可不見所殺者之圍數也。股圍八寸，骹圍五寸三分三不盡。注又云：鄭司農云：股謂近轂者也，骹謂近牙者也。《方言》股以喻其豐，故言骹以喻其細。人脛近足者，細於股謂之骹。羊脛細者亦謂骹。

「揉輻必齊，平沈必均。」

按：此言揉輻用火，又必試之於水也。注云：揉謂以火槁之。衆輻之直齊如一也。平沈，平漸也。鄭司農云：平沈，謂浮之於水上，無輕重。

「直以指牙，牙得則無槷而固。」

按：此言既齊既均，然後直以指牙。自轂鑿至於牙鑿，其向外一面不偏衺也。牙得者，謂蚤牙相稱，齊密而無罅縫，故能無槷而固也。注云：鄭司農云：槷，椴也。蜀人言椴曰槷。(元)[玄]謂槷讀如涅，從木，熱省聲。瑶田謂槷與楔同，《説文》：楔，櫼也。櫼，楔也。楔先結切，櫼子廉切。徐鍇謂櫼，簪也，榍也。《集韻》楔，蜀人从殺。《周禮》从執。據此注言之也。

「不得，則有槷必足見也。」

按：足即蚤也。不得，謂蚤不直以指牙，則蚤牙相入處，縫不齊密，蚤必外露而見也。云有槷者，反言以見無槷之固也。注以足見爲槷大，謂雖得猶有槷，但小耳。疑不然也。

「六尺有六寸之輪，綆參分寸之二，謂之輪之固。」

按：注言輪箄則車行不掉是也。謂參分寸之二者，出於輻股鑿之數。輻股鑿，鑿之在轂者也。據注，牙厚狹於骹廣，則牙必不能出。所可出者，必骹廣也。輻直指牙，安得令骹廣出於輻股鑿之數乎？余嘗論輪之有綆也，牙轂兩鑿對望相左，故綆也。牙厚又加厚於骹廣，故綆也。《記》曰六尺有六寸之輪，緵參分寸之二，謂之輪之固爲輪固也，故欲令其緵。然輻既直指矣，胡爲乎能緵也？既眡其緵矣，胡爲乎其蚤之能正也？曰：直指者，輻在輪外一面近牙處也。其向輿一面近牙處，則殺之矣。不問其殺，而惟遷就於轂鑿心以爲牙鑿，雖牙亦不能正當轂鑿，而蚤必外偏而不正矣，故曰眡其緵欲其蚤之正也。惟以蚤當牙體，除其緵數而爲牙鑿，則兩鑿心對望，自然相左，而牙之外面自然緵出。其出於輻股鑿之數亦自不得求之骹廣矣。何也？股廣與骹廣，有全有殺，而牙又加厚於骹廣，故直者自直，而緵者自緵，如是則輪之行地，自然能固矣。

「凡爲輪，行澤者欲杼，行山者欲侔。」

按：牙必以正方者爲體，然後因其行之宜而杼侔之。注云：杼謂削薄其踐地者；侔，上下等。

「杼以行澤，則是刀以割塗也，是故塗不附。」

按：塗割之，則劃開，故不附牙而或上溓於輻。注云：附，著也。

「侔，以行山，則是摶以行石也，是故輪雖敝，不甐於鑿。」

按：山石易敝輪木，木敝，則漸傷其鑿。注云：摶，圜厚也。甐亦敝也。以輪之厚，石雖齧之，不能敝其鑿旁使之動。

「凡揉牙，外不廉而内不挫，旁不腫，謂之用火之善。」

按：轂輻牙三材，並有用火之法。古人用材，必量其事之大小而度之。轂則度其材之約有四圍者，輻牙則度其材之過乎把或將及乎栱者。其或曲或直，亦必因其事，中其用而度之。蓋因乎天者易爲力，雖在八疾，工師尚猶可材，使人器之，此之謂也。若夫用火之善，則又神明之而存乎其人也。注云：廉，絶也。挫，折也。腫，瘣也。

「是故，規之以眡其圜也，萬之以眡其匡也，縣之以眡其輻之直也，水之以眡其平沈之均也。量其藪以黍，以眡其同也。權之以眡其輕重之侔也。故可規，可萬，可水，可縣，可量，可權也，謂之國工。」

按：量藪以黍，以眡其同。瑶田謂是量輻鑿之深，與注説異。前已詳言之矣。注云：輪中規則圜矣，等爲萬蔞以運輪上，輪中萬蔞，則不匡刺也。輪輻三十，上下相直，從旁以繩縣之中繩，則鑿正輻直矣。平漸其輪無輕重，則斲材均矣。黍滑而齊，以量兩壺，無贏不足，則同。侔，等也。稱兩輪鈞石同，則等矣。輪有輕重，則引之有難易。

又按：輪人三材不失職，其最重者專在於牙，故曰察車之道，欲其樸屬而微至。樸屬，通謂三材。而微至，則專重乎牙也。是故於眡輪，復申言微至而取諸圜。於眡輻，則取諸易直，爲其直以指牙也。於眡轂，則專取諸急，爲其置輻以建於牙。不可不樸屬也，是故菑蚤不齵，則輪敝不匡。言牙不匡刺也。亦是故眡轂專言幬革，不及轂空，以轂空必依《輈人》之軸而爲之，非其專司。猶釭輨，併當擬攻金之工，非其所司，故不見也。以此知捎藪之文，直接爲賢爲軹。爲置輻而言輻鑿之深，必非言治轂空也。是以《輪人》之職，於揉牙之後，總結規之云云，其所重亦專在於牙也。規欲牙之圜也，萬欲牙之平正也，縣欲輻直指牙也，水欲牙之平沉無輕重也。然牙之所以平正而無輕重者，其要在菑蚤不齵。而菑蚤之所以不齵者，實在於輻鑿之深三十藪均齊如一。使量以黍而不能同，必其鑿參差乖互，而萬之必不能平正，水之必不能無輕重也，又何怪乎權之兩輪不能相應乎。

又　卷二

軫方象地義述

《記》云：軫之方也，以象地也。又云：弓長四尺，謂之庇軫。皆指輿之四面而言之。鄭氏注加軫與轐之軫曰輿也，亦不以爲後軫矣。乃注車軫四尺之軫，必曰輿後横木者，以下記軫圍之數，取節於六尺六寸車廣之軫，不取節於四尺四寸隧深之軫，而車廣之軫，顯然可見者又在輿後，故鄭氏特著後軫以曉人。則首解軫字，不得與後交互異。此亦鄭氏作注時偶見得如此。然《記》於軫圍，則曰六分其廣。謂車廣。《記》於軸圍，則曰五分其軫閒。軫閒，左右兩軫之閒，即車廣也。《記》不以輿後横木爲軫也，則所謂六分其廣者，猶言六分其軫閒也。《記》曷嘗專以輿後横木爲軫乎？故曰軫閒，指車兩畔以包其中。通車前後而言之，曰車廣，指車中以見兩畔，亦通車前後而言之也。況《記》明言軫方象地，則軫之爲輿，又安得顯悖於經，故注於加軫之軫，復注之曰輿也。使人默會作注之法，有互相發明之微旨，不得以辭害意也。又鄭氏注車有六等，云戈殳戟矛，皆插車輢。輢著輿下之縱木，則戈殳四物之等，必起數於縱木。由是言之，一等之四尺，必取節於縱木之軫，則縱木之軫必與後軫齊平又明矣。安能納轂内端於輿下乎？

又按：鄭氏以輿下三面材爲軓，而以輿後之横者爲軫，軫徑二寸七分半，軓徑依鄭説與當兔徑同，則三寸六分。軫軓居材，大倚小，小并大矣。況軫轐和之七寸，是轐垂軓下者僅四寸二分半耳。今欲令轂内端納入輿下，其半徑依注有五寸又少半寸矣。欲全鄭説，必軫低於軓而下垂，則輈在輿下者，前承軓，後踵徑必斲治向上，一面令小於前，以承軫之下垂者，而前後畧可齊平。軸又承輈，以其半徑與輈徑和之，足以納轂於輿下矣。余細繹《記》文及鄭氏注，竊謂以三面材並後一面爲軫，則軫與輈之上面齊平，故輈徑軸半徑和之爲七寸，轐在軫下與軫徑和之亦七寸，記所謂加軫與轐者宜如此。今欲以轂内端納入輿下，必依鄭氏三面材不呼爲軫而呼爲軓。呼之爲軓，便可登軓於輈上。而輈在軓下，與軸半徑和之，有五寸八分矣。以之納轂，尚餘四分六釐强。再與軓徑和之，爲九寸四分，餘於軫轐相加之數二寸四分矣。於是將後軫移下於軓二寸四分，故軫徑二寸七分半。

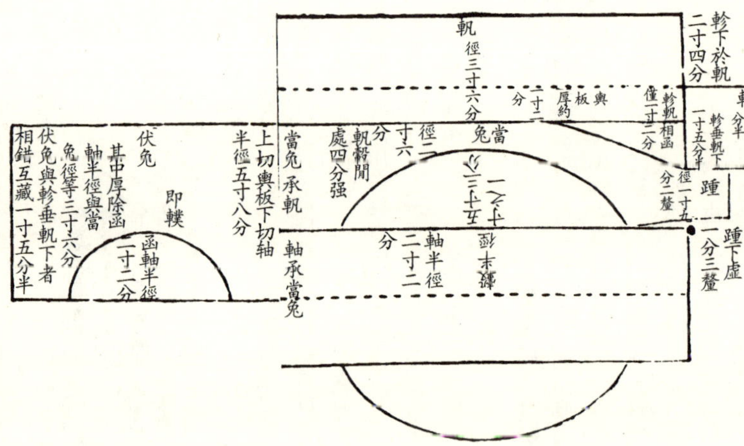

據注，轂入輿下擬諸材相承相并之圖

輈踵承之，其徑一寸九分二釐，踵下必虚一分三釐，然後軸半徑二寸二分承之，乃合軫轐相加七寸之數。而軫轐二材，勢既相離而不相連，其安轐處，必内移而入輿下七寸，上切輿底板，與後軫之下垂高低相錯而互藏者一寸五分半。然則轐高通有五寸八分，而入算者當除其互藏之數，止四寸二分半耳。其軫軓二材，高下差參，縱横而相函者僅得一寸二分，恐難堅固，因圖以觀之。

既圖之後，據圖，則輈在輿下者，下於後軫一寸二分。因考其軓前輈深四尺七寸者，其在軫上，實止四尺五寸八分。據注除馬高餘七寸者，實止餘五寸八分，與注不相應，則注説亦終難全矣。

又　輈人任木義述

輈人爲輈，輈有三度，軸有三理，是輈人之事，在輈軸二者而已。三度既明，三理既得，而記人特爲任木發凡何也？誠以輈軸二者，任輿之木也。然必在輿下者，始克當任木之名，是故輈當輿之正中，則任正宜於輈求之，而全輈不得謂之任正也。軸當輿之衡材，則衡任宜於軸求之，而全軸不得謂之衡任也。車廣六尺六寸，軸在六尺六寸下者，其衡任乎？隧深四尺四寸，輈在四尺四寸下者，其任正乎？任正之圍，不取節於任正，而取節於輈，故曰十分其輈之長以其一爲之圍。衡任之圍，不取節於軸，而取節於衡任，故曰五分其長以其一爲之圍。衡任之圍，即軸圍也，不申言之不可也，故曰五分其軫間以其一爲之軸圍。軫間者，左右兩軫之間六尺六寸者也。任正之圍，即當兔之圍也，不申言之不可也，故曰十分其輈之長以其一爲之當兔之圍。當兔居輈之中，而輈之頸，輈之踵，其圍漸殺於當兔，不可不有以知之也。故又繼之曰，參分其兔圍去一以爲頸圍，承上當兔之圍而言，參分兔圍，是兔圍即當兔之圍省文也。若伏兔中有函軸之半規不得以圍命之。五分其頸圍去一以爲踵圍也。輈圍之度，三法既定，然而揉輈之道弗善，則不得其和也，故詳言揉輈以終焉。鄭氏以車後横木爲軫，故以輿前三面材爲任正，而不知三面并後一面謂之軫，所謂軫方象地者也。不得判其三面以爲任正也。以兩軏閒爲衡任，而不知其專衡之名者，不得又呼之爲衡任也。今夫車之行也，有引之者而後行。車之得行也，有運之者而後得行。運車者其輪乎，而所以任輿以持輪者軸也。則謂軸材衡在輿下者爲衡任，名之不可易者也。引車者其衡乎，而所以任輿以持衡者輈也，則謂輈材正安輿下者爲任正，名之不可易者也。

軓前十尺，謂自軫平指至輈端下之度，非據輈侯曲體而言也。蓋輈有三度，其體之長不能相等。今詳三度，總言軓前十尺，則是三輈平指處其度同也。

輈人一職，專主輈軸二事，而輈軸之通長皆不見，惟於輈獨見軓前之十尺何也？《記》文之見數也，其可知者不見，見其不可知者也。輈在輿下者曰任正，如隧之深，隧深有其數也。軸在輿下者曰衡任，如車之廣，車廣有其數也。軸之出輿外者著於轂，轂長有其數也。故皆不見也。若輈之出軓前者，數無可稽。無可稽而不見，是闕之矣。夫軓前之長而可闕其數乎？是故軓前之長見，則全輈之通長見。輈長見，則任正之圍，其數可從輈而出也。見任正之圍，又見當兔之圍，曷爲不謂之輈圍而必謂之當兔之圍也。輈有頸，其圍殺於其任正也。任正有踵，其圍又殺於其頸也。見當兔之圍者，明任正之圍，取節於其當兔閒爾矣。見衡任之圍，又見軸圍者，猶見任正之圍，又見當兔之圍也。任正之圍，取節於當兔，則衡任之圍亦宜取節於當輈，曷爲不謂之當輈之圍也？當輈之圍，無異於其入轂處之圍，故不得別之曰當輈之圍也。

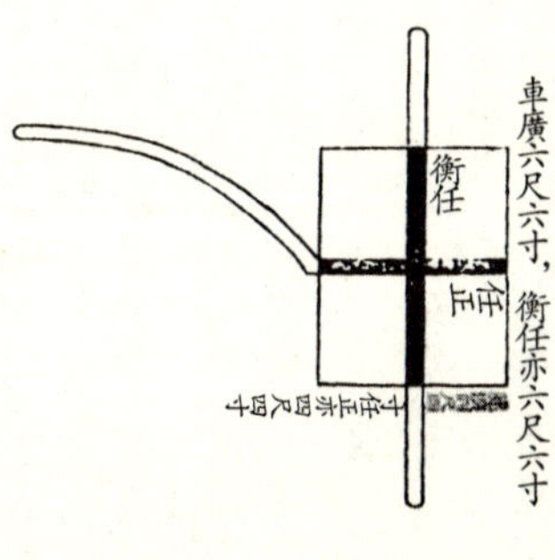

軸在輿下者曰衡任。輈在輿下者曰任正。任正之前屈而向上，其穹然者，通謂之頸。任正之後爲枘，以納於後軫之鑿者，始謂之踵。

又 良輈環灂説

灂謂紋理。環灂者，如今琴上之蛇蚹斷紋也。有筋膠之被乃有灂，故《弓人》云：牛筋蕡灂，麋筋斥蠖灂。角亦有之，故《弓人》云角環灂。灂蓋用久而後見者與。良輈環灂，自伏兔不至軏七寸，是必輈當兔之前，其筋膠之被止於軏後七寸處，灂生於筋膠之被故也。否則其灂不應起自伏兔，而又以不至軏七寸限之矣。然云軏中有灂謂之國輈，則是雖有筋膠之被，不皆有灂也，惟良輈有之。其用力均，故致然與。注云用力均者則灂遠，蓋軏中七寸筋膠被處盡有灂矣。兩物相合，縫紋亦謂之灂。《弓人》合灂若背手文，言弓表裏合處也。合手掌空，縫有疏密，惟背手之縫閒不空髮。弓合處似之，言紋密也。

又 軹崇説

《記》曰：六尺有六寸之輪，軹崇三尺有三寸也。軹崇當輪崇之半，其數取節於軸圍之半徑。由是平出而達軸末謂之軎，轊同。是軹崇處也。鄭司農云：軹，軎也。是已。《釋名》云：軹，指也。如指而見於轂頭也。《周官》大馭祭兩軹。注云：軹謂兩轊也。《少儀》祭左右軌范。注云：大御祭兩軹。軌與軹於事同，謂轊頭也。《邶風》匏有苦葉之詩：「濟盈不濡軌。」陸氏《釋文》云：軌舊讀龜美切，謂車轊頭也。然則軹軌聲相轉，均之爲轊也。《大馭》注：故書軹爲軒，或讀爲簪笄之笄。軒軹聲亦相轉，謂轊如簪笄，猶之謂轊如指而已。軸末之軹，出轂釭之外。長轂之軝，在轂置輻之外，譌軝爲軹，又譌之爲轂釭之穿。余既詳辨之矣。而軹崇之數，《記》有明文，不得移易他處，故復爲之説如此。

又 觀古銅轄求知轂空外端軸末圍徑記

余疑鄭氏賢軹之説，大小兩穿圍徑相懸。竊據《記》文，斷以賢軹歸於飾轂。然轂内端函軸之處，其徑四寸四分，有其度矣。而轂外端軸末安轄處，既不憑注小穿之説，而於《記》別無明文，安能憑空立算而知其圍徑乎？靈山方補堂藏古銅器一事，戴以獸首，首下爲枘。今尺厚二分，廣三之，長九之。今尺長一寸八分，於古尺爲三寸。首接枘處，面背並爲偃月形，持以問余，余曰：此車轄也。爲偃月者，蓋與軸凹凸相函者也。依其偃月規之，度以今尺徑二寸二分，於古尺約三寸六分也。以爲軸末安轄處之圍徑，雖與其四寸四分者有大小之殊，然與注所擬小穿之徑，較寬一寸三分四釐矣。或曰《記》無明文，憑此一物，得無孤證乎？余曰：孤證固疑不可爲典要也，然其枘適當古尺之三寸，與《墨子》、《淮南子》所謂三寸之轄者合。連首適四寸，與《尸子》所謂四寸鍵者合。則以是定轂外端軸末之圍徑，其庶矣乎。於是準之以算當輻鑿壺中之軸徑，得四寸零四釐三豪三絲八忽八不盡，加鑿深倍數六寸，以較轂圍之徑，其徑一尺零八分四釐七豪二絲二不盡。尚有八分零三豪三不盡之餘地，其鑿不得穿通以傷軸也。若注所謂大小穿之圍徑，余以句股比例求其壺中當輻鑿之圍徑，得三寸六分八釐六豪六絲强，加以其所擬鑿深倍數七寸，和之得一尺零六分八釐六豪六絲强，其轂圍徑止一尺零六分六釐六不盡。其轂圍不加大乎？若不加大，則鑿深必穿通而傷軸矣。夫以賢軹爲函軸之大小穿，必先改去一爲去二，又必强以釭金補其穿之空，始稍稍合其圍防捎藪之徑。乃繩以算法，又加大於其圍防捎藪者一分三釐一豪强矣。注圍防捎藪得三寸五分五不盡。數非出於一原，所以展轉斡旋而終不能相應也。又銅轄獸首之兩旁，爲空交通之，蓋貫柔革於其空以縛軸者也。盧植解《曲禮》僕展軨曰轄頭靼。《説文》：靼，柔革也。蔡邕《獨斷》云：飛軨以緹油廣八寸長注地，畫左蒼龍右白虎，係軸頭。薛綜注《後漢書·輿服志》云：二千石亦然，但無畫耳。《尚書大傳》曰：未命士車不得有飛軨。顔師古注《急就篇》云：軨，兩轄之系也。故路車之轄施小旛者謂之飛軨。然則軨非即轄，亦非即轄頭靼，蓋貫轄空而繫之，別一物也。僕立馬前監駕，而曰已駕，是已設轄矣。乃復展軨者，蓋視其繫軸之靼，驗其固否也。因靼與軨同貫於轄，故曰展軨。軨从令，蓋旍節之類，亦名器之所存者也。《玉篇》旍之重文作旍，或即此類與。蓋展軨即展轄，其實乃展靼也。《晏子》曰：終年爲車，無一尺之軨，則不可以馳。又即以靼爲軨也。數名聚於一所，而相爲用，可互借而名之。古人惟變所適類如此，强生分別，後人之固也。軸末設轄處之圍徑三寸六分，而轄牡止三寸者，欲令軸鑿不穿通，妨損軸折轊也。牡短或挺出，故貫柔革縛軸以固之。轄必設鞎，蓋古人創物之精義與。

古銅轄重四兩四錢二分。

正面

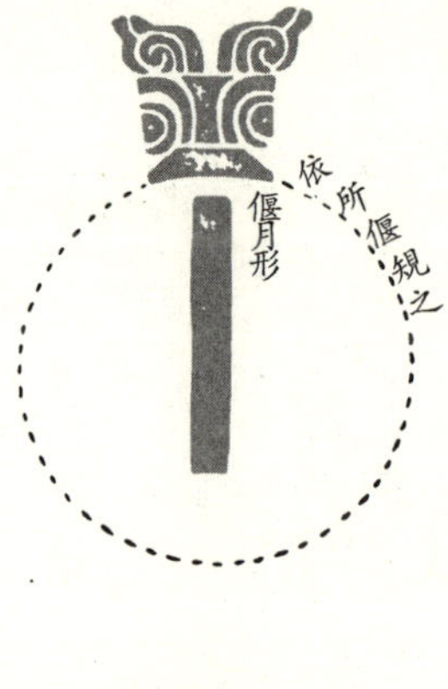

底

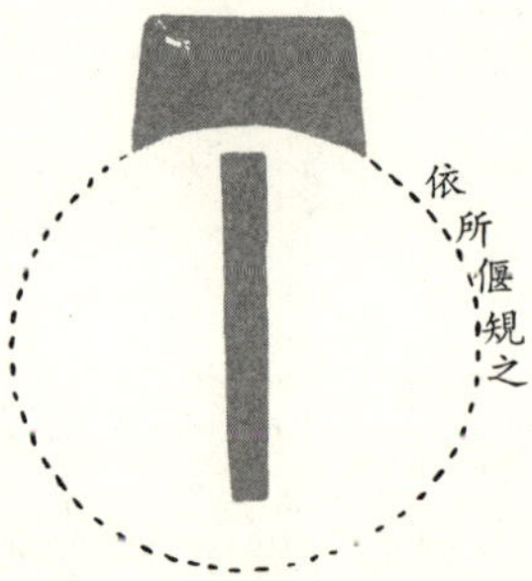

［正面］上爲獸首，下爲枘，納軸鑿以圍轂者也。正面與底接枘處，並爲偃月形規之，蓋設轄處軸圍之度。

［側面］獸首正面，口鼻目耳以次迆而下垂。觀此側面，可畧得其高下之節。獸首側面爲大空，左右交通，蓋貫鞎以縛軸與。

［底］度其枘，《墨子》《淮南子》所謂三寸轄也。連獸首之底度之，《尸子》所謂四寸之鍵也。

側面

又　輈軓軫轐轂軸互證記

鄭司農云：軓謂式前也。杜子春、許叔重並同其説。則軓不得退居式後。《記》言良輈環灂，自伏兔不至軓七寸。言環灂之長，自伏兔前行，其止處尚不及軓者有七寸也。環灂屬輈之在輿下者，而軓在其前，軓必與輈相維繫，而亦與前軫相附麗者與。軸在輈下，與左右軫稍離，軫材不得爲半規以函軸，故必加伏兔於軫下以函之。輈在軸上，與前後軫切近，可以相函爲固，故輈踵當爲枘以貫於後軫之鑿。踵圍七寸六分八釐，軫圍尺一寸，足爲枘鑿相函。輈侯起處正當前軫，自於前軫下與輈侯起處牙錯相嵌而函之。如是則範圍此輈，全繫乎此，故謂此處爲軓，實非別有一物也。軫圍尺一寸，輈圍較大，相函不能齊平，正當輿前不可無以飾之，此揜軓之所由設與。《説文》引《周禮》「立當前軓」，今《大行人》作「立當前侯」，前侯猶前軓也。軓非有物，其處又近輈侯，故紀前軓者，亦可曰前侯。準式前之解，合之陰有揜軓之稱，或可以知其所與。輈軫相函，於事爲順。不假他物，附著益堅。若夫伏兔之加，蓋有不得不然之勢。以軸在輈下，左右軫不能相函故也。假令軸在輈下，而輈復在軫下，如注所定之寸數，則三物相加約一尺一寸六分，除軸半徑在軹崇下，餘九寸八分，以算軫轐之加。軫當寄軓以入算，則軓徑三寸六分。軫徑二寸七分半。當較減八分半，而以五寸八分爲轐之數，是軫轐和之猶八寸五分半也，加於軹崇，爲四尺一寸五分半，不得曰加軫與轐焉四尺也。加之止於四尺，則軫轐和之僅七寸耳。其所以僅七寸者，蓋當兔圍徑與軸圍半徑相加之數也。兔圍徑四寸八分，當兔圍一尺四寸四分，其形圜，亦當以圍三徑一命算。軸圍半徑二寸二分，軸圍一尺三寸二分，其徑四寸四分，半徑二寸二分。合之七寸，如是則雖欲於七寸外增一分而不能也。嘗試論之，軫圍尺一寸，其材方，徑當二寸七分半，與軸圍半徑和之，得四寸九分半，以與七寸相減，得較二寸又半分，爲轐減函軸半規上之厚數。此厚數，當軫軸之間，故與上所和者成七寸也。乃《記》不言軸半徑，而但曰加軫與轐焉四尺者何也？轐附於軫，其材必方，其寬必與軫相等而加高焉。蓋其函軸之半規，深必足函軸之半徑，當二寸二分，是函軸之數即軸半徑之數矣。轐材非正方，且有函軸之半規，故不見圍數寬數。可揣而知其高與軫軸閒之厚，並可布算知之。與其厚和之，得高四寸二分半，再與軫徑和之，適得七寸，故曰加軫與轐焉四尺也。其所以必得四尺者，實以兔圍徑與軸圍半徑相加之數而得之也。然則伏兔之設，所以持軸，亦以補軫徑軸半徑相減之較數與。以函軸上之半規補之。夫引車在輈，而軓當輈侯。運車在軸，而軹爲軸末。是故僕之祭軓，祭輈也。僕之祭軹，祭軸也。祭輈，所以祭任正也。祭軸，所以祭衡任也。任正、衡任不可見，祭其所可見者，故祭軓與軹也。

據鄭注八尺之軌，轂當入輿下七寸，然轂圍半徑，依注五寸三分有奇，與軫徑和之，得八寸有奇，較減加軫與轐之七寸，尚餘寸許。且轐著輿底板，既難堅固，輿板又薄，亦難與軫齊平。遠離於軫，又與加軫之文不協。今姑依經詮釋，展轉互證，悉與七寸之度脗合，似難狥注。然轂長轂圍有度，轍迹亦復有度，彼此互相低昂，闕疑慎言，意在斯乎。擬圖附後，不必爲典要也。

又　馬車三職分任記

車一器而工聚，故馬車有三職，分任之而不相爲謀。察車自輪始，故以輪

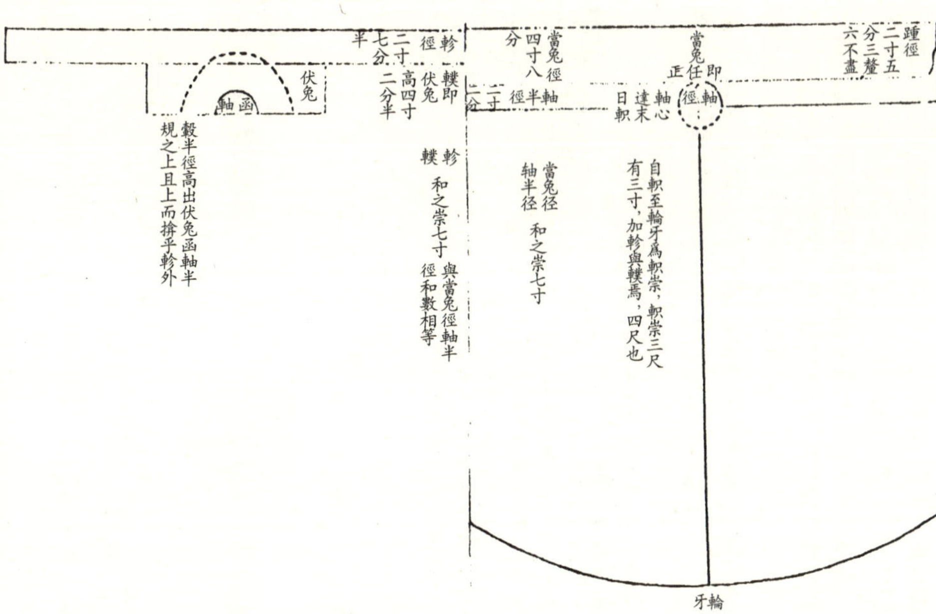

軹崇加軫與轐之圖 圖此以明，轂內端不能納入輿下。

人爲輪先之。輪之材三，曰轂，曰輻，曰牙。三材之外，輪人弗知也。其倚數也，自輪崇而定牙圍。牙圍之數定，則三材之數皆從此出焉。由牙圍而知轂長，由轂長而知轂圍，由轂圍之數而捎其藪。捎藪即鑿深之數，余有説詳之。又由轂長五分之以爲賢爲軹，又由轂長參分之以置輻鑿深之數。承圍防捎藪之言而知之。因鑿深而知輻廣，又因之而知股圍骹圍。蓋牙圍之數真，而三材諸數靡弗得其真矣。輪人之職止於此，而蓋亦輪人爲之者。輪圜蓋亦圜，蓋弓之趨於部也，猶輪輻之趨於轂，故兼官也。其次曰《輿人》，車廣與輪崇如一。前見輪崇之數，則車廣之爲六尺六寸，數雖不必見，實爲輿人衆材出數之本。於是由車廣而知隧深，又由車廣而知式崇之數。由隧深而知較崇之數。車廣隧深，其縱橫之材通謂之軫，其圍則一也。其圍數取節於車廣，與取節於隧深亦一也，於是取節於車廣而知軫圍。由軫圍而知式圍，由式圍而知較圍，由較圍而知軹圍。其數皆由車廣順而摭之。輿之外，輿人弗知也。又其次曰輈人，輈軸二事兼官。二事之外，非所知也。輈曰國馬田馬駑馬，輈之深其度起於馬也。軸曰織、曰久、曰利，其理定於材也。其官二，其材之數不得出於一也。於是先定其任木之名，而求其任木之圍。輈，任木也，其在輿下者曰任正，任輿之正者也。其圍數出於輈，輈之數，隧深與軓前并之，此其出數之本也。軸，任木也，其在輿下者曰衡任，任輿之衡者也。其圍數即出於衡任，衡任之數，軫間之數也。衡任與軫間同其長也。比例以爲出數之本也。於是求其軸圍之出輿外者，其圍蓋與衡任同，指軸圍之出於軫閒，益知衡任之圍之出於其長者，實出於軸之在輿下者也。此亦其出數之本也。當兔者，任正之中焉者也。復見當兔圍者，欲見輈圍之，即任正圍也。然輈之通長，其圍不皆與任正同。其頸圍殺於當兔之圍，其踵圍殺於頸圍，故必由輈之長而先知兔圍，然後由兔圍而知頸圍，由頸圍而知踵圍也。官可兼，而任正屬輈，衡任屬軸，其圍數之所從出不可紊也。如此，三職分任，不相爲謀。其在三職外者，衡與車廣並見而無其官，殆輿人兼之與？轐以持軸，策出數於軓前十尺，而皆無其官，殆輈人兼之與？

麟慶《河工器具圖説》卷四《儲備器具》

土车

土車獨輪，料土兼載。《稗编》蜀相諸葛亮出征，始造木牛流馬以運餉。木牛即今小車之有前轅者，流馬即今獨推者。是《後山談叢》蜀中有小車獨推，載八石，前如牛頭。今之土車獨推，猶存諸葛遺制。

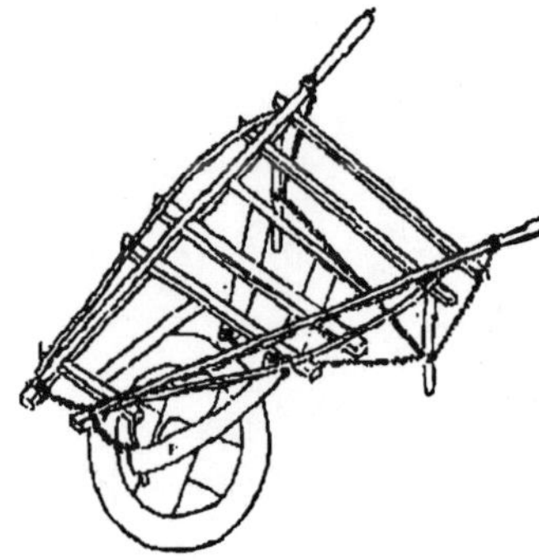

土車

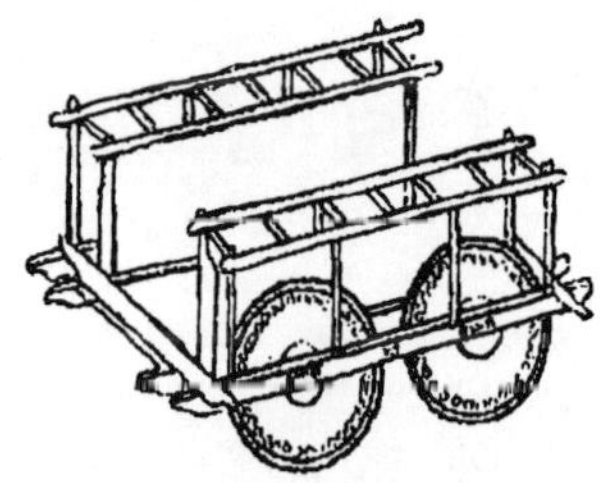

四輪車

四輪車

四輪車即任載之牛車，縛軛以駕牛者，工次用以載稭料，俗謂之料車是也，而什物行李亦以此裝運往來。《物原》：少昊制牛車，奚仲制馬車。《稗編》：漢初馬少，天子且不能具純駟，將相或乘牛車。

箱

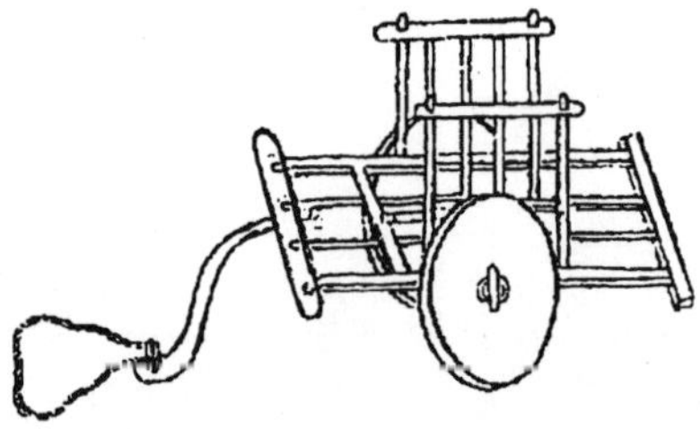

箱

箱俗名板轂車，即古之行澤車也。《詩》云乃求萬斯箱，又云睆彼牽牛，不以服箱。《周禮・車人》：行澤者反輮。又：行澤者，欲短轂。《農書》：板轂車，其輪用厚濶板木相嵌，斲成圓象，就留短轂，無有輻也。泥淖中易於行轉，了不沾塞。獨轅著地，如犁托之狀。上有橛，以擐牛輓絮索；上下坡坂，絶無軒輊之患。王禎咏箱詩：下澤名車異爾輶，服箱原自有耕牛。雙輪不輻還成轂，獨木非轅類作輈。今河灘農家尚有此車，爲衝泥裝運料石之用。

輷　千觔輷

《玉篇》：輷，疾馳也。今南河有輷車，狀如車盤而無輪。其行頗速，專備淤地轉運柴料之用。蓋淤地有輪必陷，負重難行，此則以繩爲轅，駕牛三頭。車盤下用欄杆架起，衹以二木貼地平拉，無前軒後輊之患，故易爲力。又有千觔輷，其製三輪，堅木爲之。每旱運大石料多用此具。

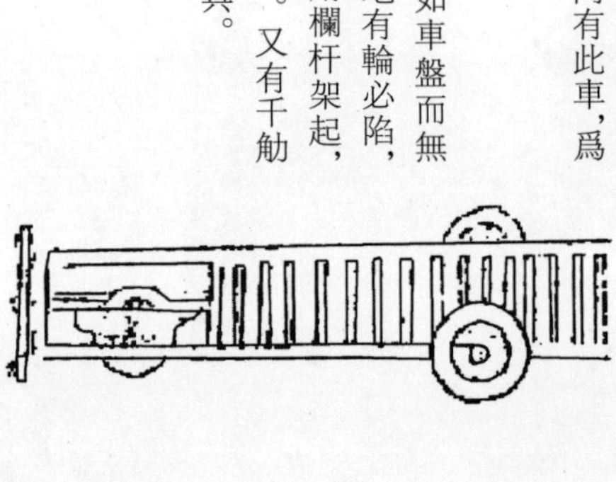

千觔輷

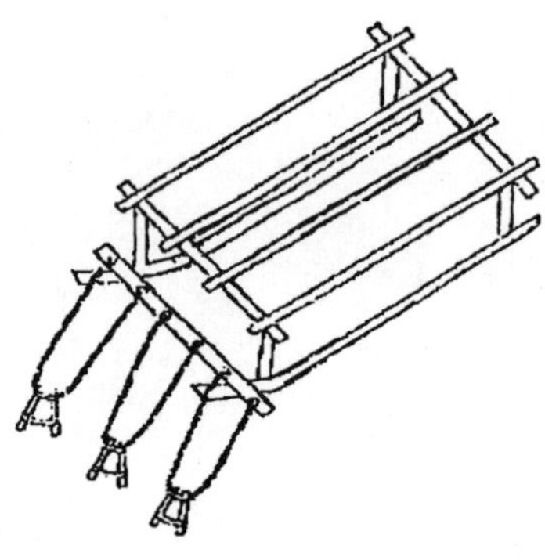

輷